ΣΤΡΑΒΩΝΟΣ ΓΕΩΓΡΑΦΙΚΑ

STRABONIS GEOGRAPHICA

GRÆCE CUM VERSIONE REFICTA

APPARATU CRITICO

INDICIBUS RERUM NOMINUMQUE LOCUPLETISSIMIS

TABULIS ÆRI INCISIS QUINDECIM

INSTRUXIT

CAROLUS MÜLLERUS

PARS ALTERA

PARISIIS

EDITORE AMBROSIO FIRMIN DIDOT

INSTITUTI IMPERIALIS FRANCIÆ TYPOGRAPHO, VIA JACOB, 56

TABULÆ

IN

STRABONIS GEOGRAPHICA.

I. ORBIS TERRARUM SEC. ERATOSTHENEM.
II. ORBIS TERRARUM SEC. STRABONEM.
III. HISPANIA.
IV. GALLIA TRANSALPINA ET CISALPINA.
V. ITALIA. SICILIA.
VI. GERMANIA. SARMATIA. ILLYRIA. THRACIA.
VII. MACEDONIA. EPIRUS. THESSALIA.
VIII. HELLAS. PELOPONNESUS. CRETA.
IX. ELIS. MEGARA. ATTICA. BOEOTIA.
X. ÆOLIS. IONIA.
XI. ASIA MINOR.
XII. COELESYRIA. ARMENIA.
XIII. ASIA ORIENTALIS ET AUSTRALIS.
XIV. ÆGYPTUS ET ÆTHIOPIA.
XV. LIBYA SEPTENTRIONALIS.

PRÆFATIO.

Mirari subit qui fiat ut minora quædam scripta geographica sæpius sint tabulis explicata, illud vero quod omnium maximum hujus generis opus habemus, ejusmodi auxilio nemo hucusque instruxerit. Nam quæ in Falconeriana Strabonis editione tabulæ vel potius tabularum simulacra exstant, in censum venire nequeunt; ceteri autem editores aut omnem hanc provinciam defugerunt, aut in orbis terrarum imagine ad mentem Eratosthenis et Strabonis summis lineolis adumbranda acquieverunt. Et tamen ita res habet ut ad penitiorem Strabonianæ geographiæ intelligentiam et ad criticam in corruptissimo scriptore recte exercendam vix ullum sit accommodatius instrumentum quam tabulæ rite constructæ. Igitur FIRMINUS DIDOT, sua ipsius commoda indefesso de literis bene merendi studio postponens, eâ quam omnes novimus liberalitate principe viro dignâ et nostro ævo in turpe lucrum unice intento nunquam satis laudandâ, universum Strabonis opus in tabulas expandendum curavit, quas nos, optimis usi auxiliis, quam fieri poterat diligentissime delineavimus; delineatas autem arte sua illustrarunt JACOBSIUS et DALMONTIUS, sculptores in hac urbe celeberrimi, quorum ille imagines terrarum, hic nomina æri commiserunt.

Bertius quidem (Theatr. Mundi, præf.) ipsum Strabonem πίνακας operi suo adjunxisse censuit : id vero tantum abest ut concedamus, ut Strabo haud credidisse nobis videatur fore ut aliquando existat qui suis Geographicorum libris innitens figuras regionum et fines provinciarum oppidorumque situs delineare suscepturus sit. Permulta enim eorum quæ in tali negotio magni momenti sunt, vel de industria Noster prorsus negligit vel levi bracchio tetigisse satis habet, tum quod orbis terrarum descriptio κολοσσουργία quædam est in qua τὸ καθ' ἕκαστον ἀκριβὲς negligere licet, tum vero quod istam exactæ et minutæ doctrinæ austeritatem a se alienam esse auctor existimavit, qui non geometris et pinacographis scripsit, sed hoc maxime sibi proposuit ut κοινὸν σύγγραμμα καὶ πολιτικὸν καὶ δημωφελὲς sui ævi lectoribus ingenuis in manus traderet (p. 11, 21). Idem disertis verbis profitetur (p. 147, 21) : "Ὅσα μὲν φυσικῶς διώρισται, δεῖ λέγειν τὸν γεωγράφον καὶ ὅσα ἐθνικῶς, ὅταν ᾖ καὶ μνήμης ἄξια· ὅσα δ' οἱ ἡγεμόνες πρὸς τοὺς καιροὺς πολιτευόμενοι διατάττουσι ποικίλως, ἀρκεῖ κἂν ἐν κεφαλαίῳ τις εἴπῃ, τοῦ δ' ἀκριβοῦς ἄλλοις παραχωρητέον. Unde facile intelligitur in quantas angustias incidat si quis provinciarum limites e Strabone elicere studuerit. Huc accedit, quod Strabo sua e variis fontibus colligens interdum non animadvertit verbis se jungere quæ tabularum lineis jungi nequeant (*).

Inter tabulas a Strabone adhibitas præter antiquiores illas, quæ Alexandrinis debebantur, fuisse etiam Agrippæ orbem pictum, verisimilis. est virorum doctorum sententia (**), cujus probabilitatem iis maxime corroborari puto quæ p. 230, 27 de insulis Liparæis ex Chorographo traduntur. Hæc enim quum falsissima sint, adeo ut verba Strabonis corrupta nec ulla medicina sananda esse Kramerus existimaverit, tam egregie cum iis quæ in Tabula Peutingeriana delineata habes, concinunt, ut orbem Agrippæ communem his subesse fontem haud dubitemus.

Ceterum non multum hinc proficimus; majoris autem in nostram rem momenti est quod easdem tabulas, quibus Straboni uti licebat, Ptolemæus quoque adhibuit. Quantacunque enim fuerint quæ Ptolemæus in melius mutaverit,

---

(*) Recte Rennelius (*Topography of the plain of Troy* p. 22) : « It appears clearly that he (Strabo) was not in habit ob subjecting his written Geography to the test of tabular construction; whence, in some cases, its accuracy and consistency were never put to the proof. »

(**) Præ ceteris v. Petersen in *Rhein. Mus.* tom. 8, p. 402 sqq.

PRÆFATIO.

haud pauca tamen talia reliquit qualia jam ante Strabonis ævum parum recte delineabantur; nam persæpe fit, ut opiniones perversissimas quas apud Strabonem legimus, in Ptolemæi quoque tabulis expressas videamus. Quem consensum non animadvertentes vel novissimi Strabonis interpretes haud semel commiserunt, ut quæ veteres geographi errarunt, ea supinæ librariorum negligentiæ imputarent, corrigendoque ad verum pertrahere studerent. Sic, ut unum afferam, conjecturis impetierunt quæ traduntur de Axio et Erigone fluviis (p. 277, 4), de situ Cephalleniæ (p. 393, 7), de Massagetis (p. 440, 34) et de Chersonesi promontorio (p. 283, 15), de quibus omnibus Ptolemæus aut prorsus cum Strabone consentit, aut quam proxime ad eum accedit, sicuti in iis quoque quæ de Penei ostio (p. 290, 25), de Haliacmone (p. 277), de sinu Thermæo (p. 277, 10), de Cretæ latere occiduo (p. 407, 5) deque aliis multis falsa perhibentur.

Itaque Ptolemæi auxilio usus figuras nonnullarum regionum e mente Strabonis delineaveris judicio satis tuto : in plurimis tamen quum id fieri omnino nequeat, ingenii vero lusibus indulgere noluerimus, ita nos rem instituimus, ut post tabulas quibus orbis terrarum secundum Eratosthenis Strabonisque placita exhibetur, singularum deinceps regionum imagines tales daremus quales nos jam novimus, adscriptis autem mensuris Strabonianis indicaremus quatenus veram distantiarum rationem auctor assecutus esset. Passim tamen minores tabulas majoribus inclusas adjunximus, quibus quam sibi regionum imaginem Strabo efformaverit, summis lineolis adumbrare studuimus. Denique notulis hic illic insertis opiniones Strabonianas significari videbis. Quod situm locorum definiendum attinet, rationes nostras in Indice nominum ut plurimum paucis indicavimus, interdum etiam fusius exposuimus. Præterea in Indice variæ lectionis, in quo verba Strabonis permultis locis emendasse nobis videmur, sæpius accidit ut quæstiones geographicæ quæ vim aliquam in tabularum adornationem exercerent, tractandæ essent. His nunc pauca addere liceat, quibus tum errata quædam emendabo, tum quæ in tabulis locum invenire non potuerint, aliaque nonnulla quæ explicatione egere videantur, significabo.

De ratione quam in Tab. I secutus sum fuse exponam quando in Geographis minoribus ad Eratosthenis fragmenta devenero.

In Tab. II numerus qui meridiano per Indum ducto adscribitur, esse debet 53500 (non 43500).
— Siciliæ figura non ita est delineata ut quæ de ea traduntur p. 221, omnia concilientur. Conciliari enim nequeunt. Latera insulæ ita disposita esse dicuntur, ut angulus ad Pelorum promontorium necessario sit obtusus, et meridionale, non vero (ut Strabo e Posidonio refert) occiduum Siciliæ latus ceteris longius esse debeat. Fortassis latus a Lilybæo ad Pelorum pertinens ita efformari Strabo vult ut linea semicircularis evadat, ac Lilybæum et Pelorum promontoria in eodem fere meridiano posita sint. Hoc si est, eo auctor peccavit quod p. 222, 11 dixit : τὸ δὲ ἀπὸ Λιλυβαίου τὴν ἐπὶ Πελωριάδα πλευρὰν πρὸς ἕω, quum dicendum fuisset πρῶτον πρὸς ἑσπέραν, εἶτα πρὸς ἕω.

Italiæ latus meridionale quod est a freto Siculo ad Japygium, apud Strabonem justo majus esse sponte intelligitur; quomodo autem partes ejus disponendæ essent, non satis patebat, quum verba Strabonis quæ huc faciunt (p. 217, 36) in codd. lacera essent. Resarcire ea studui in Ind. var. lect. p. 976. Quodsi bene res mihi cessit, Artemidorus cum eoque Strabo ita statuerunt ut fauces sinus Tarantini stadiorum essent 1410.

In Libyæ ora quæ notantur ab Alexandria ad Carthaginem mensuræ cum ipsarum linearum longitudine minime congruunt. Videlicet Strabo in Prolegomenis inter meridianos per Alexandriam et fretum Siculum ductos 8500 stadia intercedere statuit, eique opinioni convenienter ab Alexandria ad Carthaginem 9000 stadia exputat (p. 76, 47) : contra vero horum oblitus libro XVII in Libyæ descriptione ita agit ut suis ipsius placitis substituat Eratosthenis sententiam, qui Alexandriæ et Carthaginis meridianos 13500 stadiis distineri censuit. Cf. Ind. var. lect. ad p. 709, 24.

In India notavi *Jomanem* fluvium; hoc enim nomen pro *Œdanes* p. 612, 13 reponi voluerunt viri docti. At dubium vix est quin Œdanes Strabonis sit potius Dyardenes Curtii, quem cum hodierno *Brahmaputra* componendum esse suspicantur. Cf. tab. XIII.

In Tab. III quæ de Hispaniæ populis Strabo tradit, conciliare inter se studui, quamquam num bene definita singularum regionum imago Strabonis animo obversata sit, jure tu quæras. Omnino Hispaniæ gentes et provincias rite dividere ob frequentes mutationes et scriptorum dissensum et inconstantiam res est difficillima, et quod de Celtiberiæ divisionibus Strabo ait : οὐχ ἔστι τὸ ἀκριβὲς ἐν τούτοις ἀποδιδόναι, quodammodo de universa valet Iberia. Sic nobis hærebat aqua in describenda Bætica sive Turdetania. Includi eam Noster dicit (p. 116, 40) Ana fluvio, Carpetanis, Oretanis et Bastetanis, sed addit accenseri ei etiam Bastetanos et τοὺς ἔξω τοῦ Ἄνα καὶ τοὺς πολλοὺς τῶν προσχώρων. Vaga verba ita intelligenda esse putavi, ut antequam Romani Lusitanos trans Tagum deduxissent, ea Lusitaniæ *provinciæ* pars, quæ Anam inter et Tagum sita esset, Turdetaniæ annumeraretur. Facit huc quod apud Ptolemæum magna ejus regionis pars, ab Ana ad Barbarium pr. pertinens, Turdetanis assignatur, apud Strabonem vero Augusta Emerita modo Lusitaniæ, modo Turdulorum urbs vocatur. Ab orientis parte Turdetaniæ adscripta fuerit regio quæ in ora maritima usque ad Carthaginem Novam pertinet : nam eo usque in litore Bastetanos degere Strabo prodit, et eo usque citeriorem Hispaniam extendi ex Artemidoro refert Stephanus Byz. s. v. Ἰβηρίαι; eundemque Bæticæ terminum in Agrippa tabula fuisse narrat Plinius (3, 3, § 16), qui ipse, sicut Ptolemæus, finem Bæticæ ad Urcos collocat, quamquam idem alio loco (3, 3, § 19) Baream (quæ inter Urcos et Carthaginem est fere media) Bæticæ adscriptam esse dicit.

Tab. IV. — Galliæ descriptio, quatenus in populorum sedibus provinciarumque terminis definiendis versatur, admodum rudis est miraque laborat confusione. Causam rei nonnulli ex eo repetunt quod Græcus Strabo latinos Cæsaris Commentarios non satis intellexerit. Ni fallor, Cæsarem omnino non legit Strabo, sed quæ ex eo sumsisse videri possit, in eodem Posidonio repperit, ex quo Diodorus quoque suam Galliæ descriptionem cum Straboniana in multis ad verbum pæne consentientem deprompsit.

Ac primum quidem miramur Celtas Narbonensis provinciæ finibus coerceri, ab iisque Gallos distingui tanquam gentem peculiarem (quamquam Gallorum nomine Strabo etiam latiore vocis sensu utitur p. p. 162, 33). Quam quidem distinctionem quo pacto e Cæsaris verbis simplicissimis aliquis eruerit, non assequor; contra vero eandem doctrinam tamquam χρήσιμόν τι καὶ παρὰ πολλοῖς ἀγνοούμενον apud Diodorum (5, 32, 1) legere est.

Deinde Noster eo labitur quod Belgicam, quæ usque ad Sequanam pertinebat, ad Ligerim usque extendit. Quod quum ab Augustea provinciarum constitutione alienum esse pateat, fortassis Belgicæ stirpis gentes aliquas in hodierna *Bretagne* olim consedisse indeque errorem Strabonis explicandum esse nonnulli conjecerunt. Minus docte sed nescio an verius causam erroris in eo quærere possis quod Strabo, vel Posidonius, quum Belgas majorem oræ borealis partem obtinere accepisset, temere id transtulit ad suam Galliæ tabulam, quæ omnem Galliæ oram inde a Pyrenæis ad Rhenum usque septentrionibus obversam exhibebat. Ceterum quosnam in mediterraneis inter Sequanam et Ligerim Belgicæ fines Strabo finxerit, sciri nequit, ac sponte intelligas nostram delineationem in hac parte ex mero pendere arbitrio.

Quemadmodum Belgicæ Strabo occidentalem Lugdunensis provinciæ partem attribuit, sic meridionalem Belgicæ tractum Lugdunensi adscribit, quippe quam ad Rheni usque Rhodanique fontes producit, adeo ut Lingones et Sequanos et Helvetios, Celticas gentes, quas ad Belgicam provinciam recte Plinius et Ptolemæus referunt, comprehendat. Fuerunt sane (inter eosque Walckenarius numeratur) qui Straboni insistentes re vera gentes istas ab Augusto Lugdunensi, deinde autem ab alio, fortassis ab Vespasiano, Belgicæ assignatas esse contenderint. At de ejusmodi provinciarum mutatione altum est in literatissimo sæculo silentium. Huc accedit quod cum Plinio et Ptolemæo facit etiam anonymus Cosmographiæ auctor, qui Belgicam versus austrum Alpes et Narbonensem attingere prodit. Quod quidem testimonium gravissimum est, quoniam plurima quæ de provinciarum circumscriptione in isto opere leguntur, ad Augusteam ætatem pertinere et Agrippæ e Commentariis derivare viri docti tantum non unanimi statuunt consensu. Denique ipse Strabo p. 147, 3 Belgarum partem Alpes accoluisse dicens, quo-

PRÆFATIO.

usque Belgica sua ipsius ætate pertinuerit subindicat.

Plurimas Galliæ gentes ita Noster recenset ut sedes singularum accuratius non definiat. Quare si nomina earum secundum disertiores scriptores disposui, vim Straboni intulisse vix accusabor. Gentes quidem inter Rhenum et Sequanam degentes ipse auctor aliquomodo disposuit (p. 161), sed tam perfunctorie, ut in his quoque ordinandis de meo aliquid addendum esse putaverim. In rudiore tabula Straboniana res in hunc modum adornanda foret:

O c e a n u s.

Sequana F.	Caleti.	Suessiones.	Ambiani.	Bellovaci.	Morini.	Menapii.	Rhenus F.
				Eburones. Atrebatii. Remi. Senones.	Nervii. Ubii. Treviri. Mediomatrici. Tribocci.		

De Vadicasiis, quos juxta Lingones collocavi, vid. Ind. var. lect. ad p. 154, 34. Alesiam urbem cum hodierno vico *Alaise* composui. Hinc corrigenda sunt quæ dixi in Indice nominum s. v. *Alesia*, ubi eam sententiam secutus sum quæ olim obtinebat quamque etiamnunc sunt qui tueri studeant. — In Helvetia Toygenos (modo ita scribendum sit) in hodierna *Zug* regione collocavi. Sin recte conjeci (v. var. lect. ad p. 260) eosdem esse cum iis qui p. 260 Τοὐγενοὶ vocantur, ad Brigantium potius lacum ponendi sunt.

Inter Galliæ Transpadanæ oppida fortasse poni debebat Bergomum. Vid. Index var. lect. ad p. 177, 29.

In Tab. V monendum erat Lunam, Etruriæ oppidum, a Strabone (p. 185, 9) perperam poni ab occasu Macræ fluvii, adeo ut oppidum a portus loco non distinguatur. Idem etiam eo indicatur, quod a Pisa ad Lunam 400 stadia exputantur. — In eadem Etruria legitur *Falerii seu Phalisci*; at e Strabonis mente inter Falerios et Phaliscos distinguendum videtur. V. Ind. var. lect. ad p. 188, 26. — In Umbria pro *Otriculum*, *Ocridi* lege *Ocriculum*, *Ocrili*. Ibidem *Larolum* nomen deleri velim. V. Ind. v. l. ad p. 189, 32. — In Latio ad Melpidis fluvii initia Atinam oppidum addendum esse censeo. V. Ind. v. l. ad p. 197, 47. — *Festorum* locus, Romæ urbi proximus, vereor ne librariorum sphalmati debeatur. V. Ind. v. l. ad p. 191, 46. — Ne mireris *Veregin* fluvium qui e Prænestino agro in Trerum (*Tolerum* legendum puto) incidit, vide Ind. v. l. ad p. 199, 19. — Casu factum, ut omissa sit linea qua via Latina cum Labicana ad Pictas conjungenda est. — Pithecussæ insulæ mons dicebatur *Epopeus*, non vero, ut codd. Strab. habent, *Epomeus*. — Pro *Fanum Junonis Argivæ* (ad Silarum fl.) legas *Fanum Junonis Areiæ*. V. Ind. v. l. ad p. 209, 40. In Samnio Ebutiana oppidum (hod. *Elano*) addendum fuerit. V. Ind. v. l. ad p. 208, 8.

Siciliæ fluviis adde *Pataciam*, cujus mentio latet in loco corrupto p. 222, 21, ubi vid. not. Ammemanus fl. per ipsam Catanam urbem ducendus erat. — Mazaram opp. in tabula habes e Cluverii conjectura. Strabonem non hoc, sed Imagarum opp. commemorasse mihi videtur. V. Index ad p. 228, 35. — Gelæ mentio debetur Krameri conjecturæ, quam sequi non debebam. Vid. Ind. ad. p. 221, 22.

In Tab. VI non satis indicare potui istam Strabonis opinionem, ex qua Corcoras fl. in Savum influit, Savus in Dravum, Dravus prope Segesticam in Noarum, Noarus autem (qui etiam Calapin excipit) boream versus fluens in Danubium incidit. — In Thracia desiderantur locus *Thasiorum capita* dictus (p. 282, 13) et Scæorum populus, et Scæus fl. et Σκαῖον τεῖχος, de quorum situ non liquet. — Ab oriente Borysthenis ponendum est *Hylæum mare*, si quidem recte conjeci mentionem ejus inesse corruptis illis quæ leguntur p. 256, 33, ubi vide. — In delineanda Chersonesi Tauricæ parte occidentali secutus sum Paulum Beckerum Odessenum (*Die Herakleotische Halbinsel. Leipzig*, 1856).

Tab. VII. — In Macedonia Axius fluvius sec. Strabonis opinionem in Thermæum sinum incidit eo loco ubi reapse Haliacmon exit; in Axium vero a borea fluens Pellamque urbem a sinistra relinquens influit Erigon. V. Ind. ad p. 277, 4. — *Agrianes* nomen, quod ad fontes Erigonis fluvii in Pæonia posui, delendum fuerit; contra in Pelagonia addendum puto: *Pelagones Triclari*. V. Ind. ad p. 277, 3. — In Illyria pro *Desarethii* lege *Dasaretii*. — In Epiro pro *Blatria* (apud Cassopæos) lege *Elatria*. — In Thessalia neque Helice, oppidum ex uno Hesiodo notum, neque

PRÆFATIO.

Messeis fons, qui prope Helladem urbem fuisse dicitur, locum invenire potuerunt. Thessaliotidis fines boreales prope Pindum montem paullo magis versus septentriones removendi sunt, Athamanum vero finesmeridionales magis versus austrum proferendi, adeo ut tangant fines Thessaliotidis. V. Strabo p. 374, 19.

Tab. VIII. In Phocide Crissam urbem posui ubi ponenda est in mediterraneis; secundum Strabonem (cum quo facit Ptolemæus 3, 14 p. 230, 7 ed. Wilb.) Crissa in ora maritima inter Cirrham et Anticyram quærenda foret. Simili errore Abarum urbem Strabo (p. 363, 8) non longe ab ora maritima distare putat. In Eubœa desiderantur Elarius specus (p. 363, 20) et Bovis aula, quæ erat alia situs incerti spelunca in litore mari Ægæo obverso. Quas in Ithacæ insulæ isthmo notavi Alalcomenas, Apollodorus nescio quo pacto in Asteridis insulæ isthmo fuisse dicit. — In Argolide omissum est signum quo situs Hermionis urbis in ora maritima indicandus erat. — Verba *Hermionicus sinus* non modo suo in loco habes, sed etiam in sinus Argolici parte boreali. Ita enim res adornanda erat, siquidem sec. ea quæ in Strabonis editionibus exhibentur, initium sinus Hermionici prope Asinen ponendum est. Id tamen non dixisse Strabonem, sed viros doctos in auctorem nostrum intulisse censeo. Vide Ind. ad p. 317, 12, ubi pro Ἄνης quod codices præbent, non Ἀσίνης, sed Ἁλίας vel Ἁλικῆς scribendum esse dixi. Reapse enim sinus, cui Hermione adjacet, a proximo Haliæ promontorio, *Cap Mylonas*, usque ad hod. *Cap Scyli* (Scyllæum pr.) pertinet. Strabo autem Scyllæum nomen perperam ad *Cap Mylonas* transtulit, oramque quæ inde est usque ad Methanam peninsulam versus ortum procurrere opinatus est. Patet id ex verbis hisce (p. 316, 24): Ὁ μὲν (Ἀργολικὸς κόλπος) μέχρι τοῦ Σκυλλαίου πλέοντι ὡς πρὸς ἕω βλέπων καὶ πρὸς τὰς Κυκλάδας, ὁ δὲ (Ἑρμιονικὸς κόλπος) ἑωθινώτερος τούτου μέχρι πρὸς Αἴγιναν καὶ τὴν Ἐπιδαυρίαν, cum quibus concinit quod p. 49, 27 legimus Μεθώνην τὴν ἐν τῷ Ἑρμιονικῷ κόλπῳ, quod attrectare non debebam. Errorem Strabonis explicare licet collatâ tabulâ Ptolemæi, in qua Hermionicus sinus memoratur nullus, sed sinus Argolicus usque ad Scyllæum promontorium (*Scyli*) extenditur. Jam si Strabo quoque acceperat Argolicum sinum pertingere usque ad Scyllæum pr., post quod sit Methana peninsula, simul vero apud alios legerat post Argolicum sinum (cujus ad Haliam sit initium) deinceps sequi sinum Hermionicum : facile intelligitur quomodo ex his male conflatis ea quam Strabo exhibet opinio nasci potuerit. Quodsi p. 321, 13 legitur : τὸ Σκύλλαιον ἐν τῇ Ἑρμιόνῃ, hoc quoque loco Scyllæum de hodierno *Cap Mylonas* intelligi debet; idque etiam inde colligas quod sec. Scylacem et Pausaniam Hermionicæ ditionis termini ad Scyllæum (*Scyli*) minime pertinent, sed ad medium sinum Hermionicum (prope *Cap Thermisi*) collocandi sunt. Strabonem fortasse pervetustum aliquem rerum statum referre conjecit Curtius (*Pelop.* A. 2, p. 455), quod ipse quoque Scyllæum Strabonis ad hod. *Scyli* referens olim putabam. Igitur his ita constitutis, in tabula nostra delenda sunt verba *Hermionicus sinus* quæ leguntur in sinus Argolici parte; deinde ad hod. *Cap Mylonas* adscribendum : *Scyllæum pr. sec. Strabonem*; denique Hermionicæ fines, quum e Strabone constitui non possint, e Scylace et Pausania assumi velim.

In Argolico sinu pro *Eion* lege *Eiones*. Locum hunc oppidulo assignavit Curtius collato Strabone p. 321, 17; Bobleyius cum eoque Kiepertus Eiones ponunt ad sinum Hermionicum haud procul a *Cap Scyli*, quo loco nunc est *Phurkoria*; eique sententiæ aliquatenus favet Strabo p. 323, 21. Ego nescio an locus qui ἠιόνες vocabatur, quærendus sit in tenui illa oræ tænia quæ a *Cap Thermisi* ortum versus extenditur. — Desideratur in Argolide locus *Pharygæ* dictus (p. 366, 15), qui ubi fuerit nescitur. — In distantiarum notis Tænaro promontorio adscriptis pro (750) lege (950), coll. Ind. ad p. 312, 8.

Laconiæ et Messeniæ confinia haud uno modo indicavi, quum Strabo diversa male misceat. Messeniæ paraplum κατακολπίζοντι esse dicit (p. 311, 17) stadiorum 800; hæc a Neda fluvio juxta oram metienti pertinent usque ad Chœrum fluvium Gereniæ proximum, quem fuisse terminum Messeniæ e Pausania novimus. At Strabo Messeniæ adscribit totam fere Messeniaci sinus oram orientalem quæ est usque ad Thyrides; has enim p. 309, 14 dicit ὁμόρους τῇ νῦν Λακωνικῇ. Idem ex eo intelligitur quod, si stadia ista 800 e Strabonis mente usque ad Chœrum fl. sive ad Gereniam computanda essent, sequens oræ tractus, qui hinc est ad Thyrides, nulla apud Strabonem mensura definiretur. Itaque diversa Strabo confundit, nisi forte putaveris p. 311, 18 pro κατακολπίζοντι legendum esse οὐ κατακολπίζοντι. Tertium Messeniæ limitem notavi ad Pamisum fluvium. Dixerat de hoc termino Euripides, qui eo nomine a Strabone reprehenditur. Dubium autem vix est quin idem terminus fuerit ipsius Strabonis ævo; nam quum Augustus Thuriæ regionem Laconicæ adjecisset, Thuriæ autem propinquus sit magnus Pamisus fluvius, hunc ipsum Messeniam a Laconia tunc diremisse consentaneum est. Hunc vero rerum statum Strabo quoque nescius prodit eo quod Nedontem, qui non longe a Thuria abest, per Laconiam fluere dicit (p. 309, 27). Ceterum regio, quæ inter Taygetum et Pamisum interjacet, jam anno 182 a. C. a Messenia separata est, urbesque ejus, Abia, Thuria et Pharæ, tamquam sui juris civitates, in fœdus Achaicum receptæ sunt (Polyb. 25, 1), nec improbabile est regionem istam vetusto Mesolæ nomine designatam fuisse, quod ex ipso colligas Strabone, qui p. 309, 38 de Hiræ Homericæ situ varias sententias afferens inter alia etiam hæc habet: οἱ δὲ τὴν νῦν Μεσόλαν οὕτω καλεῖσθαί φασι καθήκουσαν εἰς τὸν μεταξὺ κόλπον τοῦ Ταϋγέτου καὶ τῆς Μεσσηνίας. Quæ e grammatico Homerico qui post an. 182 scripsit desumta esse conjicio.

In Cretæ tabula Cisamum pr. cum hod. *Cap de la Soude* composui, Ptolemæi rationes secutus. Veri similius tamen est indicari hodiernum C. *Spada*, sive illud promontorium in quo Dictynnæum erat. V. Ind. ad p. 407, 40. — Distantia quæ inter Gortynem et Prasum notatur, esse debet stadiorum 180 (non 130).

Tab. IX. Loca situs incerti, quos in tabula frustra quæris, hæc sunt: in Bœotia Helos et Hilesium (p. 349, 9), Narcissi Sigeli monumentum (p. 346, 46), in Helicone antrum nympharum Libethridum, Glechon oppidum Bœotiæ vel Phocidis ad Cephissum fl. (p. 364, 13), Æanin fontem in Locride Opuntia (p. 365, 28), in Attica Olympium (p. 347, 14) et Hestiæensium et Eretriensium pagi (382, 45). Meliten et Colyttum pagos Athenis proximos ne consignaremus, spatiorum angustiis impediebamur. Larissa Attica, quæ p. 382, 45 memoratur, librariorum errori accepta refertur. In Elide locum non invenerunt neque Helos Homericum neque Aloria palus quædam, neque antra nympharum Anigriadum et Atlantidum, neque Jonæum Erycydeumque —

In Attica Myrrhinus, quem pagum cum hod. *Merenda* componendum esse inscriptionum fide constat, a Strabone (p. 342, 36) perperam ponitur inter Halas Araphenidas et Probalinthum. — In Megaride delendum est nomen *Ægosthenæ*; contra vero Phocidis Ægosthenas a Strabone commemoratas fuisse in Ind. ad p. 363, 4 conjecimus, ubi addas urbis ejus apud Ptolemæum quoque (3, 14) mentionem fieri.

In Elide situm Hyrmines, Cyllenes, Ephyræ, Lasionis indicavi ex sententia Ernesti Curtii (*Pelop.* t. 2, cap. 1). Idem vir doctus de aliis nonnullis aliter quam ante fieri solebat statuit, de quibus minus nobis persuasit. Neque largiri debebam quod ille de Peneo olim a borea Chelonatæ promontorii in mare egresso conjecit. Ejus enim conjecturæ argumentum præcipuum, quum in Strabonis Ptolemæique de hac re consensu positum sit, pondere caret, quoniam de aliis erroribus quam plurimis in Græciæ Macedoniæque Tabula cum Strabone Ptolemæus conspirat.

Pylum Triphyliæ non ponendum esse ubi posuerunt Leakius et Kiepertus (ad *Tzornatzi* in extremitate occidentali *Alvena* montis) et Curtius (ad hodiernam *Piscini*), sed oppidum hoc Samico proximum fuisse ideoque magis boream versus removendum esse, dixi in Ind. nominum s. v. *Pylus*. Ipse in tabula Pylum cum hod. *Xerochoroi* composui, dubitanter tamen, quum ne hoc quidem verbis Strabonis satis conveniat. Iterum rem perpendenti Pylus Samico vicinus, sed Samico paullo borealior, uni ex fluviolis qui boream versus in Selinum et per hunc in Alpheum incidunt, appositus fuisse videtur. Nam Strabo quamvis Pylum et Samicum Triphyliæ eadem 400 stadiorum distantia a Pylo Messeniæ abesse dicat (p. 299, 6. 302, 4), tamen p. 301, 49 in locorum recensione a borea meridiem versus pergens Pylum memorat ante Samicum; deinde vero (idque majoris faciendum est) verba: παραρρέοντος (sc. τὸν Πύλον) ποταμοῦ πρὸς ἄρκτον Ἀμάθου καλουμένου πρότερον, ὃς νῦν Μάμαος καλεῖται (p. 295, 41), simplicissime ita intelliguntur ut urbem præterlabens Amathus versus boream fluat, non vero ita, ut borealem urbis partem præterfluat (quo sensu haud dubie Strabo πρὸς ἄρκτον dixisset). Consequitur Amathum fuisse unum fluviorum qui versus Alpheum labuntur, deinde autem Minthem montem, utpote Pylo proximum (p. 295, 51), non esse hodiernum *Alvena*, ut cum Leakio Curtius statuit et ego in tabula posui, sed altiorum illum et septentrionaliorem, qui hodie *Smerna* vocatur, ut recte censent Bobleyius et Kiepertus. Jam quem ego Mamaum nominavi, is esse debet Acidon fluvius qui ab Anigro versus occasum erat et Chaam urbem Chaæis petris subjacentem atque Jardanis tumulum præterfluebat in planitie quam pratum Jardanis appellabant (p. 298, 36. 299, 13).

Hæc quum sponte e Strabonis verbis colligi videantur, dubitatio suborta est ex eo quod Pylus cum *Lepreo* componitur (p. 299, 6), itemque Chaa urbs *Lepreo* vicina esse dicitur (299, 13). Attamen quum Strabo p. 296, 22 Lepreum a meridie Pyli esse et a Samico 100 stadia distare dicat rectissime, idem vero (p. 299, 6. 302, 4) sibi contradicat, a Pylo Messeniæ ad Pylum Triphyliæ et *Samicum et Lepreum* eandem 400 stadiorum distantiam esse ajens: facile patet cum hoc errore manifesto cohærere etiam illud quod de Leprei et Pyli vicinitate traditur. Cum falsis istis conferre licet Ptolemæi tabulas, in quibus Lepreum a borea Minthæ montis situm est in eodem parallelo in quo sunt ostia Alphei.

Tab. XI. In Mysia Teuthraniam non regionis nomen ponere debebam, sed urbis, ut feci in tab. IX. Cf. Index nom. s. v.—Tarnen, Lydiæ urbem, quam ex Homero Strabo memorat (p. 335, 5) et schol. ad Hom. ipsas Sardes dici autumat, de conjectura cum Thybarnis, quas Diodorus vocat (14, 80), et cum hodierno *Durgudlu-kassaba* composui; quod in Ind. nom. monendum erat.

In Caria Suangela, locus situs incerti, non apparet. In Lycia Chimæræ φάραγξ in Cragi montis regione ob tabulæ angustias notari non potuit. In Galatia apud Tolistobogios alicubi ponenda sunt Blucium (*Luceium* Cic.) et Peium castella. In Syria prope Antiochiam ap. Strabonem memorantur Labotas fl. et Meleagri Charax et Trapezus collis, de quorum situ certioris nihil constat.

Tab. XII. In Armenia Syspiritin et Tigranocerta notavi tum ubi revera sita fuisse videntur, tum in iis locis quibus a Strabone assignantur. V. Index ad p. 456, 3.

μειαν διεχαρτέρησε τοσοῦτον χρόνον πολιορκούμενος ὑπὸ δυεῖν στρατοπέδων μεγάλων Ῥωμαϊκῶν, ὥστ' οὐ πρότερον εἰς τὴν ἐξουσίαν ἧκε, πρὶν ἑκὼν ἐνεχείρισεν ἑαυτόν, ἐφ' οἷς ἐβεβούλητο· καὶ γὰρ τὴν στρατιὰν ἀπέτρεφεν ἡ χώρα καὶ συμμάχων εὐπόρει τῶν πλησίον φυλάρχων, ἐχόντων εὐερκῆ χωρία· ὧν ἐστι καὶ ἡ Λυσιάς, ὑπὲρ τῆς λίμνης κειμένη τῆς πρὸς Ἀπαμεία, καὶ Ἀρέθουσα ἡ Σαμψικεράμου καὶ Ἰαμβλίχου, τοῦ ἐκείνου παιδός, φυλάρχων τοῦ Ἐμισηνῶν ἔθνους· οὐ πόρρω δ' οὐδ' Ἡλιούπολις καὶ Χαλκὶς ἡ ὑπὸ Πτολεμαίῳ τῷ Μενναίῳ, τῷ τὸν Μασσύαν κατέχοντι καὶ τὴν Ἰτουραίων ὀρεινήν. τῶν δὲ συμμαχούντων τῷ Βάσσῳ ἦν καὶ Ἀλχαίδαμνος, ὁ τῶν Ῥαμβαίων βασιλεὺς τῶν ἐντὸς τοῦ Εὐφράτου νομάδων· ἦν δὲ φίλος Ῥωμαίων, ἀδικεῖσθαι δὲ νομίσας ὑπὸ τῶν ἡγεμόνων, ἐκπεσὼν εἰς τὴν Μεσοποταμίαν ἐμισθοφόρει τότε τῷ Βάσσῳ. ἐντεῦθεν δ' ἐστὶ Ποσειδώνιος ὁ Στωικός, ἀνὴρ τῶν καθ' ἡμᾶς φιλοσόφων πολυμαθέστατος.

11. Ὅμορος δ' ἐστὶ τῇ Ἀπαμέων πρὸς ἕω μὲν ἡ τῶν φυλάρχων Ἀράβων καλουμένη Παραποταμία καὶ ἡ Χαλκιδικὴ ἀπὸ τοῦ Μασσύου καθήκουσα καὶ πᾶσα ἡ πρὸς νότον τοῖς Ἀπαμεῦσιν, ἀνδρῶν Σκηνιτῶν τὸ πλέον· παραπλήσιοι δ' εἰσὶ τοῖς ἐν τῇ Μεσοποταμίᾳ νομάσιν· ἀεὶ δ' οἱ πλησιαίτεροι τοῖς Σύροις ἡμερώτεροι καὶ ἧττον Ἄραβες καὶ Σκηνῖται, ἡγεμονίας ἔχοντες συντεταγμένας μᾶλλον, καθάπερ ἡ Σαμψικεράμου Ἀρέθουσα καὶ ἡ Γαμβάρου καὶ ἡ Θέμελλα καὶ ἄλλων τοιούτων.

12. Τοιαύτη μὲν ἡ μεσόγαια τῆς Σελευκίδος, ὁ δὲ παράπλους ὁ λοιπὸς ἀπὸ τῆς Λαοδικείας ἐστὶ τοιοῦτος· τῇ γὰρ Λαοδικείᾳ πλησιάζει πολίχνια, τό τε Ποσείδιον καὶ τὸ Ἡράκλειον καὶ τὰ Γάβαλα· εἶτ' ἤδη ἡ τῶν Ἀραδίων παραλία, Πάλτος καὶ Βαλαναία καὶ Κάρνος, ὁ ἐπίνειον τῆς Ἀράδου λιμένιον ἔχον· εἶτ' Ἔνυδρα καὶ Μάραθος, πόλις Φοινίκων ἀρχαία κατεσπασμένη. ἣν δὲ χώραν Ἀράδιοι κατεκληρούχησαν καὶ τὰ Σίμυρα τὸ ἐφεξῆς χωρίον· τούτοις δ' ἡ Ὀρθωσία συνεχής ἐστι καὶ ὁ Ἐλεύθερος ὁ πλησίον ποταμός, ὅνπερ ὅριον ποιοῦνταί τινες Σελευκίδος πρὸς τὴν Φοινίκην καὶ τὴν Κοίλην Συρίαν.

13. Πρόκειται δ' ἡ Ἄραδος ῥαχιώδους τινὸς καὶ ἀλιμένου παραλίας, μεταξὺ τοῦ τε ἐπινείου αὐτῆς μάλιστα καὶ τῆς Μαράθου, διέχουσα τῆς γῆς σταδίους εἴκοσιν. ἔστι δὲ πέτρα περίκλυστος, ὅσον ἑπτὰ τὸν κύκλον σταδίων, πλήρης κατοικίας· τοσαύτῃ δ' εὐανδρίᾳ κέχρηται μέχρι καὶ νῦν, ὥστε πολυορόφους οἰκοῦσι τὰς οἰκίας. ἔκτισαν δ' αὐτὴν φυγάδες, ὥς φασιν, ἐκ Σιδόνος· τὴν δ' ὑδρείαν τὴν μὲν ἐκ τῶν ὀμβρίων καὶ λακκαίων ὑδάτων ἔχουσι, τὴν δ' ἐκ τῆς περαίας· ἐν δὲ τοῖς πολέμοις ἐκ τοῦ πόρου μικρὸν πρὸ τῆς πόλεως ὑδρεύονται, πηγὴν ἔχοντος ἀφθόνου ὕδατος· εἰς ἣν περικαταστρέφεται κλίβανος, καθεθεὶς ἀπὸ τοῦ ὑδρευομένου σκάφους, μολιβδοῦς, εὐρύστομος, εἰς πυθμένα συνηγμένος στενόν, ἔχοντα τρῆμα μέτριον· τῷ δὲ πυθμένι περιέσφιγκται σωλὴν σκύτινος, εἴτε ἄσκωμα δεῖ λέγειν, ὁ δεχόμενος

STRABO.

obstinate duorum Romanorum exercituum obsidionem sustinuit, ut non prius in illorum potestatem devenerit, quam, impetratis, quas ipse volebat, conditionibus, ultro se dederet. Nam ei exercitum regio alebat, et socios habebat permultos regulos, qui loca munita in proximo tenebant; e quibus erat Lysias ultra lacum sita, qui juxta Apameam est, et Arethusa, castellum Sampsicerami et Iamblichi, ejus filii, qui reguli genti Emisenæ imperabant; nec longe dissita erat etiam Heliopolis et Chalcis, quam in potestate habebat Ptolemæus Mennæi filius, qui Massyam (seu Marsyam) et Ituræorum montana obtinebat. Bassi socius fuit etiam Alchædamnus (Alcaudonius Dio Cass.), Rhambæorum rex, qui Nomades intra Euphratem habitant. Is Romanorum amicus fuerat, sed quum se injuria affectum ab eorum præfectis existimaret, egressus in Mesopotamiam, sub Basso stipendia meruit. Ex Apamea urbe est Posidonius Stoicus, vir philosophorum nostri temporis eruditissimus.

11. Apamensium regioni versus ortum finitima est regulorum ditio Arabum, quæ Parapotamia dicitur, et Chalcidica a Massya descendens, et tota ea quæ Apamensibus ad austrum jacet, hominum magna ex parte Scenitarum, qui Mesopotamiæ Nomadibus sunt persimiles. Quo Syris magis magisque appropinquant, eo mitiores sunt, et minus Arabes et Scenitæ, ac melius constitutas habent dominationes, ut Sampsicerami Arethusa, et quæ Gambari est, et quæ Themellæ et id genus aliorum.

12. Talis ergo est Seleucensis mediterranea. Reliquum litus a Laodicea ita habet. Laodiceæ propinqua sunt oppidula, Posidium et Heracleum et Gabala; inde maritima Aradiorum jam regio, Paltus et Balanæa et Carnus, Aradiorum navale cum portu exiguo; postea Enydra et Marathus, antiqua Phœnicum urbs nunc diruta, cujus agrum sorte divisum Aradii tenent, sicuti Simyra, qui deinceps locus sequitur. His vero contigua est Orthosia et propinquus ei fluvius Eleutherus, quem quidam Seleucidis terminum faciunt, Phœnicen et Cœlesyriam versus.

13. Ante jugum quoddam et importuosum litus Aradus jacet, inter suum navale, quod diximus, et Marathum, distans a terra stadiis viginti. Est autem saxum a mari circumfusum, septem fere stadiorum ambitu, habitationibus plenum; tantamque hominum habet multitudinem ad hoc usque tempus, uti domus inhabitent multis instructas tabulatis. Aiunt a Sidoniis quibusdam exsulibus conditam. Aquantur partim e cisternis et foveis, partim ex opposita continente. In bello autem e freto paulo ante urbem aquam petunt; abundantem aqua id habet fontem, in quem clibanus inversus e scapha aquaria demittitur, plumbeus, ore lato, in angustum fundo coacto. Is fundus mediocre foramen habet, cui fistula ex corio (sive utriculum dicere malunus) adstricta est, quæ aquam e fonte

τὸ ἀναθλιβόμενον ἐκ τῆς πηγῆς διὰ τοῦ κλιβάνου ὕδωρ. τὸ μὲν οὖν πρῶτον ἀναθλιβὲν τὸ τῆς θαλάττης ἐστί· περιμείναντες δὲ τὴν τοῦ καθαροῦ καὶ ποτίμου ὕδατος ῥύσιν, ὑπολαμβάνουσιν εἰς ἀγγεῖα παρεσκευασμένα, ὅσον ἂν δέῃ, καὶ πορθμεύουσιν εἰς τὴν πόλιν.

14. Τὸ παλαιὸν μὲν οὖν οἱ Ἀράδιοι καθ' αὑτοὺς ἐβασιλεύοντο παραπλησίως ὥσπερ καὶ τῶν ἄλλων ἑκάστη πόλεων τῶν Φοινικίδων· ἔπειτα τὰ μὲν οἱ Πέρσαι, τὰ δ' οἱ Μακεδόνες, τὰ δὲ νῦν Ῥωμαῖοι μετέθηκαν εἰς τὴν παροῦσαν τάξιν. οἱ δ' οὖν Ἀράδιοι μετὰ τῶν ἄλλων Φοινίκων ὑπήκουον τῶν Συριακῶν βασιλέων, ἅτε φίλων· ἔπειτα στασιασάντων ἀδελφῶν δυεῖν, τοῦ τε Καλλινίκου Σελεύκου καὶ Ἀντιόχου τοῦ Ἱέρακος προσαγορευθέντος, προσθέμενοι τῷ Καλλινίκῳ ποιοῦνται συμβάσεις, ὥστ' ἐξεῖναι δέχεσθαι τοὺς καταφεύγοντας ἐκ τῆς βασιλείας παρ' αὑτούς, καὶ μὴ ἐκδιδόναι ἄκοντας· μὴ μέντοι μηδ' ἐκπλεῖν ἐᾶν ἄνευ τοῦ ἐπιτρέψαι βασιλέα. συνέβη δὲ ἐκ τούτου μεγάλα αὐτοῖς πλεονεκτήματα· οἱ γὰρ καταφεύγοντες ἐπ' αὐτοὺς οὐχ οἱ τυχόντες ἦσαν, ἀλλ' οἱ τὰ μέγιστα πεπιστευμένοι καὶ περὶ τῶν μεγίστων δεδιότες· ἐπιξενούμενοι δ' αὐτοῖς εὐεργέτας ἡγοῦντο καὶ σωτῆρας τοὺς ὑποδεξαμένους, ἀπεμνημόνευόν τε τὴν χάριν, καὶ μάλιστα ἐπανελθόντες εἰς τὴν οἰκείαν· ὥστ' ἐκ τούτου χώραν τε ἐκτήσαντο τῆς περαίας πολλήν, ἧς τὴν πλείστην ἔχουσι καὶ νῦν, καὶ τἆλλα εὐθήνουν. προσέθεσαν δὲ τῇ εὐτυχίᾳ ταύτῃ καὶ πρόνοιαν καὶ φιλοπονίαν πρὸς τὴν θαλαττουργίαν· ὁρῶντές τε τοὺς γειτονεύοντας Κίλικας τὰ πειρατήρια συνισταμένους οὐδ' ἅπαξ ἐκοινώνουν αὐτοῖς τῆς τοιαύτης ἐπιτηδεύσεως.

15. Μετὰ δὲ Ὀρθωσίαν ἐστὶ καὶ τὸν Ἐλεύθερον Τρίπολις, ἀπὸ τοῦ συμβεβηκότος τὴν ἐπίκλησιν εἰληφυῖα· τριῶν γάρ ἐστι πόλεων κτίσμα, Τύρου, Σιδόνος, Ἀράδου· τῇ δὲ Τριπόλει συνεχές ἐστι τὸ τοῦ Θεοῦ πρόσωπον, εἰς ὃ τελευτᾷ ὁ Λίβανος τὸ ὄρος· μεταξὺ δὲ Τριήρης, χωρίον τι.

16. Δύο δὲ ταῦτ' ἐστὶν ὄρη τὰ ποιοῦντα τὴν Κοίλην καλουμένην Συρίαν, ὡς ἂν παράλληλα, ὅ τε Λίβανος καὶ ὁ Ἀντιλίβανος, μικρὸν ὑπέρθεν τῆς θαλάττης ἀρχόμενα ἄμφω· ὁ μὲν Λίβανος τῆς κατὰ Τρίπολιν, κατὰ τὸ τοῦ Θεοῦ μάλιστα πρόσωπον, ὁ δ' Ἀντιλίβανος τῆς κατὰ Σιδόνα· τελευτῶσι δ' ἐγγύς πως τῶν Ἀραβίων ὀρῶν τῶν ὑπὲρ τῆς Δαμασκηνῆς καὶ τῶν Τραχώνων ἐκεῖ λεγομένων εἰς ἄλλα ὄρη γεώλοφα καὶ καλλίκαρπα. ἀπολείπουσι δὲ μεταξὺ πεδίον κοῖλον· πλάτος μὲν τὸ ἐπὶ τῇ θαλάττῃ διακοσίων σταδίων, μῆκος δὲ τὸ ἀπὸ τῆς θαλάττης εἰς τὴν μεσόγαιαν ὁμοῦ τι διπλάσιον. διαρρεῖται δὲ ποταμοῖς ἄρδουσι χώραν εὐδαίμονα καὶ πάμφορον, μεγίστῳ δὲ τῷ Ἰορδάνῃ. ἔχει δὲ καὶ λίμνην, ἣ φέρει τὴν ἀρωματῖτιν σχοῖνον καὶ κάλαμον, ὡς δ' αὕτως καὶ ἕλη· καλεῖται δ' ἡ λίμνη Γεννησαρῖτις. φέρει δὲ καὶ βάλσαμον. τῶν δὲ ποταμῶν ὁ μὲν Χρυσορρόας, ἀρξάμενος ἀπὸ τῆς Δαμασκηνῶν πόλεως καὶ χώρας, εἰς τὰς ὀχετείας ἀναλίσκεται σχεδόν τι· πολλὴν

14. Olim Aradii peculiares sibi reges habebant, ut ceteræ Phœnicum civitates; postea partim Persæ, partim Macedones, partim Romani res eorum in præsentem statum redegerunt. Aradii itaque cum cetera Phœnicia Syriis regibus, utpote amicis, obtemperabant; postea, duobus fratribus dissidentibus, Callinico Seleuco et Antiocho, qui Hierax cognominatus est, Callinico adhærentes, pacti hoc sunt, ut ad se ex regno confugientes recipere liceret, nec tradere invitos, sed nec etiam injussu regis enavigare permitterent. Inde amplissima eis commoda obtigerunt. Confugiebant enim ad eos non vulgares homines, sed quibus maximæ res creditæ fuerant, et qui extrema timebant. Hi suscepti beneficium id putabant, ac Aradios qui exceperant servatores agnoscebant, et gratiam iis referebant, maxime quum in patriam revertissent. Hinc magnam oppositæ continentis regionem adepti sunt, atque majorem ejus partem etiamnunc tenent, et ceteris in rebus usi sunt successibus prosperis. Huic vero felicitati et providentiam addiderunt et studium rei navalis; ac quum viderent vicinos Cilices piraticam exercere, nunquam cum eis societatem instituti hujus iniverunt.

15. Post Orthosiam et Eleutherum est Tripolis, quæ nomen a re ipsa accepit; est enim condita e tribus urbibus, Tyro, Sidone, et Arado. Tripoli continuum est Theuprosopon (i. e. Dei facies), in quod Libanus mons desinit. In medio est Trieres castellum.

16. Porro duo montes sunt, qui Cœlen sive Cavam quam vocant Syriam includunt, æqualibus fere inter se dissiti spatiis, Libanus et Antilibanus, paulo supra mare incipientes ambo, Libanus prope Tripolim et Dei faciem, Antilibanus prope Sidonem; desinunt autem prope Arabiæ montes, qui sunt supra Damascum et eos qui ibi Trachones dicuntur, in alios quosdam montes, qui glebosos atque frugiferos colles habent. In medio concavitatem planam relinquunt, cujus latitudo ad mare est stadiorum ducentorum, longitudo a mari in mediterraneam fere dupla. Irrigatur autem fluviis per regionem fœcundam et omnium rerum feracem delabentibus, quorum maximus est Jordanes; lacum quoque habet, qui aromaticum juncum et calamum fert; paludes item habet; lacus vocatur Gennesaritis; gignit etiam balsamum. De amnibus Chrysorrhoas ab urbe et regione Damascenorum incipiens, totus fere in rivos consumitur; multos enim agros et profundos irrigat; per Ly-

γὰρ ἐπάρδει καὶ βαθεῖαν σφόδρα· τὸν δὲ Λύκον καὶ τὸν
Ἰορδάνην ἀναπλέουσι φορτίοις, Ἀράδιοι δὲ μάλιστα.

17. Τῶν δὲ πεδίων τὸ μὲν πρῶτον, τὸ ἀπὸ τῆς θαλάττης, Μάκρας καλεῖται καὶ Μάκρα πεδίον· ἐν τούτῳ
δὲ Ποσειδώνιος ἱστορεῖ τὸν δράκοντα πεπτωκότα δραθῆναι νεκρόν, μῆκος σχεδόν τι καὶ πλεθριαῖον, πάχος
δ᾽, ὥσθ᾽ ἱππέας ἑκατέρωθεν παραστάντας ἀλλήλους μὴ
καθορᾶν, χάσμα δέ, ὥστ᾽ ἔφιππον δέξασθαι, τῆς δὲ
φολίδος λεπίδα ἑκάστην ὑπεραίρουσαν θυρεοῦ.

18. Μετὰ δὲ τὸν Μάκραν ἐστὶν ὁ Μασσύας, ἔχων
τινὰ καὶ ὀρεινά, ἐν οἷς ἡ Χαλκίς, ὥσπερ ἀκρόπολις τοῦ
Μασσύου· ἀρχὴ δ᾽ αὐτοῦ Λαοδίκεια ἡ πρὸς Λιβάνῳ.
τὰ μὲν οὖν ὀρεινὰ ἔχουσι πάντα Ἰτουραῖοί τε καὶ Ἄραβες, κακοῦργοι πάντες, οἱ δ᾽ ἐν τοῖς πεδίοις γεωργοί·
κακούμενοι δ᾽ ὑπ᾽ ἐκείνων ἄλλοτε ἄλλης βοηθείας δέονται. ὁρμητηρίοις δ᾽ ἐρυμνοῖς χρῶνται, καθάπερ οἱ
τὸν Λίβανον ἔχοντες ἄνω μὲν ἐν τῷ ὄρει Σιννᾶν καὶ
Βόρραμα καὶ ἄλλα τοιαῦτα ἔχουσι τείχη, κάτω δὲ Βότρυν καὶ Γίγαρτον καὶ τὰ ἐπὶ τῆς θαλάττης σπήλαια καὶ
τὸ ἐπὶ τῷ Θεοῦ προσώπῳ φρούριον ἐπιτεθέν, ἃ κατέσπασε Πομπήιος, ἀφ᾽ ὧν τήν τε Βύβλον κατέτρεχον
καὶ τὴν ἐφεξῆς ταύτῃ Βηρυτόν, αἳ μεταξὺ κεῖνται Σιδόνος καὶ τοῦ Θεοῦ προσώπου. ἡ μὲν οὖν Βύβλος, τὸ
τοῦ Κινύρου βασίλειον, ἱερά ἐστι τοῦ Ἀδώνιδος· ἣν
τυραννουμένην ἠλευθέρωσε Πομπήιος πελεκίσας ἐκεῖνον·
κεῖται δ᾽ ἐφ᾽ ὕψους τινὸς μικρὸν ἄπωθεν τῆς θαλάττης.

19. Εἶτα μετὰ ταύτην Ἄδωνις ποταμὸς καὶ ὄρος
Κλῖμαξ καὶ Παλαίβυβλος· εἶθ᾽ ὁ Λύκος ποταμὸς καὶ
Βηρυτός· αὕτη δὲ κατεσπάσθη μὲν ὑπὸ Τρύφωνος,
ἀνελήφθη δὲ νῦν ὑπὸ Ῥωμαίων, δεξαμένη δύο τάγματα, ἃ ἵδρυσεν Ἀγρίππας ἐνταῦθα, προσθεὶς καὶ τοῦ
Μασσύου πολλὴν μέχρι καὶ τῶν τοῦ Ὀρόντου πηγῶν,
αἳ πλησίον τοῦ τε Λιβάνου καὶ τοῦ Παραδείσου καὶ τοῦ
Αἰγυπτίου τείχους περὶ τὴν Ἀπαμέων γῆν εἰσι. ταῦτα
μὲν οὖν τὰ ἐπὶ θαλάττῃ.

20. Ὑπὲρ δὲ τοῦ Μασσύου ἐστὶν ὁ καλούμενος Αὐλὼν βασιλικὸς καὶ ἡ Δαμασκηνὴ χώρα, διαφερόντως
ἐπαινουμένη· ἔστι δὲ καὶ ἡ Δαμασκὸς πόλις ἀξιόλογος,
σχεδόν τι καὶ ἐπιφανεστάτη τῶν ταύτῃ κατὰ τὰ Περσικά· ὑπέρκεινται δ᾽ αὐτῆς δύο λεγόμενοι Τράχωνες·
ἔπειτα πρὸς τὰ Ἀράβων μέρη καὶ τῶν Ἰτουραίων ἀναμὶξ ὄρη δύσβατα (ἦν), ἐν οἷς καὶ σπήλαια βαθύστομα,
ὧν ἓν καὶ τετρακισχιλίους ἀνθρώπους δέξασθαι δυνάμενον ἐν καταδρομαῖς, αἳ τοῖς Δαμασκηνοῖς γίνονται
πολλαχόθεν. τὸ μέντοι πλέον τοὺς ἀπὸ τῆς εὐδαίμονος Ἀραβίας ἐμπόρους λεηλατοῦσιν οἱ βάρβαροι· ἧττον
δὲ συμβαίνει καταλυθέντων νυνὶ τῶν περὶ Ζηνόδωρον λῃστῶν διὰ τὴν ἐκ τῶν Ῥωμαίων εὐνομίαν καὶ διὰ τὴν ἐκ
τῶν στρατιωτῶν ἀσφάλειαν τῶν ἐν τῇ Συρίᾳ τρεφομένων.

21. Ἅπασα μὲν οὖν ἡ ὑπὲρ τῆς Σελευκίδος ὡς ἐπὶ
τὴν Αἴγυπτον καὶ τὴν Ἀραβίαν ἀνίσχουσα χώρα Κοίλη Συρία καλεῖται, ἰδίως δ᾽ ἡ τῷ Λιβάνῳ καὶ τῷ Ἀντιλιβάνῳ ἀφωρισμένη. τῆς δὲ λοιπῆς ἡ μὲν ἀπὸ
Ὀρθωσίας μέχρι Πηλουσίου παραλία Φοινίκη καλεῖται,

cum et Jordanem onerariis navibus adverso alveo subvehuntur, præsertim Aradii.

17. Pars camporum prima a mari Macras vocatur et Macra campus, in quo Posidonius scribit visum fuisse serpentem mortuum jugeri fere longitudine, crassitudine tanta, ut equites ex utraque parte adsistentes alter alterum videre nequirent; rictu eo, qui hominem equo insidentem reciperet; exuvii squamam quamlibet clypeo majorem.

18. Post Macram est Massyas, habens montana quædam, in quibus est Chalcis tanquam Massyæ arx. Ejus initium est Laodicea, quæ ad Libanum est. Montanam regionem universam Ituræi et Arabes habent, malefici omnes; qui vero campos habitant, ii agros colunt, et a ceteris infestati sæpe alias aliorum indigent auxilio. Receptaculis utebantur munitissimis prædones, quemadmodum qui Libanum incolunt superne quidem in monte Sinnan et Borrama et alias hujusmodi munitiones, infra autem Botryn, Gigartum et speluncas ad mare sitas et castellum in Dei facie impositum habebant; quæ omnia Pompeius evertit. Ab his Byblum et huic proximam Berytum, quæ inter Sidonem et Dei faciem jacent, excursionibus infestabant. Byblus, Cinyræ regia, Adonidi sacra est, quam, tyranno securi percusso, Pompeius liberavit. Jacet in excelso quodam loco, non procul a mari.

19. Post hanc est Adonis fluvius et mons Climax et Palæbyblus; postea Lycus fluvius et Berytus; hæc a Tryphone diruta, nunc vero a Romanis instaurata est, duabus legionibus ibi ab Agrippa collocatis, multaque regione Massyæ adjecta usque ad Orontis fontes, qui prope Libanum sunt et Paradisum et Ægyptium murum Apameensi agro proximi. Atque hæc quidem ad mare sunt.

20. Post Massyam succedit ea quæ Convallis regia dicitur, et Damascenus ager apprime nobilitatus. Urbs quoque Damascus est insignis, et Persarum tempore omnium fere quæ ibi sunt nobilissima. Supra eam sunt duo colles (δύο λόφοι), qui Trachones appellantur; deinde Arabiam et Ituræam versus sunt promiscue montes asperi, et altis insignes speluncis, quarum una quattuor hominum millia recipere possit in incursionibus, quæ undique in Damascenos fiunt. Frequentius tamen latrones isti barbari in Felicis Arabiæ mercatores grassantur; quamquam id nunc minus fit, latronibus qui sub Zenodoro erant sublatis, quum Romani legum auctoritatem restituerint, et milites qui in Syria aluntur, securitatem præbeant.

21. Tota quidem regio quæ supra Seleucidem versus Ægyptum et Arabiam pertinet, Cœlesyria appellatur, proprie autem nonnisi ea, quæ Libano definitur et Antilibano. Reliqua regionis ora ab Orthosia usque ad Pelusium, Phœni-

στενή τις καὶ ἀλιτενής· ἡ δ' ὑπὲρ ταύτης μεσόγαια μέχρι τῶν Ἀράβων ἡ μεταξὺ Γάζης καὶ Ἀντιλιβάνου Ἰουδαία λέγεται.

22. Ἐπεὶ οὖν τὴν ἰδίως λεγομένην Κοίλην Συρίαν ἐπεληλύθαμεν, ἐπὶ τὴν Φοινίκην μέτιμεν· ταύτης δὲ τὰ μὲν ἀπὸ Ὀρθωσίας μέχρι Βηρυτοῦ λόγου τετύχηκε. μετὰ δὲ Βηρυτόν ἐστι Σιδὼν ὅσον ἐν τετρακοσίοις σταδίοις· μεταξὺ δὲ ὁ Ταμύρας ποταμὸς καὶ τὸ τοῦ Ἀσκληπιοῦ ἄλσος καὶ Λεόντων πόλις. μετὰ δὲ Σιδόνα μεγίστη τῶν Φοινίκων καὶ ἀρχαιοτάτη [πόλις] Τύρος ἐστίν (ἡ) ἐνάμιλλος αὐτῇ κατά τε μέγεθος καὶ κατὰ τὴν ἐπιφάνειαν καὶ τὴν ἀρχαιότητα ἐκ πολλῶν μύθων παραδεδομένη. οἱ μὲν οὖν ποιηταὶ τὴν Σιδόνα τεθρυλήκασι μᾶλλον (Ὅμηρος δὲ οὐδὲ μέμνηται τῆς Τύρου), αἱ δ' εἰς τὴν Λιβύην καὶ τὴν Ἰβηρίαν ἀποικίαι μέχρι καὶ ἔξω Στηλῶν τὴν Τύρον πλέον ἐξυμνοῦσι (μᾶλλον). ἀμφότεραι δ' οὖν ἔνδοξοι καὶ λαμπραὶ καὶ πάλαι καὶ νῦν· ὁποτέραν δ' ἄν τις εἴποι μητρόπολιν Φοινίκων, ἔρις ἐν ἀμφοτέραις ἐστίν. ἡ μὲν οὖν Σιδὼν ἐπὶ εὐφυεῖ λιμένι τῆς ἠπείρου τὴν ἵδρυσιν ἔχει.

23. Τύρος δ' ἐστὶν ὅλη νῆσος σχεδόν τι συνῳκισμένη παραπλησίως, ὥσπερ ἡ Ἄραδος, συνῆπται δὲ χώματι πρὸς τὴν ἤπειρον, ὃ κατεσκεύασε πολιορκῶν Ἀλέξανδρος· δύο δ' ἔχει λιμένας, τὸν μὲν κλειστόν, τὸν δ' ἀνειμένον, ὃν Αἰγύπτιον καλοῦσιν. ἐνταῦθα δέ φασι πολυστέγους τὰς οἰκίας *ὥστε καὶ τῶν ἐν Ῥώμῃ μᾶλλον· διὸ καὶ σεισμοὺς γενομένους ἀπολιπεῖν μικροῦ τοῦ ἄρδην ἀφανίσαι τὴν πόλιν. ἠτύχησε δὲ καὶ ὑπ' Ἀλεξάνδρου πολιορκίᾳ ληφθεῖσα· ἀλλὰ τῶν τοιούτων συμφορῶν κατέστη κρείττων καὶ ἀνέλαβεν αὑτὴν τῇ τε ναυτιλίᾳ, καθ' ἣν ἁπάντων τῶν ἀεὶ κρειττόνων εἰσὶ κοινῇ Φοίνικες, καὶ τοῖς πορφυρείοις· πολὺ γὰρ ἐξήτασται πασῶν ἡ Τυρία καλλίστη πορφύρα· καὶ ἡ θήρα πλησίον καὶ τἆλλα εὔπορα τὰ πρὸς βαφὴν ἐπιτήδεια· καὶ δυσδιάγωγον μὲν ποιεῖ τὴν πόλιν ἡ πολυπληθία τῶν βαφείων, πλουσίαν δὲ διὰ τὴν τοιαύτην ἀνδρείαν. οὐχ ὑπὸ τῶν βασιλέων δ' ἐκρίθησαν αὐτόνομοι μόνον, ἀλλὰ καὶ ὑπὸ τῶν Ῥωμαίων, μικρὰ ἀναλώσαντες, βεβαιωσάντων τὴν ἐκείνων γνώμην. τιμᾶται δὲ καθ' ὑπερβολὴν Ἡρακλῆς ὑπ' αὐτῶν. τῆς δὲ περὶ τὰς ναυστολίας δυνάμεως τὸ πλῆθος καὶ τὸ μέγεθος τῶν ἀποικίδων ἐστὶ πόλεων τεκμήριον· οὗτοι μὲν οὖν τοιοῦτοι.

24. Σιδόνιοι δὲ πολύτεχνοί τινες παραδέδονται καὶ καλλίτεχνοι, καθάπερ καὶ ὁ ποιητὴς δηλοῖ· πρὸς δὲ καὶ φιλόσοφοι περί τε ἀστρονομίαν καὶ ἀριθμητικήν, ἀπὸ τῆς λογιστικῆς ἀρξάμενοι καὶ τῆς νυκτιπλοίας· ἐμπορικὸν γὰρ καὶ ναυκληρικὸν ἑκάτερον· καθάπερ καὶ τῶν Αἰγυπτίων εὕρεμα γεωμετρίαν φασὶν ἀπὸ τῆς χωρομετρίας, ἣν ὁ Νεῖλος ἀπεργάζεται, συγχέων τοὺς ὅρους κατὰ τὰς ἀναβάσεις. τοῦτο μὲν οὖν παρ' Αἰγυπτίων ἥκειν εἰς τοὺς Ἕλληνας πεπιστεύκασιν, ἀστρονομίαν δὲ καὶ ἀριθμητικὴν παρὰ Φοινίκων· νυνὶ δὲ πάσης καὶ τῆς ἄλλης φιλοσοφίας εὐπορίαν πολὺ πλείστην λαβεῖν ἔστιν ἐκ τούτων τῶν πόλεων. εἰ δὲ δεῖ Ποσειδωνίῳ

πιστεῦσαι, καὶ τὸ περὶ τῶν ἀτόμων δόγμα παλαιόν ἐστιν ἀνδρὸς Σιδονίου Μώχου πρὸ τῶν Τρωικῶν χρόνων γεγονότος. τὰ μὲν οὖν παλαιὰ ἐάσθω· καθ' ἡμᾶς δὲ ἐκ Σιδόνος μὲν ἔνδοξοι φιλόσοφοι γεγόνασι Βοηθός τε, ᾧ συνεφιλοσοφήσαμεν ἡμεῖς τὰ Ἀριστοτέλεια, καὶ Διόδοτος, ἀδελφὸς αὐτοῦ· ἐκ Τύρου δὲ Ἀντίπατρος, καὶ μικρὸν πρὸ ἡμῶν Ἀπολλώνιος ὁ τὸν πίνακα ἐκθεὶς τῶν ἀπὸ Ζήνωνος φιλοσόφων καὶ τῶν βιβλίων. διέχει δὲ τῆς Σιδόνος ἡ Τύρος οὐ πλείους τῶν διακοσίων σταδίων· ἐν δὲ τῷ μεταξὺ πολίχνιον, Ὀρνίθων πόλις λεγομένη· εἶτα πρὸς Τύρῳ ποταμὸς ἔξεισι· μετὰ δὲ τὴν Τύρον ἡ Παλαίτυρος ἐν τριάκοντα σταδίοις.

25. Εἶθ' ἡ Πτολεμαΐς ἐστι μεγάλη πόλις, ἣν Ἄκην ὠνόμαζον πρότερον· ᾗ ἐχρῶντο ὁρμητηρίῳ πρὸς τὴν Αἴγυπτον οἱ Πέρσαι. μεταξὺ δὲ τῆς Ἄκης καὶ Τύρου θινώδης αἰγιαλός ἐστιν ὁ φέρων τὴν ὑαλῖτιν ἄμμον· ἐνταῦθα μὲν οὖν φασι μὴ χεῖσθαι, κομισθεῖσαν εἰς Σιδόνα δὲ τὴν χωνείαν δέχεσθαι· τινὲς δὲ καὶ τοῖς Σιδονίοις εἶναι τὴν ὑαλῖτιν ψάμμον ἐπιτηδείαν εἰς χύσιν, οἱ δὲ πᾶσαν πανταχοῦ χεῖσθαί φασιν. ἤκουσα δ' ἐν τῇ Ἀλεξανδρείᾳ παρὰ τῶν ὑαλουργῶν, εἶναί τινα καὶ κατ' Αἴγυπτον ὑαλῖτιν γῆν, ἧς χωρὶς οὐχ οἷόν τε τὰς πολυχρόους καὶ πολυτελεῖς κατασκευὰς ἀποτελεσθῆναι, καθάπερ καὶ ἄλλοις ἄλλων μιγμάτων δεῖν· καὶ ἐν Ῥώμῃ δὲ πολλὰ παρευρίσκεσθαί φασι καὶ πρὸς τὰς χρόας καὶ πρὸς τὴν ῥαστώνην τῆς κατασκευῆς, καθάπερ ἐπὶ τῶν κρυσταλλοφανῶν· ὅπου γε καὶ τρυβλίον χαλκοῦ πρίασθαι καὶ ἐκπωμάτιον ἔστιν.

26. Ἱστορεῖται δὲ παράδοξον πάθος τῶν πάνυ σπανίων, κατὰ τὸν αἰγιαλὸν τοῦτον τὸν μεταξὺ τῆς τε Τύρου καὶ τῆς Πτολεμαΐδος. καθ' ὃν γὰρ καιρὸν οἱ Πτολεμαεῖς, μάχην συνάψαντες πρὸς Σαρπηδόνα τὸν στρατηγόν, ἐλείφθησαν ἐν τῷ τόπῳ τούτῳ, τροπῆς γενομένης λαμπρᾶς, ἐπέκλυσεν ἐκ τοῦ πελάγους κῦμα τοὺς φεύγοντας ὅμοιον πλημμυρίδι, καὶ τοὺς μὲν εἰς τὸ πέλαγος ἀφήρπασε καὶ διέφθειρεν, οἱ δ' ἐν τοῖς κοίλοις τόποις ἔμειναν νεκροί· διαδεξαμένη δὲ ἡ ἄμπωτις πάλιν ἀνεκάλυψε καὶ ἔδειξε τὰ σώματα τῶν κειμένων ἀναμὶξ ἐν νεκροῖς ἰχθύσι. τοιαῦτα δὲ καὶ περὶ τὸ Κάσιον συμβαίνει τὸ πρὸς Αἰγύπτῳ, σπασμῷ τινι ὀξεῖ καὶ ἁπλῷ περιπιπτούσης τῆς γῆς καὶ εἰς ἑκάτερον μεταβαλλομένης ἅπαξ· ὥστε τὸ μὲν μετεωρισθὲν αὐτῆς μέρος ἐπαγαγεῖν τὴν θάλατταν, τὸ δὲ συνιζῆσαν δέξασθαι, τραπομένης δὲ τὴν ἀρχαίαν πάλιν ἕδραν ἀπολαβεῖν τὸν τόπον, τοτὲ μὲν οὖν καὶ ἐξαλλάξεώς τινος γενομένης, τοτὲ δ' οὔ, τάχα καὶ περιόδοις τισὶν ἐνδεδεμένων τῶν τοιούτων παθῶν ἀδήλοις ἡμῖν, καθάπερ τοῦτο καὶ ἐπὶ τῶν κατὰ τὸν Νεῖλον ἀναβάσεων λέγεται διαφόρως γινεμένων, ἄδηλον δὲ τὴν τάξιν ἐχουσῶν.

27. Μετὰ δὲ τὴν Ἄκην Στράτωνος πύργος, πρόσορμον ἔχων. μεταξὺ δὲ ὅ τε Κάρμηλος τὸ ὄρος καὶ πολιχνίων ὀνόματα, πλέον δ' οὐδέν, Συκαμίνων πόλις, Βουκόλων καὶ Κροκοδείλων πόλις καὶ ἄλλα τοιαῦτα· εἶτα δρυμὸς μέγας τις.

Sidonio credimus, etiam de atomis dogma antiquum est viri Sidonii, Mochi scilicet, qui ante Trojani belli tempus vixit. Sed missa faciamus antiqua; nostra autem aetate Sidon philosophos nobiles tulit Boethum, quo nos in Aristotelea philosophia discenda socio usi sumus, et Diodotum, ejus fratrem; Tyrius fuit Antipater, et paulo ante nos Apollonius, qui librorum et philosophorum a Zenone profectorum tabulam edidit. Distat Tyrus a Sidone stadiis ducentis, non amplius; in medio est oppidum, nomine Ornithon sive gallinarum urbs; tum apud Tyrum fluvius exit; post Tyrum vero est Palaetyrus, triginta stadiis distans.

25. Inde Ptolemais, magna urbs, prius Ace nominata; hac Persae receptaculo adversus Aegyptum utebantur. Inter Acen et Tyrum est litus arenae tumulis obsitum, qui vitrariam arenam ferunt; eam dicunt hoc in loco non fundi, quum vero Sidonem delata sit, fusioni obnoxiam fieri. Sunt qui dicant, Sidonios quoque vitrariam arenam habere fusioni aptam; quidam autem omnem ubique fundi contendunt. Ego a vitrariis Alexandriae audivi, quandam terram vitrariam esse etiam in Aegypto, sine qua sumptuosa illa et multorum colorum opera perfici nequirent, quemadmodum etiam alia aliis mixturis indigerent; Romae quoque multa et ad colores et ad operum facilitatem inveniri, quemadmodum in vitro crystalli modo pellucido; siquidem catinum et poculum semissi emere liceat.

26. Memoriae proditum est mirum quippiam et ex iis quae raro contingunt, in litore accidisse inter Tyrum ac Ptolemaidem. Quo enim tempore Ptolemaenses proelio cum Sarpedone imperatore commisso victi sunt in hoc loco, fuga insigni facta, e pelago aquae moles ut in fluxu assurgens fugientes obruit, atque alios in pelagus abripuit, alios in locis concavis mortuos reliquit; subsecutus deinde refluxus corpora detexit atque ostendit inter pisces mortuos promiscue jacentia. Tale quid circa Casium quoque apud Aegyptum accidit, ubi terra convulsione quadam celeri atque simplici mutatur et in contrarium semel invertitur, adeo ut pars ejus in sublime elevata mare impellat, pars subsidens id recipiat, deinde inverso motu pristinam rursus sedem locus recipiat, et interdum etiam permutatio quaedam fiat, nonnunquam nulla; fieri etiam potest ut motus hi ignotis quibusdam conversionum circuitionibus ac vicibus sint devincti, sicuti idem contendunt de Nili incrementis, quae quum varia sint, tamen certum quendam sed ignotum nobis ordinem habeant.

27. Post Acam est Stratonis turris, ad quam appellere naves possunt. In medio Carmelus est mons et oppidula, quorum praeter nomina nihil novimus, ut Sycaminorum urbs et Bubulcorum et Crocodilorum et hujusmodi alia. Sequitur ingens silva.

28. Εἶτα Ἰόπη, καθ' ἣν ἡ ἀπὸ τῆς Αἰγύπτου παραλία σημειωδῶς ἐπὶ τὴν ἄρκτον κάμπτεται, πρότερον ἐπὶ τὴν ἕω τεταμένη. ἐνταῦθα δὲ μυθεύουσί τινες τὴν Ἀνδρομέδαν ἐκτεθῆναι τῷ κήτει· ἐν ὕψει γάρ ἐστιν ἱκανῶς τὸ χωρίον, ὥστ' ἀφορᾶσθαί φασιν ἀπ' αὐτοῦ τὰ Ἱεροσόλυμα, τὴν τῶν Ἰουδαίων μητρόπολιν· καὶ δὴ καὶ ἐπινείῳ τούτῳ κέχρηνται καταβάντες μέχρι θαλάττης οἱ Ἰουδαῖοι· τὰ δ' ἐπίνεια τῶν λῃστῶν λῃστήρια δηλονότι ἐστί. τούτων δὲ καὶ ὁ Κάρμηλος ὑπῆρξε καὶ ὁ δρυμός· καὶ δὴ καὶ εὐάνδρησεν οὗτος ὁ τόπος, ὥστ' ἐκ τῆς πλησίον κώμης Ἰαμνείας καὶ τῶν κατοικιῶν τῶν κύκλῳ τέτταρας μυριάδας ὁπλίζεσθαι. εἰσὶ δ' ἐντεῦθεν εἰς τὸ Κάσιον τὸ πρὸς Πηλουσίῳ μικρῷ πλείους ἢ χίλιοι στάδιοι, τριακόσιοι δ' ἄλλοι πρὸς αὐτὸ τὸ Πηλούσιον.

29. Ἐν δὲ τῷ μεταξὺ καὶ ἡ Γαδαρίς ἐστιν, ἣν καὶ αὐτὴν ἐξιδιάσαντο οἱ Ἰουδαῖοι· εἶτ' Ἄζωτος καὶ Ἀσκάλων. ἀπὸ δὲ Ἰαμνείας εἰς Ἄζωτον καὶ Ἀσκάλωνά εἰσιν ὅσον διακόσιοι στάδιοι. κρομμύων τ' ἀγαθός ἐστιν ἡ χώρα τῶν Ἀσκαλωνιτῶν, πόλισμα δὲ μικρόν. ἐντεῦθεν ἦν Ἀντίοχος ὁ φιλόσοφος, μικρὸν πρὸ ἡμῶν γεγονώς. ἐκ δὲ τῶν Γαδάρων Φιλόδημός τε ὁ Ἐπικούρειος καὶ Μελέαγρος καὶ Μένιππος ὁ σπουδογέλοιος καὶ Θεόδωρος ὁ καθ' ἡμᾶς ῥήτωρ.

30. Εἶθ' ὁ τῶν Γαζαίων λιμὴν πλησίον· ὑπέρκειται δὲ καὶ ἡ πόλις ἐν ἑπτὰ σταδίοις, ἔνδοξός ποτε γενομένη, κατεσπασμένη δ' ὑπὸ Ἀλεξάνδρου καὶ μένουσα ἔρημος. ἐντεῦθεν δ' ὑπέρβασις λέγεται χιλίων διακοσίων ἑξήκοντα σταδίων εἰς Αἰλᾶν πόλιν ἐπὶ τῷ μυχῷ τοῦ Ἀραβίου κόλπου κειμένην· διττὸς δ' ἐστίν, ὁ μὲν ἔχων εἰς τὸ πρὸς τῇ Ἀραβίᾳ καὶ τῇ Γάζῃ μέρος, ὃν Αἰλανίτην προσαγορεύουσιν ἀπὸ τῆς ἐν αὐτῷ πόλεως, ὁ δ' εἰς τὸ πρὸς Αἰγύπτῳ κατὰ τὴν Ἡρώων πόλιν, εἰς ὃν ἐκ Πηλουσίου ἡ ὑπέρθεσις ἐπιτομωτέρα· δι' ἐρήμων δὲ καὶ ἀμμωδῶν χωρίων αἱ ὑπερβάσεις ἐπὶ καμήλων· πολὺ δὲ καὶ τὸ τῶν ἑρπετῶν ἐν αὐταῖς πλῆθος.

31. Μετὰ δὲ Γάζαν Ῥαφία, ἐν ᾗ μάχη συνέβη Πτολεμαίῳ τε τῷ τετάρτῳ καὶ Ἀντιόχῳ τῷ Μεγάλῳ. εἶτα Ῥινοκόρουρα, ἀπὸ τῶν εἰσῳκισμένων ἐκεῖ τὸ παλαιὸν ἀνθρώπων ἠκρωτηριασμένων τὰς ῥῖνας οὕτω καλουμένη· τῶν γὰρ Αἰθιόπων τις, ἐπελθὼν ἐπὶ τὴν Αἴγυπτον, ἀντὶ τοῦ ἀναιρεῖν τοὺς κακούργους ἀποτέμνων τὰς ῥῖνας, ἐνταῦθα κατῴκιζεν, ὡς οὐκ ἂν ἔτι τολμησοντας κακουργεῖν διὰ τὴν αἰσχύνην τῆς ὄψεως.

32. Καὶ αὕτη μὲν οὖν ἡ ἀπὸ Γάζης λυπρὰ πᾶσα [καὶ] ἀμμώδης· ἔτι δὲ μᾶλλον τοιαύτη ἡ ἐφεξῆς ὑπερκειμένη, ἔχουσα τὴν Σιρβωνίδα λίμνην παράλληλόν πως τῇ θαλάττῃ μικρὰν δίοδον ἀπολείπουσαν μεταξὺ μέχρι τοῦ Ἐκρήγματος καλουμένου, μῆκος ὅσον διακοσίων σταδίων, πλάτος δὲ τὸ μέγιστον πεντήκοντα· τὸ δ' Ἔκρηγμα συγκέχωσται. εἶτα συνεχὴς ἄλλη τοιαύτη ἡ ἐπὶ τὸ Κάσιον, κἀκεῖθεν ἐπὶ τὸ Πηλούσιον.

33. Ἔστι δὲ τὸ Κάσιον θινώδης τις λόφος ἀκρωτηριάζων ἄνυδρος, ὅπου τὸ Πομπηίου τοῦ Μάγνου σῶμα

28. Postea Iope, juxta quam Ægypti litus, antea versum ortum solis porrectum, ad septentrionem notabilem in modum deflectitur. Ibi quidam Andromedam ceto expositam fabulati sunt. Locus satis editus est, ita ut inde tradant Hierosolyma conspici, Judæorum metropolim; ac sane portu hoc utuntur Judæi usque ad mare pertinentes; portus vero latronum patet esse etiam latronum receptacula. Judæorum autem fuere etiam Carmelus et silva; atque adeo hic locus hominibus abundavit, ut ex Iamnia, proximo vico, et circum vicinis habitationibus quadraginta hominum millia armarentur. Inde ad Casium Pelusio propinquum montem distantia est mille stadiorum et paulo amplius, hinc alia trecenta usque ad ipsum Pelusium.

29. Interjacet Gadaris, quam ipsam quoque Judæi suam fecerunt; postea Azotus et Ascalon. Iamnia Azoto et Ascalone distat ducentis fere stadiis. Ascalonensium ager hortus ceparum est egregius; urbs ipsa non est magna, ex qua oriundus erat Antiochus philosophus, qui nos paululum ætate antecessit. Gadarensis fuit Philodemus Epicureus et Meleager et Menippus seria jocose solitus exprimere, et Theodorus orator, qui ætate nostra floruit.

30. Mox sequitur Gazæorum portus, cui etiam urbs superjacet septem stadiorum intervallo, quæ olim illustris fuit, ab Alexandro autem diruta deserta manet. Ex hoc loco dicitur esse mille ducentorum stadiorum transcensus ad urbem Ælan (*Ælana?*) sitam in Arabici sinus intimo recessu. Duplex hic est, alter juxta Arabiam versus Gazam tendens, quem Ælaniticum appellant ab urbe quæ in eo est; alter juxta Ægyptum ad Heroum urbem tendens, in quem compendiosius iter est a Pelusio; ceterum transitus fiunt in camelis per loca deserta et arenosa; magna est etiam iis in locis serpentum multitudo.

31. Gazam sequitur Raphia, ubi Ptolemæus quartus cum Antiocho Magno depugnavit. Postea sunt Rhinocorura, ab iis dicta, qui nares truncati olim eo fuere translati; nam Æthiopum quidam rex, qui Ægyptum invaserat, non nece, sed nasi mutilatione maleficos puniens ibi collocavit, quod propter oris deformitatem redire domum non ausuri forent.

32. Ceterum tota hæc, quæ est inde a Gaza regio, sterilis est et arenosa, sed magis etiam ea, quæ deinceps superjacet, lacum habens Sirbonidem, mari fere parallelum, parvumque in medio relinquens transitum usque ad locum, cui ab eruptione Ecregma nomen; longitudo lacus est ducentorum fere stadiorum, maxima latitudo quinquaginta; Ceterum Ecregma illud sive Eruptio nunc obturata est. Sequitur deinceps alia ejus generis regio ad Casium atque inde usque ad Pelusium.

33. Casius est collis ex arenarum cumulis constans, promontorii speciem præbens, aqua destitutus, ubi Magni

κεῖται καὶ Διός ἐστιν ἱερὸν Κασίου· πλησίον δὲ καὶ ἐσφάγη ὁ Μάγνος, δολοφονηθεὶς ὑπὸ τῶν Αἰγυπτίων. εἶθ᾽ ἡ ἐπὶ Πηλούσιον ὁδός, ἐν ᾗ τὰ Γέρρα καὶ ὁ Χαβρίου λεγόμενος χάραξ καὶ τὰ πρὸς τῷ Πηλουσίῳ βάραθρα, ἃ ποιεῖ παρεχχεόμενος ὁ Νεῖλος, φύσει κοίλων καὶ ἑλωδῶν ὄντων τῶν τόπων. τοιαύτη μὲν ἡ Φοινίκη. φησὶ δ᾽ Ἀρτεμίδωρος εἰς τὸ Πηλούσιον ἐκ μὲν Ὀρθωσίας εἶναι σταδίους τρισχιλίους ἑξαχοσίους πεντήκοντα καταχολπίζοντι· ἐκ δὲ Μελαινῶν ἢ Μελανιῶν τῆς Κιλικίας τῶν πρὸς Κελένδεριν ἐπὶ μὲν τὰ μεθόρια τῆς Κιλικίας καὶ Συρίας χιλίους καὶ ἐννακοσίους· ἐντεῦθεν δ᾽ ἐπὶ τὸν Ὀρόντην πεντακοσίους εἴκοσιν· εἶτ᾽ ἐπὶ Ὀρθωσίαν χιλίους ἑκατὸν τριάκοντα.

34. Τῆς δ᾽ Ἰουδαίας τὰ μὲν ἑσπέρια ἄκρα τὰ πρὸς τῷ Κασίῳ κατέχουσιν Ἰδουμαῖοί τε καὶ ἡ λίμνη. Ναβαταῖοι δ᾽ εἰσὶν οἱ Ἰδουμαῖοι· κατὰ στάσιν δ᾽ ἐκπεσόντες ἐκεῖθεν προσεχώρησαν τοῖς Ἰουδαίοις καὶ τῶν νομίμων τῶν αὐτῶν ἐκείνοις ἐκοινώνησαν· πρὸς θαλάττῃ δὲ ἡ Σιρβωνὶς τὰ πολλὰ κατέχει καὶ ἡ συνεχὴς μέχρι Ἱεροσολύμων· καὶ γὰρ ταῦτα πρὸς θαλάττῃ ἐστίν· ἀπὸ γὰρ τοῦ ἐπινείου τῆς Ἰόπης εἴρηται ὅτι ἐστὶν ἐν ὄψει. ταῦτα μὲν προσάρκτια· τὰ πολλὰ δ᾽ ὡς ἕκαστά εἰσιν ὑπὸ φύλων οἰκούμενα μικτῶν ἔκ τε Αἰγυπτίων ἐθνῶν καὶ Ἀραβίων καὶ Φοινίκων· τοιοῦτοι γὰρ οἱ τὴν Γαλιλαίαν ἔχοντες καὶ τὸν Ἱεριχοῦντα καὶ τὴν Φιλαδελφίαν καὶ Σαμάρειαν, ἣν Ἡρώδης Σεβαστὴν ἐπωνόμασεν. οὕτω δ᾽ ὄντων μιγάδων, ἡ κρατοῦσα μάλιστα φήμη τῶν περὶ τὸ ἱερὸν τὸ ἐν τοῖς Ἱεροσολύμοις πιστευομένων Αἰγυπτίους ἀποφαίνει τοὺς προγόνους τῶν νῦν Ἰουδαίων λεγομένων.

35. Μωσῆς γάρ τις τῶν Αἰγυπτίων ἱερέων, ἔχων τι μέρος τῆς [κάτω] καλουμένης χώρας, ἀπῆρεν ἐκεῖσε ἐνθένδε, δυσχεράνας τὰ καθεστῶτα, καὶ συνεξῆραν αὐτῷ πολλοὶ τιμῶντες τὸ θεῖον. ἔφη γὰρ ἐκεῖνος καὶ ἐδίδασκεν, ὡς οὐκ ὀρθῶς φρονοῖεν οἱ Αἰγύπτιοι θηρίοις εἰκάζοντες καὶ βοσκήμασι τὸ θεῖον, οὐδ᾽ οἱ Λίβυες· οὐκ εὖ δὲ οὐδ᾽ οἱ Ἕλληνες, ἀνθρωπομόρφους τυποῦντες· εἴη γὰρ ἓν τοῦτο μόνον θεὸς τὸ περιέχον ἡμᾶς ἅπαντας καὶ γῆν καὶ θάλατταν, ὃ καλοῦμεν οὐρανὸν καὶ κόσμον καὶ τὴν τῶν ὄντων φύσιν. τούτου δὴ τίς ἂν εἰκόνα πλάττειν θαρρήσειε νοῦν ἔχων ὁμοίαν τινὶ τῶν παρ᾽ ἡμῖν; ἀλλ᾽ ἐᾶν δεῖν πᾶσαν ξοανοποιίαν, τέμενος [δ᾽] ἀφορίσαντας καὶ σηκὸν ἀξιόλογον τιμᾶν ἕδους χωρίς. ἐγκοιμᾶσθαι δὲ καὶ αὐτοὺς ὑπὲρ ἑαυτῶν καὶ ὑπὲρ τῶν ἄλλων ἄλλους τοὺς εὐονείρους· καὶ προσδοκᾶν δεῖν ἀγαθὸν παρὰ τοῦ θεοῦ καὶ δῶρον ἀεί τι καὶ σημεῖον τοὺς σωφρόνως ζῶντας καὶ μετὰ δικαιοσύνης, τοὺς δ᾽ ἄλλους μὴ προσδοκᾶν.

36. Ἐκεῖνος μὲν οὖν τοιαῦτα λέγων ἔπεισεν εὐγνώμονας ἄνδρας οὐκ ὀλίγους καὶ ἀπήγαγεν ἐπὶ τὸν τόπον τοῦτον, ὅπου νῦν ἐστι τὸ ἐν τοῖς Ἱεροσολύμοις κτίσμα. κατέσχε δὲ ῥᾳδίως, οὐκ ἐπίφθονον ὂν τὸ χωρίον, οὐδ᾽ ὑπὲρ οὗ ἄν τις ἐσπουδασμένως μαχέσαιτο· ἔστι γὰρ πετρῶδες, αὐτὸ μὲν εὔυδρον, τὴν δὲ κύκλῳ χώραν ἔχον λυπρὰν καὶ ἄνυδρον, τὴν δ᾽ ἐντὸς ἑξήκοντα σταδίων

Pompeii corpus jacet, et Jovis Casii est templum; nec procul inde Magnus jugulatus fuit, Ægyptiorum dolo circumventus. Deinde est via Pelusium ducens, in qua sunt Gerra et Chabriæ, quod vocatur, vallum atque voragines Pelusio proximæ, Nili effusionibus factæ, quum ea loca cava et palustria sint. Talis igitur est Phœnicia. Artemidorus ait ab Orthosia Pelusium esse stadia ter mille sexcenta quinquaginta, si quis sinus intret; a Melænis vero sive Melaniis quæ in Cilicia ad Celenderim sunt, usque ad Ciliciæ et Syriæ confinia, stadia mille et nonaginta; hinc vero ad Orontem quingentos viginti; tum ad Orthosiam usque mille centum triginta.

34. Judææ extrema occidentalia, Casio proxima, Idumæi occupant et lacus. Idumæi quidem Nabatæi sunt, qui per seditionem patria ejecti Judæis se adjunxerunt, et eorum leges amplexi sunt. Ad mare autem majorem partem occupat Sirbonis lacus et continua regio usque ad Hierosolyma; nam Hierosolyma quoque ad mare jacent; jam ante enim docuimus, hanc a navali Ioppes conspici. Atque hæc quidem versus septentrionem sunt; plurimæ vero singulis suis partibus a gentibus habitantur mixtis ex Ægyptiis, Arabibus et Phœnicibus; nam tales sunt qui Galilæam habent, et Hiericuntem et Philadelphiam et Samariam, quam Herodes Sebastam, id est Augustam, nominavit. Quum autem sic sint convenæ, fama, quæ plurimum obtinet de his, quæ de templo Hierosolymitano jactata fidem inveniunt, perhibet, ab Ægyptiis fuisse prognatos eos, qui nunc Judæi appellantur.

35. Nam Moses unus ex Ægyptiis sacerdotibus, quum partem quandam Ægypti inferioris haberet, ac moleste ferret præsentem statum, inde huc commigravit, multis eum comitantibus, quibus divina curæ erant. Affirmabat enim docebatque, Ægyptios non recte sentire, qui bestiarum ac pecorum imagines deo tribuerent, itemque neque Afros, non recte item Græcos, qui diis hominum figuram affingerent. Id vero solum esse deum, quod nos omnes et terram ac mare continet, quod cœlum et mundum et rerum omnium naturam appellamus. Hujus vero quisnam sanæ mentis effingere ausit imaginem alicujus earum rerum, quæ penes nos sunt, similem? Proinde omni simulacrorum effictione repudiata, dignum ei templum ac delubrum constituendum ac sine aliquo simulacro colendum; debere etiam incubare in templo tum ipsos pro se tum pro aliis alios bona somnia videntes; semper bonum aliquid sive donum sive signum a deo exspectare debere viros caste et cum justitia viventes, ceteris vero nihil esse sperandum.

36. Talia Moses dicens hominibus rectæ mentis haud paucis fidem fecit, inque eam regionem deduxit, ubi nunc condita sunt Hierosolyma; quam facile obtinuit, quum non invidendus esset locus neque dignus de quo pertinaciter aliquis contenderet; est enim saxosus, aquis ipse quidem abundans, sed circumvicinam regionem habens sterilem et siccam et

καὶ ὑπόπετρον. ἅμα δ' ἀντὶ τῶν ὅπλων τὰ ἱερὰ προὐβάλλετο καὶ τὸ θεῖον, ἵδρυσιν τούτου ζητεῖν ἀξιῶν, καὶ παραδώσειν ὑπισχνούμενος τοιοῦτον σεβασμὸν καὶ τοιαύτην ἱεροποιίαν, ἥτις οὔτε δαπάναις ὀχλήσει τοὺς χρωμένους οὔτε θεοφορίαις οὔτε ἄλλαις πραγματείαις ἀτόποις. οὗτος μὲν οὖν εὐδοκιμήσας τούτοις συνεστήσατο ἀρχὴν οὐ τὴν τυχοῦσαν, ἁπάντων προσχωρησάντων ῥᾳδίως τῶν κύκλῳ διὰ τὴν ὁμιλίαν καὶ τὰ προτεινόμενα.

37. Οἱ δὲ διαδεξάμενοι χρόνους μέν τινας ἐν τοῖς αὐτοῖς διέμενον δικαιοπραγοῦντες καὶ θεοσεβεῖς ὡς ἀληθῶς ὄντες· ἔπειτ' ἐφισταμένων ἐπὶ τὴν ἱερωσύνην τὸ μὲν πρῶτον δεισιδαιμόνων, ἔπειτα τυραννικῶν ἀνθρώπων, ἐκ μὲν τῆς δεισιδαιμονίας αἱ τῶν βρωμάτων ἀποσχέσεις, ὧνπερ καὶ νῦν ἔθος ἐστὶν αὐτοῖς ἀπέχεσθαι, καὶ [αἱ] περιτομαὶ καὶ αἱ ἐκτομαὶ καὶ εἴ τινα τοιαῦτα ἐνομίσθη, ἐκ δὲ τῶν τυραννίδων τὰ λῃστήρια. οἱ μὲν γὰρ ἀφιστάμενοι τὴν χώραν ἐκάκουν καὶ αὐτὴν καὶ τὴν γειτνιῶσαν, οἱ δὲ συμπράττοντες τοῖς ἄρχουσι καθήρπαζον τὰ ἀλλότρια καὶ τῆς Συρίας κατεστρέφοντο καὶ τῆς Φοινίκης πολλήν. ἦν δ' ὅμως εὐπρέπειά τις περὶ τὴν ἀκρόπολιν αὐτῶν, οὐχ ὡς τυραννεῖον βδελυττομένων, ἀλλ' ὡς ἱερὸν σεμνυνόντων καὶ σεβομένων.

38. Πέφυκε γὰρ οὕτω, καὶ κοινόν ἐστι τοῦτο καὶ τοῖς Ἕλλησι καὶ τοῖς βαρβάροις. πολιτικοὶ γὰρ ὄντες ἀπὸ προστάγματος κοινοῦ ζῶσιν· ἄλλως γὰρ οὐχ οἷόν τε τοὺς πολλοὺς ἕν τι καὶ ταὐτὸ ποιεῖν ἡρμοσμένως ἀλλήλοις, ὅπερ ἦν τὸ πολιτεύεσθαι, καὶ ἄλλως πως νέμειν βίον κοινόν. τὸ δὲ πρόσταγμα διττόν· ἢ γὰρ παρὰ θεῶν ἢ παρὰ ἀνθρώπων· καὶ οἵ γε ἀρχαῖοι τὸ παρὰ τῶν θεῶν ἐπρέσβευον μᾶλλον καὶ ἐσέμνυνον, καὶ διὰ τοῦτο καὶ ὁ χρηστηριαζόμενος ἦν τότε πολὺς καὶ τρέχων εἰς μὲν Δωδώνην, ὅπως

ἐκ δρυὸς ὑψικόμοιο Διὸς βουλὴν ἐπακούσῃ,

συμβούλῳ τῷ Διὶ χρώμενος, εἰς δὲ Δελφούς,

τὸν ἐκτεθέντα παῖδα μαστεύων μαθεῖν,
εἰ μηκέτ' εἴη·

αὐτὸς δ' ὁ παῖς

ἔστειχε τοὺς τεκόντας ἐκμαθεῖν θέλων
πρὸς δῶμα Φοίβου.

καὶ ὁ Μίνως παρὰ τοῖς Κρησὶν

ἐννέωρος βασιλεὺς Διὸς μεγάλου ὀαριστής·

δι' ἐννέα ἐτῶν, ὥς φησι Πλάτων, ἀναβαίνων ἐπὶ τὸ ἄντρον τοῦ Διὸς καὶ παρ' ἐκείνου τὰ προστάγματα λαμβάνων καὶ παρακομίζων εἰς τοὺς ἀνθρώπους. τὰ δ' ὅμοια ἐποίει καὶ Λυκοῦργος ὁ ζηλωτὴς αὐτοῦ· πυκνὰ γάρ, ὡς ἔοικεν, ἀποδημῶν ἐπυνθάνετο παρὰ τῆς Πυθίας, ἃ προσῆκεν παραγγέλλειν τοῖς Λακεδαιμονίοις.

39. Ταῦτα γὰρ ὅπως ποτὲ ἀληθείας ἔχει, παρά γε τοῖς ἀνθρώποις ἐπεπίστευτο καὶ ἐνενόμιστο, καὶ διὰ τοῦτο καὶ οἱ μάντεις ἐτιμῶντο, ὥστε καὶ βασιλείας ἀξιοῦσθαι, ὡς τὰ παρὰ τῶν θεῶν ἡμῖν ἐκφέροντες

---

intra stadia sexaginta etiam lapidosam. Simul autem loco armorum sacra et deum prætendebat, cui se dicebat sedem quærere, et ejusmodi cultum et sacrificia traditurum pollicebatur, quæ nec impensa nec immissis divinitus furoribus neque re ulla absurda cultores perturbarent. Hæc ille quum suis probasset, non contemnendum est adeptus imperium : facile enim gentes omnes finitimæ tanta proposita spe, et hujusmodi consuetudine ductæ se adjunxerunt.

37. Successores aliquamdiu in iisdem institutis permansere, justi et vere religiosi; post quum sacerdotium occupassent primum quidem superstitiosi homines, deinde etiam tyrannici, superstitio invexit abstinentiam a cibis quibusdam, quam etiamnum retinent, et circumcisiones et excisiones et si qua sunt hujusmodi alia; tyrannis autem latrocinia. Qui enim deficiebant, simul et suam regionem et vicinam vexabant; at qui principum res agebant, ii aliena diripiebant, et Syriæ ac Phœniciæ non pauca subigebant. Honor nihilominus arci eorum habebatur; quam non ut sedem tyrannorum aversarentur homines, sed honorarent et venerarentur ut templum.

38. Sic enim a natura est hominibus comparatum, et communi hoc Græcis et barbaris, ut qui civitatem constituunt, commune præcepto atque instituto vivant; aliter enim multi nec in unum coire, et convenienter idem agere (quod est civiliter degere), neque alia ratione societatem vitæ servare possunt. Præceptum vero duplex est, aut divinum, aut humanum. Et antiqui quidem divina majore in honore et veneratione habebant, itaque multi tunc oracula consulebant et Dodonam adibant (Od. 14, 328):

ut e quercu alte comata Jovis consilium audirent

Jove consiliario utentes : alii Delphos, ut ille (Eurip. Phœn. 36),

quærens cognoscere expositus filius
an non amplius esset superstes;

ipse vero filius (ib. 34)

parentes explorare volens ibat.
ad domum Phœbi.

Et Minus apud Cretenses (Od. 19, 179)

regnabat novenis annis Jovis magni confabulator,

id est, nono quoque anno, ut Plato (Min. II, p. 319) dicit, in Jovis antrum descendit, et ab illo præcepta accepit, quæ ad homines afferret. Eodem modo Lycurgus, ejus imitator, egit; nam sæpe, ut videtur, peregrinans, ea ex Pythia sciscitabatur quænam oporteret imperare Lacedæmoniis.

39. Hæc igitur quamcunque habeant veritatis rationem, apud homines certe credebantur et pro veris recipiebantur et propterea divinatores in pretio erant tanto, ut etiam imperio digni judicarentur, scilicet qui divina nobis præ-

παραγγέλματα καὶ ἐπανορθώματα καὶ ζῶντες καὶ ἀποθανόντες· καθάπερ καὶ ὁ Τειρεσίας,

τῷ καὶ τεθνηῶτι νόον πόρε Περσεφόνεια
οἴῳ πεπνῦσθαι· τοὶ δὲ σκιαὶ ἀΐσσουσι.

5 τοιοῦτος δὲ [καὶ] ὁ Ἀμφιάρεως καὶ ὁ Τροφώνιος καὶ [ὁ] Ὀρφεὺς καὶ ὁ Μουσαῖος καὶ ὁ παρὰ τοῖς Γέταις θεός, τὸ μὲν παλαιὸν Ζάμολξις, Πυθαγόρειός τις, καθ' ἡμᾶς δὲ ὁ τῷ Βυρεβίστᾳ θεσπίζων, Δεκαίνεος· παρὰ δὲ τοῖς Βοσπορηνοῖς Ἀχαΐκαρος, παρὰ δὲ τοῖς Ἰνδοῖς 10 οἱ γυμνοσοφισταί, παρὰ δὲ τοῖς Πέρσαις οἱ Μάγοι καὶ νεκυομάντεις καὶ ἔτι οἱ λεγόμενοι λεκανομάντεις καὶ ὑδρομάντεις, παρὰ δὲ τοῖς Ἀσσυρίοις οἱ Χαλδαῖοι, παρὰ δὲ τοῖς Ῥωμαίοις οἱ Τυρρηνικοὶ † ὡροσκόποι. τοιοῦτος δέ τις ἦν καὶ ὁ Μωσῆς καὶ οἱ διαδεξάμενοι 15 ἐκεῖνον, τὰς μὲν ἀρχὰς λαβόντες οὐ φαύλας, ἐκτραπόμενοι δ' ἐπὶ τὸ χεῖρον.

40. Ἤδη δ' οὖν φανερῶς τυραννουμένης τῆς Ἰουδαίας, πρῶτος ἀνθ' ἱερέως ἀνέδειξεν ἑαυτὸν βασιλέα Ἀλέξανδρος· τούτου δ' ἦσαν υἱοὶ Ὑρκανός τε καὶ Ἀρι- 20 στόβουλος· διαφερομένων δὲ περὶ τῆς ἀρχῆς, ἐπῆλθε Πομπήιος καὶ κατέλυσεν αὐτοὺς καὶ τὰ ἐρύματα αὐτῶν κατέσπασε καὶ αὐτὰ ἐν πρώτοις τὰ Ἱεροσόλυμα βίᾳ καταλαβών· ἦν γὰρ πετρῶδες καὶ εὐερκὲς ἔρυμα, ἐντὸς μὲν εὔυδρον, ἐκτὸς δὲ παντελῶς διψηρόν, τάφρον λατο- 25 μητὴν ἔχον βάθος μὲν ἑξήκοντα ποδῶν, πλάτος δὲ πεντήκοντα καὶ διακοσίων· ἐκ δὲ τοῦ λίθου τοῦ λατομηθέντος ἐπεπύργωτο τὸ τεῖχος τοῦ ἱεροῦ. κατελάβετο δ', ὥς φασι, τηρήσας τὴν τῆς νηστείας ἡμέραν, ἡνίκα ἀπείχοντο οἱ Ἰουδαῖοι παντὸς ἔργου, πληρώσας τὴν 30 τάφρον καὶ ἐπιβαλὼν τὰς διαβάθρας· κατασπάσαι δ' οὖν ἐκέλευσε τὰ τείχη πάντα καὶ ἀνεῖλεν εἰς δύναμιν τὰ ληστήρια καὶ τὰ γαζοφυλάκια τῶν τυράννων. ἦν δὲ δύο μὲν τὰ ταῖς εἰσβολαῖς ἐπικείμενα τοῦ Ἱεριχοῦντος Θρήξ τε καὶ Ταῦρος, ἄλλα δὲ Ἀλεξάνδριόν τε καὶ Ὑρκάνιον 35 καὶ Μαχαιροῦς καὶ Λυσιὰς καὶ τὰ περὶ τὴν Φιλαδελφίαν καὶ ἡ περὶ Γαλιλαίαν Σκυθόπολις.

41. Ἱεριχοῦς δ' ἐστὶ πεδίον κύκλῳ περιεχόμενον ὀρεινῇ τινι καί που καὶ θεατροειδῶς πρὸς αὐτὸ κεκλιμένῃ· ἐνταῦθα δ' ἐστὶν ὁ φοινικών, μεμιγμένην ἔχων καὶ 40 ἄλλην ὕλην ἥμερον καὶ εὔκαρπον, πλεονάζων δὲ τῷ φοίνικι, ἐπὶ μῆκος σταδίων ἑκατόν, διάρρυτος ἅπας καὶ μεστὸς κατοικιῶν· ἔστι δ' αὐτοῦ καὶ βασίλειον καὶ ὁ τοῦ βαλσάμου παράδεισος· ἔστι δὲ τὸ φυτὸν θαμνῶδες, κυτίσῳ ἐοικὸς καὶ τερμίνθῳ, ἀρωματίζον· οὗ τὸν φλοιὸν 45 ἐπισχίσαντες ὑπολαμβάνουσιν ἀγγείοις τὸν ὀπόν, γλίσχρῳ γάλακτι παραπλήσιον· ἀναληφθεὶς δ' εἰς κογχάρια λαμβάνει πῆξιν. λύει δὲ κεφαλαλγίας θαυμαστῶς καὶ ὑποχύσεις ἀρχομένας καὶ ἀμβλυωπίας· τίμιος οὖν ἐστι, καὶ διότι ἐνταῦθα μόνον γεννᾶται· καὶ ὁ φοινικὼν 50 δὲ τοιοῦτος, ἔχων τὸν καρυωτὸν φοίνικα ἐνταῦθα μόνον, πλὴν τοῦ Βαβυλωνίου καὶ τοῦ ἐπέκεινα πρὸς τὴν ἕω· μεγάλη οὖν ἀπ' αὐτῶν ἡ πρόσοδος. καὶ τῷ ξυλοβαλσάμῳ δὲ ὡς ἀρώματι χρῶνται.

42. Ἡ δὲ Σιρβωνὶς λίμνη πολλὴ μέν ἐστι· καὶ γὰρ

cepta ac monitus exponerent et vivi et mortui, quemadmodum Tiresias (Od. 494):

cui etiam mortuo mentem præbuit Proserpina,
solus ut sapiat, dum reliqui ut umbræ volitant.

Talis fuit etiam Amphiaraus et Trophonius et Orpheus et Musæus et apud Getas deus, olim Zamolxis Pythagoreus quidam, ætate nostra Byrebistæ vaticinans Decæneus, et apud Bosporanos Achaicarus, apud Indos Gymnosophistæ, apud Persas Magi, et qui Necyomantici et Lecanomantici et Hydromantici appellantur, apud Assyrios Chaldæi, apud Romanos Etrusci haruspices (οἰωνοσκόποι?). Talis erat etiam Moses et successores ejus, qui ab initiis non malis postea degeneravere.

40. Quum vero palam jam Judæa tyrannide premeretur, primus pro sacerdote se regem fecit Alexander, cujus filios Hyrcanum et Aristobulum de imperio disceptantes Pompeius superveniens dejecit, atque eorum munitiones evertit, et ipsa in primis Hierosolyma vi capta sunt. Erat enim saxosum et bene cinctum munimentum, intus aquis abundans, exterius omnino sicca, fossam habens saxis incisam sexaginta pedum profunditate, latitudine ducentorum quinquaginta. E lapide autem exciso educta erant templi mœnia. Pompeius cepit, observato jejunii die, quo ab omni opere Judæi abstinent, impleta fossa et admotis scalis; jussit mœnia omnia convelli, ac, quantum potuit, latronum receptacula diruit, et loca ubi gaza tyrannorum recondita erat: quorum duo erant Threx atque Taurus in Hiericuntis ingressu sita, alia autem Alexandrium et Hyrcanium et Machærûs et Lysias et quæ circa Philadelphiam erant, item Scythopolis Galilææ proxima.

41. Hiericus est planities montano tractu circumdata, qui fere in theatri speciem ad ipsam declinat. Ibi est palmetum, mixtam habens silvam mitiorem et bene frugiferam, palmis vero abundans, longitudine stadiorum centum, totus irriguus et habitationibus plenus. Ibi et regia est, et balsami hortus, quæ planta aromatica est fruticosa, cytiso et terebintho persimilis; hujus corticem scindentes, succum in vasis suscipiunt, tenaci lacti persimilem; susceptus autem in conchis coagulatur; capitis dolores et suffusiones oculorum incipientes et hebetudinem visus mirifice sanat; quare in pretio est, eo quoque quod hic solum nascitur. Palmetum quoque quod palmam caryotam fert, alibi nullum est, excepto Babylonio et eo qui ulterius est orientem versus. Magnus igitur ex his plantis proventus est. Præterea ligno quoque balsami pro aromate utuntur.

42. Sirbonis lacus magnus quidem est; nam ambitum

χιλίων σταδίων εἰρήκασί τινες τὸν κύκλον· τῇ μέντοι παραλίᾳ παρεκτέταται μικρῷ τι πλέον τῶν διακοσίων σταδίων μῆκος ἐπιλαμβάνουσα, ἀγχιβαθής, βαρύτατον ἔχουσα ὕδωρ, ὥστε μὴ δεῖν κολύμβου, ἀλλὰ τὸν ἐμβάντα καὶ μέχρις ὀμφαλοῦ προβάντα εὐθὺς ἐξαίρεσθαι· μεστὴ δ' ἐστὶν ἀσφάλτου· αὕτη (τοῦτο) δὲ ἀναφυσᾶται κατὰ καιροὺς ἀτάκτους ἐκ μέσου τοῦ βάθους μετὰ πομφολύγων, ὡς ἂν ζέοντος ὕδατος· κυρτουμένη δ' ἡ ἐπιφάνεια λόφου φαντασίαν παρέχει· συναναφέρεται δὲ καὶ ἄσβολος πολλή, καπνώδης μέν, πρὸς δὲ τὴν ὄψιν ἄδηλος, ὑφ' ἧς κατιοῦται καὶ χαλκὸς καὶ ἄργυρος καὶ πᾶν τὸ στιλπνὸν μέχρι καὶ χρυσοῦ· ἀπὸ δὲ τοῦ κατιοῦσθαι τὰ σκεύη γνωρίζουσιν οἱ περιοικοῦντες ἀρχομένην τὴν ἀναβολὴν τοῦ ἀσφάλτου, καὶ παρασκευάζονται πρὸς τὴν μεταλλείαν αὐτοῦ, ποιησάμενοι σχεδίας καλαμίνας. ἔστι δ' ἡ ἄσφαλτος γῆς βῶλος, ὑγραινομένη μὲν ὑπὸ θερμοῦ καὶ ἀναφυσωμένη καὶ διαχεομένη, πάλιν δὲ μεταβάλλουσα εἰς πάγον ἰσχυρὸν ὑπὸ τοῦ ψυχροῦ ὕδατος, οἷόν ἐστι τὸ τῆς λίμνης ὕδωρ, ὥστε τομῆς καὶ κοπῆς δεῖσθαι· εἶτ' ἐπιπολάζουσα διὰ τὴν φύσιν τοῦ ὕδατος, καθ' ἣν ἔφαμεν μηδὲ κολύμβου δεῖσθαι, μηδὲ βαπτίζεσθαι τὸν ἐμβάντα, ἀλλ' ἐξαίρεσθαι· προσπλεύσαντες δὲ ταῖς σχεδίαις κόπτουσι καὶ φέρονται τῆς ἀσφάλτου ὅσον ἕκαστος δύναται.

43. Τὸ μὲν οὖν συμβαῖνον τοιοῦτον· γόητας δὲ ὄντας σκήπτεσθαί φησιν ἐπῳδὰς ὁ Ποσειδώνιος τοὺς ἀνθρώπους καὶ οὖρα καὶ ἄλλα δυσώδη ὑγρά, ἃ περικαταχέαντας καὶ ἐκπιάσαντας πήττειν τὴν ἄσφαλτον, εἶτα τέμνειν· εἰ μή τίς ἐστιν ἐπιτηδειότης τῶν οὔρων τοιαύτη, καθάπερ καὶ ἐν ταῖς κύστεσι τῶν λιθιώντων, καὶ ἐκ τῶν παιδικῶν οὔρων ἡ χρυσόκολλα συνίσταται· ἐν μέσῃ δὲ τῇ λίμνῃ τὸ πάθος συμβαίνειν εὔλογον, ὅτι καὶ ἡ πηγὴ τοῦ πυρὸς καὶ τῆς ἀσφάλτου κατὰ μέσον ἐστὶ καὶ τὸ πλῆθος· ἄτακτος δὲ ἡ ἀναφύσησις, ὅτι καὶ ἡ τοῦ πυρὸς κίνησις οὐκ ἔχει τάξιν ἡμῖν φανεράν, ὥσπερ καὶ ἄλλων πνευμάτων πολλῶν. τοιαῦτα δὲ καὶ τὰ ἐν Ἀπολλωνίᾳ τῇ Ἠπειρώτιδι.

44. Τοῦ δ' ἔμπυρον τὴν χώραν εἶναι καὶ ἄλλα τεκμήρια φέρουσι πολλά· καὶ γὰρ πέτρας τινὰς ἐπικεκαυμένας δεικνύουσι τραχείας περὶ Μοασάδα καὶ σήραγγας πολλαχοῦ καὶ γῆν τεφρώδη, σταγόνας τε πίσσης ἐκ λισσάδων λειβομένας καὶ δυσώδεις πόρρωθεν ποταμοὺς ζέοντας, κατοικίας τε ἀνατετραμμένας σποράδην· ὥστε πιστεύειν τοῖς θρυλουμένοις ὑπὸ τῶν ἐγχωρίων, ὡς ἄρα ᾠκοῦντό ποτε τρισκαίδεκα πόλεις ἐνταῦθα, ὧν τῆς μητροπόλεως Σοδόμων σώζοιτο κύκλος ἑξήκοντά που σταδίων· ὑπὸ δὲ σεισμῶν καὶ ἀναφυσημάτων πυρὸς καὶ θερμῶν ὑδάτων ἀσφαλτωδῶν τε καὶ θειωδῶν ἡ λίμνη προπέσοι καὶ πέτραι πυρίληπτοι γένοιντο, αἵ τε πόλεις αἱ μὲν καταποθεῖεν, ἃς δ' ἐκλίποιεν οἱ δυνάμενοι φυγεῖν. Ἐρατοσθένης δέ φησι τἀναντία, λιμναζούσης τῆς χώρας, ἐκρήγμασιν ἀνακαλυφθῆναι τὴν πλείστην, καθάπερ τὴν † θάλατταν.

45. Ἔστι δὲ καὶ ἐν τῇ Γαδαρίδι ὕδωρ μοχθηρὸν

nonnulli mille stadiorum tradiderunt; præter maritimam vero oram non multum ultra ducenta stadia longitudine extenditur; statim a litore profundus est et aquam habet gravissimam, adeo ut urinatores in eo locum non habeant; nam vel qui umbilico tenus in eum procedit, statim extollitur; plenus est bitumine, quod e medio fundo temporibus non certis cum bullis quasi ferventis aquæ efflatur, ac tum superficies paludis curvata collis speciem præbet; simul vero etiam fuligo multa emittitur, fumosa illa quidem, sed visum fallens, a qua æri et argento et nitidis omnibus et ipsi etiam auro rubigo inducitur. Ex eo autem quod vasa æruginem contrahunt, accolæ intelligunt bituminis eruptionem appetere, ac sese arundineis ratibus ad id inquirendum accingunt. Bitumen est terræ gleba, quæ calore liquefacta efflatur atque diffunditur, rursumque in solidum corpus in aqua frigida coit, qualis est lacuum aqua : unde et sectione et incisione opus habet. Deinde in summo fluitat, propter aquæ naturam, quam diximus ingredientem nec urinare nec immergi posse, sed attolli. Ratibus autem adnavigantes, bitumen contundunt et quantum ejus quisque potest, auferunt.

43. Res ipsa igitur ita se habet. Posidonius vero narrat præstigiis deditos homines incantationibus uti, et lotia et alios hujusmodi fœtidos humores inspergere atque exprimere, quibus bitumen coaguletur; postea incidere; nisi forte aliqua lotii vis est, qualis in vesica calculo laborantium, ex quo sicut ex puerorum lotio chrysocolla conflatur. In medio autem lacus ista evenire consentaneum rationi est, quoniam ignis ac bituminis fons et copia in medio est; non stato autem efflatur tempore, quia ignis quoque motus, sicuti aliorum multorum flatuum ordinem non habet nobis manifestum. Ceterum similia etiam apud Apolloniam Epiroticam eveniunt.

44. Esse autem ignem in solo ejus regionis, multis etiam aliis signis docent; nam et petras asperas exustas circa Moasada ostendunt, et multis in locis fissuras et terram cinerulentam et picis guttas e petris destillantes, et quæ fœtorem in longinquum emittunt flumina ferventia, et habitationes passim eversas : ut iis fides haberi posse videatur, quæ ab indigenis prædicantur, in hoc loco tredecim urbes olim habitatas fuisse, quarum caput Sodoma adhuc sexaginta stadiorum habeat superstitem ambitum; terræ autem tremoribus et ignis aquarumque calidarum et bituminosarum ac sulphurearum eruptione exstitisse lacum, et saxa ignem concepisse, et urbium alias absorptas, alias ab iis, quicunque fugere potuissent, derelictas esse. Eratosthenes contra sentit, regionem olim stagnasse, eruptionibus autem factum esse, ut maxima ejus pars retegeretur, sicuti in Thessalia (τὴν Θετταλίαν).

45. In agro etiam Gadareno est aqua quædam pessima

λιμναῖον, οὗ τὰ γευσάμενα κτήνη τρίχας καὶ ὁπλὰς καὶ κέρατα ἀποβάλλει. ἐν δὲ ταῖς καλουμέναις Ταριχέαις ἡ λίμνη μὲν ταριχείας ἰχθύων ἀστείας παρέχει, φύει δὲ δένδρα καρποφόρα, μηλέαις ἐμφερῆ· χρῶνται δ' Αἰ-
5 γύπτιοι τῇ ἀσφάλτῳ πρὸς τὰς ταριχείας τῶν νεκρῶν.

46. Πομπήϊος μὲν οὖν περικόψας τινὰ τῶν ἐξιδιασθέντων ὑπὸ τῶν Ἰουδαίων κατὰ βίαν ἀπέδειξεν † Ἡρώδῃ τὴν ἱερωσύνην· τῶν δ' ἀπὸ γένους τις ὕστερον Ἡρώδης, ἀνὴρ ἐπιχώριος, παραδὺς εἰς τὴν ἱερωσύνην, τοσοῦτον
10 διήνεγκε τῶν πρὸ αὐτοῦ, καὶ μάλιστα τῇ πρὸς Ῥωμαίους ὁμιλίᾳ καὶ πολιτείᾳ, ὥστε καὶ βασιλεὺς ἐχρημάτισε, δόντος τὸ μὲν πρῶτον Ἀντωνίου τὴν ἐξουσίαν, ὕστερον δὲ καὶ Καίσαρος τοῦ Σεβαστοῦ· τῶν δ' υἱῶν τοὺς μὲν αὐτὸς ἀνεῖλεν, ὡς ἐπιβουλεύσαντας αὐτῷ, τοὺς
15 δὲ τελευτῶν διαδόχους ἀπέλιπε, μερίδας αὐτοῖς ἀποδούς. Καῖσαρ δὲ καὶ τοὺς υἱοὺς ἐτίμησε τοῦ Ἡρώδου καὶ τὴν ἀδελφὴν Σαλώμην καὶ τὴν ταύτης θυγατέρα Βερενίκην· οὐ μέντοι εὐτύχησαν οἱ παῖδες, ἀλλ' ἐν αἰτίαις ἐγένοντο, καὶ ὁ μὲν ἐν φυγῇ διετέλει, παρὰ τοῖς
20 Ἀλλόβριξι Γαλάταις λαβὼν οἴκησιν, οἱ δὲ θεραπείᾳ πολλῇ μόλις εὕροντο κάθοδον, τετραρχίας ἀποδειχθείσης ἑκατέρῳ.

ΚΕΦ. Γ.

Ὑπέρκειται δὲ τῆς Ἰουδαίας καὶ τῆς Κοίλης Συρίας μέχρι Βαβυλωνίας καὶ τῆς τοῦ Εὐφράτου ποταμίας
25 πρὸς νότον Ἀραβία πᾶσα χωρὶς τῶν ἐν τῇ Μεσοποταμίᾳ Σκηνιτῶν. περὶ μὲν οὖν τῆς Μεσοποταμίας καὶ τῶν νεμομένων αὐτὴν ἐθνῶν εἴρηται· τὰ δὲ πέραν τοῦ Εὐφράτου τὰ μὲν πρὸς ταῖς ἐκβολαῖς αὐτοῦ νέμονται Βαβυλώνιοι καὶ τὸ τῶν Χαλδαίων ἔθνος (εἴρηται δὲ
30 [καὶ] περὶ τούτων), τὰ δ' ἑξῆς τῆς Μεσοποταμίας μέχρι Κοίλης Συρίας, τὸ μὲν πλησιάζον τῷ ποταμῷ † καὶ τὴν Μεσοποταμίαν Σκηνῖται κατέχουσιν Ἄραβες, δυναστείας ἀποτετμημένοι μικρὰς ἐν λυπροῖς χωρίοις διὰ τὰς ἀνυδρίας, γεωργοῦντες μὲν ἢ οὐδὲν ἢ μικρά,
35 νομὰς δὲ ἔχοντες παντοδαπῶν θρεμμάτων, καὶ μάλιστα καμήλων· ὑπὲρ δὲ τούτων ἔρημός ἐστι πολλή· τὰ δὲ τούτων ἔτι νοτιώτερα ἔχουσιν οἱ τὴν εὐδαίμονα καλουμένην Ἀραβίαν οἰκοῦντες. ταύτης δὲ τὸ μὲν προσάρκτιον πλευρὸν ἡ λεχθεῖσά ἐστιν ἔρημος, τὸ δ' ἑῷον
40 ὁ Περσικὸς κόλπος, τὸ δ' ἑσπέριον ὁ Ἀράβιος, τὸ δὲ νότιον ἡ μεγάλη θάλαττα ἡ ἔξω τῶν κόλπων ἀμφοῖν, ἣν ἅπασαν Ἐρυθρὰν καλοῦσιν.

2. Ὁ μὲν οὖν Περσικὸς κόλπος λέγεται καὶ ἡ κατὰ Πέρσας θάλαττα. φησὶ δὲ περὶ αὐτῆς Ἐρατοσθένης
45 οὕτως, ὅτι τὸ μὲν στόμα φησὶν εἶναι στενὸν οὕτως, ὥστ' ἐξ Ἁρμόζων, τοῦ τῆς Καρμανίας ἀκρωτηρίου, τῆς Ἀραβίας ἀφορᾶται τὸ ἐν Μάκαις· ἀπὸ δὲ τοῦ στόματος ἡ ἐν δεξιᾷ παραλία περιφερὴς οὖσα κατ' ἀρχὰς μὲν ἀπὸ τῆς Καρμανίας πρὸς ἕω μικρόν, εἶτα πρὸς ἄρκτον
50 νεύει, καὶ μετὰ ταῦτα πρὸς τὴν ἑσπέραν μέχρι Τερηδόνος καὶ τῆς ἐκβολῆς τοῦ Εὐφράτου· περιέχει δὲ τήν τε Καρμανίων παραλίαν καὶ τὴν Περσῶν καὶ Σουσίων

in lacu, qua degustata, pecora pilos, ungues et cornua amittunt. Apud Taricheas quas vocant, est lacus, qui optima salsamenta præbet; gignit etiam arbores fructiferas malis similes. Ægyptii bitumine ad mortuorum condituras utuntur.

46. Pompeius regionibus quibusdam, quas Judæi sibi violenter asciverant, resectis, Hyrcanum (Ὑρκανῷ) præfecit sacerdotio. Postmodum ex ea gente ortus Herodes in dignitatem istam irrepsit, tantum prædecessoribus, familiaritate maxime Romanorum suaque erga eos agendi ratione, præstitit ut rex quoque fuerit appellatus, Antonio primum, postea Cæsare Augusto potestatem ei concedente. De filiis alios ipse, ut eorum impetitus insidiis, interimit, alios moriens, assignata cuique portione, successores reliquit. Cæsar vero et Herodis filios, et sororem Salomen et Berenicen, ejus filiam, honore prosecutus est; attamen filiis res non feliciter cesserunt, qui rei facti, alter in exsilio apud Gallos Allobroges vitam exegit, reliqui ægre multis obsequiis reditum impetrarunt, et suam uterque tetrarchiam.

CAP. III.

Supra Judæam et Cœlesyriam usque ad Babyloniam et fluvialem Euphratis regionem austrum versus tota est Arabia, exceptis Scenitis, qui sunt in Mesopotamia. De Mesopotamia quidem et gentibus, quæ eam incolunt, jam dictum est; quæ vero trans Euphratem est regio, prope ostia fluvii a Babyloniis incolitur et Chaldæorum gente (de quibus item jam diximus); quæ vero Mesopotamiæ succedunt usque in Cœlesyriam, ubi flumini et Mesopotamiæ (τῇ Μ.) propinqua sunt, Arabes Scenitæ obtinent, in parvas divisi ditiones in locis propter aquarum inopiam sterilibus; agros aut nullos aut exiguos colentes, sed greges alentes omne genus pecoris, præsertim camelorum; ultra hos vero solitudo est multa; quæ vero his etiam magis versus austrum sunt, ab iis tenentur, qui felicem Arabiam incolunt. Cujus septentrionale latus faciunt jam dicta deserta, orientale Persicus sinus, occidentale Arabicus, austrinum mare magnum, quod extra utrumque sinum est, quodque totum mare Rubrum vocatur.

2. Persicus itaque sinus etiam Persicum mare appellatur; de quo Eratosthenes ita narrat: ostium ait adeo angustum esse, ut ex Harmozis, Carmaniæ promontorio, Arabiæ conspiciatur promontorium quod est apud Macas. A faucibus autem ora, quæ a dextris est, quum curva sit, principio quidem a Carmania paululum orientem versus, postea ad septentrionem vergit, hinc versus occidentem usque ad Teredonem et Euphratis ostia; complectitur autem et Carmaniorum oram et Persarum et Susianorum et

καὶ Βαβυλωνίων ἀπὸ μέρους, ὅσον μυρίων οὖσα σταδίων· περὶ ὧν καὶ ἡμεῖς εἰρήκαμεν· τὸ δ' ἐντεῦθεν ἑξῆς ἐπὶ τὸ στόμα πάλιν ἄλλοι τοσοῦτοι, καθάπερ καὶ Ἀνδροσθένη λέγειν φησὶ τὸν Θάσιον, τὸν καὶ Νεάρχῳ συμπλεύσαντα † καθ' αὑτόν· ὥστε δῆλον ἐκ τούτων εἶναι, διότι μικρὸν ἀπολείπεται τῷ μεγέθει τῆς κατὰ τὸν Εὔξεινον θαλάττης αὕτη ἡ θάλαττα· λέγειν δέ φησιν ἐκεῖνον περιπεπλευκότα στόλῳ τὸν κόλπον, ὅτι ἀπὸ Τερηδόνος ἑξῆς ἐν δεξιᾷ ἔχοντι τὴν ἤπειρον ὁ παράπλους ἔχει προκειμένην νῆσον Ἴκαρον, καὶ ἱερὸν Ἀπόλλωνος ἅγιον ἐν αὐτῇ καὶ μαντεῖον Ταυροπόλου.

3. Παραπλεύσαντι δὲ τῆς Ἀραβίας εἰς δισχιλίους καὶ τετρακοσίους σταδίους ἐν βαθεῖ κόλπῳ κεῖται πόλις Γέρρα, Χαλδαίων φυγάδων ἐκ Βαβυλῶνος οἰκούντων γῆν ἁλμυρίδα καὶ ἐχόντων ἁλίνας τὰς οἰκίας, ἅς, ἐπειδὴ λεπίδες τῶν ἁλῶν ἀφιστάμεναι κατὰ τὴν ἐπίκαυσιν τὴν ἐκ τῶν ἡλίων συνεχεῖς ἀποπίπτουσι, καταρραίνοντες ὕδασι πυκνὰ τοὺς τοίχους συνέχουσι· διέχει δὲ τῆς θαλάττης. διακοσίους σταδίους ἡ πόλις· πεζέμποροι δ' εἰσὶν οἱ Γερραῖοι τὸ πλέον τῶν Ἀραβίων φορτίων καὶ ἀρωμάτων. Ἀριστόβουλος δὲ τοὐναντίον φησὶ τοὺς Γερραίους τὰ πολλὰ σχεδίαις εἰς τὴν Βαβυλωνίαν ἐμπορεύεσθαι, ἐκεῖθεν δὲ τῷ Εὐφράτῃ τὰ φορτία ἀναπλεῖν εἰς Θάψακον, εἶτα πεζῇ κομίζεσθαι πάντῃ.

4. Πλεύσαντι δ' ἐπὶ πλέον ἄλλαι νῆσοι, Τύρος καὶ Ἄραδος, εἰσίν, ἱερὰ ἔχουσαι τοῖς Φοινικικοῖς ὅμοια· καί φασί γε οἱ ἐν αὐταῖς οἰκοῦντες τὰς ὁμωνύμους τῶν Φοινίκων νήσους καὶ πόλεις ἀποίκους ἑαυτῶν. διέχουσι δὲ αἱ νῆσοι αὗται Τερηδόνος μὲν δεχήμερον πλοῦν, τῆς δὲ κατὰ τὸ στόμα ἄκρας τῆς ἐν Μάκαις ἡμερήσιον.

5. Ἀπὸ δὲ τῆς Καρμανίας εἰρήκασι καὶ Νέαρχος καὶ Ὀρθαγόρας νῆσον Ὤγυριν κεῖσθαι πρὸς νότον πελαγίαν ἐν δισχιλίοις σταδίοις, ἐν ᾗ τάφος Ἐρύθρα δείκνυται, χῶμα μέγα ἀγρίοις φοίνιξι κατάφυτον· τοῦτον δὲ βασιλεῦσαι τῶν τόπων καὶ ἀπ' αὐτοῦ τὴν θάλατταν ἐπώνυμον καταλιπεῖν· δηλῶσαι δὲ ταῦτά φησιν αὐτοῖς Μιθρωπάστην τὸν Ἀρηίνου τοῦ Φρυγίας σατράπου, φυγόντα μὲν Δαρεῖον, διατρίψαντα δ' ἐν τῇ νήσῳ, συμμίξαντα δὲ αὐτοῖς καταχθεῖσιν εἰς τὸν Περσικὸν κόλπον καὶ ζητοῦντα κάθοδον δι' αὐτῶν εἰς τὴν οἰκείαν.

6. Καθ' ὅλην δὲ τὴν τῆς Ἐρυθρᾶς παραλίαν κατὰ βυθοῦ φύεται δένδρα ὅμοια δάφνῃ καὶ ἐλαίᾳ, ταῖς μὲν ἀμπώτισιν ὅλα ὑπερφανῆ γιγνόμενα, ταῖς δὲ πλημμυρίσιν ἔσθ' ὅτε ὅλα καλυπτόμενα, καὶ ταῦτα τῆς ὑπερκειμένης γῆς ἀδένδρου οὔσης, ὥστε ἐπιτείνεσθαι τὸ παράδοξον. περὶ μὲν οὖν τῆς κατὰ Πέρσας θαλάττης, ἣν ἑῴαν πλευρὰν ἔφαμεν εἶναι τῆς εὐδαίμονος Ἀραβίας, τοιαῦτα εἴρηκεν Ἐρατοσθένης.

7. Φησὶ δ' ὁ Νέαρχος τὸν Μιθρωπάστην ἐντυχεῖν αὐτοῖς μετὰ Μαζήνου· τὸν δὲ Μαζήνην ἐπάρχειν νήσου τινὸς τῶν ἐν τῷ Περσικῷ κόλπῳ· καλεῖσθαι δὲ τὴν νῆσον Δωράκτα· εἰς ταύτην δὲ τὸν Μιθρωπάστην καταφυγόντα ξενίας τυχεῖν κατὰ τὴν ἐξ Ὠγύριος γενομένην

Babyloniæ ex parte, adeo ut sit decies fere mille stadiorum, de quibus nos quoque diximus (15, 2, 14). Hinc protinus usque ad os alia totidem stadia sunt, sicut etiam Androsthenem Thasium tradere dicit, qui et cum Nearcho navigavit, *et Arabicam oram præternavigavit* [καὶ τὴν Ἀράβων παραλίαν παραπλεύσαντα] pro se seorsum, ut perspicuum ex his sit mare hoc magnitudine non multum superari a mari Euxino. Porro tradere ait Thasium illum, cum classe sinus oram circumvectum, a Teredone naviganti, ac deinceps continentem a dextris habenti, insulam Icarum (Icarium *codd.*) oræ projectam apparere, et Apollinis templum in ea sanctum atque oraculum *Dianæ* Tauropolæ.

3. Ubi oram Arabiæ legeris ad bis mille et quadringenta stadia, in profundo sinu urbs jacet nomine Gerrha, quam Chaldæi tenent, e Babylonia extorres, loca salsa et domos ex sale factas habitantes; has, quum salis squamæ propter solis ardorem abscedentes continue cadant, crebro aquis adspergunt, atque eo pacto continuitatem parietum tutantur. Hæc urbs stadiis ducentis a mari distat. Gerrhæi negotiatione ut plurimum terrestri tractant Arabum merces et aromata. Aristobulus contra ait Gerrhæos merces plurimas in Babyloniam ratibus importare, hinc vero per Euphratem usque ad Thapsacum vehere, postea quolibet pedestri itinere eas ferri.

4. Naviganti ulterius sunt aliæ insulæ, Tyrus et Aradus, quæ templa Phœniciis similia habent; quodsi incolas earum audias, insulæ et urbes, quæ Phœnices eodem nomine habent, ipsorum forent coloniæ. Distant hæ insulæ a Teredone decem dierum navigatione, a promontorio vero, quod est in ore apud Macas, unius.

5. Nearchus et Orthagoras perhibent, Ogyrin (Tyrinen *codd.*) insulam in alto mari versus austrum jacere, duobus millibus stadiorum a Carmania distantem, in qua Erythræ sepulcrum ostenditur, magnus tumulus silvestribus palmis consitus; hunc vero in iis locis regnasse, et de se mari nomen reliquisse; atque hæc sibi a Mithropasta, Arsitæ (Ἀρσίτου) filio, satrapæ Phrygiæ, patefacta, qui Darium fugiens, in ea insula degisset, et cum ipsis congressus in Persicum sinum delatis, reditum in patriam opera ipsorum ambivisset.

6. In tota Rubri maris ora arbores in profundo nascuntur, lauro et oleæ adsimiles, quæ, quum resorbetur mare, totæ deteguntur, eo affluente nonnunquam totæ obruuntur, quod eo fit mirandum magis, quia tota superjacens regio arboribus caret. De Persico itaque mari, quod nos orientale latus felicis Arabiæ diximus, talia Eratosthenes tradidit.

7. Nearchus ait Mithropastem ipsis cum Mazena occurrisse; Mazenam vero insulæ cuidam in Persico sinu præfuisse; vocari insulam Doracta (*Aoracta* s. *Oaracta?*); ac Mithropastem ex Ogyri discedentem in hanc insulam confugisse ibique hospitio acceptum fuisse atque sic Maze-

ἄφοδον, καὶ δὴ καὶ συνελθεῖν τῷ Μαζήνῃ συσταθησό-
μενον τοῖς ἐν τῷ στόλῳ Μακεδόσι, τὸν δὲ Μαζήνην καὶ
καθηγεμόνα τοῦ πλοῦ γενέσθαι. λέγει δὲ καὶ ἐν ἀρχῇ
τοῦ Περσικοῦ παράπλου νῆσον, ἐν ᾗ μαργαρίτης πολὺς
5 καὶ πολυτίμητός ἐστιν, ἐν ἄλλαις δὲ ψῆφοι τῶν διαυγῶν
καὶ λαμπρῶν· ἐν δὲ ταῖς πρὸ τοῦ Εὐφράτου νήσοις δένδρα φύεσθαι λιβάνου πνέοντα, ὧν τὰς ῥίζας κλωμένων
ὀπὸν ῥεῖν· παγούρων δὲ καὶ ἐχίνων μεγέθη, ὅπερ κοινὸν
ἐν πάσῃ τῇ ἔξω θαλάττῃ· τοὺς μὲν γὰρ εἶναι μείζους
10 καυσίων, τοὺς δὲ καὶ διχοτύλους· ἐποχεῖλαν δὲ κῆτος
ἰδεῖν πεντήκοντα πηχῶν.

ΚΕΦ. Δ.

Ἀρχὴ δὲ τῆς Ἀραβίας ἀπὸ τῆς Βαβυλωνίας ἐστὶν
ἡ Μαικηνή· πρόκειται δὲ ταύτης τῇ μὲν ἡ ἔρημος τῶν
Ἀράβων, τῇ δὲ τὰ ἕλη τὰ κατὰ Χαλδαίους, ἃ ποιεῖ
15 παρεχχεόμενος ὁ Εὐφράτης, τῇ δὲ ἡ κατὰ Πέρσας θάλαττα, δυσάερος [δὲ] οὖσα καὶ ὁμιχλώδης καὶ ἐπομ-
βρος ἅμα καὶ καυματηρά, καλλίκαρπος (δέ) ἐστιν
ὅμως· ἡ δ᾽ ἄμπελος ἐν ἕλεσι φύεται, καλαμίναις ῥιψὶν
ἐπιβαλλομένης γῆς, ὅση δέξαιτ᾽ ἂν τὸ φυτόν, ὥστε
20 φορητὴν γίνεσθαι πολλάκις, εἶτα κοντοῖς ἀπωθεῖσθαι
πάλιν εἰς τὴν οἰκείαν ἕδραν.

2. Ἐπάνειμι δὲ ἐπὶ τὰς Ἐρατοσθένους ἀποφάσεις,
ἃς ἑξῆς περὶ τῆς Ἀραβίας ἐκτίθεται. φησὶ δὲ περὶ
τῆς προσαρκτίου καὶ ἐρήμης, ἥτις ἐστὶ μεταξὺ τῆς τε
25 εὐδαίμονος Ἀραβίας καὶ τῆς Κοιλοσύρων καὶ τῶν Ἰουδαίων, μέχρι τοῦ μυχοῦ τοῦ Ἀραβίου κόλπου, διότι
ἀπὸ Ἡρώων πόλεως, ἥτις ἐστὶ πρὸς τῷ Νείλῳ μυχὸς
τοῦ Ἀραβίου κόλπου, πρὸς μὲν τὴν Ναβαταίων Πέτραν
εἰς Βαβυλῶνα πεντακισχίλιοι ἑξακόσιοι, πᾶσα μὲν πρὸς
30 ἀνατολὰς θερινάς, διὰ δὲ τῶν παρακειμένων Ἀραβίων
ἐθνῶν Ναβαταίων τε καὶ Χαυλοταίων καὶ Ἀγραίων·
ὑπὲρ δὲ τούτων ἡ Εὐδαίμων ἐστίν, ἐπὶ μυρίους καὶ
δισχιλίους ἐκκειμένη σταδίους πρὸς νότον μέχρι τοῦ
Ἀτλαντικοῦ πελάγους. ἔχουσι δ᾽ αὐτὴν οἱ μὲν πρῶτοι
35 μετὰ τοὺς Σύρους καὶ τοὺς Ἰουδαίους ἄνθρωποι γεωρ-
γοί· μετὰ δὲ τούτους διάμμος ἐστὶ γῆ καὶ λυπρά, φοίνικας ἔχουσα ὀλίγους καὶ ἄκανθαν καὶ μυρίκην καὶ
ὀρυκτὰ ὕδατα, καθάπερ καὶ ἡ Γεδρωσία· σκηνῖται
δ᾽ ἔχουσιν αὐτὴν Ἄραβες καὶ καμηλοβοσκοί. τὰ
40 δ᾽ ἔσχατα πρὸς νότον καὶ ἀνταίροντα τῇ Αἰθιοπίᾳ βρέ-
χεταί τε θερινοῖς ὄμβροις καὶ δισπορεῖται παραπλησίως
τῇ Ἰνδικῇ, ποταμοὺς δ᾽ ἔχει καταναλισκομένους εἰς
πεδία καὶ λίμνας, εὐκαρπία δ᾽ ἐστὶν ἥ τε ἄλλη καὶ
μελιτουργεῖα δαψιλῆ, βοσκημάτων τε ἀφθονία πλὴν
45 ἵππων καὶ ἡμιόνων καὶ ὑῶν, ὀρνεά τε παντοῖα πλὴν
χηνῶν καὶ ἀλεκτορίδων. κατοικεῖ δὲ τὰ μέγιστα τέτταρα ἔθνη τὴν ἐσχάτην λεχθεῖσαν χώραν· Μιναῖοι μὲν
ἐν τῷ πρὸς τὴν Ἐρυθρὰν μέρει, πόλις δ᾽ αὐτῶν ἡ μεγίστη Κάρνα ἢ Κάρνανα· ἐχόμενοι δὲ τούτων Σα-
50 βαῖοι, μητρόπολις δ᾽ αὐτῶν Μαρίαβα· τρίτοι δὲ Κατ-
ταβανεῖς, καθήκοντες πρὸς τὰ στενὰ καὶ τὴν διάβασιν

nam convenisse, ut ab eo commendaretur Macedonicæ
classi; ipsum vero Mazenam etiam ducem navigationis
fuisse. Dicit etiam in Persicæ oræ initio insulam esse, in
qua multi et pretiosi uniones gignantur, dum in aliis reperiantur clari et pellucidi lapilli; in insulis autem quæ sint
ante Euphratem, arbores tus redolentes nasci, quarum radices fractæ succum effundant, item miras pagurorum
atque echinorum magnitudines, quod omni exteriori mari
commune est; hos enim pileis esse majores, illos duorum
acetabulorum; vidisse etiam cetum in oram impactum
quinquaginta cubitorum.

CAP. IV.

Arabiæ initium a Babylonia est regio *Mæsena*. Ante
hanc jacent ab una parte Arabum deserta, ab altera
Chaldæorum paludes, quas Euphrates effusus facit, a tertia
parte mare Persicum. Ea etsi gravem ac nebulosum aerem
habet, simulque pluviosa est et æstuosa, fructus tamen
optimos producit. Vitis in paludibus nascitur, terra in
arundineis cratibus imposita, quanta stirpem recipiat: ut
sæpe etiam ab aqua deferatur, et rursus in pristinam sedem contis propellatur.

2. Sed redeo ad ea, quæ deinceps Eratosthenes de Arabia commemorat. Tradit enim de parte septentrionali ejus
et deserta, quæ inter felicem Arabiam et Cœlesyriam ac
Judæam est usque ad Arabici sinus recessum: ab Heroum
urbe, qua parte alter est ad Nilum recessus Arabici sinus,
per Petram Nabatæorum usque ad Babylonem, stadia esse
quinquies mille et sexcenta, tota hac linea versus ortum
æstivum tendente per adjacentes Arabum gentes, Nabatæos
scilicet et Chaulotæos et Agræos; supra hos, inquit, felix
Arabia, ad duodecim millia stadiorum ad austrum porrigitur usque ad Atlanticum pelagus. Incolunt eam primi
post Syros et Judæos homines agricolæ. Post hos regio
est arenosa et sterilis, quæ palmas habet non multas, et
spinam et myricam et fossiles aquas, quemadmodum Gedrosia. Eam Arabes Scenitæ et camelorum pastores habitant. Ultima vero austrum versus et Æthiopiæ opposita
æstivis imbribus rigantur, et bis seruntur, quemadmodum
India. Habent etiam flumina, quæ in campos et lacus
absumuntur; tum ceterorum fructuum, tum etiam mellificii abundantia est; pecorum quoque omnis generis copia,
exceptis equis, mulis et porcis, avium etiam variarum
præter anseres et gallinas. Ac ultimam hanc, quam modo
dixi, regionem quattuor maximæ nationes inhabitant :
Minæi in parte ad Rubrum mare sita; maxima eorum
civitas Carna vel Carnana; his contigui Sabæi, quorum
metropolis est Mariaba; tertii sunt Cattabanenses, qui ad
angustias et Arabici sinus transitum pertinent, et quorum

τοῦ Ἀραβίου κόλπου, τὸ δὲ βασίλειον αὐτῶν Τάμνα καλεῖται· πρὸς ἕω δὲ μάλιστα Χατραμωτῖται, πόλιν δ' ἔχουσι Σάβαταν.

3. Μοναρχοῦνται δὲ πᾶσαι καί εἰσιν εὐδαίμονες, κατεσκευασμέναι καλῶς ἱεροῖς τε καὶ βασιλείοις· αἵ τε οἰκίαι ταῖς Αἰγυπτίαις ἐοίκασι κατὰ τὴν τῶν ξύλων ἔνδεσιν· χώραν δ' ἐπέχουσιν οἱ τέτταρες νομοὶ μείζω τοῦ κατ' Αἴγυπτον Δέλτα· διαδέχεται δὲ τὴν βασιλείαν οὐ παῖς παρὰ πατρός, ἀλλ' ὃς ἂν πρῶτος γεννηθῇ τινι τῶν ἐπιφανῶν παῖς μετὰ τὴν κατάστασιν τοῦ βασιλέως· ἅμα γὰρ τῷ κατασταθῆναί τινα εἰς τὴν ἀρχὴν ἀναγράφονται τὰς ἐγκύους γυναῖκας τῶν ἐπιφανῶν ἀνδρῶν, καὶ ἐφιστᾶσι φύλακας· ἥτις [δ'] ἂν πρώτη τέκῃ, τὸν ταύτης υἱὸν νόμος ἐστὶν ἀναληφθέντα τρέφεσθαι βασιλικῶς, ὡς διαδεξόμενον.

4. Φέρει δὲ λιβανωτὸν μὲν ἡ Κατταβανία, σμύρναν δὲ ἡ Χατραμωτῖτις· καὶ ταῦτα δὲ καὶ τὰ ἄλλα ἀρώματα μεταβάλλονται τοῖς ἐμπόροις. ἔρχονται δὲ πρὸς αὐτοὺς ἐξ Αἰλάνων μὲν εἰς Μιναίαν ἐν ἑβδομήκοντα ἡμέραις· ἔστι δ' ἡ Αἴλανα πόλις ἐν θατέρῳ μυχῷ τοῦ Ἀραβίου κόλπου, τῷ κατὰ Γάζαν τῷ Αἰλανίτῃ καλουμένῳ, καθάπερ εἰρήκαμεν· Γερραῖοι δ' εἰς τὴν Χατραμωτῖτιν ἐν τετταράκοντα ἡμέραις ἀφικνοῦνται. τοῦ δ' Ἀραβίου κόλπου τὸ μὲν παρὰ τὴν Ἀραβίαν πλευρὸν ἀρχομένοις ἀπὸ τοῦ Αἰλανίτου μυχοῦ, καθάπερ οἱ περὶ Ἀλέξανδρον ἀνέγραψαν καὶ Ἀναξικράτη, μυρίων καὶ τετρακισχιλίων σταδίων ἐστίν· εἴρηται δὲ ἐπὶ πλέον. τὸ δὲ κατὰ τὴν Τρωγλοδυτικήν, ὅπερ ἐστὶν ἐν δεξιᾷ ἀποπλέουσιν ἀπὸ Ἡρώων πόλεως, μέχρι μὲν Πτολεμαΐδος καὶ τῆς τῶν ἐλεφάντων θήρας, ἐννακισχίλιοι πρὸς μεσημβρίαν στάδιοι καὶ μικρὸν ἐπὶ τὴν ἕω· ἐντεῦθεν δὲ μέχρι τῶν στενῶν, ὡς τετρακισχίλιοι καὶ πεντακόσιοι πρὸς τὴν ἕω μᾶλλον. ποιεῖ δὲ ἄκρα τὰ στενὰ πρὸς τὴν Αἰθιοπίαν, Δειρὴ καλουμένη, καὶ πολίχνιον ὁμώνυμον αὐτῇ· κατοικοῦσι δὲ Ἰχθυοφάγοι. καί φασιν ἐνταῦθα στήλην εἶναι Σεσώστριος τοῦ Αἰγυπτίου, μηνύουσαν ἱεροῖς γράμμασι τὴν διάβασιν αὐτοῦ. φαίνεται γὰρ τὴν Αἰθιοπίδα καὶ τὴν Τρωγλοδυτικὴν πρῶτος καταστρεψάμενος οὗτος, εἶτα διαβὰς εἰς τὴν Ἀραβίαν, κἀντεῦθεν τὴν Ἀσίαν ἐπελθὼν τὴν σύμπασαν· διὸ δὴ πολλαχοῦ Σεσώστριος χάρακες προσαγορεύονται, καὶ ἀφιδρύματά ἐστιν Αἰγυπτίων θεῶν ἱερῶν. τὰ δὲ κατὰ Δειρὴν στενὰ συνάγεται εἰς σταδίους ἑξήκοντα· οὐ μὴν ταῦτά γε καλεῖται νυνὶ στενά, ἀλλὰ προσπλεύσασιν ἀπωτέρω, καθὸ τὸ μὲν δίαρμά ἐστι τὸ μεταξὺ τῶν ἠπείρων διακοσίων που σταδίων, ἓξ δὲ νῆσοι συνεχεῖς ἀλλήλαις τὸ δίαρμα ἐκπληροῦσαι στενοὺς τελέως διάπλους ἀπολείπουσι, δι' ὧν σχεδίαις τὰ φορτία κομίζουσι δεῦρο κἀκεῖσε, καὶ λέγουσι ταῦτα στενά. μετὰ δὲ τὰς νήσους ὁ ἑξῆς πλοῦς ἐστιν ἐγκολπίζουσι παρὰ τὴν σμυρνοφόρον ἐπὶ τὴν μεσημβρίαν ἅμα καὶ τὴν ἕω μέχρι πρὸς τὴν τὸ κιννάμωμον φέρουσαν, ὅσον πεντακισχιλίων σταδίων· πέρα δὲ ταύτης οὐδένα ἀφῖχθαί φασι μέχρι νῦν. πόλεις δ' ἐν μὲν τῇ

regio dicitur Tamna; denique ad orientem maxime sunt Chatramotitæ, urbem Sabatam (Χαβάτανον codd.) habentes.

3. Urbes singulæ uni suo principi parent, et felices sunt, templaque ac regias optime exstructa habent; domicilia vero lignorum compage Ægyptiis similia; regionem autem occupant quattuor nomi seu præfecturæ istæ majorem quæque quam Ægyptiorum Delta. Succedit apud eos in regno non filius patri, sed qui primus e nobili genere post constitutum regem nascitur. Nam simul atque rex creatus est, omnes nobilium virorum uxores prægnantes conscribuntur, et custodes apponuntur, qui observent; quæ prima pepererit, ejus filius legis jussu assumitur, et ad regni successionem regaliter educatur.

4. Cattabania tus gignit, myrrham vero Chatramotitis; et tum hæc tum alia aromata mercatoribus permutatione dantur, qui ad eos ex Ælanis Minæam veniunt itinere dierum septuaginta (Ælana urbs est in altero recessu Arabici sinus, qui versus Gazam est nomine Ælanites, quemadmodum jam diximus); Gerrhæi (Γαβαῖοι codd.) vero in Chatramoticam diebus quadraginta perveniunt. Arabici sinus latus, quod præter Arabiam est, ab Ælanite recessu sumpto initio, (ut Alexander nec non Anaxicrates scripserunt) quattuordecim millia stadiorum comprehendit; nimium vero dicitur. Quod autem [Troglodyticam versus est, in dextera parte navgantibus, ab Heroum urbe usque ad Elephantum venationem et Ptolemaidem, stadiorum novem millia ad meridiem et paululum ad orientem. Hinc usque ad angustias circiter quattuor millia et quingenta, magis ad orientem. Angustiæ Æthiopiam versus a promontorio fiunt, quod Dira nominatur et oppidum eodem nomine habet; incolæ sunt Ichthyophagi. Narrant ibi Sesostris Ægyptii columnam esse, quæ sacris literis transitum ejus significet. Is enim primus videtur Æthiopiam Troglodyticamque subegisse, postea in Arabiam transgressus, inde Asiam omnem peragrasse; quapropter multis in locis Sesostris valla appellantur, et Ægyptiorum deorum templa inveniuntur ab eo constructa. Angustiæ Diræ proximæ ad sexaginta stadia contrahuntur; ceterum hodie non hæ dicuntur angustiæ, sed ulterius naviganti, ubi trajectus est inter continentes ducentorum fere stadiorum, sex autem insulæ inter se continuæ transitum implentes valde angustas navigationes relinquunt, per quas merces ultro citroque ratibus transvectantur: has angustias vocant. Post insulas deinceps in sinum se inferenti est navigatio præter Myrrhiferam regionem ad meridiem atque auroram, usque ad Cinnamomiferam, stadiorum fere quinquies mille; ulterius negant quemquam adhuc profectum. Urbes in ora quidem esse non multas, in mediterranea

παραλία μὴ πολλὰς εἶναι, κατὰ δὲ τὴν μεσόγαιαν πολλὰς οἰκουμένας καλῶς. τὰ μὲν δὴ τοῦ Ἐρατοσθένους περὶ τῆς Ἀραβίας τοιαῦτα· προσθετέον δὲ καὶ τὰ παρὰ τῶν ἄλλων.

5. Φησὶ δ' Ἀρτεμίδωρος τὸ ἀντικείμενον ἐκ τῆς Ἀραβίας ἀκρωτήριον τῇ Δειρῇ καλεῖσθαι Ἀκίλαν· τοὺς δὲ περὶ τὴν Δειρὴν κολοβοὺς εἶναι τὰς βαλάνους. ἀπὸ δὲ Ἡρώων πόλεως πλέουσι κατὰ τὴν Τρωγλοδυτικὴν πόλιν εἶναι Φιλωτέραν ἀπὸ τῆς ἀδελφῆς τοῦ δευτέρου Πτολεμαίου προσαγορευθεῖσαν, Σατύρου κτίσμα τοῦ πεμφθέντος ἐπὶ τὴν διερεύνησιν τῆς τῶν ἐλεφάντων θήρας καὶ τῆς Τρωγλοδυτικῆς· εἶτα ἄλλην πόλιν Ἀρσινόην· εἶτα θερμῶν ὑδάτων ἐκβολὰς πικρῶν καὶ ἁλμυρῶν, κατὰ πέτρας τινὸς ὑψηλῆς ἐκδιδόντων εἰς τὴν θάλατταν, καὶ πλησίον ὄρος ἐστὶν ἐν πεδίῳ μιλτῶδες· εἶτα Μυὸς ὅρμον, ὃν καὶ Ἀφροδίτης ὅρμον καλεῖσθαι, λιμένα μέγαν, τὸν εἴσπλουν ἔχοντα σκολιόν· προχεῖσθαι δὲ νήσους τρεῖς, δύο μὲν ἐλαίαις κατασκίους, μίαν δ' ἧττον κατάσκιον, μελεαγρίδων μεστήν· εἶθ' ἑξῆς τὸν Ἀκάθαρτον κόλπον, καὶ αὐτὸν κατὰ τὴν Θηβαίδα κείμενον, καθάπερ τὸν Μυὸς ὅρμον, ὄντως δὲ ἀκάθαρτον· καὶ γὰρ ὑφάλοις χοιράσι καὶ ῥαχίαις ἐκτετράχυνται καὶ πνοαῖς καταιγιζούσαις τὸ πλέον. ἐνταῦθα δὲ ἱδρῦσθαι Βερενίκην πόλιν ἐν βάθει τοῦ κόλπου.

6. Μετὰ δὲ τὸν κόλπον ἡ Ὀφιώδης καλουμένη νῆσος ἀπὸ τοῦ συμβεβηκότος, ἣν ἠλευθέρωσε τῶν ἑρπετῶν ὁ βασιλεύς, ἅμα καὶ διὰ τὰς φθορὰς τῶν προσορμιζομένων ἀνθρώπων τὰς ἐκ τῶν θηρίων καὶ διὰ τὰ τοπάζια. λίθος δέ ἐστι διαφανὴς χρυσοειδὲς ἀποστίλβων φέγγος, ὅσον μεθ' ἡμέραν μὲν οὐ ῥᾴδιον ἰδεῖν ἐστι (περιαυγεῖται γάρ), νύκτωρ δ' ὁρῶσιν οἱ συλλέγοντες· περικαθάψαντες δὲ ἀγγεῖον σημείου χάριν μεθ' ἡμέραν ἀνορύττουσι· καὶ ἦν σύστημα ἀνθρώπων ἀποδεδειγμένων εἰς τὴν φυλακὴν τῆς λιθείας ταύτης καὶ τὴν συναγωγήν, σιταρχούμενον ὑπὸ τῶν τῆς Αἰγύπτου βασιλέων.

7. Μετὰ δὲ τὴν νῆσον ταύτην πολλά ἐστιν Ἰχθυοφάγων γένη καὶ Νομάδων· εἶθ' ὁ τῆς Σωτείρας λιμήν, ὃν ἐκ κινδύνων μεγάλων τινὲς σωθέντες τῶν ἡγεμόνων ἀπὸ τοῦ συμβεβηκότος οὕτως ἐκάλεσαν. μετὰ δὲ ταῦτα ἐξάλλαξις πολλὴ τῆς παραλίας καὶ τοῦ κόλπου· τὸν γὰρ παράπλουν οὐκέτι συμβαίνει τραχὺν εἶναι, συνάπτειν τέ πως τῇ Ἀραβίᾳ, καὶ τὸ πέλαγος ταπεινὸν εἶναι σχεδόν τι καὶ ἐπὶ δύο ὀργυιάς, ποάζειν τε τὴν ἐπιφάνειαν διαφαινομένου τοῦ μνίου καὶ τοῦ φύκους, ὅπερ πλεονάζει κατὰ τὸν πόρον· ὅπου γε καὶ δένδρα φύεται καθ' ὕδατος παρὰ τοῖς ἐνταῦθα· ἔχει δὲ καὶ κυνῶν πλῆθος τῶν θαλαττίων ὁ πόρος· εἶθ' οἱ Ταῦροι, δύο ὄρη τύπον τινὰ πόρρωθεν δεικνύντα τοῖς ζῴοις ὅμοιον· εἶτ' ἄλλο ὄρος ἱερὸν ἔχον τῆς Ἴσιδος, Σεσώστριος ἀφίδρυμα· εἶτα νῆσος ἐλαίᾳ κατάφυτος ἐπικλυζομένη· μεθ' ἣν ἡ Πτολεμαῒς πρὸς τῇ θήρᾳ τῶν ἐλεφάντων, κτίσμα Εὐμήδους τοῦ πεμφθέντος ἐπὶ τὴν θήραν ὑπὸ Φιλαδέλφου, λάθρᾳ περιβαλομένου χερρονήσῳ τινὶ τάφρον καὶ περίβολον, εἶτ' ἐκθεραπεύσαντος τοὺς κω-

---

vero multas et optime habitatas. Talia ergo sunt, quæ de Arabia ab Eratosthene dicuntur. His sunt addenda, quæ ceteri tradiderunt.

5. Artemidorus scribit Arabicum promontorium Diræ oppositum Acilam vocari; circa Diram qui habitant, eos glandibus mutilatos esse. Ab Heroum urbe juxta Troglodyticam naviganti urbem Philoteram esse a sorore secundi Ptolemæi appellatam, Satyri opus, qui ad Troglodyticam et elephantum venationem perscrutandam missus fuerit; deinde aliam urbem Arsinoen; hinc calidarum aquarum in mare exitus, quæ amaræ ac salsæ ab excelsa quadam petra prolabuntur; non procul esse montem in campo situm, qui minii colorem referat; deinde Myoshormum seu Muris stationem, quam vocent etiam Veneris stationem, portum magnum ingressu flexuoso; projectas esse insulas tres, duas olearum frequentia opacas, unam minus opacam, quæ Meleagrides aves multas habeat; deinceps sinum Immundum, et ipsum contra Thebaidem situm, quemadmodum Myoshormum; et recte sane immundum dici, quippe qui occultis cautibus et dorsis et procellosis ut plurimum flatibus exasperetur. Ibi Berenicen urbem in profundo sinus recessu positam esse.

6. Post sinum est Ophiodes insula, ab eventu appellata, quam rex a serpentibus liberavit, tum quod multi appellentes a serpentibus interficerentur, tum propter topazia. Is autem est lapis pellucidus, aureo quodam splendore refulgens, quod interdiu quidem videre facile non est, quum solis luce superetur, noctu autem cernunt qui colligunt lapidem. Ii notæ causa vasculo aliquo circumposito, die effodiunt. Eratque corpus quoddam hominum collectioni lapidum custodiæque destinatum, quod mercede a regibus Ægypti conductum alebatur.

7. Post hanc insulam multæ Ichthyophagorum et Nomadum nationes sunt; inde Sotiræ deæ portus, quem duces quidam, e maximis periculis servati, ab eventu rei sic nominarunt. Postea est magna et oræ et sinus mutatio; nam præternavigatio non amplius aspera est, et quodammodo contigua fit Arabiæ, et mare humile est adeo ut duabus fere ulnis non profundius sit, et summa ejus facies herbidam speciem habet musco et alga pellucentibus, quæ plurimum in freto abundat, ubi arbores etiam in aqua nascuntur; porro marinorum canum fretum multitudinem fert. Postea sunt Tauri, montes duo, qui eminus formam ostendunt tauris similem; subsequitur alius mons, qui Isidis fanum habet a Sesostri positum; postea insula oleis consita, quæ mari inundatur; post eam est Ptolemais ad elephantum venationem ab Eumede condita; is quum ad venationem a Philadelpho mitteretur, clam peninsula quadam fossa et muro circumdata, cultu et obsequiis eo-

λύοντας καὶ κατεσκευασμένου φίλους ἀντὶ δυσμενῶν.

8. Ἐν δὲ τῷ μεταξὺ ἐκδίδωσιν ἀπόσπασμα τοῦ Ἀσταβόρα καλουμένου ποταμοῦ, ὃς ἐκ λίμνης τὴν ἀρχὴν ἔχων μέρος μέν τι ἐκδίδωσι, τὸ δὲ πλέον συμβάλλει τῷ Νείλῳ· εἶτα νῆσοι ἓξ Λατομίαι καλούμεναι· καὶ μετὰ ταῦτα τὸ Σαβαϊτικὸν στόμα λεγόμενον καὶ ἐν τῇ μεσογαίᾳ φρούριον, Τοσούχου ἵδρυμα· εἶτα λιμὴν καλούμενος Ἐλαία καὶ ἡ Στράτωνος νῆσος· εἶτα λιμὴν Σαβὰ καὶ κυνήγιον ἐλεφάντων, ὁμώνυμον αὐτῷ· ἡ δ' ἐν βάθει τούτων χώρα Τηνεσσὶς λέγεται· ἔχουσι δ' αὐτὴν οἱ παρὰ Ψαμμιτίχου φυγάδες Αἰγυπτίων· ἐπονομάζονται δὲ Σεμβρῖται, ὡς ἂν ἐπήλυδες· βασιλεύονται δ' ὑπὸ γυναικός, ὑφ' ἣν ἐστι καὶ ἡ Μερόη, πλησίον τῶν τόπων οὖσα τούτων ἐν τῷ Νείλῳ νῆσος, ὑπὲρ ἧς ἄλλη ἐστὶ νῆσος οὐ πολὺ ἄπωθεν ἐν τῷ ποταμῷ, κατοικία τῶν αὐτῶν τούτων φυγάδων. ἀπὸ δὲ Μερόης ἐπὶ τήνδε τὴν θάλατταν εὐζώνῳ ὁδὸς ἡμερῶν πεντεκαίδεκα. περὶ δὲ τὴν Μερόην. καὶ ἡ συμβολὴ τοῦ τε Ἀσταβόρα καὶ τοῦ Ἀστάπου καὶ ἔτι τοῦ Ἀστασόβα πρὸς τὸν Νεῖλον.

9. Παροικοῦσι δὲ τούτοις οἱ Ῥιζοφάγοι καὶ Ἕλειοι προσαγορευόμενοι διὰ τὸ ἐκ τοῦ παρακειμένου ῥιζοτομοῦντας ἕλους κόπτειν λίθοις καὶ ἀναπλάσσειν μάζας, ἡλιάσαντες δὲ σιτεῖσθαι· λεοντόβατα δ' ἐστὶ τὰ χωρία· ταῖς θ' ὑπὸ κυνὸς ἐπιτολὴν ἡμέραις ὑπὸ κωνώπων μεγάλων ἐξελαύνεται τὰ θηρία ἐκ τῶν τόπων. εἰσὶ δὲ καὶ Σπερμοφάγοι πλησίον, οἳ τῶν σπερμάτων ἐπιλιπόντων ὑπὸ τῶν ἀκροδρύων τρέφονται, σκευάζοντες παραπλησίως, ὥσπερ τὰς ῥίζας οἱ Ῥιζοφάγοι. μετὰ δὲ τὴν Ἐλαίαν αἱ Δημητρίου σκοπιαὶ καὶ βωμοὶ Κόνωνος· ἐν δὲ τῇ μεσογαίᾳ καλάμων Ἰνδικῶν φύεται πλῆθος· καλεῖται δὲ ἡ χώρα Κορακίου· ἦν δέ τις ἐν βάθει Ἐνδέρα, γυμνητῶν ἀνθρώπων κατοικία, τόξοις χρωμένων καλαμίνοις καὶ πεπυρακτωμένοις οἰστοῖς· ἀπὸ δένδρων δὲ τοξεύουσι τὰ θηρία τὸ πλέον, ἔστι δ' ὅτε καὶ ἀπὸ γῆς· πολὺ δ' ἐστὶ παρ' αὐτοῖς πλῆθος τῶν ἀγρίων βοῶν· ἀπὸ δὲ τῆς τούτων καὶ τῶν ἄλλων θηρίων κρεοφαγίας ζῶσιν, ἐπὰν δὲ μηδὲν θηρεύσωσι, τὰ ξηρὰ δέρματα ἐπ' ἀνθρακιᾶς ὀπτῶντες ἀρκοῦνται τῇ τοιαύτῃ τροφῇ. ἔθος δ' ἐστὶν αὐτοῖς ἀγῶνα τοξείας προτιθέναι τοῖς ἀβοις παισί. μετὰ δὲ τοὺς Κόνωνος βωμοὺς ὁ Μήλινος λιμήν· ὑπέρκειται δ' αὐτοῦ φρούριον Κοράου καλούμενον καὶ κυνήγιον τοῦ Κοράου καὶ ἄλλο φρούριον καὶ κυνήγια πλείω· εἶτα ὁ Ἀντιφίλου λιμὴν καὶ οἱ ὑπὲρ τούτου Κρεοφάγοι, κολοβοὶ τὰς βαλάνους καὶ αἱ γυναῖκες Ἰουδαϊκῶς ἐκτετμημέναι.

10. Ἔτι δ' ὑπὲρ τούτων ὡς πρὸς μεσημβρίαν οἱ Κυναμολγοί, ὑπὸ δὲ τῶν ἐντοπίων Ἄγριοι καλούμενοι, κατάκομοι, καταπώγωνες, κύνας ἐκτρέφοντες εὐμεγέθεις, οἷς θηρεύουσι τοὺς ἐπερχομένους ἐκ τῆς πλησιοχώρου βόας Ἰνδικούς, εἴθ' ὑπὸ θηρίων ἐξελαυνομένους εἴτε σπάνει νομῆς· ἡ δ' ἔφοδος αὐτῶν ἀπὸ θερινῶν τροπῶν μέχρι μέσου χειμῶνος. Τῷ δ' Ἀντιφίλου λιμένι ἑξῆς ἐστι λιμὴν καλούμενος Κολοβῶν ἄλσος καὶ

rum amicitiam sibi conciliavit, qui eum arcere studebant.

8. Intra hoc spatium effluit in mare pars quædam avulsa a flumine Astabora, qui ex lacu ortum habens partem eo emittit, majore influens in Nilum; postea sunt insulæ sex, Latomiæ appellatæ; hinc est os, quod Sabaiticum dicitur, et in mediterraneo castellum est, a Tosucho (τὸ Σούχου codd.) conditum; postea portus nomine Elæa et Stratonis insula; tum portus Saba, et elephantum venatio cognominis. Regio interior ibi Tenessis dicitur; eam Ægyptii tenent qui a Psammiticho deficientes huc confugerunt; appellantur Sembritæ (Sebritæ codd.), id est advenæ; reginam habent, sub qua est etiam Meroe, vicina his locis in Nilo insula, ultra quam est alia insula in flumine non admodum longe dissita, quam iidem exsules inhabitant. A Meroe ad hoc mare est iter dierum quindecim homini expedito. Circa Meroen etiam Astaboras et Astapas nec non Astasobas in Nilum influunt.

9. Hæc flumina Rhizophagi accolunt, qui et Helei (sive Palustres) vocantur, propterea quod ex adjacente palude evulsis radicibus et lapide contusis, massulas conficiunt, et ad solem coctis vescuntur. Hæc loca leones alunt, qui sub canis exortum a maximis culicibus hinc expelluntur. Sunt etiam Spermatophagi (sive Seminivori) non procul, qui, deficientibus seminibus, glandibus nutriuntur, eas conficientes, quemadmodum Rhizophagi radices. Post Elæam sunt Demetrii speculæ et Cononis aræ; in mediterraneis vero maxima Indicarum arundinum multitudo nascitur; ea Coracii regio appellatur. Fuit etiam Endera quædam interius Gymnetarum (sic a nuditate vel exercitatione dictorum) hominum domicilium, qui arcu et arundineis sagittis præustis utuntur. Hi plerumque feras de arboribus sagittant, interdum etiam a terra. Summa est apud eos silvestrium boum multitudo, quorum et aliarum ferarum carnibus vitam sustentant. Ubi nihil capiunt, sicca coria prunis assantes, tali cibo uti satis habent. Mos est apud eos sagittandi certamen impubibus proponere. Post Cononis aras est portus Melinus, et supra eum castellum Corai dictum, et venationes complures; deinceps Antiphili portus, supra quem sunt Creophagi, glandes mutili, et mulieres eorum Judaice excisæ.

10. Porro supra hos versus meridiem sunt Cynamolgi sive Canimulgi, qui ab indigenis Agrii seu Feri appellantur, comati et barbati; hi canes maximos alunt, quibus Indicos boves venantur, e vicina regione venientes sive a feris pulsos, sive pascuorum inopia, idque ab æstivo solstitio usque ad mediam hiemem. Post Antiphili portum deinceps est alius portus, nomine Mutilorum lucus, et urbs Bere-

Βερενίκη πόλις ἡ κατὰ Σαβὰς καὶ Σαβαί, πόλις εὐμεγέθης· εἶτα τὸ τοῦ Εὐμένους ἄλσος. ὑπέρκειται δὲ πόλις Δάραβα καὶ κυνήγιον ἐλεφάντων τὸ πρὸς τῷ φρέατι καλούμενον· κατοικοῦσι δ' Ἐλεφαντοφάγοι, τὴν θήραν ποιούμενοι τοιαύτην· ἀπὸ τῶν δένδρων ἰδόντες ἀγέλην διὰ τοῦ δρυμοῦ φερομένην, τῇ μὲν οὐκ ἐπιτίθενται, τοὺς δ' ἀποπλανηθέντας ἐκ τῶν ὄπισθεν λάθρα προσιόντες νευροκοποῦσι· τινὲς δὲ καὶ τοξεύμασιν ἀναιροῦσιν αὐτοὺς χολῇ βεβαμμένοις ὄφεων· ἡ δὲ τοξεία διὰ τριῶν ἀνδρῶν συντελεῖται, τῶν μὲν κατεχόντων τὸ τόξον καὶ προβεβηκότων τοῖς ποσί, τοῦ δ' ἕλκοντος τὴν νευράν· ἄλλοι δὲ σημειωσάμενοι τὰ δένδρα, οἷς εἰώθασι προσαναπαύεσθαι, προσιόντες ἐκ θατέρου μέρους τὸ στέλεχος ὑποκόπτουσιν· ἐπὰν οὖν προσιὸν τὸ θηρίον ἀποκλίνῃ πρὸς αὐτό, πεσόντος τοῦ δένδρου πίπτει καὶ αὐτό, ἀναστῆναι δὲ μὴ δυναμένου διὰ τὸ τὰ σκέλη διηνεκὲς ὀστοῦν ἔχειν καὶ ἀκαμπές, καταπηδήσαντες ἀπὸ τῶν δένδρων ἀνατέμνουσιν αὐτό· τοὺς δὲ κυνηγοὺς οἱ Νομάδες ἀκαθάρτους καλοῦσιν.

11. Ὑπέρκειται δὲ τούτων ἔθνος οὐ μέγα Στρουθοφάγων, παρ' οἷς ὄρνεις εἰσὶ μέγεθος ἐλάφων ἔχοντες, πετᾶσθαι μὲν οὐ δυνάμενοι, θέοντες δὲ ὀξέως, καθάπερ οἱ στρουθοκάμηλοι· θηρεύουσι δ' αὐτοὺς οἱ μὲν τόξοις, οἱ δὲ ταῖς δοραῖς τῶν στρουθῶν σκεπασθέντες τὴν μὲν δεξιὰν καλύπτουσι τῷ τραχηλιμαίῳ μέρει καὶ κινοῦσιν οὕτως, ὥσπερ τὰ ζῷα κινεῖται τοῖς τραχήλοις, τῇ δὲ ἀριστερᾷ σπέρμα προχέουσιν ἀπὸ πήρας παρηρτημένης, καὶ τούτῳ δελεάσαντες τὰ ζῷα εἰς φάραγγας συνωθοῦσιν· ἐνταῦθα δ' ἐφεστῶτες ξυλοκόποι κατακόπτουσι· καὶ ἀμπέχονται δὲ καὶ ὑποστόρνυνται τὰ δέρματα ταῦτα· πολεμοῦσι δὲ τούτοις οἱ Σιμοὶ καλούμενοι Αἰθίοπες, κέρασιν ὀρύγων ὅπλοις χρώμενοι.

12. Πλησιόχωροι δὲ τούτοις εἰσὶ μελανώτεροί τε τῶν ἄλλων καὶ βραχύτεροι καὶ βραχυβιώτατοι Ἀκριδοφάγοι· τὰ γὰρ τετταράκοντα ἔτη σπανίως ὑπερτιθέασιν, ἀποθηριουμένης αὐτῶν τῆς σαρκός· ζῶσι δ' ἀπὸ ἀκρίδων, ἃς οἱ ἐαρινοὶ λίβες καὶ ζέφυροι, πνέοντες μεγάλοι, συνελαύνουσιν εἰς τοὺς τόπους τούτους· ἐν ταῖς χαράδραις δὲ ἐμβαλόντες ὕλην καπνώδη καὶ ὑφάψαντες μικρόν......... ὑπερπετάμεναι γὰρ τὸν καπνὸν σκοτοῦνται καὶ πίπτουσι· συγκόψαντες δ' αὐτὰς μεθ' ἁλμυρίδος μάζας ποιοῦνται καὶ χρῶνται. τούτων δ' ἔρημος ὑπέρκειται μεγάλη, νομὰς δαψιλεῖς ἔχουσα, ἐκλειφθεῖσα δ' ὑπὸ πλήθους σκορπίων καὶ φαλαγγίων τῶν τετραγνάθων καλουμένων, ἐπιπολάσαντός ποτε καὶ ἀπεργασαμένου τοῖς ἀνθρώποις φυγὴν παντελῆ.

13. Μετὰ δὲ Εὐμένους λιμένα μέχρι Δειρῆς καὶ τῶν κατὰ τὰς ἓξ νήσους στενῶν Ἰχθυοφάγοι καὶ Κρεοφάγοι κατοικοῦσι καὶ Κολοβοὶ μέχρι τῆς μεσογαίας. εἰσὶ δὲ καὶ θῆραι πλείους ἐλεφάντων καὶ πόλεις ἄσημοι καὶ νησία πρὸ τῆς παραλίας· νομάδες δ' οἱ πλείους, ὀλίγοι δ' οἱ γεωργοῦντες· παρά τισι δὲ τούτων φύεται στύραξ οὐκ ὀλίγος. συνάγουσι δὲ ταῖς ἀμπώτισιν οἱ Ἰχθυοφάγοι τοὺς ἰχθῦς· ἐπιρρίψαντες δὲ ταῖς πέτραις κα-

nice ad Sabas, et Sabæ, urbs maxima; inde Eumenis lucus. Superjacet urbs Daraba et elephantorum venatio, quæ ad puteum nominatur; eam Elephantophagi habitant, hujusmodi venationem exercentes. Elephantorum gregem per silvam vagantem ex arbore aliqua cernentes, ipsum gregem nequaquam adoriuntur, sed eorum, qui vagantur extra armenta, clam a tergo accedentes, nervos incidunt; nonnulli eos sagittis interficiunt, serpentum felle tinctis. Sagittatio autem per homines tres perficitur, quorum duo arcum tenent, et pedibus præpositis nituntur, tertius vero nervum trahit. Nonnulli arbores notant, quibus elephanti acclinati quiescere solent. Accedentes itaque, ex altera parte truncum succidunt; in quem ubi se bestia reclinat, pariter cum arbore ruit; quumque surgere nequeat, propterea quod crura continuum et carens flexu os habeant, ex arboribus desilientes illam obtruncant. Venatores a Nomadibus immundi vocantur.

11. Supra hos sunt Struthophagi, gens non admodum magna, apud quos aves dicuntur esse cervorum magnitudine, quæ volare non possunt, sed celeriter currunt, quemadmodum Struthocameli. Nonnulli eas arcu venantur, nonnulli pellibus struthorum tecti; hi dextram manum pelle colli operiunt, atque eam sic movent, quemadmodum animalia collum movere solent, sinistra vero semen spargunt ex appensa pera eductum, eoque allectas aves in convalles detrudunt, ubi viri animal circumsistentes baculis conficiunt. Harum avium pellibus utuntur pro amictu et veste stragula. Cum iis Æthiopes, qui Simi vocantur, bellum gerunt, orygum cornibus pro armis utentes.

12. His finitimi [*Acridophagi*] ceteris et nigriores sunt et minores et vitæ brevioris; raro enim quadragesimum superant annum, quando carnes eorum bestiolarum multitudine corrumpuntur. Vivunt ex locustis, quas verni Africi et Favonii vehementius flantes in ea loca compellunt. Ipsi autem fumosam materiem in convallibus injicientes et succendentes, *locustas facile capiunt*: illæ enim supervolantes, fumo tenebras offundente, decidunt, venatores autem contundunt eas et admixto sale ex eis massulas conficiunt, quibus utuntur. Ultra hos est regio deserta, quæ pascua larga habet, ob scorpionum multitudinem derelicta et phalangiorum, quæ tetragnathi sive quadrimala appellantur. Horum animalium tanta aliquando copia exsuperavit, ut homines prorsus expellerentur.

13. Post Eumenis portum usque ad Diram et sex insularum angustias Ichthyophagi Creophagique habitant, et qui Mutili appellantur, usque in mediterraneam. Sunt etiam complures elephantum venationes et urbes ignobiles et parvæ insulæ ante maritimam oram; pastores magna ex parte inhabitant, agricolæ pauci; apud quosdam eorum styrax nascitur sat multus. Ichthyophagi mari decurrente pisces colligunt, eosque in petras jacientes, a

τοπτῶσι πρὸς τὸν ἥλιον, εἶτ' ἐξοπτήσαντες τὰς ἀκάνθας μὲν σωρεύουσι, τὴν δὲ σάρκα πατήσαντες μάζας ποιοῦνται, πάλιν δὲ ταύτας ἡλιάζοντες σιτοῦνται· χειμῶνος δ' ἀδυνατήσαντες συνάγειν τοὺς ἰχθῦς, τὰς σεσηρευμένας ἀκάνθας κόψαντες μάζας ἀναπλάττονται καὶ χρῶνται, τὰς δὲ νεαρὰς ἐκμυζῶσιν· ἔνιοι δὲ τὰς κόγχας ἔχουσας τὴν σάρκα σιτεύουσι, καταβάλλοντες εἰς χαράδρια καὶ συστάδας θαλάττης, εἶτ' ἰχθύδια παραρριπτοῦντες τροφήν, αὐταῖς χρῶνται ἐν τῇ τῶν ἰχθύων σπάνει· ἔστι δ' αὐτοῖς καὶ ἰχθυοτροφεῖα παντοῖα, ἀφ' ὧν ταμιεύονται. ἔνιοι δὲ τῶν τὴν ἄνυδρον παραλίαν οἰκούντων διὰ πέντε ἡμερῶν ἐπὶ τὰ ὑδρεῖα ἀναβαίνουσι πανοικὶ μετὰ παιανισμοῦ, ῥιφέντες δὲ πρηνεῖς πίνουσι βοῶν δίκην ἕως ἐκτυμπανώσεως τῆς γαστρός, εἶτ' ἀπίασιν ἐπὶ θάλατταν πάλιν· οἰκοῦσι δ' ἐν σπηλαίοις ἢ μάνδραις στεγασταῖς ἀπὸ δοκῶν μὲν καὶ στρωτήρων τῶν κητείων ὀστέων καὶ ἀκανθῶν, φυλλάδος δ' ἐλαίνης.

14. Οἱ δὲ Χελωνοφάγοι τοῖς ὀστράκοις αὐτῶν σκεπάζονται μεγάλοις οὖσιν, ὥστε καὶ πλεῖσθαι ἐν αὐτοῖς· ἔνιοι δὲ τοῦ φύκους ἀποβεβλημένου πολλοῦ καὶ θῖνας ὑψηλὰς καὶ λοφώδεις ποιοῦντος, ὑπορύττοντες ταύτας ὑποικοῦσι· τοὺς δὲ νεκροὺς ῥίπτουσι τροφὴν τοῖς ἰχθύσιν, ἀναλαμβανομένους ὑπὸ τῶν πλημμυρίδων. τῶν δὲ νήσων τινὲς τρεῖς ἐφεξῆς κεῖνται, ἡ μὲν Χελωνῶν, ἡ δὲ Φωκῶν, ἡ δ' Ἱεράκων λεγομένη· πᾶσα δ' ἡ παραλία φοίνικάς τε ἔχει καὶ ἐλαιῶνας καὶ δαφνῶνας, οὐχ ἡ ἐντὸς τῶν στενῶν μόνον, ἀλλὰ καὶ τῆς ἐκτὸς πολλή. ἔστι δέ τις καὶ Φιλίππου νῆσος, καθ' ἣν ὑπέρκειται τὸ Πυθαγγέλου καλούμενον τῶν ἐλεφάντων κυνήγιον· εἶτ' Ἀρσινόη πόλις καὶ λιμήν, καὶ μετὰ ταῦτα ἡ Δειρή· καὶ τούτων ὑπέρκειται θήρα τῶν ἐλεφάντων. ἀπὸ δὲ τῆς Δειρῆς ἡ ἐφεξῆς ἐστιν ἀρωματοφόρος, πρώτη μὲν ἡ τὴν σμύρναν φέρουσα, καὶ αὕτη μὲν Ἰχθυοφάγων καὶ Κρεοφάγων· φύει δὲ καὶ περσέαν καὶ συκάμινον Αἰγύπτιον· ὑπέρκειται δὲ ἡ Λίχα θήρα τῶν ἐλεφάντων· πολλαχοῦ δ' εἰσὶ συστάδες τῶν ὀμβρίων ὑδάτων, ὧν ἀναξηρανθεισῶν οἱ ἐλέφαντες ταῖς προβοσκίσι καὶ τοῖς ὀδοῦσι φρεωρυχοῦσι καὶ ἀνευρίσκουσιν ὕδωρ. ἐν δὲ τῇ παραλίᾳ ταύτῃ μέχρι τοῦ Πυθολάου ἀκρωτηρίου δύο λίμναι εἰσὶν εὐμεγέθεις· ἡ μὲν ἁλμυροῦ ὕδατος, ἣν καλοῦσι θάλατταν, ἡ δὲ γλυκέος, ἣ τρέφει καὶ ἵππους ποταμίους καὶ κροκοδείλους, περὶ τὰ χείλη δὲ πάπυρον· ὁρῶνται δὲ καὶ ἴβεις περὶ τὸν τόπον· ἤδη δὲ καὶ οἱ πλησίον τῆς ἄκρας τῆς Πυθολάου τὰ σώματα ὁλόκληροί εἰσι· μετὰ δὲ τούτους ἡ λιβανωτοφόρος· ἐνταῦθα ἄκρα ἐστὶ καὶ ἱερὸν αἰγειρῶνα ἔχον. ἐν δὲ τῇ μεσογαίᾳ ποταμία τις Ἴσιδος λεγομένη καὶ ἄλλη τις Νεῖλος, ἄμφω καὶ σμύρναν καὶ λίβανον παραπεφυκότα ἔχουσαι. ἔστι δὲ καὶ δεξαμενή τις τοῖς ἐκ τῶν ὀρῶν ὕδασι πληρουμένη καὶ μετὰ ταῦτα Λέοντος σκοπὴ καὶ Πυθαγγέλου λιμήν· ἡ δ' ἑξῆς ἔχει καὶ ψευδοκασίαν. συνεχῶς δ' εἰσὶ ποταμίαι τε πλείους ἔχουσαι λίβανον παραπεφυκότα καὶ ποταμοὶ μέχρι τῆς Κινναμωμοφόρου· ὁ δ' ὁρίζων ταύτην ποταμὸς φέρει καὶ φλοῦν πάμπο-

λυν· εἶτ' ἄλλος ποταμὸς καὶ Δαφνοῦς λιμὴν καὶ ποταμία Ἀπόλλωνος καλουμένη, ἔχουσα πρὸς τῷ λιβάνῳ καὶ σμύρναν καὶ κιννάμωμον· τοῦτο δὲ πλεονάζει μᾶλλον περὶ τοὺς ἐν βάθει τόπους· εἶθ' ὁ Ἐλέφας τὸ
5 ὄρος, ἐκκείμενον εἰς θάλατταν, καὶ διῶρυξ καὶ ἐφεξῆς Ψυγμοῦ λιμὴν μέγας καὶ ὕδρευμα, τὸ Κυνοκεφάλων καλούμενον, καὶ τελευταῖον ἀκρωτήριον τῆς παραλίας ταύτης, τὸ Νότου κέρας. κάμψαντι δὲ τοῦτο ὡς ἐπὶ μεσημβρίαν οὐκέτι, φησίν, ἔχομεν λιμένων ἀναγραφὰς
10 οὐδὲ τόπων διὰ τὸ μηκέτι εἶναι γνώριμον † ἐν δὲ τῇ ἑξῆς παραλίᾳ.

15. Εἰσὶ [δὲ] καὶ στῆλαι καὶ βωμοὶ Πυθολάου καὶ Δίχα καὶ Πυθαγγέλου καὶ Λέοντος καὶ Χαριμόρτου κατὰ τὴν γνώριμον παραλίαν τὴν ἀπὸ Δείρης μέχρι
15 Νότου κέρως, τὸ δὲ διάστημα οὐ γνώριμον. πληθύει δ' ἐλέφασιν ἡ χώρα καὶ λέουσι τοῖς καλουμένοις μύρμηξιν· ἀπεστραμμένα δ' ἔχουσι τὰ αἰδοῖα, (καὶ) χρυσοειδεῖς τὴν χρόαν, ψιλότεροι δὲ τῶν κατὰ τὴν Ἀραβίαν· φέρει δὲ καὶ παρδάλεις ἀλκίμους καὶ ῥινοκέρωτας·
20 οὗτοι δὲ μικρὸν ἀπολείπονται τῶν ἐλεφάντων (οἱ ῥινοκέρωτες), [οὐχ], ὥσπερ Ἀρτεμίδωρός φησιν, (ἐπὶ σπειρὰν) τῷ μήκει, καίπερ ἑωρακέναι φήσας ἐν Ἀλεξανδρείᾳ, ἀλλὰ σχεδόν τι ὅσον .... τῷ ὕψει, ἀπό γε τοῦ ὑφ' ἡμῶν ὁραθέντος· οὔτε πύξῳ τὸ χρῶμα ἐμφερές,
25 ἀλλ' ἐλέφαντι μᾶλλον· μέγεθος δ' ἐστὶ ταύρου· μορφὴ δ' ἐγγυτάτω συάγρου, καὶ μάλιστα κατὰ τὴν προτομήν, πλὴν τῆς ῥινός, ὅτι ἔστι κέρας σιμὸν στερεώτερον ὀστέου παντός· χρῆται δ' ὅπλῳ, καθάπερ καὶ τοῖς ὀδοῦσιν ὁ σύαγρος· ἔχει δὲ καὶ τύλους δύο, ὡς ἂν σπεί-
30 ρας δρακόντων ἀπὸ τῆς ῥάχεως μέχρι τῆς γαστρὸς περικειμένας, τὴν μὲν πρὸς τῷ λόφῳ, τὴν δὲ πρὸς τῇ ὀσφύι. ἐκ μὲν δὴ τοῦ ὑφ' ἡμῶν ὁραθέντος ταῦτά φαμεν ἡμεῖς, ἐκεῖνος δὲ προσδιασαφεῖ, διότι καὶ ἐλεφαντομάχον ἰδίως ἐστὶ τὸ ζῷον περὶ τῆς νομῆς, ὑποδῦνον
35 τῇ προτομῇ καὶ ἀναχεῖρον τὴν γαστέρα, ἐὰν μὴ προληφθῇ τῇ προβοσκίδι καὶ τοῖς ὀδοῦσι.

16. Γίνονται δ' ἐν τούτοις τοῖς τόποις καὶ αἱ καμηλοπαρδάλεις, οὐδὲν ὅμοιον ἔχουσαι παρδάλει· τὸ γὰρ ποικίλον τῆς χρόας νεβρίσι μᾶλλον ἔοικε ῥαβδωτοῖς
40 σπίλοις κατεστιγμέναις· τελέως δὲ τὰ ὀπίσθια ταπεινότερα τῶν ἐμπροσθίων ἐστίν, ὥστε δοκεῖν συγκαθῆσθαι τῷ οὐραίῳ μέρει, τὸ ὕψος βοὸς ἔχοντι, τὰ δὲ ἐμπρόσθια σκέλη τῶν καμηλείων οὐ λείπεται· τράχηλος δ' εἰς ὕψος ἐξηρμένος ὀρθός, τὴν κορυφὴν δὲ πολὺ ὑπερπε-
45 τεστέραν ἔχει τῆς καμήλου· διὰ δὲ τὴν ἀσυμμετρίαν ταύτην οὐδὲ τάχος οἶμαι τοσοῦτον εἶναι περὶ τὸ ζῷον, ὅσον εἴρηκεν Ἀρτεμίδωρος, ἀνυπέρβλητον φήσας· ἀλλ' οὐδὲ θηρίον ἐστίν, ἀλλὰ βόσκημα μᾶλλον· οὐδεμίαν γὰρ ἀγριότητα ἐμφαίνει. γίνονται δέ, φησί, καὶ σφίγγες
50 καὶ κυνοκέφαλοι καὶ κῆβοι λέοντος μὲν πρόσωπον ἔχοντες, τὸ δὲ λοιπὸν σῶμα πάνθηρος, μέγεθος δὲ δορκάδος· καὶ ταῦροι δ' εἰσὶν ἄγριοι καὶ σαρκοφάγοι, μεγέθει πολὺ τοὺς παρ' ἡμῖν ὑπερβεβλημένοι καὶ τάχει, πυρροὶ τὴν χρόαν· κροκούττας δ' ἐστὶ μῖγμα λύκου

gignit. Postea est aliud flumen et Daphnûs portus et fluvialis regio, quae Apollinis dicitur et thus habet et myrrham et cinnamomum; hujus tamen major copia est circa interiora loca. Exinde Elephas mons in mare prominens et fossa et deinceps Psygmi portus magnus et aquatio Cynocephalorum dicta et Austri cornu, ultimum hujus orae promontorium. Id versus meridiem ubi flexeris, nullos amplius, inquit, neque portus neque loca habemus notata, quum nondum cognita sit quae deinceps sequitur ora maritima (γν. τὴν ἑ. παραλίαν).

15. Sunt vero etiam columnae et arae Pytholai et Lichae et Pythangeli et Leontis, et Charimorti juxta oram notam a Dira usque ad Austri cornu; at distantia ignota est. Haec regio elephantis abundat et leonibus, qui formicae vocantur et genitalia aversa habent et colorem aureum, pilis non tam densis vestiti, ut Arabici. Fert etiam pardales fortissimas et rhinocerotes, qui non, ut Artemidorus ait, longitudine paulum ab elephantis superantur (quamquam se Alexandriae vidisse affirmat), sed in altitudinem una fere *sphithama* (σπιθαμὴν?), secundum eum certe quem nos vidimus; neque color buxo, sed elephanti potius similis; magnitudo tauri; forma apro proxima, praesertim quod ad rostrum attinet, dempto naso, qui cornu quoddam est recurvum, omni osse durius. Eo pro armis utuntur, quemadmodum aper dentibus. Habet etiam duo cingula, tanquam draconum volumina, a dorso usque ad uterum circumeuntia, alterum armum versus, alterum ad lumbum. Nos haec de eo dicimus, quem ipsi vidimus; Artemidorus addit id animal de pastu cum elephante pugnare, et rostro subire ac ventrem ejus conscindere, nisi elephantis proboscide vel dentibus praevertatur.

16. In iis locis camelopardales quoque nascuntur, nulla re pardali similes; cutis enim varietate hinnulo potius similis est bellua, virgatis maculis distincta; posteriora multo humiliora sunt anterioribus, ut a cauda sedere videatur, ad bovis altitudinem; anteriora vero crura cameli cruribus non sunt humiliora; collum rectum est, et in altum exsurgit; verticem multo sublimiorem camelo habet. Propter quam partium inconcinnitatem nec tantam celeritatem habere puto, quantam dixit Artemidorus, insuperabilem affirmans; neque etiam fera est, sed pecus potius; nullam enim feritatem prae se fert. Gignuntur etiam ibi (Artemidorus ait) sphinges et cynocephali et cebi, qui faciem leonis, corpus reliquum pantherae, magnitudinem damae habent, item tauri feri ac carnivori, nostros et magnitudine et celeritate longe exsuperantes, colore rufo; crocuttas vero secundum Artemidorum, ex

42.

καὶ κυνός, ὥς φησιν οὗτος. ἃ δ' ὁ Σκήψιος λέγει Μητρόδωρος ἐν τῷ περὶ συνηθείας βιβλίῳ μύθοις ἔοικε καὶ οὐ φροντιστέον αὐτῶν. καὶ δρακόντων δ' εἴρηκε μεγέθη τριάκοντα πηχῶν ὁ Ἀρτεμίδωρος ἐλέφαντας καὶ ταύρους χειρουμένων, μετριάσας ταύτῃ γε· οἱ γὰρ Ἰνδικοὶ μυθωδέστεροι καὶ οἱ Λιβυκοί, οἷς γε καὶ πόα ἐπιπεφυκέναι λέγεται.

17. Νομαδικὸς μὲν οὖν ὁ βίος τῶν Τρωγλοδυτῶν, τυραννοῦνται δὲ καθ' ἕκαστα, κοιναὶ δὲ καὶ γυναῖκες καὶ τέκνα πλὴν τοῖς τυράννοις, τῷ δὲ τὴν τυράννου φθείραντι πρόβατον ἡ ζημία ἐστί· στιβίζονται δ' ἐπιμελῶς αἱ γυναῖκες, περίκεινται δὲ τοῖς τραχήλοις κογχία ἀντὶ βασκανίων. πολεμοῦσι δὲ περὶ τῆς νομῆς, κατ' ἀρχὰς μὲν διωθούμενοι ταῖς χερσίν, εἶτα λίθοις, ὅταν δὲ τραῦμα γένηται, καὶ τοξεύμασι καὶ μαχαιρίσι· διαλύουσι δὲ γυναῖκες, εἰς μέσους προϊοῦσαι καὶ δεήσεις προσενέγκασαι· τροφὴ δ' ἔκ τε σαρκῶν καὶ τῶν ὀστέων κοπτομένων ἀναμὶξ καὶ εἰς τὰς δορὰς ἐνειλουμένων, εἶτ' ὀπτωμένων καὶ ἄλλως πολλαχῶς σκευαζομένων ὑπὸ τῶν μαγείρων, οὓς καλοῦσιν ἀκαθάρτους· ὥστε μὴ κρεοφαγεῖν μόνον, ἀλλὰ καὶ ὀστοφαγεῖν καὶ δερματοφαγεῖν· χρῶνται δὲ καὶ τῷ αἵματι καὶ τῷ γάλακτι καταμίξαντες. ποτὸν δὲ τοῖς μὲν πολλοῖς ἀπόβρεγμα παλιούρου, τοῖς δὲ τυράννοις μελίκρατον, ἀπ' ἄνθους τινὸς ἐκπιεζομένου τοῦ μέλιτος. ἔστι δ' αὐτοῖς χειμὼν μέν, ἡνίκα οἱ ἐτησίαι πνέουσι (κατομβροῦνται γάρ), θέρος δ' ὁ λοιπὸς χρόνος. γυμνῆται δὲ καὶ δερματοφόροι καὶ σκυταληφόροι διατελοῦσιν· εἰσὶ δ' οὐ κόλοβοι μόνον, ἀλλὰ καὶ περιτετμημένοι τινές, καθάπερ οἱ Αἰγύπτιοι. οἱ δὲ Μεγαβάροι Αἰθίοπες τοῖς ῥοπάλοις καὶ τύλους προστιθέασι σιδηροῦς, χρῶνται δὲ καὶ λόγχαις καὶ ἀσπίσιν ὠμοβυρσίναις, οἱ λοιποὶ Αἰθίοπες τόξοις καὶ λόγχαις. θάπτουσι δέ τινες τῶν Τρωγλοδυτῶν, ῥάβδοις παλιουρίναις δήσαντες τὸν αὐχένα τῶν νεκρῶν πρὸς τὰ σκέλη· ἔπειτα εὐθὺς καταλεύουσιν ἱλαροί, γελῶντες ἅμα, ἕως ἂν τοῦ σώματος τὴν ὄψιν ἀποκρύψωσιν· εἶτ' ἐπιθέντες κέρας αἴγειον ἀπίασιν. ὁδοιποροῦσι δὲ νύκτωρ ἐκ τῶν ἀρρένων θρεμμάτων κώδωνας ἐξάψαντες, ὥστ' ἐξίστασθαι τὰ θηρία τῷ ψόφῳ· καὶ λαμπάσι δὲ καὶ τόξοις ἐπὶ τὰ θηρία χρῶνται, καὶ διαγρυπνοῦσι δὲ τῶν ποιμνίων χάριν, ᾠδῇ τινι χρώμενοι πρὸς τῷ πυρί.

18. Ταῦτ' εἰπὼν περὶ τῶν Τρωγλοδυτῶν καὶ τῶν προσχώρων Αἰθιόπων ἐπάνεισιν ἐπὶ τοὺς Ἄραβας· καὶ πρώτους ἔπεισι τοὺς τὸν Ἀράβιον κόλπον ἀφορίζοντας καὶ ἀντικειμένους τοῖς Τρωγλοδύταις, ἀρξάμενος ἀπὸ τοῦ Ποσειδίου. φησὶ δὲ ἐνδοτέρω κεῖσθαι τοῦτο τοῦ Αἰλανίτου μυχοῦ· συνεχῆ δὲ τοῦ Ποσειδίου φοινικῶνα εἶναι εὔυδρον, τιμᾶσθαί τε κομιδῇ διὰ τὸ πᾶσαν τὴν κύκλῳ καυματηράν τε καὶ ἄνυδρον καὶ ἄσκιον ὑπάρχειν, ἐνταῦθα δὲ καὶ τὴν εὐκαρπίαν τῶν φοινίκων εἶναι θαυμαστήν· προεστήκασι δὲ τοῦ ἄλσους ἀνὴρ καὶ γυνή, διὰ γένους ἀποδεδειγμένοι, δερματοφόροι, τροφὴν ἀπὸ τῶν φοινίκων ἔχοντες. κοιτάζονται δ' ἐπὶ δένδρων κα-

17. Troglodytarum vita pastoralis est; singulis locis tyrannos habent; mulieres et filii eis communes, nisi quæ tyrannorum sunt; qui tyranni uxorem corruperit, ove mulxatur. Eorum mulieres diligenter stibi superciliis interunt, collo conchas adversus fascinationes appensas gestant; viri de pascuis contendunt, primo manibus rem gerentes, mox lapidibus; quod si vulnus fiat, etiam sagittis et gladiis; at mulieres in medium prodeuntes et preces interponentes, pacem reparant. Vescuntur carnibus et ossibus simul contusis et in coria involutis et postea vel assatis vel aliis variis modis præparatis a coquis, quos immundos vocant, adeo ut non solum carnes, sed ossa etiam et coria comedant. Vescuntur etiam mixto cum lacte sanguine. Vulgus aquam bibit, in qua paliurus sit maceratus; tyranni mulsum potant, melle e flore quodam expresso. Hiemem habent, quum etesiæ flant; tunc enim imbribus rigantur; æstatem vero reliquum tempus. Degunt nudi vel pelliti, et scuticas gestant, et sunt non solum glandes mutili, sed etiam circumcisi nonnulli, quemadmodum Ægyptii. Æthiopes Megabari clavas muniunt ferreis nodis, utuntur vero etiam lanceis et scutis e crudo corio confectis. reliqui autem Æthiopes arcu et lancea. Quidam Troglodytæ sepeliunt suos, paliurinis virgis mortui cervicem pedibus alligantes; tum mortuum illico lapidibus impetunt, læti ac ridentes, quousque obrutum corpus non amplius conspiciatur; deinde, imposito capræ cornu, abscedunt. Iter noctu peragunt, pecoribus masculis tintinnabula e collo suspendentes, ut feræ sonitu exterreantur; arcu quoque et facibus contra feras utuntur; invigilant etiam gregis gratia, ad ignem cantu quodam utentes.

18. Ceterum Artemidorus hæc de Troglodytis ac vicinis Æthiopibus postquam dixit, revertitur ad Arabes; et primo quidem eos persequitur, qui Arabicum sinum terminant, et Troglodytis opponuntur, a Posidio incipiens, quod interius Ælanitico recessu situm autumat. Posidio vero continuum esse palmetum quoddam aquis abundans, et in magno honore haberi propterea quod tota circumjacens regio æstuosa sit et arida et umbrarum expers, ibi vero etiam feraces mirum in modum palmæ sint. Luco vir et uxor præsunt ratione generis constituti, pelliti ambo, victum ex palmis ducentes. Dormiunt in tuguriis factis super arboribus, propter ferarum multitudinem. Postea est

λυδοποιησάμενοι διὰ τὸ πλῆθος τῶν θηρίων. εἶθ᾽ ἑξῆς
ἔστι νῆσος Φωκῶν, ἀπὸ τοῦ πλήθους τῶν θηρίων τούτων ὠνομασμένη. πλησίον δ᾽ αὐτῆς ἀκρωτήριον, ὃ
διατείνει πρὸς τὴν Πέτραν τὴν τῶν Ναβαταίων καλου-
5 μένων Ἀράβων καὶ τὴν Παλαιστίνην χώραν, εἰς ἣν
Μιναῖοί τε καὶ Γερραῖοι καὶ πάντες οἱ πλησιόχωροι τὰ
τῶν ἀρωμάτων φορτία κομίζουσιν. εἶτ᾽ ἄλλη παραλία, πρότερον μὲν Μαρανιτῶν καλουμένη, ὧν οἱ μὲν
ἦσαν γεωργοί, τινὲς δὲ σκηνῖται, νῦν δὲ Γαρινδαίων,
10 ἀνελόντων ἐκείνους δόλῳ· ἐπέθεντο γὰρ αὐτοῖς, πεν-
ταετηρικήν τινα πανήγυριν ἐπιτελοῦσι, καὶ τούτους τε
διέφθειραν καὶ τοὺς ἄλλους ἐπελθόντες ἄρδην διελυμή-
ναντο. εἶθ᾽ ὁ Αἰλανίτης κόλπος καὶ ἡ Ναβαταία,
πολυάνδρος οὖσα χώρα καὶ εὔβοτος· οἰκοῦσι δὲ καὶ
15 νήσους προκειμένας πλησίον· οἳ πρότερον μὲν καθ᾽ ἡσυ-
χίαν ἦσαν, ὕστερον δὲ σχεδίαις ἐληΐζοντο τοὺς ἐκ τῆς
Αἰγύπτου πλέοντας· δίκας δ᾽ ἔτισαν, ἐπελθόντος στόλου
καὶ ἐκπορθήσαντος αὐτούς. ἑξῆς δ᾽ ἐστὶ πεδίον εὔδεν-
δρόν τε καὶ εὔυδρον καὶ βοσκημάτων παντοίων μεστόν,
20 ἄλλων τε καὶ ἡμιόνων· καὶ καμήλων ἀγρίων καὶ ἐλάφων καὶ δορκάδων πλῆθος ἐν αὐτῷ, λέοντές τε καὶ
παρδάλεις καὶ λύκοι συχνοί. πρόκειται δὲ νῆσος καλουμένη Δία· εἶτα κόλπος ὅσον πεντακοσίων σταδίων,
ὄρεσι περικλειόμενος καὶ δυσεισβόλῳ στόματι· περιοι-
25 κοῦσι δὲ θηρευτικοὶ ἄνδρες τῶν χερσαίων ἀγρευμάτων.
εἶτ᾽ ἔρημοι τρεῖς νῆσοι πλήρεις ἐλαιῶν, οὐ τῶν παρ᾽
ἡμῖν, ἀλλὰ τῶν ἐντοπίων, ἃς καλοῦμεν Αἰθιοπικάς, ὧν
τὸ δάκρυον καὶ ἰατρικῆς δυνάμεώς ἐστιν. ἐφεξῆς δ᾽
ἐστὶν αἰγιαλὸς λιθώδης, καὶ μετὰ τοῦτον τραχεῖα καὶ
30 δυσπαράπλευστος ὅσον χιλίων σταδίων παραλία σπάνει
λιμένων καὶ ἀγκυροβολίων· ὄρος γὰρ παρατείνει τραχὺ
καὶ ὑψηλόν· εἶθ᾽ ὑπώρειαι σπιλαδώδεις μέχρι τῆς θαλάττης, τοῖς ἐτησίαις μάλιστα καὶ ταῖς τότε ἐπομ-
βρίαις ἀβοήθητον παρέχουσαι τὸν κίνδυνον. ἑξῆς δ᾽
35 ἐστὶ κόλπος νήσους ἔχων σποράδας, καὶ συνεχῶς θῖνες
ψάμμου μελαίνης τρεῖς ἄγαν ὑψηλοί, καὶ μετὰ τούτους
Χαρμόθας λιμὴν ὅσον σταδίων τὸν κύκλον ἑκατόν, στενὸν καὶ ἐπικίνδυνον ἔχων τὸν εἴσπλουν παντὶ σκάφει,
ῥεῖ δὲ καὶ ποταμὸς εἰς αὐτόν· ἐν μέσῳ δὲ νῆσος εὔδεν-
40 δρος καὶ γεωργήσιμος. εἶτ᾽ ἐστὶ παραλία τραχεῖα,
καὶ μετὰ ταύτην κόλποι τινὲς καὶ χώρα Νομάδων ἀπὸ
καμήλων ἐχόντων τὸν βίον· καὶ γὰρ πολεμοῦσιν ἀπ᾽ αὐτῶν καὶ ὁδεύουσι καὶ τρέφονται τῷ τε γάλακτι χρώμενοι
καὶ ταῖς σαρξί. ῥεῖ δὲ ποταμὸς δι᾽ αὐτῶν ψῆγμα χρυ-
45 σοῦ καταφέρων, οὐκ ἴσασι δ᾽ αὐτὸ κατεργάζεσθαι· καλοῦνται δὲ Δέβαι, οἱ μὲν νομάδες, οἱ δὲ καὶ γεωργοί. οὐ
λέγω δὲ τῶν ἐθνῶν τὰ ὀνόματα τὰ † παλαιὰ διὰ τὴν
ἀδοξίαν καὶ ἅμα ἀτοπίαν τῆς ἐκφορᾶς αὐτῶν. ἐχόμενοι
δ᾽ εἰσὶν ἡμερώτεροι τούτων ἄνδρες, εὐκρατοτέραν οἰκοῦν-
50 τες γῆν· καὶ γὰρ εὔυδρός ἐστι καὶ εὔομβρος· χρυσός τε
ὀρυκτὸς γίνεται, παρ᾽ αὐτοῖς οὐ ψήγματος, ἀλλὰ βωλα-
ρίων χρυσοῦ καθάρσεως οὐ πολλῆς δεομένων, μέγεθος
δ᾽ ἐχόντων ἐλάχιστον μὲν πυρῆνος, μέσον δὲ μεσπίλου,
μέγιστον δὲ καρύου· τρήσαντες δὲ ταῦτα ἐναλλὰξ λί-

Phocarum insula, a multitudine marinorum vitulorum nomen habens. Prope est promontorium, ita porrectum ut linea per illud ducta tendat ad Petram, urbem Nabatæorum Arabum, et Palæstinam regionem, in quam Minæi et Gerrhæi et vicini omnes aromata convehunt. Postea est alia ora, quæ prius Maranitarum dicebatur, quorum alii erant agricolæ, alii in tuguriis habitabant; nunc Garindæi, illis dolo interemptis, eam possident. Nam Maranitas adorti, dum festa quædam quinquennalia celebrarent, non solum hos interfecerunt, sed etiam ingruentes in reliquos, funditus omnes deleverunt. Succedit his Ælaniticus sinus et Nabatæa, populosa regio et pascuis abundans. Insulas quoque vicinas oræ projectas obtinent Nabatæi, qui olim quidem quieti, postea ratibus deprædari cœperunt eos, qui ex Ægypto navigabant; sed pœnas dederunt, classe adversum ipsos profecta, qua sunt oppressi. Deinceps est planities, aquis et arboribus plena et omni pecore abundans tum cetero tum mulis. Camelorum quoque agrestium et cervarum et dorcadum in ea copia, nec non leones et pardales et lupi plurimi. Ante hanc sita est insula nomine Dia. Postea sinus quingentorum fere stadiorum a montibus circumclusus, fauces habens accessu difficiles est; circumhabitant homines terrestrium animalium venatores. Inde sunt insulæ tres desertæ, oleis obsitæ non nostratibus, sed indigenis, quas Æthiopicas vocamus, quarum lacrima etiam medicam vim habet. Deinceps est litus lapidosum, et post id est ora mille fere stadiorum ob portuum et jaciendarum ancorarum commoditatis penuriam transvectu difficilis; nam mons altus et asper juxta porrigitur, atque montium radices saxosæ usque in mare pertingunt, quæ præsertim etesiis flantibus et imbribus accidentibus, inevitabile periculum offerunt. Subsequitur sinus, qui sparsas insulas habet. Protinus sunt cumuli arenæ nigræ tres, valde excelsi, et post hos est Charmothas portus centum fere stadiorum ambitu, ingressu angusto et omni scaphæ periculoso; exit in eum flumen. In medio insula jacet arboribus plena et cultui apta. Deinde est litus asperum, et post id sinus quidam et regio Nomadum victum ex camelis ducentium; nam iis et in pugna et in faciendo itinere utuntur, et lacte eorum ac carnibus vescuntur. Flumen per eos labitur, quod auri ramenta defert; sed artem eorum in massam auri convertendorum ignorant. Ipsi Debæ vocantur, et eorum quidam pastores sunt, alii agricolæ. Ceterum gentium nomina, plurima illa (τὰ πολλά), propter obscuritatem et absurditatem pronuntiationis omitto. Sequuntur homines mansuetiores, temperatiorem terram habitantes, utpote aquis et imbribus large præditam; apud eos aurum effoditur, non ramenta, sed glebulæ quædam, quæ non multa purgatione indigent, magnitudine minima nuclei, media mespili, maxima nucis, quas perforantes et alterne componentes lapillis pellu-

θοις διαφανέσιν δρμους ποιοῦνται διείροντες λίνον, περιτίθενται δὲ περὶ τοὺς τραχήλους καὶ καρπούς· πωλοῦσι δὲ καὶ πρὸς τοὺς ἀστυγείτονας εὔωνον τὸν χρυσόν, τριπλάσιον ἀντιδιδόντες τοῦ χαλκοῦ, διπλάσιον δὲ τοῦ †
5 ἀργύρου διά τε τὴν ἀπειρίαν τῆς ἐργασίας καὶ τὴν σπάνιν τῶν ἀντιλαμβανομένων, ὧν ἡ χρεία πρὸς τοὺς βίους ἀναγκαιοτέρα.

19. Συνάπτει δ᾽ ἡ τῶν Σαβαίων εὐδαιμονεστάτη, μεγίστου ἔθνους, παρ᾽ οἷς καὶ σμύρνα καὶ λίβανος καὶ
10 κιννάμωμον· ἐν δὲ τῇ παραλίᾳ καὶ βάλσαμον καὶ ἄλλη τις πόα σφόδρα εὐώδης, ταχὺ δ᾽ ἐξίτηλον τὴν ὀδμὴν ἔχουσα· εἰσὶ δὲ καὶ φοίνικες εὐώδεις καὶ κάλαμος, ὄφεις δὲ σπιθαμιαῖοι, φοινικοῖ τὴν χρόαν, προσαλλόμενοι καὶ μέχρι λαγόνος, τὸ δῆγμα ἔχοντες ἀνήκεστον. διὰ δὲ
15 τὴν ἀφθονίαν τῶν καρπῶν ἀργοὶ καὶ ῥάθυμοι τοῖς βίοις εἰσὶν οἱ ἄνθρωποι· κοιτάζονται δὲ ἐπὶ τῶν ῥιζῶν τῶν δένδρων ἐκτέμνοντες οἱ πολλοὶ καὶ δημοτικοί· διαδεχόμενοι δ᾽ οἱ σύνεγγυς ἀεὶ τὰ φορτία, τοῖς μετ᾽ αὐτοὺς παραδιδόασι μέχρι Συρίας καὶ Μεσοποταμίας· καροῦ-
20 μενοι δ᾽ ὑπὸ τῶν εὐωδιῶν, αἴρουσι τὸν κάρον ἀσφάλτου θυμιάματι καὶ τράγου πώγωνος. ἡ δὲ πόλις τῶν Σαβαίων, ἡ Μαρίαβα, κεῖται μὲν ἐπ᾽ ὄρους εὐδένδρου, βασιλέα δ᾽ ἔχει κύριον τῶν κρίσεων καὶ τῶν ἄλλων· ἐκ δὲ τῶν βασιλείων οὐ θέμις ἐξιέναι, ἢ καταλεύουσιν αὐτὸν παρα-
25 χρῆμα οἱ ὄχλοι κατά τι λόγιον· ἐν χλιδῇ δ᾽ ἐστὶ γυναικείᾳ καὶ αὐτὸς καὶ οἱ περὶ αὐτόν · τὰ δὲ πλήθη τὰ μὲν γεωργεῖ, τὰ δ᾽ ἐμπορεύεται τὰ ἀρώματα τά τε ἐπιχώρια καὶ τὰ ἀπὸ τῆς Αἰθιοπίας, πλέοντες ἐπ᾽ αὐτὰ διὰ τῶν στενῶν δερματίνοις πλοίοις· τοσαῦτα δ᾽ ἐστὶ τὸ
30 πλῆθος, ὥστ᾽ ἀντὶ φρυγάνων καὶ τῆς καυσίμου ὕλης χρῆσθαι κινναμώμῳ καὶ κασίᾳ καὶ τοῖς ἄλλοις. γίνεται δ᾽ ἐν τοῖς Σαβαίοις καὶ τὸ λάριμνον, εὐωδέστατον θυμίαμα. ἐκ δὲ τῆς ἐμπορίας οὗτοί τε καὶ Γερραῖοι πλουσιώτατοι πάντων εἰσίν, ἔχουσί τε παμπληθῆ κα-
35 τασκευὴν χρυσωμάτων τε καὶ ἀργυρωμάτων, κλινῶν τε καὶ τριπόδων καὶ κρατήρων σὺν ἐκπώμασι καὶ τῇ τῶν οἴκων πολυτελείᾳ· καὶ γὰρ θυρώματα καὶ τοῖχοι καὶ ὀροφαὶ δι᾽ ἐλέφαντος καὶ χρυσοῦ καὶ ἀργύρου λιθοκολλήτῳ τυγχάνει διαπεποικιλμένα. ταῦτα μὲν περὶ
40 τούτων εἴρηκε, τἆλλα δὲ τὰ μὲν παραπλησίως τῷ Ἐρατοσθένει λέγει· τὰ δὲ καὶ παρὰ τῶν ἄλλων ἱστορικῶν παρατίθησιν.

20. Ἐρυθρὰν γὰρ λέγειν τινὰς τὴν θάλατταν ἀπὸ τῆς χροιᾶς τῆς ἐμφαινομένης κατ᾽ ἀνάκλασιν, εἴτε ἀπὸ
45 τοῦ ἡλίου κατὰ κορυφὴν ὄντος εἴτε ἀπὸ τῶν ὀρῶν ἐρυθραινομένων ἐκ τῆς ἀποκαύσεως· ἀμφοτέρως γὰρ εἰκάζειν· Κτησίαν δὲ τὸν Κνίδιον πηγήν ἱστορεῖν ἐκδιδοῦσαν εἰς τὴν θάλατταν ἐρευθὲς καὶ μιλτῶδες ὕδωρ· Ἀγαθαρχίδην δὲ τὸν ἐκείνου πολίτην παρά τινος Βόξου,
50 [Πέρσου] τὸ γένος, ἱστορῆσαι, διότι Πέρσης τις Ἐρύθρας, ἱπποφορβίου τινὸς ὑπὸ λεαίνης οἴστρῳ κατασχομένης ἐξελαθέντος μέχρι θαλάττης κἀκεῖθεν εἰς νῆσόν τινα διάραντος, σχεδίαν πηξάμενος πρῶτος περαιωθείη πρὸς τὴν νῆσον· ἰδὼν δὲ καλῶς οἰκήσιμον, τὴν μὲν

cidis armillas faciunt, inserto filo, et collo carpisque circumponunt. Vendunt id aurum vicinis vili pretio, triplum auri dantes pro ære, duplum pro ferro, decuplum pro argento (διπλάσιον δὲ τοῦ σιδήρου καὶ δεκαπλάσιον τοῦ ἀργ.), tum propter operandi inscitiam, tum quod indigent iis, quæ contra accipiuntur, quorum usus magis est ad vitam necessarius.

19. His proxima est felicissima Sabæorum terra, gentis maximæ. Apud hos thus et myrrha et cinnamomum nascitur, in ora etiam balsamum et alia quædam herba valde odorata, quanquam ejus odor cito evanescit; habent præterea palmas odoratas et calamum; serpentes etiam spithamam longas, colore puniceo, usque ad ilia assilientes, quorum morsus incurabilis est. Homines propter maximam fructuum copiam otiosi socordesque vivunt. Cubant in radicibus arborum, quas excidunt (?), plerique de vulgo, atque merces proximi semper suscipientes protinus alter alteri consequenti tradunt usque in Syriam atque Mesopotamiam. Ubi fragrantia gravedinem induxit, bituminis suffitu et hirci barba eam abigunt. Mariaba, Sabæorum urbs, in monte jacet arboribus pleno. Sub rege sunt, qui judiciorum ac ceterarum rerum potestatem habet; ex regia vero exire fas non est, aut subito eum turbæ lapidibus obruunt, idque ex oraculo quodam. Ceterum rex et qui circa eum sunt, in deliciis muliebribus vivunt; plebis pars agros colit, pars aromata mercatur et indigena et Æthiopica, ad quæ navigant per angustias navigiis ex corio confectis. Tanta autem est apud eos aromatum abundantia, ut pro sarmentis et cetera ignis faciundi materie, cinnamomo, casia ceterisque utantur. Nascitur in Sabæis etiam larimnum, suffitu odoratissimum. Hi atque Gerrhæi ditissimi sunt ex mercatura; supellectilem ex auro et argento multam habent, ut lectos, tripodes, crateres, pocula in domibus sumptuosis; nam portæ et parietes et tecta ex ebore, auro, argento lapidibusque ornatus causa distincta. De his igitur hæc habet Artemidorus; cetera refert ita, ut etiam Eratosthenes, nonnulla tamen etiam ab aliis historicis sumpta adducit.

20. Narrat enim quosdam putare mari Rubro esse nomen de colore propter reflexionem apparente vel a sole, quum supra verticem est, vel a montibus ex adustione rubentibus; nam utroque modo putari; Ctesiam vero Cnidium narrare fontem quendam esse, qui aquam rubicundam minii colore in mare emittat; Agatharchidem autem hujus civem a Boxo quodam, Persa genere, accepisse hæc: scilicet Persam quendam Erythram nomine, quum equorum armentum a leæna asilo tacta usque ad mare compelleretur, atque inde in insulam quandam transmitteret: primum constructa rate in insulam eam transivisse; animadversoque, commode habitari posse, armentum rursum in

ἀγέλην εἰς τὴν Περσίδα ἀπαγάγοι πάλιν, ἀποίκους δ' ἐκεῖ στεῖλαι τε καὶ τὰς ἄλλας νήσους καὶ τὴν παραλίαν, ἐπώνυμον δὲ ποιήσειεν ἑαυτοῦ τὸ πέλαγος. τοὺς δὲ Περσέως υἱὸν ἀποφαίνεσθαι τὸν Ἐρύθραν, ἡγήσασθαί τε τῶν τόπων. λέγεται δ' ὑπό τινων τὰ ἀπὸ τῶν στενῶν τοῦ Ἀραβίου κόλπου μέχρι τῆς κινναμωμοφόρου τῆς ἐσχάτης πεντακισχιλίων σταδίων, οὐκ εὐκρινῶς, εἴτ' ἐπὶ νότον εἴτ' ἐπὶ τὰς ἀνατολάς. λέγεται δὲ καὶ διότι ὁ σμάραγδος καὶ ὁ βήρυλλος ἐν τοῖς τοῦ χρυσίου μετάλλοις ἐγγίνεται. εἰσὶ δὲ καὶ ἅλες εὐώδεις ἐν Ἀραψιν, ὥς φησι Ποσειδώνιος.

21. Πρῶτοι δ' ὑπὲρ τῆς Συρίας Ναβαταῖοι καὶ Σαβαῖοι τὴν εὐδαίμονα Ἀραβίαν νέμονται καὶ πολλάκις κατέτρεχον αὐτῆς, πρὶν ἢ Ῥωμαίων γενέσθαι· νῦν δὲ κἀκεῖνοι Ῥωμαίοις εἰσὶν ὑπήκοοι καὶ Σύροι. μητρόπολις δὲ τῶν Ναβαταίων ἐστὶν ἡ Πέτρα καλουμένη· κεῖται γὰρ ἐπὶ χωρίου τἆλλα ὁμαλοῦ καὶ ἐπιπέδου, κύκλῳ δὲ πέτρᾳ φρουρουμένου, τὰ μὲν ἐκτὸς ἀποκρήμνου καὶ ἀποτόμου, τὰ δ' ἐντὸς πηγὰς ἀφθόνους ἔχοντος εἴς τε ὑδρείαν καὶ κηπείαν. ἔξω δὲ τοῦ περιβόλου χώρα ἔρημος ἡ πλείστη, καὶ μάλιστα ἡ πρὸς Ἰουδαίᾳ· ταύτῃ δὲ καὶ ἐγγυτάτω ἐστὶ τριῶν ἢ τεττάρων ὁδὸς ἡμερῶν εἰς Ἱεριχοῦντα, εἰς δὲ τὸν φοινικῶνα πέντε. βασιλεύεται μὲν οὖν ὑπό τινος ἀεὶ τῶν ἐκ τοῦ βασιλικοῦ γένους, ἔχει δ' ὁ βασιλεὺς ἐπίτροπον τῶν ἑταίρων τινά, καλούμενον ἀδελφόν· σφόδρα δ' εὐνομεῖται. γενόμενος γοῦν παρὰ τοῖς Πετραίοις Ἀθηνόδωρος, ἀνὴρ φιλόσοφος καὶ ἡμῖν ἑταῖρος, διηγεῖτο θαυμάζων· εὑρεῖν γὰρ ἐπιδημοῦντας ἔφη πολλοὺς μὲν Ῥωμαίων, πολλοὺς δὲ καὶ τῶν ἄλλων ξένων· τοὺς μὲν οὖν ξένους ὁρᾶν κρινομένους πολλάκις καὶ πρὸς ἀλλήλους καὶ πρὸς τοὺς ἐπιχωρίους, τῶν δ' ἐπιχωρίων οὐδένας ἀλλήλοις ἐγκαλοῦντας, ἀλλὰ τὴν πᾶσαν εἰρήνην ἄγοντας πρὸς ἑαυτούς.

22. Πολλὰ δὲ καὶ ἡ τῶν Ῥωμαίων ἐπὶ τοὺς Ἄραβας στρατεία νεωστὶ γενηθεῖσα ἐφ' ἡμῶν, ὧν ἡγεμὼν ἦν Αἴλιος Γάλλος, διδάσκει τῶν τῆς χώρας ἰδιωμάτων. τοῦτον δ' ἔπεμψεν ὁ Σεβαστὸς Καῖσαρ διαπειρασόμενον τῶν ἐθνῶν καὶ τῶν τόπων τούτων τε καὶ τῶν Αἰθιοπικῶν, ὁρῶν τήν τε Τρωγλοδυτικὴν τὴν προσεχῆ τῇ Αἰγύπτῳ γειτονεύουσαν τούτοις, καὶ τὸν Ἀράβιον κόλπον στενὸν ὄντα τελέως τὸν διείργοντα ἀπὸ τῶν Τρωγλοδυτῶν τοὺς Ἄραβας· προσοικειοῦσθαι δὴ διενοήθη τούτους ἢ καταστρέφεσθαι· ἦν δέ τι καὶ τὸ πολυχρηματους ἀκούειν ἐκ παντὸς χρόνου, πρὸς ἄργυρον καὶ χρυσὸν τὰ ἀρώματα διατιθεμένους καὶ τὴν πολυτελεστάτην λιθίαν, ἀναλίσκοντας τῶν λαμβανομένων τοῖς ἔξω μηδέν· ἢ γὰρ φίλοις ἤλπιζε πλουσίοις χρήσεσθαι ἢ ἐχθρῶν κρατήσειν πλουσίων· ἐπῆρε δ' αὐτὸν καὶ ἡ παρὰ τῶν Ναβαταίων ἐλπίς, φίλων ὄντων καὶ συμπράξειν ἅπανθ' ὑπισχνουμένων.

23. Ἐπὶ τούτοις μὲν οὖν ἔστειλε τὴν στρατείαν ὁ Γάλλος. ἐξηπάτησε δ' αὐτὸν ὁ τῶν Ναβαταίων ἐπίτροπος Συλλαῖος, ὑποσχόμενος μὲν ἡγήσεσθαι τὴν ὁδὸν καὶ

Persidem abegisse, ac missis in eam et in alias insulas et in maritimam oram colonis, pelagus de suo nomine appellavisse. Alios vero Persei filium Erythram asserere, qui in his locis imperarit. Sunt qui dicant, ab Arabici sinus angustiis usque ad extremum cinnamomiferæ terræ esse stadiorum quinque millia, ad austrumne, an vero ad orientem, non exprimentes. Ferunt etiam smaragdum et beryllum in aurifodinis nasci. Sunt apud Arabes, ut Posidonius refert, etiam sales odorati.

21. Primi supra Syriam Nabatæi ac Sabæi felicem Arabiam incolunt, et sæpe in Syriam excurrerunt, priusquam Romani ea potirentur; nunc et ipsi et Syri Romanis parent. Metropolis Nabatæorum Petra nominatur; sita enim in loco alioqui æquabili et plano, sed undique rupibus munito, extrorsum præcipite et abrupto, introrsum vero fontes ad hortos et aquationem uberrimos habente. Extra hunc ambitum regio magna ex parte deserta est, præsertim Judæam versus. Hinc Hierichuntem brevissimum iter est trium dierum aut quattuor, ad Palmetum vero quinque. Semper ibi aliquis e regia stirpe regnat, ipse autem rex aliquem ex sodalibus, qui frater vocatur, curatorem habet. Legibus admodum bonis gubernatur. Athenodorus quidem philosophus, sodalis noster, apud Petræos commoratus, cum admiratione quadam narrabat, multos se tum Romanos tum alios peregrinos ibi invenisse, ac peregrinos quidem sæpe forenses lites inter se atque adversus indigenas exercuisse, oppidanos vero invicem summa usos absque ullis mutuis criminationibus tranquillitate.

22. Proxima quoque Romanorum expeditio, quæ nostro tempore, duce Ælio Gallo, in Arabiam facta est, permulta ejus regionis peculiaria demonstravit. Ælium Augustus Cæsar misit, ut gentes et loca tum hæc tum Æthiopica pertentaret, quum videret Troglodyticam, quæ juxta Ægyptum est, his esse finitimam, atque perangustum esse sinum Arabicum, quo Arabes a Troglodytis dirimerentur. Itaque aut conciliandi sibi hos aut subjiciendi cepit consilium. Quo faciebat etiam quod audiverat eos jam inde a multo tempore ditissimos esse, qui auro et argento aromata et pretiosissimas lapides permutarent, et eorum, quæ acciperent, nihil in res aliunde importatas impenderent; itaque vel se divitibus amicis usurum sperabat, vel locupletes inimicos superaturum. In magnam etiam spem Nabatæorum amicitia eum erexerat, ad omnem conatum adjumento se fore pollicentium.

23. His fretus Gallus expeditionem suscepit. Sed a Syllæo, Nabatæorum procuratore, deceptus est, qui se iter monstraturum, et in omnibus commeatu auxilioque affu-

χορηγήσειν ἅπαντα καὶ συμπράξειν, ἅπαντα δ' ἐξ ἐπιβουλῆς πράξας, καὶ οὔτε παράπλουν ἀσφαλῆ μηνύων, οὔθ' ὁδόν, ἀλλὰ ἀνοδίαις καὶ κυκλοπορίαις καὶ πάντων ἀπόροις χωρίοις, ἢ ῥαχίαις ἀλιμένοις παραβάλλων ἢ χοιράδων ὑφάλων μεσταῖς ἢ τεναγώδεσι· πλεῖστον δὲ αἱ πλημυρίδες ἐλύπουν, ἐν τοιούτοις καὶ ταῦτα χωρίοις, καὶ αἱ ἀμπώτεις. πρῶτον μὲν δὴ τοῦθ' ἁμάρτημα συνέβη τὸ μακρὰ κατασκευάσασθαι πλοῖα, μηδενὸς ὄντος μηδ' ἐσομένου κατὰ θάλατταν πολέμου. οὐδὲ γὰρ κατὰ γῆν σφόδρα πολεμισταί εἰσιν, ἀλλὰ κάπηλοι μᾶλλον οἱ Ἄραβες καὶ ἐμπορικοί, μήτι γε κατὰ θάλατταν· ὁ δ' οὐκ ἔλαττον ὀγδοήκοντα ἐναυπηγήσατο δίκροτα καὶ τριήρεις καὶ φασήλους κατὰ Κλεοπατρίδα τὴν πρὸς τῇ παλαιᾷ διώρυγι τῇ ἀπὸ τοῦ Νείλου. γνοὺς δὲ διεψευσμένος ἐναυπηγήσατο σκευαγωγὰ ἑκατὸν καὶ τριάκοντα, οἷς ἔπλευσεν ἔχων περὶ μυρίους πεζοὺς τῶν ἐκ τῆς Αἰγύπτου Ῥωμαίων καὶ τῶν συμμάχων, ὧν ἦσαν Ἰουδαῖοι μὲν πεντακόσιοι, Ναβαταῖοι δὲ χίλιοι μετὰ τοῦ Συλλαίου. πολλὰ δὲ παθὼν καὶ ταλαιπωρηθεὶς πεντεκαιδεκαταῖος ἧκεν εἰς Λευκὴν κώμην τῆς Ναβαταίων γῆς, ἐμπόριον μέγα, πολλὰ τῶν πλοίων ἀποβαλών, ὧν ἔνια καὶ αὐτάνδρα ὑπὸ δυσπλοίας, πολεμίου δ' οὐδενός· τοῦτο δ' ἀπειργάσατο ἡ τοῦ Συλλαίου κακία τοῦ πεζῇ φήσαντος ἀνόδευτα εἶναι στρατοπέδοις εἰς τὴν Λευκὴν κώμην, εἰς ἣν καὶ ἐξ ἧς οἱ καμηλέμποροι τοσούτῳ πλήθει ἀνδρῶν καὶ καμήλων ὁδεύουσιν ἀσφαλῶς καὶ εὐπόρως εἰς Πέτραν [καὶ] ἐκ Πέτρας, ὥστε μὴ διαφέρειν μηδὲν στρατοπέδου.

24. Συνέβαινε δὲ τοῦτο τοῦ μὲν βασιλέως τοῦ Ὀβόδα μὴ πολὺ φροντίζοντος τῶν κοινῶν, καὶ μάλιστα τῶν κατὰ πόλεμον (κοινὸν δὲ τοῦτο πᾶσι τοῖς Ἀράβων βασιλεῦσιν), ἅπαντα δὲ ἐπὶ τῇ τοῦ ἐπιτρόπου ποιουμένου [ἐξουσίᾳ] τοῦ Συλλαίου· τούτου δ' ἅπαντα δόλῳ στρατηγοῦντος καὶ ζητοῦντος, ὡς οἶμαι, κατοπτεῦσαι μὲν τὴν χώραν καὶ συνεξελεῖν τινας αὐτῶν πόλεις καὶ ἔθνη μετὰ τῶν Ῥωμαίων, αὐτὸν δὲ καταστῆναι κύριον ἁπάντων, ἀφανισθέντων ἐκείνων ὑπὸ λιμοῦ καὶ κόπου καὶ νόσου καὶ ἄλλων, ὅσων δόλῳ παρεσκεύασεν ἐκεῖνος· εἰς γοῦν τὴν Λευκὴν κώμην κατῆρεν, ἤδη στομακάκκῃ τε καὶ σκελοτύρβῃ πειραζομένης τῆς στρατιᾶς, ἐπιχωρίοις πάθεσι, τῶν μὲν περὶ τὸ στόμα, τῶν δὲ περὶ τὰ σκέλη παράλυσίν τινα δηλούντων ἔκ τε τῶν ὑδρείων καὶ βοτανῶν. ἠναγκάσθη γοῦν τό τε θέρος καὶ τὸν χειμῶνα διατελέσαι αὐτόθι, τοὺς ἀσθενοῦντας ἀνακτώμενος.

ἐκ μὲν οὖν τῆς Λευκῆς κώμης εἰς Πέτραν, ἐντεῦθεν δ' εἰς Ῥινοκόλουρα τῆς πρὸς Αἰγύπτῳ Φοινίκης τὰ φορτία κομίζεται, κἀντεῦθεν εἰς τοὺς ἄλλους· νυνὶ δὲ τὸ πλέον εἰς τὴν Ἀλεξάνδρειαν τῷ Νείλῳ· κατάγεται (τὰ) δ' ἐκ τῆς Ἀραβίας καὶ τῆς Ἰνδικῆς εἰς Μυὸς ὅρμον· εἶθ' ὑπέρθεσις εἰς Κοπτὸν τῆς Θηβαΐδος καμήλοις ἐν διώρυγι τοῦ Νείλου κειμένην· [εἶτ'] εἰς Ἀλεξάνδρειαν. πάλιν ἐκ τῆς Λευκῆς κώμης ὁ Γάλλος ἀναζεύξας τὴν στρατιὰν διὰ τοιούτων ᾔει χωρίων, ὥστε καὶ ὕδωρ καμήλοις κομίζειν μοχθηρίᾳ τῶν ἡγεμόνων τῆς ὁδοῦ· διό-

turum pollicitus, omnia insidiose egit; nam nec tutum iter nec expeditam navigationem monstravit, sed per avia et longos anfractus et loca omnium indiga et importuosa dorsa vel occultis cautibus aut coenosis stagnis periculosa duxit; maximo autem damno fluxus et refluxus in ejusmodi præsertim regionibus afficiebant. In hoc primum peccatum fuit, quod longas naves construxerat, nullo nec præsenti nec futuro navali prœlio; etenim ne terra quidem valde bellicosi sunt Arabes (caupones potius ac mercatores), nedum mari. Atqui Ælius non minus quam octoginta construxerat biremes et triremes et phaselos apud Cleopatridem, quæ antiquæ Nili fossæ adjacet. Errore intellecto, fabricatus est onerarias naves centum triginta, quibus navigavit, ducens peditum Romanorum ex his, qui in Ægypto erant, et sociorum circiter decem millia, quibus Judæi quingenti et Nabatæi mille cum Syllæo intererant. Tandem post multas ærumnas quintodecimo die in Album pagum pervenit, magnum Nabatæorum emporium, multis navigiis amissis, quorum nonnulla cum ipsis hominibus nullo bello, sed ob navigandi difficultates periere. Id Syllæi improbitas effecit, negantis terrestri itinere in Album pagum exercitum duci posse, quum ad eum et ab eo mercatores tanta camelorum et hominum multitudine tutum et commeatu probe instructum iter ad Petram et ex Petra urbe conficiant, ut nihil ab exercitu differant.

24. Hæc autem ideo contigere Gallo, quia rex Obodas nihil admodum de communibus rebus, præsertim bellicis, sollicitus erat (quod omnibus Arabum regibus commune vitium est), sed omnia Syllæi procuratoris potentiæ commiserat. Is autem omnia dolo agebat, cupiens (ut opinor) regionem perlustrare, et Romanis in urbibus aliquot ac gentibus subigendis adesse, deinde his absumptis morbo, fame, labore et ceteris quæ struxerat malis, ipse universa ea possidere. Gallus igitur ad Album pagum appulit jam exercitu oris et crurum vitiis (qui morbi sunt ei regioni familiares) tacto: stomacaccen et scelotyrben dicunt; quorum illa circa os, hæc circa crura resolutio quædam est ob aquas et herbas proveniens. Æstatem itaque ac hiemem ibi agere coactus est, dum reficeret infirmos. Ex Albo pago in Petram, ex Petra Rhinocolura, quæ in Phœnicia est juxta Ægyptum, merces solent portari, atque hinc in alia loca; nunc tamen pars maxima per Nilum Alexandriam vehitur. Scilicet ex Arabia et Indica merces in Myoshormum deportantur, hinc camelis Coptum transferuntur, in Thebaide sitam ad fossam Nili; inde vero Alexandriam. Enimvero Gallus ex Albo pago cum exercitu digressus, per ejusmodi loca profectus est, ut camelis aquam portare cogeretur; quod ei malitia ductorum

περ πολλαῖς ἡμέραις ἦκεν εἰς τὴν Ἀρέτα γῆν, συγγε-
νοῦς τῷ Ὀβόδᾳ· ἐδέξατο μὲν οὖν αὐτὸν Ἀρέτας φιλικῶς
καὶ δῶρα προσήνεγκεν, ἡ δὲ τοῦ Συλλαίου προδοσία
κἀκείνην ἐποίησε τὴν χώραν δυσπόρευτον· τριάκοντα
5 γοῦν ἡμέραις διῆλθεν αὐτήν, ζειὰς καὶ φοίνικας ὀλίγους
παρέχουσαν καὶ βούτυρον ἀντ' ἐλαίου, διὰ τὰς ἀνοδίας·
ἡ δ' ἐξῆς, ἣν ἐπῄει, Νομάδων ἦν καὶ ἔρημος τὰ πολλὰ
ὡς ἀληθῶς, ἐκαλεῖτο δὲ Ἀραρηνή· βασιλεὺς δ' ἦν Σά-
βως· καὶ ταύτην ἀνοδίαις διῆλθε καταρτίψας ἡμέρας
10 πεντήκοντα μέχρι πόλεως Νεγράνων καὶ χώρας εἰρηνικῆς τε καὶ ἀγαθῆς· ὁ μὲν οὖν βασιλεὺς ἔφυγεν, ἡ δὲ
πόλις ἐξ ἐφόδου κατελήφθη. ἐκεῖθεν ἡμέραις ἓξ ἦκεν ἐπὶ
τὸν ποταμόν. συναψάντων δ' αὐτόθι τῶν βαρβάρων
εἰς μάχην, περὶ μυρίους αὐτῶν ἔπεσον, τῶν δὲ Ῥω-
15 μαίων δύο· ἐχρῶντο γὰρ ἀπείρως τοῖς ὅπλοις, ἀπόλε-
μοι τελέως ὄντες, τόξοις τε καὶ λόγχαις [καὶ] ξίφεσι καὶ
σφενδόναις, οἱ πλεῖστοι δ' αὐτῶν ἀμφιστόμοις πελέκε-
σιν· εὐθὺς δὲ καὶ τὴν πόλιν εἷλε καλουμένην Ἄσκα·
† συλληφθεῖσαν ὑπὸ τοῦ βασιλέως. ἐντεῦθεν εἰς Ἄ-
20 θρουλα πόλιν ἦκε, [καὶ] κρατήσας αὐτῆς ἀκονιτί, φρου-
ράν ἐμβαλὼν καὶ παρασκευάσας [ἐφόδια] σίτου καὶ
φοινίκων εἰς πόλιν Μαρσίαβα προῆλθεν ἔθνους τοῦ
Ῥαμμανιτῶν, οἳ ἦσαν ὑπὸ Ἰλασάρῳ. ἓξ μὲν οὖν ἡμέρας προσβαλὼν ἐπολιόρκει, λειψυδρίας δ' οὔσης ἀπέστη·
25 δύο μὲν οὖν ἡμερῶν ὁδὸν ἀπέσχε τῆς ἀρωματοφόρου,
καθάπερ τῶν αἰχμαλώτων ἀκούειν ἦν. ἓξ δὲ μηνῶν
χρόνον ἐν ταῖς ὁδοῖς κατέτριψε, φαύλως ἀγόμενος· ἔγνω
δ' ἀναστρέφων, ὀψὲ τὴν ἐπιβουλὴν (καὶ) καταμαθὼν
καὶ καθ' ἑτέρας ὁδοὺς ἐπανελθών· ἐνναταῖος μὲν γὰρ
30 εἰς Νέγρανα ἧκεν, ὅπου ἡ μάχη συμβεβήκει, ἑνδεκαταῖος δ' ἐκεῖθεν εἰς Ἑπτὰ φρέατα καλούμενα ἀπὸ τοῦ
συμβεβηκότος· ἐντεῦθεν ἤδη δι' εἰρηνικῆς εἰς Χάαλλα
κώμην καὶ πάλιν ἄλλην Μαλόθαν πρὸς ποταμῷ κειμένην ἀφικνεῖται· εἶτα δι' ἐρήμης ὀλίγα ὑδρεῖα ἐχούσης
35 ὁδὸς μέχρι Ἐγρᾶς κώμης. ἔστι δὲ τῆς Ὀβόδα· κεῖται
δ' ἐπὶ θαλάττης· τὴν δὲ πᾶσαν ὁδὸν ἑξηκοσταῖος ἐξήνυσε
κατὰ τὴν ἐπάνοδον, ἀναλώσας ἓξ μῆνας ἐν τῇ ἐξ ἀρχῆς
ὁδῷ· ἐντεῦθεν δ' ἐπεραίωσε τὴν στρατιὰν ἑνδεκαταῖος
εἰς Μυὸς ὅρμον, εἶθ' ὑπερθεὶς εἰς Κοπτὸν μετὰ τῶν
40 ὀνηθῆναι δυναμένων κατῆρεν εἰς Ἀλεξάνδρειαν· τοὺς
δ' ἄλλους ἀπέβαλεν, οὐχ ὑπὸ πολεμίων, ἀλλὰ νόσων
καὶ κόπων καὶ λιμοῦ καὶ μοχθηρίας τῶν ὁδῶν· ἐπεὶ
κατὰ πόλεμον ἑπτά γε μόνους διαφθαρῆναι συνέβη.
δι' ἃς αἰτίας οὐδ' ἐπὶ πολὺ πρὸς τὴν γνῶσιν τῶν τόπων
45 ὤνησεν ἡ στρατεία αὕτη. μικρὰ δ' ὅμως συνήργησεν. ὁ
δ' αἴτιος τούτων ὁ Συλλαῖος ἔτισε δίκας ἐν Ῥώμῃ, προσποιούμενος μὲν φιλίαν, ἐλεγχθεὶς δὲ πρὸς ταύτῃ τῇ πο-
νηρίᾳ καὶ ἄλλα κακουργῶν καὶ ἀποτμηθεὶς τὴν κεφαλήν.

25. Τὴν μὲν οὖν ἀρωματοφόρον διαιροῦσιν εἰς τέττα-
50 ρας μερίδας, ὥσπερ εἰρήκαμεν· τῶν ἀρωμάτων δὲ λίβανον μὲν καὶ σμύρναν ἐκ δένδρων γίνεσθαί φασι *
κασίαν δὲ καὶ ἐκ λιμνῶν· τινὲς δὲ τὴν πλείω ἐξ Ἰνδῶν
εἶναι, τοῦ δὲ λιβάνου βέλτιστον τὸν πρὸς τῇ Περσίδι.
κατ' ἄλλην δὲ διαίρεσιν σύμπασαν τὴν Εὐδαίμονα

evenit. Quare post multos demum dies in Aretae terram pervenit, qui Obodae affinitate conjunctus erat. Is Gallum amice suscepit, et dona obtulit; sed Syllæi proditio et hanc regionem difficilem transitu reddidit. Eam itaque diebus triginta permeavit per loca invia, spelta et palmulis non multis et butyro pro oleo usus. Quam vero deinceps adibat, Nomadum erat, et revera magna ex parte deserta; ea Ararena dicebatur; rex erat Sabus; peragravit eam diebus quinquaginta consumptis per invia itinera usque ad urbem Negranorum et pacatam et fertilem regionem; eorum rex aufugit, urbs primo adortu capta est. Hinc post sextum diem ad flumen pervenit. Ibi barbari instructa acie occurrerunt, e quibus ad decem millia ceciderunt, ex Romanis duo tantum desiderati sunt. Nam omnino imbelles erant, et armis imperite utebantur, arcu et lancea et gladio et funda et magna ex parte bipennibus. Mox etiam urbem cepit nomine Asca, a rege derelictam [ἀπολειφθεῖσαν]. Hinc ad Athrula urbem venit, quam nullo negotio cepit, et praesidio firmavit; et frumenti palmularumque viatico comparato, Marsiaba (*Mariaba?*) processit, urbem Rhammanitarum, qui sub Ilasaro erant. Eam adortus, sex diebus obsedit, postea aquae inopia coactus destitit ab incepto. Duorum tantum dierum itinere se abesse a regione aromatifera, e captivis intelligebat. Ceterum sex menses contriverat in his itineribus, culpa ductorum; id enim cognovit in reditu, sero fraudem deprehendens, quum per alias vias reverteretur; nam nonis castris Negrana (Anagrana *codd.*) pervenit, ubi proelium commissum fuerat; undecimis deinde ad Septem puteos, a re ipsa sic nominatos; hinc jam per loca pacata in pagum Chaalla, post in alium nomine Malotham ad flumen positum; postea per deserta non multum aquae habentia usque in vicum Egram, qui sub Oboda est, et ad mare jacet. Totum in reditu iter diebus sexaginta confecit, in quo prius sex menses consumpserat. Hinc Myoshormum exercitum diebus undecim trajecit, indeque Coptum, transgressus, cum utilibus adhuc copiis Alexandriam devectus est; ceteros non bello, sed fame, labore, morbo et itinerum difficultate amiserat; nam septem dumtaxat in bello perierant. Ita non multum neque haec expeditio profuit ad locorum cognitionem, nonnihil tamen adjuvit. Auctor horum Syllæus poenas dedit Romae, qui quum amicitiam simularet, sed praeter hanc perfidiam aliorum etiam facinorum convinceretur, securi percussus est.

25. Aromatiferam regionem in partes quattuor (ut ante dictum est) dividunt. De aromatibus thus et myrrham ex arboribus esse dicunt, *cinnamomum e fruticibus*, casiam etiam e lacubus. Plurimam nonnulli dicunt ex India afferri, thus vero optimum apud Persidem nasci. Alii totam felicem Arabiam in quinque regna partiuntur, quorum

πενταχῆ σχίζουσιν εἰς βασιλείας, ὧν ἡ μὲν τοὺς μαχί-
μους ἔχει καὶ προαγωνιστὰς ἁπάντων, ἡ δὲ τοὺς γεωργούς, παρ' ὧν ὁ σῖτος εἰς τοὺς ἄλλους εἰσάγεται, ἡ δὲ
τοὺς βαναυσοτεχνοῦντας, καὶ ἡ μὲν σμυρνοφόρος, ἡ δὲ
λιβανωτοφόρος· αἱ δ' αὐταὶ καὶ τὴν κασίαν καὶ τὸ κιννάμωμον καὶ τὴν νάρδον φέρουσι· παρ' ἀλλήλων δ' οὐ
μεταφοιτᾷ τὰ ἐπιτηδεύματα, ἀλλ' ἐν τοῖς πατρίοις
διαμένουσιν ἕκαστοι. οἶνος δ' ἐκ φοινίκων ὁ πλείων.
ἀδελφοὶ τιμιώτεροι τῶν τέκνων· κατὰ πρεσβυγένειαν
καὶ βασιλεύουσιν οἱ ἐκ τοῦ γένους καὶ ἄλλας ἀρχὰς
ἄρχουσι· κοινὴ κτῆσις ἅπασι τοῖς συγγενέσι, κύριος δὲ
ὁ πρεσβύτατος· μία δὲ καὶ γυνὴ πᾶσιν, ὁ δὲ φθάσας
εἰσιὼν μίγνυται, προθεὶς τῆς θύρας τὴν ῥάβδον· ἑκάστῳ γὰρ δεῖν ῥαβδοφορεῖν ἔθος· νυκτερεύει δὲ παρὰ τῷ
πρεσβυτάτῳ· διὸ καὶ πάντες ἀδελφοὶ πάντων εἰσί· μίγνυνται δὲ καὶ μητράσι· μοιχῷ δὲ ζημία θάνατος· μοι-
χὸς δ' ἐστὶν ὁ ἐξ ἄλλου γένους. θυγάτηρ δὲ τῶν βασιλέων τινὸς θαυμαστὴ τὸ κάλλος, ἔχουσα ἀδελφοὺς
πεντεκαίδεκα ἐρῶντας αὐτῆς πάντας, καὶ διὰ τοῦτ'
ἀδιαλείπτως ἄλλον ἐπ' ἄλλῳ παριόντα ὡς αὐτήν, κά-
μνουσα ἤδη, παραδέδοται νοήματι χρήσασθαι τοιούτῳ·
ποιησαμένη ῥάβδους ὁμοίας ταῖς ἐκείνων, ὅτ' ἐξίοι παρ'
αὐτῆς τις, ἀεί τινα προυτίθει τῆς θύρας τὴν ὁμοίαν
ἐκείνῃ, καὶ μικρὸν ὕστερον ἄλλην, εἶτ' ἄλλην, στοχα-
ζομένη, ὅπως μὴ ἐκείνη τὴν παραπλησίαν ἔχοι ὁ μέλ-
λων προσιέναι· καὶ δὴ πάντων ποτὲ κατ' ἀγορὰν ὄντων,
ἕνα προσιόντα τῇ θύρᾳ καὶ ἰδόντα τὴν ῥάβδον, ἐκ μὲν
ταύτης εἰκάσαι, διότι παρ' αὐτήν τις εἴη· ἐκ δὲ τοῦ
τοὺς ἀδελφοὺς πάντας ἐν τῇ ἀγορᾷ καταλιπεῖν ὑπονοῆ-
σαι μοιχόν· δραμόντα δὲ πρὸς τὸν πατέρα καὶ ἐπαγα-
γόντα ἐκεῖνον ἐλεγχθῆναι καταψευσάμενον τῆς ἀδελφῆς.
26. Σώφρονες δ' εἰσὶν οἱ Ναβαταῖοι καὶ κτητικοί,
ὥστε καὶ δημοσίᾳ τῷ μὲν μειώσαντι τὴν οὐσίαν ζημία
κεῖται, τῷ δ' αὐξήσαντι τιμαί. ὀλιγόδουλοι δ' ὄντες
ὑπὸ τῶν συγγενῶν διακονοῦνται τὸ πλέον ἢ ὑπ' ἀλλήλων ἢ αὐτοδιάκονοι, ὥστε καὶ μέχρι τῶν βασιλέων δια-
τείνειν τὸ ἔθος. συσσίτια δὲ ποιοῦνται κατὰ τρισκαίδεκα ἀνθρώπους, μουσουργοὶ δὲ δύο τῷ συμποσίῳ
ἑκάστῳ. ὁ δὲ βασιλεὺς ἐν οἴκῳ μεγάλῳ πολλὰ συνέχει
συμπόσια· πίνει δ' οὐδεὶς πλέον τῶν ἕνδεκα ποτηρίων
ἄλλῳ καὶ ἄλλῳ χρυσῷ ἐκπώματι. οὕτω δ' ὁ βασιλεὺς
ἐστι δημοτικός, ὥστε πρὸς τῷ αὐτοδιακόνῳ καὶ † τὸ
ἀντιδιάκονον τοῖς ἄλλοις καὶ αὐτὸν γίνεσθαι· πολλάκις
δὲ καὶ ἐν τῷ δήμῳ δίδωσιν εὐθύνας, ἔσθ' ὅτε καὶ
ἐξετάζεται τὰ περὶ τὸν βίον· οἰκήσεις δὲ διὰ λίθου πολυτελεῖς, αἱ δὲ πόλεις ἀτείχιστοι δι' εἰρήνην· εὔκαρπος
ἡ πολλὴ πλὴν ἐλαίου, χρῶνται δὲ σησαμίνῳ. πρόβατα λευκότριχα, βόες μεγάλοι, ἵππων ἄφορος ἡ χώρα·
κάμηλοι δὲ τὴν ὑπουργίαν ἀντ' ἐκείνων παρέχονται·
ἀχίτωνες δ' ἐν περιζώμασι καὶ βλαυτίοις προΐασιν, καὶ
οἱ βασιλεῖς, ἐν πορφύρᾳ δ' οὗτοι· εἰσαγώγιμα δ' ἐστὶ
τὰ μὲν τελέως, τὰ δ' οὐ παντελῶς, ἄλλως τε καὶ ἐπιχωριάζει, καθάπερ χρυσὸς καὶ ἄργυρος καὶ τὰ πολλὰ
τῶν ἀρωμάτων· χαλκὸς δὲ καὶ σίδηρος καὶ ἔτι πορφυ-

aliud bellatores et omnium propugnatores habet; aliud agricolas, a quibus frumentum ad ceteros importatur; aliud eos, qui opificia et artes sedentarias tractant; aliud myrrham fert, aliud vero thus; eadem tamen et cassiam et cinnamomum et nardum ferunt. Artes ac studia ab alio in alium non transferuntur, sed quique in patriis permanent institutis. Vinum magna ex parte ex palmulis conficitur. Fratres honore filios antecedunt. Secundum primogenituram reges quoque et ceteri magistratus ex eadem gente sibi succedunt; quæ possident, omnibus consanguineis sunt communia, sed natu grandior dominus est. Una omnibus uxor; qui prior ingreditur, posito ante januam baculo, cum ea congreditur (nam in more habent, ut quisque baculum gestet), pernoctat vero uxor cum natu maximo; quapropter omnes omnium sunt fratres; coeunt etiam cum matribus; adulterio supplicium est mors; is autem adulter censetur, qui ex alio genere est. Regis cujusdam filia mira pulchritudine, quum fratres quindecim haberet, qui omnes eam amarent, et propterea alius post alium continue ad eam ingrederentur : jam defessa, hujusmodi traditur usa arte; baculos fecit baculis eorum persimiles, et prout quisque ab ea exiret, continuo baculum aliquem similem ante januam ponebat, et paulo post alium, cavens, ne, qui esset ingressurus, illi similem haberet. Quum itaque aliquando omnes in foro essent, unus ad januam accedens et baculum videns, putavit ex hoc, aliquem intus cum ea esse, quia autem fratres omnes in foro reliquisset, adulterum suspicatus ad patrem accurrit, atque huc eum adducens convictus est sororem falso criminari.

26. Nabatæi quidem continentes sunt, et rei parandæ atque conservandæ intenti; quare qui opes suas imminuit, publice multatur, qui auget, honore afficitur. Quia pauci apud eos serviunt, frequentius consanguinei ministrant, vel alter alteri, vel quisque sibi, ut etiam ad reges hic mos perveniat. Conviviis adhibent tredecim homines; cuique convivio bini adsunt, qui musicam exercent; rex vero in aula magna plures mensas simul instruit; nemo supra undecim pocula exhaurit; alio atque alio aureo poculo id fit. Adeo rex popularis est, ut non modo ipse sibi ministret, sed interdum etiam (καί ποτ') aliis ministret. Sæpe etiam apud populum rationes reddit; nonnunquam etiam in ejus vitam inquiritur. Domus sunt ex lapide pretioso, urbes sine mœnibus; nam in pace degunt. Regio omnium ferax, præter oleum; utuntur autem oleo sesamino. Oves sunt albæ, boves magni, equos non habent, sed cameli implent eorum officium. Homines non gestant tunicas, sed in subligaculis et sandalis incedunt, ipsi etiam reges, hi tamen purpurati. Rerum aliæ omnino importantur, quædam minime, propterea maxime quod (ὅτι ἐπιχ.?) indigena sint, ut aurum, argentum et plurima ex aromatibus; æs vero

ῥᾶ ἐσθής, στύραξ, κρόκος, κοστάρια, τόρευμα, γραφή, πλάσμα οὐκ ἐπιχώρια· ἴσα κοπρίαις ἡγοῦνται τὰ νεκρὰ σώματα, καθάπερ Ἡράκλειτός φησι· Νέκυες κοπρίων ἐκβλητότεροι· διὸ καὶ παρὰ τοὺς κοπρῶνας κατορύττουσι καὶ τοὺς βασιλεῖς. ἥλιον τιμῶσιν ἐπὶ τοῦ δώματος ἱδρυσάμενοι βωμόν, σπένδοντες ἐν αὐτῷ καθ' ἡμέραν καὶ λιβανωτίζοντες.

27. Τοῦ δὲ ποιητοῦ λέγοντος,

Αἰθίοπάς θ' ἱκόμην καὶ Σιδονίους καὶ Ἐρεμβούς,

διαποροῦσι, καὶ περὶ τῶν Σιδονίων μέν, εἴτε τινὰς χρὴ λέγειν τῶν ἐν τῷ Περσικῷ κόλπῳ κατοικούντων, ὧν ἄποικοι οἱ παρ' ἡμῖν Σιδόνιοι, καθάπερ καὶ Τυρίους τινὰς ἐκεῖ νησιώτας ἱστοροῦσι καὶ Ἀραδίους, ὧν ἀποίκους τοὺς παρ' ἡμῖν φασιν, εἴτ' αὐτοὺς τοὺς Σιδονίους· ἀλλὰ μᾶλλον περὶ τῶν Ἐρεμβῶν ἡ ζήτησις, εἴτε τοὺς Τρωγλοδύτας ὑπονοητέον λέγεσθαι, καθάπερ οἱ τὴν ἐτυμολογίαν βιαζόμενοι ἀπὸ τοῦ εἰς τὴν ἔραν ἐμβαίνειν, ὅπερ ἐστὶν εἰς τὴν γῆν, εἴτε τοὺς Ἄραβας. ὁ μὲν οὖν Ζήνων ὁ ἡμέτερος μεταγράφει οὕτως·

καὶ Σιδονίους Ἄραβάς τε.

πιθανώτερον δὲ Ποσειδώνιος γράφει τῷ παρὰ μικρὸν ἀλλάξαι

καὶ Σιδονίους καὶ Ἀραμβούς,

ὡς τοῦ ποιητοῦ τοὺς νῦν Ἄραβας οὕτω καλέσαντος, καθάπερ καὶ ὑπὸ τῶν ἄλλων ὠνομάζοντο κατ' αὐτόν. φησὶ δὲ ταῦτα τρία ἔθνη, συνεχῆ ἀλλήλοις ἱδρυμένα, ὁμογένειάν τινα ἐμφαίνειν πρὸς ἄλληλα, καὶ διὰ [τοῦ]το παρακειμένοις ὀνόμασι κεκλῆσθαι, τοὺς μὲν Ἀρμενίους, τοὺς δὲ Ἀραμαίους, τοὺς δὲ Ἀραμβούς· ὥσπερ δὲ ἀπὸ ἔθνους [ἑνὸς] ὑπολαμβάνειν ἐστὶν εἰς τρία διῃρῆσθαι κατὰ τὰς τῶν κλιμάτων διαφορὰς ἀεὶ καὶ μᾶλλον ἐξαλλαττομένων, οὕτω καὶ τοῖς ὀνόμασι χρήσασθαι πλείοσιν ἀνθ' ἑνός. οὐδ' οἱ Ἐρεμνοὺς γράφοντες πιθανοί· τῶν γὰρ Αἰθιόπων μᾶλλον ἴδιον. λέγει δὲ καὶ τοὺς Ἀρίμους ὁ ποιητής, οὕς φησι Ποσειδώνιος δέχεσθαι δεῖν μὴ τόπον τινὰ τῆς Συρίας ἢ τῆς Κιλικίας ἢ ἄλλης τινὸς γῆς, ἀλλὰ τὴν Συρίαν αὐτήν· Ἀραμαῖοι γὰρ οἱ ἐν αὐτῇ· τάχα δ' οἱ Ἕλληνες Ἀριμαίους ἐκάλουν ἢ Ἀρίμους. αἱ δὲ τῶν ὀνομάτων μεταπτώσεις, καὶ μάλιστα τῶν βαρβαρικῶν, πολλαί· καθάπερ τὸν Δαρίηκην Δαρεῖον ἐκάλεσαν, τὴν δὲ Φάρζιριν Παρύσατιν, Ἀταργάτιν δὲ τὴν Ἀθάραν· Δερκετὼ δ' αὐτὴν Κτησίας καλεῖ. τῆς δὲ τῶν Ἀράβων εὐδαιμονίας καὶ Ἀλέξανδρον ἄν τις ποιήσαιτο μάρτυρα τὸν διανοηθέντα, ὥς φασι, καὶ βασίλειον αὐτὴν ποιήσασθαι μετὰ τὴν ἐξ Ἰνδῶν ἐπάνοδον. πᾶσαι μὲν οὖν αἱ ἐπιχειρήσεις αὐτοῦ κατελύθησαν, τελευτήσαντος παραχρῆμα τὸν βίον· μία δ' οὖν καὶ αὕτη τῶν ἐπιχειρήσεων ἦν, εἰ μὲν ἑκόντες παραδέχοιντο αὐτόν· εἰ δὲ μή, ὡς πολεμήσοντος· καὶ δὴ ὁρῶν μήτε πρότερον μήθ' ὕστερον πέμψαντας ὡς αὐτὸν πρέσβεις, παρεσκευάζετο πρὸς τὸν πόλεμον, ὥσπερ εἰρήκαμεν ἐν τοῖς ἔμπροσθεν.

et ferrum et vestem purpuream et styracem et crocum et costum, porro cælaturas, tabulas et signa, aliunde habent. Mortua corpora haud majoris quam stercus putant (quo sensu Heraclitus dixit :[cadavera hominum magis abjicienda foras quam stercus), quapropter reges etiam in sterquiliniis defodiuntur. Solem colunt, ara super domum excitata, et quotidie in ea libant ac thus adolent.

27. Jam quum poeta dicat,

Veni et ad Æthiopes et Sidonios et Erembos,

quæritur, quinam intelligendi sint. Ac de Sidoniis quidem controversia est, num in Persico sinu habitantes dici debeant, quorum coloni sint Sidonii nostri, quemadmodum et Tyrios quosdam ibi insulares tradunt, et Aradios, quorum coloniæ Aradus nostra et Tyrus sint. Sed major quæstio de Erembis est, an Troglodytæ intelligi debeant (quod vi originis vocabuli quidam pervincere volunt, inde Erembos dici autumantes, quod ἔραν, i. e. terram, subeant), an Arabes. Ac noster Zeno sic scripturam mutat :

ét Sidonios Arabesque.

Probabilius vero Posidonius levi mutatione scribit

et Sidonios et Arambos (Erembos *codd*.),

ita ut poeta Arabes quos nunc dicimus, sic vocaverit, quemadmodum a ceteris quoque ipsius ætate appellarentur. Dicit etiam has tres nationes, continenter inter se positas, cognationem quandam ostendere et propterea affinibus nominibus affici, Armenios scilicet, Arabes et Arambos (Erembos *codd*.). Et quemadmodum existimandum sit, unam gentem in tres esse divisam, pro climatum diversitatibus magis magisque immutatam : sic et nominibus pluribus uti pro uno. Neque audiendi sunt, qui Ἐρεμνούς, hoc est nigros, scribunt; id enim magis Æthiopibus convenit. Nominat etiam Arimos Homerus (*Il*. 2,783), quod Posidonius docet esse accipiendum, non de loco aliquo Syriæ vel Ciliciæ vel alius terræ, sed de Syria ipsa. Aramæi enim sunt, qui in ea habitant, et fortasse Græci eos Arimæos vel Arimos vocabant. Nominum enim mutationes permultæ sunt, præsertim barbaricorum, quemadmodum Dariecem Darium, et Pharzirim Parysatim, Atharam vero Atargatin dixerunt : hanc Ctesias Derceto vocavit. Ceterum Arabum opulentiæ testem laudare licet etiam Alexandrum, qui eam (ut fertur) regiam efficere constituerat post reditum ex India. Sed omnia ejus consilia mors subito accidens irrita fecit; et quidem unum ex iis, quæ ille moliebatur, erat Arabiam occupare, vel sua sponte recipientibus Arabibus, vel bello coactis. Itaque quum eos videret nec prius nec posterius legatos misisse, ad bellum se jam parabat, sicut supra ostendimus.

ΣΤΡΑΒΩΝΟΣ
ΓΕΩΓΡΑΦΙΚΩΝ
ΕΠΤΑΚΑΙΔΕΚΑΤΟΝ.

ΥΠΟΘΕΣΙΣ.

Τὸ ἑπτακαιδέκατον περιέχει Αἴγυπτον πᾶσαν καὶ Λιβύην πᾶσαν.

ΚΕΦ. Α.

Ἐπεὶ δὲ τὴν Ἀραβίαν ἐφοδεύοντες καὶ τοὺς κόλπους συμπεριελάβομεν τοὺς σφίγγοντας αὐτὴν καὶ ποιοῦντας χερρόνησον, τὸν Περσικὸν καὶ τὸν Ἀράβιον, τούτῳ δέ τινα συμπεριωδεύθη καὶ τῆς Αἰγύπτου καὶ τῆς Αἰθιο-
5 πίας, τὰ τῶν Τρωγλοδυτῶν καὶ τῶν ἑξῆς μέχρι τῶν ἐσχάτων τῆς κινναμωμοφόρου· τὰ λειπόμενα καὶ συνε-χῆ τοῖς ἔθνεσι τούτοις, ταῦτα δ' ἐστὶ τὰ περὶ τὸν Νεῖ-λον, ἐκθετέον· μετὰ δὲ ταῦτα τὴν Λιβύην ἔπιμεν, ἥπερ ἐστὶ λοιπὴ τῆς συμπάσης γεωγραφίας. κἀνταῦθα δ' Ἐ-
10 ρατοσθένους ἀποφάσεις προεκθετέον.

2. Φησὶ δὴ τοῦ Ἀραβίου κόλπου πρὸς τὴν ἑσπέραν ἐννακοσ[ίους ἢ] χιλίους σταδίους διέχειν τὸν Νεῖλον, παραπλήσιον ὄντα (κατὰ τὸ στόμα) τῷ γράμματι τῷ Ν κειμένῳ ἀνάπαλιν. ῥυεὶς γάρ, φησίν, ἀπὸ Μερόης
15 ἐπὶ τὰς ἄρκτους ὡς δισχιλίους καὶ ἑπτακοσίους στα-δίους, πάλιν ἀναστρέφει πρὸς μεσημβρίαν καὶ τὴν χει-μερινὴν δύσιν ὡς τρισχιλίους καὶ ἑπτακοσίους σταδίους, καὶ σχεδὸν ἀντάρας τοῖς κατὰ Μερόην τόποις καὶ εἰς τὴν Λιβύην πολὺ προπεσὼν καὶ τὴν ἑτέραν ἐπιστρο-
20 φὴν ποιησάμενος πρὸς τὰς ἄρκτους φέρεται πεντακισχι-λίους μὲν καὶ τριακοσίους σταδίους ἐπὶ τὸν μέγαν κα-ταράκτην, μικρὸν παρεπιστρέφων πρὸς τὴν ἕω, χιλίους δὲ καὶ διακοσίους τοὺς ἐπὶ τὸν ἐλάττω τὸν κατὰ Συή-νην, πεντακισχιλίους δὲ ἄλλους καὶ τριακοσίους ἐπὶ
25 τὴν θάλατταν. ἐμβάλλουσι δ' εἰς αὐτὸν δύο ποταμοί, φερόμενοι μὲν ἔκ τινων λιμνῶν ἀπὸ τῆς ἕω, περιλαμ-βάνοντες δὲ νῆσον εὐμεγέθη τὴν Μερόην· ὧν ὁ μὲν Ἀσταβόρας καλεῖται κατὰ τὸ πρὸς ἕω πλευρὸν ῥέων, ἅτερος δ' Ἀστάπους· οἱ δ' Ἀστασόβαν καλοῦσι, τὸν
30 δ' Ἀστάπουν ἄλλον εἶναι, ῥέοντα ἔκ τινων λιμνῶν ἀπὸ μεσημβρίας, καὶ σχεδὸν τὸ κατ' εὐθεῖαν σῶμα τοῦ Νείλου τοῦτον ποιεῖν· τὴν δὲ πλήρωσιν αὐτοῦ τοὺς θερινοὺς ὄμβρους παρασκευάζειν. ὑπὲρ δὲ τὰς συμβο-λὰς τοῦ Ἀσταβόρα καὶ τοῦ Νείλου σταδίοις ἑπτακοσίοις
35 Μερόην εἶναι πόλιν ὁμώνυμον τῇ νήσῳ· ἄλλην δ' εἶναι νῆσον ὑπὲρ τῆς Μερόης, ἣν ἔχουσιν οἱ τῶν Αἰγυπτίων φυγάδες οἱ ἀποστάντες ἐπὶ Ψαμμιτίχου, καλοῦνται δὲ Σεμβρῖται, ὡς ἂν ἐπήλυδες· βασιλεύονται δὲ ὑπὸ γυ-

STRABONIS
GEOGRAPHICORUM
LIBER DECIMUS SEPTIMUS.

ARGUMENTUM.

Liber septimus decimus complectitur omnem et Ægyptum et Libyam.

CAP. I.

Quum in Arabiæ descriptione sinus eos una enarraverimus, qui eam stringunt ac peninsulam faciunt, Persicum scilicet atque Arabicum, eoque etiam Ægypti et Æthiopiæ partem aliquam lustraverimus, Troglodyticen scilicet ac sequentia usque ad extrema terræ cinnamomiferæ: nunc reliqua iisque gentibus continua explicanda sunt, nimirum quæ circa Nilum jacent; post hæc Libyam, quæ totius geographiæ summam absolvat, percurremus; primo autem loco hic quoque Eratosthenis sententiæ exponendæ sunt.

2. Dicit igitur Nilum ab Arabico sinu occidentem versus distare nongenta vel mille (ἐννακισχιλίους *codd.*) stadia, et similem esse N literæ inversæ. Nilus enim, inquit, postquam fluxit a Meroe versus septentrionem ad bis mille et septingenta stadia, vertitur ad meridiem et hibernum occasum ad stadia ter mille et septingenta, ac prope obversus locis circa Meroen, inque Africam pleno alveo delatus, rursum inflexus versus septentrionem quinquies mille et trecenta stadia currit usque ad magnum catarracten, paululum versus ortum declinans; hinc stadia mille et ducenta usque ad minorem catarracten, qui est Syenæ vicinus; inde rursum quinquies mille et trecenta stadia usque ad mare. Excipit Nilus duo flumina e lacubus quibusdam ab oriente delata, et Meroen, permagnam insulam, complectentia; quorum alterum dicitur Astaboras, ad orientale latus fluens, alterum Astapus, quod nonnulli Astasobam vocant, Astapum vero alium esse fluvium, qui e lacubus quibusdam a meridie labatur, atque hunc fere rectum Nili corpus efficere; augeri autem ab æstivis imbribus. Supra Astaboræ et Nili concursum ad stadia septingenta Meroen urbem esse, eodem nomine, quo insulam; aliam vero supra Meroen esse insulam, quam Ægyptiorum exsules incolunt, qui a (ἀπὸ) Psammiticho desciverunt, et Sembritæ, id est advenæ, nominantur; reginam habent, quæ

ναικός, ὑπακούουσι δὲ τῶν ἐν Μερόῃ. τὰ δὲ κατωτέρω ἑκατέρωθεν Μερόης, παρὰ μὲν τὸν Νεῖλον πρὸς τὴν Ἐρυθρὰν Μεγάβαροι καὶ Βλέμμυες, Αἰθιόπων ὑπακούοντες, Αἰγυπτίοις δ' ὅμοροι· παρὰ θάλατταν δὲ Τρωγλοδύται· διεστᾶσι δὲ εἰς δέκα ἢ δώδεκα ἡμερῶν ὁδὸν οἱ κατὰ τὴν Μερόην Τρωγλοδύται τοῦ Νείλου. ἐξ ἀριστερῶν δὲ τῆς ῥύσεως τοῦ Νείλου Νοῦβαι κατοικοῦσιν ἐν τῇ Λιβύῃ, μέγα ἔθνος, ἀπὸ τῆς Μερόης ἀρξάμενοι μέχρι τῶν ἀγκώνων, οὐχ ὑποταττόμενοι τοῖς Αἰθίοψιν, ἀλλ' ἰδίᾳ κατὰ πλείους βασιλείας διειλημμένοι. τῆς δ' Αἰγύπτου τὸ παρὰ τὴν θάλατταν ἐστιν ἀπὸ τοῦ Πηλουσιακοῦ στόματος πρὸς τὸ Κανωβικὸν στάδιοι (τρισ)χίλιοι τριακόσιοι. Ἐρατοσθένης μὲν οὖν οὕτως.

3. Δεῖ δὲ ἐπὶ πλέον εἰπεῖν, καὶ πρῶτον τὰ περὶ τὴν Αἴγυπτον, ὅπως ἀπὸ τῶν γνωριμωτέρων ἐπὶ τὰ ἑξῆς προΐωμεν. κοινὰ μὲν γάρ τινα καὶ ταύτῃ τῇ χώρᾳ καὶ τῇ συνεχεῖ καὶ ὑπὲρ αὐτὴν τῇ τῶν Αἰθιόπων ὁ Νεῖλος παρασκευάζει, ποτίζων τε αὐτὰς κατὰ τὰς ἀναβάσεις καὶ τοῦτ' οἰκήσιμον αὐτῶν τὸ μέρος ἀπολείπων μόνον τὸ καλυπτόμενον ἐν ταῖς πλημμυρίσι, τὸ δ' ὑπερδέξιον καὶ μετεωρότερον τοῦ ῥεύματος πᾶν ἀοίκητον διεξιὼν ἑκατέρωθεν καὶ ἔρημον διὰ τὴν αὐτὴν ἀνυδρίαν. ἀλλὰ τὴν μὲν Αἰθιοπίαν οὔτε πᾶσαν διέξεισιν ὁ Νεῖλος οὔτε μόνος οὔτ' ἐπ' εὐθείας οὔτ' οἰκουμένην καλῶς· τὴν δὲ Αἴγυπτον καὶ μόνος καὶ πᾶσαν καὶ ἐπ' εὐθείας ἀπὸ τοῦ μικροῦ καταράκτου ὑπὲρ Συήνης καὶ Ἐλεφαντίνης ἀρξάμενος, οἵπερ εἰσὶν ὅροι τῆς Αἰγύπτου καὶ τῆς Αἰθιοπίας, ἕως τῶν ἐπὶ θάλατταν ἐκβολῶν (τοῦ Νείλου). καὶ μὴν οἵ γε Αἰθίοπες τὸ πλέον νομαδικῶς ζῶσι καὶ ἀπόρως διά τε τὴν λυπρότητα τῆς χώρας καὶ τὴν τῶν ἀέρων ἀσυμμετρίαν καὶ τὸν ἀφ' ἡμῶν ἐκτοπισμόν, τοῖς δ' Αἰγυπτίοις ἅπαντα τἀναντία συμβέβηκε· καὶ γὰρ πολιτικῶς καὶ ἡμέρως ἐξ ἀρχῆς ζῶσι καὶ ἐν γνωρίμοις ἵδρυνται τόποις, ὥστε καὶ αἱ διατάξεις αὐτῶν μνημονεύονται· καὶ ἐπαινοῦνταί γε, δοκοῦντες ἀξίως χρήσασθαι τῇ τῆς χώρας εὐδαιμονίᾳ, μερίσαντές τε εὖ καὶ ἐπιμεληθέντες. βασιλέα γὰρ ἀποδείξαντες τριχῇ τὸ πλῆθος διεῖλον, καὶ τοὺς μὲν στρατιώτας ἐκάλεσαν, τοὺς δὲ γεωργούς, τοὺς δὲ ἱερέας· καὶ τοὺς μὲν τῶν ἱερῶν ἐπιμελητάς, τοὺς δ' ἄλλους τῶν περὶ τὸν ἄνθρωπον· καὶ τοὺς μὲν [τὰ] ἐν τῷ πολέμῳ, τοὺς δ' ὅσα ἐν εἰρήνῃ, γῆν τε καὶ τέχνας ἐργαζομένους· ἀφ' ὧνπερ καὶ αἱ πρόσοδοι συνήγοντο τῷ βασιλεῖ. οἱ δ' ἱερεῖς καὶ φιλοσοφίαν ἤσκουν καὶ ἀστρονομίαν, ὁμιληταί τε τῶν βασιλέων ἦσαν. ἡ δὲ χώρα τὴν μὲν πρώτην διαίρεσιν εἰς νομοὺς ἔσχε, δέκα μὲν ἡ Θηβαΐς, δέκα δ' ἡ ἐν τῷ Δέλτα, ἑκκαίδεκα δ' ἡ μεταξύ (ὡς δέ τινες, τοσοῦτοι ἦσαν οἱ σύμπαντες νομοί, ὅσαι αἱ ἐν τῷ λαβυρίνθῳ αὐλαί· αὗται δ' ἐλάττους τῶν τριάκοντα)· πάλιν δ' οἱ νομοὶ τομὰς ἄλλας ἔσχον· εἰς γὰρ τοπαρχίας οἱ πλεῖστοι διῄρηντο, καὶ αὗται δ' εἰς ἄλλας τομάς· ἐλάχισται δ' αἱ ἄρουραι μερίδες. ἐδέησε δὲ τῆς ἐπ' ἀκριβὲς καὶ κατὰ λεπτὸν διαιρέσεως διὰ τὰς συνεχεῖς τῶν

regibus Meroes paret. Quæ infra Meroen sunt, secus Nilum ex utraque ejus parte mare Rubrum versus, Megabari et Blemmyes habitant, Æthiopum subditi, Ægyptiis finitimi, ad mare autem Troglodytæ, quorum qui juxta Meroen sunt, decem undecimve dierum itinere a Nilo distent; a sinistra vero cursus Nili habitant Nubæ, magna Libyæ gens, a Meroe incipientes usque ad Nili flexus, non hi Æthiopibus parentes, sed pro sese in complura regna divisi. Ægypti maritima sunt ab ore Pelusiaco ad Canopicum longitudine stadiorum mille et trecentorum. Hæc sunt quæ Eratosthenes tradidit.

3. Enimvero plenius istæc explicanda sunt, eaque primo quæ ad Ægyptum pertinent, ut a notioribus ad sequentia procedamus. Nilus quædam huic regioni et contiguæ Æthiopiæ, quæ supra jacet, præstat communia, quod suis eas incrementis rigat, et solum hanc partem habitabilem reddit, quæ ejus exundationibus tegitur, quicquid vero editius est, et fluento ipsius sublimius, id ab utraque parte desertum et ob aquæ penuriam cultoribus vacuum transit. Ceterum neque totam Æthiopiam Nilus permeat, nec in rectum nec solus nec bene habitatam; Ægyptum vero et solus et totam et in rectum a minore cataracte supra Syenen et Elephantinam incipiens, qui sunt Ægypti et Æthiopiæ fines, usque ad ostia in mare exeuntis. Ac sane Æthiopes certe magna ex parte pastoralem ac inopem vitam degunt, tum propter soli tenuitatem et aeris intemperiem, tum propterea, quod longe a nobis absunt; apud Ægyptios vero omnia contraria sunt; nam et civilem ac mansuetam vitam inde ab initio degunt, et in locis notis habitant, adeo ut etiam constitutiones eorum memorentur; atque etiam laudem eo invenerunt, quod videntur recte uti regionis ubertate, et bene divisam eam administratamque habere. Etenim, rege constituto, multitudinem in tres partes tribuerunt, quarum una militiam, altera agros coleret, tertia sacerdotum esset. Itaque alii sacrorum curam gerebant, alii eorum, quæ ad hominem pertinent, rursumque horum alii belli, alii, quæ pacis sunt, agriculturam et artes; a quibus etiam reditus regi cogebantur. Sacerdotes etiam philosophiam et astronomiam exercebant, et cum regibus conversabantur. Regio primum in præfecturas divisa fuit, quas nomos vocant; Thebaica quidem in decem, quæ vero in Delta, in totidem, intermedia autem in sedecim. Secundum nonnullos vero tot erant hujusmodi præfecturæ, quot aulas labyrinthus habebat, hæ autem pauciores erant quam triginta sex (ἓξ καὶ τριάκ.); rursum præfecturæ in partes diremptæ; plurimæ enim in toparchias divisæ erant, toparchiæ rursum in portiones alias, quarum minimæ arva erant. Opus autem fuit tam diligenti ac subtili locorum divisione propter continuas finium confusiones,

ὅρων συγχύσεις, ἃς ὁ Νεῖλος ἀπεργάζεται κατὰ τὰς αὐξήσεις, ἀφαιρῶν καὶ προστιθεὶς καὶ ἐναλλάττων τὰ σχήματα καὶ τἆλλα σημεῖα ἀποκρύπτων, οἷς διακρίνεται τό τε ἀλλότριον καὶ τὸ ἴδιον· ἀνάγκη δὴ ἀναμετρεῖσθαι πάλιν καὶ πάλιν. ἐντεῦθεν δὲ καὶ τὴν γεωμετρίαν συστῆναί φασιν, ὡς τὴν λογιστικὴν καὶ ἀριθμητικὴν παρὰ Φοινίκων διὰ τὰς ἐμπορίας. τριχῆ δὲ διήρητο, ὥσπερ τὸ σύμπαν, καὶ τὸ ἐν ἑκάστῳ τῷ νομῷ πλῆθος, εἰς τρία ἴσα μερισθείσης τῆς χώρας. ἡ δὲ περὶ τὸν ποταμὸν πραγματεία διαφέρει τοσοῦτον, ὅσον τῇ ἐπιμελείᾳ νικᾶν τὴν φύσιν. φύσει γὰρ πλείονα φέρει καρπὸν καὶ ποτισθεῖσα μᾶλλον· φύσει δὲ καὶ ἡ μείζων ἀνάβασις τοῦ ποταμοῦ πλείω ποτίζει γῆν, ἀλλ' ἡ ἐπιμέλεια πολλάκις καὶ τῆς φύσεως ἐξίσχυσεν ἐπιλιπούσης, ὥστε καὶ κατὰ τὰς ἐλάττους ἀναβάσεις τοσαύτην ποτισθῆναι γῆν, ὅσην ἐν ταῖς μείζοσι, διά τε τῶν διωρύγων καὶ τῶν παραχωμάτων· ἐπὶ γοῦν τῶν πρὸ Πετρωνίου χρόνων ἡ μεγίστη μὲν ἦν φορὰ καὶ ἀνάβασις, ἡνίκα ἐπὶ τεσσαρεσκαίδεκα πήχεις ἀνέβαινεν ὁ Νεῖλος, ἡνίκα δ' ἐπ' ὀκτώ, συνέβαινε λιμός· ἐπ' ἐκείνου δὲ ἄρξαντος τῆς χώρας καὶ δώδεκα μόνον πληρώσαντος πήχεις τοῦ Νείλου μέτρου, μεγίστη ἦν ἡ φορά, καὶ ὀκτώ ποτε μόνον πληρώσαντος, λιμοῦ οὐδεὶς ᾔσθετο. τοιαύτη μὲν ἡ διάταξις· τὰ δ' ἑξῆς λέγωμεν νυνί.

4. Ἀπὸ γὰρ τῶν Αἰθιοπικῶν τερμόνων ῥεῖ ἐπ' εὐθείας ὁ Νεῖλος πρὸς ἄρκτους, ἕως τοῦ καλουμένου χωρίου Δέλτα· εἶτ' ἐπὶ κορυφῇ σχιζόμενος (ὁ Νεῖλος), ὥς φησιν ὁ Πλάτων, ὡς ἂν τριγώνου κορυφὴν ἀποτελεῖ τὸν τόπον τοῦτον· πλευρὰς δὲ τοῦ τριγώνου τὰ σχιζόμενα ἐφ' ἑκάτερα ῥεῖθρα καθήκοντα μέχρι τῆς θαλάττης, τὸ μὲν ἐν δεξιᾷ τῆς κατὰ Πηλούσιον, τὸ δ' ἐν ἀριστερᾷ τῆς κατὰ Κάνωβον καὶ τὸ πλησίον Ἡράκλειον προσαγορευόμενον· βάσιν δὲ τὴν παραλίαν τὴν μεταξὺ τοῦ Πηλουσίου καὶ τοῦ Ἡρακλείου. γέγονε δὴ νῆσος ἔκ τε τῆς θαλάττης καὶ τῶν ῥευμάτων ἀμφοῖν τοῦ ποταμοῦ, καὶ καλεῖται Δέλτα διὰ τὴν ὁμοιότητα τοῦ σχήματος· τὸ δ' ἐπὶ τῇ κορυφῇ χωρίον ὁμωνύμως κέκληται διὰ τὸ ἀρχὴν εἶναι τοῦ λεχθέντος σχήματος, καὶ ἡ κώμη δὲ ἡ ἐπ' αὐτῷ καλεῖται Δέλτα. δύο μὲν οὖν ταῦτα τοῦ Νείλου στόματα, ὧν τὸ μὲν Πηλουσιακὸν καλεῖται, τὸ δὲ Κανωβικὸν καὶ Ἡρακλειωτικόν· μεταξὺ δὲ τούτων ἄλλαι πέντε εἰσὶν ἐκβολαὶ αἵ γε ἀξιόλογοι, λεπτότεραι δὲ πλείους· ἀπὸ γὰρ τῶν πρώτων μερῶν ἀπορρῶγες πολλαὶ καθ' ὅλην μερισθεῖσαι τὴν νῆσον πολλὰ καὶ ῥεῖθρα καὶ νήσους ἐποίησαν, ὥσθ' ὅλην γενέσθαι πλωτὴν διωρύγων ἐπὶ διώρυξι τμηθεισῶν, αἳ κατὰ ῥᾳστώνην πλέονται τοσαύτην, ὥστε καὶ ὀστράκινα ἐνίοις εἶναι πορθμεῖα· τὴν μὲν οὖν περίμετρον ὅσον τρισχιλίων σταδίων ἐστὶν ἡ σύμπασα νῆσος· καλοῦσι δ' αὐτὴν καὶ τὴν κάτω χώραν σὺν ταῖς ἀπαντικρὺ ποταμίαις τοῦ Δέλτα· ἐν δὲ ταῖς ἀναβάσεσι τοῦ Νείλου καλύπτεται πᾶσα καὶ πελαγίζει πλὴν τῶν οἰκήσεων· αὗται δ' ἐπὶ λόφων αὐτοφυῶν ἢ χωμάτων ἵδρυνται, πόλεις τε ἀξιόλογοι καὶ κῶμαι, νησίζουσαι κατὰ τὴν

quas Nilus auctus efficiebat, aliis addens, aliis adimens, et immutans figuras, et signa obruens, quibus proprium discernebatur ab alieno; itaque identidem dimetiri oportebat. Atque hinc ab Ægyptiis geometriam credunt inventam fuisse, quemadmodum ratiocinandi scientiam et arithmeticam a Phœnicibus propter mercaturas. Ut autem universa regio in tres æquas partes divisa est, ita et multitudo, quæ in quaque præfectura. Artificium autem, quod Nilo adhibetur, tanti est, quanti industria naturam vincens. Nam quum regio natura multum fructum afferat, irrigata plurimum affert; natura porro majus Nili incrementum plus terræ irrigat, sed sæpe diligentia hoc consecuta est, natura destituente, ut tantum terræ minoribus Nili incrementis irrigaretur, quantum majoribus, idque fossarum et aggerum auxilio. Sic ante Petronii tempora tunc maxima fertilitas erat, quum Nilus ad quartum ac decimum cubitum excresceret; quum vero ad octavum modo assurgeret, fames et penuria eveniebat; at vero illo regioni præfecto, quum duodecimum cubitum tantum Nilus implesset, maxima fuit frugum ubertas; et quum octavum solum aliquando attigisset, famem nemo sensit. Atque hæc quidem est Ægypti constitutio. Nunc reliqua edisseremus.

4. Nilus ab Æthiopiæ finibus recta fluit ad septentrionem usque ad eum locum, qui Delta appellatur, ubi tanquam in verticem scissus, ut Plato (in Timæo p. 21, E) inquit, quasi trianguli verticem esse hunc locum efficit; latera trianguli alvei sunt duo Nili utrimque ad mare descendentis, alter ad dextram Pelusium usque, alter ad sinistram ad Canopum usque et proximum Heraclium; basis autem maritima est ora inter Pelusium atque Heraclium. Ita insula mari duobusque Nili alveis includitur, et Delta nominatur, propterea quod ejus figura est literæ Δ similis. Locus, qui ad verticem est, eodem nomine appellatur, utpote dictæ figuræ initium, itemque pagus, qui ibi est, Delta vocatur. Duo jam retulimus Nili ostia, alterum Pelusiacum, alterum Canopicum vel Heracleoticum; inter hæc vero alia quinque ostia sunt, quæ quidem mentionem mereantur, et multa alia tenuiora. A primis enim partibus aliæ multæ avulsæ et passim per insulam divisæ, multos alveos insulasque fecerunt, ita ut tota insula sit navigabilis, fossis aliis super alias actis, quæ tanta facilitate navigantur, ut nonnulli testaceis utantur scaphis. Tota insula ter mille fere stadiorum ambitu continetur. Vocatur etiam regio inferior una cum fluvialibus tractibus Delta regioni objectis. Nilo exundante tota undis tegitur præter habitationes, quæ aut nativis collibus aut aggeribus factitiis impositæ sunt, non pagi modo, sed urbes etiam memorabiles, quæ eminus conspectæ insularum speciem præbent.

πόρρωθεν ὄψιν. πλείους δ' ἢ τετταράκοντα ἡμέρας τοῦ θέρους διαμεῖναν τὸ ὕδωρ ἔπειθ' ὑπόβασιν λαμβάνει κατ' ὀλίγον, καθάπερ καὶ τὴν αὔξησιν ἔσχεν· ἐν ἑξήκοντα δὲ ἡμέραις τελέως γυμνοῦται καὶ ἀναψύχεται τὸ πεδίον· ὅσῳ δὲ θᾶττον ἡ ἀνάψυξις, τοσῷδε θᾶττον ὁ ἄροτος καὶ ὁ σπόρος· θᾶττον δέ, παρ' οἷς τὰ μείζω θάλπη. τὸν αὐτὸν τρόπον καὶ τὰ ἐπάνω τοῦ Δέλτα ποτίζεται, πλὴν ὅτι ἐπ' εὐθείας ὅσον τετρακισχιλίοις σταδίοις δι' ἑνὸς ῥείθρου τοῦ ποταμοῦ φερομένου, πλὴν εἴ πού τις ἐντρέχει νῆσος, ὧν ἀξιολογωτάτη ἡ τὸν Ἡρακλειωτικὸν νομὸν περιέχουσα, ἢ εἴ πού τις ἐκτροπὴ διώρυγι ἐπὶ πλέον εἰς λίμνην μεγάλην καὶ χώραν, ἣν ποτίζειν δύναται, καθάπερ ἐπὶ τῆς τὸν Ἀρσινοΐτην νομὸν ποτιζούσης καὶ τὴν Μοίριδος λίμνην καὶ τῶν εἰς τὴν Μαρεῶτιν ἀναχεομένων. συλλήβδην δ' εἰπεῖν, ἡ ποταμία μόνον ἐστὶν Αἴγυπτος ἡ ἑκατέρωθεν (ἐσχάτη) τοῦ Νείλου, σπάνιον εἴ που τριακοσίων σταδίων ἐπέχουσα συνεχῶς πλάτος τὸ οἰκήσιμον, ἀρξαμένη ἀπὸ τῶν ὅρων τῆς Αἰθιοπίας, μέχρι τῆς κορυφῆς τοῦ Δέλτα. ἔοικεν οὖν χειρίᾳ † ψυχομένῃ ἐπὶ μῆκος, ὑπεξαιρουμένων τῶν ἐπὶ πλέον ἐκτροπῶν. ποιεῖ δὲ τὸ σχῆμα τοῦτο τῆς ποταμίας, ἧς λέγω, καὶ τῆς χώρας τὰ ὄρη τὰ ἑκατέρωθεν ἀπὸ τῶν περὶ Συήνην τόπων καταψόμενα μέχρι τοῦ Αἰγυπτίου πελάγους· ἐφ' ὅσον γὰρ ταῦτα παρατείνει καὶ διέστηκεν ἀπ' ἀλλήλων, ἐπὶ τοσοῦτον καὶ ὁ ποταμὸς συνάγεταί τε καὶ διαχεῖται καὶ διασχηματίζει τὴν χώραν διαφόρως τὴν οἰκήσιμον· ἡ δὲ ὑπὲρ τῶν ὀρῶν ἐπὶ συχνὸν ἀοίκητός ἐστιν.

5. Οἱ μὲν οὖν ἀρχαῖοι στοχασμῷ τὸ πλέον, οἱ δ' ὕστερον αὐτόπται γενηθέντες ᾔσθοντο ὑπὸ ὄμβρων θερινῶν πληρούμενον τὸν Νεῖλον, τῆς Αἰθιοπίας τῆς ἄνω κλυζομένης, καὶ μάλιστα ἐν τοῖς ἐσχάτοις ὄρεσι, παυσαμένων δὲ τῶν ὄμβρων παυομένην κατ' ὀλίγον τὴν πλημμυρίδα· τοῦτο δ' ὑπῆρξε μάλιστα δῆλον τοῖς πλέουσι τὸν Ἀράβιον κόλπον μέχρι τῆς κινναμωμοφόρου καὶ τοῖς ἐκπεμπομένοις ἐπὶ τὴν τῶν ἐλεφάντων θήραν, καὶ εἴ τινες ἄλλαι χρεῖαι παρώξυνον ἐκεῖσε ἄνδρας προχειρίζεσθαι τοὺς τῆς Αἰγύπτου βασιλέας τοὺς Πτολεμαϊκούς. οὗτοι γὰρ ἐφρόντισαν τῶν τοιούτων, διαφερόντως δ' ὁ Φιλάδελφος ἐπικληθείς, φιλιστορῶν καὶ διὰ τὴν ἀσθένειαν τοῦ σώματος διαγωγὰς ἀεί τινας καὶ τέρψεις ζητῶν καινοτέρας. οἱ πάλαι δὲ βασιλεῖς οὐ πάνυ ἐφρόντισαν τῶν τοιούτων· καίπερ οἰκεῖοι σοφίας γεγονότες καὶ αὐτοὶ καὶ οἱ ἱερεῖς, μεθ' ὧν ἦν αὐτοῖς ὁ πλείων βίος· ὥστε καὶ θαυμάζειν ἄξιον καὶ διὰ τοῦτο καὶ διότι Σέσωστρις τὴν Αἰθιοπίαν ἐπῆλθεν ἅπασαν μέχρι τῆς κινναμωμοφόρου, καὶ ὑπομνήματα τῆς στρατείας αὐτοῦ καὶ νῦν ἔτι δείκνυνται, στῆλαι καὶ ἐπιγραφαί. Καμβύσης τε τὴν Αἴγυπτον κατασχὼν προῆλθε καὶ μέχρι τῆς Μερόης μετὰ τῶν Αἰγυπτίων· καὶ δὴ καὶ τοὔνομα τῇ τε νήσῳ καὶ τῇ πόλει τοῦτο παρ' ἐκείνου τεθῆναί φασιν, ἐκεῖ τῆς ἀδελφῆς ἀποθανούσης αὐτῷ Μερόης· οἱ δὲ γυναῖκά φασι· τὴν ἐπωνυμίαν οὖν ἐχαρίσατο αὐτῇ τιμῶν τὴν ἄνθρωπον. Θαυμαστὸν οὖν,

Aqua æstate ultra quadragesimum diem permanet, postea paulatim decrescit, quo pacto etiam crevit. Intra diem sexagesimum campi denudantur atque exsiccantur, et quo citius id fit, eo citius et aratur et seritur, idque celerius apud eos, qui majores æstus habent. Simili modo regio supra Delta irrigatur, nisi quod Nilus quattuor millibus stadiorum unico alveo recta delabitur, nisi si interdum insulæ interciplant, quarum præcipua est quæ Heracleoticam præfecturam comprehendit, aut alicubi fossa ampliore fluvius divertatur in magnum aliquem lacum vel in regionem, quam irrigare possit, cujus generis est rivus qui Arsinoiticam præfecturam et Mœridis lacum rigat, et quos Marcotis refusos excipit. Denique, ut verbo dicam, fluvio irrigua est sola ea pars Ægypti, quæ jacet ad utramque Nili ripam, et raro trecentorum stadiorum continuam latitudinem habitabilem obtinet. Oritur ab Æthiopiæ montibus, et in ipsius Delta verticem desinit. Itaque similis est fasciæ in longum explicatæ (ἀνεπτυγμένῃ), si excipias majora fluvii diverticula. Figuram vero fluvialis regionis et terræ, quam dico, montes efficiunt, a locis Syenæ proximis deducti ex utraque parte usque ad Ægyptium pelagus; qui quantum extenduntur et inter se distant, tantum etiam flumen diffunditur et contrahitur, et regionem habitabilem diverso modo figurat. Quod supra montes est regionis, quam plurimum non habitatur.

5. Ceterum antiqui conjectura plerumque, recentiores vero visu ipso nitentes senserunt Nilum augeri, quando superne adsita Æthiopia imbribus æstivis proluitur, maxime in extremis montibus; imbribus autem finientibus, paulatim inundationem desinere. Quam rem ii potissimum deprehenderunt, qui in Arabicum sinum navigarunt usque ad cinnamomiferam regionem, et ii qui ad elephantorum venationem missi fuerant, aut si qui alii usus Ptolemæos Ægypti reges impulerunt, ut homines aliquos eo amandarent. Nam hi talia curabant, is præcipue, qui cognomento fuit Philadelphus, cognitionis rerum apprime studiosus et propter corporis imbecillitatem semper novæ alicujus oblectationis materiam expetens. Antiqui autem reges perexiguam harum rerum curam habuerunt, tametsi tum ipsi sapientiæ studio dediti essent, tum sacerdotes, cum quibus plurimum vivebant. Idque eo magis est admiratione dignum, quod Sesostris totam Æthiopiam permeavit usque ad cinnamomiferam regionem, et adhuc quædam ejus monumenta monstrantur, columnæ et inscriptiones. Cambyses quoque Ægypto potitus, cum Ægyptiis usque ad Meroen progressus est, et nomen urbi insulæque ab illo factum aiunt, quum Meroe, sive soror ejus sive uxor (nam et hoc traditur), ibi mortua esset, adeoque ille honorandæ fœminæ causa loco id nominis imposuisset. Mirum itaque est, cur, tantis oblatis investigandi

πῶς ἐκ τῶν τοιούτων ἀφορμῶν οὐ τελέως ἐναργὴς ἦν ἡ περὶ τῶν ὄμβρων ἱστορία τοῖς τότε, καὶ ταῦτα τῶν ἱερέων φιλοπραγμονέστερον ἀναφερόντων εἰς τὰ ἱερὰ γράμματα καὶ ἀποτιθεμένων, ὅσα μάθησιν περιττὴν
5 ἐπιφαίνει. εἰ γὰρ ἄρα, τοῦτ' ἐχρῆν ζητεῖν, ὅπερ καὶ νῦν ἔτι ζητεῖται, τί δή ποτε θέρους, χειμῶνος δὲ οὔ, καὶ ἐν τοῖς νοτιωτάτοις, ἐν δὲ τῇ Θηβαΐδι καὶ τῇ περὶ Συήνην οὐ συμπίπτουσιν ὄμβροι· τὸ δ' ὅτι ἐξ ὄμβρων αἱ ἀναβάσεις μὴ ζητεῖν, μηδὲ τοιούτων δεῖσθαι μαρτύ-
10 ρων, οἵους Ποσειδώνιος εἴρηκε. φησὶ γὰρ Καλλισθένη λέγειν τὴν ἐκ τῶν ὄμβρων αἰτίαν τῶν θερινῶν, παρὰ Ἀριστοτέλους λαβόντα, ἐκεῖνον δὲ παρὰ Θρασυάλκου τοῦ Θασίου (τῶν ἀρχαίων δὲ φυσικῶν εἷς οὗτος), ἐκεῖνον δὲ παρ' ἄλλου, τὸν δὲ παρ' Ὁμήρου διιπετέα
15 φάσκοντος τὸν Νεῖλον·

ἂν δ' εἰς Αἰγύπτοιο διιπετέος ποταμοῖο.

ἀλλ' ἐῶ ταῦτα πολλῶν εἰρηκότων, ὧν ἀρκέσει δύο μηνῦσαι τοὺς ποιήσαντας καθ' ἡμᾶς τὸ περὶ τοῦ Νείλου βιβλίον, Εὔδωρόν τε καὶ Ἀρίστωνα τὸν ἐκ τῶν περι-
20 πάτων· πλὴν γὰρ τῆς τάξεως τά γε ἄλλα καὶ τῇ φράσει καὶ τῇ ἐπιχειρήσει ταὐτά ἐστι κείμενα παρ' ἀμφοτέροις. ἐγὼ γοῦν ἀπορούμενος ἀντιγράφων εἰς τὴν ἀντιβολὴν ἐκ θατέρου θάτερον ἀντέβαλον· πότερος δ' ἦν ὁ τἀλλότρια ὑποβαλλόμενος, ἐν Ἄμμωνος εὕροι
25 τις ἄν. Εὔδωρος δ' ᾐτιᾶτο τὸν Ἀρίστωνα· ἡ μέντοι φράσις Ἀριστώνειος μᾶλλόν ἐστιν. οἱ μὲν οὖν ἀρχαῖοι τὸ οἰκούμενον αὐτὸ καὶ ποτιζόμενον ὑπὸ τοῦ Νείλου μόνον Αἴγυπτον ἐκάλουν, ἀπὸ τῶν περὶ Συήνην τόπων ἀρξάμενοι μέχρι τῆς θαλάττης· οἱ δ' ὕστερον μέχρι νῦν
30 προσέλαβον ἐκ μὲν τῶν πρὸς ἕω μερῶν [τὰ] μεταξὺ τοῦ Ἀραβίου κόλπου καὶ τοῦ Νείλου σχεδόν τι πάντα (οἱ δ' Αἰθίοπες οὐ πάνυ χρῶνται τῇ Ἐρυθρᾷ θαλάττῃ), ἐκ δὲ τῶν ἑσπερίων τὰ μέχρι τῶν Αὐάσεων καὶ ἐν τῇ παραλίᾳ τὰ ἀπὸ τοῦ Κανωβικοῦ στόματος μέχρι Κατα-
35 βαθμοῦ καὶ τῆς Κυρηναίων ἐπικρατείας. οἵ τε γὰρ ἀπὸ τοῦ Πτολεμαίου βασιλεῖς ἴσχυσαν τοσοῦτον, οἵ γε καὶ τὴν Κυρηναίαν αὐτὴν κατέσχον καὶ διενείμαντο πρὸς τὴν Αἴγυπτον καὶ τὴν Κύπρον· Ῥωμαῖοί τε οἱ διαδεξάμενοι τὴν ἐκείνων ἐπαρχίαν κρίναντες τὴν Αἴ-
40 γυπτον ἐν τοῖς αὐτοῖς ὅροις διεφύλαξαν. Αὐάσεις δ' οἱ Αἰγύπτιοι καλοῦσι τὰς οἰκουμένας χώρας, περιεχομένας κύκλῳ μεγάλαις ἐρημίαις, ὡς ἂν νήσους πελαγίας (πολὺ δὲ τοῦτ' ἐστὶ κατὰ τὴν Λιβύην), τρεῖς δ' εἰσὶν αἱ πρόσχωροι τῇ Αἰγύπτῳ καὶ ἐπ' αὐτῇ τεταγμέναι.
45 τὰ μὲν οὖν καθ' ὅλου καὶ ἀνωτάτω περὶ τῆς Αἰγύπτου ταῦτα λέγομεν· τὰ καθ' ἕκαστα δὲ καὶ τὰς ἀρετὰς αὐτῆς νῦν διέξιμεν.

6. Ἐπεὶ δὲ τὸ πλεῖστον τοῦ ἔργου τούτου καὶ τὸ κυριώτατον ἡ Ἀλεξάνδρειά ἐστι καὶ τὰ περὶ αὐτήν,
50 ἐντεῦθεν ἀρκτέον. ἔστι τοίνυν ἡ ἀπὸ Πηλουσίου παραλία πρὸς τὴν ἑσπέραν πλεύσασι μέχρι μὲν τοῦ Κανωβικοῦ στόματος χιλίων που καὶ τριακοσίων σταδίων, ὃ δὴ καὶ βάσιν τοῦ Δέλτα ἔφαμεν· ἐντεῦθεν δ' ἐπὶ Φάρον τὴν

occasionibus, non prorsus innotuerit imbrium historia ejus ætatis hominibus, præsertim quum sacerdotes curiosius in sacros libros referrent et confirmarent, quæ subtilioris aliquid haberent cognitionis. Etenim si quid aliud, hoc dignum disquisitione erat quod adhuc quæri solet, cur nempe æstate et non hieme, in partibus australissimis imbres cadant, in Thebaide vero et circa Syenen non item? Illud vero, num ex imbribus Nilus augeatur, non erat quærendum, neque in hanc rem talibus opus erat testibus, quales producit Posidonius; ait enim Callisthenem tradere æstivos imbres causam esse; idque hunc ab Aristotele sumpsisse, Aristotelem vero a Thrasyalce Thasio, qui unus fuit ex antiquis physicis; Thrasyalcem autem ab alio (*a Thalete?*), atque illum ab Homero, qui Nilum cœlitus delapsum dicat (*Od.* 4, 481):

Rursus ad Ægypti cœlo delapsa fluenta.

Verum istæc mitto, quum a multis sint tractata, de quibus satis sit duos afferre, qui ætate nostra de Nilo scripserunt, Eudorum et Aristonem Peripateticum. Hi, dempto ordine, cetera omnia et stylo et argumentis iisdem fere uterque posuerunt. Itaque libros inter se collaturus, quum exemplarium copia nulla fieret, alterum cum altero comparavi; uter autem alterius compilaverit scriptum, fortasse Ammonis oraculo doceri aliquis possit. Eudorus quidem Aristonem eo nomine incusat, sed dicendi genus potius est Aristoneum. Ceterum prisci id solum Ægyptum vocavere, quod habitatur et a Nilo irrigatur, inde a locis Syenæ proximis incipientes usque ad mare; recentiores vero ad hoc usque tempus, ab orientali regione omnes fere partes assumpserunt, quæ inter Arabicum sinum sunt atque Nilum (Æthiopes Rubro mari non adeo utuntur); ab occidente vero loca usque ad Auases, quæ vocantur, et in ora maritima ab ostio Canopico usque ad eum locum, qui Catabathmus dicitur, et Cyrenæorum ditionem. Nam Ptolemaici reges eo usque dominationem protulerunt suam, qui quidem etiam Cyrenaicam sub se habuerunt, separatim ab Ægypto Cyproque. Romani, qui postea successerunt, provinciam Ægyptum iisdem finibus inclusam servarunt. Auases Ægyptii regiones vocant habitatas et maximis desertis circumdatas, quasi quasdam pelagi insulas, quales sæpe occurrunt in Libya; tres vero sunt Ægypto finitimæ et ei subditæ. Hæc igitur de Ægypto in universum et summatim dicimus; nunc singula regionis et quæ habeat præclara persequemur.

6. Initium autem ab Alexandria faciemus et locis ei vicinis, quum hujus tractationis præcipuam partem ea occupent. Ergo maritima ora a Pelusio usque ad Canopicum ostium ad occidentem naviganti est mille fere et trecentorum stadiorum, quod et basim ipsius Delta diximus; hinc ad Pharum insulam alia sunt stadia centum et quinquaginta.

νῆσον ἄλλοι στάδιοι πεντήκοντα πρὸς τοῖς ἑκατόν. ἡ δὲ Φάρος νησίον ἐστὶ παράμηκες, προσεχέστατον τῇ ἠπείρῳ, λιμένα πρὸς αὐτὴν ποιοῦν ἀμφίστομον. ἠιὼν γάρ ἐστι κολπώδης, ἄκρας εἰς τὸ πέλαγος προβεβλημένη δύο· τούτων δὲ μεταξὺ ἡ νῆσος ἵδρυται κλείουσα τὸν κόλπον, παραβέβληται γὰρ αὐτῷ κατὰ μῆκος· τῶν δ᾽ ἄκρων τῆς Φάρου τὸ μὲν ἑῷον μᾶλλόν ἐστι προσεχὲς τῇ ἠπείρῳ καὶ τῇ κατ᾽ αὐτὴν ἄκρᾳ (καλεῖται δ᾽ ἄκρα Λοχιάς), καὶ ποιεῖ τὸν λιμένα ἀρτίστομον· πρὸς δὲ τῇ στενότητι τοῦ μεταξὺ πόρου καὶ πέτραι εἰσίν, αἱ μὲν ὕφαλοι, αἱ δὲ καὶ ἐξέχουσαι, τραχύνουσαι πᾶσαν ὥραν τὸ προσπῖπτον ἐκ τοῦ πελάγους κλυδώνιον. ἔστι δὲ καὶ αὐτὸ τὸ τῆς νησῖδος ἄκρον πέτρα περίκλυστος, ἔχουσα πύργον θαυμαστῶς κατεσκευασμένον λευκοῦ λίθου πολυόροφον, ὁμώνυμον τῇ νήσῳ· τοῦτον δ᾽ ἀνέθηκε Σώστρατος Κνίδιος, φίλος τῶν βασιλέων, τῆς τῶν πλωιζομένων σωτηρίας χάριν, ὥς φησιν ἡ ἐπιγραφή. ἀλιμένου γὰρ οὔσης καὶ ταπεινῆς τῆς ἑκατέρωθεν παραλίας, ἐχούσης δὲ καὶ χοιράδας καὶ βράχη τινά, ἔδει σημείου τινὸς ὑψηλοῦ καὶ λαμπροῦ τοῖς ἀπὸ τοῦ πελάγους προσπλέουσιν, ὥστ᾽ εὐστοχεῖν τῆς εἰσβολῆς τοῦ λιμένος. καὶ τὸ ἑσπέριον δὲ στόμα οὐκ εὐείσβολόν ἐστιν, οὐ μὴν τοσαύτης γε δεῖται προνοίας· ποιεῖ δὲ καὶ τοῦτο ἄλλον λιμένα τὸν τοῦ Εὐνόστου καλούμενον· πρόκειται δ᾽ οὗτος τοῦ ὀρυκτοῦ καὶ κλειστοῦ λιμένος· ὁ μὲν γὰρ ἐκ τοῦ λεχθέντος πύργου τῆς Φάρου τὸν εἴσπλουν ἔχων ὁ μέγας ἐστὶ λιμήν· οὗτοι δὲ συνεχεῖς ἐν βάθει ἐκείνῳ, τῷ ἑπτασταδίῳ καλουμένῳ χώματι διειργόμενοι ἀπ᾽ αὐτοῦ, παράκεινται· τὸ δὲ χῶμά ἐστιν ἀπὸ τῆς ἠπείρου γέφυρα ἐπὶ τὴν νῆσον κατὰ τὸ ἑσπέριον αὐτῆς μέρος ἐκτεταμένη, δύο διάπλους ἀπολείπουσα μόνον εἰς τὸν Εὐνόστου λιμένα, καὶ αὐτοὺς γεγεφυρωμένους· ἦν δ᾽ οὐ γέφυρα μόνον ἐπὶ τὴν νῆσον τὸ ἔργον τοῦτο, ἀλλὰ καὶ ὑδραγώγιον, ὅτε γε ᾠκεῖτο· νῦν δ᾽ ἠρήμωσεν αὐτὴν ὁ θεὸς Καῖσαρ ἐν τῷ πρὸς Ἀλεξανδρέας πολέμῳ, τεταγμένην μετὰ τῶν βασιλέων· ὀλίγοι δ᾽ οἰκοῦσι πρὸς τῷ πύργῳ ναυτικοὶ ἄνδρες. ὁ γοῦν μέγας λιμὴν πρὸς τῷ κεκλεῖσθαι καλῶς τῷ τε χώματι καὶ τῇ φύσει, ἀγχιβαθής τέ ἐστιν, ὥστε τὴν μεγίστην ναῦν ἐπὶ κλίμακος ὁρμεῖν, καὶ εἰς πλείους σχίζεται λιμένας. οἱ μὲν οὖν πρότεροι τῶν Αἰγυπτίων βασιλεῖς, ἀγαπῶντες οἷς εἶχον καὶ οὐ πάνυ ἐπεισάκτων δεόμενοι, διαβεβλημένοι πρὸς ἅπαντας τοὺς πλέοντας, καὶ μάλιστα τοὺς Ἕλληνας (πορθηταὶ γὰρ ἦσαν καὶ ἐπιθυμηταὶ τῆς ἀλλοτρίας κατὰ σπάνιν γῆς), ἐπέστησαν φυλακὴν τῷ τόπῳ τούτῳ, κελεύσαντες ἀπείργειν τοὺς προσιόντας· κατοικίαν δ᾽ αὐτοῖς ἔδοσαν τὴν προσαγορευομένην Ῥακῶτιν, ἣ νῦν μὲν τῆς Ἀλεξανδρέων πόλεώς ἐστι μέρος τὸ ὑπερκείμενον τῶν νεωρίων, τότε δὲ κώμη ὑπῆρχε· τὰ δὲ κύκλῳ τῆς κώμης βουκόλοις παρέδοσαν, δυναμένοις καὶ αὐτοῖς κωλύειν τοὺς ἔξωθεν ἐπιόντας. ἐπελθὼν δὲ Ἀλέξανδρος, ἰδὼν τὴν εὐκαιρίαν, ἔγνω τειχίζειν ἐπὶ τῷ λιμένι τὴν πόλιν· τῆς δ᾽ ὕστερον ἐπηκολουθηκυίας εὐδαιμονίας τῇ πόλει μνημονεύουσί τι σημεῖον κατὰ τὴν ὑπογραφὴν

STRABO.

Pharus exigua est insula oblonga, quæ continenti adjacet, ancipitem ad eam portum faciens. Est enim litus sinuosum, quod duo promontoria in mare emittit, inter quæ insula jacet portum claudens, cui per longum objicitur; de Phari promontoriis orientale magis continentem et oppositum sibi promontorium, cui Lochias nomen, attingit, et portum efficit ore arcto. Accedit ad angustias portus, quod in intermedio freto petræ sunt, partim aquis opertæ, partim eminentes, continue occurrentem ex pelago fluctum exasperantes. Ipsum adeo insulæ promontorium est petra quædam mari circumdata, turrim habens ex albo lapide mirifice structam multis fastigiis, eodem, quo insula, nomine. Eam Sostratus Cnidius, regum amicus, posuit ob navigantium salutem, ut testatur inscriptio. Nam quum ora ex utraque parte importuosa et humilis esset, cautesque ac brevia haberet: signo aliquo opus fuit alto et splendente, quo usi navigantes ex alto portus ingressum contingere possent. Occidnum etiam ostium, quamquam non tutum ingressum habet, non tamen tanta indiget providentia; sed hoc quoque alium portum efficit, qui Eunosti dicitur. Hic ante effossum et clausum portum jacet; qui enim ex dicta Phari turri ingressum habet, is maximus portus est; hi vero continui in secessu illo adjacent, a magno portu dirempti aggere, qui Heptastadium appellatur. Agger ille est pons quidam a continenti in insulam ad occidentalem ejus partem porrectus, duos tantum transitus navigantibus relinquens in Eunosti portum, ipsos quoque ponte junctos; quod opus non modo pons erat in insulam, sed etiam aquæ ductus, illo saltem tempore quo habitabatur insula; nunc divus Cæsar eam in Alexandrino bello (in quo pro regibus contra ipsum steterat) evastavit; pauci tamen nautæ juxta turrim habitant. Maximus quidem portus, præterquam quod et natura et aggere bene clauditur, profundus est adeo proxime ipsum litus, ut maxima etiam navis ad ipsos gradus ejus applicari tuto possit; et in portus complures scinditur. Enimvero primi Ægyptiorum reges suis contenti opibus, nec importata aliunde magnopere desiderantes, omnibus exteris navigantibus infensi erant, maxime vero Græcis (qui ob soli penuriam populari atque appetere aliena solebant), ideoque custodes huic loco inposuerunt, qui appellentes arcerent; habitandam iis dederunt Rhacotin, quæ nunc Alexandriæ pars est, navalibus imminens, tunc vicus erat. Quæ in orbem vico circumjacebant, bubulcis tradidere, qui ipsi quoque vires haberent ad arcendos extraneos. Quum autem Alexander eo venisset, loci opportunitate perspecta, statuit urbem ad portum esse muniendam. Futuram urbis felicitatem, quæ consecuta est, ferunt ostento in ipsa operis designatione

τοῦ κτίσματος συμβάν· τῶν γὰρ ἀρχιτεκτόνων γῇ λευκῇ διασημαινομένων τὴν τοῦ περιβόλου γραμμήν, ἐπιλιπούσης τῆς γῆς καὶ τοῦ βασιλέως ἐπιόντος, οἱ διοικηταὶ τῶν ἀλφίτων μέρος τῶν παρεσκευασμένων τοῖς ἐργάταις παρέσχον, δι' ὧν καὶ αἱ ὁδοὶ κατετμήθησαν εἰς πλείους· τοῦτ' οὖν οἰωνίσθαι λέγονται πρὸς ἀγαθοῦ γεγονός.

7. Ἡ δ' εὐκαιρία πολύτροπος· ἀμφίκλυστόν τε γάρ ἐστι τὸ χωρίον δυσὶ πελάγεσι, τῷ μὲν ἀπὸ τῶν ἄρκτων τῷ Αἰγυπτίῳ λεγομένῳ, τῷ δ' ἀπὸ μεσημβρίας τῷ τῆς λίμνης τῆς Μαρείας, ἣ καὶ Μαρεῶτις λέγεται· πληροῖ δὲ ταύτην πολλαῖς διώρυξιν ὁ Νεῖλος, ἄνωθέν τε καὶ ἐκ πλαγίων, δι' ὧν τὰ εἰσκομιζόμενα πολλῷ πλείω τῶν ἀπὸ θαλάττης ἐστίν, ὥσθ' ὁ λιμὴν ὁ λιμναῖος ὑπῆρχε πλουσιώτερος τοῦ θαλαττίου· ταύτῃ δὲ καὶ τὰ ἐκκομιζόμενα ἐξ Ἀλεξανδρείας πλείω τῶν εἰσκομιζομένων ἐστί· γνοίη δ' ἄν τις ἔν τε τῇ Ἀλεξανδρείᾳ καὶ τῇ Δικαιαρχίᾳ γενόμενος, ὁρῶν τὰς ὁλκάδας ἔν τε τῷ κατάπλῳ καὶ ἐν ταῖς ἀναγωγαῖς, ὅσον βαρύτεραί τε καὶ κουφότεραι δεῦρο κἀκεῖσε πλέοιεν. πρὸς δὲ τῷ πλούτῳ τῶν καταγομένων ἑκατέρωσε εἴς τε τὸν κατὰ θάλατταν λιμένα καὶ εἰς τὸν λιμναῖον καὶ τὸ εὔαερον ἄξιον σημειώσεώς ἐστιν· ὃ καὶ αὐτὸ συμβαίνει διὰ τὸ ἀμφίκλυστον καὶ τὸ εὔκαιρον τῆς ἀναβάσεως τοῦ Νείλου. αἱ μὲν γὰρ ἄλλαι πόλεις αἱ ἐπὶ λιμνῶν ἱδρυμέναι βαρεῖς καὶ πνιγώδεις ἔχουσι τοὺς ἀέρας ἐν τοῖς καύμασι τοῦ θέρους· ἐπὶ γὰρ τοῖς χείλεσιν αἱ λίμναι τελματοῦνται διὰ τὴν ἐκ τῶν ἡλίων ἀναθυμίασιν· βορβορώδους οὖν ἀναφερομένης τοσαύτης ἰκμάδος, νοσώδης ὁ ἀὴρ ἕλκεται καὶ λοιμικῶν κατάρχει παθῶν. ἐν Ἀλεξανδρείᾳ δὲ τοῦ θέρους ἀρχομένου πληρούμενος ὁ Νεῖλος πληροῖ καὶ τὴν λίμνην καὶ οὐδὲν ἐᾷ τελματῶδες τὸ τὴν ἀναφορὰν ποιῆσον μοχθηράν· τότε δὲ καὶ οἱ ἐτησίαι πνέουσιν ἐκ τῶν βορείων καὶ τοῦ τοσούτου πελάγους, ὥστε κάλλιστα τοῦ θέρους Ἀλεξανδρεῖς διάγουσιν.

8. Ἔστι δὲ χλαμυδοειδὲς τὸ σχῆμα τοῦ ἐδάφους τῆς πόλεως· οὗ τὰ μὲν ἐπὶ μῆκος πλευρά ἐστι τὰ ἀμφίκλυστα, ὅσον τριάκοντα σταδίων ἔχοντα διάμετρον, τὰ δὲ ἐπὶ πλάτος οἱ ἰσθμοί, ἑπτὰ ἢ ὀκτὼ σταδίων ἑκάτερος, σφιγγόμενος τῇ μὲν ὑπὸ θαλάττης, τῇ δ' ὑπὸ τῆς λίμνης. ἅπασα μὲν ὁδοῖς κατατέτμηται ἱππηλάτοις καὶ ἁρματηλάτοις, δυσὶ δὲ πλατυτάταις, ἐπὶ πλέον ἢ πλέθρον ἀναπεπταμέναις, αἳ δὴ δίχα καὶ πρὸς ὀρθὰς τέμνουσιν ἀλλήλας. ἔχει δ' ἡ πόλις τεμένη (τά) τε κοινὰ κάλλιστα καὶ τὰ βασίλεια, τέταρτον ἢ καὶ τρίτον τοῦ παντὸς περιβόλου μέρος· τῶν γὰρ βασιλέων ἕκαστος ὥσπερ τοῖς κοινοῖς ἀναθήμασι προσεφιλοκάλει τινὰ κόσμον, οὕτω καὶ οἴκησιν ἰδίᾳ περιεβάλλετο πρὸς ταῖς ὑπαρχούσαις, ὥστε νῦν τὸ τοῦ ποιητοῦ,

ἐξ ἑτέρων ἕτερ' ἐστίν·

ἅπαντα μέντοι συναφῆ καὶ ἀλλήλοις καὶ τῷ λιμένι, καὶ ὅσα ἔξω αὐτοῦ. τῶν δὲ βασιλείων μέρος ἐστὶ καὶ τὸ Μουσεῖον, ἔχον περίπατον καὶ ἐξέδραν καὶ οἶκον μέγαν,

fuisse præmonstratam; architectis enim ambitus lineam gypso designantibus, quum adventante rege gypsum deficeret, farinæ operariis destinatæ a procuratoribus fuisse præbitam partem, qua etiam compitorum plures divisiones delineaverint; eam igitur rem visam fuisse boni ominis.

7. Commoditates urbis habet non unius modo generis. Duo enim maria locum alluunt, alterum a septentrione, quod Ægyptium dicitur, alterum a meridie, quod Maria palus vel etiam Mareotis appellatur; eam Nilus multis fossis tum e superioribus partibus, tum e lateribus actis implet, per quas multo plura importantur, quam e mari, adeo ut palustris portus ditior sit marino. Ibi vero etiam quæ ex Alexandria exportantur plura sunt quam quæ importantur. Facile id cognoverit qui Alexandriæ et Dicæarchiæ fuerit, observaveritque onerarias naves et venientes et abeuntes, quanto graviores aut leviores ultro citroque navigent. Jam præter opes, quæ ex utraque parte et in maris et in lacus portum advehuntur, aeris temperies digna est memoratu : quæ ipsa quoque idcirco contingit, quod urbs utrimque alluitur, et Nilus incrementa commode facit. Quippe ceteræ urbes, quæ ad latus sitæ sunt, gravem et præfocantem aerem in æstivis ardoribus habent; nam propter vapores a sole excitatos cœnum in lacuum labris cogitur, unde cœnoso humore exhalante, aer morbidus attrahitur, ac pestilentiæ initium præbet. At Alexandriæ incipiente æstate Nilus auctus auget etiam lacum, et nullum cœno locum relinquit, unde malignus aliquis posset vapor exhalare. Huc accedit quod eodem tempore etiam etesiæ a borealibus partibus et tanto pelago adspirant, adeo ut Alexandrini optime æstatem agant.

8. Urbis solum chlamydis figuram habet, cujus latera, quæ in longum tendunt, ea sunt quæ aqua utrinque alluuntur, triginta fere stadiorum habentia diametrum, latera vero, quæ in latum tendunt, isthmi sunt, quorum uterque, septem octove stadiorum, hinc mari, illinc lacu stringitur. Ac tota quidem urbs viis divisa est, per quas et equi et currus agi possint, duabus autem latissimis, quæ amplius jugero expanduntur, et sese ad rectos angulos secant. Urbs habet publicos lucos pulcherrimos et regias, quæ quartam tertiamve totius ambitus partem occupant. Nam regum quisque ut publicis monumentis aliquid ornamenti addere studebat, ita et ad jam exstructas regias aliquam de suo adjiciebat, ut nunc poetæ illud vere dici possit (Od. 17, 266),

Sunt alia ex aliis ;

atque omnes inter se junctæ sunt, et portui contiguæ et iis quæ extra eum sunt. Pars etiam regiarum est Museum, quod deambulationem habet et exedram et maximam do-

ἐν ᾧ τὸ συσσίτιον τῶν μετεχόντων τοῦ Μουσείου φιλολόγων ἀνδρῶν. ἔστι δὲ τῇ συνόδῳ ταύτῃ καὶ χρήματα κοινὰ καὶ ἱερεὺς ὁ ἐπὶ τῷ Μουσείῳ, τεταγμένος τότε μὲν ὑπὸ τῶν βασιλέων, νῦν δ᾽ ὑπὸ Καίσαρος. μέρος
5 δὲ τῶν βασιλείων ἐστὶ καὶ τὸ καλούμενον Σῆμα, ὃ περίβολος ἦν, ἐν ᾧ αἱ τῶν βασιλέων ταφαὶ καὶ ἡ Ἀλεξάνδρου· ἔφθη γὰρ τὸ σῶμα ἀφελόμενος Περδίκκαν ὁ τοῦ Λάγου Πτολεμαῖος, κατακομίζοντα ἐκ τῆς Βαβυλῶνος καὶ ἐκτρεπόμενον ταύτῃ κατὰ πλεονεξίαν καὶ
10 ἐξιδιασμὸν τῆς Αἰγύπτου· καὶ δὴ καὶ ἀπώλετο διαφθαρεὶς ὑπὸ τῶν στρατιωτῶν, ἐπελθόντος τοῦ Πτολεμαίου καὶ κατακλείσαντος αὐτὸν ἐν νήσῳ ἐρήμῃ· ἐκεῖνος μὲν οὖν ἀπέθανεν ἐμπεριπαρεὶς ταῖς σαρίσσαις, ἐπελθόντων ἐπ᾽ αὐτὸν τῶν στρατιωτῶν· σὺν αὐτῷ δὲ † καὶ οἱ βα-
15 σιλεῖς, Ἀριδαῖός τε καὶ τὰ παιδία τὰ Ἀλεξάνδρου, καὶ ἡ γυνὴ Ῥωξάνη ἀπῆραν εἰς Μακεδονίαν· τὸ δὲ σῶμα τοῦ Ἀλεξάνδρου κομίσας ὁ Πτολεμαῖος ἐκήδευσεν ἐν τῇ Ἀλεξανδρείᾳ, ὅπου νῦν ἔτι κεῖται· οὐ μὴν ἐν τῇ αὐτῇ πυέλῳ· ὑαλίνη γὰρ αὕτη, ἐκεῖνος δ᾽ ἐν χρυσῇ κατέθη-
20 κεν. ἐσύλησε δ᾽ αὐτὴν ὁ Κόκκης καὶ Παρείσακτος ἐπικληθεὶς Πτολεμαῖος, ἐκ τῆς Συρίας ἐπελθὼν καὶ ἐκπεσὼν εὐθύς, ὥστ᾽ ἀνόνητα αὐτῷ τὰ σῦλα γενέσθαι.

9. Ἔστι δ᾽ ἐν τῷ μεγάλῳ λιμένι κατὰ μὲν τὸν εἴσπλουν ἐν δεξιᾷ ἡ νῆσος καὶ ὁ πύργος ὁ Φάρος· κατὰ
25 δὲ τὴν ἑτέραν χεῖρα αἵ τε χοιράδες καὶ ἡ Λοχιὰς ἄκρα, ἔχουσα βασίλειον. εἰσπλεύσαντι δ᾽ ἐν ἀριστερᾷ ἐστι συνεχῆ τοῖς ἐν τῇ Λοχιάδι τὰ ἐνδοτέρω βασίλεια, πολλὰς καὶ ποικίλας ἔχοντα διαίτας καὶ ἄλση· τούτοις δ᾽ ὑπόκειται ὅ τε ὀρυκτὸς λιμὴν καὶ κλειστός, ἴδιος τῶν
30 βασιλέων, καὶ ἡ Ἀντίρροδος, νησίον προκείμενον τοῦ ὀρυκτοῦ λιμένος, βασίλειον ἅμα καὶ λιμένιον ἔχον. ἐκάλεσαν δ᾽ οὕτως, ὡς ἂν τῇ Ῥόδῳ ἐνάμιλλον. ὑπέρκειται δὲ τούτου τὸ θέατρον· εἶτα τὸ Ποσείδιον, ἀγκών τις ἀπὸ τοῦ Ἐμπορίου καλουμένου προπεπτωκώς, ἔχων
35 ἱερὸν Ποσειδῶνος· ᾧ προσθεὶς χῶμα Ἀντώνιος ἔτι μᾶλλον προνεῦον εἰς μέσον τὸν λιμένα ἐπὶ τῷ ἄκρῳ κατεσκεύασε δίαιταν βασιλικήν, ἣν Τιμώνιον προσηγόρευσε. τοῦτο δ᾽ ἔπραξε τὸ τελευταῖον, ἡνίκα προλειφθεὶς ὑπὸ τῶν φίλων ἀπῆρεν εἰς Ἀλεξάνδρειαν μετὰ τὴν ἐν Ἀκτίῳ
40 κακοπραγίαν, Τιμώνειον αὑτῷ κρίνας τὸν λοιπὸν βίον, ὃν διάξειν ἔμελλεν ἔρημος τῶν τοσούτων φίλων. εἶτα τὸ Καισάριον καὶ τὸ Ἐμπόριον καὶ [αἱ] ἀποστάσεις· καὶ μετὰ ταῦτα τὰ νεώρια μέχρι τοῦ ἑπτασταδίου. ταῦτα μὲν τὰ περὶ τὸν μέγαν λιμένα.

45 10. Ἑξῆς δ᾽ Εὐνόστου λιμὴν μετὰ τὸ ἑπτασταδίον· καὶ ὑπὲρ τούτου ὁ ὀρυκτός, ὃν καὶ Κιβωτὸν καλοῦσιν, ἔχων καὶ αὐτὸς νεώρια. ἐνδοτέρω δὲ τούτου διῶρυξ πλωτὴ μέχρι τῆς λίμνης τεταμένη τῆς Μαρεώτιδος. ἔξω μὲν οὖν τῆς διώρυγος μικρὸν ἔτι λείπεται τῆς πό-
50 λεως· εἶθ᾽ ἡ Νεκρόπολις τὸ προάστειον, ἐν ᾧ κῆποί τε πολλοὶ καὶ ταφαὶ καὶ καταγωγαὶ πρὸς τὰς ταριχείας τῶν νεκρῶν ἐπιτήδειαι. ἐντὸς δὲ τῆς διώρυγος τό τε Σαράπιον καὶ ἄλλα τεμένη ἀρχαῖα ἐκλελειμμένα πως διὰ τὴν τῶν νέων κατασκευὴν τῶν ἐν Νικοπόλει· καὶ γὰρ

mum, in qua cœnaculum est eorum, qui Musei consortes sunt, ac litteris humanioribus studium impendunt. Hoc collegium publice pecunias habet et sacerdotem, qui Museo præest, olim a regibus, nunc a Cæsare constitutum. Regiarum pars etiam illud est, quod Sema (Σῶμα codd.) appellatur, septum quoddam, in quo regum sepulturæ et Alexandri erant. Etenim Ptolemæus Lagi filius Alexandri corpus Perdiccæ eripuerat, quum hic id Babylone deferret, atque huc diverteret, avaritia et Ægypti sibi vindicandæ studio impulsus. Periit ille a militibus interemptus, a Ptolemæo superveniente in insula deserta inclusus; ille igitur, irruentibus militibus, sarissis confossus est; qui vero cum eo erant (ὄντες οἱ β.?) reges, Aridæus et Alexandri filii, et Rhoxana uxor in Macedoniam discesserunt; Alexandri autem corpus Ptolemæus Alexandriam detulit, ibique sepeliit, ubi etiam nunc jacet, non tamen in eodem alveo; nunc enim vitreus est, ille in aureo condiderat. Aureum Ptolemæus, cognomento Cocces et Subditicius, rapuit, e Syria eo profectus, sed statim ejectus, adeo ut nullam e præda utilitatem perciperet.

9. Ad magnum portum in ingressu ad dextram est insula et turris Pharus, ad lævam sunt cautes et Lochias promontorium, in quo regia est. Ingresso ad sinistram sunt interiores regiæ, continuæ iis quæ sunt in Lochiade, multa ac varia domicilia et lucos habentes. His effossus (κρυπτὸς codd.) ac clausus portus subjacet, qui proprius est regum, item Antirrhodus insula, quæ ante effossum portum jacet, regiam habens et parvum portum, sic dicta, quod Rhodo quasi æmula esset. Supra hanc theatrum est; postea Posidium, cubitus quidam ab Emporio, quod vocatur, procurrens, et Neptuni templum habens. Ibi Antonius, addito aggere magis etiam in medium portum prominente, in extremitate ejus regiam domum construxit, quam Timonium appellavit, idque ad extremum fecit, quum ab amicis derelictus, post Actiacam calamitatem, Alexandriam discessisset, ac solitariam sibi quandam vitam Timonis exemplo peragendam proposuisset, tot amicis orbatus. Postea est Cæsarium et Emporium et Apostases seu Repositoria, quæ dicuntur, atque inde navalia usque ad Heptastadium. Atque hæc circa magnum portum sunt.

10. Deinde ab Heptastadio est Eunosti portus, et supra hunc est effossus portus, etiam Cibotus, *hoc est arca*, dictus, qui et ipse navalia habet. Intra hunc fossa est navigabilis usque ad Mareotidem lacum perducta; extra hanc fossam restat urbis paululum; tum sequitur Necropolis sive mortuorum urbs, suburbanum, in quo horti plurimi sunt et sepulturæ ac domicilia condiendis mortuis idonea. Intra fossam sunt Sarapium et alia prisca ædificia publica cum lucis, nunc fere derelicta, quum nova sint in Nicopoli exstructa; ibi enim et amphitheatrum et

ἀμφιθέατρον καὶ στάδιον καὶ οἱ πεντετηρικοὶ ἀγῶνες ἐκεῖ συντελοῦνται· τὰ δὲ παλαιὰ ὠλιγώρηται. συλλήβδην δ' εἰπεῖν ἡ πόλις μεστή ἐστιν ἀναθημάτων καὶ ἱερῶν· κάλλιστον δὲ τὸ γυμνάσιον, μείζους ἢ σταδιαίας ἔχον τὰς στοάς. ἐν μέσῳ [δὲ] τό τε δικαστήριον καὶ τὰ ἄλση. ἔστι δὲ καὶ Πάνειον, ὕψος τι χειροποίητον στροβιλοειδὲς ἐμφερὲς ὄχθῳ πετρώδει διὰ κοχλίου τὴν ἀνάβασιν ἔχον· ἀπὸ δὲ τῆς κορυφῆς ἔστιν ἀπιδεῖν ὅλην τὴν πόλιν ὑποκειμένην αὐτῷ πανταχόθεν. ἀπὸ δὲ τῆς Νεκροπόλεως ἡ ἐπὶ τὸ μῆκος πλατεῖα διατείνει παρὰ τὸ γυμνάσιον μέχρι τῆς πύλης τῆς Κανωβικῆς· εἶθ' Ἱππόδρομος καλούμενός ἐστι καὶ † αἱ παρακείμεναι ἄλλαι μέχρι τῆς διώρυγος τῆς Κανωβικῆς. διὰ δὲ τοῦ Ἱπποδρόμου διελθόντι ἡ Νικόπολίς ἐστιν, ἔχουσα κατοικίαν ἐπὶ θαλάττῃ πόλεως οὐκ ἐλάττω· τριάκοντα δέ εἰσιν ἀπὸ τῆς Ἀλεξανδρείας στάδιοι. τοῦτον δὲ ἐτίμησεν ὁ Σεβαστὸς Καῖσαρ τὸν τόπον, ὅτι ἐνταῦθα ἐνίκα τῇ μάχῃ τοὺς ἐπεξιόντας ἐπ' αὐτὸν μετὰ Ἀντωνίου· καὶ λαβὼν ἐξ ἐφόδου τὴν πόλιν ἠνάγκασε τὸν μὲν Ἀντώνιον ἑαυτὸν διαχειρίσασθαι, τὴν δὲ Κλεοπάτραν ζῶσαν ἐλθεῖν εἰς τὴν ἐξουσίαν· μικρὸν δ' ὕστερον κἀκείνη ἑαυτὴν ἐν τῇ φρουρᾷ διεχειρίσατο λάθρᾳ δήγματι ἀσπίδος ἢ φαρμάκῳ ἐπιχρίστῳ (λέγεται γὰρ ἀμφοτέρως), καὶ συνέβη καταλυθῆναι τὴν τῶν Λαγιδῶν ἀρχήν, πολλὰ συμμείνασαν ἔτη.

11. Πτολεμαῖος γὰρ ὁ Λάγου διεδέξατο Ἀλέξανδρον, ἐκεῖνον δὲ [ὁ] Φιλάδελφος, τοῦτον δὲ ὁ Εὐεργέτης, εἶθ' ὁ Φιλοπάτωρ ὁ τῆς Ἀγαθοκλείας, εἶθ' ὁ Ἐπιφανής, εἶθ' ὁ Φιλομήτωρ, παῖς παρὰ πατρὸς ἀεὶ διαδεχόμενος. τοῦτον δ' ἀδελφὸς διεδέξατο ὁ δεύτερος Εὐεργέτης, ὃν καὶ Φύσκωνα προσαγορεύουσι, τοῦτον δ' ὁ Λάθουρος ἐπικληθεὶς Πτολεμαῖος, τοῦτον δ' ὁ Αὐλητὴς ὁ καθ' ἡμᾶς, ὅσπερ ἦν τῆς Κλεοπάτρας πατήρ. ἅπαντες μὲν οὖν οἱ μετὰ τὸν τρίτον Πτολεμαῖον ὑπὸ τρυφῆς διεφθαρμένοι χεῖρον ἐπολιτεύσαντο, χείριστα δ' ὁ τέταρτος καὶ [ὁ] ἕβδομος καὶ ὁ ὕστατος, ὁ Αὐλητής· ὃς χωρὶς τῆς ἄλλης ἀσελγείας χοραυλεῖν ἤσκησε, καὶ ἐπ' αὐτῷ γε ἐσεμνύνετο τοσοῦτον, ὥστ' οὐκ ὤκνει συντελεῖν ἀγῶνας ἐν τοῖς βασιλείοις, εἰς οὓς παρῄει διαμιλλησόμενος τοῖς ἀνταγωνισταῖς. τοῦτον μὲν οὖν οἱ Ἀλεξανδρεῖς ἐξέβαλον, τριῶν δ' αὐτῷ θυγατέρων οὐσῶν, ὧν μία γνησία ἡ πρεσβυτάτη, ταύτην ἀνέδειξαν βασίλισσαν· οἱ υἱοὶ δ' αὐτοῦ δύο νήπιοι τῆς τότε χρείας ἐξέπιπτον τελέως. τῇ δὲ κατασταθείσῃ μετεπέμψαντο ἄνδρα ἐκ τῆς Συρίας Κυβιοσάκτην τινά, προσποιησάμενον τοῦ γένους εἶναι τῶν Συριακῶν βασιλέων· τοῦτον μὲν οὖν ὀλίγων ἡμερῶν ἀπεστραγγάλισεν ἡ βασίλισσα, οὐ φέρουσα τὸ βάναυσον καὶ τὸ ἀνελεύθερον. ἧκε δ' ἀντ' ἐκείνου προσποιησάμενος καὶ αὐτὸς εἶναι Μιθριδάτου υἱὸς τοῦ Εὐπάτορος Ἀρχέλαος, ὃς ἦν μὲν Ἀρχελάου υἱὸς τοῦ πρὸς Σύλλαν διαπολεμήσαντος καὶ μετὰ ταῦτα τιμηθέντος ὑπὸ Ῥωμαίων, πάππος δὲ τοῦ βασιλεύσαντος Καππαδόκων ὑστάτου καθ' ἡμᾶς, ἱερεὺς δὲ τῶν ἐν Πόντῳ Κομάνων. Γαβινίῳ δὲ τότε συνδιέτριψεν ὡς συστρα-

stadium sunt, et quinquennalia certamina celebrantur; antiqua vero viluerunt. Ut verbo dicam, urbs et publicis monumentis et sacris plena est; pulcherrimum gymnasium, quod porticus habet stadio majores; in media autem urbe forum judiciale et luci. Est etiam Panium, altum opus manu conditum, forma turbinata, saxeo tumulo simile, in quod per cochleam ascenditur; ab ejus vertice tota urbs subjecta undique cerni potest. A Necropoli vero platea quæ in longum præter gymnasium pertendit usque ad Canobicam portam; deinde est Hippodromus sive circus et adjacentes aliæ ** usque ad Canobicam fossam. Exeunti per Hippodromum est Nicopolis, quæ habitatur ad mare ita, ut urbe non minor censeri debeat; distat ab Alexandria stadiis triginta. Hunc locum Cæsar Augustus ornavit, quod hic prœlio eos superavit, qui cum Antonio contra ipsum exierant, et postquam primo aditu urbem ceperat, Antonium coegit, ut ipse sibi manum afferret, Cleopatram autem, ut viva in potestatem suam veniret; quæ paulo post et ipsa se in custodia clam admotæ aspidis morsu, aut (ut alii tradunt) illito veneno interfecit. Ad hunc modum Lagidarum imperium eversum est, quod per multos annos duraverat.

11. Etenim Ptolemæus Lagi filius Alexandro successit, Ptolemæo autem Philadelphus, Philadelpho Evergetes, huic Philopator Agathocleæ, ei Epiphanes, huic Philometor, semper filio patri in regnum succedente. Philometori vero frater successit, secundus Evergetes nominatus, quem et Physconem appellant; huic Ptolemæus cognomento Lathurus successit; Lathuro autem ætate nostra Auletes Cleopatræ pater. Sed omne post tertium Ptolemæum male regnum gesserunt, luxu perditi; omnium vero pessime quartus et septimus et ultimus Auletes. Hic præter alia flagitia etiam tibiis canendi artem coluit, et adeo ea se jactavit, ut non pigeret eum certamina in regia celebrare, ad quæ et ipse cum aliis concertaturus prodiit. Itaque eum Alexandrini exegerunt, et quum ei tres filiæ essent, unam natu grandiorem, quæ legitima erat, reginam fecerunt; duo ejus filii infantes adhuc rebus suis tum prorsus exciderunt. Reginæ virum e Syria acciverunt Cybiosactem quendam qui se e Syriacorum regum stirpe ferebat. Hunc intra paucos dies regina strangulavit, quum ejus sordes illiberalitatemque pati non posset. In hujus locum Archelaum subiit, qui se Mithridatis Eupatoris filium simulabat; erat autem Archelai filius ejus, qui contra Syllam bellum gessit, et postea a Romanis honore affectus est, ac avus ejus fuit, qui tempore nostro postremus in Cappadocia regnavit, et Comanorum sacerdos, quæ in Ponto sunt. cum Gabinio tunc degens, tanquam cum eo contra Partho-

τεύσων ἐπὶ Παρθυαίους, λαθὼν δὲ τοῦτον κομίζεται
διά τινων εἰς τὴν βασίλισσαν καὶ ἀναδείκνυται βασιλεύς. ἐν τούτῳ τὸν Αὐλητὴν ἀφικόμενον εἰς Ῥώμην
δεξάμενος Πομπήϊος Μάγνος συνίστησι τῇ συγκλήτῳ
5 καὶ διαπράττεται κάθοδον μὲν τούτῳ, τῶν δὲ πρέσβεων
τῶν πλείστων, ἑκατὸν ὄντων, ὄλεθρον τῶν καταπρε-
σβευσάντων αὐτοῦ· τούτων δ᾽ ἦν καὶ Δίων ὁ Ἀκαδη-
μαϊκός, ἀρχιπρεσβευτὴς γεγονώς. καταχθεὶς οὖν ὑπὸ
Γαβινίου Πτολεμαῖος τόν τε Ἀρχέλαον ἀναιρεῖ καὶ τὴν
10 θυγατέρα, χρόνον δ᾽ οὐ πολὺν τῇ βασιλείᾳ προσθεὶς
τελευτᾷ νόσῳ, καταλιπὼν δύο μὲν υἱεῖς, δύο δὲ θυγα-
τέρας, πρεσβυτάτην δὲ Κλεοπάτραν. οἱ μὲν οὖν
Ἀλεξανδρεῖς ἀπέδειξαν βασιλέας τόν τε πρεσβύτερον
τῶν παίδων καὶ τὴν Κλεοπάτραν, οἱ δὲ συνόντες τῷ
15 παιδὶ καταστασιάσαντες ἐξέβαλον τὴν Κλεοπάτραν,
καὶ ἀπῆρε μετὰ τῆς ἀδελφῆς εἰς τὴν Συρίαν. ἐν τούτῳ Πομπήϊος Μάγνος ἧκε φεύγων ἐκ Παλαιφαρσάλου
πρὸς τὸ Πηλούσιον καὶ τὸ Κάσιον ὄρος· τοῦτον μὲν
οὖν δολοφονοῦσιν οἱ μετὰ τοῦ βασιλέως· ἐπελθὼν δὲ
20 Καῖσαρ τόν τε μειρακίσκον διαφθείρει καὶ καθίστησι
τῆς Αἰγύπτου βασίλισσαν τὴν Κλεοπάτραν, μεταπεμ-
ψάμενος· ἐκ τῆς φυγῆς· συμβασιλεύειν δ᾽ ἀπέδειξε τὸν
λοιπὸν ἀδελφὸν αὐτῇ, νέον παντελῶς ὄντα. μετὰ δὲ
τὴν Καίσαρος τελευτὴν καὶ τὰ ἐν Φιλίπποις διαβὰς
25 Ἀντώνιος εἰς τὴν Ἀσίαν ἐξετίμησεν ἐπὶ πλέον τὴν
Κλεοπάτραν, ὥστε καὶ γυναῖκα ἔκρινε καὶ ἐτεκνοποιή-
σατο ἐξ αὐτῆς, τόν τε Ἀκτιακὸν πόλεμον συνήρατο
ἐκείνῃ καὶ συνέφυγε· καὶ μετὰ ταῦτα ἐπακολουθήσας
ὁ Σεβαστὸς Καῖσαρ ἀμφοτέρους κατέλυσε καὶ τὴν Αἴ-
30 γυπτον ἔπαυσε παροινουμένην.

12. Ἐπαρχία δὲ νῦν ἐστι, φόρους μὲν τελοῦσα ἀξιολόγους, ὑπὸ σωφρόνων δὲ ἀνδρῶν διοικουμένη τῶν πεμ-
πομένων ἐπάρχων ἀεί. ὁ μὲν οὖν πεμφθεὶς τὴν τοῦ βασιλέως ἔχει τάξιν· ὑπ᾽ αὐτῷ δ᾽ ἐστὶν ὁ δικαιοδότης, ὁ τῶν
35 πολλῶν κρίσεων κύριος· ἄλλος δ᾽ ἐστὶν ὁ προσαγορευόμενος
ἰδιόλογος, ὃς τῶν ἀδεσπότων καὶ τῶν εἰς Καίσαρα πίπτειν
ὀφειλόντων ἐξεταστής ἐστι· παρέπονται δὲ τούτοις ἀπε-
λεύθεροι Καίσαρος καὶ οἰκονόμοι, μείζω καὶ ἐλάττω
πεπιστευμένοι πράγματα. ἔστι δὲ καὶ στρατιωτικοῦ
40 τρία τάγματα, ὧν τὸ ἓν κατὰ τὴν πόλιν ἵδρυται, τἆλλα
δ᾽ ἐν τῇ χώρᾳ· χωρὶς δὲ τούτων ἐννέα μέν εἰσι σπεῖραι
Ῥωμαίων, τρεῖς μὲν ἐν τῇ πόλει, τρεῖς δ᾽ ἐπὶ τῶν ὅρων
τῆς Αἰθιοπίας ἐν Συήνῃ, φρουρὰ τοῖς τόποις, τρεῖς δὲ
κατὰ τὴν ἄλλην χώραν. εἰσὶ δὲ καὶ ἱππαρχίαι τρεῖς
45 ὁμοίως διατεταγμέναι κατὰ τοὺς ἐπικαιρίους τόπους.
τῶν δ᾽ ἐπιχωρίων ἀρχόντων κατὰ πόλιν μὲν ὅ τε ἐξηγη-
τής ἐστι, πορφύραν ἀμπεχόμενος καὶ ἔχων πατρίους
τιμὰς καὶ ἐπιμέλειαν τῶν τῇ πόλει χρησίμων, καὶ
ὁ ὑπομνηματογράφος καὶ [ὁ] ἀρχιδικαστής, τέταρτον
50 δὲ ὁ νυκτερινὸς στρατηγός. ἦσαν μὲν οὖν καὶ ἐπὶ τῶν
βασιλέων αὗται αἱ ἀρχαί, κακῶς δὲ πολιτευομένων
τῶν βασιλέων ἠφανίζετο καὶ ἡ τῆς πόλεως εὐκαιρία διὰ
τὴν ἀνομίαν. ὁ γοῦν Πολύβιος γεγονὼς ἐν τῇ πόλει
βδελύττεται τὴν τότε κατάστασιν, καί φησι τρία γένη

militaturus, eo nesciente per amicos quosdam ad reginam
deductus, rex declaratus est. Sub idem tempus Auletam
Romam profectum Pompejus Magnus suscipit, et senatui
commendat, atque effecit ut in regnum reduceretur, ne-
carentur autem legati, qui supra centum contra regem
venerant, e quibus fuit Dio Academicus, princeps legationis. Ptolemæus itaque a Gabinio reductus, Archelaum
ac filiam interemit. Sed non multo post morbo absum-
ptus est, relictis duobus filiis et totidem filiabus, quarum
grandior erat Cleopatra. Alexandrini filium natu grandiorem et Cleopatram regno præfecerunt, sed pueri familiares, mota seditione, Cleopatram ejecerunt, quæ cum
sorore in Syriam secessit. Interea Pompejus Magnus ex
Palæopharsalo fugiens ad Casium montem ac Pelusium
venit, ibique a regis familiaribus per fraudem interfectus
est. Cæsar vero quum supervenisset, adolescentulum interemit, et Cleopatram ab exilio revocatam Ægypti reginam
constituit, atque ei in regni partem reliquum fratrem addit,
admodum puerum. Post Cæsaris mortem et res ad
Philippos gestas Antonius in Asiam profectus, Cleopatram
summis honoribus complexus est, adeo ut etiam acciperet in
uxorem, et filios ex ea susciperet; cum ea etiam in Actiaco
bello una fuit unaque fugit; deinde persequens Cæsar
Augustus utrumque delevit, Ægyptumque a contumeliis
ebriosorum dominorum liberavit.

12. Nunc provincia est, et tributa quidem maxima pen-
dit, sed ab hominibus modestis, qui præfecti eo mitti solent, administratur. Qui mittitur, regis loco est. Ei subest dicæodotes, *id est, juri dicendo præfectus*, qui judi-
cia exercendi pleraque potestatem habet; alius est idiologus
dictus, nimirum qui peculiares rationes curat; is inquirit,
si quæ bona domino careant et ad Cæsarem recidere debeant. Hos comitantur Cæsaris liberti et administratores,
quibus majora et minora negotia committuntur. Sunt
etiam tria militum agmina, quorum unum in urbe, reliqua
in agro versantur; præter hæc novem cohortes Romanorum, tres in urbe, tres in finibus Æthiopiæ præsidio circa
Syenen collocatæ, et reliquæ tres in cetera regione. Sunt
etiam tres equitum turmæ per loca opportuna eodem modo
dispositæ. Ex indigenis magistratibus in urbe est exegetes
sive interpres, qui purpuram gestat, et patrios honores
habet, et ea curat, quæ urbi sunt necessaria, tum scriba
publicus et judicum præfectus; quartus est prætor nocturnus. Hi magistratus etiam tempore regum erant; sed
quum reges male viverent, horum vitio et injustitia etiam
bonus urbis status corrumpebatur. Certe Polybius, quum
in ea urbe fuisset, eum statum, qui tum erat, detestatur.

τὴν πόλιν οἰκεῖν, τό τε Αἰγύπτιον καὶ ἐπιχώριον φῦλον,
ὀξὺ καὶ † πολιτικόν, καὶ τὸ μισθοφορικόν, βαρὺ καὶ
πολὺ καὶ ἀνάγωγον· ἐξ ἔθους γὰρ παλαιοῦ ξένους ἔτρε-
φον τοὺς τὰ ὅπλα ἔχοντας, ἄρχειν μᾶλλον ἢ ἄρχεσθαι
5 δεδιδαγμένους διὰ τὴν τῶν βασιλέων οὐδένειαν· τρίτον
δ' ἦν γένος τὸ τῶν Ἀλεξανδρέων, οὐδ' αὐτὸ εὐκρινῶς
πολιτικὸν διὰ τὰς αὐτὰς αἰτίας, κρεῖττον δ' ἐκείνων
ὅμως· καὶ γὰρ εἰ μιγάδες, Ἕλληνες ὅμως ἀνέκαθεν
ἦσαν καὶ ἐμέμνηντο τοῦ κοινοῦ τῶν Ἑλλήνων ἔθους·
10 ἠφανισμένου δὲ καὶ τούτου τοῦ πλήθους, μάλιστα ὑπὸ
τοῦ Εὐεργέτου τοῦ Φύσκωνος, καθ' ὃν ἦκεν εἰς τὴν
Ἀλεξάνδρειαν ὁ Πολύβιος (καταστασιαζόμενος γὰρ
ὁ Φύσκων πλεονάκις τοῖς στρατιώταις ἐφίει τὰ πλήθη
καὶ διέφθειρε), τοιούτων δή, φησίν, ὄντων τῶν ἐν τῇ
15 πόλει, λοιπὸν ἦν τῷ ὄντι τὸ τοῦ ποιητοῦ·

Αἰγυπτόνδ' ἰέναι δολιχὴν ὁδὸν ἀργαλέην τε.

13. Τοιαῦτα δ' ἦν, εἰ μὴ χείρω, καὶ τὰ τῶν ὕστερον
βασιλέων. Ῥωμαῖοι δ' εἰς δύναμιν, ὡς εἰπεῖν, ἐπη-
νώρθωσαν τὰ πολλά, τὴν μὲν πόλιν διατάξαντες, ὡς
20 εἶπον, κατὰ δὲ τὴν χώραν ἐπιστρατήγους τινὰς καὶ
νομάρχας καὶ ἐθνάρχας καλουμένους ἀποδείξαντες,
πραγμάτων οὐ μεγάλων ἐπιστατεῖν ἠξιωμένους. τῆς
δ' εὐκαιρίας τῆς κατὰ τὴν πόλιν τὸ μέγιστόν ἐστιν, ὅτι
τῆς Αἰγύπτου πάσης μόνος ἐστὶν οὗτος ὁ τόπος πρὸς
25 ἄμφω πεφυκὼς εὖ, τά τε ἐκ θαλάττης διὰ τὸ εὐλίμε-
νον, καὶ τὰ ἐκ τῆς χώρας, ὅτι πάντα εὐμαρῶς ὁ ποταμὸς πορθμεύει συνάγει τε εἰς τοιοῦτον χωρίον, ὅπερ
μέγιστον ἐμπόριον τῆς οἰκουμένης ἐστί. τῆς μὲν οὖν
πόλεως ταύτας ἄν τις λέγοι τὰς ἀρετάς· τῆς Αἰγύπτου
30 δὲ τὰς προσόδους (ἃς) ἔν τινι λόγῳ Κικέρων φρά-
ζει, φήσας κατ' ἐνιαυτὸν τῷ τῆς Κλεοπάτρας πατρὶ
τῷ Αὐλητῇ προσφέρεσθαι φόρον ταλάντων μυρίων
δισχιλίων πεντακοσίων. ὅπου οὖν ὁ κάκιστα καὶ ῥα-
θυμότατα τὴν βασιλείαν διοικῶν τοσαῦτα προσωδεύετο,
35 τί χρὴ νομίσαι τὰ νῦν, διὰ τοσαύτης ἐπιμελείας οἰκονο-
μούμενα καὶ τῶν Ἰνδικῶν ἐμπορίων καὶ τῶν Τρωγλο-
δυτικῶν ἐπηυξημένων ἐπὶ τοσοῦτον; πρότερον μέν γε
οὐδ' εἴκοσι πλοῖα ἐθάρρει τὸν Ἀράβιον κόλπον διαπερᾶν,
ὥστε ἔξω τῶν στενῶν ὑπερκύπτειν, νῦν δὲ καὶ στόλοι
40 μεγάλοι στέλλονται μέχρι τῆς Ἰνδικῆς καὶ τῶν ἄκρων
τῶν Αἰθιοπικῶν, ἐξ ὧν ὁ πολυτιμότατος κομίζεται φόρτος εἰς τὴν Αἴγυπτον, κἀντεῦθεν πάλιν εἰς τοὺς ἄλλους
ἐκπέμπεται τόπους· ὥστε τὰ τέλη διπλάσια συνάγεται,
τὰ μὲν εἰσαγωγικά, τὰ δὲ ἐξαγωγικά· τῶν δὲ βαρυτί-
45 μων βαρέα καὶ τὰ τέλη. καὶ γὰρ δὴ καὶ μονοπωλίας
ἔχει· μόνη γὰρ ἡ Ἀλεξάνδρεια τῶν τοιούτων ὡς ἐπὶ τὸ
πολὺ καὶ ὑποδοχεῖόν ἐστι καὶ χορηγεῖ τοῖς ἐκτός. ἔτι
δὲ μᾶλλον κατιδεῖν ἐστι τὴν εὐφυΐαν ταύτην περιο-
δεύοντι τὴν χώραν, καὶ πρῶτον τὴν παραλίαν ἀρξαμέ-
50 νην ἀπὸ τοῦ Καταβαθμοῦ· μέχρι δεῦρο γάρ ἐστιν
ἡ Αἴγυπτος, ἡ δ' ἑξῆς ἐστι Κυρηναία καὶ οἱ περιοικοῦντες βάρβαροι Μαρμαρίδαι.

14. Ἀπὸ μὲν οὖν Καταβαθμοῦ εἰς Παραιτόνιον εὐ-

Narrat autem, tria hominum genera urbem habitare :
Ægyptios et indigenam nationem acrem atque incivilem
(ἀπολ.), et mercenarios milites multos ac refractarios;
nam ex antiqua consuetudine peregrinos milites alebant,
qui propter regum vilitatem potius imperare quam servire
didicerant; tertium vero genus erat Alexandrinorum, ne
ipsum quidem valde civile propter easdem causas, melius
tamen quam illi. Nam etsi convenæ, a Græcis tamen
oriundi, et communis Græcorum consuetudinis non erant
plane immemores. Sed hæc quoque multitudo periit,
maxime sub Evergeta Physcone, quo regnante Polybius
Alexandriam venit; nam Physco quum seditionibus divexa-
retur, sæpenumero plebem militibus objecit atque interfecit. Hoc igitur urbis statu, inquit Polybius, restabat revera poetæ illud (Od. 4, 483)

Longum iter exantlatur in Ægyptum atque molestum.

13. Similis etiam erat, si non pejor, posteriorum regum
ratio. Romanos autem plurima dicere licet pro viribus
emendasse, urbe (ut dictum est) composita, et quibusdam
pro imperatoribus et nomarchis et ethnarchis per regionem
constitutis, quibus tamen haud magna negotia permitte-
bantur. Urbis opportunitas hinc potissimum est, quod
hic solus Ægypti locus ad utraque idoneus est, et ad res
maritimas, propter portus commoditatem, et ad terrestres,
quia omnia facile in hunc locum flumine deferuntur, ubi
maximum totius orbis emporium est. Atque urbis quidem
virtutes hæ sunt. Ægypti reditus Cicero in quadam
oratione (*nunc deperdita*) indicans, Auletæ, patri Cleopatræ, ait quotannis duodecim millium et quingentorum
talentorum tributum pendi consuevisse. Ubi vero is, qui
pessime ac segnissime regnum administrabat, tantum in
reditibus habuit, quid censendum est de præsentibus, quæ
tanta diligentia a Romanis administrantur, Indicis etiam
Troglodyticisque negotiationibus in tantum auctis? Superiore sane tempore ne viginti quidem navigia in Arabicum
sinum transire audebant, ut extra fauces proræ prospice-
rent; nunc vero vel magnæ classes usque in Indiam et
extrema Æthiopiæ transmittunt, unde pretiosissimæ merces in Ægyptum advehuntur, ac rursum in alia exportantur loca ex Ægypto, ut duplicia hinc vectigalia exigantur,
altera rerum quæ importantur, altera earum quæ exportantur; ceterum pretiosarum mercium gravia sunt itidem
vectigalia. Præterea urbs etiam monopolia habet; nam sola
Alexandria tales merces maxima ex parte et recipit et foras
emittit. Quæ commoditas loci plenius potest conspici, si
quis regionem peragret, ac primo maritimam oram a
Catabathmo incipiens; nam eousque Ægyptus pertinet;
deinceps est Cyrenaica et barbari circumhabitantes Marmaridæ.

14. A Catabathmo Parætonium usque recta navigatione

θυπλοοῦντι σταδίων ἐστὶν ἐννακοσίων ὁ δρόμος· πόλις
δ' ἐστὶ καὶ λιμὴν μέγας τετταράκοντά που σταδίων·
καλοῦσι δ' οἱ μὲν Παραιτόνιον τὴν πόλιν, οἱ δ' Ἀμμω-
νίαν. μεταξὺ δὲ ἥ τε Αἰγυπτίων κώμη καὶ ἡ Αἰνη-
5 σίσφυρα ἄκρα, καὶ Τυνδάρειοι σκόπελοι, νησίδια τέτταρα ἔχοντα λιμένα· εἶθ' ἑξῆς ἄκρα Δρέπανον καὶ
νῆσος Αἰνησίππεια ἔχουσα λιμένα καὶ κώμη Ἆπις,
ἀφ' ἧς εἰς μὲν Παραιτόνιον στάδιοι ἑκατόν, εἰς δὲ
Ἄμμωνος ὁδὸς ἡμερῶν πέντε· ἀπὸ δὲ τοῦ Παραιτονίου
10 [εἰς Ἀλεξάνδρειαν] χίλιοί που καὶ τριακόσιοι στάδιοι.
μεταξὺ δὲ πρῶτον μὲν ἄκρα λευκόγειος, Λευκὴ ἀκτὴ
καλουμένη· ἔπειτα Φοινικοῦς λιμὴν καὶ Πνιγεὺς κώμη·
εἶτα νῆσος Πηδωνία λιμένα ἔχουσα· εἶτ' Ἀντίφραι
μικρὸν ἀπωτέρω τῆς θαλάττης. ἅπασα μὲν ἡ χώρα
15 αὕτη οὐκ εὔοινος, πλείω δεχομένου τοῦ κεράμου θάλατταν ἢ οἶνον, ὃν δὴ καλοῦσι Λιβυκόν, ᾧ δὴ καὶ τῷ ζύθῳ
τὸ πολὺ φῦλον χρῆται τῶν Ἀλεξανδρέων· σκώπτονται
δὲ μάλιστα αἱ Ἀντίφραι· εἶθ' ὁ Δέρρις λιμήν, καλούμενος οὕτως διὰ τὴν πλησίον πέτραν μέλαιναν δέρ-
20 ρει ἐοικυῖαν· ὀνομάζουσι δὲ καὶ Ζεφύριον τὸν πλησίον τόπον· εἶτ' ἄλλος λιμὴν Λεύκασπις καὶ ἄλλοι πλεί-
ους· εἶτα Κυνὸς σῆμα· εἶτα Ταπόσειρις οὐκ ἐπὶ θαλάττῃ,
πανήγυριν δεχομένη μεγάλην· καὶ ἄλλη δ' ἐστὶ Ταπόσειρις ἐπέκεινα τῆς πόλεως ἱκανῶς· αὐτῆς δὲ πλησίον
25 πετρῶδες ἐπὶ τῇ θαλάττῃ χωρίον, καὶ αὐτὸ δεχόμενον
πολλοὺς τοὺς κωμάζοντας ἅπασαν ὥραν ἔτους· εἶθ'
ἡ Πλινθίνη καὶ Νικίου κώμη καὶ Χερρόνησος φρούριον,
πλησίον ἤδη τῆς Ἀλεξανδρείας καὶ τῆς Νεκροπόλεως
ἐν ἑβδομήκοντα σταδίοις. ἡ δὲ Μαρεία λίμνη παρα-
30 τείνουσα μέχρι καὶ δεῦρο πλάτος μὲν ἔχει πλειόνων
ἢ πεντήκοντα καὶ ἑκατὸν σταδίων, μῆκος δ' ἐλαττόνων
ἢ τριακοσίων. ἔχει δ' ὀκτὼ νήσους καὶ τὰ κύκλῳ
πάντ' οἰκούμενα καλῶς· εὐοινία τέ ἐστι περὶ τοὺς τόπους, ὥστε καὶ διαχεῖσθαι πρὸς παλαίωσιν τὸν Μαρεώ-
35 την οἶνον.

15. Φύεται δ' ἐν τοῖς Αἰγυπτιακοῖς ἕλεσι καὶ ταῖς
λίμναις ἥ τε βύβλος καὶ ὁ Αἰγύπτιος κύαμος, ἐξ οὗ τὸ
κιβώριον, σχεδόν τι ἰσοΰψεις ῥάβδοι ὅσον δεκάποδες.
ἀλλ' ἡ μὲν βύβλος ψιλὴ ῥάβδος ἐστὶν ἐπ' ἄκρῳ χαίτην
40 ἔχουσα, ὁ δὲ κύαμος κατὰ πολλὰ μέρη φύλλα καὶ
ἄνθη ἐκφέρει καὶ καρπὸν ὅμοιον τῷ παρ' ἡμῖν κυάμῳ,
μεγέθει μόνον καὶ γεύσει διαλλάττοντα. οἱ οὖν κυα-
μῶνες ἡδεῖαν ὄψιν παρέχουσι καὶ τέρψιν τοῖς ἐνευω-
χεῖσθαι βουλομένοις· εὐωχοῦνται δ' ἐν σκάφαις θαλαμη-
45 γοῖς, ἐνδύοντες εἰς τὸ πύκνωμα τῶν κυάμων καὶ
σκιαζόμενοι τοῖς φύλλοις· ἔστι γὰρ σφόδρα μεγάλα,
ὥστε καὶ ἀντὶ ποτηρίων καὶ τρυβλίων χρῆσθαι· ἔχει
γάρ τινα καὶ κοιλότητα ἐπιτηδείαν πρὸς τοῦτο· καὶ δὴ
καὶ ἡ Ἀλεξάνδρεια μεστὴ τούτων ἐστὶ κατὰ τὰ ἐργα-
50 στήρια, ὡς σκεύεσι χρωμένων· καὶ οἱ ἀγροὶ μίαν τινὰ
τῶν προσόδων καὶ ταύτην ἔχουσι τὴν ἀπὸ τῶν φύλλων.
ὁ μὲν δὴ κύαμος τοιοῦτος· ἡ δὲ βύβλος ἐνταῦθα μὲν οὐ
πολλὴ φύεται (οὐ γὰρ ἀσκεῖται), ἐν δὲ τοῖς κάτω μέρεσι
τοῦ Δέλτα πολλή, ἡ μὲν χείρων, ἡ δὲ βελτίων, ἡ ἱερα-

est cursus stadiorum nongentorum. Parætonium civitas est, et portus magnus quadraginta fere stadiorum. Hanc urbem alii Parætonium, alii Ammoniam vocant. In intermedio spatio est Ægyptiorum pagus et Ænesisphyra (Νησισφύρα *codd.*) promontorium et Tyndarii scopuli, qui sunt quattuor parvæ insulæ portum habentes. Sequitur Drepanum promontorium et insula Ænesippia cum portu et pagus Apis, a quo Parætonium usque sunt stadia centum, ad Ammonis autem templum quinque dierum iter; a Parætonio Alexandriam circiter mille et trecenta stadia. Inter hæc primo est albi soli promontorium, quod Alba acta nominatur; hinc Phœnicus portus et Pnigeus pagus; deinde Pedonia (Σιδωνία *codd.*) insula cum portu; sequuntur Antiphræ paullo longius a mari. Tota hæc regio nequaquam vini ferax est, testa plus maris quam vini recipiente, quod Libycum (Bycium, Βύκιον?) appellant; hoc et zytho Alexandrina plebs ut plurimum uti solet; maxime autem Antiphræ dicteriis impetuntur. Deinde est portus Derris appellatus, propter petram quandam proximam, nigram colore et pelli persimilem. Vocatur etiam Zephyrium locus quidam propinquus. Postea est alius portus nomine Leucaspis et alii complures; hinc Cynossema et post id Taposiris, non tamen ad mare, quo in loco magnus conventus frequentatur; alia Taposiris satis longe ultra urbem sita est; prope eam locus quidam est saxosus ad mare, ubi omni anni tempore frequentes sunt comessantium conventus. Sequitur Plinthina et Niciæ pagus et Cherronesus castellum propinquum jam Alexandriæ et Necropoli, unde distat stadia septuaginta. Lacus autem Maria, qui huc usque pertendit, latitudinem habet supra centum quinquaginta stadiorum, longitudinem intra trecenta. Habet insulas octo, et loca circumsita omnia bene habitata. In his locis maxima vini copia est, adeo ut etiam Mareoticum vinum diffundatur et in longum tempus servetur.

15. In Ægypti lacubus ac paludibus byblus nascitur, et Ægyptiaca faba, ex qua pocula fiunt, quæ ciboria dicunt. Utriusque plantæ virgæ altitudine fere æquales, ad decem pedes altæ sunt. Byblus nuda virga est, lanuginem quandam in vertice habens. Faba in multis partibus et folia et flores emittit, et fructum fabæ nostræ persimilem, magnitudine solum et gustu differentem. Itaque fabeta jucundum quendam aspectum ac delectationem præbent convivia in iis agitantibus; agitare vero solent in scaphis thalamiferis densissima fabeta subeuntes et eorum foliis obumbrati: quæ adeo magna sunt, ut poculorum et catinorum usum præbeant, (habent enim etiam concavitatem quandam ad id idoneam); unde Alexandrinæ officinæ iis plenæ sunt, et pro vasis utuntur. Agri ex his foliis quoque reditum aliquem habent. Ac faba quidem talis; byblus vero hoc quidem in loco non multa nascitur (non enim excolitur), in inferioribus autem ipsius Delta partibus permulta est, alia deterior, alia melior, sacerdotalis scilicet.

τική· κάνταῦθα δέ τινες τῶν τὰς προσόδους ἐπεκτείνειν βουλομένων μετήνεγκαν τὴν Ἰουδαϊκὴν ἐντρέχειαν, ἣν ἐκεῖνοι παρεῦρον ἐπὶ τοῦ φοίνικος, καὶ μάλιστα τοῦ καρυωτοῦ, καὶ τοῦ βαλσάμου· οὐ γὰρ ἔωσι πολλαχοῦ φύεσθαι, τῇ δὲ σπάνει τιμὴν ἐπιτιθέντες τὴν πρόσοδον οὕτως αὔξουσι, τὴν δὲ κοινὴν χρείαν διαλυμαίνονται.

16. Ἐν δεξιᾷ δὲ τῆς Κανωβικῆς πύλης ἐξιόντι ἡ διῶρύξ ἐστιν ἡ ἐπὶ Κάνωβον συνάπτουσα τῇ λίμνῃ· ταύτῃ δὲ καὶ ἐπὶ Σχεδίαν ὁ πλοῦς ἐπὶ τὸν μέγαν ποταμὸν καὶ ἐπὶ τὸν Κάνωβον, πρῶτον δὲ ἐπὶ τὴν Ἐλευσῖνα· ἔστι δ' αὕτη κατοικία πλησίον τῆς τε Ἀλεξανδρείας καὶ τῆς Νικοπόλεως ἐπ' αὐτῇ τῇ Κανωβικῇ διώρυγι κειμένη, διαίτας ἔχουσα καὶ ἀπόψεις τοῖς καπυρίζειν βουλομένοις καὶ ἀνδράσι καὶ γυναιξίν, ἀρχή τις Κανωβισμοῦ καὶ τῆς ἐκεῖ λαμυρίας. ἀπὸ δὲ τῆς Ἐλευσῖνος προελθοῦσι μικρὸν ἐν δεξιᾷ ἐστιν ἡ διῶρυξ ἀνάγουσα ἐπὶ τὴν Σχεδίαν· διέχει δὲ τετράσχοινον τῆς Ἀλεξανδρείας ἡ Σχεδία, κατοικία πόλεως, ἐν ᾗ τὸ ναύσταθμον τῶν θαλαμηγῶν πλοίων, ἐφ' οἷς οἱ ἡγεμόνες εἰς τὴν ἄνω χώραν ἀναπλέουσιν· ἐνταῦθα δὲ καὶ τὸ τελώνιον τῶν ἄνωθεν καταγομένων καὶ ἀναγομένων· οὗ χάριν καὶ σχεδία ἔζευκται ἐπὶ τῷ ποταμῷ, ἀφ' ἧς καὶ τοὔνομα τῷ τόπῳ. μετὰ δὲ τὴν διώρυγα τὴν ἐπὶ Σχεδίαν ἄγουσαν ὁ ἑξῆς ἐπὶ τὸν Κάνωβον πλοῦς ἐστι παράλληλος τῇ παραλίᾳ τῇ ἀπὸ Φάρου μέχρι τοῦ Κανωβικοῦ στόματος· στενὴ γάρ τις ταινία μεταξὺ διήκει τοῦ τε πελάγους καὶ τῆς διώρυγος, ἐν ᾗ ἔστιν ἥ τε μικρὰ Ταπόσειρις μετὰ τὴν Νικόπολιν καὶ τὸ Ζεφύριον, ἄκρα ναΐσκον ἔχουσα Ἀρσινόης Ἀφροδίτης· τὸ δὲ παλαιὸν καὶ Θῶνίν τινα πόλιν ἐνταῦθά φασιν, ἐπώνυμον τοῦ βασιλέως τοῦ δεξαμένου Μενέλαόν τε καὶ Ἑλένην ξενίᾳ. περὶ οὖν τῶν τῆς Ἑλένης φαρμάκων φησὶν οὕτως ὁ ποιητής·

ἐσθλά, τά οἱ Πολύδαμνα πόρεν Θῶνος παράκοιτις.

17. Κάνωβος δ' ἐστὶ πόλις ἐν εἴκοσι καὶ ἑκατὸν σταδίοις ἀπὸ Ἀλεξανδρείας πεζῇ ἰοῦσιν, ἐπώνυμος Κανώβου τοῦ Μενελάου κυβερνήτου, ἀποθανόντος αὐτόθι, ἔχουσα τὸ τοῦ Σαράπιδος ἱερὸν πολλῇ ἁγιστείᾳ τιμώμενον καὶ θεραπείας ἐκφέρον, ὥστε καὶ τοὺς ἐλλογιμωτάτους ἄνδρας πιστεύειν καὶ ἐγκοιμᾶσθαι αὐτοὺς ὑπὲρ ἑαυτῶν ἢ ἑτέρους. συγγράφουσι δέ τινες καὶ τὰς θεραπείας, ἄλλοι δὲ ἀρετὰς τῶν ἐνταῦθα λογίων. ἀντὶ πάντων δ' ἐστὶν ὁ τῶν πανηγυριστῶν ὄχλος τῶν ἐκ τῆς Ἀλεξανδρείας κατιόντων τῇ διώρυγι· πᾶσα γὰρ ἡμέρα καὶ πᾶσα νὺξ πληθύει τῶν [μὲν] ἐν τοῖς πλοιαρίοις καταυλουμένων καὶ κατορχουμένων ἀνέδην μετὰ τῆς ἐσχάτης ἀκολασίας, καὶ ἀνδρῶν καὶ γυναικῶν, τῶν δ' ἐν αὐτῷ τῷ Κανώβῳ καταγωγὰς ἐχόντων, ἐπικειμένας τῇ διώρυγι εὐφυεῖς πρὸς τὴν τοιαύτην ἄνεσιν καὶ εὐωχίαν.

18. Μετὰ δὲ τὸν Κάνωβόν ἐστι τὸ Ἡράκλειον (τὸ) Ἡρακλέους ἔχον ἱερόν· εἶτα τὸ Κανωβικὸν στόμα ἡ ἀρχὴ τοῦ Δέλτα. τὰ δ' ἐν δεξιᾷ τῆς Κανωβικῆς

Nonnulli, ut reditus augerent, Judaicam versutiam huc quoque adhibuerunt, quam illi in palma, caryotica præsertim, atque in balsamo excogitaverant; non enim permittunt multis in locis nasci; quo fit ut raritati pretium imponentes, reditum quidem augeant, communi vero usui damnum afferant.

16. E Canobica porta exeunti ad dextram est fossa, quæ lacui jungitur et Canobum fert. Per eam tum ad Schediam (sive Ratem) ad magnum fluvium, tum Canobum navigatur, prius tamen Eleusinem, qui pagus est Alexandriæ et Nicopoli proximus, ad ipsam Canobicam fossam situs; conclavia habet et prospectus in usum virorum mulierumque qui gulæ ventrique indulgere volunt, initium quoddam Canobicæ vitæ et protervitatis. Paululum ab Eleusine progresso ad dextram est fossa, quæ Schediam deducit. Schedia quattuor schœnis distat ab Alexandria; pagus urbi similis est, in quo navale est thalamiferorum navigiorum, quibus principes in superiorem navigant regionem. Ibi etiam earum rerum vectigal exigitur, quæ a superiore regione importantur et eo exportantur; cujus gratia et rati fluvius junctus, et ab ea loco nomen inditum est. Post fossam, quæ Schediam ducit, sequens navigatio ad Canobum est parallela oræ maritimæ, quæ est a Pharo usque ad Canobicum ostium. Angusta enim quædam fascia inter pelagus et fossam extenditur, in qua est parva Taposiris post Nicopolim ac Zephyrium promontorium cum sacello Veneris Arsinoes. Hoc in loco dicunt olim urbem Thonim fuisse, a rege denominatam, qui Menelaum et Helenam hospitio excepit. Sane de medicamentis Helenæ sic poeta inquit (Od. 4,228) :

Optima quæ Polydamna illi Thonis dedit uxor.

17. Canobus urbs centum viginti stadiis distat ab Alexandria terrestri itinere, cognominis Canobi, qui Menelai gubernator fuerat, et ibi mortuus est. Habet Serapidis templum religiosissime cultum, et curationes edens, adeo ut etiam nobilissimi viri ei credant, et pro se vel ipsi vel per alios insomnia ibi captent. Sunt qui curationes conscribant, quidam virtutes ibi editorum oraculorum. Sed ante omnia memorabilis est eorum turba, qui ad festivos conventus per fossam Alexandria descendunt. Nam singulis diebus ac noctibus plenus locus est virorum mulierumque, qui vel in navigiis extrema cum lascivia cantant atque tripudiant, vel in ipso Canobo diversoria habent fossæ apposita et ad hujusmodi levitatem atque oblectationes idonea.

18. Post Canobum est Heraclium, quod Herculis templum habet; inde est Canobicum ostium et Delta regionis initium. Ad dextram Canobicæ fossæ Menelaiticus nomus

διώρυγος ὁ Μενελαΐτης ἐστὶ νομὸς ἀπὸ τοῦ ἀδελφοῦ τοῦ πρώτου Πτολεμαίου καλούμενος, οὐ μὰ Δία ἀπὸ τοῦ ἥρωος, ὥς ἐνιοί φασιν, ὧν καὶ Ἀρτεμίδωρος. μετὰ δὲ τὸ Κανωβικὸν στόμα ἐστὶ τὸ Βολβίτινον, εἶτα τὸ Σε-
5 βεννυτικὸν καὶ τὸ Φατνιτικόν, τρίτον ὑπάρχον τῷ μεγέθει παρὰ τὰ πρῶτα δύο, οἷς ὥρισται τὸ Δέλτα· καὶ γὰρ οὐ πόρρω τῆς κορυφῆς σχίζεται εἰς τὸ ἐντὸς τοῦ Δέλτα. τῷ δὲ Φατνιτικῷ συνάπτει τὸ Μενδήσιον, εἶτα τὸ Τανιτικὸν καὶ τελευταῖον τὸ Πηλουσιακόν.
10 ἔστι δὲ καὶ ἄλλα τούτων μεταξύ, ὡς ἂν ψευδοστόματα, ἀσημότερα. ἔχει μὲν οὖν εἰσαγωγὰς τὰ στόματα, ἀλλ' οὐκ εὐφυεῖς οὐδὲ μεγάλοις πλοίοις, ἀλλ' ὑπηρετικοῖς διὰ τὸ βραχέα εἶναι καὶ ἑλώδη. μάλιστα μέντοι τῷ Κανωβικῷ στόματι ἐχρῶντο ὡς ἐμπορίῳ, τῶν κατ'
15 Ἀλεξάνδρειαν λιμένων ἀποκεκλειμένων, ὡς προείπομεν. Μετὰ δὲ τὸ Βολβίτινον στόμα ἐπὶ πλέον ἔκκειται ταπεινὴ καὶ ἀμμώδης ἄκρα· καλεῖται δὲ Ἀγνοῦ κέρας· εἶθ' ἡ Περσέως σκοπὴ καὶ τὸ Μιλησίων τεῖχος· πλεύσαντες γὰρ ἐπὶ Ψαμμιτίχου τριάκοντα ναυσὶ Μι-
20 λήσιοι (κατὰ Κυαξάρην δ' οὗτος ἦν τὸν Μῆδον) κατέσχον εἰς τὸ στόμα τὸ Βολβίτινον, εἶτ' ἐκβάντες ἐτείχισαν τὸ λεχθὲν κτίσμα· χρόνῳ δ' ἀναπλεύσαντες εἰς τὸν Σαϊτικὸν νομὸν καταναυμαχήσαντες Ἰνάρων πόλιν ἔκτισαν Ναύκρατιν οὐ πολὺ τῆς Σχεδίας ὕπερθεν.
25 μετὰ δὲ τὸ τῶν Μιλησίων τεῖχος ἐπὶ τὸ Σεβεννυτικὸν προϊόντι στόμα λίμναι εἰσίν, ὧν ἡ ἑτέρα Βουτικὴ καλεῖται ἀπὸ Βούτου πόλεως, καὶ ἡ Σεβεννυτικὴ δὲ πόλις καὶ ἡ Σάις, μητρόπολις τῆς κάτω χώρας, ἐν ᾗ τιμῶσι τὴν Ἀθηνᾶν· ἐν δὲ τῷ ἱερῷ αὐτῆς ἡ θήκη κεῖται τοῦ
30 Ψαμμιτίχου· περὶ δὲ τὴν Βοῦτον καὶ Ἑρμοῦ πόλις ἐν νήσῳ κειμένη· ἐν δὲ τῇ Βούτῳ Λητοῦς ἐστι μαντεῖον.

19. Ἐν δὲ τῇ μεσογείῳ τῇ ὑπὲρ τοῦ Σεβεννυτικοῦ καὶ Φατνιτικοῦ στόματος Ξόις ἐστὶ καὶ νῆσος καὶ πόλις ἐν τῷ Σεβεννυτικῷ νομῷ. ἔστι δὲ καὶ Ἑρμοῦ πόλις
35 καὶ Λύκου πόλις καὶ Μένδης, ὅπου τὸν Πᾶνα τιμῶσι καὶ τῶν ζῴων τράγον· ὡς δὲ Πίνδαρός φησιν, οἱ τράγοι ἐνταῦθα γυναιξὶ μίγνυνται. πλησίον δὲ Μένδητος καὶ Διὸς πόλις καὶ αἱ περὶ αὐτὴν λίμναι καὶ Λεοντόπολις· εἶτ' ἀπωτέρω ἡ Βούσιρις πόλις ἐν τῷ Βουσιρίτῃ νομῷ
40 καὶ Κυνὸς πόλις. φησὶ δ' Ἐρατοσθένης κοινὸν μὲν εἶναι τοῖς βαρβάροις πᾶσιν ἔθος τὴν ξενηλασίαν, τοὺς δ' Αἰγυπτίους ἐλέγχεσθαι διὰ τῶν περὶ τὸν Βούσιριν μεμυθευμένων ἐν τῷ Βουσιρίτῃ νομῷ, διαβάλλειν τὴν ἀξενίαν βουλομένων τοῦ τόπου τούτου τῶν ὕστερον, οὐ
45 βασιλέως, μὰ Δία, οὐδὲ τυράννου γενομένου τινὸς (τοῦ) Βουσίριδος· προσεπιφημισθῆναι δὲ καὶ τὸ

Αἰγυπτόνδ' ἰέναι δολιχὴν ὁδὸν ἀργαλέην τε,

προσλαμβάνοντος πρὸς τοῦτο πάμπολυ καὶ τοῦ ἀλιμέ-
50 νου καὶ τοῦ μηδὲ τὸν ὄντα λιμένα ἀνεῖσθαι τὸν πρὸς τῇ Φάρῳ, φρουρεῖσθαι δ' ὑπὸ βουκόλων λῃστῶν ἐπιτιθεμένων τοῖς προσορμιζομένοις· Καρχηδονίους δὲ καταποντοῦν, εἴ τις τῶν ξένων εἰς Σαρδὼ παραπλεύσειεν ἢ ἐπὶ Στήλας· διὰ δὲ ταῦτ' ἀπιστεῖσθαι τὰ πολλὰ τῶν

est, a fratre primi Ptolemæi appellata, et non mehercule ab heroe, ut quidam volunt, e quibus est Artemidorus. Post Canobicum ostium est Bolbitinum, hinc Sebennitic um et Phatniticum (Phatnicum *codd.*), quod magnitudine tertium est præter prima duo, quibus Delta terminatur; nam haud procul a vertice scinditur versus Delta partem interiorem; Phatnitico vero succedit Mendesium, huic Taniticum, ultimum est Pelusiacum. Sunt inter hæc alia quædam ignobiliora et quasi falsa ostia; habent enim ingressus, non tamen aptos magnis navigiis, sed scaphis, propterea quod brevia ac paludes loca ea obtinent. Præcipue autem Canobico ostio utebantur tanquam emporio, occlusis Alexandriæ portubus, ut ante dictum est. Post Bolbitinum ostium, arenosum quoddam et humile promontorium longe porrigitur, quod Agni cornu appellatur. Postea est Persei specula et Milesiorum murus. Nam Milesii regnante Psammiticho (qui Cyaxaris Medi temporibus vixit) triginta navibus navigantes, Bolbitinum ostium appulerunt, ibique egressi dictum opus construxerunt. Tempore post in Saiticam præfecturam navigantes, Inaro navali prœlio superato, Naucratim urbem non multo supra Schediam condiderunt. Post Milesiorum murum ad Sebennyticum ostium procedenti sunt lacus, quorum alter Buticus a Buto urbe nominatur, et Sebennytica urbs et Sais, inferioris regionis metropolis, in qua Minervam colunt; in templo ejus Psammitichi sepultura est. Circa Butum etiam Hermopolis in insula jacet. Buti est Latonæ oraculum.

19. In mediterranea supra Sebennyticum et Phatniticum ostium est Xois insula et civitas in Sebennytica præfectura. Ibidem est etiam Hermopolis et Lycopolis et Mendes, ubi Pan colitur, et hircus animal, et (ut Pindarus ait) hoc in loco hirci cum mulieribus coeunt. Prope Mendetem est Diospolis et lacus circa eam et Leontopolis; dein ulterius in Busiritica præfectura est Busiris civitas et Cynospolis. Auctor est Eratosthenes communem barbaris omnibus consuetudinem esse, ut hospites pellant; Ægyptios vero accusari propter ea, quæ in fabulis de Busiride et Busiritica præfectura dicta sunt, volentibus posteris loci hujus inhospitalitatem calumniari, quum medius fidius nullus neque rex fuerit Busiris, nec tyrannus. Insuper illud quoque sparsum esse (*Od.* 4, 483) :

Longum iter exantlatur in Ægyptum atque molestum.

Permultum ad hanc opinionem contulisse etiam portuum defectum et quod ne is quidem qui præsto esset ad Pharum portus pateret, sed a bubulcis custodiretur, hominibus latrocinio deditis, qui applicantes eo adorirentur. Carthaginienses vero demergere navem, si quis peregrinorum in Sardiniam vel ad Herculis columnas præternavigaret; indeque fieri ut pleraque quæ de occidentalibus regionibus

ἑσπερίων· καὶ τοὺς Πέρσας δὲ κακῶς ἡγεῖσθαι τοῖς πρέσβεσι τὰς ὁδοὺς κύκλῳ καὶ διὰ δυσκόλων.

20. Συνάπτει δὲ καὶ ὁ Ἀθριβίτης νομὸς καὶ Ἄθριβις πόλις καὶ ἔτι ὁ Προσωπίτης νομός, ἐν ᾧ Ἀφροδίτης πόλις. ὑπὲρ δὲ τὸ Μενδήσιον στόμα καὶ τὸ Τανιτικὸν λίμνη μεγάλη καὶ ὁ Μενδήσιός ἐστι νομὸς καὶ ὁ Λεοντοπολίτης καὶ πόλις Ἀφροδίτης καὶ ὁ Φαρβητίτης νομός· εἶτα τὸ Τανιτικὸν στόμα, ὅ τινες Σαϊτικὸν λέγουσι, καὶ ὁ Τανίτης νομὸς καὶ πόλις ἐν αὐτῷ μεγάλη Τάνις.

21. Μεταξὺ δὲ τοῦ Τανιτικοῦ καὶ τοῦ Πηλουσιακοῦ λίμναι καὶ ἕλη μεγάλα καὶ συνεχῆ κώμας πολλὰς ἔχοντα· καὶ αὐτὸ δὲ τὸ Πηλούσιον κύκλῳ περικείμενα ἔχει ἕλη, ἅ τινες Βάραθρα καλοῦσι, καὶ τέλματα· ᾤκισται δ' ἀπὸ θαλάττης ἐν πλείοσιν ἢ εἴκοσι σταδίοις, τὸν δὲ κύκλον ἔχει τοῦ τείχους σταδίων εἴκοσιν· ὠνόμασται δ' ἀπὸ τοῦ πηλοῦ (καὶ) τῶν τελμάτων. ταύτῃ δὲ καὶ δυσείσβολός ἐστιν ἡ Αἴγυπτος ἐκ τῶν ἑωθινῶν τόπων τῶν κατὰ Φοινίκην καὶ τὴν Ἰουδαίαν· καὶ ἐκ τῆς Ἀραβίας δὲ τῆς Ναβαταίων, ἥπερ ἐστὶ προσεχής, διὰ τούτων ἐπὶ τὴν Αἴγυπτον ἡ ὁδός. ἡ δὲ μεταξὺ τοῦ Νείλου καὶ τοῦ Ἀραβίου κόλπου Ἀραβία μέν ἐστι, καὶ ἐπί γε τῶν ἄκρων αὐτῆς ἵδρυται τὸ Πηλούσιον· ἀλλ' ἔρημος ἅπασά ἐστι καὶ ἄβατος στρατοπέδῳ. ὁ δὲ μεταξὺ ἰσθμὸς Πηλουσίου καὶ τοῦ μυχοῦ τοῦ καθ' Ἡρώων πόλιν χιλίων μέν ἐστι σταδίων, ὡς δὲ Ποσειδώνιός φησιν, ἐλαττόνων ἢ χιλίων καὶ πεντακοσίων· πρὸς δὲ τῷ ἄνυδρος εἶναι καὶ ἀμμώδης ἑρπετῶν πλῆθος ἔχει τῶν ἀμμοδυτῶν.

22. Ἀπὸ δὲ Σχεδίας ἀναπλέουσιν ἐπὶ Μέμφιν ἐν δεξιᾷ μέν εἰσι πάμπολλαι κῶμαι μέχρι τῆς Μαρείας λίμνης, ὧν ἐστι καὶ ἡ Χαβρίου κώμη καλουμένη· ἐπὶ δὲ τῷ ποταμῷ Ἑρμοῦ πόλις ἐστίν· εἶτα Γυναικῶν πόλις καὶ νομὸς Γυναικοπολίτης· ἐφεξῆς δὲ Μώμεμφις καὶ Μωμεμφίτης νομός· μεταξὺ δὲ διώρυγες πλείους εἰς τὴν Μαρεῶτιν. οἱ δὲ Μωμεμφῖται τὴν Ἀφροδίτην τιμῶσι, καὶ τρέφεται θήλεια βοῦς ἱερά, καθάπερ ἐν Μέμφει ὁ Ἆπις, ἐν Ἡλίου δὲ πόλει ὁ Μνεῦις· οὗτοι μὲν οὖν θεοὶ νομίζονται, οἱ δὲ παρὰ τοῖς ἄλλοις (παρὰ πολλοῖς γὰρ δὴ ἔν τε τῷ Δέλτα καὶ ἔξω αὐτοῦ τοῖς μὲν ἄρρην, τοῖς δὲ θήλεια τρέφεται), οὗτοι δὲ θεοὶ μὲν οὐ νομίζονται, ἱεροὶ δέ.

23. Ὑπὲρ δὲ Μωμέμφεώς εἰσι δύο νιτρίαι πλεῖστον νίτρον ἔχουσαι καὶ νομὸς Νιτριώτης. τιμᾶται δ' ἐνταῦθα ὁ Σάραπις καὶ παρὰ μόνοις τούτοις θύεται ἐν Αἰγύπτῳ πρόβατον· πλησίον δὲ καὶ ἐνταῦθα πόλις Μενέλαος, ἐν ἀριστερᾷ δὲ ἐν τῷ Δέλτα ἐπὶ μὲν τῷ ποταμῷ Ναύκρατις, ἀπὸ δὲ τοῦ ποταμοῦ δίσχοινον διέχουσα ἡ Σάϊς καὶ μικρὸν ταύτης ὕπερθε τὸ τοῦ Ὀσίριδος ἄσυλον, ἐν ᾧ κεῖσθαι τὸν Ὀσίριν φασίν. ἀμφισβητοῦσι δὲ τούτου πολλοί, καὶ μάλιστα οἱ τὰς Φίλας οἰκοῦντες τὰς ὑπὲρ Συήνης καὶ τῆς Ἐλεφαντίνης. μυθεύουσι γὰρ δή, διότι ἡ Ἶσις κατὰ πολλοὺς τόπους κατὰ γῆς θείη σοροὺς τοῦ Ὀσίριδος (μία δὲ τούτων ἦν ἔχουσα

---

ferantur, fidem non inveniant; Persas quoque legatos male ducere per ambages et difficilia loca.

20. Contigua dictis est etiam Athribitica præfectura et Athribis urbs, porro Prosopitica præfectura, in qua est Veneris civitas. Supra Mendesium vero ac Taniticum ostium est magnus lacus et Mendesia præfectura et Leontopolitana, et Veneris civitas, et Pharbetita præfectura; postea Taniticum ostium, quod nonnulli Saiticum vocant, et Tanitica præfectura, in eaque urbs magna Tanis.

21. Inter Taniticum Pelusiacumque ostium sunt lacus et maximæ ac continuæ paludes, quæ pagos multos habent. Pelusium quoque ipsum est cinctum lacubus, quæ nonnulli Barathra vocant, nec non paludibus. Sita est urbs supra mare stadiis amplius viginti; muri ambitus est stadiorum viginti; a *pelo* i. e. luto stagnorum nomen habet. Ibi Ægyptus difficilis intratu est ab orientalibus partibus ad Phœniciam ac Judæam; ex Arabia quoque Nabatæa, quæ continua est, per has regiones via in Ægyptum ducit. Regio inter Nilum et Arabicum sinum media, jam est quidem Arabia, et in extremis ejus partibus situm est Pelusium: verum tota deserta est et exercitui invia. Isthmus, qui inter Pelusium est atque recessum sinus, qui ad Heroum urbem accedit, mille (900 *codd.*) est stadiorum, ut vero Posidonius sentit, paulo pauciorum quam mille quingentorum. Præterquam autem quod aqua caret, et arenis est obsitus, etiam multos serpentes habet, qui se abdunt in arenas.

22. A Schedia ad Memphim sursum naviganti ad dextram sunt pagi plurimi usque in lacum Mariam, e quibus est is qui Chabriæ pagus appellatur; ad flumen est Hermopolis, deinde Gynæcônpolis, et Gynæcopolitana præfectura; sequitur Momemphis et Momemphitana præfectura; in medio sunt fossæ plurimæ, in Mareotim exeuntes. Momemphitæ Venerem colunt, et sacram vaccam alunt, quemadmodum Apis bos in Memphi, Heliopoli autem Mneuis nutriuntur. Et hi quidem dii putantur, qui vero apud ceteros sunt (nam apud multos sane tum in Delta regione tum extra eam aut mas aut femina bos alitur), hi non dii quidem esse censentur, sacri tamen putantur.

23. Supra Momemphim sunt nitri lacus duo qui nitrum plurimum habent, indeque dictus Nitriotes nomus. Hic Sarapis colitur, et apud hos solum in Ægypto ovis deo mactatur; non procul hinc est urbs nomine Menelaus; ad sinistram vero in ipso Delta et ad fluvium est Naucratis, et duobus schœnis a flumine distans Sais, et paulo supra eam Osiridis asylum, in quo Osirim jacere arbitrantur. Controversia de hoc multis est, et iis præsertim, qui Philas supra Syenen et Elephantinam sitas habitant; fabulantur enim Isim multis in locis sub terram Osiridis loculos po-

τὸν Ὄσιριν, ἀφανὴς πᾶσι), τοῦτο δὲ πράξειε λαθεῖν βουλομένη τὸν Τυφῶνα, μὴ ἐπελθὼν ἐκρίψειε τὸ σῶμα τῆς θήκης.

24. Ἀπὸ μὲν δὴ τῆς Ἀλεξανδρείας ἐπὶ τὴν τοῦ Δέλτα κορυφὴν αὕτη ἡ περιήγησις. φησὶ δ' ὁ Ἀρτεμίδωρος σχοίνων ὀκτὼ καὶ εἴκοσι τὸν ἀνάπλουν, τοῦτο δ' εἶναι σταδίους ὀκτακοσίους τετταράκοντα, λογιζόμενος τριακονταστάδιον τὴν σχοῖνον· ἡμῖν μέντοι πλέουσιν ἄλλοτ' ἄλλῳ μέτρῳ χρώμενοι τῶν σχοίνων ἀπεδίδοσαν τὰ διαστήματα, ὥστε καὶ τετταράκοντα σταδίους καὶ ἔτι μείζους κατὰ τόπους ὁμολογεῖσθαι παρ' αὐτῶν. καὶ διότι παρὰ τοῖς Αἰγυπτίοις ἄστατόν ἐστι τὸ τῆς σχοίνου μέτρον, αὐτὸς ὁ Ἀρτεμίδωρος ἐν τοῖς ἑξῆς δηλοῖ. ἀπὸ μὲν γὰρ Μέμφεως μέχρι Θηβαΐδος τὴν σχοῖνον ἑκάστην φησὶν εἶναι σταδίων ἑκατὸν εἴκοσιν, ἀπὸ δὲ τῆς Θηβαΐδος μέχρι Συήνης ἑξήκοντα, ἀπὸ δὲ Πηλουσίου πρὸς τὴν αὐτὴν ἀναπλέουσι κορυφὴν σχοίνους μὲν πέντε καὶ εἴκοσί φησι, σταδίους δὲ ἑπτακοσίους πεντήκοντα, τῷ αὐτῷ μέτρῳ χρησάμενος. πρώτην δ' ἐκ τοῦ Πηλουσίου προελθοῦσιν εἶναι διώρυγα τὴν πληροῦσαν τὰς κατὰ τὰ ἕλη καλουμένας λίμνας, αἱ δύο μέν εἰσιν, ἐν ἀριστερᾷ δὲ κεῖνται τοῦ μεγάλου ποταμοῦ ὑπὲρ τὸ Πηλούσιον ἐν τῇ Ἀραβίᾳ· καὶ ἄλλας δὲ λέγει λίμνας καὶ διώρυγας ἐν τοῖς αὐτοῖς μέρεσιν ἔξω τοῦ Δέλτα. ἔστι δὲ καὶ νομὸς Σεθρωίτης παρὰ τὴν ἑτέραν λίμνην· ἕνα δὲ τῶν δέκα τῶν ἐν τῷ Δέλτα διαριθμεῖται καὶ τοῦτον· εἰς δὲ τὰς αὐτὰς λίμνας συμβάλλουσι καὶ ἄλλαι δύο διώρυγες.

25. Ἄλλη δ' ἐστὶν ἐκδιδοῦσα εἰς τὴν Ἐρυθρὰν καὶ τὸν Ἀράβιον κόλπον κατὰ πόλιν Ἀρσινόην, ἣν ἔνιοι Κλεοπατρίδα καλοῦσι. διαρρεῖ δὲ καὶ διὰ τῶν πικρῶν καλουμένων λιμνῶν, αἳ πρότερον μὲν ἦσαν πικραί, τμηθείσης δὲ τῆς διώρυγος τῆς λεχθείσης μετεβάλοντο τῇ κράσει τοῦ ποταμοῦ, καὶ νῦν εἰσιν εὔοψοι, μεσταὶ δὲ καὶ τῶν λιμναίων ὀρνέων. ἐτμήθη δὲ ἡ διώρυξ κατ' ἀρχὰς μὲν ὑπὸ Σεσώστριος πρὸ τῶν Τρωικῶν, οἱ δὲ ὑπὸ τοῦ Ψαμμιτίχου παιδός, ἀρξαμένου μόνον, εἶτ' ἐκλιπόντος τὸν βίον, ὕστερον δὲ ὑπὸ Δαρείου τοῦ πρώτου, διαδεξαμένου τὸ ἑξῆς ἔργον. καὶ οὗτος δὲ δόξῃ ψευδεῖ πεισθεὶς ἀφῆκε τὸ ἔργον περὶ συντέλειαν ἤδη· ἐπείσθη γὰρ μετεωροτέραν εἶναι τὴν Ἐρυθρὰν θάλατταν τῆς Αἰγύπτου καί, εἰ διακοπείη πᾶς ὁ μεταξὺ ἰσθμός, ἐπικλυσθήσεσθαι τῇ θαλάττῃ τὴν Αἴγυπτον· οἱ μέντοι Πτολεμαϊκοὶ βασιλεῖς διακόψαντες κλειστὸν ἐποίησαν τὸν Εὔριπον, ὥστε, ὅτε βούλοιντο, ἐκπλεῖν ἀκωλύτως εἰς τὴν ἔξω θάλατταν καὶ εἰσπλεῖν πάλιν. εἴρηται δὲ καὶ περὶ τῆς τῶν ὑδάτων ἐπιφανείας καὶ ἐν τοῖς πρώτοις ὑπομνήμασι.

26. Πλησίον δὲ τῆς Ἀρσινόης καὶ ἡ τῶν Ἡρώων ἐστὶ πόλις καὶ ἡ Κλεοπατρὶς ἐν τῷ μυχῷ τοῦ Ἀραβίου κόλπου τῷ πρὸς Αἴγυπτον καὶ λιμένες καὶ κατοικίαι διώρυγές τε πλείους καὶ λίμναι πλησιάζουσαι τούτοις· ἐνταῦθα δ' ἐστὶ καὶ ὁ Φαγρωριοπολίτης νομὸς καὶ πόλις Φαγρωριόπολις. ἡ δὲ ἀρχὴ τῆς διώρυγος τῆς ἐκ-

24. Atque ab Alexandria quidem ad Delta verticem tantum est circuitionis. Artemidorus dicit octo ac viginti schœnorum adverso amne eam navigationem esse, hos vero efficere octingenta et quadraginta stadia; nam triginta stadiorum schœnum facit. Nobis quidem navigantibus alia atque alia schœnorum mensura usi distantias indicaverunt, ut etiam quadraginta stadiorum schœnos ac majores etiam faterentur pro ratione locorum. Esse autem apud Ægyptios variam schœnorum quantitatem, ipse Artemidorus in sequentibus declarat; a Memphi enim usque ad Thebaidem schœnos singulos pronunciat esse centum ac viginti stadiorum, a Thebaide usque ad Syenen sexaginta; a Pelusio autem ad eundem verticem sursum navigantibus schœnos quinque ac viginti dicit, stadia septingenta et quinquaginta, superius dictam usurpans mensuram. Porro tradit, a Pelusio procedenti primam occurrere fossam, quæ lacus eos implet, qui ad paludes vocantur. Atque ii quidem duo sunt, et ad sinistram magni fluminis jacent supra Pelusium in Arabia; porro alios quosdam lacus et fossas esse dicit in iisdem partibus extra Delta. Ad alterum lacum est etiam præfectura Sethroitica; ceterum hanc quoque inter decem illas numerat, quæ in Delta sint. In eosdem lacus etiam aliæ duæ fossæ conveniunt.

25. Est alia, quæ in Rubrum mare et Arabicum sinum exit ad urbem Arsinoen, quam nonnulli Cleopatridem vocant. Perfluit fossa lacus amaros dictos, qui quum antiquitus amari essent, facta fossa et admixto flumine, sunt immutati, ac nunc bonos ferunt pisces, et aquatilibus volucribus abundant. Fossa primum a Sesostri incisa est ante bellum Trojanum; nonnulli vero eam a Psammitichi filio solum inchoatam putant, et morte hunc præcipiente, postea Darium primum in operis absolutionem successisse. Is opus pæne absolutum deseruit; falso enim ei erat persuasum, Rubrum mare Ægypto esse sublimius, ideoque, si intermedius isthmus incideretur, Ægyptum a mari obrutum iri. Ptolemaici quidem reges eum ad mare perducentes, Euripum clausum fecerunt, ut, quum vellent, in exterius mare navigarent, ac rursum sine impedimento reverterentur. De superficie autem aquarum dictum est etiam in prioribus commentariis (I, 2, 20. 3, 8).

26. Prope Arsinoen est Heroum civitas et Cleopatris in Arabici sinus intimo recessu qui juxta Ægyptum est, item portus et habitationes et fossæ complures et lacus iis vicini. Ibidem est Phagroriopolitana præfectura et Phagroriopolis urbs. Fossæ autem in mare Rubrum exeuntis

διδούσης εἰς τὴν Ἐρυθρὰν ἀπὸ κώμης ἄρχεται Φακούσσης, ᾗ συνεχής ἐστι καὶ ἡ Φίλωνος κώμη· πλάτος δ' ἔχει πηχῶν ἑκατὸν ἡ διῶρυξ, βάθος δ' ὅσον ἀρκεῖν μυριοφόρῳ νηΐ· οὗτοι δ' οἱ τόποι πλησιάζουσι τῇ κορυφῇ τοῦ Δέλτα.

27. Αὐτοῦ δὲ καὶ ἡ Βούβαστος πόλις καὶ ὁ Βουβαστίτης νομός· καὶ ὑπὲρ αὐτὸν ὁ Ἡλιοπολίτης νομός. ἐνταῦθα δ' ἐστὶν ἡ τοῦ Ἡλίου πόλις ἐπὶ χώματος ἀξιολόγου κειμένη, τὸ ἱερὸν ἔχουσα τοῦ Ἡλίου καὶ τὸν βοῦν τὸν Μνεῦιν ἐν σηκῷ τινι τρεφόμενον, ὃς παρ' αὐτοῖς νενόμισται θεός, ὥσπερ καὶ ἐν Μέμφει ὁ Ἆπις. πρόκεινται δὲ τοῦ χώματος λίμναι, τὴν ἀνάχυσιν ἐκ τῆς πλησίον διώρυγος ἔχουσαι. νυνὶ μὲν οὖν ἐστι πανέρημος ἡ πόλις, τὸ ἱερὸν ἔχουσα τῷ Αἰγυπτίῳ τρόπῳ κατεσκευασμένον ἀρχαῖον, ἔχον πολλὰ τεκμήρια τῆς Καμβύσου μανίας καὶ ἱεροσυλίας, ὃς τὰ μὲν πυρί, τὰ δὲ σιδήρῳ διελωβᾶτο τῶν ἱερῶν, ἀκρωτηριάζων καὶ περικαίων, καθάπερ καὶ τοὺς ὀβελίσκους· ὧν δύο καὶ εἰς Ῥώμην ἐκομίσθησαν οἱ μὴ κεκακωμένοι τελέως, ἄλλοι δ' εἰσὶ κἀκεῖ καὶ ἐν Θήβαις, τῇ νῦν Διοσπόλει, οἱ μὲν ἑστῶτες ἀκμὴν πυρίβρωτοι, οἱ δὲ καὶ κείμενοι.

28. Τῆς δὲ κατασκευῆς τῶν ἱερῶν ἡ διάθεσις τοιαύτη· κατὰ τὴν εἰσβολὴν τὴν εἰς τὸ τέμενος λιθόστρωτόν ἐστιν ἔδαφος, πλάτος μὲν ὅσον πλεθριαῖον ἢ καὶ ἔλαττον, μῆκος δὲ καὶ τριπλάσιον καὶ τετραπλάσιον, ἔστιν ὅπου καὶ μεῖζον· καλεῖται δὲ τοῦτο δρόμος, καθάπερ Καλλίμαχος εἴρηκεν·

ὁ δρόμος ἱερὸς οὗτος Ἀνούβιδος.

διὰ δὲ τοῦ μήκους παντὸς ἑξῆς ἐφ' ἑκάτερα τοῦ πλάτους σφίγγες ἵδρυνται λίθιναι, πήχει εἴκοσιν ἢ μικρῷ πλείους ἀπ' ἀλλήλων διέχουσαι, ὥσθ' ἕνα μὲν ἐκ δεξιῶν εἶναι στίχον τῶν σφιγγῶν, ἕνα δ' ἐξ εὐωνύμων· μετὰ δὲ τὰς σφίγγας πρόπυλον μέγα, εἶτ' ἄλλο προελθόντι πρόπυλον, εἶτ' ἄλλο· οὐκ ἔστι δὲ διωρισμένος ἀριθμὸς οὔτε τῶν προπύλων οὔτε τῶν σφιγγῶν· ἄλλα δ' ἐν ἄλλοις ἱεροῖς, ὥσπερ καὶ τὰ μήκη καὶ τὰ πλάτη τῶν δρόμων. μετὰ δὲ τὰ προπύλαια ὁ νεὼς πρόνοον ἔχων μέγα καὶ ἀξιόλογον, τὸν δὲ σηκὸν σύμμετρον, ξόανον δ' οὐδέν, ἢ οὐκ ἀνθρωπόμορφον, ἀλλὰ τῶν ἀλόγων ζῴων τινός· τοῦ δὲ προνάου παρ' ἑκάτερον πρόκειται τὰ λεγόμενα πτερά· ἔστι δὲ ταῦτα ἰσοϋψῆ τῷ νεῷ τείχη δύο, κατ' ἀρχὰς μὲν ἀφεστῶτα ἀπ' ἀλλήλων μικρὸν πλέον ἢ τὸ πλάτος ἐστὶ τῆς κρηπῖδος τοῦ νεώ, ἔπειτ' εἰς τὸ πρόσθεν προϊόντι κατ' ἐπινευούσας γραμμὰς μέχρι πηχῶν πεντήκοντα ἢ ἑξήκοντα· ἀνάγλυφα δ' ἔχουσιν οἱ τοῖχοι οὗτοι μεγάλων εἰδώλων, ὁμοίων τοῖς Τυρρηνικοῖς καὶ τοῖς ἀρχαίοις σφόδρα τῶν παρὰ τοῖς Ἕλλησι δημιουργημάτων. ἔστι δέ τις καὶ πολύστυλος οἶκος, καθάπερ ἐν Μέμφει, βαρβαρικὴν ἔχων τὴν κατασκευήν· πλὴν γὰρ τοῦ μεγάλων εἶναι καὶ πολλῶν καὶ πολυστίχων τῶν στύλων οὐδὲν ἔχει χαρίεν οὐδὲ γραφικόν, ἀλλὰ ματαιοπονίαν ἐμφαίνει μᾶλλον.

29. Ἐν δὲ τῇ Ἡλίου πόλει καὶ οἴκους εἴδομεν μεγά-

---

initium est a pago Phacussa, cui continuus est Philonis pagus. Fossa latitudinem habet cubitorum centum; profunditas ea, quæ prægrandi navi onerariæ satis sit. Hæc loca ad Delta verticem prope accedunt.

27. Ibidem est Bubastus civitas et Bubastica præfectura, et supra eam est Heliopolitana præfectura, ubi Heliupolis sive Solis urbs est aggeri magno imposita, Solis templum habet, et Mneuim bovem, qui in septo quodam nutritur, et ab Heliopolitanis pro deo habetur, quemadmodum et Apis a Memphitis. Ante aggerem lacus jacent, in quos propinqua fossa refunditur. Nunc urbs prorsus deserta est; habet autem vetustum templum Ægyptio more structum, quod multis manifestis indiciis Cambysis insaniam ac sacrilegia demonstrat, qui templa partim igni, partim ferro devastavit, mutilans et comburens, quemadmodum et obeliscos, quorum duo Romam delati sunt non omnino corrupti, alii adhuc ibi et Thebis sunt, quæ nunc Diospolis nominatur, partim stantes adhuc igni exesi, partim jacentes.

28. Templorum structura talis est. In ingressu qui ad fanum ducit, est pavimentum latitudine quidem jugeri, aut paulo minus, longitudine vero tripla quadruplave, et quibusdam in locis etiam magis; atque hoc quidem dromus (quod est cursus) dicitur, ut Callimachus inquit:

Est dromus hic sacratus Anubidis.

Per totam vero longitudinem deinceps ex utraque latitudinis parte positæ sunt lapideæ sphinges, vigenis cubitis vel paulo pluribus inter se distantes, ita ut altera sphingum series sit a dextra, altera a sinistra. Post sphinges vestibulum ingens, et ubi processeris ulterius, aliud vestibulum rursumque aliud. Neque vestibulorum neque sphingum certus est numerus, sed alius atque alius, pro diversitate longitudinis et latitudinis dromorum. Post vestibula est templum, quod atrium habet magnum et memorabile, et delubrum convenientis magnitudinis, simulacrum vero aut nullum aut non ad hominis formam, sed bestiæ alicujus effictum. Ex utraque parte atrii projectæ sunt quæ pinnæ appellantur; sunt autem duo muri, æque alti atque templum, in initio inter se distantes paulo plus quam est latitudo crepidinis templi, postea prorsum procedunt lineis declinantibus (ἀπονενούσας) usque ad quinquaginta vel sexaginta cubitos. Hi parietes ingentium simulacrorum cælaturas habent, Etruscis et antiquis Græciæ operibus persimilium. Est etiam ædes quædam multis columnis structa, sicuti Memphi, barbarica fabrica; nam præterquam quod columnæ sunt et magnæ et multiplici ordine constitutæ, nihil elegans et bene delineatum habet, sed potius inanem laborem arguit.

29. Heliopoli domos amplas vidimus, in quibus sacer-

λους, ἐν οἷς διέτριβον οἱ ἱερεῖς· μάλιστα γὰρ δὴ ταύτην κατοικίαν ἱερέων γεγονέναι φασὶ τὸ παλαιὸν, φιλοσόφων ἀνδρῶν καὶ ἀστρονομικῶν· ἐκλέλοιπε δὲ καὶ τοῦτο νυνὶ τὸ σύστημα καὶ ἡ ἄσκησις. ἐκεῖ μὲν οὖν οὐδεὶς ἡμῖν 5 ἐδείκνυτο τῆς τοιαύτης ἀσκήσεως προεστώς, ἀλλ' οἱ ἱεροποιοὶ μόνον καὶ ἐξηγηταὶ τοῖς ξένοις τῶν περὶ τὰ ἱερά. παρηκολούθει δέ τις ἐξ Ἀλεξανδρείας ἀναπλέοντι εἰς τὴν Αἴγυπτον Αἰλίῳ Γάλλῳ τῷ ἡγεμόνι Χαιρήμων τοὔνομα, προσποιούμενος τοιαύτην τινὰ ἐπιστήμην, 10 γελώμενος δὲ τὸ πλέον ὡς ἀλαζὼν καὶ ἰδιώτης. ἐκεῖ δ' οὖν ἐδείκνυντο οἵ τε τῶν ἱερέων οἶκοι καὶ Πλάτωνος καὶ Εὐδόξου διατριβαί· συνανέβη γὰρ δὴ τῷ Πλάτωνι ὁ Εὔδοξος δεῦρο καὶ συνδιέτριψαν τοῖς ἱερεῦσιν ἐνταῦθα ἐκεῖνοι τρισκαίδεκα ἔτη, ὡς εἴρηταί τισι· περιττοὺς γὰρ 15 ὄντας κατὰ τὴν ἐπιστήμην τῶν οὐρανίων, μυστικοὺς δὲ καὶ δυσμεταδότους, τῷ χρόνῳ καὶ ταῖς θεραπείαις ἐξελιπάρησαν, ὥστε τινὰ τῶν θεωρημάτων ἱστορῆσαι· τὰ πολλὰ δὲ ἀπεκρύψαντο οἱ βάρβαροι. οὗτοι δὲ τὰ ἐπιτρέχοντα τῆς ἡμέρας καὶ τῆς νυκτὸς μόρια ταῖς τριακο-20 σίαις ἑξήκοντα πέντε ἡμέραις εἰς τὴν ἐκπλήρωσιν τοῦ ἐνιαυσίου χρόνου παρέδοσαν· ἀλλ' ἠγνοεῖτο τέως ὁ ἐνιαυτὸς παρὰ τοῖς Ἕλλησιν, ὡς καὶ ἄλλα πλείω, ἕως οἱ νεώτεροι ἀστρολόγοι παρέλαβον παρὰ τῶν μεθερμηνευσάντων εἰς τὸ Ἑλληνικὸν τὰ τῶν ἱερέων ὑπομνήματα· 25 καὶ ἔτι νῦν παραλαμβάνουσι τὰ ἀπ' ἐκείνων, ὁμοίως καὶ τὰ τῶν Χαλδαίων.

30. Ἐντεῦθεν δὴ ὁ Νεῖλός ἐστιν ὁ ὑπὲρ τοῦ Δέλτα· τούτου δὴ τὰ μὲν δεξιὰ καλοῦσι Λιβύην ἀναπλέοντι, ὥσπερ καὶ τὰ περὶ τὴν Ἀλεξάνδρειαν καὶ τὴν Μαρεῶτιν, 30 τὰ δ' ἐν ἀριστερᾷ Ἀραβίαν· ἡ μὲν οὖν Ἡλίου πόλις ἐν τῇ Ἀραβίᾳ ἐστίν, ἐν δὲ τῇ Λιβύῃ Κερκέσουρα πόλις κατὰ τὰς Εὐδόξου κειμένη σκοπάς· δείκνυται γὰρ σκοπή τις πρὸ τῆς Ἡλίου πόλεως, καθάπερ καὶ πρὸ τῆς Κνίδου, πρὸς ἣν ἐσημειοῦτο ἐκεῖνος τῶν οὐρανίων τινὰς 35 κινήσεις· ὁ δὲ νομὸς Λητοπολίτης οὗτος. ἀναπλεύσαντι δ' ἐστὶ Βαβυλὼν, φρούριον ἐρυμνὸν, ἀποστάντων ἐνταῦθα Βαβυλωνίων τινῶν, εἶτα διαπραξαμένων ἐνταῦθα κατοικίαν παρὰ τῶν βασιλέων· νυνὶ δ' ἐστὶ στρατόπεδον ἑνὸς τῶν τριῶν ταγμάτων τῶν φρουρούντων 40 τὴν Αἴγυπτον· ῥάχις δ' ἐστὶν ἀπὸ τοῦ στρατοπέδου καὶ μέχρι Νείλου καθήκουσα, δι' ἧς ἀπὸ τοῦ ποταμοῦ τροχοὶ καὶ κοχλίαι τὸ ὕδωρ ἀνάγουσιν, ἀνδρῶν ἑκατὸν πεντήκοντα ἐργαζομένων δεσμίων· ἀφορῶνται δ' ἐνθένδε τηλαυγῶς αἱ πυραμίδες ἐν τῇ περαίᾳ ἐν Μέμφει καί 45 εἰσι πλησίον.

31. Ἐγγὺς δὲ καὶ ἡ Μέμφις αὐτή, τὸ βασίλειον τῶν Αἰγυπτίων· ἔστι γὰρ ἀπὸ τοῦ Δέλτα τρίσχοινον εἰς αὐτήν· ἔχει δὲ ἱερὰ, τό τε τοῦ Ἄπιδος, ὅς ἐστιν ὁ αὐτὸς καὶ Ὄσιρις, ὅπου ὁ βοῦς ὁ Ἆπις ἐν σηκῷ τινι τρέφε-50 ται, θεός, ὡς ἔφην, νομιζόμενος, διάλευκος τὸ μέτωπον καὶ ἄλλα τινὰ μικρὰ τοῦ σώματος, τἆλλα δὲ μέλας· οἷς σημείοις ἀεὶ κρίνουσι τὸν ἐπιτήδειον εἰς τὴν διαδοχήν, ἀπογενομένου τοῦ τὴν τιμὴν ἔχοντος. ἔστι δ' αὐλὴ προκειμένη τοῦ σηκοῦ, ἐν ᾗ καὶ ἄλλος σηκὸς

dotes habitabant; nam hanc potissimum urbem perhibent olim sacerdotum habitationem fuisse, hominum philosophiæ et astronomiæ deditorum; nunc et ordo ille et studium defecit. Certe nemo quisquam nobis tali exercitationi præfectus ostendebatur, sed homines tantum, qui sacrificia curarent, et quæ ad templum pertinent memorabilia peregrinis commonstrarent. Comitatus quidem est Ælium Gallum ducem ex Alexandria navigantem in Ægyptum quidam nomine Chæremon, qui ejusmodi scientiam profitebatur; sed ob ignorationem et arrogantiam ut plurimum deridebatur. Ostendebantur ergo ibi sacerdotum ædes ac domicilia, in quibus Eudoxus et Plato egerant. Etenim Eudoxus cum Platone eo profectus est, et ambo cum sacerdotibus annos tredecim (tria *Epit.*) sunt versati, ut nonnulli tradiderunt. Isti enim sacerdotes quum rerum cœlestium scientia præstarent, ceterum arcanam eam servarent, neque facile cum quoquam communicarent, tempore et obsequiis obtinuerunt, ut nonnulla placita cognoscerent; sed plurima interim barbari occultabant. Hi sunt qui excurrentes diei ac noctis particulas supra trecentos sexaginta quinque dies ad anni complementum tradiderunt; ceterum vera anni ratio, sicut alia plura, apud Græcos ignorabatur, donec juniores astrologi ab iis ea acceperunt, qui sacerdotum monumenta in Græcam linguam transtulerunt; atque etiam nunc multa ab illis, nec non a Chaldæis accipiunt.

30. Hinc jam Nilus supra Delta est, cujus dextra, ubi sursum navigatur, Libyam vocant, sicuti etiam ea, quæ ad Alexandriam et Mareotidem sunt; sinistra vero Arabiam. Ergo Heliopolitis præfectura in Arabia est, in Libya vero Cercesura urbs est, juxta Eudoxi speculas sita. Etenim ante Heliopolim specula quædam ostenditur, quemadmodum et ante Cnidum, secundum quam ille cœlestium corporum motus quosdam definivit. Præfectura hæc Letopolitana nominatur. Ulterius sursum naviganti est Babylon, castellum munitum, a Babyloniis quibusdam conditum: qui quum ibi defecissent, postea eo in loco habitationem a regibus impetrarunt; nunc in ea collocata est una ex tribus legionibus, quæ Ægyptum custodiunt. Ab hoc castello usque ad Nilum jugum quoddam descendit, per quod aqua rotis et cochleis e flumine trahitur, centum quinquaginta hominibus captivis opus facientibus. Hinc Pyramides, quæ apud Memphim non adeo procul sunt, in ulteriore regione manifeste conspiciuntur.

31. Propinqua est etiam Memphis, Ægyptiorum regia, tribus schœnis a Delta dissita. Inter templa urbis unum est Apidis, qui idem est cum Osiri, ubi bos Apis in cellula quadam alitur, et, ut diximus, apud eos pro deo habetur, albus frontem et quasdam parvas corporis partes, cetera vero niger; quibus signis judicare solent, qui sit ad successionem idoneus, eo, qui colebatur, defuncto. Ante hanc cellulam aula est, et in ea alia cellula matris ejus bo-

τῆς μητρὸς τοῦ βοός· εἰς ταύτην δὲ τὴν αὐλὴν ἐξαφιᾶσι τὸν Ἆπιν καθ' ὥραν τινά, καὶ μάλιστα πρὸς ἐπίδειξιν τοῖς ξένοις· ὁρῶσι μὲν γὰρ καὶ διὰ θυρίδος ἐν τῷ σηκῷ, βούλονται δὲ καὶ ἔξω· ἀποσκιρτήσαντα δ' ἐν αὐτῇ μικρὰ ἀναλαμβάνουσι πάλιν εἰς τὴν οἰκείαν στάσιν. Τό τε δὴ τοῦ Ἄπιδός ἐστιν ἱερόν, παρακείμενον τῷ Ἡφαιστείῳ, καὶ αὐτὸ τὸ Ἡφαίστειον πολυτελῶς κατεσκευασμένον ναοῦ τε μεγέθει καὶ τοῖς ἄλλοις. πρόκειται δ' ἐν τῷ δρόμῳ καὶ μονόλιθος κολοσσός· ἔθος δ' ἐστὶν ἐν τῷ δρόμῳ τούτῳ ταύρων ἀγῶνας συντελεῖσθαι πρὸς ἀλλήλους, οὓς ἐπίτηδες τρέφουσί τινες, ὥσπερ οἱ ἱπποτρόφοι· συμβάλλουσι γὰρ εἰς μάχην ἀφέντες, ὁ δὲ κρείττων νομισθεὶς ἄθλου τυγχάνει. ἔστι δ' ἐν Μέμφει καὶ Ἀφροδίτης ἱερόν, θεᾶς Ἑλληνίδος νομιζομένης· τινὲς δὲ Σελήνης ἱερὸν εἶναί φασιν.

32. Ἔστι δὲ καὶ Σαράπιον ἐν ἀμμώδει τόπῳ σφόδρα, ὥσθ' ὑπ' ἀνέμων θῖνας ἄμμων σωρεύεσθαι, ὑφ' ὧν αἱ σφίγγες αἱ μὲν καὶ μέχρι κεφαλῆς ἑωρῶντο ὑφ' ἡμῶν κατακεχωσμέναι, αἱ δ' ἡμιφανεῖς· ἐξ ὧν εἰκάζειν παρῆν τὸν κίνδυνον, εἰ τῷ βαδίζοντι πρὸς τὸ ἱερὸν λαῖλαψ ἐπιπέσοι. πόλις δ' ἐστὶ μεγάλη τε καὶ εὔανδρος, δευτέρα μετὰ Ἀλεξάνδρειαν, μιγάδων ἀνδρῶν, καθάπερ καὶ τῶν ἐκεῖ συνῳκισμένων· πρόκεινται δὲ καὶ λίμναι τῆς πόλεως καὶ τῶν βασιλείων, ἃ νῦν μὲν κατέσπασται καί ἐστιν ἔρημα. ἵδρυται δ' ἐφ' ὕψους καθήκοντα μέχρι τοῦ κάτω τῆς πόλεως ἐδάφους· συνάπτει δ' ἄλσος αὐτῷ καὶ λίμνη.

33. Τετταράκοντα δ' ἀπὸ τῆς πόλεως σταδίους προελθόντι ὀρεινή τις ὀφρύς ἐστιν, ἐφ' ᾗ πολλαὶ μέν εἰσι πυραμίδες, τάφοι τῶν βασιλέων, τρεῖς δ' ἀξιόλογοι· τὰς δὲ δύο τούτων καὶ ἐν τοῖς ἑπτὰ θεάμασι καταριθμοῦνται· εἰσὶ γὰρ σταδιαῖαι τὸ ὕψος, τετράγωνοι τῷ σχήματι, τῆς πλευρᾶς ἑκάστης μικρῷ μεῖζον τὸ ὕψος ἐχούσαι· μικρῷ δὲ καὶ ἡ ἑτέρα τῆς ἑτέρας ἐστὶ μείζων. ἔχει δ' ἐν ὕψει μέσως πως [μιᾶς] τῶν πλευρῶν λίθον ἐξαιρέσιμον· ἀρθέντος δὲ σύριγξ ἐστι σκολιὰ μέχρι τῆς θήκης. αὗται μὲν οὖν ἐγγὺς ἀλλήλων εἰσὶ τῷ αὐτῷ ἐπιπέδῳ· ἀπωτέρω δ' ἐστὶν ἐν ὕψει μείζονι τῆς ὀρεινῆς ἡ τρίτη πολὺ ἐλάττων τῶν δυεῖν, πολὺ δὲ μείζονος δαπάνης κατεσκευασμένη· ἀπὸ γὰρ θεμελίων μέχρι μέσου σχεδόν τι μέλανος λίθου ἐστίν, ἐξ οὗ καὶ τὰς θυΐας κατασκευάζουσι, κομίζοντες πόρρωθεν· ἀπὸ γὰρ τῶν τῆς Αἰθιοπίας ὀρῶν* καὶ τῷ σκληρὸς εἶναι καὶ δυσεργάστατος πολυτελῆ τὴν πραγματείαν παρέσχε. λέγεται δὲ τῆς ἑταίρας τάφος γεγονὼς ὑπὸ τῶν ἐραστῶν, ἣν Σαπφὼ μέν, ἡ τῶν μελῶν ποιήτρια, καλεῖ Δωρίχαν, ἐρωμένην τοῦ ἀδελφοῦ αὐτῆς Χαράξου γεγονυῖαν, οἶνον κατάγοντος εἰς Ναύκρατιν Λέσβιον κατ' ἐμπορίαν, ἄλλοι δ' ὀνομάζουσι Ῥοδῶπιν· μυθεύουσι δ', ὅτι, λουομένης αὐτῆς, ἓν τῶν ὑποδημάτων αὐτῆς ἁρπάσας ἀετὸς παρὰ τῆς θεραπαίνης κομίσειεν εἰς Μέμφιν καί, τοῦ βασιλέως δικαιοδοτοῦντος ὑπαιθρίου, γενόμενος κατὰ κορυφὴν αὐτοῦ ῥίψειε τὸ ὑπόδημα εἰς τὸν κόλπον· ὁ δὲ καὶ τῷ ῥυθμῷ τοῦ ὑποδήματος καὶ τῷ παραδόξῳ κινηθεὶς περιπέμ-

vis. In hanc aulam certa hora Apis emittitur, præsertim ut peregrinis ostendatur. Vident quidem etiam per fenestram in cellula, sed volunt ut etiam extra spectetur; ubi vero paulum foris exsultim luserit, rursus in proprium locum recipitur. Habet igitur urbs Apidis templum, quod est Hephæsteo seu Vulcanio propinquum, et ipsum Hephæsteum, templi magnitudine aliisque rebus sumptuose adornatum. In fronte dromi colossus jacet ex uno lapide. In hoc dromo tauri committi solent ad pugnam, quos nonnulli dedita opera ad hoc ipsum alunt, quemadmodum alii equos; dimissi inter se pugnam cient, victori autem præmium datur. Memphi est etiam Veneris fanum, quæ Græca dea censetur; quidam Helenæ (Ἑλένης) id dicunt.

32. Est etiam Serapium in loco valde arenoso, adeo ut arenæ colles a ventis exaggerentur, quibus vidimus sphinges alias usque ad capita obrutas, alias dimidia duntaxat eminentes; unde conjicere licebat magnitudinem periculi, si quem eo proficiscentem turbo venti deprehenderet. Urbs magna est et populosa, et secunda post Alexandriam, hominibus convenis, sicut Alexandria, referta. Exstant lacus in fronte urbis et regiarum, quæ nunc dirutæ sunt et desertæ, sitæ olim in loco edito, et usque ad inferius urbis solum descendentes, cui lucus et lacus sunt contigui.

33. Quadraginta stadiis ab urbe est montanum quoddam supercilium, in quo stant multæ pyramides, regum sepulturæ. Earum tres memorabiles sunt; duæ ex tribus inter septem orbis spectacula adnumerantur; sunt enim altitudine stadii, figura quadrata, altitudinem habentes paulo majorem quolibet latere; paullo etiam altera quam altera major est. *Major* in modica altitudine unius laterum habet lapidem exemptilem, quo sublato, obliqua fistula est usque ad conditorium. Duæ hæ pyramides inter se proximæ in (ἐπὶ) eodem sunt plano; ulterius in majore montani tractus altitudine est tertia, multo prioribus duabus minor, majore tamen impensa structa. Nam ab ipsis fundamentis usque fere ad medium constat ex nigro lapide, ex quo mortaria quoque faciunt, e longinquo advehentes; nam quum ab extremis Æthiopiæ montibus *deferendus esset,* tum hoc tum eo, quod durus sit, et operatu difficilis, reddidit opus sumptuosum. Hæc pyramis dicitur meretricis sepulcrum, ab amantibus factum, quam Sappho poetria Doricham vocat, et fratris sui Charaxi amicam, quum is Leshium vinum negotiator Naucratim portaret. Alii eam Rhodopin nominant, atque fabulam quandam narrant: ea dum lavaretur, aquilam alterum e calceis e manu ancillæ correptum Memphim deportasse, et quum esset supra verticem regis sub divo jura dantis, calceum in hujus gremium demisisse; regem calcei concinnitate et rei novitate permotum, per totam regionem dimisisse ad inqui-

ψειεν εἰς τὴν χώραν κατὰ ζήτησιν τῆς φορούσης ἀνθρώπου τοῦτο· εὑρεθεῖσα δ' ἐν τῇ πόλει τῶν Ναυκρατιτῶν ἀναχθείη καὶ γένοιτο γυνὴ τοῦ βασιλέως, τελευτήσασα δὲ τοῦ λεχθέντος τύχοι τάφου.

34. Ἐν δέ τι τῶν ὁραθέντων ὑφ' ἡμῶν ἐν ταῖς πυραμίσι παραδόξων οὐκ ἄξιον παραλιπεῖν. ἐκ γὰρ τῆς λατύπης σωροί τινες πρὸ τῶν πυραμίδων κεῖνται· ἐν τούτοις δ' εὑρίσκεται ψήγματα καὶ τύπῳ καὶ μεγέθει φακοειδῆ· ἐνίοις δὲ καὶ ὡς ἂν πτίσμα οἷον ἡμιλεπίστων ὑποτρέχει. φασὶ δ' ἀπολιθωθῆναι λείψανα τῆς τῶν ἐργαζομένων τροφῆς· οὐκ ἀπέοικε δέ· καὶ γὰρ οἴκοι παρ' ἡμῖν λόφος ἐστὶν ἐν πεδίῳ παραμήκης, οὗτος δ' ἐστὶ μεστὸς ψήφου φακοειδῶν λίθου πορείας· καὶ αἱ θαλάττιαι δὲ καὶ ποτάμιαι ψῆφοι σχεδόν τι τὴν αὐτὴν ἀπορίαν ὑπογράφουσιν· ἀλλ' αὗται μὲν ἐν τῇ κινήσει τῇ διὰ τοῦ ῥεύματος εὑρεσιλογίαν τινὰ ἔχουσιν, ἐκεῖ δ' ἀπορωτέρα ἡ σκέψις. εἴρηται δ' ἐν ἄλλοις καὶ διότι περὶ τὸ μέταλλον τῶν λίθων, ἐξ ὧν αἱ πυραμίδες γεγόνασιν, ἐν ὄψει ταῖς πυραμίσιν ὂν πέραν ἐν τῇ Ἀραβίᾳ, Τρωικόν τι καλεῖται πετρῶδες ἱκανῶς ὄρος καὶ σπήλαια ὑπ' αὐτῷ καὶ κώμη πλησίον καὶ τούτοις καὶ τῷ ποταμῷ, Τροία καλουμένη, κατοικία παλαιὰ τῶν Μενελάῳ συγκατακολουθησάντων αἰχμαλώτων Τρώων, καταμεινάντων δ' αὐτόθι.

35. Μετὰ δὲ Μέμφιν Ἄκανθος πόλις ὁμοίως ἐν τῇ Λιβύῃ καὶ τὸ τοῦ Ὀσίριδος ἱερὸν καὶ τὸ τῆς ἀκάνθης ἄλσος τῆς Θηβαϊκῆς, ἐξ ἧς τὸ κόμμι. εἶθ' ὁ Ἀφροδιτοπολίτης νομὸς καὶ ἡ ὁμώνυμος πόλις ἐν τῇ Ἀραβίᾳ, ἐν ᾗ λευκὴ βοῦς ἱερὰ τρέφεται. εἶθ' ὁ Ἡρακλεώτης νομὸς ἐν νήσῳ μεγάλῃ, καθ' ἣν ἡ διῶρύξ ἐστιν ἐν δεξιᾷ εἰς τὴν Λιβύην ἐπὶ τὸν Ἀρσινοίτην νομόν, ὥστε καὶ δίστομον εἶναι τὴν διώρυγα, μεταξὺ μέρους τινὸς τῆς νήσου παρεμπίπτοντος. ἔστι δ' ὁ νομὸς οὗτος ἀξιολογώτατος τῶν ἁπάντων κατά τε τὴν ὄψιν καὶ τὴν ἀρετὴν καὶ τὴν κατασκευήν· ἐλαιόφυτός τε γὰρ μόνος ἐστὶ μεγάλοις καὶ τελείοις δένδρεσι καὶ καλλικάρποις, εἰ δὲ συγκομίζοι καλῶς τις, καὶ εὐέλαιος· ὀλιγωροῦντες δὲ τούτου πολὺ μὲν ποιοῦσιν ἔλαιον, μοχθηρὸν δὲ κατὰ τὴν ὀδμήν (ἡ δ' ἄλλη Αἴγυπτος ἀνέλαιός ἐστι πλὴν τῶν κατ' Ἀλεξάνδρειαν κήπων, οἳ μέχρι τοῦ ἔλαιον χορηγεῖν ἱκανοί εἰσιν, ἔλαιον δ' οὐχ ὑπουργοῦσιν)· οἶνόν τε οὐκ ὀλίγον ἐκφέρει σῖτόν τε καὶ ὄσπρια καὶ τὰ ἄλλα σπέρματα πάμπολλα. θαυμαστὴν δὲ καὶ τὴν λίμνην ἔχει τὴν Μοίριδος καλουμένην, πελαγίαν τῷ μεγέθει καὶ τῇ χρόᾳ θαλαττοειδῆ· καὶ τοὺς αἰγιαλοὺς δέ ἐστιν ὁρᾶν ἐοικότας τοῖς θαλαττίοις· ὡς ὑπονοεῖν τὰ αὐτὰ περὶ τῶν κατὰ Ἄμμωνα τόπων καὶ τούτων (καὶ γὰρ οὐδὲ πάμπολυ ἀφεστᾶσιν ἀλλήλων καὶ τοῦ Παραιτονίου), μὴ ὥσπερ τὸ ἱερὸν ἐκεῖνο εἰκάζειν ἐστὶ πρότερον ἐπὶ τῇ θαλάττῃ ἱδρύσθαι διὰ τὸ πλῆθος τῶν τεκμηρίων, καὶ ταῦθ' ὁμοίως τὰ χωρία πρότερον ἐπὶ τῇ θαλάττῃ ὑπῆρχεν· ἡ δὲ κάτω Αἴγυπτος καὶ τὰ μέχρι τῆς λίμνης τῆς Σιρβωνίτιδος πέλαγος ἦν, σύρρουν τυχὸν ἴσως τῇ Ἐρυθρᾷ τῇ κατὰ Ἡρώων πόλιν καὶ τὸν Αἰλανίτην μυχόν.

rendam eam, quæ hujusmodi calceum gestaret: eam in urbe Naucratitarum inventam, atque adductam, regis uxorem factam, et post mortem hac sepultura affectam fuisse.

34. Sed unum de miris rebus, a nobis in pyramidibus visum, haudquaquam prætereundum est. Acervi quidam ex lapidum frustulis dolando detritis ante pyramides jacent; in his lapilli et forma et magnitudine lentis inveniuntur; in nonnullis etiam quasi hordei grana semidecorticata occurrunt; narrant reliquias ciborum, qui operariis dati fuissent, in lapidem induruisse: quod quidem non est probabile (ἐπέοικε). Nam apud nos quoque collis quidam est oblongus, in campo situs, qui tofi calculis in modum lentis plenus est. Maritimi quoque et fluviales calculi eandem fere ambiguitatem præstant; sed ii propter motum, qui in aqua fit, probabilem explicationis rationem suppeditant, istic vero indagatio veri est difficilior. Alibi [nescio ubi] dictum est circa locum ubi lapides struendis pyramidibus effossi sunt, in conspectu pyramidum trans Nilum in Arabia, Troicum vocari montem quendam satis petrosum, et speluncam sub eo, et pagum his ac flumini proximum nomine Trojam, antiquam Trojanorum habitationem eorum, qui captivi Menelaum secuti sunt et ibi consederunt.

35. Post Memphin est Acanthus civitas similiter in Libyæ latere; ibidem Osiridis templum, et lucus acanthæ seu spinæ Thebaicæ, e qua gummi colligitur; postea est Aphroditopolitana præfectura, et civitas eodem nomine in Arabia, in qua bos alba sacra alitur. Sequitur Heracleotica præfectura in insula magna, juxta quam fossa est a dextra, versus Libyam atque præfecturam Arsinoiticam directa, ita ut hæc fossa duo habeat ostia seu capita, quum inter utrumque ostium pars quædam insulæ intercedat. Arsinoitica vero præfectura ceteras omnes et adspectu et virtute et apparatu antecellit. Sola enim oleas perfectas et fructiferas arbores profert, ac si quis bene colligat, oleum etiam optimum fit; negligentes autem rem, multum quidem oleum efficiunt, sed pessimi odoris (Ægyptus reliqua oleo caret, exceptis hortis, qui circa Alexandriam sunt, qui oleas quidem ferre possunt, oleum vero non suppeditant); vini quoque non parum fert, porro frumentum, legumina et alia semina omnis generis. Habet etiam lacum admirabilem, Mœridis appellatum, pelago similem magnitudine et marino colore; ripas quoque videre est maris litoribus persimiles, ut idem de hoc loco atque iis, quæ sunt circa Ammonem, suspicari possis (nec sane multo a se invicem distant, nec ambo a Parætonio); videlicet sicuti templum illud olim ad mare stetisse e multis indiciis probabiliter opinari licet, sic hæc quoque loca prius fuisse maritima; inferiorem vero Ægyptum, et quæ usque ad Serboniticum lacum tendunt, pelagus obtinuisse, conjunctum fortasse cum mari Rubro, quod Heroum urbi et Elanitico recessui proximum est.

36. Εἴρηται δὲ περὶ τούτων διὰ πλειόνων ἐν τῷ πρώτῳ ὑπομνήματι τῆς γεωγραφίας, καὶ νῦν δ' ἐπὶ τοσοῦτον ὑπομνηστέον [τὸ] τῆς φύσεως ἅμα καὶ τὸ τῆς προνοίας ἔργον εἰς ἓν συμφέροντας· τὸ μὲν τῆς φύσεως, ὅτι τῶν πάντων ὑφ' ἓν συννευόντων τὸ τοῦ ὅλου μέσον καὶ σφαιρουμένων περὶ τοῦτο, (καὶ) τὸ μὲν πυκνότατον καὶ μεσαίτατόν ἐστιν ἡ γῆ, τὸ δ' ἧττον τοιοῦτον καὶ ἐφεξῆς τὸ ὕδωρ, ἑκάτερον δὲ σφαῖρα, ἡ μὲν στερεά, ἡ δὲ κοίλη, ἐντὸς ἔχουσα τὴν γῆν· τὸ δὲ τῆς προνοίας, ὅτι βεβούληται, καὶ αὐτὴ ποικίλτριά τις οὖσα καὶ μυρίων ἔργων δημιουργός, ἐν τοῖς πρώτοις ζῷα γεννᾶν, ὡς πολὺ διαφέροντα τῶν ἄλλων· καὶ τούτων τὰ κράτιστα θεούς τε καὶ ἀνθρώπους, ὧν ἕνεκεν καὶ τὰ ἄλλα συνέστηκε. τοῖς μὲν οὖν θεοῖς ἀπέδειξε τὸν οὐρανόν, τοῖς δ' ἀνθρώποις τὴν γῆν, τὰ ἄκρα τῶν τοῦ κόσμου μερῶν· ἄκρα δὲ τῆς σφαίρας τὸ μέσον καὶ τὸ ἐξωτάτω. ἀλλ' ἐπειδὴ τῇ γῇ περίκειται τὸ ὕδωρ, οὐκ ἔστι δ' ἔνυδρον ζῷον ὁ ἄνθρωπος, ἀλλὰ χερσαῖον καὶ ἐναέριον καὶ πολλοῦ κοινωνικὸν φωτός, ἐποίησεν ἐξοχὰς ἐν τῇ γῇ πολλὰς καὶ εἰσοχάς, ὥστ' ἐν αἷς μὲν ἀπολαμβάνεσθαι τὸ σύμπαν ἢ καὶ τὸ πλέον ὕδωρ ἀποκρύπτον τὴν ὑπ' αὐτῷ γῆν, ἐν αἷς δ' ἐξέχειν τὴν γῆν ἀποκρυπτούσαν ὑφ' ἑαυτῇ τὸ ὕδωρ, πλὴν ὅσον χρήσιμον τῷ ἀνθρωπείῳ γένει καὶ τοῖς περὶ αὐτὸ ζῴοις καὶ φυτοῖς. ἐπεὶ δ' ἐν κινήσει συνεχεῖ τὰ σύμπαντα καὶ μεταβολαῖς μεγάλαις (οὐ γὰρ οἷόν τε ἄλλως τὰ τοιαῦτα καὶ τοσαῦτα καὶ τηλικαῦτα ἐν τῷ κόσμῳ διοικεῖσθαι), ὑποληπτέον, μήτε τὴν γῆν ἀεὶ συμμένειν οὕτως, ὥστ' ἀεὶ τηλικαύτην εἶναι μηδὲν προστιθεῖσαν ἑαυτῇ μηδ' ἀφαιροῦσαν, μήτε τὸ ὕδωρ, μήτε τὴν ἕδραν ἔχειν τὴν αὐτὴν ἑκάτερον, καὶ ταῦτα εἰς ἄλληλα φυσικωτάτης οὔσης καὶ ἐγγυτάτω τῆς μεταπτώσεως· ἀλλὰ καὶ τῆς γῆς πολλὴν εἰς ὕδωρ μεταβάλλειν, καὶ τῶν ὑδάτων πολλὰ χερσοῦσθαι τὸν αὐτὸν τρόπον, ὅνπερ καὶ ἐν τῇ γῇ, καθ' ἣν αὐτὴν τοσαῦται διαφοραί· ἡ μὲν γὰρ εὔθρυπτος, ἡ δὲ στερεὰ καὶ πετρώδης καὶ σιδηρῖτις καὶ οὕτως ἐπὶ τῶν ἄλλων. ὁμοίως δὲ καὶ ἐπὶ τῆς ὑγρᾶς οὐσίας· ἡ μὲν [γὰρ] ἁλμυρίς, ἡ δὲ γλυκεῖα καὶ πότιμος, ἡ δὲ φαρμακώδης καὶ σωτήριος καὶ ὀλέθριος καὶ ψυχρὰ καὶ θερμή. τί οὖν θαυμαστόν, εἴ τινα μέρη τῆς γῆς, ἃ νῦν οἰκεῖται, θαλάττῃ πρότερον κατείχετο, τὰ δὲ νῦν πελάγη πρότερον ᾠκεῖτο; καθάπερ καὶ πηγὰς τὰς πρότερον ἐκλιπεῖν συνέβη, τὰς δ' ἀνεῖσθαι, καὶ ποταμοὺς καὶ λίμνας, οὕτω δὲ καὶ ὄρη καὶ πεδία εἰς ἄλληλα μεταπίπτειν· περὶ ὧν καὶ πρότερον εἰρήκαμεν πολλά, καὶ νῦν εἰρήσθω.

37. Ἡ δ' οὖν Μοίριδος λίμνη διὰ τὸ μέγεθος καὶ τὸ βάθος ἱκανή ἐστι κατὰ τὰς ἀναβάσεις τὴν πλημμυρίδα φέρειν καὶ μὴ ὑπερπολάζειν εἰς τὰ οἰκούμενα καὶ πεφυτευμένα, εἶτα ἐν τῇ ἀποβάσει τὸ πλεονάζον ἀποδοῦσα τῇ αὐτῇ διώρυγι κατὰ θάτερον τῶν στομάτων ἔχειν ὑπολειπόμενον τὸ χρήσιμον πρὸς τὰς ἐποχετείας καὶ αὐτὴ καὶ ἡ διῶρυξ. ταῦτα μὲν φυσικά, ἐπίκειται δὲ τοῖς στόμασιν ἀμφοτέροις τῆς διώρυγος κλεῖθρα, οἷς ταμιεύουσιν οἱ ἀρχιτέκτονες τό τε εἰσρέον ὕδωρ καὶ τὸ

36. Sed de his in primo geographiæ volumine (1, 3, 4) pluribus dictum est; sed nunc quoque paucis monebimus naturæ simul atque providentiæ opus una consideratione perpendentes. Et naturæ quidem opus hoc est : nimirum rebus omnibus ad id unum vergentibus, quod universi medium est, et circa id in globosam massam se conformantibus, medium atque densissimum est terra, quod minus densum est et ordine deinceps sequitur, aqua est; utrumque globus : alter quidem solidus, alter concavus, utpote terram intus habens. Providentiæ autem est, quod quum ornatrix sit et plurimarum rerum opifex, in primis animalia creare voluit, utpote quæ longe ceteris antecellunt, atque horum ipsorum præstantissima deos atque homines, quorum gratia cetera sunt constituta. Diis itaque cœlum, hominibus terram incolendam dedit, quæ duo mundi extrema sunt; nam globi extrema sunt centrum et externa superficies. Enimvero quoniam aqua terram circumdat, homo autem non est aquatile animal, sed terrestre, et aerem multumque lumen percipit : eadem terram multis in locis excitavit, in multis depressit, ut in his tota aqua vel maxima ejus pars obtineret et terram sub se occultaret, in illis vero terra exstaret, atque aquam sub se absconderet, nisi quantum hominum generi ceterisque animalibus ac plantis necessarium videbatur. Jam quum omnia continue moveantur et transmutentur (aliter enim talia totque ac tanta in mundo recte administrari non possent), existimandum est nec terram perpetuo ita durare, ut semper tanta sit, nec quicquam ei addatur aut adimatur, nec aquam, nec eandem sedem semper ab iis obtineri, præsertim quum transmutatio mutua naturæ earum maxime conveniat et propinquissima sit. Imo censendum est et terræ multum in aquam converti, et aquæ vicissim multum in terram transmutari eodem modo, quo in terra hoc evenit, in qua ipsa tot differentiæ inveniuntur; nam alia est fragilis, alia solida et petrosa aut ferrea et sic porro alia aliter; similiter de humoribus alius est salsus, alius dulcis et potabilis, alius salubris et medicam vim habens, alius perniciosus, et frigidus alius, alius calidus. Qui ergo mirum sit, terræ partes aliquas, quæ nunc habitantur, olim mari tectas : et quæ nunc pelagus sunt, prius habitatas fuisse? quemadmodum de fontibus alii exaruere, alii eruperunt, itemque flumina et lacus, sic etiam montes et campos invicem commutari accidit; de quibus et ante copiosius diximus et nunc hæc dicta sunto.

37. Mœridis itaque lacus propter magnitudinem et profunditatem sub Nili incrementa excipiendæ inundationi sufficit, ne aquæ in sata et habitationes exundent; deinde autem decrescente Nilo, postquam abundantem in se aquam ejusdem fossæ adminiculo per alterum ostiorum reddidit, retinere tantam ejus copiam, quanta irrigationibus conducat, et ipse solet et fossa. Atque hæc quidem natura præstat; utrique autem fossæ ostio claustra imposita sunt, quibus architecti et influenti et effluenti aquæ mode-

ἐκρέον. πρὸς δὲ τούτοις ἡ τοῦ λαβυρίνθου κατασκευὴ πάρισον ταῖς πυραμίσιν ἐστὶν ἔργον καὶ ὁ παρακείμενος τάφος τοῦ κατασκευάσαντος βασιλέως τὸν λαβύρινθον. ἔστι δὲ κατὰ τὸν πρῶτον εἴσπλουν τὸν εἰς τὴν διώρυγα 5 προελθόντι ὅσον τριάκοντα ἢ τετταράκοντα σταδίους ἐπίπεδόν τι τραπεζῶδες χωρίον, ἔχον κώμην τε καὶ βασίλειον μέγα ἐκ πολλῶν βασιλείων, ὅσοι πρότερον ἦσαν νομοί· τοσαῦται γάρ εἰσιν αὐλαὶ περίστυλοι, συνεχεῖς ἀλλήλαις, ἐφ' ἕνα στίχον πᾶσαι καὶ ἐφ' ἑνὸς τοίχου, ὡς 10 ἂν τείχους μακροῦ προκειμένας ἔχοντος τὰς αὐλάς· αἱ δ' εἰς αὐτὰς ὁδοὶ καταντικρὺ τοῦ τείχους εἰσί· πρόκεινται δὲ τῶν εἰσόδων κρυπταί τινες μακραὶ καὶ πολλαί, δι' ἀλλήλων ἔχουσαι σκολιὰς τὰς ὁδούς, ὥστε χωρὶς ἡγεμόνος μηδενὶ τῶν ξένων εἶναι δυνατὴν τὴν εἰς ἑκά-15 στην αὐλὴν πάροδόν τε καὶ ἔξοδον. τὸ δὲ θαυμαστόν, ὅτι αἱ στέγαι τῶν οἴκων ἑκάστου μονόλιθοι, καὶ τῶν κρυπτῶν τὰ πλάτη μονολίθοις ὡσαύτως ἐστέγασται πλαξίν, ὑπερβαλλούσαις τὸ μέγεθος, ξύλων οὐδαμοῦ καταμεμιγμένων οὐδ' ἄλλης ὕλης οὐδεμιᾶς· ἀναβάντα τε 20 ἐπὶ τὸ στέγος οὐ μέγα τῷ ὕψει, ἅτε μονοστέγῳ, ἔστιν ἰδεῖν πεδίον λίθινον ἐκ τηλικούτων λίθων, ἐντεῦθεν δὲ πάλιν εἰς τὰς αὐλὰς † ἐκπίπτοντα ἑξῆς ὁρᾶν κειμένας ὑπὸ μονολίθων κιόνων ὑπηρεισμένας ἑπτὰ καὶ εἴκοσι· καὶ οἱ τοῖχοι δὲ οὐκ ἐξ ἐλαττόνων τῷ μεγέθει λίθων 25 σύγκεινται. ἐπὶ τέλει δὲ τῆς οἰκοδομίας ταύτης πλέον ἢ στάδιον ἐπεχούσης ὁ τάφος ἐστί, πυραμὶς τετράγωνος, ἑκάστην τετράπλεθρόν πως ἔχουσα τὴν πλευρὰν καὶ τὸ ἴσον ὕψος· Ἰμάνδης δ' ὄνομα ὁ ταφείς. πεποιῆσθαι δέ φασι τὰς αὐλὰς τοσαύτας, ὅτι τοὺς νομοὺς 30 ἔθος ἦν ἐκεῖσε συνέρχεσθαι πάντας ἀριστίνδην μετὰ τῶν οἰκείων ἱερέων καὶ ἱερειῶν, θυσίας τε (καὶ θεοδοσίας) καὶ δικαιοδοσίας περὶ τῶν μεγίστων χάριν· κατήγετο δὲ τῶν νομῶν ἕκαστος εἰς τὴν ἀποδειχθεῖσαν αὐλὴν αὐτῷ.

38. Παραπλεύσαντι δὲ ταῦτα ἐφ' ἑκατὸν σταδίους 35 πόλις ἐστὶν Ἀρσινόη, Κροκοδείλων δὲ πόλις ἐκαλεῖτο πρότερον· σφόδρα γὰρ ἐν τῷ νομῷ τούτῳ τιμῶσι τὸν κροκόδειλον, καί ἐστιν ἱερὸς παρ' αὐτοῖς ἐν λίμνῃ καθ' αὑτὸν τρεφόμενος, χειροήθης τοῖς ἱερεῦσι· καλεῖται δὲ Σοῦχος· τρέφεται δὲ σιτίοις καὶ κρέασι καὶ 40 οἴνῳ, προσφερόντων ἀεὶ τῶν ξένων τῶν ἐπὶ τὴν θέαν ἀφικνουμένων. ὁ γοῦν ἡμέτερος ξένος, ἀνὴρ τῶν ἐντίμων, αὐτόθι μυσταγωγῶν ἡμᾶς, συνῆλθεν ἐπὶ τὴν λίμνην, κομίζων ἐκ τοῦ δείπνου πλακουντάριόν τι καὶ κρέας ὀπτὸν καὶ προχοίδιόν τι μελικράτου· εὕρομεν 45 δὲ ἐπὶ τῷ χείλει κείμενον τὸ θηρίον· προσιόντες δὲ οἱ ἱερεῖς, οἱ μὲν διέστησαν αὐτοῦ τὸ στόμα, ὁ δὲ ἐνέθηκε τὸ πέμμα, καὶ πάλιν τὸ κρέας, εἶτα τὸ μελίκρατον κατήρασε· καθαλόμενος δὲ εἰς τὴν λίμνην διῆξεν εἰς τὸ πέραν· ἐπελθόντος δὲ καὶ ἄλλου τῶν ξένων, κομίζον-50 τος ὁμοίως ἀπαρχήν, λαβόντες περιῆλθον δρόμῳ καὶ καταλαβόντες προσήνεγκαν ὁμοίως τὰ προσενεχθέντα.

39. Μετὰ δὲ τὸν Ἀρσινοΐτην καὶ τὸν Ἡρακλεωτικὸν νομὸν Ἡρακλέους πόλις, ἐν ᾗ ὁ ἰχνεύμων τιμᾶται ὑπεναντίως τοῖς Ἀρσινοΐταις· οἱ μὲν γὰρ τοὺς κροκοδείλους

rantur. Ad hæc est labyrinthi fabrica, opus haud impar pyramidibus, et adjacens regis sepultura ejus, qui labyrinthum construxit. Etenim juxta primum fossæ ingressum ad triginta quadragintave stadia procedenti est planities quædam mensali forma, quæ pagum habet et magnum palatium ex tot regiis constans quot prius præfecturæ erant; nam totidem aulæ sunt columnis ambitæ, invicem continuæ, omnes uno ordine et in uno pariete, qui tanquam longus quidam murus ante se sitas aulas habet. Viæ vero, quæ ad eas tendunt, ex adverso sunt ipsius muri; ante ingressus cryptæ quædam multæ ac longæ, quæ inter se vias flexuosas habent, ut nemo peregrinus ingredi singulas aulas possit, nec egredi sine duce. Dignum admiratione, quod uniuscujusque domus tabulata ex uno lapide constent, atque etiam cryptarum latitudines item tectæ sint lapideis pluteis integris magnitudinis eximiæ, nullo usquam nec ligni nec alius materiæ interventu. Si quis in tabulatum ascendat, quod non admodum altum est, quum una solummodo sit contignatio, videre licet lapideum campum tantis lapidibus instratum; inde rursus in aulas si prospexeris (ἐκκύπτοντα?), cernes eas deinceps positas, innitentes columnis viginti septem e solido lapide factis; parietes quoque ex lapidibus non minoribus sunt compositi. In fine hujus ædificii, quod plus stadio occupat, est sepulcrum, pyramis quadrangula, cujus quodlibet latus quattuor fere est jugerum, et altitudo par. Sepulti nomen est Imandes (Ismandes § 42; Maindes *in Epit.*). Dicunt tot aulas ibi factas esse, quia solerent omnes præfecturæ eo convenire missis optimatibus cum sacerdotibus et sacerdotissis (ἱερείων *codd.*), sacrificii gratia juris dicendi de rebus maximis; quævis autem præfectura in designatam ipsi aulam procedebat.

38. Præternaviganti hæc ad centum stadia, urbs est Arsinoe, quæ olim Crocodilorum urbs dicebatur. In hac enim præfectura mirum in modum colitur crocodilus, et est sacer apud eos in lacu quodam seorsum nutritus, et sacerdotibus mansuetus; Suchus vocatur. Nutritur autem pane, carne et vino, quæ a peregrinis afferuntur ad ejusmodi spectaculum venientibus. Hospes itaque noster, unus ex honoratis viris, qui nobis sacra ibi commonstrabat, ad lacum accedens, placentulam et carnem assam et quoddam mulsi vasculum e cœna attulit. Bestiam in ripa lacus invenimus; ex sacerdotibus alii ejus os apperuerunt, alius placentam ingessit, postea carnem, deinde mulsum infudit; ille in lacum desiliens, in ulteriorem partem trajecit; quumque alius hospes advenisset, et similiter primitias attulisset, cursu lacum circumeuntes itidem invento crocodilo obtulerunt.

39. Post Arsinoiticam in (κατὰ) Heracleotica præfectura est Herculis civitas, in qua colitur ichneumon contra morem Arsinoitarum. Hi enim crocodilos colunt, et pro-

τιμῶσι, καὶ διὰ τοῦτο ἥ τε διῶρυξ αὐτῶν ἐστι μεστὴ τῶν κροκοδείλων καὶ ἡ τοῦ Μοίριδος λίμνη· σέβονται γὰρ καὶ ἀπέχονται αὐτῶν· οἱ δὲ τοὺς ἰχνεύμονας τοὺς ὀλεθριωτάτους τοῖς κροκοδείλοις, καθάπερ καὶ ταῖς
5 ἀσπίσι· καὶ γὰρ τὰ ᾠὰ διαφθείρουσιν αὐτῶν καὶ αὐτὰ τὰ θηρία, τῷ πηλῷ θωρακισθέντες· κυλισθέντες γὰρ ἐν αὐτῷ ξηραίνονται πρὸς τὸν ἥλιον, εἶτα τὰς ἀσπίδας μὲν ἢ τῆς κεφαλῆς ἢ τῆς οὐρᾶς λαβόμενοι κατασπῶσιν εἰς τὸν ποταμὸν καὶ διαφθείρουσι· τοὺς δὲ κροκοδείλους ἐνε-
10 δρεύσαντες, ἡνίκ᾽ ἂν ἡλιάζωνται κεχηνότες, ἐμπίπτουσιν εἰς τὰ χάσματα καὶ διαφαγόντες τὰ σπλάγχνα καὶ τὰς γαστέρας ἐκδύνουσιν ἐκ νεκρῶν τῶν σωμάτων.

40. Ἑξῆς δ᾽ ἐστὶν ὁ Κυνοπολίτης νομὸς καὶ Κυνῶν πόλις, ἐν ᾗ ὁ Ἄνουβις τιμᾶται καὶ τοῖς κυσὶ τιμὴ καὶ
15 σίτισις τέτακταί τις ἱερά. ἐν δὲ τῇ περαίᾳ Ὀξύρυγχος πόλις καὶ νομὸς ὁμώνυμος· τιμῶσι δὲ τὸν ὀξύρυγχον καὶ ἔστιν αὐτοῖς ἱερὸν ὀξυρύγχου, καίτοι καὶ τῶν ἄλλων Αἰγυπτίων κοινῇ τιμώντων τὸν ὀξύρυγχον. τινὰ μὲν γὰρ τῶν ζώων ἅπαντες κοινῇ τιμῶσιν Αἰγύπτιοι, κα-
20 θάπερ τῶν μὲν πεζῶν τρία, βοῦν, κύνα, αἴλουρον, τῶν δὲ πτηνῶν δύο, ἱέρακα καὶ ἶβιν, τῶν δ᾽ ἐνύδρων δύο, λεπιδωτὸν ἰχθὺν καὶ ὀξύρυγχον· ἄλλα δ᾽ ἔστιν, ἃ τιμῶσι καθ᾽ ἑαυτοὺς ἕκαστοι, καθάπερ Σαῖται πρόβατον καὶ Θηβαῖται, λάτον δὲ τῶν ἐν τῷ Νείλῳ τινὰ ἰχθὺν
25 Λατοπολῖται, λύκον τε Λυκοπολῖται, κυνοκέφαλον δὲ Ἑρμοπολῖται, κῆβον δὲ Βαβυλώνιοι οἱ κατὰ Μέμφιν· ἔστι δ᾽ ὁ κῆβος τὸ μὲν πρόσωπον ἐοικὼς σατύρῳ, τἆλλα δὲ κυνὸς καὶ ἄρκτου μεταξύ, γεννᾶται δ᾽ ἐν Αἰθιοπίᾳ· ἀετὸν δὲ Θηβαῖοι, λέοντα δὲ Λεοντοπολῖται, αἶγα δὲ
30 καὶ τράγον Μενδήσιοι, μυγαλῆν δὲ Ἀθριβῖται, ἄλλοι δ᾽ ἄλλο τι· τὰς δ᾽ αἰτίας οὐχ ὁμολογουμένας λέγουσιν.

41. Ἑξῆς δ᾽ ἐστὶν Ἑρμοπολιτικὴ φυλακή, τελώνιόν τι τῶν ἐκ τῆς Θηβαΐδος καταφερομένων· ἐντεῦθεν ἀρχὴ τῶν ἑξήκοντα σταδίων σχοίνων, ἕως Συήνης καὶ Ἐλε-
35 φαντίνης· εἶτα ἡ Θηβαϊκὴ φυλακὴ καὶ διῶρυξ φέρουσα ἐπὶ Τάνιν· εἶτα Λύκων πόλις καὶ Ἀφροδίτης καὶ Πανῶν πόλις, λινουργῶν καὶ λιθουργῶν κατοικία παλαιά.

42. Ἔπειτα Πτολεμαϊκὴ πόλις, μεγίστη τῶν ἐν τῇ Θηβαΐδι καὶ οὐκ ἐλάττων Μέμφεως, ἔχουσα καὶ σύστημα
40 πολιτικὸν ἐν τῷ Ἑλληνικῷ τρόπῳ. ὑπὲρ δὲ ταύτης ἡ Ἄβυδος, ἐν ᾗ τὸ Μεμνόνιον, βασίλειον θαυμαστῶς κατεσκευασμένον ὁλόλιθον τῇ αὐτῇ κατασκευῇ, ᾗπερ τὸν λαβύρινθον ἔφαμεν, οὐ πολλαπλοῦν δέ· καὶ κρήνη ἐν βάθει κειμένη, ὥστε καταβαίνειν εἰς αὐτήν, κατα-
45 καμφθεισῶν ψαλίδων διὰ μονολίθων ὑπερβαλλόντων τῷ μεγέθει καὶ τῇ κατασκευῇ. ἔστι δὲ διῶρυξ (ἡ) ἄγουσα ἐπὶ τὸν τόπον ἀπὸ τοῦ μεγάλου ποταμοῦ. περὶ δὲ τὴν διώρυγα ἀκανθῶν Αἰγυπτίων ἄλσος ἐστὶν ἱερὸν τοῦ Ἀπόλλωνος. ἔοικε δὲ ὑπάρξαι ποτὲ ἡ Ἄβυδος πόλις
50 μεγάλη, δευτερεύουσα μετὰ τὰς Θήβας, νυνὶ δ᾽ ἐστὶ κατοικία μικρά· εἰ δ᾽, ὥς φασιν, ὁ Μέμνων ὑπὸ τῶν Αἰγυπτίων Ἰσμάνδης λέγεται, καὶ ὁ λαβύρινθος Μεμνόνιον ἂν εἴη καὶ τοῦ αὐτοῦ ἔργον, οὗπερ καὶ τὰ ἐν Ἀβύδῳ καὶ τὰ ἐν Θήβαις· καὶ γὰρ ἐκεῖ λέγεταί τινα

pterea fossam habent crocodilis plenam et Mœridis lacum; nam venerantur, et ab iis abstinent; Heracleotæ autem ichneumones, qui crocodilis et aspidibus perniciosissimi sunt; nam et eorum ova delent, et ipsas bestias interficiunt luto tanquam thorace muniti; in hoc enim postquam se volutarunt et dein ad solem siccati sunt, aspides capite aut cauda arreptas in flumen trahunt atque occidunt; crocodilos autem insidiose observant, et quando ii se, rictu diducto, soli exponunt, tum in ora eorum intrant, et exesis visceribus, e ventre mortuorum egrediuntur.

40. Sequitur Cynopolitana præfectura et Canum urbs, in qua Anubis colitur, et honor et sacer quidam cibus canibus est constitutus. In opposito fluvii latere est Oxyrynchus civitas et præfectura eodem nomine. Hic oxyrynchus piscis a rostro acuto sic dictus colitur, et oxyrynchi templum est, quamvis etiam ceteri Ægyptii omnes oxyrynchum piscem colant. Etenim quædam animalia Ægyptii universi colunt, ut de terrestribus tria, bovem, canem, felem, e volatilibus accipitrem atque ibim, ex aquatilibus duo, lepidotum (*id est squamatum*) piscem et oxyrynchum; alia vero sunt, quæ pro se quique colunt, ut Saitæ et Thebani ovem, latum vero, qui piscis quidam est in Nilo, Latopolitani, lupum Lycopolitani, cynocephalum simiam Hermopolitani, cepum simiam Babylonii, qui sunt juxta Memphim; (cepus faciem habet Satyro similem, cetera inter canem atque ursum; in Æthiopia nascitur;) aquilam Thebani, leonem Leontopolitani, capram et hircum Mendesii, murem araneum Athribitæ, alii aliud. Causas cultus vero afferunt inter se non consentientes.

41. Deinceps est Hermopolitana Phylace sive custodia, ubi vectigal exigitur earum rerum, quæ e Thebaide defertuntur. Hinc schœni stadiorum sexagenum incipiunt, pertinentes usque ad Syenen et Elephantinam. Postea Thebaica Phylace sive custodia et fossa, quæ Tanim defert; tum Lycopolis seu luporum urbs, et Veneris et Panopolis, antiqua habitatio hominum liniticium et lapidum opera exercentium.

42. Deinde Ptolemais, civitas omnium maxima, quæ in Thebaide sunt, et Memphi non minor, quæ etiam Græco more institutam habet civitatem. Supra hanc est Abydus, in qua est Memnonium, regia ex solido lapide mirificæ structuræ, qualem labyrinthi esse diximus, non tamen ita multiplex est. Fons quoque ibi in profundo positus, adeo ut descendatur ad eum, fornicibus incurvatis ex solidis lapidibus eximiæ magnitudinis et structuræ. Est etiam fossa, quæ ex magno flumine in hunc locum deducit. Circa fossam est spinarum Ægyptiarum lucus Apollini sacer. Abydus olim urbs magna videtur fuisse, primo post Thebas loco; nunc in parvum pagum redacta est. Quodsi (ut nonnulli sentiunt) Memnon ab Ægyptiis Ismandes dicitur, etiam Labyrinthus Memnonius erat, et ejusdem opus, cujus Abydena et Thebana; nam et ibi quædam Memnonia

Μεμνόνια. κατὰ δὲ τὴν Ἄβυδον ἔστιν ἡ πρώτη αὔασις ἐκ τῶν λεχθεισῶν τριῶν ἐν τῇ Λιβύῃ, διέχουσα ὁδὸν ἡμερῶν ἑπτὰ ἐνθένδε δι' ἐρημίας, εὔυδρός τε κατοικία καὶ εὔοινος καὶ τοῖς ἄλλοις ἱκανή· δευτέρα δ' ἡ κατὰ τὴν Μοίριδος λίμνην· τρίτη δὲ ἡ κατὰ τὸ μαντεῖον τὸ ἐν Ἄμμωνι· καὶ αὗται δὲ κατοικίαι εἰσὶν ἀξιόλογοι.

43. Πολλὰ δ' εἰρηκότες περὶ τοῦ Ἄμμωνος τοσοῦτον εἰπεῖν βουλόμεθα, ὅτι τοῖς ἀρχαίοις μᾶλλον ἦν ἐν τιμῇ καὶ ἡ μαντικὴ καθόλου καὶ τὰ χρηστήρια, νυνὶ δ' ὀλιγωρία κατέχει πολλή, τῶν Ῥωμαίων ἀρχουμένων τοῖς Σιβύλλης χρησμοῖς καὶ τοῖς Τυρρηνικοῖς θεοπροπίοις διά τε σπλάγχνων καὶ ὀρνιθείας καὶ διοσημειῶν. διόπερ καὶ τὸ ἐν Ἄμμωνι σχεδόν τι ἐκλέλειπται χρηστήριον, πρότερον δὲ ἐτετίμητο. δηλοῦσι δὲ μάλιστα τοῦτο οἱ τὰς Ἀλεξάνδρου πράξεις ἀναγράψαντες, προστιθέντες μὲν πολὺ καὶ τὸ τῆς κολακείας εἶδος, ἐμφαίνοντες δέ τι καὶ πίστεως ἄξιον. ὁ γοῦν Καλλισθένης φησὶ τὸν Ἀλέξανδρον φιλοδοξῆσαι μάλιστα ἀνελθεῖν ἐπὶ τὸ χρηστήριον, ἐπειδὴ καὶ Περσέα ἤκουσε πρότερον ἀναβῆναι καὶ Ἡρακλέα· ὁρμήσαντα δ' ἐκ Παραιτονίου, καίπερ νότων ἐπιπεσόντων, βιάσασθαι· πλανώμενον δ' ὑπὸ τοῦ κονιορτοῦ σωθῆναι, γενομένων ὄμβρων καὶ δυεῖν κοράκων ἡγησαμένων τὴν ὁδόν, ἤδη τούτων κολακευτικῶς λεγομένων· τοιαῦτα δὲ καὶ τὰ ἑξῆς· μόνῳ γὰρ δὴ τῷ βασιλεῖ τὸν ἱερέα ἐπιτρέψαι παρελθεῖν εἰς τὸν νεὼ μετὰ τῆς συνήθους στολῆς, τοὺς δ' ἄλλους μετενδῦναι τὴν ἐσθῆτα, ἔξωθέν τε τῆς θεμιστείας ἀκροάσασθαι πάντας πλὴν Ἀλεξάνδρου, τοῦτον δ' ἔνδοθεν· εἶναι [δὲ] οὐχ ὥσπερ ἐν Δελφοῖς καὶ Βραγχίδαις τὰς ἀποθεσπίσεις διὰ λόγων, ἀλλὰ νεύμασι καὶ συμβόλοις τὸ πλέον, ὡς καὶ παρ' Ὁμήρῳ·

ἦ καὶ κυανέῃσιν ἐπ' ὀφρύσι νεῦσε Κρονίων,

τοῦ προφήτου τὸν Δία ὑποκριναμένου· τοῦτο μέντοι ῥητῶς εἰπεῖν τὸν ἄνθρωπον πρὸς τὸν βασιλέα, ὅτι εἴη Διὸς υἱός. προστραγῳδεῖ δὲ τούτοις ὁ Καλλισθένης, ὅτι τοῦ Ἀπόλλωνος τὸ ἐν Βραγχίδαις μαντεῖον ἐκλελοιπότος, ἐξ ὅτου τὸ ἱερὸν ὑπὸ τῶν Βραγχιδῶν σεσύλητο ἐπὶ Ξέρξου περσισάντων, ἐκλελοιπυίας δὲ καὶ τῆς κρήνης, τότε ἥ τε κρήνη ἀνάσχοι καὶ μαντεῖα πολλὰ οἱ Μιλησίων πρέσβεις κομίσαιεν εἰς Μέμφιν περὶ τῆς ἐκ Διὸς γενέσεως τοῦ Ἀλεξάνδρου καὶ τῆς ἐσομένης περὶ Ἄρβηλα νίκης καὶ τοῦ Δαρείου θανάτου καὶ τῶν ἐν Λακεδαίμονι νεωτερισμῶν· περὶ δὲ τῆς εὐγενείας καὶ τὴν Ἐρυθραίαν Ἀθηναΐδα φησὶν ἀνειπεῖν· καὶ γὰρ ταύτην ὁμοίαν γενέσθαι τῇ παλαιᾷ Σιβύλλῃ τῇ Ἐρυθραίᾳ. τὰ μὲν δὴ τῶν συγγραφέων τοιαῦτα.

44. Ἐν δὲ τῇ Ἀβύδῳ τιμῶσι τὸν Ὄσιριν· ἐν δὲ τῷ ἱερῷ τοῦ Ὀσίριδος οὐκ ἔξεστιν οὔτε ᾠδὸν οὔτε αὐλητὴν οὔτε ψάλτην ἀπάρχεσθαι τῷ θεῷ, καθάπερ τοῖς ἄλλοις θεοῖς ἔθος. μετὰ δὲ τὴν Ἄβυδον Διὸς πόλις ἡ μικρά, εἶτα Τέντυρα πόλις· ἐνταῦθα δὲ διαφερόντως παρὰ τοὺς ἄλλους Αἰγυπτίους ὁ κροκόδειλος ἠτίμωται καὶ ἔχθιστος τῶν ἁπάντων θηρίων νενόμισται. οἱ μὲν γὰρ ἄλλοι,

dicuntur. Secundum Abydum est prima Auasis ex tribus, quæ sunt in Africa, dissita inde iter dierum septem; habitatio aquis et vino abundans, neque aliarum etiam rerum indiga; secunda est secundum Mœridis lacum; tertia prope Ammonis oraculum; hæ quoque habitationes sunt haud mediocres.

43. Multis a nobis de Ammone dictis, id tantum adjicimus, veteribus et divinationem universam et oracula in summo fuisse honore, nunc eadem admodum negligi, Romanis in Sibyllæ oraculis et Etrusca divinatione per extispicia, auguria et servationes de cœlo acquiescentibus. Itaque Ammonis quoque oraculum fere desertum est, prius vero in honore fuit. Id in primis declarant Alexandri rerum scriptores, qui quanquam adulandi gratia non pauca adjecerunt, indicant tamen etiam quæ credenda sint. Callisthenes igitur narrat, Alexandrum ambitione quadam inductum ad id oraculum contendisse, quod audiisset Perseum et Herculem prius eo adscendisse; itaque e Parætonio profectum, quamvis austrinis incidentibus flatibus, pertendisse, et quum per pulverem vagaretur, imbrium superventu et duorum corvorum, qui iter commonstrarent, servatum esse; quæ ipsa jam adulatorie dicuntur; similia sunt, quæ sequuntur. Soli scilicet regi a sacerdote concessum, ut in templum ingrederetur habitu consueto, ceteros vestem mutare jussos, et foris omnes oraculum audivisse, præter Alexandrum qui intus audiret. Responsa non, ut apud Delphos et Branchidas, verbis dari, sed magna ex parte nutu et signis, quemadmodum apud Homerum (Il. 1, 528):

Dixit, et cæruleis superciliis annuit Cronion,

vate nimirum Jovem imitante; hoc tamen expresse eum regi dixisse, esse ipsum Jovis filium. His Callisthenes tragice rem exaggerans addit, quum Apollo Branchidarum oraculum deseruisset ab eo tempore, quo templum a Branchidis Xerxem sequentibus spoliatum fuit, et fons defecisset: et hunc tum denuo scaturiisse, et Milesiorum legatos Memphin profectos multa responsa attulisse de nato e Jove Alexandro, de futura apud Arbela victoria, de Darii morte, de rebus Lacedæmone novandis; et de generis nobilitate etiam Erythræam Athenaidem effatam narrat, quæ Erythræae antiquæ Sibyllæ similis fuerit. Talia sunt, quæ a scriptoribus traduntur.

44. Abydi Osiris colitur; in ejus templo non licet nec cantori nec tibicini nec citharœdo sacrificium auspicari, quemadmodum mos est aliis deis. Post Abydum est parva Diospolis, inde Tentyra urbs. Ejus incolæ præ ceteris Ægyptiis crocodilum detestantur, et ex omnibus belluis inimicissimum habent. Nam ceteri quanquam ejus ani-

καίπερ εἰδότες τὴν κακίαν τοῦ ζῴου, καὶ ὡς ὀλέθριον τῷ ἀνθρωπίνῳ γένει, σέβονται ὅμως καὶ ἀπέχονται· οὗτοι δὲ πάντα τρόπον ἀνιχνεύουσι καὶ ἐκφθείρουσιν αὐτούς. ἔνιοι δ' ὥσπερ τοὺς Ψύλλους φασὶ τοὺς πρὸς τῇ Κυρηναίᾳ φυσικήν τινα ἀντιπάθειαν ἔχειν πρὸς τὰ ἑρπετά, οὕτω καὶ τοὺς Τεντυρίτας πρὸς τοὺς κροκοδείλους, ὥστε μηδὲν ὑπ' αὐτῶν πάσχειν, ἀλλὰ καὶ κολυμβᾶν ἀδεῶς καὶ διαπερᾶν, μηδενὸς ἄλλου θαρροῦντος· εἴς τε τὴν Ῥώμην κομισθεῖσι τοῖς κροκοδείλοις ἐπιδείξεως χάριν συνηκολούθουν οἱ Τεντυρῖται· γενομένης τε δεξαμενῆς καὶ πήγματός τινος ὑπὲρ μιᾶς τῶν πλευρῶν, ὥστε τοῖς θηρίοις ἐκβᾶσι τοῦ ὕδατος ἡλιαστήριον εἶναι, ἐκεῖνοι ἦσαν οἱ τοτὲ μὲν ἐξέλκοντες δικτύῳ πρὸς τὸ ἡλιαστήριον, ὡς καὶ ὑπὸ τῶν θεατῶν ὁραθῆναι, ἐμβαίνοντες ἅμα εἰς τὸ ὕδωρ, τοτὲ δὲ πάλιν εἰς τὴν δεξαμενὴν κατασπῶντες. τιμῶσι δὲ Ἀφροδίτην. ὄπισθεν δὲ τοῦ νεὼ τῆς Ἀφροδίτης Ἰσιδός ἐστιν ἱερόν· εἶτα τὰ Τυφώνια καλούμενα καὶ ἡ εἰς Κοπτὸν διῶρυξ, πόλιν κοινὴν Αἰγυπτίων τε καὶ Ἀράβων.

45. Ἐντεῦθέν ἐστιν ἰσθμὸς εἰς τὴν Ἐρυθρὰν κατὰ πόλιν Βερενίκην, ἀλίμενον μέν, τῇ δ' εὐκαιρίᾳ τοῦ ἰσθμοῦ καταγωγὰς ἐπιτηδείους ἔχουσαν. λέγεται δ' ὁ Φιλάδελφος πρῶτος στρατοπέδῳ τεμεῖν τὴν ὁδὸν ταύτην, ἄνυδρον οὖσαν, καὶ κατασκευάσαι σταθμούς, † ὥσπερ τοῖς ἐμπορίοις ὁδεύμασι καὶ διὰ τῶν καμήλων, τοῦτο δὲ πρᾶξαι διὰ τὸ τὴν Ἐρυθρὰν δύσπλουν εἶναι, καὶ μάλιστα τοῖς ἐκ τοῦ μυχοῦ πλοϊζομένοις. ἐφάνη δὴ τῇ πείρᾳ πολὺ τὸ χρήσιμον, καὶ νῦν ὁ Ἰνδικὸς φόρτος ἅπας καὶ ὁ Ἀράβιος καὶ τοῦ Αἰθιοπικοῦ ὁ τῷ Ἀραβίῳ κόλπῳ κατακομιζόμενος εἰς Κοπτὸν φέρεται, καὶ τοῦτ' ἔστιν ἐμπόριον τῶν τοιούτων φορτίων. οὐκ ἄπωθεν δὲ τῆς Βερενίκης ἐστὶ Μυὸς ὅρμος, πόλις ἔχουσα τὸ ναύσταθμον τῶν πλοϊζομένων, καὶ τῆς Κοπτοῦ οὐ πολὺ ἀφέστηκεν ἡ καλουμένη Ἀπόλλωνος πόλις, ὥστε καὶ αἱ διορίζουσαι τὸν ἰσθμὸν δύο πόλεις ἑκατέρωθέν εἰσιν. ἀλλὰ νῦν ἡ Κοπτὸς καὶ ὁ Μυὸς ὅρμος εὐδοκιμεῖ, καὶ χρῶνται τοῖς τόποις τούτοις. πρότερον μὲν οὖν ἐνυκτοπόρουν πρὸς τὰ ἄστρα βλέποντες οἱ καμηλέμποροι καὶ καθάπερ οἱ πλέοντες ὥδευον κομίζοντες καὶ ὕδωρ, νυνὶ δὲ καὶ ὑδρεῖα κατεσκευάκασιν, ὀρύξαντες πολὺ βάθος, καὶ ἐκ τῶν οὐρανίων, καίπερ ὄντων σπανίων, ὅμως δεξαμενὰς πεποίηνται· ἡ δ' ὁδός ἐστιν ἐξ ἢ ἑπτὰ ἡμερῶν. ἐπὶ δὲ τῷ ἰσθμῷ τούτῳ καὶ τὰ τῆς σμαράγδου μέταλλά ἐστι, τῶν Ἀράβων ὀρυττόντων βαθεῖς τινας ὑπονόμους, καὶ ἄλλων λίθων πολυτελῶν.

46. Μετὰ δὲ τὴν Ἀπόλλωνος πόλιν αἱ Θῆβαι (καλεῖται δὲ νῦν Διὸς πόλις),

αἵθ' ἑκατόμπυλοί εἰσι, διηκόσιοι δ' ἀν' ἑκάστην
ἀνέρες ἐξοιχνεῦσι σὺν ἵπποισιν καὶ ὄχεσφιν.

Ὅμηρος μὲν οὕτω· λέγει δὲ καὶ τὸν πλοῦτον·

οὐδ' ὅσα Θήβας
Αἰγυπτίας, ὅθι πλεῖστα δόμοις ἐνὶ κτήματα κεῖται.

καὶ ἄλλοι δὲ τοιαῦτα λέγουσι, μητρόπολιν τιθέντες τῆς Αἰγύπτου ταύτην· καὶ νῦν δ' ἴχνη δείκνυται τοῦ μεγέ-

malis malitiam norint, et humano generi perniciosum existiment, venerantur tamen et ab eo abstinent; Tentyritæ omnibus modis eos pervestigant atque occidunt. Sunt qui dicant, quemadmodum Psylli apud Cyrenaicam regionem naturalem quandam vim habent adversus serpentes : sic etiam Tentyritis esse contra crocodilos, ut nihil ab eis damni accipiant, sed intrepide urinentur, et aquam tranent, alio nemine audente. Quumque crocodili Romam allati essent pro spectaculo, Tentyritæ eos sequebantur, et, parata crocodilis piscina quadam, et pegmate exstructo in uno laterum, ut ex aqua in apricum egredi possent, Tentyritæ erant, qui eos interdum reti, in aquam ipsi intrantes, educebant in locum apricationi destinatum, ut a spectatoribus cerni possent, alias rursum eos in piscinam retrahebant. * Colunt autem Venerem. Post Veneris templum est Isidis fanum, deinceps sunt ea, quæ Typhonia vocantur, et fossa, quæ Coptum defert, communem Ægyptiorum et Arabum urbem.

45. Deinceps est isthmus ad Rubrum mare porrectus versus Berenicen urbem, quæ, quamquam sine portu est, tamen ob opportunitatem isthmi idonea diversoria habet. Dicunt Philadelphum primo hanc viam exercitu aperuisse, ac, quum aquis ea careret, mansiones instituisse, in quibus mercatoribus essent aquationes et stabula camelorum (ἐν οἷςπερ, s. οὖπερ, τοῖς ἐμπόροις ὑδρεύματα καὶ αὔλια τῶν κ), idque fecisse, quoniam Rubrum mare difficulter navigaretur, præsertim ex intimo recessu proficiscentibus. Ac sane experientia utilitatem rei maximam demonstravit, atque nunc omnes Indicæ et Arabicæ merces et Æthiopicæ etiam, quæ Arabico sinu advehuntur, Coptum deferuntur, istarum mercium emporium. Non procul a Berenice est Myos hormus, quæ urbs navale habet, et a Copto non multum abest Apollinis civitas, adeo ut duæ urbes isthmum terminantes utrinque sint : sed Coptus et Myos hormus nunc excellunt, iisque omnes utuntur. Olim camelis vehentes mercatores noctu iter agebant, astra observantes, quemadmodum nautæ, et aquam secum portabant; nunc terra in profundum effossa aquarum copiam paraverunt, et pluviis quoque, quantumvis raris, cisternas fecerunt. Iter est sex septemve dierum. In hoc isthmo etiam smaragdi sunt et aliorum quorundam pretiosorum lapidum metalla, ubi Arabes profundos quosdam cuniculos effodiunt.

46. Post Apollinis urbem sunt Thebæ, quæ nunc Diospolis vocatur (Il. 9, 383) :

Quis centum portæ, per quarum quamque ducenti
sublimes in equis et curribus egrediuntur.

Sic quidem Homerus inquit. Opulentiam quoque exprimit (Il. 9, 381) :

Nec quantæ Thebis Ægypti, quamlibet amplæ
adservantur opes.

Sunt et alii qui eadem dicant, hanc Ægypti metropolin ponentes; nunc vestigia magnitudinis ejus supersunt longitu-

θους αὐτῆς ἐπὶ ὀγδοήκοντα σταδίους τὸ μῆκος· ἔστι δ' ἱερὰ [τὰ] πλείω. καὶ τούτων δὲ τὰ πολλὰ ἠκρωτηρίασε Καμβύσης· νυνὶ δὲ κωμηδὸν συνοικεῖται, μέρος μέν τι ἐν τῇ Ἀραβίᾳ, ἐν ᾗπερ ἡ πόλις, μέρος δέ τι καὶ ἐν τῇ περαίᾳ, ὅπου τὸ Μεμνόνιον. ἐνταῦθα δὲ δυεῖν κολοσσῶν ὄντων μονολίθων ἀλλήλων πλησίον, ὁ μὲν σώζεται, τοῦ δ' ἑτέρου τὰ ἄνω μέρη τὰ ἀπὸ τῆς καθέδρας πέπτωκε σεισμοῦ γενηθέντος, ὥς φασι. πεπίστευται δ', ὅτι ἅπαξ καθ' ἡμέραν ἑκάστην ψόφος, ὡς ἂν πληγῆς οὐ μεγάλης, ἀποτελεῖται ἀπὸ τοῦ μένοντος ἐν τῷ θρόνῳ καὶ τῇ βάσει μέρους· κἀγὼ δὲ παρὼν ἐπὶ τῶν τόπων μετὰ Γάλλου Αἰλίου καὶ τοῦ πλήθους τῶν συνόντων αὐτῷ φίλων τε καὶ στρατιωτῶν περὶ ὥραν πρώτην ἤκουσα τοῦ ψόφου· εἴτε δὲ ἀπὸ τῆς βάσεως εἴτε ἀπὸ τοῦ κολοσσοῦ εἴτ' ἐπίτηδες τῶν κύκλῳ καὶ περὶ τὴν βάσιν ἱδρυμένων τινὸς ποιήσαντος τὸν ψόφον, οὐκ ἔχω διισχυρίσασθαι· διὰ γὰρ τὸ ἄδηλον τῆς αἰτίας πᾶν μᾶλλον ἐπέρχεται πιστεύειν ἢ τὸ ἐκ τῶν λίθων οὕτω τεταγμένων ἐκπέμπεσθαι τὸν ἦχον. ὑπὲρ δὲ τοῦ Μεμνονίου θῆκαι βασιλέων ἐν σπηλαίοις λατομηταὶ περὶ τετταράκοντα, θαυμαστῶς κατεσκευασμέναι καὶ θέας ἄξιαι· ἐν δὲ ταῖς † θήκαις ἐπί τινων ὀβελίσκων ἀναγραφαὶ δηλοῦσαι τὸν πλοῦτον τῶν τότε βασιλέων καὶ τὴν ἐπικράτειαν, ὡς μέχρι Σκυθῶν καὶ Βακτρίων καὶ Ἰνδῶν καὶ τῆς νῦν Ἰωνίας διατείνασαν, καὶ φόρων πλῆθος καὶ στρατιᾶς περὶ ἑκατὸν μυριάδας. λέγονται δὲ καὶ ἀστρονόμοι καὶ φιλόσοφοι μάλιστα οἱ ἐνταῦθα ἱερεῖς· τούτων δ' ἐστὶ καὶ τὸ τὰς ἡμέρας μὴ κατὰ σελήνην ἄγειν, ἀλλὰ κατὰ ἥλιον, τοῖς τριακονθημέροις δώδεκα μησὶν ἐπαγόντων πέντε ἡμέρας κατ' ἐνιαυτὸν ἕκαστον· εἰς δὲ τὴν ἐκπλήρωσιν τοῦ ὅλου ἐνιαυτοῦ, ἐπιτρέχοντος μορίου τινὸς τῆς ἡμέρας, περίοδόν τινα συντιθέασιν ἐξ ὅλων ἡμερῶν καὶ ὅλων ἐνιαυτῶν τοσούτων, ὅσα μόρια τὰ ἐπιτρέχοντα συνελθόντα ποιεῖ ἡμέραν. ἀνατιθέασι δὲ τῷ Ἑρμῇ πᾶσαν τὴν τοιαύτην (μάλιστα) σοφίαν· τῷ δὲ Διΐ, ὃν μάλιστα τιμῶσιν, εὐειδεστάτη καὶ γένους λαμπροτάτου παρθένος ἱερᾶται, ἃς καλοῦσιν οἱ Ἕλληνες παλλάδας· αὕτη δὲ καὶ παλλακεύει καὶ σύνεστιν οἷς βούλεται, μέχρις ἂν ἡ φυσικὴ γένηται κάθαρσις τοῦ σώματος· μετὰ δὲ τὴν κάθαρσιν δίδοται πρὸς ἄνδρα· πρὶν δὲ δοθῆναι, πένθος αὐτῆς ἄγεται μετὰ τὸν τῆς παλλακείας καιρόν.

47 Μετὰ δὲ Θήβας Ἑρμωνθὶς πόλις, ἐν ᾗ ὅ τε Ἀπόλλων τιμᾶται καὶ ὁ Ζεύς· τρέφεται δὲ καὶ ἐνταῦθα βοῦς· ἔπειτα Κροκοδείλων πόλις, τιμῶσα τὸ θηρίον· εἶτα Ἀφροδίτης πόλις καὶ μετὰ ταῦτα Λατόπολις, τιμῶσα Ἀθηνᾶν καὶ τὸν λάτον· εἶτα Εἰλειθυίας πόλις καὶ ἱερόν· ἐν δὲ τῇ περαίᾳ Ἱεράκων πόλις, τὸν ἱέρακα τιμῶσα· εἶτ' Ἀπόλλωνος πόλις, καὶ αὕτη πολεμοῦσα τοῖς κροκοδείλοις.

48. Ἡ δὲ Συήνη καὶ [ἡ] Ἐλεφαντίνη, ἡ μὲν ἐπὶ τῶν ὅρων τῆς Αἰθιοπίας καὶ τῆς Αἰγύπτου πόλις, ἡ δ' ἐν τῷ Νείλῳ προκειμένη τῆς Συήνης νῆσος ἐν ἡμισταδίῳ καὶ ἐν ταύτῃ πόλις ἔχουσα ἱερὸν Κνούφιδος καὶ νειλο-

dine octoginta fere stadiorum; sunt vero majorem partem templa. Sed horum quoque plurima mutilavit Cambyses. Nunc per vicos habitatur, ac pars ejus in Arabia, ubi et urbs erat, pars in ulteriore regione, ubi Memnonium. Hic quum duo colossi essent de solido lapide inter se propinqui, alter adhuc exstat, alterius vero superiores a sede partes corruerunt, terræ (ut fama est) motu. Creditum etiam est, semel quotidie sonitum quendam veluti ictus haud magni edi a parte, quæ in sede ac basi remansit. Ipse quoque quum adessem in his locis cum Ælio Gallo et reliqua multitudine amicorum ac militum, qui cum eo erant, circiter horam primam sonitum audivi; utrum vero a basi sive a colosso, an ab eam circumstantium aliquo editus fuerit, non habeo affirmare, quum propter incertitudinem causæ quidvis potius credere subeat, quam ex lapidibus sic compositis sonitum edi. Supra Memnonium sunt regum sepulcra in speluncis quibusdam in lapidem incisa, circiter quadraginta, mirum in modum structa, spectatuque sane digna; Thebis (Θήβαις?) vero in obeliscis quibusdam inscriptiones sunt, quæ regum illorum divitias ac potentiam declarant, atque imperium usque in Scythiam et Bactrianam et Indiam et quæ nunc Ionia dicitur, propagatum, item tributorum magnitudinem, et exercitus circiter mille millia. Thebani maxime sacerdotes astronomiam philosophiamque exercuisse dicuntur. Hi non lunæ, sed solis cursu annos exegerunt, duodecim mensibus, quorum quisque triginta constet diebus, quinque dies quotannis adjicientes; ad totius vero anni complementum quum quædam diei particula excurrat, circuitionem quandam composuerunt e totis diebus et tot totis annis, quot particulæ excurrentes, si in unum conjunguntur, diem conficiunt. Hujusmodi sapientiam omnem Mercurio tribuunt. Jovi, quem præcipue colunt, virgo quædam genere clarissima et specie pulcherrima sacratur; quales Græci palladas vocant. Ea pellicis more, cum quibus vult, coit, usque ad naturalem corporis purgationem. Post purgationem viro alicui elocatur; sed priusquam nubat, post pellicatus tempus, in mortuæ morem lugetur.

47. Post Thebas est Hermonthis civitas, in qua Apollo et Juppiter coluntur; hic etiam bos alitur; deinde est Crocodilorum urbs, quæ eam belluam colit; hinc Veneris urbs, et postea Latopolis, quæ Palladem et latum colit, postea Lucinæ civitas et ejus templum; in ulteriore regione est Accipitrum urbs, ubi accipiter colitur; deinde Apollinis urbs, quæ ipsa quoque crocodilis est inimica.

48. Syene vero et Elephantina, altera quidem in finibus est Æthiopiæ et Ægypti urbs; altera insula dimidio stadio in Nilo ante Syenen posita, inque ea urbs, quæ Cnuphidis templum habet et Nilometrium. Hoc autem est

μέτριον, καθάπερ Μέμφις. ἔστι δὲ τὸ νειλομέτριον συννόμῳ λίθῳ κατεσκευασμένον ἐπὶ τῇ ὄχθῃ τοῦ Νείλου φρέαρ, ἐν ᾧ τὰς ἀναβάσεις τοῦ Νείλου σημειοῦνται τὰς μεγίστας τε καὶ ἐλαχίστας καὶ τὰς μέσας· συναναβαίνει γὰρ καὶ συνταπεινοῦται τῷ ποταμῷ τὸ ἐν τῷ φρέατι ὕδωρ. εἰσὶν οὖν ἐν τῷ τοίχῳ τοῦ φρέατος πχραγραφαί, μέτρα τῶν τελείων καὶ τῶν ἄλλων ἀναβάσεων· ἐπισκοποῦντες οὖν ταύτας διασημαίνουσι τοῖς ἄλλοις, ὅπως εἰδεῖεν· πρὸ πολλοῦ γὰρ ἴσασιν ἐκ τῶν τοιούτων σημείων † καὶ τῶν ἡμερῶν τὴν ἐσομένην ἀνάβασιν καὶ προδηλοῦσι. τοῦτο δὲ καὶ τοῖς γεωργοῖς χρήσιμον τῆς τῶν ὑδάτων ταμιείας χάριν καὶ παραχωμάτων καὶ διωρύγων καὶ ἄλλων τοιούτων, καὶ τοῖς ἡγεμόσι τῶν προσόδων χάριν· αἱ γὰρ μείζους ἀναβάσεις μείζους καὶ τὰς προσόδους ὑπαγορεύουσιν. ἐν δὲ τῇ Συήνῃ καὶ τὸ φρέαρ ἐστὶ τὸ διασημαῖνον τὰς θερινὰς τροπάς, (καὶ) διότι τῷ τροπικῷ κύκλῳ ὑπόκεινται οἱ τόποι οὗτοι (καὶ ποιοῦσιν ἀσκίους τοὺς γνώμονας κατὰ μεσημβρίαν)· ἀπὸ γὰρ τῶν ἡμετέρων τόπων, λέγω δὲ τῶν Ἑλλαδικῶν, προϊοῦσιν ἐπὶ τὴν μεσημβρίαν ἐνταῦθα πρῶτον ὁ ἥλιος κατὰ κορυφὴν ἡμῖν γίνεται καὶ ποιεῖ τοὺς γνώμονας ἀσκίους κατὰ μεσημβρίαν· ἀνάγκη δέ, κατὰ κορυφὴν ἡμῖν γινομένου, καὶ εἰς τὰ φρέατα βάλλειν μέχρι τοῦ ὕδατος τὰς αὐγάς, κἂν βαθύτατα ᾖ· κατὰ κάθετον γὰρ ἡμεῖς τε ἕσταμεν καὶ τὰ ὀρύγματα τῶν φρεάτων κατεσκεύασται. εἰσὶ δ' ἐνταῦθα τρεῖς σπεῖραι Ῥωμαίων ἱδρυμέναι φρουρᾶς χάριν.

49. Μικρὸν δ' ὑπὲρ τῆς Ἐλεφαντίνης ἐστὶν ὁ μικρὸς καταράκτης, ἐφ' ᾧ καὶ θέαν τινὰ οἱ σκαφῖται τοῖς ἡγεμόσιν ἐπιδείκνυνται· ὁ μὲν γὰρ καταράκτης ἐστὶ κατὰ μέσον τὸν ποταμόν, πετρώδης τις ὀφρύς, ἐπίπεδος μὲν ἄνωθεν, ὥστε δέχεσθαι τὸν ποταμόν, τελευτῶσα δ' εἰς κρημνόν, καθ' οὗ καταρρήγνυται τὸ ὕδωρ, ἑκατέρωθεν δὲ πρὸς τῇ γῇ ῥεῖθρον, ὃ μάλιστα καὶ ἀνάπλουν ἔχει· ἀναπλεύσαντες οὖν ταύτῃ καταρρέουσιν ἐπὶ τὸν καταράκτην καὶ ὠθοῦνται μετὰ τῆς σκάφης ἐπὶ τὸν κρημνὸν καὶ σώζονται σὺν αὐτῇ ἀπαθεῖς. τοῦ δὲ καταράκτου μικρὸν ἐπάνω τὰς Φιλὰς εἶναι συμβαίνει, κοινὴ κατοικίαν Αἰθιόπων τε καὶ Αἰγυπτίων, κατεσκευασμένην ὥσπερ καὶ τὴν Ἐλεφαντίνην καὶ τὸ μέγεθος ἴσην, ἱερὰ ἔχουσαν Αἰγύπτια· ὅπου καὶ ὄρνεον τιμᾶται, ὃ καλοῦσι μὲν ἱέρακα, οὐδὲν δὲ ὅμοιον ἔμοιγε ἐφαίνετο ἔχειν τοῖς παρ' ἡμῖν καὶ ἐν Αἰγύπτῳ ἱέραξιν, ἀλλὰ καὶ τῷ μεγέθει μεῖζον ἦν καὶ τῇ ποικιλίᾳ πολὺ ἐξηλλαγμένον· Αἰθιοπικὸν δ' ἔφασαν εἶναι, κἀκεῖθεν κομίζεσθαι, ὅταν ἐκλίπῃ καὶ πρότερον· καὶ δὴ καὶ τότε ἐδείχθη ἡμῖν πρὸς ἐκλείψει ὂν διὰ νόσον.

50. Ἤλθομεν δ' εἰς Φιλὰς ἐκ Συήνης ἀπήνῃ δι' ὁμαλοῦ σφόδρα πεδίου σταδίους ὁμοῦ τι ἑκατόν. παρ' ὅλην δὲ τὴν ὁδὸν ἦν ἰδεῖν ἑκατέρωθεν πολλαχοῦ, ὥσπερ ἑρμαῖα, πέτρον ἠλίβατον στρογγύλον, λεῖον ἱκανῶς, ἐγγὺς σφαιροειδές, τοῦ μέλανος καὶ σκληροῦ λίθου, ἐξ οὗ αἱ θυῖαι γίνονται, ἐπὶ πέτρῳ κείμενον μείζονι καὶ ἐπ' ἐκείνῳ πάλιν ἄλλον· ἔστι δ' ὅτε αὐτοὶ καθ' αὑ-

puteus quidam in Nili ripa e cæmentis æqualibus constructus, in quo et maxima et minima et mediocria Nili incrementa annotantur; nam putei aqua cum Nilo pariter crescit et decrescit. Suntque in putei pariete notæ quædam iusculptæ incrementorum, et perfectorum et aliorum. Hæc itaque observantes ceteris significant, ut sciant; multo enim ante ex his signis et sciunt *tempus et mensuram futurorum incrementorum* (?), et prænuntiant. Quæ quidem res agricolis ad aquarum dispensationem et aggerum ac fossarum curationem conducit, præfectis vero ad reditum rationes; majora enim incrementa majores proventus denuntiant. Syenæ etiam puteus quidam est, æstivi index solstitii, quoniam hæc loca sub circulo tropico sita sunt. A nostris enim locis, hoc est a Græcis, in meridiem procedentibus, hic primum sol nobis supra verticem fit, adeo ut meridie nullam gnomones umbram projiciant. Necesse autem est, quum nobis supra verticem fuerit, ut in puteos etiam profundissimos usque ad aquam radios jaciat sol, quandoquidem et nos ad angulos rectos solo insistimus, et putei ad perpendiculum effodiuntur. Hoc in loco tres Romanorum cohortes collocatæ sunt præsidii gratia.

49. Paulo supra Elephantinam est parvus catarrhactes, in quo naviculariii scaphiis utentes spectaculum quoddam principibus exhibent. Catarrhactes est ad medium fere flumen petrosum quoddam supercilium in superiore parte planum, ut flumen recipere possit, desinens vero in præcipitium, per quod aqua dejicitur; utrimque autem secus terram alveus est, quo facile sursum navigari possit. Hac itaque subvecti defluunt in catarrhacten, et cum scapha in præcipitium detruduntur, et ipsi et scaphæ incolumes. Paulo supra catarrhacten sunt Philæ, communis Æthiopum et Ægyptiorum habitatio, structa quemadmodum Elephantina, et pari magnitudine; hæc templa Ægyptia habet, ubi ales colitur, quem accipitrem ipsi vocant, mihi autem nihil cum nostris simile videbatur habere, aut Ægyptiis, utpote et magnitudine excedens, et varietate colorum longe diversus. Dicebant autem Æthiopicum esse, et inde afferri alium, quando ille in Philis decesserit, *vel* (ἢ) etiam jam antea. Sic qui tunc nobis ostensus est, morbo jam cœperat deficere.

50. Nos Philas Syene plaustro vecti sumus per campum valde planum, centum (*quinquaginta?*) stadiorum itinere. Per totam fere viam videre erat utrimque multis in locis in morem Mercurialium tumulorum, qui viis apponi solent, petram arduam, rotundam, admodum politam, prope sphæricam, e nigro ac duro lapide, ex quo mortaria fiunt, majori saxo impositam, ac rursum super ea aliam:

τοὺς ἔκειντο οἱ πέτροι· ἦν δ' ὁ μὲν μέγιστος τὴν διάμετρον ποδῶν οὐκ ἐλαττόνων ἢ δώδεκα, ἅπαντες δὲ μείζους ἢ ἡμίσεις τούτων. διέβημεν δὲ εἰς τὴν νῆσον ἐπὶ πάκτωνος· ὁ δὲ πάκτων διὰ σκυταλίδων πεπηγός 5 ἐστι σκάφιον, ὥστ' ἐοικέναι διαπλοκίνῳ· ἑστῶτες δ' ἐν ὕδατι ἢ καὶ σανιδίοις τισὶ προσκαθημένοι ῥᾳδίως ἐπεραιώθημεν, δεδιότες μάτην· ἀκίνδυνα γάρ ἐστιν, ἂν μή τις ὑπέργομον ποιήσῃ τὸ πορθμεῖον.

51. Καθ' ὅλην δὲ τὴν Αἴγυπτον τοῦ φοίνικος ἀγεννοῦς 10 ὄντος καὶ ἐκφέροντος καρπὸν οὐκ εὔβρωτον ἐν τοῖς περὶ τὸ Δέλτα τόποις καὶ περὶ τὴν Ἀλεξάνδρειαν, ὁ ἐν τῇ Θηβαΐδι φοῖνιξ ἄριστος τῶν ἄλλων φύεται. θαυμάζειν οὖν ἄξιον, πῶς ταὐτὸ κλίμα οἰκοῦντες τῇ Ἰουδαίᾳ καὶ ὅμοροι οἱ περὶ τὸ Δέλτα καὶ τὴν Ἀλεξάνδρειαν, το- 15 σοῦτον διαλλάττουσιν, ἐκείνης πρὸς ἄλλῳ φοίνικι καὶ τὸν καρυωτὸν γεννώσης, οὐ πολὺ † κρείττονα τοῦ Βαβυλωνίου. διττὸς δ' ἐστὶν ὅ τε ἐν τῇ Θηβαΐδι καὶ ὁ ἐν τῇ Ἰουδαίᾳ, ὅ τε ἄλλος καὶ ὁ καρυωτός· σκληρότερος δ' ὁ Θηβαϊκός, ἀλλὰ τῇ γεύσει εὐστομώτερος. ἔστι δὲ καὶ 20 νῆσος ἡ μάλιστα ἐκφέρουσα τὸν ἄριστον, μεγίστην τελοῦσα πρόσοδον τοῖς ἡγεμόσι· βασιλικὴ γὰρ ἦν, ἰδιώτῃ δ' οὐ μετῆν, καὶ νῦν τῶν ἡγεμόνων ἐστί.

52. Πολλὰ δ' Ἡρόδοτός τε καὶ ἄλλοι φλυαροῦσιν, ὥσπερ μέλος ἢ ῥυθμὸν ἢ ἥδυσμά τι τῷ λόγῳ τὴν τε- 25 ρατείαν προσφέροντες· οἷον καὶ τὸ φάσκειν περὶ τὰς νήσους τὰς πρὸς τῇ Συήνῃ καὶ τῇ Ἐλεφαντίνῃ (πλείους δ' εἰσί) τὰς πηγὰς τοῦ Νείλου εἶναι, καὶ βάθος ἄβυσσον ἔχειν τὸν πόρον κατὰ τοῦτον τὸν τόπον. νήσους δ' ὁ Νεῖλος κατεσπαρμένας ἔχει παμπόλλας, τὰς μὲν 30 καλυπτομένας ὅλας ἐν ταῖς ἀναβάσεσι, τὰς δ' ἐκ μέρους, ἐποχετεύεται δὲ τοῖς κοχλίαις τὰ λίαν ἔξαλα.

53. Ἦν μὲν οὖν ἡ Αἴγυπτος εἰρηνικὴ τὸ πλέον ἐξ ἀρχῆς διὰ τὸ αὔταρκες τῆς χώρας καὶ τὸ δυσείσβολον τοῖς ἔξωθεν, ἀπὸ μὲν τῶν ἄρκτων ἀλιμένῳ παραλίᾳ καὶ 35 πελάγει τῷ Αἰγυπτίῳ φρουρουμένη, ἀπὸ δὲ τῆς ἕω καὶ τῆς ἑσπέρας ἐρήμοις ὄρεσι, τοῖς τε Λιβυκοῖς καὶ τοῖς Ἀραβίοις, ὥσπερ ἔφαμεν· λοιπὰ δὲ τὰ πρὸς νότον Τρωγλοδύται [καὶ] Βλέμμυες καὶ Νοῦβαι καὶ Μεγάβαροι οἱ ὑπὲρ Συήνης Αἰθίοπες· εἰσὶ δ' οὗτοι νομάδες καὶ οὐ πολλοὶ 40 οὐδὲ μάχιμοι, δοκοῦντες δὲ τοῖς πάλαι διὰ τὸ λῃστρικῶς ἀφυλάκτοις ἐπιτίθεσθαι πολλάκις· οἱ δὲ πρὸς μεσημβρίαν καὶ Μερόην ἀνήκοντες Αἰθίοπες, οὐδ' οὗτοι πολλοὶ οὔτε ἐν συστροφῇ, ἅτε ποταμίαν μακρὰν στενὴν καὶ σκολιὰν οἰκοῦντες, οἵαν προείπομεν· οὐδὲ παρεσκευασμένοι κα- 45 λῶς οὔτε πρὸς πόλεμον οὔτε πρὸς τὸν ἄλλον βίον. καὶ νῦν δὲ διάκειται παραπλησίως ἡ χώρα πᾶσα· σημεῖον δέ· τρισὶ γοῦν σπείραις, οὐδὲ ταύταις ἐντελέσιν, ἱκανῶς ὑπὸ τῶν Ῥωμαίων ἡ χώρα φρουρεῖται· τολμήσασι δὲ τοῖς Αἰθίοψιν ἐπιθέσθαι κινδυνεῦσαι τῇ χώρᾳ συνέπεσε 50 τῇ σφετέρᾳ. καὶ αἱ λοιπαὶ δὲ δυνάμεις αἱ ἐν Αἰγύπτῳ οὔτε τοσαῦταί τινές εἰσιν οὔτε ἀθρόαις ἐχρήσαντο οὐδ' ἅπαξ Ῥωμαῖοι· οὐ γάρ εἰσιν οὔτ' αὐτοὶ Αἰγύπτιοι πολεμισταί, καίπερ ὄντες παμπληθεῖς, οὔτε τὰ πέριξ ἔθνη. Γάλλος μέν γε Κορνήλιος, ὁ πρῶτος καταστα-

nonnusquam etiam per sese jacebant petræ; earum maxima erat non minore duodecim pedum diametro, atque omnes majores quam hujus dimidium. Trajecimus in insulam pactone. Pacton est scaphæ genus e scuticis ita compositum, ut textile quiddam videatur. Stantes itaque in aqua vel in asseribus sedentes facile transmisimus inani metu : caret enim res periculo, si scapha non nimis oneratur.

51. Quum in tota Ægypto palma e vilium genere sit, et fructum afferat esui non aptum in locis apud Delta et Alexandriam; tamen in Thebaide palma inter ceteras optima est. Jam admiratione dignum est, quomodo palmæ in Delta et Alexandriæ regione provenientes, quanquam eandem cum Judaicis plagam obtinent iisque finitimæ sunt, tantum tamen ab illis differant : quum Judæa præter alteram palmam etiam caryotam gignat, non multo Babyloniâ inferiorem (χείρονα). Duplex vero est, ut Judaica, sic etiam Thebana palma, caryota scilicet atque reliqua ; ac Thebaica quanquam durior sit, gustatu tamen est suavior. Est ibi etiam insula quædam, quæ præ ceteris locis palmam optimam fert, et proventum maximum principibus affert; regis enim erat, et privatus nemo in ea partem habebat, et nunc principum est.

52. Enimvero multa quum ceteri nugantur, tum Herodotus, veluti cantus loco, aut rhythmi aut condimenti, prodigiosas fabulas orationi adhibentes. Cujus generis est, quod apud insulas dicunt juxta Syenen et Elephantinam sitas (sunt autem complures) Nili fontes esse, et ad eum locum flumen profunditate esse immensa. Ceterum Nilus insulas sparsas quam plurimas habet, quarum aliæ totæ excrescente flumine obruuntur, aliæ ex parte. Loca vero nimis alta per cochleas irrigantur.

53. Ceterum jam inde ab initio Ægyptus plerumque pacem colebat, tum propter suas copias, quibus facile se sustentaret, tum quod non facile externis gentibus pateret in eam ingressus; nam a septentrione ora importuosa et Ægyptio pelago, ab ortu et occasu desertis et montibus Libycis et Arabicis (ut diximus) munitur; quæ restant austrum versus, Troglodytæ incolunt et Blemmyes, et Nubæ et Megabari, qui Æthiopes supra Syenen habitant; ii vero sunt nomades, neque multi neque bellicosi, quanquam esse olim viderentur, propterea quod sæpe latronum more incautos adoriebantur. Qui deinceps ad meridiem Meroenque pertingunt Æthiopes, neque ipsi valde multi sunt, neque collecti in unum conventum degunt, quippe qui fluvialem regionem longam angustamque habitent, qualem ante diximus, nec ad bellum, nec ad ceteram vitæ rationem bene instructi. Atque adeo etiamnum idem est terræ hujus status. Cujus rei indicium est, quod a tribus Romanis cohortibus, nec iis plenis, custoditur; quumque aliquando Æthiopes aggredi nostros ausi essent, de sua ipsorum regione in periculum venerunt. Neque reliquæ in Ægypto copiæ adeo multæ sunt, nec unquam Romani confertim iis usi sunt. Etenim nec Ægyptii ipsi sunt admodum bellicosi, quanquam multi sint, nec etiam finitimæ gentes. Cornelius quidem Gal-

θείς έπαρχος της χώρας ύπό Καίσαρος, τήν τε Ἡρώων πόλιν ἀποστᾶσαν ἐπελθὼν δι' ὀλίγων εἷλε, στάσιν τε γενηθεῖσαν ἐν τῇ Θηβαΐδι διὰ τοὺς φόρους ἐν βραχεῖ κατέλυσε. Πετρώνιός τε ύστερον τοῦ Ἀλεξανδρέων
5 πλήθυς τοσούτων μυριάδων ὁρμησάντος ἐπ' αὐτὸν μετὰ λίθων βολῆς, αὐτοῖς τοῖς περὶ ἑαυτὸν στρατιώταις ἀντέσχε, καὶ διαφθείρας τινὰς αὐτῶν τοὺς λοιποὺς ἔπαυσε. Γάλλος τε Αἴλιος μέρει τῆς ἐν Αἰγύπτῳ φρουρᾶς εἰς τὴν Ἀραβίαν ἐμβαλὼν εἴρηται, τίνα τρόπον ἐξήλεγξε
10 τοὺς ἀνθρώπους ἀπολέμους ὄντας· εἰ δὴ μὴ ὁ Συλλαῖος αὐτὸν προὐδίδου, κἂν κατεστρέψατο τὴν Εὐδαίμονα πᾶσαν.

54. Ἐπειδὴ δὲ οἱ Αἰθίοπες, καταφρονήσαντες τῷ μέρος τι τῆς ἐν Αἰγύπτῳ δυνάμεως ἀπεσπάσθαι μετὰ
15 Γάλλου Αἰλίου πολεμοῦντος πρὸς τοὺς Ἄραβας, ἐπῆλθον τῇ Θηβαΐδι καὶ τῇ φρουρᾷ τῶν τριῶν σπειρῶν τῶν κατὰ Συήνην καὶ ἑλόντες ἔφθασαν τήν τε Συήνην καὶ τὴν Ἐλεφαντίνην καὶ Φίλας ἐξ ἐφόδου διὰ τὸ αἰφνίδιον καὶ ἐξηνδραποδίσαντο, ἀνέσπασαν δὲ καὶ τοὺς Καίσα-
20 ρος ἀνδριάντας· ἐπελθὼν (δὲ) ἐλάττοσιν ἢ μυρίοις πεζοῖς Πετρώνιος, ἱππεῦσι δὲ ὀκτακοσίοις πρὸς ἄνδρα τρισμυρίους, πρῶτον μὲν ἠνάγκασεν ἀναφυγεῖν αὐτοὺς εἰς Ψέλχιν, πόλιν Αἰθιοπικήν, καὶ πρεσβεύεται τά τε ληφθέντα ἀπαιτῶν καὶ τὰς αἰτίας, δι' ἃς ἦρξαν πολέμου·
25 λεγόντων δ', ὡς ἀδικοῖντο ὑπὸ τῶν νομάρχων, ἀλλ' οὐκ ἔφη τούτους ἡγεμόνας εἶναι τῆς χώρας, ἀλλὰ Καίσαρα· αἰτησαμένων δ' ἡμέρας τρεῖς εἰς βουλὴν καὶ μηδέν, ὧν ἐχρῆν, ποιούντων, προσβαλὼν ἠνάγκασε προελθεῖν εἰς μάχην, ταχὺ δὲ τροπὴν ἐποίησε, συντεταγμένων
30 τε κακῶς καὶ ὡπλισμένων· μεγάλους γὰρ εἶχον θυρεούς, καὶ τούτους ὠμοβοΐνους, ἀμυντήρια δὲ πελέκεις, οἱ δὲ κοντούς, οἱ δὲ καὶ ξίφη. τινὲς μὲν οὖν εἰς τὴν πόλιν συνηλάθησαν, οἱ δ' εἰς τὴν ἐρημίαν ἔφυγον, τινὰς δὲ νῆσος πλησίον ὑπεδέξατο ἐμβάντας εἰς τὸν πόρον· οὐ
35 γὰρ πολλοὶ ἦσαν ἐνταῦθα οἱ κροκόδειλοι διὰ τὸν ῥοῦν. τούτων δ' ἦσαν καὶ οἱ τῆς βασιλίσσης στρατηγοὶ τῆς Κανδάκης, ἣ καθ' ἡμᾶς ἦρξε τῶν Αἰθιόπων, ἀνδρική τις γυνὴ πεπηρωμένη τὸν ἕτερον τῶν ὀφθαλμῶν· τούτους τε δὴ ζωγρίᾳ λαμβάνει ἅπαντας, ἐπιπλεύσας σχεδίαις
40 τε καὶ ναυσί, καὶ καταπέμπει παραχρῆμα εἰς Ἀλεξάνδρειαν, ἐπελθών τε τὴν Ψέλχιν αἱρεῖ· προσαριθμουμένου δὲ τοῖς ἑαλωκόσι τοῦ πλήθους τῶν πεσόντων ἐν τῇ μάχῃ, τοὺς σωθέντας ὀλίγους παντάπασι γενέσθαι συνέβη. ἐκ δὲ Ψελχίος ἧκεν εἰς Πρῆμνιν, ἐρυμνὴν
45 πόλιν, διελθὼν τοὺς θῖνας, ἐν οἷς ὁ Καμβύσου κατεχώσθη στρατὸς ἐμπεσόντος ἀνέμου· προσβαλὼν δὲ ἐξ ἐφόδου τὸ φρούριον αἱρεῖ, καὶ μετὰ ταῦτα ὥρμησεν ἐπὶ Νάπατων· τοῦτο δ' ἦν τὸ βασίλειον τῆς Κανδάκης, καὶ ἦν ἐνταῦθα υἱὸς αὐτῆς· καὶ αὐτὴ δ' ἔν τινι πλησίον
50 ἵδρυτο χωρίῳ. πρεσβευσαμένης δὲ περὶ φιλίας καὶ ἀποδούσης τοὺς ἐκ Συήνης αἰχμαλώτους καὶ τοὺς ἀνδριάντας, ἐπελθὼν λαμβάνει καὶ τὰ Νάπατα, φυγόντος τοῦ παιδός, καὶ κατασκάπτει· ἐξανδραποδισάμενος δ' ἀναστρέφει πάλιν εἰς τοὐπίσω μετὰ τῶν λαφύρων,

δύσοδα κρίνας τὰ προσωτέρω· τὴν δὲ Πρῆμνιν τειχίσας βέλτιον, φρουρὰν ἐμβαλὼν καὶ τροφὴν δυεῖν ἐνιαυτῶν τετρακοσίοις ἀνδράσιν, ἀπῆρεν εἰς Ἀλεξάνδρειαν· καὶ τῶν αἰχμαλώτων τοὺς μὲν ἐλαφυροπώλησε, χιλίους δὲ Καίσαρι ἔπεμψε νεωστὶ ἐκ Καντάβρων ἥκοντι, τοὺς δὲ νόσοι διεχρήσαντο. ἐν τούτῳ μυριάσι Κανδάκη πολλαῖς ἐπὶ τὴν φρουρὰν ἐπῆλθε· Πετρώνιος δ' ἐξεβοήθησε καὶ φθάνει προσελθὼν εἰς τὸ φρούριον, καὶ πλείοσι παρασκευαῖς ἐξασφαλισάμενος τὸν τόπον, πρεσβευσαμένων, ἐκέλευσεν ὡς Καίσαρα πρεσβεύεσθαι· οὐκ εἰδέναι δὲ φασκόντων, ὅστις εἴη Καῖσαρ καὶ ὅπη βαδιστέον εἴη παρ' αὐτόν, ἔδωκε τοὺς παραπέμψοντας· καὶ ἧκον εἰς Σάμον, ἐνταῦθα τοῦ Καίσαρος ὄντος καὶ μέλλοντος εἰς Συρίαν ἐντεῦθεν προϊέναι, Τιβέριον εἰς Ἀρμενίαν στέλλοντος. πάντων δὲ τυχόντων, ὧν ἐδέοντο, ἀφῆκεν αὐτοῖς καὶ τοὺς φόρους, οὓς ἐπέστησε.

ΚΕΦ. Β'

Πολλὰ δ' εἴρηται περὶ τῶν Αἰθιοπικῶν ἐν τοῖς πρότερον, ὥστε συμπεριωδευμένα ἂν εἴη τῇ Αἰγύπτῳ καὶ τὰ τούτων. ὡς δ' εἰπεῖν, τὰ ἄκρα τῆς οἰκουμένης τὰ παρακείμενα τῇ δυσκράτῳ καὶ ἀοικήτῳ διὰ καῦμα ἢ ψῦχος ἀνάγκη ἀποτεύγματα εἶναι τῆς εὐκράτου καὶ ἐλαττώματα· ταῦτα δ' ἐκ τῶν βίων δῆλα καὶ τῆς πρὸς τὰς χρείας τὰς ἀνθρωπικὰς ἀπορίας. κακόβιοί τε δὴ καὶ γυμνῆτές εἰσι τὰ πολλὰ καὶ νομάδες· τά τε βοσκήματα αὐτοῖς ἐστι μικρά, πρόβατα καὶ αἶγες καὶ βόες· καὶ κύνες μικροί, τραχεῖς δὲ καὶ μάχιμοι. τάχα δὲ καὶ τοὺς Πυγμαίους ἀπὸ τῆς τούτων μικροφυΐας ὑπενόησαν καὶ ἀνέπλασαν· ἑωρακὼς μὲν γὰρ οὐδεὶς ἐξηγεῖται τῶν πίστεως ἀξίων ἀνδρῶν.

2. Ζῶσί τ' ἀπὸ κέγχρου καὶ κριθῆς, ἀφ' ὧν καὶ ποτὸν ποιοῦσιν † αὐτοῖς ἐστιν· ἔλαιον δὲ βούτυρον καὶ στέαρ· οὐδ' ἀκρόδρυα ἔχουσι πλὴν φοινίκων ὀλίγων ἐν κήποις βασιλικοῖς· ἔνιοι δὲ καὶ πόαν σιτοῦνται καὶ κλῶνας ἁπαλοὺς καὶ λωτὸν καὶ καλάμου ῥίζας· κρέασι δὲ χρῶνται καὶ αἵματι καὶ γάλακτι καὶ τυρῷ. σέβονται δ' ὡς θεοὺς τοὺς βασιλέας, κατακλείστους ὄντας καὶ οἰκουροὺς τὸ πλέον. ἔστι δὲ τὸ μέγιστον αὐτοῖς βασίλειον ἡ Μερόη, πόλις ὁμώνυμος τῇ νήσῳ· τὴν δὲ νῆσον θυρεοειδῆ φασι τὸ σχῆμα, τό τε μέγεθος τάχα πρὸς ὑπερβολὴν εἴρηται μῆκος μὲν ὅσον τρισχιλίων σταδίων, εὖρος δὲ χιλίων. ἔχει δ' ἡ νῆσος καὶ ὄρη συχνὰ καὶ δάση μεγάλα. οἰκοῦσι δ' οἱ μὲν νομάδες, οἱ δὲ θηρευτικοί, οἱ δὲ γεωργοί· ἔστι δὲ καὶ χαλκωρυχεῖα καὶ σιδηρουργεῖα καὶ χρυσεῖα καὶ λίθων γένη πολυτελῶν· περιέχεται δ' ἀπὸ μὲν τῆς Λιβύης θισὶ μεγάλοις, ἀπὸ δὲ τῆς Ἀραβίας κρημνοῖς συνεχέσιν, ἄνωθεν δ' ἐκ νότου ταῖς συμβολαῖς τῶν ποταμῶν, τοῦ τε Ἀσταβόρα καὶ τοῦ Ἀστάποδος καὶ τοῦ Ἀστασόβα· πρὸς ἄρκτον δ' ἡ ἐφεξῆς ῥύσις τοῦ Νείλου καὶ μέχρι Αἰγύπτου κατὰ τὴν λεχθεῖσαν πρότερον σκολιότητα τοῦ ποταμοῦ. ἐν δὲ ταῖς πόλεσιν αἱ οἰκήσεις ἐκ φοινικίνων σχιζῶν † διαπλεκόμεναι (τοί-

ac Premni moenibus et præsidio et quadringentorum hominum cibariis in biennium munita, reversus est Alexandriam. Ex captivis autem partem divendit, mille ad Cæsarem misit, nuper e Cantabris reversum, partem morbi consumpserunt. Sub hæc Candacen cum multis hominum millibus præsidium aggressam Petronius auxilio profectus antevertit; et castellum ingressus, multo apparatu confirmavit. Legatis ad se missis, mandavit, si quid vellent, ut ad Cæsarem proficiscerentur; ac negantibus, scire se, quis Cæsar esset, et ubi conveniendus, dedit qui deducerent. In Samum itaque profecti, Cæsarem invenerunt in Syriam progredi parantem, et Tiberium in Armeniam amandantem. Ab eo, quæ volebant, omnia impetravere, et imperatum quoque tributum iis remissum est.

CAP. II.

De Æthiopicis gentibus multa jam in superioribus dicta sunt, adeo ut una cum Ægypto etiam hæ descriptæ esse videantur. Omnino autem, extremas habitati mundi partes, quæ intemperatæ et inhabitabili regioni adjacent, propter frigus aut æstum esse quasi aberrationes quasdam et defectus temperatæ necesse est, quod ex vita et earum rerum inopia, quæ ad humanum usum pertinent, perspici potest. Magna enim ex parte nudi incedentes pastoralem ac duram vitam degunt, incertis vagantes tuguriis; eorum pecora, oves, capræ et boves, omnia sunt parva; canes celeres (τάχεῖς Epit.) quidem et pugnaces, ceterum pusilli et ipsi. Fortasse ob horum parvitatem Pygmæi excogitati et conficti sunt, quos nemo fide dignus dixit se vidisse.

2. Vivunt milio et hordeo, ex quibus etiam potum conficiunt; olei loco ipsis est (ἔλαιον δὲ αὐτοῖς ἐστι) butyrum et adeps, neque arborum fructus habent præter palmulas paucas quæ in hortis regiis nascuntur; nonnulli etiam herba vescuntur, et frondibus tenellis et loto et calami radice; porro carnibus et sanguine et lacte et caseo utuntur. Reges colunt ut deos, qui fere clausi domi sedent. Regni caput est Meroe, urbs ejusdem cum insula nominis; insulam clypei figuram habere dicunt; magnitudo fortasse vera amplior dicitur, longitudine ter mille fere stadiorum, amplitudine mille. Montes frequentes habet, et nemora magna; incolunt partim pastores, partim venatores, partim agricolæ. Sunt in ea ærariæ et ferrariæ et aurariæ fodinæ, et pretiosorum lapidum genera. Libyam versus magnis arenæ cumulis ambitur, Arabiam versus continuis præcipitiis, austrum versus fluminum concursus, Astaboræ, Astapodis et Astasobæ; versus septentrionem est Nili decursus usque in Ægyptum, ea, quam ostendimus, alvei obliquitate. Oppidanæ domus ex palmarum fissis lignis

χων) ἢ πλίνθων· ὀρυκτοὶ δὲ ἅλες, καθάπερ ἐν τοῖς Ἄραψι· πλεονάζει δὲ τῶν φυτῶν ὅ τε φοῖνιξ καὶ ἡ περσέα καὶ ὁ ἔβενος καὶ ἡ κερατία· θήρα δὲ καὶ ἐλεφάντων ἐστὶ καὶ λεόντων καὶ παρδάλεων· εἰσὶ δὲ καὶ δράκοντες οἱ 5 ἐλεφαντομάχοι καὶ ἄλλα θηρία πλείω· καταφεύγει γὰρ ἀπὸ τῶν ἐμπυρωτέρων καὶ αὐχμηροτέρων ἐπὶ τὰ ὑδρηλά καὶ ἑλώδη.

3. Ὑπέρκειται δὲ τῆς Μερόης ἥ (τε) Ψεβώ, λίμνη μεγάλη νῆσον ἔχουσα οἰκουμένην ἱκανῶς. συμβαίνει 10 δὲ τοῦ Νείλου τὴν μὲν δυσμικὴν παραποταμίαν ἐχόντων τῶν Λιβύων, τὴν δὲ πέραν Αἰθιόπων, παρὰ μέρος αὐτῶν τὴν ἐπικράτειαν εἶναι τῶν νήσων καὶ τῆς ποταμίας, ἐξελαυνομένων τῶν ἑτέρων καὶ παραχωρούντων τοῖς κρείττοσι γενομένοις. χρῶνται δὲ καὶ τόξοις Αἰ-15 θίοπες τετραπήχεσι ξυλίνοις πεπυρακτωμένοις· ὁπλίζουσι δὲ καὶ τὰς γυναῖκας, ὧν αἱ πλείους κεχρίκωνται τὸ χεῖλος τοῦ στόματος χαλκῷ κρίκῳ· κωδιοφόροι δ' εἰσίν, ἐρέαν οὐκ ἔχοντες, τῶν προβάτων αἰγοτριχούντων· οἱ δὲ γυμνῆτές εἰσιν, οἱ καὶ περιέζωνται μικρὰ 20 κώδια ἢ τρίχινα πλέγματα εὐφῆ. θεὸν δὲ νομίζουσι τὸν μὲν ἀθάνατον (τοῦτον δ' εἶναι τὸν αἴτιον τῶν πάντων), τὸν δὲ θνητόν, ἀνώνυμόν τινα καὶ οὐ σαφῆ· ὡς δ' ἐπὶ τὸ πολὺ τοὺς εὐεργέτας καὶ βασιλικοὺς θεοὺς νομίζουσι, καὶ τούτων τοὺς μὲν βασιλέας κοινοὺς ἁπάν-25 των (μὲν) σωτῆρας καὶ φύλακας, τοὺς δ' ἰδιώτας ἰδίοις τοῖς εὖ παθοῦσιν ὑπ' αὐτῶν. τῶν δὲ πρὸς τῇ διακεκαυμένῃ τινὲς καὶ ἄθεοι νομίζονται· οὕς γε καὶ τὸν ἥλιόν φασιν ἐχθαίρειν καὶ κακῶς λέγειν, ἐπειδὰν προσίδωσιν ἀνίσχοντα, ὡς καίοντα καὶ πολεμοῦντα αὐτοῖς, κατα-30 φεύγειν τε εἰς τὰ ἕλη. οἱ δ' ἐν Μερόῃ καὶ Ἡρακλέα καὶ Πᾶνα καὶ Ἶσιν σέβονται πρὸς ἄλλῳ τινὶ βαρβαρικῷ θεῷ. τοὺς δὲ νεκροὺς οἱ μὲν εἰς τὸν ποταμὸν ἐκρίπτουσιν, οἱ δ' οἴκοι κατέχουσι περιχέαντες ὕαλον· τινὲς δὲ ἐν κεραμίαις σοροῖς κατορύττουσι κύκλῳ τῶν 35 ἱερῶν, ὅρκον τε τὸν ὑπὲρ αὐτῶν ἀπαιτοῦσι καὶ πάντων ἁγιστεύουσι μάλιστα. βασιλέας τε καθιστᾶσι τοὺς κάλλει διαφέροντας ἢ ἀρετῇ κτηνοτροφίας ἢ ἀνδρείᾳ ἢ πλούτῳ. ἐν δὲ τῇ Μερόῃ κυριωτάτην τάξιν ἐπεῖχον οἱ ἱερεῖς τὸ παλαιόν· οἵ γε καὶ τῷ βασιλεῖ προσέταττον 40 ἔσθ' ὅτε ἀποθνήσκειν πέμψαντες ἄγγελον καὶ καθίστασαν ἀντ' αὐτοῦ ἕτερον· ὕστερον δὲ κατέλυσέ τις τῶν βασιλέων τὸ ἔθος, ἐπιὼν μεθ' ὅπλων ἐπὶ τὸ ἱερόν, ὅπου ὁ χρυσοῦς νεώς ἐστι, καὶ τοὺς ἱερέας ἀποσφάξας πάντας. ἔστι δὲ καὶ τοῦτο ἔθος Αἰθιοπικόν· ὃς γὰρ ἂν τῶν βασι-45 λέων πηρωθῇ μέρος τι τοῦ σώματος ὁπωσοῦν, τὸ αὐτὸ πάσχουσιν οἱ συνόντες αὐτῷ μάλιστα, οἱ δ' αὐτοὶ καὶ συναποθνήσκουσιν· ἐκ δὲ τούτου φυλακὴ τοῦ βασιλέως ἐστὶ πλείστη παρ' αὐτῶν. περὶ μὲν Αἰθιόπων ἀρκέσει ταῦτα.

50 4. Τοῖς δ' Αἰγυπτιακοῖς καὶ ταῦτα προσθετέον ὅσα ἰδιάζοντα, οἷον ὁ Αἰγύπτιος λεγόμενος κύαμος, ἐξ οὗ τὸ κιβώριον, καὶ ἡ βύβλος· ἐνταῦθα γὰρ καὶ παρ' Ἰνδοῖς μόνον· ἡ δὲ περσέα ἐνταῦθα μόνον καὶ παρ' Αἰθίοψι, δένδρον μέγα, καρπὸν ἔχον γλυκὺν καὶ μέγαν, καὶ

fiunt intertextis (διαπλεκομένων), aut ex lateribus coctis. Sales apud eos fossiles sunt, quemadmodum in Arabia quoque. Ex arboribus abundat palma, persea, ebenus et siliquastrum. Venantur elephantes, leones et pardales. Dracones habent, qui cum elephantis pugnant, et multas alias feras, quae e tostis et aridis locis ad palustria et aquosa confugiunt.

3. Supra Meroen est Psebo (Ψεβώα codd.), lacus ingens, qui insulam habet satis habitatam. Porro quum occiduam ad Nilum regionem Libyes habeant, trans eum sitam Æthiopes, fit ut alteri atque alteri per vices insulæ et fluviali regioni imperent, ac victoribus expulsi cedant. Æthiopes arcubus quadricubitalibus ligneis ac (jaculis?) præustis utuntur. Armantur etiam mulieres, quarum pleræque oris labium æneo circulo trajectum habent. Pelliti sunt, quia lanis carent; nam oves eorum caprarum in morem hirtæ sunt. Quidam nudi incedunt, aut brevibus pellibus cincti, aut plectilibus quibusdam, e pilo bene contextis. Deum putant alterum immortalem, qui rerum omnium causa sit, alterum mortalem, qui nomine careat, et non sit cognitu facilis; plerumque autem eos, a quibus beneficium acceperunt, et regios pro diis habent; reges quidem tanquam communes omnium servatores et custodes, privatos autem tanquam privatim deos eorum quibus benefecerunt. Ex iis, qui ad torridam habitant, nonnulli sunt, qui deos non credere putantur, qui quidem etiam Solem odisse et detestari, quum eum exoriri vident, propterea quod eos urat et infestet; atque ob id in paludes fugere dicuntur. Meroes cultores etiam Herculem, Panem et Isidem venerantur, ac præterea quendam deum barbaricum. Mortuos alii in flumen abjiciunt, alii circumfuso vitro domi servant, alii in fictilibus alveolis eos circum templa defodiunt. Jusjurandum per eos exigunt, et sanctimoniam adhibent. Regem constituunt eum, qui vel forma vel alendorum pecorum virtute vel robore vel opibus excellat. Antiquitus in Meroe summa potestas fuit penes sacerdotes, tantaque auctoritas, ut nonnunquam misso nuntio mortem regi imperarent, et ei alium sufficerent; postmodo rex quidam consuetudinem hanc abolevit, cum manu armata in fanum irruens, ubi aureum sacellum est, et sacerdotes omnes jugulans. Is etiam Æthiopibus mos est, ut, ubi rex aliqua parte corporis mutilatur, familiares idem patiantur, et cum eo etiam moriantur; idcirco maximam hi regi custodiam adhibent. Ac de Æthiopicis quidem hactenus.

4. Ægyptiacis vero ea adjicienda sunt, quæ illorum propria dicuntur, ut Ægyptia faba, ex qua ciborium fit, item byblus; hæc enim solum ibi sunt et in India, persea vero ibi et in Æthiopica solum, arbor magna, fructu dulci et grandi; item morus, quæ fructum fert, qui sycomorum

ἡ συκάμινος ἡ ἐκφέρουσα τὸν λεγόμενον καρπὸν συκόμορον· σύκῳ γὰρ ἔοικεν· ἄτιμον δ' ἐστὶ κατὰ τὴν γεῦσιν· γίνεται δὲ καὶ τὸ κόρσιον καὶ ὅμοιόν τι πεπέρει τράγημα, μικρῷ αὐτοῦ μεῖζον. Ἰχθύες δ' ἐν τῷ Νείλῳ πολλοὶ μὲν καὶ ἄλλοι χαρακτῆρα ἔχοντες ἴδιον καὶ ἐπιχώριον, γνωριμώτατοι δὲ ὅ τε ὀξύρυγχος καὶ ὁ λεπιδωτὸς καὶ λάτος καὶ ἀλάβης καὶ κορακῖνος καὶ χοῖρος καὶ φαγρώριος, ὃν καὶ φάγρον καλοῦσιν, ἔτι σίλουρος, κιθαρός, θρίσσα, κεστρεύς, λύχνος, φῦσα, βοῦς· ὀστρακίων δὲ κοχλίαι μεγάλοι, φωνὴν ὀλολυγόσιν ὁμοίαν φθεγγόμενοι· ζῷα [δ'] ἐπιχώρια καὶ ὁ ἰχνεύμων καὶ ἡ ἀσπὶς ἡ Αἰγυπτία, ἰδιόν τι ἔχουσα παρὰ τὰς ἐν ἄλλοις· διττὴ δ' ἐστίν, ἡ μὲν σπιθαμιαία, ἥπερ καὶ ὀξυθανατωτέρα, ἡ δ' ἐγγὺς ὀργυιᾶς, ὡς καὶ Νίκανδρος ὁ τὰ Θηριακὰ γράψας εἴρηκε· καὶ τῶν ὀρνέων ἶβις καὶ ἱέραξ ὁ Αἰγύπτιος, ἥμερος παρὰ τοὺς ἄλλοθι, ὡς καὶ ἡ αἴλουρος· καὶ ὁ νυκτικόραξ ἰδιότροπος ἐνθάδε· παρ' ἡμῖν μὲν γὰρ ἀετοῦ μέγεθος ἴσχει καὶ φθέγγεται βαρύ, ἐν Αἰγύπτῳ δὲ κολοιοῦ μέγεθος καὶ φθογγὴ διάφορος· ἡμερώτατον δ' ἡ ἶβις, πελαργώδης μὲν κατὰ σχῆμα καὶ μέγεθος, διττὴ δὲ τὴν χρόαν, ἡ μὲν πελαργώδης, ἡ δὲ ὅλη μέλαινα· μεστὴ δ' αὐτῶν ἅπασα τρίοδος ἐν Ἀλεξανδρείᾳ, πῇ μὲν χρησίμως, πῇ δ' οὐ χρησίμως· χρησίμως μέν, ὅτι πᾶν θηρίον ἐκλέγει καὶ τὰ ἐν τοῖς κρεωπωλίοις καὶ τοῖς ὀψοπωλίοις ἀποκαθάρματα· δυσχρήστως δέ, ὅτι παμφάγον καὶ ἀκάθαρτον καὶ δυσκόλως ἀπειργόμενον ἀπὸ τῶν καθαρίων καὶ τῶν ἀλλοτρίων μολυσμοῦ παντός.

5. Ἀληθὲς δὲ καὶ τὸ Ἡροδότου καί ἐστιν Αἰγυπτιακὸν τὸ τὸν μὲν πηλὸν ταῖς χερσὶ φυρᾶν, τὸ δὲ στέαρ τὸ εἰς τὴν ἀρτοποιίαν τοῖ ποσί. καὶ οἱ κάκεις δὲ ἴδιόν τι ἄρτου γένος, στατικὸν κοιλίας, καὶ τὸ κῖκι καρπός τις σπειρόμενος ἐν ἀρούρκις, ἐξ οὗ ἔλαιον ἀποθλίβεται εἰς μὲν λύχνον τοῖς ἀπὸ τῆς χώρας σχεδόν τι πᾶσιν, εἰς ἄλειμμα δὲ τοῖς πενεστέροις καὶ ἐργατικωτέροις καὶ ἀνδράσι καὶ γυναιξί· καὶ τὰ † κόκκινα δὲ πλέγματα Αἰγυπτιακά ἐστι, φυτοῦ τινος, ὅμοια τοῖς σχοινίνοις ἢ φοινικίνοις. τὸ δὲ ζύθος ἰδίως μὲν σκευάζεται παρ' ἐκείνοις, κοινὸν δ' ἐστὶ πολλοῖς, καὶ παρ' ἑκάστοις δὲ αἱ σκευασίαι διάφοροι. καὶ τοῦτο δὲ τῶν μάλιστα ζηλουμένων παρ' αὐτοῖς τὸ πάντα τρέφειν τὰ γεννώμενα παιδία καὶ τὸ περιτέμνειν καὶ τὰ θήλεα ἐκτέμνειν, ὅπερ καὶ τοῖς Ἰουδαίοις νόμιμον· καὶ οὗτοι δ' εἰσὶν Αἰγύπτιοι τὸ ἀνέκαθεν, καθάπερ εἰρήκαμεν ἐν τῷ περὶ ἐκείνων λόγῳ. φησὶ δ' Ἀριστόβουλος, ἐκ τῆς θαλάττης μηδὲν ἀνατρέχειν ὄψον εἰς τὸν Νεῖλον πλὴν κεστρέως καὶ θρίσσης καὶ δελφῖνος διὰ τοὺς κροκοδείλους· τοὺς μὲν δελφῖνας διὰ τὸ κρείττους εἶναι, τοὺς δὲ κεστρέας τῷ παραπέμπεσθαι ὑπὸ τῶν χοίρων παρὰ γῆν κατά τινα οἰκείωσιν φυσικήν· τῶν δὲ χοίρων ἀπέχεσθαι τοὺς κροκοδείλους, στρογγύλων ὄντων καὶ ἐχόντων ἀκάνθας ἐπὶ τῇ κεφαλῇ φερούσας κίνδυνον τοῖς θηρίοις· ἀναθεῖν μὲν οὖν ἔαρος τοὺς κεστρέας γόνον ἔχοντας, μικρὸν δὲ πρὸ δύσεως Πλειάδος καταβαίνειν τεξομένους ἀθρόους, ὅτε καὶ ἡ ἅλωσις

dicitur, nam ficui persimilis est, gustu vero ignobili. Nascitur etiam corsium et fructus quidam dulcis, piperi similis, aliquanto tamen major. Pisces in Nilo permulti sunt ac diversi, qui propriam quandam et indigenam formam et indolem habent; maxime noti sunt oxyrynchus et lepidotus et latus et alabes et coracinus et porcus et phagrorius, quem etiam phagrum vocant, item silurus, citharus, thrissa, mugil, lychnus, physa, bos; ex ostraceis autem cochleæ ingentes, quæ vocem edunt ut ululæ. Animalia quoque sua habet, ichneumonem et Ægyptiam aspidem, quæ proprium quiddam habet præter alias aliorum locorum; duplex est, altera dodrantalis, quæ celerius interficit, altera ulnæ fere longitudine, ut et Nicander (*Ther.* 168) ait, qui de bestiis venenatis scripsit. Ex avibus est ibis, et accipiter Ægyptius, qui mansuetior est iis, qui alibi sunt, quemadmodum et felis. Habent et corvum nocturnum peculiarem; nam apud nos aquilæ magnitudine est, et grave canit, in Ægypto vero graculi magnitudine, voce diversa. Mansuetissima est ibis, magnitudine et figura ciconiæ persimilis; color duo genera facit: nam alterum totum nigrum est, alterum ciconiæ simile. Alexandriæ nullum non trivium eis plenum est, partim utiliter, partim inutiliter; utiliter, quatenus omnes serpentes et omnes macelli et fororum opsonariorum sordes colligit; inutiliter vero, quia omnivora et immunda est, nec facile ab iis quæ munda sunt et nullam contaminationem patiuntur, prohiberi potest.

5. Verum etiam quod Herodotus (II, 36) narrat, et Ægyptium est, scilicet lutum eos manibus tractare, massam vero, ex qua panis fit, pedibus. Caces quoque apud eos peculiare est quoddam panis genus, quod ventrem sistit; et cici, hoc est ricinus, qui in arvis seritur, oleumque ex eo exprimitur, quo omnes fere indigenæ ad lucernam utuntur, pauperiores vero et operarii ad unctionem, tum viri, tum mulieres. Item cucinea (κούκινα s. κόκινα) texta Ægyptiaca e stirpe quadam conficiuntur, junceis et palmaceis similia; zythus, quanquam peculiariter apud illos fiat, tamen communis est eis cum multis, et apud diversos diverse conficitur. Inter ea quæ summo studio observant hoc quoque est quod pueros natos omnes educant; et circumcidunt eos, et feminas excidunt, quod Judæis quoque est legitimum, qui, ut supra diximus, quum de eis loqueremur (16, 2, 34), origine sunt Ægyptii. Auctor est Aristobulus, nullum piscem e mari in Nilum ascendere crocodilorum metu, præter mugilem, thrissam et delphinum: hunc, quia crocodilo est præstantior; mugiles, quia a porcis secus terram deducantur stipati, ob quandam naturalem societatem; crocodilos vero a porcis abstinere, qui, quum rotundi sint, et spinas ad caput habeant, periculum ipsis creant. Vere igitur ascendere mugiles fœcundos; descendere autem paulo ante Vergiliarum

αὐτῶν γίνεται περιπιπτόντων τοῖς φράγμασιν ἀθρόον· τοιαύτην δέ τινα εἰκάζειν ἐστὶ καὶ περὶ τῆς θρίσσης αἰτίαν. ταῦτα καὶ περὶ Αἰγύπτου.

ΚΕΦ. Γ.

Περὶ δὲ Λιβύης ἐφεξῆς λέγωμεν, ὅπερ λείπεται μέ-
5 ρος τῆς συμπάσης γεωγραφίας. εἴρηται μὲν οὖν καὶ πρότερον πολλὰ καὶ περὶ αὐτῆς, ἀλλὰ καὶ νῦν ὅσα καίρια προσυπομνηστέον, προστιθέντας καὶ τὰ μὴ λεχθέντα πρότερον. οἱ μὲν οὖν πρὸς τὰς ἠπείρους τὴν οἰκουμένην διελόντες ἀνίσως διεῖλον· ἐμφαίνει γὰρ τὸ τριχῇ τὸ
10 εἰς τρία ἴσα· τοσοῦτο δ' ἀπολείπεται τοῦ τρίτον εἶναι μέρος τῆς οἰκουμένης ἡ Λιβύη, ὥστε καὶ συντεθεῖσα μετὰ τῆς Εὐρώπης οὐκ ἂν ἐξισάζειν δόξειε τῇ Ἀσίᾳ· τάχα δὲ καὶ τῆς Εὐρώπης ἐλάττων ἐστί, κατὰ δὲ τὴν δύναμιν καὶ πολλῷ τινι· ἔρημος γάρ ἐστιν ἡ πολλὴ τῆς μεσογαίας καὶ
15 τῆς παρωκεανίτιδος, κατοικίαις δὲ κατάστικτός ἐστι μικραῖς, καὶ σποράσι καὶ νομαδικαῖς ταῖς πλείσταις· πρὸς δὲ τῇ ἐρημίᾳ καὶ τὸ θηριοτρόφον ἐξελαύνει καὶ ἐκ τῆς δυναμένης οἰκεῖσθαι· πολὺ δὲ καὶ τῆς διακεκαυμένης ἐπιλαμβάνει ζώνης. ἡ μέντοι καθ' ἡμᾶς εὐδαιμόνως οἰκεῖ-
20 ται πᾶσα παραλία ἡ μεταξὺ Νείλου καὶ Στηλῶν, καὶ μάλιστα ἡ ὑπὸ Καρχηδονίοις γενομένη· ἀνυδρίαι δέ τινες κἀνταῦθα παρεμπίπτουσιν, οἷαι περί τε τὰς Σύρτεις καὶ τοὺς Μαρμαρίδας καὶ τὸν Καταβαθμόν. ἔστι δὲ ὀρθογωνίου τριγώνου τὸ σχῆμα, ὡς ἂν τις ἐν ἐπιπέδῳ νοή-
25 σειε, βάσιν μὲν ἔχον τὴν καθ' ἡμᾶς παραλίαν τὴν ἀπὸ τῆς Αἰγύπτου καὶ Νείλου μέχρι Μαυρουσίας καὶ Στηλῶν, πρὸς ὀρθὰς δὲ ταύτῃ πλευράν, ἣν ὁ Νεῖλος ποιεῖ μέχρι Αἰθιοπίας, προσεκβαλλόντων ἡμῶν ἕως Ὠκεανοῦ, τὴν δ' ὑποτείνουσαν τῇ ὀρθῇ τὴν παρωκεανῖτιν
30 ἅπασαν τὴν μεταξὺ Αἰθιόπων καὶ Μαυρουσίων. τὸ μὲν οὖν κατ' αὐτὴν τὴν κορυφὴν τοῦ λεχθέντος σχήματος, ἤδη πως ὑποπῖπτον τῇ διακεκαυμένῃ, λέγομεν ἐξ εἰκασμοῦ διὰ τὸ ἀπρόσιτον, ὥστ' οὐδὲ τὸ μέγιστον πλάτος τῆς χώρας ἔχοιμεν ἂν λέγειν· τὸ μέντοι τοσοῦ-
35 τον ἐν τοῖς πρόσθεν λόγοις ἔφαμεν, ὅτι ἐξ Ἀλεξανδρείας εἰς Μερόην τὸ βασίλειον τῶν Αἰθιόπων πρὸς νότον ἰόντι στάδιοί εἰσι περὶ μυρίους, ἐκεῖθεν δ' ἐπ' εὐθείας ἐπὶ τοὺς ὅρους τῆς διακεκαυμένης καὶ τῆς οἰκουμένης ἄλλοι τρισχίλιοι· τὸ γοῦν αὐτὸ θετέον τὸ μέγιστον πλάτος τῆς
40 Λιβύης, μυρίους καὶ τρισχιλίους ἢ τετρακισχιλίους σταδίους, μῆκος δὲ μικρῷ ἔλαττον ἢ διπλάσιον. τὰ καθ' ὅλου μὲν ταῦτα περὶ Λιβύης· τὰ καθ' ἕκαστα δὲ λεκτέον, ἀρξαμένοις ἀπὸ τῶν ἑσπερίων μερῶν καὶ τῶν ἐπιφανεστέρων.

45 2. Οἰκοῦσι δ' ἐνταῦθα Μαυρούσιοι μὲν ὑπὸ τῶν Ἑλλήνων λεγόμενοι, Μαῦροι δ' ὑπὸ τῶν Ῥωμαίων καὶ τῶν ἐπιχωρίων, Λιβυκὸν ἔθνος μέγα καὶ εὔδαιμον, ἀντίπορθμον τῇ Ἰβηρίᾳ. κατὰ τοῦτο δὲ καὶ ὁ κατὰ τὰς Στήλας τὰς Ἡρακλείους πορθμός ἐστι, περὶ οὗ
50 πολλὰ εἴρηται. ἔξω δὲ προελθόντι τοῦ κατὰ τὰς Στήλας πορθμοῦ, τὴν Λιβύην ἐν ἀριστερᾷ ἔχοντι ὄρος ἐστίν,

CAP. III.

occasum confertim, ut ibi pariant, ac tum in septa incidentes frequentes capi. Hujusmodi de alosa etiam licet causam comminisci. Ac de Ægypto quidem hactenus.

De Libya deinceps dicendum est, quæ una totius terrarum descriptionis pars restat. Sane quidem ante etiam multa de hac diximus; sed nunc quoque quod tempestivum videbitur, commemorabimus, et si quæ dicta prius non fuere, addemus. Qui totam terram in continentes divisere, inæqualiter diviserunt. Triplex illud innuere videtur divisionem in tres partes æquales; at tantum abest, Libyam tertiam esse orbis partem, ut, etiam Europæ addita, Asiam non exæquare videatur, ac fortasse quantitate minor est, quam Europa, virtute profecto multo est inferior; nam maxima mediterraneæ pars et regio circa oceanum deserta; præterea habitationibus et sparsis, et magna ex parte incertis sedibus vagantium hominum distincta est. Ad solitudinem accedit, quod e multis, quæ habitari possent, locis feræ, quas alit, homines arcent. Magna quoque ejus pars torridæ zonæ subjicitur. Ea sane quæ nobis obversa est ora universa inde a Nilo usque ad Herculis columnas, et præ ceteris quæ sub Carthaginiensibus fuit, feliciter habitatur, attamen ibi quoque tractus quidam aqua destituti intercidunt, ut circa Syrtes et Marmaridas et Catabathmum. Africæ figura est, si quis in plano consideret, rectangula triqueta; basis est ora nobis obversa ab Ægypto atque Nilo usque ad Mauritaniam et Herculis columnas; ad rectum vero angulum ei efficitur latus quod a Nilo usque ad Æthiopiam pertinet et nos usque ad oceanum producimus; latus vero recto angulo subtensum est regio tota, quæ ad oceanum jacet, inter Æthiopes atque Mauritaniam. Ceterum quæ circa ipsum dictæ figuræ verticem jam torridæ subjacent, de conjectura ponimus, propterea quod inaccessa sunt; unde nec maximam regionis hujus latitudinem dicere promptum est. In superioribus tamen hoc diximus, ex Alexandria in Meroen, Æthiopici regni caput, eunti austrum versus esse stadia fere decies mille; inde recta ad exustæ fines et habitabilis alia stadiorum tria millia; maxima itaque Libyæ latitudo ponenda est tredecim vel quattuordecim millium stadiorum, longitudo paulo minor quam dupla. Atque hæc de Libya in universum dicta sint; nunc singula percurremus, ab occidentalibus clarioribusque partibus initio sumpto.

2. Ibi ergo habitant, qui a Græcis Maurusii, a Romanis et indigenis Mauri appellantur, Libyca gens et magna et opulenta, quæ ab Hispania opposita mari angusto dirimitur. Juxta enim est fretum ad Herculis columnas, de quo jam multa dicta sunt. Extra columnarum fretum procedenti ita, ut ad sinistram sit Libya, mons est, quem

ὅπερ οἱ μὲν Ἕλληνες Ἄτλαντα καλοῦσιν, οἱ βάρβαροι δὲ Δύριν. ἐντεῦθεν δὲ πρόπους ἔκκειταί τις ὕστατος πρὸς δύσιν τῆς Μαυρουσίας αἱ Κώτεις λεγόμεναι· πλησίον δὲ καὶ πολίχνιον μικρὸν ὑπὲρ τῆς θαλάττης, ὅπερ Τρίγγα καλοῦσιν οἱ βάρβαροι, Λύγγα δ' ὁ Ἀρτεμίδωρος προσηγόρευκε, Ἐρατοσθένης δὲ Λίξον· κεῖται δ' ἀντίπορθμον τοῖς Γαδείροις ἐν διάρματι σταδίων ὀκτακοσίων, ὅσον ἑκάτερα διέχει τοῦ κατὰ τὰς Στήλας πορθμοῦ· πρὸς νότον δὲ τῇ Λίξῳ καὶ ταῖς Κώτεσι παράκειται κόλπος, Ἐμπορικὸς καλούμενος, ἔχων Φοινικικὰς ἐμπορικὰς κατοικίας. ἔστι μὲν οὖν πᾶσα ἡ συνεχὴς τῷ κόλπῳ τούτῳ παραλία κολπώδης, ὑπεξαιρουμένῃ δὲ τοὺς κόλπους καὶ τὰς ἐξοχὰς κατὰ τὸ σχῆμα τὸ τριγωνοειδές, ὃ ὑπέγραψα, νοείσθω μᾶλλον ἐπὶ τὴν μεσημβρίαν ἅμα καὶ τὴν ἕω λαμβάνουσα τὴν αὔξησιν ἡ ἤπειρος. τὸ δ' ὄρος διὰ μέσης ἐκτεινόμενον τῆς Μαυρουσίας τὸ ἀπὸ τῶν Κώτεων μέχρι καὶ Σύρτεων οἰκεῖται καὶ αὐτὸ καὶ ἄλλα παράλληλα αὐτῇ κατ' ἀρχὰς μὲν ὑπὸ τῶν Μαυρουσίων, ἐν βάθει δὲ τῆς χώρας ὑπὸ τοῦ μεγίστου τῶν Λιβυκῶν ἐθνῶν, οἳ Γαίτουλοι λέγονται.

3. Πλεῖστα δὲ πλάσματα τῇ Λιβυκῇ παραλίᾳ τῇ ἐκτὸς προσεψεύσαντο οἱ συγγραφεῖς, ἀρξάμενοι ἀπὸ τοῦ Ὀφέλα περίπλου· περὶ ὧν ἐμνήσθημέν που καὶ πρότερον, καὶ νῦν δὲ λέγομεν, συγγνώμην αἰτούμενοι τῆς τερατολογίας, ἐάν που βιασθῶμεν ἐκπεσεῖν εἴς τι τοιοῦτο, φεύγοντες τὸ πάντα σιγῇ παραπέμπειν καὶ τρόπον τινὰ πηροῦν τὴν ἱστορίαν. φασὶ δ' οὖν τὸν Ἐμπορικὸν κόλπον ἄντρον ἔχειν εἴσω δεχόμενον τὴν θάλατταν ἐν ταῖς πλημμυρίσι μέχρι καὶ ἑπτὰ σταδίων, προκείμενον δὲ τούτου ταπεινὸν καὶ ὁμαλὸν χωρίον, ἔχον Ἡρακλέους βωμόν, ὃν οὐκ ἐπικλύζεσθαί φασιν ὑπὸ τῆς πλημμυρίδος· ἐν δὲ δή τι τῶν πλασμάτων νομίζω τοῦτο. ἐγγὺς δὲ τούτῳ τὸ ἐν τοῖς ἑξῆς κόλποις κατοικίας λέγεσθαι παλαιὰς Τυρίων, ἃς ἐρήμους εἶναι νῦν, οὐκ ἐλαττόνων ἢ τριακοσίων πόλεων, ἃς οἱ Φαρούσιοι καὶ οἱ Νιγρῖται ἐξεπόρθησαν· διέχειν δὲ τούτους τῆς Λυγγὸς φασιν ἡμερῶν τριάκοντα ὁδόν.

4. Τὸ μέντοι τὴν Μαυρουσίαν εὐδαίμονα εἶναι χώραν πλὴν ὀλίγης ἐρήμου καὶ ποταμοῖς τε καὶ λίμναις κεχορηγῆσθαι παρὰ πάντων ὁμολογεῖται. μεγαλόδενδρός τε καὶ πολύδενδρος ὑπερβαλλόντως ἐστὶ καὶ πάμφορος· τὰς γοῦν μονοξύλους τραπέζας ποικιλωτάτας καὶ μεγίστας ἐκείνη τοῖς Ῥωμαίοις χορηγεῖ. τοὺς δὲ ποταμοὺς ἔχειν φασὶ καὶ κροκοδείλους καὶ ἄλλα γένη ζῴων ἐμφερῆ τοῖς ἐν τῷ Νείλῳ· τινὲς δὲ καὶ τὰς τοῦ Νείλου πηγὰς πλησιάζειν οἴονται τοῖς ἄκροις τῆς Μαυρουσίας. ἐν ποταμῷ δέ τινι γεννᾶσθαι βδέλλας ἑπταπήχεις, κατατετρημένα ἐχούσας τὰ βραγχία, δι' ὧν ἀναπνέουσι. καὶ ταῦτα δὲ λέγουσι περὶ τῆς χώρας, ὅτι ἄμπελος φύεται δυσὶν ἀνδράσι τὸ πάχος δυσπερίληπτος, βότρυν πηχυαῖόν πως ἀποδιδοῦσα, βοτάνη τε ὑψηλὴ πᾶσα καὶ λάχανον † νεαρὸν καὶ δρακόντιον, οἱ δὲ τῶν σταφυλίνων καυλοὶ καὶ ἱππομαράθου καὶ σκολύμων δωδεκαπή-

3. Græci Atlantem nominant, barbari Dyrim. Ab eo extrema quædam prominentia excurrit versus occasum Mauritaniæ, Cotes nomine; prope etiam est oppidulum supra mare, quod barbari Tingem (Τίγγα) vocant, Artemidorus Lyngem, Eratosthenes Lixum; contra Gades est situm, freto octingentorum stadiorum diremptum, ac tantumdem utraque urbs distat a freto Columnarum. Lixo et Cotibus ad austrum sinus adjacet, qui Emporicus vocatur, et diversoria mercatoria habet Phœnicum mercatorum. Tota quidem ora, huic sinui continua, sinuosa est; sinus vero et processus si demas secundum triangulam figuram a nobis descriptam, magis intelligas continentem plurimum ad meridiem simul atque orientem excrescere. Mons, qui a Cotibus usque in Syrtes per mediam Mauritaniam tendit, et ipse et montes, qui cum eo paribus porriguntur spatiorum distantiis, commode habitantur, in initio quidem a Maurusiis, in interiore vero regione a maxima Libyæ natione, qui Gœtuli appellantur.

3. Plurimas fabulas oræ exteriori Libyæ affinxere scriptores, initio sumpto a periplo Ophelæ (Apellæ?), de quibus etsi jam supra mentio habita est, tamen nunc quoque nonnihil dicemus, veniam petentes narrationi rerum monstrosarum, sicuti ad tale quid aberrare cogimur, quum noluerimus omnia silentio præterire et mutilare (πληροῦν codd.) quodammodo historiam. Aiunt ergo, in Emporico sinu antrum esse, quod maris affluxum in se usque ad septem stadia admittat; ante hoc antrum locum esse humilem et planum, in quo Herculis ara sit, qui nunquam tegatur aquarum affluxu. Hoc ego inter figmenta numero. Huic simile est alterum illud quod in sequentibus sinubus tradunt antiquas esse Tyriorum habitationes, quæ nunc desertæ sint, urbes non pauciores trecentis, quas Pharusii ac Nigritæ exciderint. Dicunt hos a Linge distare itinere dierum triginta.

4. Enimvero Mauritaniam feracem esse, si exiguam partem desertam exceperis, fluminibusque ac lacubus abundare, uno ore omnes tradunt. Arboribus et multis et magnis mire abundat, et omnium rerum est ferax; mensas quoque ex uno ligno maximas maximeque varias hæc regio Romanis suppeditat. Amnes ejus etiam crocodilos et alia animalia habere narrant, eorum similia, quæ sunt in Nilo. Quidam etiam opinantur Nili fontes extremis Mauritaniæ partibus propinquos esse. In quodam flumine hirudines nasci septem cubitorum longitudine, branchiis, quarum opera respirant, foraminibus pertusis. Tum in ea regione vitem nasci, cujus caudicem vix duo homines complecti queant, racemum esse fere cubitalem; et omnem herbam altam, et olus ut arum (ἄρον) et dracontium; pastinacarum daucorum et fœniculi equini et cinararum

χεις, τὸ δὲ πάχος παλαιστῶν τεττάρων· καὶ δρακόντων δὲ καὶ ἐλεφάντων καὶ δορκάδων καὶ βουβάλων καὶ τῶν παραπλησίων ζώων, λεόντων τε καὶ παρδάλεων, παντοδαπὴ τροφὸς ἡ χώρα ἐστί. φέρει δὲ καὶ γαλᾶς αἰλούροις ἴσας καὶ ὁμοίας, πλὴν ὅτι τὰ ῥύγχη προπέπτωκε μᾶλλον, πιθήκων τε πάμπολυ πλῆθος, περὶ ὧν καὶ Ποσειδώνιος εἴρηκεν, ὅτι πλέων ἐκ Γαδείρων εἰς τὴν Ἰταλίαν προσενεχθείη τῇ Λιβυκῇ παραλίᾳ καὶ ἴδοι τῶν θηρίων μεστόν τινα τούτων ἁλιτενῆ δρυμόν, ὧν μὲν ἐπὶ τοῖς δένδρεσι, τῶν δ' ἐπὶ γῆς, ἐχόντων ἐνίων καὶ σκύμνους καὶ ἐπεχόντων μαστόν· γελᾶν οὖν ὁρῶν βαρυμάστους, ἐνίους δὲ φαλακρούς, τοὺς δὲ κηλήτας καὶ ἄλλα τοιαῦτα ἐπιφαίνοντας σίνη.

5. Ὑπὲρ ταύτης δ' ἐστὶν ἐπὶ τῇ ἔξω θαλάττῃ ἡ τῶν ἑσπερίων καλουμένων Αἰθιόπων χώρα, κακῶς οἰκουμένη τὸ πλέον. ἐνταῦθα δὲ καὶ καμηλοπαρδάλεις φησὶν Ἰφικράτης γεννᾶσθαι καὶ ἐλέφαντας καὶ τοὺς καλουμένους ῥίζεις, οἳ ταυροειδεῖς μέν εἰσι τὴν μορφήν, κατὰ δὲ τὴν δίαιταν καὶ τὸ μέγεθος καὶ τὴν ἀλκὴν τὴν πρὸς μάχην ἐλέφασιν ἐοίκασι· δράκοντάς τε λέγει μεγάλους, ὥστε καὶ πόαν ἐπιπεφυκέναι· τοὺς δὲ λέοντας τοῖς πώλοις τῶν ἐλεφάντων ἐπιτίθεσθαι, αἱμάξαντας δὲ φεύγειν, ἐπιουσῶν τῶν μητέρων· τὰς δ', ἐπειδὰν ἴδωσιν ᾑμαγμένους, κτείνειν· ἐπανιόντας δὲ τοὺς λέοντας ἐπὶ τὰ πτώματα νεκροφαγεῖν. Βόγον δέ, τὸν βασιλέα τῶν Μαυρουσίων, ἀναβάντα ἐπὶ τοὺς ἑσπερίους Αἰθίοπας, καταπέμψαι τῇ γυναικὶ δῶρα καλάμους τοῖς Ἰνδικοῖς ὁμοίους, ὧν ἕκαστον γόνυ χοίνικας χωροῦν ὀκτώ· καὶ ἀσπαράγων δ' ἐμφερῆ μεγέθη.

6. Εἰς δὲ τὴν ἐντὸς θάλατταν πλέουσιν ἀπὸ Λυγγὸς πόλις ἐστὶ Ζῆλις καὶ † Τίγα, εἶτα τῶν Ἑπτὰ ἀδελφῶν μνήματα καὶ τὸ ὑπερκείμενον ὄρος ὄνομα Ἀβίλη, πολύθηρον καὶ μεγαλόδενδρον. τοῦ δὲ κατὰ τὰς Στήλας πορθμοῦ τὸ μὲν μῆκος λέγεται σταδίων ἑκατὸν εἴκοσι, τὸ δ' ἐλάχιστον πλάτος κατὰ τὸν Ἐλέφαντα ἑξήκοντα. εἰσπλεύσαντι δ' ἑξῆς πόλεις τε καὶ ποταμοὶ πλείους μέχρι Μολοχὰθ ποταμοῦ, ὃς ὁρίζει τὴν Μαυρουσίων καὶ τὴν Μασαισυλίων γῆν. † καλεῖται δὲ καὶ ἄκρα μεγάλη πλησίον τοῦ ποταμοῦ καὶ Μεταγώνιον τόπος ἄνυδρος καὶ λυπρός, σχεδὸν δέ τι καὶ τὸ ὄρος τὸ ἀπὸ τῶν Κώτεων μέχρι δεῦρο παρατείνει· μῆκος δὲ τὸ ἀπὸ τῶν Κώτεων ἐπὶ τοὺς ὅρους τοὺς τῶν Μασαισυλίων στάδιοι πεντακισχίλιοι· ἔστι δὲ τὸ Μεταγώνιον κατὰ νέαν που Καρχηδόνα ἐν τῇ περαίᾳ· Τιμοσθένης δ' οὐκ εὖ κατὰ Μασσαλίαν φησίν· ἔστι δ' ἐκ Καρχηδόνος νέας δίαρμα εἰς Μεταγώνιον στάδιοι τρισχίλιοι, παράπλους δὲ εἰς Μασσαλίαν ὑπὲρ ἑξακισχιλίων.

7. Οὕτω δ' εὐδαίμονα χώραν οἰκοῦντες τὴν πλείστην οἱ Μαυρούσιοι διατελοῦσιν ὅμως καὶ μέχρι δεῦρο τοῦ χρόνου νομαδικῶς ζῶντες οἱ πολλοί. καλλωπίζονται δ' ὅμως κόμης ἐμπλοκῇ καὶ πώγωνι καὶ χρυσοφορίᾳ σμήξει τε ὀδόντων καὶ ὀνυχισμῷ· σπάνιόν τε ἂν ἴδοις ἁπτομένους ἀλλήλων ἐν τοῖς περιπάτοις τοῦ παραμένειν αὐτοῖς ἄθικτον τὸν κόσμον τῶν τριχῶν. μάχονται

caules duodenûm cubitorum, crassitudine palmorum quaternûm. Porro regio hæc draconum, elephantorum, dorcadum, bubalorum et similium animalium, item leonum ac pardalum multiplex nutrix est; fert etiam mustelas, felibus pares ac similes, nisi quod illarum rostra magis prominent, et simiarum quoque maximam multitudinem. Narrat Posidonius, se, quum e Gadibus Italiam navigaret, in Libyæ oram delatum, silvam quandam mari contiguam vidisse simiis plenam, quarum aliæ super arboribus, aliæ in terra sederent, nonnullæ catulos haberent, et ubera præberent; nec sine risu vidisse alias uberibus graves, nonnullas etiam calvas, nonnullas herniosas, et alia quædam id genus vitia ostendentes.

5. Supra Mauritaniam ad mare exterum Æthiopum regio est, qui Hesperii sive occidui vocantur, magna ex parte male habitata. Auctor est Hypsicrates (Ὑψικράτης), hoc in loco camelopardales gigni, elephantes, et eos qui rhizes vocantur, forma tauris persimiles, victu vero et mole corporum ac pugnandi robore elephantis pares. Addit magnos dracones ibi esse, quibus etiam herba superne innascatur. A leonibus elephantorum pullos invadi; quos quum sauciaverint illi, matribus succurrentibus, fugere; matres, quum fœtus sanguine maculatos viderint, eos interficere; leones postmodum reversos cadaveribus vesci. Bogum vero, Maurorum regem, quum adversus Hesperios Æthiopes ascendisset, misisse dono uxori calamos Indicis similes, quorum genu quodlibet octonos chœnices caperet, et asparagos pari magnitudine.

6. A Lynge in exterius mare navigantibus est civitas Zelis et Tingis (Τίγγις); hinc Septem fratrum monumenta, et imminens mons, multis feris et magnis arboribus plenus, nomine Abile. Columnarum fretum longitudine dicitur stadiorum centum ac viginti, minima vero latitudine sexaginta juxta Elephantem. Innaviganti deinceps occurrunt urbes et flumina complura usque ad amnem Molochath, qui Maurorum et Masæsyliorum regionem distinguit. Vocatur vero Metagonium et magnum promontorium amni propinquum et regio arida sterilisque, ac fere mons a Cotibus hucusque pertendit. Longitudo a Cotibus usque in Masæsyliorum fines est stadiorum quinque millium. Metagonium situm fere est e regione novæ Carthagini in adversa ripa oppositæ; haud recte Timosthenes Metagonium adversum Massiliam esse dicit. A nova Carthagine Metaognium est stadiorum ter mille trajectus, præternavigatio vero usque ad Massaliam amplius sex millibus stadiorum.

7. Ceterum Maurusii, etsi adeo uberem magna ex parte regionem inhabitant, tamen ad hoc usque tempus plurimi incertis vagantur sedibus. Attamen comas cincinnis exornant, et barbam comunt, aurumque gestant, dentes tergent, unguium incrementa resecant, ac raro videas in ambulationibus inter se contingentes, ut capillorum ornatus incorruptus maneat. Pugnant utplurimum ab equis

δ' ἱππόται τὸ πλέον ἀπὸ ἄκοντος, σχοινοχαλίνοις χρώμενοι τοῖς ἵπποις καὶ γυμνοῖς· ἔχουσι δὲ καὶ μαχαίρας· οἱ δὲ πεζοὶ τὰς τῶν ἐλεφάντων δορὰς ὡς ἀσπίδας προβάλλονται· τὰς δὲ τῶν λεόντων καὶ παρδάλεων καὶ ἄρκτων ἀμπέχονται καὶ ἐγκοιμῶνται. σχεδὸν δέ τι καὶ οὗτοι καὶ οἱ ἐφεξῆς Μασαισύλιοι καὶ κοινῶς Λίβυες κατὰ τὸ πλέον ὁμοιόσκευοί εἰσι καὶ τἆλλα ἐμφερεῖς, μικροῖς ἵπποις χρώμενοι, ὀξέσι δὲ καὶ εὐπειθέσιν, ὥστ' ἀπὸ ῥαβδίου οἰακίζεσθαι· περιτραχήλια δὲ ξύλινα ἢ τρίχινα, ἀφ' ὧν ὁ ῥυτὴρ ἀπήρτηται· ἔνιοι δὲ καὶ χωρὶς ὁλκῆς ἕπονται ὡς κύνες· πέλτη μικρὰ βυρσίνη, πλατύλογχα μικρά, ἄζωστοι πλατύσημοι χιτῶνες, ἐπιπόρπημα, ὡς ἔφην, δορὰ καὶ προθωράκιον. Φαρούσιοι δὲ καὶ Νίγρητες οἱ ὑπὲρ τούτων οἰκοῦντες πρὸς τοῖς ἑσπερίοις Αἰθίοψι καὶ τοξεύουσι, καθάπερ καὶ οἱ Αἰθίοπες· χρῶνται δὲ καὶ δρεπανηφόροις ἅρμασι· μίγνυνται δὲ καὶ τοῖς Μαυρουσίοις οἱ Φαρούσιοι διὰ τῆς ἐρήμου σπανίως, ὑπὸ ταῖς κοιλίαις τῶν ἵππων ὑπαρτῶντες τοὺς ἀσκοὺς τοῦ ὕδατος· ἔστι δ' ὅτε καὶ εἰς Κίρταν ἀφικνοῦνται διά τινων τόπων ἐλωδῶν καὶ λιμνῶν. τινὰς δ' αὐτῶν καὶ Τρωγλοδυτικῶς οἰκεῖν φασιν ὀρύττοντας τὴν γῆν. λέγεται δὲ κἀνταῦθα τοὺς θερινοὺς ὄμβρους ἐπιπολάζειν, χειμῶνος δὲ εἶναι ἀνυδρίαν. ἐνίους δὲ τῶν ταύτῃ βαρβάρων καὶ ὄφεων καὶ ἰχθύων δοραῖς ἀμπεχόναις τε καὶ στρώμασι χρῆσθαι. τοὺς δὲ Μαυρουσίους ἔνιοί φασιν Ἰνδοὺς εἶναι τοὺς συγκατελθόντας Ἡρακλεῖ δεῦρο. μικρὸν μὲν οὖν πρὸ ἡμῶν οἱ περὶ Βόγον βασιλεῖς καὶ Βόχχον κατεῖχον αὐτήν, φίλοι Ῥωμαίοις ὄντες· ἐκλιπόντων δὲ τούτων, Ἰούβας παρέλαβε τὴν ἀρχήν, δόντος τοῦ Σεβαστοῦ Καίσαρος καὶ ταύτην αὐτῷ τὴν ἀρχὴν πρὸς τῇ πατρῴᾳ· υἱὸς δ' ἦν Ἰούβα τοῦ πρὸς Καίσαρα τὸν θεὸν πολεμήσαντος μετὰ Σκιπίωνος. Ἰούβας μὲν οὖν νεωστὶ ἐτελεύτα τὸν βίον, διαδέδεκται δὲ τὴν ἀρχὴν υἱὸς Πτολεμαῖος, γεγονὼς ἐξ Ἀντωνίου θυγατρὸς καὶ Κλεοπάτρας.

8. Ἀρτεμίδωρος δ' Ἐρατοσθένει μὲν ἀντιλέγει, διότι Λίξον τινά φησι πόλιν περὶ τὰ ἄκρα τῆς Μαυρουσίας τὰ ἑσπέρια ἀντὶ Λυγγός· Φοινικικὰς δὲ πόλεις κατεσκαμμένας παμπόλλας τινάς, ὧν οὐδὲ ἰδεῖν ἐστιν ἴχνος· ἐν δὲ τοῖς ἑσπερίοις Αἰθίοψι (τοὺς ἀέρας πλατεῖς φήσας) ταῖς τε ὀρθριναῖς ὥραις καὶ ταῖς δειλιναῖς παχεῖς καὶ ἀχλυώδεις εἶναι τοὺς ἀέρας· πῶς γὰρ ἐν αὐχμώδεσι καὶ καυματηροῖς τόποις ταῦτ' εἶναι; αὐτὸς δὲ τούτων πολὺ χείρω λέγει περὶ τοὺς αὐτοὺς τόπους· μετανάστας γάρ τινας ἱστορεῖ Λωτοφάγους, οἳ τὴν ἄνυδρον νέμοιντο, σιτοῖντο δὲ λωτόν, πόαν τινὰ καὶ ῥίζαν, ἀφ' ἧς οὐδὲν δέοιντο ποτοῦ. παρήκειν δ' αὐτοὺς μέχρι τῶν ὑπὲρ Κυρήνης τόπων· τοὺς δ' ἐκεῖ καὶ γαλακτοποτεῖν καὶ κρεωφαγεῖν, καίπερ ταυτοκλινεῖς ὄντας. καὶ Γαβίνιος δὲ ὁ τῶν Ῥωμαίων συγγραφεὺς οὐκ ἀπέχεται τῆς τερατολογίας τῆς περὶ τὴν Μαυρουσίαν· πρὸς γὰρ τῇ Λυγγὶ Ἀνταίου μνῆμα ἱστορεῖ καὶ σκελετὸν πηχῶν ἑξήκοντα, ὃν Σερτώριον γυμνῶσαι καὶ πάλιν

hastati, equis nudis utentes, et frenis e fune factis; gerunt etiam gladios; pedites vero elephantorum pellibus pro clypeis utuntur; leonum et pardalium et ursorum pellibus induuntur, iisque indormiunt. Fere autem et hi et sequentes Masæsylii et Libyes magna ex parte cultu eodem utuntur, et in ceteris persimiles sunt, parvis equis utentes, celeribus tamen et mansuetis adeo, ut sola virgula gubernentur. Equi collaria e lana arborea habent aut pilo confecta, e quibus habena dependet. Sunt qui etiam sine tractu dominum sequuntur instar canum. Pelta utuntur parva e corio confecta, lancea lata et parva, discinctæ tunicæ laticlaviæ; denique vestimentum fibula nexum pellem habent, ut dixi, et thoracem anteriorem. Pharusii et Nigretes, qui supra istos habitant, Hesperiis Æthiopibus vicini, sagittant, quemadmodum Æthiopes; falcatis quoque curribus utuntur. Conveniunt nonnunquam Mauros Pharusii, sed raro, per deserta, aquarum utres equorum ventribus subligatos vehentes; nonnunquam per loca quædam palustria et lacus Cirtam veniunt. Quidam ex eis dicuntur Troglodytarum more infra terram in cavernis effossis habitare. Hic quoque aiunt æstate imbres frequentes esse, hieme vero siccitatem. Quosdam ex iis barbaris serpentum ac piscium coriis pro indumentis ac strato uti. Sunt qui dicant Mauros Indos esse, qui cum Hercule in hunc locum descenderint. Non diu ante nostra tempora Bogus et Bocchus reges, Romanorum amici, Mauritaniam tenuerunt, quibus mortuis Juba successit, quum Cæsar Augustus ad paternum regnum hoc etiam illi adjecisset. Is Jubæ filius fuit ejus, qui contra divum Cæsarem cum Scipione bellum gessit. Jubæ nuper vita functo successit in imperio Ptolemæus, Antonii et Cleopatræ filia natus.

8. Artemidorus Eratosthenem reprehendit, qui pro Lynge Lixum urbem dixisset circa extrema Mauritaniæ occidentalia, et Phœnicias urbes permultas ibi dirutas, quarum vestigium nullum appareat; et apud Hesperios Æthiopes aerem matutinis et vespertinis horis crassum esse et caliginosum; quomodo enim siccis et æstuosis locis hæc esse possent? At ipse Artemidorus longe ineptiora dicit de eisdem locis. Scribit enim Lotophagos quosdam ibi degere exsules, qui siccam regionem incolant, et lotum edant, herbam quandam et radicem, qua comesta nullum potum requirant; eosque ad loca usque supra Cyrenen sita pertendere; qui vero ibi sint, lac bibere et carnibus vesci, quanquam in eodem sint climate. Sed nec Gabinius, Romanarum rerum scriptor, in describenda Mauritania fabulis prodigiosis abstinet. Scribit enim, apud Lyngem Antæi sepulturam esse, et compagem ossium cadaveris absumpti cubitorum sexaginta, eamque a Sertorio detectam et

ἐπιβαλεῖν γῆν. καὶ τὰ περὶ τῶν ἐλεφάντων μυθώδη· φησὶ γὰρ τἆλλα μὲν θηρία φεύγειν τὸ πῦρ, τοὺς δ' ἐλέφαντας πολεμεῖν καὶ ἀμύνεσθαι, διότι τὴν ὕλην φθείρει· πρὸς δὲ τοὺς ἀνθρώπους διαμάχεσθαι, κατασκόπους προπέμποντας, καί, ὅταν ἴδωσιν ἐκείνους [φεύγοντας], φεύγειν καὶ αὐτούς, ἐπειδὰν δὲ τραύματα λάβωσιν, ἱκετηρίαν προτείνειν κλάδους ἢ βοτάνην ἢ κόνιν.

9. Μετὰ δὲ τὴν τῶν Μαυρουσίων γῆν ἢ τῶν Μασαισυλίων ἐστίν, ἀπὸ τοῦ Μολοχὰθ ποταμοῦ τὴν ἀρχὴν λαμβάνουσα, τελευτῶσα δὲ ἐπὶ τὴν ἄκραν, ἣ καλεῖται [Τρητόν], ὅριον τῆς τε Μασαισυλίων καὶ τῆς Μασυλιέων γῆς· στάδιοι δ' εἰσὶν ἀπὸ τοῦ Μεταγωνίου μέχρι τοῦ Τρητοῦ ἑξακισχίλιοι· οἱ δ' ἐλάττους φασίν. ἔχει δ' ἡ παραλία πόλεις τε πλείους καὶ ποταμοὺς καὶ χώραν εὐφυῆ, τῶν δ' ἐν ὀνόματι ἀρκεῖ μνησθῆναι. ἔστι δὲ πόλις Σίγα ἐν χιλίοις σταδίοις ἀπὸ τῶν λεχθέντων ὅρων, (καὶ) βασίλειον Σόφακος· κατέσπασται δὲ νῦν· τὴν δὲ χώραν μετὰ Σόφακα κατέσχε Μασανάσσης, εἶτα Μικίψας, εἶτα καὶ οἱ ἐκεῖνον διαδεξάμενοι, καθ' ἡμᾶς δὲ Ἰούβας ὁ πατὴρ τοῦ νεωστὶ τελευτήσαντος Ἰούβα· κατέσπασται δὲ καὶ Ζάμα τὸ τούτου βασίλειον ὑπὸ Ῥωμαίων· μετὰ δὲ τὴν Σίγαν Θεῶν λιμὴν ἐν ἑξακοσίοις σταδίοις· εἶτ' ἄλλοι ἄσημοι τόποι. τὰ μὲν οὖν ἐν βάθει τῆς χώρας ὀρεινὰ καὶ ἔρημα († ἔσθ' ὅτε παρέσπαρται, ἃ κατέχουσιν οἱ Γαίτουλοι) μέχρι καὶ Σύρτεων· τὰ δ' ἐκεῖ πρὸς θαλάττῃ καὶ πεδία εὐδαίμονά ἐστι καὶ πόλεις πολλαὶ καὶ ποταμοὶ καὶ λίμναι.

10. Ποσειδώνιος δ' οὐκ οἶδ' εἰ ἀληθεύει, φήσας ὀλίγοις καὶ μικροῖς διαρρεῖσθαι ποταμοῖς τὴν Λιβύην· αὐτοὺς γάρ, οὓς Ἀρτεμίδωρος εἴρηκε, τοὺς μεταξὺ τῆς Λυγγὸς καὶ Καρχηδόνος καὶ πολλοὺς εἴρηκε καὶ μεγάλους. ἐν δὲ τῇ μεσογαίᾳ ταῦτ' ἀληθέστερον εἰπεῖν· εἴρηκε δὲ τούτου τὴν αἰτίαν αὐτός· μὴ γὰρ κατομβρεῖσθαι τοῖς ἀρκτικοῖς μέρεσι, καθάπερ οὐδὲ τὴν Αἰθιοπίαν φασί· διὸ πολλάκις λοιμικὰ ἐμπίπτειν ὑπὸ αὐχμῶν καὶ τὰς λίμνας τελμάτων πίμπλασθαι καὶ τὴν ἀκρίδα ἐπιπολάζειν. ἔτι φησὶ τὰ μὲν ἀνατολικὰ ὑγρὰ εἶναι, τὸν γὰρ ἥλιον ἀνίσχοντα ταχὺ παραλλάττειν, τὰ δ' ἑσπέρια ξηρά, ἐκεῖ γὰρ καταστρέφειν. ὑγρὰ γὰρ καὶ ξηρά, τὰ μὲν παρ' ὑδάτων ἀφθονίαν ἢ σπάνιν λέγεται, τὸ δὲ παρὰ τὴν τῶν ἡλίων· βούλεται δὲ λέγειν τὰ παρὰ τοὺς ἡλίους· ταῦτα δὲ πάντες ἀρκτικοῖς καὶ μεσημβρινοῖς κλίμασιν ἀφορίζουσι· καὶ μὴν ἀνατολικά τε καὶ δυσμικά, τὰ μὲν πρὸς τὰς οἰκήσεις λεγόμενα, καθ' ἑκάστην τὴν οἴκησιν καὶ τὴν μετάπτωσιν τῶν ὁριζόντων ἄλλα ἐστίν, ὥστ' οὐδ' ἔνεστι καθολικῶς εἰπεῖν ἐπὶ τῶν ἀπεριλήπτων τὸ πλῆθος, ὅτι τὰ μὲν ἀνατολικὰ ὑγρά, τὰ δὲ δυσμικὰ ξηρά. ὡς δὲ λέγεται πρὸς τὴν οἰκουμένην ὅλην καὶ τὰς ἐσχατιὰς τὰς τοιαύτας, οἷα καὶ ἡ Ἰνδικὴ καὶ ἡ Ἰβηρία, λέγοι ἄν, εἰ ἄρα, τὴν τοιαύτην ἀπόφασιν. τίς οὖν ἡ πιθανότης τῆς αἰτιολογίας; ἐν γὰρ περιφορᾷ συνεχεῖ τε καὶ ἀδιαλείπτῳ τοῦ ἡλίου τίς ἂν εἴη καταστροφή; τό τε τάχος τῆς παραλλαγῆς πανταχοῦ ἴσον. ἄλλως τε παρὰ τὴν ἐνάργειαν

9. Post Mauritaniam est Masæsyliorum regio, a Molochath flumine initium sumens, finiens vero in promontorium, [Tretum] nomine, quod Masæsyliorum et Masyliensium confinium dicitur. A Metagonio Tretum usque sunt stadiorum sex millia; sunt qui pauciora numerent. Ora maritima complures urbes et fluvios habet, et regionem valde commodam; sed satis sit mentionem eorum facere, quæ sunt clariora. Distat itaque Siga civitas a dictis finibus mille stadiorum intervallo, Sophacis regia, nunc vero diruta est. Post Sophacem Masanasses obtinuit regionem, postea Micipsas, postea ejus successores, nostra tempestate Juba, Jubæ pater nuper mortui. Diruta est etiam a Romanis Zama, hujus regia. Post Sigam in sexcentis stadiis est Deorum portus, ac porro alia loca obscura; quæ in interiori jacent regione, montana sunt ac deserta : (quibus hic illic (ἔσθ' ὅπη) inseruntur, quæ Gætuli tenent) usque etiam ad Syrtes; ibi vero ad mare et campi uberes sunt et urbes multæ fluminaque et lacus.

10. Posidonius dubito an recte dixerit raris parvisque fluminibus Libyam irrigari; eosdem enim, quos Artemidorus nominat, inter Lyngem et Carthaginem exeuntes et multos esse dicit et magnos. De mediterraneo autem tractu verius affirmari illud potest. Causam rei ipse affert; scilicet partes septentrionales Libyæ non complui (quemadmodum neque Æthiopiæ partes septentrionalis complui dicunt); atque hinc sæpe propter siccitatem pestes incidere, et lacus cœnosos fieri locustarumque exsistere copiam. Addit etiam orientalia humida esse, quod sol exoriens cito prætereat, occidua vero sicca, quod ibi sit solis conversio. Jam vero humida et sicca dicuntur ob copiam vel inopiam vel aquarum vel caloris solaris; Posidonius ad calorem solarem referri vult; hunc vero omnes secundum plagas boreales et meridionales definiunt; ac sane orientalia et occidentalia, certorum respectu dicta locorum, pro habitationum et horizontum diversitate subinde mutantur, adeo ut de iis, quorum multitudo certis finibus circumscribi non patiatur, in universum dici nequeat, orientalia humida esse, occidentalia sicca. Quum vero dici id etiam possit respectu totius habitabilis terræ et extremarum ejus partium talium, quales sunt India et Iberia, fortasse Posidonius eo sensu rem intelligi voluerit. Quid ergo probabilitatis tum haberet causæ redditio? In continuo enim ac nunquam intermittente solis circumductione quænam esse potest ejus conversio? Præterea transitus velocitas ubique est æqualis. Atque alias etiam re-

ἐστι, τὰ ἔσχατα τῆς Ἰβηρίας ἢ τῆς Μαυρουσίας τὰ
πρὸς δύσιν ξηρὰ λέγειν ἁπάντων μάλιστα· καὶ γὰρ τὸ
περιέχον εὔκρατον ἔχει καὶ πλείστων ὑδάτων εὐπορεῖ.
εἰ δὲ τὸ καταστρέφειν τοιοῦτον εἴληπται, ὅτι ἐνταῦθα
[κατὰ] τὰ ὕστατα τῆς οἰκουμένης ὑπὲρ γῆς γίνεται,
τί τοῦτο συντείνει πρὸς ξηρασίαν; καὶ γὰρ ἐνταῦθα
καὶ ἐν τοῖς ἄλλοις τόποις τῆς οἰκουμένης τοῖς ταυτοκλι-
νέσι, τὸν ἴσον διαλιπὼν χρόνον τὸν τῆς νυκτός, ἐπάνεισι
πάλιν καὶ θερμαίνει τὴν γῆν.

11. Ἔστι δέ που αὐτόθι καὶ ἀσφάλτου πηγὴ καὶ
χαλκωρυχεῖα· καὶ σκορπίων δὲ καὶ πτηνῶν καὶ ἀπτέ-
ρων λέγεται πλῆθος, μεγέθει δὲ † ἑπτασπονδύλων,
ὁμοίως δὲ καὶ φαλάγγια καὶ μεγέθει καὶ πλήθει διαφέ-
ροντα· σαύρας δὲ διπήχεις φασίν. ἐν μὲν οὖν τῇ πα-
ρορείῳ λίθους εὑρίσκεσθαί φασι τοὺς λυχνίτας καὶ καρχηδονίους λεγομένους· ἐν δὲ τοῖς πεδίοις ὀστρακίων καὶ
χηραμύδων πλῆθος, οἷον ἐν τοῖς περὶ τοῦ Ἄμμωνος λόγοις εἰρήκαμεν· καὶ δένδρον δέ ἐστι μελίλωτον καλούμενον, ἐξ οὗ σκευάζουσιν οἶνον· τινὲς δ' αὐτῶν καὶ δί-
καρπον ἔχουσι τὴν γῆν, καὶ δύο θεριστικὰ καρποῦνται,
τὰ μὲν θερινά, τὰ δ' ἐαρινά· ἔστι δὲ ἡ καλάμη πεντά-
πηχυς τὸ ὕψος, πάχος δὲ τοῦ μικροῦ δακτύλου, τὸν δὲ
καρπὸν διακοσιοκαιτετταρακοντάπλουν ἀποδίδωσι· τοῦ
δὲ ἔαρος οὐδὲ σπείρουσιν, ἀλλὰ παλιούροις συνδεδεμέ-
ναις ἐπικαταψήσαντες τὴν χώραν τῷ ἐκπεσόντι στάχυϊ
κατὰ τὸν θερισμὸν ἀρκοῦνται· τελεσικαρπεῖ γὰρ τὸν θε-
ρινὸν καρπόν. Διὰ δὲ τὸ πλῆθος τῶν θηρίων κνημῖδας
ἔχοντες ἐργάζονται καὶ τἆλλα δὲ μέρη διφθεροῦνται·
καθεύδοντες δὲ περιχρίουσι τοὺς κλινόποδας σκορόδοις
τῶν σκορπίων χάριν καὶ παλιούροις περιδοῦσιν.

12. Ἦν δὲ τῇ παραλίᾳ ταύτῃ πόλις Ἰὼλ ὄνομα, ἣν
ἐπικτίσας Ἰούβας ὁ τοῦ Πτολεμαίου πατὴρ μετωνό-
μασε Καισάρειαν, ἔχουσα καὶ λιμένα καὶ πρὸ τοῦ λιμένος νησίον. μεταξὺ δὲ τῆς Καισαρείας καὶ τοῦ Τρητοῦ μέγας ἐστὶ λιμήν, ὃν Σάλδαν καλοῦσι· τοῦτο δ'
ἐστὶν ὅριον τῆς ὑπὸ τῷ Ἰούβᾳ καὶ τῆς ὑπὸ τοῖς Ῥω-
μαίοις· πολυτρόπως γὰρ οἱ μερισμοὶ γεγένηνται τῆς
χώρας, ἅτε τῶν νεμομένων αὐτὴν πλειόνων γενομένων
καὶ τῶν Ῥωμαίων ἄλλοτ' ἄλλως τούτων τοῖς μὲν φίλοις
χρωμένων, τοῖς δὲ καὶ πολεμίοις· ὥστε καὶ ἀφαιρεῖσθαι
καὶ χαρίζεσθαι συνέβαινεν ἄλλοις ἄλλα καὶ οὐ τὸν
αὐτὸν τρόπον. ἦν δὲ ἡ μὲν πρὸς τῇ Μαυρουσίᾳ προσο-
δικωτέρα τε καὶ δυναμικωτέρα, ἡ δὲ πρὸς τῇ Καρχηδονίᾳ καὶ τῇ Μασυλιέων ἀνθηροτέρα τε καὶ κατεσκευασμένη βέλτιον, καίπερ κεκακωμένη διὰ τὰ Καρχηδό-
νια τὸ πρῶτον, ἔπειτα διὰ τὸν πρὸς Ἰουγούρθαν πόλε-
μον· ἐκεῖνος γὰρ Ἀδάρβαλα ἐκπολιορκήσας ἐν Ἰτύκῃ
καὶ ἀνελών, φίλον ὄντα Ῥωμαίων, ἐνέπλησε τὴν χώραν
πολέμου· εἶτ' ἄλλοι ἐπ' ἄλλοις συνέστησαν πόλεμοι,
τελευταῖος δὲ ὁ πρὸς Σκιπίωνα Καίσαρι τῷ θεῷ συ-
στάς, ἐν ᾧ καὶ Ἰούβας ἀπέθανε· συνηφανίσθησαν δὲ
τοῖς ἡγεμόσι καὶ αἱ πόλεις, Τισιαοῦς τε καὶ Οὔατα καὶ
Θάλα, ἔτι δὲ καὶ Κάψα, τὸ γαζοφυλάκιον τοῦ Ἰου-
γούρθα, καὶ Ζάμα καὶ Ζίγχα καὶ πρὸς αἷς κατεπολέ-

pugnat evidentiæ hoc effatum, Hispaniæ vel Mauritaniæ
extrema occidenti proxima ceteris omnibus sicciora esse,
quum et aerem temperatum habeant, et aquarum largam
copiam. Si vero illam solis conversionem sic interpretatur
quod terræ habitabilis in extremo istic sol terræ immineat : quid hoc attineat ad siccitatem? Nam et in his et
in ceteris habitabilis terræ locis, qui ejusdem sunt plagæ,
sol æquali interjecto noctis spatio iterum redit et calefacit
terram.

11. Est vero alicubi istic etiam bituminis fons, et æris
fodinæ; porro et volucrium et non alatorum scorpionum
multitudo memoratur ibi, magnitudine eximia ·et (μεγ.
ὑπερβαλλόντων καὶ) septenûm vertebrarum; item phalangia
et multitudine et magnitudine non vulgari, lacertæ etiam
bicubitales. In montibus adjacente regione lapillos inveniri aiunt, qui lychnides et carchedonii dicuntur; inque
campis ostracorum et cheramydum concharum multitudinem, ut dictum est, quum de Ammone ageremus (1,3,4).
Est et arbor apud eos nomine melilotus, e qua vinum conficiunt. Nonnulli terram biferam habent, et duas messes
faciunt, unam vernam, ·alteram æstivam. Culmus est
quinque cubitorum longitudine, crassitie vero parvi digiti,
fructum affert ducentocuplum et quadragintacuplum. Vere non serunt, sed terram colligatis paliuris obiter radentes,
semine e spicis in messe eo delapso contenti sunt. Id enim
perfectam edit messem æstivam. Ob serpentum multitudinem operarii ocreas gerunt; ceteras corporis partes coriis
contegunt; dormituri lecti pedes allio illinunt, scorpionum
gratia, et paliuris circumligant.

12. In hac ora fuit urbs quædam nomine Iol, quam Juba,
Ptolemæi pater, a se instauratam, mutato nomine Cæsaream vocavit; ea portum habet, et parvam insulam ante
portum. Inter Cæsaream atque Tretum est magnus portus, quem Saldam vocant. Atque ibi sunt confinia Jubæ
et Romanorum ditionis. Etenim variis plane modis regio
ista fuit divisa, quum, qui eam tenerent, complures essent, et Romani aliis amicis, aliis hostibus diverso tempore
uterentur, ideoque et darent et auferrent aliis alia, nec id
eodem semper modo. Regio sane Mauritaniæ proxima vires
ac proventus majores habebat; quæ vero Carthaginem et
Masyliensium terram contigit, florentior est et melius ap-
parata, quanquam primo Carthaginiensi bello afflicta, ac
deinde bello contra Jugurtham gesto. Hic quum Adherbalem Romanorum amicum expugnatum Uticæ interfecis-
set, in regionem eam plurima accivit bella, quibus alia atque alia successerunt; ultimum fuit, quod Divus Cæsar
cum Scipione gessit, in quo et Juba mortuus est, et urbes cum
ducibus deletæ sunt : Tisiaus (*Tisurus v. Tisdrus*) et *Uata*
(*Ubata*) et Thala et Capsa, ubi Jugurthæ thesauri erant,
et Zama (Ζάχμα *codd.*) et Zincha et eæ, apud quas Di-

STRABO. 45

μήσε Καῖσαρ Σκιπίωνα ὁ θεός, πρὸς Ῥουσπίνῳ μὲν πρῶτον νικῶν, εἶτα πρὸς Οὐζίτοις, εἶτα πρὸς Θάψῳ καὶ τῇ πλησίον λίμνῃ καὶ ταῖς ἄλλαις· πλησίον δὲ καὶ Ζέλλα καὶ Ἀχόλλα, ἐλεύθεραι πόλεις· εἷλε δ' ἐξ ἐφόδου Καῖσαρ τὴν [Κέρκινναν] νῆσον καὶ Θέναν, πολίχνην ἐπιθαλαττιδίαν. Τούτων πασῶν αἱ μὲν τελέως ἠφανίσθησαν, αἱ δ' ἡμίσπαστοι κατελείφθησαν· Φαρὰν * δ' οἱ Σκιπίωνος ἱππεῖς ἐνέπρησαν.

13. Μετὰ δ' οὖν Τρητὸν ἡ Μασυλιέων ἐστὶ καὶ ἡ Καρχηδονίων παραπλησία χώρα. Κίρτα τέ ἐστιν ἐν μεσογαίᾳ, τὸ Μασανάσσου καὶ τῶν ἑξῆς διαδόχων βασίλειον, πόλις εὐερκεστάτη καὶ κατεσκευασμένη καλῶς τοῖς πᾶσι, καὶ μάλιστα ὑπὸ Μικίψα, ὅστις καὶ Ἕλληνας συνῴκισεν ἐν αὐτῇ καὶ τοσαύτην ἐποίησεν, ὥστ' ἐκπέμπειν μυρίους ἱππέας, διπλασίους δὲ πεζούς. ἥ τε δὴ Κίρτα ἐνταῦθα καὶ οἱ δύο Ἱππῶνες, ὁ μὲν πλησίον Ἰτύκης, ὁ δὲ ἀπωτέρω πρὸς τῷ Τρητῷ μᾶλλον, ἄμφω βασίλεια. ἡ δὲ Ἰτύκη δευτέρα μετὰ Καρχηδόνα τῷ μεγέθει καὶ τῷ ἀξιώματι· καταλυθείσης δὲ Καρχηδόνος, ἐκείνη ἦν ὡς ἂν μητρόπολις τοῖς Ῥωμαίοις καὶ ὁρμητήριον πρὸς τὰς ἐν Λιβύῃ πράξεις· ἵδρυται δ' ἐν τῷ αὐτῷ κόλπῳ τῷ Καρχηδονιακῷ, πρὸς θατέρῳ τῶν ἀκρωτηρίων τῶν ποιούντων τὸν κόλπον, ὧν τὸ μὲν πρὸς τῇ Ἰτύκῃ καλοῦσιν Ἀπολλώνιον, θάτερον δ' Ἑρμαίαν, καί εἰσιν ἐν ἐπόψει ἀλλήλαις αἱ πόλεις. ῥεῖ δὲ τῆς Ἰτύκης πλησίον ὁ Βαγράδας ποταμός· εἰσὶ δ' ἀπὸ Τρητοῦ μέχρι Καρχηδόνος στάδιοι δισχίλιοι πεντακόσιοι· οὔτε τοῦθ' ὁμολογεῖται δὲ τὸ διάστημα οὔτε τὸ μέχρι Σύρτεως.

14. Καὶ Καρχηδὼν δὲ ἐπὶ χερρονήσου τινὸς ἵδρυται, περιγραφούσης κύκλον τριακοσίων ἑξήκοντα σταδίων ἔχοντα τεῖχος, οὗ τὸ ἑξηκοντάδιον μῆκος αὐτὸς ὁ αὐχὴν ἐπέχει, καθῆκον ἀπὸ θαλάττης ἐπὶ θάλατταν, ὅπου τοῖς Καρχηδονίοις ἦσαν αἱ τῶν ἐλεφάντων στάσεις (καὶ) τόπος εὐρυχωρής. κατὰ μέσην δὲ τὴν πόλιν ἡ ἀκρόπολις, ἣν ἐκάλουν Βύρσαν, ὀφρὺς ἱκανῶς ὀρθία, κύκλῳ περιοικουμένη, κατὰ δὲ τὴν κορυφὴν ἔχουσα Ἀσκληπιεῖον, ὅπερ κατὰ τὴν ἅλωσιν ἡ γυνὴ τοῦ Ἀσδρούβα συνέπρησεν αὐτῇ. ὑπόκεινται δὲ τῇ ἀκροπόλει οἵ τε λιμένες καὶ ὁ Κώθων, νησίον περιφερὲς εὐρίπῳ περιεχόμενον, ἔχοντι νεωσοίκους ἑκατέρωθεν κύκλῳ.

15. Κτίσμα δ' ἐστὶ Διδοῦς ἀγαγούσης ἐκ Τύρου λαόν· οὕτω δ' εὐτυχὴς ἡ ἀποικία τοῖς Φοίνιξιν ὑπῆρξε καὶ αὕτη καὶ ἡ μέχρι τῆς Ἰβηρίας τῆς τε ἄλλης καὶ τῆς ἔξω Στηλῶν, ὥστε τῆς Εὐρώπης ἔτι νῦν τὴν ἀρίστην νέμονται Φοίνικες κατὰ τὴν ἤπειρον καὶ τὰς προσεχεῖς νήσους, τήν τε Λιβύην κατεκτήσαντο πᾶσαν, ὅσον μὴ νομαδικῶς οἷόν τ' ἦν οἰκεῖν. ἀφ' ἧς δυνάμεως πόλιν τε ἀντίπαλον τῇ Ῥώμῃ κατεσκευάσαντο καὶ τρεῖς ἐπολέμησαν μεγάλους πρὸς αὐτοὺς πολέμους. γένοιτο δ' ἂν εὔδηλος ἡ δύναμις αὐτῶν ἐκ τοῦ ὑστάτου πολέμου, ἐν ᾧ κατελύθησαν ὑπὸ Σκιπίωνος τοῦ Αἰμιλιανοῦ, καὶ ἡ πόλις ἄρδην ἠφανίσθη. ὅτε γὰρ ἤρξαντο πολεμεῖν

vus Caesar Scipionem debellavit, primo apud Rhuspinum, deinde apud Uzitas, post apud Thapsum et proximum ei lacum, et apud alia loca. Prope erant etiam Zella et Acholla, liberae civitates. Cepit autem Caesar primo adortu Cercinnam insulam et Thenam oppidulum mari imminens. Ex his omnibus aliae prorsus deletae sunt, aliae semidirutae relictae. *Taphruram* Scipionis equites incenderunt.

13. Post Tretum est Masyliensium et similis ei Carthaginiensium regio. Cirta, Masanassae (*Masinissae*) et successorum regia, est in mediterraneis, urbs munitissima, et optime omnibus rebus instructa, maxime a Micipsa, qui et Graecos in eam habitatum deduxit, et tantam effecit, ut decem equitum millia, peditum viginti millia emitteret. Cirta itaque hic est, et duo Hippones, alter Uticae proximus, alter remotior et Treto propinquior, ambae regiae. Utica et magnitudine et dignitate secunda est post Carthaginem; atque, hac excisa, caput regionis fuit et receptaculum Romanorum ad res in Africa gerendas. Sita est in ipso (ἐν αὐτῷ τῷ) sinu Carthaginiensi, ad alterum ex promontoriis, quae sinum faciunt; horum id, quod juxta Uticam est, Apollonium vocatur, alterum vero Hermaea. Urbes ipsae ita sunt sitae, ut unam possis ex altera cernere. Prope Uticam Bagradas amnis labitur. A Treto Carthaginem sunt stadia bis mille et quingenta; quanquam neque de hoc intervallo, neque de eo, quod usque ad Syrtes est, consentitur.

14. Carthago in peninsula quadam jacet, quae ambitum habet stadiorum trecentorum quadraginta, muro cinctum, cujus sexaginta stadiorum longitudinem collum occupat, quod a mari ad mare pertinet, ubi Carthaginienses elephantis stabula habebant in loco amplissimo. In media urbe arx fuit, quam Byrsam vocarunt, supercilium satis erectum, circumcirca habitatum, in cujus vertice Aesculapii templum erat, quod Asdrubalis uxor, capta urbe, secum concremavit. Arci portus subjacent, et Cothon, parva insula ac rotunda, Euripo circumdata, ad cujus utramque partem sunt in orbem navalia.

15. Eam urbem Dido condidit, Tyro colonis eo adductis. Et adeo bene Phoenicibus cessit deductio tum hujus coloniae, tum earum quae in Iberiam intra et extra Herculis columnas missae sunt, ut etiam nunc optimam Europae partem et in continenti et in adjacentibus insulis habeant, atque Libyam omnem sibi subjecerint, quantum ejus aliam quam nomadicam inhabitandi rationem admittebat. Quibus opibus usi, urbem Romae aemulam fecere suam, et tria maxima contra Romanos bella gesserunt. Carthaginiensium potentiam maxime ex ultimo istorum bello aestimare possis, quo a Scipione Aemiliano ipsi devicti, et urbs solo est aequata. Initio enim ejus belli

τοῦτον τὸν πόλεμον, πόλεις μὲν εἶχον τριακοσίας ἐν τῇ Λιβύῃ, ἀνθρώπων δ᾽ ἐν τῇ πόλει μυριάδας ἑβδομήκοντα· πολιορκούμενοι δὲ καὶ ἀναγκασθέντες τραπέσθαι πρὸς ἔνδοσιν, πανοπλιῶν μὲν ἔδοσαν μυριάδας εἴκοσι, καταπελτικὰ δὲ ὄργανα τρισχίλια, ὡς οὐ πολεμηθησόμενοι· κριθέντος δὲ πάλιν τοῦ ἀναπολεμεῖν, ἐξαίφνης ὁπλοποιΐαν συνεστήσαντο, καὶ ἑκάστης ἡμέρας ἀνεφέροντο θυρεοὶ μὲν ἑκατὸν καὶ τετταράκοντα πεπηγότες, μάχαιραι δὲ τριακόσιαι καὶ λόγχαι πεντακόσιαι, χίλια δὲ βέλη καταπελτικά, τρίχα δὲ τοῖς καταπέλταις αἱ θεράπαιναι παρεῖχον· ἔτι τοίνυν ναῦς ἔχοντες δώδεκα ἐξ ἐτῶν πεντήκοντα κατὰ τὰς ἐν τῷ δευτέρῳ πολέμῳ συνθήκας, τότε, καίπερ ἤδη συμπεφευγότες εἰς τὴν Βύρσαν, ἐν διμήνῳ κατεσκευάσαντο ναῦς ἑκατὸν εἴκοσι καταφράκτους, καὶ τοῦ στόματος τοῦ Κώθωνος φρουρουμένου, διώρυξαν ἄλλο στόμα, καὶ προῆλθεν αἰφνιδίως ὁ στόλος· ὕλη γὰρ ἦν ἀποκειμένη παλαιὰ καὶ τεχνιτῶν πλῆθος προσεδρεῦον καὶ σιταρχούμενον δημοσίᾳ. τοιαύτη δ᾽ οὖσα Καρχηδὼν ὅμως ἑάλω καὶ κατεσκάφη. τὴν δὲ χώραν, τὴν μὲν ἐπαρχίαν ἀπέδειξαν Ῥωμαῖοι, τὴν ὑπὸ τοῖς Καρχηδονίοις, τῆς δὲ Μασανάσσην ἀπέδειξαν κύριον καὶ τοὺς ἀπογόνους τοὺς περὶ Μικίψαν. μάλιστα γὰρ ἐσπουδάσθη παρὰ τοῖς Ῥωμαίοις ὁ Μασανάσσης δι᾽ ἀρετὴν καὶ φιλίαν· καὶ γὰρ δὴ καὶ οὗτός ἐστιν ὁ τοὺς Νομάδας πολιτικοὺς κατασκευάσας καὶ γεωργούς, ἔτι δ᾽ ἀντὶ τοῦ ληστεύειν διδάξας στρατεύειν. ἴδιον γάρ τι τοῖς ἀνθρώποις συνέβη τούτοις· χώραν γὰρ οἰκοῦντες εὐδαίμονα, πλὴν τοῦ θηρίοις πλεονάζειν, ἐάσαντες ἐκφέρειν ταῦτα καὶ τὴν γῆν ἐργάζεσθαι μετὰ ἀδείας ἐπ᾽ ἀλλήλοις ἐτρέποντο, τὴν δὲ γῆν τοῖς θηρίοις ἀφεῖσαν. οὕτω δ᾽ αὐτοῖς συνέβαινε πλάνητα καὶ μετανάστην βίον ζῆν, μηδὲν ἧττον τῶν ὑπὸ ἀπορίας καὶ λυπρότητος τόπων ἢ ἀέρων εἰς τοῦτο περιισταμένων τῶν βίων, ὥστε καὶ ἴδιον τοῦθ᾽ εὑρίσκεσθαι τοὔνομα τοὺς Μασαισυλίους· καλοῦνται γὰρ Νομάδες, ἀνάγκη δὲ τοὺς τοιούτους εὐτελεῖς εἶναι τοῖς βίοις καὶ τὸ πλέον ῥιζοφάγους ἢ κρεωφάγους, γάλακτι δὲ καὶ τυρῷ τρεφομένους. ἠρημωμένης δ᾽ οὖν ἐπὶ πολὺν χρόνον τῆς Καρχηδόνος, καὶ σχεδόν τι τὸν αὐτὸν χρόνον, ὅνπερ καὶ Κόρινθος, ἀνελήφθη πάλιν περὶ τοὺς αὐτούς πως χρόνους ὑπὸ Καίσαρος τοῦ Θεοῦ, πέμψαντος ἐποίκους Ῥωμαίων τοὺς προαιρουμένους καὶ τῶν στρατιωτῶν τινας, καὶ νῦν εἴ τις ἄλλη καλῶς οἰκεῖται τῶν ἐν Λιβύῃ πόλεων.

16. Κατὰ μέσον δὲ τὸ στόμα τοῦ Καρχηδονίου κόλπου νῆσός ἐστι Κόρσουρα. ἀντίπορθμος δ᾽ ἐστὶν ἡ Σικελία τοῖς τόποις τούτοις ἡ κατὰ Λιλύβαιον, ὅσον ἐν διαστήματι χιλίων καὶ πεντακοσίων σταδίων· τοσοῦτον γάρ φασι τὸ ἐκ Λιλυβαίου μέχρι Καρχηδόνος· οὐ πολὺ δὲ τῆς Κορσούρας διέχουσιν, οὐδὲ τῆς Σικελίας ἄλλαι τε νῆσοι καὶ Αἰγίμουρος. διάπλους δ᾽ ἐστὶν ἐκ Καρχηδόνος ἑξήκοντα σταδίων εἰς τὴν προσεχῆ περαίαν, ὅθεν εἰς Νέφεριν ἀνάβασις σταδίων ἑκατὸν εἴκοσι, πόλιν (δ᾽) ἐρυμνὴν ἐπὶ πέτρας ᾠκισμένην. ἐν αὐτῷ δὲ

trecentas urbes in Libya habebant; in urbe hominum millia septingenta. Obsessi porro et ut ad deditionem spectarent coacti, armaturæ gravis tradiderunt ducenta millia, catapelticorum instrumentorum tria (duo?) millia, ne porro eis bellum fieret. Sed quum renovare bellum decrevissent, statim arma fabricari cœperunt, ac singulis diebus centum quadraginta clypei compacti in armamentarium referebantur, et gladii trecenti et lanceæ quingentæ et mille tela, quæ e catapultis mitterentur; ad quarum funes conficiendos ancillæ crines præbebant. Quumque inde a quinquaginta annis secundum pacta in bello secundo inita nonnisi duodecim naves haberent, tum, quamquam in arcem jam confugerant, duobus mensibus centum viginti naves cataphractas construxerunt, et quum Cothonis ostium præsidio occuparetur, aliud effodere, unde subito classis erupit; adhuc enim antiqua materies in promptu erat, et fabrorum multitudo publicis alimentis sustentata, operi faciundo intenta. Carthago tamen, tanta quum esset, capta est et deleta. Ditionem Carthaginiensibus subditam Romani in provinciæ formam redegerunt, nisi quod Masanassæ partem tradiderunt, ejusque posteris a Micipsa genus ducentibus. Masanassam hunc ob virtutem et amicitiam plurimi Romani fecerunt; is enim Nomades civiles et agricolas reddidit, et loco latrociniorum eos militiam docuit. Singulare quiddam hominibus iis accidit. Nam quum regionem uberem colerent, nisi quod feris abundabat, his omissis et agri tuto colendi studio, in sese manus converterunt, agro feris dimisso. Itaque contigit eis, ut vagi et patriæ expertes vitam agerent, haud aliter quam qui ob inopiam et locorum sterilitatem et aeris inclementiam ad ejusmodi vitæ genus adiguntur; hinc etiam Masæsylii Nomadum seu Vagantium nomen sunt adepti. Est vero necesse tales victu uti vili, frequentius radices edere quam carnem, lacte autem et caseo nutriri. Postquam diu Carthago deserta permansit, et per idem fere tempus per quod Corinthus, rursum a divo Cæsare sub idem fere tempus instaurata est, missis eo colonis Romanis, quibus liberet, et militum nonnullis, et nunc ita civibus frequentatur, ut urbs Libyæ nulla melius.

16. In medio ostio Carthaginiensis sinus insula est Corsura. His locis e regione opponitur Lilybæum Siciliæ, mille quingentorum fere stadiorum intervallo; tantam enim esse dicunt inter Lilybæum et Carthaginem distantiam. Non procul a Corsura et Sicilia distant quum aliæ complures insulæ, tum etiam Ægimurus. Navigatio autem sexaginta stadiorum est Carthagine in proxime oppositam continentem, inde ad Nepherim adscensus est stadiorum centum et viginti, urbem natura munitam et super petra ædificatam.

45.

τῷ κόλπῳ, ἐν ᾧπερ καὶ ἡ Καρχηδών, Τύνις ἐστὶ πόλις καὶ θερμὰ καὶ λατομίαι τινές· εἶθ' ἡ Ἑρμαία ἄκρα τραχεῖα, καὶ ἐπ' αὐτῇ πόλις ὁμώνυμος· εἶτα Νεάπολις· εἶτ' ἄκρα Ταφῖτις, καὶ ἐπ' αὐτῇ λόφος Ἀσπὶς καλού- 5 μενος ἀπὸ τῆς ὁμοιότητος, ὅνπερ συνῴκισεν ὁ τῆς Σικελίας τύραννος Ἀγαθοκλῆς, καθ' ὃν καιρὸν ἐπέπλευσε τοῖς Καρχηδονίοις· συγκατεσπάσθησαν δὲ τῇ Καρχηδονίᾳ ὑπὸ Ῥωμαίων αἱ πόλεις αὗται. ἀπὸ δὲ τῆς Ταφίτιδος ἐν τετρακοσίοις σταδίοις νῆσός ἐστι Κόσσουρος 10 κατὰ Σελινοῦντα τῆς Σικελίας ποταμόν, καὶ πόλιν ἔχουσα ὁμώνυμον, ἑκατὸν καὶ πεντήκοντα σταδίων οὖσα τὴν περίμετρον, διέχουσα τῆς Σικελίας περὶ ἑξακοσίους σταδίους· ἔστι δὲ καὶ Μελίτη νῆσος ἐν πεντακοσίοις σταδίοις ἀπὸ τῆς Κοσσούρου. εἶτα Ἀδρύμης πόλις, 15 ἐν ᾗ καὶ νεώρια ἦν· εἶθ' αἱ Ταριχεῖαι λεγόμεναι, νησία πολλὰ καὶ πυκνά· εἶτα Θάψος πόλις, καὶ μετὰ ταύτην νῆσος πελαγία Λοπαδοῦσσα· εἶτα ἄκρα Ἄμμωνος Βαλίθωνος † πρὸς θυννοσκοπίαν· εἶτα Θένα πόλις παρὰ τὴν ἀρχὴν κειμένη τῆς μικρᾶς Σύρτεως· πολλαὶ δ' εἰσὶ 20 καὶ ἄλλαι μεταξὺ πολίχναι οὐκ ἄξιαι μνήμης· παράκειται δὲ τῇ ἀρχῇ τῆς Σύρτεως νῆσος παραμήκης, ἡ Κέρκιννα, εὐμεγέθης, ἔχουσα ὁμώνυμον πόλιν, καὶ ἄλλη ἐλάττων Κερκιννῖτις.

17. Συνεχὴς δ' ἐστὶν ἡ μικρὰ Σύρτις, ἣν καὶ Λωτο- 25 φαγῖτιν Σύρτιν λέγουσιν. ἔστι δ' ὁ μὲν κύκλος τοῦ κόλπου τούτου σταδίων χιλίων ἑξακοσίων, τὸ δὲ πλάτος τοῦ στόματος ἑξακοσίων· καθ' ἑκατέραν [δὲ] τὴν ἄκραν τὴν ποιοῦσαν τὸ στόμα προσεχεῖς εἰσι τῇ ἠπείρῳ νῆσοι, ἥ τε λεχθεῖσα Κέρκιννα καὶ ἡ Μῆνιγξ, πάρισοι τοῖς 30 μεγέθεσι. τὴν δὲ Μήνιγγα νομίζουσιν εἶναι τὴν τῶν Λωτοφάγων γῆν τὴν ὑφ' Ὁμήρου λεγομένην, καὶ δείκνυταί τινα σύμβολα, καὶ βωμὸς Ὀδυσσέως καὶ αὐτὸς ὁ καρπός· πολὺ γάρ ἐστι τὸ δένδρον ἐν αὐτῇ τὸ καλούμενον λωτόν, ἔχον ἥδιστον καρπόν· πλείους δ' εἰσὶν 35 ἐν αὐτῇ πολίχναι, μία δ' ὁμώνυμος τῇ νήσῳ· καὶ ἐν αὐτῇ δὲ τῇ Σύρτει πολίχναι τινές εἰσι. κατὰ δὲ τὸν μυχόν ἐστι παμμέγεθες ἐμπόριον, ποταμὸν ἔχον ἐμβάλλοντα εἰς τὸν κόλπον· διατείνει δὲ μέχρι δεῦρο τὰ τῶν ἀμπώτεων πάθη καὶ τῶν πλημμυρίδων, καθ' ὃν καιρὸν 40 ἐπὶ τὴν θήραν τῶν ἰχθύων ἐπιπηδῶσιν οἱ πρόσχωροι κατὰ σπουδὴν θέοντες.

18. Μετὰ δὲ τὴν Σύρτιν Ζουχίς ἐστι λίμνη σταδίων τετρακοσίων στενὸν ἔχουσα εἴσπλουν καὶ παρ' αὐτὴν πόλις ὁμώνυμος πορφυροβαφεῖα ἔχουσα καὶ ταριχείας 45 παντοδαπάς· εἶτ' ἄλλη λίμνη πολὺ ἐλάττων· καὶ μετὰ ταύτην Ἀβρότονον πόλις καὶ ἄλλαι τινές, συνεχῶς δὲ Νεάπολις, ἣν καὶ Λέπτιν καλοῦσιν· ἐντεῦθεν δ' ἐστὶ δίαρμα τὸ [ἐπὶ] Λοκρῶν τῶν Ἐπιζεφυρίων τρισχίλιοι ἑξακόσιοι στάδιοι. ἑξῆς δ' ἐστὶ ποταμός· καὶ μετὰ 50 ταῦτα διατείχισμά τι, ὃ ἐποίησαν Καρχηδόνιοι, γεφυροῦντες βάραθρά τινα εἰς τὴν χώραν ἀνέχοντα· εἰσὶ δὲ καὶ ἀλίμενοί τινες ἐνταῦθα τόποι, τῆς ἄλλης παραλίας ἐχούσης λιμένας· εἶτ' ἄκρα ὑψηλὴ καὶ ὑλώδης, ἀρχὴ τῆς μεγάλης Σύρτεως, καλοῦσι δὲ Κεφαλάς· εἰς ταύτην

In sinu Carthaginiensi est etiam Tunis civitas et aquæ calidæ et lapicidinæ quædam; deinde Hermæa, promontorium asperum, ac prope id urbs cognominis; mox Neapolis; inde Taphitis promontorium et in eo collis quidam Aspis nomine, a similitudine clypei appellatus, quem Agathocles, Siciliæ tyrannus, incolis frequentavit, quo tempore adversus Carthaginienses classem duxit. Hæ urbes a Romanis una cum Carthagine sunt eversæ. Stadiis quadringentis a Taphitide est Cossurus insula, contra Selinuntem, Siciliæ fluvium, posita, ambitum habens centum quinquaginta stadiorum, et urbem eodem nomine; distat a Sicilia sexcenta circiter stadia. Melite etiam insula abest a Cossura stadiis quingentis. Deinde est Adrymes civitas, in qua etiam erant navalia. Sequuntur insulæ multæ et inter se vicinæ nomine Tarichiæ; hinc urbs Thapsus contra (κατὰ) quam insula in alto jacens est Lopadussa; sequitur Ammonis Balithonis promontorium, in quo est turris (ἐν ᾗ πύργος?) ad speculandum thynnos; postea Thena (Θαίνα h. l. codd.) urbs juxta parvæ Syrtis initium. Alia quoque oppidula permulta interjacent non digna memoratu. In principio Syrtis est Cercinna, insula oblonga, permagna, quæ urbem habet eodem nomine, et altera minor, Cercinnitis.

17. His continua est minor Syrtis, quam Lotophagitim Syrtim etiam dicunt. Hujus sinus ambitus est fere stadiorum mille et sexcentorum, oris latitudo sexcentorum. Juxta utrumque promontorium, quæ os efficiunt, insulæ adjacent continenti, Cercinna scilicet, de qua diximus, et Meninx, magnitudine æquales. Meningem Lotophagorum terram putant, cujus Homerus (Od. 9, 84) meminit; et signa quædam monstrantur, Ulyssis ara et fructus ipse. Nam lotus arbor crebra in ea est fructu suavissimo; plura etiam in ea oppida sunt, sed unum eodem nomine quo insula; in ipsa Syrti item oppidula quædam sunt. In recessu autem est ingens emporium, quod flumen allabitur in sinum exiens. Maris autem æstus hucusque pertendunt; quorum tempore finitimi maximo studio ad captandos pisces excurrunt.

18. Post Syrtim est lacus, nomine Zuchis, quadringentorum fere stadiorum, ingressu arcto; urbs cognominis ei adjacet, purpuri infecturas et omnis generis salsamenta habens. Hinc est alius lacus longe minor, post quem est Abrotonum urbs et aliquot aliæ; continuo sequitur Neapolis, quam etiam Leptim vocant; inde ad Epizephyrios Locros trajectus est stadiorum ter mille et sexcentorum; postea est flumen (Cinyps); hinc murus quidam, quem Carthaginienses condiderunt, voraginibus quibusdam ponte instratis, quæ in regionem recedebant; sunt ibi etiam loca quædam importuosa, quum cetera ora portus habeat. Postea est promontorium altum et silvosum, magnæ Syrtis

δὲ τὴν ἄκραν ἐκ Καρχηδόνος στάδιοί εἰσι μικρῷ πλείους τῶν πεντακισχιλίων.

19. Ὑπέρκειται δὲ τῆς ἀπὸ Καρχηδόνος παραλίας μέχρι Κεφαλῶν καὶ μέχρι τῆς Μασαισυλίων ἡ τῶν Λιβοφοινίκων γῆ μέχρι τῆς τῶν Γαιτούλων ὀρεινῆς, ἤδη Λιβυκῆς οὔσης. ἡ δ' ὑπὲρ τῶν Γαιτούλων ἐστὶν ἡ τῶν Γαραμάντων γῆ παράλληλος ἐκείνῃ, ὅθεν οἱ Καρχηδόνιοι κομίζονται λίθοι· τοὺς δὲ Γαράμαντας ἀπὸ τῶν Αἰθιόπων (καὶ) τῶν παρωκεανιτῶν ἀφεστάναι φασὶν ἡμερῶν ἐννέα ἢ καὶ δέκα ὁδόν· τοῦ δὲ Ἄμμωνος καὶ πεντεκαίδεκα. μεταξὺ δὲ τῆς Γαιτούλων καὶ τῆς ἡμετέρας παραλίας πολλὰ μὲν πεδία, πολλὰ δὲ ὄρη καὶ λίμναι μεγάλαι καὶ ποταμοί, ὧν τινες καὶ καταδύντες ὑπὸ γῆς ἀφανεῖς γίνονται· λιτοὶ δὲ σφόδρα τοῖς βίοις εἰσὶ καὶ τῷ κόσμῳ, πολυγύναικες δὲ καὶ πολύπαιδες, τἆλλα δὲ ἐμφερεῖς τοῖς νομάσι τῶν Ἀράβων· καὶ ἵπποι δὲ καὶ βόες μακροτραχηλότεροι τῶν παρ' ἄλλοις· ἱπποφόρβια δ' ἐστὶν ἐσπουδασμένα διαφερόντως τοῖς βασιλεῦσιν, ὥστε καὶ ἀριθμὸν ἐξετάζεσθαι πώλων κατ' ἔτος εἰς μυριάδας δέκα. τὰ δὲ πρόβατα γάλακτι καὶ κρέασιν ἐκτρέφεται, καὶ μάλιστα πρὸς τοῖς Αἰθίοψι. τοιαῦτα μὲν τὰ ἐν τῇ μεσογαίᾳ.

20. Ἡ δὲ μεγάλη Σύρτις τὸν μὲν κύκλον ἔχει σταδίων [τρισχιλίων] ἐννακοσίων τριάκοντά που, τὴν δ' ἐπὶ τὸν μυχὸν διάμετρον χιλίων πεντακοσίων, τοσοῦτον δέ που καὶ τὸ τοῦ στόματος πλάτος. ἡ χαλεπότης δὲ καὶ ταύτης τῆς Σύρτεως καὶ τῆς μικρᾶς ......, ὅτι πολλαχοῦ τεναγώδης ἐστὶ ὁ βυθὸς καὶ κατὰ τὰς ἀμπώτεις καὶ τὰς πλημμυρίδας συμβαίνει τισὶν ἐμπίπτειν εἰς τὰ βράχη καὶ καθίζειν, σπάνιον δ' εἶναι τὸ σωζόμενον σκάφος. διόπερ πόρρωθεν τὸν παράπλουν ποιοῦνται, φυλαττόμενοι, μὴ ἐμπέσοιεν εἰς τοὺς κόλπους ὑπ' ἀνέμων ἀφύλακτοι ληφθέντες· τὸ μέντοι παρακίνδυνον τῶν ἀνθρώπων ἁπάντων διαπειρᾶσθαι ποιεῖ, καὶ μάλιστα τῶν παρὰ γῆν περίπλων. εἰσπλέοντι δὴ τὴν μεγάλην Σύρτιν ἐν δεξιᾷ μετὰ τὰς Κεφαλάς ἐστι λίμνη τριακοσίων που σταδίων τὸ μῆκος, ἑβδομήκοντα δὲ τὸ πλάτος, ἐκδιδοῦσα εἰς τὸν κόλπον, ἔχουσα καὶ νησία καὶ ὕφορμον πρὸ τοῦ στόματος. μετὰ δὲ τὴν λίμνην τόπος ἐστὶν Ἀσπὶς καὶ λιμὴν κάλλιστος τῶν ἐν τῇ Σύρτει. συνεχὴς δὲ ὁ Εὐφράντας πύργος ἐστίν, ὅριον τῆς πρότερον Καρχηδονίας γῆς καὶ τῆς Κυρηναίας τῆς ὑπὸ Πτολεμαίῳ· εἶτ' ἄλλος τόπος, Χάραξ καλούμενος, ᾧ ἐμπορίῳ ἐχρῶντο Καρχηδόνιοι κομίζοντες οἶνον, ἀντιφορτιζόμενοι δὲ ὀπὸν καὶ σίλφιον παρὰ τῶν ἐκ Κυρήνης λάθρα παρακομιζόντων· εἶθ' οἱ Φιλαίνων βωμοί· καὶ μετὰ τούτους Αὐτόμαλα, φρούριον φυλακὴν ἔχον, ἱδρυμένον κατὰ τὸν μυχὸν τοῦ κόλπου παντός· ἔστι δ' ὁ διὰ τοῦ μυχοῦ τούτου παράλληλος, τοῦ μὲν δι' Ἀλεξανδρείας μικρῷ νοτιώτερος χιλίοις σταδίοις, τοῦ δὲ διὰ Καρχηδόνος ἐλάττοσιν ἢ δισχιλίοις· πίπτοι δ' ἂν τῇ μὲν καθ' Ἡρώων πόλιν τὴν ἐν τῷ μυχῷ τοῦ Ἀραβίου κόλπου, τῇ δὲ κατὰ τὴν μεσόγαιαν τῶν Μασαισυλίων καὶ τῶν Μαυρουσίων. (ὅπου) τὸ λειπόμενον ἤδη τῆς

initium, quod Cephalas sive Capita vocant. Carthagine ad hoc promontorium sunt stadia quinquies mille et plura.

19. Superjacet autem oræ a Carthagine usque ad Cephalas et Masæsylios Libophœnicum terra usque ad Gætuliæ montana, quæ jam sunt mere Libyca. Supra Gætuliam est Garamantum regio, quæ cum illa æqualibus spatiis porrigitur, unde Carchedonii lapilli afferuntur. Dicunt Garamantas ab Æthiopibus Oceani accolis abesse novem aut decem dierum itinere, ab Ammone quindecim. Inter Gætuliam et nostram oram multi campi interjacent, multi item montes et magni lacus et flumina, quorum quædam in terram demersa evanescunt. Hi et in victu et ornatu frugales sunt, uxores multas et multos filios habent, cetera Arabum Nomadibus persimiles. Eorum equi et boves ungulas ceteris longiores habent. Reges plurimum equis educandis student, ita ut ad centena pullorum millia quotannis, inquisitione facta, recenseantur. Oves carne et lacte nutriuntur, præsertim in locis Æthiopiæ vicinis. Atque in mediterranea quidem hæc.

20. Major vero Syrtis *ter mille* et nongentorum et triginta (?) stadiorum ambitum habet, diametro intimi sinus mille et quingentorum, quanta fere etiam oris est latitudo. Difficultas vero tum hujus tum minoris Syrtis *ex eo oritur* (ἐκ τούτου γίνεται), quod, quum multis in locis fundus sit vadosus ac cœnosus, propter æstus maris contingit, ut multi in brevia illapsi hæreant, et raro navigia evadant : itaque solent procul ab iis navigare, caventes, ne incaute a ventis correpti in sinus istos illidantur. Attamen hominum audacia, quum omnia alia, tum istas etiam juxta terram navigationes (παράπλων) non veretur tentare. In majorem igitur Syrtim innaviganti post Cephalas ad dextram est lacus trecentorum fere stadiorum longitudine, latitudine septuaginta, in sinum effluens, et insulas quoque quasdam habens et stationem ante os. Post lacum est locus nomine Aspis, et portus omnium qui sint in Syrti optimus. Deinceps est Euphrantas turris, Carthaginiensis regionis et Cyrenaicæ, Ptolemæo subditæ, limes; postea alius locus nomine Charax, quo Carthaginienses emporio utebantur advehentes vinum, ejusque loco succum et laserpitium reportantes ab iis, qui id ex Cyrenaica exportabant. Postea sunt Philænorum aræ. Tum Automala, castellum præsidium habens, in totius sinus recessu positum. Qui per hunc recessum sinus ducitur parallelus, Alexandriæ parallelo australior est paulo minus mille stadiis, Carthaginis parallelo paucioribus quam duobus millibus; ergo ab altera parte inciderit in Heroum urbem quæ est in intimo Arabici sinus recessu, ab altera in Masæsyliorum et Maurusiorum mediterraneam. Jam

παραλίαις ἐστὶν εἰς πόλιν Βερενίκην στάδιοι (ἐννακισ)
χίλιοι πεντακόσιοι. ὑπέρκεινται δὲ τοῦ μήκους τοῦδε
(πλάτους) παρήκοντες καὶ μέχρι τῶν Φιλαίνου βωμῶν
οἱ προσαγορευόμενοι Νασαμῶνες, Λιβυχὸν ἔθνος· ἔχει
5 δὲ τὸ μεταξὺ διάστημα καὶ λιμένας οὐ πολλοὺς ὑδρεῖά
τε σπάνια. ἔστι δὲ ἄκρα λεγομένη Ψευδοπενιάς, ἐφ᾽
ἧς ἡ Βερενίκη τὴν θέσιν ἔχει παρὰ λίμνην τινὰ Τρι-
τωνιάδα, ἐν ᾗ μάλιστα νησίον ἐστὶ καὶ ἱερὸν τῆς Ἀφροδίτης ἐν αὐτῷ. ἔστι δὲ καὶ λιμὴν Ἑσπερίδων, καὶ πο-
10 ταμὸς ἐμβάλλει Λάθων. ἐνδοτέρω δὲ τῆς Βερενίκης
ἐστὶ τὸ μικρὸν ἀκρωτήριον λεγόμενον Βόρειον, ὃ ποιεῖ
τὸ στόμα τῆς Σύρτεως πρὸς τὰς Κεφαλάς· κεῖται δὲ ἡ
Βερενίκη κατὰ τὰ ἄκρα τῆς Πελοποννήσου, κατὰ τὸν
καλούμενον Ἰχθύν...... · καὶ ἔτι κατὰ τὴν Ζάκυνθον, ἐν
15 διάρματι σταδίων τρισχιλίων ἑξακοσίων. ἐκ ταύτης
τῆς πόλεως τριακοσταῖος πεζῇ περιώδευσε τὴν Σύρτιν
Μάρκος Κάτων, κατάγων στρατιὰν πλειόνων ἢ μυρίων
ἀνδρῶν, (ὁ) εἰς μέρη διελὼν τῶν ὑδρείων χάριν· ὥδευσε
δὲ πεζὸς ἐν ἄμμῳ βαθείᾳ καὶ καύμασι. μετὰ δὲ Βερε-
20 νίκην πόλις ἐστὶ Ταύχειρα, ἣν καὶ Ἀρσινόην καλοῦσιν·
εἶθ᾽ ἡ Βάρκη πρότερον, νῦν δὲ Πτολεμαΐς· εἶτα Φυκοῦς ἄκρα, ταπεινὴ μέν, πλεῖστον δ᾽ ἐκκειμένη πρὸς
ἄρκτον παρὰ τὴν ἄλλην (τὴν) Λιβυκὴν παραλίαν· κεῖται δὲ κατὰ Ταίναρον τῆς Λακωνικῆς ἐν διάρματι δισ-
25 χιλίων ὀκτακοσίων σταδίων· ἔστι δὲ καὶ πολίχνιον
ὁμώνυμον τῇ ἄκρᾳ. οὐ πολὺ δὲ τοῦ Φυκοῦντος ἀπέχει
τὸ τῶν Κυρηναίων ἐπίνειον ἡ Ἀπολλωνιάς, ὅσον ἑκατὸν καὶ ἑβδομήκοντα σταδίοις, τῆς δὲ Βερενίκης χιλίοις, τῆς δὲ Κυρήνης ὀγδοήκοντα, πόλεως μεγάλης ἐν
30 τραπεζοειδεῖ πεδίῳ κειμένης, ὡς ἐκ τοῦ πελάγους ἑωρῶ-
μεν αὐτήν.

21. Ἔστι δὲ Θηραίων κτίσμα, Λακωνικῆς νήσου,
ἣν καὶ Καλλίστην ὠνόμαζον τὸ παλαιόν, ὥς φησι καὶ
Καλλίμαχος·

35 Καλλίστη τὸ πάροιθε, τὸ δ᾽ ὕστερον οὔνομα Θήρη,
μήτηρ εὐίππου πατρίδος ἡμετέρης.

κεῖται δὲ τὸ τῶν Κυρηναίων ἐπίνειον κατὰ τὸ ἑσπέριον
τῆς Κρήτης ἄκρον, τὸ τοῦ Κριοῦ μέτωπον, ἐν διάρματι [δισ]χιλίων σταδίων· ὁ δὲ πλοῦς Λευκονότῳ.
40 λέγεται δὲ ἡ Κυρήνη κτίσμα Βάττου· πρόγονον δὲ
τοῦτον ἑαυτοῦ φάσκει Καλλίμαχος· ηὐξήθη δὲ διὰ τὴν
ἀρετὴν τῆς χώρας· καὶ γὰρ ἱπποτρόφος ἐστὶν ἀρίστη
καὶ καλλίκαρπος, καὶ πολλοὺς ἄνδρας ἀξιολόγους ἔσχε
καὶ δυναμένους ἐλευθερίας ἀξιολόγως προΐστασθαι καὶ
45 πρὸς τοὺς ὑπερκειμένους βαρβάρους ἰσχυρῶς ἀντέχειν.
τὸ μὲν οὖν παλαιὸν αὐτόνομος ἦν ἡ πόλις· εἶτα οἱ τὴν
Αἴγυπτον κατασχόντες Μακεδόνες αὐξηθέντες ἐπέθεντο
αὐτοῖς, ἀρξάντων τῶν περὶ Θίβρωνα τῶν ἀνελόντων
τὸν Ἅρπαλον. βασιλευθέντες δὲ χρόνους τινὰς εἰς τὴν
50 Ῥωμαίων ἐξουσίαν ἦλθον, καὶ νῦν ἐστιν ἐπαρχία τῇ
Κρήτῃ συνεζευγμένη. τῆς δὲ Κυρήνης ἐστὶ περιπόλια
ἥ τε Ἀπολλωνία καὶ ἡ Βάρκη καὶ ἡ Ταύχειρα καὶ Βερενίκη καὶ τὰ ἄλλα πολίχνια τὰ πλησίον.

22. Ὁμορεῖ δὲ τῇ Κυρηναίᾳ ἡ τὸ σίλφιον φέρουσα

quod reliquum est oræ maritimæ usque ad urbem Berenicen, stadia sunt mille et quinquaginta. In longum supra
hanc oram et usque ad Philæni aras pertinent Nasamones qui appellantur, Libyca gens. In eo spatio interjacent
portus non multi, aquationes etiam perexiguæ. Est vero
promontorium, Pseudopenias nomine, in quo Berenice sita
est, juxta lacum quendam Tritonidem, in quo etiam parva
insula est, quæ Veneris templum habet. Est porro Hesperidum portus, in quem fluvius Lathon exit. Cis Berenicen est promontorium parvum, Boreum seu Septentrionale, quod Syrtis fauces ad Cephalas facit. Berenice
jacet contra Peloponnesi extremitates, scilicet contra
Ichthyn seu Piscem, quem dicunt, et *Chelonatam* (καὶ
τὸν Χελωνάταν), nec non contra Zacynthum stadiorum ter
mille et sexcentorum intervallo. Ex hac urbe M. Cato
terrestri itinere Syrtim circuivit spatio dierum triginta supra
decem millium hominum ducens exercitum in partes divisum aquandi causa; profectus autem est pedes per æstum
et profundam arenam. Post Berenicen est urbs Tauchira,
quam etiam Arsinoen vocant; hinc est Barce olim, nunc
Ptolemais dicta; deinde Phycûs, promontorium humile
quidem, sed maxime porrectum ad aquilonem, comparata
reliqua Libyæ ora; contra Tænarum Laconiæ jacet, bis
mille et octingentorum stadiorum trajectu. Est etiam ibi
oppidulum eodem nomine, quo promontorium. Non procul a Phycunte est Apollonias (*Apollonia, infra*) emporium Cyrenensium, ad centum septuaginta ab eo distans
stadia, a Berenice mille, a Cyrene, urbe maxima, octoginta. Cyrene urbs magna est, in campo jacens mensæ
formam referente, ut quidem nobis e mari visa fuit.

21. Cyrenen Theræi condiderunt, e Thera, Laconica
insula, quæ olim Callista dicebatur, ut Callimachus ait :

Nomine Calliste primum, sed postmodo Thera :
Mater equûm ditis mi fuit hæc patriæ.

Cyrenensium navale occidentali Cretæ promontorio, quod
est Criû metopon, opponitur [bis] mille stadiorum trajectu; navigatur autem Leuconoto vento. Cyrenen a Batto
conditam tradunt, a quo se genus ducere Callimachus ait.
Ea ob regionis bonitatem plurimum crevit; nam et equorum nutrix est, et fructus optimos fert; viros etiam claros
complures habuit, qui et libertatem optime tueri noverant,
et imminentibus barbaris fortiter resistere. Sui antiquitus
juris fuit, postea Macedones, Ægypto potiti ac potentia aucti,
eam adorti sunt Thibronis ductu, qui Harpalum interfecerat. Regem postea aliquamdiu habuere Cyrenenses, inde in
Romanorum potestatem devenere, et nunc provincia est
Cyrenaica cum Creta conjuncta. Cyrenaicæ oppida sunt,
Apollonia, Barce, Tauchira, Berenice et alia quædam
proxima.

22. Cyrenaicæ finitima est regio, quæ silphium sive la-

καὶ τὸν ὀπὸν τὸν Κυρηναῖον, ὃν ἐκφέρει τὸ σίλφιον ὀπισθέν· ἐγγὺς δ᾽ ἦλθε τοῦ ἐκλιπεῖν, ἐπελθόντων τῶν βαρβάρων κατὰ ἔχθραν τινὰ καὶ φθειράντων τὰς ῥίζας τοῦ φυτοῦ· εἰσὶ δὲ νομάδες. ἄνδρες δ᾽ ἐγένοντο γνώριμοι Κυρηναῖοι Ἀρίστιππός τε ὁ Σωκρατικός, ὅστις καὶ τὴν Κυρηναϊκὴν κατεβάλετο φιλοσοφίαν, καὶ θυγάτηρ, Ἀρήτη τοὔνομα, ἥπερ διεδέξατο τὴν σχολήν, καὶ ὁ ταύτην πάλιν διαδεξάμενος υἱὸς Ἀρίστιππος, ὁ κληθεὶς Μητροδίδακτος, καὶ Ἀννίκερις, ὁ δοκῶν ἐπανορθῶσαι τὴν Κυρηναϊκὴν αἵρεσιν καὶ παραγαγεῖν ἀντ᾽ αὐτῆς τὴν Ἀννικερίαν. Κυρηναῖος δ᾽ ἐστὶ καὶ Καλλίμαχος καὶ Ἐρατοσθένης, ἀμφότεροι τετιμημένοι παρὰ τοῖς Αἰγυπτίων βασιλεῦσιν, ὁ μὲν ποιητὴς ἅμα καὶ περὶ γραμματικὴν ἐσπουδακώς, ὁ δὲ καὶ ταῦτα καὶ περὶ φιλοσοφίαν καὶ τὰ μαθήματα, εἴ τις ἄλλος, διαφέρων. ἀλλὰ μὴν καὶ Καρνεάδης (οὗτος δὲ τῶν ἐξ Ἀκαδημίας ἄριστος φιλοσόφων ὁμολογεῖται) καὶ ὁ Κρόνος δὲ Ἀπολλώνιος ἐκεῖθέν ἐστιν, ὁ τοῦ διαλεκτικοῦ Διοδώρου διδάσκαλος, τοῦ καὶ αὐτοῦ Κρόνου προσαγορευθέντος, μετενεγκάντων τινῶν τὸ τοῦ διδασκάλου ἐπίθετον ἐπὶ τὸν μαθητήν. μετὰ δὲ τὴν Ἀπολλωνίαν ἐστὶν ἡ λοιπὴ τῶν Κυρηναίων παραλία μέχρι Καταβαθμοῦ σταδίων δισχιλίων διακοσίων, οὐ πάνυ εὐπαράπλους· καὶ γὰρ λιμένες ὀλίγοι καὶ ὕφορμοι καὶ κατοικίαι καὶ ὑδρεῖα. τῶν δὲ μάλιστα ὀνομαζομένων κατὰ τὸν παράπλουν τόπων τό τε Ναύσταθμόν ἐστι καὶ τὸ Ζεφύριον πρόσορμον ἔχον καὶ ἄλλο Ζεφύριον καὶ ἄκρα Χερρονήσου λιμένα ἔχουσα· κεῖται δὲ κατὰ † Κύκλον τῆς Κρήτης ἐν διάρματι χιλίων καὶ πεντακοσίων σταδίων νότῳ· εἶτα Ἡράκλειόν τι ἱερὸν καὶ ὑπὲρ αὐτοῦ κώμη Παλίουρος· εἶτα λιμὴν Μενέλαος καὶ † Ἀρδανίξις, ἄκρα ταπεινὴ ὕφορμον ἔχουσα· εἶτα μέγας λιμήν, καθ᾽ ὃν ἡ ἐν τῇ Κρήτῃ Χερρόνησος ἵδρυται, τρισχιλίων που σταδίων δίαρμα ἀπολείπουσα μεταξύ· ὅλη γὰρ σχεδόν τι τῇ παραλίᾳ ταύτῃ ἀντίκειται παράλληλος ἡ Κρήτη στενὴ καὶ μακρά. μετὰ δὲ τὸν μέγαν λιμένα ἄλλος λιμὴν Πλῦνος, καὶ ὑπὲρ αὐτὸν Τετραπυργία. † τὸ δὲ λοιπὸν ἤδη μέχρι Παραιτονίου, κἀκεῖθεν εἰς Ἀλεξάνδρειαν· καλεῖται δὲ ὁ τόπος Κατάβαθμος· μέχρι δεῦρο ἡ Κυρηναία. ἣ καὶ εἴρηται ἡμῖν ἐν τοῖς Αἰγυπτιακοῖς.

23. Τὴν δ᾽ ὑπερκειμένην ἐν βάθει χώραν τῆς Σύρτεως καὶ τῆς Κυρηναίας κατέχουσιν οἱ Λίβυες, παράλυπρον καὶ αὐχμηράν· πρῶτοι μὲν οἱ Νασαμῶνες, ἔπειτα Ψύλλοι καί τινες Γαίτουλοι, ἔπειτα Γαράμαντες· πρὸς ἕω δ᾽ ἔτι μᾶλλον οἱ Μαρμαρίδαι, προσχωροῦντες ἐπὶ πλέον τῇ Κυρηναίᾳ καὶ παρατείνοντες μέχρι Ἄμμωνος. τεταρταίους μὲν οὖν φασιν ἀπὸ τοῦ μυχοῦ τῆς μεγάλης Σύρτεως τοῦ κατ᾽ Αὐτόμαλά πως βαδίζοντας ὡς ἐπὶ χειμερινὰς ἀνατολάς......... ἀφικνεῖσθαι. ἔστι δὲ ὁ τόπος οὗτος ἐμφερὴς τῷ Ἄμμωνι, φοινικότροφός τε καὶ εὔυδρος· ὑπέρκειται δὲ τῆς Κυρηναίας (τῆς) πρὸς μεσημβρίαν· μέχρι μὲν σταδίων ἑκατὸν καὶ δενδροφόρος ἐστὶν ἡ γῆ· μέχρι δ᾽ ἄλλων ἑκατὸν

serpicium producit, et Cyrenaicum succum, quem ex inciso laserpicio colligunt. Id propemodum defecit, quum aliquando barbari, impressione facta, radices ejus odio impulsi eruissent. Sunt hi Nomades. Cyrene illustres viros tulit Aristippum Socraticum, qui Cyrenaicæ sectæ auctor fuit, et Areten, ejus filiam, quæ in schola successit; rursumque hujus filium Aristippum, qui in matris locum subiit, et quod a matre esset edoctus, Metrodidacti cognomen tulit. Ibi natus etiam fuit Anniceris, qui Cyrenaicam sectam videtur emendasse, et Anniceriam ab sese propagasse. Callimachus quoque Cyrenæus est, et Eratosthenes, ambo ab Ægypti regibus in honore habiti, ille poeta simul et grammaticæ studiosus, hic et in his et in mathematicis, ut quisquam alius, excellens. At vero etiam Carneades, quem Academicorum optimum uno ore dicunt, hinc oriundus est, et Cronus Apollonius, Diodori dialectici magister, qui et ipse Cronus dictus est, magistri cognomine in discipulum a quibusdam translato. Post Apolloniam est reliqua Cyrenæorum ora usque ad eum locum, qui Catabathmus dicitur, stadiorum bis mille et ducentorum, præternavigatu non sane commoda propter portuum et habitationum et aquarum inopiam. In hac ora maritima loca sunt præcipue nobilia, Naustathmum et Zephyrium, quod stationem habet, et aliud Zephyrium, et Cherronesus promontorium cum portu; hoc oppositum est Cretæ Matalo (Μάταλον) MMD stadiorum intervallo, si quis secundo austro naviget. Postea est Heraclium fanum, ac supra id pagus Paliurus; tum portus Menelaus et Ardanis (Ἀρδανίς), humile promontorium, stationem habens; hinc magnus portus, cujus e regione est Cherronesus Cretæ ter mille fere stadiorum trajectu. Toti enim fere huic oræ Creta æquis intervallis opponitur, angusta ipsa ac longa. Post magnum portum est alius portus, nomine Plynus et supra eum Tetrapyrgia. Locus hic vocatur Catabathmus; hucusque pertinet Cyrenaica. Quod reliquum est usque ad Parætonium et hinc ad Alexandriam, jam exposuimus in descriptione Ægypti (καλεῖται δὲ... Κυρηναία. Τὸ δὲ λοιπόν... Ἀλεξάνδρειαν ἤδη εἴρηται κτλ.)

23. Syrti et Cyrenaicæ superne incumbentem regionem Libyes obtinent, sterilem sane et aridam, primi Nasamones, postea Psylli et Gætulorum pars, deinde Garamantes; magis adhuc versus orientem sunt Marmaridæ ad Cyrenam propius accedentes, et usque ad Ammonem pertinentes. Jam vero narrant a recessu Syrtis majoris, qui est ad Automala fere (αὐτὸ μαλακῶς codd.), versus ortum hibernum proficiscentes quatridui itinere ad Augila (εἰς Αὔγιλα) pervenire. Hic locus est Ammoni similis, palmifer et aquosus; superjacet autem Cyrenaicæ meridiem versus; usque ad centum stadia regio etiam arbores fert; hinc ad alia centum seritur tantummodo; olyram

σπείρεται μόνον, [οὐκ] † ὀρυζοτροφεῖ δ' ἡ γῆ διὰ τὸν αὐχμόν. ὑπὲρ δὲ τούτων ἡ τὸ σίλφιον [φέρουσά] ἐστιν· εἶθ' ἡ ἀοίκητος καὶ ἡ τῶν Γαραμάντων· ἔστι δ' ἡ τὸ σίλφιον φέρουσα στενὴ καὶ παραμήκης καὶ πα-
5 ράξηρος, μῆκος μὲν ὡς ἐπὶ τὰς ἀνατολὰς ἰόντι ὅσον σταδίων χιλίων, πλάτος δὲ τριακοσίων ἢ μικρῷ πλειόνων τό γε γνώριμον. εἰκάζειν μὲν γὰρ ἅπασαν πάρεστι διηνεκῶς τὴν ἐπὶ τοῦ αὐτοῦ παραλλήλου κειμένην τοιαύτην εἶναι κατά τε τοὺς ἀέρας καὶ τὴν τοῦ φυτοῦ
10 φοράν· ἐπεὶ δ' ἐμπίπτουσιν ἐρημίαι πλείους, [οὐ] τοὺς πάντας τόπους ἴσμεν· παραπλησίως δ' ἀγνοεῖται καὶ τὰ ὑπὲρ τοῦ Ἄμμωνος καὶ τῶν αὐάσεων μέχρι τῆς Αἰθιοπίας. οὐδ' ἂν ἔχοιμεν λέγειν τοὺς ὅρους οὔτε τῆς Αἰθιοπίας οὔτε τῆς Λιβύης, ἀλλ' οὐδὲ τῆς πρὸς Αἰγύπτῳ
15 τρανῶς, μή τι γε τῆς πρὸς τῷ ὠκεανῷ.

24. Τὰ μὲν οὖν μέρη τῆς καθ' ἡμᾶς οἰκουμένης οὕτω διάκειται· ἐπεὶ δ' οἱ Ῥωμαῖοι τὴν ἀρίστην αὐτῆς καὶ γνωριμωτάτην κατέχουσιν, ἅπαντας ὑπερβεβλημένοι τοὺς πρότερον ἡγεμόνας, ὧν μνήμην ἴσμεν, ἄξιον
20 (καὶ) διὰ βραχέων καὶ τὰ τούτων εἰπεῖν. ὅτι μὲν οὖν ἐκ μιᾶς ὁρμηθέντες πόλεως τῆς Ῥώμης ἅπασαν τὴν Ἰταλίαν ἔσχον διὰ τὸ πολεμεῖν καὶ πολιτικῶς ἄρχειν, εἴρηται, καὶ διότι μετὰ τὴν Ἰταλίαν τὰ κύκλῳ προσεκτήσαντο, τῇ αὐτῇ ἀρετῇ χρώμενοι. τριῶν δὲ
25 ἠπείρων οὐσῶν, τὴν μὲν Εὐρώπην σχεδόν τι πᾶσαν ἔχουσι, πλὴν τῆς ἔξω τοῦ Ἴστρου καὶ τῶν μεταξὺ τοῦ Ῥήνου καὶ τοῦ Τανάιδος παρωκεανιτῶν. τῆς δὲ Λιβύης ἡ καθ' ἡμᾶς παραλία πᾶσα ὑπ' αὐτοῖς ἐστιν, ἡ δὲ ἄλλη ἀοίκητός ἐστιν ἢ λυπρῶς καὶ νομαδικῶς οἰ-
30 κεῖται. ὁμοίως δὲ καὶ τῆς Ἀσίας ἡ καθ' ἡμᾶς παραλία πᾶσα ὑποχείριός ἐστιν, εἰ μή τις τὰ τῶν Ἀχαιῶν καὶ Ζυγῶν καὶ Ἡνιόχων ἐν λόγῳ τίθεται, λῃστρικῶς καὶ νομαδικῶς ζώντων ἐν στενοῖς καὶ λυπροῖς χωρίοις. τῆς δὲ μεσογαίας καὶ τῆς ἐν βάθει τὴν μὲν ἔχουσιν αὐ-
35 τοί, τὴν δὲ Παρθυαῖοι καὶ οἱ ὑπὲρ τούτων βάρβαροι, πρός τε ταῖς ἀνατολαῖς καὶ ταῖς ἄρκτοις Ἰνδοὶ καὶ Βάκτριοι καὶ Σκύθαι, εἶτ' Ἄραβες καὶ Αἰθίοπες· προστίθεται δὲ ἀεί τι παρ' ἐκείνων αὐτοῖς. ταύτης δὲ τῆς συμπάσης χώρας τῆς ὑπὸ Ῥωμαίοις ἡ μὲν βασι-
40 λεύεται, ἣν δ' ἔχουσιν αὐτοὶ καλέσαντες ἐπαρχίαν, καὶ πέμπουσιν ἡγεμόνας καὶ φορολόγους. εἰσὶ δέ τινες καὶ ἐλεύθεραι πόλεις, αἱ μὲν ἐξ ἀρχῆς κατὰ φιλίαν προσελθοῦσαι, τὰς δ' ἠλευθέρωσαν αὐτοὶ κατὰ τιμήν. εἰσὶ δὲ καὶ δυνάσται τινὲς καὶ φύλαρχοι καὶ ἱερεῖς ὑπ'
45 αὐτοῖς· οὗτοι μὲν δὴ ζῶσι κατά τινας πατρίους νόμους.

25. Αἱ δ' ἐπαρχίαι διῄρηνται ἄλλοτε μὲν ἄλλως, ἐν δὲ τῷ παρόντι, ὡς Καῖσαρ ὁ Σεβαστὸς διέταξεν. ἐπειδὴ γὰρ ἡ πατρὶς ἐπέτρεψεν αὐτῷ τὴν προστασίαν τῆς ἡγεμονίας καὶ πολέμου καὶ εἰρήνης κατέστη κύριος διὰ
50 βίου, δίχα διεῖλε πᾶσαν τὴν χώραν καὶ τὴν μὲν ἀπέδειξεν ἑαυτῷ, τὴν δὲ τῷ δήμῳ· ἑαυτῷ μέν, ὅσα στρατιωτικῆς φρουρᾶς ἔχει χρείαν (αὕτη δ' ἐστὶν ἡ βάρβαρος καὶ πλησιόχωρος τοῖς μήπω κεχειρωμένοις ἔθνεσιν ἢ λυπρὰ καὶ δυσγεώργητος, ὥσθ' ὑπὸ ἀπορίας τῶν ἄλλων, ἐρυ-

(ὀλυροτροφεῖ) tamen non producit terra propter siccitatem. Ultra hanc est regio, quæ laserpicium fert; deinceps est regio non habitata et Garamantum terra; laserpicifera angusta est et longa et arida; longitudo versus ortum solis eunti circiter mille stadia, latitudo trecenta vel paullo plura, quantum quidem cognitum est; nam suspicari licet universum tractum, qui sub eodem deinceps jacet parallelo, etiam aeris temperiem et plantæ illius procreationem habere eandem; verum quia complures interveniunt solitudines, non omnia loca scimus. Similiter ignorantur quæ supra Ammonem et Auases sunt usque in Æthiopiam. Immo nec Æthiopiæ fines nec Libyæ dicere expeditum est, atque adeo ne ejus quidem, quæ Ægypto adjacet, nedum ejus quæ Oceanum attingit.

24. Partes igitur terræ nostra ætate habitatæ ita se habent; quum vero Romani optimam ejus et notissimam partem obtineant, prioribus gentium ducibus, quorum memoria apud nos exstat, omnibus post se relictis : e re visum est, eorum quoque imperium compendio indicare. Romanos igitur una ex urbe profectos, belli et pacis artibus totam Italiam, deinde, quæ Italiæ proxima sunt, omnia eadem virtute in suam potestatem redegisse, supra jam diximus (6 , 4 , 3). Divisa autem terra in tres continentes, Europam fere totam habent, præter eas partes, quæ extra Istrum sunt, et præter Oceani accolas eos, qui inter Rhenum Tanaimque habitant. Libyæ vero ora, quæ nobis ex adverso est, tota Romanis est subdita; cetera vel inhabitabilis est, vel incolitur misere et a vagis hominibus. Itidem Asiæ ora, quæ ad nos obvertitur, tota Romanis paret, nisi quis Achæorum, Zygorum et Heniochorum rationem putet habendam, qui in angustis admodum et sterilibus locis latrocinia exercent, et nullibi fixis sedibus vivunt. Mediterranea et interiora partim Romani habent, partim Parthi atque barbari, qui supra hos sunt, et orientem ac septentrionem versus Indi, Bactrii et Scythæ, deinde austrum versus (πρὸς νότῳ) Arabes et Æthiopes; semper vero his aliquid adimunt Romani. Universæ autem quæ Romanis subjecta est regionis partem reges tenent, alia ipsi habent, provinciæ nomine, et præfectos et quæstores in eam mittunt. Sunt etiam nonnullæ civitates liberæ conditionis, aliæ ab initio per amicitiam Romanis adjunctæ, aliæ ab ipsis honoris gratia libertate donatæ. Sunt etiam principes quidam sub eis et reguli et sacerdotes; his permissum est patria sectari instituta.

25. Provinciæ aliter atque aliter diversis temporibus divisæ fuerunt; in præsenti vero ita, ut Augustus imperator constituit. Is, quum civitas ei totius imperii administrationem permisisset et pacis et belli potestatem ad annos vitæ, totam ditionem bifariam divisit, ita ut partem sibi vindicaret, partem populo daret; sibi quidem quæcumque militum præsidio essent tenenda (quales sunt regiones barbaræ, et gentibus nondum subactis finitimæ, vel steriles et cultui ægre parentes, quare incolæ ceterarum

μάτων δ' εὐπορίας ἀφηνιάζειν καὶ ἀπειθεῖν), τῷ δήμῳ
δὲ τὴν ἄλλην, ὅση εἰρηνικὴ καὶ χωρὶς ὅπλων ἄρχεσθαι
ῥᾳδία· ἑκατέραν δὲ τὴν μερίδα εἰς ἐπαρχίας διένειμε
πλείους, ὧν αἱ μὲν καλοῦνται Καίσαρος, αἱ δὲ τοῦ
δήμου. καὶ εἰς μὲν τὰς Καίσαρος ἡγεμόνας καὶ διοι-
κητὰς Καῖσαρ πέμπει, διαιρῶν ἄλλοτε ἄλλως τὰς χώρας
καὶ πρὸς τοὺς καιροὺς πολιτευόμενος, εἰς δὲ τὰς δημο-
σίας ὁ δῆμος στρατηγοὺς ἢ ὑπάτους. καὶ αὗται δ' εἰς
μερισμοὺς ἄγονται διαφόρους, ἐπειδὰν κελεύῃ τὸ συμ-
φέρον. ἀλλ' ἐν ἀρχαῖς γε διέθηκε ποιήσας ὑπατικὰς
μὲν δύο, Λιβύην τε, ὅση ὑπὸ Ῥωμαίοις ἔξω τῆς ὑπὸ
Ἰούβᾳ μὲν πρότερον, νῦν δὲ Πτολεμαίῳ τῷ ἐκείνου
παιδί, καὶ Ἀσίαν τὴν ἐντὸς Ἅλυος καὶ τοῦ Ταύρου
πλὴν Γαλατῶν καὶ τῶν ὑπὸ Ἀμύντα γενομένων ἐθνῶν,
ἔτι δὲ Βιθυνίας καὶ τῆς Προποντίδος· δέκα δὲ στρατη-
γικάς· κατὰ μὲν τὴν Εὐρώπην καὶ τὰς πρὸς αὐτῇ νήσους
τήν τε ἐκτὸς Ἰβηρίαν λεγομένην, ὅση περὶ τὸν Βαῖτιν
ποταμὸν (καὶ τὸν Ἄτακα), καὶ τῆς Κελτικῆς τὴν
Ναρβωνῖτιν, τρίτην δὲ Σαρδὼ μετὰ Κύρνου, καὶ Σικελίαν τετάρτην, πέμπτην δὲ καὶ ἕκτην τῆς Ἰλλυρίδος
τὴν πρὸς τῇ Ἠπείρῳ καὶ Μακεδονίαν, ἑβδόμην
δ' Ἀχαΐαν μέχρι Θετταλίας καὶ Αἰτωλῶν καὶ Ἀκαρ-
νάνων καί τινων Ἠπειρωτικῶν ἐθνῶν, ὅσα τῇ Μακε-
δονίᾳ προσώρισται, ὀγδόην δὲ Κρήτην μετὰ τῆς Κυρηναίας, ἐνάτην δὲ Κύπρον, δεκάτην δὲ Βιθυνίαν μετὰ
τῆς Προποντίδος καὶ τοῦ Πόντου τινῶν μερῶν· τὰς δὲ
ἄλλας ἐπαρχίας ἔχει Καῖσαρ, ὧν εἰς ἃς μὲν πέμπει
τοὺς ἐπιμελησομένους ὑπατικοὺς ἄνδρας, εἰς ἃς δὲ στρα-
τηγικούς, εἰς ἃς δὲ καὶ ἱππικούς· καὶ βασιλεῖς δὲ καὶ
δυνάσται καὶ δεκαρχίαι τῆς ἐκείνου μερίδος καὶ εἰσὶ καὶ
ὑπῆρξαν ἀεί.

rerum penuria impulsi et copia munitionum freti jugum detrectarent), populo autem reliquam concessit, quæ pacata facile sine armis sub imperio retineretur. Utramque portionem in provincias complures divisit, quarum aliæ Cæsaris, aliæ populi dicuntur. In suas præfecturas Cæsar ipse procuratores mittit, aliàs aliter regionem distribuens, et pro eo atque res exigit, suas rationes instituens; at in suas provincias populus prætores vel consules mittit; sed et hæ diverse solent dividi, prout usus postulaverit. Initio quidem duas consulares fecit, Africam scilicet quæ Romanis paret (ea modo dempta, quæ prius sub Juba fuit, nunc vero Ptolemæo addicta est, illius filio), et Asiam cis Halym et montem Taurum, Galatis exceptis et gentibus quæ Amyntæ paruerunt, excepta etiam Bithynia et Propontide. Prætorias autem decem constituit. Earum sunt in Europa et adjacentibus insulis Hispania exterior, quæ est ad Bætin fluvium, Narbonensis Gallia, tertia Sardinia cum Corsica, quarta Sicilia, quinta et sexta Illyria juxta Epirum sita et Macedonia, septima Achaia cum Thessalia, Ætolia, Acarnania et quibusdam gentibus Epiroticis Macedoniæ, quot eorum non (ὅσα μὴ) erant Macedoniæ adscriptæ; octava Creta cum Cyrenaica, nona Cyprus, decima Bithynia cum Propontide et quibusdam Ponti partibus. Reliquas provincias Cæsar tenet, ac gubernatum mittit in alias viros consulares, in alias prætorios, sunt etiam in quas equestris ordinis viros; reges quoque et principes et decarchiæ ad Imperatoris portionem et nunc pertinent et semper pertinuerunt.

INDEX

NOMINUM RERUMQUE.

NUMERUS PRIOR PAGINAM EDITIONIS NOSTRÆ, ALTER LINEAM NOTAT.

A.

Aarassus, Ἀαρασσός, Pisidiæ opp., 488, 29. *Idem videtur opp. quod* Ἀριασσός *ap. Ptolem.* 5, 5, 6 *et Hieroclem* p. 681 *vocatur. Pertinere ad id conjiciunt ruinas inter Attaliam et rudera Termessi sitas.*

Aba, Ἄβα, Zenophanis tyranni filia, Teucri sive Olbæ ditione in Cilicia potitur; postea pellitur, 573, 51.

Aba, ἡ Ἄβα, 382, 23; αἱ Ἀβαί, 363, 7; Phocidis opp. et oraculum (*Ruinæ prope hod. Exarkho*), unde Thraces profecti Eubœam occupasse dicuntur, 382, 23.

Abaitis, Ἀβαεῖτις, Phrygiæ regio in qua Macestus fl. oritur et Ancyra urbs est, 493, 37. Ἀβαεῖται, 534, 46.

Abantes, Ἄβαντες, Eubœæ incolæ ap. Homer., unde nomen habeant, 382, 23.

Abantis, Ἀβαντίς, vetus Eubœæ nomen, 382, 19.

Abaris, Ἄβαρις, Scytha, ob morum vitæque indolem in existimatione apud Græcos, 250, 24.

Abas, Ἄβας, heros, de quo Abantes dicti, 382, 25.

Abas Argis coloniam in Thessaliam ducit, ubi Argos Pelasgicum, campus Thess., ab eo dicitur, 370, 24.

Abdera, Ἄβδηρα, Thraciæ opp., Tejorum colonia, 549, 30, ad Nestum fl.; ibi ab Abdero fabulæ collocantur. Tenuerunt locum Bistones Thraces, 581, 50; 282, 21. Circa eum Sinties s. Sinti s. Saii s. Sapæi, 471, 9. Abderis Jasoni templum struxit Parmenio, 455, 17. Abderis vicina Topira, 282, 15. Ruinæ oppidi ad *Cap Baloustra Bouroun*.

Abdera, Hispaniæ opp. in ora Bastetaniæ, Phœnicum colonia, 130, 15; 131, 35. Nunc *Adra*.

Abderus, Ἄβδηρος, heros. V. Abdera.

Abeacus, Ἀβέακος, Siracum rex; ejus copiarum numerus temporibus Pharnacis, 434, 31.

Abella, Ἀβέλλα, Campaniæ opp. (*Avella vecchia*), 207, 36.

Abietes non nasci in Asia orientali et superiori Polycletus putat, obloquente Eratosthene, 437, 32.

Abii, Ἄβιοι, Homero sunt Scythæ Thracibus finitimi, 246, 5; quonam sensu ἄβιοι dicantur sec. Posidonium, 246, 14; sec. Strabonem, 246, 33. Cf. 3, 28; 258, 47.

Abile, Ἀβίλη, mons Mauretaniæ ad fretum Herculeum, 702, 32; Abilyx, Ἀβίλυξ, Calpæ objacens in Metagonio Numidiæ, sec. Eratosthenem; altera columnarum Herculearum sec. nonnullos, 141, 29. Montem ejus nominis in Libya esse negat Artemidorus, 141, 33. Nunc *Ximiera* s. *Djebel-el-Mina* s. *Monte del Hacho*.

Abisari, Ἀβισάρου, regio in India; dracones ibi ingentes a rege nutriti, 595, 15.

Abonitichos, Ἀβώνου τεῖχος, Paphlagoniæ oppidulum, 467, 12. Nunc *Ineboli*.

Aborace, Ἀβοράκη, Sindorum regia mari vicina, 424, 39. Aliunde non nota; situs incertus.

Aborigines, Ἀβοριγῖνες, in Romæ urbis regione habitabant, 190, 39; 192, 33; rex eorum Latinus; oppidum eorum Laurentum, 490, 49.

Aborrhas, Ἀβόρρας (*Kabour*), fluvius circa Anthemusiadem in Euphratem influit, 636, 42.

Abrettene, Ἀβρεττηνή, Mysiæ pars, 492, 21. 493, 36. Abrettenus Jupiter, 492, 20.

Abrotonum, Ἀβρότονον, urbs inter Syrtes sita, 708, 46; i. q. Sabrata, *Tripoli vecchio*.

Absyrtides. V. Apsyrtides.

Abus, Ἄβος, Tauri pars, Armeniæ mons (jugum montanum quod hodie vocatur *Ala Dagh*. V. Ritter t. 10, p. 79 sqq.) prope viam qua Ecbatana præter Baridis templum itur, 455, 37; ex eo Euphrates et Araxes prolabuntur, 452, 31.

Abydon, Ἀβυδών, Homero Ἀμυδών, ad Axium castellum, e quo Pæones Trojam venisse Homerus dicit, 277, 20. Ab Argeadis dirutum, *ib*. Ab Abydone in Axium Æa fons influit, 278, 15. Situs incertus. « Abydon non esse poterit nisi arx Bulgarorum et Byzantinorum *Prusak*, initio faucium Axianarum in Pæonia. » *Tafel*. Fort. ad hod. *Gradiska* locus ponendus.

Abydus, Ἄβυδος (ubi nunc vicus *Aidos* s. *Avido*), Milesiorum colonia in Troade, sub Gyge rege ejusque permissu condita; situs urbis; a Lampsaco, Ilio, Sesto distantia; prope urbem heptastadium Hellesponti, quod ponte Xerxes junxit, et turris Herûs; trajectûs in Chersonesum ratio; urbs a Dario cur incensa sit, 505 § 23; 502, 52; 542, 37; 89, 41; 103, 6. Abydi regionem Bebryces et Dryopes, tum (post Troica, 506, 18) Thraces occuparunt, 501, 47. Abydus, Troadis initium sec. Scylacem; Æoliæ initium sec. Ephorum, 498, 52. Vicina urbi regio apud Homerum Asio subjecta, 501, 16. Abydi princeps apud Homerum etiam Sestum tenet, 506, 4. Urbs a Lampsaco 170 stadia distat, 504, 12. Ab ea ad Æsepum fl. 700 stadiorum navigatio, 506, 37. In vicinis sunt auri metalla τὰ ἐν Ἀστύροις, 580, 23. Priscæ Astyrorum urbis ager nunc ad Abydenos pertinet, 506, 32.

Abydus, Ἄβυδος (*Ebat* coptice; nunc *Arabat el Matfoun*), Thebaidis olim urbs magna, nunc pagus parvus; in eam fossa e Nilo ducta; ibi Memnonium, labyrintho simile, et circa fossam lucus spinarum Ægyptiacarum Apollini sacer, 690, 41. Abydo objacet prima Ægyptiorum Oasis (vulgo Oasis major) septem dierum itinere distans, 691, 2. Abydi Osiris templum est, in quo neque tibicini neque citharœdo sacrificari auspicari licet, 691, 47.

Acacesium, Ἀκακήσιον (Arcadiæ in Parrhasia opp., quod olim fuit ad Lycosuram, inter hanc sc. et Daseas.

INDEX NOMINUM RERUMQUE.

V. Curtius *Peloponn.* t. 1, p. 296). De eo falsa a nonnullis tradi monuit Apollodorus, 249, 1.

Academia Athenarum, 340, 48.

Academicorum optimus Carneades, 711, 16.

Acalandrus, Ἀκάλανδρος (*Acalandro*), fluvius in Thuriorum ditione, ad quem Alexander Molossus conventum, qui Heracleæ celebrabatur, transferre voluit, 233, 20.

Acamas et Phalerus Athenienses Solos in Cypro condiderunt, 583, 19.

Acamas, Cypri pr. (*Cap H. Epiphanio*); ejus situs; a Selinunte 1000, a Sida 1600, a Chelidoniis 1900 stad. distat, 581, 46. Cf. 581, 38. 583, 15.

Acanthius sinus ad Acanthum urbem Thraciæ, 279, 82.

Acanthus, Ἄκανθος (*Dachour*), Ægypti opp. cum Osiridis fano et luco spinæ Thebaicæ, 687, 25.

Acanthus, Ἄκανθος, opp. in isthmo Atho montis, Andriorum colonia, 279, 22; ad Singiticum sinum prope Xerxis fossam, 279, 39. 280, 17. Ab eo oppido Athoniæ Chersonesi periplus usque ad Stagirum 400 (*lege* 700, ψ' *pro* υ') stadiorum, 279, 46. Acanthiorum portus, 280, 38. Portum hunc a Strabone ad Strymonim sinum poni patet, dum ipsam urbem Strabo, sicut Ptolemæus, ad Singitici sinus recessum collocat. Herodotus vero 7, 125 urbem ad Strymon. sinum sitam dicit, ubi nunc ruinæ in hod. *Erisso* exstant. Itaque de situ urbis errasse Strabo censetur errorisque causam in eo quærunt, quod ditio urbis ad Singiticum usque sinum pertinuerit, et ibi quoque portus Acanthiorum fuerit. Tafelius tamen Strabonem vera tradidisse putat, idque se in suo De Thessalonica libro docuisse dicit. Argumenta viri docti ignoro.

ἀκάπνιστον μέλι. V. Mel.

Acara, Ἄκαρα (sic codd.), 180, 32 inter minora oppida recensetur, quæ inter Placentiam et Ravennam sita sint in via qua Romam itur. Aliunde de eo non constat. Ἄγκαρα quoddam Italiæ oppidum e Polybio memoratur ap. Steph. Byz., ubi legendum esse Ἀγκαρία ex ipsis Stephani verbis recte haud dubie conjecit Meinekius. Idem opp. fort. ap. Strabonem intelligendum. Ex ordine quo cetera oppida recensentur, colligas Acaram quærendam esse in via quæ est inter Placentiam et Regium Lepidi. Nullus tamen ibi locus occurrit ad quem nomen istud probabiliter referas. Fortasse igitur extra hanc viam oppidum quæri debet. Quo concesso, huc traxerim locum a Regio Lepidi boream et ortum versus situm, quem ex uno Itinerario Ant. p. 282 novimus, ubi, nescio quam recte, *Colicaria* vel *Colocaria* vocatur. A Mutina distare dicitur 25 m. p. in via Veronam ducente (hod. *Crevalcuore* sec. Walken., *Concordia* sec. Lapie, *Roncaglia di sotto* sec. Cluver. et Reichard); fortasse tamen propius abest a via de qua Strabo loquitur, quum Itinerario auctorem l. l. distantias veris majores alicubi posuisse in aperto sit. — Ceterum Casaubonus aliique apud Strabonem pro Ἄκαρα leg. putarunt Ἀχέρραι, qui vicus est ad Adduam fl. Cremonæ vicinus, cujus p. 205, 43 data occasione Strabo meminit. At de ea regione nunc non agitur. Reichardus de suo penu Acaram locum inter Mutinam et Bononiam tabulis inscripsit.

Acarnan, Alcmæonis f., 397, 22.

Acarnania. In eam ex Ætolia ab Ætolo pulsi migrarunt Curetes, 398, 12. Partem ejus olim Curetes, partem occiduam Leleges, deinde Teleboæ tenuerunt, 267, 28. Initio eam Taphios et Teleboas, tum Cephalum tenuisse ferunt, 396, 5. Lacedæmonii quoque sub Icario colonis Acarnaniam frequentasse videntur, 396, 17. Imperarunt in ea Alyzeus et Leucadius, Icarii filii, 388. 52. Laertes ibi imperavit, 395, 53. In occupanda Acarnania Diomedi socium se præbuit Alcmæon, 270, 49, qui regionem hanc obtinuit, 396, 49; eam nomen habere ab Acarnane, Alcmæonis filio prodit Ephorus, 397, 21. Sec. alios Acarnanes dicti quod comam κείρειν non solebant, dum tondebant finitimi ob id Curetes dicti, 399, 52. In Acarnaniam abiit Amphilochus e bello Trojano redux, 271, 3. Acarnanes expeditioni contra Trojam interfuere, 396, 39. Negat hoc Ephorus, narratione usus, quam secuti postea Acarnanes apud Romanos sesé insinuarunt, 396, § 25. — Acarnaniæ situs, 386, 26 *sqq.*; urbes, 386, 52 *sqq.*; quarum pleræque nunc sunt municipia Nicopolis, 387, 2. Acarnanes de Paracheloitide regione, 393, 14, et de agro Oleni cum Ætolis litigabant, 387, 46. Acarnanum Respublica Aristotelea citatur, 267, 28.

Ἀκάθαρτοι sive Immundi a Nomadibus vocantur venatores elephantorum Æthiopiæ, 657, 29.

Ἀκάθαρτος κόλπος. V. Immundus sinus.

Accipiter omnibus Ægyptiis sacer est, 690, 20; in Ægypto quam alibi mansuetior esse dicitur, 699, 16. In Accipitrum urbe Thebaidis colitur, 693, 48.

Accipitrum urbs. V. Hieracôn polis.

Accipitrum, Ἱεράκων, insula in sinu Arabico, juxta quam sunt aliæ duæ insulæ phocarum et testudinum, 658, 28. Indicari videntur insulæ tres quæ litori Æthiopico adjacent prope *Ras Biloul* (13° 10' lat).

Ace, Ἄκη (*Akka, St.-Jean d'Acre*), Phœniciæ urbs, postea Ptolemais dicta, qua Persæ utebantur pro ὁρμητηρίῳ πρὸς τὴν Αἴγυπτον, 645, 13.

Acerræ, Ἀχέρραι, Italiæ opp. prope Cremonam, 205, 43. Nunc *Gherra* s. *Gera*, ad ripam dextram Adduæ fl. Cf. Acara.

Acerræ, Ἀχέρραι, Campaniæ opp., 205, 43; 207, 36; etiam nunc *Acerra*.

Acesines, Ἀκεσίνης (*Chenab*), Indiæ fl., 594, 44, cui miscetur Hyarotis; ad confluentes nascuntur arbores ingentes, quæ ramos habent dependentes, 592, 5. Fabæ Ægyptiæ ad Acesinem repertæ cuinam opinioni ansam dederint, 593, 43. Usque ad Acesinis Indiquæ confluentes pisces majores e mari adscendunt, 602, 21. Inter Acesinem et Hydaspem Pori regio, 595, 28.

Achææ petræ, Ἀχαιαὶ πέτραι (Fort. leg. Χααῖαι π.) in Triphylia 298, 38. Intellige abrupta saxa hodiernæ *Kaiaffa*.

Achæi, Ἀχαιοί, apud Homerum Græci universi, 317, 41. Achæi et Argivi ap. Hom. omnes qui expeditioni Troicæ interfuerunt, 29, 15.

Achæi, gens Æolica, 286, 33, sæpius migravit, 51, 10. Achæi Phthiotæ cum Pelope in Peloponnesum profecti Laconicam habitarunt; ibique invaluerunt ita, ut Peloponnesus, jam olim Argos dicta, ab ipsis diceretur Argos Achaicum, 313, 35; 372, 28. Ab Achæis Phthiotis oriundi Achæi Pontici, 425, 24.

Achæorum nomen Laconicæ incolis est ab Achæo, Xuthi filio, qui exul eo confugerat, 329, 14. Achæi, Æolica gens, ab Heraclidis pulsi, Iones ex Ægialo, Peloponnesi regione, quæ nunc Achaia vocatur, ejiciunt, 286, 33; 329, 28; 313, 50, sub Tisameno duce, 334, 48; ibique pro vicis, quos Iones tenuerant, urbes condunt contractisque incolis augent, 331, 20. Achæi Ionibus Asiæ minoris tradunt imaginem templi Heliconii, 330, 43. Solos in Cilicia condunt, 573, 17; in Italia Cauloniam, 251, 11, Sybarin, alias, 218, 43, et, Myscello duce, Crotonem, 218, 3. Metaponti locum occupant, Sybaritis invitantibus, 220, 2. Achæis in Italia contra barbaros belligerantibus Partheniæ auxiliantur, 232, 51. Ex Achaicis Italiæ urbibus præter Tarentum nulla nunc exstat, 217, 40. Cf. Achaja.

Achæi Pontici, coloni Orchomeniorum post bellum Trojanum duce Ialmeno huc evagati, 357, 14. Genere sunt

INDEX NOMINUM RERUMQUE.

Achæi Phthiotæ, posterique eorum qui in Jasonis expeditione ibi manserunt, 425, 24. Caucaso subjacent, 426, 32. Ora eorum per 500 stadia patet inter litora Cercetarum et Heniochorum, ut Artemidorus tradit, 426, 14. Secundum Mithridaticôn scriptores medii sunt inter Sindicam et Zygos, post quos Heniochi sequuntur, 425, 17. 426, 18. Achæorum vicinorumque populorum vita, latrocinia, κάμαραι, navigia, σκηπτοῦχοι, 425, § 12. Ad eos fugiens pervenit Mithridates Eupator, 426, 1. Memorantur etiam 107, 10; 712, 31; 422, 37.

Achæium, Ἀχαίιον, Troadis locus in ora e regione Tenedi, 510, 33; 516, 44; contiguus Larissæ et Colonis et Alexandriæ, 517, 6. Inter Achæium et Caresum fluvium Maleus locus, 516, 50.

Achæmenidæ, Ἀχαιμενίδαι, Persidis gens, 619, 22.

Achæorum acta in Cypri ora boreali et orientali; ubi Teucer primum appulit, 582, 16; ad hodiernum *Ialussa* locum.

Achæorum castra, τὸ Ἀχαϊκὸν στρατόπεδον, ad Scamandri in Troade ostia, 509, 46.

Achæorum murus ap. Homerum, 34, 29.

Achæorum portus (ad Scamandri ostia situs) a Troja 12 stadia distans, si ad hodiernum usque maris litus metiaris; hoc vero quum aggestum sit, portus olim minus longe ab urbe distabat, 512, 25; 509, 45.

Achæorum portus inter Myrinam et Grynium; ibi ara duodecim deorum, 531, 49.

Achæus, Xuthi f., homicidio per imprudentiam perpetrato, in Laconicam fugit, cujus incolæ ab eo Achæi dicti sunt, 329, 14.

Achæus, Antiochidis, quæ Attalo nupsit, pater, 533, 30.

Achaia, Ἀχαΐα, Ariæ urbs, a conditore nomen habens, 442, 35. Situs urbis aliunde non notæ incertus. Nomen, modo recte habeat, inditum fuerit ab Achæo duce celeberrimo patreque Laodices, quam duxit Antiochus II. Cf. Droysen *Hellenismus* 2, p. 324.

Achaiæ situs, 288, 12 *sqq.* Olim Ægialea, incolæ Ægialenses; deinde Ionia, Ionibus Atticis hanc regionem occupantibus (cf. 313, 15) et in duodecim dividentibus civitates; post Heraclidarum reditum Iones pulsi sunt ab Achais, ducente Tisameno, qui origine Phthiotæ in Laconica habitabant; ab his Achaiæ nomen accepit prisca Ionia. Heraclidis reliquam Peloponnesum sibi subjacentibus fortiter restiterunt Achæi. A Tisameno ad Ogygem reges habuere, deinde popularem rei publicæ statum, legibus usi optimis, e quibus plurima mutuatæ sunt Achaicæ urbes Italiæ. Post Leuctricam pugnam Thebani Achæis arbitrium de mutuis urbium controversiis commiserunt. Postea quum Macedones societatem eorum dissolvissent, paullatim se recollegerunt; primum quattuor coierunt urbes, tum aliæ plures, 329, § 1. Initio fœderis Achaici unus scriba et prætores duo erant; deinde unus solummodo prætor, 330, 46. Quomodo Arato prætore maxima fœdus incrementa ceperit, 330, 51. Bene stetit usque ad Philopœmenis præturam; deinde paullatim dissolutum est, 331, 9. — Achaiæ civitates duodecim recensentur, 331, § 4; quarum unaquæque ex septem octove pagis conflata est, 332, 3.

Achaicarus, Ἀχαίκαρος, apud Bosporanos vates, 649, 9.

Achaicum Argos, Ἀχαϊκὸν Ἄργος, apud Homerum Peloponnesus vocatur, 313, 44; 317, 45.

Acharaca, τὰ Ἀχάρακα, Nysæorum in Caria pagus. Plutonium ibi et Charonium; ægrotos curandi ratio; festa annua; sacrificandi modus, 554, § 44; 555, 29. Τὸ ἐν Ἀχαράκοις τῆς Νυσαΐδος Χαρώνιον ad Mæandrum, 495, 41. Ad Acharaca pertinere videntur rudera quæ sunt ad vicum *Akchay*, inter *Gusel Hissar* et *Nasli* situm

(v. Arundel *Seven Curches* p. 68. Cf. Pokoke, III, p. 100, qui rudera ista ad Briula opp. retulit).

Achardeus, Ἀχαρδέος, fl. e Caucaso in Mœotin exit; accolunt Siraces, 434, 51. Aliunde non notus. Indicari putant hod. *Egorlik* sive *Manitsch*, qui in Tanain incidit. Fortasse Achardeus est qui apud Ptolemæum V, 9 vocatur *Vardanes*, i. e. *Kuban* vel ejus affluens quidam.

Achelous, Ἀχελῷος, præter Dymen (potius Olenum) fluens in Achaia, ab Hesiodo Πεῖρος dicitur; Teutheam fl. excipit, 294, 13; 386, 40. Tertium ejusdem fluminis nomen habebis p. 331, 24, siquidem servanda ibi sunt quæ in codd. leguntur: εἶτ᾽ Ὤλενος, παρ᾽ ὃν ποταμὸς μέγας Μέλας, ubi si quid mutandum, vocem μέγας potius quam Μέλαν ejicias, quum Melantem habeat etiam Dionysius Per. 416, monente Curtio *Peloponn.* I, p. 450 n. 7. De fluvii nominibus recentioribus v. idem l. l. p. 428.

Achelous (*Aspro Potamo*), prius Thoas vocatus, 386, 39, Acarnanes et Ætolos dirimit; ejus cursus, 288, 26; 386, 24. Miscetur ei Inachus, ut Sophocles ait, 225, 37; 271, 53. Ad ostia ejus nonnulli initium sinus Corinthii ponunt, 288, 25; 386, 42. Limus ab eo aggestus Echinades nonnullas continenti junxit, alias junget, 393, 40; 49, 42. Fines Acarnanum et Ætolorum subinde confudit; hinc bella de Paracheluitide regione. 393, 45. Quomodo fabula de Hercule Acheloum debellante intelligenda sit, 393, 50. Per Acheloum ad Stratum urbem navigatio, 386, 47. Memoratur fl. etiam 288, 42; 294, 14; 394, 49.

Achelous fl. Thessaliæ, Lamiæ propinquus, 372, 39; 386, 41. Hodiernum ejus nomen non habeo compertum.

Acheron, Ἀχέρων, fl. ad Pandosiam Italiæ, 213, 3. (*Arconti*, qui infra Cosentiam in Crathin incidit?)

Acheron, Thesprotiæ fl., Pandosiam præterfluens exit in Glycyn portum, 213, 3; 269, 43. Nunc *Gurla* sive *rivière de Souli*, in *Fanari* portum elabens.

Acheron, Triphyliæ fl. in Alpheum exiens, unde nomen habeat, 296, 11. Rivus est qui a *Platiana* vico in Alpheum (*Rufia*) incidit (ut Curtius conjicit), vel is qui hinc proxime sequitur occasum versus.

Acherræ. v. *Acerræ*.

Acherusia palus, Ἀχερουσία λίμνη (stagnum prope *Kastri*), ad Acherontem fl. Epiri, 269, 44.

Acherusias lacus (*lago di Fusaro*) Campaniæ, 31, 35; 203, 17. Hanc nonnulli eandem cum Lucrino sinu esse putant, 204, 31.

Achilles, pater Neoptolemi, 271, 33; in Scyro ins. ap. Lycomedem, 375, 20. Spercheo comam aluit, 372, 22. Subdita ei oppida in Phthiotica ditione enumerantur, 369, § 5 *sqq.* 372, 29. Achilleæ ditionis erant etiam quæ inde a Thermopylis sunt ad sinum Maliacum, 372, 19. Latitudinem ditionis inde a Trachinia et Œtæa usque ad Antronem pertinuisse statuunt, 371, 29. Achillis et Phœnicis classes Trojanæ unum quoddam corpus efficiunt ap. Homerum, 370, 1. Achilles Trojanam ditionem populatur, 500, 5. Mynetem et Epistrophum interficit, 523, 16. Briseidem et Lyrnesso abducit, 500, 23. Lemnum et vicinas insulas, quibus Euneus Jasonis filius præerat, non populatus est ob cognationem cum Jasone Thessalo, 37, 40; 39, 1. Septem ei urbes promisit Agamemnon, 308, 24. Achillis fraxinus Pelias, 385, 35; clypeus, 3, 35. E sorore Achillis Spercheus Menestium suscipit, 372, 24. Achilli sacra Leuce insula, 254, 15. Cf. sequentia.

Achilleum, τὸ Ἀχίλλειον, Troadis pagus, in quo Achillis sepulcrum et fanum, prope Sigeum situs; hunc munierunt Mytilenæi contra Athenienses, qui Sigeum occupaverant; nunc dirutus est ab Iliensibus, 513, 39; 510, 7; 516, 43.

Achilleum, ἡ Ἀχίλλειος κώμη, in Asia ad fauces Mæotidis, cum fano Achillis; objacent in Europa Myrmecium et Parthenium, 424 § 6; 257, 54.
Achilleus Cursus, ὁ Ἀχίλλειος δρόμος (*Kosa Tendra* et *Kosa Djarilgatch*); ejus promontorium occidentale lucus Achillis vocatur, etsi nullæ ibi arbores; longitudo Cursus 1000 st., maxima latitudo duorum; cervix peninsulæ 40 st. lata; promontorium orientale Tamyrace, ad quod navium statio, 255, § 19.
Achillis portus ab Ilio novo 12 stadia distat, 510, 5.
Achillis vallum, Ἀχίλλειος χάραξ, in Mysia non longe ab Astyris, 524, 46.
Acholla, Ἄχολλα, libera civitas Africæ, 706, 4. Ruinæ *El Aliah*.
Acidon, Ἀκίδων, fl. Triphyliæ, qui Jardanæ sepulcrum et Chaam urbem præterfluit, 299, 13 et 26: 302, 7. Sec. Strabonem in mare exit; sec. Pausaniam in Anigrum incidit. Hic accuratiora tradiderit.
Acila, Ἀκίλα, Arabiæ promontor. Diræ oppositum, 655, 6. Idem quod Ocelis prom. prope *Bab-el-Mandeb*.
Acilisene, Ἀκιλισηνή, Armeniæ magnæ provincia quam Armeni Thessali socii frequentasse dicuntur, 432, 9; 447, 9; 455, 1. Sita inter Antitaurum et Euphratem, 452, 26. Olim ad Sophenen pertinuit; 455; 1. Acilisenes locus Dastira, 475, 50.
Acisene, Ἀκισηνή (?), Armeniæ prov., 453, 18. Aliunde non nota. Juxta Sophenen memoratur. At Acilisene non indicatur, siquidem in *sqq.* 453, 26 id nomen recte habet. Fortasse nostro loco fuit Ἀνζιτηνή.
Aciris, Ἄκιρις, Lucaniæ fl., 219, 20. Nunc *Agri* vel *Acri*.
Acmon, Ἄκμων, unus Idæorum Dactylorum, 406, 41 et 17.
Aconites, Ἀκόνιτες, Sardiniæ gens montana in speluncis habitans, 187, 29.
Aconitum in Heracleotide Pontica nascitur, 465, 33.
Acontia, Ἀκοντία (Ἀκούτεια *St. B.*), Vaccæorum in Hispania urbs, ad Durii trajectum, 120, 6. Aliunde non nota. Situs incertus. Locus quem Reichardus ejusque asseclæ urbi assignant, a Strabonis narratione alienus est. In Itinerariis Durius trajicitur ad locum *Ocelo Duri* (hod. *Zamora* sec. Cortez et Lapie, *Toro* sec. Reichard. et Mannert.), quæ esse videtur Γέλλα Ptolemæi. Ad eundem vel vicinum locum Acontia pertinere debet. De *Sepontica Paramica* Ptolemæi cogitari nequit.
Acontius mons, Ἀκόντιον ὄρος, Bœotiæ, per 60 stadia porrigitur usque ad Parapotamios Phocidis; in hunc montem e planitie translata est Orchomenus, 357, 14.
Acra, Ἄκρα (prope *Takil Bouroun*), Panticapæorum ditionis promontorium, inde a quo Bosporus incipit; Corocondamæ objectum, 424, 19.
Acræ Junonis oraculum inter Pagas et Lechæum, 326, 39.
Acræa Venus. v. Venus.
Acræ, Ἀκραῖαι, Laconicæ opp.; inter hoc et Gythium Eurotas exit, 295, 10. Hod. *Kokkinio*.
Acræphiæ, Ἀκραιφίαι et Ἀκραίφιον, Bœotiæ opp. ad lacum Copaidem, 352, 53; juxta Ptoum m., 354, 44. Ab Homero Arnen vocari putant, 354, 45. Ruinæ prope *Karditza*.
Acrathos, Ἀκράθως, Strymonii sinus prom., 279, 35. Ad Athos montis extremitatem orientalem.
Acrisius Danaen et Perseum exposuit, 418, 32. Amphictyonum ordinem instituit, 360, 32.
Acritas, ὁ Ἀκρίτας, mons Messeniæ (*Hagios Demetrios*) et prom. (*C. Gallo*), initium sinus Messeniaci sive Asinæi, 309, 9.
Ἀκροθοφάγοι Æthiopes; vitæ eorum ratio, 657, § 12.
Acrocorinthus, Ἀκροκόρινθος, 325, 36 *sqq.*, quam Antigono Aratus ademit, 330, 51.

Acrolissus, Ἀκρόλισσος, Illyriæ opp., 262, 42. *Castell. Alessio*.
Acrothoi, Ἀκρόθωοι, ad Atho montis verticem urbs, 279, 42; 280. 32; prope hod. *Lávra*.
Actæon, Ἀκταίων; ab eo Actice (Attica) dicta, 340, 54.
Actæus, Ἀκταῖος, Apollo in campo Adrasteæ, 503, 19.
Ἀκτή, i. q. Attica, q. v.
Ἀκτή, Argolidis litoreæ pars, 335, 20.
Actia, τὰ Ἄκτια, certamen quinquennale, quod in suburbio Nicopolis celebrabant, procurantibus Lacedæmoniis; jam olim ludi Actio Apollini agebantur ante quam a Cæsare augerentur, 270, 39.
Actiacum bellum, 309, 7.
Ἀκτική i. q. Attica, q. v.
Actium, Acarnaniæ opp. et promontorium; Actii Apollinis templum, 388, 5; 386, 29 et 45. Templum erat ad os sinus Ambracii in colle situm. Quæ sub eo erant navalia, ignis absumsit, 270, 9. Promontorium illud est *La Punta*, non vero *Cap Madonna*, ut olim putabant. Templum erat ubi nunc est *le fort de la Punta*.
Acusilaus, Ἀκουσίλαος, Argivus; de Cabiris, 406, 3. Idem intelligendus, 405, 15, ubi laudatur Phoronidis auctor.
Acyphas, ὁ Ἀκύφας, Œtææ regionis opp., 372, 48. Nonnullis vocatur Pindus, urbs Tetrapoleos Doricæ, 367, 1.
Ada, Ἄδα, Hecatomni f., Hidrieo fratri et marito in Cariæ regno successit; a Pixodaro fratre ejecta Alexandri ope regnum recuperavit, 560, 46.
Ada, Pixodari et Aphneidis f., uxor satrapæ, cui regnum Pixodarus reliquerat, 560, 52.
Adada, τὰ Ἄδαδα, Pisidiæ opp., 488, 18. Ὀδάδα ap. Hieroclem. Sec. Ptolemæum oppidum non ita longe a Seleucia (hod. *Egerdir* ad lacum cognominem) versus meridiem ortumque dissitum foret. Itaque in tabula locum posui ad *Sidan-Owassi*, ubi ruinas notat Kiepertus.
Adæ, Ἄδαι, Æolidis oppidum, quod Strabo ex Artemidoro inter Cumam et Hydram prom. memorat, 531, 44. Aliunde de eo non constat. Novimus in hoc tractu Ægarum opp., ab ora maritima paullo remotius. An hoc Artem. notavit? Sin ignotus oræ locus memoratur, quæritur an non Ἀλαί, frequens locorum maritimorum nomen, legendum sit.
Adarbal. V. Adherbal.
Addua, (Ἀδούας ap. Strab.) fluvius (*Adda*) ex Adula monte (*S. Gothard*) oritur (*quod non ita habet*); implet Larium lacum (*lac de Come*) indeque in Padum exit, 160, 21; 170, 11; 174, 14; 177, 40.
Adherbal, Ἀδέρβαλ, Romanorum amicus, Uticæ ab Jugurtha occisus, 705, 47.
Adiabene, Ἀδιαβηνή, Assyriæ regio, 455, 3; 627, 6. Quam Armeni Thessali socii frequentasse dicuntur, 432, 9. Maximam partem plana, 634, 27; Babyloniæ finitima, 630, 1; Babyloniæ pars, quanquam proprium principem habet; nonnunquam etiam Armeniæ se adjunxit, 634, 27. Adiabeni etiam Saccopodes vocantur, 634, 41.
Adiatorix, Ἀδιατόριξ, Domneclii f., ab Antonio Heracleæ partem accepit; ejus facinus et vitæ finis, 465, 11; pater Dyteuti et alius filii, qui una cum patre periit, 478, 29.
Adimantus, Ἀδείμαντος, Lampsacenus, 504, 43.
Admetus, Ἄδμητος, cui Apollo serviit, dei fanum condidit ad Tamynas in Eubœa, 384, 36.
Admirationis vacuitatem, τὴν ἀθαυμαστίαν, in Democrito prædicant, 51, 1.
Adobogion, Ἀδοβογίων, e tetrarchica Galatarum stirpe; ejus filia Menodoto peperit Mithridatem Pergamenum, et Mithridatis regis pellex fuit, 534, 15. Ceterum num hic sensus sit loci corrupti, parum liquet. Meinekius ita verba constituit ut non Adobogion quidam, pater filiæ

INDEX NOMINUM RERUMQUE.

cujus nomen non traditur, sed Ἀδοδογιωνὶς mulier, Menodoti uxor, memoretur. Idque præstare videtur.
Adonidi sacra Byblus, 643, 24.
Adonis, Ἄδωνις, fl. inter Byblum et Berytum, 643, 27. *Nahr el-Ibrahim.*
Ador, Ἀδώρ, Artagerarum castelli in Armenia præfectus, defecit, 453, 41.
Adramyttenus sive Idæus sinus, Ἀδραμυττηνὸς ἢ Ἰδαῖος κόλπος, laxiore vocabuli sensu inde a Lecto pr. usque ad Canas pr. pertinet, adeo ut pars ejus sit sinus Elaiticus; proprie autem eo nomine nonnisi is afficitur sinus qui Gargarorum promontorio et Pyrrha pr. includitur, 518, 2 et 53; 525, 46; 449, 40. (Secundum hæc Canæ pr. a meridie sinum Elaiticum clauderet, quum claudat a borea.) Ad hunc sinum Homerus Leleges et Cilices collocare videtur. Sunt ibi pagi Mytilenæorum, 518, 2.
Adramyttium, Ἀδραμύττιον (*Edremid*), Mysiæ urbs, olim sub Lydis erat, qui eam etiam condidisse feruntur. Lydiæ Adramyttii portæ memorantur, 524, 38; 497, 25. Urbs Atheniensium coloniam accepit, 519, 13. Homerus Adramyttenam regionem Cilicĭbus attribuit, 523, 1. Inde a Practio fl. usque ad Adramyttium Charon dicit pertinere Troadem, 498, 51. Bello Mithridatico male affecta urbs facinore Diodori prætoris, 525, § 66. Aqua ex Eueno fluvio in urbem deducitur, 528, 28. Ab Adramyttio ad Theben 60 stadia, ad Lyrnessum 80 stad., 527, 27; ad Calen Peucen 180 stad., 516, 9. In Adramyttena ditione sunt Chryse et Cilla, 523, 30, et Hippocoron locus, 405, 52. Adramyttium patria Xenoclis oratoris, 525, 11.
Adrapsa. V. Darapsa.
Adrastea et Adrasteæ campus, Ἀδράστεια καὶ Ἀδραστείας πεδίον, in Troade; regio et urbs ab Adrasto rege dicta, qui Nemesis ibi templum posuit; situs ejus; in campo fuit Apollinis Actæi et Dianæ oraculum; ejus apparatus Parium translatus, 503, § 13; 484, 7. Adrastea, cui ap. Homerum præfuerunt Meropis Percosii filii duo, 501, 32, ad Zelium pertinet, 502, 24. Campum perfluit Granicus, 502, 42.
Adrasteæ fanum prope Cyzicum, 503, 25.
Adrasteæ mons, Ἀδραστείας ὄρος, in Cyzico ins. 493, 15.
Adrastus, Ἄδραστος, rex Argorum, Diomedis pater, 397, 3. Currus ejus ad Harma Bœotiæ confractus, 347, 18.
Adrastus, Meropis Percosii f., Amphii frater; in Mysia regulus; ejus ditio, 502, 6. Ab eo dicta Adrastea urbs, in qua primus Nemesi templum struxit, 503, 15.
Adria, Ἀδρία, Piceni urbs (*Atri*), a qua Matrinus profluit; Matrinum Adriæ navale, 201, 10.
Adrias fluv. (*Tartaro*). Vid. v. sq.
Adriaticum mare, ὁ Ἀδρίας, ἡ Ἀδριατικὴ θάλασσα, ὁ Ἀδριατικὸς κόλπος, ab Atria urbe nomen habere fertur, 178, 31, vel a flumine, ut Theopompus prodit, 263, 17. Adriaticus sinus proprie intimus sinus pars, nunc vero etiam totum mare sic vocatur, 263, 15, cujus pars est sinus Ionius (q. v.), 102, 15. Figura maris similis est figuræ Italiæ; utriusque longitudo maxima usque ad Iapygiam 6000 stadiis paullo minor, latitudo maxima 1300 vel 1200 stad., 176, 3. 102, 20. Intimus recessus a Peloponneso sec. Dicæarchum abest 10000 stadiis et amplius, 86, 37. Adriaticum mare Ægæo perquam vicinum et meatibus quibusdam junctum esse putavit Theopompus, 263, 25. Olim id cum Ponto quibusdam in locis confluisse censet Hipparchus, 47, 39. Adriæ partes septentrionales enarrans Eratosthenes nullas non fabulas refert, 40, 10. Adriaticum mare ad Venetiam fluxus et refluxus habet, 176, 52. Ister uno ostiorum in id exit sec. Theopompum aliosque, 263, 30; 38, 42. In Adriam effluit Isara (*Etsach*) fl. recepto Atagi

(*Etch*), 172, 23. Circa Adriam indicia expeditionis Argonauticæ monstrantur, 17, 16. Eneti e Paphlagonia huc migrarunt; 51, 8. Mitto ceteros locos quam plurimos quibus in Italiæ descriptione mentio maris Adr. occurrit.
Adrius mons, Ἄδριον ὄρος, mediam Dalmatiam secat, 262, 7. *Monte Negro.* Pro Ἄδριον legi Ἄρδιον nonnulli voluerunt; fortassis recte.
Adrumetum, Ἀδρύμης, *Susa*, Libyæ urbs, navalia habet, 708, 14.
Aduas. V. Addua.
Adulas, Ἀδούλας mons in Alpibus (*S. Gothard*), in quo oriuntur Rhenus et Addua fluvii, 176, 20; 170, 11; 177, 11.
Ἀείδειν. — Τὸ ἀείδειν τὸ αὐτὸ τῷ φράζειν, 15, 17.
Æa, Αἶα, fons limpidissimæ aquæ, ex Abydone in Axium influens, ab Homero memoratur, ut Strabo censet, 278, 15; 277, 26.
Æa, Αἶα, urbs Colchica ad Phasin, 38, 12. Novit eam Homerus, 17, 10. Qui factum sit, ut poeta hinc Æeam Oceani insulam finxerit, 17, 12.
Ææa, Αἰαίη, Oceani insula apud Homerum; quidnam ejus fingendæ ansam dederit, 17, 22; 38, 49.
Æacidæ, Αἰακίδαι, in Salamine ins., 338, 23. Ex Æacidarum gente reges Molossorum, 269, 17; 508, 54.
Æacus, Αἰακός, in Ægina, 322, 33, obtinuisse fertur ut e formicis homines evaderent, 322, 48.
Æanes, Αἰάνης, puer Locrus a Patrocle interfectus. Ostenduntur lucus Æaneus et fons Æanis, 365, 26.
Æanis, Αἰανίς, fons ap. Locros Opuntios, 365, 28.
Æas, Αἶας, ab Hecatæo vocatur Aous fluvius, 262, 48; e Lacmo fluit, 225, 48.
Αἴας. V. Ajax.
Ædepsus, Αἰδηψός (*Lipso*) Eubœæ urbs, 365, 9; 382, 36; ubi calida Herculis lavacra, *ib.* Thermæ, terræ motu per triduum retentæ, rursus fluxerunt, sed aliis eruperunt fontibus, 50, 25.
Ædui, Αἰδοῦοι, Galliæ gens, inter Ararem et Doubim (*deb.* Ligerim) habitant; urbes eorum Cabullinum et Bibracta, 160, 3; 154. 35. Super Sequanos et Helvetios versus occasum sedes obtinent, 161, 9. Romanorum cognati dicuntur; primi ex hujus regionis Gallis amicitiam Romanorum amplexi sunt, 160, 5. Inimici eorum Sequani, qui Germanos se adjunxerunt contra Romanos, 160, 9. Auxit inimicitiam contentio de Arare fluvio, utraque gente eum et vectigalia hinc percipienda sibi vindicante, 160, 13.
Æetes, Αἰήτης, Cytæus, 38, 32, Colchidis rex, cujus regia est Æa, 38, 12. Ejus in Oceano navigatio, 38, 4.
Æga, Αἰγά, prom. Mysiæ, usque ad quod Canæa regio pertinet; sic etiam vocabatur mons, quem nunc Canen vel Canas (hod. *Kara Dagh*, sub quo in ora *Adchane* locus, Cane veterum) appellant, 525, 51. Æga pr. a mari Ægæo nomen habet, 526, 4. Ceterum Straboniana hæc laborant. V. v. Cane.
Ægæ, Αἰγαί (vocatur etiam ἡ Αἴγα, 335, 15), Achaiæ opp., cujus meminit Homerus, 331, 42. Neptuni templum habuit, 331, 19; nunc non habitatur, incolis Ægiram translatis, 332, 15; 381, 28. Prope urbem Crathis (hod. *Acrata*) fluvius, 331, 50. Stetit urbs ad *Cap A-crata*.
Ægæ, Æolidis urbs, non longe a Cume dissita, 531, 31. Hodie *Guselhissar.*
Ægæ, Eubœæ olim urbs, cujus Homerus meminit, mari Ægæo nomen dedisse fertur; templum ibi Neptuni Ægæi; ab Anthedone trajectus 120 stadiorum, 347, 43; 331, 24 et 47. Stetisse urbs Leakio videtur prope hod. *Limni.* Vulgo cum hod. *Gaja* componitur.

Ægeæ, Αἰγαιαί, Laconiæ urbs, Homero Αὐγειαί, 312, 50. Ruinæ prope *Kutumo*. V. Curtius, *Pelop.* 2, p. 268.

Ægæo, Αἰγαῖαι (vel Αἰγαί), Ciliciæ opp. cum navium statione, 579, 49. Nunc *Ajas*.

Ægæum mare, Αἰγαῖον πέλαγος, 102, 42; ab eo Æga Mysiæ mons vocatur, 526, 4, ipsum ab Ægis Eubœæ urbe, 331, 48. Duo alluit Græciæ latera, a Sunio usque ad Thessaloniceam, et hinc usque ad Strymonem, 268, 51. Ejus pars mare Thracium, 13 , 15. Ejus sinus Maliacus, Pagasiticus, Thermæus, Toronæus, Singiticus, Strymonicus, 279, 40. Ægæi maris partem vel etiam totum illud nonnulli Hellesponto attribuunt, 284, 40.

Ægaleus mons, τὸ Αἰγαλέον ὄρος, Messeniæ, 308, 36. (Intellige tractum montanum, qui a Cyparissia usque ad Pylum juxta oram maritimam extenditur. Cf. Curtius, *Pelop.* 2, p. 182). Sub Ægaleo vetusta Messeniæ Pylus, 308 , 39.

Ægesta, Αἴγεστα, aliis *Egesta* s. *Segesta* (Ruinæ in monte ap. *Castel a Mare*), Siciliæ urbs, ab Ægesto Trojano condita, 211, 36; 226, 20; 520, 13. Ægestææ aquæ calidæ et potabiles (*Baida*), 228, 29. Ægestensium emporium, Αἰγεστέων ἐμπ., inter Panormum et Lilybæum, 221, 19; 226, 18.

Ægestes, Αἰγέστης, Trojanus, 226, 23. A Philoctete ex Italia in Siciliam missus Ægestam condidit, 211, 36.

Ægeus, Αἰγεύς, Pandionis filius, 337, 9, quamnam Atticæ partem obtinuerit, sec. Sophoclem, 337, 17.

Ægialea, Αἰγιάλεια, Homero Αἰγιαλός, 331, 39; priscum Achaiæ nomen, 329, 3. Incolæ Αἰγιαλεῖς. Tota Ægialus ad Agamemnonis regnum pertinuit, 324, 14. Postea Ionia, tum Achaia dicta. V. Achaia.

Ægiali, Αἰγιαλοί, priscum Sicyonis nomen, 328 , 40.

Ægialus, Αἰγιαλός, litus 100 stad. longum, ubi Ægialus Paphlagoniæ pagus (*Kara Agatsch*) et Pontum. Apud Homerum (Il. 2, 855) pro Αἰγιαλὸν nonnulli scribunt Κρωβίαλόν, 464, 47; 466 , 54. Ægialus ab Amastri decem schœnos distat, 465, 48.

Ægilienses, Αἰγιλιεῖς, Atticæ pagus, 342, 16.

Ægilips, Αἰγίλιψ, et Crocylea a Laerte captæ Straboni sunt Leucadis insulæ loca, 388, 20; 389, 18. Leakeus Ithacæ ins. loca intelligit; alii insulas Ithacæ vicinas esse probabilius censent.

Ægimurus, Αἰγίμουρος, (hod. *Dshamour* s. *Zembra*), ins. inter Africam et Siciliam, 101, 20; 230, 37; non longe distans a Corsura, 707, 51.

Ægimius, Αἰγίμιος, Doriensium rex, ab Hercule in regnum restitutus, filium Herculis Hyllum adoptavit regniqne heredem reliquit, 367, 2.

Ægina, Αἴγινα, ins. maris Myrtoi, 102, 40; olim Œnone, 323, 1; ex ea Peleus profugit, 372, 27; insula clara, Æaci patria; maris imperium obtinuit; in proelio Salaminio cum Atheniensibus palmam tulit. Ambitus insulæ; urbs cognominis; situs ins.; agri ratio; cur Myrmidones Æginetæ dicti, 322, 24. Ægina ad Amphictyoniam Calauriæ contribuebat, 331, 34. In ea primus argentum cudit Phido, 323, 11. Incolis eam frequentarunt Cretenses, Epidaurii, Dorienses; tum Athenienses colonis suis sorte eam diviserunt; Lacedæmonii vero pristinis reddiderunt incolis, 322, 5. Æginetæ colonos miserunt Cydoniam et in Umbriam, 323, 10. Ægina emporium; Αἰγιναία ἐμπολή, merces parvi momenti, 323 , 11. Memoratur ins. etiam 45, 43; 317, 22.

Ægina, Αἴγινα, Epidauriæ opp., 322 , 24. Situs loci non notus. Ruinas quæ inter hod. *Trachia* et *Bedeni* exstant, fortassis huc pertinere censet Curtius, *Pelop.* 2, p. 429. In tabula Æginam composui cum ruinis quæ ab *Augo* monasterio sunt boream versus in monte sitæ. Navale Æginæ fuit Mases sec. Schol. ad Il 2, 562.

Æginium, Αἰγίνιον, Tymphæorum urbs, vicina Æthiciæ et Triccæ , 272 , 9. Nunc *Stagus*.

Ægira, Αἴγειρα, Achaiæ civitas, 331 , 19. In colle sita, 332, 11. In eam translatæ sunt Ægæ, 331, 28. De ruinis urbis supra *Maura Litharia* sitis v. Curtius *Pelop.* 1, p. 474.

Ægirus, Αἴγειρος, pagus Methymnæi agri, a quo per angustissimam isthmi partem ad Pyrrhæum euripum sunt 100 stadia, 527, 31. Ibi recentiores tabulæ vicum *Bagtche Koi* exhibent.

Ægium, Αἴγιον (*Bostitza*), Achaiæ civitas, 331, 23; 288 , 34; olim in Agamemnonis regno, 324, 14. Urbs e 7 vel 8 pagis conflata, 289, 33. Perfluit eam Selinus (*riv. de Botziza*; qui tamen fl. ipsam urbem non attingit), 332, 27. Etiam nunc satis frequentatur urbs , 332, 17. Ibi Jupiter a capra nutritus fertur, 332, 17. Ægium a Maleis 1400 stadia, 334, 33 ; *cf.* 287, 45. Ægiensibus datum oraculum, 385, 51. Ægienses et Pharenses Rhypidem regionem tenebant, 332, 35. Ægiensium est Homarium, 332, 26.

Ægirussa, Αἰγειροῦσσα, Megaridis locus ab Homero memoratus, 339 , 6. (E Theopompo scimus Ægirussam etiam Ægirum dictam esse; Ægirum vero ad lacum in Megaride, Eschatiotin sive Gorgopin, fuisse aliunde constat. Qui quidem lacus haud dubie est unicus ille , quem in Megaride novi prope *Cap Hagios Nicolaos*, ut ibidem etiam Ægirussa ponenda sit. Cf. Curtius, *Pelop.* 2, 553 et 598,et not. ad Scylac. p. 39, ubi tamen de loco lacui assignando falsus fui.

Ægletes Apollo, Αἰγλήτης Α., templum habet in Anaphe ins. 416 , 4; *cf*. 38, 30.

Ægospotami, Αἰγὸς ποταμοί, oppidulum eversum Chersonesi Thracicæ , ubi tempore belli Persici lapidem cœlitus decidisse aiunt; ejus a Sesto distantia , 284 , 6. Ad Ægospotamos pugna, 238 , 28.

Ægrotos Lusitani, ut Assyrii, in viis deponunt, ut qui eundem morbum experti sint, iis consulant, 128, 53.

Ægua, Αἴγουα, Turditaniæ opp., 117, 20. Aliunde non notum opp., nisi fort. est Escua, quam Ptolem. p. 112, 30 Wilb. et Plinius 3, 1, 3, 10 memorant. At ne de hujus quidem situ satis constat.

Ægyptiorum exsulum insula , τῶν Αἰγυπτίων φυγάδων νῆσος, a meridie Meroes insulæ Nili fluviis efficitur. Tenuerunt eam Ægyptii qui a Psammeticho defecerant, Sembritæ dicti, 668 , 36. Sita est in eadem in qua Cinnamomifera regio linea parallela, Taprobanæ objacens, 52, 51; 98, 2 et 32. Sec. Artemidorum Sembritæ isti sive exsules Tenessin regionem tenuerunt quæ Sabæ portui sinus Arabici in mediterraneis superjacet, 656, 10. Insula illa (cujus mentio ex Eratosthene petita fuerit) ad regionem *Dar Sennar* inter fluvios *Bahr el Abiad* et *Bahr el Asrek* media referenda videtur.

Ægyptiorum pagus in Libyæ ora inter Catabathmum et Ænesisphyra situs , 679, 4.

Ægyptium mare, Αἰγύπτιον πέλαγος, inter Ægyptum, Syriam, Cyprum, pelagus Libycum, Pamphylium, Creticum, 49, 6; 100, 32; 103, 50; 101, 48; 581, 28 *et passim*. Isthmus inter id et sinum Arabicum, 25, 15.

Ægyptius murus, Αἰγύπτιον τεῖχος, Syriæ castellum, quod una cum Paradiso (hod. *Eden* in Libano m.) et fontibus Orontis memoratur inter terminos ditionis, quam Berytii in Massya campo obtinebant, 643,34. Ni fallor, ad viam erat qua Heliopoli Tripolin euntes Libanum superabant. Situm fuerit in ea adscensus parte quæ est prope lacum (*Birket*) *el Yamoune* infra *Ainete* vicum , ubi ruinas reperit Callier (V. Ritter t. 17, p. 305). Ad eundem locum probabiliter Droysenius (*Hellenism.* 2, p. 696) Brochos et Gerrha castella refert, quæ Polybius

INDEX NOMINUM RERUMQUE.

5, 46 et 61 ad lacum sita et Ægyptio præsidio occupata fuisse dicit.

Ægyptius portus, Αἰγύπτιος λιμήν, unus duorum portuum Tyri urbis (portus meridionalis Ægypto obversus), 644, 25,

Ægyptus, Αἴγυπτος, ap. Homerum Nilus fluv., 4, 35; 29, 45; 589, 33.

Ægyptus. Οὐδὲν ἄλλο ἡ Αἴγυπτός ἐστι πλὴν ἡ ποταμία, ἣν ἐπικλύζει τὸ ὕδωρ, 25; 41. Τῷ ἱστορήσαντι περὶ τοῦ ποταμοῦ κατάδηλος καὶ ἡ χώρα ἐστὶ πᾶσα, 30, 5. Ægyptus fluvii donum, ut Herodotus ait, 25, 4; 29, 47; 589, 33. Ægyptus a priscis id solum vocatur quod habitatur et a Nilo irrigatur inde a locis Syenæ proximis, 672, 26; recentiores addiderunt ab oriente regionem usque ad Rubrum mare, ab occasu usque ad Auases et in ora marit. usque ad Catabathmum et Cyrenæorum ditionem, 672, 27; 678, 50. Quæ de ea acceperat Homerus, carminibus intexit, 13, 22, falsa tamen, sec. Apollodorum, 35, 49. Similis Ægyptus est fasciæ in longum explicatæ, 671, 20. Pars ejus ad Libyam, pars ad Asiam pertinet, si quis Nilo continentes dirimat, 27, 9. Olim mari tecta fuisse videtur usque ad Pelusium, Casium, Sirbonidem lacum et Gerrha, adeo ut hic tractus mari Rubro connecteretur; afferuntur rei indicia, 42, 8; 687, 52. Pharus quoque insula tum sub aquis erat. Quamquam parum recte hæc censere Eratosthenem contendit Hipparchus, 47, 32. Externis populis non facilis in Ægyptum patet ingressus, 695, 33. Ab oriente per Pelusiacam regionem aditus difficilis, 682, 15. Ægypti fines meridionales, 669, 28; 26, 44. Finitimi ibi Megabari et Blemmyes, 669, 4. Ægypti Delta, ejusque latera, 670, 27. Ora a Pelusio usque ad Canopicum ostium 1300 stadiorum, 672, 52; 609, 11. Vallis Nilo irrigua raro continuam 300 stadiorum latitudinem habet; 671, 17. Irrigationes, quas Nilus sponte sua præbet, arte augent Ægyptii, fossis et aggeribus ductis, 670, 16. Loca sublimiora cochlearum ope rigantur, 695, 28. Ægyptiorum Auases tres, 672, 43. Quidnam sit αὔασις, 108, 17. Ægypti lacus olim amari, per quos Nili fossa in mare Rubrum exiens ducta est; inde a quo tempore pisces alunt, 683, 32. Mœris lacus, 42, 9. Lochias prom., 673, 9. Ægypti νομὸς Ἡρακλειωτικός, 670, 11. Ἀρσινοίτης, 670, 13. Μενελαΐτης, 681, 1. Σαϊτικός, 681, 23. Σεβεννυτικός, 681, 32. Βουσιρίτης, 681, 39. Ἀθριβίτης, Προσωπίτης, Μενδήσιος, Λεοντοπολίτης, Φαρβητίτης, 682, 3-7. Γυναικοπολίτης, 682, 34. Μωμεμφίτης, 682, 35. Νιτριώτης, 682, 43. Σεθρωίτης juxta lacum in Delta, 683, 25. Φαγρωριοπολίτης, 683, 53. Βουβαστίτης, 684, 7. Ἡλιοπολίτης, 684, 7. Λητοπολίτης, 685, 35. Ἀφροδιτοπολίτης, 687, 27. Ἡρακλεώτης in insula, 687, 19. Ἀρσινοίτης juxta Haracleotem nomum, 687, 30. Κυνοπολίτης, 690, 13. Ægypti metropolis Thebæ, 692, 53. Memphis regia, 685, 46. Labyrinthus, 669, 50. 689, 1. Mulierum mira fecunditas, 592, 40. Animalia Ægypti et Æthiopiæ etiam in India nascuntur, præter hippopotamum, 588, 50. Pisces in Nilo: oxyrynchus, lepidotus, latus, alabes, coracinus, porcus, phagrorius, silurus, citharus, thrissa, mugil, lychnus, physa, bos, 699, 4. Cochleæ ingentes vocem edentes, 699, 10. Ichneumon, 699, 4. Aspis Ægyptia, 699, 12. Accipiter, 699, 16. Ibis, corvus nocturnus, 699, 17. Felis, 699, 17. Ægyptius vinum, frumentum, cetera semina fert, 687, 41. Notantur faba Ægyptia, 698, 51; 679, 34; byblus, 698, 52. 679, 34; persea, 698, 53; morus (ἡ συκάμινος), 699, 1; corsium, τὸ κόρσιον, 699, 3. Thebaicæ spinæ, 690, 58 (Cf. v. Spina). Arbor similis ei, quam Gadibus esse Posidonius dicit, 145, 36. Oleum non fert Ægyptus nisi in Arsinoite nomo, 687, 39. Ὑαλῖτις γῆ in Æg., 645, 22. — Ægyptii inde ab initio civilem et mansuetam vitam degerunt, regionis ubertate recte utentes et bene divisam terram et administratam habentes, 669, 34. Populus in 3 classes distributus; regionis partes tres in nomos sive præfecturas divisæ ita ut 10 essent Thebaicæ, totidem in Delta, et 16 regionis intermediæ, 669, 38. Alia de præfecturarum numero sententia, 669, 48. Præfecturarum subdivisiones plurimæ, quarum causa in Nili exundationibus quærenda, 669, 50. — Reges suis contenti opibus nec importata aliunde desiderantes, peregrinis, Græcis maxime, infensi, in ora maritima custodes collocarunt, qui adnavigantes arcerent, 673, 40. — Ægyptii inhospitalitatis fama ut premerentur, præter bubulcos, oræ custodes, effecit portuum defectus locorumque natura, ut regionis Busiriticæ; unde nata est de Busiride rege fabula, 681, 12. Neque ipsi Ægyptii bellicosi neque finitimæ gentes, ut nonnisi modico Romanorum præsidio opus sit, quod obortas subinde seditiones vel hostiles Æthiopum incursiones facili negotio repressit. Rei exempla, 695. § 53. Ægypti regum Thebanorum divitias et potentiam Thebis testantur inscriptiones obeliscorum, 693, 23. Regum sepulcra Thebana, 693, 20. Sesostris rex, 671, 46. Sub Sesostri et Psammeticho expeditiones longinquæ, 51, 19. Ægyptii in Æthiopiam et ad Colchos migrarunt, 51, 7. Ægyptiorum Colchorumque cognationem quonam argumento probare studeant, 427, 36. Ad Ægyptios usque evagatum fuisse Zamolxin Getam, ex iisque de rebus cœlestibus quædam didicisse tradunt, 257, 30. Ex Ægypto oriundi Judæi, 699, 43. Moses Ægypti inferioris regionem tenuit, 647, 31. Sub Danao duce Ægyptii in Peloponnesum venerunt, 266, 46. Ægyptiis ὁ Μέμνων Ismandes vocatur, 690, 51. Adiit eos Lycurgus, 414, 22. Sacerdotes de Atlantide insula Soloni narrarunt, quæ de ea Plato tradit, 84, 26. Ægyptii quidam a Psammeticho deficientes insulam supra Meroen sitam occuparunt, 668, 35 (Cf. v. Ægyptiorum exsulum insula). Ægypto potitur Cambyses, 671, 49. Ptolemaici reges præter Ægyptum etiam Cyprum et Cyrenaicam sub se habuerunt, 672, 37. 710, 47. Reges Ptolemaici usque ad Cleopatram recensentur, 676, § 11. Ægypti provinciæ romanæ administratio exponitur, 676, § 12. Ægypti præfectus Cornelius Gallus, 696, 1. 97, 17; Petronius, 696, 4. 670, 17; Ælius Gallus, cum quo Strabo Ægyptum invisit, 97, 35. 685, 8. 693, 12. Reditus Ægypti sub regno Ptolemæi Auletæ, 678, 30. Commercia Indica et Æthiopica a Romanis magnopere aucta, 97, 37. 678, 40 (Cf. v. Myoshormus). Ægyptiorum religio. Animalia pro diis coluntur, ut apud Memphitas Apis, apud Heliopolitas Mnevis; apud alios boves non dii quidem, sacri tamen, 682, 38. Nonnulla animalia (bovem, canem, felem, accipitrem, ibim, lepidotum, oxyrynchum) colunt omnes; alia pro se quique, ut ovem Thebani, latum Latopolitani, etc., 690, 19. Oves diis non mactantur nisi Serapidi in Nitriote nomo, 682, 46. Sacerdotum Thebanorum studia astronomica, 693, 27. 685, § 20. Ægyptii geometriam invenisse perhibentur, 670, 5. 644, 48. Templorum Diospolitanorum structura, 684, § 28. Ægyptii aliis in locis alio schœnorum modulo utuntur, 683, 12. Scaphæ Ægyptiorum thalamiferæ, 679, 44. Cochleæ Ægyptiæ, quibus aquam e metallorum puteis Turditani hauriunt, 122, 8. Panem quomodo Ægyptii conficiant, 699, 29. Οἱ κάκεις, panis genus, 699, 31; κῖκι fructus ex eoque oleum, 699, 32; texta cucinea, 699, 36; zythus, 699, 38. Ægyptii natos omnes educant, 699, 41; pueros circumcidunt, feminas excidunt, 699, 42.

Ægys, Αἶγυς, Laconicæ opp., contra hostes Heraclidis propugnaculum, 313, 17. (Situs oppidi, certius nondum definitus, in Arcadiæ confiniis non longe a Belmina quærendus est. V. Curtius, *Pelop.* 2, p. 258.) Ægyis Laconicæ locus Carystus, 383, 32.

Ælana, τὰ Αἴλανα (Αἴλαν, p. 646, 29, corrupte ut videtur pro Αἴλανα. Nunc *Aila*, *Ilah*, *Akaba-Ilah*,) in intimo recessu sinus Ælanitici, 654, 21; a Gaza 1200 stadia distat, 646, 29. Hinc in Minæam mercatores proficiscuntur 70 dierum itinere, 654, 20.

Ælaniticus sinus, Αἰλανίτης κόλπος v. μυχός, intima sinus Arabici pars juxta Nabatæam, 646, 32. 654, 21. 660, 48. 661, 13.

Ælius Catus 50000 Getas e regione trans Istrum sita in Thraciam transduxit, 252, 8.

Ælius Gallus, Strabonis amicus et sodalis, 97, 21. Ægypti præfectus ad Syenen usque et Æthiopiæ confinia penetravit, comitante Strabone, 97, 35. Ab Alexandria in interiora navigans inter comites habuit Chæremonem, sacerdotem Diospolitanum, 685, 8. Thebis Memnonium visit sonumque e colosso editum audivit, 693, 12. Arabiam Felicem subegisset, nisi Syllæus eum prodidisset, 696, 8. Expeditio ejus Arabica, 663, § 22-24; qua accuratiora de Arabia innotuerunt, 97, 29.

Æmiliæ viæ duæ. V. M. Æmilius Scaurus et M. Æmilius Lepidus.

M. (*Æmilius*) Lepidus, C. Flaminii (*Nepotis*) in consulatu collega (187 *a. C.*), devictis Liguribus viam Æmiliam ab Arimino ad Bononiam usque, et inde ad Aquileiam juxta radices Alpium, paludibus circumventis, duxit, 181, 15.

(*M. Æmilius*) Scaurus paludes exsiccavit ductis a Pado ad Parmam fossis navigabilibus, 181, 8. Viam Æmiliam stravit, quæ per Pisas et Lunam usque ad Sabata indeque Derthonem ducit, 181, 11.

Ænea, Αἰνέα, unum ex oppidis, cujus incolas Thessalonicen abduxit Cassander, 277, 37.

Ænea, Troadis pagus, a Palæscepsi 50 stadia distat, 516, 40 et 25.

Æneas, Αἰνείας, Dardaniæ in Troade imperavit, 483, 52. 500, 6. 510, 40. Ejus regia Scepsis, sec. Demetrium, 519, 41. Æneas, Ascanii pater, 519, 32, Priamo infensus; ob id bello superstes, 519, 51; post Troica longe vagatus est, 40, 36. 124, 25. Cum Anchise patre et Ascanio f. relicta Troja sedes posuit ad Olympum Macedoniæ; sec. alios in Arcadia Capuas condidit, sec. alios cum Elymo Trojano in Siciliam venit ibique Erycem et Lilybæum occupavit ac Scamandro et Simoenti fluviis nomina indidit, inde vero in Latium venit et oraculi monitu ad Lavinium consedit, 520, § 53. Sec. Homerum Æneas in Troade mansit, 520, 21. Cum Anchise patre et Ascanio filio Laurentum appulit; urbem 24 a litore stadiis condidit; Latino contra Rutulos auxiliatus Lavinium condidit, de Lavinia filia dictum; post Latini mortem, subditis Latinorum nomen fecit, 190, 45. 193, 50; princeps auctor gentis Romanæ. Iulus quidam ex ejus posteris, 509, 8. Æneæ nutrix Cajetæ sinui nomen dedit, 194, 37.

Ænesippia, Αἰνησίππεια, insula cum portu, ad Libyæ oram inter Drepanum prom. et Apin, 679, 7. Intellige *Matrou* insulam saxosam cui in continente objacent ruinæ loci, qui Νῆσοι in Stadiasmo M. M. appellatur.

Ænesisphyra, Αἰνησίσφυρα ἄκρα, in Libyæ ora inter Catabathmum (*Akabah es-Sollum*) et Tyndaricos scopulos (*Ichailah rochers*), 679, 5. Locus ad hod. *Sikkeira* ponendus. Cf. Stadiasm. Mar. magni.

Æniana, Αἰνιάνα (?), oppidum in Uitia regione inter Caucasum et mare Caspium sita, 436, 11.

Ænianes, Αἰνιᾶνες, diu in Dotio Thessaliæ campo habitarunt; deinde plerique a Lapithis in Œtam ejecti sunt, ubi Doriensibus et Maliensibus loca quædam eripuerunt, usque ad Echinum et Heracleam; nonnulli autem ad Cyphum montem Perrhæbicum manserunt, 380, 13; cf. 366, 17. Ætolis postea finitimi, olim ad Dotium et Ossam habitarunt inter Perrhæbos, 51, 10. 366, 47. Ab Ætolis et Æthamanibus deleti sunt, 367, 14. Ænianes quidam partim in Uitia ad mare Caspium, partim a meridie Abi et Nibari Armeniæ montium sedes fixisse perhibentur, 455, 35. In Uitia regione etiam oppidum Ænianam (Æniam?) dictum munivisse feruntur, 436, 10.

Æniates, Αἰνιάτης, Paphlagonicum vocabulum in Cappadocia obvium, 473, 43.

Ænius, Αἶνος (?), Troadis fl., in quem exit Rhodius fl. 516, 15. Nomen corruptum; indicatur Æsepus fluvius.

Ænus, Αἶνος, mons Cephalleniæ (*Elato*, sec. Leak., *Megalovouno* al.), in eoque Jovis templum, 392, 28.

Ænus, Αἶνος (*Enos*), Thraciæ opp., ad Hebri ostium et Melanem sinum, Mytilenæorum et Cumanorum colonia; et jam prius Alopeconnesiorum, 283, 14. Ænus sita in Corpilice, quæ regio prius Apsyntis dicebatur, 285, 10. Ænus olim Poltyobria vocata, 265, 21.

Ænus fl. (*Inn*) a Strabone, certe in codd. Strabonis, vocatur Atesinus, 172, 23.

Æoles etiam nunc vocantur omnes Græci qui sunt extra isthmum, præter Athenienses, Megarenses et Dores Parnassi accolas, 286, 14. Intra isthmum quoque invaluerunt, ubi deinde mixti sunt Ionibus et Doriensibus, 286, 27. Æolica dialectus initio non diversa a Dorica, 286, 15. Eam in Peloponneso servarunt Elei et Arcades, 286, 42. Æolica gens Achæi, 286, 33. Inter Æoles Thessaliæ habitarunt Pelasgi, 183, 51. Æoles qui una cum Bœotis Thessalia exciderant, in Ætoliam migrarunt, ubi Epeis admixti sunt, 399, 5; et Olenum diruerunt, 387, 44. Cum Tlepolemo e Bœotia vel Argis et Tiryntho in Rhodum abierunt, 558, 7. Æolum in Asiam migratio, 51, 10. Classis qua Orestis filii in Asiam trajicerent, ad Aulidem collecta est, 344, 51. Æolica colonia per totam oram Trojanam inde a Cizyco usque ad Caicum dispersa est et ulterius etiam mediam inter Caicum et Hermum fluvios regionem assumpsit, 498, 14. Tempora et ratio hujus coloniarum deductionis, quæ facta est sub Oreste, ejus filio Penthilo, Archelao et Grae Penthili filiis, et Penthilli coævis Cleua et Malao, 498, 17; 345, 43. Æoles quidam ab expeditione Penthili in Eubœa manserunt, 333, 48. Æolicarum in Asia urbium 40 fere numero metropoles quodammodo sunt Lesbus et Cuma, 532, 5. Æoles Smyrnæos urbe sua ejecerunt, 541, 47. Colonis in Troade templum Apollinis Cillæi condiderunt, 523, 37. Apollini Πορνοπίωνι sacrificant, 524, 35. Πορνοπίων apud eos mensis, *ib.*

Æolis, Αἰολίς, vario modo definitur; modo Troadem ab ea distinguunt, modo non distinguunt, 498, 40. Quæ nunc proprie Æolis dicitur, ab Hermo usque ad Lectum pertinet, 502, 4. Sec. Ephorum ad Cumam pertinet, 513, 20; 498, 53. Æolidem Homeri ætate Cimmerii invaserunt, 123, 41.

Æoli inss., Αἰόλου νῆσοι, vel Liparæorum inss., 48, 3. 106, 40. 213, 29. 222, 15. 229, 6 (V. Liparæorum inss.). In Æoliam venit Ulysses, 33, 31.

Æolus, Αἴολος, Cercaphi pater, Armeni avus, 377, 2; insulis Liparæ vicinis imperavit, 16, 48. In Strongyle ins. habitasse fertur, 229, 52. Quonam sensu ventorum promus ap. Homerum dici videatur, 19, 27; 229, 41. Cf. 21, 29.

Æpasius campus, τὸ Αἰπάσιον πεδίον, in Triphylia, ubi Arene opp. et Minyes, 299, 15 sqq. Cf. Hypœsia.

Æpea, ἡ Αἴπεια, Messeniæ urbs ab Homero memorata, nunc Thuria vocatur, 308, 28. 309, 41; alii Æpeam ad seriorem Methonem referunt, 309, 46.

Æpy, Αἶπυ. Homerus Nestoreæ ditionis oppida recensens quum dicat καὶ Θρύον, Ἀλφειοῖο πόρον, καὶ ἐΰκτιτον Αἶπυ, quæritur num αἶπυ sit nomen proprium, an adjectivum ad Θρύον locum munitum pertinens. Illud si est, Αἶπυ nonnulli componunt cum Margalis, Amphidoliæ loco; quamquam is non est munitus; alii ad locum Macistiæ natura munitum Αἶπυ referunt, 500, 19. Ad Æpy probabiliter referuntur ruinæ quæ sunt prope *Plotiana*.

Æpytus, Αἴπυτος, Nelei f., Prienen condidit, 541, 7.

Æquator a Cinnamomiferæ parallelo 8800 stadia, sec. Eratosthenem, 78, 34. Æquatori plaga moderata subjecta est, peralta illa et imbribus rigata, sec. Eratosthenem et Polybium, 80, 37; immo campestris est et eadem fere cum mari planitie, sec. Posidonium, 80, 49, quamquam is alio loco idem dicit quod Polybius, 81, 2. Solis progressio sub æquatore celerior, 80, 47. Cf. Terra.

Æqui, Αἴκουαι, Latii gens, 190, 38; 192, 32; Curetibus finitimi; urbes eorum vastavit Tarquinius Priscus, 192, 38.

Æquinoctialis circulus, ὁ ἰσημερινὸς κύκλος, 91, 18 *et sæpius*. Ab eo usque ad tropicum æstivum, per Syenen ductum, 16800 stadia sive quatuor sexagesimæ (4×4200) sunt, 94, 20.

Æquum Faliscum, Αἰκουουμφαλίσκον (in planitie structum, quum alterum Faliscum esset in monte situm), opp. in via Flaminia situm, inter Romam et Ocriculos, 188, 27.

Aeria, Ἀερία (*Mont Ventoux*, sec. D'Anville; rectius *Château de Lers*, *vis-à-vis de Roquemaure*, non longe ab urbe *Avignon*. Vid. Menard, *Mém. de l' Acad. d. insr.*, t. 39, p. 237), Galliæ Narbon. opp. in loco excelso situm; inde ad Lucrionem transitus angustus, 157, 7.

Æris metalla in Turdetania, 121, 7; ad Cotinas, 117, 51; ærariæ officinæ (χαλκουργεῖα) in Turditania vocantur χρυσεῖα, *aurariæ*, quod olim aurum ibi effossum esse videtur, 121, 38. Æris fodinæ ad Temesam Bruttii, 212, 49; apud Massagetas, 440, 6; supra Cisthenen, 519, 17; in Meroe, 697, 44; in Massæsylia, 703, 11. Æs Cyprium. V. Cyprium. Cf. v. Metalla. Ære fuso, nusquam autem ductili, utuntur Indi, 610, 34.

Æs Dodonæum, proverb., 274, 11.

Æsarus, Αἴσαρος (*Esaro*), Italiæ fluvius et portus ad Crotonem, 217, 44.

Æschines, orator Atticus, matri arcana sacra celebranti affuit, 405, 3.

Æschines, rhetor Milesius, Pompeium liberius perstrinxit; in exilio mortuus est, 543, 3.

Æschylus poeta Κυνοκεφάλους, Στερνοφθάλμους, Μονομμάτους memorat, 36, 4. 248, 36. Laudatur de Cotye dea Thracia, 404, 16; de Scythis, 249, 53; de Salamine insula, 338, 10; de Rhegii nominis etymo, 214, 30. Æschylus in Glauco Pontio, 384, 24; in Niobe (ubi diversa confundit) 496, 50; in prologo Myrmidonum fab., 526, 54; in Prometheo soluto, 27, 44 et 151, 52 (ubi de Galliæ campo lapidoso); in Supplicibus (vs. 266), 184, 28; in Persis (vs. 17, 118). Memnonis matrem Cissiam dicit, 619, 42. Citatur etiam 293, 3; 332, 36.

Æsculapiadarum in Thessalia ditio sec. Homerum quænam fuerit, 376, 37.

Æsculapii fanum Panticapæi; ejus sacerdos Stratius, 61, 35; Æsc. Triccæi fanum in Gerenia Messeniæ, 309, 22; Epidauri, 322, 4; in Co et Tricca, 322, 8; inter Dymen et Patras, 331, 32; in Troade a Lysimacho dedicatum, 516, 1; Æsculapii fanum inter Sidonem et Berytum, 644, 8; templum Carthagine, quod Asdrubalis uxor, capta urbe, secum concremavit, 706, 38. Æsc. statua, Colotæ opus, in Cyllene Elidis pago, 290, 20.

Æscul. simulacrum ab Epidauro petierunt Romani, 486, 19.

Æsepus fl., Αἴσηπος, 484, 4; 493, 29; 497, 18; 501, 12; Mysiæ et Troadis terminus, 483, 26 et 50; 502, 5; usque ad eum Troas Homerica pertinet, 484, 11; 498, 4. Fontes fluvii in Cotylo Idæ colle, 515, 20; ostium ab iis abest 500 stadiis, 515, 25. A fluvio Palæscepsis 30 stadia distat, 516, 40. Ab ejus ostio ad Abydum navigatio 700 stadiorum, 506, 37. In Æsepum Caresus influit, 516, 13; nonnulli Rhodium influere dicunt, 509, 22. Loca in Æsepi convalle, 516, § 45. Æsepo fluvio et Scepsi vicini sunt pagi Enea, Argyria, Alazonia, 472, 48. Hodiernum fluvii nomen Kiepertus in tabula non apposuit; sec. Leakium est *Bocklu*.

Æsernia, Αἰσερνία (*Isernia*), Samnitum urbs, 198, 30. 208, 8.

Æsis fluv., Αἶσις (*Fiumesine*), olim Galliæ Cisalpinæ et Italiæ terminus, 181, 23; 189, 16; Umbriæ fl., 189, 11; inter Anconem et Senam exit, 189, 18; ab eo usque ad Matrinum Picenum pertinet, 200, 46. Quanto spatio Æsis absit a Gargano prom., 236, 40.

Æsium, Αἴσιον, Umbriæ urbs ab ortu viæ Flaminiæ (hod. Iesi ad Æsin fl.), 189, 42, ubi Ἀσίσιον scripsit Cramerus, quod non erat probandum; nam Asisium ab occasu erat viæ Flaminiæ, ac patet Æsium non esse diversum ab Æsi Ptolemæi, cujus incolas Plinius *Æsinates* dicit. Oppidum fuisse coloniam Romanam ex inscript. constat.

Æstuaria in Turditaniæ ora inde a Sacro promontorio usque ad Columnas; ratio eorum; adjacentes iis urbes Asta, Nabrissa, Onoba, Ossonoba, Mænoba, 116, 17 et 32; 117, 31; 118, 13; 119, 7. Æstuarium Astures a Cantabris dirimens, 138, 37.

Æstus marini, qui est ad Hispaniæ oram, causam non recte exponit Aristoteles, 126, 50. Æstus in Venetiæ ora, 176, 51. Cf. v. *Fluxus* et *Mare*.

Æsyeta sepulcrum, Αἰσυήτου τάφος, in campo Troico, 511, 20; 513, 3; vix 5 a Troja stadiis nunc monstratur juxta viam qua itur Alexandriam 513, 7.

Æthalia, Αἰθαλία (*Elba*) insula, 101, 34; ejus situs, 187, 45; a continente et Corsica distantia 300 stadiorum, 186, 17; ejus portus Argous, in quem Argonautæ appulerunt, 186, 27. Insula ferrum habet, quod in continente liquatur, 186, 23. Fossæ, unde metalla sunt eruta, aliquanto post denuo implentur, 186, 27.

Æthices, Αἴθικες, Epirotica gens, Thessalis accensentur, 271, 10; 373, 10; 369, 8; ad Pindum degunt; ad eos migrarunt Centauri a Pirithoo e Pindo ejecti, 377, 19 et 49. Æthicæ vicinum Æginium opp., 272, 10.

Æthiopes, Αἰθίοπες. Quæ de iis auditu acceperat Homerus poemati inseruit, 13, 22. Oceani accolas dicit bifariam divisos, 2, 14; 25, 16. Quod non recte explicat Crates, dicens separari eos zona torrida, quam Oceanus obtineat, adeo ut alteri Æthiopes in nostra zona temperata, alteri in opposita ideoque in altera mundi parte habitent, 25, 32; 85, 10. Aristarchus nonnisi unam esse Æthiopiam Ægypto a meridie adjacentem et Homerum errasse censens errat ipse. Pluribus modis Homeri explicari possunt; ita sc. ut Æthiopes vel Nilo separentur vel intercedente regione deserta. At unice vera et aliorum poetarum testimoniis firmata sententia hæc est, ex qua Æthiopes per totam Oceani oram australem habitarunt, adeo ut dirimantur sinu Arabico, 26, 10-29, 37. Æthiopes Indicæ robustiores minusque adusti sunt quam Libyci, et hanc ob causam Posidonius Homerum bifariam divisos dicere Æthiopes censet, improbante Strabone, 85, 5. Æthiopes ad quos Menelaus veniens opes colligit, intellige eos, qui Ægyptiis sunt contermini; hi enim et satis divites sunt, nec longum Thebis ad eos iter erat.

Fortasse etiam tunc propiores Thebis quam postea erant. Admitti nequeunt quæ de Menelai itinere Crates et Eratosthenes conjecerunt, 31, 25-33, 28. Æthiopia, quam Menelaus adiit, a nonnullis ad Phœniciam transfertur, et quæ de Andromeda narrantur, ea apud Jopen evenisse tradunt, 35, 42. Apud Æthiopes Solis lacus, χαλκοκέραυνος παρ' ὠκεανῷ λίμνα παντρόφος Αἰθιόπων (Æschyl.), 27, 40. Euripidis de Æthiopia versus, 28, 4. Æthiopum sedes sec. Ephorum, 28, 19. Quotquot Libyam meridiem versus longius præternavigarunt, finem itineris nominant loca Æthiopica, 27, 20. Eudoxus ex India redux ventis in Æthiopiam defertur, 81, 45; inde navigationis duces accepit, vocabula linguæ Æthiopicæ consignavit, proram navis e naufragio superstitem, cui equi figura insculpta erat, reperit, 81, 41. Æthiopiæ et Ægypti confinia cum Ælio Gallo adiit Strabo, 97, 36. Meridionales Æthiopiæ et Libyæ fines dicere non habemus, 712, 14. Notum in Æth. non spirare Eratosthenes putavit perperam, 51, 40. Æthiopiæ ex montibus Nilus oritur, 671, 20, et imbribus inde decurrentibus impletur, 80, 54. Æthiopia non tota Nilo permeatur, ac minus bene quam Ægyptus habitatur, 669, 24. Gentes Æth., quæ sunt infra Ægyptum et juxta sinum Arabicum, describuntur, 656, § 8 sqq. Τὴν Ἀθιοπίδα subegit Sesostris, 654, 38; in eam migrarunt Ægyptii, 51, 7. Æthiopum sub Tearcone peregrinatio longinqua, 51, 8. A Tartessiis narrantur migrasse μέχρι δύσεως (leg. puto : μέχρι Δύρεως, usque ad Dyrim sive Atlantem), ibique mansisse eorum quosdam, alios etiam oræ mar. partem occupasse, 27, 27. Ad Æthiopes Ægypto conterminos de Atridis fama pervenerat, 33, 6. Rex Æthiopicus, qui Ægyptum invaserat, maleficos naris mutilatione punitos in loco collocavit, qui hinc dicitur Ῥινοκόρουρα, 646, 39. Æthiopiæ rex Merops ap. Euripid., 28, 4; regina Candace, altero oculo capta 696, 37. Æthiopes sinus Arabii accolæ pauperes sunt, nihil pretiosi habentes præter ebur; plerique incertis vagantes sedibus, 32, 35, pastoralem vitam agunt, 669, 30; mari Rubro non adeo utuntur, 672, 32. Qui sunt infra Ægyptum Blemmyes, Nubæ, Megabari, neque hominum copia neque virtute bellica præstant, 695, 38. Aliquando Romanum Ægypti præsidium aggredi ausi de sua ipsorum regione in periculum venere, 695, 50. Præsidium quod Syenæ erat adoriuntur, urbem capiunt, Philis Elephantinaque potiuntur. Hinc Petronii contra eos expeditio, quæ narratur fusius. Legatio eorum ad Cæsarem, 696, § 54. Romani Ægypti præfecti commerciis Æthiopicis operam navant fructuosissimam, 678, 31. — Regia Æthiopum Meroe, 27, 8; oppida Napata, 696, 48, Pselchis, 696, 23, Premnis, 696, 44. — Æthiopes μελάμβροτοι, 28, 7; cur sint nigri et crispi, 593, 7. Magna ex parte nudi incedunt, 697, 24; pecora eorum et canes parvi, 697, 25; ipsi vivunt milio, hordeo, e quo etiam potum parant; pro oleo habent butyrum et adipem, 697, 30; arborum fructus iis non sunt præter palmulas paucas, 697, 32; nonnulli herbis, frondibus tenellis, loto, calami radice, alii carnibus, sanguine, lacte, caseo vescuntur, 697, 33. Reges ut deos colunt, 697, 35. Eorum arma, 696, 30; 698, 14. Mulieres quoque armantur; oris labium æneo circulo trajectum habent, 698, 15. Alii mortuos abjiciunt, alii circumfuso vitro domi servant, 698, 32; per mortuos jurant; regem creant vel pulcerrimum vel ditissimum vel robustissimum, 698, 35. Æthiopum supra Meroen degentium vestitus, religio, reges, 692, § 3. Si rex aliqua corporis parte mutilatur, idem patiuntur familiares ejus, 698, 45. Æthiopiæ et Indiæ animalia 659, § 19 sq., quæ sunt eadem fere, excepto hippopotamo, 588, 50; oves hirtæ, 690, 18; cebus animal, 690, 28; avis quæ in Philis colitur, 694, 41; persea arbor, 698, 54.

Æthiopes ἑσπέριοι sive occidentales, regioni Carthaginiensium objecti in parallelo Cinnamomiferæ, 98, 7; vicini Lotophagis, 130, 37, et Bogi regno, 82, 30, et Pharusiis et Nigritis, 703, 14; supra Mauritaniam ad Oceanum, 702, 15. Belluæ hujus regionis, ib; aer, 703, 41; ab Oceani accolis ad Garamantes 9 vel 10 dierum iter, 709, 10. Libyæ Æthiopes Garamantes, Pharusii, Nigritæ, Gætuli, 108, 33.

Ætna, Αἴτνη, mons, 222, 22, primum memoratur ab Hesiodo, 19, 11. Sub Ætna Typhon jacet, 535, 48. Circa montem et Leontinorum regionem Cyclopes et Læstrygones habitarunt, 16, 50. Montis descriptio, 227, § 8. Ætnæi ignis vi fortasse tota Sicilia insula e mari projecta, 45, 21. Eruptiones Catanam potissimum affligunt; egesti cineris vis fœcundans; concrescens in lapidem materies, quæ ex Ætna profluit, 223, 29; 206, 3. — Ætnæam regionem latrociniis infestavit Selurus, 227, 2.

Ætna ab Hierone dicta est Catana urbs, novis ab eo incolis frequentata, 223, 16. Postea Ætnæi hi a reversis Catanæis ejecti Innesam occuparunt Ætnamque vocarunt, a Catana 80 stadia distantem, ejusque oppidi conditorem Hieronem pronuntiaverunt, 223, 22. Ætna hæc Centoripis vicina, 227, 29.

Ætoliæ descriptio, 286, cap. 2. Ab Ætolo nomen habet, 307, 3. Pertinet ab Acheloo ad Antirrhium, 288, 45. Dividitur in Ætoliam antiquam et Ætoliam acquisitam, ἐπίκτητον; utriusque partis limites, 387, 8. Ætolia vetus et pedestris Calydoni assignata est, ἡ ἐπίκτητος; et montana Pleuroni, 395, 39. Ἄκραι quædam Ætoliæ olim fuerunt insulæ, 49, 45. Montes Ætoliæ, 274, 32; 387, § 4; 357, 52. Evenus fluvius 271, 51. Agræa regio, 291, 6. Ætolia equis alendis commoda, 333, 33; ei finitimi sunt Ænianes, 51, 11. De Ætolis Ephorus incongrua tradit, 362, 50.

Ætolorum pars Curetes, 268, 38; Curetes Ætoliam olim obtinentes in Acarnaniam ejecti sunt, adveniente ex Elide Ætolo cum Epeis, 398, 8. Epeis deinde admixti Æolenses, qui una cum Bœotis Thessalia exciderant, 399, 5. Apollodorus Hyantes ex Bœotia advenientes Ætolorum inquilinos factos esse refert, 399, 12. In Ætoliam a Diomede invitatus venit Alcmæon, 270, 49. Ætoli sub Thoante Temesam frequentarunt, 212, 34. Cum Heraclidis sub Oxylo duce in Peloponnesum redeuntes, ob vetustam generis propinquitatem Eleis se junxerunt, 304, 48; 398, 15. Sub Oxylo duce Epeos Elide ejiciunt; Olympici templi procurationem suscipiunt; ut Eleorum ditio Jovi sacra sit, obtinent, 307, 14. Ætoli Dorienses et Ænianes attriverunt, 387, 12. In Paracheloitide regione cum Acarnanibus subinde certarunt, 393, 14. Ætolorum respublica Aristotele laudatur, 267, 30. Ætoli Thermis comitia creandis magistratibus habebant, 398, 17. Nunc exhausti sunt, olim cum Acarnanibus contra Macedones et Græcos et Romanos pro libertate bella sustinuerunt, 395, 14. Ætolorum inventum funda, 307, 21. Ætolicæ Dianæ, Ἀρτέμιδος Αἰτωλίδος, lucus apud Venetos Italicos, 179, 17. Cf. Diana.

Ætolus, Αἰτωλός, Endymionis f., ex Elide cum Epeis profectus in Ætoliam, ejectis ex ea Curetibus, antiquissimas regionis urbes condidit, 398, 9; 362, 53; 307, 3. Ex Elide a Salmoneo ejectus est, 307, 3; Ætoli statua Thermis; inscriptio ejus, 398, 19. Ex Ætoli posteris decima ab eo generatione in Elidem rediit Oxylus, 398, 15; 307, 3.

Exonenses, Αἰξωνεῖς, Atticæ pagus, 342, 14.

Afranius, Pompeianus dux, ap. Ilerdam a Cæsare victus, 134, 4.

Agamedes et Trophonius templum Delphicum exstruxere, 361, 29.
Agamemno Mycenæo regno adjecit Laconicum, cui Menelaus præfectus est; Mycenæum ejus regnum quousque pertinuerit, 320, 14. Delphicum oraculum consuluit, 358, 38. Diomedem et Alcmæonem ad Argos recipiendum et ad belli Trojani societatem evocat, 397, 7. Septem urbes se Achilli daturum promisit, 308, 24. Locum quo Ilium steterat, diris exsecratus est, 514, 47. In Lecto pr. aram 12 deorum posuisse dicitur, 517, 50. Pygela condidit, 546, 20. Agamemnonis opus in lacu prope Ephesum, 548, 40. Ejus thorax, Cinyræ Cyprii donum, 33, 8. Agamemnonis e stirpe Cleuas, Dori filius, et Malaus, 498, 30.
Agapenor Paphum condidit, 583, 9.
Agatharchides Cnidius, peripateticus, historicus, 560, 14, e Boxo Persa accepit Erythræum mare ab Erythra Persa nomen habere, 662, 49.
Agathe, Ἀγάθη (*Agde*), Massiliensium colonia ad Araurin fl., 151, 20.
Agathoclea, Ptolemæi IV amica, qui inde dicitur Ptol. ὁ τῆς Ἀγαθοκλείας, 676, 28.
Agathocles, Lysimachi pater, 532, 50.
Agathocles a Lysimacho patre necatur, 533, 15.
Agathocles, Siciliæ tyrannus, quo tempore contra Carthaginienses classem duxit, in Aspide colle urbem condidit, 708, 6. Hipponio potitus, navale ibi construxit, 213, 19. Agathocle belli duce Tarentini usi sunt, 233, 13.
Agathyrnum, Ἀγάθυρνον, Siciliæ opp.; 30 mill. a Tyndaride et Alæsa distans, 221, 14. (Ruinæ ad *Acque Dolci* subter *S. Filadelpho* ab occasu hodiernæ *Sta Agata*.)
Agdistis, Ἄγδιστις, Rheæ nomen ap. Phryges, 402, 43; templum ejus Pessinunte, 486, 10.
Ἀγέλαι puerorum ap. Cretenses, 412, 47; 414, 46.
Agesilai filius Archidamus, 233, 13.
Aggestiones cœni nonnisi ad ostia fluviorum locum habent, nec unquam totum fundum pelagi alicujus opplere possunt, 43, 50; 44, 17.
Agidæ de Agide Eurysthenis f. dicti, 314, 30.
[Aginis], pagus Susidis a Susis 600 distans, ad Tigridis ostium situs, 620, 49.
Agis, Eurysthenis f., quomodo periœcos et Helotas constituerit, 213, 22.
Agnu ceras, Ἀγνοῦ κέρας, arenosum promontorium, quod ab oriente Bolbitino Nili ostio protenditur, 681, 17.
Agoracriti Parii opus statua Nemesis Rhamnusiæ, 340, 37.
Agra, ἡ Ἄγρα, Atticæ locus, prope quem Ilissus oritur, 343, 36.
Agradates, nomen regis qui deinde a Cyro fl. Cyrum se dixit, 621, 14.
Agræ, Ætoliæ regio, in qua Ephyra vicus, 291, 6.
Agræi, Ἀγραῖοι, Ætoliæ gens, 386, 25; 387, 32; 400, 2.
Agræi, Ἀγραῖοι, Arabiæ desertæ gens, 653, 31.
Agræus et Deiphontes Acten Peloponnesi regionem obtinuere, 334, 51.
Agri, Ἄγροι, Mæotarum gens, 425, 1; sunt Agoritæ Ptolemæi.
Agriades, Ἀγριάδες, pagus Elidi urbi additus, 289, 36.
Agrianes, Ἀγριᾶνες, Thraciæ populus, Rhodopes accolæ, apud quos Strymon oritur; adjacet iis Parorbelia Macedoniæ, 281, 3. Terra eorum olim sub Pæonibus erat, 281, 39. Ab Agrianibus versus Istrum Triballi, 264, 5. Cf. v. Triclari.
Agrigentum, Ἀκράγας, Siciliæ urbs (*Girgenti*), Geloorum colonia, 226, 12. Ejus navale et emporium; ab Heraclea et Camarina distantia, 221, 23.
Agrii, Ἄγριοι, i. q. Canimulgi, q. v.

Agrippa Ubios in occidentalem Rheni ripam transduxit, 161, 25. Quasnam vias a Lugduno per Galliæ provincias aperuerit, 173, 22. Aquæ ductibus struendis præcipuam operam navavit, 196, 34. Silvam quæ erat circa Avernum lacum, cecidit, 204, 14. Aggerem in Lucrino sinu perfecit, 204, 28. In bello Actiaco Methone Messeniæ urbe potitus est, ibique Bocchum, Antonii partes secutum, interfecit, 309, 6. E Lampsaco abstulit leonem, Lysippi opus, 504, 49. Duas legiones in Beryto urbe collocavit, 643, 31.
Agrius, Porthaonida, 397, 39. Pleurobiæ partem tenuit, 400, 6.
Agylla, Ἄγυλλα (*Cervetro*), Etruriæ urbs, a Pelasgis Thessalicis condita, postea Cære dicta; Ægyllæorum thesaurus Delphicus, 183, 37; 188, 8.
Aiclus, Αἴκλος vel Αἴκλος, et Cothus Athenis profecti Chalcidem et Eretriam incolis frequentarunt, 383, 46. Eorum frater Ellops, 382, 34. Αἴκλος nomen barbarum, 267, 5.
Ajax, Αἴας, Teucri f., Jovis templum Olbæ dedicavit; pontifices ejus aut Teucri aut Ajacis nomen gesserunt, 573, 44.
Ajax, Telamonius, 338, 24. Aj. tumulus, fanum, statua prope Rhœteum Troadis; statuam ab Antonio ablatam reddidit Augustus, 509, § 30. (Æanteum quod Rhœteo propinquum esse dicitur, ad tumulum, qui prope *Erin-Koi* exstat, referendum foret. Vulgo tamen et fortasse rectius refertur ad alium tumulum qui 30 a Sigeo abest stadia; hanc enim mensuram Plinius prodit; fierique potest ut verbum πλησίον apud Strabonem non sit premendum.)
Ajax Locrus, Opuntiorum rex; patria ejus Narycum, 365, 26. Neptuni, non Minervæ, ira periit sec. Homerum, 514, 16.
Alabanda, τὰ Ἀλάβανδα (*Arab Hissar* ad fluvium *Tchinar Aksu*, qui a meridie in Mæandrum influit), Cariæ opp. 365, 20. 502, 35; ejus situs; scorpiorum ibi copia; Apollonius Malaca urbem dicit σκορπίων κανθήλιον κατεστρωμένον; incolarum indoles. Alabandenses oratores Menecles, Hierocles, Apollonius ὁ Μαλακός, Molo, 364, 14, 559, 41. Urbis distantia a Laginis et Trallibus, 565, 53.
Alabes, ὁ ἀλάβης, Nili piscis, 699, 6.
Alæenses, Ἀλαιεῖς, Atticæ pagus, 342, 14.
Alæsa, Ἄλαισα, Siciliæ opp., 226, 17; ejus ab Agathyrno et Cephalœdio distantia, 251, 15. (Ruinæ ad veterem ecclesiam *Sta Maria de Palate* ad *Pettineo* fl., non longe a *Fusa* opp.)
Alalcomenæ, Ἀλαλκομεναί, opp. in Asteride sive Asteria insula, sec. Apollodorum, 392, 34. In Ithaca potius cum Plutarcho (Qu. gr. 43) et Stephano (ubi codd. *Alcomenæ*) quærendum est oppidum.
Alalcomenæ, Ἀλαλκομεναί, Deuriopum urbs ad Erigonem fl., 272, 8 et 16. Eadem Alcomene apud Stephanum. Situs incertior. Composui cum hod. *Almopie*.
Alalcomenæ (*Sulinari*), Bœotiæ urbs ad lacum Copaidem, 351, 1, cum fano Minervæ ibi natæ; eo confugerunt Thebani bello Epigonorum, 355, 12. Urbi vicinum est Tilphossium, 353, 9.
Alalcomenium, Ἀλαλκομένιον, Bœotiæ opp. (potius fanum Minervæ, cf. 355, 15) ad lacum Copaidem, 30 stadia ab Ocalea distans, 352, 40.
Alazia, Ἀλαζία, Mysiæ urbs ad Odryssem fl., nunc deserta, 471, 50.
Alazones, Ἀλαζῶνες, Scythæ supra Borysthenem habitantes. Horum nomen apud Homerum reponi pro vulgata Ἁλιζῶνες quidam voluerunt, 471, 21.
Alazonum pagi ad Odryssem fl.; Apollo ibi colitur, 471, 50. Hos Alazones esse Alizones Homeri censet Demetrius, 471, 47.
Alazonia, Ἀλαζοναί sive Ἀλαζόνιον, pagus Scepsi et Æsepo

fluvio vicinus, sec. Demetrium, 472, 49; fortasse fictus ille Alizonum gratia, 516, 18.

Alazonius, Ἀλαζόνιος (*Alasan*), Iberiæ fl. in Cyrum incidit, 429, 3. Juxta eum ex Albania via in Iberiam est, 429, 34.

Alba, Ἄλβα (*Castel Gandolfo*), Latii urbs, 160 stadia a Roma distans, in Albano monte ab Ascanio condita, 196, 9; 192, 42. Albæ regnum, quod ad Tiberim usque porrigebatur, ab Ascanii posteris post 400 annos ad Numitorem et Amulium defertur, 191, 14. Cf. Albani.

Alba (h. *Albi*), Latii urbs, Marsis finitima, scopulo insita, prope lacum Fucinum, 200, 10; ab eo oppido Anio profluit, 196, 2. Sita ad viam Valeriam, 198, 37. Ea urbe Romani sæpe pro custodiæ loco usi sunt, 200, 25.

Albani, Ἀλβανοί, Romanorum socii, eadem cum illis lingua utebantur; connubia erant et sacra communia; postea, orto bello, diruta est Alba, excepto templo, Albanique civibus Romanis adscripti, 192, 45; 107, 9.

Albani, inter Cadusios et Caspios accolæ maris Hyrcani, 440, 39; 435, 3, de quibus recentiores demum accuratiora tradiderunt, 97, 35. Albaniæ situs finesque, 430, § 1; Cyrus fluvius ejusque ostia et Araxes, § 2; summa agri fertilitas, § 3; incolarum forma, morum simplicitas; militum numerus; socii contra exterum hostem Nomades; arma; Albaniæ pars Caspiana; aditus ex Iberia in Albaniam per Cambysenen; canes venatici Albanorum, 431, § 5. Reges; linguæ viginti sex; reptilia, scorpii, phalangia, 431, § 6; dii Sol, Jupiter, Luna; Lunæ sacerdos ejusque ministri; ritus sacrificii cujusdam humani, 431, § 7. Senectutem venerantur; mortuos nihil curant; pecunias cum defunctis sepeliunt, 431, § 8. Ex Albania in Iberiam aditus per saxa; deinde via juxta Alazonium fl., 429, 33. Albaniam cum Armeno Thessalo peragravit Iason, 432, 1. In Albania cum Pompeio fuit Theophanes historicus, 432, 14. Albani loricato equitatu utuntur, 454, 31. Cf. Armenii.

Albanum Latii vinum, 195, 5.

Albanus Latii mons, Ἀλβανὸν ὄρος (montes quorum summus vertex est *monte Cavo*), in quo Alba urbs, et Romani cum Latinis Jovi sacrificant, 191, 10; 197, 33; 199, 23 et 34; 200, 4.

Albanus Latii lacus, 200, 6.

Albia, Ἄλβια ὄρη, olim vocabantur Alpes, 168, 18.

Albienses Salyum finitimi, 169, 22. V. Albiœci.

Albingaunum, Ἀλβίγγαυνον (*Albenga*), Ingaunorum Ligurum oppidum in ora maritima sub Alpibus, 168, 12; a Sabatis 360 stad., a Monœci portu 480 stad., 168, 14.

Albiœci, Ἀλβίοικοι, Salyum finitimi, a quibus boream versus in montibus habitant, 169, 22. Sunt Albici Cæsaris. Haud dubie non diversi ab iis Albienses, et apud Strabonem pro Ἀλβιεῖς καὶ Ἀλβίοικοι leg. Ἀ. ἢ Ἀ.

Albis, Ἄλβις (*Elbe*), Germaniæ fl., æquali fere usquequaque spatio a Rheno distat, nec minorem quam ille regionem perfluit, 241, 11. A Rheno linea recta distat 3000 stadia, 241, 41. Germaniam in duas partes dividit, 11, 42. Eum transgredi noluerunt duces Romani, 242, 9. Trans Albin olim habitarunt Lancobardi et Hermunduri, 241, 38; habitat Suevorum pars, 245, 8. Quinam ab Albi versus ortum sint oceani accolæ nondum constat, 244, 38.

Albium Intemelium, Ἄλβιον Ἰντεμέλιον (*Vintimiglia*), Ligurum opp., quorum incolæ Intemelii, 168, 15; inter Albingaunum et Monœci portum situm, *ib.*

Albius mons (*der Alben*) sive Albii montes (Ἄλβιον ὄρος, Ἄλβια ὄρη) in Iapodibus, inter Alpes et Ocram, 168, 20; 261, 28; Ocra monte altiores, 260, 48; ex iis Colapis fl. per Japodes labitur, 261, 2.

Albulæ aquæ, τὰ Ἀλβούλα ὕδατα, frigidæ, ad varios morbos vel potæ vel balneo usurpatæ, in valle quam Anio permeat, 198, 51. *Bagni di Tivoli*.

Alcæus, Ἀλκαῖος, poeta Mytilenæorum tyrannos insectatus est, 528, 3. Contra Athenienses pugnans abjectis armis fuga sibi consuluit, 513, 26. Quid de Antimenide fratre tradat, 527, 40. In Ægyptum se venisse dicit; nihil tamen ille de Nili ostiis commemorat, 30, 41. Laudatur de Coralio fluvio, 353, 31. De Onchesto falsa tradit, 354, 31. Antandrum Leleguin urbem dicit, 518, 41. Citatur, 564, 29. Ejus carmina interpretatus est Callias, 528, 50.

Alcestis, Ἄλκηστις, Peliæ filiarum præstantissima, mater Eumeli, 38, 1.

Alchædamnus, Ἀλχαίδαμνος (*Alcandonius ap. Dion. Cass.*), Rhambæorum Nomadum intra Euphratem habitantium rex, Romanorum amicus, deinde autem injuria ab iis affectus, sub Basso rebelli stipendia meruit, 641, 13.

Alcmæon, Ἀλκμαίων, Amphiarai f.; post bellum Thebanum cum Diomede ultus inimicos Œnei, Acarnaniam sibi subjecit; postea ad belli Trojani societatem evocanti Agamemnoni non obtemperavit, 396, § 25. Post Epigonorum bellum a Diomede invitatus in Ætoliam abiit, ubi tempore belli Trojani Argos Amphilochicum condidit, conditamque urbem de Amphilocho fratre nominavit, 271, 46. Secundum Thucydidem hereditate ejus potitus in Acarnania est Amphilochus frater, 271, 5. Flumen Argos Amph. præterfluens Inachum nominavit de fluvio Argivo Peloponnesi, 270, 54. Ætolos vicit, 363, 1. Pater Acarnanis, 397, 18.

Alcmæonidis auctor laudatur, 388, 51.

Alcman, Ἀλκμάν, Στεγανόποδας, memorat, 36, 4; 248, 36. Laudatur, 293, 2; 383, 33; 395, 23; 414, 4; 496, 47.

Alcyonium mare, ἡ Ἀλκυονὶς θάλαττα, pars sinus Crissæi, 338, 3; 288, 48.

Aleæ Minervæ, Ἀλέας Ἀθηνᾶς, fanum Tegeæ in Arcadia, 333, 42.

Aleius campus, Ἀλήιον πεδίον, Ciliciæ, per quam Philotas Alexandri equitatum duxit, 576, 38. In Aleio campo Amphilochus interfectus, 576, 45.

Alesia, Ἀλησία, Mandubiorum urbs in monte sita, ad quam Vercingetorix, Arvernorum dux, contra Cæsarem pugnavit, 159, 1. Ruinæ in monte *Auxois* prope *Flavigni* in *Bourgogne*; in radice montis nunc *Alise* sive *Sainte-Reine*.

Alesiæum, Ἀλεσιαῖον, v. Alisium.

Aletes, Ἀλήτης, Corinthum obtinuit, 334, 47.

Aletia, Ἀλητία, Iapygiæ opp., 234, 22. Aletium ap. Ptolemæum; ibi nunc est eccl. *Sta Maria della Lizza*, prope *Pisciotti* vicum.

Aletrium, Ἀλέτριον (*Matri*), Latii opp., 198, 8.

Aleus, Ἀλέος, Arcadiæ rex, pater Auges, quam cum Telepho in cistam inclusam in mare dejecit, 520, 11.

Alexander, Priami f., ante Helenæ raptum Œnonen uxorem habuit, 510, 47. Cum Helena ad Sidonios venit, 34, 10. Ejus sepulcrum in Troade, 510, 46.

Alexander Magnus. Expeditionibus ejus magna Asiæ pars et Europæ regiones septentrionales usque ad Istrum geographis innotuerunt, 11, 38. Asiæ interioris et Indiæ regiones accurate indagavit; a viris peritissimis rerum descriptiones ei traditæ, quas postea a Xenocle accepit Patrocles, 58, 5. Alexandri rerum scriptoribus credere non tutum est, 435, 37 *et passim in Indicis*, quum mirabilia veris antehabeant, 595, 20. De Alexandro multa fabulosa leguntur in epistola quæ sub Cassandri nomine circumfertur, 598, § 35. Alexander Homeri studiosus (recensio Homericorum carminum ἡ ἐκ τοῦ νάρθηκος λεγομένη), 508, 40. Quoscunque posset nancisci viros egregios, sive græcos sive barbaros, amplexus beneficiis ornavit, ut ait Eratosthenes, obloquente Strabone, 54, 39. Romam legatos misit qui de piratis quererentur Latinis, 193, 35. Ejus in Triballos et Getas expeditio, 250, 28. Ad Granicum victoria, 502, 42. Quomodo Ilium auxerit, 507, 53. Quanam conditione Ephesium Dianæ templum restaurare voluerit, 547, 22. Asylo templi Ephesii stadii spatium assignavit, 547, 48. Miletum cepit, 543, 5. Halicarnassum cepit et Cariæ regnum Adæ Hecatomni filiæ restituit, 561, 1. Tyrum aggere junxit continenti, 644, 23. Gazam diruit, 646, 28. Alexandriam condenti oblata omina fausta, 673, 53. Iter ejus ad Ammonis oraculum inflatius a Callisthene, sicuti alia quædam, narratur, 691, 35. In Lycia per angustias inter montes et litus maritimum sitas exercitum ducit, 569, 3. Cur Termessum diruerit, 569, 2. Selgensium ad eum legatio, 489, 23. Alex. Salagassum Pisidiæ capit, 487, 46. Alexander e Solis per oram maritimam et Mallotidem versus Issum movit, 576, 40. Equitatum ejus Philotas per campum Aleium duxit, 176, 39. Alex. in Cilicia Amphilocho inferias tulit, 576, 43. Montem ad Arbela situm Nicatorium vocavit, 628, 24. Ad Issum prœlium committit, 577, 6. Tigrim transit, 635, 34. Persidem lustrat, 621, 5. Prope Persepolim Araxem trajecit, 621, 16. Persepolis regiam combussit, quum Persæ sacra et urbes Græcorum devastassent, 621, 25. Pasargadas profectus Cyri sepulcrum in hortis vidit, 621, 28. Thesauros Persicos Susa, sec. alios Ecbatana, comportavit, 622, 17. Cossæorum, Mardorum, Uxiorum latronum audaciam compescuit, 449, 47. Apud Drangas Philotam interemit, et qui patrem ejus Parmenionem necarent misit Ecbatana, 616, 45. Per Paropamisadas Caucasum transcendit contra Bactros movens, 616, 35. Quanam ? via usus sit Bessum ex Parthia in Bactrianam persequens, 616, § 10. Octo urbes in Bactriana et Sogdiana condidit, quasdam etiam evertit, ut Cariatas, Maracanda et Cyra; cepit ibidem petras Sisimithræ et Oxi sive Ariamazæ; delevit Branchidarum urbem, 443, § 4. Bactrorum morem infamem sustulisse fertur, 443, 33. Ad eum venisse in Hyrcania Thalestriam Amazonem scriptores pejoris fidei tradunt, 433, 25. Alex. ad Iaxartem venit, 440, 50. Arianæ partes nonnullas ad Indum sitas Arianis ademit et peculiares civitates constituit, 616, 27. Ejus cum Roxane nuptiæ, 444, 5. Quomodo Alex. in Indiam penetraverit, 594, § 26. Prope Peucolaitim ponte Indum trajecit, 595, 3. Aornum petram in India cepit, 586, 40. A Taxile comiter exceptus multis hunc beneficiis afficit, 595, 10. Ex silva ad Emodos montes sita, ligna navibus fabricandis in Hydaspen deduxit, classemque construxit ad Bucephaliam et Nicæam urbes ab ipso conditas, 595, 30, ad Hypanin fluvium, 598, 52. Cur ultra Hypanin non sit progressus, 597, 10; 594, 45. Herculem et Bacchum imitatus, in ultimis Indicæ expeditionis locis aras posuit, 142, 16. Poro tradit regionem inter Hydaspem et Hypanin sitam, 585, 18. A Sopithe 150 canes egregios accepit, 596, § 31. Quibus indiciis se Nili initium in India reperisse putaverit, 593, 42. Taxilis brachmanes duo ad eum accesserunt, 608, 7. Coram eo Calanus sophista se combussit, 585, 27. Quanam æmulatione motus Alex. per Gedrosiam exercitum duxerit, 585, 30. Iter ejus per Gedrosiam, 613, 46; 614, 5 sqq. Præmiserat Craterum et oram exploraturos Nearchum et Onesicritum, 614, 14. Apud Mallos vulneratus est, 597, 25. Quomodo remedium contra venenum, quo Oritæ sagittas suas illinebant, reperisse perhibeatur, 615, 25. Babylonem Susis ceterisque urbibus regiæ accommodatiorem esse censuit, 622, 30, hac sepulcrum Babylone instaurare voluit, 628, 54. Quo experimento naphthæ naturam cognoverit, 633, 2. Regum et principum sepulcra, quæ sunt in lacubus Euphratis, perscrutatus est, 636, 34. Catarractas, quibus navigationem in Euphrate et Tigride Persæ impedire statuerant, demolitus est, curamque habuit fossarum Euphratis, 630, 14; prope Arabiam novam fossam aperuit, de occupanda Arabia cogitans, 631, § 11. Classem quomodo in hoc consilium struendam curaverit, ib. cf. 667, 45. Corpus Alexandri Babylone in Ægyptum detulit Perdiccas, cui ereptum Ptolemæus Lagi Alexandriæ sepelivit; loculum aureum Ptolemæus Cocces rapuit; nunc corpus Al. est in loculo vitreo; sepulcrum vocatur τὸ Σῆμα, 675, 5. Alexandro consecratus est lucus supra Chalcidenses Ioniæ situs, in quo Alexandria, Ἀλεξάνδρεια, ab Ionibus celebrantur, 550, 14. Inter Alexandri comites Cyrsilus et Medius, 454, 53. Inter duces Stasanor Cyprius, 583, 20. Ad Alexandrum epistola Cratetis Chalcidensis, τοῦ μεταλλευτοῦ, 349, 31. Alexandro quid de Atho monte proposuerit Dinocrates, Alexandriæ architectus, 547, 32.

Alexander Molossus Tarentinorum dux contra Messapios et Lucanos, 233, 12. Communem Græcorum hujus regionis conventum ex Heraclea Tarentina in Thuriorum fines ad Acalandrum fl. transferre voluit, 233, 16. Cecidit ad Pandosiam oraculo deceptus, 213, 1.

Alexander Antiochi f. in Psendophilippum pro Romanis arma movit; contra Demetrium Seleuci f., bellum gessit, auxiliante Attalo II, 533, 54.

Alexander Bala ad Œnoparam fl. in Syria prœlio vincitur a Ptolemæo Philometore, 639, 48.

Alexander primus pro sacerdote se regem Judæorum dixit; filii ejus Hyrcanus et Aristobulus, 649, 19.

Alexander Lychnus, Ephesius orator, rempublicam gessit; historias scripsit et alia, 548, 26.

Alexander Ætolus laudatur, 484, 52; 581, 8; χιναιδολογεῖ, 553, 34.

Alexander Philalethes scholæ medicinæ Herophileæ præerat Caruris, 496, 42.

Alexander (is qui περὶ τῆς Ἐρυθρᾶς θαλάσσης scripsit) de sinus Arabici longitudine, 654, 27.

Alexandria, Ἀλεξάνδρεια, certamen quod ab Ionibus celebratur in luco supra Chalcidenses sito, 550, 16.

Alexandria Ἀλεξάνδρεια, Ægypti urbs, post Syrtis magnæ recessum est maris interni punctum maxime austrinum, 104, 25. Alexandria et Rhodus et Caria sub eodem meridiano sec. Eratosth., p. 76, 47. Alexandriæ parallelus per quosnam locos transeat sec. Hipparchum, 110, 40; dies Alexandriæ longissima; gnomonis ad umbram ratio, 110, 30. ab Alexandria ad æquatorem 21800 stadia, 94, 25; ad Meroen urbem 10000 fere stadia, 700, 37; 52, 25; ab Alexandria ad Hellespontum pertinens meridiani pars stadiorum 8100 sec. Erat. 52, 25. Ab eadem ad Rhodum vel Lyciam non ultra 4000 stadia sec. Polyb. 21, 8. In Rhodum trajectus sec. Eratosth. vel etiam 5000 stad., sec. Eratosthen. 3750 stadia, 104, 5. Alexandria a Papho 4600 stadiis distat, 583, 13; a Parætonio 1300 fere stad., 679, 10; a Carthagine sec. Eratosthenem 13000 stadia, quum non sint super 9000, 76, 47; Alexandriæ architectus Dinocrates, 547, 30. Alexandro quænam signa futuram urbis felicitatem nuntiarint, 678, 53. Situs urbis peropportunus, 174, 9; 678, 23; aeris ibi temperies optima, 674, 22; 178, 9; æstate lacus vitium tollitur ascensu fluvii, quo paludes inundantur, 177, 8. Alexandriæ figura chlamydi similis; dimensiones urbis, viæ, luci, regiæ, 674, 36. Museum, in eoque collegium philologorum, 674, 53; τὸ Σῆμα, 675, 5. Objecta urbi Pharus insula describitur, 673, 1. Lochias prom. 673, 9; portus orientalis, sive magnus portus, 673, 24, 37. Eunosti portus, 673, 24; 676, 40; effossus et clausus portus, 673, 25; 676, 45. Heptasta-

dium, 673, 28; regia in Lochiade acra, 676, 22; τὰ ἐνδοτέρω βασίλεια, 576, 27; regia in Antirrhodo insula, 676, 30; theatrum; Posidium; Emporium; Timonium; Cæsarium; navalia; canalis in Mariam lacum ducens; Necropolis, Serapium; stadium; gymnasium; forum; Panium, Hippodromus; Canobica porta, 676, 33-277, 12. E Canobica porta exeunti ad dextram est fossa, qua et Canopum et, alia ejus parte, versus magnum fluvium tendente, Schediam navigatur, 680, 8. Alexandriæ pars Rhacotis, 673, 47. Portus palustris Mareotidis lacus ditior est portu marino, 674, 15. Portus et reliqui urbis exitus summa custodia obsessi, ut nemo clam exire possit, 83, 45. Circa urbem nascentes palmæ fructum esui aptum non ferunt, 695, 11. — Alexandrini mercatores per Nilum in Arabicum sinum et hinc in Indiam navigantes, cognitionem geographicam auxerunt, 97, 32. Merces Arabicæ et Indicæ Myoshormo Coptum portantur, et hinc per Nilum fluv. vehuntur Alexandriam, 664, 51. Urbis monopolia, 678, 45. Incolæ, tria hominum genera, 678, 45; plebs zythum bibit et vinum pessimum, quod Libycum (Bycium?) vocatur, 679, 17. Vitrarii Alexandriæ, ὑαλουργοί, 645, 20. Alexandrini Ptolemæum Auleten ejecerunt, 676, 40; et filiæ ejus legitimæ Cybiosacten maritum dederunt, 676, 44. Seditio eorum a Petronio repressa, 696, 4. Artium magistros multos urbs recipit peregrinos et emittit indigenas, 574, 54. Strabo diutius Alexandriæ versatus est, 83, 48.
Alexandria Ariæ, Ἀλεξάνδρεια ἡ ἐν Ἀρίοις (Herat), a Caspiis portis 6400 stadia, a Bactria sive Zariaspa 3870, ab Hecatompylo 4530, a Prophthasia 1600 stadia, sec. Eratosthenem, 441, § 9; 442, 35; 615, 53.
Alexandria ad sinum Issicum (Alexandrette), 577, 8.
Alexandria Troas, Ἀλεξάνδρεια ἡ Τρωάς (Eski-Stamboul), Troadis urbs ab Antigono condita et Antigonia dicta, deinde a Lysimacho aucta et Alexandria denominata, 508.·11; 511, 3; 497, 22; in loco sita qui Sigia vocabatur, 517, 15; Achæio vicina, e finitimis oppidis, inter quæ Cebren et Neandria erant, conducta, 517, 10; Romanorum coloniam accepit, 508, 17. In ejus agro est campus Samonius, 406, 2. In via qua Troja Alexandriam itur, Æsyetæ sepulcrum conspicitur, 513, 9. Longissima Alexandriæ dies horarum quindecim, 111, 7.Cf. 406, 16.
Alexandria, mons supra Antandrum, in quo Paris judex sedit, 519, 8.
Alexandrium, Ἀλεξάνδριον, Judææ castellum, a Pompejo eversum, 649, 34.
Alexarchus, Antipatri f., Uranopolin condidit, 280, 29.
Algidum, Ἄλγιδον, opp. Latii ad viam Latinam, 197, 34. Situm oppidum fuit in ea regione ubi nunc est Cava dell' Aglio et Selva dell' Aglio. Ruinæ nunc non amplius exstant (V. Alb. Bormann. All-latinische Chorographie; Halle, 1852 p. 44). Convallis montanorum in qua est via Latina, vocatur ὁ κατὰ Ἄλγιδον αὐλών, 199, 22; in quibus ἄλγιδον vox de oppido intelligenda est, non vero de monte Algido, quem Strabo nusquam commemorat. Quare nihil erat cur Burmannus l. l. in Strabonis loco desudaret verbaque ejus corrupta esse putaret.
Alisium, Ἀλείσιον, Homero memoratum, nunc est Ἀλεσιαῖον, in via montana, qua Elide Olympiam itur, locus circa Amphidolidem, 293, 40; 292, 17; alias in Pisatidis urbs, 293, 44. Homerum locum etiam Ἀλεισίου κολώνην vocat, 293, 46; 302, 45. Nonnulli etiam fluvium Alisium ostendunt, 293, 52. Alisium ad Pisatidis fines fuit, ut nonnulli statuunt, 293, 24. Situs loci incertus. Cf. Curtius, Peloponn. II, p. 40, 72.
Alizones, Ἀλιζῶνες τηλόθεν ἐξ Ἀλύβης, ὅθεν ἀργύρου ἐστὶ γενέθλη, sec. Homerum adduxerunt Odius et Epistrophus, i. e. e Chalybum terra, ubi olim argenti metalla fuerunt, 470, 50. Alizones esse Chalybes negat Demetrius, 471, 13. Nonnulli pro Ἀλιζῶνας legunt Ἀλαζῶνας alii Ἀμαζῶνας, Alazones Scythas qui sint supra Borysthenem, intelligentes, Amazones vero inter Mysiam et Lydiam et Cariam habitantes prope Cumam, 471, 19. Alizones sec. nonnullos in Pallene habitabant, 471, 43.
Alazones Hecatæus ponit ad Odryssem fluvium, 472, 1. Sec. Menecratem Alizones in montanis Myrleæ vicinis habitarunt, ceterum scribendum esse dicit Allizones, 472, 6. Sec. Palæphatum Amazones, Ἀμαζόνας, ex Alope nunc Zelia dicta duxerunt Odius et Epistrophus, 472, 8. Hecatæi et Menecratis et Palæphati sententias ait verisimillimas laudat Demetrius, 471, 47.
Allifæ, Ἀλλιφαί (Allife) Samnitica urbs, 198, 30.
Allitrochades, Ἀλλιτροχάδης, Sandrocotti f., Indiæ rex, ad quem legatus venit Deimachus, 59, 1.
Allobriges, Ἀλλόβριγες (i. q. Allobroges), Galliæ populus, 161, 14; a borea Vocontiorum, 169, 24; quorum caput Vienna, 154, 17, campos autem Rhodanus rigat, 154, 32. Olim multis hominum millibus expeditiones susceperunt, hodie campos et Alpium convalles colunt, 154, 24. Sicuti Ligures rectoribus provinciæ Narbonensis, qui Roma mittuntur, obtemperant, 169, 26. Apud Allobriges filius Herodæ in exilio vitam egit; 651, 20.
Allotrigæ, Hispaniæ borealis gens, 129, 11. Iidem, ut videtur, sunt Autrigones Plinii et Ptolemæi, Aurigones apud Florum, populus Cantabricus.
Alope. V. Alybe.
Alope, Ἀλόπη, Locrorum Opuntiorum opp.; a Cyno et Elatea distantiæ, 365, 29; 371, 37. Terræ motu læsa, 50, 40. Ruinæ inter promontoria Satiri et Arkitza (V. Gell. Itin. p. 233).
Alope, Locrorum Ozolarum opp., 366, 42. Aliunde non notum. An est Ὄλθη sive Ὄλθαι Thucydidis III, 105-108, 110, 111, 113, quod oppidum prope hod. Pendormia Leakius quærendum esse suspicatur.
Alope, Phthiotidis opp. in Achillis ditione, 366, 42; 369, 51; 371, 33. Inter Larissam Cremasten et Echinum sita erat sec. Stephan., circa hod. Bakis sive Raches.
Alopecia insula, Ἀλωπεκία, 100 stadiis ab ostiis Tanais fluvii in Mæotide, 423, 25.
Alopeconnesus, Ἀλωπεκόννησος, Chersonesi Thracicæ opp. in quod desinit Melas sinus, 283, 33. Alopeconnesiorum colonia erat Ænus Thraciæ, 283, 15. Sita urbs fuerit ad Kemiklik Bouroun, ubi nunc est Alexia-Kevi. Fortassis tamen ad Alopec. pertinent ruinæ quæ hinc 40 stadiis boream versus sunt prope port Tourchen.
Alorium, Ἀλώριον (Triphyliæ locus?), ad quod palus et Dianæ Ἑλείας fanum, cujus sacerdotium penes Arcades fuit; paludem istum Ἕλος vocari in Homerico ditionis Nestoreæ recensu nonnulli putant, 300, 50. Situs loci incertus.
Alorus, Ἄλωρος, Bottiææ urbs in Macedonia, 70 stadia a Methone distans, 277, 2. 8, 10. 40. Leakius locum componit cum hod. Palæachora prope Kapsochori sita.
Alpes, τὰ Ἄλπια, prius dicebantur Ἄλβια et Ἀλπίονα; hinc Albium Intemelium et Albingaunum pro Alpinum Intem. et Ingaunum, 168, 15. Etiam apud Japodes mons Albium, vocari, ut eo usque porrectis Alpibus, dicitur, 168, 19. Alpes, montes celsissimi, circumvexam faciunt lineam; curva eorum pars Celtarum campis et Cemmeno monti obvertitur, cava autem Liguriæ et Italiæ; in media cavitate Salassi sunt, 106, 7. r75, 30. Alpes non a Menœci portu oriuntur, ut nonnulli produnt, sed a Sabatorum vadis, 168, 7. A Liguria usque ad regionem e qua Ister oritur, continui sunt uniusque montis speciem præbent, deinde in multa capita scinduntur, et

humiliores fiunt, hinc rursus attolluntur in vertices varios, 175 , 28. Usque ad Japodes pertinent, 168, 21. Apenninis committuntur, ad Genuam, 175, 37. A Liguria ad fontes Rheni porrecti Galliam ab ortu determinant, 147, 1. De Alpium magnitudine et altitudine Polybii sententia, 173, 50. Alpium pars Adulas mons (*St. Gothard*), 160, 21. Alpium pars , qua ad Carnos accedunt, humillima est Ocra mons, 162, 51. Trans Rhenum dorsum quoddam versus orientem flectitur non valde sublime, in quo Ister oritur, prope Suevos et Hercyniam silvam, 172 , 32. Alia dorsa sunt Illyrico obversa et Adriæ, ut Apenninum (?) (*Brenner*), Tullum (*Terglu*), Phligadia (*Flitsch*), et montes supra Vindelicos, ex quibus Duras , Clanis, alii fl. in Istrum feruntur, 172, 35. Alpes tumulos habent culturæ aptos ac fertiles convalles ; circa vertices regio sterilis, 172, 14. Via ex Italia per Alpes ducens per Salassorum vallem transit , deinde in duas vias scinditur ; altera earum per Pæninum (*par le grand St-Bernhard*) tendit ad summitates Alpium, altera per Centrones (*par le petit St-Bernhard*) 170, 41. Polybius quattuor per Alpes transitus memorat, unum juxta mare per Liguriam, alterum per Taurinos (quo usus est Hannibal), tertium per Salassos, quartum per Rhætos, 174, 5. Itineris pericula ob naturam locorum indolemque incolarum ; quæ quantum potuit Augustus imminuit, 170, 21. Ex Alpibus oritur Rhodanus, 154, 29, Arar, Dubis, Sequana, 154, 34; 159, 43. Lacus in Alpibus Verbanus, Benacus, Larius, 174, 9. Gentes Alpium incolæ sunt pauperes et latrociniis deditæ , 170, 17. Partim in Alpibus partim supra Alpes habitant Vindelici et Rhæti, 160, 26. Alpium exteriora tenent Vindelici, Norici, Brenni, Genauni, 171, 43. In convallibus Alpium Allobriges , 154, 24. Alpibus vicini Celtæ Galliæ et pars Belgarum, 147, 11. Gallicæ gentes in Alpibus multæ, 106, 12. Alpium equi feri et boves, 178, 8. Planities Alpibus subjacens 2100 stadia longa lataque, 175, 39.

Alpheoniæ, Ἀλφειονίας ἢ Ἀλφειούσης, Dianæ lucus templumque picturis ornatum, 295, 16.

Alpheus, Ἀλφειός (*Rufia*), Peloponnesi fl. Hujus et Eurotæ fontes sunt ad Asceam Megalopoliticæ regionis vicum; terram subit Alpheus, rursumque erumpit, 295, 1; 228, 46. Celadontem et Erymanthum et alios excipit ; per Phrixam et Pisatidem Triphyliamque delapsus inter Pheam et Epitalium in mare exit, 295, 11; 292, 2. Pylum regionem, non vero urbem Pylum perfluit, 289, 11. Lucus Dianæ Alpheoniæ ad ostia, 295, 16. Alpheus recipit Enipeum, 306, 24; Erymanthum, 307, 1; Dalionem et Acherontem, 296, 11; Ladonem, cujus aquis impletus interdum inundat regionem Olympicam , 334, 19. A Samii Neptuni fano 100 stadia abest, 289, 11; quotnam absit a Chelonata et Araxo pr. 294, 51. Ab eo ad Pylum Messeniæ 400 stadia, 299, 7 ; ad Pachynum pr. 4000 , ad Pamisum fl. 1130 stadia, 221, 48. Alpheus per mare sub terram lapsus in Arethusa Ortygiæ insulæ resurgere dicitur; quibusnam rem fabulosam argumentis probare studeant, 254, 53. Alpheum e Tenedo fluere fabulatur Zoilus , 225. 13. Ἀλφειοῦ πόρος, nunc Epitalium, 300, 17.

Ἀλπίονα. V. Alpes.

Alponus, Ἄλπωνος (Ἀλπηνός Herodot.), Locrorum Epicnemidiorum opp. prope Thermopylas. Ibi Tesmophoriorum festo virgines 25 in turri versantes prope portum, superveniente terræ motu, in mare deciderunt, 50, 43. Locus urbis accuratius non notus est.

Alsium, Ἄλσιον (*Palo*), in Etruriæ ora opp. 188, 3; inter Pyrgos et Ostiam, 188, 16.

Altes, Ἄλτης, Lelegum in Troade rex , Laothoes pater, 530, 10; 500, 51. Ex ejus filia Priamus Lycaonem et Polydorum suscepit, 501, 1.

Althæmenes, Ἀλθαιμένης , Cissi f., coloniam in Cretam duxit, 5 generationibus Lycurgo antiquior, 413, 35. Dorienses ei se adjunxerunt, 557, 42; 412, 9.

Althæa , Ἀλθαία, Thestii filia , 400, 10.

Altinum, Ἄλτινον (*Altino*), Galliæ Cisalpinæ urbs in paludibus sita, 178, 15; 177, 14.

Aluminosa quadam terra, στυπτηριώδει τινὶ γῇ, utuntur ad aurum purgandum , 121, 25.

Alybe, Ἀλύβη, ex qua Alizones Homerus sub Odio et Epistropho venisse dicit, de Chalybum regione intelligi debet, 470, 50. Cf. Chalybes. Pro Ἀλύβη nonnulli scribi volunt Ἀλόβη vel Ἀλόπη, 471, 20; 516, 29. In *Alope* olim habitasse, nunc in Zelia habitare Amazones Palæphatus refert , 472, 9.

Alyattes, Ἀλυάττης, Crœsi pater, Lydorum rex , Delphos dona misit, 360, 50; 626, 20. Ejus tumulus ad Sardes , 536, 16. Ejus divitiæ e Lydiæ metallis, 580, 27.

Alyzeus, Ἀλυζεύς, Icarii f., in Acarnania regnavit, Alyziæ conditor, 386 , 52.

Alyzia, Ἀλυζία (*Kantidi*), Acarnaniæ opp., 386, 52. A mari quindecim stadia distat ; ibi portus Herculi sacer et fanum , 394 , 39. Herculis certamina, Lysippi opus, hinc Romam translata , 394 , 42.

Amadocus, Ἀμάδοκος, Odrysarum rex, 282, 49.

Amaltheæ cornu quid ? 394, 6 ; apud Anacreontem , 125, 13.

Amanides portæ, Ἀμανίδες πύλαι, juxta Pagras (hod. *Bagras*) in Syria, 639, 44 (*passe de Beylan*).

Amanides portæ, Ciliciæ locus , ad quem navium statio, 576, 49 (hod. *Demir Kapu*).

Amanus m., τὸ Ἀμανὸν ὄρος, 627, 20; ejus situs, 458, 48; a Tauro deflectitur, usque ad Euphratem et Melitenam extenditur ; 446 , 45. Cyrrhesticæ regioni propinquus, 539, 35 ; Pierio monti contiguus, 639, 54. Ciliciæ superjacens , in Amani portas exiens, a pluribus tenebatur tyrannis castella possidentibus; Strabonis ætate omnia ea possedit Tarcondimotus, 576, § 18.

Amardi sive Mardi, Ἄμαρδοι s. Μάρδοι, Caspii maris accolæ, 436, 7; 438, 8, inter Hyrcanos et Anariacas, 440, 38, in Atropatene, migratores et latrones; sunt etiam in Perside 449, 7, vel Persis contigui, 449, 40.

Amarynceus, Ἀμαρυγκεύς, Epeus, 292, 27.

Amarynthus, Ἀμάρυνθος, Eretriæ pagus in Eubœa, 384, 40; ubi Dianæ fanum (τὸ Ἀμαρύνθιον), in eoque Eretriensium columna, 384, 47 ; 385, 17.

Amasia, Ἀμάσεια (*Amasiah*), Ponti urbs munitissima, Strabonis patria, quam Iris præterfluit, 469, 17. Urbs ejusque regio describuntur, 480, § 39. A Cabiris urbs distat 150 stadia, 476, 41. Super Amasenum agrum Phazemonitarum thermæ et Sagylium, 480, 6.

Amasias (*Ems*), Ἀμασίας, Germaniæ fl., 241, 51. In quo Drusus Bructeros navali prœlio vicit, 241, 14.

Amastris, Ἄμαστρις (*Amasserah*), Paphlagoniæ urbs ; ejus origo et situs; ejus arx Sesamus, 466, § 10 ; 463, 28 ; 465, 49; 256, 50; ad eam buxus optima nascitur, 466, 53.

Amastris, Ἄμαστρις, Oxathræ f., Dionysii uxor, Amastria urbem e 4 pagis conflavit, 466, 42.

Amathus, Ἄμαθος, nunc Mamaus et Arcadicus fl. Pylum Triphyliæ urbem præterfluens, quæ inde fort. Πύλος ἠμαθόεις vocatur, 295, 40; 298, 18.

Amathus, Ἀμαθοῦς (*Eski Limasol*), Cypri opp., 582, 25 ; cf. 292, 53.

Amazones, Ἀμαζόνες. De his eadem et nunc traduntur et antiquitus tradebantur prodigiosa et a fide remota, 433, 6. Attribuuntur iis Themiscyra, campi juxta Thermodontem montesque his imminentes, 433, 21. Amazonum campus in Ponto humilis, 44, 2. E Themiscyra expulsæ sunt, 433, 22. Contra eas Bellerophontes et Priamus pugnarunt, 491, 9. Trojanis auxilium non tulerunt, quod Priamus Phrygum socius contra ipsas fuisset, 473, 30. Nomenque dedisse feruntur Epheso, Smyrnæ, Cumæ, Myrinæ, 433, 18; 471, 30 (Cf. Myrina). Sepulcra earum monstrantur, 433, 20. Amazones in montibus qui sunt ab Albania sepentrionem versus, habitant; inter Albanos et Amazones sedes sunt Gelarum et Legarum, quos ab Amazonibus dirimit Mermadalis fl. Vicini earum Gargarenses, 432, 13. Vitæ ratio et armatura, 432, 23; commercium earum cum Gargarensibus sacrificiorum et prolis causa, 423, 34; e Themiscyra huc profectæ sunt, 423, 45. Amazonum regina Thalestria in Hyrcania Alexandrum convenisse a pravæ fidei scriptoribus proditur, 433, 25.

Amazones, Ἀμαζῶνες, nonnulli pro Ἀλιζῶνες apud Homerum reponi volunt; eosque habitasse ad Cumam et Pygela tradunt, improbante Demetrio, 491, 19; 472, 17. Ad Zeliam istos Amazonas degisse censet Palæphatus 472, 9.

Ambarvalia Romanorum, 191, 50.

Ambiani, Ἀμβιανοί, Galliæ pop., Bellovacis vicinus, 161, 40. Via ad eos ducens Lugduno, 173, 35.

Amblada, τὰ Ἄμβλαδα, Pisidiæ opp., 488, 19 et 30. Ambladense vinum, *ib.* Sec. Ptolemæi notationes Amblada ad hodiernum *Ketchi Burlu* referendum videtur.

Ambracia, Ἀμβρακία (*Arta*), Acarnaniæ urbs, 387, 1; potius Epiri urbs, a Gorgo condita (cf. 388, 23), modico supra sinus recessum spatio sita, ad Aratthum fl.; olim felix urbs sinui nomen dedit; Pyrrhus ea usus est regia; postea ob rebelliones una cum vicinis urbibus concidit, adeo ut Augustus incolas Nicopolin conduceret, 270, 17,

Ambracicus sinus, ὁ Ἀμβρακικὸς κόλπος, maris Siculi, 269, 10; ejus ostium 4 stadiorum, ambitus 300 stadiorum; ejus accolæ, 270, 5; ad eum Comarus portus, 269, 53. A Cerauniis montibus os ejus 1300 stadia distat, 269, 27. Œtæ montana ad Ambr. sinum usque porriguntur, 367, 37.

Ambrones, Ἀμβρωνες, a Mario prœlio (ad Aquas Sextias) vincuntur, 152, 33.

Ambrysus, ἡ Ἄμβρυσος (*Distomo*), Phocidis opp., 363, 9 et 52.

Amenanus, Ἀμένανος (*Indicello*), Siciliæ fl. per Catanam labens; per multos annos aqua destitutus denuo fluere cœpit, 200, 19.

Ameria, Ἀμερία (*Amelia*), Umbriæ urbs, 189, 48.

Ameria, Ἀμερία, Phanarœæ in Ponto κωμόπολις, ubi fanum Menis Pharnacis, i. e. Lunæ templum, 477, 10. Locus prope Cabira urbem (hod. *Niksar*) fuisse videtur.

Amisus, Ἀμισός (*Samsun*), Ponti urbs, 104, 16 et 33, in Leucosyrorum regione, 466, 22; 473, 51. Eam urbem notari apud Homerum verbis ἐξ Ἐνετῆς (sic enim scribendum esse pro ἐξ Ἐνετῶν) censet Zenodotus, 465, 50, præeunte Hecatæo, 473, 51. Amisus, Colchis, mare Hyrcanum, Bactra, Propontis et Hellespontus in eodem sunt parallelo, sec. Eratosthenem, 57, 7. 59, 11. Ab Amiso ad Issum peninsulæ Asiaticæ isthmus pertinet, 566, 46, vel potius ab Amiso ad Cydni ostia, 574, 15. Sunt 3000 stadia ab Amiso ad sinum Issicum, sec. Eratosth., 57, 6; ad Trapezuntem 1200 stadia, 469, 47; ad Sinopen 90 stadia. Urbis historia, 468, § 14. In Amisenorum ditione Themiscyra et Sidene, 469, 1; 466, 22. Quousque pertineat ager Amisenus, 469, 40. Suburbia oleas ferunt, 61, 18. Amiseni partem Gadilonitidis regionis possident, 468, 34. Amiseni viri clari, 469, 40.

Amiternum, Ἀμίτερνον (*San Vittorino*), Sabinorum opp., 190, 8. Ex agro Amiternino fluit Aternus, 201, 28.

Ammon, Ἄμμων. Ejus oraculum in tertia Libyæ Oasi situm (*Siwah*), 692, 5. Olim clarum, nunc fere desertum, 692, 7. Alexandri ad id iter a Callisthene narratur; oracula non tam verbis quam nutu et signis eduntur, 691, § 43; 273, 44. Templum, ad quod 3000 stadiorum (ab Alexandria) iter est, olim in ora situm fuisse multa probant indicia, 41, 16; 42, 3; 687, 46. Falsam esse hanc Eratosthenis sententiam contendit Hipparchus, 47, 15. Conchæ ad Ammonis templum reperiuntur, 705, 17. In templo visuntur columnulæ, quibus Delphines impositi, et inscriptum est: Κυρηναίων θεωρῶν, 41, 21. Oraculum ab Api vico 5 dierum iter distat, 679, 9; a Garamantibus iter dierum quindecim, 709, 10. Ad Ammonem usque pertinet Marmaridæ, 711, 48. Supra Ammonem quæ sint, parum liquet, 712, 12.

Ammonis Balithonis, Ἄμμωνος Βαλίθωνος, prom. Libyæ (*Ras Kabudia*), in quo Θυννοσκοπία, 708, 18.

Ammonias, Ἀμμωνιάς, nonnullis vocatur Parætonium Libyæ oppidum, 679, 3.

Amnias, Ἀμνίας, Paphlagon. fl., Domanitidem regionem perfluens, 481, 14; ad quem Nicomedes a Mithridatis ducibus victus, 481, 14. Fluvius hodie vocatur Gok-Ismak sive *Kostambul*; in Halyn influit.

Amnisus, Ἀμνισός (*Aposelemi*), Cretæ locus, quo Minos navali usus est; fanum ibi Lucinæ, 409, 13.

Amomum ad Tigridem nascitur, 636, 23.

Amor, Praxitelis statua apud Thespienses, 352, 28.

Amorgus, Ἀμοργός (*Amorgo*), Sporadum una, Simonidis iamborum poetæ patria, 418, 46.

Amorium, Ἀμόριον, Phrygiæ M. opp., 494, 1. Locus sec. T. Peut. inter Pessinuntem et Laodiceam situs, cum hodierno *Hergan Kaleh*, ubi ruinæ exstant, componitur ab Hamiltono.

Ampelitis terra bituminosa, quæ in Seleucia Pieriæ effoditur, adversus vitis pediculos remedium, 263, 5; item in Rhodo, *ib.*

Ampelus, Ἄμπελος, Sami mons, 419, 7, et prom., 544, 33.

Amphaxitis, Ἀμφαξῖτις, ad Axium fl. regio Macedoniæ, in qua Pæones habitarunt, 275, 30.

Amphiale, Ἀμφιάλη, Atticæ pr. e regione Salamines; lapicidinæ ibi, 339, 29.

Amphiaraeum, Ἀμφιαράειον, prope Psaphidem in Attica, 342, 42; in hunc locum translatum est e Cnopia Thebana, 346, 51.

Amphiaraus, 649, 5; pater Alcmæonis, 396, 45; Amphilochi, 548, 45; ubinam terra haustus, 342, 44; ejus fanum in Bœotia, 346, 46; ejus currus Harmati Bœotiæ vico nomen dedit, 347, 3.

Amphictyones sub Eurylocho duce post Crisæum bellum Delphis equestre et gymnicum certamen instituere, et citharœdico alia musica adjecerunt, 361, 39. Amphictyonum collegii ratio, 360, § 7. In Cereris templo singulis Pylæis conventibus sacrificabant, 368, 24. Templum Delphicum exstruxerunt, 361, 30. De Crisæis et Amphissensibus pœnas repetunt, 359, 34. Amphissam diruunt, 366, 38.

Amphictyones Onchestum convenire solebant, 354, 21.

Amphictyonia Calauriæ, 321, 32.

Amphidamas, V. Iphidamas.

Amphidolis, Ἀμφιδολίς, Eleæ regio, ubi singulis mensibus in forum conveniunt vicini; circa eam Alisium situm est 293, 41.

Amphigenia, Ἀμφιγένεια, Macistiæ oppidum prope Hypsoentem, 300, 41. Situs incertus. Quum Stephanus oppidum Messeniæ esse dicat, Strabo probabiliter id ad eam Macistiæ partem, quam a meridie Nedæ fluvii fuisse ait, retulit. De Hypsoente (monte?) non magis constat.

Amphilochi, Ἀμφίλοχοι, urbs apud Callaicos in Hispania fuisse fertur, opus sociorum Amphilochi in Hispania mortui, 130, 20. Situs incertus. Nonnulli urbem componunt eum Aquis calidis Cilinorum (*Caldas del rey*), nescio quo jure.

Amphilochi, Ἀμφίλοχοι, qui Argos Amphilochicum ejusque ditionem tenent, Epirotis accensentur, 267, 12. 271, 7, 369, 7; 386, 26. Cf. Argos Amphilochicum.

Amphilochicum Argos. Vide Argos Amph.

Amphilochus, Amphiarai f., 548, 45, Alcmæonis frater, 497, 22; cum Calchante e Troade emigravit, varia gente comitatus, 570, 10. Amphilochus et Mopsus Mallum condunt; certamine singulari mutuo se occidunt; sepulcra eorum circa Magarsa, 576, 17. Amphilochus sec. Hesiodum Solis ab Apolline interfectus est; sec. alios in campo Aleio aut in Syria, 576, 44. Ei inferias tulit Alexander M., 576, 43. De eo Argos Amphilochicum vocatum, 397, 22, sec. Hecatæum, 225, 15; Troja reversus in Acarnaniam aluit, ibique Alcmæonis fratris hereditate potitus Argos urbem sibi cognominem fecit, 271, 2; 397, 24. Sec. nonnullos in Hispania mortuus est, 130, 6. Cf. Amphilochi. — Amphimalla, Cretæ opp., 408, 1.

Amphinomi et Anapiæ piorum filiorum facinus egregium, 223, 33.

Amphioni Niobem elocat Pelops, 309, 24. V. Zethus.

Amphipolis, Ἀμφίπολις (*Neochorio* sive turcice *Jeni Kevi*), Thraciæ urbs, Atheniensium colonia eo loco condita qui dicitur Ἐννέα ὁδοί, a Strymonis ostio 20 stadia distat, 280, 41. Amphipoli unam de quattuor Macedoniæ partibus assignavit Paullus Æmilius, 282, 41. Ab ea Berge vicus 200 stadia distat, 281, 8. Supra eam usque ad Heracleam Sinticam Bisaltæ sunt, 281, 1. Amphipoli longissima dies 15 horarum, 111, 7.

Ἀμφίσκιοι, inter tropicum et æquatorem, 110, 25; 112, 20; ἀμφίσκιος ζώνη Posidonii, 79, 5.

Amphissa, Ἄμφισσα (*Salona*), Locrorum Ozolarum urbs, ab Amphictyonibus eversa, 366, 38. Amphissenses Crisam instaurarunt, campum ab Amphictyonibus consecratum rursus coluerunt, hospitibusque inhumaniores quam olim Crisæi se exhibuerunt; quare pœnas de iis sumpserunt Amphictyones, 359, 35.

Amphistratus et Rhecas, Dioscurorum ἡνίοχοι, a quibus Heniochi, gens Pontica, nomen habent, 428, 25.

Amphictyo, assumpto Cephalo Cephalleniam occupavit, occupatam tradidit Cephalo, a quo nomen insulæ, 391, 45. Taphias inss. Cephalo subjecit, 394, 30. Cephalum Acarnaniæ et vicinarum inss. principem constituit, 396, 7.

Amphius, Meropis Percosii f., Adrasti frater; ejus in Troade ditio, 502, 26.

Amphrysus, Ἄμφρυσος, Thessaliæ fl., Halum Phthiotidis urbem præterfluit, 371, 49; per Crocium campum labitur, 374, 10.

Ampsani, Ἄμφανοι, Germaniæ populus, captivi in Germanici triumpho, 242, 39. Idem in antec. Καμψιανοί vocantur. Aliunde non noti sunt.

Amulii et Numitoris fratrum historia narratur, 191, 15.

Amyclæ, Ἀμύκλαι, Laconiæ urbs, 311, 38; Apollinis ibi templum, *ib*. Philonomo proditori ab Heraclidis datæ, 313, 10. Sitam fuisse in colle *Agia Kyriaki* inter Spartam et *Sclavochori* censet Leakius.

Amyclæum, Ἀμυκλαῖον, Lacedæmone, 231.

Ἀμύκτηρες, Indiæ, 604, 50.

Amydon, Ἀμυδών. Vide Abydon.

Amygdalis panem Medi conficiunt, 451, 36.

Amymone, Ἀμυμώνη, fons Argolidis ad Lernam, 319, 13.

Amynander, Ἀμύνανδρος, Athamanum rex, 367, 18.

Amyntas, Ἀμύντας, Philippi pater. V. Philippus.

Amyntas, Galatiæ rex, 486, 51. Dejotari successor, 485, 41. Antipatrum Derbeten occidit, Derbeque potitus est; Isaura a Romanis accepit, ad eaque regiam condidit, veteribus Isauris eversis, 487, 25. Antiochiam Pisidiæ conterminam tenuit et quæ hinc est regionem usque ad Apolloniadem, nec non Lycaoniam; Cilices et Pisidas exscindere conatus Cremnam aliaque castella cepit, deinde in Homonadenses progressus, necato eorum tyranno, uxoris tyranni dolo periit, 487, 32. Ciliciam Asperam tenuit, 572, 48.

Amyntor, Ἀμύντωρ, Ormenida, Ormeni f., frater Eucemonis, pater Phoenicis, 377, 2.

Amyrus, Ἄμυρος, Thessaliæ opp. ad Bœbeidem lacum, 380, 11. Situs incertus. Cum ruinis quæ sunt ad *Kastri* locum composuit Leakius.

Amythaonidæ e Pisatide et Triphylia in Argolidem profecti sunt, ubi cum Danai posteris regnum ita diviserunt ut ipsis Mycenæ, illis Argos regia esset, commune autem ambobus templum Heræum, 319, 51.

Amyzon, Ἀμυζών, Cariæ opp., 562, 21. Ruinæ in Latmi latere orientali ad viam qua a *Bafi* itur ad *Tchisme*.

Anabura, τὰ Ἀνάβουρα, sec. Artemidorum Pisidiæ opp., 488, 19. Hoc si recte habet, oppidum aliunde non notum est. Suspicor tamen eadem significari Anabura, quæ in Phrygia magna inter Synnada et Alandri fontes Livius 38, 5 memorat. Eo in tractu ruinæ exstant *Kirikin* dictæ, quas ad Anabura cum Hamiltono et Kieperto refero.

Anacharsis, e Scythis Nomadibus, unus septem sapientum, 251, 35; ejus inventa, *ib.*; vir ob morum et vitæ simplicitatem laudandus, 250, 24. Memoratur etiam 592, 21.

Anacreon Tejus, 549, 49; cum Polycrate versatus est, 545, 9. Teon urbem Ἀθαμαντίδα vocat, 541, 9. Laudatur 564, 27, et de Tartesso, 125, 10.

Anactorium, Ἀνακτόριον (ad *Cap Madonna*), Acarnaniæ opp., Nicopolis incrementum, 386, 44 *sqq.* Distantia a Leucade et a templo Apollinis Actii, 388, 8.

Anacyndaraxes, Ἀναχυνδαράξης, Sardanapalli pater, 573, 32.

Anadatus, Ἀνάδατος, Persarum δαίμων, Anaitidis σύμβωμος θεός, 439, 10.

Anagnia, Ἀναγνία (*Anagni*), Latii urbs, 198, 24.

Anagyrasii, Ἀναγυράσιοι, Atticæ pagus, 242, 15.

Anaitis, Persarum dea, ejus σύμβωμοι. Omanus et Anadatus, 439, 9. Σάκαια festum ad fanum Zelorum in Cappadocia, 439, 12 (cf. 479, 9) et alibi, ubicumque ejus deæ fanum est, 439, 33. Anaitidem præcipue colunt Armenii; ejus templum in Acilisene, 456, 40. Virgines nobilissimæ ei dedicantur, *ib.* Templum Anaitidis (Ἀνέας codd.) prope Arbela, 628, 28. In templis ritus, 624, 18.

Anaphe insula, Λακωνίδι γείτων Θήρῃ, 38, 30.

Anaphe, Ἀνάφη (*Anaphi, Namfio*), insula maris Cretici, cum templo Apollinis Ægletæ, 416, 4.

Anaphlystii, Ἀναφλύστιοι, Atticæ pagus, 342, 16. Ad Anaphlystum Paneum et Coliadis Veneris fanum, 342, 22.

Anapiæ et Amphinomi facinus egregium, 223, 33.

Anariaca, Ἀναριάκη, apud Uitios urbs, in quo oraculum incubantium, 436, 18.

Anariacæ, inter Amardos et Cadusios accolæ maris Hyrcani, 440, 38. 435, 5 *sqq.* 436, 8. Cum iis quidam Parrhasii, Prasii nunc dicti, cohabitasse feruntur, *ib.*

Anas, Ἄνας, fl. Iberiæ (*Guadiana*), 115, 3; ejus fontes et

cursus, 115, 4. In eodem in quo Tagus tractu oritur, 115, 17. Sicut Bætis, e Celtiberia profluit, 900 st. a Bæti distans, ut ait Polybius, 122, 48; 134, 35. Duo habet ostia navigabilia, 116, 33. Ab iis usque ad Sacrum promontorium 60 mill., ad Bætis ostium 100 mill., 116, 37. In eo non tam longe quam in Bæti fl. navigare licet, 118, 1. Adjacent ei montes metalla habentes, 118, 2. Anas Turdetaniæ limes occidentalis 115, 34; 116, 48. Quamquam etiam qui trans fluvium habitant Celtici aliique Turditaniæ a nonnullis accensentur, 116, 48. Juxta Anam campi Bæturiæ, 118, 7.

Anaurus, Ἄναυρος, Thessaliæ fl. prope Demetriadem fluit, 375, 3. Est fluviolus qui inter Demetriadem et Jolcum (*Volo*) exit. V. Mézières *sur le Pélion et l'Ossa*, p. 40.

Anaxagoras physicus Clazomenius, Anaximenis discipulus; quem audierunt Archelaus physicus et Euripides poeta, 551, 30.

Anaxarchus cum Callisthene et Alexandro M. Homericorum carminum recensionem instituit, 508, 50.

Anaxenor, citharœdus e Magnesia ad Mæandrum; celebritas ejus habitique ei honores, 553, 36.

Anaxicrates scriptor de sinus Arabici longitudine, 627, 27.

Anaxilaus, Rheginorum tyrannus, 214, 21; isthmum Scyllæi minuivit contra Tyrrhenos piratas, 213, 40.

Anaximander, Milesius, Thaletis disc., Anaximenis magister; 543, 1, inter primos geographiam attigit, I, 1; primus tabulam geographicam edidit, p. 5, 51.

Anaximenes, Milesius, Anaximandri disc., 543, 1; magister Anaxagoræ Clazomenii, 551, 31.

Anaximenes, rhetor Lampsacenus, 504, 43; laudatur de Milesiorum coloniis, 542, 34. Colonias in Erythræa esse refert, 504, 34.

Ancæus in Samo regnavit, 540, 21.

Ancara, Ἄγκαρα, Italiæ opp. V. sub. v. Ἄκαρα.

Anchiale, Ἀγχιάλη, Ciliciæ urbs, condita a Sardanapallo, cujus ibi monumentum, 573, § 9. Anchiale, et Tarsus eodem die a Sardanapallo condita, 573, 33. Ponenda videtur Anchiale ad fluviolum qui exit inter vicos *Karasin* et *Karadimar* (v. Leake, *As. min.* p. 214).

Anchiale (*Akiali*), ad Pontum Apolloniatarum opp., 265, 22.

Anchialus, Mentæ pater, 391, 52.

Anchises cum Ænea in Italiam venit, 190, 45. Cf. Æneas.

Anchoe, Ἀγχόη, locus Bœotiæ prope Larymnam quo Cephissus e terra erumpit; est etiam lacus cognominis, 349, 23.

Ancona, Ἀγκών, græca urbs in Piceno, a Syracusanis Dionysii tyrannidem fugientibus condita, 200, 48. Ejus situs; vino et frumento abundat, 200, 50. A Pola distat stadia 800, 261, 24. Ejus a Gargano distantia, 236, 38. Memoratur urbs sæpius, ut 175, 42 et 47; 176, 15; 189, 18; 200, 37.

Ancora anceps, Anachæsidis inventum, 251, 38.

Ancus Martius rex Lucumonem familiarem habuit, 183, 7. Cœlium collem et Aventinum Romæ urbi adjecit, 195, 20. Ostia condidit, 193, 24.

Ancyra, ἡ Ἄγκυρα, Phrygiæ urbs Lydiæ vicina, sicut Blandus; sita est in Abaitide regione prope fontes Macesti fluvii, 486, 4; 493, 37. Ruinæ in colle ad lacum *Simaw Gol*, ex quo prodit *Simaw-Su* (Macestus), et vicum *Kilisse-Koi*.

Ancyræ, ἡ Ἄγκυρα, urbs et castellum in ea Phrygiæ parte quam Tectosages Galatæ occuparunt, 155, 46; 486, 3. Nunc *Angora* sive *Engareh*.

Andania, Ἀνδανία, Arcadiæ urbs, quæ olim Œchalia vocabatur, sec. Demetrium Scepsium, 291, 33; 309, 38; 385, 3. Ruinas prope *Suadani* vicum sitas anno 1840 detexit Ernestus Curtius (v. ejus librum *Der Peloponnesos*, tom. II, p. 133).

Andetrium, Ἀνδήτριον, Dalmatarum castellum, 261, 54. *Mandetrium* ap. Plin.; *Andretium* in Tab. Peuting.; Ἀνδέκριον ap. Ptolem. 2, 17, 11; Ἀνδήριον ap. Dion. Cass. 56, 12. Locum cum *Clissa* prope *Salona* sita componit Groskurdius; quod ferri nequit. Sec. Tab. P. situs erat in via a Promona ducente Salonam, ab hac 16 millia distans, adeo ut Andetrium prope hod. *Verba* quærendum sit.

Andera, τὰ Ἄνδειρα, Lelegum urbs in Troade, 60 stadia a Thebe distans, ad quam lapis pseudargyrum præbens reperitur, 521, § 56; 524, 48. Prope urbem est fanum Matris deorum Andirenæ et antrum cuniculi in modum usque ad Palæam vicum 130 stadia distantem pertinens, 525, 18. Situs locus fuerit ad montem *At Kajassi Dagh*. Exstat sane non longe ab Adramyttio dissitus *Derelu* vicus, qui tamen ad nostrum locum vix referendus sit.

Andirus, Ἄνδιρος, Troadis fl. e Caresene regione in Scamandrum influit, 515, 43. Quinam sit parum liquet. Kiepertus in tab. sua Andirum dicit maximum illum Scamandri affluentem, qui a Cebrene occasum versus est. Quum tamen e Caresene regione deferri dicatur, nescio an magis versus ortum ponendus sit.

Andræmon, Ἀνδραίμων, Pylius Colophonem condidit, 541, 5.

Andizetii, Ἀνδιζήτιοι, Pannonum gens, 261, 8. *Andizetes* apud Plin. 3, 28.

Ἀνδρεῖα, apud Cretenses syssitia vocantur, 413, 53; 412, 48.

Andriace, Ἀνδριακή, Thraciæ urbs Pontica ad Salmydessum, 265, 30. Situs non notus.

Andriclus, Ἄνδριχλος, Ciliciæ mons, 571, 38. Intellige montium tractum, qui pone Selinuntis regionem assurgit in 8000 pedem altitudinem.

Andro, Ἄνδρων, historicus, Dulichium ad Cephalleniam pertinuisse censet, 392, 10. Dores e Doride Thessaliæ ad Parnassum et in Cretam migrasse refert, 408, 38. Laudatur ad Nisi Pandionidæ ditione, 337, 14.

Androclus, Ἄνδροχλος, Codri f. legitimus, Ioniæ coloniæ dux, Ephesum condidit, 540, 24; posteri ejus reges dicti, *ib.* Cares et Leleges Epheso ejecit, 546, 48.

Andromache, Eetionis f., in Thebe Hypoplacia nata, 500, 37. Hectoris uxor; postea apud Molossos regnavit, 509, 1.

Andromeda ad Jopen Phœniciæ exposita, 35, 44; 646, 4.

Andronicus, peripateticus, Rhodius, 559, 36.

Andropompus, Lebedum Ioniæ condidit, Arti loco occupato, 541, 5.

Androsthenes, Thasius, Nearchi comes fuit, et pro se seorsim juxta Arabiam in sinu Persico navigavit; laudatur de Persici sinus longitudine juxta Arabiam, 652, 4; de Icaro insula, 652, 10.

Andrus, Ἄνδρος (*Andro*), una ex Cycladibus, 417, 5; 418, 11. Andriis imperarunt Eretrienses, 384, 50. Andriorum colonia Acanthus in Thracia, 859, 21.

Aneæ, Ἀνέας (i. e. *Anaitidis*) templum non longe ab Arbelis dissitum, 628, 28.

Anemolia. V. Anemoria.

Anemoria, Ἀνεμώρεια, nonnullis Ἀνεμώλεια, Phocidis opp., unde nomen habeat; in finibus situm ditionis Phocensium et Delphorum, quo tempore Delphi suam seorsum remp. habebant, 363, 30.

Anemurium, Ἀνεμούριον (*Anamur*), Ciliciæ pr.; a Crommyo Cypri pr. 350 st., a Pamphyliæ finibus 820, a Solis 1500 stadia distat, 571, 39; 582, 8.

Anemurium, aliud Ciliciæ promontorium, quod inter Colycadni ostium et Corycum ponitur, 572, 31. Fuit igitur promontorium quod est prope hod. *Perschend*, alibi, quantum sciam, non memoratur.

Anias (Aroanius?), Arcadiæ fl. ad Pheneum terram subiens, et, nisi forte obturati sunt meatus subterranei, in Ladonem emergens, 334, 14.

Anigriadum (Ἀνιγριάδων) nympharum in Triphyliæ litore antrum, 297, 45. Prope id fons et locus palustris ac uliginosus; de eo fabulæ, 298, 6.

Anigrus, Ἄνιγρος, Triphyliæ fl., olim Minyeus vocatus, 298, 2. Ejus natura, 298, 9. Prope eum Jardani pratum et sepulcrum, 287, 37. Fluvius e *Smerna* monte ortus exit nunc in *Kaiffa* paludis partem meridionalem. V. Curtius *Peloponnes*, 2, p. 81.

Anio Ἀνίων (*Teverone*), Latii fl. ab Alba latina urbe profluens in Tiberim defertur, 196, 2. Ad Tiberim de excelso loco in convallem se dejicit, dein feracem vallem perlabitur juxta secturas lapidis Tiburtini et Gabini; eadem in valle Albulæ aquæ, 198, 40.

Ἀννίβας. V. Hannibal.

Anniceris, Ἀννίκερις, Cyrenæus philosophus, qui Cyrenaicam philosophiam emendavit et de se Anniceriam dixit, 711, 9.

Annus. Ejus rationes accuratius primi constituerunt sacerdotes Diospolitani, 685, 18; a quibus sua acceperunt Græci, 685, 27.

Anonymi poetæ versus, 83, 3; 575, 41.

Anseres non habet Arabia felix, 653, 46.

Antacæi pisces, 255, 20.

Anthæi sepulcrum ad Lyngem in Africa; ossa cadaveris quanta sint a Sertorio reperta, 703, 53.

Antalcidæ pax, 238, 29.

Antandrus, Ἄντανδρος (Ruin. ad *Kanaklu* vicum), Troadis urbs, quæ a Lelegibus tenebatur, ut Alcæus ait, vel, sec. Demetrium, Lelegum ditioni adjacebat, 518, 41. Antandri regionem spectant Olympi, quattuor Idæ montis colles, 403, 50. Antandro superjacet Alexandria mons et Aspaneus forum, 519, 8. In vicino est Cilla, 523, 34. Antandrii fano Dianæ Astyrenæ præerant, 524, 41.

Antemnæ, Ἀντέμναι, prope Romam vicus (in colle prope Anionis et Tiberis confluentes), 191, 41.

Antenor Menelaum hospitio excepit; ob id ipsius ejusque filiorum domus a Græcis non direpta, 520, 1; e bello Trojano cum Henetis in Venetiam Italiæ venit, 176, 37. Henetorum expeditione se adjunxisse et ad Adriæ recessum consedisse proditur, 466, 5. Cum filiis et Henetis Troja in Thraciam, hinc ad Adriam profectus est, 520, 5. In Italiam trajiciens inter socios habuit Ocelam, 130, 32. Cf. de ejus peregrinatione 40, 36. 134, 26.

Antenoridæ in Dardania Troadis, 510, 40. cf. 520, 6.

Anthea, Ἄνθεια, Messeniæ urbs ab Homero memorata nonnullis est Thuria, aliis Asine, 309, 46.

Anthedon, Ἀνθηδών (Ruinæ non longe ab hod. *Lukisi*), Bœotiæ opp. et portus, 347, 36; ἐσχατόωσα ap. Homerum, 13, 26. Ab Ægis Eubœæ 120 stadia distat, 347, 46. Anthedonius Glaucus, 347, 53. In Anthedonia regione Messapius mons, 347, 50, et Isus locus, 448, 1.

Ἀνθήλη, planta palustris in lacubus Etruriæ, 188, 43.

Anthemis, Ἀνθεμίς (Anthemûs, Ἄνθεμοῦς, 544, 31), priscum Sami ins. nomen, 393, 1.

Anthemusia Ἀνθεμουσία, Mesopotamiæ regio, circa quam Aborrhas fl., 636, 42. Ad eam Euphratem transire solent, 636. 46.

Anthes in Argolide rex post Pelopidarum adventum navibus avectus Halicarnassum condidit, 321, 50, cum Trœzeniis, 560, 31.

Anthropophagi, Hiberniæ incolæ, 167, 24, Scythæ, 167, 29, et per obsidionis necessitates etiam Galli et Hispani, 167, 30.

Anticasius, Ἀντικάσιον ὄρος, mons Syriæ, 640, 7.

Anticinolis, Ἀντικίνωλις, Ponticæ oræ opp., oppositum Cinoli (*Kinolu*) 467, 12.

Anticites, Ἀντικείτης (unum ex *Kuban* fl. ostiis), fl. a Rhombite minore 600 stadia distans in Mæotidem exit, 423, 45. Ab eo ad Cimmericum 120 stadia *id*. Anticitæ brachium in Corocondamitidem paludem influens insulam efficit; nonnulli fluvium Hypanim (*Kuban*) vocant, 424, 27.

Anticirrha. V. Anticyra.

Anticlides de Pelasgis laudatur, 184, 36.

Anticragus, Ἀντίκραγος, Lyciæ mons, in quo Carmylessus opp., 568, 5.

Anticyra, Ἀντίκυρα et Ἀντίκιρρα, Maliacæ sive Œtææ regionis oppidum, ad Spercheum fl., helleboro clara, 359, 22; 367, 48; 372, 48; ibi optimus nascitur helleborus, 1359, 22.

Anticyra, Phocidis opp. (*Aspra Spitia*), ad Crisæum sinum, 359, 21. Helleborum ibi melius apparatur quam in Anticyra Maliaca, *ib*.; adhuc durat urbs, 359, 28; 357, 32.

Antigonia, Ἀντιγονία, priscum Nicææ Bithyniacæ nomen, 484, 32.

Antigonia, Troadis urbs ab Antigono in Troade condita, a Lysimacho aucta et Alexandria denominata, 508, 11; 511, 2. V. Alexandria Troas.

Antigonia, Syriæ ab Antigono condita; habitatores ejus Seleuco Antiochiam transducti, 638, 36.

Antigonus, Philippi f., Nicæam Bithyniæ condidit, quam Antigoniam nominavit, 484, 31; 508, 13. Scepsios et Cebrenos in Antigoniam transtulit, 519, 39; 511, 1. Antigoniam in Syria condidit, 638, 36. Ab eo defecit Eumenes, 573, 42.

Antigonus (Gonatas). Ei Acrocorinthum Aratus ademit, 380, 51.

Antilibanus, Ἀντιλίβανος (*Djebel ech Churki*), cum Libano Cœlesyriam includit; ejus situs, 642, 41.

Antilochi herois sepulcrum ad Sigeum, 510, 8.

Antimachus, Eleæ incolas universos Epeos et Caucones vocat, 296, 53. Laudatur, 312, 40; 332, 50; 351, 34; 503, 26.

Antimenidas, Mytilenæus, Alcæi frater; Babyloniis auxilians magnum certamen sustinuit, 527, 42.

Antimnestus, Ἀντίμνηστος, Chalcidensium Rhegii conditorum dux, 214, 5.

Antiochia, Ἀντιόχεια ἡ ἐπὶ Δάφνῃ (*Antakiah*), Syriæ caput, 638, 41; in Seleucide tetrapoli; primam ejus partem Seleucus Nicator condidit deque patre suo nominavit; alteræ partes tres a quibusnam adjectæ sint, 638, 32. In eam traducti sunt Antigoniæ habitatores, 638, 36, et Argivi quorum majores, Triptolemi comites, ad Orontem olim consederant, 638, 45. Triptolemum ut heroem Antiochenses colunt, *ib*. Per Antiochensem agrum fluunt Arceuthus, Orontes et Labotas, 639, 44. Antiochensis agri castellum Pagræ, 639, 45, et Meleagri vallum et Œnoparas fl., 639, 47. Quadraginta ab urbe stadia abest Daphne vicus, 639, 5; urbem præterfluit Orontes, 639, 25; ad cujus ostia unius diei navigatio, 639, 29; ad Seleuciam sunt stadia 120, 639, 28. Antiochiæ ad Daphnen Nicolaus vidit legatos, quos Porus ad Augustum misit, 612, 39.

Antiochia ἐπὶ Μαιάνδρῳ, Cariæ urbs., 538, 50; 566, 16; 554, 7; Diotrephis sophistæ patria, 539, 6. Ficus agri Antiocheni, 539, 4. Ruinæ urbis prope confluentes Mæandri et hodierni *Kara-Su*.

Antiochia Margianæ (*Merv*) ab A. Sotere condita, 442, 40.

Antiochia Mygdoniæ i. q. Nisibis, 636, 5.

Antiochia ἡ πρὸς τῇ Πισιδίᾳ (*Jalobatch*), Phrygiæ magnæ urbs, 494, 12. Magnetum colonia; quam liberam servarunt Romani, 494, 14. Tenuit eam Amyntas, 487, 32. Prope urbem fanum Menis Ascæi, 477, 17.

Antiochis, Achæi f., Attali uxor, Attali I regis mater, 533, 30.

Antiochus (Syracusanus, historicus) Campaniam habitatam dicit ab Opicis, qui etiam Ausones dicti sint, 202, 13. Quænam tradat de Italiæ sive Œnotriæ regionis limitibus, 211, § 4. Siculos et Morgetes e Rhegii regione ab Œnotris pulsos in Siciliam migrasse ait, 214, 21. Laudatur de originibus Veliæ, 210, 16; Rhegii 214, 3; Crotonis, 218, 3; Tarenti, 231, § 2; de Siritide, 219, 42; de Metaponto, 220, 1 et 17.

Antiochus, Seleuci Nicatoris pater; ab eo nomen habet Antiochia urbs, 638, 27.

Antiochus Soter Margianam 1500 stadiorum muro inclndit, et Antiochiam in ea condit, 442, 40. E Celænis incolas in Apameam Phrygiæ urbem transduxit, quam sic nominavit de matre Apame, 494, 52. Ad Sardes ab Eumene I prœlio vincitur, 533, 27.

Antiochus Hierax contra Seleucum Callinicum fratrem belligerat, 642, 13.

Antiochus Magnus cum Ptolemæo IV ad Rhaphiam pugnavit, 646, 37. Ejus nomine Armeniam administrabant Artaxias et Zariadres, 456, 1. Quæ intra Taurum possederat, ea Eumeni II Romani dederunt, 533, 41. Beli templum apud Elymæos spoliare aggressus periit, 634, 7.

Antiochus Epiphanes Antiochiam urbem auxit, 638, 40.

Antiochus, Demetrii f., Diodotum τὸν Τρύφωνα in castello quodam inclusum ad mortem sibi consciscendam adegit, 570, 37.

Antiochus philosophus Ascalonius paullulum ante Strabonem vixit, 646, 21.

Antiope, Nycteï filia, 347, 31.

Antipater contra Athenienses gessit bellum Lamiacum, 372, 32; pater Alexarchi, 280, 29; Archiam jussit Demosthenem aliosque oratores vivos sibi adducere, 321, 47.

Antipater Derbetes, 579, 10, prædo, Derben, Ciliciæ locum, τυραννεῖον habuit; idem Laranda tenuit; ab Amynta occisus est, 458, 29; 487, 21.

Antipater, Sisidis f., Armeniæ minoris rex, regno successit Mithridati, 475, 36.

Antipater Tarsensis, stoicus, 575, 7.

Antipater Tyrius scriptor, 645, 6.

Antiphanes Bergæus, scriptor mendax, 39, 35; 84, 15; cum Euemero componitur, 86, 22.

Antiphellus, Ἀντίφελλος (Andifilo), Lyciæ opp., 568, 31.

Antiphili portus, Ἀντιφίλου λιμήν (Hanfila), in ora Troglodytica sinus Arabici, 656, 44; accolunt eum Creophagi, ib.

Antiphræ, Ἀντίφραι, Libyæ vicus inter Pedoniam insulam et Derrin portum, pessimo vino celebris, 679, 13.

Antiphus et Phidippus, Thessali filii, Herculis nepotes; Coorum duces ap. Homerum, 558, 14. Posteri eorum in Thessaliam profecti, nomen regioni a Thessalo generis auctore indiderunt, 381, 21.

Antiphus et Mesthles, Talæmenis filii, Mæonibus ap. Homerum imperant, 535, 26.

Antipolis, Ἀντίπολις (Antibes), Galliæ opp., prope Varum fl., ab Aquis Sextiis 73 mill., a templo Veneris Pyrenææ 273 mill., sec. alios, 2600 aut 2800 stadia, 148, 29. Massiliensium colonia, 149, 32; 152, 52. A Massiliensium jurisdictione liberata nunc inter Italicas urbes recensetur, 153, 24. A Monœci portu distat 200 stadia et paullo amplius, 169, 1.

Antirrhium, Ἀντίρριον sive Μολύκριον Ῥίον, pr. in confinio Ætoliæ et Locridis, 288, 34; 395, 9. Ab Eueno 120 stadia distat, 395, 9. Cf. 366, 23.

Antirrhodus, Ἀντίρροδος, insula in portu magno Alexandriæ, unde nomen habeat, 675, 30.

Antissa, Ἄντισσα, Lesbi urbs, olim insula, 50, 4; 528, 37. Ruinæ ad Calas Limneonas.

Antitaurus, ὁ Ἀντίταυρος, a Tauro abscinditur; ejus situs; in eo Comana et Enyûs templum; in Cataonia desinit, 446, 43; 458, 53; 459, 4. Antitaurus (alius) et Masius (Tauri pars) includunt Sophenen, 452, 22; 447, 24. Inter eum et Euphratem Acilisena, 452, 26. Cf. etiam 453, 27.

Antium, Ἄντιον (Porto d'Anzo), Latii oppidum, 192, 43; quale, 193, 25. Ad oppidum sunt palustria, 193, 7. A Circæo distantia, 193, 53. Antiates olim potentes; socii piratarum Tyrrhenorum; a prædandi studio eos abduxerunt Romani, 193, 30.

Antonius (C.), M. Antonii patruus, post gestum cum Cicerone consulatum in Cephallenia degens urbem ibi struere cœpit, sed reditu impetrato, non perfecit rem, 391, 36.

Antonius (M.) in expeditione Parthica Veram, Atropatiæ Mediæ urbem, oppugnavit, 448, 50. Inter comites ejus tunc Dellius fuit, 449, 2. Artavasdæ fraude in calamitates incidit, 449, § 4, 637, 26; a proditore pœnas sumpsit, 456, 31. Archelaum Cappadociæ regem constituit, 463, 20. Ejus legati S. Pompejum capiunt ad Miletum (Midæum), 47, 28. Antonius Adiatorigi Heracleam dedit, 465, 6. Asylum templi Ephesii auxit, 547, 51. Ajacis statuam e Rhœteo in Ægyptum abstulit; pulcherrima templorum donaria sic avexit Cleopatram demeriturus, 509, 40. Quasnam statuas e Samo abstulerit, 544, 23. Quomodo Anaxenorem citharœdum honoraverit, 553. Multum ei præfuit Cleo, latronum in Mysia dux, qui ab eo defecit post pugnam Actiacam, 492, 13. Herodæ permisit ut regis nomen assumeret, 651, 12. In ejus victoriam ad Philippos partam carmen scribit Boethus Tarsensis, quem honoribus anxit Antonius, 575, 15. Cleopatræ dedit Ciliciæ loca ad Hamaxiam sita, quæ ob cedri copiam ad classem parandam idonea erant, 571, 32. Cyprum Cleopatræ et sorori ejus Arsinoæ dedit, 584, 18. Antonii et Cleopatræ filia uxor Jubæ II regis, 703, 35. Antonii partes secutus ab Bocchus Mauretaniæ rex, 309, 7. Antonius et Cleopatra ad Actium victi, 270, 30. Post Actiacam pugnam ab amicis derelictus, Alexandriæ Timonium construxit, 675, 37; manum sibi intulit, 576, 19.

Antron, Ἀντρών, nunc Ἀντρῶνες (Fano), Thessaliæ opp. in Protesilai ditione, 371, 29; 372, 10; 373, 41. Ei objacet in freto Euboico saxum sub mari latens, quod ὄνος Ἄντρωνος vocatur, 374, 20.

Aones, Ἄονες, prisci Bœotiæ incolæ, 344, 40; 267, 1. Atticam populabantur, 341, 26.

Aonius campus, Ἀόνιον πεδίον, Bœotiæ, 354, 8.

Aornus, Ἄορνος (Renas), Indiæ petra ad Indum fl., ab Hercule frustra tentata, expugnata ob Alexandro, 586, 40.

Aornus lacus in Italia. V. Avernus.

Aorsi, Ἄορσοι, Asiæ populus inter Oceanum et Caucasum, 422, 32; inter Mæotidem et Caspium mare, 434, 29. Aorsi inferiores huc ejecti sunt ab Aorsis superioribus; inferiorum, qui ad Tanaim habitant, rex Spadines; ejus copiarum numerus; superiores, magis etiam pollentes, quam late dominati sint, 434, § 4.

Aous, Ἄωος (Vlosa, Vuissa, Vovissa), Illyriæ fl., ab Hecatæo Æas dicitur; ab Apollonia 10 stadia distat; de fontibus ejus Hecatæi sententia, 264, 44 sqq.

Apæsus, Ἀπαισός, Troadis opp. V. Pœsus.

Apama, Ἀπάμα, Artabazi f., Seleuci Nicatoris uxor, mater Antiochi Soteris, qui de ea nominavit Apameam Phrygiæ, 494, 52; 638, 27.

Apama, Prusiæ uxor, 482, 42.

Apamea, Ἀπάμεια (*Medania, Mutania*), Bithyniæ urbs, antea Myrlea dicta, 482, 42. Romanorum coloniam accepit, 483, 7.

Apamea, Mediæ urbs, 450, 4, non ita longe a Rhagis distans, 441, 21. (Sita erat a portis Caspiis orientem versus sec. Isidorum Characenum.

Apamea ἡ Κιβωτός (*Denais*), Phrygiæ urbs, 487, 33; 566, 18; 494, 2; juxta Mesogin montem, 537, 46; magnum emporium juxta Marsyam fl., 494, 33; unde nomen habeat; Celænarum incolas in eam transduxit Antiochus, 494, 52. Urbs terræ motibus etiam ante Mithridaticum bellum sæpe concussa; Mithridates ad restaurationem urbis 100 talenta largitus est, 496, 5. Neptunus ibi colitur, *ib.* Apameæ ditioni confinis est Milya, 539, 44. Lacus inter Apameam et Laodiceam situs (*Adchi Tus Gol*), 496, 32.

Apamea Syriæ (*Famieh* arabice sæc. xii; nunc *Kulat-el-Mudik* vel a lacu *El-Takah*), una ex quattuor Seleucidis urbibus maximis; Seleuci Nicatoris opus, ab uxore ejus dictum, 638, 24. Situs urbis, 640, 23. Ibi Seleucus 500 elephantos alebat, 640, 30; olim Pella dicta est; qua de causa, 640, 33; ibi erat τὸ λογιστήριον et τὸ ἱπποτρόφιον, 640, 37; hinc Diodotus Syrorum regnum affectare aggressus est, 640, 43. Sub Apamea censebantur vicina oppida Larissa, Cassiana, Megara, Apollonia, alia, 640, 50. Urbem ad defectionem perduxit Bassus Cæcilius; obsidione cinxerunt Romani, 640, 53. In propinquo munita castella οἱ φύλαρχοι tenebant, 641, 5. Apamea Posidonii stoici patria, 641, 17. Apamensium regioni finitimæ Parapotamia et Chalcidice, 641, 19.

Aparni, Ἄπαρνοι, Daarum gens, Hyrcaniæ et mari Caspio proxime adjacent, 438, 36.

Apasiacae, Ἀπασιάκαι (Sacarum vel Massagetarum populus), ad quos Arsaces confugit, 440, 29. Cf. 448, 32.

Apaturum, τὸ Ἀπάτουρον, Veneris Apaturi fanum, ad Corocondamitin paludem et Bosporum, 424, 34. Phanagoriæ, 424, 47.

Apaturos, ἡ Ἀπάτουρος, Venus. V. Venus.

Apeliotes, ἀπηλιώτης, seu subsolanus ventus, quinam, 23, 47; 24, 12.

Apelles philosophus ab Eratosthene laudatur, p. 12, 26.

Apelles pictor Ephesius, 548, 25; ejus Antigonus in Æsculapio Coorum, 561, 31.

Apellico, Ἀπελλικῶν, Tejus, 550, 2; Aristotelis et Theophrasti libros emit, 521, 2; hujus bibliothecam recepit Sulla, 521, 14.

Apennini montes, τὰ Ἀπέννινα ὄρη, incipiunt a Genua, 168, 6, ubi Alpibus committuntur, 175, 37; eorumque partem aliquam Ligures obtinent, 106, 14. Montes a Liguria incipientes in Etruriam porriguntur juxta oram usque ad Pisatarum regionem; hinc versus orientem flectuntur usque ad loca Arimino et Anconæ vicina, 175, 42; hinc per longum secant Italiam non ita procul a mari usque ad Apuliam; deinde per Lucanos et Bruttios deflectentes in Leucopetram agri Rhegini desinunt, 176, 14; 106, 16; 215, 22. Tiberis ex Apenninis oritur, 182, 11. Præterea aliis locis Apenninorum mentio in Italiæ descriptione passim occurrit.

Apenninus mons, τὸ Ἀπέννινον ὄρος (*Brenner*), Carnis superjacet; ad eum lacus et Isaræ (*Eisach*) fontes, 172, 22 et 36. Nomen montis hand dubie corruptum. Ποίνινον conjecerunt Casaubonus, Mannertus, Corayus; Ἄλπιον leg. putarunt Cluverus et Gosselinus. Neutrum horum quadrat in situm locorum. Quum in hoc tractu Ὀυέννωνες habitarent, nescio an mons ille dici potuerit τὸ Οὐεννώνιον.

Aper Calydonius, 326, 52. Aprorum in paludibus Scythicis venationes, 259, 30.

Apes in India nullæ, 591, 39.

Ἀφαμιῶται servi Cretensium, 598, 7.

Aphetæ, Ἀφέται, quasi ἀφετήριον Argonautarum, in Thessalia, 374, 38. Aphetarum nomen p. 377, 35 in loco lacero inseruerunt Groskurdius, Kramerus, Meinekius, ratione parum probabili. Vide not. crit.

Aphidna vel Aphidnæ, ἡ Ἄφιδνα vel αἱ Ἄφιδναι (ruinæ in *Kotroni* colle) una ex 12 Atticæ civitatibus, quas Cecrops constituit, 341, 29; a Dioscuris ob raptam a Theseo Helenam expugnatur, 340, 33. Aphidnæus Tyrtæus, 311, 11.

Aphnei, Ἀφνειοί, Troadis, quos Homerus memorat, dictos esse censent ab Aphnitide lacu, qui idem est cum Dascylitide, 502, 12 et 16.

Aphneis, Ἀφνηίς, Cappadocia mulier, Pixodari, Cariæ regis, uxor, mater Adæ, 560, 53.

Aphnitis lacus, Ἀφνῖτις λίμνη, Troadis, idem cum Dascylitide, 502, 17. Cf. Aphnei; lacus quasdam Thracum vel Trerón urbes absorpsit, 49, 38. Lacus (vel regio paludosa) est quem efficit *Ulfer Tchai* (Odryses) inter loca *Balabandchik* et *Keteh* sec. tabulam Kieperti.

Aphrodisias, Ἀφροδισιάς, Phrygiæ Magnæ opp., 494, 4; 538, 48. *Ghera* sive *Geyra*, ab Antiochia ad Mæandrum meridiem versus. Plinius rectius Cariæ urbem dicit.

Aphrodisium, Ἀφροδίσιον, Veneris Pyrenææ templum, 150, 45; 148, 30 (in *Cap Creus*).

Aphrodisium, in boreali Cypri latere opp., a quo ad Salaminem transitus 70 stadiorum, 582, 14. Ruinæ oppidi prope hod. *Bergamo*.

Aphrodite. V. Venus.

Aphrodites hormus. V. Myoshormus.

Aphrodites polis, Ἀφροδίτης πόλις, Ægypti opp. nom. Prosopitæ in Delta regione, 682, 4 (Atarbechis Herodoti; *Chybyn el Koum*).

Aphrodites polis in Leontopolite Ægypti nomo, 682, 7. Situs ignotus.

Aphrodites polis Ægypti in nomo cognomine, a Memphi versus meridiem sita, in qua bos sacra alitur, 687, 28. Situs ignotus.

Aphrodites polis, Thebaidis opp. supra Crocodilopolim, 690, 36; 693, 46. Hodie *Tachta*.

Aphytis, Ἄφυτις (*Athyto*), Pallenes opp., 279, 5.

Apia, Ἀπία, Peloponnesus interdum vocatur; apud Homerum tamen ἀπία longinquam potius regionem significat, 319, 35.

Apiæ campus, Ἀπίας πεδίον, supra Thebes campum in mediterraneis situs, a Caystri campo Temno monte dirimitur, 526, 49.

Apidanus, Ἀπιδανός, Enipeum excipit, in Peneumque influit, 371, 5; 306, 31. Secundum hæc Apidanus est *Fersaliti*, et Enipeus *Vrysia*. Alii majorem fluvium, qui in Peneum influit, Enipeum vocant, in quem influat Apidanus.

Apidones, Ἀπιδόνες, Peloponnesii apud recentiores poetas; Homerus eo vocabulo non utitur, 319, 35.

Apiola, Ἀπίολα (*Apelosa*), Volscorum urbs, a Tarquinio Prisco deleta, 192, 37.

Apis, Ἄπις, bos, 684, 11. Pro deo ap. Memphitas colitur, 682, 38; ejus templum Memphi; idem Apis est cum Osiri; bos ille qualis sit; quomodo nutriatur et ostendatur, 685, § 31.

Apis, Ἄπις, Libyæ vicus a Paratonio 100 stadiis, ab Ammonis oraculo quinque dierum itinere dissitus, 679, 7. Fuit locus ad recessum sinus qui vocatur *Marsa Labeit*.

Ἀπόβαθρα, locus ad Sestum, quo Hellespontum Xerxes junxit, 506, 8.
Apœcus, Ἄποικος, et Damases Athenienses Teon colonis frequentarunt, 541, 11.
Apollinis urbs Ἀπόλλωνος πόλις (Apollinopolis parva, *Kus*), Ægypti opp. non longe a Copto dissita, 692, 34 et 46.
Apollinis urbs (Apollinopolis Magna, *Edfu*), Thebaidis, a meridie Hieracopolis; crocodilis inimica, 693, 49.
Apollinis potamia, Ἀπόλλωνος ποταμία Æthiopiæ Cinnamomiferæ (ad *Bunder Muryah*), 659, 2.
Apollo. Ejus templum in Apollonia Pontica, unde colossum dei, Calamidis opus, Lucullus in Capitolium transtulit, 265, 11. Quid Byzantii conditoribus dixerit, 266, 20. Apollinis Actii templum et lucus, 270, 9; 386, 29; templum Amyclæum, 311, 38; in Delio Laconiæ, 316, 29. Deus Pytho accepit a Neptuno, cui Tænarum dedit, 321, 27. Ap. Teneatæ templum, 327, 1. Cultus ejus apud Teneatas et Tenedios simillimus, 327, 15. Templum in Delio, 346, 15. Tilphossii fanum, 351, 11. Apollo e Melia pater Teucri, 354, 36. Quomodo cum Themide Delphicum oraculum condiderit, Athenis profectus, occisis Tithyo et Pythone tyrannis, 362, 19. Phyllii templum in Phyllo Thessaliotidis oppido, 374, 16. Selinuntii oraculum Orobiæ in Eubœa, 382, 37. Marmarini templum in Eubœa, 383, 22. Admeto per ἐνιαυτὸν servit, 384, 36. Apollini sacra Eubœæ urbs Tamynæ, 384, 37. Ap. Leucatæ templum, 388, 32. Laphrii templum prope Calydonem, 395, 6. Μουσηγέτης, 402, 1. Πρόπολοι ejus sunt musici et vates, 402, 15. Ap. e Rhetia Corybantes genuit sec. Pherecydem, 406, 5. Ap. Ægletæ templum in Anaphe insula, 416, 4. In Delo templum, 416, 30. Sminthii in Ceo templum, 418, 6; in Chalcia ins. templ., 419, 33. Ap. Cataonis fanum in Cataonia, 460, 16. Deus colitur in Alazonum pagis, 472, 2. Ejus cum Marsya certamen ad Celænas, 495, 5. Branchum amat, 542, 20. Ἕκατος vocatur; hinc dictæ Hecatonnesi, 529, 3. E Manto Mopsum genuit, 576, 18. Amphilochum Solis in Cilicia interfecit, 576, 44. Branchidarum oraculum deseruit quo tempore a Branchidis Xerxem sequentibus spoliatum est, 691, 35. Apollinis Actæi et Dianæ oraculum in Adrasteæ campo ; inde Parium est translatum ; ara dei ingens apud Parium, Hermocreontis opus, 503, 20. Apollinis Thymbræi templum prope Thymbrii et Scamandri confluentes, 511, 51. Sminthei templum in Tenedo, 516, 48; in Chryse Troadis; statua dei, Scopæ Parii opus, 517, 17. Cillæi fanum Cillæ et Cillum fl.; primum erat Colonis ab Æolensibus conditum , 523, 31. Ἐρυθραίου templum ap. Rhodios, 524, 33. Apollini Πορνοπίωνι sacrificant Æolenses, 524, 35. Deus per totam Troadis oram usque ad Tenedum colitur sub Sminthei, Cillæi, Grynei, aliis nominibus, 529, 3. Ejus fanum in Pordoselene ins., 529, 10. Apollinis Larissæi templum Larissæ prope Ephesum, 530, 37. Templum et oraculum Grynii, 531, 51. Didymei templum ad Miletum, 542, § 5. Cf. Branchidæ. Ap. Οὔλιος ap. Milesios et Delios unde dictus sit, 542, 41. Apollinis lucus in Chio, 551, 6. Dei templum inter Clazomenas et Smyrnam, 551, 34 ; Pataris in Lycia, 568, 20. Apollinis ara in Cypri promontorio, 583, 2. Ei et Dianæ sacra urbs Borsippa in Babylonia, 629, 46. Apollinis et Dianæ templ. in Daphne vico Syriæ, 639, 8. Ap. templum in Icaro insula sinus Persici, 652, 10; lucus spinarum Ægyptiacarum in Abydo urbe Thebaidis, 690, 48. Ap. Hermonthi colitur, 693, 44. Cf. *Delphicum oraculum*.
Apollocrates, Dionysii Siciliæ tyranni filius, 216, 2.
Apollodorus Artemitenus, Παρθικῶν auctor, de rebus Hyrcaniæ et Bactrianæ accuratius scripsit; eo usus est Strabo, 97, 27. Laudatur de Ocho fl., 437, 5; de distantia a Rhagis ad portas Caspias, et hinc ad Hecatompylum , 441, 24; De regni Græcobactrii magnitudine, 443, 1. Artemitam ab Hyrcania circa 8000 stadia abesse dicit, 445, 30. Idem de Rhagarum situ, 450, 8. Græcos Bactrianæ reges majorem Indiæ partem quam Alexandrum sub se habuisse tradit; ceterum de India nihil novi docet, 585, 6. Cf. *Eucratidas*.
Apollodorus (Atheniensis, grammaticus) chorographiam metro comico edidit, quæ inscribitur γῆς περίοδος, 578, 1. In libris περὶ νεῶν καταλόγου pleraque a Demetrio Scepsio mutuatur, 291, 20. Initio libri II ex Eratosthenis sententia disserit de Homero terrarum remotiorum parum gnaro; quæ refellere studet Strabo, 248 *sqq.*; 26, 19. Eratosthenem defendens, Callimachum reprehendit, quod is quæ Homerus in Oceano diserte posuit loca ad Gaudum et Corcyram retulit, 37, 19; 248, 51. Apollodoro causam errorum quorundam præbuit Demetrius Scepsius, 37, 31. De Ponto et Ægypto Homerica proferens, inscitiæ poetam culpat, qui voluerit quidem vera dicere, sed ignoratione lapsus falsa dixerit, 35; 47. Araxen Iberos ab Armenia separare ait, parum recte, 51, 5. Laudatur de urbibus a Philoctete in Italia conditis, 211, 30. Alia ejusdem in examen vocantur, 252, 1. Hellopiam de paludibus dictam esse censet, 272, 41 ; templi Dodonæi accolas Homerum non Hellos sed Sellos dicere putat; idem ad Dodonam Selleentem fluvium ab Homero memoratum quærit, 272, 44. Idem de ratione qua cognomines urbes Homerus distinguat, 291, 10. De Œchalia, cujus nominis unam duntaxat urbem agnoscit, 291, 25. De Epidauro Limera , 316, 32. De Hellenibus Homericis, 318, 7. De Iso oppido Homerico, 348, 10. De Samo et Same apud Homerum, 389, 37. De Asteria insula, 392, 37. De Chalci et Calydone, 395, 15. In Acarnania Erysichæos novit, 395, 22, Hyantes e Bœotia in Ætoliam migrasse dicit, 399, 12 ; Ἐν τῷ Τρωικῷ διακόσμῳ nulla Trojanis auxilia ex locis ultra Halyn venisse contendit perperam, 473, § 24 *sqq.*; 577, § 22. Maritimam Ponti oram Homero ignotam fuisse censet absque causa idonea, 474, § 26. Cur Cares apud Homerum βαρβαροφώνου dici opinetur. 564 , 43. De Homericis Canimulgis et Lactivoris male judicat, 475, 25. Ἐν τοῖς περὶ νεῶν de isthmo Asiæ Minoris, deque formia ejus peninsulæ et lateribus perperam statuit ; nec recte nonnisi ex hac peninsula Trojanis auxilia venisse putat, 577, § 22. De gentibus Asiæ minoris parum accurate agit, 578, § 23-28. Alia quædam ei vitio vertuntur, 580, § 29. Ex Hesiodo aliisque multa geographica affert, quæ quomodo cum Homericis componenda sint nescit, 35.
Apollodorus Pergamenus, rhetor, ὁ τὰς τέχνας συγγράψας, auctor sectæ Apollodoreæ, 534, 26; amicus Augusti, quem dicendi arte instituerat ; discipulum habuit Dionysium , cognomento Atticum, 534, 27.
Apollonia, Ἀπολλωνία (*Polino*), Illyrici urbs, 263, 10: 271, 18 ; a Corinthiis et Corcyræis condita, ab Aoo fl. 10 stadia distans, a mari 60 stadia, 262, 45; diem longissimam 15 horarum habet, III, 7. In eam Dyspontii incolæ plerique migrarunt, 306, 44. Ab ea in Macedoniam ducit via Egnatia, 268, 14. Ab ea ad Byzantium 7320 fl., 284, 25; in ejus ditione Nymphæum saxum, 262, 52. In vicino Æas fl., 225, 53. Ibi Cephissus fons, 364, 22; bituminis fontes, 650, 36.
Apollonia s. Apollonias, Cyrenæ emporium (*Susa*), 710, 27 et 52 ; a Catabathmo 2200 stadia abest, 711, 22.
Apollonia, Macedoniæ sive Thraciæ urbs, quæ a Phagre et Galepso sita erat orientem versus 279, 51 ; (probabiliter ubi nunc est *Tous et cap d'Orphano* vel *Cap Carca*. Eandem signat inter Strymonem et Nestum ponens Mela,

INDEX NOMINUM RERUMQUE.

2, 2, 9 et Hierocles, p. 640 ubi: Ἀμφίπολις, Ἀπολλωνία, Νεάπολις.) Urbs a Philippo eversa, 280, 44. In promontorio sita, quod claudit sinum Strymonium, 280, 36.

Apollonia, una ex urbibus quas diruit Cassander incolasque in Thessaloniceam conduxit, 277, 36. Est probabiliter Apollonia Mygdoniæ (*Pollina*) non longe a Bolbe lacu sita.

Apollonia, *Lydiæ* urbs, a Pergamo orientem versus, 534, 37. Eadem haud dubie urbs est quæ p. 534, 41, vocatur Apollonis et æquali a Sardibus et Pergamo distare intervallo dicitur. Videntur ad eam pertinere ruinæ quæ in tabula Kiepertiana sunt inter vicos *Halikli* et *Bullana*, ab utroque paullulum versus boream.

Apollonia, Ἀπολλωνία ἡ ἐπὶ Ῥυνδάκῳ (*Abullionte*), prope Apolloniatin lacum in Mysia, 492, 45.

Apollonia Pontica, 464, 17 (*Sizeboli*), 1500 stad. a Cyaneis, 265, 27. Milesiorum colonia in Thracia; fanum ibi Apollinis in insula, 265, 8; statua dei, Calamidis opus, a Lucullo rapta, *ib*. Apolloniatarum est Anchiale, 265, 22, et Thynias, 265, 28.

Apollonia, Syriæ opp. Apameæ urbi vicinum, 640, 49. Situs incertus.

Apollonias, Ἀπολλωνιάς (*Oluburlu*), Phrygiæ Magnæ opp. ab Apamea orientem versus, 494, 5.

Apolloniatis, Ἀπολλωνιᾶτις, olim Sitacene, Babyloniæ regio, Mediæ adjacet, 449, 43; 623, 18. Aturiæ regio, 627, 4.

Apolloniatis lacus, ἡ Ἀπολλωνιᾶτις λίμνη, Mysiæ; adjacet ei Apollonia urbs, 492, 42. 493, 33.

Apollonides de Atropatenorum copiis, 448, 37; de animalculis quæ in nivis glebis reperiuntur, 453, 9; de numero fratrum Palaci, 256, 39.

Apollonis, Cyzicena mulier, 534, 41, Attali primi uxor; quatuor ejus filii, 533, 36.

Apollonis, Ἀπολλωνίς, Lydiæ urbs, 300 a Pergamo et a Sardibus stadia distat, 534, 41 (Cf. supra Apollonia Lydiæ); eam occupavit Aristonicus, 552, 14.

Apollonium prom. prope Uticam (*Ras Sebib*.), ab occasu claudit sinum Carthaginiensem, 706, 24.

Apollonius ὁ μαλακός, Alabandensis, Meneclis rhetoris disc., 559, 40. Rhodum se contulit, *ib*. et 564, 16. Ejus dictum, 559, 44; 564, 7.

Apollonius, ὁ τοὺς Ἀργοναύτας ποιήσας, Alexandrinus fuit, sed vocatur Rhodius, 559, 47.

Apollonius Citiensis medicus, 582, 32.

Apollonius Cronus, Cyrenæus, magister Diodori dialectici, 711, 18 (Theodori Jasensis, 562, 15), in quem magistri cognomen translatum, *ib*.

Apollonius Mys, medicus, Heraclidis Herophilei socius, 550, 51.

Apollonius Nysaensis, stoicus, Panætii disc., 555, 33.

Apollonius Tyrius, τὸν πίνακα τῶν ἀπὸ Ζήνωνος φιλοσόφων καὶ τῶν βιβλίων edidit, 645, 7.

Appaitæ, Ἀππαῖται (Abasgi aliorum?), quondam Cercitæ dicti, supra Pharnaciam et Trapezuntem, 470, 8.

Appia via; ejus ratio; viæ in eam incidentes, 194, 22 sqq.; 197, 25; 234, 54; 235, 5 et 11.

Apsus, Ἄψος (*Beratinos*), fl. Illyrii, 262, 44.

Apsynthis, Ἀψυνθίς, Thraciæ regio, postea Corpilice dicta, in qua Ænus urbs; ei contermina Ciconum regio ad occasum, 285, 10.

Apsyrtides, Ἀψυρτίδες, inss. sinus Adriatici, 102, 22, ad oram Iapodicam; ibi Apsyrtum fratrem Medea necavit, 261, 42. Nunc *Cherso* et *Ossero* inss.

Apsyrtus. V. Apsyrtides.

Aptera, Ἄπτερα (*Palæocastron*), Cretæ urbs, 80 a Cydonia stadiis abest, 411, 36. Ejus navale Cisamus, 411, 37.

Apuli, Ἄπουλοι, inde a Dauniis usque ad Frentanos pertinent; nunc vero etiam Peucetiorum et Dauniorum regiones Apuliæ nomine comprehenduntur, 235, 30. Apulia ab indigenis ea vocatur Iapygiæ pars quæ a Calabris est boream versus, 230, 48; in ea habitant Pœdiculi, 230, 49. Apuli, qui arctiore vocabuli sensu dicuntur, ad sinum habitant qui est a Gargano boream et occasum versus. Eodem quo Daunii et Peucetii sermone utuntur, ceteraque similes iis sunt, 237, 6. Ad Apulos, quos Daunos Græci vocant, a Piceno navigatio est 490 stadiorum, 201, 52.

Aqua. Ei sacra peragunt Persæ, 623, 40 et 48. Aqua Ponti Euxini dulcissima, 41, 49. Aquæ calidæ Cæretanæ in Etruria, 183, 48; Sinuessæ, 195, 7; Bajarum et Neapolis, 204 et 205; Pithecussarum, calculo remedium, 207, 8; in Sicilia ad Selinuntem, Himeram, Ægestam 228, 26; ad Nymphæum Apolloniatarum, 262, 54; ad Ædepsum in Eubœa, 365, 10; ad Thermopylas, 367, 13; in Lelanto Eubœæ campo, 384, 12; in Caruris, Phrygiæ pago, 495, 35; Hierapoli in Phrygia, 538, 15 et 41; inter Clazomenas et Smyrnam, 551, 34; ad sinum Carthaginiensem, 708, 2. Aquæ salsæ essufflationes, θαλάττης ἐκφυσήματα, ad templum Ammonis, 41, 19.

Aquæ Sextiæ, τὰ θερμὰ ὕδατα τὰ Σέξτια καλούμενα (*Aix*), Galliæ Narbonensis opp., a Nemauso 53 mill., ab Antipoli et Varo 73 mill. distans, 148, 27; a Sextio qui Salyes debellavit, conditum. Aquas calidas Strabonis ætate partim in frigidas abiisse ferunt, 149, 42.

Aquæ Statiellæ, Ἀχουαιστατίελλαι (*Acqui*), Italiæ opp. in Liguria, 180, 44; 181, 3.

Aquæductuum copia ad Romam urbem, 196, 30.

Aquila in Scythicis ad Mæotidem regionibus nulla, 259, 32. Aquila a Thebæis Ægypti colitur, 690, 29. Aquilæ a Jove ab extremis terræ partibus emissæ in Delphorum locum, γῆς ὀμφαλόν, convenerunt, 360, 22.

Aquileia, Ἀχυληία, Italiæ urbs intimo sinus Adriatici recessui proxima, a Romanis contra vicinos barbaros condita ad Natisonem fl. Ejus cum Illyricis gentibus commercia, 178, 33; 172, 7; 102, 108. Sita est extra Venetorum fines, 178, 41. Auri ibi lavacra et ferri secturæ, 178, 35. Hinc per Ocram montem merces Nauportum portantur, 172. Aquileia a Tergeste 180 stadia distat, 179, 40; a Nauporto 350 vel, sec. alios, 500 stadia, 260, 42. In Aquileiam exit via quam ab Arimino per Bononiam duxit M. Æmilius Lepidus, 181, 19. Aquileiæ regioni finitimi sunt Norici, 243, 14.

Aquillius (M.) Pergamenum imperium in provinciæ formam redegit, 552, 25.

Aquinum, Ἀκούινον (*Aquino*), Latii opp. ad viam Latinam et juxta Melpin fluvium, 197, 47.

Aquitani, Aquitania (Ἀκυιτανοί et Ἀκουιτανοί. Ἀκυιτανία, Ἀκουιτανία). Regio definitur Pyrenæis, Cemmeno m., Garumna fl., oceano, 147, 6; 157, 33; 146. 32. Gentes sunt supra viginti, quarum plurimæ ad mare habitant, 157, 33. Cenimeno monte a Celtis dirimuntur, 146, 2. Intra Garumnam una Biturigum gens ab Aquitanis aliena est neque vectigalia cum iis solvit, 157, 47. Aquitaniæ usque ad Garumnam pertinenti alias 14 gentes, quæ inter Garumnam et Ligerim habitant, adjectæ sunt, 147, 16; 157, 39. Harum quædam Rhodani regionem et Narbonensem provinciam attingunt, 157, 26. Adjectæ istæ gentes recensentur, 158, § 2. Aquitani a reliquis Gallis corpore et lingua differunt, Hispanisque similiores sunt, 157, 32. Convenae gens, 118, 22. Tarbelli, 158, 15 (Cf. Gallia). Solum Aquitaniae quale? 158, 10. Nonnullis Aquitanorum jus Latii datum, 158, 40. Ad Aquitaniam sinus Gallicus, 158, 14.

Arabes. Arabia (Ἄραβες. Ἀραβία). Cognati Arabes Syris et Armeniis, similes etiam Arianis et Assyriis, 34, 42.

INDEX NOMINUM RERUMQUE.

Arabum nomen simile est nomini Aramæorum et Eremborum. Græci Erembos dixisse videntur Arabes Troglodytas in sinus Arabici latere occiduo degentes, 35, 5; 2, 7. Arabes Eremborum nomine ap. Homerum indicari nonnulli putant; Zeno ipsum Arabum nomen in poeta reponi vult, Posidonius autem eodem sensu Ἀράμβους scribi jussit, 667, § 27. Heroum tempore nomen Arabiæ fortasse nondum in usu erat. Dicti Arabes videntur ab Arabo, cujus Hesiodus meminit, 32, 27. Arabiam novit Homerus, cujus tamen ætate dives ea non erat; major pars incolarum in tuguriis degebat. Regio aromatifera est exigua. Strabonis ætate Arabes multa et assidua negotiatione divitias sibi comparaverant, 31, 42. Arabiæ Desertæ descriptio sec. Eratosthenem, 653, 22-31; Arabiæ Felicis, sec. eundem, 653, 32-655, 4. Latera Arabiæ Felicis, 651, 38. Arabiæ aromatiferæ partes quatuor, 665, 49. Nonnulli eam in quinque regna dividunt; quomodo? 665, 54. Felix Arabia arcuratus innotuit expeditione Ælii Galli atque mercatura Alexandrinorum, 97, 29. Arabiæ ora occidentalis describitur ex Artemidoro, 660, § 18 sqq. Gentes Arabiæ, Minæi, Sabæi, Cattabanensos, Chatramotitæ, Maranitæ, Garindæi, Rhammanitæ, Nabatæi, Chaulotæi, Agræi, quos vide. Ex Arabia Nabatæa per Pelusiacam regionem via in Ægyptum ducit, 682, 20. In Syriæ latere Arabes tenent Parapotamiam regionem. Ditiones ibi sunt Sampsigerani, Gambari, Themellæ, aliorum regulorum, 641, § 11. Babyloniæ, Mesopotamiæ, Cœlesyriæ finitimi sunt Arabes Scenitæ, greges alentes, præsertim camelorum, 651, 32; 629, 53. Meseni Arabes Babyloniis contermini, 629, 50. Arabiæ accensetur etiam quidquid est inter Nilum et sinum Arabicum; Pelusium in confiniis Arabiæ situm, 682, 21; 685, 18. Arabum regio Ararena, 665, 8. Arabiæ fluvius auri ramenta deferens, 664, 44. Auri fodinæ, 661, 51. Myrmecoleones, 659, 18. Felix Arabia non habet equos, mulos, porcos, anseres, gallinas, 653, 45. Morbi in Arabia frequentes ἡ στομακάκη et ἡ σκελοτύρβη, 664, 39. Arabes sunt imbelles; eorum arma, 664, 10; 665, 15. Domiciliorum ratio in Ar. Felice; regum successio, 654, § 3; artes exercendi modus; vinum e palmulis; regum vita, 666, 3. Omnibus Arabiæ regibus commune vitium est, quo rerum administrationem procuratorum arbitrio committunt, 664, 31. Merces Arabicas negotiatione tractant Gerrhæi, 652, 16. Ex Arabia merces Berenicen et Myoshormum, hinc Coptum, inde Nilo fluvio Alexandriam deportantur, 664, 49; 692, 30. De Arabia invadenda cogitavit Alexander, causam belli prætendens quod ex omnibus gentibus soli Arabes non misissent ad ipsum legatos, 631, 25; 667, 45. Arabes aut subjicere sibi aut conciliare studuit Augustus. Narratio de Ælii Galli expeditione; qua terræ hujus cognitio magnopere aucta est, 663, § 22-24; 696, 10.

Arabicus sinus, Ἀράβιος κόλπος (quem Damastes lacum esse putavit, 39, 37), ab Ægyptio mari isthmo separatur, quem non ignoravit Homerus, 25, 15. Isthmum illum olim mari tectum et navigabilem fuisse Eratosthenes suspicatur, 32, 6. Ab intimo sinus recessu ad Pelusium sunt 1000 stadia; secundum Posidonium isthmus paullo minor 1500 stadiis, 682, 25. Sinus Ar. dirimit Æthiopes, 29, 21. Aptissime Libyam et Asiam eo dirimi dixeris, 29, 29. In fluminis morem ad 15000 (10000 codices p. 83, 13) stadia porrigitur; latitudo maxima 1000 stadia non excedit, 29, 22. A recessu ad mare Pelusiacum iter tridui aut quatridui, 29, 27. Latus orientale ab Ælanite recessu est 14000 stadiorum sec. Alexandrum et Anaxicratem, 654, 27; latus occiduum ab Herorum urbe ad Ptolemaidem 9000 stad.; hinc ad fauces 4500 stadiorum, 654, 29. Fauces angustissimæ, 83, 13, ad Diren sunt 60 stadiorum, 654, 43; nunc tamen angustiæ dici solent trajectus 200 fere stadiorum, quo loco sex insulæ inter Æthiopiam et Arabiam interjectæ sunt, 654, 45. A faucibus usque ad extremam terram cinnamomiferam 5000 stadia, 663, 6. Arabici sinus intimi custodes regii, 81, 26. Fossa e Nilo in sinum Ar. ducta, 32, 4; 683, 36. Cf. Sesostris. Ceterum sinus Arabicus sæpius etiam maris Erythræi nomine significatur.

Arabus, Ἄραβος, Mercurii et Throniæ f., ab Hesiodo memoratus, fortassis Arabibus nomen dedit, 35, 25.

Arachosia, Ἀραχωσία, pars Arianæ; ejus situs, 442, 30.

Arachosii, Ἀραχωτοί, Archosiæ incolæ, a Paropamisadis ad austrum habitantes, ab oriente Indo fluvio terminantur, 616, 22; ad occidentem Drangæ adjacent, 616, 13; per eos Craterus exercitum duxit, 614, 25.

Arachoti, Ἀραχωτοί, Arachosiæ urbs, a Prophthasia 4120, ab Ortospanis 4000 st. distans, 441. (Ulan Robat sec. Rawlinson; ruinæ ad Arghasan fl., quattuor parasangis a Kandahar in via Schikapur versus ducentem sitæ sec. Court. Alii aliter.)

Arachoti (?) et Massagetæ sec. Eratosthenem juxta Bactrios ad Oxum habitant, 440, 40.

Aracynthus, Ἀράκυνθον ὄρος (Zygos), Ætoliæ mons, 395, 28, ad quem Pleuron nova, 387, 20.

Aradus, Ἄραδος, ins. et urbs Phœnicum (Ruad), inter navale suum et Marathum sita, a continente 20 stadia distans; insulæ natura; incolarum multitudo; Sidoniorum opus; aquandi ratio, 641, § 13 (Fontes submarini hoc loco memorati etiam nunc exstant. V. Ritter. t. 17, p. 879.) Ejus historia, 642, § 14. Cum Sidone et Tyro Tripolin condidit, 642, 41. Aradiorum in ora sunt Paltus, Balanæa et Carnus, Aradi navale, 641, 32. Aradii agrum tenent Marathi oppidi diruti, 631, 35. Aradus colonia esse perhibetur Aradi insulæ in sinu Persico sitæ, 652, 25. Aradii per Lycum et Jordanem adverso alveo in Cœlesyriam subvehi dicuntur, 643, 1. Aradii quidam Cadmi comites in Eubœa remanserunt, 383, 50.

Aradus et Tyrus (aliis Tylus), insulæ sinus Persici, e quibus Aradus et Tyrus Phœniciæ urbes deductæ esse feruntur. Distant insulæ sita a Teredone dierum navigatione, et unius diei navigatione a Macarum promontorio (a Ras Mussendom), 652, 25. 667, 13. [Aliunde satis constat significari insulas hodiernas Arad et Samak sive Bahrain in Bahrain sinu positas. Oræ longitudo inde a Teredone eo usque non 3000 fere stadiorum; neque improbabile Androsthenem, hujus oræ exploratorem, decem dierum navigationem ad id spatium emetiendum insumsisse, quandoquidem in ejusmodi iter, sicut in Nearchi paraplum, vulgaris computus, ex quo 500 stadia in singulos dies computari solent, omnino non cadat. Quod vero addit Strabo de unius diei distantia quæ sit a Macarum promontorio, id aperte falsum est. Pertinet res ad Ras Anfir, quod ab oriente harum insularum, similiter atque Ras Mussendom in faucibus sinus Persici, boream versus longe porrigitur. Ab eo promontorio Tyrus insula distat 400 stadia; idemque significare videtur Plinius Tylum a continente abesse dicens 50 m. pass. Fortassis igitur Strabonis locum corruptum esse dicas, præsertim quum quæ hoc loco leguntur vix conciliari possint cum 10000 stadiorum longitudine quam Arabico sinus Persici lateri Strabo tribuit. At integra omnia esse et relata Strabonem referre tabulæ Ptolemæi probant, in quibus sinus Persici et Eratosthenis rationes exhibetur. Aradus insula a Ras Mussendom ibi abest proxime; a Tylo autem insula ad Euphratem linea recta sunt 5500 circiter stadia, quæ in decem dierum navigationem cursu recto institutam ex *vulgari computo* computasse videtur. Porro in eodem Ptolemæo haud leve indicium confusorum *Anfir* et *Mussendom* promontoriorum deprehendo. Etenim quum *Ilas Mussendom* a Nearcho ejusque sectatoribus vocetur Μάχετα vel τὸ ἐν Μάχαις ἀκρωτήριον, de Macis sc. accolis : Ptolemæus ibi habet quidem gentem Macarum, at promontorium dicit Ἀσαβῶν, quamquam nullam ibi Asabón gentem notavit. Bene scio Ritterum nomen istud ex eo deducere quod ibi habitassent Sabæi orientales, *As-sab* : sed mera hæc conjectura est. Contra vero Asabón promontorium perperam huc translatum esse a *Ras-Anfir* inde colligis, quod regio ad sinum *Bahrain* sita etiam nunc *El-Asa* vocatur, deinde vero ex eo quod Ptolemæus in suo populorum catalogo per eundem tractum habitare memorat *Asapenos* (sic sec. optimos codd. edidit Wilberg VI, 7 p. 406), qui rectius etiam dicerentur *Asabeni*, i. e. *Beni-Asa*. Haud dubie igitur Androsthenes ultra *Bahrain* sinum non progressus erat et tamen totum sinus Persici latus Arabicum emensus esse credebatur. Hinc illa promontoriorum permutatio, quæ quidem tanto facilior erat, si præter Aradum in *Bahrain* sinu positam altera Aradus insula Macarum promontorio propinqua veteribus innotuit. Ac sane hodiernam *Aredj* insulam (sic Kiepertus nomen exhibet; vulgo Laredj i. e. el Aredj), quæ est a meridie *Ormuz* insulæ, quum ignota esse Nearchi comitibus non potuerit, *Aradum* dictam esse veri est simillimum.]

Aræ Philænorum. V. Philænorum aræ.

Aræ ab Alexandro in Indicæ expeditionis locis ultimis positæ, 142, 16.

Aræthyrea, Ἀραιθυρέα Homerica, nunc Phliasia, urbs in regione cognomine ad Celossam montem; postea migratum inde est in locum 30 stadiis dissitum, ubi urbem conditam Phliuntem vocarunt, 328, 24. Aræthyrea inter Agamnonis oppida ap. Homerum, 324, 11. Ad eam pertinere videntur ruinæ in latere occidentali *Polyphengo* montis exstantes. V. Curtius Peloponn. 2, p. 476.

Aragus, Ἄραγος (*Aragwi*), Iberiæ fl. in Cyrum exit, 428, 50; fauces perfluit, per quas a borea in Iberiam aditus est; ad ejus cum Cyro confluentes Seusamora, 429, 30 sqq. Cf. Harmozica.

Aramæi, Ἀραμαῖοι ; sic se vocant ii, quos nos Syros vocamus ; nomen hoc simile est nominibus Arabum, Armeniorum, Eremborum, 35, 2. Aramæi, i. e. Syri, apud Homerum Arimi dicuntur, 667, 37. Cf. Arimi.

Arambi, Ἀραμβοί pro Ἐρεμβοί Posidonius ap. Homerum scribi voluit, ita ut Arambi intelligantur Arabes, 667, 21.

Araphænides. V. Halæ.

Arar, Ἄραρ (*Saône*), Galliæ fl. ex Alpibus fluit, terminus Sequanorum; excipit Dubin fl., inque Rhodanum influit, 154, 34; 157, 2. Ad confluentes Lugdunum, 154, 19. Arari adjacet Cabullinum (*Chalons*), 160, 4. De Arare fl. et vectigalibus ex ejus transitu percipiendis contenderunt inter se Ædui et Sequani, 160, 14. Ararem inter et Rhenum Sequani, 159, 50; 160, 7; inter eum et Ligerim Ædui, 160, 3. Cf. etiam 159, 30 et 43; 161, 13.

Ararena, Ἀραρηνή, regio Arabum Nomadum, quorum rex erat Sabus, quo tempore Ælius Gallus regionem hanc peragravit, 665, 8.

Aratus, fœderis Achaici prætor, Corinthum, Sicyonem, Megarenses, Argos, Hermionem, Phliuntem, Megalopolin fœderi adjunxit, 330, 51 ; 328, 26.

Aratus Solensis, ὁ τὰ Φαινόμενα συγγράψας ἐν ἔπεσι, 573, 25. Ἔν τοῖς κατὰ λεπτὸν dixit de Pholegandro et Gyaro inss., 417, 15; 416, 16. Idem (*Phæn.* 33) parum accurate de Cretæ locis quibusdam loquitur, 411, 18. Laudatur, 85, 31 (*Phænom.* 61); 3, 5 (*Phæn.* 6-145); 332, 20 (*Phæn.* 163); 312, 46.

Aratthus, Ἄρατθος (*Arta*), fl. Ambraciam præterfluit, e Tymphe et Paroræa oriens, 270, 18. A borea in Ambracium sinum exit, 271, 50.

Arauris (Ἄραυρις Ptol., Plin., Mela; Ῥαύραρις codd. Strabonis; (h. *Hérault*), fl. Galliæ Narbonensis, e Cemmeno monte fluens juxta Agathen exit, 151, 19.

Arausio, Ἀραυσίων (*Orange*), urbs Galliæ Narbonensis, 154, 7.

Araxene, Ἀραξηνή, Armeniæ provincia, 436, 32, melle dives, 60, 51.

Araxenus campus, τὸ Ἀραξηνὸν πεδίον, quem Araxes in Armenia perfluit, 452, 38 et 43; 455, 28. Ad eum Artaxata urbs, 453, 33.

Araxes, Ἀράξης (*Aras*), per Armeniam fluit, 421, 41; unde nomen habeat, 455, 18; ex Abo monte labitur, 452, 31 ; ejus cursus, 452, § 3; in Cyrum incidit, cujus limum protrudit fluxu rapido, 430, 7. Armeniam ab Atropatene dirimit; 448, 52. A Vera urbe 2400 stadia abest, *ib*. Ab Armenia separat Iberos, ut Apollodorus opinatur, 51, 5. Ad Araxen Arxata et Artaxata urbes, 453, 32.

Araxes (i. e. Iaxartes) sec. Herodotum a Matianis fluens in quadraginta alveos scinditur; Bactrianos et Scythas dirimit, 455, 32. Massagetarum regionem inundat, 439, 44; uno ostio in mare Hyrcanum, ceteris in oceanum exire dicitur, *ib*.

Araxes (*Bend-emir* vel *Kurab*), Persidis fl., quem prope Persepolin Alexander trajecit, 621, 16. In eum e Paræ tacene influit Medus, 621, 20.

Araxes olim etiam ὁ Πηνεός dicebatur, 454, 20.

Araxus, Ἄραξος ἄκρα (*cap Kalogria* montis *Maura*), Elidis pr., 288, 6 et 41; 393, 38. Ejus distantia ab Alphei ostio, 294, 51; ab isthmo, 288, 50; 333, 13; a Dyme, 290, 12.

Arbaces, ultimus Assyriorum rex, 628, 3.

Arbela, τὰ Ἄρβηλα (*Erbil*), Babyloniæ opp. in Aturiæ finibus; inter ea et Ninum Lycus fluvius, 628, 7; 356, 18; 66, 13. Ab Arbelo condita, 628, 21. In propinquo est Demetrias urbs et naphthæ fons et Aneæ fanum et Sadraca regia et ὁ Κυπαρισσών, 628, 27. Pone Arbela Nicatorius mons, 628, 23. Prœlium ad Arbela commissum dicitur, quod accuratius ad Gaugamela commissum diceretur, 628, 19.

Arbelene, Ἀρβηληνή?, regio circa Arbela, 628, 26.

Arbelus Athmonensis, Arbelorum conditor, 628, 21.

Arbies, Ἄρβιες, Arianæ gens, Indorum pars, ab Indo usque ad Arbin fl. habitant, oram habens 1000 stadiorum; vicini eorum Oritæ, 613, 15.

Arbis, Ἄρβις, fl. Arbies et Oritas dirimit, 613, 15.

Arbor ad Carthaginem Novam crescens, quæ e spina emittit φλοιόν, ex quo tela pulcherrima conficiuntur, 145, 34. Arbor Gaditana, cujus rami ad solum deflexi, folia cubitalia gladii forma; e ramo effracto lac, e radice incisa humorem minii colore emittens, 145, 31 et 41; similis arbor in Ægypto, 145, 36. Arbores ingentes, navibus compingendis et tabulis faciendis aptæ, 168, 36. Arbor quædam in Gallia nasci dicitur ficus similis, quæ fructum edat forma capituli columnæ Corinthiacæ; fructus hic succum letalem præbet, 165, 31. Arbores laniferæ in India, 591, 34; 592, 15. Arbores in Rubro mari nascentes lauro et olivæ similes, 652, § 6.

Arcadia, Ἀρκαδία. Ejus descriptio, 333, cap. 8. Urbes, quarum plurimarum vix vestigia supersunt, 333, 38; montes, 333, 49; inter eos Lampea, 293, 37; Lyrcius, 318, 25; Pholoe, qui Triphyliam et Pisatidem attingit, 306, 46. Fluvii terram subientes, quorumque meatus interdum obturantur, 334, § 4; de aqua Stygia, *ib*. Zéρεθρα Arcades appellant τὰ βέρεθρα, 334, 5. Fluvius Ladon, 50, 12. Arcadica Œchalia, nunc Andania 291, 33. Arcadicæ gentes Græcarum vetustissimæ, 333, 20. Sunt Pelasgicæ stirpis, et Arcadia prima Pelasgorum sedes fuit, 183, 53; 296, 41. Arcades sæpe de Triphyliæ regione certarunt ; inter tres gentes Triphyliam constituentes a nonnullis recensentur, 289, 48; hinc Pylus et Triphyliacus etiam Arcadicus dicitur, 289, 48. Cum Pyliis Triphyliæ de Chaa urbe bellum gesserunt, 299, 16. Administrant Dianæ Heleæ fanum quod est prope Alorium 300, 50. Ex Arcadia Peucetii in Italiam migrasse videntur, 285, 26. Arcadum colonia, ab Euandro deducta, Roma urbs, 692, 14. In Arcadia mortuus est Penthilus, 498, 20. Arcades minus cum Doriensibus commercii habentes, et montana colentes, diu seorsum in pace vixerunt, Æolicam servantes dialectum, 286, 36. Messeniis contra Lacedæmonios bello Messen. auxiliati sunt, 305, 34. Sub Aristocrate rege Messeniorum socii contra Lacedæmonios, 310, 53. Arcadia continentibus bellis prorsus vastata ; vel Megalopolis nunc est μεγάλη ἐρημία, 333, 22 ; at pascua ob id ipsum habet largissima ; equi ibi optimi, 333, 30.

Arcadicus, Ἀρχαδικός, vel Mamaus, olim Amathus, fluvius Pylum Triphyliæ præterfluens, 295, 42.

Arcesilaus, Ἀρκεσίλαος, philosophus Academicus Pitane oriundus, cum Zenone Citieo Polemonem audivit, 525, 29. Cum Aristone et Apelle et Bione Athenis floruit quo tempore Eratosthenes Athenis versabatur, 12, 22.

Archedemus, Ἀρχέδημος, Tarsensis, stoicus, 575, 7.

Arceuthas, Ἀρκευθας, Syriæ fluviolus per Antiochenum agrum (in Orontem) fluit, 639, 46. Vocatur Ἀρχευθᾶ apud Malalam; *Jaghra* ap. Abulfedam; hodie *Kara-Su.*

Archæanax, Ἀρχαάναξ, Mytilenæus, Sigeum muro cinxit e lapidibus Iliacis, 513, 17.

Archelaus, Ἀρχέλαος, Penthili f., coloniam Æolicam duxit in regionem quæ nunc Cyzicena est circa Dascylium, 498, 24.

Archelaus, physicus, Anaxagoram Clazomenium audivit, 551, 33.

Archelaus, pater Archelai ejus qui Comanis pontifex erat; contra Syllam pugnavit, deinde a Sylla et senatu honore affectus est, 478, 10; 676, 50.

Archelaus, a Pompeio Romanorum pontifex constitutus, filius ejus Archelai, cui a Sulla et senatu honor est habitus, amicus Gabinii ; simulans se Mithridatis Eupatoris filium esse, Cleopatræ, Ptolemæi filiæ, in matrimonium datur ; sex menses post a Gabinio Ptolemæum reducente in pugna occiditur, 478, 10 ; 676, 50; avus fuit ejus Archelai qui Strabonis ætate in Cappadocia regnavit, 676, 52.

Archelaus, Cappadociæ rex, nuper defunctus, 458, 19. Reges ante Archelaum, 457, 30, a Romanis Ciliciæ partem accipiunt, 458, 27, sicut ipse Archelaus Ciliciam Asperam, excepta Seleucia urbe. Ibi in Elæussa insula regiam sibi struxit in eaque degere solebat, 458, 29; 460, 54; 572, 45. Cappadociæ rex ab Antonio constitutus est, etsi ad Cappadocum gentem nihil pertinens, 463, 2. Ejus avus et proavus, 676, 52; 478, 10. Ultimus rex Cappadociæ et Armeniæ minoris, 476, 7. Pythodoridem uxorem duxit, 476, 20.

Archelaus, Euripidis fabula, 184, 31.

Archemachus, Eubœensis, historicus, de Curetibus laudatur, 399, 44.

Archias, Corinthius una cum Myscello Delphos adiit oraculum sciscitaturus de condenda colonia, 224, 3. In Siciliam navigans Chersicratem in Corcyra reliquit, 224, 15. Ad Zephyrium appulit, indeque assumptis Doriensibus quibusdam, in Siciliam vectus Syracusas condidit, 224, 19 ; quando ? 224, 2. Teneatum partem majorem secum Syracusas duxit, 327, 2. Achæos in condenda Crotone adjuvit, 218, 13.

Archias Demostheni in Calauriæ asylo manum inferre non ausus est, 321, 41.

Archidamus, Agesilai f., a Tarentinis arcessitus, 233, 12.

Archilochus, poeta Parius, 418, 12 ; Callino junior, 553, 16; meminit Saiorum, apud quos scutum abjecit, 393, 24; 471, 4. Panhellenum vocabulo utitur, 317, 14.

Achimedis ἐν τοῖς περὶ τῶν ὀχουμένων sententia laudatur, 45, 26, 36.

Archytas Pythagoreus Tarento præfuit, 233, 5.

Arconnesus, Ἀρχόννησος, sive Aspis (*Ypsilo*) insula ad Ioniæ oram inter Teum et Lebedum sita, 549, 46.

Arconnesus ins. ad Halicarnassum, 560, 30 (*Orok Adassi*). sive *Karada*.

Arctici circuli, 91, 19 ; iis parum apte nonnulli zonas determinant, 78, 43. Quomodo Homerus arcticum circulum designet, 2, § 6.

Arcon, Ἄρκτων, sive ursorum mons in Cyzico insula, 492, 52.

Ardania, Ἀρδανία, 33, 35, sive Ἀρδανίς (Ἀρδανίξις *codd.*) 711, 31, prom. Libyæ (*Ras Millah*) non longe distans a Menelai portu ; ei objacet Chersonesus Cretæ ins., 3000 stadiorum intervallo, l. l.

Ardea, Ἀρδέα (*Ardea*), Rutulorum opp., a Roma 160 stadia distans, 190, 3 et 40 ; ad quam Veneris templum et solennis Latinorum conventus, 193, 46. Ardeates viri templum Veneris Laviniæ administrant, 193, 45. Ager eorum male sanus, 193, 7. Ardeam usque Samnites in Latium incursiones fecerunt, 207, 40.

Ardia, ἡ Ἀρδία, Dalmatiæ ad Adriaticum mare regio sublimis, 260, 14.

Ardiæi, Ἀρδιαῖοι (Dalmatiæ gens) circa Naronem fl., 261, 10; 263, 48. Pæonibus contermini, 274, 28. Ardiæorum fere usque ad regionem et Rhizonicum sinum pertinent Pannonicæ gentes, 261, 12. Post Ardiæorum et Pleræorum oram est sinus Rhizonicus, 262, 12. Iis vicina Pharus insula, 262, 12. Regio eorum sterilis, 262, 21. Eorum et Antariatarum in confiniis salinæ sunt, frequens causa bellorum, 263, 54. Ardiæi postea Vardæi dicti, quos latrociniis deditos Romani ab ora in mediterranea rejecerunt, 262, 14. Gens nunc tantum non exstincta, 262, 21.

Arduenna silva, Ἀρδυέννα ὕλη (*les Ardennes*), arborum non celsarum, permagna, non tamen 4000 stadiorum, ut nonnulli (*Cæsar*) produnt ; ibi Eburones, Atrebati, Morini, 161, 43. Ejus incolæ in bello vimineis textis et palis aditus intercludunt ; ipsi se in insulas paludum abducunt, 161, 46.

Arecomisci Volcæ. V. Volcæ.

Aregon, Corinthius pictor; ejus picturæ in templo Dianæ Alpheoneæ, 295, 25.

Areinus, Ἀρήινος (*Arsites?*), Mithropastæ pater, Phrygiæ a Persarum rege præfectus, 652, 38.

Arelate, Ἀρελάτε (*Arles*), ad Rhodanum emporium haud exiguum, a Massiliensi promontorio tantum distat, quantum Narbo a Pyrene, 151, 2.

Arenæ madidæ fluviorum et siccæ in Turdetania auriferæ, 121, 10. Arenas maritimas Ægyptii puteos fodientes reperiunt, 42, 12.

Arene, Ἀρήνη, Triphyliæ opp., 298, 27; 302, 39, ab Homero una cum Pylo et Minyeo fl. memorata, quærenda esse videtur ad Samicum, quod castellum urbis fuerit, 297, 50. Minyeius autem fluvius fuerit Anigrus, 293, 2. Arenen olim τὴν Ἐρἀναν Messeniæ nonnulli dictam esse falso statuunt, 310, 5; 299, 42.

INDEX NOMINUM RERUMQUE.

Aretas, Ἀρέτας, Arabum regulus, Obodae affinitate junctus, amice suscepit Ælium Gallum, 665, 2.

Ἀρετή ἐστιν ἡ φυσική, i. e. disciplina in sese nitens et hypothesibus aliunde pendentibus carens, 91, 6.

Arete, Ἀρήτη, Aristippi Socratici filia quae in Cyrenaeensi schola patri successit, 711, 7; mater Aristippi metrodidacti, ib.

Arethusa, Ἀρέθουσα, fons Ortygiae insulae. De Alpheo in eo rursus emergente fabulae, 224, 53

Arethusa, fons in Chalcide Euboeae urbe, 386, 1; terrae motu obturatur, multisque diebus post denuo erumpit, 48, 28.

Arethusa (*Restan*), Apameae vicinum castellum Sampsicerami et Iamblichi, qui Emisenorum phylarchi erant, 641, 8 et 26.

Arethusa, Ἀρέθουσα, Macedoniae opp. ad Bolben lacum, 281, 15 (hod. *Rentine* vel ei propinqua).

Arevaci, V. Aruaci.

Argaeus, Ἀργαῖος (*Ardjeh*), Cappadociae mons. Inter eum et Taurum Bagadania planities, 61, 13. De vertice montis et Pontum Euxinum et Issicum sinum conspici posse ferunt; adjacet Mazaca urbs, 461, 4.

Arganthonius, Tartessiorum rex longaevus, 125, 18.

Arganthonius Ἀργανθώνιος, mons Bithyniae (*Katerlu Dagh* et *Samanlu Dagh*) supra Prusiadem, 482, 48; in eo Hylas evanuit, ib.

Argeadae (i. e. Peloponnesii) gentium, qui Macedoniam tenuerunt, domini evaserunt, 275, 53. Abydonem castellum diruerunt, 277, 22.

Argennum, Ἄργεννον (*Aspro Cavo*), Erythraeae peninsulae prom. in Ionia, 550, 42.

Argenteus mons, ἀργυροῦν ὄρος (*Sierra Cazorla*), ad Castionem urbem, metalla habet; ex eo Baetis profluit, 122, 46.

Argenti metalla in locis Turdetaniae circa Ilipam et Sisaponem veterem et novum, 117, 49; 121, 6. Ibi argenti caminos peraltos faciunt; quam ob causam, 121, 36. Argentifodinae Turdetaniae ditissimae, 122, 13. Fodinae ad Carthaginem novam sitae describuntur, 122, § 10; 131, 40. Argenti metalla in Argenteo monte, prope Castionem, 122, 46. Apud Artabros, 122, 22; in Gallia ap. Rutenos et Gabales, 158, 38. In Britannia, 166, 24. Metalla τὰ ἐν Δαμαστίῳ Illyriae, 271, 20. In Attica, 343 20; in Colchide, 38, 16; olim apud Chalybes, 470, 34. Ψευδάργυρον in Troade, 521, 45. Argentum in Carmania, 618, 30.

Argestes, ventus quinam, 23, 48; 24, 12. Cf. Sciron.

Argillae, Ἀργίλλαι, quid? 203, 53.

Argilus, Ἄργιλος, opp. ad Strymonicum sinum, 280, 1 (*Procetta Karakous* vel prope hunc locum).

Arginussae, Ἀργινοῦσσαι (*Arginusi*), tres inss. Canis adjacentes, 527, 27. Iis objacet Aega Asiae pr. 525, 50.

Argissa, Ἄργισσα, Thessaliae locus in Polypoetae ditione, 377, 39; nunc Argura, ad Peneum sita, 378, 2.

Argivae Junonis lucus apud Venetos, 179, 17, Cf. Juno.

Argivi. V. Argos.

Argo Πασιμέλουσα, 39, 7, Pagasis compacta, 374, 35.

Argolicus, Peloponnesi sinus, ὁ Ἀργολικὸς κόλπος (*g. de Napoli*), 288, 18; 316, 22; ejus accolae, 316, 27.

Argonautae unde Minyae dicantur, 356, 4. Eorum expeditio Pelei jussu instituta, 38, 7; fidem habet historicam, quam corroborant multorum locorum monumenta vel indicia, ut Æa urbs, auri metalla, Phrixeum, Jasonia, alia multa in ora Propontidis, Hellesponti, in Lemno, Creta, Italia, 38, 12 sqq., in Æthalia insula, 186, 41. ad Ceraunios montes, circum Adriam, in Posidoniate sinu et insulis Tyrrhenicis, 17, 16. Argonautarum ad Phasim navigationem Demetrius Homero ignotam fuisse dicit peperam, 37, 37. Eorum quasi ἀφετήριον Aphetae (ad sinum Pagasaeum), 374, 38. Argonautae sec. Neanthem struxerunt templa matris Idaeae quae sunt circa Cyzicum, 37, 34. Dindymenes fanum in Cyzico ins. condiderunt, 493, 1. Istri partem adverso fluvio subvecti sunt; secundum alios in Adriam venerunt per Istrum, 38; 39. Argonauta Mopsus Lapitha, 381; 7. Argonautarum posteri Minyae e Lemno pulsi in Laconicam veniunt, inde in Triphyliam et Callisten ins., 298, 25. Argonautica scripsit Apollonius Rhodius, 559, 47.

Argus, Ἄργος, junioribus etiam *campus* significat; quae vox Macedonicae vel Thessalicae linguae esse videtur, 319, 46.

Argos, Ἄργος, Homero dicitur et urbs et Peloponnesus et tota etiam Graecia, quum omnes Graecos Argivos vocet; epithetis vero ita utitur ut Ἄργος Πελασγικὸν dicat Thessalium, Ἄργος Ἴασον et Ἀχαϊκὸν Peloponnesum, 317, § 9. Communiter dixit Ἄργος ἵππιον, ἱππόβοτον, 318, 2. Argos Peloponnesus ap. Homerum, 319, 37. Argos, vetus Peloponnesi nomen; deinde Peloponnesus dici coepit Argos Achaicum, 313, 41. Cf. Achaei. Urbium Argolicarum ap. Hom. catalogus, 320, 30. Et regio Argos et urbs Argos aquae copiam habet; nonnulli ut ἄνυδρον Ἄργος fingerent, seducti sunt prava interpretatione verborum Hom. πολυδίψιον Ἄργος, 318, 28. Advenientibus e Pisatide et Triphylia Amythaonidis iisque Danai posteris permixtis, regiae erant duae, Argos et Mycenae, commune autem templum Heraeum, 319, 50. Post Heraclidarum reditum Argolidem obtinuerunt Temenus et Cissus, 334, 50. Argivi, Ἀργεῖοι, omnes Graeci Homero, 317, 40, ob Argorum claritatem, 319, 82, vel omnes belli Troj. socii, 29, 15. — Argivi Messeniorum contra Lacedaemonios socii, 310, 53. Eorum et Lacedaemoniorum de Thyrea controversia, 54, 40. Argivi 300 ad Thyreas cum totidem Lacedaemoniis pugnantes Othryadae strategemate vincuntur, 323, 31. Mycenas diruerunt, 320, 25, agrumque diviserunt, 324, 28; complures Argolidis urbes ob rebellionem incolis nudarunt, 320, 47. Argivi pro Naupliensibus ad amphictyoniam Calauriae contribuebant, 321, 35. Cur Hermatis, Boeotiae vici incolis ἰσοπολιτείαν concesserint, 347, 21. Pyrrhum non admiserunt, sub aliis tamen regibus fuerunt, 323, 50; Achaici foederis socii in Romanorum venerunt potestatem, 324, 3. Argivi, Triptolemi Io quaerentis comites, in Cilicia Tarsum condunt; alii ad Orontem considunt, unde ejus posteri in Antiochiam conducti sunt, 638, 49. Argis coloniam in Argos Pelasgicum Thessaliae duxit Abas, 370, 24. Argivi Æginam frequentarunt, 323, 6. Tralles in Caria condiderunt, 554, 28; Aspendum in Pamphylia, 569, 49; Curium in Cypro, 582, 39. Argivus Phido, 307, 40. Argolidis collis, Euboea, 386, 14. Argolici equi, 333, 32. — Argos urbs. Ejus situs; Larisa arx; Jovis templum; Inachus fluvius, 318, 21 (unde Ἄργος Ἰνάχειον, 333, 2). Argos a Temenio 26 stadiis, 316, 43; ab Heraeo 40; a Mycenis 50 stadiis, 316, 44. A Nemea distantia, 324, 42. Argos apud Mycenas situm, Pelasgorum patria sec. Æschylum, 184, 28. Arcem condidit Danaus, 319, 25, cujus est in foro sepulcrum, Palinthus, 3 9, 31. Urbs puteorum copia instructa, quorum inventio Danai filiabus deberi fertur; quattuor eorum sacri sunt, 319, 18; puteorum fossionem docuit Danaus ob id rex creatus, 19, 30. Altero regno Amythaonidarum constituto, Argos erat Danaidarum regia, illorum vero Mycenae; templumque utrisque commune Heraeum, 320, 4. Argis et Mycenis imperabant Sthenelus et Eurystheus, 324, 18. Argos urbs initio Mycenis superior, deinde, Pelopidis in illas commigrantibus, inferior, 320, 8. Post reditum Heraclidarum Argos denuo caput erat; denique ab Argivis

Mycenæ dirutæ, 320, 21. Argos, antiquitus quam Sparta celebrior, 323, 74. Urbs fœderi Achaico se adjunxit, 331, 4. Ante muros ejus urbis cecidit Pyrrhus, 323, 51. Urbs etiamnum constat, secunda a Lacedæmone, 324, 4.

Argos Amphilochicum, Ἄργος τὸ Ἀμφιλοχικόν (*Neochori*), Acarnaniæ urbs, 387, 1, ab Alcmæone condita, et de fratre ejus Amphilocho dicta, 397, 20; 225, 50. Alcmæon conditor in fratris Amphilochi honorem nomen urbi indidit, sec. Ephorum; sec. Thucydidem vero ipse Amphilochus de se urbem vocavit, 270, 45; 397, 20. Argos e borea fertur Inachus fluvius sec. Hecatæum, 262, 50.

Argos Hippium, deinde Argyrippa, nunc Arpi, Ἄργος τὸ Ἴππιον, ἡ Ἀργυρίππα, Ἄρποι (*Arpino*), Apuliæ urbs, a Diomede condita, 235, 43, 179, 6. Urbis navale ad Aufidum fl., 235, 39.

Argos Oresticum, Ἄργος Ὀρεστικόν, in Orestiade Epirotica ab Oreste conditum, 271, 16.

Argos Pelasgicum, Ἄργος Πελασγικόν, Thessalia ab Homero vocatur, 317, 42; ea Thessaliæ pars sic dicitur quæ est inter ostia Penei et Thermopylas usque ad montana Pindi, quod Pelasgi loca ea obtinuerunt, 184, 9. Ap. Homerum dici alii censent urbem, olim juxta Larisam sitam, non amplius superstitem, alii vero campum Thessalorum, cui nomen dederit Abas, ex Argolide eo coloniam deducens, 370, 21; 369, 50.

Argos, ὁ Ἄργος, Cappadociæ castellum ad Taurum, 460, 21. Aliunde non notum. *Arca* locum (hod. *Arga*) in Melitene habent Itineraria, qui num ad nos pertineat, nescio.

Argous, Ἀργῷος, Æthaliæ ins. portus (*Porto Ferrajo*) ab Argo navi dictus, 186, 37.

Argura, Ἄργουρα, olim Argissa, ad Peneum opp. Thessaliæ, 378, 2; 40 stadiis dissita ab Atrace, *ib*. Situm fuisse locum in tumulis qui non longe a Larisa urbe sunt, suspicatur Leakius.

Argyria, Ἀργυρία, Troadis pagus Scepsi et Æsepo vicinus, 472, 48; ad dextram Æsepi inter Polychnam et Palæscepsin (quæ sunt ad lævam Æsepi), modo fides habenda sit Demetrio, 516, 26. Locus componendus cum argenti fodinis quæ sunt ad locum *Gumuch Maden*.

Argyrippa. V. Argos Hippium.

Argyrûs m., Ἀργυροῦν ὄρος, in Bætica (*Argentario*), 122, 47.

Argyrusci. V. Aurunci.

Aria, ἡ Ἀρία, Asiæ regio, Arianæ pars, rigatur Ario fl.; finitima Bactrianæ et Margianæ; ab Hyrcania 6000 stadia distat; συντελὴς εἰ Drangiana; nec non Arachosia; longitudo Ariæ et latitudo; urbes Artacaena, Alexandria, Achaia(?), 442, *cap*. 10; 61, 6; 438, 40. Vinum Ariæ; 442, 19, in vasis non picatis durans per triennium, 61, 3. Arios inter et Hyrcanos Tapyri habitant sec. Eratosthenem, 440, 36. Regionem eorum transit Alexander, 616, 44. Via ex Aria Prophthasiam ducens, 616, 3.

Ariamazæ rupes, Ἀριαμάζου πέτρα, i. q. Oxi petra, q. v.

Ariana, ἡ Ἀριανή, prima pars regionis, quæ post Indum Persis obtemperat, 613, 1. Ejus limites sec. Eratosthenem, 613, 3; 615, 41. Cf. 60, 40; 85, 12. Adjacentes ei populi, 616, 30. Arianæ nomen etiam ad partem quandam Persarum et Medorum et septentrionalium Bactriorum et Sogdianorum extendi potest, 616, 15. Primum in Ariana meridionali habitant Arbies, dein Oritæ, tum Ichthyophagi, tum Carmanii usque ad Persidem, quorum populorum ora est stadiorum 13900, 613, 14. Arianis quasdam regiones ad Indum sitas Alexander M. ademit et peculiares civitates constituit; easdem postea Seleucus Nicator Sandrocotto dedit, 616, 27; 587, 28. Aiianam obtinuerunt Græci Bactriæ reges, 442, 50. Male culta est regio quam incolunt barbari variarum nationum, a montibus usque ad Gedrosiam et Carmaniam, 107, 40. Ariani, sec.

Eratosthenem, virtute præstantes, 54, 38; similes Assyriis, Syris, Arabibus, Armeniis, 34, 50.

Ariarathes, pater Stratonices, quæ uxor fuit Attali, 533, 50; primus appellatus est rex Cappadociæ; Cataoniam et Melitenen regno suo adjecit, 457, 37; fauces quibus Melas in Euphratem (deb. in Halyn) influit puerilis lusus causa obstruxit, 461, 43. Idem Carmalæ alveum apud Herpa obstruxit, 462, 1.

Aricia, Ἀρικία (*Ariccia*), Latii opp., 192, 43, a Roma 160 stadiis dissitum, 199, 36. Ariciæ Dianæ templum, lucus, lacus, cultus, 199, 43. Aricini, 192, 35.

Aridæus cum Perdicca in Ægyptum venit, et hinc in Macedoniam discessit, 675, 15.

Arietes Sardiniæ, μούσμωνες dicti, lanæ loco pilum caprinum habent, 187, 40. Cf. Oves.

Arimaspi, Ἀριμασποί, unoculi apud Scythas esse feruntur in Arimaspeis carminibus Aristeæ, 17, 45; Cf. 435, 21 et v. Cyclopes.

Arimi, Ἄριμοι, apud quos Typhonis cubilia esse Homerus dicit, aliis ponuntur in Lydia, aliis in Cilicia vel in Syria; Demetrius Scepsius eos collocat in Mysia Catacecaumena, 535, 37; 496, 27. Pindarus Pyth. 1, 31 *sqq*. diversa miscet, 535, 46. Nonnullis (ut Posidonio, 667, 35) Arimi sunt Aramæi sive Syri, quibus Ciliciam Cilices eripuerunt; Callisthenes eos prope Calycadnum et Sarpedonium promontorium et antrum Corycium ponit ab iisque vicinos montes vocari Arimos dicit, 536, 8. De Arimis fabula ad Orontis fl. regionem ponitur, 639, 19.

Arimi montes, Ἄριμα ὄρη, in Cilicia, 536, 13.

Ariminum, Ἀρίμινον (*Rimini*), ab Umbris habitatur, 189, 10; 180, 37; coloniam Romanorum accepit, 180, 37. Ad eam usque Umbri pertinent, 182, 31. Portum urbs habet et fluvium cognominem (*la Marecchia*), 180, 39. A Placentia 1300 stadia distat, 180, 40; a Ravenna 300 stadia, 189, 25. Ab ea urbe Bononiam itur in via Æmilia et Romam via Flaminia, 181, 15; 189, 26, in qua usque ad Ocriculum et Tiberim sunt 1350 stadia, 189, 26. Ad Ariminum latus Italiæ orientale angulum habet, 175, 16. Cf. etiam 175, 15 et 20 et 42 et 47; 176, 14; 180, 30; 189, 19; 200, 37.

Arimus, Ἀριμοῦς, Catacecaumenes rex, sec. Xanthum, 537, 20.

Ariobarzanes, Ἀριοβαρζάνης, a Cappadocibus rex creatur; stirps ejus in tertia generatione defecit, 463, 18.

Arion, Ἀρείων, Adrasti equus, 347, 19.

Arion, Ἀρίων, Methymnæus citharœdus; quæ de eo prodat Herodotus, 528, 39.

Arisba, Ἀρίσβα, urbs Troadis (*Moussa?*) in Asii ditione, fortasse Asii regia, ad Selleentem fluvium (*Moussa-Tchai?*); de situ urbis, ab Homero memoratæ, non constat, nisi quod circa Abydum et Lampsacum et Parium quærendus est, 505, 10. Arisba Milesiorum coloniam accepit, 542, 38.

Arisba Lesbi urbs fuit, cujus agrum nunc Methymnæi tenent, 505, 28.

Arisbus, Ἄρισβος, Thraciæ fl., in Hebrum incidens, prope quem Cebrenii Thraces, 505, 29 et 35.

Aristarche, Dianæ ap. Massilienses sacerdos, 149, 5.

Aristarchus cum Cratete in arte grammatica κορυφαῖος, 25, 23. Æqualis Demetrii Scepsii, 521, 25; Menecratis Nysæensis magister, 555, 34. Homeri de Æthiopibus bifariam divisis sententiam falsam esse contendit, improbante Strabone; idem alia multa Homerum de locis falsa afferre ait, 26, 10 *sqq*. Quomodo in Od. 1, 24 legi voluerit, 15, 28; 85, 34.

Aristeas, Proconnesius sec. nonnullos Homeri magister, 545, 44; in Arimaspeis carminibus Arimaspos unoculos fuisse tradidit, 17, 45.

Aristides pictor Bacchum pinxit, quem Corintho Mummius Romam abstulit, 327, 33.
Aristio, Atheniensium tyrannus, a Sylla supplicio affectus, 342, 7.
Aristippus Socraticus, Cyrenæus, Cyrenaicæ sectæ auctor, pater Aretæ, avus Aristippi metrodidacti, 711, 5.
Aristippus Cyrenæus, Aretes filius, metrodidactus cognomine, matri in schola Cyrenæa successit, 711, 8.
Aristo, peripateticus, Bionis Borysthenitæ imitator, Iulide in Ceo ins. natus, 417, 45. De Nilo scripsit; libro ejus usus esse videtur Eudorus, quamquam hic Aristonem furti incusat, 672, 19. Magiser Aristonis Coi, 561, 41.
Aristo Cous, Aristonis Coi discipulus, 561, 41.
Aristo stoicus philosophus Athenis floruit tempore Eratosthenis, qui magni eum fecit, p. 12, 22.
Aristo Rheginus citharœdus. Ejus cum Eunomo Locrensi certamen in Pythiis ludis, 216, 36.
Aristobulus laudatur de Hyrcania, 436, 42; de Polytimeto Sogdianæ fl., 444, 14; de Sardanapalli monumento, quod est Anchiales, 573, 28; de imbrium ratione in India, 589, § 17; de rebus quibus India similis sit Æthiopiæ et Ægypto, et quibusnam sit diversa, 590, § 19; de fluviorum in India exundationibus, 590, 21; de oryzæ in India cultura, 590, 31; de Indiæ arboribus, 592, 5. Campos Indiæ complui negat, 593, 1. Laudatur de Indi ostiis, 597, 34; de serpentibus Indiæ, 601, 54; de Indi crocodilis deque piscibus marinis, qui per fluvium ascendunt, 602, 11; de Brachmanibus duobus, quos Taxilis vidit, 607, § 61; de institutis quibusdam Indorum in Taxilæ regno, 608, § 62; de Cyri sepulcro, 621, 33; de Alexandro Euphratis fossas inspiciente et Arabiam invadere cogitante, 631, § 11; de Gerrhæorum commerciis, 652, 21; de piscibus qui e mari in Nilum ascendunt, 699, 45.
Aristobulus et Hyrcanus, Alexandri filii, de Judæorum imperio disceptantes a Pompeio dejecti sunt, 649, 19.
Aristocles, Rhodius, grammaticus, Straboni coævus, 559, 46.
Aristocrates, Orchomeni rex, Messeniis contra Lacedæmonios dux fuit, 310, 54.
Aristodemus Nysæensis, Menecratis filius, Sostrati frater, grammaticus, quem Nysæ audicit Strabo νέος παντελῶς, 555, 36; in Rhodo quoque et Romæ docuit, ib.
Aristodemus, alius Nysæensis grammaticus, consobrinus Aristodemi Menecrate nati, magister Pompeii, M, 555, 37.
Aristonicus post mortem Attali Philometoris, regnum sibi vindicare studet; belli contra eum gesti historia, 552, § 38.
Aristonicus, Strabonianæ ætatis grammaticus, περὶ τῆς Μενελάου πλάνης scripsit; capita ejus disputationis exposuit Strabo, 31.
Aristopatra, Cassandri mater, 598, 18.
Aristophanes (Pac. 1148) laudatur, 529, 18.
Aristoteles, Stagiri natus, 297, 47; 280, 40; Assi commoratus apud Hermeam, qui fratris filiam ei nuptum dedit, 525, 4 sqq.; magister Theophrasti et Phaniæ, 528, 30, et Neleí Scepsii, 520, 39; Chalcide mortuus est, 385, 13. Bibliothecam suam Theophrasto reliquit; bibliothecæ fata, 520, § 54. Aristoteles torridam zonam vocavit eam quæ intra duos tropicos est; nimiam eam faciens, quum bona pars ejus inhabitetur. Temperatas zonas eas dicit quæ sunt inter tropicos et circulos arcticos, 78, 19. Quomodo ventos distinxerit, 24, 7. De causa æstuum marinorum qui ad Hispaniam sunt, non recte disputavit, 126, 50. Ejus sententia de origine campi Lapidosi qui est ad Rhodani ostia, 151, 37. Lapides fluviales memorat ex arena formatos, qui imbribus liquescunt, 248, 43. In

Rebus publicis Acarnanum, Ætolorum, Opuntiorum Megarensium et Leucadiorum de Lelegibus dixit, 267, 27 Laudatur de Cauconum sedibus, 297, 2; de Dryopibus 321, 11; de Caribus in Epidauro et Hermione, 321, 53; d Chalcidensium coloniis, 384, 4; de Abantibus, 382, 23 Murum ad Græcarum navium stationem prope Trojan poetam et struxisse et delevisse dicit, 512, 18. Fiden denegat iis quæ de Sila Indiæ fluvio traduntur, 599, 25 Thrasyalcem physicum secutus, Nilum imbribus auge prodidit, 672, 11. Laudatur etiam (Hist. nat. 10, 2) 592, 41.
Aristoxenus cum Pythagoreis musicam morum formatricen dicit, 13, 6.
Aristus historicus, Salaminius e Cypro, 582, 27, laudatu de Cyri sepulcro, 622, 7.
Arithmeticæ inventores Phœnices, 644, 52; 670, 5; cf 644, 45.
Arius fl., Ἄριος (*Heri-rud*), Ariam rigans, 442, 43, sabul absorbetur, 444, 18.
Arius, Ἄρειος, amicus Xenarchi Seleucensis, 572, 25.
Ariusia, ἡ Ἀριουσία, Chii regio vinum optimum ferens 551, 12.
Arma Lusitanorum, 138, 4; Hispanorum, 135, 42; Gallo rum, 163, 41; incolarum Sardiniæ, 187, 41; Rhoxola norum, 254, 47; Albanorum et Iberum, 431, 15; Ama zonum ad Caucasum, 432, 30; Massagetarum, 440, 2 Indorum, 610, 23; Persarum, 625, 15; Arabum, 665 16; Æthiopum, 660, 30; 696, 30; 698, 14; Maurorum 703, 10. — Armata saltatio. V. Saltatio.
Armene, Ἀρμένη (Ἀρμήνη Xenophon), Sinopensium pagu in Ponti ora, portum habet; de eo proverbium, 467, 13
Armenia magna, Ἀρμενία ἡ μεγάλη, describitur XI, c. 14 p. 451 sqq. Sita est in Tauri montibus, 446, 35; 447, 52 448, 52. Ejus fines, 451, § 1; cf. 107, 16 et 30 et v Armeniorum Pylæ. Ejus magnitudo sec. Theophanem 454, § 4. Ex Armenia in Iberiam aditus, 429, 35; flumin Phasis, Lycus, Cyrus, Araxes, Euphrates, Tigris, 45 § 2; 428, 49; 469, 20; 427, 20; Araxes Armeniam a Atropatene distinguit, 448, 52; Apollodorus Araxe fl Armeniam ab Iberia dirimi dicit, a qua potius separatu Cyro fl. et Moschicis montibus, 51, 5. Montes et con valles; montium trajectus periculosi; animalcula i nivis glebis, 432, § 4; 68, 17; 434, 15; lacus, 41, 30 453, § 8. Armenia ἱππόβοτος, 450, 17. Ejus satrapa reg Persarum quotannis 20000 pullos mittebat, 454, 26 Metalla auri et sandycis, 454, 18; color Armenius, Ἀρμέ νιον χρῶμα, i. e. sandyx, 454, 21; equorum copia, 454 22; loricati equites, *ib*. Opulentia regionis probatu Tigranis exemplo, 454, § 10. Armeniæ parte optima Sacasene dicta, Sacæ potiti sunt, 439, 1. Armeniæ pro vinciæ Araxene et Sacasene, melle divites, 436, 32; 60 51. Cambysene provincia Iberes et Albanos attingit, 430 10. De ceteris Armeniæ provinciis vid. s. vv. Chorzene Gogarene, Hyspiratis vel potius Syspiritis, Carenitis Derxene, Acilisene, Odomantis, Sophene, Taroni tis, Basoropeda, Phaunitis, Orchistene, Caspiana. Ar menis ut plurimum parent Mesopotamiæ incolæ præter montani, 636, 36. Armeni partem Moschicæ regioni tenent, 423, 9. Nonnunquam iis se adjunxit Adiabene 634, 27. Ab Armeniis Symbacen receperunt Atropateni 448. 45. Urbes Armeniæ Artaxata et Arxata, et castella Olane et Babyrsa et Artagera, 453, § 6. Cf. v. Tigra nocerta, Carthaciocerta, Azara, Caballa. — Armenia magnam partem peragrarunt Jason et Armenus Thessa lus, a quo nomen regio habet; quasnam provincias soci Armeni incoluerint, 432, 6. Exposuerunt de his Cyrsi lus et Medius historici, sicuti de vestitu Armenico et Thessalico repetendo deque aliis similibus, 454, § 12

sqq. De Jasone e Colchide in Armeniam penetrante *cf.* 40, 58. Jasonia in Armenia passim monstrantur, 451, 25; 38, 21. Possederunt Armeniam Persæ, ex iisque postremus Orontes, tum Macedones, Syriæ et Mediæ reges, 455, 49. Antiochi Magni præfecti ibi fuerunt Artaxias et Zariadres, qui, victo Antiocho, a Romanis reges creati suique juris facti sunt. Quomodo Armenia inter eos distributa sit, 456, 1. Armeniam olim parvam quomodo auxerint Artaxias et Zariadres, 453, 14. Cum regibus Armeniæ affinitatem contraxerunt reges Atropatenæ, 448, 29. Armenii nunquam in Parthorum venere potestatem, 634, 36. Rex eorum Artavasdes, 449, 19. (Cf. v. Tigranes.) Armeniæ majoris rex creatus est Polemonis et Pythodoridis filius, 476, 19. Nunc præsentia ducum Romanorum facile cohibentur Armenii, Albani et Iberi, 239, 25. Armenii, Syri et Arabes multum cognationis ostendunt, similesque eorum etiam Assyrii et Ariani, 34, 42. Nomen Armeniorum simile est illi Aramæorum, 35, 2. Mores in plerisque communes sunt Medis et Armeniis, 450, 47. Armenii Persarum sacra colunt, maxime Anaïtidem, cui illustrissimi quique filias dedicant, quas diu stupratas nuptum dant, 456, § 16.

Armenia minor, ἡ μικρὰ Ἀρμενία, 452, 3; 463, 32; 470, 9; 578, 47; felix regio; reguli eam tenuerunt, quibus paruerunt Tibareni et Chaldæi. Antipater, Sisidis f., regno Mithridati Eupatori cessit, qui 75 ibi castella struxit, 475, § 28. Ab Acilisena Armeniam minorem dividit Euphrates, 475, 51. Conterminæ ei sunt Ponti regiones Culupene et Camisene, 479, 28. In Armenia min. Pompeius Nicopolin condidit, 476, 1.

Armeniorum pylæ, αἱ Ἀρμενίων πύλαι, sec. Eratosthenem distant a Thapsaco boreum versus 1100 stadia; hoc enim spatium dimensum est; non item quod deinceps est per Gordyæos et Armenios; id Eratosthenes accuratius non definivit, Hipparchus vero 1000 minimum stadiorum esse dixit, 66, 40. Idem Eratosthenes stadia illa 1100 a Thapsaco pertinere ait μέχρι τῶν Ἀρμενίων ὀρῶν, 68, 17.— Pylas Arm. alius nemo memorat. Mensura ducit in regionem quæ est infra hodiernum *Gerger* (a Samosatis boream versus), ubi Euphrates ex ultimis Tauri rupibus prorrumpit (circa 37° 53′ lat.), ut ibi pylas illas quærendas esse pateat (V. Ritter 10, p. 970 et 871).

Armenium, Ἀρμένιον (i. q. Ὁρμένιον), Thessaliæ opp. juxta Bœbeidem inter Larisam et Pheras; inde oriundus Armenus Jasonis comes, 432, 6; 454, 49.

Armenus Thessalus, ex Armenio opp. oriundus cum Jasone Iberiam, Albaniam et Armeniam Mediamque adiit; socii ejus Acilisenen, Syspiritidem, Calachenen et Adiabeneu incolis frequentarunt, 432, 6; 454, § 12.

Arminius, Ἀρμένιος, Cheruscorum dux, qui Vari legiones, violatis pactis, invasit et occidit et etiamnum bellum fovet; uxor ejus Thusnelda, Segesti filia, Segimunti soror, a Germanico in triumpho ducta, 242, 26. Cœptis ejus adversabatur socer Segestus, 242. 34.

Arne, Ἄρνη, Thessaliæ oppidum, sicut Itonus et Cuarius fl. prope Crocium campum fuisse dicitur, 374, 13. (Fuit igitur in Phthiotide non longe a sinu Pagasæo. Nihilominus sec. Strabon. Arne hæc, sicut Phyllus et Cierus, est Thessaliotidis urbs, 374, 14. Videlicet confundit cum Arne Phthiotica Arnen Thessaliotidis, ad quam item erat Minervæ Itoniæ fanum et Cuarius fluvius, et quam a Ciero (hod. vico *Mataranga*) non diversam esse a Stephano constat. Plura de his v. ap. Od. Müllerum *Zur Karte des nœrdl. Griechenlds* p. 18 *sqq.*). Cum Arnæis Bœoti remp. constituerunt, 344, 49; 353, 24. Arnæ vicina loca λευκόγαια sunt, unde etiam Titanus mons nomen habet, 377, 34.

Arne, Bœotiæ opp. apud Homerum, quod postea Acræphium vocabatur, alii vero Copaide lacu absorptam esse dicunt, 354, 45; 49, 35. Tertia quædam de hac Arne sententia, 355, 3.

Arnus, Ἄρνος (*Arno*), Etruriæ fluv.; inter eum et Ausarem confluentem Pisæ sitæ; ab Arretio descendit unus ejus alveus, cui alii duo accedunt, 185, 27. De confluentibus narratio, *ib.*

Arvanius. V. Anias.

Ἄρομα, Cariæ locus in Mesogide monte, unde optimus Μεσωγίτης οἶνος ὁ Ἀρομεύς, 555, 39.

Aromata Indiæ, 592, 30; apud Sabæos, 662, 30; in Gedrosia, 613, 45.

Aromatifera, ἀρωματοφόρος, regio Æthiopiæ extra fauces sinus Arabici, 658, 32; regio Arabiæ Felicis, 32, 45; 654, 17 sqq.; 662, § 19.

Arotrebæ, Ἀροτρέβαι, i. q. Artabri, 127, 39.

Arotria, Ἀρότρια, priscum nomen Eretriæ, 384, 59.

Arpi, Ἄρποι (*Arpino*), Apuliæ opp. Vide Argos Hippium.

Arpina, Ἄρπινα (Ἄρπινα?), Pisatidis ex octo urbibus, Olympiæ vicina, ad Parthenium fl., in via Heræam (Pheræam *codd.*) ducente, 306, 37. Sec. Pausaniam, oppidum, ab Olympia 20 stadiis distans, erat ad Harpinatem fl., qui est a Parthenia versus occasum.

Arrechi, Ἀρρηχοί (Ἀρριχοί ap. Ptolem.), Mæotarum gens, 425, 1.

Arretium, Ἀρρήτιον (*Arezzo*), Etruriæ urbs, 183, 19; a Roma 1200 stad., 183, 37.

Arrhabæus, e Bacchiadis genus ducens, Lyncestis imperavit, 271, 29 : hujus e Sirra filia neptis Eurydice, *ib.*

Ἄρρινες, naribus-carentes, Indiæ gens fabulosa, 58, 46.

Arsaces, Parnis Dais imperavit ad Ochum fl., unde profectus Parthyæam occupavit, 441, 40; E Daarum Scytharum gente oriundus; secundum alios Bactrianus, qui Diodotum fugiens, Parthyæam ad defectionem perduxerit, 442, § 3. Seleucum Callinicum fugiens ad Apasiacas se contulit, 440, 28.

Arsaces, res novas agitans, a Pharnacis regis filiis in Sagylio, Ponti arce, interficitur, 480, 11.

Arsacia, Mediæ urbs, non longe a Rhagis distans (ubi nunc *Scheri* ruinæ), quam Parthi appellarunt Europum sive Rhagas, 450, 7.

Arsacidarum amantes Parthi, 647, 37

Arsene, Ἀρσηνή, (Ἀρσισσα ap. Ptolem.), sive Thopitis, Θωπῖτις (*lac Van*), Armeniæ palus nitrosa, per quam Tigris fertur, 453, 54.

Arsenicum in Carmaniæ monte reperitur, 618, 31.

Arses Persa a Bagoa eunucho interfectus, 626, 34.

Arsinoe, Ptolemæi II soror et uxor, condidit Arsinoen Ætoliæ, 395, 33. Lysimachi uxor, 547, 3, Philetærum falsis criminationibus apud maritum detulit, 533, 11.

Arsinoes Veneris sacellum in Zephyrio promont. inter Alexandriam et Canobum, 680, 28.

Arsinoe ejusque soror Cleopatra Cyprum ins. ab Antonio accepere, 584, 18.

Arsinoe, Ægypti urbs (*Ardcherûd* prope *Suez*) ad quam Nili fossa in sinum Arabicum exit; nonnulli eam Cleopatridem vocant, 683, 30. Cf. 683, 49 et 10, 35.

Arsinoe alia in ora sinus Arabici inter Philoteram et Myoshormum ex Artemidoro memoratur, 655, 12; hæc aliunde non nota; Letronnius ad Drepanum pr. sitam fuisse suspicatur; ego Artemidorum in serie nominum errasse et Arsinoen in præcedente articulo memoratam indicari puto.

Arsinoe, Ægypti urbs (*Medinet el-Fayum*), quæ olim Crocodilopolis, centum fere stadiis a labyrintho distans; crocodilorum ibi cultus, 689, 34.

Arsinoe, Æthiopiæ opp. in sinus Arabici ora ad Dire prom., portum habet, 658, 29.

Arsinoe, Ætoliæ urbs (*Angelokastro*), antea pagus, cui Conopa nomen; a quonam condita sit, 395, 31.

Arsinoe, Ciliciæ opp. inter Coracesium et Hamaxiam situm, 571, 28. Errat h. l. Strabo in eo quod Hamaxiam a Coracesio orientem versus ponit, quum opp. sit occasum versus (V. not. ad. Stadiasm. § 208 in Geogr. m. I, p. 487). Quod intermediam urbem attinet, aliunde non nota est; Stadiasmus post Coracesium memorat *Aunesin*, idem locus n. l. indicatur; num alteruter scriptor de nomine erraverit, an Aunesis certo quodam tempore (Artemidori sc.) Arsinoe dicta sit, non liquet. Hamaxia sita erat inter Coracesium et Aunesin in mediterraneis; quare in Stadiasmo pro periplòn ratione memoratur post oræ loca. Idem factum fuerit in fonte Strabonis; unde nasci facile error potuit de serie locorum.

Arsinoe, Ciliciæ urbs, inter Nagidum et Melaniam sita, 571, 46. Ruinæ prope hod. *Softi*.

Arsinoe, Cypri urbs, inter Acamantem et Solos, 483, 16. Hodie *Polis tou Chrysochou*.

Arsinoe, Cypri opp. et portus inter Salaminem et Leucollam situs, 582, 27 (Probabiliter hod. *Famagosta*).

Arsinoe, Cypri vel ἄκρα vel πόλις inter Zephyrium pr. et Hierocepin sita, navium stationem et templum habens, 583, 6. Aliunde non nota. Fuisse debet ad *Potamo tis Aschelias*.

Arsinoe sive Tauchira (*Tokra*), Cyrenaicæ urbs, 710, 20.

Arsinoe, per tempus aliquod Ephesi nomen, ab Lysimacho inditum, 547, 3.

Arsinoe per aliquantum temporis nominata est Patara Lyciæ urbs, auctore Ptol. Philadelpho, 563, 22.

Arsinoites nomus (*Fayoum*) Ægypti, Ἀρσινοΐτης νομός, 671, 13, præ ceteris memorabilis, 687, 33; in eo Mœridis lacus (*Briket el-Kerûn*), 687, 44, et labyrinthus, 689, 1.

Arsinus, Ἄρσινος, i. q. Ἐρασῖνος, Argolidis fl., 319, 9.

Arsites (?) (Ἄρσινος codd.), Mithropastæ pater, 652, 38.

Artabazes, Apamæ pater, 494, 52.

Artabri, Ἄρταβροι, Lusitanorum ultimi boream et occasum versus, circa Nerium prom., 127, 28; 113, 41; 122, 20. Apud eos terram efflorescere argento et stanno et auro albo Posidonius ait. Colligendi ejus et lavandi ratio, 122, 20. Artabri Strabonis ætate Arotrebæ (Arrotrebæ Plin.) vocabantur, 127, 39. Multæ iis urbes sunt ad sinum (prope hod. *Corogne*), quem nautæ Artabrorum portum vocant, 127, 38. Inter Artabros et Tagum triginta fere gentes habitant, 127, 40. In alto Artabris objacent Cassiterides insulæ, 145, 45; 99, 17.

Artacaena, Ἀρτακάηνα, Ariæ urbs a conditore nomen habens, 442, 34. Situs incertus.

Artace, insula prope Cyzicum insulam ante Artacen montem sita, 493, 39.

Artace, Ἀρτάκη, mons in Cyzico ins., 493, 39.

Artace (*Artaki*), in Cyzico ins. oppidum, 498, 45; Milesiorum colonia, 542, 38.

Artacene (*Adiabene?*), Assyriæ regio in qua Lycus fl., 628, 26.

Artageræ, Ἀρταγήραι (Ἀρτάγερα Zonar. 10, 36. Vell. Pat. 2, 102, *Artogerassa* Ammian. 27, 12.) castellum Armeniæ ad Euphratem, quod Ador præfectus ad defectionem perduxit, Cæsaris vero duces obsesserunt ceperuntque, 453, 40. Situs ignotus (V. Ritter 10 p. 84). Quodsi castellum hoc ex nonnullorum sententia componendum foret cum loco quem Ptolemæus Ἀρταγίγαρτα vocat, inter Arsamosata et Tigranocerta situm foret juxta Tigrim potius quam ad Euphratem. Sed hæc mera conjectura. In tabb. nonnullis *Artagera* (*Artagers* Arm.) ad Araxem notari video.

Artanes, Sophenus, a Zariadre genus ducens, austrinas Armeniæ partes et occidentales tenuit, 456, 10; a Tigrane oppressus est, *ib.*

Artavasdes, Tigranis f., 454, 36, Armeniorum rex, Antonio itineris dux, fraude sua in calamitatem Romanos conjecit, 449, § 4. Antonium Parthis prodidit; Alexandriam deductus et vinctus per urbem ductus, mox interfectus est, 356, 31. Artavasdæ equitatus loricatus, 454, 27.

Artaxata, Ἀρτάξατα, sive Artaxiasata (ruinæ *Ardachar*), Artaxiæ regi ab Hannibale condita; ad Araxem, 452, 19 et 37, 453, 30. Situs urbis, 453, 19.

Artaxerxis I (sub quo Xanthus historicus vixit) temporibus magna in Asia fuit siccitas, 41, 25.

Artaxerxis II medicus Ctesias Cnidius, 560, 17.

Artaxias, primum Antiochi M. in Armenia præfectus, deinde rex sui juris; ab eo genus duxit Tigranes, 456, 3.; 453, 15. Ei Artaxata urbem Hannibal condidit, 453, 30.

Artaxiasata, v. Artaxata.

Artemidorus Cnidius, Theopompi, qui Cæsaris amicus erat, filius, 560, 16.

Artemidorus Ephesius, geographus, a civibus Romam legatus missus, reditus quos Selinusia palus præbebat deæ consecrandos, publicani autem ad se rapuerant, ut restituerentur deæ, effecit; idem Heracleotidem civibus reddidit. His pro meritis statuam ejus auream cives in templo posuerunt, 548, § 26. In Sacro promontorio Hispaniæ fuit; cujus figuram cum navigio comparat; nullum ibi templum Herculis esse, sed lapides quosdam sacros exstare dicit, 114, 9. Solem in occiduo oceano videri centuplo quam alibi majorem et occidere cum strepitu, et post occasum statim irrumpere noctem tradit; quod refutat Posidonius, 114, § 5. Nonnulla eorum quæ Pytheam secutus Eratosthenes de Iberia prodidit, refellit, 123, 12. Laudatur de Odyssea Hispaniæ urbe, 130, 18; de Lotophagis, 130, 35. De Tarracone urbe contra Eratosthenem, 132, 32; de mulierum apud Hispanos ornatu, 136, 31; de Gymnesiarum insularum magnitudine, 139, 15. Agnoscit Junonis insulam ad Calpen montem; negat vero alteram ei objectam esse insulam, neque Abilycen novit montem neque Metagonium Numidiæ, ut Eratosthenes dixerat, 141, 32. Idem de fonte in Herculis templo Gaditano, 143, 21. Tria Rhodani ostia perhibet, 152, 29. De Aeria urbe Galliæ Narbon., 154, 8; de Duorum corvorum in ora Gallica portu 165, 18; de Proserpinæ et Cereris cultu in insula Britanniæ vicina, 165, 29. Falso ait Corsicam et Sardiniam 1200 a continente stadiis distare, 186, 31. Avernum Campaniæ lacum cum Lucrino sinu confundit, 204, 32. Laudatur de sinus Tarentini ambitu, 217, 36. A Pachyno ad Tænarum 4600 stadia, ab Alpheo ad Pamisum 1130 st. computat, 221, 49. Afferuntur ex eo distantiæ urbium oræ Iapygiæ a Brundusio ad Garganum, 236, 34 et 40. Ab Hebro ad Cypselis usque ad Byzantium et Cyaneas 3100 stadia juxta oram esse censet, 284, 33. Laudatur de Epidauro Limera, 316, 31; de distantia quæ a Maleis ad Istrum sit via brevissima, 334, § 4; de Halo Thessaliæ, 572, 7; de sinu Pagasitico, 375, 6. Chalcim montem Ætoliæ Chalciam vocat, 395, 3; attamen quum Chalciam inter Acheloum et Pleuronem ponat, quod in Chalcidem non quadrat, fortasse Chalcias a Chalci diversus est, 395, 10. Artemidorus sæpius contra Polybium disputat, 399, 28. Quindecim insulas Cyclades numerat, 416, 49. Laudatur de Cretæ magnitudine, 407, 47; de ora Pontica a Batis ad Dioscuriadem, 426, 14; de Pisidiæ urbibus, 488, 17. Mysiam Olympicam Mysorum ad Istrum fl. habitantium coloniam esse dicit, 489, 35. De locis oræ, quæ est prope

Cumam, 531, 43; de Dianæ templo Ephesio, 547, 14 sqq.; de viis et urbium præcipuarum distantiis in Caria, Ionia, Phrygia, Cappadocia usque ad Euphratem. Quæ hinc ad Indiam est via recta, de ea Artemidorus cum Eratosthene consentit, 565, § 29. Ex Lyciæ urbibus 23, ex quibus τὸ Λυκιακὸν σύστημα constabat, sex maximas recenset, 567, 39. Ad Celenderim ponit Pamphyliæ et Ciliciæ confinia, 571, 50. A Pyramo ad Solos 500 stadia computat, 576, 15. Isthmum peninsulæ, quæ Asiam minorem facit, nonnisi 1500 stadiorum esse dicit, 548, 5. Laudatur de Gange et Œdane Indiæ fluviis, 613, § 72. A Melænis Ciliciæ ad Syriæ confinia 1900, hinc ad Orontem 520, hinc ad Orthosiam 1130, hinc ad Pelusium 3650 stadia computat, 647, 7 et 571, 50. De origine nominis maris Erythræi sententias varias affert, 662, § 20. Ejus narratio de sinu Arabico ejusque ora, deque iis quæ extra sinum sunt usque ad Cinnamomiferam, 654, § 5; 663, § 20. Menelaiten Ægypti nomum a Menelao heroe dictum esse falso tradidit, 631, 3. Laudatur de distantia ab Alexandria ad verticem Delta regionis, a Memphi ad Thebaidem et hinc ad Syenen et a Pelusio ad Delta verticem, etc., 682, 53. Eratosthenem reprehendit, quod pro Lynge urbe Lixum dixerat, et propter ea quæ de Phœnicum in ora Libyæ exteriore coloniis tradiderat, et ob alia, 703, 36.; 701, 5. Citatur de Lotophagis, 703, 46 ; de Libyæ fluviis; 704, 13.

Artemidorus, Tarsensis, grammaticus, 576, 7.

Ἄρτεμις. V. Diana.

Artemisia, Hecatomni f., soror et uxor Mausoli, cui in regno succedens sepulcrum erexit; mœrore exstinctæ successit Hidrieus frater, 560, 24 et 40.

Artemisium, Ἀρτεμίσιον, sive Dianium, quod Nemus (Nemi) vocant, in sinistra viæ Appiæ parte, qua Ariciam ascenditur, 199, 49; templum Dianæ et lacus, ib.

Artemisium, Cariæ prom. cum deæ fano in Rhodiorum peræa ad Glaucum sinum, 556, 22. Nunc Souwela Bouroun.

Artemita, olim una Echinadum insularum, nunc continenti juncta est, 49, 41.

Artemita, ἡ Ἀρτεμίτα, urbs 500 a Seleucia stadiis distans orientem versus, 633, 30 ; ab Hyrcania 8000 st. abest, 445, 30. Artemitenus, Apollodorus historicus.

Artis, Ἄρτις, locus in quo Lebedus Ioniæ urbs ab Andropompo condita, 541, 5.

Aruaci, Ἀρουάκοι (vulgo Arevaci), Celtiberiæ gens, Carpetanis et Tagi ostiis contermini; urbes eorum Numantia, 134, 53, Segeda et Pallantia, 135, 7.

Arum Mauritaniæ, 701, 53.

Arundines magnæ et melliferæ in India, 591, 26 et 39; 605, § 56.

Arupini, Ἀρουπῖνοι (Ἀρούπεινον?), Iapodum opp. 172, 47; 261, 33. (Arupium Plin., Arypium T. P.; 30 m. p. a Senia, 10 m. p. a Vendone distans; hod. Mungava sec. Reichard; Auersberg aliis, Ober-Modruss aliis, prope Iosephsthal sec. Lapieum).

Arverni, Ἀρουέρνοι, Galliæ gens ad Ligerim habitans, 157, 9; 158, 42; 161, 15 ; populosissima, 163, 32; Aquitaniæ adscripta ; olim pars eorum erant Vellavi, 158, 29. Caput Arvernorum Nemossus, 158, 42. Pristinam potentiam testantur bella contra Romanos gesta. Contra Cæsarem sub Vercingetorige pugnarunt ad Gergoviam et Alesiam; contra Maximum Æmilianum ad Isaræ et Rhodani confluentes; sub Bituito contra Domitium Ænobarbum ad Sulgam fl., 158, 40. Dominationem dilatarunt usque ad Narbonem, Pyrenæos, oceanum, Rhenum. Luernii Arverni divitiæ, 159, 9. Mulieres Arvernæ pariendo et educando fœtu felices, 163, 34.

Arxata, Ἄρξατα, Armeniæ urbs ad Araxen fl., 453, 31. (Aliunde non nota urbs; eadem esse videtur Ναξυάνα Ptolemæi, hodierna Nachtjuwan. Cf. Mannert t. 5, p. 233.)

Asander, unus ex ultimis Bospori regulis, 425, 12; Mithridatem Pergamenum et Pharnacem, qui Bospori regnum tenuerunt, sustulit, 534, 24. Asander Scytha per Chersonesi Taurici isthmum murum 360 stadiorum duxit, 258, 52.

Asbestus lapis ad Carystum in Eubœa reperitur, 383, 24.

Asbystæ, Ἀσβύσται, Libyæ gens, 108, 39.

Asca, Ἀσκᾶ, Arabiæ opp., ab Ælio Gallo capitur, 665, 18. (Sec. Strabonis narrationem situm oppidum erat inter Negrana (Nedjram) et Mariaba (Marib). Novissima Arabiæ hodiernæ tabula Kiepertiana in hoc tractu habet Eschat opp. (16° 50' lat.), quod cum Asca Strabonis tanto promptius composuerim, quum idem locus apud Plinium vocetur Nesca.

Ascæi Men, Μὴν Ἀσκαίου, templum habet ad Antiochiam, quæ est prope Pisidiam, 477, 17.

Ascalon, Ἀσκάλων (Askuldn). De ruinis v. Ritter t. 16, p. 70), Phœniciæ urbs; ager cæparum ferax. Ascalonius Antiochus philosophus, 646, 18.

Ascania, Ἀσκανία, Europæ regio, ex qua Scamandrius Phryges in Asiam transduxit, 580, 37.

Ascania, Mysiæ pagus ad lacum Ascanium, 581, 4.

Ascania, regio et palus (Aksu) Bithyniæ, 484, 29 et 39, quæ partim ad Phrygiam partim ad Mysiam pertinebat, 484, 31. E palude Ascanius fl. exit; adjacet paludi Ascania vicus, 581, 4. Prope paludem pisces fossiles reperiuntur, 182, 1. Usque ad Ascaniæ paludis et regionis partes orientales Phrygia Epictetos pertinet, 413, 31. Ad Ascaniam paludem Nicæa urbs, 484, 29.

Ascanius fl. (Aksu), ex Ascanio Mysiæ lacu profluens, 581, 4.

Ascanius, Æneæ f., et Scamandrius Palæscepsin in locum hodernæ Scepsis transtulerunt, 519, 32 ; familiæ eorum diu in ea reguasse dicuntur, ib. Ascanius cum Ænea patre in Italiam venit, 520, 9 (cf. Æneas); Albam in Albano monte condit post mortem Anchisæ et Æneæ, 191, 9. A posteris ejus Albæ regnum delatum est ad Amulium et Numitorem, 191, 14.

Asclepiadarum ditio in Thessalia, 372, 42 et in sqq. paginis.

Asclepiades Myrleanus in Turdetania grammaticam docuit et descriptionem gentium quæ ibi sint, edidit. Laudatur de Odyssea urbe aliisque Græcorum Trojanorumque in Hispania monumentis, 130, 18; de Igletis Hispaniæ, 138, 10.

Asclepiades Prusiensis, medicus, 485, 7.

Ascra, Ἄσκρα, Bœotiæ opp., 363, 7, ad Heliconem in agro Thespiense, 40 a Thespiis stadia distans, Hesiodi patria, sita in regione aspera, cujus ipse poeta mentionem facit, 351, 43 ; 532, 39. Præter Hesiodum de Ascra dixit etiam Eudoxus, 354 , 51. (Ruinæ Ascræ in monte vel potius rupe sitæ vocantur Pyrgaki. V. Leake, N. Gr. t. 2, p. 491).

Asculum, Ἄσκλον (Ascoli), Piceni opp., 201, 11.

Asdrubal, qui Barcæ successit, Carthaginem Novam condidit, 131, 37.

Asdrubalis uxor Æsculapii templum Carthaginense, capta urbe, secum concremavit, 706, 38.

Asea, Ἀσέα, τῆς Μεγαλοπολίτιδος vicus; ad eam Alphei et Eurotæ fontes, 395, 1. Ad eam aqua terram subiens longo post intervallo Eurotam et Alpheum edit, 228, 45. (Ruinæ sitæ supra fontes qui vocantur Frangovrysi V. Ross. Reisen im Pelop. t. 1, p. 63.)

Asia Tauro monte divisa; quæ sunt ab eo boream versus,

Asia intra Taurum, quæ versus austrum, extra Taurum vocantur, 106, 49 ; 420, 45. Regiones intra Taurum sitæ : inter Pontum et mare Hyrcanium, 2 supra Hyrcanium mare usque ad Indos et Scythas, 3 a meridie Hyrcani maris et partim etiam isthmi inter Pontum et Caspium intercedentis, major pars Armeniæ, Colchis, Cappadocia, Tibarenia, regio inter Halyn dicta, Cappadocum, Bithynorum, Mysorum, Phrygum Hellesponticorum, Æolis, Ionia, Caria, Lycia, et in mediterraneis, Phrygia, Lycaonia, Lydia ; 4 regio eorum qui ipsos Tauri montes tenent, Paropamisadæ, Parthyæi, Medi, Armenii, Cilices, Pisidæ, 107, § 32 init. — Extra Taurum regiones : Indica, Ariana, Persis, etc., 106, § 31 sq.; 421, § 4-7. Asia ab Europa dirimitur Tanai vel isthmo Caspio, 54, 30 et passim (v. Tanais); a Libya separatur vel Nilo vel isthmo qui est inter Rubrum mare et Ecregma, 26, 51 ; 54, 30; 29, 29 (Cf. Nilus); nonnulli Libyam ab Asia non dividunt, 27, 8. Priscis temporibus Asiæ nomen tribuisse videntur Mæoniæ, sicut Homerus quoque Asium campum ad Caystrum situm memorat, 536, 34. Arctiore vocabuli sensu nunc Asia vocatur terra intra Taurum et Halyn sita, 104, 21 ; 458, 1. Romani Asiam appellarunt Pergamenorum regnum in provinciæ formam redactum, 534, 8. Asia major est quam juncta Europæ Libya, 700, 12. Asiæ (minoris) magna pars olim aquis tecta fuit, ut Xanthus ait, 41, 30. Totam peragravit Sesostris, 654, 40. Magnam ejus partem aperuit Alexandri expeditio, 11, 49. Accuratam interioris Asiæ descriptionem faciendam curavit Alexander M., quam postea a Xenocle accepit Patrocles, 58, 5. Omnem fere musicam ex Asia repetunt, totamque Asiam ad Indum usque Baccho sacram esse dicunt, 404, 45. *Ceterum Asiæ nomen in singularum ejus continentis partium descriptione locis quam plurimis occurrit; quæ apponere putidum et inutile est.*

Ἀσιάρχαι apud Trallianos, 554, 12.

Asiaticæ mansiones, οἱ Ἀσιατικοὶ σταθμοί; ex quibus Arianæ longitudinem describit Eratosthenes, 615, 52.

Ἀσιάτις cithara, 404, 48.

Asii, Ἄσιοι, Scythæ trans Jaxartem, Sacis contermini, qui Græcis Bactrianam ademerunt, 438, 32.

Asinæus Messeniæ sinus ab urbe Asine dictus, cui contiguus sinus Messeniacus, 308, 22. Asinæus sinus sive Messeniacus, 309, 10.

Asine, Ἀσίνη, Argulidis (*Tolon* port. V. Curtius *Pelop.* ?, p. 466), 320, 31. Hermionica, 309, 11, ad sinum Hermionicum, 317, 12; Nauplio vicina; ex qua incolæ in Messeniam migrarunt, ubi a Lacedæmoniis accepti Asinen alteram condiderunt, 350, 53. Asinen Dryopes inhabitarunt, 321, 9.

Asine (*Koron*), Messeniæ urbs, 309, 11, ad sinum cognominem, 308, 23; Asinæ Argolicæ colonia, 320, 53 ; inter Methonam et Thuriam sita ; nonnullis est Anthea Homerica, 309, 46.

Asine (*Laas?*), Laconiæ urbs ad sinum Laconicum, 312, 12.

Asinius (Pollio), de Rheni cursus longitudine et de ostiis fluvii laudatur, 160, 32.

Asinus, frigoris impatiens animal ; quare non reperitur in regione ad Carciniten sinum, 255, 10. Asinis ad bellum utuntur, eosque Marti sacrificant Carmanii, 618, 39.

Ἀσιονεῖς. V. Esiones.

Asius campus ad Caystrum, 536, 35. Ἄσιος λειμών, cujus Homerus meminit, ad Λειμῶνα locum, 30 stadia a Nysa dissitum, pertinere videtur. Monstratur ibi Asii cujusdam et Caystri heroum, 555, 17.

Asius, Dymantis f., Hecubæ frater, in Phrygia ad Scamandrum habitavit, 505, 39.

Asius Hyrtacides, Troadis princeps in locis Abydo vicinis, 501, 16 ; eidem etiam Sestus subjecta erat, *ib.* In Arisbe ad Selleentem fl. habitabat, 509, 7.

Asius heros. V. Asius λειμών.

Asius poeta laudatur, 220, 22.

Asopia, Ἀσωπία, regio Sicyoniæ, 328, 30 ; 851, 16.

Asopus, Ἀσωπός (*Asopo*), Thebas Plataeas ac Tanagram præterfluit, 328, 31. Per planitiem Thebanam fertur, 351, 19. Cithæronis radices alluens Parasopios facit, 351, 26.

Asopus, Thessaliæ Phthiotidis fl., 326, 7; a meridie Trachinis labens, Phœnicem excipit; a Thermopylis abest 15 stadiis, 367, 52. Heracleæ Trachiniæ pagum, cujus incolæ Parasopii dicuntur, præterfluit, 328, 33. Prope Heracleam Trachiniam labitur, 351, 15.

Asopus, Pari ins. fluvius, 328, 34.

Asopus (*riv. de S.-George*), Sicyoniæ fl., a Phrygia labitur, ut ait Ibycus 225, 46; in Carneate monte oriens Sicyonem præterfluit, et Asopiæ regioni nomen dat, 328, 29; 351, 16.

Asopus, Ἀσωπός, ad sinum Laconicum urbs (supra *Xyli* peninsulam), 312, 26.

Aspaneus, ὁ Ἀσπανεύς, τὸ ὑλοτόμιον τῆς Ἰδαίας ὕλης, 519, 10.

Asparagi ingentes apud Æthiopes Hesperios, 702, 29.

Aspendus, Ἄσπενδος, Pamphyliæ opp. ad Eurymedontem, Argivorum colonia 569, 49; 488, 12. Ruinæ prope vicum *Balke Su*.

Aspera Cilicia. V. Cilicia.

Asphalius Neptunus, 48, 20. V. Neptunus.

Asphaltitis lacus Iudææ. Vide Sirbonis lacus.

Aspioni provincia, Ἀσπιώνου σατραπεία, in Bactriana ; ea Parthi potiti sunt, 443, 17.

Aspis, Ἀσπίς, sive Arconnesus insula ad Ioniæ oram inter Teum et Lebedum sita, 549, 46.

Aspis, collis clypei formam referens in Taphiti Libyæ promontorio, quem Agathocles incolis frequentavit. Urbs ea (Clypea Romanorum) una cum Carthagine eversa est, 708, 4. Inter eam et Lilybæum sita est Cossura ins., 230, 35. Urbis ruinæ *Katibiah*.

Aspis locus in Syrti majori, 709, 40. Sec. Stadiasmi mensuras prope hod. *Mahadda* et *Jerid rochers*.

Aspis Ægyptia ; duo sunt ejus genera, 699, 12; aspides parvæ Lusitanorum, 128, 4.

Aspledon, Ἀσπληδών, a nonnullis Σπληδών dicta, postea Eudielus, Εὐδίελος, denominata, Bœotiæ urbs. Ejus situs, 356, 49. Hodie *Avro Kastro* sec. Forchhammer ; *Tzamali* sec. Leakium.

Aspordenus mons, Ἀσπόρδηνον ὄρος (*Geikli Dagh*), prope Pergamum ; alii dici montem malunt Ἀσπόργηνον; fanum ibi Matris deorum, 529, 10.

Asporenus M. V. Aspordenus.

Aspurgiani, Ἀσπουργιανοί, inter Phanagoriam et Gorgipiam per 500 stadia habitantes, Mæotarum gens; bello eos aggressus Polemo periit, 425, 3; 476, 13.

Assacani regio, Ἀσσακανοῦ γῆ, inter Cophen et Indum, in qua est Massaga urbs regia, 595; 1; 589, 48; 518, 33.

Assus, Ἄσσος (*Asso* ruinæ prope vicum *Beriam Kalesi*), in Asia urbs æolica, secundum Myrsilum a Methymnæis condita ; Assiorum colonia Gargara, 522, 20. Situs urbis, 521, 50. A Polymedio 30 stadia distat, 519, 49. Τὰ περὶ Ἄσσον Leleges tenuerunt, 521, 40. Asso oriundus Cleanthes stoicus, 522, 2. Assi commoratus est apud Hermeam tyrannum Aristoteles, 522, 4. Ex ea urbe reges Persarum triticum petebant, 626, 3. Cf. etiam 497, 25; 527, 16.

Assyria, Ἀσσυρία. Ad eam pertinent Babylonia et maxima

vicinæ regionis pars, Aturia, Apolloniatis, Elymais, Parætacena, Chalonitis, Dolomena, Calachena, Chazena, Adiabene, Gordyæi et Mygdones, 627, § 1. Assyrii et Ariani tum inter sese similes, tum Syrorum, Arabum et Armeniorum, 34, 50. Assyrii etiam Syri vocantur, 627, 24. Assyriæ metropolis olim Babylon, nunc Seleucia, 633, 12. Assyriorum tres gentes sunt quæ frumento carentes in palustribus locis habitant piscibusque vivunt, 635, 21. Assyriorum mores et instituta, 634, § 20. Vestitus, coma, calceamenta, sigilla, sceptra, unguenta, sepultura, luctus, 635, 15. Ægrotos in viis deponunt, ut qui eundem morbum experti sunt, consulant iis, 128, 53. Magistratuum collegia tria, 635, 5. Literæ Assyriæ in Sardanapalli monumento, 573, 31.

Asta, ἡ Ἄστα, Hispaniæ opp. ad æstuarium Turdetaniæ supra navale insulæ. Gaditanorum ibi conventus, 116, 17; 117, 31; 119, 7. Ruinæ inter *Xerez* et *Tribugena* in colle qui vocatur *Mesa de Asta*.

Astaboras, Ἀσταβόρας (*Atbara*), Æthiopiæ fl. in Nilum exiens, e lacu oritur, et orientale Meroes insulæ latus efficit, 656, 19; 668, 28; 697, 47. Uno sui alveo in sinum Arabicum influere perhibetur, 656, 3.

Astaceni, Ἀστακηνοί (?), Indiæ gens inter Cophen et Indum fluvios, 594, 54.

Astacenus sinus, Ἀστακηνὸς κόλπος, Bithyniæ, pars Propontidis, ad quem Astacus et Nicomedia urbes, 482, 24 et 29; 394, 16.

Astacus, Ἀστακός, Acarnaniæ opp., 394, 45. Fuit prope sinum, cui nunc *Dragamesti* adjacet.

Astacus, Bithyniæ urbs ad Astacenum sinum; ejus historia, 394, 46; 482, 29. Non longe a Nicomedia sita fuerit. Componi solet cum *Owaschik* vel cum *Bachkele*.

Astæ, Ἀσταί, Thraciæ gens supra Byzantium, eorum oppidum Calybe, 266, 29; caput eorum Bizye, 282, 46.

Astapus, Ἀστάπους, Æthiopiæ fl. e lacu quodam oriens, inque Nilum influens occidentale Meroes insulæ latus efficit. Alii hoc efficere aiunt Astasobam; Astapum vero alium esse fluvium, qui fere rectum Nili cursum constituat, 668, 20. Cf. 656, 19; 697, 47. Secundum priorem sententiam Astapus foret *Bahr el-Abiad*, sec. alteram *Bahr el-Asrek*.

Astasobus, Ἀστασόβας, Æthiopiæ fl. (*Bahr el-Abiad*), orientale latus Meroes insulæ efficit, quod alii de Astapo prædicant, 668, 29. In Nilum influit, 656, 19; 697, 47.

Asteria, Ἀστερία, Homero Ἀστερίς (*Dyscallio*), parva insula inter Cephalleniam et Ithacam, cum Alalcomenis opp., sec. Apollodorum; Demetrius esse hanc insulam ibi negat, 392, 33. Insula olim duplices portus habuisse dicitur, nunc ne ancora quidem ad eam commode jacitur, 49, 46.

Asteris. V. Asteria.

Asterium, Ἀστέριον, Thessaliæ locus in Eurypyli ditione, 376, 41, non longe ab Arne et Titano monte distans 377, 35. Situs incertus. Ad hod. *Vloko*, ubi ruinæ quædam exstant, locum pertinuisse suspicatur Leakius.

Asteropæus, Pæonum dux ap. Homerum, cur Pelagonis filius dicatur, 281, 26.

Astigis, Ἀστιγις (Ἀστίνας, Ἀστήνας codd.), Turdetaniæ urbs, 47, 17; hod. *Ecija* ad *Xenil* fl, Singilin vett. scr.).

Ἄστομοι, Ore-carentes, Indiæ gens fabulosa, 58, 45.

Astronomia, Phœnicum inventum, 644, 52. Periti astronomi sunt Sidonii, 644, 45; Chaldæi, 629, § 6; sacerdotes Thebani, 693, 27; 685, 18.

Astures, Ἄστουρες seu Ἄστυρες, Hispaniæ gens, ab occasu Celtiberiæ, 134, 46. Callaicis propinqui, 126, 44. Per eos fluit Melsus fl., a quo paullum abest Noega urbs; in propinquo etiam æstuarium, quod Astures a Cantabris dividit, 138, 36. Asturum mores, 129, 7.

Astyages ad Pasargadas a Cyro devictus, 622, 13; 449, 31. (Astyochea), Tlepolemi mater, 290, 36.

Astypalæa, Ἀστυπάλαια (*Kavo Arkiala*), prom. Cariæ juxta Myndium agrum, 561, 45.

Astypalæa, Ἀστυπάλαια, Atticæ prom. inter Sunium et Zosterem, 342, 19.

Astypalæa (*Stampalia*), ins. maris Carpathii, 419, 13 et 27.

Astypalæa, in Co ins. opp., 561, 14.

Astypalæenses, qui Rhœteum occupaverant, ad Simoentem condiderunt Polium urbem, quæ nunc Polisma dicitur, 514, 52.

Astyra, τὰ Ἄστυρα, Troadis urbs diruta; ager nunc Abydenorum est; olim ibi auri metalla, 506, 33; 580, 23.

Astyra, ad sinum Adramyttenum Mysiæ pagus, olim oppidum, in cujus luco templum Dianæ Astyrenæ, cui Antandrii præerant, a Chrysa 20 stadiis abest, a Thebe 70 stadiis, 524, 41; 519, 12. Ad Astyra Sapra lacus, 525, 16.

Asylum, Romæ, inter arcem et Capitolium, 191, 53. Asyli jus templi Ephesii, 547, 46.

Atabyris, ὁ Ἀτάβυρις, Rhodi m., Jovi Atabyrio sacer, 559, 25.

Atabyrius Jupiter. V. Jupiter, 559, 26.

Atagis, Ἄταγις (al. Athesis, *Etsch*) Rhœtiæ fl. cum Isara (*Eisach*) confluens in Adrium exit, 172, 23. Cf. v. Isara.

Atalante, prope Atticam ins. inter Salaminem et Piræeum sita, 339, 39; 365, 16.

Atalante (*Talandonisi*), insula inter Eubœam et Locros, 339, 39; ante Opuntem sita, 365, 15; terræ motu rupta, adeo ut navibus pervia esset, 50, 48; 339, 39.

Atargatis dea vocatur etiam Athara, et apud Ctesiam Derceto, 667, 42; in Bambyce urbe colitur, 636, 48.

Atarneus, Ἀταρνεύς, Æolidis oppidum, (ad *Dikeli-Koi* 519, 21; in regione quam Cilicibus Homerus attribuit, 523, 1; Hermiæ tyranni sedes, 525, 25; 522, 9. Inter Atarneum et Pergamum est oppidum desertum, auri fodinas habens exhaustas, 580, 28. Cf. etiam 497, 25.

Atarneus locus (*Mardalitch*?) ad Pitanen juxta mare situs e regione Eleussæ ins., 525, 32.

Atax, Ἄταξ (*Aude*), Galliæ fl. in Cemmeno monte oriens, 151, 18. Ostio ejus Narbo adjacet (quod nunc aliter habet), 151, 1. Subvectionem habet brevem; ejus a Garumna distantia, 157, 17.

Ateas, Scytha contra Philippum Amyntæ f. bellum gessit, 255, 30.

Ategua, Ἀτέγουα (Ἀτέτουα codd.; *Ategua* Hirt. 8, 22; Plin. 3, 3; Dio C. 43, 33; Val. Max. 9, 2; Frontin. Strateg. 3, 14), Turdetaniæ opp., 117, 19. Situs incertus; prope *Teba* inter *Osuna* et *Antequera* quærendum censet Ukert. Ad dextram ripam *Guadajoz* fl. (prope vicum *S. Cruz* ponit Reichardus.

Atella, Ἀτέλλα, Campaniæ opp., 207, 35. Ruinæ prope vicos *S. Arpino* et *S. Elpidio*, non longe ab *Aversa* opp.

Ateporix, regulus tetrarchici generis Galatarum, Ponti aliquam particulam a Romanis accepit, 479, 34.

Aternum, Ἄτερνον (*Pescara*), Piceno confine Vestinorum oppidum ad fluvium cognominem; commune Pelignorum et Marrucinorum navale, 201, 35.

Aternus, Ἄτερνος (*Aterno*), fluvius ex agro Amiternino fluit per Vestinos, relictis ad dextram Marrucinis; ponte trajicitur, qua 24 stadiis a Corfinio abest, 20 1, 35.

Atesinus, Ἀτησινός, fl. ex eodem monte ex quo Isara (*Eisach*) defluit, in Istrum fertur, 172, 26. Locum Strabonis turbatum esse et Athesin (*Etsch*) fluvium memorare voluisse auctorem censent. Immo, Atesinus est *Inn* fluv., qui vulgo Αἶνος dicitur.

Athamanes, Ἀθαμᾶνες, Epirotica gens, Thessalis accensentur, 373, 10; 387, 15; 271, 9; 267, 12. Doriensium et Ænianum oppida diruerunt, quo tempore sub Amynandro rege potestatem nacti erant; tum Œtam obtinebant, 367, 15. Ad Athamanes migrarunt Perrhæbi, 378, 10. Nunc Athamanes sunt nulli, 368, 33.

Athamania, Ἀθαμανία, usque ad Thessaliotidem pertinet, 374, 19. Montes Athamaniæ, 380, 21.

Ἀθαμαντίς. V. Teos.

Athamas Teum Ioniæ condidit, 541, 8, et Halum Thessaliæ, 371, 46.

Athara, i. q. Atargatis, 667, 42.

Athenæ, Ἀθῆναι ad Tritonem fl. opp. Copaidis inundatione deletum, 349, 33.

Athenæ Diades, Ἀθῆναι αἱ Διάδες, in Eubœa, Atheniensium colonia, 383, 15.

Athenæ Atticæ. Ὁ δι' Ἀθηνῶν παράλληλος, a columnis per fretum Siculum Rhodum et Taurum ductus, 66, 18; 68, 27; 71, 15; 95, 7; 56, 25. Ceterum non premenda hæc sunt; si accuratius computes, Athenarum parallelus a Rhodi parallelo 400 stadia distat, 72, 31 et 39. Ab Athenis ad Meroes circulum 15000 stadia, sec. Eratosthenem 56, 40. Athenarum urbis et portuum descriptio, 339, § 15 sqq. Athenas venerunt a Bœotis e Bœotia pulsi Pelasgi; urbis pars ab iis Pelasgicum vocatur, 345, 2. Cf. 184, 40. Athenas ex Etruria migravit Maleus rex Pelasgicus, 188, 8. Athenas redeunt ex Ionia Peloponnesi Iones, indeque sub Codridis in Asiam migrant, 329, 30. Urbs ad amphictyoniam Calauriæ contribuebat, 331, 34. Via qua Athenis pompa Pythia Delphos mittitur, 362, 33. Parthenon, Ictini opus, 339, 25. Glaucopium, 249, 2. Deucalionis sepulcrum, 365, 13. Athenis Zarmanus sophista se combussit, 585, 26; 612, 13. Initio Athenis reges fuerunt; tum popularis reip. status, tum tyranni, dein iterum status popularis, quem, si interruptiones quasdam exceperis, usque ad Rom. dominationem servarunt. Nonnulli nunquam melius urbem gubernatam esse censent quam per decennium quo Cassander regnavit Athenisque præfuit Demetrius Phalereus. Quomodo Mithridates, Aristio, Sylla Athenas affecerint, 341, 33.

Ἀθήναιον. V. Minervæ templum.

Athenæum Ital. prom. V. Minervæ prom.

Athenæum Ephesi, 546, 49; 541, 39.

Athenæus, Attali et Apollonidis f., frater Eumenis II, Attali II, Philetæri; privatus vitam exegit, 533, 37.

Athenæus, e Seleucia ad Calycadnum sita oriundus, peripateticus. Ejus historia, 572, 10.

Athenais, Erythræa vates, de Alexandro quænam sit vaticinata, 550, 50; 691, 44.

Athenienses, cui indigenæ dicantur, 286, 22. Post Thraces sub Eumolpo devictos Ionem civitati præficiunt; ab eo multitudo in quattuor tribus, deinde in totidem vivendi genera dividitur; regioni eorum Ioniæ nomen inditur, 329, 18. Ionum coloniam in Ægialeam mittunt, quæ dehinc Ionia vocatur, 339, 25. Athenienses Herculis filiis et Iolao contra Eurystheum auxiliati sunt, 324, 20. Phrynone duce, Sigeum occupant; ortum hinc bellum tandem arbiter diremit Periander, 513, 19. Adversus Athenienses Sigeo potitos Mytilenæi Achilleum munierunt, 513, 40. Atheniensium de Mytilenæis trucidandis decretum, 528, 30. Sub Phædro duce Styra in Eubœa everterunt, 383, 31. Pericle et Sophocle ducibus rebellantes Samios obsidione presserunt, dein inter 2000 κληρούχους insulam diviserunt, 545, 25. Eorum in Melios expeditio, 416, 32. Trecentos Lacedæmonios in Sphacteria ins. capiunt, 308, 47. Nunc Salaminem possident; olim de ea cum Megarensibus contenderunt, Homerique testimonio commentitio nitentes ad ipsos insulam pertinere dicebant, 338, § 10; 326, 7; a Lacedæmoniis insula iis adempta, 326, 7. Phrynichum multarunt, 543, 8; non obtemperarunt Theocli suadenti ut in Siciliam colonias ducerent, 222, 31. Sybaritas interfecerunt, urbemque in vicinum locum translatam Thurios denominaverunt, 219, 2. Eorum et Bœotorum de Oropo controversia, 54, 41. Prœlio ad Delium vincuntur, 346, 17. Bello Peloponnesiaco Pachete duce Trojam Mytilenæis ademerunt, 513, 52. Secundo in Siciliam navigantes Eurymedonte duce (et Stratocle) Pylum Messeniæ occuparunt, 208, 41. Atheniensium legationis dux Diotimus, 39, 38. Iis Leucon Theodosia 210000 medimnos frumenti misit, 258, 32. Delo potiti, sacra insulæ et commercia curant diligenter, 417, 27. Ceos obsidione presserunt, 417, 52. Eorum contra Antipatrum bellum Lamiacum, 372, 23. Haliarti agrum a Romanis acceperunt, 353, 40. Ante bellum Trojanum Chalcidem et Eretriam condiderunt, 383, 45. Menestheo duce Elæam in Asia condunt, 532, 1. Eorum colonia Athenæ Diades in Eubœa, 383, 15. Philogene duce, Erythras in Ionia condunt, 541, 13. Colonos ducunt Adramyttium, 519, 13, et Amisum, 468, 45, et Astacum, 482, 30, et Cardiam, 283, 31, et Amphipolin, 280, 42, et Scylletium Italiæ, 217, 15. Nonnulli Neapolin migrarunt, 205, 5. Bis mille colonis Oreum Eubœæ frequentarunt, 382, 45. Athenienses φιλολόγοι non natura sed institutione et exercitio, 48, 42. Atheniensis est Tyrtæus, 311, 11. Areopagiticis Ath. legibus usus est Zaleucus, 216, 12. Athenienses quemnam ventum Scironem vocent, 336, 30. Peregrina sacra multa, ut Thracia et Phrygia adsciverunt, omnino exterarum rerum cupidi, 404, 52.

Athenocles Atheniensis Amisum colonis frequentat, 468, 55.

Athenodorus Tarsensis, stoicus, Κορδυλίων cognominatus, vixit cum M. Catone apud eumque mortuus est, 575, 8.

Athenodorus, Sandonis f., Tarsensis, quem et Cananitam a pago quodam vocant, philosophus stoicus, Augusti præceptor, senex in patriam redux statum reip. mutavit; Boethum ejusque sodales urbe ejecit, 575, § 14. Philosophus, Strabonis familiaris; quidnam de Petræis, apud quos commoratus est, referat, 663, 27. Exposuit de maris affluxu et refluxu, 46, 8, quos exspirationi et inspirationi similes esse ait, 143, 49.

Athesis. V. Atagis.

Athletæ Crotoniatæ celeberrimi; inter eos Milo fuit, 218, 24.

Athos, Ἄθως, Thraciæ mons, 22, 31; 279, 36; Homero memoratus, 5, 28. Ejus forma et altitudo, 279, 43. 280, 12. Ejus promontoria, 279, 18 et 27 et 30. Athonis peninsulam Pelasgorum Lemniorum pars habitarunt in quinque oppidis, 280, 3; quæ sunt Dium, Cleonæ, Thyssus, Olophyxis, Acrothoi, 279, 41; 280, 32. Athonis per isthmum ducta a Xerxe rege fossa, 280, 17. Montem quomodo Alexandro efformare voluerit Dinocrates architectus, 547, 32.

Athribis, Ἄθριβις (*Atrieb* sive *Trieb* ruinæ), Ægypti opp. in Delta regione, 682, 3. Ἀθριβίτης νομός Æg., 682, 3. Athribitæ murum araneum colunt.

Athrula, τὰ Ἄθρουλα (τὰ Ἄθλουλα ap. Dion. Cass. 53, 29), Arabiæ urbs ab Ælio Gallo capta, 665, 19. Sita erat inter Negrana et Mariaba (*Nedjran* et *Marib*), in eo, ni fallor, tractu ubi hodiernæ Arabiæ tabula Kiepertiana habet *Beni Abdulla* Arabes.

Athymbradus, Ἀθύμβραδος, frater Athymbri et Hydreli, Lacedæmonius cognominem sibi in Caria urbem condidit, 555, 23.

Athymbrus, Lacedæmone profectus in Caria cognominem sibi urbem condidit; a Nysæis tanquam urbis auctor honoratur, 555, 22. Ejus fratres duo, *ib.*

Athyras, Ἀθύρας (*Bojuk Tchekmedcheh*), fluvius inter Selybriam et Byzantium in Propontidem exiens, 284, 18.

Atintanes, Ἀτιντᾶνες, Epirotis accensentur, 271, 11.

Atlanticum mare (mare externum, Oceanus). Σύρρους ἡ πᾶσα Ἀτλαντικὴ θάλασσα καὶ μάλιστα ἡ κατὰ μεσημβρίαν, 27, 17'. 4, 34. Atlanticum mare a meridie Arabiæ, 653, 34, et Indiæ, 107, 35; 586, 38; similiter sæpius maris Atl. mentio fit. Cf. Oceanus.

Atlantidum antrum in ora Triphyliæ, 297, 46.

Atlantis insula, Ἀτλαντίς, olim tota continente non minor, deinde deleta, ut Ægyptii narrarunt Soloni, teste Platone. Fort. non esse hæc figmenta Posidonius et Strabo opinantur, 84, 25.

Atlas, Ἄτλας, Libyæ mons a barbaris Δύρις vocatur, 701, 1; ejus promontorium Cotes, inde a quo usque ad Syrtes mons extenditur; habitatur a Maurusiis Gœtulisque, 701, 3 *sqq.*

Atlas, pater Calypsùs in Ogygia Oceani insula degentis, 21, 24.

Atmoni, Ἄτμονοι, Bastarnica gens, sedis incertæ, 254, 32.

Atoma, Τὸ περὶ τῶν ἀτόμων δόγμα Mochi Sidonii, 645, 1.

Atrax, Ἄτραξ, Thessaliæ opp. prope Peneum fl., ab Argura 40 stadia distans, 376, 29; 378, 3; 879, 19. Situm opp. fuisse videtur in colle *Sidero peliko* e regione *Gunitza* vici. Sic certe Leakius.

Atrebatii, Ἀτρεβάτιοι (al. Atrebates), Galliæ gens, ab occasu Nerviorum, 161, 38; regio eorum silva humili tegitur, 161, 44.

Atreus, quod solis cursum cœli conversioni contrarium docuisset, rex creatus est, 19, 31. Ejus filii, 320, 11.

Atria, Ἄτρια, urbs olim clara, quæ Adriatico sinu nomen dedit, mutato *l* in *d*, 178, 31 (sita ad Tartarum sive Atrianum fl.).

Atropatene, Atropatia, Media Atropatia, Ἀτροπατηνή, Ἀτροπατία, ἡ Ἀτροπατία Μηδία, ab Atropate nomen habet, 448, 24. Ejus situs, 448, 22; ab Armenia Araxe fl. distinguitur, 448, 52. Regia æstiva Gazaca, hieme Vera 448, 50. In boreali ejus parte gentes montanæ Cadusii, Amardi, Tapyri, Cyrtii, 449, 6. Cf. 451, 48; 447, 33; 434, 15. Copiarum numerus, 448, 36. Spauta (deb. Capauta) lacus, 448, 39. Contra Armenios et Parthos bella; Symbacen ab Armeniis recuperant Atropateni; Augusti simul et Parthorum amicitiam colunt, 448, 42.

Atropates, Mediæ partem ab ipso dictam contra Macedones tuitus est; quare rex creatus regionis ejus, quam peculiarem civitatem constituit. Durat successio ejus, quæ affinitates contraxit cum regibus Armeniæ, Syriæ, Parthiæ, 448, 25.

Attalea, Ἀττάλεια (*Adalia*), Pamphyliæ urbs, a quonam sit condita, 569, 35.

Attalicorum regum generis auctor Philetærus, 465, 39. Brevis eorum historia, 532, *cap.* 4. Bibliothecam Pergami instruxerunt, 520, 49. Iis Prusias dedit Phrygiam Hellesponticam, quam ἐπίκτητον dixerunt, 482, 46. Priapeni agri partem Parianis dederunt navatæ operæ pretium, 503, 33. Deæ Pessinuntiæ lucum templo ornarunt, 486, 15. Scepsin tenebant, 520, 49. Selinusiam paludem Dianæ eripuerunt, 548, 33. Genus eorum defecit, 239, 17.

Attalus, frater Eumenis et Philetæri ejus, quem Pergamo Lysimachus præfecerat, 533, 24; ex Antiochide pater Attali I, 533, 30.

Attalus I, Attali et Antiochidis f., Pergami rex, Galatas vincit prœlio; contra Philippum Romanis auxiliatur; regnavit annos 43; ex Apollonide Cyzicena reliquit Eumenem II, Attalum II, Philetærum, Athenæum; successit Eumenes II, 533, 40. Gergithios Troadis in Gergitha ad Caici fontes pagum transduxit, 527, 1. Quid de pulcra picea Troadis tradat, 516, 1.

Attalus II, Attali I et Apollonidis f., frater Eumenis II, Philetæri, et Athenæi, 533, 37. Philadelphus cognominatus, 569, 35; 548 § 24. Attali III tutor, regnum administravit per 21 annos; Alexandrum Antiochi f., contra Demetrium, Seleuci f., adjuvit, 533, 54; Romanorum contra Pseudophilippum socius; in Thracia Diegylin subegit; Prusiam interfecit excitato contra eum filio Nicomede, 534, 2. Attaleam Pamphyliæ urbem condidit et in Corycum opp. contiguam colonos duxit, 569, 35. Ephesi portum emendare volens pejorem fecit, 548, § 24. Scenicos Ioniæ artifices Epheso Myonnesum transduxit, 549, 40.

Attalus III, Philometor cognomento, Eumenis II et Stratonices f., tutorem habuit Attalum II, 533, 51. Quinque annos regnavit; regnum Romanis reliquit, 534, 6. Post ejus mortem Aristonicus regnum sibi vindicare aggressus est, 552, 6.

Attasii, Ἀττάσιοι, Sacarum gens, 440, 24.

Attea, Ἄττεα (fort. leg. Ἀττάλεια), inter Heracleam et Atarneum situm Æolidis opp., 519, 20.

Atthis, Ἀτθίς, Cranai filia, a qua Attice dicta est Atthis, 341, 1.

Atthis, i. q. Attica, 341, 1. 339, 21.

Atthis. Οἱ τὴν Ἀτθίδα συγγράψαντες laudantur de Pelasgis, 184, 40; de divisa inter Pandionidas Attica, 337, 7.

Attica, ἡ Ἀττική (vel ἡ Ἀτθίς, 341, 1; 339, 21), olim Ἀκτή et Ἀκτική, 336, 13; Actæa, Mopsopia, Ionia, Ias, Posidonia, 340, § 18; 381, 10; 336, 46. Ejus pars olim fuit Megaris, 336, § 5; 337, 25. Cerata montes a Megaride eam dirimunt, 339, 21. Ejus latus australe, 335, § 1; orientale et boreale, 336, § 3. Oræ descriptio, 342, § 22 sq. Montes, 343, 15. Fluvii, 343, § 24. Atticam quum a mari Cares, a terra Iones popularentur, Cecrops multitudinem in duodecim urbes composuit, quas in unam deinde Theseus contraxit, 341, 24. Capita historiæ Atticæ indicantur, 341, 32. Atticam sub Eumolpo Thraces obtinuerunt, 266, 49. Atticam tetrapolim, Œnoam, Marathonem, Probalinthum, Tricorythum, condidit Xuthus, 329, 12. Quomodo inter Pandionis filios quattuor Attica distributa sit, 337, 9. Ex ea profecti Iones Ægialum Peloponnesi obtinuerunt, 286, 30. Ex tetrapoli Iones Heraclidas in Asiam creatis sunt, 322, 1. In Atticam migrarunt multi ab Heraclidis Peloponneso expulsi, inter cosque Melanthus Messenius, qui quum Xanthum Bœotiæ regem vicisset, rex creatus est ab Atheniensibus, 337, 27. Deinde Heraclidæ bellum iis inferentes, ex Attica quidem profligati sunt, Megaridem tamen eripuerunt, 337, 33. Atticam et Megaridem Iones e Peloponneso pulsi occuparunt, 142, 9. Attici veteres Iones, Ionicarum in Asia coloniarum deductores, 286, 10. Atticæ argenti fodinæ nunc defecerunt; operarii scoriam veterem denuo coquentes aliquid ex iis argenti eliciunt, 343, 20. Atticorum dii Orthanes, Conisalus, Tychon, 503, 9. Attica εἰρεσιώνη, 13, 41. Atticum mel, 343, 26. Attica dialectus antiqua, ἡ παλαιὰ Ἀτθίς, eadem cum Ionica, 286, 10. In Attica zephyri et argestæ venti Scirones vocantur, a Scironiis saxis flantes, 23, 21. Attici servos appellabant nominibus gentium unde adducti erant ut Dacem, Getam, Lydum, Syrum, aut nominibus apud istas gentes usitatissimis, 253, 1. Cf. Athenæ. Athenienses.

Aturia, ἡ Ἀτουρία, Assyriæ regio, in qua Ninus urbs

627, 3 et 25. Situs regionis, 628, 6. Ejus pagus Gaugamela, 628, 11.

Atys Lydus, unus ex Herculis et Omphales prognatis, pater Lydi et Tyrrheni; hunc cum populi parte amendavit, sterilitate terræ coactus, 181, 39; 184, 38.

Auasis. V. Oasis.

Aufidus, Αὔφιδος (*Ofanto*), Italiæ fluvius, cui Canusiæ emporium adjacet; a Bario 400 stadia distat, 235, 36.

Auge, Aleæ f., ex Hercule Telephi mater, a Teuthrante ducitur, 526, 11.

Augeæ, Αὐγειαί Laconiæ opp. apud Homerum; nunc Αἰγαιαί, 312, 50.

Augeæ, Αὐγειαί, Locrorum opp. ab Homero memoratum non amplius exstat; agrum tenent Scarphienses, 366, 4; 313, 1.

Augeas, Elidis et Epeorum rex, 290, 50; pater Phylei, avus Megetis, 394, 23. Pisatidi imperasse a nonnullis dicitur perperam, 306. 1. Nelei inimicus, 303, 5; ab Hercule eversus, 293, 10; 304, 44.

Augila, Αὔγιλα (*Aujelah*), locus Ammoni similis, Cyrenaicæ superjacet versus meridiem, quatuor dierum itinere ab Automalis, 711, 40.

Augusta Emerita, Αὐγούστα Ἡμερίτα (*Merida*), Rom. colonia, Turdulorum in Hispania urbs, 125, 53, in Lusitania provincia, 138, 27.

Augusta (*Prætoria vel Salassorum*; hod. *Aoste*) post devictos a Terentio Varrone Salassos condita quo loco dux Rom. castra habuerat, 171, 31.

Augustus, ὁ Σεβαστὸς Καῖσαρ, Cantabros subegit, 129, 25; 239, 1; 697, 5. Tres cohortes Iberiæ destinavit, 129, 31; quomodo Iberiæ administrationem ordinaverit, 138, § 20. Galliam in quattuor partes quomodo diviserit, 147, 15. Augusti navale Forum Julium, 152 54. Ejus templum Lugduni, 159, 29. Latrocinia populorum Alpensium coercuit, viasque per Alpes quantum licuit, perfecit, 170, 21. Amicitiam ejus donis et legationibus ambiunt Britanniæ reguli, 167, 5. Salassos penitus devicit, 171, 22. Iapodes debellavit, 172, 45. Contra incendia cohortem libertinorum constituit, 196, 8; edixit ne novum ullum ædificium ad viam publicam ultra septuaginta pedes attolleretur, 196, 12. Ejus statua ænea in Mausoleo, 197, 9. Augustus Pithecussas inss. Neapolitanis reddidit; occupavit Capreas, privatam sibi possessionem faciens, 207, 11. Ejecto Sicilia Pompejo (cf. 222, 50) Rhegium colonia frequentavit, 215, 19. Syracusarum urbis partem restauravit, 224, 42. Syracusas, Catanam et Centoripa restauravit; Centoripa multum ei profuerunt ad debellandum L. Pompeium 226, 3. Galliam totam in potestatem redegit, 239, 7. Augusti imperio Italia summam nacta felicitatem, 239, 50. Marobodum juvenem beneficiis affecit Augustus, 241, 29. Duces militum ultra Albin Germanos persequi noluit, 242, 9. Cimbri dono miserunt sacrum lebetem, 243, 23. Contra Getas exercitum misit, 252, 40. Dalmatarum urbes combussit, 261, 54. Nicopolin condidit, 270, 1; 386, 40. Ambraciæ et vicinarum urbium incolas Nicopolin conduxit, 270, 27. Amicitia ejus abutitur Eurycles, 314, 15. Eum Corinthi versantem et ad triumphum Actiacum profecturum convenit legatus Gyari insulæ, 417, 10. Amicitiam ejus petierunt Atropateni, 448, 48. Augustus Amisum liberavit, 468, 50; Dyteutum Comanorum pontificem constituit, 478, 42. Legatis ejus Cleon prædonum dux se adjunxit, 496, 12. Polemonem Ponti regem creat, 495, 18. Rhœtensibus statuam Ajacis ab Antonio ablatam reddidit, 509, 41. M. Pompeium, Theophanis f., Asiæ procuratorem constituit, 528, 19. Ab Apollodoro Pergameno dicendi arte institutus est, 534, 31. Samiis reddidit duas Myronis statuas e tribus illis, quas Antonius abstulerat, 544, 24. Asyli jus templi Ephesii abrogavit, 547, 54. Venerem Coorum patri suo dedicat, 561, 22. Ejus amicus Xenarchus Seleucensis peripateticus, 572, 25. Murenæ in eum conjuratio, 572, 14. Athenæum dimittit, *ib*. Præceptor ejus Athenodorus Tarsensis, 575, 11. Soror Octavia, 575, 50. Ad eum ex India venerunt Pandionis aut Pori legati, 585, 24; 612, § 74. Tropæa ei remisit et de filiis obsides tradidit Phraates IV, 637, 28; 239, 38. Augustus Herodæ permisit ut regis nomen assumeret, filios ejus et Salomen sororem et hujus filium honoribus prosecutus est, 651, 13 Arabiæ subigendæ consiliandæ vel subjiciendæ consilium capiens, et Nabatæorum amicitiæ fidens, Ælium Gallum cum exercitu illuc misit, 663, 38. Museo Alexandriæ sacerdotem præficit, 675, 4. Ælium Gallum Ægypti præfectum habet, 696, 1. Augustum in Samo versantem et in Syriam progredi parantem ac Tiberium in Armeniam amandantem legati Æthiopum conveniunt, 697. Jubæ præter paternum regnum dedit Bocchi ditionem, 703, 30. Quomodo provincias imperii Romani constituerit, 712, § 25.

Aulis, Αὐλις, Bœotiæ opp. 344, 15; πετρήεσσα ap. Homerum 248, 9; Tanagræorum pagus cum portu, 346, 24; Hyriæ propinquus, 347, 17. Ejus a Delio distantia, 346, 16. (Sita fuit in saxosa peninsula, quam duo maris recessus efficiunt supra *Vathy* vicum. Ad Aulidem Bœotiæ collecta est Æolica classis, qua Orestis filii in Asiam trajecerunt, 344, 51.

Aulon Messeniæ, in quo Oluris opp., 301, 3.

Aulon regius, ὁ καλούμενος Αὐλὼν βασιλικός, pone Massyam situs in Syria, 643, 37. Esse debet convallis per quam e Massya campo inter Libanum et Antilibanum sito Damascum itur. Haud dubie ea est intelligenda in qua Chrysorrhoas (*Barrada*) labitur per Abilenen regionem; de qua via v. Ritter t. 17, p. 268 sqq. Nescio an pro Βασιλικὸς Strabo scripserit Ἀθίληνος.

Antonia. V. Caulonia.

Aunesis (?) Ciliciæ opp. V. supra Arsinoe.

Aurum palea facilius quam carbone liquesit, 121, 30. Aurum ad Cotinas Turdetaniæ, 117, 51. Aurum Turdetaniæ bonitate præstans partim puteis effoditur, partim verritur ex arenis; illud quam hoc nunc rarius fit. Reperiuntur interdum glebæ semilibres et glebulæ atrybus similes. Quomodo aurum coquatur et purgetur, 121, § 8. Ramenta auri plurima in Lusitaniæ fluviis, 127. 8. Aurum album, i. e. argento mixtum, apud Artabros mulieres sarculis exhauriunt et in colis lavant, 122, 21. Auri metalla in dorso montano Bastetaniæ et Oretaniæ, 130, 3; in Cemmeno Galliæ monte et sub Pyrene, 121, 19; apud Tectosagos, 155, 37; apud Tarbellos Aquitaniæ, 158, 17; in Salassorum regione, 170, 45; metalla et in fluviis ramenta apud Tauriscos Noricos, 173, 35. Britannia quoque aurum habet, 166, 24. Χρυσοπλύσια ad Norejam in Norico, 178, 46. Aurifodinæ ad Vercellas, 181, 48; ad Datum et Crenidas Macedoniæ, in Pangæo monte et in ea quæ cis Strymonem est usque ad Pæoniam regione, 280, 3. Aurum in Pæonia inter arandum incolæ reperiunt, 280, 10. In Caucasi torrentibus quomodo Soanes colligant, 428, 25. Metalla in Colchide, 38, 16. Aurei velleris fabula inde orta quod Saones in Caucaso ramenta lanosis velleribus colligunt, 428, 26. Aurifera terra, Χρυσῖτις γῆ, in insulis maris Caspii, 436, 36. Aurum apud Massagetas, 440, 6. Metalla Armeniæ, 454, 18; olim ad Astyra Troadis, 506, 35, et in Tmolo ad Pactolum, 596, 36. Auri et argenti metalla in India, 596, 32. Aurum effodientibus formicæ apud Derdas Indiæ, 601, § 44; 58, 50. Auriferi fluvii in India et Iberia, 606, 3; 611 83; in Carmania, 618, 29; in Arabia, 661,

44; auri fodinæ in Arabia, 661, 51; in Meroe ins., 637, 44.
Aurunci in Latio, 192, 34. Codices præbent : Ἀργύρουσκοι.
Ausar (Αἴσαρ codd.; *Osari*), Etruriæ fl. ex Apennino oriens Arno miscetur ad Pisas ; de confluentibus fabula, 185, 27.
Ausciorum regio (ἡ τῶν Αὐσκίων, ut pro ἡ τῶν Ὑαυσκιῶν e Ptolemæo scrips. Xylander; *Ausci* dicuntur ap. Cæsarem, Melam, Plinium) in Aquitania (circa hod. urbem *Auch*) 158, 25. Ausciis jus Latii datum, 158, 40.
Ausones, Αὔσονες, Campaniæ iidem qui Opici sec. Antiochum; Polybius Ausones juxta Opicos recenset; alii primum Opicos, deinde Ausones, tum Oscos hanc regionem tenuisse perhibent, 202, 13. Ausones Pometio campo finitimi et Campaniam quoque tenentes, 194, 8. Quamquam ad Siculum mare nunquam habitarunt, tamen Ausonium mare illud vocatur, 194, 17. Ausones Temesam condiderunt, 212, 33.
Ausonium sive Siculum mare cum eo quod ante Syrtes est confluens, 101, 45; 194, 17; 106, 26; 269, 26. Cf. Ausones.
Auster. V. Notus.
Autariatæ, Αὐταριᾶται, maxima olim Illyriorum gens, de salinis cum Ardiæis bella gerebant, 263, 52. Triballos et ceteros Thraces et Illyrios sibi subjecerunt; ipsi victi sunt primum a Scordiscis, deinde a Romanis, 264, 5. Ad imam nunc conditionem redacti, 262, 23. Eorum regio, 250, 18; quam Bessi attingebant, 264, 34, et Pæonicæ gentes, 262, 31; 274, 28.
Autesion, e Polynicis posteritate, pater Theræ, 298, 29.
Autolycus, Parnassi accola, fur, 377, 13; Jasonis comes, Sinopes locum occupavit, ubi ejus oraculum erat, et diviuis honoribus colebatur; ejus statuam Sinopensibus fecit Sthenis; abstulit eam Lucullus, 468, 2.
Automala, Αὐτόμαλα (ad *Sibkah Muktar*), castellum ad recessum Syrtis majoris, 709, 47. 101, 54. Inde ad Augila iter quatridui, 711, 40.
Auxumum, Αὔξουμον (*Osimo*), Piceni urbs paululum supra mare sita, 201, 2.
Avenio, Αὐενιών (*Avignon*), opp. Galliæ Narbon., 154, 7.
Aventinus collis, 150, 4. Romæ urbi ab Anco Martio adjectus, 195, 20.
Avernus, Ἄορνος (*Averno*), Campaniæ locus, 203, 32; cui applicatur Necyia Homerica, 203, 39; 31, 31. Accolæ ejus Cimmerii, 203, 41 et 51. Silvam ei imminentem cecidit Agrippa, 204, 14. Ab eo ad Cumas cuniculus a Cocceio ductus, 204, 15. Avernum lacum Artemidorus cum Lucrino sinu confundit, 204, 32.
Aves Diomedearum insularum, 225, 53; aves Stymphalides, 319, 4; aves Ægypti, 699, 15. Avis qualis in Philis Ægypti colatur, 694, 41.
Axis per mediam terram et cœlum productus, 91, 15.
Axenus Pontus. V. Pontus Euxinus.
Axius, Ἄξιος (*Wardar*), Macedoniæ fl., 275, 43; ab Homero commemoratus, 5, 28 ; e Pæonum terra fluit, 281, 17; exit inter Chalastram et Thermam, 277, 18; aquarum ejus pars implet Ludiam paludem, 277, 16; in eum influit Erigon, 272, 4. 277, 5. Axius turbidus fluit; Homerus aquam ejus pulcherrimam dicit e vulgata lectione, quam falsam esse Strabo censet, 277, 24; 278, 14. In Axium a Amydone influit limpidissimus fons quam Homerum signasse et Æam dicere censet Strabo, 278, 15. 277, 26. Axius angustias quasdam perfluens Macedoniam accessu difficilem reddit ex Pæonia, 274, 24. Ad eum est Amphaxitis regio, 275, 29. Adjacet ei Abydon sive Amydon castellum, 277. 18. Ad Axium usque Pieria pertinet, 273, 43. (Dicere debebat usque ad Haliacmonem; sed quum hunc inter Dium et Pydnam exire perperam putet, et tamen Pydna adhuc sit urbs Pierica, vides cur ad Axium usque Pieriam protulerit).

Azamora, Ἀζάμορα, Cataoniæ castellum, 460, 14. De situ castelli non constat.

Azanes, Ἀζᾶνες, gens Arcadica, 333, 21; 289, 5,

Azanitis, Ἀζανῖτις, Phrygiæ regio, in qua Rhyndacus oritur, 493, 35.

Azara, τὰ Ἄζαρα, Armeniæ opp. juxta Araxem fl., 452-37. Situs ignotus. Si nomen spectes, cum Azaris composueris Ἄζυρα vel Ὄζαρα Ptolemæi 5, 13, 17; at positio ejus a Strabonis verbis aliena est. Ad Araxen autem sita fuerit Ζογόραχα vel Ζογόχαρα Ptolemæi, nescio an cum nostro loco conferenda.

Azara, τὰ Ἄζαρα, Dianæ templum apud Elymæos, 634, 13. Situs incertus. In tabula locum composui cum splendidis ruinis *Masdjidi Souleiman Buzurg*, quæ sunt ad *Karun* fl.

Azaritius fons, Ἀζαριτία κρήνη, Bithyniæ, parvos crocodilos alit, 482, 22.

Azenienses, Ἀζηνιεῖς, Atticæ pagus, 342, 16.

Azorus, Ἄζωρος, Pelagoniæ tripolidis urbs, 272, 7; ab ea 120 stadia distat Oxynia urbs, 272, 14.

Azotus, Ἄζωτός (*Asdod*, *Esdod*), Phœniciæ opp.; ejus ab Iamnia distantia 200 stadiorum (quod falsum est) 646, 18. Ἀζώτιος, 636, 8.

B.

Babanomum, Βαβάνομον, Ponti (oppidum aut mons aut regio?) in Amasi ditione, 480, 50.

Babylon, Βαβυλών. Ab ea urbe per Susa et Persepolin ad confinia Carmaniæ et Persidis linea recta est stadiorum 9000 et amplius, 65, 31; stadiorum 9200, p. 66, 27; ab eadem ad Thapsacum sunt stadia 4800, p. 66, 37; 73, 39; 635, 49; cf. 64, 39; ad portas Caspias 6700 stadia, 71, 30 et 44; 73, 51; usque ad Euphratis ostium 3000 stadia, 66, 30; 620, 51; 630, 10; ad Heroonpolin per Arabiam desertam, 5600 stadia, 653, 29; ad Seleuciam 300 stadia, 629, 10. Parallelus per Babylonem, 68, 27; 71, 52; 73, 17; 75, 7; 6, 6. Babylon a Semiramide condita, 70, 2; 627, 27; olim Assyriæ metropolis, 633, 12. Urbis descriptio, 628, § 5. Ædificiorum ratio, 629, 19; habitatio destinata philosophis, astronomicis maxime, qui Chaldæi vocantur, 629, 30. Babylonem Susis anteposuit Alexander, 622, 30. Homerus eam non memorat, 626, 15. Partem urbis Persæ diruerunt, partem tempus consumpsit et Macedonum negligentia post conditam præsertim Seleuciam, 629, 7.

Babylon, Ægypti castellum (*Babul* ruinæ), a Babyloniis structum ; ei nunc imposita legio Romana, 635, 36. Incolæ cebum colunt, 690, 26.

Babylonia (Βαβυλωνία et Βαβυλών). Ejus fines, 629, § 8; a Media Zagro distinguitur, 447, 48; pars ejus Adiabene, 634, 27, et Sitacene et Apolliniatis, 623, 13; gentes ab ortu et borea imminentes, 634, 33; ab occasu, 70, 18. Supra Babyloniam Elymæorum et Parætacenorum montana, 447, 50. Babylonia et magna circumsitæ regionis pars Assyria vocatur, 627, 2. Babylonia fert hordeum, 632, 27; palmas, 632, 29; 695, 16; oryzam, 590, 36; naphtha et bitumen, 632, § 15; vitem e Babylonia in Susidem intulerunt Macedones, 625, 7. Vasa Babyloniæ ex arundine texta et bitumine obducta, 630, 30. — Babyloniorum bella cum Elymæis et Cossæis, 449, 40; 633, 45. Babyloniis auxiliatus est Antimenides, Alcæi frater, 527, 42. Babylonis quidam deficientes in Ægypto Babylonem condiderunt, 685, 36. Nunc Parthi Babyloniis imperant, 634, 35. Babyloniorum mulieres peregrinis miscentur ad Veneris quoddam templum, 634, 54. Babylonios dicimus etiam e *regione* Babylonia oriundos, ut Diogenem philosophum, Seleuciæ natum, 633, 25.

Babyrsa, Βάθυρσα, castellum Armeniæ, non procul ab Artaxatis, 453, 39.

Babys, Pherecydis Syrii pater, 418, 18.

Bacchæ Pentheum discerpserunt, 351, 11. Bacchæ, Euripidis fabula, 22, 20.

Bacchiadarum tyrannis Corinthi, 325, 8. Eorum e genere ortus Arrhabæus, 271, 30.

Bacchides, Sinopæ præfectus quo tempore a Lucullo urbs oppugnabatur, 467, 48.

Bacchus, Διόνυσος, quo sensu πυριγενής dicatur, 537, 30. Ejus nutrices per Nyseium agitavit Lycurgus Edonus, 586, 25. Bacchi πρόπολοι Σειληνοί, Σάτυροι, Βάκχαι, Λῆναι, Θυῖαι, Μιμαλλόνες, Ναΐδες, Νύμφαι, Τίτυροι, 402, 18. Bacchi et Rheæ res passim a poetis confunduntur, 403, 47. Bacchici apud Græcos ritus a poetis sæpe miscentur cum Phygiis, Lydiis et Creticis, qui ad Rheæ cultum pertinent, 402, § 13. Deus itinera longinqua suscepit, 40, 20. Ei totam Asiam ad Indum usque consecrarunt, 404, 45. In Indiam expeditio, 585, 46, quam fabulis accensæt Eratosthenes, 586, 8. Bacchus μητροτραφής, in Mero Indiæ monte nutritus; sacer ei Nysa quidam Indiæ mons, 586, 17. Bacchi columnæ in India, 142, 25. Bacchi in India posteros esse dicunt Sydracas, 586, 36; 597, 27. Bacchum colunt montani apud Indos philosophi, 606, 7. Bacchi urbs in Libya perhibetur, quam unus idemque bis invenire non possit, 248, 45. Bacchi cultus qualis in Samnitarum mulierum insula ad Ligeris ostium sita perhibeatur, 165, 7 et 12. Bacchica certamina Lebedi, 549, 37; templum Rhodi urbis, 557, 7. In Limnis Spartæ, 311, 43. Τῶν περὶ τὸν Διόνυσον τεχνιτῶν τῶν ἐν Ἰωνίᾳ conventus et domicilium Tei, deinde Ephesi, tum Myonnesi, tum Lebedi, 549, 35. Bacchus ab Aristide pictus, Corintho Romam translatus inque Cereris templo dedicatus, una cum templo nuper conflagravit, 327, 32. Proverbium : Οὐδὲν πρὸς Διόνυσον, 327, 33.

Bacchylides, Simonidis consobrinus, Ceus e Julide urbe, 417, 43. Ejus error geographicus, 526, 42.

Bactra, ἡ Βάκτρα (τὰ Βάκτρα, 443 ; 12) ἡ καὶ Ζαρίασπα (*Balkh*); Bactrianæ caput, ab Alexandria Ariana 3870, ab Iaxarte fluvio 5000 stadia distat, sec. Eratostheuem, 440, 48; 443, 12; eam fluvius cognominis in Oxum exiens perfluit, 441, 52; 62, 12. Ἡ ἐκ Βάκτρων τρίοδος, apud Ortospana, 441, 5; 616, 3. Qua Bactra eatur via, 57, 9. Βάκτρια τείχη ap. Euripid., 22, 45.

Bactriana, ἡ Βακριανή, ἡ Βακτρία, 29, 9; 107, 12. Parthicis bellis notior facta, 11, 47. Pathricorum scriptores, ut Apollodorus Artemitenus, Straboniana ætate accuratius de ea exposuerunt, 97, 27. Regionis situs et solum, 442, 46. Bactriana per 1000 stadia versus boream porrigitur 62, 20 ; ulteriora Scythæ tenent, 62, 46. Finitimæ regiones, 616, 34. Rosh fl. Bactrianam a Sogdiana dirimit, 61, 19; 440, 36. Juxta Bactrios ad Oxum Massagetæ et Arachoti degunt, ut Eratosthenes prodit, 440, 30. Pars Bactrianæ Indiæ, major pars Paropamiso adjacet, 440, 33. Omnium rerum ferax est, excepto oleo, 61, 6. Fert oryzam, 590 35. Urbes ibi : Bactra sive Zariaspa, Adrapsa, Eucratidia, 443, 12; 617, 15. Bactrianorum (Βατριανῶν s. Βακτρίων) vitæ ratio moresque, 443, 24. E Bactriana profecti Corybantes, 405, 21. Occuparunt eam Sacæ, 438, 53. Ex ea ad Chorasmios fugerunt Spitamenes et Bessus, 440, 26. In ea urbes condidit Alexander M.; idem ibi evertit Cariatas urbem, cepitque Sisimithræ petram, 443, § 4. Eam Euthydemus præfectus ad defectionem pertraxit, 441, 39. Bactrianæ reges græci majorem quam Macedones Indiæ partem sub se habuerunt 585, 7. Quousque Menander et Euthydemi filius Demetrius regnum protulerunt, 443, § 1 et § 2. Græcis Scytharum gentes e regione trans Iaxartem sitæ profectæ Bactrianam ademerunt, 438, 32. Scythis partem ejus ademerunt Parthi, 441, 48. Bactrianus nonnullis est Arsaces qui primus Parthyæam occupavit, 442, 9.

Badas, Βαδᾶς (*Nahr es-Sin* sive *el-Melech*), Syriæ fl., juxta quem, non longe a Palto urbe, Memnon sepultus esse apud Simonidem dicitur, 619, 43.

Bænis, Βαῖνις, sive Minius, Lusitaniæ fluvius maximus, per 800 stadia navigatur, e Cantabris fluens. Ejus ante ostium est insula. Usque ad eum (*Nimium* ap. App. Hisp. c. 72) progressus est Brutus, 127, 26. Bænis nomen alius nemo memorat, ac vix dubium quin Strabo erraverit. Insula illa non est ante Minii (*Minho*) ostia, sed ab eo boream versus (*isla Lies*) ad maris recessum, cui adjacet *Bayona* urbs. Inde *Bænis* nomen, quod ad Minium Strabo refert. Groskurdius putavit Minium et Nebin (*Neyva*) a Strabone confundi.

Bætera, Βαίτερα (sic Ptol.; Βλίτερα et Βλίττερα codd.; Bæterra Mela, Plin., in scr.; Βήτερρα numi; hod. *Béziers*) Galliæ Narbon. opp. ad Orbin fl., 151, 19.

Bætica regio a fluvio sic dicta, de incolis vocatur Turdetania, 115, 21. Hæc regio quæ intra Anam est, versus ortum tendit usque ad Oretaniam; in ora ab Anæ ostio usque ad columnas, 115, 32; felicissima est, 115, 14; 115, 37; 134, 40. Bætica provincia est populo attributa; mittitur in eam prætor cum quæstore et legato ; finis provinciæ orientem versus est prope Castlonem, 138, 18. Cf. Turdetania.

Bætis, Βαῖτις (*Guadalquivir;* prope fontes etiam nunc *Ubeda* vocatur), Iberiæ fl.; ejus fontes, cursus, magnitudo, 115, 15. Ex eadem regione oritur, in qua Anas et Tagus, 115, 17. Sec. Polybium e Celtiberia fluit ; oritur in Argenteo monte; ab Aua distat 900 stadia, 122, 47. Ex Orospeda ortus per Oretaniam in Bæticam fluit, 134, 40. Turdetaniam perfluit, 116, 41. Ostia bipartita insulam includunt 100 stadiorum, 116, 21, in qua Tartessum urbem fuisse dicunt, 123, 6. Ipsum etiam fluvium a veteribus Tartessum vocari ferunt, 122, 53. Ostiis vicina est Gades ins., 140, 16. Ab iis ad Anam fl. 100 milliaria, ad Gades 70 milliaria, 116, 37. Limus fluvii brevia facit; ante ostia scopuli sunt latentes, 116, 22. Bætis ad Ilipam exundans ad 30 stadia agros aqua tegit, 145, 16. Ripæ fluvii egregie inhabitatæ, cultæ, amœnissimæ, 117, 37. Grandibus onerariis usque ad Hispalin, minoribus usque ad Ilipam, scaphis compactis (olim etiam monoxylis) usque ad Cordubam navigatur per 1200 fere stadia ; superiora ad Castlonem non sunt navigabilia, 117, 34 ; ibi montes juxta fluvium porriguntur, *ib.*

Bætis, Βαῖτις, urbs Bæticæ, quam Cæsar militibus frequentavit, adeo ut Hispalin honore superaret, etsi noni splendida, 117, 15. Urbem aliunde non notam Hispali proximam fuisse et vix natam derelictam esse Mannertus censet; alii nomen ex *Bæcyla* vel *Bæza* vel *Lepti* corruptum esse putant. Ego indicari puto Plinii *Asidonem Cæsarianum* (*Xerez Sidonia* ævo medio, *Xerez de la Frontera* hodie), quæ est ab Hispali versus austrum sita. Apud Ptolemæum vocatur Ἀσίνδων. In Strabone pro Στρατιώτας ἡ βαῖτις fuerit Στρατιώτ. Ἀσινδίτις vel Ἀσινδίς.

Bætorix, Βαιτόριξ, Melonis frater, Deudorigis pater, Sugamber, 242, 33.

Βαίτυλος, i. q. Οἴτυλος, 309, 16.

Bæturia, Βαιτουρία, Hispaniæ tractus sterilis juxta Anam fluvium, 118, 7.

Bagadania, Βαγαδανία, Cappadociæ planities inter Argæum et Taurum montes sita perraro producit arborem frugiferam; a Pontico mari 3000 st. distat versus meridiem, 61, 13; 462, 35.

Bagas, Βάγας, Paphlagonicum vocabulum in Cappadocia occurrens, 473, 43.

Bagous, Βαγῶος, eunuchus, Arsen interfecit regemque fecit Darium, 626, 34.

Bagradas, Βαγράδας (*Mejerda*), Libyæ fl. prope Uticam exit, 706, 26.

Bajæ, Βάιαι (*Baja*), Campaniæ opp., thermis celebre, 189, 4; 203, 20; unde nomen habeat, 204, 32. Ad Bajas nova urbs construitur, 205, 28. Bajas ducit agger qui Lucrinum sinum intercludit, 204, 23. Vicina Bajis regio, 203, 20 sqq.

Baius, Βάϊος, Ulyssis comes, 24, 37, Bajis nomen dedisse creditur, 204, 33.

Balænæ, φάλαιναι, maris Turdetaniam alluentis, 120, 23.

Balanæa, Βαλαναία (*Valania* apud medii ævi scriptores; hod. *Banias*), Syriæ oppidum in ora Aradiorum, 641, 32.

Balari, Βάλαροι, Sardiniæ gens montana, 187, 28.

Balbura, τὰ Βάλδουρα (ruin. *Katara*. ad fl. *Katara Su* V. Spratt *Lycia*, tom. I, p. 267), una urbium tetrapolis Cibyratidis; a Murena Lyciæ adjicitur, 539, 30 et 36.

Balbus Gaditanus novam Gadium urbem, 140, 301, et navale in opposita continente condidit, 140, 39.

Baleárides, Βαλεαρίδες s. Βαλιαρίδες, inss. duæ. V. Gymnesiæ.

Balithon. V. Ammon.

Balsamum in Sabæorum terra, 662, 10; in Cœlesyria, 642, 52. Balsami hortus in Hiericuntis planitie; plantæ descriptio; succi colligendi et coagulandi ratio et vis medica, 649, 43. Balsamum Judæi nonnisi certis in locis nasci permiserunt, 680, 3.

Bambyce (*Mambedch*, *Mambuk*) sive Hierapolis sive Edessa, Syriæ urbs, 636, 48; ab Antiochia orientem versus sita est eam urbem; olim Dionysius tyrannus tenuit, 639, 30. Quod Edessæ nomen attinet, Strabonem errasse et Edessam Mesopotamiæ cum Bambyce confudisse statuunt. Ne idem asseverem, impedit Stephanus Byz. v. Ἀπάμεια, ubi Apameam, quæ erat ad Zeugma Euphratis, sitam esse dicit Ἐδέσσης πρὸς ἄρκτον; in quibus vi Edessa est nota urbs Mesopotamiæ, falsa tradit; sed bene res habet, si Edessa est ea quam Strabo dicit. Quæ quum ita sint, Stephani verba :˙ ἔστι καὶ τῆς Περσαίας Ἐδέσσης πρὸς ἄρκτον, quæ vario modo vv. dd. tentarunt, ita corrigenda fuerint : ἔστι καὶ [ἄλλη vel Συρίας?], τῆς Βεροείας Ἐδέσσης πρὸς ἄρκτους. Verisimile enim est istam Edessam ad Berœæ ditionem pertinuisse.

Bamonitis, Βαμωνῖτις, Cappadociæ regio, 473, 44.

Bandobene, Βανδοβηνή, Indiæ regio quam Choaspes perfluit, 594, 29.

Βάραθρα, nonnullis dicuntur paludes circa Pelusium, 682, 14; 631, 41; cf. 42, 10; 683, 20.

Barbarium, Βαρβάριον, Lusitaniæ prom. (*Cap Spichel*), 125, 42.

Barcas, Βάρκας, Hannibalis pater, 181, 37; quo duce Carthaginienses in Hispaniam expeditionem susceperunt, 125, 6.

Barce, Βάρκη, Cyrenaicæ urbs, 710, 52, in ora maritima; nunc Ptolemais vocatur, 710, 21. Hæc parum accurata sunt; ferri possunt eatenus, quatenus ad portum Barcæ, urbis mediterraneæ, Barcas nomen transferre licebat.

Bardi Gallorum, 164, 20.

Barduli, i. q. Bardyetæ.

Bardyetæ, Βαρδυῆται, qui nunc Barduli (Bardyali codd.)

vocantur, Hispaniæ gens, Veronibus contigui, 134, 45; 129, 11.

Bargasa, Βάργασα, Cariæ opp., 560, 19. Cf. Ptolem. 5, 2, 19. Componi oppidum solet cum hodierno *Dchowa* (*Djovata*, *Giva*), quod est in intimo recessu sinus Ceramici (*Golfe de Dchowa*).

Bargosa, Βαργόσα (i. q. Βαρύγαζα, *Barutch*), Indiæ urbs, Zarmani patria, 612, 50.

Bargus nonnullis dicitur qui vulgo est Margus fluvius, 264, 15.

Bargylia, τὰ Βαργύλια, Cariæ opp., 522, 41; patria Protarchi, vicina Bargyliis loca, 561, 45. Urbis ruinæ prope vicum *Goverdchinlik* ad sinum Iasicum (*golfe de Mendeliah*).

Baris, Βᾶρις, nunc Veretum, Οὐερητόν, Italiæ opp. in Salentinis, a Tarento 600 stad. distans, 233, 46. Nunc *Verano*.

Baris, Βᾶρις, dea Armeniorum; templum ejus memoratur, 455, 39. Pro Βᾶρις alii Ἄβαρις, Groskurdius Ἄζαρις nomen reponi voluerunt. Perperam, ut opinor. Certe Βᾶριν Armeniæ montem fabulis celebrem habes ap. Nicolaum Dam. fr. 76 (Fr. Hist. t. III, p. 415); Armenice idem mons dicitur *Varaz*; situs est in regione *Pakrevant* (Bagrandavene Ptolemæi), inter Araxen et *Van* lacum. Cf. Ritter 10, p. 261.

Barium, Βάριον (*Bari*), Apuliæ oppidum, a Brundusio et Tarento 700 st., ab Aufido 400 stadia distat, 235, 27 et 36.

Barnichius, Βαρνίχιος, recens Enipei fl. nomen, 306, 25.

Barnus, Βαρνοῦς (*Nitje*), mons in Macedoniæ et Illyrici confiniis, juxta quem Egnatia via ducit Heracleam, 268, 30.

Basgœdariza, Βασγοιδάριζα, castellum, 475, 41, situm vel in Ponti parte orientali vel in Armenia minori. Aliunde non notum. Ni egregie fallor, idem est quod in Itinerario Anton. Olotœdariza vocatur. Literæ ΩΛΟΤΟΙ et ΒΑΣΓΟΙ facillime confundebantur. Locus ille quum 23. m. p. a Nicopoli orientem versus esse dicatur, referendus est ad ruinas quæ sunt prope *Schabb-Chana-Hissar* (37° long.).

Basilicus Aulon. V. Aulon.

Basilii, Βασίλειοι, sive Regii, Sarmatæ, inter Tyrigetas et Borysthenem, 254, 26.

Basilius, Βασίλειος, fl. inter Euphratem et Tigrim, 636, 41. (aliis : *Balicha*, *Balissus*, *Beles*; hod. *Balich*), Basoropeda, Βασοροπέδα, Armeniæ regio, olim Mediæ, 453, 23. Eandem esse regionem censeo quæ armeniace vocatur *Vasiour-achan*.

Bassus Cæcilius cum duabus cohortibus Apameam ad defectionem adduxit; Romanorum obsidionem diu sustinuit, tandem impetratis quas ipse vellet conditionibus sese dedit, 640, 53; socii ejus erant finitimorum castellorum reguli, nec non Alchædamnus Rhambæorum rex, 641, 5.

Bastarnæ, Βαστάρναι. De iis nihil fere novit Eratosthenes, 77, 25; Strabonis demum ætate accuratiora innotuerunt, 97, 24. Bastarnicis et Thracibus permixtæ gentes Scythicæ et Sarmaticæ, 246, 8. Bastarnæ Tyrigetis ac Germanis confines ac fere ipsi quoque Germanici generis, in plures divisi populos, quorum sunt Atmoni, Sidones, Peucini, Roxolani, 254, 29; 240, 25; 106, 32. Interdum hostem persequentes Istrum transgressi sunt, 253, 23. Bastarnæ Peucini dicti in Peuce insula, 253, 45 sqq. Bastarnas esse etiam ab ortu Germanorum septentrionalium juxta Oceanum plerique putant, at incerta res est, 244, 49; 245, 3.

Bastuli i. q. Bastetani, q. v.

Bastetani sive Bastuli, Βαστητανοί sive Βάστουλοι, gens Iberiæ in ora ad fretum Columnarum; apud eos Calpe mons et Carteja urbs, 115, 44. A meridie Turdetaniæ, angustum tractum obtinent inter Calpen et Gades, 116, 45; Turdetaniæ accenseri solent, *ib.* Bastetani, qui etiam Bastuli vocantur, partim etiam Oretani, oram maritimam tenent a Calpe ad Carthaginem Novam, 129, 40. A meridie sunt Celtiberum, 135, 40. Bastetanorum ii qui Orospedam habitant, Celtiberiæ finitimi sunt, 134, 49. In Bastetania est dorsum montosum silvis densum, quod oram a mediterraneis dividit, 129, 50; in eo auri sunt metalla, 130, 3. Bastetaniæ mulieres viris mixtæ saltant; quomodo? 128, 43. Urbes sunt : Malaca, 130, 4; Exitanorum urbs, 130, 13; Abdera, 130, 15; Odyssea, 130, 17.

Bata, τὰ Βατά (*Soujoudjak*), pagus et portus ad Ponti oram a Sindico portu 400 stadiis distans; e regione situs Sinopæ, 426, 8.

Bathynias Βαθυνίας, fl. inter Athyram et Byzantium in Propontidem egrediens, 284, 19 (haud longe a Byzantio ad Rhegiam locum, qui hodie vocatur *Kutchuk Tchekmedcheh*).

Bathys portus, Βαθὺς λιμήν (*Bathy*), Bœotiæ, prope Aulidem, 346, 23.

Batiæ, Βατίαι, Cassiopæorum opp. mediterraneum, 269, 50. Situs incertus.

Batiea, Βατίεια, sive Myrina, cujus collis in Iliaco campo, 491, 10; 511, 20; 532, 33.

Bato, Βάτων, Dœsitiatarum Pannonum dux, 261, 10.

Baton, Sinopensis, Persicôn auctor, 468, 15.

Battus, Cyrenæ conditor, a quo genus se ducere Callimachus ait, 710, 41.

Beatorum insulæ, Μακάρων νῆσοι, quas poetæ canunt, non multum distant ab extremis Mauritaniæ, quæ sunt Gadibus opposita, 124, 51.

Bebryces, Βέβρυκες, qui ante Thynos et Bithynos Mysiam incoluerunt, et ipsi Thraces fuerint, 464, 18; 245, 34. Regionem Abydenam occuparunt, 501, 47. Ditione eorum potitus est Mariandynus, 464, 31. Bebryces et Doliones Phrygum nomine comprehenduntur, 578, 36. Homerus Bebryces non memorat, 475, 17.

Belbina, Βέλβινα (*S-Georges*), sinus Saronici insula, 342, 28. Æginæ objacens, 322, 44.

Belgæ, Βέλγαι, ab Alpibus ad Rheni ostia habitant, Celtarum vicini, 147, 12. In 15 gentes divisi degunt inter Rhenum et Ligerim ad Oceanum (qua in re fallitur Strabo), 159, 26; 163, 20; soli Germanorum, Cimbrorum et Teutonum irruptionem sustinuerunt, 163, 23. Belgicæ regionis gens (ex Strabonis opinione) sunt Veneti, 162, 7. Inter Belgas præstant Bellovaci et Suessiones, 163, 28. Belgicam Galliæ provinciam Augustus constituit, 147, 21. Apud Belgas olim triginta millia hominum armis aptorum censa sunt, 163, 30.

Belion, Βελιών, Lusitaniæ fl., 127, 15. Cf. Lethes fl.

Bellerophon ubinam Pegasum ceperit, 326, 11. Lyciorum rex, contra Solymos pugnat, 569, 21; 491, 1, et contra Amazones, 491, 9.

Bellerophontis vallum, Βελλεροφόντου χάραξ, prope Termessum, ubi Solymi habitarunt, 539, 12.

Bellovaci, Βελλοάκοι, Galliæ populus Morinis vicinus, 161, 40; inter Belgas præstant, 163, 28. Cf. 173, 26.

Belon, Βελών, urbs et fluvius in Bætica Iberiæ, 115, 54; ab eo Tingin trajicere solent, *ibid.*; Ruinæ urbis vocantur *Belonia* sive *Bolonia*; fluvius esse videtur hod. *Salade*.

Belus rex, Βῆλος, pater Thronii, avus Arabi, 35, 26. Beli templum apud Elymæos, 634, 17. Beli sepulcrum Xerxes Babylone destruxisse fertur, restaurare voluit Alexander, 628, 51.

Bembina, Βέμβινα, Argolidis vicus prope Nemeam, 324, 41.

Benacus, Βήνακος (*Lago di Garda*), lacus 500 st. longus, 130 st. latus, 174, 11; ex eo Mincius effluit, 174, 12.

Bendidia, Βενδίδεια, festa ap. Thraces, 404, 12; quorum meminit Plato, 405, 2.

Beneventum, Βενεούεντον (*Benevento*), Samnitum opp. in via Appia, 207, 19; 235, 4. In eo duæ viæ coeunt quibus Brundusio Romam itur, 234, 51. Etiam nunc Beneventum bene constat, 208, 11.

Berecyntes, Βερέκυντες, pristina Phrygiæ gens, Rheæ orgia celebrabant, 402, 40; 496, 45. Βερεκύντιοι αὐλοί, 408, 48. Scamandrius e Berecyntis Europæ Phryges in Asiam transduxisse dicitur, 580, 37. Berecyntes Cerbesii, 496, § 21. Berecyntiæ mons Cabirus, 405, 42.

Berenice, Salomes filia, ab Augusto honore affecta, 651, 18.

Berenices crinis, sidus, 3, 3.

Berenice, Βερενίκη, Ægyptiorum urbs ad sinum Immundum (ruinæ ad recessum sinus, quem Anglici nautæ *Foul-bay* vocant), 654, 24. Dies ibi longissima 13 ½ horarum, sicut Syenæ, 110, 10. A Copto ad Berenicen viam mansionibus et aquationibus instructam patefecit Ptolemæus Philadelphus, 692, 22. Quamquam portu caret Berenice, tamen ob isthmi opportunitatem idonea diversoria habet, 692, 21. Propinqua est Myoshormo, 692, 31. (De situ Myoshormi et Berenices falsa tradit Strabo ex Artemidoro, qui ipse sua habet ex Agatharchide. V. Geogr. gr. min. tom. I, Prolegg., p. LXIX).

Berenice ἡ κατὰ Σάβας, Æthiopiæ urbs ad meridionalem partem sinus Arabici, 657, 1.

Berenice, Cyrenaicæ urbs (*Bengazi*), 710, 52, in Pseudopeniade prom. sita, juxta Tritonidem lacum, in quo insula cum Veneris templo; ibidem Hesperidum portus et Lathon fl., 710, 6. Urbs a Syrtis majoris recessu 1500 stadia distat, 710, 2. Ab ea usque ad Philænorum aras Nasamones habitant, 710, 3. Berenice contra Peloponnesi extremitates (Ichthyn et Chelonatam prom.) et Zacynthum jacet 3600 stadiorum intervallo, 710, 15. A Berenice proficiscens Cato cum exercitu Syrtim circumivit, 710, 16.

Berge, Βέργη, Bisaltarum vicus in Strymonis convalle, 200 stadia ab Amphipoli distans, 281, 8. (Leakius, qui Strabonis fragmentum nondum novit, locum quærit ad lacum Strymonium in hodierno *Takhino*, ab Amphipoli circa 140 stadia distante; quadrat hoc cum iis quæ in Ptol. leguntur 3, 12, p. 223, 20 ed. Wilberg. Quodsi veriora habet Strabo, Berge supra lacum Strymonium in hod. *Beg-Kevi* quæsiverim.) Bergæus est Antiphanes, *q. v.*

Berisades, Βηρισάδης, Odrysarum rex, 282, 50.

Bermius mons, Βέρμιον ὄρος (*Verria*), Macedoniæ, quem Briges tenuerunt, 278, 31. Radicibus ejus Berœa subjacet, 278, 51.

Berœa, Βέροια (*Verria*), Macedoniæ urbs ad radices Bermii montis, 278, 51.

Berœa, Βέροια (*Haleb, Aleppo*), Syriæ urbs; una earum quas olim Dionysius tyrannus tenuit, 639, 30.

Berones, Βήρωνες. V. Verones.

Bertiscus, Βερτίσκος, mons et post eum Scardus, Orbelus, Rhodope et Hæmus jugum montanum constituunt ab Adria ad Pontum pertinens, ac boreale latus Macedoniæ efficiens, 275, 12. (Secundum hæc Bertiscus componendus foret cum Bebiis montibus Ptolemæi, qui ipse Bertiscum m. in Bisaltia ponit infra Amphipolin et Heracleam Sinticam (*mont Betchik*). Quæritur itaque an perperam Strabo Bertisci nomen ad Bebium montem transtulerit.

Berylli lapides in India, 611, 40; in aurifodinis, 663, 9.

Berytus, Βηρυτός (*Beirout*), Phœniciæ urbs, a Sidone

48.

Cantiumque a Celtica aliquot dierum navigatione distare fabulatur, 52, 49; 105, 47. Britannia triquetra, 165, 46; juxta Galliam porrectum latus est 4300 vel 4400 stadiorum, a Rheni ostiis ad Pyrenæos pertinens, 165, 49; 99, 15. Cantium prom., 160, 40; 166, 1. Qui Britanniam et Hiberniam adierunt, nihil produnt de Thule insula, sed alias quasdam parvas circa Britanniam inss. commemorant, 52, 41. Britanniæ solum quale, 166, 23; incolarum statura ceterusque habitus; ingenium; principatus; essedæ; oppidorum ratio; aer, nebulæ, 166, 28-47. In Britanniam a Gallia trajectus usitati quattuor ab ostiis Rheni, Sequanæ, Ligeris, Garumnæ, 166, 11. Cæsar bis in eam trajecit 166, 48, ab Itio portu, 166, 17, a quo, sicut a ceteris Galliæ fluviis, trajectus est 320 stadiorum, diurno brevior, 166, 17; 161, 16; 157, 6. Quid in Britannia Cæsar perfecerit, 166, 48. Reguli Britanniæ, Augusti amici; donaria in Capitolio dedicarunt, 167, 3. Britanni, Βρεταννοί, 97, 22, exigua vectigalia pendent mercium quas in Galliam exportant vel inde important, 167, 8. Quænam sint merces istæ, *ib*. Nullum in Br. Romanorum præsidium est. Qua de causa? 167, 12; 95, 37. Britanniæ propinqua insula, in qua Cereri et Proserpinæ sacrificatur simili ritu quo in Samothrace, teste Artemidoro, 165, 29. Aliæ insulæ circa Br. sitæ, 167, 19. Βρεττανικαὶ νῆσοι, 106, 37. Ex iis stannum in Massiliam affertur, 122, 18.

Britannicum fretum, ὁ Βρεττανικὸς πορθμός, inter Galliam et Britanniam, 105, 45.

Britomartis, Βριτόμαρτις, Minoem fugiens in δίκτυα piscatorum desiluit, unde a Cydoniatis est Dictynna vocata. Error Callimachi, 411, 25. Templum Britomartidis in Chersoneso Lyctiorum, 412, 2.

Briula, Βρίουλα, pagus Cariæ, 555, 28.

Brixia, Βριξία (*Bresse*), urbs Galliæ transpadanæ, 177, 27.

Bructeri, Βρούκτεροι, Germaniæ populus ad Oceanum habitans, 241, 49 (De quo errore cf. v. Sugambri). A Druso Germanico prœlio navali in Amasia fl. vincuntur, 241, 14. Bructeri captivi in Germanici triumpho, 242, 39.

Brundusium, Βρεντέσιον (*Brindisi*), Iapygiæ urbs, 233, 33. Unde dicta sit, 234, 42. Frequentarunt urbem Cretenses aut cum Theseo e Cnosso urbe aut cum Iapyge e Sicilia profecti, 234, 26. Brundusium ab Hydrunte et Sasone ins. 400 stadia distat, 234, 4; a Cassiope, Corcyræ portu, 1700 stadia, 269, 32. Quænam sit a Gargano distantia, 236, 26. Brundusio ad Tarentum isthmus est 310 stadiorum, 231, 1; cf. 334, 14. Brundusium appellunt ex Asia et Græcia Romam tendentes. Duæ sunt Brundusio Romam viæ, 234, § 7. Trajectus ad Ceraunios montes et ad Epidamnum urbem, 235, 14. Quomodo ex Epiro ad Brundusium iter instituant, si qui rectum cursum tenere non possint, 234, 4. Brundusium quum sub regibus multum agri amisisset, a Phalantho ademptum, postea, pulso Ph., recuperavit, 234, 30; ager præstantissimus; portus egregii 234, 34.

Bruttii, Βρέττιοι, 176, 10; 176, 21; 211, 6; olim Lucanorum pastores, ab iis defecerunt, quo tempore Dio in Dionysium bellum movit; quare a Lucanis Bruttii, i. e. defectores, vocati sunt, 212, 25; 190, 25. Peninsulam tenent quæ a Lao et Thuriis incipit, 212, 22; 211, 54. Ora Bruttiorum inde a Lao usque ad fretum Siculum est 1350 stadiorum, 211, 47. Caput Bruttiorum Cosentia, 212, 52. Aliæ eorum urbes, 212, § 5 sq. Bruttii Temesam capiunt, 212, 35. Bruttia pix, quam Sila silva fert optimam, 216, 51: Via Rhegio per Bruttios in Campaniam ducens, 235, 9.

Brutus, Callaicus cognomento, in bello contra Lusitanos Morone urbe tanquam arce usus est, 126, 10; Olysiponem munivit, 126, 18 et 30.

Brutus (Decimus) e Mutina urbe fugiens et Salassorum terram transiens, ab his cogitur denarium solvere viritim, 171, 14.

Bryanium, Βρυάνιον, Deuriopum in Macedonia opp. ad Erigonem fl., 272, 8.

Bryges s. Brygi, Βρύγες, Βρύγοι, i. q. Phryges, 471, 11.

Brygi, Illyrica gens, 271, 20., e quibus in Erigonem fluvii complures deferuntur, 272, 3. Cydriæ, urbs Brygorum, 272, 9.

Bubali in Mauritania, 702, 3.

Bubastos, Βούβαστος (*Tel-Bustak*), Ægypti urbs, 684, 6. Βουβαστίτης νομός, 684, 7.

Bubo, Βουβών, una urbium Cibyratidis tetrapoleos; postea a Murena est Lyciæ adjecta, 539, 30 et 36. Sita urbs, secundum Sprattium, prope hod. *Ebajik*, ad fluvium *Horzoum-Tchai*.

Bubulcorum urbs, Βουκόλων πόλις, Phœniciæ oppidum inter Crocodilorum et Sycaminorum oppida situm, 645, 53. Aliunde non notum est. Plinius 5, 17, quum in hoc oræ tractu multo plura quam Strabo oppidorum nomina noverit, inter Sycaminôn tamen et Crocodilorum oppida unam habet Dorum urbem (hod. *Dandora* seu *Tantura*), sicuti Tabula Peutingeriana, in qua *Dor* (i. e. *habitatio*) vocatur *Kert* (i. e. *oppidum*). Ni fallor, eandem urbem, sæpius apud vett. memoratam, etiam Strabo indicavit; nomen vero, quum in loci naturam vix cadat, corruptum esse tanto lubentius crediderim quanto facilior se offerat ratio corrigendi. Etenim Claudius Julius (ap. Steph. v. Δῶρος) Phœnices ibi consedisse prodit διὰ τὸ ὑπόπετρον τῶν αἰγιαλῶν καὶ τὸ τῆς πορφύρας γόνιμον, atque constat etiam nunc litus istud purpuræ conchis abundare (V. Ritter. t. 16, p. 611). Quemadmodum igitur proximum oppidum a sycaminis nomen invenit, sic nostrum quoque a suo proventu dictum esse puto, adeo ut pro βουκόλων legendum sit βουκανῶν πόλις. Nam βουχάνη sive βυχάνη (v. Steph. Thes. II, p. 455, A) significat *buccinum*, de quo Plinius 9, 61 : *Buccinum, purpura, nonnisi petris adhæret circaque scopulos legitur.* Et cum buccino Plinii Lessonius (monente Rittero l. l.) eam purpuræ speciem componit quæ in Dori litore scopuloso legitur et a nostri ævi viris doctis vocatur *helix ianthina* (V. Rosenmüller, *Bibl. Alterth.* tom. 4, 2, p. 451 sqq.).

Buca, Βοῦκα (*Termoli*), Frentanorum opp., Teano Apulo vicinum, 201, 44; 237, 21.

Buccinæ ingentes, κήρυκες δεκαδάκτυλοι, in mari ad Cartejam, 120, 23.

Bucephalia, Βουκεφαλία (*Jelum* aut *Jellapour*), Indiæ urbs, ab Alexandro ad Hydaspen condita, unde nomen habeat, 595, 35.

Bucephalus, Βουκέφαλος, equus Alexandri, urbi nomen dedit 595, 37.

Buchetium, Βουχέτιον, Cassiopæorum opp., Cichyro vicinum, 269, 49. Leake ponit ad portum *St-Jean*. Quod ferri nequit. Composui cum hod. *Loutcha*.

Bucolon urbs. V. Bubulcorum urbs.

Budorus, Βούδορος, Eubœæ fl. prope Cerinthum opp., 383, 18.

Budorus, mons Salaminis ins. Atticæ vicinus, 283, 18.

Buiæmon, Βουίαιμον, Marabodi regia apud Quados, 241, 24. Signatur Bojohæmum regio in eaque oppidum, haud dubie Marabudum Ptolemæi, quod in hodierno *Budweis* quærendum esse suspicantur.

Buprasium, Βουπράσιον, Eleæ regio cum oppido cognomine; oppidum non amplius exstat; regio est ad viam qua ab Elide urbe hodierna Dymen itur; oppidum olim ipsa Elide præstantius fuisse videtur. De Homericis versibus, quibus Bubrasii mentio fit, 292, § 8. Homerus

Scytharum Roxolani, magis versus meridiem siti quam extrema ultra Britanniam cognita, 94, 33. Ad Borysthenem Hamaxœci incolunt, 104, 50. Intra Borysthenem et Tanain campos tenent Roxolani, 254, 34. A Borysthene ad Mæotidem pertinens regio algida, 255, 3. Frigoris ibi vehementia, 61, 44.

Borysthenes urbs sive Olbia ad Borysthenem fl., 200 ab ejus ostio stadiis sita, magnum emporium, Milesiorum colonia, 254, 21. (Ruinæ ad *Ilinski*.)

Borysthenites Biou, 417, 46.

Bos, βοῦς, Nili piscis, 699, 9.

Bosmorum, βόσμορον, in India, 588, 47; quale sit frumenti genus, 590, 40. (Cf. Meier *Botanische Erlæuterungen zu Strabo's Geographie* p. 36.)

Bosporani, Βοσπορανοί (Βοσπορόνιοι, 257, 15), tyranni primum nonnisi a Panticapæo ad Theodosiam, deinde per totam Chersonesum regnarunt, 258, 10; 257, 15. Bosporani regni major pars in Europa, aliqua tamen etiam in Asia portio, 257, 36. Bosporanis paruerunt pars Mæotarum, 425, 9. Bosporani reguli interdum etiam usque ad Tanaim omnia obtinuerunt, maxime ultimi eorum Pharnaces, Asander et Polemo, 425, 10. Bosporanorum in Europa caput Panticapæum, in Asia Phanagoria, 424, 41. 257, 16. Bosporani nonnunquam navalia et forum distrahendæ prædæ præbent piratis Achæis, Zygis, Heniochis, 425, 30. Reguli Parisades, Leuco, Satyrus, alius Parisades, qui regnum Mithridati tradidit, 257, 26; Leuco, 250, 21; Mithridates Pergamenus eversus ab Asandro, 534, 24; Pharnaces ab Asandro interfectus, 534, 24. Bosporanorum reges Romanorum fere arbitrio constituuntur, 259, 25. Bosporanorum vates Achaicarus, 649, 9.

Bosporus Cimmerius, Βόσπορος ὁ Κιμμερικός, 89, 43; 103, 4; unde sit dictus, 257, 9; 423, 52; 244, 5; non ignotus Homero, 5, 15; pertinet ab Achilleo et Myrmecio usque ad Corocondamum et Acra, Panticapæorum promontorium, 424, 15. Ab eo vel ab Achilleo vico ad Tanaim via recta 2200 stadia, 258, 2; 6000 stad. juxta oram Europæ, *ib.* Latitudo Bospori, 257, 40; pars ejus angustissima, 257, 53. Ad eum Nymphæum, Panticapæum, Myrmecium, Parthenium, Achilleum, Phanagoria, *quæ vide*. Summum in Bosporo frigus, 61, 35. Cf. etiam v. Cimmerii.

Bosporus Thracius, Βόσπορος ὁ Θράκιος, olim Mysius dictus. Ejus pars angustissima quinque vel quattuor stadiorum, 103, 43; 265, 41. Origo Bospori, 41, 3. Cf. Byzantium.

Botrys, Βότρυς (*Batroun*), sub Libano locus munitus, prædonum receptaculum, 643, 19.

Botton, Βόττων, Cretenses in Emathiam duxit, ibi Bottiæos dictos, 275, 25.

Bottiæi, Βοττιαῖοι, Cretenses sunt, qui e Sicilia et Iapygia in Macedoniam venerunt, 232, 5; 275, 25; quanam via usi sint, 234, 30. Βοττιάκη urbs Alorus, 277, 10; et Pella, 277, 12.

Boves feri in Alpibus, 173, 8; boves in ora Turdetaniæ maris effusione intercepti recessum fluctus operiuntur, 118, 54. Bos coloniæ dux Sabinis, 208, 21. Boves in regione ad Cerceniten sinum partim natura cornibus carent, partim iis lima abscinduntur cornua, quia hæc pars frigore facile læditur, 255, 11. Bos ab omnibus Ægyptiis colitur, 690, 20. Bos sacra Hermonthi alitur, 693, 44, et Aphrodit'opoli, 687, 58, et apud Momemphitas, 682, 36. Mnevis bos apud Heliopolitas, 682, 38. Apis apud Memphitas, 682, 38. Bovum certamina Memphi, 686, 10. Bobus clavæ signum inurunt Sibæ in India, 586, 47. Boves Garamantum ungulas ceteris longiores habent, 709, 17.

Bovis aula, Βοὸς αὐλή, antrum Eubœæ, ubi Io Epaphum peperisse dicitur, 382, 6.

Boxus, Βόξος, Persa quid Agatharchidi narraverit de Erythra, qui mari nomen dederit, 662, 49.

Brachmanes, Βραχμᾶνες, Indorum philosophi, eorumque vita et doctrina, 606, § 59. De duobus brachmanibus qui ad Alexandrum accesserunt, Aristobuli narratio, 607, § 61. Onesicriti cum Mandani et Calano confabulatio, 607, § 63-65. Aliorum de istis philosophis narrationes, 610, § 66 sqq.

Branchidæ. Τὸ μαντεῖον τοῦ Διδυμέως Ἀπόλλωνος τὸ ἐν Βραγχίδαις a Xerxe incensum. Branchidæ qui thesauros templi Persæ tradiderant, una cum eo abierunt, 542, 9. Templum novum, 542, 15; 691, 36. Branchidæ, qui Persis opes Didymæi prodiderant, a Xerxe in Sogdiana obtinuerunt urbem, quam Alexander Mag. delevit, 447, 7.

Branchus, qui templo Didymæo præfuit, e stirpe natus Machærei Delphici, 361, 35; ab Apolline amatus, 542, 20.

Brauron, Βραυρών, una e 12 Atticæ civitatibus, quas Cecrops constituit, 341, 30. Ibi Brauroniæ Dianæ fanum, 342, 34; et Erasinus fl., 319, 12.

Brenæ, Βρέναι, Hebri accolæ, 282, 42; latrones, *ib.*

Brennus, Βρέννος, qui Delphos invasit, Prausius dicitur, quanquam de Prausorum gente non constat, 156, 1.

Brentesium, Βρεντέσιον (Brention sec. Steph. Byz) lingua Messapica caput cervinum significat, 234, 42. Vide Brundisium.

Brettii V. Bruttii.

Breuci, Βρεῦκαι, Pannonum gens, 261, 8.

Breuni, Βρεῦνοι, gens Illyrica, quæ cum Vindelicis et Noricis ad exterius Alpium latus habitat, 171, 45. (in hod. *Tyrol* ad *Brenner* montem. *Caput Brennorum* a Plinio memoratum fuerit hod. *Bruneken*.)

Bria, Thracice urbem significat, 265, 20.

Brigantii, Βριγάντιοι, Vindelicia gens, quorum urbs Brigantium, 171, 52.

Brigantium, Βριγάντιον (*Briançon*), Brigantiorum Vindelicorum ope, 171, 52; in Cottii regione, 148, 41.

Briges, Βρίγες, gens Thracica, quorum pars in Asiam profecta Phryges vocantur, 245, 33; 278, 31. In Thracia Bermium montem tenuerunt; quorum nonnulli in Asiam transgressi Phryges dicti sunt, 278, 31.

Brilessus, Βριλησσός, Atticæ mons, 343, 16.

Briseis, Βρισηίς, e Lyrnesso abducta, 500, 21.

Britannia (Βρεττανία persæpe Strabonis codices optimi, idque ubique videtur reponendum). De ea nihil accuratioris norunt Eratosthenes, Timosthenes, ceteri antiquiores, 77, 25. Totam se pedibus peragrasse ait Pytheas, ambitumque insulæ esse 40,000 stadiorum, 85, 47. De ea nihil memoratu dignum narrandum habuerunt legati Massiliensium, Narbonensium et Cordilonensium, a Polybio interrogati, 158, 5. Britannia sub eodem cum Borysthene parallelo sec. Hipparchum, 53, 6; 95, 3. Britannia ab Hipparcho multo magis quam a Strabone septentrionem versus ponitur adeo ut borealis ejus pars septentrionalior sit quam Hibernia Strabonis, 62. 50. A Britannia quot sint stadia ad Hiberniam ignoratur, itemque an ultra sint loca habitata, 95, 23. A Massilia in mediam Britanniam non ultra 5000 stadia. Hinc 4000 stadia versus boream progressus terram inveniet, quæ vix habitari possit; hæc erit circa Hiberniam, adeo ut regio ea, cui Thulen Eratosthenes assignat, habitari nequeat, 53, 12. Britannia per 5000 stadia longitudine fere æquali est juxta Celticam porrecta, ita ut orientalis extremitas, Cantium pr., ab objectis Rheni ostiis conspici possit, 52, 45. Pytheas insulæ longitudinem 20,000 stadia excedere ait;

Bœbe, Βοίβη, Magnesiæ opp., ad Bœbeidem lacum, 374, 51; cujus incolas in Demetriadem Demetrius conduxit; nunc pagus Demetriadis, 374, 45; 376, 46. Ruinæ in colle ad *Kanalia* vicum in orientali lacus latere.

Bœbeis, Βοιβηΐς (*lac de Karla*), Thessaliæ palus, 369, 23; in campo Pelasgico, 381, 6; palus Pheris vicina, Pelii et Magnesiæ extremitatibus contigua; imminet ei Bœbe oppidum, 374, 51; adjacet Armenium, 454, 50; 432, 7, et Pelasgicus campus, 381, 6, Dotius campus, 380, 7. Bœbeis palus Nessonide multo minor, 379, 24.

Bœonoa, Βοιωνώα, Elidis (sic enim Oenoen vocare solent) aut eadem est cum Ephyra, aut non procul ab ea sita erat, 290, 33.

Bœoti, Βοιωτοί, Laconicæ opp. olim Θάλαμοι dictum, ad sinum Messeniacum, 309, 24. (Prope hod. *Milia*.)

Bœotia. Ab ea maris fluxu Eubœa abrupta est, 50, 17. Figura Bœotiæ et magnitudo, 343, § 1. Situs commerciis et imperio obtinendo peraccommodatus, 344, 9. Mediterranea Bœotiæ stagna, 348, § 15; solum cavernosum et rimosum; terræ motus frequentes eorumque causæ, 348, § 16. Loca in ora Eubœæ obversa, 346, § 10 *sqq*. Urbes pleræque nunc ad pagos redactæ, 346, 4. Solæ Thespiæ et Tanagra adhuc constant; reliquarum sunt rudera et nomina, 352, 32. Bœotiam olim tenuerunt barbari, Aones, Temmices, Hyantes, 267, 1; 344, 39; deinde cum Cadmo venere Phœnices, qui plerisque Bœotis imperarunt usque ad bellum Epigonorum; tunc enim reliquerunt Thebas, sed redierunt postea, 344, 42. E Bœotia Hyantes in Ætoliam migrarunt, 399, 13; *cf*. 363, 38. Bœotiæ olim Ogygiæ dictæ Cecrops præfuit et Eleusinem et Athenas ad Copaidem lacum condidit, 349, 35. Bœoti a Thracibus et Pelasgis expulsi in Thessalia cum Arnæis rempublicam constituerunt; hinc domum redierunt, quo tempore ad Aulidem erat Æolica classis in Asiam trajectura, 344, 48; 352, 24. Bœoti Penthilum in Æolica colonia deducenda adjuvarunt, 345, 43. Reversi e Thessalia etiam Orchomenum et Coroneam sibi adjunxerunt, et junctis viribus Pelasgos et Thraces ejecerunt, quorum illi Athenas, hi ad Parnassum emigrarunt, 344, 54; 353, 24. Cf. 399, 5. Ad Coroneam templum Minervæ Itoniæ condiderunt et præterlabentem fluvium Curalium vocarunt, Thessalica nomina usurpantes, 353, 24. Bœotorum rex Xanthus, 337, 33. Bœotos quosdam Pelops in Peloponnesum arcessivit, 309, 25. Bœotorum in Dodonæam antistitem facinus, de eoque judicium, 345, 17. Græciæ principatu per exiguum solummodo tempus Bœoti potiti sunt, 344, § 2. Ubinam Pambœotia agant, 353, 35. Olim sues dicti, teste Pindaro, 267, 3. Bœotorum et Atheniensium de Oropo controversiæ, 54, 41.

Bœotus, Metaponti vel Dii et Melanippes f., 220, 17 et 22.

Bœrebistas, Βοιρεβίστας et Βυρεβίστας, rex Getarum, quorum imperium satis amplum constituit, 252, 18; 253, 5. V. Getæ. Ut gentem in obsequio contineret, usus est Decænei sacerdotis opera, 252, 30; 247, 50; 649, 8. Contra eum Cæsar expeditionem adornavit, 247, 48. Seditione quorumdam oppressus est, 252, 37.

Boethus, Βοηθός, Sidonius philosophus, quo Strabo ad discendam philosophiam Aristoteleam usus est, 645, 4. Ejus frater Diodotus, *ib*.

Boethus, Βοηθός, Tarsensis, malus poeta et civis; in partam ab Antonio ad Philippos victoriam carmen scripsit; ab Antonio auctus male muneribus publicis fungitur, urbemque agit et fert usque ad mortem Antonii; deinde ab Athenodoro urbe ejicitur, 575, 14.

Bœum, Βοῖον, urbs Tetrapolis Doricæ, 366, 51. 408, 41.

Bœum m. V. Boium.

Bogus, Βόγος, Mauretaniæ rex, Romanorum amicus, 703, 28. Ejus regno vicini sunt Æthiopes, 82, 30; ad Bogum venit Eudoxus navigator, 82, 35. Bogus contra Æthiopes Hesperios expeditionem suscepit; ex eorumque regione calamos et asparagos ingentes uxori misit, 702, 25.

Boii, Βόιοι, Galli olim ad Padum habitarunt; unde a Romanis ejecti ad Istrum commigrarunt, et apud Tauriscos habitarunt, bellaque contra Dacos gesserunt, donec tota ipsorum gens excisa est, agrumque, ad Illyricum pertinentem, vicinis reliquerunt, 177, 16; 180, 3; 171, 48; 262, 22. Boii contermini erant Rhætis et Vindelicis, 171, 36. Etiam Thracibus permixti habitarunt, 246, 10. In regione inter Alpes et Istrum sita a Dacis deleti sunt, 260, 24. Boiorum solitudo, ἡ Βοίων ἐρημία, ab oriente Noricorum, 243, 9. Boii in silva Hercynia quondam habitantes Cimbrorum impetum repulerunt, sec. Posidonium, 244, 7. Boios, qui sub Critasiro erant, prorsus delevit Bœrebistas Getarum rex, 252, 28.

Boianum, Βοιανόν (*Bojano*), Samnitum opp., 208, 8.

Boium, Βόϊον vel Βοῖον, Orestidis m. et hinc in Græciam tendens, in aliis sui partibus alia nomina habet; ex ejus verticibus et Ægæum et Ionium et Ambracicum mare conspici perhibent, 274, 37.

Bolbe, Βόλβη λίμνη (*Besikia*), Macedoniæ lacus ad quem Arethusa, 281, 15. Ejus accolæ plerique Mygdones vocantur, 281, 16.

Bolbitinum, Βολβίτινον, Nili ostium, 681, 4. Ad id Milesii cum triginta navium classe Cyaxaris tempore appulerunt, 681, 19.

Bomienses, Βωμιεῖς, Ætoliæ gens, Ophiensium pars; apud eos Evenus fl. oritur, 387, 30.

Bonasus, Indiæ animal, 611, 42.

Bonones, Βονώνης, Phraatæ IV filius, 637, 33.

Bononia, Βονωνία (*Bologna*), Galliæ Cispadanæ urbs, 180, 30. Bononiam ab Arimino et Bononia ad Aquilejam est via Æmilia, 181, 18.

Boosura, Βοόσουρα, Cypri pr. (ad *Bisur* locum), 683, 3.

Boreas ventus quinam, 23, 48.

Boreas Orithyiam rapuit, 245, 20.

Boreum, Βόρειον (*Ras Teyonas*), prom. parvum, quod Syrtis majoris fauces ad Cephalas facit, 710, 11.

Borrama, Βόρραμα, Ituræorum in Libano castellum, 643, 18. Situs non notus.

Borsippa, τὰ Βόρσιππα (*Birs Nimrud*), Babyloniæ urbs Apollini et Dianæ sacra; linificium ibi et vespertiliones prægrandes, 629, § 7.

Borsippeni, Βορσιππηνοί, Chaldæorum astronomorum secta, 629, 39.

Borysthenes fl., Βορυσθένης (Straboni non est *Dnieper*, sed *Bog*) ab Homero non memoratur, 248, 14. Fontes ejus ignoti; cursus directio eadem quæ Tanaidis, 88, 47. Fluvius per 600 stadia navigabilis; ostio adjacet insula cum portu; post 200 stadia occurrit Borysthenes sive Olbia urbs, 254, 16; 255, 33. Borysthenis ostium, punctum maris interni maxime septentrionale, 104, 29. Meridianus per Borysthenem, Rhodum, Alexandriam, Syenen et Meroen ductus, 94, 17; transit etiam per Byzantium, a qua urbe usque ad fluvium sunt 3700 stadia, 59, 47; 95, 1. Circuli meridiani pars ab Hellesponto ad Borysthenem pertinens est stadiorum 5000 sec. Eratosthenem. A Borysthene usque ad Thulæ latitudinem est linea 11500 fere stadiorum, 52, 27. Parallelus per Borysthenem transiens idem est cum Britannico, ut Hipparchus statuit, 53, 6; 95, 3. Ad Borysthenem dies longissima est sedecim horarum æquinoctialium, 111, 38 *sqq*. Quot fere sint stadia computanda a Borysthene ad borealem terminum terræ habitatæ, 95, 41. Ultra fluvium habitant ultimi notorum

400 (leg. 200, σ' pro ν') stadia distat, 644, 7 ; a Citio 1500 stadia, 582, 35. Eam Libani prædones infestabant, 643, 22 ; diruit Trypho, restaurarunt Romani, qui amplam ditioni urbis regionem adjecerunt, 643, § 19.
Besa, Βῆσα, pagus Atticus, cujus incolæ Βησαεῖς, 366, 9.
Besbicus, Βέσβικος (*Kalolimno*), insula Propontidis e regione ostiorum Rhyndaci fl. sita, 493, 38.
Bessa, Βῆσσα, Locrorum locus ab Homero memoratus, non amplius exstat, 366, 3.
Bessi, Βέσσοι, majorem Hæmi partem tenentes, ab ipsis latronibus latrones vocantur, 264, 32; attinguut Rhodopen, Pannones, Autariatas, Dardanios, *ibid.*; sunt ultimi boream versus Hebri accolæ, 282, 43; Odrysis et Sapæis vicini ; præ ceteris hujus tractus populis latrociniis infames, 282, 45.
Bessus, Βῆσσος, et Spitamenes Persæ e Bactriana ad Chorasmios profugerunt, 440, 28. Quanam via Alexander Bessum persecutus sit, 616, § 10. Captus Bessus, 444, 49. Cf. 594, 15.
Betteres. *Vide* Veteres.
Bias, unus e septem sapp., Prienensis; de eo vox Hipponactis, 543, 49.
Biasas, Βιάσας, Paphlagonicum vocabulum in Cappadocia occurrens, 473, 43.
Bibracta, Βίβρακτα, Æduorum urbs munita, 160, 4. (Aut eadem est, quam Mela et Tacitus Augustodunum (hod. *Autun*) vocant, aut ab hac leugas nonnullas versus occasum sita erat in monte vel sub monte *Beuvrai*, qui olim Bifractus vocatus esse perhibetur.)
Bilbilis, Βίλβιλις (*Catalayud*), Celtiberiæ opp., 135, 11.
Billari, Βιλλάρου, sphæram e Sinope urbe abstulit Lucullus, 468, 1.
Bion Borysthenites primus vario orationis flore vestivit philosophiam ; ab Eratosthene celebratur; in eundem dicterium, p. 12, 27. Bionis imitator Aristo Ceus, 417, 45.
Bion astrologus, quomodo ventos distinxerit, 24, 8.
Bisa, Βῖσα, olim Pisa, Πῖσα, Pisatidis fons, 306, 12.
Bisaltæ, Βισάλται, in Macedoniæ parte orientali, 275, 30; *supra* Amphipolim usque ad Heracleam (Sinticam), in Strymonis valle fertili, 281, 1; vicus eorum Berga, 281, 7. Inter Bisaltas et Odomantes Strymon exit, 281, 9. Bisaltæ etiam in regione maritima sunt, quæ est ultra Strymonem ad Datum, 280, 52.
Bistones, Βίστονες, Thraces, quibus Diomedes imperavit, Abdera tenuerunt, 281, 51.
Bistonis lacus, ἡ Βιστωνὶς λίμνη (maris recessus, *Lagos Bourou* ad *Kumuldchina*), in Thraciæ ora, ambitu 200 stadiorum, 282, 1; 282, 24. Eo quædam Thracum vel Trerum urbes absorptæ sunt, 49, 38.
Βίσουργις. V. Visurgis.
Bithyni in Thracia. V. Bithynia.
Bithynia, Βιθυνία, Asiæ regio. Ejus descriptio, 482, cap. 4. Ora ejus usque ad ostium Sangarii pertinet, 465, 31 ; qui fluvius in mediterraneis partem aliquam Bithyniæ perlabitur, 465, 25. Bithynorum, Mysorum Phrygumque confinia definire res est difficilis, 483, 12; 484, 15. Olim Mysi Bithyniam incoluerunt, 484, 12. Bithyni Asiæ e Bithynis et Thynis Thraciæ oriundi. Etiam nunc in Thracia Bithyni sunt, 464, 12. 245, 35. Bithyniæ regi paruerunt quæ sunt ab Heraclea usque ad Chalcedonem, 464, 8. Olim possederunt Phrygiam Hellespontiacam sive Epictetum, 466, 29. Parte Bithyniæ potiti sunt Galatæ, 425, 25. Occupavit Bithyniam Mithridates Eupator, 481, 19. Pompejus majorem Mithridatis ditionis partem Bithyniæ addidit, 463, 37. Bithyniæ provinciæ adjuncta est Pontica, 465, 17. Fimbria in Bithynia occisus est, 508, 33. Bithyni viri ob doctrinam memorabiles, 485, 3.

Bithynium, τὸ Βιθύνιον, Bithyniæ opp., 484, 25 (postea Claudiopolis, hodie *Boli* ad *Boli Su*, qui in Billæum incidit).
Bituitus, Βιτύιτος, Luerii (s. Luernii) f., Arvernorum dux, contra Q. Fabium Maximum Æmilianum et Domitium Ahenobarbum pugnavit, ubi Isara et Sulgas in Rhodanum influunt, 159, 8.
Bituminis fontes in Assyria ad viam qua Arbelis Babylonem itur inter Demetriadem et Sadracas, 628, 28. (Quattuor castris eo venit Alexander, teste Curtio, qui fontes istos ad Mennin urbem collocat. Unde patet eos esse intelligendos qui sunt ad hod. *Kerkuh*, non vero eos quos habes prope *Tuz Churmatru*. Vide quæ in hanc rem testimonia peregrinatorum collegit Mützell ad Curtium I, p. 378 sq). — Bitumen Babyloniæ, 632, § 15. Bitumine vasa arundinea Babylonii illinunt, 630, 30. De bituminis eruptione et colligendi ratione in lacu Asphaltite (quem Strabo perperam cum Sirbonide confundit) fusius agitur, 650, 6. Bituminosa terra, ἀμπελῖτις dicta, in Seleucia Pieriæ, 265, 5. Bitumen apud Apolloniam Epiri, 650, 36 ; in Nymphæo Apolloniatarum, cujus quot excisum est, tot succrescit, 262, 52. Bituminis fons in Masæsylia, 705, 10. Bitumen prope Sacrum Thraciæ montem ex adverso Proconnesi ins. in mare effluit, 284, 15. Bituminis suffitu contra gravedinem ex aromatum fragrantia provenientem Sabæi utuntur, 662, 20.
Bituriges Oisci, Βιτούριγες 'Οΐσκοι (vel Ubisci vel Vibisci), in Aquitania ad Garumnæ ostia, emporium habent Burdigalam. Inter Aquitanos est gens peregrina, neque cum illis vectigalia solvit, 157, 47.
Bituriges Cubi, Βιτούριγες οἱ Κοῦβοι καλούμενοι (*les habitants du Berri*), Galliæ gens Aquitanis adscripta. Apud eos officinæ ferrariæ, 158, 36 ; 158, 32.
Bizone, Βιζώνη, urbs Pontica inter Callatin et Apolloniam, magna ejus pars terræ motu hausta, 265, 14 ; 45, 19.
Bizya, Βιζύη (*Wisa*), Astarum in Thracia caput, 282, 46.
Blaena, Βλαηνή, Paphlagoniæ regio ad Olgassyn montem, 481, 13.
Blascon, Βλάσκων (*Brescon*), insula in sinu Gallico, 150, 50.
Blaudus, Βλαῦδος, (Mysiæ) opp., vicinum Ancyræ Phrygiacæ, 486, 4. In Hierocle, p. 662, est Βλάδος oppidum in Hellesponti eparchia. Quare probabiliter componitur cum hodierno *Bolat* ad *Bolat-Tchai*, 486, 4.
Bleminatis, Βλεμινᾶτις, Laconiæ regio; in qua Eurotas e terra rursus erumpit, 295, 6.
Blemmyes, Βλέμμυες, et Megabari inter Ægyptum et Meroen interque Nilum et mare Rubrum habitant, Æthiopibus (Meroes) subjecti, 669, 2. Neque multi sunt neque bellicosi, 695, 38.
Blera, Βλήρα (*Bieda*), Etruriæ opp., 188, 20.
Blesino, Βλησίνων, Corsicæ opp., 187, 8. Reichardus oppidum cum hod. *Vescovato* componit. Quanquam nihil est unde de situ loci conjecturam faciamus probabilem.
Blucium, Βλούκιον (*Luccium*, Cicero), Tolistobogiorum cast., 486, 7 ; Dejotari regia, *ib.* Situs incertus.
Boagrius, Βοάγριος (*Boagrias*, Gabrias), quem Manen, Μάνην, cognominant, Thronium urbem Locrorum præterfluit, 365, 45. Post terræ motum per aliam decurrit convaliem, 50, 39.
Bocchus, Βόκχος, Mauritaniæ rex, Romanorum amicus, 703, 28. Antonii partes secutus, ab Agrippa in Methone urbe interficitur, 309, 7.
Bocalia. V. Bocarus.
Bocarus, Βώκαρος (postea Bocalia, gloss.), Salaminis insulæ fl., 338, 29.
Bœa, Βοία (ad hod. *Neapolis*), Laconiæ urbs, 312, 24,

Buprasienses Epeis accenset, 292, 25. Ad Buprasium est Larisus fl., 332; 47 (cf. 278, 25). Caucones κατὰ τὴν Βουπρασίδα, 297, 1. Cf. de Buprasio 302, 48; 306, 40; 389, 12. Situs oppidi incertior. Referuntur ad id rudera quædam quæ ab hod. *Ali Tcheleby* sunt meridiem versus prope monasterium quoddam. V. Curtius *Pelop.* 2, p. 36.

Bura, Βοῦρα, Achaiæ civitas, 331, 20; 319, 11. Ejus situs; urbs terræ motu absorpta; prope eam Sybaris fons, 332, 4; 45, 19; 49, 25. Ruinæ prope *Trupia* inter *Bokhusia* et *Kalavryta*.

Burchanis. V, Byrchanis.

Burdigala, Βουρδίγαλα (*Bordeaux*), Biturigum Oiscorum s. Ubiscorum emporium, paludi marinæ ad Garumnæ ostium appositum, 157, 49.

Busiris, Βούσιρις, rex vel tyrannus nullus unquam fuit. Quæ fabulæ de eo prædicant, ex Busiritica regione inhospitali explicanda sunt, 681, 42.

Busiris, Βούσιρις (*Bousyr*, *Abousir*), urbs Delta regionis in Busirite nomo, 681, 39.

Busirites nomus Æg., 681, 39.

Buthrotum, Βουθρωτόν (Ruinæ ad *Vutzindro* lacum), Epiri urbs ad ingressum portus Pelodis sive Cœnosi sita in peninsula. Coloniam Rom. habet, 269, 36. Supra Buthrotum est Phœnice urbs, 269, 38.

Buticus lacus, ἡ Βουτικὴ λίμνη, in Delta regione, a Buto urbe dictus, 681, 26.

Butones, Βούτωνες, Germaniæ gens, quam una cum Luiis, Zumis, aliis, subjecit Marcomannorum dux, 241, 31. Aliunde non nota gens; fortassis esse Βατεινοὺς Ptolemæi suspicatur Mannertus, quos quidem Batinos ad Bohemium pertinuisse censet Wilhelmius. Zeus pro Βούτωνες scribi vult Γούτωνες, probante Cramero.

Butrium, Βούτριον, Ravennæ oppidum, in via qua Ravenna itur Altinum, 178, 16. Sec. Tab. Peut. a Ravenna 6 m. p. distat, adeo ut prope lagunas quæ sunt ad *Comacchio* collocandum foret.

Butus, Βοῦτος (*Kem Kasir*), Ægypti urbs in Delta, vicino lacui nomen dedit; Hermopoli vicina; Latonæ oraculum habet, 681, 27.

Butyrum olei vicem implet ap. Lusitanos, 128, 36. Butyrum apud Æthiopes, 697, 31.

Buxentum, Πυξοῦς, Lucaniæ promontorium (*Punta degli Infreschi*), portus (*p. de Policastro*) et flumen. Duxit eo coloniam Micythus, 210, 25.

Buxus optima ad Amastrin et Cytorum nascitur, 466, 53.

Byblus Ægypti, ejusque cultura, 679, 39 et 52 sqq. 698, 52; Indiæ, *ib.*

Byblus, Βύβλος (*Gybl* phœnice; *El Kobyle*, *Gjibeleth*; *Gibbet* Abulfelæ; Ζεβελέτ ap. Joan. Phocam; hod. *Djibeil*), in loco excelso, mari propinquo, Cinyræ regia, Adonidi sacra; eam, tyranno securi percusso, liberavit Pompeius, 643, 23. A Libani latronibus infestabatur, 643, 21.

Bycium (?) vinum pessimum, quo Alexandrina plebecula utitur, 679, 17.

Bylliace, Βυλλιακή, regio Byllionum in Epiro (legendum tamen videtur Βυλλὶς καὶ, adeo ut urbs significetur), 263, 10.

Bylliones, Βυλλίονες, Illyrica gens, Epirotis mixta, 271, 19.

Byrchanis, Βυρχανίς (Βουρχανίς Steph. Byz. e Strabone, *Burchana* Plin.), Germaniæ insula quam obsidione cepit Drusus Germanicus. (*Borkum* ad Amasiæ (*Ems*) ostium.)

Byrebistas. V. Bœrebistas.

Byrsa, Βύρσα, arx Carthaginis, 706, 36; 707, 14.

Byzacii, Βυζάκιοι, Libyæ gens, usque ad Carthaginem pertinent, 108, 39.

Byzantium, Βυζάντιον, sub eodem parallelo cum Massilia situm esse videbatur Hipparcho, 53, 6; 64, 46; 87, 38; 94, 51; in eodem meridiano, in quo Rhodus et Borysthenes, 59, 6; 59, 49; 87, 43. A Rhodi parallelo distat 4900 vel 5000 stadia, sec. Hipparchum, 111, 25; 87, 43. A Byzantio ad Borysthenem 3700 stadia, 59, 49; ad Apolloniam, 7320 stadia, 284, 25. Ab Hebro usque ad Byzantium et Cyaneas 3100 stadia sec. Artemidorum, 284, 22; a Perintho 630 stadia, 284, 21; 600 stadia, sec. Demetrium Scepsium, 284, 30. Byzantinorum fanum ad fauces Ponti, 40 stad. a Cyaneis, 265, 38. Byzantii dies longissima 15 ¼ hor., 111, 20; gnomonis ratio, *ib.* Byzantio in freto fluxus et refluxus nullus, sed effluxus modo e Pontico mari in Propontidem est, 46, 15; aliquando hic etiam subsistit, teste Hipparcho, 46, 18. Τοῦ Βυζαντιακοῦ στόματος transitus ob Cyaneas petras navigantibus asper, 17, 21. Ad Byzantium maris fluxu pisces deferuntur, 266, 13. Pelamydum piscatio amplum ibi reditum præbet, 366, 15. Byzantiorum Cornu, τὸ Κέρας, muro junctum, cornu cervinum referens, ad 60 stadia penetrans, 5 stadia distans a portu Sub ficum, 265, 47. Ingens ibi pelamydum copia capitur, 265, 51. Byzantii partem Dascylitidis lacus habent, 493, 30. Byzantium condituris datum oraculum, 266, 19. Supra Byzantium Astarum gens, 266, 29.

Byzeres, Βύζηρες, gens barbara, montana quæ supra Trapezuntem sunt incolens, 470, 29.

C.

Cabæum, Κάβαιον, Ostimiorum prom., 53, 45. Cabæo objacent insulæ, quarum ultima est Uxisama, quæ distat, sec. Pytheam, tridui navigatione, 53, 46.

Cabalis, Καβαλίς, Phrygiæ regio, 538, 13 et 52, quam Lydi obtinuerunt, a quibus prognati sunt Cibyratæ, 539, 23. In Cabalide habitarunt Solymi, 539, 9.

Caballa, τὰ Κάβαλλα (v. lect. Κάμβαλα), in Hyspiratide (in hod. *Isper*) Armeniæ oppidum ad quod metalla, 454, 19.

Caballio, Καβαλλίων, Galliæ Narbon. opp. (*Cavaillon*), 148, 37; ad Druentiam, a Massilia 500 stadiis distans, 153, 45.

Cabira, τὰ Κάβειρα (*Niksar*), Ponti urbs ad Paryadram montem, a Magnopoli et Amasia 150 stadia distans; ibi regia Mithridatis, 476, 38. A Novo castello 200 stadia distat, 476, 45. Pompeius locum vocavit Diospolin, Pythodoris Sebasten nominavit et urbe ea pro regia nunc utitur, 477, 5.

Cabiri, Κάβειροι, 404, 5, tres Camilli filii, sec. Acusilaum, 406, 4; tres Vulcani et Cabirûs filii, sec. Pherecydem, 406, 7. Nomina eorum mystica, 406, 12. Cabiri iidem sunt, ut putant, cum diis in Samothrace cultis, 283, 8. Nulla de iis in Samothrace fertur narratio mystica, teste Demetrio, 405, 37. Cabiri in Lemno maxime et Imbro et Troadis oppidis colebantur, 406. 10. Iidem sunt cum Corybantibus, qui in Samothracen abierunt. Actiones eorum mysticæ, 405, 33. Secundum alios Cabiri sunt iidem qui Curetes, Corybantes, Idæi Dactyli, Telchines; sec. alios sunt cognati eorum et simillimi, 400, 32. Nomen habent a Cabiro Berecyntiæ monte, in eorumque honorem sacra Samothracia fiunt, sec. Stesimbrotum, 405, 39. Cabirorum sacra sunt in Memphi urbe, sec. Herodotum, 406, 13.

Cabiri initiati ad Gades observantur, 98, 46 (ubi leg. καὶ Καβείρους ποτέ ex conj. Mein.).

Cabirides, Καβειρίδες, nymphæ tres, Camilli filiæ, sec. Acusilaum, 406, 4; Vulcani et Cabirûs filiæ, sec. Pherecydem, 406, 7.

Cabiro, Καβειρώ, e Vulcano mater Camilli sec. Acusilaum, 406, 3. Protei filia, Vulcano peperit 3 Cabiros et 3 Cabirides nymphas, sec. Pherecydem, 406, 7.

Cabirus mons, Κάβειρον ὄρος, in Berecyntia, 405, 42.

Cabyle. V. **Calybe.**

Cabullinum, Καβυλλῖνον, Arari adjacens Æduorum urbs (*Châlons-sur-Saône*), 160, 4.

Cadena, τὰ Κάδηνα, Cappadociæ oppidulum, quo Sisinus potitus est, 460, 26. (Non ita longe a Noris abfuisse debet. Suspicor eundem esse locum qui in Tab. Peutingeriana scribitur *Cæna*, et a Tyanis 32 m. p. distat boream et occasum versus. Quæ quidem distantia, secundum Kieperti tabulam Asiæ minoris, duceret ad ruinas quæ sunt ad altissimum montem *Hassandagh*. D'Anvillius Cadena cum hod. *Nigde* componit.)

Cadi, Κάδοι (*Gedis*), Phrygiæ Epicteti opp., 493, 45. Nonnulli Mysiæ esse dicunt, *ib.*

Cadme, Κάδμη, i. q. Priene, q. v.

Cadmea, Καδμεία, a Cadmo ejusque comitibus munita, cui postea adjectæ sunt Thebæ, 266, 51; 344, 42. Cf. 354, 7 et 17.

Cadmeam victoriam ad Trojam Græci deportarunt, 124, 14.

Cadmia lapis provenit ex ære Cyprio, 136, 1.

Cadmus, cum Phœnicibus in Bœotiam profectus, munità muris Cadmea, regnum posteris reliquit, qui Cadmeæ Thebas adjecerunt, 344, 42; 266, 51. Cadmi divitiæ e Pangæi montis metallis, 580, 21. Cadmi et Harmoniæ posteri apud Encheleas regnarunt, 271, 27.

Cadmus historicus et reliqui vetustissimi prosæ orationis scriptores dictione utebantur, quæ a poetica nondum longe aberat, 15, 3.

Cadmus, (Phrygiæ) mons (*Baba Dagh*), e quo Lycus et Cadmus fl. oriuntur, 495, 27.

Cadmus (*Gieuk Bonar*) fl. Phrygiæ e Cadmo m. defluens, 495, 27.

Cadurci, Καδοῦρκοι (*les habitants du Quercy*), Galliæ gens Aquitanis adscripta, 158, 31; linificium apud eos exercetur, 158, 36.

Cadusii, migratores et latrones, in Atropatene et alias, 449, 6; ad Hyrcanum sive Caspium mare, 435, 3; 436, 7; 449, 51; inter Anariacos et Albanos, 440, 39; Medos Matianos attingunt, 440, 41. Ora eorum ad 5000 stadia porrigitur, sec. Patroclem, 436, 30. Cadusii numero suo potentes, et jaculatores optimi, 449, 14. Cf. 438, 8.

Cæcias, καικίας, quinam ventus dicatur, 24, 9.

Cæcubum, τὸ Καίκουβον, Latii campus palustris, vinum fert optimum, 193, 13; 194, 54; 195, 3.

Καιέτας, apud Lacedæmonios antrum quoddam, quo pro carcere utebantur, 315, 27.

Cæni, Καινοί, Thraciæ gens, quorum rex Diegylis, 534, 3.

Καινὸν χωρίον in Ponto. V. Novum castellum.

Cænys, Καῖνυς (*Punta del Pezzo*), Bruttii prom. e regione Pelori prom. 213, 40; 220, 45.

Cæpionis turris, Καιπίωνος πύργος (*Cipiona*), ad ostium Bætis fluvii, 116, 25.

Cæratus, Καίρατος (*Kartero*), Cretæ fluv., cui adjacebat urbs cognominis, quæ postea vocata est Cnossus, 409, 14.

Cære, Καιρέα (*Cervetri*), Etruriæ urbs, olim Agylla dicta, Pelasgorum opus; de mutato urbis nomine fabula, 183, 37. Cæretani de Romanis optime meruerunt tempore Gallicæ invasionis, neque vero justa meritorum præmia tulerunt, 183, 22. Nunc urbis olim splendidæ nonnisi vestigia quædam supersunt; in vicinia sunt calidæ aquæ Cæretanæ, 183, 45. — Cæretanorum na-

vale est Pyrgi, ab urbe 30 stadia distans; navale illud habet fanum Lucinæ, a Pelasgis structum, a Dionysio destructum, 188, 10.

Cæsar (Julius), Roma ad Obulconem Hispaniæ pervenit 27 dierum itinere, quum esset ad Mundam consertus prœlium, 133, 30. Afranium et Petreium Pompeianos duces ad Ilerdam in Hisp. devicit, 134, 8. Ejus duces in Jaccetanorum regione contra Sext. Pompeium bellum gesserunt, 134, 20. Cæsar quid de Galliæ divisione in Commentariis tradiderit, 147, 14. Contra eum in Pompeiano bello stabant Massilienses, 150, 5; in quos clemens Cæsar pristinam urbi libertatem reliquit, 150, 33. Contra Arvernos et Vercingetoricem pugnavit ad Gergoviam et Alesiam, 158, 52. In Britanniam transiturus ubinam naves compegerit, 160, 42. Quadringenta millia Helvetiorum delevit, 8000 superesse passus est, ne Germanis vacuam regionem relinqueret, 161, 1. Ab Itio in Britanniam trajicit, 166, 17. Bis in Britanniam profectus est; quid ibi peregerit, 166, 48. Venetos Gallos prœlio navali quomodo vicerit, 162, 8. Cæsaris pecuniam diripuerunt Salassi et in exercitum ejus saxa dejecerunt, 171, 19. Cæsar Comum misit quinquies mille colonos, inter eosque 500 Græcos nobilissimos, 177, 33. In Byrebistam Getarum regem expeditionem adornavit, 247, 50; 252, 41. Post prœlium Actiacum decem naves de præda dedicavit Apollini Actio, quas postea ignis delevit, 270, 12. Corinthum restauravit, 327, 50. Ei se addixit Cleo latro, post pugnam Actiacam ab Antonio deficiens, 492, 18. Alexandrum imitans Ilienses beneficiis affecit, propter cognationem cum Iliensibus ipsi intercedentem, 508, 44. Mithridatem Pergamenum tetrarcham Galatiæ et regem Bospori creavit, 534, 20. Pythodori Nysæi bona publicavit, 554, 17. Coorum Venerem Cæsari dedicavit Augustus, 561, 32. Præceptorem Cæsar habuit Athenodorum Tarsensem, Sandonis filium, 575, 11. Quo loco prœlio superavit qui cum Antonio contra eum exierant, ibi Nicopolin urbem condidit, 30 ab Alexandria stadiis, 576, 16. Pharum insulam evastavit, 673, 34. Cleopatram ab exilio revocatam Ægypti reginam constituit, adjuncto fratre ejus minori; fratrem ejusdem majorem occidit, 677, 20. Ægypto provinciæ præfecit Cornelium Gallum, 696, 1. Cæsaris bellum Africanum, 705, 50.

Cæsar Augusta, Καισαραυγούστα (*Saragossa*), Rom. colonia in Celtiberia, 125, 34; ad Iberum fl. 133, 50. A Numantia 800 stadia distat, 135, 8.

Cæsarea, Καισάρεια (*Cherchel*), antea Iol, q. v.

Cæsarium, τὸ Καισάριον, in Alexandria Ægypti urbe templum, 675, 42.

Cæsena, Καισήνα (*Cesena*), ad Sabin (*Savio*) fl. in Gallia Cispadana, 180, 35.

Caicus, Κάϊκος (*Bakyr-Tchai*), Mysiæ fluvius, 490, 15, quem ex Ida fluere perperam Bacchylides dicit, 526, 42. Prope fontes ejus Gergitha, 527, 1. In Caicum influit Mysius, 526, 50. Caicus Pergamum præterfluit, 534, 11. Ab eo Elæa 12 stadiis distat, 525, 41. In Elaiticum sinum exit, 525, 39. Ejus ostia, 519, 21. Ad Caicum usque Troas Homerica pertinet, 498, 6. Caici campus, 493, 47, quem alluviones fecerunt, 589, 24, ad latus orientale Ægæ montis, 526, 2. Temno monte ab Apiæ campo dirimitur, 526, 47.

Cajetanus sinus, Καιάτας κόλπος, Italiæ, unde dictus sit; ejus longitudo. Ad eum promontorium Cajetanum, Καιάτας, 194, 36 et 54.

Calabri, Καλαβροί, in Iapygia, a Salentinis boream versus; ab Apulia sive Peucetiis versus meridiem, 230, 45. Calabria, 234, 17.

Calachene, ἡ Καλαχηνή, Assyriorum regio in planitie quæ

adjacet Nino urbi, 455, 3; 627, 6. Ad eam usque ex Armenia progressi sunt Thessali, Armeni comites, 432, 9. (Regionem eamdem esse cum Chalonitide (hod. *Holwan*), quam ipse Strabo hoc nomine memorat, parum probabiliter censet Ritterus tom. 9, p. 465. Apud Ptolemæum 6, 1, Καλακηνή in libris nostris vocatur, et Adiabenæ boream versus superjacet.

Calaguris, Καλάγουρις (*Calahorra*), in Hispania Vasconum urbs, 134, 5. Cf. Sertorius.

Calami Æthiopici Indicis similes, 702, 27.

Calamidis opus, colossus Apollinis in templo Apolloniatarum Ponticorum, 265, 12.

Calanus, sophista Indus; Onesicriti cum eo confabulatio, 608, § 64. Coram Alexandro se combussit, 585, 27. De Calani morte narrationes variæ, 610, § 68.

Calasarna, Καλάσαρνα, urbs Lucanorum, 211, 37. [Urbem hanc ex uno Strabone novimus. Componenda est cum hodierna *Campana* non ita longe a *Cariati*, ubi etiam nunc mons *Caiaserna* vocatur. In eodemque tractu sita sunt quæ præcedunt apud Strabonem oppida. Cf. v. Vertinæ. Cluverus *Acalandra* ap. Strab. legi voluit, quum Acalander fluv. (ad Thurios) memoretur.]

Calatia, Καλατία, Campaniæ opp. in via Appia, 207, 20; 235, 6; hodie *Gallazze* inter *Caserta* et *Maddaloni*.

Calauria, Καλαυρία, ins. in Myrtoo mari Trœzeni objecta; ambitu 30 stad.; asylum ibi Neptuni, qui insulam a Latona accepit, contra data Delo; ad templum Amphictyonia septem civitatum quarumnam? Asyli sanctitas diu fuit integra. Demosthenes ibi se occidit, 321, 24. Cf. 317, 14. [Quum Strabonis libri nonnisi insignia stadiorum ambitum insulæ prodant, hæc ad peninsulam quæ a meridie Calauriæ adhæret et tempestuoso mari insula fit, refert Curtius. Quod non credideris. Immo peninsula ista Strabonis ætate adhuc insula fuerit, quam Pausanias Sphæriam et postea Hieram vocatam esse refert. Dempta hodierna ista peninsula, Calauriæ ambitus est fere stadiorum 130; quem numerum apud Strabonem reponendum esse aut jam Strabonem sua ex corrupto aliquo libro descripsisse censeo.]

Calbis, Κάλβις (*Doloman Tchai*), fl. Rhodiorum Περαίας; inter ejus ostia et Calynda est Pisilis, 556, 25.

Calceamenta Assyriorum, 635, 16. Calcei aculeati, quorum opera in Caucasi vertices adscendunt, 434, 1.

Calchas cum Amphilocho e Troade migravit; Clari mortuus est sec. Callinum, 570, 10. Quæ de ejus certamine cum Mopso deque vitæ fine varia tradantur, 548, 45; 576, 20. Calchantis in Drio Apuliæ colle sacellum, in quo oraculum sciscitantes arietem nigrum immolant ejusque pelli indormiunt, 236, 12. Calchas, Selges conditor, 478, 38.

Cale Peuce, Καλή πεύκη, in Troade, 515, 54. Quid de ea Attalus I tradat, 516, 1; ab Adramyttico 180 stadia abest, *ib*.

Cales, Κάλης, ἡ τῶν Καληνῶν πόλις (*Calvi*), Campaniæ oppidum ad viam Latinam, Casilino propinquum, 198, 1; 207, 32. Calenum vinum, 202, 33.

Caleti, Κάλετοι, Galliæ populus ad Sequanæ ostium, 157, 5; 161, 40.

Callaici, Καλλαικοί, Iberiæ gens, Lusitanis, Asturibus et Celtiberis conterrmini, 126, 39 et 44; 134, 46. Montanam regionem tenent; de iis Druso fuit Callaici cognomentum, 126, 27. Callaici effecerunt ut nunc plurimi Lusitanorum Callaici vocentur, 126, 31. Callaica nunc dicitur ea pars Lusitaniæ quæ est trans Durium fluvium, quam administrat legatus, 138, 32. Apud Callaicos consedisse ferunt nonnullos qui Teucrum in bellum secuti fuerant; et fuisse ibi aiunt urbem Ἕλληνας, et alteram Ἀμφιλό-

χους, de Amphilocho ibi mortuo dictam, 130, 23. Callaicorum mores, 129, 7; religio nulla, 136, 20.

Callas, Κάλλας, Eubœæ fl. 382, 52.

Callatis, Κάλλατις (*Collati*), Heracleensium colonia ad Pontum, 265, 7; 465, 6; supra eam Crobyzi degunt, 264, 27. Callatianus, Demetrius historicus, 50, 21.

Calliarus, Καλλίαρος, Locrorum opp. ab Homero memoratum, habitari desiit; est vero etiam nunc planities ferax, Calliarus dicta, 366, 1.

Callias Lesbius, Sapphùs et Alcæi versus interpretatus est, 528, 50.

Callicolone, Καλλικολώνη, tumulus quidam præter quem 5 stadiorum intervallo Simois fluit; a vetere Ilio tumulus distat 10 stadia, 511, 33. (Esse debet *Karaguin* collis cuneiformis, qui unicus exstat in montano tractu qui a Novo Ilio ortum versus porrigitur.)

Callidromus, Καλλίδρομος, mons Thermopylis imminens; alii latius hoc montis nomen extendunt, 428, 7.

Callimachus genus deducit a Batto Cyrenæ conditore, 710, 41. Cyrene natus, poeta et grammaticus, ap. Æg. reges in honore erat, 711, 11. Ejus sodalis Heraclitus Halicarnassensis poeta, 560, 45. Callimachus loca quæ Homerus in Oceano posuit, ad Gaudum et Corcyram refert; reprehensus ob id ab Apollodoro, defenditur a Strabone, 37, 19. Callimachi versus laudantur, 38, 29. De geographicis quibusdam ab Apollodoro reprehenditur, 243, 51. Cretæ loca novit perperam, 411, 54. Mensuras Jovis Olympici, Phidiæ operis, iambico carmine exposuit, 304, 17. Callimachus ἐν τοῖς Ἰάμβοις de Venere Castniætide, 376, 14. Ejus de Pola a Colchis condita versus, 179, 45. De Thera, Cyrenes metropoli, 298, 32. De Anaphla et Thera inss., 416, 6. De auctore poematis quod Οἰχαλίας ἅλωσις inscribitur, 545, 45. Callimachus ἐν τῇ συναγωγῇ τῶν ποταμῶν, 341, 11. Laudatur etiam, 684, 28; 710, 34.

Callinus, elegiarum poeta, de Teucris e Creta in Troadem profectis, 516, 22. A Callisthene et Demetrio laudatur, 536, 28. Alicubi Ephesum Smyrnæ nomine appellat, 541, 21. Laudatur, 554, 14 et 22. Eo junior fuit Archilochus, 553, 19. Callinus Calchantem ad Clarum mortuum esse, comites ejus sub Mopso in Pamphyliam et Ciliciam et Syriam transisse ibique consedisse ait, 570, 13.

Calliopes et Jovis filii Corybantes, 405, 32.

Callipidæ Scythæ, 471, 22.

Callipolis Siciliæ a Naxiis condita, 226, 44. Nunc non incolitur, 226, 42.

Callipolis, Καλλίπολις (*Gallipoli*), Chersonesi Thrac. opp., 284, 9. Hinc ad Lampsacum 40 stadia, *ib*. et 504, 15.

Callipolis, Καλλίπολις, oppidum Parorbeliæ in Macedonia, 281, 5. Callipolis in valle *Stroumitza* fl. quærenda; fortassis ipsa est *Stroumitza* urbs.

Calliste, Καλλίστη, insula, postea Thera, inter Cyrenaicam et Cretam sita, in qua sub Thera duce Theram, Cyrenes metropolim, condiderunt Minyæ e Lacedæmone profecti, 298, 29.

Callisthenes Cariatis in custodiam datus, 443, 45. Laudatur de Tyrtæo, 311, 12; de Araxe fl., 455, 44; de Cauconibus, 404, 45; de Adrastea Troadis, 503, 14. Cum Anaxarcho et Alexandro Homericorum carminum recensionem instituit, 508, 50. Laudatur de Arimis, 536, 11; de Sardium expugnationibus, 536, 26; de Phrynicho multato ob fabulam de expugnata a Persis Mileto, 543, 7. Cilices e Troade ejectos in Pamphylia Theben et Lyrnessum condidisse ait, 569, 41. Ejus de Halizonibus sententiam attulit Demetrius Scepsius, 580, 18. Callisthenes, præeunte Aristotele, Nilum imbribus augeri tradidit, 672, 10. Laudatur de Alexandri itinere ad Ammonis oraculum deque aliis quibusdam, quæ adulatorie de Alexandro narravit, 691, 17.

Callydium, Καλλύδιον, castellum Mysiæ (in Olympo m.), quo pro receptaculo usus est Cleo latro, 492, 12.

Calos limen, Καλὸς λιμήν, ad sinum Cerciniten, 256, 10.

Calpe, Κάλπη, 89, 46, Iberiæ mons altus, ad fretum Columnarum, a mari visus insulæ speciem præbens, 40 stadiis a Carteia, in Bastetanorum regione, 115, 47. Ab eo ad Carthaginem novam stadia 2200, 129, 40. Nonnullis Calpe est altera columnarum Herculis, cui in Libya objacet Abilyca mons, 641, 29. Calpæ vicina regio vocabatur Tartessis, sec. Eratosth., 123, 10.

Calpas, ὁ Κάλπας, Bithyniæ fluvius (ad *Kirpe liman*), 465, 20.

Calvities in Mycono ins. frequens, 418, 27.

Calybe, Καλύβη (al. Καβύλη) (*Chalil-Owasi* vel *Golevitza*), Astarum oppidum, in quo Philippus Amyntæ f., pessimos quosque collocavit, 266, 29.

Calycadnus fl., Καλύκαδνος (*Ghiuk-Su*), Ciliciæ, cui Seleucia adjacet, 572, 2. Ad eum Arimos ponit Callisthenes, 536, 12.

Calydna, Καλύδνα, a nonnullis Tenedus ins. vocatur, 517, 1.

Calydnæ, Καλύδναι, insulæ prope Tenedum et Lectum, 516, 53.

Calydnæ, ins. maris Carpathii, 419, 16. Calydnæ apud Homerum vel una insula pluraliter dicta, quæ postea Calymna vocabatur, vel duæ, Calymna et Lerus, vel Calymna et vicinæ complures, 420, § 19.

Calydon, Καλυδών (*Kurt-aga*), Ætoliæ urbs, olim floruit, nunc fere jacet, 387, 5 et 35. Καλυδὼν αἰπεῖα apud Homerum non urbs sed regio dicitur, 395, 36. Urbs inter Pleuronem et Chalcidem sita, 395, 14. Juxta eam palus piscosa, 395, 18. Subjacet ei Chalcis, 366, 29, et Halicyrna vicus, 395, 4. Prope eam fanum Apollinis Laphrii, 395, 6. Vicina ei Pleuron vetus, 387, 22. Calydoni assignata est Ætolia vetus et campestris, 395, 39. Calydonii apri mater sus Crommyonia, 326, 55. Apri caput pellisque causa belli, 400, 13.

Calymna, Κάλυμνα, una e Sporadibus inss.; fortasse etiam Calydnæ pluraliter dicebatur, eademque est cum Calydnis Homeri; mel ibi egregium, 420, § 19.

Calynda, Κάλυνδα, urbs Rhodiorum Peræ, 60 stadiis distans a Latonæ luco, 556, 24.

Calypsûs insula est Gaudus, sec. Callimachum, 248, 51.

Κάμαραι, navicula Achæorum, Zygorum et Heniochorum Ponticorum, 425, 24.

Camarina, Καμάρινα, Siciliæ urbs, Syracusanorum colonia; 226, 11. Distantia ab Agrigento et Pachyno, 221, 23.

Cambodunum, Καμβόδουνον, Estionum, gentis Vindeliciæ, urbs, 171, 52; hod. *Kempten* ad *Iller* fluvium.

Cambysene, Καμβυσηνή, Armeniæ provincia borealis, 452, 52. Iberes et Albanos attingit, 430, 50.

Cambyses, Cyri successor, 626, 30. Ægypto potitus cum Ægyptiis usque ad Meroen progressus est, et urbi insulæ de Meroe sive sorore sive uxore nomen indidisse fertur, 671, 49. Cambysis exercitus in Æthiopia inter Pselchim et Premnim arenis obrutus, 696, 45. Cambyses Thebarum monumenta mutilavit, 693, 3. Vulcani et Cabirorum sacra in Memphi urbe delevit, 406, 14. Ejus insaniam et sacrilegia etiam nunc ostendunt monumenta Heliopolitana, 684, 16.

Camelopardales Æthiopiæ describuntur, 659, § 16; 702, 16.

Camelorum pastores, Καμηλοβοσκοί, in extrema Perside, 619, 14.

Camertes, Καμέρτης (al. Camers), Umbriæ urbs in ipsis montibus sita qui Picenum ab Umbria distinguunt, 189, 42. (*Camerino* ad fontes Flusar (*Chienti*) fluminis.)

Camici, οἱ Καμικοί (prope hod. *Siculiana*), Cocali regia in Sicilia, ubi Minos occisus, 226, 47; 212, 1.

Camillus, Κάμιλλος, Vulcani et Cabirûs f., pater trium Cabirorum totidemque Cabiridum nympharum, 406, 4.

Camirus, Κάμειρος, Rhodi urbs, cum Lindo et Ialyso in unam Rhodum urbem coiit, 559, 20; a quonam condita et nominata sit, 558, 32 et 35; 559, 26.

Camisa, Κάμισα, Camisenes regionis castellum nunc dirutum, 479, 29.

Camisene, Καμισηνή, Ponti regio Armeniæ minori et Laviansenæ contermina, 479, 28; in ea Halyis fontes, 468, 19.

Campani, Καμπανοί, Cumis potiuntur, 203, 3. In Neapolim recepti sunt, 205, 8. Eorum luxuria, quæ Hannibalis quoque exercitum effeminavit, 208, 49. A Romanis Campani castigati, agerque eorum divisus, 209, 2. Campanorum præsidium Rhegio impositum incolas violatis pactis circumventos interfecit plerosque, 215, 16. Campanorum gens non amplius exstans Osci, 197, 52. Cf. 211, 7. Campaniæ descriptio, 202, 3. Eam olim tenuerunt Osci, 194, 9; Opici, Ausones, Osci, 194, 9. 202, 13; deinde Græci, tum Etrusci, tandem Samnites, *ib.* Campaniam vastant et incolas imperata facere cogunt Samnites, 207, 42. Regionis fertilitas, 202, 26. Campaniæ Phlegra, 233, 53.

Campsiani, Καμψιανοί, sicuti Chauci Germaniæ gens ad Oceanum, 241, 50. Iidem p. 242, 39 dicuntur Ἄμψανοι. Fortassis Ἄμψανοι legendum, neque diversi ab iis sunt aliorum scriptorum Ampsivarii vel Ansivarii finitimi Caucorum s. Chaucorum.

Camuni, Καμοῦνοι, gens Rhætica (in *val Camonica*), 171, 43.

Canæ. V. Cane.

Cananites, Κανανίτης, a pago quodam vocatur Athenodorus Tarsensis, Sandonis f., 575, 10.

Canastræum, Καναστραῖον, Pallenes ad sinum Thermæum prom., 278, 85; 279, 17; Κάναστρον ἄκρον, 279, 24 et 33.

Candace, Κανδάκη, Æthiopum regina, tempore expeditionis Romanorum contra Æthiopes, 696, 37. Candaces regia Napata, 696, 48; ejus filius, 696, 53. Petronio aggrediente, Candace in castello quodam prope Napata degebat.

Candavia, Κανδαουία, Illyrici mons, a quo prima pars viæ Egnatiæ vocatur via ad Candaviam, 268, 27; 271, 5.

Cane s. Canæ; Κάνη, Κάναι, Æolidis prom., ad quod inde a Lecto pertinet Adramyttenus sinus, qui etiam Elaiticum comprehendit, 518, 53; 525, 45; 499, 39. Ab Elæa meridiem versus distat 100 stadia, 525, 45, cf. 519, 23; 497, 24. Etiam Αἰγᾶ (vel Αἰγᾶν?) vel, ut quidem putant (Artemidorus sc.), Αἴξ vocatur, 525, 51; 526, 5. Totus etiam mons, ad quem promontorium pertinet, Αἰγᾶ appellabatur, nunc vero *Cane* vel *Canæ* vocatur, 525, 23. Oppidum Canæ juxta extremas Lesbi partes meridionales situm est in regione Canæa, quæ usque ad Arginussas pertinet, 525, 50; Canæ oppidum juxta Arginussas situm, 527, 28; colonia Dii Euboici, 383, 15; colonia Cyni Locrensis oppidi, 525, 48. Mons Cane a septentrione Elaiten regionem, versus meridiem et occasum mare, versus orientem Caici campum habet; nomen dedit mari Ægæo, 526, 1. [Ex allatis patet Strabonem plurimis locis ita loqui, ut mons et promontorium ad meridionalem sinus Elaitici partem ponendi sint. Id vero falsum esse vix dubites; nam Canas urbem et prom. a Pitane boream versus fuisse ex Herodoto et Mela et Plinio liquet. (Est hod. *cap Colonni* et *Adchane* sive *Kanot* vicus.) Recte autem Strabo dicit urbem juxta Lesbi extrema et Arginussas sitam esse, ab iisque 100 stadia distare. Miscet igitur diversa ac boreale latus et meridionale sinus Elaitici confundit. Quod Canen promontorium etiam Ægan dici ait, id ipsum quoque falsum esse et ex eadem confusione manare puto. Etenim Αἰγᾶν promontorium revera fuisse ad meridionalem sinus partem prodit Ægæ urbs non longe inde dissita. Strabo vero quum eodem transtulisset Canen promontorium, id ab Æga non diversum esse putavit.]

Canes, κύνες, pisces qui etiam galeotæ et ξιφίαι vocantur, in freto Siculo, 20, 3.

Canes venatici in Britannia præstantes, 166, 26. Galli tum his tum suis in bello utuntur, 166, 27; canes venatici Albanorum, 431, 22; canes ἐνταφιασταὶ Bactrorum, 443, 29. Canes egregii in Sopithis regno, 596, § 31; 599, 16. Canes Æthiopici parvi, 697, 26. Canem in Delo insula esse non licet, 417, 37. Canes ap. Ægyptios coluntur, 690, 20.

Canethus, Κάνηθος, collis Chalcidis urbis, 384, 9.

Canicipites. V. Κυνοκέφαλοι.

Canidius qua via ex Armenia in Iberiam ingressus sit, 429, 41.

Canimulgi, Κυναμολγοί, ab indigenis Ἄγριοι vocati, in Æthiopia; eorum vitæ ratio, 656, 48.

Cannabis Colchidis, 427, 33.

Cannensis clades, 237, 13.

Canobica Alexandriæ porta, 676, 11.

Canobica fossa, ex Alexandria urbe exeunti ad dextram est; ea navigatur primum Eleusinem, hinc versus dextram canalis deflectitur, qua Schediam proficiscitur; sin pergas in canali, juxta oram maritimam tendente, venis Canobum, 680, 8. Canobicæ fossæ ad dextram est nomus Menelaites, 681, 1.

Canobicum sive Heracleoticum Nili ostium, 71, 8; 670, 4; ab oriente Heraclii loci, 680, 51. A Canobico ostio ad Pelusiacum 1300 stadia, 669, 11. Per Canobicum ostium et Cyaneas idem transit meridianus Eratosthenicus, 75, 26. Eo ostio præ ceteris tanquam emporio utuntur, 681, 14.

Canobus, Κάνωβος, Menelai gubernator, mortuus est ubi postea erat urbs cognominis, 680, 35.

Canobus, Ægypti urbs, 120 st. ab Alexandria, 680, 33; unde nomen habeat; ibi Serapidis templum celebre; festis et bacchanalibus urbs infamis, 680, 34. Κανω6ισμὸς, 680, 15. Canobo propinquum Heracleum, 670, 32. Ab Alexandria Canobum in fossa Canobica navigatur, 686, 8 et 23. Ei objacent Chelidoniæ insulæ 4000 stadiorum intervallo, 568, 44.

Canobus sidus, cui recens demum nomen factum est, 3, 3. Canobum se vidisse putat Posidonius e domo excelsa in loco 400 stadia a Gadensi Hispaniæ ora boream versus remoto; certe apparere cum ab Hispania paullulum versus meridiem progressis; spectavit eum in Cnidia sua specula Eudoxus, 98, 46.

Cantabri Conisci in Iberia Veronibus finitimi, 131, 42; ab Asturibus æstuario dirimuntur, 138, 37. Apud eos incipit Orospeda mons, 133, 39. E Cantabris fluit Bœnis fl. 127, 15 Cantabricæ partem Lacones occupasse dicuntur, 130, 30; ibi Opsicella (Occela?) urbs ab Ocela Antenoris socio condita fertur, 130, 31. Cantabros, qui etiam Strabonis ætate latrocinia exercebant, iisque vicinas gentes subegit Augustus, 129, 25. Cantabricæ pervicaciæ exemplum, 137, 25!; eorum feritas, 136, 50. Apud eos vir mulieri dotem affert;

filiæ heredes instituuntur, et ab his fratres in matrimonium elocantur, 137, 30. Cantabri urina dentes tergunt 136, 18. Alia quædam de moribus eorum, 129, 7. Cantabricæ pernæ optima, 134, 29. In Cantabria Romani murum multitudine summopere vexati, 137, 19. Cantabricum bellum, 136, 50.

Cantharium, Κανθάριον, Sami pr., 546, 5.

Cantharolethrum, Κανθρώλεθρον, locus prope Olynthum unde dictus sit, 279, 12.

Cantium, Κάντιον (*Cap de Kent*), Britanniæ promontorium orientale ab ostiis Rheni conspici potest, 160, 40 166, 1; 52, 47. Pytheas ad i1 a Celtica complurium dierum navigationem esse fabulatur, 52, 49.

Cantoribus Homerus vitæ ad modestiam formandæ munus tribuit.

Canusium, Κανύσιον (*Canosa*), Apuliæ opp, 234, 52 235, 42; a Diomede conditum, 245; 35. Canusinorum (Κανυσιτῶν) emporium ad Aufidum fl., 235, 36.

Capedunum, Καπέδουνον (*Kappberg*), opp. Scordiscorum majorum, 262, 22.

Capillæ Scyri insulæ, 375, 34.

Caphereus, Καφηρεύς (*Xylophago*), Bœotiæ pr., 317, 2.

Caphyes, Καρυεἰς (*Kafia*), Arcadiæ opp., 333. 40. V. Capyæ.

Capitolium Romæ, 195, 16; 197, 17. V. Roma.

Capitulum, Καπίτουλον, Hernicorum caput, in montibus supra Præneste, 198, 24.

Καπνοβάται (?) Mysi, 247, 14; 247, 7.

Cappadocia, Καππαδοκία, 107. 17; quasi isthmus peninsulæ Asiaticæ, 457, 39. Ejus longitudo et latitudo, 462 29. Cappadocia in varias partes divisa est et varias experta mutationes, 457, 4. Quænam sit Cappadocia gentes eadem lingua utentes composueris, 467. 12. E his tamen gentibus veteres scriptores a Cappadocibus distinxerunt Cataones, et cum Catatonia junxerunt Melitenen, 457, 20; primus has Cappadociæ junxit Ariarathes, 457, 37. Cappadocia a Persis in duas divisa satrapias, a Macedonibus vero in duo regna; altera pars Cappadocia proprie dicta vel Cappadocia ad Taurum vel Magna Cappadocia, altera pars Pontus vel Cappadocia Pontica, 458, 4. Cappadocia Magna sub regibus in præfecturas divisa; earum nomina, 458, 22; 457, 27 Undecimam his adjecerunt Romani partem Ciliciæ Archelao etiam Ciliciam asperam quæ est circa Elæusam et quæ piratarum fuerat, dederunt, 458, 26. Ponto quomodo Cappadocia M. dirimatur, 462 52. Singularum præfecturarum descriptio, 458, *cap.* 2. E præfecturis duæ solummodo urbes habent. Proventus, 46 33; frutex spinam ferens, e quæ tela conficiuntur, 14 39. Cappadocia quantum Persis tributi nomine quotannis pependerit, 450, 42. Magi Cappadociæ qui etiam Pyræthi vocantur; eorum sacrificia, 624, 8; Πύραιθα πυραιθεῖα, septa sacra, 624, 12. In Cappadociam Sacæ vaserunt, ibique a Persis ad Zelam deleti sunt, 439, Imperium ibi affectavit Strabonis ætate Sisinus, 760, 2 Cappadociæ planities Bagadania, 61, 13. Quæ juxta Paphlagoniam extenditur Cappadocia, multa habet vocabula Paphlagonica; exempla afferuntur, 473, 40. Cappadoces utrique, tam ad Taurum tum ad Pontum habitantes, ad hoc usque tempus Leucosyri vocantur, 62 16. Cf. 464, 53; 466, 15. Romani iis permiserunt, ut bere suis viverent legibus; illis autem postulantibus regem dederunt Ariobarzanen, cujus in tertia generatione stirps defecit; deinde Archelaus rex ab Antonio constitutus est, 463, § 11. Mortuo Archelao, Augustus decrevit ut Cappadocia Magna esset Romanorum provincia; quæ ejus futura esset constitutio nondum novat Strabo, 458, 17. Cappadoces *Ma* deam colunt C

manis, 459, 5. Summo apud eos in honore Comanorum pontifex, 459, 14.
Capra Jovem ad Ægium nutrivit, 332, 18.
Capræ, δορκάδες, in Hispania, 135, 49.
Capræ, αἱ Καπριαί (*Capri*), ad Campaniam sita insula ante Minervæ prom., 206, 12; 101, 35; a quo abrupta quondam est, 50, 10; 214, 50. Ὁ κατὰ Καπρίας πορθμός, 18, 31. Duo olim insulæ oppida, nunc unum; tenebant eam Neapolitani, nunc sibi habet Augustus, 207, 8.
Capria, Καπρία, Pamphyliæ palus, 509, 47.
Caprus, Κάπρος (*Ak-Su*), in Phrygia prope Colossas in Mæandrum influit, 495, 24.
Caprus, Κάπρος (*Lybtzadha*), portus Stagiri, itemque insula Stagiro objacens (*Kapronisi*), 279, 49; 280, 40.
Caprus, Κάπρος (*Zab Arfal* vel *Altin Sou*, *Zab* minor), Assyriæ fluvius, inter quem et Lycum fl. est Arbela, pari ab utroque distans intervallo, 628, 21 Mox ibidem *lin.* 30 memoratur ἡ Κάπρου διάβασις, propinqua illa Babyloni et Seleuciæ. In his quum Caprus non idem esse fluvius possit, qui *lin.* 21. memoratur, neque verisimile sit, si utrique idem nomen fuisset, id Strabonem non moniturum fuisse, Capri nomen h. l. corruptum esse censeo. Fluvium hodiernum *Adhem* indicari putat Ritterus, Droysenius vero majorem fluvium, qui deinceps sequitur et nunc *Dijala* vocatur; idque ego quoque statuo. Fluvius hic apud veteres vocatur Διάλας, Diabas (Amm. M.); Σίλλας. Apud Strabonem fuerit τὴν Διάλα διάβασιν. Vox Διάλα quum ob sequentium literarum διάβα similitudinem scriba quidam omisisset, alius nomen proprium e proxime antecedentibus male supplevit. Dialam nunc trajiciunt ad hod. *Deli-Abbas*, prope veterem Artemitam.
Caprus a Mendesiis colitur, 690, 30. Capri Marti immolantur ab Lusitanos, 128, 27.
Capsa, Κάψα (*Cafsa*), Numidiæ urbs, Jugurthæ gazophylacium, 705, 53.
Captivi homines apud Lusitanos immolantur; manus dextræ amputatæ diis consecrantur, 128, 19.
Capua, Καπύα (*S. Maria di Capua*), Etruscarum in Campania urbium caput, indeque nomen nacta, 202, 23; 207, 15. In via Appia, 307, 19; 235, 6; a Casilino novemdecim stadia distans, 197, 29.
Capyæ, Καπύαι, ab Ænea in Arcadia ad Mantineam conditæ, et a Capye nominatæ, 520, 12. Idem oppidum Καφυεῖς vocatur, 333, 40.
Capys, nomen dedit Capyis Arcadiæ, 520, 12.
Caralis, Κάραλις (*Cagliari*), Sardiniæ urbs, 187, 17.
Carambis, Κάραμβις, (*Kerembi-Bouroun*), Paphlagoniæ promontorium, 103, 30; Criumetopo oppositum, 467, 8; 426, 16, ab eoque distans 1500 stadia, 103, 17; 256, 60; a Sinope 700 stadia, 468, 4. Pontum in duo quasi maria dividit, 103, 17.
Carana, τὰ Κάρανα, Ponti opp., a quo Caranitis regio, 479, 38, quæ olim a Pompeio Zelææ urbi attributa, deinde Ateporigi Galatæ data, et post ejus mortem Romanis provinciæ nomine cessit 479, 38. [Hanc Caranitidem in Geographiæ compendiis cum Carenitide Armeniæ confundi video. Aperte quærenda est in ea regione quæ a Zelis versus Galatiam est. Proximus autem a Zelis versus Taviam Galaticæ locus in Itinerario Ant. est *Darana* (quem sec. mensuras Itin. cum hod. *Omer-Pacha* componit Lapicus). Hæc fuerint Κάρανα Strabonis.]
Caranitis Ponti regio, 479, 38.
Carbasis Indi utuntur, 612, 13.
Carbo (Cn.) ad Noreiam a Cimbris cladem patitur (113 a. C.), 178, 44.
Carbunculi varii in India, 610, 41; 611, 40.
Carcathiocerta, Καρκαθιόκερτα, Sophenes regia, 452, 29.

Situs urbis incertus. Vide variorum sententias apud Ritterum t. 10, p. 78 sq. Probabiliter urbs componenda cum hod. *Karpurt*.
Carchedonii lapides in Masæsylia, 705, 13; apud Garamantes, 709, 7.
Carcinites, Καρκινίτης, sive Tamyraces, Ponti Euxini sinus (*golfe de Kerkinit* sive *de Perecop*), 255, 8; 258, 16. Summum ibi frigus, *ib.* Sinus versus boream ad 1000 stadia, sec. alios ad 3000 st., porrigitur, 255, 43.
Carcoras, Καρκόρας. V. Corcoras.
Κάρδαχες quinam vocentur apud Persas, 624, 53.
Cardamyle, Καρδαμύλη (*Scardamula*), Messeniæ opp., 308, 62, ad sinum Messeniacum in saxo natura munito, 309, 18 et 51. Cardamylæ vicinum quendam locum ab Homero Enopen dici nonnulli censent, 309, 35.
Cardia, Καρδία (*Karidia*), Chersonesi Thraciæ urbs maxima, Milesiorum, Clazomeniorum et postea Atheniensium coloni frequentata, 283, 30. A Cardia ad Eleuntem circiter 400 st., 283, 38.
Carduchi, Καρδοῦχοι, ab antiquis vocantur qui postea Gordyæi dicti sunt, 636, 13.
Carenitis, Καρηνῖτις, Armeniæ regio, 433, 25.
Cares a Lelegibus Homerus distinguit, 522, 22. Cares una cum Lelegibus vagati sunt, 267, 26. Cares Lelegum cohabitatores et commilitones, vel, secundum alios, a Lelegibus non diversi, 267, 16. Carum migratio, 51, 12. Olim fuerunt insulares; Cretensium auxilio continentem habitare cœperunt; Miletum condiderunt, duce accepto ex Cretica Mileto Sarpedone, 490, 41. Minoi olim paruerunt, tunc Leleges dicti et in insulis habitantes; hinc in continentem transierunt, multumque regionis eripuerunt Lelegibus ibi degentibus et Pelasgis, ipsis vero Caribus rursum hæc ademerunt Græci, 564, 18. Cares jam ante bellum Trojanum Con et Rhodum habitarunt, 491, 19. Olim Samum, tunc Partheniam dictam, tenuerunt, 544, 30; porro Epidaurum et Hermionen, 321, 52; Ephesum, 545, 47; Miletum, Myuntem et quæ sunt circa Mycalen et Ephesum, 540, 19. Atticam e mari infestarunt, 341, 26. Dux eorum apud Homerum Masthles (Nastes?), 564, 32. Cares βαρβαρόφωνοι apud Homerum, 318, 16. Per totam Græciam dispersi mercede militabant. *Barbarilingues* ab Homero dicuntur, utpote male græce loquentes, non vero eas ob causas quas Thucydides, Apollodorus, alii attulerunt, 565, § 28. Carum lingua non est asperrima, quum habeat plurima vocabula græca, teste Caricorum scriptore Philippo, 565, 5. Carica lingua utuntur Caunii, 556, 42. Cariæ multis in locis sepulcra Lelegum et castella deserta, Lelegia dicta, 267, 18. Carum omnium communis conventus ad ædes Jovis τοῦ χρυσαορέως, 563, 45, et commune templum Jovis τοῦ Καρίου; cujus etiam Lydi et Mysi, utpote fratres, participes sunt, 562, 45. Cariæ regum sedes Halicarnassus, 560, 21. Carum eorum, qui sub Hecatomno erant, regia Mylasa, 562, 49. Cares rerum bellicarum studiosissimi; hinc multa quæ ad armaturam pertinent, Carica vocantur, 564, 25. — Quæ a Mæandro boream versus sunt Cares habent Lydis mixti, quæ vero meridiem versus, soli Cares tenent, præter ea quæ in ora Græci ad se rapuerunt, 554, 8. Carica ora a Posidio Milesiorum usque ad τὴν περαίαν Rhodiorum pertinet. Fines Cariæ in mediterraneis, 555, 48; oræ longitudo, 456, 13. In Cariam e Troade venerunt Leleges, 522, 33. Quamnam Cariæ partem Leleges tenuerint, 522, 40. Cariæ in litore Iones urbes condunt, 329, 32. Caria et Phrygiæ in confiniis sita Carura, 566, 15. Præterea Caria (ἡ Καρική, 54, 44) locis haud paucis memoratur, quibus omnibus enumerandis supersedeo.
Caresene, ἡ Καρησηνή, Troadis regio, Dardaniæ adjacens;

ex ea Andirus fl. in Scamandrum influit; a Careso fl. nomen habet, 515, 43; 516, 20.
Caresus, Κάρησος, Troadis opp. desertum, 516, 20.
Caresus, Troadis fl. ab Homero memoratur, 475, 5. Urbs ei adjacens eversa; regio Caresene vocatur, 515, 47. Fluvius a Malunte oriens, 519, 10, et in Æsepum influens, 516, 13, et Rhodium excipiens, 516, 16, vallem facit memorabilem, 516, 21.
Cari Menis fanum inter Carura et Laodiceam, 496, 40.
Caria. V. Cares.
Cariatæ, Καριάται, Bactrianæ urbs ab Alexandro deleta, 443, 45. Ibi Callisthenes in custodiam datus, *ib*.
Carmalas, Κερμάλας (*Charma Su*), Cataoniæ fl., cui Dastarcum castellum adjacet, 460, 15; item Sargarausenæ, 460, 20. Fluvii alveum ad Herpa obturavit Ariarathes rex, 462, 1. Cf. v. Herpa.
Carmaniæ situs, 618, 14; 65, § 23 sqq.; fertilitas, 618, 24; proventus, 618, 29; desertum ei imminens, 618, 22; vallis fertilis juxta Carmaniam in Perside, 621, 22. Carmanica vitis , 618, 35; palmæ, 629, 27; fluvius aurifer, 618, 29. Harmoza promontorium, 651, 46; 618, 19. aliud promontorium (*cap. Jask*) versus meridiem excurrens, 618, 16. In Carmaniam per Arachotos et Drangas Craterus exercitum duxit, 614, 26; eodem venit Alexander, 615, 34; 617, 25. Carmaniorum ora ab Ichthyophagis usque ad Persidem 3700 stadiorum longitudinem habet, 613, 20. Parallelus per Carmaniam transiens, 110, 45. A Carmaniæ et Persidis confiniis usque ad Babylonem linea recta paullo longior stadiis 9000 sec. Eratosth., 65 , 28. Carmanii (Καρμανῖται p. 618, 47) asinis ad bellum utuntur, eosque Marti (quem solum deum colunt) sacrificant, 618, 38. Alia quædam de Carmaniorum moribus et sermone, 618, 40.
Carmelus, Κάρμηλος (*El-Karmel*), mons in Phœniciæ ora, quem Judæi tenent, 645, 51 sqq.
Carmenta (Καρμέντις Strabo) nympha a Romanis colitur; fuit illa Evandri mater, olim Nicostrate dicta, 192, 25.
Carmon, Κάρμων (*Carmona*, a *Sevilla* orientem versus), Turdetaniæ urbs, 117, 17.
Carmylessus, Καρμυλησσός, Lyciæ opp. in convalle Cragi montis, 568, 5. (Situs incertus. Quærendus videtur in iis locis qui nunc est *Levisi*).
Carna vel Carnana, Κάρνα ἤ Κάρνανα, Arabiæ urbs, caput Minæorum 653, 40. (*Carnon* ap. Plin., Κάρμαν ap. Ptol., Κάρναναap. Steph. Byz. Situs incertus. Sec. Ptol. sita erat 20° 15′ lat., 80° 15′ long. Fresnelius locum *El-Karn* situm esse audivit boream et occasum versus a *Wadi Doan*, quæ vallis a *Makalla* quinque vel sex dierum itinere distat, adeo ut *El-Karn* inter 15° et 16° lat. quærendus sit. Ad eundem locum Carnam Minæorum, qui eo usque pertinuisse videantur, referri vult Ritterus t. 12, p. 280 sqq. In quo vereor ne falsus sit.)
Carneades, Cyrenæus, Academicorum optimus, 711, 16.
Carneates, ὁ Καρνεάτης, Sicyoniæ mons, Celossæ pars; in eo Asopus, qui Sicyonem præterfluit, nascitur, 338, 28.
Carni, Κάρνοι, ad Alpium partem Adriatico mari vicinam, 172, 8. Supra eos Apenninus (?) mons , lacum habens in Isaram fluvium exeuntem, 172, 22. Eos attingunt Norici, 243, 14, et Veneti, 179, 49. Carnicus vicus Tergeste, 260, 49.
Carnus, Κάρνος, Arad'orum navale, 641, 32. Apud seriores scriptores vocatur Antaradus, hod. *Tartus* sive *Tortosa*. Ruinas *Carnun* dictas, quæ esse feruntur ad *Nahr Bos* sive *Banias* ad Aradiorum navale refert Thompson (v. Ritter t. 17, p. 880): Schaweus, cum eoque Ritterus t. 17, p. 53 Carnum ponunt ad maris recessum qui a *Tortosa* versus boream abest septem millia nautica. In quibus viri modo laudati neglexerunt auctorem Stadiasmi, qui a Carno ad Balaneam (hod. *Banias*) exputat 200 stadia , adeo ut nonnisi ad *Tortosa* Carnus pertinere possit.
Carnuti, Καρνοῦτοι, Galliæ gens, per quos Liger fluit, 161, 15. Eorum emporium Cenabum (*Orléans*), 158, 44.
Carpasia, Καρπασία, Cypri opp. oppositum Sarpedonio Asiæ promontorio. Ab eo transitus triginta stadiorum ad austrinum mare et Carpasias inss. 582, 20.
Carpasiæ insulæ ad Cyprum (*I. Joannis Carpasiu* et *il Poro*), 582, 22 et 26.
Carpathium pelagus, 102, 43; 419, 8; 581, 30, in quo Astypalæa, Telus et Chalcia inss., 419, 11.
Carpathus, Κάρπαθος, Homero Κράπαθος (*Scarpanto*), Carpathii pelagi ins., 419, 15; quattuor urbes habet quarum una est Nisyrus; situs insulæ 419, 48.
[*Carpentoracte*] (*Carpentras*), Cavarorumurbs.V. Cavari.
Carpetani, Καρπητανοί, Iberiæ gens in regionis inter Tagum et Anam fluvios sitæ partibus superioribus, 115, 10. Finitimi sunt Turdetanis, Celtiberis, Vettonibus, Oretanis, Lusitanis, 115, 10; 116, 44; 126, 25 et 39; 134, 47; 134, 53. Carpetaniæ contigua loca sunt aspera , 118 , 5. Tagus Carpetaniam perfluit , 126, 17.
Carrhæ, Κάρραι (*Harran*), Mygdoniæ urbs, 636, 7.
Carseoli, Καρσέολοι (ruinæ in loco qui vocatur *Cività*), Latii urbs ad viam Valeriam, 198, 37.
Carsuli, Κάρσουλοι (Carsulæ Tacit. H. 3, 60), Umbriæ opp. in via Flaminia inter Mevanium et Narniam , 189 , 34. (Distabat a Narnia 10 millibus, teste Tacito; quæ mensura ducit ad ruinas inter *S. Gemino* et *Acqua Sparta* sitas, quarum locus Holstenii adhuc ætate *Carsoli* vocabatur).
Carta, Κάρτα, Hyrcaniæ urbs, 436, 23. V. Samariana.
Cartalias, Καρταλίας, Hispaniæ urbs inter Saguntum et Dertossam, 132, 15. [Aliunde non nota urbs. Nomen aperte phœnicium. Fortassis intelligenda est Καρχηδῶν παλαιὰ Ptolemæi (II, 5, p. 129), quam Marca cum hod. *Carta vieja* componit, ejusque auctoritate hanc Carthaginem a meridie Iberi fluvii tabulæ exhibere solent, quum tamen Ptolemæus eam in eadem fere cum Barcinone latitudine ponat. Ceterum quum in tractu inter Saguntum et Dertossam medio Strabo etiam Oleastrum locum habeat, is autem Itinerariorum auctoritate a Dertossa sit versus boream : suspicio nascitur Cartaliam quoque a borea Dertossæ fuisse, adeo ut eam cum vetere Phœnicum urbe, quam Barcinonem seriores vocant, composuerim.]
Carteja, Καρτηία, Iberiæ urbs vetusta, 40 st. a Calpe monte, apud Bastetanos; ab Hercule condita , olim Heraclea dicta; ostenduntur ejus rudera, 115, 47. A Munda distantia, 117, 22. Nonnullis Carteja est vetus Tartessus , 125, 21. Ad Cartejam mare buccinas , purpuras, polypos, teuthides , alios pisces ingentes, habet, 120 , 23.
Cartera come, Καρτερὰ κώμη , munitus pagus , Diomedis regia in Bistonum terra, 282, 8.
Carthæa, Καρθαία, Cei urbs , in quam Pœeessa conducta, 417, 40.
Carthago Nova, Καρχηδῶν ἡ νέα, Hispaniæ urbs , Asdrubalis opus; potentissima , bene munita, portu egregio instructa , maximum emporium; argenti metallis dives: in vicinia multum salsamentorum, 131, 35; argenti fodinæ describuntur fusius, 122, § 10. Supra urbem Orospeda mons , 133, 45. Usque ad eam pertinent Sidetani ; 135, 39; Bastetani et Oretani, 129, 40. A Calpe distat 2200 stadia, 129, 40; a Scombraria ins. 24 stadia, 132, 7. In ea aut Tarracone præfectus Rom. hibernare solet, 138, 46. Nascitur ibi arbor memorabilis, 145, 34. Objacet urbi in Libya Metagonium 3000 stadiorum intervallo , 702, 44.

Carthago, Καρχηδών, Libyæ urbs, et fretum Siculum et Roma sec. Eratosthenem sub eodem meridiano sunt, 76, 48. Urbs paucioribus quam 2000 stadiis septentrionalior est quam recessus Syrtis majoris, 709, 51. 900 stadiis distat a parallelo per Alexandriam ducto, 110, 42. Ab ea ad Alexandriam non supra 9000 stadia; Eratosthenes vero 13000 numerat, 76, 47. A Lilybæo distat 1500 stadia, 707, 47; a Cephalis prom. supra 5000 stadia, 709, 1; a Treto pro n. 2500 stadia, 706, 27. Gnomonis ibi ratio ad umbram æquinoctialem, 110, 40. Carthaginienses continuo Græcos barbarosque Siciliæ infestabant, 224, 36. Tarento potiti pleraque ejus urbis ornamenta perdiderunt, 231, 23. Carthaginis regio fertilis, 108, 21. Carthaginiensis et Cyrenaicæ ditionum limes sub Ptolemæo (Apione?) Euphrantæ turris, 709, 41. Urbis ejus situs; arx Byrsa; Æsculapium; portus, in eoque insula Cothon dicta (de ipso sc. Cothone portu), 706, § 14. Historia Carthaginis usque ad restauratam a Cæsare urbem adumbratur, 706, § 15. Urbis eversio, 238, 41. Carthaginiensium respublica jure admiranda, teste Eratosthene, 54, 38. Oræ eorum superjacent Libyphœnices, 709, 3. Carthaginienses Sardinia potiti sunt, 187, 25. Majorem Hispaniæ partem subegerunt, 131, 24. Barca duce in Hispaniam expeditionem fecerunt, 125, 6. Italiæ inferioris gentes multifariam læserunt, 210, 50. Contra eos classem duxit Agathocles, 708, 6. Punici belli secundi causa deletum contra pacta ab Hannibale Saguntum, 132, 12. Carthaginienses in Charace Syrtis majoris loco laserpitium clam eo allatum emebant, contra dantes vinum, 709, 45. Demerserunt naves peregrinorum, qui in Sardiniam vel ad Herculis columnas navigantes deprehenderentur, 681, 52. Prope Cinyphem fl. voragines ponte instraverunt, 708, 50. Carthaginiensis sinus, ὁ Καρχηδόνιος κόλπος, inter Apollonium et Hermæum promontoria, 706, 24. Loca ad eum sita, 707, § 16.

Carura, τὰ Κάρουρα, pagus in Phrygiæ et Cariæ confiniis, 495, 33; terræ motibus obnoxia, 495, 42; ferventes ibi aquæ, 495, 35; 538, 49. Ab Epheso ad Carura 740 stadia, 566, 15; ab Holmis 920 stadia, 566, 20. Inter Carura et Laodiceam fanum est Menis Cari; schola ibi medicorum Herophileorum, 496, 38.

Caryanda, Καρύανδα, Cariæ portus et ins.; patria Scylacis, 561, 47.

Carystus, Κάρυστος, Eubœæ opp. sub Oche monte, 383, 20. Ibi marmor exscinditur et asbestus lapis, 383, 22; 375, 35.

Carystus, in Laconica locus Ægyis, 383, 32; unde vinum Carystium, *ib.*

Caseus Salonites Bithyniæ, 484, 27. Caseus in Alpibus, 172, 21. Caseo equino Nomades vescuntur, 258, 36. Caseum Atticum recentem non tangit sacerdos Minervæ Poliadis, 339, 10.

Casia seu fruticibus in Arabia provenit, 666, 5; 665, 50; plurima ex India afferri dicitur, *ib.*

Casiana, τὰ Κασίανα, Apamensis agri in Syria castellum, patria Tryphonis, 640, 46. Situs non notus. Fuerit in Casiotide, quam Ptolemæus dicit, provincia; probabiliter in *Massiyad* monte; fort. *Massiyad* castellum.

Casilinum, Κασιλῖνον (*Capoue*), Campaniæ opp. ad Vulturnum fl.; ibi Prænestini quidam ab Hannibale obsessi, 207, 21. Oppidum erat in via Appia, 235, 7; a Capua 19 stadia distans; ibi via Latina in Appiam incidit, 197, 29; in propinquo est Calenôn urbs, 198, 2.

Casinum, Κάσινον (*San Germano*), Latii urbs, in via Latina urbium Latinarum ultima, 197, 49.

Casius mons, τὸ Κάσιον ὄρος (*Dj. Okrab*), 42, 10; 42, 14; 631, 40; 640, 9.

Casius, τὸ Κάσιον (*el Kas, el Katieh*), prope Pelusium Ægypti, collis ex arenarum cumulis constans, promontorii speciem præbens; aqua destitutus, 32, 12; 646, 53; ibi Pompeji corpus jacet, *ib.* A Casio ad Pelusium 300 stadia, ad Iamniam 1000 st., 646, 13. Montem olim mari circumdatum fuisse censet Eratosthenes, 46, 47. Adjacens ei regio inundata est Strabonis ævo adeo, ut hinc in Phœniciam via navigabilis esset, 49, 2. Ad Casium repentinæ terræ convulsiones accidunt; cujus eæ sint generis, 645, 39.

Caspiæ portæ, αἱ Κάσπιαι πύλαι (in *Sirdara* monte) 67, 15; 67, 30 et passim; 71, 30 *sqq.* 111, 5; 447, 35. Terminus climatum, quo boreales et australes Asiæ regiones Eratosthenes distinguit, 448, 9. Ab iis per Parthiam usque ad Alexandriam Arianam et hinc per Drangas et Arachotos ad Indum flumen, 15300 stadia; linea recta a Caspiis portis ad Indum 14000 stadiorum, 616, 8. Caspiæ portæ a Rhagis 500, ab Hecatompylo 1260 stadia, sec. Apollodorum Artemitenum, 441, 24; ab Hecatompylo 1960 stadia, sec. Eratosthenem, 440, 54. Ab iis ad Rhagas 500 st., 450, 7; ad Cyri ostia 5000, ad Alexandrium Ariæ 6400 stadia, sec. Eratosthenem, 440, 46. Ab iis per Mediam et Parætacenen 3000 stadia, et hinc ad mare Rubrum alia 8000, nonnullis in locis etiam supra 9000 stadia, sec. Eratosthenem, 66, 47; ad Tapen Hyrcaniæ regiam, 1400 stadia, 436, 25. Ad Caspias usque Pylas Parthyæa pertinet, 441, 20. Prope eas terræ motus, 50, 15. Cf. Rhagæ.

Caspii, Κάσπιοι, inter Albanos et Uitios, accolæ maris Hyrcani, 440, 39. Caspia gens, τὸ Κάσπιον ἔθνος, mari nomen dedit; nunc evanida est; ejus regio, ἡ Κασπιανή, pars Albaniæ, 431, 18. Caspiorum mores, 446, 15; 443, 31. Ἡ Κασπία regio, 29, 9, quam Medis ademerunt Armenii, 353, 21.

Caspium mare, sive Hyrcanum, Κασπία vel Ὑρκανία θάλαττα, 434, 46; sinus Oceani, 100, 20; 434, § 1; a gente Caspia dictum, 431, 19. Ejus situs in Amisi parallelo, 59, 14. Ejus dimensiones sec. Eratosthenem, 434, § 1. Ejus accolæ Scythæ et Sarmatæ, 435, 12. Caspium mare nonnulli, ut Polycletus, paludem esse, meatu quodam cum Mæotide palude conjunctam, putarunt, 437, § 4. Isthmus a mari Caspio usque ad mare prope Colchidem pertinens 3000 fere stadiorum; perperam Posidonius 1500 stadiorum facit; Clitarchus vel perfundi eum aquis maris utriusque ait, 421, 44. Caspii maris ostium ab intimo maris recessu et Armenicis et Medicis montibus circa 6000 stadia distat, 62, 16. — Ex eo in Indiam navigari posse asserit Patrocles, 62, 19. A Caspio mari ad Arios 6000 stadia, 438, 15. Mare hoc parum navigatur, 436, 34; insulas habet habitabiles, in iisque terram auriferam esse dicunt, 436, 36. Ad latus ejus orientale degunt Dæ Parni cognominati, tum solitudo est, tum Hyrcania. Ad maris recessum in imis montibus Medicis et Armeniis Anariacæ, Uitii, Amardi, Cadusii, Gelæ, Armenii, Albani, 436, § 1. Secundum Eratosthenem maris accolæ post Hyrcanos sunt Amardi, Anariacæ, Cadusii, Albani, Caspii, Uitii, et fortasse alii usque ad Scythas; ab altera Hyrcanorum parte Derbyces, 440, 37.

Caspius mons (*mont Elbourz*; Strobilus Arriani. V. Walckenaer *Mémoire sur les dénominations de portes Caucasiennes, Sarmatiennes et Albaniennes*, p. 109), a Dioscuriade distat quinque dierum itinere sec. Eratosthenem, 75, 54; 1000 stadia inde a Phasi, sec. Hipparchum, 76, 6. A Cyri ostio distat 1800 stadia, 440, 45. Caspius mons, qui situs est qua ex Colchide ad mare Caspium transcenditur, a Cyaneis distat, sec. Hipparchum, 6600 stadia, 75, 28.

Caspius ab accolis Caucasus mons vocatur, 426, 42.

Cassander 26 oppida ad Thermæum sinum et in Cruside sita delevit, incolasque in Thessalonicam, quæ olim Therme dicta, de uxore Cassandri nomen accepit, conduxit, 277, 29. 278, 32. Potidæam restauravit et Cassandriam dixit, 278, 40. Per decennium Macedonibus imperans Athenis præfecit Demetrium Phalereum, 341, 44.
Cassandram uxorem petivit Otryoneus, sec. Homerum. Nihil poeta novit de Cassandra ab Ajace violata, 514, 6.
Cassandria, Κασσάνδρεια, olim Potidæa, 278, 40.
Cassiepea, Κασσιέπεια, stella, 111, 33.
Cassiope, Κασσιόπη, portus Corcyræ (hod. *Cassope*), a quo at Brentesium 700 stadia, 269, 32.
Cassiterides insulæ, Καττιτερίξες νήσοι (*Scilly* sive *Sorlingues* inss.), 10 numero, ab Artabrorum portu boream versus in alto sitæ; incolarum habitus et victus, 145, 45. Ibi metalla stanni et plumbi, 122, 17; 106, 47; 145, 51; pelles quoque, *ib.*; pro his mercatores dant sales, fictilia, ærea opera, 145, 63. Primi eas insulas adierunt Phœnices Gaditani; sæpius rem frustra tentarunt Romani, usque dum P. Crassus omnibus mare hoc patere docuit, 146, 2. Cassiterides a continente longius quam Britannia distant, 146, 13. Objacent Artabris, 99, 17.
Cassius Seleuciam, in quam Dolabella confugerat, obsidione cinxit, 640, 20.
Cassopæi, Κασσωπαῖοι, Thesprotica in Epiro gens, 267, 15; 269, 20. Regio eorum pertinet usque ad sinus Ambracici recessum, qui est prope Ambraciam, 270, 16. 269, 51. Oppida eorum Buchetium, Elatria, Pandosia, Batiæ, 269, 49.
Castabala, τὰ Καστάβαλα, oppidum in ea Ciliciæ parte, quæ Cappadociæ adjecta est, 458, 28. Tyanis propinqua, sed a Tauri montibus quam Tyana absunt propius. Dianæ Perasiæ ibi fanum cernitur, 460, 45. [De situ oppidi non satis constat. Nonnulli Castabala componunt cum hod. *Nigdeh*, quod oppidum est a Tyanis versus boream. Quæri potius debet a Tyanis meridiem versus. Fortasse eadem urbs est quæ postea vocabatur Faustinopolis (hod. ruinæ *Pachnaktchi*).
Castalia fons, Κασταλία, ad Delphos, 359, 13.
Castellum Firmanum Piceni, Κάστελλον (*Porto di Fermo*), 201, 5.
Casthanæa, Κασθαναία (*Keramidhi?*), pagus Magnesiæ sub Pelio situs, 380, 41.
Castlon sive Castulon, Καστλών, Καστουλών (Κασταλών ap. St. Byz.; *Cazlona* ad *Guadalimar*, ubi ruinæ et inscriptt.), Hispaniæ urbs ad Bætin, 117, 45; prope quam est Bæticæ terminus orientalis, 138, 21. Primaria urbs Oretaniæ, 126, 32; in via militari sita, 133, 26. Prope eam Argentarius mons, 122, 46, et metallum plumbi fossilis, 122, 44.
Castnietis, Καστνιῆτις, Venus porci sacrificium admittit, 376, 15.
Castor, Κάστωρ, pater Dejotari Philadelphi, 481, 49.
Castor Saocondarius in Gorbeo regia cum uxore filiisque a Dejotaro trucidatus, 486, 38.
Castores Hispaniæ, 135, 51.
Castorium Hispanicum non habet vim medicam castorii Pontici, 135, 51.
Castrum novum, Καστρουνόουν (*Giulia nova*), in ora Piceni, 201, 8.
Castulon. Cf. Castlon.
Casus, Κάσος (*Caso*), ins. maris Carpathii, 419, 14. A Carpatho 70, a Samonio pr. 250 stadia distat; 80 st. ambitus; urbem habet; circa eam Casiorum insulæ, 420, § 18.
Casystes, Κασύστης (*Vromar Limiona* ad *Kavo Karaka*, ut videtur), Ioniæ portus sub Coryco monte, 550, 25.

Catabathmus, Καταβαθμός (*Akabah es-Sollum*), montanus tractus in ora Libyæ, Cyrenaicæ et Ægyptiæ ditionum terminus, 711, 37; 678, 50; 672, 34; 700, 23. Ad eum Plynus portus et Tetrapyrgia, 711, 37. Catabathmus ab Apollonia 2200 stadia, 711, 22, a Parætonio linea recta 900 stadia distat, 678, 53.
Catacecaumene, ἡ Κατακεκαυμένη, sive Combusta, regio Asiæ minoris, quam alii Mysiæ tribuunt, alii Mæoniam vocant, 493, 49. Catacecaumene, sive Mysia sive Mæonia dicenda, unde nomen habeat; quæ sit soli indoles, 537, § 11; 495, 53. Eam Lydi et Mysi possident, 495, 53. Ad eam de Typhone fabula et Arimi referuntur, 496, 27; 537, 19. Arimûs ejus rex fuit secundum Xanthum Lydum, 537, 20. Regio vini ferax, 544, 40. Κατακεκαυμενίτης οἶνος Mysiæ, 537, 14.
Catalogus Hesiodi. V. Hesiodus.
Catana (Κατάνη (*Catania*), Siciliæ opp.; ejus a Syracusis et Tauromenio distantia, 221, 19 et 26 et 46; 222, 19; Naxiorum colonia, 223, 14. Pristinos incolas amisit, aliis eo deductis ab Hierone, qui urbem Ætnam denominavit, 223, 15. Post mortem Hieronis reversi Catanæi novos incolas expulerunt sepulcrumque tyranni devastarunt, 223, 32. Catana servorum bello male affecta, 226, 30; ab Augusto restaurata, 226, 3; Romanorum coloniam accepit, 223, 13. Ætnæ eruptionibus obnoxia est. Egesto ex Ætna cinere solum mirum quantum fœcundatur, ut vini aliorumque fructuum feracissima regio sit, ovesque pinguedine suffocentur, nisi sanguis iis subinde aliquid extrahatur, 223, 29; 206, 1; 537, 28. Amphinomi et Anapiæ egregium facinus, 229, 32. Per Catanam Amemanus fl. 220, 20, et per agrum urbis Symæthus fl. labuntur, 226, 6. A Catana ad Innesam sive Ætnam 80 stadia sunt, 223, 27.
Cataones, Κατάονες, quamquam eadem cum Cappadocibus lingua utentes, olim a Cappadocibus distinguebantur, iisque conjungebatur Melitene; Cappadociæ primus Cataoniam adjecit Ariarathes rex, 457, § 2. Cataonia, 111, 5, una ex 10 Cappadociæ præfecturis, 458, 24. Regionis situs et ratio, 458, 44. Cataoniæ ex mediis campis Pyramus effunditur, 44, 13; 576, 43; 459, 24. Nulla est in planitie Cataoniæ urbs, sed in montibus castella exstant, 460, 12. Cataones Comanorum incolæ, 459, 7. Armenii quædam Cataonibus ademerunt, 453, 26.
Cataonis Apollinis templum, 460, 16.
Catarrhactes minor Nili describitur, 694. 29. Ceterum cf. v. Nilus.
Catarrhactes, Καταρράκτης (*Duden-Sou*), Pamphyliæ fl.; unde nomen habeat, 569, 32.
Catennenses, Κατεννεῖς, in Pisidia, Sagalassensibus et Homonadensibus finitimi, 488, 14.
Cathæa, Κάθεια, Indiæ regio; Cathæorum mores quidam et instituta, 596, § 40.
Καθαρμοί, Epimenidis poema, 411, 52.
Cathylci. V. Caulci.
Cato (M.) Hortensio roganti Marciam uxorem tradidit, 441, 33. Apud eum vixit et mortuus est Athenodorus Tarsensis Cordylion cogn., 575, 8. Cyprum Ptolemæo ademit, 684, 11. A Berenice urbe Syrtim cum exercitu circumivit 33 dierum itinere, 710, 16.
Κατόκας, cognomen Menippi Stratonicensis rhetoris, 563, 53.
Catopterius, Κατοπτήριος, Phocidis præcipitium, 363, 32.
Catoriges, Κατόριγες (al. *Caturiges*), in Alpium verticibus supra Salassos, 170, 6. (Parum accurate supra Salassos habitare dicuntur. In Gallico Alpium latere ponendi sunt, ubi Eburodunum eorum caput erat, et Caturigæ locus (hod. *Chorges*) non longe ab Eburoduno occasum versus (*dép. des Hautes-Alpes*).

INDEX NOMINUM RERUMQUE.

Catreus, κατρεύς, Indiæ avis, 611, 49.

Cattabanes, Katταβανεῖς, Arabiæ gens ad angustias sinus Arabici pertinens; regia eorum Tamna urbs, 653, 54. Ἡ Κατταβανία (Κατίβαννα Theophrast. H. Pl. 9, 4, 2. V. Ritter, t. 12, p. 365) thus gignit, 654, 16. [Non ita longe ab angustiis sinus Arabici nunc exstat *Cattaba* locus (*Bana* Ptolemæi?). Ad hanc tamen Tamna Strabonis vix quisquam retulerit; immo eadem urbs est cum *Thumna*, quam Ptolemæus, VI, 7, a Sabbatha boream versus collocat satis longe ab eo tractu quem Strabo Cattabanibus assignat, sed in ea ipsa regione ubi nunc degunt *Beni Kahtan*, in quibus Cattabanes veterum agnoscit Forsterus (*Georg. of Arabia*, 2, p. 154). Haud dubie in compluribus regionibus Cattabanes erant, quas Strabo non distinguit. Quo facit etiam quod Cattabanensis terra thus gignere a Strabone dicitur. Id enim in regionem faucibus sinus Arabici imminentem non quadrat, et tractum magis orientem versus situm prodit, eum scilicet in quo Ptolemæus *thuriferam regionem et Cattabenos* collocat.]

Caucasus, ὁ Καύκασος, τὰ Καυκάσια ὄρη. De eo recentiores demum scriptores accuratiora tradiderunt, 97, 45. Ab accolis Caspius vocatur, 426, 42. Montis descriptio, 426, § 15. Pars ejus ad mare Caspium pertinens vocantur Ceraunii montes, 430, 8. 432, 22. Quænam sint Caucasi partes celsissimæ, 434, 3. Calceis aculeatis in eas ascendunt, et pellibus insidentes de iisdem delabuntur, 434, 11. E Caucaso in Mæotidem fluit Achardeus, 434, 41. Tanaim nonnulli ex Caucasum labi putarunt, 89, 4. E Caucasiis montibus Tanaim oriri Theophanes Mytilenæus cum aliis quibusdam opinatur, 423, 13. Caucasiæ gentes septuaginta, sec. alios trecentæ, quarum plurimæ Sarmatæ sunt, Dioscuriadem emporium frequentant, sua quæque lingua utentes, 427, 13. Caucasiorum populorum mores quidam, 445, 45. Caucaso subjacent orientalis oræ Ponticæ populi inde ab Achæis, 426, 32. Caucasi juga pone Dioscuriadem Soani tenent, 428, 20. In Caucaso vinctus Prometheus, 433, 43. Caucasi nomen Alexandri rerum scriptores adulandi causa transtulerunt ad montes Indicos, 433, § 5, ad Paropamisum, 586, 52, ideoque ad Tauri partes, 587, 35; 438, 20.

Caucasii montes, Indiam a borea definientes, 15000 stadia distant ab Indiæ terminis meridionalibus, sec. Patroclem, 56, 36. Caucasi Indici habitatores palam cum mulieribus coeunt, teste Megasthene, 605, 15.

Cauci, Καῦκοι (al. *Chauci*), Germaniæ pop. ad Oceanum, 241, 49.

Caucon, Καύκων, Achaiæ fl. inter Dymen et Tritæam, 294, 7 et 30; 333, 1.

Caucon heros, cujus monumentum in agro Lepreatarum ostenditur, 296, 38.

Caucones, Καύκωνες, olim compluribus in terris habitarunt; nunc nulli sunt, 267, 44; 305, 37.

Caucones barbari in Peloponneso, 266, 47. Eos fuisse Arcadicam gentem, ut Pelasgos, et similiter vagam perhibent, 396, 41. Secundum nonnullos tota, quæ nunc Elea dicitur, regio a Messenia usque ad Dymen pertinens, Cauconia appellata est; alii Caucones in duas partes divisos habitasse censent, alteros in Triphylia apud Messenium, alteros apud Dymen in agro Bubrasio et Elide Cava; quæ posterior sententia cum Homeri verbis magis congruit, 296, § 17. Caucones in Triphylia juxta Messeniam, 294, 1. Alii Caucones fuisse videntur circa Dymen, Elin et Cauconem fl., 294, 6. Dyme Καυκωνίς appellatur, 294, 2 et 29. Caucones tenuerunt Lepreaticam et Cyparissensium regionem et Macistum, 296, 35; 294, 34. Cauconia sub Nestore fuit, 289, 42.

STRABO. I.

Caucones Asiæ, 490, 26, ad Pontum, 464, 2; Trojanorum apud Homerum socii (sub Polycle duce, 464, 49), e Paphlagonia advenisse dicuntur, ubi Καυκωνιᾶται quidam nominantur, Mariandynis finitimi, 296, 43. Ponti oram, quæ est a Mariandynis usque ad Parthenium fl., obtinuisse feruntur; genere Scythæ vel Macedones vel Pelasgi; urbs eorum Tieum; etiam nunc Καυκωνῖται quidam ad Parthenium, 464, § 5.

Caudium, Καύδιον, Samnii opp. in via Appia, 235, 6. 207, 21. (Situm fuit inter *Arpaja* et *Monte Sarchio* prope *Isclero* fluvium.)

Caulci, Καοῦλκοι, gens Germaniæ ad Oceanum, 241, 50. Pag. 242, 39, in codicibus scribitur Καθύλκοι. Fortasse sunt Καλούκωνες Ptolemæi. Cluverius Caulcos ad locum *Uelzen* in Hanoverana regione ponit.]

Caulonia, Καυλωνία (ad montem *Caulone*, a *Castel vetere* versus boream, ad *Alaro* fl.), Bruttii urbs, Achæorum colonia, olim dicta Aulonia, utpote ad αὐλῶνα sita; nunc deserta; incolæ, a barbaris ejecti, Cauloniam Siciliæ condiderunt, 217, 11.

Caulonia, Siciliæ urbs, 218, 14 (V. Caulonia Bruttii). Est *Calloniana* Itinerarii Antonini, in via sita, qua Catana Agrigentum itur, 25 m. p. ab Agrigento distans; hodie *Callanisetta*, ut videtur.

Caunus, Καῦνος (ruinæ prope *Dalian* infra *Koidches Liman* lacum), Rhodiorum περαίας oppidum non longe a Calbi fluvio, navale habet et portum; aeris ibi temperies; Stratonici dicterium, 556, 25. Supra Caunum Imbrus castellum, 556, 28. Caunii et Creta oriundi sunt; lingua Carica utuntur, 556, 41. Aliquando a Rhodiis defecerunt, sed a Romanis iis redditi sunt, 556, 38. Molonis adversus Caunios oratio exstat, *ib.*

Cava Elis, V. Elea.

Cava Euboeæ, τὰ Κοῖλα τῆς Εὐβοίας, 382, 15.

Cava Syria. V. Cœlesyria.

Cavari, Καούαροι, Galliæ Narbonensis gens, juxta Rhodanum habitant a Druentia usque ad Isaram per 700 stadia, 153, 47. Cavarorum urbs quædam inter duos fluvios sita, qui deinceps in unum coeuntes in Rhodanum incidunt, 154, 1 (Signari videtur Carpentoracte (*Carpentras*), inter fluvios *Oueze* et *Mede*). Cavarorum nomen latius etiam patet omnibusque hujus tractus barbaris inditur, quamquam plerique eorum jam Romanam vitæ formam atque linguam sequuntur, et nonnulli etiam civitatem nacti sunt, 154, 54.

Caytrii heroum in Limone, 555, 21. Cf. Asios limon.

Caystrus, Κάϋστρος (*Kara-Su* et *Kutchuk Meinder*), Ioniæ fl., 531, 24; ad ejus ostium Selinusia palus, 548, 30. Caystrius campus, 373, 34; 535, 2; 536, 24 et 30, quem alluviones fecerunt, 589, 23; in quo est Larisa, 530, 37; cui vicinus est Cilbianus campus, 583, 3.

Κῆϐος, Æthiopiæ animal, 659, 50, a Babyloniis Ægypti colitur, 690, 26; quale sit animal, *ib.*

Cebrene, Κεϐρήνη, Κεϐρήν (ruinæ prope *Dongurlu*), Troadis urbs, cujus incolæ Antigoniam sive Alexandriam transducti, 517, 13; ἐπάνω Κεϐρῆνος est Palæscepsis, 519, 26.

Cebrenia, Κηϐρηνία, Troadis regio; ejus situs; urbem habuit Cebrenen; Cebrenorum sive Cebreniensium (Κεϐρηνῶν sive Κεϐρηνιέων) cum Scepsiis controversiæ; Antigoniam ab Antigono transducti, 510, § 33. Cebrenii, 518, 33; 505, 30; 511, 28.

Cebrenii Thraces ad Arisbam fl., 505, 30.

Cebus. V. Κῆϐος.

Cecropia, Κεκροπία, una ex duodecim Atticæ civitatibus Cecropiis, 341, 28.

Cecrops, Κέκροψ, Bœotiæ, tunc Ogygiæ dictæ, præfuit; quasnam ibi urbes condiderit, 349, 35. Atticæ multitu-

49

dinem in duodecim civitates composuit, 341, 27. Cecrops, nomen barbarum, 267, 5.
Celadon, Κελάδων (an Ladon?), fl. in Alpheum influit, 295, 12.
Celænæ, Κελαιναί (ad hodiernam *Dineir*, quæ est veterum Apamea Cibotus), Phrygiæ opp., ad quod fontes Mæandri; ex eo Apameam incolas transduxit Antiochus Soter, 494, 50. Oppidum a Celæno nomen habet, 496, 12. Ad Celænas referuntur fabulæ de Olympo et Marsya; in propinquo palus est, 495, 2. A Celænis incipit Mesogidis tractus montanus, 537, 44.
Celæno, Κελαινώ, Danaidum una, Neptuno peperit Celænum, 490, 12.
Celænus, Κελαινός, Neptuni et Celænûs f., a quo Celænæ in Phrygia nomen habent, 496, 12.
Celenderis, Κελένδερις (*Kilandria*), Ciliciæ opp., 571, 47; 647, 10. Hanc Artemidorus et alii Ciliciæ initium faciunt, 571, 48.
Celia, Κελία (*Ceglie*), Apuliæ urbs in via Brundusio Beneventum ducente, 234, 52.
Celmis, Κέλμις, unus e Dactylis, 406, 40.
Celossa, ἡ Κηλώσση, mons Phliasiæ regionis, 328, 26; ejus pars est Carneates mons, 428, 58.
Celsa, Κέλσα (*Xelsa*), Hispaniæ urbs ad Iberum, qui ibi ponte lapideo jungitur, 133, 51.
Celtæ, Κέλται, Κελτοί, pridem vocabantur omnes gentes occidentales, 27, 37. E quattuor terræ partibus occidentalem obtinent, Ephorum, 28, 20. Celtica ex Ephori sententia pleraque Hispaniæ loca usque ad Gades comprehendit, 165, 38. Celticam Hipparchus magis quam Strabo boream versus extendit, 62, 12. Ut objecta est æquali fere longitudine Britanniæ, per 5000 fere stadia, 52, 42. Celtæ, ut exercitatione intrepidi fiant, domos suas aquis obrui patiuntur rursusque ædificant; pluresque eorum aquis quam bellis perire Ephorus hariolatur, 243, 33. De fluxus marini ibi vehementia Clitarchi narratio, 243. Celtica sunt Cabæum prom. et objacentes insulæ, 53, 50. Celtæ proprie dicebantur Narbonensis provinciæ incolæ; hinc ad omnes Gallos nomen translatum esse videtur, 157, 20. Habitant prope mare, quod est ad Narbonem et Massiliam, pertinguntque ad Alpium partem, 147; Cemmeno monte ab Aquitanis dirimuntur, 146, 32. Vid. v. Gallia. — E Celtis in Hispaniam transgressis oriundi Verones et Celtiberi, 131, 26; 134, 41.
Celtiberi (Κελτίβηρες) et Celtoscythæ (cf. 435, 18). Eo nomine olim gentes regionum occiduarum designabantur, 27, 38.
Celtiberia, Hispaniæ regio, majorem partem aspera; per eam defluunt Anas, Tagus, Durius, alii in Oceanum fluentes, 134, 32; 127, 17. Anas et Bætis, sec. Polybium, in Celtiberia oriuntur; nam Celtiberi potentia aucti vicinis quoque regionibus de se nomen fecerunt, 122, 49. In Celtiberia oritur Lethes s. Belion s. Limæas fl., 127, 15. A Celtiberis boream versus Verones et Bardyetæ, 134, 41; ad occiduum latus sunt Astures, Callaici, Vaccæi, Vettones, Carpetani, 134, 45; 126, 44; versus meridiem Oretani et qui de Bastetanis et Edetanis Orospedam incolunt; versus ortum Idubeda, 134, 48. Celtiberorum multas habitationes præterfluit Durius, 127, 17. Celtiberia populosa et pecuniosa, quamquam solum habens incommodum, 135, 18. Quidam in quattuor, alii in quinque eam partes dividunt, quas accuratius definire non licet, 137, 39. Celtiberi in partes quattuor divisi, 134, 51; præstantissimi versus ortum et meridiem Aruaci, quorum Numantia urbs, 134, 53. Celtiberorum gens orientalis ad Tagi fontes pertinens Lusones, 135, 5. Urbes sunt Numantia, Segeda, Pallantia, Segobriga, Bilbilis

135, 8. Numantia, Sergontia, 134, 38. Segesama et Intercatia, 135, 14. Cæsaraugusta, Romanorum colonia, 125, 34. Celtiberi, quondam omnium maxime feri, nunc inter togatos Hispanos sunt, 125, 38. Celtiberiæ urbes trecentas Tib. Gracchus dejecisse perhibetur a Polybio, qui turres urbium nomine comprehendisse debet, 135, 19. E Celtiberis M. Marcellus 600 talentorum tributum exegit, 135, 15. Celtibericum bellum vingti annos duravit, 135, 2. Celtiberia et cetera ad mare usque juxta utrumque Iberi latus ab uno legato consulari administrantur, 138, 41. Celtiberi et vicini eorum innominatum quendam deum quomodo colant, 136, 22. Celtiberiæ equi subvariegati, si in exteriorem Hispaniam deducuntur, colorem mutant; Parthicis similes sunt, 136, 5.
Celtici, Κελτικοί, in Hispania Turdetanorum vicini et cognati, vicatim fere habitant, et minus quam Turditani sunt urbani et mansueti, 125, 24. Notissima eorum urbs Conistorgis, 117, 30; præterea Asta, 117, 31, et Pax Augusta, 125, 32.
Celtici, eorum qui juxta Anam et Turdetaniam degunt cognati, circa Nerium pr. habitant. Quomodo huc delati sint, 127, 30. Lethæ fluvio nomen indiderunt, 127, 36.
Celtoscythæ. V. Celtiberi.
Cemmenus mons, τὸ Κέμμενον ὄρος (*les Sevennes*), in Gallia, ad Pyrenen facit angulum rectum, per mediam Celtarum campos porrigitur 2000 stadiorum longitudine usque ad Lugdunum, 147, 3 sqq.; 106, 6; 173, 18. Ei obvertitur convexa pars lineæ Alpensis, 106, 10. Auri in eo metalla sunt, 121, 9. Rhodano appropinquat ad Isaræ confluentes, 153, 48; 159, 7. Ad ejus extrema pertinent Aquitani, 157, 37. Aquitanos a Celtis dirimit, 146, 32; 147, 8. Ad australem ejus partem sunt Volcæ Tectosages, 155, 32. Ex eo defluunt Atax et Orbis et Rauraus fl., 151, 18, et Liger, 157, 15.
Cenabum, Κήναβον, *aliis* Genabum (*Orléans*), Galliæ urbs ad Ligerim, Carnutorum emporium, 158, 54.
Cenæum, Κήναιον, Eubϙϙ promontorium, 365; 36; 368, 28; 381, 45; 383, 13. Distantia a Thermopylis, 373, 32. Pars Cenæi et Lichadum inss. terræ motu demersa est, 50, 23.
Cenchreæ, Κεγχρεαί, Argolidis opp. in via qua Argis Tegeam itur, 323, 37. Ruinæ in loco *Nera* sive *Palæa Skaphidakia* dicto. V. Curtius *Pelop.* 2, p. 366.
Cenchreæ, Corinthiorum navale, 317, 22; vicus et portus, Asianis negotiationibus patens, ab urbe Corinthi 70 stadiis abest, 326, 27. Ad Cenchreas mare humilius quam in sinu Corinthiaco esse dicitur, 45, 40.
Cenchrius, Κέγχριος, fl. per Ortygiæ lucum non longe ab Epheso fluit, 546, 28.
Cenomani, Κενομάνοι, Venetis superjacent, 179, 50. Jam ante Hannibalicum bellum Romanis auxiliati sunt contra Boios et Symbrios (Insubres), 179, 51.
Centauri a Pirithoo Lapitha e Pelio in Æthicam regionem ejecti; 377, 46; gens defecit, 373, 20. Centaurorum sepulcrum in Taphiasso Locridis colle; de cadaveribus eorum fluit aqua fœtida, 366, 34. Centauri a Hercule vulnerati ubinam venenum hydræ abluerint, 298, 12.
Centoripa, Κεντόριπα (*Centorbi*), Siciliæ urbs ab Augusto restaurata. Multum Augusto profuit et debellandum Pompeium, 226, 3. Situs urbis, *ib.* Non long abest Ætna oppidum, 227, 29.
Centrones, Κέντρωνες, in Alpium verticibus supra Salassos, 170, 6. Per eos via ex Italia Lugdunum ducit, 173, 17; 170, 45.
Ceos, Κέως (*Zea*), una ex Cycladibus, 417, 1; ejus urbes quattuor; patria Simonidis, Bacchylidis, Erasistrati medici, Aristonis philosophi, 417, 39. Lex quædam

Ceorum; insula ab Atheniensibus obsessa; templa ibi Apollinis Sminthei et Minervæ Nedusiæ; Elixus fl., 417, 46. Ceis imperarunt Eretrienses, 384, 50. Ceorum alia lex quædam, 443, 37.

Cephalæ, Κεφαλαί (*Cap Masrata*), Libyæ prom. ad initium Syrtis majoris, a Carthagine distans supra 5000 stadia, 708, 54; 710, 12. Ab eo versus orientem juxta oram magnus lacus porrigitur, 709, 36.

Cephallenes, Κεφαλλῆνες, nunc dicuntur Cephalleniæ ins. incolæ; apud Homerum vero omnes Ulyssi subditi, inter quos etiam Acarnanes sunt, 389, 3.

Cephallenia, Κεφαλληνία, 102, 33; 288, 7, Homero Samus et Same, 389, 26. Cephalleniam eandam vel cum Dulichio vel Tapho esse nonnulli perperam crediderunt, 391, 42; 392, 9. Insula ab Amphitryone Cephalo data et ab hoc nomen nacta; urbes ejus de filiis Cephali dictæ, 391, 46. Distantia ab Ichthye Peloponnesi promontorio, 294, 50; a Leucata et Chelonata prom.; 392, 14; 290, 25; ambitus; Ænus mons; isthmus, 392, 16. Cephalleniæ urbes quattuor, Same vel Samos, Pales, Pronesus, Cranii; aliam urbem Strabonis ætate condere cœpit C. Antonius, at non exegit cœptum, 391, § 13.

Cephalœdium, Κεφαλοίδιον (Κεφαλοιδίς, 226, 18), Siciliæ opp. (hod. *Cefalu*); ejus ab Alæsa et Himera distantia, 221, 16.

Cephalo, Κεφάλων, Gergithius, ex Gergithibus agri Cumani oriundus, 504, 40.

Cephalus, Κέφαλος, Deionei f., Athenis exul, Amphitryoni se adjunxit, a quo Cephalleniam insulam accepit et Acarnaniæ et Taphiorum insularum princeps constitutus est, 391, 45; 394, 31; 396, 7. Pterelaum deperiens de saxo Leucadio desiluit, 396, 7. De filiis ejus dictæ sunt urbes Cephalleniæ insulæ, 391, 45.

Cephenes, Κηφῆνες, non sunt Æthiopica quædam gens peculiaris, 35, 31.

Cephisia, Κηφισιά, una e duodecim Atticæ civitatibus, quas Cecrops constituit, 341, 30.

Cephissis, Κηφισσίς, a Pindaro Copais palus vocatur, 353, 7.

Cephissis, Κηφισσίς, Bœotiæ palus, ab Homero memorata, eadem est quæ Hylica palus, 350, 11.

Cephissus fl. in Argolide, 364, 21. Vide Curtius *Peloponnes.* t. 2, p. 357 sq.

Cephissus (*Mauro nero*), Atticæ fl., 343, 29; 364, 18.

Cephissus (*Cephisso*), Bœotiæ fl., oritur ad Lilæam Phocidis opp., 13, 27; 349, 47; 364, 4; ejus cursus, 364, 11; Copaidem lacum implet; prope Copas terram subit; in loco Anchoë dicto rursus erumpit apud superiorem Larymnam Locridis, 349, 13; 347, 41; obstructos ejus meatus repurgare instituit Crates, 349, 28. In Cephissum influit Pindus, 366, 53.

Cephissus, fl. Sicyoniæ, 364, 19.

Cephissus, fl. Salaminis ins., 364, 19.

Cephissus, fl. Scyri ins., 364, 20.

Cephissus, fons Apolloniæ Illyricæ, 364, 23.

Cepi, Κῆποι, Asiæ urbs ad Bosporum Cimmerium et Corocondamitin paludem in insula sita quam Anticitæ bracchia efficiunt, 424, 35.

Cera Assyrii oblinunt cadavera, 635, 21. Cera Colchica, 427, 33; in Alpibus, 172, 20; Turdetaniæ, 119, 21.

Ceramus, Κέραμος, Cariæ opp., 560, 19. Ceramietæ, Κεραμιῆται, in deliberationibus τοῦ Χρυσαορικοῦ συστήματος complura habuerunt suffragia, 563, 51.

Ceras, Κέρας. V. Byzantiorum Cornu.

Cerasus, Κερασοῦς, Ponti opp., 470, 1 (prope hod. *Kanch ad Kerasoun Dere*).

Cerata, Κέρατα, *Cornua*, montes duo, Megaridem ab Attica dirimentes, 339, 21.

Ceraunii montes, Κεραύνια ὄρη, vocantur Caucasi juga ad mare Caspium accedentia, 430, 8; quorum in radicibus septentrionalibus Amazones habitarunt, 432, 22.

Ceraunii montes, 335, 14; ad quos initium Ionici sinus et Adriatici, 263, 12; distant a Lacinio 700 stadia, 233, 41; a Liburnis supra 2000 stadia, 263, 21; ab ore sinus Ambracici 1300 stadia, 269, 27; a Corcyra 700 st., sec. Polyb., 87, 16. Ora Illyrica a Cerauniis usque ad Adriæ recessum est 6450 stadiorum, sec. Polybium, 87, 18. Ad eos indicia peregrinationis Argonauticæ monstrantur, 17, 16. Ad medios montes est Panormus portus, 269, 29. Superjacentes iis usque ad Epidamnum gentes Illyricæ, 271, 17.

Cerberus ad Tænarum extractus, 311, 47.

Cerbesii (?), gens Phrygiæ, non amplius exstans; Κερβήσιον μέλος memorat Alcman, 496, 46; Κερβήσιος βόθυνος pestilentiam exhalans, *ib*.

Cercaphus, Κέρκαφος, Æoli filius, Ormeni pater, 377, 2.

Cercaphus, Κέρκαφος, Heliada; ejus filii tres cognominum urbium, Lindi, Camiri et Ialysi, conditores, 558, 31.

Cercesura, Κερκέσουρα (*el Arkas*), Ægypti urbs, juxta Eudoxi speculas sita, 685, 21, in Letopolite nomo, 685, 35.

Cercetæ, Κέρκεται, ad Ponti litus orientale, 422, 37. Eorum ora a Batis per 850 stadia porrecta, 426, 11; quam excipit ora Achæorum, sec. Artemidorum, 426, 11. Sec. Mithridaticôn scriptores Cercetæ ab oriente Heniochorum et ab occasu Moschorum Colchorumque habitarunt, 426, 19.

Cerceteus, Κερκετεύς, Sami mons, 410, 6.

Cercinna, Κέρκιννα (*Karkenah*), ins. ad fauces Syrtis minoris, 101, 51; 708, 22 et 29; quam cepit Cæsar, 706, 5.

Cercinnitis, Κερκιννῖτις (*Gerba*), insula juxta Cercinnam sita, ad oram Libycam, 708, 23.

Cercitæ, Κερκίται, postea Appaitæ dicti, locis supra Pharnaciam et Trapezuntem sitis vicini, 470, 10.

Cercopitheci, κερκοπίθηκοι, simiarum species, in India e longinquo visi a Macedonibus, pro hominibus habebantur; quomodo capiantur, 595, 41. Describuntur, 599, 5; 605, § 56.

Cereate, Κερεάτε, Latii opp., 198, 25. Memoratur inter Anagniam et Soram. Cf. Plutarch. Mar. c. 3, ubi Κιρραιᾶται, et Plinius 3, 5, 9, ubi *Cereatini Mariani*, quos exhibet etiam inscriptio ad monasterium *Casa Mara* reperta. Monasterium illud antiquiorum ædificiorum fundamentis superstructum est, nec longe a Sora dissitum est in media fere via qua Verulis Arpinum itur, 30 fere a Liri occasum versus stadia distans: adeo ut vix sit dubium, quin Cereate Strabonis hoc ipso in loco quærenda sit. Vid. *Bullelino dell' Istit. archeol.*, 1851, p. 11.

Ceres, Δημήτηρ, Eleusine recepit Cychridem serpentem, 338, 20. Scelus in deam commissum, 283, 3. Cereri sacrificabant Pylagoræ, 360, 46. Ejus πρόπολοι sunt οἵ τε μύσται καὶ δᾳδοῦχοι καὶ ἱεροφάνται, 402, 16. Τῆς Δήμητρος δαίμων, ἀρχηγέτης τῶν μυστηρίων Ἴακχος, 402, 10. Cereris et Proserpinæ cultus Samothracico similis in insula Britanniæ vicina. 165, 30. Cereris fanum ad Acherontem fl. Triphyliæ, 246, 14; ejus templum et delubrum mysticum Eleusine, 339, 22. In Cereris templo Romano Bacchus, Aristidis pictura, quæ una cum templo nuper conflagravit, 327, 36. Cereris fanum ad Thermopylas, 368, 24; prope Pyrasum; in Thessalia, 374, 4. Cereris lucus ad Menthen montem in Triphylia, 296, 1.

Cereus, Κηρεύς, Eubœæ fl. 386, 3; aquæ virtus, *ib*.

INDEX NOMINUM RERUMQUE.

Cerilli, Κήριλλοι (*Cirello*), Bruttii opp. prope Laum; ab iis ad Thurios isthmus 300 stadiorum, 212, 21.

Cerinthus, Κήρινθος, Eubœæ opp.; 382, 36; 383, 17.

Cerne, Κέρνη, insula ad occiduum Libyæ latus; quam cum aliis multis hujus oræ locis Phœnicum colonis frequentatam Eratosthenes memorat, fabulas narrans, 40, 12.

Cerretani, Κερρητανοί (*dans la Cerdagne*), Hispanica gens, Pyrenæorum convalles ex parte majore tenent; apud eos pernæ optimæ conficiuntur, 134, 28.

Cersobleptes, Κερσοβλέπτης, Odrysarum rex, 282, 49.

Cervi apud Scythas, 259, 30. Cervus alces (*l'élan*) in Alpibus, 173, 10 (hoc enim animal h. l. intelligendum est).

Cerynia, ἡ Κερύνεια, Achaiæ opp. sublimi in petra, 332, 24, ad Ægienses pertinet, *ib*. (Ruinæ in colle ad *Bokhusia* fl.)

Cestrus, Κέστρος (*Ak-Sou*), Pamphyliæ fl., cui Perge adjacet, 569, 42; e Selgensibus montibus oritur, 489, 15.

Cete marina prope Taprobanen, 589, 19. Cetorum ex ossibus domos construunt ichthyophagi, 613, 28.

Cetei, Κήτειοι, Eurypylo Telephidæ subditi, inter Cilices et Pelasgos medii, ab Homero memorantur; quinam fuerint parum constat, 526, 29; 530, 14.

Ceteus, Κήτειος, Elaitidis torrens, in alium incidens, isque in alium, qui in Caicum exit, 526, 40.

Chaa, Χάα, urbs Triphyliæ, Lepreo vicina, quam Acidon præterfluit, 299, 13. De ea inter Arcades et Pylios bellum fuisse, ejusque Homerum (Il., 7, 133) meminisse tradunt, 299, 16.

Chaæa (?) (Ἀχαιαὶ πέτραι codd.), saxa præruta, super quæ fuit Samus urbs Triphyliæ, 298, 38.

Chaalla, Χάαλλα, Arabiæ vicus, 665, 32.

Chaarene, Χααρηνή, omnium, quæ sub Parthis sunt, regionum proxima Indiæ, 617, 17.

Chabaca, Χάβακα, Sidenæ regionis castellum in Ponto, 469, 39. (Aliunde non notum est. Fortasse huc pertinent ruinæ quæ sunt prope *Kalchkoi* ad Œnium fluvium.)

Chabriæ vicus, Χαβρίου κώμη, in Ægypto a Schedia ad Memphim naviganti est ad dextram, non vero ad ipsum fluvium, 682, 33. (Quare diversus esse Letronnero videtur a *Chereu* loco Itinerariorum, quam plurimi cum nostro vico componunt.)

Chabriæ vallum, ὁ Χαβρίου χάραξ, inter Gerra et Pelusium, 647, 3.

Chabum, Χάβον, Chersonesi Tauricæ castellum a Sciluro ejusve filiis exstructum, 259, 8. Situs incertus. Fort. hod. *Manjoup* a *Balaclava* ortum et boream versus.

Chæremon, Χαιρήμων, sacerdos Diospolitanus, qui Ælium Gallum in Ægypto comitatus est, homo ignarus et arrogans, 685, 88.

Chæronea, Χαιρώνεια (*Kapurna*), Bœotiæ urbs, 363, 51, ad quam Græcos Philippus, Mithridatis copias Romani vicerunt, 355, 29; non longe abest a Cephisso fl., 349, 53.

Chalastra, Χαλάστρα, Macedoniæ urbs; inter eam et Thermam Axius egreditur, 277, 18. (Haud dubie est hod. *Kolakia*, quod tamen ante a borea Axii fluvii, adeo ut aut fluvii ostium mutatum sit, aut falsa Strabo tradere videatur.) Unum fuit ex oppidis quæ diruit Cassander incolasque in Thessalonicæam conduxit, 277, 36.

Χαλκανθές, in Cypro, 583, 37.

Chalcedon, Χαλκηδών (*Kadi-Kioi*), Bithyniæ urbs, Megarensium colonia, 266, 20; 482, 20. Ad portus urbis pelamys piscis non accedit; quare cæci fuisse urbis conditores Apollinis oraculo perhibentur, 266, 17. Τὸ Χαλκηδονίων ἱερόν ad fauces Ponti, 265, 38; 482, 21. Ab eo ad Phasin 8000 stadia, 469, 50; Heracleam 1500 stad.,

405, 34; Sinopen 3500 stadia, 468, 10. Chalcedonius vocatur Metrodorus Scepsi natus, 521, 30.

Chalcetor, Χαλκήτωρ, Χαλκήτορες, Cariæ opp., 562, 22; non longe a Mileto distans, 543, 20.

Chalcia, Χαλκία (*Chalki*), ins. maris Carpathii, 419, 13; situs ejus, pagus, portus, templum, 419, 31. Ante Thoantium Rhodi insulæ sita est, 559, 30.

Chalcias mons. V. Chalcis.

Chalcidenses, Χαλκιδεῖς, Ioniæ locus ad isthmum peninsulæ Tejorum et Erythræorum, 550, 6; ei superjacet lucus Alexandri, 550, 14.

Chalcidica terra frumento admiscetur a Cyzicenis, 493, 10

Chalcidice, Syriæ regio, Apamensium ditioni versus ortum finitima, ἀπὸ τοῦ Μασσύου καθήκουσα, 641, 21. [Ea est regio quæ caput habebat Chalcidem eam, cujus ruinæ sunt ad hod. *Kinnesrin*. Perperam Massyam Strabo componit cum hac Chalcidice, confundens eum ea alius Chalcidis regionem, de qua v. sub v. Chalcis.]

Chalcis, Ætoliæ opp. 384, 26; 387, 35; vocatur etiam Hypochalcis, quum sit sub Chalcide monte, 387, 26. 366, 29.

Chalcis, Χαλκίς mons Ætoliæ, quem Artemidorus Chalciam vocare videtur, quamquam fieri etiam potest ut Chalcias a Chalci distinguendus sit, 395, 3 sqq. Oppidum monti subjacens, 387, 25.

Chalcis, opp. Triphyliæ, 295, 29; 301, 25; 302, 5; 384, 28 (hod. *Agulenitza*, ut videtur).

Chalcis, fl. Triphyliæ, 295, 29.

Chalcis (*Negroponte*), caput Eubœæ, Atheniensium colonia, 383, 45. Urbem Curetes tenuisse Archemachus tradidit, 399, 44. Nunc est primaria Eubœæ urbs, 385, 6. Chalcis et Corinthus, Græciæ compedes, 368, 8. Alexandri M. tempore quomodo aucta sit Chalcis, 384, 7. Ibi Aristoteles commoratus et mortuus est, 385, 13. Arethusa fons Chalcidis, 386, 1, quondam terræ motu obturatus, 48, 28. Ad Chalcidem est Euripus, 246, 27. Chalcidico in freto septies quotidie fluxus et refluxus est, 46, 15. Chalcidenses olim Curetes Eubœenses dicti sunt ob arma ærea, 405, 19. Virtus eorum oraculo prædicatur, 386, 1. Eorum et Eretriensium de campo Lelanto bellum; pactæ in eo certaminis rationes 395, 15. Chalcidenses urbes condiderunt in Chalcidice Thracica, 388, 53; et in Italia Siciliaque; quonam tempore? 384, 2. In Sithonum regione Macedoniæ ad 30 urbes condiderunt, quibus postea ejecti in unam Olynthum commigrarunt. Dicebantur οἱ ἐπὶ Θρᾴκης Χαλκιδεῖς, 275, 35. Eorum ex urbibus etiam Stagirus, 280, 39. Eorum colonia, Megasthene duce deducta, Cumæ Campaniæ, 202, 47. Chalcidenses nonnulli Neapolim migrarunt, 205, 4. Chalc. in Pithecussis ins., 206, 25. Rhegium condiderunt, 213, 53; deducendæ ejus coloniæ causa, *ib*.; dux eorum Antimnestus, 214, 5. Naxum in Sicilia condunt, 222, 34. Chalcidensis fuit Crates ὁ μεταλλευτής, 349, 28.

Chalcidenses Siciliæ Eubœam urbem in hac ins. condiderunt, 386, 11.

Chalcis, Syriæ urbs, et Heliopolis (*Balbek*) non longe ab Apamensium ditione dissitæ sunt. Tenuit Chalcidem Ptolemæus Mennæi f., qui Massyam seu Marsyam planitiem et Ituræorum montana sub se habebat, 641, 10. Chalcis quasi acropolis est Massyæ planitiei, quæ est post Macram planitiem inde a Laodicea ad Libanum, 641, 11. [Ptolemæum istum compescens Pompeius venit Heliopolin, inde Chalcidem, unde Damascum profectus est. Ex his Ritterus (*Syrien* p. 187) cum aliis recte collegit ad Chalcidem pertinere *Andchar* ruinas in *Bekaa* planitie montana exstantes. Quod vero Ritterus ab hac urbe distingui vult aliam Chalcidem, Marsyæ acropolim, id a re et mente Strabonis alienum est. Nam Maryam planitiem esse ipsam illam, quæ nunc vocatur *Bekaa*, in qua *Andchar* ruinæ sunt, liquet e Polybio 5, 45, 8 : Κεῖται (ὁ αὐλὼν ὁ προσαγορευόμενος Μαρσύας) μεταξὺ τῆς κατὰ τὸν Λίβανον καὶ Ἀντιλίβανον παρωρείας, συνάγεται δὲ εἰς στενὸν ὑπὸ τῶν προειρημένων ὀρῶν. Cum Polybianis his convenit etiam quod Strabo dicit Berytiorum ditioni partem Marsyæ ab Agrippa adjectam esse, et supra Marsyam esse τὸν Βασιλικὸν αὐλῶνα (vallem, qua Chalci Damascum itur) et Damascenam. Boream versus Marsyas sec. Strabonem pertinet usque ad Laodiceam (*El Djussi*); hinc quæ ad mare patet planities Nostro ὁ Μακρὰς vocatur. Mannertus perperam hanc Marsyæ vindicans Chalcidem Strabonis ad *Kalaat el Hossn* referendam esse putavit; ab eoque errore, ut videtur, proficiscens Ritterus alteram suam Chalcidem in eodem fere tractu cum hodierna *Sofita* (ad *Nahr Kebir*, Eleutherum fl.) componit.

Chaldæi Pontici supra Pharnaciam habitant; olim Chalybes vocabantur; apud eos metalla nunc ferri, olim etiam argenti, 470, 8 et 30; 475, 28. Chaldæi regulis Armeniæ minoris subjecti, 475, 33. Regionem eorum nunc Pythodoris possidet, 476, 7 Cf. Chalybes.

Chaldæorum gens et regio in Babyloniæ parte Arabibus et mari Persico proxima, 629, 34 et 50, prope ostia Euphratis, 651, 29. Chaldæorum paludes, quas Euphrates facit, 653, 14. Chaldæi e Babylonia extorres in Arabia Gerra urbem incolunt, 652, 14.

Chaldæi philosophi, astronomi maxime, Babylone peculiarem habebant habitationem; complura Chaldæorum genera, ut Orcheni, Borsippeni, alii; memorantur ex iis Cidenas, Naburianus, Sudinus, Seleucus, 629, § 6. A Chaldæis astrologis multa etiamnum Græci mutuantur, 685, 26. Chaldæi vates, 19, 34, apud Assyrios, 649, 12.

Chalonitis, Χαλωνῖτις, Assyriæ regio ad Zagrium montem, 627, 5. In Chalonitide Tigris e terra rursus emergit, 454, 9 (quo loco aut vitium latet aut mirum in modum Strabo erravit).

Chalybes, Χάλυβες, ad Pharnaciam Ponti, nunc Chaldæi dicuntur; ferri ibi, olim etiam argenti metalla, 470, 30. Hi sunt Halizones ἐξ Ἀλύβης, quos Homerus dicit (Il. 2, 856), sive olim scriptum fuerit ex ἐξ Χαλύβης, sive Chalybes olim Ἄλυβες vocati sint, 470, 46. Chalybibus et Mosynœcis Armenii ademerunt Carenitin et Xerxenen, 453, 2. Cf. 579, 4; 578, 47.

Calybonium vinum e Syria petebant reges Persarum, 626, 44.

Chamæcœtæ, Χαμαικοῖται, a Caucaso boream versus habitare dicuntur, 434, 24.

Chamanene, Χαμανηνή, una ex decem Cappadociæ præfecturis, 458, 25; in qua Dasmenda castellum, 462, 54.

Chamavi. V. Chaubi.

Chanes, Χάνης, Iberiæ vel Armeniæ fl., in Cyrum influit, 429, 4. Non notus aliunde.

Chaones, Χάονες, olim toti Epiro imperaverunt, 269, 15; oram tenent quæ est post Ceraunios montes, pag. 269. in vicinia Leuctri et Thalamarum fuisse debet; fortasse ad Pamisum, qui ibi χαραδρώδης fluviolus, locum collocandum esse putat Curtius *Pelop.* 2, p. 237. Ego suspicor ponendum esse in *Cap Trachela*, a Thalamis meridiem versus, ubi ruinæ quædam exstant.

Charadrus, Χαραδροῦς (*Charadro*), Ciliciæ castellum, 571, 37.

Charax, Χάραξ (*Medinet Sultan*), locus ad Syrtin majorem, quo Carthaginienses ut emporio utebantur, vinum eo deferentes et laserpitium ibi accipientes ab iis qui Cyrene clam asportabant, 709, 43.

Charax, Χάραξ, Corsicæ opp., 187, 8. Situs oppidi prorsus incertus. Cum hod. *Carghese* componit Reichardus, nominis quadam similitudine ductus.

Charaxus, Χάραξος, Sapphûs frater, Lesbium vinum Naucratim devehit, amicus Dorichæ meretricis, 686, 47.

Chares, Χάρης, Solis colossum Rhodium fecit, 557, 80.

Chares, Χάρης, Ponti fluvius ad Dioscuriadem, 428, 14.

Charilaus, Χαρίλαος, Polydectæ filius, rex Laced.; infantis tutor Lycurgus, 414 126.

Charimorti, Χαριμόρτου, columna vel ara juxta oram alicubi posita in Æthiopia quæ est extra fauces sinus Arabici, 659, 13.

Charmides, Χαρμίδης, Phidiæ pater, 304, 10.

Charmolaus, Χαρμόλαος, Posidonii in Liguria hospes, 137, 8.

Charmothas, Χαρμόθας, portus Arabiæ ad sinum Arabicum; insulam habet. (Duo portus Artemidorus Agatharchidem secutus confudisse videtur. Charmuthas est *Scherm-mud*, sive portus ad promont. (*Abou*)-*mud*. Sed is insulam non habet; insulam vero habet et cetera insignis portus est *Scherm-Jambo*, qui a priore est meridiem versus.)

Charon, Χάρων, Lampsacenus historicus, 504, 43; laudatur de Troadis terminis, 498, 49.

Charonium, Χαρώνιον, prope Thymbrium Cariæ pagum, 543, 38. — Χαρώνιον τὸ ἐν Ἱεραπόλει, τὸ ἐν Ἀχαράκοις τῆς Νυσαΐδος et τὸ περὶ Μαγνησίαν καὶ Μυοῦντα, quæ omnia sunt ad Mæandrum, 495, 43; 554, 45.

Charybdis, Χάρυβδις, 17, 24; 19, 16; 21, 29; ante Messanam gurges, 222, 53. Homerica de Charybdi fabula quomodo explicanda sit, 20, 34; 36, 17; 16, 52.

Charybdis, abyssus inter Antiochiam et Apameam, quo Orontes absorbatur, 228, 49.

Chatramotitæ, Χατραμωτῖται, Arabiæ felicis gens, quorum urbs Sabata, 654, 2. In Chatramotitidem Gerrhæi veniunt 40 dierum itinere, 654, 22. Regio hæc myrrham fert, 654, 17.

Chatti, Χάττοι, gens Germaniæ, 241, 48; eorum dux Ucromirus, 242, 32.

Chattuarii, Χαττουάριοι, gens Germaniæ, 241, 43; inter captivos in Germanici triumpho, 242, 40. (*Chasuarii* Taciti, *Casuari* Ptolemæi; cum Chattis et Gamabrivis a Strahone componuntur; meridiem versus habitant a Bructeris, sec. Tac.; a Chattis oriundos putant recentiores, V. Ukert 3, 2, p. 390 ibique laudati).

Chaubi, Χαῦβοι, Germaniæ populus ad Oceanum, 241, 49. Haud dubie sunt *Chamavi* aliorum. Nonnulli Chaulos esse putarunt Κοβάνδους, a Ptolemæo in Chersoneso Cimbrica memoratos; aliis sunt *Aviones* Taciti Germ. 40. V. Ukert 3, 2, p. 417.

Claulotæi, Χαυλωταῖοι, et Agræi, Arabiæ desertæ gentes, 653, 31. Sunt Χαθλάσιοι et Ἀγρέες Dionysii Per. 956; regio eorum *Chavilah* in libris sacris; hod. *Ben Kaled* sec. Forsterum 1, p. 49, qui ad Chaulotæos refert Caladuam urbem ap. Ptol.

Chazene, ἡ Χαζηνή, in Assyriorum terra, 627, 6. Situs incertior; nescio an regio fuerit inter Lycum et Caprum fluvios, ubi Cænæ urbs erat ad Tigrin.)

Chelidonia (?), Phrygiæ urbs ad magnam viam qua Epheso itur Mazaca, 666, 19. Nomen aliunde non notum. Pro Χελιδονίων Mannertus scribendum censet Κελαινῶν, probabiliter.

Chelidoniæ, Χελιδόνιαι (*Chelidoni*), insulæ tres ad Lyciæ et Pamphyliæ confinia; iis objecti montes pro Tauri initio habentur; sitæ insulæ e regione Canobi, a quo distant 4000 stadia, 568, § 8; 446, 39; 556, 1. Ab iis ad Acamantem Cypri ins. 1900 stadia, 582, 1.

Chelonatas, Χελωνάτας, Elidis prom. (sensu latiore mons *Chlemutzi* peninsulæ; arctiore sensu, secundum Strabonis mensuras, *Cap Tornese.*); ante id parva insula, 290, 22; 294, 41; 392, 23; distantia a Cephallenia, 290, 22; a Coryphasio, 289, 11; ab Alphei ostio, 294, 51; ab isthmo Corinthio, 297, 43. Promontorium hoc Berenicæ Cyrenaicæ objacet, 710, 14.

Χελωνῶν, Testudinum, insula in sinu Arabico, 658, 24.

Χελωνοφάγοι Æthiopes, 658, 18.

Cheramydes, χηραμύδες, ad Ammonis templum reperiuntur, 41, 45; in campis Massyliæ, 705, 17. Cheramydum effigies, χηραμυδῶν τυπώματα, in Asiæ mediterraneis repertæ, 41, 28.

Chersicrates, Χερσικράτης, ex Heraclidis genus ducens, una cum Archia Corintho profectus in Corcyra remansit ibique ejectis Liburnis sedem fixit, 224, 15.

Chersiphron, Χερσίφρων, primus templi Dianæ Ephesiæ architectus, 547, 8.

Chersonesus, Χερρόνησος (*Chersoneso* ad prom. *Tigani*), in Creta Lyctiorum navale, cum templo Britomartis, 412, 1.

Chersonesus Cretæ (prope *Cap Hagios Saranta* , ut videtur), e regione Ardanis promontorii Libyci 1000 stad. intervallo, 711, 33. Inter Chersonesum et Sammonium sita est Prasus, 411, 22.

Chersonesus (*parva* ap. Ptol.), castellum in Libyæ ora, 70 stadiis ab Alexandria, 679, 29 (in peninsulari promontorio quod vocatur *pointe Adjemi*).

Chersonesus (*magna* ap. Ptol.), locus Libyæ in ora Cyrenaica, 711, 27 (ad *Ras el-Tin*), objacet Coryco Cretæ 1000 stadiorum intervallo, *ib.*

Chersonesus (*Peniscola*), Hispaniæ urbs non procul a Sagunto, 132, 14.

Chersonesus Thracica, Χερσόνησος ἡ Θρᾳκία. Ejus situs, 283, 17 et 42. Isthmus 40 stadiorum, 283, 26.

Chersonesus Taurica, X. ἡ Ταυρικὴ vel Σκυθική, Peloponneso similis forma et magnitudine, 258, 10. Ejus isthmus inter Carciniten sinum, 255, 8, et Sapram paludem esse dicitur 360 stadiorum (quæ mensura a longitudine muri qui prope Theodosiam per Chersonesi isthmum alium ductus erat, ad hunc isthmum translata esse videtur), 255, 52. Chersonesi Parthenium promontorium et templum. Vetusta Chersonesus urbs, portus tres, Symbolorum portus, Ctenûs portus cum Symbolorum portu isthmum faciens, qui parvam Chersonesum a magna dirimit, 256, § 2. Tauri Scythæ incolæ, 256, 22. Trapezûs et Cimmerius montes, 256, 5 et 7. Καλὸς λιμήν, 256, 10. Theodosia, 257, 11. Panticapæum et Nymphæum portus, 257, 21. Castella Palacium, Chabum, Neapolis, Eupatorium, 259, 8. Chersonesitæ agros colentes peculiari nomine Γεωργοὶ vocantur, quod supra eos habitantes Nomades sunt, 258, 34. In Chersoneso Taurica Bosporani primum nonnisi a Panticapæo ad Theodosiam regnarunt, in reliqua erant Tauri Scythæ, regioque hæc Scythia parva vocabatur; nunc totam Bosporani tenent, bellis continuis attritam, 558, 13. Chersonesus Taurica præter montanum tractum juxta mare usque ad Theodosiam porrectum fertilissima, 258, 24. Quanta tributa hinc redierint Mithridati, 258, 28. E Chersoneso Græcis erant τὰ σιτοπομπεῖα, 258, 31. Chersonesi isthmum muro 360 stadia longo turribusque munito Asander interclusit, 258, 52. (Isthmus est prope hodiernum *Kertsch.* Muri supersunt vestigia, quibus indicatur eum non recta, sed oblique per isthmum ductum esse, adeo ut in montes pone Theodosiopolin desineret, recteque habeant stadia 360.)

Chersonesus, Chersonesi Tauricæ urbs (ruinæ ad *Sevastopol*); ejus situs; a Tyræ ostio distantia; Partheni templum; Parthenium promontorium, 256, 15. Historia urbis adumbratur, 256, 30. Est colonia Heracleotarum Ponticorum, 465, 6. 256, 15; a Carambi promontorio 1500 stadia distat, 256, 50.

Chersonesus vetus, Παλαιὰ Χερσόνησος, Tauricæ peninsulæ urbs, inter Parthenium promont. et Symbolorum portum sita, Strabonis ætate diruta, 256, 21. [Pallas et Clarke et cum iis Kiepertus urbem fuisse putant in extrema peninsulæ Chersonesitarum parte (*Phanari*); sed quas illi viderunt ruinæ haud dubie non sunt veteris sed novæ urbis, quæ erat amplissima ; certe Strabonis verba cum hac sententia nequeunt conciliari. V. quæ recte disputat Georgii *Geogr.* II, p. 393.]

Chersonesus vocabatur ob situm suum Apamea urbs Syriæ, 640, 28.

Cherusci, Χηροῦσκοι, Germaniæ gens. Apud eos tres Romanæ legiones cum duce Quintilio Varo insidiis circumventæ perierunt, 242, 21. Arminius dux, 245, 26. Deinde Cheruscorum dux Segimuntus Germanici triumphum ornavit, 242, 25. Segimerus dux, pater Sesithaci, 242, 30. Captivi Cherusci in Germanici triumpho , 242, 40.

Chiliocomum, τὸ Χιλιόκωμον, Ponti planities Amaseæ urbi propinqua, 480, 45.

Chimæra, Χίμαιρα. De ea fabula Crago et Anticrago Lyciæ montibus affingitur, 568, 9.

Chimæra, Χίμαιρα, Lyciæ convallis a litore sursum tendens, 568, 10 et 31.

Chimerium, Χειμέριον, Epiri promontorium, 269, 42.

Chirocrates. V. Dinocrates.

Chius, Χίος, insula, olim Pityussa dicta, 504, 14. Ejus ambitus ; Chius urbs; Posidium promontorium ; Phana portus; Apollinis templ. et palmarum lucus ; Laïus litus et Notium litus; Melæna pr.; Ariusia regio vinum optimum ferens; Pelinæus m., 551, § 35. cf. 550, 43; 202,48. A Chio ad Lesbum 500 stadia, 551, 26. In Chio vetus Minervæ simulacrum deam sedentem exhibet, 514, 39. Insulam, vini feracem, 544, 38, olim Leleges tenuerunt, 540, 19, et Pelasgi Thessalici frequentarunt, 531, 13 , et Egertius, 541, 14. In Chio Homerum convenit Lycurgus, 414, 23. Chii classe quondam potentes, 551, 25. Chii viri : Ion , Theopompus, Theocritus sophista , Homerus sec. nonnullos ; Homeridæ Chii, 551, 16. Chia figlina in Narone fl. inventa esse tradit Theopompus, 263, 26.

Chlænæ Pellenicæ, 332, 7.

Chlamydi similis, χλαμυδοειδής, terræ habitatæ figura, 97, 53; 98, 24; 96, 6. Cf. v. Terra.

Chloris, Χλωρίς, Nestoris mater, 298, 23.

Choaspes, Χοάσπης (*Kerka*), Susianæ fl., apud Uxios oritur ; Susa præterfluens in sinum Persicum fertur, 620, 15 et 20; 621, 11; 30, 41. Choaspes et Eulæus et Tigris in lacum confluunt, qui exit in mare, sec. Polycletum, 620, 25. Damastes refert Diotimum e Cydno in Choaspen innavigasse, 39, 41.

Choaspes, Indiæ fl. qui in Cophen influit ad Plemyrium urbem , 594, 26. Gorydem opp. præterlabitur ; permeat Bandobenen et Gandaritin, *ib.*

Chœnicides, Χοινικίδες, cavernæ quædam in Sinopensi litore saxoso vocantur, 467, 35.

Chœrilus, Χοιρίλος, laudatur de monumento Sardanapalli, 573, 36; versus ejus ex Ephoro afferuntur, 251, 30.

Χοῖρος, Nili piscis , 699, 7.

Chone, Χώνη, urbs Crimissæ superjacens, Philoctetæ opus, in Crotoniatum agro , 24 , 33.

Chones, Χῶνες, Œnotrica gens bene constituta, quorum regio Chone, Χώνη, vocatur, 212, 13. Chones et Œnotri a Samnitibus ejecti sunt in eorumque ditionem Lucanorum colonia missa est, 210, 43. Chonum erat Siris urbs, quam Iones ceperunt, 219, 30. In Chonia circa Sybarin Rhodii consederunt, 559, 5.

Chorasmii, Χωράσμιοι, Sacarum gens; ad eos Spitamenes et Bessus fugerunt, 440, 24.

Chordiraza, Χορδίραζα, inter Mygdoniæ oppida recensentur una cum Carrhis, Nicephorio et Sinnacis, 636, 8. Aliunde de hac urbe non constat. Sinnaca, quæ e Crassi historia nota sunt, a Carrhis boream et Euphratem versus fuisse debent. In eadem regione fuerint Chordiraza, quæ ipsa quoque e Crassi expeditione innotuerint. In tabula nomen composui cum ruinis quæ sunt in media via inter Edessam (*Urfah*) et Samosata prope fluvium *Ordez*. Mirum est nullam apud Strabonem fieri mentionem Edessæ.

Chorene, ἡ Χωρηνή, olim Mediæ, nunc Parthyææ pars, 441, 19.

Chorographus, ὁ χωρογράφος, laudatur de Sardiniæ et Corsicæ latitudine et longitudine, 187, 9. Brevissimus ex Africa in Sardiniam trajectus 1200 m. pass., 187, 48. Idem de sinus Tarentini ambitu, 217, 35; de Sicularum urbium distantiis, 221, 10; de Liparæorum inss. distantiis, 230, 28; de distantiis a Brundusio ad Garganum et hinc ad Anconam, 236, 36. (Ex eodem chorographo petita fuerint quæ de distantiis locorum sec. milliaria romana exputatis passim apud Strabonem leguntur.)

Chorzene, Χορζηνή, Armeniæ prov. borealis, 452, 51, quam Iberibus ademerunt Armenii, 453, 23.

Chronographi Cimmeriorum in Asiam incursionem Homeri ætate vel paullo ante factam tradunt, 17, 8.

Χρυσαορεύς Juppiter. V. Juppiter.

Χρυσαορικὸν σύστημα, conventus Carum ad templum Jovis Chrysaorei. Suffragiorum ratio in deliberationibus de rebus publicis, 563, 51.

Chryse, Χρύση, Troadis locus in saxo situs; mari et Achæio et Hamaxito vicinus, 517, 8; 523, § 63; ibi Apollinis Smithii templum, Σμίνθιον, et statua dei, Scopæ opus; fabula de muribus huic loco acommodata, 517, 16. Sminthium huc translatum est e Chryse altera, quæ prope Theben erat, 523, § 63.

Chryse altera, Troadis urbs, in Thebes campo sita; portum habet sec. Homerum; nunc locus desertus; fanum Apollinis Sminthii hinc translatum est in Chrysen Hamaxito vicinam, quam cum Chryse Homerica nonnulli confundunt, 523, § 63; 517, 40; 523, 30; 523, 7. Chryse fuit in Eetionis Cilicum principis ditione, 523, 7; habuit Apollinis Cillæi templum, quod num idem fuerit cum Sminthio, necne, parum liquet, 523, 40. Ad hanc Chrysen pertinet Chryseis, 523, 7. A Chryse ad Astyra sunt 20 stadia, 524, 45.

Chryseis, Χρυσηίς, Thebæ capta indeque abducta est, 500, 32, 523, 7.

Chrysippus, Χρύσιππος, Solensis, stoicus; pater ejus Tarso Solos migraverat, 573, 22. Cleanthi in schola successit, 522, 3. De Leucone rege laudatur, 250, 20.

Chrysopolis, Χρυσόπολις (*Scutari*), Bithyniæ pagus, 482, 20.

Chrysorrhoas, Χρυσορρόας (*Barrada*), Cœlesyriæ fl., a Damasco incipiens, totus fere in rivos absumitur, 642, 52.

Chytrium, Χύτριον, Ioniæ locus, ubi prius sitæ Clazomenæ erant, 551, 28.

Cibotus, Κιβωτός, portus Alexandriæ, 675, 46.

Cibyra magna, Κιβύρα ἡ μεγάλη (ruinæ ad *Horzoum* prope fluvium *Horzoum Tchai*, qui in *Delamon Tchai* influit), Phrygiæ urbs, 567, 31; 538, 51; 539; 22. Urbis ditio, ἡ Κιβυράτις sive ἡ Κιβυρατική, 538, 13; 556, 6. Cibyratæ, οἱ Κιβυράται, a Lydis Cabalidis oriundi; admixti iis deinde Pisidæ sunt. Urbis ambitus; leges ejus optimæ; ditio quousque pertinuerit; accesserunt ad eam Bubo, Balbura, Œnoanda, quæ tetrapolin constituerunt. Suffragiorum in conventibus ratio. Cibyræ copiarum numerus. Tyranni urbem modeste gubernabant; postremus eorum Moagetes a Murena dejectus; ab eodem Balbura et Bubo Lyciæ attributæ; vel sic tamen Cibyratica præfectura Asiæ est maxima. Quattuor Cibyratæ linguis utuntur; ferrum ibi facile cælatur, 539, § 17.

Cibyratæ minores, Κιβυράται οἱ μικροί. Eorum ora in Pamphylia, 570, 3. [Cibyræ parvæ ruinæ sunt ad *Kargha-Sou* inter *Eski-Adalia* (Siden) et *Kara Bouroun*.]

Cicadæ Locrenses ad Halecem fluvium sonoræ sunt, Rheginæ autem mutæ. Causa rei, 218, 27.

Cicero cum C. Antonio consul, 391, 38. Laudatur de Menippo rhetore (*Brut. c.* 91) 564, 1; de Ægypti reditu, 678, 30.

Cichyrus, Κίχυρος ἡ πρότερον Ἐφύρα, Thesprotorum opp., supra Glycyn portum, 269, 47. 291, 9. Ei vicinum Buchetium opp., 269, 49.

Cicones, Κίκονες, Thraciæ gens, cujus regio est finitima regioni Corpilicæ sive Apsynthidi, 285, 11. Ciconum urbes, 282, 10. Cicon erat Orpheus, 276, 46.

Cicynethus, Κικύνηθος (*Pontiko*), insula sinus Pagasitici, 375, 8.

Cicysium, Κικύσιον, maxima ex octo Pisatidis civitatibus; prope eam Pisa seu Bisa fons, 306, 12 et 42. De situ non satis constat. In tabula oppidum composui cum hod. *Viliza*.

Cidenas, Κιδήνας, Chaldæus astronomus, 629, 42.

Cierus, Κίερος (*Mataranga*), Thessaliotidis opp., 374, 18.

Cilbianus campus, Κιλβιανὸν πεδίον, Caystrio campo finitimus in Lydia, 538, 3.

Cilices Homerici, Κίλικες, in Troade, quorum regionem nunc tenent Adramytteni, Atarnitæ et Pitanæi usque ad Caici ostia, 523, 1. Duæ sunt Cilicum provinciæ, quarum altera Eetioni subdita Theben et Chrysen urbes habebat, altera Myneti subjecta urbem habebat Lyrnessum, 523, 2; 518, 3; altera Cilicia Thebaica erat; altera Lyrnessis, cui tanquam tertia accenseri potest finitima Eurypyli ditio, 501, 35; 526, 66. Cilicibus in Thebe Hypoplacia imperavit Eetion, 500, 39. Cilicum et Mysorum rex Teuthras, 526, 10. Cilicum in Troade finitimi ab Homero Pelasgi vocantur, 184, 20. Cilicum regioni Antandrus assignanda esse videtur ad sinum Adramyttenum, 518, 44. Cilicum fanum Apollinis Sminthei a Chrysa prope Theben sita translatum est in Chrysen Hamaxito vicinam, quum Cilicum alii in Pamphyliam, alii Hamaxitum emigrassent, 523, 45; Cilices Trojani auctores feruntur Cilicum qui sunt extra Taurum, 577, § 21. Cilices e Troade pulsi Syris eripuerunt terram quæ nunc Cilicia dicitur, 536, 10. Cilices e Troadis campo Thebano ejecti in Pamphylia Lyrnessum et Theben condunt, teste Callisthene, 569, 39; 577, § 21. Cilicia Troadis fortasse nomen habet a Cillo, 524, 21.

Cilicia ἡ ἔξω τοῦ Ταύρου nomen habet a Cilicibus Troadis, qui huc immigrarunt. Fuisse in Pamphylia, sicuti in Troade, Theben et Lyrnessum urbes, et ratione inversa in Troadis Cilicia fuisse Aleium quendam campum perhibent, 577, 21; 524, 23. In Cilicia Typhonem jacere nonnulli statuunt, 535, 41. Ibi Arimos habitasse Callisthenes statuit, 536, 12. In Ciliciæ oram desinit mare internum, 56, 20. Initium Ciliciæ occiduum Artemidorus aliique ad Celenderim ponunt, 571, 48. Ciliciæ et Syriæ confinia ad Pylas, 677, 33. Dividitur regio in Ciliciam asperam, τραχεῖαν sive τραχειῶτιν (cujus incolæ Τραχειῶται), et campestrem, πεδιάδα; utriusque fines,

570, § 1. Ciliciæ Asperæ descriptio, 570, § 2 sqq. 490, 34, 487, 7; 108, 1; 570, 6. Ciliciam Asperam, quæ ad Lamum usque fluvium pertinet, 574, 6, tenuerunt Cleopatra, Amyntas et Archelaus, 572, 47. Initio Ciliciæ campestris sive τῆς κατ' Ἴσσον est Soli urbs, 573, 17. Ciliciæ oræ multum terræ aggeritur Pyramo fluvio, 44, 9 (v. Pyramus). Gentes Ciliciæ, 107, 30. In Cilicia periit Lygdamis Cimmeriorum dux, 51, 28. Cilices Amyntam Homonadenses adortum occiderunt, 487, 29. Latrociniorum exercendorum auctor Cilicibus fuit Diodotus Tryphon, 570, 40. Cilices piratæ oppresserunt piratas Cretenses; deinde Romani castella Cilicum ceperunt, 410, 2. Piratarum ναυπήγιον et forum in Side Pamphyliæ urbe, 567, 15.

Cilicia, una ex Cappadociæ præfecturis, 458, 24. Scilicet Ciliciæ regionis pars quæ est circa Castabala et Cybistra et usque ad Derben pertinet, tanquam undecimam præfecturam Cappadociæ regibus dederunt Romani, qui deinde Archelao etiam Ciliciam Asperam quæ ad Elæussam est et ad piratarum fœdus pertinuerat, assignarunt, 458, 26. Ciliciæ Cappadocicæ urbs Mazaca, 462, 17.

Ciliciæ portæ, αἱ Κιλίκιαι πύλαι, 460, 37. Quot stadia distent a Mazacis, a finibus Ciliciæ, ab Oronte, 462, 17; 571, 52.

Cilicium mare, ἡ Κιλίκιος θάλασσα, 69, 52.

Cilicius Taurus, 457, 14.

Cilla, Κίλλα, in Adramyttena ditione, Thebæ vicina, cum fano Apollinis Cillæi, ad Cillæum fl.; ab ea nomen habet Cillæum Lesbi, 523, 30. Prope Cillam est Cilli tumulus, 524. 20.

Cillæi Apollinis fanum Colonis et Cillæ et Chrysæ, 523, § 62.

Cillæum Lesbi a Cilla Troadis nomen habet, 523, 35.

Cillæus fl., ὁ Κίλλαιος ποταμός, ex Ida ortus, Cillam præterfluit, 523, 33.

Cillanius campus, Κιλλάνιον πεδίον, Phrygiæ, 538, 8.

Cillus, Κίλλος, Pelopis auriga; ejus tumulus est Cillæ, prope fanum Apollinis; a Cillo fortasse Ciliciæ nomen inditum est, 524, 20. — Cimarus, Cretæ pr., 408, 22.

Cimbri, Κίμβροι, Germaniæ populus ab Oceanum, 241, 50; 244, 37. Cimbros vagari latrones aiunt, quod e peninsula quam habitabant, maris exundatione ejecti essent; at ibidem etiam nunc habitant, 243, 20. Inundatio ista ingens figmentum esse videtur, 243, 29. Cimbros arma sumere adversus maris exundationes quidam hariolantur, 243, 32. Sec. Posidonium e patria migrarunt [*prædandi causa, non?*] ob maris incursiones subitas, 84, 30; sec. eundem usque ad Mæotin vagabundi progressi sunt; de iisque Bosporus Cimmerius, i. e. Cimbricus, dicitur, quum Græci Cimbros Cimmerios vocent, 244, 2. Cimbri in silva Hercynia a Boiis repulsi ad Istrum et Scordiscos Gallos, tum ad Tauriscos Gallos, tum ad Helvetios progressi sunt; ex Helvetiis socios se iis adjunxisse Tigurinos et Toygenos aiunt; denique Cimbri eorumque socii partim cis Alpes partim trans eas a Romanis debellati sunt, 244, 7. Cimbrorum opes videntes Helvetii latrociniis se dederunt, 160, 50. Irruptionem Cimbrorum Belgæ sustinuerunt, 163, 26. Cimbri Cn. Carbonem ad Noreiam clade afficiunt, 178, 44. Romanorum veniam et amicitiam petentes, Augusto miserunt sacrum lebetem, 243, 23. Cimbrorum mulieres; vates canæ; sacrificiorum humanorum ratio; pelles cratibus intentas in prœliis pulsant, 244, § 3.

Cimiata, Κίμιατα, castellum Olgassyis jugo subjectum, in Cimiatene Paphlagoniæ, 481, 44. Castello illo pro belli arce usus est Mithridates Ctistes, 481, 46.

Cimiatene, Κιμιατηνή, Paphlagoniæ regio, 481, 44.

Ciminius lacus, ἡ Κιμινία λίμνη (*lago di Ranciglione*), in Etruria, 188, 46.

Cimmericum, τὸ Κιμμερικόν, 423, 49; ἡ Κιμμερικὴ κώμη, 423, 46, ab Anticite 120 stadia distans, in Mæotidis ora Asiatica, prope paludis initium; inde solvunt qui paludem navigant, 423, 46; olim urbs erat in peninsula, cujus isthmus fossa et muro claudebatur, 423, 49.

Cimmericus Bosporus, ὁ Κιμμερικὸς βόσπορος. V. Bosporus.

Cimmerii, Κιμμέριοι. Sic a Græcis vocabantur Cimbri, 244, 6. Olim in Bosporo imperarunt, qui ab iis nomen habet, sicut Cimmerius mons Chersonesi Tauricæ, 257, 7. Hinc eos ejecerunt Scythæ, Scythas vero Græci, 424, 1. Cimmeriorum incursionem Homeri ætate vel paullo ante factam produnt chronographi, 17, 8. Igitur novit Homerus eos habitare versus boream et regionem caliginosam ad Bosporum Cimmerium, unde poeta eos transtulit in tenebricosum quendam locum inferis finitimum et fabulis quæ de Ulyssis erroribus ferebantur aptum, 17, 3 sqq. 5, 16 sqq. Cimmerios quum sciret Homerus habitare loca versus septentrionem sita, eos apud inferos collocavit; fortasse secutus communem Ionum in eam gentem odium, 123, 35. Cimmerii, quos et Treres appellant, aut quædam eorum natio sæpe excursiones fecerunt in dextram Ponti partem, in Paphlagoniam, in Phrygiam Midæ tempore; sub Lygdamo in Lydiam et Ioniam progressi Sardes ceperunt nec non in Ciliciam penetrarunt, 51, 22; 123, 40; 423, 53. Cimmerica gens Treres, 553, 12. Cimmerii Sardes expugnarunt, 536, 27. Eorum socii Heneti Pontici, 465, 52.

Cimmerii ad lacum Avernum Campaniæ, 203, 43 et 51; 204, 10.

Cimmeris urbs, Κιμμερὶς πόλις, ab Hecatæo fingitur, 248, 42.

Cimmerius mons, Κιμμέριον ὄρος (*Opouk*, aliis *Eskidagh*), mons Chersonesi Tauricæ, 257, 7.

Cimolus, Κίμωλος, insula maris Cretici, unde Cimolia terra, 416, 17; 417, 3.

Cinæthium, Κιναίθιον, in Laconica prope Thyrides et Tænarum situm, 309, 14. [Dionysius Hal. Cinæthium pr. in eoque sepulcrum Cinæthi memorat, adeo ut hoc certe pateat nihil apud Strabonem esse mutandum. Curtius (*Pelop.* 2, p. 638) promontorium istud ad meridionalem partem Thryridum (*Cavo Grosso*) refert. Ego Cinæthium locum Strabonianum in medio *Cavo Grosso* cum hodierno *Kunos* loco composuerim.

Κιναιδολογεῖν cœpit Sotades, quèm secutus est Alexander Ætolus. Cf. Cleomachus.

Cinara planta Mauretaniæ, 701, 54.

Cindya, Κινδύη, vicus olim fuit Bargyliis Cariæ vicinus; Dianæ Cindyadis fanum, 561, 51.

Cineas, Κινέας, historicus laudatur, 273, 38.

Cingulus mons, τὸ Κιγγοῦλον ὄρος (Κιγγοῦνον, Γιγγοῦνον, Ιιγγοῦνον codd.), in Umbria, 189. 11. [Cingulum (hod. *Cingolo*) in alto monte situm erat Piceni oppidum, non longe a finibus Umbriæ. V. Plinius 3, 13, 18. Liber Colon. p. 254; Cæsar B. C. 1, 15; Cicero ad Attic. 7, 11; Silius, 10, 34 : « *Celsis Labienus Cingula saxa miserunt muris.* » Orelli Inscriptt. 86. Strabo minus recte id ad Umbriam referre videtur].

Cinnamomifera Æthiopiæ regio, ἡ Κινναμωμοφόρος, 52, 32; 60, 1; 658, 53; ultra quam nemo hucusque progressus est, 654, 52. Est fere media inter tropicos et æquatorem, 109, 43. Cœlestium ibi ratio, 109, § 35. Cf. Ursa minor. Parallelus Cinnamomiferæ ab æquatore distat 8800 stadia, 60, 1; 109, 40; 78, 34; a Meroe 3300 stadia, 109, 40, sive 3000 stadia, 78, 30; transit per insulam exulum Ægyptiorum, 98, 2. A faucibus sinus Arabici usque ad extremam Cinnamomiferam oræ longitudo 5000 stadiorum esse perhibent, haud dicentes num ortum an austrum versus, 663, 6. In Cinnamomifera olim elephantorum venationes, 109, 53.

Cinnamomum in India, 592, 29; in Arabia, 666, 5; apud Sabæos, 662, 10.

Cinolis, Κίνωλις (*Kinoli*), Ponticæ oræ opp., 467, 12.

Cinyps (*Ouad Myner Grin*), fluvius oræ Libycæ; prope eum Carthaginienses voragines quosdam ponte instraverunt, 708, 49.

Cinyras, Κινύρας, Cyprius, thoracem dono dedit Agamemnoni, 33, 10.

Cinyras, Bybli tyrannus, a Pompeio cæsus, 643, 21.

Circæus mons, Κίρκαιον ὄρος (*monte Circello*), in Latio; insulæ similis; ejus ab Antio distantia; oppidum ibi et Circes templum et Minervæ ara, 193, 53; 19, 16. A Tarracina distantia, 194, 18. Ad Circæum parvus portus, 194, 6; vicina regio palustris est, 193, 10. Ad Circæum usque olim Latium pertinuit, 193, 1.

Circe, Κίρκη, 36, 28 et 42; 186, 38. Eam Homerus Medeæ cognatam finxit, ob morum similitudinem, 17, 10. Itaque quum hæc in Italia, illa in Ponto habitaret, utramque in Oceano collocavit, *ibid.* Circes sepulcrum in Pharmacussa ins. prope Atticam, 339, 33. Ejus templum in Circæo monte, 194, 3.

Circulos parallelos stellæ fixæ conversione sua describunt, quorum notissimi sunt æquinoctialis, duo tropici et arcticus, 91, 19.

Circumcisionis mos ap. Ægyptios et Judæos, 699, 43.

Cirphis, Κίρφις, Phocidis urbs, 357, 34, et mons, 359, 13, cui subjacet Cirrha urbs, 358, 16.

Cirrha, Κίρρα (ruinæ quæ vocantur *Magoula*, non longe a Plisto fluvio), Phocidis urbs antiqua, Cirphi monti subjacens ad mare e regione Sicyonis; a Delphis distans 80 stadia, 359, 16; 357, 32. A Crisæis deleta est, 359, 29.

Cirta, Κίρτα (*Constantine*), Masyliensium urbs, Masanassæ (Masinissæ) et successorum ejus regia, munitissima, a Micipsa maxime aucta et Græcis quoque colonis frequentata, 706, 10. Cirtam interdum veniunt Pharusii per loca quædam palustria et lacus, 703, 20.

Cisalpina Gallia. V. Gallia.

Cisamus, Κίσαμος (*Calyves*), in Creta navale Apteræ, 411, 37.

Cispadana Gallia. V. Gallia.

Cissia, Κισσία, apud Æschylum vocatur mater Memnonis, 619, 42.

Cissii vocantur οἱ Σούσιοι, 619, 41.

Cissus, Κίσσος, et Temenus Argolidem obtinuerunt, 334, 50. Cissus, qui Argos condidit, Althæmenis pater, 413, 37.

Cissus, Κισσός, oppidum (Crusidis) a Cassandro deletum; incolæ in Thessaloniceam conducti, 277, 37. Hujus Cissi Homerus Il. 11, 222 meminisse videtur, *ib.*

Cisthene, Κισθήνη, oppidum desertum cum portu in Æolidis ora, 519, 15; loca supra eam sita, *ib.*

Cisthene, Κισθήνη (*Ypsili*), ad Lyciam insula, 568, 30.

Cithæron, Κιθαιρών, mons initium habens ex Atticis et Megaricis montibus, deinde in campos sese torquens ad Thebas desinit, 348, 27; 351, 23; 326, 25. Ei subjacent Hysiæ, 347, 30; Scolus, 351, 8; Platææ, 353, 47; ad eum usque porriguntur Onei montes, 326, 5; 338, 2. Fabulæ quarum sedes Cithæron, 22, 5.

Cithara Ἀσιᾶτις, 404, 48.

Citium, Κίτιον (*Chiti*), Cypri opp., 532, 32; patria Zenonis stoici et Apollonii medici, a Beryto 1500 st. distat, *ib.*

Cius, Κῖος, Herculis socius, Cium condidit, 482, 52.

Cius, Κίος (*Kio*), Bithyniæ urbs, postea Prusias. Ejus historia, 482, et 35. A Cio Herculis socio condita est, 482, 52.

Cizari, ἡ Κίζαρι (?), regia nunc diruta, Stephanæ paludi in Phazemonitide adjacens, 480, 3.

Clanis, Κλάνις (*Chiana*), per Etruriam et agrum Clusinum in Tiberim influit, 196, 8.

Clanis fl., i. q. Liris, Minturnas perfluit, 194, 45.

Clanis torrens (*Glan*) ex Noricis Alpibus supra Vindelicos sitis in Istrum fluit, 172, 38.

Clarii Apollinis fanum et oraculum ad Colophonem. Ibi Calchas cum Mopso certasse et diem obiisse fertur, 548, 43; 560, 13.

Clastidium, Κλαστίδιον (*Chiasteggio*), Italiæ urbs inter Placentiam et Derthonam (Dortonam) sita, 180, 44.

Claterna, Κλάτερνα (ubi nunc *Sta Maria di Quaderna*), opp. Galliæ cispadanæ, in via Æmilia, 180, 34.

Claudius (P.) Pulcer in Cilicios piratas incidit; tribunus plebis obtinuit ut Cato mitteretur qui Ptolemæo Cyprum adimeret, 584, 4.

Clautenatii, Κλαυτηνάτιοι, Vindelicorum populus, 171, 49 (*Catenates* in inscript: ap. Plin.).

Clazomenæ, olim insula, 48, 51.

Clazomenæ, Κλαζομεναί (*Varla Scala* et insula *H. Joanni*), Ioniæ urbs a Paralo condita, 541, 14. Clazomenæ prius sitæ erant ubi nunc est Chytrium locus; ante hodiernam urbem jacent insulæ octo, 551, 28. Sita urbs ad isthmum Erythræorum peninsulæ, 550, 10. Clazomenium agrum ab Erythræo Hypocremnus locus dirimit, 550, 11. Clazomeniorum colonia Cardia, 283, 30. Clazomenius vir Anaxagoras physicus, 551, 31.

Clazomeniorum speculæ, Κλαζομενίων σκοπαί, ad Mæotidem paludem, 423, 48.

Cleanactidæ, Κλεανακτίδαι, Mitylenæorum tyranni, 528, 5.

Cleandria, Κλεανδρία, Troadis locus, prope Gordum, 60 stadiis ab Calepeuce; inde Rhodius fluit, 516, 14.

Cleandridas, Κλεανδρίδας, Thuriorum dux in bello contra Tarentinos de Siritide regione gesto, 219, 43.

Çleanthes, Κλεάνθης, Assius, stoicus, Zenonis in schola successor, successorem habuit Chrysippum, 522, 1.

Cleanthis Corinthii picturæ in templo Dianæ Alphæoneæ, 295, 25.

Cleobulus, Κλεόβουλος, Lindius, unus ex 7 sapientibus, 559, 23.

Cleochares (*Cleophanes* codd.), Myrleanus rhetor, 485, 6.

Cleomachus, Κλεόμαχος, pugil Magnesius, cinædorum voces, mores et affectiones imitatus, 553, 30.

Cleombrotus, Κλεόμβροτος, aut Cleonymus Heræam urbem e novem pagis constituit, 289, 32.

Cleon, Κλέων, prædonum dux. Ejus historia, 492, § 9.

Cleonæ, Κλεωναί (*Klenes* ruinæ prope vicum *Kurtesi*), Argolidis urbs, in Agamemnonis regno, 324, 10. Ejus situs, 324, 34; 328, 35. Cleonæi cum Argivis et Tegeatis Mycenas diruerunt, 324, 28.

Cleonæ, Κλεωναί, Athonis urbs, 279, 41; 280, 32.

Cleonymus, Κλεώνυμος, a Tarentinis exercitus dux advocatur, 233, 13. Cleonymus aut Cleombrotus Heræam urbem e 9 pagis constituit, 289, 32.

Cleopatra, uxor Ptolemæi VII Evergetæ II, post mortem ejus regnum tenuit, 81, 41. Sub ea denuo in Indiam navigavit Eudoxus, *ib.* Reversus Eudoxus filium Cleopatræ (Ptolem. VIII Soterem II) regno potitum reperit, 81, 54.

Cleopatra (Cleopatra Philopatra) prœlio Actiaco interfuit, 270, 31. Cleopatræ, Ptolemæi Auletæ f., Archelaus in matrimonium datur, 478, 16. Cleopatra ab Antonio Ciliciæ loca ad classem ædificandam idonea accepit, 571,

32. Ciliciam asperam accepit, 572, 58. Quum in Cæsaris potestatem venisset, aspidis morsu vel illito veneno sese interfecit, 576, 20. Cleopatræ ejusque sorori Arsinoæ Cyprum Antonius tradidit, 584, 18. Cleopatræ et Antonii filia uxor Jubæ regis, 703, 35.

Cleopatra Selene in Seleucia Mesopotamiæ castello inclusa a Tigrane interficitur, 638, 18.

Cleopatris, Κλεοπατρίς, Ægypti urbs vicina Arsinoæ, ad fossam in sinum Arab. exeuntem sita, 683, 50; 664, 13. Nonnulli Cleopatridis nomen indunt Arsinoæ, 683, 30. Ibi naves construxit Ælius Gallus, 664, 13.

Cleophanes. V. Cleochares.

Cleuas, Κλεύας, Dori f., et Malaus, Agamemnoniæ stirpis, eodem quo Penthilus tempore Æolum coloniam deduxerunt; in Locride ad Phritium montem multum temporis traxerunt; in Asia Cumam Phriconidem condiderunt, 498, 30.

Clides, Κλεῖδες (ad *Cap S. Andreas*), duæ insulæ ad Cyprum sitæ, a Pyramo distantes 700 st., 581, 41; 582, 25. Inde ad Pedalium 680 stadia, 582, 29; ad Crommyi acram 700 stadia, 582, 11.

Climata sec. Hipparchum obiter recensentur, 108, § 34-43.

Climax, Κλίμαξ (phœn. *Sollum*, i. e. scala; unde etiam *Solyma* tractus ille montanus vocatur), Lyciæ mons, angustum juxta mare transitum relinquens, 569, 5 (Intellige tractum montanum qui ab Olbia versus meridiem juxta oram porrigitur.)

Climax mons, inter Lycum et Adonin fl., 643, 27. (Montanus adscensus juxta boreale latus Lyci fl., secundum Brocchium apud Ritterum t. 17, p. 518. Thompsonus vero magis boream versus Climacem quærit in arduis montibus qui sunt supra *Walla Siltun* in regione *El-Telheh*, propiores Adonidi fl. V. Ritter, t. 17, p. 550.)

Clitarchus, Κλείταρχος, de sale Indico, 186, 30. De æstus marini ap. Celtas celeritate, quam equis citatis accolæ Oceani vix effugere possint, 213, 43. Isthmum inter Caspium mare et Pontum Eux. interjectum effluvie utriusque maris perfundi posse opinatur, 421, 47. Laudatur ab Amazone Alexandrum conveniente, 433, 31; de pompis Indorum, 611, 44.

Clitor, Κλείτωρ, Arcadiæ opp., 333, 39 (in *Katzana* planitie inter fluvios *Klitora* et *Karnesi*).

Clusia palus, ἡ περὶ Κλούσιον λίμνη (*lago di Chiana*) in Etruria, 188, 46.

Clusium, Κλούσιον (*Chiusi*), urbs Etruriæ; ejus rex Porsena, 183, 18. Urbs a Roma 800 stadia distat, 188, 39. Per agrum ejus Clanis fluit, 196, 9.

Clypea. V. Aspis.

Cnemides, Κνημῖδες (prope *Nikoraki*), Locrorum Epicnemidiorum urbs, 365, 35.

Cnemis mons, Κνημίς, a quo Locri Epicnemidii dicti, 364, 41; 365, 14; 357, 48.

Cnidus, Κνίδος (ruinæ ad *Cap Krio*), Cariæ urbs describitur, 560, 5. Cnidii Dorienses, 557, 40. Regio ferax, 514, 40. Cnidiorum colonia Lipara, 229, 1; et Corcyra Nigra, 261, 11. Ad Cnidum Eudoxi specula, 685, 33; e qua Canobum stellam spectavit Eudoxus, 98, 51. Cnidus in eodem parallelo in quo Gades, 99, 1. Cnidius fuit Sostratus architectus, 673, 16. Alii Cnidii viri memoria digni, 560, 12.

Cnopia, Κνωπία, Thebanus locus, e quo Amphiaraum in Oropi regionem transductum est, 346, 50.

Cnopus, Κνῶπος, Codri f. spurius, Erythras condidit, 541, 12.

Cnossus, Κνωσσός (*Makro-Tichos*), Cretæ urbs olim Cæratus dicta a fluvio, 409, 14. Minois regia; dignitas ejus postea in Gortynam et Lyctum transiit, deinde vero ab ea recuperata est; situs; ambitus; a vicinis urbibus distantiæ; navale ejus Heracleum, 408, § 7; 416, 10. Cnossus a Minoe condita, 409, 18. Ab ea ad Cydoniam distantia, 411, 35. Cnossii Lycastum diruerunt agroque urbis potiti sunt, 412, 4. Cnossi sedem fixit Dorylaus, unus e Strabonis majoribus, qui orti inter Cnossios et Gortynios belli dux creatus, re celeriter et feliciter confecta, summis a Cnossiis honoribus affectus est, 410, 17. Filii ejus Cnosso ad Mithridatem Eupatorem se contulerunt, 410, § 10. Cf. Dorylaus, Lagetas, Philetærus. Cnossus nunc coloniam Romanam habet, 410, 4.

Cnuphis, Κνοῦφις, Ægyptiorum deus, templum habet in Elephantine ins., 693, 54.

Cobus, Κῶβος, Trerum dux, longinquam peregrinationem suscepit, 51, 18, a Madye Scytha expulsus, 51, 30.

Cocalus, Κώκαλος, in Sicilia regiam habuit Camicos. Apud eum Camicis Minos vita functus est, 232, 2.

Cocceius cuniculum ab Averno lacu usque ad Cumas duxit, 204, 17.

Coccus multus exportatur e Turdetania, 119, 34.

Cochleæ in Nilo ingentes, quæ vocem edunt ut ululæ, 699, 10. Cochleæ Linusiæ, 503, 49; Ægyptiæ, 122, 8.

Codridæ, Κοδρίδαι, cum Ionibus in Asiam migrant, 329, 30.

Codrus, Κόδρος, barbarum nomen, 267, 5.

Codrus, Melanthi f., 540, 35. Ejus filius legitimus Androclus, 540, 24; filii spurii: Cydrelus, 541, 3, Cnopus, 541, 12, Nauclus, 541, 10.

Κῶοι, cavernæ, 315, 29.

Cœlestium rerum cognitio ad geographiæ studium necessaria, p. 6, 4; 9, 35. Τὰς ἐν τοῖς οὐρανίοις διαφορὰς καθ' ἕκαστον τῆς γῆς τόπον consignavit Hipparchus, 109, 5.

Cœlesyria, ἡ Κοίλη Συρία, 638, 3; 110, 43. Libano et Antilibano includitur; vallis intermedii latitudo et longitudo, 642, 37; irrigatur Jordane aliisque fluviis; habet Gennaseritin lacum, 642, 48. Cœlesyria laxiore vocis sensu appellatur etiam tota regio quæ supra Seleucidem est versus Ægyptum et Arabiam, 643, 50. Cœlesyria in quatuor satrapias divisa, 638, 31. Adjacent ei Arabes Scenitæ, 651, 31. Cf. Syria.

Cœlum Persæ Jovem putant, 623, 38. Cœlum idem cum terra habet centrum et axem per mediam terram et cœlum medium productum, 91, 12. Circa terram et axem circumagitur ab ortu ad occasum, cum eoque stellæ fixæ, 91, 14. Globi formam refert, 91, 9. Quinque zonis distinguitur, 91, 23.

Cœnæ Lusitanorum, 128, 39.

Cœnosus sinus. V. Pelodes.

Cogæonus, Κωγαίονον ὄρος, mons apud Getas, in quo sacerdos s. deus degit. Fluvius cognominis montem præterfluit, 247, 48. Aliunde non notus mons. Katansich in Orb. Ant. I. p. 374 *Gogany* montem et fluvium prope *Mika* situm intelligi vult. Mannertus cum a meridie Istri in priscis Getarum sedibus quærit.

Colapis Κόλαπις (Κόλωψ Dio C.; *Culpa*), fl. cui adjacet Segestica; in Saum influit, 173, 6; ex Albio m. per Japodes in Noarum influit, 261, 2.

Colchis, Κολχίς, ad Pontum regio, 51, 4; 57, 2; 107, 17. Ejus situs; Phasis, Glaucus, Hippus fluvii; Sarapana castellum; Phasis urbs; hinc Amisum et Sinopen navigatio; regionis proventus; quonam argumento utantur qui Colchorum et Ægyptiorum cognationem demonstrare velint; Leucotheæ templum, Phrixiopus, bis spoliatum, 427, § 17. Colchica ad Phasin ora arenosa, humilis, mollis, 44, 1. Colchis est a meridie Heniochorum, sub Caucasiis et Moschicis montibus, 422, 40; 470, 12; 426, 19. Colchi partem Moschicæ regionis tenent, 428, 9. Colchidis rex Æetes, 38, 12; caput Æa urbs ad Phasin, ib.; regio dives auri, argenti et ferri metallis, ex quibus causa expeditionis Argonauticæ repetenda, 38, 15. Jam antea Phrixus eam adierat, 38, 18. Colchidis et Iberiæ in confiniis Phrixeum, 38, 12; sive Phrixopolis, nunc Ideessa, 428, 12. Colchos novit Homerus, 17, 9. Quæ supra Colchos sunt septentriones versus ad lacum Mæotidem nota reddidit Mithridates Eupator, 11, 46. Antiquum Colchidis splendorem produnt fabulæ; postea reges ibi erant, inque sceptuchias Colchis divisa; dein Mithridates Eupator ea potitus per amicos administravit, inter quos Moaphernes, Strabonis matris patruus; postea Polemon Colchidem tenuit, eoque mortuo Pythodoris uxor, 427, § 18. Inter Colchidem et Caspium mare mons Caspius, 75, 28. A Colchide ad Hyrcanium mare distantiam definire accurato computo tentavit Hipparchus, 77, 36. Quotnam sint stadia, 421, 45. E Colchide profecti Corybantes, 405, 22. Colchorum Jasonem persequentium signa in Creta, Italia, 38, 27. Eorum opus Pola Istriæ opp., 179, 42; 38, 38. In Colchidem migrarunt Ægyptii, 51, 7.

Coliaci, Κωλιακοί (Κωνιακοί *codd*.), in extrema India, 588, 13. Ab his ad Taprobanen septem dierum navigatio, 589. § 14.

Κωλιάδος Veneris fanum ad Anaphlystum, 342, 22. De hoc loco oraculum, 342, 27.

Collatia, Κολλατία (*Cast. dell' Osa*), Latii opp. prope Romam, 191, 41.

Collina Romæ porta, 190, 35; 226, 38.

Κολοβοί i. e. mutili glandibus Æthiopes, ad sinum Arabicum, 657, 49. *et in sqq*. Κολοβῶν ἄλσος, Mutilorum lucus, ad sinus Arabici ora Troglodytica, 656, 54.

Coloe lacus, Κολόη λίμνη. V. Gygæa.

Coloe Diana. V. Diana et Gygæa.

Colonæ, Κολωναί, opp. Troadis ad mare situm, 140 ab Ilio stadiis, 504, 31. Ibi primum Cillæi Apollinis templum ab Arabibus positum, sec. Daem Colonensem, 523, 37. Colonarum rex Cycnus, Tennis pater, 517, 3. Colonæ Troadis, Aolæio finitimæ, ad Tenediorum ditionem pertinuerunt, 517, 6.

Colonæ, Κολωναί, in Lampsaceno agro, Milesiorum colonia, 504, 30.

Colonæ in Erythræo agro, 504, 34.

Colonæ, Phocidis locus, 504, 35.

Colonæ, Thessaliæ locus, 504, 35.

Colophon, Κολοφών, Ioniæ urbs (ruinæ prope *Tchilleh*), ab Andræmone Pylio condita, 541, 5. Distantia a Lebedo 549, 33; ab Epheso, 549, 29. Ad urbem est Clarii Apollinis lucus et oraculum, 548, 43. Colophonem confugerunt Smyrnæi ab Æolibus urbe ejecti, 541, 47. Colophonius equitatus; ortum hinc proverbium, 549, 18. Colophonii viri: Mimnermus, Xenophanes physicus, Polymnestus musicus, sec. nonnullos etiam Homerus, 549, 21.

Colossæ, Κόλοσσαι (ruin. prope *Chonos*), Phrygiæ Magnæ opp., 494, 4. Colosseni, Laodiceæ finitimi, oves habent lanam optimam ferentes, 495, 22.

Colossus. V. Statua.

Colotæ opus, Æsculapii statua in Cyllene pago, 290, 50.

Columbæ tres Dodonææ, 273, 45, fortasse non aves erant, sed tres mulieres vetulæ quæ peliades dicebantur, 274, 1.

Columnæ Herculeæ, Στῆλαι, Στῆλαι Ἡρακλέους, ad fretum Herculeum ponuntur a Dicæarcho, Eratosthene, Polybio, 141, 39; Gadibus vindicantur ab Hispanis et Afris, quamquam columnis simile quidpiam non sit ad fretum, 141, 41. Columnæ aliis sunt promontoria duo, quibus fretum ad Calpen utrinque clauditur, 141, 13; alii ponunt ad insulam Onobæ objectam Herculique sacram, 141, 20; alii denique ad Gades.

Fabula Gaditana, qua hæc sententiarum varietas explicetur, 141, 25. Columnas Herculis nonnulli dicunt esse exiguas insulas Calpæ et Abilycæ; montibus propinquas; attamen non nisi unam ibi esse Junonis insulam Artemidorus ait, 141, 31; 140, 11. Etiam Planctas et Symplegadas petras nonnulli huc transferunt, existimantque has esse columnas, quas Pindarus vocat Γαδειρίδας πύλας, 141, 37. Alii esse dicunt æreas octo cubitorum columnas, quæ sint Gadibus in Herculis delubro; inter eos est Posidonius, 141, 43. Improbat hoc Strabo, quum et columnarum istarum inscriptiones et situs Gadium ad rem parum quadrent; Columnas ipse quoque ad freti ostium ponit, ubi fortasse qui primum eo usque progressi essent, columnas in montibus istis sive in exiguis insulis erexerint, quæ quum postea essent abolitæ, nomen tamen loco servassent, præsertim quum ipsi etiam montes illi et insulæ columnis similes sint, 148, 50; 143, 9. Columnæ nonnullis Calpe et Abilyca montes, 141, 29. Columnarum freti longitudo et latitudo, 101, 6; 702, 35. Ab iis ad Pyrenen per mediterranea sunt supra 4000 stadia; juxta oram supra 6000 stadia, 129, 37. A Columnis ad Pyrenen 6000 stad. sec. Erat., paullo pauciora 8000 sec. Polyb., 88, 9. Ab iis ad Massiliam 7000 st. sec. Erat., super 9000 sec. Polyb., *ibid*. Ad Narbonem circa 8000 stadia sec. Polybium, 86, 48. Ad fretum Siculum 12000 stad., 87, 35; sec. Dicæarch., 7000 stad., 86, 38; sec. Polyb., 18000 stad., 87, 9. Quot sint ad sacrum Hispaniæ prom., 87, 36; ad Peloponnesum per pelagus plurimi computant 12000 stadia, 87, 23, Dicæarchus 10000 st., 86, 35; duplo longius spatium est (circa 21800 stad.) sec. Polybium, 87, 9. A Columnis ad Carthaginem Novam in ora habitant Bastetani et partim etiam Oretani, 129, 40.

Columnæ poni solebant ad limites indicandos, ut in Rheginorum regione, in isthmo Corinthiaco. Cf. etiam columnæ quibus Alexander Indicæ suæ expeditionis terminum significavit, 142, 2. Columnæ Bacchi et Herculis in India, 142, 25. Columnæ æreæ duæ octo cubitorum in Herculis templo Gaditano, quibus sumptus, in templi ædificationem facti, erant inscripti, 141, 45. Columna in isthmo Peloponnesiorum et Ionum fines indicans, 337, 3, ab Heraclidis Megaride potitis evertitur, 337, 41.

Colus animal Scythicarum ad Mæotidem regionum, 259, 33.

Colyttus, Κολυττός, Atticæ pagus, Melitæ conterminus, 54, 35; 55, 13.

Comæ artificiosa tractatio in alenda et tondenda ponitur, 401, 5. Cf. Curetes.

Comana, τὰ Κόμανα, urbs superioris Cappadociæ, in Antitauro, 446, 43. Enyûs ibi templum in convallibus Antitauri; incolæ urbis Cataones sunt; pontifex loci secundum regem in summo apud Cappadoces honore; templi servorum numerus; de sacrorum origine et de Κόμανα nominis etymo fabula, 459, § 3. Comana perfluit Sarus fl., 459, 21. Urbs fuerit ubi nunc sunt ruinæ ad *Wiran-cher* prope *Sarran* (Sarum) fl.; non certa tamen res est; alii magis meridiem versus ponunt in eodem Sari convalle, ubi nunc est *Olakaja*.

Comana (*Gumenek*), Ponti urbs, quam Iris perfluit, 469, 11. Ejus sacra et historia fusius exponuntur, 477, § 33-36. Porcus in urbem non intromittitur, 492, 30. Comanense sacerdotium Cleon a Cæsare obtinuit, 492, 22.

Comarus, Κόμαρος (*Comaro*), portus Epiri ad Nicopolin 269, 53.

Comici alicujus de Megalopoli versus, 333, 29; 629, 17.

Comisene, ἡ Κωμισηνή, olim Mediæ, nunc Parthyææ pars, 441, 19.

Comisene, Κωμισηνή, Armeniæ Magnæ provincia, 452,

50. (Aliunde non nota est, neque de situ ejus e Strabone aliquid colligi potest. Esse regionem in qua sita erat Camisa ad Ponti et Armeniæ minoris confinia nonnulli putarunt, sola nominis similitudine fallaci ducti. Nihilo magis constat de Orchistene, quam juxta Comisenen Strabo memorat. In tabula has regiones posui ubi Ptolemæus notat ignotas item provincias Basilisenen et Obordenen.)

Commagene, Κομμαγηνή, pars Syriæ, nunc provincia; ejus caput Samosata; in ea nunc Euphratis pons, cui in Mosopotamia objacet Seleucia, a Pompeio Commagenæ adjecta, 638, § 3. Commagene solo similis est Melitenæ, 458, 33, quæ et est finitima, 446, 46, sicut Cyrrhestica, 639, 35. Cf. 447, 3; 452, 5. Τὸ κατὰ Κομμαγηνὴν ζεῦγμα, 635, 51; 636, 2; 566, 37.

Commercia Aquilejæ cum Illyricis gentibus intercedentia, 178, 38. Commercia circa Tanai emporia, 423, 21; Gerrhæorum in Arabia, 652, 20. Commercia Indica et Æthiopica, 678, 40.

Κωμῳδία unde dicta, 15, 15.

Comum, Κῶμον (*Come*), in Gallia transpadana oppidum ad Larium lacum, 160, 23; 170, 12; 171, 39; 177, 40; olim mediocre oppidum; a Rhætis afflictum auxit Pompejus Strabo, deinde Caius (Lucius?) Scipio, tum Cæsar, qui etiam Græcos nobilissimos quingentos eo misit colonos; Novum Comum tunc urbs et Neocomitæ incolæ vocabantur, 177, 29.

Concordia, Κωνκορδία (*Concordia*) Venetiæ opp. (ad Romatinum fluv.), 178, 27.

Conchæ ad Ammonis templum reperiuntur, 41, 14, in fossis Ægypti, 42, 12. Concharum genera omnia, πάντα κογχοειδῆ in mari extero, maxime prope Turdetaniam, 120, 17.

Congelatum mare, ἡ πεπηγυῖα θάλαττα, 52, 29.

Congri, γόγγροι, ingentes in mari ad Turdetaniam, 120, 25.

Coniaci, Κωνιακοί, Artabrorum populus, 129, 23. (Sunt Concani aliorum; nec sunt iidem cum Coniscis; nam hi sunt Veronibus Variam (*Varea*) urbem ad Iberi trajectum tenentibus finitimi, dum Concani ponendi sunt ubi Cucana urbs (*Congas*) ponitur apud Ptolemæum, qui in eodem fere tractu habet Orniacorum gentem.

Coniaci. V. Coliaci.

Conisalus, Κονίσαλος, Atticorum deus Priapo similis, 503, 9.

Conisci, Κόνισκοι, Cantabrorum populus Veronibus finitimus, 134, 42. (Haud dubie sunt Caristi, quos Ptolemæus a borea Veronum ponit ad Devæ fl. ostia, prope *Deva* et *S. Sebastiano*. Cf. Sillig. ad Plin. tom. I, p. 334, § 11.)

Conistorgis, Κονίστοργις, notissima Celticorum in Iberia urbs, 117, 30 (in Coniorum regione, quam Cuneum Romani dixerunt. Situs non notus. Brietius esse hod. *Couna* ad Tagum statuit parum probabiliter. V. Ukert. 2, 1, p. 389).

Cononis aræ, Κόνωνος βωμοί, in Troglodytica ora sinus Arabici, 656, 30.

Conopa, Κωνώπα (*Anghelo Kastro*), Ætoliæ olim pagus, postea evasit Arsinoe urbs, 395, 32.

Continentes tres alii Nilo et Tanai distinxerunt insulasque fecerunt, alii isthmis, quorum alter inter Pontum et Caspium mare, alter inter Rubrum mare et Ecregma, dirimunt peninsulasque faciunt. Quæstionem hanc nullius momenti esse censet Eratosthenes, improbante Strabone, 54, 27. Quomodo ista trium continentium distinctio orta sit sec. Eratosthenem, 54, 27.

Convenæ, Κωνουεναί, ὅ ἐστι συνήλυδες (*dans le canton de Comminges*), Aquitaniæ gens cum Lugduno urbe et thermis, 158, 22. Convenis jus Latii datum, 158, 40.

Copæ, Κῶπαι (*Topalia*), Bœotiæ opp., a quo Copai palus dicta, 349, 15, ad borealem partem Copaidis, 352, 51.

Copais, ἡ Κωπαΐς, Bœotiæ lacus, antiquitus commun nomen non habuit, sed ab adjacentibus urbibus diversi mode appellabatur, ut Haliartis ab Haliarto, et sic porro Pindarus etiam Cephissidem vocat, 353, 1. Copais dicitur a Copis urbe, 349, 14; ejus ambitus, 350, 7. Impletur Cephisso, 349, 14. Prope Haliartum in eum exi Holmius cum Permesso, 350, 3. Adjacentes lacui urbes 352, 53. Absorptæ lacu sunt Arne et Midea, 49, 35.

Cophes, Κώφης (*riv. de Caboul*), Indiæ fl., in quem in fluit Choaspes (*Attok*), ad Plemyrium opp., 594, 27 Cophen trajecit Alexander, 594, 41. Inter Cophen e Indum Astaceni, Masiani, Nysæi, Hypasii, Assacan ditio, Peucolaitis, 594, 52.

Cophus portus, Κωφὸς λιμήν (*Kufo*), in Pallene ad Der rim prom., 279, 25.

Copiæ, Κοπίαι, a Romanis vocata est Thuriorum urbs mis sis eo colonis instaurata, 219, 13.

Copratas, ὁ Κοπράτας (*Dizful*), fl. in sinum Persicun exiens (postquam in Pasitigrin incidit), 621, 11.

Copria, Κοπρία, Siciliæ litus prope Tauromenium, und nomen habeat, 223, 5.

Coptus, Κοπτός (*Keft*), communis Ægyptiorum et Ara bum urbs, in quam ducta est Nili fossa, 692, 18; 664 49; 665, 39. Coptus et Apollonopolis et in ora maritima hi oppositæ urbes Myoshormus et Berenice, isthmum quem dam inter Nilum et mare Rubrum describunt (ut Strab Artemidorum et Agatharchidem secutus perperam opi natur). A Copto ad Berenicen viam mansionibus e puteis instructam patefecit Ptolemæus II. Coptum nun omnes merces Indicæ et Arabicæ ex Arabici sinus por tubus (Myoshormo, 664, 49), et Copto Alexandrian transportantur, 692, § 45; 664, 49.

Cora, Κόρα (*Cori*), Latii opp., 198, 7.

Coracesium, Κορακήσιον (*Alaja*), in Ciliciæ asperæ initi castellum; quo tanquam belli arce Diodotus usus est 370, 6 et 32.

Coracii regio, Κορακίου χώρα, in Æthiopia, 656, 32.

Coracinus, ὁ κορακῖνος, Nili piscis, 699, 7.

Coracius mons, Κοράκιον ὄρος; (*Karadja Dagh*), inter Co lophonem et Lebedum, 549, 31.

Corai castellum et elephantum venatio, Κοράου φρούριον κα κυνήγιον, ad Melinum portum in sinu Arabico, 656, 43.

Coralis, Κόραλις (*Kcreli Gol*) (*Lycaoniæ*) palus, 487, 1

Coralius, Κωράλιος, fl. ad Coroneam Bœotiæ ap. Alcæun (Cf. Cuarius), 353, 30.

Coralli, Κόραλλοι, ad Hæmum gens, 264, 30.

Corassiæ, Κορασσίαι (*Furni* et *Krusi*), inss. ab Icaria oc casum versus sitæ, 418, 52; in mari Icario, 419, 5.

Corax, Κόραξ, Ætoliæ m. Œtæ conterminus, 387, 19 274, 32; 358, 17.

Corbilon, Κορβιλών (*Couéron*), olim erat ad Ligerim fl. clarum Galliæ emporium, 158, 2 Corbilonenses legat ad Scipionem (Æmilianum) missi nihil memoratu di gnum habuerunt quod de Britannia interrogati narraren Polybio, 158, 3.

Corcoras, Κορκόρας (Καρκόρας var. l.; *Corcao* in G. Rav. hod. *Gurk*), fluvius Nauporto vicinus, in Savum influit 260, 51.

Corcyra, ἡ Κέρκυρα (*Corfou*), insula ab Homero, qui Scheriam vocat, in Oceano collocatur, sec. Callimachum, 37, 23; 248, 51; 224, 16. Tenebant eam Liburni, quos ejecit Chersicrates Corinthius, 224, 16. Corcyra olim felix, bellis et a tyrannis pessumdata; a Romanis in libertatem restituta, nihil tamen adeo lucrata est, sed contumeliosum tulit proverbium, 274, fr. 7. Corcyræ portus

Cassiope, 269 82; in ea locus Euboea, 386, 13. Promontorium Phalacrum, a quo ad Tarentum 700 stadia, 269, 35. Corcyræorum colonia Epidamnus, 262, 42; donarium in Dodona, 274, 11. Unde natum sit proverbium ἡ Κερκυραίων μάστιξ, 274, 20. Insulæ promontorio occiduo objacet Onchesmus portus, 269, 30. A Corcyra ad Ithacam 300 st. sec. Erat., super 900 st. sec. Polyb., 88, 5; ad Leucadem 700 st. sec. Polyb., 87, 15; ad Iapygiam, item ad Ceraunios m. 700 st. sec. Polyb., 87, 16.

Corcyra Nigra, ἡ Μέλαινα Κέρκυρα (*Curzola* sive *Karkar*), insula et urbs sinus Adriatici, 102, 24. Cnidiorum coloniam accepit, 261, 11.

Corduba, Κόρδυβα (*Cordoue*), Turdetaniæ urbs, Marcelli opus, in regione fertilissima, 117, 3; emporium maximum, 133, 27. In via militari sita, ab Obulcone 300 stad. distat, 133, 28. Corduba elabitur Sextus Pompeius, 117, 26. Usque ad Cordubam Bætis navigatur scaphis, 117, 43. Cordubæ vicina oppida, 117, 20.

Cordylio. V. Athenodorus.

Coressia, Κορησσία, Cei urbs, nunc in Julidem conducta, 417, 42. Ad Coressiam Cei Elixus fl., 418, 9, et templum Apollinis Sminthii, 418, 6.

Coressus, ὁ Κορησσός, ad Ephesum mons, in cujus latere pars urbis quæ Τραχεῖα vocatur, 541, 37; 546, 50.

Corfinium, Κορφίνιον (*S. Pelino*), Pelignorum urbs primaria ad viam Valeriam, 198, 35. Bello Marsico communis omnibus Italis urbs designata, et Italica vocata, 201, 23. A Corfinio 24 stadiis abest pons, quo Aternus fl. jungitur, 201, 43.

Κορεῖα, Proserpinæ solemnia (Alexandriæ?), 81, 20.

Corinthiacum isthmum (τὸν τῶν Πελοποννησίων ἰσθμόν) discindere volens Demetrius prohibitus est ab architectis, qui aquæ superficiem in Corinthiaco sinu elatiorem esse quam ad Cenchreas dicebant, 45, 37. Corinthiaco in isthmo olim columna cum inscriptione, Ionicæ et Peloponnesiacæ ditionis terminos indicans, 142, 9.

Corinthiacus sinus, ὁ Κορινθιακὸς κόλπος, maris Siculi, 269, 10. Ejus initium, 288, 24; 356, 42; ambitus inde ab Eueno usque ad Araxum 2200 stadiorum, inde ab Acheloo, 2300 stad., 288, 40. Ceterum inde a Rhio sinus vocatur etiam Crissæus, 288, 47. A recessu ejus ad Iapygiam acram minus quam 3000 stadia, 102, 29. In Corinthiaco sinu mare celsius esse dicitur quam ad Cenchreas, 45, 40.

Corinthus, olim Ephyra, 290, 31; 330, 16; in Agamemnonis regno, 324, 10. Eam frequentavit Aletes, 334, 47. Corinthii Heraclidas instigarunt ut bellum Atheniensibus inferrent, 337, 35. Corinthus emporium commodissimum; ejus portus duo; prosperitas tum ob commercia tum ob Isthmicum certamen, 324. 45. Tyrannis Bacchiadarum, Cypselidarum; Demaratus, 325, 8. Fanum Veneris; meretrices; hinc ortum adagium, 325, 19. Situs urbis et acropolis; Pirene fons; putei in urbe; Sisypheum, 325, § 21. Lechæi et Cenchrearum descriptio, 326, 27. Corinthii, Philippo addicti, Romanos legatos injuria affecerunt. L. Mummius urbem diruit; artis opera a Romanis militibus susque deque habita; ablata Mummius petentibus facile dedit, 327, 17. Urbs a Cæsare restaurata; νεκροκορίνθια, testacea opera e ruinis eruta, 327, 52. Fingendi pingendique artes eximie Corinthi floruerunt, 328, 13. Solum agri Corinthii; ductum hinc proverbium, 328, 14. Corinthiorum tyrannus Cypselus, 304, 8. Corinthii a Cypselo et Gorgo missi Leucadem penins. obtinuerunt, isthmum ejus perfoderunt, condideruntque ad eum Leucadem urbem, 388, 21; 49, 16. Corinthio Demaratus cum hominum mulitudine Tarquinios migravit, 183, 5. Corinthus et Chalcis, compedes

Græciæ, 368, 8. Corinthiam a Sicyonia Nemea fl. dirimit, 328, 44. Corinthiorum navale Cenchreæ, 317, 22; Olmiæ opp. et Crommyon vicus, 326, 42; pagus Tenea, 326, 54. A Corinthiis ad Romanos defecerunt Teneatæ, 327, 6. Corintho vicinæ Orneæ, 503, 1. Corinthii agri partem majorem a Romanis acceperunt Sicyonii, 327, 26. Corinthus eodem tempore quo Carthago restaurata, 707, 41. Corinthi Cleanthes et Aregon pictores, 295, 25.

Coriscus, Κορίσκος, Scepsius, Nelei Aristotelici pater, 520, 38.

Cornices Hispaniæ (non) nigræ sunt, tradente Posidonio, 136, 3.

Κόρνοπες apud Œtæos i. q. πάρνοπες, 524, 28.

Κορνοπίων Hercules apud Œtæos, 524, 28.

Cornu. V. Byzantiorum Cornu.

Cornua, κέρατα, fluviorum flexus et obliquitates, 393, 11.

Cornelius Gallus, Ægypti provinciæ a Cæsare præfectus Heroönpolin, quæ defecerat, paucis stipatus recepit, et in Thebaide seditionem facile repressit, 696, 1.

Corocondame, Κοροκονδάμη, pagus Asiæ, in initio Bospori Cimmerici situs, a Patræo distans 130 stadia, 424, 13, a Sindio portu 180 stadia, 426, 7.

Corocondamitis, Κοροκονδαμῖτις, palus, decem a Corocondame pago stadiis in mare effluit; influit in eum Anticitæ bracchium, 424, 25; sita ad lacum oppida, 424, 32.

Corœbus, Κόροιβος, Eleus, cursu Olympico vicit Olympiade vicesima sexta, 305, 9.

Corone, Κορώνη (*Petalidhi*), Messinæ urbs, nonnullis est Pedasus Homerica, 309, 49; 316, 1. Cives urbis Κορωναεῖς, 353, 37.

Coronea, Κορώνεια (a *Granitza* meridiem et ortum versus), Bœotiæ opp. ad lacum Copaidem, 353, 1; in loco edito ad Heliconem; occuparunt eam Bœoti e Thessalia reduces, et prope urbem fanum Minervæ Itoniæ condiderunt, fluviumque præterlabentem Cuarium a Thessalico fluvio nominarunt, 353, 22. Coroneæ agro finitimæ Thisbæ, 353, 16. Cives urbis Κορώνιοι, 353, 37; regio ἡ Κορωνειακή, 350, 1.

Coronea, Κορώνεια (*Tjeutma* sec. Leakium), Phthiotidis opp. in Achillis ditione, 372, 36.

Coropassus, Κοροπασσός (ruinæ prope *Chan* locum), Lycaoniæ pagus ad confinia Cappadociæ, 487, 8, in via regia, 566, 24; distantiæ a Tyriæo et Garsauris, *ib.*

Corpili, Κορπῖλοι, Hebri accolæ, 282, 42, latrones, *ib.*

Corpilice, Κορπιλική, ἡ πρότερον Ἀψυνθίς, in qua Ænus urbs sita, 285, 10.

Corsica, Κύρνος, ins. maris Tyrrheni, 101, 30; 544, 2. Ejus situs, 187, 44. A Sardinia distat 60 stadia; a Populonio Etruriæ conspicitur, 186, 15. Corsicam et Sardiniam 1200 a continente stadiis distare ait Artemidorus; non posse eas a continente conspici prodit Eratosthenes, 186, 31. Longitudo insulæ sec. chorographum 160 mill., latitudo 70 mill., 187, 9. Ambitus sec. nonnullos 3200 stadiorum, 187, 12. Insula est aspera, male habitata, invia; incolæ feroces, mancipia pessima, 186, 50. Oppida Blesino, Charax, Eniconiæ, Vapanes, 187, 8. In Corsicam sub Creontiade Phocæenses appulerunt, 210, 19.

Corsium, Ægypti planta, 699, 3.

Corsura insula, Κόρσουρα, in medio ostio sinus Carthaginiensis, 707, 46. (Strabo Cossurum vel Cossuram insulam (*Pantellaria*) in hunc sinum perperam transponit.)

Corus, Κόρος, priscum nomen Cyri, Iberiæ fluvii, 429, 4.

Corvi in hispanicarum mulierum ornatu, 136, 34. Corvus nocturnus, ὁ νυκτικόραξ, in Ægypto avis qualis, 699, 17. Corvi duo viam præierunt Alexandro ad Ammonem proficiscenti, 691, 20.

Corvorum portus. V. Duo Corvorum portus.

Corybantes, Saturni vel Jovis et Calliopes filii, iidemque cum Cabiris, 405, 32. Secundum Prasios in Rhodo insula sunt Minervæ dæmones Solisque filii, 405, 29. Corybantes novem, Apollinis et Rhetiæ f., in Samothrace habitabant, sec. Pherecydem, 406, 6. E Bactriana vel e Colchide profecti a Titanibus Rheæ famuli dantur, 405, 21. Aliis Phryges sunt, alii Cretenses, 405, 17. Iidem cum Cyrbantibus esse putantur, 283, 11, in Rheæ cultu Phrygio, 402, 49. Corybantes, Curetes, Cabiri, Idæi Dactyli, Telchines sec. alios iidem, sec. alios cognati inter se et simillimi, 400, 32. Corybantibus consecrata Troadis loca Corybantium et Corybissa, nunc deserta, 406, 15. Corybantes Phrygii, 406, 17. Cf. 404, 5.

Corybantium, Κορύβαντιον, in Hamaxitia Troadis, nunc desertum, 406, 16. — Corybissa Troadis, 406, 17.

Corycæi latrones. V. Corycus.

Corycium antrum, τὸ Κωρύκιον νυμφῶν ἄντρον in Parnasso, ejusdem cum Cilicio nominis, 358, 13.

Corycium Ciliciæ antrum describitur, 572, 33. Ad id Arimos ponit Callisthenes, 536, 12.

Corycus, Κώρυκος, mons Ioniæ, in Erythrarum peninsula, 550, 24. Litus Coryci latrones tenent Corycæi dicti; quomodo ii navigatoribus insidientur; ortum hinc proverbium, 550, 26; siti sub monte portus, *ib.*

Corycus, Cretæ pr. (*Cap Buso*); ejus distantia a Tænaro, 312, 8, et a Chersoneso Libyæ, 711, 29.

Corycus, Κώρυκος, Lyciæ opp. Attaleæ contiguum (aliunde non notum), in quod Attalus Philadelphus colonos duxit, 569, 36.

Corycus, cast. Pamphyliæ (*Korghos*), quod Zenicetes prædo tenuit, 573, 13. Prope id Corycus promontorium et Corycum antrum, 572, 33. Litus (regionis ubi deletum Strabonis ætate castellum steterat), vocatur Κώρυκος αἰγιαλός.

Corydallus, Κορυδαλλός (*Daphni-bouni*), mons Atticæ, et οἱ Κορυδαλλεῖς, pagus, 339, 36; 343, 17.

Coryphantis, Κορυφαντίς (*Corifanio* T. P. inter Atramyttium et Elatiam; circa hodiernum *Gometch*), Mytilenæorum pagus in continente, 519, 19.

Coryphasium, Κορυφάσιον, Messeniæ mons, pr. et castellum, 299, 7 et 40; 302, 1; 308, 35, a Platamode pr. 100 stadia distans, 299, 44, cui adjacet Pylus (*Palaios Abarinos*), 291, 46, 308, 4.

Cos, Κῶς (*Stanko*), insula maris Icarii, 419, 4; 102, 48; ἡ Μεροπίς, 597, 20. A Co avulsum fragmentum Nisyrus ins., 419, 43. Sub Co insula jacet Polybotes gigas, 419, 47. Cos jam ante bellum trojanum a Caribus habitata, 491, 19. In eam defertur e Troja rediens Hercules, 284, 47. Cois apud Homerum præsunt Thessali Heraclidæ Philippus et Antiphon, 558, 13. Coi Dorienses, 547, 41. Cum Cois Rhodii Elpias apud Daunios condiderunt, 558, 49. Coi pr. Scandarium, 561, 11. In Co urbe Æsculapium, 322, 8. Insula vini ferax, 544, 38.

Cosa, ὁ Κόσας (*Cosa*), Latii fl., Frusinonem alluit, 197, 45.

Coscinia, Κοσκίνια (*Tchina*), pagus Cariæ, 555, 28. Fluvius hinc versus Alabanda fluens, 502, 35.

Cosentia, Κωσεντία (*Cosenza*), Bruttiorum caput, 212, 52. Ei superjacet Pandosia, *ib.*

Cosmi, Cretensium magistratus, 413, 53.

Cossa, Κόσσα et Κόσσαι (*Ansedonia*), Etruriæ opp., a Populonio 800 sec. alios 600 stadia distans. Polybius a Cossa ad Lunam numerat, 1330 stadia (Strabo 1750 stadia), 184, 50. Sita est in colle ad sinum, ibi Herculis portus et lacus marinus et thynnoscopium, 187, 49.

Cossæa, Κοσσαία, Persidi contigua, 633, 40.

Cossæi, Κοσσαῖοι, in regione sterili latrones, numero pollentes, majorem partem sagittarii, Elymæis contra Babylonios Susiosque belligerantibus 13000 millia hominum auxilio miserunt, 633, 44, 449, 45. A Persarum regibus dona accipiebant, 449, 45. Montes Cossæorum Mediam versus ortum definiunt, 449, 38 et 35; 447, 51; 631, 23 et 53.

Cossurus ins., Κόσσουρα, Κόσσουρος, 101, 39 (*Pantellaria*), a Taphitide acra 400 stadia distans, e regione Selinuntis fluvii sita, urbem cognominem habens, a Sicilia 600 fere stadiis posita, 708, 9; a Melite ins. 500 stadiis, 708, 13. Cf. 230, 34.

Cotes, αἱ Κώτεις (*Cap Spartel*), Mauretaniæ prom., πρόπους Atlantis, 701, 3 et 9 : 702, 41. Inde ad Masæsyliorum ditionis initium 5000 stadia, 702, 43.

Cothus, Κόθος, nomen barbarum, 267, 5. Cothus et Aiclus (quorum frater Ellops fuisse a nonnullis dicitur), 382, 31. Chalcidem et Eretriam incolis frequentarunt, 383, 46.

Cotiæum, Κοτιάειον (*Cutahiyah*). Phrygiæ Epicteti opp, 493, 44.

Cotiliarum aquæ frigidæ apud Sabinos, τὰ ἐν Κοτιλίαις ψυχρὰ ὕδατα, 190, 8 (*Cotila* ad *Paterna*).

Cotinæ, Κώτιναι, Turdetaniæ locus, ubi æs simul et aurum nascitur, 117, 51. Κότινοι leg. suspicatur Vossius ad Melam, adeo ut sit *Oleastrum* Ptolemæi, 2, 4, ad quod ref ert *Oleastrense plumbum* Plinii 34, 49. Quamquam locus Oleastro ap. Ptolemæum assignatus cum Strabonis narratione non convenit. Aliud Oleastrum ipse Strabo memorat. Pro Κωτίνας fortasse legendum esse Κωνσταντίαν (hod. Constantia; 7 vel 8 leugas ab *Almaden* s Sisapone Strabonis), a qua non longe absint metalla, conjicit interpres gallicus. Mitto alia ab eodem prolata, quorum nihil est probabile.

Cottii ditio, ἡ Κοττίου γῆ, in Liguria (*le Brançonnois*), 180, 41; juxta Vocontiorum regionem sita, 148, 39. Extremus ejus locus est Ocelum, 148, 42. Cottii terra sive Conni in Alpium latere Italico, 170, 4. Cf. Donni terra. Versus fines regni Cottii sita est Ticinum urbs, 180, 41.

Cotuantii, Κωτουάντιοι, Rhætorum gens, 171, 50.

Cotylus, Κότυλος, Idæ collis, in quo fontes Scamandri, Granici et Æsepi, 406, 1.

Cotyorus, Κοτύωρος (*Busuk Kaleh*, ut videtur, vel *Persembeh*), Ponti opp., e quo incolis frequentata est Pharnacia, 469, 54.

Cotys, Κότυς, dea Thracia, 404, 14.

Cotys, Odrysarum rex, 282, 80.

Cotys, Sapæorum princeps, Polemonis et Pythodoridis filiam duxit; filius ejus natu maximus nunc regnat, 476, 15.

Κοτύτια, Thracum sacra, 404, 11; apud Edones, 404, 14.

Cragus, Κράγος, Lyciæ opp. in monte cognomine, qui octo vertices habet (ad *Yedi-Bouroun*), 568, 7. Crago et Anticrago assignatur de Chimæra fabula, *ib.* Sub Crago sita Pinara, 568, 11.

Cragus, Ciliciæ petra ad mare sita, 571, 36.

Crambysa, ἡ Κράμβουσα, ad Lyciam insula, 568, 48.

Crambusa ins. ad Ciliciam, 572, 32.

Κρανάη, insula ap. Hom. Il, 3, 443, i. q. Helena, q. v.

Cranaus, Κράναος, Atthidis pater; ab eo Atticæ incolæ Cranai dicti, 341, 1.

Cranii, Κράνιοι (*Argostoli*), olim Cephalleniæ opp. 391, 35; 392, 31.

Crannon, Κραννών (*Palæa Larissa*), Thessaliæ urbs, 378, 18. Crannonios indicari voce Ἐφύρους ap. Hom. Il. 13, 301 putant, 276, 21; 378, 50.

Crannon, quæ a Gyrtone 100 stadia distare dicitur, 276, 17, a priore Crannone diversa esse videtur. Vide s. v. Gyrton.

Crapathus, Κράπαθος, i. q. Carpathus.
Crassus (P.) mari ad Ca·siterides omnibus qui eo navigare vellent, patere docuit, 146, 9. In bello contra Aristonicum gesto cecidit juxta Leucas, 552, 19.
Crassus (M.) Parthis bellum intulit, 637, 23. A Surena captus Sinnacis interemptus est, 636, 9.
Crater, ὁ Κράτηρ, sinus Campaniæ, 206, 17; a Miseno ad Minervæ promontorium pertinens, 202, 8.
Crateræ Sidoniæ, 34, 17 et 28.
Craterus ab Alexandro in Gedrosiam præmissus, 614, 13. Ab Hydaspe movens per Arachotos et Drangas in Carmaniam profectus est, 614, 25. Sub idem fere tempus quo Alexander in Carmaniam venit, 617, 22. Crateri ad Aristopatram matrem epistola in quo fabulosa multa de Alexandro usque ad Gangem progresso traduntur, 598, § 35.
Crates, Chalcidensis, ὁ μεταλλευτής, Cephissi meatus repurgare instituit; ob seditiones Bœotorum a cœpto destitit, ejus ad Alexandrum literæ, 349, 28.
Crates Mallotes Syrus vocatur, 30, 14, grammaticus, cum Aristarcho κορυφαῖος ἐν τῇ ἐπιστήμῃ ταύτῃ, 25, 23; æqualis Demetrii Scepsii, 521, 25; magister Panætii, 576, 35; poesin homericam ad quæstiones scientiæ accommodatas traducens minime inepta egit, 130, 52. Non recte in Hom. ll. σ, 489 scripsit, 3, 7. Ejus explicatio verborum ποταμοῖο ῥόον ὠκεανοῖο ap. Hom. Od. μ, 1, p. 4, 4. Ejus de Æthiopibus bifariam divisis sententia, 25, 32 sqq., improbatur, 26, 21. Menelaum per Gades, circumnavigata Libya, ad Indiam usque penetrasse ibique apud Æthiopes opes collegisse putat, 31, 41; 85, 10. Ἡ Κρατήτειος σφαῖρα, 96, 14. Crates Phœnicem fuisse Phocensem quibus argumentis demonstrare conetur, improbante Demetrio Scepsio, 377, 1.
Crathis, Κρᾶθις, ad Ægas Achaiæ fluit, unde nomen habeat, 331, 50. Ab eo Italiæ fluvius dictus, ib.
Crathis (Coscile), fl. ad Sybarin, 218, 43, ab Achaico fluvio nomen habens, 332, 1; aquæ virtutes, 219, 8; 386, 5.
Cratippi filii Trallianos tyrannide presserunt tempore belli Mithridatici, 554, 30.
Cremna, ἡ Κρῆμνα (Girmeh), Pisidiæ castellum, quod cepit Amyntas, 487, 38; nunc habet coloniam Rom., 487, 41; 488, 19.
Cremona, Κρεμῶνα, Galliæ Cispadanæ urbs, 180, 28; non longe ab ea sunt Acerræ (Ἀχέρραι), 205, 44.
Crenides, Κρηνίδες, urbs Macedoniæ, ubi nunc Philippi, ad Pangæum m., auri metallis dives, 280, 5; 281, 44.
Creophagi, Κρεοφάγοι, Κολοβοὶ τὰς βαλάνους, Æthiopes ad Antiphili portum in sinu Arabico, 656, 45; mulieres eorum judaice exciduntur, ib. Ad fauces sinus Arabici inde ab Eumenis portu habitant, 657, 48, et in myrrhifera Æthiopiæ regione, 658, 34.
Creontiades, Κρεοντιάδης, Phocæensium dux, 210, 19.
Creophylus, Κρεώφυλος, Samius, Homerum hospitio excepit, qui dedit ei poema de capta Œchalia. Callimachus carmen istud ipsius Creophyli esse dicit; quidam Creophylum magistrum Homeri faciunt, 545, 33.
Creopolus mons, Κρεόπωλον ὄρος, Argolidis, per quem Tegea Argos itur, 323, 38.
Cresphontes, Κρεσφόντης, Messeniam obtinuit, 334, 48. Quomodo Messeniam in quinque civitates diviserit 310, § 7.
Crestonia, Κρηστωνία, Macedoniæ regio olim a Pæonibus obtinebatur, 281, 38.
Cretæ insulæ descriptio, 407, cap. 4. Cretæ urbes centum tribuit Homerus in Iliade, nonaginta tantum in Odyssea. Quomodo hanc discrepantiam Ephorus aliique explicare tentaverint, 412, § 15. Urbes maximæ, 408, § 7. Metopon promontorium, 710, 37. Longitudo insulæ super 2000 stadia a Salmoneo ad Criumetopon, 87, 31. A Criumetopo ad Pachynum Siciliæ 4500 stadia, 87, 32; 102, 26. Promontorium orientale Salmonium; ad id a Rhodo 5000 stadia , 87, 30. Cretæ Chersonesus Ardani Libyæ prom. mille fere stadiorum intervallo objacet, 711, 33. Cretæ locus Hippocoroneum, 405, 53. E Phrygia Rhea in Cretam Curetes adscivisse fertur, 405, 24. Cretica de Jovis natalibus fabula , 402, § 11. In Creta Rhea non colitur, sed in Phrygia et Troade tantum. Qui aliter sentiunt, eos in errorem induxit quod eadem locorum nomina in Creta et Phrygia occurrunt, monente Demetrio, 405, 45. E Creta Telchines in Cyprum, deinde in Rhodum venerunt, 558, 24. In Creta Pelasgi, 184, 3. Ex ea Sarpedon in Lyciam colonos duxit, de quibus Termilarum nomen Lyciis olim fuit, 509, 25. E Creta in Lyciam a Sarpedone deducti sunt Termilæ, 490, 45. E Creta Teucri in Troadem profecti, 517, 22. Cretensis mulier Dædalo Iapygem peperit , 232 , 7. Cretenses cum Theseo e Cnosso urbe, vel cum Iapyge at Sicilia profecti Brundusium frequentasse feruntur, 234, 27; e Iapygia vero migrarunt in Bottiæam Macedoniæ; 234, 30. Cretenses qui cum Minoe in Siciliam venerant, post mortem ejus redeuntes in Iapygiam tempestate delati sunt; ibi considentes Parthenias , Tarenti conditores, recepere; nonnulli eorum juxta Adriam pedestri itinere profecti in Macedoniam venerunt, ibique Bottiæi dicti sunt, 231, 52. Cf. 275, 26. Cretenses Minois comites , a Sicilia in Italiam profecti, Hyriam condiderunt , teste Herodoto, 234, 23. Cretensium coloni Salentini Italiæ, 233, 35. In Creta signa Jasonis et Colchorum expeditionum, 38, 28. Cretensium auxilio Cares insulares continentem habitare cœperunt, 490, 41. Cretensium et Magnetum Thessal. colonia Magnesia ad Mæandrum, 543 , 46. In Cretam Althæmenes Argivus cum eaque Dorienses venerunt, 557, 42. Cretenses Æginam frequetarunt incolis, 223, 6. E Creta oriundi Caunii, 556. 42. De Minois institutis, 409, § 9 ; leges optimæ, quas alii complures imitati sunt, 409, § 9, ut Zaleucus, 216, 11. Cretam adiit Lycurgus, 414, § 19. Cretensium de republica institutisque Ephori narratio, 412, § 16-22. Instituta eorum perperam nonnulli a Lacedæmoniis repetunt, quum hi potius Cretica accuratius elaboraverint, 413, § 17. Postea respublica in deterius abiit. Cretenses post Tyrrhenos latrocinia exercuerunt; oppressi deinceps sunt a Cilicibus , et deinde una cum Cilicibus a Romanis , 409, 51. Creta cum Cyrenaica in unam provinciam Romanam conjuncta est, 710, 51. Cretensium ἀφαμιῶται, 598, 7; ἡ Μνώα χαλουμένη σύνοδος, 464 , 38. Cretici orphani, Thaletis inventum, 413, 5. Proverbium : ὁ Κρὴς ἀγνοεῖ τὴν θάλατταν, 413, 27.
Creticum mare, ἡ Κρητικὴ θάλασσα, τὸ Κρητικὸν πέλαγος, 102, 35; 269, 9; 282, 20; 317, 20; 322, 45; 419, 8. Ejus insulæ, 416, § 1.
Creusa, Κρέουσα vel Κρεουσία, Bœotiæ urbs ad Atticæ confinia, 344, 1 ; 351, 42. Thespiensium navale, 351, 42; 352 , 6; ad sinum Crissæum, 348 , 15. A Mycho Phocidis 90 stadia, a Holmiis 120 st. distat, 352, 9.
Crimissa, Κρίμισσα vel Κρίμισα (ad Cape dell' Alice ?), Italiæ opp., Philoctetæ opus , 211, 29; in Crotoniatarum agro; superjacet Chone urbs , 211, 33.
Crinacus, Κρίνακος, nomen barbarum, 267, 6.
Crinagoras, Κριναγόρας, rhetor Mytilenæus, 528, 11.
Crisa, Κρῖσα (ruinæ ad Chryso vicum), Phocidis urbs , ad mare sita, 357, 31 ; a qua sinus Crisæus dictus , 359, 20. Crisæ tyrannus Daulius, Metaponti conditor, 220, 25. Crisæi Cirrham deleront, 359, 29. Crisa deleta ab Eurylocho Thessalo, tempore belli Crisæi ; quam ab causam? 359, 40. Instaurata ab Amphissensibus, qui ausi

hujus mox pœnas dederunt, 359, 36. Eurylochus Thessalus Crisam diruit, 359, 30.
Crisæum bellum, 359, 31; 361, 39.
Crisæus campus, 259, 19; 366, 37.
Crisæus sinus, 215, 32; 269, 10; 275, 25; 287, 25; 388, 38; 326, 19; 344, 11; unde dictus sit, 359, 21. Inde ab Antirrhio usque ad isthmum pertinet; pars ejus est mare Alcyonium, 288, 47. Crisæo sinui incumbit Helicon, 351, 41; ei adjacent Medeon, 352, 43, et Creusa, 318, 15.
Critasirus, Κριτάσιρος, Boiorum dux, 525, 29; 260, 26.
Crithote, Κριθώτη, Chersonesi Trac. oppidulum nunc eversum, 284, 10; 394, 47.
Crithote, Κριθώτη, Acarnaniæ opp., 394, 45. [Ruinæ inter *Lutziana* et *Tragamesti* sec. Leakium.]
Criumetopon, Κριουμέτωπον, Chersonesi Tauricæ pr. (*C. Aitodor*, vel *Karadja Bouroun*. Cf. Geogr. Min. I, p. CXLV) Carambi objacet, 256, 20; 467, 12, a quo distat 1500 stadia, 103, 15.
Criumetopon (*Kavo Krio*), Cretæ prom., 87, 31, cui objacet 2000 stadiorum intervallo navale Cyrenensium, 710, 37.
Crobialus. V. Ægialus.
Crobyzi, Κρόβυζοι, Thraciæ gens, ad Pontum supra Callatim, Tomea et Istrum, 264, 26.
Crocius campus, τὸ Κρόκιον πεδίον, Phthiotidis supra Halum opp., 371, 48; ad fines Othryis montis, 374, 9; per eum Amphrysus fluit, *ib*. Supra eum Itonus, 374, 4. Sub Crocio Campo Thebæ Phthiotides, 371, 50.
Crocodilopolis, Κροκοδείλων πόλις (ruinæ ad *Embeshanda*), in Thebaide, ubi crocodilus colitur, 693, 45.
Crocodilopolis, Κροκοδείλων πόλις, in Ægypto olim vocabatur quæ nunc dicitur Arsinoe, 689, 35.
Crocodilopolis, Phœniciæ urbs maritima inter Bucolon polin (*Dandorah*) et Stratonis turrim, 645, 53. (Memoratur etiam apud Plin. 5, 17, 75 inter Dora et Stratonis turrim : *Fuit oppidum Crocodilôn et flumen*. Flumina vero in hoc tractu novimus *Karadcha* et ab eo versus meridiem alterum majorem *Serka*, quem indicari a Plinio censeo. Idem apud Ptolemæum vocatur Chorseus, pone cujus ostia ab eodem Ptolemæo Sapphura urbs notatur.)
Crocodilus cur a mugilibus, porcis et delphinis piscibus abstineat, 699, 47. Crocodilorum cultus in Arsinoe urbe sive Crocodilopoli; sacer et mansuetus crocodilus, qui in lacu nutritur, Suchus vocatur, 689, 35; 690, 1. Crocodilus etiam Crocodilopoli Thebaidis colitur, 693, 45; detestantur eum incolæ Apollinis urbis in Thebaide, 693, 49, et Tentyritæ, 691, 52; 692, 3. Crocodili in Mœridis lacu, 690, 1; in lacu Æthiopiæ, 658, 41; in Indo non multi, nec infesti hominibus, 602, 11; in Hydaspe, 593, 43; in Gange, 612, 22; in Libyæ occiduæ fluviis, 701, 45. Crocodili pusilli in Bithyniæ fonte Azaritio, 482, 22.
Crocus Siculus, 227, 13; crocus optimus ad Corycium Ciliciæ antrum, 572, 34.
Crocutta, Κροκούττα, Æthiopiæ animal e cane et lupo hybrida, 659, 54.
Crocylea, Κροκύλεια, a Laerte capta, in Acarnania fuit, 323, 28, vel, ut 388, 20 (cf. 389, 18) accuratius dicit, in Leucade ins. Cf. v. Ægilips.
Crœsus Herodoto vocatur τύραννος τῶν ἐντὸς Ἅλυος, 457, 46; Alyattæ f., Delphos dona misit, 360, 50; 361, 15; divitias comparavit ex auro Pactoli, 535, 5. Sidena diruta, in quam Gaucias tyrannus confugerat, diris eos devovit, qui muris denuo urbem cingerent, 514, 48. Contra Crœsum Prusias (?) bellum gessit, 483, 10.

Crœsi tempore Ilium novum eo quo nunc est loco conditum, 507, 47.
Crommyi acra, Κρομμύου ἄκρα (*C. Cormachite*), Cypri pr., 583, 23, ab Anemurio distat 350 stadia, 582, 8; 571, 40; a Clidibus 700 stad., 582, 8.
Crommyon, ἡ Κρομμυῶν, vicus olim Megaricus, postea Corinthius, in isthmo situs, 326, 49; 335, 8; 336, 20. Regio ἡ Κρομμυωνία, 326; 41 et 51, de qua disceptarunt Iones et Peloponnesii, 336, 51. Sus Crommyonia, mater apri Calydonii, 326, 51.
Cromna, Κρῶμνα (Ruinæ prope *Karudcha Tchilch Bouroun*), unus pagorum e quibus Amastris urbs Paphlagonica conflata, 466, 46; 464, 47.
Cronus. V. Apollonius et Diodorus.
Croton, Κρότων (*Cotrone*), 200 stadia a Sybari distat, 218, 42; 150 stadiis a Lacinio dissita; ibi Æsarus fl. et portus et Neæthus fl. Urbis a Myscello Achæo conditæ origines (cf. 224, 8), secundum Antiochum; prius ab Iapygibus habitatam esse Ephorus refert; urbis studia bellica et athletica; frequentes in ludis victores Crotoniatæ; ducta hinc proverbia; auxit urbis gloriam multitudo Pythagoreorum inter eosque Milo athleta; non diu civitas duravit post acceptam ad Sagram fl. cladem, 217, § 12. Croton urbs salubris, 224, 9. In agro urbis Crimissa et Chone, 211, 32. Crotoniatæ Scylletium possederunt, 217, 16; Sybarin ceperunt captamque inmisso flumine aquis obruerunt, 218, 51. A Rheginis et Locrensibus ad Sagram fl. victi sunt; quam cladem mox finis civitatis secutus est, 217, 2.
Cruni, Κρουνοί (*Baltchik*), Pontica urbs inter Callatin et Apolloniam, 265, 15.
Cruni, Κρουνοί, fons Triphyliæ (ad hod. *Taula*), 295, 30; 301, 25; 302, 5.
Crusis, Κρουσίς, Macedoniæ regio, cujus oppida complura delevit Cassander, 277, 33.
Crystalli in India, 610, 41; crystalli tabulæ in Cappadocia, 462, 45.
Cuarius, Κουάριος (Curalius?), fluvius prope Coroneam Bœotiæ, de fluvio thessalico dictus, 353, 29. Alcæus Κωράλιον, vocat, 353, 30.
Cuarius fl. in Thessalia Phthiotide, 353, 29. 874, 12.
Cubi. V. Bituriges Cubi.
Cuculum, Κούκουλον (*Cucullo*), Latii urbs, viæ Valeriæ propinqua, 198, 37.
Culupene, Κουλουπηνή, Ponti regio, Armeniæ minori contermina, 479, 28.
Cuma, Κύμη (Ruinæ ad *Lamurthoi*), Æolicarum urbium maxima, et cum Lesbo quodammodo metropolis ceterarum urbium Æolicarum, 532, 4. A Cleua et Malao condita et Phriconis cognominata est, 498, 35; 531, 5. Ad Cumam Amazones habitasse Ephorus ait, 471, 23. Ipsa urbs ab Amazone nomen habet, 471; 30; 532, 31. Hinc Hesiodi pater Ascram venit, 351, 47. Vicina est Larissa Phriconis, 378, 27; 530, 34, septuaginta distans stadia, 531, 41; Myrina a Cuma abest stadia quadraginta, 531, 41. Cumano in agro Gergithes urbs fuit, et etiam nunc Gergithium locus ad Larissam monstratur, 504, 39. Cumæorum coloniæ Cumæ Campaniæ, 202, 47, et Side Pamphyliæ, 570, 2, et Ænus in Thracia, 283, 15. Cumæi stoliditatis nota laborant; quam ob famam? 532, 7. Cumæi Hesiodus et Ephorus; num Homerus quoque Cumæus sit, quæritur, 532, 23.
Cumæ, Κύμη (*Cuma*), Campaniæ urbs, 21, 33, Chalcidensium et Cumæorum Asiaticorum colonia antiquissima; postea Campani ea potiti sunt; at etiam nunc græcæ originis supersunt indicia. In propinquo est Gallinaria silva, 202, 47. Cumani Oscos e Campania expulerunt; ipsi ab Etruscis ejecti sunt, 202, 19. Cumanus

ager cur Phlegra dictus sit, 204, 41. Cumanorum olim navale Dicæarchia, 204, 35. Cumas ab Averno cuniculus a Cocceio ductus, 204, 15. Cumanorum colonia Neapolis, 205, 3.

Cumanus sinus, ὁ Κυμαῖος κόλπος, Italiæ, 18, 30; 18, 54.

Cuneus, Κούνεος, Iberiæ regio in sacrum prom. excurrens, 114, 7.

Cuniculi multi in Turditania, quos quidam leberides, λεθηρίδας, vocant, 119, 46; sunt per totam fere Hispaniam et ad Massiliam usque, 119, 49. Cuniculi ex Hispania in Gymnesias illati, et immane quantum aucti ad desperationem incolas adegerunt, 140, 1; 119, 50. Venandi cuniculos ratio, 120, 2.

Curalius fl., Κουράλιος (*Sofadhitiko*), Hestiæotidem perfluere et fanum Minervæ Itoniæ præterlapsus in Peneum influere dicitur, 376, 25. (In antecedentibus, p. 374, 15, Strabo Minervæ Itoniæ templum Thessaliotidi assignat; idque recte habet. Quare aut falsa hoc loco auctor tradit, aut ita res expedienda est, ut eam Curalii partem quæ Peneo proxima est, Hestiæotidi tribuamus.

Cures, Κύρης (*Correse*), nunc viculus, olim urbs illustris, ex qua orti Titus Tatius et Numa Pompilius; unde oratores populum Rom. affantes, Quirites eum appellant, 190, 11. Quiritium rex Tatius cum Romulo regni societatem inivit, 192, 6. Post necem ejus Romulus imperium in Quirites volentes exercuit, *ib.* Quiritibus finitimi Æqui, 192, 39.

Curetes, Κουρῆτες, dii, Hecateri ex Phoronei filia prosapia ap. Hesiodum, 405, 14. Nonnullis sunt γηγενεῖς et χαλκάσπιδες, 405, 16; δαίμονες ἢ πρόπολοι θεῶν, sicut Satyri, Sileni, Tityri, Bacchæ, 400, 25; sec. alios iidem sunt Curetes, Corybantes, Cabiri, Idæi Dactyli et Telchines, sec. alios cognati inter se et simillimi, 400, 32. Quidnam his omnibus sit commune, 400, 36. Curetes et Idæos Dactylos non esse diversos statuunt, 283, 12. Curetes, quos etiam Corybantes dicunt, in Rheæ cultu Phrygio, 402, § 12. Curetes tibicines et Phryges vocat Phoronidis auctor, 405, 15. Curetes Cretici e Phrygia in Cretam a Rhea adsciti feruntur, 405, 24; erantque juvenes armata saltatione repræsentantes de Rhea et natalibus Jovis fabulam; nomen habent vel quod κόροι, juvenes, essent, vel quod κόρον, puerum, Jovem educassent, 402, § 11. Curetes in Creta dicti sunt advocati a Rhea e Rhodo Telchines, 405, 25. Curetum in Creta socius Cyrbas fuit, 405, 27. Curetes Latonam parientem tuentur in Solmisso monte prope Ortygiam Joniæ, 546, 35. Cf. 546, 45. Saltationis armatæ inventores, 413, 2. Arma ærea, χαλκᾶ, primum in Euboea sumpsisse feruntur, indeque Chalcidenses dicti esse, 405, 19. — Κούρητες ap. Homerum juvenes milites, 400, 13.

Curetes, gens. Cum gente Curetum passim ab historicis confunduntur Curetes ministri sive genii deorum, quibus orgia celebrantur, 400, § 7. Quomodo utrosque nonnulli componere tentaverint, 400, § 8. Curetes (sec. Archamchum) Chalcidem habitantes de Lelanto campo continenter certantes, ne facile ab hostibus comprehenderentur, comas anteriores tondebant; ab hac κουρᾷ Curetes dicti; migrarunt deinde in Ætoliam, ibique circa Pleuronem loca obtinuerunt, finitimosque, quod comam non tondebant, Ἀχαρνᾶνες vocarunt, 399, 44. Nonnulli vocari Curetes ferunt a Curio monte Ætoliæ, 399, 54, vel ab eo quod κορῶν, *puellarum*, in morem muliebres vestes gererent, 400, 53. Cf. 387, 28. Pars Ætolorum, 368, 38; 387, 32; 399, 44. Curetica Ætoliæ regio eadem est quæ Pleuronia, 387, 33. Curetes partem Acarnaniæ tenuerunt, 267, 28. Sec. Ephorum Curetes, adveniente ex Elide cum Epeis Ætolo, in Acarnaniam transgressi sunt, 398, 5. Apud Homerum Curetes sunt Ætoli, 397, 38.

Curias, Κουριάς (*Capo Gavata* sive *delle Gatte*), Cypri pr., 582, 37.

Curium, Κούριον (*Episcopi*), Cypri opp., Argivorum col., 582, 39.

Curius mons, Κούριον ὄρος, in Ætolia, veteri Pleuroni vicinus; unde Pleuroniis Curetarum nomen factum esse nonnulli produnt, 387, 27; 399, 54.

Curribus falcatis Nigritæ et Pharusii utuntur, 703, 16.

Cursus Achilleus, 255, 35. V. Achilleus cursus.

Ctenus, Κτενοῦς, portus Chersonesi Tauricæ, æquali spatio a Chersoneso urbe et Symbolorum portu distat, et cum hoc isthmum 40 stadiorum efficit, muro munitum, quem contra Diophantem belligerantes Scythæ adorti sunt, 256, 25 et 43; 259, 21. Prope Ctenuntem erat Eupatorium, 259, 14.

Ctesias Cnidius, ὁ ἰατρεύσας Ἀρταξέρξην, συγγράψας δὲ τὰ Ἀσσυριακὰ καὶ τὰ Περσικά, 560, 18. Ctesiâ rectius fabulas se narraturum profitetur Theopompus, 30, 15. Ctesias nimis voluptatem legentium spectat, 435, 36. Indiam non minorem reliquâ Asiâ esse dicit, 588, 16. Unde mare Rubrum nomen habere putet, 662, 47. Atargatis ei vocatur Derceto, 667, 42.

Ctesiphon, Κτησιφῶν (*Al Madain*), prope Seleuciam pagus magnus, ex quo urbs facta est, quum reges Parthorum ibi hiemarent, 633, 14.

Ctimene, Κτιμένη, soror Ulyssis, 390, 1.

Κτίσται (?) vocantur Thraces qui mulieribus abstinent, 246, 19.

Cyaneæ, Κυάνεαι, duæ insulæ, quarum altera Europæ, altera Asiæ adjacent, 20 stadia inter se distantes, totidemque (?) a templis Byzantionim et Chalcedoniorum, 265, 35; ab Apollonia 1500 stadia, 265, 27. Cyaneæ et Canobicum ostium in eodem meridiano, sec. Eratosthenem, 75, 25. A Cyaneis ad Hebrum 3100 stadia sec. Artemidorum, 284, 23; ad Caspium montem 6600 stadia secundum Hipparchum, 75, 28. Cyanea saxa a nonnullis Symplegades dicebantur, e quibus Planctas suas finxit Homerus, 17, 19; 123, 44; 266, 8.

Cyaxaris Medi temporibus Milesii num classe triginta navium ad Bolb'tinum Nili ostium appulerunt, 681, 20.

Cybebe, Κυβήβη, Rhea, 404, 7.

Cybela, τὰ Κύβελα, mons Phrygiæ, a quo Cybele dea dicta, 486, 21.

Cybele, Κυβέλη, Rhea, 402, 45; 404, 7; 486, 21.

Cybelia, Κυβελία, pagus Erythrææ peninsulæ, 550, 46.

Cybiosactes, Κυβιοσάκτης, qui e Syriacorum regum stirpe oriundum se ferebat, ab Alexandrinis filiæ Ptolemæi Auletæ junctus, ab hac vero mox interfectus est, 676, 45.

Cybistra, τὰ Κύβιστρα (*Eregli*), in ea Ciliciæ parte quæ Cappadociæ adjecta est, 458, 28.

Cychreus, Κυχρεύς, heros serpentem in Salamine alebat, 338, 18.

Cychrides serpens, ὁ Κυχρείδης ὄφις, qui a Cychreo alebatur, quum Salaminem infestaret, ab Eurylocho expulsus, et Eleusine a Cerere in locum administri receptus est, 338, 17.

Cyclades, αἱ Κυκλάδες νῆσοι, insulæ initio duodecim; postea aliæ accesserunt; Artemidorus quindecim recenset; quasnam? 416, 48; ex his Prepesinthum, Oliarum et Gyarum resecandas esse Strabo censet, 417, 6; nonnullæ in mari Myrtoo sitæ, 102, 41. Quædam eodem terræ motu quassatæ sunt, qua tota Syria concussa est, 48, 27. Cycladum solennis in Delo conventus, ad quem mittebantur sacrorum legati et victimæ et chori virginum, 416, 45.

Cyclopes et Læstrygones circa Ætnam et Leontinorum regionem incoluerunt, 16, 50. Cyclopes unoculos Homerus

fort. ab Arimaspis historiarum Scythicarum in sua poemata transtulit, 17, 42. Vasta Cyclopum corpora figmentum Homericum, 18, 6. Cyclopum vita, Κυκλώπειος βίος, 430, 37; 507, 18. Cyclopis spelunca, 33, 30.
Cyclopes, septem numero, γαστερόχειρες dicti, e Lycia acciti, Tirynthem Praeto munierunt; eorumdem fuerint Cyclopia opera quae sunt ad Naupliam, 320, 36.
Cyclopia, Κυκλώπεια, specus in iisque labyrinthi ad sinum Argolicum post Naupliam, 317, 7; 320, 36.
Cycni in Hispania, 135, 50.
Cycnus, Tennae pater, 327, 14, Thrax genere, rex Colonarum, 517, 3.
Cydnus, Κύδνος (*Tersus Tchai*), Ciciliae fl.; ad ostia ejus Rhegma locus, 574, 3; Tarsum perfluit, 574, 6. Fluvii fontes; aqua frigida, cursus rapidus, 574, 35. Ostia a Tarso 120 stadia distant, 574, 30. Ab ostio ejus ad Amisum isthmus est peninsulae Asiaticae, 574, 15. Ex Cydno in Choaspem navigasse Diotimum acceperat Damastes, 39, 40.
Cydonia, Κυδωνία (*Khania*), Cretae urbs magna, 409, 50; a Minoe condita, 409, 20. Distantia a Cnosso, Gortyne, Aptera, a mari; vicini sunt Polyrrhenii, 411, 32. Cydoniam Aeginetae colonos miserunt, 323, 10. Cydoniatae Britomartidi eam Dictynnae nomen indiderint, 411, 25. Cydoniae mons Tityrus, 411, 31.
Cydrelus, Κυδρῆλος, Codri f. spurius, Myuntem condidit, 541, 4.
Cydriae, Κύδριαι (Κύδραι St. B. ex Strabone), Brygorum in Epiro urbs, 272, 9. Aliunde non nota urbs. Num est Codrium quod memorat Livius, 31, 27, una cum Orgesso, Corragone, Gerrunnio, Antipatria in extremis Macedoniae? quae quidem urbs cum hod. *Kodras* ad Aoum fl. (circ. 17° 50' long.) componenda videtur. Quadrat etiam quod Bryges inter gentes recensentur qui a Cerauniis ad Epidamnum usque supra Epirum sint in mediterraneis. Attamen non hoc loci quaerendos esse Bryges Strabonis videntur, quorum e regione fluvii in Erigonem illabi dicuntur; ponendi potius sint a Lychnitide palude ortum versus eo in loco ubi Itin. Hieros. habet *Bruciadam* (Brygiadem Steph. Byz.) stationem. Cydrae fort. est Σκύδρα, quam Ptolemaeus 3, 13, 39, nescio quam recte, ab Heraclea Lyncestide meridiem versus in Emathia ponit; in tabula Cydreas notavi ubi Itin. in via Egnatia ponunt Scirtiana s. Scyrtiana.
Cyllene, Κυλλήνη, pagus, Eleorum navale, 290, 15, 120 ab Eli urbe stadiis abest, *ib.* Cyllenius Otus, Epeorum dux, *ib.* et 392, 5. Aesculapium Cyllenes, Colotae opus, simulacrum eburneum, habet, 290, 20. Cyllene non longe ab Hyrmine distat, 293, 38. (Vulgo Cyllenen ponunt ad Chelonatam prom., prope hodiernam *Glarenza*. Cui opinioni testimonia veterum repugnant. In medio sinu, qui ab Araxo ad Chelonatam extenditur, sitam fuisse probat'T. P., quae et ab Elide et a Dyme ad Cyllenen quatuordecim millia numerat; Pausanias ab Elide Cyllenen 120 stadiis ab esse dicit. E quibus testimoniis colligitur apud Plinium 4, 4, 6, ubi a Chelonata ad Cyllenen esse V millia proditur, pro V legendum esse XV, monente Curtio *Pelop.* 2, p. 103. Inter Chelonatam et Cyllenen secundum Strabonem et Ptolemaeum exit Peneus fl., qui nunc a meridie promontorii egreditur. Ruinae Cyllenes in ora aggesta non conspiciuntur.
Cyllene (*Zyria*), Arcadiae mons maximus; ejus altitudo, 333, 17 et 49.
Cyme. Vide Cuma.
Cynaetha, Κύναιθα (*Kalavryta*), Arcadiae opp., 333, 40.
Cynia, Κυνία, palus Aetoliae, 394, 50.
Κυνοκέφαλοι, Canicipites, gens ficta, ap. Aeschylum, 36, 5; 248, 36.

Κυνοκεφάλων ὕδρευμα, locus regionis Cinnamomiferae (ad *Bunder Uloulah*), 659, 6.
Cynocephalus, Aethiopiae animal, 659, 50; ab Hermopolitis Aegypti colitur, 690, 26.
Cynamulgi. V. Canimulgi.
Cynopolis, Κυνὸς πόλις, in Delta regione Aegypti, 681, 40.
Cynopolis (*Samallus*) Aegypti a meridie Heracleopolis, in qua Anubis colitur, et canibus honor est, 690, 13. Κυνοπολίτης νομός, *ib.*
Cynoscephalae, Κυνὸς κεφαλαί, Thessaliae collis et locus ad Scotussam; ibi Romani Philippum proelio vicerunt, 379, 30.
Cynos sema, Κυνὸς σῆμα, sive Canis sepulcrum, Chersonesi Thr. promont., quo praetervecto Hecubae sepulcrum ostenditur, 284, 1. Ei in Asia objacet ostium Rhodii fluvii, 509, 21. Hecubae sepulcrum esse dicitur, *ib.*
Cynos sema (*Cape Volpo*), in Cariae ora inter Loryma et Cnidum, 560, 3.
Cynos sema (*Chimo* aliorum, ad hod. *Burdahn*), locus orae Libycae inter Leucaspin et Taposirin, 679, 22.
Cynthus, Κύνθος, Deli mons, 416, 31.
Cynuria, Κυνουρία, in confiniis Argolidis et Laconiae; in ea Thyreae opp., 323, 34, et Lyrceus mons, 318, 26.
Cynus, Κῦνος (*Palaeopyrgo*), Locridis urbs, 383, 15. Opuntis navale, 365, 6. Cyni habitavit Deucalion; ibi Pyrrhae sepulcrum, 365, 12. Urbis pars terrae motu laesa, 50, 40. Cyni colonia Canae in Asia, 525, 48.
Cyparisseis, Κυπαρισσήεις, priscae Macistiae locus, in Nestoris ditione, quae etiam ultra Nedam pertinuit, 300, 35. Non amplius habitatur, *ib.* Nunc ἡ Κυπαρισσία dicitur, fluvius vero ὁ Κυπαρισσήεις, *ib.*
Cyparissenses, Κυπαρισσεῖς, Lepreatis finitimi, 296, 31. Regionem eorum Caucones tenuerunt, 296, 35. Cyparissensium orae objacent Strophades inss., 308, 50. Habent duas Cyparissias, unam Triphyliae sive Macistiae, alteram Messeniae, distinguit, utramque autem in Nestoris ditione positam esse censet. Fortasse tamen utraque Cyparissa referenda fuerit ad hodiernam *Arkadia*, in ea Macistiae parte sitam, quae est a meridie Nedae fluvii, adeo ut eadem etiam Messeniae vindicari potuerit. Stephanus Eranam Messeniae etiam Cyparissiam dictam esse refert; Strabo ubi Eranae mentionem facit, hoc non notavit. Sin revera duae Cyparissiae distinguendae sunt, Messeniae urbem ubi poni voluerit Strabo, non liquet.
Cyparissia, Messeniae urbs, 308, 35; 310, 4; in eodem quo Pylus tractu sita, 308, 43.
Cyparissia nunc prima urbs orae Messeniae, olim vero ad Nestoris imperium et Triphyliam pertinuit, 599, § 22. Cyparissia Messeniaca a Triphyliae urbe cognomine diversa esse dicitur, 300, 47.
Cyparissia, ad sinum Laconicum urbs (in *Xyli* peninsula), 312, 23.
Cyparissus pagus Phocidis sub Lycorea situs, 363, 19.
Cyphus, Κύφος, Perrhaebicus mons et pagus; ubi Aenianes nonnulli consederunt, 380, 17; 379, 5; in Gunei ditione, 378. 49.
Cyprae templum, ab Etruscis in Piceno conditum; Cypra vero Etruscis Juno vocatur, 201, 6. (Templum illud erat in loco *Cupra Maritima* dicto, ubi nunc *le Grotte a Mare*, a borea hodierni *S. Benedetto*.)
Cypressetum, ὁ Κυπαρισσῶν, inter Sadracas et Dialae trajectum (*Tchemen Kiupressi*. Vide not. ad v. Sadracae), 628, 29.
Cyprus, Κύπρος, ins. in Issico sinu et Pamphylio sita, p. 104. 3. De situ ejus prava tradunt Damastes et Eratosthenes, 583, § 4. Descriptio insulae, 581, cap. 6. Situs, 581, § 1; ambitus, longitudo, figura, 581, § 2; Singula describuntur, 582, § 3 sqq; proventus, silvae, 583, § 5.

In Cyprum Telchines e Creta venerunt, 558, 24. Cinyras, Cyprius, 33, 10. Cyprium æs unicum est, quod ferat Cadmiam lapidem, vitriolum et spodium, 136, 1. Cyprum tenuerunt tyranni, deinde Ptolemæi; tum Romanorum fuit provincia prætoria, occupante insulam Catone. Per breve tempus tenuit eam Cleopatra, dante Antonio, 583, § 6. Cyprus Ptolemaicis regibus paruit, 672, 38.

Cypsela, τὰ Κύψελα (*Ipsala*), Thraciæ urbs non longe ab Hebro, in quam desinit via Egnatia, 275, 4 et 11; 282, 35 et 48; 284, 23.

Cypselus, Κύψελος, Bacchiadas dejecit, et occupatam Corinthi tyrannidem ad tertium heredem propagavit, 325, 11. Ejus donum aureus malleoque ductus Juppiter Olympiæ, 304, 8, 325, 13. Cypselus Leucadem colonis occupat, 388, 21. Filius ejus Gorgus, Ambraciæ conditor, 270, 17.

Cyra, τὰ Κῦρα, ad Iaxartem oppidum in Sogdiana, Persici regni ultimum, Cyri opus, ab Alex. M. dirutum, 443, 47.

Cyrbantes (Κύρβαντες) et Corybantes non diversos esse putant, 283, 11.

Cyrbas, Κύρβας, Hierapytnæ Creticæ conditor, Curetum socius, 405, 27.

Cyrenaicæ sectæ, τῆς Κυρηναϊκῆς φιλοσοφίας, auctor Aristippus Socraticus, 711, 5; emendator Anniceris, 711, 9.

Cyrene, Κυρήνη (*Grenna*), Libyæ urbs, in monte mensali, 710, 29; in Alexandriæ parallelo, 110, 41; a Syenes parallelo 5000 stadia distat, sec Hipparch., 110, 19; colonia e Thera deducta, 48, 11; 298, 33; 710, 32. Battus conditor, 710, 40. Regio ejus ferax (cf. 108, 20), equorum nutrix virorumque fortium; ea Ægypti reges potiti sunt; nunc provincia Romana cui Creta adjuncta, 710, 42. Cyrenæ emporium Apollonias, 710, 27. Cyrenaicæ ditionis terminus ad Automala in Syrti majori, 101, 54, et ab altero latere Catabathmus, 711, 22. At sub Ptolemæo (Apione?) limes occidentalis erat ad Euphrantæ turrim, 709, 41. Usque ad Cyrenaicam pertingunt Marmaridæ, 108, 37. Supra eam sunt Nasamones et Psylli, 108, 38. Ad eam Psylli degunt, 692, 5. Imminent ei Lotophagi, 130, 40. Cyrenaicæ silphium sive laserpitium nunc fere defecit, 710, 54; succus ex eo collectus, ὀπὸς ὁ Κυρηναῖος, 711, 1. Oppida Cyrenaicæ, 710, § 20 et 21. Cyrenaica potiti sunt Ptolemaici reges, 672, 37. Cyrenæorum anathemata in Ammonis templo visuntur columnæ delphines impositos habentes et inscriptæ: Κυρηναίων θεωρῶν, 41, 21. Hanc inscriptionem fictam esse dicit Hipparchus, 47, 20. Cyrenæi viri clari, Aristippus Socraticus ejusque filia et nepos, Areta et Aristippus metrodidactus, Anniceris, Callimachus, Eratosthenes, Carneades, Apollonius Cronus, 711, 4.

Cyrictica, Κυριχτική, insula sinus Adriatici prope Iapodum oram, 261, 43; 102, 23.

Cyrinius, Κυρίνιος (*Sulpitius Quirinus, Tacit. Annal.* 3, 48) Homonadenses fame expugnavit, 487, 52.

Cyrrhestica, Κυρρεστική, regio Syriæ; ejus situs; ibi Gindarus civitas, 639, 34.

Cyrrhestidis Minervæ templum ab Heraclea Seleucidis 20 stadia distat, 639, 33.

Cyrsilus, Κυρσίλος, Pharsalius, Alexander comes, de Armeniæ antiquitatibus, 454, 53.

Cyrtii, Κύρτιοι, migratores et latrones, in Atropatene et Perside, 449, 8. Persidis gens latrociniis dedita, 619, 24.

Cyri campus, τὸ Κύρου πεδίον, Lydiæ, a Persis ita nominatus, 538, 6; Sardibus subjacens, 535, 16.

Cyri castra, a Mazacis distant sex dierum itinere, via per Tyana ducente, 462, 18.

Cyrus, rex Persarum, 51, 20, prius Agradates dictus; alterum hoc nomen a Cyro fluvio assumpsit, 621, 16. Astyagem regno exuit, 449, 31, Persisque imperium comparavit; successor ejus Cambyses, 626, 30. Cyrus Pasargadis honorem habuit, quod ibi Astyagem ultimo prœlio superavit, 622, 13. Cur Susis regiam sibi esse voluerit, 419, 28. Sardes expugnavit, 536, 27. Quo strategemate Sacas vicerit; pro victoria in honorem Anaitidis Sacæa instituit, 439, § 5. Cyra urbem Sogdianæ ad Iaxartem condidit, 443, 48. Euergetis nomen hoc indidit, 616, 53. Ejus contra Massagetas expeditio, 435, 24; 439, 39. In Indiam expeditio infelix, 585, 34. Cum septem solummodo hominibus ex India evasit, 614, 35. In Massagetas ducens ad Indos prope accessit, at contra ipsos Indos expeditionem non suscepit, teste Megasthene, 586, 4. Cyri dux Harpargus, 210, 16. Cyri sepulcrum Pasargadis Alexander invisit. De eo narrationes Aristobuli, Onesicriti et Aristi Salaminii, 621, § 7 et 8.

Cyrus, Κῦρος (*Abi-Schur*), fl. circa Pasargadas per Cavam Persidem fluit; ejus fl. nomen rex assumpsit, pro Agradate Cyrum se appellans, 621, 14.

Cyrus, Κῦρος (*Kour*), fl., 452, 47; 453, 24, Iberiam ab Albania dirimit, 51, 6; per Iberiam et Albaniam fluit, 421, 42. In Armenia ortus excipit Aragonem, Alazonium, Sandobanem, Rhœtacem, Chanem; exit in mare Caspium; prius vocabatur Cores, 428, 48. In Cyrum a meridie incidit fluvius, juxta quem Seusamora castellum, et ex Armenia in Iberiam aditus, 429, 35. Cyro imminet Harmozica, 429, 39. Albaniam perfluens, multum limi aggerit. Ejus ostia duodecim et Araxes affluens, 430, § 2. Per Cyrum ex Albania merces Indicæ per Oxum et mare Caspium advectæ ad loca Ponto vicina deferuntur, 437, 2. Cyri ad ostia a Caspio monte 1800 stadia, sec. Eratosthenem; a Cyro ad Caspias portas 5000 stadia, 440, 45. Ad Cyrum a Sarapanis castello quattuor dierum iter, 427, 22.

Cythera, Κύθηρα, insula maris Myrtoi, 102, 40, cum portu et urbe, quam Strabonis ævo possedit Eurycles, 312, 4.

Cytherius, Κυθήριος, fl. Pisatidis, cui adjacet Heraclea, et Ioniadum nympharum fanum, 306, 34.

Cytherus, Κύθηρος, una e 12 Atticæ civitatibus, quas Cecrops constituit, 341, 30.

Cythnus, Κύθνος, una ex Cycladibus inss., 417, 2.

Cytinium, Κυτίνιον, urbs tetrapolis Doricæ, 366, 51; 408, 42.

Cytorum, Κύτωρον (*Kidros*), Ponti oppidum, quod Heneti olim possederunt, 465, 2; Sinopensium emporium; unus e pagis e quibus Amastris conflata; nomen unde habeat; optima ibi buxus nascitur, 466, 46.

Cytorus, Κύτωρος, Phrixi f., a quo Cytorum opp. nomen habet, 466, 51.

Cyzicus, Κύζικος, Propontidis insula (*Artaki*) et urbs (ruinæ *Bal-Kiz*), 284, 43; 103, 46. Milesiorum colonia, 542, 39. Insula et urbs describuntur, 492, § 11. Templa Idææ matris, quæ sunt circa Cyzicum, Argonautæ struxerunt, sec. Neanthem, 37, 34. Cyzicus a Zelia 190 stadia distat, 502, 20. A Mithridate obsessa est, 493, 16. Honor Cyzico a Romanis habitus, qui ditionem urbis auxerunt, 493, 26. Prope urbem est Adrasteæ oraculum, 503, 26. Cyzicena regio ad Priapum, 484, 8, quam urbem Cyziceni condiderunt, 502, 54. Cyziceni et Priapeni agri in confiniis Harpagia locus, 502, 48. Cyziceni loca tenent ad Zeliam pertinentia, 502, 29, et montes Pirosso Zeliæ contiguos, 504, 5, et pleraque regionis, quam Mygdones et Doliones possederunt, 492, 46 et 38; Troadis partem, quæ est ad Zeliam et campum Adrasteæ, et partem Dascylitidis paludis, porro Dolionidem et Mygdonidem usque ad Miletopolidem et Apolloniatidem paludes, 493, 28. Quæ circa Cyzicum sunt post Troica Phryges occuparunt usque ad Practium, 501, 45. Cyziceni Eudoxum legatum ad Proserpinæ sacra celebranda misorunt in Ægyptum, 81, 20 (Cf. Eudoxus). Eorum architecti et instrumentorum navalium thesauri, 557, 36. Cyziceni lapide Proconnesio utuntur, 503, 53.

D.

Daæ, Δάαι, Scythæ, Xanthi (Xandii codd.) vel Parii dicti, supra Mæotidem habitare perhibentur, a quibus ad Ochum profecti sint Parni Daæ, 442, 4, qui habitant juxta Caspii maris latus orientale, 435, 50, ad Hyrcaniam, 252, 49. Inde a Caspio orientem versus habitant, 438, 26. Daarum alii Aparni, alii Xanthi, alii Pissuri dicuntur, 438, 34. Dææ deserto peragrato incursiones faciebant in Hyrcaniam, Nesæam, Parthiam, 438, 40. Daïs Parnis ad Ochum habitantibus imperavit Arsaces, qui hinc Parthyæam invasit, 441, 40.

Daci, Δακοί, inter Germaniam et Getarum regionem habitant; antiquitus Dai appellabantur; unde Daus est usitatum apud Græcos servi nomen, 252, 47. Daci et Getæ eadem lingua utuntur, 253, 15. Contra Dacos Boii bella gerebant, 177, 21. Daci partem regionis, quæ est intra Alpes et Istrum desertum reddiderunt, debellatis Boiis et Tauriscis Gallis, a quibus Pariso (?) fluvio separabantur, 260, 24. Nunc Daci viribus fracti tantum non Romanis se submiserunt, 253, 28. Segestica belli in Dacos gerendi arx est opportuna, 260, 37; 172, 51.

Δακίηος (?) Juppiter. V. Juppiter.

Dactylos Idæos et Curetes eosdem esse putant, 283, 12.

Dactylorum Idæorum unus Hercules, certaminis Olympici auctor, 305, 3. De Dactylis narratio varia, 406, § 22.

Δᾳδοῦχοι, tædiferi, Cereris ministri, 402, 16.

Dædala, Δαίδαλα, mons et urbs, Lyciæ initium, 567, 6 et 53 ; Rhodiorum περαίας initium, 556, 16 et 41.

Dædalus, Δαίδαλος, Icari pater, 545, 47. De Dædalo fabula, 409, 39.

Daes, Δάης, Colonensis ex Troade, laudatur de Cillæi Apollinis templo Colonensi, 523, 37.

Dæsitiatæ, Δαισιτιᾶται, Pannonum gens, quorum dux erat Bato, 261, 10.

Dai, Δάοι, antiquitus appellabantur qui nunc Daci vocantur, 252, 49.

Dalion, Δαλίων (riv. de Longo), Triphyliæ fl., in Alpheum exit, 296, 11.

Dalmatæ, Δαλματεῖς, diuturnum contra Romanos bellum gesserunt; ad quinquaginta habuerunt oppida, in iisque urbes nonnullas, ut Salonem, Priamonem, Niniam, Sinotium novum ac vetus; has Augustus combussit. Castellum eorum Andetrium; caput gentis Dalmium, quam urbem minuit Nasica, 261, 49; 263, 48. Dalmatiam mediam secat Adrius mons, 262, 7. Dalmatarum ora maritima post Liburnicam sequitur; navale eorum Salon, 261, 48. Dalmatæ octavo quoque anno agros dividunt; moneta non utuntur, 262, 5.

Dalmium, Δάλμιον (Dumno s. Davno), Dalmatarum princeps urbs, quam minuit Nasica, 262, 1. (Rectius urbs diceretur Dalminium sive Delminium.)

Damascus, Δαμασκός (Damask), Persarum tempore Syriæ urbs nobilissima; supra eam Trachones, duo colles, 643, 40; vicinorum latronum incursionibus urbs infestabatur, 643, 44. A Damasco incipit Chrysorrhoas fl., 642, 53. Ἡ Δαμασκηνή, ager optimus, 643, 37; 642, 43.

Damasia, Δαμασία, arx Licattiorum Vindelicorum, 171, 53. (Esse videtur vetus nomen Augustæ Vindelicorum; aliis est Hohenembs).

Damastes, Δαμάστης, pessimæ fidei scriptor, 39, 33. Cujus testimoniis nihilominus utitur fidemque iis adhibet Eratosthenes, 39, 29. Sinum Arabicum paludem esse putavit, 39, 37. Diotimum quendam e Cydno in Choaspem navigasse narrat, 39, 38. Laudatur de Troadis terminis, 498, 47 ; de Cypro , 583, § 4.

Damastium. Τὰ ἐν Δαμαστίῳ ἀργυρεῖα in Illyria, circa quæ Dyesta et Enchèleæ et Dasarethii sive Sesarethii, 271, 21. (Fortasse pertinent ad Tomoros montem Tomaritza regionis juxta Aoum fl. Montem hunc Livius 32, 7 Asnaum dicit ; νάπας ἀργυρίνους una cum Cerauniis montibus memorat Lycophron, 1017; hodieque Argyrocastro locus ad Aoum juxta Ceraunios montes exstat.

Damasus, Δάμασος, et Apœcus Athenienses Teon urbem colonis frequentarunt, 541, 11.

Damasus ὁ Σκόμβρος, Trallianus, orator, 554, 27.

Damnameneus, Δαμναμενεύς, unus Dactylorum Idæorum, 406, 40 ; 491, 35.

Danae, Δανάη, in cista in Seriphum delata; vim ei inferre voluit Polydectes ; quod facinus ultus est Perseus filius, 418, § 10.

Danai, Δαναοί, a Danao nomen habent ante Pelasgiotæ dicti, 184, 34; 319 , 28. Græcos universos Homerus Danaos vocat, 317, 40.

Danaides, Δαναΐδες, nomen dederunt Ialyso, Camiro et Lindo urbibus, 558, 36; Argos puteis instruxerunt, 319, 19. Templum Minervæ Lindiæ posuerunt, 559, 19. Danaidum una Celæno , 496, 12. Cf. v. Æschylus.

Danala, Δανάλα, Trocmorum castellum, ubi Pompeius et Lucullus convenerunt, 485, 50.

Danaus, Δαναός, 50 filiarum pater, 184, 32, ex Ægypto populum in Peloponnesum duxit, 266, 46; acropolim Argorum condidit, 319, 26. Adeo principatu suo in his locis præstitit, ut Pelasgiotæ ab eo Danai vocarentur, 319, 26. Quod Argis puteorum fossionem docuerat, rex creatus est, 19, 30. Sepulcrum ejus, quod est in foro Argivo, Palinthus dicitur, 319, 30. Ejus posteris permixti Amythaonidæ, e Pisatide et Triphylia profecti, 319, 50. Tum diviso regno, illis Argos, his Mycenæ, regiæ erant, Heræum vero commune ambobus templum , 320, 1.

Dandarii, Δανδάριοι, Mæotarum gens, 424, 54. Eorum agro Hypanin fl. induxit Pharnaces, 425, 13.

Dantheletæ, Δανθηλῆται, ad Hæmum habitant, 264, 30.

Danubius. V. Ister.

Daorizi, Δαόριζοι (aliis Daorsi), circa Naronem fluvium, 262, 10.

Daphitas, Δαφίτας, grammaticus in crucem actus, 552, 43.

Daphne, Δάφνη, vicus, ab Antiochia 40 stadia distans, cum luco 80 stadiorum, fontibus, asylo, Apollinis et Minervæ templo; festa ibi Antiochensium, 639, § 6; 612, 26.

Daphnia Diana in Elide, 295, 20.

Daphnus, Δαφνοῦς (ad Cap Sotiri non longe a Neochorio), olim Phocidis opp., ditione sua Epicnemidios ab Opuntiis Locris dirimens; deinde Locris Opuntiis assignatum, nunc dirutum, 50, 36; 357, 25; 364, 24 et 39. Ad id portus erat a Cnemidibus 20, a Cyno 90, ab Elatia 120 stadia distans, 365, 30. In oppido erat τὸ Σχεδιεῖον, 364, 24.

Daphnus portus Æthiopiæ cinnamomiferæ, 659, 1. Hodie Bunder Muriyah (48° 20' long.). Vide Geogr. min. t. I, prolegg. p. CXLII.

Daraba, Δάραβα (sic enim ex codd. nonn. legendum pro Δάραδα , quod Kramerus dedit) , opp. Æthiopiæ ad sinum Arabicum, ad quod erat κυνήγιον ἐλεφάντων τὸ πρὸς τῷ φρέατι λεγόμενον, 657, 2. Series narrationis ad eum tractum deducit, ubi ore magna adjacet insula cui Darmaba nomen (11° 30' latit.).

Darapsa, Δάραψα, 443, 14 ; Ἄδραψα codd. 617, 15 (Δράψακα Arrian. Exp. 3, 29. 1, Δρέψα, Drepsa, Ptol. 6, 12.

6, et Ammian. 23, 6), Bactrianæ urbs, l. l. Hodie *Anderab.*

Dardania, Δαρδανία, Troadis pars quænam, 510, 41; 483, 52; 506, § 23; 518, 14. Incolæ modo Dardanii modo Dardani ap. Homerum; fuisse videtur etiam urbs Dardania a Dardano condita, cujus non superest vestigium, 506, § 23. Dardania, montibus adjacens Troadis pars, Æneæ subjecta, 483, 52; 500, 6; 518, 31 et 39. Adjacet ei Caresena regio, 515, 45.

Dardanica regio, ἡ Δαρδανική, Illyrii, 260, 18; versus meridiem attingit Macedonicas et Pæonicas gentes, 262, 29; 274, 28, et Bessos, 264, 34. Dardaniæ gentes Galabrii et Thunatæ, 262, 34. Omnes ad imam nunc conditionem reductæ sunt, 262, 23.

Dardanium prom., ἡ Δαρδανὶς ἄκρα, Troadis, 509, 17; ibi raptus est Ganymedes, 502, 49.

Dardanus, Δάρδανος, natus in antro Triphyliæ, 297, 46.

Dardanus, Jasionis frater, e Samothrace ad Idam profectus, Dardaniam ibi condidit, et Trojanos Samothracum mysteria docuit, 283, 4; 507, 27.

Dardanus, ἡ Δάρδανος, Troadis urbs vetus, 70 ab Abydo stadiis, 509, 18; incolæ ejus sæpius Abydum transducti et iterum remissi Dardanum sunt, 509, 26. In ea urbe Sylla cum Mithridate convenit, 509, 29. Prope Dardanum Gygas prom., 505, 45.

Δαριήκης i. q. Δαρεῖος, 667, 40.

Darius, Δαρεῖος, Persarum rex, Hystaspis f., etiam Darieces vocatur, 667, 40. Fossam a Nilo in mare Rubrum ducendam cur non perfecerit, 683, 38. Darii (*deb.* Neconis) jussu Libya circumnavigata sec. Herodotum, 91, 15; 83, 7. Darii in Getarum solitudine discrimina, 253, 36. Ubinam ponte junxerit Istrum, 253, 51. Abydum aliasque Propontidis urbes cur incenderit, 506, 19. Miletum expugnavit, 543, 5. Sylosoonti, qui vestem regi dederat, tyrannidem Sami ins. dedit, 545, § 17. Tributa Persarum constituit, 625, 46. Quomodo ad regnum pervenerit, 626, 32. Unde Gaugamelis vico nomen indiderit, 628, 15. Ejus regia Sadracæ, 628, 29. In sepulcro ejus inscriptio, 622, 5.

Darius III, non ortus e stirpe regia, a Bagoa eunucho ad regnum evectus, post 12 annorum regnum ab Alexandro evertitur, 626, 34. Ad Issum vincitur, 577. 6. Cf. Gaugamela. Frater Oxyathræ, 466, 43.

Dascylitis Mysiæ lacus, ἡ Δασκυλῖτις λίμνη, 492, 39 et 41. Vocatur etiam Aphnitis, 502, 18. Ex eo oritur Odrysses fl., 471, 52. Dascylitidis partem Cyziceni, partem Byzantii habent, 493, 30.

Dascylium, Δασκύλιον, Mysiæ urbs ad Dascylitin lacum, 492, 43. In ejus regionem Penthilus Æolicam coloniam deduxit, 498, 26.

Dasmenda, Δασμένδα, Chammanenes in Cappadocia castellum, 463, 1. Aliunde non notum. In tabula composui cum ruinis castelli, quæ sunt in *Kagaros* monte prope *Achmed* locum.

Dassaretii, Δασσαρήτιοι, Illyrica gens, etiam Sesarethii vocantur; inter Autariatas et Dardanios et Ardiæos habitant, 262, 31; 264, 37; 271, 23.

Dastarcum, Δάσταρχον, Cataoniæ castellum, 460, 14, ad Carmalam fl., *ib.*

Dastira, Δάστειρα, locus Acilisenæ vel prope eam situs, ad quem Mithridates, Pompeium fugiens, montem occupavit, 475, 50. Situs incertus.

Dateni. V. Datum.

Datis, Δᾶτις, Persa ad Marathonem a Miltiade victus, 342, 37.

Datum, Δάτον, ad Strymonicum sinum opp., navium fabricas, auri fodinas, solum feracissimum habens, ut proverbio dicatur Δάτον ἀγαθῶν, 280, 2 et 50. Datenorum urbs Neapolis, 280, 47.

Daulis, Δαυλὶς Homero, Δαυλία postea, Phocidis opp., a daulis, i. e. locis silvosis, dictum; ibi Tereus regnavit; eodem nonnulli referunt de Procne et Philomela fabulam, 363, 11; 266, 50; 357, 35.

Daulius, Crisæ tyrannus, sec. Ephorum Metaponti conditor, 220, 25.

Daunia, Δαυνία, Italiæ, 232, 7; 202, 3; 234, 50. Dauniorum et Peucetiorum regio nunc Apuliæ nomine comprehendi solet, 235, 32. Daunii, quos Apulos vocant, 201, 52. Daunii, Peucetii et Apuli eodem sermone utuntur, 237, 6. Daunii a Peucetiis boream versus habitant, 235, 29. Apud Daunios Elpiæ a Rhodiis Coisque conditæ, 558, 49. Dauniæ collis Drium, 236, 11. Dauniorum de Diomede fabulæ, 179, 6; 236, 30.

Daus, Δάος; nomen quod Dacis servis Attici dare solebant.

Dazimonitis, Δαζιμωνῖτις, Pontica regio, quam Iris perfluit, 469, 12.

Decæneus, Δεκαίνεος, Getarum sacerdos, cujus opera Bœrebistas rex in obedientia gentem contineret, usus est, 252, 31; 247, 50; 649, 8.

Decelea, Δεκέλεια, una ex duodecim Atticæ civitatibus, quas Cecrops constituit, 341, 28; belli arx in bello Decelico, 340, 41.

Decietæ, Δακιῆται, Ligures, 168, 28.

Degmenus, Δέγμενος, Epeus, contra Pyræchmum Ætolum singulari certamine pugnat, 307, 17.

Deianira, Δηϊάνειρα, Œnei f., Herculi datur victoriæ præmium, 393, 51. Eam violare tentavit Nessus, 387, 40. Deianiræ tunica excruciatus Hercules, pictura, 327, 34.

Deimachus, Δηίμαχος, scriptor mendacissimus, 58, 40; ad Allitrochadem, Indiæ regem, legatus venit, 59, 1. Laudatur de Indiæ magnitudine, 588, 20. Indiæ latitudinem usque ad Bactrios et Sogdianam 30000 stadiorum esse dicit, 60, 34; 56, 22. Indiam inter æquinoctium autumnale et brumam sitam esse dicit inepte; perperam reprehendit Megasthenem; de erroribus Deimachi recte monuit Eratosthenes, 63, § 19; 64, 28.

Deioneus, Δηιονεύς, Cephali pater, 391, 46, et Pterelai, 388, 43.

Dejotarus I, Δηιόταρος, Galatiæ rex, quamnam regionem a Pompeio acceperit, 468, 35. Inter alia accepit Mithridatium castellum a Ponto avulsum, 485, 47. Regia ejus Blucium, gazophylacium Peium, 486, 7. Castorem in Gorbeo castello trucidavit, 486, 28. Toti Galatiæ imperans successorem habuit Amyntam, 485, 39.

Dejotarus, Philadelphus, Castoris f., ultimus Paphlagoniæ rex, Gangra regiam habuit, 481, 49.

Deiphontes, Δηιφόντης, et Agræus Acten Peloponnesi regionem obtinuerunt, 334, 51.

Delium, Δήλιον (*Dhilissi*), in Bœotia Tanagræorum oppidulum, cum Apollinis templo; distantia ab Aulide; prœlium ibi commissum, 346, 15.

Delium in Laconica (*Kamilo*), Apollinis templum, 316, 29.

Dellius, Δέλλιος, Antonii familiaris, expeditionem Parthicam, in qua ipse partem exercitus duxit, scripsit, 449, 2. De situ Veræ urbis laudatur, *ib.*

Delphi, οἱ Δελφοί; situs loci, 359, 8. Delphi in media Græcia siti; immo ὀμφαλὸς γῆς esse creduntur. De ea re fabula; ὀμφαλός quidam in templo monstratur, 360, 13. Delphos Lacedæmonii a reliqua Phocide separarunt ac suam seorsum remp. habere jusserunt; confinia utriusque ditionis ad Anemoriam sunt, 363, 33. Delphicum templum e pennis constans, ναὸς πτέρινος, fabulis accensendum; secundum templum Agamedis et Trophoni;

opus esse dicitur ; quod nunc est, Amphictyones condiderunt, 361, § 9. De Delphici oraculi origine Ephori narratio fabulosa, 362, 17. Templum Delphicum nunc neglectum, olim eximie floruit, 359, 41; 360, § 8. Locus oraculi qualis sit, 359, 46 ; Pythia vates unde dicta sit, 359, 50. Donaria bello Phocico sive sacro et jam antea sunt direpta; 360 sq., § 8; 156, 21. Delphicum oraculum Agamemnon consuluit, 358, 38. Delphos profectus Lycurgus, 414, 27. Oraculum Messeniis datum, qui Lacedæmonias virgines stupraverant, 214, 15. Delphos oraculi causa simul venerunt et Myscellus et Archias, Crotonis et Syracusarum conditores; data iis responsa, 224, 3. Oraculum Chalcidensibus Rhegii conditoribus datum, 214, 3. Oraculum Phalantho datum, 231, 48. Delphos dona miserunt et thesauros condiderunt Crœsus, Alyattes et nonnulli ex Italis Siculisque, 360, 50. Donaria Gygis, Crœsi, Sybaritarum, Spinetarum, 361, 8 Thesaurus Agyllæorum, 183, 37, et Spinetarum, 178, 17. Messem auream dedicarunt Metapontini, 219, 52. Delphico in luco Neoptolemi sepulcrum, 361, 31. Delphica certamina, Pythia dicta, initio nonnisi citharœdica, post Crisæum bellum etiam equestria et gymnica, et tibicinum et citharistarum ; Pythius nomus, 361, § 10. Delphos invasit Brennus, 156, 1. Delphis raptum aurum Tolosam a Tectosagibus ablatum ibique a Romanis repertum esse nonnulli tradiderunt, 156, 5. Delphorum, qui Didymos montes in Thessalia tenebant, posteri Magnetes ad Mæandrum, 552, 50.

Delphinium, Δελφίνιον, sacer portus Bœotiæ; distantia ab Oropo et Eretria, 346, 10.

Delphinus piscis e mari in Nilum adscendit, 602, 17; 699, 46. Delphini in freto Siculo, 20, 2; in Gange, 612, 22.

Delta, Δέλτα, Ægypti regio, 25, 6, quam et Libyæ et Asiæ adscribere licet, 53, 23; describitur, 670, 27. Ambitus ejus 3000 fere stadiorum, 670, 49. Quot sint stadia a vertice ad Canobicum ostium et ad Pelusiacum, 683, 7 et 18. Oram maritimam habet 1330 stadiorum, quod non novit Onesicritus, 597, 41. Deltæ regionis adspectus tempore inundationis, 670, 51. Delta in decem præfecturas dividitur, 669, 47 Deltæ nomen transfertur etiam ad regionem fluviali tractui adjacentem, 670, 50. In Delta nascentes palmæ fructum esui aptum non ferunt, 695, 11.

Delta vocatur locus qui ad verticem Deltæ regionis est, itemque pagus ibidem situs, 670, 36.

Delta ab Onesicrito vocatur Patalene Indiæ insula, 597, 40.

Delus, Δῆλος, insula, olim Ortygia, 417, 38, quam a Neptuno accepit Latona, 321, 26. In Delo Cynthus mons et Inopus fl. et Apollinis et Latonæ fana; honos insulæ; de ea olim vaga Pindari sunt verba, in conventus, 416, § 2. Deli fluvius Ἰνωπὸς e Nilo derivare fertur, 225, 42. Insula potiti Athenienses sacra et negotiationes diligenter procurabant; commercia ejus auxit eversa Corinthus; a Mithridatis ducibus vastatam occuparunt Romani; nunc Atheniensium est, 417, § 4. Delus mancipiis divendendis emporium, 570, 48. In Delo mortuos sepelire vel cremare nefas; sepulcra Deliorum in Rhenea, 417, 36. Canem in ins. esse non licet, ib. Delii Apollinem οὔλιον colunt, 542, 41.

Demaratus, Δημάρατος, Corintho imperans, ob ortas seditiones in Etruriam fugit; ejus divitiæ; filius rex Romanorum creatus, 325, 15. Cum hominum turba Tarquinios venit et ex Tarquiniense muliere Lucumonem genuit; dives Etruriam exornavit, 183, 4.

Demetrias, Δημητριάς (Goritza), Magnesiæ urbs, septem stadiis ab Iolco distat, 374, 39; inter Neliam et Pagasas sita; a Demetrio Poliorceta condita, qui vicina in eam oppida conduxit; diu fuit navale et regia Macedonum ; situs opportunitas ; etiam nunc urbs Magnesiæ præstantissima, 374, 39. Hanc et Corinthum et Chalcidem vincula Græciæ appellabant, 368, 10. Prope Demetriadem Anaurus fluit, 375, 3. Ab ea ad Peneum navigatio 1000 stadiorum et amplius, 380, 51.

Demetrias, urbs Assyriæ inter Arbela et bituminis fontes (qui sunt ad hod. Kerkuh) sita erat, 628, 97. Demetriadem ipsam Kerkuh esse censuit D'Anvillius. In tabula eam composui cum Altin Kopru, qui locus est in via qua Arbelis Babylonem itur. De ea enim via n. l. sermo est.

Demetrii speculæ, Δημητρίου σκοπαί, in ora sinus Arabici Æthiopica, 656, 30.

Demetrium, Δημήτριον, sive Cereris templum ad Pyræum opp. Thessaliæ Phthiotidis, in Protesilai ditione, 374, 4 et 21.

Demetrius Phalereus, Theophrasti disc., a Cassandro Athenis præfectus, de ea civitate optime meritus est. De administratione sua in Commentariis dixit, 341, 47. Post mortem Cassandri fugere in Ægyptum coactus est; statuæque ejus eversæ, 341, 52. Ejus dictum de Atticæ metallis, 122, 1.

Demetrius Poliorcetes Demetriadem condidit, 374, 41. Sicyonem transtulit in locum a mari 12 vel 20 stadia distantem , 328, 42. Isthmum Peloponnesiacum discindere voluit, sed prohibetur ab architectis, 45, 37. Piratas Romanos Romam mittit, de latrocinandi more querens, 193, 34.

Demetrius II, pater Philippi regis, 310, 30.

Demetrius, Seleuci f., contra quem Attalus II auxiliatus est Alexandro Antiochi f., 533, 54.

Demetrius, Euthydemi f., Bactriæ rex late fines regni protulit, 443, 5.

Demetrius Ætolus Pleuronis veteris regionem vastavit, 387, 23.

Demetrius, Ratheni f., Amisenus, mathematicus, 469, 41.

Demetrius Callatianus historicus, terræ motus qui ab antiquis tempore per Græciam totam acciderunt, enumeravit, 50, 21.

Demetrius, Laco cogn., Protarchi Epicurei disc., 561, 53.

Demetrius Pharius 261, 48 ; quid Philippo Demetrii filio suaserit, 310, 29.

Demetrius Scepsi natus, Cratetis et Aristarchi æqualis, ὁ τὸν Τρωικὸν διάκοσμον ἐξηγησάμενος γραμματικός, 521, 22; ἀνὴρ ἔμπειρος, τριάκοντα βίβλους συγγράψας στίχων ἐξήγησιν μικρῷ πλειόνων ἑξήκοντα, τοῦ καταλόγου τῶν Τρώων, 516, 35. Eodem fere tempore quo Romani primum in Asiam venerunt, puer Ilium novum quale viderit , 208, 22. Ab eo plurima mutuatus est Apollodorus, 291, 20, cui errorum quorumdam auctor fuit, 37, 31. Demetrius contra Neanthem disputat, qui templa Idææ matris circa Cyzicum ab Argonautis condita dixerat. Jasonis ad Phasim expeditionem Homero ignotam fuisse contendit, errore manifesto, 37, 33. Mimnermo teste usus Æeten in oceano exteriore habitasse, eoque a Pelea Jasonem missum esse prodit, 39, 9. Multa terræ motuum exempla collegit, quæ ex eo repetit Strabo, 48, 34 sqq. Laudatur de duobus Scamandri fontibus, 48, 42. Selleentem fl. et Ephyram, ab Homero (Il. 2, 659), memorata, non ad Thesprotiam, sed ad Elidem referenda esse censet, 272, 48. Citatur de Xerxis fossa per Athonis isthmum ducta, 280, 17. Ἐν τοῖς περὶ τοῦ Τρωικοῦ διακόσμου a Byzantio ad Perinthum 600, totidemque stadia a Perintho ad Parium computat, 284, 28. Laudatur de Propontidis et Hellesponti mensuris, 284, 31; de Œchalia Arcadica, 291, 32; de solo Triphyliæ, 296, 16;

INDEX NOMINUM RERUMQUE.

de Methana, 322, 18; de Ormenio Phœnicis patria, 276, 51; 377, 21. Quomodo ap. Homer. Il. 9, 447 scribendum censeat, 377, 7. Demetrius de Asteria insula, 392, 34; de Cabiris, deque Rheæ cultu a Creta alieno, 405, 36; de Calydnis inss., 420, 14; de Halizonibus sententias Callisthenis aliorumque congessit, 580, 17. Alizones non putat esse Chalybes, 471, 13; sed habitasse Alizone, in ea regione ubi Hecatæus Alazones, Menecrates Allizones memorat, ad Hellespontum sc., additque Palæphati testimonium qui Zeliam olim Alopen dictam esse refert, 471, 47. Improbat eos qui τοὺς Ἀμαζῶνας ad Pygela habitasse dixerunt, 472, 17. De Ilii regionis finibus, 510, 44. Hestiæam Alexandrinam, quæ de Homeri Iliade scripsit, de situ veteris Ilii laudat, 512, 45. Mendacii accusat Timæum, qui Periandrum lapidibus Iliacis Achilleum muniisse dixit, 513, § 39. De Rheso Troadis fl. 515, 51; de Palæscepsi, 516, 40; de Scepsi, 519, 41. De patria sua scribens, Alazoniam et Argyriam prope Scepsin et Æsepum ponit, quod non concinit cum iis quæ tradit Hecatæus, 472, 46. De fontibus Scamandri, Æsepi et Granici in Cotylo Idæ colle, 518, 16; De situ Antandri, 518, 43; de Asso et Gargaris, 522, 25. Eos probat qui Arimos in Mysia Catacecaumena ponunt, 535, 44. Quosnam a Callino Ἡσιονεῖς appellari putet, 535, 32.

Democles, Δημοκλῆς, vetus scriptor, a Demetrio Scepsio laudatur de terræ motu in Asia minore, 48, 45.

Democoon, Δημοκόων, Priami f., 501, 23.

Democritus, philosophus, geographiam attigit, 1, 1. Magnam Asiæ partem peragravit; non credit ea quæ de Sila fluvio traduntur, 599, 34. Τὴν ἀθαυμαστίαν ὑμνεῖ, 51, 1. Laudatur, 54, 35.

Demosthenes in asylo Calauriæ venenum hausit, 321, 45. Laudatur de matre Æschinis, 405, 3. Ejus de diruta Olyntho vox, 100, 6. Citatur, 382, 41; 363, 45.

Demus, Δῆμος, in Ithaca, 249, 1.

Deorum portus, Θεῶν λιμήν (*Mers el-Kebir*), in ora Masæsyliæ, 703, 22.

Derbe, Δέρβη, Lycaoniæ opp. Isauriæ et Cappadociæ vicinum, quod Antipater prædo et postea Amyntas tenuit, 458, 29; 487, 24. Situs incertus. Cum Kieperto locum retuli ad ruinas, quæ sunt in Tauri latere ad lacum *Ak-Goel*. Aliis Derbe sunt ruinæ ad *Karadchdag* et *Karabunar* locum.

Derbices, Δέρβικες, Hyrcanorum vicini ad latus orientale maris Caspii, 440, 41. Inter Derbices et Hyrcanos habitare ferunt Tapyros, 441, 59. Mos Derbicum, 445, 52.

Derceto, Δερκετώ; sic Ctesias Atargatin vocat, 667, 42.

Derdæ, Δέρδαι, Indiæ gens montana, apud quos formicæ aurum effodientes, 601, 23.

Derris, Toronici sinus prom. (*Cap Drepano*), Δέρρις 279, 16, et 34. Adjacet Cophus portus, 279, 25. Derris portus in ora Libyca, 679, 18, unde dictus sit, *ib.*

Derthon, Δέρθων, vg. Dortona (*Tortone*), Italiæ urbs, 180, 44, in media via quæ est a Genua ad Placentiam, 180, 54. Derthonem ducit via Æmilia, 181, 13.

Dertossa, Δερτῶσσα (*Tortosa*), Hispaniæ opp. ad Iberum, 132, 16; 133, 15.

Deucalion, filius Pandoræ, 381, 16; maritus Pyrrhæ, 381, 43. Hellenis p. Phthiotidi imperavit, 371, 3, 329, 5; meridionalem Thessaliæ partem obtinuit, 381, 15. Cyni habitavit; sepulcrum ejus Athenis, 365, 12.

Deucalion, Δευκαλίων, insula prope Pyrrham Phthiotidis prom., 374, 24.

Deudorix, Δευδόριξ, Bætorigis f., Sugamber, in Germanici triumpho ductus, 242, 32.

Deuriopus, ἡ Δευρίοπος, (Pæoniæ) regio, 271, 24. Deuriopum urbes ad Erigonem fl., Bryanium, Alalcomenæ, Stymbara, 272, 7. E Deuriopibus fluvii in Erigonem deferuntur, 272, 3.

Dia, Δία (*Standia*), insula maris Cretici, e regione Heraclei Cnossiorum, 70 a Creta stadia distans, 416, 10.

Dia, Δία (*Tiran*), ins. sinus Arabici, 661, 23.

Diæ, Δίας, i. e. Hebes, templum Phliunte et Sicyone, 328, 37.

Diacopene, Διακοπηνή, Ponti regio, 480, 46.

Diagesbenses, Διαγησβεῖς, Sardiniæ gens montana, prius Iolaenses, Ἰολαεῖς, dicti, ab Iolao huc deducti, 187, 21.

Dialecti græcæ quattuor, 286, § 2.

Diana unde Ἄρτεμις dicta sit, 542, 46. Dianæ et Apollinis Actæi oraculum in Adrasteæ campo, 503, 18. Dianæ Ætolicæ lucus ap. Venetos; de eoque fabula, 179, 16. Dianæ Ἀλφαιωνίας ἢ Ἀλφειούσης ad ostium Alphei lucus, templum in eoque picturæ, 295, 16. Dianæ Amarynthiæ fanum, 384, 47. Dianæ Aricinæ templum, lucus, lacus; cultus a Dianæ τῆς ταυροπόλου cultu derivatur, 199, 43. Dianæ τῆς Ἀστυρηνῆς lucus et templum ad Astyra, in Mysia, 519, 12; 524, 41. Brauroniæ fanum in Attica, 342, 34. Τῆς Κινδυάδος fanum in Caria Bargyliis vicinum, quod putant circumplui, 561, 50. Diana Coloene, cujus templum ad Coloen paludem, 535, 21. Diana ἡ Δαφνία, in Elide 195, 20. Elaphia, ἡ Ἐλαφία, in Elide, 295, 20. Dianæ templum Ephesium ejusque fata, 547, § 22; Dianæ Ephesiæ templum ad Panormum portum prope Ephesum, 546, 25. Dianæ Ephesiæ ap. Massilienses templum, 148, 49. Ejus cultum in Hispaniam Massilienses transtulerunt, 149, 31. Ephesiæ fanum in insula, quam Rhodani ostia formant, 152, 41, et ad Hieroscopium Hispaniæ, 132, 3; in Emporio et Rhodope Hispaniæ opp., 132, 42. Dianæ Ephesiæ statua, ad figuram ejus Dianæ quæ est Massiliæ, expressa, in Aventino monte Romæ, 150, 4. Dianæ ἐλείας fanum ad Alorium (in Triphylia), 300, 50. Dianæ τῆς Λευκοφρυῆνης templum Magnesiæ ad Mæandrum urbis, 553, 5. Dianæ ἐν λίμναις templum in Messeniæ et Laconiæ confiniis, 310, 41. Limnææ Dianæ templum Lacedæmone, 310, 47. Munychiæ templum Pygelis, 546, 20. Τῆς Περασίας fanum Castabalis in Cappadocia, 460, 45. Pergææ templum, 569, 44. Sarpedoniæ templum et oraculum in Cilicia, 577, 10. Diana Tauropolus, 199, 44. Ejus templum in Icaria, 546, 2. Ejus oraculum in Icaro ins. sinus Persici, 652, 11. Ejus cultus ab Oreste Comana allatus, 459, 18. Ejus fanum Halis Araphænidibus Atticæ, 342, 35. Dianæ fanum in Artemisio pr. Rhodiæ peræœ, 556, 22. Ejus templum apud Elymæos, τὰ Ἄζαρα, spoliavit Mithridates Parthus, 634, 13. Dianæ et Apollinis templum in Daphne Syriæ vico, 639, 8. Insula Dianæ sacra in ora Ioniæ inter Colophonem et Lebedum, 549, 32. Dianæ et Apollini sacra Borsippa Babyloniæ, 629, § 7. Diana a grypho subvecta, Aregontis pictura, 295, 26.

Dianium, Διάνιον (*Denia*), Dianæ Ephesiæ templum, in prom. prope Hemeroscopium in Hispania, 132, 2.

Dianium, s. Artemisium, quod Nemus (*Nemi*) vocatur, ad Ariciam in dextro viæ Appiæ latere, 199, 43.

Dicæa, Δίκαια, Thraciæ opp. et portus prope Bistonin lacum, 281, 53; 282, 22.

Dicæarchia, Δικαιαρχία (*Puteoli*), Campaniæ urbs, 21, 35; 82, 13; 205, 20, olim Cumæorum navale; postea Romanorum colonia eo missa, et urbs Puteoli dicta, 204, 35. Dicæarchia emporium maximum; navium ibi stationes arte factæ; arenæ ibi natura, 204, 45. Imminet urbi Vulcani forum, 204, 52. Dicæarchiam adeunt Turdetaniæ naves, 120, 10. Commercia cum Alexandria intercedentia, 674, 17. A Dicæarchia ad Teanum Apulum distantia, 237, 18.

Dicæarchus, (Messenius) philosophus et geographus,

p. 1. Contra eum disputat Polybius, 85, 43. Quæ Dicæarchus de occiduis et septentrionalibus Europæ distantiis habet, ea esse λαοδογματικὰς ἀποφάσεις Polybius dicit, 86, 23. Dicæarchus Pytheæ fidem non habuit, 86, 23. Columnas ad fretum ponit, 141, 39. A Peloponneso ad Columnas stadia numerat 10000; inde usque ad intimum Adriatici sinus recessum plus quam 10000 stadia. A Peloponneso ad fretum Siculum 3000 stadia, adeo ut reliqua sint a freto Siculo ad Columnas stadia 7000, 86, 34. At ista 7000 milia neque maritimæ oræ mensuræ, nequa lineæ per medium pelagus ductæ respondere, demonstrare studet Polybius, 86, 40. Rectam lineam duplo majorem esse e suo ipsius computo colligit, 87, 9. Res vero ista habet ut et Polybius et Dicæarchus erraverint, 87, 19.
Dicte, Δίκτη, Cretæ mons, 405, 51; 411, 18; quænam de eo Callimachus commentus sit, 411, 25. Dictæi Jovis fanum Prasi, 411, 18.
Dicte, Δίκτη, in Scepsia regione locus, 405, 51.
Dictynna, i. q. Britomartis, q. v. Ejus fanum apud Polyrrhenios, 411, 39.
Dictynnæum, Δικτύνναιον, templum in Tityro Cydoniæ monte, 411, 31. Inde ad Melum ins. 700 stadia, 416, 23.
Dictys, Δίκτυς, in Seripho cistam extraxit, in quam Danaen et Perseum Acrisius incluserat, 418, 30.
Dido, Διδώ, Carthaginem condidit, 706, 43.
Didymæi Apollinis templum prope Miletum, 542, 9 et 15. 691, 36. 444, 7. 361, 36. V. Branchidæ, V. Apollo.
Didyma, Διδύμη, Gadium insulæ urbs quæ ex vetere et nova conflata, 140, 37.
Didyme, Διδύμη, una ex Liparæis inss., a forma nomen habet, 229, 54. 230, 28.
Didymi montes, τὰ Δίδυμα ὄρη, Δίδυμοι ἱεροὶ κολωνοί, Thessaliæ ad Dotium campum sec. Hesiodum, 380, 10.
Diegylis, Διήγυλις, Cænorum in Thracia rex, quem debellavit Attalus II, 534, 3.
Dies longissima quot sit horarum æquinoctialium apud Meroen et Ptolemaidem Troglodyticam (13 h.), 110, 5; Syenæ et Berenices (13 1/2), 110, 13; quadringentis stadiis ab Alexandria meridiem versus (14 h.), 110, 33; Ptolemaide Phœnices, Sidone, Tyro (14 1/4), 110, 49; horarum 14 ½ in Peloponneso, Rhodo, Xanthi in Lydia, 111, 2. Quindecim horarum apud Alexandriam Troadis, Amphipolin, Apolloniam in Epiro, in locis inter Romam et Neapolin mediis, 111, 7. Byzantii 15 ¼ horarum 111, 20; in locis 1400 stadia hinc boream versus sitis 15 ¼ hor., 111, 29; locis hinc 3800 stad. sitis 16 hor., circa Borysthenem et Mæotidis austrinas partes, 111, 37; denique 17 horarum apud eos qui a Byzantio 6000 stadiis distant, 112, 4.
Dii. De iis Æthiopicarum gentium nonnullarum opinionibus, 698, 20. Reges pro diis apud Æthiopes coluntur, 697, 36. De diis nihil sentiunt Callaici Hispaniæ, 136, 21. Apud Lusitanos diis consecrantur dextræ manus captivorum amputatæ, 128, 22. Deum quemdam anonymum quomodo colant Celliberi, 136, 22. Dei nomen summo sacerdoti apud Getas inditur, 247, 37.
Διπετεῖς fluvii ap. Homerum, 30, 23.
Dindymene, Δινδυμήνη, Rhea, 404, 7, 402, 45; dea unde dicta sit, 486, 20. Ejus templum Magnesiæ ad Mæandrum, 553, 1; in Mysia fanum, ad quod Hermus oritur, 535, 12; in Dindymo Cyzici monte, 493, 1.
Dindymus mons, Δίνδυμον ὄρος, Cyzici insulæ, cum deorum matris Dindymenæ fano, 492, 54.
Dindymus mons Pessinunti imminet, 486, 20; ab eo Dindymene dea dicta, 486, 20.
Dinocrates (Chirocrates codd. Strab.) Dianæ templum Ephesium et Alexandriam ædificavit; Athonem montem quomodo efformare Alexander voluerit, 547, 30.
Dio, Δίων, in Dionysium bellum movens, quosvis contra quosvis excitavit. Eo tempore Bruttii a Lucanis defecerunt, 212, 27. Dio Academicus, princeps legationis, Romæ necatus 677, 7.
Diocharis porta, Διοχάρους πύλαι, Athenarum, 341, 16.
Diodorus, prætor Adramyttenorum, in Mithridatis gratiam senatum civium suorum occidit; pœnas dedit, 525, 4.
Diodorus dialecticus, Apollonii Croni discipulus, et ipse Cronus cognominatus, 711, 18.
Diodorus, Sardibus natus, cognomento Zonas, orator; 536, 44.
Diodorus, alter Sardensis, Strabonis amicus, historiarum et poematum scriptor, 536, 49.
Diodorus, Tarsensis, grammaticus, 576, 7.
Diodotus, Διόδοτος, sive Trypho, Casianis natus, Apameæ educatus et regi commendatus, regnum Syrorum affectare aggressus est; socios habuit in oppidis vicinis; diu restitit, 640, 43. Syriam a regibus abalienans belli arce usus est Coracesio; ab Antiocho Demetrii f. in castello quodam obsidione pressus manum sibi intulit, 570, 32. Ejus tempore Arsaces defecit, 442, 10. Diodotus Berytum diruit, 643, 29.
Diodotus, Boethi Sidonii philosophi frater, 645, 6.
Diodotus artifex; ejus opus statua Nemesis Rhamnusiæ, 340, 37.
Diogenes, stoicus philosophus, Babylonius e Seleucia urbe, 633, 28.
Diogenes, Cynicus Sinopensis, 468, 12; eum audivit Onesicritus, 609, 45.
Diogenes, Tarsensis philosophus, versus de quocumque argumento ex tempore fundere valebat, 576, 3.
Diomedeæ insulæ, Διομήδειοι νῆσοι (îles de Tremiti), in sinu Adriatico, 102, 25. 179, 5; ante Garganum pr., 236, 20; ad Apuliæ oram, 235, 50. Ibi Diomedem e medio sublatum esse ferunt. De avibus insularum fabulæ, ib.
Diomedes, Διομήδης, post Epigonorum bellum cum Alcmæone Œnei inimicos ultus Ætoliam obtinuit; postea, evocante Agamemnone, contra Trojam profectus est, 396, 47; 270, 48. Ætolos vicit, 363, 27. Ejus peregrinatio, 124, 27. Eum ad mare Adriaticum ditionem tenuisse testantur insulæ Diomedeæ et quæ de Dauniis et Argo Hippio feruntur, 179, 4. Diomedeæ dominationis multa in Apulia monumenta monstrantur, 235, 48. In Apulia alveum ad mare perducere instituit, sed non perfecit opus, 236, 25. Canusium et Argos Hippium condidit, 235, 45. Diomedis fanum Timavum, 178, 48. Honores apud Venetos heroi decreti, 179, 14. Diomedes sec. alios domum reversus moritur, sec. alios in Daunia moritur, vel in insulis, vel apud Venetos, 236, 28
Diomedes, Bistonum Thracum rex, 281, 51; 282, 20. Herculis contra eum expeditio, 282, 4. Diomedis regia, Καρτερὰ κώμη, 282, 4.
Dione, Διώνη, Jovi juncta in Dodona, 273, 31.
Dionysides, Διονυσίδης, poeta tragicus, eorum qui in Pleiade numerantur optimus, 576, 9.
Dionysius (Chalcidensis), ὁ τὰς Κτίσεις συγγράψας, Thracium Bosporum olim Mysium dictum esse prodit, 484, 45.
Dionysius dialecticus e Bithynia oriundus, 485, 4.
Dionysius, Heracleæ tyrannus, uxorem habuit Amastrin, 466, 42.
Dionysius, Heracleonis f., tyrannus, Bambycam, Beroeam et Heracleam in Seleucide Syriæ tenuit, 639, 31.
Dionysius historicus, Halicarnassensis, 560, 35.
Dionysius Pergamenus, cognomento Atticus, Apollodori

Pergameni discipulus; sophista, et historicus, orationum scriptor, 534, 33.

Dionysius senior Syracusarum tyrannus cur Rhegium solo æquaverit, 215, 12. E Venetia pullos accessivit, ut equos ad certamina aptos educaret, 176, 45. In Corsicam navigans spoliavit Lucinæ fanum, quod est in Cæretanorum navali, 188, 13. Scylletium Locrensibus dedit, 217, 17. Bellum adversus Lucanos gerens isthmum qui est inter Scylleticum et Hipponiatem sinum muro intercludere voluit; quod opus interventus eorum qui extra isthmum degebant, irritum fecit, 217, 20. Dionysii tyrannidem fugientes Syracusani Anconam condiderunt, 200, 49.

Dionysius junior, Syracusarum tyrannus, Rhegii urbis partem instauravit et Phœbiam vocavit, 215, 15; Syracusis expulsus scelestissime vexavit Locrenses; quomodo pœnas dederit, 215, 45; filius ejus Apollocrates, 216, 2; in Dionysium Dio bellum movit, 212, 27.

Dionysius Thrax, Alexandrinus grammaticus, Rhodius vocabatur, 559, 47.

Dionysocles, Διονυσοκλῆς, Trallianus, orator, 554, 26.

Dionysodorus, Διονυσόδωρος, mathematicus Amisenus, 469, 42.

Diophanes, Διοφάνης, rhetor Mytilenæus, 528, 10.

Diophantus, Διόφαντος, Mithridatis Eupatoris dux, Palacum, Sciluri filium, ejusque socios Roxolanos magna clade afficit, 254, 45. Eupatorium in Chersoneso Taurica condidit, 259, 10, aggereque junxit cum Chersoneso urbe, *ib.*

Dioscuri, Διόσκουροι, Aphidnam expugnant, 340, 35. Lan urbem diruerunt, unde Λαπέρσαι dicti sunt, 313, 1. Eorum aurigæ Phecas et Amphistratus, 425, 25. Eorum aræ ad Sagram fl., 217, 1.

Dioscurias, Διοσκουριάς (*Iskuriah*), in Ponti recessu maxime orientali (Cf. Pontus), 40, 7; 103, 72 et 30; 104, 29; 426, 54. Ad Dioscuriadem Chares fl., 428, 14. Dioscurias ab ostio Ponti 8600 stadia; a Phaside orientem versus 600 stadia; ab urbe ad Caspium montem quinque dierum iter, sec. Eratosthenem, 75, 54. Ad hanc urbem initium est isthmi inter PontumEuxinum et Caspium mare interjecti, 427, 9. Dioscurias commune Caucasiarum gentium emporium; convenire eo gentes 70 vel etiam 300, diversilingues omnes, perhibent, 427, 11, salis maxime causa, 434, 6. Post Dioscuriadem Colchis est, 426, 27.

Diospolis, Διὸς πόλις (*Lydda*), in Delta regione non longe a Mendete, 681, 38. (Urbs ab uno Strabone memoratur.)

Diospolis parva (*How* sive *Hou*), Ægypti urbs a meridie Abydi, 691, 50.

Diospolis nunc vocatur Thebarum urbs Ægyptia, 684, 20. V. Thebæ.

Diospolis a Pompeio vocata est quæ antea vocabatur Cabira urbs in Ponto, 477, 10.

Diotimus, Διότιμος, Strombichi f., dux legationis Atheniensium, e Cilicia adverso fluvio Cydno in Choaspen fluv. ac 40 dierum itinere Susa venisse perhibetur a Damaste, 39, 38.

Diotrephes, Διοτρέφης, ex Antiochia ad Mæandrum oriundus, sophista; 539, 6. Eum Antiochiæ audivit Hybreas myglacensis rhetor, *ibid. et p.* 563, 7.

Diphilus, Δίφιλος, poeta comicus, Sinopensis, 468, 13.

Dira, Δειρή (*Ras Bir*), Æthiopiæ pr. et urbs ad fauces sinus Arabici; habitant ibi ichthyophagi, 654, 34. 657, 47. Sesostris ibi columna est, 654, 36. Superjacet elephantum venatio, 658, 30. Objacet in Arabia Acila promontorium. Accolunt Diram homines κολοβοὶ τὰς βαλάνους, 655, 6 Fauces sinus Arabici ibi sunt 60 stadiorum, 654, 43.

Dirce, Δίρκη, fons ad Thebas, 351, 21; 333, 10. Alia Dirce est Pharis in Arcadia, 333, 10.

Ditiones, Διτίωνες, Pannonum gens, 261, 9.

Dium, Δῖον (*Agia*), Eubœæ urbs, 383, 13. Ejus colonia Canæ in Æolide, *ib.*

Dium, Δῖον (ad *Malathria*), Macedoniæ opp. in Olympi radicibus, 7 ab ora stadiis; vicinus ei Pimplea vicus, 276, 40, et Libethra, 276, 52.

Dium, Δῖον, Athonis urbs, 279, 41; 280, 32.

Dius e Melanippe genuit Bœotum, 220, 22.

Dius, Hesiodi pater, Cuma in Bœotiam migravit, 532, 25.

Divinatio ex inspectis extis (non exsectis), et venis laterum; ex lapsu immolatorum hominum, 128, 16. Divinatio Etrusca, 691, 10.

Doberus. Τὰ περὶ τὸν Δόβηρον sunt ad sinistram, si quis juxta Strymonem versus ejus angustias ascendat, 281, 12.

Docimia, Δοκιμία (*Eski Karahissar*), pagus Phrygiæ, prope Synnada, ubi lapicidinæ; λίθος Δοκιμίτης vel Δοκιμαῖος, a Romanis vulgo Συνναδικὸς dictus, 494, 23; 375, 35.

Dodone, Δωδώνη, Perrhæbicum opp. Thessaliæ, 379, 5; 378, 51; unde in Epirum oraculum translatum Suidas dicit, 273, 31.

Dodona, oraculum apud Molossos, 269, 18. Tragicis et Pindaro est Thesprotica, postea sub Molossis fuit. Situs est locus sub Tamaro sive Tmaro monte; quare Jovis interpretes Tomuros dicti, 273, 3. Oraculum e Scotussæ Thessaliæ Pelasgiotidis in Epirum translatum esse Suidas hariolatur, 273, 31. Dodonæum templum et oraculum a Pelasgis conditum, 345, 21; 272, 25; Dodonæus Juppiter ab Homero Pelasgicus vocatur, 184, 14. Accolæ ejus Helli vel Selli, de quibus regio Hellopia dicta; nominis hujus origo a paludibus (Ἕλεσι) repetendum videtur; Selleis quoque fluv. Homero memoratus ibi quærendus est, ut Apollodorus censet, non item Demetrius, 272, 35. Dodonæum oraculum Bœotis datum. Bœotorum in antistitem facinus; de eo judicium; ex quo Bœoti quotannis tripodem clandestino Dodonam mittunt, 345, 17. Nunc oraculum fere deficit, ut reliqua Epiri, 272, 23. Dodonæi Jovis interpretes τόμουροι, 273, 10 et 16; postea tres anus fatidicæ; in Jovis societatem recepta Dione, 273, 30; 345, 30. Non verbis sed signis oracula edebantur, 273, 44. Dodonææ columbæ tres, 273, 45; 282, 50. Dodonæa quercus, 272, 50. De origine proverbii τὸ ἐν Δωδώνῃ χαλκεῖον, 274, 11. Oraculum Alexandro Molosso datum, 213, 1.

Dœdalsus, Δοιδαλσός, Astacum restauravit, 482, 30.

Dolabella, Δολαβέλλας, Trebonium Smyrnæ interfecit, 552, 2. In Seleuciam urbem fugit, ibique a Cassio obsessus est, 640, 18.

Dolia in Gallia Cisalpina ingentia, 181, 36. In doliis ligneis vinum Aquileia auferunt gentes Illyricæ, 178, 38.

Doliche, i. q. Dulichium, q. v.

Doliones, Δολίονες, 575, 35; circa Cyzicum, 483, 13, ab Æsepo usque ad Rhyndacum et Dacylitidem paludem, 492, 38. Δολιονίς regio penes Cyzicenos est, 493, 132; sita in via qua Miletopolin itur, 581, 11.

Dolomene, ἡ Δολομηνή, Assyriæ regio, 627, 6. Situs incertus.

Dolopes, Δόλοπες, 371, 43; 23, 58. Apud Homerum Dolopia est extrema Phthiæ pars, et cum Phthiotis Peleo regi subjecta, 372, 54. Dolopibus imperavit Phœnix, dante nimirum Peleo, 373, 3. Phœnicis classis ap. Homerum cum Achillea classe conjungitur; quare Dolopicæ cohortis nusquam meminit poeta, 370, 1. Dolopes supra Amphilochos degunt, 386, 33; ad meridiem Pindi, 373, 15. Confinis est Tricca Thessaliæ, 376, 3.

Ad Dolopes migrarunt Perrhabi, 378, 10. Dolopia et Hestiæotis vocantur Thessalia superior, 374, 52; 371, 27.
Domanitis, Δομανῖτες, Paphlagoniæ regio, 481, 13.
Domitius Ænobarbus contra Arvernos et Bituitum prœlium committit quo loco Sulgas in Rhodanum influit, 159, 8; ad Vindalum in Gallia Narbon., 154, 5. Menodorum Trallianum necavit, 554, 24.
Domneclius, Δομνέκλειος, Galatarum tetrarcha, pater Adiatorigis, 465, 11.
Domus Gallorum, 168, 54; Susiorum, 622, 41; Babyloniorum, 629, 19; domus e sale structæ in Arabia ad sinum Persicum, 652, 16.
Donni et Cottii terra, ἡ τοῦ Ἰδεόννου / Δώννου) λεγομένη καὶ τοῦ Κοττίου, in Alpium latere Italico [*Donnus rex, pater Cottii præfecti* in inscriptione arcus, quem Segusiæ (*Susa*) Augusto Cottius dedicavit.]
Doracta, Δώρακτα (fuerit Ἀώρακτα; aliis est Ὤρακτα); hod. *Kichm*; insula sinus Persici, cui Mazenas præfuit, 652, 53.
Dorcades in Mauritania, 702, 2.
Dorica dialectus, ἡ Δωρίς, initio eadem cum Æolica, 286, 14. Dorice loqui videntur omnes Peloponnesi præter Eleos et Arcades, quod Dorienses potentia prævaluerunt; quamquam plurimi mixto potius ex dorica et æolica dialecto sermone utuntur, 286, 4.
Doricha, Δωρίχα, meretrix, Charaxi amica, cujus unam esse ex pyramidibus Memphiticis Sappho ait, 686, 46.
Dorienses circa Parnassum habitantes, a Doro nomen habent, 329, 10; numero pauci; solum asperrimum colentes; eo quod aliis non permiscerentur, lingua et moribus ab Æolicæ gentis institutis desciverunt, 286, 15. Secundum Andronem e Doride Thessaliæ in Cretam et regionem et Parnassum isti sunt profecti sunt, 408, 38. Doriensium ad Œtam tetrapolis (Erineus, Pindus, Bœum, Cytinium) ceterorum Doriensium quasi metropolis est, 366. 48. Andro nonnisi tria Doriensium oppida recenset, ab iisque Δωριεῖς τριχάϊκες ap. Homerum dici ait, 408, 41. Ibi rex fuit Ægimius, cui hæres successit filius adoptivus Hyllus, 367, 2. Hercules Dryopes e Doride ejecit, 321, 13. Tetrapolis urbes Phocico bello et ab Ætolis et Athamanibus adeo attritæ, ut vix vestigium supersit, 367, 13; 358, 4. Doriensium loca quædam occuparunt Ænianes, 380, 14. Doriensium migratio, 51, 10. Ab Heraclidis in Peloponnesum reducuntur, 286, 30. Doriensium Peloponneso potitorum historia, 313, § 4 sqq. Megara et multas in Peloponneso urbes condunt, 286, 31. Dorienses Megarorum conditores partim ibi manserunt, partim in Cretam cum Althæmene Argivo, partim in Rhodum et Asiam abierunt, 557, 41; 412, 9. Dorienses, quorum major pars Megarenses erant, in Sicilia Megara condiderunt, 222, 35. Quidam, relictis Megarorum conditoribus, e Sicilia se contulerunt in Zephyrium Italiæ pr., unde una cum Archia migrarunt Syracusas, 224, 19. Dorienses Æginam incolis frequentarunt, 326, 6.
Doris, Δωρίς, olim appellabatur ea Thessaliæ pars, quam postea Perrhæbi occuparunt et Hestiæotidem vocarunt, 375, 47. Inde Dorienses in Cretam abiisse Andro prodit, 408, 38.
Doriscus, Δορίσκος, Thraciæ oppidum, ad quod Xerxes copias recensuit, 282, 34.
Dorium, Δώριον (Messeniæ opp.), in Nestoris ditione situm ap. Homer., 300, 9. Alii montem, alii campum intelligunt; nihil hodie monstratur; nonnulli Olmidem in Aulone Messeniæ sitam Dorium Hom. esse putant, 300, 52; 291, 28. Situs incertus.
Dortona. V. Derthon.

Dorus, Δῶρος, Hellenis f., iis qui circa Parnassum habitabant, in civitatem compositis, a se nomen Doriensium reliquit, 329, 9; pater Archelai, ex Agamemnonis stirpe, 498, 30.
Dorylæum, Δορύλαιον (*Eski-cher*), Phrygiæ Epicteti opp., 493, 44.
Dorylaus, Δορύλαος, frater Philetæri, Mithridatis Euergetæ amicus, rei bellicæ peritus, peregrinos milites conducendi causa crebro versabatur in Thracia, Græcia, Creta. Orto inter Cnossios et Gortynios bello, dux a Cnossis creatur, et, feliciter re confecta, summis honoribus afficitur. Tum mortem M. Euergetæ compertus, Cnossii sedem fixit et Steropen duxit filiosque suscepit Stratarcham et Lagetam; Lagetæ neptis mater erat Strabonis, 410, § 10; 477, 28. Ejus ἀδελφιδοῦς sive Philetæri fratris filius fuit Dorylaus alter, 477, 28.
Dorylaus, filius Philetæri ejus, cui Dorylaus ὁ τακτικὸς frater erat; una cum Mithridate Eupatore educatus, a quo regnum adepto honoribus cumulatur, 410, 30. A Mithridate Comanensi sacerdotio ornatus; deinde proditionis accusatus est, 477, 30.
Dos apud Cretenses, 414, 36; ap. Massilienses maxima centum aureorum, 150, 30.
Dosci, Δόσκοι, Mæotarum gens, 425, 2.
Dotius campus, Δώτιον πεδίον, Perrhæbiæ, Ossæ et Bœbeidi paludi finitimus (Αἴδωμοι ibi colles sec. Hesiodum; e regione sita est Amyrus; campum diu tenuerunt Ænianes, tandem a Lapithis ejecti, 380, 5; 51, 11.
Drabescus, Δραβῆσκος (*Dravik*), ad Strymonicum sinum opp., 280, 1.
Drabus, Δράβος, Chersonesi Thracicæ oppidum, 283, 32, quod inter Cardiam et Alopeconnesum ponit auctor excerptorum. Hoc si recte habet, de situ ejus non constat. At probabile est Drabum eandem esse urbem quam Scylax Araplum vocat, et ab Alopeconneso versus meridiem collocat, adeo ut ruinas, quæ prope promontorium ibi exstant (41°13' lat.), referre ad eam liceat.
Dracanum, Δράκανον, Icariæ ins. pr. et opp., 546, 3.
Draco. V. Pytho.
Draco, Δράκων, unus e sociis Ulyssis; ejus sacellum prope Laum urbem Italiæ; de eo datum Italis oraculum, 210, 32.
Dracontium, planta Mauritaniæ, 701, 53.
Drangæ, Δράγγαι, Arachotis et Gedrosiis ad occidentem adjacent, 616, 32. Ἡ Δραγγιανὴ ad Ariam pertinet; situs regionis, 442, 27. Drangæ persice vivunt; vini copia laborant; stannum apud eos nascitur, 616, 50. Urbs Drangianæ Prophthasia, ἡ ἐν Δράγγῃ Προφθασία, 441, 3; 616, 5. Per Drangas Craterus exercitum duxit, 614, 26. Apud eos Philotam Alexander interemit, 616, § 10.
Dravus, Δράβος; (*Drau*), fluvius Savum excipit, et in Noarum influit, 260, 53.
Drepanum, Δρέπανον (ad *Murak Kham*), prom. Libyæ inter Tyndarios scopulos et Ænesippiam ins., 679. (Idem est promontorium quod in Stadiasmo vocatur Selinus, pro quo Σελήνη scrib. videtur.)
Drepanum, Icariæ ins. pr., 544, 34.
Drepanum, i. q. Rhium, Achaiæ pr., 288, 33.
Drilo, Δρίλων (*Drin*), Illyrici fluvius usque ad Dardanicam navigabilis, 262, 29.
Drium, Δρίον, Dauniæ collis, in quo Calchantis et Podalirii sacella, 100 stadiis e mari distans, 236, 11; fluvius memorabilis e colle profluens, ib.
Dromichætes, Δρομιχαίτης, Getarum rex, Lysimachum cepit et admonitum donisque ornatum dimisit, 250, 50; 253, 40.
Druentia, Δρουεντίας (*Durance*), Galliæ fl., 148, 37; in Medullorum montibus oritur, 169, 42. Druentiæ traje-

tus ad Caballionem urbem ; quousque a Massilia sunt 500 stadia, 153, 45. Ad Druentiam usque a meridie pertinent Salyes ; a borea autem sunt Cavari, Vocontii, alii, 153, 46. Druentia (debebat : Duria major) obviam fit in via qua Ocelo Ticinum itur, 180, 47.

Druidæ, Δρυΐδαι, Gallorum, 164, 20 et 52.

Drusus Germanicus Bructeros in Amasia fl. prœlio navali vicit, 241, 14. Cum Tiberio fratre Noricos debellavit, 172, 10 ; obiit inter Rhenum et Salam ; gentes plurimas subegit; Brychaniu insulam obsidione cepit, 242, 1.

Drusus Tiberii patris exemplum imitatus est, 239, 53.

Drymas, Δρύμας, nomen barbarum, 276, 6.

Drymus, Δρυμός (Querquetum), locus Eubœæ, 382, 51.

Drynemetum, Δρυνέμετον, Galatiæ locus, quo tetrarcharum concilium conveniebat, 485, 35.

Dryopes, Δρύοπες, barbari in Peloponneso, 266, 46; in Asine et Hermione. Eo venerunt a Sperchco sub Dryope Arcade, sive e Doride ab Hercule ejecti, 321, 9. Dryopes Peloponnesi coloni Dryopum Œtææ regionis, 372, 42. Dryopes Abydi regionem occuparunt, 501, 48. Dryopis, ἡ Δρυοπίς, in Œtæa regione olim fuit tetrapolis, Dryopum in Peloponneso mater, 372, 46. Dryopicus mons Typhressus, 372, 15.

Dryops, Δρύοψ, Arcas a Sperchco Dryopes in Asines et Hermiones regionem transduxit, 321, 10.

Dubis, Δοῦβις (Doubs), Galliæ fl., ex Alpibus oriens in Ararem influit, 154, 56; 157, 3; 159, 43. Cum Ligeri confunditur, 159, 41; 160, 2.

Dulcis portus. V. Glycys.

Dulichium, Δουλίχιον, una ex Echinadibus inss., 288, 8; 292, 51; 389, 9 ; nunc Δολίχη vocatur, sita juxta Œniadas et Acheloum ; ab Araxo p. 100 st. distans, 393, 35. Dulichium et reliquias Echinades Homerus sub Megete esse, incolasque eorum Epeos ex Elide profectos dicit, 392, 3. Nonnulli, ut Hellanicus, Dulichium ins. eamdem cum Cephallenia opinati sunt, 391, 43; 392, 1. Pherecydes Dulichium ab Homero vocari Pales Cephalleniæ urbem consuit, 392, 4. Dulichium Cephalleniæ subjectum fuisse Andron statuit, 392, 9.

Dunax, Δοῦναξ, mons (Thraciæ; Donuca ap. Liv. 40, 58), a Polybio cum altissimis Thraciæ montibus, Hæmo et Rhodope, componitur, 173, 53.

Duorum corvorum portus, Δύο κοράκων λιμήν, in Galliæ ora occidua esse ab Artemidoro perhibetur, qui fabulosa quædam de eo refert, 165, 26. Nisi Corbilo intelligenda est, cogitari licet de portu Nantes urbis. « Il est très-possible que ce prétendu *port des deux corbeaux* soit le port même de Nantes, et que les deux rives de la Loire qui le terminent par leurs pointes recourbées en forme de becs (κόρακες), aient donné lieu à la fable des deux corbeaux. » Coray ad Strab. vers. gall.

Duras, Δούρας, torrens ex Alpibus supra Vindelicos sitis in Istrum influens, 172, 38 (hod. *Traun* vel *Wurm*, Urusa in Tab. Peut.)

Duria (minor), Δουρίας (Doria Riparia), in Alpibus Medullorum oritur et per Salassorum regionem in Padum exit, 169, 43. Prope eum est Ocelum oppidum; juxta idem fluit qua Ticino Ocelum itur, 180, 45. Accolæ fluvium in multos rivulos sciderunt metallorum eluendorum causa, 170, 48.

Duria major nominari debebat pro Druentia, 180, 47.

Duricortora, Δουρικορτόρα (Reims), Remorum caput, 162, 4.

Duris historicus de Rhagis Mediæ laudatur, 50, 13.

Durius Δούριος (Duero), præter Numantiam aliasque Celtiberorum et Vaccæorum habitationes et per Lusitaniam fluit, ad 800 stadia scaphis navigabilis, 127, 10 ; 126, 26. Adjacent Numantia et Serguntia, 134, 38. Regio quæ trans Durium est, nunc a Lusitania separata est et Callaica vocatur, 138, 33. Durii accolæ Laconicæ vitæ ratione utuntur, 128, 13.

Dyestæ, Δυέσται, gens Illyrica circa Damastii argentifodinas, 271, 21.

Dymas, Δύμας, Asii pater, 505, 40.

Dyme, Δύμη (ruinæ ad vicum *Karanostasi*), Achajæ civitas, 292, 37 ; 331, 25 ; ex 8 pagis conflata, 389, 34 ; Achaiæ urbium ἡ δυσμικωτάτη, indeque nomen nacta ; portu caret; antea Stratus vocabatur ; Lariso fl. ab Elide regio Dymæa separatur, 332, 45. Dymæ propinquus Achelous fluvius, 294, 13; 386, 40. Ab Araxo prom. urbs 60 stadia distat, 290, 12. Dyme, Ἐπειὶς καὶ Ἀχαιίς sec. Hecatæum, 293, 11; Epeis olim subdita postea in Achæorum potestatem venisse videtur, 293, 23. Homerus urbem non novit, 293, 19. Καυκωνὶς vocatur apud Antimachum ob Caucones accolas, 332, 50; 297, 1; 294, 1 et 29. Inter Dymen et Tritæam est Caucon fl., 294, 1. Dymæorum mons Scollis, 293, 36. Dyme una ex quattuor Achaiæ urbibus quæ primæ in fœdus coiere, 330, 2. Dymen translata est Olenus, 331, 9 ; Dymæi Oleni nunc desertæ agrum possident, 333, 13. Dymen missæ sunt reliquiæ piratarum, quos Pompejus debellaverat, 343, 3; 567, 48. Nunc Dyme coloniam Romanam habet, 567, 48.

Dyras, Δύρας, fl. in sinum Maliacum exiens, quem conatum ferunt Herculis rogum exstinguere, 367, 48.

Dyris, Δύρις, a barbaris Atlas mons vocatur, 701, 2. (Ni fallor, etiam p. 27, 27 pro δύσεως restituendum est Δύρεως.)

Dyrrhachium. V. Epidamnus.

Dyspontium, Δυσπόντιον, una ex octo Pisatidis oppidis ad viam qua Elide Olympiam itur ; urbs deserta ; incolæ Epidamnum et Apolloniam abiere, 306, 42. [Dyspontium componi solet cum hodierno *Pyrgo*, quæ quidem sententia certioribus argumentis nititur nullis. Fortasse ad hod. *Skaphidi* referendum esse conjicit Curtius.]

Dyteutus, Δύτευτος, Adiatorigis f., suam ob virtutem ab Augusto pontifex Comanorum constitutus est, 478, 29 ; 476, 40.

E.

Ebenus in India, 599, 15 ; in Meroe ins., 698, 3.

Ebrodunus, Ἐβρόδουνος (*Embrun*), vicus Galliæ Narbon. Distantiæ a Caballione et Ocelo, 148, 39.

Ebur apud Æthiopes maris Rubri accolas, 32, 35. E Taprobane in Indorum emporia importatur, 60, 25.

Ebura, Ἔβουρα (*S. Lucar de Barrameda*), urbs Iberiæ ad Bætim fl., 116, 31.

Eburones, Ἐβούρωνες, Galliæ populus, ab occasu Nerviorum, 161, 39; in silva Arduenna, 161, 44.

Ebusus, Ἔβυσος (*Iviça*), major ex duabus Pityussis inss. ad Hispaniam, 400 stad. ambitu, cum urbe cognomine, 139, 7 et 32; 123, 28; 101, 38.

Ecbatana, Ἐκβάτανα (*Hamadan*), Mediæ regia, 448, 18 ; Parthicorum regum sedes æstiva, 448, 18; 633, 23. (Hibernum domicilium regibus Persicis, Macedonibus et Parthicis, 449, § 4.) Ecbatana Persarum thesauros comportasse Alexander fertur, 622, 26. Via ex Armenia Ecbatana ferens, 455, 38. Non memorat urbem Homerus, 626, 15. Cossæi montes supra Ecbatana, 450, 11; 632, 2. In ea urbe occisus est Parmenio, 616, 14.

Echeæ, Ἐχειαί, (Laconiæ locus) a Teleclæ Nedontis incolis frequentatæ, 309, 31. Situs loci incertus.

Echedorus, Ἐχέδωρος (*Galliko*), fl. Macedoniæ, 277, 28.

Echinades, Ἐχινάδες, 103, 33; 394, 45, insulæ olim in alto sitæ ; nunc autem limus ab Acheloo aggestus nonnullas earum vel continenti junxit, 393, 42. Ab Homero Θοαὶ vocantur et Ὀξεῖαι, 393, 33; 301, 34. Earum fuit etiam Dulichium, 393, 33, et Artemita, 49, 41. Imperavit in iis Meges, 392, 3; 394, 20.

Echinus, Ἔχῖνος (*Akhino*), Phthiotidis opp., ad sinum Maliacum, 372, 31; 373, 37; 389, 16. Magna ejus pars terræ motu diruta, 50, 28; 372, 31.

Ecregma, Ἔκρηγμα, locus quo olim erupit Sirbonis lacus, 646, 49.

Edessa, Ἔδεσσα, Syriæ urbs, 4 schœnis ab Euphrate distans, eadem cum Bambyce vel Hierapoli, 636, 48. Vide notata ad v. Bambyce.

Edessa (*Vodhena*), in via Egnatia, urbs Macedoniæ, 268, 31. Prope eam Eubœenses Eubœam urbem condiderunt, 386, 7.

Edetani, Ἐδητανοί (Ἠδητανοί Ptol., *Sedetani* Liv., Σηδητανία Appian. Ipse Strabo etiam Sidetanos vocat), Hispaniæ gens, oram incolunt quæ est a Carthagine Nova ad Iberum fluvium; nonnulli etiam ultra Iberum fl. sunt, 129, 47. Edetani (*Sidetani codd.*) a Celtiberis meridiem versus, montem Orospedam et loca circa Sucronem tenent usque ad Carthaginem, 135, 39. Edetanorum (*Dittanorum codd.*) pars in Orospeda monte, Celtiberis finitima, 134, 39.

Edoni, Ἠδωνοί, Macedoniæ gens, 275, 30; in regione ultra Strymonem maritima, partim e Macedonia huc transgressi, 280, 52; Edonum partes sunt Mygdones, Sithones, Odones, 275, 32. Rex Edonorum Rhesus, 280, 52.

Eetion, Ἠετίων, Andromachæ pater, in Thebe Hypoplacia Cilicibus imperavit, 500, 34; 529, 29; 523, 3.

Egelastæ, Ἐγελάσται (Egelasta, Plin.), Hispaniæ opp. in via militari situm, 333, 22. (Est hod. *Yniesta*, ibi enim sal reperitur qualem Egelastæ reperiri Plinius 31, 39 dicit.

Egeria, Ἠγερία, fons et dea in Latio, 199, 53.

Egertius, Ἐγέρτιος, Chium colonis frequentavit, 541, 14.

Egesta Siciliæ opp. V. Ægesta.

Egnatia, Ἐγνατία (ruinæ prope *torre d'Agnazzo*), Iapygiæ urbs in via Brundusio Beneventum ducente, 234, 51; inter Brundusium et Barium sita. Hucusque Peucetiorum regio pertinet, 235, 22.

Egnatia via ab Apollonia ducit usque ad Cypsela et Hebrum fl. per 535 millia, 268, 15. Prima ejus pars dicitur via ad Candaviam; in eaque parte viæ ex Dyrrachio et Apollonia ductæ coeunt. Ducit per Lychnidum, Pylonem, juxta Barnuntem, montem per Heracleam, Lyncestas, Eordos, Edessam, Pellam, Thessaloniceam; quousque sunt 267 m., 268, 26. Cf. 271, 26. Ad eam est Lychnitis lacus, 271, 48. Egnatia via ab austro terminat Macedoniam; a Dyrrachio urbe versus Thessaloniceam tendit, 275, 19; 276, 1; 277, 30.

Egra, Ἔγρά (*Iambo* vel vicinus ei locus), vicus Arabiæ maritimus, qui sub Oboda erat; hinc Ælius Gallus Myoshormum trajecit undecim dierum itinere, 665, 35.

Eiones, Ἠϊόνες, Argolidis pagus, dein incolis vacuum Mycenæorum navale, nunc ne navale quidem est, 320, 32; 321, 17. Prope hodiernam *Kandia* locus fuisse videtur. V. Curtius *Pelop.* tom. 2, p. 467.

Ela fons. V. Velia.

Elæa, Ἐλαία (prope *Kilisseh-Koi*), Æolidis urbs, a Grynio distat 70 stadia, 531, 54 (40 stadia, 531, 43, perperam); a Caico fluvio 12 stadia; a Pergamo, cujus est navale, 120 stadia, 525, 42; 531, 54. A quibusnam condita sit, 532, 1.

Elæa (?) portus sinus Arabici, 656, 8 et 30. [Intellige portum in *Dhalac* insula, quæ etiam in Plinii codd. quibusdam *Elæa* dicitur, dum alii rectius præbent *Aliæu*. Eadem cum vicinis insulis Ἀλλαίου insulæ vocantur in Periplo mar. Erythr. Cf. Geogr. min. tom. I, p. LXX,

not. 26. Apud Strabonem pro Ἐλαία λιμήν fuerit Ἐλαία νῆσος καὶ λιμήν.]

Elæussa, Ἐλαιοῦσσα (ad hod. *Ajach*), insula Ciliciæ Asperæ, quam colonis bene excoluit Archelaus, 460, 54; 458, 30; 572, 44.

Elaiticus sinus, Ἐλαιτικός vel Ἐλάτης κόλπος, pars Adramytteni sinus, 525, 46; 519, 1; inter Hydram et Hamartuntem pr.; ejus latitudo, 531, 45. In eum Caicus exit, 525, 40; 519, 21; 497, 26.

Elaitis regio, Ἐλαῖτις, ad latus septentrionale Ægæ montis, 526, 3; per eam Caicus in mare exit, 489, 45. Elaitidis torrens Ceteus, 526, 39.

Elaphia Diana, Ἐλαφία Ἄρτεμις, in Elide, 295, 20.

Elara, Ἐλάρα, mater Tityi; de ea dicta Elaria spelunca (Ἐλάριον σπήλαιον) Eubϭæ, 363, 25.

Elatea, Ἐλάτεια (*Lefta*), Phocidis urbs maxima et opportunissima, in faucibus sita, ut qui ea potiatur, aditus in Phocidem ac Bœotiam in potestate sua habeat, 358, 46; 349, 51. Urbs Homeri ætate recentior, 363, 41; situs ejus commodus, 363, 45; urbs a Philippo capta, 363, 47; muri pars terræ motu eversa, 50, 42. Cf. etiam 363, 50; 365, 31.

Elatria, Ἐλάτρια, Cassiopæorum opp., 269, 50.

Elea Italiæ. V. Velia.

Elea, Elis, ἡ Ἠλεία, Peloponnesi regio; ejus situs, 288, 4; 289, § 1. Ei imperasse Œnomaum et Salmoneum falso nonnulli tradunt, 306, 2. Quomodo eam distribuerit Homerus, 292 § 8. Olim in plures ditiones divisa, postmodo in duas, Epeorum sc. et quæ erat Nestori subjecta; illa Elis Homero, hæc Pylus vocatur, 289, § 1. Elis Cava in Navium Catalogo discernitur ab Nestoris ditione, 289, 51. Quamquam nonnulli Pylum, Cavæ Eleæ urbem, patriam esse Nestoris demonstrare student, 292, 3. Elei olim Epei dicti sunt, 292, 40. Elei ab Epeis diversi sunt sec. Hecatæum, 293, 8. Eleorum gens est una e tribus gentibus quæ Triphylios constituebant, 289, 46. Ex Elea ejectus a Salmoneo Ætolus cum Epeis in Ætoliam abiit, 307, 3; 398, 9; 362, 53. In Eleam ex Ætolia cum Ætolorum exercitu rediit decima post Ætolum generatione Oxylus, 398, 15; 334, 48; 307, 12. Devictis ab Ætolis Epeis, Eleam Jovi sacram esse inter Heraclidas convenit, 307, 28. Itaque seorsum Elei in pace diu vixerunt; Æolici generis erant; exercitum receperunt qui sub reditu Heraclidarum cum Oxylo venerat; dialectum Æolicam servarunt, 286, 37. Belli tempore Trojani non floruerunt, attriti a Pyliis et Hercule, qui regem eorum Augeam evertit; nonnisi 40 naves contra Trojam miserunt, 304, 42. Aucta eorum potentia est sub tempus reditus, advenientibus Oxylo duce Ætolis, qui Epeis erant cognati; tum Pisatidem cum eaque Olympiam sui juris fecerunt, primique instituere certamen Olympicum, 304, 47. Sed post Ol. 26 Pisatæ regionem suam recuperarunt, ipsique certamen Olymp. procurarunt. Mox tamen et Pisatis et Iudorum administratio ad Eleos rediit. Finito bello Messeniaco secundo, in quo a Lacedæmoniorum partibus Elei steterant, Spartani totam Pisatidem et Triphyliam Eleis tribuerunt, Eleamque vocarunt, 305, 26. Eleis vim infert Phido, 307, 48. Lacedæmoniorum auxilio Phidonem evertunt et Pisatidem et Triphyliam obtinent, 307, 54. — Eleæ totius, quæ nunc dicitur, paraplus 1200 stadiorum, 308, 6. In Elide Opuntii nonnulli habitarunt, 365, 17; et Caucones, 297, 1. Eleæ fluvium Selleentem significat Homerus, 272, 49. Selinus, Eleæ fl., 332, 29; Scollis mons, 293, 36.

Eleaci, Ἠλειακοί, philosophi, Phædonis Elei successores, inter quos Pyrrhon, 337, 49.

Electrides, Ἠλεκτρίδες νῆσοι, insulæ ante Padum sitæ et meleagridibus plenæ, mera sunt commenta, 179, 11.
Electrum, quid? 121, 26. Electrum sive lingurium apud Ligures, 168, 46.
Elees fluvius. V. Velia.
Eleon, Ἐλεών, ap. Homerum memoratus locus, quem Crates putat oppidulum esse in Parnasso, negante Demetrio, 377, 16.
Elephanti in Taprobane, 589, 8. Eorum in India venatio, 600, § 42; historia eorum naturalis, 600, § 43; elephanti in pompis Indorum, 611, 35. Quingentos Seleucus Nicator in Apamea urbe alebat, 640, 31; elephanti in Meroe ins., 698, 3. Venatio ad Saba portum, 656, 9; ad Ptolemaidem, 655, 51; 654, 30; ad Corai castellum, 656, 43; ἐλεφάντων κυνήγιον τὸ πρὸς τῷ φρέατι καλούμενον, 657, 3. Venationes plures inter Eumenis portum et Diren, 657, 50; 658, 31. Venatio Pythangeli, 658, 28; Lichæ, 658, 35; in Cinnamomifera, 109, 53; elephantes in Mauritania, 702, 2; apud Æthiopes Hesperios, 702, 21; venandi rationes apud elephantophagos Æthiopiæ, 657, 5; de elephantis Libycis Gabinii narratio fabulosa, 704, 1. Cum elephantis pugnant rhinozerotes, 659, 34. Elephanti proboscide ac dentibus puteos effodiunt, 658, 37.
Elephantina, Ἐλεφαντίνη, insula Nili, dimidio stadio a Syene distans, in qua Cnuphidis templum et Nilometrium, 693, 51; 667, 27; 682, 52. Supra eam parvus Catarrhactes, 694, 29. Ea potiuntur Æthiopes, 696, 17. Ἐλεφαντοφάγοι Æthiopiæ; eorum vitæ ratio, 657, 4.
Elephas, Ἐλέφας (ad *Ras Filluk*), mons regionis cinnamomiferæ, 659, 4.
Elephas, Ἐλέφας, mons Mauritaniæ, ad quem est minima freti Columnarum latitudo, 702, 35.
Eleus, ὁ Ἐλεοῦς (*Palæocastro*), Chersonesi Thracicæ opp., ubi Protes læum; e regione est Sigeum prom., 283, 35 et 50; 509, 51, ubi pro Ἐλεοῦς dicitur Ἐλεοῦσσα. Eleunte usque ad locum ubi Xerxes pontem fecit, 170 stadia sunt, 284, 4.
Eleus, ὁ Ἐλεοῦς, 559, 51 (aut insula in antecc. Eleussa dicta, aut objacens ei continentis locus Peræa Rhodiorum).
Eleusis, Ἐλευσίς (*Lepsina*), una ex duodecim Atticæ civitatibus, quas Cecrops constituit, 341, 29; pagus Atticæ; templum ibi Cereris et ὁ μυστικὸς σηκός; Ictini opus, 339, 22. Eleusine a Cerere receptus est Cychrides serpens, 338, 20. Ad Eleusinem usque et campum Thriasium pertinuit Nisi ditio sec. Andronem, 337, 14. Eleusinius sinus idem qui Saronicus sinus, 326, 45.
Eleusis, olim Bœotiæ urbs, Copaidis inundatione deleta, 349, 33.
Eleusis Ægypti, non longe ab Alexandria et Nicopoli, fossæ Canobicæ imposita, locus amœnus et protervitatis plenus, ad quem Canobicæ fossæ jungitur canalis Schediam ducens, 680, 10.
Eleussa Ἐλεοῦσσα (*Alessa*), Cariæ insula ante Phœnicem montem sita, a Rhodo 120 stadia, a continente 4 stadia distans, 8 stadiorum ambitu, 556, 18 et 46. Eadem fortasse Ἐλεοῦς vocatur, 559, 51.
Eleussa, insula (*Karabagh* sive *H. Georgios*) ad Æolidis oram, e regione Atarnei loci non longe a Pitane distantis, 525, 33.
Eleussa, insula ad Astypalæam, Atticæ pr., 342, 20.
Eleussa, i. q. Eleus, Chersonesi Thracicæ urbs, 509, 51.
Eleutheræ, Ἐλευθεραί, ab aliis Atticæ, ab aliis Bœotiæ adscribuntur, 353, 48; urbs Œnoæ vicina, 323, 2. Sita fuerit prope *Kundura*.
Eleutheria, τὰ Ἐλευθέρια, ludi Platæenses, 353, 53. Eleutherius Juppiter, *ib.*

Eleutherolacones, Ἐλευθερολάκωνες, qui et quales? 314, 19.
Eleutherus, Ἐλεύθερος, Syriæ fl., quem quidam faciunt Seleucidis terminum versus Phœniciam et Cœlesyriam, 641, 37. Propinqua ei Orthosia, *ib.* et 642, 31. [Hodie fluvius vocatur *Nahr el-Kebir*. De nominis græci ratione vid. Ritter tom. 17, p. 58. Cf. id. ib. p. 820.]
Elimæa, Ἐλίμαια, Epiri vel Macedoniæ regio, 271, 25.
Elimiotæ, Ἐλιμιῶται, Epirotica gens, Macedoniæ accensentur, 373, 11.
Elis regio. V. Elea.
Elis, Ἦλις (*Kalascopi* et *Palæopoli*), urbs in regione quæ Cava Elis, Κοίλη Ἦλις vocabatur, post bellum Persicum [ex octo] pagis conflata, quibus postea pagus Agriadum additus est, 298, § 2. Elis ἡ Διὸς γείτων sec. Euripid., 315, 4; per eam Peneus fluvius juxta gymnasium fluit, 289, 37. Ab ea ad Ephyram 120 stadia, 290, 35; ad Myrtuntium 70 stadia, 293, 30; ad Lampeam montem 130 stadia, 293, 38. In urbem assumptum est Hypana opp. 296, 10. In foro urbis Oxyli statua, 398, 24. Eleus Phædo Socraticus, 337, 49.
Elison s. Elisa, Ἐλίσων ἢ Ἔλισα, amnis in confinio Elidis et Pisatidis, 290, 26.
Elixus, Ἔλιξος, Cei ins. fluvius ad Coressiam, 418, 9.
Ellopia, Ἐλλοπία, Eubœæ nomen, ab Ellope inditum, 382, 32.
Ellopia, Eubœæ oppidum in Orea regione ditionis Histiæensis, ab Hellope conditum, 382, 33. Ellopienses Oritas bello petierunt, 383, 3. Ellopiæ incolæ, Ἐλλοπιεῖς, in Histiæam urbem commigrarunt a Philistida tyranno coacti, 382, 39.
Ellops, Ἔλλωψ, Ionis filius, sec. alios Aicli et Cothi frater, a quo Eubœa Ellopia dicta, et Ellopia oppidum conditum, 382, 33.
Elone, Ἠλώνη (*Selos?*), Thessaliæ Perrhæbicæ opp., in Polypœtæ ditione apud Homerum, 377, 40; postea mutato nomine Limone dicta; nunc diruta; sita fuit sub Olympo, 378, 43.
Elpiæ, Ἐλπίαι, in Dauniis a Rhodiis et Cois conditæ, 558, 49. (Eadem est urbs quæ Salapia dicitur.)
Elui, Ἐλουοί (f. Ἐλουιοί), Helvii aliorum, gens Aquitaniæ adscripta, cujus regio a Rhodano initium sumit, 158, 27 (*les habitants du Vivarais*.)
Elymæi, Ἐλυμαῖοι, quorum regio ἡ Ἐλυμαΐς sive ἡ Ἐλυμαία, in Assyriorum terra, 627, 4, Persis et Susiis et Babyloniis contigui, 449, 43; 633, 42; 629, 50. Eorum montana supra Babyloniam, 447, 50. Latrociniis dediti ab oriente et septentrione Apolloniatidi et Susidi imminent, 623, 21; ab Uxiis bello petuntur, 623, 25. Elymææ regio Messabatica ad Zagrum, 449, 54. Elymæi in regionis parte fertili agrum colunt, in montanis milites sunt, maximam partem sagittarii, 633, 53. Persis, Syriæ regibus, Parthis obtemperare recusarunt; Antiochum Magnum Beli templum spoliare conatum interfecerunt, 634, 3. Invasit eos Parthorum rex (Mithridates I), et templum Minervæ ac Dianæ, quod Azara dicitur, spoliavit; capta etiam Seleucia sive Soloce ad Hedyphontem, 634, 10. Tres sunt in Elymaidem commodi ingressus, e Media, Suside et Perside, 634, 16; Corbiana, Gabiana et Massabatica, Elymæorum provinciæ; finitimi sunt Sagapeni et Sitaceni, 634, 20. Elymæi contra Babylonios et Susios bellum gesserunt, auxilio usi Cassæorum, 633, 44; 449, 39.
Elymum in Themiscyra, 469, 25.
Elymus cum Ænea in Siciliam venit, 520, 14.
Elysium campum, τὸ Ἠλύσιον πεδίον, Homerus finxit ex iis quæ de beatis ultimæ Hispaniæ locis acceperat, 124, 32; 2, 22.

Emathia, Ἡμαθία, apud Homerum memoratur, 22, 29. Fuit priscum Macedoniæ nomen; in hac regione fuit etiam Emathia oppidum maritimum; tenuere regionem Epirotæ, Illyrii, Bottiæi Cretenses et Pieres Thraces, 275, 21.
Emathia, Emathiæ urbs maritima, 275, 23.
Ἡμαθόεις Πύλος apud Homerum ab Amatho fluvio dici videtur, 298, 18. Cf. v. Pylus.
Emisenorum, Ἐμισηνῶν, phylarchi Sampsiceramus ejusque filius Jamblichus, 641, 8.
Emodus mons, τὸ Ἡμωδὸν ὄρος, τὰ Ἡμωδὰ ὄρη, in India Tauri pars, 587, 34; 438, 21. Supra Pori regionem, 595, 28. Inde Ganges oritur, 612, 17. Præ grandes in his montibus serpentes capiuntur, 595, 25.
Empedocles, Ἐμπεδοκλῆς, laudatur, 312, 38. Quæ de morte ejus narrantur, fortassis non sunt inter fabulas releganda, 228, 1; 229, 28.
Emporicus sinus, ὁ Ἐμπορικὸς κόλπος, sinus Mauritaniæ a Lixo versus meridiem situs, in quo Phœnicum loca, 701, 10. In eo est æstuarium et antrum et ante id ara Herculis in loco humili sita, quam nunquam aquarum fluxu tegi perhibent, 701, 29.
Emporium, Ἐμπόριον, Mediæ navale, 213, 26.
Emporium (Ampurias), Hispaniæ urbs, Massiliensium colonia; situs ejus et portus, 132, 27. Olim Emporienses in insula adjacente (I. de las Mejas) habitarunt, quæ nunc Vetus urbs, Παλαιὰ πόλις, vocatur, 132, 45. Incolæ e Græcis et Indigetis barbaris mixti. Murus urbem in duas partes dividit, 132, 47. In propinquo est fluvius (Clodianus apud Melam vocatur), cujus ostio pro portu utuntur. Incolæ linificium exercent, 133, 1. In mediterraneis superjacet Juncarius campus, 133, 5. Emporium habet fanum Dianæ Ephesiæ, 132, 42.
Encheliæ, Ἐγχελέαι, in Illyria a Cadmi et Harmoniæ posteris regebantur, in earumque regione monstrantur quæ fabulæ de iis produnt, 271, 27.
Endera, Ἐνδέρα (Enderta regio), Gymnetarum habitatio in Æthiopia, 656, 32.
Endymion, Ἐνδυμίων, pater Ætoli, 398, 10. Ejus sepulcrum ad Latmum, 543, 22.
Enea, Ἐνέα, Troadis pagus Scepsi et Æsepo vicinus, 472, 48.
Eneti, Ἐνετοί. V. Heneti.
Eniconiæ, Ἐνικωνίαι, Corsicæ opp., 187, 8. De situ nihil constat.
Enipeus, Ἐνιπεύς (Fersalisi), Thessaliæ fl., 370, 49; ab Othrye Pharsalum præterlabens in Apidanum, hic vero in Peneum influit, 371, 4. Cf. Apidanus.
Enipeus, Pisatidis fl., in Salmone fonte ortus, in Alpheum exit; nunc vocatur Barnichius, 306, 24. Enipeum amavit Tyro, ib. (Is fluvius esse videtur qui hodie Lestenitza dicitur; vid. Curtius Pelop. 2, p. 72.)
Enispe, Ἐνίσπη, Arcadiæ oppidum ab Homero memoratum, 333, 46.
Enna, Ἔννα (Castro Giovanni), Siciliæ urbs mediterranea; ejus situs; ibi Eunus obsessus; templum ibi Veneris, 227, 1 et 25.
Ennii poetæ patria Rudiæ, 234, 11.
Enope, Ἐνόπη, Messeniæ urbs, 303, 26, ab Homero memorata, quam alii putant esse Pellana, alii locum quendam Cardamylæ vicinum, alii Gereniam, 309, 34.
Ἐνωτοκοῖται, Aurincubi, Indiæ gens fabulosa, 58, 45; 605, 34.
Enydra, Ἔνυδρα, Syriæ in Seleucide locus prope oram mar., 641, 33. Sec. Strabonem locus inter Carnum (Tartus) et Marathum situs erat. Maundrel (Travels p. 19) 20 fere stadiis a Tartus meridiem versus, paullo infra Aradum insulam, non longe ab ora maritima in campo viridi fontem optimum reperit, quem vocant fontem serpentum. G. Robinsonus eundem dicit Ain el-hye (Ain el-hayeh), atque Enydram Strabonis esse censet probabiliter. Ritterus quidem (tom. 17, p. 855) hanc sententiam improbat, quia Strabo Enydram collocet boream versus a Maratho, quippe quem locum cum Antarado seriorum scriptorum componi vult. At falsa est hæc de Marathi situ opinio. Ipse Ritterus paullo post p. 859 Robinsoni sententiam probabilem esse dicit, at perperam ibi Enydram ait ap. Strabonem poni a Maratho meridiem versus.]
Enyûs, Ἐνυοῦς, templum Comanis, 459, 5.
Eordi, Ἐορδοί, Epirotis accensentur, 271, 24. Per eos transit via Egnatia, 268, 31.
Epacria, Ἐπακρία (Pikermi), una ex 12 civitatibus, quas Cecrops in Attica constituit, 341, 28.
Epaphus, Ἔπαφος, Iûs f., ubi natus sit, 382, 6.
Epaminondas, Ἐπαμεινώνδας, ad Leuctra et Mantineam vicit occubuitque; 333, 36; 355, 42. Eo mortuo Thebani imperium amiserunt, 344, 27.
Epei, Ἐπειοί, una ex tribus gentibus quæ Triphylios constituebant, 289, 44. Epei olim Eleis celebriores, quanquam postea Epei dicti sunt Elei, 292, 40. Epeorum et Pisatarum rex Salmoneus sec. Ephorum, 307, 3. Epeorum rex Augeas, avus Megetis, qui in Echinadibus regnavit, 394, 23; 290, 50. Epei Herculi contra Augeam et Elidem auxiliati, ideoque ab Eleis diversi sunt, sec. Hecatæum. Epeorum et Achæorum urbs Dyme sec. eumdem, 293, 8. Fieri potest, ut Epei aliquando ab Eleis diversi, postea in unam cum his coiverint civitatem, et vel Dymen usque ditio eorum pertinuerit, 293, 16. Epei cum Ætolo ex Elide in Ætoliam migrarunt, unde Curetes expulerunt, 398, 13; 362, 54. Ex Elide profecti Echinades incolunt, 392, 4. Pyliis bellum inferunt, 302, 18. Eorum in Elide regio Homero Elis vocatur, ib. Eorum dux, Otus Cyllenius, ap. Hom., 290, 18; 392, 4. Epeorum Elidem tenentium contra Ætolos et Oxylum bellum. Degmeni Epei et Pyræchmæ Ætoli certamen singulare; vincente Ætolo, Epei Elide expelluntur, 307, 14.
Epeus, Ἐπειός, Phocensium dux, Lagariæ in Italia conditor, 219, 15. Ejus patria Panopeus, 363, 21.
Ephesium, Ἐφέσιον, Dianæ Ephesiæ ap. Massilienses templum, 148, 49.
Ephesus, Ἔφεσος (ruinæ prope Agasaluk), Ioniæ urbs, ab Amazone nomen habet, 471, 30. Regionem olim Cares et Leleges tenuerunt, 540, 19; 546, § 21. Urbs ab Androclo condita; Ionum regia; Androcli posteri reges appellabantur, 540, 26. Ephesus quondam Smyrnæ nomen gessit; Ephesiis auctoribus, Smyrna in Ionicum conventum recepta est, 541, 18. Urbis locus qui fuerit usque ad Crœsi tempora, deinde usque ad Alexandrum, denique inde a Lysimacho, qui urbem Arsinoen vocavit, quanquam mox vetus nomen rediit, 546, § 21. Urbis respublica, 547, 5. Distantia a Colophone, 549, 29; a Smyrna et Magnesia ad Mæandrum, 566, 9; 540, 11. Ephesi navalia et portus, 548, § 24; Lepre acte sive Prion mons, et Opistolepria, et Trachea ad latus Coressi montis, 541, 34. Dianæ templum Selinus præterfluit, 332, 28. Ejus templi historia, 547, § 22 sq.; sacerdotes ejus, 547, 41; asyli jus, 547, 46. Ephesia Diana Phocæensibus Massiliæ conditoribus ducem coloniæ dat Aristarchen, 149, 3. Ejus cultum in colonias suas transduxerunt Massilienses, 149, 31. Cf. Diana. Ephesiorum quidam Sisyrbitæ a Sisyrba Amazone vocabantur, 541, 29. Ephesi Athenæum, gymnasium, Hypelæus fons, 541, 39; locus Smyrna dictus, 541, 30 et 40. Prope urbem Ortygia lucus, 546, 27. Larisa pagus, 530, 35.

378, 29; mons Pactyes, 544, 6; Ephesium vinum, 544, 40. Via ab Epheso per Magnesiam, Tralles, Nysam, Antiochiam, Caruta, deinde per urbes Phrygiæ et Lycaoniæ ad Mazaca Cappadociæ et hinc usque ad Euphratem et Tomisa pagum, 566, 14. Ephesii contra Magnetes bellum gesserunt, 553, 16; multum regionis Mæonibus sive Lydis abstulerunt, 530, 40. Neapolin dederunt Samiis, ab iisque acceperunt Marathesium, 546, 17. Ephesum Teo confugerunt Bacchici in Ionia artifices, 549, 39. Ephesii Aristonicum pugna navali ad Cumam vicerunt, 552, 10. Artemidori de Ephesiis merita; honor ei a civibus habitus, 548, § 26. Alii Ephesii sunt : Hermodorus, Heraclitus, Hipponax, Parrhasius, Apelles, Alexander Lychnus, 548, § 25.
Ephialtes. Ὁ Ἐφιάλτης μῦθός ἐστιν, 16, 1.
Ephori, οἱ ἔφοροι, Lacedæmoniorum cosmis Cretensium respondent, 413, 53.
Ephorus, Ἔφορος, ὁ τὴν ἱστορίαν συγγράψας καὶ τὰ περὶ τῶν εὑρημάτων, Cumanus, 532, 32. Historiis suis terræ descriptionem inseruit, 285, 33. Polybio teste, omnium optime de origine urbium, cognationibus, migrationibus exposuit, 399, 20. Diligentiam ejus laudat Polybius, nec non Strabo, sæpissime se eo uti dicens, 362, 5. Interdum tamen fabulas pro historia venditat, ut in narratione de origine oraculi Delphici, 362, 9. De Ætolis quoque incongrua prodit, 362, 50. Ephorus quid in libro qui Περὶ Εὐρώπης inscribitur, exponat de terræ divisione quadripartita, 28, 15. Quænam de Æthiopum migratione a Tartessiis accepeit, 27, 24. Laudatur de Celticæ magnitudine, 165, 37. Celtas obesitate corporum cavere dicit, 165, 42. Ejus de Pelasgis sententia, 183, 52; 184, 24 et 30; de Cimmeriis Campaniæ, 203, 51. Hellanicum ob missam Lycurgi mentionem increpat, 214, 23. Locros Opuntios condidisse in Italia Locros Epiz. falso tradit, 215, 35. De legibus Locrorum Epizephyriorum, 216, 10; de Crotone olim ab Iapygibus habitata, 218, 16; de Metaponti urbis origine, 220, 26. De Siciliæ ambitu, 221, 30; de primis Græcorum in Sicilia coloniis, 222, 24; de Tarenti origine, 232, 10; de Celtis, quorum major numerus aquis quam bellis pereat, absurda narrat, 243, 36. In libro IV Historiarum, qui Europa inscribitur, inter alia de Scytharum et Sauromatarum moribus dixit, 251, 6. Istro quinque ostia tribuit, 254, 4. Ephori de Argi Amphilochici origine narratio, 270, 46. Græciæ describendæ initium ab Acarnania sumit, 286, 50. Laudatur de Ætolo et Oxylo et Elidis historia antiquiore, 307, § 33; de Cresphonte Messeniam in 5 civitates dividente, 310, 16; de Laconica ab Heraclidis occupata et in sex partes divisa, deque Helotibus, 313, § 4; de Apolline et Neptuno Delum et Calauriam permutantibus, etc., 321, 28; de Phidone, 323, 11; de civitatum Peloponnesiacarum conditoribus, 334, 46; de Bœotiæ situ, 344, § 2. De Thracibus pactas cum Bœotis inducias violantibus; de Bœotorum in Dodonæam antistitem facinore, 345, § 4; de Naupacto, 366, 26; de Alyzia et Leucadis conditoribus, 388, 52; Acarnanes expeditioni Trojanæ interfuisse negat; narratio qua mittitur hæc sententia, 396, § 25. De Acarnaniæ prisca historia quædam, 397, 18; de Ætolis, de quibus ei accidit ut nonnulla incongrua tradiderit, 398, § 3. In libro quarto de Minoe et Cretensium legibus, 409, 23 et 50; 412, § 16-22. Quomodo fiat ut Homerus in Iliade 100 urbes, in Odyssea 90 solummodo Cretæ insulæ tribuat, 412, § 15. De Lycurgo, 414, § 19; de Cytoro oppido, 466, 51; de Æolidis terminis, 498, 53; 513, 49. Salse notatur, 532, 36. De Mileti origine, 542, 24; de peninsulæ Asiæ minoris gentibus, 578, § 23 sq.
Ephyra, Ἐφύρα, quæ una cum Selleente ap. Homerum (2, 659) memoratur, in Thesprotia ab Apollodoro, in Elide a Demetrio quæritur, 272, 47.
Ephyra Thesprotica, postea Cichyrus, 269, 47; 290, 30; 291, 8. Ex ea posteri Antiphi et Phidippi in Thessaliam migrarunt, 380, 20.
Ephyra, Elidis urbs ad Selleentem fl., in via sita, qua Lasionem itur, 290, 30; ab Eli urbe 120 stadia distat, 290, 35; aut eadem est quæ Bœnoa aut ei propinqua, 290, 33. (Sita fuerit prope hod. *Kunagli*, ut cum Curtio puto). Ex hac urbe, quam sæpius Homerus memorat, oriunda erat mater Tlepolemi (Astyochea), 290, 36.
Ephyra, vicus in Agræa Ætoliæ, cujus incolæ Ephyri, 291, 6.
Ephyra, pagus vicinus Selleenti, qui ad Sicyonem fluit, 291, 5.
Ephyra, vetus Corinthi nomen, 290, 31.
Ephyri, Ἔφυροι, apud Homerum, Crannoniorum nomen, 378, 50; in Perrhæbis, 291, 8; 290, 31; 276, 21.
Epicharmus poeta laudatur, 312, 37.
Epicnemidii. V. Locri.
Epictetus Ætolia. V. Ætolia.
Epictetos Phrygia, ἡ ἐπίκτητος Φρυγία, 107, 26. V. Phrygia.
Epicurus, Ἐπίκουρος, Neoclis f, in Samo et Teo et Athenis educatus, æqualis Menandri comici, 545, 29; Idomenei et Leontei Lampsacenorum amicus, diutius Lampsaci commoratus; magister Metrodori, 504, 45.
Epidamnus, Ἐπίδαμνος (*Dourazzo*), Corcyræorum col., quæ nunc a peninsula, cui imposita est, Dyrrachium vocatur, 262, 43; 271, 18. Eo migrarunt Dyspontii incolæ, 306, 44. Ibi est initium viæ Egnatiæ, 275, 18. Viæ quibus Epidamno et Apollonia in Macedoniam itur, pari ab his urbibus distantia in unam coeunt, 268, 24. Epidamno Thessaloniceam 900 stadia sec. Eratosthenem, supra 2000 sec. Polybium, 88, 8; 76, 43. Ab Epidamno ad Brundusium trajectus 1800 stadiorum, 235, 17. Populi inter Epidamnum et Ceraunios montes degentes, 271, 18.
Epidaurus, prius Epitaurus (*Pidauro*), Argolidis urbs; quam olim Cares tenuerunt, 321, 52; deinde cum Heraclidis Iones, 322, 1. Migrarunt eo incolæ Tirynthis, 320, 49. Situs urbis, 322, 8. Celebre habet Æsculapieum, 322, 3. Inde Æsculapii simulacrum Romani petierunt, 486, 19. Epidaurus ad amphictyoniam Calauriæ contribuebat, 321, 34; Æginam incolis frequentavit, 326, 6. Ἐπίδαυρος ἀμπελόεις, 320, 32. Τῆς Ἐπιδαυρίας locus Ægina, 322, 24. Epidaurici equi, 333, 12.
Epidaurus Limera (in sinu qui est inter *cap Limenaria* et *Monembasia*), Laconicæ opp.; situs ejus et nominis ratio, 316, 31.
Epigonorum bellum, 270, 47; 355, 24 (Cf. *pag. 325, 401, 412, 413, 416 edit. Casaub.*)
Epimenides, ὁ τοὺς καθαρμοὺς ποιήσας διὰ τῶν ἐπῶν, 411, 52.
Epirus, Ἤπειρος (ἡ Ἠπειρῶτις γῆ, 106, 41), ap. Homerum quo sensu sit intelligenda, 396, 41; 389, 21. Epirus, licet montibus plena, olim tamen bene habitata, nunc fere deserta; 272, 20. Ex Epiroticis gentibus multæ Pelasgicæ vocantur, quod eo usque Pelasgi imperium protulerint, 184, 15. Epiri ora a Ceraunis ad sinum Ambracium est 1300 stadiorum, 269, 27; gentes sunt quattuordecim, sec. Theopompum, quarum nobilissimæ sunt Chaonum et Molossorum, 269, 12; accensentur Epirotis Amphilochi, Athamanes, Æthices, Tymphæi, Parorœi, Atintanes, 271, 9; 267, 12. Ex Epiroticis gentibus aliæ attribuuntur Thessalis, ut Athames, Æthices, Talares, aliæ Macedonicis, ut Orestæ, Pelagones et Elimiotæ, 373, 8. Epirotis mixtæ Illyricæ gentes, quæ

ad montes meridionales et supra Ionium sinum habitant, 271, 16. Epiroticas gentes Macedoniæ adjecit Paullus Æmilius, 282, 38; qui septuaginta oppida earum evertit, 268, 5. Epirotæ in Emathia, 275, 24. Epiri mons Tomarus et Polyanus, 272, 19.

Epistolas Indi in sindonibus scribunt, 610, 33.

Epistrophus, Ἐπίστροφος, Alizonum dux, 471, 30; in Lyrnessi expugnatione cecidit, 500, 24, ab Achille interfectus, 523, 16.

Epitalium, Ἐπιτάλιον (*Agulenitza*), Triphyliæ oppidum, olim Thryum, natura munitum, 295, 15; 300, 18 et 30. Epitalium inter et Pheam Alpheus exit, 295, 15.

Epitaurus. V. Epidaurus.

Epomeus, Ἐπωμεύς, mons Pithecussarum, 206, 52.

Eporedia, Ἐπορεδία (*Ivrea*), Romanorum colonia, quæ præsidio esset contra Salassos, quos ibi victos sub hasta vendidit Terentius Varro, 171, 23.

Equi feri in Hispania, 135, 48. Equi montes scandere et in genua prompte subsidere docti apud Hispanos, 135, 47. Equi subvariegati Celtiberiæ in Hispaniam exteriorem abducti colorem mutant; Parthicis equis similes sunt, 136, 4. Equi et muli Ligustici qui Ginni vocantur, 168, 44. Equi feri in Alpibus. 173, 8. Ἡμιονιτίδας ἵππους Veneti alunt, 176, 42; albos equos Diomedi immolant, 179, 15; lupi signum inurunt equis, qui inde λυκοφόροι appellantur; nata inde fabula, 179, 22. Equi Scythici et Sarmatici parvi sed acres, quos castrando mansuefaciunt, 259, 27. Equi pusilli in regione circa Borysthenem, 255, 13. Equi Arcadici, Argolici et Epidaurici præstantes, 333, 32. Equorum ornamenta Massagetica, 440, 4. Equi Armeniæ, Mediæ, Nesæi et Parthici, 450, 17; 454, 23. Equi unicornes cervinis capitibus, 605, § 56. Equis caret Arabia felix, 653, 44, ut Nabatæorum terra, 666, 48. Equi Maurorum, 703, 1. Equi Garamantum ungulas ceteris longiores habent, 709, 17. Cyrenaici equi præstantes, 710, 42.

Equi apud Gaditanos vocantur navigia minora, quorum proris equi signum insculpi solet, 81, 60; 82, 3.

Equimulgi sive ἱππομολγοί Homeri sunt Scythæ, 249, 40.

Equino caseo et lacte acido vescuntur Scythæ Nomades, 258, 26; 251, 17.

Equites peditibus miscent Hispani, 135, 45. Equitatus loricatus ap. Armenius, Medos et Albanos, 454, 31.

Eræ, Ἔραι vel potius γέραι (*Seyigeck*), Teiorum oppidum in Ionia, 550, 24.

Erana, Ἔρανα, Messeniæ opp., quod nonnulli Arenen Homericam esse putant perperam, 299, 42; 310, 5. (Ad Eranam pertinere videntur ruinæ quæ sunt ad *Lungobardo* fluvium.)

Erannoboæ et Gangis ad confluentes Palibothra urbs, 598, 31.

Erasinus, Ἐρασῖνος, Argolidis fl., e Stymphalo oriens terram subit et in Argolide erumpit; vocatur etiam Arsinus, 319, 2. Per 200 stadia infra terram labitur, 228, 43. Sec. Eratosthenem, præter Stymphalum fluit. Iphicratis conatus, 334, 21. E Stymphalide palude oriens in Argiam exit, 334, 3.

Erasinus alius ex Arcadia fluit ad litus Buræ vicinum, 319, 10.

Erasinus fl. Eretricus, 319, 11.

Erasinus, Atticæ fl. ad Braunorem, 319, 12.

Erasistratus medicus Iulide in Ceo ins. natus, 417, 44. Erasistratea medicinæ schola Smyrnæ, 496, 43.

Erastus, Ἔραστος, Scepsius, Socraticus, 520, 38.

Eratosthenes, Ἐρατοσθένης, e Cyrene oriundus, poetica, grammatica, mathematica, si quis alius, excellens, 711, 12. Quum plura habeat quæ nunc accuratius constitui possint, magnaque ille auctoritate ob doctrinam gaudeat, errores ejus refellendi sunt, 12, 2. Neque cum Polemone dicendum est Eratosthenem ne Athenas quidem vidisse, neque vero etiam tantum fidei, quantum multi ei deferunt, meretur, 12, 16. Viros, qui ipsius ætate Athenis floruerint, Eratosthenes celebrat Aristonem, Arcesilaum, Apellem et Bionem; non meminit eorum qui Zenoni Cittiensi, ipsius Eratosthenis præceptori, in schola successerunt, sed meminit adversariorum ejus. Scripta Eratosthenis *De bonis* edita et declamationes virum produnt medium locum tenentem inter eum qui vellet philosophari et eum qui non auderet. Talis fere etiam in reliquis est, 12, 15-42. Perperam contendit Homerum carminibus suis non docere sed delectare tantummodo voluisse, p. 12, 47 sqq. Geographica scripturus multorum legerat commentarios, quum præsto esset bibliotheca amplissima, 57, 49. Quamquam non obvio cuique auctori fidem adhibendam esse dicit, et ipse tamen futilissimis sæpe se addicit scriptoribus, ut Damastæ, 39, 25. Homerum, Anaximandrum et Hecatæum Milesios primos geographiam attigisse dicit, 1, 16; 5, 49. Geographiæ cognitionem Alexandri M. expeditione auctam dicit, p. 11, 38. Haud recte censet poetam quemque, posthabita ratione docendi, oblectationem venari, 5, 39. Negat poemata ad rationis principia judicari debere, in iisque quærendam esse historiam, 20, 50. Omnem poetam nugatorem esse ait; apud Homerum fabulas modo fictis locis modo veris affingi; hujus generis esse etiam quæ de Ulyssis erroribus narrantur; eorum, qui aliter sentiant, mendacium ipsa ipsorum dissensione detegi; exemplum rei affert de situ Sirenussarum sententias, de quibus ipse Eratosthenes non recte statuit, 18, 15. sqq. Concedit Eratosthenes Homerum Græciæ loca atque vicina vel nimis curiose memorare, at longinqua eundem ait fabularum portentis implere, 13, 23 sqq. Assentitur Apollodorus, refragatur Strabo, 248, 1 sqq. Loca, quæ Ulysses adiisse narratur, tum demum aliquem inventurum esse dicit, quum invenerit sutorem, qui utrem ventorum consuerit, 19, 45. Largitur quodammodo voluisse fortasse poetam errores Ulyssis occiduis regionibus adscribere, sed descivisse illum ait ab i's quæ pro veris ponenda fuissent, 21, 42. Hesiodum plura quam Homerum de Siciliæ et Italiæ locis nosse monet, 19, 7. Injuria Homerum calumniatur, quod is e Thracia flare boream et zephyrum dicat, 23, 10. Versum Homeri non recte intellexit, 23, 11. Eratosthenes de Thraciæ situ, 23, 23. Geographicon libri primi initium citatur 24, 23. Homerum et ostia Nili et ipsum fluvii nomen ignorasse dicit, 24, 25. Isthmum inter internum mare et sinum Arabicum olim navigabilem fuisse, quo sc. tempore terra ab Herculis columnas nondum perrupta esset, 32, 7. Cf. 46, 37. Eratosthenes (loca ab Homero in oceano posita pro meris fabulis habens) defenditur ab Apollodoro contra Callimachum, 37, 19. Postquam de progressu in terræ habitatæ cognitione dixerat, agit de terræ universæ figura, quam esse dicit σφαιροειδῆ, 40, 49, et in singulis sui partibus multis obnoxiam mutationibus ab aqua, igne, concussionibus, exhalationibus, 41, 2. Marium notitiam ne sua quidem ætate constare ait, nec statim credenda esse quæcunque de iis narrentur, ut illa de Ponto et de Adria. Attamen ipse falsa tradidit de situ sinus Issici, et de boreali Adriæ parte nullas non fabulas refert. Denique priscos neque Euxinum Pontum neque juxta Africam et Syriam et Ciliciam navigare ausos esse dicit, immemor, ut videtur, Bacchi, Herculis, Ulyssis, Menelai, Thesei, Pirithoi, Dioscurorum, Æneæ aliorumque Trojanorum Græcorumque, 40, 1. Issicum sinum nostrorum marium omnium maxime versus orientem situm esse credidit, quum

Ponti recessum ad Dioscuriadem 3000 fere stadiis magis orientem esse ipse alicubi dixerit, 40, 5. Eratosthenes multis ex indiciis colligit mare internum olim multo latius quam nunc pertinuisse. Probat quæ de eadem re affert Xanthus Lydius, et Stratonis sententiam, ex qua Pontus Euxinus olim clausus fuit, tandem vero fluviorum aqua impletus in Propontidem et Hellespontum erupit, idemque accidit etiam nostro mari, in quo ad Columnas fretum perrupit. Huc etiam facere quod fundus maris in externo quam in interno mari, et in hoc quam in Ponto sit profundior; quo fiat ut fluxus sequatur hanc soli inclinationem; porro ut Ponti aqua dulcissima sit, fluviis maximis a septentrione et ortu influentibus. Fortasse totus Pontus aliquando aggesto iis aggere opplebitur. In Libya mare olim usque ad Ammonis oraculum (nunc ad 3000 stadia ab ora maris remotum, 41, 13) pertinuit, et Ægyptus usque ad Casium montem inundata fuit, 42, 12 sqq. Mare internum non sub una eademque ubivis superficie constitutum esse censet; exemplum rei. Hinc fluxuosos esse euripos, maxime fretum Siculum, quod eodem quo oceanus modo æstibus agitatur, 45, 25. Olim Casium quoque montem mari circumdatum, et loca circa Gerra usque fere ad mare Rubrum in paludibus fuisse, mari autem interno cum externo coeunte, detecta esse putat, 46, 37. Cf. 32, 7. Eratosthenes Herodoti sententiam, nullos esse Hyperboreos, sicuti nulli sint Hypernotii, improbat, quum revera in Æthiopia Notus non spiret. Obloquitur Strabo, 51, 34. Deinde Eratosthenes disputat contra eos qui aperte ficta et impossibilia referunt 51, 53. Hucusque pertinet *liber primus* τῶν ὑπομνημάτων Eratosthenis, 52, 4. *Libro secundo* geographiæ διόρθωσιν molitur. Adhibenda esse ait mathematica et physica postulata, 52, 5; universum habere globi figuram; alia id genus, 52, 9; 52, 17. Num ea sit, quam Eratosthenes posuit, terræ quantitas, non convenit inter scriptores posteriores, qui nec dimensionem ejus comprobant. Tamen Hipparchus intervalla Eratosthenica in Meroes, Alexandriæ et Borysthenis meridiano, ut veris proxima, adoptavit, 52, 11. Latitudo τῆς οἰκουμένης in meridiano, qui per Meroen transit, ita constituitur, 52, 21 :

A Meroe ad Alexandriam stadia	10000
Inde ad Hellespontum	8100
Inde ad Borysthenem	5000
Inde ad Thules parallelum, circa	11500
A Meroe meridiem versus ad parallelum in quo sunt Ægyptiorum insula et Cinnamomifera et Taprobane	3400
Summa.	38000

In his quomodo Eratosthenes inter Borysthenis et Thulæ circulos 11500 stadia exputaverit, Strabo non assequitur, 52; 36. Eratosthenes longitudinem terræ cognitæ ita definit p. 53, 30 :

India usque ad Indum fluvium, ubi arctisssima est stad.	16000
Si extrema quoque promontoria ejus computantur, addenda sunt	3000
Ab Indo ad Caspias portas	14000
Inde ad Euphratem	10000
Inde ad Nili ostium Pelusiacum	5000
Inde ad Canopicum ostium	1300
Hinc Carthaginem	13500
Hinc ad. Columnas, minimum	8000
Summa.	70800

Addenda est Europæ curvitas extra columnas occasum versus pertinens 3000

His addit 2000 stadia versus orientem, et altera 2000 stadia versus occidentem, ne latitudo sit major quam dimidia pars longitudinis. Eratosthenes in secundo etiam libro contra Homerum disputat, 53, 25. Quæstionem illam de ratione qua continentes distinguendæ sint, nullius esse momenti censet, 54, 27. Quomodo orta sit ista trium continentium distinctio, 54, 42. In fine libri II improbat eorum sententiam, qui universum genus humanum in Græcos et barbaros dividunt, 54, 31; rectius dividi ait virtute et malitia, *ib.* Indiæ latitudinem cum Patrocle facit 15000 stadiorum. Totidem esse a Meroe ad Athenarum circulum, 56, 37. A sinu Issico ad loca circa Amisum vel Sinopen circa 3000 stadia computat, 57, 6. *Libro tertio* tabulam totius habitatæ terræ constituit, 56, 7. Circulum maximum sive æquinoctialem 252000 stadia statuit, adeo ut quadrans sit 63000 stadiorum vel quindecim sexagesimarum, suffragante Hipparcho, 93, 50; 109, 15. Terram habitatam naturalibus quibusdam terminis divisit, 420, 43. In partem borealem et meridionalem distinguit eam parallela linea ducta quæ pertinet ab Herculis columnis per mare Siculum, extrema Peloponnesi et Atticæ sive per Athenas, Rhodum, sinum Issicum, Tauri montis longitudinem, desinitque in montes qui Indiæ latus septentrionale definiunt. In vetere tabula geographica Indiæ terminos nimis boream versus remotos esse docet, Patrocli mensuris innitens, 56, 10. Eratosthenis parallelus per Propontidem, Amisum, Colchos, mare Hyrcanum, Bactra, Scythiam pertinens, 57, 8; 59, 11. In definienda longitudine Indiæ lateris borealis, neque Megasthenem neque Patroclem sequitur, sed quandam stathmorum ἀναγραφήν, 58, 15. Indicôn scriptores, fabulosa et ficta recensentes, invicem se redarguere inquit, 58, 53. De summo ad Bosporum Cimmerium frigore agens, inscriptionem rei testem affert, 61, 34. Demonstrat ea quæ Deimachus de India 30000 stadia lata habet repugnare iis, quæ de situ Indiæ inter æquinoctium et ortum hiemalem produntur, quamquam hæc quoque falsa sint; perperam etiam Deimachum disputare contra Megasthenem, 63, § 19. Eratosthenes non probare Hipparcho videtur Indiæ partem meridionalem in eadem parallelo sitam esse in quo Meroe posita sit, 64, § 20. De distantiis quæ sint a Babylone ad Thapsacum et hinc ad montes septentrionales, Eratosthenes sententia falsa argumentatione ab Hipparcho impugnatur, 64, § 21. Eratosthenes linea per Samum ducta terram habitatam dirimit in partem septentrionalem et meridionalem; harum utramque denuo in partes deducit quas ipse σφραγῖδας sive *sigilla* vocat, 65, 1; 448, § 5. Terminum utriusque climatis portas Caspias ponit, ideoque in austrinis partibus etiam Mediam et Armeniam collocat, quas Strabo borealibus accenset, quod in ipso Tauro positæ sint, nec ulla earum pars inde meridiem versus excurrat, 448, 5. Asiæ sigilla meridionalia resencentur; primum est Indiæ, quod rhombi figuram refert, 65, 9; 72, 21 (Cf. India); secundum sigillum est Arianæ; ejus latera, 65, 13; tertium sigillum rudius delineatur, quoniam latus occidentale, a Caspiis portis ad Carmaniam pertinens, et latus meridionale, quod sinus Persicus alluit, lineis bene distinctis adumbrari nequeunt, atque ea lateris pars, quæ Euphrate terminatur, nondum tota sit dimensa, 65, 25. Eratosthenes ita computat ut a Babylone linea recta per Susa et Persepolin usque ad Persidis et Carmaniæ confinia sit stadiorum 9000 et paullo amplius, 65, 35. De Mesopotamiæ figura, 65, 42; 67, 4. Distantias locorum e multis scriptoribus Eratosthenes enotavit, 65, 21. A portis Caspiis usque ad Euphratem ad 10000 stadia computat, nimirum ab Euphrate ad Tigris trajectum prope Thapsacum esse ait 2400 stadia, 66, 6; 75, 13; 635, 42; inde per Gaugamela, Lycum, Arbela, Ecbatana usque ad Caspias portas via est 7900 stadiorum, quæ prioribus 2400 stadiis addita summam efficiunt 10300, pro quibus rotundo numero 10000 illa stadia Eratosthenes in computum recipit, 66, 10. A Babylone per Susa et Persepolin usque ad Persidis et Carmaniæ confinia sunt 9200 stadia, 66, 27 (9000 stadia, 71, 32). A Babylone ad portas Caspias 6700 stadia, 71, 30. A Thapsaco ad Babylonem 4800 stadia, 66, 37; 635, 49. Inde ad ostium Euphratis et Teredonem 3000 stadia, 66, 38. A Thapsaco versus boream ad Armenias portas 1100 stadia, 66, 40. Hinc per Gordyæos et Armenios usque ad montes Armeniorum quot sint stadia nondum constat (Hipparchus minimum esse 1000 stad. censet), 68, 20. A Thapsaco ad Zeugma Commagenes 2000 stadia, 635, 49. A Rubro mari ad Mediam 8000, nonnullis locis etiam ultra 9000 stadia, 66, 46. A Media ad portas Caspias, 3000 stadia, 66, 48. Eratosthenis de tertio sigillo sententiam impugnat perversa disputatione Hipparchus p. 67-69, § 27-29. Ceterum tertium sigillum, quum male circumscriptum sit, aptius usque ad Ciliciam et mare Syrium et per Arabiæ isthmum usque ad Ægyptum Eratosthenes produxisset, 69, § 30 et 31. Idem in tertio et quarto sigillo suo longitudinum lineas constituit, quæ directioni longitudinis totius terræ non satis respondent, 70, § 33, 73, 1. Quartum sigillum a borea determinat linea ducta per Thapsacum et Heroonpolin usque ad ostia Nili (ad Canobicum sive Heracleoticum ostium), 71, 3. A Rhodo ad Alexandriam non multo minus 4000 stadiis, secundum meridianum, 71, 15. Indus sec. Eratosthenem a montibus versus meridiem fluit; dum in vetustis tabulis fluit inter meridiem et ortum æquinoctialem, 72, 10. Diversitatem latitudinis ad quadringenta stadia sentiri posse dicit, ut in parallelo qui per Athenas et qui per Rhodum ducitur, 72, 31. Cf. 72, 39. Quarti sigilli longitudinem haud apte definit linea a Thapsaco ad Ægyptum pertinente, quum neque recta sit linea, neque directio ejus parallelis per totius terræ longitudinem ductis respondeat; recte de hac re ab Hipparcho reprehenditur, 73, 1. Contra vero pro 6000 stadiis, quæ lineæ a Thapsaco ad Pelusium pertinenti Eratosthenes tribuit, supra 8000 stadia computanda fuisse inani argumentatione Hipparchus demonstrare studet, 73, 12. Eratosthenes Cyaneas et ostium Nili Canobicum in eodem meridiano ponit, 73, 25. Sec. eundem ab ostio Ponti Euxini ad Phasin sunt 8000 stadia; inde usque ad Dioscuriadem, Ponti alia stadia 600; a Dioscuriade ad Caspium montem quinque dierum iter (circiter 1000 stad., ut Strabo ait); itaque ab ostio Ponti ad Caspium montem circa 9600 stadia colliguntur, 75, 53. In Europa meridionali a septentrione Eratosthenes ait tria porrigi promontoria, Peloponnesum, Italicum, Ligusticum, quibus includantur sinus Adriaticus et Tyrrhenus, 76, 16; 89, 32; tribus his alia duo addidit Polybius, 89, 32. De occidentali terræ parte, ut de maris interni oris et mensuris, plurima falsa habet Eratosthenes; auctorem præ ceteris laudat Timosthenem, quamquam persæpe ab eo dissentit, 76, 24 et 40; 77, 15. Ab Epidamno ad sinum Thermaicum transitus nonnisi 900 stadiorum, 76, 43. Ab Alexandria ad Carthaginem 13000 stadia, quum non sint super 9000, p. 76, 47. Rhodum, Cariam et Alexandriam sub eodem meridiano collocat; item sub eodem Carthaginem et Siculum mare et Romam, 76, 49. Eratosthenes et antiquiores scriptores de Hispania, Gallia, Germania, Britannia, Getica, Bastarnica summam ignorationem produnt, nec non de Italia, Adria, Ponto, 77, 22; 86, 27. De mensuris locorum, quæ ad longinquas regiones pertinent, relata se referre ait, 77, 29. Sæpe delabitur ad ea quæ scientiæ magis sunt propria quam geographicæ tractationis; delapsusque eo non accuratas profert conclusiones, et quodammodo in geographicis mathematice, in mathematicis geographice se gerit, 77, 50. In iis quæ mathematice disputavit, justissimas reprehendendi occasiones Hipparcho dedit, 78, 1. A Cinnamomifera ad æquatorem 8800 stadia computat, 78, 34. Æquatori plagam quandam temperatam subjectam esse statuit, consentiente Polybio, 80, 37. [Eratosthenis e Mercurio poemate afferri videntur versus duo, quos sine auctore laudat Strabo, 83, 2.] Eratosthenes etsi dubitans an Pythiæ esset fides adhibenda, tamen quæ de Britannia, Gadibus et Hispania ab illo traduntur, recepit, testante et improbante Polybio, 86, 14. Eratosthenes Euemerum Bergæum vocat, 86, 22. Quæ de occiduis et septentrionalibus Europæ partibus earumque distantiis Eratosthenes et Dicæarchus proferunt, ea Polybius esse ait λαοδογματικὰς ἀποφάσεις, 86, 31. Eratosthenem corrigere studens Polybius, alia recte monet, alia secus, 88, 4. Eratosthenes ab Ithaca ad Corcyram 300 stadia metitur, quum sint sec. Polyb. super 900 st., 88, 5. Ab Epidamno ad Thessalonicam Eratosthenes 900, Polybius super 2000 stadia computat, 88, 7. A Massilia ad Columnas 7000 stadia, a Pyrene ad Columnas 6000 stad. numerat, ad verum propius quam Polybius accedens, 88, 9. De Hispania falsa tradit. Gallos, Γαλάτας, occidua Europæ usque ad Gades incolere dixit, in ipsius Hispaniæ autem descriptione Gallorum mentionem non fecit, 88, 23. Syrtis majoris ambitus 5000 stad., profunditas 1800 st. ab Hesperidibus ad Automala, 101, 51. Ab Alexandria ad Rhodum computat 3750 stadia, 104, 5. Maris interni partem maxime occiduam dicit sinum Issicum, haud recte, 104, 31. Eratosthenis parallelus per Cariam, Lycaoniam, Cataoniam, Mediam, Caspias portas, Indos, qui sunt ad Caucasum, ductus, 111, 7. Parallelus per Mysiam, Paphlagoniam, regiones circa Sinopen, Hyrcaniam et Bactra, 111, 17. Parallelus per Borysthenem ductus, 23000 st. a Meroense dissitus, 111, 51. Eratosthenes Tartessidem vocari ait regionem Calpæ vicinam, et Erythiam insulam Fortunatam, 123, 10. Sacrum pr. a Gadibus 5 dierum navigatione abesse dicit. Et hoc et alia quædam ab eodem Pythiam secuto de Iberia tradita negat Artemidorus, 123, 14. Eratosthenes de Tarracone urbe, 132, 30. Columnas ad Fretum ponit, 141, 39. De Abilyca monte, 141, 30. Sardiniam et Corsicam a continente non posse conspici tradit perperam, 186, 31. Hesiodi versum adduxit, 249, 42. De mari Adriatico vulgatos priorum errores repetivit, 263, 30. Laudatur de Helice urbe, 330, 27. De Ania (Aroanio) et Erasino Arcadiæ fluviis terram subeuntibus, 334, 13. Caucasum ab accolis Caspium vocari prodit, 426, 41. De Caspii maris dimensionibus, 435, 1. De Oxo fluvio, 436, 53. In India nasci abietem contra Polycletum contendit, 437, 33. Distantia a Caspio monte per Cyri ostia, portas Caspias, Alexandriam Ariæ, Bactram s. Zariaspen ad Iaxartem fl. 22670 stadiorum; a Caspiis portis per Hecatompylum, Alexandriam Ariæ, Prophthasiam, Arachotos urbem, Ortospana usque ad fines Indiæ, 15300 stadiorum, 440, § 9. De populis qui sunt inde a Caspio mari usque ad Sogdianam, Bactrianam Ariamque, 440, 30. Iasonem e Colchis itinere terrestri in Armeniam et Mediam penetrasse credit, 40, 18. Lycum cum Thermodonte confundit, 453, 46. Cum eo consentit Artemidorus de via et distantiis, quæ sunt ab Euphrate et

Zeugmate Commagenæ usque ad Indum, 566, 34. Eratosthenes de Cypri situ, 583, § 4; de silvis insulæ, *ib.* § 5. Bacchi et Herculis in Indiam expeditiones fabulis accenset, 586, 8. Ἐν τῷ τρίτῳ τῶν γεωγραφικῶν quænam de India tradiderit, 587, § 10 sqq. De Indiæ imbribus æstivis, 588, 44. De Taprobane ins., 589, § 14. Eratosthenes de Indiæ fertilitate 591, 20. De finibus et magnitudine Arianæ, 615, 41 sqq. De Persidis longitudine, 619, 15. Paludes Euphratis, quæ sunt prope Arabiam, aperuisse sibi subterraneos meatus putat, per quos eruperint circa Rhinocorura et Casium montem, 631, § 12. De Babyloniæ bitumine et de naphtha Susidis, 632, 38. De Tigride Thopitin lacum perfluente, 635, 42. Regionem in qua est lacus Asphaltites (quem Sirbonidem Strabo dicit), olim aquis tectam fuisse, iisque erumpentibus, desiccatam esse dicit, 650, 51. De sinu Persico, 651, § 2-6. De Arabia Deserta et Fel'ci, 623, § 2-4. Cf. 662, 40. De sinus Arabici latere utroque et de ora quæ deinceps est regionis myrrhiferæ et cinnamomiferæ, 654, 23. De Nili cursu, populisque fluvii accolis 668, § 2. De communi barbaris omnibus more pellendi peregrinos. Cur Ægyptii eo nomine male audiant. Quomodo Carthaginienses in peregrinos nautas sæviant. De Persis legatos per ambages male ducentibus, 681, 40. Fabulosa narrat de iis quæ sint extra columnas, Cernen memorans aliaque loca quæ nusquam exstant, 40, 12. Lixum dicit Mauritaniæ urbem, quam Artemidorus Lyngem vocat, 701, 5. De Lixo aliisque Phœnicum in Libyca oceani ora locis, deque aere apud Æthiopes Hesperios quæ tradiderat, ab Artemidoro reprehenduntur, 703, 36.

Eratyra, Ἐράτυρα, regio juxta Elimæam memoratur, 271, 25. (Fuerit ubi Tyrissa urbs (hod. *Graditza?*) a Ptolemæo et Plinio ponitur).

Erechthei filia Xuthi uxor, 329, 11.

Erembi, Ἐρεμβοί, quos Homerus dicit, aliis sunt Troglodytæ, τὴν ἔραν subeuntes; aliis Arabes; ipsum Arabum nomen ap. Homerum Zeno reposuit, dum Posidonius eodem sensu scribi vult Ἀραμβούς, 667 § 27; 35, 37; alii denique scribi volunt Ἐρεμνούς, *nigros*, Æthiopes sc., 667, 33. Erembi dici videntur ἀπὸ τοῦ ἔραν ἐμβαίνειν; intellegendque sunt Arabes Troglodytæ in sinus Arabici latere occiduo, 35, 7; 2, 6. Nomina *Arabes* et *Erembi* sunt similia, et fort. cognata, *ib.* Erembi non sunt Æthiopica quædam gens peculiaris, 35, 30.

Eremni. V. Erembi.

Eressus, Ἐρεσσός (*Erisso*), Lesbi urbs; ejus situs, 528, 28. Eressii Theophrastus et Phanias, 528, 30.

Eretria, Ἐρέτρια, Atheniensium vicus seu forum; inde nonnulli Eretriam Eubœæ deductam esse ferunt, 384, 35; 382, 46.

Eretria vetus (*Vathy*), Eubœæ urbs, a Persis deleta; supersunt fundamenta, 384, 41.

Eretria (*Nova*), Ἐρέτρια *Kastri*) olim Melaneis et Arotria dicta, 384, 38; Eubœæ urbs post Chalcin maxima; a quibusnam sit condita et colonis subinde aucta, 383, 42. Sec. nonnullos deducta urbs est a Macisto Triphyliæ ab Eretrieo, sec. alios ex Eretria Atheniensi vico, 384, 32; 382, 45. Colonos accepit ex Elide; hinc frequens *R* literæ usus in Eretr. dialecto, 384, 51. A Delphinio Bœotiæ distantia, 346, 11. Eretriensium potentiæ testatur columna in fano Dianæ Amarynthiæ; imperabant Andriis, Teniis, Ceis, aliis insulis, 384, 45. Eretriensium et Chalcidensium de Lelanto campo bellum; certaminis ratio inter eos tum pacta, 385, 15. Eretrienses a Persis abrepti in Gordyene ad Tigrim collocati sunt, 636, 27. Eretriæ in agro pagus Amarynthus, 384, 40, et Œchalia pagus, 385, 13, et Tamynæ urbs, 384, 35. Eretrienses Styræ eversæ agrum possident, 383, 31. Urbes circa Pallenen et Atho condiderunt, 383, 50. Eretrienses in Pithecussis inss., 206, 35. Eretriensis Narcissi monumentum in Bœotia, 346, 46. Eretriaci philosophi, Menedemi Eretriensis successores, 337, 50; 386, 12.

Eretria (ruinæ ad *Tjangli* vicum sec. Leakeum), Thessaliæ Phthiotidis oppidum in Achillis ditione, 372, 37; Pharsalo propinquum, 384, 35.

Eretrieus, Ἐρετριεύς, e Macisto coloniam deduxisse in Eubœam dicitur, 384, 32.

Eretum, Ἡρητόν (*Grotta Marozza*), Sabinorum opp., 190, 15. Circa quod aquæ Sabanæ, 198, 52.

Erginus, Ἐργῖνος, Orchomeni tyrannus ab Hercule interfectus, 356, 12.

Erginus, Ἐργῖνος (codd. falso Ἐρίγων), Thraciæ fluvius, (Agrianes Herodoto), nunc Riginia (Regina sec. Leon. Arm.), 382, 52. Hodie *Erkene.*

Erichthonius, Ἐριχθόνιος, ap. Atticos et Troes quidam gentis princeps, 517, 37.

Ericodes. V. Ericussa.

Ericussa, Ἐρικοῦσσα (*Alicadi*), una e Liparæeis insula, unde dicta sit, 230, 1. Eadem Ἐρικῶδες vocatur 230, 27.

Eridanus fl., Ἠριδανός, qui Pado vicinus dicitur, et ad quem Heliades in alnos mutatæ feruntur, non exsistit, 179, 10.

Eridanus, fons prope Lyceum Athenarum, 341, 14.

Erigon fl., Ἐρίγων (*Zrna Rjeka* Bulgaris, *Kutjuk Kara-Su* Turcis), 275, 43. E Triclaris (?) per Orestas et Pellæam, Pella urbe ad sinistram relicta, in Axium influit (non longe ab ora, siquidem inter oræ fluvios Erigon h. l. recensetur), 277, 2; 272, 1. [Quod Erigonem per Orestas fluere et deinde Pellam a sinistra relinquere dicit, id pertinet ad Haliacmonem; ipsum Haliacmonem autem magis meridiem versus fluere et inter Pydnam et Dium exire Strabo opinatur. Per Orestas fluere eatenus tamen dici potuit, quatenus Pelagoniam prius Orestiam vocatam esse Strabo refert p. 281, 26.] Multos Erigon excipit fluvios e Lyncestide, Brygis, Deuriopibus devenientes, 972, 1. Ad Erigonem Deuriopum urbes, 372, 7.

Erineum, Ἐρίνεον, Phthiotidis opp. in Achillis ditione, 372, 35. (Situs incertus. Fortasse ad Erineum pertinere rudera quæ sunt prope *Koklobashi* in sinistra Enipei ripa Leakeus suspicatur.)

Erineos, Ἐρινεός, locus asper caprificis consitus ad antiquum Ilium, 511, 53.

Erineus, Ἐρινεός, urbs tetrapoleos Doricæ, 366, 51. Inde Tyrtæum ad Lacedæmonios venisse aiunt, 311, 2. (Situs incertus.)

Erymanthus, Ἐρύμανθος, Arcadiæ fl., sec. nonnullos Arcadiam ab Elide dirimit; exit in Alpheum, 295, 12; 306, 50.

Erymnæ, Ἐρυμναί, Magnesiæ opp., in ora marit., 380, 33.

Erysichæi, Ἐρυσιχαῖοι, in Acarnania, 395, 22.

Erythia, Ἐρύθεια, insula Pherecydi esse videtur Gades; aliis vero adjacens Gadibus insula, pascuorum bonitate celebris; adeo ut hinc fictam esse de Geryonis bovibus fabulam putent, 140, 51; 122, 54. Insula fortunata vocabatur, 123, 11. Oves ibi pinguissimæ, 223, 40.

Ἐρυθίη ap. Rhodios i. q. ἐρυσίβη, 524, 34.

Ἐρυθιβίου Apollinis templum ap. Rhodios, 524, 33.

Erythini, Ἐρύθινοι (ad *Tchakras Koi*), Paphlagoniæ opp., 464, 47; in ora mar. situm; ab Homero memoratur; nunc dici aiunt Erythrinos a colore rubro; duo sunt scopuli, 467, 6.

Erythræ, Ἐρυθραί (*Kisri*), Ioniæ urbs, Erythrarum Bœotiæ colonia, 347, 34. A Cnopo Codri f. spurio condita, 541, 12. Portum habet; objacent ei Hippi insulæ, 550,

20. Erythrarum peninsula, 550, 7. Erythræus ager Hypocremno loco a Clazomenio agro dirimitur, 550, 11. In eo sunt Colonæ, 504, 34. Erythræi Mimantem accolentes Herculem ἰποκτόνον colunt; quare apud eos solos ἶπες, *vermes*, vitium pestis, non nascuntur, 524, 30. Erythræi Parium condiderunt, 503, 45. Erythræ, patria Sibyllæ et Athenaidis vatis et Heraclidæ Herophilei medici, 550, 48; 691, 44.

Erythræ, Bœotiæ opp., Hysiis propinquum; ejus colonia Erythræ Ioniæ, 347, 30. A nonnullis Plataicæ ditioni adscribuntur, 351, 28.

Erythras, Ἐρυθρᾶς, portus sub Coryco monte in Ionia, 550, 25.

Erythras, Ἐρύθρας, Persei f., mari Erythræo nomen dedit, 663, 4. Ejus sepulcrum in Ogyri insula, 652, 34.

Erythras Persa primus insulas quasdam maris, quod ab eo nomen habet, incolis frequentavit, 662, 50.

Erythrini. V. Erythini.

Eryx, Ἔρυξ (*S. Giuliano*), Siciliæ opp. in colli sublimi, Veneris templum habens; nunc incolarum penuria laborat. Erycinæ Veneris templum etiam Romæ est, 226, 30. Eryx, quasi arx quædam Siciliæ, 223, 24; 211, 35. Olim ab Ænea occupata est, 520, 13.

Esgua. V. Ægua.

Esiones, Ἠσιονῆες; in eos Callinus ait Cimmerios impressionem fecisse, qua Sardes ceperunt; Fort. sunt Ἀσιονεῖς, sec. Demetrium, 536, 33.

Esopis, Ἐσῶπις (*monte Esope*), collis in quo Locri Epizephyrii siti, 215, 41.

Esquilina porta Romæ, a qua incipiunt Lavicana via et Prænestina, 197, 36.

Esquilinus collis a Servio urbi adjectus, 195, 27.

Esquilinus Romæ campus, 197, 37.

Essedis Britanni et Gallorum nonnulli in bellis utuntur, 166, 37.

Estiones, Ἐστίωνες, Vindelicorum gens, 171, 51.

Eteocles, Ἐτεοκλῆς, Orchomeni rex, Gratiarum templum dedicavit, primusque omnium divitias et potentiam ostentavit, 356, 13. — Eteocretes, 408, 36.

Eteonus, Ἐτεωνός, postea Scarphe dictum opp. Parasopiæ, in Bœotia, 351, 18; a nonnullis Plataicæ ditioni attribuitur, 351, 28; πολύκρημνος ap. Homerum vocatur, 248, 9.

Etruria, Τυρρηνία. Ejus situs, 182, 6 et 32. Etruria usque ad Tiberim pertinet, 182, 8. Etruriæ et Liguriæ terminus a multis Macra (fluvius) ponitur, 185, 20. Longitudo juxta oram a Luna usque ad Ostia circiter 2500 stadiorum; latitudo usque ad montes semisse minor, 184, 43. Ora importuosa, 136, 10. Una Populonii urbs ad ipsum mare sita, *ib*. E Gallia in Etruriam aditus, alter per Ariminum et Umbriam, commodior ille, alter juxta lacum Trasimenum, 188, 51. Etruria lacus habet navigabiles, piscosos, avibus palustribus abundantes et typhorum, papyri et paniculæ lucernariæ copia, 188, 40. V. locus Ciminius, Volsinius, Trasimenus, Sabata. Etruria calidis fontibus abundat, qui ob Romæ viciniam magna hominum copia frequentantur, 189, 2. Urbes: Luna, Pisa, Volaterræ, Populonium, Cosa, Tarquinii, Villa regis, Graviscæ, Pyrgi, Asium, Fregenæ, Clusium, Arretium, *q. v.* Fluvius Clanis, 196, 7. Etruria lignis ad ædificia et longissimos et rectissimos asseres aptis abundat, 185, 16. Etruriam exornarunt Demaratus advena et filius ejus Lucumo sive Tarquinius Priscus, 183, 9; 325, 15. Etrusci sive Tusci a Romanis vocantur ol Τυρρηνοί, 182, 37; primus Tyrrhenorum Italiæ meminit Hesiodus, 19, 13. A Tyrrheno, ex Lydia coloniam ducente, nomen habent, 182, 39. Duodecim Tyrrhenus urbes ibi condidit; Tarquiniis a Tarco præfecto nomen datum, 182, 45. Initio unius imperio omnes subditi; quo tempore maxime floruerunt; postea imperiis per singulas urbes constitutis, vicinorum violentiæ cedere cogebantur, ac vitæ piraticæ et erroribus se dederunt, 182, 48. Etrusci Cumanos e Campania pulerunt, 202, 20; duodecim ibi urbes condiderunt, quarum caput Capuam nominarunt; postea pulsi sunt a Samnitibus, 202, 30. Herculanum et Pompejos in Campania post Oscos tenuerunt, 205, 18. Marcinam ad sinum Posidoniaten condiderunt, 209, 41. Ab Umbris Tiberi separantur, nisi quod pars aliqua fluvii per ipsam Etruriam fluit, 182, 12; 180, 10. Cum Umbris de principatu olim contenderunt, 180, 1. Contra barbaros Padi accolas bene rem gesserunt; mox tamen fractis luxuria viribus ex eorum regionibus rursus ejecti sunt, 180, 15. Thessalos Ravennæ conditores infestabant, 178, 22. A Liguribus lacessuntur, 185, 41. Etrusci in Sardinia, 187, 24. Eorum latrocinia, 222, 26; 409, 52. Piratis Etruscis socios se præbuerunt Antiates, 193, 32. Eorum incursionibus diu restiterunt Liparæi, 229, 4. Junonem vocant Cypram, Cypræque fanum condiderunt in Piceno, 201, 6. Etrusca divinatione per extispicia, auguria et servationes de cœlo Romani utuntur, 691, 10; 649, 12. Etruriæ adjacentibus in insulis indicia expeditionis Argonauticæ monstrantur, 17, 18.

Etruscum mare, Τυρρηνικὸν πέλαγος, a Ligustico usque ad Siculum pertinens 101, 28; 106, 25; 175, 6; 176, 2; 182, 10; 222, 15. A Cumis ad Siciliam usque subterraneis ignibus fervet, 206, 38; 228, 25.

Euæmon, Εὐαίμων, Ormeni f., Amyntoris frater, Eurypyli pater, 377, 3.

Euander, Εὔανδρος, Arcas, Nicostratæ f., Romam condidisse, Herculi futuram divinitatem prædixisse, locum ei dedicasse et more græco sacrificium, quale etiam nunc Romæ in usu est, fecisse traditur. Matrem ejus venerantur Romani, Carmentam mutato nomine vocantes, 192 § 3.

Euanthes, Εὐάνθης, dux eorum, qui Locros Epizephyrios condiderunt, 215, 34.

Eubœa, Εὔβοια, heroina quædam insulæ nomen dedisse fertur, 382, 26.

Eubœa, Εὔβοια, insula, olim Macris, 382, 6, et Abantis, 382, 29, et Oche et Hellopia, 382, 30; unde nomen habeat, 382, 26. Fluctus insulam a Bœotia abrupit, teste Ione poeta, 50, 17. Eubœæ descriptio, 381, § 2 sqq. Insulæ longitudo et latitudo, 381, 44; τὰ Κοῖλα quid? 382, 15. Ad eam Atalante insula, 50, 48. Eubœæ spelunca Elaria, et Tityi heroum, 363, 25. Insula terræ motibus obnoxia, 384, 18. Usque ad eam pertinuit terræ motus, qui Syriam quassavit; tunc Arethusæ Chalcidis fontes obturati sunt, 48, 28; nec antea desiit insula per partes concuti quam hiatus terræ in Lelanto campo apertus fluvium luti igniti evomuit, *ib*. In Eubœa Curetes Chalcidem tenuerunt, sec. Archemachum, 399, 44. Cf. 465, 19. Eubœenses e Troja redeuntes, quum in Illyricum excidissent, inde per Macedoniam contendentes apud Edessam consederunt, ibique Eubœam urbem condiderunt, 386, 7. In Eubœa Æolenses quidam cum Penthilo profecti remanserunt, 383, 48. Eubœenses quidam et Thraces in regiones Transcaucasicas delati Gargarensibus contra Amazones auxiliati sunt, 432, 47. Eubœenses stataria pugna valebant, 385, 29.

Eubœa, oppidum Eubœæ ins., terræ motu absorpta, 384, 22.

Eubœa, Corcyræ ins. locus, 386, 13.

Eubœa, Macedoniæ opp. prope Edessam, 386, 7.

Eubœa, Siciliæ opp., a Chalcidensibus (Leontinis, 226, 45) conditum; postea castellum Syracusarum, 386, 11; nunc jacet, 226, 42.

INDEX NOMINUM RERUMQUE. 805

Eubœa, locus in Lemno ins., 386, 13

Eubœa, collis in Argolide, 386, 14.

Eucarpia, Εὐκαρπία, Phrygiæ Magnæ opp., 494, 6.

Euclides, Εὐκλείδης, Megarensis, Socraticus, cujus successores Megarici philosophi dicuntur, 337, 47.

Eucratides, Bactriæ rex, urbem cognominem sibi condidit, 443, 15; in India 1000 urbes tenuit, 585, 13. A Parthis bello petitur, 441, 49.

Eucratidia, Εὐκρατιδία (rectius foret Εὐκρατίδεια), Batriæ urbs, a conditore dicta, 443, 15.

Eudemus, Εὔδημος, Rhodius philosophus, 559, 38.

Eudorus, Εὔδωρος, de Nilo librum edidit, Aristonemque, qui idem argumentum tractavit, furti incusavit, quamquam ipse potius ex Aristone sua compilasse verisimilius est, 672, 19.

Eudoxus, Εὔδοξος, Cnidius philosophus et geographus, 1, 17; mathematicus, Platonis socius, 560, 13; apud Diospolitanos 13 annos degit, 685, 13. Ejus specula ante Heliopolim e regione Cercesuræ vici, 685, 32; alia ad Cnidum, sec. quam ille cœlestium corporum motus definivit, ib. In Cnidia specula Canobum stellam observavit, 98, 51. Laudatur de Melane fluvio, 283, 24; de situ Corinthi, 325, 30; de Helladis figura, 335, 9; de Ascra Bœotiæ, 354, 51; de rebus Græcis belle exposuit, 399, 21. Cretam in mari Ægæo positam esse dicit, 407, 29. Laudatur de maris Caspii ἀκταῖς ὑπάντροις in Hyrcania, 437, § 5. Varia Scythicarum gentium nomina memorat, 471, 23. Fossiles pisces reperiri in Paphlagonia et prope Ascanium lacum ait, 481, § 42. Citatur de Troadis terminis, 498, 44.

Eudoxus, Cyzicenus, qui Libyam circumnavigasse fertur. Ampla de hac re Posidonii narratio, et Strabonis de ea judicium, 81, § 4, 5; ὁ Εὐδόξειος μῦθος, 85, 21.

Euemerus, Εὐήμερος, Messenius, scriptor futilis, 39, 35; 84, 15. Panchæam terram fingit, 248, 43, in quam sese navigasse perhibet, 86, 18; ab Eratosthene cum Antiphane Bergæo componitur, 86, 22.

Euenus, Εὔηνος (Fidari), Ætoliæ fl.; ejus fontes et cursus, 387, 30. Olim Lycormas dictus; in eo Nessus occisus, 387, 38; 271, 51. Ejus ostium, 288, 25 et 41, ab Actio 670 stadia abest, 395, 1; ab Antirrhio distat 120 stadia, 395, 10.

Euenus, Mysiæ fl., Pitanen Æolicam præterfluit; ex eo per aquæductum Adramytteni aquam sibi comparant, 525, 27.

Euergetæ, Εὐεργέται, Asiæ populus, a Cyro sic dicti, ad quos ex Drangis venit Alexander, 616, 53.

Eulæus, Εὔλαιος (Karun), et Choaspes et Tigris in lacum confluunt et ex eo in mare effluunt, sec. Polycletum, 620, 25. Eulæi aquam potabant reges Persarum, utpote omnium levissimam, 626, 4.

Eumedes, Εὐμήδης, a Ptolemæo Philadelpho emissus Ptolemaidem condidit, 655, 51.

Eumelus, Εὔμηλος, Alcestidis, Pelia natæ, filius, 37, 54. Ejus in Thessalia ditio, 374, § 15 et in sqq. (p. 436, 439, 442, 443 ed. Casaub.).

Eumenes, Εὐμένης, ab Antigono deficiens, thesauros Quindis asservatos abstulit, 573, 42. In Noris cast. obsessus est, 460, 23.

Eumenes I, frater Attali et Philetæri, a quo Pergamum hæreditario jure accepit; vicina loca in potestate habuit; ad Sardes vicit Antiochum Seleuci filium; regnavit per 22 annos; successit Attalus I, 533, 25.

Eumenes II, Attali I et Apollonidis f., frater Attali II, Philetæri et Athenæi, patri successit, 533, 36. Romanorum socius in bellis adv. Antiochum M. et Perseum; a Romanis accepit quæ intra Taurum Antiochus possederat; Pergamum urbem amplificavit; Nicephorium luco ornavit; bibliothecam collegit; regnavit 49 annos; e Stratonice, Ariarathis f., pater Attali III; tutorem filii constituit Attalum II fratrem, 533, 39. Bello Antiochico Telmessum a Romanis accepit, 568, 1.

Eumenis lucus, Εὐμένους ἄλσος, ad oram Troglodyticam sinus Arabici, 657, 2.

Eumenia, Εὐμένεια (Ishekli), Phrygiæ M. urbs, 494, 1.

Eumolpus, Εὔμολπος, Thrax, a musicæ studio nomen habet, 404, 45. Thracum dux Atticam occupavit, 266, 49; ab Ione victus est, 329, 16.

Euneus, Εὔνηος, Iasonis filius, Lemni rex, ab Homero memoratus, 38, 50; 37, 42. Cf. 34, 26.

Eunomus, Εὔνομος, Locrensis citharœdus; ejus cum Aristone Rhegino certamen; statua ab eo posita, 216, 36.

Eunosti portus, Εὐνόστου λιμήν, Alexandriæ, 673, 24; 675, 45.

Euonymus, Εὐώνυμος, una Liparæorum inss.; unde nomen habeat, 230, 3 et 11.

Eunus, Εὔνους, servorum dux, in Enna quam occupaverat obsessus, 226, 26; 227, 1.

Eupalium, Εὐπάλιον (ruinæ in Marathia oppidi planitie, sec. conject. Leakei), Locrorum Ozolarum opp., 366, 39; 387, 14.

Eupator. V. Mithridates.

Eupatoria, Εὐπατορία, in Ponto Phanarœæ urbs ad Lyci et Iridis confluentes, a conditore dicta; a Pompeio aucta et Magnopolis denominata, 476, 35.

Eupatorium, Εὐπατόριον (ad Inkerman), e regione Chersonis urbis, in boreali latere Ctenuntis portus, castellum a Diophanto conditum; qui a Scythis ibi obsessus, aggere per fauces Ctenuntis ducto castellum cum Chersoneso urbe conjunxit, 259, 9.

Euphorio, Εὐφορίων, laudatur, 312, 42; 484, 50; 581, 5.

Euphorio Chersonesites. V. Euphronius.

Euphrantas turris, Εὐφράντας πύργος (Kasr Safran), ad Syrtin majorem; Carthaginiensis regionis et Cyrenaicæ Ptolemæo subditæ limes, 709, 41.

Euphrates, Εὐφράτης. Fontes in Tauri parte septentrionali a Tigridis fontibus 2500 stadia distantes, 447, 6 et 19; ex Abo monte fluit, 452, 31. Cursus ejus, 447, 7; 65, 38; 66, 8; 454, 12; 452, 7; 632. 16. Cum Tigride Mesopotamiam facit, 71, 31; 635, 26; 447, 6 et 19. In Asiæ delineatione Eratosthenica Euphrates occiduum latus tertii sigilli constituit, 65, 37; Euphrates fluvius effusus paludes Chaldæorum facit, 653, 14. Euphrates et Tigris, sec. Onesicritum, in lacum influunt, rursumque egressus Euphrates proprio ostio mari jungitur, 620, 54. Euphratis ab ostiis et Teredone ad Babylonem 3000 stadia sec. Eratosth., 66, 38; 620, 60. Euphratis ostia Susidis terminus sec. Nearchum, 620, 37. Euphratis pons in Commagene, 638, 15. Cf. Zeugma. Sitæ ante Euphratem insulæ, 653, 6. Catarractas Euphratis a Persis structas delevit Alexander, 630, 11. Idem fossarum Euphratis curam habuit, 630, 15. Euphrates ad Semiramidis murum a Tigri et Opi vico distat ad 200 stadia, 67, 1. Τὸ ζεῦγμα τοῦ Εὐφράτου τὸ παλαιὸν prope Thapsacum. Inde usque ad Tigrim, quo loco Alexander transiit, stadia 2400 sec. Eratosthenem, 635, 33. Hæc est maxima fluviorum distantia; minima est circa Seleuciam, 200 stadiorum, 635, 36. Euphrates Parthici imperii finis, 637, 15.

Euphronius (Euphorio Chersonesita dicitur apud Hephæstionem De metr. 15, 59), Priapeiorum scriptor, 328, 22.

Euripides poeta Anaxagoram audivit, 551, 31. Ejus errores quidam geographici in Messeniæ descriptione, 315, 3; alius error, 526, 43. Versus de solo Laconiæ et Messeniæ (fr. 452), 314, 43. Urbium nomina Argos et Mycenas promiscue adhibet, 324, 31. Laudatur de Corintho urbe, 326, 3; de Teuthrante, Auge et Telepho, 526, 11. Citatur ejus Æolus fabula, 306, 29; Archelaus fab., 184, 32. In Baccharum prologo (v. 13 *sqq.*) pessimum se geographum ostendit, 22, 20 et 42; 586, 12. In eadem fabula (v. 55 *sqq.*, 74 *sqq.*, 120 *sqq.*) et in Palamede ritus Phrygios, Lydios et Creticos miscet, 403, 10. Laudatur (in *Cresphonte*), 445, 47; (in *Hecub.* 1), 572, 18; (in *Ione* 594), 306, 15; (*Iph. Taur.* 508, *Orest.* 98; 101.), 324, 31; (in *Phaethonte*), 28, 4; (*Phœniss.* 422,) 356, 32; (*Phœniss.* 36), 648, 36; (in *Rhadamantho*), 306, 18; (*Troad.* 26), 427, 43; (in incert. fab.) 152, 25; 319, 27.

Euripus Chalcidicus, εὔριπος ὁ Χαλκιδικός, ponte junctus; utrinque turris imminet; maris ibi reciprocationes, 346, 27. Ad eum Salganeus occisus, 8, 35. Ab eo ad Peneum navigatio, 380, 53. Alia de eo vid. p. 30, 19; 50, 17; 344, 21; 382, 9. Cf. Chalcis (*p.* 10, 36, 55, 403, 429, 443, 445, 446, 493 *ed. Casaub.*). — Euripus Pyrrhæus. V. Pyrrha. — Euripi cur sint fluxuosi, 45, 45.

Euromus, Εὔρωμος, opp. Cariæ non longe a Mileto, 543, 20; 562, 22. (Templi ruinas quæ ab Alabanda occasum et boream versus sunt, ad Euromum pertinere opinatur Leakeus.)

Europa, Εὐρώπη, ab Asia dirimitur Tanai vel isthmo Caspio, 54, 30; 104, 44. Europa πολυσχήμων, καὶ πρὸς ἀρετὴν ἀνδρῶν εὐφυεστάτη καὶ πολιτειῶν καὶ ταῖς ἄλλαις πλεῖστον μεταδεδωκυῖα τῶν οἰκείων ἀγαθῶν, 104, 45 : cf. 100, 37. Europæ longitudo minor est quam conjuncta Asiæ et Africæ longitudo, sec. Polybium, qui in definienda hac re non recte egit, 88, 30 et 89, § 7. Maxima Europæ promontoria Eratosthenes tria, Polybius quinque, alii sex distinguunt, 89, § 8. Regiones Europæ strictim delineantur, 105, § 27 sqq. Tota est habitabilis præter partem exiguam Hamaxœcis conterminam, 104, 48; soli ratione et incolarum copia et indole præstat, 105, 18. Fructus fert optimos; metalla habet; pecore abundat; feras alit paucas; odoratas res et gemmas extrinsecus petit, 105, 26. Regiones septentrionales usque ad Istrum aperuit Alexander M. expeditio, 11, 40. Occidua omnia usque ad Albim fl., qui Germaniam in duas partes dividit, et quæ trans Istrum sunt usque ad Tyram fl., Romani aperuerunt, 11, 41. Quæ sunt inde a Tyra fluvio usque ad Mœotidem paludem Mithridates Eupator nota reddidit, 11, 45. Europa a Libya longissimo intervallo per Tyrrhenum mare non amplius 3000 stadiis distat, sec. Polybium, 86, 52; quod falsum est, 87, 45. Europæ oram a Gadibus usque ad Tanaim peragrasse se dicit Pytheas, 86, 10. Ab Europa ad Libyam pertinet tænia quædam submarina, quæ olim supra mare exstabat, 41, 41. (*Alia loca sat multa quibus Europæ nomen occurrit, lubens prætermisi. Vide, sis,* p. 14, 34, 57, 64, 92, 104, 109, 115, 122, 123, 124, 125, 126, 127, 128, 129, 137, 289, 295, 302, 410, 319, 332, 372, 491, 507, 510, 554, 572, 591, 594, 680, 686, 824, 832, 839 *ed. Casaub.*)

Europus, Εὔρωπος (*Elassoniliko* vel *Xeraghi*), Thessaliæ fl., quem Homerus Titaresium vocat, 378, 45; e Titario monte in Peneum influit, 276, 8.

Europus, Εὔρωπος, Epiri urbs in Æthicum regione inque eodem tractu in quo sunt Alalcomenæ et Æginium, 272, 16. De situ certius non constat.

Eurotas, Εὐρώτας, Laconicæ fl. Ejus et Alphei fontes vicini sunt ad Aseam vicum, 295, 1. Terram subiens Eurotas rursus erumpit in Bleminatide regione; præter Spartam labitur, Heloticam vallem peragrat, inter Gythium et Acriœa in mare effluit, 295, 6; 228, 46. Ejus ostium, 312, 15.

Εὖρος ventus quis? 23, 47; 24, 11. In mari inter Hispaniam et Italiam sito statis vicibus flat, 119, 26.

Euryclea, Εὐρύκλεια, statua, Thrasonis opus, 547, 41.

Eurycles, Εὐρυκλῆς, Lacedæmonis princeps, Cæsaris amicitia abusus turbas quasdam excitavit; ejus filius, 314, 14. Eurycles Cythera insulam privatim possedit, 312, 5.

Eurycydeus lucus, Εὐρυκύδειον ἄλσος, Triphyliæ in ora, 297, 47.

Eurydice, Εὐρυδίκη, Arrhabæi neptis, Sirræ filia, mater Philippi Amyntæ, 271, 31.

Eurylochus Thessalus Crisam delevit, 359, 30. Sub Eurylocho Amphictyones Pythia instituerunt, 361, 29.

Eurylochus, Εὐρύλοχος, Cychridem serpentem e Salamine ins. expulit, 338, 19.

Eurymedon, Εὐρυμέδων, Atheniensium dux, 308, 41.

Eurymedon, Εὐρυμέδων (*Kapri-Su*), Pamphyliæ fl., cui Aspendus adjacet, 569, 49. E Selgensibus montibus oritur, 489, 15.

Eurypon, Εὐρυπῶν, Proclis f., rex justus, de quo Eurypontidæ dicti sunt, 314, 30.

Eurypylus, Telephi f.; ejus ditio Trojana ab Achille vastata, ipseque a Neoptolemo interfectus, 500, 12. Ditio ejus ad Caicum sita, 526, 26; 530, 16, Lyrnessidi finitima, 551, 36.

Eurypylus, Euæmonis f., qui successit et patri et Amyntori patruo, quum Phœnix, Amyntoris f., exsul abscesserit, 377, 5. Ejus in Thessalia ditio, 376, § 18; 371, 25; 372, 43; 374, 15.

Eurysthenes, Εὐρυσθένης, et Procles Laconicam obtinuerunt, 334, 50; quam in sex partes diviserunt, 313, 8. Reipublicæ Spartanæ auctores esse ab Hellanico perhibentur perperam, 314, 22. Eurysthenes Agidis pater, 313, 22.

Eurystheus, Εὐρυσθεύς, Sthenelo successit; contra Herculis filios et Iolaum eorumque socios Athenienses expeditione suscepta, ad Marathonem cecidit; corpus sepultum in Gargetto, caput Tricorythi, ubi locus vocatur Eurysthei caput, 324, 18.

Eurytanes, Εὐρυτᾶνες, Ætoliæ gens, 385, 5; 387, 32; 400, 2.

Eurytus, Εὔρυτος, Œchaliensis, 291, 25. Vid. Œchalia.

Eusebia, Εὐσέβεια ἡ πρὸς τῷ Ταύρῳ, i. q. Tyana, 460, 40.

Eusebia, Εὐσέβεια ἡ πρὸς τῷ Ἀργαίῳ, i. q. Mazaca, 461, 3.

Euthydemus, Εὐθύδημος, præfectus Bactrianam ad defectionem pertraxit, 441, 39. Demetrii pater, Bactriæ rex, 443, 5.

Euthydemus, Mylasensis orator, in patria et in tota Asia eximium honorem consecutus, 562, 54. Hybreæ de eo dictum, 563, 18.

Euthymus, Εὔθυμος, pugil; ejus certamen aliquod, 212, 43.

Eutresis, Εὔτρησις, ab Homero memoratus pagus Thespiensium; ubi Zethus et Amphion habitarunt, 353, 12.

Euxinus Pontus. V. Pontus.

Euxynthetus, Εὐξύνθετος, Cretensis e Lebene, 411, 10.

Exitanorum urbs, Ἐξιτανῶν πόλις (Σέξ Ptol., *Sexi* Plin., *Hexi* Mela; hod. *Motril*), Hispaniæ urbs in Bastetaniæ ora inter Malacam et Abdera sita, 180, 13. Ad eam appulerunt Tyrii urbem condere ad Herculis columnas jussi, 141, 6.

Extispiciorum ratio apud Lusitanos, 128, 16.

F.

Faba Ægyptia et fabeta, 679, 37; 698, 51; ad Acesinen, 593, 43.

Fabius Maximus Tarentum cepit ex eaque urbe Herculis colossum Romam abstulit, 231, 26.

Fabius Q. Maximus Æmilianus contra Arvernos et Bituitum pugnavit ad Isaræ et Rhodani confluentes, ibique Martis et Herculis templa construxit, 154, 13; 159, 5.

Fabius Pictor Romanos nonnisi post devictos Sabinos divitias sentire cœpisse ait, 190, 29.

Fabrateria, Φαβρατερία (*S. Giovanni in Carico*), Latii opp. ad viam Latinam et Trerum fluvium, 197, 46.

Fabulæ. Ἡ μυθοποιία καταστρέφει εἰς τὸ κοινωνικὸν καὶ τὸ πολιτικὸν τοῦ βίου σχῆμα καὶ τὴν τῶν ὄντων ἱστορίαν, 16, 20. Τοῦ μύθου τὸ τέλος ἡδονὴ καὶ ἔκπληξις, 20, 47. Fabulæ veris seu argento aurum circumfunduntur demulcendi causa, 16, 33. Universa prisca theologia fabulis constat, 16, 17. Fabulosæ gentes apud poetas et historicos non ignoratione veri memorantur, sed delectationis causa finguntur, 36, 1 *sqq.* Scite admodum fabulæ ab Homero tractantur, 15, 25. Non poetæ modo, sed etiam legislatores eas probant. Blandimentis earum discendi amor pueris et vulgo ingeneratur, 15, 32. Inest fabulis exhortandi et deterrendi facultas, προτροπὴ καὶ ἀποτροπή, præsertim apud indoctam multitudinem, 15, 53.

Fabulosæ gentes apud Homerum, Hesiodum, Alcmanem, Æschylum, alios, 36, 1 *sqq.*, apud Indicôn scriptores, 58, 45.

Falerii sive Falisci, Φαλέριοι [οἱ] καὶ Φαλίσκοι (sic leg. videtur) (*Sta Maria di Falleri*), opp. Etruriæ, 188, 20. Nonnulli aiunt Falerios non Etruscæ esse sed peculiaris gentis, Faliscorum sc.; alii dicunt esse etiam Faliscos urbem, cujus incolæ peculiarem linguam habeant; alii denique Æquum Faliscum memorant inter Romam et Ocriculos sitam urbem (quam a monte in planitiem descendere jussi Falisci struxerant), 128, 25 *sqq.*

Falernum Campaniæ vinum, 202, 33.

Falisci. Faliscum. Vid. Falerii.

Fanum Fortunæ, Ἱερὸν τῆς Τύχης (*Fano*), Umbriæ locus, 189, 13.

Fasces Tarquiniis Romam translatæ, 183, 14.

Faustulus bubulcus Romulum et Remum infantes enutrivit, 191, 28.

Faventia, Φαουεντία (*Faenza*), Galliæ Cispadanæ opp., 180, 35.

Favonius ventus apud Homerum, 2, 22.

Feles Ægypti, 699, 17; ab omnibus Ægyptiis coluntur, 690, 20. Felibus Libycis ad cuniculos venandos in Hispania utuntur, 120, 4.

Feminæ apud Ægyptios exscinduntur, 699, 43.

Feræ in Europa perpaucæ, 105, 30. Feræ apud Venetos in lucis Dianæ et Junonis mansuescere dicuntur, 179, 18.

Ferentinum, Φερεντῖνον (*Ferentino*), Latii oppidum ad viam Latinam, 197, 45.

Ferentinum, Φερεντῖνον (*Ferento*), Etruriæ oppidum, 188, 20.

Feronia, Φερωνία (*Civitucola*), Etruriæ urbs sub Soracte monte, cum luco Feroniæ deæ; solennis ibi conventus; cultus deæ mirabilia quædam habet, 188, 30.

Ferri metalla in Colchide, 38, 16; ad Dianium et Hemeroscopium Hispaniæ, 132, 4; apud Petrocorios et Bituriges Cubos Galliæ, 158, 36; in Britannia, 166, 24; in Norico ad Norejam, 178, 46; in Æthalia insula, 186, 23; apud Chalybes sive Chaldæos Ponticos, 470, 34; in Meroe ins., 697, 44. Cf. Metalla.

Festi, Φῆστοι, locus inter quintum et sextum a Roma lapidem miliarium; quousque olim ager Romanus pertinuit, 191, 46.

Festorum numerus ingens apud Tarentinos, 233, 7.

Ficus. V. Sub Ficum portus.

Ficus Antiochiæ ad Mæandrum, 539, 4; Hyrcaniæ 60,

45; 436, 27; Hispaniæ, 136, 10; Galliæ meridionalis, 147, 44.

Fidenæ, Φιδῆναι (*Castel Giubileo*), Sabinorum urbs, a Romanis deleta, 188, 25; 191, 41.

Figuli rota, Anacharsidis inventum, sec. Ephorum, 251, 38.

Fimbria quæstor Valerium Flaccum consulem interfecit; Ilium expugnavit, 508, 31. A Sulla e medio sublatus, *ib.*

Firmum Picenum, Φίρμον Πικηνόν (*Permo*), ejusque navale, 201, 4.

Flaminia via. V. Flaminus Nepos.

Flamininus (T. Q.) ad Cynoscephalas Philippum vicit, 379, 30.

Flaminius ab Hannibale ad lacum Trasymenum victus, 189, 1.

Flaminius (C.) (Nepos) Marci Æmiliani Lepidi in consulatu collega (an. 197), devictis Liguribus, Flaminiam viam stravit a Roma per Etruriam et Umbriam usque ad Ariminum, 181, 15. (Sec. Livium, Flaminius consul an. 187 via Bononia Arretium stravit. Via a Strabone memorata ad Flaminium pertinet qui censor fuit an. 220 et in prœlio ad Trasymenum cecidit.)

Flaminius (F.), Siciliæ prætor, 230, 24.

Fluvii qui pluvialibus aquis implentur, ab Homero διιπετεῖς vocantur, 20, 23. Fluvii in Asia per magnam siccitatem defecerunt tempore Artaxerxis, 41, 26. Pontum Euxinum et Nostrum mare adeo fluviorum aquæ oppleront, ut per Bosporum et fretum Gaditanum erumperent, 30, 23. Fluvii declivi alveo labentes non possunt cum mari comparari, cujus nulla est declivitas; 43, 45. Fluvii post terræ motum per aliquot dies aqua carentes vel cursum mutantes, 50, 37. Fluvii terram subeuntes rursumque emergentes, 228, 35. Cf. Metaurus, Orontes, Tigris, Nilus, Erasinus, Eurotas, Alpheus, Ladon. — Cur boum forma fluvii repræsentari soleant, 394, 10. Auriferi fluvii. V. Aurum.

Fluxus et refluxus mare purgat, aliena quævis, ut cœnum, cadavera et naufragiorum rudera, ejiciens, 44, 39. Fluxus, qui in fretis obtinet, secundum Eratosthenem ex inæquali maris superficie explicandus est, 45, 45. In freto Siculo respondet fluxui et refluxui Oceani, 45, 49. De fluxu et refluxu fusius exposuerunt Posidonius et Athenodorus, 46, 8. Cf. Mare et Oceanus.

Fœnicularius campus, Μαραθών, Hispaniæ inter Tarraconem et Veteres; per eum via militaris transit, 133, 17. (Cf. Cicero ad Att. 12, 8.)

Fœniculum, μάραθρον, Hispaniæ, 133, 19. Fœniculum equinum, ἱππομάραθον, Mauretaniæ, 701, 54.

Fomites, Anacharsidis inventum, 251, 38.

Fontes fœtentes ad Leucam Japygiæ, 233, 50. Fontes aquæ dulcis in mari prope Aradum insulam, 641, 42. Scamandri fontes duo, quorum alter calidus, alter frigidus, 48, 42 (Cf. Scamander). Fluminum fontes terræ motu siccati, 50, 47. Fons memorabilis in Herculis templo Gaditano, qui exundante mari deficit, defluente autem impletur. De causa hujus rei sententiæ Polybii et Posidonii, 143, 10. Stygiæ aquæ fons ad Avernum, 203, 46. Ilyssi fons a Platone celebratus, 342, 37; Cephissi Attici fons, 342, 30; 364, 7. Nedæ fons in Lycæo Arcadico a Rhea Jovem pariente lavacrorum causa apertus, 299, 30. Azaritius Bithyniæ fons parvos crocodilos alens, 482, 23. Duriæ et Druentiæ fontes in Alpibus, 169, 41. Æa fons ad Amydonem, 278, 15. Fucini lacus et Amemani fl. fontes deficientes et rursum scaturientes, 200, 19; similis fons ad Branchidarum oraculum, 691, 38. Fons aquam rubram minii colore in mare emittens, 682, 47. Olei fons ad Ochum, 444, 20. Fons fœtens ad Taphiassum, 366, 34. In Memnonio Abydi fons, 690, 25. Salmacis fons Halicarnassi, 560, 25. Fons Ephesi, Thrasonis opus, 547, 40. Cf. Hippocrene, Sybaris, Inachus, Arethusa, Nilus etc., Bitumen.

Formiæ, Φορμίαι, prius Ὁρμίαι dictæ διὰ τὸ εὔορμον, Latii opp. ad viam Appiam, a Laconibus conditum, 194, 25 et 33 (hod. *Mola di Gaeta*).

Formicæ aurum effodientes, χρυσώρυχες, in India apud Derbas, 58, 50; 598, 47; 601, § 44; quarum nonnullas alatas esse ferunt, 611, 32.

Fortunæ fanum, Umbriæ opp., 189, 13.

Fortunæ templum Romæ a Lucullo dedicatum, 327, 43.

Fortunata insula vocabatur Erythia, sec. Eratosthenem, 123, 11.

Fortunatæ inss. ante Maurusiæ fines occiduos sitæ, 2, 31; 124, 51.

Foruli, οἱ Φόρουλοι (*Civita Tommasa*), Sabinorum vicus, saxa ad rebellionem quam ad habitationem aptiora, 190, 10.

Forum Cornelium, Φόρον Κορνήλιον (*Imola*), Galliæ Cispadanæ opp., 180, 34.

Forum Flaminium, Φόρον Φλαμίνιον, Umbriæ opp., 189, 38 (Ruinæ in loco qui vocatur *Giovanni*.)

Forum Julium, Φόρον Ἰούλιον (*Fréjus*), Massiliensium opp., navale Augusti Cæsaris, inter Olbiam et Antipolin situm, a Massilia 600 stadia distans, 152, 54; portum habet memorabilem, 153, 33.

Forum Sempronii, Φόρον Σεμπρόνιον (*Fossombrone*), Umbriæ opp., 189, 40.

Fossiles mugiles ad Ruscinonem in Gallia, 151, 11. Fossiles sales. V. Sales.

Fregellæ, Φρεγέλλαι (ad sinistram Liris ripam, e regione hodierni oppidi *Ceprano*), Latii nunc vicus, olim urbs celebris, aliarumque caput, quarum incolæ nunc fori frequentandi et sacrificiorum causa eo conveniunt. Præterfluit Liris fl. Urbs ob rebellionem excisa, 198, 9 et 26.

Fregenæ, Φρεγήνα (*Torre di Maccarese*), in Etruriæ ora opp. inter Pyrgos et Ostiam, 188, 3 et 16.

Frentani, Φρεντανοί, Piceni finitimi, Samnitica gens, 201, 15; a Pelignis dirimuntur Sagro fluvio, 201, 49. Eorum navale Orton, oppidum Buca, 201, 44. Cf. 235, 30; 237, 21.

Freta cur sint fluxuosa, 45, 15. Eorum fluxus et refluxus non idem est ubique, alius in freto Siculo, alius in Chalcidico, nullus in Byzantio, 46, 13. Ceterum vide Siculum fretum, Chalcidicum, Columnarum, etc.

Frigus maximum in locis circa Borysthenem et Mæotidem, 255, 5; 61, 30.

Frumenta Galliæ, 147, 46; Turdetaniæ, 119, 23; Britanniæ, 166, 23; Siciliæ, 227, 13; Chersonesi Tauricæ, 258, 31; Hyrcaniæ, 436, 28; 60, 47.

Frusino, Φρουσίνων (*Frusinone*), Latii opp. ad viam Latinam, Cosa amni alluitur, 197, 45.

Fucinus lacus (*Lago Fucino*, *Lago di Celano*), cui Alba adjacet; aqua lacus modo surgit modo subsidet, 201, 11. Inde aqua Marcia Romam fluit, 200, 22.

Fundæ, Ætolorum inventum, 307, 21. Fundæ Gallorum, 163, 45; earum genera tria apud Balearidum incolas, funditores optimos, 139, 29.

Fundi, Φοῦνδοι (*Fondi*), Latii opp. in via Appia. Vinum Fundanum, 195, 1.

Furiarum vestitus similis ei quo Casseritidum inss. incolæ utuntur, 145, 50.

G.

Gabæ, Persidis locus, ubi regia erat, τὰ ἐν Γάβαις βασίλεια, 620, 4. Situs accuratius non definitur. Ptolemæo duce Mannertus Gabas componit cum *Darab*; Reichardus intelligi vult *Kabadan* prope *Firuzabad*.

Gabala, τὰ Γάβαλα, Seleucidis in Syria opp. maritimum, 641, 31 (*Gabulo*, *Gibellum Gibel* ap. medii ævi scriptt. latinos; *Dchablat* ap. Abulfedam; *Djebele* vel *Djebili*, ap. Edrisium; hod. *Dcheblah*).

Gabales, Γαβαλεῖς (*les hab. du Gévaudan*), Galliæ gens Narbonensi pr. propinqua, Aquitanis annumerantur 158, 35. Argenti metalla habent, 158, 39.

Gabiane, ἡ Γαβιανή, Elymaidis provincia, 634, 19.

Gabii, Γάβιοι (*Castiglione*), Latii urbs inter Latinam viam et Valeriam sita, in via Prænestina; utilissimas Romæ lapicidinas habet; distantia a Roma et Præneste, 198, 18.

Gabini lapidis secturæ in Anienis valle, 198, 44.

Gabinius, vir consularis, Ptolemæum in regnum reducens Archelaum Cleopatræ maritum in pugna occidit, 478, 10 et 22; 677, 9.

Gabinius, Rom. scriptor, in Mauretania describenda fabulis non abstinet. Rei exemplum, 703, 51.

Gabreta silva magna citra sedes Suevorum, ὕλη μεγάλη Γάβρητα; trans eam est Hercynius saltus, 243, 15.

Gadaris, Γαδαρίς, in Phœniciæ ora urbs, quam suam fecerunt Judæi, 646, 16.

Gadara, Γάδαρα, Phœniciæ urbs inter Jopen et Azotum, quam Judæi sibi vindicarunt, 646, 1. Hinc oriundi Philodemus Epicureus et Meleager et Menippus ὁ σπουδογέλοιος et Theodorus rhetor, 646, 22. In agro Gadareno, ἐν τῇ Γαδαρίδι, lacus aquæ pessimæ, qua gustata pilos, cornua et ungues pecora amittunt, 650, § 45. [Gadara urbs est vel Gazara, quæ erat ὀχύρωμα ἐπὶ τῶν ὁρίων Ἀζώτου (Maccab. 1, 14, 34; 2, 10, 32. Joseph. Ant. 8, 11), vel *Gat* sive *Gath*, una ex quinque urbibus Pentapoleos Philistæorum. Situs urbis incertior. Quod vero de Gadarenis viris Strabo affert, id pertinet ad Gadara Peræa (*Om Keis*). Eodem referenda sunt quæ de aquis Gadarenis leguntur.]

Gades, τὰ Γάδειρα, insula et urbs Hispaniæ, 106, 37, in eodem parallelo in quo Cnidus urbs, 99, 1; distat a Sacro promontorio ad 2000 stadia, 116, 36; 123, 14, a Tingi 800 stadia, 701, 7; a Bæti 70 mill. pass., 116, 36; a Calpe 750 vel 800 stadia, 116, 6; 140, 15. De Gadium origine narratio Gaditana, 141, § 5. Pherecydes insulam Erythiæ nomine designare videtur, 140, 50. Cf. 122, 54. Secundum alios Erythia est insula Gadibus opposita uniusque stadii freto ab iis divulsa, 140, 44. Quæ de Gadibus exposuit Pytheas, ea repetivit Eratosthenes, 86, 16. Urbis situs, ambitus, incrementa, frequentia; fana Saturni et Herculis, 140, 3; 145, 18; portus; moles portui projecta, 145, 19. Urbs fortitudine incolarum et colenda cum Romanis amicitia insignis, 116, 6; 117, 4. De columnis æreis in Herculis fano, 141, 43. Gadibus Columnas Herculis vindicant Hispani et Afri, 141, 17 et 40. Id vero ferri nequit, 142, 50. Apud Pindarum αἱ Γαδειρίδες πύλαι sunt terminus expeditionis Herculis, 141, 37. Fons memorabilis in fano Herculis; alii urbis putei et cisternæ, 143, 10; 144, 7; 144, 44. Gadibus profectus Libyam circumnavigasse Eudoxus dicitur, 82, 15; διὰ Γαδείρων in Oceanum egressum Menelaum Libyam circumnavigasse putavit Crates, 31, 37. Gadibus commoratus est Posidonius, 114, 44. Ibi Cabiros stellas observari posse ajunt; Posidonius in loco 400 stadia hinc boream versus sito Canobum se vidisse putat; unde de latitudine loci conjecturam fecit, 98, 45. Ad Gades usque Celtas habitare Eratosthenes dixit, 88, 25. Gaditani annuas esse æstus marini vices, easque e lunæ rationibus annuis pendere intellexit, 144, 32. Non multum agri in opposita continente possident, 140, 20. Novam iis urbem et in continente navale struxit Balbus,

140, 30 et 39. Pauci Gaditanorum domi desident, 140, 23. In Astam urbem convenire solent, 117, 31. Primi Cassiterides insulas adierunt, 146, 1. Gaditanorum mercatorum de Lotophagis narratio, 130, 34. Οἱ Γαδειρῖται ἔμποροι grandibus navibus utuntur; minoribus, autem quas equos ab insignibus vocant, piscatores ad Livum usque Maurusiæ fluvium navigant, 82, 3. Gaditana arbor memorabilis, 145, 31 et 41. — Gaditanum fretum. V. Columnæ.

Gadilonitis, ἡ Γαδιλωνῖτις, et ἡ Γαδιλών (deb. Γαζηλωνῖτις, Γαζηλών), regio ab Halyis ostiis versus ortum usque ad Saramenam, 468, 28 et 41; partem ejus Amiseni habent, partem Dejotarus a Pompeio accepit, ib.

Gæsati, Γαισάται, Gallica gens, olim ad Pavum habitarunt, postea deleti sunt, 177, 18; 180, 4.

Gætuli, Γαίτουλοι, maxima Libyæ gens, a Mauritania versus Libyæ mediterranea sitam regionem tenent, 701, 20; 108, 35; supra Masæsylios, 704, 25. Eorum pars supra Syrtin est, 108, 39. Inter Gætuliam et nostram oram interjacent campi et montes et magni lacus et flumina, quorum quædam in terram demersa evanescunt, 709, 11; 711, 45; usque ad Gætuliæ montana pertingit terra Libophœnicum, 709, 6. Supra Gætuliam est Garamantum regio, 709, 7.

Galabrii, Γαλάβριοι, Dardaniæ gens, apud quos urbs est antiqua, 262, 34.

Galactophagi, Γαλακτοφάγοι, i. e. Scythæ nomades Thracibus contermini, ap. Homerum una cum Mysis memorantur, 246, 5; 249, 40; 258, 39; 3, 27; 474, 18. Mentionem eorum fecit Hesiodus in Γῆς περιόδῳ, 251, 24.

Galatæ, Galatia. Γαλάται, Γαλατία, sive Γαλλογραικοί, Γαλλογραικία. Galatæ Attalicorum Bithynorumque ditionem incursionibus vexantes, tandem ab iis acceperunt eam terram quæ nunc Gallatia et Gallogræcia vocatur, 485, 23. Partem Phrygiæ Magnæ occuparunt, 489, 31; 155, 43, 107, 25. Ilium occuparunt, sed mox reliquerunt, 508, 25. Galatiæ sive Gallogræciæ descriptio, 485, cap. 5. Galatarum gentes tres, tetrarchiæ duodecim; tetrarcharum concilium; ejus jurisdictio; constitutionis hujus mutationes, 485, 19. Singularum gentium ditiones et oppida, 485, § 2 sq. Galatas Attalus I prœlio vicit, 533, 32. Galatiam Pompeius post victum Mithridatem attribuit iis qui e tetrarcharum stirpe erant, 463, 41. Cf. Gallia.

Galatæ Tolistobogii, 468, 38.

Galeæ Lusitanorum, 128, 9.

Galeotæ pisces, qui etiam ξιφίαι et κύνες vocantur, in freto Siculo vorant thynnos. Ipsi capiuntur ad Scyllæum. Venationis ratio. Hinc explicanda fabula de Scylla pisces captante, 19, 49-20, 33.

Galepsus, Γαληψός (Macala, ut videtur), urbs Macedoniæ ad Strymonium sinum, 279, 50; a Philippo eversa, 280, 44; 281, 42.

Galilæa, Γαλιλαία, Judææ regio, cujus incolæ e variis gentibus mixti, 647, 25; 649, 36.

Gallesius mons, Γαλλήσιον ὄρος, inter Ephesum et Colophonem, 548, 42.

Galli eunuchi, γάλλοι ἀπόκοποι, 538, 32.

Galli. Gallia, ἡ Κελτική. Eam parum norunt Eratosthenes, Timosthenes et his antiquiores, 77, 23. Eratosthenes Gallos, Γαλάτας, in occidua Europa usque ad Gades habitare dixit, 88, 25. Gallis universis Celtarum nomen Græci indidisse videntur a Celtis provinciæ Narbonensis, ob gentis ejus claritatem, conferentibus ad id etiam Massiliensibus, 157, 20. Situs Galliæ et fines, 146, 33; 105 § 28; 113, 26. Galliæ et Hispaniæ limes orientalis ad templum Veneris Pyrenææ vel ad Tropæa Pompeji, 148, 18. Arctissima Galliæ pars est isthmus Narbonense mare ab Oceano dirimens; in quo sita est Tolosa; minor ille 3000 stadiis sec. Posidonium, 156, 37; inter 2000 et 3000 stadia medius, 106, 2; minor quam Hispanicus ad Pyrenæos isthmus, 113, 28; 113, 34. A templo Veneris Pyrenææ usque ad Antipolin et Varum fl. 273 milia, sec. alios 2600 aut 2800 stadia, 148, 29. Ab Aquitaniæ et Pyrenæorum extremitate occidentali usque ad Rheni ostia 3300 vel 3400 stadia; per totam hanc longitudinem Galliæ prætenditur Britannia. Ab eadem Pyrenæorum parte usque ad Rhenum superiorem circa 5000 stadia esse perhibentur; scilicet Pyrenæi et Rhenus boream versus ad se invicem paullatim inclinare se videntur, 165, 49; 166, 5. In Britanniam trajici solet ab ostiis Rheni, Sequanæ, Ligeris, Garumnæ; trajectus 320 stadiorum, cursu diurno brevior, 166, 11 et 20; 161, 16; 157, 6. — *Gallia transalpina*, ἡ ὑπὲρ τῶν Ἄλπεων Κελτική, sec. Cæsaris Commentarios (147, 14), trifariam divisa est, in Aquitanos, Belgas et Celtas, 146, 24. Augustus eam in quattuor partes divisit (*quas parum distincte et minus recte Strabo definit*). Scilicet Celtas Augustus Narbonensi provinciæ attribuisse dicitur; Aquitaniæ autem ad Garumnam usque pertinenti adjecisse quattuordecim gentes inter Garumnam et Ligerim habitantes; reliquam vero Galliam in duas partes divisisse, quarum alteram Lugduno, alteram Belgis attribueret, 147, 15; Lugdunensis Gallia est regionis inter Ligerim et Rhodanum et Rhenum interjectæ pars superior inde a fontibus Rheni et Rhodani usque ad mediam fere planitiem; pars inferior quæ ad Oceanum vergit a Ligeri usque ad Rhenum est Belgarum, 159, § 1. [Limites Lugdunensis et Belgicæ secundum falsam hanc opinionem accuratius constitui nequeunt, neque ipse Strabo definire eos potuerit. ("Ὅσα οἱ ἡγεμόνες πρὸς τοὺς καιροὺς πολιτευόμενοι διατάττουσι ποικίλως, ἀρκεῖ κἂν κεφαλαίῳ τις εἴπῃ, τοῦ δ' ἀκριβοῦς ἄλλοις παραχωρητέον p. 147, 24)] *Montes*: Pyrene s. Pyrenæi, Cemmenus mons (Cevennæ), Alpes, Luerion, Jurasus, silva Arduenna, Setius, q. v. Promontorium apud Osismios (*Cap. S. Mahe*), quod nimis longe in Oceanum Pytheas extendere Straboni videtur, 162, 30. *Fluvii*: Garumna, Liger, Sequana, Rhenus, Rhodanus, Arar, Dubis, Isara, Sulgas, Druentia, Varus, Arauris, Orbis, Atax, Ruscino, Illiberis, q. v. Magnam Gallia felicitatis partem debet fluviorum navigabilium in mare exterum internumque exeuntium rationi ad commercia accommodatissimæ, 156, 40; 147, 27. *Insulæ* : Samnitarum mulierum ad Ligerim, Blascon, aliæ complures ante Massaliam, Stœchades quinque, Leron et Planasia, q. v. — *Gentes* Galliæ : Aquitani, quorum minores divisiones sunt supra viginti; ex quibus memorantur Tarbelli et Convenæ. Gentes quattuordecim inter Ligerim et Garumnam habitantes, et Aquitaniæ adscriptæ; recensentur tredecim : Pictones, Santones, Bituriges Ubisci (Vivisci), Bituriges Cubi, Petrocorii, Nitiobriges, Cadurci, Ruteni, Lemovices Arverni, Gabales, Helvii, Vellavi. In Narbonensi Gallia sunt Volcæ Tectosages, Volcæ Arecomici ; Cavari, Voconii, Allobroges, Centrones, Iconii, Medulli, Tricorii, Catoriges, Albiœci sive Albienses, Salyes, Ligures Deciatæ et Oxybii. In reliqua Gallia : Namnites, Veneti, Osismii, Lexovii, Caleti, Ambiani, Morini, Menapii, Nervii, Eburones, Ubii, Treveri, Mediomatrices, Tribocci, (Helvetii,) Sequani, Segusiani, Ædui, Lingones, Senones, Carnutes, Parisii, Meldi, Bellovaci, Suessiones, Remi. *Vide sub suo quosque nomine*. Gallicæ gentes multæ in Alpibus, 106, 12. Prausi, de quibus Brennus Prausius vocatur, ubinam habitaverint, non liquet, 156; Galliæ Cisalpinæ gentes, Boii, Insubres, Senones, Cæsatæ, etc., 170, § 6 et 7; 176, 26, 177, 4; 180, 3. Galli Illyriis mixti in Japodia, 172, 42; 260, 39. Thracibus mixti Boii, Scordisci, Taurisci, 246, 10, quos delevit Getarum rex Bœrebistas, 252, 27. Gallicæ gentes, Trocmii, Tolistoboii, Tectosages Phrygiæ partem occuparunt, 155, 43 (V. Galatæ). E Galliæ Venetis oriundi Veneti Italici; similiter Boii et Senones transalpini, 162, 21. *Urbes* vel *oppida* memorantur in *Narbonensi* : Tolosa, Illiberis, Ruscino, Narbo, Beterræ, Agatha, Nemausus, Ugernum, Vindalum, Arelate, Tarasco, Aquæ Sextiæ, Massilia, Tauroëis, Albia, Forum Julii, portus Oxybiorum, Antipolis; Caballio, Avenio, Arausio, Æria (Vasio?), Eburodunum, Brigantium, Scingomagus, Vienna. In *Aquitania* : Burdigala, Lugdunum Convenarum, Aquæ Onesimæ, Mediolanum, Nemossus, Gergovia. In *Lugdunensi et Belgica*: Lugdunum Segusianorum, Bibracta, Alesia, Cenabum sive Genabum, Corbilo, Duorum corvorum portus, Lutotocia, Durocortora, Itium, *q. v.* — Via per Galliam ex Hispania in Italiam ducens duplex, altera juxta oram, altera per Alpes, 155, 16 28. Via ex Italia per Pœninas Alpes Lugdunum ducentes, et ab hac quasi arce viæ ab Agrippa ductæ in Aquitaniam, ad Rhenum, ad Oceanum per Bellovacos, ad Narbonensem Galliam et litus Massiliense, 173, 14. Via per Pœninos Alpes in Helvetiam, hinc per Jurasum ad Sequanos et Lingones, apud quos ita bifurcatur, ut altera sit ad Rhenum, altera ad Oceanum, 173, 27. *Proventus*: Gallia Narbonensis eadem quæ Italia fructuum genera fert; cum Cemmeno monte regio ficum et olivam producens desinit; in sequente versus boream tractu etiam vitis ægre ad maturitatem pervenit; sed copia est frumenti, milii, glandium pecorumque, 147, 42. Fœcundissimum tractum Rhodanus perfluit, 147, 41. Sues Gallia nutrit præstantes, 163, 52; plurimum salsamenti Italiæ suppeditat, 164, 3; in Gallia arbor quædam ficui similis, quæ fructum edere perhibetur forma capituli columnæ Corinthiacæ, 165, 31. Auri metalla in Cemmeno monte et sub Pyrenen, 121, 19. — *Gallorum indoles et instituta:* A reliquis Gallis lingua et corporibus differunt Aquitani Hispanis similiores, 157, 32; 146, 27. Celtæ et Belgæ non eodem prorsus sermone nec eadem vitæ et reipublicæ ratione utuntur, 146, 27. Galli bello quam agricultura meliores, 147, 51; equitatu quam peditatu præstantiores, 163, 20; similes iis Germani et Britanni, 163, 2 et 33; 240, 38. Germani sunt quasi genuini Galli, 241, 1; Galli sunt mavortii, ad pugnam promti, feroces, ceterum ingenio simplici, 162, 34; 164, 32; adeo ut ad utilia facile adducantur, 162, 43; a pugna redeuntes capita hostium de collis equorum suspendunt; reportata vestibulis ædium affigunt, 164, 40; sin ducum sunt capita, cedrino ea inungunt, 164, 46; arrogantes sunt, ornatus studiosi, 164, 33; leves, 164, 37; contentiosi, 165, 36; de ratione qua controversias ad Duorum corvorum portum dirimere soleant, fabula, 165, 26; obesitatem cavent, 165, 42; flore ætatis abuti non turpe adolescentibus, 165, 36; virorum et mulierum officia ratione Romanorum moribus contraria sunt distributa, 164, 16; mulieres fœcundæ, educatrices bonæ, 147, 50. Humi decumbunt Galli, 136, 20; in toris sedentes cibum sumunt; cibus iis quinam? 163, 50. Vestitus, 163, 35; arma, 163, 41. Nonnulli essedis ad bella utuntur, 166, 37; nec non canibus tum gallicis tum britannicis, 166, 26; jacula succo letali inungere dicuntur, 165, 34. Domus Gallorum, 163, 54; respublica, 164, 5; religio; bardi, vates, druidæ, 164, 20; Bacchi cultus in Samnitarum insula, 165, 7. Gallos per Cn. Domitius Ænobarbus clade affecit ad Vindalum, 154, 5; et ad Isaræ et Rhodani confluentes Q. Fabius Maximus Æmilianus, 154, 13. Nunc omnes Romanorum jussis parent, 162, 50, qui a barbaris quibusdam moribus eos abduxerunt, 164, 49; minore quam Hispani negotio a Romanis subacti sunt, 163, 11. In humaniora studia magnam apud eos vim exercuit Massilia, 150, 22. Britannorum cum Gallis commercia, 167, 9. A validioribus pressæ Gallorum gentes sæpius emigrarunt, 163, 10; 51, 13.

Gallia Cisalpina, ἡ ἐντὸς Ἄλπεων Κελτική, quibusnam finibus includatur, 175, 49; 176, 14; 174, 37. Longitudo ejus 6300 stadiorum juxta oram et montes (Sumta hæc ex Polybio 2, 14; ubi ab intimo sinu Adriatico usque ad Senam 311 1/2, hinc juxta Apenninum 450 mill. computantur; unde summa 6100 fere stadiorum (6300 Str.) colligitur), latitudo ad 2000 stad., 175, 50. Galliæ Cisalpinæ et priscæ Italiæ terminus initio fuit Æsis fluvius, deinde Rubicon, 181, 23; 189, 14. Regionis præstantia; proventus varii, 181, § 12. Gallia Cisalpina in Cispadanam et Transpadanam distinguitur, 176, 26. Gentes Galliæ Cisalpinæ, 170, § 6 et 7; 176, 26 *sqq.* 177, 4; 180, 3. Japodes, gens e Gallis et Illyriis mixta, 172, 42; 260, 39. Gallorum Adriæ accolarum ad Alexandrum M. legatio, 250, 40. Galli quando Romam ceperint, 238, 28. In Sabinorum regione prædam amittunt, Cœretanorum armis appetiti, 183, 22.

Galloligures. V. Celtoligyes.

Gallicus sinus, ὁ Γαλατικὸς ἢ Κελτικὸς κόλπος (*Golfe de Gascoyne*), quem Tarbelli accolunt, 158, 15; 113, 33.

Gallicus sinus ad Narbonensem (*Golfe de Lyon*), 158, 15; 105, 10; 113, 33; 87, 47; ad ejus recessum a parallelo per Columnas et Rhodum ducto sunt 2500 stadia, 95, 16. Ex eo in Africam trajectus 5000 stadiorum, 95, 13. Vocatur etiam Massiliensis sinus; pertinet a promontorio ad Massiliam sito (*cap Couronne*) usque ad templum Veneris Pyrenææ. Setio monte et Blascone insula in duas partes dirimitur, quarum major, in quam Rhodanus exit, κατ' ἐξοχήν Gallicus sinus vocatur, 150, 45.

Gallinas non habet Arabia felix, 653, 46.

Gallinaria silva, ἡ Γαλλιναρία ὕλη, prope Cumas, 203, 13.

Gallus. V. Ælius Gallus.

Gallus, Γάλλος (*Lefke*), fluvius ad Modra in Hellespontica Phrygia ortus in Sangarium influit, 465, 27.

Gamabrivi, Γαμαβρίουοι, inter Chattos et Chattuarios aliasque minores Germaniæ populos recensentur, 241, 48. [Tacitus Germ. 2 memorat *Marsos, Gambrivios, Suevos.* Aliunde non nota gens; sedes prorsus incerta. Adelung et Wilhelm Gamabrivos non esse diversos a Chamavis, alii vetus nomen Sygambrorum subesse putant; quibus suspicionibus parum proficimus.]

Gambarus, Γάμβαρος, Arabum in Syria princeps, 641, 27.

Gandaris, Γανδαρίς, Indiæ regio, quæ sub Poro erat, trans Acesinen et Hyarotin, 596, 10.

Gandaritis, Γανδαρῖτις, Indiæ regio, quam Choaspes perfluit, 594, 29.

Ganges, ὁ Γάγγης, Indiæ fluvius maximus, ex Emodis montibus ortus ad austrum fertur usque ad Gangem urbem; inde ad ortum convertitur usque ad Palibothra et ostium; crocodilos et delphines nutrit; 612, § 72; influit in eum Œdanes, *ib.;* uno ostio exit, 388, 35. Ad Gangis et (*Erannoboæ*) confluentes sita Palibothra, 598, 32. (588, 35); ad eam urbem adverso fluvio navigatio 6000 stadiorum, 588, 2. Ganges urbs fluvio cognominis, 612, 19. Fluvii latitudo, 598, 27. Raro ad Gangem usque mercatores perveniunt, 585, 19. Alexander M. ad eum usque penetrasse in Cassandri epistola quadam perhibetur; 598, 20. Indi Gangis accolæ, 611, 27.

Ganges urbs ad Gangem fluvium, 612, 19.

Gangitis lapis, γαγγῖτις λίθος, qui serpentes fugat, ad Tigridem in Gordyæorum regione reperitur, 636, 25.

INDEX NOMINUM RERUMQUE.

Gangra, Γάγγρα (*Kangreh*), cast. et opp. Paphlagoniæ, 481, 51.

Ganymedes, Γανυμήδης, ubi raptus sit, 502, 48.

Garamantes, Γαράμαντες, Libyæ gens, cujus regio est supra Gætuliam sita, eique parallela; hinc Carchedonii lapilli afferuntur, 709, 7. Garamantes ab Æthiopibus oceani accolis absunt decem dierum itinere, ab Ammone quindecim; vitæ ratio 709, 8 et 14; Cf. 711, 47; 712, 3; 108, 34.

Gareathyra, Γαρεάθυρα, Cappadociæ opp., 100 stadia a Coropasso Lycaoniæ distans, 487, 8. (Γαρεάθυρα ortum est ex Γαρσεάουρα, hoc vero ex Γαρσάουρα, *q. v.*)

Garescus, Γαρησκός, opp. Parorbeliæ in Macedonia, 281, 6. (Situs incertus; poni solet ubi nunc est *Manlik.*)

Garescus, Γαρησκός, unum ex oppidis quæ Cassander diruit, incolasque ejus in Thessalonicam conduxit, 277, 36. Novimus Garescum sub Orbelo monte (Ptol. 2, 13, 25); quam h. l. non posse intelligi, utpote longius dissitam, cum Tafelio dixeris, quum Crusidis et Thermæo sinui adjacentia oppida Cassandrum diruisse Strabo referat. Fortasse tamen hoc minus accurate dixit; certe non quadrat in Apolloniam, quæ inter ista erat oppida. De Garesco aliquo Thessalonicæ vicino non constat.

Garganus mons, τὸ Γάργανον ὄρος (*monte Gargano*), in Italia. A Brundusio et Ancona distantia, 236, 19 et 36. Ab eo versus boream sinus est profundus, quem Apuli, qui proprie sic vocantur, accolunt, 237, 6.

Gargara, τὰ Γάργαρα (ad hod. *Tchebni*), Æolidis urbs; 140 stadia ab Asso distans, in promontorio sita ad sinum Adramyttenum, 518, 33 et 51; sec. Hellanicum condita est ab Assiis, ac postea Miletopolitanos accepit, 522, 21; 499, 31. Cf. Gargarum. — Ἡ Γαργαρὶς regio Lelegum erat, 521, 43.

Gargaron, τὸ Γάργαρον ἄκρον, Idæ montis vertex apud Homerum. Etiam nunc ibi Gargarum locum monstrant, de quo Gargara urbs Æolica nomen habere fertur, 499, 29.

Gargarenses, Γαργαρεῖς, ad Caucasum gens, Amazonum finitimi, a quibus monte quodam dirimuntur, 432, 21 et 34. Una cum Amazonibus e Themiscyra huc venerunt; deinde ab iis defecerunt; composito bello communitatem quandam sacrificiorum et prolis causa pacti sunt, 432, 44 et 50.

Gargettus, Γαργηττός, Atticæ pagus, in quo Eurystheus sepultus jacet, 324, 21.

Garindæi, Γαρινδαῖοι, Arabes, quomodo Maranitas adorti sint, 661, 9.

Garmanes, Γαρμᾶνες, Indorum philosophi, 606, 24; 607, § 60.

Garsabora. V. Garsaura.

Garsaura, τὰ Γάρσαυρα vel Γαρσάουρα (codd. Γαρσάουρα 566, 26; Γαρεάθυρα, 487, 8; γὰρ σαύαρα vel γὰρ σαύιρα, 460, 28; Γαρσαύιρα, 462, 39. Γαρσάβορα, 486, 48.) Cappadociæ κωμόπολις ad Lycaoniæ confinia 120 stadia (sic p. 566, 26; 100 stadia p. 487, 8) a Coropasso, 680 stadia a Mazacis distans; non procul a Garsauris sunt Soatra Lycaoniæ, 566, 26; 487, 8; 460, 28; 462, 39; 486, 48. (Hodie *Ak-Seraï.*)

Garsauritis, Γαρσαυρῖτις, una ex 10 Cappadociæ præfecturis, 458, 24.

Garum optimum fit e scombris Scombrariæ ins., 132, 8.

Garumna, V. Garuna.

Garuna, Γαρούνα (vulgo Latinis Garumna), Galliæ fluvius, borealis terminus Aquitanorum, 147, 8; 157, 13 et 33. Garuna et Liger quodammodo parallel sunt cum Pyrene; cum oceano, Pyrene et Cemmenis montibus aream parallelogrammon includunt, 157, 40. Garuna tribus auctus fluviis inter Bituriges Oiscos (sive Vibiscos) et San-

tores exit, 157, 44. Per 2000 stadia navigabilis est, 157, 43. Cf. 158, 34. Ab ostio ejus in Britaniam trajiciunt, 166, 14.

Γαστερόχειρες. V. Cyclopes.

Gasys, Γάσυς, Paphlagoniæ vocabulum in Cappadocia obvium, 473, 43.

Gaudus, Γαῦδος (*Gozzo*), insula 80 a Pachyno pr. stadia dissita, 230, 32. Eam esse Calypsûs insulam, ab Homero in Oceano positam, Callimachus censuit, improbante Apollodoro, 37, 23; 248, 51.

Gaugamela, Γαυγάμηλα, Aturiæ pagus, unde nomen habeat; prœlium ibi commissum vulgo ab insigniore loco prœlium ad Arbela vocatur, 628, 11; 66, 13.

Gaza, Γάζα (*Azzah*), Phœniciæ urbs; sub qua portus; urbs ab Alexandro diruta, etiamnum deserta (?); hinc ad Ælana et sinum Arabicum, 1200 stadia, 646, 25. Cf. 654, 21; 644, 2. Gazæi, 638, 8.

Gazaca, Γάζακα, Atropatenorum regia per æstatem, 448, 50. Quodsi Vera urbs a Gazacis recte apud Strabonem distinguitur, eaque ad ruinas *Tachti Souleiman* referenda est, Gazacis vindicandæ sunt aut ruinæ quæ sunt ad *Leiban* vicum aut eæ quæ vocantur *Kalai-Zohak*, ad *Karanga* fl. inter *Spauta* lacum et *Migani* exstantes (v. Ritter. t. 9, p. 770 sqq.).

Gazacene, Γαζακηνή, Cappadociæ regio, 473, 46.

Gazaluitis, Γαζαλουῖτις, Cappadociæ regio, 474, 45. In Gazaluitide et Gazacena multa occurrunt nomina Paphlagonica, 473, 44.

Gazelonitis. V. Gadilonitis.

Gaziura, Γαζίουρα (*Turchal*), antiqua regia nunc deserta in Ponto, quam Iris præterfluit, 469, 14.

Gedrosia, Γεδρωσία, ejus situs, temperies, proventus, imbres æstivi; Alexandri per eam iter, 613, § 3 sq. Gedrosiorum in regiam ab Oris Alexander venit itinere 60 dierum, 615, 33. Gedrosiæ pars mediterranea, 615, 39. Ad occidentem Arii adjacent, 616, 31. Gedrosia parum differt a terra Ichthyophagorum, ut sæpe eam sterilitas opprimat, 618, 25. Gedroseni, Γεδρωσηνοί, 616, 23.

Γηγενεῖς Curetes, 405, 16.

Gela, Γέλα (*Terranova*), Siciliæ urbs nunc non incolitur 226, 41. Geloorum colonia Agrigentum, 226, 12.

Gelæ, Γῆλαι, Scythica gens, ad mare Caspium inter Albanos et Amazones habitantes, 432, 16; 436, 7; 438, 8.

Gelo, Γέλων, Eubœam urbem, ejectis civibus, castellum Syracusarum fecit, 386, 11. Ad eum venit magus quidam, qui se circumnavigasse Libyam dicebat, 81, 18.

Gemmæ Indicæ, λίθοι πολυτελεῖς, partim in fluviis repertæ, partim efossæ, ex humore concretæ, ut apud nos crystalli, 81, 37.

Genabum. V. Cenabum.

Genauni, Γένανοι, gens Illyrica, quæ cum Vindelicis et Noricis ad exterius Alpium latus habitat, 171, 45.

Genetes, ὁ Γενήτης, (*Vona Bouroun*) prom. et fl. Ponti, 469, 53.

Gennesaritis palus, ἡ Γεννησαρῖτις λίμνη, sec. Strabonem est inter Libanum et Antilibanum, 642, 51. Juncus ad eam odoratus, *ib.* Ad eundem lacum pertinent quæ leguntur p. 651, 3 de lacu Judææ, ad quem arbores frugiferæ malis similes sint, qui magnam salsamentorum copiam præbeat, et cui appositæ sint Ταριχέαι (*oppidum non longe Tiberiade situm*).

Genua, Γένουα, Ligurum emporium, a Sabatis 260 stadia distans; ad initium Apennini montis, 168, 6; 168, 41; 169, 30; 175, 96; 180, 3, 181, 1.

Geographia quam maxime cadit in philosophos viros; ac reapse qui primi geographiam attigerunt, philosophi erant, Homerus, Anaximander, Hecatæus, dein Democritus, Eudoxus; postea Dicæarchus, Ephorus, Era-

tosthenes, Posidonius p. 1, § 1; 13, 19. Utilitas geographiæ multiplex, *ibid.* De Homero primo geographicæ peritiæ auctore, 1, § 2, et geographica accuratius narrante quam ceteri poetæ qui incongrua componere solent, 22, 15. Anaximander primus tabulam geographicam edidit, et Hecatæus primus scriptum geographicum composuit, 5, 46. Multiplicem geographia sibi postulat rerum cognitionem, præcipue rerum cœlestium et geometriæ, 6, 10; 9, 35, et historiæ naturalis, 7, 2. Ceterum geographus non messori neque fossori scribens mathematica et physica multa pro notis ponere debet, 90, § 1. Major geographiæ pars ad civiles usus pertinet, 7, 35-9, 17. Periplorum auctores mathematica et astronomica perperam negligunt, 11, 6. Geographiæ cognitio magnopere aucta Alexandri M. expeditione, Romanorum Parthorumque imperio; quare Strabo multa quam priores geographi accuratius exponere potuit, 11, 35 sqq.
Geometriæ inventores Ægyptii, 644, 48; 670, 5. Ejus cognitio ad geographiæ studium necessaria, 6, 15.
Georgi, Γεωργοί, peculiari nomine vocantur Scythæ in Chersoneso Taurica agros colentes, quod qui supra eos habitabant, Nomades sunt, 258, 35. Georgi Nomadibus mansuetiores, 259, 1. Cf. Urgi.
Gephyra et Gephyrismi, ἡ Γέφυρα καὶ οἱ Γεφυρισμοί, ad Cephissum Atticæ (in via Sacra), 343, 31.
Gephyræi, Γεφυραῖοι; sic vocantur Tanagræi, 346, 50.
Geræstus, Γεραιστός (*Cap Mandili*), prom. et opp. Eubϫæ, 381, 46; 382, 3 et 16; 383, 34. Neptuni in ea urbe templum, 383, 34.
Geranius, Γεράνιος, quidam Elidis Cavæ fl., 295, 6.
Gerena vel Gerenia, τὰ Γέρηνα ἢ ἡ Γερηνία, Messeniæ locus, 303, 35; 249, 1, olim bene habitatus, 295, 10; oppidum Pheris finitimum, 319, 19; secundum nonnullos Enope (h. *Zarnate*) Homerica, 309, 35. Hinc Nestor Γερήνιος, 295, 10; 309, 89. In Gerenia regione fanum Æsculapii Triccæi, 309, 22.
Γερήνιος Nestor unde dictus sit sec. Eleos, 292, 3, sec. Messenios, 292, 9. Cf, 309, 19; 295, 10.
Gerenus, Γέρηνος, locus quidam Elidis Cavæ, 292, 5.
Geres, Γέρης, Bœotus, Teon urbem Ioniæ colonis frequentavit, 541, 11.
Gergitha, τὰ Γέργιθα, olim fuit urbs Troadis, e Gergithibus Cumanis condita, 504, 37; cujus incolæ in Gergitha, ad Caici fontes pagum, transducti sunt, 527, 1.
Gergitha, Γέργιθα, prope Caici fontes pagus, in quem Attalus Gergithios e Troade traduxit, 527, 1.
Gergithes, αἱ Γέργιθες, Cumani agri urbs fuit, cujus colonia Gergitha Troadis; patria Cephalonis.
Gergithium, Γεργίθιον, locus in Lampsacena ditione, vitibus bene consitus, 504, 37.
Gergithium, ad Larissam in agro Cumano locus adhuc exstans, 504, 40.
Gergovia, Γεργοουία, Arvernorum urbs in alto sita; ubi Vercingetorix contra Cæsarem pugnavit, 158, 52. (Ruinæ prope castell. *Montrognon* inter *Perignal*, *Jussat* et *le Crest*, a *Clermont* meridiem et ortum versus.)
Germania, ἡ Γερμανία, et austrina et boreali sui parte magis quam Gallia versus septentriones vergit, 163, 6. Terminat eam Ister fl., 106, 31. Albi fluvio in duas partes dirimitur, 11, 42. Germaniæ meridionalis pars trans Albin sita a Suevis adhuc tenetur, quibus adjacet Getarum terra, 245, 7. Ultra Germanos septentrionales ortum versus num Bastarni, ut plurique putant, habitent, an alii sint interjecti, vel Iazyges vel Roxolani, non constat, 244, 47. A Germania usque ad Caspium mare pertinens regio septentrionalis omnis esse campestris

videtur, 254, 35. Meridiem versus Germania attollitur et dorsum quoddam erigit contiguum Alpibus et versus ortum porrectum, adeo ut pars Alpium esse videri possit, 241, 16. Fluvii Germaniæ Rhenus, Albis, Amasias, Visurgis, Lupias, Salas, *quos vide*. Silvæ Hercynia et Gabreta, *q. v.* Populi nonnulli a Suevis pulsi trans Rhenum migrarunt, 161, 34; 240, 37; vel a Romanis transducti, 241, 7, ut Ubii, 161, 24; Nervii, 161, 26, Tribocci. De ceteris gentibus vid. v. Cimbri, Teutones, Cauci, Caulci, Ampsivarii, Sugambri, Bructeri, Chaubi, Usipi, Menapii, Gamabrivi, Chatuarii, Marsi, Cherusci, Hermonduri, Marcomanni, Landi, Sibini, Suevi, Semnones, Mugilones, Zumi, Butones. — Oceani accolæ noti sunt ab Rheno ad Albin; trans Albin incolentes ignoti, 244, 34. Germani Gallis similes moribus et victu; ab iis discrepant majore feritate, corporis proceritate, comæ colore flavo; *Germanorum* nomine significare Romani voluerunt Gallos *Genuinos*, 240, 36; 163, 2. Germani, præsertim orientales, solum facile mutant, ob victus tenuitatem et quod non colunt agros; cibus iis a pecore; rebus suis curribus impositis, abeunt quo visum fuerit, ut nomades, 241, 40. In Italiam invadentes socios habebant Sequanos, quorum discessus vires Germanorum minuit, 160, 9. Germanorum irruptionem Belgæ sustinuerunt, 163, 26. Germani ne vacuam Helvetiæ regionem relinqueret Cæsar, 8000 Helvetios superesse passus est, deletis reliquis, 161, 2. Strabonis ætate bellum Romani Germanis movere cœperunt, et nonnullis jam triumphis Germanicis Romam ornarunt, 239, 10. Vari clades; Germanici triumphus, 242, § 10. In Germanorum contra Romanos ope spem ponunt Getæ et Daci, 253, 32.
Germanicus, Tiberii filius, patris exemplum imitatur, 239, 53. Ejus de Germanis clarissimus triumphus, 242, 23.
Geron, Γέρων, Cavæ Elidis fluvius quidam, 295, 5.
Gerrha, τὰ Γέρρα (*Gerrum* Plin. 6, 29; Γέρρας Hierocl. p. 727; Γέρας Sozom. 8, 19), Phœniciæ locus in via qua ab Casio Pelusium itur, juxta Chabriæ Χάρακα situs, 647, 3; in isthmo Arabico; hanc regionem olim in paludibus fuisse Eratosthenes censet, 46, 10.
Gerrha, Γέρρα, Arabiæ urbs ad sinum Persicum, 200 stadia a mari, 2400 stadia ab Euphratis ostio distans, quam tenent Chaldæi e Babylonia extorres, 652, 12. (Mensura ducit ad urbem *el-Katif*, ubi portus fuerit. Sec. Ptolemæi tab. Gerrha in intimo *Bahrain* sinus recessu ponenda foret ad hod. *Andjar*). Gerrhæi negotiationibus operam navantes, 652, 20, ditissimi, 662, 33, quadraginta dierum itinere in Chatramotitidem proficiscuntur, 654, 22. Petram aromata ferunt, 661, 6.
Gerrhæidæ, Γερραιῖδαι, Ioniæ opp., triginta stadia a Teo distantes, 550, 5.
Geryones, Γηρυόνης, ejusque boves in Erythia insula, quas Hercules abegit, 18, 23; 123, 1; 124, 49; 141, 5; 192, 16; 204, 25. De bubus fabulæ ansam dedisse videntur pascua egregia, quæ sunt in insula Gadibus objecta, 141, 5.
Getæ, Γέται. De iis nihil accuratioris norunt Eratosthenes, Timosthenes et ceteri antiquiores, 77, 23; 97, 23. Geticus tractus, τὸ Γετικόν, 106, 32. Terra Getarum versus occasum Suevis contermina; initio angusta est; meridionali latere juxta Istrum porrecta, boreali juxta radicem montanam silvæ Hercyniæ; dein versus septentrionem dilatatur usque ad Tyrigetas, 245, 9. Getæ, Thracica gens, utramque ripam Istri accolebant, sicuti Mysi seu Mœsi, 245, 29. Regio Getis supra assignata etiam ita distribuitur, ut distinguatur inter Getas et Dacas, et Getæ dicantur qui versus Pontum et Orientem inclinant, Daci qui ad Germaniam et Istri fontes, 252,

44; 241, 35. Getæ Dacis notiores sunt apud Græcos ob crebras trans Istrum migrationes et quod Tracibus Mysisque permisti sunt, 253, 16. Per Getas Marisus fl. in Danubium labitur, 253, 9. Getæ et Daci eadem lingua utuntur, 253, 15. Ἡ τῶν Γετῶν ἐρημία, juxta Pontum ab Istro ad Tyram pertinet, 253, 35; 254, 24. Darii et Lysimachi in ea discrimina, 253, 35. Getas in boreali Istri ripa habitantes, transgresso fluvio, appetivit Alexander M., urbemque eorum cepit, 250, 35. Rex eorum Dromichætes, 253, 40, contra quem Lysimachus bellum gessit, 250, 50; 253, 35. Getarum res auxit Bœrebistes rex; Istrum transiit et Thraciam populatus est; Celtas vicinos evastavit, ex iisque Bojos et Tauriscos prorsus delevit; successores ejus in plures partes discesserunt; quo tempore Cæsar contra Getas expeditionem parabat, in quattuor partes divisi erant, 252, 17. Potentiam Getarum disjecerunt tum dissidia tum Romani, 253, 5. Nunc viribus fracti parum abest quin Romanis se submiserint, 253, 28. Ælius Catus quinque millia Getarum e regione trans Istrum sita in Thraciam transduxit, ubi Mœsi appellantur, 252, 8. Sacerdotes, quibus dei nomen indunt, regum sunt consiliarii inde a Zalmoxi, Pythagoræ æquali, 247, 28; 649, 7. Cæsaris ætate Deccæneus Byrebistæ regis consiliarius erat, 247, 49; 649, 7. Getæ mulierosi, 246, 46. — Geta, servi nomen apud Atticos vulgare, 252, 51.

Gezatorigis, Γεζατόριγος, regio in Paphlagonia, 481, 42.

Gigantes, in Pallene penins., 278, 43; in Phlegræis Campaniæ campis; origo ejus fabulæ, 202, 47. Gigantes, qui e Phlegra Campaniæ evaserant, Leuternii dicti, in Leuternia Iapygiæ ora terra obruti, sanie sua fontem aquæ fœtentis ediderunt, 233, 50. Gigantes in Bosporo Veneris insidiis ab Hercule interfecti; hinc Venus ἡ ἀπατουρος, 242, 50.

Gigartus, Γίγαρτος, opp. munitum sub Libano situm, in regione Bybli et Botryis; prædonum receptaculum, 644, 19. [Nomen ducere possit ad hod. *Gharsus* inter Botryn et Berytum situm (34° 10'). Sed quum apud Plinium 5, 17, § 78 ordo oppidorum sit : *Byblos, Berylus, Gigarta* (sic), *Trieris, Calamos* (hod. *Kulmon*) : recte Thompsonus ad Gigartum referre videtur vestigia oppidi deleti, quæ ad latus boreale Theuprosopi montis exstant. Cf. Ritter. t. 17, p. 590.]

Gindarus, Γίνδαρος (*Dchindaris*), Cyrrhesticæ regionis arx; in propinquo est Heracleum; subjacent Pagræ, 639, 37 *sqq.*

Ginni vocantur equi et muli Ligustici, 168, 41.

Gladiatores Ravennæ aluntur et exercentur, ob aeris ibi salubritatem, 178, 6.

Glande quercus, quæ in mari ad Turditaniam et in terra nascitur, vescuntur thynni, 120, 33. Arboris descriptio; fructus mari ejectus sæpe litus Ibericæ et extra et intra Columnas opplet, 120, 38; usque in Italiam mittitur, nisi fortassis etiam Sardinia eam generat, 120, 42. Glandem quernam siccatam et contusam molunt, et ex farina panem conficiunt Lusitani, 128, 34. Glandem fert Gallia, 147, 47.

Glaucias, Γλαυκίας, tyrannus Sidenam confugit; quare locum hunc Crœsus diruit, 514, 49.

Glaucopium, τὸ Γλαυκώπιον, Athenarum, 249, 2.

Glaucus, Γλαῦκος, Anthedonius in cetum transformatur, 347, 53.

Glaucus Potniensis ab equabus Potniadibus discerptus, 351, 21.

Glaucus, Γλαῦκος (*Dchenis-Kali ?*), fl. in Phasin influit, 427, 20; 429, 22.

Glaucus sinus prope Dædala ad Rhodiorum Peræa et Lyciæ confinia situs, portubus bene instructus, 556, 22.

Glechon, Γλήχων, Phocidis oppidum ad Cephissum, 364, 13.

Glissas, Γλίσσας, Bœotiæ vicus ad Hypatum montem, 354, 5.

Globi formam referunt cœlum, mundus, terra, 91, 9. — Globus arte factus terram repræsentans, si singulas terræ partes in eo exhibere velis, diametrum decem minimum pedum habere debet; confecit ejusmodi globum Crates, 96, § 10.

Glycera, Γλυκέρα, Thespiensis meretrix, Amoris statuam, quam a Praxitele acceperat, civibus suis dedicavit, 352, 28.

Glycys, Γλυκύς, sive Dulcis portus Epiri, in quem Acheron fl. influit, 269, 43 et 52; ei superjacet Cichyrus, 269, 47.

Gnomonis ratio ad umbram Byzantii, 111, 20. Gnomonicæ observationes. V. Massilia, Byzantium, Alexandria, Carthago.

Gogarene, Γωγαρηνή, Armeniæ provincia, 452, 47, ad Cyrum fl., quam Iberibus ademerunt Armenii, 453, 23.

Gonnus, Γόννος, Perrhæbica urbs sub Olympo, 378, 45.

Γονόεσσα αἰπεινή ap. Homerum inter Agamemnonis urbes, 324, 13.

Gorbeus, Γορβεοῦς, castellum ad Sangarium fl., Castoris Saocondarii regia, 486, 27; a Dejotaro dirutum, *ib.*

Gordium, Γόρδιον (ruinæ a *Nalichan* versus meridiem cunti occurrunt), vetus Phrygum domicilium ad Sangarium fl., 486, 26. Hinc oriundus Cleo, prædonum dux, qui e vico urbem fecit et Juliopolin denominavit, 492, 9.

Gordus, Γόρδος, Troadis locus prope Cleandriam, 60 a Cale Peuce stadiis; hinc Rhodius fl. defluit, 516, 14.

Gordyæa, Γορδυαία, vel Γορδυηνή, Babyloniæ finitima, 630, 1. Γορδυαῖοι, 66, 1; 454, 11, Mesopotamiæ gens in Assyriorum regno, 627, 6. Gordyenos incolis frequentasse fertur Gordys, 636, 26, postea autem Eretrienses, *ib*. Non procul a Gordyæa e terra rursus emergit Tigris, 635, 42. Τὰ Γορδυαῖα ὄρη, Tauri pars, 447, 41. Montes hos prætereunt Euphrates et Tigris, 66, 50. Gordyæi ab antiquis Carduchi vocantur; eorum castella ad Tigrin; urbes Sarisa, Satalca, Pinaca, 636, 11. Gordyæi architecti et machinarum bellicarum fabri egregii, quorum opera Tigranes usus est, 636, 17. Gordyæis olim subjectæ terræ magnam partem Tigrani dedit Pompeius, 636, 21. Itaque Gordyene Armeniæ provincia, sub Niphate sita, 452, 31.

Gordys, Triptolemi f., Gordyenen habitatoribus frequentavit, 636, 26; 639, 2.

Gorgipia, Γοργιπία (deb. Γοργιππία; hod. *Anapa*; Sinde ap. Ptolemæum), Sindicæ oppidum, 424, 38; 425, 4 et 16.

Gorgo, ἡ Γοργὼ μῦθός ἐστιν, 16, 1. Gorgones, 18, 23. Earum domicilium, 248, 40. Ἡ Γοργοτομία, 326, 13.

Gorgus, Γόργος, Cypseli f., cum Corinthiis Leucadis acten usque ad sinum Ambracicum obtinuit, colonisque frequentavit, 388, 21; 270, 17. Cf. Leucas.

Gortyna, Γόρτυνα (prope *Hagios Deka*), Cretæ urbs potentissima; ejus situs et ambitus; mœniis caruit; Ptolemæus Philopator murum quem ducere cœpit, ultra stadia octo non perduxit; navalia ejus Leben et Matalum, 410, 11. Gortynam perfluit Lethæus fl., 411, 9. Distantia ab ora Libyci maris, 409, 9; a Cydonia, 411, 35; a Phæsto, 411, 46. In Gortynam per aliquantum temporis transiit pristina Cnossi depressæ dignitas, 409, 1. Gortynii Phæstum diruerunt, agrumque urbis occuparunt, 411, 45. Ad Gortynios pertinet Rhytium, 411, 50. Gortynii in bello contra Cnossios vicuntur, ducente Cnossios Dorylao, uno majorum Strabonis, 410, 18.

Gortynium, Γορτύνιον (Γορτυνία Thuc.; Γορδυνία Ptol.), Pæoniæ urbs, 274, 23. (Si quid ex loco lacero concludere licet, Strabo Gortynium a borea angustiarum, per quas Axius fluit, collocare videtur. At e Thucydide et Ptol. patet Gortynium situm fuisse ab Idomene versus meridiem; ipsam vero Idomenen fuisse a meridie *Stenarum* liquet e Tabula Peuting.; adeo ut Idomene fort. cum hod. *Gradiska*, Gortynium vero cum *Kouml-Koi* componenda sint.)

Gorys, Γῶρυς (ad *Gauri* fl.?), Indiæ opp. ad Choaspen fl., 594, 28.

Gracchus (Tib.) 300 urbes in Celtiberia dejecisse a Polybio perhibetur, 135, 19.

Græa, Γραῖα, Bœotiæ locus Oropo vicinus, 316, 45; secundum nonnullos Græa non diversa est a Tanagra, 346, 48.

Græci. Num jam Homerus universos Græcos, an Hesiodus demum, Ἕλληνας vocarit, 318, 4. Græci universi ob Argorum claritatem Argivi et Danai et Pelasgiotæ vocati, 319, 31. Græci etiam si montes et saxa incedissent, bene habitarent propter industriam suam et prudentiam, 104, 54. Cur pueros primo omnium poesi instituant, 12, 52. Veram anni rationem ab Ægyptiis accepere, 685, 21. Græci astronomi etiamnunc multa ab Ægyptiis sacerdotibus et Chaldæis assumunt; juniores astrologi Ægyptii veterum sacerdotum monumenta in Græcam linguam transtulerunt, 685, 23. Græci geographiarum scriptores omnium loquacissimi; Romani ut plurimum transferunt a Græcis dicta, nihil fere novi addentes, ἐξ ἑαυτῶν οὐ πολὺ προσφερόμενοι τὸ φιλείδημον, 137, 46. Græci ad Trojam Cadmeam victoriam retulerunt, rebus eorum domesticis deperditis, et singulis præda exigua potitis, adeo ut latrocinia agere cogerentur, 124, 15. Quando in Siciliam colonias ducere cœperint, 222, 24. In Italia inferiore non oras modo sed magnam etiam mediterraneorum partem inde a Trojanis temporibus facto initio occuparunt, adeo ut ista regio una cum Sicilia nomine Græciæ Magnæ censeretur, 210, 53. Græci Italiæ diu cum Lucanis barbaris certarunt, 210, 49; a Siciliæ tyrannis et postea a Carthaginiensibus sæpe læsi sunt, 210, 50. Græci in Panticapæo aliisque Bospori opp. habitantes Scythas ex his regionibus ejecerunt, 424, 1. Græcos habitatores in Cirtam urbem Micipsa deduxit, 706, 13. Græci coloni in Como urbe, 177, 34.

Græciæ s. Helladis figura secundum Eudoxum, 335, 9. Græcia quattuor quasi peninsulis constat, quarum alia aliam continet, 287, 19. Græciæ gentes præcipuæ quattuor, quot etiam sermonis græci sunt dialecti, 286, 7. Major Græciæ pars olim a barbaris tenebatur, 266, 40. Terræ motus qui per Græciam acciderunt enumeravit Demetrius Callatianus, ex quo plurima Strabo exscripsit, 50, 21. Græciæ loca curiose admodum indicare solet Homerus, nullum epitheton inaniter projiciens, 13, 24. Ad Græciam pertinet etiam Macedonia, 274, 54.

Granicus, Γράνικος (*Kodcha-Tchai*), Troadis fl., 497, 19, ad quem cum Æolibus Gras Penthili f. venit, 498, 26; inter Æsepum et Priapum fluit per Adrasteæ campum; sita ad eum Sidene; prœlium ad Granicum, 502, 41. In Granicum fort. influit Rhesus apud Homerum memoratus, 515, 51. Fontes Granici in Cotylo Idæ colle, 515, 20.

Gras, Γρᾶς, Penthili filius natu minimus, Æoles duxit ad Granicum fl.; deinde in Lesbum trajecit, 498, 26.

Gratiarum templum Orchomeni ab Eteocle dedicatum, 356, 14.

Gravisci, Γραουίσκοι (rudera ad ripam dextram *Marta* fl, aut *S. Clementino* sive *Le Saline*), in Etruriæ ora opp., 188, 3; a Cossis 300 stadia, *ib.*, a Pyrgis supra 180 stadia distans, 188, 10.

Grion, Γρίον ὄρος, Ioniæ mons e regione Latmi montis; sec. nonnullos Φθειρῶν ὄρος Homeri Il. 2, 868, 543, 18.

Grues Pygmæos infestant, 29, 5; ubique versus meridiem volantes cernuntur, ut in Italia, Hispania, Caspia, Bactriana, p. 29, 9. Γερανομαχία, gruum et Pygmæorum sive Trispithamorum, 58, 49; 605, 27.

Grumentum, Γρουμεντὸν (ruinæ ad ripam dextram Aziris (*Agri*) fluvii prope *Saponara*), Lucanorum urbs mediterranea, 211, 36.

Gryllus, Γρύλλος, Xenophontis pater, 346, 19.

Gryneus Apollo, Γρυνεύς, 529, 6.

Grinium, Γρύνιον, in Æolide Myrinæorum oppidulum, a Myrina 40 et ab Elæa 70 stadia distans, 531, 42 et 51; habet Apollinis templum et oraculum, 531, 51.

Guranii, Γουράνιοι, supra Armeniam, 455, 4.

Gummi quoddam odoratum apud Selgenses in Pisidia, 489, 6.

Gyarus, Γύαρος (hodie τὰ Γιούρα), una ex Cycladibus sec. Artemidorum; vicum habet; appulit in eam Strabo; paupertas incolarum, 417, 7.

Gygæa, Γυγαία (*Mermere*), palus, postea Coloë dicta, non longe a Sardibus; ad eam templum Dianæ Coloenæ; ibi calathi festis diebus saltare feruntur, 535, 18 et 27. Ad lacum sunt monumenta regum, 536, 15. Lacum manu factum esse nonnulli tradunt, 536, 21.

Gygas, Γύγας, Troadis promontorium prope Dardanum, 505, 45.

Gyges, Γύγης, Troadem universam in potestate habens Milesiis Abydum condere permisit, 505, 43. Ejus divitiæ, 580, 26; donaria Delphica, 361, 15.

Gymnesiæ, Γυμνήσιαι, Hispaniæ objacentes insulæ duæ, 101, 38; 106, 38; 139, 19, 28; 132, 28; 139, 3; nomine phœnicio Βαλεαρίδες sive Βαλιαρίδες vocantur, 559, 3. Earum majorem post maximas insulas septem Timæus maximam esse putavit, 558, 52. Post bellum Trojanum a Rhodiis incolis frequentatæ sunt, 558, 50. Major insula 600 stadia longa, 200 stad. lata, oppida habet Palmam et Polentiam; minor a Polentia 200 stadia distat, 139, 10. Utraque est fortunata; portus habet optimos; incolæ in pace vivunt. Metellus Balearicus urbes condidit et ter mille colonos Romanos ex Hispania eo transduxit, 139, 20 et 48. Incolæ funditores optimi; artem funditoriam eo maxime tempore exercebant, quo Phœnices insulas tenebant, 139, 28. Primi tunicas late prætextas gestarunt; eorum armatura; fundarum genera tria, 139, 30 et 43. Non habent animalia noxia, 139, 54, nisi quod cuniculi ex Hispania illati adeo ibi aucti sunt, ut infestati incolæ Romanorum opem implorare cogerentur, 140, 1; 119, 50.

Gymnetæ, Γυμνῆται, Æthiopiæ, quorum Endera oppidum; vita eorum, 656, 33.

Gymnetæ, γυμνῆται, Prammarum in India philosophorum secta, 612, 1.

Gymnosophistæ, 649, 10.

Gynæcocratia quædam apud Cantabros est, 137, 33; bene constitutæ reipublicæ legibus repugnat, 137, 34.

Gynæcopolis, Γυναικῶν πόλις, *Mulierum urbs*, a Schedia Memphim naviganti ad dextram sita, 682, 34. (Plinius quoque urbem memorat, et Gynæcopolites nomus occurrit in numo Hadriani. Eadem esse urbs videtur Andro sive Andropolis, quam e serioris ævi scriptoribus novimus.)

Gyrton, Γυρτών, Homero Γυρτώνη, Thessaliæ urbs in ditione Polypœtæ, 377, 39; in campo Pelasgico, 381, 5; urbs Perrhæbica et Magnetis, Pirithoi et Ixionis sedes, ad dextram Penei ripam sita est, non ita longe ab ostiis fluvii; a Crannone distans 100 fere stadia, 276, 17 (*Fragm. Vatic.*); 377, 43. Circa Peneum et Pelium montem Gyrtonii (olim Phlegyæ dicti, 379, 48) habitant, 379, 40. Ad Gyrtonem Perrhæbi et Lapithæ habitant, 379, 16. Gyrtonem præeunte Leakio agnoscere nunc solent in ruinis quæ sunt prope *Tatari*, a sinistra Penei, inter hunc et Europum sive Titaresium fluvios. Quæ quidem sententia ut certioribus argumentis non nititur, sic Strabonis fragmento Vaticano (quod nondum noverat Leakius) infringi videtur. Quanquam Strabonis quoque locus haud promptam habet explicationem. Nam constat Crannonem a meridie Larissæ sitam fuisse prope hod. Hadjilar, ubi rudera supersunt, quæ vocantur *Eski-Larissa*. Hinc si centum stadiis dissita erat Gyrton, ponenda urbs foret ad eam Penei partem quæ est inter Larissam et Atracem; at repugnat quod Gyrton montibus et Penei effluvio vicina esse dicitur. Fortasse igitur numerus stadiorum parum accuratus esse videatur. Datur tamen et altera ratio, quam si admiseris, simul Hecatæi locus explicatur. Scilicet ut tres Larissas Thessaliæ novimus, sic etiam plures Crannones fuerint. Suadet hoc Stephanus: Κραννών, ait, πόλις τῆς Θεσσαλίας τῆς Πελασγιώτιδος ἐν τοῖς Τέμπεσιν, ὡς Ἑκαταῖος Εὐρώπῃ. Quæ urbs, nisi hariolari Stephanum opineris, a notissima Thessaliæ urbe diversa esse debet; componenda fuerit cum *Crania* loco, quem ad Tempe exhibent mappæ recentiores. Eandem Crannonem si apud Strabonem indicari censeas, ab eaque centum stadia metiaris, Gyrton sita fuerit supra Nessonidem paludem in montium radicibus et Magnesiæ confinilis, eo fere in loco ubi Titaresius fluvius ab occasu in Peneum exit.

Gythium, Γύθιον, Lacedæmonis navale, 295, 10; 312, 12. Ruinæ *Palæopoli* dictæ a *Marathonisi* sunt versus boream.

H.

Hades, Ἄδης, Homericum figmentum, 18, 4. Cf. Pluto.
Hadylium, Ἀδύλιον, Phocidis mons, 364, 8.
Hæmon, Oxyli pater, 398, 15. Thessali pater, a quo Hæmonia vocata Thessalia, 381, 13.
Hæmonia, priscum Thessaliæ nomen, 381, 13.
Hæmus, τὸ Αἷμον ὄρος, 173, 53, 250, 29; 281, 13, mediam fere Thraciam dividit; ex eo Polybius et Ponticum et Adriaticum mare cerni posse falso dicit, 260, 9. Hæmus ad Pontum usque pertinet, 265, 17. Ejus accolæ Coralli, Bessi, Mædi quidam et Dantheletæ, 264, 30. Ad Hæmi extremitatem Larisa vicus maritimus, 378, 39.
Halæ, Ἀλαί, Atticæ pagus, 347, 42.
Halæ Araphænides, Ἀλαὶ Ἀραφηνίδες, pagus Atticæ, ubi Tauropoli Dianæ fanum, 342, 35.
Halæ, Ἀλαί (sec. Leakeum rudera quæ sunt non longe ab hod. *Malesina* et *Proskyna*), Bœotorum opp., oppositum Ægis Eubœæ, 347, 42. Locrorum Opuntiorum opp. ad sinum Opuntium, 364, 47. Halus vocatur, p. 371, 37 et 41.
Halesium campus, Ἀλήσιον πεδίον, prope Lectum promont., 517, 47.
Halex, Ἄληξ (*Alice*), fluvius Rheginum a Locrensi agro dividit. Quid de cicadis ab utroque ejus latere degentibus narretur, 216, § 9.
Haliacmon fl. (*Vistritza*, turcice *Inje-Kara*), Ἀλιάκμων, 277, 40; superiorem et inferiorem Macedoniam mari proximam determinat, 275, 42. In sinum Thermæum influit, 274, 30, inter Dium et Methonem (quod falsum est), 277, 1. Cf. not. ad v. Erigon.
Haliartis, Ἀλιαρτίς, olim Copais lacus vocabatur, 353, 4;

Haliartus, Ἁλίαρτος (ruinæ prope *Mazi* vicum), Bœotiæ urbs; ποιήεις ap. Homerum 13, 26; 248, 10; 349, 44; ad lacum Copaidem, 352, 53; 353, 4; prope Permessum et Olmium fluvios, 353, 43; olim per agrum Haliartium Melas fluebat, qui postea evanuit, 349, 40. Prope Haliartum Tilphossius mons, 353, 8. In Haliartia regione Onchestus, 354, 22. Ab Haliarto 30 stadia distat Ocalea, 352, 40. Haliartus eversa in bello contra Perseum; agrum, Romanorum permissu, Athenienses habent, 353, 39.
Halicarnasus, Ἁλικαρνασός (*Boudroun*, ruinæ), Cariæ urbs, 522, 34; regia dynastarum Cariæ, olim Zephyra dicta. Ibi Mausoli sepulcrum; Salmacis fons; arx; Arconnesus ins. Anthes (cf. 321, 50) et Trœzenii conditores; Halicarnasenses illustres Herodotus, Heraclitus, Dionysius, 560, § 16. In Halicarnasum Mausolus sex Lelegum urbes contraxit, 522, 45. Urbis historia inde ab Hecatomno usque ad Alexandrum Magnum, 560, § 17. Halicarnasenses Dorienses, 557, 40.
Halicyrna, Ἁλίκυρνα, vicus Ætoliæ, 395, 4; superjacet ei Calydon, *ib.*
Halieis, Ἁλιεῖς (ad *Cheli* portum), Argolidis opp. in Hermionensium ora, 321, 5. Eo Mideæ incolæ commigrarunt, 320, 50.
Halimusii, Ἁλιμούσιοι, Atticæ demus, 342, 14.
Halius, Ἁλιοῦς, opp. in Locrensi ora, 371, 37.
Halonnesus, Ἁλόννησος, insula Magnesiæ objecta cum urbe cogn.; insulam Philippus ad se rapuit, 375, 18.
Halonnesus insula Ioniæ, ad Erythræorum peninsulam, 550, 41.
Halus, Ἅλος, in Locrensi ora, 371, 37 et 41. Cf. Halæ.
Halus, ὁ et ἡ Ἅλος Φθιῶτις (*Kefalosi*), Phthiotidis in Thessalia opp., 371, 50; in Protesilai ditione, 374, 2 et 21; cf. 369, 51; 371, 33. A Phelco centum stadia, totidem a Thebis, sexaginta stadia ab Itono distat, 372, 11, 372, 1; 371, 45; ab Athamante condita est; postea deletam instaurarunt Pharsalii; sita est ad Amphrysum fluvium, supra Crocium campum, 371, 45. Philippus urbem Pharsaliis attribuit, 372, 1.
Halys, Ἅλυς (*Kisil Irmak*), Asiæ minoris fl., unde nomen habeat; fontes ejus et cursus, 468, § 12; 481, 1; ab Homero non memoratur, 248, 14; Paphlagoniam ab ortu terminat, 466, 11; ἡ ἐντὸς τοῦ Ἅλυος χώρα λεγομένη quasnam regiones contineat, 107, 19; tenuit eam Crœsus tyrannus, 457, 46. Mentio Halyis præterea occurrit, p. 126, 129, 287, 298, 492, 533, 534, 540, 541, 546, 552, 553, 560, 561, 572, 573, 677 *ed. Cas.*
Hamartus, Ἁμαρτοῦς, promontorium ad sinum Elaiticum, 531, 45.
Hamaxia, Ἁμαξία (ruinæ inter *Alaja* et *Iumih-koi*), Ciliciæ opp., 571, 29.
Hamaxitus, Ἁμάξιτος, Troadis urbs prope Lectum prom., 517, 9; 518, 35. In vicino sunt Tragasææ salinæ, 523, 48, et Larisa urbs, 378, 28. Hamaxitum regnarunt Cilices e Thebes regione, 523, 48. Quid ibi Teucris e Creta advenis acciderit, 517, 26. Hamaxitia Troadis nunc ad Alexandrensium territorium pertinet; in ea erat Corybantium, 406, 16.
Hamaxœci, Ἁμάξοικοι (qui currus pro domibus habent), Scythæ ad Tanain, Mæotin et Borysthenem, 104, 50; 249, 36 et passim (p. 126, 294, 296, 300, 307, 492, *ed. Casaub.*)
Hannibal, Ἀννίβας, Barcæ f., 131, 37. Hannibalicum bellum, 238, 39. Hannibal Saguntum delevit, 132, 12. Alpes transgressus est per Taurinos, 174, 8. Paludes Padanæ regionis transiit difficulter, 181, 6. Ad Trasimenum lacum Flaminium vicit, 189, 1. Ei se adjunxerunt Picentiæ urbis incolæ, 209, 28. Casilinum Campaniæ

oppugnavit, 207, 23. Exercitus ejus vita Campanica effeminatur, 208, 51. Terinam evertit, 212, 50. Temesam capit, 212, 35. Tarentinos libertate spoliavit, 233, 19. Ad Cannas Romanos vicit, 237, 13. Artaxata Artaxiæ regi condidit, 453, 30. A Prusia excipitur, 482, 43.
Harma, Ἅρμα, Atticæ locus; de eo dicitur: ὁπόταν δι' Ἅρματος ἀστράψῃ, 347, 4, 15.
Harma, Ἅρμα, Tanagricus Bœotiæ vicus; unde dictus sit, 347, 1 et 15; 348, 19. Incolis Argivi jus civitatis concesserunt, 347, 21.
Harmonia, Ἁρμονία, Cadmi uxor. Ejus monumentum in ora Illyrica, 38, 35. Cf. Cadmus.
Harmoza, τὰ Ἅρμοζα, Carmaniæ pr. ad ostium sinus Persici; ex eo conspicitur objectum Arabiæ prmontorium, 651, 46.
Harmozica, ἡ Ἁρμοζική (Harmastica Ptol.; armeniace *Armazi-Tziche*, i. e. Armazi vel Ormuzdi arx), Iberiæ urbs in rupe sita ad Cyrum, ubi influit Aragus fl. (*Aragwi*), cui 16 stadiorum intervallo imposita erant Seusamora. Ad eas urbes fauces erant, per quas Armenia Iberiam adibant, 429, 38. [Confluentes isti sunt prope ruinas *Mtzcheth* dictas, quæ pertinent ad priscum Iberum caput *Mtzcheta* (Μεστχῆτα, Ptol.), cujus in locum secundum ante Chr. seculo successit Harmozica, quæ juxta priorem urbem exstructa fuerit, adeo ut Seusamora cum Reichardo ad *Samthawro* referenda videatur. Ac revera prope istos fluviorum confluentes fauces montium esse quibus ex Armenia per loca *Karalissi*, *Lora*, *Achpatali* et *Schulaveri* et *Tiflis* in Iberiam via ducit, docet Eichwald (*Geogr. des Kasp. Meeres* p. 342). Groskurdius, Ukertus, alii, præeunte Reineggio (*Beschreibung des Kaukasus II*, p. 89), urbes illas ad ruinas *Horumziche* et *Tzumar*, quæ longe hinc versus occasum prope hod. *Akalziche* exstant, pertinere putant, Strabonemque volunt Aragum fl., cum alio quodam fluvio a meridie in Cyrum incidente confudisse. Quo admisso, via ea indicaretur qua ab *Erzrum* et *Kars* nunc Iberia adiri solet. Sed refragatur præter Strabonis verba etiam Ptolemæus, qui Harmasticam a Mestcheta meridiem et ortum versus ponit; facileque fieri potuerit ut eadem nomina essent castellis compluribus, quæ aditus Iberiæ tutarentur. Sic Plinius VI, 5 prodit in Caucasiis pylis (*défilé du Terek*) *e regione Caucasii castelli esse Harmastin*. Quodsi hanc Harmastin ab Harmastice Ptolemæi non diversam esse statuas, verba *e regione* ita forent interpretanda, ut Cumania ad initium, Harmastis vero ad finem sitæ essent ejus convallis, in qua Aragus a borea defluit. Quod ipsum quadraret cum eo quod de situ Harmoziæ apud Strabonem legitur.]
Harpagia, τὰ Ἁρπάγια, Troadis locus, ubi Ganymedes raptus, 502, 48.
Harpagus, Ἅρπαγος, Cyri dux, Phocæam cepit, 210, 16.
Harpalus, Ἅρπαλος, a Thibrone interfectus, 710, 48.
[*Harpasus*] fl., e Cosciniis versus Alabanda fluens 75 transitus habet, 502, 35.
Harpina. V. Arpina.
Hastæ usus varius, 385, 25.
Hebe, Ἥβη, apud Sicyonios et Phliusios Dia vocatur, ibique templa habet, 328, 37.
Hebrus fl., Ἕβρος (*Maritza*), 268, 17; 275, 4, terminat Macedoniam eam qua Perseum et Pseudophilippum Romani privarunt, 282, 36; 275, 10. Arisbum excipit, 505, 35. Ostium duplex habet; alteri adjacet Ænus, 283, 13. Adverso amne per 120 stadia navigatur usque ad Cypsela, 282, 35. Ab Hebro usque ad Byzantium et hinc ad Cyaneas oræ longitudo 3100 stadia sec. Artemidorum, 284, 22. Hebri accolæ Corpili, paullo superius Brenæ, ultim 1 Bessi; ad hos quoque adverso amne navigatur 28 a, 42.
Hecatæus, Ἑκαταῖος, Milesius, ὁ τὴν ἱστορίαν συντάξας, 543, 2. Inter primos geographiam tractavit, 1, § 1. Scriptum geographicum reliquit; id revera Hecatæi esse ex altera ejusdem scripto apparere Eratosthenes censet, 5, 52. Hecatæi oratio ad poeticam proxime accedebat, p. 15, 4. Laudatur de Inacho Argolico et Amphilochino, 225, 47; 262, 48; de Æante sive Aoo fl., 262, 48. Peloponnesum olim barbaros tenuisse ait, 266, 40. Eleos ab Epeis diversos esse dicit, quum Epei Herculi affuerint in perdendo Augea et Elide; idem Dymen Epeorum et Achæorum urbem dicit, 293, 8. Ἐν τῇ γῆς περιόδῳ agit de Alazia urbe ad Odryssem fluvium, et de Alazonum ibi pagis, 471, 49; 472, 50. Ἐνετὴν ab Homero memorari, eaque Amisum significari putat, 473, 50. Τὸ Φθειρῶν ὄρος, ab Homero memoratum, esse Latmum montem statuit, 543, 15.
Hecatæus Tejus, historicus, 550, 3. Cimmeridem urbem fingit, 248, 42.
Hecatæ orgia celebrantur, 402, 6. Ejus famuli Curetes, 405, 43; ejus fanum τὸ ἐν Λαγίνοις agri Stratonicensis in Caria, 563, 42.
Hecateri (?) et Phoronei filiæ prosapia, 405, 10.
Hecatesium, Ἑκατήσιον, Ephesi, Thrasonis opus, 547, 40.
Hecatomnus, Ἑκατόμνως, Carum rex, Mylasa regiam habuit, 562, 49. Ejus filii filiæque, 560, 38.
Hecatompylus, Ἑκατόμπυλος (*Damegan*), Parthyæœ urbs, a Caspiis portis 1960, ab Alexandria Ariana 4530 stadia distat, sec. Eratosthenem, 440, 54.
Hecatonnesi, Ἑκατόννησοι (*Musconisi*), inter Lesbum et Asiæ continentem, i. e. Hecati sive Apollinis insulæ, 528, 53.
Hecatus, Ἕκατος, appellatur Apollo, 529, 5.
Hector, Ἕκτωρ, Scamandrii pater, 519, 32. Lycaonis frater, 530, 6. Ejus copiæ ab Homero ipso Trojanorum nomine memorantur, 500, 3. Ejus lucus in Ophrynio, 509, 33. (*Cf.* p. 585, 594, 595, 596, 619, *ed. Casaub.*)
Hecuba, Ἑκάβη. Ejus monumentum in Chersoneso, Cynossema, 284, 1; 509, 21.
Hedylus, Ἡδύλος, poeta laudatur, 582, 44.
Hedyphon, Ἡδυφῶν (*Djerrâhi*, ut videtur), Elymaidis fl., ad quem Seleucia, olim Soloce dicta, 634, 14.
Hegesianax, Ἡγησιάναξ, Gallos ex Europa in Asiam transgressos ad Ilium novum accessisse refert, 508, 25.
Hegesias, Ἡγησίας, rhetor e Magnesia ad Mæandrum oriundus quonam dicendi genere usus sit, 553, 24. Laudatur, 340, 20.
Helena, Ἑλένη, a Theseo rapta, a Dioscuris liberata, 340, 31. Cum Alexandro ad Sidonios venit, 34, 10; cum Menelao a Thoni hospitio excipitur, 680, 31. Quomodo Helenæ insulæ nomen dederit, 342, 6.
Helena, Ἑλένη (*Makronisi*), insula prope Sunium et Thoricum, deserta et aspera; quam Κραναήν dicere videtur Homerus; unde Helenæ nomen ei inditum sit, 341, 51; 416, 50.
Heleon, Ἐλεών, Tanagricus Bœotiæ pagus, a paludibus dictus, 347, 34; 348, 18; 349, 8; 377, 26.
Helei, Ἕλειοι, sive Palustres, Æthiopiæ gens; unde nomen habeant, 656, 21.
Ἐλεία Diana. V. Diana.
Heliadæ, Ἡλιάδαι, Rhodum insulam post Telchines obtinuerunt; unus eorum Cercaphus; a quorum filiis conditæ urbes ipsis cognomines, Ialysus et Lindus et Camirus, 553, § 8.
Heliades, Ἡλιάδες, ad Eridanum in alnos mutatæ, 179, 9.
Helice, Ἑλίκη (ad *Bukusi* fl.), Ægiali urbs, 324, 15,

INDEX NOMINUM RERUMQUE.

Achaiæ civitas, quo Iones ab Achæis victi confugerunt; deinde hinc quoque ejecti sunt, 331, 21. Ex Helice oriundi Iones Prienenses, 330, 15; ibidem natus est dux eorum qui Sybarin condiderunt, 218, 44. Urbs in terræ motu aquis obruta, 330, 6; 49, 26; biennio ante pugnam Leuctricam, 330, 27. De eo casu narratio Heraclidis, 330, 31. Causa infortunii ira Neptuni, 330, 36. Ibi fuit Heliconii Neptuni templum, quod Asiæ Iones etiamnum venerantur, 330, 7. Helice Ægiensium est, 332, 25.

Helicon, Ἑλικών (*Palæovuni*), Bœotiæ mons altus et nivalis, 326, 19; 363, 7; 352, 15; 22, 6; in eo fanum Musarum, Hippucrene, antrum Libethridum nympharum, 352, 15; 326, 13. Thraces Heliconem Musis dedicarunt, 352, 19; 404, 40. Ex eo Permessus et Holmius fl. oriuntur, 350, 2. Ejus vicus Nysa, 348, 22; ad Heliconem Thespiæ, 351, 39; Coronea, 353, 23; Mychus, 363, 7; Onchestus, ut Alcæus opinatur, 354, 33. Mons Phocidi contiguus est, 351, 52; sinui Crisæo incumbit, 351, 41.

Heliconio Neptuno in Panioniis sacrificant, 546, 15.

Heliopolis, Ἡλιούπολις (*Balbek*), Syriæ urbs, 641, 10.

Ἡλιούπολις (*Matarieh*), Ægypti urbs, supra Bubastum sita. Solis templum habet et Mnevin bovem; status urbis tempore Strabonis; templorum structura fusius describitur, 684, § 27 et 28. Obelisci duo inde Romam delati, 684, 19. Vidit ibi Strabo domos sacerdotum in quibus Eudoxus et Plato egerant. Studia sacerdotum philosophica et astronomica tunc prorsus defecerant, 685, 20. Ad Heliopolin Eudoxi specula, 685, 32. Heliopolitæ Mnevin bovem colunt, 682, 38.

Heliopolitæ ab Aristonico vocati sunt pauperes illi et servi, quos ad libertatem evocaverat, 552, 12.

Ἡλιοπολίτης Ægypti nomos supra Bubastiten situs, 684, 7; in Arabia est, 685, 30, utpote a Nilo orientem versus.

Helios Ἥλιος, Persei filius, Helum Laconicæ condidit, 312, 21.

Hellanicus, Λέσβιος συγγραφεύς, 528, 49, fabulis abundat, 435, 36. Hellanico melius se fabulas narraturum profitetur Theopompus, 36, 15. Hellanicus de Eurysthene et Procle, 314, 22. Lycurgi mentionem non fecit, *ib*. Napen, Methymnæi agri locum, perperam Lapen scribit, 366, 8. De Oleno et Pylene Ætoliæ oppidis, item de Macynia et Molycria falsa tradit, in aliis quoque levem se ostendens, 387, 48. Dulichium Homeri eandem esse cum Cephallenia dicit præter Homeri sententiam, 392, 1. Varias Scytharum gentes memoravit, 471, 23. Novum Ilium a vetere non diversum esse dicit, 515, 6. Assum Æolicam facit urbem, 522, 20.

Hellas, Ἑλλάς, apud Homerum a Phthia distinguenda, 370, 37. Alii regionem indicari volunt ab antiqua Pharsalo ad Thebas Phthiotides pertinentem; alii urbem intelligunt, quam Pharsalii in ruderibus 60 a Pharsalo stadia dissitis agnoscunt, Melitæenses vero 10 stadiis ab ipsorum urbe, tunc Pyrrha vocata, fuisse, ex eaque Hellenes Pyrrham transmigrasse contendunt, 370, 38. Hellas dicta est meridionalis Thessaliæ pars, in qua Deucalion regnaverat, antea Pandora dicta, 381, 18.

Helleborus optimus nascitur in Anticyra Maliaca, in Phocensi autem Anticyra melius apparatur, admixto medicamento quodam sesami simili, 359, 23.

Hellen, Ἕλλην, Deucalionis f., circa Phthiam inter Peneum et Asopum regnavit; imperium filiorum natu maximo reliquit, reliquos, Dorum et Xuthum, emisit ad sedes quærendas, 329, 6. Ab Hellene Hellas Thessaliæ regio dicta, 381, 18. Ejus sepulcrum in foro Melitææ, 371, 2.

Hellenes, Ἕλληνες, apud Homerum nonnisi Thessalici Myrmidones vocantur, sec. Apollodorum; alii etiam totius Græciæ incolas ab eo sic vocari contendunt; quod Apollodorus ab Hesiodo demum et Archilocho factum esse ait, 318, 7. Cf. Græci.

Hellenes, Ἕλληνες, urbs græca apud Callaicos in Hispania fuisse fertur, 130, 25. (Cf. Plin. 4, 35, 112 : *A Cilenis conventus Bracarum Heleni (Helleni* v. l.*), Gravii, castellum Tyde (Tuy), Græcorum sobolis omnia. Insulæ Cicæ*. Hellenes in hod. *Pontevedra* agnoscunt Mariana et Florez).

Helli, Ἑλλοί, Pindaro vocantur Dodonæ acco'æ, 272, 35. Cf. Selli.

Hellespontum alii aliter definiunt, aut totam Propontidem ei assignantes, aut eam ejus partem quæ est intra Perinthum; porro etiam maris Ægæi partem ei tribuunt; nam initium alii sumunt a Sigeo, alii a Sigrio Lesbi promontorio; alii denique usque ad Myrtoi maris initium Hellesponti nomen extendunt, 284, 36. Hellesponti initium post Eleuntem opp., 283, 54. Hellesponti heptastadium prope Abydum, 505, 48. Latitudo minima 7 stadiorum; longitudo ejusdem 500 stadiorum, sec. Demetrium Scepsium, 284, 34. Hellespontum ubinam ponte Xerxes junxerit, 284, 3; 505, 48. Meridiani circuli pars ab Alexandria ad Hellespontum pertinens stadiorum 8100, ab Hellesponto ad Borysthenem stad. 5000, sec. Eratosthenem, 52, 27 (*Cf.* p. 46, 63, 68, 69, 70, 71, 124, 135, 295, 313, 331, 400, 571, 583, 589, 691, 643, *ed. Casaub.*).

Hellespontii Mysi, 485, 9.

Hellopia, Ἑλλοπία, dicta est Eubœa, item circa Dodonam regio, 272, 37.

Helos, Ἕλος, Eleæ in Nestoris ditione circa Alpheum vel locus vel urbs, vel palus juxta Alorium, 300, 47.

Helos, Ἕλος, olim urbs, nunc pagus Laconiæ, 312, 10; 300, 49; unde nomen habeat, 312, 13; 349, 9. Αὐλῶνά τινα μακρὸν κατὰ τὸ Ἕλος perlabitur Eurotas fl., 295, 8. Lacedæmoniorum contra Helotas bellum. Helotarum servorum ap. Lacedæmonios conditio, 313, 25; 598, 7. Helotes Lacedæmoniorum cum Partheniis conspirant, 232, 40.

Helvetii, Ἑλουήττιοι, gens populosissima, 163, 32, ad Rheni lacum, 243, 8. Rhætis et Vindelicis contermini, 171, 36; a Sequanis Jurasio monte distincti, 161, 7; ad Rheni fontes, 160, 9. Ex Italia ad eos aditus per Pœninos Alpes, 173, 29. Helvetii auri divites fuerunt; at latrociniis se dederunt Cimbrorum exemplo seducti. In tres divisi erant partes, quarum duæ bellis perierunt; tertiæ partis quadringenta millia Cæsar delevit, octo millia superesse passus est, 160, 49. Helvetii Tigurini et Toygeni Cimbris se adjunxerunt, 244, 15. Mulieres fecundæ et nutrices egregiæ, 163, 34.

Hemeroscopium, Ἡμεροσκοπεῖον, Hispaniæ urbs Sucroni fl. vicina, in promontorio habens Dianium (*Denia, Artemus*), Massiliensium colonia; Dianæ fano pro arce usus est Sertorius, 131, 53; 134, 6. In propinquo sunt Planasia et Plumbaria inss. et lacus marinus (*Albufera*), 132, 5.

Ἡμίκυνες, Semicanes, populus fabulosus, ap. Hesiodum, 36, 1; 248, 35.

Hemisphærium septentrionale et meridionale, 91, 52.

Ἐνέτη, Paphlagoniæ urbs, postea Amisus dicta sec. Hecatæum et Zenodotum, 473, 50.

Heneti, Ἑνετοί, Paphlagoniæ gens, a Parthenio orientem versus habitantes; urbs eorum Cytorum, 465, 1. Ex Henetis (post Troica multum vagatis, 51, 8) genus ducere nonnulli putant Venetos Italiæ, 176, 38. Heneti sec. plurimos primaria olim Paphlagoniæ gens fuit, ex qua ortus Pylæmenes, Paphlagonum dux ap. Homerum;

aliæ quædam de verbis Homericis ἐξ Ἐνετῶν (Il. 2, 852) sententiæ, 465, 47. Eversa Troja, per Thraciam in Venetiam abierunt; comes iis se adjunxisse fertur Antenor; nunc nulli in Paphlagonia Heneti sunt, 466, 2. E Leucosyris profecti Trojanis auxilium tulerunt; inde cum Thracibus in Adriæ recessum profecti sunt. Qui expeditioni non interfuerunt Cappadoces, evaserunt, sec. Mæandrium, 473, 35; 124, 26. Cum Antenore e Troade in Thraciam, inde ad Adriam profecti sunt, 520, 5; 176, 36. Equarum alendarum studiosi, 176, 36. Muli Henetorum, 176, 43.

Heniochi, Ἡνίοχοι Pontici, 422, 47; 712, 32; 107, 11; nomen habent a Dioscurorum aurigis, Rheca et Amphistrato Laconibus, 425, 25. Eorum ora maritima est post Achæorum oram pertinetque usque ad Pityunta magnum per 1000 stadia sec. Artemidorum, 426, 15. Heniochi sec. Mithridaticôn scriptores ab oriente Zygorum, ab occasu Cercetarum habitant, 426, 20; 425, 17. Colchis est a meridie Heniochorum, 422, 39. Eorum navigia et latrocinia, 425, 17. Quattuor reges sive σκηπτούχους habebant, quo tempore fugiens Mithridates regionem eorum transivit, 425, 50.

Heorta, Ἕορτα (Heortberg), Scordiscorum majorum oppidum, 264, 21.

Hephæsteum, Ἡφαιστεῖον, in Memphi urbe, 686, 7.

Heptacometæ, Ἑπτακωμῆται, summas Scydisæ montis partes incolunt, 470, 14; ferocissimi; in turribus sive μοσύνοις habitant, unde Mosynœci vocantur; tres Pompeii cohortes conciderunt, 470, 19.

Heptaporus, Ἑπτάπορος, Troadis fl., apud Homerum memoratus, quem etiam Polyporum vocant, septies transitur in via qua a Pulcra picea ad pagum Melænas et Æsculapii templum itur, 515, 53; 475, 5; 502, 41. Ex Ida fluit, 499, 25.

Heptastadium. V. Hellespontus et Alexandria.

Heraclea, Ἡράκλεια, poema Pisandri Rhodii vel alius cujusdam, 559, 45; 587, 15.

Heraclea, priscum Cartejæ nomen, 115, 51.

Heraclea, Cariæ opp., 562, 22.

Heraclea, una ex octo Pisatidis urbibus, 40 ab Olympia stadiis juxta Cytherium fl., 306, 32. (Stadiorum numerus ducit ad hod. *Bruma*.)

Heraclea sub Latmo (ruinæ ad *Baffi* lacum), Ioniæ urbs, antea Latmus dicta, uti mons, cui adjacet, 543, 14; a Pyrrha 100 stad. distat, 543, 23.

Heraclea Lucaniæ, in eam Siridis incolæ transducti sunt, 219, 47. Ejus navale Siris, 219, 21. Heraclea a Metaponto 140 stadiis dissita, 219, 49; in Tarentina regione; celebrabatur ibi communis Græcorum in hoc tractu degentium conventus, 233, 18. De ea urbe Tarentinorum cum Messapiis bellum, 233, 26.

Heraclea (Lyncestis), Macedoniæ urbs in via Egnatia sita, 268, 30.

Heraclea, Mediæ urbs circa Rhagas sita, 441, 21. Situs incertus. Ptolemæus Heracleam sicut vicinam huic Arsaciam a Rhagis longe versus ortum removet. In tabula urbem retuli ad ruinas *Kala-Erig* quæ sunt prope *Weramin* oppidum, boream versus a ruinis *Scheri* (Arsaciæ). Ceterum cf. Droysen *Hellen.* II, p. 607.

Heraclea, Mytilenæorum pagus in continente, 519, 20.

Heraclea (*Erekli*) Pontica, in Mariandynis sita, Milesiorum colonia, 464, 24, et 38; nunc ad Pontum provinciam pertinet, 464, 10; 465, 17. Urbis situs et historia, 465, 4; coloniæ Callatis et Chersonesus, 465, 5; 265, 7; 256, 13. Distat urbs a Sinope 2000 stadia, 408, 11; a Chalcedonii fano 1500 stadia, a Sangario 500 stadia, 465, 34. Ejus tyrannus Dionysius, 466, 42. Ad eam usque Mithridatis Eupatoris regnum pertinuit, 463, 29.

Heraclea patria Heraclidis Platonici, *ib.* In Heracleotide aconitum nascitur, 465, 33.

Heraclea, Syriæ castellum ab Antiochia orientem versus, viginti stadia a Minervæ Cyrrhestidis templo distans quod olim tenuit Dionysius tyrannus, Heracleonis f., 639, 30. (De castello hoc et templo aliunde non constat nisi quod apud Ptolemæum Heraclea ab Hierapoli centum viginti fere stadia distans boream et occasum versus memoratur quæ Reichardo est hod. *Ahcteram*; sententia hæc ad Ptolemæi numeros accommodata est. Ritterus, t. 10 p. 929, templum illud in Cyrrho oppido (hod. *Choros*) collocat, nescio qua de causa. Ceterum in seqq. Strabo Heracleum Cyrrhesticæ memorat Gindaro vicinum. Quod num ab Heraclea diversum fuerit, necne, quæritur.)

Heraclea (Sintica), usque ad quam ab Amphipoli in Strymonis convalli sunt Bisaltæ, 238, 1 et 9. Sita urbs fuit ubi nunc est *Zerookori* vicus; cujus in agro magna numorum Heracleæ copia reperitur (Leake N. G. p. 225.)

Heraclea Trachiniæ, Τραχὶν καλουμένη πρότερον, in Œtæa regione, Lacedæmoniorum opus, a vetere Trachine sex stadia distat, 367, 40; 372, 45; 334, 35; 380, 16. Pars ejus concidit terræ motu, 50, 29. Ejus pagus ad Asopum fluvium, 328, 33; 351, 14.

Heracleon, Ἡρακλέων, Dionysii tyranni f, 639, 31.

Heracleoticus nomus, Ἡρακλεωτικὸς s. Ἡρακλεώτης νομός, Ægypti in insula situs, Herculis urbem (Heracleopolim Magnam) habet, 687, 29; 689, 53; 671, 11.

Heracleoticum sive Canopicum Nili ostium, 670, 40; 71, 9.

Heracleotis, Ἡρακλειωτίς, in Ephesiorum ditione regio, quam ademtam Ephesiis reddiderunt Romani, 548, 57.

Heracleum, Ἡράκλειον, Cnossi navale, 409, 11; 416, 60.

Heracleum Siciliæ, inter Lilybæum et Agrigentinorum emporium, 221, 22.

Heracleum, ad Mæotidem opp. 424. 8.

Heracleum pr., Ἡράκλειος ἄκρα, in Ponto ab Amiso orientem versus, 469, 52.

Heracleum Syriæ non procul a Gindaro (*Djindaris*), in Cyrrhestica, 639, 39. (A meridie *Djindaris* assurgit *Amynli Dagh*, in cujus vertice est *Deir Mar-Semaan*; fortasse huc pertinet Heracleum Strabonis.)

Heraclion, Ἡράκλειον, locus Ægypti cum Herculis fano, ab oriente Canobi urbis et ab occidente ostii Canobici situm, 680, 50; 670. 32.

Heracleum, in ora Cyrenaica, pone quod Paliurus vicus 761, 30.

Heracleum. V. Herculis promontorium.

Heraclidæ, Ἡρακλεῖδαι, ab Eurystheo appetuntur, 324, 19; Dorienses in Peloponnesum reducunt, 286, 30. Quando ? 498, 23. Unde profecti sint, 367, 7. Ad Naupactum classem compegerunt, 366, 25. Viæ iis dux fuit Oxylus, 307, 8. Quomodo Peloponnesi regiones inter se diviserint, 434, 46. Heraclidæ qui Argis potiti erant, etiam Mycenas tenebant, 320, 23. Comitati eos sunt Iones ex tetrapoli Attica, 322, 2. De Heraclidis Laconica potitis Ephori narratio, 313, § 4. Heraclidæ Atheniensibus, regnante Codro, bellum inferentes Megaridem eripuerunt et Megara condiderunt, 337, 34. Heraclidarum e genere Chersicrates Corinthius, 224, 5.

Heraclides Platonicus ex Heraclea Pontica oriundus, 463, 30; in dialogo narrat magum quendam ad Gelonem pervenisse, qui se Libyam circumnavigasse dixerit, 81, 16; 83, 6. Laudatur de Helice terræ motu aquis obruta, 330, 31; de muribus sacris circa Smintheum Chrysæ, 517, 30.

Heraclides, Herophileus medicus, sodales Apollonii Myos, Erythris natus, 550, 51.

Heraclitus ὁ σκοτεινός, Ephesius; ejus dicta, 548, 18; 667, 3. Per ursam arcticum circulum intelligit, 3, 8.
Heraclitus Halicarnasensis poeta, Callimachi socius, 560, 35.
Heræa, Ἡραία, Arcadiæ opp., 333, 39; e novem pagis a Cleombroto aut Cleonymo constituta, 289, 32. (Ruinæ ad vicum *Aianni*).
Ἡραῖαι, Junonis templa. V. Juno.
Herculanum, Ἡράκλειον, Campaniæ castellum, quod tempore labente tenuerunt Osci, Tyrrheni, Pelasgi, Samnitæ, 205, 37.
Hercules, Ἡρακλῆς, unus ex Idæis Dactylis, certamen Olympicum instituisse fertur, 205, 5.406, 17.
Hercules, Ἡρακλῆς, Jovis et Alcmenes f., Olympici certaminis auctor, 305, 5; pater Tlepolemi, ex Astyochea, 290, 36; Iolai, 187, 21; Thessali, 381, 21; 558, 15; Herculis et Omphales ex posteris Atys, 182. 42. Socius Herculis Hylas, 482, 50; et Cius, 482, 52. Herculis certamina, 16, 5; itinera, 40, 22. Hercules, μεγάλων ἐπιίστωρ ἔργων, 7, 29, in Hispaniam expeditionem suscepit, quod de divitiis ejus terræ audiverat, 2, § 4; 123, 52; usque ad πύλας Γαδειρίδας venit sec. Pindarum, 141, 37. Cartejam Iberiæ condidisse fertur, 115, 51. Sociorum nonnulli in Hispania remanserunt, 130, 28. Hercules Geryonis boves abigens ab Evandrum Romam venit; acceptum ibi vaticinium et sacrificium, quale etiamnum Romani offerunt, 192, 16. In eodem itinere aggerem in Lucrino sinu duxisse dicitur, 204, 25. Gigantes e Phlegra Campaniæ expulit, 233, 53. Gigantes, i. e. barbaros, in Phlegra sive Pallene debellavit e Troja rediens, 278, 47. Gigantes necavit opera Veneris τῆς Ἀπατούρου, 424, 50. Ad Diomedis equas abducendas missus, quomodo hoste superior evaserit, 282, 4. E Troja rediens ventis in Coum defertur, 284, 47. Augeam evertit, 304, 44, Epeorum auxilio, 293, 10. Pylum vastat Nestoream, 302, 15; ad Tænarum pr. Cerberum protrahit, 311, 47. Aves Stymphalides expulit, 319, 5. Erginum Minyarum tyrannum interfecit, 356, 12; contra Centauros pugnavit, 298, 12; Dryopes e Doride ejecit, 321, 12. Ægimium Doriensium regem in regnum restituit; filius ejus maximus Hyllus ab Ægimio adoptatur, 367, 3. Hercules Œchaliam, Eubœæ urbem, diruit, 385, 2, 376, 36. Debellato Acheloo victoriæ præmium adeptus est nuptias Deianiræ; quomodo interpretanda hæc sit fabula, 393, 50. Ad Evenum fl. Nessum interfecit, 387, 39. Ejus in Indiam expeditio, 584, 46, quam fabulis accenset Eratosthenes, 586, 8. Hercules Aornum Indiæ petram frustra expugnare tentavit, 586, 43. Prometheum liberavit in Caucaso apud Parapamisadas vinctum, 586, 52. Herculis in India posteri Sibæ cur esse putentur, 586, 46. Hercules Ammonis oraculum adiit, 691, 20. Rogus Herculis, 367, 49. Herculis templum in Sacro Hispaniæ promontorio Ephorus finxit, 140, 42; 114, 4. Gaditanum ejus templum, 141, 2, in quo duæ erant columnæ æreæ octo cubitorum, quibus inscriptus erat sumptus in templi factus exædificationem; has dici Herculis Columnas censet Posidonius, 141, 43, obloquente Strabone, 142, 50-143, 9. Ejusdem templi fons vel putei duo memorabiles; de iis Polybii, Artemidori, Posidonii sententiæ, 143, 10. Herculis templum ad Rhodani et Isaræ confluentes a Romanis structum, 154, 16. Herculis Monœci templum in Monœci portu, 168, 52. Herculis fanum Tiburtinum, 198, 30. Herculis Macistii templum in Triphylia, 299, 12. Herculis fanum Alyziæ, 394, 41; in Heraclio prope Canobum, 680, 37. Hercules Κορνοπίων apud Œtæos, 524, 28; Ἱποκτόνος ap. Erythræos Asiæ, 224, 29. Hercules ap. Tyrios colitur, 644, 39; apud campestres (πεδιασίους) Indiæ philo-

sophos, 606, 15. Herculem non venerantur Ilienses ob vastatam ab eo patriam; sacra faciunt Achilli, Patroclo, Antilocho, Ajaci, 510, 9. Hercules pelle et clava instructus ab antiquis temporibus alienus est; primus hunc habitum finxit Heracleæ auctor Pisander vel quicunque sit alius, 587, 13. Herculis certamina, Lysippi opus, in Alyzia urbe, 394, 12. Herculis colossus, Lysippi opus, Tarento abstulit Fabius Maximus et Romæ in Capitolio dedicavit, 231, 25. Herculis colossus, Myronis opus, in Samo, 544, 25. Hercules Dejaniræ tunica excruciatus, pictura, 327, 34. Herculis ara in sinu Emporico, 701, 32. Herculis columnæ, Στῆλαι, Ἡράκλειοι στῆλαι, 17, 28, a Malea prom. 22500 stadia distant sec. Polybium, 21, 6. Ad eas terra olim non erat perrupta, adeo ut maris interni superficies altior esset, et isthmus ad sinum Arabicum aquis tegeretur, suspicante Eratosthene, 32, 8. Extra Columnas Phœnices paullo post Troica progressi sunt, 40, 34. Parallelus per Columnas ductus, 56, 15.
Herculis columnæ in India, 142, 25
Herculis insula sive Scombraria (*Escombrera*) ad Carthaginem novam, 132, 7.
Herculi sacra insula e regione Onobæ; quare ibi nonnulli Herculis Columnas posuerunt, 141, 20 (*Saltes* insula ad *Huelva*).
Herculis portus ad Cossam urbem (prope *Monte Argentaro*) in Etruria, 187, 51.
Herculis portus (*Tropea*) in Bruttio a meridie Hipponii urbis, 213, 21.
Herculis pr., τὸ Ἡράκλειον (*C. Spartivento*), Italiæ promontorium meridiem versus ultimum, 215, 25.
Herculis thermæ ad Thermopylas, 367, 13.
Herculis calida lavacra ad Ædepsum in Eubœa, 365, 10.
Herculis urbs, Ἡρακλέους πόλις (*Heracleopolis Magna*), in Heracleotico nomo Ægypti. Ibi ichneumon colitur, dum in vicino Arsinoite nomo crocodilus sacer est, 689, 53
Hercynia silva, ὁ Ἑρκύνιος δρυμός, dorsum montanum Germaniæ, Alpibus contiguum, versus ortum porrigitur, 241, 22. Magnum includit circulum; in medio sita regio habitationibus apta; prope silvam sunt Istri et Rheni fontes et lacus Rheni, 242, 45; 172, 36. E Gallia meridionali silvam petens primum transit lacum istum, deinde Istrum, et tum ad silvam per montanas planities accedit, 243, 1. Ad silvam H. usque pertinet Getarum terra, 245, 11. Ip silva Suevorum gentes nonnullæ, ut Quadi, 241, 22 et 34; 243, 15. Ab ea meridiem versus est Gabreta silva, 243, 15. Hercyniam silvam olim Boji tenuerunt, 244, 7.
Herdonia, Ἑρδωνία (*Ordona*), Apuliæ opp., 234, 52.
Hermas, Ἑρμᾶς, inter dona a Poro ad Augustum missa, 612, 39.
Hermæum, Ἑρμαία ἄκρα, promontorium (*Cap Bon*, *Ras Addar*) et urbs ad sinum Carthaginiensem, 706, 24; 708, 2.
Hermagoras, Ἑρμαγόρας ὁ τὰς ῥητορικὰς τέχνας συγγράψας, e Temno urbe Æolica oriundus, 531, 32.
Hermias, Ἑρμείας, eunuchus et Atarnitarum tyrannus. Ejus historia, 522, 4; 525, 25.
Hermione, Ἑρμιόνη (ruinæ in quibus nunc *Kastri* vicus est), Argolidis urbs ad sinum Hermionicum, 317, 13; 320, 31. In ejus ora maritima Halieis, qui vocantur; ad urbem descensus ad inferos esse dicitur; mortuorum oribus portorium imponitur, 321, 4. Olim Cares tenuerunt, 321, 52; tum Dryopes, 321, 9. Urbs ad amphictyoniam Calauriæ contribuebat, 321, 33. Vicinum e Scyllæum, 321, 13. Hermionica urbs Asine, 309, 11.
Hermionicus sinus, ὁ Ἑρμιονικὸς κόλπος, 49, 26; 288, 18;

326, 46; 316, 9 et 24. Adjacentia ei oppida, 317, § 3.
Hermocreon, Ἑρμοκρέων, aram Apollinis Parianam ædificavit, 503, 22.
Hermodorus, Ἑρμόδωρος, Ephesius, Romanis leges quasdam scripsisse videtur; a civibus ejectus est. De eo Heracliti vox, 548, 20,
Hermonactis vicus, Ἑρμώνακτος κώμη, ad Tyræ ostium, 254, 10.
Hermonassa, Ἑρμώνασσα, Bospori Cimmerii urbs, Hypanim innavigaιιti ad dextram est, in Sindice, 424, 35.
Hermonassa, Ἑρμώνασσα (*Platana*), Ponti opp. Trapezunti vicinum, 470, 2.
Hermonduri, Ἑρμόνδουροι, gens Suevica, olim trans Albin, nunc citra eum habitans, 241, 38.
Hermonthis, Ἑρμωνθίς (*Erment*), Thebaidis urbs in qua Apollo et Juppiter coluntur, 693, 43.
Hermopolis, Ἑρμοῦ πόλις, Ægypti urbs in Deltæ regionis insula, non longe a Buto urbe, 681, 30. (Aliunde non nota,
Hermopolis alia in Delta regione non longo a Mendete et Lycopoli dissita, 681, 34 (Aliunde non nota).
Hermopolis, (Hermopolis parva, *Damanhour*), a Schedia Memphim naviganti ad dextram est, fluvio adjacens, 682, 33.
Hermopolitana Custodia, Ἑρμοπολιτικὴ φυλακή (*Bahr Jusu*) ad Hermopolin Magnam sive *Esmoun*), locus Ægypti ubi vectigal exigitur earum rerum quæ e Thebaide deferuntur, 690, 32. Hermopolitæ Ægypti cynocephalum colunt, 690, 26.
Hermus, Ἕρμος (*Gedis Tchai*), Lydiæ fl., ab Homero memoratur, 474, 50. Ioniam ab Æolide dirimit, 498, 2. Ejus fontes et cursus, 535, 11. In eum influunt Pactolus et Hyllus sive Phrygius, 535, 8. Cf. etiam 498, 17; 502, 4; 531, 36; 540, 26. Hermi campus alluvionibus debetur, 534, 44; 536, 16; 589, 23.
Hernici, Ἕρνικοι, Latii gens, 190, 39; 192, 32; ad Lanuvium et Albam Romamque, 198, 41. Eorum caput Capitulum, 198, 24.
Herodes, Ἡρώδης, Judæorum pontifex, regis titulum assumpsit, Antonio primum et deinde Augusto permittentibus; de filiis ejus notitia; soror ejus Salome, 651, 8. Herodes Samariam urbem denominavit Sebasten, 647, 26.
Herodotus, Ἡρόδοτος, Halicarnasensis, etiam Thurius vocatur, 560, 32. Facilius Homero et Hesiodo et tragicis quam Herodoto credas, 435, 36. Herodoto melius se fabulas narrare ait Theopompus, 36, 15. Laudatur Herodotus (I, 6) 466, 13; 457, 44; de Arione (I, 23), 328, 40; de Alyattis tumulo et de Lydorum mulieribus (I, 93), 536, 18; 556, 48; (I, 163) 125, 17; (I, 102) 455, 32; (I, 173) 490, 48; (I, 175) 522, 47; (II, 5) 589, 30; De Ægypto fabulosa multa narrat, 695, § 52. Citatur de Ægypto Nili dono, (II, 5) 25, 4; 29, 47; 460, 2; (II, 36), 699, 29; (II, 51) 406, 12; (IV, 36) 51, 35; (IV, 42) 81, 15; 83, 7; (IV, 127) 250, 18; (V, 101) 535, 11; (IV, 101) 384, 42; (VII, 58) 283, 24; (VII, 91) 570, § 3; (VII, 92) 490, 4·; (VII, 170) 234, 23; (VII, 198) 367, 61; (VIII, 104) 522, 47. Varias Scytharum gentes memorat, 471, 23.
Heroum urbs, Ἡρώων πόλις, ad recessum sinus Arabici, 682, 25; 71, 4; 655, 8; 646, 33; 687, 54. Arsinoæ et Cleopatridi vicina, 683, 49; in eodem parallelo in quo Syrtis majoris est recessus, 709, 52. Isthmus qui a mari interno ad Pelusium pertinet, mille stadiorum est, 682, 25. Ab Heroonpoli ad Ptolemaidem 9000 stadia, 654, 29; ab eadem per Petram et Arabiam desertam ad Babylonem 5600 stadia sec. Eratosthenem, 653, 29. Urbs quum defecisset, a Cornelio Gallo recipitur, 698, 1. (Heroopolis vulgo referunt ad ruinas, quæ sunt ad *Abou-*

Keycheid, a lacu amaro boream versus. Quod alienum esse a Strabonis sententia patet. Cf. Letronne ad Strabon. vers. gall. lib. XVII, p. 369 not.)
Herophileus medicus Heraclides, 550, 51. Herophileæ sectæ medicorum schola Caruris, 496, 40.
Herostratus, Ἡρόστρατος, Dianæ templum Ephesium incendit, 547, 10.
Herpa, Ἕρπα, Sargarausenæ in Cappadocia opp., 460, 20; ad Herpa Carmalæ fluvii (*Charma Su*) alveum obturavit Ariarathes rex, 462, 1. (In novissimis quibusdam tabulis Herpa notantur ad initium Carmalæ fluvii; at non ibi Archelaus fluvinm obturaverit, sed ad angustas istas fauces, per quas in Taurum intrat; ibi nunc est *Jarpus* locus, quem cum Herpis Strabonis componendum esse puto; Kiepertus Jarpum locum pro vetere Arabisso habet. Ceterum quod in Sagarausene Strabo Herpa ponit, id fortasse minus recte habet; alio loco Carmalam fl. Cataoniæ assignat.)
Herphæ, Ἕρφαί, Cappadociæ opp., in via situm, qua Mazacis Tomisa itur, 566, 31.
Herus, Ἡροῦς, turris prope Abydum, 506, 12.
Hesiodus, filius Dii qui e Cuma in Bœotiam migravit, 532, 25. Laudatur de Ascra patria, 351, 47. Primus universæ Græciæ incolas Hellenes vocavit, 318, 10. Homericam de Ulyssis circa Siciliam et Italiam erroribus narrationem referens præter loca ab Homero memorata etiam Ætnæ et Ortygiæ et Tyrrhenorum meminit, 19, 8. Nili fluvii nomen et ostia complura novit, 24. Laudantur Catalogi versus duo, 35, 25. Hesiodus falsa multa de locis populisque non ob ignorationem, sed consilio poetico profert, 35, 47. Gentes fabulosas memorat Hemicynes; Macrocephalos, Pygmæos, 36, 1; 248, 35. Laudatur de Pelasgo Lycaonis patre, 184, 26; de Scythis equimulgis, 249, 44. Hesiodus ἐν τῇ καλουμένῃ γῆς περιόδῳ, laudatur, 251, 22; de Hellopia circa Dodonam regione, 272, 40; de Piro fluvio, 294, 4; de Cephissi cursu, 264, 10; de Dotio campo et locis vicinis, 380, 10; 552, 51; de Hecateri (?) filiabus, 405, 10. Nondum novit Priapum deum, 503, 8. Amphilochum Solis interfectum esse ab Apolline dicit, 576, 44. Citatur de Mopsi et Calchantis certamine, 548, 49; de aliis quibusdam, 49, 45; 267, 37; 312, 35; 351, 50; 532, 28.
Hesione, Ἡσιόνη, ab Hercule liberata, 510, 20.
Hesperides, Ἑσπερίδες. Earum mala aurea, 124, 50; sedes earum fabulosæ, 248, 40. Iter a Caucaso ad Hesperides sec. Æschylum, 151, 52.
Hesperides, Libyæ urbs. Distantia a Zacyntho insula 393, 32. Ab iis ad Automala 1800 stad. sec. Eratosth., sec. alios 1500 st., 101, 53. Postea urbs dicta est Berenice, q. v.
Hesperidum portus, Ἑσπερίδων λιμήν, ad Berenicen, 710, 9, in quem Lathon influit. *ib.*
Hesperii, Ἑσπέριοι, Æthiopes. V. Æthiopes.
Hestiæa, Ἑστιαία, Alexandrina, quæ de Homeri Iliade scripsit, de situ veteris Ilii a Demetrio Scepsio laudatur, 512, 47.
Hestiæotis. V. Histiæotis.
Ἑτερόκτιοι ζῶναι duæ Posidonii, 79, 4; 110, 25; 112, 26.
Hibernia, Ἰέρνη, a Britannia versus boream sita, ob frigus ægre incolitur; parum nota est, 53, 16; 60, 11; 62. 8; 167, 19; 52, 39; 94, 45. Ibi finem terræ habitatæ statuendum esse Strabo censet, 94, 45; 62, 27. A Celtica Hibernia non ultra 5000 stadia abesse perhibetur, 60, 15. Incolarum indoles, 94, 45; 167, 19.
Hicesius, Ἱκέσιος, præses scholæ medicinæ Erasistrateæ, quæ Smyrnæ erat, 496, 44.
Hicetaon, Ἱκετάων, Melanippi pater, 501, 27.
Hidrieus, Ἱδριεύς, Hecatomni f., Artemisiæ sorori in regno

Cariæ successit; ipsi successit Ada soror et uxor, 560, 39.
Ἱερὰ ἄκρα, Lyciæ pr., 568, 38.
Hiera, Ἱερὰ νῆσος, una ex Liparæis inss., 229, 11; 230.
(Hiera?) insula inter Theram et Therasiam e fervente mari sublata, ambitu 12 stadiorum; primi eam adierunt Rhodii, in eaque Neptuni Asphalii fanum condiderunt, 48, 13.
Hieracon polis, Ἱεράκων πόλις (Accipitrum urbs), in Thebaide, ubi accipitres coluntur, 693, 48.
Hierapolis, Phrygiæ opp. (*Pambuk Kalessi*), ubi ruinæ), e regione Laodiceæ ad Mesogidem m.; ibi aquæ calidæ et Plutonium, τὸ ἐν Ἱεραπόλει Χαρώνιον, 495, 43; 538, 15. Marmor Hierapoliticum, 375, 36.
Hierapolis, Ἱερὰ πόλις, sive Bambyce, Mesopotamiæ urbs, quattuor schœnis ab Euphrate dissita, eadem quæ Edessa, 636, 48. Cf. Bambyce. Atergatis ibi colitur, *ib*.
Hierapytna, Ἱεράπυτνα (*Hierapetra*), Cretæ urbs, a Pytna monte dicta, 405, 52; a Cyrba condita, 405, 27. In hanc urbem receptum est Larissæ oppidulum, 378, 22. Hierapytnii Prasum diruerunt, 411, 22.
Hiericus, Ἱερικοῦς (*Jericho*), e variis gentibus mixtos incolas habet, 647, 25. A Petra abest trium vel quattuor dierum itinere, 663, 23. Hiericus, planities montano tractu circumdata; ibi regia, palmetum, balsami hortus, 649, § 41; in Hiericuntis ingressu sita castella Threx et Taurus, 649, 33.
Hiero, Ἱέρων, Syracusarum tyrannus, in Pithecussas colonos misit, 206, 30. Catanæ incolas ejecit, novisque colonis eo deductis urbem Ætnam vocavit, 223, 16. Post ejus mortem reversi Catanæi sepulcrum tyranni devastarunt, 223, 22.
Hiero Laodiceam Phrygiæ, urbem patriam, quomodo auxerit, 495, 12.
Hierocepis, ἡ Ἱεροκηπίς, in Cypro occidentali, 10 stadiis a mari, 583, 8; ἡ Ἱεροκηπία, 583, 28.
Hierocles, Ἱεροκλῆς, Alabandensis orator, frater Menecli, 364, 15.
Ἱερὸν ἀκρωτήριον. V. Sacrum prom.
Ἱερὸν ὄρος, Sacer mons (*Hagios Elias*), ad Propontidem in Thracia, 284, 11; asphaltum in mare emittit; objacet Proconneso insulæ, 284, 15.
Hieronymus, Ἱερώνυμος, (Cardianus) historicus, laudatur de Thessalia, 380, 54; de situ Corinthi, 325, 30; de Cretæ magnitudine, 407, 48.
Hieronymus Rhodius phil., 559, 38.
Hierophantæ, Ἱεροφάνται, Cereris ministri, 402, 17.
Hierosolyma, Ἱεροσόλυμα, Judæorum caput, ex Iope conspici tradunt, 646, 5; ideoque non longe a mari dissita sunt, 647, 20. Locum urbis saxosum et sterilem facile obtinuit Moses, 637, 51. Urbis sanctitas, 648, 21. Brevis urbis descriptio, 649, 23. Cepit eam Pompeius, 649, 29.
Hilesium, Εἰλέσιον, Bœotiæ, a paludibus dictum, 349, 9.
Himera, Ἱμέρα (*fiume grande*), fl. per mediam Siciliam fluens; distantiæ a Cephalœdio et Panormo, 221, 16.
Himera, Ἱμέρα (ruinæ prope *Termini*), urbs a Zanclæis Mylarum condita, 226, 43. Ad eam calidæ aquæ salsæ, 228, 28. Nunc urbs non incolitur, 226, 41.
Hipparchus, Ἵππαρχος, mathematicus e Bithynia oriundus, 485, 5. In libris mathematicis de rebus geographicis passim disputavit, 285, 35. Homerum primum geographicæ peritiæ auctorem prædicat, 1, § 2. Non eandem esse ubique in oceano fluxus et refluxus rationem dicit, neque, si hoc detur, inde effici Atlanticum mare in se refluere inque orbem redire, 1, 1, 9, p. 4 sq. Ἐν τοῖς πρὸς Ἐρατοσθένη de rerum cœlestium studio ad geographiam necessario agit, 6, 1. Contra Eratosthenem disputavit, 12, 15. Ineptos esse dicit qui omnium artium

et scientiarum cognitionem Homero vindicent, 13, 40. Homerum in recensendis populis et regionibus ordinem geographicum servare monuit, 22, 38. Effluxum maris in freto Byzantio aliquando subsistere ait, 46, 18. Male disputat contra Eratosthenem, verba ejus a sensu suo detorquens, 46, 37; 47, 15. Inscriptionem delphinorum, quam Cyrenæos in Ammonis templo posuisse Eratosthenes dixit, falsi arguit; oraculumque nunquam ad mare fuisse contendit; non posse fundum maris in tantum attolli, ut Pharus et multa Ægypti loca aquis tegantur; et hoc si factum esset, etiam alias multas Europæ et Asiæ partes inundandas fuisse. Denique de Istro scisso alveo in Pontum et Adriam exeunte pravam sententiam profert, 47, 20. Ad annotanda quæ secundum habitationes diversa in rebus cœlestibus observantur (πρὸς τὴν σημείωσιν τῶν κατὰ τὰς οἰκήσεις ἑκάστας φαινομένων) adhibet tradita ab Eratosthene intervalla in Meroes, Alexandriæ et Borysthenis meridiano, 52, 13. Observato gnomone, reperisse sibi visus est Byzantium sub eodem quo Massiliam parallelo esse 53, 6; 87, 38; 94, 51.; unde, distantiarum ratione habita, Britanniam et Borysthenem sub eodem parallelo esse collegit, 53, 6. A Byzantio ad Borysthenem esse dicit 3800 stadia, 95, 1. Eratosthenis de boreali Indiæ termino sententiam impugnat, argumentis parum idoneis, 56, 20. De recta linea per Herculis Columnas ad Ciliciam versus ortum æquinoctialem tendente cum Eratosthene facit, 59, 17. Pytheam secutus Massiliam et Byzantium in eodem parallelo posita censet, 59, 46. A Byzantio ad Borysthenem 3700 stadia esse statuit, 59, 50. Ab æquatore ad Borysthenem computat stadia 34000, quorum 8800 pertinent ab æquatore ad Ciannamomiferam, 50, 1. Hoc si admiserimus, Indiæ pars borealis, quum fertilis sit, in inhabitabilem zonam extendendus foret, *ib*. Hipparchus tradit ad Borysthenem inque Celtica totis noctibus æstivis lucem solis sublucere et sub brumam solem non ultra 9 cubitus attolli; magis hoc evenire apud eos qui a Massilia 6000 stadiis habitent in Celtica, et sic porro. In Britanniæ parte boreali (ut Pytheas statuit) longissimam diem esse horarum 19. (Britanniam magis quam Strabo boream versus ponit). Hæc vero demonstrari falsa esse ea quæ Hipparchus de Indiæ et Bactriæ situ statuit, 62, § 18. Male Eratosthenem reprehendit Deimachi errores refellentem, 63, 44. In secundo Commentario de Meroes climate bene constare ait; num vero in eodem cum Meroe parallelo ponenda sit Indiæ pars meridionalis, a nemine, ne ab ipso quidem Eratosthene, exponi. Quod impugnat Strabo, 64, § 20. Hipparchus de distantiis inter Babylonem et Thapsacum et montes septentrionales contra Eratosthenem male disputat, falsa assumens et falsa ex his inferens, 64, § 21; 66, 1. De tertio Eratosthenis sigillo disputans, non profert quæ Eratosthenes dixit, sed fingit quandam ejus sententiam, ad refellendum opportunam, 64, 50. Borealem tertii sigilli limitem ex Eratosthenis computo non posse in parallelo per Rhodum ducto collocari, sed multo septentrionaliorem esse demonstraturus, Eratostheni tribuit, quæ is non dixerat, ex iisque infert quæ non sequuntur, p. 68, 69, § 27-29. Persidem secundo Eratosthenis sigillo adscribendam fuisse et Indi fluvii cursum in vetustis tabulis rectius quam ab Eratosthene indicari studet probare. Sed inanis est argumentatio, quum Eratostheni affingantur, quæ ab eo aliena sunt, 71, § 34. Eratosthenis errores majores esse ait quam qui condonari possint, 72, § 35. Recte reprehendit Eratosthenem, qui quarti sigilli longitudinem definit linea a Thapsaco ad Pelusium ducta, quippe quæ potius sit parallelogrammatis diameter. Perperam vero ex sumptione non concessa proficiscens, distantiam a Thapsaco ad Pelusium non 6000, sed 8000 stadiorum esse geometrice demonstrare studet, 73, § 36. Hipparchus si quos Eratosthenis errores deprehendit, etiam correctionem eorum afferre debebat; nec jubere nos vetustis tabulis intentos esse, quæ majore correctione opus habent quam Eratosthenica, 74, 52. Meridianus per Canobicum ostium et Cyaneas ductus a Thapsaceno meridiano sec. Hipparchum distat 6300 stad., 75, 27. Viam a Thapsaco ad Caspias portas, quam 10000 st. Eratosthenes dicit, ab eo temquam rectam lineam perhiberi hac mensura contendit, quum res secus habeat, et recta linea multo brevior sit. Quæ false dici ab Hipparcho probat Strabo, 75, § 39. A Cyaneis ad Phasin 5600 stadia, inde ad Caspium mare 1000 stadia Hipparchus computat, 76, 5. Eratosthenem de occidentalibus Europæ partibus falsissima plurima tradentem juste incusat, 77, 15. In secundo contra Eratosthenem Commentario de borealibus terræ partibus agit, quæ sunt a septentrione Tauri montis; dein de tribus Europæ promontoriis, Peloponnesiaco, Italico, Ligustico; geometrice magis quam geographice, 76, § 40; quæ Strabo exponere operæ pretium non duxit, *ib.* et 77, 15. Hipparchus accuratius definire studet Hyrcaniæ a Bactria et ulterioribus gentibus distantiam et quæ sit a Colchide ad Hyrcaniam, 77, 35. Sub finem secundi Commentarii τῶν πρὸς τὴν Ἐρατοσθένους γεωγραφίαν πεποιημένων de Æthiopicis rebus Eratosthenem reprehendit; in tertio autem ait majorem partem disputationis fore mathematicam, nonnihil tamen etiam geographicum, 77, 43. Libro tertio justissime Timosthenem et Eratosthenem reprehendit, 78, 1. Eratosthenis de terræ magnitudine sententiam probat. Ejus de latitudine terræ habitatæ disputatio, 93, § 7. Circulum maximum 252000 stadiorum esse cum Eratosthene statuit, 109, 15. Hipparchus consignavit τὰς γιγνομένας ἐν τοῖς οὐρανίοις διαφορὰς καθ' ἕκαστον τῆς γῆς τόπον τῶν ἐν τῷ καθ' ἡμᾶς τεταρτημορίῳ τεταγμένων, 109, 5. Hinc potiora excerpsit Strabo p. 109-112, § 34-43.

Hippi, Ἵπποι, quattuor insulæ ante Erytheas Joniæ sitæ, 550, 22.

Hippones (*Bizerta* et *Bona*) duo, ambæ regiæ, altera Uticæ propinqua, altera Treto prom. vicinior, 706, 16.

Hippobotæ, Ἱπποβόται, Chalcidensium, 384, 5.

Hippocles, Ἱπποκλῆς, Cumæus, cum Megasthene Chalcidensi dux coloniæ, qua Cumæ conditæ sunt, 202, 50.

Hippocoon, Ἱπποκόων, Tyndareon et Icarium Lacedæmone pepulit, 396, 29.

Hippocoron, Ἱπποκόρων, Adramyttenæ locus, 405, 23.

Hippocoronium, Ἱπποκορώνιον, Cretæ locus, 405, 58.

Hippocrates, Ἱπποκράτης, Cous medicus, tabulis in Æsculapio asservatis utitur, 561, 36.

Hipponax Ephesius poeta, 292, 53; 541, 31; 543, 50; 548, 24.

Hipponiates sinus, Ἱππωνιάτης κόλπος, ab Antiocho vocatur Napetinus; isthmum efficit cum Scylletico sinu; 212, 7 et 24. Cf. Scylleticus sinus.

Hipponium, Ἱππώνιον (*Bivona*), a Romanis Vibo Valentia denominata, a Locris condita in Bruttio urbs; ejus prata; de Proserpina fabula; mos matronarum, 213, 11. Hipponii navale, Agathoclis opus, 213, 19.

Hippomolgi Ἱππημολγοί, Homeri sunt Scythæ, Thracibus mixti, 246, 6; 3, 27. (Cf. p. 296, 300, 302, 311; 553 *ed. Casaub.*)

Hippopotamus sec. Onesicritum etiam in India nascitur, quod negant ceteri, 588, 53. Hippopotami in lacu Æthiopiæ, 658, 41.

Hippothous, dux Pelasgorum qui Larisam Phriconidem tenebant, 530, 22; 184, 23.

Hippucrene, Ἵππου κρήνη, in Helicone fons, quem Pegasus elicuit, 326, 18; 352, 13.

Hippus fl. (*Abascie?*) in Phasidem influit, 427, 20; 429, 22.

Hira, Ἱρὴ ποιήεσσα ap. Homerum, una ex urbibus quas Agamemno Achilli daturus erat, 308, 26. Nonnullis est ad montem prope Megalopolim, in via qua Megalopoli Andaniam itur (Parum accurate Strabo significat locum Homericum nonnullis esse Εἶραν Messeniæ). Aliis est in Messola, ad sinum Messeniacum (eo loco ubi postea erat Abia urbs prope hod. *Mantinea*), 309, 35.

Hirci mulieres ineunt in Mendete Ægypti urbe, 681, 35; a Mendesiis coluntur, 690, 30.

Hirpini, Ἱρπῖνοι, Samnitica gens, unde nomen habeant, 208, 42.

Hirpus Samnitum lingua lupum significat, 208, 44.

Hirudines (βδέλλαι) septem cubitorum in Mauretaniæ quodam fluvio, 701, 48.

Hispalis, Ἵσπαλις (*Sevilla*), Romanorum in Turdetania colonia; emporium ibi, 117, 11. Ad Hispalin usque grandibus onerariis Bætis navigatur, 117, 41.

Hispania sive Iberia. Fines, 113, 35. Figura similis bovis tergori in longum expanso ab occasu versus ortum 69, 30; 105, 54; 113, 19. Longitudo ad 6000 st.; latitudo maxima 5000 stad., alicubi multo minor 3000 stadiis, 113, 22 et 35; 105, 41; 88, 15. A Columnis ad Pyrenen per mediterranea 4000 stadia et paullo amplius, juxta oram 6000 st., 129, 37. A Columnis ad Carthaginem Novam 2200 st.; hinc ad Iberum fere totidem; inde ad Pyrenen 1600 st., 129, 40-46. Sacrum prom. 1500 stadiis quam Libyæ extrema pars occidentalius est, 114, 5, et a Columnis 3000 stadia distat, 87, 36. Turdetaniæ longitudo et latitudo 2000 stadia non excedit, 116, 50. Lusitaniæ longitudo 3000 stad.; latitudo multo minor, 129, 37. A Tarracone ad ultimos Vascones et Oceanum in Hispaniæ et Galliæ confiniis 2400 st., 134, 7. A Sacro prom. ad Anam 60 mill, hinc ad Bætin 100 mill., hinc ad Gades 70 mill., 116, 36; hinc ad Calpen 750 vel 800 stadia, 116, 6. Eratosthenes et ceteri scriptores antiquiores parum noverant Hispaniam, 77, 23; 88, 23. Ephorus pleraque Hispaniæ attribuit Celticæ regioni, 165, 39. Antiquitus Iberiæ nomine intelligebatur quidquid est extra Rhodanum et isthmum qui Gallicis sinubus coarctatur; nunc eam Pyrene terminant, ac promiscue Iberiam et Hispaniam vocant. Nonnulli priorum Iberiam nonnisi eam regionem dicunt quæ est intra Iberum fl., et ab antiquioribus scriptoribus Igletarum esse perhibetur, 138, 3 (cf. 133, 7). Romani Hispaniam Interiorem seu Citeriorem et Exteriorem seu Ulteriorem distinguunt; ceteram divisionem aliis temporibus aliter instituerunt, 138, 11. Strabonis ætate ita res habebat: Populi senatusque provincia erat Bætica, in qua prætor cum quæstore et legato; reliqua Hispania erat Cæsaris. Mittebantur in eam legatus prætorius et legatus consularis. Ad prætorium pertinebat Lusitania ad Durium usque; reliqua consularis administrabat tribus legatis, quorum unus in Callaica, alter in proximis usque ad Pyrenen, tertius in mediterraneis, in Celtiberia et quæ ad Iberum sunt utrinque usque ad mare, 138, § 12. Major Hispaniæ pars male inhabitatur, 113, 8. Felix et bene frequentata est pars meridionalis, 113, 5. Optimas regiones tenuerunt Phœnices (cf. Herculis in Hispaniam expeditio, 2, § 4) et Carthaginienses, antequam Romani imperium eorum abolerent, 125, 1; 131, 24. A Græcis quoque et Trojanis urbes ibi olim conditæ, ut Odyssea, Hellenes, Amphilochi, 130, § 3. Multaque Ulyssis (cf. 18; 1) aliorumque qui evaserunt e bello Trojano, exstant vestigia, 124, 12. (Haud ignota Homero Hispania, 2, § 4; 5, 22). Massiliensium coloniæ, 131, 51. Nimirum Hispani quum in multas gentes exiguosque principatus distracti essent; nec facile coalescerent, ob fastum quendam ingeniorum sibi ipsi quique sufficere putantes, contigit ut extrinsecus invadentibus Græcis, Phœnicibus, Carthaginiensibus, Celtis, Romanis, essent viribus impares, 131, § 5. Ceterum diutius contra eos quam contra Gallos pugnatum est, quum bellum in exigua certamina discerpentes traherent, 163, 12. Hispanis similes sunt Aquitani, 146, 25. *Montes præcipui*: Pyrene, Idubeda, Orospeda (Argenteus m.), Calpe, *q. v.*; montes Bæti fluvio paralleli, 117, 46. *Promontoria*: Sacrum, Nerium, Barbarium, Columna Herculis, *q. v. Fluvii*: Anas, Bænis s. Minius, Bætis, Belon, Belion s. Lethes, Durius, Iberus, Limæa, Melsus, Minius, Mundas, Sucro, Tagus, Tartessus, *q. v.* Fluvii et torrentes in Turdetania auriferi, 121, 19. *Lacus* in quibusdam regionibus frequentes, 135, 50. Lacus 400 stadiorum in vicinia Hemeroscopii, 132, 6. Æstuaria, 116, 17 et 32; 119, 7; 138, 17; 118, 38. De æstu maris ad Hispaniam, 158, 29; 123, 16; 126, 50; 144, § 8 et 9. Maris interni ad Hispaniam tranquillitas et ventorum ratio, 119, 26. *Insulæ*: Balearides sive Gymnesiæ duæ, Pityussæ duæ, Planesia, Plumbaria, Scombraria s. Herculis ins., Junonis i., Gades, Erythia, (Cassiterides,) Ophiussa, alia Emporio objecta, ad Onobam insula Herculi sacra, *q. v. Gentes et regiones*: Allotrigæ, Artabri sive Arotrebæ, Aruaci, Astures, Bætica, Bæturia, Bardyetæ s. Barduli, Bastuli, Bastetani, Berones s. Verones, Callaici, Cantabri, Carpetani, Celtiberi, Celtici, Cerretani, Conisci; Cuneus; Edetani, Jaccetani, Igletes, Ilergetæ, Indigetes, Lartolæatæ, Lectani, Lusitani, Lusones, Oretani, Pleutauri, Saltigetæ, Turduli et Turdetani, Vaccæi, Vascones, Verones, Vettones, *q. v. Urbes, oppida, portus*: Abdera, Acontia, Ægua, Amphilochi, Asta, Astigis, Ategua, Augusta Emerita, Bætis (?), Belon, Bilbilis, Cæsaraugusta, Cæpionis turris, Calaguris, Carmon, Carthago Nova, Carteja, Cartalias, Castlon s. Castulon, Celsa, Chersonesus, Conistorgis, Corduba, Cotinæ, Dertossa, Dianium, Ebura, Ebusus, Egelastæ, Emporium, Exitanorum urbs, Gades, Hellenes, Hemeroscopium, Heraclea, Hispalis, Ilerda, Ilipa, Italica, Intercatia, Iulia Ioza, Mænaca, Mænoba, Malaga, Menesthei portus et oraculum, Menlaria (Mellaria), Moron, Mundos, Nabrissa, Noega, Numantia, Obulco, Ocella vel Opsicella, Odyssea, Œaso, Oleastrum, Olysipon, Onoba, Oria, Osca, Ossonoba, Pallantia, Palma, Pax Augusta, Pollentia, Pompeii tropæa, Pompelo, Rhodope, Sætabis, Saguntum, Segeda, Segesama, Segobriga, Sisapon vetus et novus, Sergontia, Sucro, Tarraco, Tartessus, Tuccis, Ulia, Urson, Varia, Vetteres, *q. v.* Fana Dianæ Ephesiæ, Herculis, Junonis, Luciferæ, Minervæ, Saturni, *q. v.* Quodsi supra mille Hispaniæ urbes esse nonnulli tradiderunt, pagos urbium loco censuerunt. Urbium frequentia in plerisque regionibus tum a soli natura tum a vita incolarum abhorret. Plerique Hispani vicatim habitant, 135, 27. *Via Romana* quæ Pyrenæis in Bæticam ducit, modo juxta oram modo longius ab ea recedens, per Pompeii tropæa, campum Juncarium, Vetteres, campum **Fœnicularium**, Tarraconem, Dertossam, Saguntum, Sætabin, etc., usque ad Gades, 133, 7. *Proventus: Animalia*, equi, quos in genua subsidere docent, 135, 46; equi Celtiberici variegati, 136, 5; equi feri, capreæ, 135, 48; boves, 118, 54 (butyrum, 128, 16), oves animales, 118, 51; 119, 42, egregiis in Erythia pascuis utentes, 141, 1; (lana coraxa, 119, 40;) galeæ, 128, 9; castores, 135, 51; multi per totam Hispaniam cuniculi, 119, 48; inde etiam in Gymnesias inss. illati, 140, 1. Murum multitudo interdum regiones infestat, quam non raro subsecuta est lues pestifera, 137, 19. Pernæ Cerretanæ et Cantabricæ insignes, 134, 29; apes; mel, 119, 33; cera, 119, 21; olores, 135, 48; cornices non nigræ, 136, 4; otides, 135, 50; ostreæ, balænæ, oryges, buccinæ, congri, muræne, scombri, thynni, teuthides, purpuræ, 119, 21; 120, 17; 126, 16; 128, 36; 132, 8 Salsamenta, 115, 53; 119, 39; 130, 6 et 13; 131, 37. *Plantæ*: oleæ, vites, ficus, plantæ tinctoriæ, 136, 9; 128, 36; 119, 21. Frumentum, 119, 21; fœniculum, 133, 19. Juncus et spartum, 133, 4 et 20; pix, 119, 23; coccus, 119, 34; linum, 133, 1. Quercus tum in mari tum in terra nascens, cujus glande thynni saginantur, 120, 26. Farina e glandibus facta, 128, 34. Arbores memorabiles in Gadium insula et ad Carthaginem Novam, 145, 31. *Metalla*: Hispania non solum πλουσία, sed etiam ὑπόπλουτος, adeo ut Hades ibi reapse Pluto sit, 121, 49. Nam tota metallis plena, 120, 54, maxime Turdetania, de qua vid. § 8. Cf. v. Turdetania. Metalla ap. Artabros, 122, 19; ad Carthaginem Novam, 122, 26. Silvis incensis quondam terra ejecisse metalla fertur, non improbante Posidonio, 121, 43. Aurum, 121, § 8, 47, 51; 127, 8; 130, 3; aurum album 122, 20; argentum, 131, 40; 122, § 10; 117, 49; 121, 6; æs, 117, 51; 121, 7 et 38; ferrum, 132, 4; plumbum, 122, 44; stannum, 122, 5; minium, 119, 34; sales fossiles, 119, 36; sal purpureus, 129, 4; aluminosa terra, 121, 25. Terra argillacea, qua vasa argentea abstergunt; ex eadem lateres faciunt aquæ innatantes, 525, 36. *Hispanorum indoles, mores, instituta*. Præcellit apud eos ἡ αὐθάδεια, τὸ πανοῦργον φύσει καὶ μὴ ἁπλοῦν. Sunt ἐπιθετικοί, λῃστρικοί, τὰ μικρὰ τολμῶντες, μεγάλοις δὲ οὐκ ἐπιβαλλόμενοι, 131, 6. Attamen pro amicis devovere se solent, 137, 33. Quid de diis quædam gentes sentiant, 136, 21. Hecatombas ritu græco diis offerunt Lusitani, 128, 28. Sacrificia humana, 128, 19. Marti capros immolant, 128, 27. Amputatas captivorum dextras diis consecrant, 128, 23. Divinationis genera, 128, 16. Lapides sacri ad Sacrum prom., 114, 15. Alia Lusitanorum instituta, 128. De septentrionalium Hispanorum fortitudine et feritate multa narrantur inflatius, 136, 46. Lingua et grammatica non una omnes utuntur, 115, 31. Doctissimi Iberum Turdetani, qui vetusta poemata et leges versibus conceptas habent, 115, 37. Hispani, qui Romano more vivunt, togati appellantur, in quibus sunt etiam Celtiberi, 125, 37; 138, 41. Arma, 135, 42. Peditatue equitatue miscent in prœliis, 135, 45. Bini equo vehuntur, quorum alter pugnam pedes obeat, 137. 18. In terra decumbere, χαμευνεῖν, solent, ut Celtæ, 136, 20. Urina lavantur et dentes tergunt, 436, 18. Toxicum absque dolore necans in casus acerbiores seponunt, 137, 35. Mulierum in pariendo et laborando strenuitas, 137, 3; quarumdam ornatus, 136, 31. Hispani Columnas Herculeas Gadibus vindicant, 141, 40. Ex Hispania 3000 coloni Romani in Gymnesias inss. missi, 139, 48. Ex Hispania Iberes in Iberiam Asiæ migrarunt, 51, 3.

Hispanicum pelagus, Ἰβηρικὸν πέλαγος, 101, 26.

Histi, Ἱστοί, Icariæ ins. navium statio, 545, 54.

Histiæa, Ἱστίαια, Eubœæ urbs, quam Ellopiæ Ellops adjunxit, 382, 35. Ellopienses Histiæam migrarunt, 382, 39; Secundum nonnullos deducta est ex Histiænsium pago Attico, 382, 45. Oritæ a Ellopiensibus urbe sua ejecti migrarunt Histiæam, 383, 5, quæ dein vocata est Oreus, 382, 44. Histiæenses plurimi a Perrhæbis in Thessaliam abducti sunt, 383, 8. Eubœa a Pericle subacta, Histiæenses in Macedoniam migrarunt; duo autem millia Atheniensium Oreum, pagum Histiæensium, frequentarunt, 382, 48.

Histiæensium, Ἱστιαιέων, ex pago Attico colonia deducta Histiæa Eubœæ, ut nonnulli ferunt, 382, 45.
Histiæotis, Ἱστιαιῶτις, Histiæensium in Eubœa regio, 382, 34; a Perrhœbis vastata, 375, 48.
Histiæotis, Ἱστιαιῶτις et Ἑστιαιῶτις, Thessaliæ pars, 369, 26, olim Doris dicta, nomen habet ab Histiæotidis Eubocæ incolis, quos Perrhæbi in Thessaliam transduxerant, 375, 46. Histiæotis et Dolopia Thessaliæ superioris nomine comprehenduntur, 375, 52. Nomen Histiæotidis sæpius occurrit; v. p. 430, 434, 437, 438, 441, 446. *ed. Cas.*
Historia. Τῆς ἱστορίας τὸ τέλος ἀλήθεια, 20, 42. Historiographia post poetarum fabulas demum in medium prodiit, 16, 25. Historici solent καλλωπίζειν τὰς πράξεις, 135, 25.
Holmiæ, Ὁλμιαί, Corinthiæ prom., a Creusa 120 stadiis distat, 352, 10.
Holmi, Ὅλμοι, ad initium Phrygiæ Paroræœ siti, a Caunis Cariæ 920 stadia distantes, 566, 20.
Holmi, Ὅλμοι, Ciliciæ opp., cujus incolæ Seleuciam migrarunt, 572, 1.
Holmius, Ὁλμειός, Bœotiæ fl. e Helicone oriens, cum Permesso confluens, exit in Copaidem, 350, 3.
Homarium, Ὁμάριον, Jovis lucus apud Ægienses; fœderis Achaici comitiis destinatus, 330, 49; 332, 26.
Ὁμήρειον, nomisma æreum ap. Smyrnæos, 551, 49.
Ὁμήρειον, stoa Smyrnæ, 551, 46.
Homeridæ in Chio, 551, 20.
Homerus sec. nonnullos Colophonius est, 549, 28. Eundem Smyrnæi sibi vindicant. Ejus templum et statua in Smyrna urbe, 551, 46. Alii contendunt poetam esse Chio oriundum; quonam argumento? 551, 20. In Chio commorantem convenit Lycurgus, 414, 23. Homerus in Io insula sepultus, 416, 14. Creophylo, a quo hospitio exceptus erat, Οἰχαλίας ἅλωσιν dedit. Carmen istud falso Homero tribui, et ipsius Creophyli esse censet Callimachus; quidam Homeri magistrum Creophylum, alii Aristeam fuisse tradunt, 545, 33. Homeri studiosus Alexander, 508, 47. Ἡ διόρθωσις τῆς Ὁμήρου ποιήσεως ἡ ἐκ τοῦ νάρθηκος λεγομένη, quam Alexander cum Callisthene et Anaxarcho elaboraverat, 508, 48. Homerus κατ' ἐξοχὴν poeta vocari solet, 17, 31. Homerus ὁ τὰς τῶν θεῶν εἰκόνας ἢ μόνος ἰδὼν ἢ μόνος δείξας, 304, 39. Sec. versus ejus Phidias Jovem fecit, 304, 25. Homeri poesis est φιλοσόφημα, 20, 49, et in publicum utilior, δημωφελεστέρα, est quam philosophia, 16, 28. Homerus primus geographicæ peritiæ auctor, et singularum regionum et totius orbis tunc habitati rationes bene cognitas habebat, 1, § 2; populorum alios nominatim appellat, alios remotiores per ambages indicat, 2, § 3. Novit Ibericarum regionum divitias et beatam temperiem, 2, § 4; novit Æthiopes bifariam diremptos Oceani accolas, 2, § 6; novit arcticum circulum, quem Ursi et Plaustri siderum nominibus indicat, 3, § 6. Quonam sensu Ursam ab Orione observari dixerit, 3, 13. Populos septentrioni proximos Nomadum, Hippomolgorum, Galactophagorum, Abiorum nominibus, a vitæ ratione petitis, designat, 3, 25 sq. 249, 33; 258, 47; 246, 21. Novit oceani terram ambientis fluxum et refluxum, quamquam in eo erravit quod ter quotidie æstum accidere putavit, nisi forte mendam traxit scriptura, p. 3, 37 *sqq*. Vehementiores etiam oceani affluxus non ignoti ei fuerunt, ex Posidonii sententia, 3, 44. Verbis ποταμοῖο ῥόον ὠκεανοῖο (Od. μ, 1) certam quandam oceani partem designat ab hiberno tropico usque ad australem polum pertinentem, ut probabiliter Crates censuit, 4, 1. Terras interno mari adjacentes cognitas habet Africam, Ægyptum, Phœniciam, Solymos, Lycios, Cares, Propontidem, Euxinum usque ad Colchidem, nec non Bosporum Cimmerium, ut qui Cimmerios memoret; porro Istrum; nam Mysorum, qui accolunt eum, meminit; Thraciam; nam Pæones, Athon, Axium insulasque objectas nominat; Græciam novit universam usque ad Thesprotos; Italiæ extrema; Iberiæ fines. Quædam tamen in medio intervalla reliquit; historicis fabulosa quædam attexit, idque non culpandum, sed ex priscæ philosophiæ ratione explicandum, 10 p. 5. Homerum nonnisi delectationem auditorum spectare haud recte Eratosthenes contendit; docere etiam poeta voluit, 12, 47 *sqq*. Poeticam morum magistram esse ipse Homerus docet, 13, 7. Docendi studium etiam ex iis patet, quod de Græciæ locis vel nimis curiose (ut Eratosth. ait) multa attulit Homerus, 13, 19. Falsi sunt, qui omnes artes et scientias Homero vindicent; inepti vero qui omnes eas poetæ detrahendas censent, p. 13, 39. Perperam Homerum nonnulli ex omni geographiæ scientia ejiciunt, 131, 1. Homerus præ ceteris Ulyssem omni eruditionis genere exornat, 13, 32 *sqq*. Non modo propinqua et quæ apud Græcos sunt, ut Eratosthenes ait, sed longinqua etiam multa accurate narrat, porro fabulas quoque scienter admodum tractat, 15, 23 *sqq*. Græcarum quidem rerum notitia præditus, remotiorum vero regionum valde ignarus esse ab Eratosthene et Apollodoro perhibetur, 248, 1. In narratione de Jasonis, Ulyssis, Menelai erroribus non omnia finxit, 186, 43. Iliadem et Odysseam ex historia in fabulosam poetarum more narrationem retorquet, 124, 6. Veritati sæpe fabularum figmenta, seu aurum argento circumfundit, δημαγωγῶν καὶ στρατηγῶν τὰ πλήθη, ut in narratione de bello Trojano et erroribus Ulyssis, 16, 33. Zoilus sane rhetor Homerum ut nugatorem et fabulatorem insectatus est, 225, 45. At Πάντα πλάττειν οὐχ Ὁμηρικόν ἐστιν, 20, 48. Ἐκ μηδενὸς αἰσθοῦς ἀνάπτειν κενὴν τερατολογίαν οὐχ Ὁμηρικόν, 16, 40. Ἔλαβεν παρὰ τῆς ἱστορίας τὰς ἀρχάς, 16, 47. Οὐ φλυαρίας, ἀλλ' ὠφελείας χάριν carmina fecit, 21, 49. Homeri τὸ φιλεύξοχον καὶ τὸ φιλότεχνον testantur carmina ipsius et biographi, 30, 8. Λέγει ῥητῶς τὰ ῥητὰ καὶ σιγᾷ τὰ λίαν ἐκφανῆ ἢ ἐπιθέτως λέγει, 30, 14. Homericam poesin ad quæstiones scientiæ accommodatas non inepte traduxerunt Crates aliique, 130, 52. In geographicis Homerus multum accuratior est quam ceteri poetæ, v. c. quam Sophocles in Triptolemo, in Bacchis Euripides, 22, 15. In recensendis regionis alicujus locis Homerus ordinem geographicum modo observat, modo negligit, 323, 16. In navium catalogo urbes quidem ex ordine non recenset, nationes autem serie memorat recta, 22, 32. Si multa loca notissima non memoravit, id non ignorationis signum, 474, 12. Sæpe utitur figura illa, qua totum cum parte componitur, 292, 43. Quomodo cœli plagas designare soleat, 28, 26; 391, 2. Quomodo e Thracia boream et zephyrum flare recte dicere potuerit, 23, 10. Quomodo cognomines urbes distinguat, 291, 10. Cimmerios ad Bosporum habitare novit (nam paullo ante Homeri ætatem usque in Æolidem et Ioniam progressi erant, 123, 41), sed ductus quadam locorum similitudine ad tenebricosum locum Orco finitimum fabulisque de Ulyssis erroribus aptum transduxit, 17, 2; fortassis in eo etiam sectus est commune Ionum in istam gentem odium, 123, 35. Similiter Medeam et Circen, utpote ejusdem indolis mulieres, cognatas esse finxit et utramque in oceano collocavit, juvante fortasse fama de Jasone ad Italiam usque evagato; itaque ex Æa urbe Colchica evasit Ææa insula, et e Symplegadibus factæ sunt Planctæ, 17, 10 *sqq*. 38, 49; 123, 44. Tanto facilius hæc fingebantur, quum Pontus tum pro oceano quodam secundo habebatur, 17, 25. Ex iis quæ de

Scylla et Charybdi cognita erant, navigationem per scopulos finxit, 17, 24. Alia fictione, cujus causam probabilem invenire licet, Solymos, altissima Tauri incolentes, oceano propinquos fecit, 17, 33 *sqq*. Cyclopes unoculos fortasse e Scythica historia arripuit, 17, 42. In narratione de Ulyssis erroribus multa sane insunt figmenta et portentosa, at adiisse Ulyssem Siciliam et Italiam et interiora etiam loca historiæ fide traditur, perperam obloquente Eratosthene, p. 17, 46 *sqq*. Quæ de Ulysse in Oceanum enavigante Homerus habet, fabulas esse censet Apollodorus, 248, 46. Callimachus loca ab Homero in Oceano posita ad Gaudum et Corcyram refert, 37, 19. Quamquam quæ de longinquis his regionibus Homerus narrat, non adeo absona sunt ab iis quæ de Hispania historiarum fide novimus, 130, § 4 (coll. § 3). De Lotophagis narratio ad Meningem insulam pertinet, 20, 38. Quod poeta de Æthiopibus bifariam divisis ait, non recte explicat Crates, et falsum esse perperam contendit Aristarchus. Pluribus modis poetæ sententia explicari possit; dicere licet Æthiopes dirimi aut Nilo fluvio aut interjecta regione deserta; at recte re perpensa, patet Æthiopes Homericos per totam oceani oram australem habitare, dirimi autem sinu Arabico, 25, 15-29, 36. Æthiopes ad quos Menelaus venit, ex Homeri sententia sunt Ægypto contermini, non vero ii quos Crates et Aristarches intellligi voluerunt, 33, 20. Secundum Apollodorum, Homerus non novit res Ægypti et Libyæ, ut Nili exundationes et isthmum qui Rubrum mare et Ægyptium dirimit, 248, 25; 35, 49. Immo non ignoravit isthmum illum, 25, 17; 29, 36. Porro fluvios, qui pluvialibus aquis implentur διιπετέας dicit; κατ' ἐξοχήν vero hoc epitheto designat Nilum, quippe cujus novit annua incrementa, 30, 23; 672, 15. Haud recte Eratosthenes Homerum Nili fluvii et nomen et ostia ignorare censet, 24, 25. Pharum insulam Homerus πελαγίαν dicit, non quod ignoravit ejus situm (ut Eratosthenes putat), sed quod talem Menelai temporibus fuisse statuit, 24, 46. Et reapse tum insulam longius a continente dissitam fuisse consentaneum est, quamquam poeta distantiam auget nimium, 31, 4. Etiam reliqua de Pharo insula narratio homerica defendi potest, 31, 5. Novit Homerus Arabiam, at non novit Indiam, 32, 41. De Ponto Homerus ignoratione lapsus falsa tradidit, sec. Apollodorum, 25, 49. Ignoravit Argonautarum ad Phasin navigationem, ut Demetrius ait, 37, 37. Id vero secus habet, quamquam nonnulla de Argonautis habet fabulosa, 39, 5. (Cf. 17, 10; 17, 24; 38, 49; 123, 44.) Quonam sensu Homerus Argo navem πασιμέλουσαν dixerit, 39, 7. Nota poetæ erant loca circa Tartessum, ut conjicias et Tartari figmento, 123, § 12, et ex aliis, 123 § 13. Quum sciret multas expeditiones ultima Hispaniæ attigisse, et eorum locorum opulentiam, Phœnicibus indicantibus, cognovisset, piorum sedes et campum Elysium ibi finxit, 124, 28; 125, 1. De Sicilia non pejus quam historici narravit, sec. Polybium, 19, 41. Quomodo fabulæ de Æolo et Scylla et Charybdi explicandæ sint, 19, 26-20, 37; 36, 17. Ætnam montem et Ortygiam insulam et Tyrrhenos Italiæ nondum novit, 19, 13. Notæ vero erant insulæ Liparæorum, 213, 30. Homerica Necria Averno Campaniæ lacui applicatur, 203, 29. Temesam memorans Homerus intelligi voluit urbem Italiæ, non vero Tamassos Cypri insulæ, 212, 45. Mysos (Il. 13, 3) dixit gentem Thracicam, 245, 38. Quinam Homerici ἱππομολγοί, γαλακτοφάγοι, ἄβιοι intelligenda sint ex Posidonii sententia, 246, 21; 249, 33; 258, 47; 3, 47; Ponti ne nobilissimos quidem fluvios Homerus memoravit, 248, 13. Paphlagoniæ mediterranea novit, ut non item maritima, ut Apollodorus opinatur, 248, 17. At bene novit Pontum Homerus, 249, § 7. Caucones Homerici unde Trojam venerint, 296, 42. Homeri testimonio nitentes nonnulli totum mare Ægæum Hellespontum vocant, 284, 54. Homerus omnium primus Græciam descripsit, 285, 27. Homerus Hellenes vocavit nonnisi eos qui in Thessalia erant, sec. Apollodorum; barbaros nullibi nominavit, sec. Thucydidem; alii Hellenes ab eo vocari totius Græciæ incolas dicunt in Odyss. 1, 344 et 15, 80, et contra Thucydidis sententiam Cares proferunt, βαρβαροφώνους ab Homero dictos, 318, 3. Quomodo Homerus Eleam s. Elidem regionem diviserit, 292, § 8. Pylus Nestoris patria ei esset Triphyliæ, 301, § 26 *sqq*. 291 § 7. Non novit certamen Olympicum, 305, 14. Lacedæmonii vocabulo modo urbem modo regionem designat, 315 § 8. Quonam sensu Lacedæmonem κητώεσσαν vel καιετάεσσαν dixerit, 315, 23. Urbes Laconiæ ap. Homerum memoratæ, 312, § 3 *sqq*. De ''Αργος nominis usu vario, 317, § 5. Quid sit πολυδίψιον ''Αργος, 318, 34. Quid significet Ἀπία vox, 319, 36. Argolicarum urbium catalogus, 320, 30; 324, 9. Arcadiæ urbes ab Homero memoratæ ubinam sitæ fuerint parum constat, 333, 45. Homeri carminibus Solon vel Pisistratus versum inseruit [Il. 2, 557], ut Salaminem Atheniensibus vindicarent, 338, 33. Homerus de oppidis Bœotiæ, 352, § 26 *et passim*. Thessaliam in 10 dominationes quomodo diviserit, 369, § 4 *sqq*. Quosnam (Il. 13, 301) dixerit Ephyros et Phlegyas, 276, 21. Quum Euboeam memorat, incolas tamen nonnisi Abantum nomine affert, 382, 20. Quosnam Cephallenes dicat, 389, 4. Homerica narratio de Ithaca insula, 390, § 11 *sqq*. 28, 26; de Dodonæ accolis Sellis vel Hellis, 272, 33; de Cretæ urbium numero, 412, 6. Samus insula Homero est Samothrace; Samum insulam Ionicam non memorat, 392, 40. Euneum in Lemno collocat, 38, 50. Achæorum murum et finxit et delevit, 84, 29. Quousque Trojanorum ditionem pertinere censeat, 494, 4 et 14. Cilicum in Troade finitimos Pelasgos vocat, 184, 20. Nihil novit de violata Cassandra, 514, 6. Quo sensu Cares βαρβαροφώνους dicat, 564, 34. Homero non fuit migratio Ionica, 392, 42. Sacrificii, quod in Panioniis fieri solebat, meminisse videtur, 330, 10. Neque Assyriorum neque Medorum imperium novit, 626, 12. Tyri non meminit, 644, 17. Quinam sint Erembi Homerici, 248, 31 (Cf. v. Erembi); Solymi Homerici, 28, 46; Sidonii, 644, 44. Versus Homerici laudantur:

Iliad. I, *v*. 3 *p*. 318, 42. — *v*. 5 *p*. 23, 10; 23, 11; 24, 3. — *v*. 30 *p*. 317, 38. — *v*. 37 *p*. 524, 10. — *v*. 38 *p*. 516, 50. — *v*. 268 *p*. 315, 31. — *v*. 270 *p*. 7, 13. — *v*. 360 *p*. 284, 54. — *v*. 366 *sqq*. *p*. 500, 34; 523, 5. — *v*. 423 *p*. 2, 41; 28, 37. — *v*. 432 *p*. 523, 52. — *v*. 439 *sqq*. *p*. 524, 3. — *v*. 528 *p*. 304, 27; 691, 32. — *v*. 594 *p*. 282, 19.

Iliad. II (Διάπειρα, p. 14, 22), *v*. 108 *p*. 319, 45. — *v*. 144 *p*. 23, 42. — *v*. 193 *p*. 318, 40. — *v*. 214 *sqq*. *p*. 37, 54. — *v*. 254 *p*. 505, 27. — *v*. 284 *p*. 312, 20. — *v*. 298 *p*. 124, 22. — *v*. 328 *p*. 504, 25. — *v*. 461 *p*. 526, 35. — *v*. 496 *p*. 7, 17; 323, 17. — *v*. 497 *p*. 323, 23. — *v*. 499 *sqq*. *p*. 352, 37. — *v*. 500 *p*. 350, 32. — *v*. 502 *p*. 13, 25; 352, 50. — *v*. 503 *p*. 13, 26; 349, 44. — *v*. 505 *p*. 354, 11. — *v*. 507 *p*. 49, 37; 354, 49. — *v*. 508 *p*. 13, 26; 347, 49; 348, 5. — *v*. 519 *p*. 363, 17. — *v*. 520 *p*. 363, 15. — *v*. 523 *p*. 13, 27; 349, 50; 364, 7. — *v*. 536 *p*. 366, 20. — *v*. 536 *p*. 33, 47; 382, 21; 389, 13. — *v*. 542 *p*. 382, 22. — *v*. 543 *p*. 385, 32. — *v*. 546 *p*. 336, 43. — *v*. 557 *p*. 338, 36; 339, 6. — *v*. 559 *sqq*. *p*. 317, 36; 320, 30; 323, 17. — *v*. 576 *p*. 331, 39. — *v*. 581 *p*. 337, 2. — *v*. 582 *p*. 308, 30. — *v*. 584 *p*. 300, 48. — *v*. 591 *sqq*. *p*. 291, 29; 297, 52;

300, 6. — v. 606 p. 333, 46. — v. 625 sqq. p. 292, 15; 389, 9. — v. 631 p. 389, 5. — v. 632 p. 323, 26; 390, 8. — v. 633 sqq. p. 388, 20; 389, 18. — v. 639 p. 331, 40; 395, 27. — v. 640 p. 366, 29; 384, 27. — v. 641 p. 33, 41. — v. 646 p. 408, 50; 410, 53. — v. 648 p. 411, 50. — v. 649 p. 412, 6. — v. 655 p. 491, 20. — v. 659 p. 272, 47; 290, 38. — v. 662 sqq. p. 557, 50. — v. 668 p. 559, 8. — v. 669 sqq. p. 324, 9. — v. 676 p. 419, 15. — v. 681 sqq. p. 317, 44; 369, 50. — v. 682 p. 371, 40. — v. 683 p. 370, 31 et 11. — v. 684 p. 318, 9. — v. 690 p. 500, 23. — v. 691 p. 500, 21; 523, 15. — v. 692 p. 529, 39. — v. 695 p. 374, 4. — v. 697 p. 300, 45. — v. 701 p. 246, 25. — v. 729 p. 375, 45. — v. 730 p. 291, 27. — v. 734 sqq. p. 376, 40. — v. 738 sqq. p. 377, 40. — v. 744 p. 373, 19; 377, 49. — v. 748 sqq. p. 378, 51. — v. 754 p. 379, 13. — v. 756 p. 379, 37. — v. 783 p. 535, 37; 667, 35. — v. 792 p. 513, 1. — v. 814 sqq. p. 532, 34. — v. 816 p. 501, 4. v. 819 p. 501, 6; 506, 43. — v. 824 sqq. p. 484, 3; 499, 27; 501, 11; 502, 42. — v. 828 sqq. p. 502, 24. — v. 831 p. 501, 32. — v. 835 sqq. p. 501, 18; 505, 3. — v. 840 sqq. 184, 22; 530, 21. — v. 849 p. 277, 22; 278, 15. — v. 851 p. 465, 45. — v. 852 p. 176, 43. — v. 855 p. 464, 47; 467, 3. — v. 856 p. 516, 28. — v. 862 p. 483, 36; 580, 40. — v. 863 p. 472, 24. — v. 864 sqq. p. 535, 26. — v. 865 p. 533, 19. — v. 867 p. 564, 32. — v. 868 p. 543, 16.

Iliad. III, v. 2 p. 491, 39. — v. 4 p. 29, 3. — v. 6 p. 605, 28. — v. 8 p. 491, 41. — v. 187 p. 580, 48. — v. 189 p. 473, 23. — v. 202 p. 14, 5. — v. 221 p. 14, 24. — v. 230 p. 339, 2. — v. 235 p. 576, 2. — v. 363 p. 36, 50. — v. 443 p. 343, 3.

Iliad. IV, v. 8 p. 355, 14. — v. 52 p. 317, 35. — v. 171 p. 318, 34. — v. 273 p. 338, 52. — v. 327 sqq. p. 338, 46. — v. 425 p. 44, 35. — v. 469 p. 385, 44. — v. 481 p. 672, 16. — v. 499 p. 501, 23. — v. 522 p. 505, 24.

Iliad. V, v. 6 p. 2, 16. — v. 43 p. 355, 6. — v. 222 p. 565, 3. — v. 545 p. 289, 13. — v. 612 p. 504, 27. — v. 641 p. 510, 28. — v. 642 p. 510, 15. — v. 708 p. 350, 12 et 34.

Iliad. VI, v. 34 p. 518, 26. — v. 92 p. 514, 27. — v. 132 p. 586, 25. — v. 146 p. 556, 35. — v. 152 p. 319, 41. — v. 184 p. 569, 22; 490, 54; 539, 17. — v. 199 p. 491, 4. — v. 203 p. 539, 19. — v. 204 p. 491, 3. — v. 289 p. 34, 13. — v. 305 p. 514, 33. — v. 395 p. 500, 37. — v. 414 p. 529, 31. — v. 421 sqq. p. 529, 34. — v. 433 p. 512, 3. — v. 448 p. 514, 21. — v. 623 p. 319, 39.

Iliad. VII, v. 133 p. 299, 19. — v. 221 p. 350, 35; 535, 33. — v. 337 p. 84, 29. — v. 421 p. 2, 11. — v. 422 p. 3, 42.

Iliad. VIII, v. 16 p. 6, 54. — v. 47 p. 33, 44. — v. 173 p. 389, 15. — v. 199 p. 304, 35. — v. 485 p. 2, 14. — v. 488 p. 36, 47.

Iliad. IX, Λιταί, p. 14, 22. - v. 7 p. 44, 29. — v. 129 p. 500, 7. — v. 141 p. 317, 46. — v. 150 sqq. p. 308, 26. — v. 153 p. 299, 37. — v. 352 p. 512, 8. — v. 381 p. 356, 10; 692, 51. — v. 383 p. 7, 23; 692, 40. — v. 392 p. 312, 34. — v. 404 p. 361, 3. — v. 424 p. 577, 29. — v. 443 p. 370, 17. — v. 447 p. 377, 8. — v. 448 p. 377, 1. — v. 455 p. 514, 30. — v. 479 p. 377, 1. — v. 480 p. 370, 12. — v. 484 p. 373, 3. — v. 498 p. 370, 33. — v. 525 p. 400, 16; 397, 45. — v. 529 p. 292, 50. v. 544 p. 400, 12.

Iliad. X, v. 226 p. 377, 14. — v. 246 p. 14, 8. — v. 428 p. 522, 28; 529, 43. — 429 p. 518, 10. — v. 430 p. 511, 48.

Iliad. XI, v. 20 p. 33, 10. — v. 166 p. 507, 36. — v. 222 p. 277, 37. — v. 286 p. 565, 1. — v. 305 p. 24, 17. — v. 667 p. 302, 24. — v. 681 p. 302, 28. — v. 697 p. 303, 7. — v. 710 p. 300, 15 et 32. — v. 721 p. 298, 4. — v. 738 p. 291, 1. — v. 756 p. 293, 47; 302, 5.

Iliad. XII, v. 15 p. 514, 24. — v. 19 p. 499, 24. — v. 20 p. 475, 5; 509, 25; 515, 49. — v. 239 p. 23, 3; 28, 29; 391, 4.

Iliad. XIII, v. 1 p. 33, 39. — v. 3 p. 245, 41; 249, 15; 251, 20. — v. 5 p. 3, 27. — v. 12 p. 392, 45; 393, 16. — v. 21 p. 331, 45. — v. 34 p. 331, 46. — v. 301 p. 276, 20; 379, 51. — v. 363 p. 514, 8. — v. 450 p. 409, 45. — v. 460 sqq. p. 519, 53. — v. 681 p. 338, 45. — v. 685 p. 336, 48; 371, 17. — v. 693 p. 371, 20. — v. 699 p. 371, 21. — v. 713 p. 385, 47. — v. 716 p. 385, 48. — v. 792 p. 483, 41.

Iliad. XIV, v. 116 sqq. p. 397, 39. — v. 117 p. 400, 8. — v. 200 p. 3, 30. — v. 245 p. 3, 50. — v. 283 p. 499, 16. — v. 292 p. 499, 26. — v. 301 p. 3, 30. — v. 443 p. 518, 22; 529, 46.

Iliad. XV, v. 425 p. 506, 45. — v. 518 p. 290, 17. — v. 519 p. 392, 6. — v. 531 p. 290, 41; 272, 47. — v. 546 p. 501, 27.

Iliad. XVI, v. 235 p. 272, 33. — v. 717 sqq. p. 505, 39. — v. 738 p. 510, 50.

Iliad. XVII, v. 233 p. 184, 14. — v. 265 p. 44, 38. — v. 301 p. 530, 33.

Iliad. XVIII, v. 254 p. 512, 44. — v. 326 p. 365, 22. — v. 399 p. 3, 38. — v. 489 p. 2, 44. — v. 600 p. 251, 44. — v. 606 p. 3, 24.

Iliad. XIX, v. 193 p. 401, 16. — v. 248 p. 401, 20. — v. 295 p. 500, 27; 523, 40. — v. 296 p. 529, 40. — v. 328 p. 500, 7. — v. 389 p. 385, 36.

Iliad. XX, v. 51 sqq. p. 511, 37. — v. 83 p. 501, 8. — v. 92 p. 500, 19. — v. 188 sqq. p. 519, 45. — v. 209 p. 512, 41. — v. 215 p. 506, 48. — v. 216 sqq. p. 507, 28. — v. 306 sqq. p. 520, 27. — v. 385 p. 350, 21. — v. 403 p. 330, 11.

Iliad. XXI, v. 84 p. 530, 8. — v. 86 p. 500, 51; 518, 14; 529, 52. — v. 87 p. 530, 1.

Iliad. XXII, v. 105 p. 513, 10. — v. 147 sqq. p. 48, 37; 515, 27. — v. 477 p 500, 43.

Iliad. XXIII, v. 85 p. 365, 20. — v. 630 p. 292, 27. — v. 742 p. 34, 28.

Iliad. XXIV, v. 78 p. 291, 13; 392, 50. — v. 409 p. 69, 12. — v. 543 sqq. p. 501, 40. — v. 544 p. 306, 15. — v. 752 p. 393, 5. — v. 753 p. 392, 48.

Odyss. I, v. 3 p. 7, 10; 14, 3; 35, 20. — v. 23 p. 2, 10, 25, 16; 26, 35. — v. 24 p. 26, 40; 85, 9. — v. 50 p. 21, 22. — v. 181 p. 391, 52. — v. 184 p. 212, 48. — 246 p. 389, 34; 392, 21. — v. 261 p. 290, 45. — v. 344 p. 392, 44; 318, 18; 319, 43; 564, 39.

Odyss. II, v. 52 p. 396, 20. — v. 157 p. 593, 48. — v. 328 p. 290, 48. — v. 359 p. 316, 15. — v. 370 p. 318, 41.

Odyss. III, v. 4 sqq. p. 296, 27; 289, 14. — v. 81 p. 390, 24. — v. 130 p. 514, 22. — v. 177 p. 383, 36. — v. 191 p. 412, 23. — v. 249 p. 313, 45. — v. 251 p. 313, 46; 317, 47. — v. 267 p. 13, 10. — v. 270 p. 13, 11. — v. 301 sqq. p. 31, 49. — v. 366 sqq. p. 294, 22. — v. 487 p. 316, 8.

Odyss. IV, v. 1 p. 315, 22; 316, 10. — v. 73 p. 32, 34. — v. 81 sqq. p. 31, 21; 35, 21. — v. 83 p. 7, 15; 22, 35; 31, 51; 248, 31. — v. 84 p. 34, 34. — v. 228 p. 680, 33. — v. 229 p. 7, 20. — v. 354 p. 400, 3. — v. 358 p. 31, 6. — v. 483 p. 678, 16; 681, 47. — v. 563 p. 2, 25; 32, 20; 124, 31. — v. 567 p. 32, 21. — v. 607 p. 390, 39. — v. 615 p. 34, 17. — v. 671 p. 301, 33; 389, 28. — v. 844 p. 49, 48. — v. 846 p. 392, 36.

Odyss. V, *v.* 274 *p.* 3, 13. — *v.* 275 *p.* 2, 44. — *v.* 282 *p.* 17, 40; 28, 44. — *v.* 295 *p.* 23, 30. — *v.* 306 *p.* 36, 45.
Odyss. VI, *v.* 204 *p.* 21, 26. — *v.* 232 *p.* 16, 33.
Odyss. VII, *v.* 324 *p.* 363, 22.
Odyss. VIII, *v.* 75 *p.* 358, 41. — *v.* 229 *p.* 385, 38.
Odyss. IX , *v.* 3 *p.* 553, 44. — *v.* 25 *p.* 28, 26. — *v.* 25 *sqq.* *p.* 22, 51; 390, 32. — *v.* 26 *p* 390, 48. — *v.* 82 *p.* 20, 53; 21, 17. — *v.* 84 *p.* 708, 31. — *v.* 109 *sqq.* *p.* 507, 21. — *v.* 291 *p.* 69, 12.
Odyss. X, *v.* 137 *p.* 39, 3. — *v.* 180 *p.* 28, 31; 23, 7, 391, 7. — *v.* 494 *p.* 649, 3.
Odyss. XI, *v.* 15 *p.* 5, 22; 204, 8. — *v.* 19 *p.* 5, 23. — *v.* 122 *p.* 579, 13. — *v.* 157 *p.* 92, 6. — *v.* 238 *p.* 306, 27. — *v.* 314 *p.* 22, 26. — *v.* 496 *p.* 292, 46. — *v.* 521 *sqq.* *p.* 526, 25. — *v.* 567 *p.* 124, 46.
Odyss. XII, *v.* 1 *p.* 4, 4. — *v.* 70 *p.* 39, 7. — *v.* 95 *sqq.* *p.* 19, 50. — *v.* 105 *sqq.* *p.* 20, 36; 3, 39; 36, 25. — *v.* 431 *sqq.* *p.* 36, 38. — *v.* 437 *sqq.* *p.* 37, 7.
Odyss. XIII, *v.* 1 *p.* 21, 20. — *v.* 109 *p.* 22, 52.
Odyss. XIV, *v.* 1 *p.* 390, 36. — *v.* 100 *p.* 389, 24. — *v.* 328 *p.* 273, 21; 648, 34. — *v.* 469 *p.* 512, 35.
Odyss. XV , *v.* 15 *p.* 396, 23. — *v.* 80 *p.* 318, 20; 564, 41. — *v.* 115 *p.* 34, 20. — *v.* 295 *p.* 301, 25; 384, 29. — *v.* 298 *p.* 289, 10; 301, 33. — *v.* 366 *p.* 390, 2. — *v.* 402 *p.* 418, 21.
Odyss. XVI, *v.* 249 *p.* 389, 50. — *v.* 403 *p.* 273, 14.
Odyss. XVII, *v.* 266 *p.* 674, 50.
Odyss. XVIII, *v.* 5 *p.* 472, 26. — *v.* 245 *p.* 317, 51. — *v.* 367 *p.* 14, 12. — *v.* 374 *p.* 14, 15. — *v.* 518 *p.* 500, 13.
Odyss. XIX, *v.* 174 *p.* 412, 7. — *v.* 175 *sqq.* *p.* 184, 6. — *v.* 178 *p.* 408, 50. — *v.* 179 *p.* 648, 42. — *v.* 203 *p.* 16, 45. — *v.* 518 *p.* 568, 14.
Odyss. XXI, *v.* 6 *p.* 472, 28. — *v.* 13 *p.* 315, 42. — *v.* 26 *p.* 7, 31.
Odyss. XXIV, *v.* 376 *p.* 49, 19; 388, 17. — *v.* 402 *p.* 542, 45.
Homole. V. Homolion.
Homolion sive Homole, Ὁμόλη, Ὁμόλιον, Magnetum opp. ad Ossam, ubi Peneus per Tempe se evolvere incipit, 380, 28; in campo Pelasgico, 381, 6 (ad montem *Kissavo?* Leake).
Homonadenses, Ὁμοναδεῖς, Pisidiæ, Catennensibus finitimi, 488, 15; 570, 28; 579, 11. Eos aggressus Amyntas periit; fame eos cepit Cyrinius, 487, 30 *sqq.*
Hormiæ i. q. Formiæ.
Hormina. V. Hyrmine.
Hortensio Cato Marciam uxorem tradidit, 441, 33.
Humanis carnibus vesci feruntur Hiberniæ incolæ, 167, 24. Humana sacrificia ap. Cimbros, 244, 24.
Humidum omne, quod consistit ac permanet, superficiem habet sphæricam, ejusque sphæræ idem est quod terræ centrum, 45, 27.
Hya. V. Hyampolis.
Hyacinthia, Ὑακίνθια, Lacedæmoniorum festum, 231, 39.
Hyamitis, Ὑαμεῖτις, una de quinque civitatibus, in quas Chresphontes Messeniam divisit, 310, 20.
Hyampea, Ὑάμπεια, Phocidis opp. ad Parnassum, 363, 41.
Hyampolis, Ὑάμπολις (ruinæ prope *Vogdani* vicum), Phocidis urbs Hya a nonnullis vocata, ab Hyantibus e Bœotia ejectis condita, 345, 5; 357, 7; 363, 37.
Hyantes, Ὕαντες, barbari in Bœotia, 267, 1; 344, 41; a Bœotis ejecti Hyampolin in Phocide condiderunt, 345, 5; 363, 38. E Bœotia in Ætoliam migraverunt, 399, 13.
Hyarotis, Ὑάρωτις (*Ravi*), Indiæ fl., in Accsinem incidit, 592, 5 et 13; 594, 44; 596, 9.

Hybla, Ὕβλα (Ὕβλα ἡ μείζων; ruinæ ad *Paterno*), Siciliæ opp. Qui Hyblæ erant Zanclæi Tauromenium condunt, 223, 15. Hybla (Ὕβλα ἡ μικρά; ad *Cantaro* fl.), Siciliæ opp.; postea Megara dicta; mel Hyblæum, 222, 45.
Hybreas, Ὑβρέας, Mylasensis orator Strabonis ætate celeberrimus, Antiochiæ audivit Diotrephem; in patriam reversus rempublicam capessivit; post Euthydemi mortem urbem in sua potestate habuit ; ejus de Euthydemo dictum; quomodo Labieno adversatus sit; in Rhodum aufugit; Labieno regresso, rediit et Mylasa urbem male multatam in integrum restituit, 562, § 24 ; 539, 7.
Hybrianes, Ὑβριᾶνες (modo recte nomen habet; fort. leg. Ἀγριᾶνες) cum Dasaretiis componuntur, inter populos quos Scordisci infestarunt, 264, 37.
Hydara, Ὕδαρα, castellum in Ponto orientali vel in Armenia minori, circa Paryadem montem, 475, 40. Aliunde non notum. Tabula Peutingeriana in hoc tractu habet *Patara* locum , in via situm qua Trapezunte Satalam itur; a Pylis (i. e. a faucibus *Kolat-Dagh* montis , ubi nunc est *Kulabat-Boghas*) meridiem versus 14 m. p. distat. Quæ mensura ducit ad castellum, quod prope *Sepran* locum exhibet tabula Kiepertiana. Castellum illud esse Hydara Strabonis et Patara Tab. Peut. suspicor.
Hydarnes, Ὑδάρνης, unus e septem Persarum proceribus, ex cujus genere Orontes Armeniæ præfectus, 455, 54.
Hydaspes, Ὑδάσπης (*Vitasta* sanscr.; hod. *Jelum*), Indiæ fl., 589, 51 ; 590, 4; 593, 43; 614, 25. Ad Hydaspen Bucephaliam et Nicæam urbes condidit Alexander, 595, 33. Inter Hydaspen et Indum est Taxila, 595, 5. Inter Hydaspen et Acesinen Pori regio, 595, § 29; sec. nonnullos etiam Cathæa et Sopithis regio § 30. Regio inter Hydaspen et Hypanin sita ab Alexandro Poro tradita; gentes in ea urbesque quot? 585, 15. Cf. Hypanis.
Hydatos potami, Ὕδατος ποταμοί, priscum nomen Seleuciæ in Pieria, 640, 2.
Hyde, Ὕδη, Lydiæ locus ad Tmolum, Homero memoratus (Il. 20, 385), quamquam Hyde locus in Lydia non reperitur; nomen hoc iis locis, ubi de Hyle Bœotica Homerus loquitur, nonnulli inepte inferunt , 350, 17; 535, 30.
Hydra Lernæa, 316, 41 ; 319, 15.
Hydra, Ὕδρα, nunc Æolidis ad sinum Elaiticum, 531, 45.
Hydra, Ὕδρα, nunc Lysimachia, Ætoliæ palus , 395, 31.
Hydracæ (Sydracæ, Oxydracæ?), Indiæ, in Persarum exercitu mercenarii, 586, 3. Cf. Sydracæ.
Hydrelus, Ὕδρηλος, Lacedæmonius, Athymbri et Athymbradæ frater, cognominem sibi in Caria urbem condidit, cujus incolæ post in Nysam transducti sunt, 555, 23.
Hydria ærea præ gelu rupta in Æsculapii fano Panticapæensi servatur; ejus inscriptio, 61, 35.
Ὑδρομάντεις ap. Persas, 649, 11.
Hydrus, Ὑδροῦς (*Otranto*), Iapygiæ opp., a Leucis 150, a Brundusio 400 st. distans, 234, 3.
Hydrussa, Ὕδρουσσα, Atticæ insula ante Æxonenses sita, 342, 21; hod. *Prasonisi* sec. Leakium.
Hyela. V. Velia.
Hylæ, Ὕλαι, Bœotiæ vicus, ad Hylicam paludem; Ὕλη ap. Homerum, ubi nonnulli perperam Ὕδη legunt, 350, 17. Situs incertus.
Hylas, Ὕλας, Herculis socius, in Arganthonio Bithyniæ monte a nymphis raptus, 482, 49. Hylæ festum apud Prusienses, 483, 2.
Hylica, Ὑλική, Bœotiæ palus, Hylis vico vicina, Κηφισσὶς Homerica, 350, 15.
Hylobii, Ὑλόβιοι, Garmanorum philosophorum secta, 607, 25.

Hyllus, Ὕλλος, Herculis f. natu maximus ab Ægimio adoptatus est, eique in regno successit, 367, 5.
Hyllus, nunc Prygius dictus, fluvius in Hermum exit, 535 9. Ab Homero memoratur, 474, 50.
Hymettus, Ὑμηττός, Atticæ mons, 343, 16. Sub eo Pelasgi e Bœotia pulsi consederunt, 345, 5; marmor Hymettium; mel Hymettium, 343, 18.
Hypæpa, Ὕπαιπα (Ruinæ in *Dohboi* vico), Lydiæ opp. qua descenditur a Tmolo ad Caystrium campum, 536, 24.
Hypæsia, Ὑπαισία, Triphyliæ regio prope Samicum, in quo Minyæ consederunt, 298, 27. Hypæsiam regionem eandem esse cum ea quæ p. 299, 15, τὸ Αἰπάσιον πεδίον vocatur, plurimi putant; at nihil incertius. Nescio an pro Ὑπαισία Strabo scripserit Ὑπαιπία, adeo ut regio intelligenda sit monti subjecta, in qua Æpy vel Æpium oppidum erat.
Hypana, Ὕπανα, Triphyliæ opp. in Elin urbem assumptum, 296, 9.
Hypanis, Ὕπανις (*Gharra*), Indiæ fl., 590, 1; 597, 1. Gentes inter Hypanin et Hydaspen, 597, 18. Regio trans Hypanin sita fertilissima, 598, 45. Ultra Hypanin Alexander non penetravit, 594, 45; transgressus fluvium est Menander, 443, 3. Cf. Hydaspes.
Hypanis (*Bog*) Straboni autem est *Dniester*. Quæ fluviorum confusio apud alios quoque obvia), Sarmatiæ fl., cursum habet Tanaidi parallelum; fontes ejus ignoti, 88, 47. Borysthenī propinquus est, 254, 18. Ab Homero non memoratur, 248, 14.
Hypanis (*Kuban*) nonnullis vocatur ὁ Ἀντικείτης, 424, 30 et 37. Quem Pharnaces Dandariorum agris induxit, 425, 13.
Hypasii, Ὑπάσιοι, Indiæ gens, inter Cophen et Indum, 595, 1; 589, 48.
Hypatus mons, Ὕπατον ὄρος (*Samata*), in Bœotia, cui subjacet Glissas vicus, 354, 4.
Hypelæus fons, Ὑπέλαιος κρήνη, Ephesi, 541, 39; 546, 49.
Hyperbolæ quædam sunt hyperbolarum, ὑπερβολαὶ ἐπὶ ὑπερβολαῖς, ut quum dicimus aliquid suberis umbra esse levius, etc., 30, 30.
Hyperborei, Ὑπερβόρειοι, apud quos boreas non spiret, nulli sunt, ut Herodotus censet, obloquente Eratosthene. Corrigit utriusque sententiam Strabo, 51, 34. Cf. 245, 16; 435, 20. Hyperboreorum longævitas, 605, 53.
Hyperea, Ὑπέρεια, fons Thessaliæ, prope quem veteris urbis (Helladis, ut Pharsalii putabant) rudera sunt, 370, 42; in Eurypyli ditione, 376, 40. — Alia Hyperæa in Pheræorum urbe Eumelo subjecta, 377, 32.
Hyperesia, Ὑπερησίη (i. q. Ægira), Achaiæ urbs, ab Homero memorata, ad Agamemnonis regnum pertinuit, 328, 51; 324, 13.
Hypernotii, Ὑπερνότιοι, nulli sunt, sec. Herodotum; imo sunt, sec. Eratosthenem, quum Notus in Æthiopia non spiret; at hoc falsum esse Strabo respondet, 51, 34.
Hyphanteus mons, Ὑφάντειον ὄρος, ad quem jacet Orchomenus, 364, 10.
Hypochalcis sive Chalcis, Ætoliæ opp. ad Chalcidem m., 387, 26.
Hypocremnus, Ὑπόκρημνος, locus ad isthmum situs, qui Erythræorum et Clazomeniorum agrum dirimit, 550, 4 et 44; 585, 12.
Hypothebæ, Ὑποθῆβαι, secundum nonnullos Bœotiæ oppidum, quod e verbis Homeri Iliad. 2, 505 eliciunt, 354, 12.
Hypsicrates, Ὑψικράτης, historicus, de Asandro isthmum Chersonesi Tauricæ muro muniente, 258, 52; de Gargarensibus et Amazonibus, 432, 19; de animalibus quæ sint apud Æthiopes Hesperios, 702, 17.

Hypsoeis, Ὑψόεις, locus Macistiæ, ubi Latonæ fanum; in propinquo Amphigenia opp., 300, 41. Situs incertus. Fortasse opp. in monte ad hod. *Sulima* situm in Messeniæ parte Triphyliæ proxima. Cf. v. Amphigenia.
Hyrcania, Ὑρκανία, Parthicis bellis accuratius innotuit, 11, 47; primum fusius de ea exposuerunt Parthicorum scriptores, ut Apollodorus Artemitenus, 97, 27; 57, 9. Hyrcaniæ situs, 436, 52. Inter Hyrcaniam et Parthos et Arios et Daas ingens est solitudo, quam Daæ peragrantes in Hyrcaniam et vicinas regiones invadebant, 438, 40. A solitudine Hyrcaniam dirimit Sarnius fl., 438, 12. Hyrcaniæ pars olim fuit Parthyæa, 441, 13, et Nesæa, 436, 45. Ejus fluvii Ochus et Oxus, 436, 47. Per Oxum merces Indicæ in Hyrcaniam feruntur, 61, 22. Regio fertilissima est, 60, 45; opulenta et ampla, urbibus distincta, quarum potiores recensentur; at non satis regio excolitur; hujus rei causa, 436, § 2. Abiete et pinu caret, 436, 44. Ἀκταὶ ὑπανίτροι in ora Hyrcaniæ, 427, § 5. Ex India in Hyrcaniam circumnavigari posse non negat Patrocles, 444, 54. Ex Hyrcania Persæ colonos duxerunt in Lydiæ campum, qui inde Hyrcanius vocatur, 538, 4. Hyrcaniæ proximi e Daarum gentibus sunt Aparni, 438, 36; 252, 49. Inter Hyrcanos et Derbices habitare ferunt Tapyros, 441, 29. Cf. 440, 36.
Hyrcanium mare, ἡ Ὑρκανία θάλασσα, i. q. Caspium mare, 434, 46; 100, 20. Ejus a Colchide distantiam accurate definire tentavit Hipparchus; item Hyrcaniæ a Bactria distantiam, 77, 36. Maris os magis versus boream inclinat quam extrema Scythiæ, quæ sunt post Indos, 98, 34. Maris accolæ, 107, 11.
Hyrcanium, Ὑρκάνιον, Judææ castellum a Pompeio eversum, 649, 30. Situm fuerit in eodem tractu in quo erat Machærus castellum; sed quonam potissimum loco, parum liquet.
Hyrcanius campus, Ὑρκάνιον πεδίον, Lydiæ, in quem ex Hyrcania Persæ colonos duxerunt, 538, 4.
Hyrcanus, Ὑρκανός, et Aristobulus Alexandri filii, de imperio Judææ disceptantes a Pompeio dejecti, 649, 19.
Hyrcanus a Pompeio Judæorum sacerdotio præfectus, 651, 6.
Hyria, Ὑρία (*Oria*), quam Herodotus Japygiæ urbem a Cretensibus conditam dicit, aut Uria est aut Veretum, 234, 23.
Hyria, Ὑρία, in Bœotia Aulidi propinqua, nunc Tanagræorum, olim Thebanorum locus, 347, 25; de ea fabula, ib. Secundum nonnullos Hyria i. q. Hysiæ, 347, 29. Hyriensium colonia Hysiæ, 347, 31.
Hyrieus, Orionis pater, in Hyria Bœotiæ, 347, 26.
Hyrmine, Ὑρμίνη, Elidis oppidum fuit, non amplius exstans, nisi quod montana non procul a Cyllene extremitas Ὀρμίνα vel Ὄρμινα dicitur, 293, 24 et 27; 292, 16. Pertinere ad hunc locum ruinas prope *Kunupeli* portum cum Curtio, *Pelop.* 2, p. 33, crediderim.
Hyrtacides, Ὑρτακίδης, Hyrtaci f., Asius, 501, 20.
Hysiæ, Ὑσίαι, Bœotiæ opp. Parasopiæ regionis sub Cithærone, colonia Hyriensium, a Nycteo condita; nonnulli Hyriam vocant, 347, 29.
Hysiæ, Ὑσίαι, Argolidis opp., 323, 36; 347, 32. Incolæ Hysiatæ, ib. Ruinæ in colle exstant, qui est ab *Achladokampos* meridiem versus. V. Curtius *Peloponn.* 2, p. 367.
Hyspiratis, Ὑσπιρᾶτις (an Συσπιρῖτις?), Armeniæ prov., in qua auri metalla et sandycis ad Caballa, 454, 18.

I.

Iaccetani, Ἰακκετανοί (ad *Jaca* urbem), Hispaniæ gens, quorum regio pertinet a Pyrenes radicibus ad vicina

Ilerdæ et Oscæ, 133, 53. In hac regione Sertorius bellum contra Pompeium gessit, et postea Sextus Pompeius contra Cæsarem, 134, 19.

Iacchus, Ἴακχος, vocatur tum Bacchus tum princeps mysteriorum, Cereris genius, 402, 9.

Ialmenus, Ἰάλμενος, Orchomeniorum dux, cum quibus ad Pontum sedes fixit, 357, 15.

Ialysus, Ἰάλυσος (ad *Phileremo*), Rhodi urbs, a quonam condita et nominata sit, 558, 32 et 35; postea cum Lindo et Camiro in unam Rhodum urbem coiit, 559, 20. Supra Ialysum Ochyroma arx, 559, 27.

Ialysus, Protogenis pictura, 557, 15.

Iamnia, Ἰάμνεια (*Iebna* sive *Ibnah*), Judæorum vicus ab Jope proximus; ab Azoto et Ascalone et a Casio monte distantia, 646, 11 et 18.

Iamblichus, Sampsicerami f., Emisenorum phylarchus, Arethusam castellum tenebat, 641, 8.

Iapodes, Ἰάποδες, Galli Illyriis mixti, 260, 39; 172, 41. Inter Pannoniam et Adriam habitantes, gens bellicosa, sed ab Augusto prorsus defatigata, 261, 30; 172, 45. Oræ Iapodicæ, quam Liburnica excipit, παράπλους 1000 stadiorum, 261, 27 et 37. In Iapodum terra Ocra mons, pars Alpium humillima; hinc qui sunt meridiem versus montes rursus in altum se attollentes, vocantur Albii, 260, 47 et 38; 261, 28; 172, 41; 168, 20. Per Iapodes ex Albio monte Colapis fluit, 261, 2. Urbes Iapodum Metulum, Arupini, Monetium, Vendon, 261, 32. Regionis solum quale sit. Incolæ armaturam Gallicam habent; corpora notis compungunt, 261, 33. Latrociniis se dederunt, 172, 45. Insulæ ad oram Iapodicam Absyrtides et Cyrictica, 261, 42.

Iapygia, Ἰαπυγία, secundum Antiochum extra Italiam sita est, et occidentem versus sequitur post Metapontum, 212, 2; 220, 14; 174, 24. Iapyges, sec. Antiochum, ab Iapyge dicti, usque ad Dauniam incolebant, 232, 6. Iapygia etiam Messapia vocatur a Græcis; indigenæ in ea distinguunt Salentinos et Calabros, et quod his superjacet Apuliam vocant, ubi Græcis Peucetii sunt et Daunii, 230, 42. In Iapygiam e Bœotia venit Messapus, 347, 51. Iapygiæ solum in summo asperum; si aratro scinditur globosum esse deprehenditur; aqua minime abundat, attamen pascuis aptum et arborum ferax, 233, 29. Olim tredecim ibi urbes; nunc præter Tarentum et Brundusium nonnisi oppidula, 233, 31. Ab Iapygia ad fretum Siculum per oram 3000 stadia, navigatione 2500 st., 176, 12. Iapyges olim Crotonem incolebant, teste Ephoro, 218, 16.

Iapygium promontorium, Ἰαπυγία ἄκρα, 175, 17; 102, 11; 215, 27; Italiam δικόρυφον facit, 89, 49. Ejus situs cum Lacinio pr. sinum Tarentinum, cum Cerauniis montibus aditum sinus Ionici coercet, 233, 37. Ad Ceraunios 700 stadiorum trajectus, 233, 43. Ab Iapygia acra ad intimum sinum Corinthium minus quam 3000 stad., 102, 29; ab eodem in Africam plus quam 4000 stadia, 102, 30. Salentini accolæ promontorii, 230, 40.

Iapygum promontoria tria, Ἰαπύγων ἄκραι τρεῖς, ad Crotonem, 217, 27.

Iapyx, Ἴαπυξ, Dædali et Cretensis mulieris f., Cretensium dux, de quo Iapygia dicta, 232, 7. Cum Cretensibus e Sicilia profectus Brundusium frequentavit, 234, 28.

Iardanes, Ἰαρδάνης, Pisatidis fluvius (*riv. de Skafidia*), 294, 43.

Iardanæ pratum et sepulcrum, Ἰαρδάνου λειμών καὶ τάφος, in Triphylia inter Anigrum fl. et montem ex quo fl. delabitur, 298, 36. Sepulcrum præterfluit Acidon, 299, 12.

Iasidæ, Ἰασίδαι, Iasi posteri, Peloponnesii, 319, 34.

Iasion, Ἰασίων, Dardani frater, in Samothrace ob scelus in Cererem commissum Jovis fulmine ictus, 283, 1.

Iason, Ἰάσων. Ejus ad Phasin navigationem Homero ignotam fuisse perperam contra Neanthem contendit Demetrius, 37, 38; 5, 15; 17, 9. Iolco profectus, 374, 33, per Symplegades navigat ap. Homerum, 123, 45; 17, 23. Relictis navibus, expeditionem e Colchis in Armeniam et Mediam usque fecit, teste Eratosthene, 40, 18. Cum Armeno Thessalo e Colchide profectus Iberiam, Albaniam magnamque Armeniæ et Mediæ partem peragrasse fertur; testantur rem Iasonia aliaque monumenta, 432, 1. Araxæ fluvio fauces aperuisse dicitur, 455, 26. Expeditionis signa exstant circa Sinopen, Propontidem, Hellespontum, in Lemno, Italia, Creta, 38, 22; 17, 15. In Æthaliam ins. venit, 186, 38. Junonis Argivæ fanum in Lucania condidit, 209, 40. Per Istrum in Adriam navigavit, 47, 51. Secundum Mimnermum et Demetrium Scepsium in oceanum ad Æeten profectus est, 39, 12. Iolci domi nullam reliquit posteritatem, 37, 50. Euneus, filius ejus, Lemni rex, 37, 42. Iasoni templum Abderis struxit Parmenio, 455, 17.

Iasonia, Ἰασόνεια, in Armenia, Media et vicinis regionibus passim monstrantur, 38, 21; 451, 18 et 25; 455, 16; in Ponto, 469, 53.

Iasonius mons, Ἰασόνιον ὄρος, Mediæ mons, 451, 21.

Iasum Argos, Ἴασον Ἄργος, Peloponnesus ap. Homerum, 317, 51; 319, 35.

Iasus, Ἰασός, Cariæ urbs in insula sita; victus incolarum, et indoles, 562, § 21. Patria Theodori dialectici, *ib.*

Iaxartes, Ἰαξάρτης (*Sir*, *Sir Darja*), ex Indicis montibus defluit, 437, 24; sec. Eratosthenem Sacas et Nomades a Sogdianis dirimit, 440, 34; 443, 20. In Caspium mare exit; ostia ejus ab Oxi ostiis distant 2400 stadia, sec. Eratosthenem, 435, 6, sive 80 parasangas, sec. Patroclem, 444, 29. Iaxartes, ad quem Alexander venit, a Bactra 5000 fere stadia, a Caspio monte 22670 stadia distat sec. Eratosthenem, 440, 50. Ad Iaxartem nonnulli Tanaidis nomen transtulerunt, 437, § 4. E regione trans Iaxartem sita profecti Scythæ Asii, Pasiani, etc. Bactrianam Græcis ademerunt, 438, 33. Adjacet fluvio Cyra urbs, 443, 48.

Iazyges, Ἰάζυγες, Sarmatæ inter Tyrigetas et Borysthenem, 254, 25; 244, 50.

Iberes, Ἴβηρες, antiquitus appellabantur omnes gentes occidentales, 27, 28. Cf. 137, 4 et v. Hispania.

Iberies, Iberia, Ἴβηρες, Ἰβηρία, Asiæ gens et regio, 107, 9. De iis Straboniana demum ætate accuratiora innotuerunt, 97, 24. Iberiæ pars major bene habitatur, 428, § 1; situs regionis; fluvii, 429, § 2; fluvii auriferi, 606, 3; camporum incolæ, montanorum incolæ, 429, § 3; quattuor in Iberiam aditus, a Nomadibus (per Caspias sive Caucasias pylas, *défilé du Térek* sive *de Dariel*), ab Albania per Cambysenen et Alazonium (*défilé de Derbend*), a Colchide per fauces pone Sarapana, ab Armenia prope Cyri et alius amnis confluentes, ubi sunt Harmozica et Seusamora castella, 429, § 4 *sq.* Quattuor hominum ordines, § 6. Iberes Asiæ ex occidente immigrarunt; eos ab Armenia separat Araxes, ut Apollodorus ait, verius autem Cyrus et Moschici montes, 51, 3. Iberes attingit Cambysene Armeniæ, 430, 50. Partem Moschicæ regionis tenent, 428, 9. Iberiæ urbs Phrixipolis (Phrixeum, 38, 2) quæ nunc Ideessa, in Colchidis confiniis, 428, 12. Arma Iberum, 431, 17. Iberiam peragravit Iason, 432, 4. Iberibus Armenii ademerunt regionem juxta Paryadram et Chorzenen et Gogarenen, 453, 22. Cf. Armenia.

Iberus, Ἴβηρ (*Ebro*), Hispaniæ fl., 131, 49, apud Cantabros oritur, 132, 17; inter Pyrenen et Idubedam fluit utrique monti parallelus, 133, 47; 132, 17. Inde a Carthagine usque ad Iberum Edetani habitant per 2200 stadia, 129, 45. Ab Ibero ad Pyrenen et Pompeii tropæa 1600 stadia sunt, 129, 46. Ab Ilerda fluvius distat 160 stadia, 134, 10. Haud longe ab eo Ilergetæ habitant, 134, 3. Ad fontes ejus Pleutauri degunt, 129, 29. Adjacent ei Cæsaraugusta et Celsa; ad Celsam ponte lapideo fluvius jungitur, 133, 51. Adjacet etiam Dertossa, 132, 16. Interdum exundat fluvius neque imbribus neque nivibus auctus, sed flante borea; causa hujus exundationis, 145, 26.

Ibis, Ἴβις, avis ab omnibus Ægyptiis colitur, 690, 11. Describitur, 699, 15. Ibes ad lacum Æthiopiæ, 658, 41.

Ibycus, Ἴβυκος, poeta Asopum Sicyonis fluvium e Phrygia fluere cecinit, 225, 46. Idem laudatur, 49, 25.

Icaria, Ἰκαρία et Ἴκαρος (*Nikaria*), insula, unde dicta sit; mari adjacenti nomen dedit; ejus ambitus; a Samo distantia; navium stationes; Dianæ templum; Œnoe et Dracanum oppida; nunc deserta est; pascuis ejus Samii utuntur, 545, § 19; 418, 53; 544, 2. Drepanum insulæ promontorium, 544, 34. Icarum ins. Milesii frequentaverant, 542, 35.

Icarium mare, Ἰκάριον πέλαγος, unde nomen habeat; in eo sitæ sunt Icaria, Samus, Cos, Corassiæ, Patmus, Lerus, 419, 3; 23, 43; 102, 43.

Icarius, Ἰκάριος, e Polycasta pater Penelopæ, Alyzei et Leucadii, 388, 51; 396, 28. Cum Tyndareo fratre et Hippocoonte domo pulsus ad Thestium Pleuroniis imperantem venit, eique in occupanda regione transacheloa auxiliatus partem Acarnaniæ obtinuit, 396, 28.

Icarus, Ἴκαρος, Dædali f., quonam casu Icariæ insulæ nomen dederit, 545, 47.

Icarus, Ἴκαρος, insula sinus Persici ad Arabiæ oram inter Euphratem et Gerrha sita, Apollinis templum et Dianæ ταυροπόλου oraculum habet, 652, 10. [Secundum Aristobulum apud Arrian. Exp. Alex. 7, 21, 3 Icarus insula 125 stadiis ab Euphratis ostio dissita erat, adeo ut referenda sit ad hod. *Feledj*. Insula hæc pertinet ad objacentem urbem maritimam *Karin* sive *Korein* (aliis etiam *Gran* et *Koit*. V. Ritter, 12, p 603), quod nomen olim ipsi etiam insulæ fuisse ex græco nomine Ἴκαρος colligas. Ceterum Eratosthenes ex eoque Strabo aliter de situ insulæ statuisse videntur. Nam Strabo postea demum (p. 653, 6) de insulis Euphrati fluvii ostio objectis sermonem instituit. Credi sane posset has nonnisi ad hodiernas *Worabah* et *Boubian* pertinere; sed dubitationis movet Ptolemæus, qui Icharam insulam (ab Icaro nostra vix distinguendam) longe magis meridiem versus ponit, ita ut cum hodierna *Abou-Aly* componenda foret. Idemque efficitur ex mensuris apud Plinium 6, 32, 147. Et tamen nullus dubito quin veram Icari insulæ positionem unus Aristobulus recte significaverit. Eratosthenes ejusque asseclæ de insulis Arabiæ adjacentibus falsas opiniones conceperunt, quod oram sinus Persici falsissime sibi delineaverant. V. not. ad v. Aradus, Tyrus, Ogyris.]

Icarus, Ἴκαρος, ins. maris Icarii. V. Icaria.

Ichnæ, Ἴχναι, Thessaliotidis opp., in quo Themis Ichnæa colitur, 374, 17.

Ichneumon, Ægypti animal, 699, 11; quomodo crocodilis perniciem inferat, 690, 4; in Herculis urbe, quæ est a meridie Arsinoes, colitur, 689, 53.

Ichthyophagi, Ἰχθυοφάγοι, Æthiopiæ ad fauces sinus Arabici circa Diren prom., 657, 48; 654, 35; in myrrhifera regione, 658, 33; sub circulo tropico, 79, 17; vitæ ratio, 657, 53. Ichthyophagi ad Gedrosiam, 110, 17. Eorum ora inter Oritas et Carmaniam per 7400 stadia patet, 613, 20; regionis natura; incolarum victus; tuguria cetorum ossibus structa; retia e palmarum corticibus facta; pecorum carnes piscium saporem referunt, 631, 23. Ichthyophagi Assyriæ, 635, 23.

Ichthys, Ἰχθύς (*Katakolo*), Elidis promontorium, 710, 14; a Cephallenia 120 stadia distat, 294, 50.

Iconii, Ἰκόνιοι, Galliæ Narbonensis gens supra Vocontios et juxta Medullos habitans, 153, 53; 169, 35. (Iconii aliunde non noti; iidem esse videntur cum Ucenis Plinii, qui inter Medullos et Caturiges ponuntur, in regione hod. *Oze* et *Huez*).

Ictinus, Ἰκτίνος, architectus, cujus opera sunt Parthenon et Eleusinium delubrum mysticum, 339, 24.

Ictumuli, Ἰκτούμουλοι, Galliæ Cisalpinæ vicus Vercellis vicinus, auri fodinas habens, 181, 49. (Cf. Plin. 33, 21 : *Ictumulorum aurifodinæ, Vercellensi agro*. Sec. Durandum *Del Vercellese*, p. 82, fodinæ istæ fuerunt ad montem medio ævo *Vittomulo*, hodie *della Bessa* dictum.)

Icus, Ἴκος, insula et urbs cognominis, Magnesiæ oræ objacens, 375, 17.

Ida, Ἴδη (*Psiloriti*), Cretæ mons, 405, 50. (Cf. p. 472, 475, 478, 604 ed. Casaub.)

Ida, Ἴδη, Troadis mons, 405, 50; 493, 48, a Cretensi monte nomen accepit, 517, 29. Scolopendrum forma refert; duobus terminatur promontoriis, Lecto et altero quod ad Zeliam in mediterraneis desinit. Sic Ida Trojanam, quæ proprie vocatur, regionem describit, 499, 1. Troas inter mare et Idam sita est, 491, 50. Ida mons πολυπίδακος, 515, 12, ad Lectum usque pertinet, 497, 23; ejus flexus duo versus Rhœteum et Sigeum protenduntur, 511, 6. Idæ vertices quattuor Olympi dicti prope Antandrum, 403, 50; Gargarus vertex et locus, 499, 40; Pytna collis, 405, 51; Cotylus vertex, in quo fontes Scamandri, Granici et Æsepi, 518, 18. Τῆς Ἰδαίας ὕλης τὸ ὁλοτόμιον ὁ Ἀσπανεύς, 519, 10. Ex Ida Cillæus fluvius oritur, 523, 33. Ab Ida Lesbus insula abrupta videtur, 50, 7. Ad Idam olim Leleges habitarunt, 267, 23. Ad eum Dardanus Dardaniam condidit, 283, 4. Idam et Olympum tanquam unum eundemque montem poetæ passim memorant, 403, 49.

Ἰδαία, Rhea, 402, 44. Idææ matris templa quæ sunt circa Cyzicum, ab Argonautis condita sec. Neanthem, 37, 36. Cf. 492, 54.

Idæi Dactyli, Ἰδαῖοι Δάκτυλοι, aut iidem cum Curetibus, Corybantibus, Telchinibus, Cabiris, aut certe cognati eorum simillimique, 400, 32; 283, 21. Cf. Dactyli.

Idæus sinus, i. q. Adramyttenus sinus, *q. v.*

Idanthyrsi Scythæ expeditio, 585, 53.

Ideessa, Ἰδήεσσα, olim Phrixipolis in Iberia Colchidi contermina, 428, 12.

Ideonni terra. V. Donni terra.

Idomene, Εἰδομένη, Macedoniæ urbs, 334, 10. In convalle quæ ab Idomene initium sumit, Orthopolis, Philippopolis et Garescus opp. sunt Parorheliæ, 281, 5. Idomene cum hod. *Gradisca* componendum fuerit, ut cum Lapico statuo. Memorat locum Tab. Peut. et Ptolemæus 3, 13.)

Idomeneus, Ἰδομενεύς, Cretensium dux, 412, 12 *sqq*.

Idomeneus, Lampsacenus, Epicuri familiaris, 504, 48.

Idrienses, Ἰδριεῖς, Cariæ populus, 253, 18.

Idubeda, Ἰδούβεδα, Hispaniæ mons Pyrenæo parallelus, a Cantabris ad nostrum mare pertinens, 133, 40. Inter eum et Pyrenen Iberus fluvius, 133, 47; ab ortu Idubeda Celtiberiæ conterminus, 134, 32, 134, 50.

Idumæi, Ἰδουμαῖοι, genere Nabatæi, per seditionem patria ejecti, Judæis se adjunxerunt eorumque leges amplexi sunt, 647, 14; 638, 8.

Ἰέρνη. v. Hibernia.

Igletes, Ἰγλῆτες, Hispaniæ gens, apud antiquiores regionem

non amplam intra Iberum fl. sitam, quam nonnulli Iberiam vocarunt, tenuerunt, 138, 9.
Ignis æternus, τὸ ἀθάνατον πῦρ, tempore invasionis Gallicæ, Roma Cæren translatus est, 183, 28. Ignem Persæ colunt, 623, 40 et 48.
Iguvium , Ἰγούιον (*Gubbio*, *Eugubio*), Umbriæ opp., 189, 45.
Ilerda, Ἴλερδα (*Lerida*), Hispaniæ urbs, non longe ab Ibero fl.; ad ejus usque regionem Iaccetani pertinent, 134, 2. Distat ab Ibere 160 stadiis occasum versus a Tarracone versus austrum 460 st., ab Osca versus septentrionem 540 st., 134, 10. Ad eam Afranius et Petreius Pompeiani duces a Cæsare devicti, 134, 8.
Ilergetæ, Ἰλεργέται, Hispaniæ gens, non procul ab Ibero, 134, 3.
Iliaca Minerva. V. Minerva.
Iliaco in campo Batieæ sive Myrinæ tumulus, 491, 12.
Iliacum bellum. V. Trojanum bellum.
Ilibirris (Ἰλίβιρρις et Ἰλλίβιρρις codd. Strab., Ἰλέβερρις Polyb. ap. Athen., Ἴλλερις Athen.), Galliæ fluv. e Pyrenæis ortus (*Tech*), cui adjacet urbs cognominis (postea in ejus locum successit Helena, hod. *Elne*), 151, 8.
Iliocolone, Ἰλιοκολώνη, in agro Pariano locus, 504, 36.
Ilipa, Ἴλιπα, Turdetaniæ urbs ad Bætin, 117, 16, qui eo usque navigabilis est, 117, 43. A mari urbs 700 stad. dissita, 145, 16; argenti metalla habet, 117, 49. Ibi Posidonius commorans Bætis exundationem observavit, 145, 16. (Ruinæ ad *Pennaflor*, ut probabiliter statuunt Wesselingius et Ukertus; *Alcala del Rio* sec. Anvillium et Mannertum; *Cantillana* sec. Cortez; *Loja* sec. Reichardum.)
Ilisarus, Ἰλίσαρος, Rhammanitarum Arabum rex tempore expeditionis Ælii Galli, 665, 23.
Ilissus, Ἰλισσός, Atticæ fl., 343, 34.
Ilithyiæ urbs, Εἰλειθυίας πόλις, et fanum in Thebaide, 693, 47. Cf. Lucina.
Ilium vetus sive Troja, ab Ilo conditum, 301 , 57, ab Hercule vastatum, 510, 20, non est Ilium hodiernum, sed ab eo triginta stadiis fuit versus ortum et Idam et Dardanium, ubi nunc est ἡ Ἰλιέων κώμη, 507, 38; 510, 15; 511, 32. Ilii antiqui nullum superest vestigium, neque id mirum est, 513, 13. Urbe eversa, agrum Iliensem Sigei et Rhœtei aliique vicini inter se diviserunt, 515, 8. Et lapidibus Iliacis Archæanax Sigeum munivit, 514, 13. Falso Timæus ait Ilii lapidibus Achilleum a Periandro munitum esse, 513, 38. Qui instaurare urbem intenderunt, locum antiqui Ilii abominati esse videntur, 514, 45. Ilii excidium, pictura, 295, 26. Iliensium simulacrum Minervæ, quod hodie est, stantem deam exhibet, dum sedentem indicat Homerus, 514, 25 (Cf. Ilium novum.)
Ilium novum (ruinæ quæ vocantur *Hissarlik*, sitæ inter vicos *Kalifatli*, *Tchiblak* et *Kum-Koi*) ab Achillis portu 12 stadia, a vetere Ilio 30 stadia distat, 510, 12; 507, 38; 511, 32. Crœsi temporibus hoc in loco positum est, 507, 39. Olim pagus cum vili Minervæ templo; auxit locum Alexander, deinde Lysimachus, 507, § 26. Quo tempore Romani primum in Asiam trangressi sunt, κωμόπολις erat; venerunt in oppidum Galli, sed ut non munitum reliquerunt; expugnavit urbem Fimbria; auxit Sulla, deinde vero Cæsar, ap Iliensibus genus repetens, 508, § 27; 515, 13. Ab Ilio hodierno usque ad Cebreniam tractus montanus pertinet campos Simoisium et Scamandrium separans, 511, 27. Hellanicus novum Ilium a vetere non diversum esse dicit, Iliensibus gratificans, 515, 6. Ilienses Ilium nunquam prorsus deletum et desertum fuisse perhibent, et Locrensium virgines paullo post captam urbem eo mitti quotannis cœpisse

aiunt ; at hoc Persarum demo temporibus factum est, 514, § 40. Ilienses Achilleum et Sigeum inobedientiæ causa diruerunt, nam ora maritima usque ad Dardanum postea sub Iliensibus erat et sub iisdem etiam nunc est, 513, 45.
Illyria, ἡ Ἰλλυρίς, 89, 40; 102, 15; 106, 35, fertilis sed ab hominibus neglecta , 263, 37. Ora et objacentes insulæ portus habent commodos, 263, 34. Illyriæ oræ longitudo sec. Theopompum, 263, 23. Oræ longitudo a Ceraunis montibus (*ad sinus Adr. recessum*) stad. 6150 sec. Polyb., 87, 18; 236, 46. Mons Illyr. Candavia, 268, 27. In via Egnatia Illyriam a Macedonia distinguit Pylon locus, 268, 28. Illyricæ gentes, Brygi, Bylliones, Taulantii, Parthini, Dyestæ, Encheleæ, Dasarethii (*qui et*) Sesarethii, 271, 19. Antariatæ, Ardiæi, Dardanii ad imam redacti conditionem , 262 , 23 ; Breuni et Genauni, 171, 43. Japodes et Scordisci gentes ex Illyriis et Gallis mixtæ, 260, 39; 172, 41; 260, 30. Illyricæ gentes Istrum accolentes; earum cum Aquileja emporio commercia, 178 , 37; 253, 26. Illyrii in Emathia , 275, 25. Ad Illyricum pertinet ager quem olim Boii tenuerunt, 177, 22. In Illyricum exciderunt Eubœenses e Troja redeuntes, 386, 7. Illyrii, Thraces, Japodes notis corpora conpungunt, 261, 36.
Ilus, Ἴλος, Ilium condidisse fertur; ejus sepulcrum, 507, 31 et 36, in campo Troico, 511, 20.
Imandes. V. Ismandes.
Imaus m., Ἴμαον ὄρος, 438, 21, Tauri pars, 587, 34. Ad eum usque progressus est Menander rex, 443, 5. Τὸ Ἰμάϊον ὄρος, 107, 7.
Imbrasus, Ἴμβρασος, Sami fl., olim Parthenius dictus , 393, 3; 544, 17.
Imbres Æthiopici Nilum implent, sec. Posidonium. 80, 54. Imbrium ratio in India, 589, § 17.
Imbrus, Ἴμβρος, insula, 23, 19; 102, 52; 282, 32. In qua Cabiri colebantur, 466, 10, et quam Pelasgi tenuerunt, 184, 37.
Imbrus, Ἴμβρος, castellum τῆς περαίας Rhodiorum, supra Caunum situm , 556, 28.
Immundi, Ἀκάθαρτοι, a Nomadibus Æthiopiæ vocantur οἱ ἐλεφαντοφάγοι, 657, 1.
Immundus sinus, Ἀκάθαρτος κόλπος, in sinu Arabico, e regione Thebaidis ; unde nomen habeat ; adjacet Berenice urbs, 655, 20.
Inachus, Ἴναχος, Argos præterfluens, fontes habet in Lyrcio monte, 318, 24. De fontibus fabula, 318, 26; De Inacho Peloponnesi fl. idem nomen inditum fluvio Acarnaniæ, 270, 2.
Inachus sec. Sophoclem et Hecatæum e Pindo, Lacmo, Perrhæbis fluens in Amphilochos et Acarnanes Acheloo miscetur, indeque per mare ad Argos penetrat , 225, 34; 271, 53; 225, 48. In eodem tractu fontes sunt et Inachi et Æantis, sec. Hecatæum, 262, 50. Amphilochiam perfluenti et in sinum exeuntinomen Alcmæon dedit de Inacho Peloponnesiaco, 270, 54. (Fort. est hod. *Krikeli*, qui a borea in sinum Ambracicum influit.)
Inarus, Ἰνάρως, Ægypti rex , a Milesiis Naucratis conditoribus navali prœlio superatus, 681, 23.
India, ἡ Ἰνδική. Cur cognitio ejus sit manca admodum , 584, § 2-6. Non novit eam Homerus, 32, 41. Indicarum rerum scriptores, 35 , 15 , ut Megasthenes, Deimachus, Onesicritus, Nearchus pleraque de India mentiti sunt, 58, 37. Fide inter eos eminet Patrocles , 59 , 3 Multa de India inflatius et portentosius narrantur, 598 , 47. E scriptoribus alter alterum redarguit , 58 , 53. Indiæ limites, figura, latitudo et longitudo, singulorum laterum dimensiones sec. Eratosthenem , 587, § 11; aliorum de

his rebus sententiæ, ut Ctesiæ, Onesicriti, Nearchi, Megasthenis, Deimachi, 588, § 12. Indi e quattuor terræ partibus Ephoreis obtinent orientalem, 28, 19. Figura Indiæ rhombi similis ; latus orientale valde est versus ortum productum, maxime ultimo promontorio, quod et magis versus meridiem vergit quam reliquum litus, 72, 21. Desinit in mare orientale et in austrinam Atlantici partem, 107, 32. Indiæ pars maxime ortum versus porrecta est ea ubi Imaus, ultima Tauri pars Indicum pelagus attingit, 445, 1. Indiæ apposita tota Sugdiana et Sacarum regio et pars quædam Bactrianæ, 440, 33. In antiquis tabulis geographicis nimis boream versus extendebatur, 56, 29. Sec. Deimachum sita est inter æquinoctium autumnale et ortum hibernum; quod tum per se falsum est, tum refragatur iis quæ de Indiæ latitudine (3000 stad.) idem Deimachus prodit, 63 22. Latitudo nonnullis in locis ad 30000 stadiorum, sec. Megasthenem et Deimachum, 57, 23 ; 60, 34 ; longitudo in latere boreali 16000 stad. sec Megasthenem, 15000 stad. sec. Patroclem, 58, 13; Eratosthenes neutrum horum secutus est, sed σταθμῶν quandam ἀναγραφήν, 58, 15. Montes septentrionale Indiæ latus definientes in eo parallelo sunt qui per Athenas et Rhodum ducitur, 56, 12. Termini meridionales in codem sunt parallelo in quo Meroe, 56, 34 ; id tamen a nullo demonstratum esse Hipparchus ait, 64, 17. Indiæ in partibus austrinis Ursa occidit, et umbræ in diversam partem cadunt, monente Megasthene, falsoque obloquente Deimacho, 63, 25; 64, 28. A boreali Indiæ latere ad mare septentrionale 4000 fere stadia sec. Strabon., 62, 21. Ad fines Indiæ a portis Caspiis 15300 stadia, ab Ortospanis 1000 stadia sec. Eratosthenem, 441, 6. India ab occasu Europæ euro vento peti potest, 84, 35. Ex India in Caspium mare circumnavigari posse asserit Patrocles, 62, 19; 444, 54. Mons Indiæ apud poetas Merus, in quo Bacchus enutritus sit; eidem deo sacer Nysa mons, 586, 17. Indiæ petra Aornus, 586, 40. Fluviorum exhalationibus et Etesiarum flatu India madet æstivis imbribus, 588, 44. Imbrium rationes sec. Aristobulum, 589, § 17. Fluviorum exundationes, ib. et § 18. India quam Arabia et Æthiopia udior et fœcundior, 592, 35. Ora maritima palustris est, 591, 15. Indiæ fertilitas, 591, 18; regio fertilissima trans Hypanim sita esse fertur, 598, 45. Regiones Musicani, Sabi, Porticani, 597, 29. Assacani terra, 589, 48. Fluvii multi, quorum maximi Ganges et Indus, 588, 27 ; in Gangem influens Œdanes, 612, 21. Cf. v. Cophes, Choaspes, Acesines, Hyarotis, Hypanis. Habet etiam fluvios auriferos, 606, 3; 611, 33; et Silam fl. cui nihil innatat, 599, 23. Indiæ animalia eadem fere habet quæ Æthiopia et Ægyptus, excepto hippopotano, 588, 50. Elephantes; eorum venatio, 600, § 42; animalium natura, 600, 43. Leones, pardales, bonasi, 611, 42; tigres, cercopitheci, serpentes ὑμενόπτεροι, scorpii alati, canes validissimi, 598, § 37 ; 596, § 31; cercopitheci, 603, § 56; 393, 14; formicæ χρυσορύχοι, 58, 50; 601, § 44 ; e quibus nonnullæ sunt alatæ, 611, 32. Aves oriones et catrei, 611, 47. Serpentes ingentes, 58, 51; viperæ aliæque reptilia malefica, 601, § 45. Crocodili in Indo non multi nec adeo timendi, 602. Pisces e mari in Indum adscendunt multi, 602, 19. India πολυφάρμακος et πολυχρώματος, 592, 24. Arbores laniferæ, 591, 34; 592, 15. Aliæ arbores mirabiles quædam, 591, § 21. Ebenus, 599, 15 ; arundines magnæ et melliferæ, 591, 26 et 49. (Indici calami in Æthiopia, 656, 30.) Byblus, 698, 52 ; oryza ; ejus plantæ cultura, 590, 31; linum, milium, sesamus, oriza, bosmorum, 588, 46; cinnamomum, nardum, alia aromata, 592, 29. Vino Indiam carere dicunt ; Onesicritus tamen vites in Musicani regno memorat, 592, 18. Lapides pretiosi; crystallus, carbunculi, nec non margaritæ, 610, 40; smaragdi, berylli, carbunculi, 611, 40. Lapides thureo colore, ficu et melle dulciores, 599, 10. Auri et argenti metalla, 596, 32, quæ tamen recte tractare Indi nesciunt, ib. Sales fossiles, 596, 31. Quod eorum ablatum est, id sponte succrescit, 186, 30. Indiæ gentes fabulosæ 'Ενωτοκοῖται, 'Ωκύποδες, Μονόμματοι, Ἀμύκτηρες, Ὑπερβόρειοι, 603, § 57. Πεντασπίθαμοι et Τρισπίθαμοι, cum gruibus et perdicibus pugnantes, 603 , 24. Panes σφηνοκέφαλοι, 58, 50. Sibæ, Herculis posteri, ut nonnulli ferunt, 586, 41; 597, 24 ; Malli, ib. Sydracæ, 597, 25, Bacchi posteri cur esse putentur, 586, 36. Indiæ gentes novem et urbes 5000 inter Hypanin et Hydaspen esse ferunt, 597, 18; 589, 48. (Regionem hanc Poro Alexander tradidit, 585, 15). Hypasii (Aspasii?), 589, 48. Derdæ, 601, 23; Prasii, 598, 37 ; Arbies, 613, 17. Inter Cophen et Indum fluvios Astaceni, Masiani, Nysæi , Hypasii, et Assacani ditio cum Massaga regia, et Peucolaitis civitas, 594, 53. Inter Indum et Hydaspen Taxilæ regio, Abisari regio, 595, § 28 ; inter Hydaspen et Acesinen Pori regio, et sec. nonnullos etiam Cathæa et Sopithis regio, quas alii trans Acesinen et Hyarotin ponunt, finitimas alterius Pori regioni, 596 § 28 et 29 Nysæos et Nysam urbem a Baccho conditam eique imminentem Merum montem fabulantur, 586, 30. Indiæ urbes : Palibothra ad Gangen, 587, 51; 598, 32; Bargosa (*Barygaza*), Zarmani patria, 612, 50, Taxila, 589, 50. Indi meridionales Æthiopibus, boreales Ægyptiis colore similes sunt, 588, 54. Indi Libycis Æthiopibus robustiores minusque æris siccitate adusti sunt, sec. Posidonium, 85, 5. Indorum ordines septem sec. Megasthenem recensentur, 599, § 39 *sqq*. Indi virtute excellunt, 54, 38. Victus frugalis, morum probitas, literarum neglectus, litium apud eos raritas, cibus, etc., 603, § 53; corporis exercitationes, sepultura ; mundi amor, variæque ejus instituta legesque, 604, § 54 *sq*. Instituta in Cathæa et Sopithis regno, 596, § 30; in Musicani terra, 597, § 34 ; in Taxilæ regno, 608, § 62. Indorum leges non scriptæ, 610, 15. Epistolas in sindonibus scribunt, sec. Nearchum, quum alii negent ullis eos uti literis, 610, 32. Vestes, 612, 12 ; armatura, 610, 23. Ære fuso utuntur, ductili nequaquam, 510, 34. Indorum pompæ describuntur, 611, 34. Barbæ et comæ cultus, 612, 14. Apud nonnullas gentes virgines proponuntur præmium in pugillatus certaminibus, 610, 17. Indi Jovem pluvialem et Gangem et indigetes genios colunt, 611, § 69. Festum agunt quando rex capillos abluit, 611, 28. Soli reges elephantos et equos possident, ut nonnulli tradunt, 601, 19. Indi quomodo spongia apud Macedonas visa imitati sint, 610, 23. Indorum lex quædam, 592, 25. Indorum philosophi, ὀρεινοὶ et πεδιάστοι, Βραχμᾶνες et Γαρμᾶνες et Πράμναι, eorumque ordines varii et doctrinæ vivendique ratio secundum Megasthenem, Aristobulum, Onesicritum, Nearchum, 606, § 58-71. Nominatim ex iis memorantur Mandanis et Calanus, et qui postea ad Augustum venit Zarmanus, *q. v.* Calanus coram Alexandro se combussit; idem fecit Athenis Zarmanus Augusti ætate, 585, 26. Sec. Megasthenem nemo unquam præter Herculem et Bacchum et Alexandrum cum exercitu Indiam aggressus est, neque Indos unquam foras exercitum miserunt, 585, § 6. Bacchi et Herculis expeditiones fabulis accenset Eratosthenes, 586, 8. Alexander M., Herculem et Bacchum imitatus, aras in ultimis expeditionis Indicæ posuit, 142, 16. Herculis et Bacchi columnas non viderunt Macedones, nihilominus loca quædam crediderunt esse eas columnas, 142, 24. Quænam de Cyri et Semiramidis in

INDEX NOMINUM RERUMQUE.

Indiam expeditionibus ferantur, 585, 34; Semiramis cum viginti hominibus, Cyrus cum septem fuga evaserunt, 614, 35. Indos nonnullos cum Hercule in Libyam venisse, eorumque posteros Mauros esse perhibent, 703, 26. In Indiam usque Menelaus venit ex Cratetis sententia, 31, 37. Indi posteriore ætate magnam etiam Arianæ partem tenuerunt a Macedonibus acceptam, 587, 28. Indi ad latus occidentale habitantes olim Persis subjecti erant; Arianis eam regionem ademit Alexander et peculiaria oppida constituit, Seleucus vero Nicator dedit Sandrocotto, 616, 25. Majorem quam Alexander Indiæ partem occuparunt Græci Bactrianæ reges; Eucratidas 1000 urbes sub se habuit, sec. Apollodorum, 585, 12. Cf. 443, 1. Indorum, qui sub Pandione vel Poro erant, ad Augustum legatio, 585, 23. Indus quidam in Arabici sinus recessum delatus ad Evergeten II regem adducitur, 81, 25. Indos adiisse fertur Eudoxus Cyzicenus cum Ægyptiis quibusdam, 81, 34. In Indorum emporia e Taprobane importantur testudo, ebur, aliæ merces, 60, 25. Indicæ merces ('Ινδικὸς φόρτος) per Oxum fluvium deportantur in Hyrcaniam, 61, 21; 436, 54. Indica commercia Aorsorum, 434, 37; Alexandrinorum, 97, 32. Merces Indicæ Berenice et Myoshormo Coptum et hinc Alexandriam devehuntur, 664, 49; 692, 30. Indica commercia a Romanis magnopere aucta sunt, 678, 31. Strabonis ætate vel centum viginti naves, sub Ptolemæis per paucæ duntaxat Myoshormo in Indiam proficiscebantur, 97, 39.

Indicetæ, 'Ινδικῆται (al. Indigetes), Hispaniæ gens in quattuor partes divisa oram quæ est inter Pyrenen et Iberum fl. incolit, 129, 48. Eorum nonnulli Emporium urbem una cum Græcis in colunt, 132, 47.

Indus, 'Ινδός, versus meridiem a montibus fluit, sec. Eratosthenem; inter meridiem et ortum æquinoctialem cursum tenet, sec. vetustas tabulas, probante Hipparcho, 72, 10. Indus Indiæ et Arianæ terminus, 587, 26. Duobus ostiis Patalenen complectitur, 588, 40; 597, 9. Ostiorum distantia, 597, 35. Gentes inter Indum et Cophen fluvios habitantes, 594, 53. Non procul a fontibus Indus radices Aorni petræ alluit, 586, 41. Indum ponte Alexander trajecit prope Peucolaitin, 595, 3. Inter Indum et Hydaspen Taxila urbs, 595, 5. Influunt 15 fluvii majores, quorum sunt Hydaspes, Hypanis, Acesines, Hyarotes, 597, 2. Ejus latitudo, 597, 4. A Caspiis portis ad Indum linea recta 14000 stadiorum, 616, 11.

Inferi. Cur ad inferos Theseus et Pirithous descendisse perhibeantur, 40, 28.

Ingauni, 'Ιγγαυνοι, Ligures, Albingauni opp. incolæ, 168, 13, 22.

Innesa, 'Ιννησα, in Ætnæ montanis, postea Ætna vocata, 25 (Cf. Ætna). A Catana 80 stadia distat, ib.

Inopus, 'Ινωπός, Deli fl., 416, 32; de ejus origine fabula, 225, 42.

Inscriptio Panticapæensis ab Eratosthene laudatur, 61, 34. Inscriptio columnæ in isthmo Corinthio positæ, 142, 12; 337, 3; tumuli Mnasalcæ poetæ, 354, 2; in columnis τοῦ πολυανδρίου Thermopylarum, 365, 5; 368, 22; inscriptio Eretriensium in columna fani Dianæ Amarynthiæ, 384, 47; alia in Amarynthio, 385, 19; in basi statuæ Ætoli, quæ erat Thermis, 398, 20; in basi statuæ Oxyli apud Eleos, 398, 26; in statua Anaxenoris citharœdi, 553 44. Inscriptio Assyriaca in Sardanapalli imagine, quæ est Anchiales, 573, § 9; in sepulcro Zarmani Indi, qui Athenis se concremavit, 612, 49; in Cyri sepulcro, 621, 49; 622, 1; in Darii sepulcro, 622, 5.

Insubres, 'Ινσουβροι, Galli ad Padum, 177, 16. Etiam nunc sunt; caput eorum Mediolanum, 177, 23. Insubres (Symbri codd.) supra Venetorum regionem, 179, 51; contra eos Romanis auxiliati sunt Veneti et Cenomani, 179, 53. Ap. Insubres (Symbros codd.) lana aspera, 181, 40. Insubres attingunt a borea Rhæti, 243, 13.

Insulæ in alto sitæ e fundo maris elatæ sunt; promontoriis adjacentes a continente abruptæ sunt, 214, 53; 45, 16; 49, 14. Cf. v. Hiera. Insula inter Theram et Therasiam terræ motu in altum elata, 48, 13. Septem insulæ maximæ, 558, 52.

Intemelii, 'Ιντεμέλιοι, Ligures, Albii Intemelii incolæ, 168, 15 et 22.

Interamna, 'Ιντεράμνιον (Terame), Latii opp. ad Liris et alius fluvii confluentes sita in via Latina, 197, 48.

Interamna, 'Ιντεράμνα (Terni), Umbriæ opp., 189, 41.

Intercatia, 'Ιντερκατία, in Hispania Celtiberorum (potius Vaccæorum) oppidum, 135, 14 (Sec. Itineraria ad hod. Belver locus pertinere videtur, ut cum Mannerto et Lapieo statuo. Lopez locum ponit ad Rio Seco, Florez circa Benevente, Cortez ad Villagarzia).

Interocrea, 'Ιντερόκρεα (Antrodoco), Sabinorum vicus Rheatæ vicinus, 190, 7.

Io, 'Ιώ, ubi Epaphum pepererit, 382, 6. A Triptolemo quæritur; apud Tyrum e conspectu subducitur, 638, 49.

Iol, 'Ιώλ (Cherchel), Masæsyliæ urbs, quam Juba Cæsaream vocavit; portum et ante eum insulam habet, 705, 31.

Iolaenses, 'Ιολαεῖς, postea Diagesbenses dicti, Sardiniæ gens montana, quos Iolaus huc deduxit, 187, 21.

Iolaus, 'Ιόλαος, Herculis f., quosdam in Sardiniam deduxisse, et inter barbaros Tyrrhenos, ejus insulæ cultores, habitasse fertur, 187, 22. Contra Iolaum Eurysthei expeditio, 324, 19.

Iolcus, 'Ιωλκός (Volo), Thessaliæ urbs, quam Minyæ Orchomenii colonia frequentarunt, 356, 4. Olim potens urbs seditionibus et tyrannorum dominationibus dejecta, 374, 54; nunc est pagus Demetriadis, 374, 45; a Pagasis 20, a Demetriade 7 stadia distans, 374, 32 et 40. Inde Jasonem Pelias emisit, 374, 42. Iolci celebrabatur Pylaica (?) panegyris, 375, 5. Iolcus vocatur etiam litus propinquum, ib.

Iomanes, Indiæ fl. V. Œdanes.

Ion, 'Ιων, Xuthi f., devictis qui cum Eumolpo erant Thracibus, Atheniensium civitati præfectus est; populum in quatuor tribus, deinde in totidem vivendi genera divisit; regioni a se nomen Ioniæ reliquit, 329, 16; 341, 4.

Ion tragicus, Chius, 551, 17; laudatur ejus Omphale fabula satyrica, 50, 17. Mentio Ionis alia, 312, 17.

Ion, 'Ιων (riv. de Cratzova', sec. Leakeum), Thessaliæ fluvius, in Peneum exit; adjacet ei Oxynia urbs, 272, 14 et 17.

Ionæus lucus, 'Ιωναῖον ἄλσος, in Triphylia, 297, 46.

Iones, 'Ιωνες, ex Attica in Ægialum migrant, eamque regionem Ioniam vocant et in duodecim civitates dividunt, 329, 24. Hinc ab Achæis Laconicæ ejecti redeunt Athenas, indeque cum Codridis in Asiam migrant, ubi in Cariæ et Lydiæ ora alias duodecim civitates condunt, 329, 28; 286, 12 et 30; 313, 50. In Achaja sive Ægialo per vicos habitabant; urbes ab Achæis conditæ sunt, 331, 25. Iones olim Megaridem tenebant, 336, 36. Iones, qui Atticam et Megaridem occuparant e Peloponneso pulsi, suæ ditionis et Peloponnesiacæ limites columna in isthmo Corinthio posita indicarunt, 142, 7. Iones ex Attica tetrapoli Heraclidas in Argos comitati Epidaurum incolis frequentarunt, 322, 1. Ionum in Asiam migratio, 51, 10, non ignota fuit Homero, 392, 41. Ἰάονες ἑλκεχίτωνες, 401, 1. Iones Asiæ templum Neptuni Heliconii venerantur, ad quod Panionia agunt in agro Prienensi, 330, 9. Iones, Lydorum imperium fugientes, in Italiam venerunt, ibique Sirin urbem, quæ Chonum erat, ceperunt et Polieon, Πολίετον, denominarunt, 219, 28. Ionum nonnulli, Theocle auctore, in Siciliam migrarunt, 222, 32. In Pontum colonias deduxerunt, 218, 25. (Nomen Ionum aliis occurrit locis quam plurimis. Videsis editionis Casaub. pag. 61, 65, 149, 171, 179, 264, 267, 299, 321, 333, 341, 357, 365, 372, 374, 383, 386, 392 sq. 504, 534, 550, 552, 565, 577, 582, 621, 629, 632, 633, 639, 644, 647, 648, 655, 661, 662, 679.

Ionia, Ἰωνία, priscum Atticæ nomen ab Ione inditum, 329, 22; 336, 46. Columna Ioniæ et Peloponnesi fines indicans, 337, 2.

Ionia, olim Ægialea, postmodum Achaia, Peloponnesi regio, de Ionibus Atticæ, qui huc commigrarunt, 329, 25. Cf. Achaja.

Ionia Asiæ, cujus ora a Cariæ finibus sive a Posidio Milesiorum usque ad Phocæam et Hermum pertinet; ejus longitudo, 540, § 2; 498, 2; 566, 12. Ioniæ oram olim Cares et Leleges tenuerunt, 267, 19; 540, 19. Urbes Ioniæ duodecim eorumque conditores recensentur, 540, § 3. Cimmeriorum in Ioniam incursiones, 123, 41; 5, 18; 51, 27. Terræ motus in Ionia, 48, 47.

Ἰωνιάδες nymphæ, aquis morbos depellentes, juxta Cytherium Pisatidis fl. fanum habebant, 306, 35.

Ionica dialectus, ἡ Ἰάς, eadem quæ antiqua dialectus Attica, 286, 10.

Ionicis legibus utuntur Massilienses, 149, 21.

Ionius sinus, Ἰόνιος κόλπος, Ἰόνιον πέλαγος, Adriatici sinus sive maris pars meridionalis, 102, 15; 263, 15. Unde nomen habeat, 263, 18. Ionii et Adriatici sinus ostium ad montes Ceraunios, 263, 12. (Cf. p. 259 et 326 ed Casaub.).

Iope, Ἰόπη (*Iaffa*), in Phœniciæ ora urbs, in loco edito, ex quo Hierosolyma conspici tradunt; portu urbis utuntur Judæi; Andromeda ibi exposita; silva prope Iopen, 646, 1; 647, 21; 35, 44.

Iordanes, Ἰορδάνης, fluvius sec. Strabonis opinionem inter Libanum et Antilibanum fluens Cœlesyriam irrigat, 642, 49. Per Jordanem onerariis navibus adverso alveo subvehuntur Aradli, 643, 1.

Ioza. V. Julia Ioza.

Iphicrates, Ἰφικράτης, Stymphalum obsidens Erasinum fl. ne terram subiret impedire tentavit, 334, 23.

Iphidamas (Ἀμφιδάμας codd.) e Cisso oriundus ap. Homerum, 277, 38.

Iphigenia, Ἰφιγένεια, cùm Oreste Comana venit, 459, 18.

Iphitus, Ἴφιτος, Olympicum certamen instituit, 307, 34.

Ipni, Ἱπνοί, locus asper sub Pelio, 380, 45.

Ἱπποκόνος Hercules ap. Erythræos, 524, 29.

Iris, Ἶρις, fl. (*Kasalmak, Iekil Irmak*), in Pontica regione oriens transit Comana urbem, Dazimonitidem, Gaziura, excipit Scylacem, præterfluit Amasiam, perque Phanarœam et recepto Lyco per Themiscyram planitiem in Pontum exit, 469, 10. Ad ejus cum Lyco confluentes Eupatoria sive Magnopolis, 476, 35. Amasiæ vallem permeat, 480, 24. Ad ostia fluvii ora humilis et aggesta, 44, 2.

Irrha, Ἴρρα (al. Sirrha), Arrhabæi filia, mater Eurydices, 271, 32.

Isadicorum pagi, Εἰσαδίκων κῶμαι, a Caucaso boream versus, 434, 25.

Isander (Πείσανδρος Strab.), Bellerophontis f., contra Solymos pugnans a Marte occiditur, 491, 1; 539, 7.

Isara, Ἰσάρα, Galliæ fl. ex Apennino(?) Alpium monte supra Carnos sito e lacu defluens, postquam Atagin recepit, in Adriam effluit, 172, 23. [Strabonem *Isar* fluvium in Danubium influentem cum Athesi (*Etsch*) confudisse vel librarios verba Strabonis miscuisse putarunt; perperam. Isara Strabonis hod. est *Eisach*; qui fl. ap. Pedon. Albin. Cons. ad Liv. *Isargus*, in Actis S. Cassiani ap. Resch. Annal. Sabion. 4, 7 *Ysarche*. vocatur; accolæ ejus ap. Plinium *Isarci*. Sequitur *Atagin* esse Athesin aliorum (*Etsch*).

Isara, Ἰσάρας (*Isère*), Galliæ fluvius, usque ad quem inde a Druentia juxta Rhodanum habitant Cavari et pone hos Vocontii, Tricorii, Iconii, Medulli, 153, 48. Ab Isara ad Viennam 320 stadia, 154, 16. Prope Isaræ in Rhodanum influxum Cemmenus mons ad Rhodanum appropinquat, 153, 48. Ad confluentes illos Q. Fabius Maximus Æmilianus Gallos clade affecit, et Martis Herculisque templa exstruxit, 154, 13; 159, 6.

Isaura, τὰ Ἴσαυρα, duo Isauriæ pagi, vetus et novus sive εὐερκής, 487, 23. Isaura vetera (τὴν παλαιὰν Ἰσαυρίαν h. l.) evertit Amyntas, novaque condidit regiamque sibi constituit, 487, 58; Isaura nova Servilius Isauricus diruit, 567, 43. [Ad Isaura nova pertinent ruinæ prope *Olubunar* sitæ, quæ vocantur *Sengibar Kalessi*. Vetera Isaura ubi fuerint, parum liquet. *Eski Serai* sunt nonnullis. Fort. eo referendæ sunt ruinæ in *Karedagh* monte exstantes (31° long.).

Isauria, ἡ Ἰσαυρική, Lycaoniæ pars, 487, 12. Isauros debellavit P. Servilius, 487, 17.

Ischopolis, Ἰσχόπολις, Ponti opp. dirutum, a Cotyoro orientem versus, 470, 1.

Isinda, Ἴσινδα (al. Isionda), Pisidiæ opp., a Termesso versus mediterranea sita, 539, 44. (V. Fellow *Asia m.* p. 194).

Isis, Ἶσις. Ejus templum Solis in Cypro, 583, 18. Fanum a Sesostri conditum in ora Troglodytica ad sinum Arabicum, 655, 49. Isis multis in locis sub terram Osiridis loculos posuit, uno tantum Osirin recondens; idque illa fecit, ut falleret Typhonem, 682, 53. Isidis templum Tentyræ, 692, 17. Ἴσιδος ποταμία in thurifera Æthiopiæ regione, 658, 47.

Ismandes, Ἰσμάνδης, qui labyrinthum exstruxit, secundum nonnullos idem est cum Memnone, adeo ut eidem regi attribuenda sint Memnonia Abydi et Thebarum, atque ipse labyrinthus quoque Memnonium sit, 690, 52. Ismandes (vel Imandes) in Labyrintho sepultus, 689, 28.

Ismara. V. Ismarus.

Ismaris, Ἰσμαρίς, Thraciæ palus prope Ismarum opp., 282, 11.

Ismarus, Ἴσμαρος, locus in ora Thraciæ, nunc Ismara, Ἴσμαρα, vocatur; prope abest Ismaris palus, 282, 9.

Ismenus fl., Ἰσμηνός, per planitiem Thebanam fertur, 351, 19.

Isocratis discipulus Ephorus, 532, 23.

Isodromæ Matris, τῆς Ἰσοδρόμης μητρός, fanum, in via qua Trallibus Larisam itur, 378, 35.

Ispellum, Εἰσπέλλον (Ἴσπελον Ptol.; ceteris *Hispellum*, hod. *Spello*), Umbriæ urbs, 189, 44.

Issa, Ἴσσα (*Lissa*), ins. ad oram Illyricam, 102, 23; 261, 46. Ejus incolæ Tragurium frequentarunt, *ib.* Ex ea oriundus vir, qui ad Adriaticum sinum regnans nomen huic mari indidisse fertur, 263, 19.

Issicum pelagus, τὸ Ἰσσικὸν πέλαγος, 100, 32; 103, 50. Issicus sinus nostrorum marium omnium maxime versus orientem situs sec. Eratosthenem, 40, 5, quum tamen sit in meridiano Amisi et Themiscyræ, 104, 31; 445, 18. Ab eo ad Pontica circa Amisum et Sinopen loca circa 3000 stadia sec. Erat. 57, 5. Issicus sinus in parallelo a columnis Herculis per Taurum ducto, 56, 15. Ab eo ad oceanum Indicum 40000 stadia; 445, 13; ad extrema Hispaniæ occiduæ paullo minus 30000 stadiis,

INDEX NOMINUM RERUMQUE.

87, 28; ad Rhodum 5000 stadia, 87, 29. Issici sinus urbes, 577, § 19.

Issus, Ἰσσός, Ciliciæ opp.; prœlium ibi commissum, 577, 4. Ab eo ad Amisum vel Sinopen isthmus peninsulæ Asiaticæ, 566, 46. Isthmus ille non recta linea ab Amiso ad Issum pertinet, sed ad Tarsum et Cydnum. Nulla via Amiso ad Issum ducens brevior est quam ea qua per Tarsum itur, 574, 15.

Ister, Ἴστρος, fl., 253, 35, ab Homero non memoratur, 248, 13, quamquam non ignotus ei fuit, 5, 25. Europæ fl. maximus, 169, 52; 240, 15. Ejus fontes in Alpium dorso trans Rhenum sito et orientem versus porrecto prope Suevos et Hercyniam silvam (a meridie silvæ Hercyniæ, in extremis Germaniæ, non procul a recessu sinus Adriatici, 240, 19), 172, 26 et 36; 242, 49. Istri fontes a Rheni lacu unius diei itinere absunt, 243, 6. Cursus fluvii quosnam populos dirimat, 106, 29. Europam quæ est inde ab Rheno, in duas partes dividit, 240, 15. Ab Adriatico mari 1000 fere stadia abest, 240, 19. Initio meridiem versus, deinde ortum versus labitur, 240, 17. Exit non procul a Tyræ et Borysthenis ostiis, 240, 23. Fluvii superiores partes, quæ sunt usque ad catarrhactas, Danubii nomine, inferiores ad Pontum usque Ister vocantur, 253, 15. Ister a Ponticis partibus divisus in Pontum et Adriam influit, ut cum pluribus opinatur Hipparchus, 47, 41. Uno ostiorum eum in Adriam exire Theopompus quoque et Eratosthenes putarunt, 263, 30. Cf. 38, 42. Quinque ostia fluvio tribuit Ephorus, 254, 4. Septem ostiis effunditur, quorum maximum est Sacrum, per quod ad Peucen navigatur 120 stadiis, 253, 48. Ostium primum a septimo distat 300 st., 254, 1. Ostium sacrum, 264, 43, ab Istro oppido abest 500 stadia, 265, 5. Circa Istrum brevia sunt quæ nautis vocantur Pectora, τὰ Στήθη, 42, 1. A locis Istro superiori vicinis nonnulli Tanaim oriri putarunt, 88, 45; 423, 13. Ab Istro ad Tyram 900 stad., 254, 5. Ad Maleas promont. Artemidorus 6500 stadia, Polybius parum accurate 10000 stadia computat, 334, § 5. Ex Alpibus supra Vindelicos sitis in Istrum influunt torrentes Clanis et Duras (*Glan et Würm?*), 172, 38; Atesinus (al. Ænus, *Inn.*), 172, 23; influunt etiam Savus fl., 172, 48; Parisus (*Pathissus*), 260, 27; Marisus, 253, 9; Noarus, 261, 2 (quod falsum est). Istri insula Peuce, 253, 45. Istri partem adverso fluvio subvecti Argonautæ, 38, 39. Ubinam fluvium ponte junxerit Darius, 253, 51. Ad Istrum usque Alexandri M. ætate pertinebant Triballi, 250, 30; cf. 264, 5. Ad utramque fluvii ripam sunt Getæ et Mysi, 245, 30. Istrum accolentes gentes Illyricæ, 178, 38; aliæ accolæ ab Illyriis sæpe oppressi, 253, 26. Plerasque fluvii insulas olim Scordisci tenuerunt, 264, 21. Ad Istrum e Padana regione migrarunt Boii, 177, 20. Istrum sæpius transgressi sunt Bastarnæ, Scythæ et Sauromatæ, 253, 23; 258, 19. Quæ usque ad Istrum boream versus sunt Alexander M., quæ ab Istro usque ad Tyram fl. sunt, Romanorum arma geographis aperuerunt, p. 11, 43.

Isthmicum certamen ditavit Corinthum, 325, 7. Ubinam celebretur, 326, 49.

Isthmus mare Ægyptium a Rubro distinguens aliquando fortassis ruptus est aut subsedit, sec. Eratosth., 49, 5.

Isthmus inter Rubrum mare et Ecregma intercedens Asiam a Libya sec. nonnullos disterminat, 54, 30. Cf. Arabicus sinus.

Isthmus inter Pontum et Caspium mare sec. nonnullos Europam ab Asia disterminat, 54, 30.

Isthmus Corinthius neosholcum habet; latitudo isthmi, 287, 50. Ejus ad partem angustissimam Schœnus portus et ὁ δίολκος et Neptuni Isthmii fanum, 317, 25; 326,

43. Isthmii Neptuni templum et ludi Isthmii, 326, 47. Cf. Corinthus.

Istria, Ἰστρία, Italiæ regio, 174, 32; ejus ora maritima a Timavo fl. usque ad Polam pertinet, quæ Italiæ accensetur, 179, 37; oræ paraplus 1300 stad., 261, 25; urbs Pola, 261, 21; 174, 32.

Istrus, Ἴστρος, urbs a Sacro Istri ostio 500 stad. distans, 265, 35. Milesiorum colonia, *ib.*

Isus, Ἶσος, oppidum Bœotiæ prope Anthedonem, cujus vestigia quædam supersunt, 348, 2.

Italia. Eam parum accurate noverunt Eratosthenes, Timosthenes, alii antiquiores, 77, 27. Italia, sec. Eratosthenem, unum est de tribus Europæ promontoriis, quæ cum Peloponneso et Ligystico Adriaticum sinum et Tyrrhenum includunt, 76, 20. Italia antiquissimis temporibus dicebatur meridionalis Bruttii pars, quæ est inde a Napetino et Scylletico sinu; deinde ea Œnotriæ regio quæ est usque ad Tarentinum et Posidoniaten sinum et usque ad Laum et Metapontum urbes; deinde nomen prolatum est usque ad Alpium radices et Varum Liguriæ fl. et Polam Istriæ urbem, 211, 50; 174, 25; 261, 22; 179, 37. In modum insulæ tuto maris præsidio cingitur; ora in plerisque locis importuosa est (cf. 263, 37); portus vero, quos habet, magnos et præclaros habens contra exterorum incursiones facile defenditur, commercuisque peraccommodata est. Insignis est aeris temperie, fluviorum copia, aquarum calidarum et frigidarum præstantia solique fertilitate (cf. 690, 20); situ suo ad imperium virtute obtinendum quam maxime adjuvatur, 237, § 1. Situs Italiæ, 106, § 29. Figura Italiæ geometricis figuris accuratius æquiparari nequit. Perperam nonnulli triangularem esse dixerunt, quum neque Alpes neque Italiæ latus occidentale lineas rectas referant, multo minus vero latus orientale, quod ad Ariminum habet angulum. Accedit alter angulus, quo ab Iapygia in fretum Siculum ora deflectitur. Potius quadrangulum Italia refert, 175, § 2. Italia inde a Gallia Cisalpina angusta, exit in duos vertices, 175, 54; similis est mari Adriatico. Ejus longitudo et latitudo, 175, 54; 106, 23. Pertinet usque ad Varum fl. et Polam Istriæ, 174, 30; 261, 22; 179, 37. Italiæ urbibus accensetur etiam Antipolis Galliæ Narbonensis, quam a Massiliensium jurisdictione Romani liberarunt, 153, 20. Isthmus Italiæ inter Tarentinum et Posidoniaten sinum, 176, 6. Italia inferior et Sicilia olim Græciæ Magnæ nomine comprehendebantur, 211, 3. — Ad Italiam usque evagati sunt Jason, 17, 15; 38, 30, et Ulysses, 17, 53. In Italiam trajecit Antenor cum liberis et Ocelo, 130, 33. Meridionalem ejus partem novit Homerus, 5, 31. Tyrrheniam Italiæ primus memorat Hesiodus, 19, 13.

Italica, Ἰταλική. Sic bello Marsico appellatum est Corfinium, 201, 26.

Italica, Ἰτάλικα, Turdetaniæ urbs, 117, 16. (*Sevilla vieja*); ruinæ quibus impositus *Santiponce* vicus, cujus campi vocantur *campos de Talka*.)

Ithaca, Ἰθάκη, insula describitur, 390, § 11 sq. sec. Homerum, 22, 50; 28, 60. Cf. 288, 8. 102, 33. Ithacæ demus, 249, 1. Insula nunc non habet Nymphæum antrum quale Homerus descripsit, 49, 51; a Corcyra 300 stad., sec. Eratosthenem; super 900 stad., sec. Polybium distat, 88, 5.

Ithaca, urbs Ithacæ ins., 390, 22.

Ithome, Ἰθώμη, arx Messenæ urbis, 309, 15; 810, 28.

Ithome, Ἰθώμη κλωμακόεσσα, 375, 45, olim Θώμη, nunc vero Θαμαί (Θούμαιον? Cf. Steph.), Hestiæotidis opp., natura munitum, inter quattuor positum castella, Triccam, Metropolin, Pellinnæum, Gomphos; est regionis

Metropolitarum, 376, 4; unum oppidorum, e quibus conflata est Metropolis, 376, 14. (Sita urbs fuit in colle prope Iiod. vicum *Fanari*).

Itium, Ἴτιον (*Vissant* ab ortu promontorii *Grisnez*), apud Morinos Galliæ locus, quo pro navali usus est Julius Cæsar; inde in Britanniam trajectus 320 stadiorum, 166, 17.

Itonia Minerva, Ἰτωνία Ἀθηνᾶ. Ejus fanum ad Itonum in Thessalia, 376, 26; ad Coroneam in Bœotia, 353, 27. Cf. v. Arne.

Itonus, ὁ Ἴτωνος, Thessaliæ Phthiotidis in campo Crocio urbs, cum fano Minervæ Itoniæ, a quo originem traxit illud in Bœotia, 374, 11. Ab Itono ad Halum 60 stadia, 371, 45.

Ituræi, Ἰτουραῖοι, Syriæ populus in montibus qui sunt juxta Massyam planitiem; multa habent castella; prædones; 643, 13 et 41. Eorum montana tenuit Ptolemæus Mennæi filius, 641, 11.

J.

Juba I, Ἰούβας, Masæsyliorum rex, 704, 20; ejus regia Zama, 701, 21. Contra Cæsarem cum Scipione bellum gessit, 703, 32; pater Iubæ II, *ib.* et 704, 20; in bello Africano mortuus, 705, 51.

Juba II, nuper defunctus, Iubæ I filius, 704, 20; 703, 30, ab Augusto præter paternum regnum accepit regnum Bocchi, 703, 30. Mauretaniam multasque reliquæ Africæ partes obtinuit propter studium in Romanos, 239, 13. Ditio ejus usque ad Saldam fluvium pertinet, 705, 35. Iol urbem Juba restauravit et Cæsaream nominavit, 705, 31. Ex Antonii et Cleopatræ filia suscepit Ptolemæum, qui patri nuper mortuo successit, 703, 34; 705, 32.

Judæa, Ἰουδαία, Syriæ regio, quæ supra Phœniciam jacet inter Gazam et Antilibanum, 644, 3. Ejus partes plurimæ habitantur a gentibus mixtis Ægyptiis, Arabibus et Phœniciis, ut Galilæa, Hiericus, Philadelphia et Samaria sive Sebaste, 647, 22. Judææ extrema occidentalia Casio proxima lacus (Sirbonis) et Idumæi obtinent, qui, Nabatæi genere, patria pulsi Judæorum leges amplexi sunt, 647, 14. Judæa palmam tum caryotam tum reliquam fert, 695, 13. Caput Judææ Hierosolyma, 646, 17.

Judæi ex Ægypto oriundi, 647, 29; 699, 44. Narratio de Mose ejusque doctrina, quam postea Judæi accitis variis superstitionibus turparunt, 647, § 35 sqq. In Phœniciæ ora tenent Jopen, Carmelum et silvam magnam, 646, 6, et Gadarin, 646, 17. Quum jam tyrannide Judæa premeretur, primus pro sacerdote se regem declaravit Alexander; ejus filios dejecit et Hierosolyma cepit Pompejus, 649, § 40. Idem Judæis ademit regiones quasdam, quas armorum vi occupaverant, sacerdotemque constituit Hyrcanum. Postea Herodes Romanorum favore pollens, denuo regis titulum assumpsit, 651, 6. Quingenti Judæi in Ælii Galli expeditione Arabica, 664, 18. — Judæi pueros circumcidunt, puellas excidunt, 699, 43. Judaica versutia palmas et balsamum nonnisi certis quibusdam in locis coli permisit, ut pretium mercis augeretur, 680, 2.

Jugurtha, Ἰουγούρθας, postquam Adherbalem Uticæ interfecerat, plurima in Africam accivit bella, 705, 46. Gazophylacium Jugurthæ Capsa opp., 705, 53.

Julia Ioza, Ἰουλία Ἰόζα (*Tarifa*), Bœticæ urbs, Romanorum colonia e Zelis et Tingis urbium incolis et Italis nonnullis conflata, 116, 5. [Julia Ioza aliis vocatur *Iulia Transducta*, nimirum *iozat* significat *emigrans*. Eadem urbs Tingentera (i. e. *Tingis altera*). V. Movers *Phœniz. Col.* p. 641 et 639.]

Juliopolis, Ἰουλιόπολις, Phrygiæ vel Galatiæ oppidum, ortum e Gordio vico, quem auxit et denominavit Cleo, 492, 60.

Julis, Ἰουλίς, Cei urbs, in quam Coressia translata; patria Simonidis, Bacchylidis, Erasistrati, Aristonis, 417, 40.

Julus, Ἴουλος, unus ex Julii Cæsaris majoribus, qui ipse ab Julo, uno ex Æneæ posteris, genus duxit, 509, 8.

Juncarius campus, τὸ Ἰουγκάριον πεδίον, ad Pyrenæos et Emporium Hispaniæ (ubi est *Iunquera*), 133, 5 et 12.

Juncus aromaticus, ἀρωματῖτις σχοῖνος, ad Gennesariten lacum, 642, 50. Junci palustris campi in Hispania, 133, 4.

Juno, Ἥρα, Argis nata, 355, 17. Apud Tyrrhenos Cypra vocatur, 201, 7. Cum Somno in Idam ascendit, 499, 18; eam a Latona parturiente arcent Curetes, 546, 35. Quomodo Homerus deam describat, 304, 33. Junonis Argivæ templum, Ἡραῖον, ab Argis quadraginta, a Mycenis decem stadia distans, 316, 44, commune fuit templum Danaidarum, qui Argis regnabant, et Amythaonidarum, quorum regia erat Mycenis, 320, 5. Polycleti in eo templo opera, *ib.* Junonis Prosymnæ in Argolide templum, 320, 46. Junonis Pharygæœ templum Pharygis Argolidis et Locrorum Epicnemidiorum, 366 15. Junonis Argivæ fanum ab Jasone conditum in Lucania, 209, 40; 50 stadiis a Posidonia, *ib.* Junonis Argivæ lucus ap. Venetos, 179, 16. Junonis templum in Lacinio Italiæ, 217, 27. Junonis Acrææ oraculum inter Pagas et Lechæum, 326, 39. Sami Heræum nunc est pinacotheca, 544, 18.

Junonis insula ad Calpen montem cum fano deæ; quam insulam nonnulli pro altera Columnarum Herculearum habent, 140, 11; 141, 33.

Jupiter, Ζεύς. Ejus natales sec. fabulam Creticam. Curetes, quidam Jovis quasi Satyri, 402, § 11. Curetes Jovis altores, 405, 23. Cum Calliope Corybantes genuit, 405, 31. Jasionem fulmine necavit, 283, 3. Minervam pariens auro pluit in Rhodo ins., 559, 13. Ad ejus antrum nono quoque anno Minos accessit, Διὸς μεγάλου ὀαριστής, 409, 29; indeque leges Cretensibus attulit, 414, 29. Jupiter Dodonæus, Pelasgicus, 184, 14; 272, 28, unde dictus sit, 273, 37. Jovi juncta Dione in Dodona, 273, 31. Jovis interpretes Dodonæi, 273, § 11 et 12. Romani cum Latinis in Albano monte Jovi sacrificant, 190, 11. Cf. 431, 33. Jovis colossus æreus Tarenti, post Rhodium colossum maximus, 231, 19. Jovi Olympio sacri sunt Elei, 286, 39. Ejus statua eburnea, Phidiæ opus, Olympiæ; proportionum ratio; Panænus coloribus simulacrum ornavit, 304, 10. Dei templum in Larisa Argorum arce, 318, 24; lucus apud Ægium in Achaja, ubi a capra Jupiter nutritus est, 332, 18 et 26. Jovis Lycæi fanum ad Lycæum m. Arcadiæ adhuc honoratur, 333, 44. Jovis Soteris templum Atheniense, 337; 6. Jupiter ἀστραπαῖος, 347, 12. Ejus ἐσχάρα in muro inter Pythium et Olympium, *ib.*; τοῦ ἐλευθερίου templum Platæis, 353, 53. Trophonii oraculum Lebadeæ, 355, 38. Jupiter Larisius, 378, 37. Ænesii templum in Cephallenia, 392, 27. Dictæi fanum Prasi, 411, 18. Jovis Δακιήου (?) cultus in Cappadocia, 460, 6. Jovis τοῦ ἐν Οὐηνάσαις templum in Morimena Cappadociæ, 460, 30. Jovis colossus æneus Tavii, 485, 46. Jovis Abretteni apud Mysos sacerdos Cleo, latronum antea dux 492, 20. Jovis colossus, Myronis opus, in Samo, postea in Capitolio Romæ, 544, 26. Jupiter Sosipolis Magnesiæ, 553, 41. Atabyrius in Rhodo, 559, 26. Τοῦ Ὀσογῶ καλουμένου templum in Mylasorum urbe, 562, 36. Τοῦ Στρατίου simulacrum et templum Labrandis in Caria, 562, 40. Τοῦ Καρίου templum, omnium Carum commune, cujus etiam Lydi et

Mysi, utpote fratres, participes sunt, 562, 45. Τοῦ χρυσαορέως fanum prope Stratoniceam Cariæ, commune omnibus Caribus, qui eo ad sacrificia et deliberationes de rebus publ. conveniunt, 563, 44. Jovis templum Olbæ in Cilicia, a Teucri filio Ajace conditum; pontificis dignitas, 573, 44. Jovis lucus ad Arsinoen Cypri, 583, 18. Jovem τὸν ὄμβριον colunt Indi, 611, 27. Jovi apud Thebæos Ægypti virgo genere clarissima et specie pulcherrima sacratur, 693, 35. Jupiter Hermonthi colitur, 693, 44.

Jurasius, ὁ Ἰόρας et ὁ Ἰουράσιος (*Jura*), mons Sequanos ab Helvetiis dirimens, 161, 7. 173, 31.

Ius, Ἴος, insula maris Cretici, in quo Homeri sepulcrum esse ferunt, 416, 13.

Ixia, Ἰξία, Rhodi locus, 559, 24.

Ixion, Ἰξίων, Lapitha, Pirithoi pater, Perrhæbos ex locis maritimis in mediterranea ejecit, 477, 46. In Gyrtone urbe regnavit, 276, 18. Ejus frater Phlegyas, 378, 49.

L.

Labanæ aquæ, τὰ Λαβανὰ ὕδατα, Latii in agro Nomentano (*Mentana*) et circa Eretum, 198, 51. *Bagni di grotta Marozza*.

Labicana via. V. L vicana.

Labienus Asiæ præfectus, cui Cleo latro negotium fecit 492, 14. Mylasa Cariæ urbem male multavit; adversarius ejus Hybreas Mylasensis orator, 563, 22 sqq.

Labotas, Λαβώτας (*Aswad* ap. Abulfedam), Syriæ fl., per Antiochenum agrum fluit, 639, 47.

Labranda, τὰ Λάβρανδα, Cariæ pagus inter Mylasa et Alabanda situs, templum habet Iovis Στρατίου, 562, 40. Situs incertus. V. Leake Asia minor, p. 232.

Labyrinthus Cretæ 409, 38. Labyrinthus Arsinoitæ nomi describitur, 689, 1. Memnonium est, sicuti illa Abydi et Thebarum, si quidem sec. nonnullos Ismandes idem est cum Memnone, 690, 52. Labyrinthi aulæ pauciores quam 36, sed tot, quot præfecturas Ægyptus sec. nonnullos habuit, 669, 50.

Lac equinum. Eo tum dulci tum acido utuntur Scythæ Nomades, 258, 37; quare γαλακτοφάγους poeta vocat, *ib*.

Lacedæmon, Λακεδαίμων, vox et de urbe et de regione usurpatur, 315, 38. Lacedæmonis urbis descriptio, 311, 37. Limnæ suburbium, in eoque Bacchi templum, 311, 43. ἡ Μεσσόα et τὸ Λιμναῖον, 312, 28. Dianæ Limnææ fanum, 310, 47. Urbem hanc regiam sibi destinarunt Procles et Eurysthenes, 313, 13. Ejus navale Gythium, 295, 10. Lacedæmonii sub Icario, Penelopes patre, colonis Acarnaniam frequentasse videntur, 396, 16. Lacedæmone profecti tres fratres, Athymbrus, Athymbradus et Hydrelus, cognomina sibi oppida in Caria condiderunt, 555, § 46. Lacedæmonii Cretensium instituta accuratius elaborarunt, non vero sua Cretenses a Lacedæmoniis acceperunt, 413, § 17. Cf. 409, 49. Lycurgi institutis principatum adepti sunt; summa Lacedæmoniorum historiæ capita perstringuntur; præsens rerum status, 314, 1. Lacedæm. legibus usus est Zaleucus, 216, 11. Lacones in Samnitum regione consedisse, quosdamque eorum Pitanatas vocatos esse finxerunt Tarentini, 208, 28. Lacedæmoniorum colonia Formiæ in Latio, 194, 33. Ab iisdem etiam Cajetam sinum dictum esse perhibent, 194, 36. Lacones Cantabriæ in Hispaniæ partem occupasse perhibentur, 130, 30. Selgen condiderunt, 488, 37; Lapathum Cypri, 582, 13. Cum Eleis Phidonem everterunt, 307, 54. Pro Prasiensibus ad amphictyoniam Calauriæ contribuebant, 321, 35. Lacedæmoniæ virgines ad rem sacram missæ in Limnis a Messeniis stupratæ, 214, 8; 310 § 10. Hinc orta contra Messenios bella, quæ obiter perstringuntur, 310, § 10. Dux eorum Tyrtæus, 311, 3. Ob Teleclum regem interfectum Messeniis bellum inferunt; anno decimo nono Messenen capiunt. Quosnam Parthenias dixerint; eorumque conspirationem quomodo diluerint, sec. Ephorum, 232, § 3; 231, 30; 310, 37. Post debellatos Messenios Eleis ipsorum sociis Pisatidem et Triphyliam attribuerunt, et Lepreatis, quod non contra ipsos stetissent, Pylum Triphyliæ adjunxerunt, 305, 35 ; 307, 54. Cum Argivis de Thyrea controversia, 54, 40. Trecenti Lacedæmonii cum totidem Argivis pugnantes Othryadæ stratagemate vincunt, 323, 31. Ob plenilunii observationem non interfuerunt prœlio Marathonio, 342, 39. Lacedæmoniorum columnæ ad Thermopylas inscriptio, 368, 22. Æginam Atheniensibus ademptam pristinis incolis restituerunt, 323, 8. Heracleam Trachiniam condunt, 367, 42. Trecenti Lacedæmonii in Sphacteria ins. ab Atheniensibus expugnati, 308, 47. Ampla ditione potiti, quam aliis eripuerant, in ea colloearunt quos ad se confugientes reciperent, ut Asinæos et Nauplienses, 320, 54. Delphos a corpore Phocensium separarunt et seorsum remp. habere jusserunt, 363, 53. Duobus prœliis a Thebanis vincuntur, 345, 50, ad Leuctra et Mantineam 355, 42; 333, 36. De Pamiso fluviolo cum Messeniis litigaverunt, Philippo judice, 310, 13. Actia certamina procurant, 270, 40. Eorum Hyacinthia, 231, 39. Proverbialis locutio: ἐλάττω ἔχειν γῆν τὸν ἀγρὸν ἐπιστολῆς Λακωνικῆς, 30, 31.

Lacertæ bicubitales in Masœsylia, 705, 14.

Laceter, Λακητήρ, Coi ins. promontorium, 561, 23.

Lacinium, Λακίνιον (*Capo delle Colonne*), Italiæ pr., 233, 39, cum Junonis templo quondam divite, 217, 27. A Siculo freto 1300 stadia distat, 217, 31 ; Tarentini sinus facit initium, 217, 39.

Lacmus, Λάκμος (*Zygos*), mons Ætoliæ, ex quo Inachus et Æas oriuntur, sec. Sophoclem et Hecatæum, 225, 35; 262, 49.

Lacones. V. Lacedæmon.

Laconica regio etiam Lacedæmon vocatur, 315, 18. Laconica olim κατ' ἐξοχὴν vocabatur totus Peloponnesus, 313, 43. Belli Trojani tempore Laconiæ pars erat Messenia, 308, 13. Solum regionis quale sit sec. Euripidem, 314, 44. Quid sit Λακεδαίμων κητώεσσα vel καιετάεσσα ap. Homerum, 315, 23. Laconica terræ motibus obnoxia, 315, 32. Marmoris lapicidinas habet, 315, 36. Laconicæ litus ad sinum Argolicum describitur, 316, 35. In Laconicam a Lemno venerunt Minyæ, Argonautarum posteri; hinc in Triphyliam et in Callisten ins. migrant, 298, 25. De Achæo in Laconicam fugiente incolæ Achæi dicti sunt, 329, 39. Tenuit regionem Menelaus, 320, 16. Laconica ab Eurysthene et Procle in sex partes divisa; Amyclæ Philonomo proditori datæ; Sparta regia; Las navale; Ægys propugnaculum ; Pharæa ærarium ; 312, 7. Periœcorum conditio ; bellum contra Helotas ; helotarum servorum ratio, 313, 20. Laconicam Heraclidis prodidit Philonomus, 313, 48. Olim 100 oppida habuit, nunc 30 fere habet, 311, 23.

Laconicus sinus, ὁ Λακωνικὸς κόλπος, 288, 17 ; 311, 28 ; 316, 36.

Lactivori Scythæ Nomades. V. Galactophagi.

Lade, Λάδη, insula ante Miletum sita, 543, 10.

Ladon, Λάδων (*Ruphia*), Arcadiæ fl. Ejus barathris apud Pheneum quondam obturatis, stagnavit fluvius, 334, 10. Aliter de his narrat Eratosthenes, 334, 13. Ladon fluvium aliquando inhibuit, 50, 12. In Alpheum exit, 295, 12 (ubi pro Λάδων in codd. est Κελάδων).

Lænæ Gallorum, 163, 39

Laertes, Λαέρτης, Neritum cepit, 388, 16, et Crocyleam et Ægilipem, *ib.* Cf. 49, 19. In Acarnania et Cephallenia regnavit, 391, 50; 396, 1.

Laertes, Λαέρτης, Ciliciæ castellum, 571, 34.

Læstrygones, Λαιστρυγόνες, inhospitales quidam circa Ætnam et Leontinorum regionem, 16, 50; 33, 31. Vasta eorum corpora figmentum Homeri, 18, 6.

Lagaria, Λαγαρία (*Nocara?*), Phocensium in Italia colonia, inter Thurios et Heracleam sita. Celebre vinum Lagaritanum, 219, 15.

Lagetas, Λαγέτας, Dorylai et Steropes f., Stratarchi frater; ejus neptis mater erat Strabonis. E Cnosso Cretica, ubi degebat, in patriam rediit a Mithridate evocatus, 410, 25.

Lagina, τὰ Λάγινα (*Lakena*), locus agri Stratonicensis in Caria, ubi Hecates fanum et quotannis conventus, 563, 39. A Physco 850 stadia, ab Alabandis 250 stad., 565, 50.

Lagusa, Λάγουσα, ins. maris Cretici, 416, 15. [Insula quum inter Sicinum et Pholegandrum apud Strabonem memoretur, referenda est ad hod. *Cardiolissa*. Kiepertus hodiernam *Polino* ins., juxta Melum sitam, Polyægum et Lagusam vocatam esse censet. Sed Polyægos insula, quam ἔρημον Ptolemæus dicit, haud dubie est hod. *Antimilo*, quæ etiam nunc caprarum copia abundat, neque unquam habitata fuisse videtur, monente Le Bas ad Delect. Inscript. not. p. 3.]

Lamia, Λαμία (*Zituni*), Thessaliæ urbs a Spercheo 30 stadia abest, 372, 20; a Phalaris 30 stadia, 373, 35; terræ motu diruta est, 50, 31; propinquus ei Achelous fl., 372, 40; 386, 41. Bellum Lamiacum, 272, 32; 383, 31.

Lamia. Ἡ Λαμία μῦθός ἐστιν, 16, 1.

Lampea, Λάμπεια, Arcadiæ mons, Scolli contiguus, ab Elide 130 (l. 230), a Tritæa 100 st. distans, 293, 37. (Lampeam esse hodiernum *Astras* montem vel nominum ratio suadet, ut bene monet Rossius, frustra obloquente Curtio, qui Strabonem neglexit.)

Lampenses, Λαμπεῖς, Lampes urbis Creticæ incolæ, 408, 2.

Lampsacus, Λάμψακος (*Lampsaki*), Troadis urbs, 284, 43; olim Pityussa; situs urbis et portus; a Callipoli et Abydo distantia, 504, § 18; 284, 8. Milesiorum colonia, 504, 22. Lampsacena in regione est Gergithium, 504, 37, et Colonæ, 504, 30. Lampsacum migrarunt Pæsani, diruta Pæso, 504, 21. Lampsacus vini ferax; a Xerxe Themistocli data, 503, 6. Leonem, Lysippi opus, ex urbe abstulit Agrippa, 504, 19. Lampsaceni Charon, Adimantus, Anaximenes, Metrodorus, Idomeneus, Leontes, 504, 43, quodammodo etiam Epicurus, *ib.*

Lamptrenses, Λαμπτρεῖς, Atticæ pagus, 312, 15.

Lamus, Λάμος (*Lamas*), Ciliciæ fl. et pagus; ibi finis est Ciliciæ Asperæ, 573, 7.

Lana coraxa, ἔρια κοραξά, pulcherrima in Turdetania, 119, 40. Lana longa et aspera in Gallia, 163, 38; in Italia septentrionali, 163, 40. Lana in regione circa Mutinam et Scultannam fl. optima; durior in Liguria et apud Symbros (Insubros); mediocris Patavi, 181, 38. Lana Brundusina, 234, 36; Laodicena optima, 492, 20; item Colossena, *ib*

Lancobardi, Λαγκόβαρδοι, gens Suevica, olim trans Albim, nunc citra fluv. habitantes, 241, 38.

Landi, Λανδοί, cum Cheruscis, Cattuariis, Cattis, Tubantis, aliis, inter Germaniæ populos recensentur, ex quibus captivi in Drusi Germanici triumpho ducebantur, 242, 40. (Aliunde de hoc gentis nomine non constat. Cluverius pro Λανδῶν legi voluit Μαρσῶν, contra quos Germanicum pugnasse constat. Ipsas codicis literas eo ducere opinatus Cramerus. Ledebur ab Uherto, 3, 1, 367 citatus indicari putat hodiernos *Lahngauer*. Legendum esse suspicor Δανδοί, adeo ut sint Δανδοῦτοι Ptolemæi p. 1 52 15, Wilb., qui a meridie ponuntur Chattorum et Casuarorum, ab oriente Tubantorum.)

Laniferæ arbores in India, 591, 34; 592, 15.

Lanuvium, Λανούϊον (*civita Lavinia*), Romanorum urbs in dextro viæ Appiæ latere; ex eo mare et Antium conspiciuntur, 199, 40. Cf. 192, 42; 193, 8.

Laodice, Λαοδίκη, Seleuci Nicatoris mater, nomen dedit urbi cognomini, 638, 29.

Laodicea, ἡ πρὸς τῷ Λύκῳ (*Eski hissar*), ruinæ prope Denisli), Phrygiæ Magnæ urbs, 494, 2; 566, 18; quam obsessit Mithridates Eupator; amplificarunt eam Hiero et Zeno et Polemo cives; oves ibi egregiæ; urbs terræ motibus obnoxia, 495, § 16; 496, 17. Inter eam et Apameam palus est, 496, 32; inter eam et Carura Menis Cari fanum, 496, 39. In vicino est Hierapolis, 538, 40. Laodiceam contra Labienum excitavit Zeno, 563, 25.

Laodicea Combusta, Λαοδίκεια ἡ κατακεκαυμένη (*Ladik*), Lycaoniæ opp., in via qua Coropasso Tyriæum itur, 566, 24.

Laodicea ἡ ἐπὶ θαλάσσῃ (*Ladikieh*), una ex quattuor Seleucidis urbibus maximis, Seleuci Nicatoris opus; a matre ejus nomen habet, 638, 25. Ad mare sita in agro fertili, vino abundat; afflixit urbem Dolabella, in eam confugiens, 640, § 9. Propinqua ei oppida, 641, 40.

Laodicea prope Libanum urbs, a qua Massyæ montis initium est, 643, 12. [Ruinæ hujus urbis sunt ad *Djussi et Djedede*, ut recte statuunt plurimi. Impugnavit hanc sententiam Droysenius, *Hellenism*. p. 694, innitens ille Itinerarii p. 198 et 199 mensuris; ex quibus colligit multo magis versus boream urbem ponendam esse. Perperam. In Itinerario a Lybo (hod. *Lubbi*) ad Laodiceam sunt 32 m. p., eaque distantia est a *Lubbi* ad *Djussi*. A Laodicea ad Emesam (*Homs*) in editt. numerantur 18 m. p, quum sint 38 m. p. Sicut in his desunt 20 m. p., sic abundant 20. m. p. in distantia quæ est ab Heliopoli ad Lybum; nam quum sit 12 fere m. pass., editiones præbent 32 m. p., adeo ut recte quidem ab Heliopoli ad Emesam putentur 82 m. p., in singulis autem pro xxxii. xxxii. xviii. corrigendum sit xii. xxxii. xxxviii. Neque desunt in codd. nostris corruptorum numerorum indicia; nam pro xviii optimus codex Paris. habet xxvi.]

Laodicea, græca Mediæ urbs, 450, 4. (Situs urbis incertus).

Laomedontis equi, 510, 20.

Laothoe, Λαοθόη, Altæ f., Lycaonis mater, 530, 10.

Lapathus, Λάπαθος (*Lapitho*, *Lapta*), Cypri opp., 582, 12; ejus situs et conditores, *ib.*.

Lape. V. Nape.

Λαπέρσαι. V. Dioscuri.

Laphrii, Λαφρίου, Apollinis fanum prope Calydonem, 395, 6.

Lapides conchyliorum formas referentes in Asia longe a mari reperti sunt. 41, 28. Lapides pretiosos Europa extrinsecus petit, 105, 27. Lapides sacri in Sacro Hispaniæ prom., 114, 15. Lapicidinæ in promontorio 100 stadia a Massilia distante occasum versus, 150, 43. Lapides albi et variegati, ad artis opera præstantissimi, ad Lunam in Etruria exscinduntur, 185, 9. Lapicidinæ ad Pisas, 185, 39; in Rhodo ins. mirabiles, 186, 29. Lapides fluviales ex arena conflati, qui imbribus liquescunt, 248, 47. Lapis cœlitus decidit ad Ægos potamos, 281, 6. Marmor Pentelicum et Hymettium, 343, 18; Proconnesium, 284, 18; Carystium, 383, 22; 375, 33; Parium, 418, 15; Scyrium, Hieropolitanum, 375, 35; in

Taygeto et Tænaro, 315, 34. Lapides molares in Nisyro ins., 419, 38. Lapis Δοκιμίτης sive Δοκιμαῖος, quem Romani Συνναδικὸν dicere solent, 494, 23; 375, 35. Lapicidinæ Proconnesi, 503, 53. Lapides molares in Melæna prom. Ioniæ, 550, 46. Marmoris lapicidina in Chio, 551, 16; ad Mylasa in Caria, 562, 27. Lapides ficu et melle dulciores in India, 599, 10. Lapidis pretiosi in India, 610, 40; in Ægypto inter Myoshormum et Berenicen, 692, 44; in Meroe, 697, 44; in Masæsylia, 705, 15. Lapis gangitis, 636, 25. Lapidibus obruuntur parricidæ apud Lusitanos, 128, 52.

Lapidosus campus, τὸ λιθῶδες πεδίον, ad Rhodani ostia (la Crau), deque origine ejus sententiæ, 151, 27.

Lapithæ, Λαπίθαι, Perrhæbos ex maritima regione in mediterraneam ejecerunt; Centauros quoque e Pelio monte in Æthicum agros expulerunt, 377, 45. Lapithæ in Polypœtæ ditione Perrhæbis mixti, sed eorum domini ut plurimum; quare Homerus in hac regione nonnisi Lapithas memorat, 379, 1. Lapithæ Ænianes e Dotio campo ejiciunt, 380, 14; Pelasgos e Thessalia in Italiam expulerunt, 381, 3. Eorum oppida Peneus permeat, 276, 6.

Laranda, τὰ Λάρανδα (Larenda s. Karaman), Lycaoniæ opp., quod Antipater Derbetes tenuit, 487, 23.

Larimnum, λάριμνον, apud Sabæos nascitur, 662, 32.

Larisa, Λάρισα, Piasi f., patrem, qui ipsam stupraverat, quomodo interfecerit, 531, 27.

Larisa, Λάρισα, Argorum arx, 318, 23; 378, 24.

Larisa, oppidum in Elidis et Dymæ regionis confiniis, sec. Theopompum, 378, 26.

Larisa in Attica (?), 378, 32.

Larisa Cremaste sive Pelasgica, ἡ Κρεμαστὴ ἢ Πελασγία Λάρισα (ruinæ in valle Gardhiki), Thessaliæ urbs, 20 stadia ab ora sinus Maliaci distat, 373, 38. In campo Pelasgico, 381, 4; in Phthiotide, 378, 20; ad Protesilai ditionem pertinuit, 374, 2; terræ motu diruta est, 50, 31.

Larisa (Larissa s. Yenicheher), Thessaliæ opp. ad Peneum, 376, 30; 432, 8; quam olim Perrhæbi tenuerunt, 378, 12; 379, 21. Hæc Larissa et illæ quæ in Asia sunt in campo Cáystrio et prope Cumam, omnes agrum habent fluviis aggestum, 531, 21. Larissæus (sive ex hac urbe sive ex Larisa Cremaste oriundus) fuit Medius historicus, 454, 53.

Larisa, ad Ossam oppidum, 378, 20. (Distinguendum videtur ab eo quod Peneo adjacet. Cf. Gyrton.)

Larisa, Cretæ olim opp., nunc in Hierapytnam contractum, 378, 22; Larisius ibi campus, ib.

Larisa, Ephesiam oppidum, 378, 29.

Larisa, Troadis, Achæio vicina, 517, 6, et Hamaxito, 378, 28; 530, 30. In Larisæo agro Troadis Sminthium, 517, 44.

Larissa ἡ Φρικωνίς, Cumæ vicina (70 ab ea stadia distans, 531, 41) in Asia, 378, 27; 531, 22. Pelasgorum sedes, 530, 21 sqq. Piasus ibi colitur; de eo fabula, 531, 26. Ad Larisam est Gergithium, 504, 41. Contra Pelasgos Larisæ Græci Cumæ conditores Neonlichos, 30 a Larisa stadiis dissitum, exstruxerunt, 530, 63.

Larisa, pagus, olim urbs, agri Ephesii in campo Caystrio, cum Apollinis templo, Tmolo quam Epheso vicinior, 530, 35; 378, 29. (In regione hodiernæ Tirieh alicubi fuisse debet.)

Larisa, vicus triginta a Trallibus stadia distans, 378, 32.

Larisa, in Ponti ora inter Naulochum (et Odessum?) vicus ad Hæmi extremitatem, 378, 39.

Larisa, Syriæ opp. Apameæ vicinum, 640, 49; 378, 29 [ἣν Σύριοι Σίζαρα καλοῦσι; hod. Seidchar ruinæ].

Larisæ petræ in Lesbo 50 stadiis a Mytilene, 378, 30.

Larisius Jupiter, 378, 37.

Larisus, Λάρισος, fluvius Elidem a Dyme dividens, 378, 25; 332, 48.

Larius, Λάριος, lacus (lac de Come) impletur Addua fluvio; adjacet lacui Comum urbs, 160, 22; 170, 11; 177, 40. Ejus longitudo, 174, 14. Adduam emittit, ib.

Larolum, Λάρολον, Umbriæ oppidum in via Flaminia inter Ocriculos et Narniam, 189, 30. [Aliunde non notum, modo recte ex uno codice legatur Λάρολον, quod negarim; ceteri habent: Ὀκρίκλοι πρὸς τῷ Τιβέρει καὶ λαρολονι (sic) et λάρονι, ut fortasse fluviolus ad Ocriculos in Tiberim incidens indicetur, uti Cluverius conjecit. Cramerus verba καὶ λαρολονι orta esse ex sqq. καὶ Νάρνια putat.

Lartolæetæ, Λαρτολαιῆται, in Hispaniæ ora orientali sequuntur post Leetanos (Læetanos Plin. et Ptol.), 132, 35; adeo ut (sec. Ptolemæi tabb.) habitent inde a Blando (Blanos). Pars esse videntur Læetanorum, adeo ut sint Λαρτολαιετανοί; idque nomen probabiliter habent a fluvio, qui prope Blandam exiens a ceteris Læetanis eos dirimebat; fluvius ille ap. Plinium vocatur Larnum flum., III, 3, 4, 22 (sicut Larnenses memorantur, ib. § 24]; ut apud Strabonem leg. mihi videatur Λαρνολαιῆται vel Λαρνολαιετανοί.

Larymna, Λάρυμνα, superior, Locridis urbs, ad quam Cephissus erumpit, 349, 20. (Ruinæ ad Bazaraki.)

Larymna inferior, ad mare situm, Bœotiæ urbs, cui Romani Larymnam superiorem adjunxerunt, 349, 21; 347, 41. (Ruinæ Kastri dictæ ad baie de Larmes.)

Las, Λᾶς (Ruinæ exstant in colle ad Bassava), Laconicæ urbs, a Dioscuris expugnata, 313, 1; navium statio, 313, 16.

Laserpitium, σίλφιον, in Cyrenaica, nunc propemodum defecit, quum barbari nomades radices ejus eruerint, 711, 1. Regio laserpitium ferens qualis et quanta sit, 711, 4. Laserpitium clam e Cyrene exportabatur in Characem Syrtis majoris locum, ubi vinum pro eo dantes emebant Carthaginienses, 709, 45. Laserpitium Bactrianæ, 617, 13; Mediæ, 450, 29; σιλφιοφόρος regia sub tropicis in medio Libyæ tractu, 79, 12; 108, 23; 110, 26.

Lasion, Λασιών (ruinæ prope Kumani), Elidis opp. ad Seleentem fl., 290, 32.

Lateres cocti tam leves ut aquæ innatent, ad Pitanen et in Etruria et in Hispania, 525, 33.

Lathon, Λάθων, fl. (Ληθαῖος p. 552, 41), in Hesperidum portum influit, 710, 10. V. Stad. M. M. in Geogr. min. t. I, p. 449.

Latina via prope Romam a via Appia ad sinistram deflectens transit per Tusculanum montem inter Tusculum opp. et Albanum montem, descenditque ad Algidum opp. et Pictas; tum incidit Lavicana via, 197, 30. Latina via in Appiam incidit ad Casilinum, 197, 28. Latina in via Ferentinum, Frusino, Fabrateria, Aquinum, Interamna, Casinum, Teanum Sidicinum, 197, 45. Oppida inter Latinam et Appiam viam sita, 198, 4; opp. inter Latinam et Valeriam viam, 198, 18.

Latini, Λατῖνοι, 182, 19 et passim. Nomen hoc subditis suis fecit Æneas, postquam Latinus, rex Aboriginum, prœlio contra Rutulos commisso cecidit, 190, 49. Latinorum termini, 182, 21. Eorum conventus ad Veneris templum Ardeæ 193, 49. Cum Latinis Romani in Albano monte Jovi sacrificant, 191, 10.

Latinus, Λατῖνος, Aboriginum rex, Laurentum et vicina loca tenet; Æneæ in Rutulos auxilio utitur; moritur, 190, 49.

Latipedes. V. Στεγανόποδες.

Latium, ἡ Λατίνη, multas gentes complectitur Latinis olim non adscriptas, Æquos, Volscos, Hernicos, Aborigines,

Rutulos, alios, 190, 36. Regionis termini, 182, 21. Ora maritima quousque nunc pertineat olimque pertinuerit, 192, 53. Latii solum, 193, 5. Quomodo Latium a parvis initiis paullatim creverit, 192, 28. In Latium e Sicilia venit Æneas, 520, 16.

Latmicus sinus, Λατμικὸς κόλπος, Ioniæ, 543, 13.

Latmus, Λάτμος, Cariæ mons, sec. Hecatæum ab Homero Φθειρῶν ὄρος dicitur, 543, 14 et 17.

Latmus, Cariæ opp., postea Heraclea sub Latmo dictum, 543, 12.

Latomiæ, Λατομίαι, insulæ sex in sinu Arabico, 656, 5.

Latona, Λητώ, Delum accepit a Neptuno, cui dedit Calauriam, 321, 26. Ejus templum in Delo, 416, 30; ad Hypsoentem in Macistia, 300, 42. Latona peperit in Ortygia luco prope Ephesum, 546, 29. Latona, sceptrum tenens et adstans ei Ortygia nutrix, Scopæ opus, 546, 40. Latonæ lucus, τὸ Λητῷον ἄλσος, in Rhodiorum peræa; superjacet Calynda urbs, 60 stadia distans, 556, 23. Lucus ad Physcum in Rhodiorum περαίᾳ, 556, 43. Templum ad Xanthum fl. Lyciæ, 568, 18. Oraculum in Buto urbe Ægypti, 681, 27.

Latopolis, Λατόπολις (*Esneh*), Thebaidis, in qua Minerva et latus piscis colitur, 693, 46; 690, 25.

Latus, ὁ λάτος, Nili piscis, 699, 6; a Latopolitanis colitur, 690, 24; 693, 46.

Laurentum, Λαύρεντον (*Torre di Paterno*), Latini regis opp. Ostiæ vicinum, in quod appulit Æneas, 190, 45; 193, 46.

Laus, Λᾶος, sinus, fluvius (*Lao*) et urbs (ad hod. *Scalea*) Lucanicarum ultima, Sybaritarum colonia; ejus ab Velia distantia, 210, 28. Laus fl. in Lucaniæ finibus, 212, 18; ab eo incipiebat vetus Œnotria sive Italia, 211, 54. Ad Laum est Draconis sacellum, 210, 32. Ad Laum Græci oraculo decepti a Lucanis cladem passi sunt, 210, 37. Lao vicini Cerilli, 212, 21.

Laviansena, Λαουιανσηνή, una ex decem Cappadociæ præfecturis, 458, 25; 463, 2; 479, 29.

Lavicana via, ἡ Λαβικανὴ ὁδός, incipit a porta Esquilina, incidit in Latinam, 197, 35.

Lavicum, Λαβικόν (*La Colonna*), vetus Latii opp., haud longe a Roma et via Labicana in alto situm, nunc dirutum, 191, 42; 197, 38.

Lavinia, Λαουινία, Æneæ filia, nomen dedit Lavinio opp., 191, 4.

Lavinium, Λαουίνιον (*Pratica*), Latii opp., ab Ænea conditum et de filia ejus nominatum, 191, 4. In loco, quo oppidum condidit, Æneas virum qui mensam suam comedebat offenderat, 520, 18. Lavinii occisus T. Tatius, 192, 6. Ibidem simulacrum Minervæ Iliacæ monstratur, 219, 37. Templum Veneris quod Lavinii est, Ardeatæ administrant, 193, 44. Oppidum a Samnitibus dirutum est, 193, 49.

Lebadea, Λεβάδεια (*Livadhia*), Bœotiæ urbs cum Jovis Trophonii oraculo; situs urbis, 355; 38. In vicino est Phanoteus Phocidis opp., 363, 21.

Lebedus, Λέβεδος (ruinæ quæ vocantur *Ecclesia* vel *Xingi*), Ioniæ urbs in Arti loco ab Andropompo condita, 541, 5. Distantia a Colophone et Teo, 549, 33 et 45; ἡ σύνοδος καὶ κατοικία τῶν περὶ τὸν Διόνυσον τεχνιτῶν τῶν ἐν Ἰωνίᾳ μέχρι Ἑλλησπόντου, quæ prius in Teo urbe fuerat, 549, 35.

Leben, Λεβήν (*Leda*), Cretæ opp., Gortynæ navale, 411, 6. Lebenii Leucocomas et amator ejus Euxynthetus, 411, 10.

Leberides. V. Cuniculi.

Lebinthus, Λέβινθος (*Leviltho*), Sporadum una, 418, 47.

Λεκανομάντεις apud Persas, 649, 11.

Lechæum, Λέχαιον, Corinthi portus Italicis commerciis destinatus, Corintho duodecim stadiorum muris junctus, non admodum frequens domiciliis, 326, 31; cf. 324, 47. ἡ κατὰ τὸ Λέχαιον θάλασσα non eandem altitudinem habet quam mare apud Cenchreas, 47, 14.

Lectum, Λέκτον (*C. Baba* s. *S. Maria*), Troadis prom. 502, 5; 516, 53; 525, 46. In id Ida mons exit, 497, 23; 499, 11. Lectum et Parium Troadis termini sec. Damastem, 498, 48. Lectum et Canæ promontoria sinum Adramyttenum claudunt, 499, 36. In Lecto ara duodecim deorum, 517, 50. Prope id campus Halesius, 517, 47. Adjacet Hamaxitus, 517, 9. A Lecto ad Polymedium 40 stadia, 518, 48.

Leda, Λήδα, Thestii f., Tyndarei uxor, 396, 33.

Leetani, Λεητανοί, Hispaniæ populus, 132, 32 [Λαιετανοί Ptol., *Laletani* ap. Plinium, habitantes inde a Rubicato fl. (prope *Barcellona*) usque ad Blandam (*Blanes*)].

Legæ, Λῆγαι, Scythica gens, inter Albanos et Amazones habitant, 432, 16.

Leges versibus conscriptæ, eæque perantiquæ Turdetanorum, 115, 30. Legibus Ionicis Massilienses utuntur, 149, 21. Leges sumptuariæ ap. Massilienses, 150, 30. Leges Zaleuci, 216, 10. Lex Ceorum, 417, 47. Legislatio et instituta Cretensium. V. Creta. Leges ἄγραφοι Indorum 610, 15.

Legislatores fabulas poetarum et theologorum probarunt utilitatis causa, 15, 34 *sqq*.

Lelantus campus, Λήλαντον πεδίον, Eubœæ, 48, 32 (Cf. Eubœa). In eo sunt aquæ calidæ, quibus Sulla usus est, ac metallum æris et ferri commune, 384, 12. De Lelanto campo certabant Curetes Chalcidis, 399, 45, et cum Eretriensibus Chalcidenses, 386, 15.

Leleges, Λέλεγες, unde dicti sint sec. Hesiodum, 267, 40. Lelegum utpote natio collectitia variisque e gentibus mixta nunc defecit, 267, 41. Nonnulli censent Leleges a Caribus non esse diversos, 522, 26; 267, 14. Homerus tamen ab iis distinguit, 522, 26. Lelegum nomen ab Caribus Minois ætate in insulis habitantibus, 564, 20. Leleges Carum pars, 490, 42. Sec. alios Leleges erant Carum cohabitatores et commilitones, 267, 14. Cretensium auxilio continentem habitare cœperunt. Leleges apud Homerum, 590, 46; 490, 26, circa Pedasum et Satnioentem fl., 522, 30. Eorum in Troade ad sinum Adramyttenum loca Altæ regi subjecta, 513, 3; 521, § 56; 522, 50, 500, 50; inter ea fuit Pedasus, 500, 12; 518, 12; et Antandrus, 518, 41. Ab Achille evastati in Cariam transiverunt et quæ circa Halicarnasum sunt loca occuparunt, 522, 32. Leleges olim oram tenuerunt quæ est ab Epheso usque ad Phocæam et Chium et Samum, teste Pherecyde, 540, 20; Ephesi, Smyrnæ, Mileti regiones, 546, 47; 541, 44; 542, 20.-cf. 267, 17. Lelegum urbes octo in Pedaside regione, Cariæ partem tenuerunt, quæ usque ad Myndum et Bargylia porrigitur; etiam Pisidiæ bonam partem occuparunt, 522, 38. Postea cum Caribus in bellum profecti per totam Græciam dispersi sunt et gens deleta est. De octo istis urbibus sex Mausolus in Halicarnasum contraxit, integras reliquit Myndum et Suangela, 522, 42. Lelegum sepulcra et castella Lelegia dicta et pagorum vestigia per totam Cariam et ad Miletum monstrantur, 522, 51; 267, 17. Leleges quidam Pisidis permixti, 488, 34. Leleges barbari, 266, 47. Cum Caribus multum vagati venerunt in Acarnaniam, Ætoliam, Locridem, Bœotiam, 267, 26. Leleges in Bœotia, 344, 41.

Lelegia. V. Leleges.

Lelex, Λέλεξ, autochthon, cujus e filia nepos fuit Teleboas, 267, 33.

Lemanus lacus ἡ, Λημέννα λίμνη (*lac de Genève*), per

quem Rhodanus fluit, 170, 7; 173, 29; 154, 30. Cf. 225, 23.
Lemnus, Λῆμνος (*Stalimene*), ins., 102, 51; 184, 36; 279, 36; 281, 49. Ejus incolæ Sinti sive Sinties Thraces, 282, 17; 471, 10. Eubœa, Lemni locus, 386, 13. Cabirorum ibi cultus, 406, 10. Lemnia sacra, 400, 41. Lemnii Pelasgi in Athonis peninsula quinque oppida tenuerunt, 280, 30. Jasoneæ expeditionis signa in Lesbo, 38, 25. Lemno pulsi Minyæ, Argonautarum posteri, in Lacedæmoniam migrant, 298, 25. Lemni rex Euneus, Jasonis filius; quare insulæ pepercit Achilleus, 37, 40; 38, 50; 39, 1.
Lemovices, Λεμοουίκες (*les Limousins*), Galliæ gens Aquitanis adscripta, 158, 30.
Lenæ, Λῆναι, Bacchi πρόπολοι, 402, 18.
Leo Nemeæus, 324, 40. Leo apud Leontopolitas Ægypti colitur, 690, 29. Leones mansueti in pompis Indorum, 611, 42. Leones in Gordyæorum regione ad Tigrim, 636, 24; in Meroe ins., 698, 4; in Mauretania, 702, 3; apud Æthiopes Hesperios, 702, 21.
Leocorium, Λεωκόριον, Athenis, 340, 22 et 44.
Leonidas, Λεωνίδας, in Thermopylis, 8, 45; 368, 15; 401, 2.
Leonidas, Λεωνίδης, stoicus, Rhodius, 559, 36.
Leonnatus, Λεοννάτος, Alexandri regis familiaris, in bello Lamiaco cecidit, 372, 34.
Leonnorius, Λεοννόριος, Galatarum dux, 485, 28.
Leonteus, Λεοντεύς, Lampsacenus, Epicuri familiaris, 504, 48.
Leontini, Λεοντῖνοι (*Lentini*), in Sicilia, Naxiorum coloni; semper participes fuerunt rerum Syracusis adversarum, lætarum non item, 227, 26. Eubœam Siciliæ condiderunt, 226, 45. Leontina regio, ἡ Λεοντίνη, nunc devastata, 227, 25. Olim Leontinorum regionem Cyclopes et Læstrygones inhabitarunt, 16, 50.
Leontis specula, Λέοντος σκοπή, in ora thuriferæ Æthiopiæ, 658, 50.
Leontis columna vel ara in regione Æthiopica extra fauces sinus Arabici posita, 659, 13.
Leontopolis, Λεοντόπολις· (prope *El-Mengaleh*), in Delta regione non longe a Mendete, 681, 38. Λεοντοπολίτης νομός, 682, 7. Leontopolitæ Ægypti leonem colunt, 690, 29.
Leonum urbs, Λεόντων πόλις, in Phœnicia, inter Sidonem et Berytum, 644, 9 (Ad *Damour* fluvium ponenda videtur, quod Ritterus quoque suspicatur, quamquam dubitans propter ea quæ apud Scylacem § 104, p. 70 leguntur; At Scylacis locus in mendo cubat. Vid. Geogr. min. T. I, Prolegg. p.
Leosthenes, Λεοσθένης, Atheniensium dux, in bello Lamiaco cecidit', 372, 34.
Lepidotus, ὁ λεπιδωτός, Nili piscis, 699, 6, omnibus Ægyptiis sacer est, 690, 22.
Lepidus. V. Æmilius M. Lepidus.
Lepontii, Ληπόντιοι, gens Rhætica, a Como versus occasum habitant, 170, 14; 171, 43 (in *Val Leventina* et *le haut Valois*).
Lepra acte, Λεπρὴ ἀκτή, olim dicebatur Prion mons supra hodiernam Ephesum urbem situs, 541, 34.
Lepreum, τὸ Λέπρεον (ruinæ ad *Stravitzi* vicum), Triphyliæ opp. 40 a mari stadiis, 296, 20; ager felix; opp. a Pylo Messeniæ 400 fere stadiis abest, 299, 7. Lepreo vicina est Chaa, 299, 14, et Cyparissia, 296, 34. Regionem Lepreatarum Caucones tenuerunt, 294, 34; 296, 35. Cauconis ibi monumentum, 296, 38. Lepreaticus Pylus, 291, 45. Lepreatæ, quum belli Messeniaci non participes fuissent, a Spartanis obtinuerunt ut Pylus cum Lepreo in unam civitatem conflaretur, 305, 39.
Leotis (Magna), Λέπτις (*Lebda*), sive Νεάπολις, Libyæ urbs inter Syrtes sita, 708, 47; a Locris Epizephyriis 3600 stad., 708, 48.
Leria. V. Lerus.
Lerne, ἡ Λέρνη, palus Argivi et Mycenæi agri, 319, 13. Ad eam Amymone fons, *ib.*
Lerna, ἡ Λέρνη, Argolidis fl., hydræ fabula notus, 316, 41; 319, 15. Λέρνη κακῶν proverbium, 319, 16.
Leron, Λήρων, insula (*île Ste-Marguerite*), Antipoli objecta ad oram Narbonensem, in quo Leronis sacellum, 153, 28. Cf. Planasia.
Leronis sacellum. V. Leron insula.
Lerus, Λέρος (Λερία p. 418), in mari Icario ins., 419, 5; una e Sporadibus, 418, § 12; a Milesiis frequentata, 542, 36. Male audiebant Lerii, 418, § 12.
Lesbocles Λεσβοκλῆς, rhetor Mitylenæus, 528, 10.
Lesbus, Λέσβος, insula, 102, 48; a Tenedo et Lemno et Chio æquali fere spatio intra 500 stadia distat, 529, 26; a Chio 400 stadia distat 551, 27. Insulæ descriptio, 527, § 2. Lesbus ab Ida abrupta esse creditur, 50, 7. Olim Issa dicta; quare insula objacens olim (nunc Lesbo juncta) Antissa dicta est, 50, 4. Lesbus Pelasgica vocatur, 184, 19. Ejus promontorium Sigrium; inde a quo nonnulli Hellesponti initium esse statuunt, 284, 44. Ejus mons Pylæus, 531, 15; Arisba opp., 505, 28; Cillæum, 523, 35. Lesbus Μάκαρος πόλις, apud Homer., 551, 41. Lesbii sub Pylæo ad Trojam militarunt, quem Pelasgorum ducem vocat Homerus, 531, 12.
> Insula ab Achille vastata, 500, 16. Eam obtinuit Gras, Æolum dux, 498, 29. Lesbus quodammodo metropolis urbium Æolicarum, 527, 9. Lesbii totam fere Troadem sibi vindicarunt, 513, 20. Lesbus vini ferax, 544, 38. Vinum ex ea Naucratim deportatur, 686, 48. Lesbii Terpander, Hellanicus, Callias, 528; 42. Inter Lesbum et Asiam sitæ insulæ, 528, 51.
Lethæus, Ληθαῖος, fl. Magnesiam præterfluens in Mæandrum exit; ab Homero non memoratur, 475, 1.
Lethæus, Ληθαῖος, Cretæ fl. Gortynam perfluit, 411, 9.
Lethæus, Thessaliæ fl., Triccæ vicinus, 525, 39.
Lethæus, Libyæ fl. ad Hesperides, 552, 41, i. q. Lathon.
Lethes, Λήθης (*Oblivionis*), s. Belion s. Limæas, Lusitaniæ fl., e Celtiberis et Vaccæis profluens, 127, 15; unde Lethes ei nomen fuerit, 127; 35.
Lethus, Λῆθος, Pelasgus, Teutami f., pater duorum filiorum, qui Pelasgos ducebant bello Trojano, 530, 24.
Letopolites nomus, Λητοπολίτης νομός Ægypti, in quo Cercesura vicus, 685, 35.
Leuca, τὰ Λευκά, oppidulum Iapygiæ, a Vereto 80 stadia distans, fontem aquæ fœtentis habet, 2 3, 50. Inde ad Hydruntem 180 stadia, 234, 3.
Leucadius, Λευκάδιος, Icarii f., in Acarnania regnavit, 388, 52.
Leucæ, Λεῦκαι, Ioniæ opp., quod Aristonicus ad defectionem pertraxit, 552, 6.
Leucas, Λευκάς, olim peninsula Acarnaniæ, 388, 11. Insula facta est a Corinthiis isthmum exscindentibus, 49, 16. Peninsulam significare censent Homerum verbis Νήριτον... ἀκτὴν ἠπείροιο, 49, 20; 388, 11. Isthmum perfodientes Corinthii Neritum transtulerunt in locum, ubi nunc fretum ponte instratum est, ac Leucadem nominarunt, 388, 21; cf. 386, 52. A Leucade ad Corcyram 700 st., sec. Polyb., 87, 15; ad Peloponnesum 700 st., sec. Polyb., 67, 14. Leucadis prom. Leucatas, 388, 28; 392, 23. Urbs Neritus, 388, 16. Leucadem nonnulli Teleboarum inhabitarunt, 267, 35. Leucadiorum institutum, 388, 44. Eorum respublica Aristotelea laudatur, 267, 33.
Leucaspis, Λεύκασπις, portus oræ Libycæ, 679, 21.

Leucatas, Λευκάτας, Leucadis pen. sive ins. prom.; quæ de saltu ab eo varia ferantur; Apollinis in eo templum, 388, 28; 392, 23.
Leuce, Λευκή, insula Achilli sacra, 500 a Tyræ ostio stadiis, 254, 15; 103, 20.
Leuce, Λευκή, Laconiæ campus, 312, 22.
Leuce acte, Λευκὴ ἀκτή, Eubϙæ pr. a Sunio 300 stadia distans, 343, 10.
Leuce acte Thraciæ ad Propontidem, 284, 11.
Leuce acte, Libyæ prom. inter Parætonium et Phœnicuntem portum, 679, 11; e regione Carpathi ins.; distantia ab ea et ab Alexandria, 419, 53.
Leuce come, Λευκὴ κώμη (Hauran), Nabatæorum emporium, in quod quindecim dierum navigatione a Cleopatride solvens venit Ælius Gallus, 664, 60. Hinc merces Petram, inde Rhinocoluram frequentissimo commercio portari solent, 664, 25 et 45.
Leuci, Λεῦκοι, Galliæ gens, supra Mediomatrices, 161, 10.
Leucimma, Λεύκιμμα, Corcyræ prom.; cui objacent Sybota insulæ, 269, 41.
Leucippus, Λεύκιππος, Achæus, quomodo Metaponti loco potitus sit, 220, 27.
Leuco, Λεύκων, Bospori rex, 257, 26; 250, 21. Theodosia 210000 medimnos frumenti Atheniensibus misit, 258, 22.
Leucocomas, Λευκοκόμας, Lebenius e Creta, 41, 10.
Leucolla, Λεύκολλα, Cypri portus, 582, 28.
Leuconotus, Λευκόνοτος, ventus quinam, 13, 16.
Leucopetra, Λευκόπετρα, agri Rhegini, quinquaginta stadia a Rhegio distans, promontorium album, in quod Apenninus desinit, 215, 22; 176, 22.
Λευκοφρυήνη Ἄρτεμις. V. Diana.
Leucophrys, Λευκόφρυς, i. q. Tenedus, 517, 1.
Leucosia, Λευκωσία, ins. ad Lucaniæ oram, a Sirenum una nomen habet, 209, 42; sita ad promontorium quod a meridie claudit sinum Posidoniatem, 210, 3. Insula hæc a continente abrupta est, 214, 50. Cf. 101, 35.
Leucosia, Sirenum una, in insulam ab ipsa nomen habente ejecta est, 210, 1.
Leucosyri, Λευκόσυροι, vocantur Cappadoces tum qui ad Taurum tum qui ad Pontum habitant, 627, 16; 464, 53.
Leucosyri Cappadoces, Herodoto Syri vocantur, 466, 14. Unde Leucosyri dicti sint, 466, 17. Leucosyros a Paphlagonibus Halys distinguit, 468, 21. E Leucosyris Trojam profecti sunt Heneti, 473, 34. Leucosyri Amisum incolunt, 466, 32; 473, 51.
Leucotheæ templum, Λευκοθέας ἱερόν, Phrixi opus, in Moschica regione, 427, 38; a Pharnace ad Mithridate Pergameno spoliatum, ib.
Leuctra, τὰ Λεῦκτρα, Bϙotiæ urbs inter Platæas et Thespias, 355, 42. Leuctrorum colonia Leuctrum ad sinum Messeniacum, 309, 17. Leuctrica pugna, 329, 49; 330, 27; 355, 42.
Leuctrum, Λεῦκτρον, pagus Achajæ ad Rhypes urbem pertinens, 332, 38.
Leuctrum, Λεῦκτρον, Laconicæ opp.; ad sinum Messeniacum, Leuctrorum Bϙotiæ colonia, 309, 17; a Pelope conditum fertur, 309, 24. Juxta fluit Pamisus torrens, 310, 12.
Leuternia, Λευτερνία, ora Japygiæ, 234, 2. Cf. Gigantes.
Leuternii Gigantes. V. Gigantes.
Lexovii, Ληξούσιοι, Galliæ gens ad Sequanam et Oceanum, 162, 2; 157, 5.
Libanus Λίβανος, Syriæ mons. Ejus situs; cum Antilibano Cœlesyriam includit, 642, 38; in Theuprosopon prope Tripolin exit, 642, 34 et 40; in Libano prædonum receptacula, 643, 17.
Libes, Λίβης, Chattorum sacerdos, in Germanici triumpho ductus, 242, 37.

Libethra, Λείβηθρα, Pieriæ urbs Dio propinqua, 276, 52.
Libethrum, Λείβηθρον, Thraces Musis dedicarunt, 352. 20; 404, 38.
Libethridum, Λειβηθρίδων, nympharum antrum in Helicone, 352, 18; 404, 42.
Libophœnices, Λιβοφοίνικες; eorum terra oræ maritimæ superjacet a Carthagine usque ad Cephalas et Mascæsylios et Gætuliæ montana, quæ sunt mere Libyca, 709, 5.
Liburnica ora post Japodicam sequitur; ejus longitudo; (Titius) fluvius; Scardon urbs, 261, 40. A Liburnis ad Ceraunios montes supra 2000 stadia, 263, 20. Liburni Corcyram tenuerunt, ex qua a Chersicrate expulsi sunt, 224, 17.
Liburnicæ, Λιβυρνίδες νῆσοι, sinus Adriat., 102, 23; quadraginta numero, 261, 44. De iis Theopompi sententia, 263, 28.
Libya. Libyes, Λιβύη, Λίβυες. Libyæ descriptio generalis, 108, § 33. Terra hæc quodam modo trapezii figuram refert; ejus latera, 108, 12; 700, 24. Nonnulli Libyam ab Asia non dirimunt, 27, 10; alii dirimunt mari Rubro, 54, 30; 29, 29; alii autem Nilo, 50, 30; 685, 18; 26, 51; 27, 10; 29, 29. Libya omnium continentium simplicissima, 100, 37. Vel si Europam ei adjunxeris, Asiam magnitudine non exæquat, 700, 11. Alii ejus tractus fertiles sunt, alii male culti, alii deserti, 108, 18. Cnæus Piso comparavit eam cum pardalis corio, oasibus interpuncto, 108, 14. Quæ de Libybus audiverat Homerus poemati suo inseruit, 13, 23. Libyam præternavigare antiquissimis temporibus non audebant, 40, 19. Libyam australem sive a columnis Herculis sive a Rubro mari aliquousque prætervecti mox reverti multis obstaculis coacti sunt, et apud haud paucos opinionem confirmarunt mare isthmo aliquo dividi, 27, 12; at Atlanticum mare versus meridiem coit, 27, 17. Finem suæ navigationis omnes nominarunt loca Æthiopica, 27, 20. Circumnavigari potest Libya; attamen Menelaum circumnavigasse eam falso Crates finxit, 31, 41. Darii (deb. Neconis) jussu circumnavigatam esse narrat Herodotus, 81, 15. Posse Libyam circumnavigari quibus ex indiciis collegerit Eudoxus Cyzicenus, 82, 10. Quæ de hujus Eudoxi circumnavigatione acceperit Posidonius, ib. Libyæ pars maxime occidua paullulum ultra Gades procurrit, inde arcto promontorio facto versus orientem et meridiem reflectitur, donec Æthiopes hesperios attigerit, regioni Carthaginiensi objacentes in parallelo Cinnamomiferæ, 99, 3 sqq. De ora exteriore multa fabulosa scriptores tradiderunt, 701, 22. In ora occidentali olim ad trecenta Tyriorum oppida fuisse nonnulli perhibent, 701, 35. Litus boreale ab Alexandria ad Columnas recta fere linea producitur, exceptis Syrtium locis, 108, 5. Mediterranea pars maxima et regio Oceano vicina desertæ sunt, 700, 14. Optima Libyæ olim possederunt Phœnices, 125, 2. Gentes pleræque ignotæ, 108, 28; notiores recensentur, ib. Libya omnis feras alit, 108, 43. Libyæ feles feras ad cuniculos venandos in Hispania alunt, 120, 4. Libyæ occidentalis fluvii crocodilos habent, et alia animalia qualia Nilus alit, 701, 45. Vinum Libycum (?) pessimum, quo plebs Alexandriana utitur, 679, 17. De Bacchi quadam urbe fabula, 248, 45. Trajectus e Libya in Sardiniam 1300 m. p., sec. chorographum, 187, 48; in intimum sinum Gallicum 5000 stadiorum, 95, 13; ad Iapygiam oram 4000 stadiorum et amplius, 102, 30. Libycum pelagus, 269, 49, 8; 581, 30, in Ægyptium desinit, 101, 47; a Carthaginiensium finibus usque ad Syrtes pertinet, 222, 5. Libyæ mons in Metagonio Abilyce, 141, 29. Libyes Columnas Herculeas Gadibus vindicant, 141, 40.

Licattii, Λικάττιοι *Licates* Plinii ad Licum (*Lech*) fl.) Vindelicorum populus, 171, 49; quorum quasi arx est Damasia, 171, 53.

Lichades insulæ, Λιχάδες νῆσοι, ad Eubœam sitæ a Licha nomen habent, 395, 40. Partes earum et Cenæi promontorii terræ motu demersæ sunt, 50, 23.

Lichæ columna vel ara extra fauces sinus Arabici, 659, 13.

Lichæ elephantum venatio, 658, 35.

Lichas, Λίχας, Lichadibus insulis nomen dedit, 365, 40.

Licymna, Λίκυμνα, arx Tirynthis, 320, 41.

Licymnius, Λικύμνιος, a Tlepolemo occisus, 557, 51; 558, 9; nomen dedit arci Tirynthis, 320, 42.

Liger, Λείγηρ, Galliæ fl., e Cemmenis montibus oriens, 157, 15; 158, 34; per Arvernos et Carnutos fluit, 161, 16; Pyrenæ quodammodo parallelus, 157, 44. Ad 2000 stadia navigabilis, 157, 40. Minus longe quam Sequana navigatur, 160, 45. Inter Pictones et Namnitas effluit, 158, 1. Ligeri insident Arverni, 158, 42; adjacent (Nemossus et) Cenabum s. Genabum, 158, 44. Ostio objacet insula Samnitarum, οὐ πάνυ πελαγία, 165, 5. Ab ostio fluvii in Britanniam trajiciunt, 166, 14. Populos 14 inter Ligerin et Garumnam habitantes Aquitaniæ adjecit Augustus, 147, 16.

Ligna et asseres longissimos secandos apta præbet Etruria, 185, 16.

Liguria, ἡ Λιγυστική, inter Galliam Cisalpinam et Etruriam regio Alpibus et Apenninis contigua, partim etiam in ipsis Apenninis sita; terra aspera, 106, 13; 182, 1; usque ad Varum fluvium pertinens, 174, 30. Galliæ Narbonensi conterminā, 152, 52. Liguriæ et Etruriæ terminum multi dicunt Macram fluvium, 185, 20. Ligures montana in Galliæ Cisalpinæ parte transpadana incolunt, 17,6 31; 180, 4. Oræ inter Massiliam et Nicæam interjectæ partem orientalem Ligures tenent, 153, 15. Litus Liguriæ inde a Monœci portu usque ad Etruriam asperum est, 168, 29. Ibi est Genua emporium, 175, 39; 168, 6; ad quod Apenninus Alpibus committitur, *ib*. Plurimi per pagos dissipati habitant, 182, 1. Ligures apud Æschylum memorantur, 151, 53. A Gallicis gentibus Alpium incolis distinguendi sunt; eadem tamen cum Gallis vitæ ratione utuntur, 106, 13. Ligures, qui inter Varum et Genuam ad mare degunt, ii pro Italis consentur; ad montanos præfectus equestris ordinis mittitur, 169, 30; Galliæ Ligures rectoribus provinciæ Narbonensis Roma missis obtemperant, 169, 5. Ligures etiam Salyes vocabantur, 169, 15. Ligusticæ gentes Taurini, 170, 2; Oxybii, 153, 35; 168, 28; Decietæ, 168, 28; Intemelii, Ingauni, 163, 13. Ligurum est etiam Ideonni et Cottii terra, 170, 4. Per Alpes Liguriæ transitus, 174, 6. Ligurum latrocinia. Post bellum per octoginta annos tractum Romani obtinuerunt ut duodecim stadiorum amplitudine via juxta oram maritimam libera esset. Postea omnes Ligures subegerunt, 169, 15. Devicit eos C. Flaminius, 181, 16. Ligures pecuaria re vitam sustentant; lac et hordeaceum potum bibunt; silvæ apud eos frequentes; ligna navibus et tabulis commoda; arbores ingentes; ligna Genuam deportant, item pecora, pelles, mella; hinc vero oleum et vinum Italicum important; Ligusticum vinum austerum, parvaque ejus copia; equi et muli Ligustici; ligurium sive electrum; Ligustica saga et tunicæ, 168, 33-45; lana Liguriæ aspera, 180, 40. Ligures equites mediocres, pedites gravis levisque armaturæ boni, 168, 47; æreis scutis utuntur, quare Græci esse putantur, *ib*. Ligures Tyrrhenis bellicosiores sunt et molesti eorum vicini, 185, 41. Mulieres Ligusticæ strenuissimæ, 137, 7. In Liguria versatus est Posidonius, 137, 8.

Ligurum insulæ, 106, 39.

Ligusticum mare, τὸ Λιγυστικὸν πέλαγος, 88, 1; 101, 27; 106, 25.

Ligusticum promontorium, ἡ Λιγυστική ἄκρα, quod cum Italico sinum Tyrrhenum includit, 76, 20.

Lilæa, Λίλαια (ruinæ *Paleocastro* dictæ), Phocidis oppidum ad fontes Cephissi, 13, 27; 349, 47, 363, 5; 366, 53.

Lilybæum, Λιλύβαιον Siciliæ, pr. (*Capo Boeo*) et urbs (*Marsala*), 220, 50; 221, 20 et 33. 226, 12. Locum Æneas occupavit, 520, 11. Objacet Cossura insula, 230, 31. Brevissimus a Lilybæo in Africam et Carthaginem trajectus, 222, 7; 707, 47.

Limnæas, Lusitaniæ fl. V. Lethes fl.

Limenia, Λιμενία, Cypri opp., 583, 22.

Limnæ. Τὸ ἐν Λίμναις Ἀρτέμιδος ἱερὸν in Messeniæ et Laconiæ finibus (ubi nunc *Bolymnus* ad *Gomo* montem. V. Curtius Pelop. 2, p. 157); ibi virgines Laced. Messenii violarunt, 310, 41; 214, 8.

Limnæ, Λίμναι, Chersonesi Thracicæ opp. inter Alopeconnesum et Cardiam situm, Milesiorum colonia, 283, 32; 542, 37. (Ad maris recessum qui vocatur *Fort Tourchen*, ubi ruinæ exstant, aut ad eum recessum qui hinc boream versus 70 stadiorum intervallo sequitur).

Limnæ s. Limnæum, τὸ Λιμναῖον, Spartæ urbis pars, 312, 30. Limnææ Dianæ templum, 310, 47.

Limon, Λειμών sive *Pratum*, a Nysa Cariæ 30 stadia distans inter Mesogidem et Tmolum locus, in quo panegyrin Nysæi celebrant. Specus ibi usque ad Acharaca pertinens. Hic Limon esse videtur Ἄσιος λειμών, cujus Homerus Il. 2, 461 meminit, 555, § 45.

Limone, Λειμώνη, Perrhæbica sub Olympo urbs, apud Homerum Elone, 372, 43.

Limyra, Λίμυρα (ruinæ supra *Cap Fineka*), Lyciæ opp., 568, 27.

Limyrus, Λίμυρος, Lyciæ fl, 568, 26.

Lincasii. V. Lingones.

Lindus, Λίνδος (*Lindos*), Rhodi urbs, a quonam condita et dicta sit, 558, 32 et 35; situs ejus; templum Minervæ; olim suam habuit rempublicam; Lindius vir Cleobulus, 559 § 11. Sminthium Lindi, 517, 45. Lindii Solorum conditores, 573, 18.

Lingones, Λίγγονες (Λιγκάσιοι corrupte p. 154, 35), Galliæ populus, super Helvetios et Sequanos et ex parte supra Mediomatricos degens, 161, 9; usque ad Ararem fl., 154, 35. Via per Helvetia per Lingones ad Rhenum et Oceanum ducens, 173, 31.

Lingua Iberibus non una eademque omnibus, 115, 31; linguæ in Gallicis populis, Belgis et Celtis, diversitas, 146, 29; lingua Eretriensium ob frequentem R literæ usum a comicis explosa, 384, 62. Linguæ Albanorum 26, p. 431, 26. Lingua Carica plurima habet græca vocabula, falso asperrima esse a nonnullis esse putatur, 565, 4.

Lingurium, Λιγγούριον, quod nonnulli electrum vocant in Liguria, 168, 46.

Linificio student Emporienses in Hispania, 133, 1; Cadurci Galliæ, 153, 38. Linum Colchicum, 427, 34; Indicum, 588, 46.

Linum, Λίνον, locus maritimus Troadis, inter Parium et Priapum, prope quem est Pitya, 503, § 15. Linusiæ cochleæ, *ib*.

Lipara, Λιπάρα (*Lipari*), Cnidiorum colonia in insula Melignide, nunc urbi cognomine, sub se habens reliquas insulas Liparæas dictas, 229, 1. Tyrrhenis diu restitit; Delphicum templum manubiis sæpe ornavit, 229, 6. Ager fertilis; aluminis metalla; aquæ calidæ; ignis exspirationes, 229, 8. Cf. 230, 29. 214, 37. 16, 48.

Liparæorum insulæ, αἱ Λιπαραίων sive κατὰ Λιπάραν νῆσοι, sive Æoli insulæ, 16, 48 ; 213, 29; 214, 37 ; 222, 15; 228, 18 ; 229, 6; septem numero, describuntur, 228, § 11 sq. (V. Lipara, Thermessa, Strongyle, Didyme, Ericussa, Phœnicussa, Euonymus). Distantiæ e chorographo notantur, 230, 28. Circa Liparæas inss. interdum flammæ in superficie maris animadversæ sunt aliaque quæ ad Vulcaniam hujus tractus indolem pertinent, 230, 6.

Lips, Λίψ, quinam ventus dicatur, 24, 10.

Liris, Λεῖρις (*Garigliano*), Latii fl., olim Clanis dictus, apud Soram erumpit, Fregellas præterfluit, prope Minturnas in mare exit, 194, 45; 198, 9 et 25. Ad ejus et alius fluvii confluentes Interamna sita, 197, 48.

Lisses. V. Olyssen.

Lissus, Λισσός (*Alessio* sive *Lech* ad *Drin* fl.), Illyrici opp., 262, 41.

Liternum, Λίτερνον (*Tor di Patria*), Campaniæ opp. ad fluv. cognominem, ubi Scipionis Africani primi sepulcrum, 202, 40.

Liternus, Λίτερνος, Campaniæ fl., 202, 43;

Lithrus, ὁ Λίθρος, mons Ponti, Phanarœæ occasum versus adjacens, 476, 30.

Liviæ porticus, Romæ, 197, 18.

Lixus, Λίξος (*Wadi el Khos*), Mauretaniæ fluvius; ad eum usque Gaditani minoribus naviglis piscandi causa navigare solent, 82, 3. Ad eum Lixus (sive Lynx) urbs, 703, 39; cui versus meridiem adjacet Emporicus sinus, 701, 10. Cf. Lynx.

Lochias, Λοχιὰς ἄκρα, Ægypti prom. e regione Phari insulæ, 673, 9; in ea est regia, 675, 25; contigua Lochadi sunt regiæ interiores, *ib.*

Locri, Λοκροί qui nunc dicuntur, Leleges vocat Aristoteles, 267, 3 Q.

Locri Epicnemidii, Λοκροὶ Ἐπικνημίδιοι, a Cnemide monte dicti; regionis eorum situs, 357, 47; 364, 40. Eorum coloni sunt Locri Ozolæ, 366, 43.

Locri Epizephyrii, Λοκροὶ Ἐπιζεφύριοι, Locrorum eorum qui sunt ad Crisæum sinum, non vero Opuntiorum (ut Ephorus ait) coloni; quo tempore in Italiam venerint, 215, 32. Per triennium in Zephyrio prom. consederunt, unde urbem transtulerunt, juvantibus Syracusanis, 215, 37. Urbs in Esopi colle sita, a Rhegio distat 600 stadia, 215, 40, a Lepti 3000 st., 708, 48. Locria fons, 215, 29. Locrensis ager a Rhegino dividitur Halece fl. Locrenses cicadæ sonoræ; Rheginæ mutæ. Causa ejus rei probabilis. Certamen Eunomi Locrensis et Aristonis Rhegini citharœdorum. Statua Locri ab Eunomo posita, 216, § 9. Locri Epiz. omnium primi scriptis legibus usi sunt, 215, 42. Eorum legislator Zaleucus, 216, 10. Quomodo Dionysium ulti sint, 215, 45. Crotoniatas vicerunt prœlio ad Sagram commisso, 217, 2. Hipponium in Bruttio condiderunt, 213, 11. Temesam ceperunt, 217, 7. Scylletium a Dionysio acceperunt, 217, 17.

Locri Opuntii, Λοκροὶ Ὀπούντιοι, ab Opunte urbe dicti, olim Daphnunte urbe Phocica a Locris Epicnemidis dirimebantur, 357, 25 et 46; 364, 40. Postea Daphnuntis regio iis assignata est, 357, 28. Cyno profecti Canas in Asia condiderunt, 525, 48. Eos condidisse Locros Italiæ perperam ait Ephorus, 215, 35. Locridis mons Phricius, a quo Cuma Phriconis cognominata est, 498, 35; 530, 49. Locri Opuntii nonnulli in Elide, 365, 17. Locrenses virgines quotannis Ilium missæ, 514, 4 et 17.

Locri Ozolæ, Λοκροὶ Ὀζόλαι, sive Ἑσπέριοι, ad sinum Crisæum, 359, 7; 386, 30. Locridis hujus situs, 357, 40; 364, 41. In publico sigillo Hesperi idus insculptum habent, 357, 44. Unde Ὀζόλαι dicti sint, 366, 35. Eorum coloni sunt Locri Epizephyrii, 366, 44 ; 215, 32. Eorum urbes, 366, § 7. Oræ paraplus, 366, 40. Homerus Locrorum Opuntiorum expressis verbis non meminit. Omnino a paucis mentio eorum injicitur, 366, 17.

Locrus Lelegiis præerat populis, sec. Hesiodum, 267, 38.

Locustæ quomodo capiantur et condiantur apud Æthiopes ἀκριδοφάγους, 657, § 12.

Longicipites. V. Macrocephali.

Longipedes. V. Μακροσκελεῖς.

Longitudo terræ sec. Eratosthenem ab extrema India ad columnas Herculis 70800 stad.; usque ad extremum Hispaniæ 73800; quibus addit ab utroque latere bis duo millia stadia (=77800), ne latitudo major sit quam dimidia pars longitudinis, 53, 21. Longitudo et latitudo quomodo in singulis terræ partibus definiendæ sint, 70 , § 32. Legem hanc non ubique observavit Eratosthenes, 70, § 33 ; 74, § 37.

Lopadussa, Λοπαδοῦσσα (*Lampadosa*), insula Thapsi e regione sita in alto , 708, 17.

Loricati equites apud Armenios, Medos et Albanos, 454, 31.

Loryma, τὰ Λώρυμα, litus asperum, in Rhodiorum Peræa, 556, 44. A Lorymis ad Propontidem 5000 stadia, linea recta, 559, 54.

Lotophagi, Λωτοφάγοι, supra Mauritanos habitantes, vicini occidentalibus Æthiopibus, usque ad loca Cyrenææ imminentis pertinent; loto pro cibo et potu utuntur; alii Lotophagi in Meninge insula, 130, 37; 708, 31; de his loquitur Homerus, 20 , 38. Lotophagi quidam exules in regione sunt Æthiopum Hesperiorum, indeque usque ad loca supra Cyrenen sita pertingunt, 703, 46.

Lotophagitis Syrtis, i. q. Syrtis minor, 708, 24.

Lotus in Meninge ins. nascitur, 708, 34; cibus et potus Lotophagorum, 130, 37.

Luca, Λοῦκα (*Lucques*), urbs Italiæ, 180, 50.

Lucani, Λευκανοί, 176, 10 et 21, in Græcia Magna, 211, 6 ; origine sunt Samnites, qui loca Chonum et Œnotrorum ab ipsis pulsorum occuparunt; diu cum Græcis Italiæ certarunt; dein a Siciliæ tyrannis et Carthaginiensibus damno affecti sunt, 210, 43; 211, 41; 190, 25. Lucanorum coloni Bruttii, 190, 25. Olim Lucani non pertinuerunt usque ad sinum Tarentinum, ubi Græci habitabant, 210, 40. Lucania a Silaro ad Laum et a Metaponto ad Thurios pertinet, 212, 16. Oræ quæ est juxta Tyrrhenum mare descriptio, 209, § 1. Lucani in mediterraneis supra Tarentinum sinum habitant; sed loca eorum distinguere difficile est, quum hi sicut Bruttii et Samnites non amplius sint corpora bene distincta, 211, 13. Lucani contra Tarentinos et Alexandrum Molossum bellum gesserunt, 233, 12. Posidoniam Sybaritis eripiunt, 209, 15. Superatis Posidoniatis eorumque sociis, urbes'illorum obtinuerunt, 211, 42. Ad Laum urbem Græcos clade afficiunt, 210, 37. Thurios in servitutem redegerunt, 219, 11 ; a Dionysio bello petuntur, 217, 21. Eorum respublica, 211, 44. Eorum ex pastoribus Bruttii oriundi, 212, 25.

Luceria, Λουκερία (*Luceria*), Dauniorum opp. cum fano Minervæ Iliacæ, 219, 37; 235, 48.

Luciferæ fanum, τῆς Φωσφόρου ἱερόν (*S. Lucar*), quod vocant Lucem Dubiam, ad Bætin fl., 116, 32.

Lucinæ, Εἰλειθυίας, fanum Amnisi in Creta, 409, 13; apud Cæretanos Etruriæ, quod spoliavit Dionysius, 188, 12.

Locrinus sinus, ὁ Λοκρῖνος κόλπος, Campaniæ, 20 , 22 et 33; aggere interclusus, 204, 23; a nonnullis cum Acherusia palude aut cum Aorno lacu confunditur, 204, 31.

Lucullus Apollinis colossum ex Apollonia Pontica Romam abstulit, 265, 12. Tigranocerta evertit, 356, 26. Bonæ

Fortunæ templum porticumque quendam quomodo picturis ornaverit, 327, 43. Cappadocum regi reddidit Tomisa castellum, 458, 41; Sinopen expugnavit, 467, 45; ex ea Billari sphæram et Autolyci statuam abstulit, 468, 1. Amisum obsedit, 468, 48. Cum Pompejo in Danala castello convenit, 485, 50. Ad eum a Mithridate defecit avus maternus Strabonis, 477, 40.

Lucumo, Λουκούμων, Demarati et Tarquiniensis mulieris filius, Anci Marcii familiaris, deinde rex mutato nomine Lucius Tarquinius Priscus est appellatus; Etruriam exornavit, 183, 6. Pater Tarquinii Superbi, 183, 17.

Ludias, Λουδίας (al. Lydias), Macedoniæ fl., ad Pellam urbem 120 stadiorum anaplum habet, 277, 5 et 45.

Ludias palus, ad quam Pellæ urbis arx; ex ea Ludias fl. profluit; ipsa impletur ex Axio, 277, 15.

Luerion, Λουερίων (sic pro Λουερίων cum Casaubono legendum) (hod. *Lubéron*), tractus montanus in Gallia Narbon., per quod ab Aeria via erat, 154, 10. Ad eum usque olim Salyes pertinuerunt, 169, 8.

Luerius, Λουέριος, Arvernus, Bituiti pater, quomodo opulentiam vulgo ostentaverit, 159, 14. (Apud Athenæum, qui eadem e Posidonio narrat, e quo sua etiam Strabo habet, *Luernius* vocatur).

Lugdunensis Gallia. V. Lugdunum.

Lugdunum, Λούγδουνον (*Lyon*), Galliæ post Narbonem urbs maxima, ad Araris et Rhodani confluentes, sub colle sita, a Vienna urbe distat circa ducenta stadia, 154, 19; 159, 29. Segusianorum urbs, 154, 33; 159, 40; 161, 14. Eo usque a Pyrene Cemmenus mons porrigitur, 147, 5. Lugduno ad Sequanam 1000 st., ad ostia Rhodani minus quam duplum, 160, 47. Lugdunum quasi arx quædam est, in quam viæ duæ ex Italia per Pœninas Alpes et per Centrones ductæ desinunt; deinde vero ex Lugduno Agrippa vias duxit in Aquitaniam et Santones, ad Rhenum, ad Oceanum Britanniæ objectum, in Narbonensem et litus Massiliense, 173, 15. Lugduni monetam cudunt præfecti; urbs templum habet Cæsaris Augusti, 159, 29. Lugduno subditæ sunt sive Galliam Lugdunensem constituunt superiores regiones quæ sunt inter Ligerim et Rhenum et juxta Rhodanum usque ad mediam fere planitiem, 159, § 1. (Quæ quidem Lugdunensis descriptio falsa est.) Lugdunensem Galliæ provinciam Augustus constituit, 147, 20.

Lugdunum, Convenarum in Aquitania urbs (*St-Bertrand?*), 158, 23.

Lugeum, Λούγεον ἕλος (*Kirknitzer-See*), palus pone Ocram montem, 260, 50.

Luii, Λούιοι (*al.* Lugii, Lygii), magnus Germaniæ populus, quem sibi subjecit Marobodus, Marcomannorum dux, 241, 30. (Sedes Luiorum, sec. Schafarik, *Slavische Alterthümer in Oberlausitz*, erant in *Niederschlesien, Posen* et Poloniæ parte occidentali.)

Luna obliquo fertur circuitu, 91, 20; lunæ ad rationes diurnas, menstruas et annuas accommodati sunt fluxus et refluxus Oceani, 144, § 8 et 9.

Lunæ templum in Albania vicinum Iberiæ; templi sacerdos et ditio et frequens ministerium; sacrificium humanum, ejusque ratio, 431, 33. Lunæ templum in Ameria Ponti, in Albanis et in Phrygia, 477, 15; Memphi, 686, 14. Lunam colunt Persæ, 623, 39.

Luna, Λούνη (*Luni* ruin. juxta *Sarzana*), Etruriæ opp., 180, 50; et portus qui Græcis dicitur Σελήνης λιμήν, 184, 54. Urbs sita est in via Æmilia, 181, 13. Inde ad Pisas supra 400 stadia, 184, 46, ad Ostia 2500 stad., 184, 44. Prope Lunam lapides albi et variegati effodiuntur maximæ molis, et ad artis opera accommodatissimi, 185, 9. Lunæ Sardinia conspicitur, 185, 8.

Lupiæ, Λουπίαι (*Lecce*), Iapygiæ in Italia opp., 234, 20.

Lupias, Λουπίας (*Lippe*), Germaniæ fluvius, eodem modo quo Visurgis et Amasias in Oceanum exiens, 600 stadiis a Rheno distans, 241, 52. (Exit Lupias in Rhenum.)

Lupus Samnitum lingua hirpus dicitur, 208, 42.

Lupus a Lycopolitis Æg. colitur, 690, 25. Ἵπποι λυκοφόροι apud Venetos, 179, 22.

Lusitania, Λυσιτανία, 99, 2. Ejus fines, 126, 37; longitudo 3000 st., latitudo longe minor, 126, 45; latus orientale sublime et asperum; infra id plana regio, exiguis quibusdam montibus exceptis, 126, 48; opulenta est; fluviis pervia, qui habent auri ramenta plurima, 127, 5. Lusitaniæ fluvii, Tagus, Mundas, Vacua, Durius, Limæas s. Belion s. Lethes fl. et Bænis s. Minius, 127, 9. Barbarium prom., 125, 42. Lusitanorum nomine nonnulli etiam conterminas gentes Carpetanos, Vettones, Vaccæos et Callaicos comprehendunt, contra quam nunc fit, 126, 41. Lusitanorum plurimi nunc Callaici vocantur, 126, 31. Boream versus ultimi Lusitanorum sunt Artabri, 127, 28; 122, 20. Lusitaniæ regionem inter Tagum et Artabros interjectam ad 30 gentes incolunt, 127, 40. Lusitani latrociniis dediti Tago superato finitimos infestarunt, donec a Romanis sunt coerciti, urbibus in planum delatis et in pagos mutatis, 127, 45. Romanorum bellum contra Lusitanos per longum tempus tractum, 128, 34. Pugnavit contra eos Brutus Callaicus, 126, 11. Lusitania tamquam Romana provincia Cæsarensis a Bætica usque ad Durium fluvium (non ultra) pertinet; in ea est Emerita Augusta. Mittitur in provinciam prætor cum legato, 138, 24. Lusitanorum pars a borea Tagi in regionem inter Tagum et Anam mediam a Romanis translata est, 45, 8. Lusitanorum indoles, arma, corporis cura, lavacra, sacrificia, vaticinandi modus, ludi, cibus, potus, cœnæ ratio, choreæ, vestitus, vasa, pecunia, pœnæ, matrimonia, ægrotorum curatio, navigia, 128, § 6 et 7. Minor nunc eorum feritas ob pacem et cum Romanis commercia. Qui antea populabantur Romanorum socios, nunc pro Romanis arma ferunt, 129, § 8.

Lusones, Λούσονες, Celtiberiæ gens orientalis, ad Tagi fontes pertinens, 135, 5.

Lutotocia, Λουτοτοκία (*Lutecia*), Parisiorum urbs, 162, 1.

Lux dubia. V. Luciferæ fanum.

Lycabettus, Λυκαβηττός, Atticæ mons, 343, 16.

Lycæus m., Λύκαιον ὄρος, Arcadiæ, 333, 50; 173, 51. Ad quem Jovis Lycæi fanum, 333, 44.

Lycaon, Λυκάων, Priami ex Altæ filia filius, 500, 1. Pandari pater, 501, 13.

Lycaon, Laothoæ f., Hectoris frater, 530, 9; apud Sidonios captivus ab Euneo redimitur, 34, 27.

Lycaon, Pelasgi filius, 184, 27.

Lycaoniæ descriptio, 486, cap. 6, § 1 sqq. Ejus pars Isaurica regio, 487, 12. Lycaonum planities montanæ, 486, 44. Lycaoniam tenuit Amyntas, 487, 34. Per eam ducta via regia, 566, 23. Lycaones, 107, 26; 111, 15.

Lycastus, Λύκαστος (*Cænuria*), Cretæ opp., quod Cnossii diruerunt, agrumque ejus occuparunt, 412, 4.

Lyceum, Λυκεῖον, Athenis, 341, 16 *et in sqq*.

Lychnus, Nili piscis, 699, 9.

Lychnides, Λυχνίδες, lapides in Masæsylia, 705, 5.

Lychnidus, Λυχνιδός, Illyrici urbs, ad viam Egnatiam, 268, 28. Ad eam lacus salsamentorum copiam præbens, 271, 48.

Lycia, Λυκία. Ejus initium a Dædalis montibus; ejus longitudo; soli ratio; incolarum mores probi et a latrociniis, quæ finitimi Pamphylii exercebant, alieni, 567, § 2; τὸ Λυκιακὸν σύστημα ejusque ratio, 567, § 3. Poetæ ad Lycios perperam Carum nomen extendunt, 567, 52.

Lyciæ oræ descriptio, 567, § 4 sqq. Lyciæ et Pamphyliæ confinia prope Chelidonias insulas, 536, 1. A Lycia ad Pisidiam usque altissima Tauri juga tenuerunt Solymi, 17, 34. Lycii sec. Homerum a Solymis diversi sunt; nonnulli Lycios olim Solymos et Mylies, deinde Termilas ab iis qui cum Sarpedone e Creta venerunt, postea Lycios a Lyco dictos esse tradunt, 569, § 10; 490, 49. E Lycia acciti Cyclopes Tirynthem munierunt, 320, 39. Lyciorum rex Bellerophontes contra Solymos pugnavit, 569, 21. Lycii et Treres Sardes expugnaverunt, 536, 27. Lyciæ Balbura et Bubonem, urbes Cibyraticæ tetrapolis, Murena adjecit, 539, 351. Lycia alia est in Troade, 490, 31, in qua regnavit Pandarus, 500, 9; 484, 1. Sita est a Dardania versus boream; Zeleam urbem habet, 484, 1; 510, 39; 502, 16. Æsepo adjacet, 502, 16.

Lyciarcha, Λυκιάρχης, 567, 32.

Lycomedes, Λυκομήδης, Scyri ins. rex, 375, 20.

Lycomedes rex, Pharnacis f., Ajacem in Sagylio obsessum capit, 480, 15.

Lycomedes, Comanorum pontifex, 478, 25.

Lycopolis, Λύκου πόλις, in Delta regione Ægypti, 681, 35.

Lycopolis, Λύκων πόλις (*Syout*), Thebaidis, 690, 36. Lycopolitæ lupum colunt, 690, 25.

Lycorea, ἡ Λυκώρεια, Delphis superjacet; ibi antiquitus Delphi erant, 359, 11. Sub Lycorea Cyparissus pagus, 363, 19.

Lycormas, Λυκόρμας, priscum Eueni fluvii nomen, 271, 51; 387, 38.

Lyctus, Λύκτος (sive Λύττος, p. 411, 53) (*Lytto*), Cretæ urbs magna, per tempus aliquod Cnosso præstantior, 409, 2. Lycti a Cnosso et mari Libyco distantia, 409, 5. Ejus navale Chersonesus, 411, 53. Lyctii Miletum diruerunt agrumque ejus occuparunt, 412, 4. Cf. 408, 5.

Lycurgium, Λυκούργιον (Λύρκειον?), Argolidis pagus, 323, 39.

Lycurgus, Λυκούργος, Edonus, Bacchi nutrices per Nyseium egit, sec. Homerum, 586, 25.

Lycurgus, Lacedæmonius, Althæmena, Cissi filio, quinque ætatibus posterior, a Procle sextus, 413, 34. Polydectæ frater, Charilai tutor, cur in Cretam abierit; ibi cum Thalete versatus est; Ægyptum quoque adiit, et Homerum in Chio convenit; reversus in patriam Delphos profectus est, unde mandata, qualia Cretensibus ex Jovis antro Minos, attulit Lacedæmoniis. Hæc Ephorus, 414, § 19. Cf. 648, 46. Lycurgi legislatione principatum Lacedæmonii assecuti sunt, 313, 54. Honores ei habiti, 314, 26. Hellanicus Lycurgi mentionem non fecit, institutaque ejus ad Eurysthenem et Proclem retulit, 314, 24. Contra Lycurgum legislatorem scripta a Pausania exule oratio, 314, 34.

Lycurgus orator Atticus laudatur, 514, 41.

Lycus, Λύκος, Pandionis f., extorris et a Sarpedone in regni partem receptus, Lyciis nomen dedit, 490, 49; 569, 26. Cf. Lycia. In Attica tenuerat regionem Eubœæ objectam, 337, 20.

Lycus fl. (*Kulei Hissar*), ex Armenia ortus Phanorææam perfluens in Irin incedit; urbs ad confluentes est Eupatoria, 476, 32; 453, 45; 469, 19.

Lycus, Phrygiæ fl. (*Tchorouk Sou*), influit in Mæandrum; adjacet Laodicea urbs; defluit e Cadmo monte; cursus ejus, 495, 24.

Lycus (*Zab*), fluvius inter Ninum et Arbela, 628, 7.

Lycus (*Nahr el-Kelb*), Cœlesyriæ fl., per quem adverso alveo subvehuntur, maxime Aradii, 643, 1 et 28.

Lydi aliis sunt iidem qui Mæones, aliis diversi ab iis præstat eosdem putare, 534, 51; 489, 51. Secundum nonnullos coloni Lydorum sunt Mysi ad Olympum degentes, 490, 1. Lydi oxyam arborem *mysum* vocant, 490, 6. Lydi et Mysi, tanquam fratres Carum, participes sunt templi Jovis Carii, quod est apud Mylasenses, 562, 45. Lydiam Phrygiæ nomine afficit Sophocles, 576, 25. E Lydia Tyrrhenus coloniam in Italiam duxit, 182, 40. In ora Lydiæ Iones urbes condunt, 329, 33. Lydorum imperium, 626, 17; regia Sardes, 534, 50. Lydi Smyrnam diruerunt, 551, 37. A Cimmeriis infestantur, 51, 27. Lydis sive Mæonibus multum agri adimerunt Ephesii, 530, 42. Lydorum imperium fugientes Iones in Italiam trajecerunt, 219, 29. Lydi Adramyttium condidisse feruntur, 524, 40. Lydia metalla habet, 580, 26; Λυδῶν πολύχρυσοι πλάκες, 22, 43. Terræ motu quassata est, 48, 47. Lydiæ et Phrygiæ ritus in deorum cultu orgiastico obtinentes confunduntur ab Euripide, 403, 11. Lydia lingua, una earum quibus Cibyratæ utebantur; nullum ejus nunc in Lydia vestigium superest, 539, 39. A Lydis qui Cabalidem obtinuerunt, prognati sunt Cibyratæ, 539, 23. Lydorum mulieres omnes sunt meretrices, 456, 48. E Lydia oriundus Xanthus historicus, q. v.

Lydiæ portæ Adramyttii oppidi, 524, 39.

Lydus, Λυδός, usitatum ap. Atticos servorum nomen, 253, 3.

Lydus, Atyis filius, Tyrrheni frater, 182, 43.

Lygdamis, Λύγδαμις, Cimmeriorum dux, in Lydiam et Ioniam irrumpens Sardes cepit, periitque in Cilicia, 51, 26.

Lyncestæ, Λυγκεσταί, 271, 23, olim sub Arrhabæo fuerunt, 271, 29. Lyncestis etiam Macedoniæ superiori vel Macedoniæ liberæ attribuitur, 271, 38. E Lyncestide fluvii in Erigonem influunt, 272, 2. Per Lyncestas ducit via Egnatia, 268, 31.

Lynx, Libyæ opp., ab Artemidoro vocatur; Eratostheni est Λίξος, Strabo Lyngem eamdem esse opinatur cum Tinge, 701, 5; 702, 31; 703, 39. Ad Lyngem Antæi sepulcrum; ejus cadaveris ossa reperta, 703, 53. Cf. Lixus.

Lyram septem chordis primus instruxit Terpander, 528, 44.

Lyrcei pagus, δῆμος ὁ Λυρκείου, e Sophocle memoratur, 225, 41.

Lyrceum, Λύρκειον, Argolidis opp., in quo Cephissus oritur, 364, 21. Cf. Lycurgium. (Ruinæ in rupe inter hod. *Sterna* et *Scala*. V. Curtius *Pelop.* 2, p. 245.)

Lyrcius mons, Λύρκειον ὄρος, Arcadiæ in Cynuria (?), ex quo Inachus defluit, 318, 25; 323, 41.

Lyrnessus, Λυρνησσός, Cilicum in Troade urbs munita, ab Achille vastata, Myneti subjecta; ex ea Bryseis abducta, 500, 11; 519, 43; 523, 14; a Thebe 80 stadia distat, 523, 27. Lyrnessica Troadis Cilicia, 551, 36.

Lyrnessus, Pamphyliæ vel Lyciæ opp. a Cilicibus Trojanis conditum, 569, 39; 577, 21.

Lysias, ἡ Λυσιάς, Syriæ castellum ad lacum Apamensem, 641, 6.

Lysias, Λυσιάς, Judææ castellum a Pompejo eversum, 649, 35. Quum aliunde de eo non constet, haud improbabile est pro Lysia dicendum fuisse Liviam (hod. *Beit-Haran*. V. Ritter. 15, p. 538.)

Lysias, Λυσιάς, Phrygiæ Magnæ opp., 494, 7.

Lysimachia, Λυσιμάχεια (ad hod. *Examili*), urbs in Chersoneso Thrac., 283, 27. In eodem parallelo sita in quo Sinope, 111, 17.

Lysimachia, Ætoliæ urbs (*Papadhates*), juxta paludem quæ nunc Lysimachia, olim Hydra dicta; urbs deleta; sita fuit inter Pleuronem et Arsinoen, 395, 29.

Lysimacnia, palus Ætoliæ, 395, 30.
Lysimachus, Λυσίμαχος, Agathoclis filius, 532, 50. Astacum delevit incolasque Nicomediam transduxit, 482, 31. Ephesi locum mutavit, urbemque de uxore Arsinoen vocavit, 546, 53. Quomodo Ilium auxerit, 608, 8. Antigoniam quoque auxit, eamque Alexandriam denominavit, 508, 11. Scepsios Antigoniam abductos in patriam remisit, 511, 5; 519, 40. Antigoniam urbem ab uxore sua Nicæam appellavit, 484, 32. Ejus uxor Arsinoe, 533, 11. Lysimachus in Troade Æsculapii templum dedicavit, 516, 1. Pergamo castello et gazophylacio præfecit Philetærum, qui ab eo defecit, 532, 50. Agathoclem filium necavit, 533, 14. A Dromachæte Geta captus et dimissus est, 250, 52; 253, 40. Gazophylacium habuit Tirizin castellum, 265, 24. A Seleuco Nicatore eversus est, 533, 14.

Lysippus, Λύσιππος. Ejus opus Herculis colossus æreus, quem Tarento Romam abstulit Fabius Maximus, 231, 26. Herculis certamina; quod opus ex Alyzia urbe Romam Romani transtulerunt, 394, 42. Leo prostratus in Lampsaco urbe, unde eum abstulit Agrippa, 504, 49.

Lysis, Λύσις, cujusnam farinæ poeta fuerit. Ejus sectatores Λυσιφδοί, 553, 29 et 36.

Lyttus. V. Lyctus.

M.

Ma, Mǎ, a Cappadocibus vocatur dea, quæ Comanis colitur, 459, 5.

Macæ, Μάκαι, Arabiæ gens, ad ostium sinus Persici. Τὸ ἐν Μάκαις ἀκρωτήριον (*Ras Mussendom*), e regione Harmozon prom., 651, 47. Distantia ejus a Tyro et Arado inss., 652, 30.

Macaria, Μακαρία, fons Atticæ, 324, 23. Cf. Tricorythus.

Macaria, Messeniæ planities, 310, 9.

Macaris urbs, Μάκαρος πόλις, Lesbus ins., ap. Homer., 551, 41.

Macedo, Μακεδών, dux qui Macedoniæ nomen dedit, 275, 23.

Macedonia, Μακεδονία, olim Emathia dicta, de Macedone duce nomen habet, 275, 21. Tenuerunt eam populi varii, 275, 24, quorum domini deinde evaserunt Argeadæ et Chalcidenses Euboici, 275, 33. Pertinet Macedonia usque ad Strymonem; nonnulli etiam quæ hinc ad Nestum sunt, Macedoniæ attribuunt, 269, 2; 279, 51. Macedonia ea, qua Perseum Romani privarunt, pertinuit usque ad Hebrum fl. et Cypsela, 282, 36. Nonnullis Macedonia vocatur omnis regio quæ est usque ad Corcyram, quod incolæ tonsura, lingua, chlamyde, aliis utuntur iisdem, 271, 40. Macedoniam inferiorem et mari proximam a Magnesia et Thessalia Peneus, a Macedonia superiori Haliacmon disterminat, 275, 40. Macedoniæ superiori accensent Lyncestidem, Pelagoniam, Orestiadem, Elimiam, quas seriores etiam liberæ Macedoniæ nomine comprehendunt, 271, 38. Ex his Orestæ, Pelagones et Elimiotæ sunt gentes Illyricæ, 373, 11. Macedonia (laxiore vocis sensu) terminatur mari Adriatico, Hebro, linea ducta per juga Bertisci, Scardi, Orbeli, Rhodopes et Hæmi, via Egnatia. Formam habet parallelogrammi, 275, 8. Paullus Æmilius Macedoniæ adjecit Epiroticas gentes, totamque regionem in quattuor partes divisit, unam Amphipoli assignans, alteram Thessalonicæ, tertiam Pellæ, quartam Pelagonibus, 282, 38. Macedonia quoque ad Græciam nunc pertinet, 274, 54. Macedoniæ hodiernæ magnam partem olim Pæones tenuerunt, 281, 38. In Macedoniam ex Iapygia venerunt Cretenses, qui Bottiæi dicti sunt, 232, 1. Macedones genere sec. nonnullos sunt Caucones Pontici, 464, 43. Macedonum colonia Stratonicea Cariæ, 563, 39, et Thyatira, 534, 40. Macedones Thebas diruerunt et restaurarunt, 346, 1. Urbs Mac. nunc hominum copia maxime floret Thessalonicea, 268, 54; 277, 35. Macedones vitem e Babylonia allatam in Suside plantarunt, 623, 7. In India Bacchi et Herculis columnas non viderunt, sed fuisse putarunt in locis quæ rerum de Hercule ac Baccho traditarum vestigia servare videbantur, 142, 25. Macedonicæ linguæ vox ἄργος (pro πεδίον) esse videtur, 319, 47; et πέλιοι, i. e. *senes*, 274, 7.

Macedonici sinus, 76, 37.

Macestus, Μάκεστος, fl., ab Ancyra Abaitidis profluens in Rhyndacum incidit, 493, 37.

Machæreus, Μαχαιρεύς, Delphicus vir Neoptolemum interfecit; ejus de stirpe natus Branchus, 361, 32.

Machærus, Μαχαιροῦς (*Mkauer* ruinæ), Judææ castellum a Pompeio eversum, 649, 34.

Macistia, Μακιστία, Triphyliæ regio monte a Pisatide distinguitur, 295, 28. Ejus oppida Amphigenia ad Hypsoeis, 300, 41, Cyparisseis, 300, 36, Epitalium, 300, 19. Macistii Plutonis sacrarium ad Menthes montem venerantur, 295, 54. Macistii fanum Neptuni Samii administrant, 295, 33. Macistii Herculis templum inter Lepreon et Pylum Messeniæ, 299, 12.

Macistus, ὁ Μάκιστος, qui a nonnullis Platanistus dicitur, regio et oppidum Triphyliæ, quod Caucones tenuerunt, 296, 35. Τὸ Μάκιστον nunc non habitatur, 300, 37. E Macisto Triphyliæ Eretria Euboeæ deducta, 384, 32. Macisto recesserunt Messenii, qui in Limnis Lacedæmonias virgines stupraverant, 214, 11. (Macisto et Lepreo sec. Strabonem ll. ll. superjacent Paroreatæ, qui prope Samicum mare attingunt. Non igitur Macistus idem est locus cum Samico, ut Curtius censet; sed Lepreo et montibus qui hinc sunt boream et ortum versus, vicinus fuisse debet, ut præter Strabonem suadet etiam Stephanus, qui Macistum sitam esse dicit ἐπ' ὄρους ὑψηλοῦ πρὸς ἕω τῆς Λεπρεατικῆς. Boblaie Macistum ad hod. *Mophritza* refert.)

Macra ὁ Μάκρας, Straboni dicitur χωρίον inter Lunam et Pisam. (Est vero fluvius, in cujus ripa *sinistra* sita erat Luna). Hic a multis terminus Liguriæ et Etruriæ esse dicitur, 185, 20.

Macras, Μάκρας sive Μάκρα, πεδίον, campus Cœlesyriæ, in quo ingens serpens visus est, 643, § 7. Cf. Masxyas planities.

Macri campi, Μακροὶ κάμποι, in Gallia Cispadana, ubi quotannis conventus celebratur, 180, 33 (inter Parmam et Rhegium Lepidum planities.)

Macris, Μάκρις, vetus Eubœæ ins. nomen, 382, 6.

Μακροκέφαλοι, Longicipites, gens ficta, ap. Hesiodum, 36, 2.

Macrones, Μάκρωνες, nunc Sanni dicuntur; supra Trapezuntem habitant, 470, 10.

Μακροπώγωνες, Longibarbæ, ad Ponti litus orientale, 422, 37.

Μακροσκελεῖς, Longipedes, Indiæ gens fabulosa, 58, 87.

Macrontichos, Μακρὸν τεῖχος, s. Murus longus, in Chersoneso Thr. locus, 284, 10.

Macynia, Μακυνία, Ætoliæ opp., 387, 26; 395, 7; post reditum Heraclidarum conditum est, quod nescivisse videtur Hellanicus, 387, 52.

Madaris, Μάδαρις, tragulæ genus ap. Gallos, 163, 44.

Madys, Μάδυς, Scytharum rex Cobum et Treres expulit, 51, 30. Ejus expeditio longinqua, 51, 17.

Madytus, Μάδυτος (*Maïtos*), Chersonesi Thraciæ opp., 284, 3.

Mæander, Μαίανδρος (*Meinder*), Cariæ et Phrygiæ fl.

Ejus fontes, 494, 50; 495, 6; cursus, 494, 37. De causa cur ita curvus sit, suspicio, 495, 47. Mæander excipit Marsyam, Orgam, Lethæum, 494, 37; 475, 3. Ejus ostia, 543, 30. Per fluvium ad Myuntem navigatur, *ib*. Fluvius partim gentes disterminat, partim per medias fertur, 537, 48. A Mæandro ad Tralles 80 stadia, 866, 7; ad Physcum 1180 stadia, 866, 4. Antiochia ἐπὶ Μαιάνδρῳ, 538, 50. Regio ad Mæandrum sita terræ motibus obnoxia, 495, 40. Mæander fluvius in jus vocatur, 496, 34. Campus Mæandrius, Μαιάνδρου πεδίον, 494, 45, quem alluviones fecerunt, 589, 24, incolitur a Lydis, Caribus, Ionibus, Æolibus, 554, 3.

Mæandrius, Μαιάνδριος, historicus, de Enetis eorumque migratione, 473, 34.

Mæcene, Μαικηνή, Arabiæ regio Babyloniæ contermina, 653, 13 (ad Mæsaniten sinum, quem Ptolemæus dicit; *Massice* regio Plinii, 5, 21 ?).

Mædi, Μαῖδοι, Thraciæ gens, Thunatis Dardaniæ contermini; nonnulli eorum ad Hæmum habitant, 264, 32. Per eos et Sintas Strymon decurrit, 281, 19.

Mædobithyni, Μαιδοβίθυνοί, e Thracia oriundi, 245, 34.

Mænaca, Μαινάκη (*Almunecar?*), Bæticæ urbs, ultima Phocæensium in Hispania colonia, quam perperam nonnulli cum Malaca confundunt, 130, 7.

Mænoba, Μαίνοβα, ad æstuarium Turdetaniæ sita, 119, 8. (Extra columnas quærenda in hod. opp. *Aznalcazar*, ad exitum *Mænobæ* fluvii, quem in Bætin influere dicit Plinius, et inscriptio prodit esse hod. *Guadiamar*. Alia Mænoba erat ad mare internum.)

Mænalus, Μαίναλον ὄρος, mons Arcadiæ, 333, 50.

Mænalus, Μαίναλος, Arcadiæ opp., 333, 40.

Mæones, Μαίονες, Homero Μήονες, iidem sunt cum Lydis, quamquam alii diversos a Lydis esse putant, 534, 51; 530, 41; 489, 51; 471, 12. Thebes campum occuparunt, 501, 49. Imperasse iis Homerus dicit Mesthlem et Antiphum, Talæmenis filios, 535, 26.

Mæonia olim fortasse dicebatur Asia, sicut Homerus quoque dicit Ἀσίῳ ἐν λειμῶνι Καϋστρίου ἀμφὶ ῥέεθρα, 530, 36. Nonnulli Mæoniam dicunt τὴν κατακεκαυμένην Μυσίαν, 493, 49.

Mæotæ, Μαιῶται, ad Mæotidem paludem, 422, 35. Eorum gentes Sindi, Dandarii, Toreatæ, Agri, Arrechi, Tarpetes, Obidiaceni, Dosci, Aspurgiani, alii, 424, 54; 423, § 4. Mæotæ, totius Mæotidis oræ Asiaticæ accolæ, agricolæ quidem sunt, bellicosi tamen; ad Rhombitem minorem salsamenta habent, 423, § 4. Alii Bosporanis paruerunt, alii iis qui Tanaidis emporium tenebant, 425, 9.

Mæotis palus, Μαιῶτις λίμνη, pars maris interni, 104, 28; 9000 stadiorum ambitu, 103, 37; 258, 2. Ab Achilleo ad Tanaim sunt 2200 stadia, 258, 8; 423, 30. Ejus ostium est Bosporus Cimmericus, 257, 38. Paludis et Tanaidis ostia et Nilus in eodem meridiano sunt, 88, 40; 89, 7. A Mæotide ad Oceanum isthmum esse 1500 fere stadiorum dicit Posidonius, 421, 52. Cum Mæotide Caspium mare meatu quodam jungi nonnulli retulerunt, 437, § 4. Alopecia Mæotidis insula, 423, 26. Paludes Mæotidi propinquæ, 255, 1. Mæotidis pars occidua Sapra palus, 256, 2. Mæotidis salsamenta, 258, 32. Pelamydes, 366, 1. Regio inter Mæotidem et Borysthenem algida, 255, 3. Mæotidis ad fauces summum frigus, 255, 16; et rursum æstus, 255, 26; pisces ibi e glacie eruuntur, 255, 20. Ad fauces Neoptolemus Mithridatis dux barbaros navali prœlio et ibidem in glacie equestri pugna vicit, 255, 21; 61, 30. Mæotidi proxinas regiones et oram quæ ad Colchos finitur Mithridates Eupator notam reddidit, p. 11, 46. Ora Asiatica describitur, 423, § 4 *sqq*. Supra Mæotidem Dacæ Xanthii sive Parni

habitasse a nonnullis feruntur, 442, 4. Degunt ibi Sauromatæ et Scythæ, 94, 37. Mæotidem inter et Caspium mare sunt nomades Nabiani, Panxani, Siraces, Aorsi, 434, 27. Ad Mæotin usque progressi sunt Cimbri Germaniæ, 244, 3.

Magarsa, τὰ Μάγαρσα, Ciliciæ opp. prope Pyramum in Cilicia; ibi Mopsi et Amphilochi sepulcra, 576, 35.

Magi, Μάγοι, Persarum, 649, 10; 619, 23; regibus Persarum adsunt consiliarii, 610, 51, sapientia clari, 19, 34. Magorum apud Persas sacrificandi ratio, 624, 3. Magi apud Cappadoces, ubi etiam Pyræthi vocantur, 624, 8. Magi a septem Persarum principibus interfecti, 626, 31. Magus quidam se Libyam circumnavigasse Geloni narravit, 81, 16; 83, 7. Magorum apud Parthos concilium, 442, 16.

Magnesia ad Mæandrum, Μαγνησία ἡ ἐπὶ Μαιάνδρῳ, (*Inek-Basar*), 566, 16. Colonia Magnetum Thessalicorum et Cretensium, 543, 46; Æolica urbs; ad Mæandrum sita dicitur, quamquam vicinior urbi sit Lethæus fl. (Cf. 475, 1), 552, 35; adjacet Thorax mons, 552, 42. Magnetes Delphorum posteri qui Didymos montes in Thessalia inhabitarunt, 552, 49; Magnesiæ templum Dindymenes olim fuit, nunc non exstat, urbe in alium locum translata; nunc præclarum habet templum Dianæ Leucophryneæ, 553, 1. Urbs olim a Treribus deleta; bellum contra Ephesios sustinuit, 553, 11. Magnetes viri Hegesias, Simon tibicen, Anaxenor citharœdus, 553, 24. Prope Magnesiam est Charonium, 495, 44. Magnesia quot stadia a Tralliano et Epheso distet, 566, 8. A Xerxe urbs Themistocli data, 543, 35. Magnetes ad Mæandrum Antiochiam τὴν πρὸς Πισιδίᾳ condiderunt, 494, 14.

Magnesia ad Sipylum, M. ἡ ὑπὸ Σιπύλῳ (*Manissa*, *Manachir*), Lydiæ urbs, 489, 48. A Romanis libertate donata; nuper terræ motu læsa, 531, 37; 496, 15.

Magnesia, ἡ Μαγνησία sive ἡ Μαγνῆτις, Thessaliæ regio, 379, § 21. Loca regionis recensens Homerus nullos tamen Magnetes expressis verbis memorat, 379, 35. Cf. 23, 35. Magnetes apud Homerum ii sunt intelligendi qui intra Tempe a Peneo usque ad Pelium habitabant, Macedonibus Pierotis finitimi, 380, 23. Magnesiæ assignunt regionis Eurypylo subditæ ea quæ circa Ormenium sunt, tum Philoctetæ ditionem omnem, 371, 24. Magnesia a Macedonia Peneo disterminatur, 275, 41. Magnesiæ oppida, 374, § 15 *sq*. 380, 23; 276, 18. Objectæ insulæ, 375, 17. Magnetum et Cretensium colonia Magnesia ad Mæandrum, 543, 46.

Magnetes. V. Magnesia.

Magneticum mare, ἡ Μαγνητικὴ θάλασσα, 371, 27.

Magnopolis. V. Eupatoria Ponti.

Μαγῳδοί, 553, 30.

Malaca, Μάλακα (*Malaga*), 140, 40; Bastetaniæ urbs tanto a Calpe, quanto hæc Gadibus distans; emporium ibi a nomadibus Libycis frequentatum; salsamenta; non eadem hæc urbs quæ Mænaca; Phœnicica est, 130, 4. Supra eam et Carthaginem mons, in quo Lucro fl. oritur, 131, 47; Orospeda mons, 133, 45.

Malaus, Μάλαος, cum Cleua, Æolicæ coloniæ dux, 498, 30. V. Cleuas.

Maleæ, Μαλέαι (*Malia* s. *S. Angelo*), Laconicæ prom., 89, 36; 287, 45; 311, 29; 312, 24, periculosum nautis; ortum hinc proverbium, 324, 51. Promontorium non multo quam Sunium est australius, 76, 34. Ejus e Tænaro distantia, 312, 1. A Malles ad Ægium maxima Peloponnesi latitudo 1400 stadiorum, 287, 45. A Maleis ad Cimarum Cretæ 700 stadia, 408, 22; ad Schœnuntem paraplus 1800 stadiorum, 317, 25; ad Herculis columnas 22500 stadia sec. Polybium, 21, 6. Ad Istrum per Ægium, Cirrham, Heracleam, Tempe, Larissam, Thessaloniceam, Idomenam, Stobos et Dardaniam secundum Artemidorum 6500 stadia, sec. Polybium (non brevissimæ viæ longitudinem dimensum) sunt 10000 stadia, 334, § 5.

Maleos, Μάλεως, Pelasgus, in Etruriæ ora regiam habuit, indeque Athenas migravit, 188, 6.

Malia, Μαλία, Lesbi pr.; 527, 18 et 25.

Maliacus sinus, Μαλιακὸς κόλπος, 365, 33; 279, 30, etc.

Malii, Μάλιοι (nunc *Mill*), a nonnullis vocantur scenitæ Arabes Mesopotamiæ, 636, 43.

Malienses, Μαλιεῖς, Thessaliæ gens, Homero non ignoti, Epicnemidiorum regioni, Thermopylis, Oetæ, Otryi, Phthiotidi contermini, 8, 35; 23, 36; 286, 15; 357, 48; 368, 48. Eorum loca quædam Ænianes occuparunt, 380, 15.

Malli, Μαλλοί, Indiæ gens, apud quos vulneratus est Alexander, 597, 25.

Mallus, Μαλλός, Ciliciæ opp. Pyramo propinquum; de ejus origine fabulæ, 676, § 16. Mallotes Crates grammaticus, 576, 35. Cf. 462, 4.

Malothas, Μαλόθας, Arabiæ vicus ad fluvium situs, quem adiit Ælius Gallus, 665, 33.

Malus, Μαλοῦς, Troadis locus inter Palæscepsin et Achæium situs, e quo Caresus defluit, 516, 10.

Mamaus, Μάμαος, fl. ad Pylum Triphyliæ, olim Amathus, 295, 42. Cf. Pylus.

Mamertini, Μαμερτῖνοι, Campaniæ gens, Messanam Siciliæ sub potestatem redigunt, adeo ut incolæ ejus Mamertini, vinumque ibi proveniens Mamertinum dicantur, 222, 47; 223, 5.

Mamertium, Μαμέρτιον, Bruttiorum urbs, in mediterraneo Locris superjacens, 216, 51.

Mandanis, Μάνδανις, sophista Indicus; de eo Onesicriti narratio, 609, § 64 et 65; 611, 15.

Mandubii, Μανδούβιοι, Galliæ pop., Arvernis contigui (ut parum accurate Strabo dicit); urbs eorum est Alesia (*Alise en Bourgogne*), 159, 1.

Manes, Μάνης, Paphlagonicum vocabulum in Cappadocia obvium, 473, 44; unum ex nominibus quæ servis indi solebant, 253, 4.

Manes fl. V. Boagrius, 365, 45.

Mantiane, Μαντιανή (?) κυανῆ ἑρμηνευθεῖσα, maxima palus Armeniæ, usque ad Atropatiam pertinens; in eo sal coit, 453, 51. Cf. Spauta.

Mantinea, Μαντίνεια, Arcadiæ urbs e quinque pagis ab Argivis conflata, 289, 30; prœlio ibi commisso nobilis; nunc prorsus jacet, 333, 36. In ejus regione Capyas Æneas condidit, 520, 12.

Manto, Μαντώ, Tiresiæ filia, mater Mopsi, 381, 7; 548, 48; 576, 18.

Mantua, Μάντουα, urbs Galliæ transpadanæ, 177, 28.

Manus dextras captivis Lusitani amputant diisque consecrant, 128, 22.

Marabodus, Μαράβοδος, juvenis Romæ fuit, ubi Augustus beneficiis eum affecit, hinc reversus et Marcomannorum imperio potitus subjecit sibi Luios, Zumos, Butones, Mugilones, Sibinos et Suevos Semnones, 241, 27. Regia ejus Boiæmum (in Boiæmorum terra), in quam tum alios tum Marcomannos transduxit, 241, 24.

Maracanda, Μαράκανδα, Sogdianæ urbs ab Alex. M. deleta, 443, 47.

Maranitæ, Μαρανῖται, Arabes a Garindæis oppressi, 661, 8.

Marathon, Atticæ pagus, pars tetrapolis Atticæ, 329, 13. 323, 4, prœlio clarus, 342, 36; 340, 36. Ad Marathonem Eurystheus cecidit, 324, 19. E Marathonia tetrapoli Eubœæ quædam loca frequentata sunt, 383, 29. Marathonius taurus a Theseo interfectus, 342, 40.

Marathus, ὁ Μάραθος, Phocidis opp. maritimum, 363, 4.

Marathus, Μάραθος, Syriæ opp. in Seleucide oræ mar. propinquum, antiqua Phœnicum sedes nunc diruta, cujus agrum Aradii tenent, 641, 34. Marathum inter et Paltum sita Aradus ins., 641, 42. (Marathus e regione fere Aradi insulæ sed meridiem versus erat, quum Aradus sec. Strabonem sita sit inter Carnum et Marathum. Quemnam potissimum locum obtinuerit inter continuas fere ruinas, quæ in hoc litore late sparsæ necdum accuratius descriptæ sunt, nondum liquet. Ceterum quod Ritterus t. 17 p. 52 censet Marathum ab Antandro (*Tartous*) non diversum esse, id ferri nequit. Ex Arriani verbis: τὴν Μάραθον τὴν καταντικρὺ τῆς Ἀράδου κειμένην, hoc non sequitur. Deinde *Tartous* est ab Arado boream versus, Marathus autem meridiem versus fuisse debet. Nec recte Ritter contra Mannertum contendit apud Ptolemæum mentionem Antaradi esse nullam; nam V, 15, 16 (p. 367, 24 ed. Wilb.) et Marathus et Antaradus memorantur, nisi quod ab ora longius removentur. Adde quod a Maratho boream versus est Enydra locus, quem ad Serpentium fontem sive *Ain-el-Hye* recte haud dubie retulit Robinsonus. Hic vero quum ab Arado sit meridiem versus situs, idem magis etiam in Marathum cadit.)

Marcellus (M.) e Celtiberia tributum 600 talentorum exegit, prodente Posidonio, 135, 15.

Marcelli (Claudii) opus, Corduba urbs, 117, 3.

Marcellus Octaviæ, Augusti sororis, filius, magistrum habuit Nestorem academicum Tarsensem, 575, 48.

Marcia, Catonis uxor, ab eo Hortensio tradita, 441, 33.

Marcia aqua, omnium quæ Romam rigant optima, e Fucino lacu fluit, 200, 22.

Marcina, Μάρκινα, opp. inter Pæstum et Sirenussarum prom., a Tyrrhenis conditum, a Samnitibus habitatum, 209, 18. Hinc ad Pompejos isthmus 120 stadiorum, 209, 19.

Marcomannorum imperio potitus est Marabodus; qui eos in Boiæmum transduxit, 241, 26.

Mardi, Μάρδοι, Persidis gens latrociniis dedita, 619, 24; ad Caspium mare, 435, 5. Cf. Amardi.

Mardonius, Μαρδόνιος, ad Platæas prœlio victus, 353, 51.

Mare malorum magister, sec. Platonem, 251, 3. Maris umbilicus, ὀμφαλὸς θαλάσσης, Ogygia insula, 21, 23. Πλεῖστον ἡ θάλαττα γεωγραφεῖ καὶ σχηματίζει τὴν γῆν, 99, 41. Ἡ θάλασσα ἐξ αὑτῆς τε καὶ εἰς ἑαυτὴν συνεχῶς παλινδρομήκην τινα κινουμένη κίνησιν, ut animal spirat et exspirat, 44, 20. Cf. 193, 43. Maris affluxus et refluxus ad lunæ rationes non modo diurnas et menstruas, sed annuas quoque accommodari observarunt Gaditani, ab iisque accepit Posidonius, 144, § 8. De eadem re Seleuci sententia, 144, 54. Maria non sunt comparanda cum fluviis in declivi alveo labentibus, 43, 45. Falsa de æstu marino Eratosthenis opinio, 123, 16. Terræ motus et flatuum eruptiones submarinæ fundum maris modo extollunt modo deprimunt, adeo ut sicca inundentur et undis tecta sicca evadant, 42, 47; 45, 12. Quod vero Pontus in nostrum mare, hoc autem in Oceanum perrupit, id inde repetendum est, quod Pontus et nostrum mare aquis fluviorum oppleta exitum sibi aperuerunt, 43, 17; 41, 37. Maris fluctus terræ motu excitatus est trifariam, cujus una pars ad Scarphen et Thronium delata est, altera ad Thermopylas, tertia ad Daphnuntem, 50, 34. Prope Theram e mari fervente et ardente insula prodiit, 48, 14. In mari quod est circa Liparæorum insulas, flammæ discurrentes sæpius apparuerunt; alia huc pertinentia a Posidonio narrantur, 230, 9. Cœno oppleri fundus mari nequit, quum ingestus reciprocatione rursus elidatur, 43, 48; 44, 17. Cf. 41, 49. Subitis maris incursionibus Cimbri patria expulsi esse a nonnullis feruntur, 84, 30. Mare olim texisse terræ partes nunc habitatas nihil mirum habet, 688, 39. Sic Ægypti pars magna olim sub aquis latuit, 42, 8. Mare olim usque ad Ammonis oraculum et Mœridem lacum pertinuit et isthmum Pelusiacum occupavit, 687, 46. Cf. marinæ aquæ exsufflationes ad Ammonis templum, 41, 19. Maris incrementa in Hispaniæ ora a Sacro promontorio ad Columnas majora sunt quam alibi, 118, 27. Ab Europa ad Africam agger quidam tæniæ in modum sub mari porrigitur, 41, 42. Maris terram circumfluentis sinus maximi quattuor, Caspius, Persicus, Arabicus, mare internum, 100, 19. Mare exterum ostreorum copia abundat, maxime ad Turdetaniæ oram; 120, § 7. V. Turdetania. Maris externi solum aliud quam interni, 41, 41. Posse ex India in Caspium mare circumnavigari censet Patrocles, 62, 19. Mare internum, ἡ ἐντὸς καὶ καθ' ἡμᾶς λεγομένη θάλαττα, 100, 25 et passim, in duos sinus versus orientem desinit, in Euxinum Pontum et in alterum qui Ægyptio, Pamphylio et Issico mari constat, 100, 32. Internum mare non sub eadem ubique superficie constitutum esse Eratosthenes censet, repugnante lege mathematica, 45, 32. Maris interni punctum maxime austrinum est recessus Syrtis majoris, 104, 24; punctum maxime septentrionale ostia Borysthenis, vel, si paludem Mæotidem mari attribuas, ostia Tanaidis, 104, 26; punctum maxime orientale intimus ad Dioscuriadem sinus, maxime occiduum fretum ad Columnas, 104, 29. Mare internum ad Venetiam fluxum et refluxum patitur, ut Oceanus, 176, 52. A Gaditano freto usque ad Italiam tranquillum est commodumque onerariis mercatoriis; porro venti ibi certo quodam ordine flant, 119, 19. Ora maris interni majorem quam externi habet varietatem, 100, 47. Profundissima maria sunt Creticum, Siculum et Sardoum, 41, 46; mare omnium minime altum est Pontus, 41, 45, quem fluviorum aggere oppleri dicunt, 41, 49. Mare concretum, ἡ πεπηγυῖα θάλασσα, 52, 29. De singulis maribus vide v. Adriaticum, Ægæum, Ausonium, Cilicium, Creticum, Erythræum, Hispanicum, Icarium, Ionium, Issicum, Libycum, Ligusticum, Myrtoum, Pamphylium, Pelusiacum, Sardoum, Saronicum, Syrium, Tyrrhenum mare.

Mareotis lacus, ἡ Μαρεῶτις sive Μάρεια λίμνη, 671, 15; 674, 11; 682, 31 et 36; longa 300 stad., lata 150 stad.; insulas octo habet, 679, 29. Nili fossis impletur, 674, 11. E Ciboto portu in Mareotin ducta est fossa navigabilis, 675, 48. Portus hic palustris ditior est portu marino, 674, 11. Vinum Mareoticum, οἶνος Μαρεώτης, 601, 41; 679, 30.

Margalæ vel Margala, Μαργάλαι, Μαργάλα (Μάργανα ap. Diodor.), Amphidoliæ regionis in Triphylia locus, quem Αἶπυ ab Homero vocari nonnulli censent, 300, 21.

Margaritæ Indiæ, 610, 41; sinus Persici, 653, 4.

Margiana, ἡ Μαργιανή, Margo rigatur, 442, 23; solitudine campi cinguntur; Antiochus Soter muro eam circumdedit, et Antiochiam ibi condidit; vini ferax regio, 442, 38. Vitis ibi uvas bicubitales fert, 60, 54.

Margus fl., Μάργος (Mourghab), Margianam rigat, 442, 23.

Margus, Μάργος, qui a nonnullis Bargus (Marawa) vocatur, in Istrum influit; dirimit minores Scordiscos a majoribus, 264, 15. Cf. Parisus.

Maria. V. Mareotis.

Mariaba, Μαριάβα (Marib), Sabæorum in Arabia urbs regia, in monte arboribus consito, 662, 22; 653, 50. Cf. Marsiaba.

Mariandyni, Μαριανδυνοί, sicuti Thyni et Bithyni, e Thracia oriundi, 245, 35. Paphlagonica gens, Cauconiatis finitimi, 464, 41; 296, 45. Paphlagoniæ contermini, 466, 25, et ab altero latere Bithynorum vicini, 482, 12. Ab Homero non commemorantur, 475, 16; 578, 31. In eorum regione Heraclea Pontica sita. Thraces genere esse videntur; lingua ceterisque nihil differunt a Bithynis; nomen a Mariandyno habere dicuntur, 464, 23. A Milesiis in servitutem redacti eodem loco erant, quo Penestæ apud Thessalos, 464, 43.

Mariandynus, Μαριανδυνός, Paphlagoniæ partem possidens, Bebrycum regionem occupavit, quæ ab eo Mariandynia vocata est, 464, 29.

Marisus, Μάρισος, fluvius per Getas in Danubium exit (Maroch), 253, 9.

Marius, Μάριος, fossam duxit, qua majoris Rhodani fluvii limo obturati partem excepit; eaque cessit Massiliensibus ob navatam contra Ambrones et Toygenos operam, 152, 30.

Marius junior Prænestæ periit, 199, 12.

Marmaridæ, Μαρμαρίδαι, magis quam Nasamones orientem versus habitantes ad Cyrenen propius accedunt et usque ad Ammonem pertinent, 711, 46. Cf. 108, 37; 700, 23; 678, 52.

Marmarium, Μαρμάριον (Marmari), Eubœæ opp., prope Carystum, ubi lapicidinæ et Apollinis Marmarini templum, 383, 22. Marmario in Halas Araphenides trajectus, ib.

Marmolitis, Μαρμωλῖτις, Paphlagoniæ regio, 481, 43.

Marmor. V. Lapides.

Maronea, Μαρώνεια (Marogna), oræ Thracicæ oppidum, 282, 10 et 15 et 24.

Marrubium, Μαρούιον (Marro), Pelignorum oppidum 201, 34.

Marrucini, Μαρρουκῖνοι, Picenis finitimi, 210, 14; supra Pelignos siti, 201, 39; a Vestinis dirimuntur Aterno fl., 201, 27. Eorum caput Teate, 201, 34. Aterno navali utuntur, 201, 41.

Mars, Ἄρης, Romuli et Remi pater, 191, 26. Isandrum occidit, 491, 1. Ei picus sacer est, 200, 41. Ei Sabini juventutem nuncuparunt quæ per sterilitatis annum edita erat, 208, 20. Capros ei mactant Lusitani, 128, 27, asinos vero Carmanii, qui hunc solum deum colunt, 618, 39. Martis templum ad Isaræ et Rhodani confluentes a Q. Fabio structum, 154, 16.

Marsi, Μαρσοί, Germaniæ gens, a Rheno in interiora Germaniæ se recepit, 241, 7.

Marsi, Μαρσοί, Italiæ gens, 182, 29; Picenis finitimi, 201, 14; Fucino lacu utuntur, 200, 12. Albæ urbi vicini sunt, 196, 3; 200, 6. Ad Marsos itur via Valeria, 197, 25; 198, 35. Marsicum bellum, 198, 32; 215, 17, a quibus gentibus et quam ob causam gestum sit, 201, 22.

Marsiaba, Μαρσίαβα, Rhammanitarum Arabum urbs, bidui itinere a regione aromatifera distans; obsedit eam Ælius Gallus, 665, 22. (Non diversa urbs fuerit a Mariaba Sabæorum).

Marsicum bellum. V. Marsi.

Marsyas, Μαρσύας, tibiarum inventor, 403, 45, cum Apolline certasse fertur ad Celænas Phrygiæ, 495, 2.

Marsyas, Phrygiæ fl.; ejus fontes, 495, 6. Apameam Cibotum præterfluit, 494, 37, et in Mæandrum exit, 494, 37; 475, 2.

Marsyas, Syriæ planities. V. Massyas.

Martius campus Romæ, 196, 43; 207, 53.

Marubium, Μαρούιον. V. Marrubium.

Massanasses. V. Masinissa.

Masæsylii, Μασαισύλιοι, a Mauris (quibus similes sunt, 703, 5) distinguuntur Molochath fluvio, 702, 37. Regio eorum a Molochath fl. ad Tretum prom. per 6000 stadia pertinet; vicini hinc Mauri, illinc Masylienses, 704, 7.

INDEX NOMINUM RERUMQUE. 851

Eorum oppida et reges, 704, 15; bitumen, æs, animalia, lapides, soli fertilitas; mores incolarum, 705, § 11. Masæsylii ob vitæ rationem Nomadum seu vagantium nomen adepti sunt. Masinissa eos ad agriculturam et a latrociniis ad militiam adduxit, 707, 25. Masæsyliis superjacent Libyphœnices, 709, 4. Per mediterraneam eorum tendit parallelus per Heroum urbem et recessum Syrtis majoris ductus, 709, 53.

Mases, Μάσης, Argolidis locus ap. Homerum memoratus, 323, 29; 320, 33. (Probabiliter est *Kiladia* portus. V. Curtius, *Pelop.* 2, p. 462.)

Masiani, Μασιανοί, Indiæ gens, inter Cophen et Indum, 595, 1.

Masinissa, Μασανάσσης, Masæsyliorum rex, 704, 18. Ei partem Carthaginiensis ditionis dederunt Romani, 707, 21. Nomades Masæsylios civiles et agricolas, et e latronibus milites fecit, 707, 25. Ejus regia Cirta, 706, 11.

Masius mons, τὸ Μάσιον ὄρος, Armeniæ mons (*Karadja Dagh*), Tauri pars, supra Nisibin et Tigranocerta, 447, 43; 434, 15; 636, 6, et Mygdoniam, 452, 20. Inter Masium et Antitaurum sita est Sophene, 452, 22.

Massabatica, Μασσαβατική (*Masabadan* juxta *Puschti Kub* montem et *Kuka* fluvii affluentes orientales), ad Zagrum regio Mediæ vel, ut alii, Elymæeæ, 449, 54; 634, 17.

Massaga (Μασόγα *codd.*), regia urbs in Astacani ditione, 595, 2.

Massagetæ, Μασσαγέται, et Sacæ a Dahis orientem versus habitant, 428, 28. Cyri contra eos expeditio, 435, 24; 586, 5; 439, 39. Regio Massagetarum Araxe fluvio inundatur, 439, 44. Vitæ ratio et instituta, 439, § 6 et 7. Massagetarum et Sacarum gentes Attasii et Chorasmii, 440, 24, et Aspasiacæ, 440, 29. Massagetæ et Arachoti juxta Bactrianam ad Oxum, sec. Eratosthenem, 440, 30.

Massilia, Μασσαλία, Galliæ Narbon. urbs ad sinum Gallicum, 105, 52. Latitudinem ejus gnomone definivit Pytheas; eadem gnomonis umbræ ratio quum Byzantii observata esset, utramque urbem sub eodem parallelo esse Hipparchus putavit, 94, 51; 53, 38; 59, 46; 87, 38. At erravit Pytheas, quum Massilia multo magis meridiem versus ponenda sit, 95, 5. Massiliæ objacet Metagonium Libyæ, ut Timosthenes censuit, 702, 44. A Massilia ad Metagonium 6000 stadia, 702, 41; ad Columnas 7000 st. sec. Eratosthenem, supra 9000 st. sec. Polybium, 88, 9; in mediam Britanniam ultra 5000 stadia, 53, 13; ad Caballionem 500 stadia, 153, 45. Massilia est Phocæensium colonia, 148, 45. Phocæenses sub Creontiade appellentes repulsi sunt, 210, 18. Urbis situs; portus egregius, 148 § 4; 153, 33. In arce Ephesium; Apollinis Delphinii fanum. Ephesiæ Dianæ cultus ap. Massilienses origo, ejusque per eosdem propagatio; Aristarche sacerdos, 148, § 4. Eorum respublica; timuchi; leges Ionicæ; soli non optimi proventus; navigationis studium; contra barbaros vicinos munimenta; coloniæ Massiliensium Rhode, Agatha, Tauroentium, Olbia, Antipolis, Nicæa, 149, 13-34; 151, 20; 152, 52; Emporium, 132, 36; Navale Augusti Cæsaris, Forum Julium, 152, 52. De Rhode cf. 558, 47. Aliæ tres coloniæ inter Sucronem fl. et Carthaginem Novam, quarum præcipua est Hemeroscopium (*altera Alona; tertia non nota*), 131, 51. Navalia; armamentarium; armorum et machinarum ad navigationem et oppugnationes pertinentium copia; cum Romanis amicitia. A Sextio Massiliensium ditioni adjicitur regio, quam vi coacti Salyes dereliquerant, 149, 35-52. Spolia navalibus pugnis reportata in urbe conspiciuntur, 149, 53. Amicitiam cum Romanis intercedentem probat Dianæ in Aventino statua ad formam Dianæ Massiliensis expressa, 150, 3. Massiliensium legati ad Scipionem (Æmilianum) missi, nihil habuerunt quod de Britannia narrarent Polybio, 158, 4. Mario contra Ambrones et Toygenos egregiam navarunt operam; præmii loco a Mario acceperunt fossam, qua ille Rhodani fl. exitum correxerat. Vectigalia a navigantibus per fossam exigentes magnas sibi opes pararunt, 152, 30. A Pompeii partibus stantes plurimum felicitatis amiserunt, 150, 7. A barbarorum vicinorum metu liberi pro bello agriculturam et civilia studia amplexi sunt, adeo ut elegantior quisque nunc eloquentiam ibi et philosophiam colat, et Romani scholas Massilienses frequentent, et literarum studium apud Gallos eximium excitetur, 150, 11. Frugalitatis ac modestiæ ap. Massilienses documenta, 150, 28. Cæsar in Massilienses se clementem præbuit, libertatemque urbi pristinam conservavit, 150, 31. Massilienses turres erexerunt juxta Rhodani loca nautis cavenda; iidem in insula, quam ostia Rhodani efficiunt, Dianæ fanum posuerunt, 152, 39. Ab occasu Massiliæ post 100 stadia magnum occurrit promontorium lapicidinis quibusdam vicinum, 150, 42. Inter urbem et Rhodanum est τὸ λιθῶδες πεδίον (*la Crau*), 151, ·27. Massiliense litus olim fortasse usque ad Monœci portum pertinuit, 168, 54. Complures insulæ urbi objacent, 153, 31; 106, 39. Massilienses agros Stœchadum ins. colunt, 153, 24. Massiliense promontorium (*Cap Couronne*), 151, 4. Massiliensium instrumentorum navalium thesauri, 557, 36. Minervæ simulacrum, quod Massiliæ est, deam sedentem exhibet, 514, 30. Massiliam stannum ex inss. Britannicis transportatur, 122, 18. Mentio Massiliæ occurrit etiam 62, 45; 82, 14; 119, 49; 147, 1.

Massiliensis sinus. i. q. Gallicus, 150, 45.

Massyas, ὁ Μασσύας (Μαρσύας *v. l.*, ut in codd. Polybii 5, 45, 61), Syriæ planities, post Macram planitiem sita est; ejus quasi arx est Chalcis, 643, 12. Initium Massyæ est ad Laodiceam Libano adjacentem, *ib.* Post Massyam est ὁ Βασιλικὸς αὐλὼν et Damascena regio, 643, 36. Massyam tenuit Ptolemæus Mennæi f., 641, 11. Massyam attingit Chalcidice, 641, 21. V. not. ad v. Chalcis. (Straboni Massyas est planities quæ inde a Laodicea inter Libanum et Antilibanum porrigitur; sed etiam pars planitiei quæ a Laodicea est versus mare in valle Eleuthero, nomen hoc habuisse, imo ab hac maxime parte Massyæ nomen ad vallem Libani et Antilibani a Strabone et Polybio fortasse parum recte translatum esse censeo. Vix enim dubium est, quin Massyas planities nomen habeat a jugo montano (*Dj. al Nosarieh*), cujus altissimus vertex *Massyad* etiam nunc vocatur. Idem mons a Plinio, 5, 15 Bargylus vocari videtur.

Mastaura, Μάσταυρα, pagus Cariæ, 555, 29.

Masthles, Μάσθλης, Carum dux ap. Homerum, 564, 32.

Masylienses, Μασυλιεῖς, Africæ gens Numidica, 108, 42; cujus regio est inde a Treto prom. orientem versus, 706, 9; 704, 12. Ejus fertilitas, 705, 44.

Matalum, Μάταλον, Cretæ opp., Gortynæ navale, 411, 6, a Phæsto distans 40 stadia, 411, 47.

Mataurus, Μάταυρος (an Μάζαρος?), Siciliæ opp., ad ad quod amnis est per specus fluens, 228, 35.

Mater Deorum apud Phryges, 402, 43; Dindymene in Cyzico ins., 493, 1. Teriæ in Troade, 504, 8. Agdistis templum Pessinunte, unde simulacrum ejus petierunt Romani, 486, 10. Andirenæ fanum, 525, 19; Aspordenæ fanum, 529, 60; apud Smyrnæos fanum, 551, 43. Μητρῴα, 406, 6.

Matiana, Ματιανή, Ματιηνή, Mediæ pars, 436, 31; 50, 13; Mediæ Atropatiæ ab austro contermina, 448 35.

Matiani Cadusiorum vicini, 440, 42. Mellis ibi copia,

54.

60, 50. Lacus salsi, 41, 30. E Matiana Araxus fluit sec. Herodotum, 455, 32.
Matrimoniorum ratio apud Lusitanos, 128, 52; in Hibernia, 167, 26.
Matrinus, Ματρῖνος (*Piomba*), fl. Piceni ab Adria profluens et Matrinum navale impositum habens, 201, 9. Ab Æsi ad Matrinum pertinet Picenum, 200, 47.
Mauretani, Mauretania. Græce Μαυρούσιοι dicuntur qui a Romanis et indigenis Mauri appellantur, 700, 45. Mauretani a nonnullis dicuntur Indi esse qui cum Hercule in Libyam venerint, 703, 26. Gens est magna et opulenta, 700, 47, quæ Libyæ borealis partem occidentalem tenet. Terra eorum describitur, 700, § 2 sqq. Per mediam Mauretaniam transit parallelus per Alexandriam ductus, 110, 41. Per mediam terram mons porrigitur usque ad Syrtin pertinens, 701, 17. Orientem versus Mauret. terminus Molochath fl., 702, 37. Ejus promonorium Cotes dictum, Atlantis πρόπους, 701, 2. Oræ longitudo a Cotibus est 5000 stadiorum, 702, 43. Objacent insulæ Beatorum, 124, 53. In ora occidua est Lixus fl., usque ad quem Gaditani piscatores navigare solent, 82, 7. Extremis Mauretaniæ partibus Nili fontes propinqui esse feruntur, 701, 46. Regio ferax est, 701, 39. In quodam ejus fluvio hirudines ingentes, 701, 48; vites Mauretaniæ prægrandes, item arum, dracontium, pastinacæ, fœniculus equinus, cinara, 107, 50; in amnibus crocodili, 701, 45. Alia Mauretaniæ animalia, 702, 2. Mauretani etsi fertilem magna ex parte regionem tenent, tamen plurimi incerti vagantur sedibus, 702, 48. Eorum ornatus, 702, 50; equi, arma, indumenta, 703, 1. Similes iis Masæsylii et alii Libyes, 703, 5. Reges eorum Bocchus, 309, 7 et Bogus, 702, 25. Romanorum amici, quibus Juba II successit, 703, 28, 239, 13. Ad Mauretanos nonnunquam veniunt Pharusii, 703, 17. (Ceterum Maurusia memoratur p. 35, 100. 99. 131. 133. 139. 140. 143. 150. 153. 157. 288. 825, ed. Casaub.)
Mauri. Maurusia. Maurusii. V. Mauretani.
Mausoleum, Μαυσωλεῖον, Romæ, 197, 5; Halicarnasi, 560, 24.
Mausolus, Μαύσωλος, Hecatomni f. et in regno successor, uxorem habuit Artemisiam sororem, cui regnum reliquit, 560, 39. Sex Lelegum urbes in Halicarnasum contraxit, 522, 44. Ejus sepulcrum, Artemisiæ opus, 560, 24.
Maximus Æmilianus. V. Fabius.
Mazaca, τὰ Μάζακα, Cappadociæ metropolis, 566, 28. Ciliciæ, Cappadocum præfecturæ, urbs, ad Argæum montem; vocatur etiam Εὐσέβεια ἡ πρὸς τῷ Ἀργείῳ, 461, 2; urbis situs incommodus, *ib.* et 463, 6. Distantia a Ponto, Euphrate, Ciliciis portis, Cybistris, 462, 15; a Coropasso et Tomisis, 566, 28. Charondæ legibus Mazaceni utuntur; urbem Tigranes afflixit, 462, 20.
Mazæi, Μαζαῖοι, Pannonum gens, 261, 9.
Mazenes, Μαζήνης, Doractæ (*Aoractæ vel Oaractæ*) insulæ præfuit in sinu Persico; Mithropasten hospitio excepit et Nearcho commendavit; ipse Nearcho dux navigationis fuit, 652, § 7.
Mazusia, ἄκρα μεγάλη Μαζουσία (potius Μαστουσία?), in Chersoneso Thrac., 283, 34 (ubi nunc *Sedd Bahr Calesi* sive *Château d'Europe*).
Mecone, Μηκώνη, priscum Sicyonis nomen, 328, 39.
Mecyberna, Μηκύβερνα, Olynthi navale, 279, 9.
Medea, Μήδεια, 186, 39, vestem Medicam excogitavit; Mediæ nomen dedit vel ipsa vel filius ejus Medus, 451, 15. Venefica, φαρμακίς, 38, 15; ab Homero Circes cognata fuisse fingitur, ob morum similitudinem, et a Ponto in Oceanum translocatur, 17, 10. Ubinam Absyrtum fratrem interfecisse dicatur, 261, 42. Colchi eam persequuntur, 179, 43.
Medeon, Μεδεών (ruinæ ad *Megalo Mulchi*), Bœotiæ opp., 363, 9. Ab Medeone Phocidis nomen habens, Onchesto vicinum sub Phœnicio monte, 352, 44; etiam Φοινικίς vocatur, *ib.*
Medeon, Μεδεών, Phocidis opp. (ad hod. *Desfina*), 363, 9; ad Crisæum sinum; a Bœotia distat 160 stadia, 352, 42.
Media, Μηδία, dicta a Medea vel a Medo ejus filio esse perhibetur, 451, § 10. Mediam et Armeniam Eratosthenes in meridionalibus Asiæ regionibus, Strabo in borealibus recenset, 448, § 5. Sita est in medio Tauro, 446, 32. Partes ejus duæ, sc. Media Magna et M. Atropatia, 448, 16. Mediæ magnæ limites, 449, § 6; regia Ecbatana, 448, 18. Media Atropatia, 434, 15, unde dicta, 448, 25. V. Atropatia. Mediæ M. regio Messabatica ad Zagrum, 449, 54. Mediæ pars Matiana, ubi mel de arboribus defluit, 436, 31; 60, 50. Medos Matianos sub Parachoathra attingunt Cadusii, 440, 42. Mediæ olim partes Comisene et Chorene, 441, 21. Montes ad mare Caspium lunæ in formam curvantur, 436, 2. Supra Mediam montana Cossæorum, 447, 51. Eam a Babylonia Zagrus m. distinguit, 447, 48. Medica porta vocatur transitus per Zagrum, 450, 39. E Media in Elymaidem ingressus, 634, 17. Medis Caspianam, Phaunitin et Basaropedam ademerunt Armenii, 453, 21. A Media decurrit Medus fl., 621, 21. Mediæ urbs Rhagæ, 50, 13. A Mediæ finibus per Parætacenen ad Caspias portas sunt 3000 stadia, sec. Eratosth., 66, 48. A Rubro mari ad Mediam 8000-9000 stadia, 66, 46. Μήδων δύσχειμος χθών (Eurip.), 22, 45. Solum et aeris temperies; equi; medica herba; medicum silphium, 450, § 7. Medicus vestitus, Medeæ inventum, ut ferunt, 451, 15. A Medis vestitum et alia instituta assumpserunt Persæ, 450, § 9. Medorum mazæ e pomis contusis; panes et tostis amygdalis; vinum e radicibus expressum, 451, 95; carnibus Medi aluntur ferinis; pecus cur non educent, 451, 38. Medi et Armenii Persarum sacra colunt, 456, 39. Loricato habitatu utuntur, 454, 31. Medi montani fortissimo regnum deferunt, 451, 27; uxores quam plurimas habere student, 451, 50. In Mediam e Colchide pervenit Jason, 40, 18. Passim ibi monstrantur Iasonea, 38, 21; 451, 18; nec non magnus mons Jasonius qui vocatur, 451, 19. Medi olim Asiæ imperarunt; etiam everso per Cyrum regno multum dignitatis retinuerunt, 449, § 5. Quantum tributi nomine olim Persis pependerint, 450, § 8. Eorum rex Cyaxares, 681, 20. Nunc Medis imperant Parthi, 624, 35. *Tigris* vox apud eos sagittam significat, 454, 5.
Medicos in Indiam navigaturus secum duxisse fertur Eudoxus, 82, 18.
Mediolanum, Μεδιολάνιον (*Milan*), in Italia, Insubrorum caput, olim pagus, nunc urbs clara, 177, 24.
Mediolanum Μεδιολάνιον (*Saintes*), Santonum urbs, 158, 10.
Mediomatrici, Μεδιοματρικοί (Μεδιομάτρικες ap. Ptol.) (quorum caput Divodurum, postea Mediomatrici, inde a quinto seculo Mettis, hod. *Metz*), Galliæ gens supra Helvetios; in ea Tribocchi, germanica gens huc translata, 161, 5. Super Mediomatricos sunt Leuci et Lingonum pars, 161, 10. Infra Mediomatricos et Tribocchos ad Rhenum habitant Treviri, 161, 22.
Medius, Μήδιος, Larisæus, Alexandri M. comes, laudatur de Armeniæ antiquitatibus, 454, 53.
Medma, Μέδμα (Μέδαμα codd.), Bruttii urbs, cum emporio et navali; objectæ ei sunt Liparæorum insulæ, 213, 24. Medmæ propinquus Metaurus fl., 213, 26.

Medoaci, Μεδόακοι, supra Venetos habitant, 179, 49. Alibi non memorantur; habitasse censendi sunt in mediterraneis ad Medoacum fl. majorem et minorem.

Medoacus, Μεδόακος, Italiæ fl., Patavium præterfluit; 250 stadiorum subvectionem patitur; adjacet portus cognominis, 177, 53.

Medoacus portus Patavii (haud dubie Medoacus Major, hod. *Malamoco*).

Medon, Μέδων, comes Philoctetæ, 371, 15.

Medulli, Μέδυλλοι (*dans la Maurienne*; V. Walckenær *Géogr. des Gaules*, II, p. 31), Galliæ gens pone Tricorios et Iconios in altissimis Alpium cacuminibus, ad quos brevissimus in altum ascensus esse dicitur 100 stadiorum, totidemque stadiorum ad fines Italiæ descensus, 169, 39. In hoc tractu lacus (in *mont Cenis*) et Druentiæ et Duriæ fontes, 169, 42. Medulli super regionem in qua Isara in Rhodanum influit, habitant, 169, 53.

Medus, Μῆδος (*Murgheb*), fl. ad Persepolin e Media decurrens in Araxem influit, 621, 21.

Medus, Medeæ f., Mediæ regioni nomen dedisse fertur, 451, 22.

Medusæ e collo Pegasus ortus, 326, 12.

Megahari, Μεγάβαροι, et Blemmyes incolunt terram quæ est infra Meroen juxta Nilum versus Rubrum mare; Ægyptiis finitimi, Æthiopibus parent, 669, 2. Non sunt bellicosi, 695, 38; eorum arma, 660, 30.

Megabates, Μεγαβάτης, Salganeum interfecit, deinde insontem sepulcro honoravit, 346, 40.

Megabyzi, μεγάβυζοι, sacerdotes Dianæ Ephesiæ, 547, 42.

Megalocephali, Μεγαλοκέφαλοι, ab Hesiodo finguntur, 248, 35.

Megalopolis, Μεγαλόπολις, Arcadiæ urbs, 309, 36. Fœderi Achaico se adjunxit, 331, 5; implevit comici dictum : ἐρημία μεγάλη ἐστὶν ἡ Μεγάλη πόλις, 333, 29; 629, 18. Megapolitis regio, 287, 43; 332, 10. Ejus vicus Asea, 295, 2.

Megalopolis Ponti, 479, 20.

Megalopolitis, Μεγαλοπολῖτις, Ponti regio sub Pythodoride est, 479, 6; 477, 5.

Megara, Μέγαρα, Megarensium in Sicilia colonia; antea oppidum Hybla vocabatur, 222, 35. Megara et Naxus sub idem tempus conditæ quo Syracusæ, 224, 3. Megarorum conditores reliquit pars quædam Doriensium, quæ in Zephyrium pr. trajecit, 224, 20. A p. Megarenses Hyblæos Selinus fl., 332, 31. Cf. 222, 20. Megarenses Siculi Selinuntem condiderunt, 226, 45.

Megara, Syriæ opp. Apameæ vicinum; 640, 49. Situs ignotus.

Megara, urbs Megaridis a Doriensibus condita, 337, 40; 286, 31. Urbis navale Nisæa, 12 stadia distans, murisque urbi junctum; vocatur etiam Minoa, 336, 32. Via ab isthmo per Scironides petras, 336, 22. Megarensium coloniæ Chalcedon, 482, 20, et Astacus, 482, 29, et Mesambria ad Pontum, 265, 18. Megarenses, qui Chalcedonem condiderunt, cur cæci in oraculo dicantur, 266, 21. In Sicilia Megara condunt, 222, 35. Cum Atheniensibus de Salamine insula contenderunt, 338, § 10. Eos fœderi Achaico adjunxit Aratus, 331, 1. Megara multas quanquam mutationes passa etiam nunc durant; clara olim philosophis Megaricis, 337, 44. Megarici philosophi, successores Euclidis Socratici, patria Megarensis, 337, 46. Megarensium respublica Aristotelea laudatur, 267, 32.

Megaris, Μεγαρίς, regio aspera; majorem ejus partem occupant Onei montes, 337, 51. Olim ab Ionibus habitata, pars Atticæ; itaque Megarenses apud Homerum Atheniensium nomine comprehenduntur, 336, § 5. Eam Nisus sorte obtinuit, Nisæamque in ea condidit, 337, 11. Megaridem et Atticam Iones e Peloponneso pulsi occuparunt, 142, 9. Atheniensibus eripuerunt Heraclidæ, et Megaris conditis incolas ex Ionibus fecerunt Dorienses, 337, 34. Ab Attica eam dirimunt Cerata montes, 339, 21. Megarica loca ab Homero memorata, 339, 6. Crommyon Megaricus olim, nunc Corinthius vicus, 326, 50. Megaris fabulam de Procne et Philomela Thucydides assignat, 363, 13.

Megasthenes, Chalcidensis, Cumarum coloniam deduxit, 202, 50.

Megasthenes, Indicôn scriptor, ad Sandrocottum, Prasiorum regem, missus, peregrinationis suæ commentarios reliquit, 58, 54; 598, 41. In castris Sandrocotti versatus est, 603, 53. Scriptor mendacissimus, 58, 40. Laudatur de Indiæ magnitudine, 588, 19. Indiæ longitudinem in latere boreali ait esse stadiorum 16000, 58, 13. Cf. 588, 6. Latitudinem aliquibus locis vel 30000 stadiorum esse tradidit, 57, 22. In austrinis Indiæ partibus Ursas occidere et umbras diversam in partem cadere monuit, 63, 25; 64, 30. Nullas fuisse dicit in Indiam expeditiones præter eas Herculis, Bacchi et Alexandri, 585, 42. Laudatur de Indiæ fertilitate, 591, 18; de Gangis latitudine, 598, 27 ; de Indiæ tigribus, cercopithecis, lapidibus melle dulcioribus, serpentibus et scorpiis volucribus, ebeno, canibus validissimis, 598, § 37; de equis unicornibus et arundinibus maximis, 605, § 56; de formicis aurum effodientibus, 601, 22; de septem Indorum ordinibus, 599, § 39 *sqq*; de Indorum vivendi ratione variisque eorum institutis, 603, 53 *sqq*.; de Caucasi incolis palam coeuntibus, 605, § 56; de fabulosis Indiæ gentibus, πεντασπιθάμοις, τρισπιθάμοις, ἐνωτοκοίταις, ὠκύποσι, μονομμάτοις, ἀμύκτηρσι, Hyperboreis, 605, § 57. Fluvios auriferos in India memorat, 606, 3. De philosophis indicis, 606, § 58-60, et 611, 7.

Meges, Μέγης, Phylei f., Augeæ nepos, in Dulichio ceterisque Echinadibus imperat, 392, 3; 394, 20. Megetis galea qua Ulysses usus est, 377, 12.

Megillus, Μέγιλλος (?), scriptor de oryzæ cultura in India, 590, 37.

Megiste, Μεγίστη, ad Lyciam sita insula cum urbe, 568, 29.

Mel Hyrcaniæ, 60, 49 ; Mediæ, 60, 50; Sacasenæ et Araxenæ in Armenia, 60, 51; Turdetaniæ, 119, 33. In Alpibus, 172, 20. E melle potus (in Hibernia vel aliis regionibus borealibus), 167, 45. Mel Liguriæ, 168, 41. Siculum, 227, 13. Hyblæum Siciliæ, 222, 37. Brundusinum, 234, 36; Atticum; optimum id, quod ad argenti fodinas reperitur et ἀκάπνιστον vocatur, 343, 26; mel Calymnium, 420, 22; mel amarum Colchidis, 427, 30; de arboribus defluens in Hyrcania, Media, Armenia, 436, 30. Ex arundinibus paratum in India, 591, 39. In melle mortuos sepeliunt Assyrii, 635, 21. Mellificium in Arabia Felice, 653, 43.

Melæna, Μέλαινα ἄκρα, Chii pr., 551, 9.

Melæna, Μέλαινα ἄκρα, promontorium Erythrææ peninsulæ; ibi molares lapides exciduntur, 550, 46.

Melæna Corcyra. V. Corcyra Nigra.

Melænæ, Μελαιναί, Troadis vicus, 516, 1.

Melænæ, Μέλαιναι ἢ Μελανίαι, Ciliciæ prope Celenderim opp., a quo ad Syriæ confinia 1900 stadia sec. Artemidorum, 647, 9; 571, 47.

Melamphyllus, Μελάμφυλλος, priscum Sami ins. nomen, 393, 1; 544, 31.

Melampus, Μελάμπους, quanam aqua ad lustrandas Prœtidas usus sit, 298, 14.

Melanchros, Μελάγχρως, Mytilenæorum tyrannus, 528, 5.

Melania, i. q. Melænæ.

Melaneis, Μελανηίς, vetus nomen Eretriæ Euboicæ.

Melanippe, Μελανίππη, mater Bœoti vel ex Metaponto vel, ut Asius ait, e Dio, 220, 19.

Melanippus, Μελάνιππος, Trojanus, Hicetaonis filius, 501, 25.

Melanthus, Μέλανθος, Nelida, Messeniæ rex tempore reditus Heraclidarum, 308, 19; ab Heraclidis pulsus in Atticam migrat, ubi Xanthum Bœotorum regem vincit, et ab Atheniensibus rex creatur; filius ejus Codrus, 337, 31; 540, 35. Pyliorum pars cum Melantho Athenas venit, 540, 35.

Melantii scopuli, Μελάντιοι σκόπελοι, maris Ægæi, 544, 2.

Melanus, Μέλανος, Cyzici ins. prom., 493, 41.

Melas, Porthaonida, 397, 39.

Melas, fluvius Bœotiæ inter Orchomenum et Aspledonem, 357, 6. Ad Orchomenum terræ hiatu excipitur; fluit per agrum Haliartium paludemque ibi efficit, quæ calamum tibiis aptum producit, 349, 37. (Hæc inter se conciliari nequeunt. Duo ejusdem nominis fluvii confundi videntur); nunc Melas fl. evanuit, *ib.*

Melas, Thessaliæ fl. a Trachine distans quinque stadia, 367, 49.

Melas, fl. Cappadociæ, 40 stadia a Mazacis distans, in Euphratem exit, 461, 33 et 45. (Melas hic, qui etiam nunc *Kara-*(i. e. μέλας) *Sou* vocatur, in Phasin exit; Strabo cum hoc confundere videtur alium Melanem (*Tochma-Sou*), qui a Ptolemæo memoratur et in Melitene miscetur Euphrati); Ariarathes fauces ejus obstruxit, *ib.*

Melas (*Manauget*), Pamphyliæ fl., ad quem navium statio, 570, 4.

Melas (*Mauro nero*), fl. Thraciæ in sinum cognominem exiens, 283, 23. Ejus aqua non suffecit Xerxis copiis, 283, 24.

Melas sinus (*golfe de Saros*) maris Thracii, 23, 14; 76, 38; 102, 42; 268, 50, 284, 41, a fluvio nomen habet, 283, 23; in Alopeconnesum desinit, 283, 33; ad eum sita Ænus urbs, 283, 14.

Meldi, Μέλδοι, Galliæ gens, ad Sequanam, 162, 2.

Meleager, Μελέαγρος, Gadarensis, 646, 23.

Meleager contra Thestiades bellum gessit, 400, 11.

Meleagri vallum, Μελεάγρου χάραξ, in agro Antiochensi, 639, 47. Situs ignotus.

Meleagrides aves in Electridibus insulis, 179, 11; in insula ad Myoshormum, 655, 19.

Meles, Μέλης, fl. Smyrnæ vicinus, 551, 50; apud Homerum non memoratur, 474, 48.

Melia, Μηλία, Apollini peperit Teucrum, 354, 36.

Melibœa, Μελίβοια, Magnesiæ opp. in Philoctetæ ditione, 375, 15; 380, 45; in sinu qui inter Ossam et Pelium est 200 stadiorum et amplius, 380, 50. Ex hac urbe profugit Philoctetes, 211, 26.

Meligunis, Μελιγουνίς, priscum Liparæ ins. nomen, 229, 3.

Melilotus arbor in Masæsylia, 705, 18.

Melinus portus, Μήλινος λιμήν, ad sinum Arabicum in ora Troglodytica, 656, 41.; supra eum Corai castellum, *ib.*

Melitæa, Μελίταια, Phthiotidis opp. in Achillis ditione, 372, 36. Melitæenses, Μελιταιεῖς, decem ab urbe sua stadiis fuisse putant Helladem urbem trans Enipeum sitam, quo tempore ipsorum urbs Pyrrhæ nomen gesserit; deinde Helladis incolas ad ipsos transmigrasse; testari rem Hellenis sepulcrum in foro Melitææ, 370, 48.

Melite, Μελίτη, Œniadarum in Acarnania palus, 394, 50.

Melite, Atticæ pagus, 54, 35; 55, 13.

Melite, priscum Samothraces nomen, 405, 34.

Melite, Μελίτη (*Malta*), ins. a Cossuro 500 stadia distans, 708, 13. Pachyno prom. objacet, 230, 32. Catelli Melitæi, 230, 32.

Melitene, Μελιτηνή, olim Cataoniæ pars, nunc est una e decem Cappadociæ provinciis, sicut ipsa etiam Cataonia, 457, 25; 458, 23; 452, 19. Ejus situs et proventus, 458, 33. Ad eam usque Amanus mons porrigitur, 446, 46; juxta eam Commagena Cappadociæ, 446, 47.

Mellaria. V. Menlaria.

Melo, Μέλων, Sigambrorum dux, 242, 14. Ejus frater Bætorix, 241, 33.

Melpis, Μέλπις (*Melfa*), fluvius Aquinum Latii opp. præterfluens, 197, 47.

Melsus, Μέλσος, Asturiæ fluvius, 138, 36.

Melus, Μῆλος (*Milo*), maris Cretici ins.; una ex Cycladibus, 417, 2; a Scyllæo et Dictynnæo distantia. Athenienses Melios puberes trucidarunt, 416, 20.

Memnon, Μέμνων, Tithoni filius, secundum Simonidem sepultus est circa Paltum Syriæ juxta Badam fl, 619, 43. Ejus tumulus et pagus in Troade prope Æsepum fl., 502, 39. Mater ejus Cissia dicitur ap. Æschylum, 619, 42. Cf. Ismandes et Memnonium.

Memnon Rhodius, Persarum dux, Hermeam dolo comprehensum ad regem misit, 522, 13.

Memnonium, Μεμνόνιον, Abydi urbis in Thebaide describitur, 690, 41. Labyrinthus quoque Memnonium erat, siquidem, ut nonnulli tradunt, ὁ Μέμνων ab Ægyptiis Ismandes vocatur; Thebis quoque Memnonia quædam sunt, 690, 41; 693, 3.

Memnonium, Susorum arx, 619, 41.

Memphis, Μέμφις, Ægypti regia; ejus situs, templum Apidis; Hephæsteum; Veneris vel Lunæ fanum; taurorum certamina; Serapeum; hominum frequentia; lacus prope urbem, 485, § 31 et 32. De pyramidibus narratio, 486, § 33 et 34. Memphi ad Thebaidem quot sint schœni, 683, 14. Memphitæ Apin bovem pro deo colunt, 682, 38. Apud eos Vulcani et Cabirorum sacra, 406, 13. Ad Memphim νειλομέτριον est, 693, 1. Milesiorum legati Memphim veniunt, 691, 40. E regione Memphidis est Babylon, 690, 26. Loci inter Schediam et Memphim siti, 682, 31.

Men Ascæi, Μὴν Ἀσκαίου, templum habet apud Antiochiam eam quæ est juxta Pisidiam, 477, 16.

Men Cari, Μὴν Κάρου, cujus templum est in loco cognomine, 477, 16. Inter Carura et Laodiceam, 496, 40.

Men Pharnacis, Μὴν Φαρνάκου, templum habet in Ameria Phanarœæ comopoli; ejus templi sanctitas, 477, 9.

Menander, Μένανδρος, comicus, Epicuri æqualis, 545, 31. Laudatur 246, 45 *sqq.* 247, 16; 388, 35; 417, 47; 544, 47.

Menander, Bactriæ rex, late regni fines protulit; nam Hypanim transgressus est et ad Imaum usque pervenit, 443, 3.

Menapii, Μενάπιοι, Germanorum populus, ad utrumque Rheni ostiorum latus paludes et silvas incolunt, 161, et juxta eos Sigambri, 161, 27. A Menapiis usque ad Sequanæ ostium sunt Morini, Bellovaci, Ambiani, Suessiones, Caleti, 161, 39.

Menas, Μένας, Menebriæ conditor, 265, 19.

Mende, Μένδη, Pallenes opp., 279, 5.

Mendes, Μένδης, Ægypti urbs in Delta regione ; ibi Pan colitur, et hirci mulieres ineunt, 681, 35. Mendeti vicinæ Diospolis et Leontopolis, 681, 38. Mendesii capram et hircum colunt, 690, 30.

Mendesium, Μενδήσιον, Nili ostium, 681, 8 *sqq.*

Mendesius nomus, Μενδήσιος νομός, 682, 6.

Menebria. V. Mesembria.

Menecles, Μενεκλῆς, Alabandensis orator, frater Hieroclis, 564, 14. Ejus discipuli Apollonius et Molon Alabandenses, 559, 41.

Menecrates, Μενεκράτης, Xenocratis discipulus, 471, 48; Elaita, ἐν τοῖς περὶ Κτίσεων de Pelasgis, 531, 9; de Mysis Lydorum colonis, 490, 4; ἐν τῇ Ἑλλησποντιακῇ περιόδῳ in montanis Myrleæ vicinis Alizones habitasse ait, 472, 3.

Menecrates Nysæensis, Aristarchi disc., pater Aristodemi et Sostrati grammaticorum, 555, 34.

Menedemus, Μενέδημος, Eretriensis philosophus, cujus successores Eretriaci vocantur, 337, 50; 385, 12.

Menelaites nomus, Μενελαίτης νομός, Canobicæ fossæ ad meridiem adjacens; unde nomen habeat, 681, 1.

Menelaus, Μενέλαος, Elysio destinatus, 2, 24; in Laconica regnavit, 320, 15; subjecta ei erat Messenia, 308, 13. Ejus peregrinatio, 124, 27. Multum temporis consumpsit in Phœnice, Syria, Ægypto, Africa et locis Cypro vicinis, 33, 12; 687, 22; nomo Ægyptio nomen dedisse perperam traditur ab Artemidoro, 681, 3. Ejus gubernator Canobus, 680, 35. Menelai de erroribus disputatio, 31, 26. Fusius de iis scripsit Aristonicus grammaticus. In Æthiopiam venit, non per Gaditanum fretum ad Indiam navigans, neque per isthmum sinus Arabici vel per fossam e Nilo in mare Rubrum profectus, sed in Ægypto usque ad fines Æthiopiæ adscendens, 31, 26; 33, 28. Errant qui Menelai errores fabulis accensent, 38, 10. Menelai cratera Sidonia, 34, 18.

Menelaus, Ptolemæi Lagi frater, de quo Menelaites nomus dictus, 681, 1.

Menodorus, Μενόδωρος, Tralliauus, vir doctus, sacerdos Jovis Larisæi; ejus mors, 554, 21.

Menodotus, Μενόδοτος, pater Mithridatis Pergameni, 534, 15.

Menœtius, Μενοίτιος, Opuntius, pater Patrocli, 365, 21.

Mentes, Μέντης, Anchiali f., ap. Homerum in Tapho ins. regnavit, 391, 51; 394, 33.

Mentha herba nonnullis hedyosmon vocatur. De ea fabula, 295, 51.

Meones. V. Mæones.

Mercurius (Ἑρμῶν Hesiod.), e Thronia pater Arabi, 35, 25, Mercurii fana, Ἑρμεῖα, in viis per Elidem regionem, 295, 23. Ad Mercurium sacerdotes Thebani omnem sapientiam astronomicam et philosophicam referunt, 693, 35.

Meretrices Corinthiæ, 325, 20. Dictum meretricis Corinthiæ, 325, 26.

Meridionalem plagam Homerus indicare solet verbis πρὸς ἠῶ τ' ἠέλιόν τε, 28, 29.

Mermadalis, Μερμάδαλις, fl. Legas Gelasque inter et Amazones fluens, 432, 17. (Diversus est a Mermoda fl.)

Mermodas, Μερμόδας, fl. per Amazonum et Siracum terram ac deserta in Mæotidem exit, 432, 42.

Meroe, Μερόη, Nili insularum maxuma, 27, 2; quibusnam fluviis efficiatur, 668, 25. Ejus forma et magnitudo, 697, 39. Incolarum vita, 597, 42. Insulæ metalla, 697, 43; domus quales sint; arbores et animalia, 697, 50. Olim summa potestas apud sacerdotes erat, usquedum rex quidam eos omnes jugulavit, 698, 38. Meroe sub regina est, quæ etiam Sembritis imperat, 656, 18; 669, 1. Meroes incolæ Herculem, Panem, Isidem venerantur et præter hos deum quendam barbaricum, 698, 27.

Meroe urbs, Æthiopici regni caput, 697, 38; a Nili et Astaboræ concursu 700 fere stadia distat, 668, 34; cf. 656, 19; a sinu Arabico quindecim dierum itinere, 656, 17; a parallelo Cinnamomiferæ regionis et initio terræ inhabitabilis, 3000 stadia, 94, 12; 109, 40; 700, 37, vel 3400 stadia, 52, 33; a Syene 5000 stadia, 94, 11; 78, 28; 109, 45; ab Alexandria 10000 stadia, 52, 23; 700, 37; ab Athenarum parallelo 15000 stadia, 56, 40. Meroe et Indiæ termini meridionales in eodem parallelo, 56, 34; 110, 9. Philo observavit solem 45 diebus ante æstivum solstitium Meroæ supra verticem imminere, 46, 13· Dies longissimus 13 horarum, 110, 5. Urbs et insula nomen habere proditur ab mortua ibi uxore aut sorore Cambysis, qui Ægypto potitus eo devenerit, 671, 49.

Menelaus portus in ora Libyæ, 711, 31, ad Ardanim prom. supra Parætonium, 33, 33.

Menelaus, urbs Ægypti, non longe abest a nitri lacubus Nitrotæ nomi, 682, 46. (Probabiliter est *Nitria* opp. scriptorum seriorum, quum complures urbes in valle ista sterili fuisse non sit verisimile, neque Menelaites nomus huc pertinere videatur, monente Letronnio.)

Menestheus, Μενεσθεύς, et Athenienses cum eo ad Ilium profecti Elæam, 532, 1, et Scylletium in Italia condiderunt, 217, 16. Menesthei peregrinatio, 124, 27.

Menesthei oraculum ad Bætica Iberiæ, 166, 16 et 24 (*Porto Real* prope Gades?)

Menesthius, Μενέσθιος, unus ex Achillis centurionibus, Sperchei filius ex Achillis sorore, 372, 23.

Meninx, Μῆνιγξ, ad fauces Syrtis minoris ins., Homerica Lotophagorum ins.; Ulysses in ea ara est; lotus arbor; Meninx urbs et alia oppida, 708, 80; 101, 51; 20, 38; 130, 42.

Menippus, Μένιππος ὁ σπουδογέλοιος, Gadarensis, 646, 223.

Menippus, Stratonicensis, rhetor præclarus, Catocas cognomento; a Cicerone laudatur, 563, 52.

Menlaria, Μενλάρια (al. *Mellaria*), Hispaniæ urbs ad fretum Gaditanum, salsamenta habet, 115, 53 (sita fuit prope *pointe Gualmesi*, e regione Libyci prom., quod vocant *pointe de Cyres*).

Mennæus, Μενναῖος, Ptolemæi in Syria reguli, pater, 641, 11.

Menon, Μένων, Alexandri dux, in Armeniam missus, 454, 19.

Merops, Μέροψ, Percosius, cujus filii duo, Adrastus et Amphius, Adrasteæ præerant, 501, 32; 502, 26.

Meropis, Μεροπίς, i. q. Cos, 585, 17; 597, 20.

Meropis terra, Μεροπὶς γῆ, a Theopompo fingitur, 248, 42.

Merus, Μηρός, Indiæ mons, in quo nutritus est Bacchus, hinc μηροτραφής dictus, 586, 17.

Mesembria, Μεσημβρία (*Missivria*), ad Pontum Megarensium colonia, olim Menebria dicta de Mena conditore, 265, 18. Mesembrianorum oppidum Naulochus, 265, 16.

Mesene, Μεσηνή, ad Babyloniam regio, 70, 18 (ubi Forath Maisan, nunc *vieux Basra*. Rectius scripseris Μαισηνή, sicut Μαισηνίτης κόλπος ap. Ptolemæum vocatur.)

Meseni, Μεσηνοί, Arabes, Babyloniis finitimi, 629, 50.

Mesogis, Μεσωγίς, Asiæ mons, 378, 34; 554, 2; a Celænis ad Mycalen porrigitur, adeo ut partes ejus teneant Phryges, Mysi, Lydi, Cares, Iones, 537, 42. Adjacent Nysa, 554, 32, et Hierapolis, 538, 15. Μεσωγίτης οἶνος, ex eoque optimus ὁ Ἀρομεύς, qui ad Aroma locum nascitur, 555, 30. Cf. 544, 40.

Mesola, Μεσόλα, una e quinque civitatibus in quas Messeniam divisit Chresphontes, 310, 20. Ad sinum Messeniacum sita, a nonnullis *Hira* Homerica esse putatur, 309, 39. (Mesolæ regionem inter Messenen et Taygetum mediam intellige ditiones urbium Thuriæ, Pheraruin, Abiæ, quæ a Pamiso versus ortum sunt.)

Mesopotamia, Μεσοποταμία, Euphrate et Tigride comprehensa, 66, 50; 73, 31; 107, 47. Ejus fines, nominis ratio, maxima latitudo, 635, § 21; Similis est ὑπηρεσίῳ, navigio remis instructo, sec. Eratosthen., 65, 42; 67, 1; 635, 46. Mesopotamiæ partes meridionales Arabes Scenitæ tenent, 636, 30. Qui præter montes Mesopotamiæ habitant, tum a Scenitis, tum ab Armeniis passim infestantur; et vel Armeniis parent vel Parthis, 636, 35. In Mesopotamia mixti habitant Syri et Arabes et Armenii, 34, 45. Seleucia, Mesopotamiæ castellum, a Pompeio Commagenæ attribuitur, 638, 18. (V. p. 79, 80, 82, 88, 91, 130, 275, 521, 522, 526, 527, 532, 539, 712, 736, 742, 747 sqq., 765, 778 ed. *Casaub.*)

Messa, Μέσση, Laconica urbs ap. Homerum, ubinam sita fuisse videatur, 312, 28. (Est *Mezapon* portus in occidua sinus Messeniaci ora optimus.)

Messæi, Μεσσαῖοι (?), Triphyliæ, 315, 20.

Messana in Salassorum vicinia hiemans pecunia a Salassis emit ligna ad focum, et hastilia ulmea ad exercitationes, 171, 16.

Messana, Μεσσήνη, Siciliæ urbs, 102, 6; 222, 17; a Tauromenio 33 mill. pass. distat, 221, 26. A Messana ad Lilybæum in via Valeria 235 mill. p. 221, 28. Urbis situs; a Rhegio distantia; a Naxiis condita initio Zancle urbs dicta propter locorum obliquitatem; deinde novum nomen a Messeniis Peloponnesiis accepit; tum Mamertinum a Mamertinis vocata. Romanis receptaculum erat in Punico bello secundo; Sextus Pompeius ibi classem continuit, 222, § 3. Ante urbem Charybdis est, 222, 53. Vini optimi ferax regio, 223, 8. Urbis frequentia, 223, 11. Messanæ princeps Micythus, qui Pyxuntem coloniam deduxit, 210, 25.

Messapia, Μεσσαπία, i. q. Iapygia, 230, 42; 234, 15; a Messapo Bœoto nomen habet, 347, 51. Chersonesus Messapiæ, quam facit isthmus a Brundusio ad Tarentum pertinens, 230, 50; ejus periplus, 231, 2. Messapii contra Tarentinos bella gesserunt, 233, 12 et 25. Messapiorum lingua Βρεντήσιον cervi caput significat, 234, 42.

Messapius, Μεσσάπιος, Bœotiæ mons, in Anthedonia regione, a Messapo dictus, 347, 50.

Messapus, Μέσσαπος, a quo Messapus Bœotiæ mons vocatur, in Iapygiam profectus Messapiæ regioni nomen dedit, 347, 50.

Messeis, Μεσσηίς, fons Thessaliæ, prope quem veteris urbis (Helladis, ut putant) rudera exstant, 370, 42.

Messene, Μεσσήνη (ruinæ ad *Mavromati* vicum), urbs Messeniæ, cujus arx Ithome, tempore belli Trojani nulla fuit, 308, 14. A Cresphonte condita est, 334, 49. Urbis situs, præstantia, fata, 310, § 8. A Pamiso 80 stadia distat, 310, 10. Messenam proficiscitur Teleclus rex, 232, 12. Urbs a Lacedæmoniis capitur, 232, 30.

Messenia, Μεσσηνία, olim Μεσσήνη, Peloponnesi regio, Trojani belli tempore pars Laconiæ, Menelao subdita; postea in Nelidarum venit potestatem, ex quibus erat Melanthus tempore reditus Heraclidarum, 308, 10; 316, 18. Messeniæ urbes ap. Homerum memoratæ, 308, 25. Messene urbs tum nulla fuit, 308, 14. Regionis situs, 288, 9. A Triphylia nunc eam dirimit Neda fl., 299, § 22. Oræ paraplus 800 stadiorum, 311, 17. Messeniæ solum describitur Euripideis versibus, 314, 47. Mons Coryphasius, 291, 46. Γέρηνα locus, 292, 10. Messeniam Cresphontes obtinuit, 334, 48; a quo in quinque civitates dividitur, Stenyclarum, Pylum, Rhium, Messolam, Hyamitin, 310, 16. Nunc Messenia majore sui parte deserta, 311, 21.

Messeniacus sinus, 288, 17; 291, 46, etiam Asinæus vocatur, 309, 10. Ei contiguus est Asinæus sinus, 308, 22. (*Pars sinus Messeniaci prope Asinam urbem*); urbes ad eum sitæ, *ib.*

Messenii et Pylii quandam inter se cognationem perhibent; quare etiam recentiores poetæ Nestorem Messenium faciunt, 540, 32. Eorum rex Melanthus, 337, 31. Messenii in Hispania sedes fixisse dicuntur, 130, 29. Messeniorum et Lacedæmoniorum lis de Pamiso fl., 310, 13. Messeniaca bella quattuor, 310, § 10. Eorum primum,

231, 29. Messenii in Dianæ fano quod ἐν Λίμναις est, Lacedæmonias virgines stuprarunt; hæc belli causa, 310, 41; 214, 6. Exules Macistum abierunt; oraculi jussu Chalcidensibus Rhegium condituris se adjunxerunt. Ex horum Messeniorum genere erant Rheginorum duces usque ad tempora Anaxilai, 214, 6. Messenii Teleclum Spartanorum regem Messenam sacrificandi causa profectum interficiunt; quare bellum iis intulere Lacedæmonii, Messenamque capiunt anno decimo nono et agrum Messenium dividunt, 232, 11. Messenii Messanam Siciliæ condidere, 222, 43.

Messenius, Euhemerus, 30, 35.

Messoa, Μεσσόα, Spartæ urbis pars, 312, 28.

Mesthles et Antiphus, Talæmenis filii, Mæonibus ap. Homer. imperant, 535, 26.

Metabum, Μέταβον, postea Metapontum, 220, 18.

Metagonium, Μεταγώνιον, Mauretaniæ locus aridus et sterilis, 702, 39; e regione Carthaginis novæ, a qua distat 3000 stadia; a Timosthene e regione Massiliæ ponitur, 702, 44. Metagonium Numidiæ regio in qua Abilyca mons, sec. Eratosthenem, 141, 31; negat istam regionem Numidiæ Artemidorus, 141, 33.

Metalla in Europa, 105, 27; multa in montibus ad Bætin fluv., 117, 48; in Turdetania, 121, § 8; in montibus ab Ana ad Tagum pertinentibus, 118, 2; in omni Iberia, 120, 54. Auri metalla in Cemmeno monte Galliæ et sub ipsam Pyrenen sita, 131, 19. Silvis quondam in Pyrene incensis fervens terra metalla ejecisse fertur, 121, § 9. Attica metalla et Hispanica inter se comparantur, 122, 9. De Atticis metallis dictum Demetrii Phalerei, *ib.* Metalla ad Carthaginem Novam, 122, § 10; 131, 40; metalla plumbi fossilis, cui argentum admixtum est, apud Castlonem, 122, 44; m. in Bastetaniæ et Oretaniæ tractu montano, 130, 3; ferri metalla ad Hemeroscopium, 132, 4; metalla plumbi et stanni in Cassiteridibus, 145, 52; 146, 10. In Gallia Cisalpina nunc negliguntur metalla; olim maximopere curabantur, ut Vercellis et Ictumulis, 181, 45. Metalla ferri ærisque in Lelanto Eubϙæ campo, 384, 15; m. ferri et olim etiam argenti ap. Chalybes, 470, 34; auri in Sipylo, in Astyris, in Bermio et Pangæo, inter Atarneum et Pergamum, 580, § 28; in Cypro, 583, 36; auri et argenti m. in India, 596, 32; in Meroe ins., 697, 43.

Metapontum, Μεταπόντιον (ruinæ prope *Torre di mare*), prius Metabum dicebatur, 220, 18; ab Heraclea 140 stadia dissitum, Pisatarum sive Pyliorum Troja redeuntium colonia, felix civitas; messem auream Delphis dedicavit, 219, 50; 185, 24. Deinde Achæi locum occuparunt. Aliæ de Metaponti origine narrationes, 219, § 15. Usque ad Metapontum pertinebat vetus Œnotria sive Italia, 212, 1. Post Metapontum sequitur Iapygia, 230, 41; 220, 14. Ad Metapontum usque Lucania pertinet, 212, 19. A Tarento distantia, 231, 3. Metapontina regio, 212, 12; de ea Achæorum cum Tarentinis controversiæ, 220, 1.

Metapontus (vel Metalus) e Melanippe pater Bœoti, 220, 15.

Metaurus, Μέταυρος (*Marro*), Bruttii fl., 213, 26.

Metaurus (*Metauro*), Umbriæ fl., 189, 12.

Metellus cognomento Balearicus urbes in Gymnesiis inss. condidit; 3000 colonos Romanos ex Hispania eo transduxit, 139, 25 et 48. Quomodo insulam aggrediens naves contra fundarum ictus defenderit, 139, 46.

Metellus (Q.) et Sertorius circa Segobrigam et Bilbilin in Celtiberia bellum gessere, 135, 11.

Methana, Μέθανα (*Methana*), Argolidis peninsula et locus munitus, qui in Thucydidis codd. nonnullis Methone scribitur; ortus hinc error, 322, 14; ad eam in

INDEX NOMINUM RERUMQUE.

sinu Hermionico mons eg**e**stus est flammosa quadam efflatione, 49, 27.

Methone, Μεθώνη, Macedoniæ opp., 277, 2; a Pydna 40, ab Aloro 70 stadia distans, 277, 7. In ejus obsidione Philippo oculus excisus, 322, 14; 277, 54. Oppidum a Philippo eversum, 375, 12 (ubi Methone Thraciæ perperam adscribitur). Eo missi ab Agamemnone nautarum legendorum causa, imprecati incolis sunt, ne unquam finem facerent muros ædificandi, 322, 16. (Methone Leakio est hod. *Elefthero-khori.*)

Methone, Μεθώνη, Magnesiæ opp., 375, 11.

Methone, Μεθώνη (*Modon*), Messeniæ opp., quod ab Homero Pedasum vocari dicunt, 309, 3. Nonnullis est Æpea Homerica, 309, 46. Agrippa urbe potitus Bocchum in ea interfecit, 309, 6.

Methone in Thucydidis codicibus nonnullis perperam legitur pro Methana, 322, 15.

Methydrium, Μεθύδριον, Arcadiæ opp., 333, 40 (ruinæ prope *Nimnitza* vicum).

Methymna, Μήθυμνα (*Molivo*), Lesbi urbs, Arionis patria, 528, 39; ejus situs, 527, 14. Methymnæi Arisbæ urbis agrum tenent, 505, 27; Assum condiderunt, 522, 20.

Metrodorus, Μητρόδωρος, Scepsius, philosophus et πολιτικός; fata ejus præcipua, 521, 25. Laudatur de Gargarensibus et Amazonibus, 432, 19. Ἐν τῷ περὶ συνηθείας de crocotta animali fabuloso narrat, 660, 1.

Metrodorus Lampsacenus, Epicureus, 504, 44.

Metropolis, Μητρόπολις (*Palæocastro* ruinæ), Thessaliæ urbs, primum e tribus oppidulis conflata; postea pluraassumpta sunt, quorum erat Ithome, 376, 12. Unum e conflatis oppidis erat Onthyrium; unde illatus est cultus Veneris, qui porci sacrificium admittebat, 376, 21.

Metropolis, Phrygiæ Magnæ opp., 494, 5; 566, 18.

Metropolis (ruinæ ad *Turbali* vicum), Ioniæ opp. inter Ephesum et Smyrnam, 540, 12. Metropoliticum vinum, Μητροπολίτης οἶνος, 544, 39.

Metulum, Μέτουλον, Iapodum opp., 172, 47; 261, 32. (*Motling* ad *Culpa* fl., sec. Reich.; ad vicum *Metule*, Mannert.

Mevania, Μηουανία (*Bevagna*), Umbriæ opp. in via Flaminia ad Teneam fl., 189, 35.

Micipsas, Μικίψας, Masæsyliorum rex, 704, 18; auxit Cirtam urbem, in quam etiam Græcos deduxit, 706, 4.

Micythus, Μίκυθος, Messanæ in Sicilia princeps, Buxentum coloniam duxit, 210, 25.

Midaium (*Miletum* codd.), Phrygiæ Epicteti opp., in quo captus est Sextus Pompeius, 117, 29.

Midas, Μίδας, rex Phrygiæ Magnæ, 489, 31; poto tauri sanguine obiit, quo tempore Cimmerii in Phrygiam invaserunt, 51, 25. Ejus domicilium ad Sangarium fluvium, 486, 24; divitiæ e metallis Bermii montis, 580, 25.

Midas, unum ex nominibus quæ servis e Phrygia oriundis indi solebant, 253, 4.

Midea, Μιδέα, Argolidis urbs, nunc deserta, 320, 44. Ejus incolæ ad Halienses commigrarunt, 320, 50.

Midea, Μίδεια, Bœotiæ urbs, 320, 44; a Copaide lacu absorpta, 354, 48; 49, 35.

Migrationes gentium potiores enumerantur, 51, 1.

Milium in Aquitania, 158, 12; in Gallia, 147, 46; plurimum in Gallia Cisalpina; optimum famis remedium, 181, 31. Milium in Themiscyra, 469, 25; in India, 588, 46.

Milesiorum murus, τὸ Μιλησίων τεῖχος, in Delta regionis ora inter Bolbitinum et Sebennyticum ostium, a Milesiis structus, 681, 18.

Miletopolis, Μιλητοπολις (ad hod. *Moalitch* et *Hamamli* sec. Hamiltonem), Mysiæ urbs ad Miletopolitidem paludem, 492, 44; 581, 12. Inde coloni missi in Gargarorum urbem, 522, 23.

Miletopolitis Mysiæ palus, 493, 33 (nunc *Maniyas*, sec. Hamilton).

Miletus, Μίλητος (*Milata* ruin.), Cretæ opp., cujus Homerus meminit; quod diruerunt agroque ejus potiti sunt Lyctii, 412, 3; 490, 44. Hinc deducta colonia in Miletum Asiæ urbem, 542, 26.

Miletus vetus a Caribus, qui Sarpedonem e Mileto Cretica ducem advocaverant, condita est, 542, 24; 490, 43. Cf. 540, 18. Leleges locum olim tenueruut, 542, 29. Lelegum sepulcra et domicilia ad Miletum monstrantur, 522, 51; 267, 16. Eam quæ nunc est urbem Neleus condidit, 542, 24; 540, 31. Portus urbis quattuor, 542, § 6. Quot sint stadia ab urbe ad Pyrrham et Heracleam sub Latmo, 543, 25. Milesiorum promontorium Posidium, 540, 15. Ante urbem Lade insula, 543, 10. Templum Apollinis Didymei, 542, § 5. A Milesiis coloniæ deductæ sunt in Icarum, Lerum, Limnas, Arisbam, Abydum (Cf. 505, 42), Pæsum (cf. 504, 21), Artacen, Cyzicum, Scepsin, 542, § 6; Parium, 503, 45; Apolloniam Ponti, 365, 11; Istrum, 265, 5; Heracleam Ponti, 464, 24; Cardiam, 283, 30; Odessum, 265, 15; Borysthenem seu Olbiam, 254, 22; Sinopen, 468, 6; Amisum, 468, 44; Priapum, 502, 52; Proconnesum, 502, 52; Lampsacum, 504, 21; Colonas, quæ sunt supra Lampsacum, 504, 30. Milesii Apollinem Ulium colunt, 542, 41. Mariandynos in servitutem redegerunt, 464, 34. Legati Milesiorum Memphin missi, 691, 40. Milesii Cyaxaris Medi temporibus ad Bolbitinum Nili ostium appellentes locum qui Μιλησίων τεῖχος vocatur, condiderunt; postea in Saiticam præfecturam navigantes, Inaro prœlio navali superato, Naucratin condiderunt, 681, 19. Miletus a Persis et ab Alexandro expugnata, 543, 5. Phrynichi de priore infortunio fabula, *ib.* Milesiis unio adjuncta est Myus, 543, 33. Milesii : Thales, Anaximander, Anaximenes, Hecatæus, Æschines orator Pompeii æqualis, 542, § 7.

Milo, Μίλων, Crotoniata, Pythagoræ discipulus, athleta celeberrimus; ejus robur; mortis ratio, 218, 28.

Miltiades, Μιλτιάδης, ad Marathonem Datis Persæ copias delevit, 342, 37.

Milya s. Milyas, Μιλύα, Μιλυάς, Asiæ min. regio, 488, 23; 569, 1; Pisidiæ pars, 488, 16; montana est; ab angustiis, quæ prope Termessum sunt, versus Isinda usque ad Sagalassum et Apamensium ditionem porrigitur, 539, 42; 488, 16. Conterminis Cibyratidi, 539, 28. Milyæ, Μιλύαι, prius Solymi, tum Termilæ, deinde Lycii dicti sunt, 490, 45. cf. 569, 29; 475, 14.

Mimallones, Μιμαλλόνες, Bacchi πρόπολοι, 402, 18.

Mimas, Μίμας, mons Erythræeæ peninsulæ, 550, 45.

Mimnermus, Μίμνερμος, Colophonius, tibicen et elegiarum poeta, 549, 22; Æeten in Oceano habitasse censet, 39, 10. Laudatur 39, 17 ; (ἐν Ναννοῖ), 541, 46 et 49.

Minæi, Μιναῖοι, gens Arabiæ Felicis ad mare Rubrum, 653, 48; civitas eorum Carna vel Carnana; finitimi Sabæis, *ib.* Petram aromata ferunt, 661, 6. In Minæam ab Ælanis mercatores veniunt 70 dierum itinere, 654, 19.

Mincius fl., Μίγκιος, e Benaco lacu effluit in Padum, 174, 12.

Minervæ nativitas, Ἀθηνᾶς γοναί, pictura in templo Dianæ Alpheoneæ, 295, 26. Minervæ δαίμονες Corybantes, 405, 30. Ejus templum, Ἀθήναιον, in Minervæ promontorio sive cubitu, e regione Caprearum i., 18, 36; ab Ulysse conditum, 206, 11. Templum in Iberia, 124, 11; in Odyssea urbe Ulyssis errorum signa habens, 130, 17. Ara in Circæo monte, 194, 3. Minervæ Luceriæ templum, 235, 48, apud Salentinos, 233, 36; templum ad Scilluntem in Triphylia, 295, 47. Minervæ Nedusiæ

templa duo ad Nedontem fl. et in Pœaessa, 309, 28. Aleæ, τῆς Ἀλέας, fanum Tegeæ, 333, 42. Minerva Sciras, 338, 16. Parthenon Atheniense, 339, 25; Poliadis templum Athenis, 340, 14; Poliadis sacerdos recentem caseum Atticum non tangit, 339, 11. Itoniæ fanum in Thessalia, 374, 11, et ad Coroneam Bœotiæ, 353, 27; 374, 11; in quo Minervæ sociatur Pluton, 353, 36. Fanum Alcomenis, in qua urbe nata esse dea fertur, 355, 16. Τῆς Νεδουσίας fanum in Ceo insula, 418, 8. M. fanum in Ilio novo, 507, 52. Minervæ Iliensis simulacrum quod hodie est, stans conspicitur, quum sedens indicat Homerus; sedentia etiam erant antiqua Minervæ simulacra Phocææ, Massiliæ, Romæ, in Chio, alibi, 514, 26. Minervæ Iliacæ simulacra ex Ilio allata multis in locis monstrantur, ut Romæ, Lavinii, Luceriæ et Siri, 219, 37. In Siri urbe cur clausas habeat palpebras, 219, 26. Minervæ templum Ephesi, 541, 39. Minervæ Lindiæ templum a Danaidibus positum, 559, 18. Templum Sidæ in Pamphylia, 570, 2; apud Elymæos, 634, 13. Τῆς Κυρρηστίδι; templum, 639, 33. Minerva Sai colitur, 681, 30. Deæ statua, Myronis opus, in Samo, 544, 25; in Parthenone Phidiæ opus, 340, 16. Minervæ antistes apud Pedasenses in Caria, 522, 47.
Minervæ promontorium (*capo della Minerva*) Campaniæ, 202, 8, cum fano Deæ, Capreis objacens, 18, 38; 206, 10, quæ insula ab eo abrupta esse videtur, 50, 10; 18, 6 Vocatur etiam Sirenussarum promontorium, 206, 10.
Minium terra Sinopica non deterius exportatur e Turdetania, 119, 34. Obviam fit in Carmania et Æthiopia, 323, 11; 618, 31.
Minius, Μίνιος, s. Bænis, Lusitaniæ fl. maximus, 127, 15.
Minoa, Μινώα, Laconicæ cast. (in *Monembasia* penins.), 316, 30.
Minoa, Μινώα, Megaridis promontorium, quod portum efficit Nisææ, quæ et ipsa Minoa vocatur, 336, 31; 316, 30.
Minoa, Cretæ opp., 408, 5.
Minos, Μίνως, e Jovis antro leges Cretensibus attulit, 414, 29; Jovis confabulator, 648, 42. Ei paruerunt Cares in insulis habitantes, 564, 19. Ejus regia Cnossus, 408, 51; navale Amnisus, 409, 12. Minois θαλαττοκρατία, 40, 32. Ejus vim fugit Britomartis, 411, 25. Ei Scylla Nisæum prodidit, amore capta; Minos puellam demersit, 321, 15. Camicis apud Cocalum occisus est, 326, 48; 232, 1. De Minois indole, legibusque ceterisque institutis narratio sec. Ephorum aliosque, 409, § 8 sqq.
Minotaurus, 409, 38.
Minthe, Μίνθη, Plutonis pellex, a Proserpina conculcata, in mentham herbam abiit, 295, 51.
Minthæ mons, Μίνθης ὄρος, Triphyliæ prope Pylum, unde nomen habeat; ibi Plutonis sacellum et Cereris lucus, 295, 50. (Hod. *Alvena* sec. Leakium et Curtium; *Smerna* sec. Boblaye.)
Minturnæ, Μιντοῦρναι, Latii opp. 194, 43; eas perfluit Liris, olim Clanis dictus, 194, 45; 198, 26 et 9. Sitæ sunt in via Appia, 194, 26.
Minyæ, Μινύαι;- eorum civitas Orchomenus in Bœotia, 345, 2; 356, 3. Argonautæ Minyæ vocantur, quod Minyarum colonia Orchomeno Iolcum deducta erat, 356, 4. Minyæ in Triphyliam venerunt aut ex Orchomeno Minyea cum Chloride Nestoris matre, aut e Lacedæmone, quo venerant e Lemno pulsi, 298, 22. Habitarunt in Triphylia circa Arænen in Hypæsia regione, 298, 27. Una ex tribus gentibus Triphyliæ, 289, 45. Minyæ sub Thera, Autesionis f., e Lacedæmone in Callisten ins. migrant ibique Theram condunt, 298, 29.
Minyeius, Μινυήιος, Triphyliæ, fl. 302, 8; apud Homerum memoratur; prope Arenen fluit; idem est cum Anigro;

nominis origo a Minyis ibi habitantibus repetenda; alia est etymologia eorum, qui pro Μινυήιος legi volunt Μιμνυήιος, 298, 2.
Misenum, Μισηνόν, Campaniæ pr. et portus, 202, 6; 203, 16; 206, 19; unde nomen habeat, 204, 34; objacet Prochytæ ins., 206, 23, quæ ab eo abrupta est, sicut etiam Pithecussæ inss., 50, 9.
Misenus, Μισηνός, Ulyssis comes, 21, 37. Promontorio cogn. nomen dedit, 204, 34.
Mithras Persis sol vocatur, 623, 39. Mithræ festa, 454, 27.
Mithridates Ctistes, Μιθριδάτης ὁ Κτίστης, Ponti regno potitus est; ejus successio duravit usque ad Mithridatem Eupatorem, 481, 46; M. Cimiatis castello pro arce utebatur, *ib.*
Mithridates Evergetes, Ponti rex; ejus amicus erat Dorylaus, unus ex Strabonis majoribus, 410, 10. Sinopæ rex dolo familiarium necatur, quo tempore Dorylaus Cnossi versabatur, 410, 21.
Mithridates Eupator, alter ex M. Evergetæ filiis, una cum Dorylao, Philetæri filio, enutritur; annos undecim natus regnum suscipit; vir Dorylaum summis affecit honoribus, et cognatos ejus Cnosso, ubi degebant, in Pontum accersit, 410, 29. Natus est Sinopæ, quam urbem caput regni constituit, 467, 26. Quæ sunt a Tyra fluvio ad Mæotidem paludem et quæ hinc in ora maritima ad Colchos usque, nota fecit, 11, 44. Dux ejus ad fauces paludis Mæotidis barbaros in glacie equestri prœlio, et æstate ibidem pugna navali vicit, 61, 31. Dux ejus Diophantus, 259, 10, qui Palacum ejusque socios Roxolanos prœlio vicit, 254, 45. Ejus dux Neoptolemus, q. v., 255, 21. Mithridates in Chersonesum urbem, rogantibus civibus, exercitum misit, Scythisque qui erant sub Sciluro et Palaco, bellum intulit, eosque subegit; Bosporo ei cessit Parisades, 256, 35; 257, 28. Quantum frumenti et argenti solverint tributi loco Chersonesitæ, 258, 29. Contra Mithridatis duces quibusnam Scilurus in Chersoneso Taurica castellis usus sit, 259, 8. Mithridatis Atheniensibus tyrannos quos vellet imposuit, 342, 6. Ejus copiæ ad Chæroneam victæ sunt, 355, 34. Duces ejus Delum vastarunt, 417, 29. Mithridates ex avita ditione fugiens per Heniochorum regionem oramque Zygorum et Achæos venit 4000 stadiorum itinere, 425, 50. Colchide potitus est, quam præfectis administrabat; inter hos erat Moaphernes, 427, 50. Regnum ejus inde a Colchide et Armenia minore usque ad Heracleam pertinebat, 463, 25. Cf. 466, 30. Mithridates Amisum ornavit et auxit, 468, 47. Ab Antipatro Armeniam minorem accepit, in qua 75 castella struxit; unum eorum situm fuit ad Dastira, in quod M. confugit, ingruente Pompeio, 475, 35. Mithridatis regia in Cabiris, 476, 41. In Novo castello res pretiosissimas deposuit, 477, 1. Tibium ejusque filium Theophilum necavit; quare Strabonis avus maternus a Mithridate ad Lucullum defecit, 477, 40. Mithridatis se filium esse simulavit Archelaus, 478, 20 Mithridates, Nicomede ad Amniam fl. victo, Bithyniam occupavit, tum universam Asiam usque ad Cariam Lyciamque, 481, 14. Cyzicum obsidens parum abfuit quin caperetur, 493, 20. Laodiceam Phrygiæ oppugnavit, 495, 10. Ad Apameæ urbis restaurationem 100 talenta largitus est, 496, 5. Cum Sylla in Dardano urbe pacta de pace iniit, 509, 30; 408, 42. Apud eum in honore erat Metrodorus Scepsius, qui postea a rege defecit, 521, 31. In Mithridatis gratiam Diodorus, Adramyttii prætor, senatum civium suorum occidit et in Pontum cum rege abiit, 525, 4. Quibus limitibus M. asylum templi Ephesii circumscripserit, 547, 49. Οἱ τὰ Μιθριδατικὰ συγγράψαντες

de oræ Ponticæ orientalis populis eorumque serie, 426, 16.

Mithridates, Menodoti f., Pergamenus, a Cæsare honoratus et rex Bospori creatus, ab Asandro evertitur. Genus ejus maternum, 534, 15. Leucotheæ templum Moschicæ regionis spoliavit, 427, 41.

Mithridates I, Phraatæ I f., Parthorum rex, Elymæorum templa Minervæ et Dianæ spoliavit, 634, 10.

Mithridatium, Μιθριδάτιον, Trocmorum castellum, quod a Ponto divulsum Dejotaro Pompeius dedit, 485, 47.

Mithropastes, Μιθρωπάστης, Arsitæ f., Phrygiæ satrapa, Darium fugiens in Ogyrin ins. se contulit; hinc in Oaractam ad Mazenam venit, qui commendavit eum Nearcho. Quid de Ogyri ins. narraverit, 652, § 5 sq.

Mitylene, Μιτυλήνη (rectius Μυτιλήνη), Lesbi urbs (*Mitylen*). Ejus situs, 527, 24; portus duo; objacens insula, 527, 37. Ditio in continente ad sinum Adramyttenum, 518, 5, ubi pagi Coryphantis et Heraclea, 519, 20. Mil. colonia Ænus, 283, 15. A Mitylene ad Pyrrhæ portum 80 stadia, 528, 26 Ad petras Larissæas, 50 st. 378, 30. Archæanax Mitylenæus Sigeum munivit lapidibus Iliacis, 513, 18. Mitylenæi contra Athenienses Achilleum munierunt, non tamen Periandro auctore, ut Timæus perperam prodit, 513, 40. Bello Peloponnesiaco Trojam Mitylenæis ademerunt Athenienses, 513, 52. De Mitylenæis trucidandis Atheniensium decretum, 528, 22. Mitylenæi oriundi Alcæus, Antimenidas, Sappho, 527, § 3; tyranni ibi Pittacus, Myrsilus, Melanchrus, Cleanactidæ, 528, 1. Mitylenæi sunt Diophanes rhetor, Potamo, Lesbocles, Crinagoras, Theophanes historicus, 528, 10; 423, 12.

Mnasalcas, Μνασάλκας, poeta Plataeensis ex Sicyonia, 354, 2.

Mnasyrium, Μνασύριον, Rhodi locus, 559, 24.

Mnevis, Μνεῦις, bos Heliopoli pro deo colitur, 682, 38; 684, 10.

Mnoa, Μνῶα, ap. Cretenses, 464, 38.

Moagetes, Μοαγέτης, postremus Cibyratarum tyrannus a Murena dejectus, 539, 35.

Moaphernes, Μοαφέρνης, matris Strabonis patruus, vir illustris, instante jam regni Mithridatis interitu; cujus in rege adversam sensit fortunam, 477, 30; a Mithridate Eupatore Colchidi præfectus est, 428, 1.

Moasada, τὰ Μοασάδα, locus prope Sirbonidem (*i. e. Asphaltiten*) lacum, ubi petræ exustæ produnt igni regionem obnoxiam esse, 650, 40. (Apud Josephum locus Masada vocatur. Ruinæ, in rupe sitæ ad Asphaltitidis paludis oram occiduam, *Sebbe* vocantur. V. Ritter. t. 15, p. 656 sqq.)

Mochus, Μῶχος, Sidonius, Trojano bello antiquior, cujus est de atomis dogma, 645, 2.

Modra, τὰ Μόδρα (ad *Aine Geul*), Phrygiæ Hellespontiacæ opp , ad quod Gallus fl. oritur, 465, 27.

Mœridis lacus, ἡ Μοίριδος λίμνη, 671, 14, in Arsinoite nomo, describitur. Olim ad eum usque pertinuisse mare videtur, 687, 43. Ejus ripæ litori maris similes sunt, 42, 19. Lacus quomodo irrigationi inserviat, 688, 46. In Mœridis lacus latitudine sita est Oasis minor, 691, 5.

Mœsi, Μοισοί, Thraciæ gens, iidem sunt cum Mysis, sive Mysorum nomen in Asia demum acceperint, sive jam antiquitus in Thracia habuerint, 252, 9; 245, 33; 464, 20.

Molares lapides. V. Lapides.

Molon, Μόλων, Alabandensis, Menaclis rhetoris discipulus, 559, 41; Rhodum se contulit, *ib.* et 564, 16. Ejus contra Caunios oratio, 556, 40.

Molochath, Μολοχάθ, fl. Libyæ Maurorum et Masæsyliorum regionem distinguens, 702, 37; 704, 9.

Molossi, Μολοττοί, gens Epirotica, 267, 12. 271, 9. Imperarunt iis Pyrrhus, Neoptolemi filius, Achillis nepos, ejusque posteri, 271, 32, qui erant ex Æacidarum familia, 269, 17. Molossi post Chaones totius Epiri imperio potiti sunt, 269, 12. In eorum regione Dodonæum oraculum, 269, 17; 273, 7. Talares, gens Molossica, 273, 17. Plurima M. oppida evertit Paulus Æmilius, 268, 6. Molossorum lingua πέλιαι vocantur vetulæ, et πελιγόνες senes honoribus functi, 274, 1.

Molycria, Μολύκρεια, juxta Antirrhium, oppidulum Ætolicum, 366, 35; 395, 8, supra quod Taphiassus mons, 387, 24; Molycria post reditum demum Heraclidarum condita, 387, 52.

Momemphis, Μώμεμφις, Æg. urbs a Schedia Memphim naviganti ad dextram sita, post Gynæcopolim, 682, 35. Supra Momemphin duo sunt lacus nitrum habentes, ὁ Νιτριώτης νομός, 682, 43. Momemphitæ Venerem colunt, et bovem sacram alunt, 682, 36. Μωμεμφίτης νομός Æg., 682, 35.

Monarite vinum, ὁ Μοναρίτης οἶνος, in Melitene Cappadociæ provincia, 458, 36.

Monesion thermæ. V. Onesion thermæ.

Monetium, Μονήτιον, Iapodum opp. quod Strabo inter Vendonem et Arupinos memorat, 172, 47; 261, 33.

Monilia, περιτραχήλια, Hispanicarum quarumdam mulierum, 136, 33.

Monœci portus, Μονοίκου λιμήν (*Monaco*), in Liguria; ibi templum Herculis Monœci dicti, 168, 51. Ex nomine loci colligas Massiliense litus olim eo usque pertinuisse, 168, 54. Portus ab Albingauno 480 stadia distat, 168, 14; ab Antipoli supra 200 stadia, 169, 1. Ab eo nonnulli Alpes incipere putant, perperam, 168, 4. Inde a Monœci portu ora importuosa est, 168, 29.

Μονόμματοι, Unoculi, gens ficta ap. Æschylum, 36, 5; 248, 30; 605, 47.

Μονόφθαλμοι, Unoculi, Indiæ gens fabulosa, 58, 46.

Μονόξυλα πλοῖα. V. Navigia.

Mopsium, Μόψιον, Thessaliæ opp , 379, 19. In campo Pelasgico, 381, 5. A Mopso Lapitha nomen habet, 381, 7.

Mopsopia, Μοψοπία, vetus Atticæ nomen, a Mopsopo inditum, 341, 2; 381, 10.

Mopsopus, Μόψοπος, a quo Attica vocata est Mopsopia, 381, 9; 341, 2.

Mopsuestia, Μόψου ἑστία, Ciliciæ opp., 577, 8.

Mopsus, Μόψος, Apollinis et Mantûs f., 576, 18; 381, 7; 548, 48. Mopsus et Amphilochus Mallum condunt; mutuo se occidunt; eorum sepulcra prope Magarsa, 576, 17; 548, 48. Mopsus post Calchantis mortem gentem variam trans Taurum duxit, 570, 14.

Mopsus Lapitha, Argonauta, Mopsio Thessalico nomen dedit, 381, 7.

Morene, ἡ Μωρηνή, Mysiæ pars, quam a Cæsare obtinuit Cleo, 492, 21.

Morgantium, Μοργάντιον, Siciliæ urbs a Morgetibus, ut videtur, condita, non amplius exstat, 224, 34; 214, 25.

Morgetes, Μόργητες, e Rhegina regione ab Œnotris pulsi in Siciliam migrant, ubi Morgantium opp. ab iis nomen habere dicitur, 214, 23; 224, 31 et 35.

Morinene, Μοριηνή, una ex 10 Cappadociæ præfecturis, 458, 26; 462, 39. In ea ἱερὸν τοῦ ἐν Οὐηνάσοις Διός, 460, 30.

Morini, Μορινοί, ex Gallia Menapiis vicini, 161, 40; 166, 17; regionis indoles, 161, 42; 166, 46.

Mormolyce. Ἡ Μορμολύκη μῦθός ἐστιν, 16, 1.

Moron, Μόρων, urbs Tago adjacens, e regione insulæ, 500

stadia e mari distans; in monte sita. Ea Brutus Callaicus ut belli arce contra Lusitanos usus est, 126, 6.
Mortui vulturibus projiciuntur apud Indos in Taxilæ regio, 608, 31. In melle eos sepeliunt, cera cadavere oblito, Assyrii, 635, 21. In sterquiliniis defodiunt Nabatæi, 667, 4.
Morus (ἡ συκάμινος), arbor in Ægypto et regione myrrhifera, 699, 1; 658, 34.
Morzei, Μόρζεος, castellum et opp. Gangra in Cappadocia, 481, 51.
Moschi, Μόσχοι, gens Pontica, Cercetarum et Colchorum contermini sec. Mithridaticôn scriptores, 426, 19. Moschica regio, cujus partem Colchi, partem Iberes, partem Armenii tenent, 428, 9. In ea Leucotheæ templum a Phrixo conditum, 427, 38.
Moschici montes, 452, 1, Tauri pars, 447, 29; Caucasi extremitates attingunt, 426, 46; Armeniam ab Iberia separant, 51, 7. Supra Colchidem siti, junguntur Scydisæ monti, 470, 12; 422, 40.
Moses, Μωσῆς, Ægyptius sacerdos. De ejus historia et doctrina, 647, § 35 sqq.
Mosynœci, Μοσύνοικοι, Ponti gens, in μοσύνοις sive turribus habitantes, Scydisæ montis incolæ, 470, 20.
Mugil, κεστρεύς, Nili piscis, 699, 9. Mugiles fossiles, κεστρεῖς ὀρυκτοί, apud Ruscinonem in Gallia, 151, 11. Mugiles e mari in Nilum adscendunt, 602, 17; 699, 48 et 53. Cur non metuant crocodilos, 699, 48.
Mugilones, Μουγίλωνες, Germaniæ gens a Marcomannis devicta, 241, 31. Hoc nomen aliunde non novimus. Reichard. (*Germanien* p. 112) Mugilones ad loc. locum *Mügeln* quærendos putat, nominis ob similitudinem. Cluverus, III, 31, legi voluit Βουργουνδίωνες, annuente Cramero. Probabiliter Mugilones pars erant magnæ Luiorum s. Lygiorum gentis, a Marcomannis subjectæ, quam in plures civitates diffusam fuisse e Tacito et Ptolemæo constat. Fortasse igitur Μουγίλωνες ortum est ex Λουγοιδῶνες (i. e. Lugi Dones, sicut Ptolemæus habet Λουγοιδιδοῦνοι (leg. Λοῦγοι οἱ Δοῦνοι), aut ex Λουγοιμῶνες seu Λουγοιμᾶνες (sicut Ptolem. habet Λουγοιοιμανοί, i. e. Λοῦγοι οἱ Μανοί vel οἱ 'Ομανοί, *Lugi Manimi* Taciti.
Muli. Iis caret Arabia Felix, 653, 44. Clavæ signum iis inurunt Sibæ, Indiæ gens, 586, 47. Muli Ligustici, ginni, 168, 44. Muli Reatini præstantissimi, 196, 20.
Mulierum ornatus in Hispaniæ quibusdam regionibus, 136, 31. Mulieres Hispanicæ et Liguriæ sæpe inter operandum pariunt; Hispanicæ quum pepererunt, suo loco viros decumbere jubent iisque ministrant, 137, 5. Dotem mulieribus viri afferunt ap. Cantabros; filiæ apud eosdem hæredes instituuntur, 137, 30. Mulieres viris mixtæ saltant apud Bastetanos, 128, 43. Mulieres Ἰουδαϊκῶς ἐκτετμημέναι apud Creophagos, 656, 45.
Mulierum urbs. V. Gynæcopolis.
Mummius (L.) Corinthum evertit, 327, 23; generosus potius quam artium amans, 327, 42.
Munda, Μούνδα, Turditaniæ urbs, suæ regionis quasi metropolis, a Carteja distat circa 1400 stadia, 117, 22; ad eam Pompeii filii debellati sunt, 117, 18; 133, 30. (Stadiorum numerum in 460 vel 430 mutarunt, quod eo fere intervallo nunc *Monda* locus occurrit; at hanc non esse Mundam historia notam, e Plinio 3, 1, 3 et aliunde satis patet. Vir doctus in *Ausland* 1842, N. 205, ad Mundam referre ruinas quæ sunt inter *Marlos Alcandele*, *Boena*; in quem locum etiam Strabonis stadia 1400 satis quadrant.)
Mundas, Μούνδας, Lusitaniæ fl., subvectiones habens exiguas, 127, 9.

Mundus et cœlum globi formam referunt, 91, 9; 52, 10; 78, 10.
Munychia Diana. Cf. Diana.
Munychia, Μουνυχία (*Fanari*), Athenarum describitur, 339, § 15.
Murænæ, σμύραιναι, in mari ad Turdetaniam, 120, 26 et 30.
Murena, Μουρηνᾶς, Moageten, Cibyratarum tyrannum, dejecit, et Balbura Bubonemque, tetrapolis Cibyraticæ urbes, Lyciæ adjecit, 539, 35. Murenæ amicus Athenæus Seleucensis, 572, 13.
Mures. Cur Apollo Smintheus murem sub pede habens repræsentetur, 517, 18. Murum multitudo Hispaniæ regiones aliasque interdum infestat, 137, 19. — Murem araneum, Μυγαλῆν, Athribitæ in Ægypto colunt, 690, 30.
Musæ deæ, 402, 1. Πρόπολοι τῶν Μουσῶν οἱ πεπαιδευμένοι πάντες καὶ ἰδίως οἱ μουσικοί, 402, 14. Musarum cultus a Thracibus institutus in Pieria, Olympo, Pimpla, Libethro, Helicone, Nympharum Libethriadum antro, 404, 35; 352, 20. Musæ Thamyrin puniunt, 301, 7.
Musæus, Μουσαῖος, Thrax, musicus, 404, 44; 649, 6.
Museum, Μουσεῖον, Alexandriæ, in eoque philologorum collegium, 674, 53.
Musicani terra, ἡ Μουσικανοῦ χώρα, ad Patalenam sita, 597, 29. Indiæ regio australissima; quæ fusius describitur sec. Onesicritum, 591, 45; 592, § 22; 597, § 34. (Caput regionis fuerit *Arore*, cujus ruinæ prope *Bukkur* exstant. V. Ritter t. 5, p. 472.)
Musica omnis Thracicæ et Asiaticæ originis, ut colligas ex locis ubi Musæ colebantur, et ex nominibus antiquissimorum musicorum, 404, § 17. Musici, Apollinis ministri, 402, 15; morum formatores et correctores, secundum Pythagoreos et Aristoxenum, 13, 2 sqq. Μουσικὰ παιδισκάρια una cum medicis et aliis artificibus Eudoxus in Indiam navigaturus secum duxit, 82, 18.
Μούσμωνες, arietes Sardiniæ, 187, 40.
Mustelæ Mauritaniæ, 702, 4.
Mutina, Μουτίνη (*Modène*), Italiæ urbs, 171, 45; 180, 30; lanam habet optimam, 181, 38.
Mycale, Μυκάλη, mons Ioniæ, 543, 44. Ejus πρόπους Trogylium pr., 544, 5. Ad Mycalen usque porrigitur Mesogis m., 537, 43. Regionem ejus olim Cares tenuerunt, 540, 19.
Mycalessus, Μυκαλησσός, bœotice Μυχαληττός, Tanagricus pagus, 346, 53; 348, 19. Vicinum ei Harma, 347, 1.
Mycenæ, Amythaonidarum regia, 320, 4; ab Heræo 10 stadiis dissitæ, 45, 35. Navale habent Eiones, 321, 17. Mycenæ initio Argis inferiores; mox superiores, quum eo commigrassent Pelopidæ. Quousque Agamemnonis Mycenis residentis regnum pertinuerit, 320, 8. Condidit urbem Perseus, cui Sthenelus, huic Eurystheus successerunt, Argis quoque imperantes, 324, 16. Dein Mycenæ transierunt in potestatem Pelopidarum e Pisatide profectorum et Heraclidarum, qui etiam Argos obtinebant, 324, 25. Post pugnam Salaminiam Mycenæ dirutæ ab Argivis, Cleonæis et Tegeatis, 324, 27. Ne vestigium quidem superest, 320, 25. Cf. 324, 16. Mycenæ et Argos a poetis sæpe confunduntur, 320, 30. Mycenis et Agamemnoni subditæ urbes sec. Homerum, 324, 9.
Mychos, Μυχός, Phocidis portus ad sinum Crisæum, 352, 3; 363, 6. A Creusa 90 stadiis distat, 351, 9.
Myconus, Μύκονος, una ex Cycladibus inss., 417, 5; sub qua jacere ferunt Centauros ab Hercule interfectos; natum hinc proverbium; calvities Myconiorum, 418, § 9, 30.
Mygdones, Μυγδόνες, Edonorum pars in Macedonia, 275, 32; Bolbæ paludis accolæ, 281, 16.

Mygdones, Μυγδόνες, Asiatici, a Thracibus oriundi, 245, 34, a Rhyndaco usque ad Myrleanum agrum pertinent, 492, 40.

Mygdoniæ in Mesopotamia (in Assyria, 627, 6) regionis situs, 636, 1; urbes ejus Nisibis s. Antiochia Mygdoniæ, Tigranocerta, Carrhæ, Nicephorium, Chordiraza, Sinnaca, 636, 5; 627, 6; 452, 21. Mygdonibus superjacet Masius m., 452, 21.

Mygdonis, Μυγδονίς, Macedoniæ regio, tota olim sub Pæonibus erat, 281, 39.

Μυγδονίς regio Cyzicenis subjecta, 493, 32. Mygdoniæ campus, 503, 14; per quem fluit Odrysses fl., 471, 51. Cf. 483, 13.

Mylæ, Μύλαι, Siciliæ opp.; ejus a Peloro et Tyndaride distantia, 221, 13. Mylarum Zanclæi Himeram condiderunt, 226, 43.

Mylasa, τὰ Μύλασα, Cariæ urbs; ejus situs, lapicidinæ, templa Jovis Osogo et Labrandeni; olim urbs erat regia Carum qui sub Hecatomno fuerunt; emporium ejus Physcus, 562, § 23. Urbs scorpiis infestatur, 364, 10. Mylasenses viri Euthydemus et Hybreas rhetores, 562, 54; eorum in patria auctoritas. A Labieno Mylasa male mulctata, 563, § 24.

Myndus, ἡ Μύνδος, Cariæ urbs cum portu; propinqua ei promontoria, 561, 10 et 44. Olim Lelegum urbs, 522, 41 et 46.

Mynes, Μύνης, Cilicum Lyrnessi princeps, 523, 14; 529, 37; ab Achille interfectus, 500, 24; 523, 16.

Myonnesus, Μυόννησος, ins. sinus Maliaci, 373, 41. Myonnesus, Ioniæ opp. inter Teum et Lebedum in loco excelso peninsulam referente. Eo quo Attalus transduxit scenicos totius Ioniæ artifices, 549, 40 et 46.

Myoshormus, Μυὸς ὅρμος, Ægypti portus magnus ingressu flexuoso, vocatur etiam Ἀφροδίτης ὅρμος, 655, 16; tres objacent insulæ, ib. Myoshormus Berenicæ propinquus est, 692, 32 (Cf. Coptus); e regione Thebaidis jacet, 654, 20. A Copto sex septemve dierum itinere distat, 692, 42. Indicarum et Arabicarum mercium emporium, quæ hinc Coptum, hinc Alexandriam ferri solent, 664, 49; 692, 36. Strabonis ætate a Myoshormo in Indiam quotannis navigabant naves centum viginti, quum Ptolemæorum temporibus perpauci in Indiam mercaturæ causa navigare auderent, 97, 39. Myoshormum ab Egra Arabiæ Ælius Gallus trajecit 11 dierum itinere, 665, 39.

Myra, τὰ Μύρα, Lyciæ opp., 567, 30; 568, 25.

Myrcinus, Μύρκινος, Macedoniæ opp. ad Strymonicum sinum, 280, 1.

Myriandrus, Μυρίανδρος, Ciliciæ urbs ad sinum Issicum, 577, 7.

Μυριχή in Ichthyophagorum Arianæ ora, 613, 25.

Myrina, Μύρινα, Æolidis urbs ab Amazone nomen habet, 491, 17; 471, 30; 532, 32. Ab Hamartunte pr. 60 stadia, 531, 48, a Cyme et a Grynio 40 stadia distat, 531, 41; portum habet, 531, 48. Myrinæorum oppidulum Grynium, 531, 51.

Myrina Amazo sepulta sub Batiea in Trojano campo; urbi nomen dedit, 532, 33; 491, 10.

Myrlea, Μύρλεια, Bithyniæ urbs, quam Philippus diruit, Prusias restauravit et Apameam dixit, 482, 39. Vicinis in montanis Alizones habitarunt, secundum Menecratem, 472, 3. Μυρλειανῶν χώρα, 492, 41. Myrleani Cleochares rhetor, 485, 6, et Asclepiades grammaticus, 130, 18.

Myrmecium, Μυρμήκιον, Taurorum oppidum a Panticapæo 20 stadia distans, 257, 51; 40 stad. a Parthenio, ib.; Achilleo objacet, 424, 7 et 16.

Myrmecoleones, λέοντες οἱ καλούμενοι μύρμηκες, in Æthiopia et Arabia, 659, 16.

Myrmidones, Μυρμιδόνες, cur Æginetæ dicantur, 322, 47. Myrmidones vocantur omnes qui Peleum ex Ægina proficiscentem secuti Achilli et Patroclo parebant, 372, 25. Myrmidones Hellenes, 318, 9.

Myronis tria opera colossica Sami, 544, 22.

Myrrha in Gedrosia, 613, 46; in Sabæorum terra, 662, 9; in Chatramotitide, 654, 17. Ex arboribus provenit, 665, 50.

Myrrhifera Æthiopiæ regio est post fauces sinus Arabici, 654, 52; 658, 33.

Myrrhinus, Μυρρινοῦς, Atticæ pagus, 342, 36.

Myrsilus, Μυρσίλος, historicus, Assum a Methymnæis conditam esse ait, 522, 19. Idem de Antissa Lesbi urbe laudatur, 50, 4.

Myrsilus, Μυρσίλος, Mitylenæorum tyrannus, 528, 4.

Myrsinus, Μύρσινος (Kionia prope Mazi), Elidis opp., nostro tempore Μυρτούντιον dicitur, pagus ad mare pertinens in via qua Dyma Elidem itur, 70 ab Elide stadiis dissita, 293, 29.

Myrtoum mare, τὸ Μυρτῷον πέλαγος, 269, 8; 288, 21; 284, 49; 317, 20; 322, 42, inter Cretam et Argolidem et Atticam. Ejus latitudo et longitudo, 102, 36; ejus insulæ Cythera, Calauria, Ægina, Salamis, his vicinæ et Cycladum nonnullæ, 102, 40.

Myrtuntium. V. Myrsinus.

Myrtuntium, Μυρτούντιον, palus marinus inter Leucadem et Ambracicum sinum, 394, 38.

Myscellus, Μύσκελλος, e Rhypis Achæus, Crotonis conditor, una cum Archia Delphos venit; datum ei oraculum, 218, 4; 224, 3; 332, 37.

Mysi, Μυσοί, nunc Mœsi dicti, gens Thracica, ad utramque Istri ripam habitantes, ex quibus oriundi sunt Mysi Asiæ, 245, 30; 489, 35, 464, § 3. Mysi ἀγχέμαχοι, quos Homerus memorat, 246, 26; 5, 25, non sunt Asiani, sed Europæi Istri accolæ, 252, 4; 245, 40. Mysis permixti sunt Getæ, 253. 18; finitimi iis sunt Scordisci minores, 264, 17. Mysi animatis abstinent; θεοσεβεῖς et καπνοβάται vocantur, sec. Posidonium, 246, 14, dubitante Strabone, 247, 4.

Mysi Asiæ. Duplex est Mysia Asiæ, altera Olympia, Bithyniæ et Phrygiæ Epicteto contigua, quam Artemidorus ait Mysorum trans Istrum habitantium coloniam, altera ad Caicum et Pergamenen usque ad Teuthraniam et Caici fl. ostium, 489, 33. Mysi circa Olympum degentes Olympii vel Hellespontii vocantur, 485, 9. Regio eorum sita est inter Bithyniam et Æsepi ostia, adeo ut mare tangat et ad Olympum fere totum pertineat, 483, 25. Mysi Bithyniam inhabitarunt, 484, 19. Secundum nonnullos Mysi aliquamdiu circa Olympum habitarunt, deinde, quum Phryges e Thracia eo venissent, supra fontes Caici juxta Lydiam consederunt, 490, 11. Mysi Asiæ, inter Lydos, Phryges et Troes habitantes, e Thracicis Mysis oriundi, 245, 31 (Cf. Mysi Europæ). Mysi aliis sunt Thraces, aliis vero Lydi genere; posterius quomodo probare nonnulli studeant, 490, 1. Fines Mysorum, Lydorum, Phrygum et Bithynorum constituere res lubrica est, 483, 12; 484, 15. Mysiæ mediterraneæ situs, 493, 46. Mysorum et Phrygum et Lydorum regiones sæpe confunduntur, 489, 39. Lingua Mysorum e Phrygia et Lydia mixta est, 490, 10. Mysi et Lydi, tanquam fratres Carum, templi Jovis Carii participes sunt, 562, 45. Mysi et Mæones sive Meones iidem sunt, 471, 12. Mysiæ regio ἡ Ἀβρεττηνή, 492, 21, et ἡ Μωρηνή, ib. In Mysia Catacecaumena Arimos ponit Demetrius Scepsius, 535, 42. Mysi Jovem Abrettenum colunt, 492, 20. Mysorum et Cilicum reges Teuthras et Telephus, 501, 50; 526, 10.

Mysius Bosporus postea Thracius dictus, 484, 45.

Mysius fl., Μύσιος, et Temno m. in Caicum influit, 526, 50.
Mysta, Cereris ministri, 402, 16.
Mysus Lydorum lingua oxya arbor vocatur, 490, 6.
Mytilene. V. Mitylene.
Myus, Μυοῦς, Ioniæ urbs, a Cydrelo condita, 541, 4, ad Mæandrum; nunc urbs ob habitatorum defectum Mileto adjuncta est, 543, 33. Olim Cares eam tenuerunt, sec. Pherecydem, 540, 19. Xerxes eam Themistocli dedit, 543, 35. Μυήσιοι (Μυούσιοι?), 555, 47; 554, 5. Ad Myuntem est Charonium, 495, 44.

N.

Nabatæa, Ναβαταία, ἡ Ναβαταίων Ἀραβία, ex qua per Pelusiacam regionem via in Ægyptum ducit, 682, 20. Nabatæorum Arabum urbs Petra, 661, 4; 663, 16; Leuce come emporium maritimum, 664, 20. Nabatæa regio populosa et pascuis abundans, 661, 13. Insulæ Nabatæorum, 661, 15; latrocinia eorum nunc coercita, 661, 17. Olim Syriam incursionibus infestabant, 663, 12. Nabatæorum indoles, convivia, domus, urbes mœniis carentes; regionis proventus; pecora; vestitus; circa mortuos incuria; solis cultus, 666, § 26. Rex ex sodalibus aliquem, qui frater vocatur, curatorem habet, 663, 25. Legibus bonis reguntur, ib. Obodas rex, 664, 29. Nabatæorum amicitia Augustum in spem subjiciendæ Arabiæ erexit, 663, 49; at Syllæus procurator dolo suo effecit, ut Ælii Gallii expeditio irrita esset, 663, § 23. Expeditioni illi mille Nabatæi interfuerunt, 664, 18.
Nabiani, Ναβιανοί, nomades inter Mæotidem et Caspium mare, 434, 28.
Nabocodrosor, Ναβοχοδρόσορος, qui magis quam Hercules apud Chaldæos celebratur, ad Columnas usque exercitum duxit, 585, 49.
Nabrissa, Νάβρισσα, ad æstuarium Turdetaniæ sita, 119, 7; 116, 17.
Naburianus, Ναβουριανός, Chaldæus astronomus, 629, 42.
Nacolia, Νακολία, Phrygiæ Epicteti opp. 493, 44.
Nagidus, Νάγιδος, Ciliciæ opp., 571, 45; cui objacet Lapathus Cypri, 582, 14.
Naides, Ναΐδες, Bacchi πρόπολοι, 402, 19.
Namnitæ, Ναμνῖται (aliis Namnetæ), ad Ligeris ostium, 158, 6. Cf. Samnitarum mulierum insula.
Nanno. V. Mimnermus.
Nantuatæ, Ναντουᾶται, supra Salassos in Alpibus habitant, 170, 7.
Nape, Νάπη, Lesbi opp. in Methymnæo campo, ab Hellanico perperam Iape scribitur, 366, 7.
Napata, τὰ Νάπατα, Æthiopum urbs, Candaces regia, quam diruit Petronius, 696, 48.
Napetinus sinus, Ναπητῖνος (Ναπιτῖνος codd.) κόλπος, i. q. Hipponiates, 212, 7.
Naphthæ fontes prope Arbela, 628, 27; in Suside et Babylonia, 632, § 15; ad Tigridem in Gordyæa, 636, 24. Ejus natura, 632, § 15. Cf. Bitumen.
Nar, Νάρ, Umbriæ fluvius Narniam urbem perfluit, et paullum supra Ocriculos in Tiberim exit, 189, 32; 196, 5.
Narbon, Νάρβων, Galliæ opp. ad Gallicum sinum minorem, 150, 51; 105, 52; 147, 1; 157, 15. Hanc urbem Polybius verticem facit anguli obtusi in triangulo ad cujus hypotenusam sunt Columnæ et fretum Siculum; a Narbone ad Columnas circa 8000 stadia, ad fretum Siculum 11200 st., sec. Polybium, 86, 44. Narbo in eodem sita parallelo in quo Massilia et Byzantium, 87, 38. A Narbone usque ad parallelum a Columnis ad fretum Siculum ductum Polybius 2000 stadia, Strabo vero 5000 st. numerat, 87, 47; ad templum Veneris Pyrenææ 63 m. pass.; totidem ad Massiliense prom., 151, 2; ad Nemausum 88 m. pass., 148, 23, vel 720 stadia, 155, 31. Narbo commerciis suis Nemauso superior, 155, 8. Narbo est Volcarum Areomiscorum vel potius totius Galliæ emporium, 154, 49; 150, 52; supra Atacis fl. ostia ad lacum Narbonensem (l'étang de la Roubine) sita, 150, 52.
Narbonensis Galliæ figura, 148, 3. Ab oriente terminatur Varo fluvio, 148, 14. In mediterraneis Rhodano fluvio, 154. § 12. Propinqui ei sunt Ruteni et Gabales, 158, 35; Narbonensis latus meridionale pertinet a Varo fluvio usque ad templum Veneris Pyrenææ, vel, ut aliis placet, usque ad tropæa Pompeii, 148, 18. Descriptio oræ quæ est a Massilia ad Pyrenen, 150, § 6-8; a Massilia ad Varum fl., 152, § 9. Regio mediterranea ab oriente Rhodani, 153, § 11; ab occasu fluvii 154, § 12, Incolæ Narb. Galliæ olim Celtæ appellabantur, 157, 19; 147, 16. Usque ad Narb. provinciam pertinent nonnullæ e gentibus quæ Aquitanis adscribuntur, 157, 29. Narbonensis provinciæ rectoribus Roma missis obtemperant Ligures et Allobroges, 169, 26. Narbonensis Gallia eosdem quos Italia fructus fert, 147, 43. Narbonensium legati ad Scipionem (Æmilianum) missi nihil memoratu dignum habuerunt quod de Britannia interrogati narrarent Polybio, 158, 6.
Narcissi Eretriensis monumentum, quod Sigeli vocatur, in Bœotia, 346, 46.
Nardus in India, 592, 29, Gedrosia, 613, 46; Arabia, 666, 6.
Nare carentes. V. Ἄρρινες.
Narnia, Ναρνία (Narni), Umbriæ opp. ad viam Flaminiam, quod perfluit Nar fluvius, 189, 32.
Naron, Νάρων (Narenta), fluvius Illyriæ, ad quem Daorizi, Ardiæi, Pleræi, 262, 9. In eo Thasia et Chia vasa inventa. De hac re Theopompi sententia, 263, 26.
Narthacium, Ναρθάκιον, Phthiotidis opp. in Achillis ditione, 372, 45.
Narthecis, Ναρθηκίς, insula ad Posidium Sami pr., 544, 16.
Narycum, Νάρυκον, Locrorum Opuntiorum opp., Ajacis Locri patria, 365, 26.
Nasamones, Νασαμῶνες, Libyca gens supra Cyrenaicam, 108, 38, a Berenices regione usque ad aras Philænorum habitant, 710, 4; in regione Syrti Cyrenaicæ superjacente; post eos sunt Psylli et Gætulorum pars, 711, 44.
Nasica, Νασικᾶς, Dalmium, Dalmatarum urbem, ex magna exiguam fecit agrumque pecori pascuum, 262, 2.
Natiso, Νατίσων (Natisone), fluvius ad Aquileiam, 178, 35.
Naturalis historiæ cognitio geographo necessaria, p. 7, 2.
Nauclus, Ναῦκλος, Codri f. spurius, Teum colonis frequentavit, 541, 10.
Naucratis, Ναύκρατις, in Saitico nomo Inari regis temporibus condita, non multo supra Schediam, 681, 24. A Schedia Memphim naviganti a sinistra est fluvio adjacens, 682, 48. Naucratim deportatur vinum Lesbium, 686, 48.
Naulochus, Ναύλοχος, ad Pontum, Mesembrianorum opp., 265, 15; 378, 39.
Naupactus, Ναύπακτος, Locrorum Ozolarum urbs, quam Ætolis Philippus attribuit; unde nomen habeat, 366, 2; 387, 14.
Nauplia, ἡ Ναυπλία, Argivorum navale, 315, 46. Ei vicinæ sunt speluncæ Cyclopeæ, 320, 40. Nauplienses ex Argolide in Messeniam migrarunt, 321, 3. Nauplienses et postea pro iis Argivi ad amphictyoniam Calauriæ contribuebant, 321, 35.
Nauplius ejusque filii, quorum fingendorum Nauplia locus ansam dedit, 316, 48.
Nauportus (Πάμπορτος codd.), Tauriscorum urbs (Ober-Laibach), quo ex Aquileia urbe per Ocram montem

merces transportantur viâ 400 stadiorum, 172, 54; viâ 350 vel, sec. alios, 500 stadiorum, 260, 41. Nauporto merces ad Istrum devehuntur, 172, 54. Urbs fluvio in Saum exeunti adjacet, 173, 2. Vicinus ei Corcoras fl., 260, 51.

Naustathmum, Ναύσταθμον, Græcarum navium statio ad Trojam, qui locus etiamnunc Naustathmum dicitur, ad Sigeum, non longe ab ostio Scamandri, 512, 11 et 24.

Naustathmum, Cyrenaicæ regionis portus, 71, 26.

Navium structura apud Venetos Galliæ, 162, 7. Navigiis coriaceis, διφθερίνοις πλοίοις, Lusitani utebantur; navigia monoxyla nunc perrara ibi, 129, 1. Naves quibus ex India in Taprobanen navigant, 589, § 15. Navigii genus, πάκτων dictum, quo ad Philas insulam utuntur, 695, 4. Navium fractarum rudera, ναυάγια θαλαττίων πλοίων, ad Ammonis templum reperiuntur, 41, 20.

Navigationi quamnam utilitatem præbeant maris effusiones in ora Turdetaniæ, 118, 38.

Naxus, Νάξος, Cycladum una, 417, 4 et sqq.

Naxus, Νάξος, Siciliæ opp., 222, 20; Chalcidensium colonia, 222, 34; quando sit deducta, 224, 3. Naxiorum coloniæ Leontini, 227, 26; Catana, 223, 14; Zancle, 222, 46; Callipolis, 226, 44.

Nea come, Νέα κώμη (Αἰνέα κώμη?), Troadis, inter Palæscepsin et Polychnam, 516, 25.

Neæthus, Νέαιθος, fl. ad Crotonem; unde nomen habeat, 217, 45.

Neandria, Νεανδρία, Troadis opp., ex quo Alexandria frequentata est, 517, 15; 518, 35; ab Ilio 30 stadia distat, 518, 36. In agro ejus Samonium planities, 406, 2.

Neanthes, Νεάνθης, Cyzicenus historicus, Argonautas Idææ matris templa circa Cyzicum condidisse prodit, obloquente Demetrio Scepsio, 37, 33.

Neapolis, Νεάπολις, Chersonesi Tauricæ castellum a Sciluro ejusve filiis exstructum, 259, 9. Situs incertus. Quærunt locum in ruinis castelli quæ sunt in valle Sulghir non ita longe a Symferopol.

Neapolis, Datenorum urbs in ora Strymonica, 280, 47. versus boream terminat sinum Strymonicum, 279, 37.

Neapolis, Cumæorum urbs in Campania; unde nomen habeat; Parthenopes Sirenis ibi monumentum (cf. 18, 51; 21, 33); Campani in urbem recepti; Græcorum institutorum etiamnunc vestigia; quinquennale certamen musicum et gymnicum; cuniculus; aquæ calidæ; Romanorum deliciæ, 205, § 7; 211, 5. Neapolitani Pithecussas occuparunt, 206, 30; dein amiserunt; Capreas occuparunt, quam deinde sibi vindicans Augustus Pithecussas Neapolitanis reddidit, 207, 9.

Neapolis sive Leptis (Magna) Libyæ, 708, 47, quam Strabo inter Hermæum et Aspidem s. Clypeam memorat, (præter ordinem), 707, 3. A Romanis una cum Carthagine eversa est, 708, 3.

Neapolis, quondam Ephesiorum, nunc Samiorum opp., 546, 16.

Neapolis a Pompeio vocatur Phazemon Ponti pagus, quem auctum ille urbem constituit, 479, 45.

Neapolitis, i. q. Phazemonitis, q. v.

Nearchus et Onesicritus ab Alexandro cum classe emissi sunt, ut commodas stationes in Arianæ ora seligerent, et ipsius iter a latere comitarentur, 614, 16. Nearchus quando navigationem suam inceperit, 614, 19. In Arabicum sinum classem conduxit multas perpessus ærumnas, 617, 26. Multa mentitus est, 58, 41. In meridionali India utramque Ursam occidere dixit, 64, 20. Laudatur de Mardis, Uxiis, Elymæis, Cossæis, 449, 40. Alexandrum ait per Gedrosiam exercitum duxisse, ut Semiramidis et Cyri expeditiones obscuraret, 685, 32. Citatur de Indiæ magnitudine, 588, 18; de campis quos fluviorum alluviones effecerunt, ut Hermi, Caystri, Caici, Nili, 589, § 16. De imbribus et fluviorum exundationibus in India, 590, § 18. De causa incrementorum Nili, 593, 39. De Indi ostiis, 597, 35. De sindonibus ex lana arborea factis, 591, 35. De elephantis, 601, 11. De formicis aurum effodientibus, 602, 21. De reptilium in India copia et malitia, 601, § 45. De legibus Indorum; de quibusdam Indorum institutis; de eorum armatura et industria; de epistolas scribendi ratione; de regum et magistratuum adoratione; de lapidibus pretiosis, 610, 15. De sophistis indicis, 610, § 66. De Arbium ora, 613, 17. Quomodo bellnas propulserit; quid de magnitudine earum tradat, et de insula quæ accedentes ad ipsam perdere credebatur, 617, § 12 et 13. De Carmaniorum moribus et lingua, 618, 46. In navigatione sua viæ ducibus peritis carebat, 623, 13. De Susidis ora; de emporio ad Euphratis ostium deque navigatione per Pasitigrin ad Susa urbem et per Euphratem ad Babylonem, 620, § 5. De Ogyri insula, 652, § 5. In sinu Persico Mazenam navigationis ducem habuit, 631, 3. De alia insula in Persicæ oræ initio quæ uniones habeat; de arboribus in insulis ad Euphratis ostium; de echinis et cetis, 653, 3. Nearchi comes Androsthenes Thasius, 652, 3.

Nebrissa, Νέβρισσα (Lebrija), ad Bætis fl. æstuarium.

Nebrodes montes, Νευρώδη ὄρη, Siciliæ, 228, 22.

Neconis, (Darii, ut Strabo ait memoria lapsus) jussu Libya circumnavigata est, sec. Herodotum, 81, 15; 83, 7.

Νεκροκορίνθια quid? 328, 4.

Necropolis Alexandriæ, 675, 50.

Νεκυομαντεῖον ad Avernum Campaniæ lacum, 203, 29. V. Oraculum.

Νεκυομάντεις apud Persas, 649, 11.

Neda, Νέδα (riv. de Buzi), Triphyliæ fl., 300, 36; 302, 7; 296, 4; nunc Triphyliam a Messenia distinguit; e Lycæo Arcadiæ defluit; de fonte fluvii fabula, 299, 26.

Nedon, Νέδων, fl. per Laconicam lapsus ad Pheras Messeniæ urbem (ad h. Kalamata) exit; habet nobile Nedusiæ Minervæ templum, 309, 27.

Nedon, locus quidam (Messeniæ?) ex quo aiunt Teleclum colonis frequentasse Pœæessam, Echeas et Tragium. A Nedonte loco nomen habet Nedusia Minerva, cujus fanum erat Pœæessæ, 309, 29.

Νεδουσίας Minervæ templum in Ceo et ad Nedonem, 418, 8; 309, 28. Cf. Nedon.

Negrana, τὰ Νέγρανα (Nedjran), Arabiæ opp., quod Ælius Gallus cepit, 665, 10 et 30.

Neion, Νήιον, Ithacæ mons, incertum an idem cum Nerito an alius, 390, 25.

Neleus et Augeas inimici, 303, 5. — Neleus, Æpyti pater, 541, 7. Ejus regia Pylus, 296, 27.

Neleus, genere Pylius, Miletum condidit, 540, 31 ; 542, 16; aram in Posidio pr. struxit, 541, 2.

Neleus, Corisci f., Scepsius, Aristotelis et Theophrasti discipulus, Theoprasti bibliothecam successione nactus Scepsin transtulit, 520, 39.

Neleus, Eubϴœæ fl., cujus aqua miram habet virtutem, 386, 3.

Nelia, Νηλία, in Magnesia pagus Demetriadis, 374, 42 et 44.

Nelidæ, Νηλεῖδαι, post Menelai mortem Messenia potiuntur, 308, 17.

Nemausus, Νέμαυσος, Galliæ urbs, Volcarum Arecomicorum caput, civium multitudine Narbone præstantior; ei 24 pagi subsunt; ædilitatis et quæsturæ honorem ibi adepti eo ipso Romani sunt; ideoque gens ea præfectis Roma missis non subjecta, 154, 8. Sita urbs in via ex

Hispania in Italiam ducente, 155, 16. Nemauso usque ad Vocontiorum terminos ascensus Alpium 63 mill., 148, 37. Nemausus a Rhodano et Tarascone 100 fere stadia distat, 155, 29; a Narbone 720 stad., 155, 30, vel 88 mill. distat, 148, 23; ab Aquis Sextiis 53 mill., 148, 27.

Nemea fl., Νεμέα, Corinthiam et Sicyoniam distinguit, 328, 44.

Nemea, ἡ Νεμέα, Argolidis urbs; ejus situs, lucus, ludi; leo Nemeæus; Bembina vicus, 324, 38.

[*Nemeææ?*] Dianæ fanum in Teuthea Achaiæ, 292, 11.

Nemetis Rhamnusiæ templum, 342, 41, et statua, 340, 36. Cf. Adrastea.

Nemossus, Νεμωσσός, urbs Ligeri adjacens, caput Arvernorum, 158, 42 (Augustonemetum ap. Ptolem.; haud dubie est *Clermont-Ferrand*, minusque recte Strabo urbem ad ipsum fluvium ponit.)

Nemus, Νέμος, vocatur Dianeum prope Ariciam in Latio, 199, 41.

Nemydiæ, Νεμυδίας (an Νεμεαίας?), Dianæ fanum in Teuthea Achaiæ, 294, 11.

Neocles, Νεοκλῆς, Epicuri pater, ludimagister, inter κληρούχους fuit, quos in Samum Athenienses miserunt, 545, 29.

Neon, Νεών, locus in Parnasso, 377, 22.

Neon tichos, Νέον τεῖχος, castellum quod contra Pelasgos qui Larissam tenebant, struxerunt Cumæ conditores, 531, 2.

Neoptolemi turris, Νεοπτολέμου πύργος, ad Tyræ ostium, 254, 10.

Neoptolemus, Νεοπτόλεμος, Achillis f., Pyrrhi p., 271, 33, in Scyro natus et educatus, 375, 21. Eurypylum necat, 500, 14; a Machæreo Delphico interficitur; ejus sepulcrum in luco Delphico, 361, 31.

Neoptolemus, Mithridatis dux, ad fauces Mæotidis æstate prœlio navali, hieme ibidem equestri pugna barbaros vicit, 255, 21.

Neoptolemus ὁ γλωσσογράφος e Pario oriundus, 504, 42.

Nepheris, Νέφερις, Libyæ opp. in saxo situm, 120 stadiis ab ora sinus Carthaginiensis, 707, 51.

Nepita, Νεπίτα (Νέπετα, Νέπητα? certe aliis Νέπετα, Νέσπετος, Νέπα, *Nepet, Nepe;* nunc *Nepi*), Etruriæ opp., 188, 21.

Neptunus, Ποσειδῶν, e Solymorum montibus Ulysses ratem conspexit, 17, 40. Neptuni Asphalii templum in (Hiera) insula inter Theram et Therasiam sita conditum, 48, 19. Neptuno equestre certamen celebratur, 192, 2. Ejus fanum (Posidium) in Bruttio ad summas freti angustias, 213, 47. Ejus fana in Elidis litore, 295, 23. Neptuni Samii fanum in Samico Triphyliæ, 295, 32; 298, 42. ad Tænarum, 311, 46; in Isthmo, 317, 28; 326, 47. Neptuno sacra Trœzen urbs, 321, 20. Neptuni asylum in Calauria, quam contracta permutatione a Latona pro Delo accepit, sicuti ab Apolline pro Pytho Tænarum accepisse fertur, 321, 25. Neptuni Heliconii templum in Achaia; ad quod Panionia celebrant, 330, 7. Ejus templi formam Iones ab Helices incolis faustra petierunt; tandem communi Achæorum decreto obtinuerunt, 330, 36. Neptuni templum Ægis, 331, 18, in Eubœa, 347, 45; templum Onchesti, 354, 23; Geræsti in Eubœa, 383, 40; in Teno ins., 418, § 11; in Nisyro ins., 4 9, 43. Neptunus Polybotæ giganti Nisyrum insulam injecit, 419, 43. Apud Apamenses Phrygiæ cur colatur, 496, 10. Neptuni ira Ajax periit, 514, 16. Templum in Posidio Sami, 544, 15. Neptuno Heliconio in Panioniis sacrificatur, 546, 15. Templum Alexandriæ Æg., 675, 33.

Neritus, Νήριτος, Ithacæ mons, 390, 9; num diversus sit ab Neio, an minus, parum liquet, 390, 26.

Neritus, Νήριτος, Leucadis pen. opp., quod Laertes cepit, 388, 16; Neritus a Corinthiis translatum est in Leucadis urbis locum, 388, 26. Νήριτον... ἀκτὴν ἠπείροιο ap. Homerum (Od. ω, 376) ad Leucadem peninsulam referunt, 49, 19.

Nerium pr., Νέριον (C. *Finisterre*), occidentalis et borealis Hispaniæ extremum, ad quod habitant Artabri et Celtici, 127, 29; 113, 41.

Neroassus, Νηροασσός, i. q. Nora.

Nervii, Germanica gens in Gallia, Trevirorum vicini, 161, 26.

Nesæa, Νησαία, Hyrcaniæ pars, quamquam alii eam ab Hyrcania separarunt, 436, 46. Eam Ochus perfluit, 436, 49. In Nesæam incursiones faciebant Daæ, 438, 43. Nesæi equi, 450, 23, quibus reges Persarum uti solebant, in Armenia quoque nascuntur, 454, 24.

Nesson, Νέσσων, Thessali filius, a quo Thessalia olim Nessonis dicta, 381, 24.

Nessonis, Νεσσωνίς, antiquum Thessaliæ nomen, 381, 24.

Nessonis, Νεσσωνίς, Thessaliæ palus, 369, 22. Bœbeide paludæ multo major, 379, 20, in quam inundat Peneus, 378, 15.

Nessus, Νέσσος, ab Hercule in Eueno fl. occisus, 387, 38. Ejus sepulcrum in Taphiasso colle, 366, 31.

Nestor, Νέστωρ, Chloridis f., 298, 23; imperat Pylo quam Homerus dicit regioni, per quam Alpheus fluit, in hodierna Elea, 289, 11. Nestori paruit Pisatis (cujus pars est Olympia) et Triphylia et Cauconia, 289, 41. Totam hanc regionem usque ad Messenen Homerus vocat Pylum, 289, 50. A ditione ejus discernitur Elis cava, 289, 51. Quum tres sint Pyli urbes, et Elei et Triphylii et Messenii suam quique Pylum Nestori patriam vindicent; vindicanda ei est Pylus Triphyliæ, si Homerum sequaris, 291, § 7. Unde Γερήνιος Nestor dicatur sec. Eleos, 292, 5, secundum Messenios, qui probabiliora proferunt, 292, 8; 309, 19. Nestor a recentioribus poetis Messenius dicitur, intercedente inter Messenios et Pylios cognatione, 540, 34. De urbibus quas in Nestoris ditione sitas esse Homerus dicit, 300, § 24 sqq. Ditio Nestoris etiam ultra Nedam fl. pertinuit, ubi Cyparisseis et alia quædam ei subjecta erant, 299, 43. Nestor Pisatarum ante Trojam dux, 185, 23. Ejus contra Epeos bellum, 302, 20. Cum Pyliis Troja rediit, 219, 50.

Nestor, Tarsensis, academicus, Marcellum Octaviæ filium docuit, patriamque administravit, Athenodori successor, 575, 48.

Nestor Tarsensis stoicus, 575, 7.

Nestus, Νέστος, Thraciæ fl., sæpius agrum inundat, 281, 52; 282, 20; sec. nonnullos Macedoniæ et Thraciæ terminus, 269, 3; 280, 32; 279, 51.

Netium, Νήτιον, Apuliæ opp. in via Brundusio Beneventum ducente, 234, 52.

Neurodes. V. Nebrodes.

Nibarus, ὁ Νίβαρος, Armeniæ mons ad Mediam usque porrigitur, 452, 33.

Nicæa, Νίκαια, Antipatri f., Lysimachi uxor, a qua Nicæa Bithyniæ nomen habet, 484, 32.

Nicæa, Νίκαια, caput Bithyniæ; urbis situs et historia, 484, 28; 502, 34.

Nicæa, Νίκαια, Locrorum Epicnemidiorum opp., 365, 51; prope Thermopylas, 367, 40; supra eam Τειχιοῦς castellum, 8 ib.

Nicæa (*Nice*) a Massiliensibus contra Salyes exstructa, 149, 32; 152, 52; Strabonis ætate Italiæ adscribebatur, quamquam erat sub Massiliensibus, 153, 5.

Nicander, Νίκανδρος (Theriac. 168) laudatur, 699, 14.

Nicatorius mons, τὸ Νικατόριον ὄρος, inter Arbela et Ca-

INDEX NOMINUM RERUMQUE.

prum fluvium situs (hod. *Karatchok Dagh* vel pars quædam ejus jugi), nomen habet de victoria quam Alexander M. ibi deportavit, 628, 23.

Nicephorium, Νικηφόριον, Mygdoniæ urbs, 636, 7.

Nicephorium, lucus Pergami, quem sevit Eumenes II, 533, 45.

Niciu come, Νικίου κώμη, Libyæ vicus inter Plinthinen et Chersonesum castellum, 679, 27.

Nicolaus Damascenus historicus laudatur, 612, 24.

Nicomedes, Bithyniæ rex, quem contra Prusiam patrem excitavit Attalus II, 534, 4. Nicomedes contra Aristonicum auxilia tulit, 552, 16. In Paphlagonia a Mithridatis ducibus clade affectus et cum paucis fuga elapsus in Italiam navigavit, 481, 15.

Nicomedia, Νικομήδεια, Bithyniæ urbs, 502, 32, a Nicomede quodam dicta, 482, 25; in eam Astaceni transducti sunt, 482, 32; ab ea ad Sangarium fl. 300 stadia, 465, 26.

Niconia, Νικωνία, urbs ad Tyram fl. sita 40 ab ostio stadiis, 254, 13.

Nicopolis, Νικόπολις, Epiri urbs, 270, et 15; unde dicta; quando condita; quomodo aucta sit; certamina ibi, Actia dicta, celebrantur, 270, 32. Ejus municipia sunt pleraque Acarnaniæ oppida, 387, 2. Ejus emporium Anactorium, 386, 40.

Nicopolis prope Alexandriam, in qua stadium et amphitheatrum; quinquennalia ibi certamina celebrantur, 675, 54. Ab Alexandria distat 30 stadiis; ornavit locum Cæsar, qui ibi vicit eos qui cum Antonio contra ipsum exierant, 676, 14. Nicopolis non procul ab Eleusine et Alexandria sita est in tænia quæ inter mare et fossam Canobicam porrigitur, 680, 12 et 27.

Nicopolis Ciliciæ, ad sinum Issicum, 577, 8.

Nicopolis, a Pompejo in Armenia minore condita, 476, 3.

Nicostrate, Νικοστράτη, Evandri mater vaticinandi perita, postea Carmentæ nomine a Romanis culta, 192, 17.

Nigritæ, Νιγρῖται, Æthiopes, 108, 34, Tyriorum oppida in Libyæ ora occidentali sita diruerunt, 701, 36. Nigritæ (Νίγρητες h. l. codd.) Æthiopibus Hesperiis finitimi, 703, 14. Curribus falcatis utuntur, *ib.*

Νειλομέτριον Elephantinæ ins. describitur, 693, 54.

Nilus fl., Νεῖλος, Homero vocatur Ægyptus terræ, 24, 35; 29, 45. Nili donum Ægyptus; quare recte ipse etiam fluvius Ægyptus dicitur, 589, 30. Fontes fluvii Herodotus prope Syenen et Elephantinen esse putavit, 695, 26. Alexander M. Nili initium se in India reperisse censuit, 593, 42. Nonnulli opinantur fontes extremis Mauretaniæ partibus propinquos esse, 701, 45. Oritur Nilus ab Æthiopiæ montibus, 671, 20; non procul a fontibus terram subit, 228, 42. Cursu suo lineam literæ N similem describit; singularum partium mensuræ sec. Eratosthenem, 668, 11. Excipit Nilus Astaboram et Astapum fluvios Meroen insulam efficientes. Pro Astapo nonnulli Astasobam ponunt, Astapum dicentes tertium esse fluvium qui rectum Nili corpus efficiat, 668, 25. In Nilum influunt circa Meroen Astaboras, Astapus et Astasobas, 656, 19. Tanais ὑπεναντίως τῷ Νείλῳ καὶ τρόπον τινὰ κατὰ διάμετρον ῥεῖ τούτῳ, 89, 7. Nilus ultra 10000 stadia meridiem versus se porrigit, 27, 1. Prope Coptum et Apollinopolim isthmum efficit, ad mare Rubrum proxime accedens, 692, 20. Nilus nonnullis Asiam a Libya dirimit, 26, 51; 54, 29; at quum fontibus suis longe ab Oceano absit, parum accommodatus est, quo continentes dirimantur, 29, 32. Nilum dividere Æthiopes bifariam apud Homerum divisos credi possit, 26, 50. Ostiis suis Nilus Delta regionem describit, 670, 27. Nilum pluribus ostiis in mare exire, et ipsum Nili nomen ignorasse Homerum, non item Hesiodum, censet Eratosthenes, 24, 25. Contra disputat Strabo, *ib.* Ostia Canopicum sive Heracleoticum, Bolbitinum, Sebennyticum, Phatniticum, Mendesium, Taniticum, Pelusiacum, inter eaque alia ignobiliora ostia, quasi ψευδοστόματα, 681, 4 *sqq.* 670, 40; 71, 8. Pelusiaco ab ore ad Canopicum 1300 stadia, 669, 11. Nilus continenti adjungit objectum ostiis fretum, 44, 4. Multis fossis Mareotin implet, 674, 11. Fossa ex Heracleote nomo in Arsinoiten ducta, 687, 31; fossa Coptum ducta, 692, 18; fossa Abydum ducta, 690, 46. Fossa e Nilo in sinum Arabicum ducta, a Phacussa vico incipiens, in mare exiens prope Arsinoen. Ejus fossæ latitudo, cursus. De iis qui opus hoc curarint narratio, 683, § 25 et 26. Nilus insulas habet plurimas, quarum aliæ totæ excrescentis fluvii aquis obruuntur, aliæ ex parte, 695, 28. Nilus insulas μυριάνδρους in iisque Meroen maximam includit, 27, 2. Insula quam exules sive Sembritæ incolunt, 668, 35. Insula Heracleotici nomi, 671, 10. Cf. v. Philæ et Elephantina. Cataractes minor supra Elephantinam et infra Philas, 669, 27; 694, 29 et 38. Cataractes major prope Syenen, a minore distans 1200 stadia, 668, 21. Nilus aliis fluviis fœcundior; aquæ virtus, 592, 38 et 45. Fluvii inundationes, 670, 51, per quot dies locum habeant, 671, 1. Nili incrementorum causa imbres sunt Æthiopiæ æstivi, 671, 31; 80, 54; 668, 32; quod quidem Ptolemæorum demum temporibus bene innotuit, quum prisci Ægypti reges ejusmodi rerum explorationem parum curarent, 671, 40. Ce erum imbribus fluvium augeri jam novit Homerus, quippe cui Nilus præ ceteris est διιπετής, 30, 31; post Homerum de eadem re dixerunt Thales, Thrasyalces, Aristoteles, Callisthenes, 672, 10. Falsa est Apollodori opinio Homerum ignorasse Nili exundationes putantis, 248, 27. De Nili incrementorum causa Nearchi narratio, 593, 40. Nili irrigationes arte augentur, 670, 10. Pisces Nili recensentur, 699, 4. In Nilum e mari non ascendunt pisces præter thrissam, mugilem et delphinum, 602, 17. Cf. 699, 46. E Nilo derivare fertur Inopus Deli ins. 225, 42. De Nilo Strabonis ætate scripserunt Aristo peripateticus et Eudorus, 672, 19.

Νείλου ποταμία thuriferæ regionis in Æthiopia, 658, 47.

Ninia, Νινία (*Knin* ad *Kerka* fl.), Dalmatarum urbs, 261, 52.

Ninus Ninum urbem condidit, 627, 25; uxor ejus Semiramis, *ib.* Ninus et Semiramis Syri dicuntur, 70, 1. Nini posteri regnum servarunt usque ad Sardanapallum, 628, 1.

Ninus, ἡ Νίνος, Aturiæ urbs, 627, 3; 356; 18. Syriæ metropolis, 70, 3. Ab Homero non memoratur, 626, 15. Post eversos Syros deleta est, 628, 4; Babylone major; in Aturiæ campo sita, 628, 5. Τὰ περὶ Νίνον πεδία, 627, 6.

Niobe, Νιόβη, a Pelope fratre Amphioni in matrimonium datur, 309, 25.

Niphates, Νιφάτης (armeniace *Nebad*, *Nbadagan*), Armeniæ mons, pars Tauri, 447, 46. Juxta Gordyenen, 452, 31. E Niphate Tigris ruit, 454, 3. (De situ montis varias sententias v. ap. Ritterum, t. 10, p. 77.)

Nisa, Νῖσα, Bœotiæ locus, 348, 10.

Nisæa, Νίσαια, in Megaride a Niso condita, 337, 12. A Scylla Minoi prodita, 531, 15. Megarorum navale, muris junctum urbi, a qua distat 12 stadia; vocatur etiam Minoa, 336, 32; 287, 22; 338, 2.

Nisibis, Νίσιβις, Mygdoniæ urbs, 452, 21; 627, 8; 636, 4; sub Masio monte, 447, 43. Vocatur etiam Antiochia Mygdoniæ, 636, 4.

Nisus, Νίσος, Pandionis f., Megaridem obtinuit, ibique

Nisæam obtinuit; quousque regnum ejus pertinuerit sec. Philochorum et Andronem, 337, 11. Cf. 337, 21.
Nisus, Scyllæ pater, 321, 14.
Nisyrus, Νίσυρος, insula, 560, 11; fragmentum a Co avulsum; fabula huc pertinens, 419. Insula maris Carpathii, 419, 15; ejus situs, forma, urbs, thermæ, lapides molares, 419, 35. Nisyriorum insulæ, 419, 41.
Nisyrus urbs in Nisyro ins., 419, 39.
Nisyrus urbs in Carpatho, 419, 52.
Nitiobriges, Νιτιόβριγες (*les habitants de l'Agénois*), Galliæ gens Celtica Aquitanis adscripta, 158, 31.
Nitri lacus duo, νιτρίαι, supra Momemphim in Nitriote nomo, 682, 43. Ibi est Menelaus urbs, 682, 46. — Nitrosa palus Arsene in Armenia, 453, 54.
Nitriotes nomus, Νιτριώτης νομός, Ægypti, in quo Serapidi oves mactantur, 622, 44.
Noarus, Νόαρος, fluvius qui præter Segesticam fertur; inter eum et Margum habitant Scordisci majores, 264, 14. Apud Scordiscos in Danubium exit; apud Segesticam excipit Dravum, postquam ipse Dravus Savum excepit; præterea in Noarum incidit Colapis, 260, 52. [Quod de Savo in Dravum exeunte dicitur, falsum esse liquet. Nec minus falsum est, quod de Dravo et Colapi in Noarum exeuntibus additur. Nam quod Reichardus, Groskurdius, gallici interpretes, putarunt, Noarum dici Savi partem inferiorem, id a Strabonis verbis et a probabilitatis specie alienum est. Mannertus Noarum dici Odram suspicatur. Quod ipsum quoque non admittendum. Quæ res sit, ex eo colligitur, quod Scordiscos usque ad Noarum habitare dicit, oppidaque eorum esse Capedunum et Heortum, quæ quum aperte respondeant hodiernis *Cappherg* et *Heortberg*, quorum illud ad Murum (*Muhr*) fl., hoc non longe ab eo fluvio situm est: sponte intelligitur Murum fluv. in Νόαρον latere; et quod de Noaro Savum excipiente Segesticamque præterfluente legitur, ceteris circa hujus tractus fluvios erroribus Strabonianis addendum esse].
Noiga, Νοῖγα, Asturiæ opp., non longe a Melsæ fl., 138, 37.
Nola, Νῶλα, Campaniæ opp., cujus navale Pompeii, 205, 43.
Nomades septentrionales sive Scythæ, 249, 36, quos Homerus significat, 3, 27; 27, 36. Eorum vitæ ratio, 254, 52; 251, 18 et 33 et 47. Nomades inter Mæotidem et mare Caspium Nabiani, Panxani, Siraces, Aorsi, 434, 27. (Sæpius Nomadum nomen occurrit. V. p. 4, 33, 238, 298, 300, 301-303, 307, 311, 492, 506-508, 511; 515, 517, 518, 550, 553, 591. (*ed. Casaub.*).
Νομάδες (Numidæ) Libyæ sic dicti sunt quod antiquitus ob bestiarum frequentiam agros colere non licebat iis; venatores sunt egregii; venandi studium adjuvant Romani, 108, 46. Eorum regio Metagonium, 141, 31. Nomades Libyci Malaca Hispaniæ pro emporio utuntur, 130, 6.
Nomades Arabes, quorum rex Sabus, in Ararena regione, 665, 7. (De aliis vide p. 288, 753, 748, 755, 777, 781, 835 *ed. Casaub.*).
Nomentum, Νώμεντον, Sabinorum opp., 190, 4. Nomentano in agro aquæ Labanæ, 198, 51. Nomentana via a Collina porta incipit, in viam Salariam incidit ad Eretum, 190, 32.
Nora, τὰ Νῶρα, nunc Νηρασσός, Cappadociæ castellum, in quo Eumenes obsessus est, et Strabonis ætate Sisinus thesaurum asservavit, 460, 22.
Noreia, Νωρηία (de qua cf. Cæsar B. G. 1, 5; Liv. Epit. 63; Plin. 3, 23; Tab. Peut., Tauriscorum urbs in via a Viruno Ovilabam ducente; nunc vicus *Neumarkt* in *Steyermark*; sec. Reichardum *Friesach*; contra Walckenaer. Norejam quærit in hod. *Noring* ad *Gmünd*), ad quam a mari Adriatico 1200 stadiorum anaplo per fluvium ab Alpibus decurrentem perveniri Strabo ait in codd. nostris (dicendum erat urbem ab Adriatica ora sive ab Aquileja emporio distare 1200 stadia), 178, 43. Ad eam Cn. Carbo a Cimbris cladem accepit (113 a. C.). Ibidem auri lavacra et ferri fodinæ, 178, 44.
Norici, Νωρικοί, ad exteriorem Alpium partem habitant, 171, 44. Versus Italiam vergunt, Carnos attingentes, 243, 11. Nonnulli eorum in locis mari Adriatico vicinis, 171, 8. A Noricis versus orientem est Boiorum solitudo, 243, 9. Noricorum gens Taurisci, 172, 9; 173, 35. Noricorum incursionibus finem imposuerunt Tiberius et frater ejus Drusus (11 p. C.); nunc per 33 jam annos tributa solvunt, 172, 10.
Notium, Νότιον, Chii litus, 551, 6.
Noti cornu, τὸ Νότου κέρας, ultimum notæ Æthiopiæ promontorium, 659, 8.
Notus ventus, 24, 15; 23, 48. Notum in Æthiopia non spirare, adeo ut ibi habitantes sint Hypernotii, ait Eratosthenes; perperam, 51, 40.
Novum castellum, Καινὸν χωρίον, in Ponto, monti altissimo et prærupto impositum, 200 stadia a Cabiris distans. Ibi Mithridates res suas pretiosissimas deposuerat, 476, § 31. (Mons ille a meridie Cabirorum situs est ad viam qua *Siwas* itur; noctis 600 pedes altus, ruinis etiam conspicuus, vocatur *Jyblys-Dagh*.)
Novem Viæ, Ἐννέα ὁδοί, Macedoniæ sive Thraciæ locus, in quo condita est Amphipolis, 280, 41.
Nubæ, Νοῦβαι, ab occasu Nili fluvii inde a Meroe usque ad flexum Nili habitant; non parent Æthiopibus, sed in plura regna divisi sunt, 669, 12. Non adeo bellicosi sunt, 695, 38.
Nuceria, Νουκερία (*Nocera*), Campaniæ opp., 209, 19. Ejus navale Pompeji, 205, 43.
Nuceria, Νουκερία, Umbriæ opp., 189, 39; ibi lignea conficiuntur vasa, *ib*.
Numa Pompilius Curetes, 190, 11, Romulo in regno successit, 192, 10.
Numantia, Νουμαντία, in Hispania urbs Aruacorum, Celtibericæ gentis, ad Durium fl., 127, 11; 134, 38 et 54. Urbs obsessa, 135, 1; 239, 1. A Cæsaraugusta 800 stadia distat, 135, 8.
Numidæ. V. Nomades.
Numitoris et Amulii fratrum historia exponitur, 191, 15.
Nycteus, Νυκτεύς, Antiopæ pater, Hysias condidit, 347, 31.
Νυκτικόραξ avis in Ægypto, 699, 17.
Νύμφαι, Bacchi πρόπολοι, 402, 19. Nymphæ Ioniades et Cabirides. V. Ioniades et Cabirides. Nympharum fana, νυμφαῖα, in Elide, 295, 20. Antrum Corycium in Parnasso 328, 13; N. antrum in Ithaca a N. ab Homero memoratur, nunc vero non exstat, 49, 52. N. Libethridum antrum in Helicone, 352, 18.
Nymphæum, Νυμφαῖον, ad Athonem prom., 279, 34.
Nympharum saxum in Apolloniatarum finibus, ignem egerens et bitumen aquasque calidas habens, 262, 52.
Nymphæum, specus sacrum prope Orontis ostia, 640, 9.
Nymphæum, portus et arx ad Bosporum Cimmerium (ruinæ a Panticapæo meridiem versus in regione *Kamich Bouroun*), 258, 21.
Nysa, Νῦσα, mons Indiæ Baccho sacer apud Sophoclem, 586, 17.
Nysa, Heliconis vicus, 348, 22.
Nysa, Cariæ opp. 554, 6; 566, 16; Mesogidi adjacens. Ejus descriptio, 554, § 43. E tribus oppidis conducta est. Tanquam auctor urbis Athymbrus Lacedæmonius colitur, 555 § 46. Nysæorum pagus Acharaca, 554, 44. Τῆς Νυσάδος τὸ Χαρώνιον, 495, 44. Nysæorum πανήγυρις in Limone, 555, 15 Νυσαί; regio, 538, 12. Nysæenses viri: Apollonius stoicus, Menecrates, ejusque filii Aris-

todemus et Sostratus, atque alius Aristodemus, grammatici, 556, § 48, et Pythodorus, 554, 13.

Nysæi, Νυσαῖοι, Indiæ gens, inter Cophen et Indum, 595, 1.

Nyseium, Νυσήϊον, Thraciæ regio per quam Bacchi nutrices agitavit Lycurgus Edonus, 586, 25.

O.

Oaracta V. Doracta.

Oases (Ὀάσεις) quid apud Ægyptios? 108, 17; 672, 44. Complures in Libya occurrunt, tres vero Ægyptiis finitimæ iisque subditæ, 672, 44. Prima Oasis est e regione fere Abydi urbis, septem dierum itinere ab ea urbe distans (*Oasis major*); altera objacet Mœridi lacui (*Oasis minor*); tertia est ad Ammonis oraculum, 691, 2.

Obesitas corporum in contemtu apud Celtas, 165, 42.

Obidiaceni, Ὀβιδιακηνοί, Mæotarum gens, 425, 5.

Obodas, Ὀβόδας, Nabatæorum rex, omnia Syllæi procuratoris potentiæ commisit, 664, 29. Obodæ affinitate junctus erat Aretas rex, 665, 2. Sub Obada erat Egra vicus, 665, 35.

Obulco, Ὀβούλκων, Turdetaniæ urbs, 117, 17. (Ὀβούχολα Ptol. p. 114, 3, *Obulcola*. Plin. 3, 1; 3, 12; *Obucola* Itin. p. 413, 414; inter Carmonem et Astigin; hod. *La Monclova* sive *Venta de Monclova*).

Obulco altera, a Cordova 300 stadiis orientem versus in via Romana sita, (*Obulco Pontificense* ap. Plin. 111, 1, 3, 10; Ὀβούλχον, Ptol. p. 112, 17; nunc *Porcuna*), 133, 26 *sqq*.

Ocalea, Ὠκαλέη (Ὠκάλαι, 352, 53), Bœotiæ opp., inter Haliartum et Alalcomenium situm, ad fluvium cognominem, 352, 40; ad lacum Copaidem, 352, 53.

Oceanus apud Homerum, 2, 3; 2, 16; 3, 29; 18, 3; in clypeo Achillis, 3, 35. Oceanus terram circumfluit, ut ex narratione de Eudoxo Cyziceno collegit Posidonius, 83, 1. Cf. 81, 7. Ὠκεανοῖο ῥόος ποταμοῖο in Odyss. μ, 1 certam quandam Oceani partem, sinum ejus qui ab hiberno tropico usque ad australem polum pertineat, significat ex Cratetis sententia, 4, 2 *sqq*. Oceani sinus maximi quattuor, 100, 19. Oceanum borealem ab Albi ad fauces Caspii maris nemo adhuc præternavigavit, 244, 40. Mare Ponticum priscis erat quasi alter Oceanus, 17, 26. Tanto facilius Homerus quæ ad Pontum pertinent, ad Oceanum transferre potuit, 17, 31. Loca apud Homerum in Oceano posita Callimachus ad Gaudum et Corcyram retulit, 37, 19. De Oceani borealis ora mendacia protulit Pytheas, 245, 17. Oceani fluxum et refluxum novit Homerus, p. 3, 37. Ratio fluxus et refluxus ubique eadem fere est, ut ab uno mari unaque causa proficisci debeat, 4, 44. Frustra obloquitur Hipparchus, 4, 46 *ssq*. Optime de his exposuerunt Posidonius et Athenodorus, 5, 1. De Oceano librum scripsit Posidonius, 78, 5.

Ocelas, Ὠκέλας, cum Antenore in Italiam profectus in Cantabria Hispaniæ Opsicellam (Ocellam?) urbem condidisse narratur, 130, 31.

Ocellas (?) urbs Cantabriæ (Ὤκελλον Ptolemæi?), 130, 31. Cf. Opsicella.

Ocelum, Ὤκελον, Galliæ Cisalpinæ opp., a Scingomago 28 millia distans; locus extremus Cottii regionis (*Uxeau pres de Suse*, sec. d'Anvill.), 148, 42; ad Durium fl., in Alpium initio, 180, 46; A Ticino distat 160 mill. pass., 180, 48. Via a Ticino ad Ocelum juxta Padum et Duriam, 180, 45.

Oche, Ὄχη, mons Eubœæ, sub quo Carystus, 383, 20.

Oche, Ὄχη, priscum Eubœæ nomen, a montis in insula altissimi nomine petitum, 382, 30.

Ochus, Ὦχος, ex Indicis montibus defluit, 437, 24. Ochum alii per, alii præter Bactrianam fluere ajunt; alii eum in mare Caspium exire, alii Oxo misceri dicunt, 444, 23; 436, 48. Per Nesæam fluit, 436, 48. Prope Parthos labitur, 437. 6. Accolunt Parni Daarum pars, 441, 41. Ad Ochum fluvium fodientes olei scaturiginem repererunt, 444, 19.

Ochyroma, Ὀχύρωμα, arx Rhodi ins. supra Ialysum sita, 559, 27.

Ocra, Ὄκρα (*Birnbaumer Wald*), extrema et humillima pars Alpium a Rhætis ad Iapodes porrectarum, 168, 20; 172, 43 et 51; 175, 34; 260, 45. Ocra mons conterminus Albio monti, 168, 20. Per Ocram Aquileja Nauportum itur, 172, 53; 260, 42, et Tergesta ad Luium paludem, 260, 50.

Ocriculi (Ὀκρίκλοι Strabonis codd.; vulgo Ocriculum; Steph. Ὀκρίκολα; *Itin.* Utriculum; nunc *Otricolo* cum ruinis), *Umbriæ* opp. in via Flaminia, 189, 29. Tiberi adjacet; ab Ariminio 1350 stadia distat, 189, 27 et 31 Paulo supra oppidum Nar fl. in Tiberim exit, 189, 32.

Octavia, Augusti soror, mater Marcelli, 575, 50.

Ὀκύποδες Indiæ, 605, 44.

ᾠδή quid? 15, 14.

Odessus, Ὀδησσός, Pontica urbs inter Callatin et Apolloniam, 265, 15; 282, 48.

Odeum, Ὠδεῖον, Athenis, 340, 49.

Odius, Alizonum dux, 471, 30.

Odomantes, Ὀδομάντεις; in regione maritima quæ est ultra Strymonem ad Datum, 280, 52 Inter Odomantes et Bisaltas Strymon exit, 281, 19.

Odomantis, Ὀδομαντίς (?) Armeniæ provincia Sophenæ proxima, 453, 19. (Ni fallor, ea est quæ armeniace vocatur *Khozan*, quod nomen Strabonis scribæ in notum vocabulum detorsisse videntur.)

Odones, Ὤδονες (Ἤδωνες codd.), Edonorum pars in Macedonia, 275, 32. Fort leg. Odomantes.

Odoratas res, θυώματα, Europa extrinsecus petit, 105, 28.

Odrysæ, Ὀδρύσαι, vocantur ii omnes, qui ab Hebro et Cypselis usque ad Odessum montes oræ maritimæ imminentes incolunt, 282, 47. Bessis vicini sunt, 282, 46. Odrysarum reges Amadocus, Cersobleptes, Berisades, Seuthes, Cotys, 282, 50.

Odrysses, Ὀδρύσσης, fl. e lacu Dascylitide per Mygdonium campum labitur et in Rhyndacum exit. Ad eum Alazia urbs nunc deserta, et Alazonum pagi, 471, 50.

Odyssea, Ὀδύσσεια, Bastetaniæ urbs, supra Abdera in montanis sita; ibi fanum Minervæ, in quo scuta et navium rostra, Ulyssis errorum signa, affixa sunt, 130, 16, 124, 11.

Œanthea, Οἰάνθεια, Locrorum Ozolarum opp., 366, 39.

Œason (Οἰδασοῦν, Ὀδάνουσα codd.; *Œaso* Mela, Οἰασσώ Ptol.: *Oeasuna* inscr. Gruter p. 718 (unde ap. Strabonem Οἰασοῦνα scrib. erat); *Olarso*, Plinius 3, 3, 4; hod. *Oyarco*, *Oyarzun* ad *Irun* et *Fontarabia*), Vasconum urbs ad extremam Pyrenen sita, ad quam a Tarracone per Ilerdam, Oscam et Pompelonem sunt 2400 (2456 sec. Plin.) stadia, 134, 16.

Œchalia, Οἰχαλία, Ætoliæ opp. prope Eurytanes, 385, 4.

Œchalia, urbs Arcadica, quæ nunc Andania dicitur, secundum Demetrium Scepsium, 291, 34; 385, 3; 309, 38. Euryti urbs, 301, 4.

Œchalia Eubœæ, 301, 6; pagus Eretriensis regionis; reliquiæ oppidi ab Hercule diruti, 385, 1.

Œchalia, Thessaliæ urbs prope Triccam, 385, 4; 301, 5.

Œchalia Euryti urbs, quam Homerus dicit, aliis in Thessalia, aliis in Eubœa, aliis in Arcadia ponitur, 376, 32. Ἡ Οἰχαλίας ἅλωσις poema aut Homeri aut Creophyli, 376, 35; 545, 35.

Œchalia, Τραχινίαε opp., 385, 2.

Œdanes, Οἰδάνης, Indiæ fl., qui in Gangem incidit, 612, 21. (Aliunde non notus est. Jomanen Plinii (*Jamuna* indicē) esse suspicantur. Componere etiam possis Ἀνδώματιν Arriani. *Diardanes* vocatur apud Curtium.)

Œdipus, Οἰδίπους, a Polybo in Tenea pago educatur, 327, 12.

Œneus, Οἰνεύς, Porthaonida, 397, 39; pater Deianiræ, 393, 50; gener Thestii, 400, 10; loca circa Calydonem tenebat, 400, 5. Contra eum Thestiadum bellum, 400, 11. Œnei inimicos ultus est Alcmæon cum Diomede, 396, 48.

Œniadæ, Οἰνειάδαι, Œtææ regionis opp., 372, 49.

Œniadæ, Οἰνειάδαι, Acarnaniæ opp. ad Acheloum, 386, 48; vetus urbs inter mare et Stratum media; nova 70 stadiis ab ostio fluvii, 386, 48; 394, 49. Œniadarum lacus Melite, 294, 50.

Œnoanda, τὰ Οἰνόανδα, una ex 4 urbibus tetrapolis Cibyraticæ, 539, 30.

Œnoe, pagus Atticus. Cf. Œnone.

Œnoe, Οἰνόη, pars tetrapolis Atticæ, 329, 12. Cf. Œnone.

Œnoe, Οἰνόη, opp. Corinthiorum in isthmo, 326, 42.

Œnoe, Οἰνόη, opp. in Crisæi sinus recessu, 352, 12.

Œnoe, Elidis locus, qui et Bœnoa vocatur, 290, 33.

Œnoe, Οἰνόη, Icariæ opp., 546, 3.

Œnomaus, Οἰνόμαος, in Pisatide regnavit, 305, 45. Elidi imperasse a nonnullis traditur perperam, 306, 2.

Œnone, Οἰνώνη, Alexandri Trojani uxor; ejus in Troade sepulcrum, 510, 47.

Œnone, priscum Æginæ nomen, 323, 1.

Œnone (deb. Œnoe), pagus Atticus ad Eleutheras, et alter tetrapolis Marathoniæ, in quem est proverbium : Οἰνώνη τὴν Χαράδραν, 323, 1.

Œnoparas, Οἰνοπάρας, Syriæ fl., in Antiochena planitie in Orontem incidens (*Nahr Afrin*), ad quem Ptolemæus Philometor, Alexandro Bala pugna superato, ex vulnere obiit, 639, 48.

Œnotria, Οἰνωτρία, postea Italia dicta, sec. Antiochum, initio nonnisi meridionalis Bruttii pars inde ab isthmo, qui est inter sinum Napetinum et Scylleticum; deinde autem regio quæ est a Lao fluvio et Metaponto, 211, § 4. Œnotria a freto Siculo usque ad sinum Tarentinum et Posidoniatem pertinet, olim Italia vocabatur, 174, 26. Œnotriæ et Iapygiæ confinia in agro Metapontino, 220, 14. Œnotriæ olim regia Pandosia, 213, 10. Œnotrica gens Chones, 212, 13. Œnotri, Οἰνωτροί, et Chones a Samnitibus ejecti sunt; ditionem eorum occuparunt Lucani, Samnitum coloni, 210, 43.

Œnotrides insulæ duæ, Οἰνωτρίδες, ad Palinurum Lucaniæ promontorium, 210, 23; a continente abruptæ, 214, 51.

Œta mons, Οἴτη, 274, 35. Œtæi montes, 274, 35. Situs eorum, 367, 21. Œtæ conterminus Corax mons, 387, 19. Ad Œtam Athamanes, 367, 20.

Œtæa, ἡ Οἰταία, in 14 pagos divisa, continebat etiam Heracleam et Dryopidem tetrapolim, 372, 44. In Œtææam e Thessalia ejecti sunt Æuianes, 380, 13. Œtæi, 386, 30, qui Herculem Κορνοπίωνα colunt, κόρνοπας vocant quæ ceteris πάρνοπας dicuntur, 524, 28.

Œtylus, Οἴτυλος, nonnullis Βαίτυλος (*Bitylon*), opp. ad sinum Messeniacum, 309, 16; 308, 31.

Œum castellum, Οἶον, supra urbem (Opuntem?) situm terræ motu eversum, 50, 41.

Ogyges, Ὠγύγης, ultimus Achæorum in Pelop. rex, 329, 44.

Ogygia ins., Ὠγυγία, maris umbo, Atlantis filiæ sedes ap. Hom., 21, 23.

Ogygia; sic olim Bœotia dicta, 349, 35.

Ogyius mons, Ὠγύιον ὄρος, a vett. scriptoribus fingitur, 248, 40. Nomen hoc aliunde non notum.

Ogyris, Ὤγυρις, insula πελαγία, a Carmania 2000 stadia austrum versus distans, in qua Erythræ sepulcrum, 652, § 5. Ex Ogyri in Oaractam confugit Mazenas, 652, 54. [Affert hæc Strabo ex Eratosthene, qui testes laudavit Nearchum et Orthagoram. At Nearchus ap. Arrianum sepulcrum Erythræ in Oaracta insula Carmaniæ adjacente posuit, sicut etiam Agatharchides fecisse debet. Itaque quæ Strabo habet, ex Orthagora fluxerint. Ceterum Strabo Ogyrin in oceano posuisse putandus est, sicut ex eodem Eratosthene fecerunt Dionysius et Plinius, qui item 225 m. p. (2000 stad.) a Carmaniæ continente eam abesse dicit. Neque aliter statuit Ptolemæus 6, 7, apud quem Ὄργανα (Ὤγυρις in marg. codd. BC et Palat.) 2000 stadiis a Carpella Carmaniæ promontorio versus austrum et a Serapidis insula boream versus collocatur. At quum nulla exstet extra sinum Persicum insula, ad quam hæc referri possint, errorem subesse sæpius viri docti monuerunt. Marcellinus, 23, 6, Organam Ptolemæi, ut ad insulam vere exstantem transferret, composuit cum Serapidis insula, ut patet ex verbis: *Turgana* (sic) *in qua Serapidis esse dicitur templum*. Sed hoc arbitrarium prorsus. E Nearcho Arriani liquet Organam Oaractæ et litori Carmanico proximam fuisse insulam eam quæ *Ormuz* nunc vocatur vel etiam *Gerun* s. *Djerun*, in quo facile agnoscis Ὤγυριν Græcorum. Non diversum ab Organa fuisse Ogyrin ex collatis inter se Strabone et Ptolemæo colligitur. Accedit quod Ogyris a Mela et Geogr. Rav. in sinu Persico, non vero extra eum collocatur. Hinc facilis conjectura est Erythræ monumentum a maxima Oaracta ins. (*Kischem*) nonnullos ad proximam insulam Ogyrin (*Gerun*) transtulisse, et inde demum et rem et nomen ad eam esse transducta, quam Strabo, Plinius, Dionysius et Ptolemæus afferunt. Hæc autem non alia esse potest nisi hodierna *Bahrain* ins., quam iidem scriptores aliis ex fontibus *Tyri* vel *Tyli* nomine memorant. Hæc enim ab extremis Carmaniæ 2000 fere stadia versus notum et occasum distat, et in hanc unam quadrat, quod de 112 m. p. circuitu Ogyris insulæ refert Plinius, 6, 32, 152. Jam vero si de hac Ogyri Eratosthenes nihil aliud acceperat nisi eam 2000 stadia a Carmania meridiem versus distare, collocanda erat in Oceano, sicuti fecit etiam Ptolemæus. Nam sinus Persici ora sec. Eratosthenem ἀπὸ τῆς Καρμανίας πρὸς ἕω μικρόν, εἶτα πρὸς ἄρκτον νεύει, etc. (Strabo p. 661, 49), *sicuti in* Ptolemæi tabulis videre est. Hinc sponte sequitur insulam, qualem diximus, in Oceano ponendam et 2000 ista stadia a Carpella vel ab Harmozon promontorio computanda fuisse.]

Oisci. V. Bituriges.

Olane, Ὀλανή, Armeniæ castell., non longe ab Artaxatis, 453, 39.

Olbe, Ὄλβη, Ciliciæ opp., cum Jovis templo; cujus pontifex erat dynasta Ciliciæ Asperæ; deinde ibi tyranni et prædones fuerunt; tum Teucri ditio et sacerdotium dicta est; postea Ada ibi regnavit ejusque posteri, 573, § 10.

Olbia, Ὀλβία, Pamphyliæ opp. munitissimum, 569, 31; a Sacro promontorio 360 stadia distat, 568, 46.

Olbia, Massiliensium urbs, 152, 52.

Oleastrum, Hispaniæ urbs vicina Sagunto, 132, 15.

Oleastrum, Hispaniæ opp. inter Saguntum et Dertossam situm, 132, 15. (De situ loci haud dubie erravit Strabo; neque diversum oppidum indicat ab eo, quod Itin. p. 399 inter Dertossam et Tarraconem habet, ab hac distans mill. 21; hod. *Balaguer*. (Reichard.) vel

Miramar (Lapie), vel *S. Lucar de Barrameda* (Cortes), vel *Cambrils* (Wesseling).
Oleum optimum exportatur e Turdetania, 119, 21. Olei vicem butyrum implet apud Lusitanos, 128, 36. Olearum copia in Hispania, 136, 10; in Gallia meridionali, 147, 44. Oleum ex Aquileia exportatur, 178, 40. Olearum ferax Sabina regio, 190, 17. Oleum optimum Venafri in Latio, 198, 27; 202, 37; non fert Bactriana, 61, 6; multum habet regio Sinopes, Amisi, Phanarœæ, 61, 18, et Cyprus ins., 583, 35. Oleæ Æthiopicæ, gummi quoddam sudantes, 661, 27. Oleæ in Arsinoite nomo Ægypti et circa Alexandriam, 687, 29. Sesami oleo unguntur Assyrii, 635, 19. Olei scaturigines ad Ochum fl., 444, 9.

Olenia petra, Ὠλενίη πέτρη, Homero memorata, ad Pisatidis fines est, ut nonnulli statuunt, 293, 24; nunc Scollin dici conjiciunt, in Dymæorum, Tritæensium, et Eleorum ditione, 293, 33; 332, 49. Cf. 292, 17; 293, 47; 294, 16; 302, 45.

Olenus, Ὤλενος, Achaiæ civitas, 331, 24, quam Pirus fl. præterfluit, *ib.*; nunc deserta; sita inter Dymen et Patras, 331, 30; 333, 12; ibi etiam Æsculapium, 331, 32. Agrum urbis Dymæi possident, 331, 29. Cf. 330, 3; 332, 23.

Olenus, Ætoliæ opp. ap. Homerum; nunc nonnisi rudera ejus sunt prope Pleuronem novam sub Aracyntho, 395, 26; 331, 35 et 40; 387, 41. Æoles opp. diruerunt; de agro litem moverunt Acarnanes, 387, 41.

Olgassys, Ὄλγασσυς, Paphlagoniæ mons, multa habens templa, 481, 9; cui subjacet Cimiata castellum, 481, 45.

Oliarus, Ὠλίαρος, Cycladum una sec. Artemidorum, 417, 3.

Oligasys, Ὀλίγασυς, Paphlagonicum vocabulum in Cappadocia obvium, 473, 44.

Olizon, Ὀλιζών, Magnesiæ opp, in Philoctetæ ditione, 375, 15; cujus incolas Demetrius in Demetriadem conduxit; nunc pagus Demetriadis, 374, 44.

Olmiæ, Ὀλμιαί, promontorium ad sinum Corinthiacum, 326, 40.

Olmius, Ὄλμιος, Bœotiæ fl. prope Haliartum, 353, 43.

Oloosson, Ὀλοοσσὼν λευκή, Thessaliæ opp. in Polypœtæ ditione ap. Homerum, 377, 40. Perrhæbicum opp., cur album vocetur, 378, 41.

Olophyxis, Ὀλόφυξις, in Atho monte oppidum, 279, 42; 280, 32.

Olores in Hispania, 135, 50.

Olura. V. Oluris.

Oluris s. Olura, Ὄλουρις ἢ Ὄλουρα, in aulone Messeniaco (ad Cyparisseentem fl.) Messeniæ opp.; sec. nonnullos est Dorium, quod inter Nestoris oppida Homerus recenset, 301, 2. Situs incertus.

Olympene, ἡ Ὀλυμπηνή, Mysiæ regio, 493, 46.

Olympia, Ὀλυμπία, in Pisatide, 289, 41, juxta quam Alpheus fl., 295, 14; distat 40 stadia ab Heraclea Pisatidis, 306, 34; 120 stad. a Phea portu, 294, 46. Ei propinqua Pholoe, Arcadiæ m., 306, 45, et Arpina opp., 306, 37. Olympiæ ager qui circa templum est, aliquando inundatus est, eodemque tempore stagna prope Phenuem imminuta sunt, 334, 20. Olympiæ templi in Pisatide situs, 303, 49; claritatis initium in oraculis ibi editis, 304, 1; deinde solennis conventus et certamen coronarium, 304, 3; templi ornamenta; Juppiter aureus Cypseli, et eburneus Phidiæ et Panæni, 304, 8; 325, 13. Primum certamen coronarium instituerunt Elei, Pisatide potiti, 304, 51. Varia de primo templi et certaminum auctore fama, 305, 1. Templi procurationem, devictis Epeis, suscipiunt Ætoli, 307, 25. Olympicum certamen jam Homero notum fuisse nonnulli contendunt perperam, 305, 14. Iphitus id instituit, 307, 34. Phido vi obtinuit ut certamini Olympio præesset; quam certaminis procurationem Elei in tabulas non retulerunt, 307, 48. Elei certamini profuere usque ad Ol. 26, qua vixit Corœbus Eleus, 305, 9. Deinde Pisatæ, tum iterum Elei, 305, 26.

Olympicum sive Olympium Athenis, 340, 46.

Olympii Mysi, 485, 9.

Olympionica, Phryno Atheniensis, 513, 20.

Olympus, tibiarum inventor, 403, 45. De Olympo fabula ad Celænas refertur, 495, 2.

Olympus, mons Cypri in insulæ parte orientali, cum Veneris Acræœ fano, 582, 32.

Olympus, Cypri mons inter Amathuntem et Curiadem, 582, 37.

Olympus, Lyciæ urbs, 567, 30, et mons, qui etiam Phœnicus dicitur, 568, 48. Zenicetæ prædonis arx, quam cepit Servilius Isauricus, 573, 9.

Olympus, Macedoniæ mons, 22, 26; 173, 52; 276, 15 et 31; ab Ossa abruptus, 50, 11; 455, 22. Ei junctus in Thessalia Titarius mons, 276, 10. In eo Musarum cultus Thracius, 404, 38; ad eum Pieres Thraces, 275, 28; subjacent Elone et Gonnus, 378, 45, et Dium, 276, 40 et 44. Ad Olympum Æneas consedit, 520, 11.

Olympus Mysiæ, 483, 28; 484, 13; Idæ conterminus, a poetis interdum cum Ida confunditur, 403, 52. Ad Olympum Mysium multa nascitur oxya, quæ lydice mysus vocatur, 490, 6. Mons prædonum receptaculis accommodus a tyrannisque sæpe occupatus, ut a Cleone prædonum duce, 492, 3. Olympi accolæ, 492, 35; adjacens Prusa urbs, 483, 9.

Olympi, quattuor in Ida monte vertices ad Antandrum, 403, 50.

Olympus, Pisatidis mons prope Pisam urbem, 306, 9.

Olynthus, Ὄλυνθος, Macedoniæ urbs, a Potidæa 70 stadia distat, 279, 7. Mecybernam navale habuit, 279, 9. Olynthum commigrarunt Chalcidenses Thracici, e reliquis oppidis suis ejecti, 275, 38. De Olyntho funditus deleta Demosthenis vox, 100, 6. Ad urbem locus est Κανθαρώλεθρος dictus, 279, 12. Olyntho vicina Scolus urbs, 351, 13.

Olysipon (Ὀλυσιπῶν, si vera emendatio), Lusitaniæ urbs, a Bruto munita, 126, 13.

Olyssen, Ὀλύσσην (an ὁ Λυσσήν, sicut ὁ Λεβήν? *Λίσσης* Steph. Byz.), Cretæ opp. ad Phæstiam ditionem pertinens, 411, 52.

Omanus, Ὠμανός, Anaitidis σύμβωμος θεός, Persarum δαίμων, 439, 10. Ritus in cultu ejus dei, 624, 19.

Ὄμβριος. V. Jupiter.

Omphale, Ὀμφάλη. Ejus et Herculis ex posteris Atys, 182, 42. Omphale, Ionis fabula, 50, 17.

Omphalio, Ὀμφαλίων, Pantaleontis pater, 311, 1.

Onagri ap. Scythas et Sarmatas, 259, 27.

Onchesmus, Ὄγχησμος, Epiri portus, cui Corcyræ promontorium occiduum objacet, 269, 30. (Ruinæ supra *Dema*, ad extremitatem borealem lacus *Vivori*. Kiepertus ibi Cassiopen portum a Ptolemæo memoratum ponit. Qui quidem portus ex objacente Corcyræ portu perperam huc translatus esse videtur.)

Onchestus Ὄγχηστος, Bœotiæ opp. ad lacum Copaidem, et Tenericum campum in loco sublimi, 354, 21; 352, 53. Eo Amphictyones conveniebant; templum ibi Neptuni, 354, 21. In propinquo est Medeon opp., 352, 45. De Onchesto Alcæus falsa tradit, 354, 31.

Onci montes, Ὄνεια ὄρη, a Scironiis saxis et a via quæ

juxta hæc in Atticam est, protenduntur usque ad Bœotiam et Cithæronem, 326, 24; 337, 51. Majorem Megaridis partem occupant, mare Alcyonium distinguentes ab eo quod ad Nisæam est, 337, 51.
Onesicritus, Ὀνησίκριτος, se audiisse dicit Diogenem phil., 609, 45. In Nearchi classe ἀρχικυβερνήτης fuit, 614, 16. Onesicritum οὐκ Ἀλεξάνδρου μᾶλλον ἢ τῶν παραδόξων ἀρχικυβερνήτην προσείποι τις ἄν. Ceteros rerum Alexandri scriptores τῇ τερατολογίᾳ superat, 595, 18. Multa mentitus est, 58, 41. Sophistas Indicos convenit. Ejus cum Calano confabulatio. Doctrinæ quam Mandanis exposuerit, capita refert, 608, § 63-65. Laudatur de Indiæ magnitudine, 588, 17. De Indiæ ora maritima, 597, 46. De Patalenæ insulæ magnitudine, 597, 36. De Indiæ fluviis; aquam jam decoctam ibi e nubibus effundi dicit, 592, 50; quæ causa ei videtur esse proprietatum in animalibus, 593, 2. De aquæ Nili virtutibus, 592, 45. De fluviorum exundationibus in India, 591, 15. De Indiæ arboribus mirabilibus, 591, § 21. De bosmoro, 590, 40. De elephantis, 601, 4. De Abisari serpentibus, 595, 17. De institutis eorum qui Cathæam et Sopithis regionem incolunt, 596, 14. De Musicani terra, 597, 51. De Taprobane, 589, § 15. De Bactris qui senes canibus ἐνταφιασταῖς projiciunt, 443, 22. De Carmania, 618, 28. Euphratem et Tigrim in lacum exire ait, ex quo Euphrates in mare efferatur, 620, 53. De Cyri sepulcro, 621, 52; de inscriptione in Darii sepulcro, 522, 4.
Onesion thermæ, τὰ τῶν Ὀνησίων θερμά, apud Convenas Aquitaniæ, 158, 22. (Aquæ Convenarum, Itin. p. 457. Bagnères-en-Bigorre prope Oxon.)
Onoba, Ὄνοβα (Huelva), Turdetaniæ opp. ad æstuarium sita, 119, 7; objacet insula Herculi sacra, 141, 20.
Onomarchus, Ὀνόμαρχος, Delphicum templum diripuit, 361, 11 et 23.
Ὄνος Ἄντρωνος. V. Antron.
Onugnathos, Ὄνου γνάθος (Elaphonisi peninsula), Laconiæ peninsula, 312, 2; portum habet, 312, 23. A Cythera distantia, 312, 4 et 11.
Onthyrium, Ὀνθύριον (Ὀνούριον codd.), Thessaliæ opp., cujus incolæ in Metropolin conducti sunt in eamque Veneris cultum attulerunt, 376, 23.
Onyches, ὀνυχίτης λίθος, in Cappadocia, 462, 46.
Ophelas, Ὀφέλας, periplum scripsit, ex quo plurimas de Libyæ ora exteriore fabulas scriptores posteriores sumpserunt, 701, 24.
Ophienses, Ὀφιεῖς, Ætoliæ gens, cujus pars Bomienses, 387, 31; 400, 2.
Ophiodes, Ὀφιώδης, insula sinus Arabici; unde nomen habeat; topazos ibi quomodo colligant, 655, § 6.
Ophiogenes, Ὀφιογενεῖς, gens Psyllis Libycis similes, ad Parium in Troade, 503, 37.
Ophiussa, Ὀφιοῦσσα, minor ex duabus Pityussis inss. ad Hispan.; deserta, 139, 9.
Ophiussa, Ὀφιοῦσσα, urbs ad Tyram sita, 254, 13.
Ophiussa, vetus Rhodi nomen, 558, 18.
Ophlimus, ὁ Ὄφλιμος, mons Ponti, ad Phanarϙæa latus occiduum, 476, 30.
Ophrynium, Ὀφρύνιον, in Troade locus non procul a Dardano situs, cum Hectoris luco, 509, 33.
Opici, Ὀπικοί, Campaniam habitarunt; iidem sunt qui Ausones, secundum Antiochum; Polybius Opicos et Ausones circa Craterem sinum habitasse dicit; alii primum Opicos, deinde Ausones, tum Oscos regionem hanc tenuisse referunt, 202, 13. Opicorum regionem occupaverunt Sabini, qui dein Sabelli et Samnites dicti sunt, 208, 22.
Opis, Ὦπις, pagus et emporium ad Tigridem et Semiramidis murum, 67, 1; 430, 14; 454, 10; 630, 8.
Ὀπισθοδάκτυλοι, digitis retrorsus aversis præditi, Indiæ gens fabulosa, 58, 47.
Opistholepria, ἡ Ὀπισθολεπρία, Ephesii agri pars ea quæ pone Lepren acten est, 541, 37.
Opitergium, Ὀπιτέργιον (Oderzo), Italiæ transpadanæ oppidum (ap. Venetos), 178, 27.
Opsicella (Ocela?), urbs Cantabriæ, quam Ocelam Antenoris socium condidisse ferunt, 130, 32.
Opuntius sinus, ὁ Ὀπούντιος κόλπος, 364, 48 et sqq.
Opus, Ὀποῦς, metropolis Locrorum Opuntiorum, 357, 8 et 46; 364, 40. Μητρόπολις Λόκρων εὐθυνόμων Ὀπόεις, in inscriptione, 365, 4. Patria Patrocli, 365, 20. Opuntii navale Cynus, 365, 6. Urbis pars terræ motu corruit, 50, 41. Opuntiorum rex Ajax Locrus, 365, 25. Opuntiorum respublica Aristotelea citatur, 267, 32.
Oraculum Dodonæum. V. Dodona. Oracula non verbis, sed signis edebantur in Dodona et Ammonis fano Libyco, 273, 44. Oraculum Menesthei in Iberia, 116, 24. Junonis Acrææ inter Pagas et Lechæum, 326, 39; in Ptoo monte Bœotiæ, 354, 37 et 44. Jovis Trophonii, 355, 38. Apollinis in Adrasteæ campo, 503, 19. In Zelia urbe, 503, 24. In Grynio opp., 531, 51. Dianæ Sarpedoniæ in Cilicia, 577, 10. Oraculum mortuorum, νεκυομάντειον τὸ ἐν τῷ Ἀόρνῳ Campaniæ, 21, 36. Alia vid. s. v. Delphi. Oraculum Tyriis datum de deducenda ad Herculis columnas colonia, 141, 8; Phocæensibus Massiliæ conditoribus datum, 148, 53; Italis, 210, 32; Myscello Crotonis conditori, 218, 10; 224, 8; Archiæ, 224, 8; Phalantho Tarenti conditori, 231, 48; Byzantii conditoribus, 266, 20; Ægiensibus, 385, 51. Oraculum de Pyramo fl., 44, 11; 459, 52. Teucris e Creta in Troadem proficiscentibus datum, 517, 23. Alia v. 321, 30; 327, 10; 342, 27.
Oratio pedestris e poetica nata, p. 14, 49 sqq.
Orbelus, Ὄρβηλος (Perim Dagh), mons Macedoniæ, 275, 12.
Orbis, Ὄρβις (Orbe), Galliæ fl. e Cemmeno oriens, cui adjacet Bætera (Beziers), 151, 19.
Orcaorci, Ὀρκάορκοι, Tectosagum in Galatia opp., 486, 2 et 43; 493, 52. [Haud dubie est Orcistus Tab. Peut. (ruinæ ad hod. Alekiam) non longe dissita a Pessinunte].
Orcheni, Ὀρχηνοί, Chaldæorum astronomorum secta, 629, 38.
Orchistene, Ὀρχιστηνή, Armeniæ prov., 452, 51. Plurimum equitatum præbet, ib.
Orchomenus, Ὀρχομενός, Arcadiæ urbs, nunc deserta, 333, 39; πολύμηλος, 291, 12. Ejus rex Aristocrates, 310, 54.
Orchomenus, Bœotiæ urbs, Μινύειος, 291, 13. Initio in planitie condita, deinde in Acontium montem translata, 357, 10. Orchomeniorum coloni feruntur Achæi Pontici, 357, 14. Orchomenus, Minyarum urbs, olim opibus et potentia florens. Orchomeniis Thebani tributum solvebant; eorum tyrannus Erginus ab Hercule interfectus; Eteocles ibi Gratiarum templum dedicavit; coloni Orchomeno Iolcum deducti, 356, § 40. Orchomenus, Minyarum caput, peculiaris respublica erat, quam post bellum Trojanum Bœoti e Thessalia reduces sibi adjunxerunt, 344, 54; 353, 25. Orchomeno Minyæ in Triphyliam venerunt, 298, 24. Urbs ad Amphictyoniam Calauriæ contribuebat, 321, 35. Copaidis inundatione deleta est, 349, 32; 356, 46. Ad eam Melas fluvius terræ hiatu excipiebatur, 349, 37. Orchomenia regio, 350, 1.
Orchomenus, Eubϙæ urbs, Carysto finitima, 357, 17.
Ore carentes. V. Ἄστομοι.

INDEX NOMINUM RERUMQUE.

Orestæ, Ὀρέσται, Epirotica gens, Macedonum pars evaserunt, 373, 11; 271, 10. Per eos Erigonem fluere Strabo (parum recte) dicit, 277, 3.

Orestes, Tisameni pater, 329, 37. Post matris cædem profugus in Orestiadem abiit, ubi Argos Oresticum condidit, 271, 12. Cum Iphigenia cultum Dianæ Tauropoli in Cappadociam attulit, ubi de eo Comana urbs dicta est, quod comam ibi lugubrem deposuerit, 459, 16 ; 460, 45. Orestis filii cum Æolica classe ab Aulide in Asiam trajecerunt, 344, 51. Orestes primus Æolicam coloniam in Asiam duxit; deinde filius ejus Penthilus, 498, 19. Orestes in Arcadia mortuus est, 498, 20.

Orestia, Ὀρεστία, priscum Pelagoniæ nomen, 281, 26.

Orestias, Ὀρεστιάς, Epirotica regio, quam Orestes obtinens Argos Oresticum condidit, 271, 12. Orestias etiam Macedoniæ superiori vel apud seriores Macedoniæ liberæ attribuitur, 271, 30. Orestis (ἡ Ὀρεστίς) habet Bœum montem, qui usque ad Coracem Ætoliæ et ad Parnassum pertinet, 274, 31.

Oretani, Ὀρητανοί, Iberiæ gens, in superioribus partibus Tagi et Anæ fl., 115, 10. Eorum nonnulli ab ortu Turdetanis contermini, 116, 44 ; 115, 33. Parte aliqua ad mare intra Columnas et Carthaginem Novam situm pertingunt, 126, 22; 129, 40. Ab iis septentrionem versus Carpetani, 126, 25. Oretani sunt a meridie Celtiberorum, usque fere ad Malacam, 135, 40 ; 134, 37. Per Oretaniam Bætis fluit, 134, 40. Oretaniæ primariæ urbes Castulon et Oria, 126, 32; 136, 32. In Oretania dorsum montosum silvosumque oram a mediterraneis dirimit, 129, 50 ; in eo auri aliaque metalla, 130, 3.

Oreus, Ὠρεύς, Eubœæ urbs; ejus situs, 382, 51. Primum Histiæa dicta est, 382, 44. Pagus fuit Ḥistiæensium, quem Athenienses colonia frequentarunt, 382, 48. Quidam narrant Oritas ab Ellopiensibus bello pressos Histiæam migrasse, atque sic unam de duabus factam urbibus, utroque nomine promiscue usam, 383, 3. Oreus terræ motu læsa, 50, 26. Orei Orion enutritus esse fertur, 383, 2. Oria, Ὠρεία, regio, 382, 34. Oritarum tyrannus Philistides, 382, 39.

Orgas, Ὀργάς, Phrygiæ fl., quem Mæander excipit antequam Marsyam prope Apameam Cibotum excipit, 494, 41.

Orgia et mysteria quibusnam diis assignentur, 402, 5.

Ori (Oritarum urbs?). Ἀπὸ Ὠρῶν ad Gedrosiorum regiam Alexander venit sexaginta dierum itinere, 615, 33.

Orla, Ὠρεία, in Histiæensium Eubœæ ditione, 382, 34

Oria, Ὠρία (Ὠρισία et Ὀροία, Artemidor. ap. St. Byz), Oretanorum in Hispania caput, 126, 33.

Ὀρείχαλκος, quid et ubi? 521, 45.

Oricum, Ὠρικόν, urbs Epiri; ejus navale Panormus, 23, 11.

Orion, ὠρίων, Indiæ avis, 611, 47.

Orion, Ὠρίων, in Hyria Bœotiæ urbe editus, 347, 27; in Oreo Eubœæ urbe educatus esse fertur, 383, 2.

Oritæ, Ὠρεῖται, Arianæ gens, ab Arbibus Arbi fluvio distinguuntur; gens liberæ conditionis; ora eorum est 1800 stadiorum; sequuntur occasum versus Ichthyophagi, 613, 16. Oritæ sagittas præustas veneno illinunt, 615, 23. Cf. Ori.

Oritæ. V. Oreus.

Orithyia, Ὠρείθυια, a Borea rapta, 245, 20.

Ormenium, Ὁρμένιον, Thessaliæ opp., in Eurypyli ditione, 371, 25; 376, 41. Phœnicis patria, sec. Demetrium Scepsium, 376, 52. Condita urbs ab Ormeno, Cercaphi filio, 377, 1. Nunc Orminion vocatur; pagus sub Pelio situs, in Demetriadem contractus est, 376, 41 ; 374, 43.

Ormenus, Ὅρμενος, Cercaphi f., Æoli nepos, pater Amyntoris et Enæmonis, Ormenium Thessaliæ condidit, 377, 1.

Ornatum triumphalem ac consularem omniumque adeo magistratuum a Tarquiniensibus assumpserunt Romani, 183, 12.

Orneæ, Ὀρνεαί, pagus Argolidis, 323, 40; in Agamemnonis regno, 324, 11 ; Sicyoniæ vicinus ad fluvium cognominem (riv. de *Leondi*), nunc desertus (ruin. prope *Palæo Leondi*); Priapi templum habuit, 328, 19; 502, 54.

Orneæ, pagus inter Corinthum et Sicyonem situs, 323, 41. Situs vici incertus.

Orneas fl. V. Orneæ.

Ornithon polis, Ὀρνίθων πόλις, Phœniciæ opp. inter Sidonem et Tyrum situm, 645, 10. (E Scylace et Plinio liquet oppidum fuisse inter Tyrum et Sarepta (*Sarfand*). Admitti igitur nequeunt quæ de situ ejus Ritterus e Robinsono et Schultzio refert. In Geogr. min. t. I, p. 138 prolegg. locum composui cum hod. *Burga el Urbi*, qui in Syriæ tabula Berghausiana a Sarepta circa 15 stadia versus boream distat. Idem locus vel pervicinus ei esse videtur *Birket el Till*, quem Melchior de Vogue (in *Athenæum fr.* 1854 p. 1164) ruinarum indiciis ductus Ornithopoli vindicat. Situm esse dicit *à trois kilomètres au nord de Sarepta*).

Oroatis, Ὀρόατις, fluvius Persidem a Suside dirimens, 619, 10; 577, 13; a Pasitigri 2000 stadia distat, 620, 46.

Orobiæ, Ὀρόβιαι, Eubœæ opp., 347, 49, ubi Apollinis Selinuntii (?) oraculum, 382, 37.

Orontes, Ὀρόντης, Hydarnis Persæ e genere, Armeniæ præfectus, 455, 54.

Orontes, Ὀρόντης (*Nahr el-Asy*); unde dictus; olim Typhon vocabatur; de ea re fabula; fontes et cursus fluvii; 639, 11. Ostia ejus ab Antiochia unius diei navigatione, a Seleucia stadia 40 distant, 639, 25 et 46. Fontes prope Paradisum et Ægyptium murum, 643, 33. Inter Apameam et Antiochiam abysso, quam Charybdin vocant, absorptus post 40 stadia rursum emergit, 228, 38. Ab eo ad Ciliciæ confinia 520 stadia sec. Artemidor., 647, 12; 571, 52. Ad Orthosiam 1130 stadia, *ib*. Quot sint usque ad Pelusiacum ostium, 571, 52. Ad Orontem consederunt Argivi Triptolemi comites, 639, 1.

Oropus, Ὠρωπός, Bœotiæ opp., 336, 3 ; 343, 50 ; a Delphinio 20 stadiis abest, 346, 9 ; in confinio Bœotiæ et Atticæ situm oppidum sæpe in controversiam venit, 342, 48; 54, 41. Oropiorum locus Psaphis, 342, 42. Vicinus Oropo Græa locus, 346, 45.

Orospeda, Ὀροσπέδα (Ὀρτοσπέδα Ptolem.), Hispaniæ mons, a medio Idubeda monte versus occasum porrectus ad meridiem et oram Columnis vicinam declinat ; initio nudus collis, dein per Spartarium campum pergens silva tectus, jungitur montibus qui supra Malacam sunt, 133, 46. Ex eo Bætis fl. oritur, 135, 38. Mons inhabitatur parte Edetanorum et Bastetanorum, 134, 49; 135, 38.

Orpheus, Ὀρφεύς, 649, 6, Thrax, musicus, 404, 44; Cicon, præstigiator, in Pimplea vico degebat ; de ejus studiis et morte quædam, 276, 45. Orpheus cum Thamyri componitur, 280, 15.

Orthagoras, Ὀρθαγόρας, laudatur de Ogyri insula, 652, § 5.

Orthagoria, Ὀρθαγορία (*Ortakoi* a *Maragna* versus meridiem), Thracicæ oræ oppidum ab oriente Maroneam, 282, 29 (Plin. 4, 18, 11 Maroneam et Orthagoriam easdem esse dicit).

Orthanes, Ὀρθάνης, Atticorum deus, Priapo similis, 503, 9.

Orthe, Ὄρθη, Thessaliæ opp., in Polypœtæ ditione ap. Homerum, 377, 40. Secundum nonnullos est arx Phalannæorum, 378, 5.

Orthopolis, Ὀρθόπολις, Macedoniæ opp., 281, 6. (In valle *Stroumitza* fluvii alicubi sita erat).
Orthosia, Ὀρθωσία, pagus Cariæ, 555, 28.
Orthosia, Syriæ opp. maritimum, a meridie Simyræ situm; in propinquo erat Eleutherus fl., 641, 36; 642, 31; sita Orthosia initio Cœlesyriæ, 644, 6; ab ea ad Pelusium Phœnicia pertinet, 643, 54. A Pelusio Orthosia abest 3650 stad., ab Oronte 1130 stadia, sec. Artemidorum, 647, 8. (Oppidum a Tyro 12 m., ab Antarado 30 m. p. distat sec. Tab. Peut. His ducimur ad amplas ruinas quæ exstant prope *El-Barid* fl. vocanturque *Burdch Hakmone el-Ychudy*. Regio hæc etiamnunc a quibusdam *Ortosa* vocatur. Quo pacto Ritterus, 17, p. 807 Orthosiæ nomine hodiernum *Tartus* sive *Tortosus* (Antaradum vett.) a Strabone significari putaverit, haud assequor.
Orton, Ὄρτων, Frentanorum navale, 201, 44.
Ortospana, τὰ Ὀρτόσπανα, Paropamisadarum opp., 616, 2. Ad quod est ἡ ἐκ Βάκτρων τρίοδος; distat ab Arachotis 4000, ab Indiæ finibus 1000 stadia sec. Eratosthenem, 441, 5.
Ortygia, Ὀρτυγία, nutrix Dianæ et Apollinis, 546, 31 et 41.
Ortygia insula ante Syracusas sita primum memoratur ab Hesiodo, 19, 12; ponte continenti jungitur, 224, 48; Arethusam fontem memorabilem habet, *ib.* Ab utraque insulæ parte portus est, 225, 53.
Ortygia, Ὀρτυγία, lucus prope Ephesum ad oram marit., quem Cenchrius perfluit. Ibi Latona peperisse fertur, 546, 27; adjacet Solmissus mons, 546, 34. In luco isto templa, statuæ, festa, 546, 40.
Ortygia, antiquum Deli nomen, 417, 38.
Oryges, Ὄρυγες, pisces in mari ad Turdetaniam, 120, 22.
Orygum cornibus pro armis utuntur Æthiopes, 657, 31.
Oryza in India, 588, 47, quomodo colatur, 590, 31; nascitur etiam in Bactriana, Babylonia, Suside, Syria inferiore, 590, 35.
Osca, Ὄσκα, Hispaniæ opp., usque ad quod pertinet regio Iaccetanorum, 134, 2. Ab Ilerda 540 stadia distat, 134, 14. Ibi Sertorius decessit, 134, 6.
Osci, Ὄσκοι, Campanorum gens non amplius superstes; ad Oscos pertinent Sidicini, 197, 52. Osci post Ausones in Campania habitantes a Cumanis pulsi sunt, 202, 19 Herculanum et Pompeios in Campania tenuerunt, 205, 40. Osci, Ausonum olim vicini. Etsi gens interiit, sermo eorum ap. Romanos restat, et certa quædam carmina ea dialecto scripta in scenam producuntur, 194, 13. Oscorum montes, 202, 13.
Osiris, Ὄσιρις, idem est qui Apis, 685, 48. Ejus templum Abydi; lex quædam in eo observata, 691, 47. templum in Acantho urbe, 687, 25. Osiris jacet in loco Sai urbi vicino, qui vocatur Ὀσίριδος ἄσυλον; ceterum de hac re controversia est, 682, 50. Cf. Isis.
Osismii, Ὀσίσμιοι, quos Ostimios (Ὠστιμίους) Pytheas vocat, Galliæ gens, Venetis finitima, 162, 27. In promontorio habitant longe porrecto, *ib.*
Osogo. V. Jupiter.
Ossa, Ὄσσα, Thessaliæ mons, 22, 26; 276, 13 et 32, ab Olympo abruptus esse putatur, 50, 10; 369, 20; 454, 22. Ejus præternavigatio octoginta fere stadiorum, 380, 49. Ad Ossam Larisa oppidum est, 378, 20; ad eundem olim habitarunt Ænianes cum Perrhæbis, 51, 11.
Ossa, mons Pisatidis, ad Pisam urbem, 306, 9.
Ossonoba, Ὀσσόνοβα (*Estoy* ad ostium *Silves* fl.), Turdetaniæ opp. ad æstuarium situm, 119, 7.
Ostia, Ὄστια, Latii urbs importuosa. Navigationis ibi ratio, 193, 15. Ostia ab Anco Marcio condita, 193, 24. Romæ navale, 120, 11; 182, 22, Laurento vicinum, 190, 45. Distantia a Pyrgis, 188, 15; a Luna, 184, 44.

Ostimii, Ὠστίμιοι, Galliæ populus, i. q. Osismii, de quibus Pytheas falsa narrat, 53, 1. Eorum promontorium Cabæum, 53, 45.
Ostreæ. Earum copia abundat mare externum, præcipue vero ea pars quæ est ad Turdetaniam, 120, 16, et Tagus fluvius, 126, 16, et ἡ στομαλίμνη ad Rhodani ostia. Reperiuntur ostreæ ad templum Ammonis, 41, 14.
Othryadas, Ὀθρυάδας, Spartanus. Ejus stratagema, 323, 33.
Othrys, Ὄθρυς, Thessaliæ mons, 374, 4. Ejus situs, 371, 42. Ex eo fluit Enipeus, 371, 5.
Otides, ὠτίδες, aves in Hispania, 135, 50.
Otreus, Ὀτρεύς, Otrœam Bithyniæ condidit, 484, 41.
Otrœa, Ὀτροία, Bithyniæ opp. supra Ascaniam paludem, 484, 39. Conditor ejus, *ib.*
Otryoneus Cassandram in matrimonium petivit, 514, 8.
Otus, Ὦτος, Cyllenius, Epeorum dux, 290, 18; 392, 15.
Oves Erythiæ insulæ 50 dierum pastione tantam pinguedinem contrahunt, ut suffocentur, nisi sanguis aliquid emittatur, 141, 1; 223, 40. Idem accidit in Ætnæa Siciliæ regione, 223, 40. In Turdetania aries, qui oves ineat, talento emitur, 119, 42. Oves magnæ in regione circa Borysthenem, 255, 14. Oves Gadilonitidis regionis Ponticæ, 468, 30; Laodiceæ et Colossarum in Phrygia, 495, 30; Nabatæorum, 666, 47. Oves Sarapidi immolantur in Nitriote Ægypti nomo, 682, 46. Ovem Saitæ et Thebani colunt, 690, 23. Oves Æthiopicæ caprarum in modum hirtæ, 698, 18. Oves lacte et carne enutriuntur apud Libycas quasdam gentes, maxime apud Æthiopes (Hesperios), 709, 20.
Oxeæ, Ὀξεῖαι, i. e. Acutæ, ex Echinadibus insulis, 393, 35; imperavit iis Meges, 394, 20.
Oxi, Ὄξου, aliis Ariamazæ, petra in Sogdiana, 443, 54; 444, 6.
Oxus, Ὦξος, fluvius permagnus, in Indicis montibus oritur, 437, 24; in Caspium mare exit; sec. nonnullos excipit Ochum; merces Indicæ per eum deferuntur, 436, 48; 61, 19. In eum influit Zariaspa fl., 443, 13. Oxus Bactrianos a Sogdianis dirimit, 440, 36; 443, 20; 61, 19; accolunt eum Massagetæ et Arachoti, teste Eratosthene, 440, 30; Oxi ostia ab Iaxartis ostiis distant 2400 stadia, 435, 6, sive 80 parasangas, 444, 29.
Oxya multa nascitur ad Olympum Mysium; *mysus* vocatur Lydorum lingua, 490, 6.
Oxyartes, Ὀξυάρτης, Roxanen filiam in Sisimithræ petra custodiebat, 443, 52.
Oxyathres, Ὀξυάθρης, frater Darii III, pater Amastridis, 466, 43.
Oxybii, Ὀξύβιοι, Liguriæ populus, 153, 35; 168, 28.
Oxybius portus, a Liguribus Oxybiis nomen habens, in ora Narbonensi, 153, 35. Situs incertior. Fuisse videtur inter fl. *Argens* sive *Frejus* opp. et *Antibes*; Cluvero et Danvillio idem est quem nomine proprio Αἰγιτναν dicit Polybius, 33, 7; hod. *Agaye* vel *Napoule*. Cf. Walckenaer *Géogr. des Gaules*, t. I, p. 182.
Oxydracæ. Cf. V. Sydracæ.
Oxylus, Ὄξυλος, Hæmonis f., decima post Ætolum generatione in Elidem reversus civitatem ibi constituit; testatur rem inscriptio basi imaginis Oxyli insculpta in Eleorum foro, 398, 15. Oxylus, ab Ætolo Eleo genus ducens Temeno ceterisque Heraclidis itineris dux fuit, et hostium agros divisit; rediit in Elidem majorum suorum jure ad se pertinentem, contracto Ætolorum exercitu contra Epeos, 307, 7. Cf. 286, 41; 334, 48.
Oxynia, Ὀξύνεια (*Mokossi?*), Thessaliæ urbs ad Ionem fl., ab Azoro Tripolitidis distans 120 stad, 272, 14.
Oxyrynchus, Ὀξύρυγχος, nomus et urbs Ægypti, in qua oxyrynchus piscis colitur, 690, 15. (Urbs fuit ad hod. *Bench*, in occiduo latere canalis *Bahr Yuseph*.)

Oxyrynchus, Nili piscis, 699, 6; ab omnibus Ægyptiis, præcipue autem in Oxyryncho nomo, colitur, 690, 16 et 21.
Ozolæ. V. Locri.

P.

Paches, Atheniensium dux, Trojam Mytilenæis ademit, ἐν τῷ Πελοποννησιακῷ πολέμῳ τῷ Παχητίῳ, 513, 52.
Pachynum pr., Πάχυνος ἄκρα, Sicil., 220, 46; 102, 7; 221, 23; 87, 32; 221, 34 et 42; 226, 9. Ei objacent Melite et Gaudus, 236, 32. A Pachyno ad Pelorum 168 m. pass., 221, 28; in Cretam 4500 stadia, 102, 26; 311, 50; ad Alpheum 4000 stadia, 221, 50. ad Tænarum 4500 vel 4600 stadia, 102, 27; 221, 50.
Pacorus, (Orodis) Parthorum regis filius natu maximus, in Asiam romanam missus, 637, 25, in Cyrrhestica a Ventidio interemptus est, 639, 40.
Pactolus fl., Πακτωλός, de Tmolo fluens, ab Homero non memoratur, 474, 51; 534, 4. Antiquitus ramenta auri secum ferebat; unde Crœsi divitiæ; influit in Hermum, 535, 4; 506, 36.
Pacton, πακτῶν, scaphæ genus e scuticis ita compositum, ut textile esse videatur, 695, 4.
Pactye, Πακτύη (*Daghan Arslan*), Chersonesi Thraciæ opp, 283, 32; 284, 10.
Pactyes, Πακτύης, mons agri Ephesii, 544, 6.
Padus, Πάδος, Italæ fl. Ejus fontes et cursus, 169, 45. Post Istrum maximus Europæ fluvius, 169, 51. In Padum influunt Durias, Addua, Ticinus, Trebia, 160, 23; 169, 44; 174, 12; 177, 41; 180, 43; 181, 9. Padus sæpe imbribus et nivibus impletur; ad ostia in multas partes diffusus obscurum et ingressu difficile habet ostium, 177, 9. Cispadanam et Transpadanam Galliam dividit, 176, 28. Ad Padum urbes insigniores, 180, 27. Ejus accolæ olim Boii, Insubres, Senones, Gæzatæ, aliæque gentes Gallicæ, 177, 14. Padi paludes fossâ a Pado ad Parmam ductâ siccavit M. Æmilius Scaurus, 181, 6. In Pado Placentia Ravennam navigatur, 181, 4. Ad Padum Electridas insulas et vicinum ei Eridanum fl. fabulantur, 179, 10.
Pæanem cur pugnam inituri conclament, 362, 39.
Παιανισμοῦ origo, 362, 39. Παιανισμὸς Thracum a Græcis τιτανισμὸς dictus, 281, 34.
Panænus, Πάναινος, pictor, Phidiæ consobrinus, statuam Jovis olympicam coloribus ornavit, 304, 17.
Pæoniæ, Παιονίας, situs, 274, fr. 4; regio sublimis, 260, 15; ab occiduo Strymonis latere, 281, 12. Quibusnam fluviis a Macedonia separetur, 275, 42. Axius et Strymon e Pæonum regione fluunt, 281, 18. Pæoniam usque ad Pelagoniam et Pieriam pertinuisse aiunt, 281, 24; ipsosque Pæones vocatos esse Pelagones, *ib.* Pæonii montes, 23, 32. Urbes Gortynium et Stobi, 274, 24. Agricolæ ibi auri frustula inter arandum reperiunt, 280, 10. Pæones secundum nonnullos e Phrygibus oriundi, sec. alios e Pæonibus Phryges oriundi, 281, 23. Pæones olim magnam hodiernæ Macedoniæ partem obtinuerunt, adeo ut Perinthum oppugnarent et Crestoniam, Mygdoniam et Agrianum terram usque ad Pangæum sui juris facerent, 281, 37; ad Axium fl. Amphaxitidem Macedoniæ regionem possederunt, 275, 28. Pæones Homerus memorat, 5, 28; 23, 37. Secundum quem ex Amydone sive Abydone Trojam venerunt, 277, 20, ac ducem habuerunt Asteropæum, Pelagonis filium, 281, 27. Pæonibus finitimi sunt Bessi, 264, 34.
Pæstanus sinus, Παιστανὸς κόλπος, i. q. Posidoniates, 209, 11.
Pæstus, Παιστός, quæ olim Posidonia, Lucaniæ urbs. 209, 11.

Pæsus, Παισός (Ἀπαισός, 502, 24), urbs et fluvius Troadis, inter Lampsacum et Parium; urbe diruta incolæ Lampsacum migrarunt; Milesiorum coloni; urbem Homerus etiam Apæsum dicit, 504, 19; 542, 38.
Pagæ, Παγαί (Πηγαί, 343, 51), Megaridis opp. ad sinum Crisæum sive Corinthiacum, 326, 35; 287, 22; 338, 3; 343, 51; 352, 12. A Piræeo distantia, 335, 37.
Pagasæ, Παγασαί, in Thessalia Pherarum navale, 90 stadiis a Pheris, 20 ab Iolco distantes, 374, 31; nunc pagus Demetriadis, 370, 43. Nominis etymologiæ duæ, 374, 35.
Pagasiticus sinus, Παγασιτικὸς κόλπος, 279, 30; 375, 7; ejus insula Cicynethus, 375, 8.
Pagræ, Πάγραι, *Bagras*, castellum Antiochensis agri, Gindaro subjacens, juxta Amani transcensum, 639, 45.
Palacium, in Chersoneso Taurica castellum a Sciluro vel ejus filiis exstructum, 259, 7 (probabiliter *Balaclava* ad portum illum, quem Symbolon Strabo dicit, sita).
Palacus, Sciluri f., cum Roxolanorum auxiliis contra Diophantum, Mithridatis ducem, pugnat infeliciter, 254, 40; 256, 38. Fratres habuit quinquaginta aut octoginta, 256, 38.
Palæ, πάλαι, vocantur auri glebæ semilibres in Turdetania, 121, 22.
Palæa, Παλαιά, Cypri opp., 582, 36.
Palæa, ἡ Παλαιά, Mysiæ vicus, ab Andiris 130 stadia distans. Specus sub terra ab Andiris ad Palæam pertinens quomodo detectus sit, 525, 20.
Παλαιὰ πόλις. V. Vetus urbs.
Palæbyblus, Phœniciæ urbs post Adonin fl. (*Nahr Ibrahim*) et Climacem montem et ante Lycum memoratur, 643, 28 (ubi hod. *Suk Michael* ad Lycum fl.?)
Palæpaphus, Παλαίπαφος, Cypri opp., a Papho 60 st. distat, a mari 10 stad., 583, 3. Paphiæ Veneris templum, *ib*.
Palæphatus scriptor ex Amazonibus, olim Alopen, nunc Zeliam habitantibus, Odium et Epistrophum exercitum duxisse censet, 471, 8; 472, 51.
Palærus, Παλαιρός, Acarnaniæ opp., 386, 52; 394, 39.
Palæscepsis s. Antiqua Scepsis, Troadis urbs, Polichnæ vicina, supra Cebrenen, ad excelsissimam Idæ partem. Unde dicta sit urbs; eam Scamandrius et Ascanius 40 stadia deorsum transtulerunt in locum, ubi nunc est Scepsis, 519, 26. Palæscepsis in Æsepi convallibus sita, 516, 18; ab Ænea 50, ab Æsepo 30 stad. distat, 516, 40; 518, 40. Inter eam et Achæium Maleûs locus, 516, 10.
Palæstina, Παλαιστίνη, Syriæ regio, 661, 5.
Palætyrus, Παλαίτυρος, Phœniciæ opp., a Tyro meridiem versus ἐν τριάκοντα σταδίοις, 645, 12. (Secundum hæc Strabo Palætyrum retulit ad ruinas quæ sunt ad *Ras el-Ain*. In hac maxime parte fontibus irrigua urbis olim vastissimæ rudera præcipua Strabonis ætate exstitisse videntur, dum pars urbis insulæ proxima funditus fere deleta fuerit.
Palamedes, Παλαμήδης, Nauplii f., 316, 50.
Palatium Romæ, 197, 18.
Palæ flammâ facilius quam carbonis liquefit aurum, 121, 30.
Pales, Παλεῖς, Cephalleniæ opp. non amplius exstans, 391, 34; 392, 31. Hoc oppidum ab Homero Dulichium dici putavit Pherecydes, 392, 14.
Palibothra, τὰ Παλίβοθρα s. Παλίβοθρα, Indiæ urbs. Via regia ex occidente eo ducens 10000 stadiorum, 587, 51; adverso Gange ad urbem navigatio 6000 stadiorum, 588, 2. Palibothra ad Gangis et Erannoboæ confluentes, 598, 32; urbis descriptio, *ib*. Sita est in Prasiorum gente, 598, 37. Cf. 594, 52; 612, 20.
Palibothrus, Παλίβοθρος, cognomen regum Prasiorum, de regia urbe inditum, 598, 40.

Palicorum crateres in Sicilia, 228, 32.
Palinthus, Πάλινθος, Danai sepulcrum in foro Argivo, 319, 31.
Palinurus, Παλίνουρος, Lucaniæ promontorium, 210, 22.
Palirus, Παλίουρος, vicus in ora Libyæ Cyrenaica, 711, 30.
Pallantia, Παλλαντία, Aruacorum Celtiberorum urbs, 135, 8.
Pallas, Πάλλας, Pandionis f., quamnam Atticæ partem obtinuerit, 337, 24.
Pallene, Παλλήνη, Macedoniæ peninsula, olim Phlegra; gigantes ibi, i. e. barbari, ab Hercule debellati sunt; Troades mulieres captivæ ibidem naves Græcorum incenderunt, 278, 42. In ea sec. nonnullos Alizones habitarunt, 471, 42. Peninsulæ periplus, 278, 42. Ejus isthmus 5 stadiorum, in quo Potidæa, 278, 37. Ejus prom. Canastræum, 278, 35; ejus urbes quattuor, Aphytis, Mende, Scione, Sane, 279, 5.
Palma, Πάλμα, urbs in majore Gymnesiarum ins., 139, 11.
Palmæ in Babylonia, Suside, Perside, Carmania, 629, 25; in Meroe ins., 698, 2; in Chio, 551, 6; palmetum quod a Petra Nabatæorum quinque dierum itinere distat, 66 1, 23; palmetum, φοινικῶν, (ad Heroopoliticum sinum) magnopere honoratum ab Arabibus, 660, 48; palmetum in Hierichunte planitie, palmam caryotam ferens, quale alibi nullum est, excepto Babylonii et eo qui ulterius est orientem versus, 649, 49. Palma Ægypti circa Alexandriam et in Delta proveniens fructum esui non aptum fert, quum Judæa, in eadem latitudine sita, palmam tum caryotam tum ceteram ferat optimam. Utrumque genus etiam in Thebaide, præsertim in insula quadam, nascitur et maximum principibus reditum præbet, 695, § 51. Palmam nonnisi certis in locis nasci Judæi permiserunt, 680, 3. Palmarum fructus et cerebrum saluti fuerunt Alexandri militibus per Gedrosiam tendentibus, 614, 31. Palmæ usus varius, 632, 29. E palmulis vinum, 666, 8. Palmæ trabes inveterascendo in superiorem partem adversus onus flectuntur eoque melius tectum sustinent, 622, 45.
Paltus, Πάλτος (Beldeh), opp. in ora Aradiorum, 641, 32; inter Paltum et Marathum Aradus, 641, 42. Circa eam juxta Badan fl. (Nahr es-Sin, qui etiam Nahr el-Melek s. Melech vocatur.) Memnon sepultus est, sec. Simonidem, 619, 43.
Pamboeotia, Παμβοιώτια, festum, 353, 35.
Pamisus, Πάμισος, Messeniæ fl., 303, 41. Duo ejus nominis fluvii in Messenia. Num etiam juxta Pylum Triphyliæ Pamisus fuerit, quæritur, 295, 44. Alter Messeniæ Pamisus (Dipotamo) fluviorum, qui intra isthmum sunt, maximus, per Macariam planitiem fluit; a Messene urbe distat 50 stadia, 310, 6, et in medium sinum Messeniacum exit, 310, 1. Haud recte Euripides eum Laconicam a Messenia dirimere ait, 315, 3. Alter Pamisus fl. exiguus et rapidus juxta Leuctrum Laconiæ labitur; de eo Messenii cum Lacedæmoniis litigaverunt, 310, 11. Ad Pamisum ab Alpheo fl. 1130 stad. sec. Artemidor., 221, 51.
Pamisus, Παμισός, Triphyliæ fl., juxta Pylum urbem fluens, aliis est Amathus, 289, 18.
Pamphylia, Παμφυλία, Asiæ regio. Ejus descriptio, 569, cap. 4. A Pamphyliæ extremis Taurus incipit, 106, 47. Pamphyliæ et Lyciæ confinia ad Chelidonias insulas, 556, 2. A Pamphyliæ fine ad Anemurium 820 stadia, 571, 43. Pamphyliæ paraplus 640 stadiorum, 570, 7. In Pamphyliam e Troade pars Cilicum immigravit, 523, 47. Pamphyliæ nomine Sophocles poetarum more Ciliciam designat, 576, 23. Pamphyli sunt posteri mixtæ gentis quæ cum Amphilocho et Calchante et Mopso immigravit, 570, § 3.

Pamphylium pelagus, Παμφύλιον πέλαγος, 100, 32; 103, 50; 569, 5; 581, 27.
Pamportus. V. Nauportus.
Pan, Πάν, in Mendete Ægypti urbe colitur, 681, 35.
Panætius, Παναίτιος, Rhodius, 559, 35; Cratetis Mallotæ se discipulum dicit, 576, 36. Magister Apollonii Nysæensis, 555, 33.
Panchæa, Παγχαία, in mari Erythræo ab Enemero ficta, 248, 43; 86, 18.
Pandarus, Πάνδαρος, Lycaonis f., Lyciis Trojanis imperat, 501, 9; 484, 1. Pandarus Lycius Pinaris colitur, 568, 12.
Pandataria, Πανδαταρία, 101, 33, ins. Minturnis objacens, 194, 51.
Pandion, Πανδίων. Ejus filii Ægeus, Lycus, Pallas et Nisus; quomodo inter eos Attica ditio distributa sit, 337, 9; 490, 49.
Pandion, rex Indiæ, ad Augustum legatos misit, 585, 24.
Pandora, Πανδώρα, Deucalionis mater, a qua Thessaliæ pars, in qua Deucalion imperavit, Pandora dicta est, 381, 16.
Pandosia, Πανδοσία, Cassiopæorum opp., 269, 50; in Thesprotia, 213, 4.
Pandosia, Πανδοσία, supra Cosentiam in Bruttio sita, triceps castellum; ad id Alexander Molossus periit; olim regia Œnotriæ, 212, 53. Prope id Acheron fl., ib.
Πανέλληνες apud Archilochum, 318, 11.
Panes, Bacchi comites, 404, 6.
Panes σφηνοκέφαλοι in India, 58, 50.
Paneum, Πανεῖον, Panis sacellum, ad Anaphlystum Atticæ, 342, 22; aliud Alexandriæ, 676, 6.
Pangæus mons, Παγγαῖον ὄρος, Macedoniæ. Ad eum Crenides sive Philippi; auri metalla habet, 280, 7; 580, 22. Ad eum usque pleraque Macedoniæ a Pæonibus occupata erant, 281, 40.
Panionia. V. Panionium.
Panionium, ubi Iones Panionia agere et Neptuno Heliconio sacrificare solent; sacrificio præsunt Prienenses, 546, 12; 330, 9 et 18. Panioniorum meminisse videtur Homerus, 330, 18.
Panis e tostis amygdalis apud Medos, 451, 36; e glandis farina apud Lusitanos, 128, 35.
Panna, Πάννα, Samnitum opp., 208, 8.
Pannonii, Παννόνιοι, regionem inter Alpes orientales et Danubium interjectam tenent usque ad Segesticam, præter ea quæ a Gallis Boiis et Tauriscis et Scordiscis occupantur, 260, 33. Pannoniorum gentes Breuci, Andizetii, Ditiones, Pirustæ, Mazæi, Dæsitiatæ, aliæ, quæ usque ad Dalmatiam et Ardiæos pertingunt, 261, 8. Ad Pannonias pertingunt Japodes, 261, 30. Pannoniorum montanæ planities quousque pertineat, 363, 46. Pannoniæ urbs Segestica, 260, 35. Cf., 173, 5; 243, 9.
Panopeus, nunc Phanoteus, Πανοπεὺς ὁ νῦν Φανοτεύς, Phocidis opp. Lebadeæ vicinum, patria Epei. Ibi Tityum fabulæ collocant, 363, 20; 357, 6; 363, 52; 364, 52. Urbem a Cephisso perflui Strabo ait, 349, 52. Ad Panopenses veniens Apollo Tityum tyrannum interfecit, 362, 34.
Panopolis, Πανῶν πόλις, Thebaidis urbs antiqua, λινουργῶν καὶ λιθουργῶν κατοικία, 690, 36.
Panormus, Πάνορμος, portus prope Ephesum cum t. Dianæ Ephesiæ, 546, 24.
Panormus, Orici in Epiro navale, 263, 11; ad medios Ceraunios montes, 269, 29.
Panormus, Siciliæ opp., inter Himeram fl. et emporium Ægestensium, 221, 18. Coloniam romanam habet, 226, 19.
Pantaleo, Πανταλέων, Omphalionis filius, Pisata, Messe-

niis dux erat in bello contra Lacedæmonios, 311, 1.

Panticapæum, Παντικάπαιον, Chersonesi Tauricæ urbs, 255, 18; 258, 14; 424, 2. Ejus situs, 257, 21; urbs Milesiorum colonia; de ejus historia quædam, *ib.* Caput est Bosporanorum Europæorum, 424, 42; 257, 16; a Theodosia 530 stadia distat, 257, 16; a Phanagoria 70 stadia, 257, 40. Panticapæorum ditionis promontorium Acra, 424, 19. Apud Panticapæos in Æsculapii fano hydria ærea præ gelu rupta servatur; inscriptio ejus hydriæ, 61, 35.

Panxani (Πανξανοί?), nomades inter Mæotidem et Caspium m., 434, 28.

Paphlagonia, Παφλαγονία, Asiæ regio. Ejus partem olim tenuit Mariandynus, 464, 30. Ejus gens Heneti, 176, 38; 466, 1, quorum dux fuit Pylæmenes, 465, 45. E Paphlagonia immigratos esse Venetos Italiæ nonnulli censent, 162, 25; 51, 8. In Paphlagonia sunt Cauconiatæ quidam, Mariandynorum, qui et ipsi Paphlagones sunt, finitimi; quare Caucones Trojanorum socios e Paphl. advenisse censent, 290, 43. Paphlagoniam ab ortu Halys definit, 466, 11. In eam invaserunt Cimmerii, 51, 24. Paphlagoniæ mediterraneæ descriptio, 481, § 40 *sq.* Paphlagones mediterraneos novit Homerus, non item maritimos, sec. Apollodorum, 248, 17. Paphlagoniæ regno potitur Mithridates Ctistes, cujus successio duravit usque ad M. Eupatorem, 481, 46. Ultimus Paphl. rex Dejotarus Philadelphus, Castoris f., 481, 49. Paphlagoniæ mediterraneæ partem, post victum Mithridatem, Pompejus Pylæmenis posteris attribuit, 463, 40. Paphlagonica vocabula permulta occurrunt in Cappadociæ parte Paphlagoniæ contermina, 473, 40.

Paphus, Πάφος, Cypri opp. ab Agapenore condita, portum et templa habet; distantia a Palæpapho, ab Alexandria, 583, 8.

Papyrus ad lacum Æthiopiæ, 658, 41; in lacubus Etruriæ, 188, 43.

Paracheloitis regio, ἡ Παραχελωῖτις, Ætolis et Acarnanibus causa bellorum fuit, 393, 44.

Paracheloitæ, Παραχελωῖται, Thessaliæ Phthiotidis in Achillis ditione, 372, 40.

Parachoathras, Παραχοάθρας, mons ab Armenia quousque pertineat, 438, 15. Cf. 440, 43; 447, 34; 451. 50.

Paradisus, Παράδεισος (*Eden*), Cœlesyriæ opp., haud longe a fontibus Orontis fl., 643, 33.

Parætacene, Παραιταχηνή, 66, 47; 615, 48; Persidi contigua. 633, 40. Mediæ et Persis contigui, 449, 49. Παραιτάκαι in Assyriorum terra, 627, 5. E Parætacis labitur Araxes Persidis fl., 621, 20. Parætacenam attingit desertum quoddam, 618, 33. Parætacenorum montana supra Babyloniam, 447, 50 Parætaceni, latrones asperis montibus freti, Apolloniatis imminent, 623, 23; magis quam Cossæi agriculturam exercent, nec tamen abstinent latrociniis, 633, 50.

Parætonium, Παραιτόνιον, Libyæ urbs et portus magnus, nonnullis Ammonias dicitur; distantiæ ejus a Catabathmo, Api, Alexandria, 678, 53. Parætonio ad Ammonis oraculum profectus est Alexander M., 691, 20. Cf. 33, 36; 687, 48.

Paralus, Πάραλος, Clazomenas condidit, 541, 14.

Parapotamia, Παραποταμία, Arabum regio, Apamensium ditioni finitima, 641, 20.

Parapotamii, Παραποτάμιοι seu Παραποταμία, 349, 52; 357, 13; 363, 40; 364, 15; vicus Phocidis in ripa Cephissi, 363. 48; accuratius situm definit Theopompus, *ib.*

Parasanga Persicus aliis 60, aliis 40, aliis 30 stadiorum, 444, 33.

Parasopia, Παρασωπία, pagus Heracleæ Trachinia, 351, 14. Παρασωπιάς, Œtææ regionis, 372, 49.

Parasopia, Παρασωπία, Bœotiæ regio, in qua Hysiæ, 347, 29. et Scolus, 351, 7 et Eteonus sive Scarphe, 351, 18. Parasopia ad Thebaidem pertinet, 351, 29.

Parasopii, Παρασώπιοι, incolæ pagi Heracleæ Trachiniæ, ad Asopum fl. siti, 233, 33.

Parati, Πάρατοι, Sardiniæ gens montana, 187, 28.

Pardales in Meroe insula, 698, 4; in Mauretania, 702, 3; in Æthiopia, 659, 19. Pardales in pompis Indorum, 611, 42.

Parii, Πάριοι, Daarum gens, quam supra Mæotidem habitasse nonnulli ferunt; ab iis profecti Parni Ochi accolæ perhibentur, 442, 4.

Paris judex sedit in Alexandria monte, 519, 8.

Parisades, Παρισάδης, Bospori rex sive tyrannus, deus dictus juste imperavit, 257, 31.

Parisades alius, Bospori rex ultimus, qui Mithridati regnum tradidit, 257, 28.

Parisii Παρίσιοι, in Gallia ad Sequanam, 162, 54.

Parisus, Πάρισος, Pannoniæ amnis in Istrum influit, Dacos a Tauriscis et Boiis separans, 260, 27. (Legendum est Pathisus vel Parthisus, intelligendusque hodierni *Theiss.*)

Parium, Πάριον, Propontidis urbs, Pari insulæ colonia, 418, 13; 284, 43; Troadis urbs, cum portu; Priapenorum ditio ab Attalicis regibus aucta; urbs condita a Milesiis, Erythræis et Pariis; ibi Ophiogenes esse fabulantur, 503, § 14. In eam translatus est ex Adrasteæ campo apparatus oraculi Apollinis Actæi et Dianæ; ara Apollinis ingens ibi, Hermocreontis opus, 503, 20; 418, 14. In Pariana ditione, quæ vini ferax est, 503, 5, Iliocolone, 504, 36, et Sminthia locus, 517, 44. Parium a Perintho 600 stadiis, sec. Demetrium Scepsium, 284, 31. A Pario ad Lectum Troadem pertinere Damastes ait, 498, 48. Parianus est Neoptolemus glossographus, 504, 42.

Parma, Πάρμα, Galliæ Cispadanæ urbs, 180, 30. E Pado fossam eo duxit M. Æmilius Scaurus, 181, 9.

Parmenides, Παρμενίδης, Pythagoreus e Velia oriundus, 210, 8; primus terram in quinque zonas divisit, 78, 15. Zonam adustam nimis magnam fecit, extra tropicos ad temparatas zonas producens, 78, 16.

Parmenio, Παρμενίων, Abderis Jasonis templum struxit, 455, 17.

Parmenio, Philotæ pater, Alexandri jussu interfectus, 616, 45.

Parnassus, Παρνασσός, Phocidis mons, 274, 32; 329, 10; 352, 14; 357, 34; 364, 44; 386, 30. Altus et nivalis, 326, 18. Montis situs, 357, 50. Totus sacer; inter alia habet Corycium antrum nympharum, 358, 11. Parnassi accolæ, 328, 15; Thraces Bœotia ejecti, 345, 5. Parnassii indigenæ, 362, 28, cum Apolline Pythonem tyrannum aggrediuntur, 362, 37. Ad Parnassum est locus Νῶον, nullus vero Ἑλεών, sec. Demetrium Scepsium, 377, 21.

Parnes, Πάρνης, Atticæ mons, 343, 17.

Parni, Πάρνοι, cognominantur Daæ Scythæ, maris Caspii accolæ, 435, 50. Parnas Daas emigrasse aiunt a Dais supra Mæotidem habitantibus, qui Xantii (Xanthii) vel Parii vocantur, 442, 4. Parnis imperavit Arsaces, qui Parthyæam occupavit, 441, 40.

Paropamisadæ, Παροπαμισάδαι, 107, 29, quibus Paropamisus imminet, Indum habent ad latus orientale, 616, 21; ad occidentem adjacent Arii, 616, 30. Per eos Alexander Caucasum transcendit contra Bactros movens, 616, 35. Apud eos sacram speluncam quandam (unum ex vastissimis antris quæ sunt ad *Bamyan*, v. Ritter, t. 7, p. 277) viderunt comites Alexandri, in qua Prometheum vinctum esse, et ibi esse Caucasum fabulabantur, 586, 52.

Paropamisus, ὁ Παροπάμισος, 438, 20; Tauri pars, 587, 33; Arianæ terminus borealis, 615, 41. Paropamisi partes Indicæ, Arianæ, Bactrianæ, Sogdianæ, 617, 5. Ei adjacet pars major Bactrianæ, 440, 34. Ab eo usque ad Indi ostia 12000 stadia, quæ est Arianæ latitudo 615, 50.

Parorœa, Παρωραία, Epirotica regio. Ex ea et e Tymphe monte Aratthus oritur, 270, 20. Παρωραῖοι Epirotis accensentur, 271, 10.

Parorïea Phrygia, V. Phrygia.

Parorbelia, ἡ Παρορβηλία ('Ορβηλία ap. Ptol.) Macedoniæ regio, Agrianum regioni adjacens; in convalle quæ ab Idomene incipit, urbes habet Orthopolin, Philippopolin et Garescum, 281, 4.

Paroreatæ, Παρωρεᾶται, in Triphylia circa Lepreum et Macistum habitant, et ad mare pertingunt prope Samiacum fanum Neptuni, 297, 40.

Parorius, ἡ Παρώρειος Φρυγία, Phrygiæ Magnæ pars, 493, 53; 494, 8.

Parrhasii, Παρράσιοι, gens Arcadica, 333, 21; 289, 5. Parrhasii quidam apud Anariacas ad mare Caspium sedes fixisse, ibique nunc Parsii dici feruntur, 436, 9.

Parrhasius, Παρράσιος, pictor Ephesius, 548, 25.

Parsii, Πάρσιοι, Anariacarum in regione ad mare Caspium habitantes, a Parrhasiis Arcadiæ oriundi feruntur, 436, 10. Partheni, τῆς Παρθένου, in Chersoneso urbe fanum, 256, 16.

Parthenia, Παρθενία, priscum Sami ins. nomen a Parthenio fl., 393, 3; 544, 29.

Partheniæ Παρθενίαι, quinam a Lacedæmoniis dicti sint, 231, 32. Eorum conspiratio; qua detecta, de colonia deducenda oraculum petunt; datum iis responsum; sub Phalantho duce in Iapygiam trajiciunt, ubi a barbaris et Cretensibus illi degentibus recepti Tarentum condunt, 231, 34. cf. 232, 39.

Parthenias, Παρθενίας, Pisatidis fl., 306, 38.

Parthenium, Παρθένιον, Chersonesi Tauricæ prom., 100 stadiis ab urbe Chersonesi, 258, 19.

Parthenium, Bospori Cimmerii opp. ad fauces Mæotidis, 424, 8; a Myrmecione 40 stadia distans, ad Bospori partem angustissimam, 257, 52 (prope *Jenikale*, ubi in extremo Bospori promontorio veteris phari ruinæ). Objacet in Asia Achilleum, ib.

Parthenius, Παρθένιος, Ponti fl., unde nomen habeat, 465, 39. Ab eo versus ortum Heneti, 465, 1; ad eum usque inde a Mariandynis Caucones habitarunt, 464, 41; etiam nunc ad eum Cauconitæ quidam esse feruntur, 465, 1. Parthenius, Παρθένιος, Sami fl., qui postea Imbrasus dictus, 393, 3.

Parthenius mons, Παρθένιον ὄρος, Arcadiæ, a Tegeatide regione versus Argolidem porrectus, 333, 50. Per eum Tegea Argos itur, 323, 38.

Parthenon Παρθενών, Athenis, Ictini opus, 339, 25; 340, 15.

Parthenope Παρθενόπη, in Opicis, Rhodiorum colonia, 558, 48.

Parthenope, una Sirenum, cujus monumentum Neapoli monstratur, 13, 51; 21, 34; 205, 7.

Parthi, Πάρθοι, Παρθυαῖοι, 107, 29 et 45. Hyrcaniam, Bactrianam et Scythas ultra eam habitantes notiores nobis reddiderunt, 11, 45. Parthici imperii finis Euphrates, 637, 15. In Parthorum planitiem Dææ Scythæ invaserunt, 438, 43. Regibus Parthorum Arsacis nomen commune est, 598, 43. Parthi φιλαρσάκαι, 637, 37; Mediam et Babyloniam tenent, nec non Mesopotamiam, 636, 37; 634, 35; non item Armeniam, 634, 35. Parthorum regio Indiæ proxima Choarene, 617, 17. Parthi Aspioni et Turiuam provincias Bactriæ regibus eripiunt, 443, 18. Parthorum regum dicto audientes sunt reges Persarum, 620, 10. Cum Parthis affinitatem contraxerunt reges Atropatenes, 448, 30. Parthorum reges in Ctesiphonte hiemare solent, æstatem vero Ecbatanis et in Hyrcania degunt, 633, 15. Æstatem Ecbatanis, hiemem Seleuciæ transigere solent, 448, 20. Parthorum rex (Mithridates I) in Elymaidem invasit ex eoque mille talentorum gazam abstulit, 634, 10. Apud Parthos obses fuit Tigranes; ab eo 70 Armeniæ convalles acceperunt, reditus præmium; quas deinde Tigranes recuperavit, Parthorum etiam ditionem populatus, 356, 14. Parthi Crassum, qui belli initium fuit, ulti sunt; ipsi bellum moverunt, misso in Asiam (Romanam) Pacoro; male contra eos pugnavit Antonius; Phraates IV, Augusti amicitiam summopere colebat, remissis tropæis, datisque obsidibus, 637, § 28. Nunc Parthi Romanis ita cesserunt, ut non spolia modo de Romanis olim reportata remiserint, sed et filios Phraates nepotesque Augusto crediderit obsides, 239, 33. Parthici equi, 450, 26; quibus similes sunt Celtiberi ci, 136, 7. Παρθικῶν scriptores, οἱ περὶ τὸν Ἀπολλόδωρον τὸν Ἀρτεμιτηνόν, Straboniana ætate de Hyrcania et Bactriana primum accuratiora tradiderunt, 97, 27. Cf. Parthia.

Parthia, Παρθυαία, olim Hyrcaniæ pars, regio exigua et inops.; postea aucta; partes ejus Camisene, Chorene et quidquid est usque ad portas Caspias et Rhagas, olim Mediæ partes; regia Hecatompylus, 441, § 1. In potestatem deinde redegerunt quidquid est intra Euphratem; Bactrianæ etiam partem ademerunt Scythis, Romanis potentia suppares; origines imperii ab Arsace Scytha, Parnis, Daarum genti, imperante repetuntur, 441, § 2. De vita et institutis Parthorum plura Strabo disseruit in opere historico; quibus nunc addit quædam ex Posidonio, 442, § 3.

Parthini, Παρθῖνοι, Illyriæ pop., 271, 20.

Parthyæa. V. Parthia.

Parus, Πάρος, Cycladum una, 417, 4, Archilochi patria, 418, 12, et Scopæ statuarii, 517, 19. Insulæ fluvius Asopus, 328, 34. Ἡ Παρία λίθος, 418, 15. Ejus quantum excisum, tantum succrescere fertur, 186, 30. Parii Thasum condiderunt et Parium in Propontide, 418, 12; 503, 45. In Parum seu Pharum insulam sinus Adriat. coloniam deduxerunt, 261, 47; 262, 12.

Parus, priscum nomen Phari insulæ in sinu Adriatico, 261, 47; 262, 12.

Paryadres mons, ὁ Παρυάδρης, 447, 29; 455, 3; 476, 28, Caucasi ἀπορρώξ, attingit extrema Caucasi, 426, 46. A locis Sidenæ et Cappadociæ finitimis usque ad minorem Armeniam pertinet, 470, 14. Castellis struendis multas habet opportunitates, 475, 43. Paryadræ ad latus Cabira urbs, 476, 38. Ad Paryadram sitam regionem Iberibus Armenii ademerunt, 453, 22.

Parysatis, Παρύσατις, etiam Pharziris vocatur, 667, 41.

Pasargadæ, Πασαργάδαι (ruin. *Tasa* aut *Darabgerd*) Persarum regia, 620, 1. Ad Pasargadas Cyrus Astyagem ultimo prœlio superavit, 622, 13. Pasargadis Cyri sepulcrum, 621 § 7 Prope Pasargadas Cyrus fluvius, 621, 14.

Pasiani, Πασιανοί, Scythæ trans Iaxartem, 458, 32.

Pasitigris,Πασίτιγρις, ex Uxia defluit, 621, 12. In Pasitigri rates est, per quam e Perside Susa itur, a Susis 600 stadia distans, 620, 44. Pasitigris ab Oroati abest 2000 stadiis, 620, 40. Cf. Tigris.

Patalene, Παταληνή, Delta inter duo Indi ostia, Ægyptio Delta similis regio 588, 41; 590, 8; 597, 9; 613, 11. Ejus magnitudo 597, 33. Ad Patalenam est terra Musi-

INDEX NOMINUM RERUMQUE.

cani, 597, 29. Patalene a Bactriæ regibus græcis occupatur, 443, 6.

Patara, τὰ Πάταρα, Lyciæ urbs, 567, 29; a Pataro condita, Apollinis fanum habet; auxit eam et Arsinoen nominavit Ptolemæus II, 568, 20.

Patarus. V. Patara.

Patavium, Πατάουιον, Galliæ transpadanæ urbs magna; ejus frequentia et commercia; e Medoaco portu et per Medoacum fluvium ad eam navigatur stadiis 250, 177, 44; 140, 27. Patavium producit lanam mediocrem, 181, 42.

Patischores, Πατεισχορεῖς, Persidis gens (aliunde non nota), 619, 22.

Pathissus fl. (*Theiss*). V. Parisus.

Patmus, Πάτμος, una e Sporadibus inss., 418, 52, in mari Icario, 419, 5.

Patræ, Πατρεῖς, Achaiæ civitas, 331, 23; 332, 39; 288, 33; una ex quattuor urbibus quæ primæ in fœdus Achaicum coierunt, 330, 2.

Patræ e septem pagis conflatæ, 289, 34.

Patraeus, Πατραεύς, pagus Asiæ ad Bosporum Cimmerium prope Satyri monumentum situs, 424, 12.

Patricidæ ap. Lusitanos e finibus regionis vel urbis educti lapidibus obruuntur, 128, 51.

Patrocles, Πατροκλῆς, descriptionem regionum Indicarum accepit a Xenocle gazæ præfecto, 58, 5. Minime similis est reliquis Indicôn scriptoribus, vulgo levissimo, 59, 3. Rerum geographicarum peritus ac fide dignus, Indiæ latitudinem esse ait 15000 stadiorum, 56, 37. 58, 13. Cf. 588, 6. Cadusios ad mare Caspium oram 5000 stadiorum obtinere refert, 436, 18. Patroclis fidem contra Hipparchum defendit Strabo, 57, 20; 57, 51. Posse censet ab India in Caspium mare circumnavigari, 62, 19. De Oxo fluvio, 436, 53, cujus ostia ab Iaxartis ostiis 80 parasangis abesse dicit, 444, 32.

Patrocli vallum, Πατρόκλου χάραξ, insula ad Atticam sita, 342, 29.

Patroclus, Opuntius, necato Æane, exsul ad Peleum profugit, patre Menœtio remanente, 365, 20. Ejus sepulcrum ad Sigeum, 510, 8.

Paulus Æmilius 70 urbes Epirotarum, Molossorum maxime, evertit, sec. Polybium, 268, 5. Persei debellator, Macedoniæ adjecit Epirotarum gentes totamque hanc regionem in quattuor partes divisit, 282, 38.

Pausanias, Παυσανίας, Lac. rex, quum patria excidisset, contra Lycurgum orationem in exsilio scripsit, 314, 34.

Pax Augusta, Παξαύγουστα, Celticorum in Hispania urbs, Romanorum colonia, 135, 32. (Eadem quæ Plinio *Colonia Pacensis*, Itinerario *Pax Julia*; hod. *Beja*; nonnullis hod. *Badajoz*.)

Pecora Liguriæ, 168, 41; Galliæ, 147, 47; 164, 3; Britanniæ, 166, 24; Turdetaniæ, 118. 51; 119, 44. Pecus cicur non educant Medi, 451, 38. Pecora apud Ichthyophagos Arianæ piscibus vescuntur, 613, 26. Æthiopum pecora parva, 697, 24.

Pectora. Vide Στήθη.

Pectoroculati. V. Στερνόφθαλμοι.

Pecuniæ loco permutatione utuntur Lusitani mediterranei, aut de lamina argentea aliquid abscissum dant, 128, 49.

Pedalium, Cypri prom., Πηδάλιον, cui superjacet collis mensæ forma, Veneri sacer, 582, 29. A Clidibus distat 680 stadia, *ib.*

Pedasa, τὰ Πήδασα, Cariæ urbs, 522, 36. Quid de Minervæ antistite Pedasensium tradat Herodotus, 522, 47. Cf. Pedasus Troadis.

Pedasis, Πηδασίς, Cariæ regio, in qua octo Lelegum urbes, 522, 36.

Pedasus, Messeniæ urbs a Homero memorata, eadem esse quæ Methone perhibetur. 309, 3. Πήδασος ἀμπελόεσσα, una e septem urbibus quas Agamemno Achilli promisit, 308, 28. Nonnulli eam quærunt in Corone urbe, 309, 49.

Pedasum, Πήδασον, oppidum in hodierna Stratonicensium ditione, 522, 50.

Pedasus, Πήδασος, Troadis urbs, quæ Lelegum erat, ab Achille vastata, 500, 11; 267, 23; 530, 2. Ad Satnientem fl. sita erat; urbs non amplius exstat; locus ejus monstratur, 518, 16; 522, 35. Ab ea urbe nomen habent Pedasa Cariæ, 522, 35.

Pediculi (Ποίδικλοι gr.), Iapygiæ gens, i. q. Peucetii, 230 q. v.

Pediculi quomodo a vite arceri possint, 263, 5.

Pedonia, Πηδωνία, insula Libyca portum habens inter Phœnicuntem et Antiphras, 679, 13.

Pegasus ad Pirenen a Bellerophonte captus, 326, 13.

Peium, Πήιον, Tolistobogiorum castellum, 486, 7.

Pelagones, i. q. Titanes, 281, 36.

Pelagones, Epirotica gens, Macedonibus accensentur, 373, 11. E Pelagonibus orti fluvii in Erigonem se infundunt, 272, 3. Pelagonibus unam de quattuor Macedoniæ partibus assignavit P. Æmilius, 282, 42. Usque ad Pelagoniam et Pieriam olim Pæoniam pertinuisse dicunt et Orestiæ nomine vocatam esse Pelagoniam, ipsosque Pæones appellatos esse Pelagones; quare Asteropæus, Pæonum dux, ap. Homerum Pelegonis filius perhibeatur, 281, 25. Pelagonia etiam Macedoniæ superiori vel M. liberæ tribuitur, 271, 38.

Pelagonia tripolis (quæ est Thessaliæ) inter regiones Epiro accensitas male enumeratur, confusa cum altera Pelagonia, 271, 24. Tripolis hujus est Azorus urbs, 272, 7.

Pelamydum e Mæotide palude usque ad Cornu Byzantii migrationes et piscatio eorum, 365, 51. Piscatio ad Pharnaciam, 470, 33.

Pelargi. V. Pelasgi.

Pelasgi Πελασγοί, quod avium instar modo hæc modo alia loca adirent ab Atticis πελαργοί (ciconiæ) dicti esse feruntur, 184, 42; 341, 5. Gens antiqua, per universam Græciam diffusa, maxime inter Æoles Thessaliæ clara, 183, 49, Pelasgi in Creta, teste Homero, 184, 4; in Thessalia, cujus pars Argos Pelasgicum dicitur, 184, 9. Circa Dodonam, 184, 13; multæ Epiroticæ gentes Pelasgicæ vocantur 184, 15. Lesbus etiam Pelasgica, 184, 28. Peloponnesus Pelasgica vocata est, 184, 30. Pelasgi, sec. Ephorum, prima stirpe Arcades erant, qui militarem amplexi vitam alios multos in societatem perduxerunt, et quocunque venerint, magnum sibi nomen pararunt, 183, 5. Pelasgi barbari in Peloponneso, 266, 47. Condiderunt oraculum Dodonæum, 272, 25; 273, 34; 345, 21. E Thessalia in Italiam sunt expulsi, 381, 3. Pelasgi nonnulli cum Tyrrheno in Italiam navigarunt, 184, 37. Thessalici Agyllam Etruriæ condidere, 193, 39, et Regis villam, 188, 8. Herculanum et Pompeios Campaniæ tenuerunt, 205, 41. Ilithyiæ sive Lucinæ fanum in Cæretanorum navali struxerunt, 188, 12. Pelasgi, ejectis vi Bœotis, Bœotiam habitarunt, 352, 24; 344, 48. A redeuntibus Bœotis e Bœotia ejecti Athenas abierunt, ubi urbis pars Pelasgicum vocatur; habitabant sub Hymetto, 345, 3 et 14. Cf. 184, 40. Totam oram maritimam, quæ nunc Ionia dicitur, sumpto a Mycale initio, itemque vicinas insulas olim tenuerunt, 351, 10. Pelasgi in Lesbo; 531, 12. Pelasgi e Thessalia profecti in Chio, 531, 15. Multum regionis iis eripuerunt Cares ex inss. in Asiæ continentem transeuntes, 564, 20. Pelasgos primos frequentasse vicina Lemno et Imbro Anticlides ait, 184, 36. Pelasgi Lemnii in Athonis peninsula quinque oppida habuerunt Cleonas, Olophyxin, Arothoos, Dium et Thyssum, 280,

30. Pelasgi ab Homero vocantur Cilicum in Troade finitimi, 184, 20. Pelasgorum in bello Trojano duces Hippothous ex Larisa Phriconide ad Cumam sita, et Pylæus et Lethi filii duo, 530, 21. Contra Pelasgos Larisam tenentes Neontichos exstruxerunt Græci Cumæ conditores, 530, 53. Pelasgi genere sec. nonnullos sunt Caucones Pontici, 464, 43. Pelasgicus rex Maleus, q. v.
Pelasgicum Argos ab Homero dicitur Thessalia, 317, 42; Thessaliæ pars quænam, 184, 9.
Pelasgicus Juppiter, 272, 25; 273, 37.
Pelasgicus Thessaliæ campus ejusque oppida, 381, 4. Pelasgici campi Thessaliæ in Pheras desinunt, et ad Pelium usque montem per stadia 160 porriguntur, 374, 29.
Pelasgiotæ, Πελασγιῶται, olim Græci universi dicebantur; deinde Danai, 319, 21 et 28. Pelasgiotæ Thessaliæ, 379, 15.
Pelasgiotis, Πελασγιῶτις, Thessaliæ pars, 369, 27.
Pelasgus, Πελασγός, Lycaonis pater ap. Hesiodum, 184, 27.
Πελειάδες Dodonææ an aves an mulieres? 274, 1.
Palegon, Πηλεγών, pater Asteropæi Pæonum ducis, 281, 28.
Pelethronium, Πελεθρόνιον, in Pelio opp., 249, 1.
Peleus, Πηλεύς, ex Ægina in exilium abit, 372, 27. Ad eum profugerunt Patroclus, 365, 21, et Phœnix, 377, 1.
Pelias, Πελίας, Iolci rex, cujus jussu expeditio Argonautica suscepta est, 38, 7; 374, 33. Iasonem in Oceanum ad Æeten proficisci jussit, sec. Mimnermum poetam, 39, 12. Peliæ filiarum præstantissima Alcestis, 38, 1.
Peligni, Πελιγνοί, Italiæ pop., finitimi Marrucinis, 201, 39. Utraque gens tanquam navali utitur Aterno oppido Vestinorum, 201, 41. Pelignos a Frentanis dirimit Sagrus fl., 201, 49. Urbs eorum primaria Corfinium, 198, 35; 201, 23. Cf. 182, 29; 193, 3.
Πελιγόνες ap. Molossos et Thesprotos vocantur senes qui honoribus funguntur, 274, 7.
Pelinnæum, Πελινναῖον, Thessaliæ opp., 376, 28.
Pelinæus m., Πελινναῖον ὄρος, in Chio ins., 551, 14.
Pelion, Πήλιον, Thessaliæ m., 22, 27; 173, 52; 276, 32; 380, 25; 381, 6.; εἰνοσίφυλλον, 379, 37; ad eum usque porriguntur campi Pelasgici, 374, 30. In Pelio Pelethronium, 249, 2. Pelio subjacent Ipni, 380, 45, et Castanæa pagus, 380, 41. E Pelio Centauros ejecit Pirithous, 377, 46. Tota præter Pelium navigatio aspera est, 80 fere stadiorum, 380, 48. Ἡ Πηλιὰς μελίη Achillis, 385, 35.
Pella, Πέλλα, inferioris Macedoniæ urbs, quam Bottiæi tenuerunt, 277, 12. Ad eam per Ludium fl. 120 stadiorum navigatio, 278, 6. Pellæ erat Macedoniæ ærarium; urbem auxit Philippus in ea educatus; arcem habet ad Ludiam paludem, 277, 14. Sita est in via Egnatia, 268, 31. Pellæam regionem perfluere Erigon false dicitur, 277, 4. Pellæ unam ex quatuor Macedoniæ partibus assignavit P. Æmilius, 282, 41.
Pella olim a Macedonibus vocata est Apamea urbs Syriæ, 640, 33.
Pellana, τὰ Πέλλανα, Messeniæ locus, quem nonnulli Enopen ab Homero vocari putant, 309, 34; Laconiæ, 332, 10.
Pellene, Πελλήνη, in Agamemnonis regno, 324, 14, Achaiæ civitas, 331, 17, a mari (debebat: ab Aristonauta navali) 60 stadia distat, 332, 5.
Pellene, pagus inter Ægium et Pellenen urbes, 332, 7; unde nomen est Pellenicis chlænis, ib.
Pelles e Cassiteridibus exportantur, 145, 53; e Britannia 166, 25; ab Illyriis Aquilejam importantur, 178, 40.
Pelles Liguriæ, 168, 41. Pellibus insidentes de Caucasi et Masii verticibus delabuntur, 434, 13.
Pelodes, Πηλώδης, sive Cœnosus portus Epiri, ad quem Buthrotum, 269, 36.

Pelopidæ, Πελοπίδαι, a Pisatide Mycenas profecti, 320, 10; 324, 25.
Pelops, Πέλοψ, Pisatidis rex, 505, 46. E Phrygia populum duxit in Peloponnesum, quæ ab eo nomen habet, 366, 44. Adduxit etiam Achæos Phthiotas, 313, 38; condidit Leuctrum et Charadras et Thalamos nunc Bœotos dictos, quum Nioben sororem Amphioni elocans Bœotos quosdam arcessivisset, 309, 23. Pater Trœzenis et Pitthei, 321, 47. Ejus auriga Cillus, 524, 22.
Peloponnesus, unum ex tribus Europæ promontoriis, apud Eratosthenem, 76, 18. Ejus figura platani folio comparanda, 69, 30; 287, 39; longitudo, latitudo, ambitus, 287, 41. A Pelope Phryge nomen habet, 266, 45. Apud Homerum vocatur Ἄργος, 319, 37; Ἄργος Ἀχαϊκόν et Ἴασον, 317, 38 et 50. Quum jam diceretur Argos, deinde ab Achæis Phthiotidis, qui cum Pelope eo venerant, Argos Achaicum dici cœpit, 313, 40. Pelasgica Peloponnesus vocabatur, teste Ephoro et Euripide, 184, 30. Peloponnesum ante Græcos barbari tenuerunt, ut Phryges, Ægyptii, Dryopes, Caucones, Pelasgi, Leleges., 266, 40. Peloponnesi nomen etiam peculiariter de Laconica usurpatum, 313, 43. Peloponneso expulsi Iones Atticam et Megaridem occuparunt, 142, 9. Peloponnesi et Ioniæ fines indicabat columna in isthmo posita, 337, 2; 142, 9; Peloponnesum tyrannis liberavit Aratus, 331, 3. Ab ea ad Siculum fretum 3000 stadia sec. Dicæarch., 86, 37; ad recessum sinus Adriatici super 10000 stadia sec. Dicæarchum, 86, 36; minus exputat Polybius, 87, 12 (*ex cujus numeris colliguntur* 8200 stadia); ad Columnas 12000 stadia, 87, 23; 10000 st., sec. Dicæarchum, 86, 35; duplo longius et ultra, sec. Polyb., 87, 9; ad Leucadem 700 stadia, sec. Polybium, 84, 14.
Pelori ab Afris injuste necati sepulcrum, Πελώρου μνῆμα, 8, 35.
Pelori turris, Πελώρου πύργος, e regione columnæ Rheginorum, 142, 5.
Pelorum, Πελωριὰς ἄκρα, Siciliæ pr., 220, 44; 221, 33 et 41; 222, 29; ab eo ad Pachynum 168 m. p., 221, 28. Objacet in Italia Cænys locus, 213, 43. In Peloro a nonnullis Sirenes collocantur, 18, 27 et 45.
Peltæ, Πέλται, Phrygiæ Magnæ opp., 494, 6.
Peltinus campus, Πελτινὸν πεδίον, Phrygiæ, 538, 7.
Pelusiacum Nili ostium, τὸ Πηλουσιακὸν στόμα, 681, 9. A Canopico 1300 stadia distat, 669, 11; ab Orthosia 3900 stadia, 571, 50 (3650 stadia, 647, 8). (Memoratur sæpius, ut p. 64, 670, 760, 786, 788, 791, 801, 802 ed. Casaub.)
Pelusiacum mare a recessu sinus Arabici distat via tridui aut quatridui, 29, 27.
Pelusium, Πηλούσιον, Ægypti opp., 670, 30, in finibus Arabiæ, 682, ἀπὸ τοῦ πηλοῦ dictum; urbis ambitus, 682, 15. Eo usque olim mari tecta Ægyptus fuisse videtur, 42, 8. Isthmus ad Pelusium olim navigabilis, sec. Eratosthenem, 32, 12. Isthmi ejus latitudo, 682, 25; 421, 50. Pelusium ab Orthosia 3650 st. distat, 647, 8. A Pelusio ad Thapsacum linea 6000 stad. sec. Eratosth., 73, 12; supra 3000 stad. sec. Hipparchum, *ib.*; ad τοῦ Delta verticem mensura, 683, 16. Ab urbe versus verticem τοῦ Delta prodeunti primum occurrit fossa quæ implet lacus duos, τὰς κατὰ τὰ ἕλη καλουμένας λίμνας, a sinistra sitos magni fluvii, in Arabia, 683, 16. Pelusii regio mari inundata est, Strabone Alexandriæ versante, 49, 1. Τὰ πρὸς τῷ Πηλουσίῳ βάραθρα, 647, 4; 682, 14.
Penelope, Πηνελόπεια, Icarii filia, 388, 51 *et passim* (*p.* 121, 369, 452, 461, 551, 641 *ed. Cas.*).
Peneus, Πηνειός, Peloponnesi fluvius per Elin urbem fluit, 289, 37; 290, 29. Inter eum et Selleentem fluvium est Pylus urbs, 291, 36.

Peneus, Thessaliæ fl. Ejus fontes ad Pindum montem, de quibus controversia est Tymphæis et qui sub Pindo sunt Thessalis, 272, 13; 276, 4. Lapitharum et Perrhæborum oppida permeat, et per Tempe vallem exit, 276, 4. E Pindo ortus ad lævam relinquit Triccam, Pelinnæum, Pharcadonem; deinde præterfluit Atracem et Larisam; Thessaliotidis fluviis exceptis per Tempe exit, 376, 27. Peneus etiam Araxes dictus esse fertur διὰ τὸ ἀπαράξαι τὴν Ὄσσαν ἀπὸ τοῦ Ὀλύμπου, 455, 20. Tempe perfluens Græciam munit, 274, 27. Thessaliam et Magnesiam a Macedonia inferiore disterminat, 275, 40. Ei adjacet Gyrton, 276, 17. Excipit Titaresium, 379, 10; Europum, 276, 8; Curalium, 376, 26; Jonem, 272, 17; Apidanum, 371, 6. Sæpe in agros effunditur, 369, 14. Ab eo ad Pydnam 120 (320?) stadia, 280, 45. Ad Peneum a Demetriade 1000, a Sperchio 1800, ab Euripo 2350 stadiorum præternavigatio, 380, 51.
Pentelicum marmor, Πεντελικὴ μάρμαρος, 343, 18.
Pentheus, Πενθεύς, ubinam a Bacchis discerptus sit, 351, 11.
Penthilus, Πενθίλος, post Orestis patris mortem sexaginta post Troica annis in Thraciam cum Æolibus progressus est, et hinc in Thraciam trajecit, 498, 22 et 23; Penthilum in Æolica colonia deducenda adjuvarunt Bœoti, 345, 43. Penthili in expeditione Æoles quidam in Eubœa remanserunt, 383, 48. Penthilus Archelai pater, 498, 24.
Peparethus, Πεπάρηθος, insula Magnesiæ objacens cum urbe, 375, 17; 102, 51.
Pepli Sidonii, 34, 8.
Perasia Diana, Περασία Ἄρτεμις, Castabalis; unde dicta sit, 460, 49.
Percote, Περκώτη, Troadis urbs in Asii ditione, postea Palæpercote dicta, 505, 15; 501, 18 et 25.
Περδίκκας nomen, 529, 16.
Perdiccas corpus Alexandri Babylone in Ægyptum detulit, Ægypti sibi vindicandæ studio impulsus; a Ptolemæo in deserta insula inclusus, a militibus interficitur, 675, 7.
Perdices anserum magnitudine in India, contra quos Trispithami pugnant, 605, 27. Perdix vulture major inter dona, quæ Porus Augusto misit, 612, 42.
Perga, Πέργη, Pamphyliæ opp. ad Cestrum fl.; Dianæ Pergææ templum, annuusque ad id conventus, 569, 43.
Pergamum, τὸ Πέργαμον, in montis vertice situm castellum et gazophylacium Lysimachi; custos ejus Philetærus a Lysimacho defecit et in potestate sua castellum retinuit; fratres ejus eorumque posteri Pergami reges eorumque historia recensentur, 532, § 1 sqq. Pergamum præterfluit Caicus, 534, 11. Urbem amplificavit et ornavit et bibliotheca instruxit Eumenes II, 533, 45. Prope Pergamum Aspordenus mons, 529, 13. Pergamus ab Elæa navali 120 stadiis abest, 525, 42. Pergamena regio, 489, 45; 493, 47. Pergamini viri: Mithridates Menodoti f., Apollodorus ejusque discipulus Dionysius Atticus cogn., 534, § 3.
Periander, Περίανδρος, bellum inter Athenienses et Mytilenæos de Sigeo ortum arbitrio suo diremit, 513, 35. Falso Timæus narrat Periandrum Iliacis lapidibus Achilleum contra Athenienses Sigeo potitos muniisse, 513, 38.
Perias, Περιάς, Eubœæ opp., 382, 36.
Pericles, Περικλῆς, Samum obsedit, 545, 26. Eubœam subegit, 382, 47. Eo procurante, Parthenonem ædificavit Ictinus, 339, 25.
Perinthus, Πέρινθος (Erecli), Samiorum colonia, ad Propontidem in ora Thraciæ, 284, 11. A Byzantio distat 630 stadia, 284, 21; vel 600 stadia totidemque a Pario, sec. Demetrium, 284, 29. Perinthus olim a Pæonibus obsessa, 231, 38. Ad Perinthum usque Hellespontum nonnulli extendi volunt, 284, 39.

Περιόδων γῆς scriptores, 285, 29.
Περίπλων scriptores, 285, 29; eo peccare solent quod nihil adjungunt e doctrina mathematica et astronomica, p. 11, 6.
Περίσκιοι quinam? 112, 35. περίσκιοι ζῶναι duæ Posidonii, 79, 2.
Permessus, Περμησσός, Bœotiæ fl. ex Helicone ortus, cum Holmio confluens in Copaidem exit prope Haliartum, 350, 2; 353, 43.
Pernæ optimæ Cerretanæ et Cantabricæ, 134, 29.
Perpena (M.) bellum contra Aristonicum confecit, 552, 20.
Perperena, Περπερήνα, pagus supra Cisthenen Æolidis, 519, 17.
Perrhæbi, Περραιβοί, Thessaliæ populus, 225, 35; loca ad Olympum et Tempe tenebant, 379, 3; Doridem Thessaliæ occuparunt, Eubœæ Histiæotidem vastarunt, hominesque in Doridem transduxerunt, quæ inde Histiæotis dicta est, 375, 47; 383, 8. Inter Perrhæbi olim ad Ossam et Dotium habitarunt Ænianes. Perrhæbos ipsi peregrini sunt, 51, 12. Tenuerunt Thessaliæ regionem quæ ad mare est et Peneum usque ad ostia ejus, et Gyrtonem, Perrhæbicam urbem, 377, 40; 276, 17. Hinc in mediterranea ejecerunt eos Lapithæ, 377, 45. Perrhæborum oppida Peneus perfluit, 276, 7. Perrhæbica loca, Cyphus et Dodona, in Gunei ditione sec. Homerum, 378, 49. In Polypœtæ quoque ditione Perrhæbica oppida erant, quæ Homerus Lapithis, qui ibi Perrhæbis mixti iisque potentiores erant, assignavit, 379, 1. Perrhæbica oppida sunt Phalanna, 378, 7, et Oloosson, Elone, Gonnus, 378, 42. Perrhæbi inter Arguram et Atracem, 378, 3. Perrhæbi a Lapithis oppressi in montana plerique recesserunt ad Pindum et Athamanes et Dolopes; relictam vero regionem Larisæi occuparunt, 378, 8; 380, 20; Perrhæbi μετανάσται ad occiduum Pindi latus consederunt, 373, 14. Pars Perrhæborum ad occiduum Olympi latus, finitima Macedonibus, remansit, 377, 51, et nonnullis in locis Lapithis mixta habitabat, 377, 51. Perrhæbi supra Ætolos habitantes, 386, 34. Quosnam Simonides Perrhæbos dicat, 379, 11.
Persæ ex omnibus barbaris Græcis notissimi, 626, 7. Primi Græcis quoque imperaverunt, 626, 17. Persarum regiæ Susis, Persepoli, Pasargadis, 619, 52; porro ἐν Γάβαις ἐι κατὰ τὴν Ταόκην, 620, 4. Cur Susis regiam sibi constituerint, 419, 23. Persarum imperii historia brevis, 626, § 24. Persarum expeditiones longinquæ a Cyro rege usque ad Xerxem, 51, 20. Tributa iis ordinavit Darius; eorum ratio, 626, 42. Persæ angustias freti Chalcidici putantes esse cæca vada, in magna pericula devenerunt, 8, 30. Salganeum insontem occiderunt, quod male classem a Maliensibus ad Euripum duxisse crederetur, 8, 25. Eretriam Eubœæ everterunt, 384, 41. Ad Plateæas victi sunt, 353, 51. Quantum tributi quotannis iis solverint Cappadoces et Medi, 460, 42. Armeniæ satrapa 20000 pullos quotannis mittebat, 454, 27. Persarum olim fuerunt regiones Indicæ, quæ sunt ab occasu Indi fluvii, 616, 26; in Ariana, 613, 2. Persæ mercenarios milites ex India conduxerunt Hydracas (Oxydracas), ipsi vero in Indiam expeditionem nunquam susceperunt, 586, 2. Reges tributa pendebant donaque dabant Cossæis, Mardis, Uxiis ceterisque latronibus finitimis, 449, 45; 620, 21. Etiam nunc Persæ proprium regem habent, viribus tamen fracti et Parthorum regis dicto audientes, 620, 10; 626, 42. Dii Persarum eorumque cultus; sacrificiorum ratio, 623, § 13 et 14; comparatur ritus Cappadocicus, 624, § 15. Alia sat multa de Persarum moribus et institutis, 624, § 16-22. Anaitis, dea ejusque σύμβωμοι Omanus et Anadotus, 439, 9. Σάκαια festa, qualia sint et qua occasione instituta, 439, § 4 et

5. Persarum sacra etiam Medi et Armenii colunt, 456, 39. Vestitum et alia instituta plurima Persæ a Medis assumserunt, 450, § 6. Reges tritico Assico, vino Chalybonio, aqua Eulæi utebantur, 626, 4; et equis Nesæis, 454, 24. Persæ subvectiones in Euphrate et Tigri prohibituri, structis cataractis navigandi facultatem sustulerunt, 630, 11; impedimenta illa Alexander destruxit, 630, 13. Legatos male ducebant per ambages et loca difficilia, 683, 1. Περσῶν ἡλιόβλητοι πλάκες, 22, 44.

Persea, περσέα, arbor in myrrhifera Æthiopiæ regione, 658, 34; in Meroe ins., 698, 2; in Ægypto et Æthiopia, 698, 53.

Persepolis, Περσέπολις (ruinæ *Tachti Dschemchid*), post Susa urbs pulcherrima et maxima, regiam habet insignem thesaurorum magnificentia, 621, 17; 619, 52. Prope urbem Araxem Alexander trajecit, 621, 16. Idem regiam combussit, 621, 25. Persepolis a Susis 4200 stadia distat, 619, 20. Cf. etiam 65, 32; 66, 26.

Persei specula, ἡ Περσέως σκοπή, in Delta regionis ora ab oriente τοῦ Ἀγνοῦ κέρατος, 681, 18.

Perseus, astrum, 111, 33.

Perseus, Περσεύς, in cista inclusus, a Dicty servatus, in Seripho enutritus, matrem ulciscens Gorgonis caput Seriphiis objecit, 418, 31. Mycenas condidit, 324, 17. Successit ei Sthenelus, *ib.* Ammonis oraculum adiit, 691, 20. Helii pater, 312, 21. Erythræ pater, 663, 4.

Perseus, rex Macedoniæ usque ad Hebrum pertinentis, a Romanis imperio exutus est, 282, 36. In bello contra Perseum Haliartus eversa, 353, 40. Contra eum Romanorum socius Eumenes II, 533, 40.

Persicum exstat carmen, quo 360 palmæ utilitates enumerantur, 632, 33.

Persicæ pylæ, Περσικαὶ πύλαι, 621, 5.

Persicus sinus, Περσικὸς κόλπος, 66, 25; 100, 20, vocatur etiam ἡ κατὰ Πέρσας θάλασσα, 651, 43; 35, 35. Ejus descriptio, 621, § 2-7. Oris latitudo, 618, 48. In eo sinu a nonnullis ponuntur Sidonii et Phœnices, ad quos Menelaus venit. Hinc Phœnices ad oram maris interni migrasse produnt, alii vero eos a mari interno ad Persicum transductos esse volunt, 35, 35.

Persis, ἡ Περσίς, 613, 2. Ejus situs, triplex natura et aeris temperies, 619, 1; longitudo et latitudo, 619, 14; gentes Patischores, Achæmenidæ, Cyrtii, Mardi, 619, 21; in Perside extrema Καμηλοβοσκοί, 619, 14. Persidi contigua Parætacene et Cossæa, 533, 40; Parætacene, Uxii, Elymæi, 449, 42. Inter Persidem et Susidem montana sunt, quæ latrones tenebant, qui mercedem etiam a regibus exigebant e Suside in Persidem intrantibus, 620, 21; 449, 45. Prope Persidem optimum thus nasci dicunt, 665, 53. V. s. v. Thus.

Perusia, Περουσία, Etruriæ urbs, 188, 19; 188, 40.

Pessinus, Πεσσινοῦς, Phrygiæ Magnæ urbs, 493, 51; Tectosagum urbs, 486, 2; emporium; fanum ibi Matris deorum; ejus sacerdotes; Romani inde deæ simulacrum petierunt; situs urbis, 486, 9. Ab ea 150 stadia distat Sangia pagus, 465, 23. Rhea Πεσσινουντίς, 402, 63.

Petalia, Πεταλία, ad Eubœam insula Sunio objacens, 382, 3.

Petelia, Πετηλία (*Stromboli*), Lucanorum urbs mediterranea, Philoctetæ opus; a Samnitibus quondam contra Thurios munita, 211, 25.

Peteon, Πετεών, vicus agri Thebani in via qua Anthedonem itur, 352, 39.

Petnelissus, Πετνηλισσός, Pisidiæ urbs pone Aspendum sita, 569, 50; 488, 18.

Petra, Πέτρα, Nabatæorum urbs regia, 653, 28. Ejus situs, 663, 15. Hinc Hiericuntem 3 vel 4 dierum, ad palmetum 5 dierum iter, 663, 23. Petram Minæi et Gerrhæi et alii aromata convehunt, 661. 4. E Leuce come merces deportari solent Petram, hinc vero ad Rhinocolura Phœniciæ opp., 664, 27. Petræorum mores egregii, teste Athenodoro, 663, 27.

Petreius, Πετρήιος, Pompeianus dux, ap. Ilerdam a Cæsare victus, 134, 8.

Petrocorii, Πετροκόριοι (*les habitants du Périgord*), Galliæ gens Aquitanis adscripta, 158, 31; apud eos officinæ ferrariæ, 158, 36.

Petronius, Πετρώνιος, Ægypti præfectus, 670, 17, Alexandrinorum seditionem repressit, 696, 4. Ejus contra Æthiopes expeditio, 696 § 54.

Peuce, Πεύκη, Istri insula, quam Bastarnæ Peucini dicti tenent, 253, 45; 254, 33. In eam per Sacrum Istri ostium navigatur 120 stadiis, 253, 48.

Peucini, Πευκινοί, Bastarnæ, 254, 33. In Peuce insula, 253, 45.

Peucetii, Πευκέτιοι, sive Pœdiculi (Ποίδικλοι codd.) in Iapygia, 230, 45; 234, 50. Eorum regio usque ad Egnatiam et Silvium pertinet, 235, 24; montosa est et aspera, 235, 24. Incolæ ex Arcadia immigrasse videntur, 235, 26. Peucetiorum et Dauniorum nomina nonnisi priscis temporibus in usu erant; nunc regio harum gentium Apuliæ nomine comprehendi solet, 235, 30. Peucetii et Daunii et Apuli eodem sermone utuntur, 237, 6.

Peucolaitis civitas, Πευκολαῖτις πόλις, ad Indum, juxta quam Alexander ponte trajecit exercitum, 595, 3.

Phabda, Φάβδα s. Φαῦδα, Sidenæ regionis castellum in Ponto, 469, 39.

Phabra, Φάβρα, insula ad Zosterem Atticæ pr., 342, 20.

Phacussa, Φάκουσσα, Ægypti vicus ad initium canalis in mare Rubrum exeuntis, 684, 1.

Phæaces, Φαίακες ἐνὶ πόντῳ ἔσχατοι, in Atlantico Oceano ap. Hom. finguntur, 21, 28.

Phædon, Φαίδων, Eleus, Socraticus, cujus successores Eleaci vocantur, 337, 49.

Phædrus, Φαῖδρος (?), Atheniensium dux in bello Lamiaco Styra Eubœæ diruit, 383, 30.

Phæstus, Φαιστός, Cretæ urbs, a Minoe condita, 409, 19; 411, 44; diruta a Gortyniis, qui agrum ejus tenent; distantia a Gortyne, Matalo oraque maritima, 411, 44. Epimenidis patria, 411, 52. Ad Phæsti regionem pertinebat Olyssen (Lisses *St.-B.; al.* Blisse, Lasæa), 411, 52.

Phaethon, Φαέθων. De eo fabula, 179, 9. Phaethon, Euripidis tragœdia, 28, 4.

Phagres, Φάγρης (*Orphano*), Thraciæ oræ opp., 279, 50.

Phagroriopolis, Φαγρωριόπολις, Ægypti urbs, 683, 54. Φαγρωριοπολίτης νομός Ægypti, Heroonpoli vicinus, 683, 53.

Phagrorius seu phagrus, Nili piscis, 699, 8.

Phalacrum, Φαλακρόν, Corcyræ prom. (*Cap Drasti*, ut videtur, vel *Čap Cephali*), a quo ad Tarentum sunt 4700 stadia, 269, 36.

Phalangia Albaniæ τὰ μὲν ποιεῖ γελῶντας ἀποθνήσκειν, τὰ δὲ κλαίοντας πόθῳ τῶν οἰκείων, 431, 31. Phalangia in Masæsylia, 705, 13.

Phalanna, ἡ Φάλαννα, Thessaliæ urbs Perrhæbica ad Peneum prope Tempe, 378, 7. Phalannæorum arx secundum nonnullos erat Orthe, ab Homero memorata, 378, 5.

Phalanthus, Φάλανθος, Partheniarum, qui Tarentum condiderunt, dux, 231, 36 et 51. Brundusiis agri partem ademit; Tarento pulsus est; a Brundusiis splendide sepultus, 234, 32.

Phalara, τὰ Φάλαρα, Thessaliæ opp., 30 a Lamia stadiis dissita, 373, 35; terræ motu diruta, 50, 28.

Phalasarna, ἡ Φαλασάρνη, Cretæ opp., a Polyrrhenia 60 stad., 411, 40.

Phalces, Φάλκης, Sicyonem condidit, 334, 48.
Phalerenses, Atticæ pagus, Φαληρεῖς δῆμος, 342, 13. Phalericum litus, 343, 33.
Phalerus, Φάληρος, et Acamas Athenienses Solos Cypri condiderunt, 583, 19.
Phanæ, Φάναι, Chii ins. portus, 551, 5.
Phanagoria, Φαναγορία (rectius Φαναγόρεια) vel Φαναγόρειον, Bosporanorum Asiaticorum caput, 424, 42; 255, 17; 425, 4; ad Corocondamitin paludem in insula est, quam Anticites facit, 424, 33. A Panticapæo 70 stadia distat, 257, 40. Habet templum Veneris τῆς Ἀπατούρου, 424, 28.
Phanarœa, Φανάροια, Ponti regio optima; ejus situs, fluvii, Eupatoria urbs, 476, § 30; 469, 9. Oleas fert, 61, 18. Penes Pythodoridem est, 477, 4.
Phanias, Φανίας, Eresius, Aristotelis disc., 528, 30.
Phanoteus. V. Panopeus.
Phaon, Φάων, a Sapphone amatus, 388, 36.
Phara, Φαρά, Libyæ opp., a Scipionis equitibus bello Africano incensum, 706, 7. (Oppidum aliunde non notum, siquidem nomen recte habet. Memoratur oppidum juxta Thenam et Cervinam insulam. E regione ejus insulæ et paucis a Thena (h. *Taine*) stadiis situm erat Taphrura opp. (Ptol. et Tab. P.), hodierna *Sphack*. Ni fallor eundem locum notavit Strabo, et Φαρά nomen corruptum est.)
Phara, ἡ Φάρα, Achaiæ civitas, Dymæ finitima; cives dicuntur Φαρεῖς, 333, 9; 331, 24. Pharenses et Ægienses Rhypidem regionem tenent, 332, 35.
Phara seu Pharæ, Messeniæ opp., 333, 10; 309, 51; 310, 5. Cf. Pheræ. Ejus cives Φαρᾶται, 333, 10.
Pharæ, Φαραί, Tanagricus vicus, 348, 19.
Pharæa, Lacon. opp., Heraclidis erat *ærarium*, 313, 18. Φᾶρις, 311, 9.
Pharbetites nomus Æg., Φαρβετίτης νομός, 682, 7.
Pharcadon, Φαρκαδών, Hestiæotidis opp., 376, 24 et 29.
Pharia. V. Pharæ.
Pharis, Φᾶρις, Laconiæ opp., 311, 39. Cf. Pharæa.
Pharmacussæ, Φαρμακοῦσσαι, duæ insulæ inter Atticam et Salaminem, in quarum majori est Circes sepulcrum, 339, 33.
Pharnaces, Φαρνάκης, unus ex ultimis Bospori regulis, 425, 12; 434, 32. Hypanin fl. Dandariorum agris induxit, 425, 13. Leucotheæ templum Moschicæ regionis spoliavit, 427, 41. Amisum obsedit, 468. 49; Sinopen expugnavit, 467, 24 et 44. Ab Asandro interfectus est, 534, 24. Filii Pharnacis, 425, 11. Men Pharnacis. V. Men.
Pharnacia, Φαρνακία, Ponti urbs munita, 469, 45; 428, 7; 104, 34. Cotyori incolis frequentata est, 469, 54. Supra Pharnaciam sunt Tibareni et Chaldæi sive Chalybes, 470, 8. Ad Pharnaciam pelamydum piscatio, 366, 5.
Pharsalus vetus, Παλαιφάρσαλος, Thessaliæ urbs; ab ea usque ad Thebas Phthiotides Helladem regionem, quam Homerus dicit, pertinuisse nonnulli censent, 369, 30; 370, 39. Phthiotidis opp. in Achillis ditione, 372, 37. Pharsalo novæ et veteri propinquum Thetidium, 370, 41. — Pharsalum (novam) præterfluit Enipeus, 371, 5; ei propinquum Eretria opp., 384, 35. Pharsaliis Philippus Halum assignavit, 372, 3. Pharsalii Halum deletam instaurarunt, 371, 47. Pharsalius est Cyrsilus historicus, 454, 53.
Pharus turris in Pharo insula, Sostrati Cnidii opus, 673, 15.
Pharus ins., Φάρος, ἡ Φαρία νῆσος, ad Ægyptum 150 stad. ab ostio Canopico, 673, 1. Ejus descriptio, *ib. et* 675, 24. Phariam insulam Homerus πελαγίαν dicit neque ignoratione, ut Eratosthenes censet; immo veri non ignarus, sed de industria talem Menelai temporibus fuisse dicens,

24, 46; 30, 45; 48; 51; 460, 3. Insula nunc est ἄνυδρος; fortasse nondum erat Homeri ætate, qui εὔορμον vocat, 31, 4. Nunquam Pharus mari tecta fuit, 47, 32. Cæsar insulam evastavit, adeo ut nunc nonnisi nautæ pauci circa turrim habitent, 873, 34.
Pharus, Φάρος, insula olim Parus dicta (*Lesina*), in sinu Adriatico, 102, 24. Pariorum colonia, patria Demetrii Pharii, 261, 46; 262, 12. Ardiæis vicina est, *ib.*
Pharusii, Φαρούσιοι, Libyæ Æthiopes, 108, 34; Tyriorum oppida in Libyæ ora ad oceanum sita diruerunt, 701, 36. Nonnulli Troglodytarum more in speluncis habitant, 703, 21. Æthiopibus Hesperiis vicini iisque similes sunt; curribus falcatis utuntur, 703, 14. Nonnunquam Mauros conveniunt, in itinere per deserta utres aquæ plenos ventribus equorum subligantes; interdum etiam per loca quædam palustria Cirtam veniunt, 703, 177.
Pharygæ, Φαγύγαι, Argolidis opp. cum templo Junonis Pharygææ. Hujus colonia Pharygæ Locrorum, 366, 15.
Pharygæ, Φαρύγαι, olim Τάρφη, opp. Locrorum Epicnemidiorum, cum templo Junonis Pharygææ; colonia Pharygarum Argolidis, 366, 15.
Pharygium, Φαρύγιον, Phocidis prom. cum navium statione, 363, 5.
Φάρζιρις, i. q. Παρύσατις, 667, 41.
Phaselis, Φάσηλις, Lyciæ opp. tres portus habens et lacum, 568, 51; superjacent Solymi montes et Termessus, *ib.* Urbs per se constat neque τοῦ Λυκιακοῦ συστήματος particeps est, 569, 15. Tenuit eam Zenicetes prædo, 573, 13. Prope eam juxta mare sunt angustiæ, per quas exercitum duxit Alexander, 569, 3.
Phasis, Φᾶσις, Colchidis fl. et urbs; non est punctum Ponti maxime orientale, quum hinc ad Dioscuriadem versus orientem supersint 600 stadia, 427, 8. Ad Phasin ab ostio Ponti sunt 8000 stadia sec. Eratosthenem, 5600 stadia sec. Hipparchum, 76, 5; 419, 50; a Trapezunte 1400 stadia, 469, 50. Phasis fl. ab Homero non memoratur, 248, 14. In Armenia oritur, 429, 20; 423, 45. Glaucum et Hippum oritur; navigatur usque ad Sarapana castellum; adjacet fluvio Phasis urbs, 427, 19; 429, 20. Phasis angustias perlabitur, per quas in Iberiam aditus est; ob cursus obliquitatem 120 pontibus junctus; asper, violentus imbrium tempestate, 429, 17. Ad ejus ostium ora arenosa, humilis, mollis, 44, 1; 37, 37. Ad Phasin Æa, Æetæ urbs, 38, 12, et Phasis urbs, Colchorum emporium; ab Amiso vel Sinope 3 vel duorum dierum [noctiumque] iter distat, 427, 25; 427, 24.
Phatniticum, Φατνιτικόν, Nili ostium, 681, 5.
Phauene, Φαυηνή (?), Armeniæ regio, 452, 50.
Phaunitis, Φαυνῖτις, regio, quam Medis Armenii ademerunt, 453, 23.
Phayllus, Φάυλλος, Delphicum templum diripuit, 361, 12.
Phazemon, Φαζημῶν, pagus Phazemonitidis, quem auxit, urbem constituit, Neapolinque denominavit Pompeius, 379, 45. Phazemonitarum thermæ supra Amasenum agrum, 480, 6.
Phazemonitis, Φαζημωνῖτις, Ponti regio, quam Neapolitin Pompeius nominavit; ejus situs, 479, 45; ejus pagus; lacus Stiphane, *ib.*
Phea, Φειά, Elidis pr. (ad *Chortas* portum), Pisatidis oræ initium sec. nonnullos, 294, 42; ante Pheam est insula et portus, a quo ad Olympiam 120 st., 294, 46; 301, 27. Inter Pheam et Epitalium Alpheus fluvius exit, 295, 15.
Phellon, Φελλών, Triphyliæ mons, ad quem Scillus opp., 295, 49.
Phellus, Φελλός, Lyciæ opp., 568, 31.
Phemonoe, Φημονόη, prima vates Pythia, 359, 53.

Pheneus, Φενεός, Arcadiæ opp., 333, 39; ad Pheneum τὰ βέρεθρα sive ζέρεθρα Ladonis vel Aroanii fl., 334, 14, et Stygis aqua, 334, 26.
Pheræ, Φηραί, Messeniæ urbs, 308, 27. Ad Nedonem fluvium, 309, 27; Thuriæ et Gerenis vicina, 309, 18. A mari quinque stadia distat, 309, 51. Pheræi cum Menelao in bellum profecti, 308, 30. Pro Φηραί scribitur Φαρά et Φαραί, 333, 10; 309, 51; 310, 5.
Pheræa, Φεραία, Arcadiæ urbs, 306, 38.
Pheræ, Φεραί, Pelasgiotidis in Thessalia urbs, 374, 28; 432, 8. In campo Pelasgico, 381, 5. Ei vicina Bœbeis palus, 374, 51. Ejus navale Pagasæ, 90 stadiis dissitæ, 374, 31. In urbe est Hyperea fons, 377, 31. Pheræ una cum tyrannis creverunt et conciderunt, 375, 2.
Pherecydes, Φερεκύδης, Babyis f., e Syro ins. oriundus, 418, 18.
Pherecydes, Atheniensis, Pherecyde Syrio junior, 418, 18; dictio ejus poeticæ similis, 15, 4. Pales, Cephalleniæ urbem, ab Homero Dulichium dici censuit, 392, 14. Laudatur de Cabiris, 406, 5; de Caribus et Lelegibus, olim Ioniæ oram obtinentibus, 540, 18; de Mopsi et Calchantis certamine, 549, 5; Gadibus ins. nomen Erythiæ tribuere videtur, 140, 50.
Phidias, Φειδίας, Charmidæ filius, Atheniensis; ejus statua Jovis Olympici sec. Homeri versus expressa; Phidiæ consobrinus Panænus pictor, in opere Olympico Phidiæ socius, 304, 10. Phidiæ opus Minervæ statua in Parthenone, 340, 16. Opera ejus sunt sumptu et magnitudine præstantissima, 320, 8.
Phidippus, Φείδιππος, Thessali f., cum Antipho fratre Cois imperavit sec. Homerum, 558, 14. V. Antiphus.
Phido, Φείδων, Argivus, a Temeno decimus; ejus potentia, inventa, in Eleos facinus, 307, 40. Ab Eleis et Lacedæmoniis evertitur, 308, 5; primus argentum excudit in Ægina, 323, 11. Phidoniæ mensuræ, 307, 43.
Philadelphia, Φιλαδέλφεια, Judææ urbs, cujus incolæ variis e gentibus mixti sunt, 647, 25; 647, 35.
Philadelphia, Lydiæ urbs ad Catacecaumenen regionem sita, terræ tremoribus obnoxia, 496, 1; 537, 1.
Philæ, Φίλαι, Nili insula, 33, 211, paullo supra minorem cataracten, communis Æthiopum et Ægyptiorum habitatio; templa Ægyptia habet; quænam ibi avis colatur, 694, 38. Insula supra Syenen et Elephantinam sita, 682, 51. Quid ibi de Osiridis sepulcro incolæ fabulentur, 682, 52. Philas capiunt Æthiopes 696, 18. Quali scaphæ genere Strabo in insulam trajecerit, 695, 3.
Philænorum aræ, Φιλαίνων βωμοί, in Syrti majori, 709, 46; ad limites indicandos positæ, 142, 6, non amplius exstant, sed locus nomen retinet, 142, 7. Ad eas inde a Berenices regione Nasamones habitant, 710, 3.
Philemon, Φιλήμων, comicus, Solensis, 573, 24.
Philetærus, Φιλέταιρος, princeps generis Attalicorum regum, Tiei natus, 465, 37. Θλιβίας ἐκ παιδός, Pergamo castello a Lysinacho præfectus, Arsinoes odio a rege defecit, castellumque in potestate sua per viginti annos retinuit, reliquitque Eumeni fratri; alter ejus frater fuit Attalus, 533, 4.
Philetærus, Attali I et Apollonidis f., privatus vitam exegit; frater Eumenis II, Attali II et Athenæi, 533, 37.
Philetærus, Dorylai, qui Cnossum abiit, frater, pater Dorylai ejus, cum quo Mithridates Eupator educatus est, 410, 30.
Philetas, Φιλητᾶς, Cous, poeta et criticus, laudatur, 139, 36; 312, 43; 561, 39.
Philippi insula, Φιλίππου νῆσος, in sinu Arabico, 658, 28.
Philippi, Φίλιπποι, prius Crenides dicti, Macedoniæ opp. 281, 41 et 46, ad Pangæum montem; auri metalla habuit, 280, 6. Augebatur locus post Bruti et Cassii cladem,

ib. Ad Philippos victoriam deportavit Antonius, quam carmine cecinit Boethus, 575, 15.
Philippopolis, Φιλιππούπολις, opp. Parorbeliæ in Macedonia, 281, 6. (in valle *Stroumitzæ* fluvii ponenda; aliunde non nota ; fortasse hodierna *Petrovitch*.)
Philippus, Amyntæ et Eurydices, quæ neptis Arrhabæi fuit, filius, 271, 31. Pater Thessalonicæ, 277, 32; 278, 25. Pellam urbem, in qua educatus erat, e parva magnam fecit, 277, 14. Ejus contra Ateam Scytham bellum, 255, 30. In Calyben, Astarum opp., homines pessimos relegavit, 266, 29. Regionem inter Strymonem et Nestum sitam ditioni suæ adjicere apprime studuit, 259, 5 ; e metallis ibi magnos reditus paravit, ib. In Methones obsidione oculum amisit, 277, 54. Apolloniam (ad sinum Strymonicum sitam) et Galepsum evertit, 280, 43. Judex litis quæ de Pamiso erat Lacedæmoniis et Messeniis , 310, 14. Messenen restauravit, 310, 37. Prœlio ad Chæroneam vicit, 355, 30. Naupactum Ætolis adjudicavit, 566, 28; Halum Pharsaliis attribuit, 372, 3. Insulas Magnesiæ objacentes ad se rapuit, 375, 22. Larisæam Thessaliæ regionem in suam redegit potestatem, 378, 19. Oritis Eubœæ Philistidem tyrannum imposuit, 382, 41.
Philippus pater Antigoni ejus qui Antigoniam condidit, 638, 37.
Philippus rex, Demetrii f., cui Demetrius Pharius suadet ut Acrocorintho et Ithome potiretur, 310, 30. Cum Philippo contra Romanos steterunt Corinthii, 327, 17. Contra eum Romanis auxiliatus est Attalus I, 533, 33. Ad Cynoscephalas a F. Quinctio Flaminino victus est, 379, 32. Chalcidem ac Corinthum compedes Græciæ vocabat, 368, 7. Persei pater ; Cium Prusiæ dedit, qui in evertenda ea socius fuerat, 482, 37.
Philippus, ὁ τὰ Καρικὰ γράψας, laudatur de lingua Carica, 565, 6.
Philistides, Φιλιστείδης, in Eubœa tyrannus, 382, 40 sqq.
Philo, Φίλων, architectus, armamentarium Munychiæ fecit, 339, 50.
Philonis vicus, Φίλωνος κώμη, Ægypti, Phacussæ vicinus, 586, 2.
Philochorus, Φιλόχορος, regionem circa Dodonam Hellopiam dictam esse refert, 272, 37. Laudatur de Tyrtæo, 311, 10; de Nisi ditionis terminis, 337, 12; de Cecrope et Theseo, 344, 25; de Harmate loco, 347, 20
Philoctetes, Φιλοκτήτης. Ejus in Thessalia ditio, 375, § 16; quæ Magnesiæ assignatur, 371, 25. Phthiorum dux, 371, 9. Ob seditionem coortam Meliboæa profugiens in Italia Peteliam, Crimissam et Chonem condidit, 211, 26. In Crotoniatin regionem venit, 226, 21.
Philodemus, Φιλόδημος, Epicureus Gadarensis, 646, 22.
Philogenes, Φιλογένης, Atheniensium dux, Erythras condidit, 541, 13.
Philologorum in Museo Alexandriæ collegium, 675, 1.
Philomela. V. Procne.
Philomelium, Φιλομήλιον, Phrygiæ Magnæ opp., 494, 11, in via qua Holmis Tyriæum itur, 565, 22.
Philonomus, Φιλόνομος, Doriensibus Laconiam prodidit, 313, 48; Amyclas accepit, 313, 10.
Philopœmen, Φιλοποίμην, usque ad ejus præturam fœdus Achaicum bene constitit, 331, 9
Philosophi primi geographiam attigerunt, 1. Philosophorum apud Indos genera varia, montanorum, campestrium, Brachmanum, Garmanum, Pramnarum, eorumque vitæ ratio et doctrinæ ex Megasthene, Aristobulo, Onesicrito, Nearcho exponuntur, 606, § 58-71. Ἡ νῦν φιλοσοφία posterioribus demum temporibus in medium prodiit, 16, 25 ; minus in publicum utilis quam poetica, 16; 27.

Philotas, Φιλώτας, Thebis colonos duxit Prienen, 541, 7, 543, 47.
Philotas, Parmenionis f., Alexandri equitatum per campum Aleium duxit, 576, 30; in Drangis ab Alexandro interfectus est, 616, 45.
Philotera, Φιλωτέρα, Ptolemæi II soror, 655, 9. Cf. Philotera urbs.
Philotera, Φιλωτέρα, urbs ad sinum Arabicum, Satyri opus, a sorore Ptolemæi II dicta, 655, 9.
Phineus, Φινεύς, ab Harpyiis raptus, 251, 22.
Phinopolis, Φινόπολις, Thraciæ urbs Pontica, 265, 29.
Phlegra, Φλέγρα, Φλεγραῖον πεδίον, campus Campaniæ, e quo Gigantes expulit Hercules, 233, 53; 202, 47. Cur id nomen Cumanæ regioni sit inditum, 204, 41.
Phlegra, Φλέγρα, priscum Pallenes nomen, 278, 44.
Phlegyæ, Φλεγύαι, priscum Gortyniorum nomen, 276, 21; 379, 48.
Phlegyas, Φλεγύας, Ixionis frater, a quo Phlegyarum nomen est Gortyniis, 378, 48.
Phligadia, Φλιγαδία, Alpium mons Illyrico obversus, 172, 37; (Manhart, cui a septentrione adjacet Flitschel vicus prope Tarvis.)
Phlius, Φλιοῦς, Achaiæ urbs, 324, 38; ejus situs; Diæ sive Hebæ templum, 328, 35. Urbs fœderi Achaico se adjunxit, 331, 4. Phliusia regio olim Ἀραιθυρέα, q. v.
Phocæa Φώκαια, Ioniæ urbs, 552, 27, ab Atheniensibus, Philogene duce, condita, 541, 13. Distantia a Smyrna, 566, 10. Phocææ Minervæ simulacrum, 514, 39. Urbs, ab Harpago capta; Phocæenses sub Creontiade in Corsicam et Massiliam appulerunt, indeque repulsi Eleam s. Veliam condiderunt, 210, 15; 150, 45; 210, 6. Massiliæ conditores, patriam relinquentes oraculo jubentur ducem navigationis a Diana Ephesia accipere; accipiunt Aristarchen, 148, 52. Phocæensium ultima versus occasum colonia est Mænaca in Hispania, 130, 8.
Phocarum insula, Φωκῶν νῆσος, in sinu Arabico (juxta Ras Mohamed), 661, 2.
Phocarum insula alia in australi parte sinus Arabici Æthiopiæ adjacet, 658, 25.
Phocenses, Φωκεῖς, sub Epeo duce Lagariam in Italia condiderunt, 219, 15. Bello sacro Delphicos thesauros diripuerunt, 156, 21. Templum Delphicum deprædati bello petuntur a Bœotis, 345, 52. Phocicum sive sacrum bellum, 361, 6. A Phocensibus Delphos separarunt Lacedæmonii, 363, 35.
Phocis, Φωκεῖς. Ejus situs, 357, § 1. Phocidis urbs Daulis quam Tereus possedit, 266, 50; Daphnus, 50, 36. (Cf. p. 321, 334, 379, 390, 401, 409, 416-425, 589 ed. Cas.)
Phocylides, Φωκυλίδης, laudatur, 418, 49.
Phœbia, Φοιβία, a Dionysio juniore dicta est Rhegii urbis pars ab ipso restaurata, 215, 15.
Phœnice, Φοινίκη, supra Buthrotum sita Epiri urbs, 269, 48.
Phœnices, Φοίνικες, ingenio valent, ut Posidonius ait, 144, 6; geometriæ et arithmeticæ inventores, 644, 52; 670, 5. Primi Ursæ sidus in navigationibus observarunt, 3, 1; cum Cadmo in Bœotiam venerunt, 344, 41; Cadmeam tenuerunt, 266, 51. Phœnices, ad quos Menelaus venit, in sinu Persico quærendos esse nonnulli putant. Ibi enim pridem eos consedisse, nomenque habere a puniceo colore, quod mare ibi Rubrum sit. Horum colonos esse Phœnices maris Mediterranei. Alii Phœnices sinus Persici a Phœnicibus maris Mediterranei oriundos esse dicunt, 35, 35. Adeo bene Phœnicibus cessit coloniarum deductio, ut optimam Europæ partem in continenti et insulis et Libyam omnem, quantum ejus aliam quam nomadibus habitandi rationem admittat, obtinuerint, 706, 44. Jam ante

Homeri ætatem optima Libyæ et Hispaniæ tenuerunt, donec eorum a Romanis est abolitum imperium, 132, 52; 125, 1. Paullo post Trojana tempora extra columnas Herculeas progressi sunt, ibique et in extera Libyæ ora mar. urbes condiderunt, 40, 33. Hispaniam adierunt divitiarum hujus regionis fama allecti, 2, 19. Ab iis pleræque Turdetaniæ urbes et vicini his loci nunc habitantur, 124, 2. Ab iis opulentiam ultimorum Hispaniæ locorum novit Homerus, 124, 31; 125, 1. Phœnicum habitationes in Libyæ sinu Emporico, 701, 10. Eorum colonia Abdera in Hispania, 130, 15. Phœniciam formam adhuc prodit Malaca urbs Hispaniæ. Phœnices Gaditani primi Cassiterides inss. adierunt, 146, 1. Phœnices Balearides occuparunt, 139, 30. Eorum coloniæ in Libyca Oceani ora nunc dirutæ, 703, 39.
Phœnicia, Φοινίκη, vocatur oræ tractus qui est ab Orthosia usque ad Pelusium; superjacet in mediterraneis Judæa, 643, 54. Nonnulli Æthiopiam, quam Menelaus adiit, et in qua Andromedæ historia locum habet, ad nostram Phœniciam referunt, 35, 42. Ceterum Phœniciæ descriptionem v. p. 756-760 ed. Cas. Cf. p. 6, 38, 40; 43, 58, 125, 532, 669, 681, 735, 749, 781, 803, ed Cas.
Phœnicis, Φοινικίς, i. q. Medeon, Bœotiæ opp. 352, 45, ad lacum Copaidem, 352, 53.
Phœnicius mons, Φοινίκιον ὄρος, Bœotiæ, cui subjacet Medeon sive Phœnicis opp., 352, 45.
Phœnicus, Φοινικοῦς, Lyciæ mons, qui etiam Olympus vocatur, 568, 49.
Phœnicus, Φοινικοῦς, portus Libyæ inter Leucen acten et Pnigeum, 679, 12.
Phœnicodes. V. Phœnicussa.
Phœnicussa, Φοινικοῦσσα, una e Liparæis inss., de palmis dicta, 230, 3. Φοινικώδης vocatur ex chorographo, 230, 27.
Phœnix, Φοίνιξ, Amyntoris Ormenidæ f., ex Ormenio Thessaliæ ad Peleum fugit, sec. Demetrium Scepsium; Crates Phœnicem Locrensem esse putavit, 376, 52; 377, 10. Dolopibus imperavit, dante sc. Peleo, 373, 3 : 370, 5. Ejus classis cum Achillea unum quoddam corpus efficit, 370, 1. Meminit ejus tanquam ducis Pindarus, 370, 5.
Phœnix heros, 268, 1. Cf. Phœnix fl.
Phœnix, in Asopum Thermopylis propinquum influit. Phœnicis herois sepulcrum prope cum ostenditur, 367, 54. — Phœnix, Cretæ locus, 408, 2.
Phœnix, mons Rhodiæ περαίας, quæ hinc usque ad Dædala pertinet, 556, 17; ante eum Eleussa insula sita, ib. Mons altissimus in ejusque vertice Phœnix castellum, 556, 46.
Philo, ὁ συγγράψας τὸν εἰς Αἰθιοπίαν πλοῦν, Meroes clima definivit, 46, 11.
Pholegandrus, Φολέγανδρος, ins. maris Cretici, ob asperitatem σιδηρείη ab Arato dicta, 416, 15; 417, 17.
Pholoe, Φολόη, Arcadiæ m. (montana quæ juxta Erymanthum porriguntur), 333, 49; 289, 4. Olympiæ imminens, 306, 45. E Pholoe fluit Selleis fl., 290, 30.
Φώρων λιμήν, Atticæ, 339, 37.
Phoronei filiæ et Hecateri prosapia, 405, 11.
Phoronidis auctor (Acusilaus), 405, 15.
Phosphori, τῆς Φωσφόρου, fanum in Turdetaniæ ora, 116, 32.
Phraates IV, Parthorum rex, Augusti amicitiæ studuit; tropæa ei remisit; quattuor filios obsides tradidit; quonam consilio, 637, 27; 239, 38; 637, 33.
Phranicates, Φρανικάτης (?), Parthorum dux, in Syria ad Trapezuntem collem cum Ventidio certavit, 639, 51.
Phriconis Cume. V. Cume.
Phriconis Larisa ad Cumam, 378, 27. V. Larisa.

Phricius mons, Φρίκιον ὄρος, in Locride; ab eo Cuma Phriconis cognominata est, 498, 35; nam hinc profecti Græci Cumam condiderunt, 530, 49.
Phrixa, Φρίξα (*Palæofanaro*), Triphyliæ opp., quod perfluit Alpheus, 295, 12.
Phrixeum, Φρίξειον, in confinio Colchidis et Iberiæ, 38, 12.
Phrixipolis, Φρίξου πόλις, nunc Ideessa, Iberiæ urbs ad Colchidis confinia, 428, 12.
Phrixus, Φρίξος, Colchidem adiit, 38, 18. Expeditionis signa compluribus in locis monstrantur, 38, 26. Phrixus in Moschica regione Leucotheæ templum condidit, ubi aries non immolatur, 427, 38. Phrixus, Cytori pater, 466, 51.
Phryges. Φρυγῶν ἡλιόβλητοι πλάκες, 22, 44. Phrygum, Mysorum, Bithynorum, Troum confinia accuratius constituere res difficilis, 483, 12; 484, 15. Phryges Asiæ oriundi sunt a Brigibus Europæ, 245, 33, gente Thracia, quæ ad Bermium montem habitavit, 278, 32. Phryges, i. q. Brygi et Bryges, 471, 11. Phryges sec nonnullos e Pæonibus oriundi, sec. alios Pæones Phrygum coloni, 281, 23. Phryges e Thracia in Asiam transgressi Trojæ et viciniæ principem sustulerunt, 490, 13. Occuparunt quæ sunt circa Cyzicum usque ad Practium, 501, 46. Sub Pelope in Peloponnesum migrarunt, 266, 45. Contra Amazones iis auxiliatus est Priamus, 473, 21. Post bellum Troj. e Berecyntis et Ascania Europæ a Scamandrio in Asiam transducuntur, sec. Xanthum, 580, 35. Phrygii, Lydii, Cretici et Græci ritus orgiastici a poetis, ut Pindaro et Euripide, sæpius miscentur, 402 § 13. Berecyntes, Phrygia gens et omnino omnes Phryges Rheam orgiis colunt, variis deam nominibus designantes, 402, § 12. Phrygii Curetes sive Corybantes, *ib.* Phrygiis similia sunt Thracica sacra, Cotytia et Bendidia, 404, 30; sc. Phryges Thracum sunt coloni, 404, 31. Φρυγία θεὸς μεγάλη, Rhea, 402, 44. Ap. Phryges Sabazius quasi filius Matris deorum, 404, 8. Phrygiæ tibiæ, 404, 49. Phrygia sacra Athenienses adoptarunt, 405, 1. Proverbialis locutio : δειλότερον εἶναι λαγὼ Φρυγός, 30, 30.
Phrygia et Mysia et Lydia sæpe confunduntur apud scriptores, 489, § 2. Phrygia est duplex, altera magna, cujus rex fuit Midas, et cujus partem Galatæ occuparunt, altera Parva sive Epictetus, quæ est ad Olympum et Hellespontum, 489, 29. Phrygiæ Magnæ pars ἡ παρώρειος Φρυγία, 493, 53 ; urbes Phrygiæ M., 494, 1. Phrygiæ Paroræi in limite occiduo Holmi, in limite orientali Tyriæeum, 566, 20. Phrygiæ pars Gallogræcorum regio et Epictetos, 107, 25. Phrygiam Cappadociæ et Paphlagoniæ vicinam occuparunt Gallicæ gentes, Tectosages, Trocmii et Tolistobogii, 155, 43. Phrygia Epictetus, 465, 24, etiam Hellespontiaca dicitur, 465, 29 ; ἡ ἐφ᾽ Ἑλλησπόντῳ λεγομένη, 107, 21; 482, 17, vel etiam Phrygia *Parva*; ἡ Ἐπίκτητος vero dicta est ab Attalicis regibus, qui eam a Prusia acceperant, 482, 47. Phrygia Hellespontica, quam olim Bithyni possederunt, eadem est cum Phrygia Epicteto, 465, 29, quæ quidem mare non attingit; porrigitur usque ad orientalis partes Ascaniæ paludis et regionis, 483, 29. Oppida Phrygiæ Epicteti, 493, § 12. — Phrygiam Midæ temporibus invaserunt Cimmerii, 51, 25. In Phrygia inferiori lacus salsi, 41, 30. E Phrygia in Cretam Curetes a Rhea adsciti, 405, 24. Ex ea fluere Asopum Sicyonis Ibycus fabulatur, 225, 46.
Phrygius, Φρύγιος, fl. olim Hyllus dictus, in Hermum exit, 535, 9.
Phrynæ, Φρύναι, Indiæ gens. Usque ad eos et Seres dominationem protulerunt græci Bactriæ reges, 443, 10.
Phryno, Φρύνων, Atheniensium dux, Olympionica, Sigeum occupavit; contra Pittacum pugnat marte vario, tandem singulari certamine ab eo necatur, 513, 19.
Phrynichus, Φρύνιχος, tragicus, ab Atheniensibus multatus est quod de capta Mileto fabulam condiderat, 543, 8.
Phthia. Apud Homerum Φθίην ἠδ᾽ Ἑλλάδα, etc. (Il. 2, 683) memorantem alii Phthiam eandem cum Hellade et Achaia faciunt, alii rectius distinguunt, 370, 26. Num vero regiones an urbes Homerus significaverit, parum liquet, 370, 37. Circa Phthiam inter Peneum et Asopum Hellen regnavit, 329, 6. In Phthiam exsul fugit Phœnix, 373, 4.
Phthii, Φθῖοι, ap. Homerum vocantur et qui sub Achille et qui sub Protesilao et qui sub Philocteta erant, 371, 8.
Phthiotæ, Φθιῶται, etiam universi vocantur Achæi, 372, 28.
Phthiotis, Φθιῶτις, Thessaliæ regio, 369, 26 et *sqq. pagg.*; cujus ora pertinet usque ad Pyrrham prom., 374, 25. Phthiotidis partem Sophocles Trachiniam dicit, 372, 6. Phthiotidi imperavit Deucalion, 371, 3. Ex ea Achæi Peloponnesi oriundi, 329, 34. Cf. Achæi et Thebe.
Phthirôn mons, Φθειρῶν ὄρος, cujus Homerus meminit, aut Latmus est aut Grion Ioniæ, 543, 7.
Phthirophagi, Φθειροφάγοι, supra Moschos et Colchos, 426, 20; unde dicti sint, 428, 16. Phthirophagorum fauces, τὰ τῶν Φθειροφάγων στενά, supra Macropogones, 422, 38.
Phycus, Φυκοῦς, prom. humile et oppidum Cyrenaicæ, Tænaro objacet, 2800 stadiorum intervallo, 710, 24 ; 311, 49.
Phylace, Φυλάκη, Phthiotidis urbs, in Protesilai ditione, 371, 52. Thebis propinqua, 373, 54.
Φυλάκη. V. Hermopolitica et Thebaica φυλάκη.
Φύλαρχοι, principes Arabum, 107, 50, et passim libro XVI et XVII, ut p. 748, 753, 839 *ed. Cas.*
Phyle, Φυλή, Atticæ locus, 347, 5; unde populum in urbem reduxit Thrasybulus, 340, 42.
Phyleus, Φυλεύς, Augeæ f., Megetis pater, 391, 21.
Phyllus, Φύλλος, Thessaliotidis opp., cum fano Apollinis Phyllii, 374, 16.
Physa, φῦσα, Nili piscis, 699, 9.
Physcus, Φύσκος, opp. τῆς Περαίας Rhodiorum, cum portu et luco Latonæ, 556, 43; 578, 11; Mylasorum navale, 562, 50. A Physco ad Mæandrum in via Ephesum ducente 1180 stadia, 866, 4 ; ad Lagina 850 stadia, 565, 50.
Physeteres, φυσητῆρες, in mari ad Turdetaniam, 120, 23.
Physica. Ἡ φυσικὴ ἀρετή τις· τὰς δ᾽ ἀρετὰς ἀνυποθέτους φασὶν ἐξ αὐτῶν ἠρτημένας, καὶ ἐν αὐταῖς ἐχούσας τάς τε ἀρχὰς καὶ τὰς περὶ τούτων πίστεις, 91, 6. Physica multa et mathematica geographus pro exploratis sumere debet.
Piasus, Πίασος, Pelasgorum in Larisa Phriconide princeps, Larisam filiam stuprat, ab eaque in dolium dejicitur, 531, 26.
Picea pulcra, Καλὴ πεύκη, Troadis, 516, 1.
Piceni (Πικεντῖνοι ; regio ἡ Πικεντίνη) in Picenum migrarunt ex Sabinis, pico ave ducente, unde nomen genti, 200, 38 ; 190, 25. A Picenis usque ad Apulos sive Daunios paraplus 490 stadiorum, 201, 52. Piceni regio arborum fructibus quam frumento præstantior, 200, 44. Ejus latitudo, et ab Æsi ad Matrinum longitudo, 200, 45. Picenis finitimi Vestini, Marsi, Peligni, Marrucini, Frentani, 201, 14. Piceni urbes recensentur, 200, 48.
Piceni sive Picentini ad mare Tyrrhenum habitantes, pars eorum qui mare Adriaticum accolunt ; a Romanis ad sinum Posidoniaten transducti, 209, 8, usque ad Silarum habitant, 209, 21.
Picentia, Πικεντία, caput Picentinorum ; incolæ Hannibali se adjunxerunt ; quare a Romanis urbe expulsi sunt ; quid pro militia iis injunctum fuerit, 209, 26.

Πίκρον ὕδωρ, Aqua amara, Ciliciæ locus; qualis? 572, 43.
Pictæ, Πικταί, diversorium ad viam Latinam, 197, 34. Ibi Lavicana via in Latinam incidit, 197, 42. A Roma 210 st. distant, 197, 43.
Pictones, Πίκτονες (*les hab. du Poitou*), Galliæ gens Aquitanis adscripta, ad Ligerim habitans, 158, 1 et 33.
Picus Marti sacer est; Sabinis in Picenum immigrantibus dux fuit; unde nomen est Picenis, 200, 39.
Pieres, Πίερες, Thracica gens, Pieriam Emathiæ sive Macedoniæ tenuerunt, et loca circa Olympum, 275, 28.
Pieria, Πιερία, Macedoniæ regio, 22, 9; 276, 23; ad Axium usque pertinet, 273, 43. (V. s. v. Axius). Pieridem Thraces Musis dedicarunt, 352, 20; 404, 38. Pieriæ urbs Pydna, 277, 10.
Pieria, ἡ Πιερία (*Keserik* et *Dj. Musa*), Syriæ mons Amano contiguus, 639, 54.
Pieriæ regionis Syriæ urbs Seleucia, 263, 5, ἡ ἐν Πιερίᾳ Σελεύκεια, 577, 13.
Pimplea vicus, Πίμπλεια κώμη, in Macedonia non longe a Dio urbe; ibi Orpheus degebat, 276, 44 et 45; a Thracibus vicus Musis dedicatus est, 352, 21; 404, 38.
Pimolisa, Πιμώλισα, Ponti castellum regium nunc dirutum a quo non procul sandaracæ fodinæ, 481, 22. Pimolisene, Πιμολισηνή, Ponti regio, 480, 46; ab utraque Halyis fl. latere, 481, 24.
Pimolitis, Πιμολῖτις, Cappadociæ regio, 473, 45.
Pinaca, Πίνακα (*Phœnice* ap. Ammian. 20, 7, 1 et 16, 11, 6; hod. *Finik*. V. Ritter. 11 p. 121, 170), Gordyæorum urbs munitissima, quam Armenius subjectam habuit et postea Romani ceperunt, 636, 13.
Pinara, τὰ Πίναρα, Lyciæ sub Crago monte urbs, 568, 11; 567, 30.
Pinarus, Πίναρος, Ciliciæ fl. circa Issum, 577, 5.
Pindarus, Πίνδαρος, Herculis expeditionis terminum dicit τὰς Γαδειρίδας πύλας, 141, 37; 142, 49. Laudatur de Hierone Ætnæ conditore, 223, 20; de Alpheo et Arethusa, 225, 6; Bœotos olim sues dictos esse dicit, 267, 3. Copaidem lacum Κηφισσίδα λίμνην vocat, 353, 7. Citatur de Ptoo monte et de Tenero, 354, 38. Dodonæ accolas Hellos dicit, Homerus Sellos, 272, 35. Quid tradat de Delo ins., 416, 37. Amazonum exercitum Σύριον dicit, 466, 19. Polymnasti Colophonii meminit, 549, 25. Idem de Hyperboreis, 605, 54. Apud Mendesios ait hircos cum mulieribus coire, 681, 36. Pindarus ἐν τοῖς διθυράμβοις, 347, 27; 402, 53; ἐν τοῖς ὕμνοις, 284, 47. Laudatur etiam, 354, 27; 128, 30; 360, 21; 370, 5; 559, 13; 535, 50; 206, 36 et 46; 551, 22.
Pindus, Πίνδος, fl. urbem cognominem præterfluit et in Cephissum exit non procul a Lilæa, 366, 52.
Pindus; mons Thessaliæ, 274, 35; 367, 24; 371, 27; 376, 3; 386, 33; ex eo Peneus oritur, 376, 5 et 27, et Inachus, sec. Sophoclem, 225, 35. Ejus accolæ, 373, 13; 272, 13.
Pindus, ἡ Πίνδος, urbs tetrapolis Doricæ, 366, 51, ad fluvium cognominem; nonnulli urbem Acyphantem dicunt, *ib*.
Pingendi ars Corinthi et Sicyone maxime aucta, 328, 14.
Pioniæ, Πιονίαι, Troadis opp., quod Lelegum erat, 521, 42.
Piperi simile est corsium Ægypti, 699, 3.
Piræeus, Πειραιεύς, pagus Atticus, portus Athenarum, 339, 41; a Schœnunte 350 stadia distans, 335, 14; 360 st. a Pagis, 335, 37. Piræeum olim insulam fuisse πέραν τῆς ἀκτῆς κείμενον, et inde nomen habere aiunt, 49, 14. Piræeum idem architectus construxit qui Rhodum urbem ædificavit; portus a Lacedæmoniis occupatus et a Sulla male affectus, 558, § 9.

Piræeus; sic Amisus vocata est ab Atheniensibus colonis, 468, 46.
Piratæ Ciliciæ a Romanis debellati, 567, 41.
Pirene, Πειρήνη, fons Corinthi, 325, 49; de ea fabula, 326, 10.
Pirithous, Πειρίθους, Ixionis f., Lapitha, e Pelio Centauros ejecit in Æthicum agros, 377, 46; 373, 19. In Gyrtone urbe regiam habuit, 276, 18. Cf. Theseus.
Piros, Πείρως, Imbrasi filius, qui ex Æno venit Trojam, Thracum dux, 285, 5.
Pirossus. Τὰ ἐν Πειρωσσῷ ὄρη, quos Cyziceni habent Zeliæ contiguos, 504, 4; regia olim in iis venatio, *ib*.
Pirus, Πεῖρος, fl. Achaiæ, ab Hesiodo memoratur; idem cum Acheloo; perperam nonnulli pro Πεῖρος legi volunt Πίερος, 294, 14. Olenum præterfluit, 331, 25.
Pirustæ, Πειροῦσται, Pannonum gens, 261, 9.
Pisæ (ἡ Πῖσα), Etruriæ urbs, a Pisatis Peloponnesiacis a Troja huc delatis condita, inter Arnum et Æsarem (Ausarem) sita, 185, 22; ad viam Æmiliam, 181, 12. A Pisis ad Lunam ultra 400 stad.; ad Volaterras 280 stad., 184, 46. Urbs quondam floruit; ne nunc quidem ignobilis ob solum fertile, lapicidinas et materiam navalem, 185, 38. A Liguribus olim vexabantur, 185, 41, et a Sardiniæ latronibus, 187, 33. Pisanus ager, ἡ Πισᾶτις, 175, 46.
Pisa, Πῖσα, fons, a quo nonnulli Pisatidis nomen derivare volunt, nunc Bisa vocatur, Cicysio propinquus, 306, 7.
Pisa, Elidis urbs, in loco edito inter Ossam et Olympum montes sita, Pisatidi nomen dedit; alii negant ullam fuisse Pisam urbem, 306, 6.
Pisander, Πείσανδρος, Bellerophontis f., contra Solymos pugnans cecidit. Ejus tumulus prope Termessum, 539, 12 et 19; 491, 1.
Pisander, Rhodius poeta, ὁ τὴν Ἡράκλειαν γράψας, 559, 45; primus Herculem leonis pelle et clava instruxit, 587, 15.
Pisatis, Πισᾶτις, Elidis regio, 291, 46; dicta a Pisa urbe, vel sec. alios a fonte Pisa, 306, 5. Ejus ora maritima inde a Chelonata, secundum alios inde a Phæa, 294, 35. Pisatis monte dirimitur a Macistia Triphyliæ, 295, 28. Imminet ei Pholoe, Arcadicus mons, 305, 46. Pisatidis et Cavæ Elidis in confinio Elison amnis, 290, 26. Pisatidis ex octo civitatibus maxima est Cicysium, 306, 12; 306, 11; aliæ sunt Salmone, 306, 23, 305, 44; Heraclea, 306, 32; Arpina, 306, 37; Dyspontium, 306, 42. Pisatidis etiam est Alisium, 293, 44, et Olympicum templum, 303, 49; 289, 41. Celebritas Pisatarum a templo Olympico repetenda est et a regibus eorum, Œnomao, Pelope ejusque filiis. Salmoneus quoque ibi regnasse dicitur; certe quum Pisatis regio in 8 civitates distribuatur, una de his Salmone vocatur, 305, 44. Augeam Pisatidi imperasse falso nonnulli tradunt, 306, 2. E Pisatide in Argoliden profecti sunt Amythaonidæ, 319, 51. Pisatis sub Nestore fuit, 289, 41. Pisatæ qui sub Nestore contra Trojam profecti erant, in reditu per mare aberrantes alii ad Metapontum, alii in Pisanum Etruriæ agrum delati sunt, ubi Pisas condiderunt, 185, 22. Pisatis ab Eleis et Ætolis post Heraclidarum reditum occupatur, 304, 51; 308, 6. Pisatæ Olymp. 26, recuperata sua actione, ipsi certamen Olympicum procurarunt; deinde Pisatis cum iisque ludorum administratio ad Eleos rediit, 305, 26. Pisatæ vel Triphylii et Arcades, bello Mess. secundo Messeniis contra Lacedæmonios auxiliati sunt, 305, 34; 310, 54; ducem Messeniis præbuerunt Pantaleontem, 310, 54. Pisatarum nomen non amplius usurpatur, 305, 37.
Pisces e glacie eruuntur ad Mæotidem paludem, 255, 20.
Pisces fossiles in Paphlagonia et Bithynia, 481, § 42.

Pisces e mari in Nilum non ascendunt præter thrissam, mugilem, delphinum, in Indum vero permulti, 602, 15. Piscibus vescuntur pecora ichthyophagorum, qui ex piscibus ad solem assatis panem conficiunt, 613, 26; alios crudos edunt, 613, 40. Nili pisces, 699, 4. Piscium coriis barbari Libyæ occidentalis pro indumentis et stratis utuntur, 703, 24. Cf. v. antacæus, canis, delphinus, galeota, thynni, pelamydes, xiphias.

Pisidia, Πισιδία, Asiæ regio. Ejus descriptio, 488, *cap.* 7, *collat.* 487, § 4 *sq.* Pisidis mixti sunt Leleges, 488, 34, qui Pisidiæ partem occuparunt, 522, 41. Pisidæ Cibyratis Lydis admixti, 539, § 17. A Lycia ad Pisidiam usque altissima Tauri tenuerunt Solymi, 17, 34; Pisidæ montani latrociniis deditæ, 488, 34; Phrygiam et Lycaoniam infestarunt, 487, 35. Pisidica lingua, una earum quibus Cibyratæ utebantur, 539, 39. [Pisidiæ nomen occurrit p. 21, 34, 491, 554, 566, 567 *sqq.*, 611, 631, 666, 668, 678, 679 *ed. Cas.*]

Pisilis, Πίσιλις, locus τῆς περαίας Rhodiorum, inter Caunum et Calbin fl., 556, 26.

Pisistratus, Πεισίστρατος, Nestoris f., 301, 20; 316, 4.

Pisistratus, Πεισίστρατος, ejusque filii Athenarum tyranni, 341, 35. Pisistratus vel Solon Navium catalogo (Il. 2, 557) versum inseruisse dicitur, ut Salamin Athenienübus vindicaret, 338, 31.

Piso (Cn.) quid de Libyæ figura Straboni dixerit, 108, 4.

Pissuri, Πίσσουροι, Daarum gens, 438, 37.

Pitanatæ, Πιτανᾶται, quidam Lacones in Samnitum terra, 208, 30.

Pitane, Πιτάνη, Æolica urbs, 497, 26; 519, 21; duos portus habet; perfluit eam Evenus fl.; Arcesilai Academici patria; ad eam juxta mare Atarneus, 525, 26; ad Pitanen latere coquuntur e terra levi, ut aquæ innatent, 525, 33. Pitane a Caico fl. 30 stadiis abest, 525, 41. Pitanes regionem Cilicibus Homerus attribuit, 523, 1.

Pithecussa s. Pithecussæ, Πιθηκοῦσσα s. Πιθηκοῦσσαι, insula ad Italiam sita, 48, 3; 101, 34; 214, 38; a Miseno prom. abrupta, 50, 9. A Pithecussis avulsa est Prochyta, 206, 24. Sub Pithecussis Typhonem jacere nonnulli statuunt, 535, 42. Origo ejus fabulæ, 206, 25. insula fertilis, metalla habet; ignis ibi et aquarium calidarum eruptiones, ob quas reliquerunt insulam coloni Eretrienses, Chalcidenses et missi eo ab Hierone Syracusano; postea eam occuparunt Neapolitani, 206, 25. Thermæ Pithecussarum calculi remedium, 207, 8. Pithecussarum montes Epomens, ignem vomens; Timæi de eo narratio, 206, 50. Pithecussæi nonnulli Neapolim migrarunt, 205, 4. Pithecussas amissas Neapolitanis reddidit Augustus, 207, 9.

Pitnisus, Πιτνισός, (Lycaoniæ) locus, 486, 44. (Πιτνισά ap. Steph. B.; Πεντενεσσός ap. Ptol.; situs incertus; in tabula locum composui cum ruinis *Baltcha Hissar*, quæ sunt non longe a *Tatta* lacu).

Pittacus, Πιττακός, unus e septem sapientibus, Mytilenæus, 527, 40; tyrannus, 528, 3. Contra Phrynonem, qui Sigeum occuparat, bellum gessit, tandem eum in singulare certamen provocatum quomodo interfecerit, 513, 23.

Pittheus, Πιτθεύς, Pelopis filius, e Pisatide in Argolidem profectus, Trœzeni fratri in regno successit, 321, 47.

Pitya, Πιτύα, Troadis opp., Zeliæ subjectum, 484, 7; 502, 25, Πιτύεια, 515, 46; Pityunti agro ditionis Parianæ, juxta Linum, maritimum locum adjacet mons pinuum ferax, 503, § 15.

Pityassus, Πιτυασσός, Pisidiæ opp., 488, 19.

Pityocamptes, Πιτυοκάμπτης, latro, in Scironidibus petris considens, a Theseo interfectus est, 336, 26.

Pityus magnus, ὁ Πιτυοῦς ὁ μέγας, post Heniochorum oram per 360 stadia usque ad Dioscuriadem pertinet, sec. Artemidorum, 426, 15.

Pityussa, Πιτυοῦσσα, vetus Salaminis nomen, 338, 21.

Pityussa, priscum Lampsaci nomen, 504, 13.

Pityussa, priscum Chii nomen, 504, 14.

Pityussæ, Πιτυοῦσσαι, duæ inss. ad Hispaniam, 139, 2; quarum altera Ebusus, cum urbe cognomine, 400 st. ambitu; altera Ophiussa, minor et deserta, 139, 7.

Pix Turdetaniæ, 119, 33; in Alpibus, 172, 20; πιττουργεῖα θαυμαστὰ in Gallia Cisalpina, 181, 35. Pix Bruttii optima, 216, 51. Pix Colchica, 427, 33.

Pixodarus, Πιξόδαρος, Hecatomni f., Adam sororem e Cariæ regno ejecit; Persiæ satrapam ad societatem regni adscivit; filia ejus ex Aphneide Ada, quam duxit satrapa qui Pixodaro successit, 560, 47.

Placentia, Πλακεντία, Calliæ cispadanæ urbs, 180, 28; 181, 1; ad Padum, 180, 27; ab Arimino 1300 stadia distat, 180, 40; a Ticino 36 m. pass., 180, 42; a Placentia ad Ravennam in Pado navigatio duorum dierum noctiumque, 181, 5. Ad eam Trebia in Padum influit, 181, 9. In vicino esse Vercellas et Ictumulos Strabo ait, 181, 48.

Placus. Cf. Thebe ὑπὸ Πλάκῳ.

Plagæ cœli ap. Homerum, 28, 26; 391, 2.

Planctæ, Πλαγκταί, petræ ab Homero fictæ sunt ad exemplum Cyanearum, 124, 44; fabulam suggerebant etiam freta ad Columnas et Siciliam, 123, 45; 17, 24. Planctas et Symplegadas petras nonnulli ad Herculis Columnas transtulerunt, 141, 36.

Planasia, Πλανασία, insula ad Galliæ litus Massiliense una nominatur cum Lerone insula, 153, 28; 101, 34. (Apud Plinium 3, 11 nominatur *Lero* et *Lerina*, in in Itin. p. 504 *Lero* et *Lerinus*; Lerinam eandem esse quam Planasiam Strabo vocat, docet Wesseling. ad Itin. l. l., citato Ennodio in Vit. Epiphan. Ticinensis p. 1008: *Nutricem summorum montium planam Lerinum adiit;* et Cæsario Arelatensi homil. XX: *Insula Lerinensis, quæ quum parvula et plana esse videatur, innumerabiles tamen montes ad cœlum misisse cognoscitur.* Nunc *St-Honorat.*)

Planesia, Πλανησία, et Plumbaria insulæ prope Hemeroscopium Hispaniæ, 132, 4. (Tres ibi insulas notari video. Vulgo tamen Planesiam referunt ad *Plana* insulam prope *Cap. St-Paul* sitam; quod ut nominis ratio suadet, sic dissuadet narratio Strabonis.)

Planetæ. V. Stellæ errantes, 91, 19.

Plateæ, Πλαταιαί, Πλαταιά, Bœotiæ urbs; ejus situs, 353, 45. Unde nomen urbs habeat, 348, 6; Asopus eam præterfluit, 328, 31. Templum ibi Jovis Eleutherii et Eleutheria; ludi gymnici, 353, 53. Platæarum regio bello Persico afflicta, 345, 46. Prœlium ibi commissum, 353, 51. Plataicæ regioni nonnulli adscribunt Scolum, Eteonum et Erythras, 351, 28.

Platææ, pagus in regione Sicyonia, patria Mnasalcæ poetæ, 354, 2.

Platamodes, Πλαταμῶδες, Messeniæ pr., 299, 44. (*Cap Kibia* sec. Curtium. Quæritur num idem sit cum Cyparissio prom. Ptolemæi.)

Platanistus, Πλατανιστοῦς, sive Μάκιστος, regio et opp. Triphyliæ, ubi Caucones habitarunt, 296, 35.

Plato, Πλάτων, apud Diospolitanos sacerdotes 13 annos degisse fertur, 685, 13. Eum audivit Hermeas eunuchus, 522, 7. Quæ Plato (in Timæo et Critia) de Atlantide ins. narrat, fort. non ficta sunt, ut Posidonius et Strabo putant, 84, 25. Plato philosophiam musicæ nomine designavit, 401, 50; Bendidiorum meminit, 405, 2. Plato in Phædone, 343, 37; in Phædro, 245, 26; in Timæo,

670, 28; (in Minoe) 648, 43; (in Legg.) 409, 49; 251, 3; 506, 51; 216, 23

Plaustrum (ἄμαξα), sidus ap. Homer. 2, 26.

Plemyrium, Πλημύριον, Indiæ opp. ad quod Choaspes in Cophen influit, 594, 26.

Pleræi, Πληραῖοι (Παλάριοι ap. Appian. Illyr. 10), Dalmatiæ pop. circa Naronem fl., 261, 10. Post eorum oram sequitur sinus Rhizonicus, 262, 26.

Pleuron, Πλευρών, Ætoliæ urbs, 395, 4. Pleuron nova ad Aracynthum m.; Pleuron vetus Calydoni vicina, cujus regionem vastavit Demetrius Ætolicus, 387, 21. Pleuroni novæ propinqua Olenus, 387, 45. Loca circa Pleuronem Curetes tenuerunt, 399, 41 et 50. Pleuron, urbs olim florens, nunc depressa, 387, 5. Pleuronia sive Curetica regio, 337, 33. Pleuronii Curetes, 387, 28. Pleuroniæ partem tenuit Agrius Porthaonida, 400, 6. In Pleuronia imperavit Thestius, Ledæ pater, Œnei socer, dux Curetum, 396, 30; 400, 9. Pleuroni assignata est Ætolia ἡ Ἐπίκτητος, 395, 39.

Pleutauri, Πλεύταυροι, Hispaniæ borealis pop., 129, 11. Ad fontes Iberi habitantes, nunc pro Romanis arma ferunt, 129, 29. (Hoc loco codd. πλὴν τούισοι. Aliunde Pleutauri non noti sunt. Nonnulli putant eosdem esse cum Pelendonibus Ptolemæi; alii ponunt ubi *Pelontium* urbs Asturum et Pæsici apud Ptolemæum memorantur.

Plinthine, Πλινθίνη, opp. in ora Libyca, 679, 27.

Plistus, Πλεῖστος, fl. Phocidis, 359, 15.

Plumbaria, Πλουμβαρία, Hispaniæ insula, non longe a Hemeroscopio, 132, 5.

Plumbi metalla in Cassiteridibus, 145, 52. Plumbi fossilis metallum ad Castlonem Hispaniæ, 122, 44.

Plutiades, Πλουτιάδης, Tarsensis philosophus, 576, 3.

Pluton, Ἄδης. Hades in Hispania metallis divite reapse Πλούτων est, 121, 51. Pluto cum Minerva Itonia colitur in templo ad Coroneam urbem, 353, 36. Plutonis fanum ad Acherontem fl. Triphyliæ, 296, 14. Ejus τέμενος ad Menthes montem, 295, 51. Plutonium ad Hierapolin Phrygiæ describitur, 538, 19. Plutonium Acharacis, 554, 44. Plutonium esse Avernum lacum putabant, 203, 42.

Plynus, Πλῦνος, portus Libyæ, cui superjacet Tetrapyrgia, ad Catabathmum, 711, 37.

Pnigeus, Πνιγεύς, Libycæ oræ vicus inter Phœnicuntem et Pedoniam ins., 679, 12.

Podalirii sacellum, Ποδαλειρίου ἡρῷον, in Drio colle Italiæ, 236, 14.

Podarces, Ποδάρκης, dux ap. Homerum, 371, 15.

Pœaessa, Ποιάεσσα (Laconicæ, ut videtur, locus aliunde non notus) a Telecto incolis Nedoutis frequentatus; ibi Nedusiæ Minervæ fanum, 309, 29.

Pœcile petra, Ποικίλη πέτρα, Ciliciæ, per quam Seleuciam itur per gradus saxo incisos, 572, 29.

Pœcile stoa Athenis, 340, 49.

Ποίκιλοι. V. Pediculi.

Pœeessa, Ποιήεσσα, Cei opp., nunc in Carthæam conducta, 417, 41.

Pœmandris, ἡ Ποιμανδρίς i. q. ἡ Ταναγρική, 346, 49.

Pœninus, Alpium mons, τὸ Ποίνινον ὄρος (*Alpes Penninæ*), per quem via est ex Italia in Helvetiam Galliamque, 170, 43; 173, 17 et 28.

Poesis. — E poetica dictione orta est pedestris, 14, 50. Eratosthenes jubet μὴ κρίνειν πρὸς τὴν διάνοιαν τὰ ποιήματα, μηδ' ἱστορίαν ἀπ' αὐτῶν ζητεῖν. Poetica, maxime vero Homerica, quam historiographia et philosophia est δημοφελεστέρα καὶ θέατρα πληροῦν δυναμένη, 16, 28. Poetica prima quædam philosophia; poetæ morum magistri et correctores, ut ex ipsis Homeri carminibus patet, 12, 49 *sqq.* Poeticæ licentiæ apud Homerum sua est

pars concedenda, 20, 40. Poetæ geographicam eruditionem in carminibus ostendere adamant, 13, 9. Οὐχ οἷόν τε ἀγαθὸν γενέσθαι ποιητὴν μὴ πρότερον γενηθέντα ἄνδρα ἀγαθόν, 14, 38. Poemata antiqua apud Turdetanos, 115, 29.

Pœum m., Ποῖον ὄρος, Epiri m.; ad hunc et Pindum habitant Æthices, 272, 12. Cf. Bœum.

Pogon, Πώγων, portus Trœzenis, 321, 23.

Polæ (Πόλαι ap. Callimach.; ceteris locis Πόλα ap. Strab.), Istriæ opp. a Colchis conditum; nomen græce significat φυγάδων ἄστυρον, sec. Callimachum, 38, 38. Pola, in sinu portuoso sita, exiguas habet insulas frugiferas et navium stationi aptas; Colchorum opus est; eo usque a Timao fl. pertinet ora Istriorum, 179, 37. Ad Polam usque Italia pertinet, 174, 32; 261, 30; 179, 40. Ad Polam et Italiæ fines ab intimo Adriæ recessu 800 stadia; totidem a Polæ promontorio ad Anconem, 261, 22.

Polemo, Πολέμων, philosophus, quem audierunt Zeno Citieus et Arcesilaus, 525, 29.

Polemo periegetes de donariis in arce Athenarum dedicatis quattuor libros conscripsit, 340, 26. De Eratosthene dixit eum ne Athenas quidem vidisse, 12, 17.

Polemo, Zenonis rhetoris f., Laodiceam patriam exornavit; ab Antonio, deinde a Cæsare, regno dignatus est, 495, 16.

Polemo, unus ex ultimis Bospori regulis, 425, 12. Tanaim emporium, rebellantibus incolis, nuper evastavit, 423, 19. Colchidem tenuit; uxor ejus Pythodoris, 428, 5. Ab Aspurgianis, quibus insidiabatur, captus periit, 425, 5; 476, 11; in regno successit Pythodoris uxor; ejus liberi tres quinam, 476, 11. Polemo, Pharnacis f., Arsacem in Sagylio obsidens, fame capit, 430, 14. Cf. 487, 4.

Polentia, Πολεντία, urbs in majore Gymnesiarum inss., 139, 12.

Polias, Πολιάς, Minerva. V. Minerva.

Polichna, Πολίχνη, Megaridis locus ap. Homerum memoratus, 339, 6. Situs loci incertus.

Polichna, munitum oppidulum in Æsepi convalle Troadis, 516, 17. Inter eam et Palæscepsin Ænea pagus et Argyria, 516, 25. Polichna Palæscepsi vicina, 519, 27.

Polieon, Πολίειον, denominata ab Ionibus est Siris urbs, 219, 30.

Πόλις poetæ sæpius pro χώρα usurpant, 306, 14.

Polisma. V. Polium.

Polites, Πολίτης, Trojanorum speculator, 513, 1.

Polites, Πολίτης, Ulyssis socius, cujus sacellum ad Temesam urbem. De Temesæo hoc heroe narratio, 212, 36.

Polium, Πόλιον, postea Polisma dictum, oppidum Troadis, quod ad Simoentem Astypalæenses condiderant, 515, 1. (In tabula Polisma posui, ubi nunc est *Dumbre-Koi* ad *Dumbre* fl.)

Pollentia (*quæ etiam urbs Salvia dicta*), Πνευεντία codd. corrupte, Piceni urbs, 201, 4.

Poltyobria, Πολτυοβρία, priscum Æni urbis nomen, 265, 21.

Polyanum, Πολύανον ὄρος, mons Epiri, 272, 19.

Polybius Πολύβιος, philosophus et geographus, 1, § 1 Ejus judicium de narratione Homerica errorum Ulyssis 16, 43; quam, ut plurimum, recte interpretatur, 19, 26. Quomodo explicet fabulam de Æolo ventorum rege, 19, 27. De Sicilia Homerum plane ut historicos scripsisse censet, improbatque sententiam Eratosthenis, 19, 41. De Scylla fabulam natam ait ex ratione qua galeotæ pisces in freto Siculo ad Scyllæum captantur; eamque venationem fusius exponit, 19, 48—20, 33. De Charybdi fabulam ex freti Siculi natura explicat, 20, 33.

De Lotophagis narrationem ad ea quæ in Meninge insula sint, pertinere censet, 20, 38. Si quæ in poeta cum veris non congruant, repetit ea ex ignoratione et licentia poetica, de qua, paucis disserit; τὸ δὲ πάντα πλάττειν οὐ πιθανὸν οὐδ' Ὁμηρικὸν εἶναι, frustra obloquente Eratosthene, 19, 39-51. Ulyssem per novem dies procellis jactatum a Maleis pr. in Oceanum delatum esse negat, contra mentem Homeri, 20, 52-21, 30. Zonas sex distinguit, duas a polis ad arcticos pertinentes, duas hinc ad tropicos, et duas inter hos et æquinoctialem, 79, 21, improbante Strabone, 80, § 2. Cum Eratosthene statuit æquatori subjectam esse plagam quandam temperatam, quippe quæ, quum sublimissima sit et inhibeat nubes etesiis ventis huc delatas, rigetur imbribus, 80, 37, obloquente Posidonio, 80, 49. Oceanum ait in sese confluere, 80, 7. Europæ regiones describens contra Dicæarchum et Eratosthenem et Pytheam disputat, 85, 41. Incredibile esse ait privatum hominem et pauperem, Pytheam, tantum spatii mari terraque obiisse, 86, 12. Ea quæ de Europæ occiduæ et septentrionalis distantiis et aliis multis Dicæarchus et Eratosthenes proferunt, a vulgo conceptas opiniones vocat, quum ipse ne in his quidem, in quibus illos reprehendit, vitio careat, 86, 31. Dicæarchum ait a freto Siculo ad Columnas perperam computare stadia 7000; multo majorem esse distantiam; adeo ut inde a Peloponneso ad Columnas non 10000 stadia cum Dicæarcho, sed ultra 20000 computanda sint, 86, 42-87, 11. Sed Dicæarchus et Polybius falsa produnt, 87, 12 sqq. Secundum Polybium, a freto Siculo ad Narbonem 11200 sunt stadia et amplius, 86, 48; a Narbone ad Columnas paullo minus 8000 stadiis, 86, 49. Longissimum ab Europa ad Africam intervallum secundum mare Tyrrhenum non amplius est 3000 stadiis; minus vero est in Sardoo mari, 86, 51. (multo major est, 87, 45). Profunditas sinus a linea recta per mare a Gadibus ad Siculum fretum ducta usque ad Narbonem est 2000 stadiorum, 87, 1, (est circa 5000 st. sec. Strab., 87, 47). Hinc sequitur in triangulo obtuso Gadibus, qui Narbone et freto Siculo describitur basin circa 500 fere stadiis minorem esse ceteris duobus lateribus, ideoque lineam per pelagus ductam esse non 7000 stadiorum, ut Dicæarchus dixerat (sed fere 18800), 87, 3; falso; est circiter 12000 stadiorum, 87, 23. A Maleis ad Herculis columnas Polybius computat 22500 stadia, 21, 4. Sardiniam multo magis quam debebat occasum versus ponit, 87, 53. Eratosthenis dicta corrigere studens, quædam recte monet, alia Eratosthene deterius dicit, 88, 4. Ab Ithaca ad Corcyram supra 900 st. metitur, 88, 7. Eratosthenem corrigens ab Epidamno ad Thessalonicam stadia 2000 et ultra numerat, 88, 8. A Massilia ad Columnas super 9000, a Pyrene ad easdem paullo pauciora 8000 esse dicit contra Eratosthenem, qui rectiora habet, 88, 9. Tagi fluvii a fontibus ad ostia longitudinem esse 8000 stadiorum ait, perperam, 88, 20. Eratosthenem Hispanicarum rerum ignarum recte dixit, 68, 23. Europæ longitudinem minorem esse quam conjunctam Libyæ et Asiæ longitudinem demonstraturus, haud recte rem instituit, 88, 30; 89 § 7. Tanain ab ortu æstivo in Mæotidem fluere putat, 88, 34. De promontoriis quibus Europa procurrit melius quam Eratosthenes, non satis recte tamen dixit, 89, 31. Quinque promontoria e continente Europæ decurrentia distinguit, Hispaniam, Italiam, tertium ad Maleam et Sunium, Thraciæ peninsulam, quintum ad Bosporum Cimmerium, 89, 37. Turdulos a Turditanis septentriones versus esse dicit, 115, 24. Exponit de glandibus ab Hispaniæ litore (fortasse tamen potius a Sardinia) maris fluctu in Italiam devectis, deque thynnis eo fructu vescentibus, 120, 42. De metallis ad Carthaginem novam exposuit fusius, 122, § 10. Anam et Bætin ait ex Celtiberia fluere 900 st. invicem distantes 122, 48. De Celticorum, qui juxta Turditanos habitant, moribus narrat, 125, 25. Vaccæorum et Celtiberorum urbes recensuit, 135, 12. Tiberium Gracchum 300 urbes Celtiberiæ dejecisse ait, turres haud dubie urbium nomine ornans, 135, 19. Columnas ad Fretum ponit, 141, 39. Laudatur de fonte memorabili in fano Herculis Gaditano, 143, 10. Pytheæ fabulosa commenta referens, dicit Corbilonenses et Narbonenses, de Britannia interrogatos, nihil commemoratu dignum de ea conpertum habuisse, 158, 2. Duo Rhodani ostia esse censuit, 152, 27. Cervum alcen describit et in Alpibus reperiri prodit, 173, 10. Exponit de auri metallis in Tauriscis Noricis, 173, 34; De Alpium magnitudine et altitudine, 173, 50. Quattuor per Alpes transitus memorat, 174, 5; esse item in Alpibus lacus, ib. Polybius quantum tradat iter esse et terrestre et maritimum ab Iapygia ad fretum Siculum, 176, 10. (Ex eodem petita sunt quæ de Galliæ Cisalpinæ mensuris leguntur, 175, § 3). De Timavi fontibus, 178, 50. A freto Siculo ad Lacinium 1300 stadia computat; sinus Tarentini fauces 700 stadiorum facit, 217, 31. De Hieræ s. Thermessæ ins. crateribus, 229, 23. De distantia quæ est inter Iapygiam et Aquileiam , 236, 42. De anno quo Galli Romam ceperint, 238, 27. Ex Hæmo monte et Adriam et Ponticum mare cerni posse putavit, 260, 9. Apud Eratosthenem referri ait παρακούσματα λαοδογματικά, 263, 33. Quot urbes Epiroticas Paulus Æmilius everterit, 268, 5. Polybius $8\frac{1}{3}$ millia in stadium computat, 268, 21; 284, 26. Viæ Egnatiæ usque ad Thessalonicam esse 267 millia tradit, 268, 32. In milliarium $8\frac{1}{3}$ stadia computans, ab Apollonia ad Byzantium computat 7500 stadia, 284, 26. Polybius historiis suis geographiam inseruit, 285, 33. Laudatur de Corinthi excidio, 327, 26. Distantiam a Maleis ad Istrum 10000 stadiorum esse putans, erravit, notante Artemidoro; causa ejus erroris, 334, § 5. Polybii de Eudoxo et Ephoro judicium, 399, 20. Polybius in geographicis sæpe λαοδογματικὰς ἀποφάσεις proferens a Posidonio, Artemidoro, aliis, reprehenditur, 399, 25. De regionibus inter Euphratem et Indum sitis fidem Eratostheni habendam esse censet, 566, 35. Sub Ptolemæo Physcone Alexandriæ fuit; statum urbis, qui tunc erat, detestatur, 677, 53; 678, 12. Polybii historiam continuavit Strabo, 442, 13.

Polybotes, Πολυβώτης, gigas sub Nisyro vel Co insula a Neptuno injecta, 419, 44.

Polybus, Πόλυβος, Œdipum educavit in Tenea pago, 327, 12.

Polycasta, Πολυκάστη, Lygæi f., Penelopes mater, 396, 35.

Polycles, Πολυκλῆς, Cauconum dux, 464, 49.

Polyclitus, Πολύκλειτος, statuarius. Ejus opera in Heræo Argivo præstantissima, sumptu tamen et magnitudine Phidianis inferiora, 320, 6.

Polyclitus, Πολύκλειτος, historicus, Caspium mare paludem esse dixit ad Iaxartem fl. Tanaidis nomine affecit, 437, 18 et 28. Susa muris carere et 200 stadiorum ambitum habere dicit, 619, 48. Laudatur de iis quæ in arce Susarum exstent, deque Persarum tributis, 625, § 21; de Choaspe, Eulæo et Tigri, 620, 25. Euphratem exundare inepte negat, 631, § 30.

Polycrates, Πολυκράτης, Sami tyrannus. Ejus vitæ finis, 544, § 16. Apud eum Anacreon degit, 545, 9 Fugit tyrannidem ejus Pythagoras, 545, 9.

Polydamas, Πολυδάμας, Trojanus, 512, 43.

Polydamna, Πολυδάμνη, Thonis Ægyptii uxor, 680, 33.

Polydectes, Πολυδέκτης, frater Lycurgi, uxorem prægnantem reliquit; Charilaus ejus filius posthumus, 414, 8.
Polydectes (rex Seriphiorum), Danaen invitam uxorem ducere voluit, 418, 36.
Polydorus, Πολύδωρος, e Priamo et Altæ filia natus, 500, 2.
Polymedium, Πολυμήδιον, Troadis locus, 40 stadia a Lecto pr. distans, 518, 48; 527, 15.
Polymnastus, Πολύμναστος, Colophonius, musicus, cujus Pindarus meminit, 549, 25.
Polynicis e posteris Autesio, 298, 29.
Polyphagi, Πολυφάγοι, a Caucaso boream versus degunt, 434, 24.
Polypodes ad Turdetaniam ingentes, 120, 30.
Polypœtes, Πολυποίτης, Lapitharum rex. Ejus ditio in Thessalia sec. Homerum, 377, § 19.
Polyporus. V. Heptaporus.
Polyrrhenii, Πολυρρήνιοι, in Creta primum per pagos habitarunt; tum Achæis et Laconibus assumtis muro locum natura munitum cinxerunt; distat urbs eorum a Phalasarna 60, a mari 30 stadia; Dictynnæ fanum habet, 411, 38.
Polystephanus, i. q. Præneste.
Polytimetus, Πολυτίμητος, Sogdianæ fl., in arenas desinit, 444, 14; nomen hoc a Macedonibus inditum, 444, 14.
Pometiæ campus, τὸ Πωμεντῖνον πεδίον, Volscorum, 192, 36; 193, 3; 194, 7.
Pompæ baccchicæ apud Indos, 586, 37.
Pompædius, Πομπαίδιος, belli Marsici auctor, 201, 31.
Pompeii, Πομπηία, Campaniæ opp., 209, 19, ad Sarnum fl., quod tenuerunt Osci, tum Tyrrheni Pelasgi, tum Samnitæ, 205; 40; commune navale Nolæ, Nuceriæ, Acerrarum, 205, 43. Imminet Vesuvius, ib.
Pompeii tropæa, Πομπηίου ἀναθήματα (eo fere loco ubi in Itiner. collocatur Summus Pyrenæus, supra hod. Juncera prope Belregarde), ad Pyrenen, 129, 40; 132, 21; 133, 12; eo usque ab Ibero 1600 st., 120, 46. Per ea via est ex Italia in Hispaniam exteriorem, 133, 6. Ab iis esse Galliæ Narbonensis initium nonnulli statuunt, 148, 21.
Pompeiopolis Πομπηιούπολις, Paphlagoniæ urbs, ad quam sandaracæ fodinæ, 481, 21.
Pompeiopolis, i. q. Soli.
Pompeiopolis, i. q. Pompelon.
Pompeius Strabo, Pompeii Magni pater, Comum urbem a Rhætis afflictam restauravit, 177, 31.
Pompeius Magnus in Jaccetanorum regione bellum contra Sertorium gessit, 134, 19. A partibus Pompeii stabant Massilienses, 150, 5. Ejus magister Aristodemus Nysæensis grammaticus, 555, 37; ejus amici Theophanes Mytilenæus, 528, 13, et Pythodorus Nysæus, 554, 14. Pompeium Magnum liberius præstrinxit Æschines orator Milesius, 543, 4. Pompeius, ad bellum piraticum proficiscens, in Rhodo disputanti affuit Posidonio; res gestas Pompeii Posidonius conscripsit, 422, 2. Pompeius qua via ex Armenia in Iberiam irruerit, 429, 40. Contra eum quantis copiis certarint Albani, 431, 11. Ejus comes in expeditione contra Albanos Theophanes Mytilenæus, 432, 14. Zela oppidum quomodo auxerit post victum Mithridatem, 439, 11. Tigrani 6000 argenti talenta indixit, 454, 35. Quomodo Mithridatis Eupatoris regnum diviserit, 463, 33. Quasnam regiones Dejotaro dederit, 468, 35. Tres ejus cohortes ab Heptacometis inebriati et trucidati sunt, 470, 24. In Armenia Minore Nicopolin condidit, 476, 1. Eupatoriam Ponti urbem auxit et Magnopolin denominavit, 476, 37. Cabira Diospolin denominavit, 477, 9. Lucullii in Mithridatico bello successor, pervicit ne senatus honores, quos Ponticis quibusdam Lucullus promiserat, ratos haberet, 477, 51. Archelaum Comanorum pontificem constituit 478, 2. Phazemonem Ponti pagum urbem fecit et Neapolin vocavit, 479, 45. Dejotaro Mithridatium castellum dedit, 485, 47. Cum Lucullo in Danala castello convenit, 485, 50. Mille et trecentas piratarum scaphas combussit; receptacula eorum diruit; superstites Solos et Dymen abduxit, 567, 47; 333, 6; 573, 19. Solos de se Pompeiopolin denominavit, 567, 48. Tigrani dedit magnam partem regionis ad Tigrim sitæ, quæ olim Gordyæorum fuerat, 636, 21. Seleuciam Mesopotamiæ adjecit Commagenæ, 638, 17. Seleuciam Pieriæ liberam pronuntiavit, 640, 6. Prædonum receptacula, quæ in et sub Libano sunt, evertit; Byblum, tyranno secuti percusso, liberavit, 643, 21. Aristobulum et Hyrcanum de Judæorum imperio disceptantes dejecit, castella eorum evertit, Hierosolyma cepit, latronum receptacula diruit, 649, 21. Hyrcanum sacerdotio præfecit, refectis regionibus quibusdam quas Judæi vi usurpaverant, 651, 6. Pompejus occidit et jacet prope Casium, 646, 54.
Pompeius (S.) in Jaccetanorum regione contra Cæsaris duces bellum gessit, 134, 20. Pompeiani duces Afranius et Petreius ad Ilerdam in Hisp. a Cæsare victi, 134, 8. S. Pompeius Corduba elabitur; mox Siciliam ad defectionem concitat; inde in Asiam profugiens ab Antonii legatis ap. Miletum (Midaium) captus vitam amisit, 117, 25; 214, 29. Ad Gallinariam Campaniæ silvam prædonum copias contraxit, 203, 14. In Sicilia classem suam Messanæ continuit; ex eadem urbe fugam instituit, 222, 50.
Pompeius (Cn.), prœlio victus Mundam fugit, indeque navi avectus, quum in montana litori proxima eggressus esset, occisus est, 117, 18 et 22.
Pompeius (M.), Theophanis Mytilenæi f., ab Augusto Asiæ procurator constitutus, 528, 18.
Pompelon, Πομπέλων, Vasconum opp., quasi Pompejopolis, 134, 15 et 23.
Pontia, Ποντία, ins. Minturnis objaciens, 194, 51; 101, 33.
Pontus Euxinus, κατεξοχὴν dicebatur Πόντος, quod maximum esse marium nostrorum putabatur, 17, 26. Τὸ Ποντικὸν πέλαγος olim pro oceano quodam secundo habebatur, et qui eo navigassent non minus procul discessisse putabantur quam qui extra columnas Herculeas essent profecti, 17, 26. Pontum Euxinum antiquissimis temporibus nautæ adire non audebant, sec. Eratosthenem, 40, 19. Olim Ἄξενος dictus est ob frigus et Scytharum ferociam, postea vero Εὔξενος, conditis ab Ionibus in ora urbibus, 248, 21. De Ponto Homerus falsa tradidit, sec. Apollodorum, 35, 49. Novit eum Homerus usque ad Colchidem, 5, 15. Pontus aliquando caruit exitu; nimium impletus tandem in Propontidem et Hellespontum erupit, sec. Stratonem, 41, 32. In mare nostrum erupit, non quod profunditas ejus fluviorum alluvie imminuta exundationem effecit (ut Strato putat), sed quod aquæ fluviorum nimium eum impleverant, 43, 35. Pontum olim cum Adria debuisse nonnullis locis confluere, eo quod Ister a Ponticis partibus divisus in utrumque mare effluat ob positum locorum, censet Hipparchus, 47, 39. Pontus διθάλαττος, Carambi et Criu metopo in duas partes dividitur, 103, 10. Ponti bimaris pars occidua in longum porrigitur a Byzantio ad ostia Borysthenis per stad. 3800; latitudo 2000 stad., 103, 20. Pars orientalis oblonga, in arctum recessum exiens ad Dioscuriadem; longa 5000 stad., lata 3000 stad., 103, 24. Totius Ponti ambitus ad 25000 stad., 103, 25. Figura ejus arcui Scythico similis, 103, 27. Oræ orientalis flexus, 426, 23. In parte omnium maxime orientali sita est Dioscurias, non vero Phasis

fl. vel urbs; a Phasi ad Dioscuriadem superest orientem versus in imum recessum navigatio 600 stadiorum, 427, 8; recessus ad Dioscuriadem 3000 fere stadiis orienti vicinior est quam sinus Issicus, sec. Eratosthenem, 40, 7. Ab ostio Ponti ad Phasin 8000 stadia sunt sec. Hipparchum, 76, 5. Τὰ ἀριστερὰ τοῦ Πόντου vocantur partes occiduæ sive Thracicæ, τὰ δεξιὰ τοῦ Πόντου quæ innaviganti ad dextram sunt usque ad Colchos, 463, 52. Ponti fauces ubinam sint angustissimæ, 265, 41. Ponticum mare omnium minime altum, 41, 45. Aqua ejus dulcissima, 41, 49. Quadraginta fluvii influunt, quorum ne nobilissimos quidem novit Homerus, 248, 10. Fluviis plurimis a septentrione et ortu fluentibus, impletur cœno; adeo ut Strato putet aliquando totum aggere oppletum iri, 41, 47. Jam nunc in paludem conversus est in sinistra parte, ubi Salmydessus et ad Istrum Στήθη quæ vocantur, et Scytharum desertum, 41, 53; 42, 2. Ponti ora ad Phasin et Thermodontem et Irin arenosa, humilis et mollis, 44, 1. Orientalis oræ populorum, Achæorum, Zygorum, Heniochorum, naves Κάμαραι dictæ, et latrocinia, 425, § 12. Pontica salsamenta, 119, 39. Ponticum castorium vim medicam habet, qua caret castorium Hispanicum, 135, 52.

Pontus sive Pontica Cappadocia, altera Cappadociæ satrapiarum pars, 458, 16. Pontica provincia Bithyniæ adjuncta est, 465, 17. Ponti rex Mithridates Eupator inde a Colchide et Armenia minore usque ad Heracleam regnavit, 463, 25. Cf. Cappadocia ad Pontum.

Populetum, αἰγειρών, sacrum in thurifera regione Æthiopiæ, 688, 46.

Populonium, Ποπλώνιον, Etruriæ urbs; ejus situs; obsidionem urbs pertulit; nunc fere deserta; navale ejus et portus, 186, 2. Sola ex Etruriæ urbibus ad ipsum mare sita, 186, 9. Sub promontorio θυννοσκοπεῖον habet, 186, 13. Populonium a Cossa 800, sec. alios 600 stadia distat, 184, 50. E Populonio Sardinia et distinctius Corsica et Æthalia conspiciuntur, 186, 15. Cf. 187, 43 et 49.

Portæ Armeniæ a Thapsaco distant circa 1100 stadia sec. Eratosth., 66, 40; quot vero hinc sint stadia per Gordyæos et Armenios non constare Eratosthenes ait, 66, 41.

Portæ Ciliciæ. V. Cilicia.

Porci plurimi in Gallia Cisalpina aluntur, 181, 30. Iis caret Arabia felix, 653, 44. Porcus in Comana, Ponti urbem, non intromittitur, 492, 30.

Porcus, ὁ χοῖρος, Nili piscis, 699, 7.

Πόρδαλις nomen, 529, 15.

Pordoselene, Πορδοσελήνη, ins. et urbs Hecatonnesis vicina; adjacet alia insula cognominis, deserta, fanum Apollinis habens. Nonnulli Ποροσελήνην insulam dici cur velint, 529, 7.

Πορνοπίων mensis apud Æoles Asiæ, 524, 35.

Πορνοπίων Apollo. V. Apollo.

Poroselene. V. Pordoselene.

Porsena, Πορσίνας, Clusii rex, Tarquinium Superbum in regnum restituere frustra conatus, re composita, amicus Romanorum discessit, 183, 18.

Porthaonidæ, Πορθαονίδαι, Agrius, Melas et Œneus, 397, 38; 400, 6.

Porticani ditio, Πορτικανοῦ χώρα, in India, 597, 30 (in regione hodierni Larkham quærendam esse censet Ritter, t. 5, p. 473).

Porus, Πῶρος, Indiæ rex; ubi eum Alexander vicerit, 595, 34. Pori regio 300 urbium inter Acesinen et Hydaspen, 595, 28. Ei Alexander tradidit regionem inter Hydaspen et Hypanim sitam, 585, 18.

Porus alter, consobrinus ejus qui ab Alexandro captus est;

ejus regio, trans Acesinen et Hyarotin sita, Gandaris vocatur, 596, 9.

Porus, Indorum rex, ad Augustum legatos et dona mittit, 612, § 74; 585, 24.

Posidium, Ποσείδιον, Seleucidis in Syria opp. maritimum (ad Posidium prom., s. *Ras el-Buseit*), 641, 30; 640, 9.

Posidium, Chii promontorium, 550, 43; 551, 5.

Posidium, Milesiorum prom., 540, 15; 562, 18; in quo ara a Neleo posita, 541, 2. Ab eo incipit ora Carica, 555, 49. Distantia a Didymeo, 542, 10.

Posidium, Sami pr., cum templo, 544, 13.

Posidium, prom. ad Heroopoliticum sinum, 660, 7.

Posidium, prom. inter Maliacum et Pagaseticum sinum, 279, 31.

Posidium, Epiri promontorium inter Onchesmum et Buthrotum, 269, 36.

Posidium, (sive Rheginorum columna) in Bruttio ad summas freti Siculi angustias, 213, 47.

Posidonia, Ποσειδωνία; sic aliquando Troezen dicebatur, 321, 20.

Posidonia Lucaniæ urbs, 209, 41; nunc Pæstum, 209, 11; arx urbis a Sybaritis structa; Sybaritis urbem Lucani, his Romani ademerunt, 209, 13. Posidoniatæ a Lucanis victi, qui ditionem eorum occuparunt, 211, 42.

Posidoniates sinus Italiæ, Ποσειδωνιάτης κόλπος, 174, 28; 176, 6; nunc Pæstanus dictus, 209, 11. Quibusnam promontoriis efficiatur, 210, 3. In eo Sirenussæ sive Sirenes insulæ, 18, 36. Indicia expeditionis Argonauticæ ibi exstare dicuntur, 17, 17.

Posidonius, Ποσειδώνιος, e Syria Apamensis, in Rhodo docuit et remp. gessit, 559, 38; 641, 17. In Rhodo prytanis munere functus est, 263, 9; amicus Pompeii, qui ad bellum piraticum proficiscens, disputanti Posidonio affuit. Vox Posidonii ad Pompeium; Pos. de rebus Pompeii scripsit, 422, 2; stoicus, ἀνὴρ τῶν καθ' ἡμᾶς φιλοσόφων πολυμαθέστατος; ex Apamea oriundus, 641, 17; philosophus et geographus, 1, § 1; vir ἀποδεικτικὸς καὶ φιλόσοφος, σχεδὸν δέ τι καὶ περὶ πρωτείων ἀγωνιζόμενος, 84, 18. Πολύ ἐστι τὸ αἰτιολογικὸν παρ' αὐτῷ καὶ τὸ Ἀριστοτελίζον, ὅπερ ἐκκλίνουσιν οἱ ἡμέτεροι διὰ τὴν ἐπίκρυψιν τῶν αἰτιῶν, 85, 38. Posidonius libris de rebus physicis geographica passim inseruit, 285, 35. In opere de Oceano multa geographica tradit, partim proprie partim magis mathematice, 78, 4. Sæpius Polybii errores correxit, 399, 28. Totam terram ac mundum universum globi formam referre, σφαιροειδῆ εἶναι, tradit, 78, 10. Sub æquatore solis progressiones celeriores esse dicit, 80, 47. Terræ perimetrum esse dicit stadiorum 180,000 secundum eam recentiorum dimensionem, quæ minimam facit terram, 78, 40. Terræ habitatæ longitudinem circa 70,000 stadiis constare, indidemque esse totius in quo illa sumitur circuli (per Rhodum ducti), ita ut ab Iberia euro vento in Indiam navigari possit, 84, 33. Terram πεντάζωνον esse dicit, 78, 13; primum ejus divisionis auctorem fuisse Parmenidem, qui tamen zonam adustam nimis latam fecerit, 78, 16. Aristotelis quoque divisionem reprehendit, 78, 19. Quinque zonas ita distinguit, ut duæ sint περίσκιοι, inde a polis usque ad eos quibus tropicus est pro arctico circulo; duas ἑτεροσκίοις, quæ usque ad tropicos pertinent; unam ἀμφίσκιον, inter tropicos sitam. Præterea autem quodammodo alias duas statuit perangustas, sub tropicis sitas, secundum quas per semissem mensis sol vertici incolarum immineat; peculiare has habere, quod siccæ admodum et arenosæ sint, nihil ferentes nisi silphium et frugem tritico similem, quam sol adurat; nullos ibi montes esse, ideoque nunquam pluere; ichthyophages ibi habitare; animalia quomodo ibi efformata sint. Qui magis meridiem versus sint, aerem melius temperatum, solumque fertilius habere, 79, § 3. Posidonius de periscîis, amphiscîis, heteroscîis, 112, § 43. Polybium reprehendit qui sub æquatore plagam editissimam esse et complui dixerat, quum humillima sit, 80, 49. Attamen alio loco ipse quoque Posidonius ait sub æquatore montes esse, ad quos utrinque a temperatis plagis nubes concurrant, 80, 2. Idem vero ait Oceanum in sese confluere; ubinam igitur montes istos ponit? inne insulis? 81, 7. Posidonius rationem qua continentes nunc distingui solent, primum reprehendit, ac mavult eas secundum zonas parallelas distribui, deinde vero quæ modo reprehenderat, ea approbat, disputatione usus confusa, 84, 37. Præsentem continentis divisionem bene habere demonstraturus, de differentia loquitur quæ inter Indiæ et Libyæ Æthiopes intercedat; quare etiam Homerum Æthiopes bifariam divisos dicere; qua data occasione de versu Homerico plura disseruit, 85, 3. Posidonius ait terram modo attolli, modo subsidere, mutarique terræ motibus et id genus aliis, 84, 20. Quæ de Atlantide insula deleta dicat Plato, fortasse non ficta esse censet, 84, 25. De fluxu et refluxu tum marium tum fretorum exposuit, 46, 8. Vehementiores oceani affluxus notos fuisse Homero censet, p. 3 *extr*. Oceani motum dicit imitari conversionem cœlestem, esseque æstum maris alium diurnum, alium menstruum, alium annuum, eosque ad lunæ rationes accommodari, 144, § 8. De eadem re Seleuci sententiam affert, 144, § 9. Posidonii de ventorum distinctione sententia, 24, § 3. Ejus narratio de Eudoxo Cnidio Libyam circumnavigante; fidem rei habet perperam, præsertim quum ea quæ de Libya Neconis jussu et a mago quodam circumnavigata ferebantur, intestata esse ipse dixerit, 81, § 4, 5. Eudoxi navigatione demonstrari ait Oceanum orbi terrarum circumfusum esse; Strabo vero reprehendit Posidonium, qui istam historiam esse meram fabulam non sentierit, 82, § 5. Posidonius in loco a Gadibus 400 stadiis boream versus sito Canobum se spectasse putat, quem in Cnidia sua specula, in eodem cum Gadibus parallelo sita, observavit Eudoxus, 98, 45. Posidonius per 30 dies Gadibus commoratus est, 114, 44; refutat quæ de occasu solis in his regionibus Artemidorus tradiderat, 114, § 5. In mari inter Hispaniam et Italiam solis Eurum statis anni temporibus flare dicit. Ipsius Posidonii iter, 119, 24. Laudatur de Iberiæ metallis, 121, § 9; Demetrii Phalerei dictum adducit, 122, 1. De causa æstuum qui sunt ad Hispaniam, 126, 50. Bænin fl. e Cantabris fluere dicit, 127, 15. De causis migrationis Cimbricæ, 84, 30. De Odyssea urbe Hispaniæ, 130, 17. De tributo quod Marcellus e Celtiberia exegerit; ridet quod de numero urbium Celtiberiæ Polybius tradit, 135, 15. Posidonius solum æs Cyprium ait re Cadmiam et vitriolum et spodium; in Hispaniæ cornices non nigras deprehendi narrat; idem de equis Hispaniæ quædam tradit (plurimaque eorum quæ de Hispaniæ proventu Strabo habet, narrasse putandus est), 136, 1. De mulieribus Liguriæ, 137, 7. Posidonius in Liguria hibernans a Charmolao hospitio excipitur, 137, 8. Laudatur de Sardoi maris profunditate, 45, 5. Quænam sint Columnæ quæ vocantur Herculis, 141, 49. Sententiam Posidonii improbat Strabo, 142, 50. Posidonius Phœnicibus magnum ingenii acumen tribuit, 144, 6. Citatur de puteis in Herculis templo Gaditano, 143, 25; 144, 38. In eodem templo sub æstivum solstitium æstus marini rationes observavit, 145, 7, et circa ejusdem mensis novilunium in Illipa urbe ad Bætin fluvium, 145, 11. De Iberi fl. exundationibus, 145, 26. De arboribus quibusdam, quæ Gadibus et ad Carthaginem novam nascuntur, 145, 31. De origine campi Lapidosi in Gallia Narbonensi, 151, 40; 152, 8. De thesauris, quos Tolosæ reperit Q. Servilius Cæpio, 156, 14. De isthmo qui Narbonense mare ab Oceano distinguit, 156, 39. De Gallorum more quodam, 164, 44. De Samnitarum insula ad ostia Ligeris, in qua mulieres Bacchum colunt orgiastice, 165, 4. De Timavo fluvio, 178, 54. De Liguriæ asperitate, 182, 6. De Siciliæ situ et dimensionibus, 221, 4 et 31. De Ætnæ eruptionibus, 223, 34. Syracusas et Erycem veluti arces duas Siciliæ esse ac mediam inter eas imminere Ennam ait, 227, 22. De iis quæ in mari inter Hieram et Euonymum insulam observata sunt, 230, 9. De Cimbris Boios aggredientibus tum alio alioque se convertentibus, 244, 7. Mysos Homeri (Il 13, 3) esse de gente Thracica intelligendos recte censet, 245, 38. De Mysorum indole, 246, 14; ad eos refert homericam vocem ἄβιοι, *ib.*; cf. 247, 26. Apud Hom. (Il. 13, 5) pro Μυσῶν legi vult Μοισῶν, 246, 28. De Palaci fratrum numero, 256, 38. De bitumine Nymphæi et similibus aliis, 263, 4. Isthmum a Ponto ad Caspium mare pertinentem, sicuti illum qui a Pelusio est ad mare Rubrum, 1500 stadiorum esse opinatur; nec multum ab his differre eum qui a Mæotide ad Oceanum sit, 421, 49; 682, 25. De terræ motu in Rhagiana regione, 441, 27, et in Syria, 48, 22. De Parthyæorum synedriis, 442, 15. De terra quadam argillacea Hispaniæ, 525, 37. De naphthæ fontibus Babyloniis, 633, 6. De Seleucide tetrapoli in 4 satrapias divisa, 638, 31. De serpente ingente, qui mortuus visus est in Macra, Syriæ campo, 643, § 7. De Mocho Sidonio philosopho, 644, 54. De bituminis (in Asphaltite lacu) colligendi modo, 650, § 43. De Erembis et Arimis Homeri, 667, § 27. Pro Ἐρεμβοὺς ap. Homerum legi vult Ἀραμβοὺς, ita ut Arabes sic dicantur, 667, 21. De Erembis Homericis, deque Armeniorum, Syrorum, Armeniorum, Assyriorum, Arianorum vel cognatione vel similitudine, 34, 39-35, 12. De auctoribus qui Nilum ex imbribus augeri tradiderint, 672, 10. Imbres ex Æthiopicis montibus decurrentes Nilum implere ait, 80, 54. De Libyæ fluviis, 704, 28. De simiis Mauretaniæ, 702, 7.

Potamia, Ποταμία, Paphlagoniæ regio, 481, 43.
Potamo, Ποτάμων, rhetor Mytilenæus, 528, 10.
Potamos, Ποταμός, Atticæ pagus, 342, 32.
Potentia, Ποτεντία, Piceni opp., 201, 4.
Potidæa, Ποτίδαια, Corinthiorum colonia, postea Cassandria dicta de Cassandro qui eversam restauravit, 278, 39. Ab Olyntho 70 stadia distat, 279, 7.
Potniæ, Πότνιαι, opp. prope Thebas; ad quod Glaucus Potniensis a Potniadibus equabus discerptus, 351, 21. De Potniis ἐπιλλητικῶς nonnulli volunt verba: οἵ θ' ὑπὸ Θήβας εἶχον (Il. 2, 505), 354, 11.
Practium, Πράκτιον, Troadis opp. in Asii ditione, 501, 18 et 46. Ab eo ad Adramyttium Troas pertinet sec. Charonem, 498, 51.
Practius, ὁ Πράκτιος, fluvius Troadis in Asii ditione inter Abydum et Lampsacum fluens; falso quidam nomen hoc apud Homerum de urbe intellexerunt, 505, 19.
Præneste, ἡ Πραίνεστος, 198, 22, urbs græcanica, olim Polystephanus dicta; situs urbis; Marius junior ibi obsessus periit; munitiones Prænestinis calamitatum causa, 199, 3. Per hanc regionem Verestis amnis labitur, 199, 19. A Gabiis 100 stad. distat, 198, 20. Distantiæ a Tibure et Roma, 199, 1. Præneste fanum et oraculum Fortunæ habet, 198, 53.
Præstina via et Lavicana ab Esquilina porta incipiunt, 197, 36. In Præstina via Gabii, 198, 19.

INDEX NOMINUM RERUMQUE.

Prænestini in Casilino ab Hannibale obsessi, 207, 23.
Pramnæ, Πράμναι, philosophorum Indicorum genus, 611, §´70.
Prasia, Πρασία, Atticæ pagus, 342, 34.
Prasiæ, Πρασιαί (situs incertior, sec. Curtium 2, p. 306, foret *Palæocastrum* prope *Tyrus* vicum, Argivorum urbs ad sinum Argolicum, 316, 39. Prasienses, Πρασιεῖς, et postea pro iis Lacedæmonii ad amphictyoniam Calauriæ contribuebant, 321, 35.
Prasii, Πράσιοι, Indiæ gens, apud quos Palibothra urbs, 598, 37. Eorum reges præter proprium nomen de nomine urbis Palibothri vocantur, ut Sandrocottus, ad quem Megasthenes venit, 598, 40. In Prasiorum terra tigres validissimæ, 598, 54.
Prasus, Πρᾶσος, Cretæ opp., 411, 14; situs ejus, *ib*. Prasum deleverunt Hierapytnii, sitam inter Samonium et Chersonesum, 60 supra mare stadiis, 411, 22. Prasii Corybantes Solis filios et Minervæ dæmones esse ferunt, 405, 29. Jovis templum, 408, 34.
Prausi, Πραῦσοι, gens Gallica sedis incompertæ, de qua Brennus dux Prausius appellatur, 156, 1.
Praxander, Πράξανδρος, Lapathum Cypri condidit, 582, 13.
Praxiphanes, Πραξιφάνης, Rhodius, 559, 37.
Praxiteles, Πραξιτέλης, Amoris statuam fecit, quam dono dedit Glyceræ, 352, 27. Ejus opera plurima in templo Dianæ Ephesio, 547, 38.
Premnis, Πρῆμνις, Æthiopum opp. natura munitum, quod cepit Petronius, 696, 44.
Preposinthus, Πρεπέσινθος, Cycladum una sec. Artemidorum, 417, 3.
Prettania. V. Britannia.
Priamon, Πρίαμων, Dalmatarum urbs, 261, 52. (Πρωμών Appian., *Promona* T. P. rectius; nunc *Petrovacz* castellum in monte *Promina*.)
Priamus, Πρίαμος, e parvo rex magnus evasit, 510, 30; ex Altæ filia genuit Lycaonem et Polydorum, 500, 1. Democoontis pater, 501, 23. Phrygibus contra Amazones auxiliatur, 473, 20. Ejus divitiæ ex auri metallis prope Abydum in Astyris sitis, 580, 23.
Priapeiorum scriptor Euphronius, 328, 22.
Priapus, Πρίαπος, Bacchi et Nymphæ f., Orneis colitur (unde Orneatas vocatur, 328, 2), et Priapi, quæ urbs ab eo nomen habet; similis deus Atticorum Orthanæ, Conisabo, Tychoni; Hesiodus eum nondum novit, 503, 1; 284, 44.
Priapus, Πρίαπος, Troadis urbs, quando et a quibusnam condita, unde nomen habeat; vini ferax, 502, § 12; Cyzico vicina, 484, 8. Cf. 498, 45; 503, 17. Priapenorum ditio, 502, 29. In Priapeni agri et Cyziceni confiniis Harpagia locus, 502, 48. Agri magnam partem Attalici reges Parianis dederunt, 503, 33.
Priene, Πριήνη, Ioniæ urbs, 494, 49; 543, 43. Ab Æpyto Nelei f. condita; postea eodem Philotas Thebanos adduxit, 541, 7. Olim maritima urbs, nunc 40 a mari stadiis distans ob alluviones Mæandri, 495, 51. Priene nonnullis Cadme dicitur, quod Philotas Bœotius erat, 543, 47. Patria Biantis, 543, 48. Prienensi in agro Iones Neptuno Heliconis sacrificant; Prienensis juvenis rex sacrorum; etenim Prienenses ex Helice Achaiæ oriundi esse feruntur, 330, 15; 546, 15.
Prion, Πριών, mons ad Ephesum urbem (Cf. Lepraacte), 541, 34.
Privernum, Πρίβερνον, Latii opp., 198, 7 Privernates, 192, 35.
Probalinthus, Προβάλινθος, Atticæ pagus, 342, 36; pars tetrapolis Atticæ, 329, 13.
Prochyta, Προχύτη, ins. Miseno objacet, a Pithecussis

avulsa, 206, 24; a continente abrupta, 214, 49; 50, 9. a Miseno prom. abrupta, 50, 9. Cf. 101. 35.
Procles, Προκλῆς, Eurypontis pater, 314, 30. Ab eo sextus Lycurgus, 413, 40. Cf. Eurysthenes. Samum colonis frequentavit, 541, 15.
Procles quidam Lerius, 418, 50.
Procnes et Philomelæ historia a nonnullis Daulidi, a Thucydide Megaris assignatur, 363, 12.
Proconnesus, Προκόννησος, Propontidis insula vetus et nova, cum urbe lapicidinisque celebribus, 503, § 16. Proconnesus ab ora Thraciæ, ubi Sacer mons, 120 stad. distat, 284, 16; marmor album habet, 284, 18. — Proconnesus urbs quando condita, 502, 52.
Proconnesius Aristeas poeta, 17, 45; 503, § 16.
Proerna, Πρόερνα, Phthiotidis opp., in Achillis ditione, ´372, 37.
Prœti filiæ, Προιτίδες, 318, 12. Ubinam a Melampode lustratæ sint, 298, 15.
Prœtus, Προῖτος, Tirynthem Cyclopum opera munivit, 320, 37.
Profunditas marium varia. V. Maria.
Prometheus, Προμηθεύς, in Caucaso vinctus, 433, 43; 586, 52. Cf. v. Paropamisus.
Pronesus, Πρώνησος, olim Cephalleniæ opp., 391. 34.
Prophthasia, Προφθασία ἡ ἐν Δραγγῇ, ad Alexandria Ariana 1600 vel 1500 stad., ab Arachotis 4120 stadia distat sec. Eratosthenem, 441, 2; 616, 5.
Propontis, ἡ Προποντίς, 103, 9, ubinam incipiat, 265, 41. Ora ejus usque ad Abydum et Sestum porrigitur, 497, 20. Propontidem totam nonnulli Hellespontum vocant, alii eam ejus partem quæ est intra Perinthum, 284, 46. Propontidis introitus et initium Hellesponti post Eleuntem, 283, 51. Propontis a Troade ad Byzantium est, 1500 stad., ejusdemque fere latitudinis, 103, 43. Longitudo 1400, latitudo 500 stadiorum, sec. Demetrium Scepsium, 284, 31. Per Propontidem olim mare Ponticum erupit, 41, 35.
Proschium, Πρόσχιον, Ætoliæ urbs. Cf. Pylene, 387, 48.
Proserpina in pratis Hipponii flores legit, 213, 15; Menthen Plutonis pellicem perdidit, 295, 52. Ejus fanum ad Acherontem fluvium Triphyliæ, 296, 14. Proserpinæ solennia (Alexandriæ?), Κόρεια, ad quæ sub Evergete II legatum sacrorum misisse feruntur Cyziceni, 81, 20. Proserpinæ cultus in insula Britanniæ propinqua, 165, 30.
Prosopites nomus, Προσωπίτης νομός, Ægypti in Delta regione cum urbe Aphrodito poli, 682, 4.
Prosymna, Πρόσυμνα, Argolidis urbs, Junonis templum habet, 320, 56. (A Midea boream versus, inter hanc et Heræum alicubi sita fuit.)
Plotarchus, Πρώταρχος, Bargyliensis, Epicureus, mag. Demetii Laconis, 561, 53.
Prote, Πρώτη (*Prodano*), Messeniæ ins. cum oppidulo, 299, 46; 308, 44.
Protesilaeum, Πρωτεσιλάειον, in Eleunte Chersonesi Thracicæ, 283, 35, e regione Sigei, 509, 5.
Protesilai in Thessalia ditio, 373, § 14; quam Phthiæ adscribunt inde a Dolopia et Pindo usque ad mare Magneticum, 371, 26. Protesilaus ap. Hom. Phthios ducit, 371, 9.
Proteus, Πρωτεύς, 30, 54; 32, 18; pater Cabirûs, 406, 7.
Protogenes, Πρωτογένης, pictor; ejus opus Ialysus et Satyrus columnæ, cui perdix insistebat, adstans, 557, 14.
Proverbium de Temesæo heroe, 212, 41. Ἀληθέστερα τῶν ἐπὶ Σάγρᾳ, 217, 5. Proverbia duo de Crotone, 218, 20. Οὐκ ἂν ἐκγένοιτο αὐτοῖς ἡ Συρακουσίων δεκάτη, 224, 12. Pr. Τὸ ἐν Δωδώνῃ χαλκεῖον, unde habeat originem, 274, 11. Ἡ

Κερκυραίων μάστιξ, 274, 20. Ἐλευθέρα Κόρκυρα, χέζ' ὅπου θέλεις, 274, 48. Δάτον ἀγαθῶν et ἀγαθῶν ἀγαθίδες, 280, 4. Λέρνη κακῶν, 319, 16. Οἰνώνη τὴν χαράδραν, 323, 5. Μαλέας δὲ κάμψας ἐπιλάθου τῶν οἴκαδε, 324, 53. Οὐ παντὸς ἀνδρὸς ἐς Κόρινθόν ἐσθ' ὁ πλοῦς, 325, 25. Οὐδὲν πρὸς Διόνυσον ; de eo proverbio nonnullorum opinio , 327, 33. Κορίνθιος ὀφρυᾷ τε καὶ κοιλαίνεται, 328, 18. Θρακία παρεύρεσις, 345, 13. Ὁπόταν δι' Ἅρματος ἀστράψῃ, 347, 7. Εἰς Σκῶλον μήτ' αὐτὸς ἴναι, μήτ' ἄλλῳ ἕπεσθαι, 351, 10. Ὁ Κρὴς ἀγνοεῖ τὴν θάλατταν, 413, 27. Σίφνιος ἀστράγαλος, 416, 19. Πάνθ' ὑπὸ μίαν Μύκονον, 418, 25. Proverbialiter dicitur : εἰς Φᾶσιν, ἔνθα ναυσὶν ἔσχατος δρόμος , 427, 3. Ὅστις ἔργον οὐδὲν εἶχες Ἀρμένην ἐτείχισεν, 467, 15. Χωρὶς τὰ Μυσῶν καὶ Φρυγῶν ὁρίσματα, 483, 17; 489, 50. Φέρει καὶ ὀρνίθων γάλα , 544, 46. Ἔκηττι Συλοσῶντας εὐρυχωρίη , 545, 24. Τὸν Κολοφῶνα ἐπέθηκεν, 549, 20. Τοῦ δ' ἄρ' ὁ Κωρυκαῖος ἠκροάζετο, 550, 37. Proverbiales locutiones quaedam, 30, 30.

Prusa, Προῦσα, Bithyniæ urbs Myrleæ vicina, 482, 40 ; ad Olympum Mysium , 483 , 8 ; a Prusia Cyri temporibus condita , *ib.*

Prusias, Προυσιάς, Bithyniæ urbs, olim Cius, 482 , 35. Prusienses Hylæ festum celebrant, 483, 2. Amici Romanorum , a quibus libertate donati sunt, 482 , 5. Prusiensis est Asclepiades medicus, 485, 7.

Prusias, Προυσίας, bellum contra Crœsum gessit, Prusamque ad Olympum sitam condidit, 483, 10.

Prusias, Zelæ filius, Philippum Persei patrem in Cio et Myrlea delendis adjuvit, quas urbes restauravit et Cium Prusiadem, Myrleam vero ab uxore Apameam denominavit ; 482, 38; Hannibalem excepit ; Phrygiam Helles pontiacam Attalicis regibus dedit, 482, 43. Contra Prusiam Nicomedem f. excitavit Attalus II, 534, 4.

Psamathus (Ἀμαθοῦς, codd.) ad sinum Laconicum (supra *Quaglia* portum), 312, 12.

Psammitichus, Ψαμμίτιχος, Ægypti rex , expeditionem longinquam suscepit, 51, 18. Fossam in mare Rubrum ducendam inchoasse a nonnullis traditur, 683, 37. Sub eo defecerunt quidam Ægyptii, qui insulam supra Meroen sitam (Tenessin regionem, 656, 11) occuparunt, ibique Sembritæ dicebantur, 668 , 37. Regis sepulcrum in Minervæ templo apud Saitas, 681, 29.

Psaphis, Ψαφὶς ἡ τῶν Ὠρωπίων, in Attica. Propinquum ei Amphiaraeum, 342, 42.

Psebo , Ψεβώ, Æthiopiæ lacus magnus supra Meroen ; In eo insula est habitata, 698 , 8.

Pselchis, Ψέλχις , Æthiopum oppidum, 696 , 23, quod cepit Petronius, 696, 41.

Ψευδάργυρον, 521, 45.

Ψευδοκασία Æthiopiæ, 658, 51.

Pseudopenias , Ψευδοπενίας ἄκρα , prom. Libyæ in quo Berenice sita, 710, 6.

Pseudophilippus , Ψευδοφίλιππος , a Romanis debellatur, 282, 37. Contra eum Romanorum socius Attalus II , Psillis, ὁ Ψύλλις, Bithyniæ fl., 465, 20.

Ψυγμοῦ λιμήν, regionis Cinnamomiferæ, 689, 6.

Psylli , Ψύλλοι , Libyca gens in regione Syrti Cyrenaicæ superjacente, finitimi Nasamonum, 711 , 44 ; 108, 38; 692, 3; nihil damni ex serpentibus accipiunt, 692, 3.

Psyra, Ψύρα, insula ad Melænam Chii pr., 551, 10.

Psyttalia, Ψυτταλία, insula Atticæ, 339, 37.

Pteleasium. V. Pteleum Nestoris.

Pteleum, τὸ Πτελεὸν ὄρος , altus mons prope Ambracicum sinum, ad Corcyræum et Leucadicum mare pertingens, 274, 41.

Pteleum, Πτελεόν, Phthiotidis opp. maritimum in Protesilai ditione, 374, 21. Ejus colonia Pteleum in Triphylia, 300, 43. Ab Halo 100 stadia distat, 372, 10.

Pteleum, Πτελεόν, Triphyliæ oppidum colonia Ptelei Thessalici, in ditione Nestoris fuit ; nunc locus silvestris et inhabitatus, quem vocant Pteleasium, 300 , 42 (De situ loci non constat.)

Pteleus, Πτελεώς (?), lacus Troadis non procul a Dardano , 509, 35 (Aliunde non notus).

Pterelas, Πτερέλας, Deionei filius, a Cephalo amatus, 388, 43.

Ptolemæi, Ægypti reges, qui hoc nomen assumserunt ob primi Ptolemæi celebritatem , 428, 28. Series eorum, et historia paucis exponitur, 676, 26. Regionum meridionalium cognitionem auxerunt, 671, 39. Sub Ptolemæis perpauci ex Ægypto in Indiam mercaturæ causa navigare audebant, 97, 39. Ptolemaici reges fossam e Nilo in sinum Arabicum ductam perfecerunt, 683 , 40 ; Cyrene et Cypro potiti sunt, 672 , 37.

Ptolemæus I Lagi, 676, 26 ; de Gallorum ad Alexandrum legatione laudatur, 250, 38. In Gedrosia vulneratus sagitta venenata , quomodo servatus sit, 615, 24. Alexandri captivum Perdiccæ ereptum Alexandriæ sepelivit, 675, 8. Ejus frater Menelaus , 681, 1.

Ptolemæus II Philadelphus , 676 , 27 , philistor et propter corporis imbecillitatem semper novæ alicujus oblectationis materiam expetens , ad explorandam regionem australem complures emisit, 671 , 40. Ejus soror et uxor Arsinoe, 495, 33. Ptolemæus Patara Lyciæ auxit et Arsinoen nominavit, 568 , 22. De sorore sua Philoteram urbem nominavit ; Satyrum ad Troglodyticam et elephantum venationes explorandas emisit, 655 , 10. Eumedem ad venandos elephantos amandavit , 655 , 51. Classis præfectum habuit Timosthenem , 361, 46. Viam qua Copto Berenicen itur, patefecit , 692 , 22.

Ptolemæus III Evergetes, 676, 27.

Ptolemæus IV Philopator, ὁ τῆς Ἀγαθοκλείας, 676 , 28 ; ad Rhaphiam cum Antiocho M. pugnavit , 646 , 37. Gortynam, Cretæ urbem, muro aggressus aggressus , ad octo duntaxat stadia opus perduxit, 411, 2.

Ptolemæus V Epiphanes , 676, 28.

Ptolemæus VI Philometor, Ptolemæi VII frater, 676 , 28, superato pugna Alexandro Bala ad Œnoparam Syriæ fluvium, ex vulnere obiit , 639 , 48.

Ptolemæus VII Euergetes II , etiam Physcon cognominatus , 676, 30. Seditionibus vexatus sæpenumero plebem militibus objecit, 678 , 13. Sub eo Eudoxus Cnidius in Ægyptum venit, 81, 21 ; quem rex in Indiam misit ; reduci quidquid advexerat, ademit, 81, 34. Post mortem regis , uxor ejus Cleopatra regnum tenuit , 81, 41.

Ptolemæus VIII, ὁ Λάθουρος, 676, 31.

Ptolemæus IX Auletes , Cleopatræ pater ; indoles ejus et regni historia adumbratur, 676, 36 *sqq.* Ei quotannis 12500 talenta pendebantur, 678, 33. A Gabinio in regnum reductus est, 478, 23. Filiorum Auletæ sors, 677, 11. Ptolemæus adventum Catonis Cyprum occupaturi prævenit morte sibi conscita, 583, § 6.

Ptolemæus ὁ Κόκκης καὶ Παρείσακτος ἐπικληθείς , e Syria Alexandriam profectus, aureum Alexandri loculum rapuit, 675, 20.

Ptolemæus, Juba et Antonii et Cleopatræ filia natus, patri nuper defuncto in regnum successit, 703, 34.

Ptolemæus Ceraunius Seleucum Nicatorem dolo necavit, 533, 17.

Ptolemæus, Mennæi f., in Syria Massyam et Ituræorum montana et Chalcidem urbem in potestate habuit, 641, 40.

Ptolemais, Πτολεμαϊκὴ πόλις, Thebaidis civitas omnium maxima, Memphi non minor, græco more institutam rempublicam habens, 690, 38.
Ptolemais, olim Barce dicta, urbs (et portus) Cyrenaicæ, 710, 21. Cf. Barce.
Ptolemais, Pamphyliæ opp., 578, 5.
Ptolemais, Phœniciæ opp. Ibi dies maxima 14 1/4 horarum 110, 48; i. q. Ace, 645, 13. Ptolemaenses prœlio vincuntur a Sarpedone duce, 645, 31.
Ptolemais Troglodytica. Sub Ptolemæo II ad elephantum venationem ab Eumede condita, 655, 51; 654, 29. Ibi dies longissima 13 horarum, sicut Meroæ 110, 5; ab Heroum urbe 9000 stadia, a faucibus sinus Arabici 4500 st. distat, 654, 29.
Ptoum, Πτῶον ὄρος, Bœotiæ mons triceps, sec. Pindarum; in eo oraculum, cui Tenerus præfuit, 354, 37; adjacet Tenericus campus, *ib.*
Puerorum institutioni cur fabulæ peraccommodæ sint, 16, 50 *sqq.* Puerorum educatio ap. Cretenses, 414, § 20; ap. Persas, 624, § 18.
Pulcher portus, Καλὸς λιμήν, ad sinum Cerciniten, 556, 10.
Pulmo marinus. Huic simile aliquid in tractu qui circa Thulen est, reperitur, referente Pythea, 86, 2.
Purpuræ ingentes, πορφύραι δεκαδάκτυλοι, in mari ad Cartejam, 120, 23. Purpura Tyria, 644; 30. Πορφυροβαφεῖα Zuchi, 708, 44.
Putei duo memorabiles in fano Herculis Gaditano, 143, 25. Puteorum fossionem Argis docuit Danaus, 19, 30. Putqus Syenæ, 694, 15.
Puteoli, Ποτίολοι, a puteis dicta est Campaniæ urbs, quæ antea vocabatur Dicæarchia, 204, 37. Alia nominis etymologia, *ib.* Cf. Dicæarchia.
Putris palus. V. Sapra palus.
Pydna, Πύδνα, Macedoniæ urbs, 277, 2. Πύδνα. Ad Pydnam prœlium, 277, 50.
Pydna a Methone 40 stadia distat, 277, 7 et 43; Pierica urbs, 275, 10.
Pydna a Peneo 120 (350 ?) stadiis, 280, 45. Nunc Citrum vocatur (quod est excerptoris additamentum), 277, 44.
Pygela, Πύγελα, Ioniæ opp., unde dictum sit; Dianæ Munychiæ templum habet, 546, 19. Ad Pygela inter Magnesiam, Ephesum et Prienen Amazones (τοὺς Ἀμαζῶνας) habitasse nonnulli putarunt, 472, 17.
Pygmæi, Πυγμαῖοι, gens fabulosa, ap. Homerum et Hesiodum, 36, 3; 30, 54; 248, 35. Non sunt Æthiopica quædam gens peculiaris, 35, 31. Per totam oram Oceani meridionalis habitare censendi sunt, 29, 6 *sqq.*; a gruibus infestantur, *ib.* Pygmæorum fabulam Homericam renovarunt Indicôn scriptores, 58, 48. Pygmæos nemo fide dignus se vidisse dixit; pecorum canumque Æthiopicorum parvitas fortasse fingendis iis ansam dedit, 697, 27.
Pylæ, i q. Thermopylæ, q. v.
Pylæ, αἱ Πύλαι, Ciliciæ et Syriæ terminus, 577, 8.
Pylæmenes, Πυλαιμένης, ex Henetis oriundus, Cappadocum dux in bello Trojano, 465, 45. Ejus posteris partem Paphlagoniæ mediterraneæ attribuit Pompeius, 463, 40.
Pylæorum concilium, ἡ Πυλαία σύνοδος, Amphictyonum in Pylis sive Thermopylis, 360, 32.
Pylæus, Πύλαιος, Lesbiorum dux in bello Trojano, 530, 23; 531, 12.
Pylæus, Πύλαιον ὄρος, Lesbi ins., 531, 15.
Pylagoræ, Πυλαγόραι, legati quos singulæ civitates Amphictyonicæ ad annuos conventus mittebant, 360, 32; Cereri sacrificabant, 360, 46.
Pylaica (Peliaca?) panegyris Iolci, 375, 5.

Pylaicus sinus, Πυλαικὸς κόλπος, pars sinus Maliaci, 369, 29.
Pylene, Πυλήνη, Ætoliæ urbs Homero memorata; postea in superiora loca translata et Proschion denominata est, 387, 46. Nunc nonnisi rudera ejus exstant, 395, 35.
Pylon, Πυλών, locus qui in via Egnatia Macedoniam ab Illyrico distinguit, 268, 28. (Eo in loco Itin. Hieros. p. 608 habet : *Finis Macedoniæ et Epiri* inter *Brucidam* (*Brygiadem*) et *civitatem Cledum.* In quibus *Cledum* esse *Lychnidum* distantiarum notæ probant. Illud *civitas Cledo* ortum fuerit ex Πο. λυΧΝΙδος, quod abiit in πολις ΚΛΙδος).
Pylus, Πύλος, apud Homerum vocatur Triphylia, Pisatis et Cauconia, 289, 50; regio Nestori subdita, quam Alpheus permeat, 289, 11. Pylii sub Nestore 90 naves contra Trojam miserunt, Elei nonnisi 40, p. 304, 46. Pylii Triphyliæ cum Arcadibus de Chaa urbe certarunt, 299, 16. Loca Pyliæ regioni sive Nestoreæ ap. Homerum attributa cur Arcadia esse pleraque videantur, 360, 50. Pyliis cum Messeniis cognatio quædam intercedit ; multi eorum cum Melantho Athenas et hinc postea in Ioniam profecti sunt, 540, 32. Pyliorum cum Nestore ab Ilio redeuntium colonia est Metapontum, 219, 50.
Pylus urbs. Tres sunt in Peloponneso Pyli urbes; unamquamque earum pro Nestoris patria et Pylo Emathoente Homeri accolæ venditant. Versus : ἔστι Πύλος πρὸ Πύλοιο. Πύλος γέ μέν ἐστι καὶ ἄλλος, 291, 41.
Pylus Lepreaticus in Triphylia et Pisatide, 291, 45; in regione quam Alpheus perfluit, 291, 38. Hæc urbs, si Homeri carmina presse sequaris, Nestori assignanda est. Pylum Triphyliacum sive Lepreaticum sive Arcadicum, Nestoris urbem esse, non vero Pylum Messeniæ aut Elidis Cavæ, ex Homeri carminibus demonstratur, 301, § 26 *sqq.* Pylum, Νηληὸς εὐκτίμενον πτολίεθρον, præter, labitur fluvius aliis Pamisus, aliis Amathus dictus, a quo Πύλος Ἠμαθόεις dici videtur, 289, 15 ; 298, 18; 295, 40; *sabulosus* fluvius vel ager ibi non est ; 295, 40 ; fortasse tamen inde ἠμαθόεις vocatur quod litus a Samico ad Nedam fl. pertinens arenæ cumulos habet, 296, 6. Triginta fere stadia a mari distat, 295, 38; Pylus et Lepreon quadringenta stadia distant a Pylo Messeniæ, 299, 6. Unde Triphyliacus et Arcadicus Pylus dicatur, 289, 48; Pylum Nelei et Nestoris Hercules vastavit; deinde Epei Pylios bello aggressi sunt, 302, 15. Pylo vicinus est Minthes mons, 295, 5; in propinquo etiam sunt Hypanæ et Tympaneæ et fluvii Dalion et Acheron, 296, 8. Pylus Triphyliæ a Lacedæmoniis cum Lepreo in unam civitatem conflatus est, 305, 39. (Situs hujus Pyli incertus est. Urbs cum Lepreo componitur p. 299, 6. Itaque non longe ab eo boream versus prope *Piskini* fuisse hanc urbem conjiciunt Boblaye, Kiepert, Curtius. Sed magis etiam boream versus non longe a Samico ponenda esse videtur. Nam a Pylo Messeniaco ad Pylum Strabo 400 stadia numerat, quæ pertinent usque ad Samicum. Eademque stadia 400 memorat p. 302, 4, ubi pertinere ea dicit usque ad Pylum et *Samicum.* Præterea a borea meridiem versus procedens, loca hoc ordine recenset : Pheas, Chalcidem, Crunos, Pylum et Samicum. Porro inter Pylum Triphyliæ et P. Messeniæ sita esse in ora dicit templum Herculis Macistii et Acidontem. Quæ omnia eo faciunt, ut Samico Pylum proximam fuisse et uno illo loco ubi cum Lepreo Pylus componitur, minus accurate auctorem locutum esse putemus. Quodsi igitur Pylus ad Mamaum sita erat, quem quidem fluvium inter eos qui in mare exeunt, Strabo non memorat, Mamaus ille fluviolus fuerit, qui supra *Kaiffa* paludem in Anigrum incidit. In tabula Pyli no-

men posui ubi in gallica Peloponnesi mappa notatur *Xerochori* locus.)

Pylus Messeniæ a plerisque recentiorum Nestori, quem Messenium faciunt, haud recte assignatur, 291, 49. Antiqua urbs sub Ægaleo monte sita erat ; qua diruta, Pylii sub Coryphasio prom. sedes posuerunt, 308, 38; 291, 46. Adjacet Sphagia s. Sphacteria insula, 308, 45. Distat a Pylo Triphyliæ et Lepreo 400 stadia, a Alpheo 750, a Chelonata 1030 stadia , 299, 7; a Sparta 400 stadia, 309, 1. Navalis Messeniorum statio, 308, 52. Pylus fuit una de quinque Messeniæ civitatibus quas Cresphontes constituit, 310 , 20. Pylus ab Atheniensibus occupatur, 308, 41.

Pylus Elidis ad Scollin montem inter Selleentem et Peneum fl., 291, 36. Hanc Nestori vindicant Cavæ Elidis incolæ, etiam indicia quædam monstrantes, 292, 4. (Sita urbs fuerit ap. *Agrapidochori*, ubi Ladon in Peneum influit.)

Pyræchmes, Πυραίχμης , Ætolus. Ejus contra Degmenum Epeum certamen singulare, 307, 17.

Pyræthi, Πύραιθοι, apud Cappadoces magi vocantur, 624, 9. Πυραιθεῖα Cappadociæ, 624, 12.

Pyramides ad Memphim describuntur, 685,44; 686, § 33 et 34.

Pyramus , Πύραμος, Ciliciæ fl., e Cataonia labens ; propinqua ei Mallus et Magarsa , 576 , § 16. De ejus cursu et alluvionibus. Oraculum de hoc fluvio, 459, § 4; 414, 13. A Pyramo ad Solos 500 stadia, 576, 15. A Pyramo ad Clides Cyprias, 581, 46.

Pyrasus, Πύρασος, Phthiotidis opp. in Protesilai ditione, prope quod Demetrium s. Cereris fanum ; superjacent urbi Thebæ Phthiotides, 374, 5 et 22.

Pyrene, Πυρήνη, mons Rheno parallelus, 146, 36 ; in Gallia eam accolunt Aquitani et Celtæ, 146, 31. Pyrenæ ad rectum angulum adjacet Cemmenus mons, 106, 5. 147, 3. Pyrene et Rheni cursus lineas parallelas describunt, 104, 48. Pyrenes prom. ad Oceanum, 99, 14. Ei objacent Britanniæ partes occiduæ , *ib.* Pyrene Hispaniæ latus orientale abscindit , 105, 37, Galliamque ab Hispania dirimit, 43, 27; a Pyrene ad occiduum latus Hispaniæ via recta 6000 stad., 88 , 15. Pyrene a Columnis 4000 stadia, juxta oram supra 6000 stadia distat, 129, 37; 6000 st. sec. Erat., fere 8000 st. sec. Polyb., 88, 9. Ab eo monte fontes Tagi plus mille stadiis absunt, 88, 21. E Pyrene fluunt Ruscino et Ilibirris fl., 151, 7. Ad eam usque Aquitani pertinent, 157, 33. Parallelus Pyrenæ fluit Iberus fl., 132 , 17; parallelus etiam est Idubeda mons, 133, 40. In extrema Pyrene sunt Pompeii tropæa, τὰ ἀναθήματα τοῦ Πομπηίου, 132, 21 ; ad quæ sunt 1600 stadia ab Ibero fl., 129, 46. Pyrenes Hispanicum latus silvosum, Gallicum nudum; in media convalles sunt habitabiles, quas majorem partem tenent Cerretani Hispani, 134, 24. Pyrenes accolæ Vascones, 129, 8. Sub Pyrenen in Gallia auri metalla, 121, 9.

Pyrenææ Veneris templum, Πυρηναίας Ἀφροδίτης ἱερὸν, τὸ Ἀφροδίσιον (in *Cap Creuz*), 148, 19; 150, 45; 151, 6. a Varo distat 273 mill. p. aut 2600 stad., 148, 29.

Pyrgi, Πύργοι, Etruriæ opp. maritimum, a Graviscis 180 stadia distans, Cæretanorum navale , a Cære urbe 30 stadia dissitum ; Lucinæ fanum habuit a Dionysio destructum, 188, 3; 188, 10; ab Ostia distat 260 stadia, 188, 15.

Pyrgi, Πύργοι, in Triphyliæ ora opp., 299, 26. (Ruinæ non longe a Nedæ fl. ostio dissitæ).

Pyriphlegethon, Πυριφλεγέθων, Italiæ fl., 21, 35, ad Avernum lacum, 11, 6.

Pyrrha, Πύρρα, Deucalionis uxor. Ejus sepulcrum in Cyno oppido, 365, 12. Ab ea Thessalia olim Pyrrhæa vocata, 381, 12.

Pyrrha, Ioniæ opp., ab Heraclea sub Latmo 100 stadia distat, 543, 23; a Mileto 30 stad., *ib.*; a Mæandri ostiis 50 st., 543, 30.

Pyrrha, Lesbi urbs; ejus situs, 527, 33. Nunc eversa; habitatur adhuc suburbium; portum habet, a quo 80 stadiorum in Mytilenen transitus, 528, 22. — Pyrrhæorum euripus in Lesbo, 557, 32.

Pyrrha, Πύρρα, pristinum nomen Melitææ in Thessalia, 370, 50.

Pyrrha, Πύρρα, prom. Phthiotidis, et prope id Pyrrha insula, 574, 23.

Pyrrha, pr. ad Adramyttenum sinum ; in eo Veneris templum, 519, 4 et 15

Pyrrhæa, Πυρραία, priscum Thessaliæ nomen, 381, 12.

Pyrrichus , Πύρριχος, saltationis armatæ, τῆς πυρρίχης, inventor, 401, 23; 413, 3.

Pyrrhon, Πύρρων, Eleaticus philosophus, 337, 50.

Pyrrhus, Neoptolemi f., Achillis nepos , Molossis imperavit, 271, 33.

Pyrrhus Epirota Ambraciam regiam sibi constituit , 270, 23. Ejus in Italiam expeditio, 330,1. Tarentinis dux in bello contra Romanos , 233, 14 ; a Romanis debellatus, 238, 84. Ante muros Argorum quomodo occisus sit, 323, 51.

Pythagoras, Πυθαγόρας , Samius, Polycratis tyrannidem fugiens in Ægyptum et Babyloniam, deinde in Italiam abiit, 545, 11. Ejus famulus Zamolxis Geta, 247, 29. Cf. 649, 7.

Pythagoreorum philosophia floruit Tarenti, ubi Archytas per longum tempus urbi præfuit, 233, 4. Multi eorum fuerunt Crotoniatæ, inter eosque etiam Milo athleta, 213, 27. Contra eos in Italia seditio, 329, 47. Pythagorei philosophiæ imposuerunt nomen musicæ mundumque secundum harmoniam constare tradiderunt, 401, 51. Musicam morum magistram et formatricem dicunt, 13, 6: Πυθαγγέλου κυνήγιον ἐλεφάντων ad sinum Arabicum, 658, 28. Ejusdem portus in thurifera regione, 658, 51.

Pytheas, Πυθέας, narrat totam se Britanniam peragrasse ; ambitum insulæ esse stadiorum 40,000, 85, 45 ; deinde exponit de Thule et vicinis locis, ubi neque terra sit neque aer, quæ proprie vocantur, sed quippiam ex his concretum, pulmonis marini simile, neque navibus neque pedibus accessum; istam colluviem se vidisse, cetera auditu accepisse, 86, 1. Inde reversum quidquid Europæ regionum est ad Oceanum se peragrasse a Gadibus ad Tanain usque, 86, 9. Pytheas de locis ad occasum et boream juxta oceanum vergentibus multos decepit, 131, 9. Ejus narrationem non credidit Dicæarchus , 86, 54. Eratosthenes quamquam dubitans an fides habenda sit, tamen admisit quæ de Britannia, Gadibus et Hispania a Pythea produntur, 86 , 14. Secundum Polybium præstat Euhemero credere quam Pytheæ , 86 , 17. Pytheas, utpote privatus homo et pauper, tanta itinera suscipere non potuit, judice Polybio, 86, 12. Nihil eorum, quæ de Britannia Pytheas narraverat, noverunt Massilienses et Corbilonenses a Polybio interrogati, 158, 4. Pytheas de ora Oceani mendacia protulit, auctoritatem iis adstruere studens ex rerum cœlestium et mathematicarum scientia , 245, 17. Pytheæ mendacia, 84, 15. Pytheas de situ Massiliæ urbis, 59, 47; cujus latitudinem gnomone definivit ; quo testimonio usus Hipparchus Massiliam et Byzantium in eodem parallelo esse putavit, 94, 52. At Pytheam Massiliam multo magis quam debebat boream versus posuisse facile demonstratur , 95, 5. De Iberia nonnulla tradit, quæ repetivit Eratosthenes et refutavit Artemidorus, 123, 20. Pytheas Osismios vocat Ostimios, 162, 27; promontorium eorum regionis nimis longe in mare producit, *ib.* De Ostimiis et quæ trans Rhenum sunt locis omnia falsa perhibuit, 53, 1. Uxisamen insu-

Iam Celticam, inter eas quæ e regione Cabæi pr. jacent, ultimam, distare ab eo dicit navigationem tridui; fidem habuit Eratosthenes, non item Strabo, 53, 46. Pytheas de Britannia, 62, 50. Thulen a Britannia insula ait sex dierum navigatione abesse, 52, 27. Homo mendax, Thulen insulam, alii nemini memoratam, finxit. Idem Britanniam supra 20000 stadia longam esse, et Cantium pr. a Celtica abesse aliquot dierum navigatione prodit inepte, 52, 38. Pytheam de Thule mendacia proferre colligitur ex eo quod vel de locis cognitis mentitus est, 167, 34; tamen de coelestibus tradit quæ in plagam frigidam bene cedant, 167, 40. In Thule insula tropicum æstivum circuli arctici vicem gerere ait, ibique ultima esse habitatæ terræ tradit, negante Strabone, 94, 39.
Pythia pompa, ἡ Πυθιάς, certa via Athenis Delphos mittitur, 362, 33.
Pythia, τὰ Πύθια, certamina Delphica, quando instituta sint, 351, 41.
Pythia vates unde dicta, 359, 54. Prima Pythia Phemonoe, 359, 53.
Pythium, Πύθιον, Atticæ pagus; inter eum et Olympium ἡ ἐσχάρα Διὸς ἀστραπαίου, 347, 73. Usque ad Pythium inde ab Isthmo pertinuit Nisi ditio sec. Philochorum, 337, 13.
Pythius nomus, Πυθικὸς νόμος; ejus inventor, partes quinque, argumentum, 361, 43.
Pytho, Πυθώ, Phocidis locus, quem Apollo accepit a Neptuno, contra dans Tænarum, 371, 28.
Pytho, Πυθών, cognomento Draco, sævus tyrannus ab Apolline, juvantibus Parnassiis, occiditur, 362, 37.
Pythodoris, Πυθοδωρίς, quæ in Ponto regnat, filia Pythodori, uxor Polemonis, cui in regno successit; ex eo mater duorum filiorum et filiæ; dein Archelao nupsit; nunc vidua, Tibarenos et Chaldæos usque ad Colchidem et Pharnaciam et Trapezantem sub se habet. De liberis ejus notitia, 476, § 29; 428, 6; 554, 19. Possidet Phanaroeam et Zelitidem et Megalopolitidem, 477, 4; 479, 5. Cabira vocavit Sebasten Augustam, eoque loco pro regia utitur, 477, 8.
Pythodorus, Πυθόδωρος, Nysæ natus, Trallibus Ἀσιάρχης, Pompeii amicus, vir ditissimus, pater Pythodoridis, 554, 12; 476, 9.
Pytholai prom., Πυθολάου ἀκρωτήριον, in Æthiopiæ ora; in propinquo sunt lacus duo, alter dulcis, alter salsæ aquæ, 658, 39.
Pytholai columna vel ara extra fauces sinus Arabici, 659, 15.
Pytna, Πύτνα, Cretæ mons, a quo Hierapytna urbs dicta, 405, 51.
Pytna, Idæ Troici collis, 405, 51.
Pyxûs. V. Buxentum.

Q.

Quadi, Κοάδουοι, Suevica Germaniæ gens in silva Hercynia; apud quos est etiam Buiæmon, Marcomanni regia, 241, 23.
Quercus in Iberia nec non in mari proximo nascitur, cujus glande thynni vescuntur, 120, 33. Cf. Glans.
Quinda, τὰ Κύινδα, Ciliciæ cast. supra Anchialen; gazophylacium Macedonum; thesauros ex eo abstulit Eumenes, 573, 40.
Quintilius Varus apud Cheruscos interneciva clade affectus periit, 242, 21.
Quirinalis Romæ collis, ὁ Κουιρῖνος λόφος, 195, 16, a Fabio munitus, ib.
Quirites; unde sic Romani dicantur, 190, 11. V. Cures.

R.

Ramis, Ῥαμίς, Ucromiri Chattorum ducis filia, uxor Sesithaci Cherusci, cum marito in Germanici triumpho ducta est, 242, 31.
Ravenna, Ῥαούεννα, 175, 21; 180, 31; ab Ariminio 300 stadia distat, 189, 25; a Placentia duarum dierum noctiumque navigatione, 181, 5. Urbs in paludibus sita, ligneis constans ædificiis, 177, 54.; æstus affluxum recipit; aerem habet persalubrem; gladiatores ibi alebantur, 178, 2. A Thessalis condita fertur, qui a Tyrrhenis infestati domum redierint, urbemque Umbris reliquerint 178, 22. Ad Ravennam usque Umbria protenditur, quum ab Umbris ea urbs incolatur, 188, 22 et 31; 180, 37. Ravenna colonos Romanos accepit, 180, 37. Ravennæ vitis non ultra quinquennium durat, 178, 12. Ravennæ oppidum Butrium, 178, 15.
Reate, Ῥεάτη, Sabinorum opp., 190, 7. Reatini muli præstantes, 190, 20.
Reges pridem creabantur qui utile aliquid primi reperissent, 19, 30. Regum successio ap. Arabes, 666, 8. Reges Æthiopum fere clausi domi sedent; ut dii coluntur, 697, 36.
Regis villa, Ῥηγισούιλλα, in Etruriæ ora locus, inter Cossas et Graviscos, 188, 5; regia Malei Pelasgi, qui inde Athenas migravit, ib.
Regium, Ῥήγιον, inter Transpadanæ Italiæ oppida una cum Mantua et Brixia recensetur. [Aut Βέργαμον legendum, aut parum recte h. l. Strabo memoravit Rhegium Lepidum (Reggio)], 177, 29.
Regium Lepidum, Ῥήγιον Λέπιδον (Reggio), urbs Galliæ Cispadanæ, 180, 33.
Remi et Romuli historia, 191, 20.
Remi, Ῥῆμοι, Galliæ pop., quorum caput Duricortora (Reims), 162, 4. Remi et Senones a Treviris et Nerviis versus occasum habitant, 161, 37.
Resina in Alpibus, 172, 20.
Rhacotis, Ῥακῶτις, nunc pars Alexandriæ urbis, olim vicus custodum, qui peregrinos in Ægyptum appellentes arcerent, 673, 47.
Rhadamanthys, Ῥαδάμανθυς, vir justissimus, fratri Minois cognominis, primus ad mansuetam vitam Cretenses adduxit; quem postea imitatus est Minos, 409, 23.
Rhadamanthys, frater Minois, 124, 43, et sæpius (p. 3, 423, 476, 573, ed. Cas.).
Rhadina, Ῥαδινή, a tyranno Corinthi interfecta. Ejus historiam carmine cecinit Stesichorus, 298, 51.
Rhæti, Ῥαιτοί, usque ad Italiam pertinent supra Veronam et Comum, 171, 38. Supra Comum versus orientem habitant, 170, 13. Item usque ad loca per quæ Rhenus fertur, 171, 42; 243, 9; usque ad Alpium summa assurgunt et versus Italiam vergunt, Insubres attingentes, 243, 11. Lacum attingunt, in quem Rhenus diffunditur, partim in Alpibus partim supra Alpes habitantes, 160, 26. Helvetiorum et Boiorum contermini, 171, 35. Rhæticæ gentes Lepontii et Camuni, 171, 43. Rhætorum petulantissimi Rucantii et Cotuantii, 171, 50. Per Rhætos Alpium transitus, 174, 8. Vinum Rhæticum, 171, 39. Rhæti Comum afflixerunt, 177, 31. Cf. 260, 22.
Rhagæ, Ῥαγαί, Mediæ urbs, unde nomen habeat, 50, 13; 441, 25; Nicatoris opus, qui urbem Europum appellavit; Parthi Arsaciam vocarunt; a portis Caspiis 500 stadiis distat, 450, 4; 441, 22. Rhagis propinquæ urbes Apamea et Heraclea, 441, 21.
Rhambæi, Ῥαμβαῖοι, Nomades inter Apamenen et Euphratem habitantes, quorum rex fuit Alchædamus, Bassi socius, 641, 13. (Nomen aliunde non notum, quantum

sciam. Fortasse Rhambæi in eo erant tranctu ubi Tab. Peut. *Oruba* locum habet.)

Rhamnus, Ῥαμνοῦς, Atticæ opp., ubi Nemesis templum et simulacrum celebre, 340, 36; 342, 41.

Rhammanitæ, Ῥαμμανῖται, Arabes, quorum urbs Marsiaba, et rex Ilasarus tempore expeditionis Ælii Galli, 665, 23.

Rhaphia, Ῥαφία, Judææ urbs, ad quam Ptolemæus IV cum Antiocho M. pugnavit, 646, 37.

ῥαψῳδία; vocis origo, 15, 14.

Rhathenus, Ῥαθηνός, Demetrii Amiseni mathematici pater, 469, 41.

Rhatotes, Ῥατώτης, Paphlagoniæ vocabulum in Cappadocia obvium, 473, 43.

Rhauraris. V. Arauris.

Rhea, Ῥέα, apud Berecyntes et omnes Phryges et Troes Idæ accolas orgiis celebratur; vocatur ibi Μήτηρ θεῶν, Ἀγδιστις, Φρυγία, θεὰ μεγάλη, Ἰδαία, Δινδυμήνη, Σιπυλήνη, Πεσσινουντίς, Κυβέλη; ministri ejus Curetes sive Corybantes, 402, § 12. Κυβέλη et Κυβήβη, 404, 7. Rhea Jovem infantem Curetum adjumento tutans, sec. fabulam Creticam, 402, 27. Ei a Titanibus famuli armati dantur Corybantes, 405, 21. Rhea Telchines Rhodios in Cretam auxilio adscivit, ubi Curetes dicti sunt, 405, 25. E Phrygia in Cretam Curetes adscivit, 405, 24. Ejus quodammodo filius Sabazius, 404, 8. Rheæ et Bacchi res poetæ passim confundunt, 403, 11.

Rhea Silvia, Ῥέα Σιλουία, Romuli Remique mater. Ejus historia, 191, 23.

Rhecas, Ῥέκας, et Amphistratus, Dioscurorum ἡνίοχοι, a quibus Pontica Heniochorum gens dicta, 425, 28.

Rhegium, Ῥήγιον, Italiæ urbs, 211, 5; a Locris 600 stadiis, 215, 40; a Messana distantia, 222, 41. Urbis origines, 213, § 6. Duces Rheginorum usque ad Anaxilaum semper Messenii genere fuerunt, 214, 20. Siculi et Morgetes olim Rheginam regionem tenuerunt, 214, 23. Rheginorum potentia, 214, 26. De nominis etymologia sententia duplex, 214, 30. Urbs a Dionysio seniore cur sit solo æquata; a Dionysio juniore restaurata et Phœbia dicta, 215, 13; Campanorum præsidio et terræ motu paullo ante bellum Marsicum graviter affecta, 215, 17; Augustus Cæsar coloniam ei ex classe sua largitus est, 215, 19. A Rhegio ad Leucopetram 50 stadia, 215, 22. Rheginus ager Halece fluvio a Locrensi dividitur. In eo mutæ cicadæ. De Aristone Rhegino citharœdo narratio, 216, § 9. A Rhegina regione Sicilia abrupta censetur, 50, 10. Rhegini columellam in freto posuerunt, in turriculi speciem, cui e regione erat turris Pelori, 142, 3. Messanæ proxima est columna, 222, 42. Exstat ἡ τῶν Ῥηγίνων στυλίς et Posidium ad summas freti Siculi angustias, 213, 47. Cf. 176, 22. Rhegini agri Leucopetra, 176, 22 Rhegini et Locrenses Crotoniatas ad Sagram fl. vicerunt, 217, 2. Rheginorum tyrannus Anaxilaus, 213, 37.

Rhegma, Ῥῆγμα, Ciliciæ locus ad Cydni ostia, 574, 4.

Rhenea, Ῥήνεια, prope Delum insula deserta; ibi Deliorum sepulcra, 417, 34.

Rhenus, Ῥῆνος, oritur in Adula monte (*S.-Gothard*), 160, 20; 170, 9; 177, 42. Rheni fontes et lacus per quem transit, non longe absunt ab Hercynia silva, 242, 49. Rhenus, Galliæ terminus orientalis, 105, 47; 146, 36; 147, 3. Ei parallelos fluunt Sequana, 159, 49, et Albis, 214, 11, ab eo distans 3000 stadia, 242, 41. Rheni cursus cum Pyrene monte lineam parallelos facit, 105, 48; 146, 36. Ostia objecta sunt Cantio, quod ab iis conspici potest, 52, 47. Rhenus in magnas paludes magnumque lacum diffunditur, 160, 25. Cursus longitudinem 6000 stadiorum Asinius prodit perperam; linea recta 3000 stadia non multum excedit; flexus fluvii alia mille stadia absumpserint, 160, 30. Celer defluit, pontibus jungitur difficulter, 160, 31. Ostia secundum Asinium duo, sec. alios plura. Flexibus suis non tantum regionis quam Sequana includit, 160, 36. A meridie versus septentrionem fluit, ut Sequana; ostia Rheni quam illa Sequanæ sunt Britanniæ viciniora; Cantium pr. ab iis conspici potest, 160, 37. Ostia a Pyrenæorum promontorio occidentali 3400 stadia distant; longissimum inter Pyrenen et Rhenum spatium 5000 stadiorum. Videtur enim Rhenus paullatim versus occasum deflectere, 165, 49; 166, 5. Ad Rhenum primi omnium habitant Helvetii, apud quos sunt fontes fluvii, 160, 18. Rhenum inter et Ararem Sequani, 159, 49. Rhenum accolunt Treviri (apud quos pontem fecerunt Romani), 161, 22, et Ubii, 161, 24. Rheno vicini sunt Sugambri, 242, 14. Inter Rhenum et Salam Drusus Germanicus obiit, 242, 2. Rheni lacus (*lac de Constance*) ambitus; insulam habet (*île de Reichenau*), quo Tiberius receptaculo usus est, 242, 51.

Rhesus, Ῥῆσος, rex Thracum, 505, 36; rex Edonorum, qui erant ultra Strymonem, 280, 54.

Rhesus, Troadis fl. 505, 35, ab Homero memoratus, 475, 5; ab Ida defluens, 499, 25; nunc Rhœtes vocatur, nisi forte Rhesus is est qui in Granicum exit, 515, 51. (Rhesus quatenus cum Rhœte componitur, fluviolus est qui a Rhœtei regione versus Scamandrum defluit, sed proprio ostio in mare exit, quindecim fere stadiis ab ostiis Scamandri. Qui vero Rhesum in Granicum influere dicebant, quemnam potissimum fluvium intelligi voluerint, certius dicere non habeo; Kiepertus Rhesi nomen adscripsit hodierno *Karalti Tchai*, qui maximus est fluviorum ab occasu in Granicum exeuntium. Quod quominus credam, impedit schol. Iliad. 12, 20, ubi hæc : ῥεῖ δὲ (sc. Rhesus) πρὸς ἄρκτον ἀπὸ Καλῆς πεύκης, ἥτις ἀπέχει ἀπὸ Ἀδραμυττίου σταδίους ρπ' (eundem numerum Strabo quoque habet). In bis Rhesum cum alio fluvio confundi perperam putabam in Add. ad Geogr. Min. I, p. CXXXVII; aperte enim scholiasta eum Rhesum indicat, quem in Granicum exire Strabo dicit. Ac reapse 180 stadiorum mensura ad initia complurium fluviorum pertinet, qui a meridie in Granicum ingrediuntur.)

Rhetia, Ῥητία, Apollini peperit novem Corybantes, 406, 6.

Rhiginia, Ῥιγινία, posteriore ætate vocabutur Thraciæ fluvius, qui antea dicebatur Erginus (sic Apoll. Rhod., Mela et Plin.; Erigon codd. Strabon.), 282, 52. (Hod. *Erkene* audit.)

Rhinocolura seu Rhinocorura, Ῥινοκόλουρα, Ῥινοκόρουρα, Phœniciæ opp.; quo merces e Petra transportari solent, 664, 46; 631, 19; unde nomen habeat, 646, 39.

Rhinocerotes Æthiopiæ describuntur, 659, 19.

Rhipæi montes, Ῥιπαῖα ὄρη, a vett. scriptt. finguntur, 248, 36; 245, 15.

Rhipe, Ῥίπη, Arcadiæ opp. ab Homero memoratum, 333, 46.

Rhium, Ῥίον, Messeniæ opp. (et regio) ad sinum Thuriaten, e regione Tænari, 309, 44; una de quinque Messeniæ civitatibus, quas Cresphontes constituit, 310, 20. (Oppidum fuit non longe a *Koron*, nisi hæc ipsa, in promontorio longe porrecto posita, *Rhium* dicta est antequam Asine vocaretur.)

Rhium, Ῥίον, sive Drepanum, Achaiæ pr., inter Patras et Ægium, cum Neptuni templo, 288, 29; ab Antirrhio quinque stadia distat, 288, 30; a Patris 50 stadia; colonia ibi Romana, 332, 41.

Rhium Molycrium, i. q. Antirrhium, 288, 36.

Rhizes, ῥίζες, belluæ ap. Æthiopes Hesperios, 702, 18.

Rhizon, Ῥίζων, urbs et Rhizonicus sinus in ora Illyrica, 262, 27 et 41; 261, 12.
Rhizophagi, Ῥιζοφάγοι, Æthiopiæ, unde dicti sint, 656, 21.
Rhizus, Ῥιζοῦς, Magnesiæ opp., cujus incolæ in Demetriadem conducti; nunc pagus Demetriadis, 374, 44; 380, 33.
Rhodanus fl., Ῥοδανός, 147, 10; ejus fons in Alpibus, 170, 8; 154, 29; ejus cursus, 154, 29. Lemanum lacum transit, 170, 7, adeo ut suo contineatur alveo, 225, 22; exit in majorem sinum Gallicum, 150, 51. Ejus ostia quinque sec. Timæum, tria sec. Artemidorum, duo sec. Polybium, 152, 27; nonnulli septem ostia Rhodano tribuunt, 152, 47. Fossam, qua majorem amnis partem exciperet, duxit Marius, eamque Massiliensibus dedit, 152, 30. Quot sint stadia ab ostiis ad Lugdunum, 160, 47. Fluvius longissime sursum navigabilis, 153, 40; 156, 53; at rapidus et navigantibus difficilis, 157, 8. In locis ob brevia periculosis Massilienses turres erexerunt; in insula quam ostia fluvii efficiunt, Dianæ fanum posuerunt, 152, 39. Juxta fluvii ostia στομναλίμνη (*étang de Berre* vel *de Martigue*), 152, 43, quam ipsis ostiis nonnulli annumerant, 152, 45. Rhodanus Galliæ regionem fœcundissimam perlabitur, 147, 41. Ei appropinquat Cemmenus mons prope Isaræ confluentes, 153, 48; 159, 7. In Rhodanum influunt Arar, 154, 38; Druentia et Isara, 153, 48; Sulgas, 159, 8; 154, 4, et alii duo, qui ante exitum in unum coeunt, amplectentes Cavarorum urbem (Carpentoracten), 154, 1. Ad ostia est campus lapidosus, 151, 27. Adjacet fluvio Vienna, 154, 17. Ad Rhodani et Araris confluentes Lugdunum, 154, 19. Rhodani vallem attingunt nonnullæ ex gentibus Aquitaniæ adscriptis, 157, 28. Ad Rhodanum usque Eluorum sive Helviorum regio pertinet, 158, 27. Ab occasu vicini sunt Volcæ Areomisci, 154, 52. Ad Rhodani et Isaræ confluentes Galli clade affecti sunt, 154, 13. Cf. Isara. Inde ab Rhodano apud priscos scriptores incipit Iberia, 138, 5.
Rhodaspes, Ῥωδάσπης, Phraatæ IV f., 637, 33.
Rhode, Ῥόδη, Massiliensium ad Rhodanum opp., 139, 30. V. Rhoe.
Rhode. V. Rhodope.
Rhodius, Ῥόδιον, Troadis fl. inter Abydum et Dardanum e regione Cynossematis; alii Rhodium in Æsepum influere dicunt; memoratur fl. ab Homero, 509, 20; 475, 5. Rhodius a Cleandria et Gordo labitur et in Ænium (l. Æsepum) influit, 516, 13.
Rhodope, Ῥοδόπη, Macedoniæ mons, 173, 53; 275, 12; 281, 12; Pæoniæ montibus confinis; post Hæmum altissimus, 260, 16. Eum accolunt Agrianes, 281, 3; attingunt Bessi, 264, 34.
Rhodope, Ῥοδόπη (deb. Rhode), Emporiensium oppidum in Hispania (h. *Rosas*), quod quidam a Rhodiis conditum esse dicunt, 132, 40; Dianæ Ephesiæ templum habet, *ib*.
Rhodopis, Ῥοδῶπις, meretrix, cujus una pyramidum Memphiticarum esse dicitur, 686, 49.
Rhoduntia, Ῥοδουντία, locus munitus prope Thermopylas, 367, 44.
Rhodus, Ῥόδος, insula, cujus prisca nomina sunt Ophiussa, Stadia, Telchinis, 558, § 7. Post Telchines insulam occuparunt Heliadæ, quorum unus fuit Cercaphus, cujus filii tres cognomines ipsis urbes condiderunt Ialysum, Lindum, Camirum, 558, § 8. Novem in Rhodo ins. Telchines, 405, 25. Jupiter Minervam pariens in Rhodo ins. auro pluit, 559, 9. Jam ante bellum Trojanum a Caribus habitabatur insula, 419, 19, cujus ambitus est 920 stadiorum, 559, 14. Oppida ejus recensentur, 559, § 11 *sq*. Insula mare bituminosam, quæ ἀμπελῖτις vocatur, habet, 263, 9, et lapicidinas memorabiles, 186, 29. — Rhodus *urbs*. Ejus situs; leges; incolarum industria; maris imperium; cum Romanis amicitia; donaria plurima in Dionysio et alibi reposita; Solis colossus (cf. 231, 25); Protogenis picturæ; de pauperibus cura eximia; navalium arcana; instrumentorum maritimorum thesauri, 556, § 5. Urbs quando et a quonam sit exstructa, 558, § 9. Parallelus et meridianus per Rhodum ducti, 56, 16; 59, 6; 87, 43; 76, 48; 94, 27. A Rhodo usque ad Byzantium linea recta 5000 stadia, 87, 43; usque ad Athenarum parallelum 400 stadia, 72, 39; ad habitatæ erræ terminum borealem 12700 stadia, ad terminum meridionalem 16600 stadia, 95, 46. Ad Alexandriam trajectus vento secundo 4000 fere stadiorum; sec. alios 5000 stadiorum. Secundum Eratosthenis observationes gnomonicas distantia est 3750 stadiorum, 104, 5. Cf. 71, 15. A Rhodo ad sinum Issicum 5000 stadia, 87, 28; ad Salmonium Cretæ prom. 1000 stadia, 87, 30; ad Eleussam ins. 120 stadia, 556, 18. — Rhodi quasi æmula Antirrhodus in Alexandriæ portu magno, 675, 32. Rhodii Dorienses sunt ex eorum numero qui Megara condiderunt, 557, 40. Ante eos in Rhodum venerant cum Licymnio Heraclida Æolenses vel e Bœotia vel e Peloponneso; hi trifariam divisi urbes tenebant Ialysum, Lindum et Camirum, 557, 45. Rhodii jam ante Olympiadum institutionem mari potentes, in Hispania Rhodum condiderunt, in Opicis Parthenopen, in Dauniis Elpias; Gymnesias quoque insulas incolis frequentasse feruntur; denique in Chonia circa Sybarin Rhodii quidam consederunt, 558, § 10. Sirin in Italia condidisse perhibentur, 219, 41. Rhodii e Lindo urbe Solos Ciliciæ condiderunt, 573, 17. Sec. nonnullos Rhodopen (Rhoden) in Hispania condiderunt, 132, 41. Rhodii θαλασσοκρατοῦντες in insulam, quæ in Theram et Therasiam e mari recens elata erat, primi appellere ausi sunt in eaque Neptuno Asphalio templum struxerunt, 48, 19. Defecerunt ab iis Caunii, qui Romanorum judicio in potestatem Rhodiorum redierunt, 556, 39. Rhodii Romanis contra Philippum auxiliati sunt, 533, 34. Apollinem ἐρυθίβιον colunt, 524, 33. Prytanis munere apud Rhodios functus est Posidonius philosophus, 263, 9. Viri Rhodii memorabiles recensentur, 559, § 13. — Rhodiorum Περαία, 556, 7, *et passim*, cujus ora est 1500 stadiorum, 556, 14, a Dædalis usque ad Phœnicem montem pertinet, 556, 16. Τῆς περαίας descriptio, 556, § 2 *sqq*. (Cf. p. 490, 631, 651, 663, 664, 666, 677, 681 *ed. Cas.*)
Rhodus, Ῥόδος, Hispaniæ urbs a Rhodiis condita; postea a Massiliensibus occupata, 558, 47.
Rhoe, Ῥόη (sic codd.; leg. Ῥόδη ex Plinio 3, 5; Ῥοδανουσία ap. Steph. Byz.), Massiliensium opp. ad Rhodanum fluv., 149, 3.
Rhœtaces, Ῥοιτάκης, Iberiæ fl., in Cyrum influit, 429, 3.
Rhœteum, Ῥοίτειον, Troadis opp., 511, 22; prope quod est Ajacis sepulcrum, fanum et statua, quam abstulit Antonius, Augustus vero Rhœteensibus reddidit, 509, § 30. Rhœteum a Sigeo 60 stadia distans, 510, 2; occuparunt Astypalæenses, 514, 52. Rhœtcenses agrum veteris Ilii post eversam urbem ex parte obtinuerunt, 515, 8. (Quodsi sexaginta stadiorum mensura recte habet, Rhœteum quærendum est in ruinis prope vicum *Eryn-Koi*. Attamen plurimi locum referunt ad ruinas quæ triginta fere stadia a Sigeo prom. distant, quoniam Strabo Rhœteo propinquum esse dicit Æanteum, ad quod Plinius triginta a Sigeo stadia esse prodit.)
Rhoetes, Ῥοείτης, Troadis fl., quem Rhesum Homerus dicit, 515, 52.
Rhombites major, ὁ μέγας Ῥομβίτης, fl. a Tanai 800 stadia

INDEX NOMINUM RERUMQUE.

distans in Mæotidem exit; salsamenta ibi, 423, 33.
Rhombites minor, ὁ ἐλάσσων Ῥομβίτης, fl. a majore Rhombite 800 stadia distans in Mæotidem egreditur, 423, 36.
Rhosus, ἡ Ῥωσός, Syriæ urbs ad sinum Issicum, 577, 7, inter Issum et Seleuciam, 640, 1.
Rhoxane, Oxyartæ f., in Sisimithræ petra custodita, 443, 52; ejus nuptiæ, 444, 5. Alexandri M. uxor, cum Perdicca in Ægyptum venit; unde post necem Perdiccæ in Macedoniam discessit, 675, 16.
Rhoxolani, Ῥωξολανοί, ultimi notorum Scytharum ultra Borysthenem habitantes, 94, 34; 244, 50. Campos inter Tanaim et Borysthenem tenent, 254, 34. Supra eos boream versus quinam habitent, non constat, 254, 38. Rhoxolani sub Tasio duce Palaco Sciluri filio contra Mithridatem Eupatorem auxiliabantur; bellicosi quamvis, bene composito exercitui impares erant; adeo ut 50000 eorum a sex millibus victi et magnam partem occisi sint, 254, 38. Eorum arma, 254, 47.
Rhuspinum, Ῥούσπινον, Africæ urbs, ad quam Cæsar Scipionem debellavit, 706, 1.
Rhyndacus, Ῥύνδακος, Mysiæ fl., 492, 39, ex Azanitide oritur; præter alios Macestum recipit; exit e regione Besbici ins., 493, 34; excipit etiam Odryssen fl., 471, 51. Ei adjacet Apollonia urbs, 492, 45.
Rhypes, Ῥύπες, Achaiæ civitas, 331, 23; patria Myscelli, qui Crotonem condidit, 332, 37. In Rhypide regione fuit Leuctrum pagus, 332, 38. Rhypes non amplius habitantur, 332, 33; regio, ἡ Ῥυπίς, penes Ægienses et Pharenses est, 332, 33.
Rhythmi Cretici, Thaletis inventum, 413, 5.
Rhytium, Ῥύτιον, Cretæ opp. ad Gortyniorum agrum pertinens, 411, 49.
Romæ origines secundum narrationem plurimis probatam exponuntur, 191, 35; item secundum alios, qui Romam Arcadum coloniam esse ab Evandro deductam tradunt, 192, § 3. Romani agri finis antiquissimis temporibus erat inter quintum et sextum a Roma lapidem miliarium, ad locum qui Festi vocatur, 191, 45. In urbis regione Aborigines habitarunt, 190, 39. Asylum ibi Romulus aperuit in luco inter arcem et Capitolium, 191, 53. Roma et Siculum fretum et Carthago sec. Eratosthenem sub eodem meridiano sita, 77, 2. Romæ urbis descriptio, 195, 10—197, 20. In Aventino monte est Dianæ Ephesiæ statua, 150, 4; in Capitolio Herculis colossus Tarentinus, 231, 25; ante portam Collinam Veneris Erycinæ templum, 226, 35. Roma habet simulacrum Minervæ Iliacæ, 219, 37, quod sedentem deam exhibet, 513, 39. Heliopoli duo obelisci Romam transportati sunt, 684, 19. Aquarum, quæ urbem rigant, optima est aqua Marcia, 200, 22. Roma Brundusium via 360 mill., 235, 9. Viæ quibus Brundusium itur duæ, 234, § 7. Via ad Rhegium usque, 235, 11. Viæ Salaria et Nomentana, quæ a porta Collina incipiunt, 190, 32. Viæ Prænestina et Esquilina, a porta Esquilina incipientes, 197, 36. Romam ceperunt Senones Galli, 177, 17; quo tempore? 238, 28. Romæ vitri fabricatio exculta, 645, 24. — Respublica Rom. admirabilis, teste Eratosthene, 54, 38. Romani Britanniæ occupare quum potuissent, spreverunt, utpote rem inutilem, 95, 37. Ex vectigalibus plus percipere viderentur quam tributum efficere posset, 95, 40. Romani multas gentes a fera vita ad civilem rationem traduxerunt, 105, 3. Numidarum venandi studium adjuvant, quum in spectacula bestiis opus sit, 108, 49. Lusitanorum partem a botea Tagi in regionem inter Tagum et Anam mediam transtulerunt, 115, 9. Zelis urbis incolas ex Africa in oppositam Hispaniæ ripam transtulerunt, additisque e Tingi et Italia colonis, urbem Juliam Jozam vocarunt,
116, 3. Romanorum amicitia colenda Gaditani insignes sunt, 116, 11. Romani colonias deduxerunt Cordubam, Hispalim, Bætin (?), 117, 8 sqq. Gymnesiarum inss. incolæ cuniculorum copia vexati terram inhabitandam a Romanis petierunt, 119, 50 140, 1. Romani colonos mittunt in Balearides, 139, 48. Polybii temporibus Romani ex argenti metallis ad Carthaginem Novam sitis quotidie 25000 drachmas efficiebant, 122, 30. Romanorum coloniæ in Hispania Paxaugusta, Augusta Emerita, Cæsaraugusta, aliæ, 125, 34. Mores eorum assumpserunt Turdetani, 125, 27. Plurimæ Turdetaniæ urbes colonos Romanos acceperunt, 125, 30. Romani Lusitanorum latrocinia coercuerunt, urbes eorum e montibus in planitiem transducentes, 127, 25. Boreales Hispaniæ gentes Cantabricas aliasque eo redegerunt, ut, missis latrociniis, pro Romanis arma ferrent, 129, 24. Populis Hispanicis in multos principatus distractis, alias alios domando multum temporis traxerunt, donec omnes in suam redegerunt potestatem, 131, 29. Punici belli secundi causa fuit deletum contra pacta Saguntum, 132, 12. Celtibericum bellum Romani per 20 annos gesserunt; tandem post multa damna Numantiam ceperunt, 135, 2. In Cantabria murum multitudine infestabantur, 137, 19. Romani, qui terrarum regiones descripserunt, e græcis scriptis sua sumunt, de suo penu nihil fere addentes; omnino carent cognoscendi studio, 137, 50. Quomodo Hispaniam diviserint et administrent, 138, 11 et § 20. In Cassiterides inss. viam aperire sæpius tentarunt frustra; tandem P. Crassus omnes qui vellent mare istud exercere docuit, 146, 2. Romanorum amicitiam coluerunt Massilienses, 149, 38; 150, 2. Romani Tectosagorum ditione potiti, paludes, in quas argenti et auri pondera Galli demerserant, publice vendiderunt, 156. 30. Jus Latii nonnullis Aquitanorum dederunt, ut Auseiis et Convenis, 158, 40. Contra Arvernos bella, 159, 47. Romanorum cognati vocantur Ædui Galli, 160, 5. Romani apud Treviros Rhenum ponte junxerunt, 161, 23. Gallos facilius quam Hispanos subegerunt, 163, 12. Optimum Romanis equitatum Galli præbent, 163, 21; plurimumque salsamenti, 164, 3. Dona mittunt Britanniæ reguli, 167, 6. Contra Ligures et Salyes bella, 169, 15. Romani auri metalla ap. Tauriscos Noricos possident, 173, 173, 47. Senones et Gæsatas Gallos ad Padum considentes prorsus deleverunt; Boios ex eadem regione ejecerunt, 177, 18. Aquileiam contra barbaros vicinos condiderunt, 178, 35. Contra Insubres iis auxiliantur Veneti et Cenomani, 179, 51. Romanorum reges Ancus Marcius, 183, 7, Tarquinius Priscus, 183, 21; et Tarquinius Superbus, 183, 9 et 17. Romani ornatum triumphalem ac consulares aliorumque magistratuum, fasces, secures, tubas, sacrificia, divinationem, musicam, ab Etruscis Tarquiniensibus acceperunt, 183, 12. Tempore invasionis Gallicæ plurimum salutis debuerunt Cæretanorum fortitudini; sed accepti beneficii parum se memores præbuerunt, 183, 23. Romani præfecti quomodo in Sardinia res gerere soleant, 187, 33. Romani cum Latinis Jovi sacrificant in Albano monte, totius regni cœtu ibi coacto; harumque tempore feriarum urbi præficitur celebrium aliquis juvenum, 191 11. Ambarvalia ubi agantur, 191, 50. Neptuno equestria certamina celebrant, 192, 2. Herculi sacrificant, 192, 21. Carmentam colunt, 192, 27. Alba diruta, Albanos civibus Romanis adscribunt, 192, 50. Ap. Romanos de piratis queruntur Alexandri et Demetrii legati, 193, 33. Romani quibusdam carminibus linguam oscam adhibent, 194, 14. Sternendis viis, aquæ ductibus et cloacis præcipuam operam navant, 196, 22. Custodito loco, quo captivos asserverent, sæpe usi sunt Alba, quæ est ad lacum Fucinum, 200, 25. Romani Neapoli vitam

57.

degere adamant, 205, 35. Campanorum agros diviserunt, 209, 2. Picenorum partem ad mare Tyrrhenum transduxerunt, 209, 9. Picenis, ut Lucanis Bruttiisque, qui cum Hannibale fecerant, pro militia injunxerunt, ut cursores et tabellarii publici essent, 209, 28. Salernum contra eos munierunt, 209, 31. Thurios colonia frequentatos Copias vocarunt, 219, 13. Punico bello secundo Messana tamquam receptaculo utebantur, 222, 47. Syracusas obsidione in potestatem redegerunt, 224, 41. Contra Eunum bellum, 226, 29. Tarentum coloniam miserunt, 233, 24. Romanorum imperii ejusque incrementorum historia inde a condita urbe usque ad Tiberium imperatorem summis lineis adumbratur, 238, § 2. Romani Germanis nomen hoc indiderunt, 240, 42. Nonnullas Germanorum gentes in Galliam transduxerunt, 241, 7. Bella contra Sugambros et Cheruscos, 242, § 4. Cimbros eorumque socios partim cis partim trans Alpes debellarunt, 244, 18. In Germania ultra Albin non penetrarunt, 244, 42. Getarum potentiam disjecerunt, 253, 7. Dacos et Getas nondum prorsus debellarunt, 253, 31. Bosporanorum reges quos placuerit constituunt, 259, 15. Diuturnum contra Dalmatas bellum, 261, 49. Ardiæos Illyriæ ab ora in mediterranea repulerunt, 262, 15. Autariatas et Scordiscos debellarunt, 264, 8. Colonos miserunt Buthrotum, 269, 38. Ad Pydnam prœlium, 277, 50. Legatis Romanorum a Corinthiis injuria affectis, Corinthum diruerunt, 327, § 24. In Corinthi excidio artis opera susque deque habuerunt, 327, 23. Creta potiuntur et Cilicum castellis piraticis, 410, 2. Cnossum coloniam miserunt. 410, 4. Delum a Mithridatis ducibus vastatam occuparunt, 417, 31. Romanorum e vetere consuetudine Cato uxorem suam Hortensio tradidit, 441, 33. Romani, victo Antiocho Magno, Artaxiam et Zariadrem Armeniæ reges constituerunt, 456, 3. Post mortem Archelai Cappadociam provinciam romanam esse decreverunt, 458, 17. Cappadociæ assignarunt Ciliciæ partem quæ est circa Castabala; deinde Archelao etiam Ciliciam asperam dederunt, 458, 26. Cappadocibus libere sub vivere legibus, deinde, illis hoc recusantibus, regem ex ipsorum corpore creare permiserunt, 463, 10. Matris Deorum simulacrum Pessinunte petierunt, Sibyllæ oraculi jussu, 486, 18, sicut Æsculapii simulacrum ab Epidauro, *ib.* Cyzico honorem habuerunt, 493, 26. Colonos miserunt in Alexandriam Troadis urbem, 508, 17. Rhodios et Attalum contra Philippum socios habuerunt, 533, 34. Eorum socius contra Antiochum M. et Perseum Eumenes II, cui dederunt quæ intra Taurum Antiochus possederat, 533, 40. Attalus III regnum Romanis reliquit, qui in provinciæ formam redactum Asiam appellant, 534, 8. Romanis leges quasdam scripsisse videtur Hermodorus Ephesius, 548, 23. Rhodiis reddiderunt Caunum, quæ defecerat, 556, 28. Piratas Cilices debellarunt, 567, 41. Bello Antiochico Telmessum Eumeni dederunt, et post mortem ejus Lyciis restituerunt, 568, 1. Cur Ciliciam Asperam Cleopatræ, Amyntæ, Archelao dare quam sub Rom. præfectis esse maluerint, 572, 60. Tarcondimotum, qui Amani castella possidebat, regem appellarunt, 577, 2. Pinaca, Gordyæorum urbem munitissimam, vi ceperunt, 636, 16. Bassum rebellem in Apamea obsident, 641, 1. Berytum a Tryphone dirutam restaurarunt, 643, 30. Quomodo Ægypti administrationem constituerint, 677, § 12; 678, 18. Indicas et Æthiopicas negotiationes maximopere auxerunt, 678, 36. Sibyllæ oraculis et Etrusca divinatione utuntur, 691, 10. Eorum contra Æthiopes bellum, duce Petronio, 696, § 54. Carthaginiensium ditionem in provinciæ formam redegerunt, nisi quod Masinissæ partem tradiderunt, 707, 20. Romani imperii ambitus describitur, 712, § 24. Imperii provinciæ quomodo distributæ fuerint ætate Strabonis, 712, § 25.

Romuli et Remi historia narratur, 191, 20. Romulo succedit Numa Pompilius, 192, 10.

Rubico, Ῥουβίκων (*Pisatello*), Ital. fluv., prope Cæsenam, 180, 36; inter Ariminum et Ravennam exit, 189, 18; terminus. Galliæ Cisalpinæ et veteris Italiæ, 189, 16; 181, 23.

Rubrica Sinopica, 462, 39.

Rubrum mare, ἡ ἐρυθρὰ θάλασσα, quod est extra Persicum sinum et Arabicum, a meridie Arabiæ, 651, 42. (Ceterum plerisque locis maris Rubri nomine etiam sinus Persicus et Arabicus comprehenduntur.) Rubrum mare dictum de colore rubro, quem efficiant vel solis radiorum reflexio vel montes rubentes vel fons quidam, 662, 43; sec. Agatharchidem nomen habet ab Erythra Persa quodam, 662, 49; sec. alios ab Erythra Persei filio, 663, 4. Sepulchrum Erythræ in Ogyri insula est, 652, 35. Rubrum mare mari Ægyptio sublimius esse videbatur, 683, 40; 32, 5; perperam utique, 47, 6. Arbores lauro et oleæ similes in mari Rubro, 652, § 6. A Rubro mari ad Mediam 8000 stadia, a nonnullis promontoriis etiam ultra 9000 stadia sec. Eratosth., 66, 46. Ad Caspias portas alia 3000 stadia, *ib.* Cf. Persicus sinus et Arabicus sinus.

Rucantii, Ῥουκάντιοι, Rhætorum gens, 171, 50. Sunt 'Ρουκινᾶτοι Ptolemæi 2, 13, 1. *Rucinates* Plinii 3, 20, 24.

Rudiæ, Ῥοδίαι, Iapygiæ urbs græca, Ennii patria, 234, 11 et 20.

Ruscino, Ῥουσκίνων (*La Tet*), Galliæ fl. e Pyrene oriens urbem habet cognominem (ubi nunc exstat *tour de Rousillon*, 24 stadiis ab urbe *Perpignan*). Ruscinoni lacus propinquus est locus aquosus, plenus salinarum, qui mugiles fossiles habet, 151, 9.

Ruteni, Ῥουτηνοί (*les hab. du Rouergue*), Galliæ gens, Narbonensi pr. propinqua, Aquitanis adscripta, 158, 35. Argenti metalla habent, 158, 36.

Rutuli, Ῥουτοῦλοι, Latii gens, Ardeam tenebant, 190, 40; 192, 23. Eos prœlio vicit Latinus, Æneæ auxilio usus; iterum ab Ænea et Latino vincuntur prœlio quo Latinus cecidit, 190, 2.

S.

Saba, Σόβα, portus in sinu Arabico, 656, 9.

Sabæ, Σάβαι, Trogloditycæ urbs ad oram occiduam sinus Arabici, 657, 1.

Sabæi, Σαβαῖοι, Arabes, Minæis finitimi; urbs eorum Mariaba, 653, 50. De Sabæorum terræ proventu, serpentibus, incolarum vita et commerciis; de Mariaba metropoli, regis conditione, aromatum abundantia, incolarum divitiis, 662, § 19. Sabæi olim Syriam incursionibus vexarunt, 663, 42.

Sabaiticum os, τὸ Σαβαϊτικὸν στόμα, in Troglodytica ora sinus Arabici, 656, 6.

Sabata, Σάβατα (al. Sabbatha; hod. *Saba*), Chatramotitarum Arabum urbs, 654, 3,

Sabata, ἡ Σαβάτα λίμνη (*Sabate* ap. Fest., *Stagna Sabatia* Silius; *Lago di Bracciano*), Etruriæ lacus, 188, 47.

Sabata vel Sabatorum Vada, Σάβατα, Σαβάτων Οὔαδα, oppidum Liguriæ, 180, 3; a Genua 260, ab Albingauno 360 stadia distant, 168, 10. Ad Sabata est Alpium initium, 168, 7 et 17. Sabata itur via Æmilia, 181, 13.

Sabazius, Σαβάζιος, apud Phryges quodammodo filius Matris deorum, 404, 8. Sabazii sacra, Σαβάζια, 405, 6.

Sahi regio, Σάου χώρα, in India, in qua Sindomana urbs, 597, 30.

Sabus, Σάβος, Ararenæ, Arabum Nomadum regionis, rex, 665, 8.
Sabelli. V. Samnites.
Sabina, Sabini, Σαβίνη, Σαβῖνοι. Regionis situs, 182, 19. Sabina a Tiberi et Nomento usque ad Vestinos per 1000 stadia porrecta, 190, 3. Urbes habet paucas easque valde attritas; quasnam? 190, 6; regio ferax, 190, 17. Sabini, gens antiquissima; indigenæ, coloni eorum Picentini et Samnitæ, 190, 24. Sabinis demum subjectis, Romani divitias sentire cœperunt, ut Fabius ait, 190, 29. Per Sabinos via Salaria, in eamque incidens via Nomentana, 190, 31 Sabini cum Umbris diuturno bello conflixerunt. Nuncupata ob id vota; quæ causa fuit deducendæ juventutis; unde orta gens Sabellorum sive Samnitum, 208, § 12. Sabinarum virginum raptus, 192, 4.
Sacæ, Σάκαι μηλονόμοι, γενεᾷ Σκύθαι, sec. Chœrilum, 251, 30. Sacæ, Scytharum pars quænam? 435, 22. Sacæ et Massagetæ, a Dais orientem versus sunt, 428, 28. Sacæ et Sogdiani juxta Indiam habitant, 440, 32. Sacas a Sogdianis Iaxartes dirimit, 440, 35. Sacæ etiam Sogdianam tenebant, 438, 34. Juxta eos sunt Asii, Pasiani, Tochari et Saracauli Scythæ, 438, 32. Sacarum et Massagetarum gentes Chorasmii et Attasii, 440, 24 ; et Aspasiacæ, 440, 29. Sacæ Bactrianam occuparunt; optima Armeniæ parte potiti sunt, quæ ab iis Sacasena vocatur; ad Cappadoces Ponticos usque progressi sunt, quos funditus ibi delerunt Persarum præfecti; hinc Sacæorum festi origo quam alii referunt ad Cyri contra Sacas bellum, 438, § 4 et 5.
Sacæa, τὰ Σάκαια, Persarum festa quæ post victos Sacas instituerunt. Festorum ratio, 439, § 4 et 5. Cf. Sacæ.
Sacarauli, Σακάραυλοι, gens Scythica. (Sagaraucæ Ptolemæi?) 438, 33. E regione trans Iaxartem sita profecti Bactrianam Græcis ademerunt, ib.
Sacasene, Σακασηνή, Armeniæ regio, 436, 32; 439, 2 (Cf. Sacæ); Albaniam et Cyrum fl. attingit, 452, 45. Melle abundat, 60, 51.
Saccapodes, Σακκάποδες, vocantur Adiabeni, 634, 41. (In ea Zagri montis parte quæ etiam nunc vocatur Zakho. V. Ritter. t. 9, p. 705. Cf. Tuch. De Nino urbe, p. 36.)
Sacer mons Thraciæ. V. Hierum.
Sacerdotum Ægyptiorum studia astronomica et philosophica, quæ Diospoli maxime colebantur, nunc defecerunt, 685, § 20. Sacerdotale olim apud Meroenses imperium, 698, 38.
Sacrificia humana apud Gallos, 164, 53; Cimbros, 244, 24; Lusitanos, 128, 21; Albanos, 431, 43. Sacrificiorum ratio apud Persas, 623, 41.
Sacrum bellum sive Phocicum, 361, 6, quo Delphici thesauri a Phocensibus direpti sunt, 156, 21.
Sacrum Istri ostium, Ἱερὸν στόμα, 263, 48; 254, 3.
Sacrum pr ,Ἱερὸν ἀκρωτήριον (Cap St-Vincent), Hispaniæ, 89, 46; 99, 10; 113, 38; a Columnis 3000 stadia distans, 87, 36; terræ punctum maxime occiduum, 98, 38, stadiis 1500 quam Libya occidentalius est, 114, 5. In ea fere linea situm quæ per Gades, Columnas, fretum Siculum, etc., transit, 98, 39. Maxima ibi diis 14 1/2 horarum æquinoctialium, 98, 44. Ab Artemidoro navigio comparatur, 114, 9; nullum. ibi Herculis templum, sed lapides quidam, in quibus libationes offerunt advenientes, 114, 12. A Gadibus minus duobus millibus stadiorum dissitum; ab Ana fluvio sec. nonnullos, 60 m. p., 116, 37. A Gadibus quinque dierum navigatione distat sec. Eratosth.; non amplius 1500 stadiis abesse Artemidorus dicit, 123, 14. A promontorio versus boream sinus est, 125, 42.
Sacrum promontorium Lyciæ, 568, 33; inde ad Olbiam 363 stadia, 568, 47.

Sadacora, τὰ Σαδάκορα, Cappadociæ opp. in via qua Coropasso Mazaca itur, 566, 29.
Sadracæ, Σαδράκαι, Darii Hystaspis regia, quæ erat (in via qua Arbelis Babylonem itur) inter naphtha fontes (qui sunt ad hod. Kerkuh) et Dialæ fl. trajectum (v. not. ad v. Caprus), 628, 29. (In tabula Sadracas retuli ad ruinas Eski Kifri, quæ prope Tel Scharan exstant (v. Ritter. 9, p. 542). Fort. a Sadracis non diversus est locus quem Ptolemæus 6, 1 Χατράχαρτα vocat. Post Sadracas meridiem versus apud Strabonem sequitur Κυπαρισσών; in tabula Kiepertiana (Die westlichen Stufen-Lænder des Iranischen Hochlandes) sequitur Tchemin; quem locum quum Ritterus secundum Richium vocet Tchemon-Kiupressi, Cupressetum Straboniauum esse puto.
Sætabis, Σαίταβις (Xativa ap. Arabes; postea S. Felipe) Hispaniæ urbs, inter Saguntum et Spartarium campum, in via militari sita, 133, 16.
Saga Ligustica, 168, 45.
Sagalassus, Σαλαγασσός vel etiam Σελγησσός, Pisidiæ castellum, 487, 39; 488, 18; quod cepit Alexander, 487, 47. Ad Sagalassum usque Milya pertinet, 539, 44. Sagalassensibus finitimi Catennenses, 488, 14.
Sagapeni, Σαγαπηνοί, sicuti Silaceni (in hod. Silakhur), Elymæorum finitimi, 634, 22. (Aliunde non notum nomen. Super Silakhur est Thamabadan, sive Cambadene Mediæ apud Isidorum Characenum. Vel in hoc vel in propinquo tractu Sagapeni collocandi fuerint. Ab eorum regione dici puto τὸ σαγαπηνόν, succum fruticis in Media nascentis (v. Steph. Thes. s. v.)
Sagaris, Σάγαρις, gladii genus, 432, 30.
Sagra fl., ἡ Σάγρα, Italiæ fluvius, ad quem aræ Dioscurorum sunt; pugna ibi commissa, qua Crotoniatæ a Locrensibus et Rheginis victi sunt, 216, 54; 218, 26. Proverbium ἀληθέστερα τῶν ἐπὶ Σάγρᾳ, 217, 5.
Sagrus, Σάγρος, Italiæ fl. inter Orthonem et Aternum labens Frentanos a Pelignis dividit, 201, 49.
Saguntum, Σαγοῦντα, Hispaniæ opp., 133, 16 ; 139, 5; a Zacynthiis conditum, ab Hannibale dirutum, causa belli Punici, 132, 12.
Sagylium, τὸ Σαγύλιον, Ponti arx supra Amisenorum agrum sita, 480, 7. Ibi Arsaces captus, 480, 12.
Saii, Σάιοι, Thraces, i. q. Sinties s. Sinti, circa Abdera et in Lemno, 471, 3; olim etiam Samothracen habitasse et nomen insulæ dedisse feruntur; sive iidem cum Sapæis et Sintis, sive ab iis diversi sint, 393, 18. Saiorum Archilochus mentionem fecit, 393, 22.
Sais, Σάϊς, Æg. urbs, a Schedia Memphim naviganti a sinistra est, duobus schœnis a fluvio distans, 682, 49. paullo supra eam Osiridis asylum, 682, 50. Sais inferioris regionis metropolis, 681, 28. Ibi Minervæ templum, in quo Psammitichi sepulcrum, ib. Saitæ ovem colunt, 190, 23.
Saitica Ægypti præfectura, Σαϊτικὸς νομός, in qua Naucratin Milesii condiderunt, 681, 23.
Saiticum nonnullis dicitur Nili ostium quod reliquis est Taniticum, 682, 8.
Salacia, Hispaniæ opp. prope maris ἀνάχυσιν, juxta Barbarium prom. (Alcacer do Sal), 125, 46, ubi legendum : καθ' ἣν πορφυρεύουσιν ἐπὶ Σαλάκειαν.
Salamis Σαλαμίς, ins. maris Myrtoi, 102, 40; olim Sciras et Cychrea et Pityussa dicta, 338, 9 ; clara Æacidis regibus et prœlio ad ins. commisso, 338, 21. Insulæ longitudo ; urbs cognominis, 338, 6; Bocarus fl., 338, 29. Salamis antiquitus peculiaris fuit respublica, 339, 17. Nunc eam possident Athenienses, qui olim de ea cum Megarensibus contenderunt, inserto Iliadi versu ad ipsos eam pertinere prætendentes, 339, § 10. Salaminium

prœlium, 322, 36; 324, 27; 342, 24. Salaminius caseus, 339, 13; Salaminiacus sinus, 288, 59.

Salamis, Cypri urbs, ab Aphrodisio 70 stadia distat, 582, 15; a Teucro condita, 582, 18; patria Aristi historici, 582, 27.

Salapia, Σαλαπία, Apuliæ urbs, Argyrippenorum navale, 235, 38; 236, 8.

Salaria via, Σαλαρία ὁδός, per Sabinos ducit; in eam Nomentana incidit apud Eretum; utraque incipit a porta Collina, 190, 37.

Salas, Σάλας (Saale), Germaniæ fl., 241, 54; inter hunc et Rhenum obiit Drusus Germanicus, 242, 1.

Salassi, Σαλασσοί, Galliæ Cisalpinæ gens; eorum regio ampla in profunda valle (vallée d'Aoste), 171, 38; quæ obtinet mediam cavitatem quam Alpium linea describit, 175, 33. Regionem perlabitur Durias fl., 169, 44. Salassi sunt Cottii sive Donni terræ et Pado finitimi, 170, 5. Supra eos in montium cacuminibus Centrones, Catoriges, Varagri et Nantuatæ, 170, 6. Via ex Italia in Galliam Lugdunum ducens per Salassorum regionem transit, 173, 15; 174, 8; 171, 38. Salassi magna damna intulerunt transeuntibus, ut ex Bruti, Messalæ, Cæsaris historia probatur, 171, 12. Augusti dux penitus eos divicit, victosque Terentius Varro vendidit Eporediæ (quæ est Romanorum contra Salassos colonia), condiditque ibi Augustam *Prætoriam* (unde hod. *Aoste*), 171, 22. Salassi auri metalla habebant, 170, 45; aurum Duriæ aquis eluentes in multos rivulos fluvium distraxerunt; hinc controversiæ cum subjacentibus agricolis, 170, 48. Postea metalla ista in Romanorum manus venere, 171, 4.

Saldas, Σάλδας, Massæsyliæ portus, 705, 35; ad quem sunt confinia ditionum Jubæ et Romanorum, 705, 35.

Salentina Σαλεντίνη, peninsula sive Iapygia siva Messapia sive Calabria promiscue dicitur, 234, 17.

Salentini, Σαλεντίνοι, in Iapygia, circa Iapygiam acram, 230, 43; Cretensium coloni, 238, 35. Apud eos Minervæ templum et Iapygium prom., 233, 36. Salentinorum oppidum Veretum, 233, 47.

Salernum, Σάλερνον, Campaniæ opp., quod Romani munierunt, 209, 28.

Sales ad Ammonis templum reperiuntur, 41, 13. Sales fossiles, ἅλες ὀρυκτοί, in Turdetania, 119, 36; Sales purpurei, qui albi evadunt terendo apud Lusitanos, 129, 4; Sales Indici, 186, 30; sales Spautæ lacus, 148, 29; salis fodinæ in Ximene Ponti, 480, 54; ἁλοπήγιον αὐτοφυές, Tatta lacus, 486, 35. Sales fossiles in Indiæ monte, qui ad Sopithis regionem pertinet, 296, 30.

Salganeus, Σαλγανεύς, vir Bœotus, a Megabate interfectus, in Salganeo sepultus, 346, 36. Cur sit a Persis ad Euripum Chalcidicum interfectus, p. 8, 35.

Salganeus, Bœotiæ locus in sublimi situs; unde dictus sit, 346, 35.

Salinæ in Autariatarum et Ardiæorum confiniis, 263, 54; Tragasææ salinæ in Troade, 517, 48.

Salmacis, Σαλμακίς, fons Halicarnasi, 560, 25.

Salmone, Σαλμώνη, Pisatidis opp., 305, 50; prope fontem cognominem ex quo Enipeus profluit, 306, 23. Ei vicina est Heraclea, 306, 32. [Quod si Enipeus est hod. *Lestenitza* (ut videtur), Salmone quærenda est supra hod. *Karatula*. V. Curtius, *Pelop.* 2, p. 72.]

Salmoneus Σαλμωνεύς, pater Tyrûs, in regione Pisatidis, quam Enipeus perfluit, regnavit, 305, 47; 306, 28. Epeorum et Pisatarum rex Ætolum ex Elea ejecit, sec. Ephorum, 307, 3. Elidi imperasse a nonnullis traditur perperam, 306, 2.

Salmonium vel Samonium, Σαλμώνιον, Σαμώνιον, Cretæ pr. orientale, a Rhodo 5000 st. distans, 87, 30; 406,

1; 411, 22. Versus Ægyptum vergit et Rhodiorum insulas, 408, 7. Sunium Atticæ prom. non multum excedit ortum versus, 407, 41.

Salmydessus, ὁ Σαλμυδησσός, litus saxosum et importuosum Ponti Eux.; ejus longitudo, 265, 30; 464, 17; mare ibi palustre ob fluviorum aggestiones, 41, 54; 44, 53.

Salome, Σαλώμη, soror Herodis, mater Berenicæ, ab Augusto honoratur, 651, 17.

Salon, Σάλων, Bithyniæ regio; Salonites caseus, 484, 27.

Salon, Σάλων (Salona), Dalmatarum navale, 261, 49 et 52.

Salsamenta condiuntur in Menlaria et Belone Bæticæ, 115, 53; salsamenta copiosa in Turdetania, non inferiora Ponticis, 119, 30; salsamenta Malacæ, 130, 6; Exitana Bastetaniæ, 130, 13; ad Carthaginem novam, 131, 37; plurima in Italiam e Gallia importantur, 164. 3; salsamenta suilia optima ap. Sequanos, 160, 1. Salsamenta e Mæotide in Græciam apportabantur, 258, 32; s. Lychnitidis paludis, 271, 48; s. Gennaseritidis paludis, 651, 3; Zuchidis in Libya, 708, 44.

Saltatio armata, ἡ ἐνόπλιος ὄρχησις, a quibusnam introducta sit, 401, 8 et 22; 413, 2. Saltatio Lusitanorum, 128, 42.

Saltietæ, Σαλτιῆται (?), in Bætica Hispaniæ, texta tenuia præclare conficiunt. (Non constat ad quam urbem hæc pertineant. Haud dubie nomen est corruptum. Virorum doctorum conjecturæ ad urbes extra Bæticam sitas aberrant. Legi volunt : Setabitæ, Salacitæ, Saltigetæ. In Bætica a meridie Hispalis est *Salpesa* municipium. An nostro loco fuit Σαλπεσῆται ?

Salyes, Galliæ Narbonensis gens, 148, 13; 154, 53. Ab antiquis Græcis Ligyes (Ligures), a posterioribus Celtoligyes vocabantur, iisque omnem regionem campestrem usque ad Luerionem et Rhodanum assignabant, 169, 5; tunc Salyes in decem divisi partes et pedestri et equestri modo expeditionem fecerunt, 169, 10. Salyes habitant oræ maritimæ imminentes Alpes partemque ipsius litoris Græcis mixti, ab Antipoli ad Massiliam et paullo ulterius, 169, 2. Oræ montosæ, quæ est inter Massiliam et Nicæam, partem occidentalem tenent, 153, 15. Eorum regio ab occasu versus septentrionem inclinans paulatim a mari recedit, 150, 38. Usque ad Druentiam fl. habitant, 153, 45. Vicini iis sunt Albienses et Albicci et Vocontii, 169, 22. Salyes Romanos per maris oram in Hispaniam euntes a transitu prohibebant; unde bellum iis sicut Liguribus illatum est, omniumque primi Gallorum Cisalpinorum a Romanis victi sunt, 169, 11. Sextius Salyes eo redegit, ut a locis portuosis 12 stadia, in saxosis autem litoribus 8 stadia a mari recederent. Relicta sic ab iis regio Massiliensibus data, 149, 40. Contra eos Massilienses exstruxerunt Tauroentium, Olbiam, Antipolin, Nicæam, 149, 32.

Samaria, Σαμάρεια, Judææ urbs, quam Herodes Sebasten denominavit, incolas e variis gentibus mixtos habet, 647, 26.

Samariana, Σαμαριανή, Hyrcaniæ opp., 436, 23 [Apud Ptolemæum vocatur Σαραμάννη (hod. *Sari*); Polybio 10, 31, est Σύριγξ (cf. Ritter, 8 p. 476). Apud Strabonem nomen urbis e Ptolemæo corrigendum fuerit. Eandem urbem apud Arrianum 3, 25 vocari Σαδρακάρτα (*Xazaeerta* Itin. Alex. 72) censent D'Anvillius, Rennelius, Ritter, alii, probabiliter. Ritterus 8, p. 582, *Zadracarta* (modo recte ita libri habeant) dici putat pro *Zard-Kart*, i. e. flava urbs; nam *saru* et persice *zard* significat flavum. Obstare sane videntur Straboniana καὶ Σαμαριανὴ καὶ Κάρτα, in quibus Κάρτα esse *Zadrakarta* Arriani dixeris. An fuit Σαμαριανὴ [ἡ] καὶ Κάρτα,

Quodsi vero alius urbis nomen in Κάρτα latet, referri id possit ad hodiernum *Karatepe* (Catippe in T. P.), quod opp. non longe a *Sari* distat juxta mare positum.) Same. V. Samus.

Sami, σάμοι, loci sublimes; inde Samothracæ nomen, 393, 14; 297, 50.

Samicum, τὸ Σαμικόν, Triphyliæ castellum (ruinæ in *Kaiaffa* monte), 296, 4; 301, 49; 302, 4; prius etiam urbs, cui Samos nomen, ob loci altitudinem, ut videtur, 297, 48 (Cf. Samus). Samicum fortasse arx fuit Arenes Homericæ, *ib*. Samicum habet Neptuni templum et lucum, cujus procuratio est penes Macistios; omnes vero Triphylii ad templum istud contribuebant, 295, 30; 297, 11 et 42. Feriæ Samiæ, *ib*. Samicus campus Triphyliæ, 298, 46.

Samnites, Σαυνῖται, Sabinorum coloni, 190, 25, a Sabinis majoribus Sabelli dicti, qua occasione et quomodo in colonias deducendas missi Opicorum regionem occupaverint, 208, § 12. Samnitarum coloni Lucani, 190, 25; 211, 41. Samniticæ gentes Frentani, 201, 15, et Hirpini, 208, 42. Samnitarum in regione Lacones olim consedisse Tarentini finxerunt, 208, 31. Samnites Etruscos e Campania ejecerunt, 202, 25. In Latium ad Ardeam usque incursionibus penetrarunt, 207, 40. Metapontum diruerunt, 219, 54. Peteliam contra Thurios muniverunt, 211, 28. Campaniæ domini evadunt, 207, 42. Quomodo Sulla ad internecionem delere gentem instituerit, 207, 45. Samnitum institutum quoddam, 208, 35. Samnitici montes (Σαυνιτικὰ ὄρη), 182, 25.

Samnitarum mulierum insula, Σαμνιτῶν γυναικῶν νῆσος, Ligeris ostio objacens non adeo longe versus altum remota, in qua Baccho orgia celebrant mulieres, 165, 4. (Insulam istam esse, quæ nunc vocatur *le Dunet* censet Valesius, Nat. Gall., p. 500; *Noirmoutiers*, sec. Falconer, Reichard. (Samnitæ a Namnitis sive Namnetis distinguunt Ptolemæus et Marcianus. Quamquam revera nonnisi ejusdem nominis formæ fuerint.)

Samonium Σαμώνιον, Troadis planities in Neandriæ et Alexandrensium ditione, 406, 1.

Samonium, Σαμώνιον, Cretæ orientale pr. V. Salmonium.

Samosata, Σαμόσατα, Commagenæ caput, 638, 12; 365, 36. A finibus Cappadociæ prope Tomisa Taurum trajicienti 450 stadia distant, 566, 37.

Samothrace, Σαμοθράκη, 102, 52; 282, 32, olim Melite dicta, 405, 34; ap. Homerum Samus vocatur, 392, 41; 283, 1. Ibi Jasion et Dardanus fratres degebant. Jasonis post necem Dardanus ad Idam profectus Dardaniam condidit, et Trojanos Samothracum mysteria docuit, 283, 1. Dii qui in Samothracia colebantur, iidem sunt cum Cabiris, ut putant, 283, 8. In Samothrace habitabant Corybantes sec. Pherecydem, 406, 6. In insulam venerunt Cabiri, qui iidem cum Corybantibus sunt, 405, 34. In Samothrace nulla de Cabiris mystica narratio fertur, teste Demetrio; sacra Samothracica in honorem Cabirorum instituta, 405, 36. Samothracia sacra, 400, 41. Samathracico Cereris et Proserpinæ cultui similis est cultus in insula Britanniæ vicina, 165, 30. Samothracum in Thracica ora oppidulum Tempyra, 282, 31.

Sampsiceramus, Σαμψικέραμος, Iamblichi pater, Emisenorum phylarchus, Arethusam Syriæ castellum tenuit, 641, 8, § 11.

Samus heros, a quo Samus (Ionica) ins. dicta; 544, 31. V. Samus ins.

Samus, Σάμος, ins. Ionica in mari Icario, 419, 4; nota quidem Homero, sed non memorata, 392, 41; olim Melamphyllus, dein Anthemis, tum Parthenia dicta, 393, 1; 544, 29. Insulæ ambitus, 544, 28; Samus dicitur ab heroe vel indigena vel ex Ithaca et Cephallenia incolis eam frequentante, 544, 31. Habet Ampelum montem et pr., attamen vitem non fert; aliis vero rebus perdives est, ideoque a multis expetita, 544, 33. Sami montes Cerceteus et Ampelus, 419, 6. Cantharium prom., 546, 5; Posidium prom., cum templo, et objecta Nartheci ins.; Imbrasus fl., 544, 13; Samo adjacet Icaria ins., 545, 45. Samii pascuis utuntur desertæ Icariæ, 419, 1; 546, 7. Samus insulæ urbs; ejus situs, 544, 8; Heræum; aliæ πιναχοθῆκαι, 544, 17; statuæ, 544, 23. Samii partem habent oræ objectæ continentis, 546, 11. Olim Cares insulam tenebant, 544, 30; et Leleges: rex eorum Ancæus, 540, 21. Samum Tembrio colonis frequentavit, et postea Procles, 541, 15; 393, 11. Samiorum colonia Perinthus, 284, 11. Gloriantur Samii coloniam se deduxisse in Samum Thracicam, indeque ei nomen esse, 393, 11. Ephesiis dederunt Marathesium, ab iisque acceperunt Neapolin, 546, 17. Tyrannides Polycratis et Sylosontis, 544, § 16 sq. Rebellantes Samios obsidione presserunt Athenienses, Pericle duce; postea 2000 colonis sorte insulam distribuerunt, 545, 25. Samum patriam cur reliquerit Pythagoras, 545, 11. Sami educatus Epicurus, 545, 29. Samius erat Creophylus, 545, 33.

Samus apud Homerum vocatur insula quæ nunc Samothrace, 392, 40; 283, 7. Samus Thracica non ab Ionica Samo nomen habet, ut Sami glorientur, sed ab antiquiore aliqua Samo; vel potius Sami nomen inditum insulæ a σάμοις sive locis sublimibus, 393, 8. Nonnulli insulam a Saiis Thracibus dictam esse censent, 393, 18.

Samus et Same, Σάμος, Σάμη, Homero vocatur Cephallenia insula et urbs ejus, 289, 26; 391, 31; 393, 4.

Samus, olim Triphyliæ urbs, ubi nunc est Samicum castellum, 297, 48. Vocis etymon, *ib*.; in Chaæis saxis; ejus mentionem periplôn scriptores omittere solent, quod e mari non conspicitur, 298, 39. Samum Triphyliæ memoravit Stesichorus, 298, 51. Samii Neptuni templum a Lepreo et *Alpheo* (Annio codd.) 100 stadia distat, 296, 23. Cf. Samicum.

Sanaus, Σάναος, Phrygiæ Magnæ opp., 494, 5. [De Sanao non constat. Leg. fuerit Σύναος (hod. *Simaw*).]

Sandalium, Σανδάλιον, Pisidiæ cast, 487, 38.

Sandaracurgion, Σανδαραχούργιον, sandaracæ fodinæ, in monte prope Pompeiopolin Paphlagoniæ, non longe a Pimolisis, 481, 22. Sandaracæ fodinæ in Cappadocia; fossores sunt servi ob facinora venditi, 481, 25.

Sandobanes, Albaniæ fl., Σανδοβάνης, in Cyrum influit, 429, 3.

Sandon, Σάνδων, Athenodori Tarsensis pater, 575, 10.

Sandrocottus, Σανδρόκοττος, Allitrochadæ pater, rex Prasiorum, Palibothrus cognomento, ad quem legatus venit Megasthenes, 58, 54; 598, 41; 603, 53; 605, 36. Sandrocottus a Seleuco Nicatore, cum quo affinitatem contraxerat, regiones quasdam ad Indum sitas accipit, pro iisque dedit 500 elephantos, 616, 28.

Sandycis metalla in Armenia, 454, 21.

Sane, Σάνη, Pallenes opp., 279, 5.

Sangarius, ὁ Σαγγάριος, Bithyniæ fl., 482, 14; ejus fontes et cursus; Gallum excipit; ostiis suis Bithyniam definit, 465, § 7. A Saugario ad Heracleam 500 stadia, 465, 54. Ad eum antiqua Phrygum domicilia, ut Midæ et Gordii, nunc pagi, 486, 22.

Sangia, Σαγγία, Phrygiæ pagus, 150 a Pessinunte stadiis dissitus, ad quem fontes suos habet Sangarii, 465, 22.

Sanni, Σάννοι, qui olim Macrones dicebantur, supra Trapezuntem habitant, 470, 8.

Santoni, Σάντονοι, Galliæ gens Aquitanis adscripta, ad Garumnam habitantes (*les habitants de la Saintonge*),

158, 33; 173, 23; 157, 46. Santonum urbs Mediolanum (*Saintes*), 158, 10.
Saocoudarius Castor, 486, 27.
Sapæi, Σαπαῖοι, Thraces, 393, 20. Bessis vicini, 282, 46; ab oriente Ismari, supra oram mar. habitantes, 282, 18. Antea Saci, *q. v.* Sapæorum rex Cotys, 476, 15.
Σαπέρδης nomen, 529, 16.
Saphnioeis. V. Satnioeis.
Sapis, Σάπις (*Savio*), fluvius Italiæ, cui Cæsena adjacet, 180, 35.
Sappho, Σαπφώ, Mytilenæa, θαυμαστόν τι χρῆμα, 527, 48; soror Charaxi, 686, 45. Phaonem deperiens de Leucata saxo desilit, 388, 35. Ægam prom. memorat, 526, 2. Laudata, 33, 49; 686, 45. Ejus carmina Callias interpretatus est, 528, 50.
Sapra, Σαπρά, palus ad Astyra in Mysia, 525, 16.
Sapra, Σαπρά, i. e. putris, palus cum recessu sinus Carcinitidis isthmum Chersonesi Tauricæ efficit, 255, 49; pars est Mæotidis occidua; ejus ambitus, natura, insulæ, 256, 1.
Saramena, ἡ Σαραμηνή, regio Ponti, Gadilonitidi conternina, 468, 29 et 41.
Saraosti, Σαραόστου, regio in Indiæ ora a Patalene ortum versus (in hod. *Guzerate?*). Eam occuparunt Bactriæ reges græci, 443, 7.
Sarapanæ, Σαραπανά (hod. *Sarapan*), castellum ad Phasin, qui eo usque navigatur, 427, 22. Hinc ad Cyrum quattuor dierum iter, *ib.* Per Sarapanas e Colchide in Iberiam itur, 429, 15.
Saraparæ Thraces. V. Thraces.
Sarapis Σάραπις, in Nitriote Æg. nomo colitur; et oves ibi deo mactantur, quod alibi non fit in Ægypto, 682, 45. Sarapeum Alexandriæ, 675, 53. Sarapidis templum Canobicum curationibus celebre, 680, 37.
Saravena, Σαραουηνή, una ex decem Cappadociæ præfecturis, 458, 25.
Sardanapallus, Σαρδανάπαλλος, Anacyndaraxis f., 573, 32; postremus Assyriorum rex, 628, 2; Anchialen in Cilicia condidit; regis ibi monumentum et imago; inscriptio imaginis, 473, § 9.
Sardes, Σάρδεις, regia Lydorum s. Mæonum; cui Tmolus imminet, 534, 48; ab ea 30 stadiis abest Apollonis, 534, 45; quadraginta fere ab urbe stadiis est Gygæa sive Coloe lacus, 535, 18. Ad Sardes Alyattis tumulus, 536, 16; Sardes captæ a Lygdami Cimmeriorum duce, 51, 27; 553, 23; captæ primum a Cimmeriis, deinde a Treribus et Lyciis, postremum Crœsi et Cyri temporibus, 536, 26. Urbs nuper terræ motu majorem partem diruta, a Tiberio restaurata est, 536, 38; 49, 17. Ad Sardes Eumenes I Antiochum Seleuci f. prœlio vicit, 533, 27. Sardibus nati Diodorus orator cognomento Zonas, ejusque frater Diodorus, item orator Strabonisque amicus, 536, 43. Xanthus Lydus num Sardibus oriundus sit, non liquet, 536, 51.
Sardinia, Σαρδώ. Ejus situs, 187, 44, de quo falsa tradunt Eratosthenes et Artemidorus, 186, 31. Polybius Sardiniam nimis occasum versus collocat, 87, 53. A Sardinia brevissimus in Africam trajectus 1300 millium, sec. Chorographum, 187, 47. Sardinia a Corsica 60 stadia distat, 186, 15. Ambitus insulæ sec. nonnullos 4000 stadiorum, 187, 13; longitudo 220 mill., latitudo 98 mill., sec. Chorographum, 187, 10. Sardinia a Luna conspici potest, 185, 8; a Populonio conspicitur, ægre tamen, 186, 15. Insula magnam partem aspera et parum pacata; habet tamen etiam regiones frugiferas, 187, 15. Urbes præcipuæ Calaris et Sulchi, 187, 17. Aer per æstatem morbosus. Populantur insulam montani Diagesbenses sive Iolaenses, ab Iolao huc deducti, 186, 19.

Postea Pœni Carthaginienses, deinde Romani insula potiti, 186, 25. Montanæ gentes Parati, Sassinati, Balari, Aconites, qui vel Pisanos latrociniis petunt, 186, 28. Romanorum quænam in eos agendi ratio, 187, 33. Sardiniæ incolæ peltam gerunt et pugionem; arietum pellibus thoracum loco utuntur, 187, 41. Fortassis Sardinia quoque glandem illam fert, qua thynni ad Iberiam vesci constat, 120, 43. Sardiniæ arietes, musmones dicti, lanæ loco pilum ferunt caprinum, 187, 40.
Sardoum mare, Σαρδῷον, Σαρδώνιον πέλαγος, 88, 1; 86, 53; 101, 27. Etruriam alluit, 182, 10; profundissimum est, 41, 46; 45, 5. Σαρδῷος κόλπος, 119, 26.
Sargarausene, Σαργαραυσηνή, una ex decem Cappadociæ præfecturis, 458, 25; in qua Carmalas fl. et Herpa opp., 460, 22.
Sarisa, Σάρεισα, Gordyæorum urbs, 636, 13. Situs loci incertus.
Sarmatæ et Scythæ etiam nunc permixti gentibus Thracicis et Bastarnicis, 246, 8. Σαρμάται ἢ Σαυρομάται non memorantur apud Homerum, 474, 20. Sarmatæ in Asia, 422, 31. Sarmatæ sunt pleræque gentium Caucasiarum, quæ Dioscuriadem emporium frequentant, 427, 15. Equos castrant, 259, 27. Cf. v. Sauromatæ. (Sæpius Sarmatarum nomen occurrit, ut p. 114; 128, 129, 294, 296, 302, 305, 306, 312, 492, 497, 498, 500, 507, 553 *ed. Cas.*)
Sarnius, fl., Σάρνιος (*Atrek*), Hyrcaniam a solitudine dirimit, 438, 12.
Sarnus, Σάρνος, Campaniæ fl., Pompeios præterfluens, 205, 41 et 45.
Saronicus sinus, Σαρωνικὸς κόλπος, vel etiam Σαρ. πόντος, Σαρ. πόρος, Σαρ. πέλαγος, 317, 17; 326, 45; 102, 35; 288, 21. Sinus etiam Σαλαμινιακὸς κόλπος vocatur, 288, 19.
Sarpedon, Σαρπηδών, e Mileto Cretæ profectus Miletum Asiæ condidit, 542, 26; 490, 45. E Creta in Lyciam deduxit Termilas, 490, 45. Cf. 569, 25. Sarpedon Homero est Lycius, 491, 4. Sarpedon Lycum, Pandionis filium, extorrem in Lyciæ regni partem recepit, 569, 27.
Sarpedon, Syrorum dux contra Ptolemæenses pugnat; quid eo prœlio e pelago acciderit, 645, 31.
Sarpedon, Σαρπηδών, prom. Thraciæ, 283, 16.
Sarpedon, Σαρπηδών, Ciliciæ pr., 572, 5, ad quod Arimos ponit Callisthenes, 536, 12.
Sarpedonia Diana. V. Diana.
Sarsina, ἡ Σάρσινα, Umbrorum urbs, 189, 10.
Saros, Σάρος, per Comana fluit in Ciliciam, 459, 21.
Sasisene, Σασισηνή, Paphlagoniæ regio, 481, 43.
Sason Σάσων, insula a Brundusio 400 stadiis; in medio fere a Brundusio ad Epirum trajectu jacet, 234, 5.
Satalca, Σάταλκα, Gordyæorum opp., 636, 13. Situs loci incertus.
Satnioeis, Σατνιόεις, postea Saphioeis, Troadis torrens ad Pedasum urbem ab Homero memoratur, 518, 20; ad eum olim Leleges habitarunt, 267, 24.
Saturnus, Κρόνος, infantes vorat, 402, 32, pater Corybantum, 405, 31; ejus falcem Telchines fabricarunt, 558, 26. Ejus templum, Κρόνιον, Gadibus, 140, 42 *et in sqq.*
Satyri, Hecateri filii ap. Hesiodum, 405, 13. Bacchi administri, 400, 23; 402, 17; 404, 6. Satyrus, Protogenis pictura, 557, 15.
Satyrium, Σατύριον, locus prope Tarentum, 231, 49.
Satyrus, a Ptolemæo II ad explorandum Troglodyticam et elephantum venationes emissus, Philoteram condidit, 655, 10.
Satyrus, Bospori rex, 257, 26. Satyri, viri in Bosporo potentis, monumentum, 90 stadia ab Achilleo in promontorio distans, 424, 9.

INDEX NOMINUM RERUMQUE. 905

Sauromatae, Σαυρομάται ἢ Σαρμάται, non memorantur apud Homerum, 474, 20. Sauromatarum sedes, 94, 37; 106, 33; 107, 10. Quantum absint ab oceano Boreali non liquet, 245, 3. Sauromatarum aliae gentes feroces, aliae mansuetae et justae, 251, 9. Interdum hostem persequentes Istrum transgressi sunt, 253, 23.

Savus, Σάος, Σαῦος, in Istrum influit; ad eum Segestica urbs, 172, 48. In Savum fertur fluvius (Nauportus), cui Nauportus urbs adjacet, 173, 2. In eundem incidit Colapis fl., 173, 6. In Savum influit Corcoras; Savus in Dravum exit (quod non est), 260, 52.

Scaeae portae, Σκαιαὶ πύλαι, Trojae, 505, 33; 512, 10.

Scaei, Σκαιοί, Thraces, 505, 32.

Scaeum tichus, Σκαιὸν τεῖχος, Thraciae cast, 505, 33.

Scaeus, Σκαιός, Thraciae fl., 505, 32.

Scamander, Σκάμανδρος (*Mendere-Su*), Troadis fl. Ejus fontes duo, quorum alter calidam alter frigidam aquam habere ab Homero proditur; nunc calidae aquae fons periit, neque id Demetrius mirandum esse dicit, 48, 42; 505, 32. Scamandri fons unicus in Cotylo Idae colle, 515, 19. Scamander et Simois, quum alter ad Sigeum alter ad Rhoeteum appropinquarint, paullo ante hodiernum Ilium confluunt et apud Sigeum exeuntes Stomalimnen efficiunt, 511, 21. Multum limi secum auferentes os caecum et lacus marinos efficiunt, 509, 48. In Scamandrum incidunt Thymbrius, 511, 51, et Andirus, 515, 43. Scamander Cebreniae limes, 510, 53.

Scamander, Siciliae fl., ab Aenea nomen accepit, 520, 16.

Scamandrius, Σκαμάνδριος, Hectoris f., et Ascanius Palaescepsin transtulerunt in locum ubi nunc est Scepsis, 519, 32; eorum familiae diu ibi regnarunt, *ib.* Scamandrius Phryges ex Europa in Asiam duxit, 580, 37.

Scamandrius campus ab Simoisio dorso montano separatur, 511, 15 et 24.

Scandarion, Σκανδάριον, Coi pr., 561, 11.

Scaphae thalamiferae Aegyptiorum, 679, 44; testaceae in Nili ostiis, 670, 47.

Scardon, Σκάρδων (*Scardona*), Liburniae urbs, 261, 39.

Scardus, Σκάρδος, Macedoniae mons, 275, 12.

Scarphe, Σκάρφη, prius Eteonus, Parasopiae opp. in Boeotia, 351, 18.

Scarphe. V. Scarphia.

Scarphia, Σκάρφεια, Locrorum Epicnemidiorum opp., 365, 49. Terrae motu dirutum, 50, 32 (Σκάρφη, 50, 35). Scarphienses Augearum agrum tenent, 366, 5.

Scaurus. V. M. Aemilius Scaurus.

Scenae, Σκηναί, Mesopotamiae urbs in Babyloniae finibus ad fossam quandam sita, a Seleucia 18 schoenos distans; in eam urbem exit via 25 dierum, quae inde a Zeugmate Euphratis est per deserta Mesopotamiae, 636, 51; 637, 14. [De Coenis urbe ad Tigridem sita, in quam via per Mesopotamiae deserta ducens exiisse videatur, quominus cogitemus, mensurae Strabonianae impediunt. Quaerenda urbs est juxta Euphratem prope murum medium et canalem qua Seleuciam navigatur. Schoenis vero duodeviginti ducimur ad canalem *Nahr Isa* sive *Saklawiyah*, ad quem in colle exstant veteris urbis ruinae (quas Sipparis Chesneyus vindicavit). In singulos schoenos 30 stadia (non vero 60 stadia, ut Ritter, t. II, p. 287 putat) computanda esse ex aliis locis Strabonianis patet.

Scenitae, Σκηνῖται, Arabes regionem Mesopotamiae et Coelesyriae adjacentes incolunt; eorum vitae ratio, 651, 32; 637, 3 et 19 et 49; 107, 50. Babyloniis finitimi, 629, 53. Scenitae Arabes Mesopotamiae nunc Malii a nonnullis vocantur, 636, 42. Scenitae Arabes in Arabia Felice, 653, 38. Scenitae quo magis Syris propiores, eo etiam mitiores sunt, 641, 29. (Aliis locis passim Scenitarum nomen occurrit. V. p. 39, 130, 288, 735, 739, 747 *sqq.*, 753, 765, 767, 776. Sarmatici Scenitae, p. 492; Scenitae Ariae et Margianae, p. 515 *ed. Casaub.*)

Scepsis, Σκῆψις, Troadis urbs, 518, 40, a Palaescepsi 40 stadia distat; translata huc est a Scamandrio et Ascanio, quorum familiae diu ibi regnasse dicuntur. Posteriora urbis fata, 519, 31. Centum viginti a Scepsi stadiis est Cotylus, Idae collis, 515, 19. Scepsis (Palaescepsis?) Aeneae regia fuit, sec. Demetrium, 519, 41. Scepsiae regionis locus Dicte, 405, 50. Scepsi et Aesepo fl. vicina Enea (Nea?) et Argyria et Alazonia, 472, 46. Scepsio agro finitima Cebrenia; Scepsiorum et Cebrenorum controversiae; urbis incolae ab Antigono in Antigoniam transducti, ab Lysimacho in patriam remissi, 510, 52. Scepsin Neleus transtulit libros Aristoteli et Theophrasti, 520, 46. Scepsis patria Erasti, Corisci, Nelei, 520, 37; Demetrii, Metrodori, 521, 22. Σκηπτοῦχοι vocantur reges Achaeorum, Zygorum, Heniochorum, 425, 48.

Sceptra Assyriorum, 635, 17.

Schedia, ἡ Σχεδία, oppidum, quattuor schoenis ab Alexandria dissitum, ubi navale thalamiferorum navigiorum est et vectigal exigitur; unde nomen habeat; navigatur eo ex Alexandria per fossam Canobicam, et canali qui ex ea dextram versus ad magnum fluvium ducit, 680, 9 *sqq.* A Schedia ad Memphim sursum naviganti ad dextram sunt pagi plurimi, 682, 30. Haud longe supra Schediam sita est Naucratis, 681, 23.

Scedii sepulcrum, τὸ Σχεδιεῖον, in Daphnunte olim Phocidis urbe, 364, 29.

Scheria, Σχερία, vetus Corcyrae nomen, 224, 17; 248, 51.

Schoenus, Σχοινοῦς, portus ad Saronicum sinum et Isthmi partem angustissimam. In propinquo templum Neptuni Isthmii, 317, 24. Cenchreis vicinus portus, 326, 37. Hucusque a Maleis paraplus 1800 stadiorum, *ib.* Quot sint stadia a Schoenunte ad Piraeeum, 335, 34.

Schoenus, Σχοῖνος, locus regionis Thebaicae in via qua Anthedonem itur, a Thebis dissitus 50 stadiis, 351, 3.

Schoenus, Σχοινοῦς, fl. Boeotiae per Schoenum locum fluens, 351, 6.

Schoenus, in Aegypto mensura varia, 444, 35; 683, § 24; 690, 34.

Sciathus, Σκίαθος, ins. Magnesiae objecta, 375, 17.

Scillus, Σκιλλοῦς (*Krestena*), opp. Triphyliae ad Phellonem m., cum Minervae templo, 295, 47.

Scilurus, Scytharum rex, Palaci pater, 254, 41; 256, 36; a Mithridate Eupatore victus, 256, 36. Scilurus, et filii ejus castella in Chersoneso Taurica exstruxerunt Palacium, Chabum, Neapolim, 259, 6.

Scingomagus, Σκιγγόμαγος, inter Brigantium et Ocelum sita, ab Ocelo 28 mill. distans, in Galliae et Italiae confiniis, 148, 41. (Memoratur etiam a Plinio, II, 112, qui ab eo usque ad Illiberim Galliae Narbon. latitudinem definit, quam esse Plinius secundum Harduinum et Silligium diceret 927 m. passuum. Quod est nihili. E codice T Silligii corrige 351 passus, quod bene habet satisque quadrat cum Strabone, qui inde a Veneris templo Pyrenaeo ad Scingomagum exhibet 384 millia. Scingomagus cum Itinerarii statione In Alpe componenda fuerit.

Scione, Σκιώνη, Pellenae opp., 279, 5.

Scipio Aemilianus. Ad eum venerunt legati Massiliensium et Narbonensium et Corbilonensium, 158, 5. Missus est ut gentes et urbes inspiceret, 571, 10. Carthaginem delevit, 706, 53.

Scipio Africanus prior, vitae tempus extremum Literni in Campania exegit, 202, 40.

Scipio (P. Cornelius) Nasica, in Africa a Caesare victus ad Rhuspinum, Uzitas, Thapsum, alia loca, 705, 50; 706, 1.
Scipio (Caius, deb. Lucius) 3000 colonos Comum misit, 177, 32.
Scira, Σκίρα, vicus Atticae, 338, 16.
Sciras, Σκιράς, antiquum Salaminis nomen, ab heroe quodam inditum, 338, 14.
Sciras Minerva, 338, 16.
Sciron, Σκείρων, latro a Theseo interfectus, 336, 26. Cf. Scironides petrae.
Sciron, Σκείρων, ventus ab Atheniensibus vocatur argestes a Scironiis saxis flans, 336, 30; 23, 21.
Scironides petrae, Σκειρωνίδες πέτραι, supra quas via ab isthmo Megara et in Atticam ducit, 336, 21; 338, 1; 326, 25. Ibi Sciron et Pityocamptes degebant, quos Theseus interfecit, 336, 26.
Scirophorion, Σκιροφοριών, mensis Atticus, 338, 17.
Scirus. Ἡ ἐπὶ Σκίρῳ ἱεροποιία, 338, 16.
Scollis, Σκόλλις (Σκόλλιον p. 291, 37) (*Mauri, Santameri*), saxosus mons, communis Dymaeorum, Tritaeensium et Eleorum, contiguus Lampeae Arcadiae, 293, 35. Scollin ap. Homerum dici Oleniam petram conjiciunt, 293, 32; 332, 49; ex eo fluit Larisus fl., 332, 49. Ad Scollium est Pylus urbs, 291, 37.
Scolus, Σκῶλος, urbs Olyntho vicina, 351, 13.
Scolus, Σκῶλος, vicus Parasopiae sub Cithaerone, in loco aspero; ductum hinc proverbium, 351, 7. Scolum nonnulli Plataeae ditioni adscribunt, 351, 28.
Scombraria, Σκομβραρία, sive Herculis insula, a Carthagine Nova 24 stadia distans, mare scombris abundans habet, 132, 7.
Scombri, ex quibus optimum garum fit, ad Scombrariam Hispaniae ins. capiuntur, 132, 8.
Scopas, Σκόπας, Parius statuarius. Ejus opus, Latona sceptrum tenens et adstans Ortygia nutrix, in Ortygia luco prope Ephesum, 546, 40; Apollinis Sminthei statua in Chrysae Sminthio, 517, 19.
Scordisci, Σκορδίσκοι, Gallica gens, Thracibus permisti, 246, 12; 260, 29, et Illyriis, 260, 29; Scordistae vocantur, 246, 11. Eorum alii minores, alii majores dicuntur; majores inter Noarum et Margum, minores ultra Margum Triballis et Mysis finitimi; insulas quoque quasdam tenuerunt; usque ad Illyriorum, Pannonum, Thracumque montes progressi sunt, 264, 11. Urbes eorum Heorta et Capedunum, 264, 21. Scordisci ab oriente Pannonum, 263, 50. Apud Scordiscos Noarus in Istrum influit, 261, 2. Juxta Scordiscos Parisus fl. fluit, 260, 29. Scordisci saepe fuerunt Dacorum socii, ib.; bello appetuntur a Cimbris, 244, 10. Infestarunt Dasaretios, Hybrianes et alias gentes obscuriores, 264, 37. Autariatas potentia exuerunt; diuturno imperio usi a Romanis debellantur, 264, 8. Nunc Scordisci tantum non exstincta gens, 262, 22.
Scordistae, i. q. Scordisci.
Scorpiorum copia Mylasis et Alabandis in Caria, 364, 10. Scorpii Albaniae, 431, 30; ingentes Massaesyliae, 705, 11; volucres in India, 599, 14.
Scotussa, Σκοτοῦσσα, ad Strymonem urbs, 281, 15.
Scotussa, Thessaliae Pelasgiotidis opp., 378, 18. Ibi oraculum fuit e quo deductum esse oraculum Dodonaeum Suidas hariolatur, 273, 31 et 40. Ad Scotussam Cynoscephalae, 379, 30.
Scriptores veteres historiae ut plurimum id solum spectant ὅ τι ἀκρόασιν ἡδεῖαν ἔχει καὶ θαυμαστήν, v. c. Ctesias, Hellanicus, Herodotus, 435, 33. Πολλὰ καὶ μὴ ὄντα λέγουσιν οἱ ἀρχαῖοι συγγραφεῖς, συντεθραμμένοι τῷ ψεύδει

διὰ τὰς μυθογραφίας, 293, 13. Scriptores rerum Alexandri multa mentiti, 435, § 4. Scriptores λιμένων, περίπλων, περιόδων γῆς, 285, 29.
Scultanna, Σκουλτάννας, vel Scultenna, Galliae Cisalpinae fluvius (in Padum influens. hod. *Panaro*), in cujus regione lana optima, 181, 58.
Scydises, ὁ Σκυδίσης, Ponti et Armeniae mons, Tauri pars, extremitates Caucasi attingit, 426, 46; 452, 3; jungitur Moschicis montibus, 470, 12. Summas ejus partes tenent Heptacometae, 470, 16.
Scylacium. V. Scylletium.
Scylax, Σκύλαξ, Ponti fl., in Irin incidit, 469, 16.
Scylax, Σκύλαξ ὁ παλαιὸς συγγραφεύς, Caryandensis, 561, 49. Phryges et Mysos circa Ascanium lacum habitare dicit, 484, 43. Troadis initium ab Abydo sumit, 498, 52.
Scylla, Σκύλλα, Nisi filia, a Minoe demersa, nomen dedit promontorio Scyllaeo, 321, 14.
Scyllae forma, figmentum Homericum, 17, 24; 18, 6; 21, 29. Quae de Scylla Homerus narrat, explicanda sunt ex ratione qua galeota piscis ad Scyllaeum capi solet, 19, 47—20, 33.
Scyllaeum, τὸ Σκύλλαιον, in Bruttio ad fretum Siculum, saxum continenti junctum isthmo, quem Anaxilaus munivit, 213, 35. A latronibus olim tenebatur, 19, 15. Galeotarum prope id venatio, 19, 48; 20, 33. V. Charybdis.
Scyllaeum, Σκύλλαιον (non quod nunc vocatur *C. Skyli*, sed quod ab eo est boream versus *C. Kryo Neri.*), pr. Peloponnesi, 316, 24, Hermionae vicinum, unde nomen habeat, 321, 13; ab eo ad Melum 700 stadia.
Scylleticus; Italiae sinus, Σκυλλητικὸς κόλπος, cum Hipponiate sinu isthmum efficit, quem Dionysius muro munire volens ab iis qui extra eum habitant prohibitus est, 217, 18. Ad Scylleticum sinum est finis Oenotriae, 212, 7 et 24.
Scylletium, Σκυλλήτιον, nunc Σκυλάκιον, Atheniensium, qui Menestheum secuti sunt, colonia ad sinum cognominem; postea Crotoniatae id possederunt; Dionysius vero Locrensibus dedit, 217, 15.
Scyrus, Σκῦρος, insula Magnesiae objacens, Lycomedis, Achillis, Neoptolemi historia nota; praestant Scyriae capellae et marmor Scyrium, 375, 20; 102, 51. Scyri fluvius Cephissus, 364, 20.
Scythae, Σκύθαι. Eos non ignoravit Homerus; nam hi sunt quos ille dicit Hippomulgos, Galactophagos, Abios, 249, 33, 246, 5. Ea enim vivendi ratio est Scythis et Sarmatis, quales etiamnum Thracibus et Bastarnis finitimi sunt, 246, 5. Quo sensu ἀβίους Homerus dixerit, 258, 47. Scythae Graecis priscis uno nomine vocantur omnes gentes boream versus habitantes, 27, 36. Scythae et Celtoscythae a vett. Graecis universae gentes boreales vocabantur; qui primi partes distinxerunt, eas gentes quae supra Pontum, Istrum et Adriam sunt, Hyperboreos, Sauromatas, Arimaspos dicebant; eos autem qui sunt trans mare Hyrcanum, Sacas et Massagetas, 435, § 2. Scythae e quattuor terrae partibus Ephoreis borealem partem obtinent, 28, 24. Scythae Alazones et Callipidae supra Borysthenem, 471, 22. Scytharum notorum ultimi ultra Borysthenem habitant Rhoxolani, 94, 34. Scythae saepe etiam Istrum transgressi, 253, 23. Scythica gens in Chersoneso Taurica, 256, 22. Scythae Georgi sive Agricolae Chersonesi, 258, 35. Scythae supra Maeotidem, 94, 37. Scythae Nomades Europaei et Asiatici Tanai emporio utuntur, 423, 21. Scythicae gentes Gelae et Legae a septentrione Albaniae, 432, 17.
Scythae, Hyrcani maris accolae, 107, 12. Οἱ πρὸς ἕω Σκύθαι, qui sunt a Caspio mari ortum versus, 435,

14. Scythæ ultimi orientem versus habitantes vulgo communi Scytharum nomine designantur, quamquam singulæ eorum gentes sua habent nomina; notiores ex iis sunt Asii, Pasiani, Tochari, Sacarauli, 438, 28. Scythæ supra Bactrianam habitantes, 62, 21; Bactrianæ partem iis ademerunt Parthi, 441, 48. Asiæ Scythæ νομάδες et ἀμάξοικοι, 422, 31. Scythæ plerique inde a Caspio mari habitantes Daæ vocantur; qui ab his orientem versus sequuntur, Sacæ et Massagetæ, 438, 26. Daæ Parni cognominati, 435, 50. Scythæ genere secundum nonnullos sunt Caucones Pontici, 464, 42. Mores Scythis non omnibus sunt iidem; nonnullæ gentes ferocissimæ humanisque carnibus vescentes, aliæ lacte equarum viventes et justissimi; harum meminit Homerus, 251, 8. Nomadum victus, 258, 35. Scythæ ἱππάκης βρωτῆρες εὔνομοι, sec. Æschylum, 249, 53. Equos castrant, 259, 27. Scythæ simplicissimi, minime fraudulenti, frugales admodum; quamquam recentiore ætate mores eorum vitaque in deterius vergere cœperunt, 250, 1. Scythæ ad Ponti litus hospites immolantes, carnibus eorum vescentes et capitibus poculorum loco utentes; unde ἄξενος Pontus, 248, 22. Scythæ nomades latrociniis dediti; belligerantes propter tributa ipsis solvenda, 258, 40. Scythæ Cimmerios e Bosporo expulerunt, 424, 1. Eorum dux Madys, 51, 17, qui Cobum et Treres expulit, 51, 30. Contra Scythas Istrum transiit Darius, 253, 38; 250, 18. E Scythis nomadibus fuit Anacharsis, 251, 35. Scythas qui erant sub Scilulo ejusque filio Palaco, subegit Mithridates Eupator, 256, 36. Scythiæ animal quod κόλος vocatur, describitur, 259, 33. Scythicæ ad Mæotidem regiones aquilas non habent, 259, 32. Arcus Scythicus, 103, 27.

Σκυθῶν ἐρημία, Scytharum desertum, regio in occidentali Ponti litore, juxta quod mare est paludosum, 42, 2; 43, 52.

Scythia parva, ἡ μικρὰ Σκυθία, vocabatur Chersonesi pars quam Tauri tenebant, et quæ extra isthmum sunt usque ad Borysthenem; idem nomen etiam inditum portioni terræ quam Scythæ occuparunt Tyram et Istrum transgressi, 258, 18. Scythiæ minoris intra Istrum paludes, 264, 25.

Scythica sive Taurica Chersonesus. V. Chersonesus.

Scythopolis, Σκυθόπολις, Judæorum castellum, ad Galilæam, 649, 36. (*Beth Sean.* V. Ritter, t. 15, 1, p. 428 sqq.)

Sebaste, Σεβαστή; sic Pythodorus denominavit Cabira sive Diospolin Ponti urbem, eaque pro regia utitur, 477, 10.

Sebaste, i. q. Samaria in Judæa, 647, 26.

Sebennytice urbs, ἡ Σεβεννυτικὴ πόλις, in Delta regione Æg., 681, 27.

Sebennyticum Nili ostium, Σεβεννυτικὸν στόμα, 681, 5.

Sebennyticus nomus, Σεβεννυτικὸς νομός, 681, 32.

Secoana. V. Sequana.

Segeda, Σέγηδα (Σέγιδα *St-B.*), Aruacorum sive Averacorum Celtiberorum urbs, 135, 7. (Memorat hanc urbem Appianus; aliam Segidam in Bætica habet Plinius. Situs incertus. Auctor versionis gallicæ et Groskurdius urbem esse putant eandem quæ aliis Segovia dicitur (*Segovie*). Aliter statuendum esse censeo; scilicet Appianus Segedam, quæ primi belli Celtiberici causa erat, maximam urbem Bellorum, quibus Averaci finitimi erant, fuisse prodit. Hinc facilis conjectura est Segedam esse eandem quam de populi nomine Vellicam vel Bellicam Ptolemæus dicit et inter Cantabriæ loca recenset. Hæc vero sita erat prope fontes Iberi. Eodem in tractu Bellorum vicini erant Titthi (Appian.) sive Titti (Polyb.) s. Tuisi, quos ad fontes Iberi Strabo collocat. Urbs in hodierna *Reynosa* vel in vicina regione quæ-

renda est. In eodem tractu Celtiberorum urbem, Segesamam, Strabo memorat.

Segesama, Σεγεσάμα (*Segisama Julia*, Ptol.; *Segisamojulienses*, Plin.; *Sagesama*, Florus; hod. *Sasamon*), Celtiberorum urbs, 135, 14.

Segestes, Σεγέστης, Arminii socer, quum initio sententiæ generi restitisset, deinde ad Romanos transfugit, 242, 34; Segimunti et Thusneldæ pater, Cheruscus, 242, 25.

Segestica, Σεγεστική (Σεγέστα, Appian.; *Sissek*), Pannoniæ urbs, arx belli in Dacos opportuna, ad confluentes amnium navigabilium; Dravus ibi in Noarum influit, 260, 35 et 53. Pone Iapodes sita urbs in planitie ad Savum fl., qui in Istrum exit, 172, 48; ad Colapin fl., 173, 6; ad Noarum, 264, 15. Prope Segesticam Siscia castellum et Sirmium, 261, 6. Ad Segesticam usque pertinent Pannonii, 260, 35. Segesticam ex Iapodum regione multæ tum aliæ tum Italicæ merces deferuntur, 260, 40.

Segimerus, Σεγίμηρος, Cheruscorum dux, pater Sesithaci, 242, 30.

Segimuntus, Σεγιμοῦντος, Segesti filius, Cheruscorum dux; ejus soror, Thusnelda, Arminii uxor, et filius Thumelicus, triumphum Germanici junioris ornarunt, 242, 25.

Segobriga, Σεγοβρίγα (*Priego*), Celtiberorum opp., 135, 10.

Segusiani, Σεγοσιανοί, Lugdunensis gens, inter Rhodanum et Dubin (debebat : Ligerim) fl., 159, 40. Caput gentis Lugdunum, 154, 33. Segusianorum in campos ex Alpibus Rhodanus descendit, 154, 32.

Selenes, Σελήνης, opp. et portus pulcerrimus in Etruria. V. Luna.

Seleucia, Σελεύκεια ἡ ἐπὶ τῷ Καλυκάδνῳ, Ciliciæ urbs; in eam Holmorum incolæ migrarunt; patria Athenæi et Xenarchi peripateticorum, 572, 2. Ab ora maritima Seleuciam itur per viam Ποικίλη petræ incisam, 572, 30.

Seleucia, olim Soloce dicta, Susidis vel Elymaidis urbs, ad Hedyphontem fl., a Mithridate I Parthorum rege capta, 634, 14. (Situs urbis ignotus. Hedyphon esse videtur hod. *Djerrahi*. Urbem in tabula retuli ad vastas ruinas *Mandjarik*, quas Azaræ vindicat Rawlinson, qui Seleuciam quærit in hod. *Mansi* non longe dissita ab eo loco quo in *Djerrahi* fluvium *Zard* fl. influit. Ceterum memoratur Beth-Seleucia in Act. Sanct. Martyr. Or. I, p. 99, monente Droysenio, *Diadoch.* t. 2, p. 711.)

Seleucia, in Mesopotamia castellum, ad Zeugma Euphratis, Commagenæ a Pompeio adjecta; ibi Cleopatram Tigranes interemit, 638, 16.

Seleucia ad Tigrim urbs, 447, 17, nunc Assyriæ metropolis; Ctesiphonti vicina, 633, 13; quam munivit Seleucus Nicator, a Babylone 300 stadia distantem, 629, 10. A Seleucia ad Artemitam 500 stadia, 633, 30; ad Scenas 18 schœni sunt, 637, 13. Prope Seleuciam Tigris ab Euphrate 200 fere stadia distat, 635, 37. Seleuciæ hiemem peragunt reges Parthici, 448, 22. Ex ea oriundus Diogenes stoicus, 633, 28.

Seleucia ἡ ἐν Πιερίᾳ, Syriæ tetrapolis urbs; a quonam condita et unde dicta sit, 638, 24; 639, 53. Olim Ὕδατος ποταμοὶ vocabatur; munitissima est; Tigrane ex ea expulso, Pompejus liberam pronuntiavit, 640, 1. Ab Orontis ostio 40 stadia distat, ab Antiochia 120 st., 639, 25; a Solis 1000 fere stad., 577, 13. Ad Seleuciam Pieriæ terra ampelitis effoditur, 265, 5.

Seleucis, ἡ Σελευκίς, Syriæ regio optima, tetrapolis vocatur de maximis urbibus Antiochia, Seleucia, Apamea, Laodicea; in quattuor item satrapias divisa, 638, 3 et 20. Seleucidis versus Phœniciam et Cœlesyriam terminus sec. nonnullos est Eleutherus fl, 641, 37.

Seleucus Nicator, Σέλευκος ὁ Νικάτωρ, in Syria condidit

Antiochiam, Seleuciam, Apameam et Laodiceam, quibus nomen dedit de Antiocho patre, de se ipso, de Apama uxore et matre Laodicea, 638, 25. Argivos Triptolemi posteros in Antiochiam conduxit, 638, 45. Seleuciam ad Tigrim munivit, 629, 11. Regiones quasdam ad Indum sitas dedit Sandrocottæ, contracta cum eo affinitate, ac pro iis 500 elephantos accepit, 616, 28. Elephantos istos in Apamea urbe alebat, 640, 31; ibidem regis erant equilia et τὸ λογιστήριον, 640, 37. In Media condidit Europum, 450, 6. Cf. Rhagæ. Seleucus Lysimachum evertit, et a Ptolemæo Cerauno dolo interficitur, 533, 16. Seleuci uxor Apama, 494, 52.
Seleucus Callinicus, Σέλευκος ὁ Καλλίνικος, Antiochiam urbem auxit, 638, 39. Ei contra Antiochum Hieracem fratrem belligeranti socii erant Aradii, 642, 12. Seleucum Callinicum fugiens Arsaces ad Apasiacas se contulit, 440, 28.
Seleucus Chaldæus astronomus e Seleucia urbe, 629, 43. Babylonius 4, 50; non eadem ubique Oceano accidere statuit; cujus testimonio usus est Hipparchus, 4, 50. Seleucus a mari Rubro oriundus a Posidonio laudatur de æstus marini æqualitate et inæqualitate pro ratione signorum cœlestium, 144, 54.
Selge, Σέλγη, Pisidiæ opp., 488, 10 et 18; ejus conditores; Selgensium respublica; regionis natura; gummi quoddam Selgicum et iris et styrax Selgicus, 488, § 3; historica de Selgensibus, 489, 17. E Selgensibus montibus Eurymedon et Cestrus oriuntur, 489, 15.
Σελινοῦντιος Apollo colitur Orobiis in Eubœa, 382, 37.
Selinus, ὁ Σελινοῦς, Achajæ fl., Ægium perfluit, 332, 27.
Selinus, Elidis fl., locum præterit quem Dianæ emit Xenophon, 332, 29.
Selinus Dianæ Ephesiæ templum præterfluit, 332, 28.
Selinus, Ciliciæ fl. et opp., 571, 35. A Selinunte ad Acamantem Cypri pr. 1000 stad., 581, 49.
Selinus, Siciliæ fl. apud Hyblæos Megarenses, 332, 31. (Hic fl. aliunde non notus, quantum sciam. Novimus Selinum ad Selinum urbem Megarensium coloniam.)
Selinus, Siciliæ fluvius (ad Selinuntem urbem), cui objacet Cossurus insula, 708, 10.
Selinus, Siciliæ urbs, a Megarensibus Siculis condita, 226, 45; nunc jacet, 226, 42. Ad Selinuntem calidæ aquæ salsæ, 228, 28.
Selinusia, Σελινουσία, palus ad Caystri ostia; ampli ex ea Ephesiæ domus reditus, 548, 31.
Selleis, Σελλήεις, fluv. ab Homero (Il. 2, 659; 15, 531) memoratus; eum ad Dodonam quærit Apollodorus, quum apud Eleos cum Demetrio Scepsio quærendus sit, 272, 49. Nullus enim Selleis fluvius apud Ephyram Thesproticam invenitur, 291, 20; 290, 39.
Selleis fl., Σελλήεις, Elidis fl., e Pholoe oritur; inter Chelonatam et Cyllenen exit, 290, 28; viginti quinque transitus habet, 502, 34; ei adjacet Ephyra, 290, 30. Inter Selleentem et Peneum Pylus urbs, 291, 36.
Selleis, Achajæ fl., apud Sicyonem; ei vicinus pagus Ephyra, 291, 5.
Selleis, Troadis fl., ad quem Arisba sita fuit, 505, 17.
Selli, Σελλοί, Epiri populus, in regione Dodonæa apud Homerum ponuntur, 23, 38; 272, 35. De nominis etymo Apollodori sententia, 272, 35.
Selurus, Σέλουρος, bubulcus Siculus, prædationibus regionem Ætnæam infestavit; Romæ a bestiis dilaceratus est, 227, 6.
Selybria, Σηλυβρία (vulgo Selymbria), id est Selyis urbs, 265, 21; in Thraciæ ora ad Propontidem (Silivri), 284, 12.
Sema, τὸ Σῆμα, Alexandri et regum Ptolemaicorum sepulcrum, 675, 5.

Sembritæ, Σεμβρῖται (Semberrites ap. Plin.), i. e. advenæ, vocantur Ægyptii, qui in Tenessi Æthiopiæ regione sedes fixerunt. Meroes reginæ parent, 656, 11. Sembritæ dicebantur Ægyptii qui a Psammeticho deficientes insulam supra Meroen sitam occuparunt; reginam habent, quæ Meroes regibus paret, 668, 38.
Semicanes. V. Hemicynes.
Semiramis, Σεμίραμις, Nini uxor, cui in regno successit, Babylonem condidit, 627, 27, et regiam habuit, 70, 2. Semiramis et Ninus Syri dicuntur, 70, 1. Semiramidis murus, Euphratem et Tigrin jungens, τῆς Σεμιράμιδος διατείχισμα ad Tigrin, 67, 1; 455, 10. Semiramidis opera per totum Assyriorum regnum monstrantur, 627, 29. Semiramidis in Indiam expeditio infelix, 585, 34; cum 20 hominibus ex India fuga evasit, 614, 34. Secundum Megasthenem, Semiramis, priusquam expeditionem Indicam aggrederetur, obiit, 586, 1. Semiramidis aggeri imposita Tyana, 460, 42.
Semnones, Σέμνωνες, (Σέμνονες, Ptol. 2, 11, 15), Suevica gens, quam vicerunt Marcomanni, 241, 32.
Sempronii Fanum. V. Forum Semp.
Sena, Σῆνα, (Sinigaglia), Umbriæ opp., 189, 10 et 18, Cf. Sila.
Senones, Σένονες, Galliæ pop., et Remi a Treviris et Nerviis occasum versus habitant, 161, 37. Cf. v. seq.
Senones Italiæ e Gallia immigrarunt, 162, 24. Senones Galli, qui Romam ceperant, ad Padum consederunt, 177, 17; 180, 14; postea prorsus deleti sunt, ib.
Sentinum, Σεντῖνον (ruinæ ad Sassoferrato), Umbriæ urbs, 189, 12.
Sepiæ ad Sipuntis litus fluctibus ejiciuntur, 236, 7.
Sepias, Σηπιάς, Magnesiæ litus tragœdiis et Persica clade notum, 380, 33; prom. Magnesiæ, 279, 33.
Sepias, Σηπιάς, Magnesiæ opp., cujus incolas in Demetriadem conducti; nunc pagus Demetriadis, 374, 44.
Sepius. V. Sipuntum.
Septem fratrum monumenta, τὰ ἑπτὰ ἀδελφῶν μνήματα, in Mauretania ad fretum Herculeum, 702, 31.
Septem putei, Ἑπτὰ φρέατα, Arabiæ locus, 11 dierum itinere a Negranis distans, 665, 31.
Septempeda, Σεπτέμπεδα, Piceni opp., 201, 3.
Septentrionalis plaga ap. Homerum verbis πρὸς ζόφον indicatur, 28, 26.
Sepultura mortuorum ap. Persas, 625, 34.
Sequana (Σηκοάνας), Galliæ fl., 157, 4; 161, 12; ex Alpibus oriens per Sequanos fluit Rheno parallelus, 159, 46. [Sequanorum et Sequanæ nominum similitudo Strabonem in errorem induxisse videtur.] A meridie versus septentrionem fluit; ostia ejus paullo longius quam Rheni a Britannia distant, 160, 42. Flexibus suis plus regionis includit quam Rhenus, 160, 37. Longius quam Liger et Garumna navigatur. 160, 42. Ad Sequanam Parisii eorumque urbs Lucotocia (Lutecia), 161, 54; Meldi et Lexobii, 162, 2; ad ostia Caleti, 161, 40; ab ostio in Britanniam trajiciunt, 166, 13. Ad Sequanam a Lugduno 1000 stadia, 160, 47.
Sequani, Σηκουανοί, Galliæ populus, 171, 43; 173, 30. Helvetiis vicini, 161, 4, a quibus dirimuntur Jurasio monte, 161, 7; pertinent usque ad Ararem fl., 154, 35; 160, 7; 159, 49, et usque ad Rhenum, 159, 49. Per eos Sequana fluit, ib. Sequani antiquitus Romanorum et Æduorum inimici; Germanis in Italiam irrumpentibus socios se præbuerunt, tam potentes ut discessu suo illos redderent impotentes, 160, 7. Eorum cum Æduis inimicitiam auxit contentio de vectigalibus ex Araris fl. transitu percipiendis. Nunc vero Romanis parent, 160, 13. Optima salsamenta suilia Romanis suppeditant, 160, 1.

Serapis. V. Sarapis.

Saraspadanes, Σαρασπαδάνης, Phraatæ IV filius, 637, 32.

Seres, Σῆρες, Indiæ; longævi, 597 54; 598, 50. Ad Seres et Phrynos usque Bactriæ reges græci dominationem protulerunt, 443, 10. Σηρικὰ ὑφάσματα, 591, 37.

Sergontia Durio adjacens Celtiberorum urbs, 134, 38. (Intelligenda est ea urbs, quæ ap. cet. Segontia (Siguenza) vocatur, quæ a Durio meridiem versus 250 fere stadia distat. Haud longe tamen a Segontia fluvius est qui in Durium exit. Sergontiam pro Segontia dixit, ut Œarso pro Oeaso dicitur et similia).

Seriphus, Σέριφος, Cycladum una, 417, 2, fabulis de Dictye, Danae, Perseo, Gorgonis capite, nota, 418, § 10.

Serpentes Mauretaniæ, 702, 2; ingentes ap. Hesperios Æthiopes, 702, 20; cum elephantis pugnantes in Meroe ins., 698, 5; in arenis isthmi Pelusiaci, 682, 28. Fugantur gangiti lapide, 636, 25. Serpentes ὑμενόπτεροι in India, 599, 11. Alii serpentes Indiæ ingentes, 58, 51; in Abisari regione, 595, 16, et in Æthiopia, 660, 3. Serpentes Sabæorum terræ, 662, 12; Gedrosiæ, 615, 20. Serpentum coriis nonnulli barbarorum Libycorum pro indumentis utuntur 703, 24. Serpens 10 cubitorum inter dona quæ Porus Augusto misit, 612, 40.

Serrium, Σέρριον (Σέρρειον Herodot.), Thracicæ oræ prom, 282, 29.

Sertorius Σερτώριος, in Hispania bellum gessit, 131, 27; circa Segobrigam et Bilbilin, 135, 11; in Laccetanorum regione, 134, 19. In Ilegerda, Osca, Callaguri, Tarracone et Hemeroscopio oppidis postremam belli partem confecit, postquam Celtiberia fuit ejectus; decessit autem Oscæ, 134, 4, debellatus, 239, 2. Dianio ad Hemeroscopium sito tamquam arce usus est, 132, 1. Antæi ossa ad Lyngem Mauretaniæ detexit, 703, 54.

[Q. Servilius] Cæpio (Scipio codd.), quum Tolosæ thesauros Delphis raptos attrectasset, vitam in calamitatibus finivit tanquam sacrilegus, patria ejectus, relictis filiabus, quæ constupratæ perierunt, prodente Timagene, 156, 5.

Servilius Isauricus piratas debellavit, 567, 42; Olympum, Corycum, Phaselidem, alia castella, quæ Zenicetes prædo tenebat, cepit, 573, § 7. Isauricus dictus est quod Isauros debellavit, 487, 17.

Sesamus in India, 588, 47. Sesami oleo Assyrii unguntur, 635, 19.

Sesamus, Σήσαμος, olim pagus, postea arx Amastris urbis, 466, 45.

Sesarethii, Σεσαρήθιοι (qui et Dasarethii), in Illyrico, 271, 23.

Sesithacus, Σεσίθακος, Segimeri Cheruscorum ducis filius, cum Rami uxore triumphum Germani ornavit, 242, 30.

Sesostris, Σέσωστρις. Ejus peregrinatio, 51, 18. Expeditione sua in Europam usque processit, 585, 47. Totam Æthiopiam permeavit usque ad Cinnamomiferam regionem. Quædam ejus monumenta monstrantur, columnæ et inscriptiones, 671, 46. Troglodyticam subegit usque ad Diren prom., ubi columnam posuit; hinc in Arabiam transgressus omnem Asiam peragravit; quapropter multis in locis Sesostris valla appellantur, et templa Ægyptiorum deorum inveniuntur ab eo exstructa, 654, 40. Sesostris Isidis fanum ad oram sinus Arabici exstruxit, 655, 49. Ante bellum Trojanum primus fossam e Nilo in sinum Arabicum ducendam fodere cœpit, 683, 36; qua de causa cœptum non peregerit, 32, 4.

Sestias, Σηστιὰς ἄκρα, prom. Chersonesi Thrac. 284, 3. Ad eum Xerxis pons, 284, 3.

Sestus, Σηστός, Chersonesi Thracicæ urbs, 89, 41; una cum Abydo subjecta erat Asio, 501, 19. Bene munita, est; olim sub eodem duce erat sub quo Abydus, 506, 1; ab Abydo distantia; ad Sestum locus, quo Xerxes pone Hellespontum junxit, Apobathra dicitur; situs urbis; in Abydum transjiciendi ratio, 506, 4 et 26. Septem stadiorum fretum inter Sestum et Abydum, 103, 6. Sestus ab Ægospotamo 280 stadia distat, 284, 5.

Sethroites nomus, Σεθρωίτης νομός, Ægypti juxta lacum in Delta regione, 683, 25.

Setia, Σητία, Latii opp. inter Appiam viam et Latinam, 198, 4.

Setinus in Latio ager palustris, 193, 9. Setinum Latii vinum nobile, 195, 5; 198, 5.

Setius mons, Σήτιον ὄρος, (sic Ptol.; Σίγων ὄρ. codd. Strabon.), Cap. de Cette, in sinu Gallico, 150, 48.

Seusamora, Σευσάμορα (Samthawro), Iberiæ castellum ad fluvium [Aragum], qui in Cyrum influit.; objacet 16 stadiorum intervallo Harmozica ad ipsum Cyrum, 429, 39. Cf. Harmozica.

Seuthes, Σεύθης, Odrysarum rex, 282, 50.

Sevennæ. V. Cemmenus mons.

Servius rex Esquilinum et Viminalem colles urbi adjecit, 195, 27.

Servorum nomina apud Atticos usitatissima, 253, 1.

Sextiæ aquæ. V. Aquæ Sextiæ.

Sextius Salyes a locis maritimis repulit, derelictamque ab iis regionem Massiliensibus adjunxit, 149, 40. Aquas Sextias condidit, 149, 42.

Sibæ, Σίβαι, Indiæ gens, 597, 24. Pellibus amiciuntur et clavæ signum bobus et mulis inurunt, ideoque Herculis posteri esse creduntur, 586, 41.

Sibini, Σιβινοί, Germaniæ gens, cum Zumis, Butonibus Mugilonibus, Semnonibus inter eos recensentur, quos Marcomanni vicerint, 241, 32. (Haud dubie iidem sunt, qui apud Ptolemæum 241, 32 Σειδινοί, Σιδενοί, Σιδηνοί vocantur et inter Suebum et Viadrum fl. ponuntur.)

Sibylla Erythræa, 550, 48; 691, 44. Sibyllæ oraculis Romani utuntur, 691, 10. Sibyllæ oraculum, 486, 18.

Siccitas ingens in Asia Artaxerxis temporibus, 41, 25.

Sicani, Σικανοί, barbara Siciliæ gens, 224, 31.

Sicilia, Σικελία νῆσος μεγίστη τῶν καθ' ἡμᾶς καὶ ἀρίστη, 101, 32. Eam Homerus eodem modo quo prisci historici descripsit, sec. Polybium, 19, 41. Siciliam Homero melius novit Hesiodus, Ætnam et Ortygiam memorans, 19, 10. Sicilia a Rhegina regione abrupta censetur, 50, 10. Fortasse non est frustum ab Italia abruptum, sed vi Ætnæi ignis insula e profundo projecta, 45, 21. Olim Trinacria, deinde Trinacis dicta; ejus figura triquetra; Pachynum, Pelorum et Lilybæum promontoria; singulorum laterum longitudo totiusque insulæ ambitus sec. Posidonium et Chorographum romanum et Ephorum, 220, § 1; 69, 28. A Criumetopo Cretæ ad Pachynum pr. 4500 stadia; hinc ad fretum Siculum 1000 et amplius; a freto ad Columnas 12000 stadia, 87, 32. A Sicilia ad Carthaginem 1500 stadia, 101, 17. Sicilia tota est cava et sub terram igiis fluviorumque plena, 228, 22. Agri præstantia, 227, 11. In mediterraneis pauca habet oppida, quorum pleraque pastorum domicilia, 226, § 6. Sic ora a Pachyno ad Lilybæum pertinens nunc fere deserta est, 226, 7. Siciliæ aquæ calidæ Selinuntiæ, Himerenses, Ægestææ, 228, 26; crateres Palicorum, 228, 32. Sicilia ταμιεῖον τῆς Ῥώμης, 227, 18. Insulam tenentes barbari partim indigenæ, partim e continente advenæ, 224, 27; eos a maritimis Græci arcebant; in mediterraneis vero manebant Siculi, Sicani, Morgetes et alii nonnulli, inter eosque Iberes, qui omnium primi insulam frequentasse ab Ephoro dicuntur, 224, 29. Ex Italia migrarunt Morgetes et Siculi ab Œnotris ejecti, 214, 23. Siciliæ tyranni Italiæ inferioris incolas, Græcos maxime, damno affecerunt, 210, 50. V. Dionysius. Græcos et

barbaros Siciliæ infestarunt Carthaginienses, 224, 36. Sicilia ab armentorum pastoribus in magnum discrimen adducta, 226, 52. Siciliam S. Pompejus ad defectionem pertraxit, 214, 29; 117, 27. Siciliæ prætor, 230, 24.
Sicinus, Σίκινος, ins. maris Cretici, 416, 15.
Siculi, Σικελοί, barbara Siciliæ gens, 224, 31. E Rhegii regione ab Œnotris pulsi in Siciliam abeunt, 214, 23. Siculos nominat jam Homerus, p. 5, 32.
Siculum fretum, ὁ Σικελικὸς πορθμὸς ὁ κατὰ Σικελίαν πορθμός, eodem quo Oceanus modo fluctibus agitatur, sec. Eratosthenem, 45, 46; ob fluxus et refluxus periculosum est, 19, 28. Hinc Homerica de Charybdi fabula, 36, 23. Loca freto vicina Homeri temporibus inaccessa penes latrones fuerunt, 16, 51. Freti latitudo septem stadiorum, 101, 13; sex stadiorum sunt summæ angustiæ, 213, 39. Siculum fretum sub eodem meridiano sub quo Carthago et Roma sec. Eratosthenem, 76, 48. A Siculo freto quot sint itinere terrestri et maritimo stadia usque ad Iapygiam, 176, 19. Ab eo ad Lacinium 1300 stadia sec. Polyb., 217, 31; ad Narbonem 11200 st. et amplius sec. Polybium, 86, 48; ad Peloponnesum 3000 stadia sec. Dicæarchum, 86, 37. In Siculum fretum feruntur thynni, quos ibi vorant pisces majores, 20, 1. In Siculum fretum desinit Apenninus m., 106, 46. Cf. 175, 17 et 25.
Siculum mare, Σικελικὸν πέλαγος. Ejus situs et ambitus, 102, 2; a Pachyno ad Cretam longitudo stad. 4500; tantumdem ad Tænarum Laconicæ, 102, 25; ab Iapygia acra ad recessum sinus Corinthiaci minus 3000 stadiis, ib. Siculum pelagus contingunt Creticum, Saronicum et Myrtoum, 102, 35. Siculum mare etiam Ausonium dicebatur, 194, 17; 101, 45; confluit cum eo id quod ante Syrtes et Cyrenaicam est, 101, 45. Implet sinum Ambracicum, Corinthiacum et Crisæum, 269, 10; profundissimum est, 176, 13. Aliis locis passim mare Siculum memoratur.
Sicyon, Σικυών, initio Ægiale, dein Mecone dicta; urbem a mari in locum 12 vel 20 a litore stadia distantem transtulit Demetrius Poliorcetes, 328, 42 sqq., 320, 17. Urbem Asopus præterfluit, 225, 46; 328, 29. Ad Sicyonem est Selleis fl., eique vicinus Ephyra pagus, 291, 5. Sicyoniam a Corinthia Nemea fl. discernit, 328, 44. Sicyoniæ pars Asopia, 328, 29; pagus Platææ, 354, 2. Sicyon in Agamemnonis regno fuit, 324, 12. Eam obtinuit Phalces, 334, 48. Sicyoniorum tyranni; in libertatem Sicyonios vindicavit Aratus, 328, 50, et fœderi Achaico adjunxit 330, 52. Sicyonii maximam partem agri Corinthii a Romanis acceperunt, 327, 26. Pingendi et fingendi artes excoluerunt, 328, 14. Sicyone est templum Diæ seu Hebes, 328, 37.
Side, Σίδη, Pamphyliæ opp., 488, 12; ab Acamante Cypri pr. 1600 stadia distans, 581, 51. Cumæorum colonia; Minervæ ibi templum; propinqua ei est ora Cibyratarum minorum, 570, 2. Sidæ est Cilicum piratarum ναυπήγιον et forum, 567, 15.
Side, Ponti castellum, Sidenæ regioni nomen dedit, 469, 38.
Sidene, Σιδηνή, Ponti regio, 104, 33; 469, 38; 470, 15. 476, 23; Themiscyræ contermina, castella habet Siden, Chabaca et Phabda, 469, 36. Amisenorum est, 469, 2 et 17. Major Sidenes pars humilis est, 44, 3.
Sidena, Troadis opp. ad Granicum, nunc dirutum, 502, 45. Sidenam Glaucias tyrannus confugerat; Crœsus oppidum diruens quum diris devoveret eos qui denuo locum muro cingerent, postea oppidum alio in loco positum est, 514, 49.
Sidetani. V. Edetani.
Sidicini, Σιδικῖνοι, quorum est Teanum opp., genere Osci sunt, 197, 52.

Sidon, Σιδών (Saida), Phœniciæ urbs, a Beryto 400 (deb. 200) stadia, 644, 7; a Tyro 200 st. distat, 645, 9; portum bonum habet, 644, 19. Prope Sidonem incipit Antilibanus, 642, 42. Sidone dies maxima 14 ¾ horarum, 110, 48. Sidonis major pars terræ motu diruta, et alia urbs supra Sidonem sita absorpta est, 48, 23. Sidon a poetis magis quam Tyrus celebratur, 644, 13. Sidonios Homerus novit, 2, 6. Sidonii, quos Menelaos ap. Hom. adiit, sunt urbis Phœniciæ, 33, 37. Antea Alexander et Helena eorundem hospitio usi erant, 34, 10. Nonnulli Sidonios Homericos quærunt in sinu Persico; horumque colonos esse volunt Sidonios Phœniciæ, 667, 10; 35, 35. Sidoniorum opera, πέπλοι παμποίκιλοι, 34, 13; cratera argentea auro ornata, 34, 18, et alia, 34, 28. Vitri fabricas habent, 645, 12; πολυδαίδαλοι, 34, 29; πολύτεχνοι et καλλίτεχνοι; astronomiæ et arithmeticæ et reliquæ philosophiæ periti, 644, 43. Sidonius Mochus, Trojano bello antiquior, cujus de atomis dogma esse dicitur; alii Sidonii sunt Boethus philosophus et frater ejus Diodotus, 645, 1. Sidonii exsules Aradum condunt; cum Aradiis et Tyriis Tripolin condiderunt, 642, 31
Sidones, Σιδόνες, Bastarnica gens, sedis incertæ, 254, 32.
Siga, Σίγα, Masæsyliorum urbs, Sophacis regia, nunc diruta, 704, 16.
Sigeli, Σιγήλου, monumentum in Bœotia, 346, 46. Cf. Narcissus.
Sigerdidis, Σιγέρδιδος, regio, sicuti Saraosti regio, a Patalene ortum versus sita (in Guzerati vel etiam magis meridiem versus), a Bactriæ regibus græcis occupatur, 443, 8. (Sigerus portus, hod. Zygour, memoratur Plinio; idem Melizigara vocatur in Anon. Peripl. maris Erythr. Is tamen num ad nos pertineat, parum liquet.
Sigeum, Σίγειον (Ieni-scher), Troadis opp. muro cinxit Archæanax Mytilenæus Iliacis lapidibus usus, 513, 17; occuparunt Athenienses Phrynone duce; ortas hinc controversias tandem diremit Periander, 513, 19. Sigeum ab Iliensibus dirutum inobedientiæ causa, 513, 45; 509, 44. Sigenses partem agri trojani, post eversam urbem, obtinuerunt, 515, 8.
Sigeum, Σίγειον, Troadis prom., ab Eleunte 40 stad. distans, a Rhœteo 60 stadia, 510, 2; 283, 35 Σιγειὰς ἄκρα, 516, 43. Τῇ Σιγειάδι ἄκρᾳ objacent in Chersoneso Protesilaeum et Eleussa, 509, 51. Ad Sigeum Stomalimne, 511, 24; Naustathmum Græcorum, 512, 23; Achillis templum et sepulcrum, 510, 7, et Patrocli et Antilochi sepulcra, ib. Sigeum prom. nonnullis Hellesponti instium, 284, 43.
Sigia, Σιγία, vocabatur locus in quo Alexandria Troadis posita, 517, 15,
Siginni, Σίγιννοι, una cum Derbicibus, Tapyris et Caspiis memorantur, 446, 4 (adeo ut inter mare Caspium et Persidem alicubi eos posuisse Strabo videatur Alii Siginnos prope Colchidem collocant. V. Saint-Martin Géogr. anc. du Caucase p. 61 sqq.); de Siginnorum moribus quædam, ib.
Signia, Σιγνία, Latii opp. inter Latinam viam et Appiam, 198, 4. Signium vinum alveum sistens, 198, 5.
Sigriana, ἡ Σιγριανή, Mediæ regio, 450, 40.
Sigrium, Σίγριον, Lesbi prom., 284, 44; 527, 13 et 22; 528, 29 et 33.
Sila, Σίλας, silva in Bruttio 700 stadiorum longitudine. Hinc pix optima, 216, 52.
Sila, Σίλα (Sena?), urbs ab Iapygia 562 mill. abest sec. Polyb., 236, 44.
Silaceni, Σιλαχηνοί, Elymæis finitimi, quorum exiguus est principatus, 634, 22. [Ni fallor, sunt incolæ Silakhur regionis, quæ est in convalle Dissul-Rud, ubi

exstat *Burudjird* opp. (34° lat., 46°—47° long.). Cf. Rawlinson apud Ritter. t. 9, p. 211.

Silanus, Σιλανός, historicus de fonte quodam Gaditano ab Artemidoro laudatur, 143, 23.

Silaris, Σίλαρις, Campaniæ in Lucaniæ finibus fl., 209, 39; 212, 18; cujus aqua plantas injectas in saxa convertit, 209, 25. Fluvius a Sirenussis 260 stadiis abest, 209, 33. Ad eum usque Picentini habitant, 209, 21.

Silas, Σίλας Indiæ, fl., cui nihil innatat, 599, 23.

Sileni, Σιληνοί, Bacchi ministri, 400, 23; 402, 17.

Silenus, tibiarum inventor, 403, 45.

Siliquastrum, ἡ κερατία, in Meroe ins., 698, 3.

Silvium, Σιλούιον, Apuliæ urbs, usque ad quam Peucetii pertinebant, 236, 25.

Σίλφιον. V. Laserpitium.

Silta, Σίλτα, Thraciæ locus Perintho et Selymbriæ superjacens (fort. hod. *Tchandu*), 284, 13.

Simi, Σιμοί, Æthiopes, orygum cornibus pro armis utentes, cum Struthiophagis bella gerunt, 657, 31.

Simiæ Mauretaniæ, 702, 6.

Simmias, Σιμμίας, grammaticus, Rhodius, 539, 45; 312, 46.

Simodia, ἡ Σιμῳδία. V. Simon.

Simois Σιμόεις, Siciliæ fl., cui nomen indidit Æneas, 520, 16.

Simois, Troadis f., Callicolonen præterfluit 5 stadiorum intervallo, 511, 33; cum Scamandro coit, 511, 22. Cf. Scamander. Per Simoisium campum labitur, 511, 15. Ad Simoentem Polium condiderunt Astypalæenses, 515, 1. Simoisius campus Troadis, Σιμοείσιον πεδίον, 511, 14. (Cf. Scamandrius campus.) [Simois fl., sec. Demetrium Scepsium ejusque sectatorem Strabonem, is esse debet qui hodie *Dumbrek* vocatur, atque Thymbrius fl. in hodierno *Kamara-Su* eorundem sententia quærendus est. (V. Eckenbrecher in *Rhein. Mus.* 1842, p. 1 *sqq.*, et Ulrichs, *ib.*, 1843, p. 573 *sqq.*) Num vero recte ita Demetrius statuerit, jure tu quæras. Ipsa nomina claimant Simoentem esse hodiernum *Shimar* et Thymbrium non vocari *Dumbrek*. Idque bene cadit in veterem geographiam, si vetus Troja in eodem loco erat quo Ilium novum, ut ipsi Ilienses contendebant et Hellanicus et Alexander et ceteri omnes grammaticorum ævo antiquiores. Quorum sententiam inpugnans Demetrius haud dubie contendit Simoentis et Thymbrii nomina a posterioris ævi Iliensibus ad fluvios esse translata a quibus sec. Homeri carmina aliena essent.]

Simonides, Σιμωνίδης, iamborum poeta, in Amorgo ins. natus, 418, 47.

Simonides Cyzicus, ex Iulide Ceus, consobrinus ejus Bacchylides, 417, 43. Simonides ἐν Μέμνονι διθυράμβῳ τῶν Δηλιακῶν de Memnonis sepulcro, 619, 45. De Perrhæbis et Lapithis, 379, 14. De Hyperboreis, 605, 53. Laudatur etiam p. 529, 16.

Simus, Σίμος (Σίμων, codd., p. 553, 27) μελοποιός, e Magnesia ad Mæandrum oriundus, τὴν Σιμῳδίαν introduxit, 553, 27 et 36.

Simyra, τὰ Σίμυρα, Syriæ opp. a Maratho meridiem versus situm, 641, 35. [Simyra, secundum Schawii sententiam, foret hod. *Sumra* (sedes Zemaritarum, ap. Mosem 1, 10, 18, ut Ritter censet, t. 17, p. 857); qui locus in Berghausii tabula *Yamura* scribitur et e regione Aradi insulæ et a Fonte serpentium (*Enydra*) occasum versus ponitur. Id vero parum quadrat in Strabonianam nominum seriem et in ea quæ apud Ptolemæum et Plinium leguntur, quorum ille Simyra ad Eleutherum fl. ponit, Plinius autem, 5, 20, 77 *sq.*, Libanum usque ad Simyram, quam inter Marathum et Eleutherum ponit, porrigi tradit. Hinc patet τὰ Σίμυρα magis meridiem versus fuisse eo fere in loco ubi Itin., p. 572 habet *mutationem Spiclin* (?), 12 m. p. ab Arado dissitam. Mensura hac ducimur ad hod. *Simohea*, quod ipsum fort. est *Simyra* veterum.]

Sinda, τὰ Σίνδα, Pisidiæ opp., 488, 20 et 39; ἡ Σίνδα, 538, 52.

Sindi, Σινδοί, Mæotarum populus, 424, 54. Eorum regia Aborace, 424, 39.

Sindice, Σινδική, ad Bosporum Cimmerium regio; in eo Hermonassa et Apaturi Veneris fanum et Gorgipia et Sindorum regia Aborace, 424, § 10; 422, 36; 258, 30.

Sindicus portus, Σινδικὸς λιμήν, et urbs, 180 stadiis a Corocondama orientem versus, 426, 7.

Sindomana Σινδόμανα (Sindonalia codd.), Indiæ urbs in Sabi ditione, 597, 30.

Sindones ex lana arborea in India conficiuntur, 591, 35. Sindonibus candidis Indi utuntur, 612, 13; iidem epistolas in sindonibus scribunt, 610, 33.

Singiticus sinus, Σιγγιτικὸς (Σιγγικός, 279, 19) κόλπος, Thraciæ, 279, 19, 28 et 31.

Singus, Σίγγος, vetus Macedoniæ urbs, nunc diruta, quæ Singitico sinui nomen dedit, 279, 20.

Sinna, Σιννᾶ, in Libano locus munitus, Ituræorum prædonum receptaculum, 643, 16. Castellum istud fortassis in hodierno *Djebel Sannin* fuisse ob nominum similitudinem suspicatur Ritterus, p. 17, p. 585.

Sinnaca, Σίνναχα, Mygdoniæ opp., in quo Surena Crassum dolo captum interemit, 636, 8.

Sinope, Σινώπη, Ponti urbs, Milesiorum colonia; urbis situs, potentia, fata, monumenta enarrantur; viri Sinopenses celebres, 467 *sq.*, § 11. Sinope et Lysimachia in eodem parallelo, 111, 19. Sinopen inde ab Issico sinu circa 3000 stadia sec. Eratosth., 57, 6; ab Amiso 90 stadia, 468, 42. Distantiæ a Chalcedonensi fano et Heraclea et Carambi, 468, 9. Sinopensium pagus Armene, 467, 16; emporium olim fuit Cytorum, 466, 50. Circa Sinopen sunt vestigia expeditionum Phrixi et Jasonis, 38, 22. In Sinope urbe Mithridates Euergetes necatur, 410, 22. Sinopes regio oleas fert, 61, 18. Ἡ Σινωπῖτις ὀρεινή quasnam arbores ferat, 468, 25. Ad Sinopen pelamydum piscatio, 366, 6. Sinopica rubrica in Cappadocia reperitur, e Sinope vero quum exportari soleat, Sinopica dicta est, 462, 39. Sinopicā terrā non deterius est minium Turdetanorum, 119, 34.

Sinoria, Σινορία, Armeniæ minoris castellum ad fines Armeniæ majoris situm; unde Συνορία a Theophane appellatur, 475, 41.

Sinotium, Σινώτιον (*Sign*) vetus et novum, Dalmatarum urbes ab Augusto combustæ, 261, 52.

Sinti, Σιντοί, Thraces, quos Σίντιας Homerus vocat, 393 21; 282, 15; Lemnum incoluerunt, 282, 15. Sinti, Sinties, Saii, Sapæi una eademque gens; habitarunt in Lemno et circa Abdera, 471, 3. Per Sintos et Mædos Strymon decurrit, 281, 19.

Sinties. V. Sinti.

Sinuessa, Σινόεσσα, Latii opp., 194, 43; 197, 27; 202, 39; in via Appia, 194, 26; 235, 7. Ejus situs; aquæ Calidæ, 195, 7. Ad Sinuessam usque Latinorum ora maritima pertinet inde ab Ostia, 182, 22; 192, 54. A Sinuessa ad Misenum pertinens sinus magnus, 202, 5.

Siphnus, Σίφνος, Cycladum una; maris Cretici ins.; Σίφνιος ἀστράγαλος, 416, 19; 417, 3.

Sipuntum, Σιποῦς, Apuliæ oppidum, Diomedis opus, quasi Σηπιοῦς, a sepiis, quæ ibi mari ejiciuntur, nomen habet, 236, 5.

Sipûs. V. Sipuntum.

Σιπυλήνη Rhea, 402, 45.

Sipylus, Σίπυλος, Lydiæ mons, 48, 48. Ei subjacet Magnesia,

489, 48; 531, 37. Sipyli metalla, 580, 21. Regio quæ circa Sipylum est, sæpe vocatur Phrygia, 489, 40.
Sipylus, Lydiæ urbs, regnante Tantalo terræ motu eversa, 48, 48; 496, 15.
Siraci, Σιρακοί, Asiæ pop. inter Oceanum et Caucasum, 422, 32; Σίρακες nomades inter Mæotidem et Caspium mare, 434, 29. Siracum planities a borea Caucasi, 434, 21.
Siraces Achardeum fl. accolunt, 434, 41. Siracenam terram perfluens Mermodas in Mæotidem exit, 432, 42.
Sirbis, Σίρβις, priscum Xanthi Lycii fl. nomen, 568, 16.
Sirbonitis palus, Σιρβωνῖτις λίμνη, in Ægypti confiniis, 687, 53. Sirbonis palus, Σιρβωνὶς λίμνη, olim mare fuit; deinde lacus, tum hic erumpens in mare naturam paludis induit, 42, 10. Sirbonis palus, in loco qui Ἔκρηγμα dicitur, in mare erumpit, nunc tamen eruptio ista obturata est; paludis longitudo et latitudo, 646, § 32; 647, 19; 649, 54. Aquam habet gravissimam, et bitumen, de cujus eruptione et colligendi ratione agitur fusius, 650, 7. [*Confundit Strabo Sirbonidem lacum et Asphaltitem.*] Adjacens Sirbonidi (i. e. Asphaltitæ) paludi regio ignem alit. Tredecim olim urbes ibi fuerunt, quarum caput Sodoma, 650, § 44. [In Peræa ad Asphaltiten lacum erat *Silbonitis* regio. Quæ fortasse caussa fuit ut Asphaltites lacus cum Sirbonide confunderetur.]
Sirenes, Σειρῆνες, quarum una fuit Parthenope, 21, 33, cujus monumentum Neapoli, 18, 51. Sirenum fanum in Minervæ promontorio, quod a Surrento versus Capreas i. excurrit, 18, 35. Sirenes ab aliis ponuntur in Peloriade, ab aliis in Sirenussis, 18, 27.
Sirenes, αἱ Σειρῆνες, insulæ ad Minervæ prom. Campaniæ, 206, 14. Desertæ et saxosæ sunt, *ib.*; a continente abruptæ, 214, 51. Eædem vocantur Sirenussæ in *sqq.*
Sirenussæ, Σειρηνοῦσσαι, sec. Eratosthenem scopulus est trivertex, Cumanum sinum a Posidoniate distinguens; sec. Strabonem sunt tres insulæ in Posidoniate sinu cubito Surrentino projectæ, et Sirenes dictæ, 18, 31; 19, 16 21, 39; 210, 4. Sirenussæ quot stadia distent a Silaro 209, 32.
Sirenussarum promontorium sive Minervæ prom. Campaniæ, 206, 10; 209, 17.
Siris, Σῖρις, Lucaniæ fluvius et urbs, postmodum navale Heracleæ, a quo 24 stadiis, a Thuriis 330 stad. dissita est; Minervæ Iliacæ ibi simulacrum cur palpebras clausas habeat, 219, 20. Siris urbs Chonum erat, quo tempore Iones e Lydia profecti eam ceperunt et Polieon vocarunt, 219, 28. Siris a nonnullis Rhodiorum colonia esse dicitur, 219, 41. Siritis regio, ἡ Σειρῖτις, 212, 12. Tarentinis et Thuriis de Siritide belligerantibus, ita res composita, ut æquo utrinque jure Siritis incoleretur, Tarentinorum tamen colonia esse judicaretur, 219, 42.
Siris, sec. Antiochum, postea Heraclea dicta est et cum nomine etiam locum mutavit, 219, 46.
Sirmium, Σίρμιον, Pannoniæ opp. non longe a Segestica, in via qua ex Pannonia in Italiam itur, 261, 7.
Sirrha, Σίρρα, Arrhabæi filia, mater Eurydices, quæ Philippum Amyntæ peperit, 271, 31. V. Irrha.
Sisapon vetus et novus, Σισάπων ὁ παλαιὸς λεγόμενος καὶ ὁ νέος, in Turdetania argenti metalla habent, 117, 49. (Alter est *Almaden* minii metalla habens, quæ in Sisaponense regione memorat Plinius; alter, sec. Lopez, foret *Guadalcanal*, ubi argenti metalla sunt. At hæc potius esse debent metalla quæ Strabo circa Ilipam existere ait.)
Siscia, Σισκία, castellum Pannoniæ prope Segesticam, 261, 6.
Sisimithræ petra, Σισιμίθρου πέτρα, in Bactriana, in qua Roxanen custodiebat Oxyartes, 443, 52.

Sisines, Σισίνης, Strabonis ævo Cappadociæ imperium affectans, thesauros in Noris castello asservavit; Cadena pro regia usus est, 460, 24.
Sisis, Σίσις, Antipatri Armeniæ reguli pater, 475, 37.
Σισύφειον Corinthi, 326, 15.
Sisyrba, Σίσυρβα, Amazo, a qua quidam Ephesiorum Sisyrbitæ vocantur, 541, 29.
Sisyrbitæ. V. Sisyrba.
Sitacene, ἡ Σιτακηνή, a Seleucia orientem versus, 633, 30; regio fecunda, inter Babylonem et Susidem sita, 633, 32. Sitacene, nunc Apolloniatis dicta, Babyloniæ pars Susidi proxima, 623, 18; 449, 53; imminent ei Parætaceni et ex parte Elymæi, 623, 18.
Sithones, Σίθωνες, Edonorum pars in Macedonia, 275, 33. Sithonum in regione ad triginta urbes condiderunt Chalcidenses, 275, 36.
Sittaceni, Σιττακηνοί, Mæotarum gens, 425, 2. (*Siraceni* ap. Ptolemæum?)
Smaragdi in India, 611, 40. Smaragdi in aurifodinis, 663, 9. Smaragdi metalla in ora maris Rubri, 692, 44.
Smintheus. V. Apollo.
Sminthium, Σμίνθιον, Chrysæ ad Theben sitæ. Ad hoc referendum quod de Teucris et muribus narratur, 524, 25; 517, 19 et 40; 523, 7. Sminthia duo Hamaxiti, 517, 42. Sminthium in Larisæo agro Troadis, 517, 44; Lindi, 517, 46; in Rhodo urbe, 517, 45; in Pariano agro, 517, 44; in Ceo, 418, 6.
Smyrna, Σμύρνη, Amazo, 541, 26; 471, 30.
Smyrnæ nomen olim Epheso fuit, 541, 20.
Smyrna, locus quidam pone Ephesum urbem, 541, 30.
Smyrna urbs a Smyrna Amazone dicta, 541, 26; 471, 30.
Smyrna vetus ab hodierna 120 stadiis abest, 551, 37.
Smyrna nova ab Epheso via recta 320 st., 540, 11; 566, 10; vini ferax, 544, 41. Smyrnæ natus esse Homerus a plurimis dicitur; quanquam is urbis ejus non meminit, 474, 49. Smyrnæi primum cum Ephesiis habitarunt; ab iis profecti Smyrnam veterem condiderunt, quæ ab hodierna Smyrna 120 stadiis distat; locum hunc tunc Leleges obtinebant, 541, 42. Postea Smyrnæi ab Æolensibus pulsi ad Colophonios confugerunt cumque iisque reversi urbem recuperarunt, 541, 46. Ephesiis auctoribus, Smyrna in Ionicarum urbium conventum recepta est, 541, 18. Smyrna a Lydis diruta; inde per 400 annos pagatim Smyrnæi habitant; instaurarunt urbem Antigonus ac postea Lysimachus, 551, 38. Hodiernæ urbis descriptio, 551, 40; vicinus urbi Meles fl., 551, 50. Smyrnæ partem magnam Dolabella dejecit, 552, 2. Smyrnæ floret Erasistratea medicinæ schola, 496, 43.
Smyrnæus sinus, 551, 34.
Soanes, Σόανες, gens supra Moschos et Colchos habitans, 426, 20; Phthirophagis sorde similes, summa Caucasi pone Dioscuriadem tenent; eorum resp., multitudo, virtus bellica, auri colligendi ratio, sagittæ veneno infectæ, 428, § 19.
Soandus, Σόανδος, Cappadociæ opp. in via qua Coropasso Mazaca itur, 566, 29.
Soatra, Σόατρα, *Lycaoniæ* κωμόπολις Garsauris vicina, ubi putei profundissimi sunt, et aqua venditur, 486, 47.
Socrates, Σωκράτης, Xenophontem humeris suis absportavit e prœlio ad Delium commisso, 346, 19.
Sodoma, τὰ Σόδομα, caput 13 urbium, quæ olim fuerunt ad lacum Asphaltiten; superstes est murorum ambitus stadiorum sexaginta, 650, 45.
Sogdiana, Σογδιανή, a Bactris Oxo, a Nomadibus et Sacis Iaxarte separatur, 443, 20; 440, 35; 61, 19. Indiæ adjacet, 440, 32. In ea Polytimetus fl., qui arenis absorbetur, 444, 64. Eam Sacæ occuparunt, 438, 34. Sogdianæ urbes Maracanda et Cyra, ab Alexandro deletæ; Oxi

petra, ab eodem capta, 443, § 4. Regionem possederunt Bactriæ reges græci, 443, 19. Sogdianorum vitæ ratio, 443, 24; 107, 3.
Sol. Ejus cursum cœli conversioni contrarium esse Atreus docuit, 19, 30. Sol obliquo fertur circuitu, qui in zodiaco describitur, 91, 20. Solis progressiones sub æquatore celeriores, 80, 47. Quæ sit per brumam altitudo solis in regionibus borealibus ab Hipparcho notatur, 62, 45. Solem in litore Oceani multo majorem quam alibi occidere idque cum strepitu, porro post occasum statim noctem ingruere tradidit Artemidorus, refutat Posidonius, 114, § 5. Sol, unicus Massagetarum deus, 439, 47. Solem colunt Albani, 431, 33, Nabatæi, 667, 5; Persis sol est Mithras, 623, 39. Solem detestantur gentes nonnullæ Æthiopicæ, 698, 27. Solis boves, fabula Homerica, 18, 4. Ἡλίου ἱπποστάσεις, 28, 8. Solis filii Corybantes, 405, 30. Ejus templum Heliopoli, 684, 9. Solis colossus Rhodius, Charetis opus, nunc terræ motu prostratus jacet, 557, 8. Solis lacus apud Æthiopes ex Æschyli Prometheo soluto memoratur, 27, 47.
Soli, Σόλοι, Ciliciæ opp., 570, 25; 573, 6; nunc Pompeiopolis, 566, 49; initium Ciliciæ Campestris sive τῆς περὶ τὸν Ἰσσόν; ab Achæis et Rhodiis condita; in eam piratarum partem collocavit Pompeius urbemque Pompeiopolin nominavit; Solenses viri Chrysippus stoicus, Philemo comicus et Aratus Phænomenôn poeta, 573, § 8; 567, 47; 333, 5. Solis ad Pyramum fl. 500 stadia, 576, 15; ad Seleuciam 1000 fere stadia, 577, 14; ad Anemurium pr. 1500 stadia, 571, 44. Solis Amphilochus ab Apolline interfectus est, sec. Hesiodum, 576, 44. A Solensibus ducta quibusdam videtur vox solœcissare, σολοικίζειν, 565, 49. Fluvius Tyanis solos fluens, 502, 36.
Soli, Σόλοι, Cypri opp., cum portu, fluvio, Veneris et Isidis templo, 583, 17; ab Acamante et Phalero condita, Stasanoris patria; incolæ Solii, 583, 19.
Solmissus, Σολμισσός, mons supra Ortygiæ lucum prope Ephesum. De eo fabula, 546, 34.
Soloce, Σολόκη, postea Seleucia, Elymaidis urbs ad Hedyphontem, 634, 15.
Σολοικίζειν vocis origo, 565, 49.
Solon, Σόλων, vel Pisistratus in Il. 2, 557, versum inseruit, Atheniensibus Salaminem vindicaturus, 338, 31. Solon de Atlantide insula ab Ægyptiis sacerdotibus edoctus est, ut Plato ait, 84, 26.
Solymi, Σόλυμοι, secundum Homerum a Lyciis diversi sunt; nonnulli Solymos ab Homero dici censet eos, qui nunc Milyæ appellantur; alii vero Lycios olim Solymos vocatos esse putant, ab Homero aliena tradentes, 569, § 10. Solymi sunt iidem qui postea Milyes, dein Termilæ, dein Lycii dicti; at Homerus Lycios a Solymis distinguit, 490, 45. Solymi Homerici non sunt in Pisidia, sed ad oceanum a poeta ponuntur, 28, 46. Solymi altissima Tauri juga a Lycia ad Pisidiam tenentes quo pacto ab Homero ad Oceanum collocari potuerint, 17, 33. Solymi in Cabalide habitabant, 539, 9; vocantur etiam Termessii, 589, 10. Bellum iis inferunt Bellerophon et filius ejus Isander, 490, 54; 539, 15. Solymorum lingua est una earum quibus Cibyratæ utebantur, 539, 39.
Solymi Lyciæ montes, τὰ Σόλυμα ὄρη, Phaselidi superjacentes, 568, 52. Solymus collis supra arcem Termessi, 539, 10.
Sophax, Σώφαξ, regiam habuit Sigam, 704, 16. Sophaci in Masæsyliorum regno successit Masanasses, tum Micipsas ejusque successores, et Strabonis ætate Juba I, Jubæ pater nuper mortui, 704, 16.
Sophene, Σωφηνή, Armeniæ majoris provincia, 447, 13 et 40; 453, 18; inter Masium et Antitaurum, 452, 23;

eam Taurus et Antitaurus includunt, 447, 24. Ejus regia Carcathiocerta, 452, 29; castellum Tomisa, 566, 30. Sophene suos habuit regulos, 475, 31. Sub Sophen's olim fuit Acilisene, 455, 1. Sopheno Cappadox vendidit Tomisa castellum, quod Cappadoci reddidit præmii loco Lucullus, 458, 40.
Sophistæ publice a civitatibus conducuntur, 150, 25. Sophistæ Indici. V. Philosophi.
Sophocles, Σοφοκλῆς, in Triptolemo fabula terras a Triptolemo consitas recensens, longe divulsas jungit, cohærentes divellit, 22, 40. De Inacho fluvio fabulosa refert, 225, 33. Ejus de Orithyia versus, 245, 20. Sophocles laudatur (in Mysis) 106, 20; 312; 36; 313, 3; (Electr. 10), 318, 38; de Attica inter Pandionis filios distributa, 337, 16; de Amphiarao terra hausto, 342, 46. Trachiniam Phthiotidis partem dicit, 372, 6. Citatur (Trachin. 9 sqq.), p. 394, 1. In Polyxena Idam et Olympum tanquam eundem montem designat, 403, 52. In excidio Ilii ait pardalis pellem fuisse foribus Antenoris appositam, ut domus ejus a direptione immunis esset, 520, 2. Sophocles cum Pericle in Sami obsessione fuit, 545, 26. Laudatur ἐν Ἑλένης ἀπαιτήσει, 549, 11. Litem inter Mopsum et Calchantem in Ciliciam, quam tragico more Pamphyliam appellat, transfert, 576, 22. Nyssam montem Baccho sacrum decantat, 586, 17.
Sopithes, Σωπείθους, regnum in India ubi situm fuerit, 596, 6. In eo mons sales fossiles præbens, 596, 30. Sopithes Alexandro 150 canes fortissimos dedit, 596, 31.
Sora, Σῶρα, Latii opp., 198, 25, apud quam Liris erumpit, ib.
Soracte, mons Etruriæ, τὸ Σώρακτον ὄρος, 188, 29.
Sossinati, Σοσσινάτοι, Sardiniæ gens montana, 187, 28.
Sostratus, Σώστρατος, Cnidius turrim in Pharo insula exstruxit, 673, 16. — Sosicrates citatur, 407, 43.
Sostratus, Nysaensis, Aristodemi frater, grammaticus, 555, 36.
Sotades, Σωτάδης, cinædici sermonis auctor, 553, 33. De loco Homerico laudatur, 297, 15.
Sotiræ portus, τῆς Σωτείρας λιμήν, in ora Troglodytica sinus Arabici; unde dictus sit, 655, 37.
Spadines, Σπαδίνης, Aorsorum rex; ejus copiarum numerus, 434, 34.
Sparta. Spartiatæ. V. Lacedæmon.
Spartarius campus, τὸ Σπαρτάριον πεδίον, in Hispania a meridie Sætabis urbis, in via militari quæ olim per campum, nunc juxta eum ducta, 133, 18. Per Spartarium campum transit Orospeda mons, 133, 44.
Spartum fert regio Emporiensium, 133, 3. Spartum (ἡ σχοινοπλοκικὴ σπάρτος) ex Hispania exportatur in Italiam, 133, 20.
Spauta, Σπαῦτα, Atropatiæ Mediæ lacus; sales ejus, 448, 39. Cf. Mantiane.
Spercheius, Σπερχειός, ex Achillis sorore pater Menesthei, 372, 24.
Spercheus, Thessaliæ fl., e Typhresto oriens inter Lamiam et Thermopylas exit, 372, 14. Anticyram præterfluit, 367, 47. Post terræ motum alveum mutavit viasque reddidit navigabiles, 50, 38. A Spercheo ad Peneum navigatio 1800 stadiorum, 380, 51. Distantia a Thermopylis, 373, 32. Spercheo Achilles comam aluit, 372, 22.
Spermatophagi, Σπερματοφάγοι, Æthiopiæ, 656, 27.
Sphacteria, Σφακτηρία sive Σφαγία, insula Messeniæ ad Pylum, 308, 45; 299, 7. Ibi 300 Lacedæmonii ab Atheniensibus capti, 308, 47.
Sphagia. V. Sphacteria.
Sphettus, Σφηττός, una e 12 Atticæ civitatibus, quas Cecrops constituit, 341, 30.

Sphinges, Æthiopiæ animalia, 659, 49. Sphinges lapideæ ante templa Ægyptiorum, 684, 30.
σφραγῖδες (sigilla) Eratosthenicæ. V. Eratosthenes.
Spina, Σπῖνα (*Spinazino*), Galliæ Cisalpinæ nunc vicus, olim clara urbs Græca; nunc 90 a mari stadia distans, olim maritima. Spinitarum thesaurus Delphicus, 178, 16; 361, 16.
Spinarum Ægyptiacarum lucus Apollini sacer in Abydo Thebaidis urbe, 690, 48. Spina Thebaica, e qua gummi colligitur, 687, 27. Spina quædam apud ichthyophagos Arianæ s. Gedrosiæ, 613, 14; 615, 16.
Spitamenes, Σπιταμένης, et Bessus Persæ ad Chorasmios e Bactriana profugerunt, 440, 26. Spitamenes barbarorum manu interiit, 444, 50.
Spodium, σπόδιον, e Cyprio ære provenit, 136, 2.
Spoletum, Σπολήτιον (*Spoleto*), Umbriæ opp., 189, 41.
Σπονδύλῳ, verticillo, comparatur segmentum hemisphærii, cujus pars dimidia efficit quadrilaterum, in quo sita est terra habitata, 93, 24.
Spongia apud Macedones visa quomodo Indi imitati sint, 610, § 67.
Sporades inss., 102, 45; ad eas pertinent insulæ quas in Cretico mari positas Strabo recenset, 416, 27. Præterea tanquam Sporades Strabo enumerat Amorgum, Lebinthum, Lerum, Patmum, Corassias, Icariam, Astypalæam, Telum, Chalciam, Nisyrum, Carpathum, Casum, Calymnam, 418, § 12-19.
Squillæ parvæ e mari in Indum longissime adscendunt, 602, 19.
Stadia, Σταδία, vetus Rhodi nomen, 558, 19.
Stagirus, Στάγειρος (Στάγειρα, 280, 38), patria Aristotelis, cum Capro portu et objecta Capro insula, 279, 47. Aristotelis patria, Chalcidensium urbs, 280, 38 (*Stavro*).
Stannum non in superficie reperitur, sed effoditur in locis supra Lusitaniam et in Cassiteridibus; e Britannicis quoque in Massiliam fertur, 122, 15; 145, 52. Stannum apud Drangas, 616, 52. — Staphylus citatur, 408, 32.
Stasanor, Στασάνωρ, Alexandri M. dux, e Solis Cyprius, 583, 20.
Statanum Latii vinum, Στατανὸς οἶνος, 195, 5; 202, 33.
Statonia, Στατωνία, Etruriæ opp., 188, 22. Ruinæ inter *Lago di Bagni* et *Albenga* fl.
Statua Augusti in Mausoleo, 197, 9; Minervæ Iliacæ multis in locis monstrantur, tanquam ex Ilio allatæ, 219, 37. Cf. Minerva. Herculis colossus in Capitolio; 231; 25. Jovis colossus Tarentinus, 231, 19. Rhodius Solis colossus, 231, 19. Partheni ξόανον in templo Parthenii promontorii, 256, 19. Æsculapii in Cyllene Elidis, 290, 20. Statua aurea Jovis Olympiæ, Cypseli donum, 304, 8, Statua Jovis eburnea, Phidiæ opus, Olympiæ, 304, 10; statuæ Polycleti in Heræo Sami, 320 6. Statua Minervæ in Parthenone, Phidiæ opus, 340, 16; statua Nemesis Rhamnusiæ, Diodoti vel Agoracriti opus, 340, 37; statuæ Demetrii Phalerei ultra trecentas, 342, 1. Autolyci statua, Sthenidis opus, apud Sinopenses, 468, 2. Statua Jovis ænea Taurii in Galatia, 485, 46; statua Ajacis prope Rhœteum, 509, 38. Apollinis Smithii, Scopæ opus, 517, 19; statuæ Minervæ, Herculis, Jovis, colossicæ, uni basi insistentes, Myronis opera in Samo, 544, 22. (Cf. nomina deorum et heroum.) Statuas non erigunt Persæ, 623, 36.
Στεγανόποδες, Latipedes, gens ficta, apud Alcmanem, 36, 4; 248, 36.
Stellæ errantes, οἱ πλάνητες, et sol et luna obliquis feruntur circuitibus, qui in zodiaco describuntur, 91, 19.
Stellæ fixæ æqualem motum cum cœli circuitu tenentes, ἀστέρες ἀπλανεῖς ὁμοταχεῖς τῷ πόλῳ, 91, 16; conversione sua parallelos describunt circulos, 91, 17.

Stenyclarus, Στενύκλαρος, Messeniæ urbs, Chresphontis regia , qui in eam Dorienses omnes collegit, 310, § 7.
Στερνόφθαλμοι, Pectoroculati , gens ficta, ap. Æschylum, 36, 5; 248, 36.
Steropa, Στερόπη, Macetis mulier, uxor Dorylai, cui tres liberos peperit, 410, 25.
Stesichorus, Στεσίχορος. Ejus versus de Tartesso et Erythia ins. laudantur, 123, 1. Ejus carmen quod *Rhadina* inscribitur, 298, 49. Stesichorus laudatur, 306, 13; 35, 27.
Stesimbrotus, Στεσίμβροτος, Thasius scriptor, de Cabiris, 405, 39.
Στήθη (τὰ), Pectora, a nautis vocantur brevia circa Istrum fluv., 42, 1; 43, 52.
Sthenelus, Σθένελος, Perseo successit in Mycenarum et Argorum imperio; huic Eurystheus , 324, 17.
Sthenis, Σθένις Autolyci statuam Sinopensibus fecit, 468, 2
Stiphane, ἡ Στιφάνη, Phazemonitidis lacus, cui adjacet Cizaci regia, 480, 1.
Stiria , Στειριά, Atticæ pagus, 342, 34. Stirienses Atticæ in Eubœam colonos miserunt (Styram?), 383, 29.
Stobi, Στόβοι, Pæoniæ urbs, 274, 24; 334, 40.
Stœchades , Στοιχάδες (*îles d'Ières*), insulæ quinque , quas colunt Massilienses; olim præsidium ibi contra latronum incursiones; portus boni, 153, 24.
Stolæ floridæ ap. Indos, 586, 39.
Stomalimne, ἡ Στομαλίμνη, ad Scamandri ostia in Troade, 509, 46; 511, 24. Στομαλίμνη vocatur lacus salsus, λιμνοθάλασσα, prope Rhodani ostia (*étang de Berre* sive *de Martigues*), ostreis piscibusque abundans; mons a Rhodani ostiis eam separat, 152, 44.
Stoni, Στόνοι, (in regione circa hod. *Steneco*) supra Comum occasum versus (deb. orientem versus) habitant, sicut Tridentini.
Strabo , Στράβων, Amiso oriundus, 469, 71; de gente sua quædam exponit, 410, § 19, et 428, 1. Secundum hæc stemma est :

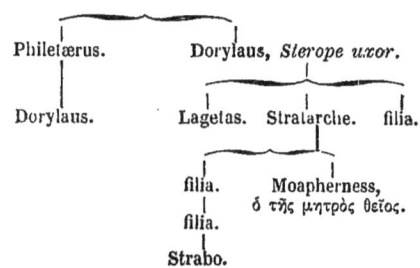

Strabonis matris patruus Moaphernes a Mithridate Eupatore Colchidi præfectus est, 428, 1. Avus ejus maternus Mithridati irascens a rege ad Lucullum defecit ; promissa ab eo præmia non tulit, quum in Luculli locum Pompeius successisset, 477, 39. (Cf. Moaphernes et Dorylaus.) Strabo Tyrannionem grammaticum Amisenum audivit, 469, 44. Nysæ audivit, νέος παντελῶς, Aristodemum grammaticum, 555, 36. Audivit etiam Xenarchum Seleucensem peripateticum, 572, 22. Aristoteleam philosophiam didicit ex Boetho Sidonio, 645, 4. Strabonis ἑταῖρος Athenodorus philosophus, 663, 27. Ejus amicus Diodorus Sardensis, historiarum et poematum scriptor, 536, 49. Familiaris Ælii Galli, 97, 31. Novit Cneum Pisonem , Libyæ præfectum , 108, 14. Strabo ipse obivit loca ab Armenia usque ad Etruriam Sardiniæ oppositam et ab Euxino Ponto usque ad initium

Æthiopiæ; vix antiquiorum geographorum aliquis plures regiones adierit, 96, 43. Comana Cataoniæ invisit, 459, 10. Vidit templum Dianæ Ephesium, 547, 39. In Gyarum insulam appulit, quo tempore Cæsar ad triumphum Actiacum proficiscens Corinthi erat, 417, 7. Corinthum invisit, 325, 21. Romæ Selurum a bestiis discerpi vidit, 227, 6. Vidit hermam, quem inter dona Porus Augusto misit, 612, 40. E mari Cyrenen conspexit, 710, 30. Alexandriæ diu versatus est, 83, 48. Cum Ælio Gallo, Ægypti præfecto, usque ad Syenen et fines Æthiopiæ adscendit, 97, 35. Alexandriæ rhinocerotem vidit, 659, 32. Cum Alexandriæ ὑαλουργοῖς de vitri fabricatione collocutus est, 645, 21. Strabone in Alexandria versante, mare circa Pelusium et Casium terram inundavit, 49, 1. Cum Ælio Gallo Thebas invisit, ibique sonum e Memnonis colosso editum audivit, 693, 12. Philas Ægypti adiit, 694, 46. Strabonis de rerum natura expositio, 688 § 36. Quidnam in geographico suo opere consilium secutus sit, 10 sq. Geographiam scripsit post ὑπομνήματα historica, 11, 10. Propter auctam Romanorum Parthorumque imperio cognitionem geograph'am multa accuratius prioribus geographis tradere potuit, 11, 35. De Parthicis institutis dixit ἐν τῇ ἕκτῃ τῶν ἱστορικῶν ὑπομνημάτων βίβλῳ, δευτέρᾳ δὲ τῶν μετὰ Πολύβιον, 442, 11.

Stratarchas, Στρατάρχας, Dorylai et Steropes f., frater Lagetæ; e gente Straboniana. Senem Stratarcham noster vidit Strabo, 410, 2°.

Stratia, Στρατία, Arcadiæ opp. ap. Homerum, 333, 46.

Stratius, Στράτιος, Æsculapii sacerdos Panticapæi, 61, 40.

Stratius Juppiter. V. Jupp.ter.

Strato, Στράτων, physicus. Ejus sententia de Ponto Euxino et nostro mari olim clausis, deinde per freta erumpentibus, de fluviis mare internum paulatim implentibus, de maris fundo vario, de Libyæ et Ægypti tractu olim mari tecto, et quæ alia huc pertinent, fusius exponitur. Probavit hæc Eratosthenes; in compluribus ea rectius constituere studet Strabo, 41, 23. Strato inter causas inundationum non recte refert quod fundus in aliis maribus alius sit; dicendum erat fundum maris quum modo attollatur, modo subsidiat, vel exundare maria vel in suum redire locum, 42, 27.

Strato tyrannus Amisum male tractavit, 468, 51.

Stratocles, Στρατοκλῆς, Atheniensium dux (archon?), 308, 42.

Stratocles, philosophus Rhodius, 559, 35.

Stratonice, Στρατονίκη, Ariarathis f., Eumenis II uxor, Attali III mater, 533, 50.

Stratonicea, Στρατονίκεια, ἡ πρὸς τῷ Ταύρῳ opp., 564, 3. Quæ quidem urbs ubi sita fuerit, nescitur.

Stratonicea, Στρατονίκεια, Cariæ urbs, 562, 20. Macedonum colonia; templa et conventus in urbis agro; Stratonicenses Chrysaorici conventus participes; e Stratonicea oriundus Menippus rhetor, 563, § 25. Stratonicensium in ditione Pedasum oppidulum, 522, 50.

Stratonicus, Στρατόνικος, citharœdus. Ejus dicteria, 556, 33; 521, 54.

Stratonis insula, Στράτωνος νῆσος, ad sinus Arabici litus Libycum, 656, 8.

Stratonis turris, Στράτωνος πύργος (Cesarieh), navium statio in Phœnicia, 645, 50.

Stratus, Στράτος, priscum Dymæ nomen, 332, 46.

Stratus, Στράτος, Acarnaniæ opp., 386, 47; 200 et amplius stadiis ab ostio Acheloi, ib. In media via ab Alyzia ad Anactoriam ducente sita esse dicitur (perperam), 387, 3 et 12.

Strombichus, Στρόμβιχος Diotimi pater, 39, 38.

Strongyle, Στρογγύλη, una ex Liparæis insulis, rotunda, ignita; ibi Æolum habitasse ferunt, 229, 52; 230, 31.

Strophades, Στροφάδες, inss. duæ, Cyparissiorum in Messenia oræ objacentes, 400 ab continente stadiis dissitæ, 308, 50.

Struthionum venatio, 657, 23.

Struthocameli, στρουθοκάμηλοι, 657, 23.

Struthophagi, Στρουθοφάγοι, Æthiopiæ, 657, 20; belligerant cum Simis Æthiopibus, 657, 31.

Strymon, Στρυμών, e Pæonum terra oritur. Ex Agrianis enim initium sumens per Mædos et Sintos decurrit et inter Bisaltas et Odomantes egreditur, 281, 3 et 17. Angustiæ per quas Strymon fertur, 281, 10. Amne adverso ad Amphipolin navigatur stadiis viginti, 280, 41. In Strymonis convalle usque ad Heracleam (Sinticam) Bisaltæ sunt, 281, 1, et Berge Bisaltarum vicus, 281, 8. Ad Strymonem usque pertinet Pæonia, 274, 29, et Macedonia, 269, 2. Strymoni adjacet Scotussa, 281, 14. Ostium Strymonis, 279, 50; 268, 46.

Strymonius sinus, Στρυμονικὸς κόλπος, 279, 31; terminatur boream versus Neapoli urbe, 279, 37, vel promontorio in quo Apollonia urbs, 280, 37. Urbes ad eum sitæ, 279, fr. 33 et 35. Strymonii sinus litori a Galepso ad Nestum superjacent οἱ * (populi nomen excidit) et Philippi urbs, 281, 41.

Stura, Στύρας, Latii fl., 194, 4.

Stygis aqua, Στυγὸς ὕδωρ, in Campania, 203, 48; prope Pheneum in Arcadia, 334, 37; apud Telchines, 558, 21.

Stymbara, Στύμβαρα, Deuriopum urbs ad Erigonem fl., 272, 8.

Stymphalis palus, Στυμφαλὶς λίμνη; aves Stymphalides, 319, 4. E St. palude nunc exit Erasinus et in Argolidem defluit, 334, 3; olim effluxio non erat, obturatis berethris, unde fit ut Stymphalus opp. olim ad lacus marginem posita nunc 50 ab eo stadia distet, 334, 4.

Stymphalus, Στύμφαλος, Arcadiæ opp., 333, 39; 328, 36, nunc quinquaginta a palude stadiis distat, 334, 7. (V. Stymphalis.) Ad Stymphalum aqua terram subiens post 200 stadia Trasinum amnem edit, 228, 43. Sec. Eratosthenem Erasinus Stymphalum præterfluit, 334, 21. Urbem obsedit Iphicrates, 334, 21. In Stymphalo [monte] Arcadiæ oritur Erasinus, 319, 3.

Styra, τὰ Στύρα, Eubœæ opp., 383, 21; a Stiriensibus Atticæ frequentata, 383, 29; bello Lamiaco ab Atheniensibus eversa; agrum Eretrienses habent, 383, 30.

Styracina jacula, 488, 48.

Styrax Selgicus, 488, 46, Æthiopiæ, 657, 52.

Suber. Proverbialis locutio: Κουφότερον εἶναι φελλοῦ σκιᾶς, 30, 30.

Sub ficum portus, ὁ ὑπὸ τῇ Συκῇ καλούμενος λιμήν, in Bosporo Thracio, decem stadia a Cornu Byzantio distans, 265, 45.

Suchi castellum Σούχου ἵδρυμα (nescio an fuerit ὕδρευμα), in mediterraneis Troglodyticæ, eo in tractu in quo os Sabaiticum est, 656, 7.

Suchus, Σοῦχος, nomen sacri et mansueti crocodili apud Arsinoitas, 689, 39.

Sucro, Σούκρον (Xucar), Hispaniæ fl., 132, 11; 139, 4. Ejus fontes et cursus, 131, 45. Adjacet urbs cognominis, (Cullera?) ib. Circa eum Edetani (Sidetani codd.), 135, 39.

Sudationes siccas, lapidum candentium ope, πυρίᾳ ἐκ λίθων διαπύρων, usurpant Lusitani, more Laconico, 128, 14.

Sudinus, Σουδίνος, Chaldæus astronomus, 629, 42.

Sues grandes, robore et celeritate præstantes, apud Belgas, 163, 52. Suilla salsamenta. V. Salsamenta. Cf. Porcus.

Suessa, Σούεσσα, Volscorum caput, a Tarquinii Prisci filio capta, 192, 40; 198, 7.

Suessiones, Σουεσσίωνες, Galliæ gens, Ambianis vicina, 161, 40, inter Belgas præstans, 163, 28.

Suessula, Σουεσσοῦλα, Campaniæ opp., 207, 35.

Suevi, Σόηβοι, Germaniæ natio maxima, a Rheno ad Albin pertingunt; pars etiam trans Albin habitant, ut Hermonduri et Lancobardi, quamquam hi quidem nunc citra Albin se receperunt, 241, 35. Suevi supra fluvialem Rheni tractum, quem Menapii et Sicambri tenent, ab oriente extenduntur; reliquis Germanis potentiores; a quibus qui expulsi erant (Usipetes, Tenchteri, Ubii?) in transrhenanam regionem confugerunt, 161, 32. Prope Suevos Istri fontes, 172, 36. Nonnullæ Suevorum gentes in Hercynia silva habitant, ut Quadi, 241, 22; 243, 16. Suevi in meridionali Germania etiam trans Albin habitant, finitimi Getarum, 245, 8; 241, 33. Suevorum alii in silva Hercynia habitant, alii extra, Getis finitimi, 241, 33. Ab iis versus meridiem est Gabreta silva, 243, 15. Suevica gens, Semnones, 241, 32.

Sugambri, Σούγαμβροι, Germanica gens, Oceani accolæ, 241, 49; 244, 37; juxta Menapios, 161, 30. (Habitabant ad Lupiam (*Lippe*) fluvium, et hinc meridiem versus. Strabo vero quum Lupiam non in Rhenum exire, sed in Oceanum eructari opinetur, ad maritimum istud fluvii ostium Sugambros transposuisse videtur. Eodem prorsus errore Bructeros, quos ad Lupiam habitare dicit, alio loco inter Oceani accolas male recenset.) Sugambri Rheno vicini; eorum dux in bello contra Romanos Melo fuit, 242, 14. Deudorix et Bætorix Sugambri, 242, 33. Sugambri pauci in Germania manserunt, 241, 9.

Suidas, Σουΐδας, historicus, Dodonæi oraculi origines ex Thessalia repetit, 273, 31.

Suilia salsamenta optima e Sequanis Romam perferuntur, 160, 1.

Sulchi, Σοῦλχοι, Sardiniæ urbs, 187, 17.

Sulgas fl., Σούλγας (*Sorgue*), ab oriente in Rhodanum influit ad Vindalum opp., 154, 4. Sulgæ et Rhodani ad confluentes contra Domitium Ænobarbum prœlium commisit Bituitus Arvernorum dux, 159, 8.

Sulla, Σύλλας (L. Cornelius), in Samnites quomodo sævierit, 207, 45; Athenas cepit, 340, 10; 521, 15; 558, 41. Aristionem supplicio affecit, 342, 9. Fimbriam rebellem dejecit, Mithridatem in patriam amandavit, Ilienses beneficiis affecit, 508, 41; Apellicontis bibliothecam accepit, 521, 14. Lelanti campi aquis calidis usus est, 384, 12. A Sulla proscripti Volaterris obsidentur, 185, 53.

Sulmo, Σοῦλμον, Pelignorum opp., 201, 33.

Sunium Σούνιον, pagus Atticæ, 342, 31.

Sunium, Atticæ prom., 89, 39; 103, 3; 268, 53; 342, 17, non minus in mare procurrit quam Laconica et exiguo est quam Malea septentrionalius, 76, 34. Sunio adjacet Helena ins., 416, 50. A Sunio juxta Peloponnesum est Myrtoum mare, 269, 8. Ab Euripo distantia, 346, 28. A Sunio ad Leucen acten Eubœæ 300 stadia, 343, 10. Ab eo in Bœotiam profecti sunt Temmices, 344, 40.

Surena, Σουρήνας, Parthorum dux Crassum dolo captum Sinnacis interemit, 636, 9.

Surrentum, Σύρρεντον, Campaniæ opp., 206, 9; 18, 33. Συρρεντῖνος οἶνος, 202, 34.

Susa, τὰ Σοῦσα, Susidis urbs, 65, 32; 66, 26; 71, 45; ad Choaspem fl., 39, 41; 620, 15. Persarum regia; a Tithono condita; ejus ambitus, figura, arx, muri, templa et regia e coctili latere et bitumine; muris urbem caruisse Polycletus refert, 619, § 2. In arce singuli reges suum habent domicilium et thesaurum et tabulas administratæ reipublicæ, 625, 39. Susa thesauros Persidis comportavit Alexander, 622, 17. A Susis ad Aginin 600 stadia, 620, 49; ad emporium lacui adjacens 800 stadia sunt, 620, 30; ad Persepolin 4200 stadia, 619 20. Diotimus a Cydno Susa se navigasse dixit, 39, 41.

Susii, Σούσιοι, 107, 42, etiam Cissii vocantur, 619, 41. Eos bellis appetebant Elymæi, Cossæi, Uxii, 449, 40; 633, 44. Susii nunquam per se res magnas assecuti sunt, 619, 35.

Susis, ἡ Σουσίς (Σουσιάς, 110, 44), est fere Persidis pars; ejus situs, 419, 26; Susa urbs, *ib.* Susidis oræ usque ad Tigrin pertinentis, longitudo, 620, 18. Inter Susidem et Persidem juga montana, quæ latrones tenebant, 620, 21. Susidi ea pars Babyloniæ proxima est, quæ quondam Sitacene, postea Apolloniatis est appellata; ambabus a septentrione versus orientem imminent Elymæi et Parætacene, 623, 18; 633, 45. E Suside per Uxiam in Persidis mediterranea itur, 633, 34. Susis opulenta; aerem habet fervidissimum; accommodata huic æstui domorum structura, 622, § 10. Frumento abundat; vitem in ea primum plantarunt Macedones e Babylonia allatam, 623, 3. In Suside oryza nascitur, 590, 36. Maritima palustria sunt et importuosa, 623, 11. Oram Nearchus palustrem esse et ad Euphratem usque pertinere dicit, 650, 36. Susianus pagus prope lacum situs, 500 a Susis stadia distans (A ginis), 620, 49.

Sutrium, Σούτριον, Etruriæ urbs, 188, 19.

Syangela, Συάγγελα, Lelegum urbs in Caria, 522, 46.

Sybaris, Σύβαρις, fons prope Buram Achaiæ, hinc nomen fluvio Italiæ, 332, 13 (Cf. Curtius, *Pelopon.*, t. 1, p. 470.)

Sybaris, Σύβαρις, Italiæ urbs, 218, 5; Achæorum colonia, sub duce ex Helice urbe oriundo deducta; inter Crathidem et Sybarin fluvios sita, 200 a Crotone stadiis; civitatis felicitas; quam perdiderunt luxuria et petulantia; captam Crotoniatæ aquis obruerunt; superstites Sybaritas postea eodem in loco habitantes necarunt Athenienses, urbemque in vicinum locum translatum Thurios vocarunt 218 § 13. Sybaritæ Achæos quosdam accersunt iisque suadent ut Metaponti locum occupent, 220, 2. Posidoniam condunt, quam eripiunt Lucani, 209. 13. Circa Sybarim in Chonia Rhodii consederunt, 559, 4. Sybaritæ donaria Delphos miserunt, 361, 16.

Sybaris Italiæ fluvius, 218, 5 et 44; aquam ejus bibentes equi consternuntur, 219, 6.

Sybaris, Italiæ urbs, ad Traentem (ἡ ἐπὶ Τεύθραντος Σύβαρις codd.) fluvium sita a Rhodiis condita esse a nonnullis fertur, 219, 41.

Sybota, τὰ Σύβοτα, parvæ insulæ ad oram Epiri, e regione Leucimmæ promontorii, 269, 39; 102, 32.

Sycaminorum urbs, Συκαμίνων πόλις, inter Carmelum m. et Stratonis turrem in Phœnicia, 645, 52. [Sec. Plin. 5, 17, § 72 Sycaminôn erat inter Dora et Carmelum; sec. Itin. p. 584 *mansio Sicamenos* a *mansione Calamon* (hod. *Kalamoun*, 32° 47' lat.) 3 mill.bus versus meridiem erat, adeoque ponenda foret inter *Kalamoun* et *Atlit* locum, qui a *Kalamoun* in novissima Ritteri tabula quinque millia distat. Fortasse minus accurate distantia in Itinerario notatur, et Sycaminôn polis ad ipsum *Atlit* cum Lapieo referenda est. Ceterum ex Strabonis, Plinii et Itinerarii consensu colligas falsa tradere Eusebium qui, in Onomastico, Sycaminon cum Hepha (*Haifa*) componit. Male Eusebio me addixi in notis ad Scylac. p. 79.]

Syce. V. Sub Ficum portus.

Sydracæ, Συδράκαι (al. Ὀξυδράκαι), Indiæ gens, Bacchi posteri esse cur putentur, 586, 36; 597, 27. Cf. Hydracæ.

Syene, Συήνη, in finibus Ægypti et Æthiopiæ, propinqua ei Elephantina insula, 693, 51; 669, 27; 668, 22; 682, 53; 33, 23. Syene in limite æstivi tropici sita, 78, 27;

quia ibi solstitio æstivo meridie gnomo umbram non projicit, 94, 5; 110, 10. Dies maxima 13 1/2 hor., 110, 10. Syenæ puteus, 694, 15. Urbs ab æquatore distat 16800 stadia sive quatuor sexagesimas, 94, 20; a Meroe 5000 stadia, 78, 28; 94, 11. Syene et Alexandria in eodem meridiano, 94, 7. Via qua Syene Philas itur, describitur, 694, 48. Prope Syenen esse Nili fontes Herodotus putavit, 695, 26. Urbs ab Æthiopibus capta, 696, 17. In ea tres Romanorum cohortes præsidii causa, 694, 26. Syenen adierunt Ælius Gallus et Strabo, 97, 36.
Syllæus, Συλλαῖος, Nabatæorum ἐπίτροπος, quomodo in Ælium Gallum se gesserit, 663, § 23; 696, 10.
Syllium, Σύλλιον, Pamphyliæ opp., 569, 46.
Syloson, Συλοσῶν, quomodo tyrannidem in Samo ins. adeptus sit; de acerbo ejus imperio proverbium, 545, § 17.
Symbace, Συμβάκη, regio quam ab Armeniis recuperarunt Atropateni, 448, 45.
Symbolorum portus, Συμβόλων λιμήν, in Chersoneso Taurica, 256, 24, cum Ctenunte portu isthmum facit 40 stadiorum, 256, 26. Portus a Theodosia 1000 fere stad. distat, 256, 46.
Symbri, Σύμβροι, Σύμβριοι, super Venetos habitarunt, 179, 50. (Non diversi videntur ab Insubribus, qui ap. Polybium 2, 17 vocantur Ἰσόμβρες.)
Synaos. V. Sanaus.
Synnada, Σύνναδα, Phrygiæ opp., 494, 1 et 20; λίθος Συνναδικὴ, 375, 36; 494, 23. Cf. Docimia.
Symæthus, Σύμαιθος, Siciliæ fluvius, in Catanæorum agrum fluit, 226, 6.
Syme, Σύμη, insula ad Cariam sita, 560, 4.
Synoria. V. Sinoria.
Symplegades, Συμπληγάδες, a nonnullis vocabantur Cyaneæ petræ ad os Bospori; unde Planctas finxit Homerus, 17, 20. Cf. 123, 44, et v. Planctæ.
Syracusæ, Συρακοῦσαι, Siciliæ urbs, ab Archia Corinthio condita; ejus origines, 218, 13; 224, § 4. Una cum Archia plurimi venerunt Teneatæ, 327, 2. Urbs a Pachyno 36 mill. pass., a Catana 60 mill. dissita est sec. Chorographum, 221, 24. Syracusæ olim ex quinque urbibus muro 180 stadiorum cinctis constabant, 224, 43. Objacet Ortygia ins. primum ab Hesiodo memorata, 19, 12, quæ urbi juncta est ponte, olim aggere λογαίου λίθου, ut Ibycus ait, 49, 25. Portus ab utroque Ortygiæ latere sunt, 625, 53. Ea urbis pars, quæ est ad Ortygiam, ab Augusto restaurata est, immissa colonia, 224, 41. Syracusanorum coloniæ Camarina, 226, 11, et Ancona, 200, 41. Castellum Eubœa, 386, 4. De tyrannis v. Hiero, Dionysius, Gelo. Syracusanorum divitiæ, 224, 10. Urbs a Romanis capta, 224, 41.
Syri, Σύροι. Nomen Syrorum a Babylonia ad sinum Issicum et hinc olim usque ad Euxinum pertinebat, 627, 14. Syri apud Homerum vocantur Arimi, i. e. Aramæi, 667, 35. Ad Syros pertinere Arimos sive Aramæos censent, 536, 3. Qui a nobis Syri vocantur, ab ipsis Syris vocantur Aramæi; cui nomini similia sunt nomina Armeniorum, Arabum, Erembrorum, 35, 2. Syri cum Armeniis et Arabibus cognati, 34, 42; similes etiam sunt Assyriis et Arianis, 34, 50. Syri vocantur etiam quos vulgo Assyrios dicimus, Babylone et Nini regnantes, 627, 24. Ninus et Semiramis Syri vocantur et Ninus Syriæ metropolis esse censetur, 70, 1. Eadem lingua utuntur qui extra et qui intra Euphratem sunt, 70, 3. Apud Herodotum Syri vocantur Leucosyri Cappadociæ, 446, 13. Syris Ciliciam, quæ nunc dicitur, eripuerunt Cilices Troade expulsi, 536, 10; Taronitin Armenii ademerunt, 453, 27. Cum Syriæ regibus Atropatenæ reges affinitates contraxerunt, 448, 29.
Syriæ fines, 637, § 1; partes: Commagene, Seleucis, Cœ-

lesyria, Phœnicia, Judæa; alii aliter dividunt, distinguentes Syros, Cœlesyros, Phœnices et permixtas his quatuor nationes, Judæos, Idumæos, Azotios, Gazæos, 638, § 2. Singularum partium descriptio, 638, § 3 sqq. Syriæ et Ciliciæ confinia ad Pylas, 577, 8. In Syria Typhonem jacere nonnulli statuunt, 535, 41. In Syria Arabum est Paropotamia regio, plurœsque sunt Arabum principum ditiones, ut Sampsigerami, Gambari, Themellæ, 641, § 11. Syriam antiquissimis temporibus Græci præternavigare non audebant, 40, 19. Olim incursionibus eam vexarunt Nabatæi et Sabæi, 663, 12. Syria tota terræ motu quassata, 48, 26. In Syria inferiore oryza nascitur, 590, 37. E Syria vinum Chalybonium reges Persarum petebant, 626, 4. Syriæ regnum Trypho affectavit, 640, 43. Syria dea Atergatis, 636, 50. Syrium mare, ἡ Συριακὴ θάλασσα, 69, 52; 70, 141.
Syrmus, Σύρμος, Triballorum rex; Alexandri M. contra eum expeditio, 250, 34.
Syrtes, αἱ Σύρτεις, 101, 44; duæ, 108, 6. Usque ad Syrtes mons pertinet inde a Mauritania, 701, 17. Syrtis major, ἡ μηγάλη Σύρτις. Ejus ambitus 5000 stad., sec. Eratosthenem; profunditas 1800 stad. ab Hesperidibus ad Automala et fines Cyrenaicæ ditionis; sec. alios ambitus 4000 st, profunditas 1500, faucium latitudo 1500 st., 101, 51. Syrtis ambitus 3900 fere stadiorum; diameter usque ad intimum recessum 1500 stad., totidemque stadiorum latitudo ostii, 709, 23; nautis est difficilis ob vadosa et brevia, ib. Fauces efficiunt Cephalæ et Borium promontoria, 710, 11. A recessu sive ab Automalis ad Berenicen 1500 stadia, 710, 2. Intimus Syrtis magnæ recessus est maris interni punctum maxime austrinum, 104, 24. Per intimum recessum ducta linea paullo minus 1000 stadiis australior est parallelo Alexandriæ, paucioribus quam bis mille stadiis australior parallelo Carthaginis; incidit in Heroum urbem et in Masæsyliorum et Maurorum mediterranea, 709, 49. Supra Syrtes et Cyrenaicam Psylli, Nasamones et Gætulorum pars, 108, 39. Syrtim majorem a Berenice cum exercitu Cato circumivit 33 dierum itinere, 710, 16. Syrtis minor, ἡ μικρὰ Σύρτις sive Λωτοφαγῖτις Σύρτις, 1600 stadiorum ambitu, 600 stadiorum latitudine, 708, 24; 101, 50. insulæ ad eam et urbes, 708, 19 et 29. Ante fauces utrinque sunt Meninx et Cercyna inss., 101, 50. Multis in locis brevia habet, ideoque nautis periculum affert, 709, 24. Syrtis emporium (Tacape sc.), quod flumen allabitur, 708, 37.
Syrus, Σῦρος, Cycladum una, 417, 4; νῆσός τις Συρίη ap. Homerum, 418, 21; patria Pherecydis, 418, 18.
Syrus, usitatum ap. Atticos servorum nomen, 253, 3.
Syspiritis, Συσπιρῖτις, Armeniæ pars, 455; 2. Quam Armeni Thessali socii incoluisse feruntur, 432, 9. Cf. Hyspiratis. [Syspiritis secundum Strabonis verba in meridionali Armeniæ parte quærenda videatur, quum media inter Sophenen et Calachenen memoretur. At non servavit Strabo aut nescivit ordinem geographicum. Nam vix est dubium quin Syspiritis sit hod. Isper regio quæ ab Erzeroum est ortum et boream versus. Alio loco pro Hispiritide librariorum, ut videtur, errore memoratur Hyspiratis, in qua auri metalla sint. Quæ quidem metalla sunt Isper et Gumuch Chane regionis. Eodem facit quod Strabo Chalybes (metallorum fabros) olim fuisse dicit in Derxene et Carenitide, quæ in eodem hoc tractu sunt.]
Συσσίτια Cretensium, quæ ἀνδρεῖα vocantur 412, 48; 413, 53.

T.

Tabæ, Τάβαι (Damas), Phrygiæ Magnæ opp., 494, 6.

Artemidorus Pisidiæ oppidum Phrygiæ vicinum dicit, 488, 29.

Tabenus campus, Ταβηνὸν πεδίον, cum oppidis semiphrygiis et Pisidicum quidpiam habentibus, 538, 8.

Tabulam geographicam primus edidit Anaximander Milesius, 185, 5, 51. Tabula terram in plano repræsentans septem minimum pedum diametrum habere debet, ut singula perspicue exhiberi possint, 96, 24. Tabula terræ antiqua, ὁ ἀρχαῖος γεωγραφικὸς πίναξ, ab Eratosthene emendatur, 56, 28. Οἱ ἀρχαῖοι πίνακες Indi cursum exhibent medium inter ortum hibernum et ortum æquinoctialem, 71, 12.

[*Tacape*] magnum in Syrti min. emporium, 708, 37.

Tænarum, Ταίναρον (*C. Matapan*), Laconicæ prom., 309, 15 et 44, quod Neptunus ab Apolline accepisse fertur, 321, 28. Neptuni fanum habet. Cerberus ibi extractus, 311. 45. Marmoris secturas habet, 315, 34. Distantia a Phycunte cui objacet, a Pachyno, Maleis, Onugnatho, 311, 49; 710, 21; 102, 28; 221, 49. A Coryco Cretæ pr., 312, 8.

Tænia submarina ab Europa ad Libyam pertinens, 41, 42

Tagus, Τάγος, Hispaniæ fl., 115, 2. Ejus fontes et cursus, 115, 4; 115, 17. A fontibus ad ostium esse lineam rectam 8000 stadiorum perperam dicit Polybius, 88, 21. Tagus per Celtiberiam fluit, 134, 35. E Celliberis oriens labitur per Vettones, Carpetanos, Lusitanos, 126, 17; austrinum Lusitaniæ latus definit, 126, 37. Accolunt eum Aruaci, 134, 35. Ejus ostium 24 stadiorum, profundum admodum, 125, 47. Affluente mari, Tagus exundat, 125, 49. Insulam habet prope Moronem urbem, 126, 1. Ostio adjacet Olysipon, 126, 14. Fluvius piscibus et ostreis abundat, 126, 16. Navigatio in fluvio, 126, 7.

Talabroce, Ταλαβρόχη, Hyrcaniæ opp., 426, 23 [quod Strabo juxta Samarianen (*Saramenen* Ptolemæi, *Syringa* Polybii; hod. *Sari*) recenset. Idem oppidum apud Polybium 10, 31 in libris nostris scribitur ΤαΜβράξ. Corrige ΤαΛΑβρόξ. Ceterum quum Polybius dicat Talabrocen vicinam esse Syringi (*Sari*); huic autem nunc vicinus sit *Tala* vel *Talar* fl., ad hunc fluvium sitam fuisse ab eoque nomen habere Talabrocen censeo. Hodie fluvio adjacet *Aliabad*. Vox βρόχη significare videtur *oppidum*; idque superest in hod. *Fruch*. Sic non longe a Sari ab *Bawul* fluvium exstat *Bawul-Fruch*.]

Talamenes, Ταλαιμένης, Mesthlæ et Antiphi pater, 535, 27.

Talares, Τάλαρες, gens Molossica, ad Pindum habitabant, pars avulsa ab iis qui ad Tomarum degunt, 373, 10 et 17.

Tamarum, Τάμαρον, Tauri sive Imai promontorium ad Indicum pelagus, 445, 40. (Idem est quod *Tamum* appellat Mela III, 7; *Tabin* Plin. 6, 20.)

Tamassus, Ταμασσός, Cypri opp.; metalla ibi, 583, 36; 212, 46.

Tamna, Τάμνα, Cattabanensium Arabum regia, 654, 1.

Tamynæ, Ταμύναι, Eubœæ opp. in Eretriæ ditione, Apollini sacrum; dei fanum ab Admeto conditum prope fretum, 384, 36.

Tamyraces, Ταμυράκης, sive Carcinites sinus (*golfe de Kerkinit* sive *de Perecop*), 255, 8 et 43. Cf. Carcinites.

Tamyrace, Ταμυράκη, orientale Achillei cursus promontorium, 255, 43; navium statio ibi, *ib.*; ab eo etiam sinus nomen habet, 255, 48.

Tamyras, Ταμύρας, fl. et Æsculapii lucus et Leonum urbs inter Berytum et Sidonem, 644, 8. [Hodie vocatur *Nahr ed Damour*; quare rectius apud Polybium 5, 68, 9 dici videtur Δαμούρας per Δ literam. Idque etiam propterea putem, quod Æsculapii ille lucus ad eum

deum pertinuisse suspicor, qui apud Phœnices vocabatur Δημαροῦς, Melcarthi pater (v. Movers, *Phœn.* 1, p. 661 *sqq.*). Apud Plinium 5, 17 Damuras male *Magoras* vocari videtur. Ptolemæus inter Sidonem et Berytum medium ponit Leonem fluvium, qui itaque a Tamyra non diversus esse debet, sicuti Leonton polis Strabonis ad ipsum Tamyram ponenda fuerit. Vulgo Leo fl. cum *Nahr Lanteh* componitur; quod perperam fieri dixi in Geogr. Min. t. I p. CXXIII, et nuper etiam Ritterus t. 17, p. 49 monuit. Tamyras fl., in valle fertili et ad commodissimum Libani transitum situs, etiam eo notabilis erat, quod Ptolemæi et Antiochi M. ditiones dirimebat (Polyb. l. l). Quam divisionem Strabo etsi non memoravit, non tamen ignoravit, ut ex eo colligitur, quod ait *nonnullos* Cœlesyriæ initium ponere ad Eleutherum fl. et Orthosiam. Alteram hanc divisionem ex Artemidoro sumpserit, quem ab Orthosia in oræ mensuratione profectum esse ex ipso Strabone novimus.]

Tanagra, Τάναγρα, Bœotiæ urbs, quam Asopus præterfluit, 328, 31; 351, 30. Nonnullis eadem est cum Græa; Tanagrica ditio eadem quæ Pœmandris vocatur; Tanagræi etiam Gephyræi dicuntur, 346, 48. Ἡ τετρακωμία ἡ περὶ Τάναγραν, Heleon, Harma, Mycalessus, Pharæ, 348, 19. De Heleo cf. 377, 26 et 347, 34; de Harmate, cf. 347, 1. Tanagræorum vicus Hyria, 347, 25; Mycalessus, 346, 53; oppidulum Delium, 346, 15; portus Aulis, 346, 24. Tanagricus ager, ἡ Ταναγρική, 344, 15. Tanagra et Thespiæ solæ Bœoticarum urbium adhuc constant, 352, 32; 346, 5.

Tanais, Τάναϊς, emporium ad Tanaim fl. a Græcis Bosporum incolentibus conditum; id Polemo nuper evastavit; commercia ejus; objacet urbi Alopecia ins.; a faucibus Mæotidis distat 2200 stadia, 423, § 3. Tanais emporium barbarorum post Panticapæum maximum, 257, 49. Id tenentibus paruerunt pars Mæotarum, 425, 9.

Tanais, Τάναϊς, fl. 240, 11 et 28; ab Homero non memoratur, 248, 14; 474, 28; a septentrione in Mæotidem fluit, ita ut ostia fluvii et Mæotidis et ipse Tanais in eodem meridiano posita sint, 88, 40; Nilo obversus est sec. meliores auctores, ita ut cum eo fluvio in eodem fere meridiano sit, 89, 7. Polybius eum ab ortu æstivo fluere censet, 88, 34. Alii eum oriri putant a locis Istro vicinis, 88, 45. Alii per Caucasum versus septentriones labi, et inde reverti ad Mæotidem autumant, 89, 3. Nonnulli Tanaim e Caucasiis montibus, alii vero a superioribus Istri partibus ferri existimant, 423, 10. Tanais a borea fertur; non in eodem cum Nilo meridiano fluit, sed orientalius, 422, 44; fontes ejus ignoti; cognita nonnisi ea quæ sunt prope ostia duo 60 stadiis distantia, 422, 29; 104; 289; 257, 44. Juxta Tanaim æqualibus spatiis meantes Borysthenes et Hypanis in Pontum influunt, 88, 49. Tanais, Asiæ et Europæ terminus, 104, 44; 106, 44; 54, 29; 257, 44. Ad fluvium est emporium ejusdem nominis, 423, § 3. Inter Tanaim et Borysthenem Roxolani degunt, 254, 31. Tanaim accolunt Aorsi, 431, 40 et Hamaxœci, 104, 50. Tanaidis nomen ad Iaxartem fl. Alexandri scriptores transtulerunt, qui Caspium mare paludem esse cum Mæotide palude cohærentem putarunt, 437, § 4.

Tanis, Τάνις, Ægypti urbs, ad quam fossa e Nilo ducta, 690, 36; nomi caput, 682, 11.

Tanites nomus, Τανίτης νομός Ægypti, 682, 9.

Taniticum, Τανιτικόν, Nili ostium, 684, 9. A nonnullis Saiticum vocatur, 682, 8.

Tantalus, Τάνταλος, 496, 51, Phryx dici solet, 489, 40. Ejus divitiæ e Sipyli metallis, 580, 20. Tantalo regnante Sipylus urbs terræ motu eversa, 48, 48

INDEX NOMINUM RERUMQUE.

Taoce, Ταόκη, lucus ad oram Persidis, ubi regia erat, τὰ κατὰ τὴν Ταόκην βασίλεια, 620, 6.

Tape, Τάπη, Hyrcaniæ regia, 436, 24, a Caspiis portis 1400 stad., *ib.* Nomen hoc aliunde non notum. Fortasse hod. *Asterabad*. Τάγας Polybii huc non pertinere contra Mannertum recte monet Ritter. t. 8, p. 476.

Taphiassus mons, Ταφιασσὸν ὄρος, in Ætolia, supra Molycriam et Macyniam, 387, 24; 395, 7; collis Locridis, in quo sepulcrum Nessi reliquorumque Centaurorum, quorum de cadaveribus fluere aiunt aquam fœtidam; hinc Ozolæ (fœtidi) Locri dicti, 366, 31.

Taphitis, Ταφῖτις ἄκρα, prom. Libyæ, in quo Clypea urbs, 708, 4 E Taphitide prom. ad Cossurum ins. 400 stadia, 708, 8.

Taphiùs, Ταφιοῦς. V. Taphus.

Taphiorum insulæ, Ταφίων νῆσοι, ante dictæ Teleboarum insulæ; quarum una fuit Taphus sive Taphiùs. Antequam Taphii et Teleboæ eas tenerent, Amphitryo Cephali imperio subjecerat; Homerus Mentæ regi tribuit, incolasque prædones vocat, 394, 26.

Taphrii, Τάφριοι, intimi sinus Carcinitæ accolæ, 255, 47.

Taphus, Τάφος, nunc Ταφιοῦς, insula a Cephallenia diversa, sub Menta erat sec. Hom., 391, 51, una ex Taphiorum inss., 394, 26. Taphum eandem esse cum Cephallenia quidam contenderunt, ac Taphios esse Cephallenios eosdemque Teleboas, 391, 43. Taphii olim Acarnaniam tenuisse feruntur, 396, 5.

Taposiris, Ταπόσειρις, Libyæ locus non longe ab ora dissitus, in quo magnus conventus celebratur; situs inter Leucaspin et Plinthinen, 679, 23.

Taposiris parva, ἡ μικρὰ Ταπόσειρις, in tænia quæ inter mare et fossam Canobicam intercedit, 680, 27; 679, 24.

Taprobane, Ταπροβάνη, insula, 52, 33. Sec. Hipparchum Cinnamomiferæ parallelus transit per ea quæ sunt a meridie insulæ vel per partes ins. extremas, 109, 54. Sec. Eratosthenem insula in eodem parallelo est in quo Cinnamomifera regio, 60, 19; 98, 29. Aeris temperies, 98, 29. Versus Æthiopiam porrigitur per 8000 stadia et ultra, 60, 24. (Cf. 589, § 14) Si latitudinem sumas congruentem, addasque ab India distantiam, stadia 3000 putare licet, quæ ab India (ad extremitatem meridionalem) pertineant, quot sunt a fine habitatæ terræ ad Meroen cum Indiæ extremitate componendam, 60, 27. Sec. Eratosthenem ab Indiæ ora australi 7 dierum navigatione distat; 589, § 14. Secundum Onesicritum 20 dierum navigatione a continente distat; ejus ambitus, sec. eundem; adjacentes insulæ; cete marina ibi, 589, § 15. Elephanti, 589, § 14. Non minor est insula quam Britannia, 107, 37. E Taprobane in Indorum emporia importantur ebur, testudo, aliæ merces, 60, 25.

Tapyri, Τάπυροι, 441, 20. Inter Hyrcanos et Arios habitabant, sec. Eratosth., 440, 36; inter Derbices et Hyrcanos, 441, 29. Tapyri in Atropatene, 449, 7. Tapyrorum vestitus, 446, 11. Mos quidam, 441, 30.

Taras, Τάρας, heros, de quo Tarentum dictum, 232, 9.

Tarasco (Ταρούσκων codd. Strabon., ut Ptolem.), Galliæ Narbonensis urbs, in via a Nemauso ad Aquas Sextias ducente, 148, 25 et 34; ad Rhodanum sita, a Nemauso 100 fere stadia distans, 155, 30.

Tarbassus, Ταρβασσός, Pisidiæ opp., 488, 20 (Situs loci aliunde non noti incertus.)

Tarbelli, Τάρβελλοι, Aquitaniæ gens ad sinum Gallicum; (a Pyrenæis usque fere ad lacum *d'Arcachon*); auri apud eos metalla, 158, 15.

Tarco, Τάρχων, Tyrrheni dux, de quo Tarquiniorum urbs nomen habet, 182, 46. Tarconem cur canum natum dixerint, 182, 47.

Tarcondimotus, Ταρκονδίμοτος, Amani castella sub se habuit; a Romanis rex appellatur, 577, 2.

Tarentinus sinus, Ταραντῖνος κόλπος, Italiæ, 174, 27; 176, 6; importuosus, excepto recessu, in quo Tarentum, 231, 5. Sinus magnitudo, 217, § 11.

Tarentum, Τάρας, adhuc exstat unica Achaicarum in Italia urbium, 217, 46. A Tarante heroe nomen habet, 232, 9. Portus urbis egregius; situs urbis; gymnasium; forum, Jovis in eo colossus; arx; Herculis colossus, 231, 5. Origines urbis a Partheniis Lacedæmoniis sub Phalantho duce conditæ narrantur secundum Antiochum, 231, 27, et Ephorum, 232, 10. Portus non omnino a fluctibus tutus est et in intimo recessu quædam vadosa habet, 234, 43. Tarento ad Brundusium pertinet isthmus 310 stadiorum, 231, 1. A Metaponto distantia, 231, 3; ad Barin s. Veretum sunt 600 stadia, 233, 46; ad Phalacrum Corcyræ prom. 1700 stadia, 269, 34. Tarento Romam itur via Appia, 234, 54. Tarentinus ager λεπτόγεως, 234, 35. Tarentinorum democratia, potentia, exercitus ingens; Pythagoricæ philosophiæ studium; Archytas diu urbi præfectus; tum ob res secundas ingruens luxuria; festorum numerus ingens; reipublicæ depravatio; peregrini in bellis duces, ut Archidamus, Cleonymus, Pyrrhus, Alexander Molossus, qui solennem Græcorum hujus regionis conventum ex Heraclea Tarentina in Thurium fines ad Acalandrum fl. transferre voluit, 232, 53. Bello Hannibalico libertate spoliati, 233, 23. Nunc urbs coloniam Romanam habet, 233, 24. De Heraclea contra Messapios bellum gesserunt, auxilio usi Dauniorum et Peucetiorum, 233, 25. Alexandrum Molossum contra Messapios et Lucanos, Pyrrhum contra Romanos advocaruut, 233, 12. Tarentinis infesti Achæi Italici, e Laconica olim pulsi, 220, 4. De Metapontino agro inter eos controversiæ, 220, 11 et 26. Tarentinorum Thuriorumque de Siritide bellum quomodo sit compositum, 219, 27. Tarentini, ut finitimis Samnitibus adularentur, Lacones olim in Samnitica regione consedisse finxerunt, 208, 31. Thurios in servitutem actos Lucanis eripuerunt, 219, 11. Pro Dionysio tyranno apud Locrenses intercesserunt frustra, 216, 4. Tarento potiuntur Carthaginienses et Fabius Maximus, 231, 23.

Tarichæe, Ταρχέαι, Judææ opp., 651, 2. (Situm opp. ad extrema Gennesaritidis lacus, in ora ejus occidua prope locum, ubi Jordanes exit. De ruinis v. Ritter, t. 15, p. 345.)

Tarichiæ, Ταρχεῖαι, inss. Libyæ prope Thapsum, 708, 15.

Tarna, Τάρνα, Lydiæ locus, 354, 5.

Taronitis, Ταρωνῖτις (armen. *Taron*), Armeniæ meridionalis provincia, olim Syrorum fuit, 453, 27.

Tarpetes, Τάρπητες, Mæotarum gens, 425, 1.

Tarphe, Τάρφη, opp. Locrorum Epicnemidiorum, unde nomen habeat; nunc dicitur Φαρύγα (q. v.), 366, 14.

Tarquinii, ἡ Ταρκυνία, Etruriæ urbs, a Tarcone dicta, 182, 46. Tarquinios venit cum hominum multitudine Demaratus Corinthius, et e Tarquiniense muliere Lucumonem genuit, 183, 4. A Tarquiniis quænam Romani acceperint, 183, 12.

Tarquinius (L.) Priscus, Demarati filius, ante regnum adeptum Lucumo dictus, 183, 8. Apiolam Volscorum opp. delevit, 192, 37, item Æquorum oppida, *ib.*

Tarquinius Superbus, T. Prisci f., Suessam cepit, 192, 40; regno excidit, 138; 18; 183, 17; restituere eum tentavit Porsena, 183, 17.

Tarracina, Ταρρακίνα, Latii opp. in via Appia, 194, 25; prius Τραχίνη (Aspera) dicta; a Circæo distantia; vicina palus, quam duo fluvii, Ufens et alius, implent, 194, 18; 193, 9.

Tarraco, Ταράκων, Hispaniæ urbs, 133, 11; 139, 4; quamquam portu caret, non minus' quam Carthago frequentatur ob situm commodum; metropolis est Hispaniæ intra Iberum sitæ et magnæ partis ejus, quæ extra Iberum est, 132, 22. Falsa de urbe tradit Eratosthenes, 132, 30. Tarracon ab Ilerda 460 st., 134, 12. Ab ea ad extremos Vascones juxta Oceanum 2400 stadia, 134, 17. Tarracone aut Carthagine hiemare solet provinciæ præfectus, 138, 46. Cf. Sertorius.

Tarsius, Τάρσιος, ad Zeliam Troadis fl., 20 habens in eadem via transitus, 502, 30.

Tarsus, Τάρσος, Ciliciæ urbs, 104, 16; 566, 51; 570, 25; Ab Argivis Triptolemi comitibus condita, 638, 52. Tarsus et Anchiale eodem die a Sardanapallo conditæ, 573, 33. Urbem perfluit Cydnus. Navale Tarsi, 574, 6. Urbs populosa et præpotens, 575, 4; a Ciliciæ finibus borealibus 120 stadiis, ac pluribus a Cydni ostio abest, 574, 18. Tarsi situs, 574, § 12; scholis suis urbs celeberrima; magistri scholarum fere omnes sunt indigenæ, quorum plerique peregre abeunt, 574, § 13. Tarsum male administravit Antonii temporibus Boethus; deinde statum reipublicæ correxit Athenodorus Sandonis f., 575, 15. Athenodoro successit Nestor, 575, 51. Tarsenses viri : Antipater, Archedamus, Nestor Stoici; Athenodorus Cordilio, Athenodorus Sandonis f.; Boethus; Nestor academicus; Plutiades et Diogenes item philosophi; Artemidorus et Diodorus grammatici, Dionysius tragicus; alii complures Romæ et Alexandriæ versabantur, 575, § 15 et 16. Tarso Solos migravit pater Chrysippi, 573, 23. Tarsensibus magna est facilitas de quovis argumento ex tempore dicendi, 575, 18.

Tartarus, Τάρταρος. E Tartari figmento existimaveris loca ad Tartessum sita non ignota fuisse Homero, 123, § 12.

Tartessis, Ταρτησσίς, Hispaniæ regio ad Bætin fl., quam nunc Turduli incolunt, 123, 9. Sic vocari regionem quæ Calpæ adjacet, tradit Eratosthenes, 123, 10.

Tartessus fl., i. q. Bætis, 122, 53; 123, 8.

Tartessus urbs fuit in insula, quam ostia Bætis s. Tartessi fl. efficiunt, 123, 8. Nonnulli Tartessum urbem esse hodiernam Carteiam dicunt, 125, 21. Loca circa Tartessum non ignota fuisse Homero ex fabula de Tartaro aliisque nonnullis colligitur, 123, § 12 et 13. Tartessii et maxime principes eorum longævi esse ferebantur, ut colligas ex versu Anacreonteo et ex Herodoti narratione de Arganthonio rege, 125, 10. Tartessiorum de Æthiopum migratione narratio, 27, 25.

Tasius, Τάσιος, Rhoxolanorum dux, a Diophanto victus, 254, 40.

Titus Tatius, Quiritium rex, cum Romulo regni et civitatis societatem init; per insidias occiditur Lavinii, 190, 11; 192, 6. Quirinalem collem munivit, 195, 17.

Tatta lacus, Τάττα λίμνη, in Phrygia, ἁλοπήγιον αὐτοφυές, 486, 35.

Tauchira, Ταύχειρα, sive Arsinoe, Cyrenaicæ urbs, 710, 20 et 52.

Tauium, Ταούιον, Trocmorum castellum et emporium; asylum ibi et Jovis colossus æneus, 485, 46.

Taulantii, Ταυλάντιοι, gens Illyrica, 271, 20.

Tauriana Italiæ regio supra Thurios, 211, 40.

Tauri, Ταῦροι, montes duo in ora Troglodytica sinus Arabici, 655, 47.

Tauri, Ταῦροι, Scythica gens latrociniis dedita, 256, 22. Chersonesum Tauricam usque ad Theodosiam tenebant, 256, 16 et 22. Taurorum sunt Trapezus et Cimmerius montes, 257, 5. Cf. Chersonesus Taurica.

Taurini, Ταυρῖνοι, Liguriæ pop., per quorum regionem Hannibal transivit, 174, 7.

Taurisci, Ταυρίσκοι, a nonnullis Teurisci (Ligyrisci codd.) et Tauristæ vocantur, 246, 12; 244, 10. Gallica gens, Thracibus permixti habitabant, 246, 12, et in Norico, 172, 9; 173, 5. Eorum Tauriscorum oppidum Nauportus, 260, 44. Ad eos Boii commigrarunt e Padana regione, 177, 20. Tauriscos siye Teuristi Galli a Cimbris appetuntur, 244, 10. Apud Tauriscos ad Istrum Boii habitabant, 177, 21. Taurisci et Boii Galli, qui sub Critasiro rege erant, inter Alpes et Danubium a Dacis debellati sunt, 260, 24. Tauriscos Gallos prorsus delevit Bœrebistas Getarum rex, 252, 29.

Tauristæ i. q. Taurisci.

Tauroentium, Ταυροέντιον, Massiliensium col. in Gallia, (Taurenti), 149, 32; 152, 52.

Tauromenium, Ταυρομένιον, Siciliæ opp.; ejus a Catana et Messana distantia, 221, 26; minus quam Messana et Catana frequentatur, 223, 13. Urbs servorum bello afflicta, 226, 30.

Tauropolos Diana. V. Diana.

Tauropolium, Dianæ templum, in Icaria ins., 546, 2.

Taurus, Ταῦρος, Asiæ mons. Ejus descriptio, 446, cap. 12. Taurus Asiam in duas partes dividit, 420, 45. Latitudo ejus multis locis vel ter mille stadiorum; longitudo 45000 stadiorum inde a continente Rhodo opposita, 421, § 3. A Pamphyliæ extremis usque ad orientale mare pertinet, 106, 47. Asiæ pars ab eo versus boream sita vocatur intra Taurum, altera pars extra Taurum, 106, 48. Tauri principium faciunt montes Chelidoniis insulis imminentes; inde enim in altum assurgit; revera autem idem mons etiam per Lyciam et ulterius per Rhodiorum Peræam occasum versus extenditur, et ibi quoque Tauri nomine appellatur, 556, 1; 568, 37. Tauri initium a Caria et Lycia; primum alte assurgit apud Chelidonias; Cilicum valles complectitur; scinditur ab eo Antitaurus et Amanus, 446, § 2. Trans Euphratem partes Tauri : Paryadres et Moschici montes, 447, 29, Parachoatras, in austrino latere Gordyæi montes, in quibus Masius; tum Niphates, Zagrius, Elymæorum, Parætacenorum, Cossæorum montana, 447, 37; in mediis Tauri montibus Media et Armenia sitæ, 447, 52; 446, 31. Tauri partes sunt Parapamisus, Emodus, Imaus, et sec. Macedonum fabulas Caucasus, 587, 33; 438, 20; 445, 1. Altissima Tauri juga a Lycia ad Pisidiam Solymi tenent, 17, 34. Taurus Cilicius, 457, 14. In boreali Tauri parte fontes sunt Euphratis, in australi fontes Tigridis, 447, 6 et 15. Per Tauri angustias in Ciliciam e Cataonia Pyramus effunditur, 44, 14.

Taurus, Ταῦρος, et Threx Judææ castella in Hiericuntis ingressu sita, ταῖς εἰσβολαῖς τοῦ Ἱεριχοῦντος ἐπικείμενα, a Pompeio diruta, 649, 33. Secundum Gadovii sententiam (v. Ritter, t. 15, p. 521) referenda sunt ad ruinas castellorum ad viam Akaba dictam exstantes, qua Hierosolymis Hiericuntem itur; posse tamen ait referri etiam ad rudera quæ exstant inter Ain es-Sultan et molas sacchari.

Taurus Marathonius, 342, 40. Tauri poto sanguine obiit Midas, 51, 25.

Taxila, τὰ Τάξιλα, Indiæ urbs magna, 589, 50. Inter Indum et Hydaspem, 595, 5. Incolarum quædam instituta refert Aristobulus, 608, § 62, qui Taxilis Brachmanes vidit, 607, 51.

Taxiles, Ταξίλης, rex inter Indum et Hydaspem, Alexandrum comiter excepit, 595, 9.

Taygetus, τὸ Ταΰγετον ὄρος, Laconicæ mons, 173, 51; 390, 18; ejus situs, 311, 33. Ejus vertices aliqui terræ motibus abrupti, 315, 32. Habet marmoris secturas, 315,

36. Taygeti altitudinem exæquant Albi Cretæ montes, 408, 11.
Teanum Apulum, Τέανον Ἄπουλον, Apuliæ opp., 237, 16. Hinc ad Dicæarchiam isthmus Italiæ minor 1000 stadiis, 237, 18. Tcano vicina est Buca Frentanorum, 201, 45.
Teanum Sidicinum, Τέανον Σιδικῖνον, Campaniæ urbs maxima, in via Latina, 197, 51; 207, 18 et 32; 287, 17.
Tearco, Τεαρκών vel Τεαρκώς, Æthiopum dux, longinquam peregrinationem suscepit, 51, 18; in Europam usque penetravit, 585, 18.
Teate, Τεατέα, Marrucinorum caput, 201, 34.
Tectosages, Τεκτόσαγες, Galliæ pop., 155, 33 et 45; 485, 22. Cf. Volcæ Tectosages. In Asiam transgressi eam Galatiæ partem tenuerunt, in qua sunt Pessinûs, Orcaorci et Ancyra, 486, 1.
Tegea, Τεγέα, Arcadiæ urbs, 320, 45; 323, 37. E 9 pagis conflata, 289, 31; adhuc constat ibique Minervæ Aleæ templum, 333, 42. Tegeatæ cum Argivis et Cleonæis Mycenas diruerunt, 324, 28. In oraculi versu quodam perperam nonnulli Tegeatas Teneatis substituunt, 327, 11.
Tela pulcerrima conficiuntur e spinæ cortice quæ nascitur ad Carthaginem Novam, 145, 34. Tela ex Cappadocica stirpe spinam ferente, 145, 39.
Telamon, Τελαμών, Teucrum filium ejicit, 582, 18.
Telchines, Τελχῖνες, aut iidem cum Idæis Dactylis, Curetibus, Corybantibus, Telchinis, Cabiris, aut cognati eorum similesque sunt, 400, 32. Telchines novem in Rhodo; ex his ii qui a Rhea advocati in Cretam profecti sunt, Curetes ibi appellantur, 405, 25. Telchines e Creta in Cyprum, deinde in Rhodum venisse feruntur; de artibus eorum sententiæ variæ, 558, § 7.
Telchinis, Τελχινίς, vetus Rhodi nomen, 558, 19.
Teleboæ, Τηλεβόαι, latrones, 394, 34. Teleboæ et Taphii et Cephallenes iidem sunt sec. nonnullos, 391, 44. Teleboæ olim Acarnaniam vel partem ejus tenuisse feruntur, 396, 5; 267, 28. Teleboarum insulæ, postea Taphiorum dictæ, 394, 26. Cf. Teleboas.
Teleboas, Τηλεβόας, e Lelegis filia natus. Ejus filii erant viginti Teleboæ, ex quibus nonnulli Leucadem inhabitarunt, 267, 34.
Teleclus, Τήλεκλος, Lacedæmoniorum rex, e Nedonte loco incolis frequentavit Pœaessam, Echeas, Tragium 309, 29; a Messeniis interfectus est, 232, 12.
Telephus, Τήλεφος, Herculis et Auges f., a Teuthrante adoptatus est, eique in regno successit, 489, 45; 490, 46; 501, 50; 526, 17; pater Eurypyli, 500, 12.
Telesia, Τελεσία, Samnitium u. Venafro vicina, 208, 8.
Telethrius, Τελέθριον ὄρος, Eubœæ mons, 382, 35 et 51.
Tellenæ, Τελλῆναι, Latii opp., 192, 43.
Telmessis, Τελμησσὶς ἄκρα, Lyciæ pr. portum habens, 568, 1.
Telmessus, Τελμησσός, Lyciæ opp., quod per aliquantum temporis Eumenes obtinebat, 567, 54.
Telmissus (?), Bœotiæ fl., 349, 51.
Telus, Τῆλος, ins. maris Carpathii, 419, 13 et 27.
Tembrio, Τεμβρίων, Samum colonis frequentavit, 541, 15; 393, 11.
Temenium, Τημένιον, ubi Temenus sepultus, Argolidis locus, ad sinum Argolicum, ab Argis 26 stadia dissitus, 316, 40.
Temenus, Τήμενος, Heraclida, in Temenio sepultus, 316, 40. Ejus amicus Oxylus, 307, 7. Ab eo decima generatione descendit Phido, 307, 40.
Temesa, Τεμέση, nunc Tempsa, Bruttii urbs, ab Ausonibus condita, ab Ætolis frequentata, a Locris, Bruttiis, Hannibale, Romanis occupata; ab Homero memorata; prope eam sacellum Politæ sive Temesæi herois;

de eo proverbium; in propinquo ærariæ officinæ ostenduntur, 212, 32; 472, 42; 5, 32.
Temmices, Τέμμικες, barbari in Bœotia habitantes, 267, 1; eo venerunt a Sunio Atticæ, 344, 40.
Temnus mons, Τῆμνον ὄρος, Caici et Apiæ campos determinat; ex eo Mysius in Caicum fluit, 526, 47.
Temnus, ἡ Τῆμνος, Asiæ urbs Æolica; ejus situs, 531, 32; Hermagoræ patria, ib.
Tempe, τὰ Τέμπη, 276, 7, angusta convallis inter Olympum et Ossam, quam Peneus perfluit, 276, 12; terræ motu patefacta, 369, 19. Cf. 274, 26; 276, 31; 378, 8; 379, 5; 454, 23.
Tempsa, Τέμψα. V. Temesa.
Tempyra, Τέμπυρα, Samothracum in ora Thracica oppidulum, post quod aliud munimentum (Ζώνη aut Σάλη?), 282, 34.
Templum sacrosanctum Tolosæ apud Tectosages, 156, 33. Templorum structura Diospolitanorum, 684, § 28; templum Byzantinorum et templum Chalcedoniorum ad Ponti ostium, 265, 38; templum Æsculapii Epidauri, Triccæ, in Co, 322, 4 et 8; Carthagine, 706, 38; templum Ἄμμωνος in Libya, 41, 16. Templa Anaitidis 456, 40; 439, 9; 439, 33; 628, 28; Apidis Memphi, 685, 48; Apollinis in insula ap. Apolloniatas Ponticos, 265, 8; Actii, 270, 9; Amyclis, 311, 38; in Delio Laconiæ, 316, 29; Apollinis Teneatæ, 327, 1; Apollinis Tilphossii, 353, 11; Didymæi, 361, 36; Apollinis Phyllii in Thessaliotide, 374, 16; Apollinis Marmarini in Eubœa, 383, 22; Apollinis prope Tamynas in Eubœa, 384, 36; Apollinis Leucatæ, 388, 32. Apollinis Laphrii ad Calydonem, 395, 6; Apollinis Ægletæ in Anaphe, 416, 4; in Delo, 416, 30; Sminthii in Ceo, 418, 6, in Tenedo, 516, 48; Thymbræi ad Trojam, 511, 51; Cillæi Apollinis Cillæ, Colonis, Chrysæ, 523, § 62; Apollinis in Pordoselene ins., 529, 10; Grynei, 631, 51; Apollinis Didymi, 542, § 5; Pataris, 568, 21; in Daphne, 639, 8; templum Bacchi in Samnitarum insula Gallica, 175, 12; in Limnis Spartæ, 311, 43; Cereris ad Acherontem Triphyliæ, 296, 14; ad Thermopylas, 368, 24; Circes in Circæo m., 194, 4; Diæ Phliunte et Sicyone, 328, 37; Dianæ Ephesiæ ad Hieroscopium, 132, 43; Rhodæ et Emporii, 132, 42; in insula Rhodani fl., 152, 41; prope Ariciam in Latio, 196, 43; Dianæ Nemeææ in Teuthea Achaiæ, 294, 11; multa Dianæ fana, Ἀρτεμίσια, in Elide, 295, 21; Dianæ Alpheoniæ vel Alpheussæ ad Alpheum fl., 295, 24; Dianæ Ἑλείας ad Alorium, 300, 50; Dianæ Limnæææ Lacedæmone et ἐν Λίμναις, 310, 41 et 47; Dianæ Brauroniæ, 342, 34; Dianæ Amarynthiæ, 384, 47. Dianæ ταυροπόλου in Icaria ins., 546, 2; Dianæ Munychiæ, Pygelis, 546, 20; Dianæ Ephesiæ ad Panormum portum prope Ephesum, 546, 25; Ephesi, 547, 22; Dianæ Leucophryneæ Magnesiæ, 553, 5. Dianæ in Artemisio pr. Rhodiorum περαίας, 556, 22; Dianæ Perasiæ Castabalis, 460, 45; Dianæ Astyrenæ, 524, 41; Dianæ Pergææ, 569, 44; Dianæ Sarpedoniæ in Cilicia, 547, 1; in Daphne, 639, 8; Templum Dindymenæ matris deorum in Cyzico ins., 493, 1; in Magnesia ad Mæandrum, 553, 1; templum Enyûs Comanis, 459, 5; Fortunæ in Umbria, 189, 13; templum et oraculum Fortunæ Prænestæ, 198, 53; Gratiarum Orchomeni, 356, 14; Hecates τὸ ἐν Λαγινοῖς Cariæ, 563, 42; Herculis in Sacro promontorio Iberiæ, 114, 12; Gadibus, 140, 42; ad Rhodanum, 154, 16; ad Monœci portum, 668, 52; Tibure, 198, 30; Macistii Herculis t. in Triphylia, 299, 12; templum in ora Libyæ infra Paliurum vicum, 711, 30; nympharum Ioniadum ad Cytherium Pisatidis, 306, 35; Jovis in Argorum urbe, 318, 24; Jovis Lycæi in Arcadia, 333, 44; Jovis Eleutherii Platæis, 353, 33; Jovis Ænesii in Cephallenia, 392, 2;

Jovis in Venasis Cappadociæ urbe, 460, 30; τοῦ Χρυσαορέως prope Stratoniceam Cariæ, 563, 44; Jovis in Olbe Ciliciæ opp., 573, 44; Isidis Solis in Cypro, 583, 18; Tentyræ, 692, 17; Junonis in insula ad Calpen montem 141, 33; Junonis Laciniæ, 217, 27; in Argolide, 320, 5 et 46; in Delo, 416, 30; ad Xanthum fl. Lyciæ, 568, 18; Leucotheæ in Colchide, 427, 38; in Ilithyia Thebaidis urbe, 693, 47; τῆς Φωσφόρου, Luciferæ, in Turdetania, 116, 32; Lucinæ in Amniso Cretica, 409, 13; Lunæ Memphi, 686, 14; in Albania, 431, 33; templum Lycurgo dedicatum, 314, 26; templum Martis ad Rhodanum, 154, 16; τῆς Ἰσοδρόμου Μητρὸς prope Tralles, 378, 35; Matris deorum Pessinunte, 486, 10; Matris deorum fanum quod Teriæ cognominatur in Troade, 504, 8; Matris deorum Andirenæ, 525, 19; templa Menis, 477, 14; Minervæ in Italiæ promontorio Capreis objectum, 18, 38; 206, 10; in Hispania, 124, 11; 130, 17; ap. Salentinos, 233, 36; Minervæ Luceriæ, 235, 48; Scillunte in Triphylia, 295, 47; Alalcomenis, 355, 15; Minervæ Nedusiæ in Peloponneso, 309, 28; Minervæ Aleæ in Tegea urbe, 333, 42; Minervæ Itoniæ in Bœotia, 353, 27; in Thessalia, 374, 11; Minervæ Nedusiæ in Ceo, 418, 8; Minervæ in Ilio novo, 507, 52; Ephesi, 541, 39; Lindi, 559, 18; Sidæ, 570, 2; Sai, 631, 30; in Cyrrhestica, 639, 33; Musarum in Helicone, 352, 17; Nemesis Rhamnusiæ, 342, 41 (Cf. v. Nemesis.). Neptuni Asphalii in Hiera insula, 480, 20; in Elide, 295, 23; ad Tænarum, 311, 46; in isthmo, 317, 28; 326, 47; Neptuni Heliconii, 330, 7; Ægis, 331, 19; 347, 45; Onchesti, 354, 23; Geræsti, 383, 40; in Teno, 418, 42; Osiridis templum Acanthi, 687, 25; Abydi, 691, 47; Panis templum ad Anaphlystum, 342, 22; Parthenii in Chersoneso urbe et in Parthenio prom., 256, 16; Plutonis ad Acherontem, 296, 14; Proserpinæ ad Acherontem, 296, 14 (cf v. Proserpina et Pluton); templum Saturni Gadibus, 140, 42; Serapidis Canobi, 680, 37; Solis Heliopoli, 684, 9; Sirenum in prom. prope Surrentum, 18, 35; Veneris Pyrenææ, 148, 19 et alibi; Lavinii, 193, 44; Ardeæ, 193, 46; Ennæ, 226, 26; Corinthii, 325, 20; Anaphlysti, 342, 22; ad Bosporum Cim., 424, 34 et 48; in Pyrrha pr., 519, 4; Palæpaphi, 583, 5; Solis in Cypro, 583, 18; Memphi, 686, 14; Tentyræ, 692, 17; in insula Tritonidis lacus, 710, 8. Templum Vulcani Memphi, 686, 14. Ceterum v. nomina singulorum deorum honorum.

Tenea, ἡ Τενέα, Corinthii agri pagus (prope vicum *Chiliomodi*. V. Curtius, *Pelop.*, t. 2, p. 549). Apollinis Teneatæ templum. Coloni, quos Syracusas duxit Archias, ex parte Teneatæ erant; postea pagus peculiarem remp. sibi constituit, et ad Romanos a Corinthiis defecit; Corintho excisæ superfuit. Oraculi vox, 326, 54. Ibi a Polybo Œdipus educatus est; cognatio Teneatarum et Tenediorum, 327, 12.

Teneas, Τενέας (Tinia ap. Plin. et Silium; hod. *Timia*), fluvius Mevaniam Umbricam præterlabens inque Tiberim incidens, 189, 35; 196, 5.

Tenedus, Τένεδος, insula, 102, 49, a Tenne nomen habet, 517, 3; 327, 13. Etiam Calydna et Leucophrys a nonnullis vocatur, 517, 1; ei objacet Achæium Troadis, 510, 33. A continente distantia; ambitus; urbs Æolica; portus duo; templ. Apollinis Sminthei, 156, 45. E Tenedo Alpheum fluere Zoilus rhetor ἐν Τενεδίῳ ἐγκωμίῳ refert, 525, 44; ἡ Τενεδίων περαία, 516, 45, in qua sunt Colonæ, 517, 6. Tenediis cognatio intercessit cum Teneatis; Apollinis cultus apud utrosque similis, 327, 13.

Tenericus campus, Τηνερικὸν πεδίον, in Bœotia, unde nomen habeat; ad eum sita Onchestus, 354, 35 et 23.

Tenerus, Τήνερος, Apollinis et Meliæ f., vates oraculi quod erat in Ptoo monte; ab eo campus Tenericus Bœotiæ dictus, 354, 36.

Tenessis, Τηνεσσίς, regio Æthiopiæ quam tenent Ægypti qui a Psammeticho defecerunt et Sembritæ vocantur, 650, 10.

Tentoria Nomadum Scytharum describuntur, 254, 50.

Tennes, Τέννης, Cycni f., Tenediorum princeps, Tenedo insulæ nomen dedit, 517, 3; cum eo Teneatis Corinthiæ regionis cognatio fuisse fertur, 327, 14.

Tentyra, Τέντυρα, urbs Ægypti, 691, 50, in qua est Veneris templum et Isidis fanum; post hæc τὰ Τυφώνια, 692, 17. Tentyritæ crocodilos persequuntur, 691, 52; naturalem quandam vim contra crocodilos habere dicuntur, adeo ut nihil damni ab iis accipiant; exemplo res probatur, 692, 3.

Tenus, Τῆνος, una ex Cycladibus, 417, 5; cum urbe exigua magnoque fano Neptuni; Neptuniacum festum, 418, § 11. Teniis imperarunt Eretrienses, 384, 50.

Teos, Τέως, Ioniæ urbs. Ejus situs ad isthmum peninsulæ, 550, 8; 549, § 30. A Gerrhæidis 30 stadia distat, 550, 5; a Lebedo 120 stadiis abest, 549, 45. Vocatur Ἀθαμαντίς ap. Anacreontem; primum eam frequentavit Athamas, deinde Nauclus, post Apœcus et Damasus Athenienses et Geres Bœotus, 541, 8. Teii Persarum contumelias fugientes Abdera migrarunt; postea ex parte redierunt; Teii Anacreon, Apellico, Hecatæus, 549, § 50. Epicurus in hac urbe educatus est, 545, 31. Teos Bacchicorum in Ionia artificum sedes, 549, 37. Teiorum ad Romanos legatio, 549, 41.

Teredon, Τερηδών, ad Euphratis ostium opp. a Babylone 3000 stadiis dissita, 66, 38; 651, 51; 652, 9; distantia a Tyro et Arado inss., 652, 29.

Terentius Varro Salassos devictos sub hasta vendidit Eporediæ; castra habuerat quo loco Augusta urbs (*Aoste*) condita est, 171, 29.

Tereus, Τηρεύς, in Daulide regnavit, 363, 11; 266, 50.

Tergeste, Τεργέστη, Istriæ opp.; ejus ab Aquileja distantia, 179, 39; Carnicus vicus; ab ea per Ocram m. ad Lugeum paludem itur, 260, 49. A Tergeste ad Danubium 1200 stadia, 261, 4.

Teria, Τήρεια, Troadis locus, 484, 7; ad Zeliæ ditionem pertinens, 502, 25; τὸ Τηρείης ὄρος et Matris deorum templum, quod Teriæ vocatur, 504; § 17.

Terina, Τερίνα, Bruttii oppidum ab Hannibale eversum, 212, 50.

Termerium, Τερμέριον, Myndiorum prom., e regione Scandarii, Coorum pr., 561, 10.

Termerum, Τέρμερον, cast. Cariæ, supra Termerium pr., 561, 13.

Termessus, Τερμησσός, Pisidiæ opp., 488, 20; 539, 21; supra arcem ejus Solymus collis est, 539, 10; oppidum angustiis montium adjacet, per quos e Lycia in Milyadem transitur, 568, 53; 539, 42; Termessus ab Alexandro diruta est, 569, 2. Prope sunt Bellerophontis vallum et Pisandri tumulus, 539, 12.

Termilæ, Τερμίλαι, e Creta in hodiernam Lyciam sub Sarpedone venerunt; prius Milyes, et ante hoc Solymi vocabantur; postea a Lyco Pandionis filio Lycii dicti sunt, 490, 45; 569, 24; 570, 35.

Terpander, Τέρπανδρος, Lesbius, primus septem chordis lyram instruxit, ut ipse dicit, 528, 42.

Terra σφαιροειδής, 78, 10; 52, 10; una cum aquæ elemento globum constituit, sicut cœlum, 52, 20; Terra globus est non ad tornum exactus, sed qualis sensu percipitur, 92, 41; habet enim inæqualitates quasdam; multæ ei accidunt mutationes ab aqua, igne, concussionibus, exhalationibus; quamquam hæ totius terræ figuram et qualitatem non mutant, 41, 1. Terra idem cum cœlo habet centrum, et axem per ipsam mediam et cœlum medium productum, 91, 12. Circa terram et axem ab ortu ad occasum circumagitur cœlum et cum eo stellæ fixæ, 91, 14. Terram Oceanus ambit, 2, 3; 3, 30; 83, 1; eandem cum mari habet superficiem, 92, 37. Terræ hemisphæria duo, septentrionale et meridionale, 91, 52; in septentrionali est terra habitata, 92, 5, in spatio quadrilatero, cujus latus meridionale est dimidia pars circuli æquinoctialis, boreale autem dimidia pars paralleli in boreali tractu ducti, reliqua duo latera sunt segmenta circuli per polos ducti, 92, 50. Est quasi insula, quamquam quum nondum circumnavigata sit, experientia id non constat, 93, 2. Terram esse insulam sensu et experientia docemus; plurima ejus pars jam circumnavigata; quod superest circumnavigandum haud multum esse potest; neque qui id tentarunt, unquam propter objectam terram, sed aliis de causis a cœpto destiterunt. Fluxus quoque ratio quum ubique eadem sit, probat eam ab uno eodemque mari proficisci, non igitur bimare esse mare Atlanticum, p. 4, 20 *sqq*. Quadrilaterum istud est dimidia pars σπονδύλου sive verticilli, quod efficit segmentum hemisphærii, duobus parallelis abscissi. Terra habitata chlamydis formam habens, minor est parte dimidia hujus quadrilateri, 93, 24. In verticillo illo, cujus in altero latere nostra terra habitata jacet, oppositum huic latus aliam habere terram habitatam non improbabile est, 97, 51; terra πεντάζωνος, sec. Parmenidem et Posidonium, 78, 13; 91, 23; 92, 43. De quantitate terræ non convenit, 52, 12. Eratosthenicam dimensionem non omnes probarunt, *ib*. Inter dimensiones recentiores ea quæ minimam terram facit, perimetrum terræ esse statuit 180000 stadiorum, teste Posidonio, 78, 40. Secundum Eratosthenem et Hipparchum terræ circulus est 252000 stadiorum, quem Hipparchus in 360 partes divisit, adeo ut singulæ partes sint 700 stadiorum, 109, 20. Terræ habitatæ figura chlamydis similis, quum in extremis (occiduis maxime) latitudo valde contrahatur, 96, 6; 97, 53; 98, 24. Unde pateat extrema longitudinis utrinque coarctari, 98, 27. Terræ habitabilis terminum borealem in Hibernia ponendum esse Strabo censet, 94, 50. Ejus punctum maxime occiduum est Hispaniæ promontorium Sacrum, 98, 38. Ad terræ habitatæ fines a Britannia boream versus computare licet 3000 vel 4000 stadia, 95, 28. Terræ habitabilis longitudo in circulo per Athenas ducto major est quam tertia pars totius hujus circuli, 54, 12. Est vero 70000 fere stadiorum, 95, 54; 87, 25; 93, 35; 445, 57; latitudo minor 30000 stadiis 93, 37. Secundum Eratosthenem latitudo foret stadiorum 38000, a Cinnamomifera sc. usque ad parallelum Thulæ insulæ, 52, 33. Longitudo definitur linea quæ ducitur per Columnas, fretum Siculum, Rhodum, sinum Issicum et Taurum, 58, 4. Latitudo definitur linea meridiana, quæ a Cinnamomifera regione et Ægyptiorum exsulum insula pertinet usque ad parallelum Hiberniæ, 97, 54. A Columnis ad Issum sunt 30000 stadia; hinc usque ad Oceanum 40000 stadia. Ab Amiso, quæ est in Issi meridiano sita, usque ad mare Hyrcanium 10000 stadia; hinc ad Oceanum 30000 stadia, 445, 10. Quod latitudinem attinet, ab Hyrcania ad Artemitam sunt 8000 stadia, hinc ad sinum Persicum 8000 stadia, hinc ad loca extremæ Æthiopiæ opposita circa 8000 stadia; ab Hyrcania ad Oceanum borealem 10000 (6000?) stadia, 445, 27. A Rhodo meridiem versus sunt 16000, boream versus 12700 stadia, (si a Borysthene boream versus 4000 st. computantur) 95, 46. Cognitæ terræ longitudinem plus quam duplo esse majorem cognita latitudine plurimi confitentur, 53, 21. Terram si quis in globo perspicue repræsentare velit, ut Crates fecit, globo permagno opus est, cujus diameter decem minimum sit pedum; hoc si non licet, describatur terra in tabula septem minimum pedum, et circulis substituantur lineæ rectæ, 96, § 10. Paralleli terræ circuli per Cinnamomiferam, Meroen, Syenen, Alexandriam, Rhodum etc. ducti fusius describuntur p. 109, 53; 56, 10 *et pagg. seqq*. Terræ climata et dierum longissimarum rationes in unoquoque exponuntur, 108, § 34-43. Eratosthenica terræ divisio, 56, 10. Terræ segmentum quod mari Caspio et Tauro monte et Oceano determinatur ortum versus in acutum desinit, 445, 6; cultrique coquinarii formam refert, 445, 38. Terræ divisio quadripartita inter Æthiopes, Scythas, Indos, Celtas, sec. Ephorum, 28, 15. Γῆς ὀμφαλός, Delphi, 360, 18. — Terram colunt Persæ, 623, 40. — Terra Chalcidica frumentum, cui admiscetur servat, 493, 10. Terra Cimolia, ἡ Κιμωλία γῆ, in Cimolo insula, 416; 17.

Terræ motus fundum maris mutant, 45, 12. Terræ motus, qui per Græciam acciderunt, recensuit Demetrius Callatianus, ex quo plurima Strabo excerpsit, 50, 21. Terræ motus Helicen et Buram absorpsit, 330 et 332, 11. Buram et Bizonen, 45, 19; 49, 26. Terræ motibus obnoxia Eubœa, 384, 18. Terræ motus ingens in Rhagiana Media ad portas Caspias, 441, 25; 50, 15; in Lydia et Ionia, quo Sipylus eversa et Troja inundata, 48, 47; 496, 14; alii quibus læsæ sunt Magnesia, Sardes, Tralles, Laodicea, 496, 15; 536, 38. Sæpissime terræ tremoribus afficitur ἡ Κατακεκαυμένη Lydiæ et Mysiæ, 495, 53; Philadelphia, 496, 1; 537, 1; Apamea Phrygiæ, 495, 31; Carura, 495, 31; tota fere ad Mæandrum regio, 495, 40. In Phœnicia major Sidonis pars diruta, totaque Syria et insulæ quædam Cyclades et Eubœa terræ motu quassatæ, 48, 21. Rhodi colossus Solis concidit, 557, 11.

Testudines, χελώνια, e Taprobane in Indorum emporia importantur, 60, 25. Testudines maximæ apud Chelonophagos, 658, 18.

Testudinum insula in sinu Arabico, 658, 24.

Tetrapolis Attica, 341, 28; 329, 13; 383, 28, Tetrapolis Dorica. V. Dorienses. — Tetrapolis ἡ Σελευκίς. V. Seleucis. — Tetrapolis Cephalleniæ. V. Cephallenia. — Cibyratis tetrapolis. V. Cibyra. Cf. etiam Ceos et Carpathius.

Tetrapyrgia, Τετραπυργία, locus super Plynum portum ad Catabathmum Libyæ, 711, 37.

Tetrarchiæ Galatiæ, 485, 30. V. Galatia.

Teucer, Τεῦκρος, a Telamone ejectus in Cyprum abiit, ubi primum appulit in Achæorum acten, deinde Salaminem condidit, 582, 17. Teucri socii apud Callaicos in Hispania consedisse feruntur, 130, 24. Teucri (Ajacis f., ut Strabo ait) δυναστεία καὶ ἱερωσύνη in Olba urbe. V. Olbe.

Teucer, e Troön nunc Xypetensium dicto pago Attico in Troadem venisse a nonnullis fertur, 517, 33.

Teucri, Τεῦκροι, in Troade. Eorum migrationes, 51, 13; in Troadem e Creta venerunt; datum iis oraculum, 517, 21. Quæ de Teucris et muribus narrantur, unde Sminthio nomen, referenda sunt ad Sminthium prope Theben situm, 524, 24. Teucros Troadis ex Attica, non vero e Creta, venisse nonnulli asseverant, 517, 33.

Teumessus, Τευμησσός, Bœotiæ opp., ad Thebanam regionem pertinet. Cecinit de Teumesso Antimachus, 351, 31; 354, 6.

Teuristæ Galli iidem qui Taurisci, siquidem 244, 10 legendum est Τευρίστας ἢ Ταυρίσκους.

Teutamus, Τεύταμος, Zethi pater, 530, 24.

Teuthea, ἡ Τευθέα, Achaiæ opp. in Dymen urbem assumtum; habet Nemydiœ (Nemeæœ?) Dianæ fanum, 294, 10.

Teutheús, ὁ Τευθέας, fl. Cauconem fl. excipit, ipse exit in Acheloum qui præter Dymen fluit, 294, 8.

Teuthides, Τευθίδες, ad Turdetaniam prægrandes, 120, 31.

Teuthrania, ubi Teuthras et Telephus regnarunt, inter Pergamenen et Elaitin sita, 489, 46; Non supra 70 stadia distat a Pergamo, Eleœa, Pitanà et Atarneo, 526, 7. (Quæ mensuræ quum in unum fere punctum convergant, non de regione Teuthrania, sed de urbe cogitandum est. Ac sane urbem memorant Cypriorum fragmenta et Xenophon et Plinius et Stephanus. Mensuræ eum urbis locum indicant, quem Kiepertus Halisarnis vindicavit etsi dubitans.)

Teuthras, Τεύθρας, Teuthraniæ rex, 489, 46. Augen uxorem ducit Telephumque adoptat, Mysorum et Cilicum rex, 526, 10; 490, 36; 506, 51.

Teutones, Τεύτονες, Belgas aggrediuntur, 163, 26.

Thala, Θάλα, Africæ opp. in bello Africano diruta, 705, 53.

Thalami, Θάλαμοι, nunc Bœoti dicti, ad sinum Messenia cum a Pelope conditi, 309, 24 (in valle hodiernæ *Milia*).

Thales, Θαλῆς, Milesius; ejus studia; magister Anaximandri, 542, 52; 5, 49. Nilum imbribus augeri tradidit, 672, 13.

Thalestria, Θαληστρία, Amazonum regina, Alexandrum in Hyrcania convenisse a nonnullis perhibetur, 433, 25.

Thaletes, μελοποιὸς ἀνὴρ καὶ νομοθετικός; cum eo versatus Lycurgus, 414, 18. Ejus inventum rhythmi Cretici, 413, 5.

Thamyris, Θάμυρις, Thrax, musicus, 404, 44; 280, 15. Ad Dorium a Musis arte canendi privatur, 301, 6.

Thapsacus, Θάψακος, ad Euphratem urbs, 71, 3; 75, 27 *et passim.* A Thapsaco ad Babylonem 4800 stadia, sec. Eratosth.; ad Zeugma τὸ κατὰ Κομμαγηνὴν 2000 stadia, 635, § 22; 66, 37; ad Tigrim (quo loco Alexander trajecit, 75, 13), 2400 stadia, ad portas Caspias 10000 stad., ad portas Armeniæ circa 1100 stadia, 66, 11 et 40; ad Pelusium 6000 stad. sec. Eratosthenem, supra 8000 stadia sec. Hipparchum, 73, 12. Ἡ κατὰ Θάψακον διάβασις, 635, 33; τὸ ζεῦγμα τοῦ Εὐφράτου τὸ παλαιόν, 635, 33 *et passim.* Thapsacum per Euphratem advehuntur a Gerrhæis merces Arabicæ, 652, 24.

Thapsus, Θάψος, Africæ urbs, 1708, 16; ad quam Cæsar Scipionem vicit, 706, 3. Lacus prope urbem, *ib.*

Thasiorum capita, αἱ Θασίων λεγόμεναι κεφαλαί, in ora Thracica, 282, 14.

Thasus, Θάσος, insula, 102, 52; 281, 49. A Pariis frequentata, 418, 13. Πανελλήνων οἰζὺς ἐς Θάσον συνέδραμεν, ut Archilochus dixit, 318, 14. Thasia figlina in Narone fluvio inventa, 263, 26. Thasius Stesimbrotus scriptor, 405, 39.

Thaumaci, Θαυμακοί, Phthiotidis opp. in Achillis ditione, 372, 37; 334, 35.

Thaumacia, Θαυμακία, Magnesiæ opp, in ditione Philoctetæ, 375, 15 (Situs incertus. In tabula oppidum retuli ad ruinas quæ prope *Muresis* vicum sunt et vulgo Castaneœ assignantur.)

Thebæ, Θῆβαι, Ægypti urbs, a mari ad 5000 (?) fere stadia distans, 29, 41; nunc Diospolis vocatur, 684, 20; 692, § 46. Homero ἑκατόμπυλος et opulentissima urbs; Ægypti metropolis; priscæ magnitudinis reliquiæ per 80 stadiorum longitudinem supersunt; nunc per vicos habitatur; Memnonium; sonum ibi a colosso editum audivit Strabo; regum sepulcra, obeliscorum inscriptiones; Thebani sacerdotes astronomiæ philosophiæque studiis clari; eorum inventa; virgo Jovi sacrata, 692,

§ 45. Thebas adiit Menelaus, 33, 26. Olim propiores ei fuerint Æthiopiæ termini, 34, 21. Thebis Memnonia quædam, 690, 54. Thebani Æg. aquilam et ovem colunt, 690, 29 et 24.

Thebæ Bœotiæ, secundum nonnullos, Homeri ætate desertæ erant ob Epigonorum expeditionem; eamque ob causam Thebanorum mentionem non fieri in Catalogo : alii vero interfuisse eos bello aiunt, sed infra Cadmeam tunc habitasse; Cadmeam vero etiam ipsam Thebas vocatam fuisse, adeo ut Thebani ab Homero dicantur οἱ ὑπὸ Θήβας (Il. 2, 505), 354, 11. Thebas Cadmeæ adjecerunt Cadmi posteri, 344, 44. Urbem Asopus præterfluit, 328, 31. Thebani olim tributum Orchomeniis pendebant, 356, 11. Sub expeditionem Epigonorum Alalcomenas et in Tilphossium montem confugerunt, 355, 25. Thebis Philotas colonos Prienen duxit, 541, 7. Thebani Messenen renovarunt, 310, 37. Lacedæmonios duobus prœliis vincunt; de principatu inter Græcos certant; Epaminonda defuncto, spe imperii dejiciuntur; pro Græcis bellum in Phocenses gerunt, 345, 49; 344, 27. Post Leuctricam pugnam Achæis arbitrium de mutuis urbium controversiis commiserunt, 329, 49. Thebæ a Macedonibus dirutæ et restauratæ; nunc nonnisi pagus, 346, 1. Thebanorum fuit oraculum in Ptoo monte, 354, 44. Thebaidis regio est Parasopia, 351, 19; Peteon vicus, 352, 39; Hyria, 347, 26; Therapnæ et Teumessus, 351, 31. Thebis ad Scolum 50 stadia, 351, 5.

Thebæ Phthiotides, Θῆβαι Φθιώτιδες, Thessaliæ, 370, 39. 372, 31; 374, 23; sub Crocio campo, 371, 50; in Protesilai ditione, 374, 1.

Thebe, Θήβη, Pamphyliæ sive Lyciæ opp., ut ferunt, inter Attaleam et Phaselidem situm, a Cilicibus Troadis e Thebano campo ejectis conditum, 569, 39.

Thebe, Troadis opp., 50 stadiis ab Achillis vallo, 70 stadia ab Astyris, 60 ab Anderis distat, Θήβη ὑπὸ Πλάκῳ ὑληέσσῃ ap. Homerum vocatur, quamquam Πλάκος aut Πλάξ ibi nihil vocatur, 524, 48. Thebe nunc deserta; ab Adramyttio 60 stadiis distat, 523, 27. Prope Theben est Cilla, 523, 31. Theben tenuit Eetion Cilicum princeps, 523, 5; 500, 34; ab Achille vastata est; patria Chryseidis et Andromachæ, 500, 34; 523, 7. Thebes campus, 503, 13, in quo Chryse, 517, 40, et Lyrnessus, 523, 20. De eo Lydis et Mysis et postea Græcis certamina erant, 523, 21. Thebes campum occuparunt Lydi, qui tunc Mæones dicebantur, et Mysorum, qui sub Telepho et Teuthrante fuerant, reliquiæ, 501, 49. Supra Thebes campum est Apiæ campus, 526, 49. Thebaica Troadis Cilicia, 551, 36. E Thebano Troadis campo ejecti Cilices Lyrnessum et Theben inter Attaleam et Phaselidem condidisse feruntur, 569, 39.

Thebaica Custodia, Θηβαικὴ φυλακή, locus Ægypti, 690, 35 (ad hod. *Tauneh*).

Thebais, Θηβαΐς regio Ægypti in 10 præfecturas divisa, 669, 47. E Thebaide ad Memphim distantiæ, 683, 14. Thebaidis urbes, 690, § 41 sqq.; maxima earum Ptolemais, 690, 44. In Thebaide ortam seditionem repressit Cornelius Gallus, 696, 3. Thebaica spina, e qua gummi colligitur, 687, 27. Thebaica palma, optima, 695, § 51.

Themellas (?), Arabum in Syria princeps, 641, 27. (Sec. vulgatam lectionem habemus nomen principis Arabum. Casaubonus vero et Letronnius et Groskurdius legendum putant : ἡ Γαμβάρου Θεμέλλα, adeo ut Themella oppidum sit, sedes Gambari principis, sicut Arethusa est Sampsicerani. Hoc ut ipse etiam censeam, eo inducor, quod non longe ab Arethusa *Theledam* locum notari video in Tab. Peutingeriana. Id enim nomen in tanta Tabulæ corruptione ad Themellam Strabonis revocandum esse puto. Situs locus est inter Apameam et Occarabam hod. *Okarebe*) ab hac 48 m. p., ab illa 28 m. p distans, adeo ut Theleda pertinuerit ad ruinas quæ a Occaraba boream versus notantur in Syriæ tabula Berghausiana.)

Themis, Θέμις, cum Apolline oraculum Delphicum condidit, 362, 19. Themis Ichnæa in Ichnis, Thessaliotidis opp., colitur, 374, 17.

Themiscyra, Θεμίσκυρα, τὸ τῶν Ἀμαζόνων πεδίον, 104, 17 et 33, in Amisi ditione, 469, 1; 466, 22, ubi Leucosyri habitant, 476, 22. Themiscyræ planities describitur, 469, § 15; tota humilis est, 44, 2. Ex ea Amazones cum Gargarensibus in regionem quæ a Caucaso septentriones versus est, emigrarunt, 432, 45.

Themisonium, Θεμισώνιον, Phrygiæ Magnæ opp., 494, 5.

Themistocles, Θεμιστοκλῆς. Ejus vel mater vel filia sacerdos fuit Dindymenes Magnesiæ, 553, 2. Themistocles a Xerxe accepit Myuntem, Magnesiam et Lampsacum, 543, 35; 503, 6.

Thena, Θένα, Libyæ opp. ad Syrtin minorem, 708, 19. Thenam Cæsar cepit, 706, 5.

Theocles, Θεοκλῆς, Atheniensis, Græcis in Siciliam coloniarum ducendarum auctor quomodo exstiterit, 222, 28.

Theocritus, Θεόκριτος, sophista, Chius, Theopompi adversarius, 551, 18.

Theodectes, Θεοδέκτης, poeta. Ejus versus laudantur, 593, 11.

Theodorus, Θεόδωρος, rhetor, Gadarensis, Strabonis æqualis, 646, 24.

Theodorus, Iasensis, dialecticus, Cronus cognomento, quod quidem cognomen ab Apollonio magistro in eum translatum est, 562, 14.

Thedosia, Θεοδοσία, Chersonesi Tauricæ urbs; ejus portus. Ibi olim finis Bosporanorum et Taurorum, 257, 12. Cf. 258, 14 et 25 et 33. A Theodosia ad Panticapæum 530 stadia, 257, 16; quot sint ad Symbolorum portum, 256, 46.

Theodosius, Θεοδόσιος, et filii ejus, mathematici e Bithynia oriundi, 485, 5.

Theologia prisca tota ex fabulis constat, 16, 17. Theologica quædam de sacrificiis inter feriandum celebrandis, 401, § 11.

Theophanes, Θεοφάνης, historicus, Mytilenæus, Pompeii amicus, patriam ornavit; M. Pompeii pater, 528, 12. Tanaim e Caucasiis montibus oriri opinatur, 423, 12. Pompeii castra secutus in Albania fuit; laudatur de Amazonibus eorumque vicinis, 432, 14; de animalculis quæ in nivis glebis apud Armenios reperiuntur, 453, 9; de Armeniæ magnitudine, 454, § 11. Armeniæ minoris castellum Σινορίαν memorat Συνορίας nomine, 475, 42.

Theophilus, Tibii f., a Mithridate Eup. necatus, 477, 43.

Theophrastus, Θεόφραστος, Aristotelis discipulus, Eressius, olim Tyrtamus dictus; unde alterum nomen habeat, 528, 30. Ei Aristoteles bibliothecam suam reliquit, quam una cum Theophrasti libris accepit Neleus Scepsius. Ulteriora horum librorum fata, 520, § 54. Theophrasti discipulus Demetrius Phalereus, 342, 1. Theophrastus laudatur de Leucocoma et Euxyntheto Lebeniis, 411, 11.

Theopompus, Θεόπομπος, historicus, Chius, in republ. gerenda Theocriti sophistæ adversarius, 551, 17. Profitetur se in historia fabulas narraturum rectius quam fecerint Herodotus, Ctesias, Hellanicus et Indicarum rerum scriptores, 36, 13. Meropidem terram quandam fingit, 248, 42. Laudatur de origine nominis maris Adriatici, 263, 17; de sinus Adriatici et Illyricæ oræ longitudine, deque aliis quæ de eodem mari parum accurata tradidit, 263, 22. Theopompus Istrum uno ostiorum in mare Adriaticum effluere censuit, 263, 30; 14 gentes Epiroticas esse dicit, 269, 12. Citatur de Lacedæmoniis qui Argolicis Asinæis exsulibus in Messenia agros dederint, 320, 54; de Methone, 322, 22; de Parapotamiis Phocidis, 363, 50; de Larisa oppido in Elidis et Dymæi agri confiniis, 378, 26; de Histiæa Eubœæ, 382, 46; de Mariandynis, 464, 29; de Sinopes originibus, 468, 43; de Mesogi monte, 587, 44; de Sesto, 506, 29.

Theopompus Cnidius, Cæsaris amicus, Artemidori pater, 560, 15.

Thera, Θήρα, Laconica insula maris Cretici, Λακωνίς, 38, 30; 710, 32; olim Calliste dicta, in qua Theram urbem Minyæ condiderunt, Cyrenes metropolin, 298, 29; 710, 32; 416, 3; 48, 11. Situs insulæ et ambitus, 416, 3. Cf. Calliste. Inter Theram et Therasiam e mari prodiit Anaphe ins., 48, 10.

Theras, Θήρας, Autesionis filius, Minyas ducit in Callisten ins., ibique Theram condit, 298, 29.

Therasia, Θηρασία, insula Theræ et Anaphæ vicina in mari Cretico, 416, 12; 48, 10.

Therapnæ, Θεράπναι, Bœotiæ opp., ad Thebanam regionem pertinent, 351, 31.

Therma, τὰ Θέρμα, Ætoliæ urbs, ubi comitia creandis magistratibus Ætoli habent; statua ibi Ætoli; inscriptio in basi ejus, 398, 17.

Therma, Θέρμα, Macedoniæ opp.; unum ex iis quorum incolas in Thessalonicen conduxit Cassander. (Hoc opp. a Thessalonica olim Therma dicta distinguendum est, si verba Strabonis premere velis. Significari vicinum a meridie locum, thermis etiamnunc clarum censet Tafelius.) Inter Thermam et Chalastram Axius exit, 277, 18.

Thermæ, aquæ calidæ ad sinum Carthaginiensem 708, 2. Thermæ Etruriæ, 189, 2; Phazemonitarum in Ponto, 480, 6; thermæ quæ sunt Ædepsi et in Thermopylis terræ motu per triduum retentæ, rursus fluxerunt, 50, 25.

Thermæus sinus, Θερμαῖος κόλπος, 275, 46; 279, 30; 287, 35; 103, 3; multa oppidorum ad eum sitorum diruit Cassander incolasque Thessaloniceam transduxit, 277, 33. In sinum influit Haliacmon, 274, 30. Ab eo ad Epidamnum transitus terrestris supra 2000 stadiorum; sec. Eratosthenem vero nonnisi 900, perperam, 76, 43. Thermæi sinus promontorium Canastræum, 278, 35.

Thermessa, Θέρμεσσα, una e Liparæis insulis, Siciliæ proxima, 229, 2; nunc Hiera (*Sacra*) Vulcani vocatur; deserta et saxosa; tribus crateribus ardet, qui fusius describuntur, 229, 10.

Thermodon, Θερμώδων, Ponti fl., ab Homero non memoratur, 248, 14. Ejus ad ostia ora humilis et aggesta, 44, 2. Thermodon Themiscyræ planitiem percurrit, 469, 8. Thermodontem pro Lyco memorat Eratosthenes, 453, 46.

Thermopylæ, Θερμοπύλαι sive Πύλαι sive Στενά, ap. Locros Epicnemidios, 365, 52; non memorantur apud Homerum, 30, 19. Situs earum; thermæ Herculi sacræ; imminens Callidromus mons, 367, 13. Ἡ Πυλαία σύνοδος Ἀμφικτυόνων, 360, 45. Thermopylæ quot stadia absint ab intimo Crissæi sinus recessu, 287, 25; a Cenæo pr. et Sperchio fl., 373, 32. Ad Thermopylas Cereris fanum, in quo Amphictyones singulis Pylæis conventibus sacrificabant, 358, 24. Thermæ, terræ motu per triduum retentæ, rursus fluxerunt, 50, 24. Mare terræ motu sublatum ad Thermopylas accessit, 50, 35. Inscriptio in quinque columnis τοῦ πολυανδρίου ad Thermopylas, 365, 3; 368, 15.

Theseum. Θησεῖον, Athenis, 340, 23 et 45.

INDEX NOMINUM RERUMQUE.

Theseus, Θησεύς. Ejus certamina, 16, 5. Taurum Marathonium interfecit, 342, 40. Suem Crommyoniam occidit, 326, 52. Scironem et Pityocampten interfecit, 336, 28. Helenam rapuit, 340, 34. Theseus in Creta, 409, 39. Cum Cretensibus Cnosso profectus Brundusium frequentasse a nonnullis dicitur, 234, 27. Theseus et Pirithous propterea quod longinquas fecerint expeditiones, ad inferos descendisse credebantur, 40, 28. Theseus duodecim Atticæ civitates in unam coegit, 341, 32.

Thesmophoria ad Alponum urbem, 50, 43.

Thespiæ, Θεσπιαί, Homero Θέσπεια, Bœotiæ urbs ad Heliconem; navale ejus Creusa; in Thespiensi regione Ascra, 351, 36; 348, 15. Thespiæ ob Praxitelis Cupidinem olim adiebantur; nunc Thespiæ et Tanagra solæ omnium Bœoticarum constant urbium, 352, 29. Glycera Thespiensis, *ib.* Thespiæ adhuc constant, 346, 5. Thespiensium pagus Eutresis, 353, 12; finitimæ Thespiis sunt Thisbæ, 353, 16.

Thesproti, Θεσπρωτοί, 267, 12. In ora Epiri a meridie Chaonum. Ad Thesprotos etiam Cassopæi pertinent, 269, 19. Thesprotos Homerus novit, 23, 37. Eorum urbs Cichyrus quæ olim Ephyra, 269, 47. Thesprotis, postea vero Molossis subjectum erat Dodonæum oraculum, 273, 6. Thesprotorum lingua πέλιαι dicuntur vetulæ, adeo ut πελειάδες Dodonææ, non aves, sed vetulæ mulieres dici videantur, 274, 1. Similiter πελιγόνες Thesproti vocant senes honoribus functos, 274, 7.

Thessalia, Θεσσαλία, olim Pyrrhæa a Pyrrha, et Hæmonia ab Hæmone, dein Thessalia a Thessalo dicta, 381, 11. Quidam in duas partes dividunt, quarum altera, meridionalis, Deucalioni sorte obtigerit, deque matre ejus Pandora, deinde a filio Hellas dicta sit; alteram Hæmon tenuerit, unde Hæmonia, deque filio ejus deinceps Thessalia vocata. Nonnulli Thessaliæ nomen indidisse censent e Thessali genere ortos Antiphi et Phidippi nepotes ab Ephyra Thesprotica huc profectos, 381, § 23. Alii etiam Nessonidem olim appellatam esse a Nessone, Thessali filio, *ib.* Thessaliam Homerus in decem partes atque dominationes dividit, ita ut assumat partes quasdam Œtææ et Locridis regionis et ejus quæ nunc est Macedonica, 369, § 4. Prima et secunda pars est ditio Achillis et Phœnicis, 369, § 5 sqq. Tertia ditio Protesilai, 373, § 14; quarta Eumeli, 374, § 15; quinta Philoctetæ, 375, § 16; sexta Asclepiadarum, 375, § 17; septima Eurypyli, 373, § 18; octava Polypœtæ, 377, § 19; nona Gunei, in qua Perrhæbi, 378, § 20; decima Magnetum, 379, § 21. Thessaliæ fines, 368, 44. Thessalia olim aquis tecta, 650, 53. Soli ratio, 369, 9. Thessaliæ pars inter ostia Penei et Thermopylas sita usque ad montana Pindi a Pelasgis tenebatur et Argos Pelasgicum appellabatur, 184, 9. Thessalicæ linguæ vocabulum ἄργος (pro πεδίον), 319, 47. Thessalia apud Homerum vocatur Argos Pelasgicum, 317, 42. A Macedonia inferiore Peneus eam disterminat, 275, 41. Thessaliæ et Magnesiæ ambitus sec. Hieronymum, 380, 54. Thessaliæ partes quattuor, Phthiotis, Hestiæotis, Thessaliotis, Pelasgiotis, 369, § 3. Thessalia Superior vocatur Hestiæotis cum Dolopia, 375, 52. Inter Thessaliæ Æoles præ ceteris habitabant Pelasgi, 183, 51. Thessalia initio habitata a Pelasgis, quos Lapithæ in Italiam expulerunt, 381, 2. Thessalis accensentur ex Epiroticis gentibus Athamanes, Æthices, Talares, 373, 10. In Thessalia Bœoti cum Arnæis rempublicam constituerunt, 344, 49. E Thessalia profecti Pelasgi Chium frequentarunt, 531, 15, et Agyllam Etruriæ condidere, 183, 39. Thessali Ravennæ conditores, a Tyrrhenis infestati, urbe Umbris relicta, domum redierunt, 178, 22. Thessalorum Penestæ, 464, 39; equi, 333, 33. Vestes demissæ, 455, 5.

Thessaliotis, Θεσσαλιῶτις, Thessaliæ pars, 369, 26; in qua sunt Arne, Phyllus, Cierus, Ichnæ et Eurypyli ditio, 374, 14.

Thessalonice, Θεσσαλονίκη, Philippi filia, uxor Cassandri, de qua urbs nomen habet, 277, 32.

Thessalonicea, Θεσσαλονίκεια et Θεσσαλονίκη, Macedoniæ urbs. Nunc præ ceteris hominum copia florens, 268, 54; in intimo recessu sinus Thermæi, 277, 10. Hodiernæ Macedoniæ caput, Cassandri opus, deque uxore ejus nomen habens, e multis oppidis Crusidis et Thermaici sinus conducta; olim Therma, Θερμή, dicta, 277, 10 et 29; 278, 22. Ab Epidamno distat 900 st. sec. Erat., super 2000 st. sec. Polyb., 88, 8. Cum Epidamno et Dyrrhachio jungitur via Egnatia, 275, 18, cujus sunt inde ab Apollonia 267 m. pass., 268, 32. Thessaloniceæ unam de quattuor Macedoniæ partibus assignavit P. Æmilius, 282, 41.

Thessalus, Θεσσαλός, Hæmonis f., Nessonis pater, a quo Thessalia dicta, 381, 14 et 24. E posteris ejus Antiphus et Phidippus, 381, 21.

Thessalus, Herculis f., Antiphi (Antiphontis, 588, 14) et Phidippi pater, 381, 21; 588, 14.

Thestiadæ, Θεστιάδαι, contra Œneum et Meleagrum bellum gesserunt propter suis pellem, ut fabula ait, reapse ob ditionis portionem, 400, 11.

Thestius, Θέστιος, Œnei socer, Althææ pater, dux Curetum, Pleuroniæ præerat, 400, 9; 396, 30. Ad eum exsules venerunt Tyndareus et Icarius, quorum ille Ledam Thestii filiam duxit, hic socius erat in bello contra Acarnanes, 396, 30.

Thetidium, Θετίδιον, in Thessalia, Pharsalo novæ et veteri propinquum, ad Achillis ditionem pertinebat, 370, 41.

Theuprosopon, Θεοῦ πρόσωπον, mons et prom., in quod Libanus desinit, prope Tripolin, 642, 34 et 40. In eo castellum, prædonum receptaculum, evertit Pompeius, 643, 20. (Hod. *Ras ech-Chakah*, *Cap Pondico*, *Cap Madore*; ap. Edrisium *Ras Hadchar*. Impositum monti castellum a Brocardo monacho *Neuphrus*, a Sanuto *Nephrin* vocatur.)

Thimbro, Θίμβρων, qui Harpalum interfecit, Cyrenaicam adortus est, 710, 48.

Thisbæ, Θίσβαι, Homero Θίσπη, Bœotiæ opp. finitimum Thespiensibus et Coroneæ agro, Heliconi subjectum; navale habet saxosum columbisque refertum; unde πολυτρήρων vocatur Homero, 353, 15; 248, 10; 13, 35. Thisbis ad Sicyonem 160 stadia, 353, 20.

Thoai, Θοαί, apud Homerum vocantur Echinades inss., 393, 34; 301, 35.

Thoantium, Θοάντιον, ἀκτὴ Rhodi ins.; objacet ei Chalcia ins., 559, 29.

Thoas, Θόας, priscum Acheloi fl. nomen, 386, 39.

Thoas, rex Ætolorum, quo duce Ætoli Temesam Italiæ condunt, 212, 34.

Thome, Θώμη, priscum nomen Ithomes in Hestiæotide, p. 376, 6.

Thonis, Θῶνις, rex Ægypti, Menelaum et Helenam hospitio excepit; cognominis ei urbs fuisse dicitur; uxor regis Polydamna, 680, 30.

Thonis urbs Thoni regi cognominis fuisse dicitur in tænia quæ mari et Canobica fossa includitur, 680, 29.

Thopitis, Θωπῖτις λίμνη, seu Arsene, in Armenia palus nitrosa, quam Tigris transit, 635, 38; 453, 54.

Thoraces linei, raro loricati, Lusitanorum, 128, 8. Thoracum loco pellibus arietum utuntur in Sardinia, 187, 41.

Thorax, Θῶραξ, mons Lydiæ, 552, 42.
Thorenses, Θορεῖς, Atticæ pagus, 342, 15.
Thoricus, Θόρικος, una ex 12 Atticæ civitatibus, quas Cecrops constituit, 341, 30; 342, 32. Ei objacet Helena ins., 416, 50.
Thornax, Θόρναξ, Laconicæ mons, 312, 30.
Thracia, Θράκη, Θρᾳκία, qua Macedoniæ committitur, in mare procurrens versus austrum flectitur, 23, 16. E 22 gentibus constat, 282, 25. Thracicæ gentes sunt Getæ et Mysi, nunc Mœsi dicti. Harum utraque juxta utrumque Istri latus incolebant, 245, 28; ab iis profecti sunt Mysi Asiæ; porro Phryges Asiæ sunt Briges Thracici; nec non Mygdones, Bebryces, Mædobithyni, Bithyni, Thyni et Mariandyni generis Thracici sunt, 245, 31. Thracicæ gentes sunt Triballi, 253, 19, ad imam nunc redacti conditionem, 262, 23; Tralles, 554, 28; Scæi, 505, 32; Saii (q. v.); Xanthii, 505, 33; Bistones, 281, 51; Cebrenii, 505, 30; Pieres in Emathia, 275, 27; Bebryces qui in Mysiam transierunt, 464, 13; Bithyni et Thyni qui in Asiam commigrarunt, 464, 13; Mariandyni, 464, 28; Mysi, Phryges et aliæ gentes, 483, 22; 484, 48; 404, 31. Thraces quidam in regiones quæ sunt trans Caucasum delati Gargarensibus contra Amazones auxilio fuere, 432, 47. Thraces Saraparæ, i. e. capitum amputatores, supra Armeniam prope Guranios et Medos habitant, 455, 40. Thracibus gentibus et Bastarnicis permixtæ gentes Scythicæ et Sarmatæ, 246, 8, et Galli Boii, Tauristæ, Scordisci, 246, 10; 260, 30; et Getæ, 253, 18. In Thraciam sæpius irruperunt Scythæ, Bastarnæ, Sauromatæ, 253, 23. Thraces pactas cum Bœotis inducias violarunt, at violasse negarunt commento Thracico, 345, 7. Ejectis vi Bœotis, Bœotiam habitarunt, 352, 24; 344, 48. A redeuntibus Bœotis e Bœotia ejecti in Parnassum abierunt, 345, 5. Thraces ex Aba Phocidis oppido profecti Eubœam occuparunt incolisque Abantum nomen imposuerunt, 382, 23. Sub Eumolpo Atticam obtinuerunt, 266, 49; at vincuntur ab Ione, 329, 17. Thracum dux Piros ap. Homerum, 285, 5. In Thraciam venit et hinc in Asiam transjecit Penthilus cum Æolibus, 498, 22 et 42. In Thraciam venerunt Antenor et Heneti indeque in Venetiam ad Adriam profecti sunt, 520, 5. Thracum vel Trerum (qui cum Thracibus habitarunt) urbes quædam a Bistonide lacu et Aphnitide absorptæ sunt, 49, 38. Thraces supra Hæmum habitantes aggressus est Alexander M., 250, 29. Thraciam et Macedoniam usque populatus est Bœrebistas Getarum rex, 252, 26. In Thraciam ex regione trans Istrum sita 50000 Getas transduxit Ælius Catus, 252, 8. Thracum sacra Cotytia et Bendidia, 404, 11, similia sunt Phrygiis, 404, 30. A Thracibus profecta sunt Orphica sacra, 404, 12. Thracia sacra adoptarunt Athenienses, 405, 1. Thracum ὁ παιανισμός a Græcis τιτανισμός dictus, 281, 34. Thraces primi veteris musicæ cultores; nam Thracia loca sunt, ubi olim Musæ colebantur, ac Thraces sunt Orpheus, Musæus, Thamyris, Eumolpus, 404, § 17. Thraces Heliconem Musis consecrarunt, sicut Pierida, Libethron, Pimpleiam, 352, 19; 404, 40. Thraces, inter eosque Getæ maxime, polygami, 246, 46. Thracum quidam mulieribus abstinent et sacri habentur; appellantur Κτίσται, 246, 13. (Similia de Essenis referens Josephus A. J. 18, 5, p. 695 Didot addit, : Ζῶσι δὲ... μάλιστα ἐμφέροντες Θρᾳκῶν τοῖς Πλείστοις (?) λεγομένοις; ubi ex Casauboni conj. parum probabili legunt πολιστοῖς.)
Thraces notis corpora compungunt, 261, 36. Thracibus multa sunt cum Trojanis nomina communia, 505, 31. Thracice bria significat urbs, 265, 20. Thraciæ Chersonesus, 103, 5. Versus Sunium conficit Melanem sinum et reliquos deinceps Macedonicos, 76, 37. Cf. Chersonesus Thr.
Thracium mare, Ægæi maris pars, 23, 15.
Thracius Bosporus. V. Bosporus.
Thraso, Θράσων, sculptor. Ejus opera in templo Dianæ Ephesiæ, 547, 40.
Thrasyalces, Θρασυάλκης, Thasius, unus ex antiquis physicis, præeunte Thalete, Nilum imbribus augeri tradidit, 672, 12. Quomodo ventos distinxerit, 23, 49.
Thrasybulus, Θρασύβουλος, populum e Phyle Athenas reduxit, 340, 42.
Threx, Θρήξ, Iudææ castellum in Hiericuntis ingressu situm, a Pompeio dirutum, 649, 33. Cf. Taurus castellum.
Thriasius campus, Θριάσιον πεδίον, et pagus et litus Thriasium Atticæ, 339, 28; 337, 14.
Thrissa, θρίσσα, piscis, in Nilum adscendit, 602, 17; 699, 9 et 46; 700, 2.
Throni, Θρόνοι, Cypri pr., a Curiade pr. 700 stadia dissitum, 582, 38.
Thronie, Θρονίη, Beli f., e Mercurio mater Arabi, 35, 26.
Thronium, Θρόνιον, Locrorum Epicnemidiorum opp., quod præterfluit Boagrius s. Manes fl., 365, 44. Ejus major pars terræ motu diruta, 50, 31.
Thryoessa i. q. Thryum.
Thryum, Θρύον (ad *Agulenitza*), urbs Triphyliæ, quam etiam Θρυόεσσαν dicit Homerus, nunc Epitolium vocatur, Macistiæ oppidulum, 300, 14; 302, 36; 303, 21. Nominis origo, 300, 28.
Thucydides, Θουκυδίδης, cur barbaros apud Homerum non memorari putet, 564, 35. Laudatur, 318, 4; 271, 2; 286, 23; 308, 52; 323, 34; 397, 24. De Procne et Philomela fabulam Megaris assignat, 363, 13. Trojam Mytilenæis ademptam ab Atheniensibus ait bello Peloponnesiaco, duce Pachete, 513, 50.
Thule, Θούλη, vicina congelato mari, a Britannia abest sex dierum itinere, sec. Pytheam, 52, 27. Thules circulus a Borysthene distat circa 11500 stadia sec. Eratosth., 52, 27. De Thule et vicinis regionibus, ubi massa quædam, pulmonis marini instar, navibus pedibusque inaccessa omnia obtineat, Pytheas exposuit, 86, 1. Thule, Britannicarum insularum septentrionalissima est, ubi tropicus æstivus arctici circuli vicem gerit, secundum Pytheam, 94, 39. Strabo habitatæ terræ fines multo magis versus meridiem esse putat, et Thulea Pytheæ mendacium esse suspicatur, 94, 45. Regio in quam Eratosthenes τὴν Θούλην ἐκτοπίζει, non amplius est habitabilis, 53, 17. De Thules circulo ab Eratosthene tradita auctoritate carent. Nam Pytheas, quo ille usus est, homo mendax est; alius nemo de Thule quidquam prodidit, 52, 37; 167, 34.
(*Thumæum*) Θούμαιον, i. q. Ithome Thessaliæ, 376, 7.
Thumelicus, Θουμέλικος, Segimunti Cherusci filius, tres annos natus, in Germanici triumpho ductus, 242, 30.
Thunatæ, Θουνάται, Dardaniæ gens, Mediæ Thraciæ contermina, 262, 35.
Thuria, Θουρία (ruinæ in colle vici *Palæocastro*), Messeniæ opp., 310, 5; Pheris finitimum, 309, 18; a quo sinus Thuriates denominatur, in quo est Rhion urbs, 309, 43. Thuria Homero Æpea vocatur, 309, 41. Nonnulli Thuriam esse eandem cum Anthea Homerica putant, 309, 45.
Thurifera regio, ἡ λιβανωτοφόρος, Æthiopiæ, 658, 45 *et passim in sqq.*
Thurii, Θούριοι, urbs prope Sybaris locum ab Atheniensibus condita, diu fortuna usa est secunda; tandem cives a Lucanis subacti; a Tarentinis liberati, ad Romanos confugere, qui in urbem colonos miserunt eamque Copia

vocarunt, 219, 5. Ad Thurios usque Lucania pertinet, 212, 19. A Thuriis ad Sirin 330 stadia, 219, 24; ad Cerillos 300 stadia, 212, 20. Supra Thurios Tauriana regio, 211, 40. Ὁ Θουρῖνος οἶνος, 219, 18. Thurii in Zaleuci legibus singula ad majorem subtilitatem exegerunt, 216, 19. Sub Cleandrida cum Tarentinis de Siritide bellum gesserunt. Quomodo controversia sit composita, 219, 43. Contra Thurios Samnitæ Crimissam quondam munierunt, 211, 28. Thuriorum in fines ad Acalandrum fl. conventum, qui Heracleæ celebrabatur, Alexander transferre voluit, 233, 19. Thurius vocatur Herodotus, quatenus socium se deducendæ coloniæ præbuit, 560, 33.

Thus Æthiopiæ, 658, 52; in Arabia, 665, 50; Sabæorum terræ, 662, 9; Cattabaniæ, 654, 16. Ex arboribus provenit, 665, 50. Thus optimum ad Persidem nasci dicunt, 665, 53. (*Probabiliter hæc ita intelligenda sunt, ut Arabiæ regio, quæ hodie Oman dicitur, Persidi assignetur, ut fit in periplo maris Rubri*).

Thusnelda, Θουσνέλδα, Segesti filia, Segimunti soror, Arminii uxor, Germanici triumphum ornavit, 242, 29.

Thyamis, Θύαμις, Epiri fl., 269, 46.

Thyatira, Θυάτειρα, Mysiæ opp., Macedonum colonia, quam ultimam Mysorum esse sunt qui dicant, 534, 40. Thyatira invasit Aristonicus, 552, 14.

Thyiæ, Θυίαι, Bacchi πρόπολοι, 402, 18.

Thymbra, ἡ Θύμβρα, campus prope Trojam, quem Thymbrius perfluit, 511, 50; ab hodierno Ilio 50 stadia distat, *ib*.

Thymbria, Θυμβρία, Carica pagus, quattuor stadia a Myunte distans, ad quem est Charonium, 543, 38.

Thymbrius, Θύμβριος, Troadis fluvius, in Scamandrum incidit juxta templum Apollinis Thymbræi, 511, 51. (Hodie *Kamara-Su* ex Demetrii sententia. V. not. ad v. Simois.)

Thyni, Θυνοί, Thraces, a quibus Thynias acte ad Apolloniam dicta est, 464, 17. Horum coloni sunt Thyni Pontici, *ib*.

Thyni, Θυνοί, Bithyniæ pop., Thynorum Thracum coloni, 464, 16; 245, 35.

Thynia insula, ἡ Θυνία νῆσος, ad Bithyniæ oram, 465, 32. Θυνιὰς ἀκτή, Thraciæ ora ad Apolloniam et Salmydessum, 464, 17; 265, 28.

Thynni gregatim præter Italiam feruntur; postquam in Siculum fretum inciderunt a majoribus cetis vorantur, 19, 54 *sqq*. Thynni præcrassi in mari Turdetaniæ proximo; nutriuntur glande querna quæ in mari nascitur, 120, 32; quanto magis ad Columnas accedunt, tanto fiunt tenuiores defectu nutrimenti, 120, 45. Non glandes tantum, sed etiam purpuram prope terram venantur ab extero mare usque ad Siciliam, 187, 54. Θυννοσκοπεῖον ad Populonium in Etruria, 186, 13; ad Cossam in Etruria, 187, 53.

Thyreæ, Θυρέαι (*Palæocastron* quod vocatur *Hagios Andreas*), Argolidis opp., in Cynuria ad confinia Argolici et Laconicæ; pugna ibi commissa, 323, 30. Argivorum et Lacedæmoniorum de ejus regione controversiæ, 54, 40.

Thyrides, Θυρίδες, Tænaro et Cinæthio vicinum promont., usque ad quod Messenia pertinet, 288, 10; 309, 13. Ῥοώδης κρημνός, 311, 32. Distantia a Tænaro, *ib*. (Thyrides hod. *Cavo grosso*. De nomine v. Curtius, 2, p. 261.)

Thyssus, Θύσσος, in Atho m. oppidum, 270, 41.

Tibareni, Τιβαρανοί (sic plerumque; Τιβαρηνοί p. 475, 28), gens Pontica, 463, 27; 475, 28; 452, 2; supra Pharnaciam habitantes, 470, 8. Τιβαρανικὰ ἔθνη, 107,

18. ἡ Τιβαρανική, 257, 6. Tibareni regulis Armeniæ minoris subjecti, 475, 33. Nunc Tibareniam possidet Pythodoris, 476, 7.

Tiberis, Τίβερις, Italiæ fl. Ejus fontes et cursus, 182, 10. Excipit Narem, Teneam, Anionem, Clanin, 189, 32 et 35; 196, 3. Tiberis parte sui quadam per ipsam fertur Tyrrheniam; deinde distinguit eam ab Umbria, Sabinis, Latinis, 182, 12; 180, 11. Adjacent Ocriculi, 187, 27. (Aliis locis passim fluvii mentio fit. V. p. 216, 218, 219, 222, 226-229, 231, 234. 235 ed. Cas.)

Tiberius et frater ejus Drusus Noricorum incursionibus unius æstatis expeditione finem imposuerunt, 172, 10.

Tiberius, Augusti filius et successor, pro norma administrationis et edictorum exemplo patris utitur; ipsumque imitantur Germanicus et Drusus filii, 239, 52. Tiberius impositis Cantabricæ tribus cohortibus, quas Augustus destinaverat, gentes feras non pacatas modo, sed civiles etiam quasdam eorum reddidit, 129, 30. Navali pugna cum Vindelicis certans receptaculo usus est insula in Rheni lacu (*Reichenau du lac de Constance*), 242, 53; hinc unius diei itinere ad fontes Istri venit, 243, 6. Cappadociam in provinciæ formam redegit, 458, 20. Sardes aliasque urbes terræ motu dirutas restauravit, 536, 39; 496, 19. Tiberii amicus M. Pompeius, Theophanis f., 528, 20. Ab Augusto in Iberiam mittitur, 697, 14.

Tibiarum inventores faciunt Silenum, Marsyam, Olympum, 403, 45. Tibiis aptum calamum palus prope Haliartum fert, 353, 43. Tibiæ Berecynthiæ et Phrygiæ, 404, 48. Tibicines Curetes, 405, 15.

Tibius, Τίβιος, nomen ap. Paphlagones frequens, quodque servis inde oriundis dari solebat, 253, 4. Nomen in Cappadocia quoque obvium, 473, 43.

Tibius, Τίβιος, sobrinus avi materni Strabonis, et filius Tibii Theophilus, a Mithridate necati, 477, 42.

Tibur, Τίβουρα, in conspectu Romæ urbs; ibi Herculis fanum, Anionis cataractæ; Tiburtini lapidis secturæ, 198, 39. Oppidum græcanicum esse fertur, 199, 3. Distantiæ a Præneste et Roma, 199, 1. A Tibure incipit via Valeria, 198, 34.

Tichius, Τείχιος, castellum supra Nicæam situm prope Thermopylas, 367, 40.

Ticinum, Τίκινον, ad fluvium cognominem sita urbs (*Pavie*), versus fines regni Cottii, 180, 41; a Placentia 36 mill. distat, 180, 42; ab Ocelo distat 160 mill. pass., 180, 48. A Ticino ad Ocelum via, 180, 45.

Ticinus, Τίκινος, fl. e Verbano lacu in Padum influit, 174, 16; 180, 43, urbem cognominem *præterlabens*, *ib*.

Tieum, Τίειον (ἡ Τίειος, 466, 47), Cauconum urbs in Bithynia, 464, 42; 484, 26; Philetæri patria, 465, 37; unus pagorum e quibus Amastris urbs conducta, 466, 47.

Tiga, Τίγα (Τίγγις?), Mauretaniæ opp., 702, 31.

Tigranes, Τιγράνης, Armeniæ rex. Ejus historia adumbratur, 456, 13-30. Ejus successor Artavasdes, 356, 31. Tigranes ab Artaxia genus duxit, 456, 3. Artavasdæ pater, Pompeii jussu 6000 talenta Romanis militibus distribuit, 454, 35. Mazacorum urbis incolas Tigranocerta transduxit, 462, 24. (Cf. Tigranocerta.) Metrodorum ad Mithridatem Eupatorem remisit, 521, 37; fortiter Parthis restitit, 534, 48. Pinnaca, Godyæorum urbem, subjectam sibi habebat, 636, 16. Gordyæis machinarum bellicarum fabris usus est, 636, 19. Magnam partem regionis, quæ ad Tigridem olim Gordyæis subjecta erat, ei dedit Pompeius, 636, 21. Cleopatram Selenen, quum ea Syria excidisset, interemit, 638, 18. E Seleucia exclusus est, 640, 4.

Tigranocerta, Τιγρανόκερτα, Armeniæ urbs, 636, 7; a Tigrane condita, qui duodecim urbes Græcanicas in eam conduxit; semiperfectum opus subvertit Lucullus, 356, 24. In eam Mazacorum incolæ transducti sunt, 462, 24; supra Tigranocerta est Masius mous, 447, 43.

Tigris, Τίγρις, fl. in australi Armeniæ parte oritur, 631, 13; 73, 31. E Niphate monte per Arsenen paludem ruit nec miscetur ei ob velocitatem, unde nomen habet; nam *tigris* Medis sagitta dicitur, 454, 2; in ultimo paludis recessu terram subit; ad Chalonitidem denuo emergit, *ib*. Reliquus ejus cursus, *ib*. Tigridis fontes ab Euphratis fontibus 2400 stad. distant, 447, 19. In australi Tauri parte fontes habet; cursus ejus, 447, 15; 66, 48; lacum transit, 620, 42. Thopitin lacum maximo impetu transit, 635, 37, dein terram subit, rursusque emergit non procul a Gordyæa, *ib*. In Mesopotamia terram subit, 228, 41. Ejus ab Euphrate distantia maxima et minima, 635, 33. Tigris et Eulæus et Choaspes in lacum confluunt, indeque in mare exeunt, sec. Polyclitum, 620, 25, et Onesicritum, 620, 54. Sec. alios omnes Susidis fluvii in Tigrim incidunt, indeque hunc prope ostia Pasitigrim vocari, 620, 32. In Tigride cataractas struxerunt Persæ impediendæ navigationis causa, 630, 11. Tigris fl. eo loco ubi Alexander transiit, a Thapsaco abest 2400 stadia sec. Erat., 75, 13. Tigridi adjacet Opis pagus et emporium, 630, 8. Fluvius piscosus est, 454, 6.

Tigres Indiæ, 598, 54.

Tigurini, Τιγυρηνοί, Helvetii Cimbris se socios adjunxerunt, 244, 15.

Tilphossa, Τιλφῶσσα, fons Bœotiæ sub monte Tilphossio fluens prope Haliartum et Alalcomenas, 353, 8; ad eum Tiresiæ monumentum, *ib*. et 355, 27.

Tilphossii Apollinis fanum, 353, 11.

Tilphossius mons, Τιλφώσσιον ὄρος, Bœotiæ, sub quo Tilphossa fons, 353, 8. Hunc in montem Thebani confugerunt bello Epigonorum, 355, 26.

Tilphossium, Τιλφώσσιον, Bœotiæ opp. ad lacum Copaidem, 353, 1.

Timæus, Τίμαιος, historicus, unde Epitimæus dictus sit, 547, 16; ab Artemidoro reprehenditur, *ib*; quinque Rhodani ostia esse censuit, 152, 27. Citatur de Pithecussis, 206, 50; de Alpheo et Arethusa, 225, 8; Timæus Achilleum a Periandro Iliacis lapidibus contra Athenienses munitum esse dicit, obloquente Demetrio Scepsio, 513, 38. Post septem insulas maximas maximam esse alteram Gymnesiarum false contendit, 558, 52.

Timagenes, Τιμαγένης, historicus, de Q. Servilii Cæpionis fatis postremis laudatur, 156, 13. In India æneis guttis pluere, easque colligi ait, 606, 1.

Timavum, Τίμαυον, in sinus Adriatici recessu intimo Diomedis templum et lucus cum septem fontibus, qui uno alveo (*Timao*) in mare effunduntur. Posidonii de Timavo fluvio narratio, 178, 51.

Timavus fl., 228, 51; 178, 51. Ab eo usque ad Polam pertinet Istriorum ora maritima, 179, 37. Cf. Timavum.

Timonitis, Τιμωνῖτις, Paphlagoniæ regio, 481, 42.

Timonium, Τιμώνιον, Alexandriæ Æg, 675, 37.

Timosthenes, Τιμοσθένης, Ptolemæi II classis præfectus, nomi Pythii inventor; de portubus quoque libros decem conscripsit, 361, 46. Timosthenes ὁ τοὺς λιμένας συγγράψας in nostri maris descriptione præ ceteris testis adhibetur ab Eratosthene, quamquam hic in permultis ab eo dissentit, 76, 24. Timosthenes quomodo ventos distinxerit, 24, 8. Timosthenes et Eratosthenes et antiquiores plane ignari fuerunt rerum Hispanicarum et Gallicarum ac multo magis Germanicarum, Britannicarum, Geticarum, Bastarnicarum; ignoratione etiam laborant Italicarum, Adriaticarum, Ponticarum, 77, 22. Timosthenes justissimas reprehendendi causas Hipparcho dedit, 78, 1. Laudatur de Carteia urbe Iberiæ, 115, 50; de insulis inter Lesbum et Asiam sitis, 528, 52. non recte Massiliæ objectum esse in Libya Metagonium censuit, 702, 44. (E Timosthene suas de Nili cursu mensuras habet Eratosthenes ap. Strabon. XVII, 1, § 2.)

Timotheus Patrio, Τιμόθεος ὁ Πατρίων, Sinopensis, 468, 13.

Τιμοῦχοι Massiliensium, 149, 16.

Tinctoriæ plantæ multæ in Hispania, 136, 9.

Tingis, Τίγγις, Τίγξ, Τρίγξ, (*Tanger*), Mauretaniæ opp., quod Artemidorus Λύγξ, Eratosthenes vero Λίξος vocare a Strabone dicuntur, 701, 7; Tingi vicina Zelis urbs, 116, 1. Tingin trajicere solent a Belone Bæticæ oppido, 116, 1.

Tinia Umbriæ fl. V. Teneas.

Tiresias, Τειρεσίας, Mantûs pater, 381, 7; 548, 48; ejus sepulcrum ad Tilphossam fontem, 355, 27; 353, 10. De Tiresia versus Homerici, 649, 2.

Tirizis, Τίριζις, Hæmi promontorium et castellum, Lysimachi quondam gazophylacium, 265, 24.

Tiryns, Τίρυνς, Argolidis urbs; τειχιόεσσα, 320, 30; a Prœto Cyclopum opera munita, 320, 36. A Nauplia distantia, 320, 42. Nunc urbs deserta, *ib*. Tirynthis arx Λίκυμνα, 320, 41. Tirynthis incolæ Epidaurum migrarunt, 320, 49.

Tisamenus, Τισαμενός, Orestis f., cum Achais Iones e Peloponneso ejecit, 329, 37; 334, 48.

Tisiaus, Τισιαοῦς, Numidiæ opp. a Cæsare dirutum, 705, 52. (Aliunde non notum; significari Οἴσιχα Ptolemæi suspicatur Letronnius. Ego puto in ΤΙΣΙΑΟΥΣ latere ΤΙΣΙΔΡΟΣ, adeo ut sit *Tisdros* Tab. Peut., *Thysdros* Ptolemæi, *Tusdru* Hirtii, hod. *El Edchen.*)

Titanes, Τιτᾶνες, Rheæ famulos dant Corybantes, 405, 21. Titanes i. q. Pelagones, 281, 36.

Τιτανισμός quid? 281, 34.

Titanus, Τίτανος, Thessaliæ opp. in Eurypyli ditione, unde nomen habeat, 377, 33.

Titaresius, Τιταρήσιος, Homero dicitur Europus fl. de Titario monte e quo defluit, 276, 8; 379, 7; 378, 46; per Perrhæbica loca in Peneum exit, 379, 7. Pinguis aqua fluvii, 379, 11.

Titarius mons, Τιτάριον ὄρος, Olympo adhærens in Thessalia, e quo Titaresius sive Europus in Peneum defluit, 276, 10; 379, 8.

Titius, Liburniæ fluvius navigabilis, 261, 37. (Nomen fluvii Strabo non apponit.)

Titius, Τίτιος, Syriæ procurator, quem convenit Phraates IV, 637, 30.

Tithonus, Τιθωνός, Memnonis pater, Susorum conditor, 619, 35; 502, 40.

Tityri, Τίτυροι, Bacchi πρόπολοι, 400, 23; 402, 19; 404, 6.

Tityrus, Τίτυρος, Cydoniæ mons, in quo Dictynnæum, 411, 31.

Tityus, Τιτυός, Panopensium in Phocide tyrannus, ab Apolline interficitur, 362, 34. Tityum Panopeo Phocidis assignant fabulæ, Homerus vero Eubœæ, in qua est heroum Tityi et Elaria spelunca ab Elara, matre Tityi, dicta, 363, 22.

Tlepolemus, Τληπόλεμος, Herculis filius et *Astyocheæ* ex Ephyra urbe oriundæ, 290, 36; post interfectum Licymnium in Rhodum vel e Bœotia vel Argis abiit, ubi socii ejus Lindum Camirum et Ialysum inhabitarunt, 557, § 6, vel etiam condiderunt, 558, 35.

Tlos, Τλῶς, Lyciæ opp.; ejus situs, 567, 30.

Tmarus. V. Tomarus.

Tmolus, Τμῶλος, dives mons Sardibus imminens; speculam in summo habet, Persarum opus; montis accolæ; 534, 54. Tmolus mons in ipsis Lydiæ finibus continetur,

537, 40. Ex eo Pactolus fluit, 474, 51; 534, 54. Auri metalla habet, 506, 36. Ad eum ψευδάργυρον reperitur, 521, 45. Sub eo Hyde opp., 535, 30, et Hyparpa, 536, 24; ei propinqua est Larisa, 530, 38. Ab eo versus meridiem est Αιμών locus, 555, 13.

Tochari, Τόχαροι, Scythæ trans Iaxartem, 438, 32.

Tolistobogii, Τολιστοβώγιοι, Galatæ a duce sic dicti, 485, 21; cum Trocmis et Tectosagibus Celtis Phrygiæ partem occuparunt, non liquet e quibusdam Galliæ locis profecti, 155, 48. Tolistobogiorum ditionis situs; Blucium et Peium eorum castella, 486, 5. Tolistobogiorum tetrarchiam habuit Dejotarus, 468, 38.

Tolosa, Τολῶσσα, Galliæ urbs, sita est quo loco arctissimus est sinus qui Narbonense mare ab Oceano distinguit, 156, 37. Tolosæ erat templum sacrosanctum thesauris abundans, 156, 33. Magnas auri divitias ibi reperit Q. Servilius Cæpio. De earum origine Timagenis et Posidonii sententiæ, 156, 5.

Tomarus seu Tmarus mons, ὁ Τόμαρος ἢ Τμάρος, Epiri mons, 272, 19; cui subjacet Dodona, 273, 4. Hinc Τομούρους dici Jovis interpretes perhibent, 273, 10 Ejus accolæ Talares, 373, 18.

Tomis, Τόμις (Τομεύς, p. 264, 27), ad Pontum urbs, inter Istrum et Callatin, 265, 5. Supra eam Crobyzi et Troglodytæ, 264, 27.

Tomisa, τὰ Τόμισα, Cappadocum castellum trans Euphratem situm, Sopheno venditum, postea a Lucullo redditum Cappadociæ regi, 458, 40; Sophenes castellum, a Mazacis distans 1440 stadia, via ducente per Herphas opp., 566, 30; Tauro adjacet, 566, 38.

Τόμουρος ap. Homerum quinam, 273, 10 et 16. Cf. Tomarus.

Topazi in Ophiode insula, 655, 28.

Topira, τὰ Τόπειρα, Thraciæ opp. Abderis et Maroneæ vicinum, 282, 15.

Toreatæ, Τορεάται (rectius Τορέται), Mæotarum gens, 425, 1.

Toretæ. V. Toreatæ.

Toronæus sinus, Τορωναῖος κόλπος (Τορωνικὸς κ., 279, 16), Canastræo et Derri prom. includitur, 279, 16 et 26 et 30.

Toygeni, Τωύγενοι, Helvetii, Cimbris se socios adjunxerunt, 244, 15. Contra eos pugnavit Marius, 152, 34. (Idem nomen reponendum esse censeo pag. 260, 22, ubi codices præbent Τοινίους. Toygeni pertinere videntur ad regionem hodiernæ Iuggen. V. Walckenaer, Géog. d. Gaules, I, p. 310.

Trachea, Τραχεῖα, Ephesi pars quæ est ad latus Coressi montis, 541, 37.

Tracheotis Cilicia et Tracheotæ Cilices. V. Cilicia.

Trachin, ἡ Τραχίν, Phocidis oppidum, 363, 28.

Trachin, Thessaliæ opp., sex stadia ab Heraclea distans, 367, 42. In veteris Trachinis locum successit Heraclea. Ἡράκλεια Τραχὶν καλουμένη πρότερον, 372, 45; 334, 35; 380, 16.

Trachine. V. Tarracina.

Trachinia, Τραχινία, regio ad Œtam sita, 287, 30, in Pelei et Achillis ditione, 371, 31; quæ apud Sophoclem est pars Phthiotidis, 372, 6. Œchalia, Trachiniæ oppidum, 385, 2.

Trachones, οἱ Τραχῶνες, duo montes prope Damascenen, apud quos desinit Antilibanus, 642, 43, 643, 40.

Tragææ inss., Τραγαῖαι, ad Miletum, 543, 11.

Tragasææ salinæ, τὸ Τραγασαῖον ἁλοπήγιον, ad Hamaxitum Troadis, 517, 48.

Tragium, Τράγιον, (Laconiæ opp.?), a Telecio Nedontis incolis frequentatum, 309, 31. (Aliunde non notus locus.)

Tragœdia unde dicta sit, 13, 15.

Tragurium, Τραγούριον (Boua ins. ad Traw opp.), insula Illyrica, in quo Issenses oppidum condiderunt, 102, 23; 261, 46.

Tralles, Τράλλεις, in Asia, 566, 16; conditæ ab Argivis et Trallibus Thracibus, 554, 27. Distantiæ a Mæandro et Magnesia, 866, 8, et Alabandis, 565, 53, et Larisa vico, 378, 32. Situs urbis et opulentia; Ἀσιάρχαι principes, quorum fuit Pythodorus Pythodoridis pater; alii Tralliani sunt Menodorus, Dionysocles, Damasus, 554, § 42, 476, 9. Tralles tyrannide presserunt Cratippi filii sub tempus belli Mithridatici, 554, 29. Urbs terræ motu afflicta; ab imperatore restaurata, 496, 17.

Tralli Thraces Tralles Asiæ urbem condiderunt, 554, 28.

Transpadana Gallia. V. Gallia.

Trapezon, Τραπεζών, collis Syriæ in agro Antiocheno, ad quem Ventidius cum Parthorum duce pugnavit, 639, 51.

Trapezus, Τραπεζοῦς, urbs græca in Ponto, ab Amiso 1200 stad. distans, a Phasi 1400 stad., 469, 47; 470, 3; 428, 7; juxta Tibaraniam et Colchidem urbs, 257, 6; 426, 28 Ibi pelamydum piscatio, 366, 5. Gentes supra Trapezuntem habitantes, 470, 7.

Trapezus, Τραπεζοῦς (Tchatir-Dag), mons Chersonesi Tauricæ, 257, 5.

Τραπεζοῦς sicut ὁ Ἐλεοῦς dicitur, 283, 51. Probabiliter Trapzus h. l. intelligitur de promontorio Chersonesi Thracicæ, quod ab aliis Τράπεζα dicitur.

Trapontium (?), Latii opp., 198, 7.

Trarium, Τράριον, pagus Æolidis supra Cisthenen situs, 519, 18.

Trasimenus lacus, ἡ Τρασουμέννα λίμνη (lago di Perugia) in Etruria; juxta quem e Gallia in Etruriam aditus exercitibus patet, quo Hannibal usus est, 188, 48. Prœlium ibi commissum, 189, 1.

Trebia fl., ὁ Τρεβίας, Galliæ Cisalpinæ fl., ad Placentiam in Padum influit, 181, 9.

Trebonius, Τρεβώνιος, unus ex Cæsaris percussoribus, a Dolabella interfectus, 552, 2.

Trebula, Τρήβουλα, Sabinorum opp., 190, 15.

Trephia, Τρεφία, Bœotiæ lacus, 350, 11.

Treres, Τρῆρες, etiam Cimmerios vocantur vel potius pars Cimmeriorum dicuntur, 51, 22. Treres cum Thracibus habitantes; eorum urbes quædam a Bistonide et Aphnitide lacubus absorptæ, 49, 40. Trerum migrationes, 51, 13, sub Cobo duce, 51, 19. Treres Thraces Troadis partem occuparunt, 501, 48. Treres, Cimmerica gens, Magnesiam ad Mæandrum deleruut, 553, 11. Treres et Lycii Sardes expugnaverunt, 536, 27. Treres et eorum dux Cobus a Madye Scytha expulsi sunt, 51, 30.

Trerus, ὁ Τρῆρος, Latii fl., Fabroteriam præterfluit, 197, 46.

Treta, Τρῆτα, Cypri prom., 583, 2.

Tretum, Τρητόν, Libyæ prom., quod Masæsylios a Masyliensibus distinguit; ad id a Molochath fluvio 6000 stadia, 704, 11; 705, 35; 706, 9 et 17. A Treto Carthaginem 2500 stadia, 706, 27.

Treviri, Τρηούιροι, Galliæ pop., infra Mediomatricos et Tribocchos ad Rhenum incolunt, apud quos pons factus est a Romanis, qui bellum Germanicum gesserunt, 161, 22. Trevirorum vicini Ubii, 161, 24; Senones et Remi, 161, 37; Nervii, 161, 26.

Triballi, Τριβαλλοί, gens Thracica, 253, 19; ab Agrianibus usque ad Istrum 15 dierum itineris spatium occupabant; eos sibi subjecerunt Autariatæ Illyrii, 264, 5. Triballi, qui ad Istrum et Peucen insulam usque pertinebant, aggressus est Alexander M.; Syrmus, rex Triballorum, in Peucen ins. confugit, et dona ad Alexandrum misit, 250, 29. Triballi Scordiscis minoribus finitimi, 264, 17; nunc sunt conditionis infimæ, 262, 23.

Tribocchi, Τριβόχχοι, Germanica gens ultra Rhenum translata, partem regionis Mediomatricorum obtinent, 161, 6.

Tricca, Τρίκκη, Hestiæotidis urbs, Dolopibus confinis, Æsculapii templo nobilis, 376, 1 et 28; 375, 45; 322, 8. Vicina Œchaliæ, 385, 3, et Æginio, 272, 10. Triccæi Æsculapii fanum etiam in Gerenia Messeniæ, 309, 22. Τριχάϊκες Dorienses. V. Dorienses.

Trichonium, Τριχώνιον, Ætoliæ antiquæ urbs, 387, 12.

Triclari, Τρίκλαροι. Ex iis Erigon fluere dicitur, 277, 3. (Aliunde non noti sunt. In regione, ex qua Erigon defluit, habitabant Agrianes; quare pro Τριχλάρων reponi velim Ἀγριάνων.

Tricorii, Τρικόριοι, Galliæ Narbonensis pop., pone Cavaros habitant, ab oriente Rhodani et Cavarorum regionis, inter Druentiam et Isaram, 153, 53; a borea Vocontiorum, 169, 35.

Tricorythus, Τριχόρυθος et Τριχόρυνθος, opp. tetrapoleos Atticæ, 329, 13; 342, 41. Ἐν Τριχορύθῳ Iolaus caput Eurysthei sepelivit juxta fontem Macariam; loco nomen est *Eurysthei caput*, 324, 22.

Tridentini, Τριδεντῖνοι, supra Comum occasum (deb. orientem) versus habitant, 170, 15.

Trieres, Τριήρης, Syriæ castellum inter Tripolin et Theuprosopon pr., 642, 35. (Ruinæ *Keniset el-Amid*, i. e. ecclesia columnarum, dictæ ad promont. et vicum *En-feh*, sec. Thompson et Calliers. Oppidum una cum Beryto terræ motu eversum, teste Antonino Martyre, p. 3, ed. 1640, citante Rittero, t. 17 p. 591.)

Trinacis, i. q. Sicilia. V. Trinacria.

Trinacria, Τριναχρία, (ex quo postea Trinacis nomen ortum), olim Sicilia vocabatur, 220, 43.

Trinemenses, Τρινεμεῖς, Atticæ pagus, e quo Cephissus defluit, 343, 29.

Trinx (Τρίγξ). V. Linx.

Triphylia, Τριφυλία, Peloponnesi regio. Eam a Messenia nunc dirimit Neda fluvius, olim vero etiam ultra Nedam quædam ad Nestoris ditionem pertinebant, ut Cyparissia, 299, § 22. Triphyliæ imminet Pholoe, Arcadiæ mons, 306, 46. Pars incolarum Paroreatæ vocabantur, 297, 40. Triphyliæ regio Macistia, 295, 28. In Triphylia Minyæ circa Arenen in Hypæsia regione, 298, 27. Triphyliæ antra nympharum Anigriadum et aliud in quo Atlantidum res et Dardani genituram fabulantur, 297, 46; Iucus Ionæus et alius Eurycydeus, *ib*. In Triphylia Caucones, 296, 48. Ager Triphyliæ ferax, attamen rubigini obnoxius est et ulvam gignit, 296, 67. Triphyliacus Pylus, 289, 48. V. Pylus. Triphylii e tribus φύλοις, sc. ex Epeis, Minyis et Eleis, constabant. Pro Minyis alii Arcades ponunt, 289, 42. Triphylii omnes in Neptunium Samium contribuunt, 295, 35. E Triphylia in Argolidem profecti Amythaonidæ, 319, 51. Triphylia sub Nestore fuit, 289, 42. Eam Lacedæmoniorum adjumento Elei obtinuerunt, 308, 6. Triphyliorum nomen nunc non amplius usurpatur, 305, 37.

Tripodem quotannis Bœoti Dodonam miserunt, 345, 40.

Tripodes, Τρίποδες, Megaricus locus, nunc Tripodiscium dictum, prope Forum Megarensium situs, 339, 8. (Ruinæ prope *Derweni*. V. Leake *N. Gr.* 2, p. 410 *sqq.*)

Tripolis, Τρίπολις, Phœniciæ urbs, Tyri, et Sidonis et Aradi colonia; continuum ei Theuprosopon, 642, 31.

Triptolemus, Τριπτόλεμος, ad Io quærendam ab Argivis missus per Ciliciam erravit, ubi pars comitum Tarsum condidit, pars ad Orontem consedit, 638, 49; pater Gordyis, 636, 26; 639, 1; ut heros apud Antiochenses colitur, 638, 47; festumque ejus in Casio m. agitur, *ib*. Triptolemus, Sophoclis fabula, 22, 19; 40, 47.

Tritæa, Τριταία, Achaica urbs; ab ea Lampea mons 100 st. distat, 293, 38. Inter Tritæam et Dymen Caucon fl., 294; 4. Τριταιεῖς, 331, 25, quorum est Scollis m., 293, 36.

Triton, Τρίτων, Bœotiæ fl., ad quem Athenæ sitæ, 349, 34.

Tritonis lacus, Τριτωνιὰς λίμνη, ad Berenicen Cyrenaicæ; in eo insula cum templo Veneris, 710, 7..

Troas regio, Τρωάς, Τροία ap. Homerum, 500, 9. Troadis, Phrygiæ, Mysiæ, Bithyniæ confinia accuratius constituere difficile est, 483, 12; 484, 17. Troas septentrionem et ortum versus usque ad Æsepum pertinet sec. Homerum, 484, 11; 483, 49. In novem distincta erat portiones, quæ recensentur, 499, § 7. Trojanorum regio sec. Homerum ab Æsepo fluvio ad Caicum pertinet, in octo vel novem portiones divisa; ex posterioribus alii totam hanc regionem, alii partem ejus Æolidem vocant, Troadisque fines varie determinant; afferuntur sententiæ Eudoxi, Damastæ, Charonis, Scylacis, 498, § 2 et 4. Quæ proprie dicitur Troja, ejus situs optime definitur Ida monte, cujus extrema exeunt versus boream ad Zeliam, versus occasum ad Lectum prom., 499, 1. Troas inter Idam et mare sita, 491, 50; pars Phrygiæ Hellesponticæ, 107, 22. Troadis δυναστεῖαι, quibus omnibus Priamus rex præfuit, hæ sunt: Mynetis; Eetionis Ciliciæ imperantis; Altæ Lelegiis imperantis; Hectoris, Trojanos ducentis; Æneæ Dardaniorum ducis; Pandari, Lyciorum ducis; Asii; Meropis filiorum duorum, 500, § 7. Mutationes postea subsecutæ, 501, § 8. In Troade Teucri e Creta, sec. nonnullos ex Attica advenæ, 517, § 48. Leleges habitabant in locis Idæ vicinis juxta Pedasum et Satnioentem fl., 267, 18. Troadis pars montibus adjacens, Æneæ parens, Dardania, 483, 51. Troadis Cilices, quorum finitimi Pelasgi vocantur, 184, 20. In Troade post Ilii eversionem remansit Æneas, sec. Homerum, 520, 19. Troas universa in Gygis potestate fuit, 505, 44. Totam fere Lesbii sibi vindicarunt, 513, 20. In Troadis urbibus Cabiri colebantur, 406, 10. Troes Idæ accolæ Rheæ orgia celebrant, 402, 41. Mysteria Samothracica eos docuit Dardanus, 283, 6. Multa nomina cum Thracibus communia habent, 505, 31. Troes Sirin in Italia condiderunt, 219, 20. Troum et Cretensium cognationis indicium, 5, 7, 36. Troes Homerus etiam omnes Trojanorum socios vocat, 491, 34. Troes Phrygum nomine apud tragicos introducuntur, 491, 29. Troes captivi Trojam in Ægypto condiderunt, 686, 23. Troades captivæ mulieres naves Græcorum incenderunt ad Neæthum Italiæ fl. 217, 46; vel in Pallene, 278, 48, vel alibi, 219, 39.

Trocmi, Τρόχμοι, Tolistobogii et Tectosages, Celticæ gentes, Phrygiæ partem occuparunt, 155, 46. E quibusnam Celticæ locis profecti sint non constat, *ib*. Trocmi Galatæ a duce nomen habent, 485, 21. Eorum ditio, triaque in ea castella, 485, 43; 480, 53.

Trœzen, Τροιζήν, Pelopis f., cum Pittheo fratre e Pisatide in Argolidem profectus cognominem sibi urbem ibi reliquit, 321, 47.

Trœzen, Τροιζήν, Argolidis urbs, 317, 14. Nomen habet a Trœzene, Pelopis filio, cui in regno successit Pittheus frater, 321, 47. Trœzen, aliquando etiam Posidonia dicta, Neptuno sacra; 15 a mari stadiis; Pogon portus ejus; objacet Calauria, 321, 20. Trœzenii sub Anthe Halicarnasum condiderunt, 560, 32.

Trogilium, Τρωγίλιον, prom. Mycales montis, e regione Sami, 543, 45; 544, 5; a Samo urbe 40 stadia distat, 544, 8.

Trogilium, parva insula ad promontorium ejusdem nominis, 543, 52. Inde ad Sunium trajectus 1600 stadiorum, 543, 53.

Trogitis, Τρωγῖτις, (*Lycaoniæ*) palus, 487, 1.

59.

Troglodytas Arabes ad sinum Arabicum juxta Ægyptum et Æthiopiam habitantes Homerus Erembos (ἀπὸ τοῦ ἔραν ἐμβαίνειν) dicere videtur, 35, 10. 2, 6. Troglodytice juxta occiduum sinus Arabici latus, 655, 8. Troglodytæ supra Ægyptum ad oram maritimam habitant; quorum qui regione Meroes sunt, a Nilo distant 10 vel 11 dierum itinere, 669, 5. Troglodyticam subegit Sesostris, 654, 38. Troglodytarum Æthiopiæ vita et instituta, 660, § 17. — Troglodytæ ad Pontum supra Callatim et Tomos, 264, 27. Troglodytæ ad Caucasi partem borealem, 434, 21. Troglodytice Libyæ, 108, 26. Troglodytarum more nonnulli Pharusiorum vivunt, 703, 21.

Troja Asiæ. V. Ilium.

Troja, Τροία, Ægypti opp. ad Troicum montem, e regione pyramidum. Origo oppidi, 687, 21.

Trojani. V. Troes, s. v. Troas.

Trojanum bellum, ὁ Ἰλιακὸς πόλεμος, res vere gesta, μυθοποιίαις ab Homero exornatur, 16, 40. Non minus victores quam victos male affecit; Cadmeam victoriam Græci retulerunt, 124, 14.

Troicus campus, τὸ Τρωικὸν πεδίον, describitur, 510, § 33. Campus, qui proprie sic dicitur, a Scamandro permeatur; ibi caprificetum, sepulcrum Æsietæ, Batiea sive Myrinæ sepulcrum, Ili sepulcrum, 511, 16; 532, 33.

Troicus mons Ægypti, 687, 20.

Trophonius, Τροφώνιος, et Agamedes, templi Delphici architecti, 361, 29; 649, 5. Trophonii Iovis oraculum Lebadeæ, 355, 38.

Tropici circuli duo, 91, 19. In tropici æstivi limite sita est Syene, 78, 27. Tropicis zonam adustam includit Aristoteles, parum recte, 78, 19. Sub tropicis circulis arctum tractum esse siccum et arenosum, nihil nisi silphium et frugem tritico similem ferentem, animalium etiam indole particularem, quasi zonam a reliquis distinguendam esse autumat Posidonius, 79, 8; 110, 28

Troon, Τρώων, pagus Atticus, qui nunc Xypetensium vocatur; ex eo Teucer quidam in Troadem venit, 517, 34.

Truentus, ὁ Τρουεντῖνος ποταμός, Piceni fluvius, cui adjacet Truentum oppidum, 201, 7.

Trypho. V. Diodotus.

Tubæ usus Romam ex Etruria venit, 183, 24.

Tubattii, Τουβάττιοι (Σουβάττιοι codd.; Τούβαντοι Ptol.; Tubantes ap. Romanos scr.), Germaniæ gens, ex qua captivi conspiciebantur in triumpho Drusi Germanici, 242, 41.

Tuccis, Τοῦκκις, Turdetaniæ opp., 117, 19. (Tucci colonia Augusta Gemella Plin. et inscr.; nunc Martos.)

Tudér, Τοῦδερ (Todi), Umbriæ urbs bene munita, 189, 49.

Tuisi, Τούισοι (?), Hispaniæ gens, 129, 29. V. Pleutauri.

Tuillum, Τοῦλλον ὄρος, Alpium pars Illyrico obversa (m. Terglou, summa pars Alpium Juliarum, a Villach meridiem versus, 172, 37.

Tunicæ Ligusticæ, 168, 45.

Tunis, Τύνις, urbs Carthaginiensium, 708, 1.

Turdetania, Τουρδητανία, Iberiæ regio, quæ a Bæti fluvio Bætica vocatur, 115, 22 Ejus fines describuntur Ana fluvio, Carpetanis, Oretanorum nonnullis, Bastetanis, ora maritima; sed Bastetani quoque et ii qui ultra Anam sunt (Celtici) aliique vicini Turdetaniæ accensentur, 116, 42. Turdetaniæ longitudo et latitudo non excedit 2000 stadia, 116, 50. Turdetani, Τουρδητανοί apud nonnullos a Turdulis distinguuntur; Straboniana ætate non distinguebantur, 115, 24. Iberum sunt doctissimi; literis utuntur; habent poemata et metris inclusas leges vetustissimas, 115, 27. Turdetaniæ negotiatio omnis est versus Italiam, 119, 15; adjuvatur parce et abolitis latrociniis, 119, 22. Navigationem in Italiam ob maris tranquillitatem et ventos in hac maris parte regnantes habet facilem, 119, 19; 119, 25. Merces quænam? 119, 21. Naves onerariæ maximæ et numero plurimæ sunt, 120, 10. Ex Turdetanis Bætis maxime accolæ Romanos mores assumpserunt, ne sermonis quidem vernaculi memores; plerique colonos Romanos acceperunt, 125, 26. Turdetania valde opulenta solis fertilitate et mercium exportatione ob magnos fluvios et æstuariorum commoda facili, 118, 8. Æstuaria, quæ sunt a Sacro promontorio ad Columnas fusius describuntur, 118, 13 sqq. Montes et metalla ad boreale Bætis fl. latus 117, 47; planities magna fertilisque ad alterum fl. latus, 117, 52. Auri, argenti, æris, ferri metalla multa et eximia, 117, 49; 118, 2; 121, 6; 122, 13. Aurum e puteis effoditur et ex arenis elavatur; glebas interdum ingentes coquendi et purgandi ratio. Argenti camini sublimes. Ærariarum officinarum, τῶν χαλκουργείων, quædam vocantur χρυσεῖα, propterea quod olim aurum habuisse videntur, 121, § 8. Turdetanorum circa metalla industria, 122, 5; lucrum ex iis ingens, 122, 14. Cochleis Ægyptiis utuntur ad hauriendam e metallorum puteis aquam, 122, 8. Mare Turdetaniæ abundat ostreis, conchis, orygibus, balænis, physeteribus, congris, murænis, buccinis, purpuris, polypis, teuthidibus, thynnis quercu vescentibus, quæ plurima in ipso mari nascitur, 120, § 7. Turdetani argenteis præsepibus et doliis utebantur, quo tempore Carthaginienses sub Barca duce expeditionem fecerunt, 125, 6. Oppida Turdetaniæ supra 200 perhibentur, 116, 51; ex quibus potiora sunt Corduba, Gades, Hispalis, Bætis (?), 117, 2-15. Alia sunt oppida Italica, Ilipa, Astigis, Obulco, Carmon, Munda, Ategua, Urso, Tuccis, Ulia, Ægua, 117, 16. Castlon, 117, 45. Sisapon novus et antiquus; Cotinæ, 117, 50; Saltiga (?), 119, 43. Æstuariis adjacent Asta, Nabrissa, Onoba, Ossonoba, Mœnoba, alia, 119, 7. Pleraque a Phœnicibus habitantur, 124, 2. Gentes Turdetaniæ descripsit Asclepiades Myrleanus, qui ibi grammaticam docuit, 130, 19.

Turduli, Τουρδοῦλοι, sec. Polybium Turdetanis vicini versus septentriones; Strabonis ætate a Turdetanis non distinguebantur, 115, 28. Turduli cum Celticis expeditionem in Lusitaniam susceperunt, 127, 30. Turdulorum urbs Augusta Emerita, 125, 33. Turduli in vetere Tartesside habitant, 123, 9. Cf. Turdetania.

Turiua (Τουριούα?), Bactriæ provincia, qua Parthyæi potiti sunt, 443, 18.

Turris Cæpionis in Turdetania, 116, 25. V. Cæpio.

Turris Pelori in Sicilia, 142, 5. V. Pelorus.

Tusculum, Τοῦσκλον, Latii urbs; situs ejus, 199, 24; 197, 33 et 41. Per Tusculanum montem transit via Latina, 197, 32.

Tyana, τὰ Τύανα, Tyanitidis præfecturæ in Cappadocia urbs; vocatur etiam Eusebia ad Taurum; situs ejus, 460, 37. Fluvius Tyanis Solos fluens, 502, 36.

Tyanitis, Τυανῖτις, una ex decem Cappadociæ præfecturis, 458, 24; in qua Tyana urbs, 460, 37.

Tychon, Τύχων, Atticus deus Priapo similis, 503, 10.

Tymbrias, Τυμβριάς, sec. Artemidorum Pisidiæ opp., 488, 18. Tymbrias Pisidiæ oppidum aliunde non notum. Ceterum quum Artemidorus inter Pisidiæ opp. etiam Tabas numeret et Anabura, quæ erant Phrygiæ, idem fort. de Tymbria valet, adeo ut Tymbrias non diversum sit a Thymbrio, quod aliunde novimus in Phrygia Magna fuisse (hod. Derbend, inter Akcher lacum et urbem).

Tympaneæ, Τυμπανέαι (Typaneæ ap. Polyb.) quærendus locus est ad Typæum montem inter Scilluntem et Alpheum), Triphyliæ opp., 296, 9.

Tymphe, Τύμφη, Epiri mons, e quo oritur Aratthus fl., 270, 20.

Tymphæi, Τυμφαῖοι, Epirotis accensentur, 271, 10. 274, 33. Eorum oppidum Æginium, 272, 9. Tymphæi, de Penei fontibus controversia erat cum Thessalis Pindi accolis, 272, 13.

Tyndareus, Τυνδαρεύς, Icarii frater, domo pulsus ad Thestium profectus est; deinde domum rediit, uxore ducta Leda, Thestii filia, 396, 28.

Tyndarii scopuli, Τυνδάρειοι σκόπελοι, quattuor insulæ portum habentes ad oram Libycam, 679, 5.

Tyndaris, Τυνδαρίς, Siciliæ opp. A Mylis et Agathyrno distantia, 221, 14; 226, 18.

Τύφη, planta palustris in lacubus Etruriæ, 188, 43.

Typho, Τυφῶν. Quomodo eum fallere studuerit Isis, 682, 53. Typhonis cubilia apud Arimos esse dicit Homerus, 535, 41. Typho sub Pithecussis jacet. Fabulæ ejus origo, 206, 33. Fabulam etiam ad Catacecaumenen referunt, 496, 27; 537, 19; 535, 41, et ad alias regiones, 535, 41.

Typhon draco quo pacto Syriæ fluvio nomen dederit, 639, 17.

Typhon, priscum Orontis fl. nomen; de denominationis origine fabula, 639, 17.

Typhonia, τὰ Τυφώνια, Tentyræ, 652, 18.

Typhrestus, Τυφρηστός, Dryopicus mons, in quo Penei fontes, 372, 15. Ei conterminus Othrys, 371, 43.

Tyrambe, Τυράμβη, in Asiatica Mæotidis ora locus prope Anticitam fl., a Rhombite minore 600 stadia distans, 423, 45.

Tyrannio, Τυραννίων, grammaticus Amisenus, quem Strabo audivit, 469, 43. Aristotelis libris in Sullæ bibliotheca asservatis usus est, 521, 16.

Tyras, Τύρας, Geticæ fl., 11, 43; 88, 46; 240, 23; 253, 35. Ejus fontes ignoti sunt, 8S, 46. Ad ostium sunt Neoptolemi turris et Hermonactis vicus, 254, 10. Adjacent fluvio Niconia et Ophiussa 40 stadiis ab ostio positæ, et alia urbs post 120 stadia, 254, 11. Accolunt Tyregetæ, 254, 25. A Tyra fl. ad Istrum 900 stad., 254, 5; ad Chersonesum urbem 4400 stadia juxta litus, 256, 15; ad Leucen insulam 500 stadia, 254, 15. Tyram Scythæ transgressi sunt, 258, 19.

[*Tyras?*] urbs ad Tyram, 120 ab ostio fluvii stadiis, 254, 14.

Tyriæum, Τυριαῖον, Phrygiæ urbs, in confiniis Phrygiæ Paroreææ et Lycaoniæ, 566, 22; ab Holmis distat supra 500 stadia, a Coropasso 840 stadia, *ib.*

Tyregetæ, Τυρεγέται, ad Tyram fl., 254, 25; 97, 24; 106, 32; 240, 27. De iis Strabonianæ demum ætatis scriptores certiora tradiderunt, 97, 24. Usque ad Tyregetas Getæ pertinent, 245, 13.

Tyro, Τυρώ, Salmonei f., Enipei fluvii amore ardet, 306, 25.

Tyrrheni. Tyrrhenia. Tyrrhenicum mare. V. Etruria.

Tyrrhenus, Τυῤῥηνός, Atyis filius, Lydi frater, coloniam e Lydia in Etruriam duxit et 12 ibi urbes condidit; præfectus ejus Tarco, 182, 39. Etiam Pelasgos nonnullos secum in Italiam duxit, 184, 37.

Tyrtæus, Τυρταῖος. De ejus ætate, patria, munere, 310, § 10. Ejus poema quod Eunomia inscribitur, 311, 6. Tyrtæi versus de bello Messeniaco, 232, 32; 315, 3.

Tyrtamus. V. Theophrastus.

Tyrus, Τύρος, Persici sinus ins.; hinc Tyrum Phœniciæ urbem deductam incolæ aiunt, 652, 25; 667, 12. (Aliis Tylus, hod. *Bahrain* sive *Samak* ins. Cf. v. Aradus et Ogyris.)

Tyrus, Phœniciæ urbs, e Tyro insula sinus Persici deducta esse ab insulanis dicitur, 652, 25. Tyrus olim insula, 48, 51; ejus situs, 652, 25. Ad Tyrum fluvius est, 645, 11; Palætyrus distat 30 stadia, 645, 12. Tyrus a Sidone 200 stadiis abest, 645, 9. Antiquissima Phœnicum urbs, et post Sidonem maxima; coloniis suis celebris; Homerus ejus non meminit, 644, 10. Urbs describitur, 644, 21. Historiæ ejus momenta quædam. Purpura Tyria; Herculis cultus, 644, 28. Inter Tyrum et Acen tumuli sunt qui vitrariam arenam habent, 645, 11. Apud Tyrum Io quærentibus e conspectu subducitur, 638, 50. Tyri dies longissima 14 ¼ horarum, 110, 48. Tyrus cum Arado et Sidone Tripolin condidit, 642, 31. Tyrii oraculo jubentur urbem ad Herculis Columnas condere, 141, 8. Primum appulerunt ad Fretum Calpæ vicinum, ubi nunc Exitanorum urbs, deo invito; secunda expeditione ad insulam Onobæ objectam, item contra numen; tertia demum ad insulam, in qua Gades condiderunt, 141, 8. Tyrii in Hispania, 131, 25. Eorum colonia Carthago, 706, 43. Eorum oppida in Libyæ ora occidentali olim trecenta floruerunt, nunc a Nigritis et Pharusiis excisa, 701, 35. Tyrii fuerunt Apollonius, qui Zenonis librorum et discipulorum tabulam edidit, et Antipater, 645, 6.

U.

Ubii, Οὔβιοι, Germanica gens quam ex Rheni ripa orientali in Galliam transduxit Agrippa, 161, 24.

Ubisci. V. Bituriges.

Ucromirus, Οὐκρόμιρος, Chattorum dux, pater Ramidis, 242, 31.

Ufens (Αὔφιδος gr. corrupt.) fl. ad Terracinam paludem implens, 194, 21.

Ugernum, Οὔγερνον (*Beaucaire*), Galliæ opp. in via situm quæ Nemauso ducit ad Aquas Sextias, 148, 25 et 34.

Uitii, Οὐίτιοι, a Caspiis boream versus sunt accolæ maris Hyrcani, 440, 40; 436, 8. In Uitia Æniānes nonnulli consedisse et Ænianam (?) urbem munivisse feruntur, 436, 10; 455, 36.

Ulia, Οὐλία, Turdetaniæ opp., 117, 19 (*Monte Mayor* ad *Montilla* montem).

Οὔλιος Apollo. V. Apollo.

Ulyssea urbs. V. Odyssea.

Ulyssi subditi omnes, inter quos etiam Acarnanes erant, Cephallenes vocantur, 389, 4. Ulysses præ ceteris heroibus ab Homero omni doctrina exornatur, 13, 52 *sqq*. Errores ejus Homerum voluisse non notis locis adscribere censet Eratosthenes, 19, 14. Ab Homero non prorsus finguntur, sed fabulis exornantur, 16, 40; verisimiles esse judicari debent, 38, 10. Ulysseæ navigationis spatia ficta sunt, 18, 6; 20, 52 *sqq*. Ulysses revera ad Siciliam et Italiam et ultra etiam evagatus est, 17, 52. Vel usque ad Hispaniæ extrema errorum indicia inveniuntur, 18, 1. Pars errorum non inepte ponitur in locis extra Columnas sitis, 130, 45. Ulyssem circa Siciliam et Italiam vagatum esse hodiernis locorum nominibus probatur, 21, 31. Ulysses Minervæ templum struit in cognomine Campaniæ promontorio, 206, 11. Ulyssis patera in Circæo monstratur, 194, 1. Ulysses ad Averni lacus necyomantium venisse perhibetur, 203, 30. In Hispaniam venit, 124, 4; testantur rem Odyssea Hispaniæ urbs et alia indicia, 124, 11; 130, 22. Ulyssis ara in Meninge ins., 708, 32. Ejus comites Polites, 212, 37, et Baius et Misenus, 21, 37; quorum Baius Baiis, Misenus autem Miseno pr. nomen dedisse perhibentur, 204, 33.

Urso, Οὔρσων, Turdetaniæ opp., 117, 19.

Umbria, Ὀμβρική. Ejus descriptio, 189, § 10; Felix regio, montosior tamen; zea magis quam tritico homines alit, 189, 46. Umbriæ longitudo ab Ariminio ad Ocriculos 1350 stadiorum; latitudo inæqualis est, 189, 28. Umbriæ situs,

182, 30. Pertinent Umbri usque ad Ravennam, 182, 31. Umbros ab Etruscis Tiberis dirimit, 182, 14; 180, 10. Umbri cum Etruscis de principatu certarunt; urbes in transpadana Gallia a Tyrrhenis olim occupatas et dein rursus amissas ipsi barbaris eripuerunt; plures quam Tyrrheni colonias in hac regione habuerunt, 180, 10 et 20. Umbris Ravennam urbem dederunt Thessali, 178, 24. Umbri etiam nunc urbem hanc tenent, *ib.*, 189, 9 et 22; 180, 37. Umbricæ urbes inter Ariminium et Anconam, 200, 36. Umbri in Cispadana Gallia Romanis admixti, 180, 8. Per Umbriam in Tiberim influunt Nar et Teneas, 196, 5. In Umbriam Æginetæ colonos miserunt, 323, 10.
Undalum. V. Vindalum.
Unguentum ex iride Selgica factum, 489, 11.
Unoculi. V. Μονόμματοι.
Uranopolis, Οὐρανόπολις, ad Athonem urbs 30 stadiorum ambitu, ab Alexarcho Antipatri filio condita, 280, 29.
Urgi, Οὔργοι (Οὔγγροι in marg.), Sarmati inter Tyram et Borysthenem non longe ab ora, 254, 26. (Aliunde non noti sunt; Γεωργοί conj. Mannert; quod ob sequentia Strabonis verba parum probabile. Ptolemæus cum Tyragetis componit Τάγρους; fortasse igitur pro ουΓΓροι erat αἱ Τάγροι.
Uria, Οὐρία, Iapygiæ opp. in medio isthmo qui est inter Tarentum et Brundusium; regia quædam ibi monstratur; aut hæc aut Veretum est Hyria Herodoti, 234, 22.
Uria, Οὐρία, Ætoliæ palus, 394, 50.
Urina in cisternis inveterata Hispani lavantur et dentes tergunt, 136, 18.
Urium, Οὔρειον, ad Garganum prom. Italiæ opp., 236, 20.
Ursæ, αἱ ἄρκτοι in austrinis Indiæ partibus occultantur, sec. Megasthenem et Nearchum, obloquente Deimacho 63, 25; 64, 28. Ursa minor tota arctico circulo includitur apud incolas regionis Cinnamomiferæ, 109, 45. Ursa quomodo in Syenes parallelo appareat, 110, 14. Ursæ sidus ap. Homerum arcticum circulum denotat, I, 1, 6, p. 2. Ursæ sidus primum a Phœnicibus ad dirigendas navigationes observatum est; ab his ejus notitia ad Græcos venit, 3, 1.
Urson, Οὔρσων (*Urso quæ Genua Urbanorum*, Plin. 3, 1, 3; Ὄρσων App. Hisp. 26; *Ursao* Hirt. Hisp. 26 etc; nunc *Osuna*, ubi ruinæ), Bæticæ oppidum, 117, 19.
Usipi, Οὔσιποι, Germaniæ pop., ex quo captivi in Germanici triumpho, 242, 39. (Iidem qui Usipetes.)
Utica, Ἰτύκη, Africæ urbs post Carthaginem maxima, et, hac deleta, caput regionis et receptaculum Romanorum ad res in Africa gerendas; ejus situs, 706, 18. Prope Uticam Bagradas fl., 706, 26. Uticæ Adherbalem Jugurtha interfecit, 705; 41.
Uvæ bicubitales Margianæ, 61, 1.
Uxii, Οὔξιοι, Persis et Susiis contigui, 449, 43. Per Uxiam e Susis in mediterranea Persidis itur, 633, 34. Uxii bellis petunt Elymæos, 623, 35. Τὰ ἐν τοῖς Οὐξίοις στενά, 621, 4. Ex Uxia defluit Pasitigris, 621, 12. In ea Choaspes oritur, 620, 20.
Uxisame, Οὐξισάμη (*Ouessant*), ultima insularum quæ objacent Cabæo prom., et a continente distant tridui navigatione sec. Pytheam, 53, 46.
Uzita, Οὔζιτα, Africæ opp., bello Africano dirutum, 706, 2.

V.

Vaccæi, Οὐακκαῖοι, Hispaniæ gens, per quos Durius fluit, 126, 26. Multa eorum loca Durius præterfluit, 127, 11. Apud eos oritur Lethes fl s. Belion s. Limæas, 127, 15. Vaccæi ab occasu Celtiberiæ, 134, 37. Lusitaniæ et Celtiberis contermini, 126, 39. Eorum urbes recensuit Polybius, 135, 12. Vaccæorum est Acontia, 126, 26.
Vacua, Οὐακούα, Lusitaniæ fl., 127, 9.
Vaga, Οὔαγα, Africæ opp., a Cæsare dirutum, 705, 52.
Valeria via, ἡ Οὐαλερία ὁδός, a Tibure incipit ducitque in Marsos et Corfinium; Latinæ ad eam quænam urbes, 198, 34; 197, 25; inter Valeriam et Latinam viam sita oppida, 198, 18. Valeria via a Messana ad Lilybæum, 221, 29.
Valerius Flaccus consul a Fimbria interfectus, 508, 31.
Vapanes, Οὐάπανες, Corsicæ opp., 187, 8.
Varagri, Οὐάραγροι, supra Salassos in Alpibus habitant, 170, 6.
Vardæi. V. Ardiæi.
Varia, Οὐαρία (*Varea*), Veronum in Hispania urbs ad Iberi trajectum, 134, 42.
Varia, Οὐαρία, Latii urbs ad viam Valeriam, 198, 36.
Varus fl., Οὔαρος (*Var*), terminus Italiæ et Narbonensis Galliæ, 174, 30; 169, 30; 148, 14; 152, 51; æstate parvus, hieme maximus, 148, 14. Prope Antipolin exit; a fano Veneris Pyrenææ 273 mill., sec. alios 2600 aut etiam 2900 stadia distat, 148, 29.
Vasa lignea usurpant Lusitani, ut Celti, 128, 46. Vasa lignea Nuceriæ in Umbria conficiuntur, 189, 39.
Vascones, Οὐάσκωνες, Hispaniæ pop. ad Pyrenæos, 159, 8, et Oceanum circa Pompelonem et Œasonem. A Tarracone ad extremos Vascones iter 2400 stadiorum, desinens ad Oceanum in Hispaniæ et Aquitaniæ confinia, 134, 15. Vasconum urbs Calaguris, 134, 5.
Vates olim etiam musicam exercebant, 276, 53. Vates Apollinis ministri, 402, 16. Προμάντεις ἱέρειαι et eorum vestitus apud Cimbros, 244, 22. Vates Gallorum, 164, 20. Vaticinandi rationes variæ, 649, 11.
Veii, Οὐήιοι, Etruriæ urbs a Romanis oppressa, 188, 24.
Velia, Ὑέλη vel Ἕλη, nunc Ἐλέα, Lucaniæ urbs, Phocæensium colonia, patria Parmenidis et Zenonis Pythagoreorum; bonis legibus usa est; Lucanis restitit; incolæ mare exercent; urbis origines sec. Antiochum; nomen ab Ela fonte, vel ab Eleete fluvio; objacent Œnotrides insulæ, 210, 6. Quot stadia sint a Velia ad Laum et Posidoniam, 210, 21 et 28.
Velitræ, Οὐελίτραι, Latii opp., 198, 8.
Vallavii seu Vellavi, Οὐελλάιοι ἢ Οὐελλάουοι, gens Aquitaniæ adscripta; olim pars Arvernorum, nunc pro se civitatem constituunt (*les habitants du Vélai*), 158, 28.
Vellus aureum. V. Aureum vellus.
Venafrum, Οὐέναφρον, Latii opp., unde oleum optimum, 198, 27. In colle situm, quem Vulturnus alluit, 198, 28; 202, 45. Venafro vicina Telesia, 208, 8. Venafrana regio olei ferax, 202, 37.
Venasi vel Venasa, Morimenæ in Cappadocia locus, ubi Jovis fanum, τὸ ἱερὸν τοῦ ἐν Οὐηνάσοις Διός, 460, 30. (Morimene occasum versus Tatta lacum limitem habuit. Qua in Cappadociæ regione aliunde non novimus Parnasum et Nyssam; Venasa non nota; ruinas tamen duobus vel tribus locis in hac regione exhibet mappa Kiepertiana).
Vendon, Οὐένδων, Japodum oppidum, 261, 33; 172, 48. (*Avendo* Itin. T. P.; Αὐενδεᾶται Appian.; 18 vel 20 mill. a Senia dissitum; cum hod. *Jezerana* componit Lapieus, cum ruinis prope *Ober-Modruse*, Reichardt.; aliis est *Windisch-Grætz*.)
Veneno sagittas inficiunt Saones, 428, 30.
Veneris statio. V. Myoshormus.
Veneris urbs. V. Aphroditopolis.
Veneti, Οὐένετοι, Galliæ Belgicæ (ut Strabo opinatur) pop., ad oceanum; ex iis Venetos Italiæ oriundos dicunt, 176, 36; 162, 21. Eorum vicini Osismii, 162, 27. Eorum cum Cæsare prœlium navale; navium structura, 162, 7.

Veneti ('Ενετοί), in Galliæ Cisalpinæ parte transpadana, 176, 31; 179, 46; sec. alios e Venetis Gallis Oceani accolis oriundi, sec. alios ex Henetis Paphlagoniæ qui post bellum Trojanum cum Antenore huc delati sint, 176, 35. Idem erat apud Paphlagones et Italos Henetos alendorum equorum studium, quod tamen nunc apud Italos non amplius viget, 176, 36; 179, 36. Veneti Italiæ oriundi sunt e Venetis Galliæ, quamquam Paphlagonibus ob nominis similitudinem a nonnullis adscribuntur, 164, 21. Veneti ex Henetis Paphlagoniæ oriundi, 466, 5. Antenor ejusque filii cum Henetis e Troade in Thraciam, hinc ad Adriam venerunt, 520, 5. Cf. Heneti. Veneti a Pado ad Timavum usque sive ad Istriam habitant, 179, 47. Venetorum limes (in ora sinus Adriatici) est fluvius ab Alpibus defluens (*Tilaventus*, ut cum Cluvero statuo), adeo ut Aquileja sit extra Venetorum ditionem sita, 178, 40. Fluvius ille anaplum habet 1200 stadiorum ad Noreiam urbem, *ib.* (Quod quum in hujus tractus fluvios non cadat, numerum stadiorum corruptum, Noreiam vero istam aliunde non notam esse putant. At Noreia non est alia nisi ea quam ex Cæsare, Livio, Plinio, Tab. Peuting. novimus; quæ quum ab ora sinus Adriatici et Aquileja distet fere 1200 stadia, hæc ipsa distantia nostro loco indicatur, sed perperam ad ἀνάπλουν per fluvium refertur.) Venetis superjacent Carni, Cenomani, Medoaci, Symbri (Insubres), 179, 49. Regio fluviis et paludibus abundat, 176, 49; 177, 1; urbes nonnullæ insularum modo aquis cinguntur, 177, 5. Venetorum ora, 175, 41; ubi mare fluxus et refluxus habet, 176, 52. Apud Venetos Diomedem mortuum esse ferunt, 236, 32. Veneti Diomedi honores decreverunt. Duo apud eos luci, alter Junonis Argivæ, alter Dianæ Ætolicæ; de iis lucis fabula, 179, 14. Apud eos equi λυκοφόροι, 179, 22. Veneti et Cenomani jam ante Hannibalicum bellum auxilia Romanis tulerunt contra Boios et Symbrios (Insubres), 179, 51.

Vennones, Οὐέννωνες, Vindelicorum pop., 171, 50; supra Comum versus orientem habitant, 170, 13. (Haud dubie *Venostes* et *Vennonetes* Plinii; quorum pars circa Atesis fontes in hod. *Vintchgau* (*Venonesgowe* sæc. XI).]

Venti. Nonnulli Homerum et Thrasyalcen tradunt nonnisi duos ventos præcipuos distinguere Boream et Notum sive Austrum, a quibus reliqui parva differant inclinatione, Eurus, Apeliotes, Zephyrus et Argestes; adeo ut Eurus ab æstivo ortu, Apeliotes s. Subsolanus ab hiberno ortu, Zephyrus ab æstivo occasu, Argestes ab hiberno occasu flent, 23, 44. Aliter de ventis statuunt Aristoteles, Timosthenes, Bion astrologus, Posidonius, quorum sententias vide p. 24, 9. Ventos plagasque accurate notare solet Homerus, 21, 48 *sqq*. Zephyri et Argestæ sive Cauri in Attica Scirones vocantur. Venti in mari inter Hispaniam et Italiam interjecto certum quendam ordinem habent, 119, 22. Eurus usque ad sinum Sardoum statis anni temporibus flat, testante Posidonio, 119, 26. Ventis in Hiera insula et in Sicilia montium ignivomorum exspirationes augentur, 229, 15. Ventorum promus Æolus, 19, 29. Ventos colunt Persæ, 623, 40.

Ventidius, Οὐεντίδιος, Pacorum Parthum in Cyrrhestica Syriæ interemit, 639, 39. Cum Phranicate Parthorum duce ad Trapezuntem Syriæ collem pugnavit, 639, 51.

Venus, Ἀφροδίτη. Templum Veneris Pyrenææ (in *cap Creuz.* non longe a Veneris portu, *port Vendre*); inde a quo Narbonensis Gallia incipit, 148, 19. Inde ad Narbonem 63 miliaria, 148, 23 et 30; 150, 45 et passim. Veneris templum Lavinii, 193, 44; Ardeæ, 193, 46; Ennæ in Sicilia, 226, 26; Eryce, 226, 26. Erycinæ Veneris templum Romæ ante portam Col-linam, 226, 35. Veneris fana in Elide, 295, 20; fanum Corinthium; dedicatæ ibi meretrices, 325, 20 et 48. Veneris Κωλιάδος fanum ad Anaphlystum, 342, 22. Venus Καστνιῆτις et Onthyrii et Metropolis, oppidorum Thessalicorum, porci sacrificium admittit, 376, 15. Veneris Apaturi fanum ad Phanagoriam, 424, 34 et 47. Fabula qua nomen explicatur, *ib*. Templum in Pyrrha prom. ad sinum Adramyttenum, 519, 4. Veneris Acrææ fanum in Olympo Cypri, 582, 24. Paphiæ templum Palæpaphi, 583, 5; Veneris templum Solis in Cypro, 583, 18. Venerem colunt Persæ, 623, 39. Ad fanum ejus Babyloniæ mulieres corpus peregrinis prostituunt; argentum, quod accipiunt, Veneri sacrum est, 635, 1. Veneris Arsinoes sacellum in Zephyrio prom., 680, 28. Veneri sacer collis supra Pedalium pr. Cypri situs, 682, 29. Venus apud Momemphitas culta, 682, 36. Ejus templum Memphi, 686, 14; Tentyræ, 692, 17. In insula Tritonidis lacus ad Berenicen urbem, 710, 8. Cf. Aphroditopolis et Myoshormus.

Venusia, Οὐενουσία, Samnitium opp., 208, 12; 211, 38. In Samnii et Lucaniæ confiniis, ad viam Appiam, 235, 2.

Vera, Οὐέρα, Atrapatenorum regia per hiemem; situs ejus; oppugnavit urbem Antonius, 448, 50. (Phraata ap. Arrian.; Phraaspa ap. Dion. Cass.; ruinæ *Tachti Souleiman* (30° 25′ lat.; 64° 55′ long.), ut probabiliter statuit Rawlinson, qui cum aliis nonnullis Veram a Gazacis non diversam esse censet.)

Verbanus, Οὐερβανός, Galliæ Cisalpinæ lacus, 300 st. longus, Ticinum fl. emittit, 174, 16.

Vercellæ, Οὐέρκελλοι (*Verceil*), Galliæ Cisalpinæ vicus ad quem olim aurifodinæ erant, 181, 48. (Cf. Plinius 33, 21. Parum recte Strabo Vercellas Placentiæ vicinas dicit.

Vercingetorix, Οὐερκιγγετόριξ, Arvernorum dux, contra Cæsarem pugnat ad Gergoviam et Alesiam, 159, 42.

Verestis, Οὐέρεστις (?), amnis per Prænestinam Latii regionem fluens, 199, 19.

Veretum, Οὐερητόν, olim Baris, Salentinorum opp.; 600 a Tarento stadia distans, 233, 47. Veretum Iapygia fortasse est Hyria ab Herodoto memorata, 234, 26.

Verona, Οὐήρων, urbs Galliæ Transpadanæ, 171, 38; 177, 27.

Verones, Βήρωνες, Hispaniæ pop., 131, 26; a Celtiberis versus boream siti, Cantabris Coniscis finitimi; e Celtica transmigratione orti, 134, 41. Veronum urbs Varia ad Iberi trajectum, 134, 42.

Vertinæ, Οὐερτῖναι, Lucanorum urbs mediterranea, 211, 36. (hod. *Vergine* vel *Verzine* inter Peteliam et Crimisam in mediterraneis. Locus in Bruttio situs Lucanis eodem modo tribuitur quo vicinæ urbes Crimisa et Petelia et Calasarna tribuuntur.

Vespertiliones prægrandes abundant Borsippis; sale ibi condiuntur, 629, 46.

Vestales virgines tempore belli Gallici Roma Cæren confugerunt, 183, 28.

Vestini, Οὐηστῖνοι, Sabinis finitimi, 190, 5; 182, 29; 201, 4. Eos a Marrucinis dirimit Aternus fluvius, 201, 37. Per Vestinos fluit Liris, 194, 47.

Vestitus Lusitanorum, 128, 45; incolarum Cassiteridum inss., 145, 47; Gallorum, 163, 35; sacerdotum Cimbricarum, 244, 24; Vestitus Persicus a Medis profectus est, 451, 2. Vestes Indorum, 612, 12; Persarum, 625, 17; Assyriorum, 635, 15; Nabatæorum, 666, 50; Maurorum, 703, 11; in Masæsylia, 705, 27.

Vesuvius, Οὐεσούϊον ὄρος, describitur, 205, 47; 21, 30.

Veteres, Βέττερες codd. (leg. Βέτερες, Veteres, i. e. Veteranorum colon., uti recte conjecisse videtur Wesseling), Hispaniæ opp. in via militari sita inter juncarium

INDEX NOMINUM RERUMQUE.

campum et Tarraconem, 133, 12. (Idem locus est qui in Itin. p. 398 *Prætorium* vocatur, a Juncaria 69 mill., a Barcinone 15 mill. distans, h. *Granollers* sec. Lapieum; *Ostalric* sec. Cortez, quod contra distantias est. Fuit a d *la Roca*, ubi ingentes antiquissimi prætorii parietinæ supererant, teste Marka II, 20. Wesseling *Veteres* refert ad *Vidreras* vicum. Alii in vulgata lectione inesse putarunt Itinerarii *Secerras* vel *Seterras* (ut Geogr. Rav.), a Barcinone boream versus sitas.

Vettones, Ούέττωνες, Iberiæ gens, juxta Vaccæos, 126, 26. Lusitaniæ et Celtiberibus contermini, 126, 39; ab occasu Celtiberiæ, 134, 47; in superiori tractu Tagi fl., 115, 10; 126, 17. Vettones aut in tabernaculo quiete sedendum aut pugnandum esse putant, 136, 22.

Vetus urbs, Παλαιὰ πόλις, vocatur insula Hispaniæ, in qua Emporienses habitarunt antequam in oppositam continentem transirent, 132, 45.

Viæ. V. Æmilia via, Appia, Egnatia, Flaminia, Nomentana, Salaria, Valeria.

Vibo Valentia, Bruttii urbs. V. Hipponium.

Vicentia, Ούϊκετία (sic) (*Vizence*), Italiæ Transpadanæ opp., 178, 29.

Viminalis collis, Ούϊμινάλιος λόφος, a Servio urbi adjectus, 195, 27.

Vindalum, Ούίνδαλον; codd. Ούνδαλον; opp. Galliæ Narbonensis ad Rhodani et Sulgæ (*Sorgue*) confluentes, 154, 4 (*Vedennes* sec. Anvillium ; *port de la Traillo* ad *Sorgue* fl. exitum sec. Scaligerum, Valesium et Menard (*Mém. de l'Ac.*, 32, p. 745); hoc loco ruinæ aliquæ exstare perhibentur.) Ibi Domitius Ænobarbus clade Gallos affecit, 154, 5.

Vindelici, Ούϊνδολικοί (Ούϊνδολιγοί codd.) lacum attingunt in quem Rhenus diffunditur, partim in Alpibus partim supra Alpes habitantes, 16, 26; 243, 9; 260, 22. Vindelici Alpium montana exteriora tenent, magna ex parte cum Breunis et Genaunis Illyricis, 171, 35. Vindelicorum latronum in Italiotas ferocitas, 171, 54. Petulantissimi Vindelicorum sunt Licattii, Clautenatii et Vennones, 171, 49. Gentes eorum Estiones et Brigantii, 171, 51. Vindelici pugna navali cum Tiberio certarunt, 242, 54.

Vienna, Ούΐεννα (*Vienne*), Allobrogum caput ad Rhodanum, 154, 17 et 39; olim pagus, deinde urbs, 154, 26; ab Isaræ exitu 320, a Lugduno 200 stadia distat, 154, 17 et 21.

Vocontii, Ούοκόντιοι, in Gallia Narbonensi juxta Cavaros orientem versus habitant, 153, 53. finitimi Salyum, 169, 22, Iconiorum, Tricoriorum, 169, 35, Allobrogum 169, 23; convalles in intimis montibus tenent, *ib*.

Vineæ cineribus æqualibus conciliandantur, 223, 37.

Vinum Ariæ, in vasis non picatis tres annos durans, 61, 3. Vinum exportatur e Turdetania, 119, 21; paucum habent Lusitani, 128, 36; v. Italicum, 168, 42; Ligusticum austerum et picem resipens, 168, 43; Rhæticum, 171, 39; vini copiam in Gallia Cisalpina arguunt dolia, quæ e ligno ædibus majora conficiuntur, 181, 36. Vinum Cæcubum, Fundanum, Setinum, Falernum, Albanum, Statanum, 193, 13; 195, 3; 202, 34; Setinum et Signium, 193, 5; Calenum, 202, 34; Surrentinum, 202, 34; Lagaritanum, 219, 16; Thurium, 219, 18; Mamertinum, 223, 10; Carystium Laconicæ, 383, 33; vinum Ariæ et Margianæ, 442, 36 et 42 ; vinum e radicibus quibusdam Medi exprimunt, 451, 37. Ὁ Μοναρίτης οἶνος in Melitene, 458, 36; vinum Amblandense in Pisidia, 488, 30; Κατακεκαυμενίτης οἶνος, optimus, 537, 14. Vinum bonum ferunt Chius, Lesbus, Cos, Mesogis, Catacecaumene, Ephesus, Cnidus, Smyrna, 544, 38. Vinum Mesogidis, ex eoque optimum vinum Aromense, 555, 30; vinum Cyprium, 583, 35. India vino caret;

in Musicani tamen terra vites memorat Onesicritus, 592, 18; vinum Chalybonium in Syria, 626, 4; vinum ex palmulis ap. Arabes, 666, 8; vinum Libycum (Bycium?), 679, 17; vinum Ægypti, 687, 42. Μαρεώτης οἶνος, 679, 34; vinum in Oasibus Ægypti, 691, 4.

Viperæ aliaque reptilia Indiæ, 601, § 45.

Virgo Jovi apud Thebæos Ægypti sacrata, 693, 35.

Viriathus, Ούρίαθος, latro in Hispania, 131, 27. Debellatus, 239, 2.

Visurgis, Βίσουργις (*Weser*), Germaniæ fl., 241, 51.

Vites fertilissimæ in Hyrcania, 60, 45; ingentes Margianæ, 61, 1. Multæ in Hispania, 136, 10. Vitem fert Gallia, 147, 45. Vitis Ravennæ non ultra quinquennium durat, 178, 12. Vites in Bosporo sub hiemem defodiuntur, multa ingesta terra, 255, 25. Contra vitis pediculos remedium, 263, 5. Vites Albaniæ, 430, 45; Hyrcaniæ 436, 27. Ap. Sydracas Indiæ, 586, 26; in Carmania, 618, 35. E Babylonia in Susidem a Macedoniis transplantata est, 623, 7. Vitis in palludibus nascitur in Mæcene Arabiæ, 653, 18. Vites Mauretaniæ, 701, 50.

Vitraria arena, ὑαλῖτις ἄμμος, in ora inter Tyrum et Acen; sec. nonnullos etiam apud Sidonios, 645, 11.

Vitri fabrica apud Phœnices et Alexandrinos et Romanos, 645, § 15.

Vitriolum, χαλκανθές, e Cyprio ære provenit, 136, 2.

Vivisci. V. Bituriges.

Vocontii, Ούοκόντιοι, Galliæ populus, Cavaris finitimi, 153, 53. Vocontiorum ad terminos a Nemauso 63 mill., 148, 37; hinc ad alteros Vocontiorum fines secundum Cottii terram usque ad Ebrodunum vicum 99 milliaria, 148, 40; 155, 25. Vocontii sui sunt juris, 169, 26.

Volaterræ, Ούολατέρραι, Etruriæ opp.; ejus situs, 185, 47. Nonnullorum a Sylla proscriptorum refugium, oppugnationem per biennium sustinuit, 185, 52. Volaterræ a Pisis 280 stadia, a Populonio 270 st. distant, 184, 48.

Volcæ Arecomisci, Ούόλκαι Άρηκομίσκοι, Galliæ Narbon. populus, ab occasu Rhodani, quorum navale Narbo urbs, 154, 47; caput Nemausus, 155, 7. Vicinæ iis gentes obscuriores sunt, usque ad Pyrenen pertinentes, 154. Volcæ circa Nemausum sui sunt juris, 169, 30.

Volcæ Tectosages, Ούόλκοι Τεκτόσαγες, cum aliis quibusdam Cemmeni partem austrinam tenent, 155, 33; etiam septentrionalis lateris paullulum incolunt, 155, 37. Auri divitem habitant regionem, 155, 38; 156, 26. Hominum multitudine insignes sunt. Pars eorum orta seditione, expulsa in Asiam migravit una cum aliis populis Celticis; hinc Tectosagi in Phrygia circa Ancyram urbem, 155. 29. Volcæ Tectosages Delphicæ expeditioni interfuisse dicuntur. Thesauros quos in urbe eorum Tolosa Cæpio reperit, Delphis raptos esse narravit Timagenes; verisimiliora autem de thesauris istis tradidit Posidonius, 156, 4-36.

Volsci, Ούόλσκοι, Latii gens, 190, 39; 192, 32. Eorum caput Suessa, quam filius Tarquinii Prisci cepit, 192, 40. Volscorum erant Pometiæ campus et Apiolæ, 192, 36.

Volsinii, Ούολσίνιοι, Etruriæ urbs, 188, 19.

Volsinius lacus, ἡ περὶ Ούολσινίους λίμνη (*lago di Bolsena*), in Etruria, 188, 46.

Vulcani forum, Ἡφαίστου ἀγορά, prope Dicæarchiam sive Puteolos, 204, 52.

Vulcani sacra insula, Ἱερὰ Ἡφαίστου, una ex insulis Liparæis, olim Thermesa dicta, 229, 11. V. Thermessa.

Vulcanus e Cabiro pater Camilli sec. Acusilaum, 506, 3; e Cabiro genuit 3 Cabiros et 3 Cabirides nymphas, sec. Pherecydem, 406, 7. Vulcani sacra in Memphi urbe, 406, 13. Ejus templum Memphi, 686, 7.

Vulturnus, Ούουλτοῦρνος, Campaniæ fl. juxta Venafrum

et Casilinum delapsus ad urbem sui cognominem exit, 198, 29; 202, 46; 207, 22.

X.

Xandii. Cf. Xanthii.

Xanthia, Ξάνθεια (*Xanthi*), locus Thraciæ inter Dicæam et Maroneam situs, 282, 9.

Xanthii, Thraciæ gens, 505, 33.

Xanthii, Ξάνθιοι (Ξάνθιοι, 442, 5), Daarum gens, 438, 37; supra Mæotidem, 442, 5.

Xanthus, Ξάνθος, Bœotorum rex, a Melantho vincitur, 337, 33.

Xanthus, Lydus, historicus, ὁ τὰ Λύδια συγγράψας, num Sardibus natus fuerit necne parum liquet, 536, 52. Laudatur de terræ in Lydia mutationibus, 496, 24. Artaxerxis ætate magnam in Asia siccitatem fuisse tradit; plura affert quæ probant magnam Armeniæ et Phrygiæ partem olim mari tectum fuisse, 41, 24. Laudatur de Mysis Lydorum colonis, 490, 4. Arimum, Ἀριμοῦν, Catacecaumenes regem fuisse tradit, 537, 20. Post bellum Trojanum Phryges ait ex Europa venisse adductos a Scamandrio e Berecyntis et Ascania, 580, 35.

Xanthus, urbs Lyciæ maxima ad Xanthum fl., 568, 19. Dies ibi longissima 14 horarum, 110, 52.

Xanthus, Troadis fl., 505, 34.

Xanthus, Lyciæ fl., quondam Sirbis dictus, 568, 16.

Xenarchus, Ξέναρχος, e Seleuciæ Ciliciæ oriundus, philosophus peripateticus, Alexandriæ, Athenis, Romæ vixit, amicus Arii et Augusti, magister Strabonis; ejus mors, 572, 21.

Xenocles, Ξενοκλῆς, Adramyttenus orator, pro Asia ad senatum oravit, 525, 12.

Xenocles, gazæ Alexandri præfectus, Patroclo dedit descriptionem Asiæ, quam Alexander M. elaborari jusserat, 58, 7.

Xenocrates, Ξενοκράτης, philosophus ex Bithynia oriundus, 485, 4; ap. Hermeam eunuchum commoratus est, 522, 11. Menecratis Elaitæ magister, 471, 48.

Xenophanes, Ξενοφάνης, physicus, Colophonius, sillos versibus condidit, 549, 24.

Xenophon, Ξενοφῶν, Grylli f., a Socrate servatur in prœlio ad Delium commisso, 346, 19. Dicit (Anab. 5, 3, 8) se oraculo monitum Dianæ in Elide locum emisse, quem præterfluit Selinus fl., 332, 30.

Xerxene, Ξερξηνή, Armeniæ regio, 453, 25.

Xerxes I, Ξέρξης, Persarum rex, 51, 20. Beli sepulcrum Babylone fecisse fertur, 628, 51. Didymæi Apollinis templum incendit, 542, 11. Eum Branchidæ secuti sunt, 691, 37. Branchidis Didymæi proditoribus in Sogdiana urbem assignavit, 444, 8. Ubinam Hellespontum junxerit, 284, 3; 505, 49. Ejus fossa ad Acanthum urbem, 279, 39, per Athonis isthmum ducta. De ea Demetrii Scepsii narratio, 280, 17. Xerxes ad Doriscum in Thracia copias recensuit, 282, 35. Ejus classis ad Sepiadem naufragium passa est, 380, 42. Xerxes Salaminem continenti jungere aggere voluit, 339, 31. Themistocli dedit Myunteum, Magnesiam et Lampsacum 543, 35.

Ximena, Ξιμηνή, regio Ponti, in qua salis fodinæ, a quibus Halyn nomen habere aiunt, 480, 50.

Xiphias piscis, i. q. galeota et canis, in freto Siculo, 20, 4.

Ξιφονίας ἀκρωτήριον in Sicilia, 222, 23.

Xois, Ξόις, insula et opp., supra Sebennyticum et Phatniticum ostium in Sebennytica præfectura, 681, 32.

Xuthus, Ξοῦθος, Hellenis f., ducta uxore Erechthei filia, condidit tetrapolim Atticam, 329, 11. Filii ejus Achæus et Ion, 329, 14; 329, 5.

Xypetensium, Ξυπετέων, pagus Atticus, olim Τρώων dictus, 517, 34. Cf. Τρώων.

Z.

Zacynthus, Ζάκυνθος, insula, 102, 33; 288, 7. Ejus situs, a Cephallenia distantia, ambitus, solum, urbs cognominis, 393, 25. Distantia ab Hesperidibus Libyæ, 393, 32. Ei in Libya Berenice objacet 3600 stadiorum intervallo, 710, 14. Zacynthii Saguntum in Hispania condunt, 132, 12.

Zagrus mons, ὁ Ζάγρος vel τὸ Ζάγριον ὄρος, 630, 2; 633, 43. Tauri pars Mediam a Babylonia distinguit, 447, 49. Mediæ adjacet; ad eum est Massabatica regio, 449, 54, et Chalonitis, 627, 5. Zagri transitus vocatur Porta Medica, 450, 38.

Zaleucus, Ζάλευκος, Locrensium legislator, unde leges sumpserit; quid potissimum nove constituerit; leges ejus ad majorem subtilitatem exegerunt Thurii, 216, 3.

Zama, Ζάμα, Jubæ I regia, a Cæsare diruta, 704, 21; 705, 54.

Zamolxis, Pythagoreus quidam, olim apud Getas deus, 649, 7.

Zamolxis, Geta, Pythagoræ famulus (Pythagoreus quidam, 649, 7), ex hoc sicut ex Ægyptiis, ad quos pervenisse traditur, de rebus cœlestibus quædam cognovit; in patriam redux sacerdotem agit et regis consiliarium; dei nomen assumpsit; in monte Cogæono degit solitarius. Alios ejus indolis et dignitatis viros successores habuit, inter quos Cæsaris ætate Decæneus, 247, § 5. 649, 7. Pythagoricum institutum de abstinentia animalium a Zamolxi traditum, 247, 51.

Zancle, Ζάγκλη, Naxiorum in Sicilia colonia, unde nomen habeat, 222, 44; postea Messana dicta (V. Messana), ib. Zanclei Chalcidenses, Rhegii conditores, arcessiverunt, 214, 4. Zanclæi Mylarum Himeram condiderunt, 226, 43. Zanclæi qui Hyblæ erant, Tauromenium condiderunt, 223, 15.

Zardoces, Ζαρδώκης, Paphlagonicum vocabulum in Cappadocia obvium, 473, 43.

Zariadres, Ζαριάδρης, post devictum Antiochum M., cui dux fuerat, in Armenia regnum sibi condit, 453, 15. Armeniæ præfectus sub Antiocho M., a Romanis rex sui juris constitutus est; ab eo ortus Artanes Sophenus, 456, 3.

Zariaspa, Ζαριάσπα, fl. Zariaspam Bactrianæ urbem perfluens, 443, 13.

Zariaspa, i. q. Bactra, q. v.

Zarmanus, Ζάρμανος, chegan, sophista, Barygazenus, unus e legatis, quos ad Augustum Porus miserat, Athenis se concremavit, 612, 51; sepulcri inscriptio, ib.

Zea plurima in Umbria nascitur, 189, 46.

Zela, τὰ Ζῆλα, Ponti opp., Anaitidis fano et Sacæorum festo nota; oppidum majorem partem hieroduli tenent; auxit id Pompejus et unam fecit ex civitatibus quas post victum Mithridatem constituit, 439, 12. Ζηλίτιδος regionis in Ponto oppidum cum Anaitidis fano; antiquitus non ut oppidum, sed ut Persicorum templum deorum, a sacerdote administrabatur; auxit locum urbemque constituit Pompejus, 479, 19.

Zelitis, Ζηλῖτις, Ponti regio, Pythodoridi paret, 479, 6. Cf. Zela.

Zelas, Ζήλας, Prusiæ pater, 482, 38.

Zelia, Ζέλεια, Troadis opp., 515, 46, ad ultimas Idæ radices, a Cyzico 190 stadia distat, a mari 80 stadia, 502, 19; 499, 11. Ad eam est Tarsius fl., 502, 30. Oppidum erat in Lycia, Pandari ditione, 484, 1; 501, 11; 510, 39; postea in Cyzicenorum ditione, 499, 11. In ea Amazones habitasse Palæphatus refert, 472

9. Zeliæ fuit oraculum, 503, 24. Zeliæ πεδία et ὁροπεδία, 516, 23. Zeliæ contigua τὰ ἐν Πειρωσσῷ ὅρη, 504, 4. Zeliæ subjecta loca Adrastea, Apæsus, Pitya, Terea, 502, 28.

Zelis, Ζῆλις, Mauritaniæ opp., 702, 31; Tingi vicinum, 116, 2.

Zella, Ζέλλα, Africæ opp., libera civitas, 706, 4.

Zenicetes, Ζηνικέτης, prædo, ipse se cum domo cremavit, quum arx ejus Olympus a Servilio capta esset. Idem tenuit Corycum, Phaselin et alia loca, 573, § 7.

Zeno, Ζήνων, Citiensis, stoicus, 582, 32; Polemonem audivit, 525, 30. Eratosthenis magister, 12, 31. In schola successorem habuit Cleanthem, 522, 3. Zenonis librorum et philosophorum ab eo profectorum tabulam edidit Apollonius Tyrius, 645, 7. Zeno in Od. 4, 83 pro Ἐρέμβους legi vult Ἄραβας, 248, 31; 34, 34.

Zeno Laodicenus Laodiceam contra Labienum excitavit, 563, 25. Rhetor; Polemonis pater; Laodiceam patriam exornavit, 495, 15.

Zeno Pythagoreus, e Velia oriundus, 210, 8.

Zenodorus, Ζηνόδωρος, latronum dux in Syria, 643, 47.

Zenodotus, Ζηνόδοτος, de Homeri verbis ἐξ Ἐνετῶν (Il. 2, 852), 465, 49; 354, 48; 373, 48.

Zenophanes, Ζηνοφάνης, unus ex Olbæ tyrannis, Abæ pater, 573, 52.

Zephyria, Ζεφυρία, vetus Halicarnasi nomen, 560, 22.

Zephyrium, Ζεφύριον, locus prope Derrim portum in ora Libyca, 679, 18.

Zephyrium, præeminentia cum sacello Arsinoes Veneris, in tænia quæ mari et fossa Canobica efficitur, 680, 27.

Zephyrium. Duo ejus nominis loca in ora Cyrenaica inter Naustathmum et Chersonesum, 711, 27.

Zephyrium, Ciliciæ pr. prope Calycadni ostia, 572, 6.

Zephyrium, alterum Ciliciæ pr. inter Solos et Anchialen situm, 573, 26.

Zephyrium, Cariæ pr. prope Myndum, 561, 45.

Zephyrium, Ζεφυρία ἄκρα, pr. Cypri in occiduo ins. latere, 583, 5.

Zephyrium, promontorium Locrensium Epizephyriorum, 215, 30. In eo Locri per triennium consederunt, 215, 37. Ad id appulit Syracusas conditurus Archias, indeque assumpsit Dorienses, qui, relictis Megarorum conditoribus, e Sicilia eo se contulerant, 224, 19.

Zephyrus ventus quinam? 23, 48; 64, 13. Zephyrus et boreas e Thracia spirare recte dicuntur ab iis qui circa Melanem sinum degunt, 23, 12; sicut in Attica zephyrus a Scironiis saxis spirare dicitur; unde zephyri etiam Scirones vocantur, 23, 21.

Ζέρεθρα (pro βέρεθρα), vox Arcadica, 334, 5.

Zethus, Ζῆθος, et Amphion, antequam Thebis regnarent, Eutresi habitarunt, 353, 13.

Zeugma juxta Commagenen, τὸ κατὰ Κομμαγηνὴν ζεῦγμα, a quo usque ad Thapsacum non sunt pauciora 2000 stadiis, 635, 51 (Hæc mensura ducit ad Samosata potius quam ad Zeugma prope hod. *Birs*, quousque sunt fere 1200 stadia). Ἀπὸ Σαμοσάτων τῆς Κομμαγηνῆς, ἡ πρὸς τῇ διαβάσει καὶ τῷ Ζεύγματι κεῖται, 566, 37. Ἀπὸ τοῦ Ἰσσικοῦ κόλπου μέχρι τοῦ Ζεύγματος τοῦ κατὰ Κομμαγηνὴν non pauciora sunt 1400 stadiis, 637, 46. Credi posset ad Samosata esse Zeugma Straboniaunum; sed hoc quum aliunde non notum sit, et Plinius quoque una quidem cum Samosatorum urbis mentione zeugmatis mentionem faciat, tamen dicat zeugma idem abesse ab urbe 75 mill. (quæ distantia ad notum Zeugma prope *Bir* du-

cit): similiter Strabo paullo negligentius dixisse putandus est, 635, 51.

Zeugma Euphratis vetus, ad Thapsacum, 635, 33; 636, 3; 627, 9.

Zeuxis, Ζεῦξις, scholæ medicinæ Herophileæ præerat Caruris, 496, 41.

Zincha, Ζίγχα, Africæ opp., a Cæsare dirutum, 705, 54. (Juxta Zamam memoratur; aliunde non notum oppidum, nisi quod *Ziggensem* episcopum memorari video in catalago episcoporum qui an. 484 Carthaginem convenere. Tabula Peut. a Zama 20 m. p. dissitum habet *Seggo* oppidum, quod cum Zincha Strab. componendum esse suspicor.)

Zodiacus. Ὁ ζωδιακὸς κατὰ κορυφὴν ἐστιν ἀεὶ τῷ ἐν τῇ γῇ ζωδιακῷ, 25, 45. Obliquatione sua excedit utramque illam Æthiopiam, quam finxit Crates, 25, 46.

Zoilus, Ζωΐλος, rhetor, Homeri vituperator, ἐν Τενεδίων ἐγκωμίῳ Alpheum fl. e Tenedo oriri fabulatur, 225, 44.

Zonas quinque primus distinxit Parmenides; qui zonam torridam duplo majorem quam debebat fecit, ultra tropicos eam producens, 78, 15. Zonas quinque cum aliis distinxit Posidonius, 78, 13; 92, 43; eaque terræ divisio et naturæ rerum et geographiæ optime convenit, 79, 24; 91, 28. Zonæ in cœlo et terra quinque distinguendæ circulis æquinoctiali parallelis, duo frigidæ, duæ temperatæ, una torrida, 91, 28. Zonas sex Polybius facit, duas ad arcticos usque, duas hinc ad tropicos, duas hinc ad æquinoctialem lineam, 79, 21, non probante Strabone, 80, § 2. Zonarum Posidonii duæ sunt περίσκιοι, duæ ἑτερόσκιοι, una ἀμφίσκιος. Præterea duas perangustas sub ipsis tropicis sitas ob peculiarem temperiei, soli, hominum, animalium indolem distingui posse censet, 79, § 3; 109, 28. Cf. Posidonius. Zonam torridam mediam secat æquator, 91, 45. Zonam adustam Aristoteles inter tropicos esse statuit, improbante Posidonio et Strabone, 78, 19. Zona torrida Oceano occupatur secundum Cratetem, 25, 34. Ejus initium Cinnamomifera, 78, 30. Zona torrida est dimidia fere pars ejus quæ inter tropicos interjecta est, 78, 42. Zonas temperatas Aristoteles dicit eas, quæ sunt inter tropicos et circulos arcticos, 78, 19, sed male definiuntur circulis arcticis, 78, 43. Zonas temperatas, quæ ab utraque oceani parte sunt prope ipsum oceanum ab Æthiopibus habitari Crates censet, 25, 34.

Zonas, Ζωνᾶς, cognomen Diodori Sardensis, 536, 45.

Zuster, Ζωστὴρ, Atticæ pr., 312, 19.

Zuchis, Ζοῦχις, lacus et urbs, post Syrtin minorem sita, ubi πορφυροβαφεῖα et ταριχεῖαι, 708, 44.

Zumi, Ζοῦμοι, Germaniæ gens, quam una cum Luiis aliisque Marobodus sibi subjecit, 241, 31. (Haud dubie Zumi erant pars magni Luiorum populi; quare Zeus (*Die Deutschen*, p. 126) legi voluit Δοῦροι e Ptolemæo apud quem inter Lugorum gentes memorantur Λοῦγοι οἱ Δοῦροι, probante Cramero. Propius ad nostra accederent Λοῦγοι οἱ Δοῦνοι; sic enim scribendum sit pro Λουγοιδιδοῦνοι quod codices præbent (Λοῦγοι οἱ Διδοῦνοι edidit Wilb.).

Zygi, Ζυγοί, Pontica Asiæ gens, 107, 10; 712, 32; 422, 37. Oram tenent inter Achæos et Heniochos mediam, 425, 17; 426, 18. Feroces sunt, 425, 53. Eorum navigia, latrocinia, σκηπτοῦχοι, 425, 17.

Zygopolis, Ζυγόπολις, Ponti opp., 470, 4.

Zythum bibunt Lusitani, 128, 36.

INDEX

VARIÆ LECTIONIS.

SIGLA CODICUM.

A, *a* * Parisiensis 1397. membr., 4°, sæc. XII (Libri 1—9).
B, *b*. Mediceus Pl. 28, 5, chart., 4°, s. XV ineunt. (L. 1—10).
C, *c*. Parisiensis 1393, bombyc., fol., s. XIII (L. 1—17).
D. Venetus 640, bombyc., 8°, s. XIV ineunt. (L. 1—8).
E. Vaticanus 482, bombyc., 8°, an. 1321 (Epitome).
F. Vaticanus 1329, bombyc., 8°, s. XIV (Libri 12 pars ultima et lib. 13—17).
g. Vaticanus 174, chart., 4°, s. XV (L. 1—17).
h. Mosquensis 205, chart., fol., s. XV exeunt. (L. 1—17).
i. Escurialensis, membr., fol., an. 1423 (L. 1—17).
k. Mediceus Pl. 28, 40, chart., 4°, s. XV (L. 1—10).
l. Venetus 377, chart., fol., s. XV (L. 1—12).
m. Venetus 378, membr., fol. (L. 1—17).
n. Etonensis, chart. (L. 1—10).
o. Parisiensis 1394, membr., fol., s. XV (L. 1—17).
p. Vaticanus 173, chart., 4°, s. XV (L. 1—10).
q. Parisiensis 1395, chart., 4°, s. XV (L. 1—17)
r. Parisiensis 1398, chart., 4°, s. XV (L. 11—17).
s. Parisiensis 1408, chart., 8°, s. XV (L. 1—17).
t. Parisiensis 1396, chart., 8°, s. XV (L. 1—17).
u. Ambrosianus M, 53; chart., 8°, s. XV (L. 1—17 **).
v. Ambrosianus G, 93; chart., 4°, s. XV (L. 1—17).
w. Venetus 379, chart., 8°, s. XV (L. 11—17).
x. Mediceus Pl. 28, 19, chart., 4°, s. XV (L. 10—17).
y. Urbinas 81, chart., 4°, s. XV (L. 10—17).
z. Mediceus Pl. 28, 15, chart., 4°, s. XV (L. 11—17).
Epit. Palatinus 398, membr., 4°, s. X vel XI.
Pleth. Epitome Gemisti Plethonis.
Syn. Σύνοψις τῶν κόλπων τῆς καθ' ἡμᾶς οἰκουμένης in cod. Vatic. 175.

Codicibus modo recensitis addendi sunt: Venetus 606, Matritensis, alius in Atho montis monasterio asservatus, Parisinus 1409; quorum hic nonnisi tenuia excerpta quædam exhibet, ceteri vero aut collati nondum sunt aut qui conferantur digni non esse videntur.

Ratio codicum quæ sit, omnium primus intellexit exposuitque Kramerus (in Præfat. ad Strab., tom. 1). Quo præeunte, potiora paucis comprehendemus. — Amplum Strabonis opus antiquitus duobus tomis ambitu æqualibus describi solebat, quorum prior libros 1—9, alter libros 10—17 continebat. Priscæ hujus divisionis vel in iis codicibus, qui omnes Strabonis libros uno volumine exhibent,

* Literis *ABC* manus prima, literis *abc* manus secunda indicatur.
** Excipiendus est liber secundus, qui exstat in Ambrosiano codice *N*, 289.

luculenta exstant vestigia, quum satis pateat libros priores novem non ex iisdem codicibus manasse, ex quibus posteriores octo provenerunt. Codicem, qui priores libros novem integros olim exhibuit, unum novimus Parisiensem *A*; ut nunc non amplius exhibeat, primum effecit aut quaternionum aut foliorum aliquot jactura, deinde autem murum edacitas, qui margines foliorum exteriores adeo corroserunt, ut quum libro primo tum vero libris octavo et nono singulorum versuum literæ aut vocabula aliquot perierint. Sic quaternio integer excidit quo continebantur quæ in nostra editione legimus inde a pag. 104, 42 usque ad pag. 115, 34 (μέχρι—πλειόνων); duorum foliorum jactura absumpta sunt quæ exstant pag. 152, 23—156, 6 (φθόρον—μέχρι); alius quaternio qui nunc desideratur exhibebat ea quæ exstant pag. 191, 39—202, 35 (συνάπτοντες—τούτοις); alia denique lacuna libri septimi partem postremam (inde a pag. 269, 35 usque ad pag. 285) absorpsit. Margines vero damno affectos quidam sæculo XIV vix posterior agglutinatis ad singula librorum VIII et IX folia schedulis membranaceis resarcivit, in iisque non omnia quidem, attamen longe plurima eorum quæ exciderunt, alius codicis ope explevit, nec non in reliquo operis corpore discrepantes lectiones inter versus passim adscripsit. At multum abest ut supplementa ista ubique genuinam Strabonis manum prodant. Nimirum codex qui ea suppeditavit, ex eorum fuit numero in quibus libri VIII et IX in brevius contracti sunt. Unde intelligitur qui factum sit, ut non omnes lacunas expletas habeamus, et vel versuum Homericorum vocabula lacunis absumta, quamvis facili negotio redintegrari potuerint, non sint reposita, contra vero juxta vacua lacunarum spatia subinde in margine quædam apponantur quibus eadem quæ Strabo exposuit, sed brevius, traduntur.

Quando Strabonis libri VIII et IX sic decurtari cœpti sint, haud liquet, sed dubium non est quin ex ejusmodi codice decurtato jam fluxerint Epitomæ Vaticani codicis et Palatini, qui omnium est antiquissimus. In alio ejusdem familiæ codice juniore postrema libri septimi pars intercidit, ita tamen ut lacuna, quæ inde a pag. 269, 39 incipit, multo minor sit illa quam in eadem operis parte habet codex *A*. Ex hoc codice curtato et libri septimi lacuna mutilo codices fluxerunt qui ex hac familia superstites sunt: *lms*, inter se simillimi, et *v*, et quatenus manu prima scripti sunt *BC*.

Ex codice aliquo ad *lms* proxime accedente supplementa ducta sunt quæ secunda manus (*a*) intulit in codicem *A*, mutilum illum, sed non decurtatum, secundæ familiæ principem, omniumque præstantissimum. Ad hujus prosapiam pertinent codices *ghi* (et probabiliter etiam cod. Matritensis), tum *ñop*, nec non *b* sive secunda manus codicis *B*.

Inter eos *ghi*, ex *A* per traducem manantes, præter

scribarum sphalmata nihil habent proprium, omnique auctoritate carent. Codices *nop*, quos ab *A* descendere lacunarum ratione in libris VII, VIII et IX demonstratur, in multis ab *A* recedunt; nam lacunas, quas *A* in libris II. III. IV. V. ostendit, ex alterius familiæ codicibus expletas habent, ac præterea auctorem produnt doctum et audacem, qui tollendo, mutando, corrigendo ingenium exercuit. E codice aliquo cum *nop* componendo ea manarunt quæ manus secunda (*b*) in decurtato codice *B* per libros VIII et IX ad marginem adjecit.

Ex *Bb* deinde tertia quædam codicum familia oritur, ad quam pertinent *uktq*. Inter hos *u* ea quæ in *B* ad marginem leguntur, partim item in margine habet, partim in textum recepta, partim truncata mutataque; *k* et *t* plurima marginis *B* in ordinem verborum intulerunt, ita tamen ut nonnulla pro arbitrio mutarent. Ex *t* originem ducit pessimus codex *q* quem Aldus typis describendum tradidit. Ejusdem denique familiæ codex est, quem Guarinus, latinus Strabonis interpres, usurpavit.

Itaque codicum rationes, quatenus ad libros I—IX pertinent, rudiorem in modum hoc fere schemate licet delineare :

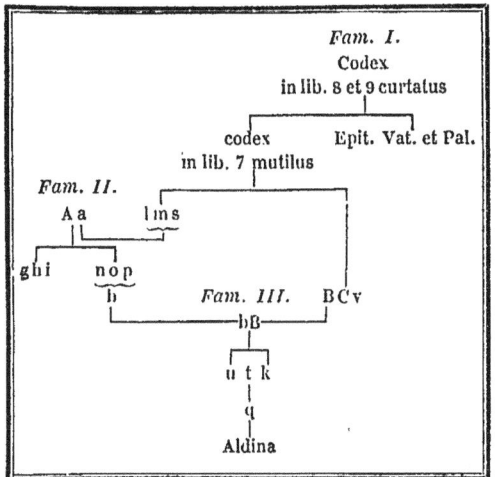

Quod libros X-XVII attinet, ex lacunis quibusdam intelligitur ab uno eodemque codice mutilo codices quos habemus derivare omnes præter codd. *E* et *F*, qui a lacunis istis liberi longeque sunt præstantissimi. Inter lacunosos codices, qui non omnes eodem in loco ponendi sunt, melioris notæ habes *DC*; præter hos consulendi *glms*; ceteros impune negligas.

——

In sequentibus non quæcunque innotuerint, sed quæ momenti alicujus sint, scripturas variantes exhibemus, præcipuam in eo ponentes operam ut indicemus quænam in Strabone nostro debeantur codicibus, quænam curis virorum doctorum accepta referamus, denique quænam δευτέραις φροντίσι relinquantur. Videlicet etiamnunc valet quod ante quadraginta abhinc annos in Prolegomenis ad Strab. p. 67 scripsit Corayus, vir nunquam satis laudandus, quem unum, modicis licet copiis instructum, plus quam ceteros omnes et prædecessores et successores in Strabone pristino nitori restituendo præstitisse sincerus quisque ingenue profitebitur. Is igitur, 'Ἐὰν ἔλεγα, inquit, ὅτι μετὰ τὰς πολλὰς διορθώσεις ταύτας πλειότερα ἴσως εἶναι ὅσα ἔμειναν ἀδιόρθωτα, μόνοι ἤθελαν ἀπιστήσειν ὅσοι δὲν ἐξεύρουσι τί πρᾶγμα εἶναι ἔκδοσις παλαιοῦ συγγραφέως, ἢ δὲν ἔμαθαν ἀπὸ κανένα, ὅτι εἶναι ἀδύνατον νὰ καθαρισθῇ τελείως ἀπὸ σφάλματα, οὐδ' ἂν περάσῃ ἀπὸ πολλῶν ἐκδοτῶν χωνία. Εὐκολώτερον ἴσως θέλω τοὺς πείσειν, ἂν ὁμολογήσω (ἀνυπόκριτον ὁμολογίαν), ὅτι καὶ μετὰ τοὺς πολλούς μου κόπους, μένουσιν ἀκόμη εἰς τὸν Στράβωνα πολλὰ νὰ διορθωθῶσιν ἀπὸ σοφωτέρους ἢ εὐτυχεστέρους μου κριτικούς.

Quæ in Strabone uncis [ ] includuntur, suppleta sunt. Glossemata quæ in Strabonis verba irrepserunt, uncis duplicatis [ ] notantur. Ejicienda parentheseos signis ( ) indicantur.

Pag. 1, lin. 1-9. Argumentum hoc nonnisi in *opt* et fortasse in *n* legitur. In *A* primum codicis folium excidit. ‖ 21. ἀνθρώπινα *ghk*, suprascr. *A*. ‖ 24. πρὸς τὰς πολιτικὰς conj. Spengel. ‖ 36. τῶν πολιτικῶν *ghnop* et supra *A*.

P. 2, 9. ἐνθένδε *BC*, suprascr. *A*. ‖ 12-15. Hæc uncis inclusi utpote in Strabonem perperam illata, monente Meinekio in *Vindiciarum Strabonianarum* libro p. 1, qui, « Homerica exempla, inquit, de astrorum ortu vel occasu nullum verbum habent; vix enim futurum spero, qui eo quod noctem Homerus post solem ascendisse, innuit, simul astrorum ortum a poeta significari contendat. Mira item et suspecta astrorum siderumque disjunctio, quæ quis non ita potius a scriptore conjungenda fuisse intelligat : Ὡς δ' αὕτως τὰ ἄστρα καὶ τοὺς ἀστέρας λελουμένους ἐξ ὠκεανοῦ λέγει. Hinc Homericos versus aut post εἰς τοῦτον transponendos, aut ab eadem manu, quæ tot alia Homeri aliorumque poetarum exempla scriptori obtrusit, adjectos esse conjicias. Atque hoc alterum multo mihi illo videtur esse probabilius. Quid enim causæ esse dicamus quod, cum solis occasum ortumque Homericis locis comprobaverit, non idem sibi de astris sideribusque faciendum putaverit. Eliminanda igitur ista censeo ; ac fortasse etiam qui in proximis de Elysio apponuntur versus Homerici, neque ad scriptoris consilium necessarii et in codicibus parum integri scripti, item in marginem rejiciendi sunt. » ‖ 19. πλοῦτον manus recentior in *C*, et Casaubonus coll. p. 124, 49; πλοῦν codd. et Eustathius ad Odyss. p. 1509, 26 ed. Rom. ‖ 27 et 28. Inclusa omittunt codd. ‖ 33. ταύτῃ Corayus, ταύτης *ABCl*. ‖ 38. Αἰθίοπας ex Homero Kramerus; Αἰθίοπες codices. ‖ 49. οὐκ εὖ Casaubonus; οὐκέτ' codd. ‖ 51. ᾐστροθετῆσθαι Xylander; μὴ ᾐστροθ. *ABCl*; in *A* tamen μὴ punctis inclusum manu secunda.

P. 3, 10. ἑσπέρας] leg. ἑσπέρης cum Corayo. ‖ 24. leg. προσβόρρους cum Meinekio et hoc loco et alibi. ‖ 36. πολυπραγμοσύνης *gh* et suprascr. *A*. ‖ 37. πλημμυρίας *B*. ‖ 38. λέγοντι codd. et Kramer ; repone λέγοντα ‖ 40. παραπεσούσης *ghiklmnop*, suprascr. *A*. Eandem lectionem Epitome indicat.

P. 4, 35. ἐγχειρήσαντες Dübner; ἐπιχειρήσαντες codd., quod non mutaverim ‖ 44. ἐπὶ ἑνὸς Kramer. Mein.; ἐφ' ἑνὸς Coray. bene, ὑπὸ ἑνὸς *ACl* ; ὑφ' ἑνὸς *B*.

P. 5, 1. διακρατήσαντας] διακροτήσαντας bene conj. Corayus, διακρατύναντας Cramer., διασαφήσαντας vel διακριβώσαντας Meineke ; διευκρινήσαντας, si in Corayi conjectura acquiescere nolueris, proposuit Piccolo. ‖ 13. ὧν ἁπασῶν codd.; em. Casaubonus. ‖ 14 τὰ male habet ; ejecit Meineke. ‖ 19. τὴν γῆν ἐκ *B*. Coray. ‖ 22. ἐπιλάμπεται] p. 204, 9 ἐπιδέρχεται, ut in codd. Odysseæ. ‖ 25. τῶν Μυσῶν *k* Coray.; τοῦ propter ἔθνους vocem male additum. ‖ 27. παραλίαν πᾶσαν *nop*. editt. ante Kramerum. ‖ 37. προσπέπλασται *ghi* et supra scr. *A*. ‖ 40. χάριν recte sustulit Casaubonus. ‖ 53. In latinis lege : *ex altero ejus scripto* (sc. genealogiis). ‖ 54. φιλομαθείας *ghi*, suprascr. *A*.

P. 6, 4. λαβεῖν [αὐτὴν] Corayus , [αὐτὴν] λαβεῖν Meineke. Excidisse pronomen per est probabile. || 9. προπαρακεχωρηκυίας BC, quod ex var. lect. προκεχ. et παρακ. ortum; προσκεχ. Corayus. || 10. πλὴν εἰ maluit Corayus, deditque Meineke, recte procul dubio. || 12. οὗτός γε δὴ ταῦτα Groskurd.; οὗτος δὲ καὶ ταῦτά φησιν Corayus, adeo ut sequentia sint verba Hipparchi. || 13. τε supplev. Kramer., δὲ voluit Casaubonus. Spengelius leg. proposuit : Οὗτός τε δὴ ταῦτά φησι, καὶ πάντες , ὅσοι etc., quod recepit Meineke. || 20. προσῆκε codd.; em. Coray. || 39. ποικιλωτέραν Coray. || 47. leg. μηδὲν cum Corayo. || 48 ἢ ejecit Cor.

P. 7, 20-24. Hæc ex margine in textum irrepsisse probabiliter censet Cramerus; ejecit ea Meinekius. || 26. τὸ μαθ. g et suprascr. A; idem conj. Coray. || 27. δὲ] δεῖ Grosk.; [δὲ δεῖ] Cor.; concinnior evadit oratio si legeris : μεγάλαι· τῷ μαθεῖν[δὲ] τῆς χώρας τὴν φύσιν... προσθεῖναι δεῖ καὶ τὰ τῆς θαλάττης, quod proposuit Piccolous meus. || 36. Post τὰς πολιτικὰς Spengel addi voluit καὶ τὰς ἡγεμονικάς. Mox aut γῇ legendum , aut ἡ ante θάλασσα delendum. || 40. μέγισται δ' αἱ τῶν Coräy. || 47. τούτοις codd.; em. Casaub.

P. 8, 7. ἂν addit Coray. || 10. καὶ προσήκοι gh et supr. A, quod recipi velim; κἂν προσήκοι Mein., quo opus non est. || 27. τὰ add. Cor. || 31. τυφλοὺς Casaub., τοῦ πλοῦ codd. || 32. ἀγνοίας Casaub., *ignorantiæ* Guarin.; ἀνοίας codd., quod ut mutetur, nihil cogit. || 37. Verba πλήρης τε... Ξέρξου στρατείας Meinekius aut delenda aut post verba τὸν στόλον l. 36 transponenda et parenthesis signis includenda esse censet, vix recte. Sustuli interpunctionem majorem quæ erat post v. στρατείαν.

P. 9, 1. ἔτι] ἔστι suprascr. in A. Unde Meinekius dedit : τὰς χρείας ἐστίν· ἔστι δὲ καί , quo facile caremus. || 39. Vocem ὥσπερ obelo notavit Dübner ; at vitium potius latet in apodoseos verbis l. 42, ubi pro ὑποθέσθαι δὲ cum Groskurdio legere licet : οὕτως ὑποθέσθαι δεῖ καί. Meinekius ante ὑποθέσθαι δὲ lacunam notavit. || 45. ταῦτα μὲν οὖν ἐπεί... εἰ ἄρα , ἐπισημηναίμεθ' ἂν ἐπὶ] sic Meineke in Vindic. Strabon.; in sua Strab. editione idem in postremis dedit... εἰ ἄρα, ἐπισημηνάμενον, lacuna indicata ante εἰ ἄρα. Codices habent : αὐτὸ μόνον ἐπὶ τῆς αἰσθήσεως... ἐστὶν ἢ ἄρα ἐπισημηναμένον (ἐπισημηναίσοι var. lect.). Ex his ταῦτα μὲν οὖν jam conjecerunt Anonymus ap. Falkonerum et Kramerus, qui deinde ἐπισημηνάμενον fort. in ἐπισημήναιμεν ἂν mutandum dicit. Groskurdius locum ita constituit : Τοῦτο (sc. ἡ ἐπὶ τὸ μέσον τῶν σωμάτων φορά) μὲν οὖν ὅτι (sic pro ἐπὶ etiam Coray.) αἰσθήσεως ἢ τῶν κοινῶν ἐννοιῶν ἐγγύς ἐστιν [ὡσαύτως δὲ καὶ κἀκεῖνα ἀμφοτέρως δῆλα γίνεται], εἰ ἄρα [ἀπόχρη], ἐπισημηναμένου ἐπὶ κεφαλαίῳ μικρά. Alia longius etiam petita tentarunt Scaligerus et Pætzius, quæ afferre operæ non est pretium. Recte Casaubonus : « Docet Strabo duplicem esse viam argumentorum quibus ea probentur, quæ ait hic supponi : altera via est, quam vocat ἐκ τῶν ἐγγύθεν, altera est quam appellat ἐκ τῶν πόρρωθεν ὑπόμνησιν. » Hæc quæ ex allato exemplo eliciuntur, quum in præcedentibus indicari debuerint , corrupta aut in hunc modum emendanda esse puto :... φοράν· [ἂν] ἡ ὑπόμνησις τῆς αἰσθήσεως ἢ τῶν κοινῶν ἐννοιῶν [ἢ] ἐγγύς ἐστιν ἢ πόρρω· ἐπισημαίνομεν οὖν ἐπὶ κεφαλαίῳ μικρά, aut ita ut εἰ ἄρα in ἢ πόρρω mutetur, cetera vero eo modo, quo nostra editio exhibet, constituantur. || 48. καὶ τοῦ] καὶ τὸ codd., em. Breq. || 49. κατὰ τὰ πελάγη *hino* recte.

P. 10, 37. ἰσημερινῶν codd., μεσημβρινῶν conj. Brequigny. || 41. Tolle crucem ante ἄλλως et signum interrogationis post ἐνταῦθα. Legendum cum Meinekio ἄλλως πως... ἐνταῦθα· verte : *Qui hæc aliquatenus, vel obiter, cognoverit.* Cf. p. 229, 22 τοὺς ὁρῶντας ἄλλως γέ πως τὰ τοιάδε. Reprobum quoque quod Kramerus conjecit : ἄλλως πῶς [οὐ] δύναται. Corayus conj. : [μὴ] κατανοήσας; τις ὅλως, πῶς..; || 43. [δὲ] suprascr. in A. || 49. Post vocem οἰκεῖος ponenda esse quæ in codd. leguntur p. 11, 5-9 recte monuit Corayus. Ceterum hæc glossam produnt , quæ e margine illata, nec suo in loco posita est. || 50. δεῖ Casaub., δὴ codd.

P. 11, 8. ἃ ejici velim cum Siebenkeesio , Corayo, Meinekio. || 13. αὐτή] αὕτη Mein. || 11. γε] τε *l* et ex correct. A ; recepit Meineke. || 38. καθάπερ τοῖς μετὰ τὴν Ἀλεξάνδρου στρατείαν] Oratio inconcinna. Συνέβη post v. καθάπερ inseruit Groskurdius; quod non sufficere recte monuit Meinekius. Mecum legas : καθάπερ τοῖς [προτέροις] μέγα τι ἡ Ἀλεξ. στρατεία, quod respondet verbis l. 36 : πολύ τι τοῖς νῦν ἡ τῶν Ῥωμαίων ἐπικράτεια. Vox προτέροις ob præcedentes literas περτοῖς facile omitti potuit.

P. 12, 12. καὶ Ἵππαρχον καὶ Ποσειδώνιον, nominibus transpositis, Meineke ex Spengelii opinione. || 14. Πρότερον] πρῶτον conj. Spengel, probante Meinekio. || 22. καὶ ejecit Xylander. || 24. προσιτέον] πιστέον suprascr. in A, unde habent gh; μᾶλλον πειστέον vel μάλιστα προσεκτέον leg. opinatur Spengel. || 27. Post v. φιλοσοφίαν minorem pone interpunctionem. || 28. ἐπ' αὐτοῦ Diogen. Laert. 4, 7, 5 ; ἐπ' αὐτὸ codd.

P. 13, 35. προσεπεργάζεται in codd. legi Casaubonus dicit , nescio quam recte ; προσπεριεργάζεται conj. Toupius ad Longin. p. 243 , probante Meinekio in Vind. p. 239 , retinente tamen in Strab. edit. vulgatam. Idem dein pro γε mavult δέ. || 39. προεκπ. Coray.; προσεκπ. codd.

P. 14, 4-5. Verba οὕτως τε... πυκνά Meinekius ejecit, a Strabone aliena putans. || 32. πότερον] πρότερον *AClB* ; unde cum Meinekio scribendum : προτέραν δ' οὐδ' ἀρετήν... λόγων. || 35. ὡς ἢ] γρ. ὡς εἰ *A* ; ὡσεὶ Cor. et Mein., recte , ut videtur. || 44. εἴδει, ὡς Casaub., ἰδίως codd.

P. 15, 14. Ἦν ᾠδὴ ἢ λόγος] Coray.; ἢν ἡ ᾠδὴ λόγος codd. || 17. ἢν inseruit Groskurd., αὐτοῖς ejecit Casaubonus. Nihil vel addere vel ejicere licet, modo transpositis verbis cum Spengelio scripseris : αὐτὴν δὲ μετ' ᾠδῆς ὑπήρξε παρ' ἐκείνοις, τὸ ἀείδειν αὐτοῖς τὸ αὐτὸ τῷ φράζειν. || 32. ἀπεδέξαντο Coray.; ἀνελέξαντο codd.; nisi quod ἐδέξαντο in Epitome. || 35 ἄνθρωπος Mein.

P. 16, 9. ἀόρων] Casaub.; ἀόρων *l* et *A* in quo suprascriptis literis *ar* indicatur lectio ceterorum codicum ἀοράτων. || 11. τε] Malim γε cum Meinekio, qui dein lin. 12, προσκαλέσασθαι dedit perperam. || 48. φασὶ Coray.; φησὶ codd.

P. 17, 10. ὡς δ' αὔτως καὶ] e Villebrunii conjectura Dübner., ὡσαύτως δὲ καὶ editt. ante Cramerum inde a Casaubono; ὡς αὔτως καὶ codd., in quibus erat acquiescendum cum Kramero et Meinekio. || 19. σημεῖα vox aut h. l. aut lin. 16 delenda. || 36. In latinis lege : *et ex his transitus... conspicuos præberent iis*, et deinde : *eos quoque ad oceanum posuit*. || 45. ἐνδέδωκεν] παραδέδωκεν mavult Mein. || 48. Verba ἢ μὴ γενέσθαι ejicienda, nisi forte μᾶλλον ante ἢ excidit, monente Kramero. || 50. τις additum et Pætzii conjectura.

P. 18, 30. Scribe Κυμαῖον, et mox Συρρεντόν.

P. 19, 19. ἐπ' ἀκαιρίμαν Casaubonus, ἐπικερήμα *BC*; ὅτι ἀ...κερήμαν *A*, unde ὅτι ἂν κερήμαν *l*, ἐπὶ καὶ ῥῆμα *t*. || 20. τύπου] τόπου *ABCl* ; τύπου *h*, ut videtur, Groskurdius, Kramerus in Addendis collata p. 362, 49, ubi item codices τόπον pro τύπον; τρόπου Villebrunnius, Kramerus in textu Strab., Meinekins. || 22. Dele comma ante verba καὶ τῆς, pro quibus aut ἐκ τῆς , aut , quod Spengelius et Meinekius conjecerunt, κἀκ τῆς legendum videtur. ǁ 30. Fortasse καὶ ante καθάπερ excidisse monet Meineke. ǁ 43. τὰ ἐπιχώρια conj. Coray.; verba τὰ περιχώρια abesse velit Cramerus.

P. 20, 5. φησί Coray., φασί codd. In latinis lege *ait*. ǁ 29, ἀκμήν] ὁρμήν conj. Coray.

P. 21, 14. ἐξωκεανισμὸν] *gBk* et correct. *A*, ubi prima manus ἐξωκεανιζόμενον, quod perperam receperunt Kramer. et Meineke. ǁ 16. τῆς ἀνωμαλίας *BC* et editt. ante Kram. ǁ 29. δηλοῦται scripsit Meineke. ǁ 32. Verba ὑπὸ τοῦ ποιητοῦ male tuetur Groskurdius; ὑπὸ τοῦ πιστοῦ conj. Casaubonus; ὑπὸ τούτου (sc. a Polybio) aut ὑπὸ τῶν τόπων Corayus; ὑπὸ τοῦ τόπου αὐτοῦ Kramerus; ὑπ' ὀνομάτων in latinis expressit Dübnerus; Meinekius verba καὶ ὑπὸ τ. π. βεβαιοῦται ejecit. Ac sane si absentes non adeo desiderarentur. Nescio in lacuna locus laboret, hunc fere in modum explenda : καὶ ὑπὸ [τοῦ τοπικοῦ·vel τῶν τοπικῶν τὰ] τοῦ ποιητοῦ βεβαιοῦται. ǁ 35. Οὐεσουΐῳ] Βεσβίῳ *ABl*, λεσβίῳ *C*, Βεσουβίῳ editt. ante Kram. Formam Οὐεσούιος codices exhibent p. 205, 47. Βέσβιος habes in Dione Cassio 56, 22 et Josepho A. J. 20; 7, 2, eamque formam sua aetate obtinuisse tradit Galenus De meth. med. 5, 12 (t. 4, p. 92, 11 ed. Bas). « Ex varia nominum Romanorum, quae in Strabonis opere commemorantur, scriptura jure colligere mihi visus sum, eum Romanorum *v* per ου plerumque expressisse : quem antiquorum scriptorum morem fuisse Eusthathius de sua aetatis usu locutus docet ad Dionys. v. 378. Contra ea β posuit pro Romanorum *b*. » KRAMER.

P. 22, 10. Articulum adjecit Coray. ǁ 22. ῥᾷον ἦν αἰσθέσθαι τὴν ὑπερβολήν] ῥᾴδιον εἶναι θέσθαι τὴν ἐπιβολήν codd.; em. Corayus, nisi quod et hoc loco et alibi reliquit ῥᾴ·διον, quod in ῥᾷον mutavit Kramerus.

P. 23, 1 et 2. In Homero legitur Βορέαο et Νότου. ǁ 32. προσπίπτουσαν codd.; em. Coray. ǁ 33. ταύτην ταύτης codd., em. Groskurd.

P. 24, 1. τῷ secunda manus in *A* addidit. ǁ 17. νότου ὀλεροῦ πως aut νότου θολεροῦ πῶς leg. esse monuit Kramerus; ὀλεροῦ posuit Meinekius ǁ 31. μὴ inseruit Kramer.; οὐ dederat Xylander, qui etiam πεπύσθαι correxit pro πεπεῖσθαι codd. ǁ 35. Αἰγύπτιον codd ; em. Coray. ǁ τοῦ λίαν κτλ.] Sic locum Dübnerus constituit. E codd. scripturis colligas aliis hanc phrasin fuisse genitivum a voce σημεῖον pendentem : ἀλλὰ μᾶλλον τοῦ λίαν γνώριμα ὄντα (φαίη τις [ἂν]) μὴ δόξαι ἄξια μνήμης εἶναι : alios vero simpliciore structura dedisse : ἀλλὰ μᾶλλον τὰ λίαν γνώριμα ὄντα φαίη τις ἂν μὴ δόξαι (vel δόξαι μὴ) ἄξια, quod recepit Meinekius. Pro τοῦ λίαν legitur τὸ λίαν in *B*, τὰ λίαν in *h* ex correct.; ἢ secunda man. expunctum in *hkt*. Deinde ὄντα φαίη δόξειν supra scripto τις μὴ *A*, ὄντα φαίη τις μὴ δόξειν *lghiop* (in *p* suprascr. δόξαι); ὄντα φαίη δόξειν οὐκ ἄξια *qt*, quorum in *t* τις μὴ rec. manu inter versus additum. Inde Ald.: φαίη τις μὴ δόξειν οὐκ ἄξια ; Corayus : φαίη τις ἂν δόξαι οὐκ ἄξια. Kramerus conj. : ἀλλὰ μᾶλλον τὰ λίαν γν. ὄντα φημὶ δόξαι μὴ ἄξια. ǁ 51. Ἀλαζὼν γὰρ [δὴ editt. ante Kr.

P. 25, 6. Ejice τε. ǁ 22. Post Κράτητος editt. ante Kr. habent ἀρξαμένους, quod in *q* ad marginem manu secunda script. 25. ἀνδρῶν] Xylander, ἄλλων codd. ǁ 26. οὐ om. editt. ante Kram. ǁ 34. ἑκάτερα Coray. ǁ 46. τῆς Αἰθιόπων ταῖν Αἰθιοπίαιν suprascr. in *A*, unde hoc exhibent *ghnopk* et sec. man. *B* et editt. ante Kr.

P. 26, 6. τοῦτο editt. ante Kr. ǁ 11. διχθὰ *A* manu sec., *ghnop*, editt. ante Kr. ǁ 19. καταλόγοις codd.; em. Heyne ad Apollod. p. 418. ǁ 27. ἑκατέρως Kr.; lenius ὁποτέρως Coray; ὡς ἑτέρως codd. ǁ 31. γὰρ inclusit Coray. ǁ 41. ἤησος ejiciendum. Auctor lectionis de Delta cogitavit. ǁ 46. καὶ γὰρ καὶ editt. ante Kr.; eaedem lin. 50 om. τῆς.

P. 27, 3. μεγίστη ἐστὶν ἡ *q* et editt. vett., dein καὶ ἡ μητρόπολις *Bl* et editt. vett. ǁ 15. ἀποριῶν Coray., ἀτοπιῶν codd. ǁ 27. μέχρι δύσεως] « Haec nullo modo ferenda esse neminem fugiet qui paullo accuratius et de his ipsis verbis et de iis quae sequuntur cogitaverit. Strabonem scripsisse opinor μέχρι αὐάσεως. Sunt autem praeter Auases tres Aegypto vicinas multae aliae in Africa dispersae (v. p. 108, 15). » Haec Kramerus, probante Meinekio. At ipsa ista auasium multitudo conjecturae Krameri non favet. Mihi Tartessii barbari narrasse videntur Aethiopes Libyam obiisse μέχρι Δύρεως, i. e. usque ad Atlantem. Cf. p. 701, 1 : ὄρος ἐστὶν ὅπερ οἱ μὲν Ἕλληνες Ἄτλαντα καλοῦσιν, οἱ δὲ βάρβαροι Δύριν. ǁ 31. Malim ταῦτά τε δὴ cum Corayo et Meinekio. ǁ 38. συμμίκτως suprascr. *A*, inde συμμ. in *ghk* et vett. editt. ǁ 46. χαλκομάρωγον conj. G. Hermann de Aechyli Prom. Sol: p. 17. ǁ 48. παντεπόπτας codd.; em. Tyrrw. ǁ 51. τ' ἀναπαύει codd.

P. 28, 1. παρ' ὅλην codd.; em. Casaub.; τάττων] margo*t*, αὐτῶν codd. Dein ἀποφαίνεται e Tyrrwhitti conj. Corayus. ǁ 2. ἐπὶ] ἐν Mein. ǁ 8. φαεννῶν *BCIA*, in *A* supr. ας ; φαεννὰς *g*, Coray, Kram. ǁ 21. καὶ] Marx ad Ephorum; ἢ codd. ǁ 34. ἀνεῖται codd., em. editt. ǁ 39. δεκτέον] Corayus; λεκτέον codd. ǁ 40. τεταμένον] Eusthath. ad Il. 1, 423 p. 128, 17 Rom., τεταγμένον codd. et Eustath. ad Odyss. 5, 283, p. 1536, 34.

P. 29, 27. ὁδὸν inseruit Kramer. ǁ 41. πεντακισχιλίων] τετρακισχιλίων scribi voluerunt Gosselinus et Groskurdius; probabiliter; nam Syene secundum Strabonem nonnisi 5000 stadia distat ; hinc vero ad Thebas supra 1000 stadia sunt.

P. 30, 7. προστίθει] προστίθησι codd.; em. Casaub. ǁ 30. σκιὰν codd.; em. Xylander. ǁ 50. συνθεὶς] συνεὶς Coray. ǁ 53 et 54. Inclusa ejicienda.

P. 31, 6. ὅθεν ἐπὶ codd.; ex Homero correctum. ǁ 8. ἐκλειπεῖν *A*, ἐκλείπειν *BCl*; em. Coray. ǁ 41. οὐχ ὡς] οὕτως codd.; em. Kramer. Mox οὐδ' om. codd. ǁ 46. φήσαντα codd.; em. Casaub.

P. 32, 8. ὥστε ἐνταῦθα συνάπτειν τὴν ἔξω θάλασσαν τῇ ἐντὸς codd.; em. Groskurd. ǁ 23. Post δηλοῖ codices addunt : καὶ πείρατα γαίης. ǁ 29. ἔχοιμεν] εἴχομεν Coray. ǁ 43. οἵδε μὲν supplevit Groskurd. ǁ 44. πολλὴ] πόλις codd.; em. Coray.

P. 33, 3. διδόναι additum e conj. Krameri. ǁ 20. Locum corruptum ita refingendum esse censuit Casaubonus : οὐχ ὅτι [εἰς] τὴν Αἰθιοπίαν τῷ θέρει ἄφικτο, ἀλλ' ὅτι] μέχρι etc. Paetzius conj. : οὐχ ὅτι [μὴ] μέχρι. Corayus: Μενέλαος, ὅτι μέχρι. ǁ 35. Ἀρδανίαν] « Infra (p. 711, 31) portus Menelaus conjungitur cum promontorio quod appellatur Ἀρδανίξις. Hoc vero nomen corruptum videtur ex eo quod exhibet Ptolemaeus (4, 5) Ἀρδανίς. Quod si verum est, hic quoque levissima mutatione scribendum erit Ἀρδανίδα. » *Kramer*. ǁ 43. καὶ sec. manu additum in *AB*. ǁ 44. ἵκανον codd. ǁ 48. Ἐρέτριαν codd. ǁ 50. Πάφος ἢ πάνορμος conj. Casaub., probantibus Corayo et Groskurdio.

P. 34, 1. Post vocem συγκαταλέξαι codices addunt : φησὶν ὅπερ ζητοῦσιν ἔνιοι, e margine illata. ǁ 8. Codices ita : νενομένην ἐμφαίνει διὰ τῶν ἐπαίνων τῆς παρ' αὐτοῖς εὐτυχίας, καλῶς εἶχες εἴτ' ἀναλαβεῖν εἴτε καὶ παραλαβεῖν (παραβαλεῖν *l*) εὐτεχνίας καὶ etc.; haec, viam monstrante Casaubono, in ordinem redegit Corayus. Idem pro ἐμφαίνει dedit ἐκφαίνει. Meinekius legit τῆς παρ' αὐτοῖς εὐτεχνίας καὶ τοῦ : ac sane εὐτυχίας probabiliter nihil est nisi diversa vocis εὐτυχία scriptura. ǁ 9. καὶ τοῦ] καὶ τὸ codd.; em. Cor. ǁ 14. ἄς] τὰς editt. ex Iliad. ζ, 239. ǁ 15. Post Σιδονίηθεν ante Kramerum in editt. ex Homero addebatur : ἐπιπλὼς εὑρέα πόντον. ǁ 26. Εὔνεως] Εὔνηος Coray. ǁ 29. ἐνίκα τῷ κάλλει codd. ǁ 50. Ἀριανοὶ] Ἀριμάνιοι

INDEX VARIÆ LECTIONIS.

ABC, at in *A* superscriptum et in *C* prima manu in marg. additum est Άριανο, in *lnop* et ex correct. in *B* legitur Άραμμαϊοι. Post vocem Άριανοί in *A* secunda manus inter versus addidit καί οί Άρμένιοι, quod hinc habent *ghknopqt*.

P. 35, 3. Άρμενίους καί ejicienda esse monuit Corayus. || 8. Έρεμβούς] τρωγλοδύτας codd.; e Casauboni conj. em. Siebenkees. || 16. όμοίως] όμως Coray. || 25. τόν] τήν codd.; em. Cas. || ούθ'] ούδ' Coray. Mein.
P. 36, 7 κάν] έάν codd.; em. Heyne ad Apollodor. p. 418. || 27. λέγεσθαι] γενέσθαι codd.; em. Grosk. || 33. ροιβδήσειε Χάρυβδις codd. || 46-50. Hæc fortasse e margine illata esse censet Meinekius.
P. 37, 1. ώρας] χώρας codd.; ώρας sec. man. margo *o*. || 2. άν add. Kram.; έφαρμόττει. *kno* Cor. || 6. προσισχομένῳ codd; προίσχ. sec. manus in margine *A*. || 13. καί ejiciendum esse monuit Coray. || 16. τῷ ναυαγίῳ codd., τῶν ναυαγίων Coray, τῷ ναυαγῷ aut έν τῷ ναυαγίῳ Groskurd. || 17. ύπαλλαγήν Coray; em. Coray, qui deinde vocem καί ejecit. || 23 Γαύδον] Casaub., Καύνον codd.; dein Κέρκυραν *l* et sec. m. *AB*. || 28. έπιδείκνυμεν codd.; em. Coray. || 39. ύφ' αύτού codd. || 42. Εύναίον *BCl*, Εύναιον, supr. νηον, *A*, Εύνηον *g* Coray. || 52. Ante άρίστην excidisse Άλκηστιν τήν conj. Kram. et Meineke; pro άρίστην Spengelius voluit καλλίστην.
P. 38, 2. μέν ejec. Coray. et Meineke. || 6. ό τε έξ άρχῆς πλοῦς Coray.; ότι έξ άρχῆς ήν ό πλοῦς conj. Spengel. || 8. όσηδή] Kramer; pro add.; ποσή sive όσηούν conj. Groskurd. || 10. έκ τών έτι νύν δεικνυμένων πεπιστευμένον έστι καί έκ τῆς etc. Coray.; καί τῷ Μενελάῳ έστί έκ τῆς Ομήρου φωνῆς, έκ τών έτι νύν δ. κ. πεπιστευμένων conj. Spengel. || 11. Αίαία *ClA*, et in *A* suprascr. καί ή Αία || 17. καί ante δικαίαν in *A* sec. m. expungitur, ideoque in *ghinop* omittitur, recte utique. || 19. ά add. Coray. || 24. ταύτης] ταύτῃ? Mein. || 31. έν έλεγείᾳ ής άρχή addita e conj. Meinekii. || 32. άρχμενος] *C*, άρχόμενος *ABl*. Duos hos versus a doctore quodam li ctore in margine antiquitus, ut alia poetarum fragmenta haud pauca, adnotatos ac postea in seriem verborum receptos esse censet Kramerus. || 35. Ίλλυριοίο recte Meinekius; Ίλλυρίῳ super Ίλλυρικοίο scriptum in *A*. || 36. όφιος] τάφιον ex Bentlei conj. recepit Meinekius. || 36. τό κεν φυγάδων Coray. et Mein.||43. τά δέ] τάδε du Theil, Cor., Mein. qui dein pro ούκ άπιθάνως conjecit εύπιθάνως ; Spengelius conj. ούτε πιθανώς ούτε άπίστως, quibus omnibus facile caremus. || 48. τόν Αίήτην Cor. || 49. τήν Αίην suppl. Cor. || 50. Εύνηον *ABC*. Εύνωον e correct. *B*.
P. 39, 19. καί] om. *ABCl*, in *A* supra scriptum καί τῶν , quod hinc migravit in *ghno*, et recepit Corayus. || 17-24. Mimnermi versus ex margine illatos esse monent Kramerus et Meinekius. || 17. ούδέ κοτ' άν] Porso in Adv. p. 276 (ed. Lips.), ούδ' όκόταν codd.; μέγα] Brunk. in App. ad Apoll. Rh. 1, 4; μετά codd. || 24. ῴχετο θείος Ίήσων in *A* sec. manu punctis circumscripta, in *ghnop* omissa. || 30. ούδέ διεψευσμένως codd. em. Coray. || 35. ή τόν Μεσσήνιον glossatoris esse nescientis Euemerum Messenium ludibrii causa Bergæum vocari ab Antiphane Bergæo Άπίστων auctore, sicuti βεργαίζειν dicitur αντί τοῦ μηδέν αληθές λέγειν, post Bernhardyum (ad Eratosth. p. 22) bene monuit Meinekius. || 36. τούτου] Casaub., τούτον et τούτων codd. || 28. Θεότιμον *AC*, Διότιμον in *A* suprascriptum. Diotimus quidam Strombichi f. ap. Thucyd. 1, 45. || 40. Χόασπιν codd. || 43. θαυμάζει *al* Coray. || 44. διακόψαντα] *nop*, διακύψαντα *ABCl*. || 47. πόντων] e conj. Krameri; πόντον sec. m. in marg. *o*; τόπων codices.
P. 40, 44. πολύ] πολλῷ *BC*.
P. 41, 1. τόρνης *B* ex correct. || 7. έξεως] όξεως *AC*, τάξεως

acl, editt. ante Kr. || 14. κόχλων *Al*. || 16. φασι *ACl*. || 21. διά τού] διά του Cor. || 27. είδέναι] ίδείν suprascr. *A*, unde idem in *ghno*, Cor.·|| 29. Lege λιμνοθάλατταν, ut lin. 15. Ματτιηνοίς codd. h. loco. || 36. περί] έπί supr. *A*. || 43. μή add. e conj. Casauboni.
P. 42, 4. έπί μεσογέᾳ *B*, μεσογέᾳ etiam *AC*. || 10. Σιρβωνίδα *A*, σερβώνιδα *BCl* et suprascr. *A*. « Sed ε omnes fere codices tuentur paulo post et infra lib. 17, p. 760. 763, 809 ed. Cas. » *Kram*. || 17. Σερβ. suprascr. *A*. || 19. Μοίριδος] άλμυρίδος codd.; em. Casaub. et Coray. Post αίγιαλούς Coray. et Mein. recte, opinor, addunt αίγιαλοίς. « Fort. sufficiebat addere τοίς » *Meineke*, collato p. 687, 45 : τούς αίγιαλούς δέ έστιν όράν έοικότας τοίς θαλαττίοις. || 25. γε] τε codd.; em. Dübner. || 34. τό ante άλλα καί άλλα inseruit Coray. et Mein. probabiliter. || 39. ούχ inseruit Kram. || 41. Verba ταίς πλημυρίσιν ή ταίς exciderunt in editt. Krameri et Meinekii. || 44. γίνονται] δύνανται *BCA*, sed in *A* suprascr. γίνονται, « quod est etiam in *l* reliquisque. Quæ scriptura etsi conjecturæ debetur, vera sine dubio est. » *Kramer*. Haud crediderim. Mutatione lenissima scribendum puto αίφνίδιοι οί δαίνονται. || 45. ήμετέραν] Casaub., έτέραν codd. || 52. τά αύτά] Cor., αύτά τά codd. || 53. ού τό] Casaub., ού τῷ *Ac*, ούτω *Bl*.
P 43, 11. τού ύποκ.] τό ύποκείμενον codd.; em. Breq. || 20. Verba τοῦ τῆς Προποντίδος in edit. Krameri exciderunt. || 28. γενέσθαι] Coray., γίγνεσθαι codd. || 35. δεί supplevit Cor. || 42. δ' addidit Cor. || 45. ούτε] τό Cor. et Mein., probabiliter.
P. 44, 11. εύρυοδίνης codd., εύρυδίνης Eustath. ad Dion. 867, sed άργυροδίνης Epit. et Orac. Sibyll. p. 515, recte utique. Similiter Achelous magnum vim limi secum ferens albicantesque aquas volvens apud Dionysium 433 (et 497) άργυροδίνης vocatur. || 12. ές Κύπρον] ές νῆσον Orac. Sibyll. || 18. κάτω φερομένην codd.; em. Cor. || 23. δηλοί] Velim δήλον cum Casaubono, Siebenkees., Corayo, Meinekio. || 27. Particulam δ' ante έχει inseruit Kramerus. Præstat legere : κύμα έπιτρέχει [δ], κάν γαληνότατον ᾖ, έπιφερόμενον έχει βίαν etc., ut e Casauboni conj. dederunt Coray. et Meinekius vertitque Groskurdius. || 34-38. Uncis inclusa et in marginem rejecit Meinekius, qui in Vindiciis Strab. p. 6 recte monet hæc : « Horum exemplorum primo contrarium docetur ejus quod docere voluit, ut facile intellegitur totum locum ll. 4, 425 comparanti : ibi mare zephyro commotum dicitur, qui ventus Ioniæ oram habitantibus άπόγαιος dici non potuit. Neque alterum exemplum ll. 17, 265 habet quidquam, quod Strabonis sententiam illustret. Non dubium igitur mihi videtur, quin hos quoque versus interpolator addiderit. » || 42. ᾖ τε] Cum Corayo et Meinekio lege ή δέ. || 43. έπί γῆς etc.] Codices ita : ύπό τοῦ κύματος είς γῆν άναβληθήναι, ούτω δέ καί τών πλησίον etc. « Corruptum hunc locum variis conjecturis tentarunt viri docti, quarum nulla tamen probabilis est. Casaubonus inserendum esse censuit ώς ante είς, et έκ ante τών ; Brequigny et Siebenkees ούτω δέ καί μυτάrunt in ούτε δ' έκ, Corayus in ούδ' έκ. Qua mutatione nequaquam id, quod res ipsa postulat, effici apparet : neque quod præterea proponit Groskurdius άναβληθέντα probandum. Strabonem scripsisse potius crediderim : έκ γῆς άναβληθῆναι, ούδέ καί τών πλησίον etc. » *Kramer*, cujus conjecturam recepit Dübnerus. Meinekius in Vind. Strabon. p. 7 proposuit : .. ύπό τοῦ κύματος είς γῆν έκβληθῆναι άναληφθῆναι, ούδ' ὤστε έκ τών πλησίον αύτῆς (άκτῆς?) τόπων είς τό πέλαγος προσπεσείν ύπολήφθείη ύπό τ. κ. In editione tamen Strabonis locum reliquit talem qualis in codicibus exstat. — Ego quam maxime offendor in ineptis verbis τών πλησίον αύτῆς τόπων; neque dubito

quin totus locus in hunc modum sit refingendus : ὥστε νεκρὸν ἢ ... ξύλον ἢ φελλόν, [ὡς] ὑπὸ τοῦ κύματος εἰς γῆν ἀναβληθῆναι [ἔτυχεν], οὕτω δὴ καὶ τὸν παραπλήσιον αὖθις τρόπον, εἰς τὸ πέλαγος προπεσεῖν ἀποληφθέντα ὑπὸ τοῦ κύματος. Fieri potest ut verba οὕτω δὴ καὶ tanquam variam lectionem vel glossam ad verba κατὰ τὸν παραπλήσιον αὖθις τρόπον quidam inter versus scripserit, quæ in ordinem verborum irrepentia expulerint vocem ἔτυχε; (Similiter p. 84, 22 pro παραπλησίων in 3 codd. habes glossam τοιούτων); quod si malueris, missis verbis οὕτω δὴ καὶ, post v. φελλὸν pro ὡς insere δ. ‖ 46. προσπεσεῖν codd., em. Kr.

P. 45, 7. που χιλίων codd.; em. Mein. ‖ 13. ἀποιδήσεις cod.; em. Mein. ‖ 18. τὰ ejiciendum esse monuit Coray. ‖ 23. ὡς δ' αὕτως καὶ scr. Cor. ‖ Λιπαρέων *ABCl* hoc loco; Πιθηκούσας *Bl*. ‖ 25. Abundans part. μὴ in *A* punctis notatur, in *glinop* omittitur; καίπερ μαθ. dedit Coray. ‖ 35. καίτοι τῶν *Bl* Cor. ‖ 41. Κελχρίας *BC*. ‖ 42. διακόψειε leg. cum Corayo et Mein. ‖ 43. αὐτὰς abundat. ‖ 48. τε, utpote abundans, includendum. ‖ 49. καὶ καθάπερ Cor. ‖ 50. τὴν μὲν οὖν πλημμυρίδα δεῖ codd.; em. Cor.

P. 46, 4. τε] δὲ Cor. et Mein; ὃν addidit Cor. ‖ 11. Cum Corayo et Mein. velim : λόγον [ἢ] κατὰ τὴν νῦν ὑπόθεσιν, τοσοῦτον. ‖ 12. οὐδὲ εἷς] Leg. οὔθ' εἷς cum Corayo, aut οὔτε εἷς, ut Mein. ‖ 16. ἀλλ' ἢ codd. ‖ 25-28. Verba ὥστ'.. ταπεινοτέρας in codd. post v. φαμὲν lin. 31 leguntur; transposuit Kr. ‖ 40. καθ' ἑκάστατε *AC*. « Quid in *Bl* legatur, parum constat; τε om. Coray [et Mein.], quod speciosius quam verius est; καὶ ἑκαστέρω interprr. Paris. et Groskurd. Fortasse Strabo scripsit καθ' ἑκάς ποτε, sed fateor καθ' ἑκάς alio loco me non legisse. » *Kramer*. Legerim : ὅπου νῦν τὰ κ. Γέρρα καθέστηκε, τεναγίζειν. ‖ 41. συνενδούσης Coray. coll. p. 42, 16 ‖ 46. καὶ om. Coray.

P. 47, 9. φήσει Cor. ‖ 17. αὐτὸν] αὐτὴν Cor. ‖ 20. ἢ expunctum in *B*; πλέον τῶν τρισχ. σταδίων ἀπὸ *no* editt. ante Kram. ‖ 44. τἀναντία] marg. *ho*; τὰ μαντεῖα *AClghno*. ‖ 51. Ἴστρον, supra scripto ου *A*; Ἴστρων editt. ante Kr., quod recepit etiam Meinekius, addens fortasse Ἴστρον aut delendum esse aut ante λαβεῖν ponendum.

P. 48, 1. Οἴας] ἅς Cor. ‖ 7. Ἔκπληξιν νῦν ̓ εἰ δὲ codd., sed νυνὶ δὲ in marg. *A*; ἀηθές] ἀληθές codd., em. Cor. ‖ 9. τὰ περὶ] τάς π. codd.; em. Groskurd. ‖ 11. τῆς Κυρηναίας] Sic etiam p. 298, 31 : πλευάντες εἰς τὴν μεταξὺ Κυρηναίας καὶ τῆς Κρήτης νῆσον... Θήραν. Cf. Steph. Byz. : Θηρασία, νῆσος ἐν τῷ μεταξὺ πόρῳ Κρήτης καὶ Κυρηναίας. Quibus locis pro Κυρηναίας scribendum esse Κυθηρίας censet Meinekius ad St. Byz. p. 313. Aptius scripseris τῆς Ῥηναίας. De situ Theræ insulæ bene doctum fuisse Strabonem liquet e pag. 416; sed fieri potest ut p. 48 et 298 pravo auctori Strabo se addixerit. Pag. 298 laudat Callimachum quem geographum pessimum fuisse constat. ‖ 17. καὶ in *l* omittitur, in *A* punctis notatur manu secunda; ejecit Mein.; ἔχουσαν Epit. ‖ 20. ἔτι προσπλεῦσαι Du Theil et Cor. ‖ 33. ἐξήμεσε] ἐξήρασεν Epit. ‖ 44. ἐκθλίψιν] ἔκλειψιν Cor. et Mein., recte procul dubio. ‖ 49. Post βασιλείαν quædam excidisse probabiliter statuit Groskurd.

P. 49, 7. ἀποφαίνει *ABCl*, ἀποφανεῖ mgo o manu sec. ‖ 8. τῆς] τῇ suprascr. *A* et manu sec. *B* e Epit,; quod erat recipiendum. ‖ 9. Ἡρακλείους *B* (?) *mgot*. ‖ 14. ἄλλως] ἄλλων ald. ‖ 19. Νήρικον *C* Epit. Νήριτον supr. κον *A*. « Infra (p. 387, 7) in eodem nomine τ exhibent codd. (etiam Epitome), atque ita scriptum fuisse a Luperco Eustathius ad Dionysium v. 495 refert. Cf. Steph. Byz. v. Νήρικος. Plin. 4, 2. Altera forma hodie legitur in Od. ω, 377. » *Kram*. ‖ 20. In latinis pro *Epiri* lege continentis. ‖ 25. Ἴβυκος] Verba poetæ v. ap. schol. Pindar. Nem. 1, 1. ‖ ἔκλεκτον *p*; hinc Corayus conj. οἷον καλεῖ τὸν ἔκλεκτον. ‖ 27. ἠφανίσθη. ἡ περὶ codd. ‖ 28. ὄρος vox ex Epitome addita est; πῦρ scr. Cor.; *montagne de feu* verterunt interpretes gallici; inde ὄρος πυρῶδες conj. Grosk. At quid quæso impedit quin summum Methanæ, peninsulæ διαπύρου, verticem igne elatum esse veteres tradiderint? (Cf. Ovid. Met. 15, 296 seqq.) Sane quidem mons iste non ἑπταστάδιος, sed ne τετραστάδιος quidem (2281 pedum Pariss.); at talia apud veteres geographos non esse premenda in vulgus constat. Vertex ille nunc vocatur Χελώνη. Fieri potest ut nomen hoc post v. κόλπῳ exciderit. Ceterum Methana esse potuit in ditione Hermionica, at non erat ad sinum Hermionicum, sed ad Saronicum. Quæritur utrum Strabo erraverit, an vitio locus noster laboret, quod tollere liceret scribendo aut ἐν τῷ Σαρωνικῷ κόλπῳ aut ἐν τῇ Ἑρμιονικῇ, ἡ Χελώνη· ὄρος ἑπταστάδιος, rectissime. ‖ 33. προχωσθῆναι mgo *A* m. sec., et Epitome suprascripto σ. ‖ 38. βιστωνίδος *ABCl*. ‖ 39. αἱ δὲ καὶ Cor. ‖ 41. Ἀρτέμητα *ABC*; in *A* supr. Ἀρτεμία. ‖ 44. προχώσεως *A*, Epit. in qua σ suprascr.; Mein. ‖ 45. Ἡσίοδος] vitiose, ut videtur, pro Ἡρόδοτος (v. Herod. 2, 10), quod dedere Cor. et Mein.

P. 50, 3. ἐῶ in *A* addit. sec. m., unde habent *gno* et *B* man. sec. ‖ 5. δὲ add. Kr.; γὰρ Cor. ‖ 9. Πιθηκοῦσαν *BC*. ‖ 11. δὲ καὶ] γὰρ καὶ Cor. ‖ 13. Ῥαγάδας *ACl*, Ῥωγάδας *B*; em. Wesseling ad Diodor. 19, 44. ‖ 16. καὶ κώμας om. Cor. ‖ 17. σατυρεῖς *Al*, σατύρεις *C* ‖ 19. ἀκτῆς ἐχώρισεν ἐκτέμνων πρὸς Κρῆτα πορθμόν codd.; em. Bentleyus; ἐχώρισ' ἀκτῆς, προβλῆτα πορθμὸν, Siebenkees et Coray. ‖ 24. ἐδαφῷ codd. ‖ 28 Φαλάρων supr. νου *A*; Φαλάρνου *l*, Φαλάρου *B*. ‖ 29. Φαλάρου *B* (ex corr.) *CA*, in *A* supr. νου; Φαλάρνου *l*. ‖ 30. ἀνατραπῆναι suprascr. in *A*; idem habent *Bgnot*, editt. ante Kr., Mein. ‖ 31. Λαρισαῖοι codd.; em. Cor. ‖ Λαρισαίοις « altero σ secunda manu inserto *A*, qui sic plerisque locis libri IX exhibet hoc nomen, ut scribitur in numis titulisque; reliqui codd. ubique fere σσ habent. » *Kram.* ‖ Σκαρφίαν *BC*. ‖ 35. πρὸς Σκάρφην *BC*, πρὸς Σχ. manu sec. *C*; cum Groskurdio et Meinekio legendum puto πρὸς Τάρφην, collato Hom. Il. β, 532. ‖ 43. Ἀλγωνον codd., em. Cor. ‖ 52. μεταναστάσεων *not*, sec. m. marg. *AB*, Coray.

P. 51, 2. καὶ ἀτάραχον καὶ τὸ ἀνέκπληκτον *r*, καὶ τὸ ἀτάραχον καὶ ἀνέκπληκτον Cor. ‖ 5. οὓς Χοαράξης *ABCl*; οὓς οὐχ ὁ Ἀράξης *r*, quod probarunt Groskurd et Coray. Ego hunc de Iberiæ finibus locum, ut a re proposita alienum, sic a Strabone non profectum esse, sed ad marginem adscriptum, deinde in verba auctoris receptum esse puto. Ex Apollodori versibus etiam istud Χοαράξης, in quo optimi libri consentiunt, derivandum est. Poeta scripserit :

οὓς χὠ Ἀράξης ὁρίσειεν Ἀρμενίας ἄπο,
Κῦρος δὲ μᾶλλον καί τ' ὄρη τὰ Μοσχικά.

Strabo libro XI neque Cyrum neque Araxem Iberiæ finem ponit. Apollodorus dubitanter meminit fluvii utriusque, quum limites Iberiæ accuratius apud veteres non definiantur alioque tempore fuerint alii. Revera Iberiam olim usque ad Araxem pertinuisse ex iis colligas quæ Strabo habet p. 453, 22. ‖ ὡς] *q* ex corr. et *mgot*; ὃν *ABCl*. ‖ 6. ὁρίζειν *C*. ‖ 10. Αἰνειάνες *ABCl*, Αἰνιᾶνες *B*. ‖ 1. Δάτιον codd.; em. editt. ‖ 15. εἰσί] ἐστί *r*. ‖ 19. Τρωφὸς *ABCl*. ‖ 22. Τρήφωνας *ABCl*, Τρήφας mgo *A*. Verba Β ἐκείνων τι ἔθνος post vocem Κιμμέριοι transponenda esse putat Frankius De Callino p. 110. ‖ 25. αἷμα] αἱμά τι codd.

INDEX VARIÆ LECTIONIS.

præter *AEl*; in *A* ante ταύρου aliquid erasum, et primum scriptum fuit αἴμα, ut pateat antea fuisse αἴματι. || 31. Κιμμερίων] deb. Σκυθῶν; verba τοῦ τῶν Κ. βασιλέως om. *r*. || 36. γελοίαν] λέγοιαν *ABCl*, λέγειν *E*; e Tyrrwhitti conj. em. Coray. || 41. καὶ inseruit Ald., probante Groskurdio et Dübnero, adeo ut vertendum esset : *neque in locis inferioribus* (in Ægypto sc., ut quorundam sententia fuit) *notum spirare*. Reliqui editt. istud καὶ non admiserunt, recte, puto. || 46. εἰ δ' ἄρα τι τοῦ 'Ηροδότου, τοῦτ' etc. ex Casaub. conj. Siebenk. et Coray. || 48. λέγεσθαι] γενέσθαι *E* et suprascr. *A*. || 51 et 54 φασὶ et γὰρ tollenda esse patet.

P. 52, 8. [εἰς] suppl. Coray.; idem lin. 12 supplevit literas οὑ || 18. λέγων suppl. Kramer.; καὶ in *B* expunxit manus sec.; om. Cor. || 19. δεικνὺς] sic suprascr. *A* et ex correct. *B*.; δείκνυσι *ABCl*. || 23. ἐπὶ] ἀπὸ codd.; em. Siebenk. de conj. Casauboni. || 25. ἑκατὸν σταδίους Ald. || 27. Βρετανικῆς *C*. || 31. ἵνα καὶ τὴν *BCE*. || 42. ἴσως om. *E*.

P. 53, 1. Ὠστιμίους] « Ὠστιδέους *CB* (ex correct.?) *A* (in hoc αίους; sup. δέους); Ὠστιαίους *l* editt. Quæ nominis scriptura eo certior videri potuit, quod Pytheam ea usum fuisse Stephanus Byz., qualis nunc fertur, tradit s. v. Ὠστίωνες. Nihilominus certissima est Hagenbuschii conjectura (v. Exercitatio de Ostionibus in Gronov. variis geogr. p. 137) Ὠστιμίους restituentis, quo ducit ipsa codicum scriptura ex Ὠστιδαίους corrupta. Nec minus certo idem nomen restituit duobus aliis locis, quorum in altero (p. 53, 44 et 49) bis legitur Ὠστιδαμνίων, in altero (p. 162, 27) hæc sunt : οὓς Τιμίους ὀνομάζει Πυθέας. De eodem enim populo in omnibus agitur locis. Jam vix dubium videbitur, quin eodem modo Stephani quoque locum corrigendum jure censuerit. » KRAMERUS. Cf. Ukert. Geogr. 2, 2, p. 336. || 9. Vocem Πυθέας post εἴρηκε inseruit Meinekius; aut Pytheam aut Pythea usum Eratosthenem subintelligendum esse patet. || 15. εὗρε] Aut εὗρος leg. aut εὗρεν τις ἄν. Illud velim cum Coray. et Mein. || 24. τῶν ἄλλων] τῶν παλαιῶν Cor. Mein., bene. || 26. [ἀπὸ] τοῦ [δι'] Αἰθ.] Inclusa inseruit Dübnerus; quæ sensum qualem res postulat non fundunt. Probabiliter Xylander et Kramerus conjecerunt : λέγω δὲ [τὸ] ἀπὸ... τῆς Ἰβηρίας τοῦ [ἀπ'] Αἰθιόπων. Quod recepit Meinekius. Latina in hunc modum refinge : *Dico vero id quod est ab extremis Indiæ usque ad ultima Hispaniæ, duplo longius esse eo quod ab Æthiopico circulo usque ad Hibernicum pertinet.* [καὶ ἀπὸ] τοῦ Αἰθιόπων Seibenkees et Coray.; καὶ ἀπὸ τῶν ἐσχάτων Αἰθιόπων conj. Casaub. || 28. πλέον ἤδη τὸ codd.; em. Cor. || 36. τριακοσίους] πεντακοσίους codd., em. Gosselin. (*Recherches* etc. t. 3, p. 259 sq.). Cf p 91, 701, 786 ed. Cas. || 39. δὴ] δὲ BCl. || 40. ὀκταιοσίοις *BC*. || 44. Ὠστιδαμνίων codd. || 45. Κάβαιον] Κάβιον *ABCl*, Κάλβιον Guarin., Ald., em. Kr. e conj. Hagenbuschii l. l. p. 127. Cf. Marcian. Heracl. in Geogr. Min. t. I, p. 553, 17, et Ptol. 2, 8, ubi vulgo legitur Γόβαιον, sed item Γάβαιον restituendum est ex codice editionis Argentinæ. || 46. Οὐξισάμην] Supra ξι in *A* ponitur κε, unde Οὐκεξισάμην in *g*. || 49. Ὠστιδαμνίων codd. || 50. φησι, quod codices habent, editiones ante Kr. omiserunt, sic sane ejiciendum est. || 52. τε inseruit Kr.; [ἃ] προστίθησι Cor.; πρὸς τούτοις δὲ conj. Groskurd.

P. 54, 1. μὴ] inser. Kr.; οὐ ins. Casaub.; τὸ ἔλαττον vel μεῖον ἢ conj. Groskt.; τὸ πλέον ἢ ἥμισυ τοῦ μήκος τοῦ πλάτους e Breq. conj. Corayus, quod stare nequit; dicendum fuisset τὸ πλέον ἢ διπλάσιον τοῦ μήκος τοῦ πλάτους, quod ipsum reponi voluit Bernhardyus ad Eratosth. fr. p. 64, recepitque Meinekius. || 6. Codices nullam notant

lacunam; at patet excidisse quædam, de quibus supplendis in incertissimis conjecturis acquiescendum est. Kramerus tentavit : καθάπερ εἰρήκαμεν · [τὴν γὰρ εὔκρατον καὶ καθ' ἡμᾶς ζώνην μακροτέραν εἶναι καὶ αὐτὴν καὶ], ὡς οἱ μαθηματικοί φασι κτλ. Groskurdius hæc proponit : ... τὴν οἰκουμένην· [μέρος γὰρ εἶναι τῆς εὐκράτου, ἣ περιτρέχει ἅπασαν τὴν γῆν, τὸ λοιπὸν δὲ τὴν ἔξω θάλατταν, καὶ ταύτην σύρρουν εἶναι], καθάπερ εἰρήκαμεν, [καὶ], ὡς οἱ μαθ. φασιν etc. || 13. ὁ δι' Ἀθηνῶν] ὁ διὰ Θινῶν *AC*, quod in utroque postea mutatum est in ὁ διὰ Θινῶν, sicut etiam legitur p. 54, 21. 56, 25. 56, 40. 57, 37. Verissime Kramerus ubique restituit δι' Ἀθηνῶν Cf. p. 66; 18. 66, 27. 71, 15. 72, 31 et 39. 95, 7. ἐλάττων], οὐκ ἐλάττων, vel potius καίπερ...οὐκ ἐλ. conj. Grosk. || 15. Post vocem Ἰβηρίαν lacunam statuerunt Casaubonus, Siebenkees, et Groskurdius, quorum hic locum ita supplendum esse putat : [Ὥσπερ οὖν ὅλη ἡ εὔκρατος κατὰ μῆκος ἀπὸ τῆς ἕω πρὸς τὴν ἑσπέραν πολὺ μείζων τοῦ πλάτους ἐστί, οὕτω κατὰ φύσιν καὶ τὴν οἰκουμένην , τὴν τε καθ' ἡμᾶς καὶ εἴ τινες ἄλλαι ἴσως εἰσίν, ὡς μέρος οὖσαν ὅλου τοῦ κύκλου, μακροτέραν εἶναι δεῖν ἀπὸ τῆς ἀνατολῆς ἐπὶ δύσιν.] Οὐδὲ ταῦτα κτλ. || 16. τὰ om. Cor. Mein. || 18. Post v. οἰκουμένης Casaubonus supplendum esse putat : οὐκέτι, Cramerus : οὐκ ἐξ ἴσης. Groskurdius ita : περὶ δὲ τῆς οἰκουμένης, [χωρὶς τοῦ μὴ ἀκολουθεῖν, ὅτι αὐτὴ μακροτέρα ἐστί, τῷ γεωγράφῳ γε ἀπόχρη, τὸ σχῆμα καὶ μέγεθος εἰπεῖν συμπαραδηλοῦντι καὶ τὸ ποῖόν τι καὶ πόσον μέρος τῆς ὅλης γῆς ἐστι ·] καλοῦμεν γὰρ κτλ. || 20. δὲ inclusit Cor. || εἶ] Inter εἰ et καὶ in *A* aliquid erasum; εἴη *CB*; fuerit : ἢ καὶ πλείους εἶεν, quod quidam ad marginem scripserit. || 21. διὰ Θινῶν codd. || 32. τοῦ δὲ *ABCl*; τοὺς δὲ Ald; τοὺς καὶ Corayus; idem Cor. τούτους δὲ proposuit. || 35. μᾶλλον, quod nunc abundat, nonnulli pro μόνον scripsisse videntur. || 37. τοῦτο] τοῦτον *ACl*; in *A* suprascr. τοῦτο; τούτων Cor. || 38. δὲ sec. m. additum in *AB*. || 48. διαιτῶντας codd.; em. Xylander.

P. 55, 1. ὅσην ἱκανοὶ ἐπιγράψαι codd.; em. Cor. || 2. μέρη add. Kr., præter necessitatem. || 6. ἐπινοεῖ codd.; em. Kr. || μὴ om. Cor. || 7. ποιεῖτο *BCl*, ποιεῖται sec. m. in c et Coray. || 9. ἢ sec. m. additum in *q*. || 22. ὁποτέρου δὴ ἐστιν Mein. || δηλονότι] mgo *g* m. sec.; διελόντι codd. || 23. καὶ ἐάσας] Kr.; κατάψας codd. καταινέσαντας Cor.; κἂν ἐάσῃ Pætz. et Mein. || 29. μηδὲ] μὲν δὴ codd.; em. Cor. || 38. Ἀρειανοὺς *ABCl*, Ἀρείους Epit.; fort. Ἀρμενίους legendum esse putat Mein.

P. 56, 32. τοιαύτην] ταύτην Mein. || 40. διὰ Θινῶν codd.

P. 57, 21. Οὐδὲ γὰρ Mein. || 28. ἐπιμαρτυροῦντας codd.; em. Cor. || 37. διὰ Θινῶν codd. || 39. τοσοῦτον add. Grosk.; mox τὸ add. Kr. || 44. παρὰ] περὶ codd ; em. Cor. ἐχόντως codd.; em. Kr. || 47. καὶ inclusit Cor. || 54 ὧν] Cas.; ὡς codd., οὓς Cor.

P. 58, 9. ἔτι] ὅτι codd., em. Kr. || 14. πεντακισχιλίων codd.; em. Cas. || 42. παραψελλίζοντες. Ἤδη δὲ καὶ ἡμῖν ὑπῆρξεν Cor. || 51. καὶ ante βοῦς om. Cor. || 53. Παλίμβοθρα] sic hoc l. codd., ut Stephan. Byz. et Arrian.; infra lib. 15 rectius Παλίβοθρα. || 54. πρὸς Ἀνδρόκοττον codd.; em. Cor.

P. 59, 6. Nulla in codd. lacuna. Argumentum eorum quæ exciderunt, ex iis quæ in sqq. supersunt et p. 56 § 2 leguntur, intervidere licet. Quibus innitens Groskurdius hunc fere in modum lacunam explendam esse censuit : [Ἀλλ' οὔτε τὴν δευτέραν πίστιν συγχωρῶ, τὸ ἀπὸ τοῦ Ἰσσικοῦ κόλπου ἐπ' Ἀμισὸν καὶ τὴν Ποντικὴν θάλατταν διάστημα οὐ πώποτε μεμετρῆσθαί φησι, καὶ μεῖζον ἂν εἶναι τῶν τρισχιλίων· οὐδὲ δὴ ἀκολουθεῖν, εἰ καὶ δοθείη ἐκεῖνο τὸ διάστημα, ὅτι τὸ τῶν Ἰνδικῶν ὀρῶν πλάτος μὴ μείζόν έστι τῶν τρισχιλίων. Πολύ δὲ ἧττον ἐγνωσμένον είναι, ὅτι ἡ ἀπ' Ἀμισοῦ κατὰ τὰ ὄρη εἰς τὴν ἑῴαν θάλατταν φερομένη γραμμή ἐπ' εὐθείας ἐστί, καὶ ἐπ' ἰσημερινὰς ἀνατολάς · δεῖν δὲ μᾶλλον, εἴπερ τὸ τῆς Ἰνδικῆς πλάτος δισμυρίων καὶ πλειόνων ἐστί κατὰ Δηίμαχον καὶ Μεγασθένη, ἀπαλλάττειν αὐτὴν ἐπὶ θερινὰς ἀνατολάς, ὥστε καὶ ἡ Ἰνδικὴ αὐτὴ καὶ τὰ ὄρη πολὺ ἀρκτικώτερα ἂν εἶεν ἢ κατὰ τὸν Ἐρατοσθένη. Ἀλλὰ καὶ ταῦτα ὁ Ἵππαρχος οὐκ εὖ λέγει. Τὴν γὰρ ἀπ' Ἀμισοῦ διὰ Βάκτρων φερομένην γραμμὴν οὐκ εἰς ἄρκτον ἀπαλλάττειν, ἀλλ' ἐπ' εὐθείᾳ μέχρι τῆς ἑῴης θαλάττης διατείνεσθαι ὡμολόγηται ἱκανῶς· ὡσαύτως δὲ καὶ τὴν ἀπὸ Μερόης μέχρι τοῦ Ἑλλησπόντου μυρίους εἶναι καὶ ὀκτακισχιλίους σταδίους, τὸ δὲ ἀπὸ Ῥόδου εἰς τοῦτον διάστημα τρισχιλίοις ἢ μικρῷ πλείους. Τὸ αὐτὸ δὲ καὶ τὸ ἀπὸ τοῦ Ἰσσικοῦ κόλπου εἶναι δεῖ ἐπ' Ἀμισὸν, διότι ἀμφότερα τὰ διαστήματα ἴσα μέρη δυοῖν μεσημβρινῶν ἐστιν·] εἰ γὰρ ὁ διὰ Ῥόδου κτλ. || 16. ἐνέργεια codd.; em. Xyl. || 17. ὁ αὐτὸς] αὐτὸς ὁ Cor. et Mein. || 22. ἐκεῖνος codd.; em. Cor.; εὖ λέγει sine ἂν, aut οὐδ' [ἂν] ἐκεῖνο εὖ λέγοιτο, Cor.; εὖ λέγει τὸ Casaub.; [ἂν] ἐκεῖνο λέγοι τὸ (adeo ut in sqq. ipsa verba scriptoris apponantur) Meinekius. || 27. παρέχουσι leg. putat Kram. || 35. ὑστέρων sine causa, ut passim, Mein. || 36. ὅσα οὐ codd.; em. Cor.; ὅσα οὖν Cas.

P. 60, 19. φέρε δὴ ἐπὶ τὴν aut φέρε δ' ἐπὶ τὴν leg. suspicatur Cor. || 26. χελώνεια Mein. || 30. τοῦ ὅρου] Xyl., τοῦ ὅρους ABCl., τῶν ὅρων k Cor. || Ματτιανὴ ABCl, Μαντιανὴ E.

P. 61, 13. Μαγαδανία E, Βαγαδαονία Coray. e Stephano. || 24. ἂν add. Cor. || 26. Post τελεσφορεῖ part. μὲν inseruit e Casauboni conjectura Siebenkeesius et Corayus. || 27. Lege ἐπιθαλαττιδίοις e Fridemanni conj. || 34. καὶ τουτὶ τὸ γράμμα codd.; em. Kr.; καὶ τὸ ἐπίγραμμα Epit. || 40. Στρατίος Mein. || 45. εἶεν] ἐν codd.

P. 62. 8. ἐπιδείκνυμεν codd.; em. Cor. || 12. ἔσται] Κr., ἔστι codd. || 16. τῆς αὐτῆς] αὐτῆς τῆς bene Grosk., Mein. || 21. ἔθνη post v. Σκυθῶν excidisse putant Kr. et Mein. || 31. γε] τε Cor. || 36. γε om. Cor. Mein. || 50. Leg. τὰ ἀρκτικώτερα.

P. 63, 3 et 6. Καυκασίῳ codd., excepta Epitome. || 6. Βάκτρους E. || περὶ] ὑπὲρ E. || 13. ταῦτα [καὶ] ἰδ. Cor. Mein. || 17. τόπον] τοιούτους E. ὡμολόγει Cor. || 19. σοφῶς] οὐ σοφῶς Cor. || 29. δὴ] Siebenk.; δὲ codd. || 37. ὅ] ὅπερ Ald. || 39. ὅσην] bene ὅσων Cor. Mein.; ὅσον Cas. || 44. εἰπόντος] B, εἰπόντας ACl, εἰπόντα Cor. || 45. ἀπὸ] leg. ἀντὶ e conj. Penzeli.

P. 64, 6. Ante ἐπὶ adde τῶν e conj. Cas. cum Cor. et Mein. || 10. τῶν τόπων n Cor. || 19. οἴεται Cor., πιστεύων ABCl. Cor. || 21. ταῦτα inclusit Cor., om. Mein. || 31. μὴ] μὴν ABCl. || 41 et 44, δὶς additum e Cas. conj.

P. 65, 3. Καὶ τούτων no et editt. ante Kr. || 6. Ἀρειανήν ABC. || 8. τρόπον] τύπον E. || 11. ποιοῦσι, et éx correct. ποιούσαις, B, quod recte rec. Cor. et Mein. || 12. Post ὄρει Grosk. suppleri vult ὁρίζεσθαι vel γράφεσθαι. 22. μόνον om. E. || 24. ἀποδοὺς BCE. Cor. || 25. ὁλοσχερεστέραν mavult Mein. || 29. πλευρά lA (in A primum scr. πλευρά), πλευρὰν BC. || 43. Τίγρης Ald. || 44. Inclusa e margine illata sunt, monente Groskurdio. || 48. « εἰπεῖν fort. post ἔχειν excidit. » Kr. || 49. εἶναι] γεγονέναι prima manus in marg. A || 51. συναγαγεῖν Cor. Mein. || 52. Ante τινας insere [δὲ] cum Corayo; τινας [δὲ] proposuit Cas. || Ib. καλεῖν codd.; em. Sbenk.

P. 66, 2. δὴ inclusit Cor., λέγη Al, λέγοι C; λαμβάνειν ABCl; em. Xylander. || 11. χιλίους ABCl; em. e conj. Cas. || 15. τριακοσίοις ABCl; em. Cas. || 21. τοῦ ὅρους codd.; em. du Theil. || 26. μέχρι] Grosk.; καὶ codd. || 33. τῶν δὲ πελαγίων codd.; em. e conj. Casaub.; λέγεται codd., em. Xyl. || 39. Infra p. 620, 52 distantia esse dicitur σταδίων πλειόνων ἢ τρισχιλίων sec. Nearchum, quem exputasse 3300 stadia ex Arriano et Plinio constat. Quare nostro loco post τρισχιλίους excidisse τριακοσίους suspicatus est Gosselinus, probante Groskurdio. At cf. p. 67, 21, ubi item rotundum 3000 st. numerum posuisse auctor satis habet. || 41. Γορτυναίων codices et huc loco et lin. 50; em. Du Theil. || 42. αὐτὸς ABCl. || 43. κατὰ tolli vult Grosk. || 51. περιβαλλομένους codd.; em. Cor. || 53. γινόμενον ABC Cor.

P. 67, 22. ἀπομεμέτρηται] Kr. et Mein.; ἀπομετρεῖται codd.; ἀπομετρεῖσθαι Xyl.; ἀπομεμετρῆσθαι Cor. || 24. τούτῳ] Grosk.; τούτων codd. || 42. οὐδὲ] οὔτε Mein.; τὴν ἀπὸ] τὴν τῶν ἀπὸ C; leg. τὴν ἀπὸ τῶν || 44. μεσημβρινήν ABCl. || 49. ἡ ὀρθὴν δὲ τὴν ... μεσημβρινήν codd.; gr. μὴ πρὸς ὀρθὰς δὲ τῇ ... μεσημβρινῇ recens manus in mg.; cod. o; μὴ πρὸς ὀρθὴν τῇ etc. conj. Cas.; rec. Breq.

P. 68, 1. ἄλλως] Xyl.; ἄλλο codd. || 7. καὶ αὐτῆς] Xyl.; κατ' αὐτῆς codd. || 20. τὸ συνάμφω] Kr. Mein.; τοὺς συνάμφω ACl Cor.; τοῦ συνάμφω B Ald.; τὰ συνάμφω Grosk. || 23. τὸ ἀπὸ] Cor.; ἀπὸ codd. || 26 et 31. Ἀθηναίων codd. || 27. μεῖζον ὂν] Cas.; μείζονος codd. || 30. τὸ τοῦ T. Siebenk. et Cor. || 35. πρὸς ejiciendum esse monuit Pætz. || 42. συμβαίνειν] Siebenk.; συμβαίνει codd. || 44. οὔτ' ἂν] ὅτ' ἂν ABCl; em. Tyrwhitt.

P. 69, 10. καὶ τὰ μέρη] κατὰ μέρη codd.; καὶ scriptum in mg. o; κατὰ μέλη Casaub.; καὶ τὰ μέλη Cor. || 11. ἀρθρωδες] Cor.; ὀρθώδεσι codd.; διαρθρώσει conj. Kr. Dein pro σημειώδει cum Mein. leg. σημειώδη. Cf. p. 264, 49 : σημειωδεστέρας.. περιγραφάς. || 12. καὶ ὁ ... ταμών] In marginem rejecit Mein. || 13. τὸν] τοὺς Cor. ex Odyss. 291. || 14. ἑκατέρας codd.; em. Xyl. || 16. ποιεῖσθαι] Cor.; ποιήσαι codd. || 25. ὡς [τὸ] τῆς Cor. || 28. εἰκάσῃ ἴσως codd; em. Cor. || 30. δὲ post τὴν add. Kr. || 35. καὶ ut ejiciendum notavit Kr. In margine B legitur: καλῶς καὶ τοῦ βορείου καὶ τοῦ νοτίου μέρους. Hinc Abr. Gronovius conj. : καλῶς εἰς τὰ τοῦ βορείου καὶ τοῦ ν. Coray.: εἴς τε τὸ βόρειον καὶ τὸ νότιον μέρος. || 37. (ἔθνος) ejiciendum ; ὡς ὄντως ἑνὸς Cor. || 42. οὔπω] lege οὕτω e conj. Spengell. || 47. οὔτε] οὐ vult codd., e Tyrwhitti conj. Sbk. || 53. δεῖν] ο correct., δυεῖν ABCl.

P. 70, 7. ἥκιστα δ' ἂν codd.; δ' ejecit Cor.; fort. γ' ἂν leg. censet Mein. || 8. οὐδὲ γὰρ ἂν BC. || 13. εἰπόντας ACl. em. Breq. || 15. ὥσπερ] ὃ in mgine m. sec.; ὅπερ codd. || 17. γὰρ obelo notavit Kr.; παρὰ o. || 18. Μεσσήνης ABCl. || 21. διεξιόν[ὁ] ex corr.; δεξιὸν ABCl. || 22. διήκοντα codd.; em. Grosk. || ἐκεῖνο Cor.; dein ὁποτεροῦν μαυvult Κ. || 47. μεσημβρίαν. οὐ δεῖ ABCl. || 51. ἔπειτα δὲ καὶ Cor.

P. 71, 5. μέχρι τῆς παραλίας τῆς μεταξὺ margo ὁ manu secunda Siebenk., Coray, Grosk. || ἣν addidit Pætzius. || 16. μεσημβρινοῦ πολὺ AB(P)Cl; μεσημβρινὸν πολὺ kno; in quibus ο particulam οὐ addidit manu secunda. || 21. γε] τε Mein. || 24. διὰ literas delendæ; obelo eas notavit Corayus. || 38. ἔχουσαν codd.; em. e conj. Cas. || 43. εὖ add. Cor.

P. 72, 21. Post εἴρηκεν Groskurdius v. φησίν inserere voluit. || 32. διὰ Θινῶν A. || 35. ἂν] ἐν codd.; em. e conj. Cas.; εἴ conj. Salmasius. || 36. πιστευομένη κάρποις codd.; em. Sbk. || 37. κρᾶσιν] κρίσιν codd.; em. e conj. Salmas. || 38. διὰ Θινῶν A. || 42. καὶ obelo notavit Cor. || 44. ἑκάτερον] no, corr. Β; ἑκάτερα ABCl. || 52. δύναιτ' ἂν [εἶναι] ἀπό. e conj. add. Siebenk.; Cor., Mein.

P. 73, 1. λέγειν codd.; e Tyrwhitti conj. λέγῃ. || 2. καὶ [τὸ] τοῦ lege e Casaub. conj. cum Sbenk., Cor., Mein. φιλητίου codd.; em. Xyl. || 13. ὀκτακισχιλίων] ἑπτακισχ. codd. Illud, quod res flagitat, habes lin. 19 in cod. opt. || 18. σταδίοις post v. ὀκτακοσίοις add. editt. ante Kr. || 19. ὀκτακισχ.] ἑπτακισχιλ. BC. || 21. ζητῶν codd.;

INDEX VARIÆ LECTIONIS. 947

em. Siebenk. ‖ 27. [οὐ] πλείοσιν ἢ χιλίοις legi vult Groskurd., collatis p. 67, 27 et 75, 8. At hæc emendatio quum foret violentior, præstat putare Strabonem h l. eum numerum designare quem accuratius constituit p. 75, 5, ubi : πλείοσιν ἢ δισχιλίοις καὶ τετρακοσίοις σταδίοις, ut monuit Gosselinus. ‖ 29. παρετίθεμεν Cor., Mein. ‖ 35. ἐπὶ τῶν codd.; em. Xyl. ‖ 43 et 49. καινόν pro κενόν codd.; em. Xyl. ‖ 46. Leg. est aut : τομῇ τοῦ τε διὰ Θαψάκου μεσημβρινοῦ καὶ τοῦ διὰ Πηλουσίου παραλλήλου, aut : τομῇ τοῦ τε διὰ Πηλουσίου παραλλήλου καὶ τοῦ διὰ Θαψάκου μεσημβρινοῦ, quorum hoc adoptarunt Penzel, Grosk., Mein. In latinis lege : *intersectionem Pelusiaci paralleli cum Thapsiaco meridiano.*

P. 74, 2. ὑπό] Cas.; ὑπὲρ codd. ‖ 14. παραλλήλως ἐκείνη Cor. ‖ 24. ἔν τι] e Tyrw. conj. Grosk. et Kram.; ἔτι codd.; τι Cor. ‖ 28 ῥᾷον] Kr.; ῥᾴδιον codd. ‖ 29. Verba παράλληλός τε καὶ ἴση e margine illata esse censuit Kramer.; ejecit ea Mein. Vix recte. Bene verba habent, modo pro ἡ αὐτὴ λογισθείη scripseris καὶ αὐτῇ λογ. ‖ 30. Ἐλαττον] ἥττον Ald. ‖ 45. διάμετρον codd., nisi quod διαμέτρῳ supra scr. in o. ‖ 46. ἄν] Cor., δὴ codd.

P. 75, 8. οὐ πλ.] P. 67, 27 erat οὐ πολλῷ πλ., fort. etiam h. l. ita scribendum, monente Meinekio. ‖ 11. ὅτι ἐπὶ] Cor.; ὅτ' ἐπὶ codd. ‖ 35. ἀφεστάναι] Kr., ἀφιστ. codd. ‖ 36. δὲ particulam post ἐλάττους inseruerunt Penzel, Grosk., Kram. Quo facto, nihilominus locus claudicat. E Spengelii conjectura legendum est :... ἀφεστάναι ἴσον τὰς Κασπίους πύλας Θαψάκου τε καὶ τοῦ Κασπίου, [τοῦ δὲ Κασπίου] πολὺ ἐλάττους ἀφεστάναι τῶν μυρίων, ὅ. φ. ἀ. Ἑ. τῆς Θαψάκου, [τῆς Θαψάκου] ἅρα etc. ‖ 38. τοὺς, quod inclusit Kr., bene habet. ‖ 39. οὕς e Tyrwh. conj. add. Siebenk. ‖ 42. τὰς add. Cor. ‖ 44. ἰσημερινήν] man. sec. in margine o; μεσημβρινήν ABCl. ‖ 53. ἐντεῦθεν ὁ' Ald.; ἐντεῦθεν Cor.

P. 76, 1. ἥτις] o, εἴτις ABCl. ‖ 4. συντέτμηκε] Cor. in not.; οὖν τέτμηκε codd. ‖ 13. ὅρων] Kr., ὀρῶν codd. ‖ 15. λεχθέντα] ῥηθέντα ante Kr. editt. ‖ 23. ὑπὸ] o, ἐπὶ ABCl, ἔτι edd. ante Kr. ‖ 35. τῶν Μαλεῶν] Cor.; τῷ Μαλαίῳ ABCl, τοῦ μαλ. E, τῷ μαλέᾳ Ald. ‖ 39. παρείημεν] Cor. παρίημεν codd. ‖ 46. Χαλκηδόνα ABCl. ‖ 50. μὴ] o man. sec.; ἡ ABCl, οὐ correct. in B. ‖ 51. σταδ ἡ ἐννακισχ.] Grosk.; σταδίων πεντακισχιλίων codd. ‖ 53. τῷ delendum, monente Kr. ‖ R. δυσμικωτέρῳ Bno.

P. 77, 1. τρισχιλίοις] Leg. τετρακισχ., ut Breq., Gosselin, alii monuerunt. ‖ 10. δ' ἔτι] Cor., δ' ἔστιν codd. ‖ 18. αὐτὸν] Siebenk.; αὐτὴν codd. ‖ 40. πάλιν codd.; ταύτην Cor.; παραλίαν Grosk.; κατὰ τὴν Εὐρώπης παραλίαν conj. Kramerus. « Crameram probarem, nisi ἠπειρῶτις παραλία commode de litorali tractu Asiæ minoris intelligi posset. Ἤπειρος absolute de Asia minore et ἠπειρῶται de Asianis dici ex multis constat scriptorum locis, quos collegit Morus ad Isocr. Pan. 36. » *Meineke* in Vind. Strab. p. 9. At hic vocis usus non obvius est in Strabone, qui p. 389, 25 v. Ἠπειρῶτιν habet de regione Epirotica, quam quominus nostro quoque loco intelligamus nihil impedit, sive legas τὴν Ἠπειρῶτιν παραλίαν vel τὴν Ἤπ. Νικόπολιν.

P. 78, 9. ἐχόμενος C, ἐχομένου B, ἐχόμενα Cor. ‖ 17. Inclusa ex sqq., ubi τὰς δὲ μεταξὺ τῶν τροπικῶν in codd. desiderantur, huc translata esse monuit Kramer. ‖ 24. οὐκ supplevit Kramer. Interpretes Pariss. vitium latere putabant in πλέον ἢ, cujus loco scrib. proposuerunt περὶ, Groskurdius vero σχεδόν τι. ‖ 28. πεντακισχίλιοι] Breq.; μύριοι codd. ‖ 29. τοῦ add. Cor. ‖ 30. ὅσπερ] Xyl.; ὅπερ codd. ‖ 30. τρισχίλιοι] Epit.; τρισχιλίων ABCl. ‖ λέγω] Cum Corayo lege τὸ δ' ἑξῆς μ. τ. ἰσ. λόγῳ δείκνυται etc. ‖ 35. μύρια τρισχίλια πρὸς codd.; bene em. Kr.; olim editt. inde a Breq. ὀκτακισχίλια, omisso

μύρια. In Latinis pro *sex millium* lege *sedecim millium.* ‖ 44. οὖσαν codd.; em. Xyl. ‖ 47. δεῖ] Epit, εἰ ABCl.

P. 79, 2. περισχίους] Epit., περίοικους cett. codd. ‖ 14. δὴ om. Cor. ‖ διαιρεῖσθαι ACl, διαρεῖσθαι B. ‖ 20. ἐνυδροτέραν Epit. ‖ 23. καὶ... τούτων ex Cas. conj. Siebenk. ‖ 28. Post περισχίοις excidisse καὶ τοῖς ἑτεροσχίοις Grosk. censet probabiliter. Ceterum codices : τοὺς περισχίους καὶ τοὺς ἀμφισχίους; quare Grosk. excidisse putavit διοριζομένους ὑπογράφει. ‖ διοριζομένους Al. ‖ ἡμισυσταλεῖς] om. Epit., relicto spatio vacuo; ἡμισυσταλέντων conj. Breq.; συστάσεις Casaub., deleto quod præcedit συστάσεις. « Scripserat, ni fallor, aliquis supra ἄλλων inter versus ΗΓΝΣΥΣΤΑΣΕΙΣ, h. e. ἤγουν συστάσεις, quæ postea corrupta atque in ordinem recepta sunt. » Cramer.; μεταλλάξεις conj. Coray. Cf. ἐξαλλάξεις p. 84, 39. Mihi verba in hanc sententiam corrigenda videntur : καὶ τῶν ἄλλων, [ὡς] εἰπεῖ[ν] συντ[ό]μως, τῶν etc.

P. 80, 7. ταύτας Cor. ‖ 14. αὐτοῖς] o manu sec.; αὐταῖς ABCl. ‖ 17. καὶ γὰρ καὶ τοῦτ' vett. editt. inde a Cas. ‖ 23. καὶ add. Cor.; ὃ addi vult Grosk. ‖ 25. ὁμοειδῶν ABCl. ‖ 27. εἰ γοῦν] Epit., εἴτ' οὖν ABC. ‖ 33. ὁμοειδῶν Epit., ὁμοειδῶν ABCl. ‖ 35. γῇν] τὴν codd.; em. Grosk. 38. ὁ Πολύβιος ABE. ‖ 43. συνάγειν B (?) Ald. ‖ 45. ἐκεῖ] Du Theil, Grosk., Mein.; καὶ codd.

P. 81, 9. αὐτῶν] αὐτῶν ACl. ‖ 10. δὴ add. Kr. ‖ 15. Δαρείου] Sic etiam p. 83, 7, adeo ut error Strabonis vel Posidonii esse videatur. ‖ 18. Γέλωνι] « Malim Γέλωνα. » *Mein.* ‖ 19. « καὶ ante Εὔδοξον fort. delendum. » *Mein.* ‖ 20. Κορείων] Kr., Mein., Κορίων codd ; *Proserpinalia* Guarinus, Κορινθίων vett. editt. ‖ 23. Ante καὶ μάλιστα quædam excidisse monuit Groskurdius; suppleri posse ait : ἱστορῆσαί τε κατὰ ἄλλα. Lacunam notat Mein. ‖ 27. αὐτῷ post εὑρεῖν addunt editt. ante Kr. ‖ 27. καταχθέντα] pr. manus addit in marg. *An.*; κατασχεθέντα codd. ‖ 32. ὑπολειφθέντα BC. Ald.; ἀποδεχθέντα Cor. ‖ 33. ἡγήσεσθαι Cor. ‖ 34. « Fort. [καὶ] τὸν Εὔδοξον. » *Mein.* ‖ 48. ὑδρείας] ὑγιείας Cor.; em. Xyl.

P. 82, 4. εὐπόρους Cor. ‖ 6. τούτοις e Casaub. conj. Siebenk. et Cor. ‖ 7. ἀλλὰ καὶ τῶν ναυκλ. Cor. ‖ 13. ἐξορμίσαι C, Breq. Cor. Ibidem ceterisque locis pro Δικαιαρχίαν rectius scribas Δικαιάρχειαν cum Meinekio. ‖ 17. οἷς add. Cor. ‖ 18. καὶ ἐμβιβάσασθαι Cor., ἐμβιβάσασθαι τε Cas.; ἐμβιβάσαι τε Mein. ‖ 28. ἀπογέγραπτο Cor. Mein. ‖ 30. ὁμοροῦσιν] ὅμοιοι ἐν codd.; e Tyrwhitti conj. em. Cor. ‖ 40. ἀναδειχθεῖσαν ἀναχθεῖσαν codd.; Casaub.; *commonstratam* Guarinus. ‖ 41. ἐκφυγεῖν Ald ‖ 42. κατεσκευασμένον BC. ‖ 51. τοῦδε inseri jussit Casaub.; τῇδε male inser. Kr.; δεῦρο proposuit Mein., quod malim.

P. 83, 3. Versus istos e Mercurio Eratosthenis petitos esse suspicatur Meinekius. ‖ 5. ὁ Ποσειδώνιος] ὅπως codd.; emendari jussit Cas. ‖ 7. αὐτῶν] αὐτὸν Cor. ‖ 8. διήγημα] διάστημα codd.; em. Cas. ‖ 10. πιστευθέντι γὰρ codd.; em. Cas. ‖ 13. πεντακισχιλίους addi jussit Gosselinus] μυρίοις codd. ‖ 20. ἀπολλομένους Ald.; ἀπολλυμένους editt. ante Kr. inde a Xylandro, nec non Meinekius, recte utique. ‖ 43. εἰς τὰ] εἶτα codd.; em. Cas. ‖ 52. καὶ ejec. Cor.

P. 84, 3. φιλέκδημον] « fort. φιλείδημον » *Mein.* ‖ 22. παραπλησίων] τοιούτων Bno, editt. ante Kr. ‖ 28. εἶναι om. editt. ante Kr. ‖ 17. Locum corruptum, collata p. 244, 1 sqq., Corayus ita dedit : [οὐ] γενέσθαι... ἔφοδον ἀθρόαν συμβάσαν; in notis vero ita legendum censet :... γενέσθαι [κατὰ λῃστείαν οὐ] κατὰ θαλάττης ἔφοδον ἀθρόαν συμβάσαν, quæ versione expressimus; recepit etiam Meinekius. ‖ 36. Ἐθοὺς Cor., quod malim. ‖ 42. ἀναλύσει] ἀλύσει BC, editt. ante Kr. ‖ 43. δίκης] δίκην codd., nisi quod δίκης suprascr. in *ho*; ἐν ἀλύσει διηνεκεῖ Cor. ‖ 46. αἱ add. Cor. ‖ 47. περίπτωσιν Cor. Mein. ‖ 48. τε]

60.

δὲ Cor. || δ' ἔθει] e conj. Kr.; δ' ἔθεσι Cor.; δὲ θέσει codd.
P. 85, 10. Κράτητα δ' εἰςάγοντα probabiliter conj. Casaubonus. || 17. ἢ recte om. Epit. || 33. φήσει] Ald.; φησί ABCl, φήσειε Cas. || 45. μὲν τὴν] μέντοι Ald. || 46. ἐμβαδὸν] ἐμβατόν codd.; em. Cor. Miror Redslobium (Thule. Die phœnizischen Handelswege etc. Leipz. 1855, p. 92) qui ἔμβατον ἐπελθεῖν ita explicuit ut auctor dixerit Britanniœ figuram similem esse ἐμβάτῳ (deb. certe ἐμβάτῃ), lavacro.
P. 86, 2. καθ' αὑτήν] καθ' αὑτὸν Xyl.; κατ' αὐτὸν Casaub. et seqq. editt. || 20. κατωπτευκέναι] καταπλευκέναι et ex correct. κατaπεπλευκέναι B; τὴν προσάρκτιον Εὐρώπην B Ald. || 23. ταῦτα μηδέ] Cor.; ταῦτα δὲ μήτε... τὸ μὲν οὖν μήτε codd. || 31. ὁ λαοδογ.] ὁ ὅλας δογματικάς codd.; e Tyrwh. conj. corr. Cor. || 32. ποιοῦνται] ποιεῖται] codd.; em. Du Theil. || 33. ἀλλ' obelo notavit Cor. || 41. οὐδὲ] οὔτε Cor., Mein. || 49. λοιπὸν ejiciendum, monente Cor.; μικρῷ λεῖπον conj. Schweighæuser ad Polyb. t. 4. p. 633. || 50. μὴν] τὸ editt. ante Kr. inde a Xyl. || 53. leg. Σαρδόνιον cum Cor. || 54. προσειλήφθω male Cor. || ἐπὶ] ἐν ο, probante Grosk., sed ἐπὶ eo sensu persæpe a Strabone usurpari monet Kr.
P. 87, 3. παιδικῆς] πεδικῆς (suprascr. αι) h, Cor., male. || 15. Κέρκυραν B Ald. || 17. ἐν δεξιᾷ] Quid hoc loco sibi velint verba ἐν δεξιᾷ non intelligo. Aut transponenda videntur post ἀπὸ δὲ τῶν Κεραυνίων, aut, si Ἰαπυγίαν corruptum est ex Ἰαποδίαν, leg. : aut ἐν δεξιᾷ εἰς τὴν Ἰαποδίαν ἀπὸ τῶν Κερ. etc. sublata particula δὲ. Huc vertendo expresserunt interpr. gall. et Grosk. || 22. πλεῖστοι] πλεῖστον Al. || 25. φησι codd. || 27. δυσμικώτατα] e conj. Cor. et Grosk., ὑσμικώτερκ codd., quod retinuerunt Kr. et Mein. || 30. Σαλμώνιον] Infra lib. X Σαμώνιον codd. præbent constanter. || 33. καὶ ἀπὸ Π. δὲ] δὲ delent editt. ante Kr.; καὶ delet Mein., quod præstat. || 35. δισχιλίους] « τρισχιλίους; codd., editt.; sed cum idem intervallum μυρίων δισχιλίων a plerisque haberi et paulo ante et p. 122 Cas. Strabo tradiderit, hunc numerum hic quoque cum Gosselino et Groskurdio restituere non dubitavi. Mutatus videri potest eo consilio, ut triginta millia stadiorum computatis omnibus numeris efficeretur. » Kram. || 37. οὐ καλῶς || οὐκ ἄλλως codd.; em. Xyl. || 52 et 54. Σαρδώνος et dein Σαρδωνίῳ BC.
P. 88, 2 Κέρκυραν B Ald. || 26. τὰ] additum inter versus in o. || 27. οὐκ ἐκλαθόμενα; Ald. || 30. τε add. Kr.; καὶ τὸ μῆκος δὲ conj. Cas.; καὶ τὸ μῆκος scr. Cor. || 31. ἐκτιθεὶς Ald. || 35. τοῦ μεταξὺ codd.; em. Schweigh. || 36. προσλαμβάνει ex correct. B, Cor. || 45. οἵτινες εἶπον ἀπὸ Ino, Siebenk. Cor. || 50. οὔτε δὲ τοῦ ex correct. B, ed tt. ante Kr.; recte. || 51. οὔτε.. οὔτε bene Cor.; Mein. ||
P. 89, 9. ταυτοῦ] mgo o, τὰ τοῦ codd. || 9. ἢ additum e conj. Tyrwh. || 13. τὸν μεταξὺ codd.; em. Tyrwh. || 19. τμήματι codd.; em. Tyrwh. || 22. καὶ διαφορὰν οὐκ ἔχοντα ro et B man. sec. ; καὶ ἀδιάφορα conj. Kr. || 30. ἢ add. Xyl.; καὶ habet B. || 46. ἐν ᾧ] ἐν ᾗ codd.
P. 90, 4. || 6. τε ejiciendum esse opinatur Kramer; τε καὶ conj. Grosk. || 33. καὶ ὁδεύων] ἢ ὁδ. Cor., quod sane præstat. || 36. ταῦτα] Cor. ταύτας codd. || 37. τὸν ante ἥλιον codd. et editt. ante Kr. || 43 διαπτώματα] ἴδια δόγματα Cor. || 50. ἐφορᾷν] ἐπισκοπεῖν Epit., sed ἐφορᾶν in margine.
P. 91, 7. αὐτῶν.. αὐταῖς] lege αὐτῶν . αὐταῖς cum Cor. in not. || 8. τούτων] τούτων BC; τὰς πίστεις τούτων Mein. || 13. αὐτῇ] Kr.; αὕτη codd. || 16. τῷ πόλῳ] τῷ ὅλῳ marg. o, Breq., Cor. || 21. τεταμένων BC E. || 25. τὰς... δόξας, τὰς δὲ ABEl. || 29. καὶ γῆν Ald. || 29. ὁμωνύμως; E. || 42. ὁμωνύμως; h. quoque l. malunt Cor. et Grosk. || 49 ἔσται] ἐστί BC.

P. 92, 5. ἐν om. Siebenk., Cor. || 6. μέσον B. Ald. || 13. Verba τοῖς γνωμονικοῖς καὶ τοῖς ἄλλοις nescio quo casu exciderunt in editionibus Krameri et Meinekii. || 44. τεταμένος Ek. || 47. 49. 53. διὰ τῶν πόλων] διὰ τοῦ πόλου conj. Spengel.
P. 93, 6. τούτῳ] τοῦτο E Cor. || συγχωρεῖν] o, συγχωρῶν AECEl. || 11. ἐᾷ] Cor., ἐὰν codd. || 15. δὲ] δὴ bene Spengel et Mein. || 22. τὸ... τμῆμα] Kr , τοῦ... τμήματος codd. || 27. ἥμισυ] margo o; μεῖον ABCl; ἐπιφάνεια σημείου Epit. Pal.; ὅμοιον e Xyl. conj. Siebenk. || 29. ἐλάττων e Cas. conj. Siebenk., Cor. || μέρος] E, μέρους ABCl. || 33. μείουρος] sic codd. h. l. et p. 445, 6; at μυουρίζειν præbent p. 98, 25; unde μύουρον reponendum est cum editt. ante Kr. || 37. τὸ δὲ [πλάτος] El. conj. Spengel. || 42. Ante πλέον quædam excidisse probabiliter conj. Penzel, quum in codicum lectione offendat nominativus absolutus, et sententia expressa sit obscurius. Cum Grosk. supplere licet : τοῦ ἰσημερινοῦ [πλέον ἐστὶ τοῦ ἡμίσους τῆς οἰκουμένης καὶ ἔτι] πλέον ἂν εἴη τὸ λοιπόν. Du Theil proposuit lin. 40 : πλάτος μὲν ἔχει· καὶ πλέον ἂν etc. Quod e Cas. conj. Siebenk. dedit πλέον ἂν εἴη τὸ λοιπόν, Corayus vero cum cod. r : πλ. ἂν εἴη τοῦ λοιποῦ, sensum eum quem res flagitat non fundit. || 46. δεῖν] δεῖ, suprascr. δεῖν o; δὴ ABCl. || 51. Verba καὶ εἴκοσι exciderunt in ed. Krameri. || 54. ἑξηκοντάδων] mgo o man. sec. et Epit. ; ἑξήκοστα σταδίων ABCl.
P. 94, 8. ὡς] bene omis. E. || 30. ὑπὲρ] Xyl., ὑπὸ ABCEl, ἀπὸ gh. || 31. Ῥοξολάνοι AE. || 37. οἱ om. BC. || 40. Πρεττανίδων AC, Βρεττανιδῶν Ald., Βρεττανικῶν edd. ante Kr. Ubique apud Strabonem, sicut apud Ptolemæum reponendum est. Πρεττ. pro Βρ. || 42. ἱστορεῖ BE, ἱστορῶν Ald. || 48. Πρεττανικῆς AC. || 51. τοῦ ejic. esse monuit Kr.; καὶ ejus loco posuerunt vett. editt. inde a Cas.
P. 95, 3. Πρεττ. AC. || 4. πολλαχοῦ ejiciendum, notante Cor. || 6. που om E.|| 21. Πρεττ. AC. || 24. περαιτέρω] προσωτέρω E ; οὐδὲ] E ; οὐδὲν ABCl. || 25. προσέχοντας add. Cor. || 28. πέρας add. Cor. || 31 et 36 Πρεττ. AC. || 40. ἂν om. Bl Cor. || 48. ἔτι γένοιτο Cor. || 52. ἔλαττον] καὶ πλέον Epit.
P. 96, 4. τῶν inclusit Kr. || 12. εἰκασμάτων] Kr., οἰκημάτων codd.; ὀργάνων aut οἰκοδομημάτων conj. Tyrwh.; ποικιλμάτων Villebr.; ποιημάτων Pætz.; σχημάτων Cor., Grosk., Mein., quod sane præstat. || 20. μείω] mgo o manu sec.; μείζων ACl, μείζονα B Epit.; μείζω ino et, omisso μὴ, E ; μείζων, omisso μὴ, Ald. || 25. ἐὰν ἀντὶ] ἐναντὶ ABCEl, sed ἀεὶ correct. in B. || 35. διὰ add. Xyl. || 37. μικρὸν E. || 38. μόνον] κῶνον mgo o man. sec., Ald. || 41. γραμμάτων ABCEl, γραμμῶν correct. in B. || 45. τῆς om. E. || 47. Σαρδῶνα BC.
P. 97, 1. Καὶ ἄρκτον E. || 3. τε inclusit Kr.; præcedens καὶ inclusit Cor. || 10. τίθησιν codd., em. Cas. || 12. οὓς ἔτυχε τόπους verba huc transposuit Kramer; in codd. leguntur post voc. πλανηθεῖσιν, ubi relinquenda erant. || 20. κρείττον ABCl, κρείττων Eno. || 22. Πρεττανοὺς AC. || 24. Τυρρηγέτας Al. || 27. Ἀρτεμείτην codd.; em. Kr.; πολλῶν [ἄλλων] ἐκεῖνοι Cor.; Casaubonus pro πολλῶν leg. voluit ἄλλων. || 30. ἐκβαλόντων AC. || 32. στόλος codd.; em. Cor. || 43. ὡς εἰπεῖν ἁπλούστατα codd.; transposuit Kr.; idem ὡς fort. delendum esse monuit. || 48. ἐλέγομεν Cor. || 52. ταύτῃ] E ; ταῦτα ABCl. || 35. τὸ ante σχῆμα add. Cor.
P. 98, 4. ταύτῃ] Cor.; ταύτης codd, || 5. ἑσπερίας Cas. || 7. καταστρέφουσα editt. ante Kr. || 14. ἐσχάτοις AEl. || 16. ἄρκτους BC, ἄρκτον E. || 21. ἄκρων] o, Pletho ; ἄρκτων ABCEl. || 26. ἀπὸ] Lege ὑπὸ cum Cor. et Mein.; δ' recte om. Pletho. || 32. τὴν μὲν γὰρ Ald. || 38. τὴν ante γραμμὴν om Ald. || 30. πρὸς om. Pleth., Cor. || 44. In-

clusa om. *A'*; vocem ἡμερῶν praebent *BCE*; ἡ μεγίστη τῶν ἡμερῶν correct. in *B*; verba καὶ ἡμίσους add. Groskurd. ‖ 45. Ἴδηρας] Στήλας conj. Grosk. qui post ὁρᾶσθαι excidisse putat : τοὺς πλησιαιτάτους τοῦ Κανώβου ἀστέρας. Melius Mein. conj. : καὶ τοὺς Καβείρους ποτὲ ὁρ. ‖ 49. αὐτὸν [εἶναι] ἐκ Cor. ‖ 50. προελθόντα *E*. ‖ 53. ἐκεῖνος ἐντεῦθεν *BC*.
P. 99, 1. ταύτης codd.; em. Xyl. ‖ 3. δυσμικώτερα *E*. μικρῷ] *E*; μικρὰ *ABCl*, μικρὸν Pleth. ‖ 7. ἂν om. *E*; ἑσπερίοις *r* et mgo *o*, αἰθερίοις *ABCEl*; ἀπεθερίοις correct. in *B*. ‖ 15 et 18. Πρεττ. *BC*. ‖ 23 ἥξει] ἔξεισι *E* Pleth. ‖ 26. ἑκατέραν codd.; em. Cor. ‖ 27. ταύτας] Grosk.; ταύτην *ABCl*, ταῦτα Pleth. ‖ 29. καὶ τὸ μέγεθος *ABCl*, κατὰ μέγεθος Pleth. ‖ 32. μᾶλλον om. Pletho. ‖ 39. συνεχόμεθα] Kram.; συνεχόμεθα codd.; ἐπεχόμεθα correct. in *B'*, probante Corayo; συνεχόμενα ἕξομεν Pleth.; συνέχομεν conj. Grosk.; στοχαζόμεθα vel σημαιούμεθα Mein.; propius ad codd. accederet συλλεγόμεθα eo sensu quo συλλαγιζόμεθα vulgo dicitur. ‖ 43. εὑρυῶς Cor. ‖ 45. ποικίλα *E*. ‖ 48. κατεσπαρμένων *C*, Pleth., Cor. ‖ 50. δ' add. Cor. ‖ 52. ἃς φύσει *ABCl*; τὰς μὲν οὖν φύσει *E*; ὧν αἱ μὲν φύσει διαμένουσιν, αἱ δὲ Pleth.
P. 100, 1. ἢ add. Cor.; καὶ τὰς e Cas. conj. Siebenk.; lacunam notavit Meineke. Vocem μὲν post ἐπιφάνειαν om. Cor. ‖ 4. οὖσαν [τὴν] κατασκευήν Cor.; ἐκ κατασκευῆς e Cas. conj. Sbenk. ‖ 7. ὥστ' εἰ μηδὲ *ABCl*, ὥστε μηδ' εἰ correct. in *B*. ‖ 16. Λέγομεν οὖν *Er*, Λέγωμεν edd. inde a Cas. usque ad *E*. ‖ 17. ὅτι] « A voce ὅτι incipit fragmentum Vaticanum, cui index praefixus est : Σύνοψις τῶν κόλπων τῆς καθ' ἡμᾶς οἰκουμένης. » *Kram*. ‖ 28. ἐν ἄλλῳ] ἐν ὅλῳ correct. in *B*. Verba καὶ ἄλλῳ e Plethone addita. ‖ 33. κόλποι vocem h. l. posuit e Plethone Kr.; in codd. legitur post v. θαλάττης. ‖ 34. μὲν] Pletho; de Strab. codd. et Synopsis. ‖ 44. ἐπεὶ] ἐπειδὴ *E*. ‖ 49. μᾶλλον συνοικούμενον codd.; transpos Kr. ‖ 50. τε] δὲ Cor. et Mein. ‖ 52. συνεργεῖ] συντελεῖ *E*. ‖ 54. καὶ οἱ κοιν. *E*.
P. 101, 3. ἔνθεν] ἐντεῦθεν *E*, sed in marg. ἔνθεν. ‖ 4. Ἀρχὴ οὖν, ὡς εἴρηται, τοῦ καθ' ἡμᾶς κόλπου ἐστὶν etc. Synopsis ‖ 6. περιπλεύσαντι *ABCl*; παραπλ., suprascr. περιπλ., *E*. ‖ 8. Post ἀθρόαν Synopsis addit ἡ μὲν ἐν δεξιᾷ ὀλίγον. ‖ 9 ἑπτασταδίους *E*, ἑπτὰ σταδίους *ABCl*, ἑπτὰ σταδίων Epit. ‖ 17. τῆς inclusit Kr. ‖ 19. τὸν om. *E* ‖ 27. Σαρδῶον *BCl*, Synops., Epit; pro Σαρδώνιον lege Σαρδόνιον. ‖ 28. τῆς om. *E*. ‖ 33. Πανδαρία *ABCEl* Synops, Παντοδαρία correct. in *B*, Πανδατερία Mein.; Ποντία] Παντία *ACl* Synops.‖ 36. Ἀθαλία *ACl* Synops. « Post Πλανασία *C* et Pletho addunt καὶ ἄλλαι, unde orta videntur quae in Ald. leguntur eodem loco καὶ Ἴλουα. » *Kram*.; Πιθήκουσα Synops., Πιθήκουσαι *BC*, Πιθηκοῦσσαι Cor. ‖ 37. ἥ τε Γυμνασία *ABCl*, Γυμνασία Syn. Pluralem numerum ex aliis Strabonis locis reposuit cum Du Theilio Kramerus; singularem cum aliis retinuit Mein. ‖ 38. Ἔδνυσος] Βύσος codd.; quod cur mutaretur, caussa non suberat. ‖ οὐδὲ] οὐδ' αἱ Cor., Mein. ‖ 39. Κόσουρα *ABCl* Syn. ‖ 40. Αἰγίμορος Syn., Pleth.; Λιπαραιῶναι codd., Λιπάραι Pleth. ‖ 42. τὴν om. *E*. ‖ 46. τῆς; Σύρτεως *E*. ‖ 51. Μῆνιξ *Al* Syn.
P. 102, 1. τὴν] *r*; γῆν *AEl*; γῆν τὴν *BC* ‖ 9. δὲ om. *E*. ‖ 11. τοῦ om. *E*. ‖ 12. μέρη om. *E* Synops. ‖ 15. λεγ.] καλουμένου Syn. ‖ 17. ποιεῖ] πληροῖ Syn. ‖ 20. μὲν om. *Er*. ‖ 22. μὲν αἱ] μόναι οἱ *CE* Syn.; μόναι *B*. Dein lege Ἀψυρτίδες. ‖ 23. Κηρυκτικὴ *ABCEl* Syn.; Κυρακτικὴ *r*, Pletho, Cor. ‖ 24. Μέλιννα *AEl* Syn., Μέλλινα *BC*; Κόρκυρά τε καὶ *B* Syn.; Κόρκ. τε καλουμένη Pleth. ‖ 29. τὼν μὲν τρισχιλίων] μὲν om. *E*; τῶν ab asteriscis notavit Coray. Fuerit τῶν πεντακισχιλίων. Similiter p. 110, 19 μὲν natum ex πέντε. Numerus hic quadrat cum distan-

tiis, ex quibus a freto Siculo usque ad Elidem supra 5000 stadia Strabo exputat. Quod vulgo legitur τρισχιλίων, multo rectius habet, et ex mensuris, quas de ora helladica et epirotica ipse Strabo affert, colligi potest. At minime inde sequitur Strabonem h. l. scripsisse τρισχιλίων. ‖ 30. τὴν om. *E*; πλέον τῶν *o*, πλεόντων cett. codd. ‖ 31. Κέρκυρα *E* Synops. ‖ 36. Σαρδωνικὸν *ABCl* ‖ 38. τῆς om. *E*. ‖ 39. πεντακοσίων, suprascr. διακοσ., Syn. ‖ 40. τε καὶ om. *E*. ‖ 41. τὸ δὲ] τῷ δὲ Epit., *E*, Pletho, Siebenk.; τῷ δὲ Cor. ‖ 44. Κύπρου] Κνίδου *r* et Pletho; Καρπάθου legi voluerunt Tschuck., Groskurd; verba καὶ Κύπρου ejecit Meineke. Deinde part. δ' om. Pletho cum eoque edit.; idem Pletho post Ἀσίας inseruit ἐν ᾧ, quod recepit Corayus; Groskurdius supplevit [ἐν ᾧ πλεῖστ]αί τε etc.; Kramerus mavult : ἐν τούτῳ δὲ vel ἐν δὲ τῷ Αἰγαίῳ. Meinekius lacunam notasse satis habet. In Epit. pro τῆς δ' Ἀσίας etc. legitur : τὸ δὲ Ἀσιατικὸν πέλαγος ἔχει τάς τε Κυκλάδας νήσους καὶ Σποράδας etc. Ceterum, si καὶ post. v. Κύπρου omiseris, codices haec exhibent : ... μέχρι τῆς Ῥόδου καὶ Κρήτης καὶ τῆς δ' Ἀσίας αἵ τε Κυκλάδες εἰσὶ καὶ etc. Haec optime quadrant in eam geographiam quam tradit Dionysius Periegetes, qui ex serioris aevi instituto Cyclades et Sporades Asiae attribuit, deinde autem miro errore Cyprum insulam ita collocat, ut ab oriente ei objectae sint Echinades insulae; unde sequitur occidentalem Cypri partem et orientalem Cretae partem percommode tanquam terminos maris Carpathii vel Aegaei recenseri potuisse. Hanc igitur doctrinam sciolum quendam in Strabonem intulisse, indeque turbas, quibus locus noster laborat, explicandas esse censeo. ‖ 49. ὡς αὕτως δὲ Ald.
P. 103, 1. ἢ μικρῷ πλείους om. *E*. ‖ 11. προσπίπτουσι, *ABCl*, Ald.; προκύπτουσιν *E*, προπίπτουσιν Pletho et Eustath. ad Dion. v. 148. ‖ 13. συνάγουσαι .. ποιοῦσαι] Pletho, συναγούση .. ποιούση *ABCEl* Synops., συνάγουσι.. ποιοῦσι Eustath. l. l. ‖ 16. « δισχιλίους a Strabone scriptum non fuisse post Bochartum (Hieroz. P. 2, p. m. 71, 49) complures, maxime Gosselin, et Groskurd. ad h. l. ostenderunt. Strabo ipse infra VII, p. 309 postquam dixerat Carambim promontorium ab urbe Chersonesitarum 2500 stadia abesse, distantiam inter idem prom. et Criumetopon multo minorem esse tradit. Recte igitur δὶς delendum censuerunt, quo facto satis concinent cum hoc loco, quae de eodem intervallo docent Ptolemaeus (III, 6. V, 4) et Plinius IV, 26 (ubi nonnisi 1360 stadia s. 170 m. p. exputantur). » Kramer. His obscuratis Meinekius scripsit χιλίων. Nihil mutandum esse contendo. Sane quidem stadia 1500 ad veram distantiam et ad Ptolemaei et Plinii mensuras proxime accedunt. At hinc argumentum peti nequit. Quodsi in Ptolemaei tabula inter Criumetopon et Carambin nonnisi 1500 stadia intercedunt, monendum simul est in eadem tabula a Bosporo ad Borysthenem nonnisi 2800 stadia esse, dum Strabonis computo sunt stadia 3800. Plinius unde numerum suum sumserit nescio, at constat eum Romanos potissimum auctores sequi, qui Ponti ambitum statuerunt multo minorem quam statuit Strabo. Huc accedit quod 2500 stadia non solum Eustathius ap. Strabonem invenit, sed Agathemerus quoque 2, 14 tradit. Quodsi apud Strabonem p. 256, 54 legitur : διέστηκε δ' ἡ Καραμβὶς τῆς μὲν τῶν Χερρονησιτῶν πόλεως σταδίους δισχιλίους πεντακοσίους, τοῦ δὲ Κρίου μετώπου πολὺ ἐλάττους τὸν ἀριθμόν, facilis conjectura est leg. esse : [οὐ] πολὺ ἐλάττους, adeo ut Strabo rotundum istum 2500 stadiorum numerum nostro loco minus accurate loquens ab ipso Criumetopo ad Carambin exputare potuerit. Ac revera Chersonesus nonnisi 100 stadiis Criumetopo septentrio-

nalior est, sicut recte etiam Ptolemæus statuit. Contra vero luce clarius est Strabonem, qui a Theodosia ad Symbolon portum 1000 stadia computat, non potuisse ab ortu Symbolon portus promontorium ponere quod ex Krameri opinione per mille fere stadia versus meridiem pertinuisset. ‖ 19. τρισχ. όκτακ.] δ καὶ ω' Epit. ‖ 20. « δισχιλίων] in τρισχιλίων mutandum esse suspicantur Penzel et Grosk., de distantia inter Bosporum et Carambim agi cum Gosselino, sed falso, utopinor, rati. » *Kramer.* Penzelii sententiam recte probat Ukertus; quonam argumento Krameri opinio nitatur non assequor. Strabo quum usque ad Carambim 2800 stadia computet, fortasse post δισχιλίοις excidit οκτακοσίων, quod quum in eadem hac linea præcedat, omitti facile potuit. ‖ 30. Διοσκουρίδα Synops. ‖ Καράμδεως, suprascr. ιος, *E.* ‖ 31. εἰσοχάς Mein. ‖ 34. δὲ] δὴ no et *B* ex correct. ‖ 42. Θρ. Βοσπ. glossema, ut videtur. ‖ 51. τῆς ἕω *BC.* ‖ κατὰ Ἴσον *ACl*, κατ' Ἰσσὸν Cor.

P. 104, 1. ἐγκυκλεῖ *ABCl* Syn. ‖ 10. ἀνευρεῖν] ἀνελεῖν *E.* 19. νεμομ.] om. *E*, γενομένων *BC.* ‖ 26. καὶ [αἱ] τοῦ Cor. ‖ 27. στόμα e Plethone additum. ‖ 28. Post μέρος fort. addendum esse αὐτοῦ Kramerus dicit. ‖ 20. Διοσκουρίδα *AE.* ‖ 34. Σιδήνην... Φαρνακείας recte Mein. ‖ 36. που om. Mein.; Διοσκουρίδα *ABE.* ‖ 42. Post voeem Λιβύη in *A* lacuna est quæ pertinet usque ad p. 115, 24. « Eadem desiderantur in *hig*; in *g* tamen recentiore manu suppleta sunt quæ sequuntur usque ad verba λοιπὸν εἰπεῖν p. 108, 52. In *np* itidem omnia usque ad finem hujus libri deerant; in *p* autem eadem quæ in g suppleta diximus, post addita sunt. » *Kramer.* ‖ 47. πολιτείῶν *Eo*, πολιτῶν *BCl.* ‖ 48. ἐπεὶ *E.* ‖ 50. ἁμαξοίκοις *E*, ἁμαξικοῖς *BCl.* ‖ 52 τὸ om. *Egp.*

P. 105, 3. περὶ τὸν βίον *B* ex correct., *rv*, Pletho, Cor. ‖ 3. καὶ] *Ev*; καὶ ἃ *BCl*; κατὰ conj. Tyrwh. ‖ 6. πολλοῖς om. *Er* Pleth. ‖ 14. αἱ om. *BCl*; βλάβαι] ἑκάβαι *E.* ‖ 18. γεωργικόν] mgo *o* ; γεωγραφικὸν *BCEl*; γεωργικόν τε καὶ mgo *k*; hinc καὶ τὸ γεωργικόν τε καὶ τὸ γεωγραφικὸν καὶ τὸ πολιτικὸν *v* Ald. ‖ 20. ὥσθ' ὅλων] *E*, ὥστε ὄντων *BCl*; ὥστ' εἰκότως conj. Cas.; ὥστ' ὄντως conj. A. Gronov. Var. Geogr. p. 166; ὡς τό γ' ἐπικρατεῖ mgo *o*, ὥστ' ἐπικρατεῖ *v*, ὥστε καὶ ἐπικρατεῖ *gp*, Pletho, Siebenk., Cor. ‖ 35. τραχηλιμαίων] *E* et Eustath. ad Dion. 287; τραχηλιμέων *BCl*, τραχηλίων *gp* Pletho; τραχηλιαίων editt. ante Kr. ‖ 37. ἐφών *E* et Grosk. conj. inseruit Kr. vix recte; τὸ πλευρῶν τὸ πρὸς τῇ καλ. Πυρήνη proposuit Mein.; τούτοις ἓν ἀποτέμνεται τῶν πλευρῶν, ὅρος ἡ κ. Π., Corayus, quod placet, nisi quod ὅρος, in quo jure offendit Meinekius, mutari velim in ᾧ ὅρος. Piccolo proposuit ὁρίζόμενον τῇ κ. Π. ‖ 38. ἡ λοιπὴ] Mein.; αὕτη codd., nisi quod ἡ δ' ἄλλη πᾶσά ἐστι habent *gpr*, Pletho et inter versus *k*, quod recep. Siebenk. et Cor. ‖ 42. Ante πεντακισχ. excidisse περὶ suspicatur Kram.; πεντακισχ. δὲ πλάτος; editt. ante Kr. ‖ 45. ἀντιπαράκειται *E.* ‖ 49. τὸ μὲν ταῖς] *E* Synops ; τὸ ταῖς μὲν Ἀλπ. *BCl*, quod postea correct. in *C.* ‖ 54. ὁμώνυμος codd.; em. Kr.

P. 106, 7. τὰ τῶν Κελτῶν *hgp*, Pletho, editt. ante Kr. ‖ 8. ποιοῦντα] Cor.; ποιοῦντων codd. ‖ 14. δέ τι καὶ] e conj. Kram.; δ' ἐστὶ καὶ Synops.; δὲ καὶ codd. ‖ 22. χερσονησίζουσα *E* ‖ 28. σταδίων post ἑπτακ. add. *gp*, Pletho. ‖ 32. Τυρεγγετῶν *C*, Syn.; Τυργγετῶν *L*; Τυρεπεστῶν *E.* ‖ 35. Post Ἰλλυρίδα Pletho *gpr* mgo *k* add. καὶ Μακεδονίαν ‖ 40. al sec. manu add. in *k*; in cett. omiss. ‖ 41. τε] Kram; δὲ codd. ‖ 44. τῆς Μαιώτιδος τῆς Ἀσίας ἐστὶ *gp* mgo *k*, editt. ante Kr.; ἤδη post ἐστὶ add. *gpr*, editt. ante Kr; τὸ ἐντός *E.* ‖ 48. ὑπὸ τοῦ ὄρους *k.* ‖ 49. πρὸς ἄρκτου; Ald.; πρὸς ἄρκτον Pletho. *gpk.* ‖ 49. ἠπείρου ταύτης μέρος, Pletho *gp.* ‖ 51. δὴ] *E*, δὲ *BCl* Syn.

P. 107, 2. τὸν ἐπὶ τῆς Κασπίκ; θαλ., Pletho *gpr.* ‖ 4. τὰ om. Pletho. ‖ 5. Κασπίας *gp.* ‖ 7. Ἵμαον Cor. ‖ 8. καὶ Σαυρομ. *E* ; Σαυρ. vocem ut ab h. l. alienam notarunt interpr. Par. et Cor. ‖ 10. Ζύγοι codd. ‖ 18. Τιβαρηνικῶν suprascr. in *E.*, Coray. ‖ 21. καὶ Μυσοὺς om. *E.* ‖ 26. καὶ ἡ Ἐπ. om. *gp* Pleth., inclusit Cor.; καὶ τὴν Ἐπίκτητον Siebenk. ‖ 29. Παροπανισάδες *C*, Παροπαμισάδες *l* Syn. ‖ 30. τὰ om. Pletho *gpr.* ‖ 31. καὶ Λυκιάονες om. Pletho *gp.*; si ejicere verba notis, e Siebenk. conj. legendum καὶ Κατάονες. ‖ 35. νοτίᾳ ταύτῃ] *gpr* Pleth.; νοτιωτάτῃ cett. codd. ‖ 40. οὐχὶ] ἀλλ' *E.* ‖ 41. Γερμανίας *C.*

P. 108, 1. Τραχιῶται codd.; em. Cor. ‖ 8 ταύτην] *E* Synops., ταύτῃ *BCl*, ταύτας *gr* Pletho. ‖ 15. παρδαλῆ *E*, παρδάλη *C*, παρδάλει *Bl* Syn., παρδαλέα Steph. Byz. v. Αὔασις. ‖ 16. ταῖς οἰκήσεσι *gpl* Ald. ‖ 22. καὶ asteriscis notavit Cor. ‖ 24. καὶ τῆς Ἀσίας ἡ ἐπ' εὐθείας *gp* Pleth. ‖ 27. καὶ τῶν Ἰ. Cor. ‖ 33. τούτους *gp*, Pleth., Cor. ‖ 34. Φαρουσίους] sec. man. *B* ; Ἀρουσσίους *CEl* et pr. m. *B*; Μαυρουσίους *gpk.* ‖ 35. τούτους *BCgp* Cor. ‖ 39. Ἀσβύστας] « Σίντας *BCl*. editt., qui populus cum neque a Strabone præter hunc locum, neque ab alio scriptore his in regionibus commemoretur, Ἀσβύστας, ut rectissime legitur in *E*, restituere non dubitavi. Illi enim his ipsis locis habitabant. V. Plin. 5, 4; Dionys. Per. 211; Herodot. 4, 170; Steph. B. v. Ἀσβύστα. » *Kramer.* At Herodotus Asbystas supra Cyrenen urbem in mediterraneis ponit; eodemque faciunt quæ de sede gentis tradunt Ptolemæus, Callimachus ap. Steph. v. Ἀσβύστα et Dionysius Per. 211. Unus Plinius Asbystarum nomen inter Nasamones et Macas medium ponens paullo aliter statuisse gentemque ad intimum Syrtis majoris recessum ponere possit videri. Strabo vero si inter Gætulos et Byzacios Abystas memorasset, cum ceteris geographis componi non posset. Itaque Epitomatorem Abystarum nomen bene notum in ignotorum Sintarum locum intulisse crediderim. In tractu quo Sintæ Strabonis ponendi sunt, Herodotus memorat Gindanes, Ptolemæus 4, 3, 12 Πιστυδῶν λιμένα. *Cintos* inter Afrorum populos recenset Liber generationis ap. Ducang. ad Chron. Pasch. t. 2, p. 102 ed. Bonn., qui in Ptolemæi codd. (4, 3 p. 265 ed. Willb.) Κίνθιοι, Κινίθιοι, Κινήθιοι vocantur et sub Syrtin minorem collocantur. Alio loco Ptolemæus (4, 5 p. 279) post Nasamones, quos in Marmaricam relegat, Σίντιας vel Σέντιας memorat. ‖ 42. Μασυλιεῖς] Μασσαλιεῖς *BCl*, Μασυλεῖς *E*, « quam formam etiami Stephanus (v. Μασύλοι) afferat et Polybio, Dionysiusque confirmet Μασυλῆες exhibens v. 287, tamen propter constantem fere codicum consensum et ante ultimam syllabam addentium (p. 829. 831. 832 Cas.), a Strabone usurpatam haud crediderim. Unum autem σ et in hoc nomine et in similibus constanter præbent codices optimi ap. Strabonem, duplex servavit Coray. » *Kram.* ‖ 47. γεωργήσαι *E.*

P. 109, 7. ἐν τῇ καθ' ἡμᾶς τεταρτημορίων *BCEl*; e Tyrwh. conj. em. Siebenk. ‖ 8. τῶν] *E*, τὸν *BCl*, τῷ Siebenk.; τὸ conj. Tyrwh. ‖ 10. τοῖς om. in *BCEl.* ‖ 22. τὰ post διαστήματα addendum cum Cor. et Mein. ‖ 23. μέλλοντα] ἐβάλοντι codd. ‖ 24. ἰσημερινῷ] Cor.; μεσημβρινῷ codd. ‖ 27. δ' οὐχ] Xyl.; δ' αὖ *BCl.* ‖ 28. καὶ ante ταῦτα add. Xyl.; om. Mein. ‖ 34. τῆς Ἰέρνης editt. ante Kr. ‖ 53. γέγονε] ἐγίγνετο Cor.

P. 110, 7. Ὀκτακοσίους] m et mgo *o*; ἑκατὸν *BCl.* ‖ 8. δι' ἀγνωρίστων e conj. Cor. ‖ 19. μὲν sustulit Cor. ‖ 27. ὑπὸ] ἐπὶ *BCl*, Cor. ‖ 28. τε delendum videri monet Meineke; ἡ sustulit Cor. ‖ 31. τοῦ codd. Xyl. ‖ 36. τρία] e Gosselini conj. Kr.; ἑπτὰ codd. ‖ 37. τριακοσίοις] τετρακοσίοις Cor. e Gosselini sent., qui etiam l. 32 legi vult πεντα-

INDEX VARIÆ LECTIONIS.

κοσίοις; qui numeri quamvis forent accuratiores, tamen non recipiendos esse bene monet Grosk. ‖ 43. Verba Κοίλης Συρίας καὶ τῆς ἄνω Συρίας corrupta esse cum Groskurdio censet Kramerus. Legendum Groskurdius putat : καὶ τῆς τῶν Σκηνιτῶν Ἀράβων χώρας, ut in latinis indicavit Dübnerus. At bene habet vulgata; nam Cœlesyria laxiore vocis sensu usque ad Ægyptum pertinet (v. p. 643, 50), et ἡ ἄνω Συρία intelligenda est Assyria, quæ item laxiore vocis sensu vocatur. Per utramque transit parallelus Alexandriæ. Τῆς ἄνω Συρίας hoc uno loco mentio fit, at ἡ κάτω Συρία (p. 590, 37 et 623, 23) duobus locis ita memoratur ut opponatur Mesopotamiæ, Babyloniæ, Susidi, adeo ut has esse τῆς ἄνω Συρίας facile intelligatur. ‖ 44. Βαβυλωνίας legi volunt interpretes Paris., Grosk., alii; fort. recte, quamvis etiam Βαβυλῶν vox de regione usurpari soleat. ‖ 47. Lege Σιδῶνα cum Mein.

P. 111, 2. μὲν Cor. inclusit; rectius lin. 3 lacunam notavit Grosk., hunc fere in modum explendam : Καρχηδόνος δὲ ὡς δισχιλίους ἑπτακοσίους τεσσαράκοντα. ‖ 17. Λυσιμαχείας Mein. ‖ 35. τε] δὲ Cor. Mein., recte puto. ‖ 38 φέρεται] φαίνεται Cor. ‖ 51. τούτους] mgo o; τοὺς BCl.

P. 112, 38. οὐδὲ τοῦ] οὐδὲ τοῦδε τοῦ Casaub.

P. 113, 19. Τετραμένη ex E add. Kr. ‖ 34. τὸ Ἰβηρ. CBl, τὸν sec. man. in B.

P. 114, 3. πρώτοις] πέρασι Cor., in notis addens : ἴσως ἐγέγραπτο πάλαι τοῖς τῆς Λιβύης, ἢ τοῖς πρὸ τῆς Λιβύης. ‖ 7. Κούναιον C. ‖ 10. φησίν] ~ fort. ὡς φησιν. » Kram. ‖ 12. Bene ὑφόρμους Cor. Mein. ‖ 13. δ' οὐ add. Kr.; μὴ δείκνυσθαι Cor. ‖ 14. οὔτε βωμόν] οὔτε γὰρ Ἡρακλέους βωμόν editt. ante Kr. ‖ οὐδ'] Mein.; οὔτ' codd. ‖ ἄλλου τοῦ θεῶν Cor.; ἄλλο τι τῶν θεῶν Ald.; εἶναι post θεῶν add. mgo n et editt. ante Kr. ‖ 16. στρέφεσθαι] στέφεσθαι Xyl. conj. ‖ 17. μεταφέρεσθαι quod velit, non assequor; fuisse puto μεταστρέφεσθαι. Dein σπονδοποιησαμένων Cor. et Mein., probabiliter; εὐχοποιησαμένων sive εὐχὰς ποιησαμένων proposuit Gronovius. ‖ 21. ἐπιβαίνειν] e conj. Mein.; ἐπιβάλλειν codd. ‖ 26. καὶ add. Cor. ‖ 28. Verba διὰ τὸ ἐμπίπτειν εἰς τὸν βυθὸν fort. delenda esse censet Meineke. ‖ 29. καὶ τοῦτο om. B. ‖ 40. δι' αὐλῶν] διὰ ὑγρῶν conj. Kramer., quod vel ob præcedens τούτων (sc. τῶν θυμιαμάτων ἐκ τῶν ὑγρῶν ἰσαφερομένων) non est verisimile; δι' ὑαλῶν bene conj. Is. Vossius ad Melam 1, 18 (coll. Seneca Q. N. 1, 6), quod recepit Mein.; δι' ὑδάτων aut δι' αὐλώνων conj. vir doctus a Kr. citatus. ‖ 50. δυνομένου editt. ante Kr.

P. 115, 5. Post ἑσπέραν fort. ῥυείς addendum esse, coll. lin. 19, Meinekius putat. ‖ 7. Κελτικοί] e Casaub. conj. Cor.; Κελτοὶ BCl, Κέλτιοι n. ‖ 10. Οὐεττώνων h. l. codd. ‖ 22. Τουρδητ. E, Τουρδετ. BCl. ‖ 30. ἐτῶν] ἐπῶν e probabili conj. Palmerii Meineke. ‖ 31. δ' add. Kr. ‖ 32. μιᾷ] l, ἰδίᾳ BC. Ald. ‖ 34. πρὸς νότον τε ἀπὸ τῶν ἐκβολῶν τοῦ Ἄνα μέχρι Στηλῶν codd. ‖ ἀπὸ τῶν ἐκβολῶν τοῦ Ἄνα κατὰ τῆς παραλίας τοῦ ὠκεανοῦ μέχρι Στηλῶν proposuit Grosk. ‖ 35. περὶ] Huc usque pertinet lacuna in Aghi (v. not. ad p. 104). ‖ 38. δὲ] δὴ Siebenk., Cor. ‖ 43. Βαστιτανῶν ABC, Βαπτιανῶν l. ‖ 47. Καρτηία] Κάλπη codd.; mutavit Kr. e sententia Casauboni, Bocharti, interpr. gall.; Καρτηία urbs vocatur p. 117, 22. 120, 27. 125, 21. ‖ 49. ποτε] τε BCl. ‖ 53. Μενλαρία] sic codd.; Μελλαρία editt. ante Kr. et Mein.; Μενραλία (Μενλαρία) Ptolemæus et Marcianus.

Pag. 116, 1. ἐμπορεῖα Cor. ‖ 2. Ζῆλις Kr.; Ζέλις codd.; at Ζήλις codd. p. 702, 31. ‖ 5. Ἰόζαν] Κωνσταντζίαν leg. opinatur Stiehle in Philolog. t. 10, p. 726, quoniam ap. Plin. 5, 1, 3 legitur : *Julia Constantia Zilis;* at hæc est Libyæ urbs; nostra apud Latinos vocatur *Julia Transducta*, quod nomen ad Tingin perperam refert Plinius. *Joza* vero idem significat quod *Transducta*, uti constat. V. post alios Movers. *Phœn.* 2, p 631. ‖ 7. Τουρδιτανίας ABCl. ‖ 16. Ἑξῆς editt. ante Kr. ‖ 17. Νάβρισσαν] interpres italus et Cor.; Νάβρασιν ABCl, ἀνάβρασις Ald. Cf. p. 119, 7. ‖ 19. εἰς τὴν] E, ἐς τὴν A, ἐστι C, ἐπὶ τὴν B, editt. ante Kr. ‖ 25. Καιπίωνος] e Vossii (ad. Mel. 3, 1) conj. Coray; Καπίωνος codd. ‖ πύργος [ὃς] ἵδρυται Cor. ‖ 29. ὥστ' ἕδει Cor. ‖ 27. Λουκεμδουβίαν ABC, editt. ante Kr.; Λουκεμβδουβίαν C; Λούκεμ διβῖναν, *lucem divinam*, leg. putat Movers *Phœniz.* t. 2, p. 652, n. 235, quum hoc nomine Veneris planetam cultum fuisse constet. ‖ 37. ἑξήκοντα.. ἑκατὸν... ἑβδομήκοντα]. Hi numeri e Romano auctore petiti pessime habent. Aliquatenus rectiora haberes, si legeres ἑκατὸν .. ἑξήκοντα... ἑβδομήκοντα. At longe accuratiora jam Varro tradidit (ep. Plin. 4, 35), quem in his Agrippam quoque secutum esse probabile est, quum alias mensuras Plinius de his non dederit. Is enim a Sacro prom. ad Anam 126 m. p., hinc ad Gades 102 m. p. computat. Quare fieri potest ut Strabonis numeri refingendi sint in hunc modum : [ἑκατὸν καὶ] ἓξ καὶ εἴκοσι... ἑξήκοντα [πέντε]... ἐπ[τὰ καὶ τριά]κοντα. ‖ 41. Τουρδητ.] sic primum fuit in A, quod deinde mutatum in Τουρδιτ., ut habent BCl. ‖ διαρρεῖ e Cas. conj. Cor.; διαιρεῖ codd. ‖ 43. Καλπητανῶν codd.; em. Xyl. ‖ 47. ἀστητανοί codd.; em. Xyl. ‖ 48 in latinis pro *adjacent* lege *attribuuntur* vel *adjunguntur*. ‖ οἱ ante πολλοὶ inclusit Cor.; οἱ ἔξω τοῦ Ἄνα Κελτικοὶ καὶ πολλοὶ conj. Grosk.; καὶ ἄλλοι πολλοὶ Kram. Post Ἄνα excidisse Κελτοὶ vel Κελτικοὶ et ipse puto; in reliquis nihil offendor.

P. 117, 6. συμμαχίαν Cor. ‖ 14. Βαῖτις] « De nomine Βαῖτις diu dubitatum est, quia ab nullo alio scriptore hujus urbis fit mentio : id quod eo magis mirum videtur, quo nobiliorem fuisse ex hoc Strabonis loco jure colligas. Præterea in Epit., ubi omnes aliæ urbes hoc loco commemoratæ enumerantur, illud nomen non invenitur. Neque multum proficimus conjecturis quibus Mannertus (Geogr. anf. 1, p. 303) tueri studuit codicum scripturam; sed infeliciores sunt suspiciones eorum qui mutari eam putant, Casauboni, Baίκυλα proponentis, nomen ab his locis alienum, ut liquet ex Polybio (10, 38. 11, 20), Penzelique ἐν τῇ Βαιτικῇ conjicientis. Equidem nihil certi affirmo. » *Kramer*. Ni fallor, oppidum, quod militibus Cæsar frequentavit, intelligendum est *Asido quæ Cæsariana*, ut apud Plinium 3, 1, 3, 11 legitur in recensu oppidorum conventus Hispalensis; Ἄσινδον ap. Ptolem. 2, 3 p. 113, 27 Wilbg. (*Xerez Sidonia* ævo medio; *Xerez de la Frontera* hodie). Ipsum Ἀσίδῳ vel Ἀσίνδῳ (Ἀσίνδων?) apud Strabonem reponere sine violentia non licet; sed quum plurima in hoc tractu oppidorum nomina in ιγις exeant, Strabo fortasse repperit formam Ἀσίνδιγις vel Ἀσίδιγις, quam ex codicum scriptura στρατιῶν. ἀσηδασιτις facile eruas. ‖ 17. Ἄστιγις] collato Ptolemæo et Plinio Kramerus, Ἀστίνας AC, Ἀστήνας Bl Ald., ἄστινχ Epit., Ἀστιγα e Cas. conj. Cor. ‖ 18. Μοῦνδα Mein. ‖ 19. Ἀτέγουα] Ἀτέτουα codd., e Cas. conj. em. Grosk. ‖ Τοῦκις Ald. ‖ Οὐλία] Ἰουλία codd.; em. Surita ad Itin. Ant. p. 412., probantibus Grosk., Ukerto, Kram., Mein., Penzel. leg. proposuit : καὶ Τοῦκκις, καὶ Ἰτούκκις ἢ καὶ Ἰουλία, collato Plinio 3, 3 § 12 : *Tucci quæ cognominatur Augusta Gemella, Ituci quæ Virtus Julia*, quod probabant interpr. gall. ‖ 20. Αἴγουα] Ἔσγουα Strabo scripserit, monente Casaubono. ‖ 23. χιλίους κ. τετρακοσίους] ἑξακισχιλίους κ. τρ. BCl, unde ἑξήκοντα κ. τρ. Palmerius, Cor., Grosk.; denique Kramer. « Strabonem scripsisse arbitror τριάκοντα καὶ τρ., unde, Δ in A mutato, alter error ortus est; alteri siglum ς ex praecedenti ς aliqua ratione ansam dedit. Abest enim Munda a Carteia 400 fere stadia. » Quæ quidem conjecturæ eo nituntur quod Mundam nostro loco memoratam superesse in hodierno *Monda* sibi persuaserunt. Id vero admitti nequit, neque quidquam est cur quæ in cod. *A* leguntur, vitio laborare putemus. Cf. Index nominum s. v. *Munda;* Forbiger *Geogr.* t. 3, p. 52 ; William Smith *Dict. of geogr.* t. 2, p. 376. || 29. Μιλήτῳ] Legendum Μιδαείῳ, ut e Lachmanni schedis prodit Kr. || 30. Κονίστοργις] ex Appiano 6, 57 Grosk., Kr., Mein.; Κονίστορσις *ABCl*, Κονίστωρσις Ald. || 31. Άστα] Μάστα codd.; em. Xyl. || οἱ Γαδιτ.] Kr., οἱ τουνγαδιτανοὶ *ABCl*, οἱ Τουρδιτανοί edd. ante Kr.; fort. fuit οἱ τὸ νῦν Γαδ. || 45. Κάστλωνος] Kr., Κλάστωνος *A*, Κλαστῶν *BCl*. Infra bis Καστιαών; unde Καστλῶνος dedit Kramer cum Plutarch. Sertor. 3; Κασταλῶνος cum Polybio, Artemidoro, Stephano Korayus, quod præstat. || 46. ἔστι] ἔτι Cor. || 51. Κοτίνους Vossius ad Melam 3, 1, qui eundem locum indicari putat quem Ptolemæus 2, 4 Ὀλέαστρον vocat, unde proveniat *plumbum Oleastrense* (Plin. 34, 49); Κωνσταντίαν conj. interpres gall. Cf. index nom. s. v. *Cotinæ*.

P. 118, 1. καὶ ἠιόνας ὁ ἀνάπλους codd.; em. Siebenk. e Cas. conj., nisi quod ἀνάπλους intactum reliquit, quod mutavit Kramer. || 2. τούτου] Cor., Kr.; αὐτοῦ Mein.; τοῦ *AC*, τὰ *Bl*. || 5. Καρπιτανία *BCl*. || 12. ναυκληρίων Cor. et Mein , recte. || 20. ἐκτετσμένοις codd.; em. Grosk. || 40. ὀκτὼ] ἑκατὸν proposuit Grosk. || 44. αἱ delevit Cor. || 45. ῥύσει] φύσει Siebenk.; dein ἀντιπνέουσαι codd.; em. Cor.; ἀντιπνεούσης Grosk. || 46. τοῖς ναυκλήροις *ABC*, ταῖς ναυκληρίαις *l*, τοῖς ναυτιλίοις Ald.; ταῖς ναυκληρίαις Kr.; leg. cum Cor. et Mein. τοῖς ναυκληρίοις, et dein ex cod. *B* κατακομιζομένοις... ἀνακομιζομένοις. || 51. Inclusa ejicienda esse notavit Kr. || 52. οὖν inclusit Cor.

P. 119, 6. ἐπὶ] καὶ ἐπὶ Cor. || 7. Ὅσ. supplevit Vossius ad Melam 3, 1. || 9. τῷ] Prætz., Cor.; τοῦ codd. || 12. καὶ post πλήμας add. Ald. || Verba διειργομένας ὑπὸ inclusit Cor.; ἀπεργομένας ἐπὶ conj. Mein. || 13. καὶ πλωτὸν ἀπεργαζομένων *ABC*; πόρους πλωτοὺς ἀπεργαζόμεναι *l*, Cor., quod præter necessitatem in ἀπεργαζόμενας mutavit Kr. Quum optimi codd. πλωτὸν habeant, Meinekius suspicatur leg. : πλωτὸν [τὸ πεδίον]. At sequens genitivus eo potius facit ut putemus pro πλωτὸν olim fuisse πλωτῶν, turbasque ortas esse ex male conflatis scripturis, quarum altera erat :... πλήμας, τῶν διειργόντων τοὺς πόρους ἰσθμῶν πλωτῶν ἀπειργασμένων, altera vero : διειργομένους ὑπὸ τῶν ἰσθμῶν τοὺς πόρους πλωτοὺς ἀπεργασάμενος. || 15. δ' ἡ] Kr. Mein.; δὴ codd. || 16. πλοῦν [τόν τε] μέχρι e Bekkeri conj. Mein. || 58. παραδιενεχθεὶς] e Tyrwh. conj. Kramer.; γὰρ διενεχθεὶς *BCl*, διενεχθείς, omisso γὰρ, *A*; παρενεχθεὶς Cor. || 29. ἅλια *Bl*., πολλὰ Grosk. || γῆς, fort. del. censet Mein. || 37. οὐδ' ἡ ἐx editt. ante Kr. inde a Cas. || 39. χεῖρον codd.; em. Kr. || 40 Lacunam notavit Groskurd., legendum putans νῦν δὲ ἔρια μᾶλλον [καλλίω] τῶν Κοραξικῶν, aut ... μᾶλλον [ἐνάμιλλα τοῖς] τῶν Κοραξῶν. At bene habere codicum scripturam, quum κοραξὰ ἔρια, certum quoddam lanæ nigræ genus, sæpius memorentur, monent Dindorf in Steph. Thes. v. κοραξός, et Mein.|| 41. δέ τις *C*, Cor. || 43. Σαλπιήται] « nemini præter Strabonem commemorati, eamque ob causam in dubium vocati et conjecturis tentati sunt, ex quibus una interp. Parr. est probabilis ad urbem Saltigam in Bastetanis (v. Ptol.) referentium : ac Σαλτιγίται si scribatur, vix quidquam mutatur in codd. scriptura. » *Kramer*. Kramerum sequitur Meineke. Harduinus et cum eo Groskurdius legi voluerunt : Σαλακιήται, quod sane præstare videtur, quod tum a codi-

cum scriptura prope abest, tum vero quam maxime commendatur loco Plinii 8, 73 : *et quam* (lanam) *Salacia scutulato textu commendat in Lusitania*. Salacia, a Strabone (p. 125, 46) aliisque memoratur: Saltigam ex uno Ptolemæo novimus. Neutrum opp. in Turditania situm , quare conjecturas istas improbandas esse dixit Ukertus; attamen utrumque oppidum in iis regionibus est, quæ Turditaniæ olim accenseri solebant. Quodsi ipsius Turdetaniæ locum desideras, sponte sese offert *Salpesa municipium*, fort. etiam *Salpe* dictum, adeo ut aut Σαλπ[εσ]ῆται aut nulla fere mutatione Σαλπῆται legi possit. || ἄφθονος] ἄπονος scr. Cor.; in Addendis p. 361 proposuit ἄφθονος .. εὐπορία || 45. ἀφθονία] Lege εὐθηνία cum Epit.; εὐπορία scr. Mein. ex conj. Corayi. || 47 λεβορίδας] o, Cor. || 49. σχεδόν τι conj. Mein.

P. 120, 1. φθόρον] « Ὡρῶν *B*, Siebenk. Cor.; θεωρῶν *C*, unde θηρίων Sbk. suspicatus est, ἀέρων Cas., sed cum vox καταστάσει, quæ post λοιμικῇ additur in editt., non legatur in *ACl* (ex *B* nihil video enotatum), alia medicina videatur quærenda. Crediderim scriptum fuisse φορᾷ δέ τινι. » *Kramer*, cujus conjecturam probabilem recepit Meinekius. Pro πόλεμον Piccolo legendum putat πλεονασμόν. || 4. τρέφουσιν] φέρουσιν codd.; em. Cas. || 9 Τουρδιτ. *BCl*. || 10. ναυκλήρων codd.; em. Cor. || γὰρ] δὲ *BCl*. || 12. ἐκπολλαπλασιάσιος *B*, ἐκπολλαπλασιάσεως Ald. (erat ἐκ πολλ.); glossam esse primus monuit Casaubonus. || 10. Τουρδιτ. *BCl*. || 20. ἐκδυομένων *Bl*. || 21. λιμνασίαν Cor. « At recte legi γυμνασίαν ostendit Galenus ed. Kuhn. v. 6, p. 709 : κατὰ γὰρ σιωπηλὴν καὶ ἀκύμονα (θάλατταν) χείρων ἡ σάρξ γίνεται τῶν ἰχθύων ὅσῳ καὶ ἀγυμναστοτέρα. » Meineke. Vind Strab. p. 17. || 29. μείζονας edd. ante Kr. || 32. ἀπὸ τῆς ἁλέης τῆς ἔξωθεν παλαιᾶς codd.; em. Cor. || 35. Post ν. παντάπασιν cod. *l* addit δρυί. Cf. Polyb. ap. Athenæum p. 302. || 37. ἐκ] καὶ *l*; ἐκ omis. B; retinuit Grosk. et Kr.; ejiciendum recte censuerunt Salmasius, Cor., Mein. || 39. Post παραλίας aut post Στηλῶν excidisse βαλάνου monet Kr. || 40. ἡ δ' ἐντός] ἐν τῇ δ' ἐντὸς mavult Mein. || 42. ἐκπίπτειν] Mein.; ἐκπέμπειν codd. || 46. πλείον] Kr.; πλέον *ABCl*, quod et h. l. et lin. 44 et alibi reponas cum Cor., Mein., aliis. || ἐπιλιπούσης Ald. || 47. παρὰ] παρὰ θάλατταν τε τὸ *AC*, παραθαλάττιον τὸ *Bl*. « Casaubonus, laudatis Polybii verbis , quæ affert Athenæus l. l. : διόπερ οὐκ ἂν ἁμάρτοι τις λέγων ὑς εἶναι θαλαττίους τοὺς θύννους · εἰσὶ γὰρ οἱ θύννοι οἷον ὑες ἀπὸ τῶν βαλάνων αὐξανόμενοι) hæc proposuit : εἶναί τε ὗν θαλάττιον τὸ ζῶον, codicumque scripturam paullo pressius sequens Tyrwhitt. : εἶναί τε ἄρα θαλάττιον ὗν. Sed ἄρα nemini placebit : malim πως. Infelicissime εἶναι δὲ παρὰ τἆλλα πῖον τὸ ζῷον τοῦτο Cor. » *Kramer*. Fort. ὥσπερ aut καθάπερ leg. conj. Meinekius; εἶναί τε παραπλήσιον ὗι τὸ ζῷον proposuit Piccolo; ego Polybii verbis, quæ ob oculos Strabo habuit, insistens legi velim : εἰπεῖν τε παρεῖναι θαλάττιον etc. || 48. ἀπ'] e Polybio, ὑπ' codd.

P. 121, 4. Τουρδιτ. *BCl*. || 6. οὐ γὰρ *B* Cor. || 7. οὐδὲ δὴ codd. præter *l*.qui omisit δὴ, cum eoque Cor. || 18. Post Γαλάται cum Kramero supplendum κάλλιστα aut κράτιστα, quorum hoc rec. Mein. || 19. εἶναι κρείττω τὰ μ. *l* et, misso τὰ, no mgo *B*. In quibus κρείττω glossa est. Post μέταλλα adde τά τε ex cod. *l* et cum editt. ante Kr. || Κεμμέρω] sec. man. in marg. *B*; Κιμμερίῳ *ABC*, Κεμμερίῳ *l*. || κἀντεῦθεν *BC*, in *C* tamen τἀντ. m. sec. || 29. ὁ τύπος] corruptum esse recte censent interpretes; οὗτος conj. Salmasius (Plin. Exerc. p. 1081) non improbantibus Corayo et Grosk.; Kramerus et Mein. quid scripserit Strabo in medio relinquunt. Quum in seqq. legamus πρὸς τὸ εἰκὸν καὶ διαχεόμενον ῥᾳδίως, similiter n. l. legere possis εὐδιάχυτος γὰρ καὶ εἰκτικός. Sed quum sequens vox λιθώδης ex Strabonis mente nonnisi ad argenti naturam pertinere possit, deinde vero τῷ εἰκτικῷ opponi soleat τὸ ἀντίτυπον, nullus dubito quin lacuna potius subsit hunc in modum explenda : εὐδιάχυτος γὰρ ὁ [χρυσὸς καὶ εἰκτικός, ὁ δὲ ἄργυρος ἀντί]τυπος καὶ λιθώδης. Codices omnes exhibent λιθώδης; quod in textu legitur λιπώδης, est conjectura Corayi, quam rec. Grosk., Kr., Mein. In notis ad vers. gall. Corayus proposuerat : [οὐ] λιθώδης. ‖ 32. ἀπαναλίσκει l. Cor. ‖ 32. ῥείθροις] ἐρύθροις codd.; em. Casaub.; ἐλύτροις conj. Coray. ad vers. gall., sed in sua Str. edit. Casauboni conjecturam sequitur. ‖ 34. ὀρύττεται] θρύπτεται codd.; em. Casaub. ‖ 38. χαλκουργῶν codd.; em. Falconer. ‖ 44. τακεῖσα] τὰ καινὰ codd.; em. Xyl. ‖ 48. ἀεννάου codd.; em. Cor. ‖ 49. ἀνεκλείπτου codd.; em. Siebenk. ‖ 52. ὡραίῳ] mgo A pr. man., οὐρανῷ ABC, ὁραίῳ l, ῥητορικῷ mgo hi. ‖ 54. λόγῳ] fort. πλούτῳ leg. opinatur Meinekius Venerem loci pessundans.

P. 122, 3. προσδοκώντων] προσδοκώντας editt.; codd. lectionem tuetur Mein. ‖ 4. καὶ ante παραπλ. habet A; fortassis fuisse [ἴσην] καὶ παραπλ. conj. Meinek. in Vind. Strab. p. 19. ‖ 6. πρὸς ejecit Cor.; ‖ 7. ἀνατλοῦντα AB, ἀναπλοῦντα C, ἀνατλοῦνται l, ἀναντλοῦνται Ald.; ἀναντλούντων dedit Cor., qui in antec. recte, opinor, delevit πρὸς, quod h. l. adverbialiter dictum esse nemo crediderit. Ceterum codicum scripturæ produnt lectionem exstitisse vitiosam : καὶ πρὸς τοὺς ἐν αὐταῖς ἀπαντώντων ποταμοὺς πολλάκις, [οἳ] τοῖς Αἰγ. ἀναντλοῦνται κοχλ.. ‖ 8. κοχλίαις] σκολίαις codd.; em. Cor. ‖ τὸν δόλον] τὸν δὲ λόγον οὐ τὸν αὐτὸν εἶναι l, Cas., Siebenk., Cor. in editt.; τὸ δ' ὅλον Scaliger conj.; τὸ δὲ λοιπὸν conj. Kr.; τὸν δ' ὅλθον Coray. in not. ad versionem Gall.; Meinekius in Vind. Str. p. 20 legendum putavit : τοῖς Αἰγυπτίοις ἀναντλούντων κοχλίαις τὸν θολόν. οὐ ταὐτὸ δ' εἶναι τούτοις τὸ τέ[λος] καὶ τοῖς Ἀττικοῖς. Quibus admissis, etiam πρὸς præpositionem suam vim habere; sc. ne rivi in fossis et cuniculis colligerentur, sordidas aquas exhauriebant. Quæ quamvis magnopere arrideant, incertiora tamen duxit Meinekius quam ut in editionem suam Str. reciperet. Ad tradita proxime accedit Scaligeri conjectura, quam Corayus in not. ad Strabonem præfert. In exquisita tamen qua utebatur Demetrius dictione istud τὸ δ' ὅλον jejunius videatur. Verba ΤΟΝ ΔΟΛΟΝ manu lenissima mutanda sunt in ΤΟΔ' ΑΘΛΟΝ, τὸ δ' ἆθλον. Idem, inquit, utrisque labor, sed non idem laboris præmium. ‖ 8. τούτοις που] Kr.; τούτῳ ποτε ABC, τούτοις ποτὲ l, τούτοις καί ποτε τοῖς Ἀττικοῖς scripsit Cor., at in annot. præfert τούτοις τε καὶ Ἀττ., quod ipse quoque velim cum Grosk. et Mein. ‖ 10. ἀνέλαβον] ἂν ἔλαβον BC. Diodorus 5, 37, 1 : ἃ μὲν ἤλπισαν ἐνίοτε λαβεῖν οὐκ ἔλαβον, ἃ δ' εἶχον ἀπέβαλον. Athenæus p. 233, E : ἃ μὲν ἔμελλον οὐκ ἔλαβον, ἃ δ' εἶχον ἀπέβαλον, unde ἔμελλον apud Strabon. pro ἀνέλαβον reponi voluit Mein. Vind. p. 21. ‖ 12. λυσιτελῇ] Fort. leg. λυσιτελεῖν in not. monet Cor., idque rec. Mein. ‖ τοῖς μὲν γὰρ χαλκ. no et correct. B. ‖ 13. τισιν add. Cor. in not. (quod Diod. 5, 36, 3) et Mein. ‖ τοῖς ἀργυρεύουσι τῶν ἰδιωτῶν Kram. ‖ 15. ἐπ' ἐπιπολῆς Xyl. ‖ 21. φασιν codd.; em. Cor. ‖ 22. ἀργυραμοιβῆς codd.; mutavit Kramer; sed in antec. potius cum Cor. et Mein. pro ἀργυρῷ et χρυσῷ legendum fuerit ἀργύρῳ et χρυσῷ. ‖ 24. καὶ ante διαμώσας C; spatium vacuum vel plurium literarum capax relinquit A, qui in margine manu prima scriptum habet διασμώσας, recte puto; nam pro διαμώσας dicendum fuisset διαμωμένας. ‖ 24. ἐσθητηρίοις Al, αἰσθητηρίοις C, ἰσθητηρίοις B; em. Cor. ‖ 24. ἐπιπιστην AC, ἐπὶ κίστην B, ἐπὶ κίστει l, ἐπιπάστην hi, ἐπὶ κίστῃ, e Casaub. conj. Siebenk., Cor., Grosk.; ἐπὶ κίστην in modum cistæ significare opinatur Toup.; eodem sensu Kram. vult : ὡς ἐπὶ κίστην ; Meinekius scripsit εἰς κίστην, vix recte; Piccolous conjecit : εἶτα πτίσσειν (Cf. Geogr. m. t. I, p. 126). ‖ 28. εἴκοσι] ὀκτὼ B, η´ C. ‖ 29. μυριάδας] μοίρας AC. ‖ 35. διαρτᾶσθαι codd.; em. Cas. ‖ 38. μολίβδου AC.· Mein. ‖ 39. ἀργύρια ABC. ‖ 40. δὲ ejec. Cor. Mein.; δὴ Kr. ‖ 41. Legendum : μετέστηκε κτήσεις cum Meinekio, aut ex Piccoloi conj. μετέστη ἐγκτήσεις. Hoc malo. ‖ κτήσεις] mgo hi, ἐκτίσεις ABCl, αἱ κτήσεις correct. in B; ἐγκτήσεις Cor. ‖ 42. ἐν δὲ] ἔνθεν codd.; em. Cor.; idem καὶ ante Καστ. ejecit. ‖ Καστλῶνι] Κατάνι ACl, Κασταώνι mgo A man. pr.; Κασταλῶνι Cor. h.l. et alibi. ‖ 43. μολίβδου B. ‖ 46. Καταώνος codd. ‖ 47. ὅ] ὃν codd.; em. Xyl. ‖ 53. πρὸς] περὶ k Cor. ‖ 54. Ἐρύθειαν E et sec. m. A; Ἐρυθίαν BC et pr. m. A.

P. 123, 1. Γηρυόνου Ald.; Cor. ‖ βουκολίου codd.; em. Kr.; δὴ τότε γεννήθη conjecit, eaque verba poetæ tribuit Bergkius Poet. lyr. p. 636. ‖ 4. πηγὰς Ald., ‖ 5. κευθμώνων codd.; em. Hermann. ‖ 5. πέτραις BCl. ‖ 9. Post. v. Ταρτησσίδα BCl addunt καλεῖσθαί φασιν, ex antece. male repetita ; in C sec. m. deleta sunt. ‖ 9. καὶ] « Aut καὶ delendum aut aliquid excidisse statuendum est in hanc ferme sententiam : ἔνιοι δὲ Ταρτησσὸν τὴν νῦν Καρπηίαν προσαγορεύουσι, quæ quum infra legantur (p. 125, 20) loco prorsus importuno, videndum est ne in hunc locum, ubi aptissime legerentur, transferenda sint. Carteia enim Calpæ monti vicina erat. » MEINEKE Vind. Str. p. 23, qui in edit. sua vulgatam liquit intactam. ‖ 10. δὲ] διὰ l. ‖ 11. Ἐρυθίαν ABCl. ‖ 19. εὐπαραδώτερα B. ‖ Ib. εἶναι] εἰσὶ ACl. ‖ Ib. πρὸς τὴν Κελτικὴν ἢ] Corayus post allatas variorum explicationes quas referre non est operæ pretium verba Casauboni repetivit : « nihil habeo quo hunc locum emendem. » Ratio qua Groskurdius vulgatam tueri studet, ferri nequit; nec quidquam proficimus ex iis quæ de Pythea agentes attulerunt Fuhrius et Redslob. Legendum est : τὰ προσαρκτικὰ μέρη τῆς Ἰβηρίας εὐπαροδώτερα [τῶν νοτίων aut exciderunt aut mente supplenda sunt] εἶναι [τοῖς addi velim] πρὸς τὴν Κελτικὴν κατὰ τῶν ὠκεανῶν πλέουσι. In antecedentibus Pytheas dixisse fertur æstum marinum [intellige vehementiorem illum quem inter Libyam et Iberiæ oram meridionalem veteres observarunt] non per totum regnare Oceanum, sed in ora Iberiæ australi nonnisi ad Sacrum usque promontorium pertinere. Consentaneum igitur est eundem Pytheam statuisse juxta boreales Iberiæ partes versus Celticam in Oceano tendentibus faciliorem esse præternavigationem quam juxta oram australem. Atque hoc ipsum est quod ex Artemidoro Strabo retulit, modo sustuleris ἢ particulam, quam cur quidam quæ res sit parum perspiciens addendam esse crediderit, facile intelligis. Offendere sane possis in voce εὐπάροδος, cujus loco εὐπαράπλους exspectaveris ; quare ipse olim conjeceram : εὐπαροδώτερα εἶναι πεζοῖς vel πορευομένοις [κατὰ] τὴν Κελτικὴν ἢ, etc.; sed ne sic quidem offensio ita removetur, nec video cur ejusmodi sententiam Artemidorus reprehenderit. Εὐπάροδος h. l. simili modo usurpatur atque εὐπρόσιτος νῆσος dicitur ap. Lucian V. H. 2, 44, et τὰς εὐπροσόδους καὶ τὰ ἄριστα πλεούσας· τῶν νεῶν legitur ap. Philon Belop. p. 104, B. Fortassis ap. Strab legendum esse προσοδώτερα censet Piccolous. ‖ 21. δι' ἀλαζονείας] ejecit Meineke, Byzantini magistelli additamentum esse putans. In promptu est conjicere : τῇ Πυθέου πιστεύσας ἀλαζονείᾳ vel Πυθέα π. νὴ Δί' ἀλαζονεῖ vel δι' ἀλαζονείαν πλείστα φλυαροῦντι, vel tale quid. Eleganter Piccolous conj. : Πυθέα πιστεύσας, οὐδὲ ὑποπτεύσας ἀλαζονείαν. Ad Eratosthenem verba δι' ἀλαζ. referenda esse a veri simili alienum est. ‖ 27. ἐσχάτην ἤκουεν αὐτήν, B Ald. Cor. ‖ 31. δῆλον ejecit Mein. ‖ 32. λακούων τὰ ABC, ἀκούων om. l, ἀκούοντα τὰ Cor. ‖ 34. τόπον ACl. ‖ 35. τὸ] τὸν ACl. ‖ 36. ζεφύροις ABCl, ζεφυρίοις Ald.; em. Cor. ‖ 38. ἔχθος] m et ex correct. ho; ἔθος ABCl. ‖ 40. τὴν μέχρι] no, τῶν μέχρι ABCl. ‖ 44. φησὶν ABCl; em. Cor. ‖ 47. τὸ κατὰ ABCl; em. Cor. ‖ 52. στρατία codd.; em. Cor., qui deinde ἢ addit ante v. τῶν Φ. P. 124, 2. Τουρδητ. A, m. sec. C ; Τουρδιτ. Bl. ‖ 4. στρατία codd.; em. Cor. ‖ 6. καὶ ante Ὀδυσσ. bene om. A; καὶ ante καθάπερ ejec. Cor. ‖ 13. περὶ add. Cor. ‖ 14. καὶ recte ejecit Cor. ‖ 14. κακωσάντων codd.; em. Cor. ‖ 18. δὴ inseruit Kr.; οὖν ins. Cor. ‖ ib. ἀπελθοῦσιν] Kr., ἀπειθοῦσιν ACl, ἀπιοῦσιν B. vett. editt. ‖ 19. Verba καὶ τοῖς Ἕλλησι Mein. ejecit, præter necessitatem. In antecc. ante περιλειφθ. inseri velim τε ‖ 21. προλαβόντος ὑπολαβόντος n et ex correct. B, et editt. ante Kr., recte, opinor. Ἱπροαυλοῦντος conj. Piccolo. ‖ 27. Καὶ Ὀδυσσέως pro more suo Meinekius ejecit; καὶ Μενεσθέως leg. esse conj. Cor. probabiliter. ‖ 29. στρατιάς codd.; em. Cor. ‖ 33. ἀποικίσειν ABl. ‖ 37. οὐδὲ] οὔτε Cor., ut legi solet in Od. 4, 566. ‖ 43. ἔρμην Mein. ‖ 50. χρύσεια codd.; στρατείαν ej. Mein. ‖ 51. ἄπωθεν BCl, Mein.

P. 125, 1. Καὶ [γὰρ] τῆς Coray., probabiliter. ‖ 7. φάτναις] φιάλαις Epil., Cor. ‖ 8. Τουρδιτ. B. ‖ 10. ὀνομασθῆναι] « Fort. νομισθῆναι. » Mein. ‖ 13. ἐγώ τ᾽ ἂν οὔτ᾽ codd. ‖ 14. οὔτε τὰ codd. ‖ 15. τ᾽ ἔτη καὶ ἑκατὸν B. ‖ 18. ἢ γὰρ ... προσαγορεύουσι, utpote glossam, ejecit Meineke; postrema tamen ἔνιοι δὲ Ταρτησσὸν etc. fortasse in p. 123, 9 transponenda esse suspicatur. ‖ 19. ἢ ἴσον τούτῳ τοῦ Ἀνακρέοντος codd.; μὴ ἴσον τούτῳ [τὸ] τοῦ Ἀνακρέοντος ex Tyrwhitti conj. Siebenkees. et Cor. Ὁ νοῦς (Corayus inquit) : "Ἡ οὕτω τις ἂν νοήσειε τὸ τοῦ Ἀνακρέοντος, « Οὐ βούλομαι βασιλεῦσαι ἴσον τῷ Ἀργανθωνίῳ, τῷ ζήσαντι ρν᾽ ἔτη », ἢ ἁπλούστερον « Οὐ βούλομαι πολὺν χρόνον βασιλεῦσαι τῆς Ταρτησσοῦ. Kramerus dedit :.. τις (ἢ) ἴσον τούτῳ τὸ Ἀν., addens « Malim collocare τὸ Ἀν. ante ἴσον. » Meinek. vulgatam retinuit, in sqq. vero scripsit : ἢ κοινότερον οὕτως, Ταρτ. Quæ quidem omnia claudicant. Legerim : ἢ γὰρ τοῦτον (Arganthonium Herodoti) δέξαιτ᾽ ἄν τις ἢ ἴσον τούτῳ, [ἐν τῷ] τοῦ Ἀνακρέοντος, ἢ κοινότερον [« ἔτη ρν᾽ »] ἀντὶ τοῦ πολὺν χρόνον Ταρτησσοῦ βασιλεῦσαι, aut : ἢ γὰρ οὗτος λέγοιτ᾽ ἂν ἤ τις ἴσος τούτῳ etc. Piccolous proposuit : ἢ γὰρ τούτῳ δέξαιτ᾽ ἄν τις προσήκον τὸ τοῦ Ἀν. ‖ 24. ἢ e Groskurdii conj. addidit Kramer.; γειτνιάσειν ὡς δ᾽ εἴρηκε scripsit Mein. Neutro opus est, si cum Schweighæusero (ad Polyb. t. 4, p. 640) et Corayo ante διὰ τὴν συγγένειαν inserueris καὶ, quam partic. in B addidit manus secunda. ‖ 37. τογάτοι (τογᾶτοι Mein.) Kram., ut jam voluit Coray.; στολάτοι codd.; στολάται λέγονται ἢ τογάτοι mgo r. ‖ 42. Lege ἔκβολαί cum BC et editt. ante Kr. ‖ 43. εὐθυπλοίας co Id.; εὐθυπλοίᾳ em. Cor., qui deinceps pro corruptis στάδιοι δ᾽ εἰσὶ δέκα scripsit στάδιοι διακόσιοι δέκα, quum tot fere sint stadia a promontorio Barbario (Cap Espichel) ad ostia Tagi. Probat hæc Groskurdius. Contra Kramerus : « Sed ex sequentibus jure colligas plura intercidisse, in quibus ea turris videtur commemorata esse, cujus paullo post mentio fit. Brequignius vero et Groskurdius post v. Βαρβάριον quædam excidisse rati, alter ἐνταῦθα δὲ πύργος ἵδρυται, alter καὶ πύργος ἐν αὐτῷ ὑψηλός inserendum esse conjiciunt : quæ quam incerta sint, monere vix attinet. Multo audacius etiam Corayus πύργου in ἄκρου mutandum esse suspicatur. » Deinde codices habent : ὑδρεύονται ειπον λακεια (sic), quorum loco Corayus et Groskurdius dederunt : ἵδρυνται (hoc e Xyl. conj.) Ὀλισίπων καὶ Λάκεια, in quibus Λάκεια, ignoti oppidi nomen, fortasse corruptum sit. Brequignius in λακεια latere putavit λακκαῖα. Quo arrepto, Kramerus scripsit ὑδρεύονται εἴ που λακκαῖα [ὕδατα]. Krameri rationes probavit Meinekius, nisi quod ὕδατα istud repudiavit. Ego hæc omnia nihili esse censeo. Ac primum quidem ut continua esset oræ Ibericæ mensuratio, dicendum erat quotnam stadia sint a Sacro promontorio ad ostia Tagi; deinde vero εὐθυπλοίᾳ vox non potest ad navigationem referri quæ sit a Barbario promont. ad ostia Tagi; ibi enim alia quam recta navigatio locum habere non potest; contra patet εὐθυπλοίᾳ verbum pertinere ad rectalem præternavigationem sinus illius, quem Strabo a Sacro promontorio a Tagi ostia patere dicit. Ejus vero sunt mille stadia, στάδιοι Α (Δ codd.). Porro, quemadmodum in australi Iberiæ litore complura sunt æstuaria, sic etiam Barbario promontorio æstuarium subjacet, quod olim longius etiam quam nunc in terram penetraverit. Exeunti autem in æstuarium fluvio imposita est Salacia urbs (Alcacer do Sal), quæ a Barbario pr. quadringenta quinquaginta fere stadia distat. His monitis, quidnam Strabo scripserit facile intelligitur. Lege : ἐφ᾽ ἃς εὐθυπλοίᾳ στάδιοι ͵α. Εἰσὶ δὲ καὶ ἐνταῦθα ἀναχύσεις, ὧν μία ἐπὶ πλείους ἢ τετρακοσίους σταδίους ἀπὸ τοῦ λεχθέντος [ἄκρω]τηρίου, καθ᾽ ἣν πορθμεύονται ἐπὶ Σαλάκειαν. Quod codices post vocem ἐνταῦθα habent δὲ καὶ correctionem indicat vocis corruptæ δέκα. Πύργου loco ἄκρου scripturus Corayus a vero abfuit proxime. Quam facile τηριου in πυργου abierit satis patet. Πορθμεύονται pro ὑδρεύονται scripsi, coll. p. 119, 14 : ὥστε πορθμεύεσθαι ἐκ τῶν ποταμῶν εἰς τὰς ἀναχύσεις κἀκεῖθεν δεῦρο. Salaciæ mentionem n. l. latere jam Xylander suspicatus erat, qui leg. proposuit : καθ᾽ ἣν ἵδρυνται Ἵππων καὶ Σαλάκεια. ‖ 50. γένονται codd.; em. Mein.

P. 126, 1. νησίον] νῆσον codd.; em. Siebenk. ‖ 3. εὐαλδὲς] εὐαλτὲς ABC; εὐαλδὲς mgo A man. prima et correct. in B manu secunda; εὐαλθὲς l; εὐαλσὲς e Cas. conj. editt., quamvis aliunde non nota vox sit dubitesque Strabonem silvas juxta vineas in insulula ista memorasse ; εὐαλδὲς quod Kramerus recepit, prava est vett. scribarum conjectura; certe insulam εὐαλδῆ dici posse aliunde comprobandum foret. E codicum scriptura εὐαλτὲς elicere possis εὐανθὲς, inserta litera θ; at malim εὐέλαιος, quam vocem apud Strabonem duobus habemus locis, quorum altero (p. 583) Cyprus insula, similiter ac nostra hæc, esse dicitur εὐέλαιος καὶ εὔοινος. ‖ 4. κατὰ Μόρωνα (al Merim) πόλιν εὖ κειμένην] κατὰ λόγον ἀπολιπεῖν κειμένην codd.; e Casauboni conj. em. Cor., nisi quod εὖ ex εἶν elicuit Groskurdius, qui in antecc. scribi voluit : κατὰ Λαγγόβριγα πόλιν, quoniam Ptolemæus (2, 4, p. 116, 5 ed. Willberg.) Λαγκόβριγαν eo fere loco ponit quo oppidum a Strabone memoratum ponendum est. At in Itin. Ant. Langobriga multo longius versus hoream collocatur ; neque diversam ab illa esse Ptolemæi Langobrigam putaveris, quum alia quoque hujus tractus oppida justo longius meridiem versus Ptolemæus removerit ; contra vero ex ipso hoc tabularum Ptol. vitio colligas Moron opp. Strabonis idem esse cum Myrobriga, quam Ptolemæus in parallelo Barbarii promontorii collocat. ‖ 12. πλευροῖς e Casaub. conj. Groskurd. et Kramer.; πλίθροις codd.; πλημμύραις vel πλήμαις; vel πλημυρίσιν Coray.; Meinekius cum Kramero dedit πλευροῖς, at in præfatione dicit : « Servanda erat quamvis corrupta librorum scriptura πλίθροις. » Ego manu lenissime corrigo κλείθροις quod Meinekio quoque (Vindic. p. 25) in mentem venit. Tagus, in amplum lacum diffusus, ad ipsum exitum in angustas fauces coarctatur, quæ aptissime vocantur τὰ κλεῖθρα τοῦ ποταμοῦ, sicuti Bospori Thracii pars apud Dionysium Byz. et etiam nunc apud nautas τὰ Κλεῖθρα Ponti vocatur.

INDEX VARIÆ LECTIONIS.

Similiter Euripides (Med. 213) Hellespontum Πόντου κλῇδα dicit. ‖ 13. ἐπετείχισε τὴν Ὀλυσιπ[ῶνα], ὡς ἂν ἔχοι] ἐπεχείρησε τὴν ὅλοσιν ὡς ἂν ἔχοι codd.; ἐπετείχισε τινὰς πόλεις male conj. Casaubonus; nec melius ἐπεχείρησε τὴν ἅλωσιν Corayus, quem sequitur Groskurdius. Quod in nostra editione legitur, debetur Kramero, quem sequitur Meinekius, nisi quod hic scribere maluit τὴν Ὀλυσιπῶνα, ἵν' ἂν ἔχοι. At Casauboni istud ἐπετείχισε non erat probandum; in ἐπεχείρησε latet ἐπωχύρωσε, qua voce Diodorum uti constat. In urbis nomine ex codd. scriptura ολοσι eruendum erat Ὀλιοσιπῶν, sicut Ptolemæus et Marcianus habent; eaque forma Græcorum fuerit, dum apud Romanos scriptores sicut in inscriptionibus obtinet forma *Olisipon*; *Olysipon* formæ auctoritas pæne nulla. ‖ 15. ὥστε καὶ τῶν περὶ] ὥστ' εἰσὶ leg. esse censet Mein. Quum in *Cl* scribatur ὤ. καὶ τῶν τὸν περὶ, suspicor fuisse ὥστε πασῶν τῶν περί. In sequente linea quum pro ὀστρέων in *CBl* legatur ὀστρακίων (quod rec. Coray.), nescio an literæ ακι, quæ in codice aliquo supra ὀστρέων inter versus scriptæ erant, in versum superiorem migraverint. ‖ 17. Θυεττιώνων A, Ὀυεττιώνων *Cl*. ‖ 22. ὁρῶν] ποταμῶν conj. Brcq.; μερῶν scripsit Mein. Sed quidni auctor intelligi voluerit τὰ τοῦ Ἄνα ὑπερκείμενα ὄρη, de quibus dixit p. 118, 2? ‖ 24. δὲ] Mein.; τε codd. ‖ Οὐεττίωνες codd. ‖ 26. Ἀκοντίαν] Leg. videtur Ἀκούτεια ex Stephano : Ἀκούτεια πόλις Ἰβηρίας, καθὰ Στράβων ἐν τῷ τρίτῳ] ‖ 39. αὐτοὶ] « Malim οὗτοι. » *Mein.* ‖ 33. Καστουλῶν] e Xyl. conj. Kr.; Καίτουλον codd. Κασταλῶν Cor. In superioribus Καστλών Kr. scripsit. Hoc loco Strabonem sua ex Artemidoro habere colligitur e Stephano, ubi hæc : Ὠρισία, πόλις Ἰβηρίας · τὸ ἐθνικὸν Ὠριτανός. Ἀρτεμίδωρος ἐν δευτέρῳ γεωγραφουμένων · « ἀμφότεροι γάρ, φησί, κατοικοῦσι τὴν παραλίαν καί τινα τῆς μεσογείου, πρῶτον μὲν Ὠριτανοὶ · πόλεις δ' ἐν αὐτοῖς εἰσὶ μεγάλαι Ὀρσία (Ὠρσία unus cod.) καὶ Κατάλων (sic. codd ; Κασταλών scr. Cas.). Unde suspicor ipsum Strabonem corruptum urbis nomen ex vitiato Artemidori codice prodidisse. ‖ Ὠρία] an Ὠρισία? ‖ 39. Οὐεττίωνες *ABC*. ‖ 41. τοῖς νῦν] fuit aut τὰ νῦν, quod recepit Meinekius, aut τοῖς νῦν, quod proposuit Corayus. ‖ 44. Ἀστουρίων h. l. codd. ‖ 44. Κελτ inseruit Groskurd.; Corayus verba καὶ τοῖς Ἴβηρσιν inclusit. ‖ 45. μυρίων καὶ h. l. inepta esse post Gosselinum monuerunt editores; ejecit ea Meinekius. « Error ortus esse videtur ex voce μῆκος male repetita. » *Kramer.* Quod non assequor. Immo, quum 3000 ista stadia pertineant usque ad Nerium prom., legendum est : ἡ καὶ μήκος [μέχρις vel ἕως] Νερίου τριςχ. ‖ 50. ἡ δὴ] *h*; ἤδη *ABCl*. ‖ 52. καὶ τὴν Μαυρουσίαν] τὴν παραλίαν τὴν κατὰ τὴν Μαυρουσίαν Cor.; ταύτην τὴν παραλίαν καὶ τὴν Μαυρουσίαν Grosk.; τὴν παραλίαν τῆς Ἰβηρίας καὶ τῆς Μαυρουσίας, deletis verbis τῇ Ἰβηρίᾳ p. 127, 1, Kramer. » Videtur Aristoteles potius in universum ea de re quæsivisse et in hanc sententiam disputasse, ut causam rei a litorum altitudine et asperitate repeteret. Id Posidonius Iberici litoris natura refutari dixerat, cujus maximam partem humilem esse et arenosam. Itaque nescio an καὶ τὴν Μαυρουσίαν ab interpolatore additum, τῇ Ἰβηρίᾳ autem loco suo motum et post τἀναντία γὰρ transponendum sit. » *Meineke.* ‖ 54. ἄκρας] ἀκτὰς Mein.

P. 127, 1. τῇ Ἰβηρίᾳ] ἀνταποδιδούσας [εἰς] τἀναντία · τῆς Ἰβηρίας γὰρ Grosk.; ἀνταποδιδούσας. τἀναντία γὰρ τῇ Ἰβηρίᾳ Mein. ‖ 9. Μούνδα] Μουλιάδας codd.; e Casauboni conj. em. Cor. ‖ 10. Οὐακούα] Οὐάκος correct. in B. Cf. Geogr. min. t. I, p. 548 not. ‖ 13. τι om. *Al.* ‖ 15. Λιμαῖαι] Λημαῖαι A, ἐσλημαῖαι *BCl*. ‖ 15. Βελιῶνα] Ὀβλιουιῶνα (*Oblivionem*) probabiliter conj. Xyl. col-

lato Plinio 4, 35 et 3, 1. ‖ 17. Βαῖνις] Ναῖβις conj. Casaub., quum Bænis nusquam memoretur, Næbin vero (h. *Neiva*) habeat Ptolemæus 2, 5 et Mela 3, 1, quamvis a Minio diversum. Sane Bænis nomen perperam ad Minium fluv. referri videtur, neque tamen propterea in Ναῖβις mutandum est. Vide quæ monui in Ind. Nominum s. v. *Bænis*. ‖ 19. Κατάβρων *ABCl*. ‖ 20. καὶ recte, opinor, ejecit Mein. ‖ 30. αὐτῷ [καὶ] Κελτικοὶ aut περιοικοῦσι δ' αὐτοῖς Κελτικοί. *Mein.* ‖ 33. Λιμέα *ABCl*, Λημίου Ald., Λιμαίου Siebenk.; Cor. ‖ 36. ἀναγορευθῆναι Cor., προσαγορευθῆναι Mein. ‖ 37. ὃν] *n*, ὧν *ABCl*. ‖ 38. καὶ om. *BC*. ‖ 40. τριάκοντα] πεντήκοντα *BCl* (sed in *B* postea correct.), Coray.; recte, ni fallor.; 46 populos Lusitaniæ esse Plinius (4, 35) prodit.

P. 128, 1. οὖσαν] εἶναι *B* et margo *A* manu prima. ‖ 2. ὑπὸ] δ' ὑπὸ *B* editt. ante Kr. ‖ 7. πρὸς τούτοις] πρὸς τούτῳ Grosk. vix recte. « Videtur gladiorum aliqua mentio intercidisse. Diodorus enim (5, 33) de Celtiberorum armis loquens, quibus postea (c. 34) simillima, ait esse Lusitanorum, hæc tradit : ξίφη δὲ ἀμφίστομα καὶ σιδήρῳ διαφόρῳ κεχαλκευμένα φοροῦσιν, ἔχοντες ἐπιθαμιαίας παραξιφίδας, αἷς χρῶνται κατὰ τὰς ἐν ταῖς μάχαις συμπλοκάς. » *Kramer.* Fortasse igitur erat : [ἀμφίστομον φοροῦσι ξίφος] · παραξιφί; etc. 14. ‖ δὶς] « Ὕποπτος λέξις · ὤφειλε γοῦν εἶναι « Δὶς τῆς ἡμέρας. » Ἴσως ἦν · « Ἀλειπτηρίοις χρωμένους ξηροῖς », ὃ καὶ διὰ μιᾶς λέξεως ἦν φράσαι, Ξηραλοιφοῦντας. » *Coray.* « Ortam potius crediderim δὶς vocem ex literis, quæ proxime antecedunt, male repetitis (?). » *Kram.*; ἰδίοις proposuit Mein. in Vindiciis Strab. Fort. in ΔΙΣ latet ΑΙΣ, adeo ut fuerit ἀλειπτηρίοις χρωμένους [καὶ ξύστρ]αις, vel tale quid. Possis etiam : χρωμένους · [ἐνίους] δὲ καὶ. In latinis pro *tepidariis vasis* lege *assa sudatione*.‖ 14. καὶ ante ψυχρολουτροῦντας add. *B* (?) et editiones ante Kram., recte utique. ‖ 15. καθαρίοις] Præstat καθαρείοις, ut scripsit Mein. ‖ 19. καὶ om, *BC*; in *C* tamen addidit manus secunda.‖20.ὑπὸ, quod inclusimus, ejecit Mein.‖21. πρῶτον] « Non video quo consilio πρῶτον scripserit, nisi addidit quid postea fecerint. Quam ob rem vide an scripserit : μαντεύονται πρῶτον ἐκ τοῦ πτώματος [αὑ]τῶν, θανόντων [δὲ] τὰς χεῖρας etc. » *Meineke* Vind. Str. p. 28. Quibus opus non est. Lusitani ἐκ τοῦ πτώματος vaticinari dicuntur antequam vaticinentur ἐκ τῶν σπλάγχνων. ‖ 39. ὡς καὶ Πίνδαρος...ἔφασαν] Hæc glossatoris esse recte monuit Mein. ‖ 32. Literas δι, quas inclusimus, delendas esse censet Bekkerus apud Mein. in Vindic.; haud dubie ortas putat ex præcedentibus literis ΑΙ. At quum verbum διακροβολίζεσθαι aliunde bene notum sit, nihil video cur codicum scripturæ Bekkerianum arbitrium substituatur. ‖ 37. γεν.] γινόμενον velim cum Cor. ‖ 42. ἀλλὰ] Fort. ἅμα scribendum esse censuit Corayus. « Mihi quidem satis expedita esse videtur sententia, ut nil mutandum videatur (*saltant* (*non modo*) *choreas ducentes, sed etiam subsilientes et flexis genibus rursus subsidentes.*) » *Meineke.* Nescio an fuerit : χορεύοντες ἐναλλὰξ (*alternatim*) καὶ ἀναλλόμενοι etc. ‖ ἀναμὶξ ἀνδράσι προσαντιλαμβανόμεναι] Kr. e conj. Palmerii et Corayi; ἀναμίξ ἀντὶ προσαντιλ. codd.; ἀνδράσι ἀντιλαμβάνει. Grosk. et Mein., adeo ut ἀνδράσι natum sit ex ἀντὶ πρὸς; malim [ἀνδράσιν] ἀντιπρόσωποι λαμβανόμεναι τῶν χειρῶν. Piccolous conj.; ἀναμὶξ μία πρὸς ἕνα ἀντιλαμβανόμεναι. ‖ 46. χηλίνους] κηρίνοις codd., eo κεραμέοις Corayus, qui in not. addit : ἕτεροι δὲ παρῆγνον γράφειν κεράτινους, πιθανώτερον ἴσως. Friedemannus proposuit ξυλίνοις, quod receperunt Kramerus et Groskurdius, collato Athenæo (IV, 13) qui inter Gallorum vasa memorat κάνεα ξύλινα καὶ πλεκτά. Meinekius in Vindic. p. 29 conjecit χηλίνους, collato Polluce 8, 172 : χήλινον ἄγγος τὸ ἐκ σχοινίων πλέγμα δηλοῖ. Hesych. v. κεχήλωμαι· Χήλινον ἄγγος τὸ πλεκτόν, ὡς Ἀνακρέων. In editt. Strab. cum Kramero dedit ξυλίνοις. Casu factum est ut nostra editio in græcis præbeat χηλίνοις (*textis*), in latinis vero *ligneis* (ξυλίνοις). Ceterum verba quibus vasa Lusitanorum memorantur, Groskurdius post v. διάγουσιν (lin. 48), Meinekius vero post v. δεῖπνον (lin. 41) transposuerunt. Nihil horum probandum. Recte quidem sentierunt viri docti vasorum, qualiacunque ista fuerint, mentionem fieri loco inopportuno; id vero non inducere debebat ut verba transponerent, sed emendandi via ineunda erat, qua vasa illa removerentur, verbaque Strabonis locum suum possent tueri. Quæ præcedunt de nigris sagis virorum et quæ sequuntur de variegatis mulierum indumentis, nostrum quoque locum intermedium ad eandem rem pertinuisse coarguunt. Itaque quum apud Diodorum legam (5, 33, 2): Φοροῦσι δὲ οὗτοι (Celtiberi) σάγους μέλανας τραχεῖς καὶ παραπλησίον ἔχοντας τὸ ἔριον ταῖς αἰγείοις θριξίν (Cf. quæ similia de Celticis sagis Strabo p. 163, 8 habet): nullus ego dubito quin quæ apud Strabonem exstant verba: ... στιβαδοκοιτοῦσι· κηρίνοις δὲ ἀγγείοις χρῶνται, emendanda sint hunc in modum:.. στιβαδοκοιτοῦσιν· ἐρίνοις δὲ ἢ αἰγείοις χρῶνται (sc. σάγοις). Literæ ν et κ quum in sæc. XI et XII codd. ita sibi similes esse soleant ut sæpissime confundantur, νερίνους abiit in κερίνους, quod in κηρίνους emendaturus quidam depravavit. Quod usum vocis αἴγειος attinet, cf. Chrysostom. Or. 108, De eleem. t. 6, p. 927, 18: ἔχεις σηρικά, καὶ αἴγεια περιβέβλησαι. Palladius hist. Laus. 38, p. 955, E: μηλωτὴν αἰγείαν εἰργασμένην λευκήν (de veste monachorum), quæ attulit Hase in Steph. Thes. s. v., ubi vide etiam de v. ἔρινος et ἐρίνεος. ǁ 49. δὲ] ejecit Cor.; γε conj. Grosk. ǁ 52. ὅρων ἢ τῶν πόλεων] e Casaub. conj. Siebenk., Cor., Grosk.; ὁρῶν ἢ τῶν ποταμῶν codd.; Meinekius verba ἢ τῶν ποταμῶν ejecit; ac sane probabile est quendam, ὁρῶν voce in ὁρᾶν corrupta, ἢ τῶν ποταμῶν adjicienda putasse. Cas. conjecturam ægre tuleris. Olim conjeceram ἔξω τῶν ὅρων τῶν ἀπωτάτω. ǁ 53. Ἀσσύριοι] Αἰγύπτιοι codd. Vid. p. 635, 11.

P. 129, 4. Ἤδη] ἃ δὴ codd.; em. Grosk. ǁ 6. ὥσπερ] Lege ὧνπερ, et dein λέγω [δὲ] cum Corayo. ǁ 11. Πλευταύρους·] Hoc num recte habeat, aliunde non constat. In qua Cantabricæ regionis parte degent Bardyetæ et Allotriges, Mela 3, 1, 16 fluvium memorat *Aturiam* vel *Maturiam* vel *Amaturiam*. Ptolemæus in eodem tractu habet *Iturisam* (*Inturissam* G. R. 4, 43) opp. Num his commune aliquid sit cum Pleutauris Strabonis, tu videas. Ni fallor, legendum est Πλεύταυροι, sicut vicini populi vocantur Κάνταβροι, Ἄσταβροι. Similiter pro Κάνταβροι in Strabonis codd. passim legitur Κάνταυροι. V. c p. 133, 39, ǁ 14. ὃ ejiciendum. ǁ 19. δ' ἧττον] δὲ μὴ Cor. ǁ 21. τοιούτοις δ' οὖσι] e conj. Mein.; τοιαύτης δ' οὔσης codd. Dein ἀπὸ [τῆς] τῶν leg. e conj. Corayi. ǁ 22. ἀέρων] e conj. Mein.; ὁρῶν codd. Ceterum quum λυπρότης τῶν ἀέρων dici vix possit, ejicienda potius καὶ particula, quæ locis innumeris perperam illata est, et pro τῶν ὁρῶν legendum τῶν ὀρεινῶν vel ὀρείων, quod Piccolous proposuit, vel quod mihi in mentem venit: τῶν ἐθῶν. ǁ 24. μάλιστα inclusit Cor. ǁ 28. Κωνιακοί] sunt *Concani* ap. Horat. Od. 3, 4, 31, Melam 3, 1, 10, Silium, 3, 360, quorum Κονκάνα urbs ap. Ptol. 2, 6 pag. 124. Num ipsum hoc nomen apud Strabonem reponendum sit, quæritur. Qui infra memorantur (p. 134, 42) tamquam Veronibus vicini Conisci non iidem cum Coniacis esse, ut quidam putarunt, sed cum Caristis Ptolemæi componendi esse videntur. ǁ 29. πλὴν τούϊσοι] sic codd., nisi quod πλὴν τοῦσοι in C. « Quæ verba corrupta esse omnes consentiunt, sed emendare ea in tanta horum populorum obscuritate admodum difficile est. Vocem πόλιν in πλὴν latere Casaubonus et Groskurdius rati, alter urbem fingit Tuisi, quam nemo novit, alter proponit Juliobrigam, quæ nimis abhorret a codicum scriptura. Equidem cum Interpr. Paris. populi nomen verbis illis contineri arbitror, ac proxime ad ea accedere Πλευταῦροι modo commemorati una cum Bardyetis; cui conjecturæ favere videtur quod infra Bardyetæ traduntur esse vicini Coniscis. » KRAMER. Πλεύταυροι non magis noti sunt quam Πληντούϊσοι, quos fingere licet. Apud Ptolemæum memorantur (2, 5 p. 125, 21) Πελενδόνες a Numantia versus occasum degentes, satis longe a fontibus Iberi. Idem in Asturia habet Παιλόντιον sive Πηλόντιον (*Aplans*), Lungonum oppidum, a Concana versus occasum, ab Iberi fontibus longe dissitum versus occasum boreamque. Horum alterutrum fortasse cum Strabonianis componendum esse auctoris nostri interpretes et geographicôn scriptores suspicati sunt. Mihi secus videtur. Ante omnia hoc premo quod populus a Strabone memoratus ad fontes Iberi sedem habuisse dicitur. Fontibus istis Ptolemæus 2, 6, 51 (p. 125, 3 ed. Willb.) apponit oppidum Οὐέλλικα sive Βέλλικα (Βέλγικα v. l., notante Ukerto *Geogr.* 2, 1 p. 444). Id vero fuisse puto oppidum Bellorum, quod proprio nomine vocabatur Σεγήδη (Appian. Hisp. c. 44) vel Σεγίδη (Steph. Byz.). Belli isti, quos e Polybio (Exc. Leg.; lib. 35, 2, 2) et Appiano (Hisp. c. 44. 50. 63. 66) novimus, nusquam soli memorantur, sed conjunctim semper nominantur Βελλοὶ καὶ Τιτθοί (Τιττοί in Polyb. fragmento), γένη ὅμορα, qui communi consilio minora oppida in Segidam συνοικίζειν, urbemque sic amplificatam muro contra Romanos firmare instituerunt. Quo conamine constat eos auctores exstitisse τοῦ πυρίνου, quem Polybius dicit, πρὸς τοὺς Κελτίβηρας πολέμου. Eodem autem nomine etiam commemorari merebantur inter eos qui, olim hostes, nunc pro Romanis arma ferrent. Idque fecisse Strabonem facile largierio, quum verba οἰκοῦντ ΕC ΠΛΗΝ ΤΟΥΙϹΟΙ manu leni refingere licet in οἰκουντ. ϹΕΓΙΔΗΝ ΤΟΥΤΘΟΙ. Quodsi Segida urbs non Bellorum, sed Tutthorum (fort. Tytthorum) dicitur, id ex iis quæ supra monuimus, explicationem probabilem admittit; nec magnopere offendor eo, quod alio loco (p. 135, 7) Strabo Segidam Aruacorum urbem dicit, gentis potentissimæ longissimeque patentis, cujus nomine postea minores gentes complures comprehensæ fuerint. Titthos et Bellos, imminente bello Celtiberico, Segidam reliquisse et cum liberis et uxoribus ad Aruacos socios confugisse constat (Appian. Hisp. 44). Itaque Strabo Segidam Aruacis attribuerit eodem modo quo Pallantiam, quod Vaccæorum oppidum erat, inter Aruacorum oppida recenset. Præterea sæpius fit ut eandem urbem Strabo alio loco alii populo attribuat. Sic in antecc. Augusta Emerita alio loco Turdulorum, alio loco Lusitanorum esse dicitur. Quam inconstantiam si nostro loco admittere nolueris, nonnulla excidisse statueris: οἰκοῦντες Σεγίδην [πόλιν Ἀρούακοι, καὶ Βελλοὶ καὶ] Τουτθοί. ǁ 30. στρατιωτικῶν codd.; em. Cor. ǁ 38. τὸ δὲ τὰ δὲ codd.; em. Grosk.; ἔτι] ἐπὶ codd.; em. Grosk.; καὶ om. Cor. ǁ 39. εἴρηται] εὕρηται scrib. videtur Kramero. ǁ 40. δισχιλίοις καὶ διακοσίοις codd.; em. Cor. ǁ 42. ὑπὸ] ἀπὸ codd; em. Cor. ǁ 43. Ὠρητανῶν secunda m. in C; Ἡρετανῶν *Al* et pr. m. C. ǁ 45. Ἐδητανούς] Ἐλητανούς *ABCl*, Αἰλετανούς *h*; Ἡδητανούς Grosk. ex Ptolemæo (2, 6), Appiano Iber. c. 77, collato Silio Ital. 3, 372. Cf. not. ad p. 134, 39. ǁ 47. Ἐδητ.] Αἰλητανῶν codd.

P. 130, 4. Μάλακα] μάλκ καὶ *ACl*. ǁ 5., ἐν ejecit Cor. ǁ

6. Νομάσι] σαίμασι codd.; em. Tyrwhitt.; σύμπασι Cor.; Σιγαίοις Florez.; σκάμμασι Vossius ad Melam 2, 6 p. 750; ἐμπόριόν ἐστι τοῖς τ' ἐν τῇ περαίᾳ καὶ τοῖς ἐν τῇ μεσογαίᾳ vel τοῖς μεσογαίοις, Casaubonus. ‖ 11. Μάλακα] μάλα καὶ AC, Μάλακα καὶ Bl. ‖ 12. Φοινικική] Φοινίκης ABCl; φοινικική τε Siebenk., Cor. ‖ 16. τῶν τόπων [τούτων] Cor. ‖ 19. Τουρδιτ. BCl. ‖ 21. ταύτῃ] ταύτης codd.; em. Xyl. ‖ 29. ἱστορεῖσθαι ABC. ‖ 31. ἄλλοι] ἄλλος ABC. ‖ 31. Ὠψικέλλαν] Ὠκέλλαν leg. esse monuit Siebenkees.; possis etiam Ὠκέλαν vel Ὀκέλαν, prout scripseris sequens conditoris nomen; Ὄκελον (Ὄκελλον var. lect.) ap. Ptolem. 2, 5 p. 117, 21 ed. Wilb.; Ocelenses in Lusitania ap. Plin. 4, 35. ‖ Ὀκέλα κτίσμα] Kramerus; Ὠκέλλα κτ. margo o Cor. Mein.; ὃ καὶ λάκτισμα ACl. ‖ 37. Αἰθίοψι] Αἰθίοπες codd.; em. Casaub. ‖ 39. καὶ om. editt. ante Kr. ‖ 47. τοῖς supplevit Cor. ‖ 49. ἐποίει] ἐποίησε BC. ‖ 52. Μαλώτης ABCl. ‖ 53. οἱ δ'] no, οὐδ' ABCl.
P. 131, 8. ἄγειν] ἀγαγεῖν B (?) et editt. ante Kr. ‖ 17. τὸ ante αὐθάδες addidit Cor. ‖ 18. δὲ ejec. Cor.; δὴ leg. Mein. ‖ 19. ἐπιθετικοί] ἐπίθετοι codd.; em. Cor. ‖ 27. Οὑριάσθω Cl; Σέρτωρι Al. ‖ 29. Ῥωμαῖοί τε τῷ, etc.] « Haec sic a Strabone scribi non potuisse manifestum est, quamquam editores non videntur offendisse. Quorsum enim pertinere dicamus καθ' ἑκάστην? quod dicendi genus etsi a serioris aetatis scriptoribus usurpatur, longe aliud tamen significat quam quod hujus loci sententia postulat. Tum quo consilio verbis διὰ τὴν δυναστείαν adjectum dicamus ταύτην, cujus nulla hoc loco vis est. Denique quaenam haec est dicendi ratio τῷ πολεμεῖν πολὺν διετέλεσαν χρόνον? Bene dictum esset πολεμοῦντες διετέλεσαν, minus bene, sed ut tolerari posset ἐν τῷ πολεμεῖν διετέλεσαν. At quod nunc legitur, id nullus unquam graece loquentium dicere potuit. Haec omnia quo pacto ad saniorem rationem revocari possint, peritiores viderint; interim haec habeto : Ῥωμαῖοί τ' ἐν τῷ κατὰ μέρη καὶ καθ' ἕκαστα πρὸς τοὺς Ἴβηρας πολεμεῖν διὰ τὴν δυναστείαν πολύν τινα διετέλεσαν χρόνον. Ad priora cf. lib. 6 p. 254 Cas. : ἄλλως τε ἄδοξοι παντάπασίν εἰσιν αἱ καθ' ἕκαστα καὶ ἐν μέρει κατοικίαι. » Haec MEINEKE in Vind. Strab. p. 31, qui in edit. Str. vulgatam intactam reliquit. At vocem δυναστείαν non ad Romanorum imperium, sed ad multas istas Iberiae dynastias referendam esse, quarum aliae post alias bello impetendae erant, facile largieris. Itaque locum sic scribi velim : 'Ῥωμαῖοί τε τὸν κατὰ μέρη πρὸς τοὺς Ἴβηρας πόλεμον καθ' ἑκάστην διατάττοντες δυναστείαν etc. vel, si mavis, ἐν τῷ.. πόλεμον καθ' ἑκάστην διατάττειν τῶν δυναστειῶν. ‖ 35. ταῦτα, quod codd. habent, editiones recte omiserunt; is qui ταῦτα primus dedit, deinde etiam καὶ intulit, quod editt. ante Kr. in ἢ mutarunt. ‖ 38. ἐρυμνότητι] sic codd.; ἐρυμνοτάτῃ Ald., Cor., Groskurd; ἐρυμνή τ' ἐστὶ Mein.; ἐρυμνή τε θέσει καὶ τείχει conj. Piccolous. Praeterea Corayus in notis, deleto καὶ, legi maluit ἐρυμνοτάτῃ τείχει, κατεσκευασμένη καλῶς. ‖ 42. μεῖζον] μέγιστον Cor. et Mein., recte; non recepit Kramerus quoniam comparativum pro superlativo codices habent etiam p. 87, 27, eodem scilicet vitio. ‖ 47. ὑπερκειμένων] Kr., ἐμπορεῖον codd. ‖ 48. ὑπερκειμένων, ex antecedente ὑπερκειμένῃ ortum, ut jam Xylander vidit. ‖ 50. ἧττον h. l. supplevit Kr.; post μικρὸν δὲ idem supplementum posuit Xyl.; μικρῷ δ' ἔλαττον aptius dedit Mein.; ἔλαττον h. l. c. K. καὶ τοῦ Ἰβ. Coray., at in notis proponit : μακρώτερον δὲ... ἢ τοῦ Ἰβ. ‖ Σούκρωνος] Σώκρωνος ABCl. ‖ 52. εἰσιν] ἐστιν Mein., et similiter ceteris locis, ubi post neutrum plurale verbum in numero plurali ponitur.
P. 132, 2. Δὲ] τε Cor. ‖ 3. [καὶ] Διάνιον recte, puto, Grosk. et Mein. ‖ 6. σταδίους τετρ.] Friedemann., Kr.,

Mein.; σταδίων τετρακοσίων codd.; quod si recte habet, pro ἐν κύκλῳ leg. κύκλον cum Casaub. et Cor. ‖ 8. Σκομβροαρίαν] sic praeter codices etiam Athenaeus 3, p. 121 Strabonis locum laudans. Σκομβρορίαν Epit; veram nominis formam, Σκομβραρίαν, dant editt. ante Kr. inde a Xylandro, nec non Meinekius. ‖ 11. Σώκρωνος Al; Σαγούντου C, et sec. man. B, qui man. pr. habet Σάγουντος. ‖ 15. Ὀλέατρον ABCl. ‖ 16. Δέρτωσσα] Δέρκισσα, ABCl; em. Xyl. ‖ 18. ἀπὸ μεσημβρίας codd.; em. Xyl. ‖ 20. ἐκτροπῶν] Fort. ἐκβολῶν leg. esse suspicatur Kr. ‖ 22. Τάραχων codd. ‖ 28. νῆσοι inclusit Cor.; Ἔβυσος h. l. codd. ‖ 31. ἀγκυροβόλοις codd.; em. Casaub. ‖ 35. Λεητανῶν] Laletani vocantur ap. Plin. 3, 4 § 22 et in inscript. ap. Gruter. 4. 30, 4 ; Λαιητανοί ap. Ptolem. 2, 5, quam nominis formam ap. Strabonem quoque fuisse Kramerus censet probabiliter. ‖ Λαρτολαιητῶν] Leg. suspicor Λαρνολαιητανῶν. Cf. index nom. s. v. Lartolaeetae. ‖ 36. Ἐμπορείου BC. ‖ 37. τετράκισχ.] τετρακοσίους, Xyl., Cor., Mein.; διακοσίους e Gosselini conj. Coray. in not. et Grosk.; τὸ ortum esse ex ρ' putat Kramerus; quae omnia sunt incertissima, quum de computus ratione, quae varia esse poterat, non constet. ‖ 39. Ῥοδόπη] Ῥόδος leg. videtur; nam sic legitur p. 558, 47 et ap. Eustath. ad Dionys. 504 ; apud Ptolemaeum, Scymn., Livium, Melam et Stephanum Ῥόδη, Rhoda, vocatur rectius. Vulgata ex varia lectione Ῥόδος et Ῥόδη conflata est. ‖ 41. κτίσμα vocem ejecit Meineke perperam. ‖ 44. ᾤκουν [οὖν] Cor. ‖ 46. δίπολις] διόπολις codd.; em. Xyl. ‖ 49. διπλοῦν... διωρισμένον] Haec ejicienda esse recte monuit Groskurd., cui obtemperavit etiam Meinekius.
P. 133, 6. Τὰ supplevit Mein.; Corayus l. 5 τινὰ scripsit pro τινές. ‖ 11. δὲ om. BCl; Ταράκωνα ABl; Τάρακων C. ‖ 11. τε ej. Kramer.; contra Groskurdius post. v. Πομπηίου suspicabatur excidisse : καὶ τῆς Ἰουχαρίας πόλεως. ‖ 12. Βετέρων rectius scripseris e conj. Wesselingii et Mein. Cf. Index nominum s. v. Veteres. ‖ 14. Ταράκωνος codd. ‖ 15. Δερτῶσαν C. ‖ 16. Σαιτάβιος] « γετάβιος l; σετάβιος ABC editt., atque hanc nominis formam exhibent Plinius 3, 4 et 19, 2, Catullus 12, 14. 25, 7; sed Saetabis scribitur apud alios scriptores et in numis titulisque (v. Tzschukke ad Mel. 2, 6, 6) et Σαίταβις ap. Ptol. 2, 5, eaque haud dubie vera est forma. » Kramer. Quamquam minime hinc sequitur Strabonem scripsisse Σαίταβιν. Relinquendum erat id quod praebent codices. ‖ 18. ὡσαλιχοινοῦντι codd.; em. Casaub. ‖ 26. Κλάστωνα codd. ‖ 22. ἐμπορείων Cor. ‖ 32. εἰς ejiciendum, monente Corayo; περὶ τὸν Μούνδαν codd.; em. editt. ‖ 36. μέχρι σατύρων codd.; em. Xyl., μέχρις Ἀστούρων scribens. ‖ 39. Κανταύρων C. ‖ 40. Ἰδουβέδα ABCl; em. Cor. ‖ 47. Ἰδουβαίδας ABC, Ἰδουβαίας l. ‖ 54. παρορίας codd.; em. Kr.
P. 134, 2. Ἰλέρδαν] Ἰαέρδαν AC, Ἰαίέρδαν l; καὶ Ὄσκαν καὶ Ἰλέοσκαν codd.; em. Casaub. ‖ 5. Καλάγουρι] Καλαγουρί C, Καλαγούρει Cor., Καλαγούρι Mein. ‖ 6. Ταράκωνι BC. ‖ 7. δ' ἐν Ὄσκᾳ] δὲ νόσῳ codd.; e Puteani conj. em. Cor. Deinde περὶ addiderunt editores praeter Meinekium qui dedit κἂν Ἰλέρδα (Ἰλέρδας ACl). ‖ 10. Ἰλέδρα typothetarum errore legitur pro Ἰλέρδα. ‖ 13. Ὄσκας] Ὀίσκας codd.; em. Casaub. ‖ 14. ὁρῶν] vox corrupta; μερῶν e conj. Kram. Meineke; ὅρων conj. interpr. Parisini; χώρων proposuit Groskurdius. ‖ 15. Πομπέλωνι] Πομβιαίλωνα codd.; em. Xyl. ‖ 16. Οἰασῶνα e Casaub. conj. Corayus ceterique, collatis Ptolemaeo 2, 5 et Mela 3, 1, 10 ; Οἰδασοῦνα ABC, Ἰδάνουσα l. Lege Οἰασοῦνα; nam Oesuna oppidum vocatur in inscript. ap. Gruter. p. 718. ‖ 19. δ' ὁ] δὲ codd.; em. Cor. ‖ 29. Κανταβρικαῖς] e Xyl. conj. editt.; Κανθαρικαῖς codd. Ceterum Xylandri

conjectura incertissima est. « Cerretanas pernas habes apud Martialem Epigr. 13, 54. Cantabricas memorat nemo, nec credibile est Cantabricas gentes ferino sanguine lætantes rem pecuariam ita excoluisse, ut pernarum conficiendarum artem ad eam, quam Strabo prædicat, perfectionem adduxerint. Et vero aliud scripsisse Strabonem etiam ex Athenæo intellegitur, apud quem lib. 14, p. 657, E, hæc leguntur : Ἐπεὶ δὲ καὶ πετασῶνος μέρος ἑκάστῳ κεῖται, ἣν πέρνην καλοῦσι, φέρε τι εἴπωμεν καὶ περὶ αὐτῆς, εἴ τις τοῦ ὀνόματος μνημονεύει. Κάλλισται μὲν γὰρ αἱ Γαλατικαί, καὶ οὐκ ἀπολείπονται αὐτῶν οὔτε αἱ ἀπὸ Κιβύρας τῆς Ἀσιατικῆς οὔτε αἱ Λύκιαι. Μνημονεύει δ᾽ αὐτῶν Στράβων ἐν τρίτῃ Γεωγραφουμένων· Ἐν Σπανίᾳ πρὸς τῇ Ἀκυτανίᾳ πόλις Πομπέλων, ὡς ἂν εἴποι τις Πομπηϊόπολις, ἐν ᾗ πέρναι διάφοροι συντίθενται ταῖς Κουρικαῖς ἐνάμιλλοι. » Ita enim codex A, non Κιβυρικαῖς, quod nunc ex conjectura legitur, falso, ut equidem puto. Athenæus enim Strabonis locum non propter Cibyricos petasones attulit, sed ut eum voce πέρνη usum esse doceret. Sed Κουρικαὶ πέρναι quæ sint non magis intelligitur quam quæ Κανθαρικαί. Strabo fortasse Calabricas nominaverat. Calabros porcis alendis intentos fuisse aliunde constat. » MEINEKE. Mihi at Κουρικαὶ πέρναι non diversæ esse videntur ab iis quæ ἀπὸ Κιβύρας afferri dicuntur. Jam vero si recte haberent verba ἀπὸ Κιβύρας, pernæ dicendæ erant Κιβυρατικαί. Hoc autem ne reponamus, impedit Strabonianum istud Κανθαρικαῖς, in quo literæ θαρικαῖς aperte respondent literis ουρικοῖς ap. Athenæum. Itaque ἀπὸ Κιβύρας τῆς Ἀσιατικῆς sciolus scripserit, cui Cibyratis Asiæ regio notior erat quam urbs Iberica. Ex ταῖς Κουρικαῖς et ταῖς Κανθαρικαῖς elicuerim ταῖς Κα[λ]α γουρικαῖς, et pro Κιβύρας τῆς Ἀσιατικῆς scripserim Κ[αλα] γούρας (vel ρεως) τῆς Νασσικῆς (fort. minus recte erat : τῆς Νασιακῆς). *Calagurris* (*Calagorris*, Καλάγουρις Strabon p. 134, Καλάγυρον Appian. B. C. 1, 112 ; fort. Καλάγουρα ap. Athen.) *Nassica* (hod. *Calahorra*) erat oppidum Vasconum, qui etiam nunc rei pecuariæ studio pernarumque celebritate veterem famam tuentur. || 32. ὑπερβάλλοντι] ὑπερβαλόντι Cor., Mein., quod ipse quoque velim. Dein Ἰδουβαῖδαν *AU*. || 32. τὸ μὲν] Legendum τὸ μέντοι cum Meinekio ; cf. p. 172, 15. Groskurdius post τραχὺ quædam excidisse conjecit, adeo ut hunc fere in modum Strabo scripserit : τραχὺ [καὶ παράλυπρον · τὸ δὲ λοιπὸν εὔδαιμον] καὶ ποταμόκλυστον. Contra quæ Meinekius monuit ποταμόκλυστον vocem apud Strabonem nunquam nisi in malam partem dici. || 37. τῆς Ἰβηρίας, ὧν ὁ Δουρηίας codd.; em. Casaub. et Siebenk. || 38. Σεργουντίαν] Σεγουντίαν legi voluerunt Hermolaus Barbarus, Groskurd., alii. Meinekio diversam esse Serguntiam ab ea quæ aliis Segontia dicitur, quamvis hæc a Durio supra 200 stadia distet, mihi quoque persuasum est. Non tamen propterea vulgatam mutaverim; similiter *Œaso* et *Œarso* dicitur ; fortasse Σαγουντία Strabonis componenda cum Σάργανθα Stephani Byz., in quo nomine ανθα pro ουντία usurpatur, sicut Ζάκανθα (Steph.) dicebatur pro Σαγοῦντον. || 45. Βαρδυῖται h. l. codd., sed supra (p. 129, 11) Βαρδυῆται. Deinde Βαρδούλους codd.; Βαρδύλους Kramer.; Βαρδούλους e Casaub. conj. Grosk. et Mein.; Ptolemæum et auctores romanos secuti. || 47. Οὐεττόνων codd. || 49. Ἐδητανῶν] Kramer.; Δίττανῶν codd.; p. 120, 48 erat Ἐλπανούς, Αἰλητανούς; p. 135, 39 codices Σιδητανοί. Apud Ptol. 2, 6 p, 120, 7 et 129, 10 ed. Wilb. codices habent : Ἠδητανοί, Ἠδηταροί, Ἐδετανοί, Ἠδιτανοί, Οἰδηταροί, Οἰδητανοί, Ὀδηταροί; *Edetania* (*Idetania* et *Editania* v. l.) ap. Plin. 3, 4 § 20 ; Σηδητανοὶ Appian. Hisp. c. 77 ; *Sedetani* Sil. Ital. 3, 372 ; Liv. 24, 20. 28, 24. Quibus inter se collatis, nomen gentis fuisse puto Ἠδητανοί et

spiritu aspero in sigma converso, Σηδηταροί. Quamnam formam Strabo usurpaverit, e codd. certius erui non potest. || 51. τε] δὲ Cor. || 53. Ἀρουακοί.§ editt.; Οὐρακοὶ A, Οὐρακοι *ABCl*.
P. 135, 4. ἀπεκαρτέρησαν] Mein.; διεκαρτ. codd. || 7. Ἀρουάκων codd. || 7. Σεγήδα] Sic Kramerus, non allata codicum scriptura varia ; attamen in nonnullis codd. legi Σέγηδα alii notarunt (v. Friedemanni not. ad Casaub. comment.) ; editiones habent Σέγιδα. Apud Appian. Hisp. c. legitur Σεγήδη ; apud Stephanum : Σεγίδη, πόλις Κελτιθήρων (in edit. Meinekii errore typographico, ut videtur, legitur Σεγίδα). Ac Σεγίδη etiam nostro loco Strabonem scripsisse puto, siquidem recte ejus urbis mentionem corruptis illis, quæ p. 129, 29 leguntur, subesse statui. || 10. ἐπὶ] περὶ e Casaub. conj. Coray. || 14. Σεγέσαμαν A, Σεγεσαμάν *C*. || 20. Γράγχων *ABCl*. || 21. τοῦτο] τούτῳ *ACl*; Γράγχῳ codd. || 31. καὶ αἱ πράξεις editt. ante Kr. || 36. οἰκούντων codd.; em. Cor. || 39. Σιτηδανοί] vel Ἠδητανοὶ vel Σητηδανοὶ legerim. Cf. not. ad p. 134, 49. || 50. πληθύουσι [ὄρνισι], ὄρνεις δὲ etc. e Casauboni conj. Corayus ; [ὄρνισι], εἰσὶ δὲ Groskurd. Malim cum Meinekio : πληθύουσιν ὄρνισις · εἰσὶ δὲ etc. || 51. κάστορας [δὲ] φέρουσι Mein. || 54. καθάπερ ἄλλοις πολλοῖς] « Hæc negligentissime a Strabone scripta sunt. Voluit, opinor, καθ. ἄλλοις πολλοῖς πολλὰ ἐστιν ἴδια. » *Mein.* Fuisse suspicor : καθάπερ [ἄλλο] ἄλλοις πολλοῖς. vel·κ. ἄλλο ἐστιν ἄλλοις.
P. 136, 1. καδμίαν] leg. καδμείαν cum Corayo. || 3. ἐν Meineke delevit, recte, ut videtur. || 4. μὴ addiderunt inde e Casaubono, præter Meinekium, qui « Quid enim inquit, miraculi habent cornices non nigræ. » Recte, puto. Posidonius Iberiæ proprium dixerit illud cornicum genus, quæ corvorum istar nigræ sunt indeque *corbines* gallice vocantur. || 9. εἰς τὴν βαφὴν Ald. || 12. τῶν ἐκτὸς] τῆς ἐκτὸς mavelis cum Kramero ; sed ferri potest vulgata. Deinde pro ἢ μὲν lege ἢ μέντοι, sicut habet *B* ex correct. et Corayus ; Meinekius ante v. τῶν ἐκτὸς excidisse nonnulla putat, adeo ut Strabo scripserit : συχνὴ δὲ καὶ [τῆς μεσογαίας. Καὶ] τῶν ἐκτὸς ἡ μὲν etc. Haud credo. Vites et oleas in Lusitaniæ ora Strabo memoravit p. 126, 3. || 20. δὲ] τε Mein. || 23. θύειν suppleverit Coray ; quod si admittere nolueris, delenda est τε particula. || 24. πανοικίους] πανοικὶ *B*, ut videtur, et Ald. || 26. παρῆλθον additum est ex Epitome. || 43. παραπλέκειν *C*. || 45. ἀληθείᾳ] ἀληθείᾳ codd.; illud e Casauboni conj. dederunt Kramer. et Mein.; Corayus dedit Πρὸς δὲ τῇ ἀληθείᾳ τοιαῦτα πολλὰ καὶ εὕρηται καὶ μεμύθευται, quam conjecturam infelicem dicit Kramerus ; at quod ipse dedit, sic stare nequit ; certe post πολλὰ aliquid supplendum est ; præterea istud ἑώραται καὶ μεμύθευται περὶ adeo sunt dura, ut vix sint genuina. Fortasse fuit : πρὸς δὲ τῇ ἀληθείᾳ τῇ τοιαύτῃ πολλὰ καὶ ἀληθέστερα εἴρηται καὶ μεμύθευται. Piccolaus proposuit : πρὸς δὲ τῇ ἀληθείᾳ, εἰ τὰ οὕτω καθεώραται, πολλὰ καὶ μεμύθευται. || 47. οὐ μόνον τὰ] οὐ μόνον δὲ τὰ Ald. || 51. δεδεμένων] τῶν δεδ. codd. præter Epitomen, quæ ita habet : τῶν γονέων καὶ ἀδελφῶν δεδεμένων αἰχμαλώτων. || 52. κυριεύσαι] sic Epit.; κυριεῦσαι cett. codd.
P. 137, 2. τὰ inseruit Cor.; verba τὴν τε τῶν ἀνδρῶν καὶ ejicienda esse Groskurdius et Meinekius censent. || 3. γεωργοῦσι γὰρ αὐταί, *B* (?) et editt. ante Kr. || 5. τίκτουσι scriptum e conj. Groskurdii et Krameri, vix recte; πολλάκις enim codd., unde conjicies : legas πολλάκις, τοχεύονται καὶ λ., e conj. Piccoloi. || 14. ἀφείη] ἀφῂ *ABC*, ἀφίησι *A* man. sec.; em. Coray. || 22. μυθηροῦντες codd.; καὶ μυθηροῦντες Ald.; em. Cor. || 23. καὶ addidit Cor. || 27. ἐπαιώνιζον *ABl*, ἐπαιώνιζον *C*, Cor., Mein. || 32. Leg. προῖκα [καὶ] τὸ cum Meinekio. || 32. ἀπολείπεσθαι] ἀποδείκνυσθαι *Bno*. || 33. γυναικοκρασίαν codd.

‖ 35. τὸ ἐν ἔθει] Addendum esse εἶναι censuit Meinekius. Groskurdius leg. conjecit : καὶ τὸ ἐν ἔθει [καὶ ἄλλοις γινόμενον, τὸ] παρατιθ., nisi potius vitium lateat in ἐν ἔθει, pro quibus exspectaveris ἐν θήκῃ vel ἐν δείπνῳ vel tale aliquid; τὸ συνήθει ἀνδρὶ παρατ. conj. Piccolo. Offendor verbo παρατίθεσθαι, quum Iberos venenum non apposuisse, sed in casus improvisos seposuisse consentaneum sit. An fuit τὸ ἐν ᾠῷ ἢ κέρατι [ἀποτί]θεσθαι? ‖ 37. ἂν] k, ἐὰν ABCl. ‖ 38. αὐτοὺς ὑπὲρ ἑαυτῶν codd.; em. Friedem. ‖ 39. τέτταρα] δύο codd.; em. Casaub. ‖ αἱ μετ.] ἄλλαι μετ. BCl. ‖ 46. οἱ λάλιστοι... γεγόνασι, ut glossam, ejecit Meinekius. ‖ 47. καὶ ante βαρβ. inclusit Cor. ‖ 50. δὴ] καὶ Cor. ‖ 53. μὲν inclusit Cor. ‖ φιλεἴδημον] marg. no; φιλόδημον ABCl, φιλότιμον B ex correct. ‖ P. 138, 4. Post v. καλεῖσθαι Grpsk. φασί add. voluit. ‖ 8. καὶ τὴν Ἰσπαν. ACEl; at in E deinde deletus articulus. Ante μόνην Casaub. et Cor. supplent : οἱ δ' Ἰβηρίαν, Groskurd. : ἔνιοι δὲ τῶν προτέρων Ἰβηρίαν, Meineke : τινὲς δὲ Ἰβηρίαν, Kramer : οἱ δὲ πρότερον Ἰσπανίαν. ‖ 12. ὁμωνύμως] συνωνύμως, ut lin. 7, Mein., recte; nisi quis διωνύμως eruere velit ex Eustathio ad Dionys. 284, ubi nostra redduntur his verbis : Ῥωμαῖοι δὲ καὶ τὴν πᾶσαν οὕτως ἐκάλουν ὕστερον, ὡς εἶναι διώνυμον, Ἰβηρίαν τε καὶ Ἰσπανίαν. ‖ 21. Καστάωνος codd. ‖ 22. ἀπ'] ὑπ' Cor., Mein., recte. ‖ 24. δικαιοδότης ὢν codd.; em. Cor. ‖ 28. ἡ [δὲ] λοιπὴ Cor. ‖ 34. ὅρη] Velim μέρη cum Cor. et Mein. ‖ 35. Κανταύρων C. ‖ 38. τὴν..παρόριον Kramer, τῆς.. παρόριον ACl, τῆς παρορίας B (?); τῆς παραλίας Cor. ‖ 40. τάγματος ἐπισκοπεῖ· ὁ δὲ τρίτος Meineke, quod sane præstat. ‖ 41. τογάτων Cor. post. v. λεγομένων inseruit. ‖ 47. ἐπιθαλαττίοις Bl Ald. ‖ 48. Ταρακῶνι Bl Ald.

P. 139, 2. Πιτυούσας BCE; καὶ] δὲ Ald; δὲ καὶ Cor. ‖ 3. Βαλεαρίδας Bl. ‖ 3. ἃς ante προκεῖσθαι habent AB, sed in A manu secunda inter versus scriptum est. In E ἃς ante καλοῦσι legitur. ‖ 5 καὶ ante πελάγιαι omittit Epitome, idque recte; Spengelius hoc καὶ ante μᾶλλον ponit, et alterum καὶ, quod est ante πρὸς, ejicit. Illud probo; non item alterum. Lege : εἰσὶ δὲ πελάγιαι, καὶ μᾶλλον (sive μᾶλλον) αἱ Πιτυοῦσσαι, καί[περ] πρὸς etc. : Et Baliarides et Pityussæ in alto sitæ sunt, magis vero Pityussæ, quamvis sint a Baliaridis versus occasum sitæ, ideoque oræ Ibericæ viciniores esse videri possint. Meinekius asterisco ad μᾶλλον posito locum in mendo cubare significasse satis habuit. ‖ 7. Ἔβουσος] sic Epit.; Ἄβουσος ABCl; Ἔβυσος Cor., ut supra. « Sed eandem inconstantiam in aliis quoque nominibus haud paucis animadvertere licet. Ceterum ου habet Dionys. Perieg. 457 ibiq. Eustathius. » Kramer. ‖ 12. Ποτεντίαν codd. bis. ‖ 16. [διακοσίους]ἑβδομήκοντα. Inclusa addiderunt Coray, Grosk., Kram., Mein., laudantes Plinium (3, 5), qui 30 m. p. sive 240 stadia inter se distare insulas istas prodit. At Strabo non loquitur de distantia quæ inter utriusque insulæ promontoria extrema intercedat, sed de ea agit quæ sit ab insula minore usque ad Pollentiam. Itaque in tabula pro 70 stadiis posui 370 stadia, quum tantam in mappis quibusdam esse reperissem; at in accuratioribus tabulis stadia sunt ultra 400. Unde probabile fit apud Strabonem pro ο' (70) scribendum esse υ' (400). ‖ 20. Fortasse legendum esse εὐλίμενοι· [οἱ δὲ λιμένες] χοιραδώδεις κατὰ vel χ. δὲ [οἱ λιμένες] suspicatur Meineke, dubitans tamen, quum oἱ λιμένες ex antecc. cogitatione assumi possit, nec dissimile sit quod legitur p. 160, 35 : φησὶ δὲ καὶ δίστομον εἶναι, μεμφάμενος τοὺς πλείω λέγοντας. ‖ 23. Ἔδουσόν A; Ἔβυσον Cor. ‖ 26. Βαλλιαρικὸς ABCl; Βαλεαρικὸς editt. ante Kr. ‖ 30. In Latinis lege : Hi (sc. Phœnices) primi hominibus istis (Baliaridum incolis) tunicas late prætextas induerunt, et mox pro scutum manu gestantes scribe : ægidem sinistræ circumvolutam gestantes. ‖ 32. Ante v. ἄζωστοι quædam excidisse recte monuerunt Groskurdius et Meinekius, quorum ille lacunam hunc fere in modum explendam esse censuit :... πλατυσήμους. [Πρότερον μὲν γὰρ οἱ Βαλιαρεῖς εὐτελεῖ τινι ἱματίῳ ἐχρῶντο καὶ τῇ σισύρνῃ·] ἄζωστοι δὲ, etc., collato Lycophr. Cass. 635, ubi Balearidum incolæ σισυρνοδύται dicuntur. Fortasse Strabo illud quoque memoraverat quod Diodorus 5, 17 tradit, τοὺς ἐνοικοῦντας γυμνοὺς τῆς ἐσθῆτος βιοῦν κατὰ τὴν τοῦ θέρους ὥραν, indeque Gymnesias insulas dictas esse. ‖ 33. ἢ ferri nequit ; καὶ scripsit Corayus; ἔχοντες, [τῇ δὲ δεξιᾷ] πεπ. proposuit Meineke. ‖ 35. μελαγκραίνας] Aut μελαγκρανίας cum Casaub., Siebenk. et Cor. legendum, aut μελαγκρανίνας cum Kram. et Meinekio. Eodem modo in versu Philetæ corrigendum. Ceterum verba inclusa e margine irrepserunt. ‖ 37. Ἑρμηνείᾳ] Ἑρμῇ ἐλεγείᾳ conj. Tyrwhitt.; at Mercurius Philetæ carmen fuit epicum (v. Meineke Anal. Alex. p. 349). ‖ 38. ἀρειὰς ἰξῦς Siebenk., Cor.; ἀραιὴν ἰξὺν Salmasius Exerc. Plin. p. 186, frustra. Dele interpunctionem quæ est post vocem εἰλεῖται. ‖ 39. κόμμα] ἄμμα e conj. Salmasii Siebenk. et Cor. ‖ 45. τῆς σφενδόνης codd.; em. Casaub.

P. 140, 19. καὶ εἰς τὴν ἐκτὸς editt. ante Kr. ‖ 26 et 30. Γαδειτανούς ABl, Γαδειρανοὺς E et m. sec. l Cor. ‖ 27. Παταουιώνων A. ‖ 46. ἴσον] ο, ὅσον ACl. ‖ 47. Post μεῖζον excidisse τὸ διάστημα censet Grosk.; contra Kramer legi vult : μείζων (sc. ὁ ἀριθμός) καὶ σχεδόν τι τοσοῦτον ὅσος ἐστὶν ὁ τοῦ μήκους. Legendum puto : ἄπεστι vel διέστηκε vel διέχει δὲ μεῖζον. Literæ ΔΙ ob præcedens Ν facile negligebantur. ‖ 50. Ἐρυθίαν ABCl. Φερεκύδης] Philistides ap. Plin. 4, 22, 36, 120.

P. 141, 2. πεντήκοντα] τριάκοντα AE. Cf. p. 223, 42. ‖ 4. ἐκ τούτου] margo ο; ἐκ τοῦ ABCl. ‖ 6. κοινῇ μέντοι] etc.] Hæc quum ratione inconcinna interponantur, aut corrupta sunt, aut nonnulla ante vocem κοινῇ exciderunt. Lacunam notarunt Groskurdius et Meinekius, quorum ille locum in hanc sententiam refingendum esse putat : [Τὰ μὲν τῆς νήσου μεσόγαια ἰδιωτικὰς κτήσεις πεποιήκασι τῶν Γαδιτανῶν τινες·] κοινῇ μέντοι etc. At tale quid de parvula hac insula (Trocadero vel S. Sebastian) dicere Strabo vix potuit. Dixerit auctor litus insulæ, pascuis olim clarissimæ, nunc totum villis Gaditanorum exædificatum esse (coll. p. 140, 37 : ἣν, sc. νησῖδα, ὥσπερ ἀντίπολιν πεποιήκασι τῇ Διδύμῃ). Itaque scripserim ἐκείνης μέντοι [νῦν] (συν) ᾤκισται πᾶς ὁ αἰγιαλός. Meinekius suspicatur ante κοινῇ excidisse aliquid de primis Gadium incolis, qui insulam Erytheam colonis frequentaverint, nullis assumtis Iberis, aut Iberis, qui ante Tyriorum adventum tenerent, ejectis. Quibus expositis commode inferri potuisse sequentia, quorum hæc sententia sit ut litus communiter Tyrios et Iberos incoluisse dicatur.‖8. λέγοντες] λέγεται Ald.; Cor. ‖ 9. Γαδειτανοὶ ABCl, Γαδειρανοὶ correct. C. ‖ ὂν] ὅν τινα Ald. ‖ 10. ἀποικίαν] no, ἀποικίας ABCl. ‖ 12. Κάλπην] Κάρπην C. ‖ 13. ἄκρα [τὰ] ποιοῦντα Cor. ‖ 16. Ἐξιτανῶν] no, Ἀξιτανῶν ABCl. ‖ 21. καὶ inter versus addit h. ‖ 26 27. τοὺς.. τοὺς.. τοὺς] τοῖς . τοῖς.. τοῖς B (?) no. ‖ 28. προκεῖσθαι] κεῖσθαι Cl. ‖ 29 et 34. Ἀβίλυκα codd., Ἀβύλυκα editt. ante Kr. ‖ 29. ἐκ omis. editt. ante Kr. inde a Xylandro. ‖ 34. οὐ ante φησὶν recte inseruit Corayus. Falsa sunt quæ contra disputat Groskurdius, nullam exstare prope Calpen insulam opinatus. ‖ 35. καὶ τὰς πλαγκτὰς [δὲ] καὶ Cor. ‖ 37. Γαδειρίτας C. ‖ 51. τίς ἄν τις BC ; ὅτι ἄν τις Cor. ‖ 52. παράλογον] παρὰ λόγον BCl, Cor.; ὂν e Casaub. conj. addidit Kr. et Mein.

P. 142, 2. ὑπῆρχε] ὑπῆρξε editt. ante Kr. inde a Casau-

bono. ‖ 3. στυλίδα] στηλίδα *B*. In margine *A* prima manus annotavit hæc : Στυλάριον δὲ καὶ νῦν τοῦτο καλοῦσιν. ‖ 11. ἐπέγραψαν *B* et *Ald*. ‖ 16. στρατιᾶς codd.; em. Cor. ‖ 26. τῶν ejec. Cor. ‖ 31. στηλίσιν editt. ante Kr. ‖ 39. ἀμφοτέρους ἐοικέναι ταῖς Στήλαις mavult Kr. ‖ 44. εὑπερίγραπτον *C* et Eustathius ad Dion. 64. ‖ 47. ἐκφαίνοντα *ABl*, ἐκφαίνονται *C*, ἐμφαίνοντα *no*, Eustath. l. l. ‖ στηλίδες editt. ante Kr.
P. 143, 6. φασιν] φησιν codd.; em. Cor. ‖ 12. πότιμον Meinekius post εἶναι lin. 11 collocavit; εἰς τὸ ὕδωρ· πότιμον δὲ εἶναι editt. ante Kr.; ἧς τὸ ὕ. πότιμον, πλὴν ταῖς conj. Piccolo ; legam πότιμον[ὄν], coll. p. 209, 24 aut εἰς ὕδωρ π. ‖ 17. τοιούτων om. Cor. ‖ 21. ἀναθλύζειν m. sec. *C*. ‖ 29. διαλιπόντων *ABC*. ‖ 30. ἔχον] ἀνέχον conj. Xyl. ‖ 34. καινῶς codd.; em. Cas.; *inaniter*, Guarinus. ‖ 35. ἀντιπάθειαν] ἀντίπλοιαν codd.; em. Xyl. ‖ 47. ἀναθλίβειν] ἀναθλύζειν *C*. ‖ 49. εἰδ'] εἶθ' *ABCl*; ὥσπερ] ὅπερ Ald. ‖ 51. εἶναι ἄν τινα] [εἰκὸς] εἶναί τινα Cor. ‖ 52. ἔχει] Epit.; ἐχεῖ *ABCl*.
P. 144, 1. συνεξαίροντα] συνεξαίρονται *l*; idem perperam voluit Casaubonus. ‖ 2. ἐκείνῃ] e Casauboni conj.; ἐκείνην codd., quod erat retinendum. ‖ οἷον om. *BC*; ἤ om. editt. ante Kr.; γέννηται *l*, γένηται editt. ante Kr. ‖ 3. πάλιν δ'] δ' addit Epit. inter versus. ‖ 8. ἡμέρᾳ...νυκτὶ Ald. ‖ 9. ἡ τοῦ ἡλίου περιφορὰ codd.; em. Cor. ‖ 9. ποτὲ..ποτὲ Ald. ‖ 12. ἐνιαυσίαν Epit. ‖ 13. ζωδίου] Epit.; ζωδιακοῦ *ABCl*. ‖ 14. ἀρχεσθαί τε διοιδεῖν Epit.; ἀρχεσθαι δεῖν *ABCEl*; em. Kr. ‖ 17. τὸ πέλαγος] εἰς τὸ πέλαγος Cor. ‖ ὑπερέχῃ] ὑπερέχει *C*, ὑπερσχῇ editt. ante Kr. ‖ 21. ἀποσχῇ *k* Cor. ‖ 26. λέγειν *ACl*; τὴν ἡμερησίαν *BCl*. ‖ 28. πάλιν] εἶτα *E*. ‖ 32. ἐνιαυσιαίας *Eghi*, Cor., Mein., sicuti est lin. 12. Sane ulterutro loco mutandum fuerit. ‖ 37. δὲ] δὴ *BC*. Cor. ‖ 40. τῷ ἡμερησίῳ χρόνῳ καὶ τῷ νυκτερινῷ] ex Krameri conj. Dübnerus ; τῶν ἡμερησίων χρόνων καὶ τῶν νυκτερινῶν codd., quod retinendum, in antecedentibus vero pro τεταγμένως legendum esse τεταγμένων, eodem Kramero proponente, censeo. Corayus dedit τεταγμένως δὲ τὸν ἡμερήσιον etc.; Groskurdius διὰ vocem ante τῶν ἡμερησίων excidisse putavit. ‖ 41. οἷον] τε] correct. in *B*; οἷονπας *ABCl*; πολλάκις] τὸ π. Ald. ‖ 44. ἡ καὶ ἰσάκις μὲν Mein.; legendum est ἢ καὶ ἰσάκις δή. Ceterum verba ἢ καὶ ἰσάκις om. *C*; Corayus dedit : ἢ τοὺς Γαδειρίτας etc. ‖ 45. τὰ om. Cor. ‖ 47. τὰ .. γινόμενα recte ejecit Cor. ‖ 49. γίνεσθαι Cor. γενέσθαι codd.
P. 145, 5. ἑκάστου] ἕκαστον codd.; em. Cor.; ἑκάστῳ Paetz.; ἐν ἑκάστῳ Grosk. ‖ 6. ἀναλογίαν] ἀνωμαλίαν editt. ante Kr. ‖ 14. Ἰλίπα] ἡ Ἰλ. *BCl*, editt. ante Kr. ‖ 16. τριάκοντα] ν' *BCl*. ‖ 21. τις τὸ] τις καὶ τὸ Ald. ‖ 22. γεν.] Lege γινομένας cum Corayo ; in latinis pro *tuncfacta* lege *quæ subinde fiunt*; οὐδ' e Casaub. conj. addunt Coray, Kr. et Mein. Ac sane addendum est, nisi fort. in antecedd. pro κἂν legeris ἄν. Male locum nostrum intellexit Groskurdius, qui lin. 20 οὐδ', quod legitur ante v. ἐπὶ, tolli voluit. ‖ 27. πλημμυρεῖν] πλημμυρεῖ codd.; em. Grosk.; τε recte om. *B*. ‖ 32. εἰς ἔδαφος πολλάκις, καὶ φύλλα Cor., quod sane mavelis ; ex codicum lectione πολλάκις referendum ad πηχυαῖα. ‖ 36. οἴδαμεν] οἴδαμέν *m*, εἴδαμεν *Bh* (ex corr.) *no* ‖ 39. δὲν ejec. Cor. ‖ 40. ἡ ejec. Cor. ‖ 44. περὶ τῶν Γαδ. editt. ante Kr. ‖ 49. τοῖς τράγοις ταῖς ὑπήναις *B* (?) Ald., ταῖς τραγικαῖς πηναῖς *l*. ‖ 42. μολίβδου *AE* Mein.
P. 146, 1. ἐμπορείαν *AB*. ‖ 4. ἐμπορεῖα codd. et editt. ante Kr. ‖ 6. αὑτὸς] αὑτοῖς codd.; em. Xyl. ‖ 13. εἰς ejecit Cor. ‖ 14. Πρεττανικὴν *AC*. ‖ 24. οἱ μὲν δὴ [πρότερον] τριχῇ Strabonem scripsisse putat Groskurdius. ‖ 28. Γαλατικοὺς] Γαλατικὴν codd.; em. Kr. ‖ καὶ πολιτ.] καὶ ἡ πολ. recte Corayus. ‖ 33. τῆς om. E. ‖ 39. τὰ] τὸ Ald.
P. 147, 7. Τῆς Κεμμένης] τῶν Κεμμένων Epit.; fort. leg. h.

l. τῆς Κεμμενικῆς opinatur Mein. Reliquis locis legitur τὸ Κέμμενον vel τὰ Κέμμενα (p. 157, 42) ‖ Ἀλπεινῶν] « Καλπεινῶν *A*, Ἀλπινῶν *l*, Ἀλπίων *C*, Ἀλπέων *B* (?) Ald., Ἀλπείων Cor. Ἀλλπεινὰ ὄρη nominat Polyb. 2, 14, 8. 3, 47, 9. » *Kram*. ‖ 17. οὗσπερ] ὥσπερ Casaub. Ceterum Ukertus Geogr. t. 2, 2, p. 233 legi vult : τοὺς μὲν Κέλτας τῆς N. ἐπαρχίας ἀπέφηνεν Ἀκυϊτανούς τε ὥσπερ κἀκεῖνος, quod interpretatur : « er lies die Kelten in Narbonitis und die Aquitanier wie früher », additque hunc loci sensum confirmari iis quæ leguntur p. 157, 19 : Ταῦτα μὲν ὑπὲρ τῶν νεμομένων τὴν Ναρβωνῖτιν ἐπικράτειαν λέγομεν, οὓς πρότερον Κέλτας ὠνόμαζον. At ex his nihil aliud sequitur nisi Celtas, qui proprie sic dicuntur, incolas esse Narbonitidis; minime vero inde colligitur Narbonensem provinciam ex Strabonis mente jam Cæsaris tempore ita constitutam fuisse, ut Celtarum istorum sedibus circumscriberetur. Sane quidem Augustus in Narbonensis provinciæ constitutione nihil fere mutasse videtur, putarique possit in Strabone ad verum rem traducendam esse scribendo : τοὺς μὲν Κέλτας τῆς N. ἐπαρχίας ἀπέφηνεν, ὥσπερ ἐκεῖνος, Ἀκυϊτανοὺς δὲ προσέθηκε τεσσαρεσκαίδεκα etc.; at quum pleraque quæ de Galliæ divisionibus Strabo tradit, mirum in modum perturbata sint, nostro quoque loco error auctoris potius quam scribarum subesse videtur. In antecedentibus Strabo de Gallia trifariam divisa loquens regionem inter Cemmenum montem et Alpes interjectam Celtis assignat, provinciam vero ibi non memorat, quam hoc certe ambitu ab Augusto demum institutam esse crediderit. Ignoravit utique Cæsarem de tribus Galliæ partibus ita exponere , ut provinciæ , quasi Italiæ partis, nulla habeatur ratio ; adeoque a Cæsare quoque, sicut sub Augusto, quattuor Galliæ partes distingui, si adnumeraveris provinciam Narbonensem. ‖ 18. « Δείγηρος] Δίγυρος *Bl* (?) Ald., Λύγηρος *C*, Ἄγειρος *A*; Λίγηρος *o* manu sec. ad marg., et sic habet Epitome constanter ac Ptolem. 2, 7. Sed infra Δείγηρ semper scribitur hoc nomen in codd., unde eam formam hic quoque restituit Corayus. » *Kramer*; Λίγηρος scr. Mein. ‖ 22. ὅταν] ὅτ' ἂν codd.; em. Kr. ‖ 23. ἄξια] ἄξιον *no*, editt. ante Kr. inde a Cas. ‖ 27. ἐστὶν om. Ald. ‖ 39. ὥσπερ εἴρηται] Quum in antecc. Strabo de bis nihil dixerit, Xylander et Grosk. scribi voluerunt ὡς εἴρησεται, Corayus vero, probantibus Kramero et Meinekio, ὡς εἴρηται verba transponi jussit post v. οὖσαν lin. 40. Mihi verba corrupta esse videntur. Lego : καὶ γὰρ πολλαχόθεν ἔχει (vel δέχεται) σύρρους, οἷσπερ αἴρεται (vel οἷς πληροῦται). Miror neminem in isto πολλαχόθεν ἐστὶ σύρρους offendisse. De hoc vocis αἴρεται usu v. St. Thes. ‖ 42. οὗσπερ] ὥσπερ *AB*. Mein. ‖ 43. προϊόντι] παριόντι Ald. ‖ 54. λέγομεν] λέγωμεν *ACl*; em. Cas.
P. 148, 13. Σάλυες] Σάλλυες *AB*, Σάλλιες *C*, Σάλλυες *E*. ‖ 15. ὡς εἶπον πρότερον] Nihil de his in antecc. Strabo dixerat. Quare verba hæc asteriscis inclusit Corayus ; Groskurdius p. 146, 36 post verba τῇ Πυρήνῃ excidisse putat : καὶ πρὸς τὴν θάλατταν ὁ Οὔαρος ποταμός, ὃς ἀφορίζει τὴν Ναρβωνῖτιν, vel tale quid, quo nostro loco lector amendetur. Kramerus verba loco suo mota esse censet, eaque poni velit post v. παρὰ τὸ λεχθὲν σχῆμα (lin. 12). Corruptela locum laborare mihi verisimilius esse videtur. Varum fluvium, a quo versus orientem 20 stadiorum intervallo Nicæa distat, versus occasum autem 60 stadiorum intervallo Nicopolis sita est, vulgo Italiæ et Narbonensis provinciæ terminum dici constat ; jam vero Strabo suo ævo ita rem habuisse dicit : τῆς μὲν Ἀντιπόλεως τὸ Ναρβωνίτιδος μέρεσι κειμένης, τῆς δὲ Νικαίας ἐν τοῖς τῆς Ἰταλίας, ἡ μὲν Νίκαια ὑπὸ τοῖς Μασσαλιώταις μένει καὶ τῆς ἐπαρχίας ἐστίν, ἡ δὲ Ἀντίπολις τῶν Ἰταλιωτίδων ἐξετάζεται, κριθεῖσα πρὸς

τοὺς Μασσαλιώτας καὶ ἐλευθερωθεῖσα τῶν παρ' ἐκείνων προσταγμάτων (p. 153, 17 ; coll. p. 153, 5). Hæc monenda erant, si quis accuratius finium rationem indicare voluit. Igitur Strabo nostro loco Vari fluvii mentionem fecisse satis habens, scripserit : οὗτος δ' ἐστίν, ὡς εἰπεῖν ἀπλούστερον (vel , quod malim, ὡς εἰπεῖν κοινότερον cf. p. 159, 28), ὅριον τῆς Ν. ‖ 16. καὶ τῆς Ἰταλίας post ὑπάρχει δὲ in codd. leguntur; transposuit Kr. ‖ 19. καὶ ante τοῦτο delendum esse recte monuerunt Grosk. et Mein. ‖ 20. ἐπαρχίας *C*, ὑπαρχίας *ABEl*. ‖ 24. « Post δὲ folium intercidit in *A*, illamque vocem, quæ ultima est paginæ, excipiunt initio sequentis οὐ πολὺ (p. 149, 41). Est autem illud folium quaternionis primum, quodque ei adjunctum fuerat ultimum (p. 157, 42- 159, 4) itidem intercidit. Eadem desiderantur in *ghi*. » KRAMER. ‖ 25. Ταράσκωνος *no*, editt. ante Kr. Cf. Ptol. 2, 9. ‖ 26. Σέξτια] *o* man. sec.; Σέκτια cett. codd. Cf. p. 149, 40. ‖ 34. Κοττίου] Κουτίου *BCl*; Οὐγέρνου] ex correct. *B*; οὖν γέρνου *Cl* et pr. m. *B*; Ταράσκωνος *o*. ‖ 40. εἰς ejec. Cor.; ἄλλοι τοσοῦτοι codd.; em. Kr. ‖ 41. καὶ Σκ.] Coray.; καὶ ἐξιγγομάγου *Cl*; καὶ ἐκ Σκιγγ. *B*; ἐκ Σκ. Ald. ‖ 43. καὶ delendum; om. Mein. ‖ 44 εἴκοσιν ἑπτὰ editt. ante Kr. ‖ 45. Φωκέων codd.; em. Xyl. ‖ 48. αὐτῇ] Malim αὕτη cum Grosk. et Mein.; ceterum in editt. ante Kr. legebatur : τετείχισται δὲ καλῶς καὶ αὐτὴ καὶ ἡ πόλις. ‖ 52. Φωκεῦσιν *BC*.
P. 149. προσαχθέντας] προσταχθέντες *C*. ‖ 11. νενόμισται] ἐνενόμιστει Ald., unde ἐνενόμιστο Cas. ‖ 19. δὲ εἰς] δὲ οὐδ' εἰς *lm*; unde Corayus : τούτων δ' οὐδεὶς τιμοῦχος γίνεται. ‖ δ' ante οὐ addidit Buttmannus. ‖ 30. Ῥόην] Vocem inclusit Corayus. Ῥόδην καὶ Ἀγάθην probabiliter leg. putat Casaubonus, collato Plinio 3, 5, 33 : *Agatha... atque ubi Rhoda Rhodiorum fuit, unde dictus.. Rhodanus amnis.* Rectius oppidum Ῥοδανουσία vocari videtur ap. Scymnum, quem dicunt, et Stephanum et Sidon. Apollin. 1, 5; quare Ῥοδανουσίαν est Ἀγ. scribi voluit Vossius ad Melam 2, 6, qui a Plinio Rhodam Iberiæ cum Rhodanusia Galliæ confundi putat. Denique Kramerus : « Suspicari possis Ῥόην verbum hoc receptum esse ex margine, ubi fort. ad ea, quæ proxime præcedunt, adnotatum fuerat Ῥόδην. ‖ 32. Ταυροέντιον] Ταυρέντιον *BCl*; e Casaub. conj. em. Cor. ‖ 33. Σαλλύων *BC*. ‖ 40. προσέλαβον Mein.; Σέξτιος] Σεκέτιος (ex Σέκιτιος ortum) *BCl*. ‖ 41. Σάλλυας *B*. ‖ 49. ἐπὶ delendum esse patet ; om. editt. inde a Xyl. ‖ 51. τοὺς τράχωνας] τοῦ τράχωνος *ABCl*, em. Kr. ‖ 52. παρέδωκεν editt. ante Kr.; ἐν [τῇ] πόλει Coray.
P. 150, 4. Ἀβεντίῳ] Lege Ἀβεντίνῳ ut Cor. et Mein.; Ἀβεντῖνον codices præbent p. 195, 20; ἔχον] ἔχοντες codd.; em. Cor. ‖ 13. οὔτ'] οὐδ' Mein. ‖ 23. τοὺς ante τοιούτους om. *Bl*. Cor. ‖ 25. πόλεις] αἱ πόλεις *BC*; μισθούμενοι] μισθούμεναι *Bl*; unde editt. ante Kram. αἱ πόλεις μισθούμεναι; Meineke vulgo δὲ πόλεις κ. μισθούμεναι. Recte Kramerus : « Tam impedita esset oratio adjectis sive αἱ πόλεις sive πόλεις, ut neutrum a Strabone profectum arbitrer. » Itaque istud πόλεις in margine adscriptum ad explicandum vocem κοινῇ, dein in ordinem verborum irrepsisse suspicatur. Legendum esse puto : τοὺς μὲν ἰδίᾳ, τοὺς δὲ πολλοὺς κοινῇ μισθούμενοι, nisi præstat τοὺς δὲ ἐπὶ πολλοῖς κ. μ., quod proposuit Piccolous. ‖ 35. ἐπαρχίαν] ὑπαρχίαν codd.; em. Cor. ‖ 38. Σαλλύων codd. ‖ 45. αὐτῶν] αὐτῷ codd.; em. Cor. ‖ 48. Σήτιον] Σίγιον codd.; e Palmerii conj. em. Cor. ‖ 50. πάλιν om. *E*. ‖ 54. ἐμπορεῖον *B*.
P. 151, 1 et 4. Ἀρελάτε] Kr.; Ἀρελάται codd. Cf. p. 179, 39. ‖ 8. Ἰλίβιρρις] Ἰλλίβιρρις *BC*, quod præstat; Ἰλυβίρρις Ald. ‖ 13. τὸν asteriscis inclusit Cor. ‖ 14. ἀπὸ] ὑπὸ Mein., sicut etiam lin. 37, recte. ‖ 17. ἐπὶ [δὲ] θάτερα Cor.; ἐπὶ θάτερα [δὲ], e Kr. conj. Mein. ‖ 19. Ὀρβις] Ὄβρις codd.; em. Grosk. ‖ Ῥαύραρις] Ἀραυρις ceteris scriptoribus ; idque hoc loco reponendum esse videtur, monentibus Tzchuκke ad Melam 2, 5, 6, Groskurdio, aliis. ‖ Βαίτερα] « Βλίττερα *A*, Βλίτερα *BCl*; Βηττέρα Cor., monens tamen in nott. aut Βαίτερα cum Siebenkeesio, aut potius Βητήρρα scribendum fuisse : ita enim nominatur hæc urbs in nummis (v. Eckh. doctr. I, 1, p. 67). At alteram formam magis commendat codd. scriptura, ac tuentur Ptolem. (2, 9), Steph. s. v. Βαιταρροῦς, Inscript. ap. Gruter. p. 272, 10, Mus. Veron. p. 418, 5. Ubique autem, excepto Ptolemæo, duplici ρ scribitur. » *Kramer*. ‖ 27. τὴν] τὸ *ACl*. Epit., τὸν Ald. ‖ 31. ἐνίστανται] Lege συνίστανται cum Corayo et Mein. ‖ καὶ ἡ] καὶ om. Cor.; ἡ om. *l*. ‖ 33. τὸ inseruit Cor.; μελαμβόριον codd. ‖ 35. κατακλᾶσθαι] Id ferri vix potest ; κατακυλίεσθαι conj. Casaub.; melius κατακλᾶσθαι Mein. ‖ 37. ἀπὸ] lege ὑπὸ cum Mein. ‖ 40. In latinis pro *exaruerit* lege *concreverit*. ‖ 42. ὁμοίως] ὁμοίους *AB*, quod merito receperunt Meinekius et Groskurdius; deinceps pro δὲ aut τε aut δὴ legendum. ‖ 44. τῇ ὁμοιότητι] πρὸς τῇ ὁμ. Grosk. et Mein.; quod mirum quantum affectatum foret. Ceterum vulgata ferri nequit. Similiter laborat quod deinde legitur καὶ τὴν, cujus loco καὶ ταύτην Corayus, καὶ τοιαύτην Groskurd., καὶ οὕτω τὴν αἰτίαν Casaubonus proposuerunt. Legerim... ὁμοίους τε καὶ λείους καὶ ἰσομεγέθεις. Καὶ τῆς ὁμοιότητος ἔτι τὴν αἰτίαν ἀποδεδώκασιν ἀμφότεροι ‖ 46. οὐ καθ' ἑαυτοὺς] οὐ omisit Corayus, nescio an recte; οὐ καθ' ἑαυτοὺς [γενέσθαι , ἀλλὰ] ἢ ἐξ ὑγροῦ κτλ. Grosk.; οὐ καθ' ἑαυτοὺς γενομένους minus apte proposuit Kramerus ; Meinekius fortasse delenda esse censet verba οὐ καθ' ἑαυτοὺς. Quæ quum hoc loco impedimento sint, fortassis leviter mutata transponenda sunt in lin. 49, ubi verba ἢ παρ' ἄλλου καθὼς tum demum non inepta sunt, quum in antecc. legeris : Αἰσχύλος [ἢ καθ' ἑαυτὸν] καταμαθών. ‖ 47. μεταβάλλειν codd.; em. Corayus; idem deinde inseruit ἢ ; Xyl. inserendum putaverat ἀλλ'. ‖ 49. ἢ παρ' ἄλλου λαβὼν (παραλαβὼν Ald.) fortasse a Strabone non scripta esse censet Meinekius. ‖ 54. σάφ.] e Dionys. Hal. Ant 1, 41; θοῦρος] mgo *hi*; θυρὸς (sic) *A*, θυρὸς *Cghi*, θηρὸς *Bl*.
P. 152, 1. μέμψῃ *Al* et correct. *B*; πέμψῃ *l* et man. pr. *B*. ‖ 4. σε Ζεύς Mein., recte, opinor. ‖ 5. ὑπερσχὼν e Casaub. conj. Cor. ‖ γογγύλων] στρογγύλων *no* et prim. man. *gk*. ‖ 6. σὺ βαλὼν] συμβαλὼν codd.; em. Salmasius Exerc. Plin. p. 42. ‖ 7. διώσει] Cor.; δηώσει codd., nisi quod δηώσεις sec. man. *h* et Ald.; διώξεις conj. Salmas.; διώσεις Leopardi et Hermann. ‖ 8. οὐ] sec. man. *Bh*, *i* et mgo *o*; οὖν *ABCl*. ‖ 9. ἐμβάλλειν codd.; em. Cor. ‖ 20. εἰς τὴν Σπ. editt. ante Kr. ‖ 23. ἀπείργαστο bene Cor. et Mein. e conj. Tyrwhitti. Deinde a voce φθόρον usque ad v. Πυρήνης (p. 155, 6.) duo intimi quaternionis folia exciderunt in *A*. Eadem desiderantur in *ghi*. ‖ 29. Μάρκος] Τίμαιος codd.; em. Xyl. ‖ 31. προσχώσεως *o* man. sec. ‖ 34. ἠνέγκατο *BCl*; em. Casaub. ‖ πολὺν τέλη] πολυτελῆ codd.; e Tyrrwh. conj. em. Cor. ‖ 47. ἑπτασστ.] πεντάστομον Cor. ‖ 48. ἀπὸ Μασσαλίας *Bl*., nisi quod ἐπὶ habet *B* manu secunda; em. Xyl.
P. 153, 4. εἴκοσι] ἠ' *C*. ‖ 4. τῆς δὲ ὅσον ἐξ. editt. ante Kr. ‖ 7. ἐτείχισαν codd.; em. Casaub. ‖ γε] τε codd.; em. Cor. ‖ 11. τῶν χωρίων τῶν ἐπίθενθεν Ald. ‖ 20. ὑπαρχίας codd.; em. Cor. ‖ 27. εὐποροῦσαι vel εὐποροῦσι δὲ Grosk. ‖ 28. ἢ om. *E*. ‖ 33. τὸν] τὸ Cor. 47 et 52. Κουάρων codd. ‖ 51. οἱ μὲν οὖν Σάλυες] Non Salyes sed Cavari in isto 700 stadiorum spatio planitiem eique imminentes montes tenebant. Quare οἱ μὲν οὖν Καουάροι reponi jussit Groskurdius ; sed quum non videas quo

pacto Καούαροι in Σάλυες abire potuerit, fortasse gravius ulcus latet. Inter Druentiam et Isaram juxta Rhodanum præter Cavaros erant Σεγαλαυνοί sive Σηγαλλαυνοί (Ptol. 2, 9 p. 146) vel, ut Plinius dicit (3, 5, 34), *Segovellauni*, quibus Ptolemæus Valentiam urbem attribuit. Fieri igitur potest ut Strabo scripserit : οἱ μὲν οὖν [Καούαροι σὺν] Σεγοουελαυνοῖς τά τε πεδία etc. || 53. Ἰκόνιοι] Infra p. 169, 35 Σικόνιοι codd. In tropæo Alpium ap. Plinium 3, 24, 136 juxta Medullos collocantur *Uzeni* (ad *bourg d'Oisans* sec. D'Anvillium; ad hod. *Oze* sec. Durandium), qui quum ab Iconiis vix diversi fuerint, quæritur an apud Strabonem leni mutatione Οἰκένιοι vel Οὐκένιοι reponendum sit.

P. 154, 2. Καουάρων] Κλουάρων codd.; καὶ Οὐάρων verba ex varia scriptura præcedentis Καουάρων orta ideoque delenda esse statuerunt Xylander. Siebenk., Coray., Kram., Meinek.; Salmasius pro πόλιν legi voluit πολλὴν et sequentibus duorum fluviorum (Drunæ scilicet aliusque minoris) nomina subesse putavit. Id nihili esse patet. Casaubonus legendum proposuit πόλιν Καουάρων Λουερίωνα; in quibus Lucrionem e Strabone p. 169, 8 arripuit; at ibi de monte (hod. *Lubéron*) juxta Druentiam porrecto sermo est. Alius vir doctus (in *Mém. de l'acad. des inscr.* t. 27, p. 128) Arausionem (*Orange*) urbem, *Aigues* fluvio aliique minori fluviolo appositam, intelligi voluit. Gosselinus hodiernos *Ouvèze* et *Méde* fluvios memorari suspicatur. Quod probans Groskurdius in verbis καὶ Οὐάρων latere credit nomen *Carpentoractes* (*Carpentras*), quam Strabo fortassis Καρπέντορον vel Καρπεντάρωνα vocaverit. Ukertus (*Geogr.* t. 2, p. 2, pag. 136) in Καουάρων et Οὐάρων agnoscere sibi videtur nomina corrupta fluviorum qui nunc vocantur *Rubion* et *Jabrou*; urbem vero, cujus mentio excidit, fuisse dicit Ἀκουσίωνα a Ptolemæo memoratam, quam non diversam esse putat ab *Ancanno* (hod. *Anconne*) Itinerarii p. 553. At *Anconne* oppidum inter fluvios istos situm non est. Vides quantopere hæc in meras retrusa sint conjecturas. Ceterum ne ἀσύμβολος discedam, ego proposuerim : οἱ περιρρέοντες Οὐασίωνα πόλιν.... καὶ Οὐασῶν. Vasio (*Vaison*), opulentissimum Vocontiorum oppidum, exstat in sinistra ripa *Ouvèze* fluvii, quem antiquitus urbi fuisse cognominem facile concesseris. Hæc vero nominum similitudo in causa fuerit ut urbis nomen a scriba quodam omitteretur; deinde autem quum καὶ Οὐασῶν in καὶ Οὐάρων abisset, alius quidem populi modo memorati nomen subesse putans, in margine annotavit Καουάρων, quod postea in ordinem verborum receptum est, ejecto nomine fluvii alterius. || 4. Οὐίνδαλον] *Vindalum* apud Liv. Epit. lib. 61 et Oros. 5, 13, sicut Sorgas apud Florum vocatur *Vindalicus fluvius*. Quare Οὐίνδαλον ap. Strab. scripserunt e Casaub. conj. Siebenk. et Coray.; recte, opinor; contra Kramerus l literam fortasse ab ipso Strabone, sicuti in Viriathi (Οὐριάθου) nomine, omissam esse suspicatur. || 5. Ἀηνόβαρβος] Xyl.; Ἀνοβάρβαρος *CB*, Αἰνόβαρβος correct. in *B*; Αἰνοβάρβαρος *l*; γναῖος ὁ βάρβαρος; Ald. Infra p. 158, 22 codices : Ἠνόβαρβος.
|| 8. ὁ Ἄρτεμ. *B*. || 10. εἰς τὴν Δουρίωνα] Convenit inter viros doctos τὴν Δουρίωνα non diversam esse a Λουερίωνα, quod legitur p. 169, 8, ubi Salyes pertinuisse dicuntur μέχρι Λουερίωνος καὶ τοῦ Ῥοδανοῦ. Jam quum p. 153, 44 Strabo dixerit τὴν μεταξὺ χώραν τῶν τε Ἀλπεων καὶ τοῦ Ῥοδανοῦ μέχρι τοῦ Δρουεντία ποταμοῦ Σάλυες; οἰκοῦσι, D'Anvillius (*Notice de la Gaule* p. 38) et Corayus aut ceteris quoque locis Druentiæ nomen reponi voluerunt, aut Druentiam alio nomine Durionem vocari suspicati sunt. Fugit eos (quod per literas me docuit

vir doctus istorumque locorum peritissimus) jugum montanum quod juxta dextram Druentiæ ripam porrigitur, etiam nunc vocari *Luéron* sive *Lubéron;* unde patet nostro loco pro Δουρίωνα legendum esse Λουερίωνα, quod jam Casaubonus reponi voluit. Mannertus (*Geogr.* t. 2, p. 84), eoque præeunte Kramerus et Meinekius utroque loco Αὐενίωνα et Αὐενίωνος scribi jusserunt. At Salyes nonnisi usque ad Druentiam pertinuisse feruntur, deinde vero patet montanum regionis tractum ab Aeria non tam versus Rhodanum extendi quam ortum versus et meridiem. || 12. ὁ Ἴσαρος *E*. || 16. εἰς τὴν Οὐίεννα editt. ante Kr. || 17 et 21. Ἀλλοβρίγων] « Ἀλλοβρόγων codd. et editt.; sed ι, quod paullo post exhibet *E*, infra p. 193. 203. 765 ed. Cas. omnes codices constanter exhibent, idque a Polybio et plerisque scriptoribus græcis in hoc nomine usurpatum fuisse testatur Stephanus v. Ἀλλόβρυγες. » *Kramer*. || 21. Ἀλλόβριγες *E*, Ἀλλοβρόγες *BCl*. || 28. ἀπὸ] ἄνω codd.; em. Cor. || 30. τῆς Λημέννης] τῆς μεγάλης codd.; em. Kr.; Λημέννου codd.; p. 173, 29; Πηλεμέννα corrupte p. 170, 7; Λεμάνης e Casaub. conj. Siebenk. et Cor. || 32. Ἀλλοβρόγων codd. Σεγγοσιάνων *B*, Σεγγοσάβων *C*, Σεγγοσιαύων *l*. || 33. Ἐγγοσιάνων *BC*, Ἐγγοσανύων *l*. || 34. Σηκουανοὺς Cor. ubique; Αἰδούους codd.; em. Cor. || 35. Αιγκασίους] Λίγγονας scripsit Corayus. Ceteri quamquam codicum scripturam non mutarunt, et ipsi tamen Lingones a Strabone significari communi censuerunt consensu. At reliquis locis quibus ejus populi mentio fit (p. 161, 9 et 173, 31), recte vocantur Λίγγονες; neque video quanam probabilitatis specie contendas Λίγγονας scribarum errore abiisse in Αιγκασίους; contra vero quum in Ptolemæi tabulis inter Æduos et Lingones et Leucos Belgicæ ponatur regio Vadicasiorum (Οὐαδικασίων); sic ed. Wilberg in Ptol. 2, 7, p. 139, 9; vulgo Οὐαδικασίων), dubitari nequit quin apud Strabonem pro καὶ Αιγκασίων scribendum sit καὶ Οὐαδικασίων vel fortasse Οὐαδιγκασίων. De sedibus Vadicasiorum in varias sententias viri docti abierunt. Nam quum Ptolemæus l. l. dicat: μεθ' οὕς (sc. Μέλδους) πρὸς τῇ Βελγικῇ Οὐαδικάσιοι καὶ πόλις Νοιόμαγος, de Meldorum autem regione haud recte statuerit, nonnulli similiter etiam de Vadicasiorum regione erratum esse putaverunt, quam Valesius circa hod. *Chalon-sur-Marne*, Harduinus prope hod. *Chateau-Thierry* fuisse censuerunt, dum Scaligerus Nœomagum in hodierno *Noyon de la Picardie* reperisse sibi visus est D'Anvillius (*Not.* p. 667, 487) *Vadicasios* in hod. *Valois* (*Vadisus* ævo medio) degisse caputque eorum hod. *Vez* fuisse putavit. Reichardus Nœomagum cum hod. *Vassi* componit. Rectius Ukertus, Forbigerus, Kiepertus, Sprunerus, alii, Ptolemæi tabulis insistentes, Nœomagum in hod. *Neuville* (inter *Bar-sur-Seine* et *Mussy d'Evêque*), Cluverius vero et Mannertus in hod. *Nuits* superesse censent. Quorum illud ob nominum rationem veri est similius; quamquam *Nuits* quoque oppidum, haud ita longe ab Arare dissitum, quod cum *Vidubia* Tabulæ Peut. Reichardus componit, in Vadicasiorum ditione fuisse perprobabile est; nam comparato cum Ptolemæo Strabone vix est dubium quin Vadicasii a meridie Tricasiorum, quorum caput erat Augustobona (*Troyes*), usque ad Ararem, inter Æduos et Lingones medii, pertinuerint. || 41. συμπεσὼν codd.; em. Xyl.; συμπεσόντες Siebenk., συμπεσόντων Cor. || 47. Οὐώλκαι h. l. codd. || 48. Ἀρηχομικοὺς (sicut latini scriptores) *B* Cor. || 51. χρωμένων] χρόνων codd.; em. Zieglerus ap. Kram. || 52. Οὐόλκαι] Οὔλκαι *BC*, Οὐωλκαι *l*, editt. ante Kr.; τῷ Ῥοδανῷ] τῷ ποταμῷ editt. ante Kr. addunt ante τῷ Ῥ. || 54. Κα-

INDEX VARIÆ LECTIONIS.

θυάρους B, Καθάρους l, Κατάρους C; Καθυάρων BCl. P. 155, 6. Άρηκομικοίς...Άρηκομικῶν Cor. Inde a verbo Πυρήνης denuo incipiunt Aghi. || 11. ἔχουσα] ἐχούσας ABl, ἔχουσαν C; em. Coray. || 12. Λάτιον] Λάτειον codd. || 14. προστάγμασι] ο; πράγμασι ABCl. || 19. ἐκ ξύλων... ἐκ λίθων nop. || 24. Ούοκοντίων] Ούκόντων codd. || 30. Ταρούσκων] Ταρράσκων editt. ante Kr. || 31. καί ante εἴκοσι add. BCl. || 34. Ούολκῶν] Ούωλκῶν Cor. || 33. Τεκτοσάγες] Debebat Τεκτόσαγες, sicut infra lin. 47. Τροκμοί pro Τρόκρον, sec. Arcadium De accent. p. 58, 15 et Stephan. Byz. v. Τεκτόσαξ. || 48. Τολιστοβώγιοι] Τοιλιστοβόσγιοι ACl, Τολιστοβόσγιοι B, Τολιστοβόγιοι editt. inde a Xyl.; ω pro ο dedit Kramer, quod præbent codd. p. 468, 39 et 485, 25; idem usurpasse Eratosthenem testatur Stephanus v. Τολιστόβιοι. || 49. τε ejiciendum; γε scripsit Cor. || 51. τήν] ejiciendum; τὸ no. || 52. Τολιστ.] Eadem lect. varietas quam l. 48 notavi. Ceterum cum Meinekio legas : Τρ. καί Τολιστ. [οὕτ'] ἐκτός. || 54. ἄλλων] τῶν ἄλλων, quod deinde mutatum est in τὸν ἄλλον, C; τὸν Γάλλον conj. Toup.; τὸν Γαλλικὸν conj. Groskurdius.

P. 156, 2. Οὐδὲ] ἀλλ' οὐδὲ, omisso δ' post v. Πραύσους, editt. ante Kr. || 5. Aut καί aut τε ejiciendum. || 6. Σκιπίωνος] Patet legendum esse Καιπίωνος et similiter l. 10 et p. 158, 5 Καιπίωνι, p. 158, 6. Καιπίωνος || 12. ὑπὸ ejiciendum; ἆς] οἷς BCl; αἷς Cor. || 13. καταπορνευθεῖσιν Cl, καταπορνευθείσαις Cor. || 19. χρυσὸν editt. ante Kr. || 28. τῆς Κελτικῆς] ejiciendum. || 39. ὅν] ὡς codd ; em. Xyl.

P. 157, 4. Σηκουάνα Cor. ubique. || 5. Καλέτας] ὑαδέτους codd.; em. Xyl. || 6. Πρεττανικήν AC. || 13. χρήσασθαι] χρήσθαι Cor. || 25. Lege Άκυιτ. ubique. || 35. δόξα τὰ πολλά, [τὰ] μὲν Mein., recte, opinor. || 38. Quæ leguntur inde a. v. ἡ τοσαύτη usque ad v. ποταμοῖς δυσίν, p. 159, 4, folii jacturâ in A desiderantur. Eadem lacuna est in ghi. || 43. ὁμοῦ [τι] σταδ. Cor. et Mein. || 46. Όίσκων] sic Kr.; Ίόσκων codd.; Ουιβίσκων Xyl , Cor

P. 158, 1. Ναμνιτῶν] Ναμνητῶν Cor., sec. Cæsarem, Plinium, Ptolemæum. « Quæ scriptura ut verisimilis, ita tamen certa non est, alterique favet singularis Ναmnis, qui exstat in titulo ap. Orellium I, p. 98. » Kramer. || 8. Πρεττανικῆς C. || 8. Κορβιλῶνος] Κοριβηλῶνος codd.; Κορβηλῶνος Xyl.; Κορβιλῶνος dedit Corayus, quum sic nomen scribatur lin. 2. Locus, hoc certe nomine aliunde non notus, nescio an sit Κοράκων λιμήν quem p. 165, 20 Strabo ex Artemidoro memorat. || 9. ταύτῃ] ταύτης codd.; em. Cor. || 22. Κονουενῶν codd.; mutavit Kr.; ὃ addidit Cor. || 23. συγκλύδων] Lege συνηλύδων cum Corayo || Όνησίων.] Hi aliunde non noti sunt; Μονησίων conj. Xylander, collato Plinio 4, 33 § 108, qui Monesios memorat; idque a codicum scriptura abest proxime; longius recedit quod Wesselingius, Mannertus, Kramerus legi malunt : Κωνουενῶν (Convenarum Thermæ ant. Itin. p. 457). Nihil mutandum esse, quum regio hæc aquas calidas quam plurimas habeat, censet Ukertus. || 25. Αὐσκίων] Ψαυσκίων codd.; em. Xyl. || 28. Ούελλάϊοι] Ούέλλαοι C. Cor. || 29. Άρουέρνοις C. || 30. Λεμουνίχες] Λεμοθρίκες codd. || 35. Ῥουτηνοί] Ῥουταινοί Bl, Ῥούταινοι C. || 38. Ῥουτινοῖς C. || 39. Λατίνων codd.; em. Cor. || 40. οἱ ante Ῥωμαῖοι editt. ante Kr. || 43. Νεμωσσός] Νέμεττος (Augustonemetum) scrib. conjecit Casaubonus, probabiliter. || 44. Κήναβον] Κμήναβον BCl; Γήναβον editt. ante Kr.; Καρνούτων] Καρνούντων codd.; em. Xyl. || 50. Ούερκιγγετόριγγος; C. || 52. ἠνόβαρβον codd.; em. Xyl. Pro Δομήτιον Mein. ubique Δομίτιον scripsit.

P. 159, 1. Ουερκιγγετόριγξ C; ὁ ejiciendum; Μανδιβούλων codd.; em. Xyl.; Alesia est hod. Alæse, non vero, ut olim putabant et ipse in Nominum indice dixi, hod.

Alise. || 2. τοῖς Άρουέρνοις, i. e. Avernorum sub Vercingetorige duce confœderationi. || 4. καί omis. editt. ante Kr. || 12. Βιτυίτου] Βιτίτου codd.; Βίττου Ald.; em. Kr. || 14. Λουέρνος] Λουέρνιος ap. Athenæum p. 152. || 15. φίλοις] Lege ὄχλοις cum Corayo ex Athenæo l. l. || 17. διασπείρων] σπείρων Ald. || 21. ὃ] οὗ codd.; em. Cor. || 27. Βέλγαις] Βέλγες codd.; em. Cor. || 39. εἰκόνες...μία] εἰκόνας...μίαν Corayus, adeo ut de anaglyphis aræ lateribus insculptis vel de statuis in ipsa ara positis cogitandum foret. At nihil cogere ut ita statuamus censet O. Janus de simili opere disputans in Verhandlungen d. Gesellschaft d. Wiss. zu Leipzig, 1854, p. 125. || καὶ ἄλλος μέγας] καί ἄλλως μέγας Corayus, quod nihili est. Idem ad vers. gall. t. 5 p. 146 probat virum doctum nescio quem, καί ναός μέγας proponentem, quod verum puto, quum ad tradita proxime accedat; καί ἄλσος μέγα conj. Toup.; καί ἀνδριὰς Καίσαρος μέγας conj. Groskurd.; καὶ ἀνδριὰς μέγας Kramer.; καὶ ἄλλος [ἀνδριὰς] μέγας scripsit Meineke; at quisnam crediderit Strabonem lectori divinandum reliquisse cujusnam magna ista statua fuerit? Putari posset in μεγασπρο latere Σεβαστοῦ, adeo ut scripsisset Strabo καὶ ἄλλη Σεβαστοῦ. Alia conjectura in promptu foret si ad Augustum transferre liceret institutum Sesostridis, qui fortium populorum ab ipso devictorum nominibus phallum in cippis appinxit. || 40. Σεγοσιανῶν] Σαιγοσιαβῶν (sic) Al, Σαιγοσιανῶν B, Σηγοσιανῶν C; em. editt. || 41. κειμένων] κειμένη codd.; em. Xyl. || 41. Δούβιος] Λείγηρος reponendum esse et hoc loco et p. 160, 2 monuit Palmerius, probantibus Gosselino, Falconero, Kramero et Meinekio; recte ; Strabonis non esse errorem e reliqua ejus narratione intelligitur. || 47. Σηκοανάς (sic) A, Σηκοανάς mgo A man. pr.; Σηκοανὸς BCl; em. Cor. || 48. ῥέων primus ejecit Siebenk.

P. 160, 2. Δούβιος] Cf. p. 159, 41. || 3. Αἰδούων] Έδούων ABl, Έλουῶν C. || 4. Βίβραχτα C. || 9. Έδούοις codd. || 12. Έδούους cod l. || 14. τοῦ ante διείργοντος om. editt. ante Kr. || 19. Έλουήττιοι] Αἰτουάτιοι codd.; e Cluverii conj. Cor.; Ναντουάτιοι conj. Xyl., Casaub., Siebenk. || 20. Άδούλα] Διαδουέλλα codd ; em Xyl. conj. em. Siebenk. || 21. Άδοας] Άδούας Cor. || 22. Λάριον] Λαρίαν A hoc loco. || 26. Ῥετοί codd.; Ούινδολιγοί ABl, Ούινδολίγοι C; ἀλπείων et ὑπεραλπείων B, recte. || 37. Σηκουάνας ACl; δὲ addidit Kr.; [ἀλλ'] οὗ τοσαύτην scripsit Corayus. || 39 et 43. Πρεττανικ. AC. || 46. ἢ ejicit Cor. || 42. δ' add. Cor. || 43. τὸ add. Cor. || 49. ἐλουητανοὺς codd. || 53. τόπων inclusit Cor.

P. 161, 4. Σελουηττίους ABl; Μηδιοματρικοί AC. || 8. δὲ Λουηττίους A. || 9. τῶν om. editt. ante Kr. || 9. Αἰδούων] οἱ δοῦοι codd. || 15. Ούαέρνων ABC. || 18. εἴκοσι] η' ('', ὀκτὼ B. || 22. Τρηούιροι] Τρηοῦαγροι A, Τριοῦαγροι BCl; em. Siebenk. || 24. Ούβιοι] Ούέβιοι Al, Ίμβροι (sic) C. || 26. Τρηούσγροις Al, Τρηούαγροις C, Τριοῦαγροις B. || 27. πλησίον in uno E legitur. || 32. Σώηβοι Al. || 33. Ante v. ἐξαλανύομενοι excidisse Ούῆβοι conj. Cluver. || 34. νυνὶ fort. ortum ex antecc. ἤνουν putat Kr.; ὀρεινῇ conj. Picc.; possis : [οὗ] νυνί. || 37. Νερβίων codd.; mutavit Xyl. || 38. Άτρεβάτοι h. l. codd.; em. Cor. || 39. Ίεβούρωνες ABCl. || 40. Μορίνοι Mein.; Σουεσίωνες codd. || 43. Άτρεβαταίων C, Άτρεβατοίων A. || 47. συμπλέκοντες]. συντέμνοντες lm; συντέμνοντες καὶ συμπλέκοντες proposuit Casaubonus, collato Cæsare B. G. 2, 17 : incisis atque inflexis. || 48. οὔσας] ὄντας codd.; em. Cor.; fortassis leg. esse τούς. λύγους.. ὄντας conj. Kr.; ἀπέφραττον] ἄνεφρ. codd.; em. Grosk. || 54. Σηκοάνα ABCl, nisi quod in A prima manu scriptum erat Σικοάνα; deinde Παρήσιοι AC.

P. 162, 9. Πρεττανικήν AC. || 14. ἁλύσεις] ἁλύσει C et

Cor.; recte, puto, nisi quod cum Groskurdio malim ἀλύσεσι. Ceterum ferreis catenis non vela tendere sed ancoras revincire solitos esse Cæsar 3, 13 prodit. Quare ancorarum mentionem apud Strabonem fortasse librariorum culpa excidisse putat Kramerus. Cui sententiæ refragatur ἔτεινον vox. Ante v. ποιοῦσι excidisse τὰ πλοῖα probabiliter censet Groskurd. ‖ 19. μὴ] ἢ codd.; e Casaub. conj. em. Siebenk. ‖ 24. Βόϊοι] βίοι codd.; em. Xyl. « Rectius foret Βοῖοι vel Βοιοί. » *Mein.* Deinde καὶ οἱ Σένονες *C* (?) et editt. ante Kr. ‖ 27. οἱ Σίσμιοι δ' εἰσὶν οὓς Τιμίους codd. Vide not. ad p. 53, 1. Ante Ὀσίσμιοι editt. ante Kram. inde a Xylandro addiderunt ἐνθένδε δὲ , quod asteriscis inclusit Corayus. ‖ 30. ἐκεῖνοις ἔχειν φησὶ Ald. ‖ 32. Σηκουάνοις *A*. ‖ 33. ὃ νῦν] οἱ νῦν *Bl.* ‖ 34. ἀρημάνιον *ABCl*. ‖ 45. δὲ καὶ κατὰ Ald. ‖ 46. συναγανακτοῦντες *B Cno*.

P. 163, 1. τε inseruit Kramer.; [καὶ] ἐκ τῶν dedit Corayus; malim cum Meinekio : αὐτῶν καὶ τῶν, quum ἐκ sæpius in καὶ abierit. ‖ 9. ῥᾳδίως] ῥᾳδίας Cor. ‖ 10. δὲ καὶ] δ' ἐκ codd.; em. Cor. ‖ 11. ἐκβάλλονται codd.; em. Cor. ‖ 10. οἵ τε] οἱ μέντοι *E*. ‖ 16. σύμπαντας incl. Cor. φθείραντες? Picc. ‖ 17. ἀθρόοι [καὶ] κατελύοντο Cor.‖ 21. παρὰ] ἢ παρὰ Cor. ‖ 25. παροικοῦντας codd.; em. Cor.; ὥστε] οὔτε codd ; em. Xyl. ‖ 27. Βελγῶν] Βέλγων h. l. codd. præter *E*. ‖ 28. Σουεσσ.] Οὐεσσίωνας codd ; em. Xyl. ‖ 32. τὸ ante τῶν συμμ. om. editt. ante Kr. ‖ 36. « Quum σχιστὸς ipse etiam χιτῶνος species sit (frequenter enim memorantur σχιστοὶ χιτῶνες), apertum est falsam esse oppositionem. Hinc suspicor post χιτώνων excidisse ποδηρῶν, quibus jam recte opponuntur σχιστοὶ χειριδωτοί. Χιτῶνας ποδήρεις ipse Strabo memorat (p. 145, 48) de incolis insularum Cassiteridum : μελάγχλαινοι ποδήρεις ἐνδεδυκότες τοὺς χιτῶνας. » MEINEKE Vind. p. 44. ‖ 38. μακρομ.] ἀκρόμαλλος (summis pilis villosus) codd., quod mutavit Corayus. Codicum lectionem servavit Meineke. Neque mutandi causa suberat. ‖ 39. οὓς λαίνας [Ἕλληνες] καλοῦσιν Grosk.; οὓς λαίνας καλοῦσιν οἱ Ῥωμαῖοι · οἱ μέντοι καὶ ἐν Casaub.; καλ. οἱ Ῥωμαῖοι · καὶ ἐνιοι καὶ ἐν Toup.; κ. οἱ Ῥ., ἐν μέντοι τοῖς Corayus. Sanam esse codd. scripturam censent Kramerus in Add. et Meinekius. Nescio an pro Ῥωμαῖοι leg. sit Μορῖνοι, qui populus Galliæ regionem maxime septentrionalem obtinebat. ‖ 41. ὑποδιφθέρας] Lege ὑποδιφθέρους cum Corayo. Cf. p. 468, 30. ‖ 44. μάδαρις]μαῖρις *ABl*, μῆρις *C*, μάαρις Epit.; μάταρις Scaliger (ad Virg. Catal. p. 282), Turnebus (Advers. 9, 7), Siebenk., Coray.; μάδαρις Dindorf. in St. Thes., Kr., Mein., collato Hesychio : Μαδάρεις, τὰ πλατύλογχα τῶν παλτῶν (sic legerim pro τῶν κρεάτων; τῶν δοράτων conj. Albert). ‖ 47. ἀφιέμενον] βοῆ ; ἐφιέμενον *ACl*. ‖ 50. μετὰ] μὲν ἀπὸ Cor. ‖ 53. In latinis lege : *Itaque periculum est si quis insuetus, nec non si lupus ad eas accedat.* Corayus verba ὡσαύτως καὶ λύκῳ explicat οὕτως, ὥσπερ ἂν εἰ καὶ λύκῳ προσεπέλαζε. Quod ferri non posse recte monet Groskurdius. Ceterum cf. Aristoteles H. An. 8, 6 : μάχεται δ' ὖς καὶ λύκῳ.

P. 164, 1. Verba τοὺς οἴκους ἐκ σανίδων ... ἐπιβάλλοντες Groskurdius transponenda opinatur post v. Ἰταλίας, lin. 5. In latinis pro *magno imposito fastigio* lege *mullo imposito stramento*. ‖ 19. Παρ' ἅπασι *BCl*. ‖ 28. Ante v. ὅταν Meinekius in Strab. edit. lacunam notavit. Idem in Vind. p. 44 : « Mire, inquit, φορὰν dixit de judicialium causarum multitudine ; magis etiam mirum τὰς φονικὰς δίκας largum agrorum proventum portendere dici. Sed nescire me fateor quo pacto hæc expediam, nisi loco suo mota dicas et transferenda post τῆς Ἰταλίας (lin. 5), ubi de ovium suumque cultura agitur ; quamquam ne hoc quidem loco aptissime posita esse fateor. »

Interpretes gallici verba ὅταν τε φορὰ τούτων ᾖ verterunt : *aux époques les plus remarquables par l'affluence des druides,* in annotatione vero suspicantur fortasse quædam excidisse, adeo ut Strabo hæc fere dixerit : *Les Gaulois ont une grande vénération pour les chênes, et s'imaginent que les bonnes récoltes arrivent aux années où cet arbre prospère (c'est-à-dire où il donne une plus grande quantité de gui).* Quæ omnia sunt longe petita, neque quidquam video cur Strabonis verba in mendo cubare putemus. Φορὰ δικῶν φονικῶν similiter dicitur atque dicere licet φορὰ φονέων (Cf. φορὰ προδοτῶν, πονηρῶν etc. ap. Demosth. et Æschin.). Capitis vero damnati statis temporibus magna cum solennitate tanquam primitiæ diis immolabantur, et ejusmodi sacrificia numini erant omnium gratissima. V. Diodor. 5, 32, 6 : Τοὺς γὰρ κακούργους κατὰ πενταετηρίδα φυλάξαντες ἀνασκολοπίζουσι τοῖς θεοῖς καὶ μετ' ἄλλων ἀπαρχῶν καθαγίζουσι, πυρὰς παμμεγέθεις κατασκευάσαντες Cæsar B. G. 6, 16 : *Supplicia eorum, qui in furto aut in latrocinio aut aliqua noxa sint comprehensi, gratiora diis immortalibus esse arbitrantur : sed, quum ejus generis copia* (φορὰ) *deficit, etiam ad innocentium supplicia descendunt.* Igitur quo major erat maleficorum proventus, eo major apud deos gratia iniri poterat, eoque ampliorem frugum proventum numen largiturum esse sperabant. ‖ 20. ἄλλοι] οἱ ἄλλοι (sc. Bardi et Vates) Corayus cum eoque Meinekius. At Bardos et Vates non diversa credidisse monere vix attinebat; vox ἄλλοι potius Getas et Zamolxidis discipulos subindicat. (Forte fuit καὶ Δάοι vel Δάκοι, quum Getarum et Dacarum nomina sæpe promiscue adhibeantur). ‖ 43. [εἰς] τὴν θέαν conj. Grosk., quod ob sequens ταύτην ferri nequit; probabilius verba τὴν θέαν post ταύτην ponenda esse censet Kramerus, probante Meinekio. ‖ 50. ὑπεναντίως codd.; e Cas. conj. em. Cor. ‖ 50. δὲ] γὰρ editt. ante Kr. et Meinekius probabiliter. ‖ 51. εἰς νῶτον] Ἄνθρωπον γὰρ κατασπείσαντες τύπτουσι μαχαίρᾳ κατὰ τὸν ὕπερ τὸ διάφραγμα τόπον. Verba sunt Diodori (5, 31, 3), qui quum sua ex eodem Posidonio prodiderit quem Strabo quoque ob oculos habebat, quæro an istud εἰς νῶτον genuinum sit. Diaphragmati adjacent costæ inferiores quæ græce dicuntur νόθαι πλευραί. An igitur fuit : εἰς νόθον πλευρὸν vel εἰς νόθας [πλευράς] μαχαίρᾳ ? Vocem πλευράν scriba omiserit ob similitudinem vocis sequentis. Quo commisso, alius quidam νόθας mutaverit in νῶτον. Cf. locum similem de Iberum sacrificiis humanis p. 431, 45 : παρελθὼν παίει διὰ τῆς πλευρᾶς εἰς τὴν καρδίαν etc. Contra quod apud Strabonem p. 128, 20 legitur : ὅταν πληγῇ ὑπὸ τὰ σπλάγχνα ὑπὸ τοῦ ἱεροσκόπου, bene habet, neque erat cur Meinekius Kramero obtemperans τοῦθ' particulam ejiceret. Nam quum Lusitani non solum ἐκ τοῦ πτώματος victimæ, sed etiam ἐκ τῶν σπλάγχνων vaticinia peterent, ictus letalis ita dirigendus erat, ut illæsa manerent viscera.

P. 165, 1. ξύλον codd.; em. Cor. ‖ 6. Σαμνιτῶν] « Σαμνιετῶν *CA*, sed in hoc ie in ι mutatum manu secunda; Ναμνιτῶν Siebenkees. ex Tyrwhitti conjectura, quem Corayus quoque secutus est, η tamen pro ι ponens ut supra (p. 158, 1). At Samnitas Ptolemæus 2, 8, 6 etiam memorat his in partibus a Namnitis diversos (Cf. Marcianus in Geogr. min. t. 1, p. 552 ed. Didot.). Dionysius Perieg. (571) autem eadem agens de re cum habeat ἀγαυῶν Ἀμνιτάων plerique quidem levissima mutatione Ναμνιτάων scribendum censuerunt, sed probabilior tamen est Casauboni opinio, qui illud nomen responderé arbitratur Strabonis Samnitis, omisso σ, ut in Edetanis, Exitanis, aliis. » KRAMER. Apud Steph. Byz. legitur Σάμνιον, πόλις Πρετανίας, ubi Pretaniæ nomine Galliæ provinciam hodie *Bretagne* dictam intelligi vult Meinekius. Quod a vetere geographia abhorret. Probabilius Ukertus (*Geogr.* 2, 2, p. 556) suspicatur Bacchi cultum, quem in Gallia vel insula Galliae obtinuisse plurimi produnt, nonnullos Britanniae regioni vindicasse. || 8. ἐξιλεουμένας] glossam vel variam lectionem praecedentis vocis ἱλασκομένας esse monet Kr.; ἐξηλλαγμέναις scripsit Coray, quem sequitur Meineke. || 15. φερούσας] φερούσης codd.; em. Xyl. || μέρη] μέλη Cor., fort. recte. || 17. τοῦτο] Velim τούτου cum Cor. et Mein. || 28. καὶ [τῆς] κόρης editt. ante Kr. || 29. Βρ.] Πρεττανικῇ *AC.* || 30. Δήμητραν] Δήμητρα Cor. || 30. φιλόνεικοι] « Miror non offendisse criticos. Quid dicere debuerit Strabo, docent haec Herodoti (1, 135) de Persis: εὐπαθείας τε παντοδαπὰς ἐπιτηδεύουσι καὶ δὴ παισὶ μίσγονται. Itaque pro φιλόνεικοι scribendum arbitror ἡδονικοί, mutatione facili; minus enim placeret φιληδόνοι vel φιληδονικοί, quo usus est Olympiodorus ap. Bekk. An. p. 1429. » MEINEKIUS. Arrident haec comparanti Diodorum 5, 32, 7: Γυναῖκας δ' ἔχοντες εὐειδεῖς, ἥκιστα ταύταις προσέχουσιν, ἀλλὰ πρὸς τὰς τῶν ἀρρένων ἐπιπλοκὰς ἐκτόπως λυττῶσιν. εἰώθασι δ' ἐπὶ δοραῖς θηρίων χαμαὶ καθεύδοντες ἐξ ἀμφοτέρων τῶν μερῶν παρακοίτοις συγκυλίεσθαι. Τὸ δὲ πάντων παραδοξότατον, τῆς ἰδίας εὐσχημοσύνης ἀφροντιστοῦντες τὴν τοῦ σώματος ὥραν εὐκόλως ἑτέροις προΐενται, καὶ τοῦτο αἰσχρὸν οὐχ ἡγοῦνται. Ceterum quod codices praebent φιλόνεικοι ex eodem Diodoro 5, 28, 5 defendere licet; nihil igitur cogit ut legatur ἡδονικοί vel, quod mihi in mentem venit, φιλομείρακες. || 46. Βρεττ.] Πρεττανικῇ *AC* h. l. et in seqq. Eamque scripturam ubique apud Strabonem reponendam esse supra jam monuimus.

P. 166, 14. τοῦ om. codd. || 24. ταυτά[τε] δὴ bene Cor. et Mein. || 33. ἔθη] ἤθη codd.; em. Mein. || 37. ἀπήναις] ἀπηνείαις codd.; e Cas. conj. em. Siebenk. || 46. Μεναπίοις] Μασσαπίοις codd.

P. 167, 6. Καπιτωλίῳ *Bl.* || 7. σχεδόν τι] τι σχεδὸν codd.; em. Cor. || 2. οὔπως] οὕτως codd.; em. Xyl.; οὔπω Cor. || 11. λυγγούρια] « ἀλλυγούρια codd., λιγγούρια editt., et infra λιγγούριον infra p. 168,46 codices exhibent. Sed plerique scriptores υ in hac voce praeferunt, eamque formam, quam restitui, Theophrastus et Dioscorides constanter usurpant; ἀλ ortum videatur ex αι male repetitis. » KRAMERUS. Apud Scylacem (Geogr. m. t. 1, p. 94) legitur: οἱ δὲ Φοίνικες ἔμποροι εἰσάγουσιν αὐτοῖς μύρον, λίθον Αἰγύπτιον, ἄπρους ἐξαράκτους, κέραμον ἀττικὸν, καὶ χοῦς. In quibus quid sibi velint verba ἄπρους ἐξαράκτους nemo hucusque eruit; nam quod Gailius scribi jussit κάπρους ἐξαράκτους, *apros castratos*, id quod voluit vir graecarum literarum rudis, significare nequit, neque cetero mundo immundas istas bestias jungi credideris. Corruptam esse vocem ἐξαράκτους recte monuit Hemsterhusius (v. Steph. Thes. s. v.); legendum ἐξορύκτους, uti dixi in not. ad Scyl. Quod alteram vocem attinet, ΑΠΡΟΥΣ literae ortae sunt ex ΛΓΥΡΟΥΣ, in quibus latet λιγύρους. Λίθος λίγυρος legitur apud Josephum A. J. 3, 7. 6; de ceteris nominis formis, λιγυρίς, λιγύριον, λιγγύριον, λυγγύριον, λυγγύριον, λυγκούριον, λαγγούριον v. St. Thes. v. λίγυρος et λυγκούριον. Lapis ille, teste Theophrasto De lap. c. 28, erat ἤλεκτρον ὀρυκτόν. Scylax igitur λίθον Αἰγύπτιον (i. e. χυτὸν λιθίαν ὑαλῆν) et λιγύρους ἐξορύκτους eodem plane modo composuit quo apud Strabonem juxta ὑαλῆ σκεύη memorantur λυγγούρια. || 15. καθίστατο πᾶν] καθίσταιτ' ἂν legendum videtur, quod e Krameri conj. rec. Mein. || 21. ᾗ add. Cor. || 23. Βρ.] Πρεττανῶν *AC*. || 24. δὲ] τε Cor., Mein.; πολυφάγοι] πονηφάγοι Epit. || 40. ἱκανῶς [ἂν] δόξειε] ἂν inseruit Corayus; ἱκανῶς δόξει scripsit Meinekius. || 41. λέγων] τὸ τῶν codd.; λέγων conj. Mein. in Vind. Str. p. 44; in Strabonis editione τὸ τῶν intactum reliquit, sed ante τοῖς τῇ κ. lacunam indicavit. Interpres gallicus, de graecorum verborum corruptione nihil monens, vertit: « *Néanmoins pour ce qui regarde la position geographique par rapport au ciel, il paroît raisonner assez conformément aux principes de l'astronomie. Il dit très bien aussi, en parlant des peuples voisins de la zone glaciale, qu'ils manquent absolument etc.* Quae e latinis potius quam e graecis translata esse dixeris. Groskurdius legit: ... τοῖς πράγμασι τοῖς τῇ κατεψυγμένῃ ζώνῃ πλησιάζουσιν. [Οὐκ ἀπίστως δὲ λέγει καὶ] τὸ τῶν καρπῶν κτλ. At jungi non posse πράγμασι πλησιάζουσι tum alii tum Meinekius recte monuerunt; scribendum fuisset ἰδιάζουσι vel προσήκουσι vel simile aliquid; nam πλησιάζουσι ad regionem sive ad incolas referendum est. Omnino sensum loci interpretes non satis assecuti videntur. Nimirum Strabo qui Thulen insulam merum figmentum esse neque unquam Pytheam regiones istas adiisse putat, ac terram habitatam multo minus quam Massiliensis iste voluit, versus boream pertinere statuit, necessario ea quoque quae de indole istarum regionum Pytheas narravit, auctoritate destituta esse censet, ceterum concedit figmenta haec ad ea quae rerum coelestium doctrina et mathematicae scientiae placita postulant, scite accommodata esse, adeo ut hinc probabilitatis speciem assumant et fidem mereri possint videri. Cf. p. 245, 17: διὰ δὲ τὴν ἄγνοιαν τῶν τόπων τούτων οἱ ... μυθοποιοῦντες λόγου ἠξιοῦνται καὶ ἃ Πυθέας ὁ Μασσαλιώτης κατεψεύσατο ταῦτα τῆς (lege περὶ τῆς ταύτῃ) παρωκεανίτιδος, προσχήματι χρώμενος τῇ περὶ τὰ οὐράνια καὶ τὰ μαθηματικὰ ἱστορίᾳ. Jam quod verba Strabonis attinet, scripserim: ... τοῖς πράγμασι, [παρὰ fortassis addendum] τοῖς τῇ κατεψυγμένῃ ζώνῃ πλησιάζουσιν ἱστορῶν καρπῶν εἶναι. Piccolo conj.: τοῖς [γὰρ]...πλησιάζουσιν [οὐκ ἄ]τοπον κ. Pro πράγμασι nescio an Strabo dederit πλάσμασι. || 43. ἄλλοις] ἀγρίοις probabiliter scripsit Cor. Mein. Quod contra monuit Fuhrius (De Pythea p. 140) ἄγρια λάχανα contradictionem in adjecto haberi posse, id nihili est. Quodsi exemplis opus est, v. Aristophan. Plut. 298, Thesmoph. 451. Mihi in mentem venit pro ἄλλοις fuisse ὠμοῖς, quae lenior est mutatio, sed sensum fundit minus aptum. || 45. γίγνεται] γίνεται velit Mein. Deinde ἔχει pro ἔχειν *ACE*. || 48. σταχύων] ἀσταχύων *E*; ἄλως] Kram; ἄλω editt. ante Kr.; ἄλλως] codd.; εἰ γὰρ ἄλλως conj. Fuhr.

P. 168, 7. Σαβάτου αδας (sic) *ACEl*, Σαβάτου Οὐαδα *B*, Σαβάτων Οὐαδα *ok*. || 12. Ἀλβίγγανον] Ἀλβίν.ταυνός *A*, Ἀλβὶν ταυνός *C*, Ἀλβινταῦνος *l*, Ἀλβινγαῦνος *B*. || 13. Ἰγγαυνοι] Σιγγανοὶ *A*, Σιγγαυνοὶ *C*. || 17. τοῖς Ἀλ.] Lege ταῖς Ἀ. || 18. Ἄλπια] sic constanter codd.; rectius foret Ἄλπεια, ut scr. Cor. ||. 19. Ἀλπιόνια] vocem corruptam videri ex Ἀλπεινὰ monet Kramer.; Ἀλβιόνια conj. Grosk. || 10. ἔτι] ἐπὶ codd.; em. Cas. || 20. Ὄκρα] *B* ex correct.; Ἄκρα *ABl*, Ἄκρη *C* || 24. Ἰντιμελίων *ABC*. || 26. Ἀλβινγαῦνον *A*. || 28. Δεκιητῶν] Δεχητῶν *Bl* Ald. || 39. ἀπὸ] καὶ codd., quod intactum reliquit Kramerus; ἀπὸ editt. ante Kr.; praestat ex, quod Mein. dedit; nam καὶ et ἐκ permutari saepius jam vidimus. || 30. προσεχὲς] προεχὴς Cor., quod in orae hujus naturam non cadit; προσεχὴς vero de ora usurpari e Strabone aliisque scriptoribus probavit Kramerus. || 33. πρὸς τῇ θαλ. *Bk* Cor. || Λίγυες] Λίγυες *ACl* et pr. m. *B* ||. 35. πρὸς τῇ θαλ. *k* Cor. | 36. ἐνταῦθα τὰ ὄρη παμπόλλην. Ald. || 37. τὴν] τὸ Epit. || 44. γίννοι] γυγνήσιοι *ABC*, γεγήνιοι Ald.; τε γίννοι Cor. || 46. λιγκούριον Epit. Supra p. 167, 11 erat λυγγούριον, sed ibi quoque λιγγούριον potius scribendum fuerit. || 51. λιμήν] no,. λιμένος *ABCl*.

P. 169, 4. τινα] τινὰς codd.; em. Cor.; deinde τῆς παραλίας

αὐτῆς legi vult Grosk.; leg. polius αὐτῆς τῆς π. || 8. Λούερίωνος] Δρουεντία e Danvillii conj. Coray.; Άουενίωνος e Mannerti conj. Mein.; at bene habet vulgata. V. not. ad p. 154, 10. || 12. ὑπεραλπείων B. || 21. φόρον] Ald.; φόβον codd. || 22. καὶ Ἀλβ.] leg. fuerit ἢ Ἀλβ. || 23. Οὐοκούντιοι A, Οὐκόντιοι C. || 24. Ὀκούντιοι C, Οὐκόντιοι A. || 29. Οὐώλκας Cor. || 30. Οὐάρου] νουάρου ACl gin. || 35. Οὐοκοντίους ABCl. || 35. Ἰκόνιοι] Σικόνιοι codd. Cf. not. ad p. 153, 53. || 36. Μεδούαλοι C, Μεδούαλλοι ABl, Μέδουλλοι Cor. || 36. οἵπερ] ὑπὲρ codd.; em. Siebenk. || 42. εἶσιν] Kram.; ἔξεισιν Cor.; ἐστὶν codd., quod poterat servari. || 42. Δαρυέντιος codd. || 42. ὅς] ὡς Cl Ald.; idque probavit Cluverius (It. Ant. 1, p. 458) qui in antecc. ἐστιν ejici voluit. || 48. γὰρ] δὲ Ald. || 49. ἐν δὲ τοῖς Ald. || 51. ἐμπίπτει Ald. P. 170, 1. Κεκλ.] κεκριμένα codd.; em. Xyl. || 4. Ἰδεόννου] Δονάτου margo A prim. manu. Donnus (rex, Cotti praefecti pater) vocatur in inscriptione arcus quem Segusiae Cottius Augusto dedicavit, et ap. Ovid. Ex Ponto 4, 7, 29. Deinde ἢ addidit Casaubonus; equidem pro καὶ legi velim ἤ. || 7. Ναντ.] Μαντουάται B; ἡ Δημέννα] Πηλεμέννα ABCl, Πελαμένα Ald. ἡ Λεμάνα Cor. Cf. 154, 30. || 9. Ἀδουάλλας ABCl; em. Xyl. || 13. ἱδρυμένου] ἱδρυμέναι codd.; em. Xyl. || 20. εὐβάτους] εὐβότους; A, εὐδώτους Bl. || 21. ὡς ἔνεστι] ὧν ἔν ἐστι ACl. ὧν ἔνεστι B; e Tyrrhw. conj. em. Cor. || 23. ὅσην] ὅσον C Cor. || τινα] Kram.; τι codd.; κατά τινας τόπους conj. Grosk. || 30. κομίζειν codd.; em. Cor.; φόρτους] i et mgo hn; κόλπους ABCl. || 36. κρισταλλοειδῶν l (?) et editt. ante Kr. || 39. ἀμφοτέρων codd.; em. Cas. || 50. εἰς suppl. Cas. || 53. στερομένους A, Mein. || 54. δυν.] μὴ δυν. no Siebenk.

P. 171, 3. χρυσουργιῶν θodd.; em. Cor. || 6. τούτοις codd.; em. Xyl. || 7. δημοσίων codd.; em. Xyl. || 14. ἔθος] ἔθνος ACl; Δέχιον B. || 15. φεύγοντα Cor. || 18. καὶ om. Mein. || 22. ἐλαφυραγώγησε mgo A prima manu. || 23. Ἐποραιδίαν Kram.; Ἐποραιδίαν codd. || 35. Οὐινδελικοὶ l et editt. ante Kr., recte puto, quum veram hanc formam omnes codd. habeant p. 172, 38. || 43. Λειπόντοις Ald., Καμοῦλοι codd.; em. Xyl. || 45. Βρέγκων καὶ Τεννανίων codd.; em. Xyl. || 49. Λικάτιοι Cor.; Κλαυτονάτιοι C, Κλαυτινάτιοι editt. ante Kr.; Clatenates ap. Plin. 3, 24. || 50. Ῥουκάντιοι] Ῥουκινάται ap. Ptol., Rucinales ap. Plin.; fortasse igitur apud Strabonem Ῥουκινάτιοι scribendum esse monet Kramer. || Κωτουάντιοι] fortasse Κωνσουάντιοι, monente Kramero; Κωνσουάνται Ptol., Consuanetes ap. Plin. || 52. Βριγάντιον] Σικάντιον Al, Βικάντιον CB, quorum B supra β habet σ manu sec.; em. Xyl.; || Καμβόδουνον] sic Kr.; Κανδόβουνον codd.; Καμπόδουνον editt. ante Kr. inde a Xyl.

P. 172, 6. οἱ ejici vult Grosk. || 9. ἀνέδην] B, ἀνείδην C, ἀναίδην Al. || 17. πάχνας] τέχνας codd.; em. Cor. || 22. Ἀπέννινον Ποῦνον e Cas. conj. Coray et Grosk.; at de alia Alpium parte h. l. et lin. 36 agi recte censet Kramerus; Ἄλπιον conj. Cluver. et Gosselin. Habitarunt in hoc tractu Οὐέννωνες, Vindelicorum populus (p. 171, 50. 170, 14), Vennoneles et Venostes Plinii, in hodierno Vintchgau (Vennonesgowe saec. XI). Igitur suspicari possis ab hoc populo Alpium partem vocari τὸ Οὐεννώνιον ὄρος, quod in notissimum nomen Ἀπέννινον ὄρος depravatum fuerit. Hoc si nolis, a Breunis mons vocatus fuerit Βρευννινόν (Brenner). Ad hunc montem et ad Isarae sive Isargae fontes Itinerarium p. 275 et Tab. Peut. ponunt locum Vitipenum [Vitipeno cod. D, Vipetenum 5 codd.] || 23. Ἰσάραν] Ἰσαρον editt. ante Kr. « Ceterum hoc nomen non minus falsum esse quam quod sequitur (lin. 26) Ἀτησινός sponte sua apparet. Omnia bene se habebunt, si cum Gosselino statuamus nomina illa locum mutasse. »

Kramer. Eodem modo statuunt Groskurd., Forbiger Geogr. 3, 441, vir doctus in Smith Dict. of geogr. s. v. Athesis. Quibus obsecutus Meinekius pro Ἰσάραν scripsit Ἀτησινόν et pro Ἀτησινός dedit Ἰσάρας. Admitti haec nequeunt. Nam si Ἰσάραν hodiernum Isar, Ἀτησινὸν vero hod. Adige esse cum Gosselino statuas, quinam erit Ἀταγις fluvius? Hodiernum Eisach esse suspicantur. Id vero nominum ratione minime commendatur; nam Eisach latine dicitur Isargus vel Isarcus, accolaeque ejus apud Plinium Isarci vocantur. Contra vero sponte sese offert conjectura Isaram sive Isarum Strabonis non diversum esse ab Isargo sive Isarco, et Ἄταγις nomine indicari hodiernum Adige fluvium, uti statuerunt Mannert (t. 3. p. 515) et Georgii (Geogr. 2, p. 226). Unde sequitur Atesinum, qui in Istrum influere dicitur, non alium esse nisi Aenum (Inn). Porro Strabo Isaram et Atesinum ex eodem lacu profluere refert; quod etsi verum non sit, tamen a vero non longe recedit, siquidem Eisach fluvius et Sill fluvius in superiorem Inn fl. partem incidens e lacubus haud multum inter se dissitis prodeunt; at Isar fluvii fontes ab Adige fl. capite absunt longissime. Igitur si quid in Strabone mutandum est, pro Ἰσάραν legendum Ἰσάργαν vel Ἰσάρκαν. Porro pro Ἀτησινὸς reponendum esse Αἶνος et juxta Ἄταγιν exstitisse variam lectionem Ἀτησιν (Athēsim Romani dicunt) suspicor. Nimirum obelo notans literas ταγ quidam in margine correxerat τησ; has vero literas alius in textum perperam introduxit ita ut pro Αἶνος scriberet Ἀτησινός. Apud Plutarchum (Mar. Vit. c. 24 p. 499, 11 ed. Didot. et Moral. p. 245, 43 (p. 202, E) Athesin dici putant Ἀτισῶνα; ac sane ad Athesim pertinere ea quae narrantur e collato Livio (Epit. 69) intelligitur. Nihilominus utroque Plutarchi loco pro τὸν Ἀτισῶνα legi velim τὸν Νατισῶνα, adeo ut Plutarchus Athesim cum propinquo Aquilejae fluvio confuderit. || 34. Σουήβων Ald. || 37. Φλυγαδία B Ald. || 38. Οὐινδελικῶν codd. et editt. ante Kr.; recte, opinor. || 38. καὶ ὁ Κλάνις editt. ante Kr.; Κλάνης Ald. || 45. ἑκάτερα Cor. || 48. Ἀρουπεινοὶ et sec. m. Ἀρυπηνοὶ A, Ἀρούπεινον Bl editt. ante Kr. || Μονήττιον Ald. em.; Cor., coll. p. 261, 33. || 49. ὁ Ῥῆνος αὐτός] leg. ὁ Σαύος, emendante Xyl.; literas ορην ex antecc. αρην male repetitis ortas esse monet Kr. || 54. τὸν] τὸ Cor. || Πάμπορτον] sic etiam p. 173, 3 codd.; legendum esse Ναύπορτον recte censent.

P. 173, 3. τὸν] τὸ Cor. Cf. p. 172, 54. || 6. ὁ Κόλαπις] ὀγδόλαπις codd.; em. Xyl. || 17. Κεντρώνων C. || 23. μέχρις Ἀντώνων ACl, μέχρις Ἀντώνων B; em. Xyl. || 25. Βαλλοάκοις AC, Βελοάκοις Bl. || Ἀμιανοῖς ABC. || 26. Μασσαλιώτιν Ald. || 29. Λιμένναν Cor.; Λεμάνην Cor. || 34. ἔτι] ἐπὶ codd.; em. Casaub. || 45. αἰσθανομένοις Bl Ald. || ἐκβάλλοντας Cl Ald. || 54. φησὶν] φασὶν E.

P. 174, 2. περιελθεῖν] παρελθεῖν inter versus addidit o, idque recte recepit Cor. || 11. ἑκατὸν add. editt. || τριάκοντα] ν' BCl, πεντήκοντα editt. ante Kr. || Οὐερβέσις ἄλλως Λάριος sec. m. in margine B, atque Λάριος legitur in k ex correct. Similiter l. 14. ad v. Λάριος in mgine B legitur: ἄλλως Οὐερβάκις, idque recepit k. Ac sane lacuum nomina transponenda esse verisimilius videatur; editt. ante Kram. fluviorum nomina transposuerunt, Adduam Lario, Ticinum Verbano tribuentes. Attamen nescio an confusio hujus loci ab ipso Strabone veniat. Quamvis enim p. 160, 21 et 170, 11 Adduam in Larium influere, Larioque Comum appositum dicat rectissime, iisdem tamen locis Adduam ex Adula monte profluere dicit, quod falsum est; sed recte haberet si Addua in Verbanum incideret, sicuti hoc loco Adduam ex Verbano exire dicit. Similem igitur confusionem quidni nostro quoque

INDEX VARIÆ LECTIONIS.

loco obtinere statuamus? ‖ 14. Λάριος] Λάριον codd ; cf. p. 177, 40. ‖ 15. τριάκοντα] ν' *BCl.* ‖ 27. Ταραντίου codd. præter *E.* ‖ 35. μέχρι καὶ τῆς *E.* ‖ 36. τὴν ἴσοπ.] ἰσοπολιτείας *E.*

P. 175, 4. Post v. Ἄλπεις supplenda : Συγχωρῆσαι μὲν οὖν δεῖ τὴν βάσιν, ut monuerunt Grosk., Kr., Mein. ‖ 8. αἱ βάσεις καὶ αἱ πλευραὶ codd.; αἱ πλευραὶ etiam editt. ante Kr. ‖ 21. Ῥάβενναν h. l. codd. ‖ 29. οὐλ addidit man. sec. in *B.* ‖ 34. Ὄκρας] ἄκρας *ABCl;* μέχρι τῶν ἄκρων *E;* em. Cas. ‖ 39. ἑκατὸν] διακοσίων legi voluerunt Gosselinus et Grosk., quia hic numerus supra lin. 4 e Polybio affertur (Cf. Polyb. 2, 14). « Sed ab aliis, non a Polybio Strabonem petiisse, quæ h. l. tradit, paullo accuratior utriusque loci comparatio abunde docebit. » *Kram.* ‖ 44. ἀπολιπόντα codd.; em. Cor. ‖ 46. « Πεισᾶτιν Cor., ac per ει efferunt codd. optimi (excepta tamen Epitome) omnibus pæne locis, quibus legitur sive regionis sive urbis nomen et in hoc libro et in octavo. Nihilominus Strabonem quoque communem nominis scripturam prætulisse, videtur colligi posse ex iis, quæ de ejus origine tradit p. 306, 7. Cf. Eusth. ad Il. υ, 8, ad Dion. Per: 409. » *Kramer.* ‖ 51. μετὰ] addituг man. sec. in *B*, unde habent *ko* et inter versus *n.* ‖ 52. δὶς addidit Kramer. e Casaub. conj.

P. 176, 8. οὗ additum man. sec. in *Bn*, indeque legitur in *ko.* ‖ 13. καὶ om. Cor. ‖ 15. ταύτης codd.; em. Cor. ‖ καλουμένη] *no*, καλουμένης *ABCl.* ‖ μὲν ἐν] μὲν ὑπὸ Ald. ‖ 24. ὑπεραλπίοις *C* et editt. ante Kr., recte. Deinde δὲ om. Ald. ‖ 53. παραπλησίως Kr.; παραπλησίους codd.

P. 177, 4. διοχεύεται *l* (?) et editt. ante Kr. ‖ 9. μάλιστα δ' ὁ Πάδος codd.; μ. δ' ἐκ τοῦ Πάδου Siebenk., Cor.; μάλιστα δὲ Πάδου e Krameri conj. Meinekius. ‖ 10. ὀμβρίων codd.; em. Cor. ‖ 15. τῶν πλείστων] τὸ πλεῖστον Cor., Grosk.; Cf. p. 178, 37. ‖ 17. ποτὲ] πόλιν editt. inde a Xyl.; Σένωνες codd. h. l. ‖ 18. Γαιζατῶν] Γαιζατῶν h. l. codd. et editt.; sed infra p. 180, 4 et 5 Γαιζατῶν. Euphorion Γαζήτας, Alexander Polyh. Γαζάτας dixit, teste Stephano s. v. Γάζα. Γαισάτας legitur apud Polyb. 2, 22. 23. 34. ‖ 27. Οὔηρων] Βήρων codd. h. l. Cf. 171, 38. ‖ 28. Βριξία] Βρηξία codd. ‖ 29. Ῥήγιον] Rhegium urbem transpadanam non novimus. *Regium Lepidum* recte inter cispadana oppida Strabo memorat, adeo ut nostro loco non error Strabonis sed scripturæ vitium subesse videatur. Itaque cum interprete Gallico pro καὶ Ῥήγιον scripserim καὶ Βέργομον vel Βέργαμον, quam urbem h. l. memoratam esse vel ordo geographicus suadet. ‖ 32. « Σκηπίων *C* (?), edit. Ceterum quinam fuerit hic Scipio, nemo invenerit, neque improbabilis est nonnullorum suspicio, qui censuerunt ad L. Scipionem, consulem an. 670, hæc referenda esse (v. du Theil in Intp. Par. t. 2, *Éclairc.* 8, p. 16). Mirum est idem prænomen inveniri etiam ap. Ciceronem in or. pro Sestio c. 3, ubi de eodem agitur L. Scipione. » KRAMER. ‖ 36. οὐ μόνον δ'φκ.] οὐ μέν τοι φκησαν codd.; καὶ οὐ μόνον φκ., ejecta in sqq. γε particula, conj. Cor.; οὐ μόνον δ' φκ. proposuit Grosk.; οὐ μόνον τε φκ. mavult Kramer. Meinekius nihil mutari jubet, quum οὐ... ἀλλὰ καὶ haud infrequens sit genus dicendi. Attamen istud μέντοι... καὶ τοὔνομά γε phrasim adeo ambiguam reddunt, ut sic Strabonem scripsisse nemo crediderit. Tollenda saltem γε particula. Ceterum scribi malim : οὐ μὴν ὅτι... ἀλλὰ καὶ τοὔνομα τῷ κτ. ‖ φκησαν] φκισαν *AC.* ‖ 38. Νεοκωμήται codd. ‖ 40. Λάριος] Λάριον codd. ut p. 174, 14. ‖ 46. δώδεκα] β' Cas. ‖ 50. εὐτεχνίαν] εὐτυχίαν Ald. ‖ 53. ὁμωνύμως] *i*, ὁμώνυμος *ABCl.*

P. 178, 3. ἐκκλυζόμενον] εἰσκλυζ. codd.; em. Cor. Cf. Epit. ‖ 13. τέτρασιν] Meinekius ubique τέτταρσιν. ‖ 18. Σπινητῶν Mein. ‖ 22. εἴρηται] λέγεται editt. ante Kr. ‖ 25.

ἀνεχώρησαν *no*, Siebenk., Cor. ‖ 28. Ἐπιτέρπιον codd.; em. Cor. ‖ Κωνκορδία] ὀρδία codd.; e Cluveri conj. em. Siebenk. ‖ Ἄτρια] Ἀδρία codd. h. l. et lin. 31. ‖ 29. Οὐικετία] Ἰουκετία *ABCl*, Ἰουκεντία *B* manu. sec., et ἴκno. Cluverius, Siekenk.; fort. recte. ‖ 32. μικρὰν μετάθεσιν λαβόν] Hæc, quæ leguntur in *BCEl*, om. *Aghino.* ‖ ‖ 37. ἐπὶ πλείστους] ἐπὶ πλείους ἢ conj. Cas.; ἐπὶ πλεῖστον Siebenk. ‖ Post vocem ἐμπόριον Groskurdius eumque secutus Meinekius recte inserunt τοῖς τε Ἐνετοῖς καὶ, quoniam in sqq. vox οὗτοι (lin. 38) non habet quo referatur. Miror Kramerum qui οὗτοι fortassis ad Aquilejam ejusque incolas referendum esse opinatur. ‖ 37. τὸν Ἰλλυρικὸν Cor. ‖ 42. τῶν Ἀλπείων Cor. et Mein. ubique, idque recte procul dubio. ‖ καὶ ante διακ. del. Cor. ‖ 44. Νωρίαν *C*, Νορηείαν Ald. ‖ 45. Κιμβρίοις codd. ‖ 46. χρυσοπλύσια Cor., recte, ut videtur. ‖ 49. εὐπρεπὲς Ald. ‖ ποταμίου] ποτίμου e Xyl. conj. Cor. et Grosk. « Sed infra quoque (p. 203, 47) ποτάμιον eodem sensu usurpatum codices exhibent. » *Kramer.* Altero hoc loco item ποτίμου scr. Cor.; recte, puto.

P. 179, 5. Διομήδιοι codd. ‖ 9. ἐὰν] ἂν *ACl.* Dein περὶ [τὸν] Φ. editt. ante Kr. ‖ 10. ἀπαιγειρουμένας] ἀπηγεριωμένας? Mein. ‖ 20. καταφαυόντων *kn* Ald. ‖ 22. γνωριζομένων codd.; em. Kr. ‖ 24. περιτυχεῖν *h* Cor., Mein., quod ipse quoque malim. ‖ 26. εἴργαστο Cor.; δυαλύειν *B* Ald. ‖ 28. ἀκαυστηριάττων *BC* Cor. ‖ 30. καυστηριάσαι *BCl.* editt. ante Kr. ‖ 33. καυστήριον editt. ante Kr. ‖ 39. Τεργέσται *ABCl* editt. ante Kr. « Quam formam nominis a Græcis scriptoribus varie prolati ad Latinorum consuetudinem revocandum duxi maxime propter p. 260, 49 et 261, 4, ubi pro genitivo in optimis codd. bis exhibetur itidem Τεργέσται, in codd. deterioribus atque editt. post mutatum in Τεργέστης et Τεργεστῶν. Similiter corruptum fuerat nomen *Arelate* p. 151, 1. » KRAMER. ‖ 45. τό κεν φυγάδων μὲν] Sic Kramer; τὸ μὲν φυγάδων κεν codd., Mein.; τὸ μέν φ. τις editt. inde a Xyl.; τό κεν φ. τις Cor. ‖ 46. γλώσσαισι *Bl.* ‖ 48. Ἴστριοι add. Kr. ‖ 49. Γενομάνοι *ABC*, sed Κεν. man. sec. in *B.* ‖ 50. Σύμβροι] sic etiam lin. 53 et p. 181, 41 codd.; ubique cum Corayo restituendum fuerit Ἰνσουβροι, quod codd. habent p. 180, 20.

P. 180, 2. ἐγκυκλοῦται Mein. ‖ 4. Σένωνες codd.; Γαζάται *AB*, Γεζάται *C*, Γαισάται editt. exc. Mein. ‖ 5. Γεζατῶν καὶ Σενώνων codd. ‖ 12. ἐπιδιέβανεν Mein. ‖ 13. ἄλλους] manus sec. in *B*; ἀλλήλους *ABCl.* ‖ 21. οὗ Mein.; οἱ codd. præter *B* qui omisit οἱ, cum eoque editt. ante Kr. ‖ γὰρ ejec. Mein.; ut ejiciendum inclusimus. ‖ 25. Ὀμβρικοί man. sec. in *B* et editt. ante Kr.; Τυρρηνικοί editt. ante Kr. ‖ 30. Βονοτίνη *ABCl;* em. man. sec. in *B.* ‖ 32. Ἄγκαρα] sic Meineke; Ἄκαρα codd.; Ἀχέραι e Casaub. conjectura Siebenkees. et Corayus. At Acheræ seu Acherræ vicus transpadanus, ad Adduam fluvium haud longe a Cremona situs (v. p. 205, 43), a regione de qua nunc agitur, alienus est. Kramerus pro Ἄκαρα fort. ejus scriptum fuisse censet. Ἄγκαρα Meinekius dedit e Stephano Byz., in quo hæc : Ἄγκαρα, πόλις Ἰταλίας, ὡς Ἀντία Ἀδρία. Τὸ ἐθνικὸν Ἀκαράτης, ὡς Πολύβιος ὀγδόη. Incerta tamen conjectura est, quum de situ hujus oppidi non constet, Stephanique locus aperte corruptus sit. Haud enim vides quid sibi velint verba Ἀντία Ἀδρία : quæ ut haberent quo referentur, Meinekius in not. ad Steph. scribi voluit : Ἀγκαρία ... Ἀγκαριάτης. Sed nullo id nomine probabile; ipseque Meinekius postea in Vind. Strab. p. 47, mutata sententia, verba ista expellenda esse dixit. At quo pacto irrepsisse ea dicas? Ego quidem suspicor vocem Ἰταλίας obvia passim confusione natam esse ex Ἰλλυρίας, et in iis quæ sequuntur glossam latere correctoris, adeo ut scribendum sit Ἰταλίας, ([ἴσ]ως ἀντ' Ἰλλυρίας). Nimirum Stephanus Polybii librum octavum aliis duobus locis laudat, quorum uterque ad Illyriam pertinet : Δασσαρῆται, ἔθνος Ἰλλυρίας. πολύθιος η'. — Ὕσκανα, πόλις Ἰλλυρίδος, οὐδετέρως. Πολύβιος η'. Ex his Hyscana s. Uscana uibs non nota nobis est nisi ex Persei historia, quam Livius narrat libro 43, mutnatus vero est ex Polybii libro 28. Quare pro η' apud Stephanum reponendum esse κη' probabiliter censet Schweighæuserus. Idem nescio an cadat in ceteros Stephani locos. Certe juxta Uscanam Dassaretas memorat Livius 43, 9. Idem (43, 20): *Ancyram populatus*, ait, *Perseus in Penestas rursum exercitum reduxit, firmatisque Uscanæ præsidiis in Macedoniam se reιepit* (Cf. Polybiani fragmenti (28, 8, 11) verba postrema: ἀναζεύξας μετὰ τῆς δυνάμεως ἐποιεῖτο τὴν πορείαν ἐπ' Ἄγκυραν). In his *Ancyram* non aliam esse puto quam *Ancaram* Stephani. Posteriorem nominis formam a scribis in notissimum Ancyræ nomen detortam esse crediderim. Straboni vero succurrendum est ex Itinerariis, quæ inter Padum et Mutinam , in via qua Patavio Mutinam, hinc Ravennam itur, ponunt ignotum aliunde locum *Colicariam* vel *Colacariam*. Itaque pro ὁδὸς Ἄκαρα fuerit ὁδὸς [Κωλ]άκαρα vel [Κω]λίκαρα vel [Κω]λικαρία, nisi fortassis in Itin. legendum est *Col. Acaria.* || 33. Νάκρον κάμπον codd.; em. Xyl. || 34. Κλίτερνα codd., em. Kr., jubente Cluvero. || 35. δὲ καὶ σῆνα *ABCl*; τῷ Ἴσαπι *ABCl*; τῷ Σάπει Cor. || 37. Ὀμβρικῶν sec. man. in *B*. || 40. [καὶ] τριακ. editt. ante Kr. || 41. Κοττίου γῆς] Coray.; Κόττου γῆς Cas.; Κοττούτης *ABl*, Κοττούσης *C*. || 44. Δέρθων] Δέθων *ABCl*; dein : Ἀκουδιεστατουελλα *Al*; Ἀκουδιστατέλλαν *B*, Ἀκουδισταελλά *C*; em. Cluver. || 46. βιραθρ.] χαραδρώδης mavult Meineke. || 47. ὧν καὶ τὸν Δρουεντίαν] Nullus ibi Druentiæ locus est. De altero Duria qui ab Augusta Prætoria in Padum influit, cogitandum esse censet interpres Gallicus. Recte. Legas : ὧν κ. ἄλλον Δουρίαν τινά. || 48. περὶ omisit Siebenk. || ἑκατὸν additum ex du Theilii conjectura; ρ' post περὶ excidit, nisi potius περὶ ex ρ' natum est. || 49. Ἀλπεῖα *B*, recte. || 49-54. « Verba πρὸς δὲ ... σύνταξιν, quæ ab hoc loco aliena Cluverius jam judicaverat (Ital. ant. p. 506), in fine descriptionis Liguriæ post v. Ποσειδώνιος (p. 182, 6) collocanda esse censuerunt du Theil et Groskurdius. Ibi tamen multo minus ferri possunt quam hic. Ceterum verborum ordinem codd. et editt. præbent hunc manifesto turbatum : πρὸς δὲ τοῖς ὄρεσίν ἐστι πόλις τοῖς ὑπερκειμένοις τῆς Λούνης Λοῦκα. » Kramer. Meinekius post πρὸς δὲ ... Λοῦκα posuit p. 185, 19 post vocem εὐθύς. Deinde, neglectis verbis ἔνιοι δὲ κωμηδὸν οἰκοῦσι, sequentia (εὐανδρεῖ .. σύνταξιν) transposuit p. 182, 6 post v. Ποσειδώνιος. || 54. Δέρθων] Δέθων *ABCl*.

P. 181, 1. ἑκάτερα codd.; em. Xyl. || 3. διακουειστατειελλεια *ACl*, κουστωδία καὶ ἰέλλεια *B*, διακουιστα ingo *B*. || ἀπὸ δὲ] Fort.: Τὸ δ' ἐκ Πλακ. || 7. διῆλθε] προῆλθε *no*. || 8. διώρυγας πλωτάς ... μέχρι Πάρμης ἄγων] sic Meineke ; διωρυγάς πλωτάς ... μέχρι Παρμηστῶν codd.; Παρμητῶν scr. Cor.; at gentile est Παρμαῖος vel Παρμανός, teste Stephano. Ceterum scripserim μέχρι Πάρμης ταμών. Cf. p. 204, 15 : διώρυγος τμηθείσης μέχρι Κύμης. || 9. Verba κατὰ γῆς .. τοῦ μετρίου Groskurdius perperam collocavit post v. Τυρρηνίαν (lin. 7). || 12. Δέθωνος *ABCl*. || 19. Βοσιωνίας *AC* et manu prima *B*. || 25. τεκμήριον] μαρτύριον *no*. || 27. ὑπερβέβληντο *ABCl*, ὑπερεέβληντο editt. ante Kr. || 36. ol articulum addidi e conj. Meinekii. || 37. εὐώνητος] *no* et correct. in *B*; εὐκώνητος *ABCEl*; idque servandum erat. « Ad vilitatem vini picis copiam conferre quamquam non inepte dici potest, alio tamen ducit librorum scriptura πρὸς τὸ εὐκώνητον, quod voca-

bulum etsi lexica ignorant, tamen recte formatum esse docet, ut alia mittam, Æschyleum πισσοκώνητος μόρος. Hoc igitur dicit, picis copia effici, ut vinum admixta pice bene temperetur. Vinum hoc modo temperatum a Græcis appellabatur οἶνος κωνίας, de quo vide Dioscoridem De caus. plant. 5, 48, Rhianum ap. Athen. p. 499, D. At potest illud εὐκώνητον etiam alio referri; ipsas enim lagenas pice circumlinebant veteres (v. Steph. Thes. v. κωνάω), quo magis vinum ab aeris contagione tutum præstarent. Hinc in laude vini ponitur, si in ἀπιττώτοις ἀγγείοις asservatum perdurat nihilque ingenitæ virtutis amittit. Cf. Strabo p. 442, 37. » Meinekius. || 39. Σκουτάνναν codd.; Σκουτάναν editt. ante Kr.; e Cluveri sent. em. Kr. || 41. οἰκίας codd.; em. Kr.; οἰκετίας Cor. || 43. γαυσάπαι Cor. || 46. ὑπεραλπείοις editt. ante Kr., recte. || 48. χρυσωρύχιον codd.; em. Cor. || 48. τῆς inclusimus utpote ejiciendum; om. Cor. || 51. ἡ om. editt. ante Kr.

P. 182, 13. τὸ] *C* Ald., Mein.; τῷ celt. codd. et editt. || 15. παραβέβληται *AC* et pr. m. *B*. || 18. οἱ om. editt. ante Kr. || 19. Σαβηνοὶ *AC*. || 21. Σιννέσσης h. l. codd.; Σινουέσσης Cor. || 35. Σαυνητικῶν *ACl*, Σαμνητικῶν Ald. || 26. Σαβηνῇ *AC*. || 28. Σαυνητικὰ *C* et *A* m. pr.; Σαμνητικὰ Ald. || 29. Οὐεστίνους codd.; em. Cor. || Πελιγγίους *ABl*, Πελιγρίους *C*. || 30. τε om. editt. ante Kr. || Σαβηνῆς *ABC*. || 31. δ' add. man. sec. in *A*. || 32. προσίασιν codd.; em. Cor. || 33. περικυκλοῦσιν editt. ante Kr. || 39. τοῦ ante Τυρρ. om. *CE* Cor. || 40. ἐπὶ] ἀπὸ *ABCl*, ὑπὸ *k* Cor. || 41. ὁ Σάτυς *AC*. || 44. τε om. editt. ante Kr. || 47. γεγενῆσθαι *C* Ald.

P. 183, 2. αὐτοὺς codd.; em. Xyl. || 5. αὐτῶν *Bl*, Ταρκυνητῶν *ABC*, Ταρκυνητῶν Ald. || 7. Μάρκῳ codd.; em. Cor. || 18. Πορσινᾶς *BC*; Πορσηνᾶς Xyl. || Κλουσίων Ald. || 20. ὡς om. Ald.; ἦν] e Tyrwh. conj. Meineke. || 23. Κερεατίνοις *Al*, Κερεατινοῖς *C*. Post πραχθέντα lacunam notat Meinekius; λόγου ἄξια vel tale quid supplendum esse monet Bekkerus ap. Mein. Vind. Str. p. 50. Ni fallor, inter πραχθέντα et καὶ excidit simile verbum παρατιθέσθω vel παρατιθέναι δεῖ. || 31. ἐνέγραψαν codd. 33. Κερετάνων *A*, Κερατάνων *C*. || 38. ὀνομάζετο] ἐλογίζετο Ald. || Καιρέα] sic *A* m. sec.; Κερέα *A* m. pr. et *C*; Κεραῖα *g* ; Καῖρε voluit Casaub.; « At codicum scripturam tuetur Τεατέα, quod legitur p. 201, 34 et apud Ptolemæum 3, 1. » Kramer. || 46. νῦν om. Casaub. || 48. Κερετάνα *A*, Κερέτανα *C* ; || 50. ἐπεπόλασε] Πελασγοί, φῦλον ἀρχαῖον καὶ κατὰ τὴν Ἑλλάδα πᾶσαν ἐπιπόλασαν *E*, e quibus recipiendum est ἀρχαῖον, uti recepit Meineke. Corayus dedit : ἀρχαῖόν τὸ φῦλον καὶ κατά. Groskurdius post v. φῦλον inseri voluit ὄν. || 51. νομίζω *Bkm* Cor.

P. 184, 4. γοῦν] οὖν *BCl*. || 17. « ὀνόματα incommodum est; sed quod Groskurdius scribendum censuit ὀνομαστί, vix ferendum. Fortasse Strabo scripserat ὄνομα aut ὀνόματι. » Kramer. ὄνομα dedit Meineke. At ejicienda potius vox est. Originem debet variæ lectioni ὀνομάσαντες, quam quidam indicaverat scripto ὀνομάσα supra literas καλέσα vocis sequentis. Nihil hoc corruptelæ genere frequentius. Aliud ejus exemplum habes p. 185, 20. || οἱ ante ὕστερον inclusit Cor. Quo opus non esse monuit Kramerus. καλέσαντες est nominativus absolutus, ut exaggelavtes p. 232, 42. || 23. Δάρισσαν editt. ante Kr. || 24. τῷ δ'] τῷ γ' Ald. || τοῦ] Cor. et *no*, ut videtur; τὸ *ABl*. τῷ *C* (?). || 29. ἦ] Lege καὶ, ut mon. viri docti. || 30. Εὔφορος *ABC*. || 34. φκησιν codd. || 35. ἔθηκ' *Al*] ἔθηκεν *ABl*; Ἑλλάδα punctis notavit *B*, om. *Ckno* Ald. || 37. καὶ ante μετὰ om. *C* ; Τυρσηνοῦ *A*, Τυρσηνοὺς *Cl*. || 40. τῶν Πελ. ex antece. male repetita sunt. || 44. Ὀστίων *A*. || 46. Πείσας *ABC*. || 50. Κόσσαν] Κό-

INDEX VARIÆ LECTIONIS. 969

σων *ABC*, quod recte retinuit Meineke. ‖ 51. Post φασιν excidisse verba ἐκ δὲ Κόσης εἰς Ὤστια ἑπτακόσιοι τετταράκοντα (tot enim e Strabone p. 188, 2 sqq. colliguntur) censet Groskurdius, probante Meinekio. At vix credideris Polybium pro 2500 stadiis, quæ Strabo usque ad Ostia exputat, non numerasse nisi 1350; contra vero facile fieri potuit ut usque ad Cosam non 1750, sed 1350 stadia esse putaret. Igitur mentio stadiorum 740, quam sane desideramus, inserenda est lin. 52 post vocem λέγει. ‖ 51. εὖ insertum ex conj. Krameri; male Corayus pro οὐκ dedit οὖν.

P. 185, 5. τὸ ὄρμητ. Ald. ‖ 10. τοσαῦτ' ἐστι *Cl*. ‖ 16. Τιβριδος Ald., Τιβέριδος Cor. ‖ 19. Πείσης *ABC*. ‖ 20. Μακρης] Μάκρας e Krameri conj. scripsit Meineke. Recte. ‖ « χωρίον nullo modo ferendum esse manifestum est. Parum feliciter tamen mutandum censuerunt Cluverius in ποταμός, Corayus in χωρίζων. Neque probabilis est Groskurdii opinio qui putat e margine hanc vocem receptam esse. Crediderim potius Strabonem scripsisse ποτάμιον. » Kramer. Immo Strabo scripsit : ἐστὶν, ᾧ πέρατι. Supra vocem πέρατι glossator posuit ὁρίῳ vocem usitatiorem. Inde nata lectio ἐστὶν ὁρίῳ ᾧ πέρατι, deinde ἐστὶ χωρίον ᾧ π. ‖ 22. Πείσα ... Πεισατῶν codd. ‖ 24. ὃν ejiciendum; om. editt. inde a Xyl. ‖ 26. τὴν om. *B*. ‖ 27. Αἴσαρος] Lege Αὔσαρος, monente jam Cluverio. ‖ 28. τριχῇ] διχῇ conj. Cluver. ‖ 37. κατακλύσοιεν Cor. ‖ 42. παρώξυνον Cor. ‖ 43. γείτοσι Ald. ‖ 45. κἂν] καὶ ὁ Cor. ‖ στρατείας codd.; em. Cor.

P. 186, 6. καὶ τῶν κατ. Ald. ‖ 7. νεωσοίκους· διὸ καὶ codd.; em. Mein. ‖ 12. πρὸς] πρὸ velim cum Cor. et Mein. ‖ 17. γὰρ e Cas. conj. add. Kr.; [ἢ] προσχ. τῇ ἡ. Mein. ‖ 24. συντήκεσθαι *m* et mgo *n*. ‖ 30. τὰς ... ἂς] τοὺς .. οὕς editt. ante Kr.; τὰς præbent *Clno*, ἆς *ACl*. Cf. p. 468, 17. ‖ 35. ἢ ejic. ‖ 40. καὶ ὑπὸ τῶν *B*, καὶ ἀπὸ τῶν *Cno*. ‖ 50. Κόρσικα *BC*. ‖ 53. λῃστειῶν Cor.

P. 187, 6. καταβάλλουσιν *BC*. ‖ 13. τρισχιλίους] *o* et margo *n*; β sec. man. in marg. *B*; χιλίους *ABCl*; 325 mil. pass. sec. Plin. 3, 12. ‖ 17. Κάλαρις *A* Cor. ‖ 21. Διαγησθεῖς] Διαγνθρεῖς Xyl. Nomen aliunde non notum. Stephanus ex Hecatæo refert : Κύρνος, νῆσος πρόσβορρος Ἰαπυγίας, in quibus corruptum illud Ἰαπυγίας fortasse in Διαγηπίας corrigendum est. Iolaenses in boreali insulæ parte Corsicæ proxima habitasse subindicare videtur Ptolemæus qui ibi ponit Ἰουλίολαν (Ἰολαίαν Grashoff.). ‖ 23. τοῦ] τῶν *B*. ‖ 25. κατεκράτησαν Ald. ‖ 28. Τάρκτοι *l* Ald.; Σωστινάτοι *C* Cor. ‖ 29. Ἀκόνιτες editt. ante Kr.; ‖ εἰ δὲ Cor., οὐδὲ *ABCl*, εἰ καὶ *no* Ald. et inter versus in *B* man. sec. ‖ 34. ἐπειδὰν μὴ] Ἔπεὶ δ' οὐ Cor. ‖ 36. δὲ] δὴ *C* editt. ante Kr.; στρατ. τεχνάζοντες conj. Piccolous. ‖ 40. μούμονες editt. ante Kr. ‖ 43. Πείσης *ABC*. ‖ 45. Post ν. τρεῖς Groskurd. verba τῇ Ἰταλίᾳ excidisse putat. ‖ 48. τριακόσια] 200 mil. pass. sec. Plin. 3, 13, 84. Quapropter διακόσια scribi voluerunt Gosselinus et Groskurdius, fortassis recte. ‖ 49. Κόσαι Mein. ‖

P. 188, 2. Κοσῶν Mein. ‖ Ὠστίαν] Ὤστιαν *A* hoc loco et infra l. 15; Ὤστια in antecc. legitur, idque hoc quoque loco dedit Meineke. Sed fieri potest ut nostra fluxerint ex auctore latinum morem secuto. ‖ 3. Γραουίσκοι Kramer.; Τραουίσκιον *ABl*, Τραουκίσκιον *C*, Γραουίσκιον editt. ante Kr. inde a Xyl.; Γραουίσκαι conj. Cluver. ‖ Ἄλσιον] Ἄλετον *Al*; Ἄλλειον *BC*; em. Xyl. ‖ Φρεγηνία codd.; em. Cor. ‖ 4. Τραουικίσκους codd.; em. Xyl. ‖ 5. Ῥιγησούιλλα *ABCl*; em. Cas. Dein ἱστορεῖται editt. ante Kr. ‖ 6. Μαλαιὼ τοῦ *A*, Μαλαιώτου *BCl*; em. G. Hermann. Opusc. t. 5 p. 265. ‖ 9. Ἀγυλλαν] Ἀγγυαλαν (sic)*Al*, Ἐγγύαλαν *C*, Ἄγυλαν *B*. ‖ 10. Τραουίσκων *ACl*. ‖ 11. Κερετάνων *AC*. ‖ τριάκοντα] ν' *B*, editt. ante Kr. ‖ 15. Ὤστιαν *A*. ‖ 16. Ἀλεῖον codd. ‖ Φραιγηνὰ *ABC*, Φρεγηνία Ald. ‖ 19. Ἀρήτιον Ald.; Πτερουσία *ABC*; Οὐλσίνιοι *ACl*, Οὐλσίνιον *B* Ald. ‖ 20. Βληρά τε] Βληράτη *B*, Βληράτοι *l*. ‖ Φερεντηνον (sic) *ABC*. ‖ 21. Φαλέριον *BC*, sicut Steph. B., Dionys. H., Ptolem.; quod apud Strab. quoque reponendum videtur. ‖ 21. Νεπήτα leg. fuerit, monente Kramero, idque rec. Mein. ‖ 24. Οὑηίους] Οἰκείους *ACl*, Οὐικίους *B*. ‖ 26. Καὶ Φαλίσκων] ὃ καὶ Φ. conj. Grosk.; ἢ vel ἤτοι Φ. ipse conj. in Ind. nom. v. Falerii. Nimirum si h. l. Falerium et Phaliscum tanquam duas Etruriæ urbes recenset, inepta sunt quæ in seqq. monet, nonnullis Falerios non Tyrrhenos esse, sed Phaliscos, gentem peculiarem. At duas urbes Strabonem distinxisse Faleriam et Phaliscum sive, ut nonnulli dicebant, Æquum Faliscum, in plano ad viam Flaminiam situm, collato Stephano, est verisimilius. Mendum latet in seqq., quæ variis modis viri docti tentarunt. Omnia optime procedunt, si ejeceris v. Φαλίσκους ante verba ἴδιον ἔθνος, quibus illud doctus glossator adscripserat. Falerii quum stirpis Pelasgicæ fuisse tradantur, suspicari etiam possis Strabonem scripsisse ἀλλὰ Πελαγοὺς, ἴδιον ἔθνος; sed minus id placet. ‖ « ἴδιον ἔθνος Siebenk. ad sqq. retulit, omisso δὲ. Compluribus aliis præterea conjecturis tentatus est hic locus, quarum etsi nullam probandam esse puto, præcipuas tamen commemorasse haud alienum a re nostra videtur. Cluverius igitur (Ital. ant. p. 538) hæc proposuit : ... ἀλλὰ Φαλίσκους ἴδιον ἔθνος εἶναι καὶ ἰδιόγλωσσον καὶ τοῦ· Φαλερίου πόλιν αὐτῶν· οἱ δὲ Αἰκουμφαλίσκουμ. λέγουσι κτλ. Quem in plerisque secutus C. Odofr. Müller (*Etrusk*. p. 109) hæc mutavit : ἔθνος εἶναι καὶ τοὺς Φαλερίους πόλιν ἰδιόγλωσσον· οἱ δὲ καὶ Αἰκουμ. Φαλίσκον κτλ. Groskurdius denique aliam viam ingressus scribendum censuit : ... ἀλλὰ Φαλίσκους, ἴδιον (δὲ) ἔθνος τε εἶναι τοὺς Φαλίσκους καὶ πόλιν ἰδιόγλωσσον· οἱ δὲ Αἰκούων Φαλίσκον λέγουσιν κτλ., quæ probat Abeken (*Mittelitalien*, p. 36, n. 7). Ultima eodem modo scripserat Mannertus (t. 9, 1, p. 423). » Kramer. ‖ 27. Οἰακουσυμφαλίσκων (sic) *A*, οἰακοῦ συμφαλίσκον *BCl*; em. Cor. ‖ 29. Ὀχήκλων *ABCl*; em. Cas. ‖ Σαράκτῳ *ABCl*; Σορ. *B* man. sec.; em. Xyl. ‖ τε] γε *ABCl*. ‖ 40. Πτερουσία *A*, Περιουσία *C*. ‖ 48. ἡ inclusit Kr.; malim tollere καί; καὶ δὴ scripsit Mein. ‖ ἢ Tp.] Kram.; γῇ codd.; ἤδη editt. ante Kr.; Πασουμέννα codd.; Τρασυμένα editt. ante Kr. inde a Xyl. ‖ 50. εἰσβολαὶ Kr., ἐμβολαὶ editt. ante Kr., ἐκβολαὶ codd. ‖ αἴσπερ] οἴσπερ codd.

P. 819, 3. ἀφθονίᾳ] εὐθηνία conj. Piccolous in sequentibus tollens δ' particulam. Post τῷ inserui τε, sublato δὲ lin. 4. At simplicior structura, si ante τῷ inserueris ἅ vel ἅπερ cum Cas., Siebenk., Cor., Groskurd. Verba τῷ... τῆς Ῥώμης ejecit Mein.; post μάλιστα transponi vult Kr. ‖ 10. καὶ Μάρινον (*S. Marino*) oppidum tertio p. C. sæculo conditum) glossatoris esse primus monuit Ortelius. ‖ 11. Κιγγοῦνον *A*, Γιγγοῦνον *Bl* Cor.; Πιγγοῦνον *C* m. sec.; Γυγγοῦνον Ald.; em. Kramer. V. Cicero ad Att. 7, 11; Cæsar B. civ. 1, 15; Silius 10, 34. ‖ 13. εἰσὶ] ἐστὶ *C* ex corr., *Bl*, Mein. ‖ 15. ταύτῃ] ταύτης Cor. ‖ 18. Σήνας] Σηλίας *ACl*, Σηνεγαλίας *B* Ald., Σηνογαλλίας editt. ante Kr. inde a Xyl. ‖ 20. μέχρι τῶν Ἀ. editt. ante Kr. ‖ 31. Τίβερι (sic) *AC*, Τίβερι *Bl*. ‖ 32. λαρονολι] λάρονι *l*, λαρόλων *B* editt. ante Kramerum, qui καὶ λαρολωνι ex varia scriptura verborum καὶ Νάρνια ortum esse suspicatur. Certe de Larolo loco aliunde nihil constat. Fortasse rivuli nomen prope Ocriculos in Tiberim exeuntis latet. ‖ 32. Νάρνα codd.; em. Cor. ‖ 33. Τίβερι *AC*, Τίβερ *Bl*. ‖ μικρῶν om. Cor. ‖ 34. πλωτὸς δ' οὐ editt. ante Kr. ‖ 42. Ἀσίσιον Kramerus; Αἴσιον codd., quod non erat mutandum, monente Spengelio. Æsium est Αἴσις Ptolemæi (hod. *Iesi*) ad Æsim fluv. Nihili sunt quæ

contra monuit Kramerus in Addendis et quæ in Vind. Strabon. p. 51 proposuit Meinekius. In Strab. editione, mutata sententia, Mein. reposuit Αίσιον. ‖ 42. Καμέρτη B, editt. ante Kr. ‖ 44. Τούδερ, εὐερχής] Τουδερεύελκις codd., nisi quod in o additur : γρ. Τοῦδερ εὐκλεής ; idem conj. Scaliger et rec. Siebenk.; εὐερχής e Cas. conj. rec. Cor. et cett. editt. ‖ 45. Ἰγούιον] Ἴτουρον codd., Ἴτορον Ald.; e Cluveri conj. em. Grosk., Kr., Mein. ‖ 51. δύο]δέκα codd.; e Cas. conj. em. Siebenk.
P. 190, 7. Ῥεάτε, ᾧ Grosk., Kram.; Ῥεάτον, ᾧ Cor.; Ῥεάτῳ codd. ‖ 8. Κωτισκωλίαις ABCl; in B supra τ positum σ.; em. e Cas. conj. ‖ 9. θεραπεύουσι editt. ante Kr. ‖ 11. Κύρις B, Mein. et editt. ante Kr. ‖ 13. Τάτιος] Στάτιος codd. h. l. et in sqq.; em. Xyl. Dein Πομπήλιος codd. ‖ 14. Κυρήτας A. ‖ 15. Τρήθουρα codd.; em. e Cas. conj. ‖ τε] δὲ Cor. ‖ Ἥρητον A, Ἥρατον B , Κρητὸν C. ‖ 19. καὶ δὴ [καὶ] τὸ Cor. ‖ 20. Ῥελτινῶν AC, Ῥελατίνων B. ‖ 26. τῆς δ' ἀρχαιότητος... ἀνδρείαν καὶ τὴν ἄλλην ἀρετὴν conj. Grosk., probante Kramero. ‖ 31. τε inclusit Cor. ‖ 32. « Verba οὐ πολλὴ οὖσα parum conveniunt viæ Salariæ, ac videntur potius post Νωμεντανή collocanda. » Kramer. Neque Strabo neque alius, quantum scio, prodidit quousque nomen viæ Salariæ pertinuerit. Quod Roma Adriam euntes ab urbe in via Salaria proficiscebantur (v. Itin. p. 307), eo ipso viam Salariam ad mare Adriaticum pertinuisse Kramerus censere videtur. An igitur Præneslinæ quoque viæ nomen ad Beneventum usque pertinuisse dicamus, quoniam in Itiner. p. 302 in ea via Roma Beneventum iri legitur? Haud magis audiendus est Meinekius qui viam Salariam exiguam (?) Sabini agri partem attigisse, indeque οὐ πολλὴν hoc loco dici opinatur.‖34. ἀπὸ] ὑπὲρ codd.; em. Cor. ‖ 38. Αἴκοι] Αἴκοὶ codd.; Αἴκωίων Siebenk., Grosk. ‖ Οὐαοκλοι ABC. ‖ Ἀββορριγῖνες A. ‖ 40. Ἀρδέαν] Ἀρβέννων, Ἀρβαίνων C , Ἀρβέναν l, Ἀρδέναν B, expuncto δ. ‖ 45. κατάραντα no; κατάραντες Ald. ‖ Λαῦρον ACl, Λαύροντον B.
P. 191, 11. ἐφιστᾶσιν Grosk.; ἀφίστησιν codd. ‖ 14. Ἀμούλιον C, Ἀμόλιον Epit., Ἀμώλιον l. ‖ 23. Σιλθίαν ABCl, Σιλουίαν Epit. ‖ 24. εἶρξεν Cor.; ἦρξεν codd. ‖ 26. μυθεύεται e Spengeli conj. Mein. ‖ 32. Ῥέμον] « Ῥῶμον ABCl editt.; ex Epit. recepi alteram formam, confirmatam corrupta ejusdem nominis scriptura πρένιον, quam paulo post (lin. 51) exhibent codd. » Kramer. Ῥῶμον dedit Mein. cum vett. editt., idque ipse quoque servari velim. ‖ 39. Post vocem αὐτοὺς quæ sequuntur usque ad v. τούτοις p. 202, 35 non habet A, in quo quaternio integer excidit. Eadem lacuna in ghi. ‖ πως] πρὸς codd.; em. Letronnius. ‖ 41. Φηθῆναι codd.; em. Xyl. ‖ 42. Λαβικον (sic) Epit.; Λαβῖνον BCl; Lavinium in lat. Xyl.; Καινῖνον conj. Cluver. (Ital. p. 665). ‖ 43. τεσσαράκοντα ejiciendum esse indicavit Cor. ‖ 46. τόπος Φήστοι] Ignotus est locus, quem hoc nomine nullum fuisse puto. Lege τόπος [πρὸς] Σέκστῳ, Ad Sextum, notissimo loquendi genere. Σέκστῳ pro Σέξτῳ scribebatur sicut Σέκστιος pro Σέξτιος supra p. 149, 40. ‖ 50. Ἀβαρουίαν B, Ἀμβαρουαλίαν Cor ; Ἀμβρόφδιον conj. Salmas. ad Vopisc. Aurel. c. 20. ‖ 51. Ῥέμον] πρένιον BCl, ῥῶμον sec. m. in B. ‖ 54. Καπιτ. Bl.
P. 192, 2. ἐπηγγέλλετο Epit., ἐπήγγειλεν Cor. ‖ ἕνα om. Cor. ‖ 7. πολιτείας Epit., πολιτεία BCl, editt. ante Kr. ‖ 16. ἐπεξ. φασιν τὸν np Pletho, Cor. ‖ 19. ἦν] εἴη nop Pleth., Cor. ‖ 22. ὅ γε Κύλιος Cl, ὁ Κεκήλιος B Ald., ὁ Κεκίλιος Xyl., ὁ Καικίλιος Cor. ‖ 27. [εἶναι] νομίσαντες editt. ante Kr. ‖ Καρμένταν Cor., Mein. ‖ 32. Αἴκουων] Αἴκων Mein., et sic ubique. Αἴκοι codd. habent supra p. 190, 38. ‖ 34. Verba πρὸς... Πρεφέρνων e margine irrepsisse opinantur Kramerus et Meinekius. ‖ 34. Ραι-

κῶν] Lege Ἀρικινῶν cum Groskurdio. ‖ Ἀργυρούσκων] Αὐρούγκων bene conj. Grosk. ‖ τινες] τινῶν nop et inter versus B. ‖ 35. Προφέρνων Cnp; Πρεφέρνων (Προφ. m. sec.) B ; Πριθέρνων Cor.; Πριθερνατῶν Grosk.‖ 36. Οὐάσκων Cl. ‖ Πωμεντῖνον] τόπων ἔντιμον BCl, τὸ Πομετίων ἔντιμον Ald.; em. Xyl. ‖ 37. Ἐπίολα codd.; em. Xyl. ‖ 40. Σούσσαν C, Σοῦσαν l. ‖ 41. Οὐάσκων Cl. ‖ 42. Λαουινίῳ codd., editt. ante Kr. ‖ 43. Lege ἄπωθεν cum BC. ‖ Ἀρκία BCl; em. Xyl.
P. 193, 8. Λανουίου] Λανούγου BC, Λαουινίου l (?) editt. ante Kr. ‖ Πωμεντίου Ald. ‖ 9. Σιτήνης BC, Σητήνης Ald. ‖ 15. τε inclusit Cor. ‖ 17. ὁρμίζεται conj. Mein. in Vind. p. 52; in editione autem nihil mutavit. ‖ 22. καὶ μέρους] ἔστι δ' ἃ μέρους nop. Sunt et quæ ex parte levatis oneribus, Guarinus. Ἔστι δ' ἃ καὶ, μέρους ἀποκουφισθέντος, εἰσπλεῖ Corayus. Idem in notis : 'Ἴσως ὀρθώτερον ἄν τις γράφοι · Ἄψασθαι· ἔστι δ' ἃ καὶ ἐκ μέρους (ἢ, καὶ μέρους) ἀποκουφισθέντα εἰσπλεῖ. At quum codicum nop auctoritas nulla sit, deinde vero verba πρὶν ἢ τοῦ ποταμοῦ ἄψασθαι inepte referantur ad naves quæ in alto subsistentes indeque rursus solventes fluvium omnino non attingunt, locus in hunc potius modum refingendus erit :... τὸν ἀπόπλουν · [τὸ δὲ πλέον vel τὰ δὲ πλείω], πρὶν ἢ τοῦ ποταμοῦ ἄψασθαι ἐκ μέρους (vel κατὰ μέρος) ἀποκουφισθέντα, εἰσπλεῖ etc. Kramerus et Mein. vulgatam liquerunt intactam. ‖ 24. Μάρχου codd.; em. Xyl. ‖ 24. προγόνων codd.; em. Cor. ‖ 47. ἐν] ἐν codd.; em. Cor. ‖ 48. ταύτῃ Cas. ‖ 50. ἴχνη τῶν τότε πόλεων np Siebenk., Cor.; vetustissimorum reliqua exstant oppidorum vestigia, Guarinus. ‖ 51. ἃς add. Cor. ‖ 53. διακοσίοις] o' Ald. ‖ 54. νησιάζον l Ald.
P. 194, 2. καὶ om. Cor. ‖ 5. ἐπ'] ὑπ' Cor.; προεχής Cor. De v. προσεχής cf. p. 168, 30, p. 203, 9 et Steph. Thes. s. v. ‖ 11. Σινουέσσης Cor. ubique. ‖ 12 et 16. Αὐσονίων codd.; em. Cor. ‖ 18. ἑκατόν] ν' l. ‖ 21. Αὔφιδος] i. e. Ufens ; quare Xyl. Οὔφιος, Cas. Αὔφεις, Grosk. Οὔφεις, Mein. Οὔφης scribi voluerunt. ‖ 25. Φοραμιῶν BC. ‖ 26. Αἰνουέσσης BC, sed Σινοέσσης mgo B. ‖ 31. ἀφ'] ἐφ. Cl. Ald. ‖ 32. τῇ ὁδῷ] τῇ Ἀππίᾳ addunt knp et margo B. ‖ 33. ἱρομουλικέ BC; γρ. ῥυμουλικεῖται ἡμιόνων sec. m. in mgine B et codd. knop et editt. ante Kr., nisi quod δὲ post ῥυμ. addidit Cor. ‖ Φορμίαι B. man. sec ; Φορμία Cl et pr. m. B. ‖ 31. Καιάταν] Κεάτα C, Κοιάτα l, Καιάταν Ald. ‖ Καιέτας] Καιήτας B, Κεήτας C, Καιάτας l (?) Ald.; Καιάτας Cor. Cf. p. 315, 25. ‖ 39. ἀπὸ τῆς T. editt. ante Kr. ‖ 45. Λεῖρις BCl, Ἔρις Ald.; em. Xyl. ‖ Κλάνις] Κλεανὶς knp et m. sec. B. ‖ 50. πρόσκεινται BCl, sed in B lit. σ expuncta. ‖ 51. Πανδαρία B, Πανδατερία Mein. ‖ 54. Κεάτου BC, Καιάτου m. sec. in B.
P. 195, 5. Σταγανός BCl; σητάνοις] σιτάνῳ npr; Οὐησκίνῳ conj. Cluver. « Ex margine puto receptam esse hanc vocem, ubi σητανοῖς ut diversa scriptura adjectivi σταγανὸς additum fuisse videtur ; idque postea propter ἐν mutatum est. Infra p. 242 ed. Cas. idem hic sinus commemoratur nullo nomine addito. » Kramer. ‖ 18. Στάτιος BCl. ‖ 19. τε] δὲ Cor., Mein. ‖ Μάρκος codd. ‖ Κέλιον ὄρος codd.; em. Cor. ‖ 25. κύκλον] τεῖχον Ald.; inde τοῖχον Cas. ‖ 26. Κυρίνου Mein. ‖ 27. Ἐσκυλῖνον Cor. ubique. ‖ 28. Οὐιμιναλεν B, Οὐιμίναλε C, Οὐιμίναλον k Ald., Οὐιμινάλιον l Pleth., Sbk., Cor. ‖ 32. Κολμίνας BCl, Κολλίνης Cor. ‖ 34. Οὐιμιναλίφ k. ‖ 50. ἀδιαλείπτως codd.; em. Cas.
P. 196, 4. καὶ inclusit Cor. om. Mein. ‖ 5. Τενᾶς Bl, Τενὰς C. ‖ 8. Κλεᾶνις knp et sec. m, B. ‖ 10. ἀπελευθέρους knp et inter versus B. ‖ 42. ὑπερβάλλοντο Cor. ‖ 47. παρέχων codd.; em. Grosk.; παρέχοντος Cor. ‖ 48. κίρκῳ Ald.; δίσκῳ Cl. ‖ 50. καὶ [αἱ] τῶν λ. Cor. ‖ τῶν ὑπερ-

n, τὸ ὁ. BCl. ‖ 51. ἐπιδεικνύμενα np; ἐπιδικνυμένων Siebenk., Cor. ‖ 54. τρία ἅμα τε καὶ np.
P. 197, 16. ταύτῃ] ταύτην BCl, ταύτῃ δὲ καὶ np.; em. Cor. ‖ 22. δὲ ὁδοῖς] δ' ἐπὶ τοῖς BCl, δ' ἐπὶ ταῖς ὁδοῖς no; δὲ ταῖς ὁδοῖς editt. ante Kr. ‖ 24. παρὰ] περὶ Xyl. ‖ 29. Κάσινον codd.; em. Cluver. ‖ 30. τὸ abundat; ἀπὸ om. np. ‖ 32. Τουσκουλάνου np, recte. ‖ 36. Ἐσκυλίνης B, Κυλίνης Cl; Πρενεστίνη BC. ‖ 37. Ἐσκύλινον Bl, Ἐσκυλίνον C. ‖ 39. τῷ παλαιῷ Λαβικῷ κτίσματι editt. ante Kr. ‖ 41. Τοῦσκλον k. ‖ 42. Πυκτὰς C. ‖ 45. Φερέντιον Ald.; Φρούσινον codd.; em. Cor. ‖ 46. ὁ Τρῆρος] Nomen aliunde non notum. Legendum puto ὁ Τόληρος. V. not. ad p. 199, 19. ‖ 47. Ἀκούηνον BC, Ἀκούηνον Ald.; em. Cor. ‖ ἐστί] Id ferri nequit, nisi verba μεγάλη... ποταμὸς μέγας parenthetice dicta esse putes. Quod quum haud facile credideris, Corayus dedit Ἀκούινον [δὲ] μ. π. ἐστί, Meinekius vero e Groskurdii et Krameri sententia vocem ἐστί ejecit. Sic salvatur grammatica, at pessundatur geographia. Nam Aquinum ad Melpin situm non erat, sed Atinam fluvii ejus fontibus appositam esse constat. Itaque mecum legas : Ἀκούινον, μεγάλη πόλις · Ἀτίνα, παρ' ἣν etc. ‖ 48. ὂν inclus. Cor. ‖ 49. Κάσινον] « Κασίνου l (?), Ald. Corayus scribendum suspicatur : καὶ ἑτέρου, Κασίνου · Κασῖνον κτλ.; sed quum neque Interamnae situs satis certus sit, neque Casini fluminis nomen nisi in Chronico Cassinensi (v. Holsten. Ann. ad Cluver. Ital. ant. p. 221) commemoretur, in medio res relinquenda. » Kramer. Vel ἑτέρου vox indicat nomen fluvii a Strabone aut non indicatum esse aut in ipsa hac voce latere. ‖ 51 et 52. Σιδικην. codd.; em. Cor.
P. 198, 4. Σήτεα codd.; em. Cor. ‖ 6. Σίγνιον] Lege Σιγνῖνον, ut post Merulam (Cosm. 2, 4, 4) aliosque monet Kr. ‖ 7. πρὸς δὲ ταύταις] πρὸ δὲ ταύτης codd ; em. Cluver. ‖ 8. Σύεσσα Τραπόντιον] Συεσ. σατραπόντιον codd.; γρ. Σύεσσα τῶν ποντίων n; Σύεσσα τῶν Πωμεντίνων e Cluveri conj. Siebenk., Cor.; Τραπόντιον Kramerus, qui « Τραπόντιον, inquit, respondet Latinorum Tripontio, quod commemoratur in inscriptione Trajani (v. Chaupy Descr. de la maison d'Horace t. 3, p. 391) Morcell. de stilo inscr. lat. 2, p. 129). Situm erat eodem loco, quo hodie mansio est, nomine Tre ponti, a qua fossa incipit a Pio VI per paludes Pontinas ducta, atque antiquam incepisse suspicatur Westphal. (D. röm. Campagne p. 49). Qui locus num Strabonis aetate idem nomen jam habuerit, incertum est : hoc vero certissimum ignobilem fuisse ac prorsus indignum qui inter oppida memorabilia recenseretur ; particula τε cum praeterea incommodissima sit, dubium mihi non est, quin haec quoque pro interpolatoris additamento habenda sint. » Quodsi Tripontium istud Strabo commemorare voluisset, haud dubie mentionem ejus fecisset eo loco ubi de via Appia et canali hinc Terracinam ducto sermo est (p. 194, 29). Ceterum Krameri emendationem certam esse negaverim ; nescio an verum viderit Cluverius. Fieri etiam potest ut in Τραπόντιον lateat Καρβέντιον (Carventana arx ap. Livium, 4, 53. 55. 56, Καρουεντός ap. Dionys. 5, 21), quod oppidum Velitris proximum fuisse debet, quamvis accuratius situm ejus definire non liceat. ‖ 7. Ἀλέτριον] Hoc oppidum quum inter Appiam et Latinam vias situm non sit, aut erravit Strabo aut vitium latet. Haud ita procul a Velitris alicubi situm erat oppidum quod latini scriptores Ulubrae vocant, quod n. l. commemoratum fuisse suspicari possis. ‖ περιοικίας BCl, παροικίας Ald., παροικίδας Siebenk. ‖ 12. ἀγῶνας n Cor. ‖ 19. Οὐερνάφριον C, Οὐενάφριον Bl; em. Cor. ‖ 22. αἱ] ἡ codd.; em. Cor. ‖ 24. Καπίτουλον καὶ πίτουλον BCl; em. Xyl. ‖ 25. Κερεάται codd.; em. Kr. ‖ 27. Οὐερνάφριον C, Οὐενάφριον Bl; em. Cor. ‖ 36. Οὐαλερία codd ; e Cluveri

conj. em. Kram. ‖ 39. μὲν, [ἐν] ᾗ Cor., Mein., probabiliter. ‖ 40. Ἀννίων BC. ‖ 42. καταλσῇ] καταράσσων Cor.; κατ' ἄλση kp Pletho, κατάλσει Ald., κατ[άφυτον] ἄλσει Grosk. Cf. Steph. Thes. v. καταλσῆς. ‖ 43. πεδίον vocem unus C exhibet. ‖ 43. παρὰ] περὶ Xyl. ‖ 44. καὶ inclusit Cor.; τοῦ καὶ mavult Kr. ‖ 48. τούτῳ [ὃ inser. Cor.] ὁ Ἀνίων διέξεισι καὶ τὰ Ἀλβ. np et margo B et editt. ante Kr.
P. 199, 5. ἄκρον codd.; em. Cor. ‖ 19. Οὐέρεστις (sic) C, Οὐέρεσις editt., quod nomen nisi hoc loco nusquam invenitur : neque qui amnis intelligendus sit constat. Plerique unum ex rivulis indicari putant, qui hac ex parte in Anienem cadunt : quorum nullus tamen Praenestinorum agrum videtur permeasse, nec ποταμὸς recte appelletur. Probabilior igitur Abbatis Chaupyi opinio (l. l. 2, p. 320 sq.), fluvium illum censentis non diversum esse ab eo, qui haud procul Praeneste ortus per vallem spatiosam ad Lirim decurrat, quem Strabo Trerum (p. 197, 46) nominavit. Atque licet haud male suspicetur ille alio nomine vocatum esse aliis in partibus (hodie quoque primum appellatur Sacco, deinde Tolero), corruptam potius esse crediderim h. l. codicum scripturam, in qua vel ὁ Τρῆρος latere facile concedas. Articulum certe Strabo in talibus addere solet. » Kramer. (Cf. de variis vv. dd. sententiis Bormann. Altlatinische Chorographie, 1852, p. 76.). Ni fallor, fluvius Praenestinorum agrum permeans is est qui hodie fiume di Palestrina dicitur et in Sacco fl. exit. Quod nomen attinet, pro Οὐέρεστις scribi jubeo Οὐέρεγις, quum Γ et ς facile confundantur, Οὐέρεγις autem fluvius apte componatur cum oppido quod Diodorus (14, 98, 5) vocat Vereginem sive Verreginem (Οὐερηγῖνος et Οὐερρηγῖνος πόλεως codd.; quod in editt. legitur Οὐερρουγῖνος e Livio illatum est), Livius vero (l. 4, c. 1, 55, 56, 58; l. 5, c. 28. Cf. Valer. Max. 3, 2, 8) Verruginem dicit; id enim oppidum ad ripam sinistram hodierni Sacco fluvii in Colle Ferro recte ponere videntur Nibby, Kiepertus, alii. Inferior fluvii pars nunc Tolero vocatur, quod nomen apud Ovidium (Fast. 6, 563) et Strabonem (p. 197, 46) ita reponendum videtur ut apud illum pro flumenque Tolenum scribatur flumenque Tolerum, et similiter in Strabone pro ὁ Τρῆρος legatur ὁ Τόληρος. Videlicet Ovidius Rutilium consulem in Toleno fl. (Telonium Orosius dicit 5, 18) periisse, Appianus vero (B. C. 1, 43) Lirim fl. trajecturum letaliter sauciatum esse produnt. Quae ita Nibby (Cont. 3, p. 371) inter se conciliare censet ut proelium commissum sit ad confluentes Toleri Lirisque. Ad confluentes vero sita erat Fabrateria, παρ' ἥν, ut Strabo ait, ὁ Τρῆρος (l. Τόληρος) ῥεῖ. Cf. Bormann l. l. p. 78 et p. 200 sqq. ‖ 22. Ἄλγιδον] Ἄλγιον BCl. Locum corruptum esse putat, et verba τὸν κατὰ Ἄλγιδον ὑψηλὴν ejici vult Burmann. l. l. p. 45. At sana sunt omnia, modo Ἄλγιδον intelligas de oppido, cujus in antecc. Strabo meminerat, non de monte Algido, quem Noster omnino non commemorat. Vocem ὑψηλὴ lin. 22 post v. ἐστὶ collocari vult Groskurd. ‖ 27. εὔγαιος C. ‖ 37. ἑξήκοντα] εἴκοσι conj. Cluver., Holstenius, Wesselingius, coll. Dion. Hal. 6, 32, Philostrat. V. Apoll. 4, 12, et Itin. At 160 stadia habes etiam p. 191, 3 et 10, ubi Ardea satis recte 160 stadia ab urbe distare, minus recte autem eadem distantia inter Romam et Albanum montem esse proditur. ‖ 39. Λανούιον] Λαουίνιον codd.; e Cluveri conj. (Ital. ant. p. 936) em. Kr. Cf. p. 192, 42. 193, 8. Omnes codicum literas servare licet scribendo Λανίουιον; nam Lanivium oppidum persaepe vocatur in inscriptt., indeque ortum est vitiosum istud Λαουίνιον. ‖ πόλις Ῥωμαίων ἄποικος addi voluit Clu-

verius; πόλις [ἀρχαία] 'P. conj. Kr. ‖ 42. τοῖς] τῆς BCl; e Cluverii conj. em. Siebenk. ‖ 43. Corruptum locum Groskurd., aliis viam monstrantibus, ita restituit : ἀναβαίνουσι. Τῆς δ' Ἀρικίνης τὸ ἱερὸν λέγουσιν ἀφίδρυμά τι τῆς T. Fort. etiam erat ἀναβαίνουσίν ἐστιν. [Τῆς] δ' Ἀρ., ut conj. Cluverius. ‖ 50. καὶ λίαν] καὶ μίαν codd.; em. Cor., qui omisit καί. ‖ 53. Ἡγερία] Ἱερεία; em. Cluver.; Leg. ἡ Ἡγερία cum Cor. et Mein.
P. 200, 6. καὶ tolli vult Cor. in not. ‖ 7. ὅρος inclusit Cor. ‖ 10. Ἄλδη codd.; em. Cor. ‖ 11. λίμνη.. πελαγία codd. Quod ut ferri posset, ἔστι δὲ καὶ λίμνη Φουκίνα πλ. dederunt np. ‖ 12. καὶ πάντες [δ'] οἱ πλ. proposuit Mein. in Vind., ipse tamen non recepit. ‖ 16. ἤτοι... ἢ] εἴτε... εἴτε e Xyl. conj. Cor. ‖ 19. ἐπὶ] περὶ C. ‖ 28. προσελπείων Ald. ‖ 32. καὶ additum ex np. ‖ 36. ἡ Πικήνη np. ‖ 38. Πικένιοι np. ‖ 46. ἀνώμαλον] np, μᾶλλον BCl. ‖ 47. Κάστρου] λεάστρου BCl, κάστρου np. Idem e conj. dedit Xyl. At 800 stadia non ad Castrum pertinent, sed usque ad Matrinum, et Matrinum Piceni terminum esse Strabo dicit p. 201, 9. Itaque ex Λεαστρου eliciendum est Ματρίνου. Quod codd. np praebent κάστρου non majorem auctoritatem habet quam conjectura Xylandri.
P. 201, 2. καὶ πυροφόρος Cor., Mein., recte, opinor. ‖ 4. « Πνευεντία nusquam praeter hunc locum commemoratur, neque improbabiliter Du Theil et Groskurd. conjiciunt scribendum esse Πολλεντία. Idem oppidum alio nomine magis noto nominatum fuisse videtur *Urbs Salvia* (v. Plin. 3, 18). » KRAMER. Fieri etiam potest ut leg. sit Τολεντία (Tolentinum), quae urbs proxima est Septempedae. ‖ 4. Ποτ.] Πετεντία BC. ‖ 8. Καστρ.] Kram.; apt τρουνόουμ codd.; Καστρουννοοῦον conj. Cas.; Καστρουμνόθουμ. Sieb., Cor., quod sane malis. ‖ 11. αὕτη] αὐτὴ codd.; em. Cor. ‖ 12. Lacunam ita explet Grosk. : χωρίον · καὶ [γὰρ ἔρυμα αὐτῷ ὁ λόφος ἐστίν] ἐφ' ᾧ etc. Kramerus proponit χωρίον καὶ [διὰ τὸν λόφον] ἐφ' ᾧ. Innumera talia excogitare licet, quibus non est immorandum. ‖ 13. παρακείμενα C. ‖ 14. Οὐήστιοι BCl, Οὐεστινοὶ np; em. Xyl. ‖ 15. Πάλιγνοι BC; Φρεττανοὶ ubique BCl. ‖ 26. δὴ] Kram.; δὲ codd. ‖ 31. Πομπεδίου codd. ‖ 33. Σούλμωνα e Cluv. conj. Meincke. ‖ Μαρροῦβιον Cor. ‖ 34. Τεάτην τὴν] Τεγεάτην C, Τεαγεάτην B, Τραγεάτην l; em. Xyl., nisi quod τὴν art. om.; Τεᾶτον Cor. ‖ 35 et 44. Αὔτερνον BCl; em. Xyl. ‖ 39. Ejice τῷ. ‖ 45. αὐτὴ] Grosk., Kr., Mein.; αὐτὸ... αὐτὸ. codd. quod servans Coray. in sqq. ὅμορον scripsit. Ceterum Buca, quae Tiferno fluvio propinqua fuisse jure censeatur, minime erat ὅμορος Teano urbi ad Frentonem sitae. Neque apte Buca Matrinuta cum Teano mediterraneo componitur. Quare interpr. gall. post Bucam alius loci mentionem excidisse suspicatur. Intermediam inter Tifernum et Frentonem regionem tenebant Larinates, in eoque tractu non ita longe ab ora erat Cliternia opp. Fortasse igitur post αὐτὴ Φρεντανῶν excidit εἶτ' ἡ Λαρινατῶν. Sed malim : καὶ Βοῦκα · εἶτ' ὁ Φρέντων ποταμὸς πρὸς Τεάνῳ τῷ Ἀπούλῳ ὅριόν ἐστι τοῖς Φρεντανοῖς, [οὗ Τευτρία νῆσος (altera ex Diomedeis inss.) πρόκειται,] πέτραι etc. Fortasse tamen ipse Strabo erravit; videlicet quum nonnulli Frentanorum terminum non Frentonem sed Tifernum ponerent, facile fieri potuit, ut duos istos terminos confundens Strabo Bucam Teano vicinam esse putaverit. Quamquam minus hoc mihi verisimile esse videtur. ‖ 46. Ὀρτωνίον] « Ὄρτιον Ald. Sed quum nec hoc nomen nec id quod codices exhibent, alibi inveniatur, alii Ἱστόνιον putarunt scribendum esse, alii alia (v. *Romanelli Scoverte Frentane* 2, p. 238 sqq.). Equidem hunc quoque locum ab interpolatore potius quam a Strabone profectum crediderim. Jam primum

apto connexu cum iis, quae proxime praecedunt, prorsus carent haec verba, neque magnopere juvamur particula δὲ a Corae et Groskurdio addita; deinde pluralis πέτραι, licet p. 228 ed. Cas. similiter positus sit, h. l. tamen minus ferendus est, et vox ipsa, id quod majoris momenti est, nulli loco per totam Frentanorum oram convenit : campi enim patentes sunt, quibus colles amoeni passim interjiciuntur; denique infinitivus εἶναι recentiorem aetatem paululum redolet, quamquam similes structurae apud Strabonem inveniuntur. Ad Ortonem autem a barbaris medio aevo, quod vocant, occupatam haec verba referenda esse arbitror. » KRAMER. Quibus fidens Meinekius verba ista ejecit, nescio an inconsultius. Praecipuum argumentum Kramerus ex eo petivit quod πέτραι vox in oram Frentanam non cadit. At bene cadit in insulas quae Frentoni fluvii ostio in alto objacent. Quidni has Strabo una cum Frentone fl. memoraverit? Certe Frentanos sec. Strabonem usque ad Frentonem fl. pertinere ex parapli stadiis 490 colligitur. Haud igitur mentionem ejus fluvii auctor neglexerit; immo Frentonis mentio in causa fuerit ut deinceps retro gressum agens Strabo etiam Sagram fluvium tanquam septentrionalem terminum commemoraret. Jam quomodo locum refingi velim, dixi in antecc. Pro ὅρον quidam scripserat, quod modo legerat, Ὄρτων; corrector super τῶν literas posuit ιον; hinc natum Ὀρτώνιον, quo corruptelae genere nihil frequentius est. Pro πέτραι dedi πέτρα, quum ex duabus insulis Diomedeis unam tantum habitatam esse Strabo alio loco referat. Quare e Plinio assumpsi Τευτρία nomen, quod quoniam πέτρα voci simile est, facile omitti potuit. Ceterum si quae antecedunt usque ad verbum Ἀπούλῳ genuina esse putaveris, deinceps in hunc fere modum scribere licet : ὅριον δ' ἐστὶ τοῖς Φρεντανοῖς [ὁ Φρέντων ποταμὸς, οὗ πελάγιαι πρόκεινται] πέτραι etc. ‖ 48. εἶναι] Leg. εἶναι λέγονται cum np, vel εἰσὶ cum Xyl. ‖ 49. Αὐτέρνου lB ; supra ων in B scriptum μι; Ἀντέρνου C. ‖ 50 Φρεττανοὺς codd., et sic in sqq.
P. 202, 2. Σαυνίτις παρήκουσα ἐν Ald. ‖ 5. Σινοέσσης E, Σινούεσσης cett. codd. ‖ 16. ταύτην [τὴν] περὶ no Cor. ‖ 18. μετ' ἐκείνους e Tyrwhitti conj. Siebenk. et Cor.; οἱ δ' ἐκείνους codd.; σὺν ἐκείνοις conj. Kr., minus a codd. recedens; Meineke vulgatam servat, de corruptione non admonens. ‖ 31. τῷ inclusit Cor. ‖ 34. Καληνὸν B m. sec., Καλανὸν Cl et B m. pr.; καὶ [τὸν] K. Cor. Dein leg. Συρρεντῖνος cum Cor. et Mein. Inde ab h. loco denuo incipiunt *Aghi*. ‖ 44. Οὐλτουρνος BC. ‖ 48. Σικελιωτίδων mavult Mein. ‖ 51. Leg. μὲν [τὴν] ἀποικίαν cum Cor. et Mein. ‖ 54. ηὐτύχει [ἥ τε πόλις]˙καὶ Grosk. et Mein., nisi fort. sic καὶ αὐτὴ excidit ante αὐτή ηὐτύχει.
P. 203, προσεχὴς] προσηχής ABE, προηχής Cor. Cf. p. 194, 6. 387, 12. Fort. καὶ [λίθῳ] προσεχής, coll. p. 205, 31. ‖ κητεῖαι] κιττίαι A, κιττείαι BC; em. Cas. ‖ 13. δὴ] καὶ C. edit. ante Kr. ‖ λιμήν] λίμνη BCl, λίμνῃ A; e Cluv. conj. emend. Cor. ‖ 20. ἡ Ald. Post βάθος˙ BCl addunt ἀέναον, quod in ἀέννοα mutari et post v. ὕδατα poni voluit Cor. in not. ‖ 13. τὰ καὶ πρὸς καὶ τὰ πρὸς codd.; em. Xyl. ‖ 24. τῆς πελαγίας tanquam ab interpolatore (?) profecta, ejicienda censuit Kr., ejecit Mein.; τῆς παραλίας Cor., quod probat Groskurd., Kramerus se non intelligere fatetur. Chersonesus non litore ἀπολαμβάνεται, sed isthmo sive linea per isthmum in transversum ducta. Igitur legas : ἀπὸ (malim ὑπὸ) τῆς πλαγίας τῆς διὰ. ‖ 26. ἐπ' αὐτὴν [τὴν] Κύμην Cor., recte, puto. ‖ 27. αὐτὴν] Leg. αὐτῇ cum Cor. et Mein. ‖ 34. προσβραχῆ Siebenk., Cor., Kr., Mein.; προβραχῆ ABCl. ‖ ὁ Ἄορνος i Cor., Mein. ‖ 38. « Haec intelligerem sic scripta αἳ καὶ διεσιδαιμονίαν [τῷ τόπῳ παρεσκεύαζον]

καὶ κατασκίον etc.» Meineke; αἱ κατὰ δεισιδαιμονίαν [δὶς] κατάσκιον ἐποίουν τὸν κόλπον conj. Piccolous. Ejusmodi loci quum ἔνθεοι et κάτοχοι dicantur (v. Pollux 1, 15), scribere possis : αἳ καὶ δεισιδαιμονίᾳ κάτοχον (sive κατάσχετον, monente Piccoloo) ἐποίουν τὸν κ., vel αἳ κάτο-[χον] δεισιδαιμονίᾳ δι[ὰ τὸ] κατάσκιον ἐποίουν τὸν κ. ‖ 41. ἀπὸ] ὑπὸ recte CEi Cor. Mein. ‖ 42. τὸ add. Kr. ‖ προθυσάμενοι recte codd. præter o qui m. sec. προθυσόμενοι, quod male rec. Kr. ‖ ἱλασόμενοι codd.; leg. ἱλασάμενοι cum Cor. et Mein. ‖ 46. ἐργολάβηκ. ABCl. ‖ 47. ποταμίου] ποτίμου e conj. Xyl., Cor. et Mein.; recte. Cf. 178, 49. ἵδρυται codd., Mein.; ἵδρυτο Cor., Kr. ‖ 51. καὶ om. Xyl.; τοῖς] τις codd. ‖ 52. προσοικειῶν B manu sec., προσοικῶν ACl et B m. pr.
P. 204, 2. μεταλλείας] μαντείας Cor. ‖ 4. χρηστήριον ko et mgo E; λῃστήριον ABCEl. ‖ 12. συμμένει codd.; em. Xyl. ‖ 18. ἐπὶ Νέαν] ἀπινέαν A, ἀπίνεαν Bl; em. Xyl.; ἀπὸ νέας πόλεως καὶ Δικαιαρχίας no; καὶ [τὴν] ἐπὶ Νέαν πόλιν ἐκ Δικαιαρχίας [τῆς] ἐπὶ τ. B. Coray.; Groskurdius verba ἐπὶ ταῖς Βαΐαις, Kramerus verba τε καὶ ... Βαΐαις interpolatoris esse opinantur. Meinekius monet dixisse de hoc loco, sed non persuasisse Jacobum Rucca in *Interpretatione di un luogo di Strabone* (*Napoli* 1850), quem librum inspicere mihi non licuit. Putari possit verba ἐπὶ ταῖς Βαΐαις corrupta esse ; ac quoniam e Plinis constat colles inter Dicæarchiam et Neapolim interjectos *Leucogæa*, campum vero hujus tractus *Laborias* vel *Leborias* (a voce λεθηρίς, λεπορίς) vocari; fort. aliquis conjiciat : ἐν τοῖς [Λευκο]γαίοις vel ἐν ταῖς [Λα]βορίαις. At hæc longius petita parumque probabilia forent. Ad hoc potius attendi velim, verba illa suspecta, quum eo quo nunc leguntur loco non solum inopportuna sed etiam manca sint (dicendum enim erat τῆς ἐπὶ τ. B.), perapte locum habere potuisse in versu sequente, ubi, ne diversi Cimmeriorum populi confunderentur, vel ipse Strabo vel glossator quidam scripsit : περὶ τῶν ἐπὶ ταῖς Βαΐαις Κιμμερίοις. Præterea patet codicum scripturam καὶ ἀπινέαν corruptam et τὴν articuli defectu mancam esse. Quæ quum ita habeant, nescio an vulgatæ lectionis origo ex eo repetenda sit, quod in codice aliquo exaratum fuit hunc in modum :

ἐπὶ Νέαν πόλιν
καὶ ἄλλην ἔμπαλιν ἐκ Δικαιαρχίας ἐπὶ Νέαν πόλιν
ἐπὶ ταῖς Βαΐαις
ἐπακολουθήσαντος πῶς τῷ περὶ τῶν Κιμμερίων.

Auctor hujus scripturæ verba ἐπὶ ταῖς Βαΐαις, quæ versu secundo post v. τῶν inserenda erant, putavit variam lectionem vel correctionem indicare verborum ἐπὶ Νεάπολιν, quæ ideo expunxit, et, ne phrasis hiaret, in alium locum transtulit. ‖ 28. δὲ abundat. ‖ 29. « An ἄχρηστος ὤν, ὀστρέων? *Mein*. ‖ 33. Βαΐου]Xyl.; Βαΐαι A, Baiα BCl, quod fortasse non mutandum, quamvis supra p. 21, 37 legerimus Βαΐον. ‖ 34. καὶ τὸν Μισηνόν. ἑξῆς codd.; καὶ τῶν Μισηνῶν ἑξ. Ald.; em. Grosk.; καὶ τὸ M. ἀπὸ Μισηνοῦ conj. Casaubonus. Malim [ὡς] καὶ τοῦ Μισηνοῦ τὸ Μισηνόν, ut ex Marklandi conj. dedit Corayus. Meinekius glossema odoratus verba καὶ τ. M. ejecit. ‖ 35. ἀκταί] « Vide an ἄκραι scribendum sit.» *Mein*. ‖ 39. τῶν ὑδάτων ... θερμῶν ὑδάτων ob inelegantem ejusdem vocis repetitionem summopere displicet. Pro τῶν ὑδάτων, legerim τῶν ἀτμῶν. Sequentia aperte corrupta. Holstenius legi voluit : ἃ πᾶν τὸ χωρίον ἔχει, medicina lenissima, at sententiæ loci non satis accommodata. Corayus : ἅπαν [γὰρ] τὸ χωρίον ἐκεῖ[νο], omissa in sqq. voce ὅτι. Eodem modo Meinekius, nisi quod servat v. ἐκεῖ. Conjecturam ἐκεῖνο habes etiam in *hi*. Kramerus vocem ὅτι ante ἅπαν transponendam suspica-

tur. Legendum puto : τῶν ἀτμῶν, [ὧν] ἅπαν τὸ χωρίον ὄζει μέχρι κτλ. ‖ 52. περικεκλιμένον BCl; περικεκλεισμένον editt. ante Kr. inde a Xyl.
P. 205, 1. Lege βρωμώδεις., ut Mein., monente Dindorfio in St. Thes. s. v. ‖ 3. Νέα πόλις E. ‖ 4. Πιθηκουσαίων BC. ‖ 5. σῆμα, sed supr. μνῆμα, E. ‖ 8 τινες codd.; em. Xyl. ‖ 15. ἐφηβιακὰ φράτρια Al, ἐφηβειακὰ BC. ‖ 16. πενθηρικὸς ABC. ‖ 20. Δικαιαρχείας C, quod quum rectius habet, Meinekius dedit ubique. ‖ 32. ἄλλως Bkno. ‖ 40. Πομπαίαν codd.; em. Cor. ‖ 42. Σαγνῆται A, Σαμνῖται C, ‖ 43. Νουκαιρίας C; Ἀχερρῶν Kram., Ἀγχέρων Al et sec. m. B, Ἀχέρων B m. pr. et editt. ante Kr. ‖ 45. Πομπηΐα] ποιεῖ codd.; em. Tyrwh. ‖ 47. Οὐεσσούιον Al, Οὐεσσούνιον B, Οὐεσσούβιον B m. sec. ‖ 50. κοίλας A et pr. m. C. ‖ 52. ὥστε e Cas. conj. Cor.
P. 206, 3. πυρὸς [λίπος τι λαβεῖν ὃ] εὐάμπελον Grosk. ‖ 4. ἔχειν, (μὲν) γὰρ τὸ λιπαίνον (καὶ) τὴν Coray. ‖ 9. Πομπέᾳ A, Πομπαίᾳ BC. ‖ 10. Πρηνουσσὸν ABl, Πρηνουσᾶν C; em. Cor. ‖ 14. Σεινηρούσσας Cor. ‖ 14. Συρρεντῶν] Σύραιον BCl. ‖ 16. τῶν] τὸν Bl; omisit vocem A. ‖ τὸν] addidit Cor. ‖ 24. Πιθηκουσῶν BC hoc loco et in sqq. ‖ 29. ὑποζοράς ACl. ‖ 31. Συρακοσίων A Mein. ‖ 40. συναπτούσας νήσους πρὸς ex n Siebenk. ‖ πρός τε Ἕλληνας ABCl; em. Xyl.; πρός τε τὰς νήσους mgo B m. sec. et Cor. ‖ 42. Διπάρεων E. ‖ 43. Δικαρχείαν C. ‖ 52. Ἐπωμέᾳ] Lege Ἐπωπέα cum Du Theil, Cor., Grosk., Mein. e Plinio 2, 89, § 203 : *Ferunt in his montem Epopon*, quod nomen apte inditum monti a quo late prospectus patebat. Cf. Ἐπώπη Acrocorinthi nomen ap. St. Byz., ubi v. not. Meinekii, qui etiam infra p. 215, 41 pro Ἐσώπιν recte, opinor, reposuit Ἐπώπιν. ‖ 52. τιναγέντα] B, supra scripto ῥαγέντα, παγέντα *Aghino*, ex quibus *hino* in margine habent ῥαγέντα. ‖ 54. πάλιν] inclusit Kr., utpote e sqq. huc translatum; om. Mein.; πολὺ ὂν *no* Cor.
P. 207, 2. τὴν θαλ. B ex correct.; τῆς θαλάττης codd. ‖ 4. μετ' ex Epitome additum ‖ 6. τοὺς] τοῦ codd.; em. Xyl.; ἄνω ex n suppl. Cor. ‖ 8. Κάπραι ABCl. ‖ 12. Καπραίας ABCl. ‖ κνῆμα] κτίσμα codd.; em. Cor. ‖ 16. ἐτυμ.] ἑτοιμότητα ABCl. ‖ 19. αἱ τῶν ἄλλων codd.; em. Cor. ‖ 20. Καλατία] Καλατερία codd.; e Cas. conj. em. Kr. ‖ 21. Καύδιον] Καλύδιον codd.; em. Cor. ‖ Οὐενεουεντὸν A, Βενεβεντὸν mgo A, Οὐενούεντον BC. ‖ Κασίαιμον ABC, Κασίλιμνον *l*. ‖ 22. Οὐατούρνου AB., Οὐλτούρνου *l* et B m. sec., Οὐουτύρνῳ (?) C. ‖ 25. ὡσθ' ὑπὸ] fort. ὡστ' ἐπὶ.» *Mein*. ‖ μεδίμνου] vox corrupta ; e Cas. conj. Cor., Mein., coll. Plin. 8, 82, Valer. Max. 7, 6, 3, Frontin. Strat. 4, 5. ‖ 27. τε recte om. *l*. ‖ 29. ἕως] ὡς codd.; em. Cor. ‖ 30. φησί ABl, em. Xyl. ‖ 34. Κάλκη codd.] Κάλπη Cor.; Κάλης e Cas. conj. Xyl. ‖ 36. τε ejiciendum. ‖ 38. Ἀχέραι BCl. ‖ 39. Σαννίδας ABC, Σαννίδας *l*. ‖ 44. ἐκπεπονῆκται codd.; em. Cor. ‖ 48. ὁμοίως ὁμοροῦντας] ὁμόσε χωροῦντας Cor., ὁμονοοῦντας idem in notis, ὁμοῦ προχωροῦντας Grosk.; ὁμοίως ὁμονοοῦντας aut ὁμοφρονοῦντας conj. Kram.; ὁμοίως ὁρμῶντας, *pariter ut antea feroces ad audendum*, Meinekius. Mihi in ὁμοροῦντας latere videtur εὐημεροῦντας. ‖ 53. τῷ [Μαρτίῳ] κάμπῳ editt. ante Kr.
P. 208, 6. καὶ γάρ τοι] τοίγαρτοι Mein. ‖ 8. Αἰσερνία] Ἐσερνῖνα codd.; e Cas. conj. em. Cor. ‖ Πάννα] Παύνα *l* Ald. Ejus nominis locus non notus est. Quum Tabula Peut. in regione inter Æserniam et Telesiam media habeat *Ebutianam* (h. *Ailano*, ut videtur), in Πάννα latuerit τιαννα ; adeo ut, si recte habet nomen Tabulæ P, literæ Ἔβου vel Αἴβου supplendae sint. ‖ 9. συνεχὴς Οὐενάφρῳ] Telesia a Venafro longe dissita erat, adeo ut conterminα eα oppida fuisse haud recte dicantur. Num igitur Strabo erravit? an alius oppidi mentio post vocem

Τελεσία excidit? Fortasse Alliphas memorandas fuisse censet interpres gallicus. Verum Alliphas non inter urbes evanidas, sed inter ἔτι συμμενούσας Strabo recenset p. 198, 32. Cogitare liceret de *Cluturno* oppido, quod Tabula Peut. habet Venafro proximum. Sed, si quid in codd, erratum est, nescio an potius pro Οὐεναφρῳ Strabo scripserit Οὐολτούρνῳ. ‖ 12. γενουσία C. ‖ διότι] ὅτι *no*; in *B* literæ δι (fort. ex praec. αι ortæ) expunctæ sunt. ‖ 15. εὔξαιντο *o* Cor. ‖ 20. Ἄρει conj. Kr.; ἐπευφήμισαν Ald. ‖ 22. « Verba ἐτύγχανον ... ζῶντες commodius ponerentur post ἐκείνους.» *Kram*. ‖ 31. καί inclusit Cor. ‖ 35. νόμον] μόνον codd.; παρά om. editt. ante. Kr. ‖ 49. ἐξετρύφησαν Mein.; εὖ ἐτρύφησαν codd.; ἐνετρύφησαν Xyl.; ἐτρύφησαν Cor., Kr. ‖ 51. συν e Bekkeri conj. addidit Kr. ‖ 54. ἐπί] ὑπό Xyl.

P. 209, 7. μέχρι τῶν Φρεντανῶν editt. ante Kr.; μέχρι τῶν Λευκανῶν legendum esse censuerunt absque veri specie Cluverius (Ital. p. 1188), Du Theil, Grosk.; verbale margine illata esse putat Kramer.; ejecit Mein. Tueri verba licet scribendo τὴν Σαυνῖτιν [τὴν]μέχρι Φρεντανῶν. Cf. p. 202, 2 : ἡ Σαυνῖτις ἐν μεσογαίᾳ μέχρι Φρεντανῶν. Sin in margine legebantur, inserenda erant lin. 9. (ἀπόσπασμα τῶν μέχρι Φρεντανῶν ἐν τῇ Ἀδρίᾳ Πικεντίνων. ‖ 8. Πικέντων Kramer., Πικεντίνων codd. ‖ 10. μετῳκισμένων codd.; em. Xyl. ‖ 12. Verba Συβαρῖται ... ἀντεχόμενος transponenda esse post ἡ Ποσειδωνία lin. 41, recte monuerunt Du Theil, Grosk., Kr., Mein. ‖ 17. Σειρηνουσῶν *BC*. ‖ 18. Μάρκιννα *BCl*. ‖ Ἰταλίαν] Καμπανίαν codd. præter *C* qui Κανίαν habet. Aut Λευκανίαν aut Ἰταλίαν scr. conj. Du Theil.; illud ferri nequit (nam de *vetere* aliqua Lucania nihil constat); hoc probarunt Kramerus et Meinekius. Contra Groskurdius in antecc. scribi voluit μέχρι [τῆς Λευκανίας καὶ] τοῦ Σιλάριδος, adeo ut Silarus dicatur ab hac Lucanorum terra dirimere τὴν ἀρχαίαν Καμπανίαν, quippe quæ Picentinorum regionem olim comprehenderit. At de vetere hac Campania nihil constat; vetustiores geographi, ut Scylax et ii, quos sequitur periegeseos poeta anonymus, Picentinorum regionem Samnitibus attribuunt. Ceterum pro Καμπανίαν manu violenta reponendum esse Ἰταλίαν minime asseveraverim. Strabonem h. l. de sui potius ævi statu geographico quam de cascæ antiquitatis instituto dixisse mihi verisimilius esse videtur. Jam vero constat Augustum ita rem instituisse ut *prima* Italiæ *regio* Latium et Campaniam comprehendens a Tiberi ad Silarum pertineret et communi Campania nomine designaretur, ea autem regio, quæ post Silarum sequebatur, esset *tertia*. Quare nescio an legendum sit : μέχρι τοῦ Σιλάριδος τοῦ ὁρίζοντος ἀπὸ τρίτης τῆς χώρας τὴν ἀ χώραν [ἤτοι] Καμπανίαν. In mentem etiam venit ... ἀπὸ τῆς ἐφεξῆς χώρας τὴν [ἐπ]αρχίαν [τῆς] Καμπανίας. Sed illud malim. Sane quidem Strabo de ista Italiæ divisione nusquam exponit; sed omnino πολιτικά hæc defugere solet, Italiæ vero divisionem sui temporis lectoribus bene notam esse existimaverit. Ipsum non ignorasse eam tum per se patet, tum inde probatur, quod Venafrum, quod erat oppidum Samniticum et a Strahone p. 108, 9 juxta Samnii loca memoratur, alio loco (p. 198, 27,) ad Latium, alio (p. 202, 37) ad Campaniam refert. Nimirum Venafrum, et Latio et Campaniæ proximum, Augustus primæ regioni adjunxerat, ut ex Plinio (3, 9, § 63) colligitur. ‖ 24. ποτίμου Eustath. ad Dion. 358 ; ποταμοῦ codd.; ὄντος τοῦ ποταμοῦ τούτου edit. ante Kr. Ceterum pro περί etc. ex Eustathio legi velim : ὅτι τοῦ ὕδατος ὄντος ποτίμου τὸ καθιέμενον ... ἀπολιθοῦται (ἀπολιθοῦνται *AC*). ‖ 29. δημοσίῳ *BCl*; ἔκποτε τῷ δημοσίῳ conj. Cor. ‖ 40 Ἀργονίας] « Ἀργωνίας Cor., nescio quo sensu. Casaubonus aut Ἀργείας aut Ἀργῴας reponendum

censuit, quorum priori favent quæ leguntur apud Plinium 3, 9 : *Ager Picentinus fuit Tuscorum*, *temple Junonis Argivæ ab Jasone condito insignis*. Sed a codd. scriptura illa forma nimis abhorret, quæ alteram contra valde commendat. » Kramer. Ἀργῴας rec. Meinekius. Attamen 'quod apud Plinium editur *Argivæ*, id de conjectura scripsit Hermolaus Barbarus. Variam scripturam Silligius notat ex optimo codice Riccardiano (sæc. ix) *Arue* et man. sec. *Arie*, e cod. Toletano *Aricie*, e cod. Paris. 6797 *Aritiæ*. « Locus, inquit Sillig., nondum persanatus, quamquam Harduini conjectura (*Argoæ*) a vero proxime videtur abesse. » At, si quid video, ex vetusto cod. Riccard. recipiendum erat *Ariæ* vel *Areiæ* (hoc enim latet in scriptura in. pr. *Arue*). In alio codice supra *Arie* scriptum erat *ei*; hinc, ut fieri solet, nata lectio *Arieiè*, quæ abiit in *Aricie* et hæc in *Aritiæ*. Juno Ἀρεία vel Ἀρήιος alibi, quantum sciam, non memoratur; sed quemadmodum Ἀρείαν Venerem et Minervam novimus, sic eodem nomine Græci vocaverint Junonem armiferam. Talis vero dea apud Italos colebatur. Arma gestabat *Juno Lacinia* (ὁπλοσμία ap. Lycophr.); clypeo, ægide et hasta instructa erat Lanuvii *Juno Sospita*; hastam denique tenebat Faleriorum *Juno Quiritis*, Κυρῖτις, sic dicta de sabina voce *curis*, κύρις, (i. e. *hasta*, δόρυ), a qua etiam Martem Italis Κυρῖνον dici, adeo ut Romulus ὁ Κυρῖνος sit ἀρήιος τις ἢ αἰχμητὴς θεός, Plutarchus refert (Mor. p. 285, C.; Rom. c. 29). Jam, ut illuc redeam, Strabo templum, quod ad Silarum fl. ab Argonautis (inter quos etiam Ἀρήιος quidam Biantis f.) conditum ferebatur, sicut Plinius, dixerit esse Junonis τῆς Ἀρείας; varia autem lectio vel glossa fuerit ἀγωνίας, quam quum quidam indicasset ita, ut super literas ρε vocis Ἀρείας appingeret γων, natum deinceps est Ἀργωνίας, Ἀργονίας. ‖ 42. πόντων] Lege κόλπον e conj. Krameri. Frequentissima hæc vocum in scriptis geogr. min. permutatio.

P. 210, 7 et 19. Ἐλαίαν *ABC*, sed m. sec. corr. in *AB*. ‖ 13. ἐκβάντας *AC*. ‖ 20. Verba Ἔνιοι ... Ἐλέητος ej. Mein. ‖ 23. Ἐλαιάτιδος *AB* pr. m ‖ 26. Μεσήνης *BC*. ‖ 28. Λᾶος] ταλαὸς *ABl* bis. Secundum Λᾶος ejiciendum. ‖ 36. λαοί codd.; em. Niebuhr. H. Rom. t. 1, p. 96. Fort. leg. esse ἐπὶ τὴν Ἄζον aut ἐπὶ ταύτην, omisso Λᾶον, monet Mein. ‖ 40. ἃ ejiciendum; τῆς δευτέρας codd.; οἱ τῆς ἑτέρας Siebenk., Cor. ‖ 53 μετὰ δὲ τοὺς Ἕλληνας ὕστερον μέν γε] μάλιστα δὲ τ. Ἑλ., πρότερον μέν γε conj. Kr ; eodem modo Meinekius, nisi quod scribit [οἳ] πρότερον. In quibus μάλιστα pro μετὰ jam conjecerat Villebrun. Fort. erat : μέγα δέ τι τοὺς Ἕλληνας ἐστέρησαν, [οἳ] γε. Corayus verba ὕστερον μέντοι γε καὶ τῆς μεσογαίας πολλὴν (οἱ Ἕλληνες) ἀφῄρηνται ... Σικελίαν transposuit post ἀλλήλους (lin. 50). Deinde ita pergit : Μετὰ δὲ τοὺς Ἕλληνας οἵ τε τῆς Σικελίας τύραννοι ...... διέθηχα. Quæ recte improbat Kramerus.

P. 211, 2. ἀρξάμενον χρόνον *BCl*. ‖ 7. λέγω *ACl*. ‖ 9. δὲ] codd.; em. Xyl. ‖ 14. αὐτοί [τε] καὶ Βρ. editt. ante Kr.; οὗτοι καὶ Βρ. malit Kr. ‖ 15. Βρέττιοι *B* ubique. ‖ 18. τά γε codd.; em. Xyl. ‖ 24. Πετιλία Epit. ‖ 25. Λευκανῶν] Χώνων Cor. ‖ 28. Θουρίοις Mein.; φρουρίοις codd.; Βρεττίοις conj. Kr.; Σαυνίταις ποτὲ φρούριον Cor. « Spectant hæc, Meinekius ait, ad atrocissimum bellum Thuriorum cum Samnitibus seu Lucanis gestum, de quo ipse Strabo p. 263 ed. Cas.: Θούριοι δ' εὐτυχήσαντες ... πολὺν χρόνον ὑπὸ Λευκανῶν ἠνδραποδίσθησαν. Cf. Heynius Opusc. Acad. vol. 2, p. 141. » ‖ 29. Κρίμισα *BCl*. ‖ 30. περὶ αὐτοὺς τοὺς τόπους *ABCl*; ex Epit. em. Cor. ‖ 32. Κρίμισαν *Cl*. ‖ 35. Αἰγ.] Ἔγεστ. mavult Kr. ‖ 36. τειχίσαι codd ; em. Kr. ‖ Πουμεντὸν codd.; em. Xyl. ‖ 37. καὶ αἱ ἄλλαι *A*. ‖ 45. ὑπὸ] leg. ἀπὸ cum Cor. et

Mein. || 54. Βρετανίας B, expunctis literis αν; Βρεττίας i et editt. ante Kr.; eadem nominis corruptio in Dionysii Per. codd. obvia. « Nescio tamen an Λευκανίας potius scribendum sit, cum Laum flumen Lucanorum finem esse, non Bruttiorum, supra dixerit. KRAMER. Quæ dubitatio nihili est.

P. 212, 7. Ναπιτίνον codd.; dicendum erat Ναπητίνον. || 10. ἐπεκτείνεται codd.; em. Grosk. || 12. Σειρηνιτίδος k. Ald. || 14. Χωνίην codd.; em. Cas. || 25. Βρέττιοι post v. Λευκανῶν add. Cor. || 20. ἐτάραξεν BCl. || 32. γὰρ] δὲ Cor., Mein. || 33. Τέμεσα Epit. || 39. ὡς καὶ δασμοφορεῖν αὐτοὺς ὅσα ἔτη, ex quibus δασμοφορεῖν fort. reponendum est. Eustathius (ad Odyss. α, p. 1409) ita : .. ὃς δολοφονηθεὶς καὶ βαρύμηνις γενόμενος, ἐδασμολόγει τοὺς περιοίκους. Ælianus (V. H. 8, 18): τὸν ἐν Τεμέσῃ ἥρωα φόρους πραττόμενον παρὰ τῶν προσοίκων κτλ. Cf. Pausan. 6, 6. || 40. πρὸς τοὺς ἀνηλεεῖς Buttmannus, probante Kramero, πρὸς τοὺς ἀηδεῖς Meineke; πρὸς αὑτούς, μηδεὶς codd.; καὶ παροιμίαν ἐπ' αὐτῷ γενέσθαι· « μηδεὶς τὸν ἥρωα τὸν ἐν Τεμέσῃ. » Epit.; Eustathius l. l.: ὅθεν καὶ ἐπὶ τῶν ἀγριαινόντων ἔξω καιροῦ παροιμία κεῖται ὁ ἐν Τεμέσῃ ἥρως. Ælianus l. l. : ἡ παροιμία ἡ λέγουσα ἐπὶ τῶν ἀλυσιτελῶς τι κερδαινόντων, ὅτι αὐτοῖς ἀφίξεται ὁ ἐν Τεμέσῃ ἥρως. Cf. Plutarch. Prov. 31. (t. 5, p. 173 ed. Didot): ὅτ' ἐπαιτῶν τις αὐτοὺς ὕστερον προσορηλίαν εὑρεθῇ, ὁ ἐν Τεμέσῃ γέγονεν ἥρως. Meinekius in Vindic. p. 57 de his ita habet : « Vix ullus scriptoris locus hoc intricatior habitus est, de quo, missis aliorum opinionibus, breviter quæ ipse sentio proponam, hoc unum præfatus, frustra viros doctos Strabonis relationem cum Pausania et parœmiarum scriptoribus, qui aliam et suam quisque rationem secuti sunt, conciliare conatos esse. Jusserat igitur oraculum τοὺς περιοίκους δασμολογεῖν Politæ heroi, quod negotium quibus commissum erat cum propter Politæ iram tributa, ut fieri solet, asperius a refractariolis exigerent et importunos sese sævosque exactores præberent, hinc factum est, ut homines malevoli et importune molesti ab heroe Temesæo exagitari dicerentur. Proinde scribendum videtur : πρὸς τοὺς ἀηδεῖς.» Mihi non exactorum ferocia, sed Politæ herois τὸ βαρύμηνι proverbio notari videtur. Emendatio vero elicienda est ex verbis Eustathii, quem unum Strabonis verba ob oculos habuisse novimus. Is igitur quum proverbium dici referat ἐπὶ τῶν ἀγριαινόντων ἔξω καιροῦ, de iis qui præter rationem subito ferociunt, legisse videtur : παροιμίαν εἶναι πρὸς αὐτομανεῖς. Piccolous conj. πρὸς τοὺς ἄγαν θυμώδεις vel etiam πρὸς τοὺς αἰσχροκερδεῖς. || 41. Post λεγόντων quædam excidisse putat Groskurdius. Locum ita resarcire vult : καὶ παροιμίαν εἶναι πρὸς αὐτοὺς « Μηδεὶς τὸν ἥρωα τὸν ἐν Τεμέσῃ» λεγόντων [ἐκεῖνον μὲν οὖν διὰ πολλοῦ] ἐπικεῖσθαι αὐτοῖς, Λοκρῶν δὲ κτλ. || 46. Κύπρῳ] κρυπτῷ ABCl || 47. ἢ Ταμάσου additum e conj. Meinekii in Vindic. p. 58. Nollem factum. Verba λέγεται γὰρ ἀμφοτέρως ita potius intelligenda sunt ut Ταμασσός et Τέμεσα promiscue adhiberi dicantur sive de Cypro sive de Italiæ loco. Cf. Steph. Byz. « Τάμασος πόλις Κύπρου,.. διάφορον ἔχουσα χαλκον ... Ἐντεῦθέν τινες γράφουσιν· ἐς Ταμάσην μετὰ χαλκὸν ..., ἀπιθάνως· ἔστι γὰρ καὶ Ταμέση πόλις τῆς Ἰταλίας καὶ ποταμός. || 47. τῷ] τὸ codd.; verba τὸ .. χαλκόν ejecit Mein. || 50. ταύτῃ Cor. ||

P. 213, 13. Οὐιδέων codd.; em. Casaub. || 11. γεγονέναι. C (?), editt. ante Kr. || 22. ἀρχὴ τοῦ] ἄρχεται Cor., Mein. || 24. Μέδμα] n et pr. man. A in margine; Μέδαμα ABCl. || 26. Μένταυρος kn, et ex correct. B. || 28. Λιπαρέων ABCl; Πορθμὸς] ποταμοῦ editt. ante Kr. inde a Casaub. || 31. πᾶσι codd.; em. Cor. || 32. Μέδαμαν ABCl. « In his Μέταυρος nihil aliud esse videtur nisi dittographia sequentis ἕτερος. Post Metaurum amnem alium

amnem sequi dicit, cujus nomen propter ignobilitatem reticuit scriptor cum ignoraret. Similiter lib. 16 p. 774 ed. Cas. εἶτ' ἄλλος ποταμός. Eodem redit Cluveri crisis, nisi quod pro Μέταυρος rescribi voluit ποταμός, conjectura, ut mihi quidem videtur, vix plausibili. » MEINEK. Legi Cluverius voluit : ἀπὸ δὲ τοῦ Μεταύρου ποταμοῦ ποταμὸς ἕτερος [Κρκταὶς καὶ ἡ Ταυριάνα ἐστὶ πόλις·] ἐκδέχεται κτλ. Quæ parum mihi probantur. Prope Medmam erat fluvius qui nunc vocatur Metrano; deinde sequitur Metaurus (hod. Metauro s. Marro). Nomina hæc quum simillima sint, fieri potuit ut utrumque fluvium Metaurum dici Strabo putaret; at fieri etiam potest ut lin. 26 et 34 pro Μέταυρος ... Μεταύρου legendum sit Μέτραμος,.. Μετράμου vel simile quid, eoque in Μέταυρος corrupto, quidam nostro loco addiderit vocem ἕτερος. || 35. Σκύλαιον E. || 37. Ἀναξίλας Cor. || 40. Κένυς ABCl, Γένυς E. || 41. Lege τελευταία. Dein ἄκρα ποιοῦσα Kramerus, ποιοῦσα ἄκρα codd., Mein.; ποιοῦσα τὰ ἄκρα editt. ante Kr. || 43. Πελωρίδα codd. || 45. καθάπερ καὶ ἡ C(?) et editt. ante Kr. || Κένυς] Κένυς AC. || 46. Κένυς ABCl, Γένυς E. || τῆς] καὶ τῆς Cor. || στηλίδος editt. ante Kr. inde a Xyl. ubique. || 48. [οὐ] μικρῷ Cor.

P. 214, 9. αὐτὰς] αὐτοὶ codd.; e Cor. conj. em. Kr. || 13. τοιούτου Kr., τοιοῦται ABCl, τοιούτων no, Siebenk., Cor., Mein. || 23. δὲ additum ex i. || 24. Οἰνωτρίων A, Οἰνοτρίων CB, Οἰνωτριέων m. ser. in B. || 27. περιοικίδες B. Ald. || 29. ἐφ' ἡμῶν] καὶ ἐφ' ἡ. C. || Σέξτος A, Σέκτος mgo A m. pr.; Σέστος BC. || 38. Πιθηκούσας Cl et similiter lin. 40. || 40. τούτων inclusit Cor.; ejecit Mein. || 44. γῆν Enok; συνεχόμενον Xyl. || 49. αἱ ante Πιθ. add. editt. ante Kr. || 50. τῆς [καὶ] τῆς Cor. || Καπραίαι k, Καπρέαι editt. ante Kr. || 51. αἱ om. Epit.

P. 215, 2. διειργομένας Epit., Cor. || 3. ταῦτα Epit., ταύτην ABCl. || τίς] τὴν αἰτίαν editt. ante Kr. || 5. [τῶν] Σαυν. Cor. || 15. « Rectius fort. fuerit Φοιβείαν scribere. » MEIN. || ἐπὶ δὲ πύρρου ἢ Siebenk.; ἐπὶ Π. δ' ἡ codd., quod recte retinuit Mein. || 24. τελευτᾶν Eno, τελευτᾷ ABCl. || 29. Ἰόνιον E, Ἰώνιον ABCl. || 32. Λοκρῶν E, ἐπεὶ Λοκρῶν ABCl. || 33. ἀπὸ ejiciendum. || 38. ἅμα γὰρ οὗτοι] « ἅμα τούτοις Corayus, audacia parum felici ; ἐνῴκουν aut tale quid legendum censuit Casaub., simili que sententia Groskurdius proposuit : ἅμα γὰρ οὗτοι ἐνῳκήσαντο αὐτοῖς. Quæ incertissima sunt omnia, neque melius habeo quod proferam. » KRAMER. Lacunam post verba ἐν οἷς notavit Meinekius. Miror neminem vidisse γὰρ οὗτοι ἐν οἷς latere Ταραντίνοις. Tarentum conditum an. 708; Croton an. 710; Locri paullo post Crotonem, ut Strabo ait ; Ol. 24, 2 (683) sec. Hieronymum; qui computus est ex eorum numero, quibus res 24 annis justo seriores collocantur, adeo ut Locrorum origines ponendæ sint in an. 706. Ulterius hæc prosequi ad rem nostram nihil attinet. Ceterum jam patet quomodo intelligendus sit Pausanias 3, 3, 1 Locros Lacedæmoniorum coloniam esse dicens. Nimirum Lacedæmonii isti sunt conditores Tarenti. || Verba καὶ ἔστιν... ἐστρατοπεδεύσαντο Meinekius sueta confidentia ejecit; Kramerus post v. Ζεφυρίῳ lin. 37. transponi voluit. || 41. Ἐσάπιν] Ἐπώπιν scribendum esse cum Meinekio censeo. || 44. συνάγων Cor. || 46 νυμφοστοληθείσας recte Epit.; editt. ante Kr., Mein. || 47. ὁλοπτέρους] Recte, opinor, Meinekius : « Strabo scripserat κολοπτέρους, idque unice Dionysii consilio accommodatum erat. Vocem alias non obviam satis tuetur quod Plutarchus Flamin. c. 21 dixit : κόλουρον ὄρνις καὶ ἀπήνη. » || 48. ἐκέλευε no, editt. ante Kr. || γυρεύειν] θηρεύειν Mein.; ἀγρεύειν conj. Dindorf. in Steph. Thes. v. γυρεύειν. At vide de voce γυρεύειν Corayi Ἄτακτα, t. 2, p. 96, 7. || 50. ἔφασαν ejic. putat Kr.; Corayus servans ἔφασαν in antecc. pro

τινὰς δὲ scripsit τινὲς δέ. — τὰς φάσσας conj. quidam ap. Grosk.; asterisco locum corruptum notavit Meineke. Piccolous meus conjecit περιδιώκειν σφαδαζούσας. An fort. περιδιώκειν ὀκλαδόν, an περισκιμπάζειν? || 54. παίδων k Cor.
P. 216, 5. σώματα o et marg. n; πράγματα ABCl Epit. || ἐφ' οἷς Xyl.; ἐν οἷς codd. || 17. εἶναι supplevit Cor.; præstat, quod Meinekius dedit, αὐτῶν, [τὰς δὲ ζημίας] δεῖν [εἶναι] τὰς αὐτάς, quam in sententiam Zaleuci legem interpretatus est jam Heynius Op. Acad. 2, p. 37. || 18. ἐπαινεῖ [δὲ] Cor.; ἐπαινεῖν codd. || αὐτῶν ejecit Mein.; in αὐτὸν mutati et ante περὶ collocari voluerunt Grosk. et Kram. || 20. πέρα o, παρὰ ABCl, περὶ B m. sec. et hn Ald. || 29. συμβαίνειν codd.; em. Xyl. || 33. τοῖς ἡλιαζομένοις codd.; em. Kr. || 42. πίτταν ἣν Βρεττιάνιον σίλαν ABCl; em. Palmer. || 54. Σάγρα E, Σάγρας ABCl; Σάγρας ὃν [καὶ] conj. Grosk.
P. 217, 2. Post Ῥηγίνων fort. excidisse πεντακισχιλίων suspicatur Groskurd., coll. Justino 20. 3. || 4. φῆσιν codd.; em. Xyl. || 12. δ' om. Cor. || 14. εἰς Σικελίαν Cor; Mein., recte. || 16. Σχυλάκιον A. || 17. προσώρισεν Mein.; μέρος ὥρισεν codd. || 27. ταύτας Kr., ταῦτα codd. || 29. Velim τὰ διαστήματα. || 30. ὥστε γε codd.; em. Cor. || 31. δὶς delendum, ut Mannertus (t. 9, 2, p. 202) et alii monuerunt. || 35. Milia 250 habet Plinius 3, 11, 16. || 36. sqq. Locus mutilus. Nulla in codicibus lacuna cernitur, neque varia exstat lectio, nisi quod pro ἀζώνῳ in B est εὐζώνῳ, quod in n quoque super ἀζώνῳ notatur. Corayus pro λείπων scripsit τὸ λεῖπον, ceterum lacunarum signis manca verba esse indicavit. Resarcire locum unus tentavit Groskurdius hunc in modum : ... φησί· [τὴν πεζῇ περιοδείαν δώδεκα ἡμερῶν] εὐζώνῳ Ἀρτεμίδωρος [λέγει· πλέοντι δὲ σταδίοιν δισχιλίων], τοσούτους δὲ καὶ λείπων [τῷ στόματι, ὅσους καὶ Πολύβιος εἴρηκε] τοῦ πλάτους τοῦ στόματος τοῦ κόλπου. In quibus verba τῇ πεζῇ elicuit e numerorum siglis τπ' quæ sunt in BC pro verbis τριακοσίων ὀγδοήκοντα. Verum ut ista magnarum lacunarum multitudo parum probabilis est, sic illud τοσούτους δὲ καὶ λείπων nihili est. Porro si et Polybius et Artemidorus fauces sinus Tarentini 700 stadiorum esse (mensura peraccurata) dixissent, atque in cetera mensuratione nonnisi paucorum stadiorum numero dissensissent, nihil erat cur Strabo τὰ διάρματα οὐκ εὐκρινῶς λέγεσθαι creparet. Denique si recte haberent quæ Groskurdius Artemidoro affingit, dicendum foret, Strabonem, quamvis in terrarum mensuratione per hanc orbis partem Artemidoro præ ceteris se addicere soleat, hoc tamen loco neque Artemidorum neque Polybium, etsi verissima tradentes, sequi voluisse, quemnam vero secutus sit, id non constare. Nimirum aliter prorsus de his statuisse Strabonem, quivis Strabonianam orbis terrarum tabulam inspiciens protinus intelligit. Nam quum a freto Siculo ad Iapygium reapse sint stadia 2000, sec. Strabonem esse debent 2800 et amplius. Scilicet a freto Siculo ad Pachynum versus ortum sunt stadia 1130, hinc ad Elidem 4000, hinc ad isthmum Cor. 1400 stadia, quæ summam efficiunt stadiorum 6530; ab isthmo autem ad Araxum pr. sunt stadia 1030, ab Eueno, qui e regione Araxi est, ad sinum Ambracium stadia 670, inde ad Ceraunios montes 1300, inde ad Iapygium pr. 700. Igitur quum ab isthmo ad Iapygium sint stadia 3700 [secundum alium computum ex Artemidoro desumtum ab Isthmo ad Brundusium sunt stadia 3820 (ap. Plin. 2, 112 § 224), vel stad. 3420 (sec. Agathem. p. 411 ed. Hoffm)]: sequitur ab Iapygio ad fretum Siculum computata esse stadia 2830 vel amplius. Qui numerus quoniam falsus est, errori autem præ ceteris obnoxia esse solet sinuum magnorum mensuratio, nostro quoque loco error quærendus erit in mensura sinus Tarentini. Itaque a freto Siculo usque ad Lacinium satis recte 1300 vel 1400 stadia computata fuerint, falso autem a Lacinio ad Iapygium lineam rectam 1400 vel 1500 stadiorum esse Strabo putaverit, sinum Tarentinum aut leniter duntaxat curvatum, aut justo ampliorem esse existimans. Ducem vero in his, sicut in ceteris plerisque, secutus sit Artemidorum, qui id quod Strabonianæ rationes flagitant, nostro loco tradidit si manca mecum ita restitueris : αὐτὸς ὁ κόλπος ἔχει περίπλουν ἀξιόλογον μιλίων διακοσίων τεσσαράκοντα (1920 stad.), ὡς ὁ χωραγράφος φησίν· [οἱ δ' ἐλάττονα ποιοῦσι, σταδίων λέγοντες χιλίων] τριακοσίων ὀγδοήκοντα, μ[εί]ζονα [δ'] ὁ Ἀρτεμίδωρος, τοσούτους, [ἔτι] δὲ καὶ λ', εἰκότως τοῦ πλάτους (malim τὸ πλάτος) τοῦ στόματος τοῦ κόλπου. Secundum hæc Artemidorus faucibus sinus tribuit stadia 1410 (1380 et 30), quot fere Strabonem computasse aliunde probare studuimus. || 43. « ἑκατὸν καὶ asteriscis inclusit Cor., quia sex m. p. hoc templum Crotone abesse dicit Livius. Centum stadiorum idem intervallum statuere videtur Itin. marit. p. 490., unde καὶ πεντήκοντα potius omittenda esse censuit Grosk. » Kramer. || 45. φ] Mein. in Vind.; οὗ Cor.; ὧν codd. || 48. τῶν Ἀχαιῶν BCl. || 52. εὐθὺς] αὐθις Cor.
P. 218, 1. ἐπώνυμοι] ὁμώνυμοι A. || Τρώων] ποταμῶν Mein., quod sane res ipsa flagitare videtur. Cf. Steph. Byz. v. Ἀκράγαντες : Φησὶ γὰρ Δοῦρις ὅτι αἱ πλεῖσται τῶν Σικελῶν πόλεων ἐκ τῶν ποταμῶν ὀνομάζονται,... ὡς καὶ ἐν Ἰταλίᾳ. || Verba καὶ ποταμός... ἔσχε utpote glossam ej. Mein. Ut oratio recte procedat, ejice καὶ ante ποταμός. || 3. φήσαντος] χρήσαντος Epit., Mein. || 7. λᾐῶν margo A pr. m.; δοτὸν codd. || 10. παρὲκ σέθεν Toup., Siebenk., Kr.; πάρες σέθεν codd.; παρεξέλθ' Epit.; παρὲκ θεὸν, Zenob. 3, 42; Diodor. 8, 17, Cor., Mein.; quod sane reponendum est. In Vind. Mein. pro πάρες fort. leg. παρεὶς conjecit. || 11. κλαύματα Zenob., Diod., Cor., Mein.; κλάσματα, supra scripto οὐκ ἀγαθά, AB; οὐκ ἀγαθὰ κλάσματα kno; οὐκ ἄλλα Zenob., quod in οὐδ' ἄλα em. Schneidewin. Cf. Eustath. Odyss. ρ, 455. || ὀρθὸν] Lege δῶρον cum Epit., mgine A pr. m, Diodor., Zenob., Cor., Mein. || 12. τὸν γ Ἰθὺ B edit. ante Kr. || 13. τοῦ Ἀρχίου Ald. || 14. ὥρμηντο codd.; em. Cor. || 23. ὑγίειαν editt. ante Kr., Mein. || φορὸν διὰ] Lege φορόν (vel f. σύμφορον)· διὸ, auctore Piccoloo. Meinekius debebat ita τὸ πλ. τ. ἀθλ. ejecit. || 32. καὶ om. Bl. || 38. διασχίσαι Epit. || 40. ἀποληφθέντα Epit. et correct. in B; ἀπολειφθέντα ABCl. || τῇ add. ex l. || 41. θηριόβρωτον nio Cor. || 44. ὁ Ἰσελικεὺς codd.; Οἱς... Ἑλικεὺς Cor.; ὁ Ἰσ[ος] Ἑλικεὺς Mein., addens fort. nihil excidisse, adeo ut leg. sit ὁ Ἴς Ἑλ. At ὁ articulus offensioni est, qui ante Ἑλ. ponendus erat. Fort. in οις latet Εἰσᾶς (v. C. Inscr. 1, p. 382, 386), vel οἰκιστὴς αὐτῆς [Θησ]εύς. At sciri hæc nequeunt. || 46. ὡς] ὥστε...ὑπάρξαι...σχεῖν Epit., ex qua ὥστε rec. Mein. || Pro ὑπῆρξε cum Mein. lege ἐπῆρξε. || 48. ἐστράτευσεν Mein. || 51. ὑφῃρέθησαν A. || 53. συνελόντες AC et pr. m. B.
P. 219, 4. Post v. διεχειρίσαντο lacunam notat Meinekius; excidisse opinatur τοὺς δὲ ἠνδραπόδισαντο. || 13. Κοπικὰς Cor. || 19. Ἡράκλεια πόλις Epit., Ἡρακλεόπολις ABCl. || 20. Σέτρις Cor.; et sic infra codd. habent. || 22. ἀνοικισθείσης Cor., ἀποικισθείσης Grosk. || 30. Χώνων] αὐτοχθόνων kno, margo A m. pr., Ald.; τῶν Χώνων edit. ante Kr. || 31. νῦν καταμύον] kno, et correct. in B; νύκτα μῦον ABCl. || 32. ὥστε μὴ [μόνον] καταμύσαι Xyl.; quo nihil proficimus; ὥστε μὴ κ. φανῆναι μόνον Cor.; ὥστε μὴ κ. φᾶναι μόνον conj. Kr. non improbabiliter; ὡ. μ. καταμύσαι ἀναινόμενον scripsit Mein., sed mavelit ὡς μὴ καταμύσαι ἀναινόμενον, adeo ut Strabo

dixerit : « protervum est fabulari, ut dea non dico oculos clauserit indignabunda (id enim non mirum est), verum etiam nunc clausis oculis eam ostendi. » Quæ nescio an cuiquam M. persuaserit. || 33. τὸ om. Meineke, quum Iliacum simulacrum non diversum esse putaretur ab eo quod apud Siritas erat. || 34. Fort. τὰ νῦν ante καταμῦον excidit. || 35. τοσαῦτα e Tyrwh. conj. Siebenk.; τοιαῦτα codd. || 37. Λευκερία *l* (?) editt. ante Kr. et Meinekius; fort. recte. || 38. Σιρίτιδι m. sec. in *A*, idque recte recepit Meineke h. l. et lin. 41. Cf. lin. 20. || 41. τὴν Σειρ. Cor. || 42. ἐπὶ Τευθραντος] Legendum ἐπὶ τοῦ Τράεντος , e conj. Groskurdii; περὶ τὸν Τράεντα Cor. Vide Diodor. 12, 22. || 43. Κλεανδρίᾳ codd. em. Cor. || 53. Νηλειδῶν Mein., recte.

P. 220, 6. οὐσῶν τῶν π. Ald. || τοῦ [δὲ] Μετ. Cor. || 7. Inclusa supplevit Grosk. || 26. οὗτος] τοιοῦτος *kno* et m. sec. in *B*. || 42. Θρινακία *E*, Eustath. ad Dion. 467, Mein. recte; Τρινακὶς *C* (?) et editt. ante Kr. inde a Xyl. || 45. Γένυν *ACl*, Κένην *B*.

P. 221, 5. τ' ejice; ἡ μὲν Cor. || 6. Post ἑτέρας excidisse videtur χιλίων πεντακοσίων καὶ πεντήκοντα, monente Grosk. || 10. τεσσαρακ. codd. || 13. ἐκ δὲ] ἐκ μὲν Cor., Mein.; ἐκ γε e Casaub. conj. Siebenk.; fort. ἐκ δή. || 14. εἰς τὴν Τυνδ. *A*. || Ἀγάθυρνον Cas.; Ἀγάθυρσον codd. || 15. Lege Ἀλαισαν cum Cor. et Mein. || καὶ πάλιν ἴσα] Hoc falsum est. In tab. Peut. sunt 18 m. p., quot Strabo falso computat a Cephalœdio ad Himeram, quum horum potius distantia eadem sit quæ est Agathyrno Alæsam. Strabo igitur duos distantiarum numeros in Agrippæ tabula notatos male confudisse videtur. || 19. Αἰγεστέων] Ἐγεσταίων corr. in *A* m. sec.; Αἰγεσταίων Mein. || 22. Ἀκραγαντῖνον *ABCl*, τῶν Ἀκραγαντίνων *k*. || καὶ ἄλλα εἴκοσι] Ante hæc excidisse εἰς δὲ Γέλαν εἴκοσι censet Kramerus, quoniam intervallum inter Agrigentum et Camarinam multo longius sit quam 22 m. p. At quum intervallum sit millium sexaginta et amplius, supplementum istud non sufficit. Neque Gelæ, utpote a mari remotioris et Strabonis nec οὐκέτι συνοικουμένης (p. 226, 41), nec in Itin. nec in Tab. Peut. memoratæ, mentio facta fuerit in Itinerario maritimo, in quo neque Agrigentum memoratur, sed urbis hujus emporium. Itaque si ad verum et ad mentem Chorographi res traducere velis, supplendum foret hunc fere in modum : ἐπὶ δὲ τὸ Ἀκραγαντίνων ἐμπόριον εἴκοσι, [ἐπὶ δὲ Φιντίαν λιμένα εἴκοσι (23 sec. Itin.), ἐντεῦθεν δ' εἰς Καλουισιάναν πάλιν εἴκοσι,] καὶ ἄλλα εἴκοσι εἰς Καμαρίναν. In Itin. p. 95 *Plaga Calvisiana* a Phintia abest 27 m. p., sed inde ut ab Agrigento distet 50 m. p.; sed in Tab. P. usque ad Calvisianam nonnisi 44 m. p. computantur. || 25. τριάκοντα ἓξ] εἴκοσι *lB*, sed in *B* m. sec. λϛ'. || 27. Post vocem τριάκοντα Groskurdius suppleri vult : καὶ ἔτι εἰς τὴν Πελωριάδα ἐννέα, quibus additis expleatur summa mill. 168, quæ (lin. 27) assignantur viæ terrestri, quam a maritima non differre sibi persuasit. || 29. διακόσια e Cluveri conj. additum. || 30. γε inclusit Cor.; om. Mein., recte. || 32. καὶ ejiciendum. || 37. οὐδεμιᾷ supplevit Cor. || 39. ἐν τοῖς inclusit Siebenk.; ejecit Mein.; fort. ejiciendum esse putat Mein ; ἐν τῷ, sc. τριγώνῳ, mavult Kr.; κλίμασι subintelligit Grosk. || 40. κειμένης] *Bk*, Siebenkees, Cor., Mein. in Vind.; κειμένη cett. codd., Grosk., Kr., Mein. in edit. Parum refert, hoc an illud legas. || 42. ὥστε τὴν ἐπιζευγνυμένην *Bk*, editt. ante Kr. || ἐκκείσεται πρὸς ἕω μὲν καὶ πρὸς ἄρκτον βλέπουσα] e Cor. conj. Dübnerus. Quod si admittendum foret, deinceps cum eodem Corayo legendum ποιούσαν δέ. Codices ita : ἐκκείσθαι πρὸς ἕω μὲν καὶ πρὸς ἄρκτον βλέπουσαν ποιήσει δὲ, etc. Quæ sensum aliquem fundunt, si in antecc. cum *B* legas ὥστε τὴν ἐπιζ. Sed non ita Strabo

scripsit. Bene Meinekius, præeunte Rankio, correxit : ὥστε ἡ ἐπιζ.. ἐπὶ τὸν Πάχυνον [ὃν] ἐκκεῖσθαι πρὸς ἕω ἔφαμεν (p. 220, 46), [ἅμα] πρὸς ἄρκτον βλέπουσα ποιήσει τὴν, modo ejicias illud ἅμα, quod e prava Du Theilii conjectura Meinekius perperam assumpsit. || 44. τὴν πρὸς Cor.; καὶ πρὸς codd. || δεῖ] « fort. δοκεῖ » Mein. || 46. προσιοῦσιν *AC* et pr. m. *B*. || 48. τοῦ] τῆς *A*; om. articulum *Bl*. || 51. ἐπ' Ἀμισόν *ABCl*; ἐπὶ Παμμισὸν *o*; em. Cor.

P. 222, 1. δὲ om. Sieb.; ὃν Cor. omisso dein ἱκανῶς ἐστιν, quod deest in *C*. || ἱκανῶς ejic. videtur. || 2. δόξοιτο codd.; em. Tyrwh. || ἀπὸ τοῦ μεσημβρινοῦ σημείου πρὸς τὴν ἑσπέραν] Hæc caderent in lineam quæ est a Peloriade ad Lilybæum ; nunc vero Strabo dicere debet lineam eam quæ a Pachyno ad Lilybæum ducitur, non esse τῷ ἰσημερινῷ παραλλήλῳ sive ab ortu versus occasum non rectam pertinere, sed versus meridiem deflecti, adeo ut australe Siciliæ latus non solum noto, sed etiam ortui obversum sit. Corrigendum igitur videtur ἀπὸ τοῦ ἰσημερινοῦ σημείου πρὸς τὴν μεσημβρίαν. Verba ἰσημερινὸς et μεσημβρινὸς sæpe in scriptis geogr. confunduntur. Vitio nostrum locum laborare bene sensit Gros-kurdius, sed quod legi voluit , ἀπὸ τοῦ ἑωθινοῦ σημ. πρὸς τὴν ἑσπ., ferri nequit. || 7. καὶ inclusit Cor. || 8. καθ'] καὶ codd.; em. Xyl. || 9. σκοπιᾶς Epit. || 10. ἀναγομένων *πο* , ἀγομένων *ABCl*. || 12. Πελωριάδος *E*. || 20. Νάξος καὶ Μέγαρα] Naxus inter Tauromenium et Catanam sita erat. Aut igitur Strabo erravit, aut verba turbata sunt. || 21. συνήλθον no Cor. Deinde pro πάντων in *AB* legitur καὶ πάντα, sed in *B* καὶ expunctum est et πάντα mutatum in πάντων. Meinekius codicum scripturam συνελθοῦσαι καὶ πάντα intactam reliquit, sed apposito asterisco locum corruptum esse significavit. Idem in Vindiciis p. 67 : « Hæc gravibus corruptelis laborare, vel orationis vitiositas arguit. Nam cum αἱ τῶν ποταμῶν ἐκβολαί scriptum sit manifesto desideratur aliquid, quo quinam illi fluvii sint accuratius indicetur. Quo accedet quod non πάντων in cod. *A* scriptum est, sed καὶ πάντα, quod, utut vitiosum, revocandum est , dum cetera ad saniorem rationem revocata fuerint. Mirum item videri debet, quod fluvii illi in sua ipsi ostia effundi dicuntur. Augentur etiam turbae sequentibus verbis : ἐνταῦθα δὲ καὶ τὸ τῆς Ξιφωνίας ἀκρωτήριον. Itaque omnia ista de fluviis illis allata non ad Naxum Straboni spectant, sed ad Megara ; apud Megara autem nulli in mare erumpunt nec possunt erumpere amnes ex Ætna effusi. Vides summam hic esse omnium rerum perturbationem quam gaudebo ei cui felici emendatione tollere continget. » — Ego de his ita sentio. Voce ὅπου indicatur tractus Catana Syracusas pertinens. Memorantur in eo præter Xiphoniæ promontorium, Megaris adjacens, fluvii ex Ætna decurrentes. Horum maximus est Simæthus, cujus ostia efficiunt *Tragecynum portum* (Tab. Peut.). Meminit ejus fluvii Strabo; nam in συνελθοῦν latere Συμαίθου luce clarius est. Alius fluviolus ex Ætna in Catanæ portum delabens est Amemanus (Strabo p. 200, 19, alii). Sed hujus nomen subesse nequit reliquis literis σαι καὶ παντα (in quibus σαι ortum est ex καὶ, quare hæc vox in plurimis codd. non legitur), contra vero ex καὶ πάντα καταρρ. leni manu refingere licet : καὶ Παντα[κίου] καταρρ.; Παντακίας (Thuc. et Ptol.) vel *Pantagias* (Virgil., Ovid., Sil., alii) fluv. (h. *Porcari*), qui inter Simæthum et Megara exit, ostioque tutam navigiis stationem præbet, a Strabone commemorari, sed minus recte ex Ætna fluere dici mihi videtur. || 23. Lege Ξιφωνίας, uti est apud Scylacem et Stephan. Byz. || 25. δεκάτῃ καὶ τῇ codd.; em. Scaliger ad Euseb. Chron. an. Abr. 1281; πεντεκαιδεκάτῃ conj.

Cluver. (Sic. Ant. p. 37). ‖ 33. ὧν inseruit Cor. ‖ 45. ζάγκλον Mein. ‖ 47. Κατάνη C et ex correct. B. ‖ 50. Σέξστος (i. e. Σέκστος) A. ‖ 54. πόρῳ] πορθμῷ editt. ante Kr.

P. 223, 1. Εὐφυῶς] εὐθέως Cor.; φυσικῶς Mein.; ἀφύκτως conj. Piccolous; quoniam res nautis non semper sed frequenter accidebat, legerim συχνῶς, quod a traditis literis non longe recedit. ‖ 7. δὲ] τε Cor. et Mein. ‖ 20. ξενεῖπτοι (sic) A, ξένεστοι BCl; ξύνες ὅ τι Cor.; v. Bœckh. Pindar. t. 2, p. 597. ‖ 21. Αἴτνης codd. ‖ 22. κατὰ] μετὰ Cor., Mein. ‖ 30. πλεῖστον [ἐκείνη] κοινωνεῖ conj. Grosk. ‖ ἐκεῖ τεθρ.] ἐκτεθρύλληται codd.; em. Xyl. ‖ 34. ὅταν τῷ Ποσειδῶνι (Ποσιδῶνι BC) φαίνηται codd.; ὅταν [οὖν, φησὶ] Ποσειδώνιος, φλέγηται Cor., qui deinde (t. 3, p. 7) φαίνηται (i. e. φωτίζεται) retinendum esse censuit. Kramerus pro φαίνεται legit γίνηται; Meinekius: ὅταν δ', ὁ Ποσειδώνι[ός] φ[ησι,] γίνηται. Groskurd.: φλέγηται τῷ πυρὶ τὸ ὄρος vel συμβαίνῃ τὰ περὶ τ. ὄ. Pro Ποσείδωνι Xyl. conj. Ποσειδεῶνι. Fierique potest ut Posidonius ab hoc loco alienus sit, Strabo autem dixerit: ὅταν [δὲ vel οὖν] Τυρφὼς εἴλων (vel Ἴλλων) φαίνηται τὰ περὶ τὸ ὄρος κτλ. ‖ 39. ἃς add. Cor.‖ 40. δ' ej. Cor. ‖ 42. τεσσαράκοντα ἢ πεντήκοντα k editt. ante Kr.; idque recipiendum fuerit, coll. p. 141, 2. ‖ 43. Ἐρυθίαν ABCl. ‖ 53. τι om. BCl et editt. ante Kr.

P. 224, 4. χρηστηριαζομένων [δ'] ἔρεσθαι Mein.; χρηστηριαζόμενα ἐρέσθαι codd., nisi quod in k est χρηστηριαζομένους, quod recepit Cor., ante ἔρεσθαι inserens οὖν. Kramerus χρηστηριαζόμενον· ἔρεσθαι [δὲ]. ‖ 9. τὴν πόλιν l ‖ 12. « ἐκγένοιντο CBl; in B tamen v litera expuncta. In Epitome legitur : ἡ παροιμία λέγουσα περὶ τῶν ὑπερβολῶν (ὑπερπλούτων, ὑπερπλουσίων?) ὅτι οὐδὲ τὴν τῶν Συρακουσίων δεκάτην ἀμείβω. Codicum tamen scripturæ concinit Stephanus Byz. v. Συράκουσαι. Nihilominus sanum non puto ἐκγένοιτο, quod nemo adhuc explicavit, ac nescio an Strabo scripserit ἐκλέγοιτο. Cf. Append. Proverb. ap. Schneidew. 4, 88. » KRAMER. « Nec tamen probaverim quod Kramerus conjecit ἐκλέγοιτο, ac nescio an non potius ἐξικνοῖτο vel ἐξίκοιτο scribendum sit : ne Syracusanorum quidem decimam eorum sumtibus sufficere. » MEINEKE. Vind. p. 69. Ceterum quod in Stephani editt. legitur ἐκγένοιτο, Xylander e Strabone intulit; codices Steph. habent γένοιτο, quod genuinum esse suspicor. Pro οὐκ ἀνεκλεγένδυμ conjicio οὐδ' ἄλες γένοιτ' ἄν, quo admisso, intelligitur etiam cur tres codd. præbeant γένοιντο, numero plurali. Ἄλες sunt vile pauperum obsonium, quævis res vilissima, adeo ut οὐδ' ἄλες fere sit ne hilum quidem. Similiter Schneidewinus οὐδ' ἄλα scripsit pro οὐδ' ἄλλα apud Zenobium (V. not. ad p. 218, 11). In Epitome vocem ἀμείβω fort. corrector quidam dedit pro eo quod auctor Epitomes scripserat : ἌΛΑ ἔχω (οὐδ' ἄλα ἔχω τήν, etc.). ‖ 16. Κόρκυραν Cor., quam formam in plerisque locis codd. exhibent. ‖ 22. ἀπιόντας omis. no et Mein.; post κτισάντων transponendum putant Grosk. et Kram.; ἀπιόντα editt. ante Kr. ‖ 25. τε] τὸ codd. ‖ 33. πρώτοις Cor] πρῶτον codd. ‖ 34. λέγεσθαι] γενέσθαι Cor. ‖ τὸ M.] τὴν codd.; em. Mein. ‖ 47. ἀξιόλογον codd.; em. Casaub. ‖ 49. οὖσα] γρ. πρόσγειος οὖσα n, quod rec. Siebenk. et Cor.; [ὁμορ]οῦσα Mein., vix recte. Fort. [μικρὸν ἀπ]οῦσα vel γεφύρᾳ π. τ. ἤπειρον [ἐν]οῦσα· ‖ 51. ἐρχόμενον conj. Casaub.

P. 225, 2. ἐνόμισαν ejec. Cor.; post Ὀλυμπίᾳ poni vult Grosk. ‖ 5. τῷδε ABC, sed in B expuncta vox; omis. edita a Xyl.; τόδε ἄμπνευμα Ald. ‖ 6. πνεῦμα B; Ἀλφειοῦ codd. ‖ 7. κλεινὰν] κρήνας codd. V. Pindar. Nem. 1, init. ‖ 16. Verba ὅμως,...ῥεῖθρον, inopportuna sane, ej. Mein. ‖ 17. καταδύνει codd.; em. Kr, ‖ 24.

ἐκεῖ Epit., ἐκεῖνο ABCl; dein καὶ om. Casaub. ‖ 25. [τὸ] διάστ. Cor. ‖ 28. αὐτὴ Cor.; αὕτη codd. ‖ 29. οὐχ ὅπως τοσούτῳ Siebenk., Cor., Kr.; οὐχ ὅτι τοσούτῳ Mein.; οὐχὶ τῷ τότε οὕτω codd. ‖ πόρων Cor., ὁρῶν codd. ‖ 33. τῷ Cor.; τὰ codd. ‖ 36. κ' Ἀκαρνᾶνας Siebenk., Cor. ‖ 39. εἰς] ἐς Bl. Videtur scribendum ἔνθεν ἐς » Kram. Quod sane metrum postulat; rec. Mein. ‖ 40. ἤκει] ἵκου ACl; δῆμον] δημωνίκου C, δημονίκου δῆμον B; em. Tyrwh. ‖ 41. Λυρκίου codd; em. Tyrwh. ‖ 42-47. Verba ἐπιτείνουσι...ῥεῖν φησι ejecit Meineke. « Hæc, inquit, per se spectata neque doctrinæ neque ingenii laude carent; quis enim neget argute dictum esse illud ὁ τὸν Ὁμήρου ψέγων ὡς μυθογράφον, cum ipse Zoilus de Alpheo amne ea commentus sit quæ omnem fidem excedant. Quo magis mirandum est Wolfium Prol. Hom. p. 192 ista expungi voluisse. Nihilominus totam annotationem, quæ quantum incommode institutam orationem interpellat neminem fugere potest, qui locum paullo intentius inspexerit, a Strabone abjudicandam arbitror. Mirum etiam videri debet, quod Alphei cursus in his sic memoratur ac si nulla ejus in superioribus mentio facta esset. » ‖ 46. Σικυωνίᾳ Grosk.

P. 226, 12. δὲ Γελφῶν οὖσα Kram.; δὲ λέγω ωνουσα (sic) ACl, δὲ Ἰώνων οὖσα B, editt. ante Kr. Cf. Thuc. 6, 4. ‖ 17. Ἄλεσα codd. ‖ 18. Αἰγεστέων A; Ἐγεσταίων m. sec. ‖ 19. Κεφαλοῖδες codd., Κεφαλοίδιον B man. sec.; em. Mein. ‖ 20. Αἰγεσταίων ACl, Ἐγεσταίαν A m. sec.; Αἰγεσταίαν B, Αἴγεσταν editt. ante Kr. inde a Xyl. ‖ 23. Ἐγέστου A m. sec. ‖ 27. πᾶσαν] Lege πᾶσιν cum Cor. et Mein. ‖ 31-39. « Verba οἰκεῖται δὲ.. ἀξιόλογον verissime, ut opinor, Schleiermacher in schedd. Lachmanni suspicatur transponenda esse post verba μετὰ Αἰγέστου τοῦ Τρωὸς (lin. 24). Etenim verborum ordine, qui nunc est, servato, non tantum mons Eryx in ipsa maris ora situs incommodissime inter loca mediterranea recensetur, sed interrumpitur etiam orationis connexus. » KRAMER. Transposuit verba Meinekius. ‖ 35. ἢ] καὶ B man. sec. Verba ἢ τὸ ἱερὸν ejicienda esse monent Cor., Kr., Mein. ‖ 40. καὶ inclusit Cor. ‖ 42. οὔτε Γέλαν inclusit Cor. ‖ 44. Post Ζαγκλαῖοι excidisse Γέλαν δὲ Ῥόδιοι inseruit Meineke e Groskurdii conjectura probabili. ‖ 46. Post Λεοντῖνοι inserenda esse quæ p. 227, 25-28 leguntur κεκάκωται... ἀεὶ monuerunt Siebenk., Grosk., Kr., Mein. ‖ 46. ἐξελείφθησαν Mein., sed in præf. fort. revocandum esse dicit. ‖ 47. κωμικοὶ codd.; em. Xyl.

P. 227, 4. πυκναῖς] συχναῖς C.‖5. ὂν om. C; τοῦτον δ' B Ald. ‖ 25. Vid. not. ad p. 226, 46. ‖ 41. κατὰ] καὶ l et pr. m. B; dein εἶναι ante τὴν πέριξ inseruit Cor. ‖ 45. ἔχοντι] ἐχούσῃ Cor., quo opus non erat. ‖ 46. ἐν om. ABCl, habet i; ἐν μέσῳ Epit. ‖ 50. καὶ incl. Cor. ‖ 51. ἐπειδὴ ο, ἐπεὶ δὲ ABCl.

P. 228, 7. μηδὲν codd. ‖ 10. εἰ δὲ [καὶ] καταρ. Cor.; καταριφείη Mein.; φθάνειν Cor. ‖ 13. ποτε ejiciendum; om. Epit. ‖ 17. παραλίαν codd. ‖ 18. Λιπαρέων C et m. pr. A. ‖ 22. Νεβρώδη Cor. et Mein., eaque scriptura Kramero quoque verior esse videtur. ‖ 28. καὶ τὰ supplevit Cor.; καὶ τὰ Ἱμεραῖα scripsit Mein., quod ipse quoque malim. ‖ 32. Παλ.] Ἰταλικοὶ codd.; em. Casaub. ‖ 35. Μάταυρον] Locus ignotus; Μέταυρον scr. Coray, nescio cur; nam de Metauro non magis constat. Fortasse Μάζαρον (aliis Μάζαρα) legendum esse suspicatur Cluverius (Sic. ant. p. 225), quamquam ea quæ Strabo narrat, in hoc tractu nunc certe non exstant. In eadem insulæ parte in qua Palicorum crateres erant, oppidum alicubi exstabat, quod Ptolemæus 3, 4, (p. 195, 24 ed. Wilb.) Ἰμίχαρα vocat, cujusque incolæ in Plinii codd. (3, 8, 14): Imacharenses, Imacarenses, Imagarenses, Magarenses. Eadem fere varietas scripturæ est in Ciceron. Verr.

3, 18, 42, ubi *Imacharenses* editur. Quare nescio an pro περὶ Μάταυρον legendum sit περὶ Ἱμάγαρον vel fort. Ἱμάχαρον. Quæ si recte conjecimus, indagando urbis loco inservire poterunt. ‖ 42. πρὸ] ἀπὸ e Palmeri conj. Siebenk. et Cor., recte, puto. ‖ 45. Ἀσέαν] Ἀθίαν codd.; em. Xyl. ‖ 51. Τιμαίου codd.; em. Xyl. ‖ 52. Σικ.] Ἰταλίαν *no* Cor. ‖ 53. Λιπαρέων *ACE*.
P. 229, 5. Λιπαρέων *AC*. ‖ 8. τὴν om. *Bl* Cor. ‖ 9. μετάλλων *B* Ald. ‖ εὐπρόσοδον *no* Cor., Kr.; ἐμπρόσοδον *A* Epit., Mein.; ἐν πρόσοδον *Cl*; πρόσοδον *B*. Ald. Vox εὐπρόσοδος eo sensu quem noster locus postulat, nusquam usurpatur; ἐμπρόσοδος omnino nusquam reperitur; sed formatam esse ad analogiam vocis ἔγκαρπος opinatur Meinekius. Ego, collatis inter se variis scripturis, legi velim : μέταλλον [μεγάλων] ὂν προσόδων. Cf. Diodorus 5, 10, 2 : Ἔχει δ᾽ ἡ νῆσος αὕτη τὰ διαβεβοημένα μέταλλα τῆς στυπτηρίας, ἐξ ἧς λαμβάνουσιν οἱ Λιπαραῖοι καὶ Ῥωμαῖοι μεγάλας προσόδους. ‖ 11. ἡ Θέρμεσσα inseruit e Cluveri conj. Cor. ‖ 12. καὶ ins. Cor. ‖ 22. ἀμωσγέπως recte Cor. et Mein. ‖ 26. τριάκοντα Epit. ‖ 28. εἰ δὲ ταῦτ᾽... μυθολογηθεῖσιν ejecit Meineke utpote nasutuli interpolatoris animadversionem; recte, puto. ‖ 37. τὰ om. *ABCl*, habet Epit. ‖ 40. τῶν γοῦν, etc., ut corrupta, asterisco notat Meinekius, certam quandam occasionem qua istam scientiam suam Liparæi probaverint, a Strabone memoratam fuisse putans. Quare in Vindiciis proponit : τῶν γοῦν [Ῥωμαίων πρεσβευτῶν] ἐν Λιπάραις [κατασχεθέντων] γενομένης ἀπλ. etc., laudato Livio 5, 28, ubi in rebus anni 390 a. C. narratur : *L. Valerius, L. Sergius, A. Manilius, missi longa una nave, haud procul freto Siculo a piratis Liparensium excepti devehuntur Liparas.* Scilicet fieri potuisse dicit ut his ventum Liparæi prædicerent. Quæ sunt longe petita. Nescio an pro πνεῖν · τῶν γοῦν fuerit πνεῖν· ἑαυτῷ γοῦν, ipsi sc. Polybio. Fort. etiam pro γενομένης ἀπλοίας leg. γενομένῳ δι᾽ ἀπλοίας; sed opus eo non esl. ‖ ἀπλοίας] ἀπνοίας *no*. ‖ 41. ἄνεμον ex Epitome additum. ‖ 45. « Verba ἱκανῶς ἔστιν... ἀμφοτέρων add. sec. m. in marg. *n*, pr. m. in marg. *o*, atque in marginem itidem relegavit Cor. Vocem ἱκανῶς autem esse Strabonis et cum præcedentibus conjungendam, recte intellexit Groskurdius, qui reliqua hunc fere in modum restituenda esse suspicatur : [μεγάλη δέ] ἐστιν ἡ ἐπίστασις τῆς ἐνεργείας, [ἢ] λέγοιτ᾽ ἂν [μάλιστα παρασκευάζειν καὶ ἐκπληξίν καὶ ἡδονὴν·] ἐπίσης γὰρ ἄμφω, κτλ. Ac videntur similia subesse illis verbis ex p. 25 ed. Cas. petita. » Kramer. ‖ 51. ἡ δὲ ὄνος Στρογγύλη, *C*, in quibus ὄνος natum esse ex ὄνομα putat Meineke; vix recte. Cento fuerit glossæ, quam ad præcedens nomen Θέρμεσσαν quidam adscripserat : ἡ καὶ Μελιγουνὶς (v. p. 229, 3).
P. 230, 4. μάλιστα] Alterum μάλιστα ejiciendum. Accuratiora Strabo tradet deleto μάλιστα quod est post πελαγία; nam Euonymus ins. minus quam Strongyle in alto sita est. ‖ 5. τοῖς δὲ Λιπάρας ἐς Σικελίαν πλέουσιν]. « Erratum est haud dubie h. l. aut a Strabone aut a librario : nulla enim ex insulis ad lævam sita est ex Lipara ad Siciliam naviganti, neque reliqua quæ de Euonymi situ tradit his verbis conveniunt. Videtur igitur scriptum potius fuisse ἐκ Σικελίας εἰς Λιπάραν. » Kramer. Quibus obsecutus Meinekius scripsit εἰς Λιπάρας ἐκ Σικελίας. Quod summopere miror. Nam Euonymus (hod. *Panaria*) e Lipara versus Pelorum Siciliæ prospicienti naviganti e sinistra est, tantumque abest ut Strabonianis (cum quibus confer tabulas Ptolemæi) error subsit, ut inter argumenta afferantur, quibus probetur Euonymum esse hodiernam *Panariam*. Mannertus Euonymum esse putavit hod. *Salinam*, quam insulam, duplice vertice insignem, a vett. Didymen vocari nunc

nemo nescit; at nescivit Groskurdius; quare ipse quoque conjecturam protulit, quam non refero. ‖ 8. τοῦ πυρὸς; in codd. legitur post v. κοιλιῶν; e Bœckhii conject. transposuit Kramer. ‖ 16. ἓν *no*, ἐκ *ABCl*. ‖ 23. μυλίαις Epit.; recte, puto. Cf. p. 223, 50 : λίθος μυλίας; p. 419, 37 : τοῦ μυλίου λίθου. ‖ 24. Φλαμινίου] Leg. Φλαμινῖνον (T. Quinctium Flamininum prætorem a. 628) cum Du Theilio et Corayo. ‖ 27. Ἐρικώδους εἰς Φοινικώδη]. Ἐρικούσης εἰς Φοινικοῦσαν *no* Siebenk.; Cor. « Cluverius quoque (Sic. Ant. p. 396) Strabonem uno eodemque modo utrobique vocabula ista formasse censuit, librariosque ea postmodum variasse. Quod quum per se parum probabile sit, tenendum est ex Chorographo hæc sumta esse, ea forma fortasse uso. » Kramer. Hoc confidenter affirmare licebat, quum easdem nominum formas præbeat Tab. Peutingeriana, nisi quod *Ericodes* in *Brigades* corruptum est. ‖ 29. « πρὸς ἄρκτον quum nullo modo quadret ad insularum illarum situm , Groskurdius conjecit scriptum fuisse πρὸς ἀρκτ[ικὸν ἄκρ]ον : sed complura alia h. l. mire turbata sunt, nullaque medicina sananda. » Kramer. Falsissima Strabo refert, sed verba sanissima sunt. Inspice tabulam Peut., videbisque situm insularum distantiarumque rationes eodem plane modo describi quo Strabo narrat e Chorographo. Nullum novi locum quo cognatio Tabulæ Peut. cum Agrippæ orbe picto intercedens probetur luculentius. ‖ 30. δ᾽ om. *ABl*. ‖ 33. τῆς ἄκρας] ἑκατέρας codd.; em. Cluverius l. l. p. 425. ‖ 45. Γαλαβροὺς *AC* Epit.; Καλαυροὺς *E*. ‖ 49. ἐπὶ ejiciendum ; δέ τι Cor.; an δέ πως? Mein.
P. 231, 2. ἐπίπλους] Lege περίπλους, e conj. Kr. ‖ περὶ] ἐπὶ Cor. ‖ 3. Lege τι [χιλίων] τετρακοσίων e conj. Grosk.; χιλίων τριακοσίων conj. Kr. ‖ 4. μὲν incl. Cor. ‖ Post καὶ (quod deest in editt. ante Kr.) in *A* septem octove literarum lacuna; ὁ Τάρας suppl. Cor.; præterea excidit κ᾽, nisi καὶ ex κ᾽ natum est; διακοσίους καὶ εἰκοσιν habet *i*. ‖ 7. ἐντάϋθα margo *o*; ἐντεύθεν codd. ‖ λιμήν *i*; om. *ABCl*; in *A* tamen. spatium vacuum septem fere literarum; δὴ λιμήν dedit Mein. ut expleretur lacunæ spatium. ‖ 8. κλειομένη *AC* et pr. m. *B*; μεγάλῃ] μεγίστῃ *t* editt. ante Kr. ‖ 13. Ἂν οὐ μικρὸν (coll. Liv. 25, 11)? Mein. ‖ 31. ὅσοι *no*. ‖ 32. παρθενείας *ABC*, et sic in sqq. fere ubique. ‖ 38. νομισθεῖσι Cor.; ὀνομασθεῖσι codd.; ἐτοιμασθεῖσι vel ὁμολογηθεῖσι conj. Mein. ‖ ἡνίκ᾽ ἂν Mein., ἡνίκα codd. ‖ κυνῇν om. *ACl*, habent *Bkit*, Epit. et mgo *n*. ‖ περιθῆναι Epit. *i*; περιθῆνα *ACl*. περιθῶ *Bkt*. ‖ 42. ἐξαγγειλάντων δέ τινων *Bk* editt. ante Kr.; ἐξαγγειλάντων δὲ λάθρᾳ Cor., Mein.; ἐξαγγειλάντες δέ τινες fuisse censet Kr. ‖ 44. ἂν bene om. Cor., Mein.; περιθέσθαι Epit., περιθεῖναι *B*, περιθεῖναι cett. codd. ‖ 45. μεμήνυται e Bekkeri conj.; μεμηνύκασι codd. ‖ 47. κελεύσαντες δ᾽ αὐτοὺς Epit.; κελεύσαντος δ᾽ αὐτοῦ *ABCl*. ‖ 49. Σατύριον e Stephano Casaub.; Σαστύριον *ABCl*, Σατύρεον Epit. ‖ 53. φασι] φησὶ mavult Kr.
P. 232, 5. βουγελοὺς *ABl*, βουκελιους *C*; em. Meursius. ‖ 16. ἔτει *no*; om. *ABCl*; ἔτει δεκάτῳ δ᾽ *i*; δεκάτῳ ὕστερον τοῦ πολέμου χρόνῳ *t* Ald. ‖ 19. ἐπ᾽ ἴσους *g*, ἐπίσους *C*, ἐπίσης *Al* et ex correct. *B*; ἐπὶ ἴσους primum scriptum erat in *B*. ‖ 29. συγγενεσίαν *l* (?) et editt. ante Kr. ‖ 32. ἀμφ᾽ αὑτῇν Kr.; ἄμφω τῳδε codd., editt. ante Kr. ‖ 47. τὴν τάξιν *BCl*. ‖ 48. εἰς ἀποικίαν] fort. εἰς Ἰαπυγίαν conj. Mein.; Groskurd. lin. 51 post σταλέντες excidisse εἰς Ἰαπυγίαν vel εἰς Ἰταλίαν putavit. ‖ 51. κατέλαβον margo *n* m. sec.; κατελάβοντο *ACl*, κατεβάλοντο *B*.
P. 233, 8. ἢ τὰς ἄλλας ἡμέρας Cor.; γρ. τὰς ἄλλας ἡμέρας ἐργατικὰς margo *n*. Eustathius ad Dion. 376 : παρ᾽ οἷς πανδήμους ἑορτὰς κατ᾽ ἔτος πλείους ἢ τὰς ἄλλας ἡμέρας συνέβαινεν ἄγεσθαι. ‖ 25. πρὸς δέ... βασιλέα Meinekius

posuit lin. 22 post v. λέγεται. ‖ 28. 'Ιαπύγων Epit. ikno; Ίαπυγίων ABCl. ‖ 34. πολίσματα codd. et editt. ante Kr. ‖ 38. καὶ Mein.; κατὰ codd. ‖ 39. ὡς Mein.; πως codd.; ἀνταῖρον Xyl.; ἀνταίρων codd. ‖ 42. 'Ιωνίου AB. ‖ 45. ἐκ additum ex hi. ‖ ἐς] Lege εἰς cum Mein.; πρὸς editt. ante Kr. ‖ Βάριδος Cor., Βάριτος Bl, Βάρητος AC. Epit. ‖ 53. Λευερνίους l. ‖ 54. καταφυγόντας δεῦρο codd,; em. Cor.
P. 234, 1. [τῶν] ἐχ. Cor. ‖ ἴσχει ABCl. ‖ 2. Λευερνίαν l. ‖ 8. τῆς Σασ. l, editt. ante Kr. ‖ 10. μὲν om. no Sieb., Cor. ‖ 11. 'Ρωδαίων codd. ubique; 'Ροδιῶν Mein. ‖ 12. ἐξ ἧς...»Έννιος fort. glossa.» Mein. ‖ 17. Γαλαβρίαν AC Epit.‖21. τῇ θαλάττῃ Σαληπία AC, τῆς θαλάσσης Σαληπία Bl Ald.; em. Cluver. ‖ 22. Θυρέαι AC, Θυραῖαι Bl, Θυραῖοι Ald.; em. Cluver.; ἐν ᾗ Siebenk.; ἐν ᾧ codd.; ἔτι δ. Cor., ἐπιδείκνυται codd. ‖ δυναστῶν Bno Sieb., Cor., Mein. ‖ 23. Οὐρίαν codd.; em. Cluver. ‖ 25. ἢ ταύτην bene Cor. ‖ 27. εἶθ' inseruit Cor.; non rec. Mein. ‖ 39. πολλῶν κόλπων lm, sed in l πολλῶν expunctum. ‖ 42. Βρέντιον Cluver. et Cor. e Steph. et Etym. M; probabiliter. Cum codd. facit Eustathius ad Od. p. 1409. ‖ τῆς ἐλάφου Cor. ‖ 44. προβραχῆ Cor. ‖ 45. ἔχει Kr., ἔχειν codd. ‖ 46. ἔτι Xyl.; ἐν codd. ‖ 47. εὐθύπλοα codd.; em. Cor. ‖ 49. ἡμινοίκη codd.; em. Xyl. ‖ 50. Πευχεσίων... Δαυνιτῶν codd.; em. Xyl. et Cor. ‖ 51. Οὐενουεντοῦ ABCl; Ἰγνατία Bl. ‖ 52. Καιλία e numis et Stephano Meineke. ‖ 52. « Καὶ Νήτιον, quae Casaubono jam expungenda videbantur, utpote nata ex repetitione proximorum καὶ Κανύσιον, Cor. omisit, neque quidquam aliud ad tuendum illud nomen, nemini praeterea commemoratum, proferri potuit, quam Tabulae Peutingerianae Ehetium iisdem fere in partibus positum, de quo ipso tamen nihil constat. In medio igitur res est relinquenda.» Kramer. Ehetium Tab. Peut., inter Caeliam et Egnatiam situm, hodie est Noia; unde probabile fit N literam in Tabula neglectam esse. Nehetium vero sive Neetium juxta Netium dictum fuerit, sicut ejusdem nominis urbs Sicula apud Ptolemaeum vocatur Νέητον, apud Ciceronem vero et Silium Ital. Netum. Netinos Italiae habes etiam apud Plinium 3, 11, 16, 105 p. 249 ed. Sillig., sed ab Harduino e Strabone illatos. Codices Plinii habent: Neretini, Neratini, Neetini. Legerim Nehetini vel Neetini, modo liqueret nostri oppidi incolas ibi intelligendos esse. Ceterum Strabo, ut ordinem geographicum servaret, Netium ante Caelium memorare debebat. ‖ 'Ερδωνία Cor.; Κερδωνία ABC. ‖ 53. Βῆ Kr., δὲ codd.
P. 235, 3. Ἐν inseruit Casaub. ‖ 4. Οὐενουεντόν ABC. ‖ 6. Κλαυδίου καὶ Γαλ. codd.; em. Cor. ‖ 7. μέχρις Ὀνέσσης ABCl, μέχρις Οὐενουσίας l ex correct.; em. Tyrwhitt. ‖ 15. διπλοῦς ex Epit. add. Kr. ‖ 16. «.Du Theil et Groskurdius post Ἑλλάδος excidisse quaedam suspicantur, quibus navigationis illius longitudo fuerit indicata: atque hic quidem, cum intervallum inter Brundusium et Epidamnum vel mille stadiis sit brevius, alterum vero, ut ex p. 281 Cas. pateat, octingentorum fere stadiorum [700 sec. Artemidor. ap. Plin. et Agathem.], ex proximis huc transferenda putat verba [ὅσον] ὀκτακοσίων σταδίων, ibique ubi nunc leguntur, delenda. Sed nimia est haec audacia ac non probanda. Multo tamen improbabilior Gosselini est opinio, qui χιλίων ex errore aliquo natum esse censet.» Kramer. Mihi quoque ista 1800 stadia a Strabonis mente prorsus aliena esse persuasum est. Nihil tamen transponendum puto, sed lin. 18 ita legi velim : χιλίων γάρ ἐστιν, [ἐ]κεῖνος δὲ] ὀκτακοσίων σταδίων. ‖ 22. Στεγνατία codd.; em. Xyl. ‖ 23: δεῦρο expunxit B, om. hno. ‖ 24. Πευχετίου Al, Πευχεστίου BC; em. Xyl. ‖ ἐν add. Kr. ‖ 28. Τάρας add.

Xyl. ‖ 29. Καύνιοι codd., sed correct. m. sec. in B. ‖ 38, ἐνενήκοντα] ς' Ald. quod probant Grosk. et Kramer. Quum 90 fere stadia sint usque ad Canusium urbem, hanc ipsam ἐμπόριον dici putavit D'Anvillius; quod nemo sibi persuaserit. Legendum ἀπὸ τοῦ ἐμπορίου. Auctor quem Strabo secutus est ista 90 stadia usque ad urbis regionem pertinere voluit; ne tamen ipse Strabonem h. l. scripsisse crediderim. ‖ Σαλάπια] Σαλιππία ACl. ‖ 39. Ἀργυριππίνων Cor. et Mein. At Stephanus v. Ἀργύριππα · τὸ ἐθνικὸν Ἀργυριππανός· Στράβων Ἀργυριπ[π]ηνός φησιν. ‖ 40. γε inclus. Cor.; ἐν μεγάλῳ πεδίῳ conj. Grosk.; ἐν τῷ πεδίῳ [Διομήδους] conj. Mein. in Vind. p. 80. ‖ 43. ἐλάττω ἐστὶν AC et pr. m. B; ἐλάττων ἐστὶν scripsit Mein. ‖ 43. Ἀργυροίππιον codd.; em. Cas. ‖ 44. εἶτα] ἢ τὰ Mein. in Vind.; sed in editt. Str. vulgatam servavit. ‖ 48. Δουκερία editt. ante Kr. et Meinekius.
P. 236, 7. Σιπιοῦς AC. ‖ 11. Σαυνίας ABl. ‖ 20. Οὔριον Mein. ‖ 24. εὐδεινὴ Cas.; εὐδεινὴ n, Sieb., Cor. ‖ 40. Αἴσιν] ασζ' BC, χίλια διακόσια ἐνενήκοντα Al; e Cluveri conj. em. Kr.; Ἀσπίαν (qui est fluvius in T. Peut. commemoratus) conj. Tyrwhitt. Mox ὂν suppl. Cor. ‖ 44. Σίλαν] Σήναν e conj. Cluveri Mein.; Σπίναν conj. Tyrwhitt., probante Schweighaeusero ap Polyb; Καισήναν Grosk. Ex his Cluveri conjecturam Kramerus eo commendari dicit quod et facillima sit et Polybius (2, 14, 11) Galliae cisalpinae oram maritimam a Sena urbe usque ad Adriae intimum recessum patere referat, adeo ut eodem fere termino in definiendo Italiae latere.usi videantur Chorographus, Artemidorus, Polybius. « Unum tamen, Kramerus ait, me retinuit quominus hanc scripturam, quam verissimam puto, reciperem. Etenim Polybius l. l. Galliae oram esse dicit ὑπὲρ τοὺς δισχιλίους σταδίους καὶ πεντακοσίους, qui numerus multo major est eo quem ex eodem Polybio h. l. afferri videmus. Sed haec differentia ita fortasse explicanda est, ut h. l. quantum recta distet Aquileja ab urbe Sena putetur indicatum esse, non quanta sit orae ipsius longitudo. » — At quum de spatiis μεμιλιασμένοις sermo sit, explicatio haec admitti nequit. Porro ne putemus pro 178 m. p. ponenda esse 278, eo impedimur quod in sqq. Strabo dicit orae Illyricae supra 6000 stadia tribui, adeo ut longior sit quam Italica. Huc accedit quod (ut monuit Gosselinus) ab Iapygio promontorio ad Aquilejam reapse colliguntur 740 (562 et 178) fere millia passuum, et quod millia 178 inde ab Aquileja pertinent usque ad Rubiconem sive usque ad terminum nostrae rei accommodatissimum. Quae omnia eo faciunt ut non Senam urbem h. l. memorari putemus, sed oppidulum quoddam ipso Rubicone fluviolo obscurius, eo solummodo nomine notabile quod Galliae Italiaeque termino erat proximum. Proxima autem Rubiconi statio, tria m. p. a fluvio distans, in Tab. Peut. notatur Ad Novas. Quodsi igitur Σίλαν nomen corruptum est, nescio an σ litera ex antecedente voce perperam repetita sit, in Ἰλαν autem lateat Νέαν. Quod Groskurdius proposuit Καισήναν, propterea non placet, quod Caesena ad viam, qua juxta oram Aquileiam itur, nihil pertinet. ‖ 48. τοῦτον] τούτων C, τοῦτο Ald.; τοῦτον [τὸν παράπλουν] conj. Grosk.; τοῦτο... μεῖζον...ἔλαττον ὂν conj. Kr. ‖ 51. ἐλέγχεσι e Kr. conj. Mein., recte, opinor. ‖ 52. δὲ m. sec. B; γε ACl et m. pr. B.
P. 237, 4. ἔλαβε] οὐκ ἔβλαψεν margo t; unde Ald. : οὐκ ἔλαθε οὐκ ἔβλαψε · καὶ οὐδὲν ἢ οὐ πολύ; unde Cor. : παραπτ. οὐδὲν ἔβλαψέν ἢ οὐ. ‖ οὐ om. ABCl, sed in B, ut in n,additum m. sec. ‖ 9. Πευκίοις codd.; em. Xyl. ‖ 19. ἔλαττον ὂν η codd.; em. Cor. ‖ 21. Βούχανον codd.; em. Xyl. ‖ 23. Βοῦκαν, addito sec. m. ον, B. ‖ 28. μέν-

INDEX VARIÆ LECTIONIS

τοι μὲν δὴ vel μὲν οὖν conj. Kr.; illud rec. Mein. ‖ 29. νῦν om. editt.; Kr. νῦν lin. 30 ejici mavult; ejecit Mein. ‖ 32. ἃ add. Kr. ‖ καὶ αὐτὰ [δὲ] Cor. ‖ 44. εὐκρασίαι.. δυσκρασίαι A. ‖ 46. ἐκ] καὶ codd.; em. Cor. ‖ 51. τὸ om. Ald.; τῶν πλευρῶν no Cor. ‖ 52. ἀπολιπόντων codd.; em. Cor. ‖ 54. πεδιωῶν Kr., Mein.; πεδίων codd.; καὶ τῶν ἀπὸ τῶν πεδίων no Cor.

P. 238, 1. λιμένων AC. ‖ 3. ὑγίειαν editt. ante Kr. et Meinekius. ‖ 4. τε] δὲ Cor., Mein. ‖ 6. ὅσον AC et pr. m. B. ‖ 8. Λιβύης] Ἀσίας codd.; em. Pertz ap. Mein. in Vindic. p. 81. ‖ 9. ἐν inclusit Cor. ‖ 26. αἴφν [ὑπὸ Κελτῶν] ἀποβαλεῖν Cor. e Plethone, qui : ὑπὸ Κελτῶν περὶ τοῦ Πάδου ἀποβαλεῖν. ‖ 29. κατὰ Casaub.; καὶ codd. ‖ 30. An τούτους [τοὺς κινδύνους]? Mein. in Vind. ‖ 33. ἄδην ABCl, ἀναίδην no Pleth.; em. Cor. ‖ 43. ὅσην Cor. ‖ 53. ἐπακούουσι codd.; em. Cor.

P. 239, 2. Οὐρείεθον codd. ‖ 3. κατέλυσεν add. e conj. Casaub. ‖ 5. ἐκ n addidit Kr.; [καὶ] τὴν Κ. editt. ante Kr. ‖ 6. ὁ om. AC. ‖ 7. ἀθρόως] ἀφόβως B. ‖ 16. συνέβη, [ἢ] κατ' Mein.; διὰ] ὑπὸ Ald. ‖ 17. ἐκλελοιπότων no Cor. ‖ 19. ἢ add. Cor. ‖ 31. διὰ add. Grosk., Mein.; τῷ ἀκοινωνήτῳ Cor. ‖ 34. μέγιστον n et sec. m. B; μέγιστοι ABCl. ‖ 42. δὲ add. Cor. ‖ 46. διοικεῖν no et sec. m. A; οἰκεῖν ABCl.

P. 240, 11. μὲν τὰ] τείνοντα Cor.; fort. μέρη τά. ‖ 18. εὐθὺς] αὖθις Cor. ‖ 20. δὲ καὶ asteriscis inclusit Cor., perperam. ‖ 22. διακοσίους post χιλίους probabiliter addit Cor., coll. p. 261, 5, ubi a Tergeste ad Danubium 1200 stadia esse dicuntur. ‖ 23. ὡς] Mein. in Vind.; πως codd.; om. Cor. ‖ 27. Τυρρεγετῶν B; Τυριγετῶν Tzschukke, Cor. ‖ 33. λέγομεν codd.; leg. λέγωμεν, ut editt. ante Kr. ‖ 42. διὸ δὴ καὶ] Mein.; διὸ δίκαια codd.

P. 241, 5. δέ τι] δ' ἔτι A, δέ τοι Ald. ‖ 7. μεταναστάντα Ald., Cor. ‖ 9. Σουγάβρων A, erasa inter α et β litera μ. ‖ 16. ἐξήρτηται codd.; em. Casaub. ‖ 18. οὖσα codd.; em. Xyl. ‖ 21. μέρη] ὅρη Mein. Deinde καὶ apud Kram. (et Mein.) deest, errore, opinor, typographorum. ‖ 23. Κολθούων codd.; Κολθούλων Ald.; Κουάδων Cluver (Germ. ant. p. 119), Κοαδούων Kram. Verba καθάπερ... Κοαδ. transponenda esse post v. τὰ ἐκτὸς τοῦ δρυμοῦ (lin. 34), et pro ἐν οἷς leg. ἐν ᾧ, suspicatur Cluver. Quum plurima Strabo habeat quæ probent eum de his regionibus male doctum fuisse, sanior quisque nihil dijudicaverit. Meinekius verba καθάπερ... Κοαδ. ejecit, mira judicii confidentia. ‖ 24. Μαροβούδου Bl, Βαροβούδου C. ‖ 26. Μαρκομάνους Cor. ‖ 30. Λουίους] Aut Λούγους (sic Ptol.) aut Λουγίους (sic Dio Cass. et Tacit.) legendum fuerit; Λουγίους dedit Mein. ‖ 31. Ζούμους] Nomen aliunde non notum. Λεμοβίους conj. Cluver., quod recte improbat Kr.; Βούρους conj. Zeus (Die Deutschen p. 126); Βούρρους cum Dione Cass. 68, 8 mavult Kramer. Scribendum potius esse Λούους, et apud Ptolemæum pro Λουγοιδοῦνοι leg. esse Λοῦγοι οἱ Δοῦνοι (sicut ibid. Λουγιοτμανοί legitur pro Λοῦγοι οἱ Μανοί, *Lygii Manimi* ap. Tacit.) conjeci in Ind. Nom.; nunc in KAI Ζούμους latere κ. Διδούμους vel Διδούνους, neque quidquam in Ptol. mutandum esse censeo. ‖ [Βούτωνας] AB Cor.; Βούτονας Cl editt. vett.; Γούτωνας e Cluveri conj. scr. Kramer. et Mein. Nihil his tribuendum esse censet Ukertus t. 3, 1, p. 411. Intelligendas esse Βατείνους Ptolemæi conj. Mannert. ‖ Μουγίλωνας] Μουλίλωνας C; Βουργουδίωνας conj. Cluver., probante Kramero, qui Burgundiones, quos Ptolemæus Βουγουντὰς vocat, fort. Βουγίδωνας dictos esse putat. Nescio an potius pro Μουγίλωνας legendum sit Λουγίμανας vel Λουγίμανας, adeo ut intelligendi sint *Lugi Mani* Ptolemæi, *Lygii Manimi* Taciti. Scriptura Μουλγίωνας in C ex eo

nata fuerit quod supra literam M in quibusdam codd. literam λ corrector scripserat. ‖ 32. Σιβινοὺς] « Eosdem esse putat Zeus (1. 1. p. 154) atque Ptolemæi Σιδεινούς (in vocalibus hujus nominis fluctuantur codd.) » *Kram.* Wilbergius in Ptol. p. 152, 24 varias nominis scripturas affert Σουδεινοί, Σουδηνοί et Σουδινοί; non habet lect. Σιδεινοί. ‖ 34. οἰκεῖ Cor.; ᾤκει codd. ‖ 38. Εὐμόνδοροι codd.; em. Cas.; Λαγχόσαργοι codd.; mutavit Kr. ‖ 45. οἰκία Cor. ‖ 48. Γαμαβρίουοι A, in quo super υ scripta lit. ν; inde Γαμαβρίουνοι BCl; Γαμαβριούιοι Tzsch., Cor., Mein., quia sic in Tacito legitur. ‖ 49. Βούκτεροι BCl. ‖ 50. Καούλκοι] Infra (p. 242, 39) minus recte, ut videtur, legitur Καθύλκοι. Sunt Καλούκωνες Ptolemæi p. 152, 3. ‖ 50. Καμψιανοί] Infra καὶ Ἀμψάνων, ubi καὶ ex Κ ortum esse ex orationis tenore patet. ‖ 52. Βίσουργίς τε] Βισουργίστα B, Βισουργίσται Cl. ‖ 53. Βουκτέρων BCl.

P. 242, 4. Βίρχανις C, Βουρχανίς Strabo ap. Steph. Byz., Tzsch., Cor.; *Burchana* Plin. 4, 27. ‖ 9. ἐπανισταμένους codd.; em. Cor. ‖ 13. Σούγαβροι AC. ‖ 15. διεῖχον] διεδέχοντο Cor., Mein., probante Kramero; cf. p. 161, 25. ‖ 21 et 28. Κουιντιλίου editt. ante Kr. ‖ 25. Σεγιμοῦντος codd.; e Casaub. conj. em. Kr.; τε] θ' ὁ Cor.; probab. ‖ 30. Σεγιμήρου] Kr.; Αἰγιμήρου AC, Αἰγιμήρου Bl, Σαιγιμήρου Tzsch., Σιγιμήρου Cor. ‖ 31. τῶν] τοῦ *k* Cor., quod sane malim; γυνὴ ἡ τούτ. C; [ἡ] γυνὴ τούτ. Casaub. ‖ 32. Οὐκρομήρου Ald.; Ἀκρουμήρου vel Ὀκρουμήρου conj. Cluver.; ap. Tacit. opt. codd. habent *Actumero*; Οὐκρομήρου scr. Mein. ‖ Χάττων] Βαττων A, Βαττῶν BCl, Βραττῶν m; em. Cluver. ‖ 33. Βαιτόριτος ACl, Βαιτόριδος B; em. Cor. ‖ 33. Σύγγαμβρος AC, Σύγαμβρος Bl. ‖ 34. Αἰγέστης codd.; em. Cor.; Σαιγέστης Tzsch. ‖ 39. Οὐσίπων Kr.; Νουσίπων codd.; Οὐσιπίων Cluver. ‖ 40. Χάττων om. *Aghi*; inclusit Cor. ‖ Λανδῶν] Μαρσῶν conj. Cluverius, « rectissime, ut opinor, ipsis literarum ductibus ΛΑΝΔΩΝ eo ducentibus (!) : contra Marsos autem Germanicum tum maxime pugnasse docet Tac. Ann. 2, 25. Infelix contra Groskurdii suspicio Λαγχοβάρδων. » *Kramerus.* Apud Ptolemæum a Casuariis et Chattis meridiem versus ponuntur Λανδοῦται. Apud Strabonem pro Λανδοί leg. Δανδοί, nisi erat Δανδ[ουτ]οί. ‖ 41. Σουβαττίων codd.; Τουβαττίων Kr., Mein.; Τουβαντίων Cluver; Τούβαντοι ap. Ptol., *Tubantes* ap. latinos scr. ‖ 43. σκολιᾶς] δυσκολίας AC. ‖ 52. τριακοσίων] Pro T' fuisse Φ aut X' viri docti monuerunt; πεντακοσίων scr. Mein. ‖ 54. Ἰουνδολικοὺς codd.; Οὐινδελικοὺς Tzsch., Cor.

P. 243, 1. « Verba καὶ ὁ Ἑρκύνιος δρυμὸς sic a Strabone scribi non potuisse diu est animadversum; neque tamen probanda Cluverii conjectura (l.l. p. 705) : νοτιώτερα δ' ἐστὶν αὕτη καὶ τῶν τοῦ Ἴστρου πηγῶν καὶ τοῦ Ἑρκυνίου δρυμοῦ, aut Groskurdii opinio lacunam ex eo post ἥνπερ statuentis, quam ita explet : ὧν κατ' ἴσον πως διέχει. Crediderim potius verba illa ab interpolatore profecta esse, qui mancam putavit orationem post καὶ αὕτη. Eandem Lachmanni sententiam esse postea vidi in schedis. » KRAMERUS. Itaque verba ista Meinekius ejecit. Quo commisso, quæ relinquuntur verba. καὶ αὕτη abundant. Non animadverterunt interpretes ea quæ nostras tabulas geographicas inspicientibus falsa esse apparent, ita tamen dicta esse ut cum eo quem Strabo sibi effornavit situ locorum conciliari possint. Nam Hercyniæ silvæ initium Istri fontibus propinquum quidem esse dicitur (p. 242, 48), at quonam ab iis intervallo separetur non definitur; deinde vero Ister, cujus fontes ex Strabonis opinione nonnisi unius diei itinere a lacu Veneto versus boream distant, ῥεῖν πρὸς νότον κατ' ἀρχὰς perhibetur (p. 240, 17). Fieri igitur potuit, ut Istri pars maxime

meridionalis lacu Veneto esset australior, initium vero silvæ Hercyniæ cum ipsa hac Istri parte australi componeretur, adeo ut e Gallia per lacum et deinde per Istrum in silvam tendenti iter faciendum esset versus ortum hibernum. Cf. Ukerti Géogr. t. 3, 1, p. 115. Quæ quum ita habeant, verba Strabonis non sunt sollicitanda. ‖ 9. Οὐνδελικοὶ C. Post hanc vocem quædam excidisse patet. Cluverius proposuit : [Ἔπειτά εἰσιν οἱ Νωρικοὶ] καὶ ἡ Βοίων ἐρημία μέχρι Παννονίων· πάντες, τὸ πλέον etc.; Groskurd. : [Μετὰ τούτους δὲ πρὸς ἕω Νωρικοί εἰσιν] καὶ ἡ. Β. ἐ, μ. Παννονίων· πάντες [μὲν] etc. ‖ 12. ἀλπείων editt. ante Kr. et Meinekius; recte. ‖ 19. οὐ om. n Cor.; οὔτε] οὐδὲ Cor. ‖ 21. ἐξελαθεῖεν Cghno Cor. Mein., quod sane præstat. ‖ 27. παροργισθέντας Xyl.; παρορμηθέντας Cor. ‖ 28. τὲ [καὶ] πλάσματι Cor. ‖ 29. πλημ. ὑπερβάλλουσαν BC (?), editt. ante Kr. ‖ 31. περιοριζούσας codd.; em. Tzsch. ‖ 38. ταύτας] τοιαύτας Cor., Mein. ‖ 40. αἰσθέσθαι Cor. ‖ 46. ὁρωμένην codd. em. Cor.
P. 244, 1. Ταῦτά τε δὴ e Cor. conj. Mein. ‖ 2. ὅτι Kno. ‖ 4. ἡ] lege ὁ. ‖ 5. κληθεὶς codd.; em. Casaub. ‖ 10. Τευρ.] Ταυρίστας Tzsch., Cor., absque causa idonea. Dein pro καὶ legendum ἢ, ut cum Groskurdio puto. ‖ 25. καταστρέψασαι ACl. ‖ 27. ἀναβᾶσαι ὑπερπετεῖς ... ἐλαιμοτόμουν Cor.; [μία] ἀναβᾶσα vel ἀναβᾶσα τις conj. Grosk., probante Kramero. Meinekius lacunam ante ὑπερπετὴς notat. Fort. fuit ἀναβᾶσα [ἡ προφῆτις] ὑπερπετής. ‖ 35. παροικοῦσι e Corayi conj. Meinekius; recte. ut vid. ‖ 40. οὐδένας BCE, ... πεποιημένους El, et sic editt. ante Kr. et Meinekius. Fort. recte. ‖ 45. μέρη post Βορυσθένη collocari vult Grosk ; varia lectio fuerit vocis χωρίᾳ; ej. Cor. et Mein. ‖ 52. παράπαν BCl; παρ' ἅπαν Cor.
P. 245, 2. ἔλεγεν] ἐπέχει e Krameri conj. Mein.; ἐγένετο vel διέτεινεν conj. Cas., λεκτέον Sbk., ἔτυχεν Tzsch., δεῖ λέγειν Grosk., [ὧν] ἔλεγον Cor. ‖ 17. ταῦτα] τ' αὐτῷ C, ταῦτα no, τοιαῦτα Ald., πάντα Cor.; ταῦτα om. E; Kr et Mein. nihil tentarunt. Lego [περὶ] τῆς ταύτῃ. Cf. p. 167, 35 : ἅ δ' εἴρηκα Πυθέας περί τε ταύτης καὶ τῶν ἄλλων τῶν ταύτῃ τόπων. ‖ 24. τε ej. Mein. ‖ 26. Post Σωκράτης fort. addendum ἐξ conj. Mein. ‖ 28. τε ejic. ‖ 31. Μυσοὺς codd.; em. Tyrwhitt. ‖ 34. Μεδοβιθυνοὶ codd.; em. Tzsch. ‖ 35. καὶ Θύνοι om. E. ‖ 37. δὲ add. Kr., alterumque δὲ lin. 38 inclusit. ‖ 45. ἀπηρτιμένος C; οὐκ ἀπηρτισμένος conj. Cor. ad vers. gall. ‖ 47. ἐόντων codd., em. Cor.
P. 246, 11. μὴ] ἢ conj. Kr. ‖ 11. Σκορδίστας Casaub., Σκορδίσκας codd. ‖ 12. δὲ Αιγυρ.] δὲ Τυρίσκους Cor., δὲ Τευρίσκους Kr.; Τερίσκους dixit Eratosthenes ; lego δὲ καὶ Τευρ. ‖ 27. τρισκαι supplevit Cor. ‖ 33. καὶ νῦν] Μυσοὺς νῦν Cor.; velim καὶ νῦν, ut conj. Kr. et Mein. ‖ 36. ἐπίκτησιν Kram.; ἔγκτησιν Cor.; κτῆσιν Mein. ‖ 40. προσεκπτώσεις A, πρὸς ἐκπτώσεις BCl, πρὸς ἔκπτωσιν τινες Gemist.; καὶ κατὰ προεκπτωσίν τινες ... παρεώσθησαν Cor. ‖ 52. εἰ μή Cor.; εἰ codd; ὃ οὐ Pletho; ᾧ οὐ Tzsch. ‖ἡ om. ABCl; in margine B : ἄλλως γαμεῖ γὰρ οὐδὲ εἷς οὐ δέκ' ἢ ἕνδεκα γυναῖκας δώδεκά τε. Eadem in hno Ald. ‖ 53. δωδεκέτις πλείους ACl, δωδεκέτης B, δώδεκά τε B. ‖ τινές] Leg. τινάς, ut Mein. e conj. Krameri.
P. 247, 1. καστροφητις (sic) A, καταστροφήτις ACl; em. Tyrwh. ‖ 2. ἐπικαλεῖταί τ' ἐν A, ἐπικαλεῖται τὰ ἐν C, ἐπικαλεῖται ἐν Bl; em. Xyl. ‖ 15. δαπάναις] ἀπάταις codd.; em. Cor. ‖ 26. καὶ ἐμψ. ... εὐσέβειαν ej. Mein.; præfixo ὡς post σπουδῇ transposuit Pletho. ‖ 28. Ζάμοξιν C. ‖ 30. ἐκείνῳ AB. ‖ 46. ὑπελείφθη codd. ‖ 48. Κωγαίωνον editt. ante Kr. ‖ 49. Βυρβίστας C, Βοιρεβίστας Cor., sicut codd. habent p. 252, 18. 253, 6. Sed Βυρεβίστας iterum p. 649, 8.; Boroista, Jornandis Get. c. 11. ‖

50. Δεχαίνεως A. ‖ 52. τοῦ] ὑπὸ τοῦ Pletho, Cor. ‖ 53. Ταῦτα Cor., qui dein οὐ inseruit. Pro κακῶς in l καλῶς.
P. 248, 16. πλάττειν e Villebrunii conj. Cor.; πάντας codd. ‖ 38. ἐν τῷ Π. φασι om. o; ej. Cor., Mein. ‖ 40. Ὀγύιν C, Ὀγυεν l, Ὠγύγιον ik, Xyl., Cor. Ptolemæus Callaicæ Hispanicæ promontorium Ὀρούιον memorat, fortasse non diversum ab Aryio Iberiæ septentrionalis jugo, cujus Avienus meminit (Or. m. 159). Fortasse hunc esse montem a Strabone memoratum, adeo ut pro Ὀγύιον legendum sit Ὀρύιον suspicatur Meineke in Vind. p. 83. Eodem jure fingere liceret fabulam de Ogyio monte pertinere ad Getarum montem sacrum, qui p. 247. 48 Κωγαίονον ὄρος vocatur. ‖ 43. Παγχαίαν] Παγχίαν codd.; em. Xyl. ‖ 44. In his turbatum aliquid. Lacunam post ἄμμου indicavit Mein.; Grosk. proposuit : λίθους, [οὓς] ἐξ ἄμμου [συμπήγνυσθαι] ἐκ δὲ etc. ‖ 46. ἐπιτεῖναι codd. ‖ 48. αὖ] ἄν Cor.; asterisko locum notavit Mein. ‖ 51. γε Casaub.; τε codd.
P. 249, 1. γερρήνων ABCl; em. Tzsch. ‖ 3. τινα no, τι ABCl. ‖ 5. ἐμνήσθην] εἰρήκασιν no. ‖ 7. τὰ ejic. ‖ 8. πέραν k, Ald., Cor. ‖ 12. τυγχάνοι AB. ‖ 16. κακαχτοφάγοι AB. ‖ 17. τὰ ante ὑπὸ Ποσ. cum Spengelio velim ejicere. ‖ 18. πρότερον ferri vix potest, nec credo respicere vocem ea quæ Strabo disputavit lib. 1, c. 2, ut Kramerus putat; προσθετέον conj. Grosk. ‖ 20. διότι] ὅτι B. ‖ 22. ἔδειξε codd., em. Xyl.; κατὰ inseruit Grosk. ‖ 25. μὴ additum ex Bknol. ‖ 29. πλάττει codd.; em. Xyl. ‖ 33. Leg. πότερον, ut conj. Kr., probante Mein. ‖ 39. ἢ] εἰ Mein. ‖ 42. ὑπ'] ὑπὲρ Alkno. ‖ 44. λίγυς τε ἰδὲ] Kr.; Λιγυστὶ δὲ codd.; Αἰθίοπας Λίβυάς τ' ἠδὲ Cor. ‖ 47. [καὶ] ἀγαύους Cor.; in ἀγαύους latere ἀνθρώπους suspicatur Kramerus. ‖ 48. καὶ inclusit Cor. ‖ 49. τοῖς] τούτοις kno, marg. B. ‖ [τὰς] καὶ τὰς kno margo B. ‖ 50. τὰ τέκνα Ald.; Cor.
P. 250. 1. δ' ἡ] δὴ codd.; em. Cor. ‖ εἰς] leg. vid. καὶ cum Cor. et Mein. ‖ 7. πρὸς ταῦτ' incl. Cor. ‖ 21. Σελεύκωνα Ald.; Σέλευκον καὶ Λεύκωνα conj. Casaub.; Σάτυρον καὶ Αεύκωνα Cor. ‖ 27. λειότητος ABCl, τελειότητος g Ald.; e Casaub. conj. Tzsch. ‖ 36. αὐτῶν τὴν πόλιν no; τὴν αὐτῶν πόλιν editt. ante Kr. ‖ 37. παρὰ inseruit Cor. ‖ 42. τὸν πότον Ald. ‖ 43. ἀποκρίνεσθαι AC; οὐδὲν Grosk. et Mein. ‖ πλὴν] om. no Ald.; πρὶν B. ‖ 51. τοὺς Ἀλεξάνδρου ej. Mein.
P. 251, 2-5, καὶ Πλάτων ... ἐπ' αὐτῇ ej. Mein. ‖ 13. τε Kr.; δὲ codd. ‖ 14. δεῖν Cor.; δεινὸν codd.; δέον, omisso δέ, Tzsch. ‖ 21. Δία Tzsch , δὲ codd. ‖ δὲ addidit Kr. ‖ 24. αἴαν no Cor. ‖ ἀπηνὲς codd. ‖ 31. Verba ἦν ... Δαρείος fort. non esse Strabonis putant Kr. et Mein. ‖ 32. γενεῇ Mein. ‖ 33. ἄνθρωπον ἀπ' οἴκων A, ἄνθρωποι ἀποίκων Bl. Ald.; em. Cor. ‖ 36. Leg. [τῶν] ἑπτά, ut Cor., Mein. ‖ 37. ἕνα τελεία] ἐν εὐτελείᾳ vel ἐπ' εὐτελείᾳ Toup.; hoc rec. Cor. et Mein. ‖ εὐρήματα. BC. ‖ 40. οὐ τἀληθῆ Cor. Mein., bene. ‖ 42. εὔρημα B. ‖ 44. ὡς ... τὰ ἐξῆς ejecit Mein. ‖ 47. ὑστέρων A Mein.
P. 252, 2. πλάσμα Mein ‖ 6 et 7. δὲ et ἐρεῖ suppl. Cor. ‖ 7. γοῦν recte om. no. ‖ 11. Μυσοί codd.; em. Tyrwh. ‖ 13. Post ἱστορία in codd. leguntur verba τοῦ ποιητοῦ, quæ post ἀπόρασι collocavit Kr. ‖ 18. Βειρεβύστας ngo A. ‖ 21. ἀπῆρεν AC. ‖ 22. πράγμασιν BCl. ‖ 27. Κελτοὺς καὶ τοὺς A. ‖ 30. εὐπείθειαν marg. i; εὐπορίαις codd. ‖ 31. ἔσχες καινενὸν Al, ἔσχε καὶ νέον C, ἔσχε δὲ καίνεον B. ‖ καὶ incl. Cor. ‖ 34. Ζαμόλξιος Cor. ‖ 38. στρατιὰν Cor. ‖ 41. μυριάδας codd., em. Casaub.; τότε] ποτὲ Tzsch. ‖ 45. Δάκους BCl et similiter in sqq.; fort. rectius. ‖ 49. Δάους E, Δαύους ABCl.
P. 253, 6. δ' add. Casaub. ‖ 10 et 13 Δανούβιον editt. ante Kr. ‖ 16. Verba καὶ τοῖς Θραξὶ exciderunt in edit. Kram.; errorem repetivit edit. Mein. ‖ 19. Μοισοῖς Mein.

|| 22. ἐξανιστάντων *ABC*, ἐξανιστώντων *E*. || 28 εἰκοσιμυριάδας leg. videtur cum Mein.; εἰς ante στρατείαν inserere vult Kr.; pro στρατείας Eustathius ad Dion. 394 habet στρατοῦ; Corayus στρατιᾶς scripsit. || 34. Μεταξὺ δὲ [Γετῶν καὶ] τῆς θαλ. Groskurd. || 36. ἀπολειφθεὶς *ABCl*. || 42. βαρβάρου] βασίλεως *E*. || 44. ἐκβολαῖς [τοῦ Ἴστρου] μεγ. Groskurd., probabiliter. || 55. Πεύκινοι *A*, Πευχίνοι *C*, Πευκινοὶ *Bl*.
P. 254, 14. « πόλιν quomodo expediendum sit difficile est dictu. Groskurdius verba ἄλλην τινὰ aut subaudienda aut a Strabone scripta excidisse ratus, Tyram urbem intelligit. Hoc vero incertissimum est. Illam enim urbem quamquam Ptolem. et Periplus Ponti Euxini ab Ophiussa distinguunt, alii testes, Plinius 4, 26 et Stephanus Byz. s. v., diversam ab hac nisi nomine non fuisse statuunt. Praeterea hoc enuntiati forma eam sententiam respuit, nec cur urbis nomen Strabo omiserit, intelligis. Videtur potius πόλιν delendum esse, ut diversa accolarum narratio de distantia urbium istarum subjiciatur, id quod Tzschukkius jam est suspicatus. » KRAMERUS. Haud credo. Nescio an legendum sit: οἱ δὲ προσοικοῦντες [ὁμώνυμον] τῷ ποταμῷ πόλιν. || 24. Γετῶν] Σκυθῶν Epit. || 25. Τυρρεγέται *ABl*, Τυραγέται Epit.; Τυργέται *C*(?), Tzsch., Cor. || 26. « Οὔργοι prorsus ignoti sunt, nec improbabilis conjectura Mannerti (t. 4, p. 274) Γεωργοί, de quibus v. infra (p. 259, 1) et Herodot. 4, 18. Syllaba γε ut omitteretur similitudine voculae καὶ effici potuit. Ceterum in marg. *A* pr. m. addita sunt haec: Οὔγγροι νῦν, οἱ δὲ αὐτοὶ καὶ Τοῦρκοι λέγονται. » KRAMER. Georgi sive Agricolae de quibus p. 259 et apud Herodotum sermo est, ad eum tractum de quo nunc agitur non pertinent. Praeterea ne putem Strabonem scripsisse καὶ Γεωργοί, impedior sequentibus: τὸ μὲν πλέον νομάδες, ὀλίγοι δὲ καὶ γεωργίας ἐπιμελούμενοι. Fortasse indicari Τάργους quos Ptolemaeus 3, 5 p. 202, 2 inter Tyragetas et Iazyges Danubii accolas ponit, conjeci in Indice nom. s. v. Urgi. At obscurissimum hunc populum a Strabone memorari parum est probabile. Gentem hujus regionis notissimam habebis, si pro καὶ Οὔργοι mecum legeris κ. Ἀγ[ά]θυρσοι. || 29. Τυρρεγέταις *ABl*; Γερμανοὶ *ABC*. || 33. Πεύκινοι et Πευχίνοι *C*, Πευκινοὶ *Bl*. || 34. Ῥωξανῶν *A*, Ῥοξανῶν *B*, Ῥωξάνων *CE*. Similiter lin. 37 et 38. || 41. Σκιλούρου *ABCl*; em. Xyl. || 45. ἐξ codd. ; em. Tzsch. || 48. δ' ἔχουσι *no*.
P. 255, 2. καὶ οἱ *C*; om. *E* Cor. || 7. καὶ add. Tzsch. || 8. τοῦ add. Cor. || Καρπηνήτου codd.; em. Xyl. || 10. τε. om. *E*. || 12. ἀπορρινοῦσι *E*; ἀπορινῶσι *ABCl*. || 16. δῆλός ἐστιν em. *no*. || 18. πηλὸν om. *E*, spatio vacuo relicto; πλοῦν em. Cor. || 19. ἀπολεφθέντες *E*, ἀπολειφθέντες *ABCl*. || 20. γαγγάκη *E*. || 21. Verba Νεοπτόλεμον ... ἱππομαχίᾳ Mein. transposuit post v. ὁδόν (lin. 18). || 25. πολλὴν Cor. || 28. νημενούντων *Eno* Epit. || 34. πλοῦς ἐστίν ind *no*. || 35. δ' add. Cor. || 44. Καρπινήτης *ABCl*, Καρπινίτης Epit. || 45. διςχιλίους *ABCl*. || 46. οἱ δ' ἐκεῖ scr. Tzsch. Potius ante καλοῦνται quaedam excidisse censent Cor., Grosk., Kr., Mein. || 47. Τάφιοι codd.; sed ρ additum in *A* sec. m. || 50. ὧν σταδίων add. Mein.
P. 256, 10. ἄλλος] « καὶ Καλὸς λιμὴν Corayus e conj. Casauboni, coll. Ptol. 3, 5 et Mela 1, 1, 25; qui portum quidem habent ita nominatum, sed locis inter se et ab hoc de quo agit Strabo, valde diversis; neque est cur vox ἄλλος, quae ansam praebuit illi conjecturae, respuatur ulla est causa. » KRAMER. Nullus in antecc. memoratur portus; quae in verbo ἄλλος recte offenderunt Cas., Grosk., Cor., Mein. Quod Paulus Beckerus (*Die Herakleotische Halbinsel in archaeologischer Beziehung.* Leipz. 1856, p. 9) putat ἄλλον λιμένα significare *einen Nebenhafen* (*in der Sebastopolischen Bucht* sc.), id

ferri non posse nemo graece doctus non intelligit. Pro ἄλλος fort leg. esse ἅμα suspicatur Meinekius, qui iis quae de geographicis monet Kramerus, acquievisse videtur. At dubium non est, quin recte Καλὸς λιμὴν priores interpretes reponi jusserint. De situ portus e Melae compendio accuratioris aliquid erui nequit. Ptolemaeus a Strabone eatenus recedit quod Calum portum in Carcinite quidem sinu, at in ora ejus boreali collocat, dum Strabonis narratio portum flagitat in objecto litore meridionali positum; ibi vero cum Strabone hunc portum ponit Arrianus, Ponticae orae descriptor omnium accuratissimus (V. Geogr. min. t. 1, p. 396 sq.). ||15. παράπλου *ABCEl*. || 28. ἐν αὐτῇ Mein., recte. || 33. « Verba καὶ τοῦ Ἀδρίου mirifica sunt ac mihi suspecta: addita videantur propter Romanorum mentionem. » KRAMER. Ejecit verba Meinekius. Mihi Romanorum mentio non additamenti, sed corruptionis causa exstitisse videtur. Quae a Borysthene orientem versus juxta mare patebat regio, Ὑλαίη vocabatur (Herodot. 4, 9. 18. 54. 76; Scymnus 845; Alexander Polyh. ap. Steph. v. Ὑλαία; Mela 2. 1, 45), sicuti mare regionem hanc alluens *Hylaeum* dicebatur, teste Plinio 4, 12, 26, 83: *Inde silvestris regio Hylaeum mare quo adluitur cognominavit*; *Enoechadlae vocantur incolae*. Jam vero apud Strabonem in literis ὑλλδρίου, si ρ ejeceris, elementa habes vocis ὑλλδίου. Legere itaque licet: βαρβάρους κατὰ τὸ Ὑλαῖον [πέλαγος], nisi mavelis, transpositis verbis: ἐπὶ τοὺς ὑπὲρ τοῦ ἰσθμοῦ καὶ τοῦ Ὑλαίου [πελάγους] μέχρι τ. Βορ. Voce Ὑλαίου in Ἀδρίου corrupta, facile intelligitur cur πελάγους ejectum sit. Nomen quod apud Plinium legitur *enoechadlae* (*enoaecadiae* cod. *R*), ex quo Harduinus inepte elicuit *inde Hylaei*, ita corrigendum est, ut assumta litera *t* ex voce ancedente, legatur *Terroccadiae* vel potius *Torroccadiae*, Τορροκκάδαι, nam apud Ptolemaeum 5, 3, p. 202, 1 ed. Wilb. haec gens in Graecis nostris vocatur Τορεκκάδαι, in Latinis *Torrecadae*; at urbis nomen ibidem scribitur: Τόροκα, Τόροκκα, Τόρροκα. Scripserim Τόρροκκα et Τορροκκάδαι, quae scriptura ad elementa literarum quae Plinii codices praebent proxime accedit. || 41. Πιρισάδου *ABC* Epit.; Περισάδου *lno*. Quum infra in plerisque locis codd. Παρ. exhibeant, eaque forma obtineat ap. Demosth., Diod or., Polyaen., Kramerus hoc quoque loco dedit Παιρισάδου; Tzsch., Cor. et Mein. maluerunt Παιρισάδου, sicuti numi habent. || 45. τὸν τῶν Συμβ. *Cl*; Συμβόλων om. *no*. || λιμένα τοῦτον μέχρι *no*. || 48. πρόσκειται *ABC*.
P. 257, 2. μετώπου [οὗ] *no* legendum esse dixi in not. ad p. 103, 25. || 6. Τιβαρηνίας *E*. || 17. ἔθνος supra ὄρος pr. m. addit *E*. || Κιμμέριοι *AE*. || 8. δυναστεῦσαν *ABCl*; em. Xyl. || 9. βόσπορος] κόλπος *n*, Tzsch., Cor.; *sinus Cimmerius* Guarinus. || 13. εὔγεων *no* Mein. || 15. Βοσπορανῶν *E*; idem lin. 17 codd. *BCE*, ubi Βοσπορανῶν *A* Epit. || 16. εὔγεως Mein. || 20. κώμας] χώρας *E*. || 21. Praestat Νύμπαιον, ut Mein. || 26. Σάτυρον Cas., Σάγαυρον codd.; Πιρισάδην *AB*. || 31. Παρισέδου *AC*. || 32. ὃς ante οὐχ *Bno*, Cor., Mein ; recte. || 40. ἀπὸ ejiciendum videtur. || 44. τὴν Εὐρώπην ἀπὸ τῆς Ἀσίας editt. ante Kr.
P. 258, 16. Καρπινήτου *ACl*, Παρπινήτου *B*, Καρχινήτου Epit. || 26. τριάκοντα γοῦν codd.; τριακοντάχουν γοῦν Kr.; em. Mein., qui deinde scripsit ἀποδιδοῦσα. || 28. τε] δὲ *no*. || 34. διακοσίας καὶ δέκα] ιε' Epit., quod verum esse putat Kr. || 36. καὶ τοῖς ἱππ. *BCl* || 38. ἔψημα *gikno*. || 41. φόρων Xyl.; ὄρων *Bl*, ὀρῶν *C*, || 49. δ' οἵ *no*, δ' οὐ *ABCl*, δ' αὖ Tzsch. || 54. δέκα] Leg. videtur ἕνα cum Grosk. et Mein.
P. 259, 5. τοῖς καταριθμηθεῖσι] τὴν καταρίθμησιν codd.; ε Villebruni conj. em. Cor. || τύποις *Al*, τύποι *BC*, τῶν

INDEX VARIÆ LECTIONIS.

τάπων no. ‖ 6. Σείλουρος codd.; em. Xyl. ‖ 8. Χάβον] Χάλαον pr. m. in marg. A; Χαῦον editt. ante Kr. ‖ τοῦ inseruit Mein. ‖ Μιθριδάτου codd.; « Μιθριδάτῃ Tzsch., quod ferri nequit. Suspicari possis Μιθριδάτου στρατηγοῦ τινος. » Kramer. τοῦ Μιθριδάτου στρατηγοῦ dedit Meinekius. Præstat Tzschukkii emendatio lenissima. Cf. Pausan. 9, 12 : Μαρδόνιον Ξέρξῃ στρατηγοῦντα et alia similia in Steph. Thes. v. στρατηγεῖν p. 838, A ‖ 15. ἀντέχοιεν Cor.; ταῦτ᾽ ἔχοιεν codd. ‖ 21. τοῦ ante πρὸς om. B. ‖ 25. Βοσποριανῶν i, ut supra p. 257, 15 et 17. ‖ 30. ἕλεσιν] ὄρεσιν Cor. ‖ 33. κῶλος ap. Athen. V, 7. 44. πρὸς τὸν] εἰς τὸν Ek; Ἴστρον Tyrwhitt.; ἰσθμὸν codd. ‖ 45. πρὸς om. E.
P. 260, 1. Δάκοις BCl. ‖ 2. διέλοι Cor.; διέλθοι codd. ‖ 4. Παιονικά AE. ‖ 9. Αἷμον editt. ante Kramerum, qui Αἷμον dicit legi in AE, de ceteris codd. minus constare. ‖ 14. Ἀρδία Epit. et Steph. Byz.; Ἀρδεία codd. ‖ 16. Post αὐτῆς Groskurdius suppleri velit ὄρη ἐστί. Dein pro ὁμορεῖ codd. ὅμορον; em. Mein.; cum eodem velim ὑψηλότατον pro ὑψηλόν. ‖ 18. Αὐγαριατῶν codd. ‖ 20. & κεῖνται ... ἀρξάμενα codd.; em. Cor. ‖ 22. Ἰουινδολίκους A, Ἰουνδουλίκους C. ‖ Τοινίους] « Ἐλουητίους · Cor. (Ἐλουηττίους Mein.); atque verum id puto, licet falsum sit, quod Casaubonus refert, in lib. vet. id legi. ΚΑΙΤΟΙΝΙΟΥΣ simili modo ortum esse videtur ex καὶ ἐλουεττίους (αἰτουάτιοι præbent codd. lib. 4, p. 192 Cas.) atque καὶ διττανῶν ex καὶ Ἐδηνανῶν lib. 3 p. 162. Infelix Casauboni conjectura est καὶ Βοίους. » Kramer. Violentior hæc emendatio quam ut probabilem habeas. Τοίνιοι iidem sunt qui p. 244 dicuntur Τωυγενοι, quæ nominis forma si recte habet, nostro quoque loco Τωυγένους leg. fuerit, nisi forte erat Τοι[γε]νίους. Ceterum Sprunerus aliique (quos ipse in Tab. secutus sum) Toygenos istos in hodiernam Zug regionem posuerunt; at potius ad boreali Helvetiæ parte inter Tigurinos et lacum Brigantium (in quo tractu locorum nomina Tuggen et Toggenburg occurrunt, quæ jam Joh. Müllerus cum Toygenis Strabonis composuit) collocandos esse ex nostro loco colligitur. ‖ 25. Δάκοι BCl. ‖ 26. Ἐκρετοσσίρῳ ABCl. Κρετοσίρῳ C; Κριτασίρῳ codd. habent p. 252, 29; φάσκοντες B; φάσκοντος Al, φάσκοντι no. ‖ 27. Παρίσου] « Μαρίσου Cor. e Cas. conj. paullo inconsiderantius, quum a septentrione ille in Danubium (imo in hod. Theiss) influat; Μάργου s. Μάρτου e p. 462, 15 reponendum esse censet Grosk., paulo felicius, quia nimis remotus est orientem versus ab iis locis, de quibus h. l. agitur. » Hæc Kramerus, qui quomodo res expedienda sit, in medio reliquit. Fluvius qui Boios a Dacis dirimebat, si Danubius non erat, vix alius esse poterat nisi hodiernus Theiss (Tibissus, Tibiscus), qui apud Plinium (4, 12, 25) Pathissus, apud Ammianum Marc. 17, 13, 4 Parthiscus vocatur. Ac reapse Plinius l. l. Dacos occasum versus usque ad Pathissum pertinuisse refert. Quare nostro loco pro Παρίσου aut Παθίσου aut Παρθίσου legendum esse puto. Quodsi Strabo hunc fluvium de jugo montano in antecc. descripto per Scordiscos a meridie in Danubium influere existimavit, id non adeo mirandum est, quum de aliis quoque fluviis in Danubium exeuntibus falsissima prodiderit. Pathisum boream versus fluere statuit, sicuti Savum et Dravum et Noarum boream versus fluere dixit (p. 261, 4). ‖ 33. μέχρις Αἰγηστικῆς A. ‖ 37. Δάκους BCl. ‖ 40. πολὺν]] πολλοὶ Cor., recte, ut videtur. ‖ 41. Ναύποντον codd.; em. Casaub. ‖ 42. Legi velim cum Meinekio ὑπερτιθεῖσι. Ὄκραν] Ἄκραν ACℓE (B?). ‖ 45. Ὄκρα Epit.; ἄκρα ACℓE (B). ‖ 49. Τεργέστε Kr., Τεργέσται AC, Τεργέστης Blno Ald. ‖ 50. Λούγαιον C. ‖ 51. Ναυπόντου codd.; τῶν Ναυπόντων E; Καρκόρας C (?) hm, Tzsch.,

Cor. ‖ 52. Σάβον E Mein.; Σάον Tzsch., Cor., et codd. supra p. 173, 4. ‖ 53. Σεγηστικήν A; πλήθει om. E et Pletho; πλῆθος Ald.; πλῶτος vel potius πλεῖται [καὶ] προσλαβὼν Cor.; πλήθει [ὑδάτων μέγα αὐξηθεὶς, καὶ] προσλαβὼν conj. Grosk.; Tzsch. πλήθει dici pro augetur putat, quod recte improbat Kramerus qui omnia sana esse asseverat. Meinekius asterisco corruptelam indicasse satis habet. Ceterum Νόαρος nomen num recte habeat, parum liquet. Indicatur hodiernus Muhr fl. qui in Dravum incidit. Ad eundem fluvium referunt stationem quæ in Tab. Peut. vocatur in Imurio.
P. 261, 2. Κάλαπιν ABCl, quod non mutaverim; Κόλαπιν E. Supra (p. 173, 6) pro ὁ Κόλαπις codd. ὀγδόλαπις, in quo Δ natum ex A, cui tamquam varia lectio adscriptum erat O. Apud Herodotum in Danubium influere dicitur Κάρπις fl., quem Savum esse conjiciunt; recte, puto; scilicet in Savum translatum est nomen affluentis, ejus, quem Strabo Κάλαπιν dicit, alii vero ex frequenti liquidarum permutatione Κάραπιν vel Κάρπιν dixisse videntur. ‖ Δανουβίῳ l, et sic in sqq.; Κουρδίσκους C. ‖ 4. δ᾽ add. Cor.; Τεργέσται ACl, Τεργεστῶν B. ‖ 7. κείμενα no. ‖ 9. Διτίωνες pr. m. B, Διατίωνες A, Διασίωνες no, Διάσνωνες B ex correct., k, Ald. ‖ 10. Δισιτιᾶται C; ἡγεμὼν ἦν καὶ o et margo n. ‖ 11. & add. Cor.; διατείνει δὲ E, διατείνουσα Pleth. ‖ 12 et 14. Σαρδιαίων ABCl, Ἀρδειέων E; em. Cor. ‖ δ᾽ add. Cor. ‖ 13. Ῥιζωνικοῦ E. ‖ 14. γῆς [ἡ Ἰλλυρικὴ παραλία ἐστί] μεταξὺ Grosk., probabiliter. ‖ 24. τῶν Πολῶν E, τῶν πόλεων ABCl; τῆς Πόλας Xyl., Tzsch., Cor.; pluralem τὰς Πόλας habes p. 179, 46. ‖ 31. ἐκπεποιημένοι ACl. ‖ 33. Ἀρουπῖνοι Kr., Mein., coll. p. 172. 48; Ἀρουπῖνος A, Ἀρούπινοι Cl, Ἀρούπινος C (?), Ἀρούπεινον Cor. ‖ Μονήττιον Tzsch. ‖ Οὐένδον l (?). ‖ 34. καὶ ante ζειᾷ incl. Cor. ‖ 35. καὶ recte om. Epit., Cor., Mein.; ‖ 38. πενταε. ex Epit. supplev. Xyl. ‖ 43. Κυρικτικὴ Kr., Κυριακτικὴ C, Κυρηκτικὴ Epit., Κυρακτικὴ Bl., Cor. Cf. p. 102, 23. ‖ 46. Ἴσα codd.; em. Xyl.; Ἰσσαίων ghik et sec. m. A. ‖ 48. ἑξῆς δὲ conj. Cas.; εἶτα ἡ Mein. ‖ 52. Πρώμωνα e conj. Schweighæuseri (ad Appian. Illyr. c. 12) Mein. ‖ 54. Ἀνδρήτριον ABl, Ἀδρήτριον C.; em. Cellarius et Tzsch.
P. 262, 1. Δαίμμιον codd.; em. Xyl.; Δελμιον Mein. ‖ 2. ἐποίησεν ἀσικᾶς ACl. ‖ 4. τῆς χώρας Epit., Steph. Byz. v. Δαλμιον, Eustath. ad Dion. 97. ‖ 5. νομίσματι e Casaub.; conj. Cor. ‖ 6. ἄλλους Casaub., ἀλλήλους codd. ‖ 7. Ἄνδριον E, Σάρδιον Pletho, Ἄρδιον Xyl., Tzsch., Cor., recte. ‖ μέσον] Malim μέσην cum Cor. et Mein. ‖ 8. ἐπὶ θαλάττῃ Epit. ‖ 10. Σαρδιαῖοι Pletho; Πλαραῖοι conj. Tzsch., coll. Steph. s. v. et Appian. Ill. 10. ‖ 11. Κέρκυρα Epit. ‖ 14. Οὐαραλίους codd.; e Gronovii conj. (ad Liv. 27, 30) em. Cor. ‖ Σαρδιαίους Cl. ‖ 17. Pro τέλεως excidisse videtur τὸ ἔθνος, monente Groskurdio. Pletho ita habet : ὥστ᾽ ἐξέφθαρται μικροῦ τελέως τὸ ἔθνος καὶ ἐκλέλοιπε. ‖ 22. Σκορδίσκοι B (?), editt. ante Kr. ‖ 27. ὁ ῥιζαὶ κόλπις Epit.; ὁ Ῥιζονιαίους κ. conj. Grosk.; ὁ Ῥιζονικὸς κ. Mein. ‖ 29. ἡ add. e Plethone; συνάπτει δὲ Blno. ‖ 31. Δασανήτιοι A, Δασαρήτιοι Cor. ‖ 32. Αὐταρεάταις ABC, Δαρδανιάταις Cor.; « Quod cum per se parum probabile sit, non minus incommodum est quam codicum scriptura, propterea quod ἄλλοι Dardanios quoque respici (!). Omnia planissima forent, si verba καὶ τοῖς Αὐταριάταις abessent. » Kramer. Ego cum Groskurdio probo Corayum Δαρδανιάταις reponentem; ceterum quum ἄλλοι vox in vulgata lectione nonnisi ad duos populos referenda foret inepte, Groskurdius legi voluit [καὶ] ἄλλοι; quod displicet; alius potius populi mentionem excidisse crediderim; nescio an fuerit Δασαρήτιοι [καὶ Ἐγχέλιοι (sic codd. p. 271, 22)], ἄλλοι, etc. Enchelanes s.

Encheleas in ipsa Dessaretide ponit Polybius 5, 108. ‖ 34. Ante vocem πόλις nomen urbis excidisse censens Meinekius lacunam notavit. ‖ Μέδοις codd. Ante hanc vocem excidit οἵ, nisi in sequentibus legi velis συνάπτοντες cum no, Pleth., Tzsch. Cor. ‖ 37. [τὰς] διαίτας Cor. ‖ 38. μουσικοῖς ej. Mein., recte. ‖ 41. 'Ριζονικὸν Pletho et Steph. Byz. v. Δυρράχιον; 'Ριζικὸν codd. ‖ 42 et 46. Κορκ. Tzsch., Cor. ‖ 44. Δῶος Epit. ‖ 51. καὶ πρὸς] εἰς no. ‖ 54. καὶ om. Bl.

P. 263, 3. εἰς] ὡς εἰς AB. ‖ 8. [ἀπὸ]τῆς Cor. ‖ 10. [ἀπὸ] τῆς ῥίζης Cor. ‖ 10. Βαλλιακὴ καὶ Ὡραιὸν ABCl; Βαλλιακὴ πόλις, omisso altero nomine, Epit.; em. Xyl. ‖ 18. ἀπὸ [τοῦ] ἀνδρὸς Ald. ‖ 19. Ἴσης ACl. ‖ 25. Ante ἀπὸ τοῦ excidisse τεκμαιρόμενος vel simile verbum putat Mein. ‖ 26. [τόν] τε Cor.; fort. τε ejiciendum esse suspicatur Kr. ‖ 28. τιθεὶς] τὴν θέσιν Cor.; καὶ [τὸ] τῶν ν. τ. Λιθυρνίδων τοσοῦτον [εἶναι τὸ μέ]γεθος, ὥστε conj. Grosk. At secundum hæc Theopompus dicere videretur totum istum insularum complexum contineri 500 stadiorum ambitu, quum tamen vel singulæ insulæ circuitum majorem habeant, atque antiquiores scriptores eo potius peccaverint quod borealem Adriæ partem justo longe majorem finxerint, Hyllicamque chersonesum, ut hoc afferam, vel Peloponneso æqualem esse putarint. Itaque malim : [τὸ] τῶν νήσων τῶν Δ. [τὴν ἐλαχίστην τοσαύτην εἶναι τὸ μέγ]εθος ὥστε, vel τῶν Λιθυρνίδων [τὰς] πλείστας τὸν κύκλον etc. ‖ 31. παρακρούσμαια Tzsch., Cor. ‖ 32. λαοδογματικῶς codd.; em. Tyrwh. ‖ 33. καὶ περὶ τῶν ἄλ. Ald. ‖ 36. ὑπεναντίας E. ‖ 39. εἴ τί που C Mein. ‖ 43. ἔθνος codd.; em. Tyrwh. ‖ 48. Δαλματαίων A m. pr., C, Epit. ‖ 50. τῇ δὲ] Ante hæc lacunam notant interpretes. Groskurdius : συνάπτοντα [καὶ διήκοντα τῇ μὲν παρὰ τοὺς Τριβαλλοὺς καὶ Μυσούς], τῇ δὲ, κτλ. Quæ recte improbat Kramerus. Corayus pro τῇ δὲ παρὰ legendum suspicatur τοῖς παρὰ. Ac sane, quum Scordisci per totam Pannoniam essent, quosnam h. l. Scordiscos intelligi voluerit auctor significare debebat. Eodem sensu possis : Σκορδίσκοις συνάπτοντα [τοῖς παρατείνουσι] τῇδε παρὰ etc.

P. 264, 1. ἄγκει Epit.; ἄγγει codd. ‖ 9. οἵ add. editt. ‖ 14. οἰκεῖν (οἰκοῦντες Bno) ejiciendum. ‖ 15. Μάργου Pletho, Μάρτου codd.; Βάργον] Μάργον Mannert. (t. 3, p. 606), Cor. « Codicum scriptura eo videtur firmari, quod idem hoc flumen Βρύγγος ab Herodoto (4, 49) appellatur. » Kram. ‖ 19. Ἰλλυρίων ABC. ‖ 22. Καπεδούνουν C. ‖ 26. Μακρόβυζοι E, Κρώσυζοι Pleth. ‖ 27. Κάλατιν ABl. ‖ 28. Τομαία Al, Τομαεία B Ald., Τομήα C.; Τομέα Tzsch.; Τόμιν Cor., uti est p. 265, 5. ‖ 28. τὸν Αἱ.] τὸ Αἱ. A Mein., recte : ‖ 29. ὑπ' αὐτοῦ A, unde ὑπὲρ αὐτοῦ Mein. ‖ 30. Μέδων codd. ‖ 31. Βέσσοι] Μέσσοι A; οἵπερ Mein., ὑπὲρ codd. ‖ 32. ὑπὸ τῶν ἄλλων ληστῶν Pleth.; ἀπὸ τῶν ληστειῶν Cor. ‖ 35. Ἰλλυριῶν E, Ἰλλυρίδων ABCl. ‖ Ἱβριάνες] Ἀγριάνες conjecit Casaubonus, quod recepit Meinekius. At quo pacto Agrianes inter Dardanios et Autariatas et Ardiæos habitasse dixeris, non intelligo. Contra vero quum juxta Dassaretios degisse noverimus Brygos vel Bryges vel, ut in codd. passim scribitur, Briges, et urbs eorum ap. Stephanum modo Βρύγιον modo Βρυγιὰς dicatur, nostro loco pro Ἱβριάνες legendum fuerit Βρυγιᾶνες vel rectius Βρυγιᾶνες. Quodsi infra p. 271 eadem gens Βρῖγοι (Βρῦγοι) vocatur, id ex alio fonte manare vel ex eo colligas quod ibidem Sesarethii dicuntur quos h. l. Dasaretios nominat. ‖ 49. παραγραφὰς codd.; em. Kr.

P. 265, 5. Τομῖς E, Τομεὺς Tzsch. ‖ 10. Ante ἱερὸν in Bno suppletur ὅπου. ‖ 14. Αἰζωνὴ E. ‖ 15. Κρούλιοι codd.; em. Xyl. ‖ 18. Μενέβρα BC, Μεναβρία (Μενναβρ. suprascr.) E; Μέννα πόλις A, Μενναπόλις B, Μενάπολις

(supr. scr. Μενναπ.) E; Μένα] Μένα ABCl, Μένα E, ἡ τοῦ Μέσιος βρία Epit., « ex conjectura, ut videtur : et hoc mireris, qui ex Μενεβρία oriri potuerit Μεσημβρία. Rectiora haud dubie tradit Stephanus, ex Nicolao Dam. referens ἀπὸ Μέλσου nominatam fuisse illam urbem. In reliquis magnopere concinunt quæ Strabo et Nicolaus docent, ut eundem auctorem sequi videantur. Inde suspicor Strabonem scripsisse Μελσηβρία οἷον Μέλσα πόλις, τοῦ κτίσαντος Μέλσα καλουμένου. Nominativus fuerit Μέλσας, quum varie declinavit uterque : Λ et Σ (forma rotunda) facile coaluerunt in Ν. » Kramerus. Ceterum cum Strabone faciunt quæ leguntur in Simeone Logotheta (cod. Par. 1712 fol. 72) : Μεσημβρία ἡ πρὶν Μενεβρία ἀπὸ Μέννου Θρᾳκὸς τοῦ ταύτην οἰκίσαντος καὶ βρία τοῦ παρά τισι Θρᾳκῶν πόλισμα λεγομένου· πρὸς δὲ τὸ εὐρραδέστερον Μεσημβρία νῦν ὀνομάζεται. ‖ 21. Σηλυμβρία C Mein. ‖ 22. Πολτυμβρία Mein. ‖ 24. καὶ ἡ Τιρ.]κητίριζις ABCl; Mein. Tzs·h. ‖ 28. Verba Ἀγχιάλη κ. α. Ἀπ. ejicienda; καὶ ante Ἀγχ. habent no. ‖ 29. Φθινόπολις codd.; em. Xyl. ‖ 30. Ἀνδριάκη Bl; lege Ἀνδριακή; Ἀδριάκη C. Similiter Ἀνδριακὴ, Myrensium in Lycia navale, Ἀδριακή scribitur in Stadiasm. M. M. p. 492 ed. Didot. Quem Lyciæ portum nostro Pontico nomen dedisse colligitur ex Dionys. Anapl. Bosp. fr. 50 (G. Min. t. 2 p. 59, ubi v. not.). ‖ 38. τοσοῦτον] Leg. videtur δὶς τοσοῦτον sive 40 stadia; tot enim recte computant Arrianus § 37 et Anonymus. Per. Pont. § 91. (V. Geogr. m. 1 p. 401 et 412). ‖ 39. ὅπερ] malim οὕπερ cum Cor.; ὅθεν Pletho. ‖ 46. πέντε καὶ [ἑκατὸν] τριάκοντα leg. esse suspicor. V. not. ad Dionys. Anapl. p. 9. ‖ 47. προσεχὴς Mein., quod sane præstat. ‖ 49. πλείους Pleth. ‖ 54. διὰ τὴν στενοχωρίαν ej. Mein.

P. 266, 4. πρότερον] Velim πρῶτον cum Cor. et Mein. ‖ 6. προσιοῦσα ABCl. ‖ 9. Χαλκηδονικῆς E; προσπίπτουσα Ino, προκύπτουσα E. ‖ 22. πρότεροι Cor., Mein. ‖ 23. εἰς om. ACl, neque necessarium est; ἐπὶ no; πέραν] περαίαν k, Planud., Cor. ‖ 24. πλοῦτο Casaub., πλούτω no, πλοῦν ABCl. ‖ 26. ἐπεὶ δ' ἡ ABCl. Ald. ‖ 29. Καλύβη] Deb. Καβύλη, ut Demosth. et Polyb. ‖ 33. καὶ τοῖς Ἰλλ. ὄρεσι καὶ Θρ. Mein. ‖ 35. Leg. ἀρξάμενα cum C(?) no, Cor., Mein. ‖ 43. κατὰ ejiciendum. ‖ 45. ἐπαγαγομένου Cor., Mein. ‖ 46. τε] δὲ Cor. ‖ 50. Αὐλίδα codd.; em. Xyl.

P. 267, 1. Τέμβικες ABCEl Epit. ‖ ὡς δὲ ... ἐννεπον e margine illata esse videntur; ej. Mein. ‖ δὲ]καὶ Cor. ‖ 3. σύας] σοίας ABC, ὕας Ino, σύας Epit.; ἐννεπον E. ‖ 5. Ἕκλος (Αἴακος mgo) A; ἔκλος, et supr. αικλος, Epit.; ceterum pro Αἴκλος recte Mein. Αἴκλος. ‖ 6. Κρίνακος codd.; em. Wesseling. ad Diodor. 5, 81. ‖ 10. ἔχουσι om. AC; κατέχουσι Cor. ‖ 12. Ἀσσωπαίας codd.; em. Xyl. ‖ 18. Λελέγεια Mein. ‖ 23. Ἴδην E, Σίδην ABCl. ‖ 34. τοῦ δὲ] « τούτου δὲ ? » Kram. ‖ 40. ἀλέους codd.; ἀλέας Wesseling., Cor., probante Dindorf. in Steph. Thes. v. λαός p. 106, B (cf. v. ἄλης p. 1459); λαοὺς Etym. M. et Gudian. s. v. λαός, Tzsch., Grosk., Mein.; λᾶας conj. Heynius ad Apollod. p. 113. ‖ 43. τοῦτο Pletho, τὸ codd.

P. 268, 2. αὐτοῖς] αὐτῶν Pleth., Cor. ‖ 5. τὸν Αἰμίλιον post Παῦλον inter versus addit t. ‖ 7. πέντε] β' lm. ‖ 9. τὴν γραφὴν ACl; προσῆκε AC. ‖ 15. Ἀγνατία E. ‖ 16. Κυψέλων Epit.; Κυψέλου ABCEl ‖ 17. δ' add. ex Epit. ‖ 20. ὀγδοήκοντα] κ' Cl, εἴκοσι A, supra π' m. sec. ‖ 27. Λυγκιδίου codd.; em. Wesseling. ‖ 31. Λυγκιστὰς AC et sic sæpius. ‖ Leg. Ἐορδῶν ex præcepto Herodiani. ‖ Ἐδ.] Αἴδεσαν A, Ἔδεσαν ACl, Ἔδεσσαν Epit. ‖ 39. Ἀμπρακικοῦ Epit. ubique. ‖ 37. Ἰλλυριῶν E, Ἰλλυρίδων ABCl. ‖ 42. ἐκπίπτει τοῦ Αἰγαίου πελάγους codd.; e Plethone em. Tzsch. ‖ 44. ὀρῶν e Casaub. conj. Kr.; ἐθνῶν codd.

P. 269, 8. μέχρι Πελοποννήσου, κτλ.] Haec sic Strabonem scripsisse non credo. An fuit : μέχρι [Μαλεών τῆς] Πελοποννήσου vel μέχρι Κυθήρων νήσου (quae insula in Myrtoo erat. V. p. 102, 40) τὸ Μυρτῷόν ἐστι καὶ [τούτῳ συνεχὲς τὸ] Κρ.? || 15. Χαονίας Cl, et pr. m. B. || 30. Ὄγχημος AC, Ὄγχιμος Bl, Ὄγχισμος no; em. Tzsch. Eadem varietas l. ct. est lin. 35. || 32. Κασσώπη Tzsch., Cor., Grosk. « Mirum est quod legitur in Epit. : Ὅτι ἀπὸ Κασσιόπης τῆς ἐν Κερκύρᾳ, ἕως Βρεντεσίου, κτλ. » KRAMERUS. Mirum potius est quod apud Strabonem de Epirotica Cassiope sermonem esse putant, quum de Corcyrae promontorio portuque (V. Ptol. 3, 5; hod. *Cassopo*) cogitandum sit. Nam si Cassiope nostra in Epiro esset, ibidem, secundum Strabonis verba, etiam Phalacrum prom. esset, quod Corcyrae esse constat; deinde autem lin. 33 in orae descriptione pergendum fuisset verbis μετὰ τὴν Κασσιόπην, non vero μετὰ τὸν Ὀγχησμον. In errorem induxerunt verba καὶ πάλιν ἄλλος, quae sciolus quidam Epiroticam Cassiopen memorari putans introduxisse videtur; legendum puto καὶ λιμὴν ἄλλος. || 35. « Vocibus μετὰ δὲ quum finiatur folium in *A*, id quod sequitur incipit ab argumenti libri octavi; quaternio integer excidit. Eadem autem quae in *A* desunt, desiderantur etiam in *ghi*; in *g* duae, in *h* tres paginae vacuae sunt relictae. » KRAM. || 41. Λευκιμαν B, Λευκίμμην l. || 46. ὁ om. Bl; Θυμίαμις lB, sed in B literae μι expunctae sunt. || 49. Βουχαίτιον codd.; Βουχέτιον Grosk., Kr., Mein. || 50. Ἐλάτεια Pleth.
P. 270, 8. τὰ Pleth., τὰς Cl, τοῖς BE. || 12. δεκαναίχν Wesseling. ad Diod. 14, 103; δεκανέαν ABCl, δεκάνεων Pleth., τὴν ιθ' ἀκροδίνιον no. || 17. Γόργου Epit., Τόργου C, Τόλγου Bl. Ald. || 18. Ἄραχθος C, Ἄροθος E. || 19. ὀλίγων] ὀκτὼ suspicatur Cor. || 20. Τύμφης Cor., Στύμφης Bl, Στίμφης C. || 21. εὐτύχει Cor.
P. 271, 10. Αἰθίγκας Cl. et B in quo x sec. m. in litura scriptum. || 12. Ἰωνικῷ pr. m. B, Ἰονικῷ Cl et sec. m. B. || 16. ἔθνη] μέρη BCE. || 19. τῶν om. Tzsch. et Cor. || 20. Βρίγοι E, Φρύγοι BCl; em. Cas. || 21. ἀργύρια codd.; em. Cor. || 21. περὶ δ Δυέσται Mein.; περισάδυές τε codd.; περὶ δ jam conjecerat Casaubonus; vulgo Ὑλλεῖς susp. Cor.; [οὖ] Περισάδυές τε conj. Kr. « Diestas sive Dyestas, qui nunc primum in Macedonicarum sive, quod eodem redit, Illyricarum gentium ordinem introducuntur, commemorat Herodianus apud Stephanum Byz. v. Πιάσται : Βαρύνεται δὲ ὁμοίως τῷ Ὀρέσται· ὁμοίως δὲ καὶ οἱ Διέσται. Μακεδονικὰ δέ εἰσιν ἔθνη. Ubi quod dixi olim Diestas eosdem esse quos Pausanias Διάστας vocat, i. e. Dii Macedonici incolas, nunc retracto. » MEINEKE in Vind. p. 88. Incerta haec sunt eatenus quatenus de sedibus Diastarum nihil constat. Fortassis Strabo scripsit : περὶ δ Σαδυέσται vel Σάδυές τε, quos juxta Encheleas memorari putaverim, sicuti Polybius 5, 108, 8 inter oppida Illyriae Lychnitidi paludi proxima juxta *Enchelanas* opp. habet Sationem opp. || 22. Ἐγχελεῖαι οὕς καὶ Kramer. et Mein., nisi quod hic Ἐγχελειοι scripsit; Ἐγχελέους καὶ codd.; [οὕς] καὶ Ἐγχελίους καὶ Corayus. Ceterum Polybius, Livius aliique in hoc tractu collocant *Dasaretios*, qui quum a *Sesarethiis* Strabonis vix diversi sint, quaeritur an auctor scripserit καὶ Ἐγχελέϊοί[οι καὶ Δασαρήτιοι] οὕς καὶ Σεσαρηθίους καλοῦσι. Ipse Strabo ex alio fonte Dasaretios memorat p. 262, 31 et 264, 37, eorumque sedes ita definit ut in eo tractu qui a Rhizone at Drilonem fluvium pertinet, ponendi forent. Qua in regione Dasaretios habitasse alius nemo prodidit, at Enchelearum ibi sedes fuisse complures tradiderunt (v. not. ad Scylac. p. 37): adeo ut quae de Encheleis erat sententiarum diversitas, eadem etiam de Dasaretiis obtinuisse videatur. || 23.

Σεσαρησίους codd., quod mutavit Kramerus, quoniam Stephanus ex Hecataeo laudat Σεσάρηθον oppidum Taulantiorum. || 24. Δουρίοπος Strabo ap. Steph. s. v.; τρίπολις Mein.; Λέορδοι Bl, Λεορδοί C; Ἔορδοι Cor., Ἐορδοί Mein. || 25. Λίμια BCl, Ἐλίμια o; em. Casaub. e Steph. s. v. Ἐλίμεια. || 26. Ἐγχελέοις C, Ἐγχελέοις k. Legendum aut Ἐγχελέαις aut Ἐγχελείοις; hoc rec. Mein. || 29. δὲ] τε Cor. || 31. μήτηρ Ἀμύντου τοῦ Εὐρυδίκης codd.; em. Cor. || 22. Ἴρρα] Assumta ex vocabulo antec. litera σ, legendum est Σίρρα (*Sirrae*), ut monuit Dindorfius in Steph. Thes. v. Σίρρας, ex coque Meinekius. || 33. Νεοπτολέμῳ codd.; em. Mein. Νεοπτολέμῳ τῷ Ἀχ. conj. Spengel, probante Kramero. || 38. Legendum aut Λυγκήστιν aut Λύγκον, monente Kramero; hoc rec. Mein. || 39. Ἐλίμειαν] Αἰμίαν codd.; em. Tzsch. || 43. παραπλησίοις Cor. || 45. Ῥωμαίους Mein. probab. || 46. Ἰγνατία B. || 48. Λυχνιδοῦντα codd.; em. Tzsch. || 50. ὁ ῥᾳδίως codd.; e Tzsch. conj. em. Kr.
Pag. 272, 2. Ἀλυγκιστῶν Bl, Λυγκιστῶν C; em. Tzsch. || 3. Πελ.] πλειόνων codd.; em. Cor. || 6. τρίπολις Mein.; 8 et 16. Ἀλκόμεναι Stephan. s. v., Cor. || 9. Στύβαρα Mein.; Στυβέρρα Polyb. 28, 8, 8; *Stubera* Liv. 31, 39; Στόβηρα Suidas. || Κύδραι Strabo ap. Steph., Tzsch., Cor., Mein. || Βυρσῶν codd.; em. Tzsch. || 19. Ταμάρου codd.; em. Cor. || 33. ὁ om. B Cor. || 43. οὐχ add. Kr.; οὖ pro οὕτω e Plethone Tzsch. et Cor. || 44. ἐλλοῦς ἑλλὰς ἑλλοὺς codd.; em. Tzsch. || 48. [Οὐ μέντοι, ὁ Σκήψιός φησι, τῆς] ἐν κτλ. Mein.; in eandem sententiam similia proposuerunt Tzsch. et Grosk. || τῆς ἐν τοῖς] τοῖς ἐντὸς Cl; e Tzsch. conj. em. Cor.
P. 273, 4. Τόμουρος *E* et Eustath. ad Odyss. ξ, 327 (p. 1760 R) et Odyss. π, 403 (p. 1806 R). Cf. Stephan. v. Τόμαρος. || 6. τε] δὲ Cor., Mein., recte. || 7. ἐγένετο ἐλέγετο Cor. et Eustath. ad Odyss., p. 1760 R. || 9. τομόρους BCl; τομόρους *E* et Eustath. || 11. Ἀμφίλοχος codd.; ex Epit. em. Xyl. || 14. et Epit., ἥν codd. || 15. κτενέω Cor. || 16. ἀποτρωπῶσι θεοί et παύσασθαι ex Hom. edd. Coray. || 17. τομόρους C, τομόρας Tzsch. || 19. πολ.] βουλεύματα Eustath. l. l. p. 1806. || 21. τμάρους] τομαρούρους e Cas. conj. Corayus, coll. Epitome in qua : τόμουρος ἐκαλοῦντο ἐν συγκοπῇ ἀπὸ τοῦ τομάρχοι (τομάρουροι?), ὡς ἂν τοῦ Τομάρου φύλακες. Kram. et Mein. τμάρους, utpote ab interpolatore additum, ejiciendum esse putant. || 22. παρ' add. Tzsch. || 23. ὡς inseruit Cor, idem καὶ addidit ante καταχρ. || 29. τάττοιντο codd.; em. Cor. || 32. μέντοι Mein., ἐν τοῖς codd.; μὲν τοῖς Kr.; ἐν τοῖς Θετταλικοῖς Cor. Guarinum secutus. || 34. πελασγοῖς] Fort. leg. Θεσσαλίας, ut in lin. 35, v. Θεσσαλίας ejiciendum esse suspicatur Meinekius. || 38. Κινέας] Cf. Stephanus v. Δωδώνη : Κινέας δέ φησι πόλιν ἐν Θεσσαλίᾳ εἶναι καί φησιν τὸ τοῦ Διὸς μαντεῖον εἰς Ἠπειρον μετενεχθῆναι.
P. 274, 6. πελίας Kr. nescio quam recte; πελείας cod. Cf. Eustathius ad Odyss. ξ, 327 p. 1760 : οἱ δὲ τὸ παλαιὸν μὲν ἄνδρας προφητεύειν φασίν, ὕστερον δὲ τρεῖς ἀποδειχθῆναι γραῖας προφήτιδας, ἃς πελείας καλεῖσθαι γλώσσῃ Μολοττῶν, ὡς τοὺς γέροντας πελίους. Hesychius : Πελείους. Κῷοι καὶ οἱ Ἠπειρῶται τοὺς γέροντας καὶ τὰς πρεσβύτιδας. || 7. πελιγόνας] Cf. Hesychius : Πελιγάνες, οἱ ἔνδοξοι· παρὰ δὲ Σύροις οἱ βουλευταί. || 11. χαλκίον Mein. || 13. κροτοῦντα conj. Spengel. || 19. προσέλθοι Kr., προσελθεῖν cod., expuncto σ. || 24. Decem fere literarum capax spatium vacuum in cod.; Kramerus τὴν Πέλλαν suppleri voluit; melius Tafelius : νότον στενά. « Significantur, ait, Axianae angustiae, nomine Bulgarico *Prusak*, de quibus vide Thessalonicam p. 295 sq. Pellae nomen requiri Kramerus existimat, me dissentiente. Pella longe alibi quaerenda est. Per Axii vallem

INDEX VARIÆ LECTIONIS.

et angustias ad initium sinus Thermæi venitur, non ad Ludiæ lacum, ubi vetus Pella. Straboniana verba hunc sensum habent : « Ubi introitus patet ad angustias Axianas. » Nam στενὰ non idem est quod εἰσβολαί. Immo ex isto loco, ubi utraque urbs ante dicta, εἰσβάλλουσιν ἐπὶ τὰ στενά. Ergo εἰσβολαί est locus, unde egrediuntur, ut ingrediantur, στενά, locus quem ingrediuntur. Idem plane Macedoniæ locus idemque nomen (*Stena*) in Tab. Peut. occurrit sectione VII. » || 28. δὲ add. Kr. || 26. « Βόϊον ὄρος, nullo alio loco commemoratum, non diversum videtur ab eo quod supra (p. 272, 11) appellatur τὸ Ποῖον ὄρος. » *Kramer*. || 44. τινῶν] δεινῶν conj. Spengel. || 49. Aut ἐπὶ γέλωτι ejiciendum, aut γελᾶται corruptum est ; λέγεται conj. Mein.

P. 275, 5. Εὔρου cod., Ἔδρου mgo. || 18. Legerim ἰοῦσι et lin. 20 παραλληλογράμμου cum Cor. et Mein. || 27. Βόττωνα Kr., Βούτωνα codex. Cf. Etym. M. p. 206, 6, ubi : Τὸ δὲ ἐθνικὸν τοῦ Βόττεια διὰ τοῦ ι, ὡς Στράβων ἐν ζ'· καλεῖται δὲ ἀπὸ Βόττωνος τοῦ Κρητός. || 28. Leg. Παίονες δὲ [τὰ] περὶ, monente Kramero in Add. || 32. Ἡδωνες] leg. vid. Ὠδονες, ut Mein. monuit. Dein leg. Σίθωνες. || 35. ἐπῆλθον γάρ conj. Spengel.

P. 276, 9. Τιταρήσιον... Τιταρίου] Super T scriptum K. Etiam codd. Palat. lin. 30 habet Κιταρίου, sicut codd. *A* p. 379, 7. et Ptolemæus 3, 13. Τίταρον alii codd. et Eustath. ad Il. β, 754 p. 336, 27 R. || 15. Locus luxatus redintegrandus ex Eustathio ad Hom. p. 337, 12, qui e Strabone affert hæc : Πηνειὸς φέρεται ἐν ἀριστερᾷ μὲν ἔχων Ὄλυμπον, ἐν δεξιᾷ δὲ Ὄσσαν, ἐπὶ δὲ ταῖς ἐκβολαῖς τοῦ Πηνειοῦ ἐν δεξιᾷ Μαγνῆτις πόλις ἡ Γυρτών. Unde Mein. et Kr. in Add. nostro loco supplent : [ἐν δὲ δεξιᾷ τὴν Ὄσσαν, ἐγγὺς] τῶν ἐκβολῶν. || 18. ἐβασίλευσεν cod.; ἐβασίλευσαν Eustath. ad Il. β, 752 p. 337, 14 R. || 21. Θρήκης Mein. || 30. Κιταρίου cod. || 36. Leg. ἀπέχει δὲ σταδίους ἑκατὸν τῆς Γυρτῶνος ἢ Κραννών, uti e Strabone habet Stephanus v. Κραννών. Idem Stephanus e Strabone affert hæc : Ὁ μόλιον, πόλις Μακεδονίας καὶ Μαγνησίας. Στράβων ἑβδόμῃ. || 45. φησί (sc. Strabo) Mein. || 48. μείζονα codex ; μειζόνων Eustathius ad Il. β, 596, p. 299 8 : Ὀρφεὺς τὰ πρῶτα μὲν ἀγυρτεύων διέζη, εἶτα καὶ μειζόνων ἀξιῶν ἑαυτὸν καὶ ὄχλον καὶ ἡγεμονίαν περιποιούμενος διεφθάρη ἐξ ἐπισυστάσεως, ἀνὴρ γόης ἀπὸ μουσικῆς τε καὶ μαντικῆς καὶ τῶν περὶ τὰς τελετὰς ὀργιασμῶν.

P. 277, 3. Τριχλάρων] De his aliunde non constat. Conjeceram legendum esse Ἀγριάνων; at quæritur num Agrianes usque ad fontes Erigonis occasum versus pertinuerint. Strabo, qui de Erigonis cursu superiore jam dixerat p. 272, 1, nostro loco, qui ex alio fonte petitus esse videtur, nescio an Τριχλάρων nomine intelligi voluerit Pelagones trifariam divisos. Nam non modo Thessaliæ, sed Pæoniæ etiam Pelagoniam τρίπολιν fuisse testatur Stephanus Byz. v. Τρίπολις, ipseque Strabo Pæoniæ Pelagoniam τριπολίτην memorat p. 271, 24, cum eaque alio loco (p. 272, 6) tripolim Thessalicam confundit. Hæc si recte conjeci, Pelagones h. l. Τρίχλαροι vocantur, sicut Bessi vocantur Τετραχωρῖται vel Τετράχωροι (v. not. ad p. 285, 10), sicuti Ponti populus Ἑπτακωμῆται dicuntur, sicuti Τριχλαρία vocabatur Diana cui tria oppida Achaiæ communia offerebant sacra (Pausan. 7, 19, 1). || 4. τῆς Πελλαίας] « Pro Πελλαίας legi vix aliter poterit quam Πελαγονίας. Jam etiam intelliges quare Strabo nude dicat τὴν πόλιν. Est urbs terræ cognominis Pelagonia, (Heraclea Lyncestis, *Bitolia* s. *Buteli* Bulgarorum, Turcarum *Toli-Monastir*. » Hæc TAFELIUS, probantibus Kramero et Meinekio, quorum hic Πελαγονίας istud in verba Strabonis recepit. Mihi quoque Tafelii conjectura, quam in latinis indicavi, arridebat ; sed accuratius re perpensa, in codicis scriptura acquiescendum esse censebis. Nimirum Strabonem de fluviis hujus regionis accuratiora non habuisse comperta luculenter patet ex iis quæ de Haliacmone inter Dium et Pydnam egrediente prodidit. Nec meliora novit de Erigone, quem Axio misceri putavit, non in Pæonia, sed , ut codex habet, in Pellæa regione haud procul ab ora maritima. Reapse ita Strabonem statuisse primum ex eo quod fluvii ejus in descriptione oræ maritimæ mentio fit, conjicimus, deinde autem e Ptolemæi tabulis intelligimus; nam is quoque, sicuti Strabo, Haliacmonem inter Dium et Pydnam exire statuit, Erigonem vero in Axium delabi censet paullo supra Pellam urbem, adeo ut confluentes tum a Pella tum a maris litore vix centum absint stadia. Sic certe delineatum est in vetustis Tabulis quæ Bertianæ Ptolemæi editioni adjunguntur, et eodem fere modo in ceteris tabulis. Non satis his concinunt quæ in græcis edi solent, ubi positiones ita exhibentur : Pella 49° 20' long., 40° 5' lat. Axii ostia 49° 20'. 40° 10'. Axii et Erigonis confluentes 49° 15'. 41°. Secundum tabulas confluentes ponendi sunt non in 41°, sed in 40° 10' lat. Miror nullam exhiberi a Wilbergio lectionis varietatem, quamvis optima Ptol. editio Argentina (anni 1513), quam unam inspexi, pro 41° legatur 40° 30'. Ceterum apud Ptolemæum Pella est a dextra Erigonis, dum apud Strabonem Erigon urbem in *sinistra* relinquere dicitur. Hoc ne mireris, tenendum est Axium e mente Strabonis esse a meridie Pellæ inter Pydnam et Methonem vel certe inter Methonem et Alorum. Nam Pieria, in qua Pydna urbs, usque ad Axium pertinere dicitur (lin. 43); Methone jam pertinere videtur ad sequentem regionem (l. 44); certe Alorus expressis verbis Bottiææ assignatur (l. 12). Erigon in Axium a borea influere putandus est. Hæc Tafelii causa monui. || 6. εἴκοσι] η' et supra pr. m. κ' codex. || 8. Cf. Stephanus Byz. : Ἄλωρος, πόλις Μακεδονίας· « Ἔστι δὲ τὸ μυχαίτατον τοῦ Θερμαίου κόλπου. » || 10. διὰ] « Literæ δὲ perierunt in codice, sicut ea, quæ paulo post uncinis inclusa sunt. Ceterum mira sunt quæ hic traduntur. » KRAMER. « Verba λέγεται... ἐπιφάνειαν, ab hoc loco prorsus aliena, per errorem ex sequenti fragmento huc translata esse suspicor, in quo de Thessalonicæ urbis nomine agitur, quam Cassander ab uxoris suæ Philippi filiæ nomine appellavit. Philippus autem Thessalonicæ nomen filiæ imposuerat a Thessalis devictis. Tale quid Stephanus Byz. dixisse videtur ab epitomatore misere truncatus et in hunc ferme modum redintegrandus : Κασάνδρου κτίσμα, ἀπὸ τῆς ἑαυτοῦ γυναικός, Φιλίππου δὲ τοῦ Ἀμύντου θυγατρός, ἣν τοὺς Θεσσαλοὺς νικήσας οὕτως ἐκάλεσε. Hæc vel his similia si Strabonem quoque prodidisse statuere licet , epitomator ejus, sive malis glossator, scribere potuit λέγεται δὲ Θεσσαλονίκεια διὰ τὴν ἐπιφάνειαν [τῆς κατὰ Θεσσαλῶν νίκης], quæ verba primum in margine scripta, postea truncata in alium locum suffecta sunt. » MEINEKIUS. Vind. p. 93. Strabonem id quod Meinekius verbis istis inesse putat, neque dixisse et collatis fr. 21 et 24 colligas ; neque glossator id dicere potuit, nisi glossam statuas loco suo motam esse ; quod cur putemus causa non est, quum ea quæ l. l. Strabo affert ita sint commodata ut annotationi marginali ansam præbere potuerint. Falsissimum enim est quod Strabo dicit Alorum in intimo sinus Thermæi recessu positam; quæ positio quum uni conveniat Thessalonicæ, fieri potuit ut glossator Alorum a Thessalonice non diversam esse putaret, adeoque adscriberet : λέγεται δὲ Θεσσαλονίκεια [ἡ δι]ὰ τὴν ἐπιφάνειαν [νῦν καὶ τῷ κόλπῳ (*golfe de Saloniki*) τοὔνομα διδοῦσα vel ejusmodi aliquid.]. Sin errorem Strabonis perspexit, scribere potuit : λέγεσθαι δ' ἔδει Θεσσ., κτλ. Alorus oppidum ad

Thermæi sinus partem maxime occidentalem alicubi positum erat; Thermæus vero sinus in tabulis Ptolemæi non a meridie versus boream, sed ab ortu ad occasum porrigitur. Ejusmodi tabulis utens Strabo Alorum esse τὸ μυχαίτατον τοῦ κόλπου dixit. Quod Stephani locum attinet, Meinekii tentamina violentiora sunt quam ut admitti possint. Cautius vir doctus egit in edit. Stephani. Ceterum quod ibi in verbis Θεσσαλονίκη,... ἥτις ἄρα ἐκαλεῖτο Ἀλία pro ignoto isto Ἀλία legi voluit Θέρμα, non probo. Nomen istud legitur etiam in cod. Paris. Simeonis Logoth. p. 74) ubi: Θεσσαλονίκη δὲ καὶ Ἄλεια καὶ Φίλα (An Θέρμα ?) καλουμένη. Legendum vero esse Αἴνεια ex alio ejusdem loco (p. 72) patet, ubi hæc: Ὁ μέντοι Κάσσανδρος Θεσσαλονίκην τὴν τοῦ Ἀλεξάνδρου θυγατέρα (immo Alex. sororem, Philippi filiam) ποιησάμενος γυναῖκα, εἰς ὄνομα ταύτης κτίζει τὴν Θεσσαλονίκην· οἱ δὲ Αἰνείαν φασὶ μετὰ τὸ ἀποφυγεῖν τὸν Τρωικὸν πόλεμον· ὅθεν καὶ ἡ χώρα Αἴνεια λέγεται· τὸ δὲ ἐν τῇ Παλίνῃ (l. Παλλήνῃ) φρούριον, παρ' αὐτοῦ τοῦ Αἰνείου οἰκοδομούμενον· ἐπεὶ [γὰρ] παρὰ τῶν ὑπ' αὐτῷ ἀκήκοε γεγενῆσθαι αὐτῷ θυγατέρα καὶ Κάσσανδραν ὀνομασθῆναι, καὶ αὐτὸς Κασσάνδρειαν τὸν τόπον ὠνόμασε, καὶ στήλην λιθίνην γυναικὸς σχῆμα ἔχουσαν καὶ πρὸς Τροίαν βλέπουσαν ἐπάνω τοῦ τείχους ἔστησεν. || 22. Lege τήλοθεν. || 37. Αἴνεια. || 44. ἡ νῦν Κίτρον καλεῖται glossatoris fuerint. || πόλεις Kr, πόλις cod.

P. 278, 20. τῆς γῆς, etc.] τῇ πηγῇ ἐπικίδαται, ἀλλὰ τὸ τῆς πηγῆς τῷ Ἀξιῷ em. Politus ad Eustathium t. 2, p. 779; Corayus dedit: κάλλιστον τῆς γῆς τῇ ὄψει ἐπικίδαται, ἀλλὰ τὸ τῆς πηγῆς τῷ Ἀξιῷ. Cf. Eustathius ad Il. β, 850 p. 360, 14: Ἐν δὲ τῷ ἐπικίδαται αἴη ἢ αἶαν (διττῶς γὰρ ἡ γραφή) αἶάν τινες οὐ τὴν γῆν ἐνόησαν, ἀλλὰ τινα πηγήν, ὡς δῆλον ἐξ ὧν ὁ γεωγράφος φησί, λέγων, ὅτι ἡ παρ' Ὁμήρῳ Ἀμυδῶν Ἀβυδῶν ὕστερον ἐκλήθη, κατεσκάφη δέ. Πηγή δὲ πλησίον Ἀμυδῶνος, Αἶα καλουμένη, καθαρώτατον ὕδωρ ἐκδιδοῦσα εἰς τὸν Ἀξιὸν, ὃς ἐκ πολλῶν πληρούμενος ποταμῶν θολερὸς ῥέει. Φαύλη οὖν, φησίν, ἡ φερομένη γραφὴ « Ἀξιοῦ κάλλιστον ὕδωρ ἐπικίδαται αἴῃ, » ὡς δηλαδὴ τοῦ Ἀξιοῦ ἐπικιδάντος τὸ ὕδωρ τῇ πηγῇ, ἀλλ' ἀνάπαλιν· εἶτα ὑποδυσάμενος αἰτιώμενος ὁ γεωγράφος καὶ τὸ νοῆσαι τὴν αἶαν ἐπὶ τῆς γῆς ἔοικε παντελῶς ἐθέλειν ἐκβαλεῖν τοῦ Ὁμηρικοῦ ἔπους τὴν τοιαύτην λέξιν. || 26. Leg. Αἰνείαν. || 29. Ἀμφιάμαντα cod.; em. Kr. || 35. Καλασυράτου cod.; em. Kr.

P. 279, 9. Μηκύπερνα codex, quod servavit Meineke; Μηκυπερναῖοι habes in inscript. ap. Franz. Elem. Epigr. p. 121, 9. || 13. τῆς πέριξ Mein; recte, ut vid. || 41. Θύσσαν cod. || 42. Ὀλόρυξον Tzsch.; Ἀκρεσθώους cod. || 48. τετρακόσια (υ') ferri nequit; legendum est ψ' (700). || 51. Νέσσου cod.

P. 280, 1. Μυρχῖνος Ἄργιλος cod.; em. editt. || 4. Δάτον ἀγαθὸν cod.; em. editt. || ἀγαθοιδᾶς cod.; ἀγαθϊδᾶς Mein. || 7. Leg. χρυσεῖα x. ἀργυρεῖα || 12. sqq. Inclusa supplevit Kr. || 15. Cf. Eustathius ad Il. β, 596 p. 299, 7 R.: καὶ ὅτι ἐν τῇ ἀκτῇ τῇ περὶ τὸν Ἄθων Θάμυρις ὁ Θρᾷξ ἐβασίλευσε, τῶν αὐτῶν ἐπιτηδευμάτων γενόμενος, ὧν καὶ ὁ Κίκων Ὀρφεύς. || 25. « ἐνὸν non plane certum est; nihil tamen reperire potui quod melius conveniret compendio quo breviator usus est. » Kram. || 33. Νέσου cod. || 45. ἑκατόν] An τριακοσίους (T pro P)? Kram. Id same res postulat; neque aliter statuit Ptolemæus. || λίμνην] λιμένα conj. Tafel, recte, ut videtur. || 52. Ὀδομάντεις cod.; Ὀδομάντεις Kr.; leg. cum Mein. Ὀδόμαντες.

P. 281, 2. διαιρεῖ] Leg. διαρρεῖ e conj. Kr. || 4. Γαροβηθία cod.; em. Kr. || 12. Locus turbatus. Lege: τὰ περὶ τὸν Λόβηρον, ἐν δεξιᾷ δὲ τὰ περὶ τὴν Ῥοδόπην καὶ τὸν Αἶμον. Ἐντὸς δὲ, κτλ., nisi fort. verba καὶ τὴν Ρ. καὶ τ. Αἶμον ὄρος ejicienda sunt. || 19. Μέδων καὶ Σίντων cod.; em.

Kr. || 26. Ὀρεστίαν Kr., Ὀργεστίαν cod. Ceterum de hoc Pelagoniæ nomine aliunde non constat. || 29. καὶ [γὰρ] αὐτοὺς conj. Spengel.; Πηλεγόνας, supr. scripto Πελαγόνας cod. || 43. Φίλιπποι supplevit Kramer., vix recte, populi nomen excidisse videtur. || 46. ὅτι ἡ νῦν cod.; em. editt. || 49. Inclusa suppl. Kr.; in cod. septem octove literarum spatium relictum. || 53. Δικαιάπολις cod. || 54. Ἰωλκῷ cod.; κόλπῳ em. Schneidewin.

P. 282, 8. Καρ supplevit Kr.; spatium in codice vacuum est. || 12. « Post ἠδύ literæ tres quattuorve blattæ morsu perierunt; præterea γιον supra γειον scriptum est. » Kram. Quid lateat, nescio. || 26. Lacunam codex habet. || 31. Typothetarum errore bis habes Καράκωμα pro Χαράκωμα. Ceterum in καὶ ἄλλο Χαρακ. hæreo; fuit, ni fallor, καὶ Σάλη χαράκωμα (v. Herod. 7, 39). Nomine Σάλη in ἄλλο corrupto, excerptor in χαράκωμα vidit nomen proprium. || 36. ἑκατὸν] Pro ρ' fuerit σ' (200). || 42. Καρπίλοι cod.; em. Kr. || 46. Ἀστῶν Kr.; Γετῶν cod. || 47. Βιζύης cod. || 50. Βηρισιάδης καὶ Θησεὺς cod.; em. Kr. et Tafel. || 52. Ῥηγῖνα vel Ἐργῖνος legi vult Wesselingius ad Hierocl. p. 632, refragante Tafelio in libello de Constantino Porphyrog. p. XXVIII.

P. 283, 15. « Ἀλωπεκόννησος ex cod. notavi, quod cum ferri nequeat, illud scripsi ex Suida v. Αἶνος: et Ἀλωπεκόννησος. » Kr. || 19. εὐρόνοτον] λιβόνοτον conj. Meineke, recte, si ad nostras tabulas geographicas res exigenda esset; sed aliter statuisse Strabonem ex Ptolemæi tabulis intelligitur, in quibus Chersonesus πρὸς εὐρόνοτον spectat. ||

P. 284, 6. διακόσιοι sive σ' delendum est; ortum ex litera antecedente male repetita. || 19. Leg. καὶ [Βα] θυνίας; e conj. Kr. || 23. Ante μέχρι excidisse videtur καὶ ἐντεῦθεν. || 47. Versus Pindaricos excudere tentarunt Meinekius in Zeitschrift f. Alterthumskunde 1844, p. 15 et Schneidewinus in Gœtt. Gel. Anz. 1844, p. 263.

P. 285. Ἥρως] Ex Homero leg. Ἥρως || 10. προτέραν Strabo ap. Stephan. Byz. v. Κορπιλοί. Præterea Stephanus e septimo Strabonis libro affert hæc: Τετραχωρῖται, οἱ Βεσσοί, ὡς Στράβων ἑβδόμῃ. Οὗτοι λέγονται καὶ Τετράκωμοι. His adde libri septimi mentionem quæ exstat apud Athenæum 14, p. 657, F: Λέγει γὰρ (Στράβων) ἐν τῇ ἑβδόμῃ τῆς αὐτῆς πραγματείας [sc. τῶν Γεωγραφουμένων] ἐγνωκέναι Ποσειδώνιον, τὸν ἀπὸ τῆς Στοᾶς φιλόσοφον, οἷς πολλάκις μεμνήμεθα, συγγενομένου Σκιπίωνι τῷ τὴν Καρχηδόνα ἑλόντι. || 24. πάντα [τὰ] ἐν conj. Spengel., probabiliter. || 26. Aut leg. τὴν Μακεδονίαν cum Casaubono, aut verba hæc ejicienda; ejecit Meinekio. || ἀποδώσομεν A, sed ex context. ἀποδώσομεν. « ἀποδώσομεν, φησι, νυνὶ, CElmsv: præterea inde ab hoc verbo usque ad ἐγχειρητέον leguntur, tamquam argumentum reliquis præfixa sunt in Im, atque adeo in hoc minio scripta. » Kramer. || 34. τρόπον B m. sec. et Ald. || προσελάβομεν D.

P. 286, 5. Μαλιέων E; Μαλιαίων ABCsuv; Μαλιέων l; Μηλιέων A m. sec. et E m. sec. || τὰ addidi e conj. Mein. in Vind. || 7 [Τῆς] Ἑλλάδος μὲν οὖν, sic ex E Kramerus, qui de suo addidit articulum, quippe quem Strabo nomini Ἑλλάς constanti usu jungat. Eundem vero Strabonem μὲν οὖν constanter ponere inter articulum et substantivum, ideoque istud Ἑλλάδος meram Epitomatoris conjecturam videri monet Meinekius. ἐπιδουομὲν οὖν Ag, ἐπὶ δυσμάς h, ἐπὶ δύσμι i, ἰδοὺ μὲν οὖν Clsv, ἰδίᾳ μὲν οὖν B Cor; ἐπὶ τούτοις μὲν οὖν B in marg., ποφυ Ald. In scriptura codicis A id ipsum latere quod E exhibet opinatur Kramerus. Meinekius dedit : * ἐπιδουο μέν. Subesse videtur adjectivum vel participium; possis ἐπιδιηρημέν[α μὲν] οὖν. Meinekius in Vind. conj. ἐκ παλαιοῦ μὲν οὖν, quod non placet. || 13. ἐποικίσαντες

Cor. || 19. έθη n, έθνη cett. codd. || 22. μὲν εἶναι] μεῖναι conj. Mein. in Vind. || 26. ἑτεροεθοῦς Mein. || 27. πλήθους] ἔθνους; BCElsv. || 38. ἐκπεπτωκόσιν ABCsv et pr. m. E. || 45. δέ τι Cor.; δ' ἔτι codd. || 47. Leg. τοσαῦτα cum Corayo. || 49. λαβόντες] ἀναλαβόντες bkno; λέγωμεν δὴ διαλαβόντες Mein.; nescio an recte.
P. 287, 2. γῆν] τὴν Mein.; fort. γῆν τήν. || 4. σύμβολον BCElsv. || 5. προπεσοῦσα BEl. || 7. τῇ δ[ὲ εἰς τὸ Μυρτῷον πέλαγος (sive πρὸς τὴν Σαρωνικόν), καὶ] ἀποτελεῖ etc. legendum suspicatur Corayus, probante Groskurdio. Ac sane nisi ejusmodi aliquid suppleveris, male stat sententia. || 8. ταῦτα'] ταῦτα τὰ vel potius τὰ Mein. conj. in Vind.; τὰ dedit in edit.; fort. erat διὰ ταῦτα. || 10. καὶ τὸ ἐκτὸς [ἰσθμοῦ μέχρι Πυλῶν. ἄλλο δέ τι (vel τρίτον δὲ) τὸ ἐκτὸς] Πυλῶν μέχρι proponit Kramer. At Strabo nonnisi duo systemata distinguit, quod vel ex comparativis μεῖζον, ἐπιφανέστερον patet. Casaubonus conj. καὶ τὸ ἐκτὸς μέχρι Πυλῶν καὶ τῆς ἐκβολῆς; Groskurdius : τὸ ἐκτὸς [τὸ ἀπὸ Ἰσθμοῦ διατεῖνον διὰ Θερμο]πυλῶν μέχρι κτλ. Sed quomodo alterum hoc systema Θετταλικόν dici potuit ? Curtius (Pelop. 1, p. 31) et Meikius verba Πυλῶν et καὶ τοῦτ σ δ' ἐστὶ τὸ Θετταλικόν ejiciunt. Fieri sane potest ut quidam Helladem nonnisi usque ad Thermopylas pertinere existimans verbum Πυλῶν substituere voluerit verbis τῆς ἐκβολῆς τοῦ Πηνειοῦ, utque cetera quæ ejici vult Meinekius cento sint scholii. At quum et quæ antecedunt et quæ sequuntur in Strabone lacunis lacera sint, eadem labe etiam nostrum locum laborare probabilius est. Jam vero e Scylace et Dicæarcho constat quæstionem a multis agitatam fuisse, num Thessalia annumeranda Helladi esset necne. Hanc igitur quæstionem Strabonem quoque tetigisse puto, adeo ut locus in hanc sententiam refingendus sit : καὶ τὸ ἐκτὸς [τὸ μέχρι τῶν Πυλῶν καὶ τὸ ἀπὸ τῶν] Πυλῶν μέχρι τῆς ἐκβολῆς τοῦ Πηνειοῦ · [τῆς γὰρ Ἑλλάδος] καὶ τοῦτό ἐστι τὸ Θετταλικόν. Possis etiam : καὶ τοῦτο γάρ ἐστιν Ἑλλαδικόν. Sed illud malo. Aliud in latinis tentaveram, quod nunc retracto. || 11. ἔστι δὲ καὶ μεῖζον || « Hæc variis conjecturis frustra tentarunt Tzsch., Cor., Grosk.; sana sunt omnia. » KRAMERUS, qui hæc scribens insanus erat. Ipse Strabo lin. 37 Peloponnesum dicit ἐλαχίστην, ἐπιφανεστάτην δέ. Corayus in sqq. τὸ ἐκτὸς legit; quod ferri nequit. Groskurdius : ἔστι δὲ καὶ μεῖζον [ἐνδοξότερον δὲ] καὶ ἐπιφ. Tzschuckius : ἔστι δὲ καὶ μεῖον καὶ ἐπιφ. At καί, sive μεῖον sive μεῖζον legeris, ineptum est. Legerim ἔστι δὲ μεῖον, ἀλλ' ἐπιφ. || 14. Ante χωρὶς quædam exciderunt. Groskurdius proponit : ἀλλὰ χωρὶς καὶ πᾶσα αὕτη συμπάσης τῆς Εὐρώπης. Kramerus : ἡγεμονίαν δὲ τρόπον τινὰ τῆς Εὐρώπης ἔχει ἡ ἅπασα Ἑλλάς. Curtius l.l. p. 31 : ἡ δὲ Ἑλλὰς τῆς συμπάσης Εὐρώπης. || 16. τε] γὰρ BCElv Mein. || 17. ταῖς σημειωδεστάταις Cor. || 18. διαπεποικιλμένην ex BCElv, διαπεποικιλμένων A; e Tzsch. conj. em. Mein. || 21. Παγῶν Epit. et sec. m. in C; πάντων ABCEl. || 25. Κρισσαίου BE et sic alibi. || 25. ἡ δ' ἔπιν. BCE editt. ante Kr. et Meinekius; recte. || πεντακοσίων ὀκτὼ] ὀλίγῳ πλειόνων ἢ πεντακοσίων σταδίων Pletho.; Groskurdius delet vocem ὅσον, ut quæ non conveniat stadiorum numero tam accurate definito. Suspicor Strabonem scripsisse φν' (550), vel φχ' (550), quum ν' x' η' confundi sexcentis jam locis viderimus ; corruptum illud ὀκτὼ Plethonem jam reperisse nihil est quod miremur. || 27. Fuisse τὴν μὲν [Ἀττικὴν καὶ] Βοιωτίαν probabilis est conjectura Meinekii et Spengelii. || 44. ἐπὶ Ἰσθμὸν] ἐπὶ Μαλέαν Pletho, pessima conjectura, quam rec. Tzsch. || 45. Μαλεῶν] Ταινάρου Pletho, Tzsch. || 49. κατὰ τὸν ... ἑτέραν θάλασσαν om. BClsv.
P. 288, 8. [αἱ] Ἔχιν. Cor., Mein. || 11. μετὰ δὲ Ἠλείαν B (ἑξῆς δὲ μετὰ τὴν Ἠλείαν ex correct. sec. m.) CEl;

ἑξῆς δ' ...... μὲν τὴν Ἠλείαν A. « Quæ inter δ et μὲν legebantur cum membrana h. l. corrosa deleta sunt. In schedula agglutinata sec. m. μὲν τὴν et infra μετὰ δὲ Ἠλείαν : inde μετὰ τὴν Ἠλείαν no editt. » Kramer. || 22. πόρον; κόλπον conj. Cor. ad vers. gall.; potius ἢ post πόρον inserendum videtur, ut censent Grosk., Kr., Mein. Verba μέση .... ἔθνεσιν Grosk. post μέχρι τοῦ ἰσθμοῦ καὶ αὕτη transposuit. || 36. Ῥίον om. BCEl ; in B additum m. sec.; δὲ [καὶ] Μολ. Ῥ. Mein. || 37. προϊοῦσα BCEl. || 40. τερμόσιν] τέρμασιν editt. ante. Kr. || 41. Ἀράξου ποταμοῦ Buk. || 42. χιλίων καὶ τριάκοντα B, sed sec. m. correct. || 44. Verba Ἀκαρνᾶνές εἰσιν ejicienda esse censeo. Groskurdius corrigi voluit : ἐπὶ τὸν Εὔηνον Αἰτωλοί εἰσιν, εἶθ' ἑξῆς ἐπὶ τὸ Ἀντίρριον [αὖθις] Αἰτωλοί. || 45. Præter Phocenses memorandi erant Locri, adeoque cum Plethone Tzsch. Cor. scripserunt : Λοκρῶν ἐστι καὶ Φωκέων καὶ Βοιωτῶν. || 48. Ante Ἀλκυονὶς et post θάλασσα exciderunt fere hæc : Κρισαῖος κόλπος ἐστίν· ἡ δὲ ἀπὸ Κρευύσης πόλεως θάλασσα, monentibus Grosk. et Kramero. || 49. Inclusa supplevit Kr.; in A quinque vel sex literarum lacuna est; κόλπου ἀπέχουσα τοῦ ἰσθμοῦ no; κόλπου διέχουσα ἀπὸ τοῦ ἰσθμοῦ B editt. ante. Kr. || 50. Inter τοῖς et μὲν novem fere literæ in A deletæ sunt, attamen χ litera ex parte superest et ὡς additum man. sec.; inde χιλίοις om. Bghno ; e Casaub. conj. suppl. Cor. || ὡς μὲν οὖν B. || 52. θέσις ἐστὶ καὶ B. Verba γῆς ... κόλπος in B. omissa man. sec. in margine apposuit, scripto τῆς pro γῆς. || 53. εἶτα] μετὰ δὲ ταῦτα τὰ Bkt; τὰ om. A. Ceterum ita habent Clms : τὰ καθ' ἕκαστα ἐρεῖ, φησί, τὴν ἀρχὴν ἀπὸ τῆς Ἠλείας ποιησάμενος · τὸ γὰρ μέχρι νῦν, ὡς τύπῳ εἰπεῖν, τοιαύτην καὶ τοσαύτην καὶ (καὶ om. s) τὴν τῆς Πελοποννήσου θέσιν (τάξιν s, sed θέσιν in margine) ἐξέθετο καὶ τῆς (om. lm) ἀντιπόρθμου. Similia leguntur in Plethone.
P. 289, 5. τοῦτο δὲ τὸ π.] τὸ δὲ παλαιὸν BCl. || 9. πόλιν] Leg. esse Ἤλιν monuit Cor. || 10. ἡ δὲ παρ'] τὴν δὲ παρ' codd. || 17. παρ'] περὶ Epit. et Eustath. ad Il. β, 77. || 22. ἣν om. BCklm. ἔστιν editt. ante Kr. || 28. ὀνομάζει no ; νομίζειν [δεῖ] Mein. || 35. ὀκτὼ (ἡ) post συνεπολίσθη supplevit Cor.; fort. erat : Ἦλις [ἐξ] ὀκτὼ περιοικίδων συνεπολίσθη. Sed incerta hæc ; neque magis liquet de sqq., ubi quod Kramerus dedit προσκτις[θεισῶν], lacunam codicis A explet, at sensum non fundit; dicendum foret μία δὲ τῶν πρ., monente Meinekio; qui addit : « At mirum profecto unam præ ceteris commemorari περιοικίδα, eamque aliunde ne nomine quidem notam. An fuit igitur : Ἦλις ἐκ τῶν περιοικίδων συνῳκίσθη μία πολλῶν · προσέκτι[σαν δὲ καὶ] Ἀγριάδες? » Fort. μία δὲ ταύταις (sc. prioribus octo) προσεκτίσθησαν αἱ Ἀγριάδες. Aut : μία δὲ τούτων προσέτι σ[υμμένει], Ἀγριάδες. Quodsi Ἀγριάδες nomen corruptum est, fortasse reponendum Ἀνιγριάδες, coll. p. 297, 45. 298, 6. Ceterum verba μία ... Ἀγριάδες om. BClm Pleth. « In A inter προσκτισ et ἀγριάδες sex septemve literæ cum ipsa membrana deletæ; in margine agglutinato σ alterum obtectum sec. m. non est restitutum, præterea scribendi modo scriptum. Inde μία τούτων προσκτι ...... άδες, gk; quibus concinunt hi ita ut άδες omittant; μία τούτων .... ρεῖ no; inde μία τούτων. ρεῖ κτλ. Ald. Quam scripturam integram non ratus Corayus οὖσα post τούτων addit; Groskurdius autem ex iis quæ g exhibet hæc procudit incredibili temeritate : ... μία τούτων. Προσκτί[ζεσθαι δὲ καί τινες διεπράξαντο Ἀρχ]άδες. » KRAMER. || 38. δὲ] τε codd.
P. 290, 8. « Inde a voce δεῖ alia manus incipit in C, ab ea qua priora scripta sunt prorsus diversa, quæ pertinet usque ad finem libri noni. Tam presse autem in tota hac parte sequitur codicem A cum in verbis

ipsis tum in lacunis notandis, ut ex illo omnia haec manasse liquidissime appareat.» KRAMER. ‖ 17. Ὠτον] Xyl.; Βοιωτῶν, et supr. Βοιωτὸν, Α; Βοιωτῶν chno, Βοιωτὸν g et sec. man. k; nomen om. BEl Ald. ‖ 20. κώμη] καὶ κώμη B, Eustath. ad II. β, 603 p. 227, 43 R. ‖ 24. καὶ τῆς] ita corrosa sunt in A ut nonnisi x literae vestigia supersint; om. cg; τῆς om. hi; καὶ τῆς τῶν bno, editt. ante Kr. ‖ 25. Novem fere literarum lacuna in A; ε[ἰσὶν, οὐ πλεί]ους suppl. putat Kramerus probabiliter; ἐκ Κυλλήνης στάδιοι cgh, ἐκ Κυλλήνης εἰσὶ i, quod rec. Cor., verba ἐκ Κυλλήνης uncis includens. ‖ 26. Ἐλείσων ἢ Ἔλεισα A m. pr.; Ἐλίσων ἢ Ἔλεισα A m. sec.; Ἐλίσσων ἢ Ἔλισσα b. ‖ 28. Μεταξὺ etc.] Μετὰ δὲ τὸν Χελωνάταν καὶ τὴν Κυλλήνην conj. Leakius *Travels in Morea* I, 7. At cum Strabone facit Ptolemaeus 3, 14, p. 236 ed. Wilb. Unde hoc certe patet nihil esse mutandum; alia quaestio est, num revera olim Peneus inter Chelonatam et Cyllenen exierit, ut censet Curtius *Pelop.* t. 2, p. 105. Quod ut perfracte negare non ausim, sic Strabonis et Ptolemaei consensu non probari contendo; persaepe enim fit ut de rebus falsissimis auctores isti consentiant, ut supra de cursu Haliacmonis et Erigonis (p. 277, 1). ‖ 30. Ἔφυρα] Rectius ubique scripseris Ἐφύρα. ‖ 33. ἐπὶ τὸν Λασίωνα] ἐπὶ Λασίωνα Mein.; ἐπιθαλασσίωνα codd. Cf. schol. ad Hom. II. o, 531 : ὁ Σελλήεις, ὅς ῥεῖ ἀπὸ Λασιώνος ὄρους. ‖ 33. Βοινώᾳ] Βοινώᾳ vel Βοινόᾳ Cor., recte, ut opinor. ‖ 36. λέγεσθαι] γενέσθαι Cor. ‖ 36. Verba ἐκεῖ γὰρ ... στρατεῖαι Meinekio transposuit post v. Σελλήεντος (lin. 38). ‖ 40. θώραξ addidit Cor. ‖ 40. ἡ Ἀθηνᾶ add. Mein. ‖ 45. ὄφρα οἱ εἴη ἰοὺς χρίεσθαι om. Bklnou, editt. ante Kr.; in marg. habent Bk.

P. 291, 1. Alterum ἄνδρα ejiciendum. ‖ 8. Aut leg. οἱ καὶ Κρ., aut καὶ ejiciendum, monente Meinekio. ‖ 13. συντιθεὶς] προστιθεὶς Pletho, συντιθεὶς [ἢ προστιθεὶς] Cor.; [ἢ] συντιθεὶς ἢ πρ. Grosk. ‖ 14. μεσηγὺς ... Ἴμβρου om. Bklu, Pletho. ‖ 24. καὶ [τὸ] περὶ? Mein. ‖ 25. οὖν fort. delendum opinatur Meinekius. ‖ 30. Verba φησὶ γὰρ ... Οἰχαλίης ejecit Mein. ‖ 32. ἦν] Leg. aut ἢ aut ἦν ἡ; hoc Corayus, illud Mein. maluit. ‖ 36. Μεταξὺ δὲ τοῦ Πηνειοῦ καὶ τῆς τοῦ Σελλήεντος ἐμβολῆς Curtius, prohante Meinekio (nisi quod pro τῆς τοῦ Σ. dedit τῆς Σ.) nec non Kramero, nisi quod pro ἐκβολῆς maluerit εἰσβολῆς. Posses etiam συμβολῆς. At perperam Strabonis verba sollicitantur. Secundum codicum lectionem et Peneus et Selleis suo quisque ostio in mare exeunt; veram opinionem Strabonis fuisse clare patet ex p. 290, 29, ubi : Μεταξὺ δὲ τοῦ Χελωνάτα καὶ τῆς Κυλλήνης ὅ τε Πηνειὸς ἐκδίδωσι καὶ ὁ Σελλήεις, quae sic Strabo dicere non potuit, si Selleentem in Peneum influere putavisset. Error hic Strabonis cum altero illo de Penei ostio componendus est. Ceterum Pylum reapse inter Penei et Selleentis confluentes situm fuisse et ipse statuo. ‖ 37. τὸ Σκόλλιον] «τὸν Σκόλλιν edit. inde a Xyl., qui montem intelligit infra (p. 293, 33) descriptum : at ille ἡ Σκόλλις appellatur (quapropter Leake p. 183 tacite scripsit κατὰ τὴν Σκόλλιν), et paullo longius abfuisse ab urbe Pylo videtur. Codicum vero scripturam ne ipse quidem sanam crediderim. » KRAMER. Promiscue dici τὴν Σκόλλιν et τὸ Σκόλλιον ὄρος nihil habet quo offendas; neque probandus est Curtius (l. l. 1, 105) qui diversos montes his nominibus significari opinatur. Quodsi accurata tradit Strabo, Scollis nomen ad totum tractum montanum qui a Peneo boream versus pertinet, referendum est. ‖ 38. ἢ] ἡ codd.: em. Penzel.; ἡ πρὸς τὸν Ἀλφειὸν, ἧς· οὐδὲν ἡ. Acghno et sec. m. margo B.; ἧς τῇ πρὸς τ. Ἀλφ. οὐδέν ἐστι κ., οὐδὲ τῇ πρὸς etc., Cor. ‖ 39. τῇ ante πρὸς habent bno ‖ 44. μὲν ... ἄλλος] μὴν ... ἄλλη Bu; ἄλλη etiam ap. Eustath. ad II. β, 591, p. 296, 30. ‖ 45. καὶ τῇ Πισάτιδι om. Blu. Alia multa in B ceterisque codicibus, qui libros VIII et IX decurtatos habebant, omittuntur vel in brevius contrahuntur; quas omissiones cur singulas enotemus, causam non video. ‖ 49. νεωτέρων] ἑτέρων codd.; em. Cor.

P. 292, 5. Γέρηνον A m. pr. et Eustath. ad II. β, 336 et 591 (p. 175, 24 et 224, 31 R.). ‖ 6. Γεράνιον A m. pr.; hl; Γεράνιον et ἡ supra α A m. sec. et B. ‖ 7. δὲ ταὐτὸ] δ᾽ αὐτὸ no Cor.; δὲ ταὐτὸν Ald. ‖ 9. Γερηνὰ Ag. ‖ 10. συνοικούμενα Bl. ‖ 11. ὑπάρχουσι bnou Ald. ‖ 16. « Pro versibus Homeri inde ab ὅσσον in Bklsu Ald. vocem ἔναιον excipiunt haec : καὶ ἑξῆς ἕως τοῦ πολέες δ᾽ ἔμβαινον Ἐπειοί, ita tamen ut in B ἔμαινον pr. m. scriptum sit et β sec. m. supra add., in s legatur ἔμενον. Totum hunc Homeri locum om. Pletho. » KRAMER. ‖ 26. Βουπρασιεῖς Bl. ‖ 29. « Verba τὸ δὲ—τοῦτο quo referenda sint, quomodo et cum proximis et inter se cohaereant, difficillimum est dictu. Infinitivum ut aliqua ratione fulciret καὶ ante νυνὶ add. Cor., excidisse autem post ὁμώνυμον verba καὶ ἄλλοι φασὶ statuit Groskurdius, parum apte uterque. Infinitivus enim ille liberius positus cum saepius apud Strabonem inveniatur (v. p. 166. 255. 258, 372 ed. Cas.), per se hic foret ferendus : sed ineptissime haec verba interrumpunt Strabonis disputationem, eoque minus videntur genuina, quod eadem fere paulo post aptissimo loco atque connexu repetuntur. Annotatio videtur esse margini a nescio quo addita, atque in ordinem deinceps recepta, quam recte omisit Pletho. » KRAMER. Ejecit verba Meinekius. ‖ 80. οὐκ om. Blu editt ante Kr.; δὲ post νυνὶ add. BEknou. Ald. ‖ 36. Verba ἡ δὲ χώρα ... πόλεως om. B. ‖ 53. πυρῶν Eustathius ad II. 2, 625.

P. 293, 3. Αἰσχύλος] An Ἀρχίλοχος? Mein. ‖ 5. Ἠλείους Cor., Ἐπειοὺς codd. ‖ 18. ἔνεμον τὴν π. Acghno; ἐνέμοντο πολ. cett. codd. ‖ 23. ἐντὸς] ἔν i Cor. ‖ 29. Volebam Ὑρμίνα. Ὁρμίνα ἢ Ὑρμίνα habet A; Ὄρμινα et Ὑρμινα cett. codd. et editt. ‖ 38. Post ἐκ octo fere literae una cum membrana in A corrosae sunt; ἑκατὸν πρὸς τοῖς suppletum in bno, quod quum justo longius sit, in brevius redegit Kramerus, qui deinde alteram novem fere literarum lacunam explevit, cum Xylandro scribens καὶ Δυμῆς, pro quibus καὶ ἐκ Δύμης δὲ tentarunt hi. Ceterum his sic constitutis locus nondum sanatus; nam mensurae istae referri possunt ad Scollim montem, sed ad Lampeam pertinere nequeunt. Quare verba ἐχόμενον ἑτέρας τινὸς Ἀρκαδικοῦ ὄρους Λαμπείας; tamquam spuria ejicienda esse putavit Curtius in *Zeitschrift für Alterthumswiss.* 1852, N. 1, monente Kramero in Addendis. Idque fortassis recte fieri putat Meinekius. At cur ultimo hoc refugio minatur, causa est nulla. Fieri potest ut, transposito pronomine relativo, legendum sit : ... Ἠλείων, ὅπερ ἐχόμενον ... Λαμπείας, τῆς Ἤλιδος μὲν διέστηκε κτλ., idque propterea mavelis, quod Scollidis potius quam Lampeae montis situs hoc loco definiendus fuisse videtur. Quodsi autem distantiae istae ad Lampeam m. pertinent, lin. 38 pro ρλ᾽ Strabo scripserit σλ᾽, et pro καὶ Δύμης supplendum fuerit καὶ Φαρῶν. Nimirum Lampea (quem montem Pausanias Erymanthi partem dicit, quum Strabo fortasse Lampeae nomine Erymanthum, quem non memorat, comprehendit) hodie ejusdem significationis vocabulo Ἀστρὰς vocatur, uti statuo cum Leakio, Kieperto, Rossio ceterisque, quibus quae opponit Curtius (Pelop. I, p. 386 sqq), Lampeam componens cum hodierno *Calliphoni* monte, qui ab Erymantho versus ortum tenditur, pondere carere mihi videntur. ‖ 14. Ἀλίσιον A, Ἀλήσιον B et (addito ει supra η sec. man.) l. Ἀλήσιον habent etiam Stephanus et Eustath. ad II. λ, 757, p. 883, 3 R. || Άλησιαΐον] Άλαισιαίων Ah, Άλαισυέων gi, Άλαισιαΐον c, Άλαισυαΐον o, Άλεσυαΐον lk. Non notum aliunde vocabulum. || 41. περί] παρά editt. ante Kr. || έν ή καί,] ένί καί no, ένθα Bl. || 45. Άλίστον καί Άλισίου A et sic in sqq. P. 294, 4. Καύκων] καί Καύκων Ald.; unde καί Καύκων καί Καυκώνη θηλυκώς conj. Cas. et Grosk. || 5. θηλυκώς ut e sqq. inepte huc translatum obelo notatur a Cor. et Kr.; ejecit vocem Mein.; jam reperit Eustathius ad II. β, 607. || 5. ώς recte om. Pletho, Cor., Mein. || 8. Τευθόας Acghno, Τευθέας (ο supra ε sec. m.) B. || 11. Νεμιδίας bknou; Νεμεαίας conj. Lobeck ad Phryn. p. 557; Νεμαίας Cor. || 12. Τευθόας A. || 17. εύρήος bno. || 18. Πόροιο no; leg. Πιέροιο. || 18-28 περί δέ...τυχόν a Strabone aliena esse monuit Kramer.; ej. Mein. || 19 φησίν] τισίν Bklu Ald. || 23 et 36. όφέλλεται Cor. || 34. Λέπριον codd.; Λέπρειον ubique Meineke; recte, opinor. || 38. Σαφέστερον...μεθορίας] Sic Acghinou et margo B manu sec.; manus prima in B ita : Δῆλον δὲ μᾶλλον τοῦτ' ἔσται, ἐπειδὰν τὴν Πισᾶτιν καὶ τὴν ἑξῆς κειμένην Τριφυλίαν διεξίωμεν. In lm nihil nisi hæc : Άναβάλλεται δὲ τὴν περὶ τούτων σκέψιν εἰς τὰ ἑξῆς. In tq legitur : Δῆλον δὲ μᾶλλον τοῦτ' ἔσται, ἐπειδὰν τὴν Πισᾶτιν καὶ τὴν ἑξῆς Τριφυλίαν διεξίωμεν μέχρι τῆς τῶν Μεσσηνίων ἐπιθορίας. || 41. Πεισατῶν A, et similiter in sqq. || 42. Φαία Aghi. || 43. ῥέεθρον Aghno. || 45. Φαιάν A; καὶ ante ταύτης om. Bklu Cor. || 46. τὸ ἐγγυτάτω B Epit., Mein.; recte; τὸ ἐγγυτάτων notu Ald. || 47. ἐστί om. Cor.; εἰσί Mein. || 48. εὐθύς om. BEklu; αὐθις Cor.; per se εὐθύς vox nihil habet offensionis, sed quum ἄκρα sita Ίχθὺς vocaretur, ipsum hoc nomen abiisse in εὐθὺς haud improbabilis est conjectura Palmerii Ad auctor. gr. p. 304. || 49. πάλιν om. BEklu Cor.

P. 295, 4. ὑπὸ γῆν BEl et Eustathius ad Dion. 409. || 8. μακρὸν] μικρὸν Bk, Pletho, Ald.; μαντικὸν l. || 10. Γυθείου Mein.; Άκραίων codd. etiam infra præbent; Άκριῶν e Polybio 5, 19, 8 et Pausania 3, 21, 6; 22, 5 Xyl. et Cor.; apud Ptolemæum 3, 14 scribitur Άκρεια. || 11. Κελάδοντα] Quum parum probabile sit significari τὸν Κέλαδον fluviolum (Pausan. 8, 38, 9), haud dubie legendum est Λάδωνα e conjectura Palmerii l. l. p. 304, quam recepit Mein. || 15. Έπιταλίου] Έπιτάνου Acgh, Έπιτάνης B expuncta litera ε; Πιτάνη klno et man. sec. margo A; e Tzschuckii conj. em. Kr. || 16. Άλφειωνίας Mein., addens fortasse præstare Άλφειώας. || 22. άνθέων πλέως Mein.; άνθέων ώς codd.; pro άνθέων Xyl. conj. άναθημάτων, Casaub. άνατεθέντων, Toupius (App. Emend. Theocrit. p. 4) άντρων, Kramerus ίδρυνθέντων. || 34. Σάμιον] Σάμιοι codd.; em. Cor. || 35. Post vocem Τριφύλιοι ponenda esse quæ leguntur lin. 47-49 (καὶ τὸ ...Φελλῶνα) vidit Groskurdius. || 38. καὶ] Legendum aut ἢ aut ὃ καὶ, monente Corayo. || 40. τῶν Όμήρου ej. Mein.; Strabonem scripsisse αὐτοῦ, cujus vocis locum glossa τῶν Όμήρου occupaverit, censuit Groskurdius ; Kramerus verba ώς ἄν... τεκμαίροιτο utpote glossema suspectat. || 42. Μάμαος] ἀῆ. l. Μ. Άμμαος? || Άρκαδικός] Άρκαδιακός editt. ante Kramerum. — Quod Mamaus amnis etiam Arcadicus dictus fuisse fertur, mihi quidem satis mirum esse videtur, ac vereor ne hic quoque aliquid turbatum sit. Vide igitur an verba haec καὶ Άρκαδικός cum iis conjungenda sint, quæ paulo superius leguntur (lin. 38), ubi de situ Pyli Triphyliaci agitur. Lepreaticus Pylus non diversus est a Triphyliaco, tertiumque præterea nomen habuit ὁ Άρκαδικός. Testis ipse Strabo p. 289, 48 : ἄρ' οὗ καὶ Άρκαδικὸς Πύλος ἐκλήθη ὁ αὐτὸς καὶ Τριφυλιακός, item p. 301, 13 : ἡ πατρὶς τοῦ Νέστορος, ἢν φαμεν Τριφυλιακὸν Πύλον καὶ Άρκαδικὸν καὶ Λεπρεατικόν. Scribendum igitur videtur ὁ Τριφυλιακός

Πόλος [ὁ] καὶ Λεπρεατικὸς [καὶ Άρκαδικός]. Ac par erat hoc maxime loco omnia Pyli cognomina simul conjuncta apponi. » MEINEKIUS Vind. p. 106; fortassis recte. || 49. κατὰ τὸν Φέλλωνα] « Vereor ne minuscula litera κατὰ τὸν Φελλῶνα scribendum sit, quo nomine regionem designatam fuisse probabile est duram et lapidosam, inter Scilluntem et Pholoæ montis declivia sitam. Comparari potest, quem Aristophanes Acharn. 273 et Nub. 71 commemorat, Atticæ ager ὁ φελλεύς dictus. Cf. Ruhnkenius ad Tim. p. 270. Similiter passim legas aliquid factum situmve esse κατὰ τὸν τραγῶνα, κατὰ τὸν λασιῶνα, κατὰ τὸν πλατανιστῶνα et id genus alia. » MEINEKE l. l. Haud multum inde lucramur. Quum ejusmodi nomina persæpe sint locorum nomina propria, nostro loco num minuscula an majuscula litera exaranda sit, sciri omnino nequit. || 51. Legas πατηθεΐσαν e conject. Sevini (v. Apollodor. ed. Cluver. t. 2, p. 67 sq.). || 53. Verba ἤν τινες ἤδ. καλ. inclusit Cor.

P. 296, 9. Ύπανα] Έπάνη B, sed Ύπανα m. sec. || Τυμπανέαι scripsit Tzsch., Cor., Kr., Mein.; Τυπάνεαι Abgh, Τυπάνσα c (?), Τιπάνσαι i, Κτυπάνσα Ald., Epana et Tiphane Guarinus. Scribendum potius Τυπανέαι ; nam sic Steph. Byz. et Polybii (4, 77, 9 et 78, 1 et 79, 2) codices omnes præter unum qui Τυμπ. Apud Ptolemæum (3, 14, p. 260 Wilb.) quoque optimi codices Τυπάνεαι, sicut mons hujus tractus apud Pausan. 5, 6, 7 Τυπαΐον vocatur. || 10. τόδε δ' ἔμεινε no (?) Ald., τὸ δὲ διέμεινε Cor. || δὲ δύο] δὲ om. Cor. || Δαλίων] Διάγων ap. Pausan. 6, 21, 4. || 13. ἤδη inclus. Cor.,|| 20. Λέπριον Acghno, Λέπρεον, supra scr. ι, Β. || 21. ἤ add. Grosk. || 22. Άννίου] Άνίγρου e Xyl. conj. Cor., Penzel., Grosk., quod ferri non posse recte monet Kramer., qui recte, opinor, conj. Άλφειοῦ. || 24. ἐκάτερον codd.; em. Cor. || 32. δ' inclusit Kr.; τότε δ' ἅπεχ. Cor.; verba τὸ δ' ἀπ. π. μ. delenda esse opinatur Meineke, qui post v. δυνατὸν interpungit. Quodsi probandum esset, certe δεῖ post ἐφαρμόττειν supplendum foret. Nescio an Strabo scripserit : τοὺς' αὐτέχεσθαι προσήκε αὐτῶν. Ceterum non patet quo consilio hanc sententiam h. l. auctor apposuerit. Fort. verba πάρεστι...μᾶλλον transferenda esse in p. 297, 15 post v. ὁ λόγος suspicatur Mein. Vind. p. 107. || 33. Λεπρεάτας] sic Pletho; Τεγεᾶται codd. et Eustath. ad II. β, 607, p. 301, 41. || 34. Κυπαρισσεῖς Bl. Eustath. et Steph. Byz. s. v. et codd. omnes p. 299, 32 ; Κυπαρισσεῖς (σεῖς supr. m. sec.) A, quæ forma quum etiam in numis legatur, utroque Strabonis loco fort. reponenda est. || 35. τὸν M.] sic etiam Stephan. Byz.; infra p. 300, 37; 384, 32 τὸ Μάκιστον ὅ, sicut Plinius quoque habet Macistum. || 45. Καυκωνιάτας] Καύκωνας Pletho, Cauconii Guarin. Infra p. 465, 3 Καυκωνίτας.

P. 297, 8. ἅ] delendum, tollendaque interpunctio quæ est post v. Λακωνικήν. || 8. ἐκείνῳ] ἐκείνῳ τε Acghno, ex corr. k, Pletho, Ald. || 15-41. τὸν Σωτάδην Bkl, Ald.; Όδύσσειαν margo B man. sec. et margo n; τὴν Όδύσσειαν o, Guarin., Cor. « Quam tamen conjecturam parum probabilem esse sponte sua apparet. Quomodo autem Sotadis ista mentio explicanda sit, nemo unquam, ut opinor, divinaverit : neque nimis anxie quærendum puto, cum totus hic locus usque ad verba μέχρι Πύλου τοῦ Μεσσηνιακοῦ non a Strabone profectus esse videatur. Quod ut credam, primum nimia quædam et anilis prorsus facit loquacitas a Strabone aliena, deinde inepta repetitio verborum εἰ μὲν τοίνυν ἐνταῦθα μόνοις οἰκοῖεν οἱ Καύκωνες [« Verum hæc neque inelegans et pæne necessaria erat repetitio, ut opposita sententia, quæ verbis μεμερισμένων δὲ...οὔσης continetur, recte inferri posset. » Mein.], denique et maxime quidem ultima

verba inde a παραπλησίως, quæ non a Strabone, sed ab homine quodam de alieno opere loquente scripta esse liquidissime patet : nusquam enim Strabo, ut alia taceam, opus suum τὴν χωρογραφίαν vocavit. Ab eodem adjecta hæc esse videntur qui supra p. 342 ed. Cas. de Cauconibus quædam addiderat. » KRAMER. « Krameri sententiam probabilem mihi videri non diffiteor. Negari enim non potest in tota illa disputatione etsi non indocte scripta, tamen aliquammulta inesse quæ Straboni sunt dissimillima. Neque tamen eo vocis χωρογραφία usum retulerim in postrema parte, quæ mihi in hanc sententiam accipienda videbatur, ut dicat scriptor dubitationes et ἀπορίας de Pylo se soluturum, ubi antea paucis locorum inter utrumque Pylum sitorum enarrationem absolvisset. At maximam νοθείας suspicionem movet mira ista Sotadis citatio, hominis prorsus ignoti, quem, si conjecturæ locus est, grammaticum Byzantinum fuisse crediderim, cujus ex scholiis Homericis quidquid hic sapientiæ expromitur fluxisse crediderim. Ac fortasse is idem est Sotades quem de Planetarum nominibus exposuisse auctor est Joannes Malala Chron. 2, p. 25. » MEINEKIUS. ‖ 21. πορεύσεσθαι Cor., Mein., recte ; εἰς τοὔπισθεν no. ‖ 40. δὲ] δὲ [καὶ] Cor.; Παρωράται e Casaub. conj. Tzsch., coll. Herodot. 4, 148, Παρωνάται Acgh, Παροράται Bkno. ‖ 41. Λέπριον Acgh. ‖ 42. πλησίον] μέχρι Bl Pletho. ‖ 46. Post γένεσις Pletho addit μυθεύουσιν. Ac sane ejusmodi verbum excidisse videtur. ‖ 47. Ἰωναῖον ad Νύμφας Ἰωνιάδας referendum, de quibus v. p. 306, 35 et Athenæus 15 p. 681, 683. Cf. not. ad Dior. Per. v. 416 ; Διωναῖον conj. Xyl.; Ἐνδυμιωναῖον conj. Tzsch., rec. Cor. ‖ Εὐρυκύδειον Tzsch., Εὐρυκύδιον A. Cor., Εὐρυκίδιον bno. Post hanc vocem nonnulla excidisse putat Meineke. ‖ 50. τάχα δὲ καὶ τῆς no, editt. ante Kr.
P. 298, 2. Μινύειος ἐκδίδωσιν, οὐ Bl, editt. ante Kr. ‖ 7. τιφῶδες e Casaub. conj. Cor.; τειφώδης Acg, τυφώδης Bl Ald. ‖ 10. ὀσμὴν e Casaub. conj. Cor.; ὀχθὴν codd. « Hoc fere loco in marg. A p. m. addita sunt hæc : νῦν τοῦ ἁγίου Χριστοφόρου μοναστήριον τοῦτό φασιν, quæ quo spectent dici nequit. Eadem leguntur in g. » KRAMER. ‖ 18. Ἀνίγρου B m. sec. et Pletho ; ἄντρου codd. ‖ 20. Μινυήιον] Μιμνυήιον vel Μεννήιον conj. Cor. Quod reprehendens Meinekius : « Non adeo, inquit, scriptor hic nugabatur, ut tam falsis etymologiis indulgeret; necesse est latere talem nominis formam, quæ ad verbum in υω revocari potest. Fortasse igitur Ἐλινυήιον Strabo scripserat, ab ἐλινύω, quod cum grammatici fere per ὀκνεῖν vel ἀναπαύεσθαι interpretentur, scholiasta Hippocratis nuper a Darembergio editus p. 26 per σχολάζειν explicat et, quod maximi momenti est, diserto testimonio Eliensibus tanquam proprium assignat. » MEINEKIUS. Probabilior est Corayi conjectura, quam commendant etiam præcedentia verba μονὴν μᾶλλον ἢ ῥύσιν, quibus ad etymon vocis alludi videtur. ‖ 22. Μινυήιον] Μινύηιον Agh, Μεντήιον i, Μιντήριον c (?) bkno; em. Cor. ‖ 27. Ὑπασία] Ὑπάνα conj. Cas., Ὑπανία Tzsch.; quum infra p. 299, 15 memoretur τὸ πεδίον τὸ Αἰπάσιον Lepreo propinquum, nostro loco Αἰπασίᾳ legendum conjecit Palmerius l. l. p. 306, quod probant Groskurdius, Kramerus, et recepit Meinekius. Sed Αἰπάσιον et Ὑπασία nomina ad eundem locum pertinere minime liquere recte censet Curtius Pelop. t. 2, p. 117 Ni fallor, pro Ὑπασία lenissima correctione legendum est Ὑπαι[π]είᾳ. Ab oriente Arenes in alto montis jugo sita erat Αἴπυ (summis ingestum montibus Æpy. Stat. Theb. 4, 180) s. Αἴπιον (Ptol.) s. Ἤπειον (Xen.), et eoque jugo versus meridiem defluebat Anigrus seu Minyeus fl. Regio his montibus subjecta dicta fuerit Ὑπαιπεία. Similiter Lydiæ urbs Ὕπαιπα dicebatur, utpote κτισθεῖσα ὑπὸ τὸ παρακείμενον ὄρος, ὑπὸ τὸ Αἶπος (St. Byz.). In tabula Hypæpeam regionem ad borealem montium tractum notavi ; sed ponenda potius fuerit ad latus meridionale, adeo ut ἡ Ὑπαιπεία aut non diversa sit a Παρωρείᾳ, (cf. p. 297, 40), aut partem ejus constituerit. ‖ 31. μεταξὺ Κυρηναίας] v. not. ad p. 48, 11. Articulum τῆς ante Κρήτης om. Bl Cor. ‖ 34. ἀπέδειξαν Mein.; ἐπέδειξαν codd. ‖ 37. αἱ inseruit Cor.; deinde cum Meinekio pro Ἀχαιαί legi velim Χααῖαι (hod. Kaiaffa), adeo ut petræ istæ sic dictæ fuerint a Chaa oppido (p. 299, 15). Ceterum verba Μεταξὺ Ἀχαιαὶ om. ls. « In B autem quum primum omissa fuissent, quæ inde a Μεταξὺ usque ad verba καθάπερ καὶ (p. 299, 35) leguntur, totaque fere pagina vacua relicta esset, sec. m. postea quæ deerant addita sunt, multis tamen audacissime mutatis. Jam hoc ipso loco habentur ibi hæc : μεταξὺ δ' Ἀνίγρου καὶ τοῦ ὄρους, ἀφ' οὗ Ἰαρδάνης ῥεῖ, λειμὼν δείκνυται καὶ τάφος ἐπιφανὴς καὶ Ἀχαιαὶ πέτραι ἀπότομαι κτλ. Eadem exstant in ktu, Guar., editt. usque ad Corayum, qui confundendis veris falsisque novam effinxit scripturam hanc : Μεταξὺ δὲ τοῦ Ἀνίγρου καὶ τοῦ ὄρους, ἐξ οὗ ῥεῖ ὁ Ἰαρδάνης, λειμὼν δείκνυται. Καὶ ἡρίον ἐπιφανές, καὶ [αἱ] Ἀχαιαί· εἰσὶ δὲ πέτραι κτλ. » KRAM. ‖ 42. Post θέσιν in bku et Guarin. adduntur : ὅτι ἐν ἀφανεῖ κεῖται. In ls post θέσιν pergitur : φησὶ γὰρ αὐτὴν ἐκ θαλάσσης μὴ ὁρᾶσθαι· καὶ πεδίον κτλ. ‖ 43. Post θαλάττῃ bku et Ald. ita habent : τούτῳ δὲ κορυφῇ ὑψηλῇ ἐπιπροσθεῖ τὸ Σαμικόν· οὕτω γὰρ νῦν καλεῖται, ὅπου ἡ Σάμος ἦν, ὥστε ἐκ θαλάττης μὴ ὁρᾶσθαι, ἐνταῦθα δὲ πεδίον ἐστί Σαμικὸν ὀνομαζόμενον· ἐξ οὗ δὴ καὶ μᾶλλον τεκμαίροιτο ἄν τις (μάλιστα ἄν τις τεκμαίροιτο Ald.) πόλιν ὑπάρξαι ποτὲ Σάμον. ‖ 44. ἐπίπροσθεν Coray.; περίπροσθεν Acghino. ‖ 48. Ῥᾳδινὴ Mein.; εἰς ejiciendum esse monuit Tzsch.; ποιήσαι] τὸ ποίημα γεγραφέναι bku, Guar., Ald. ‖ 49. Leg. λίγει'; λιγεῖα codd.; deinde Ἐρατώ, νόμους Mein.; ἐρατῶν ὕμνους codd.
P. 299, 1. τῷ corrosum in A neque sec. m. restitutum ; lacuna in gc, ita tamen ut in c legatur σὺν δ' αὐτῷ; οὐ δ' αὐτῷ hi. ‖ 2. « Syllabæ τὸν ἀδ cum membrana deletæ, neque sec. manu restitutæ sunt in A : inde τὸν om. cg spatio vacuo relicto; etiam in h spatium vacuum relictum, quod voce φησι explevit manus recentior, deinde habet τὸν ἀδελφόν: inde φησὶ τὸν ἀδελφὸν i, ὄντα ἀδελφὸν bknou, Guar., editt. » KRAMER. ‖ 6. Λεπρίου Abcg hi. ‖ 7. τὸν Μεσσηνιακὸν Cor. ‖ 19. « ἠδφα ... καὶ Νέδα om. blsu, ac pro illis verbo γράφειν subjiciuntur alia : ἀντὶ τοῦ Φειᾶς παρ' τείχεσι Χάας παρ' τείχεσιν in ls, ἀντὶ τοῦ Φειᾶς Χάας παρ' τείχεσιν in bu, sed in b versus Homerici in margine additi, deinde etiam reliqua inde a τῷ γὰρ τάφῳ ... Νέδα. Hæc in ordinem recepta sunt in kgt, præterea οὐ Κελάδοντι οὐδὲ Φειᾶς inter versus inserta sunt in k, in margine addita in q: inde οὐ Κελάδοντι οὐδὲ Φειᾶς ἀντὶ τοῦ Φειᾶς Χάας παρ' τείχεσιν Ald. » KRAM. ‖ 19. Κελάδοντι] Ἀκίδοντι aut Ἀκίδοντι leg. esse patet ; Ἀκίδοντι dedit Cor., quum sic infra legatur; Ἀκίδοντι, utpote ad tradita propius accedens, scripsit Meinekius. ‖ 20. Post Ἀρκάδες margo q sec. m. addit ἐγχεσίμωροι. ‖ 21. Χάας Casaub.; Φειᾶς codd. ‖ 25. Κυπαρισσία Tzsch.; Κυπαρισσῖνα Ag, Κυπαρισσίνα bhkno. Ceterum Cyparissiam hanc fortasse ab ea quam novimus in Messeniaca ora diversam esse putat Curtius Pelop. 2, p. 199. Mihi Strabo confundere videtur Triphyliam ad Nedam usque pertinentem cum Nestorea Triphylia quæ etiam Messeniæ partem complectebatur. ‖ 31. Ante καθ' excidisse καὶ ἐκδίδωσι probabiliter censent Cor., Grosk., Kr. ‖ Κυπαρισσεῦσι] Fort. leg. Κυπαρισσεῦντι, quod dederunt Cor. et Mein. Cf. supra not. ad 296, 34.

42. Ἔρανα] Ἔρενα codd., em. Xyl.; Ἔραννα St. Byz. v. Κυπαρισσία, quod malim etiam in Strabone. ‖ 43. Decem fere literæ in A deletæ; καὶ ἡ ἄκρα recte, ut videtur, supplet Grosk. In Bkno legitur : ἔστι δὲ καὶ Πλαταμ. ‖ 45. ἑκατόν εἰσι στάδιοι] ἑκατὸν εἴκοσίν εἰσι στάδιοι no (?), στάδιοι εἴκοσι καὶ ἑκατὸν k, στάδιοι ἑκατὸν εἴκοσι t editt. ante Kr. ‖ 45. καὶ νησίον] κενήριον codd.; em. Curtius.
P. 300, 1. συγκρούειν] συγκρίνειν editt. ante Kr. inde a Xyl. ‖ 19. μὲν delendum videtur Meinekio. ‖ 21. Μαργάλαι] Μαργάναι sec. Diodor. 15, 77, quod apud Strabonem quoque reponendum esse censet Wesselingius. Idem oppidum Μάργαια vocatur in nostris Steph. Byz. codd. ‖ Ἀμφιδολίας] Ἀμφιπολίας Abcghnio, Ἀμφιπόλεως k Ald.; e Wesselingii (ad Diodor. 15, 77) conj. em. Tzsch. ‖ 24. φυσικῶς abesse velit Mein. ‖ 22. αὕτη ἡ] ἡ αὐτὴ codd.; em. Cor. ‖ 34. πυμάτη] νεάτη ex Il. λ, 712 Cor. ‖ 35. πρότερον] προτέραν Acghino ‖ 36. ἦν [ἡ] Max. Cor. ‖ 38. ὁμωνύμω;] ὁμώνυμος B; ὁμώνυμος μέν, ὅμως δὲ νῦν αὐτ ὁμωνύμως μὲν οὖν ἦν, ὅμως δὲ νῦν conj. Corayus; οὐχ ὁμώνυμος μὲν οὖν κτλ. conj. Kramerus; ὁμώνυμος μὲν οὔ, ὁμοίως δὲ νῦν dedit Meinekius. Quorum nihil satisfacit. Legendum censeo : Ἄλλη δ' ἐστὶν ἡ Μεσσηνιακὴ Κυπαρισσία, ὁμωνύμως μὲν οὔ, ὁμοίως δὲ [λεγομένη· τό γε vel τὸ δὲ] νῦν κἀκείνη (sc. ὁ Κυπαρισσήεις τῆς Μακιστίας ad cognominem fluvium sita) λέγεται Κυπαρισσία ἑνικῶς καὶ θηλυκῶς, ὁ δὲ ποταμὸς Κυπαρισσήεις. Ceterum hæc distinctio inter Cyparissiam Messeniacam et Cyparissiam in Macistia transnedana (quæ erat Messeniæ) sitam, ex eadem confusione fluxerit, de qua supra ad p. 299, 25 monui. ‖ 46. Πτελεάσιμον] « Nomen hoc corruptum esse vidit Lobekius Pathol. p. 164, cui Πτελεατικόν vel Πτελεάσιον scribendum videtur, quorum alterum verum puto, nisi forte locus ab declivitate Πτελέα σιμὸν appellatus fuit, ut Πτελέα sit genitivus a Πτελέας » MEINEK. Vind. p. 111. In edit. Strab. Mein. dedit Πτελεάσιον. Conjicerem Πτελε[οῦ] λειμών, nisi ῥυμώδες vox obstare videretur. ‖ 50. Ἠλείας] Ἐλείας em. Cor. ‖ 52. Post πεδίον Groskurdius οἱ δὲ καὶ πόλιν, Meinekius οἱ δὲ πολείδιον supplent; Corayus vero πεδίον mutat in πόλιν.
P. 301, 2. Ὄλουριν] sic etiam Eustathius ad Il. β, 594 ; Ὄλουρον editt. ante Kr. inde a Xyl. ‖ 19. ἐπὶ ξενίᾳ Eustath ad. Il. β, 591. ‖ 21. τὴν suppl. editt. ‖ 23. ὅρμον [ὁδόν] Cor. ‖ 26. δύσετο] δύετο Aghino Mein. ‖ 38. νώτου Cor.; νότου codd. ‖ 43. εἰ γοῦν] εἶτ' οὖν Acghino Cor.; Ἡλιακόν] Ἠλειακὸν Bl et similiter in sqq. ‖ 46. ἐπιβαλεῖν. Bkl, editt. ante Kr.
P. 302, 3. πλέονος] πλείονος Bkl, ‖ 5. παραπλ.B; περίπλους A, B sec. m., cghinoqtu Ald. Literæ πα in A erasæ. ‖ 6. ἀδόξων [τόπων καὶ] ποταμῶν Cor., recte. ‖ 15. ὅτι] ἔτι Achino. ‖ 16. δὴ] δὲ mavult Kr. ‖ 21. οἷόν τ' ἦν kno. ‖ 30. γενομένης] γεγενημένης no Ald. ‖ 32. γενομένης inclusit Cor. ‖ 38. Μινύηιον] Μινύειον l, Μινύηον hi, Μινήιον c. ‖ 52. ὑπὸ τοῦ] ὑφ' Bkl, editt. ante Kr.
P. 303, 1. ἔμελλον no (?) editt. ante Kr. ‖ 12. ὑπῆρχε codd., ἐπῆρχε em. Cor. ‖ 19. δὴ incl. Cor. ‖ 22. Βουπράσιον no. ‖ 25. χρεωκοποῦντες Bkl, editt. ante Kr. ‖ 41. Νέδωνος] Μέδ. codd.; em. Casaub. ‖ 45. καὶ πάνθ' Bl editt. ante Kr.; ἄλλας pro πάνθ' legendum suspicatur Kr.; πάνθ' ὑπ' ἐκ. ποιῶν [ἀλλότρια] Grosk.; asteriscum voci πάνθ' apposuit Mein.; vocem ποιῶν om. Pletho.
P. 304, 10. Χαρμίδου] εἰς Epit ; Χαρμίνου codd. ‖ 11. ὡς] ὅτι Acghino. ‖ 13. καθήμενον [μὲν] ποιησ. Cor. ‖ 18. Πάνεινος] Πάνδεινος Acghli et pr. m. B ; Πάνδαινος k, Pleth., Ald. ‖ 19. τε em. Cor. ‖ 23. δὲ καὶ τοῦ Φ. c, Cor. ‖ 24. μέλλει Bchiklno Ald. ‖ 30-39. εἰρῆσθαι ... δεῖξαι recte suspectavit Kr., ej. Mein. ‖ 31.

ὅτι om. Cor. ‖ 34. ἔφη μὲν γάρ φησι Acghi, ἔφη γὰρ Blk, φησὶ γὰρ no Cor. ‖ 35. σείσατο Epit. et sec. m. A, εἴσατο codd. ‖ 36. ἐκείνη Bkl Ald.; ὅλης κινηθείσης no Cor. ‖ 38. κόμψως] κοσμίως Eustath. ad Il. α, 529. ‖ 51. Πεισάτιδος Ach.
P. 305, 12. οὔτε] οὐδὲ Mein. ‖ 23. μέγ' suppl. Cor. ‖ 25. οὐ Bl, Eustath. ad Il, α, 698; οὖν Acghino. ‖ 26. δὲ e Plethone additum. ‖ 27. Πεισάται et lin. 30 Πεισάτιδος Acgh. ‖ 37. μέχρι καὶ νῦν Bcghiklmno et sec. m. A. ‖ 39. Λέπριον cgh et pr. m. A. ‖ 40. κρατήσαντι πολέμῳ] οὐ κοινωνήσασι τοῦ πολέμου Pletho, Cor., Grosk. Lepreatæ non solum bello contra Lacedæmonios abstinuerant, sed socii etiam se Lacedæmoniis adjunxerant. Pausanias 4, 15, 8 : Λακεδαιμονίοις δὲ ἦλθον συμμαχήσαντες Κορίνθιοι καὶ Λεπρεατῶν τινες κατ' ἔχθος τῶν Ἠλείων. Fort. igitur legendum est Λεπρεάταις συστρατεύσασιν [ἐν τῷ] πολέμῳ, vel tale quid. ‖ 42. 6'] γ' Cor., Mein. Malim cum Casaub. delere καὶ quod est ante φόρους. ‖ 44. πλεῖστον delendum esse censet Kr.; Mein. ‖ 50. διὰ ante τὸ ἱερὸν probabiliter addunt Cor. et Mein. ‖ 53. πολλάκις νομίζουσι καὶ τὰν. n editt. ante Kr; legendum πολλὰ καινίζουσιν e conj. Casauboni, quam rec. Mein.; πολλὰ καινοτομοῦσιν conj. Grosk.; καινὰ νομίζουσιν conj. Kr.
P. 306, 2. Πεισάτιδος Acgh, et sic in sqq. ‖ 4. ἐπὶ τὸ πολὺ Bki Ald., Cor. ‖ ὁροῦν Acghino Mein. ‖ 12. Βίσσαν Epit.; Βῆσαν codd. ‖ 13. Κιχυσίου]] Κυκισίου mgo B, Κικινυσίου c, Κυκησίου editt. ante Kr. ‖ 25. καλεῖται ... Βανίχιος] Suspectarunt Bœckhius et Kr.; ej. Mein. « Videtur, Kramerus ait, nomen illud ex slavico quodam formatum, quod fuerit, ut Cybulskius slavici sermonis peritissimus me docuit, aut warnitza (flu. ius verticusus) aut wranitza (fl. niger, aut branitza (fl. defendens) aut barnitza (fl. paludosus). » 28-32. Verba τὸν δ' εν ... ἐκ Φαρσάλου recte, ut videtur, ejecit Meinekius. ‖ 30. Ἐνισέα] sic etiam Eustathius ad Odyss. λ, 328, p. 1682, R ; Ἐνιπέα habet Epit., atque s c vulgo et ipsi Straboni p. 370, 49. 371, 4 fluvium hunc vocari constat; nostro tamen loco de alia ejus nominis forma agi patet, quamquam eam non Ἐνισέα sed Ἐλισέα fuisse colligis ex Hesychio ap. (Ἐλιπεός· ὁ Ἐνιπεὸς ποταμός) et titulo Thessalico ap. Ussingum Inscr. gr. 2, 7 : ἐκ τοῦ Εὐρωπίᾳ εν τὸν Ἐλιπᾶ, ἀπὸ τοῦ Ἐλιπεὸς εν τὸ νέμας. Ceterum glossator dicere debebat: ὅν ἀπὸ τῆς Ὄθρυος ῥέοντα δέχεται ὁ Ἀπιδανός, etc., quod ipsum reponi voluit Groskurdius. ‖ 36. Ἰωνιάδων] Γωνιάδων A m. sec., et hinc bchhikno Ald. ‖ 37. Ἅρπινα] Ἔπινα ABchiklno, Αἴπινα A m. sec.; em. Tzsch. ‖ 38. Φηρεαίαν] Ἡραίαν legendum esse bene monuit Tzsch. Ad corruptam lectionem Φαραίαν (Achajæ urbem) pertinet glossa : ὑπέρκειται δὲ etc. ‖ 41. Κικυσίαν n, Κυκίσιον B, Κυκήσιον edit ante Kr. ‖ 43. ἐξελείφθη Mein.; ἐξηλείφθη codd. ‖ 48. διὰ δὴ τοῦτο no, διὰ τοῦτο δὲ Bkl. ‖ 51. Γρύμ.νθυν] Ἀμάρυνθον codd.; em. Palmer. (Exercitt. ad auct. gr. p. 308.
P. 307, 1. τῶν] ἕνεκα τῶν conj. Kr. ‖ 26. Ἀχαιοί] Ἐπειοὶ conj. Kr. Vulgatam tuetur Curtius in Ztschft f. Alterth. 1852, N. 1. ‖ 35. Ὀλυμπιακὸν Bghiklno, editt. ante Kr. ‖ 43. Φειδώνεια Bchkno edit ante Kr. ‖ 48. Ὀλυμπιακὸν kno, editt ante Kr. ‖ 52. ἀναγράψαι] ἀνασχέσθαι Pletho.
P. 308, 3. ἦν ἐκεῖνοι no ex conj., ut videtur; literæ ἦν ἐκεῖ in A una cum membrana deletæ; ταύτην γὰρ οὗτοι in i et sec. m. in h.] χιλίων ... διακοσίων] Numerus hic quum falsissimus sit, Curtius Pelop. 2, p. 93 putat Strabonem Elidis paraplum confudisse cum oræ longitudine quæ est usque ad Acritam, Messeniæ promontorium. Immo pro χιλ ... σ' legendum est χο' (670) qui numerus recte habet

et cum ceteris Strabonis mensuris convenit. Eodem errore p. 312, 1 pro χο' codex m habet χιλίων ἑβδομήκοντα. ‖ 31. Sex septemve literæ deletæ in A ; Οἴτιλον supplendum esse recte monere videtur Kramerus, idque rec. Mein.; sec. man. in A supra τὸν δὲ scr. μὲν; inde τὸν μὲν καὶ, indicata lacuna, hion, et, missa lacuna, bcgqtu ‖ 32. Inclusa, quæ in A perierunt, suppl. Kr. ‖ 35. καὶ ἡ Κυπαρισσία ej. Mein. et Curtius Pelop. t. 2, p. 199, n. 55. Exspectabas : μεθ᾽ ἣν ἡ Κυπαρισσία καὶ τὸ Κορ., sed ita Strabonem scripsisse ob sequentia (lin. 43) non est probabile. Triphylia h. l. intelligenda videtur Nestorea illa quæ longe ultra Nedam fluvium pertinuit, adeo ut promontorium Triphyliæ et Messeniæ commune sit Ptolemæi Cyparissium prom. Itaque ad vocem ἄκρα quidam in margine notasse videtur ἡ Κυπαρισσία, quæ verba deinde, addito καὶ, in alienum locum transducta sunt. ‖ 36 Αἰγαλέον] Αἰγάλεων mavult Mein. in Vind. p. 112 ‖ 42. καὶ Στρατοκλ.] καὶ Σοροκλέους et Palmerii conjectura Cor., coll. Thucyd. 4, 2; ἐπὶ Στρατοκλ. Wesseling. ad Diodor. 12, 60 et Mein. In A syllabæ τὸς καὶ Στρα deletæ, et m. sec. postea additæ sunt; fort. igitur pr. m. pro καὶ erat ἐπί. ‖ 44. Decem fere literarum lacuna in A ; καὶ ἡ [Πρωτὴ νῆσος] conj. Kr. Dein προκειμένη Cor. et Mein. ‖ 48. αἱ delendum. ‖ 49. Κυπαρισσῶν c ; leg. videtur Κυπαρισσιέων, monente Kramero, idque dedit Mein.

P. 309, 1. « Hoc fere loco in margine n adnotata sunt hæc : Τόδε ἐγὼ Κυριακὸς εἰς Μεσσηνιακὴν Πύλον ἐπίγραμμα εὗρον (sequitur titulus, qui est in Bœckhii Corp. Inscr. n. 1323). Καὶ νυνὶ δὲ ταύτην ἐλαττωμένην Πύλον πόλιν Βείτυλον καλοῦσιν. » Kramer. ‖ 14. Κιναίθιον] Κιναίδιον codd.; em. Xyl.; Καινήπολιν (voluit Καινόπολιν) conj. Falconer (cf. Procop. B. V. 1, p. 367, 10); Kramerus quoque Καίνην urbem, quam Ptolemæus dicit (3 15), codicis scripturæ subesse opinatur. Xylandri emendationem confirmat Dionysius Hal. Ant. Rom. 1, 50 : ἀπὸ δὲ Κυθήρων ποιουμένου τὸν πλοῦν οὐ πρόσω τῆς Πελοποννήσου τῶν ἑταίρων τινὰ τῶν Αἰνείου Κίναιθον ἐπὶ τῶν ἀκρωτηρίων ἑνὸς θάπτουσιν, ὃ νῦν Κιναίθιον καλεῖται. ‖ 16. Οἴτυλος] ὁ πύλος codd.; ὁ Οἴτυλος Pletho. ‖ Βαίτυλος] Leg. vid. Βοίτυλος, ut Cor. in not. suspicatur, et sic Mein. scripsit; Βείτυλος, conj. Kramer, quum sic scribatur in titulo modo laudato (Βίτυλα ap. Ptol.; Βίτυλο hodie). ‖ 19. Γερηνίοις Acghinok. ‖ 24. Θαλάμους] Θαλάμας Cor., Mein., probabiliter, quum sic apud ceteros oppidum vocetur. ‖ 29. Leg. ἀγαγόμενος cum Cor. et Mein. ‖ 29-31. Verba καὶ ἐν Ποιάεσσῃ ... καὶ Τράγιον Strabonis non videri esse censet Meinekius. ‖ 29. Ποιηέσσῃ Bkno, ‖ 31. Ποιήεσσαν bno. ‖ Πέλανα Kramer., Πέλαννα A, Πέλανα Bl, editt. ante Kr. ‖ 37. ἰόντων] ἰόντι Eustathius ad Il. 7, 152 p. 743 27 R., editt. ante Kr. ‖ 39. Μεσσόλαν ch. (?), editt. ante Kr. inde a Casaubono. ‖ 42. Φηραῖς BEl, editt. ante Kr. ‖ 44. πόλις μία] πόλισμα Cor. ‖ 46. Ἀσίνην e Breq. conj. Corayus; Ἀσίνης codd. et Eustath. l. l.; τὴν μεταξὺ [Μεθώνης καὶ Κορώνης] Ἀσίνην Groskurdius. ‖ 48. ἧς [πλησίον] πρὸς Groskurd. ‖ 51. Φαραὶ A m. pr., Φηραία A m. sec. BEcghIl.

P. 310, 4. Ἔρανα] « Malim Ἔραννα. » Mein ‖ 5. Quinque fere literæ in A deletæ; καλεῖσθαι suppl. h man. sec. et i, εἶναι bno Ald. ‖ 6. Φηρὰς editt. ante Kr.; deinde sex fere literæ in A deletæ, ex ἀριστερῷ habent bno. ‖ 9. Μακαρίας] Καμαρίας Bk. ‖ 11. διακοσίους καὶ delenda, monente Palmerio l. l. p. 310. ‖ 15. ὂν om. Bl, editt. ante Kr. Ut recte oratio procedat, ὡς, quod est ante προείπομεν, cum Kr. et Mein. ejiciendum puto. ‖ 18 Decem fere literarum in A lacuna, χώρας habet margo in A agglutinata, nec non chi ; ταύτης legitur in bghnoqt. ‖ 19 et 20.

In A lacuna decem, deinde altera lacuna duodecim fere literarum; η, quod Kr. dedit post Ῥίον, pro x potius habendum esse videtur. Supplerunt et correxerunt viri docti :.. αὐτῷ, [εἰς δὲ τὰς ἄλλας] βασιλέας πέμψαι [εἰς sec. man. addidit n] Πύλον καὶ Ῥίον κ[αὶ Μεσόλαν καὶ] Ὑαμεῖτιν. V. Stephan. v. Μεσόλα et Ὑάμεια, Müller. Dor. 1. p. 95. In B hæc leguntur : ὥστε τὴν Στενύκλαρον ἐν τῷ μέσῳ οὖσαν βασίλειον ἐκείνῳ γενέσθαι· ἐντεῦθεν δὲ Ἴαμιτιν (sic) πέμψαι πρεσβευτὴν εἰς Πύλον καὶ Ῥίον τοὺς Μεσσηνίους ἅπαντας ἰσονόμους τοῖς Δωριεῦσι ποιήσοντα· ἀναξιοπαθούντων δὲ τῶν Δωριέων; μεταγνοὺς μητρόπολιν τὴν Στενύκλαρον ἀπέδειξε καὶ τοὺς Δωριέας εἰς τοῦτο ἠγαγεν. In margine autem legitur : Γράφε· μὲν ἐν τῷ μέσῳ τῆς χώρας ταύτης κειμένην ἀποδεῖξαι βασίλειον αὐτῷ τῆς βασιλείας, et deinde : Ἄλλως· μεταγνόντα μόνην τὴν Στενύκλαρον νομίσαι πόλιν· εἰς τοῦτο δὲ τοὺς Δωριέας συναγαγεῖν πάντας. ‖ 29. Φάριος correct. in n, Φαληρεὺς codd. ‖ 30. Δημήτριον Acghi ; παρακελευόμενον ABcghikl ; em. Xyl. ‖ 32. Post ἀμφοῖν Xyl. et sqq. editt. addiderunt κρατήσας ; Meinekius ἀμφοῖν mutat in κρατῶν. Cf. Polyb. 7, 11 : οὕτω γὰρ ἑκατέρων τῶν κεράτων κρατῶν μόνως ἂν ὑποχείριον ἔχοις τὸν βοῦν. ‖ 36. Ῥωμαῖοι addidit Xyl. ‖ 53. Verba καὶ Ἡλείοις quæ codd. exhibent, in A sec. m. scripta sunt in lacuna totidem fere literarum ; prima manu scriptum potius fuisse καὶ Ἀρκάδες probabiliter suspicatur Kramerus; idque reposuit Meinekius; καὶ Ἡλείοις [καὶ Ἀρκάδας] καὶ Π. dedit Corayus.

P. 311, 3. Post vocem Λακεδαιμονίοις quædam excidisse patet ; ἐλθὼν ἐξ Ἐρινεοῦ e Casaub. conj. suppl. Cor. et Mein. ‖ 25. ἑκατόμβοια A m. pr. ‖ 28. Μεσσ Κόλ.] Μεσηνιακὸς κόλπος ὁ τῆς νῦν Μάνης glossa in marg. A m sec. et in g. ‖ 38. Ibi in marg. A m. sec. et in g legitur : τὸ τῶν μειλιχῶν (ἡμειλιχῶν g) ὅρος ‖ 49. ἄγρα διαρμά ἐστι τῆς Κυρηναίας πρὸς νότον codd.; ex Epit. em. Cor.

P. 312, 1. ἑξακόσιοι ἑβδ.] χιλίων ἑβδ. m, confusis χ et χιλίων. ‖ 4. κατά] καὶ Cor., recte, ni fallor. ‖ 9. ἐγγύτατα bno Ald.; ἐγγυτάτην conj. Grosk. ‖ 10. « σταδίων πεντήκοντα, et σ pr. m. supra π add., A ; διακοσίων om. g ; σν' b, διακοσίων καὶ πεντήκοντα k (sed priores duæ voces expunciæ videntur) et editt. At Groskurdius de distantia inter Tænarum et Corycum h. l. agi recte statuens, numerumque διακοσίων a Strabone profectum non esse suspicatus (id quod confirmari videtur ipsa codicis A scriptura, ex qua reliquæ omnes manarunt), ἑπτακοσίων valde probabiliter conjecit coll. p. 475 ed. Cas. (p. 408, 21 Did.) » Kramer. Itaque ἑπτακοσίων pro διακ. scripsit Meinekius, haud recte. Verborum σταδίων Διακοσίων lenissima correctio offertur σταδίων [ἐν]νακοσίων. Porro quum a Creta ad Tænarum navigatio ducentis minimum stadiis longior sit quam ea quæ est ad Maleas : Strabo, quum hanc (quæ reapse est circiter 500 stadiorum) 700 stadiorum esse dicat p. 408, 21, illam jure suo dicere potuit stadiorum esse 950. ‖ 12. Ἀμαθοῦς] Reponendum videtur Ψαμαθοῦς; nam sic urbs apud cett. nominatur; Γύθειον m. sec. A., recte. ‖ 16. Ἀκραίων] Ἀκταίων ABEcghino, Ἀκριῶν Cor., ut supra. ‖ 17. διακοσίων καὶ τεσσαράκοντα σταδίων] « Syllabæ σαράκοντα στα in A perierunt, sed sec. m. restitutæ sunt, simul tamen γρ. τεσσάρων itidem sec. m. additum : etenim quum is qui codicem illum resarsit, h. l. non inveniret in exemplo suo quod poneret, dubius hæsit quomodo lacunam compleret : inde δ' et in b, τεσσάρων in no Ald. Sed τεσσαράκοντα magis convenit et magnitudini lacunæ quæ est in A, et locorum distantiæ. » Kramerus. At 240 stadia in antecedentibus Strabo usque ad Gythium pertinere dixerat ; quo demum pacto eundem stadiorum numerum denuo usque ad Eurotam pertinere dixerit? Nostro loco oræ longitudo

quæ est a Gythio ad Eurotam notanda erat; quæ quum sit fere 74 stadiorum, dubium non est quin pro Cδ' (204) legendum sit οδ' (74). In codice A fuerit διακ. τεσσαράκοντα, sed recte alter horum numerorum ex alio codice in τεσσάρων correctus est. || 28. Μεσσόχν... Θόρνακα om. *Bklt* Pletho; in margine tamen habet *l* usque ad vocem τὸν; eadem sic in ordinem verborum recepit *q*, spatio vacuo post τὸν relicto. || 29. ἀλλὰ add. Cor. || [Θόρνα]κα. Inclusa, quæ in *A* perierunt, suppleta e conj. Mein.; Θρᾶκα (grammaticum) suppl. Kr. || 34. ἥρως] ἵππους ex Il. τ, 392 editt. ante Kr. inde a Xyl. || 32-47. Verba παραδείγματι.. Σιμμίας a Strabone aliena esse censet Mein || 42. ἥλον... ἥλ | ἥλιον... ἥλι Epit. Cf. Apollon. Dysc. de pronom. p. 372, Eusth. ad Il. ε, 416 p. 566, 35 R, Il. ξ, 266, p. 984, 22. || 45. τὸ ἔριον add. Cor. || 50. Quattuor fere literarum lacuna; οὐ suppl. A man. sec. in marg. agglutinato; quod hinc habent *cghino*; αἱ suppl. Cor., Mein.; αἱ ἄλλαι conj. Kr.
P. 313, 3-6. Verba καὶ Σοφοκλῆς..θεούς ej. Mein. || 16. λαιμενωι να (α ex parte deletum)....λίμενον *A*; perierunt quindecim fere literæ; pro λίμενον scriptum εὐλίμενον in *bno*. Müllerus (*Dor.* 1, p. 49) conj. : Λαὶ μὲν ὀ[χυρώματι, Ἐπιδαύρῳ (vel Γυθείῳ) δὲ ἐμπορίῳ διὰ τὸ εὐ]λίμενον. Quæ lacunæ spatium longe excedunt. Kramerus, neglectis literis ωι, conj. : Λαὶ μὲν να[υστάθμῳ διὰ τὸ εὐ]λίμενον, addens in ωι fort. latere ὡς. Nescio an in λαιμενωι conflata sit vera lectio Λαὶ μὲν cum corrupta ἁλιμένῳ. || 17. Αἴγυι] Αἴτυι codd.; em. O. Müller l. l. Inter πολε et γὰρ quindecim fere literæ in *A* absumptæ; super πολε sec. man. additæ literæ μι; unde πολεμι in *gi*, πολεμίους in *h*. Müllerus l. l. supplevit πολεμί[ους ἐπιτειχισμῷ ταύτην] γάρ; Kramerus : πολέ[μους· τοῖς πολεμίοις] γάρ. Meinekius : πολέ[μους ὁρμητηρίῳ · καὶ] γάρ. || 18. Φαραιᾷ, Groskurd.; Φερέα *bno*, Φεραίᾳ cett. codd.; Φάριδι conj. O. Müller. Post δ quindecim fere literæ in *A* pessumdatæ. Müllerus l. l. conj.: δ' [εἰς συνόδους]; Kramerus : δ[ὲ φρουρίῳ, μάλιστα]; Meineke : δ' [ἀρχαίῳ, πλείστην]; Curtius *Pelop.* 2, p. 309 : δὲ [ταμιείῳ πλείστην]. Ex quibus πλείστην in nostra edit. addi velim. Quamquam totam rem in meris opinationibus repositam esse patet. || 19. ἐκτὸς Mein.; ἐντὸς codd. Sequitur post τ literam in *A* quindecim fere literarum lacuna, in qua quid scriptum fuerit sciri nequit. [Βοιαῖς δ' ἐμπορίῳ] proposuit Curtius. || 21. ἀρχείων] ἀρχῶν Cor. || 22. Verba καλεῖσθαι δὲ Εἴλωτας, quæ hoc loco ferri nequeunt, post v. Ἕλος (lin. 25) ponenda esse probabiliter censet Kramerus. || 50. καὶ ej. Cor. || 52. καὶ inclus. Cor.; ej. Mein.
P. 314, 16. ἀρχή] ταραχή Cor. || 18. ἀπεστερημένον ταύτην πᾶσαν Cor. || 29 sqq. Inclusa in *A* una cum membrana perierunt. || 34. ἀποδίδοται] ἀποδέδοται bene Cor., Mein. || 35. Quum tredecim fere literæ exciderint, Meinekius supplendum proponit : ἐκπεσόν[τα δὲ φόνου τῆς] οἰκείας. || 37. ἐκβαλούσης malim cum Cor. et Mein. || 45. πολεμίοις *m*, ut vid., et correct. *n*; πολέμιοις cett. codd. || 48. μυρίοισι νάμασι e conj. Cas. et Valckenarii (ad Eur. Phœn. 248) Tzsch.; μυρίοισιν ἅρμασι *A*, μυρίοις ἅρμασι *B*. || 49. ποίμναισιν e conj. Valckenarii Tzsch.; ποιμέσιν codd. Deinde εὐβοτάτην , codd.; em. Cor. || 53. γαίας Mein.; φαύλου Casaub.; φῦλον *ABl*, φύλον *cg*, φύλον *no*, οἴλου et supr. αλου *h*, ἥλου *i*.
P. 315, 2. μείζονα codd. || 8. ἐπιθαλαττίας *Bl*; fort. ἐπιθαλαττιδίας leg. esse putat Mein. || 11. πρόσω δὲ] Hæc sana esse non videntur; διὰ δὲ βάντι conj. Mein. || 12. κάθηται] καλεῖται Mein. || 13. ὁμορεῖ *no*; in *A* ὁμο literæ perierunt, uti σὸς literæ in lin. 14. || οὐδὲ in codd. omissum addidit Casaub. || 16. Inclusa exciderunt in *A*; διὰ μέσον ῥεῖ *ghi*. || 17. Quinque vel sex literæ in *A* absumptæ; καλουμένην habent *bknoqt*. || 18. Sex fere literæ desunt in *A*; διαβάντι δὲ τὸν *i*; γὰρ pro δὲ dedit Kr. In *bknoqt* legitur διαβᾶσι δὲ τὸν. || 19. Ante ων sex fere literæ desunt; εἶτ' ἡ τῶν Ψηρῶν ἐπαρχία ἅπασα etc. sec. m. in *oqt*; τῶν [Ἐπει]ῶν conj. Kr ; τῶν [Καυκώ- ν]ων Curtius; τῶν [Λεπρεατ]ῶν Mein. || Μεσσαίων] *Messeniorum* Guarinus, Μεσσηνίων Grosk ; Μιννῶν Kr. et Curtius; Μακιστίων Mein. || 20. Desunt sex fere literæ in *A*; εἶθ' ἑξῆς ἡ Πισᾶτις *hi*. || 21. Lacuna expleta in *h*. || 27. ὁ καιέτας] καιάσας Ald. || 32. κορυφήν τινα *Bl*. Ald. || 40. Inclusa interciderunt in *A*. || 42. κἀλὰ] δῶρα ex Odyss. φ, 13 Coray. || 44. ἐπενέγκῃ Cor.; ἐπήνεγκε codd. || 46. Ὀρσιλόχοιο *B* ex correct., uti nos legimus in Odyss.; Ὀρτιλ. habet etiam Eustath. ad Odyss. l. l. et Pausan. 4, 1, 3. 30, 2. || 47. τῆς Φήρης ej. Mein ; recte. Dein : ἡ μέρος ἦν τῆς Μεσσηνίας margo *n*, Cor. || 49. ξεῖνος Xyl., κοινῶς codd.
P. 316, 14. οὐδὲ Kr. addit e Plethone; μὴ οὔσης] μηνυούσης *Agh*; μηδ' οὔσης *A* m. sec. et *Blno* Cor. || 16. Sex fere literarum lacuna in *A*; δοκεῖ γὰρ συμπίπτειν *bno*; pro γὰρ Kr. et Mein. malunt δὲ. || 17. Octo fere literæ in *A* exciderunt; αὐ[τὸν χρῆσθαι] conj. Kr. || 18. Octo fere literæ in *A* exciderunt. ἐξουσία habent *bno*. Dein τιον editt. exhibebant ἐναντίον ; Kramerus leg. βέλτιον. quod rec. Mein. || 19. Circiter octo litt. in *A* lacuna; καὶ Πύλου suppl. *bno*. || 20. Ejusdem spatii lacuna, expleta in *bno* || 21. « Inter στρα et λέας duodecim fere literæ interciderunt in *A*, sed μετὰ δὲ Μα sec. m. additum. Inde post στρα spatium vacuum relictum in *ch*. Ceterum ultima hæc sana esse non videntur, ac si βέλτιον supra scriptum fuerat, ἢ μηδὲν seu ἢ μὴ hic fortasse legendum fuerit. Sed hæc omnia incertissima. » KRAMER. Quo pacto Kramerianis supplementis locus sanetur et probabilis aliqua emergat sententia, ego non assequor. Locum jam corruptum fuisse in codice A lacunis nondum mutilo, suspicor. Groskurdius ingenio indulgens sensum loco restituere tentavit ita : [Ἀλλὰ καὶ τὸ τῆς Λακεδαίμονος ἐπίθετον, ἡ κοίλη, οὐκ ἐφ' τὴν χώραν δέχεσθαι ·] δοκεῖ γὰρ συμπίπτειν τοῦτο τὸ [τῆς πόλεως] τοῖς τῆς χώρας ἐπιθέτοις ἀν[οικείως], εἰ μὴ Δία, ποιητικῇ τις τοῦτο συγχωρήσει ἐξουσίᾳ · ὅτι δὲ, καθάπερ προείρηται, ἡ Μεσσήνη τότε μέρος ἦν τῆς Λακωνικῆς καὶ τεταγμένη ὑπὸ Μενελάῳ ἐξ αὐτοῦ τοῦ ποιητοῦ δεῖ τεκμαίρεσθαι] · ἐναντίον γὰρ τὴν Μεσσήνην ταττομένης τῆς στρατείας μήτε] μετὰ τῆς Λακωνικῆς ἢ Πύλου τῆς ὑπὸ τῷ Νέστορι, μήτε δὴ καθ' αὑτὴν τάττεσθαι ἐν τῷ Καταλόγῳ [ὡς] μηδὲ κοινωνοῦσαν τῆς στρατείας.
P. 317, 10. Decem fere literæ in *A* exciderunt; lacunam explev. Kr.; supra ἥρου sec. m. scripsit νου; unde και... νου in *cghi*; καὶ τοῦτον (τοῦτο Ald.) τοῦ τόπου habent *bknot* Ald.; καὶ γὰρ τοῦτον τοῦ ποιητοῦ dedit Cor. || 11. Duodecim fere literæ in *A* absumptæ; οὐ παροπτέος ἐνέφηνεν suppl. *bknot*. || 12. Ἀσίνης] « Oppidi nomen quum ex parte interciderit in *A*, syllabæ ανῆς modo supersunt a pr. m.; inde Ἀσιανῆς sec. m. in scheda agglutinata, quæ simul γρ. ἀπὸ Ἀσίνης add. in margine; Ἀσιανῆς est etiam in *h*. » KRAMER. Ego literas ανῆς, quæ in *A* leguntur, infelici conjectura in Ἀσιανῆς (quod nihili est) et deinde in Ἀσίνης mutatas esse censeo. Nam Asine oppidum (ad hod. *Tolon* portum) a Nauplia nonnisi 50 stadia, si juxta oram processeris, distabat (Cf. Strabo p. 320, 50 : Ἔστιν αὔτη, sc. Asine, κώμη τῆς Ἀργείας πλησίον Ναυπλίου), adeoque ad intimum sinum Argolicum erat positum. Quo igitur pacto Strabo dicere potuit ab Asine initium esse sinus Hermionici? Porro quum Strabo dicat : εἶτ' (post Nauplian) ἄλλα χωρία καὶ ἐφεξῆς ὁ Ἑρμιονικὸς κόλπος, num probabile est ista ἄλλα χωρία in brevissimo paucorum stadiorum spa-

tio inter Naupliam et Asinen interjecto quærenda esse, in quo ne unus quidem locus apud veteres memoratur? Vix igitur dubium quin auctor noster tradiderit id quod res postulat et disertis verbis prodit Scylax § 50 : Μετὰ δὲ τὴν Ἐπιδαυρίαν χώραν Ἁλία καὶ λιμήν· αὕτη ἐστὶ ἐπὶ τοῦ στόματος τοῦ Ἀργολικοῦ κόλπου. Μετὰ δὲ ταύτην Ἑρμιῶν πόλις. Quam Scylax Ἁλίαν dixit, alii dixerunt Ἁλικὴν (ut Pausan. 2, 36, 1) et Ἅλυκον, Ἁλικὸν, Ἁλυκοὺς, Ἁλιεῖς, quorum ultimum apud ipsum quoque Strabonem p. 320, 50 habes (εἰς τοὺς Ἁλιεῖς). Itaque pro ΑΝῆς legerim [τῆς] Ἁλικῆς vel f. Ἁλίας. Indoctus librarius Ἀσίνης corrigi voluit quod Asinen Ἑρμιονικὴν dici legerat p. 309, 11, ex quo nihil colligas nisi ditionem Hermionensium e Strabonis mente usque ad Asinen pertinuisse videri. Quod tamen quoniam cum ceterorum scriptorum testimoniis conciliari nequit, nisi fortasse antiquissimum aliquem rerum statum a Nostro indicari existimaveris, nescio an Strabo erraverit, quippe qui quum nosset Asinen unum esse ex Dryopicis oppidis quorum Hermione caput erat, ditionem Hermionensium continuo tractu usque ad Asinen pertinuisse putaverit.

14. τριάκοντα] Ambitus Calauriæ est 130 fere stadiorum. Quem numerum reponi h. l. juberem nisi scrupulum injiceret quod infra quoque (p. 321, 24) legitur : Καλαυρία νησίδιον ὅσον τριάκοντα σταδίων ἔχον τὸν κύκλον. Fieri potest ut Strabo cum insula quæ Neptuni fanum habebat, confunderet Sphæriam insulam quæ inter continentem et Calauriam posita est atque, si humile mare est, tenui tænia Calauriæ adhæret. ‖ 19. καλεῖται δὲ recte, opinor, Lachmannus delenda censet; om. Mein. ‖ 28. νῦν τὰ μὲν] νῦν in A secunda m. additum; quare Meinekius trium literarum lacunam in codice fuisse conjiciens, ἀλλὰ ταῦτα μὲν scripsit, quod sane præstat, quamvis facile eo careas. ‖ 32. Ἀχαϊκὸν] Ἀχαιικὸν Mein. ‖ 45. Post Πελοπ. excidisse videtur Ἀχαϊκὸν, monente Groskurdio.

P. 318, 9. καὶ Ἀχαιοὶ post Ἕλληνες add. Epit., uti est in Il. β, 684. ‖ 15. « Inter ἀντιπ. et καὶ quindecim fere literæ interciderunt in A, ita ut longior lacuna sit quam quæ expleatur syllabis θέασιν ὅτι sec. m. additis ; simul τοὺς τοιούτους in marg. sec. m. additum : inde ὅτι τοὺς τοιούτους καὶ βαρβάρους chi, ὅτι τούτους καὶ βαρβάρους no. Fortasse ὁ ποιητὴς aut Ὅμηρος additum fuerat in A. » KRAMER. ‖ 19. Καὶ πάλιν. Ἄργος om. BEl. ‖ 20. τραφθῆναι intercidit in A; lacuna indicata, om. cghi. ‖ 20. Verba τοῦ κατὰ τὴν Κυνουρίαν ὄρους τῆς Ἀρκαδίας Kramerus censet ab interpolatore addita esse qui Lyrceum Argolidis montem confuderit cum Lycæo notissimo Arcadiæ monte, cui adjacebat Cynuria regio. Itaque Meinekius verba'ista ejecit; cupidius, ni fallor. Sane quidem Lyrceus mons Argolidi attribui solet; attamen quum in Arcadiæ Argolidisque confiniis situs esset, etiam Arcadiæ adscribi poterat. Itaque lenissima mutatione corrigi potest : τοῦ κατὰ τὴν συνορίαν ὄρους τῆς Ἀρκαδίας. Sed nihil prorsus a vulgari geographorum sententia Strabo recedit, si scripseris ἐκ Λυρκείου ὄρους τοῦ κατὰ τὴν συνορίαν τῆς Ἀρκαδίας. Ut nostro loco συνορία vox in nomen proprium mutata est, sic Theophanes Σινορία nomen castelli (in finibus Armeniæ siti) in Συνορία perperam mutavit (v. Strabo p. 475, 41). Corayus et Groskurdius pro Ἀρκαδίας scripserunt Ἀργείας, qua mutatione nihil profici recte monuit Kramerus. ‖ 27. διότι] ὅτι no. ‖ 28. τὸ ante Ἄργος excidit typothetarum errore. ‖ 29. δ' αὖ] δ' ἂν h et manu pr. A; ἔνυδρον] ἄνυδρον codd.; em. Meinekius. Idem recte, ni fallor, scripsit : πλάσμα δὲ καὶ τὸ « Ἄργος ἄνυδρον ἐὸν Δανααὶ θέσαν Ἄργος ἔνυδρον, » quum id quod A habet δ' ἂν indicio sit eundem versum laudari quem denuo habes p. 319, 21. Ceterum addit : « Noli autem dubitare quin Strabo scripserit καὶ τὸ Ἄργος ἄνυδρον, τῆς δὲ χώρας, ceteris, quæ ex margine illata esse ipsa illa corruptelarum portenta indicant, omissis. Etiam in seqq., ubi disputat geographus de versu Homerico καί κεν ἐλέγχιστος πολυδίψιον Ἄργος ἱκοίμην, mihi quidem non dubium videtur quin verba τὸ γὰρ προϊάψαι καὶ ἰάψαι, et exempla Homerica κατὰ χρόα καλὸν ἰάψῃ et Ἄϊδι προϊάψεν, Straboni invito sint obtrusa, qui profecto non adeo patrii sermonis ignarus erat, ut ἰάψαι et ἴψασθαι ad idem etymon revocaret. Ne de tertio quidem exemplo Homerico νῦν δὲ πειρᾶται, τάχα δ' ἴψεται υἷας Ἀχαιῶν, ita mihi constat, ut id ab ipso Strabone additum fuisse affirmare ausim. Nam quum ἴψασθαι posuerit, quis non videt multo aptius fuisse exemplum, quod legitur Il. α, 454, μέγα δ' ἴψαο λαὸν Ἀχαιῶν, cujus etiam vestigia in codd. servata sunt, quorum alii λαὸν pro υἷας, alii λαὸν υἷας conjunctim exhibent. » ‖ 33. δὴ] Malim δὲ cum Cor. et Mein. ‖ 38. ἴψασθαι codd.; e Cas. conj. em. Tzsch. ‖ 40. υἷας] λαὸν υἷας, expuncto λαὸν, B; γρ. λαὸν sec. m. in marg. A; λαὸν pro υἷας præbent no. ‖ 41. ἰάψει BEl Ald. et sec m. A; ἰάπτῃ in nostra Odyss. β, 476 et ita editt. ante Kr. inde a Xyl. ‖ 46. Pro [τινες] κατὰ scribendum erat [τινες κατά]. In A inter δέχονται et συναλοιφὴν novem fere literæ corrosæ sunt ; κατὰ τὴν suppl. sec. m. in A; τινες κατὰ dedit Mein ; κατὰ habent klno et Eustath. ad Il. δ, 171 ; μετὰ min. Eustath.‖48. ἐλέγχιστον Kr., nescio an operarum errore. ‖ 49. Decem fere literæ exciderunt; pro ἤγουν, quod Kr. dedit, in no suppletum ἤτοι.

P. 319, 5. Leg. ὄρνεις cum m Cor. et Mein. ‖ 6. καὶ] ὃ τυπτ. Cor.; καὶ etiam Eustathius ad Il. β, 602 et Eudocia in Villois. An. 1, p. 379 habent; ἃς suppl. Cor. ‖ 7. γῆς] γῆν no Tzsch. Cor. ‖ 9. Ἀρσῖνον] Fort. Ἀρσῖνον leg. esse suspicatur Cor. Verba τὸν δ' Ἑρ. κ. λ. Ἄρσα. suspectat Kr., ejecit Mein. ‖ 18. Inter ἀνύδρῳ et σείσθαι novem fere literæ in A exciderunt ; χώρα et supra χωρίῳ add. sec. m. in B; ad explendam lacunam μὲν add. Kr.; ἐν ἀνύδρῳ [μὲν λέγουσι] κεῖσθαι in Vindic. proposuit Mein., qui in editione dedit ἐν ἀ. [χωρίῳ] x. Cf. Eustath. ad Hom. p. 406, 6 : ἡ χώρα τὸ Ἄργος εὐυδρεῖ, εἰ καὶ αὐτὴ ἡ πόλις ἐν ἀνύδρῳ κεῖται. Quæ sequuntur ἃ ταῖς... ἔνυδρον parentheseos signis inclusit et fort. a Strabone aliena esse suspicatur Mein. ‖ 20. εἰπεῖν] Poetæ nomen excidisse videtur. Hesiodo versum tribuit Eustathius ad Il. δ, 171 p. 461 R., ubi legitur : Ἄργος ἄνυδρον ἐὸν Δαναὸς (hoc f. rectius) ποίησεν ἔνυδρον. ‖ 31. Πάλινθος] Πλίνθος conjecit et incertissimam conjecturam vel in ordinem verborum intrusit Meinekius. « Nimirum ab oblonga, inquit, forma monumentum illud id nominis traxisse conjicio, quam in rem comparari possunt quæ de foro Tegeatarum memoriæ prodidit Pausanias Arcad. 48, 1 : τῆς ἀγορᾶς δὲ μάλιστα ἐοικυίας πλίνθῳ κατὰ τὸ σχῆμα, Ἀφροδίτης ἐστὶν ἐν αὐτῇ ναὸς καλούμενος ἐν Πλινθίῳ. Ac fort. etiam Strabonis verba de foro Argivo intellegenda sunt. Hoc qui dem certum est (?), in aliis quoque oppidis loca quædam vel fora fuisse πλινθίου nomine significata. Hinc lux petenda verbis Hippocratis Epid. 6, 6, 10 : τὰ στρογγυλωμένα πτύαλα παρακρουστικά, οἷον τὸ ἐν πλινθίῳ... Fortasse Perinthi fuit quod Hippocrates memorat Πλίνθιον. » ‖ 48. τοὔνομα post εἶναι addit Cor.

P. 320, 2. ἡγεμονίας Tzsch., Cor., Kr.; ἡγεμονίας aBl Ald. ἡγεμονικὰς no, ἡγεμονευούσας ἐν Pletho, Mein. ‖ 5. ἀμφοῖν vocem h. l. exhibent no et Cor.; post ταῖς Μυκήναις cett. codd. ‖ 14. Λακωνικὴν] deb. Ἀργολικὴν, ut monuit Xyl.; idque rec. Cor. et Mein. ‖ 20. Infinitivum a nullo verbo pendentem tueri studet Kr.; Pletho cum eoque Tzsch., Cor. et Mein. post ταπεινωθῆναι addiderunt συνέθη. || 38. ὡς ante τρεφ. add. Cor. || 42. Ναυπλίας *a*, Ναυπλίου *A*; * Ναυπλίους dedit Meinekius. || 45. Μίδεα] fuerit Μίδεια, ut jam Casaub. monuit, quamquam codd. scripturam habet etiam Eustathius ad Il. β, 507 p. 270; cf. id. p. 286, 31 R. || 46. Inter πρόσυ et αὕτη novem vel decem literae in *A* interciderunt, manus sec. nonnisi μνα restituit; καὶ add. ceteri praeter *cgh*. Πρόσυμ[μνά ἐστι καὶ] αὕτη conj. Kr. Meinekius in Vindiciis corrigi vult Πρόσυν[μνά ἐστι χώρ]α ἢ τὸ ἱερὸν ἔχουσα "Ηρας; in Strabonis edit. lacunam indicasse satis habet. E Pausania (coll. St. Byz.) constat Prosymnam fuisse τὴν ὑπὸ τὸ Ἡραῖον (quod Strabo supra lin. 5 memoravit) χώραν; sed num in hunc sensum mutanda sit codicum scriptura, ex qua Prosymnae Heraeum a celeberrimo illo distinguitur, sciri nequit. || 48. Inter οἱ μ. et ρυνθος novem fere literae in *A* corrosae; μὲν et ἐκ restituit m. sec. in *A* || 49. Inter ἐ et εἰς novem fere literae perierunt; οἱ δὲ τῆς *cghino*, quorum *g* post τῆς habet spatium vacuum. « In *B* haec leguntur, secunda manu correcta:

οἱ δὲ τῆς
Τίρυνθος μὲν εἰς Ἐπίδαυρον ἀφίκοντο, ἐκ δ' Ἑρμιόνης εἰς
τοὺς   ουμένους
Ἁλιεῖς· καλοῦνται γὰρ οὕτως. Ἡ δ' Ἀσίνη δῆμος τῆς Ἀργείας ἐστὶ πρὸς τῇ Λακεδαιμονίᾳ Ναυπλίᾳ ἐκ δὲ ταύτης. Haec verba lacuna excipit totum fere versum exaequans; praeterea sec. m. in marg. add. haec: οἱ δ' ἐκ τῆς Ἀσίνης, καὶ αὕτη δὲ κώμη τῆς Ἀργείας πλησίον Ναυπλίας. Λακεδαιμονίων εἰς τὴν Μεσσηνίαν μετῳκίσθησαν. Καὶ ἡ ὁμώνυμος τῇ Ἀργολικῇ Ἀσίνῃ πολίχνη. Huic scripturae, qualem reddidit sec. m., concinunt *kno* (hi duo tamen, habent ἀπῆλθον ante Ἐπίδαυρον, omisso ἀφίκοντο), editt.; verumtamen Corayus omisit Λακεδαιμονίων et sub finem scripsit ἐν ᾗ ἐστιν ὁμώνυμος κτλ., Gronovium secutus, qui in *B* legi refert haec : ... Ναυπλία δὲ (leg. ἐκ) ταύτης εἰς τὴν Μεσσηνίαν μετῳκίσθησαν, ᾗ ἐστιν ὁμώνυμος τῇ Ἀργολικῇ Ἀσίνῃ πολίχνη. Quae unde sumpserit nescio; vereor ne ultima conjecturae debeantur ad Guarini interpretationem factae, qua ita redditur hic locus: *Ex Hermione autem ad Halies* (*sic enim vocantur*), *id est piscatores, Asina vero terrae pagus Argivae penes Lacedaemoniam Naupliam. Ex ea inquilini in Messeniam commigrarunt agrum, eodem quo Asina oppidulum Argolicum vocabulo nuncupata.* » KRAMER. Ceterum ἐκ τῆς Μιδέας suppl. Rankius ap. Mein. in Vindic., probante etiam Curtio. Quae conjectura non erat recipienda. || 40. Novem fere literarum lacuna in *A*; Pro ἔστιν αὕτη, quod Kr. dedit, in *bkn* legitur καὶ αὕτη δὲ, in *o* καὶ αὕτη; malim ἔστιν δ'] αὕτη, cum Meinekio. || 51. ὑπὸ in lacuna scriptum est ex conj. Tzschuckii. || 52. Sex septemve literarum lacuna in *A*. Leg. μετῳκίσθη[σαν ὦν] καὶ conj. Kr.; μεφκίσθ[η-σαν ὄπου] καὶ Mein. || 53. Lacuna sex septemve literarum. Fort. leg. πολίχ[νη ἐστίν] conj. Kr.

P. 321, 2. καὶ οἱ suppletum in *bkno*. || 9. καὶ om. *E*; Ἑρμιόνα ante καὶ excidisse probabiliter statuit Politus ad Eustathium, in quo (ad Il. β, 560, p. 287, 6 R) legitur: λέγει δὲ (Strabo) καὶ ὅτι Ἀσίνη καὶ Ἑρμιὼν Δρυόπων οἰκητήριον. || 12. εἴθ'] ἢ ὑφ' *Aghino* et margo *B*; om. *BEl*; em. Kr. || 16. φασιν] φησιν *no*. || 18. Μυκηναῖοι] Μυκηναῖοι ἢ Ἀθηναῖοι Eustath. ad Il. β, 561, p. 287. 30 R. || 22. αὐτῇ] αὔτη Mein. || 24. τρακ.] Cf. not. ad p. 317, 16. || 31. ἠνεμόεσσαν apud Pausan. 2, 33, 2. || 25. Ναυπλιέων Mein.; recte, ut vid. || 39. πως] ὅμως Cor. || 44. ταῖς ante αἰτ. om. Cor. || 51. Ante ον syllabam novem fere literae deletae in *A*; [περὶ τούτων] conj. Kr.; [περιλυτέρῳ]ον conj. Mein. || 52. Ἐπίταυρος] κα supra τὰυ habet *a*; ὅτι Ἐπίδαυρος τὸ πρῶτον Ἐπίκαρος ἀπὸ Καρῶν κατασχόντων αὐτήν. *E*; κατὰ δὲ τὸν γεωγράφον καὶ Ἐπίκα-

ρον αὐτὴν οἴονταί τινες, ὡς Καρῶν αὐτὴν ποτὲ κατασχόντων. Eustathius. Illud Ἐπίκαρον deberi conjecturae, cui ansam dederint verba φησὶ γὰρ, pro quibus φησὶ δὲ scribendum sit, putat Meineke. Ἐπίταυρος etiam Steph. Byz. habet.

P. 322, 9. μυχῷ] μυχοῖς *acghino*; περίπλ.] παράπλουν Tzsch. et Cor., quo non opus erat. || 13. « Voce πανταχόθεν cum pagina finiatur in *A*, ea quae sequuntur in proxima inde a μεταξὺ secunda manu scripta sunt, quae pertinet usque ad verba μέγιστον δ' ὄρος ἐν αὐτῇ Κυλλήνη (p. 333, 18). Totus enim quaternio hic quoque interciderat, sed ex alio codice, qui ex decurtatorum genere erat, restitutus est. » KRAMER. || 16. ὁμώνυμος codd; em. Kr. || 18. ἐν] ἐπὶ Casaub.; potius fuerit ἐν ... Τροιζηνίᾳ, ut Mein. scripsit. || 21. τοῦ add. Mein. || 35. οἱ δ' codd.; em. Cor. || 38. ὑπ' αὐτοῦ] Malim cum Cor. et Mein. ἀπ' αὐτοῦ, ut jam legit Guarinus (*ejusque posteri* vertens). || 37. ὀγδοήκ.] πεντήκοντα Ald. || 46. ψιλὴ] ὑψηλὴ Eustath. ad Dion. 512 et Eudocia Violet. p. 297. || 51. ἐπιφέροιεν] ἐπισπείροιεν *Bkl*.

P. 323, 1. ὁμώνυμος *acghiklno*, ὁμωνύμως *B* et Eustath. ad Il. β, 562, p. 288, 8 R. Ceterum verba ὁμωνύμως ... τὴν χαράδραν inducti interpolatoris esse cum Kramero et Meinekio censemus. 3. Οἰνώνη] Θινώη Tzsch. Οἰνόης Cor., quam nominis formam vel metrum postulat. Admitti tamen nequit, nisi in antecc. item Οἰνόν pro Οἰνώνη reposueris, quod totius antiquitatis testimoniis repugnaret. || 5. Οἰνόη Tzsch. et Cor. || 19. τειχιζούσης post Τιρ. τε add. editt. ante Kr. || 20. βαθὺν κατὰ κόλπον ἐχούσας post Ἀσίνην add. editt. ante Kr. || 21. Τροιζηνᾶ τ' codd. || 30. Θυραίας codd.; em Xyl. || 34. Κυνυρίᾳ] *o* et sec. man. in *n*; Κυνοσουρίᾳ cett. codd. || 38. Κρεοπώλου] Κρεεπόλ *ag*, Κρεεπόλου *o*, Κρεοπώλου *c* Guar., Κρεωπόλου *B*. De vera nominis aliunde non noti forma non liquet. Incertissima est conjectura eorum qui montem quem Κρεῖον vocat Callimachus Lavacr. Pallad. 41, indicari putant. Meinekio verba οὐδὲ τὸ Κρεοπώλιον Σικυώνος ἱδρυμένα;, quae jam Kr. suspectaverat, in marginem rejecit. 43. || δὴ add Kr., δὲ *B* (?) editt. ante Kr.; γοῦν *no*, μὲν οὖν Pletho.

P. 324, 22. Τρικορύθῳ Coray, τῇ Κορίνθῳ codd.; leg. Τρικορύνθῳ, quod dedit Mein. || 23. Μακαρ.] Ἀκαρίαν codd.; em. Xyl. || 24. ὑπὸ [τὸν] ἁμαξ. Cor. || 26. καὶ τοὺς τὸ Ἄργος ἔχ. Ald.; hinc Corayus : τοὺς καὶ τ. Ἀ. ἕ. || 41 Βέλβινα codd.; em. Xyl. || 46. ἐπὶ δὲ τῷ] ἐπὶ τῷ codd., editt.; κείμενος] κείμενον *nok* et Eustath. ad Il. β 570, p. 290, 27, Ald. || 47. κύριος, ὦν] κύριος ὦν Pletho; fuerit κ.. ὦν, ὧν, nisi cum Meinekio malis λιμένων [ὦν] κύριος. || 48. καὶ ante ῥᾳδ. fort. delendum. Meinekius ante καὶ lacunam indicat fortasse in hanc sententiam explendam : [εὐπορεῖ δὲ καὶ ἐκ τῶν περὶ τὸν δίολκον τελῶν, ὅς τὰ πορθμεῖα ὑπερνεωλκεῖ], καὶ ῥᾳδίας ποιεῖ etc. Ceterum « a voce καὶ alia incipit manus in *a*, elegantior non paulo, sed non recentior ea quae superiora scripserat : multo plura tamen in hac parte adhibita sunt scripturae compendia, unde haud pauci errores orti sunt in iis codicibus qui ex hoc manarunt. » KRAMER. || 53. Μαλέαν *Bl*.

P. 325, 1. ἐπὶ] ἐπεὶ recte opinor, conj. Cor. || 2. κατάγεσθαι τὸν φόρτον αὐτόθι· καὶ πελῇ δὲ, ejectis verbis εἰς Κόρινθον, Meinekius; recte, opinor. || 15. Post ἀνδριὰς Grosk. supplet Διός, quam vocem post εὐμεγέθης inseruit Mein. || 27. Verba εἰπεῖν ... χρόνῳ ταύτῳ duos efficiunt versus choliambicos, monente Meinekio. ǁ 46. μέντοι] μὲν τὸ codd.; em. Cor., qui deinde addidit καὶ. ǁ 49. τε quod om. E, ejiciendum, monente Kr.

P. 326, 7. δεκτέον] λεκτέον codd.; em. Casaub. ǁ 8. φρέατα] « An φλεβία?» Mein. ǁ 10. φασι] φησι Bl. ǁ 15. ὑποπεσοῦσαν] ὑποῦσαν bene Cor. et Mein. ǁ 16. λευκολίθῳ aghno, λευκολίθου c Cor.; λευκῶν λίθων Mein., addens fort. praestare λευκοῦ λίθου. ǁ 17. Παρνασὸς aBh, Tzsch., Cor. ǁ 19. Κρισσαῖος codd. ǁ 21. τῆς Βοιωτίας Mein. ǁ 23. Post vocem δὲ, quam om. gh, nonnulla excidisse apparet; καὶ Σικυωνίας πρὸς ἑσπέραν ὑπέρκειται δὲ etc. Tzsch., Cor.; Σικ. πρὸς ἑσπέραν, [πρὸς ἕω] δὲ ὑπέρκ. Groskurd., quae non satisfacere recte monet Kr. 25. ἀπὸ τῆς] καὶ τῆς Pletho, Cor. ǁ 33. περὶ] παρὰ acgh Cor.; ἐπὶ conj. Kr., recte. ǁ 39. τῶν Παγῶν E. ǁ 40. Ὀλμίαι agh. ǁ 43. δὲ om. codd. ǁ 44. Κρομυωνία BElg et similiter lin. 49 et 51.

P 327, 1. ἐν ᾗ [τὸ] τοῦ Cor. ǁ 8. Ἀσίας] Ἀσέας suspicatur Cor. ǁ 10. Κορίνθιος Bgk, Eustath. ad II. β, 607 p. 301, 39. Idem supra Κόρινθος notatur in ac. ǁ 24. ἐγένετο klno et B m. sec., editt.; pluralem tuetur Kr. ǁ ἐν ἄλλοις] « Fort. « εἰς ἄλλους. » Mein. ǁ 37. ἑωράκαμεν no. ǁ 40. ἀφίκται Cor.

P. 328, 1. τορεύματα acgh; παμπλήθη i; ὀστράκινα τορεύματα παμπλήθη Cor. Vocem τορευμάτων glossam fuisse explicandum χαλκωμάτων, suspicatur Kr.; asterisco locum notat Mein. Ni fal'or, legendum erat τροχηλάτων. ǁ 9. κατωρθωμένων Cor., Mein. ǁ 16. πάντες]« An παίζοντες?» Mein.; ἐπάντη καὶ ὀφρ.?] ǁ 22. Εὐφρόνιος] Εὐφορίων apud Hephaestion. De metr. 15, 59, adeo ut alterutro loco corrigendum sit; Εὐφορίων ap. Strab. scripsit Mein. ǁ 26 et 28. Κηλ.] Κοιλ. Ald. ǁ 29. διαρρέων τὴν Σικυωνίαν Grosk., praestat παραρρ. τὴν Σικυῶνα, e conj. Corayi. ǁ 40. Αἰγιαλεῖς Mein.; deinde Cas. conj. leg. ἀνῴκισεν ... Δημήτριος.

P. 329, 6. τῶν μετ.] τὴν μ. ino Cor. ǁ 10. Παρνασσὸν E, Παρνασὸν cett. codd. ǁ 13. Τριχόρινθον h, Τρικόρυνθον Mein. ǁ 26. Αἰγιαλείας Bk. ǁ 28. μετὰ] κατὰ k. ǁ 44. Ὠγύγου, et supr. λυ, ah; Ὠγυγούλου c, Ὠγυγουλαι g, Ὀγυγούλου l; Ὠγύλου n, sed γ supra λ add. m. sec.

P. 330, 1. συνιοῦσαι no Cor., recte. ǁ 3. τινὰς] τὰς λοιπὰς Pletho. ǁ 4. συνελθ.] συνεστώσης conj. Curtius Pel. 1, p. 451. ǁ 7. δ.] ἄν velim. cum Grosk et Mein. ǁ 8. οἱ [ἐν Ἀσίᾳ] Ἴωνες conj. Grosk. ǁ 18. βασιλέα ante καθιστάσιν add. Bkgt. ǁ 29. ἑστήκει] « Fort. ἕστηκεν vel ἑστήκοι. » Mein. ǁ 44. Verba Ἡσίοδος ... Θετταλικῆς ejicienda videntur Meinekio. ǁ 46. δὴ [καὶ πέντε] ἔτη, e Casaub. conj. Cor., coll. Polyb. 2, 43. ǁ 49. Ἀρνάριον] Αἰνάριον p. 332, 26; Ὁμάριον Cor., Ἀμάριον e Welckeri (Cycl. 1, p. 128) et Kr. conj. Mein.

P. 331, 2. Lacunam notarunt Kr. et Mein. Post ἐλευθερωθέντας in agchikn et in editt. legitur: καὶ μετ' ὀλίγα vel ὀλίγον (sc. Strabon dicit); quae sunt breviatoris. ǁ 4. Ἑρμιῶν] Ἑρμιώνη Pletho, Cor.; Ἑρμιώνην inter versus add. n. ǁ 4. Μεγαλόπολις Bl. ǁ 5. προσετέθησαν ο Cor. ǁ 13. εἶτα ... γνωρίζεσθαι ej. Mein. ǁ 24. Πέτρος add. et deinde Μέλας tanquam ex antecc. μέγας ortum om. e Casaub. conj. Corayus, recte probante Kramero. Curtius Pelop. 1, p. 428. vulgatam tueri velit coll. Dionys. Per. 416 et Callimacho hymn. in Jov. 22, ubi Melas quidam inter Arcadiae fluvios memoratur; at num Melas iste etiam ad Achajam pertineat, non constat; contra liquet Strabonem ad verbum fere exscripsisse locum Herodoti 1, 145 : ... καὶ Ἑλίκη (ἐς τὴν κατέφυγον Ἴωνες ὑπὸ Ἀχαιῶν μάχῃ ἑσσωθέντες) καὶ Αἴγιον καὶ Ῥύπες καὶ Πατρέες καὶ Φαρέες καὶ Ὤλενος (ἐν ᾧ Πεῖρος ποταμὸς μέγας ἐστί) καὶ Δύμη etc. ǁ 32. ὃ add. Kram.; ἀπέχει]

ἀπέχον B (?) et editt. ante Kr. ǁ 41. οἱ om. aBghikn. ǁ 45. τε] δὲ codd.

P. 332, 4. καὶ] ἢ Cor. ǁ 9. Αἰγίου] Αἰγαίου cghi, Αἰγῶν no Cor., Αἰγίων B, ex correct. ǁ 16. πόλιν] χώραν Pletho, idque res postulare videtur; quare rec. Tzsch., Cor, Mein. ǁ 23. Ὀλένου editt. ante Kr. ǁ 24. Κεραύνια codd; em. Perizonius ad Ælian. V. H. 13, 6. ǁ 26, Αἰναρ.] V. p. 330, 49. ǁ 35. Φαρεῖς no, Tzsch., Cor., recte, ut vid.; verba καὶ Αἰσχύλος ... Ῥύπας et lin. 40. καὶ τὸ Ἀντίρριον recte ej. Mein.

P. 333, 9. Φαρεῖς Pletho. Tzsch. Cor. ǁ Φαράται] Φαριάται ap. Pausan.; idque h. l. rec. Mein.; Φαράται e Stephano legi voluit Sylburg. ǁ 14. χίλιοι [τριάκοντα] conj. Cas., coll. p. 288, 50 ; rec. Mein. ǁ 18. « Inde a τὴν γοῦν κάθε τον prima manus denuo incipit in A; simul inde ab hoc loco foliorum margines eo quo supra diximus, modo lacerati sunt ac post resarti. » Kr. ǁ 27. Μεγαλόπολιν Bl ǁ 28. Μεγαλόπολις codd., sed λη supra λο pr. m. add. in A. ǁ 38. αὐτὴ] αὕτη Mein. ǁ 40. Κύνηθα Achino. ǁ 42. Ἀλαίας codd.; em. Cor. ǁ 44. Decem fere litt. lacuna in A; rec. m. insertum est κεῖμενον, quod habent etiam no; f. μέγιστον supplendum conj. Kr.

P. 334, 6. ἀπέρωσιν] ἀπέκρυσιν kno, sec. m. B, Ald. ǁ 7. πεντήκοντα] πέντε conj. Müller. Dor. 2, p. 439, probante Groskurdio nec non Curtio (Pelop. p. 216); N natum esse ex Δ' conj. Kramer. ǁ 14. Ἀνίαν] Ἀροανίων conj. Penzel et Grosk. ǁ 16. ἠθμοὺς] ἰσθμοὺς Acghi, ἰσθμοὺς m; εἰσθμοὺς conj. Tzsch. ex Hesychio : εἰσθμός, εἴσοδος ὕδατος στενή, ubi εἰσιθμός et similiter εἰσιθμοὺς ap. Strab. leg. esse putat Dindorf. in St. Thes. s. v. ǁ 19. καὶ εἰς τὸν Ἀλ. editt. ante Kr. ǁ 21. παρὰ Ἀ.] περὶ cett. codd. ǁ 22. ὑπὸ τὸ [Χάον] ὄρος conj. Mein. in Vind. p. 127, collato Pausan. Cor. 24, 7. ǁ 51. κίσσον Kr. dedit ex Epit. ǁ Ἀγραῖον] e Cor. conj. Kram. et Mein.; Ἀγαῖον Abko B,Epit., Αἰγαῖον editt. ante Kr. Servandum erat Ἀγαῖον, quod ex eodem Ephoro, quo Strabo utitur, habet etiam Nicolaus Dam. fr. 38 (F. H. t. 3, p. 376).

P. 335, 5. τὴν Μεγαρίδα] καὶ τῆς Μεγαρίδος τὸ πλέον Pletho. Post haec verba ponenda sunt quae leguntur lin. 7 et 8 ὥστε τὸν... Κορινθίων, monente Du Theilio. ǁ 8. Novem fere litt. in A lacuna, quae sec. manu non est expleta ; τῶν Βοιωτῶν habet h, τῶν Μεγαρέων gbkno; articulum sustulit Kram. ǁ 9. λεκτέον οὐν exhibent cbhkno ; at in A lacunae spatium tot literarum vix capax ; quare λέγωμεν proposuit Kr., λεκτέον, misso νῦν, scripsit Mein. ǁ 11. καὶ τὰ] ἐπὶ τὰ codd.; em. e conj. Mein. in Vind. p. 128. ǁ 16. Quae sequuntur per totum hunc locum lacunae in A sec. manu non sunt expletae; scil. σφόδρα suppl. Grosk.; κοιλ. οὕτως Mein. ǁ 18. Manca explevit Grosk. ǁ 19. Lacuna 20 fere literarum. τεινόμενα ἐπὶ τὸν κόλπον suppl. Kr.; ποιοῦντα τὸν κόλπον τὸν suppl. Mein.; in quibus probamus τὸν articulum ante Ἑρμ., verum ποιοῦντος istud a re alienum fuerit ; τῆς Μεγαρίδος ἐπὶ τὸν κόλπον suppl. Grosk. ǁ 21. Supplevit Grosk. ǁ 22. Suppl. Tzsch. Pro φήν sec. m. scriptum φθην; unde ἔφθην in bcghino. ǁ 23. Lacuna expleta in bno. ǁ 24. ποιεῖται τὴν suppl. Kr. ǁ 25. Κρίσσαν καὶ Grosk.; αὐτὸν mavult Kram., quum sex fere literae in A excidisse videantur. ǁ 26. Κρισσαίων suppl. Grosk.; ταύτῃ proposuit Kramerus. Ceterum Meinekius totum hunc locum ita efformavit : νομίζει δ' οὐδ' ἂν χ[οιλαίνεσθαι οὕτως] τὴν ἠόνα τὴν ἀπὸ Σουνίου μέχρι [τοῦ Ἰσθμοῦ. ὥστε μεγάλην] ἔχειν ἐπιστροφήν, εἰ μὴ προσῆν τῇ [ἠόνι ταύτῃ καὶ] τὰ συνεχῆ τῷ Ἰσθμῷ χωρία τὰ [ποιοῦντα τὸν κόλπον τὸν] Ἑρμιονικὸν καὶ τὴν Ἀκτήν· ὡς δ' αὕ[τως οὐδ' ἂν τὴν ἀπὸ τῶν Κεραυν]ίων ἐπὶ τὸν Κορινθιακὸν κόλπον ἔχειν τινὰ τοσαύ[την ἐπιστρο]φὴν ὥστε κοιλαίνεσθαι κολποειδῶς καθ' αὑ[τὴν, εἰ μὴ τὸ] Ῥίον καὶ τὸ Ἀντίρριον.

συναγόμενα εἰς στενὸν [ἐποίει τὴν] ἔμφασιν ταύτην· ὁμοίως δὲ καὶ τὰ περι[έχοντα] τὸν μυχόν, εἰς ἃ καταλήγειν συμβαίνει τὴν [ταύτῃ] θάλατταν. ‖ 32. ἐπὶ μικρόν] ἐπίμικτον codd.; e Casaub. conj. em. Cor. ‖ 36. [τόσ]ον. Tres litt in *A* exesa*; τοσοῦτον legitur in *hi*. ‖ 37. Πηγὰς] Παγὰς Cor. ‖ 40. δὲ add. Mein.
P. 336, 1. Ἀκτή] Leg. vid. aut Ἀττικὴ aut ἀκτὴ δ' ἐστὶν [ἢ Ἀττικὴ] : hoc dedit Mein. ‖ 18. Lacunam sic explevit Grosk.; malim cum Meinekio : ἀναλα[βόντες τὰ; χώρας ἀπὸ τῆς π]αραλίας. ‖ 20. Ἀττικῆς] « Fort. ἀκτῆς. » *Mein*. ‖ 21 et 26. Σκιρ. *E*. ‖ 26. ὂν post ὑψηλόν add. Cor. et Mein. ‖ 44. τούτους] αὐτοὺς *Bklno*. ‖ 48. Ἰάονες] Ἴωνες codd.; em. Xyl. ‖ 51. καὶ περὶ τῶν ὁρ. *Bok*.
P. 337, 8. διότι] ὅτι *Bkno*. ‖ 18. [τῷ δὲ] Λύκῳ est in *acghino*; at superest in *A* litera α ante Λύκῳ; [εἴτ]α supplevit Mein. ‖ 20. νέμων] Literæ μων in *A* sec. m. suppletæ sunt; νέμει Meinekius. Idem in Vindiciis p. 130 locum hunc a'poeta fortasse ita scriptum fuisse putat :

ἐμοὶ μὲν ὤρισεν πατὴρ
ἀκτὰς, ἀπελθεῖν τῇσδε γῆς [προσεσπέρους]
πρεσβεῖα νείμας, εἶτα [δευτέρῳ] Λύκῳ
τὸν ἀντίπλευρον κῆπον Εὐβοίας νέμειν.

21. ὅμαυλον *E*; ὅμαυδον, sec. m. supra scripto λον, *A*; ὅμαλον *Blkno* Ald.; ὁμωβδλον *h*, ὕμωδον *c*, ὅμορον *i*, ἀνόμαλον Tzsch., ὅμωρον Cor. ‖ 35. παροξυνόντων *g* Cor., Mein. ‖ 45. μέχρι καὶ νῦν *h* Cor. ‖ 51. Ἐρετριακοί *kn* (?) editt. ante Kr.
P. 338, 1. Σκιρ. *E*. ‖ 3. Decem fere literæ in *A* exciderunt; κατὰ Κρίσαν recens manus in *A* adscripsit, idque inde præbent *kno* et ex correct. *B*; in hoc pr. m. habes : διείργουσα δὲ τὴν Νισαίαν ἀπὸ τῆς Κρίσσης τῆς Ἀρχιονίδος καλουμένης. Mannertus (Geogr. t. 8, p. 153) suppleri voluit κατὰ Κρέουσαν, probantibus Du Theilio et Groskurdio; κατὰ τὰς Παγὰς suppl. Kram. ‖. 9. καθάπερ... κεῖται πνοάς non esse Strabonis putat Mein. ‖ 14. Σκειρὰς *A*. ‖ 16. ἐπισκείρῳ *A*, ἐπισκίρῳ *gl*, ἐπισκίρωσιν *no*, ἐπισκίρωσις om. sec.; ἔτι Σκίρα Cor. ‖ 17. δὲ Cor.; δὴ codd. ‖ 19. Εὐρυλόχου] Εὐρύκλου codd.; em. Tzsch. ‖ 23. ὕπαρξ.] Leg. ἐπάρξαντας e conj. Cor. ‖ 29. Σαλαμῖνι] Ἐλευσῖνι codd. Verba Βώκαρος.... καλούμενος non item Strabonis suspicatur Mein.; certe verba ὁ νῦν Β. κ. glossatoris fuerint. ‖ 36. ἄγειν] ἄγε *aEch* ; ἄγε τρισκαίδεκα Eustath. ad Il. β, 557 p. 284, 41. ‖ 41. αὐτοῖς] τούτῳ Pletho; αὐτῷ Grosk. ‖ 47. Lacunam, quæ est in *A*, unus explevit B.
P. 339, 4. σκήψασθαι] χρήσασθαι *no*. ‖ 5. αὐτοῖς ante οὕτως add. *Bk* (??), editt. ante Kr. ‖ 6. ἄγεν δυοκαίδεκα νῆας Ald.; δώδεκα καὶ νέας Eust.; verba ἔν τε Πολ. etiam Pletho om. ‖ 22. Ἐλευσὶς *gh* Cor., Mein. ‖ 3. Φαρμακοῦσαι *B*, m. pr., et *l*; Ald. ‖ 36. κορυδαλός codd. præter *E* et Plethonem ; Κορυδαλεῖς *Bcgklno*. ‖ 38. λήμην] λιμένα codd. (sed in *A* litt. ένα m. sec. scriptæ) ; e Cas. conj. em. Cor. ‖ 45. στομίῳ] Mirum hoc, sive verbum sive rem spectaveris ; ἰσθμίῳ proposuit Meinekius. Legerim : στομίῳ δὲ μικρῷ τὴν εἴσοδον ἔχοντες ὑποπίπτουσιν αὐτῷ λιμένες τρεῖς. ‖ 46. ἔχων] ἔχον, et supr. ἐστὶν, *h*; ἔχον ἐστὶν *l*.
P. 340, 20. καὶ τὸ περὶ τῆς τριαίνης ἔχει τι σημεῖον codd.; ἔχει in ἐκεῖ mutavit Gronov., probante Corayo; ἐκεῖ ἔστι σημ. conj. Kr.; ἔχει με σημεῖον conj. Grosk.; τὸ περιττῆς τριαίνης ἐκεῖθι σημεῖον, Meinekius, quod perplacet. ‖ 24. Octo fere literarum lacuna in *A*; τόπον supplevit *g* m. sec. et *bno*; τὴν χώραν conj. Kr.; ἵδρυσιν Mein. ‖ 25. Undecim fere litt. lacuna; ἔστι κτῆμα supplevit *B*; ἐστὶν ἱερόν conj. Mein. ‖ 44. ἔτι] sic Mein.; εἰς codd. ‖ 45. Inclusa, quæ in *A* perierunt, supplevit Grosk. ‖ 46. « Inter Ὀλυμπικὸν et ὁ τὸ decem fere literæ interci-

derunt in *A*, nec restitutæ sunt, sed sec. m. in marg. add. καὶ αὐτὸ τὸ Ὀλύμπιον : inde καὶ τὸ Ὀλυμπικὸν καὶ αὐτὸ τὸ Ὀλύμπιον *gnohi* (in ultimis duobus tamen αὐτὸ deest); καὶ αὐτὸ τὸ Ὀλύμπιον, omissis καὶ τὸ Ὀλυμπικὸν, *Bk* edit. Haud improbabiliter Grosk. conj. : καὶ τὸ Ὀλυμπικὸν (ἔστι δὲ ταὐτὸ τὸ Ὀλύμπιον). Sed Ὀλυμπικόν valde suspectum, ac videtur Ὀλυμπεῖον scrib. esse ; similiter apud Vellejum quoque (1, 10) *Olympicum*, quod cod. exhibet, diu in *Olympieum* est mutatum. » KRAMER. καὶ τὸ Διονυσιακὸν [καὶ δὴ καὶ αὐτὸ τ]ὸ Ὀλύμπιον conj. Mein ‖ 50. Decem fere litt. lacuna in *A*; θαυμαστὰ suppl. *hi*, ἅπαντα *no*; πλεῖστα Mein. ‖ 54. Ἀκτικὴν] Ἀττικὴν *ai*; Ἀκτήν Mein.
P. 341, 8. φιλότιμον Xyl.; φιλόδημον codd.; « an φιλείδημον? » Mein. ‖ 14. εἰσὶ] An [ἀλλ'] εἰσὶ ? *Mein*. ‖ 20. πότιμον] ποταμὸν codd ; em. Xyl. ‖ 24. προσθεῖσιν Cor. et Mein., recte. ‖ 31. Post Κηφισιὰ in *Bkno* additur Φαληρός, in Plethone Ἀθῆναι. In reliquis codicibus nulla notatur lacuna, quam indicasse satis habent Kr. et Mein. ‖ 33. οὖν [οἱ] Ἀθ. Mein.
P. 342, 14. Ἁλαιεῖς] Ἁλιεῖς codd.; em. Tzsch. ‖ 15. εἶθ' Ὀρεεῖς *A*; εἶθ' Ὠρεεῖς *A* m. sec, *BElkno* εἶθα Θορεεῖς Tzsch., Cor., Kr.; εἶτα Θοραεῖς Mein. ‖ Λαμπτρεῖς Kr., Λαμπρεῖς Tzsch., Cor., Λαμπριεῖς *A*, Λαμπυρεῖς *A* m. sec. *BEgklno*. ‖ 16. Αἰγιλεῖς] Αἰγινεῖς codd.; em. Tzsch. ‖ 18. μακρὰ om. *Elnog* Pletho. In *A* 12 fere literæ corrosæ sunt inter μα et ν κατα. « Fort. scriptum fuerat : μακρὰ ἄκρα ἐστὶν : persæpe enim ν ἐφελκυστικὸν in hoc codice ponitur ante consonam. KRAMER. ‖ 20. Φάβρα Φαύρα *l* (?) Ald.; « An Φάγρα? » *Mein*. ‖ Ἐλαιοῦσσα Mein. ‖ 27. φρίξουσι] Sic etiam apud Herodot. 8, 96 ; utroque loco φρύξουσι e Kuhnii conj. scribendum esse videtur. (In latinis lege : *an* φρύξουσι?) ‖ 35 Lacunam explevit Xyl. ‖ 41. Τρικόρυνθα *A*; Τρικόρυθος *A* m. sec. et cett. codd. ἴόπου e Plethone add. Tzsch. ‖ 47. τετραρίστῳ *hi*, τετρωρίστῳ *Bcglkno* editt. ante Kr. et Meinekius. ‖ 51. Θορίκους] Θορίου *aBE*, Θουρίου *l* (?) Ald.; e Casaub. conj. em. Tzsch.
P. 343, 4. Lacunam explevit Xyl. ‖ 5. φιλότητι καὶ εὐνῇ om. in *Acghlno* ‖ 13. εἰρήσεται ὕστερον suppl. *bno*; μετ' ὀλίγον λέξομεν *i*. ‖ 18. Πεντελ] ἐλικῆς codd.; em. Xyl. ‖ 29. Κηφισὸς Mein. ‖ Τρινεμίων et Τρινεμιῶν codd.; e Casaub. conj. em. Kr. ‖ 3. ἐστι] ἔτι Xyl. ‖ 42. sqq. « Per totum hunc locum ea quæ interciderunt in *A*, sec. m. restituta non sunt ; iisdem locis lacunæ inveniuntur in *cghi*, quæ ex parte conjecturis parum felicibus expletæ sunt in *bkno* editt. » KRAM. Quæ in sqq. leguntur supplementa debentur Groskurdio, Du Theilio, Kramero. ‖ 45. ὑπερ[κείμενα αὐτῇ]τις πρὸς conj. Kr.; præstat ὑπερ[κείμενα μέρ]η, quod dedit Mein. ‖ 50. καὶ [Βοιωτ]ίας conj. Du Theil. ‖ 51. Παγὰς Mein.
P. 344, 1. ὅρων] τόπων Mein. ‖ 11. Κρισσαίῳ codd. ‖ 25. ἐπιμελεῖ Mein.; ἐπεὶ μηδὲ codd., præter *no*, qui has voces omittunt, nescio an recte ; ἐπιτηδείᾳ Cor.; πότε] τί ποτε e Plethone Cor. et Mein. ‖ 26. ἐπὶ] μηδ' ἐπὶ *no*; μικρὸν] μακρὸν *Bl* Pleth. ‖ 32. διότι] ὅτι *Blno*. ‖ 37. ἐπέθεντο Xyl.; ἔθεντο codd.
P. 345, 6. τὴν πόλιν] πόλιν *no*, Ὑάμπολιν Tzsch., Cor. ‖ 10. δ' add. Cor. ‖ δὲ *no*. ‖ 20. κατὰ] καὶ *acghi* διὰ *no*. ‖ ἐπειδὴ] ἐπεὶ *Blk*. ‖ 29. Post v. προφητιδὰς folium excidit in *A* ; damnum resarcivit man. sec. ‖ 34. τούτους] τούτου Cor. ‖ 46. τὸ μαντεῖον] τοὐναντίον *abcg hino* Ald. ‖ 38. συλλέξουσι] συλλήσουσι conj. Gronovius, συλήσαντας Grosk., qui præterea ἕνα addendum esse monuit. Cf. Epit., ubi sic : ἀνθ' ὧν ἐχρήσθη κατ' ἐνιαυτὸν κλέπτοντας ἕνα τῶν παρ' αὐτοῖς τριπόδων ἀπομίζειν εἰς Δωδώνην. ‖ 39. καὶ ante ποιεῖν om. *aBcghino* Cor. ‖ 45. προσαγορ.] συναπαγορ. *acghik*.

P. 346, 4. καὶ [αἴ] ἄλλαι e Plethone Cor., Mein. ‖ 5. ἔχουσι post ἀνάλογον add. no Cor. ‖ 5. Θεσπιῶν] Θεσπεσιῶν cghk et supr. scr. in a. ‖ 12. ἐστιν post Δελφ. habent cgk. ‖ 21. αὐτὸν] αὑτοῦ editt. ante Kr. ‖ 24. πετρώδης χώρα aghino. ‖ 27. ὁ Χαλκιδικὸς Eustath. ad Il. β, 496, p. 265, 11. ‖ 28. έδδ.] Excidisse ἑπτακόσιοι conj. Gosselin. et Grosk.; ἑξακόσιοι Falconer.; fuisse φο' susp. Kr. ‖ 47. Σιγηλοῦ codd.; Σιγηλὸν Pletho. ‖ 49. Inde a voce Τaναγρικῇ denuo incipit A. ‖ 51. In A duodecim fere litt. lacuna; μεθιδρυμένη h, μεθιδρυμένης i, μεθιδρυμένον bkno; ex Epit. lacunam suppl. Kr. ‖ Ἀμφιαράειον Mein.; recte. ‖ Ταναγραϊκῆς A m. pr.; Ταναγρικῆς A m. sec. et cett. codd. ‖ 54 Θηβαίων] Leg. cum Eustathio (ad Il. β, 498) τὴν Θήβηθεν, aut cum Meinekio τὴν ἐκ Θηβῶν. Verba Καλοῦσι .. Μυκαληττὸν (Μουκαληττὸν leg.), utpote glossatoris, ejecit Mein.

P. 347, 2. Μυκαληττόν codd.; em. Mein. ‖ 5. ὅμορον] ὅμοιον codd.; em. Xyl. ‖ 5. Legerim τῇ Ταναγρικῇ cum Xyl. et Cor., coll. Stephan. s. v. Τάναγρα et Eustath. ad Il. β, 498 p. 266, 35. ‖ ἐντεῦθεν] ἐνταῦθα codd.; ὅθεν Pletho; em. Cor. ‖ 7. ὁπόταν Eustath. l. l. et Suidas v. Ἄρμα; ὁπότε codd. ‖ 8. Πυθιαστῶν conj. Grosk. præter necessitatem. ‖ 17. ἐπὶ] περὶ Blk Ald. ‖ 23. « Ἄργος, quod magno consensu exhibent codd. (sed in A verba Θηβῶν εἰς Ἄργος sec. m. addita in sched. agglut.) et Eustathius ad Il. β, 498, p. 266, 27 R., ferri non posse inde a Palmerio (v. Exerc. in auctt. gr. p. 153) plerique censuerunt recte, mea sententia : sed quid Strabo scripserit, incertissimum est. Mutandum in Ἅρμα putat Palmerius, in Ἀνθηδόνα Politus (ad Eustath. in Hom. t. 2, p. 534), parum commode expedientes quæ in proximis obstant eorum opinionibus : a dextra enim non a sinistra sita est Tanagra Thebis eunti sive Harma sive Anthedona. Quapropter Groskurdius verba illa sec., m. in A addita nihili æstimanda falso ratus hæc proposuit : ἔστι δὲ τῷ ἐκ [τῆς Αὐλίδος εἰς Θήβας] ἀπιόντι κτλ., quæ nemo probabit. Equidem Ἅρμα scribendum esse cum Palmerio crediderim, erroremque, qui est in proximis, fatendum, non corrigendum; ortus videri possit ex Harmatis Attici et Bœotici confusione. » Kramer. Bœotiani suum habuisse Argos colligas e Suida apud quem Acusilaus esse dicitur Ἀργεῖος ἀπὸ Κερκάδος πόλεως; οὔσης Αὐλίδος πλησίον, nec non e glossa Hesychii : Ἄργος · Γάντιον (Ἀργοδίαντον cod.) Βοιωτίας. Fortasse igitur patet ea quæ de Harmatis incolis civitate ab Argivis donatis leguntur, nonnulla exciderunt quibus Strabo etiam Argos locum vel regionem in hoc Bœotiæ tractu exstare vel exstitisse dixerat, adeo ut ad hæc referenda essent verba εἰς Ἄργος. Sin verba corrupta esse cum plurimis censes, conjicere possis leg. esse εἰς Γραός [στῆθος vel ἔδος]; nam collis hic e Xenophonte (Hell. 5, 4, 51) aliisque notus, inter Scolum et Tanagræam ditionem situs erat. Sin notius nomen desiderea, in promptu foret : εἰς Γραῖαν vel εἰς Ὠρωπον. Omnia in meras retrusa sunt conjecturas. ‖ ἀπιόντι] ἀνιόντι probabiliter Mein. ‖ 24. « Inter k (post quod pars literæ sive a sive ω superest in A) et ex quindecim fere literæ interciderunt in A, nec restitutæ sunt. » Kram.; καὶ ἡ Ὑρία ἐγγὺς τοῦ ὁδοῦ conj. Grosk.; quod propter situm locorum admitti nequit. Meinekius in Vind. p. 136 conj. ; ἡ Τάναγρα κ[ώμη · ἡ δὲ Φαραὶ κώμη] ἐν δεξιᾷ κεῖται. At Τάναγρα non κώμη, sed πόλις (v. 352, 32). Fort. fuit : ἐν ἀριστερᾷ ἡ Ταναγραϊκ[ή · ἡ δὲ Παρασωπία] ἐν δεξιᾷ κεῖται. ‖ 25. Ὑρία codd.; em. Cas. Eustathius ad Il. β, 496, p. 264, 44 ita habet : Ὑρία τῆς Ταναγραίας πρότερον, ὕστερον δὲ τῆς Θηβαΐδος ‖ 26. Ὑριεὺς acgh. ‖ 29. Ὑρίην codd. ‖ 34. Ἰωνίδι BEl Ald. ‖ Ἑλεὼν] καὶ Αἰολέων Acgh, Ἑλαιῶν Bk, ὁ Ἑλεὼν A m. sec., ὁ Ἑλεὼν

Eustath. ad Il. β, 500. ‖ 35. ἑλῶν a, sed infra add. αἰολέων, quod præbent gi; ἑλαιῶν Bk Ald. ‖ 37. Εὔβοιαν Ald. ‖ 41. Κηφισὸς A. ‖ 42. Ἀλαί] ἄλλαι codd.; em. Palmer. ‖ 45. Verba δίαρμα... πολὺ ἐλάττους aut post Ὀρόβιαι (lin. 49) transponenda, aut κεῖται... Ὀρόβιαι delenda esse censet Meinekius. ‖ 49. Αἰγῶν intercidit in A, legitur in bkno Epit. ‖ Ὀρόβιαι] Epit.; Ὀρόβαι codd.

P. 348, 5. Ἴσαν m. pr. Ac et ghiklno. ‖ 10. Lacuna expleta est in bkno. ‖ Ἴσαν e Palm. conj. Tzsch. et Cor. ‖ 11. Duodecim fere literæ interciderunt in A; ἣν γὰρ ὁ [Ἴσος πόλις ἐν τῇ] gbno; ὁ[μώνυμος πόλις ἐν] M. conj. Kr.; ὁ[μώνυμος πόλις τῇ] M. Mein. ‖ 12. Inter πρὸς et ἰρῶνος duodecim fere litt. deletæ in A; τὴν ὑπώρειαν Κιθα]ιρῶνος suppl. Grosk.; Κιθ[χωρος τοῦ Κιθα]ιρῶνος Mein. ‖ 17. Φαρὰς correct. in a, Φηράς aBcghikl. ‖ 18. ἔστι] ἔτι Agno. ‖ 19. Φηρῶν Bchikl et sec. m. a. 26. νότον.... ἄρκτον Bkl. ‖ 31. δὲ] δὴ BEkl. ‖ 33. τὰ δὲ ante an add. præter i, sed sec. m. in ABk. ‖ 47. γίνεται] δύναται Bl, Ald.; δύναται γίνεσθαι Pletho. ‖ 47. καὶ] ἢ Bkl.

P. 349, 4. μὴ] μὴ κ A, tredecim fere literis ante Πλαταιὰς deletis; μηκέτ' ἔχουσιν ὡς πρότερον g m. sec. et no; μὴ λέγεσθαι sec. m. in A ad extremam marginem adscripsit; inde μηκέτι λέγεσθαι ἐτύμως Corayus. ‖ 13. Κηφισὸς B. ‖ 15. ἃς e Plethone additum. ‖ 17. δὲ post χάσμα add. Acgh. ‖ 21. ἧς ἐμνήσθημεν Grosk.; in A sex fere litt. exciderunt; ἧς εἴπομεν gbkno; ὡς εἴπομεν Cor. ‖ 28. ὁ μεταλλεὺς τῆς Κρήτης codd.; em. Freretus (Mém. de l'Ac. t. 23, p. 142). ‖ 34. δ' οἰκίσαι] Sic lacunam septem fere litt., quæ est in A, explevit Cor.; λέγεται καὶ κατὰ Κεκρ. bgno Ald. ‖ 34. ὑπῆρξε] Leg. ἐπῆρξε e conj. Cor. ‖ 42. προσαναλ. codd.; em. Cor. ‖ 52. Φανητέων codd.; em. Cor.

P. 350, 5. Lacunam 14 fere litt. explevit Grosk.; πλησίον καὶ τὰ τούτου δὲ habent Pletho. ‖ 10. Novem fere litt. lacuna in A; lacunam c explet verbis καὶ τῶν λιμνῶν; in Bk ante v. κειμένων add. μεταξύ. Inde Corayus : καὶ τῶν ἑλῶν καὶ τῶν λιμνῶν. [Τῶν δὲ] μεταξὺ κειμένων etc. Τῶν δὲ περὶ ex Grosk. conj. rec. Kr. et Mein. ‖ λιμνῶν] λειμώνων codd.; em. Cor. ‖ Τρεφία] Τριφυλία Ald., Guarin. Cf. Steph. Byz. : Τράφεια, πόλις Βοιωτίας , πολλὰ θρέμματα ἔχουσα. Τὸ ἐθνικὸν Τράφιος ἢ Τραφιεύς. Nicander Ther. 888 : ἠὲ σίδας ψαμαθηίδας, ἅς τε Τρόφεια (sive Τρέφεια, uti est in schol.; τρέφει αἷα codd.) Κώπαί τε λιμνάων ὑπεθρέψαντο παρ' ὕδωρ. Lacum Trephiam alius nemo memorat; sed cur nullum fuisse, nostroque loco nonnisi unam Cephissidem sive Hylicam paludem memorari, verbaque ἥ τε Τρέφεια aut mutanda aut delenda putemus, causa est nulla. Ceterum, ut hoc addam, Schneiderus ad Nicandr. l. l. legi voluit : μεταξὺ δὲ τῶν ἑλῶν καὶ τῶν λιμνῶν κειμένη ἐστὶν ἥ τε Τρέφεια καὶ αἱ Κῶπαι καὶ ἡ Ὕλη ἧς μέμνηται etc ; Müllerus Orchom. p. 81 : Μεταξὺ δὲ τῶν παρακειμένων λειμώνων ἡ τε Τρόφεια καὶ ἡ Ὕλη, ἧς μέμνηται. Groskurdius : τῶν ἐγγὺς περικειμένων λιμνῶν ἐστὶν ἡ μέτριος Ὑλικὴ, ἡ καὶ Κηφισσίς. Quæ Du Theilius et Falconerus commenti sint, non mémoro. ‖ ἡ Κ[ηεισσίς] sic e Falconeri conj. Cor.; ἡ Κωπαῒς abcghikno ; in A nonnisi ἡ K literæ prima manu scriptæ supersunt. Ceterum ante μέμνηται supplendum etiam est ἧς : Corayus δὲ particulam post μέμνηται inseruit. ‖ 15. sqq. Inclusa sunt glossatoris. ‖ 17. κώμης] πόλεως BEkl Pletho. ‖ 27. δὲ ante Casaub.; καὶ codd. ‖ 35. ὁ Τύχιος Tzsch.; Τύχιος codd.; om. Eustath. ad Il. 2, 500 et Mein.; recte. ‖ 39 sqq. Lacunas Groskurdium maxime secutus, explevit Kramerus, a quo in nonnullis recedit Meinekius, qui lin. 40 scripsit : τόπο[ν ὑπογράφουσιν, ὥστε] λόγῳ. Dein lin. 42 : ἀξ[ιολόγων καὶ τῶν

μή · καὶ] χαλεπὸν ἐν, quod præstat. Denique lin. 47 : πειρώμ[εθα περιοδεύειν], et lin. 50 : χρήσιμον ἤ [πρὸς τὴν ὑπόθεσι]ν.
P. 351, 1. παραλειφθὲν Cor.; παραληφθὲν codd. || 4. Ἀνθηδόνα Eustath. ad Il β, 497 p. 265, 22 ; ἀπέχουσα marg. A m. sec. || 6. Σχοινεὺς scribi voluit Politus ad Eustath. l. l. || 10. ἴναι Epit.; εἶναι codd.; ἴμεν editt. ante Kr. inde a Xyl. V. Steph. Thes. gr. t. 3, p. 271 s. v. εἶμι. || 15. Σικυωνίᾳ Cor.; Σικυῶνι codd. || 16. ποταμὸς ante Ἀσωπός addit Epit. || 16. ῥέουσι καὶ οἱ ἄλλοι ποταμοὶ codd.; em. Cor. Verba εἰσὶ δὲ καὶ ἄλλοι... τούτῳ ejecit Mein. || 18. Σκάρφη] Σκάφλαι codd.; em. Xyl. || 19. Ante ὁ γὰρ excidisse videtur : ἡ δὲ Παρασωπία τῆς Θηβαΐδος, monente Groskurdio. || 21. Πότνια codd. || 29. παραρρεῖ] παρὰ codd.; em. Du Theilius. || 41. Θεσπειαὶ A et sic in sqq. || 42. Κρεουσίαν] fort. Κρεουσίδα, ut Kr. putat, coll. Xenoph. Hell. 5, 4, 16, Pausan. 9, 32, Stephan. || 47. Duodecim fere litt. lacuna in A ; αὐτὸς ἐκεῖνος περὶ τοῦ πατρὸς bcghi et no, nisi quod hi omittunt v. ἐκεῖνος. Kramerus conj. : ἔ[πη ποιησάμενος κατὰ] τοῦ, Meinekius : ἐ[πιλαβόμενος] τοῦ. || 48. λέγων post πατρὸς addunt bkno. || μ[ετανέστη πρότερον suppl. Kr.; μ[ετέστη, θρασύ]τερον λέγων Mein. In A decem fere literæ exciderunt. || 50 et 51. Lacunæ expletæ sunt in h m. sec.
P. 352, 1. αὐτοῦ e Palmerii conj. Cor.; αὐτῇ acghi, αὐτῆς Bklno Ald. || 4. Κρισσαίου BEl. || 8. παραλίας] Sic septem vel octo literarum lacunam, quæ est in A, explent bknop. || 10. Ὀλμιὰς suppl. Palmer. || 11. Decem fere litt. lacuna in A ; τοῦ κόλπου τού[του συμ]βέβηκε bkno; τοῦ [Κρισαίου συμ]βέβηκε Kram.; Παγά; Cor. || 13. πε[ρὶ ἧς εἰ]ρήκαμεν suppl. bkno; ὧν dedit Grosk. || 14. Κορινθιακοῦ ante v. Παρνασσοῦ BKl, Φωκικοῦ Pletho. || 20. Πιερίαν Bkno Ald. || 21. Πίπλειαν Acghi no. || 28. Θεσπιᾶων Cor. || 30. τινες] πολλοὶ Eustath. ad Il. β, 498. || τὴν θέαν] τὴν Θέσπειαν vel τὰς Θεσπιὰς leg. esse monuerunt editt. || 34. Μετὰ δὲ Θ.] Sic lacunam , quæ est in A , bene explet i; Ταῖς δὲ Θεσπιαῖς legitur in bkno. || 35. ὡς δ' αὕτως λέγει καὶ bkno. || 38. Post Πετεῶνα editt. ante Kr. inde a Xyl. add. ex Il. 2, 501 : ὠκαλέην Μεδεῶνά τ' || 39. δὲ] δ' ἐστι no. || 43. Κρισσαίου BEl. || 44. Βοιωτικὰς BEl. Eustath. l. l. || 47. Quatuor fere litt. in A exciderunt ; [πετε]ὢν legitur in bkno ; [ὑφ' ἑτέ]ρων conj. Kr.; [ὑπ' ἐνί]ων Mein. || 48 et 53. Ὠκάλαι] Ὠκάλεαι Xyl.; Ὠκαλέα Cor., Mein. || 49. Ὅμηρος post φησι add. BEkl.
P. 353, 4. Ἀλίαρτος] Leg. aut Ἀλιαρτία aut Ἁλίαρτις; hoc est probabilius. || 15. οἰκεῖται] κεῖται Pletho. || 22. Γλίσαντα Bl. || 27. Ἰτανίας] Ἰωνίας codd.; e Plethone em. Tzsch. || 29. Κουάριον] Κουράλιον conj. Palmer., coll. p. 376, 35 et Callimach. lavacr. Pall. v. 64. At vide p. 354, 32 et 374, 12. || 31. ἄσσ' Ἀθάνα ἄπολε codd. || 32. ἅ ποι] ἀπὸ codd.; dein Κοιρωνίας codd.; Κορωνίας Schneidewinus et Meinekius, Κορωνέας Bergk. || λαίῳ] « Λαίῳ loci nomen fuisse videtur prope Coroneam. Cf. Hippocrates Epid. 3, p. 134 et 142 ed. Litr. : ἐπὶ τοῦ Ληίου , de quo nuper dixi in Comment. de Hippocr. Epid. in Relat. menstr. Academ. Berolin. 1852. » MEIN. Ceterum pro ἐπὶ λαίῳ νανω legitur in A , ἐπιδέων αυω , in c ἐπιδέων αὐῳ, in g ἐπιδεύων αυω , in hi ἐπιδέων αὐτῷ. Hæc sicuti reliqua quæ in hoc Alcæi loco corrupta sunt, correxit Welckerus. || 37. οὖν] γὰρ n pr. m. || 38. ἐν τῇ] ἐν [ταύτῃ] τῇ Cor. Deinde post Μεσσηνιακὴ excidisse videnti Κορώνη probabilis conjectura est Groskurdii, qui præterea pro Μεσσηνι. Leg. opinabatur Θεσσαλικῇ. || Κορωνᾶεῖς] Κορωνεῖς BEl et sec. m. A et Eustath. || 43. Ὀλμείου] Ὀλμίου Acghilno, Ὀλμειοῦ E. || 48. Μεγαρίδος] Βοιωτίας recte Pletho, Du Theil,

Cor., Grosk., Mein. Dein εἰσὶ suppl. editt.; αἱ mavult Kr., idque dedit Mein. || 51. Μαρδώνιον codd.
P. 354, 4. μνᾶμα Cor.; μνῆμα codd., σᾶμα in epigr. Theodoridæ (Anthol. Pal. 13, 21). Versum Theodoridæ a glossatore additum esse recte censere videntur Corayus, Kram., Mein. || 5. Γλισάντα a, Γλίσαντα Bl. || 7. « Inter δρι et ἵππει sex fere literæ interciderunt in A. Recte haud dubie δρία scriptum fuisse judicavit Brequigny , sed nemo adhuc docuit, quomodo intelligenda sint verba γεώλοφα καλεῖται δρία. Ad Ægialei sepulcrum, de quo loquitur Pausanias, 9, 19, 3, referenda censuit Falkonerus , eumque secutus Groskurdius proponit πρόσκειται s. πρόκειται pro καλεῖται : quæ parum sunt probabilia. Præterea δρία vox poetis tantum usurpata tam aliena mihi videntur a dicendi genere, quo Strabo uti solet, ut verba illa ex margine huc illata esse putem. Inde fortasse explicandum est quod et γεωλοφα et δρι accentu carent in A. In proximis recte conjecit Groskurdius ὑποπίπτει, parum apte relativum οἷς præmittens ad δρία referendum. » KRAMER. Meinekius in editione Strab. verba γεώλοφα καλ. δρι ejecit ; in Vindiciis ita habet : « Si γεώλοφα δρία populare et usitatum apud Bœotos Hypati montis nomen fuisse sumas, nihil in re ipsa offensionis est ; nihilominus verum puto Krameri judicium, quoniam verba ista sic scripta constructione excidunt, quam Strabonem ita potius extulisse crediderim : καλεῖται δὲ δρία γεώλοφα. Ceterum videndum ne loco illi potius τρία γεώλοφα nomen fuerit, sive ita ipsum Hypatum vocabulum statuas, sive Hypatum cum Teumesso et Cadmea. » Ungerus in Theban. Paradox. p. 416 conjecit :... καὶ τῆς Καδμείας · Γεωλοφία Ὄφεως καλεῖται δείρη ἐνταῦθα ἡ συνάπτει etc. Quæ omnia sunt violentiora. Glisas situm erat ad Hypatum inter summum hujus montis jugum et Teumessum vicum vel oppidum, a quo secundum Pausaniam septem distabat stadia ; bene igitur habent verba πλησίον Τευμησσοῦ (quibus verbis oppidum non vero montem seu collem indicari ex articuli defectu intelligas) ; at non video cur his deinde subjiciantur καὶ τῆς Καδμείας, quum Cadmea a Teumesso occasum versus supra 40 stadia, a Glisante supra 47 stadia dissita esset. Potius una cum Teumesso vico etiam montem indicari exspectabas. Quare in latinis conjeceram : πλησίον Τευμησσοῦ καὶ [τοῦ] τῆς Καδμείας [ἀλώπεκος] γεωλόφου [ὃ] καλεῖται Δρί[ος, ᾧ ὑπο]πίπτει. Sed hoc quoque violentius est, neque vulpis est quæ Cadmeos infestavit, Cadmea, sed Teumesia dici solet. Ni fallor, legendum est : πλησίον Τευμησσοῦ καὶ τῆς δασείας γεωλόφης [ἣ] καλεῖται Δρί[ος, ᾧ ὑπο]πίπτει. Ὄρη δασέα sæpius nomine proprio vocabantur Δρία ; sic Δρίος erat mons Achajæ (Diod. 5, 50) et alius Naxi insulæ (Id. 5, 51). Cf Strabo p. 236, 11 : Δαυνίας περὶ λόφον, ᾧ ὄνομα Δρίον. Vocem γεωλοφία habes apud Strabonem p. 147, 82 et 202, 11 ; nec alium novi prosæ orationis scriptorem qui ea usus sit. || 8. Ἀόνιον] ὄνιον Aghi, Ἰόνιον bkno Ald.; cadit in campum domum (sic enim nominant) Guarinus ; em. Cor. Deinde duodecim fere literæ in A desunt inter διατείνει et v. ἀπὸ. Groskurdius supplevit εἰς τὴν Καδμείαν, quod rec. Mein.; possis etiam μέχρις Θηβῶν || 12. πολίδιον pr. m. A. || 14. τοῦ πολέμου τοῦ Τρωικοῦ editt. ante Kr. || 15. ὑπὸ] ἐπὶ n. || 17. ἄφεδρον] sic A ; ἕξοδον a (sed in marg. add. γρ. ἄφεδρον. Bcghiklno. || 2ᵃ. Duæ fere literæ desunt in A, in quo sec. m. in marg. addidit περικηθεὶς (sic), hinc περικινηθεὶς in c; δινηθεὶς scr. Mein. Idem in Vindic. p. 142 proposuit κλονηθείς, addens κινηθεὶς defendi possent Homerico illo II. α. 47 : αὐτοῦ κινηθέντος. || 29. γᾶν Kram.; γῆν codd.; dein τε deleri vult Bœckh. ad Pindar. t. 2, p. 595 ; θάλασσαν codd.; σκοπιαῖσι codd ; μεγάλαις suppletum in marg. A et in cett. codd. || 30.

δεινάσατο *Acghi*; fort. leg. esse διζήσατο, *perquisivit*, conj. Meinekius in Vindiciis, ubi totum Pindari locum in hunc modum refingendum esse suspicatur : Γᾶν τε καὶ [πᾶσαν] θάλασσαν, καὶ σκοπιαῖσιν[ἄκραι]ς [πτῴων] ὀρέων ὕπερ ἔστα, καὶ μυχοὺς διζήσατο βαλλόμενος κρηπῖδας ἀλσέων. Bœckhius δινάσατο vix recte interpretatur *concussit*; δίνασ' ἄπο conj. Dindorf. in Thes. v. δινάζω, quod quid sibi velit non magis intelligo quam Meinekius. Nescio an fuerit : καὶ μύλους δινάσατο, *et magnos lapides volvit.* ‖ 37. Πτῶον] Leg. Πτῷον ex præcepto Arcadii p. 122. ‖ 38. Πτωίου Mein.
P. 355, 3. οὔτε] οὐδὲ Mein. ‖ 6 τέκτονος] Μήονος legitur in ll. ε, 43, quod ap. Strabonem reposuerunt Du Theil, Cor., Grosk., Mein.; recte haud dubie, præsertim quum τέκτονος vox in *A* m. sec. suppleta sit. ‖ 9. Τισφώσιον *Ach*. ‖ 16. ἐνθάδε] ἐνταῦθα editt. ante Kr. ‖ 26. καταφυγεῖν Cor. ‖ 27. Τιλφώσιον codd ; mutavit Tzsch.; dein Τίλφωσσα codd. ‖ 47. ἑτέροις] ἑτέραν *acghi*.
P. 356, 1. Βοιωτικοῦ *Bl.* ‖ 6. Leg. πολυχρηματήσαντες cum Cor. et Mein. ‖ 18-45. ἀνάγκη γὰρ etc. glossatoris esse recte monuit Kram.; ejecit hæc Meinekius. ‖ 22. μὴ additum e conj. Tyrwhitt., qui scribi voluit ὅ τε μὴ λαμβ., quod rec. Mein. ‖ 24. ἔχει] ἔχοι *A*; om. Coray., scribens εἰ δὲ ἀμφότερα, συνέχει τὴν ἀμοιβήν. ‖ 27. « Post ταμείου, qua voce pagina finitur, cum folium integrum intercidisset in *A*, ea quæ leguntur inde a παύσονται usque ad ἑσπερίων καὶ τῶν (p. 357, 49) sec. m. restituta sunt. » Kram. ‖ 40. διάγωσιν] ἄγωσιν Mein. ‖ 43. ὁ [πλείστην] τρέφειν Mein. ‖ 47. ὄν] ὦν codd.; em. Mein. ‖ 53. ψυχρότατα... εὐχειμερώτατον (p. 357, 5) ej. Mein.
P. 357, 26. Φωκίδος] Λοκρίδος codd.; sed Φωκίδος sec. m. in marg. *B* et inter versus *n*. ‖ 29. οὐδ' ἐκεῖ] οὐ δοκεῖ *Eacil* et pr. m. *B*; καθήκει Mein.; καθήκειν codd. ‖ 30. Κρισαίῳ Kr.; Κρισσαίῳ et mox Κρίσσα codd. ‖ 32. Ἀντικύρα Kr., Ἀντίκιρρα codd. ‖ 35. Παρνασὸς *aBl* et similiter in sqq.
P. 358, 1. Lacunas quæ in seqq. notantur explerunt editt.; quod de singulis infra fusius explicare operæ non est pretium. ‖ 2. Καὶ ἡ πᾶσα Οἰταία Mein. suppl. ‖ 17. τὸ δὲ πρὸς ἕω Φωκεῖς ex Epit. editt. ante Kr. ‖ 19. περικ.] παραχ. *Bl.* ‖ 21. παρ[άλληλοι] Du Theil.; παρ[αμήκεις] *bkno* editt. ante kr.; e conj. Du Theilii em. Kr. ‖ 2. ἡ δὲ ἑσπερίας] *bkno*; ἡ [δὲ νότιος] Du Theil, Cor.; ἡ δὲ πρὸς νότον] ob lacunæ spatium Kr. ‖ 24. π[αράλληλοι οὐ]δὲ e conj. Du Theilii; παραμήκεις οὐδὲ *bkno*. ‖ 28. [τῶν τοιούτων χω]ρίων *bkno*; em. Du Theil. ‖ 41. Πηλείδεω Ἀχιλῆος, ex Hom. reposuerunt editt. ante Kr., recte haud dubie. ‖ 45. ἐν ἀγαθέῃ add. editt. ante Kr. ‖ 46. γνώριμοι post ταῦτα add. editt. ante Kr.; τιμαῖοί εἰσιν inter versus habet *n* man. sec. ‖ 52. ἐμβ.] εἰσβ. *BEl* et sec. m. *A*.
P. 359, 5. ἐπὶ] μέχρι *Acghino*, sed ἐπὶ in marg. *A* m. sec. ‖ 6. ὅρων] ὀρῶν *AEcghilno*, μερῶν *B*; em. Kr. ‖ 16. Κίρφι] Κίρφει *E* et sec. m. *A*, editt. ante Kr. et Meinekius. ‖ 18. προχ.] πρόσκειται *A* m. sec., *g*, Pletho, Eustath. ad ll. β' 526 p. 273, 32., Tzsch., Cor. ‖ 19. τῇ Κίρρᾳ *A* m. sec., *BEgl*, Pletho, Eust., Tzsch., Cor. ‖ 20. γὰρ] δ' *BEkl*; Κρῖσα] Κρίσσα codd., editt. ante Kr. ‖ 21. Ἀντίκιρρα *Eno*. ‖ 27. Οἰταῖον] Μαλιακὸν Pletho. ‖ 28. [Κρίσα] sic *A*; Κρίσσα *Bkl*. ‖ 29. « Post ἡ μέν cum manifesto quædam exciderint, in marg. *n* addita hæc : ἡ μὲν πρότερον ὑπὸ Κρισθαίων, αὐτὴ δ' ἡ Κρίσα, quæ in verborum seriem recepta sunt in *o* et Ald. ita, ut pro Κρισθαίων legatur Κρισσαίων in illo, Κρισσαίου in hac, simul incommodissime subjungantur verba ἡ μὲν ὕστερον. Commodior est Plethonis scriptura : ἡ μὲν πρότερον ὑπὸ Κρισσαίων· αὐτὴ δ' ἡ Κρίσσα ὕστερον, quam

rec. Tzsch., Cor. Illud tamen Crissæorum bellum, quod nemo antiquorum novit, interpolatori debetur, nec diutius curandum est. Sed quid Strabo ipse scripserit, eo difficilius est divinare, quod Cirrhæ et Crisæ res mire confudit, et ad Crisam retulit quæ ex reliquorum scriptorum testimonio ad Cirrham referenda sunt : cf. imprimis Callisthen. ap. Athen. 13, p. 560, C; Schol. Pind. Prolegg. ad Pyth. Suspicari possis : ἡ μὲν πρότερον ὑπὸ Σόλωνος, ἡ δ' ὕστερον κτλ., coll. Pausan. 10, 37, 5; Polyæn. 3, 5; Frontin. Strat. 3, 7 : sed incertissima hæc sunt. Mirifica est Guarini interpretatio : *illa quidem ad sinum Crissæum, Crissa vero postea ab Eurylocho etc.*» Kramer. ‖ 31. Κρισσαῖον codd. et editt. ante Kr., et sic in sqq. ‖ [πόλεμον] κόλπον *m*. ‖ 40. χώραν *A* m. pr., χάριν *A* m. sec. et cell. codd. ‖ 41. Νῦν μὲν οὖν αὐτῶν ὠλιγώρηται add. *Bkno*, Pleth., editt. ante Kr. ‖ δ' ἱκανῶς] δ' ἱκα πῶς *n*, δ' πῶς *o*, πῶς Pletho, Tzsch., Cor.; καὶ om. Pletho, Tzsch., Cor. ‖ 42. ἐτιμᾶτο e Plethone additum; ἐτιμήθη conj. Cas., idque dedit Mein.
P. 360, 3-12. ἡ μὲν οὖν etc. interpolatoris esse monuit Kr.; ejecit Mein. ‖ 11. πλεῖον] πλείων codd.; em. Tzsch.; ἐπεδήμει Cor.; ἐπιδημεῖ codd.; ἐπιδημοῖεν add. in *n*. ‖ 15. προσελάβετο *Bkl*. ‖ 34. μετασχούσας Ald., μετεξούσας Pleth., μεθεξούσας Tzsch., Cor. ‖ 43. προσῆλθον] συνῆλθον *A* m. sec. et codd. cett. ‖ 47. μετῂν καὶ τούτων quum m. sec. in *A* scripta sint, fort. genuina non sunt; μετῂν αὐτῇς conj. Grosk., μετῂν μόνοις propos. Kr.; sed præter necessitatem, quum τούτων percommode ad τήν τε ἐαρινὴν καὶ τὴν μετοπωρινὴν σύνοδον referre liceat. ‖ 54. χρημάτων δὲ χάριν τῶν ἀναθημάτων codd.; δὲ sustulit Cor., in γε mutavit Mein.; δ' post τῶν inseruerunt Cor. et Mein. Pletho habet χρημάτων ἕνεκα · τῶν δ' ἀναθ. etc. καὶ ante ἀναθ. in *no*.
P. 361, 1. τὰ δὲ πλείω μένει] Hoc quum parum sit probabile, nescio an leni manu emendandum sit τὰ δ' ἔτι διαμένει. ‖ 8. ὑπονοοῦσιν] ἐπινοοῦσιν codd.; em. Grosk. ‖ 12 Quattuor fere literarum in *A* lacuna; τότε ὑπ' αὐτῶν conj. Kr.; ὑπὸ τούτων Cor. ‖ 13. Post χρημάτων in editt. ante Kr. legitur : ... Λέγει δὲ καὶ ..., lacuna notata tum ante tum post hæc verba. ‖ 17. Decem fere literarum lacuna in *A*; οὗτ[ε τούτοις ἂν προσήκει conj. Kramerus, quæ lacunæ spatium excedere videntur; οἷς [οὐ προςῆκε scr. Cor.; οὔτ[ε δὴ τούτοις] εἰκὸς τὰ conj. Grosk., traditas literas parum curantes. ‖ 18. ὡς add. Grosk. ‖ 21. καὶ] τὸν κατὰ editt. ante Kr. inde a Xyl. γῆς] γῆν *no* ‖ 22. κατορωρύχθαι *E* Mein. ‖ 25. φυγεῖν] πέτεσθαι editt. ante Kr., *evolavit* Guarin. ‖ 28. ναῶν] νώτων *A* (ὤτων sec. m. in *A*)*cghi*, νωτῶν *l*; om. vocem *Bno*; em. Cas. ‖ 39. Δελφοὶ μετὰ τ. Κ. πόλεμον, οἱ δ' Ἀμφ. codd.; em. Tzsch. ‖ 44. ἀνάκρυσις *no* Ald.; ut lin. 49, ubi ἄγκρουσιν Cor. et Mein. Sane alterutro loco mutandum fuerit. ‖ 52. ἐπιπαιανισμὸν *no* Cor., Mein. γινόμενον in spatio vacuo supplevit m. sec. in *A*, supra scripto ὄντα; om. vocem *Bckl*; in *k* tamen postea addita est.
P. 362. 1. ὡς] ὅθεν Cor.; verba ὡς ... ἰαμβίζειν recte Mein. ejecisse videtur. ‖ 3. Cum Meinekio, ejecta voce εἰς, legas... θηρίον, μιμουμένων ὡς ἂν κ. ἔσχ. τ. σ. ‖ 8. ἐξ ἀρχαῖς *acgh*; ἐξ ἀρχαῖς *hno*. ‖ 23. δὲ et dein αὐτῶν inclusit Cor.; δὲ etiam Kr. et Mein. ejiciunt. Si quid mutandum, lenior mutatio est, si lin. 20 pro εἰπῶν legeris εἰπεν. ‖ 28. Παρνασσίους Kr.; Παρνασίους codd. ‖ 42. καὶ ἀεί] καίειν Cor.; fort. leg. καίειν ἀεὶ conj. Kr.; καίεσθαι et dein ποιουμένῳ Grosk. ‖ ποιουμένοις] ποιουμένος (sic) *A*, ποιούμενος *cghi*, ποιουμένοι *no*. « ποιουμένοις, quod in scriptis esse ait Cas., unde sumptum sit nescio. » Kram. ‖ 49. τύπον] τόπον codd.; em. Tyrwh. Cf. p. 19, 20. Inter παραπλήσια et καὶ quum in *A* duodecim fere

literae exciderint, verbum τούτους, quod sec. m. restituit, ad explendam lacunam non sufficit; in no est τούτους εἴρηκε; fuisse τούτους ἐστὶ conj. Kr. ‖ 52. Αἰολέας] Κούρητας conj. Du Theil et Grosk.; absque causa idonea. ‖ 54. « Verbo 'Επειῶν subjungunt τούτους δ' ὑπ' Ἀλκμαίωνος κτλ. Bl. In A autem cum post Ἠλιδος in ultimo paginae versu interciderint duodeviginti fere literae, sec. m. addita sunt Ἐπειὸν τούτους ὑπ' Α. deinde, initio paginae proximae sex fere literae, quae interciderant ante τῶν ἐχθρῶν, sec. m. non sunt restitutae, nec vox priore in pagina coepta in hac est finita. Librarius enim, qui resarciendum hunc codicem sibi sumpserat, ex codice suo decurtato scripturus fuerat τούτους δ' ὑπ' Ἀλκμαίωνος, verumtamen cum verso folio alia scripta fuisse intelligeret, coepto destitit. Fideliter reddiderunt quae in A habentur cghi, lacuna inter ἀλ et τῶν relicta: inserto autem ἀλλήλων explerunt bkno editt. Haec igitur nulla esse auctoritate apparet. Quod dudum recte judicantes Du Theil et Grosk., causas vero non perspicientes, conjecturis infelicibus tentarunt hunc locum, quem contrarium falso putarunt iis quae infra p. 464 ed. Cas. traduntur. Fortasse scriptum fuit κρατηθῆναι δὴ ὑπὸ τούτων τῶν ἐχθρῶν. » KRAMER.

P. 363, 3. ἐξ ἀρχῆς] ἐξῆς Cor. et Mein.; conjicerem ἐφεξῆς, si conjectura opus esset. ‖ 4. ὄπισθεν ὁ Μάραθος] ὅπισθ' ὁ Μάραθος Agino. Vulgata quum sensum commodum non fundat, Meinekius scripsit Ὀπισθομάραθος; in quo ne quis offendat, comparat vir doctissimus Ὀπισθολεπρία nomen; sic enim Strabo p. 54, 37 Ephesi urbis partem eam quae ὄπισθε τῆς Λέπρας ἀκτῆς sita erat, dictam esse refert. «Similiter, inquit, oppidulum Ὀπισθομάραθος dictum esse potuit, quod pone agrum foenicularium situm erat.» Fieri potest ut ita res habeat, quamquam tale oppidi nomen magnopere miror. Corayus post ὄπισθεν lacunae signum posuit. Marathum novitium Syriae vel Phoeniciae oppidum (Quod ap. St. Byz. legitur: Μάραθος πόλις Ἀκαρνανίας· ἡ πολίτης Μαραθηνός, id corruptum esse recte, opinor, censuerunt Gronovius et Meinekius; ni fallor, refingendum est: Μάραθος πόλις [Φοινίκης, πλησί]α Κάρνης vel Καρνῶν.); at de Phocidis Maratho aliunde non constat. Apud Steph. Byz. legitur: Αἰγόσθενα, πόλις Μεγαρίδος ... Ἀρκάδιος δ' Αἰγοσθένειαν αὐτήν φησι καὶ Φωκίδος πόλιν: in quibus vereor ne perperam dicatur Arcadius cum Megaride confudisse Phocidem; immo duo oppida maritima, alterum Phocidis, Megaridis alterum, fuerint, quorum hoc apud Strabonem memorari suspicor. Quum αἰγο et αἰγι in compositis verbis vel promiscue adhiberi vel perperam permutari soleant, in antiquioribus Strabonis codd. vitiose scriptum fuerit: Αἰγισθενία· ἔνθεν Μάραθος; dein excidit ἔνθεν; αἰγισθε mutatum in ὄπισθε; νια terminatio ob sequentis μα similitudinem neglecta est. Fieri etiam potest ut olim exaratum fuerit ἐν τῇ παραλίᾳ ... πολίχνιόν ἐστιν [Αἰγίσθενα], ὄπισθε δ' ὁ Μάραθος; in quibus Αἰγίσθενα propter sequentis vocis similitudinem omissa fuerit. ‖ 9. οὐδ' ἡ Με. suppl. Kr.; οὐδ' ὁ Μ. Tzsch.; καὶ ἡ Με cod. i; in A sex literae exciderunt. ‖ 13. Verba Θουκυδίδης ... φησί ej. Mein.; alia prorsus tradit Thucyd. 2, 29; quare Θουκυδίδης· ἄλλοι δ' ἐν Μεγάροις φασί edit. ante Kr. inde a Casaub. Cum codd. nostris facit etiam Eustath. ad Il. β, 502 p. 274, 31 R. ‖ 17 δ' ἔχον ABElk, misso οἰ. ‖ 18. «Inter ἀμωνύμως et τῷ οἰ δὲ decem fere literae in A exciderunt, ita ut praeter τῷ φυ, quae sec. m. addidit, alia vocula quaedam videtur scripta fuisse. Groskurdius proposuit μόνον, quod parum placet.» KRAM. ‖ 29. οἱ δ' ἔνοικ. Τρ. λεγ. fort. delenda esse putat Mein. ‖ 43. ἐκείνης] Leg. ἐκείνου cum Bno. ‖ 44. Θετταλίας] θαλάττης codd.; em. m. sec. in n.

P. 364, 2. Lacunam explevit Politus ad Eustath. t. 2, p. 567. ‖ 3. Sex fere literae exciderunt; ὁρίων bikno pro ἰων dederunt; ἀν[ὰ μέσον χωρί]ον conj. Kr. ‖ 8. Ἀδύλιον] Δαύλιον codd.; em. Politus, nisi quod Ἡδύλιον pro Ἀδ. scripsit, quod em. Kr. ‖ 9. « Ὑφαντεῖον cum nullo alio loco commemoretur, ac p. 416 ed. Cas. in Acontio monte Orchomenus sita esse dicatur, hoc nomen pro illo reponendum esse censeo cum Palmerio (Exercc. p. 319). » KRAMER. « Mutatio haud lenissima, ac crediderim potius alterum montem alterius partem fuisse: at nominis formam mihi suspectam esse non diffiteor. Nullos enim novi neque Ὑφαντας neque heroem Ὑφαντα. Ita vide ne fuerit Ὑσαντεῖον. Hyantes, vetustus Boeotiae populus, haec ipsa loca tenebant, ac postea etiam cum pristinis sedibus ejecti in Phocidem concessissent, vicinas Orchomeni regiones incolebant ibique Hyampolim condebant. Jam Hyantes etiam Hysantes et Hyampolim Hysampolim dictam esse praeter Eustathium ad Hom. p. 275, 4 docet Schol. Ven. Il. β, 521: ἱστοροῦσι δὲ τοὺς ἐγχωρίους καὶ σὺν τῷ σ λέγειν Ὑσάμπολιν. Quid igitur mirum est montem illum ab incolentibus dictum esse ὄρος Ὑφαντειον, et haesisse monti nominis formam antiquam et ab indigenis usurpatam? » MEINEKIUS. ‖ 13. Πανοπῆα διὰ] Mein.; Πανοπη διὰ Ag, Πανοπιδὰ, et supr. Πανοπῆος διὰ i, Πανοπίδα Bkno et editt. ante Kr.; Πανόπην Kram. ‖ 14. καί τε] καὶ δὲ codd.; em. Cor. ex Theone ad Arat. Phaenom. 45, ubi idem Hesiodi versus citatur. ‖ 15. Παραποτ.] ποταμοὺς codd.; em. m. sec. in n. Quae in sqq. sunt lacunae explerunt Du Theil, Cor., Grosk., Kram. ‖ 20. Verba ἕκτος ... Δυρκείου ej. Mein.; Strabo p. 370 Cas. Inachum e Lyrceo oriri dicit, Cephisum Argivum memorat nullum. ‖ 46. Ἀλαῖς] ἄλλοις codd.; em. Holstenius ad Steph. B. s. v. ‖ κατέλεγεν Mein. ‖ 48. Εὔβοιαν no.

P. 365, 4. εὐθυνόμων Ὀπίοις A; κεύθει νομοποιεῖ margo A in sched.; κεύθει νομῳς Ὀπόεις l, κεύθει Ὀπόεις Bk, κεύθει ..... Ὀπουντία no Ald.; κεύθει ὁμοῦ Ὀπόεις mgo h, Gronov.; Tzsch.; εὐθυνόμων Ὀπόεις κεύθει Cor.; κεύθει ὁμῶς Ὀπόεις Kr. ‖ 6. δ' ἐπινείου] δὲ Πηνειοῦ Ahnop. ‖ 9. Αἰδεφῶν ach, Ἐδεφῶν kno et B ex correct., Ἐδηφὸν l, Αἰδηφὸν Strabo ap. Steph. s. v. ‖ 11. καὶ ἑκατὸν] Quum nonn:si 60 stadia sint, haec verba tollenda et post vocem πεντήκοντα (lin. 14) transponenda esse censeo; nam a Cyno ad Cnemidem Strabo non potuit exputare stadia 50, siquidem a Cyno ad portum inter Cynum et Cnemidem situm 90 stadia exputat (lin. 31), praetereaque a Daphnunte ad Cnemidem 20 stadia numerat. Haud dubie igitur a Cyno ad Cnemidem 150 stadia exputavit, quamvis reapse non sint ultra 100. 12. οἰκῆσαι] οἰκεῖσθαι Bkino, φκῆσθαι Tzsch. ‖ 24. ἐβασίλευσε hi Cor. ‖ 26. φασιν Ἀρύκου codd.; em. Tzsch. ‖ 49. ταῦτα] ταύτας codd.; em. Xyl. ‖ Σκάρφεια] γρ. καὶ Σκάρφη sec. m. in marg. A; Σκάρφη. Ald. ‖ 51. Lacunam explevit Grok.

P. 366, 2. Lacunam expl. Du Theil; [εὔροτον δὲ νῦν ἐσ]τι Mein. ‖ καλοῦσι] καλοῦσί n Mein. ‖ 4. Lac. expl. Du Theil; [αἱ Αὐγειαί, τὴν δὲ χώ]ραν Mein. ‖ 8. Ante Λάπην in A spatium quinque fere literarum vacuum; fort. οὐκ εὖ excidisse suspicatur Mein. ‖ 10. Post σίγμα add. γράφουσιν Bkno. ‖ 11. Τάρφη] Σκάρφη codd.; em. Kr. coll. Steph. ν. Τάρφη et Φαρύγαι. ‖ Θρονίου suppl. Grosk. ‖ 21. ἀλλ οὐδ' ὑπὸ τῶν ἄλλων leg. fuerit e conj. Cor. ‖ 39. Lac. expl. Cor. ‖ 48. τὴν Οἴτην] ταύτην codd.; e Cas. conj. em. Cor.

P. 367, 2. Αἰγίμιος] Αἰπάλιος codd.; em. Kr. ‖ 12. Post Ἀθαμάνων Cor. add. οὕτως ἐκακώθησαν ὥστε. ‖ 18. Ἀμυνάνδρου Du Theil; Ἄμυνα .... A; γρ. Ἀμύντα nk; Ἀμύντου b Ald. ‖ 25. τὸ ὄρος τοῦτο interpolatoris esse susp. Kr. ‖ 36. Καλλίδρομος Pletho. ‖ 47. ἅς] ἣ Pletho, Cor. ‖ 48. Ἀντίκιρραν codd., em. Kr. ‖ ὁ Δύρας] Ὄλυρος,

supr. Όλυρας sec. m., A; ὁ Λύρος cghi, ὁ Λύρας Bkl Pletho, Ald.; ex Herodot. 7, 198 em. Hopper. ‖ 53. ἐντὸς] Leg. ἐκτὸς cum Grosk.
P. 368, 1. συμβάλλοντα] συμβάντα Bkl Ald. ‖ 14. τελευτᾷ] ἐλεύθερα e Casaub. conj. Cor.; ἅπαντα ταῦτα πᾶσιν ἀν. conj. Kr.; ἅπαντ' ἀτελεύεται κ. π. ἀ. Mein.; malim ἅπαντα διοδεύεται π. καὶ ἀνέῳγε vel ἅπαντα ὁδευτὰ πᾶσι διανέῳγε. ‖ 20. Quæ leguntur inde a voce οὕτως usque ad verba ὁδὲ ποιητὴς (p. 369, 40) in A interciderunt et man. sec. restituta sunt. ‖ 28. ἑβδομήκοντα] Legerim ἑκατὸν καὶ ἑβδ., quod a vero proxime abest; fortasse tamen Strabonis error subest, quum eadem 70 stadia redeant infra p. 273, 32. ‖ 52. Παιονίας] « Pæoniæ mentio h. l. minus commoda, sed frustra tentant hoc nomen Du Theil et Grosk. » Kram. Pro ineptissimo isto Παιονίας Du Theil leg. proposuit Ποιονίας, de Ποίῳ s. Βοίῳ monte id nomen fingens; Πίνδου conj. Grosk.; Pindo ab occasu adjacet Parorææ regio. Itaque legerim Παρωραίας, quod in codd. sæpius abiit in Παρορίας Cf. p. 270, 20. 271, 10).
P. 369, 7. Quum Amphilochi quoque ad Epirotas pertineant, verba ad τῶν Ἠπ. ante Ἀμφίλοχοι transponenda videri monuerunt Du Theil, Cor., Grosk. ‖ Ἀθαμάνες] Ἀκαρνᾶνες acghilno, Ἀχάονες B, Ἀχαρνᾶνες k ‖ 9. Post v. Πίνδον quædam excidisse in quibus de planitie Thessalica sermo erat, recte monuit Palmer l. l. p. 321. Quæ vero ista fuerint, sciri jam nequit. Groskurdius hæc tentavit : ἡ περὶ Πίνδον [καὶ περὶ πηγὰς τοῦ Ἀχελῴου. Ἡ πλείστη δὲ μεσόγαια, καὶ μάλιστα ἡ περὶ τὸν Πηνειὸν ποταμὸν, πεδιάς ἐστι καὶ ταπεινὴ, διατείνουσα σχεδόν τι μέχρι τῆς παραλίας,] πλὴν etc. ‖ 15. ὑπερεχχεῖται editt. ante Kr. inde a Xyl. ‖ 19. κατὰ add. Cor. ‖ 26. Ἐστ.] Ἱστ. Cor. ‖ 30. Φαρσαλίου codd.; Φαρσαλίας Pletho.; em. Kr. ‖ 34. Πελασγιῶται] n e correct., Bk Ald.; Θετταλιῶται acghi lno ‖ 35. Θεσσαλιῶται insertum e conj. Buttmanni (Lexilog. 2, p. 277) et Grosk. ‖ 37. καὶ add. Cas. ‖ 39. Λάρισσα codd.; em. Kr. ‖ 47. δὴ] δὲ Bkl. ‖ καὶ, quod ejicendum, om. Bk.
P. 370, 2. στρατείας codd.; em. Cor. ‖ 8. πρόσφορον] πρὸς φόνον A pr. m. et cgi ‖ 12. Versum ej. Mein. ‖ 13. « Post παρεῖναι pr. m. voculam (fortasse αὐτῷ) additam fuisse in A, e numero literarum hoc versu comprehensarum colligas; plura deesse suspicati sunt Cas. et Grosk. in explicando hoc loco parum felices. » Kr. ‖ 14. Verba interpolatoris, ὀλίγων ἐστὶν, ej. Mein. ‖ 18. Septem octove literarum in A lacuna. Δῆλος οὖν ταῦτα λέγειν. εἴρηται conj. Kr., quod ferri nequit. Quæ sequuntur post v. ἔργων usque ad verba ἐν ἀντιλογίᾳ ἐστὶ om. Bklmsu Pletho et Ald.; exhibent vero ea quæ in marg. A leguntur : ὅτι (ὅτι om. Bksu Ald.; τῶν μέντοι pro ὅτι Pletho) τῶν ὑπὸ τῷ Ἀχιλλεῖ λεχθέντων ἐν ἀντιλογίᾳ ἐστὶ (ἐστί om. Bku Ald.). ‖ 27. ἐστί Pletho habet : τό τε Ἄργος τὸ Πελασγικὸν καὶ ἡ Φθία. Ἄργος τε γὰρ οἱ μὲν τὴν πόλιν δέχονται, quæ rec. Tzsch. et Cor. Post τό τε Mein. inseruit γὰρ, et lin. 21 οἱ μὲν ante πόλιν. ‖ 21. Θετταλονίκην codd.; em. Tzsch. ‖ 32. καὶ ὅταν οὕτως· φεύγον] καὶ ὅταν οὕτως φῇ ἔπειτ' Acghi; καὶ ἔπειτ' cett. codd.; em. Mein. ‖ 41. Θετίδειον sec. m. supra Θετίδιον in A; idque recte rec. Mein. ‖ 49. οἰκεῖσθαι Acghi; ᾠκῆσθαι cett. codd. et Eustath. ad Il. β, 683, p. 320, 40 R. ‖ 51. ἑαυτῶν] αὑτῶν Bklno, editt. ante Kr.
P. 371, 15 et 16. Lacunas explevit Kr. ‖ 24. ὄντες] μένοντες Acghik (k ex correct.), μὲν ὄντες no. ‖ 25. Ὁρμένιον] Ὅρμενον codd.; em. Xyl. ‖ 27. τῆς Πίνδου] τοῦ πεδίου codd.; em. Du Theil. ‖ 28 sqq. Lacunas explev. Du Theil., Cor., Kr. ‖ 33. Ἄλου] Ἄλου ex Homero Cor.; Ἄλου præter codd. etiam Eustath. ad Il. β, 682, p. 320, 3 R. ‖ 37. Ἁλιοῦντα Cor. ‖ 43. Τυφρηστῷ] Τεφρηστῷ Acghino; γρ. Τυμφρηστῷ inter versus add. n, idque exhibent bk editt. ante Kr. Ceterum τῷ ὄρει post Τυφρ. add. bkno editt. ante Kr. ‖ « Inter Δόλοψιν et δὲ cum octo fere literæ intercidissent, καὶ sec. m. post illam vocem additum est in A; eadem lacuna, omisso præterea δὲ, est in g (ubi etiam καὶ om.) ich, sed in duobus ultimis καὶ ἐκεῖθεν sec. m. add.; idem legitur in El (in hoc add. δὲ?); κἀκεῖθεν Pletho. Particula καὶ aptior est quam δὲ. Fort. καὶ ἐνθένδε scriptum fuerat in A. » Kram.; κἀνθένδε Mein. ‖ 45. Ἰτώνου] Ἴτωνος conj. Cas. coll. Steph. v. Ἴτων. ‖ 47. συνα] a litera etiam prior pars literæ ω esse potest. Quindecim fere literæ in A desiderantur; συνῷ[κισαν Φαρσάλιοι] e Grosk. conj. suppl. Kr. et Mein., nisi quod hic δὲ inseruit post ἀφανισθεῖσαν. Fort. erat ἀφανισθεῖσα δὲ συνῳκίσθη ὑπὸ Φαρσαλίων. ‖ 49. Ἄμφρυσος] Ἄμφυσσος codd.; em. Xyl., τείχει, quod intercidit in A, suppletum est in bkno. ‖ 50. ἡ Ἆλος] ἡ χώρα Bkno editt. ante Kr.; ἡ Ἆλος, quod legitur in El et Plethone, præbet etiam Eustathius ad Il. 2, 682. ‖ 51. ἡ] καὶ ἡ codd.; καὶ editt.; fort. recte; possis etiam ἥ:
P. 372, 2. Φθιωτῶν] In hoc vitium latet; γρ. Θηβῶν sec. m. in n, fort. recte, quamquam reapse Halus inter Thebas et Pharsalum sita non erat. Bene res haberet si legeretur : ἐν μέσῳ ἐστὶ Πτελεοῦ καὶ Θηβῶν. ‖ 4. Φθιωτῶν] γρ. Θηβαίων m. sec. in n. ‖ 7. Τραχινίαν] νίαν literæ in A exciderunt et restitutæ sunt m. sec., quæ in marg. addidit : ἡ Τραχῖναν; Mein. Τραχῖνα scr. ‖ 13. δὲ post ποιητὴρ add. Cor. ‖ 15. Τυφρηστοῦ] τρυφῆς τοῦ A m. pr.; Τρυφησσὸς in sched. agglutinata manus sec., et in marg. Θεσπρωτοῦ ἐκ Τυμφρηστοῦ, ἐκδιδόντος De Witte. In ghi Τρυφησσὸς; in B Τιμφηστοῦ ex correct.; pr. m. in B, ut in Ecnop, Τυμφρηστοῦ; in l Τραφρηστοῦ ‖ 16. Τριοπικοῦ Acghin. Quid in quatuor vel quinque literarum lacuna fuerit, nescimus; Τεφρηστοῦ Tzsch., Τυμφρηστοῦ Grosk. præter veri speciem conj. ‖ 30. ἀπὸ add. Cor. ‖ 31. Ἐχίναν Bkl; ἔχειν ἀνδαμίαν Acghion; γρ. Λαμίαν add. n; em. Xyl. ‖ 34. Inclusa addidit Cor. ‖ 35. Lacunam expl. Du Theil. ‖ 36. Μελιτεία A, Μελιτειαν codd. cett.; em. Xyl. ‖ 42. Lacuna expleta est in bcghi kno. ‖ 43. Lac. expl. Kr. ‖ 45. διῃρημένη codd.; em. Mannert. Geogr. t. 7, p. 627. ‖ 49. Ἀντίκιρρα Bcghlno.
P. 373, 3. ἢ Φοίνιξ ejicienda esse monuit Kr.; ej. Mein. ‖ 15. Lacunam expl. Kr.; ἔχουσα habet B. ‖ 16. Inclusa e Plethone addita. Nulla in codd. lacuna. ‖ 18. Τόμαρον] Ἴσμαρον Acghino, Ἴμαρον BEkl; em. sec. m. in n; Pletho quoque Τόμαρον habet. ‖ 19. εἰς om. codd.; sed postea add. in Bn. ‖ 31. Decem fere litt. lacuna, [τὴν μεσόγαιαν] conj. Grosk.; [τὴν Οἰταίαν] Mein. ‖ 34. δέκα] aperto vitio; ο' (70) vel ν pro ι fuerit. ‖ 36. Decem fere literæ in A exciderunt; in lacunæ locum sec. m. scriptum τε πόλεων, quod in cett. codd. transiit, nisi quod in E legitur ἡ τῶν νιέων πόλεων. In editt. legebatur : δεκαπέντε πόλεων. Emend. Palmer. (Exerc. p. 322) et Grosk. ‖ 38. μεσογαίᾳ kno. ‖ 40. Λάρισα pr. m. A, Λάρισσα cett. codd. Quæ in sqq. occurrunt lacunæ expletæ sunt a Cor., Falconero, Grosk., Kr.
P. 374, 2. Λάρισσα codd. ‖ 10. Ἄμφρυσος A m. pr.; Ἄμφρισος, supr. scr. ι, a; Ἄμφρισος c, Ἀμφύρισος g, Ἀμφύρισος no. ‖ ποταμὸς post ῥεῖ add. Bk. ‖ 11. Ἴτωνος Bk, Guarin., Ald. ‖ 13. Lacunam decem fere literarum explevit Cor.; περὶ τούτου ἐν τοῖς περὶ τῆς Ἄρνης Βοιωτιακῆς bkno, nisi quod in k Βοιωτιακοῖς et in no ἐν τοῖς Βοιωτιακοῖς. ‖ 16. Lacunam expl. in bkno, nisi quod pro ὅπου, quod Kramero debetur, præbent ἔνθα. ‖ Φυλλίου Mein.; Φυλακίου A; Φυλλακίου cett. codd. ‖ 18. συντελεῖ καὶ] συντελεῖται codd.; em. Cor. Sequitur lacuna octo fere literarum; πάντα τὰ μέχρι suppl. O. Müller (Gœtting. gel. Anz. 1829, p. 2032), ἅπαντα μέχρι Grosk.; τἆλλα

INDEX VARIÆ LECTIONIS.

μέχρι Mein., quod præstat, utpote ceteris brevius. || 19. ἕρμα] ἕρμ A pr. m.; αιον suppl. sec. m. supra addens ἔρυμα; ἑρμαῖον ghi, ἔρυμα BEkno, ἔρημα k; em. Cas. || 23. νησίδια Bklno. || 26. καὶ ante τὴν add. Cor.; contiguamque oram Guarin; κατὰ τὴν conj. Cas. || 27. ἤπερ ἐστὶν] ἔπεστιν codd.; em. Tzsch.; ἅπερ ἐστὶν Cas. et Cor. || 39. διέχουσα post σταδίους excidisse conj. Mein. in Vind.; καὶ post ὑπέρκειται addi velit Kr.; πλησίον post Δημητριάδος suppleri voluit Müller *Orchom.* p. 248. || 42. Νηλείας et dein Νήλειάν τε Mein., recte. || 49. ὥσπερ] ὥνπερ codd.; em. Cor.

P. 375, 3. ὁ Ἄναυρος] ὁ ναῦρος codd.; em. Cas. || 4. ὁ add. editt. ante Kr. || Ἰωλκός] an Ἰώλκιος? || 5. Πυλαϊκὴν] « Quum de Pylaico conventu Iolci celebrato aliunde nihil constet, Du Theil syllabas πυλαΐκ, quæ in A sec. m. scripta sunt in sched. aggl., nulla auctoritate esse ratus sive Πελιακὴν sive Ἀμυρικὴν scribendum esse suspicatur; ac Πελιακὴν satis possit arridere, modo de tali conventu mentio esset apud scriptores antiquos. Etenim quæ de certamine ab Acasto in patris honorem instituto a multis traduntur, huc non sint referenda. Nihilominus Groskurd. eam scripturam recepit. » KRAM. Meinekius quoque ludos in Peliæ honorem semel, non vero annis redeuntibus, actos esse asseverat, quasi de hac re aliquid compertum haberet. Immo quum ludos quosdam statis vicibus Iolci actos esse a Strabone constet, ludi vero in Peliæ honorem acti una cum Panathenæis ceterisque certaminibus celeberrimis, quæ celebrare Græci solebant, recenseantur in Peplo Aristotelis ap. schol. in Aristid. p. 105 ed. Frommel (Fr. Hist. t. 2, p. 189): apud Strabonem pro πυλαϊκὴν lenissima mutatione Πελιακὴν scribendum esse recte censuit Du Theilius. Meinekius in Vind. f. Δημητριακὴν leg. suspicabatur. || 11. Leg. Μηθώνη. || 14. Exciderunt in A literæ quattuor; μετὰ suppl. Kr.; τόπων conj. Mein. Deinde δὲ addidit Kr. In codd. nulla lacuna. || 21. γέννησιν Bklno Eustath. ad Il. β, 756. || 26. ἐπεχείρησε *no.* || 32. συνιστᾶσιν *ag* Cor. || 35. Δευκαλλίας] Δευκαλλίου A, Δευκαλίας klno Ald., Δευκολλίας Bni, Δευκολίας B ex corr.; Δευκολείας conj. Tzsch.; Δευκολυκείου Cor. Λευκαδίας Tyrwhitt.; luce clarius est in Δευκαλλίας latere Δοκιμαίας, ut vidit Reinesius. Cf. Strabo p. 494, 23 : τὸ λατόμιον Συνναδικοῦ λίθου (οὕτω μὲν Ῥωμαῖοι καλοῦσιν, οἱ δ' ἐπιχώριοι Δοκιμίτην καὶ Δοκιμαῖον). || 36. καὶ τῆς] Leg. τῆς καὶ vel τῶν. Dein ante Ἱεραπ. excidit καὶ τῆς, nisi fort. Συνναδικῆς tollere velis, utpote a glossatore additum. Meinekio verba καὶ τῆς Δ. delenda videntur, nec ulla Ἱεροπολιτικῆς; ejus enim marmoris genus cujus meminit Paulus Silent. De Ambon. 113, 168) seriori demum tempore Græcis innotuisse opinatur absque causa idonea. || 38. λιθείας Mein. || 42-43. Lacunas explevit Cor. || 50. Ἱστιαιέων BE. || 52 et 53. Lac. explevit Du Theil.

P. 376, 3. ὅμορον codd.; em. Palm. || 7. δὲ Θαμαὶ] sic *a Eghil;* Ἰθώμη ἢ Θώμην ἢ Θαμαὶ in marg. *a;* δὲ Ἰθώμη *Bno* Ald., δ' Ἰθώμην *k* Eustath., Cor.; legendum esse Θούμαιον, collato Stephano s. v. Ἰθώμη, censet Kramer. || 8. κλιμακόεν *no.* || 16. ὑπερβαλέσθαι Tzsch., Cor. || 18. « Post βίον deesse aliquid suspicantur Cas., Tzsch., Cor., atque hic lacunæ signum apposuit; equidem in verbis ὁ ταῦτα vitiosi aliquid latere crediderim. Suspicari possis τοιαῦτα, omisso articulo, sed parum id satisfacit. » KRAMER. Meineke ante μυθεύεσθαι asteriscum ponit. Pro ὁ ταῦτα μυθεῖσθαι βουλόμενος legendum puto ὁ ταῦτ' ἀληθεύεσθαι β. || 20. ἀποδεδειγμέναις codd.; correx. m. sec. in A. || 23. ὀνούριον] ὁμούριον B; ὁμύριον editt. ante Cor.; Ὀνθύριον e Stephano s. v. correxit Mein. || 24. Φαρυκάδων margo A et *Bkl* Ald., Φαρκάδων *Acghino.* || 24. αὐτῶν] αὐτῆς velim cum Du Theilio. || 25. Κούαριος Pletho. || 26. Ἰτωμίας *c,* Ἰθωνίας *o,* Ἰθωμίας Ald. || 28. Πελληναῖον *Acgh,* Πελινναίην *l.* || 29. Φαρυκαδόνα codd. || 30. Λάρισσαν codd. excepto *A; Θετταλ.*] Θετταλίᾳ Eustath. ad Il. β, 755 p. 337, 9; Πελασγιώτιδι Pletho, Cor. || 34. ἄλλοι ante ἄλλως recte addidisse videtur Cor. || 42. Ὁρμίνιον] Ὅρμενον (μενον m. sec. in A scriptum) *Agh no;* Ὁρμίνιον *BEkl* et Eustath. ad ll. β, 734 p. 332, 5.

P. 377, 2. Κερκάφου] Κερφίου *A* m. pr.; Κερκάφου sec. m. in marg. A et cett. codd. et Eustathius ad Il. ι, 448 p. 762, 8. Cercaphus erat Rhodius heros et Solis filius; quare Ἡλίου legendum esse suspicatur Meinekius, siquidem incorruptum sit Κερκάφου nomen; id vero aliter habere et codicis A scriptura et ipsa fabularum historia indicat. Nullus dubito quin Κερφίου natum sit ex Κερβίου, hoc vero ex Κρηθέου. Crethei nomen reponendum esse tanto facilius largieris, quum idem Æoli filius, qui hoc loco Orminium condidisse dicitur, vicinam Iolcum urbem condidisse apud Apollodorum (1, 9, 11) perhibeatur. || 6. ἅτε ἂν] ὡς ἂν *A* m. sec. *Bklno;* ὅτε ἂν *chi.* || 7. καὶ δεῖ γράφειν *k* Ald.; καὶ δεῖν γράφειν editt. ante Kr. inde a Xyl. || 29. εὐρυχόροιο post Ἑλλάδος add. editt. ante Kr. inde ab Hoppero. || 31. ἐν μέσῃ ἐστὶ ἐστὶ ἐν μέσῃ *Bkl;* ἐστὶ om. Eustath. ad Il. β, 754, p. 332, 13. || 32. μεταλαιούσῃ] ὑπ' Εὐμήλου οὔσῃ em. Du Theil.; Εὐμήλου οὖσαν malunt Kr. et Mein.; μεγάλη οὔσῃ conj. Cas., μεσογαίᾳ οὔσῃ Politus, μεταλλευούσῃ Toup., ἔτι μενούσῃ Cor. || δοῦναι αὐτὴν Εὐρυπύ supplev. Du Theil.; in quibus αὐτὴν omitti mavult Kr., quum lacuna nonnisi 10 fere literarum sit. || 34. λευκίνεσσεν sec. m. in *A;* idem habet Eustath. ad ll. β, 735 p. 332, 21; rec. Mein. || 35. Lacuna sex fere literarum. [τῶν Ἀφε]τῶν supplevit Groskurdius, probantibus Kramero et Meinekio; vix recte; nam Aphetæ in promontorio Magnesiæ sitæ ad loca Titano monti vicina nihil pertinent. Cum Arne componitur Itonus p. 374, 13. Fort. igitur nostro loco fuit καὶ [τοῦ Ἰ]τών[ου] vel καὶ [τὰ περὶ Ἰ]των[ον]. || 37. δὲ Pletho, τε codd. || 39. ταπεινώσαντες] ὠφήκεισαν Pletho, ἀπώσαντες Cor., idque sane legit is qui scripsit in sqq. εἰς τὴν... ποταμίαν; sed hæc verba quum non legisse videatur Eustathius ad Il. β, 738 p. 334 (ubi : ταπεινώσαντες δὲ αὐτοὺς Λαπίθαι), neque conveniant quæ in sqq. leguntur, interpolatoris esse recteque a Meinekio ejici videntur. || 48. ὂν post φῦλον addunt *acghno;* id etiam in A m. pr. scriptum esse ex lacunæ magnitudine colligit Kramerus.

P. 378, 1. ὅλοι ferri nequit; natum videtur ex corrupta lectione vocis ὅπου. || 2. Ἄργεισα B, Ἄργεισα, et sec. m. ισ supra ει, *A*. || Ἄργουρα] Ἄργουσα codd.; em. Xyl. || 4. αὐτῃ] αὐτὴ sec. m. in A et cett. codd. || 6. Φαλλαναίων *ahino.* || 7. Φάλαννα] Φάλαννος Eustath. ad Il. 2, 738 p. 333, 19. || 12. Λαρισσαῖοι codd. || 15. ἐπικλύζων Ald. || 21. Πελασγία] πλαγία codd.; em. Xyl. || 23. πεδίον ἐστὶ ὃ νῦν *Aghino;* « fort. igitur π. ἔτι νῦν. » *Mein.* || Λαρίσσιον et dein Λάρισσος codd. || 29. ἐν Συρίᾳ] ἔνσυννα *a* in marg. || 32. « Ἀττικὴ, quod codices omnes exhibent (etiam in *A* supersunt syllabæ ττικῇ pr. m. scriptæ, non συγκῇ, ut Du Theil opinabatur) suspectum Palmerio (Exercc. in auct. gr. p. 323), quia nusquam invenitur nomen hujus loci in Attica, nisi h. l. et apud Stephanum s. v. Λάρισσα qui sua peliverit ex Strabone; suspicatur igitur scribendum esse ἐν τῇ Καρικῇ δ' ἐστὶ Λάρισσα τῶν Τραλλέων διέχουσα κτλ. Ac mirum certe est inter Larissas in Asia sitas Atticam commemorari : nihilominus codicum scripturam tuetur auctoritas Stephani, quod ea quæ tradit l. c. a Strabone non petita esse satis liquet. Nullo modo probanda sunt quæ Du Theil proponit ἐν τῇ Πελασγικῇ aut Πελασγικῇ δ' ἐστι Λάρισσα, τῶν Τραλλέων κτλ. » Kramer. « Stephanus sua haud dubie e Strabone hausit. Nec vero correctione succurrendum, sed litura. Si tamen fuit etiam Attica Larisa, verba ista ante καὶ ἐν τῇ Ἀσίᾳ transposuerim. Sed videntur in hoc Larisarum recensu etiam alia tum interpolata tum loco suo mota esse. Ephesia enim quam dicit Larisa haud diversa est ab ea quam triginta stadiis a Trallibus distare dicit : vide ipsum Strabonem lib. 14 p. 620 ed. Cas. (p. 530 ed. Did.). Itaque vide an verba καὶ ἡ Ἐφεσία Λάρισα ἔστι ante τῶν Τραλλέων transponenda, sequentia autem καὶ ἐν Συρίᾳ ab interpolatrice manu addita sint. Neque enim necessario omnes Larisæ memorandæ erant. » Meinekius. In his quæ de Larissa Ephesia a Trallensi non distinguenda Meinekius, Groskurdium secutus, dicit, falsa sunt. Qui enim fieri potest ut Larissa, quæ hoc loco 30 stadia a Trallibus distare dicitur ideoque in Mæandri valle posita erat, eadem sit cum Ephesia quæ p. 530, 38 in Caystrio campo sita et, ab Epheso 180 stadia distans, Tmolo quam Epheso propinquior fuisse proditur ? Itaque gravioris interpolationis signum manifestum nostro loco non inest. Atticam vero Larissam ego quoque neque exstitisse neque a Strabone memoratam esse puto. Quæ in antecc. memorantur petræ Larissææ in via qua Mytilene Methymnam proficiscebantur, 50 ab illa urbe stadiis dissitæ, eas recte Kiepertus aliique ponunt in ora saxosa quæ est prope hodiernum *Mistigna*. Positæ igitur erant ἐν τῇ ἀκτῇ vel etiam ἐν τῇ Ἀκτῇ, quum ejusmodi litora proprio nomine Ἀκταὶ passim vocentur. Jam vero frequens est ἀκτή, ἀκτική, ἀττική vocum confusio (sic p. 336, 20 recte ἀκτῆς pro Ἀττικῆς reponendum esse censet Meinekius). Hinc sponte nascitur suspicio Strabonem scripsisse : ... εἰσὶ Λαρισσαῖαι πέτραι κατὰ τὴν ἐπὶ Μηθύμνης ὁδὸν ἐν τῇ Ἀκτῇ· ἔστι [δὲ] Λάρισα καὶ τῶν Τραλλέων etc.; deinde corrupta voce Ἀκτή, quendam inserta καὶ et transposita δὲ particulis istam Atticæ Larissam quam vulgata exhibet, procudisse. ‖ 34. Μεσωγίδος] μεσωγαίας A m. pr., Μεσωγίδος a m. sec., El; Μεσσωγίδος Cor.; Μεσωγ. Kr. ‖ 39. μεταξὺ αὐλὸ .*Acghino*; μ. Ναυλόχ. e Tzsch. conj. Kr.; superest octo fere litt. lacuna ; leg. videtur καὶ Ὀδησσοῦ e conj. Groskurdii. ‖ 41. Ὀλοσσῶν *Aghilno*, Mein., recte, opinor; unum o habet etiam Lycophr. Cass. 905 ; duplex o Eustathius ad Il. β, 739 p. 333, 35, laudato Strabone. ‖ 45. Εὐρώτου codd., Eustath.; Εὐρώτα editt.; em. Kr., collat. lib. 7 fr. 14. 15. ‖ 54. Ἰστιαιώτιδος Cor.; Ἰστιώτιδος *l* Ald. ; in A nonnisi literæ ωτιδος prima m. scriptæ sunt; res vero postulare videtur ut suppleatur [Πελασγι]ώτιδος, monente Groskurdio. ‖ 54. ἐπειληφότας] ἐπειληφότων voluit Grosk.; ἐπειληχότας in Vindic. conj. Mein.

P. 379, 1. [αἱ] ὑπὸ Cor.; fort. [οἱ] ὑπὸ... Περραιβικοὶ *Mein*. ‖ 7. Τιταρίου] Κιταρίου *Agi*, Τιταρίου *h*, Τιτάρου *BEc klno* et *a* m. sec., et Eustath. ad Il. β, 754 p. 336, 27. Cf. not. ad p. 276, 9. ‖ 20. τὴν additum ex *no* ; excidisse in A spatio vacuo indicatur. ‖ 27. Σκοτούσης *achl* Pleth. ‖ 33. τοιοῦτο M. ‖ 40. Ὀρχομένιον A m. pr. ‖ 46. παρέχειν Pletho, παρεῖχεν A, παρεῖχε a et cett. codd.

P. 380, 2 et 5. Αἰνιάνων Pletho, Ἀθαμάνων codd. et Eustath. ad Il β, 749 p. 335, 35. ‖ 8. δὲ ἰδίοις] leg. διδύμοις conj. Mein. ‖ 10. Κολωνοὺς] fort. ὀχθοὺς ναίουσα Κορωνίς, Mein. Vind. p. 161. ‖ 13. Αἰνιᾶνες Pletho, Ἀθαμᾶνες codd. ‖ 30. τῆς τοῦ Πενειοῦ διὰ] τοῦ Π. διὰ τῆς codd.; em. Cor ‖ 33. ὥστε [καὶ] τὸν Mein. ‖ 45. Ἰπνοὺς] Ἰπνοῦν *ABEghis*, Ὑπνοῦν *lm*, Ἰπνοῦντα *chno*, Ἰπνοῦντα e correct. B, Tzsch., Cor.; Ἰπνοῦς ex Herodot. 7, 188 Kramer. ‖ 48. Πηλίου] Πηνειοῦ codd.; em. Palmer. ‖ 53. δισχιλ. τριακ. πεντ.] βτν' *Es*; βτη' *lm B*, quorum in B m. sec. correctum βτν' et deinde iterum βω'; hinc δισχιλίων ὀκτακοσίων editt. ante Kr.

P. 381, 3. Ἰταλίαν, et supra m. sec. αἰτω, *A*; utrumque habent *ch*; Ἰταλίαν *gik*, Αἰτωλίαν *BElno* Pleth., editt. ante Kr. « Inter ὑπὸ et ἰθων (sic) cum octo fere literæ intercidissent in A, sec. m. Λαπιθῶν modo restituit , ut legitur in codd. reliquis; articulus τῶν pr. m. additus fuisse videtur in *A*. » Kr. ‖ 4. ἐν Λαρίσσῃ codd.; em. Politus. ‖ Γυρτώνη *A;* Φεραῖς *BEklno*. ‖ 7. ὠνόμαστο A m. sec.; ὠνομάσθαι conj. Grosk. ‖ Μαντοῦς τῆς] μάντεως τοῦ codd.; em. Kuhn. ad Pausan. 7, 3. ‖ 9. Μόψοπος] sic *no* Epit.; Μόψος codd. cett. ‖ 16. Δευκαλίωνα] typ. erratum ; leg. Δευκαλίων. Corayus e conj. dedit Δευκαλίωνα... Αἵμονα. ‖ 21. Φειδίππου] Φιλίππου codd.; em. Lipsius. ‖ 23. Νεστωνὶς *E*. ‖ 24. Νέσωνος *E*. ‖ 37. ἐπειδὴ] ἐπεὶ δὲ B (ex corr.) *klnopu*, editt. ante Kr. et Meinekius. ‖ 46. Γεραιστόν] Γέραστον *Dh* et ex correct. *k̃*; eodem modo in sqq.

P, 382, 3. καὶ Πεταλία] καὶ παραλία *Dhx* (sed *h* in marg. Πεταλία), καὶ Θετταλία *k*. ‖ Σουνίῳ *DEhx*, Σούνιον *Bgh lnopu*, Σουνίων *Co*. ‖ 5. Μηλιεῦσι D ex correct., *h*, Pleth. ‖ 8. προσπίπτουσα *Enop* Eustath. ad Il. β, 537 p. 279, 21 R. ‖ 15. Αὐλίδος] Καφηρέως Epit.; Χαλκίδος e Cas. conj. Du Theil., Cor., Grosk. Contra Tzschucke vulgatam tuetur loco Valerii Maximi (1, 8, 10), ubi Cœla Eubœa inter Rhamnuntem et Carystum ponitur. ‖ 15. Γέραστον *CDghu* ‖ 27. πρὸς [τὸν] Αἰγαῖον Cor., Mein. ‖ 32. Αἴκλου] Ἀἴκλου Mein., recte ; Ἀαίκλου *BDEghlno pnu*, Ἀέκλου *y*, Ἀβίκλου *k*; em. Xyl. ‖ 34. Leg. ὠρείᾳ, ut e Kr. conj. Mein. ‖ 36. τὴν Περιάδα] τὴν πεδιάδα scr. Mein.; fortassis recte ; certe Periadem urbem aliunde non novimus; quodsi notæ urbis nomen corruptum est, conjicere licet τὴν περὶ Διάδας (Athenas Diades) vel Αἰγάς ‖ Κίρινθον *Cgopsv*. ‖ Ἐδεψὸν codd.; em. Xyl. ‖ 37. ἐν ᾧ] ἐν αἷς Grosk., ἐν ᾗ conj. Kr.; ἔνθα proposuit Mein. Deinde verba ἣν δὲ μαντεῖον καὶ asteriscis inclusit Corayus ; Groskurdius verba ἦν δὲ... Ἀπόλλωνος utpote glossam ejicienda esse aut in v. Σελινουντίου vitium latere putat. Xylander, Kramerus et Meinekius καὶ ejicienda esse satis habent. Quæ omnia sunt incertissima. De Selinuntio Apolline sive Orobiis sive alibi culto non constat. Si corrupta vox Σελ., Strabo scripserit ἦν δὲ καὶ μαντεῖον Κηρινθίου Ἀπ., sc. in Cerintho urbe quam una cum Orobiis modo memoraverat. ‖ Σελινουντίου *BCDg puv*, Σελανουντίου *s*. ‖ 39. δ' εἰς [ ]δὲ codd.; em. Cor., Ἑστίαιαν *Cgu*; Ἑλλοπιεῖς codd.; em. Tzsch. ‖ 42. Φιλιστείδην *lnox*, Φιλιστήδην *p*. ‖ 45. Ἱστιαίων *Bgklnopuvxy*. ‖ 46. Ἐρετριαίων *BCgpox*. ‖ 50. Ἱστιαίων *BCgklnopuvx*. ‖ 51. Τεθρίῳ codd., sed λε inter versus addidit *D* pr. m. ‖ 52. Κάλαντα *Ckpx*, Κάλλαντα etiam Eustath. ad Il. β, 537 p. 280, 27.

P. 383, 5. Ἑστιαιεῦσι *BCguo*, Ἰστιεῦσι *k*. ‖ 12. λέγομεν codd.; em. Cor. ‖ 13. Κήναιον] Κλειναῖον et Κλιναῖον codd.; em. Hopper. Post Κήναιον codd., excepto *E*, addunt πλησίον. Quare in antecc. pro δ' ἐν τῷ editt. ante Kramerum et Meinekius scripserunt δὲ τῷ. « Sed quoniam adverbium illud cum genitivo construere solet Strabo, non cum dativo, nec satis commode ponitur post Κήναιον, omittere malui cum E, cujus magna est in hac parte auctoritas, quam præpositionem respuere omnium codd. consensu firmatam. » Kramer. ‖ 15. Κύνον Καῦνον codd.; em. Tzsch.; τῆς Δίου *BCDghiur*; in B sec. m. τοῦ supra τῆς. ‖ 16. ἀπωκ. *D*, ἐπῳκ. cett. codd. ‖ 16. Ἑστιαίαν *BCgkuo*. ‖ 17. Κίρινθος *Cgnopsv*, Κόρινθος *E*; πολείδιον *E*, πολίδιον cett. codd. ‖ 18 Βούδορος *Dh*, Epit., Βούδωρος codd. cett. ‖ 20 Ὄχη] ὄχθη *Cglnoy*, Ald., pr. m. *D*. ‖ 22. Μαρμαρίου legi vult Holstenius ad St. Byz. s. v.; Μαρμαρίου vel μαρμαρίνου conj. Mein. in Vind., præter necessitatem. ‖ 23. Ἀραφηνιᾶς codd., nisi quod in D pr. m. erat Ἀραφηνιδᾶς, quod deinde mutatum est; em. Xyl., Strabonis usum secutus. ‖ 24. Post v. ξαινομένη Ald. addit : Καρυστίαν λίθον ἀφ' ἧς γίνονται χειρόματα (sic). Similia habet margo *p* : τὴν Καρυστίαν λίθον, ἀφ' ἧς ὑφάσματα γίνονται. Τοῦτο λίνου φασὶν ἄλλοι Καρπάσιον· φύεσθαι δ' ἐπὶ πέτρας βάθος ὅσον παλαιστήν. Τοῖς τούτων λίνοις ἐργάζεται ὑφάσματα [ἃ] καὶ ἡμεῖς εἴδομεν ἀνάλωτα πυρί. Haec ducta esse ex scholiis Cyriaci Anconitani monet Tzschuckius. ‖ 55. ὕρη] ὑφάσματα *kno* Ald. ‖ 27. τὸν πίνον τῇ πλύσει *x*; τῇ τῶν λίνων πλύσει Epit., ex quibus πίνον vocem corrigendam esse monuerunt editt. ‖ ᾠκίσθαι] ᾠκῆσθαι *Bknox* Ald. ‖ 29. Στειριέων] Στυριέων *Dhi*, Στυριαίων *BCklnox*; em. Palmer. ‖ 30. Μαλιακῷ] Leg. Λαμιακῷ e conj. Cas. ‖ ὑπὸ Φαίδρου] An ὑπ' Ἀντιφίλου ? V. Diodor. 18, 13, 6; Plutarch. Phocion. c. 25. ‖ 36. Γέραστον codd.; em. Xyl. ‖ 42. τὸν] τὴν *Bklnox* Ald.; artic. om. *E* et Eustath. ad Odyss. γ, 177 ; Γεραιστὸν *E* Eustath.; Γεραιστὸν codd. cett. ‖ 46. Ἄϊκλος Mein. ‖ 48. ᾤκησε codd., nisi quod in *D* ᾤκισε m. sec. ‖ 50. Ἄραβες] Ἀράδιοι conj. Mein. in Vind.

P. 384. πύργους] τεῖχος editt. ante Kr. ‖ 12. Αἴλανδον, *BCDhikln*; Λίλαντον *os*; Δήλαντον Epit. ‖ 16. Post ἐκλέλοιπεν in Epit. leguntur : ὥσπερ καὶ Ἀθήνησι τάργυρεῖα, quae rec. Grosk. et Mein. ‖ 24. Εὐβοῖδα potius leg. esse monet Mein.; κάμπην] καμπτὴν *Bkl* Ald.; κάμπτων conj. Mein. in Vindic.; καμπτὴν dedit in edit. Str.; Εὐβοῖδ' ἄκραν τὴν ἀμφὶ conj. Bernhardyus (*Berlin. Jahrb. f. w. Kritik* 1828 , p. 247). Ceterum quum ex his versibus minime liqueat *urbem* Euboeam ab Æschylo commemoratam esse, Meinekius putat excidisse vel totum versum vel certe partem versus, cujus in fine legeretur πόλιν. Kramerus : « Si καμπτὴν, inquit, meliore niteretur auctoritate, suspicari posses Εὔβοια καμπτὴν etc. ‖ 32. Ἐρέτριαν *E*, Ἐρετρίας *BCDhiklno*, Ἐρετριέας *x*(?) et editt. inde a Xyl.; *Eretrienses* Guarin. ‖ 36. Ταμύναι] Ταμύναια *C*, Τάμυνα Strabo apud Stephanum s. v.; Ταμύναι: Cas., Tzsch., Mein. ‖ 38. ἐνιαυτόν e conj. Meinekii; αὐτὸν codd. Ceterum verba ἐν δὲ τῇ Ἐρετρικῇ πόλις ἦν Τάμυναι ἐκ πλησίον τοῦ πορθμοῦ conjungenda et lin. 53 post v. κεκωμῴδηται transponenda esse probabiliter censet Kramerus, probante Meinekio. In vetusto aliquo codice omissa, dein ad marginem adscripta, tum male discerpta et in alienum locum illata esse videntur. ‖ 46. ποτέ] πρότερον Cor. ex Guarino, qui vertit *superioribus annis*.

P. 385, 4. τῇ] *E* et Eustath. ad Il. β, 596, p. 298, 28 R.; ἡ *BCDhklnox*; οἱ Ald. ‖ ὅς γε καὶ] ὥς γε καὶ *CDghi*, ὥστε καὶ *s*, οὔ γε καὶ *kx*, Tzsch., ὅπου καὶ *y* Cor., ὅς γε κατεῖ. *B* (?), Ald.; ὃς καὶ ἐκεῖ Cas.; ὅς γ' ἐκεῖ conj. Kr.; ὅς γε κἀκεῖ Mein. ‖ 17. ὥστε om. *CDhinx*; in *n* tamen inter versus additum; ὥστ' ἐν Grosk. et Mein., recte, ut videtur. Ceterum post ἐπαύσοντο aliquid excidisse censent Kr. et Meinekius, quorum hic praeterea aliam lacunam notat post vocem διενεχθεῖσαι, Strabonem in hunc ferme modum scripsisse putans : περὶ δὲ Δηλάντου διενεχθεῖσαι [ἐπολέμουν μὲν ἀλλήλοις, ἀλλ' ἐπὶ μικρόν] οὐδ' οὕτω τελέως ἐπαύσαντο [ὁμονοοῦντες, ὥστ' ἐν τῷ πολέμῳ etc. ‖ 20-28. Verba καὶ γὰρ δὴ... ὁ ὑσσός, glossatoris esse videntur, monente Kramero; ejecit ea Mein. ‖ 21. οὐδὲν] οὐθὲν *CDEkx*, Ald.; οὔθ' ἓν *lnos* Cas.; οὐχ ἓν Mein.; recte, opinor. ‖ 22. καθεστὼς post ἔθος addidit Cor. ‖ 27. Post συστάδην [μαχομένων ἐστί] supplendum videtur. In Ald. legitur συστάδην χρώμεθα καὶ κοντοβολοῦντες, ex quibus κοντοβολοῦντες legitur etiam in *C* et *k*, in hoc tamen postea corr. ‖ 36. ἦν habet *E*, cett. codd. om. ‖ 36. ἐπίστατο *no*, ἐπίσταται cett. codd. ‖ 50. περιφ. Cor.; πηραφ. codd. ‖ 51. Θεσσαλικὴν *k* ex correct.; cum cett. codd. facit etiam Eu-

stath. ad Dionys. 473. At Θεσσαλικὴν habent Athenaeus p. 278, C, Suidas v. ὑμεῖς, schol. ad Il. β, 761.
P. 386, 3. εἰσὶ δὲ νῦν] εἰσὶ μὲν οὖν proponit Meinekius in Vind. ‖ 8. Ἄβαντες] ἀναβάντες conj. Xyl.; καὶ ἀναβάντες Grosk.; μεταβαίνοντες Cor.; ἀποβάντες Kr.; ἀποβαίνοντες Mein. ‖ 9. « Supra Ἔδεσσαν signum pictum, eodemque repetito ἡ νῦν Βοηγα (h. e. Vodhena, uti hodieque appellatur illud oppidum) sec. m. add. in marg. *D*. » Kramer. ‖ συμπολεμήσοντας Cor. « Nescio an scribendum sit : περὶ Ἔδεσσαν ἔμειναν [καὶ] συμπολεμήσαντας τ. ὑ. ἔκτισαν π. Ε., transposita particula καὶ quae vulgo ante ἔκτισαν legitur. Nisi forte συμπολιτεύσαντες scribendum est. » Mein. Vind. p. 171. ‖ 15. Θετταλοῖς *no*, Θετταλικοῖς cett. codd. ‖ 30. Παρνασοῦ *BCElnox*. ‖ 48. καὶ Οἰναία δὲ] καὶ ἡ Ἡναία δὲ *Bk*, καὶ ἡ Αἰνία δὲ *l* (?) Ald., καὶ Αἰνία Tzsch., Cor.; καὶ Οἰνειάδαι, καὶ αὐτὴ etc. leg. esse vidit Kr. ‖ 50. τοῦ] τῆς *noxy*. Cf. Steph. Στρατός.. θηλυκῶς καὶ ἀρσενικῶς. ‖ 52. Ἀλυζία *DEkl*, Ἀλυζίαι *CDghinoxy*.

P. 387. ὁ Στρ.] ἡ Στρ. Tzsch., Cor ; μετὰ] typothetarum error ; lege κατὰ. « Ceterum verba κεῖται... Ἀνακτόριον, quae repugnant et iis quae de horum locorum situ aliunde scimus, et iis quae Strabo ipse de singulis rectissime tradit, Penzelius in nott. ad interpretationem suam a librario adjecta putat parum probabiliter. Neque tamen ulla in medium prolata est loci desperatissimi medicina, ita ut acquiescendum videatur in Tzshuckii sententia, per errorem fortasse a Strabone ipso Stratum praepostero ordine positum esse pro Alyzia. » Kramer. Groskurdius et Tzschuckii et Mannerti (Geogr. t. 8, p. 84) suspiciones recte improbans, pro Ἀλυζίας legi voluit Ἀντιρρίου (potuisset Μολυκρίας, quod ad tradita propius accederet). Media fere via inter Alyziam et Anactorium Kiepertus incertam conjecturam secutus ponit Σόλιον vel Σόλλιον, cujus Thucydides meminit : adeo ut hujus fortasse oppidi Strabonem meminisse putari posset. At parum hoc probabile est, praesertim quum infra in orae descriptione nulla ejus fiat mentio. Mihi verba Strabonis sana esse videntur, errorem autem explicandum puto e ratione tabularum quas in his Noster secutus est simillimas iis quas Ptolemaeus adhibuit. Ptolemaeus enim Alyziam (hod. *Kandili*) non ponit, ut ponere debebat, inter Actium et Acheloum fere mediam, sed proximam facit Acheloi ostio, adeo ut ab eo nonnisi duodecima unius gradus parte (42 fere stadiis) distet. Similem igitur tabulam si Strabo quoque ob oculos habuit, probabiliter statuere potuit aliquem Alyzia Anactorium proficiscentem per Stratum iter facere eamque urbem in media fere via esse positam. Tanto facilius id fieri potuit, si Acheloi fluvii (cui Stratus adjacebat) partem superiorem tabula dabat justo magis versus occasum et sinum Ambracium deflexam. Eoque vitio veteres tabulas laborasse nescio an ex Livio colligas, qui (43, 21) Stratum perperam dicit sitam esse *super Ambracium sinum ad Inachum fluvium*. Memorandum denique est in tabulis Ptolemaei (quales Bertianae Ptol. editioni subjunguntur) mediam inter Actium et Alyziam poni urbem mediterraneam , cujus nomen in codd. nostris excidit; indicari Stratum tum e Strabone colligo, tum inde fit probabile quod praecipua hac Acarnaniae urbs prae ceteris commemoranda erat. ‖ 10. Post Ἀχελώου Pletho addit : τε καὶ περὶ Πλευρῶνχ. ‖ 12. Τραχήνιον *os*, Τραχίνιον codd. cett.; em. Palmer. ‖ 18. ὄρος ex *E* additum; post μὲν collocare editt. ante Kr. ‖ 20. μαλλὸν] μαλαὸν *BCghilnosxy*; μάλα ὄντων marg. *h*; μαλαιὸν *m*; μάλα ὂν *Dk* ; om. *E* ; em. Cas. ‖ 19. Μολυκρίας codd.; em. Tzsch. Ad hunc locum in marg. *Cguy* leguntur haec : Οἶμαι τὸν

μὲν Ταφίασον (μεταμφίασον gy) τὸ νῦν λεγόμενον Ὄζον ὄρος· Χαλκίδα δὲ τὴν ἀρτίως Βαράσαβαν, ὑφ' ἥν καὶ πολίχνιόν ἐστι Ἀντίπατρα καλούμενον, καθότι καὶ τὰς Πατρὰς ἔχει ἀπεναντίον. ∥ 26. ἵδρυται Bkno. Dein malis Μακύνεια. ∥ 30. Εὔηνος no Pletho, ὁ δὲ τῆνος DBChilsx, Εὔτηνος k. ∥ Βωμιαίων DCghinox, Βωιαίων Bkl Ald.; em. Tzsch. ∥ 38. Λυκέρνας CDghilxy et ex correct. Bk, Λυκάρνας no, addito : γρ. Λυκόρμας, uti habet E. ∥ 51. Μακύνιον et Μολυκρίαν codd.
P. 388, 3. καὶ recte om. k. ∥ 10. ἡ Λευκάς] Stadia 240 pertinent usque ad Leucatam prom.; an igitur h. l. ἡ Λευκὰς est ἡ Λευκὰς ἄκρα (ut Ptolem. dicit), an pro ἡ Λευκὰς αὕτη legendum ὁ Λευκάτης. Αὕτη? ∥ 12. αὐτὴν om. o; αὐτὴν ὁ ποιητὴς Dhil. ∥ 16. Νήριτος] Νήριχος D (sed hic supr. Νήριτος) BE; em. Kr. ∥ 17. ἡ μὲν οἷος B, ut legitur in Odyss. Dein Νήριχον codd., excepto B. ∥ 20. κροκύλει E, Κροκύλην cett. codd. ∥ 21. Γαργάσουσος CDhil, Γαργάσουν codd. cett.; Γόργου em. viri docti. ∥ 21. Νήριχον B, sed postea correctus. ∥ 38. ἅλμα] ἀλλὰ codd.; em. Wordsworth. in not. ad Theocr. ∥ 39. σὴν] σὸν e Bentleji conj. Cor. Inclusa ex Hesychio subjecit Bentl. ∥ 42. Περόλα Dh, sed Πτερόλα margo h et Ci; Πταρόλα Bglmno, Πτάροχα x, Παρόλα k, Πταόλα Ald.; em. Tzsch.; τὸν] τοῦ codd. (sed B postea correct.), Ald.; τὸν τοῦ Tzsch., Cor., τὸν Kr.
P. 389, 12. καὶ add. Cas. ∥ 14. καὶ] sic E; ὡς codd. cett. ∥ 16. ὣς om. Tzsch., Cor. ∥ 18. Κροκύλην nox. ∥ 21. καὶ expunctum in B; om. kno Cor. ∥ 24. μήλων] οἰῶν est in Odyss. ∥ 36. ποιεῖσθαι] ποιῶν hi et supra ποιεῖσθαι m. pr. D, id recte rec. Mein.; ποεῖ καὶ δῆλος s. ∥ 38. ἐν inclusit Cor. ∥ 41. γράφεσθαι E; ἂν γράφεσθαι BCDhikln; ἀντιγράφεσθαι ox Tzsch., Cor.
P. 390, 5. πλησίον h, πλησίων cett. codd. ∥ 15. οἱ ρ' nosx, οἵ τ' codd. cett. ∥ 22. δῆλον add. Cor. ∥ 23. δὲ ο, τε cett. codd. ∥ 25. ἄδηλον] οὐ δηλοῦν h B ex corr. et x, δῆλον cett. codd.; em. Xyl. ∥ 26-29. ὁ μέντοι ... ἠπείροιο Strabonis non esse videri monet Kr.; ej. Mein. ∥ 39. εὐδείελος] ἱππήλατος margo B, uti legimus in Odyss. ∥ 45. ἐσχάτην] sic E; πρὸς ἐσχάτην BCklno, ὡς ἐσχάτην x; om. ἐσχάτην Dhi.
P. 391, 2. καὶ ex E additum. ∥ 11. τε] δὲ codd.; em. Kr. 16. συννεφῆ] συναφῆ BCD hikl, συναφῆς nox; em. Cas. 26. οὐδὲ ἀρχή ἐστιν] οὐδ' εἰ ἀρχήν ἐστιν e Tyrwhitti conj. Cor. et Mein.; id vero sensum fundere ineptum recte monuit Groskurdius, qui cum Tzschuckio scripsit οὐδ' ὅπου ἀρχή ἐστιν, quod non magis ad rem pertinet. Ni fallor, οὐδὲ corruptum est ex εἰ δὲ; hoc quum super οὐδὲ quidam scripsisset, deinde juxta οὐδὲ in verborum ordinem receptum est, aliisque corruptelis ansam dedit. Lego : εἰ δὲ ἀόριστον τοῦτο. ∥ 28. « ὁ ὀγδοήκοντα a Strabone scriptum non fuisse Groskurdius suspicatur haud injuria : in Dionysii (Pseudodicæarchi) Descr. Gr. v. 51 legitur Ἰθάκην σταδίων ὀγδοήκοντα, στενή, unde tamen frustra Grosk. explicare studet Strabonis errorem; 25 m. p. Ithacæ circuitum esse tradit Plinius H N. 4, 12, 19. » Kramer. Reapse 300 circiter stadiorum ambtus est. Itaque pro ὡς π', repetita σ litera, legas ὡς σπ'. ∥ 34. Παλεῖς e Cas. conj. additum.
P. 392, 1. Ταφιοὺς] Ταφιοὺς Dh, Ταφιὰς Mein. ∥ 6. Φυλείδεω] Φυλιέως CDhiksx, Φυλλιέως Bl Ald.; Φαλιέως no; Φυλιδέω Epit.; em. Cas. ∥ 10 τὸ μὲν] τὴν μὲν codd.; em. Tzsch. ∥ 12. οἱ μὲν ex k additum ; verba και οἱ μὲν om. Mein. ∥ 13. οὐδὲ] οἱ δὲ codd., em. Grosk.; οὐδ' οἱ Π. Cor. ∥ 19. παρὰ δύο] sic x; παρ' ἕνα cett. codd. ∥ 24. περὶ ὀγδοήκοντα] Lege : περὶ ρπ' (180); nam tot fere sunt. ∥ 25. τριακοσίους] Pro τ' legendum ψ' (700); 93 m. pass. (774 stad.) sec. Plin.; vel plura sunt stadia, si oræ anfractus legeris. ∥ 27. Αἶνος addidit Xyl. ∥ 39. Ἀλαλκομενάς] Sic etiam Plutarchus Qu. gr. c. 43; Ἀλκομενὰς perperam, ut videtur, Stephanus s. v. Ceterum et Plutarchus et Stephanus urbem in Ithaca ponunt; atque hæc insula habet isthmum ruinis insignem, non vero Asteria insula perexigua, in qua quo modo urbem esse Apollodorus dicere potuerit, non assequor. ∥ 41. οἶδε] εἶδε Bkl Ald. ∥ 43. ἂν add. Cor.
P. 393, 7. δ' addidit Kr. deleto δ' ante ὅτι. ἡ Ἰωνική hi, ὥστ' Ἰωνική x, ὥστε ἡ Ἰωνικὴ y, ἡ δ' Ἰωνικὴ Cor. ∥ 14. οἱ om. CDhil; σάμους E et inter versus n, σαμάιους cett. codd. ∥ 22. μέμνηται ... ἐθέλων] « Hæc fort. e lib. 12, p. 549 Cas. addita sunt. » Mein. ∥ 23. ἀσπίδι h. l. codd.; ἀνείλετο Epit., et ex correct. B; ἀνείλατο Bgy, ἀφείλατο s, ἀγείλατο i, ἀγάλλεται olim editt. inde a Xyl. ∥ 26. « πρὸς ἑσπέραν quia parum conveniunt cum vera insulæ situ, variis conjecturis tentata sunt : πρὸς ἕω proposuit Tyrwh., πρὸς Ἑσπερίδας scripsit Cor., infelicissime hic; Palmerius contra (v. Græc. antiq. 4, 24 p. 523) verba ista sana recte judicans καὶ ante τῆς Πελ. delendum censet, ut hæc efficiatur sententia : paullo magis quam Cephallenia ad occiduas partes Peloponnesi inclinans : quæ probantur Tzschuckio et Groskurdio, mihi quamquam non displicent, non ita satisfaciunt, ut amplecti audeam. » Kramer. Palmerii conj. recepit Meinekius et nos quoque in latinis expressimus; perperam; nam admissa hac mutatione, oratio existit mirum quantum contortula, nec ulla causa subest cur codicum scripturam corruptam esse putemus. Nimirum quum Strabo ab Isthmo usque ad Peloponnesi extremitatem occidentalem 1400 stadiorum lineam esse statuat, quæ revera vix est stadiorum 900 : patet peninsulam hanc multo longius quam par erat versus occasum extendi ideoque Zacynthum quoque insulam de vera sua sede extrudi versus plagam occidentalem. Nihil mirum igitur eam dici μικρῷ πρὸς ἑσπέραν μᾶλλον τῆς Κεφαλληνίας. Neque aliter statuit Ptolemæus qui Cephalleniæ oppidum ponit 47° 40' long., Zacynthum vero 47° 30'. ∥ 28. αὐτῇ] αὑτῇ gxy; in ceteris codd. ita legitur : συνάπτων δ' αὐτὴν πλέον ἐστὶν ὁ; Tyrwh. proposuit τῇ Πελοποννήσῳ συνάπτους· πλέον ἐστὶν ὁ, Corayus : συνάπτουσα δ' αὐτῇ. Πλείων etc., quæ sunt nihili. ∥ 29. ἑκατόν ἐξήκοντα σταδίους ante ἑξ. addunt Bno. Ambitus Zacynthi est circiter 550 stadiorum; quare ut ad verum res ducatur, pro ρξ' scribendum foret ϕξ'. Apud Plinium ambitus esse dicitur 35 (vel 36) m. pass. (280 stad.), qui numerus et ipse corruptus fuerit; pro xxxv legerim LXXV (600 stad.) ∥ 32. τριακόσιοι] ἑξακόσιοι p. 710, 15, minus recte; tamen hoc reposuit h. l. Mein. ∥ 40. καὶ πρὸ] Recte καὶ istud omittunt Corayus et Mein., cum quibus lege : Ἐχινάδες (πλείους δ' εἰσί, ... τραχεῖαι) πρὸ τῆς ἐκβολῆς κτλ. ∥ 44. Παραχελῶϊν Bkl, Παραχελῶην nosx, Παραχελῶτιν D. ∥ 45. Post χώραν cod. x addit ἐστί προσχοῦσα, quæ rec. Cor. Deinde δὲ recte sustulit Xyl.
P. 394, 1. Ἀχελῶον codd., exc. C. ∥ 4. κύτει] τύπῳ Dhil Ald., ut legitur in Soph. Trach. v. 12; in h tamen margo habet κύτει. ∥ 17. παραχελωτίδος codd., præter k, qui Παραχελωνίτιδος. Post hanc vocem Bnox addunt φθείροντα. ∥ ἀναφύξαι] ἀνάψυξις codd.; e Villebrunii conj. em. Cor. ∥ 27. Ταφιούς BDhkx; Ταφιοῦα Xyl.; Ταφιὰς (sic Plin.) Hermolaus Barbarus ad Plin. 4, 19, 12 et Mein. ∥ 28. διαστήμασι] διαιτήμασιν BDEklnox; em. Xyl. ∥ 31. Δηιονέως E et Eustath. ad Od. α, 105; Δηίονος CDB hlnsx; Δηιονέος Bo ex corr.; Δηίωνος k. ∥ 35. φασί] φησί codd.; em. Cor. ∥ 40. εἰσὶ] ἐστὶ codd. præter nox qui om. hoc verbum; em. Palmer. Deinde πόλις codd., exc. x. ∥ 42. ἐξ οὗ τοὺς] ἐξ οὗ τοῦ no et ex correct. B; ἐξ αὐτοῦ cett. codd.; em. Cas. ∥ 44. παρατόπων g, παρα-

τόπως Cor. || 45. Κριθώτη *h* et ex correct. *D*; Κορινθώτη *BCklnosx* et pr. m. *D* et margo *h*. Deinde αἱ ante Ἔχιν. inserunt Cor. et Mein. || 46. ἐνικῶς λεγ.] θηλυκῶς λ. conj. Cor.; ἀρσενικῶς λ. Grosk.; ej. verba Meinekius, recte opinor. Ceterum quum glossarum quoque ratio reddenda sit, neque videam quid sibi velit illud ἐνικῶς λεγ. (siquidem nemo unquam Ἀστακοὶ plurali numero dixit), fortasse in..marg. legebatur ἡ νῦν Νεοχωρὶ λεγομένη, quum *Neochori* locus nunc sit in eo tractu ubi sita erat Astacus. || 49. Ad hunc locum in marg. *u* leguntur haec : αὗται αἱ λίμναι καταντικρὺ Πατρῶν δυτικώτερον ἐαρινῇ δύσει, διάφρια ἔχουσαι θαλάσσης ἑκκαίδεκα μιλίων, ἀφ' ὧν πολλὴ καὶ ἀγαθὴ ἄγρα ἰχθύων κομίζεται ὅσαι ἡμέραι ταῖς Πατραῖς.
P. 395, 3. Χαλκίαν] Χαλειαν (sic) *D*, Χαλείαν *Chsx*, Χαλίαν *no*, Χάλκειαν editt. ante Kr. || εἶθ' ἡ Πλευρῶν etc.] « Palmer (Gr. ant. 4, 15 p. p. 472) notandum esse jure censuit, quod Pleuron h. l. ponitur ultra Euenum fluv. orientem versus : atque inde antiquam Pleuronem intelligendam esse credidit. Sed hanc quoque una cum Calydone in altera Eueni ripa a Strabone collocatam fuisse ex iis quae de his locis p. 450 sq. ed. Cas. traduntur, elucere videatur. Praeterea ubicunque Pleuron simpliciter a Strabone commemoratur, ea quae ejus aetate supererat, h. e. nova, est intelligenda, ad montem Aracynthum inter Acheloum et Euenum constanter a Strabone collocata. Jam igitur hunc locum sic ab eo scribi non potuisse, ut nunc legitur, luce mihi videtur esse clarius : omnia autem plana erunt et congrua, si verba εἶθ' ἡ Πλευρῶν ... ἱερόν collocantur ante εἶθ' ὁ Εὔηνος κτλ. Quorum ordo quam facile turbari potuerit manifestum est. » KRAMER. Cf. not ad lin. 10. || 4. Ἀλίκυρνα] Λικύρνα codd.; Λυκίρνα Ald.; Ἀλίκυρνα Strabo ap. Steph. s. v. 6. Λαφραίου] Λαφραίου codd., nisi quod Λαθραίου habet *l* et Ald.; em. Palmer. || 7. Ταφίασος codd. || 10. οὕτω] « Εὐήνου pro Ἀχελῴου (lin. 11) scribendum esse censent Palmerius (Gr. ant. 4, 6, p. 477) et Groskurdius, ne repugnent haec iis quae proxime praecedunt, quae ex Artemidoro sumta esse Groskurdius opinatur. Quod parum probabile esse ex iis, quae modo disputavimus, apparet. Multo melius Du Theil οὐχ ante οὕτω excidisse conjicit. Chalcidem vero sive montem sive urbem ad Acheloum a nonnullis fuisse collocatam liquet (?) ex Dionysio Per. 496, Steph. Byz. s. v., Eustath. ad Il. β, 640 p. 311, 40 R. » KRAMER. Negationem οὐχ ante οὕτω inseruit etiam Meinekius, quamquam is in antecc. verba quae transponi vult Kramerus, in loco suo reliquit. Ego quoque Krameri rationes secutus sum, at recte me id fecisse magnopere dubito. Quem hoc loco legimus Ætoliae paraplum, sicut ceteras orarum descriptiones plurimas, ex Artemidoro afferri per se est verisimillimum et verbis Ἀρτεμίδωρος μὲν οὖν subindicatur. Monendum erat in hoc paraplo Pleuronem, Halicyrnam et Taphiassum non recte poni ab oriente Eueni fl. et Chalciae montis; Strabo contra monuit Chalciam haud recte collocari videri ab occasu Pleuronis (inter Pleuronem et Acheloum), quasi de Pleuronis situ recte Artemidorus statuisset. Non optime haec disputata esse fateor, sed violentis istis machinis, quas Kramerus admovit, mutanda esse nego. || 14. Ταφίασσον *B*, Ταφίασσα cett. codd.; deinde δὲ *h* Tzsch. conj. Kramerus scripsit pro τε, quod est in *BCDhk*; cett. codd. vocem hanc om. || 15. φασι *BCDhkl*. || 18. ἔστι δὲ Ὄνθις πρός conj. Palmerius (Exercc. p. 326), quum Ὀνθίδα λίμνην Ætoliae e Nicando memorat Schol. ad Nic. Ther. 215; at locus ille scholiastae adeo est corruptus ut neque de nomine neque de situ hujus lacus certioris aliquid erui possit. Palmerio obsecutus Onthidis nomen paludi qui est sub Chalcide monte, indidit Kiepertus in tab. Gr. STRABO.

|| 18. εὔοψος] εὐυψός *BCDghlnox*, εὔψυχος *k* Ald.; in marg. *v* legitur : τὴν νῦν Μάλαιναν (sic) καλουμένην || 23. Inclusa ejicienda esse monuit Bergk in poet. lyr. p. 542. Καλυδωναίου δὲ *Dhisn*, et, misso δὲ *ox*; Καλυδωναίου δὲ *Bk*, Κλυδωναίου δὲ *C*, Κλυδωνέου δὲ *l*; Καλυδώνιος οὐδὲ ε Cas conj. Tzsch. et Cor. || 25. ἀκράν] ἄκραν *BCDghiks*, ἄκρας *lx*; em. Kr. e Villebrunii conj. || 26. ἧς] ὡς codd.; οὗ Cas.; ἧς Cor. || 28. Ἀραχίνθῳ codd. || 32. Κονώπα codd.; em. Tzsch. || 41. ὑπὸ] ἐκ *no*. || 42. Αἰτωλοὶ] Αἰτωλία *no* Cor. || 50. τοῦτο] *no* et sec. m. *h*, τούτου *BCDhkl* Ald.
P. 396, 28. Ἴκαρον codd.; em. Xyl. || πέραν] περὶ *l*, πέτρα *s*, περαίαν *BEkno*; τῆς περαίας Tzsch., Cor. || πολλήν] πόλιν *CDEghihslx*, πολλά *k*. || 33. Ἴκαρον codd., exc. *E*. || ἐπιμεῖναι] ὑπομ. Mein. || 44. Ἀλκμέωνα *CDh* Mein. || 45. συστρατεύσαντα *Clo*. || 49. ἐκείνῳ *C* (?) editt. ante Kr. inde a Xyl.
P. 3 7, 24. Θουκυδίδης τε Cor., haec jungens praecedentibus. || 26. φησι *BChino* Ald.
P. 398, 6, τε] δὲ codd.; em. Tzsch. || 8. φασιν codd.; em. Tzsch. || 14. δεκάτῃ δ'] δέκα, τῇ δ' codd.; δεκάτῃ ὕστερον *s*; em. Cor. || 21. τραφέντα *xn*, τρεφθέντα codd. cett. et margo *n*; θρεφθέντα Jacobs ad Authol. t. 4, p. 161 et Cor. || 22. Αἰτωλοὶ .. Αἰτωλὸν] Αἰτωλῶν .. Αἰτωλοὶ *Bkno*. || 24. Ἠλείων] Αἰτωλῶν codd.; illud Pletho et correct. in *n*. || 42. τοιγε ej. Cor. Mein. || 43. ἐπιφέρειν conj. Cas. || 45. ἐπ'] ὑπ' *x* Cor.
P. 399, 2. τούτου add. Cor. || 5. λέγων] ἢ Ἠλείων Cor.; aut ejicienda vocem aut scribendum τούτου εἶναι τὸν τῶν Ἐπειῶν λεών censet Tzsch.; ej. vocem Mein. || 8. Post οὖν excidisse πιστόν monuit Grosk. || 11. ἐπ' ἴσης *Bkl nox* Ald.|| 13. ἐπελθόντας recte, ut videtur, Cor. et Mein. || 15. διότι] ὅτι *Bklnox* || 23. αὐτός] αὐτὸς δ' Cor. || 25. ὁ τάλας, ὁ δογματικὰς *CDghilnoxs*, ὁ τὰς τῶν ἄλλων δογματικὰς m. sec.; e Tyrwh. conj. em. Tzsch. || 28. καὶ διδοῖς] καὶ διαδοῖς *BCDghikx*, καὶ διαδιδοῖς *lno*; νὴ Δία, δίδως conj. Tyrwh., rec. Cor.; διδοῖς em. Cas.; καὶ aut ejiciendum aut leg. καὶ [αὐτῷ]. || 30. συγγνώμη, *Bk*, συγγνώμην *BChilno*; in *n* supra additur ἔχειν, recte, ut videtur; συγγνώμην νέμειν conj. Mein.; συγγνῶναι conj. Kr. || 50. Αἰτωλίαν] Πλευρωνίαν *no* || 52. καλεῖσθαι] καλέσαι e conj. Kr. Mein.; recte, ut videtur.
P. 400, 7. εἴπερ] οἴπερ *Bkno* Ald. || 12. μὲν ποιητής, misso ὡς, codd. exc. *E*. || 15. ὅπερ ante οὕτω *no*; οὕτω διαλέγεται *Dhi*. || 27. ἐμπεπλεγμένους conj. Du Theil. || ἄλλαις] ἄλλως codd. exc. *x*. || 34. καὶ] κατὰ Cor. || 35. διαστελλομένους conj. Grosk. || 35. ὡς δὲ] ὥστε conj. Heynius; ὥστε, ὡς Tzsch. || 40. ὡς suppl. Cor. || 44. (τρόπος] τόπος conj. Cor. || 46. ἐπειδὴ δὲ] ὁμωνυμία codd., exc. *no*. qui ἐπεὶ δέ, et *x*, qui ἐπεὶ δ'. em. Cor. || 47. ἂν om. *nox*. || 52. τοὺς] τοῖς codd.
P. 401, 1. Post εἰρήσθαι e Stephano v. Ἀκαρνανία addenda videntur : καὶ κρώβυλοι καὶ τέττιγα, ἐμπλέκεσθαι. || 7. τοῖς Κουρῆσι *CDhilsx* || 17. δῶρα δ' ἐμῆς ... ἐνείκερεν ... χθιζὸν Iliad .τ, 193. || 20. Ἀχαιῶν in Iliad. l. 1. || 22. Verba ἡ δὲ ἐνόπλιος ... στρατιωτικὰ glossatoris esse videntur, monente Kramero; ejecit ea Mein. || 22. στρατ.] ἡ στρατ. *C*, Tzsch. || 23. δηλοῖ δὲ καὶ Ald. || 24. καὶ] ἐπὶ conj. Xyl., Cas., Cor. || 33. τὸν δὲ ὄντως νοῦν] καὶ ὁπωσοῦν Cor.; σχολάζοντα post ὄντως excidisse censet Grosk., nescio an leg. sit : τὸν δὲ ὄντως (vel τὸν δὲ δεόντως) νοοῦντα. Meinekius in Vind. p. 173 verba τὸν δὲ ὄντως ... θεῖον eliminanda potius quam emendanda esse putabat. || 45. Cum Meinekio legas γεγενῆται.
P. 402, 2. ὑμνητική *D*, in margine addens οὖσα; cett. codd. ὑμνητική οὖσα. || 7. νὴ Δία] καὶ Διὶ *x*, Tzsch., Cor. || 19. καὶ Τίτυροι *no*, Epit., Guar.; καὶ Σάτυροι cett. codd.; verba haec, nisi glossatoris sunt, post verba

καί Σάτυροι transponenda sunt, monente Kramero. ‖ 20. καί τ.] κατὰ ταῦτα conj. Heynius in Comment. Societ. Gotting. t. 8, p. 5. ‖ 22. οἶοι] sic x; οἱ cett. codd. ‖ 35. ιέαι E, νέον cett. codd. ‖ 43. Ἅγδιστιν] om. x, Ἅγεστιν Epit., Αἴεστιν codd. rel.; em. Cas. Infra p. 486, 11 codd. ἀγγίδιστιν, sicut in inscr. habes Ἀγγιστις formam. ‖ 45. Σιπυλ.] πυλήνην codd.; em. Tzsch. ‖ Περισσινοῦντα B, Πισινοῦντα x, Πισσινοῦντα cett. codd. ‖ 46. Post Κυβέλην no E addunt καὶ Κυβήβην, quod rec. Mein.; recte, ut vid. ‖ 53. σχοινοτένεια Boeckh., σχοινοτενής Herm.; σχοῖνος τονίας k σχοινογονίας hi, σχοινοτονίας codd. cett. ‖ ἀοιδαὶ Bklnox. ‖ 54. διθυράμβων.x et Dionys. De comp. verb. c. 14; διθυράμβῳ cett. codd.
P. 403, 1. δὲ inclusit Cor. ‖ 3. κατάρχειν kx, Hermann., Boeckh., κατάρχει cett. codd.; καταρχαὶ Cas., καταχεῖ Tzsch., Cor. e Reiskii conj. ‖ μεγάλα, πάρα] πάρα μεγάλαι ex corr. B, πάρα μεγάλοι cett. codd.; em. Boeckh. ‖ ῥοίμβοι codd. ‖ 5. καχλάδων codd.; em. Boeckh.; κεχλάδοντα ex Hermanni conj. Tzsch., Cor. ‖ 9. Post θεῶν Cor. lacunam notat; ἐμφαίνων καὶ ἀμφότερα excidisse opinatur Grosk.; ἀλλήλαις BCDhiklx. ‖ 11. διά τε Ὅμηρον] Leg. διὰ τὸ ὅμορον e conj. Mein.; κατὰ τὸν Ὅμηρον Bkno; οὐ κατὰ τὸν Ὅ. Cor. ‖ 13. Quae in sqq. uncis includuntur ex Euripide suppleta sunt; ex eodem sciptura codd. passim correcta. ‖ 41. Παλαμήδει Dhi Mein. ‖ 42. οὐ σὺν] οὐ σὰν BCDhi; θύσων conj. Mein.; an [χορεύ]ουσαν? Dein Διονύσου BCDhi, sed supra scr. Διονύσῳ in Bh; κομᾶν BDhil, κομᾶνος Cs, κομῶν kno Ald., κώμων Tzsch., Cor.; κωμᾶν Kr.; fort. leg. κοιλᾶν ὃς conj. Mein.; quae omnia sunt incertissima. ‖ 51. Μύστος Epit. ‖ 52. οὐχ ὁ αὐτὸς δὲ, ὥς τινες ὑπέλαβον Epit. ‖ 57. ποῦ] τοῦ CDhl, τὴν Bkno; em. Cor. e conj. Xylandri.
P. 404, 7. Κύβην codd.; em. Tzsch. ‖ 10. παραδόντα] παράδων τὰ x Cor.; παραδιδόντα s, παραδιδόμενος τοῖς Δ. Bkno, editt. ante Kr.; παραδιδόμενος ἐν τοῖς Δ. conj. Heynius l. l. p. 8.; παραδίδοται vel παραδιδόμενος ὁμοίως τῷ Διονύσῳ καὶ αὐτός conj. Lobeck. in Aglaoph. p. 1049; παραδούς τὰ Δ. e Kram. conj. Mein. ‖ 12. Κότυα Dh, Κόττυα i, Κοτύττια Epit., editt. ante Kr. et Meinekius. ‖ Βενδίδια nox Epit., Μενδίδια Ckl Ald.; μὲν δίξια ex correct. B; Βενδιδεῖα E. ‖ 13. Κότυος ino. ‖ 15. Post ὀργάνων Grosk. excidisse quaedam haud recte putans suppleri vult: καὶ ταύτῃ τὸν Διόνυσον συνᾴδων. ‖ 16. Verba ἐν τοῖς Ἡδωνοῖς, post quae verba Αἰσχύλος μέμνηται repetunt CDhi, delenda videntur. ‖ 17. ὄρεια Dh, ὄρια cett. codd.; ὄρθια, altisona, conj. Wagner ad Aesch. fr. ‖ 21. δακτυλόδικτον e Jacobsii conj. Cor.; δακτυλόδικτον Mein. ‖ 23. χαλκοθέτοις codd.; χαλκοθέτοις Epit.; em. Cas. ‖ 26. ὑπεμηκώναι Bklno. ‖ 28. τυμπάνου codd.; τυπάνου metri causa em. Kr.; lapsu factum est, ut in nostra editione servatum sit τυμπάνου. ‖ εἰκών] εἰχών B (ex correct.) lx, ἠχὼ kno editt. ‖ 48. ἀράσσων nox fort. recte. ‖ 50. νάμβλας CDilnosx, νάμβλα Ek et ex correct. B, Ald.
P. 405. 2. Βενδιδείων Dhi, Βενδιδίων cett. codd. ‖ 5. ἄττης, [ἄττης] ὕης] τῆς ἄττα σύης CDghil, τῆς ἄττης B, ὕης ἄττης x, ἄττης ὕης kno Ald.; ὕης ἄττης καὶ ἄττης ὕης edit. ante Kr. Inde a Xyl.; em. Kr. e Demosth. De cor. § 260 ‖ 7. εὔροι additum ex Bkno. ‖ 10. « Ἑκατέρῳ καὶ om. xy; Ἑκατέρῳ, et supr. add. Ἑκατέρου, n; Ἑκατέου B; Ἑκαταίου k, editt., quod nulla esse auctoritate apparet, ita ut quae de hujus nominis affinitate qualicunque cum Apolline viri docti suspicati sunt (v. Welcker Die Aesch. Trilogie p. 193 et Nachtrag p. 212, Lobeck. Aglaoph. p. 1116) vehementer collabefiant; Ἑκατεροῦ scripsit, dum melius inveniatur, Gottling in Hes. fr. 129. Apud Diodor. 5, 50 commemoratur Ἑκήτορος, antiquissimus Thracum in Naxo insula dux (cf. Parthen. c. 19, ubi fort. scribendum Ἑκήτορος οἱ Θρᾷκες). » Kramer. In Ἑκ fort. latet praepositio ἐκ, quam habes etiam lin. 12, et qua Strabo utitur in genealogiis p. 406, 3 sqq. Hoc si est, nescio an fuerit: ἐκ Σατύρου. Satyrum quendam a Satyris Bacchi comitibus distinguendum habemus ap. Apollodor. 2, 1 (v. not. Heynii), ubi noster satyrorum avus pecora Arcadum abegisse dicitur, sicut Mercurius, Satyrorum pater, bovesabegit. ‖ 12. ὄρειαι ... ἐγένοντο codd.; em. Cor. ‖ 15. γράψας x, στέψας cett. codd.; συντάξας conj. Mein. ‖ 19. πρώτους [τοὺς] ἐν Εὐ. conj. Grosk., coll. p. 467 ed. Cas. ‖ 27. Κορύβαντα editt. ante Kr. inde a Xyl. ‖ 28. ἱερέα Πυθῶνης codd.; em Cas. ‖ 31. Verba τ. Κορ. ejicienda. ‖ 39. ὁμοίως] ὅμως e Xyl. conj. Cor. ‖ 52. Post Πύτνα excidisse καὶ τῆς Κρήτης δὲ vel tale quid, recte censuit Cas. ‖ ἱερὰ πύτνα D.
P. 406, 3. Καβείρου CDhi, in D supra add. ους, Καβείρους gs, Καβείρης Bklno. ‖ 4. Κάμιλον Bklo Ald. ‖ οἷς] ὧν kno; καὶ conj. O. Müller. Prolegg. p. 454; τρεῖς conj. Kr.; καὶ τρεῖς? ‖ 6. Ῥυτίας n, fort. recte. ‖ 8. Καβείρου CDh lnos Ald., Καβείρης Bk. ‖ 15. Κορυβαντεῖον Mein. ‖ 17. Κορύβησσα, s supra add. Κορύβυσσα, quod habent no. ‖ 20. Post. αὐτοὺς Meinekius in Vind. p. 175, excidisse putat: [Κουρῆτας δὲ λέγεσθαι] et in sqq. fuisse καὶ Κορύβαντας δὲ, quae sunt probabilia; Groskurdius lin. 22 ante καὶ Κορύβαντας inseri voluit: Κουρῆτες μὲν ἀπὸ τοῦ κόρου εἶναι καλούμενοι. ‖ 24. οὓς] οἵους Mein. in Vind. ‖ 32. καὶ] αἱ x; vocem om. s et Cor. ‖ 33. Post Ἴδην in x ad litur δάκτυλοι; fortasse tamen plura exciderunt; certe non δάκτυλοι, sed Ἰδαῖοι δάκτυλοι scriptum fuerit. Ceterum nullum h. l. est lacunae vestigium in codd. » Kramer. Voce Ἰδαῖοι opus non est. ‖ 40. Κέλμιν] Σαλαμίνιον codd.; e Cas. em. conj. Tzsch. ‖ Δαμνέα x, Δαμνανέα cett. codd.; e Cas. conj. em. Tzsch. ‖ 43. πρώτους Cor. ‖ 53. [τοὺς καὶ] τούτους Cor., recte.
P. 407, 5. αἰνιττομένων codd.; em. Xyl. ‖ 10. ἄν τι δοῦναι τὸ D, ἀντιδοῦναι τὸ BChil, ἂν δοῦναί τι no, ἄν τις ἐξ αὐτῶν εἰκάσεις x, Tzsch., Cor.; e Tyrwh. conj. em. Kr. ‖ 17. καὶ add. Kr. ‖ 19. γοητείας codd.; em. Du Theil. ‖ 20. [καὶ] μάλιστα Cor. ‖ 26. αὐτῇ Cor.; αὕτη Mein; αὐτή; codd. Post αὐτῇ Cor. inseruit πρό. ‖ 38. Φάλαρνα codd.; em. Cor. addens fort. Φαλάσαρναν leg. esse, quum infra feminino genere nomen usurpetur. Et τὰ et ἡ Φαλ. dicehatur, parumque in talibus Strabo sibi constat. ‖ 40. « Κίμαρος promontorium nemini praeter Strabonem commemoratur, Κώρυκος contra a multis scriptoribus et a Strabone ipso [p. 312, 8; cf. not. ad 711, 29] in his fere partibus collocatur: atque hoc nomen hoc loco Pletho (sec. Du Theil) Κάρρημος ex alio cod. laudat Tzsch.) conjecturam secutus; alterum vero nomen mox (p. 408, 21) recurrit, nec attrectandum est, quantumvis suspectum sit. Literarum ductus ut attenderis, Κίσαμος urbs nomini isti aliquo modo videri possit affinis. » Kramer. Reapse occidentale Cretae latus a borea terminatur Coryco promontorio (Cap Buso), quod a Criumetopo 230 fere stadia distat. Attamen idem promontorium diversis nominibus laudari, lectore non admonito, parum est probabile. Jam vero quum sequenti promontorio (Cap Spada), quod a priori nonnisi 50 stadiis dissitum est eoque multo magis versus boream prominet, subjecta sit Cisamus urbs (Cisamo casteli), sponte nascitur conjectura hocce promontorium a Strabone significari atque pro Κίμαρος legendum esse Κίσαμος. Huc accedit quod apud Ptolemaeum quoque occiduum Cretae latus a borea terminatur Κισάμῳ ἄκρῳ (sic enim e codd. legi jubeo pro eo quod vulgo editur Κύαμον ἄκρον). Attamen apud Ptolemaeum Cisamum prom. non est hodiernum Cap Spada, sed id quod ab illo supra 200 stadia versus ortum distans nunc appellatur

Cap de la Soude, quod olim alteram Cisamum urbem (hod. *Kalives*) subjectam habebat. Ni fallor, Ptolemæus quoque acceperat id quod Strabo tradit, occiduam Cretæ oram a septentrione terminari Cisamo promontorio; eo autem nomine quum non novisse videatur nisi hodiernum *Cap de la Soude*, Cretæ partem occidentalem pessime delineavit ita, ut quæcumque ab hoc promontorio versus occasum essent, in meridiem ejiceret. Jam ut illuc revertar, adde quod Strabo p. 212, 8 a Coryco diaplum esse dicat ad Tænarum, a Cimaro autem (p. 408, 21) in Cythera insulam et ad [*Maleas*]: unde item colligas Cimarum vel potius Cisamum pr. a Coryco fuisse versus ortum. ‖ 46. ὑπὸ τὸ μέγεθος] οὔπω τ. μ. *B*; οὐ κατὰ τὸ μ. *kno* et inter versus *h*, et editt. ante Kr.; hoc si probaveris pro μέγεθος legendum foret μῆκος. At ferri id nequit; requiritur numerus. [ὅσον διακοσίων] οὐ κατὰ τὸ μ. conj. Grosk.; Kramero in ὑπό latere videtur υ′ που vel τ′ που, verba autem τὸ μέγεθος e margine illata esse suspicatur. Meinekius proposuit : υ′, ὅπου τὸ μέγιστον, quod placet. ‖ 50. ὅσον codd.; em. Cor., ‖ 51. κατά τε codd.; em. Cor. ‖ Post μέρος excidisse ἀπὸ τῶν ἑσπερίων μερῶν ἀρξάμενος ἡ νῆσος ἱκανῶς πλατεῖά ἐστι vel simile quid, bene monuit Kr.; ἡ νῆσος αἰφνιδίως στενοχωρεῖ proposuit Grosk.

P. 408, 1. Ἀμφιπαλίαν codd.; em. Cas. ‖ 2. τῶν codd.; em. Cor.; Λάμπεω codd.; em. Tzsch. ‖ 5. τὸν] τῶν codd.; em. Cor.; Μινώας] ὥας (sic) *D*, om. *hi*, νινώας codd. cett.; em. Xyl. ‖ 21. Κιμάρου] γρ. Ταινάρου margo *o*, quod pravam esse conjecturam monuerunt interpretes; ἐπὶ Μαλέαι recte e Cas. conj. em. Tzsch. et Cor., nisi quod e Straboniano usu scribendum est ἐπὶ Μαλέας. Meinekius dedit ἐπὶ Ταίναρον, e conj. Krameri, qui hanc vocem ob antecedentis vocis similitudinem excidisse censet. Sed Maleas promontorium satis indicat Cytherorum mentio. Quod Kramerus contendit Cythera rectius dici interjacere inter Cretam et Tænarum quam inter hanc insulam et Maleas, id non ita esse apparet si hodiernas tabulas nauticas inspicias; multo minus vero ita erat in tabulis Strabonianis, in quibus Creta ipsius magis versus occasum pertinebat. ‖ 25. πεντακισχιλίων] Numerus hic, justo longe major, corruptus esse debet, si recte habet quod sequitur οἱ δὲ ἔτι ἐλαττόνων. Groskurdius conj.: πεντακ[οσίων καὶ δ]ισχιλίων, quam infelicem esse conjecturam dicit Kr.; fort. erat τινες μὲν δισχιλίων, οἱ δὲ. Sed fieri etiam potest ut in sqq. fuerit οἱ δὲ [πολύ] τι ἐλαττόνων. ‖ 28. Post ἐλαττ. excidisse χιλίων probabilis est conjectura Gosselini. ‖ 34. Πρᾶσον *Dh*, Πράσον cett. codd.; Πραῖσον Tzsch., Cor. ‖ 47. τριχνίου codd.; ex Eustath. ad Od. τ, 176 em. Xyl. ‖ Post λόφους addunt εὐαμισολόρος *CDih* (εὐαμίλλους supr. add. *h*), ἐφαμισολότος *B*, εὐαμισολόφος *gl*, καὶ ἡμισολόφος *s*, ἐφαμίλλους *nok*, editt. vett.; inclusit Cor.; ejec. Kr. et Mein. Eustathius l. l. vocem hanc non habet. ‖ 49. Κνωσός *B* et sic postea.

P. 409, 1. νομίμων] νόμων *CDghlsx*. ‖ 4. Κνωσὸς *C* et sic postea. ‖ 5 Inclusa supplevimus e conj. Tyrwhitti. ‖ 6. τῆς δὲ Λύκτου] Legendum τῆς δὲ Λύττου, quæ nominis forma etiam in sqq., ubi Λύττον codd. præbent reponenda est. ‖ 12. Ἀμνισῷ] Ἀμνίσῳ *Dh*, et Eustathius ad Od. τ, 188 p. 1862, 37 Strabonis locum citans. ‖ 14. Κέρατος codd.; em. Cas. ‖ ὁμονύμως mavult Mein. ‖ 18. Inclusa adduntur ex Diodor. 5, 78, ubi : τούτων (sc. urbium a Minoe conditarum) δ' ἐπιφανεστάτας τρεῖς, Κνωσὸν μὲν ἐν τοῖς πρὸς βορρᾶν καὶ τὴν Ἀσίαν νεύουσι μέρεσι τῆς νήσου, Φαιστὸν δ' ἐπὶ θαλάσσης ἐστραμμένην ἐπὶ μεσημβρίαν, Κυδωνίαν δ' ἐν τοῖς πρὸς ἑσπέραν κεκλιμένοις τόποις κατατικρὺ τῆς Πελοποννησίου, quæ aperte ex eodem Ephoro petita sunt quem Strabo adhibuit. ‖ 23. ἦν post ζηλώτης add. Cor. ‖ 24. τῷ ἀδελφῷ Cor. et Eustath. l. l. ‖ 42. Μίνωα *Bkno* Ald. ‖ 45. ὃς ante πρῶτον add. Xyl. ex Il. ν, 450. ‖ 46 ὑπὲρ] περί Ald.; διότι ὅτι *knox* Ald. ‖ 50. Post δῆλοι Cor. transponit verba ἐν τῇ Πολιτείᾳ; τῇ Εὐρώπῃ om. *x*; ἐν τῇ Εὐρώπης πολιτείᾳ Ald.; in margine ad verba ἐν τοῖς νόμοις notatum esse ἐν τῇ πολ., quod inde in ordinem verborum irrepserit, opinatur Kr.; ej. verba Mein.; nescio an fuerit Ἔφορος [ὃς] ἐν τῇ Εὐρ. τὴν πολιτείαν αὐτῶν ἀναγέγραφεν. ‖ 52. τυράννους codd.; em. Tzsch.

P. 410, 23. ἐν add. ex *Bkl*. ‖ 24. Μαμέτιδος *Bk*; Μακεδόσσης, λέγεται γὰρ καὶ οὕτως marg. *gv*; γρ. Μακεδίσσης *n*. P. 411, 3. ὀγδοήκ.] sic codd. et Eustathius ad Il. β, 645 p. 312, 45; et Phrantzes in Chron. 1, 34; in marg. *x*. legitur ἢ ὀκτώ, quod rec. Tzsch. et Cor.; recte, ut videtur; Barth. (ad Stat. Theb. 5, 361) lin. 5 legi voluit [ἑκατὸν] πεντήκοντα. ‖ 4. προῆλθε Cor. ‖ 6. κατὰ] καὶ codd.; em. Cas. ‖ 8. Μάταλον] μέταλον (add. γρ. μέταλλον) *n*, μέταλλον codd. cett.; infra (lin. 47) μάρταλον codd. plerique. Casaubonus mss. libros habere dicit μέταιον et μάταιον, quod unde manaverit Kramerus se nescire ait. Μάταλον e Villebrunii conj. Grosk. Kr. Mein. ‖ Μάταλα in Stadiasm. M. M., Ματαλία ap. Ptol. ‖ 8. παρραρρέει Eustath. l. l. ‖ 10. Λεβήνης *i*, Λεβῆνος ex correct. *k*. ‖ 11. Εὐξύνθεος *k*, Εὐσύνθεος *i*, Εὐξύνθεος cett. codd.; e Plutarcho Amator. p. 931, 1 ed. Didot. em. editt. ‖ 12. εἶναι ante ἄθλων add. *hi*; « etenim in *D*, ex quo manarunt isti codd., εἶναι quod legitur ante τούτων, primum omissum et secunda manu inter versus additum est; id deinde huc translatum. Cor. autem scripsit εἶναι δὲ τόν, et desiderari omnino aptus sententiarum connexus : scribendum videtur sive τῶν δ' ἄθλων sive ἄθλων δ'. » KRAMER. Meinekius scripsit λόγῳ, ἄθλων ... ἕνα φήσας, quod præstat. ‖ 14. Πράσκῳ *k*, Πράσσῳ Ald., Πραίσῳ Tzsch., Cor., et sic ubique. ‖ 15. ἑδδομήκοντα] ξ' σταδίους editt., quod non ex codd. fluxit sed ex sqq. (lin. 23) assumtum est; ο' habent *Dh*, in *h* supra additum διακοσίους, quod præbet etiam *i*; ὁ est in cett. codd. Neque ο' neque c' (200) verus numerus fuerit; legendum puto ε'. Deinde post v. ὀγδοήκοντα nonnulla excidisse censeo, quibus dictum erat Prasum hanc non confundendam esse cum Praso Homerica Eteocretum urbe, Dictæ vicina, cum qua fortasse confuderat eam Aratus, qui Dicten Idæ vicinam esse putabat. Nam Prasum, quæ in sqq. memoratur, non eandem esse cum Praso Lebeni vicina patet, neque Strabonem urbes longissime dissitas confudisse vel ex eo colligas quod duobus locis de distantiis loquitur quibus Prasus a mari distet. Prasum a Gortynia 180 stadiorum intervallo separatam cum Pashleyo quærimus prope hodiernum *Cap Sudsuro*, ad eamque referendos putamus nuinos, in quibus Πριανσιέων legitur et Neptunus cum tridente conspicitur. Hæc enim insignia urbem maritimam indicant, non vero istud πολίχνιον quod in mediterraneis prope Dicten erat Strabonis ætate ab Hierapytniis deletum. Quare apud Strabonem pro ο' vel c' legi volebam ε'. De formis Πρᾶσος, Πραῖσος, Πριανσός v. Bœckh. ad C. I. 2, p. 504. Ad Prasum Lebeni vicinam pertinere videtur Παραισός ap. St. Byz., siquidem ibi Ῥυτίου pro Ῥιθύμης legendum fuerit. ‖ 23. σταδίοις] σταδίους Cor. Post hanc vocem in Ald. perperam adduntur διέχοντες τῆς Γορτύνης δὲ ἑκατὸν καὶ ὀγδοήκοντα ‖ 31. Τίτυρος] Τύρος *l*. ‖ 35. Γορτύνης *ikx* Cor. ‖ 40. Φαλασάρνοις *C*. ‖ 44. Μίνωος conj. Xyl. ‖ 45. ἦν ante κατακ. codd.; quod ej. Xyl. ‖ 46. Γορτύνης *ix* Cor. ‖ 47. Μαρτάλου *BCDghlxy* et ex correct. *k*, Ματάλου *B* ex correct. et *o*, Μετάλου *n*, Μετάλλου *k* m. pr. ‖ 52. Ὀλύσσην] ὁ Λισσᾶς sec. Steph.; leg. ὁ Λισσῆν e conj. Cor. ‖ 53. Λύκτου *Bhiklno* et m. sec. *B*; Λύτου *B* m. pr. et *x*.

P. 412, 4. Αύτιοι κ.τ, Λύκτιοι Dhilkln et pr. m. B. ‖ 17. εἶχεν ἄν] ἄν εἶχεν x, εἶχεν, misso ἄν, cett. codd. ‖ 18. οὔτ' εἰ] ὅτι BCDhis, ὅτι εἰ x; ἀλλ' οὐδ' εἰ e Tyrwh. conj. Tzsch. et Cor. ‖ 20. ὡς ejiciendum. ‖ 22. φησι] φήσας recte, ut videtur, conjec. Kramer., idque rec. Mein. Alii, ut staret locus, ante καὶ τούτου scripserunt ὥστε, quod legitur in B ex correct. et in kno et editt. ‖ 25. ἐμέμνητ' ἄν] Bno; ἐμέμνητο cett. codd. ‖ 27. συμμίξας] συμμείνας; scr. Cor., dubitans tamen. ‖ 28. ὁ δὲ [Νέστωρ] καὶ conj. Grosk. ‖ 29. οὔτε inseruit Cor.; Meinekius verba κατὰ τὴν στρ. ... ἐκεῖθεν ejecit. ‖ 34. αὐτὸν] αὐτῶν codd.; em. Cor. ‖ 43. αἱρομένης C, αἱρουμένης cett. codd. ‖ 47. συσσιτεῖν suppleri ante ἐν τοῖς συσσ. voluit Grosk., probante Kramero, qui in sqq. vocem συσσίτια, quam editt. inde a Xyl. omiserunt, e margine illatam esse putabat. Contra συσσίτια in συσσιτεῖν mutandum esse vidit Mein.

P. 413, 2. Κουρῆτα] Κουρῆτας et deinde ὕστερον δὲ [πύριχον τὸν] καὶ e Grosk. conj. legi vult Kr., haud improbabiliter. ‖ 6. Θαλήταν εὑρεῖν conj. Meursius, sed Θάλητα formam etiam alibi Strabo habet; videtur autem in vetusto aliquo codice super α scriptum fuisse αν, unde deinde natum est ἀνευρεῖν, cujus loco Strabonem dedisse puto εὑρεῖν. ‖ 15. πολεμικῶν] πολλῶν Cor. ‖ 16. μεῖναι] εἶναι codd.; em. Cor. ‖ Λυκτίοις B (sed is postea correct.) Dhilno edd.; Λυτίοις x. ‖ 18. Λυκτίων lno, Λυτίων x. ‖ 29. οὔτε add. Xyl. ‖ 35. Ἀλθεμένους codd. ‖ 46. ἀρχείων] ἀρχαίων codd.; em. Kr.; ἀρχῶν e Meursii conj. Cor. ‖ 54. τὴν δὲ συσσιτίαν ἀνδρείαν (ἀνδρίαν x) codd.; em. Kr.

P. 414, 2. ὁμοίως] ὡς no; om. k Ald.; ὁμοίως ὡς B ex correct.; Tzsch., Cor. ‖ 5. ἀνδρεῖων BCDhi; πράπε codd.; ex Ursini conj. em. Kr. ‖ 31. δὲ inseruit Kr.; eandem vocem priores editt. inseruerunt post ἕκαστα; Corayus dedit : τῶν [οὖν] Κρητικῶν τὰ κυριώτατα [ταῦτα · περὶ] τῶν καθ' ἕκαστα δὲ κτλ. ‖ 36. ἱκανοὶ ὦσι διοικεῖν kno. ‖ 38. δὲ om. CDhin; δεῖ vel δὲ δεῖ conj. Grosk. ‖ 43. δ' inseruit Cas. ‖ 49. τῆς om. no, Ald., Cor.

P. 415, 3. ἀσιδήγεων e Tyrwh. conj. Cor. ‖ 7. μέλλοι BClno ‖ 9. ἐξομολογουμένους codd. ‖ 12. παιδὸς τῇ τιμῇ no. ‖ 15. ἐπιδιώξεως no, ἐπιδείξεως cett. codd. ‖ 18. Ante καὶ δωρησάμενος excidisse ὁ δ' ἐραστὴς ἀσπασάμενος vel tale quid conj. Kr.; lacunam notat etiam Mein. ‖ 31. παρῇ τιμωρεῖν] παρατιμωρεῖν codd.; em. Cor. ‖ 31. αἰσχρόν inserendum esse monuit Cas. ‖ 36. χοροῖς] χρόνοις B.C.D hil, θρόνοις knox et ex correct. B. ‖ 49. καὶ τὴν δόξαν Dhik, κ. διὰ τὴν δ. cett. codd.

P. 416, 6. Θήρῃ Mein. ‖ 13. ταύτης δ' εἰς ἑκατόν] τούτων δ' ἴσον ἑκάστη Bkno Ald.; ab iis singulis Jus abest Guar.; ἕκαστον CDghilsxy; em. Tzsch. e conj. Cas. ‖ 15. Σίκηνος codd.; em. Tzsch. ‖ Λαγοῦσσα Cor. ‖ 24. στρατιῶν Cor. ‖ 25. πλείους] Μηλίους conj. Tywh. et Toup., probante Kramero. ‖ 27. προκείμεναι lno Ald. ‖ 31. ψιλὸν CD, ὑψηλὸν cett. codd. ‖ 37. πάροιθεν οὐ φορητά codd.; οὐ om. Eustath. ad Od. x, 3 p. 1644, 54 R. ‖ Post. κυμάτεσσι Schol. ad x, 3 addit Δᾶλος. ‖ τ' add. Tzsch. ‖ 39. ἀλλὰ καιογενής D, ἀλλὰ καὶ ὁ γένης Cs, ἀλλ' ἀκαιογένης Bk, ἀλλὰ καινογενής hi, ἀλλὰ καὶ ὁ γένος l Ald.; ἀλλὰ Κοίου γένος Schneider., Hermann., Tzsch., Cor.; ἀλλὰ Κοιογενὴς e Porsoni conj. Kr., Mein. ‖ ὠδίνεσι BDhios, ὠδίναισι k, ὀδύναισι editt. ante Kr. ‖ θύοισ' e Bergkii conj. Kr., Mein.; θύοις CDhl, θείαις Bknos, editt. ante Kr.; θοαῖς conj. Bœckh. ‖ 40. ἐπέβαινεν e Schneideri conj. Tzsch., Cor.; malim ἐπέβα νιν e Porsoni conj., quam rec. Mein. ‖ 41. πρύμνων cDhilos, πεμνῶν Bk, em. Hermann. ‖ 42. δ' ἐπὶ κρανοῦς Bl, δ' ἐκράνοις h, δὲ κράοις i, δ' ἐπὶ κρανᾷ kno Ald., δ' ἐπὶ κρανᾷ ex Herm. conj. Tzsch. et Cor. ‖ 49. γοῦν Mein.; δ' οὖν codd. ‖ ιϛ' additum e conj. Cor.

P. 417, 2. Κύδνον x Epit.; Κύθρον cett. codd. ‖ 3. Ἀλίαρος Dhil, Οὐλίαρον Epit. ‖ 6. Ἀλίαρον BCDhix. ‖ 17. ἦ με fort. οὔ με Mein. ‖ 18. δειλὴν s Mein., δειλὴ cett. codd.; Kr.; fort. leg. ἢ δειλῇ susp. Mein. ‖ Γύαρον Blno. ‖ ὁμοίην] ὁμοίη Kr ‖ 24. Ῥήνεια. Bkno, Ῥήναια cett. codd. ‖ 38. καὶ om. x Cor. ‖ 42. Κορησία Mein. ‖ 51. κωνεάζεσθαι CDghlxy, κονεάζεσθαι Bk; ἀγωνίζεσθαι codd. ap. Steph. Byz. v. Ἰουλίς. ‖ καὶ om. nox.

P. 418, 6. πρὸς τῇ Π. Bklno ‖ 8. κατὰ] μετὰ x. ‖ 18. Σύρος D; [μὴ] μηκύνουσι Cor. ‖ 18. Βάθιος codd. exc. D. 24. ὑστάτους] « ὑγιεινοτάτους habet Stephanus s. v. Μύκονος hunc Strabonis locum afferens, eumque sequitur Eustathius ad Dion. 525; idem legi in codd. quibusdam falso tradit Casaubonus. De qua scriptura varie judicarunt viri docti. Corruptam esse censeo cum Petavio et Bernhardyo, quorum ille proposuit (ad Themist. or. 1, p. 522) δεινοτάτους, hic (ad Eust. l. l.) ὑβριστοτάτους. » KRAMER. Stephanus non aliud tradidit quam quod nos jam in codd. legimus. In ὑγιεινοτάτους latet ὑπολοίπους, aut conflata vox est ex ὑστάτους et νεωτάτους, quæ varia fuerit lectio. ‖ 26. καὶ om. Bknox; διῃρημένα Stephan. l. l. ‖ 28. ἐν τῇ νήσῳ BUD Eustath. l. l. ‖ 34. Γοργόνης BCD. ‖ 39. Γοργόνης CDhl ‖ 48. Ἀερία] Ἀέρος Eustath. ad Dion. 530. Grosk., Mein.; recte, ut videtur. Deinde aliquid excidisse ab' ἧς εἴρηται supplevit Grosk. ‖ 49. καὶ] εἰ Cor. ‖ 52. καὶ ad Κορ. Cor.

P. 419, 6. Verba ἔνδοξον ... Σαμίων πόλεως ej. Meinekius; recte. ‖ 11. καὶ τῷ (τὸ supr. add. in D) ἐν Καρπαθίῳ CDh; καὶ τὸ ἐν Κ. i, καὶ τῷ ἐν τῷ Κ. s. « Inde suspicari possis tertium quoddam mare post Libycum fuisse additum, totumque locum ita scriptum : καὶ τὸ [Μυρτῶον]. Ἐν Καρπαθίῳ δὲ. Displicet tamen articuli omissio ante Καρπ. » KRAMER. ‖ 21. ἐπείγετο BCDhikl; ἐπείγεται nox; ἐπήγετο Cor. ‖ 31. Χαλκεῖα BCksx. ‖ 41. νησίδια edd. ante Kr. ‖ 52. Νισύρων codd.; em. Cor.

P. 420, 3. Κάσος] νῆσος BCDklsx. ‖ 4. Σαλμωνίου BChk no. ‖ 10. Κασσίων BDhklno. ‖ 17. ἀλλ' οἱ] ἄλλοι codd. ‖ 46. τεταραγμένῃ] τετμημένος Cglouxwz Ald.; τετραμένος Eustath. ad Dion. 647.

P. 421, 5. ὅσον ἀπὸ τῆς CDghlvxz; in z tamen ἀπὸ mutatum in τό; ὅσον τὸ oruw; ὅσον γε τὸ i; em. ex Epit. ‖ πλεονάζοντα] πλησιάζοντα hi et inter versus D; πλησιάζοντα Xyl., quod si probaveris, in sqq. ἐν delendum. Potius post πλεονάζοντα cum Groskurdio ἐν addendum videtur; ἐπιπολάζοντα proposuit Mein. ‖ 19. οὖσαι] ἰοῦσαι conj. Cor. ‖ 21. γε] τε codd., exc. D. ‖ 28. οὖσα D; hoc m. sec. mutatum in οὖσαν, quod cett. codd. habent. ‖ 34. χερρονησιάζοντα lo. ‖ 41. ἐκδίδωσι (ἐνδίδωσι u) ποταμὸς ῥέων codd., exc. xy, in quibus ἐκβάλλουσι ποταμοὶ ῥέοντες. ‖ 43. τῇ] ἦ et postea οὖσα codd.; em. Cor.

P. 422, 6. εὐθὺς] αὖθις Cor. ‖ 11. προσετίθει codd.; em. Tzsch. ‖ 15. Leg. ἢν [καὶ] Κασπίαν cum Grosk. et Mein. ‖ 22. ἐκπίπτει Ald. ‖ 31. ἀμαξικοὶ codd.; em. Cor. ‖ 34. οἱ δὲ καὶ] οἱ δὲ hi.

P. 423, 1. τοῦ] τὸ codd.; em. Cor. ‖ 5. τε] δὲ codd.; em. Cor. ‖ φασί. post ἄνω add. wz Cor. ‖ 36. καὶ add. e conj. Cas. ‖ 37. περὶ τὸν inseruit Grosk. ‖ 38. νησίδια rw. ‖ 45. Ἀντικοίτην οz, Ἀντικίτην. x; Ἀττικίτης est ap. Ptolemæum. ‖ 36. Κιμβρικὴν codd.; em. Xyl. ‖ ἐπὶ] ἀπὸ codd.; em. Xyl.; ὁ ἐπὶ Cor. ‖ 18. ᾧ add. Cor.; γῆς, ὄνομα Ἄκραν Mein. ‖ διειργομένῳ Dhi Cor., διειργομένη οz, διειργομένων lrw Ald. ‖ 35. Κοροκονδαμῆτιν hlox Ald., Κοροκονδαμίτην Crw. Eadem varietas lin. 32. || 27. Ἀντικίτου *Cx*, Ἀντιβίτου *w*, Ἀντικοίτου *oz*. || 33 Leg. Φαναγόρεια ; Κῆπος *rw*. || 35. ἡ Κῆπος *rw*, ὁ Κῆπος Ald. || 38. Γοργιππία codd.; Γοργιππία editt. ante Kr. || 42. Φαναγόρειον] « Φανάρου codd. (τοῦ pro τὸ habent *orxz*), Φαναγόρου Ald.; ἡ Φαιναγορία Epit.; τὸ Φαναγόρειον Constantin. Porph. De Them. 2, 12, quod recipere non dubitavi (pluralem τὰ Φαναγόρεια habet Steph. B. s. v.); τὸ Φαναγόριον Cor. » KRAMER. Legendum est ἡ τοῦ Φαναγόρου; id enim aperte produnt codd., firmaturque ex Scylace (§ 72) et Anonymi Periplo. Pont. Eux. || 45. τὰ Φαναγόρια *CDhilnow* Ald.; ἡ Φαναγορία *xz* Cor. || 51. κρύψειεν *z*; κρύψει, κρύψοι, κρύψαι, κρύψῃ cett. codd.

P. 425, 1. Τορεάται] Τορέται ceteris dicuntur, et sic ap. Strab. quoque Mein. dedit. || Ἄγροι] Ἀγρῖται Ptolemæi. || Ἀρρηχοί Steph. Byz. e Strabone ; quamquam ibi fort. Ἀρριχοί leg. est, sicut codd. Strabonis habent et Ptolemæus; *Arrechi* legitur in Plin. 6, 7, 7. || 2. Τάρπητες] an Τύραμβα Ptolemæi? || Ὀβιδιακηνοι] fort. Ὀρβίδοι, Σακηνοι; Ptolemæus ad Tanaim Περιερβιδούς novit; idem habet Σακηνους. || Σιττακηνοί] Σιτακηνοί *C*; Ptolemæi Σιρακηνοί, et probabiliter non diversi ab iis qui infra ex alio fonte dicuntur Σίρακες. || Δοσκοί] Τουσκοί Ptolemæi. Post hanc voc. καὶ supplet Cor. || 3. Ἀσπουργιτιανοί *rw*, Ἀσπουγγιτανοί cett. codd ; em. Tzsch. ex p. 476, 13. Apud Ptolemæum vocantur Ἀστουριχανοί. || 4. Γοργιππίας *Dhi*, Γοργοπίας *oz*, Γοργιππίας editt. ante Kr. inde a Xyl. || 12. Κάσσανδρος *C* , Κάσανδρος cett. codd.; em. Cas. || 15. καὶ add. Cas || 16. Γοργοππίαν *C*, Γοργιππίαν *i*, Γοργοπίαν cett. codd. || 17. ἡ] τῇ codd.; em. Xyl. || 25. Ῥέκας] Κρέκας; conj. Valesius ad Ammian. 22, 8, 24 (ubi *Amphilus et Cercius*), idque rec. Mein.; recte opinor. || 29. τινι post πόλει add. *Clowz*. || 38. πεζοὶ *lowz*. || 40. ποιοῦνται edit. ante Kr. || 43. καταποντίζουσιν *x*. || 51. γῆς post προγονικῆς add. Cor. || 53. Ζυγῶν Cor. et Mein., ut ceteris locis Strabo habet; Ζύγιοι appellantur etiam Dionysio v. 687. Dein δυσχωρίας Cor.

P. 426, 10. τοῦ] τῷ vel τῷ τοῦ malim cum Mein. || 15. μέγαν] fort. leg. λιμένα conj. Mein., præter rem. || 20. Θοάναις *CDhilxz* Ald., Θοῦνας *o*, Χοάνας *rw* ; em. Cas. || 46. Σκοιδίσῃ *CDhilrw*, Σκιδέσῃ *oz*, Σκυδίσης *x*. || 51. Θεμίσκυρα *CDhilrw*.

P. 427, 4. οὕτω δ. δεξ.] Hæc ante versum in codd. leguntur ; transpos. Cor. || 13. τριακόσια] τριάκοντα *x*. || οἷς οὐδὲν κτλ.] « Quo referenda sint hæc verba non plane liquet : alii enim ad ἔθνη referentes varie explicarunt, parum feliciter omnes ; nec probabiles sunt conjecturæ a nonnullis prolatæ, velut μέτεστι pro μέλει (Cas.), ἄλλων pro ὄντων (Grosk.) : alii rectius, opinor, ad οἱ δὲ retulerunt. Sed cum incommodissime collocata esse fatendum sit, post ipsa illa verba transferenda esse censeo, quo facto optime procedet oratio. » KRAMER. Legendum puto : οἷς οὐδὲν τῶν λοιπῶν μέλειν. || 28. τριῶν ἡμερῶν ἢ δύο] A Phasi ad Amisum sec. Strabonem sunt 3600 stadia, ad Sinopem 4500 stadiĭa : quamquam numeri hi justo majores sunt, tamen patet istud τριῶν ἡμ. ἢ δύο locum habere non posse ; octo vel novem dies Strabonem notasse, librarios vero γ et β confudisse cum η et θ censent Gosselinus, Grosk., Kr.; quod parum est probabile. Nescio an corrigendum sit : τριῶν [νυχθ]ημερῶν ἢ δ' (i. e. τεττάρων)]. || 29. καὶ τὰς] κατὰ τὰς Cor. conj., probabiliter. || 32. πολλὴν] ὕλην Cor., Mein.; πολλήν τε γὰρ [ὕλην] malim cum Kramero. || 35. Legerim ἐξεκόμιζον cum Mein., ἀπεκόμιζον Cor. || 42. κακωθείσης... Εὐριπίδης ejicienda censet Mein...

P. 428, 13. δὲ ex *rw* add. Cas. || 14. ῥεῖ ὁ Χάρης] ῥιαχάρης *CDhlzx*, καὶ ῥιοχάρης *i*, ῥιοχάρης Ald ; ῥεῖ ὁ Χάρις *rw*

editt. ante Kr. inde a Cas. « De Dioscuriade quæ dicenda erant, jam supra Strabo exposuit conclusitque narrationem suam verbis : ταῦτα δὴ τὰ περὶ τὴν Διοσκουριάδα. Quo magis mireris, scriptorem eodem denuo redire. His si addideris particulam δὲ ab editoribus demum adjectam esse ut aliquo vinculo hæc cum ceteris connecterentur, non dubitabis quin hæc de Charete fluvio, a nemine præterea memorato, in marginem sint rejicienda. » Bene hæc MEINEKIUS. Vind. p. 184. Quum in Dioscuriadis regione fuisse Chrysorrhoam fluvium e Plinio constet, hunc ipsum in codicum scripturis corruptis latere puto , glossam vero in margine positam fuisse ad verba quæ paullo post (lin. 25) leguntur : λέγεται καὶ χρυσὸν καταφέρειν τοὺς χειμάρρους. || 16. αὐτ χμοῦ] ῥύπου Ald. || 17. Θοάνες Eustath. ad Dion. 689. || 20. τῶν] τῷ codd., exc. *C* in quo τά ; em. Cas. || 23. στρατείαν codd.; em. Cor. || 24. Post συντεταγ. inserendum δὲ, monente Grosk. || εἰ μὴ] ἔνιοι conj. Kr.; Groskurd. ante εἰ exci.lisse putat Ἀλλὰ τοῦτο μὲν οὐ πιθανῶς λέγεσθαι δοκεῖ, vel tale quid. || 31. θαυμαστῶς codd.; em. Casaubonus, qui deinde ἆ inseruit. Quod sequitur καὶ transponendum est ante κατὰ τὴν ὀσμήν. Pro φαρμ., quod Cor. dedit, codd. ἀφαρμακτοῖς. Ceterum Corayus scripsit : ὥστε τοὺς φ. τ. β. λυπεῖν καὶ τὴν ὀσμήν. || 39. καὶ ante ἡ delendum, sicuti sequens καὶ, nisi cum Mein. legeris κατοικεῖται. || 41. [τὰς] στέγας Cor. || Ἀραγῶνα (Ἀραγάνα *i*, Ἀραβῶνα *o*, Ἀρραβῶνα Ald.) κάτω codd., nisi quod pro κάτω Epit. habet ἐκ. Infra fluvius Ἄραγος vocatur. Hoc loco in codd. olim scriptum fuerit Ἄραγον ἀπὸ, et supra ἀπὸ varia lectio ἐκ.

P. 429, 2. ἄλλους ante πλείους add. Cor. et Mein. || 3. Ἀλαζόνιος *C* et Epit.; Ἀλαζώνιος cett. codd. || Ῥυτάκης *oz*. || 4. ἐμβάλλει *oz* Epit.; ἐμβάλλουσι cett. codd. || 12. καὶ ante ἐξ habent *Dhi*, om. cett. codd. || 15. Παπαιῶν *w*. || 17. γιν. Mein. || 24. αὐτῷ Mein. || 34. Ἀλαζόνιος insertum e conj. Grosk. || 35. « Ἀράγῳ cum Du Theilio et Grosk. corruptum putare necesse est, nisi Strabonem ipsum errasse , aut duo flumina plane diversa eodem nomine appellata fuisse statuas : quorum neutrum valde est probabile. Verumtamen quod nomen Strabo scripserit haud facile dixeris : Pelorus certe, a Dione, 37, 2 commemoratus, quem fortasse intelligendum Grosk. suspicatur, ab hoc loco alienus fuisse videtur. » KRAMER. Neque erratum esse neque corruptum quidquam censeo. V. Index nominum s. v. Harmozica. || 46. ἱερῶν codd.; em. Xyl.

P. 430, 2. ἄγριοι] sic *y*, ἀλλότριοι cett. codd.; πλὴν ἀλλ' οὐκ ἄγριοι conj. Kr. || 10. Καμβυσηνὴ *CDh*, et sic in sqq.; οἱ Καμβυσηνοὶ *rw*, οἱ Καμβησηνοὶ Ald. || 22. ἐπιγελῶντα] ἐπιγελῶντα *h* ; ἐπίγεια ὄντα conj. Tyrwh.; ἐπιπόλαια ὄντα Cor.; ἐπίπλεα ὄντα Kr.; ἐπίπεδα ὄντα Mein., quod ipse quoque conjeceram. In mentem etiam venit παντελῶς ἢ τί γε ἕλη ὄντα vel ἑλώδη. || μηδὲ Kr.; μηδὲχι codd., μηδένα Cor. || 23. γὰρ recte om. *oxz*. || 35. « ἀλλὰ τάγ' ἄσπαρτα κἀνήροτα πάντα φύονται, » uti est in Odyss. ι', 109, Xyl. et Mein. || 38. γοῦν] γὰρ *Cl*. Mein. || 39. τὸν] τὸ Tzsch. || 44. εὐάερον] εὐάμπελον *x*. || 45. ἐκείνων Cor., Mein. Dein μένουσι *Dhil*. || 46. Post τεμνόμεναι *D* pr. m. bene habet δὲ, secunda m. deletum ; rec. δὲ Mein.

P. 431, 2. μείζω] πλείω *E* et Eustath. ad Dion. 730. || 9. στρατιὰν velim e Villebrunii conjectura , quam rec. Mein. || 10. πεζῶν *Eg*, ἀνδρῶν cett. codd. || δισμυρίους] μυρίους Plutarch. Pomp. c. 35 ; idem Strabo quoque scripserit. || 21. Καμβυσηνῆς *CDh*. || 50. καὶ inclus. Cor.; ej Mein. || 51. οὐ τὸ τῶν *r*. || 52. νομίζουσι post ὅσιον add. *w*.

P. 432, 1. Ἀρμενίων codd. ||. 6. Ἀρμένιον codd. || 7. Ἀρμενίου] Ὁρμένου Eustath. ad Il. β, 734 p. 332, 13 ;

Ἀρμένου Tzsch., Cor. ‖ 9. Ἀκιλησίνην codd.; Συσπειρῆτιν *CDhl* Ald., Συσπειειρίτην *z*, Συσπειρῆτιν *x*, Συσπειρῆτιν *Ei*, Συσπιρίτην *x*, Συσπιρῆτιν *gy*. ‖ 17. Μερμαδάλην *C*, Μερμάνδαλιν *z*. ‖ 26. τῶν ἵππων ex antecc. male repetita videntur; ej. Mein.; ἐφ' ἵππων *loz*. ‖ 42. Μορμόδας *Dh*. « Nullo alio loco commemoratur hoc nomen, nec diversus videtur hic fluvius ab eo qui supra Mermadalis appellatur : inde hic quoque ita scribendum esse censuit Grosk.» KRAMER. Attamen Mermadalis, inter Legas et Gelas et Amazonas medius, in Caspium mare exire debebat, Mermodas autem in Mæotin egredi dicitur, ideoque ab illo diversus fuerit, ut monet Ukertus Geogr. t. 3, 2, p. 548. ‖ 52. λόγῳ [τῷ] περὶ Cor., Mein.
P. 433, 15. ταῦτά γε ταυτὰ conj. Cor. ‖ τάφοι Kr., ταφαὶ Cor.; τάφαι *C*, Πάφου *Dhilrwx* Ald., τάφος *oz*. ‖ 24. λέγοντες post ἀποφαίνονται add. *xy*. ‖ 26. δυναστεῦσαι *oy*, Ald., addito καὶ *z*, præmisso τοῦ *x*; δυναστευσάντων cett. codd.; em. Cas. ‖ 31. δὲ additum ex *E*. ‖ 33. Κασπίαν *Cg*, Κασπίων *Cg*. ‖ 34. οὐκ ἀνωμ.] sic *E*, Mein.; κἂν ὡμολ. codd. cett., nisi quod καὶ ὠμολ. *m*; οὐκ ἂν ὦμ. conj. Kr. ‖ 36. δὲ] γε Cor. ‖ 43. ἐμυθεύσαντο τὰ περὶ Προμηθέως καὶ τῶν δεσμῶν edidit. ante Kr. ‖ 44. τὰ inclusit Cor. ‖ 50. ἀλλὰ διὰ τὴν δόξαν Corayus; ante χαριεῖσθαι quædam excidisse putat Meinekius. Ac sane turbatum aliquid; vulgatam tueri frustra studet Kramerus.
P. 434, 1. [οἱ] τοὔνομα Tzsch. Cor., perperam. ‖ 4. Ἀλβανίαν καὶ Ἰβηρίαν καὶ Κόλχους καὶ Ἡνιόχους *l*, Cor. ‖ 12. πλατέα Epit. *Elx*, Cor. ‖ 14. Ἀτροπατείαν codd., exc. *oz*. ‖ 15. Μάστον] Ἱμαῖον *E*. ‖ 23. εὐπορία] ἀπορία Cor., Grosk., quod recte improbat Ukertus 3, 2, p. 548. ‖ 24. Χαιανοῖτα] Χαιανῖται *Coz*, Χαιανοῖτες *r*, Χαιανοί τε *Dhr*, Χαλκέανοί τε *E*; eosdem indicari quos Χαινίδας Ptolemæus 5, 8 vocat, suspicatur Casaubonus, recte, puto Strabonem scripsisse Χαμαιεῦναι vel potius Χαμαικοῖται (hoc rec. Mein.) speciosa est conjectura Du Theilii. ‖ καὶ Πολυφάγοι] Legendum puto καὶ Ἱπποφάγοι, collato Ptolemæo. ‖ 25. « Εἰσαδίκων om. *oz*, relicta lacuna (in *z* postea additum esse Σιρακῶν tradit Tzsch.), Σιράκων pro illo nomine exhibent *xy*. Du Theil conjicit Ἰσοδίκων. » KRAMER. Istud Ἰσοδίκων merum est figmentum. Apud Ptolemæum 5, 8 p. 348 ed. Wilb. infra Hippophagos collocantur Σουαρβηνοὶ καὶ Ἀσαῖοι, ubi legendum puto καὶ Ἰασαῖοι, sicut in codice editionis Argentinæ καὶ Οὐασαῖοι ortum est ex καὶ Εἰασαῖοι. Hi vero Ἰασαῖοι vel Εἰασαῖοι iidem sunt, ni fallor, qui Εἰσάδικοι in Strabon. codd. vocantur. Quæ vera sit nominis forma, dicere non habeo. ‖ 26. μὴ παντ.] An μή[πω] παντ.? ‖ 28. Ναβιανοὶ] Nomen aliunde non notum : Ταβιηνοὶ apud Ptol., ni fallor; an Δαβιανοὶ no. Strab. fuit? ‖ Πανξανοὶ] Παξανοὶ *iz*, Πενζανοὶ *E*, Παγξανοὶ Tzsch., Cor.; fort. leg. Πανζανοὶ susp. Kr. Aliunde de his nihil constat. ‖ τῶν ἀνωτέρω καὶ προσαρκτίων μᾶλλον Ἀόρσων e Tyrwhitti conj. Du Theil et Corayus, probante Ukerto 3, 2, p. 548. Id vero a Strabonis sententia alienum esse recte monuerunt Tzsch., Grosk., Kr.; οἱ ἀνωτέρω Ἄορσοι sunt Caucasi accolæ; πρὸς ἄρκτον proposuit Gatterer (Comment. Gott. 12, p. 163), quo nihil lucramur; Ἄορσοι pro Ἀόρσων legi voluit Grosk., adeo ut sensus sit inferiores Aorsi magis quam Siraces septentriones versus habitasse, sicut patet ex iis quæ paullo post leguntur. Displicet hoc Kramero militie. Vocem Ἀόρσων post ἀνωτέρω transponendum esse puto. ‖ 33. ἔστελλε Cor., Mein.; vix recte. ‖ 34. εἴκοσι] Nimius esse numerus videtur. Pro *x'* nescio an fuerit *η'*. ‖ 50. που καὶ] καὶ om. *Cw* Cor., recte, nisi fort. erat τ' καὶ; in *E* legitur π' καὶ ,ε. ‖ 52. πλειόνων Kr., πλεῖον *C*, πλείων codd. cett.

P. 435, 2. γνώριμον] γνωριζόμενον bene conj. Kr. ‖ 3. Κλουσίους codd., exc. Epit. ‖ 5. Ἀριάκων *CDhilrwxz*, Ἀριακῶν Epit., Ἀναρίσκων *oz*, Ἀναριάκων Ald.; em. Tzsch. ‖ Ἀμάρδων Cor., præter necessitatem. ‖ 6. Ὄξου codd., exc. Epit.; similiter in sqq. ο pro ω in plerisque codd. ‖ 18. οἱ δὲ τὸ πρῶτον Cor., probante Kr.; οἱ δ' ἔτι πορρωτέρω conj. G. Hermann ad Æschyl. t. 2, p. 163. ‖ 23. ἀκριβὲς *E* Mein. ‖ 32. μηδὲ] μήτε codd.; [μήτε] εἶδον μήτε ἤκουσαν Mein. ‖ εἰδότων] ἰδόντων. susp. Cor . idque rec. Mein. Deinde e Corayi conj. legendum fuerit σκοποῦντες αὐτὸ μόνον τοῦτο ὅ τι ἀκρόασιν ἡδεῖαν ἔχοι. ‖ 38. οὐ recte om. *oz*. ‖ 51. Σπάρνους codd.; em. Xyl.; Ἀπάρνους proposuit Cas. ‖ 52. πρόσκειται *CDhilx* Ald. ‖ 7. Γέλαι codd. ‖ Καδ.] Δοκούσιοι *E*, Δοκουσίνοι cett. ‖ 8. Οὔιτιοι] sic *E*, Κούιτιοι codd. cett., Κουίντιοι Ald.; e Cas. conj. mutarunt editt. Ego Strabonem scripsisse censeo Κύρτιοι; nam Cyrtios juxta Anariacas collocat p. 449, 8; Uitios autem Strabo p. 440, 46 a borea Caspiorum et Albanorum habet, ubi Ptolemæus *Udos* ponit. Sane quidem in sqq. (lin. 10) Uitia ad meridionalem maris Caspii oram juxta Anariacas commemoratur; verum hinc ne colligas nostro quoque loco Uitiorum mentionem fieri, sed Uitios in Cyrtiorum locum suffectos esse statuas, postquam quæ sequuntur φασὶ δὲ .. ἐγκεκομμένων ex margine in ordinem verborum recepta essent. Hæc enim si tueri velis, truncatam esse orationem dicendum est; sin ejeceris, optime omnia procedunt. Porro interpolata esse quæ hoc loco de Ænianibus Uitiæ (quasi alterius *Œtææ*) incolis leguntur, ex eo etiam intelligitur, quod de his Strabo in Armeniæ descriptione (455, 35) ita monuit, ut cum iis quæ alibi (p. 440) de Uitiæ situ dixit, conciliari possint. ‖ 8. « Παρασίων *ioxz*, Παρνασίων Cor., Περραιβῶν scribendum esse suspicatur Raoul Rochette *Sur les colon.* p. 147 : putarunt enim aliqua ratione referendum esse hunc populum ad Ænianes propter verba Stephani s. v. Αἰνία (Αἰνία, πόλις Περραιβῶν, καὶ Αἰνιᾶνες οἱ οἰκοῦντες, καὶ Αἴνιος ποταμὸς αὐτῆς... Στράβων δὲ ἐν τῇ ια' φασὶν ἐν τῷ Πόντῳ Αἰνιᾶνας ἄλλους εἶναι, οὓς καλεῖσθαι νῦν Παρσίους), qui tamen ipse in referendo hoc Strabonis loco errorem admisisse videatur, nam Parrhasini in his partibus commemorantur a Plinio 6, 16, 18. » KRAMER. Ex Plinio nihil proficimus; nam *Parrhasinos* illos qui in Dalecampiana et Broteriana Plinii editionibus post *Paricanos et Sarangas* memorantur, Silliginus in nullo suorum codicum reperit, ideoque novissimus editor hanc vocem expunxit. Ceterum intelligendi sunt *Parisieni* Ptolemæi, qui infra Sarangas in *Gedrosia* habitabant. Pro Παρρασίων legendum esse Περραιβῶν non nego, etsi ex Stephano id non consequitur; certe Thessalicam gentem indicari, non vero *Arcadicam*, per est probabile. Vix enim dubium, quin nostra fluxerint e Cyrsilo Pharsalio et Medio Larissæo, qui, ineptissimis commentis indulgentes, per totam Armeniam et vicinas regiones monumenta et instituta Thessalica agnoscere sibi videbantur. An fort. legendum est Φαρσαλίων? ‖ 10. Παρσίους] Παρρασίους codd.; e Stephano em. Cor. ‖ ἣν Αἰνιᾶνα καλεῖσθαι] sic *E*; ἡ νῦν Αἰνιᾶνα καλεῖται cett. codd., nisi quod Αἰνιᾶνα in *Chxz*; Αἰνίαν vel Αἰνιᾶνας leg. conj. Kramer. Ptolemæus 6, 2, p. 390, 15 inter Amardum et Stratonem fluvios in ea oræ Caspiæ regione in qua Anariacæ et Parrhasii seu Parsii isti habitasse putandi sunt, habet Ἀμίαν urbem, quam esse nostram ΑἰΝίανον suspicor. Nescio an apud Strab. legendum sit : τειχίσαι πόλιν [Αἰνίαν] ἣν νῦν Ἀμίανα καλεῖσθαι. ‖ δείκνυσθαι] δείκνυται codd. ‖ 13. Ἀναριάκην] Ἀβάρκην *Dh*, Ναβάρκην codd. cett.; em. Tzsch. e Stephano, qui : Ἀναριάκη, πόλις πρὸς τῇ Κασπίᾳ θαλάσσῃ.

Στράβων. Hæc Ἀνἀριάκη fuerit Ἀλιδράκη Ptolemæi 6, 2, p. 393, 13. ‖ 13. ἐν ᾧ codd. ‖ 14. ἔγκοιμ.] ἐν κοιμ. codd. ‖ Deinceps orationem resarcire Groskurdius studet hunc in modum : καὶ ἄλλα τινὰ [ἴχνη τοῦ τῶν Ἑλλήνων συνοικισμοῦ· ἔστι δὲ πάντα ταῦτα τὰ] ἔθνη etc. Cf. not. ad lin. 8. ‖ 23. Ταλαβρώκη *Dh*. Apud Polyb. 10, 31 pro Τάμβροξ lege Ταλάβροξ. ‖ Σαμαριανὴ καὶ Κάρτα] Legendum puto Σαραμιανὴ vel Σαραμάννη (sic Ptolem.) [ἢ] καὶ Κάρτα (Ζαδράκαρτα [l. Ζααράκαρτα] Arriani, 3, 23). Est hodierna *Sari*. Cf. Index nominum. ‖ 26. καὶ διὰ τὸ μὲν εἶδος etc.] καὶ τοῦ μὲν εἶδους *owz*, καὶ ταῦτα μὲν τοῦ εἶδους *xy*, καὶ δὴ τοῦ μὲν εἶδους Cor., fort. pro εἶδους leg. esse ἔθνους suspicans. In *E* nihil nisi hæc : σημεῖα δὲ τῆς εὐδαιμονίας· ἡ μὲν γὰρ etc., quod rec. Mein.; καὶ τῆς μὲν εὐδ. σημεῖα· ἡ μὲν Kr.; attamen Epitome ipsius Strabonis verba reddere non videtur. Quod codices habent ἡγοῦντο et ἡγοῦνται, cum Meinekio ortum esse puto ex ἡ γοῦν ἄμπελος, quæ erat varia lectio verborum ἡ γὰρ ἄμπελος. In antec. legerim :... χιλίους· τετρακοσίους καὶ δέκα. Τοῦ δὲ μεγέθους (vel fort. Τοῦ δὲ πολυειδοῦς) τῆς εὐδαιμονίας σημεῖα· ἡ γὰρ etc. Numerus stadiorum 1410 ne nimis exactus esse videatur, reputandum est in Asiaticarum regionum descriptione distantias maximas stadiorum numeris peraccurate supputatis definiri. Sic in sqq. occurrunt numeri 4560. 4120. 1960 etc. ‖ 32. Σακαγηνῇ codd.; em. Xyl. ‖ Ἀρακινῇ codd.; em. Xyl. ‖ 41. μὲν delevit Cor., probante Meinekio, qui prius ἀλλ᾽ scribi voluerat pro καὶ ; malim μόνον e conj. Piccoloi qui deinde pro καὶ proposuit ἅτε. An καὶ [τοῦτο]? In Aldina verba μὲν χρόνον omittuntur. ‖ 47. διαιρεῖται codd., exc. z.

P. 437, 14. οὖν om. Mein. ‖ 19. προφέρεται recte, puto, Cor. Mein. ‖ 21. δὲ καὶ] τε Cor. ‖ 27. καὶ om. editt. inde a Cas.; *ye* Mein.; καὶ τοῦτο *i*. ‖ 28. ὡς] ὥστ᾽ codd.; ὥστ᾽ εἶναι Χάρακα *y*; em. Cor. ‖ 30. καὶ om. z Cor. ‖ 38. ἐκ] ἐν Cor. e conj. Casauboni. ‖ 46. σκεπαζομένοις Epit., σκεπαζόμενοι *i*, σκεπαζόμενον cett. codd. ‖ 50. δ᾽ om. Mein.; ἄλλοι δ᾽ ἄλλως *C*, ἄλλοσε ἄλλοι Cor., qui in notis proposuit ἄλλοσε ἄλλῃ.

P. 438. ἀρξάμενα *Egxyz*, Tzsch., Cor., Mein. ‖ 6. καὶ om. Cor.; τυγχανόντων codd., exc. *E*. ‖ 15. Παρωχοάρας *CDhlorwxz*, Παρωχοάτρας *y*; em. Tzsch. ‖ 20. « Verba τά τε ἄκρα... προσβόρεια manifesto turbata sunt ; sed quomodo sint corrigenda non video. Simillimus est locus 15, p. 689 ed. Cas. (p. 587, 35), ex quo Groskurdius ita hunc nostrum restituendum esse censet : παρὰ δὲ τοῖς βαρβάροις τὰ [τῆς Ἀριανῆς καὶ τῆς Ἰνδικῆς ὄρη] τὰ προσβόρεια [κατὰ μέρος, ὠνομάζετο ὁ] Παροπάμισος καὶ τὰ Ἠμωδὰ κτλ. Equidem ejicienda potius nonnulla, quam quidquam addendum crediderim. » Kramer. Groskurdium mutata verba transponentem, transposita supplementorum opera resarcientem nemo probabit. Corruptelæ ex eo manarunt quod nomina propria scribæ in nota verba depravarunt. Legendum esse censeo : παρὰ δὲ τοῖς βαρβάροις τὰ [τε Σ]άφρ[ι]α καὶ τὰ Παροπαμίσεια [καὶ] τὰ [Ὀ]τοροκόρρεια καὶ τὰ Ἠμωδὰ καὶ τὸ Ἰμαὸν [ὠνομάζετο], καὶ ἄλλα τοιαῦτα ὀνόματα ἑκάστοις μέρεσιν ἐπέκειτο. Verbum ὠνομάζετο vel aliud simile Strabo fortasse non scripsit, quum ex antec. facile subintelligatur. Montes qui ab occasu Paropamisi sunt Ariam a Margiana et Bactriana dirimentes, apud Ptolemæum vocantur Σάριφα ὄρη. Eosdem alio nomine et fortasse rectius dictos esse censeo Σάφρια ὄρη, siquidem omnia suadent nomen eos habere a loco quem Isidorus Characenus et Anonymus Cosmographus (Æthicus, p. 727 ed. Gronov.) Σάφρι, *Saphri*, vocant, quemadmodum proximus mons, qui apud Ptolemæum 6, 2 τὸ Μασδωρανὸν ὄρος appellatur, ab oppidulo quod etiam nunc *Mas-*

doran dicitur, nomen nactus fuerit (v. Geogr. min. t. I, p. XCI). Ottorocorram montem, cujus sæpius vett. meminerunt, Ptolemæus in ultimo oriente ultra Imaum collocat; apud Strabonem statim post Paropamisum memoratur ; quod ne mireris, locum adscribam Cosmographiæ (I. I.), cujus fundum ex antiquis tabulis ævi Augustei deductum esse constat : *Usque ad fontes fluminis Ottorogorræ(Ortogordomaris* ap. Marcellin. 23, 6, 70 ; *Dargamanis* sec. Ptol. 6, 11.), auctor inquit, *ubi sunt montana Paropamisadæ*, *mons Taurus ; a fontibus Ottorogorræ usque ad civitatem Ottorogorram inter Hunnos et Scythas et Gandaridas mons Caucasus. Ultimus autem inter Eoas et Pasiadras mons Imaus*. ‖ 20. Παρκμίσου *CDhilrw*, Παρπαμισοῦ *E*, Παρκμίσου *xy*. ‖ 21. Ἠμωδᾶ *E*. Ἠωδᾶα *CDhilorwxz* Ald., Ἠωδαῖα *gy*. ‖ Ἰμαῖον *E*, Ἰμάονον *CDhilowz* Ald , Ἰμάόνιον *gxy*, Ἰμάρον *l*. ‖ 23. τὰ add. Cor. ‖ 26. Δάοι codd. ‖ 28. Σάκκας *CDhi*, et sic plerumque. ‖ 32. καὶ Πασιανοὶ] ἢ Ἀσιανοὶ conj. Longuerue (Annal. Arsacid. p 14.) et Vaillant (De Arsac. imp. I, p. 61). Legendum est Πασιακοί. Iidem Ἀπασιακοὶ vocantur p. 440, 9, sicut dicere licet et Μαρδοὶ et Ἀμαρδοι. Sunt Παυσίκαι Herodoti, *Pasicæ* Pomponii Melæ, Πασίκαι Ptolemæi. ‖ Τάχαροι codd.; em. editt. ‖ 33. Σαράκαυλοι *x*. Cf. not. ad p. 440, 30. ‖ καὶ delent Grosk. et Kr.; ot Cor. ‖ 36. Πίσσαυροι *E*. ‖ 37. Ἔπαγνοι *E*, Ἀσπάγνοι *w*. ‖ 38. διατείνουσι] om. *E*; διαμένουσι codd.; *extenduntur* Guarin.; em. Cor. ‖ 43. τὴν Ἰσαίαν codd.; em. Xyl. ‖ 52. τρήφεσι codd.; em. Xyl.

P. 439, 9. Ἀναείτιδος *CDhi*. ‖ 11. τὰ Σάκα codd.; em. Tzsch. ‖ 18. οὖν add. Cor. ‖ 22. προσηγορεύσας codd., exc. *osx*. ‖ 35. τις] τῆς *Chilorwz*, τοῖς *D*, τῶν *gxy*; em. Tzsch. ‖ 39. ὧν] Lege οὖ ex conj. Cor. ‖ 39. Ἀράξην *i*, Ἀραξον cett. codd. ‖ 47. θεῶν Cor. ‖ 51. φανερὰν Cor., vocem hanc post ἐξαρτήσας collocans. ‖ 53. μετὰ τῶν πρ. *w*, Cas.

P. 440, 20. ἢ om. Mein. ‖ 25. « Αὐγάσιοι pro Ἀττάσιοι scribendum esse censet Casaubonus ex Stephano, qui illud nomen suo loco affert citato undecimo Strabonis libro , unde haud parvum opinioni isti accedit pondus : verumtamen *Attasini* cum Chorasmiis recensentur a Plinio 6, 16, 18, ut dubium sit, utra verior habenda sit scriptura. Corayus denique Ἀσπασιάκαι proposuit propter sequentia. » Kramer. Legendum est ex Stephano Αὐγάσιοι. *Attasini* apud Plinium legitur ex conjectura Hermolai Barbari, qui simul etiam alteram conjecturam *Attasii* proposuit ; utrumque ex Strabone ; in codd. Plinii legitur : *Arasmi*, *Arassini*, *Amassini*. Αὐγάσιοι Strabonis sunt Αὐγαλοὶ Ptolemæi, Αἴγλοι Herodoti (3, 92). Ægli isti multum negotii viris doctis facesserunt, variisque nomen conjecturis tentatum est. Nuperrime Kiepertus Αἴγλοι mutandum esse in Σογδοί contendit ; quod tanto facilius concedendum videatur quum Ægli isti ex Herodoti sententia vel in ipsa Sogdiana vel in confiniis ejus regionis quærendi sint. At bene habet vulgata. Fugit Herodoti interpretes locus Chronici Paschalis (p. 321 ed. Bonn.), ubi inter urbes quibus Alexandriæ nomen, recensetur Ἀλεξάνδρεια ἡ κατὰ Σκυθίαν ἐν Αἰγαίοις. Istam urbem esse Alexandriam Jaxarti fluvio impositam recte vidit Droysenius. Sita igitur erat in ea ipsa regione ubi fuerunt Αἴγλοι Herodoti, quorum nomen latere in Αἰγαίοις extra dubitationis aleam positum esse nihil vetat, sive Αἴγλοις sive Αὐγάλοις scribere malis. Ptolemæus Augalos suos item ad Iaxartem ponit, sed magis versus occasum quam Herodotus fecisse videtur. Infra Augalos apud Ptolemæum sunt Chorasmii, quos Strabo quoque cum Augasiis componit. ‖ 31. « πρὸς δύσιν παρὰ τὸν om. editt.; atque ea a Strabone ita scribi non potuisse, luce videtur esse clarius : difficillimum autem dictu, quomodo corrigenda sint; omnium simplicissima foret ratio, si mutatis casibus scriberetur τοῖς Ἀραχωτοῖς καὶ Μασσαγέταις τοὺς Βακτρίους. » KRAMERUS. Mira est hæc emendatio, secundum quam Arachosia a Bactriana versus orientem sita fuisset. Interpres Gallicus verba πρὸς δύσιν in πρὸς ἕω mutari voluit, Ἀραχωτοὺς autem nomen corruptum esse censuit : hoc recte, illud perperam. Fugit eum Ptolemæum quoque Massagetas non solum a Sogdiana boream et orientem versus, sed etiam a Bactriana occasum versus ad Oxum fluvium collocare. At jure Du Theilius miratur cum Massagetis componi Arachotos, qui neque πρὸς δύσιν Bactrianæ erant neque ad Oxum quidquam pertinebant. Nisi egregie fallor, τοὺς Ἀραχωτοὺς ortum est ex τοὺς Σαραπαύλους, hæc vero vitiosa scriptura fuerit et corrigenda in τοὺς Σακαραύλους; sic supra p. 438, 33 unus solummodo codex Σαράκαυλοι, ceteri Σακάραυλοι exhibent. Fuerunt vero Sacaraulæ inter scythicas gentes quæ Græcis Bactrianam ademerunt (v. p. 438, 33). Apud Ptolemæum 6, 14 p. 428, 1 Σαγαραῦκαι vocantur et inter Oxum et Iaxartem ponuntur. Alia ejus gentis mentio latet in Cosmographia Pseudo-Æthici p. 726 ed. Gronov., ubi editur : *inter Dapsassa Cauracas et Parthenasis mons Oschobaris*, quæ corrigenda sint hunc in modum : *inter Dahas Sacaraucas et Parthyenam* (i. e. Parthorum regnum Ariam complectens) *mons Ochobaris* (i. e. Ochi mons; nam *baris* i. q. mons). Omnia hæc eo faciunt, ut in Strabonis loco Saracaulos aptissime jungi Massagetis existimemus. Ceterum vulgatam lectionem jam reperit Stephanus Byz., qui, Ἀραχωσία, inquit, πόλις οὐκ ἄπωθεν τῶν Μασσαγετῶν. Στράβων ἑνδεκάτῃ. || 38. Ἀμάρδους] Ἀρμανοὺς *E*, Ἀμαρφοὺς codd. cett.; em. Xyl. || Ἀναριάκας] Ἀδριάκας *rw*, Ἀνδριάκας cett. codd.; em. Xyl. || 41. Δέρμικας *gxy*. || 42. Μαντιανῶν *E*. Idem vitium in omnibus codd. p. 453, 51. || 43. Παραιγράθραν *Dh*, Παραχολάθρην *l*. || 45. ἀπὸ τοῦ Κασπίου] i. e. a monte Caspio. Corrige latina, in quibus pro 1800 stadiis habes 8000. || 49. ἑβδομήκοντα om. *Cgoqluyz*, sed in *C* in margine additum. || 51. διαχίλιοι δισμύριοι codd.; transposuit Mein. ||

P. 441, 3. Δράπη codd. || 7. τριακ.] πεντακόσιοι codd.; illud ex p. 723 ed. Cas. dedit Kramerus, addens : « Sed ne sic quidem numerus hic plane convenit summæ numerorum supra propositorum; ἑνενήκοντα igitur inseri jussit post χιλίους Falconerus, post ἑξακοσίους Groskurdius, quod utrumque æque est incertum. » || 13. καὶ add. Casaub. || 16. ὥστε *gixy*; ὡς cett. codd., exc. *E* qui vocem omisit. || διὰ τούτων Cor. || 19. Κωμεισηνὴ *CDh*, Καμβυσηνὴ *y*, Καμεισηνὴ cett. codd.; em. Tzsch. || Χωρινὴ *CDhor*, Χωαρηνή Cor. || 22. Ἄραγας *i*, Ῥαγας cett. codd. || 26. Ῥαγαῖς codd. || 36. ἀλλήλοις *loz*; leg. ἄλλοις ὁ conj. Cor. || 40. Δατίων codd.; Δακίων Ald ; em. Xyl. || 48. τι ante μέρος add *rw*.

P. 442, 5. Ξανδείους *Crz*, Ξανθίους editt. ante Kr, inde a Xyl. || Παρείους codd. || 18. Ματιανῇ *E*, Μαντιανῇ *l*, Μαρτιανῇ cett. codd.; em. Casaub. || κράτιστα *E*, ἅ κράτιστα cett. codd. || 20. [τῶν] ταύτῃ Cor. || 22. Lege : ποταμοῖς διαρρεῖται ποτίζουσιν αὐτά, τὰ μὲν etc., ex em. Mein. || 24. ὁμορεῖ δὲ ἡ Ἀρία τῇ Βακτριανῇ καὶ τὴν ὑποστᾶσαν πρὸς τῷ ἔχοντι τὴν Βακτριανὴν] κατὰ τὴν ὑποπίπτουσαν [τῷ] ὅρει τῷ etc. Corayus, « quæ ne ipsa quidem præbent sensum tolerabilem. Commode contra ita videtur lenissima mutatione componi posse locus difficillimus ac pæne desperatus : καὶ ὑπὸ ὅρει τῷ ἔχοντι ὑποστᾶσαν τὴν Βακτριανὴν In quibus insolentius sane est usurpatum ὑποστῆναι, nec temere tamen mutandum. » KRAMER. « Certum remedium frustrum inquirimus. Suspicor tamen in corrupto τὴν ὑποστᾶσαν Paropamisi nomen latere ; nec ἔχοντι sanum videtur. An διέχοντι fuit? » MEINEKIUS. in Vind. p. 188. Ego conjeceram : τῇ Βακτριανῇ (καὶ) τῇ ὑπὸ τῷ Σαρίφῳ (vel Σαφρίῳ) ὄρει τῷ διέχοντι τὴν Βακτριανὴν [καὶ τὴν Ἀρίαν], quæ in latinis expressi. At hæc quoque rejicula. Istud ὑποστᾶσαν ὄρει corrigendum esse puto in : ὑπὸ Στασάνορι τῷ ἔχοντι τὴν Βακτριανήν. Stasanor Bactrianam et Sogdianam provincias ab Antipatro (an. 321), et deinde iterum ab Antigono (an. 316) obtinuerat (Diodor. 18, 39, 6. 19, 48, 1. Arrian. De success. Alex. c. 34 p. 245 ed. Didot). Ceterum Bactrianam Aria nonnisi perexigua sui parte attingere poterat, longeque major pars contermina erat Margianæ. Margianam vero, sicuti Susianam, Bactrianæ Stasanoris provinciæ adjunctam fuisse per se est probabile et ex nostro loco colligas; certe peculiarem provinciam Margianam tum constituisse non constat. Legendum igitur aut : ὁμορεῖ δὲ ἡ Ἀρία τῇ Μαργιανῇ τῇ ὑπὸ Στ., aut : τῇ Βακτριανῇ καὶ τῇ [Μαργιανῇ τῇ] ὑπὸ Στ., vel etiam καὶ [τῇ λοιπῇ] ὑπὸ Στ. || 25. Fort. post Ὑρκανίας excidit θαλάσσης; certe eo sensu vox intelligenda est. || 29. μερῶν] ὁρῶν *E*; in *D* literæ με in litura scriptæ. || 30. Ἀρίαν] Ὑρκανίαν *rw*; Ἀρίαν καὶ ἡ Ἀραχωσία δὲ [ἡ] οὐ πολὺ etc. Du Theil. et Grosk., probante Kramero. || 34. τριακόσιοι] σ´ *E*. || Ἀρτακάηνα] Ἀρτάκακνα *CDloxz* Tzsch., Ἀρτάκνα *r*, Ἀρτακάνα *w*. « Conditoris nomen fuit Ἀρτάκης, ex quo formari potest Ἀρτακηνή sive neutro genere Ἀρτακηνά. » *Mein*. Cujusmodi regula in nomina barbara non cadit. Inter Ariæ urbes a Ptolemæo memoratas novem sunt quæ in ανα exeunt ; eaque terminatio omnium frequentissima in hujus quoque urbis nomine restituenda est apud Ptolemæum, ubi libri habent Ἀρτικαύδνα. Apud Isidorum Characenum urbs vocatur Ἀρτακαύαν πόλις, ap. Arrian. Exp. 3, 25 Ἀρτακόανα, ap. Plin. 6, 25, 93 codd. *Artacoana, Artacoanna, Artacoamna*. Apud Strabonem Ἀρτακαάνα in antiquioribus codicibus abierit in Ἀρτακάκνα ; deinde alterum ν in *x* et in η mutatum, ut fieri solet. || Ἀχαΐα] Ἀχαϊά *Dhixz*. Meinekio nomen corruptum esse videtur, nescio quam ob causam. Fortasse Ἀχαΐα est urbs quam in Parthiene memorat Appianus Syr. 57 : ἐν δὲ τῇ Παρθυηνῇ Σώτειρα, Καλλιόπη, Χάρις, Ἑκατόμπυλος, Ἀχαΐα; ex his enim quum Sotiram in Aria fuisse ex Ammiano 23, 6 et Ptolemæo 6, 17, 7 constet, idem etiam de Achæa statuendum esse ex Strabone colligere licet. Similiter Ptolemæum Ariæ et Parthyenes loca miscere in Prolegg. ad Isidor. Char. monui. Conditor urbis esse potuit Achæus, pater Laodices, quæ nupsit Antiocho II. Plinius 6, 25, 93 in Aria memorat antiquum oppidum *Artacabane iterum ab Antiocho munitum*. Fortasse hæc est nostra *Achæa*. Altera urbs Achais in Media erat, prius Heraclea dicta, quæ post eversionem ab Antiocho restituta alterum istud nomen nacta est. || 36. γὰρ om. *h*, spatio vacuo relicto; in *D* m. sec. additum est ; ὁ οἰνος· εἰς ἱ. Legendum erit : εὐοινεῖ δὲ σφόδρα ἡ γῆ, [ἐν ᾗ γε] καὶ εἰς τριγένειαν [ὁ οἶνος] παραμένει etc. Cf. p. 61, 4 : τὴν Ἀρίαν εὐοινία... ὑπερβάλλειν, ἐν ᾗ γε καὶ εἰς τριγένειαν (τριγονίαν nostro loco codd. et editt.) παραμένειν ἐν ἀρτιώτοις ἄγγεσι τὸν οἶνον.

P. 443, 1. Ἀτραμυτινὸς *oz*, Ἀτραμμιτηνὸς Ald. || 4. Ἰσάμου] Ἰομάνου conj. Mannert. Geogr. 5, p. 295; malim Ἰμάου ex conjectura Cas., quam rec. Mein. || γὰρ omittendum. || 6. Παταλληνὴν *CDhz*, Παττάληνην codd. cett. || 7. Τεσαροόστου Ald || 8. Σιγέριδος *x*, Σιγέρτιδος editt. ante Kr. || 11. Φρυνῶν] Φανῶν codd., e Dionys. Perieg. 752 et Eustathio em. Tzsch. Sunt Γρυναῖοι Scythæ Ptolemæi. || 63. ἐμβάλλων editt. ante Kr.; εἰσβάλλων mavult Mein. || 14. Δάραψα] Ἄδραψα infra p. 725

ed. Cas.; quid rectius sit nescio; Δρέψα Ptolem. 6, 12, Δράψακα Arrian. Exp. 3, 29, 1. ‖ 18. Τουριούαν] Ταπουρίαν conj. Du Theil, unde Ταπυρίαν scr. Mein., conjectura incerta; nescio an subsit potius satrapæ nomen Τουριουάνου vel Τουριάνου. Cum nostro Τουριούαν hodiernam *Turan* regionem vix recte componit Bournouf, citante Lassenio in *Ind. Allerth.* 1, p. 14. ‖ 21. Σογδιανῶν *Dhz*, Σουγδιανῶν *i*, Σουγδίων *CEl* et m. sec. *D*. Si indigenam nominis formam spectes, Σουγδ. potius quam Σογδ. scribendum est. ‖ 22. Σουγδίους *CDl*. ‖ 24. ἔθεσι Mein., recte, puto. ‖ 36. τῷ Κείων Kram.; τῷ οἰκείῳ codd. ‖ 39. « ἄξιον ἦν om. Ald.; inde Cas., δεῖ pro δὴ in codd. quibusdam legi falso ratus, scripsit καὶ δεῖ διαπορεῖν. Corayus omisit ἦν, auctoritate codicis nescio cujus, quod non displiceret, nisi ἡνίκα obstaret. » Kram. ‖ 40. ποιεῖν] εἰπεῖν *o* Cor.; νοεῖν conj. Tyrwh.; ὑπονοεῖν mavult Mein. ‖ 45. Καριάτα *oxz*. ‖ 52. προδοσίας *E*, προδόσεως cett. codd. ‖ 52. ἐν αὐτῇ Βακτριανῇ *ih*; ἐν αὐτῇ τῇ *B*. Cor.
P. 444, 3. εὔγαιον *D*, m. pr., εὔγαιων *C*. ‖ 13. καὶ om. *xy* Tzsch. Cor.; in καλεῖ mutari vult Casaubonus; in eo alterum fluvii nomen latere suspicatur Mein. Quomodo resarciendus sit locus lacet nescio. ‖ λέγει post Ἀριστόβουλος add. *ixy*, quorum *y* habet ὡς ante Ἀριστόβουλος ‖ 14. Ante θεμένων excidisse τοὔνομα monuit Cas. ‖ 15. ἔθεσαν] « ἔθεντο exspectabam, præsertim quum θεμένων præcedat. » *Mein.* ‖ 27. ὑπάρχειν] ἔχειν *i*, ποιεῖν *x*. ‖ 31. ἐκβολαὶ editt ante. Kr. ‖ 34. τριακοσίων τετταράκοντα codd. et Eustath. ad Il. β, 852 p. 361, 18 R; em. Xyl., coll. Herodot. 2, 6. 5, 53. ‖ 40. μέχρι τοῦ νῦν editt. ante Kr. ‖ 43. ἔξω] Debebat εἴσω, vel, ut alias solet Strabo, ἐντός.
P. 445, 2 et 10. Ἵμαιον Ald., Mein.; recte; Ἵμαιον *E*, Ἵμεον cett. codd. ‖ 6. Lege μύουρος, quod supra μείουρος habet *E*. ‖ 12. μυρίων] « ἑξακισχιλίων scribendum censet Grosk., idque postulare videntur et quæ de maris Caspii longitudine traduntur supra p. 74 et 507. ed. Cas. et quæ mox disputantur de maxima terræ habitabilis latitudine : quamquam hæc ipsa parum conveniunt iis quæ aliis locis eadem de re docentur, maxime p. 116 init., videturque Strabo, paullo incuriosius Apollodorum Artemitenum secutus, decipi se esse passus : de qua re v. Grosk. ad p. 74. » Kramer. ‖ 20. Ἰσσικοῦ *x*. ‖ 21. περιοδευομένης *CD*, περιοδευμένης *hirw* Ald. ‖ 23. τῆς μεγίστης codd.; em. Cor. ‖ 30. ὁ add. Cor.; Ἀρτεμησίας *Cx*, Ἀρτεμισίας cett. codd.; em. Xyl. ‖ 40. Τάμαρον] *Tamum* Mela 3, 7; *Tabis* Plin. 6. 20; *Samamara* ap. Pseudo-Æthicum p. 727 ed. Gron. ‖ 47. φύντα] ζῶντα Stobæus tit. 121. ‖ 48. πόνων] κακῶν Sext. Empir. Hypoth. Pyrrh. 3, 24 § 230.
P. 446, 4. Σίγγινοι *l*. ‖ 9. ὅπως] ὅπερ *r*; om. Cor. ‖ 11. Leg. Ταπύρων cum Cor. et Mein. ‖ 13. οἰκοῦσι... Ὑρκανῶν glossa ex p. 441, 28 pelita. ‖ 24. περὶ τούτων om. codd., exc. *oz* Ald., in quibus περὶ τούτου : em. Tzsch. ‖ 25. ὅσα μὲν [οὖν] Mein. ‖ 28. τῷδε ἢ τῷδε τῷ κλίματι Cor. ‖ 41. ἐκτενώτερον ex correct. *D*, Mein. ‖ μακροὺς] sic *E*, μικρὰς *oz*, μικροὺς cett. codd.
P. 447, 9. Ἀκιλισηνὴν margo *E*, Λισηνῶν codd., exc. Epit. in qua Βασιλισηνὴν quod e Cas. sententia rec. Cor., improbante Kramero, In latinis dele verba *et Sophenam*. ‖ 20. Τίγριδος *loxz* Ald.; Τίγρυος *C*. ‖ δισχιλίους] Scribendum putaveris χιλίους (Cf. Ritter. tom. 10, p. 74); at cum Strabone etiam Diodorus facit 2, 11. ‖ 22. ἀπὸ γοῦν, et supra ἀπὸ δ' οὖν, *D*. ‖ 29. Πολυάρχην codd.; em. Tzsch. ‖ 38. καὶ ante Καππαδ. add. *ovz*; ἀπὸ add. Grosk. ‖ 45. al add. editt. ‖ 50. Ἐλυμαίων *E*, Εὐλυμέων *CDxz*, Εὐλυμένων *i*, Εὐλιμένων *w*, Ἀλιμέων *l*, Ἐλιμέων *r*. ‖ Παρατακηνῶν (sic) *E*, Παρατασηνῶν *Dhilwx*, Παραιτασινῶν *Coz*. ‖ 53. περιλαμβάνουσαι Cor.

P. 448, 3. Κάσπιοι *Er*, sed supr. Κάσπιοι. ‖ 10. πρὸς ἕω τείνοντα ejicienda esse censet Kr., ejecit Mein., πρὸς ἕω καὶ πρὸς δύσιν τείνοντα conj. Du Theil. ‖ 23. Τίγρει Cor., Τίγριδι *Eoxz*, Mein. Τίγρηδι Ald. ‖ 32. Verba καὶ τῇ Ματιανῇ, Falconerus, Du Theilius, Cor. et Kr. suspectarunt, Meinekius ejecit, perperam; nam bene habent; contra vero offensioni sunt verba καὶ τῆς Ματιανῆς, quæ neque in καὶ τῇ Ματιανῇ, ut Kr. putat, neque in καὶ [μέρει vel τῷ προσαρκτίῳ μέρει] τῆς Ματιανῆς, ut Mannert., Grosk., Mein. censent, neque in τοῖς Ματιανοῖς, ut Tzsch. et Cor., sed in καὶ τῇ Κασπιανῇ mutanda sunt. De Caspiana regione v. p. 453, 21. ‖ 37. κατὰ ejic. ‖ 39. Σπαῦτα *D* (ν in fine vocabuli erasum est) *hi*, Σπαῦτ *Cloz* Ald., Σπαῦταν Tzsch. Lacus armenice dicitur *Kapotan* vel *Kaputan Dzow*. Quæritur an Σπαῦτα pro Καπαῦτα ipse Strabo an librarii scripserint. Καπαῦτα oppidum infra hunc lacum situm habet Ptolemæus. Cf. not. ad p. 453, 51. ‖ 41. καπυρωθεῖσιν] καταπυρωθεῖσιν Tzsch., probante Dindorfio in Steph. Thes., improbante post Groskurdium Kramero, quamvis hic fatetur non satis constare quæ sit h. l. vis verbi καπυροῦν. Legendum suspicor καταρυπωθεῖσιν. Quas purgandi causa immerserant vestes, extrahebant sale contaminatas. ‖ 50. Γάζακα] Γάζα καὶ codd.; em. Grosk., qui deinde excidisse monuit χειμάδιον sive χειμερινὸν δὲ.
P. 449, 2. Δέλλιος] Ἀδέλφιος codd ; em. Cas. ‖ 11. Μάρδοι Ἀμαρδοὶ codd.; em. Cas. ‖ 15. ἄνδρες δεινοὶ πετροβατεῖν καὶ ἀκοντισταὶ ἄριστοι Tzsch. et Cor. ex Eustathio ad Dion. 730. « Probabilius est verba illa ab Eustathio liberius hunc locum referente addita esse , quam in codd. omissa. » Kramer. ‖ 19 Ἀρταούας δ' ἦν *CDhirxw*, Ἀρταούσας δ' ἦν *l*. ‖ 19. εἰκὸς om. *oz*, ὡς εἰκὸς *x*; ortum esse ex verbo sequente putat Kr.; εἰκῇ scripsit Mein. ‖ 31. Ἀστυάγους *Ei*. ‖ 33. χειμάδιον] « Post Ἐκβάτανα lacunæ signa posuit Cor., excidisse ratus talia fere : τὰ Ἐκβάτανα [θερινὸν βασίλειον, ἡ δὲ Σελεύκεια] κτ}., quæ nullo modo ferri posse sponte sua liquet ; nec probabilior altera scriptura est ab eo in notis proposita. Nec felicior est Du Theilii conjectura χειμάδιον mutantis in θέριον, quod nemo unquam viderit ita usurpasse. Verumtamen corruptam esse vocem χειμάδιον liquidissime apparet ex iis quæ mox leguntur et p. 522 et 743 ed. Cas. Fortasse scriptum fuerat βασίλειον, postea nescio quomodo mutatum. » Kramer. Χρηματιστήριον conj. Meinekius. Tentare possis : Ἐκβάτανα [ἀρχεῖον] χειμηλίων vel χρηματοφυλάκιον s. γαζοφυλάκιον. ‖ 39. Αἰδυμαίοις *Chirxz*, Ἀλυμαίοις *D*. ‖ 49. Παρατακηνοῖς *Dh*. ‖ 52. νότον] ἕω *E*. ‖ 54. καθ' ὃν Tzsch. Cor. ‖ Μεσσαβατικὴ *E*, ἡμᾶς σαβατικὴ *Cz* Ald., ἡ Μεσαβατικὴ Tzsch. Cor.
P. 450, 2 Ἀτραπίοις codd. exc. *E*. ‖ 5. καὶ ἡ πρὸς Ῥάγαις [Ἡράκλεια] conj. Grosk., Kr., Meinekius. Heraclea ista commemoratur p. 441, 21. Deinde αὐτοὶ Ῥάγαι voluit Groskurd.; « sed singularem, Kr. ait, tuetur Stephanus s. v. Ῥάγα, ubi hunc Strabonis locum sequitur. » Igitur pro πρὸς Ῥάγαις legendum esse πρὸς Ῥάγᾳ et Strabonem hæc non ex eodem fonte afferre quo usus est p. 441 (ubi Ῥάγαι sæpius legitur et Heraclea memoratur), consentaneum est. Jam vero quum Heracleam oppidum ab Alexandro conditum, deinde eversum ac restitutum Antiochus *Achaïda* appellaverit (Plin. 6, 16, 18, 48), nullus dubito quin ἡ πρὸς Ῥάγαις orta sint ex ἡ πρὸς Ῥάγα Ἀχαΐς. ‖ 8. πεντακοσίους τέτταρας *rw*. ‖ 9. Ἀρτεμισηνὸς *CDhir*, Ἀρτεμισηνὸς *lxy*, Ἀρταμιτηνὸς *v*. ‖ 13. Μαντινηνὴν *rw*. ‖ 14. Κασπίαις *Ei* Epit. ‖ 21. πέντε] πεντεκαίδεκα conj. Wesseling. ad Diodor. 17, 110, coll. Arrian. 7, 13. ‖ 23. Νισαίους *E*. ‖ 30. πολὺ] οὐ πολὺ Strabo ap. Stephan. v. Μηδία, unde recepit Co-

rayus. « Neque inficiandum est, Kramerus ait, negationem sententiarum connexu magnopere commendari, ne dicam requiri : verumtamen cum Plinius (19, 15., coll. 20, 48) *laser quod in Perside aut Media et Armenia nascatur large, multo infra Cyrenaicum esse* tradat, codices sequi tutius est visum. » Quæ sequuntur : ἔστι δ' ὅτε καὶ διαφέρων, satis aperte indicant in antecc.. legendum esse : ὁπός, [ὡς τὸ] πολὺ λειπόμενος, idque etiam in Stephano reponendum. Inter ος et πο facile ὡς τὸ a scribis negligebatur. ‖ 36. πάρισον editt. ‖ 38. πλάτος] Debebat μῆκος, monente Groskurdio. At num recte μῆκος reposuerit Meinekius, quæritur. ‖ 39. Κασπίας *i.*‖.47. ἔθη] ἔθηκε codd., exc. *oz.*
P. 451, 12. καὶ recte om. *oz.* ‖ 17. ὅτε καὶ ἀντὶ *x* Cor. ‖ 18. τοῦ μὲν [οὖν] Meinekius. Post 'Ιάσονος *oz* add. φασιν. ‖ 32. ὅτι πλείστας νέμειν [τοὺς] ἄνδρας conj. Grosk.; ὅτι πλείστας ἔχοντας νέμειν ἄνδρας Kr. Similiter possis : ὅτι πλείστας [ἕνα] νέμειν ἄνδρα. At νέμειν ἄνδρα vel γυναῖκα, *pro viro vel uxore habere*, vix quisquam dixerit. Itaque Meinekius proposuit : ὅτι πλείστας νέμονται ἔχειν ἄνδρας. Sed ne νέμειν corruptum esse putem, neque conjiciam ἕνα ἔχειν vel νέμεσθαι (inter se dividere) ἄνδρα vel tale quid, obstare videtur Epitome, quæ ita habet : ὡσαύτως δὲ καὶ γυναιξὶ συμφορὰν εἶναι τὸ νέμειν ἐλάττονας τῶν πέντε ἔχουσι γυναῖκας. In his ἔχουσι legi vult Kramerus; quo admisso nihilo melius oratio procedet. Scribendum potius : γυναῖκας συμφοράν νέμειν τὸ εἶναι etc. Similiter apud Strabonem quoque legi velim : ἐν καλῷ τίθεσθαι ὅτι πλείστας εἶναι ἀνδράσι, τῶν πέντε δὲ ἐλάττους συμφοράν νέμειν. Pro exquisitiore isto νέμειν quidam dederat ἡγεῖσθαι vocem usitatissimam ; deinde νέμειν in margine adscriptum est, tum ex margine in ordinem verborum rediit, sed non suum recuperavit locum. ‖ 40. νομίμων margo *x*, νομαδικῶν codd. ‖ 41. ταῦτα codd.; em. Cor. ‖ 42. φήσομεν Kr.; θήσομεν codd. ‖ 47. Τίγριος *E*, Τίγρητος *x*, Τίγριδος *oz* Ald.
P. 452, 3. Παρύδρης codd.; *Paryadra* Guarin.; Κυδίσης codd. exc. *i.* ‖ 22. πρὸς ἄρκτων *E*, προσάρκτων *Clorwxz,* προσαρκτίων correct. *z*; ἢ add. *xz.* ‖ 27. Ταύρου] Debebat 'Αντιταύρου, monente Du The'lio. ‖ 28. Μεσο ejiciendum esse monuit Salmasius in Solin. p. 437. ‖ 28. αὐτὴν] αὐτῶν *xz* Tzsch. Cor. ‖ 29. Καρθασιόκερτα *E.* ‖ 31. Γορδυληνὴν *E*, Γοργοδυλὴν *z*, Γοργοδυληνὴν codd. codd.; em. Cor. ‖ 37. τὰ] τὴν codd.; ᾿Αζαραν *l* Ald., τὰ Ζάρα Tzsch. Cor., absque causa idonea. ‖ πόλεις] πόλις *CDil xrw* Ald.; πόλιν *oz*, πόλεις *E.* ‖ 45. Σακ.] ᾿Ακισηνὴ *E*, Κασσηνὴ *hi*, Σακασσηνὴ codd. rell. ‖ 50. Φαυηνὴ *otwxz* Ald.; Φαυνηνὴ Tzsch. et Cor., eandem esse regionem quam infra Φαυνῖτις vocatur, putantes; recte, opinor. Φασιανὴν (*Basean* Armen.) conj. Lucas Ingigius (Armen. ant. p. 528), probante Kramero. Quæ sequuntur nomina Κωμισηνὴ et 'Ορχιστηνὴ ('Ορχηστηνὴ *E*, 'Ορχιστινὴ *CDoxz*) num recte habeant, nescio. ‖ 54. Χωζηνὴ *gy*, Κοζηνὴ *x* (*Chordzen* arm.).
P. 453 1. τῶν ὀρῶν] om. *gxy* Cor.; κατὰ τὰ ὄρη *oz* Tzsch.; verba ex antecc. male repetita esse recte censere videtur Kr ; fort. leg. ἐμπόρων in notis ad Epit. conj. Cor.; ὁδοιπόρων proposuit Mein. in Vind. p. 190. ‖ 2. γενομένων *xz* Epit. Cor. ‖ 4. ἃς ante παρεξαίροντας inseruit Meinekius, recte, opinor. ‖ 6. τε post ὀρύττεσθαι add. *i* Cor. ‖ 9. κἂν τούτοις] Si reapse Strabo dixit etiam in vermibus aquam contineri, legendum erit κἂν τούτοις δὲ. At vix dubium est quin turbatus locus sit, recteque Meinekius in Vind. p. 191 censeat verba περιεχούσας χρηστὸν ὕδωρ ἔν τῷ χιτῶνι sciolum in margine ad verba ἀπολαμβάνεσθαι ... πίνεσθαι adscripsisse; quibus ejectis, cetera in hunc modum refingenda esse : ἐν δὲ τῇ χιόνι βώλους πήγνυσθαί φασι κοίλας, κἂν ταύταις (vel κοίλους,

κἂν τούτοις) ἀπολαμβάνεσθαι χρ. ὕδωρ, περισχισθέντων δὲ τῶν χιτώνων πίνεσθαι. Καὶ ζῷα δὲ ... θρῖπας, τὴν δὲ γένεσιν κτλ. ‖ 10. περισχεθέντων codd., exc. *E* Epit. ‖ 13. φεψάλου *E* Epit., πετάλλου *Dh*, πετάλου cett. codd. ‖ 15. Ζαριάδην codd.; em. Tyrwh. ‖ 18. ᾿Ακισηγῆς] ᾿Αμισηγῆς Ald.; ᾿Ακιλισηγῆς editt. ante Kr.; « quæ scriptura per se satis arridet, sed Acilisene postea recensetur inter regiones ex vicinis populis a primis Armeniæ regibus deinceps subactas. Quapropter codicum scripturam relinquere malui quantumvis corruptam, ac nescio an huc pertineat ᾿Αμφισσηνὴ, quam Steph. v. ῎Αμφισσα dicit χώραν τῆς μικρᾶς ᾿Αρμενίας, excitato Strabonis libro undecimo. » KRAMER. Sane nostrum Strabonis locum Stephanus citavit. Quodsi Amphissene τῆς μικρᾶς ᾿Αρμενίας esse dicitur, id ex Strabone qui hanc regionem priscæ Armeniæ attribuit, quæ Artaxiæ temporibus μικρὰ adhuc erat (lin. 14), facile explicatur. Ceterum ᾿Αμφισσηνή nomen vix recte habet. Apud Ptolemæum Sophenæ adjacet ᾿Ανζιτηνή (*Hanozith* armeniace); ζι et θι græce idem fere sonant; Θ et Φ confundi solent; itaque Strabo scripserit ᾿Ανθισσηνὴ idque in codice Stephani abierat in ᾿Αμφισσηνή. ‖ 19. καὶ 'Οδομαντίδος] Provinciæ Armeniæ nomen in notum Græcis vocabulum detortum esse suspicor. An est 'Οβορδηνὴ Ptolemæi ('Οβορδανῖτις)? Oromandum urbem Ptol. in Armenia minore habet. ‖ 20. παραχειμένων *oxz.* ‖ 23. Παιάδρου *CDhloxz*, Παιάδρου *i*; em. Xyl.; deinde Χορζωνὴν codd. ‖ 24. Μοσσυνίκων *C*, Μοσανοίκων *Dhlrwxz.* ‖ 25. τήν τε Καρ. *Dhl.* ‖ Καρηνητὴν *l*, Καρηνίτην cett. codd. ‖ Ξερξ.] Ita etiam ap. Steph. s. v. Debebat Δερξηνὴν (*Derdchan*). ‖ 26. 'Αχλισηνὴν codd.; 'Αχλισινὴν Ald. ‖ 28. Ταρωνίτις (*Taron* arm.) Kram.; Ταμωνίτις codd.; *Taraunitium* Tacit. An. 14, 24; Τάραυνα Procop. B. P. 2, 25; Τάρων Constant. Porph. De adm. imp. c. 45. ‖ 31. ᾿Αρζατα *E* et sic postea. ‖ 32. ᾿Ατροπάτης *C*, ᾿Ατροπάτας *DEhiwxz.* ‖ 33. ᾿Αρταξενῶ *Dh*, ᾿Αρταξηνῶ cett. codd.; em. Tzsch. ‖ ἐπὶ] καὶ editt. ante Kr. inde a Xyl. Ejice vocem. ‖ 39. Βάρβουρα *l.* ‖ 40. ᾿Αρτάγειρα Mein., e conj. Ruhnkenii ad Vellej. Paterc. 2, 102, coll. Zonara 10, 36. ‖ 44. ῎Αδωρ] ῎Αδων Zonaras l.l., Mein.; *Domnes* Flor. 4, 12, Rufus Breviar. c. 19. ῎Αδδων conj. Voss ad Vellej. l.l. ‖ 51. Μαντιανή] Sic sæpe codd. habere pro Ματιανή jam vidimus; ceterum nescitur num ipse Strabo Ματιανή scripserit an a scribis hæc vox ex Καπαῦτα (Σπαῦτα p. 448), quod sequens κυανῆ flagitat, corrupta sit. ‖ κυανεανὴ codd., exc. *E.* ‖ 54. ᾿Αρσηνή] ᾿Αρσισσα Ptolem. ‖ Θωπῖτιν *E*, Θωθῖτιν cett. codd., Θωνῖτις Dionys. Per. 988 et Eustathius ad h. l. Strabonem laudans; Θωσπῖτις Ptolem.
P. 454, 1. ῥήπτει *C*, ῥύττει *m*, ῥύπτει Eustath. l. l. ‖ 9. Χαλωνῖτιν Armeniæ non novimus. Erat Chalonitis regio in Assyriæ Mediæque confiniis, in qua *Diyalah* s. *Didjeil* (Dialas, Delas, Sillas apud vett.), i e. parvus Tigris, per Zagrum montem in planitiem errumpit. Huncce *Diyalah* (non vero *Kerkah* (Choaspem) fluvium, ut nonnulli putant) Tigridis nomine designat Diodorus 17, 110, 3. Strabo ejusdem fluvii regionem in Armeniam ad Tigrim perperam transposuisse videtur, sicuti sqq. quoque mira rerum confusione laborant. ‖ 18. 'Υσπιράτιδι] *in Syspiretide* Guarinus; legendum Συσπιρίτιδι, uti legitur p. 432, 6 et 455, 2. Syspiritidem esse regionem metallis divitem, ab *Erzeroum* boream et ortum versus sitam, quæ arm. vocatur *Ispir*, in eaque ponendos esse Saspires Herodoti aliorumque, viri docti communi, quantum sciam, statuerunt consensu, nec aliter nos in tabulis rem repræsentavimus. Non ita tamen sensisse Strabonem in propatulo est. Nam ex Cyrsilo et Medio refert (p. 455, 2 et 432, 9) Thessalos sedes fixisse par-

INDEX VARIÆ LECTIONIS.

tim in Sophene et Acilisene, partim ἐν τῇ Συσπιρίτιδι ἕως τῆς Καλαχηνῆς καὶ τῆς Ἀδιαβηνῆς ἔξω τῶν Ἀρμενιακῶν ὅρων, adeo ut Syspiritis in ea fere regione ponenda sit in qua Arrapachitin habet Ptolemæus. Hæc quum a meridie sit Moxoenes (*Mokkh* armen.; in qua *Moschis* quædam commemoratur et alteram Colchidem Ptolemæus collocat), Syspiritis autem, quam in hodierna *Ispir* agnoscunt, quum a Colchide sit versus meridiem Moschicis montibus subjecta : sponte conjectura nascitur auctores Strabonis Moschicos montes Ponto vicinos cum hodiernæ *Mokkh* jugis montanis (Niphate) confudisse ideoque etiam Hyspiritidem ex Armenia septentrionali in Assyriam et Mediæ confinia et Zagri juga detrusisse. ‖ 19. τὰ Κάβαλλα] Κάβαλα *i*, Κάββαλα *C*; Κάμβαλα *lorwxz*, editt. ante Kr., quam nominis formam revocandam esse censeo. Quum Alexandri exercitus in Armeniam nunquam penetrarint, ex hoc quoque loco patet Hyspiritidem Strabonis non esse quærendam in hodierna *Ispir*. Menonis ista expeditio non video quando locum habere potuerit nisi illo tempore quo Alexander Susis Opim et hinc per Zagrum montem Ecbatana profectus est. Eo in itinere ad dextram reliquit montem quem Plinius (6, 31) dicit *Cambalidum, ad septentrionem Massabaticæ situm*, Tacitus vero (Ann. 12, 13) *Sambulam* vocat. Nunc quoque altissima hæc juga, quæ non longe a Zagri pylis versus meridiem distant, appellantur *Sumbala* (v. Ritter. t. 9, p. 478), quorum in regione *Sambatas* Ptolemæus collocat. Eodem referenda sunt verba Diodori (17, 110, 4,), qui de illo quod dixi Alexandri itinere loquens : ἐν ἡμέραις τέτταρσι, ait, τὴν Σιττακηνὴν διανύσας ἧκεν εἰς τὰ καλούμενα Σάμβανα. Ad hanc igitur Cambalidi vel Sambuli montis regionem etiam Κάμβαλα (rectius foret Σάμβαλα) Strabonis referenda esse, atque Strabonis auctores Hyspiritidem suam per Zagrum montem hucusque extendisse, suspicor. ‖ 20. ἀνήχθη] ἀνείχθη *C*; ἀνῃρέθη conj. Cas.; ἀνεδείχθη vel ἐδείχθη Tzsch ; ἀπήχθη Grosk.; ἀνεώχθη Cor.; ἀπήχθη Mein., quæ omnia sunt incertissima. ‖ 21. δὴ] τὸ Tzsch., Cor. ‖ 11. σάνδυκος] ὁπάνδικος codd.; em. Salmasius ad Solin. p. 811. ‖ καλούμενος *Dhlrw*, καλούμενα *xz*, καλουμένης *CEio*. ‖ 24. Νισαῖοι *E*. ‖ 27. Μιθρακηνοῖς *C*, Μιθρακάνοις *Elorwz*, Μιθριακοῖς Cor. e conj. Toupii, Μιθραϊκοῖς Grosk. ‖ 39. καὶ ἑκατὸν ejicienda. Cf. Plutarch. Pomp. c. 33. ‖ ἱππάρχῳ] ἐπάρχῳ codd.; em. Du Theil. ‖ 45. εὖρος additum e conj. Grosk. ‖ 50. Λαρίσσης et mox Λαρισσαῖον codd., exc. *Dh*. ‖ 53. Κέρσυλον *rw*, *Myrsilius* Guar.

P. 455, 4. ὁρῶν codd.; em. Xyl. ‖ 6. Θετταλ.] Αἰτωλικοὺς codd.; em. Cor. e conj. Du Theilii ‖ 12. τὴν ... διασκευὴν codd.; em. Kr. e conj. Grosk. ‖ 16. κατέσκαψαν codd.; *structa sunt* Guar; em. Cas. ‖ 29. τυγχάνει Kr.; συγχαίνει *CEhi* et margo *D*; συγχέαι *Dlrwx*, συμβῇ *z*, συμβαίνει *o* editt. ante Kr. ‖ 36. Οὐτίαν *Dhow*; Οὐιτίαν supra codd. dederunt; sed fortasse ibi potius corrigendum fuerit. *Uti* s. *Oti* regio dicitur armeniace; Οὐδοι apud Ptolemæum; Ὠτηνή est Asinio Quadrato ap. Steph. Byz. s. v. Huc accedit quod Οὐτία propius abest ab Οἰτεία. Haud minus dubito quin Cyrsilus in Asiaticæ regionis nomine agnoverit Œtæam Thessalicam. Forma Οὐτία conflata esse videtur ex variis scripturis Οὐτία et Οἰτία. ‖ 37. Νίβαρον] Ἴμμαρον *E*, Ἴμβαρον cett. codd.; em. Cor. ‖ 39. Βάριδος] Ἀβάριδος *Cx* Tzsch., Cor. Cf. Ritter tom. 10, p. 360. ‖ 43. περισκελιστὰς *oxz*. ‖ 44. Σαράπαι *x*.

P. 456, 3. Ζαδριάδροις Ald. ‖ 10. Ἀρτάνης] Ἀρσάκης Steph. s. v. Σωφηνή. ‖ 18. περὶ Νίνον] περίνυον codd.; em. Xyl. ‖ 23. πλησίον τῆς Ἰβηρίας] «Ἰβηρίας corruptum esse cum diu animadversum sit, quid scriptum

fuerit a nemine adhuc inventum est; parum apte enim conjecisse Cellarium (Geogr. 2, p. 230) τοῦ Νιβάρου, Falconerum τῆς Ἀρμενίας, Groskurdium τῆς Ἀσσυρίας, facile intelligitur. Urbis autem nomen cum videatur requiri, Strabo, ni fallor, scripserat τῆς Νισίβιος, prope quam Tigranocerta sita fuisse in ipsa Mygdonia docet p. 522 et 747 (p. 447, 43 et 636, 7); cf. Taciti Annal. XV, 4; alia v. ap. Ritter. *Erdk.* t. 11, p. 106 sqq. » KRAMER. Recte Kramerus priores emendandi conatus vanos esse dicit, sed quod ipse Νισίβιος pro Ἰβηρίας reponendum putat, id, si literas spectas, non est veri simile. Neque vicina Nisibi fuisse Tigranocerta Strabo dixit, sed hoc tantum asseruit (p. 447) urbem istam, quæ erat a borea Masii montis, a meridie ejus sitam fuisse sicuti Nisibin (τὸ Μάσιον τὸ ὑπερκείμενον τῆς Νισίβιος ὅρος καὶ τῶν Τιγρανοκέρτων). Jam vero Masius patebat longissime. Altero loco Tigranocerta cum Nisibi, Carris, Nicephorio, aliis recensetur inter urbes Mygdoniæ, quæ regio sec. Strabonem a Nicephorio usque ad Tigrim pertinet, adeo ut hinc quoque de situ Tigranocertorum accuratioris nihil colligatur. Ceterum quum p. 637, 7 componantur Τιγρανόκερτα καὶ τὰ περὶ Κάρρας (Κάρας var. l.), nostro l. conjicere licet : πλησίον ταῖς Κάρραις vel τῆς [περὶ] Κάρρας; quo admisso, satis accurate situs urbis indicaretur; nam Carrhæ a Zeugmate vix 600 absunt stadiis. Altamen quum Ptolemæus e regione Zeugmatis (72° long., 37° lat.) ponat Ὀλίβηρα oppidum (73° 3' long., 37° lat.), supra Carrhas (73° 15°. 36° 10') versus boream situm, angustioribus finibus regionem circumscribere simulque omnes codicum literas servare licet scribendo πλησίον τῆς [Ὀλ]ιβηρίας. Oliberæ Ptolemæi in Tab. Peut. respondere vel certe propinquus fuisse videtur *Barbare* locus, a quo 10 m. p. intervallo versus *ortum* distant *Minnacerta* (leg. *Mannocerta*, de *Manno*, frequenti nomine principum Orroenes); hanc urbem a Strabone cum Tigranocertis confundi dicerem, nisi hæc inter Oliberam et Zeugma quærenda essent. In eo autem tractu quum sit Edessa, et jure mireris celeberrimam urbem inter Mygdoniæ loca a Strabone non commemorari, hanc ipsam suspicor a Strabone Tigranocerta vocari et Armeniæ regiam in Edessam translatam esse eodem errore quo Edessæ nomen in Syriæ urbem Bambycen sive Hierapolin transferri videtur p. 636, 48. Ubinam potissimum Tigranocerta sita fuerint, nondum satis convenit inter viros doctos. Ut mittam opiniones dudum explosas, Moltkius et Kiepertus Tigranis regiam in hodierno *Meja-Tarkin* agnoscunt, eosque nos in tabula secuti sumus; contra Ainsworthius locorum naturam ita esse comparatam esse ostendere studuit, ut urbs cum hodierno *Diabekir* componenda sit (v. Ritter. t. 11, p. 101 et passim). Hoc si est, tanto facilius errorem Strabonis explicare licet. Nam *Diabekir* et Edessa (*Orroe*) iisdem fere intervallis ab Euphrate distant; porro *Diabekir* in ea regione sita est quæ sec. Plinium (6, 31) *Arrene* vocabatur; Edessa vero caput erat *Orroenes*, quæ cum *Arrene* confundi poterat. Denique e Tacito constat (Ann. 15, 3.) Tigranocerta sita fuisse ad Nicephorium fluvium (in Tigrin exeuntem, quem Plinius l. l. Nicephorionem vocat); Edessa autem fluvio adjacebat qui ad Nicephorium in Euphratem egreditur. Quod apud Tacitum legitur Tigranocerta a Nisibi abesse *septem et triginta* m. p., id falsum est, ubicunque Armeniæ urbem posueris; tum ad *Diabekir*, tum ad *Meja-Tarkin* via est 130 fere millium : adeo ut apud Tacitum *septem* vox in *centum* mutanda esse videatur. ‖ τίσαι codd.; em. Xyl. ‖ 34. καὶ ante δέσμιος add. Cor. ‖ 40. Τανάϊδος codd.; Τανάϊτις θεὰ Epit. et Eustath. ad Dion. 846. et ll. ξ, 295 p. 987, 11 R ; em. Xyl.

P. 457, 10. Ante Καί ή. Κ. nonnulla excidisse videntur; δ' ante έστι dederunt Cor. et Mein. || 18. μετοικησάντων codd.; em. Cor. || 34. τῆς om. oz. || 35. ἄλλων om. Tzsch. Cor.; ἐθνῶν codd., exc. c; οὐκ ante ἠράνισται add. Cor. P. 458, 13. περιεῖλον codd.; em. Xyl. || 18. πω τὴν] πρώτην codd.; em. Tyrwh. || 24. Γασαυρῖτις D, Γαυσαυρῖτις h, Γαυσαρῖτις i, Σαυρῖτις l, Ἰσαυρῖτις oz, Ἰσαρῖτις x, Γαρσαυρῖτις CE Epit. || 25. Λαουσασηνή l, Λαουινασηνή codd. cett.; em. Kr.; Δαουινιασηνή Tzsch., Cor. || Σαργαυσηνή CDhlx; Σαργουσινή goyz, Σαργυσηνή Epit.; em. Tzsch. || Σαραουηνή] Σαραουνή Dhior Guar.; Σαργαουνή o, Σαραουσηνή i. || Χαμανηνή Epit. || 26. Μορ.] Ῥιμνηνηνή Dhior Guar., Ῥιμνηνή Cxz Ald., Ῥομνηνή l, Μορμιμνηνή Epit.; e Plinio em. Tzsch. || 27. τοῖς] τῆς codd., exc. E || 28. Καστάβαλλα E. || Κύδυστρα CDh, Κύδιστρα Elrwx, Κύδριστρα z, Κύδρισα o; e Cicerone (Ep. ad div. 15, 2 et 4) em. Xyl. || 30. Ἐλαιοῦσαν o, Ἐλεοῦσσαν cett. codd. || 36. Μοραρίτην L. || 38. καί add. Xyl. || 40. Σωριγή z, Σοφηνή Dhi, Σωφηνή editt. ante Kr. || 45. παράκειται E.

P. 459, 5. δ] ἢν leg. vid. cum Grosk. || Μᾶ] Μάων lw, Κόμχνα Dh Ald.; Μᾶς Cor.; Μᾶν conj. Grosk. || 6. τὸ add. ex i. || 9 ὁ add. Tyrwh. || 14. ἐν add. Cor. || 21. συναγγείων oxz, συναγχίων cett. codd. || 26. καθαρόν codd.; em. Tyrwh. || ἁπλώτῳ] leg. vid. ἀπλέτῳ quod C ex corr. habet et rec. Tzsch. Mein.; αὐτό. τῷ Cor. e conj. Tyrwh. || 36. ἐξοχαῖς CDlrw. || 45. ὀχετῷ πλατεῖ Cor.; ὀχετῷ οὗ πλατεῖ conj. Kr. Mein. Post προσεοικός Cor. addit μῆκος περὶ χιλίους σταδίους, improbante Kramero. || 40. διὰ τὸ] τὸ διὰ codd.; transposuit Grosk.; διὰ om. Mein. e conj. Kr.|| 52. εὐρυδίνης Eustath. ad Dion. 867, ἀργυροδίνης Epit. et Oracc. Sibyll. p. 515, Mein.; recte. || 53. Κύπρον] νῆσον Oracc. Sib.

P. 460, 4. οὕτω] οὔπω (sic) Ald.; οὔπω ὡς vel potius οὐχ' ὡς Cor. || 5-11. Τρίτη... φανεράν] Haec post lin. 35 posuit Mein., proponente Kramero; recte, ut videtur. || 5. Δακιήου vel Δακιήνου conj. Tyrwh.; Ἀσθαμαίου Mein., coll. Marcellin. 23, 6 et Philostrat. Vit. Apoll. 1, 6. || 7. μὲν post λειπομένη add. Cor. || 19. Σαργαραυσίνη codd.; e Plinio 6, 3 et Ptol. 5, 6 em. Tzsch. || 20. Κάρμαλος codd.; em. Cor. || 21. δὲ] sic z, τε cett. codd. || 25. θησαυροφυλάκιον Ald. || 26. βασιλείου vel βασίλειον πόλεως conj. Cor. || 27. ὀρῶν codd.; em. Cor. || 28. τὰ γὰρ Σαύειρα CDhIlrw, τὰ γὰρ Σαύχρα x, τὰ γὰρ Σαύηρα oz, Tzsch.; Γαρσάουρα Cor., « quam formam codd. infra p. 568 et 663 ed. Cas. aliique scriptores tuentur: sed ex scripturis, quas codd. exhibent p. 539. 568, videtur colligendum esse, nomen oppidi illius fuisse etiam Γαρσαύιρα, ad radicem bir fortasse referendum. » KRAMER. || 28. Λέγεται [δ'] ὑπ. Mein. || 33. οὗτος [δ'] ἐστί Mein. || 36. Δύο δὲ μόναι στρ. πόλεις ἔχουσιν Mein. || 40. δὲ [καὶ] Εὐσ. Cor. || 54. εὔκαιρον E.

P. 461, 11. ληστεύοιμεν] πιστεύοιμεν codd.; em. Xyl. || 13. καὶ ἐμβελεῖς codd., exc. x, qui om.; fort. κἀνεμβελεῖς leg, suspicatur Mein. || 17. βάθρον Clorwxz, βάραθρα hi et m. sec. D; em. Xyl. || 30. εἰς] γὰρ εἰς rw. || 40. λιθείαν ix Mein. || 45 et 50. Εὐφράτην] Deb. Ἅλυν.

P. 462, 2. Ἥρπα Dh, Ἥρπαν oz, Ὕρπαν x. || 7. ὃν] ὁ codd.; em. Cor. || 12. αὐτῶν Cor., Kr.; αὐτῶν codd. Ceterum Corayus: ἀσφάλειαν αὐτῶν τε καὶ [τῶν] σωμάτων καὶ τῶν χρημάτων εἶχον, recte, puto. Meinekius ἀσφ. τὴν αὐτῶν τε καὶ σωμάτων καὶ τῶν χρημάτων. Kramerus σωμάτων in χρημάτων mutari, reliqua intacta linqui vult. || 18. Κυρήνου hn, Καυρήνου r; fuerit Κύρου, ut conj. Raderus ad Curtium 3, 4, 1 (ubi: *Cyri castra*), quod rec. Mein. || 35. Βαγαδανία Mein.; Γαβανία E, Γαβαδανία cett. codd.; Βαγαδονία Tzsch., Cor., Kr. e Steph. s. v. || 37. καὶ ante μόλις add. CDhilrw Ald.;

ἀγρόβοτος codd.; em. Cas. || 39. Γαρσαυίρα Dhioz, Σαργασίαν correct. in s, Γαρσαβίερα C, Σάργαυσα x, Γαρσαυίραν l, Ald., Γαρσαυρίαν Tzsch., Γαρσάουρα Cor. || 43. εἰώθασιν codd.; em. Grosk. || 47. εὑρέσθαι em. Cor. || 50. ἄλλως CDhilrw.; δὲ τὰς codd.; em. Cor. || 54. Καμμανηνῆς Dlw, Καμαννηνῆς C, Κομμανηνῆς h, Κομανηνῆς ix, Κομμαγηνῆς oz, Καμμαγηνῆς Ald.

P. 463, 1. Δασμέδα Cw, Δασμέσδα oz, Δασμένων Ald. || 2. Λαβιανσινῆς C, Λαουιανσινῆς D, Λανιανσινῆς ilo, Λανιαυσινῆς xz, Λανιασηνῆς h, Λανιασινῆς Ald., Λαουινασινῆς Tzsch. || 3. Χαμαννηνή Cho, Χαμανηνή il, Καμανηνή x, Καμαννηνή z. || Λαβιασινή C, Λαουιασινή D, Λαυιασηνή h, Λαυιανσινή r, Λανιανσινή i, Λανιασινή Ald., Λαουινιασηνή Tzsch. || 16. δ' om. editt. ante Kr. «Excidit fort. aliquid ante ἐπέτρεψαν.» Kr. || 17. βούλοιντο editt. ante Kr. || 18. τριγένειαν Clorwz Ald. || προελθὼν τὸ γένος Cor. || 21. Post Καππ. Ald. add. μέχρι τούτου. || 27. Τιβαρνῶν oxz, Τιβαρηνῶν lrw. || 35. [καὶ] τὰ φύλα Cor.; τὰ μέντοι vel τὰ μὲν δὴ conj. Mein. || 53. Καλχηδόνια CDhilrw Ald., Χαλκηδόνια E, Χαλχηδόν i, Χαλκηδόνι xi.

P. 464, 25. Μιλησίων] Debebat Μεγαρέων. || 26. Leg. οὐδενὶ cum Mein. || 38. Μινώα et Μινώα codd.; em. Meursius in Creta 3, 14, p. 191. || 42 et 53. τὸ Τήιον codd.; em. Salmasius ad Solin. p. 624.

P. 465, 3. Καυκωνιάτας p. 296, 45. || 6. Κάλατις lrw, Κάλατις oxz Ald. || 11. ὁ Δομενκλείου hi Cor., ὁ δὲ μενεκλείου Ald. || 22. Σαγγίαν Eustath. ad Dion. 809; Σαγίαν codd. || 23. Πιστινοῦντος CEhoxz, Πεισινοῦντος Dl Ald. || 25. ἀποσχεῖν codd.; em. Cor. || μικρῷ ux Cor. || 37. Τίειόν ἐστι] τηιονίτιν CDhlo, Τήιον ἦτιν x, τῶν ἰονιτῶν i, *Teioniticum oppidum* Guarin., Τηιονίτη Ald.

P. 466, 12. ὅς add. Cor. ex Herodot. 1, 6; καὶ ejiciendum; pro ἐξίησι Herodotus ἐξίει, quod rec. Mein. || 19. καὶ Π. [δὲ] Cor. || 20. δίπνον C, δίηπνον Dh, δίηπον oxz Mein. || 40. τῇ συνηκηχυΐᾳ o, τῇ συνηκικυίᾳ Ez Tzsch. Cor. || 44. τοῦ καταπολεμηθέντος ὑπὸ Ἀλεξάνδρου Epit. || 45. συνῴκισε] συνέστησε E. || 46. Κιτώρου x. || 47. Τηίου codd.; Τίου Epit. Kr. Mein.

P. 467, 1. μὲν om. editt. ante Kr.; δὲ habent rw; ἑκατὸν corruptum esse videtur Meinekio, conferenti schol. Apoll. Rhod. 2, 945: ἐστὶ γὰρ Αἰγιαλὸς σταδίων χιλίων (μυρίων codd.; em. Mein.) κάμψαντι τὴν Κάραμβιν μέχρι Σινώπης. E Periplis Ponti Euxini constat Aegialum oppidum a Carambi occasum versus 200 fere stadia distare; nihilominus nautae τοῦ αἰγιαλοῦ initium fortasse posuerunt ab Aegialo urbe, quum reapse Carambis promontorium ex proxima ora non multum procurrat; quamquam aliter de his veteres geographi, in iisque etiam Strabo (p. 467, 8), statuant. Littus illud rectum pertinet usque fere ad Potamos, sive usque ad initium magni istius promontorii cui Sinope imposita est; longitudinem habet 900 fere stadiorum; Strabo tamen quum a Carambi usque ad Sinopen nonnisi 700 stadia esse haud recte statuat, etiam litoris istius longitudinem multo minorem fecerit; itaque pro πλειόνων μὲν ἢ ἑκατὸν nescio an legendum sit πλειόνων ἢ πεντακοσίων. Similiter μὲν ortum esse ex πεντε vidimus p. 110, 9 et 102, 29. Ceterum haec incertissima esse patet. || 5 Κωβιαλὸν] Legendum Κρωβιαλὸν sicuti habet Schol. Apoll. 2, 944 Straboneni laudans ceterique. || 15. ἔχουσι Cor. πρὸς οὐκ εἴχε (εἶχ' em. Cor. Ἀρμένιοι ἐτείχισεν · καὶ ἔστιν τὸ μέτρον ἰαμβικόν. Epit., cui obtemperavit Corayus. Ineptum esse epitomatoris judicium censet Mein. || 22. οὐδὲ] οὐ Cor. || 28. φυσικῇ προνοίᾳ codd.; e Cas. conj. em. Kr. || 33. καὶ om. oxz, recte, ut videtur. || 34. ἔχουσα codd.; em. Cor., qui deinde καὶ delendum esse censet probabi-

INDEX VARIAE LECTIONIS.

liter. || 37. τὸ ex *E*. additum. || 40. πυκνοῖς] πολλοῖς *E*. 42. δὲ inclusit Cor.
P. 468, 2. Αὐτόλυτον codd.; em. Xyl. || 15. πραγματευσάμενον *x* Cor. || 17. ἄς] οὕς *i* Cor. || 19. Καμβυσηνὴν *E* Ald , Καμβυσινὴν *xz*, Καμμισηνήν *r*. || 28. " Γαδηλονῆτις *o*, Γαδηλωνῖτις Cas. ; Γαζηλωνῖτις et paullo post Γαζηλῶνα scribendum esse censet Grosk., Plinium secutus qui (6, 2) commemorat urbem *Gazelonem*, idque nomen latere ratus in formis haud dubie corruptis quae infra habentur Γαζαλουῖτις (p. 553 Cas.) et Γαζιλωτὸς (p. 560) : atque hoc quidem valde probabile est, simulque ἡ censeo recipiendum ; verumtamen δ non temere est mutândum. » KRAMERUS. Γαζηλωνῖτις et Γαζηλῶνα rec. Mein. || 29. Ἀραμηνῆς *CDhilxz*, Ἀραμινῆς *ro*, Ἀραθηνῆς , sed in marg. Σαραμηνῆς , *E*. || 43. ἔντακ.] π' *E*. || 44. Ante Καππ. *i* habet καί, *oz* καὶ εἶτα ; ex his εἶτα rec. Tzsch. Cor.; etiam nomen regis excidisse censet Cas., probabiliter.
P. 469, 12. Δαξιμ. codd., exc. *E*. || 28. παρώριος *Dghilo xyz*, παρόριος *C*, παράλιος *rw* Cas.; παράριος Ald., παρώρειος Xyl., Tzsch., Cor.; παρόριος *E*. Kr. || 35. εὐποριάν Cor. Mein. || 39. Φαύδα *loz* editt. ante Kr. rectius, ut puto; *Phabela* Guar.; Φαδισάνη in Arriani Perip. Pont. § 23 p. 390 ed. Didot. || 42. Διονυσιόδωρος codd. || 43. Ἴκενι] ἴωνι *i* Cor.; Μηλίῳ ex Plinio 2, 119 legendum esse conj. Tyrwh., quod rec. Mein. Fort. pro τῷ ἴκενι leg. est τῷ Τροιζηνίῳ ; novimus Dionysodorum Troezenium grammaticum; fort. ejusdem familiae etiam mathematicus fuit. || 53. γενέτης codd.; em. Cas. || Κύτωρος] Κοτύωρα ap. Xenoph. et Arrian.; Κοτύωρον ap. Anonym., Plin. Ptol.; idem etiam nostro loco reponendum fuerit; certe Κοτύωρος, quod Cor. dedit, alibi non occurrit.
P. 470, 8. Τιβαρηνοί *E*. || 11. Κερκέται *Ex*. || 12. Σκυδίσσης *Clorwx*, Κυδίσσης *z*. || 19. πυργιδίους *E*. || 36. γὰρ] δὲ *oz* Cor. || 37. εὐθὺς] αὐτῆς *Dhi*. || 36. γεωργεῖ codd.; em. Cas. || 40. μάλιστα ante τῶν δελφίνων transposuit Mein. || 44. δελεαζόμενοι, οὕς codd.; δελεαζόμενοι. τούτους μὲν οὖν οὗτοι Cor.; δελεαζομένων μὲν οὖν οὗτοι Kr. e conj. Meinekii, nisi quod hic autem ex antecedente μένοι ortum et delendum esse putat. Idem Meinekius proposuit : δελεαζόμενοι · ἄσμενοι οὖν οὗτοι.
P. 471, 6. ἀνείλετο om. codd. exc. *E*; ἀγάλλεται editt. ante Kr. || παρὰ] περὶ codd.; em. Cor. || 8. Σάπαι codd.; em. Groskurd. || 10. Βρύγες Epit., Βρέγες codd. || 11. καὶ Μέρονες ex sqq. καὶ Μαίονες ortum. || 19. Ἄλαζ.] Ἀλιζ. codd.; ex Holstenii conj. em. Tzsch. || Ἀμαζόνων] Ἀμαζόνων codd. || 20. μεταποιοῦντες *x*. || ἢ add. Cor. || 21. Ἀλόβη] Ἀόλης codd.; em. Tzsch.; μὲν] δὲ codd ; em. Cor. || Ἄλαζ.] Ἀλιζ. codd.; em. Tzsch. || 24. τοὺς] τὰς codd., exc. *CDw*; dein Ἀμαζόνας codd., exc. *C*. || 29. [ὧν] καὶ Mein. || 36. Ἀμαζόνων *Dlowxz*. || 42. οὐδὲ codd.; em. Cor. || 45. ὅμως διηπόρηκε Cor.; καὶ delendum videtur Meinekio. || 50. πόλις *Dhiorzx*, πόλει *C*. || Ὀδρύσσης] ὁ ῥύμος *Dhilorw*, ὁρύμος *z*, ὀρρύμος *C*, ὁδρύσιος *x*; em. Tzsch.; Ὀδρύσης Mein. || 51. Μυγδόνος *xz*, Μυγδόνης cett. codd.; em. Cor.
P. 472, 1. Ἀλαζώνων] Ἀλαζήνων *x*, Ἀμαζόνων cett. codd. || Ὀδρύσσης *C*, ὁ δρύσσης *r*, Ὀδρύσης *x*. || 5. περὶ] ὑπὲρ codd.; em. Cor. || Μυρλίαν codd., exc. *oz* qui Μυραῖαν. || 6. Ἀλιζώνων *Coxz*, Ἀλιαζώνων *w*. || 8. Ἀλιζώνων *x* ex correct., Ἀλαζώνων e Palmerii conj. Cor., Mein. || 9. νῦν δὲ Ζηλ. Mein., recte. || οὔτε ποῦ Kr., ὅπου codd.; οὐδ' ὅπου Cor. || Ἀλόπη] λίμνη codd.; Ἀλύβη Cor., Ἀλόπη Grosk., Kr., Mein. || 17. Πύγελλα codd.; em. Tzsch. || 18. Ἀλιζ.] Ἀλιζῶνας *i*, Ἀλιζώνους Eustath. in II β, 857, Ἀμαζόνας cett. codd.; em. Kr. || 22. φασι Ald. || 38. οὔτι ; εἰ μὴ codd.; εἰ δὲ μὴ correct. in *z*; em. Cor. || 45. οὐδ' Cor. Mein. || 47. τοποθετῶν codd ; em. Cas. || 48. Ἐνέαν] Leg. Νέαν , coll. Steph. v. Νέαι et Plin. 2, 97. || 49. Ἀλαζίαν editt. ante Kr. inde a Xyl.; infra est Ἀλαζόνιον.
P. 473, 10. οἱ add. Cor. || 17. Leg. πολεμήσοντας ex *z* cum Cor. et Mein. || 22. Φρυξίν] Ἴωσιν *oz* Tzsch. Cor.; em. Kr. || 23. οἵ ῥα om. *oz*; ἤματι τῷ , ὅτε τ' ἦλθον ex Iliade editt. ante Kr. et Meinekius. || 25. ἐλέχθην Tzsch., Cor., ex nostra Iliade. || 26. οἱ δ'] οἱ 6' οἱ, οὔθ' cett. codd. || 43. γαρ. δώκης (sic) *Dhw* Ald. || Τίβιρος *CDilo*, Τίβηρος *hwz*; e Cas. conj. em. Kr. || Γάσης καὶ Ὀλιγάσης *z*. || 44. Βαμωνίτιδι]. « Bamonitis cum hoc uno loco commemoretur, Corayus suspicatur in nott. ad interpretationem Gallicam scribendum esse Φαζημωνίτιδι , quam his in partibus sitam fuisse liqueat ex p. 560 ed. Cas. : nisi forte isti nomini intercedat aliqua necessitudo cum nomine Βαβανόμου , quod semel itidem legitur p. 561. Sed sunt hae suspiciones, ut ipse ait, incertissimae. » KRAMER. Φαζημωνίτιδι rec. Mein.; posses etiam Δαζημωνίτιδι. || 45. Πημολίτιδι *DCorxz*, sed in *D* η mutatum in *i*; recte, opinor, Πημολισίτιδι Mein.; p. 481, 24 regio vocatur Πιμολισηνή. || Γαζαλ.] Ζαγλουθίτιδι *oz*, Γαζαλονίτιδι *w*; leg. haud dubie Γαζηλωνίτιδι , ut conj. Grosk., idque rec. Mein.
P. 474, 4. καίπερ editt. ante Kr. inde a Xyl.; καίπερ codd ; ὥσπερ conj. Kr. || 8. ἀξίων *h*, ἀξίων cett. codd. || 10. τῆς δὲ μεσοριαίας conj. Kr.; τὰς δὲ μεσογαίους s. μεσογείους conj. Cor. || 17. [ἀν] ejice. || 19. τ' ejiciendum. || 20. ἂν ejiciendum. || 21. εἰ ἤδη conj. Cor. || 37. ἐπέδραμε Cor. || 39. ἐκ πάντων δὲ [τούτων καὶ] τῶν τοιούτων Mein. || 45. τὸν λόγον ejicienda. || 52. οὕ] οὐ codd.; em. Cor.
P. 475, 1. καὶ Σάμον] Samum Ionicam ab Homero non memorari ipse Strabo monet. Itaque haec verba ejicienda esse videntur, uti monuerunt Corayus, Kramerus, alii. || 10. ἔτι] ἐπεί codd., praeter *lm* qui hanc vocem om. || 23. ὅτε] οὔτε codd.; em. Grosk. || 24. καὶ ex *i* additum. || 40. « ἐνεχείρησε codd., exc. *Dh*, Ald.; ἐνεχώρισε Cor., quod verbum neque apud ullum scriptorem antiquum invenitur, neque ad hujus loci structuram satis quadrat : inusitata sane est etiam h. l. verbi ἐγχειρίζειν structura , ferenda tamen erit, donec melius quid inveniatur. » KRAM. Legendum puto ἐνεσώρευσε. || 41. Βασγοιδάριζα] Βαγιδάριζα *Dhix*, Βασγοδάριζα *oz*, Βασιοδάριζα *r*. Locus hic in Tabula Peutingeriana scribitur *Ololœdariza*; ΩΛΟΤΟΙ et ΒΑΣΓΟΙ facile confundebantur; fortassis igitur apud Strabonem corrigendum est. Quod praecedit apud Strabonem Ὕδαρα , haud dubie est *Patara* Tab. Peutingerianae. || Ἀγγολισηνῆς codd. exc. *xz*. || 52. Ἀκιλισινήν *CDhlow* Ald.
P. 476, 2. τῇ] τῇ αὐτῇ Ald.; αὐτὴ δὴ Cor. || 3. ἢ add. Kr, || 13. Ἀπουργιανοῖς codd.; em. Xyl. || 18. καθίστανται codd.; em. Cor. || 19. Φρ. Μαγν... προσμικώτερα ex Epit. add. Kr. || 40. ἑκατὸν] Pro ρ' leg. puto σ' (200). 48. περὶ] πρὸς Mein.; an ἐπί? Dein τὴν ῥίζαν *oz*. Tzsch. Cor. || 49. τοῦ αὐχένος] ἐκ vel ἀπὸ vel ἄνω τ. αὐχ. conj. Grosk.; καὶ τ. αὐχ. conj. Kr. Complura excidisse videntur. Tentari possit :. ἐστι [χαλεπὴν ἐχούσης τὴν ἀνάβασιν διὰ] τοῦ αὐχένος, sicuti in similis loci descriptione p. 480, 32 : αἱ κορυφαὶ δ' ἔχουσιν αὐχένα παντάπασι στενόν... ἀπὸ τῆς ποταμίας ἀναβαίνοντι.
P. 477, 5. Ζελίτιν *CDhilrow*, Ζελέτιτιν *xz*. || 6. κατασκευάσαντος *oz* Tzsch. || 7. Διόπολιν codd., exc. *i*. || 9. τὴν] καὶ τὴν *ix* Cor. || 13. τοῦτο *C* Cor. || 16. Μηνὸς [Κάρου] conj. Cor. || 17. Ἀρχαίου Tzsch.; Πισιδία *i* Cor., recte. || 19. τε vocem om. *x*. || 40. πατρὸς ortum ex πρὸς.
P. 478, 1. βασιλειῶν codd.; em. Cas. || 15. εὑρετο *C* Cor. || 21. εἶναι om. codd. || 33. ἀνάγοντας codd.; sed leg. est ἀπάγοντας ex conj. Cor. || 40. γε] τε codd.; em. Cor. ||

53. ἐταιρίδων οz Tzsch. Cor. ‖ 54. ὄχλος post τόπῳ excidisse putat Grosk.

P. 479, 12. Ποντικοὶ] πολιτικοὶ codd.; em. Cor. ‖ 15. ἐπὶ] ὑπὸ conjecit Cor. ‖ 19. Inclusa ex antecc. male repetita sunt. ‖ 24. καὶ τῶν π. αὐτὸν οὐκ ὀλίγων conj. Kr. probabiliter. ‖ 25. ἡ] ἦν Cor., Mein.; recte. ‖ 28. καλουμένην ante Κολουπήνην Ald. ‖ 29. Λανιασηνῇ CDhlrw, Λανιασηνῇ οxz, Λανασηνῇ Ald., Λαουινιασηνῇ Tzsch. Cor. ‖ 34. δὲ τέπoργι codd., Teporigi Guarin.; em. Tzsch. e conj. Jebbii et Eckhelii. Cf. Bœckh. C. g. I. 3, n. 4039. ‖ 45. Φαζημονῖτις lrw, Φαζημονῆτις xz, Δαζιμωνῖτις E; (Φαμιζωνίτις ap. Steph. v. Φαμιζῶν). ‖ Νεαπολῖτιν] Μεγαλόπολιν codd.; em. Cor., coll. Stephano l. l. ‖ 46. Verti quasi in græcis esset: καὶ Φαζημῶνα κώμην [πόλιν] ἀπέδειξ[εν αὔξ]ας τὴν etc. Sufficit addidisse πόλιν post κώμην, uti fecit Mein. ‖ 48. Γαζηλωτὸς Dhowz, Γαδιλωτὸς E, Ζηλῆτις x, Γαζηλῖτις Cor., Γαζηλωνῖτις recte Grosk., Mein.

P. 480, 3. ἡ Κίζαρι lxz, ἡ Κίζαρη (sic) D, Ἰκκίζαροι Cr, ἡ Κιζάρη ho Cor. « Difficile est certi quid statuere de nomine ignoto, sed Ἰκίζαρι maxime videtur probabile. » Kram. Fort. ἡ Κίθαρις, sicuti Κιθαρίζων castellum erat in Armenia (Menander. in Fr. Hist. t. 4. fr. 52 p. 254, Procop. de ædif. p. 248. 250. 251 ed. Bonn.). ‖ 4. κατεσκευασμένον codd.; em. Cor. ‖ 6. Δαζιμωνιτῶν E. ‖ 22. διέμειναν i, διένειμαν Cor. ‖ 24. διεσκεύαστο codd., exc. E. ‖ 26. τε ἅμα καὶ Mein. ‖ 37. ἔχει] ἐκεῖ Dhixz.

P. 481, 4. ἡ δὲ [καὶ] ἱπποβ. Cor. ‖ 9. Ὄλγασον pr. m. D, Ὄλγασιν xz. ‖ 10. Ἀλγασσὺς Epit. ‖ 14. Ἀμνιὸς Epit. ‖ 16. οὐδ'] οὐκ Cor. Mein. ‖ 21. Πομπηϊόπολις C Epit. ‖ 27. δημοσιοῦναι] δημοσίων ἀεὶ CDhilrw, δημοσίως ἀεὶ xz; em. Cor. ‖ 32. ἐκλιπέσθαι codd.; em. Cor. ‖ 44. Κινιστηνῇ codd.; em. Cor. ‖ 45. Ὀλγάσιος xz. ‖ 49. Καστόρους CDhl Ald., Καστόρου iorxz; em. Cas. ‖ 50. Μορζέους codd., Morzei Guar., Μορζέως Tzsch., Μορζέου Cor., Kr., Mein.

P. 482, 22. μικρὰν codd., exc. οxz. ‖ Ἀζαριτίαν] Ζάρητα fons vocatur ap. Stephan. s. v. ‖ 23. ἐκδέχεται τῶν Χαλκ. ἠιῶν codd., exc. E. ‖ 30. Δοιδαλσοῦ] Δυδαλσὸς vocatur ap. Memnonem c. 21. ‖ 35. μάλιστα editt. ante Kr. ‖ Προυσία rw, Προυσίας codd. cett., exc. E; Προῦσα Ald. ‖ 38. Fort. leg. Ζηέλα. ‖ 45. ἀνάστασιν οz Cor.; Φρυγίας ἄρχοντα καταστῆσαι x.

P. 483, 7. Ἀπαμεῖς codd.; em. Cor. ‖ 8. ἐπὶ] ὑπὸ xz. ‖ 11. Κροῖσον] Κύρον Steph. s. v. Προῦσα; πρὸς Κίερον conj. Palmer., collato Memnone c. 29; τοῦ Κίον πολίσαντος conj. Cas.; κτίσμα Προυσίου [ἢ ὡς ἔνιοι φασὶν Κροίσου] τοῦ πρὸς Κύρον πολ. Grosk. ‖ 15. το om. E. Mein. ‖ 17. τὰ Φρυγῶν καὶ Μυσῶν codd. ‖ 12. διορίσαι E, διορισάμενοι CDhilrw, διορίσασθαι οxz. Dein δὲ unus habet E. ‖ 28. σχεδὸν] σχεδόθεν codd., exc. E; σχ. τε Cor.; σχ. τι Mein. ‖ 39. τῆς Μυσιακῆς πρὸς editt. ante Kr.

P. 484, 1. εἰς recte om. οxz. ‖ 6. ἐπὶ δὲ τὸ] ἐπὶ δὲ τῷ E. ὑπὲρ δὲ τοῦ Αἰσ. οz, ἀπὸ δὲ τοῦ Αἰσ. x; ὑπὲρ τοῦ Cor., ἀπό τε τοῦ Grosk.; ἐπίταδε e Kr. conj. Meinekius. ‖ 7. Τήρεια E, Τηρία CDilrwx, Τυρία οz ‖ 18 ἐκείνους Chioxz, editt. ante Kr. ‖ 23. οἴεταί οἵ εται (sic) C, ὡς οἷόν τε x Tzsch.; ὄντα Cor., οἵ ἐστι bene conj. Cas., idque rec. Mein. ‖ 26. Τήϊον codd.; em. Cas. ‖ 39. Ὀτροία] vp. Τροία margo E. ‖ 41. πρότερον recte om. xz. Est varia lectio sequentis πρῶτον. ‖ 42. πρότερον post Βιθυνία add. Cor. ‖ 43. Κορυανδρεὺς CD (in hoc α supra o) ilorxz, Καρυανδρεὺς h, Κυριανδρεὺς E; em. Cas. ‖ 45. ὃς τά] ὅτι, ἔτι, ὅτι e conj. Mein. ‖ Καλχηδόνος C.

P. 485, 6. Κλεοχάρης τε ῥήτωρ ὅ [τε] Μυρλεανὸς Ἀσκληπιάδης [γραμματικὸς] ἰατρός [τε] ὁ Προυσιεὺς e Lehrsii conj. Meinekius. ‖ 21. Τρόγμοι CDhilo, Τρόγκοι E. ‖ Τολιστοβῶγοι codd.; Τολιστοβόγιοι editt. ante Kr. ‖ 28.

Λεονόριος lx, Λέων Epit. ‖ 35. Δρυναίμετον CDhilorw, Δρυμαίνετον x, Drynemetum Guar. ‖ 43. Τρόγμοι codd., sed Τρόχμοι sec. m. in E. ‖ 46. Ταούιον] τὰ οὐία Clorwxz, Via Guar., Ταουία Tzsch. ‖ 48. Βογοδιατάρῳ] Μάγνῳ Δηιοτάρῳ Cor.; Βρογιτάρῳ leg. esse Keilius censet, monente Meinekio. Idem et ipse conjeci. Brogitarum, cui una ex filiabus Dejotari nupserat, an. 58 a P. Clodio tribuno Pessinuntem urbem et regis titulum emisse, postea vero Pessinunte ejectum esse constat e Cicerone De har. resp. 13, 28. ‖ 49. πως] πω C; inclusit vocem Cor.; κώμη conj. Gr.; fort. Πωδάναλα leg. esse opinatur Mein. ‖

P. 486, 1. Τρόγμοι CDhilow. ‖ 3. Ὀρκαόκους οz, Ὀρκαορυκούς Xyl., Orcaocreos Guar., Ὀρκαορικούς editt. ante Kr. inde a Cas. Cf. 486, 43 et 493, 52. Quidnam Strabo scripserit, non liquet; at vix dubium, quin eadem sit civitas, quæ in Conciliis Ὀρκιστος vocatur (v. Sanct. Paulus Geogr. Sacra p. 258), et quam in ruinis non longe a Pessinunte versus meridiem dissitis prope hod. Alekiam Hamiltonus aliique agnoscunt. ‖ 4. Βλαῦρονcodd.; em. Xyl. coll. Stephano. ‖ 5. Τολιστοβώγιοι x, Τολιστοβόγιοι Cz, Τολιστοβόγιοι Dhi, Τολιγοστοβόγιοι E. ‖ 7. Βλούδιον rw, Luceium Cicero or. pro Dejotaro c. 6 et 7, unde Λουκήιον· ap. Strabonem scribi volunt Grosk. et Kr. ‖ 9. Πεσινοῦς D, Πασινοῦς hi, Πτσινοῦς Erxz, et similiter sæpius. ‖ 11. ἀχδίστην ro, ἀγγιδίστην D, sed ι supra η, ἀγγιδίστιν cett. codd. ‖ 26. Γορβεοὺς oruxz, Γορβεοῦς Dh, Gordeus Guarin., Γορβειοὺς Ald. ‖ 27. « Σαωχονδάρου mavult Palmer. in auctt. Gr. p. 337, quod melius respondeat rationi nominum Gallicorum. » Kram. Palmerii conjecturam rec. Meinekius. Primæ potius nominis literæ an non sint mutandæ, quæritur; nam apud Cæsarem B. Civ. 3, 4 legitur Tarcondarius Castor. Tarcondarius nomen gallicum græco Castoris nomini respondere videtur. Cf. Ταρχονδίμοτος nomen regum Ciliciæ ap. Strabon. p. 577, 2, Dion. Cass. 41, 63. 54, 9; Τάρχων Rasenorum heros, Ταργίταος Jovis filius ap. Scythas ‖ 33. Μοριμινούς CDhorz. ‖ 43. « Tam inconcinna est hoc loco verborum connexio, ut corruptelam aliquam ibi latere jure suspicatus sit Brequignyus, qui tamen parum feliciter conjecit scriptum fuisse Τῇ δὲ Τάττα συνεχῇ ἐστι καὶ κτλ.; nec feliciore successu ψυχρά ante αὐτῇ inserendum putat Groskurdius: equidem nescio an scriptum fuerit: ἡ δὲ δὴ Τάττα [τοιαύτη] ἐστὶ κτλ. » Kramer. Krameri conjecturam rec. Meinekius, quamvis, ea admissa, non multo melius oratio procedat. Quod in sqq. describitur desertum quum ab hac Tatta palude incipiat et hinc occasum versus usque ad regionem quæ est circa Pessinuntem et Orcistum, pertineat, id ipsum Strabonem indicasse probabile est. Itaque scripserim : ἃ δ' ἐπὶ τῇ Τάττᾳ ἐστὶ καὶ ἐά etc. ‖ Ὀρκαόρκους codd., nisi quod in z ex correct. Ὀρκαόκους. Cf. supra. ‖ 44. Πιγνισσόν codd.; em. Cas.; Πίτνισσα Stephan. s v.; Πετενισσός Ptolem. 5, 4, 10. ‖ 45. ἀναγρόβατα x. ‖ 48. Γαρσαούρων em. Cor., Mein.

P. 487, 1. Κώραλις lorwxz; fort. Κάραλις legendum. ‖ 8. Γαρσαούρων em. Cor., Mein. ‖ 13. ἡ τὰ Ἴσαυρα] εἶτα Ἰσαυρία codd.; em. Cor.; ἡ τὰ [Ἴσαυρα καὶ τὴν] Ἰσαυρίαν Grosk. Fort. leg. ἡ τὰ Ἴσαυρα, numero duali, suspicatur Mein. ‖ 13. τὴν δὲ add. ex x; cum Meinekio velim [τὴν δὲ Νέαν], εὐερκῆ. ‖ 18. εἰδομεν] ἴδομεν CDorz. ‖ 21. ἡ Δεύρη E, sed Δέρβη in marg. ‖ 28. Ἰσαυρίαν] Ἴσαυραν, vel fort. Ἴσαυραν, recte, puto, Mein. ‖ 30. ἐμβάλλοντα codd.; em. Cor. ‖ 36. καὶ Κιλίκων aut omittenda cum Guarino et Mein., aut e Kr. conj. mutanda in καὶ Λυκαόνων. ‖ 40. Σαγαλασοῦ Dhz. ‖ 42. Σαγαλασὸς Dhoz. ‖ 46. Σελγησσὸν Dhz.

P. 488, 1. καὶ post δὲ add. codd., exc. Dhi, Ald. ‖ 3.

INDEX VARIÆ LECTIONIS. 1023

εὔγαιον lrw, εὔγεον i. ‖ 15. Σαγαλασεῖς Dhoz, Σαγαυασεῖς r. ‖ 17. Πισιδικῶν, codd., exc. E. ‖ 18. Πεντηλισόν z; Πεδνηλισσόν Tzsch. Cor. ‖ Ἄδαδα, Τυμβριάδα] ἀδαδάτην βριάδα codd.; e Wesselingii (ad Hierocl. p. 673) conj. em. Cor. ‖ 19. Τιτυασσόν e Wesselingii (l. l. p. 674) conj. Cor. ‖ 20. Σίνδαν x; Ἴσινδα Grosk., coll. p. 539, 44; Ἰσίονδα ap. Polyb. et Liv. ‖ Ἀαρασόν, Ταρβασόν, Τερμεσόν oz Guarin.; Τερμεσσόν codd. cett., exc. E, in quo Τερμισσόν. ‖ 23. καθήκοντες post Μιλυάδα add. codd., exc. E. ‖ 27. καίπερ] καὶ πρὸς rw. ‖ 28. εἰσὶ δὲ καὶ τοῖς oz. ‖ 29. Τιαδᾷ D, Τιαμᾷ h, Τιάδαι r, Τιάδα cett. codd.; Τάδαι Strabo ap. Stephan. s. v. Ἄμβλαδα. ‖ 29. Ἴσινδα Stephan. l. l. ‖ 32. ὡς εἰπεῖν codd.; em. Grosk.; ὡς εἶπον Cor. ‖ 45. περίκεινται Cor. ‖ 47. « ὀρθηλόν ex ὀρθόκαυλον corruptum esse suspicatur Lobeck. » Mein. ‖ 48. κραναίνοις CDEhilorw, κρανανίνοις x, κρανίνοις z; em. Tzsch.

489, 3. καταμιχθὲν codd., exc. E. ‖ 4. ἐν ἐπιπολῆς hi; ἐπιπολῆς Cor. ‖ 11. ἔχειν E. ‖ 12. τὰ add. Cor. ‖ 13. καὶ ante κρημνοῖς addi vult Kr. ‖ 14. ποταμοῖ] πολλοὶ E. ‖ 17. δὲ unus E habet. ‖ 18. ἐπ'] ὑπ' editt. ante Kr. inde a Cas. ‖ 28. προσαγορευόμενον w, προσαγορευόμενοι cett. codd.; em. Cor. ‖ 34. Ὀλυμπινὴ codd., exc. E. ‖
P. 490, 1. πρὸς ἀλλήλους· [πρὸς μὲν ἀλλήλοις], ὅτι Cor., Kr. ‖ 2. τούτοις codd.; em. Kr. ‖ 13. ἀνελόντες τε] εἵλοντο τόν τε codd.; em. Cor. ‖ 33. Καρίαν Clorwxz. ‖ 43. Κρήτης codd., exc. oz. ‖ 45. Τέρμιλλας Dh, Τερμήλας β, Eustath. ad Il. β, 876; Τέρμηλλας lo Ald., Τερμήλας C; em. Xyl. ‖ 47. Τέρμιλλας Dh, Τέρμηλλας l, Τερμήλας Cro. ‖ 49. Λύκωνα codd., exc. E.
P. 491, 1. Ἴσανδρον in Iliade. ‖ 7. Ante μετὰ excidit καὶ πρὸ τῶν Τρωικῶν, monente Cas.; καὶ κατὰ τὰ Τρ. Tzsch., [ἐκ τῶν] κατὰ τὰ Τρ. Cor. ‖ 9. τὸ πάλαι l, τὸ πάλαι καὶ CDh, τὸ παλαιὸν i, παλαιαὶ καὶ rw, παλαιαὶ oz, τε παλαιαὶ recte x. ‖ 12. ἦν οἱ codd.; em. Xyl. ‖ 24. τό [τε] τελ. Mein. ‖ 30. οὕτως] ὡσαύτως conj. Kr.; καὶ ἄλλους [ἄλλως]. Οὕτω δὲ καὶ οἱ Τρῶες ἐκ μικρῶν αὐξηθέντες Cor.; An Κάρᾳς ἀδιακρίτως?
P. 492, 3. εὖ] οὐ codd.; em. Mannert. Geogr. t. 6, 3, p. 567. ‖ 12. χωρῶν codd.; em. Xyl. ‖ 12. Καλυδνίῳ Strabo ap. Eustath. ad Il. β, 677 p. 319, 8 R. ‖ 14. Λαβίνῳ Chi, Λαβήνῳ cett. codd.; em. Xyl. ‖ 21. hac a voce αὕτη incipit codex F. ‖ Ἀβρετανηνοῦ CDhilrw, Ἀβρεττανοῦ oz, Ἀβρυτανοῦ ux; em Xyl. ‖ 30. ἡ ὅλη] ὅλη ἡ owz Cor. ‖
P. 493, 10. γῇ unus habet F. ‖ 16. καὶ inclusit Cor. ‖ 23. λιμὸς mgo o et z ex correct.; λίμας et λίμνας et λεύμας codd.; λοιμῷ Xyl.; cf. Memnon c. 42. ‖ 37. Μάκεστον] Μέλεστον h, Βέλεστον i, Μήκιστον z, Μέκεστον cett. codd.; Macestum dicit Plin. 5, 32, 40. ‖ Ἀβαΐτιδος codd.; e Kieperti conj. em. Kr. ‖ 43. Ἀζανοὶ Strabo ap. Steph. s. v.; Ἀζανιοί codd.; Αἰζανοὶ in numis. ‖ 44. Νακώλεια E et Stephan. l. l., sed Ναχολία Steph. s. h. v. ‖ Κοτυάιον hionxz, Κοτιάον DF. Epit. ‖ Μιδάιον codd.; em. Tzsch. ‖ Δορυλάιον Epit.; leg. videtur Δορυλάειον, quod dedit Mein. ‖ 51. λιποῦσα codd.; em. Cor. ‖ 51. Πισινοῦντα Ez, Πισσινοῦντα x. ‖ 52. Ὀρκαορύκους CDFhilorwx, Ὀρκάρκους E, Ὀρκαορκοὺς z.
P. 494, 4. « Καὶ ante πολίσματα posuit Xylander, nullo lacunæ signo post hanc vocem addito. Spatium vacuum quindecim fere literis sufficiens relictum est in DFh, paullo majus in ·Cv; uno tenore scripta sunt in codd. rell., sed in i inserta inter καὶ et Ἀφροδισιάς leguntur ἄλλα τε, unde Cor. scripsit πολίσματα ἄλλα τε καὶ, parum probabiliter; substantivum potius videatur excidisse, velut χωρία vel simile quid. » KRAMER. ‖ 5. Σαναός] Σαναὰ h, Σαναιὰ i. Legas Συναός, (hod. Simaw). De Sanao non constat. ‖ 6. Ταβαίαι x, Ταμέαι hi, Ταβέαι

cett. codd.; em. Cor. ‖ 14. ἐποικίαν Tzsch. ‖ 18. Ἀσκροίου in marg. F. ‖ 23. Δοκίμειz Stephanus e Strabone (s. v. Σύνναδα et Δοκίμειον). ‖ 25 Δοκιμαῖον] Δοκιμαίαν codd. et Stephan.; em. Xyl. ‖ μικροὺς F. Mein. ‖ 38. ἀπὸ τῆς [παλαιᾶς] πόλεως e Salm. conj. Cor.; Κελαινῶν post ἔχων addi vult Grosk. Hæc improbans Kramerus ἐκ τῆς [ἀκρο]πόλεως legendum censet, Strabonem vero Apameæ et Celænarum arces confudisse putat, præter veri speciem. Marsyam e lacu exire prope Celænas sito Strabo dicit in sqq.; nostro loco fort. erat: οὐκ ἄπωθεν τῆς πόλεως vel ἐγγὺς τῆς πόλεως vel ἐγγὺς παντελῶς. ‖ καταφερεῖ CF. ‖ 41. Ὄργαν E; Ὄρβαν (Νόρβαν var. lect.) sec. Chrysostom. or. 35, § 13, et optimos codd. Plinii 5, 29, 29, § 106. ‖ 43. μέγας add. orwz; om. Mein. ‖ 47. καὶ τὴν] κατὰ codd.; em. Cor. ‖ 48. διαιρεῖ codd.; em. Cas. ‖ 53. ἀπέδειξεν ioz; ἀπέδειξεν cett. codd.
P. 495, 5. ὑπολείβεσθαι Tzsch., Kr.; ἀπολ. codd., Mein. ‖ 19. μαλακότητας codd.; em. Kr. ‖ 21. κοραξιν codd.; em. Salm.; κορακίνην conj. Palmer.; κοραξικὴν Grosk. ‖ 26. συνέπεσεν] συνεπιρρεῖ conj. Kr. ‖ 32. πλέον post πλησιόχωρον add. ux, editt. ante Kr. (nisi quod τὸ πλέον Cor.). ‖ δὲ Κάρουρα. Ὅριον δὲ] Κάρουρα δὲ ὅριον τῆς Φρ. codd. (et editt. ante Kr.) exc. E. ‖ 38. ἐπιγενομένου oz Cor. ‖ 43. Χαρώνεια editt. ante Kr. ‖ 44. Χαράκοις codd.; em. Tzsch. ex pag. 649 ed. Cas. ‖ 48. πολλὴν D, πολὺν hilw Eustath. ad Dion. 828. ‖ 50. βιασάμενος codd.; em. Xyl. ‖ 51. μεσόγεαν Eustath. l. l., Mein.
P. 496, 4. ἀντιτεκτονοῦντες Cor. ‖ 5. αὐτὴν codd.; em. Grosk. ‖ 13. ὁμώνυμον codd.; em. editt. Deinde leg. videtur ἢ διὰ τὴν τῶν λίθων ἀπὸ τῶν ἐκπυρώσεων μελανίαν, e conj. Grosk., quam rec. M. ‖ 33. ὑπονόμου Mein.; recte, opinor; ὑπόνοσον conj. Cor.; ἐπίνοσον proponit Kr. ‖ 36. ἁλόντες codd.; em. Xyl. ‖ 40. συνέστη rw Cor., Mein.; συνεστήκει conj. Kr. ‖ 44. τι συμβαίνει] ἔτι συμμένει bene conj. Cor. ‖ 47. Post Βερεκ. excidisse videtur καὶ οἱ Κερβήσιοι, monente Grosk. ‖ 51. μνησθήσεται codd.; em. Cas. ‖ 52. ὧν κατ' Ἰδαῖον πάγον apud Platon. De rep. p. 391. E.
P. 437, 7. ἔρρωυσι brémousi e Cas. conj. Tzsch. Cor.; πρέπουσι Mein. ‖ ὀρεχθεῖ ux, ἐρέχθει Cglruw, ἐρέχθεον Dhi; ὀρεχθέει e Cas. conj. Tzsch., Cor., ὀρεχθεῖ δάπεδον Lobeck. in Aglaoph. p. 1216; ῥοχθεῖ conj. Kr.; πᾶν τ' Ἐρέχθειον πέδον vel πᾶν δ' ἐρέχθεται πέδον proponit Mein. ‖ 9. ἀνάπτωσιν] ἀναπτωείν F, ἀνάπτοιεν cett. codd. ‖ 11. ἐποικισάντων Cas., Tzsch. ‖ 18. δὴ] δὲ codd.; em. Cor. ‖ 24. καὶ τῶν [νῦν] Κανῶν conj. Kr.
P. 498, 11. αἱρέσεις] διαιρέσεις conj. Cor.; id recte probare videntur Grosk. et Mein.; vulgatam tueri vult Kr.; et variis nominibus partitiones multas conficiunt Guarinus. ‖ 21. τελευτήσαντος] καθαλώσαντος (sic) D; quod ortum esse vid. ex καταλύσαντος vel καταναλύσαντος vel καταναλώσαντος ‖ 24. Ἀρχέλαον] Ἐχέλαος vocatur apud Pausan. 3, 2, 1. ‖ 47. συστέλλει] Aut συστέλλων legendum aut tollenda vox. ‖ Ἀτραμυττίου, sed δ supra τ add., D. quod rec. Mein.
P. 499, 3. ἐπιστρέφοντος Ex, ἐπιστραφέντος cett. codd. ‖ 7. ὁ add. Kr. ‖ ἔξω] sic EF, ἐν ᾧ cett. codd. ‖ 16. ἵκανον] ἱκέσθην Il. ξ, 283. ‖ 17. ὅτι codd.; em Xyl. ‖ 18. Articulum ante Ἥρᾳ om. Cor. et Mein., recte. ‖ 21-27. Verba καὶ τὸ πολυπίδακος... πάρεστιν ὁρᾶν in margine rejecit Mein., recte, ut puto. ‖ 27. δὴ] « τε Cor. parum apte, nullo successu varie tentans hunc locum primum in nott. ad interpr. Paris., ubi ὁρᾷ οὕτως mutanda censet in ὡσαύτως, deinde in editione ipsa, ubi nota maxima post εἴρηκε incidens, novam sententiam a καὶ ἡμῖν incipiens ὁρᾷ omisit, in nott. denique, ubi οὕτως ἐν ὄντας mutandum esse suspicatur. Omnia optime contra procedent, si pro ὁρᾷ scribatur φράζων, mutatione satis

leni. Post οἰκείως Tzsch, δὲ, Cor. τε scriptum fuisse suspicatur. Dein ἄκρον τέρων *CFmoz*, ἄκρον τερον *D*, sed ε supra τ sec. m. add. : inde ἄκρον ἕτερον *hi*, ἄκρον simpliciter exhibent *ux* (sed ita, ut lacuna sequatur duabus circiter syllabis sufficiens) *rw*, quos secutus est Cor.; ἀκρόντερον habet Ald., ἀκρωτήριον Cas., ἄκρον ἕτερον Tzsch. Verum restituisse mihi videor reponens λέγων, coll. Il. ξ, 292.'» KRAMER, cujus conjecturas rec. Meinekius. Ego pro ὁρᾷ οὕτως et ἄκρον τέρων legendum puto εἰρηκὼς et ἄκρον γ' ἐρῶν. ‖ 33. τὰ add. Grosk. ‖ 34. ἔξω τῆς Πρ.] sic *E*, ἔξω τὰ τῆς Πρ. *ux*, ἔξω τὰ μέχρι τῆς Πρ. cett. codd. ‖ 37. ἀναχωροῦσα *E*, recte, ni fallor. ‖ 45. παρὰ τὴν παραλίαν conj. Kr., [ἐπὶ τὰ] τῆς π. conj. Mein.; neutro opus est. ‖ 47. ἐν αὐτῇ τῇ παρ. editt. ante Kr. ‖ 48. τε] γε Cor.

P. 500, 10. σὺν] ἐν editt. ante Kr. ‖ 11. Λυρνησὸν *x* et sic ubique. ‖ 17. ἕλες codd.; em. Xyl. ‖ 24. καὶ τὸν Ἐπίστρ. ejecit Mein. ‖ 36. Inclusa ex Epitome adjecimus, præeuntibus Corayo et Grosk.; in codd. post Χρυσηίδα legitur οὐκ οἴονται... Θήβηθεν, quod post verba ἐγὼ Θήβησιν (lin. 46) transposuit Cor. ‖ 46. Verba σὺ μὲν... Θήβηθεν om. Cor., Mein., haud improbabiliter. ‖ 48. ἐν Τροίῃ Epit., ἐκ Τροίης codd. ‖ 49. ἐν οἴκῳ] ποτὶ δῶμα Epit., κατὰ δῶμα in Il. 10, 478 nunc editur; sed v. ib. schol.

P. 501, 2. γε] τε Cor. ‖ 5. εἴθ' οἱ] εἴθ' codd.; οἱ Epit.; οἵ θ' Cor. ‖ 15. γε] τε Cor. ‖ 18. Περκώτην *x*, hoc loco et post. Cf. Steph. B. s. v. ‖ 27. ἐνέσιπεν codd., exc. *x*, qui ἔνιεπεν; ἐνένιπτεν Tzsch., ἐνένιπεν Kr. cum Iliadis editoribus novissimis. ‖ 36. Λυρνησὶς *Cxz*, μετ' αὐτὴν pro ἐν αὐτῇ *moz*. ‖ 37. [καὶ] ἡ Cor. ‖ 41. Μακαρίων πόλις *F*, μακάρων ἕδος cett. codd., Μάκαρος ἕδος Epit.; Μάκαρος πόλις Kr., coll. p. 356 ed. Cas.

P. 502, 3. συνθέντες *EFmxz*. ‖ 5. τὰ ἐφεξῆς *mox*. ‖ 10. ἡ ἀρχή *x*. ‖ 31. καθάπερ [ἑπτὰ πόρους] ὁ Ἑπτάπορος Strabo scripserit, ut monuerunt editt. ‖ 32-37. Verba ὁ δ' ἐκ .. Ταύρου e marg. irrepsisse cum Kr. et Mein. censemus. ‖ 33. πολλοὺς δὲ om. *x*, Guar., Cor., fort. recte, nisi in sqq. Σκάρθων etc. alius fluvii mentio latet, adeo ut legendum sit : Ἠλείαν, [ὁ δ'] ἐκ πέντε κ. ε ‖ 34. Σκάρθων] ἐμβάλλων vel εἰσβάλλων conj. Cor.; melius καταρρέων Groskurd, quamquam incommode h. l. ponitur participium qualecunque, monente Kramero. Fluvii nomen proprium subesse non videtur; intelligendus Ladon s. Selleis. ‖ 37. In latinis pro *Samus* lege *Sarus*. ‖ 38. Post τι lacuna in codd., exc. *Fi*, quorum *i* habet ἐν εἴκοσι; ἐν legitur etiam in *x*. ‖ 45. Σιδήνη *Fi* Mein. ‖ 48. Ἀρπάγεια *F*, Ἀρπαγεία (sic) *D*, Ἀρπαγεῖα cett. codd.; Ἁρπάγια Strabo ap. Stephan. s. v.

P. 503, 5. καὶ [ἡ] Καλλ. om. Cor. Mein. ‖ 18. ἐπώνυμον *E*, sed supra add. ὁμώ; ὁμώνυμον cett. codd. ‖ 19. « κατὰ τὴν Πυκάτην om. *Cx*, κατὰ τὴν τύκατιν *Dhi*; κατὰ τὴν ἐπακτίαν conj. Voss. ad Scylac. p. 85; κατὰ τὴν ἀκτὴν Berkel ad Steph. v. Ἀκτή, probante Kramero; κατὰ τὴν πυμάτην ἀκτὴν Grosk.; κατὰ τὴν Παυτύην (e regione Pactyæ Chersonesi urbis) conj. Mein.; κατὰ τὴν Πιτυᾶτιν conj. Cor.; nimirum inter Parium et Priapum erat Πιτυα opp., eique imminens Πιτυῶδες ὄρος (v. infr. lin. 46). ‖ 20. λιθεία Mein. ‖ 23. τὸ] Leg. τε cum *moxz* Cor. Mein. ‖ 23. ἐξηλείφθη codd.; em. Mein. ‖ 25. δὴ om. *moxz* Cor. ‖ 29. ἵσατο *C*, ἱδρύσατο *moxz*; εἴσατο ἤγουν ἵδρυσε Eustath. ad Il. β, 828, p. 355, 5. ‖ 30. περὶ] παρὰ Eustath. l. l. ‖ 46. Πιτύεια Epit. ‖ 53. ὁμώνυμον post ἔχουσα suppleri vult Grosk.

P. 504, 1. πρῶτον codd.; em. Cor. ‖ 2. Ἀρισταῖος codd., em. Cas. ‖ 4. Τηρείης] ῥείης *C*, τῆς ῥείης cett. codd.; Τηρείης margo *E*. ‖ Πειρωσῷ *x*, Πειρασσῷ *F*. ‖ 9. τῆς ῥείης codd. ‖ 13. Πιτύουσα codd., exc. *E*. ‖ 14. περαίᾳ] στερεᾷ codd., στερρᾷ Ald.; em. Xyl. et Berkel ad Steph. v. Καλλίπολις. ‖ 20. κατέσπασται *Foz*, κατέσπαστο *CD hirwx*.

P. 505, 15. Ἡ [Περκώτη] Παλαιπερκώτη μετωνομάσθη, misso ὁ τόπος, conj. Mein., coll. schol. ad Il. λ, 229 : ἀρχαία αὕτη ἦν Περκώτη, νῦν Παλαιπερκώτην καλοῦσι. Possis etiam : ὅτι Παλαιπερκώτη μ. ὁ [τῆς ἀρχαίας Περκώτης] τόπος Nihili sunt quæ tentarunt Tzsch., Cor., Grosk.; Kr. Cf. Mein. ad Steph. v. Περκώτη. ‖ 25. Κηφισσὸν codd. exc. *Fx*. ‖ 27. κλυτὰ δώματ' ἔναιον legimus in Il. β, 854 et apud ipsum Strabon. p. 542 ed. Cas. ‖ 31. Θρᾷκες [τοῖς ἐν Τροίᾳ ὁμώνυμοι] conj. Grosk. ‖ 43. ἐπ'] ὑπ' *moz*. ‖ 52. ἀρίστη] « fort. κρατίστη. » Mein.

P. 506, 14. μαλλακτέον editt. ante Kr. inde a Xyl. ‖ 28. Nisi cum *i* legere velis ἐν τοῖς περὶ Θρᾴκην τόποις, ejiciendum est τόποις, quod Kr. vult, aut scrib. λόγοις, quod Mein. proponit. ‖ 36. Τμώλῳ καὶ τὰ περὶ *moxz* ‖ 39. τὰ δὲ ἄλλα παραλία *moxz* Guarin. Ald.

P. 507, 9. καθάπερ] καὶ ἅπερ codd.; em. Xyl.; καὶ καθάπερ ... ὑποβεβηκότων, ἔστι τις Cor. ‖ ἁπλῶν] ἀγαθῶν codd.; em. Grosk. ‖ ἔτι πῶς] ἐστί πως *moz*; om. Cor.; ἤδη πως conj. Grosk. ‖ 11. μεσαγρίων *rw*. ‖ 14. καὶ κατὰ Ald. ‖ 27. ἔδει] ἐκ codd., em. Cor. ‖ 30. ᾤκεον] ἔναιον *moz*. ‖ 38. τελέως *rxz* Cor. Mein. ‖ 47. Κροῖσον] μικρὸν *x*, χρησμὸν *moz* Guar. ‖ 50. καὶ inclus. Cor.

P. 508, 2. πόλιν ἀντὶ κώμης καὶ Eusth. ad Il. δ, 163. ‖ 35. μάντι] βίαν τε bene conj. Casaub.; μηχανάς τε ί, μάχην *rw*, ἀρχὴν *x*, spatium vacuum in *moz*, neque Eustathius l. l. hæc verba exprimit; μάχην μηχανάς τε conj. Palm., μηχανάς τε Freinshem., Cor., βίαν τε καὶ ἀπάτην Tzsch., coll. Dion. Cass. fr. 131. ‖ 36. δεκαταίους conj. Cor., coll. Epitome, ubi ἐν ἡμέραις δέκα. ‖ 37. χιλιονάων στρατὸν Epit.

P. 509, 2. ἐφιλ. γὰρ πρὸς codd., exc. *Dhi*; ἆρα pro γὰρ legi voluit Tyrwh. ‖ 4. γνωριμώτατα codd.; em. Cor. ‖ 7. τ' ante Αἰνείαν habent codd., exc. *oraz*. ‖ 8. ὅτι] om. *x*, ἔπειθ' ὅτι *i* Cor.; τε cett. codd. ‖ 9. Ἴλου *ix* Cor.; προσηγορίαν *F*. ‖ 13. νῦν post ἐνταῦθα add. *Dhi*; ἵδρυτο *h* Ald. Cor. ‖ 18. μικρῷ *moxz*. ‖ 33. Ὀφρούνιον codd., exc. *E* Epit. ‖ 34. λίμνη] « Fort. λιμήν. » Mein. ‖ 35. πτελεός *z*, fort. recte ; Πτελεόν Troadis oppidum memoratur ap. Steph. Byz. ‖ 37. Ῥυτίῳ *CFmoxz*, Ῥοιτίῳ *D*, Ῥουτίῳ *hi*; ἠιὼν συνεχὴς *moz*, ὀλιγενὴς *CDFhirw*; Αἰάντειον om. Eustath. ad Il. β, 648 et *r*, 86; aut delendum aut post μνῆμα ponendum. ‖ 40. Ῥυτιεῦσι codd., ἄλλους om. codd., exc. *x*, qui ἄλλα habet, quod rec. Cor.; ἄλλους dedit Kr. ‖ 44. Ῥοίτιον *h*, Ῥύτιον cett. codd., nisi quod *u* supra υ add. in *D*. ‖ Σίγιον codd., em. Cor. ‖ 51. Σιγιάδα codd., exc. *E*. ‖ 52. Πρωτεσιλάειον *E*, Πρωτεσίλαιον *Forz*, Πρωτεσιλαίου *C*, Πρωτεσίλεων *Dhi*. ‖ Ἐλεοῦσα *Dhimowz*, Ἐλαιοῦσσα Cor.

P. 510, 5. Ῥοιτίου *Dh*, Ῥυτίου *C*. Eadem scripturæ varietas in sqq. ‖ 23. τάχα δὲ [καὶ] Cor. ‖ 48. λέγειν τε τὸν ποιητὴν *F*; τε om. *CDhi*; τε καὶ *moz* λέγει ὁ ποιητὴς καὶ *x*.

P. 511, 4. Κεβρήνους *imoxz* Cor. ‖ 7. τούτους additum e conj. Grosk. ‖ 9. Ῥοιτίου *CDFhi*, Ῥυτίου cett. codd., exc. *E*. ‖ 14. ἀπολαμβάνεσθαι Mein.; μεταλάσσεσθαι *E*, μεταλαμβάνεσθαι cett. codd., καταλαμβάνεσθαι Cor. ‖ 20. Βάτειαν codd.; em. Xyl. ‖ 28. αὐτῷ] malim αὐτοῖς. ‖ 35. διέχων] « ἔχων Cor. correxit e conj. Palmerii (in auctt. gr. p. 341) : Δί propter Ν quod præcedit neglectum est. In ι κύκλον additum est post ἔχων. Ita Eustathius hæc verba intellexit. V. ad Il. ν', 47 et 53 p. 1195, 28 et 43 R. » KRAMER. Nihil erat cur vulgata e Palmerii conj. mutaretur, ut nunc video ex schol. Hom. Il. ν', 53 in Crameri Anecd. Par. t. 3, p. 390 : Δημήτριος ὁ Σκήψιος Καλλικόλωνον αὐτὸν καλεῖσθαι, λόφον σταδίων πέντε τὴν περίμετρον, κεῖσθαι δὲ μεταξὺ Ἰλιέων κώμης καὶ Σιμόεντος, ἀπέχειν δὲ Σιμόεντος μὲν στάδια ε', Ἰλιέων δὲ κώμης ι'. || 52. καὶ om. *x* Cor.

P. 512, 5. λέγοι *moxz*, λέγοιτο *CDFhirw*. || 6. ἀπέοικε] ἀφέστηκε ex Eustathio ad Il. ζ, 433, p. 653, 49 legi voluit Casaub., quod probat Kr., ree. Mein. || 10. ἵχοντο codd., exc. *x* qui h. v. omisit; em. Xyl. || 14. εἰ om. *CFr*, εἰς om. Mein. || 15. τῆς] τοιαύτης Cor. ex Eustathio. || 20. ὡς] καὶ leg. fuerit cum Kr. et Mein.; ὡς εἰ vel ὡς ἂν εἰ conj. Grosk. || 21. ἐχόντων *moz*. || 27. τὸ add. Kr. || 28. τὸ add. Grosk.; πεδίον συμπροστιθεὶς Mein. Post v. προστιθεὶς excidisse οὐκ εὖ conj. Kr., οὐκ εἰδὼς vel οὐ διανοούμενος Grosk. || 29. πρόσχωμα *Crwxz*, πρόχωμα cett. codd.; Mein. || 41. τόδε codd., exc. *rxz*. || 50. που vel τι excidisse censet Kr.; ποῦ ἐστιν supplev. Groskurd. || 52. πρόσχωμα *morwxz*, πρόχωμα cett. codd., Mein.

P. 513, 5. ἀφ' inseruit Kr.; [ἀπὸ] πολὺ ἂν μείζονος ὕψους Cor., Mein. || 26-30. Verba ὅτε καὶ... Ἀττικοὶ corruptelis insignia a lectore erudito in margine annotata, hinc in ordinem verborum recepta esse recte censet Kr.; ejecit verba Mein. || 26. ἑαυτὸν post φερόμενον ponunt editt. ante Kr. || 28. κελεῦσαι pro κελεύσας ἀγγεῖλαι *moz*. || 29. σόος] σος (sic) *F*; σόος sec. m. in *h*; om. *i*, σῶος *rwx*. || Ἄρει] sic *ho*, ἄροι cett. codd. || ἔντεα δ'] ἐ. conj. Wesselingii ad Herodot. 5, 95 Cor., Kr., Mein., alii; ἐνθαδ' *F*, ἐνθάδ' *Dhz*, ἐνθάδε *x*, ἔνθα δ' *C*, Ald. Mihi Wesselingii conjectura nunc videtur speciosior esse quam verior. Servata codicum scriptura, totum locum manu leni ita refingi velim : Ἀλκαῖος σόος Ἄρει ἐνθάδ', οὐκέτ' ἐν δάῃ κόρυν [δ'] ἐς Γλαυκώπιον ἱερὸν ἀνεκρέμασαν Ἀττικοί. || οὔκυττον *h*, οὔχυ τὸν *i*, οὐκ αὐτὸν *Cmoz* Ald., οὐ κεῖται *rw*; αὖ καυτᾶν ex Angli cujusdam conj. Cor., οὐκ ἀνένεικον dubitanter Bergk. (Poet. lyr. p. 578), οὐκ εἴρυτο proponit Kr. || ἀλήκτοριν] ἀλυκτόρην οz, ἀλήκτορι ex Angli conj. Cor., ἀ δὴ κτέρας Bergk. ||30. γλαυκωπὸν codd.; em. Wesseling. || ἀνεκρ.] ὃν ἐκρέμασαν codd.; ὃν om. editt. ante. Kr.; "ὀνεκρέμασαν Seidler. et Bergk., sed formam communem ex Herodoto restituendam esse censui, cum in reliquis etiam nullum dialecti aeolicae vestigium offendatur." KRAMER. || 31. εἰς μονομαχίαν Kr.; προσκαλ. codd. exc. *F*. || 38. περιτειχίσαι codd., em. Cor. || 46. ἀπειθούντων *CDFhirwx*; em. Palmer. || 52. Παχετείου Mein.

P. 514, 2. συνέβη *mz* Cor. || 3. ἐξελήφθη *CDF*, ἐξηλίφθη *hi*, ἐξηλείφθη *moxz*; em. Cor. || 6. οὐδὲ e Cor. conj. Mein. || 14. διὰ μῆνιν editt. ante Kr. inde a Xyl. || 22. εἰ γὰρ *oxz*; αὐτὰρ ἐπεὶ in Od. legitur. || 23. βουλῇ] εἴπερ βουλῇ codd., exc. *moz*, qui recte, ut videtur, hunc versum omittunt; omisit etiam Mein. || εἴπερ ortum ex εἰ varia lectione pro ᾖ in versu antec., et ex περ quod initio versus sequentis desideratur. Verba inclusa ex lib. I, p. 17 ed. Cas. addidit Cor. || 29. Verba ὡς καὶ... φίλον υἱὸν ej. Mein.; spuria esse jam censuit Heynius ad Il. ζ, 92. ι, 455. || 37. εἶτ' ἐφ' ἱκετίαις εἶτε * conj. Cor.; quid sibi velit φρένας vox, in medio reliquit; sicut Meinekius quoque, qui conjecit : εἰθ' ἱκετ[είας ἑρμην]εύοντες εἴτε φρένας. In Epit. legitur : οὐκ εἰς τὸ θυσαιν (sic) οὕτως γοὐνασιν ἀντὶ τοῦ ταῖς ἱκεσίαις. Eustathius ad Il. ι, 92 p. 627, 9 R : δύναται δέ, φασί, τὸ ἐπὶ γούνασι νοηθῆναι καὶ ἀντὶ τοῦ ἐπὶ γουνασμῷ καὶ ἱκετείᾳ. || 40. καὶ ante ἄλλαις add. editt. ante Kr. || 43. κατεσκάφη *D* (θ supra φ additus habens) et *himorwxz*, Eustath. ad Il. δ, 163, p. 460, 11 R. || 48. κατά τι παλ. Epit. et Eustath.

P. 515, 6 οἷος ὁ ἐκείνου *x* Tzsch. Cor. || 7. θυμός] μῦθος codd.; em. Xyl. || 9. τὰ Σίγιον καὶ τὸ Ῥοίτιον codd. || 14. καὶ inclusit Cor. || 25. πῶς] ὡς codd.; em. Cor. || 38.

« διάδυσιν Tzsch., Cor. (et Mein.) e Xyl. conj, collato Diodoro 5, 36, satis probabiliter quidem, sed non ita necessarium ut recipere audeam. Eustathius ad Il. χ, p. 1263, 38 R. codicibus concinit. » KRAMER. || 39. καὶ inclusit Cor. || 43. Ἄνδειρος *Dh*, Ἀνδηρός *Ei*, Ἄνδριος editt. ante Kr. || Καρισηνῆς codd., exc. *E* || 46. Πιτυίαν codd.; em. Xyl. || 47. τὴν χώραν] τὸν τόπον *E*. || 50 πόλιν] χώραν *rw*; regionem Guarin. || 51. οὕτως] οὕτως velit Kr. || 52. Ῥοίτης Epit.

P. 516, 1. Μελαίνας *F* Epit., Κελαινὰς *moxz* editt. ante Kr. inde a Xyl. || ἐὰν] sic *Dhg*, ἐὰν *C*, ἕως *moz*, om. *ux* Ald.; διήκειν *rw*, διήκειν καὶ ἕως editt. ante Kr. inde a Casaub.; ἀνιέναι *i*, quod recte rec. Mein.; in Epitome legitur : τὸ δὲ ὕψος ἀπὸ μὲν ῥίζης ἐπὶ ἐξήκοντα ἑπτὰ πόδας ἀνήει. || 8. τὸ] τότε *CDFhi*. || 13. Κλεανδρείας Epit.; Νεανδρίας conj. Kr. || f. leg. Γεργίθου opinatur Grosk. ||.15. Αἴνιον] « Αἶνος fluvius cum hoc uno loco commemoretur ac praeterea Strabo p. 595 ed. Cas. postquam Rhodium in Hellespontum exire tradidit, secundum nonnullos in Aesepum influere adjecerit, tertia opinione nec illic addita, neque hoc loco ullo modo significata, Αἴσηπον hic quoque scribendum censeo, quod quam facile in Αἴνιον corrumpi potuerit liquet. » KRAMERUS, cujus probo conjecturam. Quum Καλὴ πεύκη ab Adramyttio 180 stadia, locus vero quo Rhodius oritur, a Cale Peuce 60 stadia distare dicantur, haec bene conciliari possunt, si de fluvio sermo est in Aesepum exeunte, non item si de amne agitur in Hellespontum egrediente, sive in Rhodius fuerit sive ignotus quidam Aenius Rhodium excipiens. || 18. Ἁλιζόναι *oz*, Halizonium Cuarin.; Ἁλιζώνιον Tzsch. || 19. Ἁλιζώνων *CDFhoxz*, Ἀλλιζόνων *iw*; ἀλαζόνων *g*; Ἀλαζόνων conj. Grosk.; Ἁλιζώνων recte habet *E*. || 25 Νέαν] Cf. p. 472, 48. || 26. Ἀργυρία] ἀργυρεῖα *oxz*, ἀργύρια cett. codd; em. Cor. Deinde τάγματα ἀργυρᾶ *F*, τάγματα τὰ ἀργυρᾶ *CDhi*, τακτέον τὰ ἀργυρεῖα *moz*; τακτέον πρὸς τὴν etc., *x*; quod etiam ad eandem materiam ponendum est, Guarin., πλάσματα conj. Xyl.; τακτέον πλάσμα * τὰ ἀργύρια * Cor. || γε] τε codd. || em. Cor. || 38. Αἰνείας] Αἰνείας *CFh*, Νείας *x*, Νέας Mein.; διέχει περὶ πεντηκ. *F*. || 43. δ' ἤ] Leg. δὴ cum Cor. et Mein. || Σιγειάδα *FE*, Σιγιάδα cett. codd. || 44. Ἀχαιῶν *CDFhix*, Ἀχαιῶν *E*. || 52. πλείω, καὶ δὴ καὶ om. Mein.

P. 517, 2. Post Λεύκοφρυν in *moz* adduntur : εἰσὶ δὲ καὶ ἕτερα νησία περὶ αὐτήν. || 6. Λάρισσα codd.; mutavit Kr. || 7 Decem fere literarum defectus in *DFh*; τῆς Τενεδίας *z* [Τενεδίου περὶ]ας conj. Grosk.; probante Kram.; idque ree. Mein. || 19. ἔργον Eustath. ad Il. α, 39 p. 34, 17 R. || 29. παρονομάσαι *moz* Eustath. l. l.; κατονομάσαι editt. ante Kr. || 34. Ξυπετεῶν] ὀξυπέτεων (sic) *F*; ὀξυπετεῶν *C*; ὁ Ξυπετεὼν Tzsch. Cor.; Ξυπετεῶν aut Ξυπετεώνων ἢ Ξυπεταιώνων conj. Kr.; οἱ Ξυπετεῶνες Mein. || 37. γενεᾶται ἀρχηγέτην *moz*. || 40. ἱδρυμένη Χρύσῃ *moz*. || 44. Δαρισσαία codd., exc. *Dh*. || 47. Ἀλίσιον *DCFhx*, Ἀλύσιον *moz* Ald., Halysium Guarin.; Ἀλήσιον E. Cf. Steph. Byz. v. Ἀλήσιον; et Τραγασαί. || 48. ἐντὸς] ἐν τοῖς codd.; em. Tyrwh. || Τραγασαῖον *E*, Τραγισαῖον *hi*, Τραγεσαῖον cett. codd. || 51. ἀπόψει *i*.

P. 518, 2. καὶ om. *hi* Cor. || 13. τεταγμένων *CDhix*, || 19. Σατνιόεις codd. *Exz*, || 22. γὰρ abundat. Post δουρὶ editt. inde a Xyl. ex Iliade addebant : μετάλμενος ὀξυόεντι. || 23. Ἠνοπίδην ex Iliade editt. ante Kr. || 24. Ἤνοπι *CDF*. || ὄχθαι *Cor*. || 26. καῖε codd., exc. *z*, ubi ναῖε ex correct. || ὄχθας *oz* Cor. || 28. Σατνηόεντα *x*, Σατιόεντα *z* (?). Tzsch. Cor. Eustathius ad Il. ζ, 21 p. 623, 21 : καὶ περὶ μὲν Σατνιόεντος ὁ γεωγράφος φησὶν ὅτι τινὲς Σαρνιόεντα λέγουσιν. Unde conjicias nostro loco fuisse

Σατνιόεντα δ' (vel δὲ οἱ) ὕστερον εἶπον Σαφνιόεντα. || 34. τε] τότε moz. || 37. δὲ] τε codd.; em. Cor. || 48. Πολυμήδειον Mein. || 49. Άσσος] άλσος codd.; em. Mannert. Geogr. t. 6, 3, p. 420. || 51. [τὰ] Γάργαρα editt. ante Kr. inde a Cas. || 52. Ἀδραμύτινον E.
P. 519, 13. Ἀδραμύτιον E'. || 16. ἐν] δ' ἐν Cor. Mein. || 17. Περπερίνα oz; « Περπερηνή scribendum videtur ob ipsius nominis formam Plinii (5, 32) auctoritate firmatam. Cf. St. B. v. Παρπάρων et Holsten. ad h. l. » KRAMER. || 19. κῶμαι] κατοικίαι moz. || 20. Ἄττεα] Num recte nomen habeat, quaeritur. || 23. ἡ Μελαία CFrxz, Μελέα D, Μελήα h, Μελία i, Μελαία o; e Cas. conj. em. Tzsch. || 36. Μιλήσιοι Ald.; Μιλησίοις codd. || αὑτοῖς] αὐτοὶ moz Cor.
P. 520, 6. παραγενομένων Dhi, λεγομένων rwx, .. νομένων C; om. vocem moz; περιγενομένων Eustath. || 7. περισωθῆναι] περαιωθῆναι Cor. || 14. Ἐλύμνῳ codd., exc. F. || 18. τοῖς Λατίνοις pr. m. D et irw, ἐν τῇ Λατίνῃ moz. || 20. ἀπειρίαν codd.; em. Cas. || 34. [νῦν δὲ δὴ] Αἰνείαο editt. ante Kr. inde a Xyl. || 41. γοῦν] γὰρ editt. ante Kr.
P. 521, 29 κατεπλήξαντο F, κατέπληξε moxz, κατέπληξε τοὺς πολλοὺς conj. Cor. || 34. ἀφ'] ἐφ' codd.; em. Cas.; ἀναβολῇ] βουλῇ codd.; em. Cas. || 42. Ἄνδηρα DEhi Epit.; Πιονίας Dh Ald.; Πιονία editt. ante Kr. inde a Cas., uti est ap. Hierocl. p. 663. || 42. προσλαβὼν x; ἢ προσλαβὼν conj. Cor.
P. 522, 12. ἀδελφιδοῦ Ald. || 15. ἅμα] ὀνόματι moz, ἅμα ὀνόματι Cor. || 20. τε om. Cor.; ὥσπερ καὶ Mein. || 21. Αἰολέων [εἰσίν] conj. Grosk. || 23. Μιλήτου πόλεως codd.; Μιλητοπόλεως Cor. || 30. τοίνυν] μέντοι moz. || 34. Ἀλικαρνασσὸν codd., exc. Dhxz. || 35. ἡ μὲν τοίνυν Ald., Mein. || ἐκλειφθεῖσα Eustath. ad ll. ζ, 21, p. 623, 24; ἐκληφθεῖσα DFhx, ἐξαλειφθεῖσα moz. || 36. Ἁλικαρνασσέων CF. || 38. καὶ ἡ χώρα νῦν vel τὴν νῦν conj. Grosk.; καὶ νῦν ἡ χώρα mavult Kr.; idque rec. Mein. || 39. ᾠκῆσθαι oxz Tzsch., ᾠκεῖσθαι Ald. || 45. Ἁλικαρνασσὸν codd. || 46. Συάγελα Kram., Συναγέλα CDx, σὺν ἀγέλᾳ hmowz, συναγελας (sic) F, Σουάγελα Tzsch. || 48. ἐπιτήδειον codd.; em. Xyl. || 49. σχεῖν codd.; em. Cor. ex Herodot. 1, 175. || 50. Πήδασιν moz; Πηδάσιον conj. Salmasius ad Steph. s. v. Πήδασα in editt. Berkel.
P. 523, 1. ἡ δὴ νῦν editt. ante Kr. || 7. τὴν ἐχ. additum ex moz. || 12. υἱες] Ἀχ· om. codd. || 13. καλλιπάρηον post Χρυσηίδα add. editt. ante Kr. || 23. Aut ejice τοῖς cum Cor., aut lege τὸ πρότερον cum Mein. || 31. οὖν] γοῦν mavult Mein. || ἔτι] ἔστι codd.; em. Mein. || 32. λέγεται] λεγόμενος moz || Κιλλεοὺς C, Κιλλέους Dhrw, Κιλεος (sic) F, Κιλλέου moxz; em. Cas. || 35. Κιλλεὸς F, Κίλλεος cett. codd. In sqq. quoque pro αι codd. ε habent. || 37. Κολωνεὺς F. || 48. εἰς τὴν Ἀμ. Cxz.
P. 524, 6. οὐδὲ] Malim οὔτε e conj. Kr. et Mein. || 15. εὐθὺ; xz, Tzsch., Cor., Mein. || 17. ἀπὸ Ἀμ. δὲ moz; δὲ om. CE. || 25. Strabo scripserit σμίνθοι, uti est ap. alios, monente Casaubono; idque rec. Mein. || 27. οἱ Ὀτέοι codd., exc. E. || Κορν. τινα τιμᾶσθαι. E. || 30. Μίμαντα] Μελιοῦντα codd.; em. Cor. || 32. γίνεσθαι bene moz Cor. Mein. || 35. μείς τις EF, μύς τις Dmoxz, μύσων τις hi, μιστις C. || 41. δὲ [καὶ] Ἀστ. Cor. Mein. || 48. ἔρημος om. moz. || ὑποπλάκῳ xz.||49. Πλάκος] ὑπόπλακος moxz. || 51. Ἀνδήρων DEf; sed in D correctum Ἀνδίρων.
P. 525, 22. χείμαρρος moz, χείμαρος Crwz. || 23. εἰς στόμα w, εἰς στόμα τι r. || 24. Ἄνδιρα CDh. || Ἑρμίνου codd., exc. F. || 33. Ἐλεούσσαν] ἔχουσαν codd.; em. Palmer.; Ἐλαιούσσαν Mein. || 35. νησὶς] γῆ τις Cor. Sane vulgata corrupta est. An ἡ ἐν τῇ Τυρρηνίᾳ κίσηρις (pumex)? || τοῦ ἐπίσου ὄγκου Cor. || 40. Ἐλαϊτικὸν Ald. || 44. τοῦ] τῆς moz. || 47. Κάνη E. || 48. Κανέᾳ CDhix. || 50. Ἀργινουσῶν CDz. || 51. Αἴγα] Αἰγᾶ D, Αἰγᾶν hoz, Αἴγα Epit. Αἰγᾶν Mein. || 52. Αἰγᾶν Ez. || 53. Leg. videtur ἀκτὰν καὶ ἀρχὰν cum EF. Cor., Mein.; nec aliter in Strabone legisse videtur Stephanus s. v. Αἰγά. Nihilominus res dubia. Αἰγᾶν ἄκρα esse potest Ægarum urbis prom.; nam Strabo de Cane et Ægа ita loquitur ut esse debeat promontorium a quo non longe aberat urbs Αἰγαί. Cf. Index nom. s. v. Cane.
P. 526, 4. δὲ καὶ καθ' αὑτὸ τὸ Αἰγ. Ald. || Αἴγα DE; Αἰγᾶ cett. codd.; Αἰγᾶ Mein. || ἐκλήθη] κεκλῆσθαι codd.; f. κεκλῆσθαι [δοκεῖ] leg. susp. Mein. || 5. Verba ὡς Σ. glossatoris esse videntur; ej. Mein. || 7. Ἐλέας Coxz. || 8. οὐδεμιᾶς] μιᾶς ἑκάστης moz. || 10. καὶ ὁ] ὁ δὲ E. || 11. Ἀλάνου F, Ἀλαίου cett. codd.; em. Xyl. || 22. χώρας καὶ τῆς περὶ rw. || 28. αἰν. τι τιθεὶς Ald. || 42. οὔθ'] οὐχ F; οὔτ' ἀληθῶς conj. Grosk.; οὔτ' ὀρθῶς conj. Mein.; οὔθ' deleri mavult Kr. || 47. Τήκνον codd., ém. Xyl. || 50. τοῦ T.] τῶν Τήκνων CFrwx, τοῦ Τήκνου Dhimoz; em. Xyl.
P. 527, 1. Γέργηθα codd.; em. Cor. || 4 ἐπεὶ] ἐπὶ codd., exc. oz. || 7. τῷ] τῇ codd.; em. Cor. || 13. Σιγρίαν Chimoz, Σίγριαν Dw; Σίγριον EF. || 23. Μηθυμναίαν codd.; em. Kr. || 35. κλειστὸς τριηρικὸς ναυσὶ π. bene conj. Plehnius (Lesbiac. p. 13), coll. p. 560, 6 ; τριήρεσι καὶ ναυσὶ moz; τριηρικὸς καὶ ναυστάθμον ναυσὶ π. conj. Wesseling. ad Diodor. 13, 79. || 44. κτέννοντα Cor. || 45. μαχατὰν Tzsch., Cor. || βασιλήων codd., βασιλήιον ex O. Mülleri. conj. Bergk in poet. lyr. p. 578. || 146. παλαστὰν DFhi Mein. || ἀπολιπόντα codd.; em. Müller. || μίαν] ἀνίαν codd. || em. Müll. || παχέων] τ' ἀχέων moxz; dein ἀπυπέμπων F, ἀποπέμπων cett. codd.; em. Müller. || 49. τῶν μνημονευομένων? Mein. || 51. ἐκείνη post ἐνάμιλλον ponit x et Cor.
P. 528, 1. τὰ διχοστασιαστικὰ ποιήματα τοῦ Ἀλκαίου περὶ τούτων Ald. || 5. Μελάνδρῳ F, Μεγαλαγύρῳ cett. codd.; em. Grosk. aliique. || 14. αὐτὴν] ταύτην Cor. || 17. υἱὸν] υἱωνὸν? Mein. || 18. Μάρκον] Μάκρον conj. Ryk. ad Tac. Ann. 4, 18; quod rec. Mein. || 27. Ἔρεσος Mein.
P. 529, 3. Ἀπολλώννησοι moz, Ἀπολλώννησοι Cx Epit. || 7. Παρθοσελήνη Dhirwxz, Παροσελήνη o. || 8. αὐτῇ] αὐτῇ DFh, ἑαυτῇ moxz; ἀκτή? Mein. || 9. πόλις] πόλης F. Vocem post αὑτῆς ponit Ald. et, praemisso καὶ, moxz. Ejicienda vox. || 11. φυγόντες codd.; em. Cor. || 14. Ἀσπρόκνων F, Ἀσπάρινον oz. || 15. Ἀσπορινῆς oz. ||.16. Περδίκας CDhrxz. || 17. ἱμάσιν codd.; em. Tyrwh. || 31. ἁμὸν] ἐμὸν codd.; em. Xyl. || 32. εὖ ναιετάωμεν post Κιλ. add. editt. ante Kr. inde a Xyl. || 17. Ἡνοπίδην ex Hom. editt. ante Kr. || 49. Ἤνοπι F. editt.
P. 530, 2. ἐπὶ] ὑπὸ codd.; em. Cor. || 5. καὶ ante ὑπὸ om. C; τοῖς ὑπὸ Cor. || 17. ἐπὶ inseruit Mein.; κατὰ proposuit Kr. || 49. ὑπὸ Φρικίῳ codd.; em. Tyrwh.
P. 531, 3. ἀνελθόντας Grosk., ἐλθόντας codd., ἐλθόντας Cor., Kr., Mein. || 8. τοῦτο ἐκμαρτυρῆσαι Dhi. || 17. ἐπαναστάσεις codd.; em. Cor. || 21. Καϋστρηνοῖς CDEhimoz, Καϋστρινοῖς Fx Ald. || 31. Αἰγᾶς Dh. || 40. Δαρίσσης Λαρίσσης esse videntur D. || 43. Leg. puto · κακεῖθεν [ο'] εἰς Ἑλαίαν, coll. lin. 53. || 44. Ἄδαι] Quaeritur an recte nomen habeat. Aliunde de Adis non constat. Cf. Index nominum. || 46. Ἁρμ.] Hermaluntem Guarin. || 51. Ante Γρύνιον typoth. errore excidit Μυριναίον. Ad hunc locum in marg. zo leguntur : Κυριακὸς δ' ἐγὼ αὐτὸς μεταξὺ Μυρίνης καὶ Κύμης ἐς τὰ τοῦ αὐτοῦ Ἀπόλλωνος ἱεροῦ ἐρείπια ἐν τῷ ὑπερκειμένῳ λίθῳ τῆς πύλης μεγίστοις καὶ καλλίστοις γράμμασι παλαιοῖς τόδε ἐπίγραμμα εὗρον·

ἈΠΟΛΛΩΝΙ ΧΡΗΣΤΗΡΙΩΙ.
ΦΙΛΕΤΑΙΡΟΣ ΑΤΤΑΛΟΥ.

P. 352, 32. τεθεῖσθαι [δοκεῖ]? Mein. in Vindic. p. 215. || 38. οὐδ' ἂν ἀμν. codd , exc. Fi.

P. 533, 4. Τιαννός C, Τυανός x, Τυανεύς moz. ‖ 10. διέμενε CDxz Cor. ‖ 16. έπανελθών omz-Ald. ‖ 19 δι'] μεθ' moz. ‖ 31. πρῶτος] οὗτος πρῶτος editt. ante Kr. ‖ 34. ἐτελεύτησε moz. ‖ 39. δὲ καὶ οὗτος Ald. ‖ 42. τὴν] γῆν τὴν Epit. ‖ 48. δὲ add. ex x; τε habent moz. ‖ 48. τετταρακ.] τριάκοντα? ‖ 49. τῷ υἱῷ Ald.
P. 534, 3. Δηίγυλιν Epit. ‖ Καινῶν] ἐκείνων CDhimorwxz, ἐκεῖνον F, καινὸν Epit.; em. Tzsch. ‖ 5. δὲ καὶ τὴν ἀρχὴν codd., exc. Fz. ‖ 15 sqq. Sic hunc locum e Casaub. conj. dederunt Tzsch., Cor., Kr., suppletis iis quæ uncis includuntur, et ejecta lin. 17 voce 6ν. Meinekius vero scripsit : Μηνοδότου υἱὸς καὶ 'Αδοδογιωνίδος τοῦ τετραρχικοῦ τ. Γ. γένους, ἢν καὶ παλλακεῦσαι etc., quod sane præstare videtur. ‖ 16. 'Αδοδογίωνος] 'Αδοδογίων ὃς τοῦ codd. ‖ 19. τῶν ἐπιτηδείων προσποιησαμένων mox Tzsch. ‖ 22. ἀπὸ add. e conj. Casaub. ‖ 23. ἄλλων τε [χωρίων] καὶ conj. Grosk. ‖ 24. Λυσάνδρου codd.; em. Cas. ‖ 28. ἥτις] εἴ τις Tzsch. ‖ ἐπικρατεῖ Cor. ‖ 46. 'Αθλιτῶν E Cor., 'Αθλίτων cett. codd.; e Kieperti conj. em. Kr.
P. 535,· 1. ἔξεδρον conj. Palm. ‖ 3. Μακεδόνες] Μαίονες conj. Cas. ‖ 7. Post ψῆγμα Meinekius posuit verba ὡς εἴρηται quæ in codd. leguntur lin. 14. ‖ 11. δ' ἐκ] δὲ καὶ codd., exc. E; ἀπὸ habet x et Eustath. ad II. β, 866 p. 366, 19 R., quod rec. Cor. ‖ 14. καὶ τὰ Eix, κατὰ CFw, κατὰ τὰ Dhmoz. Verba ὡς εἴρηται post θαλάττης transponi volunt Cor. et Grosk., quorum hic pro ὡς legit ἧς. Aliter Meinekius. V. not. ad lin. 7. ‖ τῆς ante θαλάττης em. E. ‖ 16. Κύρου] κόρου codd.; Καῖκον conj. Cor.; Κύρον em. Tzsch., coll. p. 538, 6, ubi memoratur Κύρου πεδίον, quod a Cyro rege nomen habeat. Nihilominus suspicor Cyri campum a fluvio dici eodem modo quo vocantur campi Caystri Herniciae. Apud Plinium 5, 31, § 119 in Hermum influere dicitur Cryos (Cyros var. lect.), quem in hodierno Nif vel Nymphi agnoscit Chisbullus; hic vero in iis ipsis locis fluit, quibus Cyri campus sec. Strabonem assignandus est. ‖ 18. λίμνη inseruit Cor. ‖ 22. καλάθους] καθολου rw, πιθήκους mz Ald. Cas.; πιθάκνας conj. Lobeck in Aglaoph. p. 226; καλάμους alii quidam conj. ‖ 27. Παλαιμένεος Dhriw Ald., Πυλαιμένεος CEFxz Cas., Pylemon Guarin.; ex ll. β, 865 em Cor. ‖ 28. ὑπὸ] ἀπὸ CDhx; Τμώλου x. ‖ 30. Ὕδης] sic recte Emoz; Ὕλης CDFhirwx Cor. ‖ 31 Ὕλη CDThirwx. ‖ 33. Ὕλη h (ex correct.) orx Cor. ‖ 35. καὶ οὗτως γὰρ Ald. ‖ 36. οὕτως] τούτῳ Cor. Possis etiam τῷ, quod E præbet et rec. Mein. ‖ 39. Ὕλης horx Cor. ‖ 41. Πιθηκούσας codd., exc. Fh Epit. et Eustath. ad II. β, 783, p. 346, 39 R. ‖ 47. Πιθηκούσαις z. ‖ 43. φασὶν CDFmowxz Ald.; em. Cas. ‖ 51. μὰν ταί θ'] μαντεύθ' CDFh, μὰν τοῦ θ' i, μὰν κεύθει, misso ὑπὲρ moz, μαντεύθ' rw, μανκευθέ Ald. ‖ 52. κῦμ' ἀλιερκὲς Dimoz, κῦμ' ἀλιερκεσε (sic) F, κῦμ' ἀλιερκέα Ch, κῦμα ἀλιερκέες rw, κῦμ' ἀλιερκέεσι Ald. ‖ ὄχθε CF, ὄχθεσι καὶ λίαν rw; ὄχθαι om. moz; ὄχθαις Ald. ‖ 53. τ'] δ' codd. ‖ λαχνήεντα codd.
P. 536, 5. κεφαλῆς Tzsch. Cor. ‖ 6. ἑκατοντακάρανον conj. Hermann et Bœckh. coll. Julian. Ep. 24 et Pindar.; idque rec. Mein.; πεντηκοντακέφαλλον Bergk. metri causa. ‖ 6. Ζεῦ rw; πάτερ Frw. ‖ 7. ἐν] εἰν Bœckh. ‖ 8. 'Αράμους codd., Eustath. ad Il. β, 782 p. 346, 41 R.; em. Cas. ‖ 47. τὰς παρ' αὐτοῦ πόλεις codd.; em. Xyl.
P. 537, 28. Κατανίας codd.; em. Xyl. ‖ 41. συνῆπται codd., exc. E. ‖ 42. Μεσωγὶς] μεσόγαιος F Ald., μεσόγειος cett. codd.; em. Palmer. ‖ 51. οὐθ'] οὐδ' x Mein., οὐ δ' Cor. ‖ 52. ἀναγκαῖον] ἄρα κενῇ codd., exc. F, qui habet ἀναγκαῖον κενὴ sed ita ut κενῇ expunctum sit; ὡς ἄρα γε νῦν conj. Cor. ex Guarino, in quo : ut nunc loca metiantur. ‖ 53. περιγραπτέον Dhi.
P. 538, 2. μεσογειώτιδος CDEFhiz, μεσογειώτιδος or, με-

σογειότητος Ald.; em. Cas. ‖ 3. Κιλβανὸν E, Eustath. ad Il. β, 460 p. 254, 24 et ad Dion. 837. ‖ 5. ἐπονομασάντων [ἀπὸ τῆς Ὑρκανίας], καὶ conj. Grosk. ‖ 6. ὃ ejiciendum, nisi οἱ legere velis. ‖ 7. Leg. Πελτηνὸν cum EF Mein. ‖ 8. Ταβινὸν oz. ‖ ἔχοντας Dh, ἔχον τὰς cett. codd. præter i, qui ἔχοντα πολ., quod rec. Cor. Mein., recte. ‖ 11 ὑπερβαλλοῦσι leg. cum x Cor. Mein.; ὑπερβαλλούσας E. ‖ Μεσογίδα codd., exc. CF. ‖ 12. κατὰ τὸ τοῦ Dhi, κατὰ τὰ τοῦ oz Cor. Mein., ut ipse quoque malim; κατὰ τὸ om. x, τὰ om. CF Ald., τοῦ om. E ‖ 13. Κυβιρατίδος mowz, Κικυρατίδος F. ‖ Καβαλλίδος codd., exc. oz. ‖ 14. δ' om. x Tzsch., Cor., Kr., Mein. Quo ejecto, stat verborum ratio grammatica, at claudicant geographica. Primum offendunt verba τὴν Μεσωγίδα τὴν μεταξὺ Καρῶν τε καὶ τῆς Νυσαΐδος; nam Cares esse a borea Mesogidis auctor non dixerat. Deinde secundum verba ἥτις ἔστι χώρα etc. Nysais trans Mæandrum sita fuisset, quum tamen vel ex ipso Strabone constet Nysam urbem a borea fluvii fuisse. Quod si urbis ager fortassis etiam ultra Mæandrum pertinuit, vix tamen eum per totam Cariam usque ad Cibyratidem et Cabalidem pertinuisse credideris. Quæ quum ita sint, istud δὲ, quod ejiciunt editores, servandum esse puto, antecedentia autem graviore mendo affecta ita refingi velim : Ὑπερβαλοῦσι δὲ τὴν Μεσωγίδα τὴν μεταξὺ Καρῶν τε καὶ [Λυδῶν] ἡ Νυσαΐς ἐστι χώρα, εἶτα τὰ τοῦ Μαιάνδρου πέραν etc. ‖ 14. Μεσογίδι CDEhiw, μεσογαία moz Ald. ‖ Ἱερὰ πόλις Mein. ‖ 20. ὑπ'] ἐπ' Cor. ‖ 22. ὀρυφράκτωμα editt. ante Kr. ‖ 31. ἔπεσιν F, ἔπεσεν cett. codd., exc. C qui ἔπεσαν. ‖ 36. εἶτ' [ἐπὶ] πάντων Cor. probabiliter; τῶν add. Cor.; πεπηρωμένων] πεπληρωμένων CDFh, sed in D correctum πεπηρ. et in h litera λ postea addita; πεπειραμένων xz, πεπειρωμένων m. ‖ τοῦτο] om. Epitt.; τοῦτο moz Cor.; τοῦτο [πασχόντων] conj. Grosk.; nisi delenda τοῦτο vox, post ἱερὸν ponenda videtur Kramero. ‖ 39. τούτου] οὕτω Dhi Cor. ‖ 42 et 47. ἱερὰν πόλιν F Mein. ‖ 44. τοῖς Fxz; ταῖς cett. codd. ‖ 48. τὰ μὲν οὖν περὶ E Mein. ‖ 51. Κίβυρα F; Σίνδη Ald.; Καβαλαῖς codd., exc. Dh qui Καβαλλαῖς.
P. 539, 9. Καβαλεῖς z, Καβαλλεῖς cett. codd., ‖ 10. Τερμησσέων] sic Cor.; Τερμήσεως CDFhmoxz, Τελμήσεως rw, Τελμισσεῖς Ei. ‖ 11. Τελμησσεῖς CDFhx, Τελμησσεῖς rw, Τελμισεῖς Ei. ‖ 12. Πισάνδρου F, Ἰσάνδρου Tzsch. Cor. ‖ αὐτοῦ ex moz addidit Cor. ‖ 14. δὲ καὶ τοῖς] δ' ἑκάστοις CDFhirw, δ' ἑκάστοις τοῖς x, δ' ἕκαστα τοῖς E, δὲ τοῖς moz; em. Cor. ‖ 19 Πισ. F; ἱσ. Tzsch. Cor. ‖ 21. Τερμησσὸς C, Τερμισσὸς F, Τελμισσός E. ‖ 24. Καβαλλίδα codd. ‖ 25. οἰκησάντων DFhorz; ἀνοικισάντων vel ἐποικισάντων leg. suspicatur Kr. ‖ 28 Μυλιάδος codd.; em. Tzsch. ‖ 30. Βουδούων codd. præter C in quo Ρουβούων, em. Tzsch. ‖ Οἰνοάνδων codd. præter w qui Οἰνοάδρου; em. Tzsch. ‖ 36. τὴν Βάρβουραν Dh, nisi quod in h super prius ρ posita est litera λ. ‖ 40. « νῦν ante δὲ add. i, ταύτης editt., atque deesse aliquid apparet. Crediderim tamen potius Leutsche fuisse : Τῆς Λυδῶν δὲ. Verba οὐδ'... Λυδία om. moz. » KRAMER. ‖ 42. Μυλία DE, Μιλία oz. ‖ Τερμησὸν E, Τελμησσὸν Dh, Τερμισσὸν F, Τερμισὸν z. ‖ 44. Εἰσινδα CDFhior, quorum in ultimis Ἰσινδα supra scriptum; Ἰίσινδα E, ut ap. Ptolem. 5, 5, 6. ‖ Σαγαλασσοῦ oz.
P. 540, 3. Παμφύλιοι codd., exc. DF. ‖ 8. τρισχ.] χιλίων moz. ‖ διὰ] καὶ διὰ editt. ante Kr. inde a Cas. ‖ 10. γοῦν Cor. ‖ 16. ὀρῶν codd.; em. Grosk. ‖ 21. καὶ Χίον καὶ Σάμον conj. Kr.
P. 541, 3. Κυδρίλος F, Κοδρύλος vel Κοδρῖλος conj. Cor. Sec. Pausaniam Κυνάρητος Myuntem condidit. ‖ 5. Ἄρτην moz; Ἀκτήν conj. Palmer. (Exerce. in auctt. gr. p. 343). ‖ Ἀνδρέμων CFsxz. ‖ 7. Φιλωτᾶς F Mein. ‖ 11.

65.

Ἄποικοι] Ποίκης F, Πύκνης x, Ποίκνης cett. codd.; hæc et sqq. em. Tzsch. || Δάμαθος codd. || Γέρης] γὰρ ἦν codd. || 15. ἐπαγαγόμενος Mein. || Τημβρίων codd. || 16. Πατροκλῆς moxz Guarin. (cf. Etym. M. s. v.) || 24. Καὶ πάλιν etc. usque ad βοῶν om. moxz. Post βοῶν excidisse Σμυρναῖοι κατέκηαν probabilis est sententia Corayi. || 29. Σισυρβῆται CFs. || 82. πόλιος codices, quod servavit Mein. pro ἐν scribens ἐνί. || 33. Λεπρῆς C, Λέπρης cett. codd. || 34. Πρηὼν Cos Cor. Mein.; fort. non temere. || 36. Πρηῶνος C Cor. Mein. || 37. περὶ παρὰ moz. || 40. καλουμένην [κρήνην] Ὕπελ. suspic. Cas. || 41. νῦν] ποτε F; unde fort. τότε scribendum esse putat Kr.; τότε scr. Mein. || 42. Λεπρίης codd. || 48. ἐπανιόντες Cor. || 49. sqq. Verba καθάπερ καὶ M . . Αἰολίδα ex margine recepta esse cum Kramero et Meinekio censemus. || 51. αἰπὺ] ἐπεὶ F; τε om. editt. inde ab Hoppero; ἡμεῖς δηῦτε scr. Mein. || Πύλον codd. Mein.; Πύλου Bergk. Poet. lyr. p. 316, Kr. || 53. ἐρατὴν] ἄρα τὴν codd.; em. Wyttenbach.

P. 542, 1. δ' Ἀσθενέντος] διασθήεντος CFoz, δι' ἀσθηέντος s, δ' ἀναστάντες x, δ' Ἀστύεντος editt. ante Kr., δ' Ἀλήεντος conj. Tzsch.; certe Ἄλης fluvius ad Colophonem erat sec. Pausan. 7, 5, 5. 8, 28, 2; Tzetz. ad Lyc. 868, Halesus sec. Plin. 5, 29, 31, 116; Liv. 37, 36; cond. scripturam nihil curans Bergk. scripsit δὲ χρυέοντος; idem proposuit δὲ στιβῆντος. Meinekius nihil tentavit. || 2. Σμύρνην Mein.; εἴδομεν codd.; em. Clavier. (Hist. des premiers temps etc. 2, p. 80.) || 5. ἐφ'] ἀφ' codd. Cor. || πρώτων Cor. || 26. παλαιὰ Cmo. || 32. ἀποίκων codd., exc. x. || 33. συνώκισται] τετείχισται Ald. || 42. τινα] Τήνιοι conj. Kœnus ad Gregor. Corinth. p. 492.

P. 543, 2. συντάξας, [καὶ Κάδμος], καθ' ἡμᾶς conj. Cor. || 10. καὶ inclusit Cor. || τὰ om. codd.; exc. E. || 12. Λατομικὸς F, Λαττομικὸς s, Λατομικὸς codd. cett.; em. Xyl. || 16 et 17. Φθιρῶν codd., exc. E. || 21. ἐν ὄψει bene conj. Grosk., idque rec. Mein. || 31. πεντηκ.] Vereor ne corruptus sit numerus. || 38. Χαρώνειον Cor. || 43. καὶ [ἡ] Μυκάλη editt. ante Kr. || 45. Στρωγυλίου Bmoz et correct. x; Στρογγυλίου s. || 47. Φιλωτᾶς F Mein. || 51. δικάσασθαι codd.; δικάσσασθαι em. Schneidewin. in Delect. poett. elegg.; δικάξεσθαι Suidas s. v. Βίαντος et Diog. L. 1. 5, 3. || κρέσσον codd., quod servavit Mein. κρέσσων ex Hopperi conj. Tzsch., Cor., Kr. ||

P. 544. 2. Καρσίας F, Κορασσίας Tzsch. Cor. || Μελανθίους codd.; Μελαντίους e Vossii conj. em. Tzsch.; ceterum legi velim Μελαντείους. || 6. Μεσογίς E. || 29. ἑξακοσίων] trecentorum Guarin. || 30. Ἄνθεμὶς Tzsch. Cor. ex Eustath. ad Dion. 533; aliis vocatur Ἀνθεμοῦσα, quod hoc quoque loco reponendum fuerit. || Μελάμφυλος codd.; em. Mein. || 32. ἀποικήσαντος F, ἀποίκιστος cett. codd. || 33. πως inclusit Cor. || 38. Verba οἷον Χίου κ. Λ. κ. Κῶ ejecit Mein.; post v. νήσων lin. 36 transponi vult Kr. || 43. Περὶ μὲν [οὖν] Mein. || 47. Verba καθάπερ π. κ. M. ἔφη ejecit Mein.

P. 545, 7. κράτη ante ληφθέντα add. Ald.; quod ortum ex varia lectione κρατηθέντα. || 37. λεγομένην δ' Ὁμήρου διὰ τὴν ξενίαν Cor. || 40. κλείω] καίω cod 1.; κλαίω Xyl.; κλείω Mein. || 44. ἀριστεῖα CFs, ἀριστέα wx Ald., ἀριστεῖον moz, Eustath. ad ll β, 730.

P. 546, 4. Δράκονον Steph. Byz. s. v. || 19. Πύγελλα Cxz. || 21. πυγαλλίας Coxs, πυγαλίας cett. codd.; πυγαλγέας e Schneideri conj. Cor. et Kr.; πυγαλγίας Mein. || 40. σκολιὰ σκόπ' ἔργα F, σκολιὰ ἔργα cett. codd., nisi quod margo v habet Σκόπα; em. Tyrwh. || 44. τότε δὲ καὶ] τό τε moz Cor. || 51. Κροῖσον [χρόνον] οὕτως Cor.

P. 547, 8. πρώτων F et Epit. Parisina. || 9. ἄλλον codd.; em. Xyl. || 16. ἐπιτίμιον codd., exc. F. || 23. em Cmz Cor. || 30. Δεινοκράτους w et margo o, ex conjectura haud dubie; quam rec. Cor. Mein. Fieri tamen potest ut ipse Strabo erraverit. || 33. ποιήσαντα codd. exc. F. || 37. δὲ quod est ante δὴ, asteriscis inclusit Cor. || 40. κρήνη] « κηρίνη F; κρήνη quod exhibent codd. rell., quid significare possit h. l., parum liquet; præterea turbata totius loci structura suspectam reddit illam scripturam: plane e contrario est quam exhibet F. Nihilominus cum nullum aliud opus simile e cera factum apud scriptores veteres, quod sciam, commemoretur, recipere eam non ausus sum. » KRAMER. κηρίνη rec. Meinekius, qui : « Non videtur tamen ceræ usus antiquis artificibus prorsus incognitus fuisse : docent hoc quæ apud veteres de cerea imagine Protesilai ferebantur (Hygin. fab. 104), quæ temere et sine exemplo fingi non potuerunt. » Parum his ponderis inest. Nisi fuit κρήνη [ἐν ᾗ] Πενελόπη etc., adeo ut ad fontem positæ essent Penelopes et Eurycleæ imagines : suspicor Thrasonem juxta vetulam nutricem Eurycleam collocasse Penelopen uxorem juvenculam, et pro κερίνη legendum esse κορίνη vel fort. κούρη vel κουριδία. || Πενελόπη F, Πηνελοπία Ald., Πηνελόπεια editt. ante Kr. inde a Xyl. Post Πην. Corayus addidit τε e conj. Tyrwh.; idem ἤ, quod est ante Εὐρ., inclusit. || 42. Μεγαβύζους F, Μεγαλοβύζους C, Μεγαλοβύζους cett. codd. || 46. καὶ πρ.] [ᾗ] καὶ πρότερον conj. Cor., [ὡς] καὶ πρ. conj. Kr. || 51. πλησιάσαντας τούτῳ codd., exc. CF. || 53. ἐπὶ] ὑπὸ mz.

P. 548, 6. προςχώσεις Emo, προχώσεις cett. codd. Mein. || 21 μηδεὶς ἡμέων moz; pro μηδεὶς ap. Diog. Laert. 9, 1, 2 legitur μηδὲ εἷς, quod in Strabonem intulit Mein. || 25. τῶν δὲ νεωτέρων [Ἀρτεμίδωρος καὶ] Ἀλέξανδρος conj. Cor., quod probant Grosk. et Mein., non item Kramerus. || 29. ποιήματα codd., exc. F. || 31. Σεληνουσία xz. || 39. πόλις [αὐτῆ] ἐν τῷ ἱερῷ Cor. || 42. Γαλήςιον CF. || 44. ἤν ποτε] ἦν τὸ F. « Ceterum viguisse hoc oraculum Strabonis ipsius ætate liquet ex Taciti Ann. 2, 54. » KRAM. Itaque ἔστι παλαιὸν scr. Mein. incerta conjectura. || 45. Ἀντιλόχου codd.; em. Xyl. || 52. ὅσους ἐρινεὸς ὀλύνθους] sic Tzsch., Cor., Kr., Mein.; ἐρινεδὸς ὅσους (ὅσσους Epit.) ὀλύνθους codd.

P. 549, 2. ἐπελθέμεν codd.; em. Spohn. (de extr. part. Odysseæ p. 72). || οὐκ ἐδώναιο CF Epit., οὐκ ἐδύναο sx, οὐκ ἂν δύναιο moz, em. Mein. ad Euphor. p. 103. || 4. Ἀν Κάλχαντα νέρος? Mein. || 9. τὸν ante ἐρινεὸν habent CF, et sic F in sqq. || 46. Ἀρκόνησον F. || 53. ἀποικίη Mein.

P. 550, 3. Ἑκαταῖος] Σκυθῖνος conj. Hecker. in Philol. t. 5, p. 429. || 5. Γερραίδαι x, Χερραῖδαι editt. ante Kr. Legendem vero fuerit Γεραιίδαι. || 6. καὶ additum e conj. Siebelisii (Hellenica p. 41) || 11. Ἀπόκρημνος ubique Cor., quod plerique codd. habent p. 551, 28. || 13. ἐντὸς ἐκτὸς E. || 15. ὑπὸ] ἀπὸ codd.; em. Cor. || 20. εἰς ἃν ante αἱ Ἐρ. add. F. || 24. Ἔραι] Γέρραι moz, γ' Ἔραι Tzsch. qui ita in codicibus legi falso tradidit ; Γέραι Casaub., quod etiamsi Strabonem non scripsisse codices meliores probant, tamen hanc quoque formam æolicam obtinuisse censeo. Cf. not. ad Scyl. in Geogr. min. T. 1, p 71, ubi quæ de varia lectione Straboniana dixi, Tzschuckium secutus, ex hisce corrigenda sunt. || Τηίων F, Τήιον cett. codd. || 25. Κασσυστὴς F. || 41. Ἀλόνησος F. || 42. Ἄργενον CF, Ἀργῖνον ap. Thucyd. 8, 34. || 46. Κυβέλεια Mein. e Stephano. || 52. Ἡρόφιλος codd.; em. Tzsch.

P. 551, 2. ἔχει [ὁμώνυμον καὶ] εὐλίμενον conj. Grosk || 7. « Λαιούς C; jure suspectum est Cas. hoc nomen ; Ἐλαιοῦς scripsit Cor., mutatione facili sane, sed parum certa. Λάϊνος sive Λαίνους (sic) conj. Grosk. parum feliciter, quamquam illa hujus oræ pars vocatur hodie Λιθί. » KRAMER. Fort. fuit εἶτα Λιθίς, nisi potius in Λαιούς latet Ἁλιεύς, sicut Ἁλιεῖς locus erat ante Argolicæ. || 12

Άριουσία] Cf. Stephanus : Άρσυσία, χώρα των Ψύρων καὶ Χίου, τραχεῖα καὶ ἀλίμενος, ὅσον σταδίων τριάκοντα, οἶνον ἄριστον ἔχουσα καλούμενον Ἀρσυηνόν, οὗ μέμνηται Στράβων ιδ'. « Hinc viri docti, cum Arsysiam aliunde cognitam non haberent, apud Stephanum Ἀρσυσία ex Ἀριουσία corruptum esse suspicati sunt, non facturi, opinor, si Arsyenum vinum simul cum Ariusio commemorari scivissent a Galeno ed. Kuhn. tom. 6, p. 276. 335. 806; tom. 10, p. 483; tom. 11, p. 87; tom. 12, p. 517. Ex horum locorum comparatione hoc certe intelligitur rectissime apud Stephanum legi Ἀρσυσία, qui cum ad Strabonis fidem provocet, aut apud hunc Ἀρσυσία scriptum repperit pro eo quod nunc legitur Ἀριουσία, aut Ariusii et Arseyni agri memoriam conjunxerat epitomatoris culpa obliteratam. Diversos igitur, quamquam sine dubio contiguos, fuisse agros e Galeno intelligitur, ut qui aliam vim Ariusio, aliam Arsyeno vino tribuat. » Meinekius ad Steph. Byz. p. 126. ‖ 13. τριάκοντα sic e Stephano Kram.; τριακοσίων codd. ‖ 20. μέγα] μετὰ codd., nisi quod μὲν est in moxz, κατὰ in w; vox om. in E; em. Mein. ‖ 27. ἐς] Leg. εἰς cum Mein. ‖ 28. Ἀποχρήμνου codd., exc. F. ‖ 29. ὅπου] ὃ Cx, οὗ mosz, ᾧ Ald., ἐν ᾧ editt ante Kr. inde a Cas. ‖ 42. ἐν τῷ πεδίῳ moz Cor. ‖ 47. ἀντιποιοῦνται mosz Ald. Cor. ‖ 53. στρωννύντες E, στορνήντες F, στορνύντες Mein.

P. 552, 1. παρασκευῶν codd.; em. Cor. ‖ 18. στρατεία codd.; em. Cor. ‖ 38. Παχτίου codd.; em. Xyl. ‖ 43. Δαρίτανον sw, Δαμοίταν i. ‖ 44. στίχος codd., exc. F. ‖ 49. Δελφῶν] Αἰολέων? Mein. ‖ 50-54. Verba περὶ ὧν... παρθένος ἀδμής fortasse e margine addita esse suspicatur Mein. ‖ 52. κολωνούς] Κορωνίς? Mein.

P. 553, 2. ἱερᾶσθαι codd., exc. Dh. Fort. leg ἱερῶσθαι. Cf. infra lin. 41. ‖ 9. μεγέθει δ' ὑπεραιρεῖ Cor. ‖ 12. εὐτυχήσαντας F, εὐτυχήσαντο cett. codd. ‖ 13. τῷ δ' ἐξῆς ἔτει τοὺς Μιλησίους] « τὸ δ' ἐξῆς ἔτι D (sed i sec. m. in ει mutatum) h : eamque scripturam a Corae ad Interpr. Gall. commendatam Groskurdius secutus est; similiter Guarinus haec verba reddit per postea, Xylander per deinceps. Nec dubium esse potest totam hujus loci rationem et connexum consideranti, quin certa illa anni definitio parum sit probabilis. Haud magis tamen in altera scriptura placet particula ἔτι. Jam vero cum pro Μιλησίους scribendum esse Ἐφεσίους post Coraem (v. not. ad Interpr. Gall.) Groskurdius et ex ipso hujus loci connexu et ex Athenaeo (12, p. 525) idem de Ephesiis referente ostenderit, nescio an lateat in particula illa syllabarum ἐφε vestigia, ita ut legendum sit τὸ δ' ἐξῆς Ἐφεσίους. Qua in re admonere juvabit proxima quoque multis laborare mendis, ita ut suspicari liceat majorem h. l. contraxisse corruptelam ἀρχέτυπον, e quo manaverint codd. nostri. » Kramerus, cujus conjecturam rec. Mein., et nos quoque seculi sumus. ‖ 18. θάσων F, sed alterum σ pr. m. inter versus additum; θᾶσσον moz Ald.; θείων x; τὰ Θασίων e Tyrwh. conj. Tzsch. et Cor.; Θάσων μὲν Bergk.; κλαίειν θαλασσῶν Heraclid. Pont. Polit. 22 (Fr. Hist. t. 2. p. 218). ‖ οὖ] οὐ Tzsch., Cor., Heraclid. Pont. Quid verum fuerit, difficile dictu. ‖ 26. καθεστὼς Mein. ‖ 27. Σίμων] infra Σῖμος, quod hoc quoque loco posuerunt Tzsch. et Mein. ‖ 31. ὑπὸ [τῷ] κιν. Cor. Mein. ‖ 36. Σῖμος DF. ‖ 37. ἐξῆρε] « Fort. ἐπῆρε, propter sensus ambiguitatem. » Mein. ‖ 38. ὅτι] ἔτι codd.; em. Mein. ‖ ὅς γε] ὅν γε codd.; em. Kr. ‖ 41. ἱερώμενον] ἱερομένη CDmoz, ἱερομένου s; ἱερομένον Fhx Cor. Mein., recte. Cf. St. Thes. s. v. ἱερόω. Similiter supra lin. 2, ubi meliores codices ἱερᾶσθαι praebent, fort ἱερῶσθαι, non vero ἱεράασθαι reponendum est. ‖ 49. περί] παρά codd.; em. Kr. ‖ 52. καὶ om. Cor. ‖ δὲ] γε codd.; τε Cor.; δὲ Mein. ‖ 53. ἔθος [ὡς] φυσ. Cor.

P. 554. 5. Μυουσίων e Xyl. conj. editt. praeter Meinekium. ‖ 6. καὶ om. moxz, recte. ‖ 20. τε additum e conj. Cas. ‖ 22. Λαρισσαίου codd., nisi quod Λαρισαίου pr. m. in D. Ceterum leg. potius videtur Λαρισίου, ut erat supra p. 440 ed. Cas.; Δαράσιος dicitur in numo ap. Eckhel. D. N. 1, 3, p. 124. ‖ Δομητίου w, Δομιτίου Tzsch., Cor. ‖ 28. Τραλλίων om. codd., exc. EF. ‖ 38. ἄκραι [πρόσκεινται,], ὧν conj. Grosk. ‖ 45. Κόρης] Ἥρης, sed in. s. Ἥρας, D; Ἥρας codd. cett., nisi quod in C sec. m. Κόρης. ‖ 47. Vel καὶ vel δὴ delendum esse monet Cor.; καὶ ej. Mein. ‖ 52. ἐγκαλοῦντες] ἐκκαλοῦντες vel ἐμπολοῦντες vel ἀγγέλλοντες conj. Cor.; ἐπικαλοῦντες conj. Kr., idque rec. Mein. ‖ 54. μένοντες codd.; em. Tzsch.

P. 555, 7. τοσούτων] Aut τοιούτων ex mz recipiendum, aut νοσούντων legendum e conj. Corayi, quam probat Kr., et rec. Mein. ‖ 9. ἐπαληλιμμένοι Cor., ὑπαληλιμμένοι Tzsch.; λίπ' ἀληλιμμένοι e conj. Mein. ‖ 12. τριάκοντα] Legendum potius ἑκατὸν τριάκοντα. ‖ 13. Τμώλον τὸ ὄρος καλ.] « Tmolum montem ab hoc loco prorsus alienum esse neminem fugit qui meminerit, quae de ejus situ Strabo in superioribus tradidit; inde Xylander jam hoc nomen in interpretatione sua praetermisit. Neque tamen ita sanatur difficillimus hic locus, cum non magis congruant cum situ locorum quae sequuntur ἐπὶ τὰ πρὸς τὸν νότον μέρη. Sed nemo scribere audebit πρὸς τὸν ἄρκτον aut τὸν Κάϋστρον, quae in mentem venerunt Palmerio; nec felicior est tertia ejus conjectura πρὸς Ἰτοανατῶν μέρη. Magis arrident quae proposuit Groskurdius : ὑπερβᾶσι τὴν Μεσωγίδα ἐπὶ τὰ πρὸς νότον μέρη Τμώλου τοῦ ὄρους. » Kramer. Justo audacior haec emendatio esse videtur Meinekio, qui ante Τμῶλον excidisse arbitratur κατά, verba autem τὰ πρὸς τὸν νότον μέρη ad remotius istud Τμῶλον referenda esse dicit. Tam obscure et ambigue Strabonem locutum esse vix crediderim. Quemadmodum Tmoli mentio h. l. longe petita videtur, sic jure desideramus mentionem Caystri, cui Asii istud pratum adjacebat. Quare nescio an hunc in modum locus refingendus sit : ὑπερβᾶσιν ὅλον τὸ ὄρος τῆς Μεσωγίδος ἐπὶ [Καΰστρου] τὰ πρὸς νότον μέρη καλεῖται τόπος κτλ. Fortasse verba τῆς Μεσωγίδος omittenda erant, adeo ut τὴν Μεσωγίδα, quae codd. habent, glossa sint ad verbum τὸ ὄρος; similiter infra lin. 30. Mesogidem indicat verbis ἐν τῷ ὄρει. Ceterum in E legitur Τμῶλον τὸ ὄρος καὶ τὴν Μεσωγίδα, et deinde πρὸς νῶτον, unde apud Strabonem cum Meinekio reponendum πρὸς νότον, misso articulo. ‖ 19. Ἀσίω Mein.; Ἀσίῳ codd. ‖ 22. δὲ καὶ τρεῖς i Cor. ‖ 24. τὰς] τρεῖς Cor. ‖ 28. Βρίουλα] Βριοῦλα codd.; em. Tzsch.; vocem om. E. ‖ 30. Ἀρώματα CDF (sed in D est o.supra ω.), Ἀρόματα Ehimoz Ald.; em. Cor., coll. Steph. Byz. Μεσωγίς et Ἄρωμα (ubi perperam Meinekius ex Berkelii conj. scripsit : οἶνος ὁ Ἀρωματεὺς, dum s. voce Μεσωγὶς recte dedit Ἀρομεύς). ‖ 30. Verba συστέλλοντες τὸ ῥῶ (ρο Emoxz; τὸ ῑ Tzsch. Cor.; τὸ ω conj. Kr.) γράμμα glossam esse recte censet Kr.; ej. Mein. ‖ 31. οἶνος σαρωμεὺς CDFhsw, οἶνος σαρομεὺς i, οἶνος Ἀρομεὺς moxz; οἶνος ὁ Ἀρωμεὺς codd. ap. Steph. ll. ll. ‖ 45. περιοδίας DF. ‖ 48. « τῆς παραλίας qui ferri possit non video : nam etiamsi Cariae litus intelligatur, id quod volunt interpretes, non liquet cur adjecta sint verba πρὸς θαλάττῃ, multoque minus quid significari possint ἐν δὲ τῇ μεσογαίᾳ κτλ. Omnia vero sunt plana, si scribitur Καρίας pro παραλίας, quod ex superioribus videtur huc male translatum. » Kramerus, cujus conjecturam rec. Meinekius. Legendum potius est ἀρχὴ μὲν οὖν τῆς περιοδείας (περιοδίας in vetustis codd. fuerit, sicuti paullo ante lin. 45). ‖ 49. θαλάττη oxz.

P. 556, 11. εἰς additum e conj. Kr.; κατὰ add. Cor. ‖ 13.

τετρασκισχιλίων] Γ(« sed non plane certa est sigli forma. » Kr.) E; unde leges τρισχιλίων; vel hic numerus justo major est. ‖ 15. χιλίων καί πεντακοσίων] A Daedalus ad Phoenicem pertinens Rhodiorum περαία orae longitudinem habet stadiorum fere 500, modo ne minimos quoque maris recessus emetiri velis; adeo ut putem aut delenda esse verba χιλίων καί, aut legendum χιλίων ή ένακοσίων. ‖ 18. Έλαιοῦσσα Tzsch. Cor. Mein. 24. Κάλυνδα] Κάλυμνα codd.; em. Cas. ‖ 26. Πίσιλος F. ‖ 30. δυσάερος [καί νοσώδης] conj. Cas., collato Eustathio ad Dion. 644: ἔστι δὲ νοσώδης ἡ τοιαύτη (ἡ Καῦνος) διὰ τὸ τοῦ ἀέρος οὐκ ἀγαθὸν ἔν τε θέρει καί μετοπώρῳ διὰ τὰ καύματα καί τῶν ὡραίων καρπῶν ἀφθονίαν. Meinekius lacunae signa posuit post μετοπώρου. Legerim καί τοῦ μετοπώρου [νοσερά] etc. ‖ 32. τὰ] τε codd, exc. Eoz; τε Cor. ‖ 32. τὰ inclusit Cor. ‖ 33. ἐπιμελῶς 'vix genuinum; τά ἐπιεικῶς conj. Tzsch., ἐκπάγλως Grosk., ἐπιμελάνως Cor. verbum novum excudens; ὑπομέλανας καί χλωρούς proposuit Kr. Quorum nihil placet. Legerim ἐπιπολῆς χλωρούς, cutem pallidam habentes. Sic Galenus: τοῖς λυπουμένοις ὠχρόν γίνεται τὸ ἐπιπολῆς (v. Steph. Thes. s. v.) ‖ 36. αὐτῶν codd. Cor. ‖ 37. ταύτην] μήποτε Ald. « In marg. C legi refert Tzsch. μήποτε ταύτην δεῖ γράφειν. In Epit. punctis inter versus positis, in margine additum est οὐ, iisdem punctis appictis. » Kram. Unde suspicor in marg. C leg. esse: μήποτε « οὐ ταύτην » δεῖ γράφειν. ‖ 42. δ' ἐκ Κρήτης] δὲ Κρήτης codd.; em. Cor. ex Herodot. 1, 172. ‖ 45. Verba ἐπ' ἄκρω ... τῷ ὄρει parentheseos signis distinxit Mein. ‖ 46. Ἐλαιοῦσσα Tzsch., Cor., Mein.
P. 557, 27. δ' ὅμως] δέ πως? Mein. ‖ 28. σιταρκεῖται editt. ante Kr. inde a Cas., idque reponendum fuerit. ‖ 30. ὀψωνιαζόμενος om. x, ὀψωνιζόμεναι F, ὀψωνιαζόμεναι Cor.; ὀψωνισμοῦ conj. Kr.; ὀψωνιαζομένων proponit Mein. ‖ 41. Μέγαρα] μεγάλα codd; em. Xyl.
P. 558, 7. ἢ ἄρα codd.; em. Cor. ‖ 18. καὶ Σταδία] κασταδία F, « in quo vide an καὶ Ἀστερία lateat vel καὶ Αἰθραία, quibus de nominibus Rhodi insulae v. Stephan. Byz. et Plin. 5 21. » Meinekius. In mentem venit καὶ Ἁλία (de Helio sive Halio, patre Telchinum, sive de Halia Telchinum sorore, matre Rhodes). Sed haec incertissima. Stadia oppidum in objecta Rhodo continenti memoratur apud Plin. 5, 29, § 104. ‖ 21. θείῳ] « θείῳ quid faciendum sit nemo adhuc docuit. Lobeckius Aglaoph. p. 1092. dubitanter λήϊον proposuit, pro quo Strabonem potius ᾠζύω vel καρπῶν dicturum fuisse crediderim. Mihi φθόνῳ, prae invidia, vero propius videbatur, genitivis ζώων καί φυτῶν non ab ὀλέθρου suspensis, sed a καταρρέοντες. » Meineke. Sulphuris mentio non tollenda fuerit. Neque leg. [σὺν] θείῳ vel θείον καταρραίνοντες [καί] τὸ etc. Pro καταρρέοντες in moxz legitur καταρραίνοντες quod exhibent etiam editt. ante Kr., recte, puto. Eodem verbo utitur de eadem re loquens Zenob. Cent. 5, 41; similiter Nonnus 14. 48: ὕδασι Ταρταρίοισι περιρραίνοντες ἀρούρας. ‖ 21. ζώων] ῥιζῶν? Mein. ‖ 47. Ῥόδον] sic praeter codd. etiam Eustath. ad Dion. 504; dicendum vero erat Ῥάδην, quod intulerunt Tzsch., Cor., Kr. Cf. not. ad p. 132, 39. ‖ 49. Ἐλπίας] Σαλπίας Cor. perperam.
P. 559, 1-3. φασὶ δὲ etc ... λεχθῆναι, utpote glossam ej. Mein. ‖ 2 Βαλεαρεῖς bene conj. Casaubonus, coll. Polyb. 3, 33. ‖ 3. διότι] διὰ τὰ x Tzsch.; καί διὰ τοῦτο vel διὸ καὶ Cor. Glossae sermo hiulcus non curandus. ‖ 4. Χαωνίαν Cdh, Χαονίαν moxz Ald.; Χώνην Cor. ‖ 6. εὐμενίαν F. ‖ 35. φιλοσοφίαν i Cor. Mein. ‖ 41. γὰρ] δὲ Mein. ‖ 51. Ἐλαιοῦντος Mein. ‖ καμπῆ sw Cor., καμπήρ F.
P. 560, 7. δὲ] δ' ἡ codd.; em. Cor. ‖ 21. Ἁλικαρνασσὸς codd., exc. Dxz. ‖ 22. Legendum Ζεφυρία ex Stephan. s. v. Ἁλικαρνασσὸς. ‖ 23. [ἐν] τῶν probab. Cor., Mein., ex Epitome. ‖ 24. Ante vel post ἔργον fort. aliquid excidit; ἔργον [Σκόπα] conj. Cor.; ἔργον [Σκόπα καί ἄλλων τεχνιτῶν] proposuit Grosk.; [θαυμαστὸν] ἔργον conj. Mein. ‖ ὄνπερ E. ‖ 30. Ἁλικαρνασσὸς codd.; similiter lin. 51. ‖ Ἀρκόννησος F Mein. ‖ μηδίσας Epit. ‖ 51. Verba ἐπελθόντος ... ὑπέμεινεν post v. γυναικὸς transposuit e Kr. conject. Meinekius.
P. 561, 5. φ] οἷς editt.; [χωρίον], ἐν ᾧ praeter necessitatem conj. Tzsch., coll. Arrian. 1, 23: τὰ Ἄλινδα, χωρίον ὀχυρώτατον. ‖ 8. ὀλίγῳ δ' ὕστερον codd. ‖ ἄκρας κανδαρία Cgmosvwxz, ἄκρας κανδαρείας Dh, ἄκρας σκανδαρία i, ἄκρα κανδαρία E. ‖ 13. Κύας] Leg. aut ἄκρας, ut Mein., aut ὑπὲρ [τῆς ἄκρας] τῆς Κύας, ut conj. Palmerius (Exerc. in auctt. gr. p. 348). ‖ 17. τὸ Σκάνδαλον E, τὸ Σκανδύλιον codd. cett.; em. Tzsch. ‖ 23. Λακτῆρα et dein Λακτηρίῳ Ald. ‖ 24. Λακτητηρίῳ χωρίῳ codd.; em. Cor. ‖ 30. ἱερῷ om. F Mein. ‖ 35. ἐπιταχθέντος? Mein. ‖ 45. Ἀστυπαλεία E, Ἀστυπαλία cett. codd. ‖ 48. τούτῳ] ταύτῃ codd.; om. E Mein.; nec legitur ap. Steph. v. Καρύανδα; ταύτην ᾤκουν scr. Cor. ‖ 49. συγγραφεὺς] λογογράφος Stephan. l.l.
P. 562, 1. Ἰασσὸς codd., exc. CDh. ‖ 4. διηγημάτια bene conj. Cor., coll. p. 651 Cas. ‖ 10. ἅμα τοῦ κώδωνος CF, ἅμα τῷ τοῦ κώδωνος i Cor. ‖ 12. εὖ] ναί, εὖ moz. ‖ 18. Ἰασσὸν codd. exc. C (?) ‖ 22. Χαλκήτορες Mein.; Χαλκητόρων habes p. 543, 20. ‖ 25. Ante verba κατὰ κορυφὴν Groskurdius κρημνώδες] vel ἀπότομον excidisse putat propter ea quae in sqq. leguntur; ego pro incommodo isto αὐτοῦ, quod in αὐτῶν mutari voluit Meinekius, legendum puto αἰπύ. ‖ 27. λιθείαν xz. Mein. ‖ 33. καί δὴ καί τῶν Cmoz, recte, ut videtur. ‖ 34. γάρ, ἔφη, inclusit Cor. ‖ 36. Ὁσογῶ CF, Ὁσογῶ D, Ὡσογὼ editt. ante Kr.; Ὀσογῶα Mein.; καλοῦσιν Ὀγῶα ap. Pausan. 8, 10 legitur. In titulis Mylasensibus occurrunt: ΔΙΟΣ ΟΣΟΓΟΑ et ΔΙΟΣ ΟΓΩΑ. ‖ 36. Λαβραυνδηνοῦ Cosz, dein Λάβραυνδα Cosx; quae formae etiam in numis occurrunt; rec. Mein. ‖ 42. καί om. C (?) Tzsch. Cor.; ὁδὸς καί Ald., quod in ὀκτὼ καί mut. Cas. ‖ 45. ἴδια] διὰ codd. em. Cas. ‖ 47. Μυσοῖς καί Λυδοῖς Dh, ut in Herodot. 1, 177. ‖ 49. Ἑκάτομνον Cor.
P. 563, 12. μάλιστα ejiciendum. ‖ 38. Μυλάσσων Fgh et ex correct. D. ‖ 47. Χρυσαορέον Coxz, Χρυσαόρειον Cor. ‖ 53. Κατόκας F Mein., Κατόκας h Guarin., editt. ante Kr.; Κοτόκας cett. codd., Kr.
P. 564, 5. μὲν deleri vult Mein. ‖ 10. κατεστραμμένον codd. Cor.; κατεστραμμένων Ald.; em. Cas. ‖ 16. Ἀπολλώνιος ὁ Μόλων καὶ ὁ Ποσειδώνιος i. ‖ 28 ὀηῦτε Mein. ‖ Καρικοεργέος E et Eustath. ad Il. β, 367, p. 867, 25 R; καρικὰ ἔργος CF, καρικὰ εὐεργέος w, καρικὸν εὐεργές moz, καρικοῦ εὐεργέος ux Tzsch. ‖ 29. τιθέναι F, τιθέμενοι DEi Cor. ‖ 32. Νάστης Cor. ex Il. β, 867; Μέσθλης ap. Hom. Il. β, 864. ‖ 41. ταρφθῆναι CDFhis, τερφθῆναι cett. codd.; em. Cor.
P. 565, 9. βαταρίζειν codd. ‖ 12. ᾗ δὴ] ἤδη codd.; em. Cor. ‖ μὲν om. Cor. ‖ 18. ἐκάλεσε codd.; em. Xyl. ‖ 21. ἢ πολλὴ συνήθεια καί ἐπιπλοκὴ codd., exc. E. ‖ 31. πως om. E; πω Cor. Mein. ‖ 34. ὀλίγοι codd.; em. Kr. ‖ 51. Δαγγίνων codd. ‖ ὀκτακοσίων] Justo longe major numerus, non tamen mutandus, ut ex p. 566, 5 colligitur.
P. 566, 6. ἐπὶ τῆς Ἰωνίας F, τὸ τῆς Ἰωνίας Cor. ‖ 14. κατὰ ταὐτὸ ἢ mxz, κατ' αὐτὸ ἢ cett. codd. ‖ 14. ταύτην ἔπεισι e conj. Cor.; ταύτῃ μὲν ἔπεστιν codd.; leg. suspicor ταύτης μνηστέον. ‖ 19. Χελιδόνων hi, Χελιδονέων x. De Chelidoniis non constat. Κελαινῶν conj. Manuert Geogr. t. 6 p. 124; at Celaenae non hoc loco memorandae, sed cum Apamea componendae fuissent; Φιλομη-

λίου conj. Palmer. (in auctt. gr. p. 348), quod item non est probabile. Metropolis componenda cum hodierno *Tschull Owassi;* hoc autem sec. tabulas Kieperti in eodem est meridiano in quo sunt insulæ Chelidoniæ. An hoc Artemidorus significavit, gravioreque ulcere locus noster laborat? Non adeo hoc improbabile est, siquidem meridiana linea per Chelidonias ducta indicatur etiam p. 568, 44 : δοκοῦσι δὲ αἱ Χελιδόνιαι κατὰ Κάνωβόν πως πίπτειν. Itaque nostro loco leg. proposuerin : καὶ Μητροπόλεως κατὰ Χελιδονίας [κειμένης] · ἐπὶ μὲν κτλ. ‖ 20. ἔννακ.] τκ' *F.* ‖ 22. Τυράϊον codd., nisi quod *w* habet Τυρίκιον. ‖ 29. Σοάνδρου *C*, Σοάνδρου *w.* ‖ Σανδακόρων *DEx*, Σαδρακόρων *C.* ‖ 36. Τομίσων] τὸ μισοῦ *CD*, Τελμισοῦ *x*, Τομισοῦ codd. cett. ‖ 32. Ἥρπα oppidum vocatur p. 460, 20. 462. ‖ 48. τῇ νῦν Πομπηιουπόλει codd ; em. Cor. et Kr.

P. 567, 31. θέσιν codd.; em. Cor. ‖ 48. Πομπηιούπολιν *moxz*. ‖ Δυμήνην *CDFhw*, Δυσμένην *i*, Διδυμήνην *mosxz*; em. Cas. ‖ 53. ὁ τ. Λ. ὄρος male Tzsch. ‖ 54. Τελμησσὸς *CD* Τελμισσὸς, ε supra ι pr. m. add., *F*, Τελμεσὸς *hi*, Τελμισσὸς cett. codd., Eustath. ad Il. ζ, 181, ad Dion. 859, Steph. s. v. Strabonem laudans; Τελμησσός e Mein. conj. Tzsch., Τελμεσσίς *C*, Τελμεσὶς *os*, Τελμεσὸς *i*, Τελμεσασὶς *F* , Τελμεσσίς *Dh* , Τελμισσὸς Eust. ad Dion.

P. 568, 5. ἐφ'] ὑφ' Cor. ‖ Καρμυλησὸς *Co* et pr. m. *D.* ‖ 6. ἐν φάραγγι ᾠκημένον *E*, ἐν φαραγγεῖον κείμενον *F*, ἐν φαραγγίῳ κείμενον cett. codd. ‖ 7. ἄκρας Eustath. ad Il. l. l.; κράγας codd. ‖ ὀκτὼ] δύο Eust. l. l. ‖ 13. ὁμώνυμος] ὁμογενὴς vel ὁμόγονος ? Mein. ‖ 13. Verba ὡς καὶ... ἀηδών ej. Mein., recte. ‖ 16. Σίρβην editt. ante Kr.; Σίρμιν Eust. ad Il. μ, 314 p. 907, 30. ‖ οἱ πρ.] τὸ πρ. *F* Mein. ‖ 21. ἱερὸν Ἀπόλλωνος] ἱερὰ πολλὰ codd.; em. Barth. ad Statii Thebaid. 1, 696. ‖ 27. Διμύρου codd., exc. *EF*. ‖ 30. ἡ[καὶ] Κ. e Mannerti conj. Cor ; [καὶ] ἡ Κ. vel καὶ Κισθ. conj. Grosk., rectius puto. ‖ Κισθίνη *E.* ‖ 44. καὶ ej. Mein. ‖ 51. Φασηλὶς codd.; Φάσηλις Eustath. ad Dion. 855. ‖ 52. λίμνην *F.* et Eustath. l. l.

P. 569, 3. Φασηλίδα *CDhos*, Φασηλίδα *F.* ‖ [τὰ] κατὰ editt. ante Kr. et Meinekius. ‖ 16. ὁρῶν codd.; em. Kr. ‖ 31. Φασηλίδα codd., exc. *E.* ‖ 37. ὅμορον huc collocavit Kramerus cum eoque Meinekius; in codicibus legitur post v. κατοικίαν, ibique relinquendum erat. Nam transpositione ista locum obscurum et corruptum non recte emendari persuasum est. Stephanus hæc tradit : Ἀττάλεια πόλις Λυδίας (Lydiæ Attaleam cum Pamphyliæ urbe confundit) πρότερον Ἀγρόειρα ἢ Ἀλλόειρα (Ἀλέερα in schol. ad Leonis Sapientis Indic. Eccles.) : οἱ δὲ τὴν (Κιλικίας) Κώρυκον οὕτω φασὶ λέγεσθαι. Suidas v. Κωρυκαῖος Corycum prom. apud Attaleam situm memorat. Apud Strabonem legendum esse puto : εἶτα πόλις Ἀττάλεια, ἐπώνυμος τοῦ κτίσαντος Φιλαδέλφου, συνοικίζοντος Κώρυκον πολίχνιον [καὶ] ἄλλην κατοικίαν ὅμορον (f. leg. Ἀλλόειραν), καὶ μεῖζω περίβολον περιθέντος. ‖ 37. μεῖζω *F*, μεῖζω μικρὸν *Cw*, μικρῷ cett. codd. ‖ περιβόλαιον *hi*. ‖ 38. Φασηλίδος codd., exc. *E.* ‖ 46. Syllii mentionem fieri jam vidit Tzsch.; Meinekius σταδίοις in Σύλλιον mutat; malim σταδίοις [Σύλλιον]. ‖ 50. Πεδνηλισσὸς Tzsch. Cor. Cf. p. 488, 18.

P. 570, 21. οἰκουμένη *E*, οἰκουμένης Cor. ‖ ὦν] ἧς conj. Kr., idque rec. Mein. ‖ 39. ἀρχὴ codd.; em. Grosk.

P. 571, 8. ἄλυκτον *z*, ἄληκτον *mo* Tzsch. Cor. ‖ 13. εἰ καὶ τὴν *z*] sic ex correct. *z*, εἰ τὴν *x*, εἰς τὴν cett. codd. ‖ 28. Ἀρσινόη] Συδρὴ conj. Hopper., Σύεδρα Tzsch., probante Kramero. Corruptum esse nomen Ἀρσινόην minime liquet ; aliam Arsinoen aliunde non notam habes lin. 46. Ceterum significari puto Αὔνησιν opp., quod cum Hamaxia componit Geograph. M. M. § 208 (Geogr.

min. t. 1, p. 487), sive id oppidum Arsinoes nomen Ptolemæorum tempp. tulerit, sive e Stadiasmo Αὔνησις ap. Strabon. reponendum sit. ‖ 35. Σεληνοῦς *Cos*. « Ceterum Selinunta urbem in his partibus multi memorant scriptores, fluvium nemo : neque licebit nisi de urbe cogitare in iis quæ infra p. 682 ed. Cas. apud Strabonem ipsum leguntur. Simul Strabo p. 387, ubi fluvios ita nominatos enumerat , hujus qui in Cilicia fluat non facit mentionem : recte igitur, ut opinor, Grosk. conjicit πόλις scribendum esse, non ποταμός (Cf. Mannert. Geogr. t. 6, 2, p. 85). » KRAMER. Meinekius quoque scribendo in πόλις mutavit ; perperam ; lege Σελινοῦς [πολίγνιον καὶ] ποταμός. Reapse fluvius est prope hod. *Selindi*, memoraturque apud Constantin. Porphyr. De them. 1, 12, p. 38 : εἶτα Σελινοῦς, μικρὸν πολισμάτιον καὶ ποταμὸν ὁμώνυμον ἔχουσα. ‖ 38. Ἄνδρυκλος *E*, Ἄνδρικος *w;* Ἄνδροκος est in Stadiasmi. M. M. § 199, p. 486, sicut *Androcus* fl. memoratur ap. Plin.‖39. Πλατανιστὴς Mein.; Πλατανιστὴς *E*, Πλατανιστὸς cett. codd. ‖ 44. πεντακοσίων] Est fere mille stadiorum, quot fere colliguntur etiam e numeris Stadiasmi. Itaque nescio an *πεντακ*. mutandum sit in ἐννακ. ‖ 45. [ἐν] τούτῳ e Cas. conj. Tzsch., Cor., Kr.; τούτου Mein.; τοῦτο codd. « In *E* post σταδίων spatium vacuum relictum est nonnullis vocibus sufficiens; deinde subjiciuntur hæc : πρῶτον μὲν οὖν μετὰ τὸ Ἀνεμούριον ... εἶτ' Ἀρσινόη κτλ. Quæ satis placent, sed videntur esse Epitomatoris, non Strabonis. » Kr. ‖ ἐστὶν ἄτιδος *Di*, ἐστὶν ἀγίδος cett. codd.; em. Tzsch. ‖ 46. πρῶτον codd.; em. Grosk. ‖ 51. ἐννακοσίους] Infra p. 760 Cas. rectius sunt 3650 ; quare ἑξακοσίους h. l. scribi voluit Grosk., scripsitque Mein., probabiliter. ‖ 54. διακόσια] ἐννακόσια ex p. 760 ed. Cas. corrigendum fuerit, ut fecit Mein., monente Grosk.

P. 572, 6. πλησίον δ' ἐστὶ *ix* Cor. Mein. ‖ 16. εἰς Ῥώμην] « Malim ἐκ Ῥώμης. V. p. 213 extr. ed. Cas. » Kr. ‖ 21. νυκτὸς γενομένης Ald. ‖ 25. Ἀρίου codd.; em. Cor. ‖ 39. καὶ inclusit Cor. ‖ 44. Ἐλεοῦσσα et Ἐλεοῦσα codd.; eodem modo p. 573, 7 ; mutavit Tzsch. ‖ 54. ὑποδεκτηρίων *w*.

P. 573, 7. Λάμος] Λάγμος , addito τ supra γ, *C*; Λάτμος cett. codd.; eædem scripturæ sunt lin. 16; em. Tzsch. ‖ 12. ὑπὸ add. e conj. Cas. ‖ 13. Φασηλίς codd.‖21. Πομπηιούπολιν *E*. ‖ 22. ἐνοικοστοτάτων *Dhi*. ‖ 26. Καλυκάδνῳ] *Emowz;* Καλύδνῳ cett. codd., Mein.; attamen in antecc. formam longiorem omnes codd. præbent. ‖ 28. Σαρδαναπάλου *Cmoxz* et sic in sqq. ‖ 31. ὑποκροτοῦντα *E;* ἐπικροτοῦντα ap. Athenæum, p. 530. ‖ καὶ] ἔνιαι δὲ καὶ codd., exc. *E.* ‖ 34. σὺ δ' ὃ ξένε ante ἔσθιε add. Ald. ‖ τἄλλα] τἄλλα ἀνθρώπινα Ald., ex Arriano 2, 5, ut videtur. ‖ 35. « Post ἀποκροτήματος in editt. a Cas. usque ad Cor. leguntur hi versus :

εὖ εἰδώς, ὅτι θνητὸς ἔφυς, σὸν θυμὸν ἄεξε,
τερπόμενος θαλίῃσι · θανόντι τοι οὔ τις ὄνησις ·
καὶ γὰρ ἐγὼ σποδός εἰμι , Νίνου μεγάλης βασιλεύσας ·
ταῦτ' ἔχω, ὅσσ' ἔφαγον καὶ ἐφύβρισα, καὶ μετ' ἔρωτος
τέρπν' ἔπαθον, τὰ δὲ πολλὰ καὶ ὄλβια κεῖνα λέλειπται.
ἥδε σοφὴ βιότοιο παραίνεσις ἀνθρώποισιν.

Qui versus plane om. in *DFhi*; in margine leguntur, præmissis verbis τὸ ὅλον σύγγραμμα, in *Cgsv*. Post verba τὰ αὐτὰ ταυτί collocantur in *uxy*, ita ut versus illi duo ταῦτ' ἔχω... λέλειπται semel modo legantur, ultimus vero ἥδε σοφή... ἀνθρώποισιν omittantur : quod cur factum sit, satis liquet. Inde liquido apparet a Strabone ipso epigramma illud non fuisse additum , sed in margine primum a docto quodam lectore adnotatum ac postea in verborum seriem ab aliis alio loco receptum. Recte igitur Cor. e Strabonianis remotum in paginæ cal-

cem rejecit.» Kramer. ‖ 40. Άγχιάλου Ald. ‖ 44. Όλβοι CEFmoz, Όλεία x, Όλβος g Ald., Όλβη Dhisw.
P. 574, 5. παλαιά imxz, πάλαι cett. codd. ‖ 13. κάμπτην F. ‖ 19. πέντε post πλείους habent codd., exc. F; quem cum Kramero secuti sumus, quum quinque ista stadia nullo pacto locum habere possint. Attamen pro ε' leni manu ό (70) scribendum esse suspicor; tot enim stadia a Tarso usque ad maris oram exputat auctor Stadiasmi § 168. Mira sunt quae deinceps leguntur ούτ' έκ Τάρσου... ή έπι Κύδνον. ‖ 25. παρακρυπτόντων Ald., a praedonibus Guarin. ‖ 27, ήν om. E Cor. ‖ 28. άποφαινόμενοι codd.; em. Grosk. ‖ 34. δή] δέ Cor. Mein. ‖ 37. ταχύ] τραχύ ghixz Ald., Mein.; recte, puto. ‖ 38. καί ροιζομένοις κτήνεσι Cor.; ποδαγριζομένοις Xyl.; ροιζομένοις om. Eustath. ad Dion. 867. ‖ 44. τών λόγων post φιλοσόφων add. Ald.
P. 575, 2. Post όλίγους quaedam deesse putat Mein. ‖ 3. τών άλλων περί g. ‖ 4. τ'] δ' C Cor. Mein. ‖ 5. άπέχουσα CDgw, sed in D corr. έπεχ. ‖ 9. τελευτά codd.; em. Cor. ‖ 18. άπαυτοσχεδιάζειν Cor. ‖ 21. άντιγυμνασίαρχον codd., exc. sw. ‖ 29. μέν, quod inclusimus, om. mowxz. ‖ 30. άλλ' om. wxz; άλλ' [ούδ' Όδυσσέως] ούδέ conj. Grosk. ‖ 33. τοιαύτην μέν καταλαβών τήν πόλιν D; μέν etiam in hi legitur. ‖ 43. (δέ) τις] δ' έτι Dgmwxz, δέ τι F; δέ inclusit Cor.
P. 576, 6. έπί τό πολύ C (?) editt. ante Kr. ‖ 18. Μάντους] Λητούς codd.; em. Xyl. ‖ 24. Λυκίαν] Κιλικίαν Ald. ‖ 25. καί Λυκίαν codd., exc. E in quo Κιλικίαν; em. Cor. Sequens καί jam delevit Xyl. ‖ 30. Άντίλοχον CFimosxz, Άντίοχον w. ‖ 35. Μάργασσα CF, Μάργασα cett. codd., exc. E. ‖ 36. ού φασι γενέσθαι μαθητήν Παναίτιον Ald. Cor. ‖ 39. Φιλωτάς F Mein. ‖ 45. Άλήνιον codd., exc. Dhi. Eodem modo lin. 46. ‖ 48. Αίγαία DE, sed in D corr. Αίγαίαι; Αίγαιαί mavult Mein.
P. 577, 2. Ταρκοδίμεντος CF, Ταρκοδήμεντος D et, ut vid., cett. codd.; em. Cas. ‖ 5. Πίδνος D, Πίνδος cett. codd.; em. Tzsch. ‖ 7. 'Ρωσσός h, 'Ρώσος F. ‖ 8. Μοψουεστία F Mein. ‖ καί [αί] Πύλαι editt. ante Kr, ‖ 26. ταύτα Cor. ‖ 27. κατηριθμείσθαι codd.; em. Kr. ‖ 37. Άλιζώνας D, Άλιζώνας Cor. ‖ 41. Ίσσού] Ταρσού conj. Cor. ‖ 49. έπ' inclusit Cor.
P. 578. 2. μένοι δ' άν ή z Cor. ‖ 20. διαιρών codd.; em. Cas. ‖ 23. μήπω καί τά codd.; em. Cas. ‖ 24. έχει codd., exc. F. ‖ 25. Τρωικών codd., exc. moz. ‖ 27. Λικίων F, Κιλίκων cett. codd.; em. Cor. ‖ 29. Κητίους codd. ‖ 35. Ίδρυείς CDhiosz. ‖ Τερμίδαι codd.; em. Xyl. ‖ Δολίωνες codd.; em. Cas. ‖ 39. Έφορον? Kr. ‖ 44. ήν add. Cor. ‖ 47. δή inclusit Cor.
P. 579, 5. Άλιζώνους CEFsw. ‖ 11. Μαοναδείς CDFis. ‖ 14. ούδέ θ'] ούδ' έθ' codd., exc. F. ‖ 18. ούκ] ούτε Cor. ‖ ότε] ούτ' ό (sic) F, ούτε cett. codd.; em. Grosk.; ούθ' ό scr. Cor. ‖ 32. έθη] έθνη editt. ante Kr. ‖ 33. αί inclus. Kr. ‖ 42. πάντα om. C. ‖ 53. ούδ' αύ τήν Λυκαονίαν moz; ούδ' αύτήν Λυκαονίαν Cor.
P. 580, 2. Καππάδοκας [καί Κατάονας] καί conj. Grosk. ‖ 11. Κητίους codd.; em. Xyl. ‖ Δέλενας F. ‖ 14. μεγάλα codd.; em. Cor. ‖ 22. έκ τών inseruit Cor. ‖ 23. έκ τών Άσυρίοις CDFiw Ald., έκ τών Συρίας h, έκ τών περί Άβυδον moz; em. Xyl. ‖ 27. καί ante τής inseruit Cor. Nescio an fuerit: άπό τών έν Λυδία τή μεταξύ Άταρνέως τε καί Περγάμου [ού vel ένθα] πολίχνη etc. Quodsi oppidi nomen excidit, fortasse fuit ένθα [Μαλίνη] πολίχνη. Malinen vel Malenen agri Atarnensium commemorat Herodotus 6, 29. ‖ τής] τή moz. ‖ 28. πολίχνη έρήμη Epit., πολίχνης έρήμης Tzsch., Cor. ex Epitome a Gelenio ita correcta. ‖ έκμεταλλευόμενα codd., exc. Epit. ‖ 47. [οί] Φρύγες Cor. ‖ 50. έλέχθην Tzsch. Cor.
P. 581, 8. οί] εί CDEFh. Cf. supra. p. 566 ed. Cas. ‖ 10. Σεληνού Dhi. ‖ 15. μνησθήναι F. ‖ 18. νότον Fimo sw. ‖ 22. 'Ροδίων editt. ante Kr. ‖ 35. καί ante μέχρι add. E. ‖ 42. άπό τών Κλειδών F (?) editt. ante Kr. ‖ 43. άπ'] έπ' F. ‖ 44. προσκείμενα E Cor. Mein. ‖ 49. έλνούντας EF, έλνούντα D, sed σ et ι see. m. add.; Σελνούντα C.
P. 582, 1. χιλίων έννακοσίων] άλ' F. ‖ 6. δέ] δή Cor. ‖ 14. ή Ναγ.] ήν άγιδος codd.; em. Cor. ‖ 16. είτα χάρον άκτή codd., exc. moxz. Cf. Ptol. 5, 14 et Stadiasm. § 170. ‖ 17. ό add. Kr. ‖ 26. μετά ταύτα Mein. ‖ 28. Λεύκολα codd.; e Plinio mutavit Cas. ‖ 29. ής] είς ήν codd., exc. F. ‖ 32. πλέον w, πλείως x, πλέοντι conj. Cor. Post Κίττον lacunae signa posuit Mein. ‖ 37. Κουριάς [άκρα] eonj. Grosk. ‖ 44. είθ' ή δήλος codd., exc. F; ή δύλλος in marg. θ. ‖ φησί] φασί CDhiosz. ‖ 49. δι' άερίνων moz, διερίνων cett. codd.; em. Xyl.; δι' είαρινώ έδρωμέvov ζεφύρω malim cum Mein. ‖ 51. Leg. ού ζεφύροις δέ, ut Mein. quoque conjecerat. ‖ 52. ούτ' έν άρ.] έν άριστερά δέ Tzsch. et Cor., άλλ' έν άριστερά Grosk., perperam.
P. 583, 6. post έχουσα in i adduntur: καί ίερά εύ κατεσκευασμένα. ‖ 9 καί ante λιμένα om. Cor. ‖ 13. καί om. codd., exc. DF. ‖ 17. Σολούς E, Σολούς F, Σόλους cett. codd.; em. Tzsch. ‖ 23. Κρομύου EF, Κρομμύων w. ‖ 36. Ταμάσω E, Ταμασσώ cett. codd.; em. Xyl. ‖ 38. χρήσιμος w Cas. ‖ 51. πολλά Cor.
P. 584, 23, τά δ' άπό codd. ‖ 27. καί om. codd., exc. DEF.
P. 585, 4. Οί πολλοί πολλοίς codd.; em. Cor.; οί άλλοι π. Cas. ‖ τοίς πρ. έγνωσμένοις conj. Kr.; asterisco locum corruptum notat Mein. ‖ 14. έκείνοι δέ γε] έκείνους δέ editt. ante Kr. inde a Xyl.; έκ δέ λέγουσιν conj. Kr. ‖ 21. καί om. Cmoxz Tzsch. Cor. ‖ 24. Πανδίονος ή κατ' άλλους Πώρου bene conj. Grosk. ‖ 34. Σεμίραμις [διά ταύτης] έστρ. conj. Grosk. ‖ 37. καί om. Cmoz Tzsch. Cor. ‖ 51. Τεάρκον F; καί ante έκ om. i Cor.
P. 586, 3. Όξυδράκας conj. Grosk. ‖ 15. έπελθών editt. Eur.; τ' ex Eur. add. Kr. ‖ 17. Νύσσαν codd. exc. C. ‖ 20. Νύσσαν codd. ‖ 21. αύτόμαιαν? Mein. ‖ 23. καί Μ. δ. λέγεται e margine irrepisse videntur; inclusit Cor.; ej. Mein. ‖ 31. Νύσσαν D. ‖ 36. Σύδρακας F, Όξύδρακας Σύδρακας s, Όξυδράκας cett. codd., exc. C.
P. 587, 19. ήν] ή Cor. ‖ 22. Μάλιστα δ' έκ Cor. Mein. ‖ 27. έσπερία codd., exc. F. ‖ 34, Μάον CF, Μάον Dhxz, Ίμαίον E. ‖ 40. καί om. moz Tzsch. Cor. ‖ 41. όσον codd., exc. F. ‖ 53. σχοίνοις em. Cor. ‖ 54. Legendum μυρίων, ut jam Cas. monuit.
P. 588, 2. δ' άντί CDFh; τι om. moxz, δ' άν που mavult Mein. ‖ 8. προσπίπτον codd.; em. Cor. ‖ 13. Κωλιακοί legi vult Salmasius ad Solin. p. 783, probabiliter. ‖ 19. διά τού πεδίου malim cum Cor. et Mein. ‖ 31. Διάβαθρα Cx, Βαλίβαθρα F. ‖ 41. Ταταληνήν F, Πατταληνήν editt. ante Kr. ‖ 46. κέγχρον codd., exc. xi et F, qui tamen ον habet supra ος. ‖ 47. όρυζαν CDFhw, όρυζον E. ‖ 50. Αίγυπτον [ζώοις] conj. Grosk. ‖ 51. έν ποταμώ E.
P. 589, 6. Κονίσκους E. ‖ 7. Leg. πεντακισχιλίων, monente Grosk. ‖ Dein Αίθιοπίαν [πλάτος δέ πεντακισχιλίων] e Plinio conj. Bernhardyus ad Eratosth. p. 97, idque rec. Mein. ‖ 10. είδοποιήσουσι Cor., Mein., probabiliter. ‖ 16. «κατεσκευασμένων Tzsch. de conj. Is. Vossii (ad. Melam, 3, 7) facili sane, sed falsa tamen, ut ex ipsa enuntiati forma satis liquet; recte e contrario videtur conjecisse Salmasius ad Solin. p. 781 καί ante μητρών esse omissum. Sed ne ita quidem cur άμφοτέρωθεν additum sit liquet, ac nescio an majus quoddam ulcus lateat, ad quod detegendum facere videntur quae Plinius (6, 24) tradit eadem de re agens. Ibi enim leguntur haec: Quondam credita (Taprobane) XX dierum naviga-

tione a Prasiana gente distare, mox, quia papyraceis navibus armamentisque Nili peteretur, ad nostrarum navium cursus VII dierum intervallo taxata. Mare interest vadosum senis non amplius altitudinis passibus, sed certis canalibus ita profundum, ut nullæ ancoræ sedeant : ob id navibus utrimque proræ, ne per angustias alvei circumagi sit necesse. Inde suspiceris πρώραις vel simile quid excidisse post άμφοτέρωθεν. » KRAMER. πρώραις rec. Mein. Ac sane άμφιπρώρους istas naves a Strabone indicari verisimillimum est; ceterum quid sibi velint verba έγκοιλίων μητρών χωρίς me non intelligere fateor. ‖ μητρών] μήτρων DFh. ‖ 25. τό inseruit Cas. ‖ 31. ύπ' αύτώ codd.; em. Kr. ‖ 40. καί ante μάλλον om. Ei. ‖ 41. τοίς δέ τής άσίας codd.; em. Tyrwh. ‖ 44. ποταμούς add. Grosk. ‖ 48. Ύασίων i, Ίππασίων e Cas. conj. Tzsch.; Άσπασίων e Schmiederi (ad Arrian. Ind. p. 6) conj. Cor. Intelligendi sane sunt Άσπάσιοι Arriani ; sed fort. recte Tzsch. conj. Ίππάσιοι , siquidem asp significat ίππος. ‖ Άσακανού] Μουσιχανού codd.; em. Cor.
P. 590, 8. Πατταληνήν moxz. ‖ 12. άπό γαίας codd.; em. Cor. ‖ 14. αύτοί codd.; em. Xyl. ‖ 18. στρατεύοντος CDFi, στρατεύοντα E, στρατοπεδεύοντος cett. codd.; em. Tzsch. ‖ 24. τούς δέ F (?) xz, Tzsch. Cor. ‖ 29. ύπό] άπό codd.; em. Cor. ‖ τυχόντος E, ψύχοντος cett. codd. ‖ 35 πτίζεσθαι CEFxz et de Cor., in quo sec. m. correct. πτίσσεσθαι, πίζεσθαι sw, βαπτίζεσθαι m. ‖ 39. μή inseruit Cor. ‖ 40. βοσμόρου όν φησι codd.; em. Cor. ‖ 41. σίτος Epit.; σεπτός codd. cett. ‖ 52. Πατταληνής m.
P. 591, 21. δίσπορον hi. ‖ 36. κναφάλλων codd., exc. CF. ‖ 37. σάγην codd.; e Salmasii conj. em. Tzsch. ‖ 40. καί] ού codd., exc. EFx; γάρ om. x Tzsch. Cor. ‖ 41. Verba συντίθεσθαι... καρπού om. codd., exc. EF. Eadem legit Eustath. ad Dion. 1125. ‖ 43. καί inclusit Cor., om. Mein. ‖ 48. δένδρα είναί τινα editt. ante Kr. ‖ 49. κατωφερή moxz. ‖ 51. διαδοθέντα E, διαδύνται; et deinde άναδύντας Cor. ‖ 52. άναδοθέντα codd., exc. h. ‖ 53. κατακαμφθέντα codd.; em. Cor.
P. 592, 1. γενέαθαι codd.; em. Cor. ‖ 9. « ού μεγαλολεπισματαπούς C (in hoc ε supra antepænultimam add. et πούς scriptum est) DFk, ού μεγάλα λεπίσματά πως έχον i, ού μεγαλοπεπτισματαπούς s, ού μεγαλοπεριπίσματον πούς w, ού μεγάλους λοβούς moz, ού μέγα λοβούς μεγάλους; x (incertum tamen est an ού μέγα legatur; v. Falconeri nott.), μεγάλους λοβούς E, ού μεγάλους λοβούς λεπίσματα κάρπους Ald., ού μέγα μεγάλους λοβούς Tzsch., μεγάλους λοβούς Cor.; unice vera esse ea quæ scripsimus facile apparet ; lepismata inter versus primum additum ad λοβούς in ordinem postea ita receptum est ut monstrum illud efficeretur. » KRAMER. ‖ 15. δέ ante δένδρων add. Cor. ‖ 20. Aut μήτ' cum Cor. leg., aut lin. 21 μηδ' cum Mein. ‖ 21. άλλο τι τών F. ‖ 26. γε] δέ vult Mein. ‖ 26. β] ήδη codd.; em. Cor. ‖ 39. μεγαλορυείς codd.; em. Xyl. ‖ 41. πεντάδυμα Cor., coll. Gellio 10, 2 et Aristot. H. An. 7, 4 et De generat. an. 4, 4. ‖ 43. καταλιπόντων codd.; em. Cor. ‖ 46. περιεψεΐτο F, πυρί έψεΐτο Di, πυρί έψεΐται cett. codd.; em. Kr.
P. 593, 14. φοφαΐς] όμφαΐς conj. Porson., φοραΐς Lobeck., όρμαΐς Mein.; dein πυρός [θάλπει] conj. Grosk., πυρί Kram. Fort. χάρραις... πυρί leg. est. Κάρφη et κάρφος sunt siccae stipulae; ap. Herodotum κάρφη vocantur convoluti tenuesque cortices (de la cannelle). ‖ 22. τήν έαυτού CDFhiw, τήν αύτού Emoxz; em. Cas. ‖ 24. πεπυσμένους Dh (in h. ει supra υ) πεπεισμένους xz, πεπειασμένως cett. codd.; em. Mein. ‖ 26. διάθεσιν codd., exc. F. ‖ 28. λέγεται] γίνεται? Kr. ‖ 35. δέδοκται CDhixzgv, sed gv in marg. δέδοκται. ‖ 48. μέσον moxz, μέσφ cett. codd.; em. Cor. ‖ 49. πρώτα Cor. ex Odyssea.

P. 594, 25. εύθύς] αύθις Cor. ‖ 27. κατά] καί κατά codd.; em. Cor. ‖ Πλιγύριον s et marg. CF, Πληγήριον moxz. ‖ 28. Γώρυδα i Cor., Γώρυδι cett. codd.; Γωρυδάλην πόλιν Ald. Pro Γωρυ ΔΙ leg. puto ΓώρυN. ‖ άλλην] άλλη πόλει x. ‖ 29. Βαρδαβήνην Dh, Μανδοδήνην F. ‖ Γαρδαρίτιν F. ‖ 37. τέμνοντας] τράνοντας s, θραύοντας w. ‖ 39. προίη E, προϊδεΐν cett. codd.; em. Cor. ‖ 53. τούτοιν τοΐν δυοΐν (δυεΐν Cor.) ποταμοΐν editt. ante Kr. ‖ Βασιανοί Dhi.
P. 595, 1. Πάσιοι w, Ίππάσιοι Tzsch., Άσπάσιοι Cor. ‖ Άσακανού Dh. ‖ 2 Μάσογα] Μάσσαγα Tzsch. et Cor. ex Arrian. Exp. 4, 26, 1; Μάσαχκα Arrian. in Ind. 8. et Diodor., Mazaga Curtius. ‖ 3. Πευκολαεΐτις CDEF ‖ 5. Πευκολάστις w. ‖ ζεύγματος γενομένου moz·, Cor. ‖ 13. φασί δέ τινες είναι Dhi. ‖ 15. Άβυσάρου sw, Άβιοσάρου o ‖ 16. όγδοηκ.] λ' E. ‖ 21. άποδέχονται Ald. Cor. ‖ ύπερβαλέσθαι z Cor. ‖ 22. λέγειν codd.; em. Cor. ‖ 35. Βουκεφάλαν E ‖ 44. είναι] έστι moz Cor. ‖ 50. δένδρον x.
P. 596, 1. άπολειφθή CDixw, quorum in Dh dein correct. άπολήφθη ; άληφθή z, άλειφθή mo Cas. Tzsch., έπαλειφθή Cor.; καταψύσαν δ' άπολήφθη τά βλέφαρα conj. Kr. ‖ 6. Καθέαν codd.; em. Cor. ‖ 11. Καθέα codd. ‖ 20. άλλως codd.; exc. his. ‖ 23. Καθέων codd. ‖ 27. άφίσταντο codd.; em. Cor. ‖ 40. προσαφέντος CFwx, προσαφέντα moz. ‖ 41. αύτών) δ' αύτών codd.; em. Cor. ‖ 53. τό ναύσταθμον Doxz Cor. ‖ 54. ήρτικροτι (sic) F, ήρτικότι C (inter versus addens συνεκρότει), ήρτικρότη Dh, άρτικρότη i, συνεκρότει cett. codd. et editt. ante Kr.
P. 597,7. είναι codd., exc. DF. ‖ 7. πάρεξ DF, sed in marg. πέριξ. Ceterum verba καί πολλά ... πέριξ e margine irrepsisse censeo cum Kramero; ejecit Mein. ‖ 24. Σίλβα moz. ‖ 25. Σιδράκαι Dhi, Όξυδράκαι E. ‖ 27. Όξυδράκαι codd., exc. F, qui tamen ipse quoque in margine habet Όξυδράκαι. ‖ 30. σαθούτα σινδοναλίαν mo, σαθούτα σινδολίαν sw, σάθου τά σινδονάλια CDFh Tzsch. Cor.; Σάθου [ής μητρόπολις] τά Σινδόμανα Groskurd. coll. Arrian. 6, 16, 5; ού inseruit Kr. ‖ 33. Πατταλ. moz, et sic in sqq. ‖ 39. διακοσίων] είκοσι conj. Grosk.; έκατόν proponit Kr. coll. Arriano 5, 20. ‖ 48. τού ποταμού cod. ‖ 49. άπό γέας CFmoz, άπό γαίας Di, ύπογαίας i, άπογαίας sx; em. Cas. ‖ 50. τούτων; om. i. Cor. ‖ 52. αύτήν [πολλών ένεκα], ών conj. Grosk. ‖ 54. καί τοι e conj. Mein.; και γάρ codd.
P. 598, 10. τοΐς πολεμικοΐς codd., exc. EF; τών πολεμικών Tzsch., Cor. e Planude. ‖ 21 έπ'] έν Cor.; pro κήτη fort. λέγει scribendum esse opinatur Kr.; ante μεγέθους excidisse λέγει περί conj. Grosk.; μέγεθος pro μεγέθου conj. Cor., Kr., Mein. ‖ 31. τού Έραννοβόα ποτ. conj. Schneider. ad Arrian. Ind. c. 10 ; τού [Έραννοβόα], άλλου π. mavult Kr., τού άλλου ποταμού [Έραννοβόα] scr. Mein. ‖ 39. δεΐ codd., exc. F. ‖ 41 Σαδρόκοττον CDFimoz. ‖ 44. Ηρώδης moxz Guarin.
P. 599, 23. Σίλαν Epit.; Σιλίαν cett. codd. ‖ 24. ούν [ούκ] άπ. Cor. ‖ 26. καίπερ καί άέρων codd., exc. DFw. ‖ 43. καί περί ζώων καί πολιτείας codd.; em. Cor. ‖ προσφέρει codd.; em. Cor. ‖ 51. ή] καί w Cor.
P. 600, 38. οί δέ] τινες γάρ moz Cor. ‖ 40. τούς] οί moz Tzsch.; καί ante ύποδύντας add. Dhimoz. ‖ 48. έχει] ίσχει F Mein.
P. 601. 14. εύτιθασσεύτους codd., exc. Fz. ‖ 17. ζυγών codd., exc. CDFh; καί καυ.], ώς καί x. conj. Tzsch. Grosk., άχαλίνους Cor.; nihil tentarunt k. Mein. Fortasse sana est vulgata ; nam elephantos sub jugum duci currus mentione auctor jam significaverat. ‖ 19. Verba ούτος ό λόγος ... καί έλέφαντα fort. glossatoris esse censet Mein. ‖ 20. μόνον codd.; exc. F; κτήμα είναι codd., exc. F. ‖ 28. θηρίων codd.; em. Kr. ‖ 28. έχοντες ζώντες codd.; em. Kr. ‖ όρύττουσι Eh. ‖ 29. σωρεύουσι E ; άσπάλακες

editt. ante Kr. inde a Xyl. ‖ 35. περισπωμένων x Cor. ‖ 47. μακρότητα F, σμικρότητα moz Cor. ‖ 53. γίνοιντο? Mein.
P. 602, 7. θρύοις CDEFhisw, θριγγίοις x, θριγκοΐς Cor. ‖ 19. μέχρι των ορών conj. Grosk.; μέχρι Ούρων cenj. Cor., quoniam Uros quosdam Indi accolas commemorat Plinius 6, 20, 23 § 77; urbis nomen latere putat Tyrwh. ‖ 32. πέμπτον [δ'] έστι recte Mein. ‖ 35. ή] είη codd., exc. z.
P. 603, 15. Leg. τέταρτοι δ' οί cum Mein. ‖ 26. τιμών] τειχών e Kr. conj. Meinekius. ‖ 32. τη στρατιά Cor. Mein.; recte. ‖ 35. κώδωνα Cor. ‖ 53. γενομένους codd.; em. Tzsch. ‖ Σαδροκόττου moz.
P. 604, 3 χρωμένων? Mein. ‖ 5. εΰ πράττειν codd., exc. F. ‖ 7. κριθίνου Cor.; vel κριθίνου vel κριθών vult Kr. ‖ 10. έπιθήκης codd.; em. Tyrwh. ‖ 14. ούδ'] ούκ mxz Cor. Mein. ‖ 19. γυμνασίων E Cor. Mein. ‖ 30. εύπαθείας i. ‖ 51. των γε μήν codd.; em. Cor.
P. 605, 5. εκτός CDFmosw. ‖ 31. μηδ' ώά codd.; em. Cor. ‖ 36. Σανδρόκοτον CFz, Σαδρόκοτον x. ‖ 41. άναπν.] τάς άναπν. x Cor. ‖ 46 et 48. τε] δέ codd.; em. Kr.
P. 606, 1. ώς recte om. mz. ‖ 8. μόνοις αύτοΐς φυομ. F. ‖ 10. του Εύφρ. codd., exc. DFh. ‖ 22. περί incl. Cor. ‖ 24. Γερμάνας moxz Epit.; Σαρμάνες dicuntur ap. Clem. Al. Strom. I, p. 305. ‖ 55. μάλλον add. Cor. ‖ 27. λόγων CDFh, λόγου cett. codd.; em. Tyrwh. ‖ 48. Verba άν ... παρασκευάζεσθαι om. moxz Guar.; άναδουλοϋσί τε τήν έκ τέκνων (ήν add. Ald.) μή έχουσι δούλους ύπηρεσίαν cett. codd., in quibus μή έ. δούλους est glossa verbo άδουλοΰσι adscripta; άν άδούλοις ούσι e Tyrwh. conj. Tzsch. Cor.
P. 607, 4. και om. moxz Cor. ‖ 14. γεννητός C Cor. ‖ 16. διαπεφύτηκεν F, διαπέφυκεν conj. Cor. ‖ 25. Γαρμάνας F, Γερμάνας cett. codd. ‖ 27. έσθήτος δ' έχειν άπό moz Tzsch. Cor ; ούσης post έσθήτος add. conj. Kr.; έσθητούς φλοιώ δενδρέω conj. Mein. ‖ 32. και inclusit Cor. ‖ 33. ύγραύλους codd., exc. E. ‖ 45. και recte om. oz. ‖ 47. και δ' άδου moz. ‖ 48. δσιότητα [τείνειν] Cor.
P. 608, 8. βούλωνται z, άν βούλωνται x Tzsch. Cor. ‖ 8. καί add. Cor. ‖ 18. βούλοιτο Cor. ‖ 27. δχλω codd., exc. CFx. ‖ 35. είρηται δέ καί Cor. Verba είρηται . . ταύτα f. delenda esse putat Mein. ‖ 46. είκοσι] όκτώ F.
P. 609. 21. Κάνδανιν E. Aliis est Δάνδαμις. ‖ 22. τόν] τώ z; τώ ... ύβριστή ... κατηγορήσαντι e Tyrwh. conj. Tzsch. et Cor. ‖ 36. διαφέροι e Kr. conj. Mein. ‖ 37. φίλον codd., exc. E. ‖ 40. Τάξιλον] τάξει ή codd., exc. E. ‖ συμβασιλεύσαιεν Dhi, συμβουλεύσαιεν Plannd., Tzsch. ‖ 44. λέγει, κελεύει codd., exc. DFh. ‖ 48. άν add. Cor. ‖ 54. περιτύχωσι codd., exc. E.
P. 610, 2. αύτω conj. Grosk. ‖ 19. τρίπηχυν D ex correct ; τρίπηχη codd. ‖ 30. πλήσαι codd.; em. Cas. ‖ 40. λιθείαν hoxz Mein.
P. 611, 6. ήκε] είχε codd., exc. F. ‖ 7. έν μέν τοις codd., exc. DFh. ‖ 13. Κάλλανος DF. ‖ 19. μήτε] μηδέ codd., em. Cor. ‖ 50. ω moz, δν cett. codd., Kr., Mein., fort. recte; πόθος προ κόρος leg. suspicatur Kr., coll. Arrian. 7, 2, 3. ‖ 22. άποθανών E, άποθανόν E, άποθανόντι cett. codd. ‖ 23. άπό] Leg ύπό cum Cor. et Mein. ‖ 39. καί ante τρ inclusit Cor. ‖ τε] δέ codd.; em. Cor. ‖ 42. Sex fere literarum spatium vacuum relictum in CDEhg ; quod άσοι v w; καί παρδάλεις s, καί άρκοι καί παρδάλεις i, καί θηρία παρδάλεις x; καί θηρία .... άσοι Tzsch.; καί θηρία άρκοι Cor.; καί θηρία βόνασοι e Tzsch. cenj. Grosk. ‖ 46. άπειρήτευσε codd.; em. Schneider. ad Ælian. An. 12, 22. ‖ 49. καστρέα Dh, κάτρεα F.
P. 612, 5. καί ante τούς add. codd., exc. DFh. ‖ 8. έτών om. codd , exc. E. ‖ καί γυναίκας δέ codd., exc. DF. ‖ 11. καθειμένοις CDEFhix, καθημένους w, ένημμένους

moz. Cor. ‖ 21. Οίδάνην] Iomanem, quem dicit Plin. 6, 17, 19, indicari putans, Οίμάνην conj. Cor.; potius Ιομάνην leg. videri censet Kr. At dubium vix est quin Œdanes, crocodilos et delphinos alens, idem sit cum eo qui Dyardenes vocatur apud Curtium 8, 9, 9 : Dyardenes (Deardenes var. lect.) minus celeber (sc. quam Indus) auditu est, quia per ultima Indiae currit; ceterum non crocodilos modo, uti Nilus, sed etiam delphinos ignotasque aliis gentibus belluas alit. Itaque pro Οίδάνην legendum videtur Διοιδάνην vel fort. Διαρδάνην. Literae ΔΙ, praecedente Ν, facile exciderunt. Ceterum intelligendus videtur hodiernus Brahmaputra fluvius, quem et in Gangem influere et suo ostio in mare exire dicere licebat. ‖ 21. καλεΐν codd.; em. Cas. ‖ 42. φασι codd.; em. Cor. ‖ 44. Post κακοπραγία in w adduntur : τούς δέ διά άλλην τινά δυστυχίαν. ‖ 48. έπαλιλειμμένον, F, έπαληλειμμένον cett. codd , exc. D. « Fortasse hic quoque ut p. 650 ed. Cas. scribendum est λίπα άληλιμμένον. » Kram.; λίπ' άληλ. rec. Mein. ‖ 49. ζαρμανοχάνης x, ζάρμανος χήγαν w Cor. ‖ Βαργόσης] Βαργώσης Dh ; an. Βαρυγάσης ? Βαρυγάζης ? άπαυαθανατίσας D, literis αν semierasis ; άπαθανατήσας Cmoz; άποθανατίσας F ; hoc in latinis expressum est; idque in graecis quoque reponi velim pro specioso isto άπαθ.
P. 613. 11. Πατταλήνης Cmoxz ‖ 22. δισχίλιοι codd.; em. Kr. ‖ 24. πλήν om. codd.; exc. Ez. ‖ 26. καί τά θρ. Dhi Tzsch. Cor. ‖ 32. πίττουσι CDhosgw (in gw. add. γρ. πτήσσουσι), πήττουσι ixz, πίπτουσι F, πτήσουσι Ald.; πτίσσουσι em. Casaub.; ceterum scrib. erat πτίττουσι cum Mein. ‖ 36. έπιτριβέντα, an έπι supra έπι add., C ; άποτριβέντα cett. codd.; em. Cor. ‖ 40. καί om. z.
P. 614, 3. λιμνάζοντα Dhi. ‖ 12. έχούσης codd.; em. Tzsch. ‖ 13. χειρούμενοι codd.; em. Grosk. ‖ 16. νεαρχικυβερνήτη C. ‖ 28. όμοίως] δμως codd.; em. Cor. ‖ 29. έπέλιπε] δ' έπει. Cor. ‖ 30. κατελίπετο Cor. ‖ 32. φασί] φησί Cor. ‖ 40. πρός τω om. moz. ‖ πρός τό cett. codd.; em. Cor. ‖ 46. κατά τό δίφος moz ‖ 47. ώς άν] καί ήσαν Cor.; έως ήσαν Grosk. ‖ 52. ύπό om. codd., exc. moxz.
P. 615, 6. δέ om. moxz, τε cett. codd.; em. Cor, ‖ 8. δ incl. Cor. ‖ 16. έπί τής γης CDhix. ‖ κεχυμένη] έστρωμένη CDhix. ‖ 22. άπέκτεννον DF, άπέκτενον cett. codd.; em. Cor. ‖ Όρίταις F. Kr. Mein., et sic ubique. ‖ 33. Όρών C, Όρων F, Όρων Dh, Ώρειτών x, Όριτων Tzsch. Cor.; cf. Arrian. 6, 18 : έξ Ώρών όρμηθείς, et Ori ap. Plin. 7, 2. ‖ 47. όρεσιν Emoz.
P. 616. 2. Όρόσπανα codd.; em. Cas. ‖ 3. έπί] διά codd.; em. Grosk.; καί Cor. ‖ 6. ή λοιπή] ή λοιτή CDFhi, ή λοιτή sw, ή λ. .... moxz, ή λητκή Ald.; ή λοιπή e Xyl. conj. Tzsch. Cor. Kr. Mein. ‖ 9. τρισχιλίους Di et pr. m. h. ‖ 12. τό add. Grosk. ‖ αύτών codd., exc. x. ‖ 14. γάρ άν, σύν codd. exc. Fz. ‖ 23. Πεδρωσινοί CDhi ‖ 25. έκ μέρους ejicienda puto cum Kramero ; έκ μέρους δντων παρά conj. Grosk. ‖ 35. άρκτον] άριστερόν codd.; em. Kr. ‖ 37. τήν έπί] έπί τήν codd., exc. E ; έπί των Cor. ‖ 44. Παρθυινής DFh. ‖ 44. Άριανήν] debebat Άρίαν, monente Corayo ; Άρίαν rec. Mein. ‖ 45. Φιλώτας EFh mwxz. ‖ 46. εις Βάτανα Dh. ‖ 54. Άραχώτας E. ‖ εϊτα] ήτοι codd.; em. Cor. Idem in not. leg. suspicatur : εΐτ' έπί τήν των Π.; Grosk. voluit : είτα διά τής των Π., quibus muli opus est.
P. 617, 7. « τοις Βακτρίοις βαρβάρων om. E (sed spatium vacuum relictum est quod tribus verbis sufficiat.) moz, τοις Βακτρίοις βαρβάροις iwx Cor., qui tamen haec verba asteriscis inclusit, ut priores edd. inde a Cas.; excidisse tamen nonnulla recte statuit Groskurdius, quae conjectura assequi vix poteris; fuisse tamen in his suspiceris fere haec : τά δέ πρός έω Σογδιανά, de quibus cf. p. 514. 517 ed. Cas. » Kramer. Pro consilio scripto-

ris satis erat h. l. memorasse τὰ πρὸς ἑσπέραν προσάρκτια. Quare Sogdianæ mentionem non adeo desidero. Scripserit Strabo : Βακτρία [καὶ ἡ τῶν ὁμόρων vel potius καὶ ἡ τῶν ὑπὸ] τοῖς Βακτρίοις βαρβάρων (f. pro βαρβάρων erat Μαργιανῶν). Similiter supra Ariam conterminam esse dixit τῇ Βακτριανῇ καὶ τῇ ὑπὸ Στασάνορι τῷ ἔχοντι τὴν Βακτριανὴν || 15. Ἄδραψα] Δάραψα Cor. || 18. « Χοαρινὴν C, Χωαρηνὴν Dh, quod Tzsch. et Cor. rec., coll. p. 514 ed. Cas.; sed quæ ibi commemoratur Choarene ab hac regione plane diversa est. » KRAMER. Aliunde de hac Choarene nihil constat. Ni fallor, Gandararum regio memoratur, et in τὴν Χααρηνὴν latet τὴν [Γα]νδαρηνὴν, quam Γανδαρίδα vocat, p. 594, 29. || 30. Ἀριανῆς] Ἀρυινῆς F, Σαρυινῆς Dhi. « Ἀριανῆς cum nullo modo ferri possit, Grosk. conjecit Καρμανίας, infelicissime; videatur potius scribendum esse Βακτριανῆς. » KRAMER. Imo Ἀριχνῇ h. l. pro Ἀρία dicitur eodem modo quo p. 616, 44, sive auctoris negligentia sive errore librariorum. Ab Ariæ Alexandria ad Indum per Arachosiam via sec. Strabonem est 9000 fere stadiorum ; quem numerum habes in sqq.; nam recte monuerunt viri docti pro μυρίων ἐννακισχιλίων, quod nihili est, legendum esse μ. [ἢ] ἐ. || 28. διά τε τὴν ἄλλην ταλαιπωρίαν Cor., præeunte Xylandro. || 35. ἀθρόως mavult Kr. || 51. τριῶν καὶ om. E ; πηχῶν δύο καὶ ἑβδομήκοντα Epit.; εἴκοσι καὶ πέντε ὀργυιῶν sec. Arrian. Ind. c. 30.

P. 618, 14. ἐκπλέοντας δ' ἀνακαλεῖν κραυγῇ x; hinc Grosk. : παραπλέοντας δ' ἀνακαλεῖν. Quod etsi non recipiendum sit, tamen simile quid Strabo scripsisse videtur. Apud Arrianum legitur (Indic. c. 31) : μὴ κατασχεῖν μὲν ἐς τὴν νῆσον, ἐμβοᾶν δὲ τοὺς ἀνθρώπους ὡς μάλιστα ἐν χρῷ παραπλώοντας. || 10. γὰρ ἄν αὐτῷ x. || 11. ἄν additum ex moxz. || 15 Verba παραλίας etc... τῆς τοῦ Ἰνδοῦ om. codd., exc. EF. || 17. ποιήσας codd.; ποιήσαν editt. ante Kramerum, qui dedit ποιήσασα. Groskurdius ita : θάλατταν · [τὸ δεύτερον δὲ βλέπει πρὸς ἑσπέραν, τὸ Ἅρμοζον καλούμενον ·] ποιῆσαν δὲ etc. || 21. ἐν ex E add. || 33. Πατακηνή CDFhi. || 39. ὄνπερ] ὂν πέρσαι codd.; ὅνπερ καὶ e Bertrami conj. Cor. || 43. καὶ additum ex vz. || 49. οὐ add. Cor.

P. 619, 5. τρίτη codd., exc. Ex. || 7. ἀνεμώδης codd.; em. Tyrwh. || 10. Ὀρέκτην Dhi, Ὀρόντην supra add., in h, Ὀρέκτιν F et in marg. Ῥάοντιν, ita tamen in litera ante ρ exciderit; Ὀρόντην g et in marg. γρ. ἢ Ὀρέκτιν ἢ Ἀραότιν; Ὁράντιν s. || 16. Post ὀκτακισχιλίων exciderit ἢ καὶ ἐννακισχιλίων. Cf. p. 66, 45. Præterea Mediæ mentionem excidisse putant Groskurdius et Kramerus. Quamquam non est necessaria. || 18. δισχ.] Legendum τρισχιλίων, ut monuit Grosk., coll. p. 525 ed. Cas. || 19. Περσαίπολιν codd., exc. E. || 21. δὲ] τε codd. || 22. Πατισχορεῖς DE, Παστιχορεῖς h. || Ἀχεμενίδαι F. || 24. Μαραοί codd.; em. Cas. || 34. κρεῖττο F, κρεῖττον ὂν conj. Cas.; ὡς κρεῖττον Kram.; τρίτον Tyrwh., Cor., fort. recte. || 37. τέτακται codd ; em. Cor. || 44. Βαδὰν] Βανδὰν morz. Pro Βαδὰν legendum esse suspicor Βαλὰν seu Βαλήνα, i. e ράδινα, regem, siquidem fluvius iste hodie vocatur Nahr el melech; nam melech (μάλχος) regem significat. || 45. Δαλιδιακῶν Ald. || 49. τε] Velim δὲ cum Cor. et Mein.

P. 620, 6. Τασχην] Ὤκην Dh, Ὄκην (Ὀκὴν F) cett. codd.; ex Arriano et Ptolem. em. Cas. || 15. [ἢ] κατὰ ζ. Cor. perperam. || 18. δισχιλίων conj. Gosselin. || 26. Εὔλεον CDhoxz. || 28. μὲν] δὲ C; om. Cor. || 32. ἄλλοι om. Cor. Potius λέγουσιν ἄλλοι delenda esse, utpote ex sequentibus orta, et præcedentia ad unum Polyclitum pertinere probabiliter statuit Kramerus. ⌐ Præterea χιλίους excidisse ante ὀκτακοσίους suspicantur conjectura parum firma Gosselin. et Grosk., coll. Arrian. Ind. c. 42,

Plin. 6, 27. 31. Fortasse intelligenda est Ἄγινις κώμη illa, quam ad Tigris ostia sitam atque D stadia Susis abesse tradidit Nearchus : v. § 5 et Arrian. Ind. c. 42. » KRAMER. || 34. καὶ] κατὰ Cor. Mein. || 45. ἑξάκοντα F; legendum ἑξακοσίους, ut bene monuit Kr. || 49. τὴν Σουσ.] Excidisse Ἄγινιν, nomen istius vici (v. Arrian. Ind. c. 42), conj. Cor., Grosk., Kramer., probabiliter. || 51. καὶ om. editt. ante Kr. || 52. γῆς] τῆς codd.; e Cas. conj. em. Tzsch.

P. 621, 11. Κοπράτης E, uti est ap. Diodor. 19, 18. || 14. μετέβαλε e Cas. conj. Tzsch. Cor. || 15. ὁ ante βασ. add. editt. ante Kr. || 17. μετονομάσας Κύρον Cor. || 17. Περσαίπολις codd., exc. DEi. Verba μετὰ... μεγίστη πόλις unus exhibet F. || 20. Παρετάκων CDFh. 24. || Περσαίπολις... Περσαιπόλεϊ codd., exc. DEh. || δι' οὗ] δ' οὐ codd.; em. Tyrwh.

P. 622, 4. τοῦ] leg. τῷ ex moxz. || 5. ἐπίγραμμα i. || 6. γενόμην codd.; em. Xyl. || 19. τὸ om. Cor.; ᾑρεῖτο βασίλειον conj. Grosk. || 22. παρὰ] περὶ codd.; em. Cor. || 33. καὶ additum ex Eiw. || 34. ἐκεῖνος] Quæritur an negligentia dictum sit, an corruptum. || ἀλεαίνεσθαι ἀλήθεσθαι moz Ald., φρύγεσθαι Epit.; ἄλλεσθαι bene Cor. et Mein., coll. Plutarch. Alex. 35, Theophrast. De pl. 8, 11 ; vulgatam tueri studet Kr. || 41. κάχρυς F Epit., κάγχρυς E, κέγχρυς CDh, κέγχρους moxz Ald. || 42. τὴν inclusit Cor., om. Mein. || 43. μικροὺς Xyl., Tzsch. || 53. προσελαύνουσι E.

P. 623, 2. ἐκκαιομένην moz, Cor., ἐκκεκαυμένην Ald. || 9. ἄτε σεσιδηρωμένους CDFhi, ἅτε om. moz, κατεσεσιδηρωμένους x; e Cor. conj. em. Kr. || 11. Verba τοιαύτη · ἡ δὲ παραλία τεναγώδης ἐστί καὶ ἀλίμενος · διὰ τοῦτο γοῦν in codd. leguntur lin. 33 post vocem τοιαύτη. Nostro autem loco codices post vocem μεσόγαια habent hæc : πολλάκις, καὶ δὴ καὶ ἐφ' ἡμῶν ἄλλοι ' ἄλλως συνέβη, quæ iterum habes lin. 29, unde, nescio quo errore, huc translata sunt. || 15. εἴχες] ἔχειν codd.; em. Kr. || 18. Σιττακηνὴ DEFh. || 34. δ' add. Cor. || 41. καὶ ἄντε παραστ. add. editt. ante Kr. inde a Cas. || 51. ἐπίχεοντες moz; καταχέαντες editt. ante Kr. || 52. ἐπιθέντας Dhi.

P. 624, 1. ὕδατος [καθαροῦ] αἷμ. Xyl. || 3. ὑφάπτουσι e correct. z; inde ὑφάπτουσι mo; ἐφαπτόμενοι ὑφάπτουσι fort. recte Cor., collatis Phœnicis versibus ap. Athenæum p. 530 : Οὐ παρὰ Μάγοις πῦρ ἱερὸν ἀνέστησεν, Ὥσπερ νόμος, ῥάβδοισι τοῦ θεοῦ (sc. τοῦ πυρός) ψαύων. || 5. οὐδ' x, οὐχ cett. codd. || 8. γὰρ] μᾶλλον Dh. ἐστι] ἐκεῖ Mein., bene; [κἀκεῖ vel ἐκεῖ] ἐστί Grosk., Kramerus. || 18. ταῦτα codd.; em. Cor.; ναίτιδος codd.; em. Xylander. || 19. Ὀμανοῦ DFh Mein. || 21. ταῖς ἄλλαις ἱστορίαις Ald.; τ. παλαιαῖς ιστ. Cor. || 24. ἐκβάλλουσιν CD moxz. || 34. « Mirum est non addi subjectum, sive ὁ νυμφίος sive aliud verbum simile. » KRAMER. Lacunæ signum ante παρέργεται posuit Mein. || 53-54. Verba καλοῦνται... λέγεται ej. Mein.; a Strabone aliena videri jam monuerunt Cor., Grosk., Kr.

P. 625, 4. σφενδονῶντες Mein. || 9. τῷ [ἄλλων τῶν] ἐν legendum fuerit, monente Grosk. || 15. παρὰ] περὶ E. || 19. [οὗ] ὁ Cor. || 20. ἢ ἰανθινὸν e Cas. conj. Cor. || 28. καὶ om. Cor. || 25. Leg. δειπνοῦσι δὲ cum Εἰς Cor. Mein.; καὶ δειπνοῦσι x. || 27. καὶ additum ex x. || 32. προσιόντας codd., exc. D. || 36. οἰωνοβότους w, οἰωνοβρότους cett. codd., exc. w. || 39. Legendum Πολύκλειτος || 44, ἡ add. Kr.; καὶ Cor. || 46. Verba τὸν Μακρόχειρα... γονάτων a Strabone non profecta videri monuit Kr.; ej. Mein. || 47. καὶ ej. Cor.

P. 626, 10. οὖθ' οἱ C. || 15. καὶ Νίνῳ om. moz, Νεῖλῳ CDFhvwx, Σούσοις i. || 17. ἐπάρξαντες om. moxz Cor. || 25. πολλοῖς καὶ πολλάκις (sic) ἀγῶσιν καὶ πολλάκις F; πολλοῖς ἀγῶσιν καὶ πολλάκις moz. Pro πολλάκις leg. μεγάλοις conj. Kr. ‖ 30 [ό] υιός Cor. ‖ 32. Ύστάσπου Ald. ‖ 36. δέκα] δώδεκα Dh Cor., qui ή ένδεκα uncis includit; recte, opinor.

P. 627, 4. Νίνος ubique codd.; em. Cor. In latinis lege : *in qua est Ninus, et Apollonialis.* ‖ 5. Ζάδρον E, Ζάγριον Dhix Tzsch. Cor.; Χαλωνίτης D, Χαωνίτις cett. codd.; em. Cas. ‖ 7. Γαζηνή D, Χαζινή F. ‖ 10. πολλῆς codd.; em. Kr. ‖ 11. Ἰουδαίων post νῦν add. sw. ‖ 12. Ἰουδαίων] Λιβύων codd., nisi quod Ἰουδαίων in marg. FxC; καὶ Ἰουδαίων καὶ Λιβύων Cor. ‖ 20. Ταῦρον] Τοῦτο νῦν Μαῦρον ὅρος φασὶ marg. Dhmw. ‖ 29. πολλὰ δὲ καὶ codd., exc. E. ‖ 32. συρίγγων] ἃς ἡ ἰδιῶτις γλῶσσα τζερεμπούλους (τοὺς ἐρεμπούλους h) θρυλεῖ margo Dh.

P. 628, 2. τῆς] τοῦ E. « Mirabilis hæc Sardanapali atque Arbacis connexio, sed mirabilior videbitur propter articulum τῆς : quem mutare cum E nemo audebit. Neque tamen id quod unum restat, subaudire licebit ἀρχῆς. Suspicari igitur possis μάχης excidisse post Ἀρβάκου, cui errori ansam præbere potuit proximarum literarum similitudo. Sed ne hoc quidem valde mihi placere fateor. » KRAMER. Ἄν μέχρι τῆς [ἥττης vel τελευτῆς] Σαρδαναπάλου [τοῦ καταλυθέντος ὑπ'] Ἀρβάκου? Cf. Ctesias ap. Athenæum p. 528, F : καταλυθέντα ὑπὸ τοῦ Ἀρβάκου τελευτῆσαι. ‖ Σαρδαναπάλλου CD Mein. ‖ Ὀρβάκου codd.; em. Cas. ‖ 3. ὕστερον] σήμερον Dhi. ‖ 4. Νίνων CDF hiw; em. Cas. ‖ 5. μετὰ] κατὰ Es. ‖ 7. ὅμορος] ὅμοιος codd., exc. Exz. ‖ μεταξὺ τὸν Λύκον ἔχουσα F Mein. ‖ 9. « καθ' αὑτὴν CEF; κατ' αὐτὸν Cor. infelicissime, cum Arbela non ad Lycum fluvium essent sita; neque tamen quæ in codd. leguntur sensum præbent, qui ferri possit: suspicari possis excidisse καὶ ante ἃ ita, ut hæc verba significent *loca circa Arbelum sita.* » KRAMER. Hoc si significare voluisset Strabo, dixisset, putto, καὶ ἃ περὶ αὐτήν ἐστι. Optimis codicibus innitens lego ἢ καθ' αὑτήν (vel potius αὑτά) ἐστι, aut Babyloniæ sunt aut per se provinciam constituunt, sicuti Aturia. » Quorum posterius veri est similius. ‖ 13. [οὐκ] ἐπίσημος Cor. ‖ 14. γὰρ om. Ex. Cor. ‖ 15. Ύστάσπου moz Cor. et sic in sqq. ‖ 16. μάλιστα κατὰ τὴν moz Cor. ‖ 19. κώμιον] κωμύδριον marg. F pr. m. ‖ 21. Ἀσβμονέως D. ‖ 21. καὶ τὴν νίκην E. ‖ 25. μάχην] νίκην E. ‖ 26. Ἀρτακηνή] nomen aliunde non notum; Ἀρβηλινή (Ἀρβελίτις ap. Ptolem. 6, 1 et Plin. 6, 13, 16) Cellarius et Grosk.; Ἀδιαβηνή mavult Kr. Fort. legendum Γαραμηνή ex Ptolemæo. ‖ 28. Ἀνέας] sic codd.; Ἀναίας Xyl. Kr.; Ἀναίτιδος conj. Cas.; codd. scripturam non temere mutandam esse monet Grosk. ‖ τοῦ Κάπρου διάβασις] Patet fluvium hunc non eundem esse cum eo qui supra lin. 21 Κάπρος vocatur (v. Ritter *Erdk.* t. 9, p. 520). Res postulat ut sit aut *Gordus* fl. quem Ptolemæus dicit, aut *Dialas* (*Diabas* ap. Amm. Marcellin. 23, 6, 20) s. *Dellas* s. *Sillas*. Quare ante διάβασιν excidisse Διάλα vel Διάλου, deinde vero ex antecc. male Κάπρου suppletum esse censeo. ‖ 33. ὀγδοήκοντα] Haud dubie ἑξήκοντα Strabonem scripsisse viri docti conjiciunt probabiliter. ‖ 37. ὥστε Dhi Cor. Mein.

P. 629, 27. Leg. [τῇ] Περσίδι cum Mein. ‖ 30. Βαβυλῶνι Grosk., Mein. ‖ 23. οὐκ ἀποδέχονται recte, ut vid., Mein. ‖ 52. Ἐλεσηνῶν F. Ἀλεσηνῶν cett. codd.; em. Letronnius.

P. 630, 12. καταρράκτας codd., exc. F. ‖ 18. λιμνάζεσθαι Dhi. ‖ 42. δυσένγνωστον (sic) F, δυσεύχωστον cett. codd.; em. Schneider in Lex gr. ‖ 50. [καὶ] τῷ δίψ. Tzsch. ‖ 52. ἀεὶ [δὲ] λυμ. e Cor. conj. Mein. Post. λυμ. codd. addunt ὑγρ., exc. F. ‖ 54. κλείοιντο codd.; em. Kr.

P. 631, 1. μηδὲ codd.; em. Cor. ‖ 8. συντείνουσαν codd.‖18. τὰ πλ.] καὶ πλ. x Tzsch. Cor. ‖ 20. σταθμοῖς F, σταδίοις cett. codd. et editt. ante Kr.; σταδίοις χιλίοις καὶ ἑπτακοσίοις Corayus e conj. Gosselini. ‖ 39. τοὺς πόρους περὶ

sw. ‖ Ῥινοκόλουρα Tzsch. Cor. ‖ 40. τόπους] ποταμοὺς codd.; em. Cor. ‖ 42. ὑπερεχχύσεις F. ‖ 46. γῆν mrw Tzsch. Cor. ‖ 50. Μασσύου CDF, Μασσίου hisw, Μασίου x, Μαρσύου moz, Κασσίου Ald.; em. Tzsch.

P. 632, 3. ἐν] ἀεὶ codd.; em. Cor. ‖ 5. Τίγριν [καὶ οὕτως πλημμυρεῖν] e Kr. conj. Meinekius, in seqq legens : εἰς γὰρ τὰ αὐτὰ κατέρχεται πεδία. Τὰ [δὲ] λεχθέντα ὕψη etc. ‖ 7. πεδία. Καὶ οὕτως τὰ πλ. λεχθέντα codd. et editt. πλημμυρεῖν aut ejiciendum fuerit aut potius mutandum in πληροῦν; similiter lin. 42 πληροῦται in nonnullis codd. in πλημμυρεῖται abiit. ‖ 18. ἐδήλουν Cor.; ἐδηλοῦμεν codd. ‖ 28. τριακοσιάχια Ald.; τριακοσιάχθα e Tyrwh. conj. Tzsch. Cor.; τριακοσιόγοα conj. Lobeck. ad Phryn. p. 765; τριακοσιοντάχουν Mein. ‖ 29. παρέχονται Ald. ‖ εἰ γὰρ αὐτοῦ E, καὶ γὰρ αὐτοῖς x, καὶ γὰρ αὐτῷ cett. codd., nisi quod ἄρτον additum in marg. rw; em. Cas. ‖ 34. τοῦ φοίνικος post ὠφελείας add. editt. ante Kr. ‖ 42. πληροῦται] πλημμυρεῖται hi. ‖ 51. προσαχθεὶς D, προσαφθεὶς cett. codd.

P. 633, 1. Leg. aut πνιγέντα σβέννυσθαι, aut πνιγεὶς σβέννυται; hoc habet Epit. ‖ 2. περιχέαι w Cor. ‖ 8. δὴ Dh, Tzsch. Cor. ‖ 11. καίουσι CFmoxz. ‖ 18. παρθικὴ codd.; em. Kr. ‖ 32. Σιττακηνή E, et sic in sqq. ‖ 33. μέση] μέχρι E. ‖ 39. ῥόες [ἐπάντες κατ'] ἄρκτον e Grosk. conj. Mein. ‖ 42. Ἐλυμάντις F, Ἐλυμάτις cett. codd.; em. Cellarius. ‖ 43. Ἐλυμάτιδι codd.

P. 634, 5. ὁμοίως δὲ [καὶ πρὸς τοὺς Πέρσας] καὶ conj. Kr ; Letronnius in sqq. ὕστερον aut deleri aut in πρότερον mutari voluit; in πρότερον mutavit Mein. ‖ 13. τὰ Ἄξαρα F, τὰ Ζάρα e Cas. conj. Tzsch. Cor. ‖ 21. Κυρβιανὰ moz, Κορβίανα F, Κορβιανὰ cett. codd., Κυρβιανὴ Cor. ‖ 41. Verba καλοῦνται... Σακκόποδες (Σακόποδες F) suspectavit Kr., ejecit Mein. ‖ 50. ἐπιθυμιάσαντες codd.; em. Grosk.

P. 635, 10. ἄλλῳ et ἄλλο et dein τρίτον codd.; em. Tzsch. ‖ 16. μικρὰ codd.; em. Cor. ‖ 26. κεῖται τ. Ε. μεταξὺ codd., Mein. ‖ 38. Θωνῖτιν E. Epit. ‖ 47. ἐφκει codd.; em. Cor.

P. 636, 7. Κάρας moxz. ‖ 8. Γορδίραζα Dhi. ‖ 11. Παρθυαίων codd.; em. Wesseling ad Diodor. 14, 27. ‖ 12. αὐτῶν Grosk., ὧν codd. ‖ 13. Σάρισα moxz; Σάταχα F. ‖ 20. ἡ λοιπὴ πολεμία conj. Mein.; Γορδυαία vel Γορδυηνὴ pro Μεσοποταμία conj. esse putabat Letronnius ‖ 25. Γαγγεῖτιν F, Γαγγῆτιν Dindorf. in Thes. et Mein. ‖ 42. Ἀθόρας Epit. ‖ 43. ὑπ' ἐνίων conj. Grosk.; ὑπὸ τῶν νυνὶ Μαλίων leg. conj. Letr. ‖ 45. διάβασις F, ἀνάβασις cett. codd. ‖ 49. Ἔδεσαν EFxz. ‖ 50. γὰρ] δὲ Cor. Mein. ‖ 54. καμηλάται DFhi, καμπλιάται Cw.

P. 637, 1. εὐποροῦντες Cor. ‖ 2. χρωμένας Grosk. ‖ 10. παραβεβλημένος codd., exc. DFh. ‖ 12. τούτοις] τοῖς codd.; em. Cor. ‖ 25. Post Πάκορον excidisse τὸν τοῦ Ὀρώδου παῖδα ex sqq. collegit Letronnius. ‖ 32. Σατραπάδην D, Σαρασπάδην cett. codd.; em. Tzsch. ‖ 33. Κεροσπάδην imoz, Κερσπάδην cett. codd.; em. Tzsch. ‖ Φραάνην codd., exc. x. ‖ Βοώνην codd.; em. Tzsch. ‖ 36. ἐπιλάβῃ Kr.; προσλάβῃ moz Cor.; ὑπολάβῃ cett. codd.; ὑποβάλῃ conj. Cas. ‖ 45. Verba inclusa a Strabone non profecta esse videri monuit Kramer.; ejecit Mein. ‖ 47. χιλίων καὶ add. Tzsch., coll. Plin. 5, 12, 13. ‖ 51. Αἰγυπτίῳ Epit., Mein., recte; inclusa in Epit. addita sunt.

P. 638, 6. καὶ Σύρους om. codd., exc. E. ‖ 17. τῇ Κομμαγηνῇ moz, Tzsch. Cor.; τῷ Κομμαγηνῷ cett. codd. ‖ 30. διήρητο pr. m. D, διηρεῖτο cett. codd. ‖ 32. εἰς μίαν δ' ἡ Κομμαγηνή, καθάπερ καὶ ἡ Μεσοποταμία, vel εἰς μίαν. δ' ἡ Κομμαγηνὴ καὶ ὁμοίως ἡ Παραποταμία conj. Grosk. ‖ 46. ἀπογόνους Ei, ἀπογόνος w, ἀπὸ γένους cett. codd. ‖ μικρὸν F Mein. ‖ 48. κασσίῳ codd., exc. oz.

P. 639, 30. Βέρροια DEhiz. || 32 Καριστίδος wr, Κυριστίδος cett. codd.; em. Xyl. || 34. Κυρριστική codd., et sic in sqq. || 39. ἱερὸν post καλούμενον add. Dh, unde rec. Cor. et Mein. || 42. Γινδάρῳ] τὴν δάρον D, Τηνδάρῳ C, Τινδάρῳ cett. codd. || ᾧ ante συνάπτουσιν add. E. || 52. Φαρναπάτην e Dion. Cass. 48, 41 et Plut. Anton. 33 Tzsch. Cor.

P. 640, 1. Ῥωσσὸς moz. || 3. κρείττων CDhimoxz. || 12. χῶρον codd.; em. Cor. || 22. πόλιν] ἀκρόπολιν Grosk. || 24. καὶ] εἰς λίμνην περικειμένην μεγάλην... διαχεόμενος conj. Letr., probante Kramero, qui pro εἰς mavult κατά. Corayus scripsit. καὶ λίμνη π. μ. εἰς ἕλη.. διαχεομένη. || 31. περιπολεῖ codd.; em. Cor. || 46. Κοσιανοῖς codd.; em. Grosk. (Polyb. 5, 45. 61) editt. ante Kr. || 50. Κασσιανῶν codd., exc. orz. || 54. καὶ κίλιος w Ald.; Καικίλιος editt. ante Kr. et Meinekius.

P. 641, 5. ἠπόρει Cmoxz. || 9. Αἱμισηνῶν F, Ἐμεσηνῶν editt. ante Kr. || 11. Μασύαν Di, Μασίαν r, Μαρούαν moxz (Polyb. 5, 45. 61) editt. ante Kr. || 13. Ἀλχαίδαμνος , p supra λ scripto , D; Ἀρχέδαμνος x, Ἀλχαίδαμνος moz; Ἀλχαυδόνιος ap. Dion. Cass. 47, 27. || 21. Μασσίου F, Μασίου i, Κοσσύου x, Μαρούου moz. || 26. Σαμσιχεράμου CD. || 27. καὶ ἡ deleri volunt Cas. Letr. Cor. Grosk., adeo ut Themella sit Gambari sedes. Contra Kramerus : « Mihi tam incommoda videtur oppidi mentio, ut vel Arethusae nomen ab hoc loco censeam alienum atque ejiciendum. Facile enim e superioribus in margine primum annotatum in verborum seriem recipi potuit. » Nescio an verum viderit Casaubonus. Themellam suspicor esse Theledam Tab. Peut., quae ab Arethusa 25 m. p. versus ortum distat. || 31. Ἡράκλειη] Ἡράκλεια supra p. 751 ed. Cas. || 32. παραλία] παλαιά codd.; em. Tzsch.; περαία conj. Letr.|| Κάρνος] Κάρανος codd.; em. Tzsch. || 35. τὰ Σίμυρα] Ταξίμυρα Dhz, τὰ Ξίμυρα CEFosx; em. Tzsch. || 36. Ὀρθωσία E, Ὀρθωσιάς cett. codd. || 46. Σιδῶνος codd. Mein. Supra Σιδόνος constanter scribunt codd., sicut in sqq. codices plurimi. || 50. ἔχοντες codd.; em. Tzsch. || 54. λέγειν εἶ ἄλλο τι, ὁ δεχ. w Cor.

P. 642, 38. Συρίαν] sic FE, Γωνίαν et Γονίαν cett. codd. et margo F. || 43. Τραχωνίαν codd.; em. Tzsch. || 47. ὁμοῦ} σχεδὸν E. || 50. σχῖνον Tzsch. Cor.

P. 643, 1. σφόδρα] χθόνα E. || 6. μῆκος μὲν σχ. Dhi Cor., recte, ut vid. || 7. καὶ ante πλ. om. D, inclusit Cor. || 18. Βορραμὰ F, Βόραμα z; Βόστρων Dhi, Βόστρα moxz Ald. || 21. κατέτρεχε codd., exc. F. || 22. Σιδῶνος CEFs. || 32. Μαρσύου C (?) moz. || 40. δύο ... λεγόμενοι E, et in marg. λόφοι; quod recepit Mein. legens δύο λεγόμενοι λόφοι Tp. || 41. ἔπειτα] ἐπὶ τὰ Cor. || 42. ἦν omitteudum. || 45. τοὺς] τὸ codd. Cor. || 47. Ζηνόδοτος oz; in z postea in Ζηνόδωρον mutatum. || 52. ἡ ἐν τῷ E. 644, 7. τετρακοσίοις] Pro υ' legendum σ', monente Isamberto in Bulletin de la soc. géogr. 1853, p. 211. || 8. Ταβύριος E. || 9. Σιδῶνα DEh Eustath. ad. Dion. 911. || 10. πόλις om. codd. || 11. ἡ ante ἐναμ. om. Cor. Mein. || 12. παραδεδομένη codd.; em. Cor. || Σιδῶνα DEh. || 17.μᾶλλον om. Exz Cor. Mein. || 20. ὥστε om. Cor., asteriscum voci appinxit Mein.; ὥστ' εἶναι καὶ conj. Kr. || 27. σεισμῶν γενομένων moxz Cor. || 28. ἀφανισθῆναι x Cor. || 36. ἀνδρίαν moxz, εὐανδρίαν Cor. || 38. Verba μικρὰ ἀναλώσαντες fort. post μόνον transponenda esse putat Kr. || 40. ναυστολογίας codd. || 43. Σιδώνιοι DEF Mein.

P. 645, 1. παλαιοῦ x Cor. || 2. Μώσχου Hopper., Μόσχου Xyl. || 4. Σιδῶνος h et ex correct. D. || 11. ἔξεισι x Cor. || 12. Σιδῶνα D ex correct., et Ehx. || 13. Σιδωνίοις hx. || 20. χεῖσθαί F, κινεῖσθαί cett. codd. || 33. ἐλήφθησαν F; om. cett. codd.; cf. Athenaeus p. 333. || 40. ἁπλῷ] παλμῷ Cor. || 42. ἐπάγειν codd., exc. F. || 43.

συνίζησιν codd.; em. Xyl. || 53. Βουκόλων]Leg. suspicor Βουκανῶν. V. index nominum; πόλις post Βουκ. addit Cor.

P. 646, 1. Ἰόπη Emoz, Ἰόππη cett. codd. || 4. « γὰρ suspectum est; ὕψος enim quid ad Andromedae expositionem faciat, parum liquet. Grosk. igitur excidisse quaedam post χήτει suspicatur parum probabiliter; fortasse γὰρ mutandum est in δέ. » KRAMER. Fort. leg. ἐν ὄψει γὰρ. Cf. p. 380, 19. || 13. Κάσσιον CF. || 18. Haud falsa traderentur si abessent verba Ἀζωτόν καὶ. || 10. κρομμυῶν Mein.; κρομμύων codd.; κρομμύων τ' ἀγαθῶν x, κρομμύοις τ' ἀγαθὰ moz Tzsch. Cor. || 23. Post Ἐπικούρειος codd. add. vocem γεγονός. || 27. καὶ μένουσα ἔρημος glossema esse putarunt Wesseling., Palmer., Sainte-Croix, Ritter (Geogr. t. 16, p. 58). Deserta urbs fuerit tempore ejus, quem h. l. Strabo exscripsit. || 29. Leg. fuerit Αἴλανα , quod rec. Mein. || 30. ὁ μὲν εἰς ἔχων τὸ codd.; em. Kr. || 39. Ῥινοκόλουρα codd., exc. E.; Ῥινοκούρουρα Strabo ap. Steph. s. v. || Verba ἐκεῖ... ἠκρωτηριασμένων nonnisi in EF exstant. || 44. ἀναιρεῖν moz Ald., ἀνελθεῖν Xyl., κατελθεῖν Cor. || 45. καὶ αὐτὴ Cor. || τοιαύτην ἐφεξῆς ὑπερκειμένων codd.; em. editt. || 47. Σερβωνίδα E Cor. || 48. πως] πρὸς codd.; em. Cas. || 51. τοσαύτην codd.; em. Letr. || 52. 53. Κάσσιον CDFhixz, et sic in sqq.

P. 647, 9. Μελανίας x Cor. || 10. τῶν] τὴν Ald., τῆς Cor.; μὲν om. Cor. || 11. « εἴκοσι post ἐννακοσίους add. editt. inde a Cas., qui hoc verbum ex mss. se addidisse ait : qui error inde videtur explicandus, quod verba ἐντεῦθεν... πεντακοσίους om. w ita, ut εἴκοσι in hoc codice excipiat ἐννακοσίους. » KRAMER. || 19. Σερβωνὶς E Ald. || κατεῖχε codd.; em. Cas. || μέχρι καὶ Ἱερ. F Mein. || 21. Ἰόππης CF. || 25. Ἱεριχοῦντα E Ald., Ἐριχοῦντα cett. codd., exc. s. || 32. κάτω add. Cor. || 41. τινὰ codd.; em. Cas. || 42. δεῖ codd.; em. Cor. || δ' add. Cor. || 43. αἰδοῦς FD, ἔδους h, εἴδους cett. codd. || 47. ἄλλως Cor.

P. 648, 16. ἐκτομίαι codd., exc. Fh. || 22. τύραννον CDFhi; correct. in marg. DF. || 27. κατ' αὑτῷ CDFhir, κατὰ ταυτὸ moxz Ald.; em. Cor. || 28. ἀμωσγέπως? Cor. || 24. ὑπακούσῃ codd.; em Cor. || 45. διακομίζων moz Cor. || προσήκεν e Cor. conj. Mein ; προσήκει codd.

P. 649, 2. Verba καθάπερ... ἀΐσσουσι ej. Mein. || 8. Βυρεβίσθα CDFh, Βυρεβίθα i. Βοιρεβίστα Cor. || Δεκινέος F, Δεκινέος Cmowxz, Δεκιναῖος Dhi. || 13. οἰωνοσκόποι bene Cor.; ἱεροσκόποι conj. Letr. || 17. δ' om. moxz Cor. || 23. καταβαλὼν codd.; em. Cas. || 35. Λύδας post Μαχαιροῦς add. w; καὶ Λύδας post Λυσιὰς add. F. || 37. Ἱεριχοῦς E. || 49. ἔστι [διὰ τοῦτο] Cor. || 54. Σερβωνὶς E Cor.

P. 650, 5. προεμβάντα CDFhi, προελθόντα x. || προβάντα om. Epit., Mein., recte, ut videtur. || 6. τοῦτο recte ej. Grosk., Mein. || 10. ἄσφαλος E, ἀσβόλος F, βῶλος Epit. || 14. 15. τοῦ ... αὐτοῦ] τῆς ... αὐτῆς Ex Cor. || 19. ἔστι καὶ τὸ E. || 27. ἃ inclusit Cor. || 28. ἐκπιέσαντες i Cor. || 40. Μοασάδα] Μασάδα cett. scriptoribus; rectius. || 42. Λισσάδων E, Κλεισσάδων, Κλισσάδων, Κλυσσάδων, λειβάδων cett. codd. || 45. πόρρωθεν καὶ ποταμοὺς Cor. || 49. καὶ [αἱ] πέτραι Cor. Mein. || 53. τὴν Θετταλίαν bene em. Cor.; τὴν θάλατταν [ταπεινωθῆναι] conj. Letr., coll. p. 38 ed. Cas. || 54. Γαρίτιδι Dhi.

P. 651, 2. Ταριχίας F, Ταριχίαις cett. codd., em. Tzsch. ex sent. Salmasii ad Solin. p. 408. || 7. Ἡρώδῃ] Ὑρκανῷ bene Cor. || 8. τις hz, τισὶν cett. codd. || 17. Βερενίκην θυγατέρα codd.; em add. x. || 32. Leg. videtur τῇ Μεσοποταμίᾳ cum i Tzsch. Cor.; ὡς καὶ τὴν Μεσ. conj. Kr. || 45. φασίν Tzsch. || 16. ἐξαρμόζων CEFx; in x in mutatum in o; ἐξαρμόζωντο, sed τὸ sec.. m. mutatum in τοῦ, D; ἐναρμόζων, supra scripto „ h; ἐναρμόζειν i; ἐξαρμόζον moz Ald.; ἐξ ἁρμόζον Epit.; ἐξ Ἁρμόζοντος Cas., quum ex Harmozonte Carmaniæ promontorio legatur apud Marcellin. 23, 6; ἐξ Ἁρμόζου Cor., coll. Ptolemæo 6, 8, qui Ἁρμοζον ἄκρον habet (sed ibi quoque Ἁρμόζων vel potius Ἁρμόζων leg. esse colligitur ex Marciano p. 531 ed. Didot.). Quod Kramerus putat unice veram esse Cas. conjecturam, id secus esse mihi videtur. Regio vocatur Ἁρμοζεία apud Arrian. Ind. c. 33, Armuzia ap. Plin. 6, 27, § 107, incolæ Armozei ib. § 110; Ἁρμουζα urbs ap. Ptol. et Marcian. Promontorium erat τὸ τῶν Ἁρμόζων ἀκρωτήριον.

P. 652, 1. οὖσαν codd., exc. D. ‖ 4. φασὶ codd., exc. w. ‖ 5. κατ' αὐτὸ x, [καὶ] καθ' αὑτὸν e Tyrwh., conj. Cor.; συμπλεύσαντα [καὶ τὴν Ἀράβων χώραν (παραλίαν Grosk.) παραπλεύσαντα] καθ' αὐτὸν bene conj. Letr. Cf. Arrian. Exp. 7, 20. ‖ 7. φασὶν Tzsch. ‖ 10. Ἵκαρον E, Ἰκάριον cett. codd. ‖ 15. γῆν Mein.; τὴν codd. ‖ οἰκίας. Ἐπεὶ δὲ λεπίδες Cor., Mein., præter necessitatem. ‖ 21. ἀρωμάτων i, ἀρωματικῶν cett. codd. ‖ 26. φοινικοῖς CDh, φοινικιχίοις o, φοινικίοις xz Cor. ‖ 33. Ὀρθαγόρας] Πυθαγόρας conj. Bernhardyus ad Eratosth. p. 101, absque causa idonea. ‖ Ὄγυριν e Salm. conj. Kramerus, collatis Dionysio, Plinio, Mela, Steph. Byz.; Τυρίνην CDFhixz, Τυῤῥηνὴν E, Τυῤῥίνην Ald.; Ὤγυρον Cor. coll. lin. 51. Emendatio Salmasii non tam certa est quam putari possit. Quæ de hac insula apud Strabonem aliosque traduntur, orta sunt ex confusione insularum quarum altera vocatur Ὄργανα vel Ὤγυρις (Gerun s. Ormuz), altera autem appellatur Tyrus s. Tylus (Bahrein). Ad Tyrum pertinent ea quæ de situ insulæ nonnulli vera acceperant, sed suis de figura sinus Persici opinionibus innitentes perperam intellexerant (V. quæ dixi in Indice nom. s. v. Ogyris). Ad eandem suspicari licet etiam nomen pertinere quod codices exhibent, Τυρίνην, quodque aliis est Ὄργάνα, aliis Ὤγυρις, Marcellino (23, 6) Turgana. Nostram hanc insulam e Strabonis mente eandem esse quæ lin. 54 Ὤγυρος in codd. vocatur, minime liquet. ‖ 34 δισχιλίοις] τ' E. ‖ 38. Ἀρήίνου Ἀρσίτου Kr. et Mein. e conj. Stiehlii. « Nullus enim Phrygiæ satrapa neque ullus omnino Persa commemoratur, qui illud nomen gesserit. Arsiten vero Phrygiæ Hellespontiacæ satrapam Arrianus (1, 12) tradit cladis ad Granicum auctorem fuisse et paullo post illam cladem mortem sibi conscivisse (1, 16): cf. Pausan. 1, 29, 10. Illius autem filius cur in exilium abierit, facile intelligitur ex altero loco Arriani. » KRAMER. Sane, eundem hominem n. l. intelligendum esse probabile est. De nominis scriptura Straboniana nihil licet asseverare. ‖ 44. ἀμπώτεσιν Ald. Cor. Mein. ‖ 46. ἐπιγίνεσθαι codd.; em. Cor. ‖ 53. Δώρακτα] Δύρακτα moxz; Δῶρα Strab. ap. Steph. s. v.; Ὀάρακτα Arrian., Marcian., quod in Strabon. intulerunt Cor. et Mein.; fort. fuit Ἀώρακτα. ‖ 54. ‖ Ὠγύριος] Ὀγύρου codd. Cor.; mutarunt e Salmasii sent. Tzsch., Kr., Mein.

P. 653, 1. Ἀμαξήνη et correct. Μαξήνη x, Ἀμαξήνη cett. codd.; em. Tzsch. ‖ 8. δὲ] τε codd. ‖ 13. Μαικινή CFsw, Μακινή xz editt. ante Kr. inde a Xyl., Μαικηνή DE Kr. Legendum est Μαισηνή, idque etiam reponendum p. 70, 18, ubi codd. Μεσηνή (ad hod. Forath Maisan) et p. 629, 50. Inde dictus Μαισανίτης κόλπος ad Euphratis ostia, ap. Ptolem. ‖ 16. δὲ Cor. inseruit, illud δὲ quod lin. sq. in codd. legitur delens. « Verba ἥτις .. μυχὸς corrupta esse liquet, nec sanantur conjectura Waltheri (Animadv. hist. et crit. p. 287) Tzschuckio probata ᾗ τις κτλ. Propius a vera scriptura abest Letronnius, qui scribendum censet ἥτις ἐστὶ πρὸς τῷ μυχῷ ». KRAMER, qui ipse cum Corayo legi vult: ἥτις ἐστὶν ἐν τῷ πρὸς τὸν Νεῖλον μυχῷ. Idem dedit Meinekius. At bene habet vulgata, nisi quod ὁ articulus ante πρὸς addendus videtur. Heroopolis ὁ πρὸς τῷ Νείλῳ μυχὸς τοῦ Ἀραβίου κόλπου esse dicitur eodem plane modo quo p. 277, 8 legimus : ἔστιν ἡ Ἄλωρος τὸ μυχαίτατον τοῦ Θερμαίου κόλπου. Neque aliter Diodorus (5, 42) : οὗτος (ὁ μυχὸς τοῦ Ἀραβίου κόλπου) ὀνομάζεται Ποσείδειον. ‖ 28. Ἀβαταίων F, Ναβαταίαν cett. codd. ‖ 47. Μιναῖοι E, Μηναῖοι Dhi, Μειναῖοι cett. codd. ‖ 48. δ' unus E habet. ‖ 49. ἢ Καρανᾶν F, ἢ Καρανᾶ CDh, ἢ Καρανᾶ wx; em. Emoz Tzsch. Cor. Cf. Ptol. 6, 7, Stephan. v. Κάρναχα, Eustath. ad Dion. 954. ‖

P. 654, 2. Χατραμῖται E. ‖ 3. Σάβαταν] Χαβάταναν C et m. sec. D, Χαβάθανον D m. pr. F (?) moxz; em. Grosk. ‖ 13. δ' add. Cor. ‖ 14. ταύτης] αὐτῆς codd. ‖ 16. Καταβανία codd., exc. EF. ‖ 17. Χατραμῖτις E ‖ 18. παραβάλλονται moz. ‖ 19. Μειναίαν CDFhw, Μηναίαν ix, Μηνέαν oz, Μιναίαν E. ‖ 21. Ἐλανίτῃ moxz et sic in sqq. ‖ 22. Γερραῖοι] sic E et mgo F et Stephan. v. Χατραμωτῖτις; Γαδαῖοι cett. codd.; Σαβαῖοι perperam conj. Mannert. Geogr. t. 6, 1, p. 110. ‖ 26. Ἀναξικράτην oxz; Ἀναξικράτης conj. Kr., quod rec. Meinekius; haud recte; nam οἱ περὶ Ἀλέξανδρον καὶ Ἀναξικράτη non sunt scriptores rerum Alexandri Magni (qui de Arabico sinu non scripserunt) et Anaxicrates, sed hic atque Alexander ille qui περίπλουν τῆς Ἐρυθρᾶς θαλάσσης composuit (Ælian. N. An. 17, 1). ‖ 28 et 38. Τρωγλωδυτικὴν E, Τρωγοδυτικὴν F; atque λ non tantum omittit in hoc nomine Epit., sed diserte docet, ὅτι Τρωγοδῦται ἄνευ τοῦ λ λέγει ὁ Στράβων. Nihilominus a codd. scriptura communi consensu tot locis servata recedere non licet. » KRAMER. ‖ 54. φησι (sc. Eratosthenes) conj. Kr.

P. 655, 6. Ἀκύλαν Dh; γρ. Ὀκίλαν add. w. Ὤκηλις est in Ptolemæo et Anonym. Peripl. mar. Erythr. et ap. Plin. 6, 26, 104. Asterisco vocem Ἀκίλαν notavit Meineke, at vulgatam tuetur Plinius l. l. § 151, ubi item Acilam habes. Cf. Geogr. min t. 1. prolegg. p. LXXII a. ‖ 7. τὰς] τοὺς DFh. ‖ 16. ὃν unus habet E., cett. om. ‖ 21. ὄντως] F, οὕτως Dh, οὕτω cett. codd. ‖ 29. ἀπολάμπων CE moxz. ‖ 30. ὑπεραυγεῖται E, probante Kramero. ‖ 34. λιθίας CE. ‖ 34. σιταρχούμενον codd.; em. Cor. ‖ 37. γένη] ἔθνη Ald. ‖ 53. περιβαλλομένου codd.; em. Cor.

P. 656, 1. κατεσκευασμένους CDFhx; κατασκευασαμένου mavult Kr. ‖ 2. ἀποσπ.] D. ‖ 7. Τοσούχου] sic E Cor. Kr. Mein.; τὸ Σούχου codd. Legendum potius fuerit φρούριόν τι, Σούχου ἵδρυμα. Suchus erat nomen Ægyptium; cf. p. 689, 39. Deinde fuerit εἶτα (νῆσος καὶ) λιμὴν Ἐλαία. Cf. G. min. t. 1, p. LXX, n. 26. ‖ 8. Ἐλέα FDh; etiam E supra α habet ε. ‖ Τηνεσῆς editt. ante Kr.; Τιμισσὸς margo F m. pr. ‖ 12. Σαβρῖται F, Σεβρῖται cett. codd.; em. Cor. ‖ 13. ὑφ' ἧς DFhrw. ‖ 19. Ἀστασόβα] Ἀστοσόβα margo F, Ἀσταγάβα cett. codd.; em. Cor. ‖ 24. λεοντόβοτα Dhimox, sed λεοντόβατα in marg. D. ‖ 27. σπερματοφάγοι E, ut ap. Diodor. 3, 23. ‖ 28. ὑπὸ] ἀπὸ? Mein. ‖ 30. Ἐλαίαν, et ε supra αι, E; Ἐλέαν cett. codd., exc. ix. ‖ 30. Δημήτρου F; Δήμητρος ap. Ptol. ‖ 32. Ἐνγέρα, sed ὁ supra ε, F. ‖ 37. κρεωφαγίας codd., exc. CF. ‖ 42. Verba Κορέου .. φρούριον om. codd., exc. EF. ‖ 45. Κρεωφάγοι codd., exc. F.

P. 657, 3. Δαραβᾶ moxz; Δάραδα cett. codd., Kr. et Mein. Series locorum non ducit in eum tractum in quo magna insula, quæ Darmaba vocatur, oræ adjacet. ‖ 22. πέτεσθαι h et sec. m. D, Cor.; f. πέτασθαι leg. putat Kr. ‖ 30. ὑποστρώννυνται Cmoxz. ‖ 31. Σίλλοι codd., sed μοὶ supra scriptum in E m. pr. ‖ 34. Ἀκριδοφάγοι om. codd.; pr. m. add. in marg. F. ‖ 40. Decem fere literarum lacuna in E; θηρεύουσι vel λαμβάνουσιν αὐτὰς vel simile quid excidisse monet Grosk. ‖ ὑπερπετώμεναι

Dhi, ὑπερπετόμεναι E, ὑπερπετασθέντων z pr. m., ὑπερπετασθεισῶν mo et sec. m. z, Cor. ‖ γὰρ om. moz Cor. ‖ εἶτα σκοτουμένων καὶ πιπτουσῶν moz Cor. ‖ 47. Δηρῆς E. ‖ 43. κρεωφάγοι codd., exc. CF, et sic. in sqq. ‖ P. 658, 8. παροπτῶντες CEFr, sed addito pr. m. in F περιρρίπτοῦντες, in r παραρριπτοῦντες. ‖ 13. πανοικείον (sic) F, πανοίκιοι bene Mein. ‖ 26. φοινικῶνας E. ‖ 34. περσαίαν codd. ‖ 39. τοῦ] τὰ D et pr. m. h, ἐς τὰ ἰ. Dein ἀκρωτήρια Dhixz. et Πιθολάου xz. ‖ 44. Πιθολάου Dxz. ‖ 50. λεοντοσκόπη (sic) CDFh, λεοντοσκοπῆ E, Λέοντος κώπη s, sed addito o supra ω; Λέοντος κόπη Ald., Λέοντος κώμη Cas.; em. Cor. ‖ 51. ψευδοκασσίαν codd., exc. F.
P. 659, 3. πλεονάζει pr. m. in marg. F, πλέον ἀκμάζει codd. ‖ 4. μᾶλλον [δὲ] περὶ F. ‖ 6. γυμνοῦ λιμὴν CDEF hir, at ψυγμοῦ additum pr. m. in marg. Fr. ‖ 6. ἵδρυμα editt. ante Kr. ‖ 10. γνώριμα τὰ ἐν τῇ ἑ. π. Cor., γνώριμον μηδὲν ἐν τῇ etc. Grosk., γνώριμον τὴν ἑ. π. proponit Kr.; possis etiam γνώριμον [τι τῶν] ἐν etc. ‖ 12. δὲ add. Cor. ‖ 13. Χαριμότρου editt. inde a Xyl. ‖ 17. καὶ ej. putat Grosk.; καὶ [εἶσι] conj. Kr. ‖ χρυσοειδῆ Ez Cor. ‖ 20. Inclusa ejicienda. ‖ οὐχ add. Cor.; οἱ ῥινοκέρωτες e margine illatum ‖ 22. ἐπὶ σειρῶν quid sibi velit obscurum est; nonnulla excidisse Casaubonus censet; ἀπὸ κεφαλῆς ἐπὶ οὐρὰν conj. Groskurdius, quod superfluum esse dicit Kramerus. Deinde post ὅσον alteram lacunam statuunt Grosk., Kr., Mein. Fort. erat : οὐχ, ὥσπερ Ἀρτ. φησιν, [ποδὸς] ἡμίσειαν τῷ μήκει, ἀλλὰ σχεδόν τι τόσον τῷ ὕψει. ‖ 29. στύλους codd., exc. EF; τύλας Cor. ‖ 37. καμηλοπ.] In marg. D legitur : τὰ τῇ δημοτικῇ γλώσσῃ ζιφάφια ἀδόμενα. ‖ 50. κῆποι Cmoxz, κῆτοι mgo. F.
P. 660, 11. στιμμίζονται E. ‖ 12. [ὡς] αἱ γυναῖκες probabiliter Cor., Mein. ‖ 16. δὲ] δ' αἱ Cor. Mein., bene. ‖ 18. ἀνιλουμένων CF, ἀνειλουμένων cett. codd.; em. Cor. ‖ 35. καταλέγουσιν codd.; em. Tzsch. ‖ 40. δὲ] sic Eoz Cor. Mein.; τε cett. codd. ‖ 41. δὲ om. z Cor. ‖ 47. τοῦ Αἰλανίτου Gosselinus, Letronnius, Grosk., Kram., Mein. a Strabone alienum esse censent, ideoque Mein. ejecit. Sed quidni Strabo dixerit Posidium interius positum esse quam recessum Ælaniticum, adeo ut ὁ τοῦ Ποσειδίου μυχὸς, quem Diodorus simpliciter τὸ Ποσείδιον vocat (v. not. ad p. 653, 27), longius in terram penetret quam Ælaniticus. Revera ita res habet, multo magis vero res ita habet in tabulis Ptolemæi, in quibus Ælaniticus sinus mirum quantum truncatur.
P. 561, 8. Μαρωνιτῶν ἰ. ‖ 13. Ἐλανίτης codd., exc. E. ‖ Ναβαταίων e Kr. conj. Mein., probabiliter. ‖ 14. οὖσα ἡ χώρα codd., exc. moz. ‖ 19. καὶ ante βοσκ. om. Dh, Cor. ‖ 20. ἡμιόνους ἀγρίους καὶ καμήλων codd.; collato Diodoro, 3, 42 transposuit verba Kramerus. ‖ 32. σπηλαιώδεις moxz Tzsch. Cor., perperam. ‖ 35. συνεχεῖς CEx. ‖ 37. Χαρμόλας E, Χαρμοθὰς F. ‖ 47. τὰ παλαιὰ] τὰ ἄλλα conj. Letr., τὰ πλεῖω Kr., melius τὰ πολλὰ Mein. ‖ 50. εὐδενδροι pro εὔυδρος Dhi Cor. ‖ 52. δεομένοις Cor., exc. ux.
P. 562, 1. λίνῳ E. ‖ 4. ἀντιδόντες codd., exc Ex. ‖ διπλάσιον [δὲ τοῦ σιδήρου καὶ δεκαπλάσιον] τοῦ ἀργύρου ex Agatharchide supplenda esse probabiliter censet Bochartus (Phaleg. II, 27, p. 139). Groskurdius ἀργύρου in σιδήρου mutari voluit. ‖ 16. « τῶν ῥιζῶν, quæ quomodo ferri possint non video, delenda esse videntur. Cf. quæ leguntur p. 776. ed. Cas. : κοιτάζουσι δ' ἐπὶ δένδρων, καλυβοποιησάμενοι διὰ τὸ πλῆθος τῶν θηρίων. » KRAMER. Letronnius vertit « les gens du peuple dont le métier est de couper [le bois de senteur], couchent au pied des arbres. » Similiter Groskurdius. Asteriscum, corruptelæ notam, loco nostro apponit Meinekius. Fort.

leg. ἐπὶ τῶν ὄζων τῶν δένδρων [καλύβας vel λέχος vel tale quid] τεκταίνοντες, vel λέχος sive θάμνους ἐκτείνοντες. ‖ 17. οἱ ... δημοτικοὶ om. moz, uncis inclusit Cor. ‖ 22. Μερίαβα·CFmowxz, Μεριάβα E, Μερία Dhi; em. Tzsch. ‖ 26. τῶν ἄλλων βασιλείων codd.; coll. Diodoro et Agatharchide em. Leopardi; fort. ἄλλων natum ex δόμων, quæ esse poterat varia lectio vocis βασιλείων. ‖ ἐξεῖναι codd.; om. Kr. ‖ καταλύουσιν codd.; em. Leopardi. ‖ 31. κασσία codd., exc. Dhz. ‖ 46. ἀπὸ τῆς ἐκκαύσεως x, ἀπὸ τῆς καύσεως Eustath. ad Dion. 38, recte puto; ἐκ τῆς ἐπικαύσεως Cor. ‖ 46. εἰκάζει moz Cor. ‖ 49. Βώξου Dh, Ἐβόσου C et margo F. ‖ 50. Πέρσου ex Agath. add. vidit Cas. ‖ 51. καταιρχομένου codd., exc. moz.
P. 663, 8. οὔτ' ἐπὶ νότον οὔτ' codd., exc. E. ‖ 10. καὶ ex E additum. ‖ 14. ἦ om. Cor. ‖ 23. Ἐρικοῦντα CDFhw, Ἱερικοῦντα, addito χ supra κ, E; Ἱεριχοῦντα moz ‖ 27. πετραίοις margo i; πετρίοις EFz, πατρίοις cett. codd. ‖ 40. ὀρῶν codd., exc. F. ‖ 44. δέ τι] δ' ἔτι CDFh. ‖ 46. λιθείαν Eoxz Mein. ‖ 48. χρήσασθαι codd., exc. E. ‖ 54. ἡγήσασθαι codd.; em. Cor.
P. 664, 9. πολεμίου? Cas. ‖ 27. καὶ add. Cas. ‖ 32. ἐπὶ ὑπὸ moz. ‖ 33. ἐξουσίᾳ additum ex moz. ‖ 40. σκελοτίρβη codd., em. Cas. ‖ 46. « Malim Ῥινοκόρουρα » Kr. ‖ 48. Νείλῳ κατάγεται· τὰ δ' ἐκ codd.; em. Grosk. ‖ 50. ὑπερθέσεις codd.; em. Tzsch. ‖ 51. κειμένην E, κειμένη cett. codd. ‖ 51 εἴτ' add. Letr. ‖
P. 665, 7. ἐρημα codd., exc. moz. ‖ 8. Σαβᾶς Dh, Σάβος morwxz. ‖ 10. Νεγράνων] Ἀγράνων F. Ἀγρανῶν CDhix, Νεγρανῶν moz. ‖ 13. ποταμὸν] Nomen fluvii excidit. ‖ 16. καὶ add. Cor. ‖ 18. Ἄσκα F. ‖ 19. ἀπολειφθεῖσαν e Cas. conj. Cor., καταλειφθεῖσαν Xyl.; derelictam Guarinus. ‖ Ἀθρούλλα editt. ante Kr. ‖ 20. καὶ add. Cor. ‖ 21. ἐφόδια additum ex moz; τροφὰς habet x. ‖ 22. Μαρσυαβαὶ CDh, Μαρσυάβα moxz Cor.; Μαρίαβα scribendum videri monet Kr. ‖ 23. Ῥαμβανειτῶν F, Ῥαμανιτῶν Cwx. ‖ 28. ὄψει codd.; em. Xyl. ‖ 30. Νεγρ.] Ἀνάγρανα codd., exc. w qui habet Ἀνάγραν, et F in quo Νέγρανα. ‖ 22. εἰρήνης codd.; em. Cor. ‖ 35. Ἔγρας] Ὑγρᾶς iw, Νεγρᾶς moz, Νερᾶς Ald.; Ἔγρας Cor. Cf. Stephan. s. v. Ἰάθριππα. Ὀβάδα CDhx. ‖ 26. ἑξηκοστὴν CDEFhiwx, ἑξηκοστὴν moz; em. Cas. ‖ 39. ὑπέρθεσις codd., em. Cor. ‖ 40. ὀνηθῆναι] E. Cor.; ὠνηθῆναι cett. codd.; σωθῆναι conj. Kr., quod rec. Mein. ‖ 42. γε μόνους F; om. moz, γενόμενος F, γενομένων cett. codd. ‖ γε μόνῳ Tzsch., Cor. ‖ 47. ταύτῃ αὐτῇ codd., em. Cas. ‖ 52. θάμνων Cor., Kr., Mein.; λιμνῶν codd.; hanc vocem sanam esse, contra vero post verba σμύρναν ἐκ δένδρων γίνεσθαί φασι addendum : κιννάμωμον δὲ ἐκ θάμνων, vidit Meyerus (Botanische Erlœuterungen z. Strabo's Geogr. p. 130), collato Arriano (Exp. 7, 20, 4) : ἥκουσι δὲ μὲν τῶν λιμνῶν τὴν κασίαν γίνεσθαι αὐτοῖς, ἀπὸ δὲ τῶν δένδρων τὴν σμύρναν τε καὶ τὸν λιβανωτόν, ἐκ δὲ τῶν θάμνων τὸ κιννάμωμον τέμνεσθαι. ‖ 52. κασίαν Kr. Mein.; κασσίαν codd.
P. 666, 5. κασσίαν codd., exc. F. ‖ 22. ἐξήει moz Cor. ‖ 24. εἴτ' ἄλλην om. codd., exc. F. ‖ 30 ἀπαγαγόντα codd.; em. Cor. ‖ 39. οἴκῳ] ὄγκῳ codd.; em. Tyrwh. ‖ 39. συνέχει Ex, συνεχῆ cett. codd.; συνεχῆ ποιεῖ moz, editt. ante Kr. ‖ 42. καὶ τὸ] καί ποτ' bene conj. Cor. ‖ 52. καὶ [ὅτι] ἐπιχωριάζει bene conj. Kr.; καὶ τὰ ἐπιχωριάζοντα Cor., ἐπιχωριάζει E, ἐπιχωριάζειν cett. codd. ‖ 53. χρυσὸν κ. ἄργυρον codd., exc. E.
P. 667, 23. Ἐρεμβούς codd.; Ἀρεμβοὺς Cor. ‖ 27. διὰ τὸ codd.; em. Grosk. ‖ 29. Ἀραμαίους] Ἀραμίους F, Ἀράβους i, Ἀραβίους cett. codd.; Ἄραβας editt. ante Kr.; Ἀραμαίους habet marg. F. ‖ Ἐρεμβοὺς codd., ex. marg. F. ‖ 29 ἀπὸ ἔθνους] πιθανῶς Cor. ‖ 30. ἑνὸς add. e conj. Tyrwh. ‖ 37. Ἀριμαῖοι codd., exc. F. ‖ 38. Ἀραμαίους

codd.; em. Cor. || 41. Φάρζηριν F; Παρυσάτην pr. m. D, Παρόίσατιν CFmrz; Άταργάτην pr. m. D. || 42. Άθάρα codd., exc. Dhi; Άσθάραν conj. Cas.
P. 668, 12. έννακισχιλίους codd., nisi quod ,a habet margo F; em. Grosk.; έννακοσίους Cor.; χιλίους Kr. || 18. κατά τό στόμα adulterina esse censet Grosk., Kr.; ej. Mein.; pro στόμα lege σχήμα. || 14. « τῷ νυ EFDr, sed in D N supra υ additum est; inde υ, supra addito ν, exhibetur in h, cui scripturae Letronnius superstruxit conjecturam a vero prorsus abhorrentem. » KRAMER. || 16. πρός τήν μεσ. Dh. || 19. πολύς xz; προσπεσών codd., exc. E. || 29. Άστόβαν F, Άστοσάβαν cett. codd. || 37. έπί] άπό Cor., f. recte. ||
P. 669, 1. ύπακούουσι] έπαρχούσης Cor. || 13. τρισχ. τριακ.] γσ' E; leg. esse χίλιοι pr. τρισχ. ex ipso Strabone patet ; κάτω χίλιοι λέγει in marg. h. || 29. τού Νείλου ejicienda, monente Grosk. || 42. τά additum ex Epit. || 43. έργαζομένων codd., quod servat Mein. || 50. αύταί codd., exc. F. || τριακ.] τριάκοντα καί έξ conj. Grosk., probabiliter.
P. 670, 22. Νειλομετρίου Cor.; idem in not. maluit Νείλου μέτρον, quod praebet r; πήχεων ... μέτρον conj. Villebrun. || 34. δή] δ' ή codd.; em. Grosk. || 49. χαλούσι] κολπούσι codd.; em. Brequigny; habitant Guarin.; κατοικούσι Cor.
P. 671, 1. δ' ή] xhmo; δέ supra addito ή E; δέ cett. codd. || εί μή που codd., exc. EF. || 13. Άρσινοήτην codd., exc. D. || 14. ποτιζούσης] ποιούσης codd.; em. Letr. || 15. Μαραιώτιν codd., exc. E. || 16. « έσχάτη quid sit, frustra explicare conati sunt interpretes , nec ferri potest Cas. conjectura έσχατιά; equidem delendam censeo hanc vocem, additam casu an consilio incertum. Consimilis prorsus est locus p. 32 ed. Cas., itidem voce male inserta corruptus : τί δ' άλλο ή Αίγυπτός έστι, πλήν ή ποταμία ήν έπικλύζει τό ύδωρ ; » KRAMER. Vocem έσχάτη non ejecit, sed asterisco notavit Meinekius. E loco a Kramero laudato colligo corrigendum esse έπιχώστη. || 19. όρῶν codd.; em. Cor. || 20. κηρία EFs et, addito υ supra η, C; κειρία himowxz et, addito αι supra η, D, κυρία Ald.; manui cuidam expansae Guarin ; fasciae in longum explicatae Xyl.; τεταμένη conj. Cor.; άναπτυσσομένη vel άνεπτυγμένη conj. Kramer. probabiliter, Longe petita tentarunt Letr. et Grosk.
P. 672, 5. ύποφαίνει moz., έπιτείνει E et margo F et pr. m. D, in quo mutatum est in έπιφαίνει, addito denuo in marg. γρ. έπιτείνει. || 14. παρ' άλλου] Leg. puto παρά Θαλού (genitivum Θαλού habes etiam p. 5, 49). || 21. ταύτα codd.; em. Cor. || 24. ύποβαλόμενος Cor. || 30. τά add. Cor. || 36. έπί τοσούτον editt. ante Kr. || 44. έπ'] ύπ' m Cor. Mein.
P. 673, 2. προσέσχατον CD, πρός έσχατον cett. codd.; πρός έσχατα Eustath. ad Dion. 254 ; em. Cas. || 7. ούν ante έφων habet Ald. || 8. δ' άκρολοχιάς DEhi, δ' ή άκρολοχίας Cxz Tzsch. || 9. άμφίστομον w. Cor. || 17. « Hoc loco in marg. C addita sunt haec : Έπίγραμμα. Σώστρατος Κνίδιος Δεξιφάνους θεοίς σωτήρσιν ύπέρ τών πλωϊζομένων. Eadem post έπιγραφή Strabonis verbis inseruntur in Dhirw et, omissa voce έπίγραμμα, in moxz. In editt. cum itidem h. l. legerentur, a Corae in marginem recte sunt rejecta : a Strabone enim non esse addita e connexu satis intelligitur, tum ex eo quod in E non leguntur. « KRAMER. || 26. τής] τού Cas. Cor. || 52. καί ante ίδών editt. ante Kr.
P. 674, 1. γή] τή codd.; em. Grosk.; γή inter versus supra λευκή scriptum; inde τή λευκή γή hi Cor. || 6. ούν, οίμαι; οίωνίζεσθαι Cmoxz; οίωνίσασθαι conj. Grosk. || λέγεται moz. || 7. γεγονότος Dhi. || 9. τό μέν ... τό δ'

codd., exc. E. || 11. Μαρίας .. Μαραιώτις codd., exc. E. || 32. ποιήσαν codd., exc. moz. || 41. μέν ούν όδοίς i, Cor. Mein. || 43. δή inclusit Cor.
P. 675, 3. έπί] ύπό Dhi. || 5. Σήμα] Σώμα codd.; em. Tzsch.; ceterum Σώμα etiam in Pseudocallisth. 3, 34. || 13. περιπαρείς Cor. || 14. έπ' αύτῷ στρατ. Dhi. || 14. δέ [όντες vel simile verbum] καί conj. Grosk. ||20. αύτήν] αύτόν codd., exc. Emoz. || 29. Κρυπτός codd.; em. Cor. || 30. Άντίροδος xz, et alterum ρ supra addens, D. || 40. Τιμώνιον codd, exc. E. || 42. Καισάρειον Mein.; αί add. Cor., καί άποστάσεις E. || 48. Μαραιώτιδος codd.; exc. E. || 50. Νεκρ. καί τό πρ. Emoz. || 53. Σαράπειον Mein. || 54. νεκρών s, νεών cett. codd.; em. Grosk.
P. 676, 5. στοάς έν μέσῳ· τό δέ δικ. codd.; em. Cor. || 12. αί ante άλλαι add. D (?) editt. ante Kr.; post άλλαι excidisse κατοικίαι vel simile verbum susp. Kr.; fort. pro άλλαι leg. καλιαί conj. Mein., parum apte. || 37. χοραύλην codd., exc. E Epit. || γε] τε codd.; em. Cor. || 38. έπί τοσούτον Cx. || 45. Κυβισάχτην C. || 48. βάναυσον αύτού καί editt. ante Kr.
P. 677, 18. κάσσιον codd., exc. Dhx. || 36. ίδιος λόγος codd., exc. s qui habet κύριος λόγος , addito in marg. ίδιος; em. Cor. probabiliter.
P. 678, 1. καί τό έπιχ. codd., exc. F. || 2. πολιτικόν] ού πολ. conj. Tyrwh., άπολιτικών proposuit Kr.; όχλητικόν? || βαρύ καί om. codd., exc. F. || 9. έθους] ήθους? Mein. 13. πολλάκις moz. ||17. εί μή καί χείρα F. || 18. καί 'Ρωμαίοι δέ codd.; exc. Fx. || 30. άς recte om. E. || 43. συνάγεσθαι editt. ante Kr. || 53. Παραιτόμιον E. Παρατόνιον F, Παραιτώνιον mxoz.
P. 679, 4. Αίνησίφυρα] sic e Ptolem. 4, 5 Xylander, Kr. Mein.; νησίφιρα F, νησισφύρα cett. codd., Tzsch., Cor. || 7. « Ένισίππεια DEFhi, Ένισίσπεια Cxz Ald., Ένισίσπια r, Ένισίπεια m, Ένίσπεια ο, Αίνησίπαστα editt. inde ab Hoppero, qui unde sumserit nescio : Αίνησίπηη eadem insula vocatur a Ptolemaeo. » KRAMER. || 10. Inclusa supplerunt Mannert., Letr., Grosk. etc. || 13. Πηδωνία] Σιδονία Cmoz Ald. || 16. Λιθυνκόν] Fort. leg. Βύκιον vel Βίκιον conj. Mein. ad Steph. Byz. v. Άντίφρα. || ζύγῳ codd.; em. Xyl. || 18. Δέρις codd., exc. EF. || 22. Ταπόσειρις scripto φ supra π, D ; Ταφόσειρις Ehi, Ταπόσιρις x. Eadem varietas infra. || 26. άκμάζοντας codd.; em. Tyrwh. || 27. Πλινθηνή DEh, Πλινθήνη CFx. || 29. Μαρίνα F, Μαρία cett. codd., exc. E. || 34. Μαραιώτην CD Eh, Μαρεώτιν Fmoxz.
P. 680, 6. ούτως] όντως CDFhsnx, αύτοίς Cor. || 41. άρεταλογίων CDFh, άρετολογίων, x, τερατολογίων i. || 44. μέν add. Cor. || 45. άναίδην codd., exc. h et sec. m. in D. || 50. τό recte om. Ex.
P. 681, 1. ό μέν Έλαίτης CDh, ό Έλαίτης moxz. || 2. άπό] ύπό codd., exc. EF.|| 7. ού] ούδέ codd., exc. F. || 15. άποκεκλιμένων codd., exc. D; άποκεκλεισμένων editt. ante Kr. inde a Xyl. || 20. κατά Κυαξάρη. ούτος δ' ήν τών Μήδων moz. || 23. Ίναρον Dhi. || 26. προσιόντι codd., exc. E. || Έρμόπολις EFx. || 37. Post μίγνυνται codd., exc. EF, et editt. ante Kr. inseruerunt versus hosce :

Μένδητα παρά κρημνόν θαλάσσης
έσχατον, Νείλου κέρας, αίγίβατοι (αίγιβάται em. Herm.)
όθι τράγοι γυναιξί μίσγονται.

P. 682, 26. χιλίων Epit ; έννακοσίων codd. Cf. Herodot. 2, 158. 4, 41 et ipse Strabo p. 35 et 836 ed. Cas. || 31. Μαρείας, E, Μαρίας Σαμαρείας, Σαμαρίας; cett. codd.
P. 683, 27. τάς αύτάς] ταύτας τάς Ex Cor.; τοσαύτας cett. codd.; em. Grosk. || 30. κατά] καί codd.; em. Breq. || 33. μετεβάλλοντο codd., exc. x. || 35. δέ καί ή διώρυξ Dhi. || 52. τε] δέ codd.; em. Cor.

INDEX VARIÆ LECTIONIS.

P. 684, 1. Φακούσσης E, Φακούσης cett. codd. || 41. λεγόμενα] μεγάλα C. || 42. μικρῷ Dz Cor. || 44. ἀπονευούσας Cor. Grosk.; recte, ut videtur. || 49. μεγάλους εἶναι καὶ πολλοὺς καὶ πολυστίχους τοὺς στύλους moz Cor.
P. 685, 14. τρισκαίδεκα] τρία. Epitome Palat.; Epit. codicis Parisini, ut cett. codd., habet τρισκαίδεκα. || 18. οὔτοι δὲ καὶ τὰ Cor. || 37. δὴ] δὲ Dh Cor. || 46. τὸ om. Cor.
P. 686, 15. Σελήνης] Lege Ἑλένης ex conj. Noltii, coll. Herodot. 2, 112. || 16. Σεράπιον Ch et pr. m. D, Σεράπειον cett. codd., exc. F; Σαράπειον Mein. || 21. εὔδενδρος E || 35. μιᾶς inseruit Letr. || 37. ἐν ante τῷ αὐτῷ excidisse Corayus putat; ἐπὶ e conj. Kr.add. Mein. || 38. μείζονι] μείζων codd., exc. moxz. || 39. ἀπὸ ante δαπάνης excidisse suspicatur Mein. || 42. πόρρωθεν ἀπὸ τῶν τ. Ἀ. ὁρῶν, ὃς τῷ σκληρὸς εἶναι etc. Cor. || 49. Ῥόδοπιν EF, Ῥοδόπην cett. codd.; em. Cor. || 50. αὐτῆς incl. Cor. || 52. ἐν ὑπαίθρῳ x Cor., ὑπαίθριος cett. codd.; em. Kr.
P. 687, 10. ἐπιτρέχει s Cor. || 11. οὐκ ἐπέοικε bene conj. Letr. Kramero verba οὐκ ἀπέοικε videntur referenda esse ad rem ipsam quam modo auctor tradiderat, non ad explicationem a nonnullis propositam. || 13. πωρίας codd., exc. DEF, in quibus πορίας; πωρίνου conj. Sieb. et Grosk.; πωρείας dedit Mein. || 17. δὲ ἄλλοις leg. suspicatur Mein. || 19. ὄψει] ὕψει codd.; em. Cor. || 31. εἰς τὴν λίμνην ἐπί τε τὸν conj. Bunsen. (Ægypt. t. 2, p. 221), recte imprŏbante Kramero. || 32. μέρους τινὸς γῆς παρεμπ. conj. Bunsen.; τοῦ νόμου pro τῆς νήσου conj. Kramer. Secundum codicum scripturam canalis ille duplici ostio Nili aquas excipit, quod cur ita mutemus ut sensus sit canalem duplici ostio in Mœridem lacum intrare, causa est nulla. || 34. Μούριδος codd., exc. Ew. || 53. Σερ. β. E. || 54. Ἔλαν. E.
P. 688, 3. τὸ add Cor. || 5. εἰς ἓν Dhi. || σφαιρούμενον codd.; em. Cor. || 19. πολλοῖς codd.; em. Tzsch. || 34. καθ' ἑαυτὴν codd.; em. Grosk.; κατ' αὐτήν τε Cor. || 42. καὶ τὰς πηγὰς Dh. || 46. Μούριδος Dhimowvz. || 47. κατά τε τὰς codd., exc. E || 51. ἔχει E.
P. 689, 4. δὲ κατὰ] sic E; δὲ τὸ κατὰ DFh, δὲ τῷ κ. cett. codd.; δὲ τὰ κατὰ Cor. || 5 παρελθόντι m Cor. || 7. βασιλέων codd.; em. Cor. || 9. ἐφ'] an ἀφ'? Mein. || 10. μακρ.] μικροῦ codd.; em. Cor. || 15. ἔχοντες codd.; em. Cor. || 16. μονολίθου F, μονολίθῳ cett. codd., exc. D. || 20 ἐπὶ] ἐστιν ἐπὶ codd., exc. E. || οὐ μέγα τῷ ὕ. e conj. Meinekii; οὐ μεγάλῳ ὕ. codd.; [ἐν] οὐ μ. ὕ. conj. Kr. || 22. « ἐκπίπτοντα quid significare possit, non intelligo : crediderim Strabonem scripsisse εἰσβλέποντα. » KRAMER. Legendum esse puto ἐκκύπτοντα. || 26. ἀπεχούσης codd.; em. Cor. || 28. Ἰμάνδης] Μαίνδης Epit.; Ἰσμάνδης codd., plurimi habent p. 690, 52. Quidnam Strabo scripserit, incertum. Epitomes scripturam utroque loco reponi vult Bunsen, t. 3, p 83. || 30. ἀριστίνδην] ἄριστον δ' ἦν codd.; em. Tywh. || 31. καὶ θεοδοσίας ejicienda esse monuit Cor. || 43. πλακούντιον E. || 50. ἀπαρχὰς E. || 52. καὶ] κατὰ Letr., καὶ κατὰ Grosk.
P. 690, 2. Μούριδος codd; em. Xyl. || 42. ὁλόλιθον om. E. || 45. « κατὰ καμφθεισῶν Cor. de conj. Wesselingii ad Diodor. 2, 9 : quæ quamvis sensum qualemcunque efficiant, inconcinne composita esse fatendum est; præterea verbum μονολίθου constanter et a Strabone et ab aliis scriptoribus pro adjectivo usurpari recte animadvertit Grosk., conferens simul p. 196, 28, ubi cloacæ dicuntur οἱ ὑπόνομοι συννόμῳ λίθῳ καταμφθέντες. Magnopere igitur placet quod hoc loco scribendum esse censet : διὰ κατακαμφθεισῶν ψαλίδων μονολίθων ὑπερβαλλουσῶν τῷ μεγέθει » KRAMER. Legendum censeo διὰ [συν]νόμων λίθων. A fornicibus μολόλιθοι alieni esse mihi videntur.

Similiter infra p. 694, 2 in codd. legitur σὺν μονολίθῳ pro συννόμῳ λίθῳ. || 52. Ἰσμάνδης] Σμάνδης F, Ἰμάνδης xz, Μάνδης w. Cf. p. 689, 28. || Μεμνόνειον et in sqq. Μεμνόνεια moz.
P. 691, 5. Μούριδος codd., exc. E. || 12. διοσημιῶν Cor. Mein.; διοσημείων codd. || 17. δ' ἔτι x, δ' ὅτι cett. codd., exc. s; δ' ὅ τι Tzsch. || 19. ἤκουε DF. || 20. δὲ suppl. Mein. || 40. κομίσαιεν] κομισθέντες codd.; em. Cas. || 43. εὐγενείας] « fort. διογενείας vel θεογενείας. » Mein.
P. 692, 2. ἀνθρωπείῳ hi Cor. || 3. διαφθείρουσιν codd., exc. EF. || 17. τὰ ex E additum. || 25. « Verba ὥσπερ τοῖς ἐμπορίοις ὁδεύμασι καὶ διὰ τῶν καμήλων ferri non posse recte judicat Grosk., quia apto carĕant ceteris et cum ceteris et inter se, ac verba ἐμπορίοις ὁδεύμασι prorsus inusitata sint : sed frustra idem refingere ea conatus est, mutatis additisque compluribus verbis. E margine haud dubie recepta sunt, neque a Strabonis verbis e secludere dubitavi. » KRAMER. Ejecit verba. Meinekius. Groskurdius leg. conjecit : σταθμοὺς προσφόρους τοῖς ἐμπόροις ὁδεύουσι [καὶ πεζῇ] καὶ διὰ τῶν καμήλων. Similiter Letronnius vertit : *il y disposa les stations convenables pour une route de commerce, où l'on n'emploie que des chameaux*. Legendum est : [ἐν] οἷσπερ (.vel οὗπερ) τοῖς ἐμπόροις ὑδρεύματα καὶ [αὔ]λια τῶν καμήλων. Cf. Plin. 6, 26, 102 : *A Copto camelis itur aquationum ratione mansionibus dispositis* etc. || 28. φόρτος z correct., φόρος cett. codd. || 35. αἰ abesse vellet Kr. | 39. καὶ καθάπερ om. F, καὶ om. Dh. Tzsch.
P. 693, 2. τὰ add. Kr. || 4. μὲν] δὲ codd.; em. Cor. || δέ τι] δ' ἐστὶ codd., exc. E, qui habet μέρος δὲ καὶ; em. Cor. || 5. Μεμνόνειον z. || 7. Μεμνόνειον moz. || 21. καὶ om. codd., exc. EF. || 22. θήκαις] Θήβαις versione expressit Guarinus; idem conj. Zoega (De usu obelisc. p. 169], recte procul dubio. || 35. τοσαύτην Cmoxz; μάλιστα om. editt. ante Kr. Ex sqq. male huc translatum videri monet Kr. || 38. παλλακίδας conj. Xyl. et Dindorf. in Thes. s. v. πάλλαξ; perperam. || 40. ἄνδρας codd., exc. oz.
P. 694, 2. σὺν μονολίθῳ codd.; em. Cas. || Νείλου] μονολίθου E. || 10. καὶ τῶν ἡμερῶν] καὶ τεκμηρίων conj. Cas.; καὶ μέτρων scr. Cor., probante Kr.; vulgatam tueri voluit Grosk. An fuit καὶ τὴν ἡμέραν τῶν ἐσομένων ἀναβάσεων? || 17. καὶ recte om. moz. || 18. Inclusa ejici jussit Kr., ejĕcit Mein. || 29. καταρράκτης codd., exc. DE, et similiter in sqq. || 37. αὐτὴ E, αὐταῖς cett. codd. || 45. καὶ πρότερον om. F, τὸ πρ. Letr.; ἡ καὶ πρ. conj. Mein. || 49. ἑκατὸν] πεντήκοντα conj. Parthey De Philis ins. p. 81. Cum Strabone facit Heliodor. Æthiop. 8, 1. || 22. Lege σφαιροειδοῦς cum editt. et codd.
P. 695, 7. οὐ δεδιότες moz. || μάτην om. codd., exc. EF. || 16. κρείττονα] χείρονα conj. Salmas.; οὐ ante πολὺ delendum putavit Cor. Nescio an fuerit : ὡς τὸ πολὺ, κρείττονα. || 38. καὶ add. Kr. || 48. ἡ [ἄνω] χώρα conj. Letr. et Grosk.
P. 696, 15. ἐπελθόντες codd.; em. Cor. || 25. μονάρχων. codd. s.
P. 697, 8. προσεισελθὼν C, προσελθὼν pr. m. D, προεισελθὼν cett. codd., exc. F. || 26. Post μάχιμοι Ald. add. οἰκοῦντες μικροὶ ὄντες. || 31. ἐστιν om. x; ἀφ' οὗ καὶ τοῦτο αὐτοῖς ἐστιν ἀντὶ δὲ ἐλαίου βούτυρον etc. scripsit Corayus; ποτὸν ποιοῦσιν· αὐτοῖς δ' ἀντὶ ἐλαίου καὶ βούτυρον Letronnius; ποτὸν ποιοῦσιν αὐτοῖς ἐστὶ δὲ [ἀντ'] ἐλαίου καὶ β. Groskurdius; ποιοῦσιν· οὐκ ἔστιν αὐτοῖς ἔλαιον, βούτυρον. δὲ proposuit Kramer. Verba non mutanda sunt, modo verba αὐτοῖς ἐστιν ponas post ἔλαιον || 41. ἡ νῆσος om. codd., exc. F. In E legitur ἡ Μερόη. || καὶ ὄρη συχνὰ Kram., συχνὰ καὶ ὄρη codd.; quod servari poterat, servavitque Mein. || 47. Ἀσταβάρα codd., exc. F. || 49.

καὶ inclusit Cor. || 51. διαπλεκεκομένων leg. vid., e conj. Grosk.; dein καὶ τοίχων ἐκ πλίνθων moz Cor.; potius τοίχων ejiciendum videri censet Kr.
P. 698, 3. καὶ κεράτια codd., exc. moxz. || 15. Post ξυλίνοις excidisse puto καὶ ἀκοντίοις vel καὶ σκυτάλαις πεπυρακτωμέναις vel tale quid, quum πεπυρ. vox ad arcus nihil pertineat. Diodorus 3, 8, 4 postquam τὰ ξύλινα τόξα τετραπήχια, οἷς τοξεύουσι τῷ ποδὶ προσβαίνοντες, commemoravit, addit: ἀναλωθέντων δὲ τῶν ὀἴστῶν, σκυτάλαις ξυλίναις διαγωνίζονται. Hæ sudes fuerint ξύλα ista πεπυρακτωμένα, quæ idem Diodorus 3, 25 Æthiopibus tribuit. Cf. Herodot. 7, 71 ; Scylax p. 94; Strabo p. 139, 33. || 19. οἱ καὶ] sic EFh; ἢ καὶ cett. codd., fort. rectius. || 34. κεραμέαις Mein.
P. 699, 3. καὶ om. E. || τι] τῇ CDhi, τῷ cett. codd., exc. F. [πέπερι codd., exc. CE. || 9. φῦσα, βοῦς etc.] ὀστράκων δὲ λύχνος, φῦσα, βοῦς, κοχλίαι E; ὀστρακίδίλυχνος, φύσα (φύσσα F), βοῦς, κοχλίαι cett. codd.; em. Cor. || 11. δ' add. Cor. || 12. ἴδιον δέ τι codd., exc. E. || 16. ἥμερος γὰρ παρὰ codd, exc. E. || 17. ἤ] ὁ C : Cor. || 25. ὀψοπώλαις E Ald., ὀψοπώλεσιν cett. codd ; em. Cas. || 27. καθαρεύων E Mein. || 29. τὸ] τοῦ CEFh; τὸ τοῦ conj. Kr. || 30. στέας DF, σταῖς sec. m. D et h, ut est ap. Herod. 2, 36. || 31. οἱ κάκεις] οἱ κάκης E; κυλλάστεις conj. Dindorf. in Thes. s. v. || 36. Leg. fuerit κοέκινα, monente Casaubono. || 38. ζύγος codd, exc. Ew.
P. 700, 1. ἀθρόων Dh Cor. Mein.; probabiliter. || 5. γεωμετρίας CDEF. || 6. καὶ ante περὶ om. moxz et editt. ante Kr. et Meinekius; recte. Deinde alterum καὶ, quod est ante νῦν, itidem recte om. editt. || 7. προσθέντες codd., exc. F. || 27. πρὸς ὀρθὴν Ald. || 31. αὐτὴν om. Dh Cor. || 39. τοῦτ' οὖν αὐτὸ Cor. || 46. Μαῦροι... ἐπιχωρίων post εὐδαίμων leguntur in codd.; transposuit Kr.
P. 701, 5. Τρύγκα E, Τίγγα editt. ante Kr. || Λύγκα E, Λίγγα editt. ante Kr. || 24. Ὄφελα] Ὀφρύα Ald.; Ἀπέλλα conj. Tyrwh., quum apud Marcianum Apellas peripli scriptor commemoretur; sed Marcianum potius e Strabone corrigendum esse probabilius est. || 28. πληροῦ codd., exc. E. || 37. Νηγρῖται D, Νιγρῆται cett. codd., exc. Eh. || 38. Διγγὸς moxz. || 39. εἶναι] ἔχειν E. || 49. βρόγχια Epit. || 53. νέαρον] ἄρον conj. Cor.; recte, ut videtur.
P. 702, 17. Ἰφικράτης] Leg. Ὑψικράτης, ut monuit Cor. || 21. ὥστε] οἷς γε Cor., nescio an recte. || 28. χωρεῖν Eoxz Cor. || 30. Λυγκὰ h, Λιγγὸς moxz. || 31. Ζίλις F, Ζῆλος Steph. s. v., laudato Strabone. || Τίγα] Aut Τίγξ aut Τίγγις legendum. || 32. Ἀβήλη οz, Ἀβύλη Dhi. || 38. Μασαισύλων F, Μασσαισυλίων cett. codd., exc. Eh. || 39. καὶ, quod est ante Μεταγώνιον, delendum putavit Corayus; καὶ [κατοικία] Μεταγώνιον conj. Letronnius; καὶ [παρακειμένη τις κατοικία] Μεταγ. proposuit Groskurdius : quæ ob impeditam verborum structuram recte improbat Kramerus, mendum latere censens in voce καλεῖται, quam in κεῖται mutandam esse suspicatur, quum promontorii Metagonii nemo mentionem fecerit. Qua in re egregie fallitur. Μεταγωνῖτιν ἄκραν juxta Molochath fl. Ptolemæus collocat ; nec non Pomponius Mela (1, 5, 1) Metagonium promontorium memorat, quamquam is promontorium quod Strabo in veteris Mauretaniæ finibus habet, ad terminos recentioris Mauretaniæ, qualis Melæ tempore erat, transfert et cum Treto prom. confundere videtur. Strabonis verba non sollicitanda sunt, modo Μεταγώνιον transponas post verba καλεῖται δὲ vel etiam post ποταμοῦ. Promontorium Metagonium intelligendum etiam p. 704, 12. Meinekius Krameri opinioni innitens promontorium illud fortassis nomine proprio Μεγάλη ἄκραν dici conjecit. Ceterum de Strabonis loco fusius exponet ceteraque quæ ad Metagonium pertinent, qua solet doctrina illustrabit clarissimus Reinaudius in Mémoire sur les populations de l'Afrique septentrionale, leur langage, leurs croyances, et leur état social aux différentes époques de l'histoire. || 41. Κωταίων codd., exc. F. Nescio an legendum sit παρατεῖνον, adeo ut mons quoque, regioni superjacens, Metagonii nominis particeps fuerit. || 42. Μασαισύλων F, Μασσαισυλίων cett. codd.; em. Kr.
P. 703, 6. Μασαίσυλοι F, Μασσάσυλοι D, Μασσαίσυλοι cett. codd., exc. E. || 13. Φαυρούσιοι E, Φαρρούσιοι C. || Νιγρήτες DFh. || 26. Μαυρουσίους] Pharusii cum Hercule adveniesse dicuntur apud Sallust. Jug. c. 18, Melam 3, 10, Plin. 5, 8. Quapropter Φαρουσίους ap. Strabonem quoque scribi voluit Letronnius, scripsitque Meinekius. || 28. Βόκχοι h, Βόγχον i, Βόγχοι cett. codd.; em. Cas. || 38. Αἴζον codd., exc. Fs. || 39. Διγγὸς moxz. || 40. κατεσπασμένας F Mein., κατεσκευασμένας mox. || 41. Inclusa a Strabone aliena sunt, ut monuerunt vv. dd. || 51. Γαδίνιος] Τανύσιος F, Τανίσιος w. || συγγραφέων codd. || 53. Λιγγὶ Dmoxz, Τιγγὶ Tzsch. Cor., coll. Mela 1, 5, Plutarch. Sert. 9, Solin. c. 45. At cum Strabone facit Plinius 5, 1, 13.
P. 704, 5. φεύγοντας addidit Cor. || 6. δὲ om. codd., exc. Ei. || 7. ἱκετήριον codd.; em. Cor. || 8. Μασσαισυλίων codd., exc. EF. || 9. Μολοχάδ DEi. || 11. Τρητόν additum e conj. Cas. || Μασσαισυλίων z, Μασσαισύλων cett. codd., exc. F. || Μασυλίδων codd., Μασσυλιαίων Cor. || 17. καὶ incl. Cor. || 18. Συοφάκος C, Συοφάκας DFhrxz, Συοφάκα Ald., Σύοφαξ editt. ante Kr. inde a Xyl. || 18. Σώφακα, ο supra ω addito, C; Σόφακα Dh, Συοφάκαν xz, Συοφάκα Ald. || 19. Μασσανάσσης Ci, Μασσανίσσης editt. ante Kr. || 22. Σίγα codd.; em. Cor. || 24. ἔσθ' ὅτε] ἔσθ' ὅπη bene conj. Cor.; vel sic tamen dura oratio ; quare fortassis post ἔρημα excidisse putavit : τινὰ δὲ καὶ οἰκήσιμα. Lacunæ signa post ἔρημα Meinekius quoque posuit. Fortassis fuit : τὰ μὲν οὖν... ὀρεινὰ (καὶ ἄροσιμα [δ'] ἔσθ' ὅπη παρέσπαρται) ἃ ἔχουσι etc. || 25. Γετοῦλοι E, Γέτουλοι cett. codd. || 28. ἀληθεύεται E, ἀληθής uz Cor., ἀληθῆ cett. codd. || 30. Verba τοὺς μεταξὺ etc. εἴρηκε om. codd., exc. EF. || 39. Ante ὑγρὰ γὰρ quædam excidisse videntur. Groskurdius proponit : [ἀλλὰ καὶ ταῦτα οὐ πιθανῶς εἴρηκε] || 46. οὐδέν ἐστι codd.; em. Cor. || 50. εἰ om. moz; ἅρα om. x; in editt. ante Kr. pre εἰ ἄρα legebatur κατά γε. || 53. παραλλαγῆς] καταστροφῆς F. || 54. ἐνέργειαν F.
P. 705, 3. ἔχειν codd.; em. Letr. || 5. κατὰ addidit Kr. || 9. διαθερμαίνει E. || 11. ἡγοῦντο τε καὶ E. || 12. μεγέθει δὲ [ὑπερβαλλόντων καὶ] ἔπτασπι. bene conj. Letr. || 17. χημίδων E, χηραμίδων Dx Cor. || 31. ἦν δὲ] ἦν δ' ἐν editt. ante Kramerum, qui fort. ἐν δὲ leg. conjicit; quam conjecturam rec. Mein. || 33. ἔχουσαν codd., exc. w et m. sec. D. || 34. τῆς Καισαρείας] τοῦ λιμένος moz. || 36. An ἐστὶ [τὸ νῦν] ὅριον ? || Ἰόβα E. || 41. Μασσαιλίων moz, Μασσαισυλίων x, Μασσυλιαίων codd. rell. || 52. Τισιαοῦς τε καὶ Οὐαγα] Codices habent Οὐατα, quod mutandum esse in Οὐαγα censuit Letronnius, cujus conjecturam Kramerus et Meinekius receperunt. Τισιαοῦς nomine fortassis indicari Θίσικαν oppidum non longe ab Utica distans, quod ex uno Ptolemæo 4, 3 novimus, idem suspicatur Letronnius. Nihil horum probo. Strabo cum duobus istis oppidis jungat Thalam et Capsam, apud Ptolemæum vero in eodem tractu in q o Thala et Capsa sitæ sunt, collocentur (p. 4, 3, p. 270, 11) Οὐβατα, Τίσουρος, Θύσδρος, conjicio dubium non est, quin Strabonis sint Οὐβατα Ptolemæi (Ubaza in T. Peuting. 20 m. p. a Capsa distans), Τισιαοῦς autem sit Τίσουρος Ptolemæi (Thusurus Tab. Peut.; hod. Tozer), vel

etiam (quamquam minus hoc probabile) Θύσδρος (*Thisdrus* Tab. Peut., *Tusdrus* Itin., *Tusdra* Hirt. B. Afr. c. 26.), adeo ut apud Strabonem Τίσιδρος vel Τίσδρος scriptum fuisse putari possit. ‖ 54. Ζάκμα codd.; em. Xyl. ‖ Ζίχα *oz*, Ζίγχα *sx*.
P. 706, 1. 'Ρουσπῖνον codd.; em. Cor. ‖ 6. Κέρκιναν additum e conj. Cas. ‖ 7. Φαράν] Nomen corruptum esse puto; legerim Ταφρούραν, quod oppidum erat Thenis vicinum. ‖ 9. Μασσυλιέων *E*, Μασσαισυλίων *x*, Μασυλικίων *z*, Μασυλιαίων cett. codd. ‖ 11. Μασσανάσσου *ixw*, Μασανάσου *morz*, Σανάσσου *C*, Μασανίσσου editt. ante Kr. inde a Xyl. ‖ 16. πόλις post Κίρτα add. editt. ante Kr. ‖ 12. τῷ] τῇ codd.; em. Cor. ‖ 21. ἐν αὐτῷ τῷ κόλπῳ Mein. ‖ 25. ἐν ὄψει *E*. ‖ 26. Μαγάδρας *hi*, Βαγάδρας cett. codd., exc. *C*. ‖ 28. οὐδὲ τ. ὁμ. διάστ. codd ; em. Cor. ‖ 32. μῆκος] τεῖχος *Dhi*. ‖ 33. καθήκων codd.; em. Gr. ‖ 39. αὐτῇ codd.; em. Cor. ‖ 41. ἔχον τε Cor. ‖ 48. ὅσην *E*.
P. 707, 1. πόλεμον] τρόπον codd., exc. *EF*. ‖ 5. δισχίλια conj. Letr., coll. Polyb. 36, 4; Appian. Pun. 80. ‖ 14. ἐκ. εἰκ.] ρ' *F*. ‖ 18. σιταρκούμενον *xz*; recte, opinor. ‖ 35. Μασυλίους? ‖ 45-51. Verba Κατὰ μέσον... Αἰγίμουρος ejecit Meinekius, de conj. Krameri. ‖ 46. « Κόρσουρα, quod codices præbent hic et paullo post præter hos locos nusquam commemoratur, nec diversa est hæc insula ab ea quæ Κόσσουρα vocatur p. 123 et 277 ed. Cas. (p. 101, 39; 230, 34): ita igitur hic quoque videatur scribendum. Eadem autem insula mox denuo percensetur ac Κόσσουρος dicitur: unde oriuntur difficultates nullo modo expediendæ. Ego vero quæ de Κόρσουρα illa qualicunque parum concinne nec ordine commodo hic traduntur, a Strabone addita esse vix crediderim. » KRAMER. Quum sinus Carthaginiensis reapse complures habeat insulas, nihil cogit ut quæ h. l. apud Strabonem leguntur, a glossatore geographiæ imperito temere adjecta esse putemus. Ex his insulis unam Strabo vocat Ægimurum (hod. *Djamour* majorem); Κόρσουρα nomen, quod corruptum esse suspicor, pertinere potest ad hod. *Djamour* minorem, quamquam hoc minus probabile est, quum utramque insulam *Ægimurorum* nomine comprehendat Plinius 5, 7, § 42 ; pertinuit potius ad hod. *Watiah* seu *Piana* insulam haud longe a Pulcro promontorio distantem , quæ in Spruneriana Zeugitaniæ tabula vocatur *Carura*. Hoc nomen quanam nitatur auctoritate, nescio, nec investigandi nunc otium est. Si bene habet, etiam nostro loco Κάρουρα reponas pro Κόρσουρα, quæ esse videtur emendatio scioli, qui quum p. 101 et 230 Ægimurum et Corsuram (i. q. Cossurum, hod. *Pantellariam*) memorari meminisset, Corsuræ nomen hoc loco reponendum esse putavit. ‖ 49. φησι codd., exc. *F*. ‖ 51. Αἰγίμορος *F*. ‖ 54. δ' recte om. Cor.
P. 708, 3. αὐτῇ] αὐτῆς *E*, αὐτὴν cett. codd. ‖ 9. Κόρσουρα moz Ald.; Κόσσουρα editt. ante Kr. inde a Xyl.; Κόσσυρος Steph. Byz. ‖ 11. οὖσαν codd. ‖ 13. πεντακοσίους] Quæritur an genuinus sit numerus. Distantia est 1200 stadiorum et amplius. An χιλίων excidit? ‖ 14. Κορσούρας *moz* Ald. ‖ Άδρυμὴς *F*, Άδρυμις *hix*, Άδρυμις *E*, Άδρύμη *moz*. ‖ 16. κατὰ ταύτην habet Stephanus s. v. Λοπαδοῦσσα, laudato Artemidoro. Idem ap. Strabonem reponendum esse cum Kramero censeo. ‖ 17. Λοπάδουσα *Cx*. ‖ 18. Βαλίθωνος om. *E*; Βαλίθονος πρὸς θυννοσκοπίαν om. *moz*; Βαλέθωνος *F*; καλίθυννος *x*; ἁρμόδιος *i*, quam conjecturam rec. Cor.; Μαλίθωνος excidisse opinatur εἶτα ἄκρα. ‖ πρὸς θ.] ἐν ᾗ θυννοσκπ. *E*; unde apud Strabonem leg. esse πρὸς ᾗ θυννοσκοπεῖον conj. Kr.; fort. recte; certe θυννοσκοπία vox alibi non occurrit. ‖ 18. Θένα] Θαίνα codd.; quod mutarunt Cor et Kr., quum supra codd. Θένα habeant, et *Thena* legatur ap.

Plinium et Itin.; sed verior forma est Θαίνα, quam utroque Strabonis loco reponi velim. ‖ 22. Κέρκινα *F*. ‖ 23. Κερκινῆτις *F*, Κερκινῆτις *i*. ‖ 27. δὲ om. codd, exc. *i*. ‖ 37. ἐστι [Ταχάπη], παμμέγεθες etc.? ‖ 51. Κίνυφος post ποταμὸς add. editt. ante Kr. Ac sane Κίνυψ vel Κίνυφος ante vel post ποταμὸς excidisse probabile est. ‖ 51. βάθρα *Dhi*.
709, 4. Μασσαισυλείων *F*, Μασσαισυλίων cett. codd.; em. Kr. ‖ 5. Γετούλων codd.; em. Xyl. ‖ 17. μακροτράχηλοι *E*, μακροχηλότεροι *CDhz* Tzsch. Cor., μακροχειλότεροι *x* Ald., μακροτραχηλότεροι *F*. ‖ 24. « τρισχιλίων in nullo legitur cod.; in *E* tamen inter σταδ. et sigla πλ' lacuna est, ad quam explendam litera in margine videtur fuisse adjecta (id quod ex additis punctis suspicor), quæ nunc cum margine recisa est. Quæ in *F* hoc loco exstant sigla duo ex more librarii, qui hanc codicis partem exaravit, legenda esse videntur ἐννακισχιλίων τριάκοντα : prioris vero forma non multum abest a Γ. Certissimam tamen judico illam scripturam a Groskurdio commendatam coll. p. 123 ed. Cas. (p. 102, 1); πεντακισχιλίων, quod legitur in *z* e correct., quodque Cas. quamvis dubitanter proposuerat, rec. Cor. » KRAMER. Stadia 3930 Letronnius quoque reponi voluit, eoque numero accuratius definiri putavit mensuram p. 102, 1 memoratam, ubi Strabo refert secundum nonnullos ambitum Syrtis esse stadiorum 4000, oris vero latitudinem stadiorum 1500. Attamen primum miror mensuras quæ ad ceteras oræ inter Carthaginem et Alexandriam interjectæ partes, quamquam bene notas, pertinent, nonnisi rotundis indicari numeris, Syrtis autem male cognitæ ambitum numero definiri qui peraccuratam computationem proderet. Deinde monendum est Carthagine Alexandriam, secundum ea quæ in Prolegomenis (p. 76. 47) Strabo dixerat, nonnisi 9000 esse stadia, in oræ vero descriptione e Strabonianis numeris supra 12000 stadia colligi, adeo ut auctor in his suæ ipsius sententiæ computum Eratosthenicum, ex quo ora ista erat 13500 stadiorum, substituisse videatur. Unde probabile fit eundem computum etiam iis subesse quæ de Syrtis ambitu traduntur. Jam quum Eratosthenis Syrtis circuitum fecisse perhibeatur (p. 101, 52) stadiorum 5000, hanc computationem h. l. indicari puto ut pro stadiis 5000 ponatur paullo accuratior numerus stadiorum 4900, ,δ, vulgata autem scriptura orta sit ex confusis literis Λ et Δ. (Sæpius Strabo minorem numerum ante majorem collocat, nullo interposito καί). Deinde pro 1500 stadiis ponenda fuerint stadia 2500. Quo facto, a Carthagine erunt *supra* 13000 stadia, sicuti statuit Eratosthenes. Similiter Scylax per os Syrtis navigationem esse dixit trium dierum noctiumque. ‖ 26. Post μικρᾶς excidisse ἐκ τούτου γίνεται vel tale quid, monuit Gr. ‖ 35. παράπλων conj. Cor. ‖ 43. ὑπὸ Πτολεμαίῳ] Hæc sic dicta nihil definiunt. Post Πτολ. excidisse videtur Ἀπίωνι. Certe hic Ptolemæus Apion († 96 a. C.), Cyrenes rex, cujus ætate Artemidorus scripsit, intelligendus est. ‖ 53. Μασσαισύλιων codd. ‖ 54. ὅπου del. censet Kr.; ἀφ' οὗ conj. Grosk.
P. 710, 1 et 3. Inclusa delenda. ‖ 6. Ψευδοπελίας *E*, Ψευδοπενίας *F*. ‖ 7. Τριτωνίδα editt. ante Kr. et Meinekius; recte, puto. ‖ 9. λιμήν] λίμνη codd. Dodwell., probante Kramero. ‖ 14. καὶ τὸν Χελωνάταν supplendum esse monuit Grosk. ‖ 15. τρ. ἕξαχ.] 3300 p. 393, 32. ‖ 20. Ταύχειρα *E*, Τάρχειρα *CDFhisw*, Τεύχειρα cett. codd. ‖ 22. δὲ κειμένη om. codd.; em. Cas. ‖ 27. Ἀπολλωνία infra; idem et h. l. reposuit Mein. ‖ 39. δις add. Cas. ‖ 52. Ταύχειρα *E*, scripto eυ supra αυ, *E*; Τεύχειρα *moxz*.
P. 711, 3. φθειρόντων *E*. ‖ 11. Ἀννιχερείαν Mein. ‖ 28. κατὰ Κύκλον] κατὰ Κώρυκον conj. Cor.; sed hoc boreale Cretæ prom. hoc loco ferri nequit, ut jam sensit Kramerus.

Strabo Libyæ loca locis Creticis opponit prout situ suo invicem sibi respondent. Quum Apolloniæ opponat Criumetopon, Chersoneso portui opposuerit promontorium in meridionali Cretæ ora maxime conspicuum, cui adjacet Matalum. Itaque legendum puto : κατὰ [Μάτα]λον. ‖ 29. χιλίων] Legendum δισχιλίων, ut recte monet Grosk. Reapse distantia est 1500 fere stadiorum, quanta est etiam ab Apollonia ad Criumetopon ; sed quum hanc ex Strabonis mente esse debeat 2000 stadiorum, Cretæ autem pars orientalis non versus meridiem, sed boream versus (ut in Ptolemæi tabulis) deflectat, nostro loco non 1500, sed 2500 requiri, facile intelligitur. ‖ 31. Ἀρδανίξις] Ἀρδανίς de Kr. conj. Meinekius; legerim Ἀρδανίς τις ἄκρα. Cf. not. ad p. 33, 35. ‖ 33. τρισχιλ.] δισχιλίων e Letronnii et Grosk. conj. dedit Meineke. Perperam. Inspice tab. Ptolemæi. Chersonesum aliunde novimus urbem in Cretæ ora boreali; nostra Chersonesus, aliunde non nota, in Erythræo, quod Ptolemæus dicit, promontorio sita fuerit, ut cum Kieperto crediderim. ‖ 37. Πλυνής E. Mein. ‖ Quæ sequuntur post vocem Τετραπυργία turbata sunt. Monente Kramero, transponenda hunc in modum : Καλεῖται δὲ ὁ τόπος Κατάβαθμος· μέχρι δεῦρο ἡ Κυρηναία. Τὸ δὲ λοιπὸν ἤδη μέχρι Παραιτονίου κἀκεῖθεν εἰς Ἀλεξάνδρειαν εἴρηται ἡμῖν ἐν τοῖς Αἰγυπτιακοῖς.

‖ 45. Γετοῦλοι codd. ‖ 36. Μαρμαρῖται codd., exc. E. ‖ 49. τοὺς κατ' αὐτὸ μαλακῶς codd.; em. Kr. ‖ 50. Post ἀνατολὰς excidisse Augilorum mentionem patet; εἰς τόπον τινὰ τὰ Αὔγιλα καλούμενον suppl. Grosk.; εἰς Αὔγιλα Kram., idque præstat. ‖ 53. τῆς delendum, monente Grosk.

P. 712, 1. οὐκ inseruit Cor., Kr., Mein.; mirum tamen istud οὐκ ὀρυζοτρόφει, quum non videas, cur ὀρύζη potissimum hoc loco non provenire dicatur. Quare Meierus (Botan. Erlæut. zu Strabo's Geogr. p. 181) leg. proposuit :... μόνον, ὀλυροτροφεῖ, quod non magis placet. Ex E legi velim : οὐ ῥιζοτροφεῖ, adeo ut hæc regio non amplius δενδροφόρος sit, sicut est ea, cujus in antecc. meminerat. ‖ φέρουσα ex i additum. ‖ 10. οὐ add. Hopperus. ‖ 16. τὰ μὲν οὖν καθ' ἡμᾶς μέρη τῆς οἰκουμένης codd., nisi quod in Dhz τὰ additur ante μέρη : em. Kr. ‖ 20. καὶ bene om. w. ‖ 26. πλὴν τῶν ἔξω E. ‖ 35. οἱ om. codd., exc. E. ‖ 37. Αἰθίοπες [πρὸς νότον] probabiliter Grosk. ‖ 40. ἦν] ἡ codd.; em. Cor.

P. 713, 2. ὅσην ἦν εἰρ. codd., exc. F. ‖ 5. ἡγεμονείας F, ἡγεμονίας cett. codd.; em. Cas. ‖ 10. γε] τε codd.; em. Cor. ‖ 15. στρατηγίας codd.; em. Cor. ‖ 18. Verba καὶ τὸν Ἄτακα (Ἄττακα codd.) recte ej. Mein. ‖ 24. προσώρισται Cor.

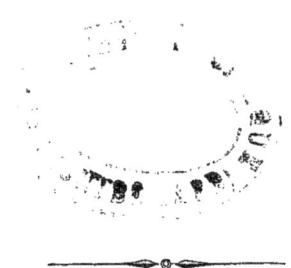

COLLECTION DES AUTEURS GRECS,
AVEC LA TRADUCTION LATINE EN REGARD ET LES INDEX. GR. IN-8°, A 2 COLONNES.

POETES.

HOMÈRE, d'après la recension de G. Dindorf, et *Fragments des Cycliques*.................. 12 fr. 50

HÉSIODE, *Apollonius Rhodius, Tryphiodorus, Coluthus, Quintus Smyrnœus, Tzetzée, Musés*, et Fragments d'*Antimaque, Chœrilus, Panyasis, Asius* et *Pisander*, publ. par Lehrs. 1 vol............... 15 fr.

THÉOCRITE, BION et MOSCHUS, et les poëtes didactiques NICANDRE, OPPIEN, MARCELLUS SIDÉTÈS, l'anonyme DE VIRIBUS HERBARUM, PHILE, fragmenta Poematum de re naturali et medica, ARATUS, MANÉTHON, MAXIMUS............. 15 fr.

SCOLIES DE THÉOCRITE, DE NICANDRE ET D'OPPIEN, par MM. Dübner et Bussemaker........ 15 fr.

ESCHYLE et *les fragments*; SOPHOCLE et *les fragments*, publ. par Ahrens. 1 vol................. 19 fr.

EURIPIDE. Texte nouveau, revu, et traduction toute nouvelle par M. le professeur Th. Fix. 1 vol........ 15 fr.

FRAGMENTS D'EURIPIDE et de tous les *Tragiques grecs*, suivis de tout ce qui reste des *Drames chrétiens*, par MM. Dübner et Wagner, professeur de Philologie au gymnase de Breslau. 1 vol............. 15 fr.

ARISTOPHANE, publ. par G. Dindorf; *Ménandre et Philémon*, publ. par M. Dübner. 1 vol........ 15 fr.

SCOLIES complètes d'ARISTOPHANE, avec un Index tout nouveau, publiées par M. Dübner. 1 vol.... 15 fr.

FRAGMENTS DES COMIQUES GRECS, publiés d'après Meineke par M. le professeur Bothe, avec une notice par M. Dübner et une table générale. 1 vol......... 15 fr.

ANTHOLOGIE, par Boissonade, Jacobs et Dübner. vol. I. 15 fr. vol. II. (*Sous presse.*)

HISTORIENS.

HÉRODOTE, texte établi par M. G. Dindorf, traduction revue. Suivi de Ctésias, et des chronographes Castor et Ératosthène, publiés par M. Th. Müller. 1 fort vol. 15 fr.

THUCYDIDE *avec les Scolies*, publ. par Haase. 1 v. 15 fr.

XÉNOPHON. Œuvres complètes, d'après la recension de L. Dindorf. 1 fort vol.............. 15 fr.

DIODORE DE SICILE, avec tous les fragments. 2 v. 30 fr.

POLYBE et tous les fragments, par M. Dübner. 2ᵉ édit. 20 fr.

FLAVIUS JOSÈPHE, recension de G. Dindorf. 2 v. 30 fr.

APPIEN. 1 vol................... 15 fr.

ARRIEN. Ses ouvrages historiques, etc., suivis des *Fragments de tous les historiens d'Alexandre*, et de l'histoire fabuleuse de ce prince, attribué à CALLISTHÈNE; publié par MM. Dübner. et Ch. Müller 1 fort vol.... 15 fr.

PLUTARQUE (les Vies), publié par M. Dübner. 2 v. 30 fr.

FRAGMENTA HISTORICORUM GRÆCORUM. Tomus I : *Hecatœi, Charonis, Xanthi, Hellanici, Pherecydis, Acusilai, Antiochi, Philisti, Timœi, Ephori, Theopompi, Phylarchi, Clitodemi, Phanodemi, Androtionis, Demonis, Philochori, Istri*, et APOLLODORI BIBLIOTHECA *cum fragmentis*, auxerunt notis et prolegomenis illustrarunt Car. et Theod. Mülleri; accedunt marmora Parium et Rosettanum, hoc cum Letronii, illud cum C. Mülleri Commentariis. 1 fort vol......... 20 fr.

FRAGMENTA HISTORICORUM GRÆCORUM. Tomus II, contenant ce qui reste de *soixante-douze* historiens et plusieurs fragments considérables inédits de Diodore de Sicile, de Polybe et de Denys d'Halicarnasse, recueillis à la bibliothèque de l'Escurial par M. C. Müller. 15 fr.

FRAGMENTA HISTORICORUM GRÆCORUM. Tome III, contenant la suite, par ordre chronologique, des fragments de *cent onze* historiens grecs, et particulièrement ceux de Nicolas de Damas, recueillis à la bibliothèque de l'Escurial par M. Ch. Müller, envoyé par MM. Didot pour collationner le précieux ms. Ω, pl. 1, n° 11, contenant les *Excerpta* ou recueil des Ἐπιβουλῶν, exécuté par les ordres de Constantin Porphyrogénète.......... 15 fr.

FRAGMENTA HISTORICORUM GRÆCORUM. Tom. IV, contient un grand nombre d'historiens, en partie inédits, et une Table générale très-complète. 1 fort vol. 20 fr.

ORATEURS, PHILOSOPHES, ETC.

DÉMOSTHÈNE, et fragments recueillis pour la première fois, publ. par M. Vömel. 1 vol........... 21 fr.

ORATORES ATTICI, *Isocrate, Antiphon, Andocide, Lysias, Isée, Lycurgue, Æschine, Hypéride, Dinarque, Lesbonax, Hérode*, etc., et tous les fragments et les scolies; par MM. Ahrens, Baiter et Ch. Müller. 2 v. 30 fr.

PLUTARQUE. Morales, publ. par M. Dübner. 2 v. 30 fr.

PLUTARCHI PERDITORUM OPERUM FRAGMENTA ET PSEUDO-PLUTARCHEA. 1 vol......... 10 fr.

PLATON (Œuvres complètes), texte entièrement revu par M. Schneider et par M. R. B. Hirschig (de Breslau), traduction toute nouvelle. 2 vol........... 30 fr.

ARISTOTE. Tome I, contenant l'*Organon, Rhetorica, Poetica, Politica*.............. 15 fr.
— Tome II, contenant les *Ethica, Naturales auscultationes, de Cœlo, de Generatione*, et *Metaphysica*; confié aux soins de M. Bussemaker............. 15 fr.
— Tome III, par M. Bussemaker, contenant l'histoire, les parties, la marche, la génération des animaux, les *parva naturalia*, l'âme, les IV liv. de météorologie, etc. 15 fr.
— Tome IV, accompagné de la table générale, 1ʳᵉ part. 7 fr. 50

PLOTIN. *Enneades cum Ficini interpretatione castigata*, publiée par MM. Fr. Creuzer et G. H. Moser. — *Porphyrii institutiones*, suivis des *Institutiones theologicæ* de Proclus, et *Prisciani Quæstiones*. 1 vol....... 15 fr.

THÉOPHRASTE, *Antonin, Épictète, Arrien, Simplicius, Cébès, Maxime d. Tyr*, publ. par M. Dübner. 1 vol 15 fr.

FRAGMENTS DES PHILOSOPHES en prose et en vers, par M. Mullach. 1ᵉʳ vol................ 15 fr.
— Tome 2................... 15 fr.

LUCIEN. Œuvres compl., publ. par G. Dindorf. 1 vol. 19 fr.

DIOGÈNE LAERCE, par M. le professeur Cobet; *Jamblique* et Vies des Philosophes, par MM. Westermann et Boissonade................... 15 fr.

PHILOSTRATE. Œuvres complètes, publ. par M. Westermann; *Eunape*, par M. Boissonade, *Himérius*, par M. Dübner. 1 vol................ 15 fr.

ÉLIEN, PHILO-BYZANTIUS, PORPHYRIUS, pub. par M. Hercher, 1 vol................ 15 fr.

PAUSANIAS, publ. par M. L. Dindorf. 1 vol.... 15 fr.

SANCTI JOANNIS CHRYSOSTOMI, opera selecta, græce et latine, codicibus antiquis denuo excussis emendavit Fr. Dübner................. 15 fr.

STRABON, publ. par MM. Dübner et Ch. Müller. 2 v. avec atlas................... 35 f.

GEOGRAPHI GRÆCI MINORES. — Le tome 1ᵉʳ du texte est en vente. Prix : 15 fr. — 29 cartes coloriées. Prix 15 fr. — Total................. 30 fr.

ROMANCIERS GRECS, *Achille Tatius, Longus*, *Xénophon, Chariton, Héliodore, Parthénius, Jamblique, Ant. Diogènes, Nicetas Eugenianus*, par M. Boissonade; *Eumathe*, par M. Lebas; *Constantin Manassès, Apollonius de Tyr*, par M. G. A. Hirschig. 1 vol........ 15 f.

ÉPISTOLOGRAPHES, par MM. J. Westermann et G. A. Hirschig. (*Sous presse.*)

ATHÉNÉE, texte nouveau par M. G. Dindorf, traduction toute nouvelle par M. Bothe. (*Sous presse.*)

BIBLE DES SEPTANTE, publ. par M. Jager, dédiée à Mgʳ l'archevêque de Paris. 2 vol.......... 30 fr.

Le texte grec seul, en un volume............ 15 fr.

NOUVEAU TESTAMENT, publ. par Tischendorf, dédié à Mgʳ l'archevêque de Paris. 1 vol........ 12 fr.

www.ingramcontent.com/pod-product-compliance
Lightning Source LLC
Chambersburg PA
CBHW052128230426
43671CB00009B/1160